國家古籍整理出版專項經費資助項目
2011 年教育部人文社會科學研究一般項目“羌族碑刻文獻整理與研究”，項目批准號：11YJA870026
2015 年四川省教育廳人文社會科學一般項目“姚氏羌人文獻搜集與整理”，項目批准號：15SB0246

羌族石刻文獻集成

壹

曾曉梅　吴明冉／集釋

巴蜀書社

圖書在版編目(CIP)數據

羌族石刻文獻集成/曾曉梅,吴明冉集釋.—成都:巴蜀書社,2016.12

ISBN 978-7-5531-0749-3

Ⅰ.①羌… Ⅱ.①曾… ②吴… Ⅲ.①羌族—石刻—文獻—彙編—中國 Ⅳ.①K287.4 ②K877.4

中國版本圖書館 CIP 數據核字(2016)第 289768 號

羌族石刻文獻集成

曾曉梅 吴明冉 集釋

出品人	林 建 侯安國
策劃編輯	施 維
責任編輯	張照華 肖 静 張亮亮 封 龍 趙邦媛 張紅義 張立園
封面設計	周 明
出 版	巴蜀書社 成都市槐樹街 2 號 郵編 610031 總編室電話:(028)86259397
網 址	www.bsbook.com
發 行	巴蜀書社 發行科電話:(028)86259422 86259423
經 銷	新華書店
印 刷	四川省南方印務有限公司
版 次	2017 年 2 月第 1 版
印 次	2017 年 2 月第 1 次印刷
成品尺寸	260mm×185mm
印 張	116.25
字 數	2800 千
書 號	ISBN 978-7-5531-0749-3
定 價	3000.00 元(全 4 册)

本書如有印裝質量問題,請與工廠調换

序　言

一

羌族作為一個具有悠久歷史和優秀文化傳統的古老民族，自從華夏民族從野蠻時代進入文明時代，有文字記録華夏文化以來，羌民族就同其他民族一起創造了偉大而燦爛的中華文化。甲骨文中出現了“羌”字，稱羌民族為“羌方”。從文字上考察，許慎《説文解字》稱：“羌，牧羊人也。”認為羌民族是遊牧民族，但是從字形上看，從“人”，頭上有羊角，其構字理據似乎可以理解為頭戴羊角裝飾的民族，或者是羊圖騰崇拜的民族。至今羌區羌族文化的傳播者“釋比”在舉行法事活動的時候，仍然手敲羊皮鼓，佔羊角卦，頭戴猴頭帽。猴頭帽是“釋比”最神聖的法器之一，傳統的猴頭帽用整張金絲猴皮製成，現在以羊皮代替，這或許就是古代圖騰崇拜理念或者習俗的遺存吧。

古代羌人主要居住在我國西北河湟地區。大約從漢代開始，就有大量羌人向四周遷徙，而又以向南、向東遷徙為主流，因為河湟以東的山西、河湟以南的關隴地區，土地比較肥沃，氣候比較温潤，文化事業也比較發達，特别是關中地區，又是政治、經濟、文化發達的地區，更是羌人南遷的首選。兩晉南北朝時期，大量羌人内遷關中，既帶來了羌民族自身優秀的傳統思想觀念、宗教信仰、文化習俗，融合於漢民族之中，為漢民族文化注入了新的血液，又吸收了漢民族的先進生産技術、系統的社會制度、優秀的文化教育、發達的思維理念等，使羌人的社會結構、思想觀念、生産方式、生活習俗等發生了巨大的變化，社會形態得到了前所未有的提升。而且羌人姚萇、姚興經過南北轉戰，東西遷徙，最終在關中建立後秦政權，雖然僅傳三代，至姚泓時，便被東晉劉裕所滅，但是羌人卻在關中扎下根來。以後的一千多年，羌人的發展時起時落。雖然大部分融入漢民族或其他民族之中，但是仍有一部分羌人頑强地固守着民族的陣地，保留着民族的特征和民族的優秀傳統。在今甘肅、青海，特别是四川茂縣、汶川、理縣、松潘、北川一帶，仍然定居着大批羌人，茂縣、汶川、理縣、北川羌人聚居區，還是高度自治的羌族自治州縣，分别為阿壩藏族羌族自治州和北川羌族自治縣，享受着國家優厚的民族政策，與漢民族及其他民族一起，在中華民族大家庭中共同朝着更加美好的未來穩步前進。

客觀地説，這個民族在漫長的歷史長河中，也有自身的許許多多這樣那樣的遺憾，而最令人遺憾的是，這樣一個具有如此悠久的歷史和優秀文化傳統的民族，雖然有自己古老的羌語，卻一直没有自己的民族文字（以党項羌為主體的西夏有西夏文字，屬於西夏學研究範疇，此項目不涉及）。20世紀80年代發起創製的羌族文字，又至今没有推廣開來。因此，其優秀歷史文化遺存能夠賴以保存下來的，就主要只有以下形式：其一，生産生活工具、手工藝術、禮俗習慣；其二，羌族語言以及依靠其語言一代代口頭傳誦下來的羌族英雄史詩、歷史傳説故事、民間文學等；其三，就是用漢字記録的羌族歷史文化的各種文獻。

按道理，如果能用漢字把羌族的社會形態、發展歷史、生産生活特性、文學藝術、宗教禮俗等詳細地記録下來，羌民族的歷史文化還是能夠得以比較完整地保留的，世界上亦有類似的例證。但是由於歷史的局限，特别是歷史上形成的尊王攘夷的狹隘傳統觀念，造成了人們的偏見。甲骨文中已有羌人作為祭牲被野蠻殘忍殺戮的記載，先秦典籍中記録羌人的材料很少很零星，直到司馬遷著《史記》，列《西南夷列傳》，首次在史書中給羌人立傳。《漢書》亦循此例，列《西南夷列傳》。但是皆是合傳，内容也很簡單。范曄《後漢書》單列《西羌傳》，這是羌人首次在史書中獲得專傳，記載相對比較詳細，也靠此傳，羌人的歷史及其發展纔得以比較清晰地顯現。兩《漢書》中還曾提到大量有關羌人的歷史，衹是大多涉及征伐、鎮壓羌人，而且零碎。《晉書》之《載記》比較詳細地記録了後秦姚萇、姚興、姚泓轉戰遷徙、建立政權以及滅亡的過程，這是很重要的資料，但是内容也比較單一。以後的史書也大多是零星的記載。總體上説，在官家正史中，羌人有記載，但是都不甚詳細，其歷史的整個脈絡、生存狀況、社會形態、宗教民俗等都比較模糊。這種狀況與一個具有悠久歷史和優秀文化傳統的民族是很不相稱的。

二

有一種很值得注意、而長期以來卻被人們忽略的文獻，被曾曉梅同志首次提出，這就是呈現在讀者面前的《羌族石刻文獻集成》。應該説，這是值得慶幸、值得表彰的。這體現了作者敏鋭的學術眼光、踏實的科學精神和深厚的文獻素養。從作者提供的材料看，石刻開始於西漢末，以後歷代不衰，直至清代，延及民國，這是很令人鼓舞的。因為石刻（也稱“碑刻”）作為出土文獻，具有不同於傳世文獻的獨特功能，其文獻真實性值得充分肯定；石刻内容複雜多樣，製作特殊，也不同於其他出土文獻，其文獻研究的價值是巨大的，是其他文獻不能代替的。充分利用出土石刻文獻，去印證、發明、彌補、訂正傳世文獻，又利用傳世典籍，用傳統的研究成果，去疏解出土文獻。二者互相補充，互相映襯，互相發現，互相支撑，進而去解决歷史上留下的疑難和困惑，去發現各個研究領域的新問題，這無疑是明智的、科學有效的。新材料帶來新研究，産生新成果，這已經是一再被證明了的客觀事實。

就曾曉梅同志提供的材料而論，《羌族石刻文獻集成》主要有四點价值值得强調。

其一，文獻數量多。全書搜集歷代有原石、拓本或者照相的羌族石刻材料，同時過録不見實物或拓片而留存於文集或方志中的碑銘材料，其内容都直接記載了羌人或者與羌人密切相關的史實，共搜列了 390 餘通。其文獻數量是很可觀的。這批材料，有的公佈在各種著作、各類期刊上，在浩如煙海的文獻材料中將羌族石刻篩選出來，本身就是一項很浩繁的工作。更值得讚揚的是，作者還親自到各地訪碑，搜集存藏於各地圖書館、博物館、文化館尚未公佈的碑拓，還搜集了部分散落民間的流散文物。有一部分甚至是作者親手捶拓的石刻拓片。訪碑的艱辛是完全可以想見的，也因此對作者嚴謹勤奮、高度負責的科學研究精神而肅然起敬。

其二，文獻反映的内容廣泛。作者著録的石刻文獻内容真實而豐富。從類型上看，包括墓碑、讚頌碑、祠廟碑、墓誌銘、買地券、造像記、公告碑、契約碑、告示碑、公約碑、宗族譜牒碑等，内容涉及社會生活的各個方面，包括了政治、經濟、軍事、羌人組織、社會結構、古代地理、民族融合、人口遷移、姓氏名號、世系譜牒、風俗習慣、思想意識、道德觀念、宗教信仰等廣泛的領域。尤其值得肯定的是，很多材料都是其他文獻所没有記載的，因此顯得特別珍貴。其内容的豐富、廣泛，便為利用羌族石刻從事羌人歷史文化的研究提供了十分廣闊的空間，其研究的前景十分廣闊。

其三，文獻真實性强。傳世典籍一般都曾經過後人的整理，改動在所難免，加上書籍輾轉傳抄、翻刻，或多或少都有所改變，不大可能保持原貌，尤其是文字的改變更大。石刻屬於出土文獻範圍，文字一經上石，本身就不易改動，而大量碑誌在出土之前，深埋地下，更無人篡改，一如地下檔案，而一經出土，便成了最原始的文獻資料，屬於一次性文獻，因此，其真實性特別强。雖然也有翻刻和僞刻，但是好的翻刻一般不怎麼失真，尤其是内容一般不會變動，作為文獻還是可信的。至於僞刻，都經過本書作者嚴密的考證，予以剔除。其材料的真實可靠，為利用這批文獻進行研究得出的結論，提供了重要的可信性保障。

其四，文獻產生時間、地點可考。本書作者所著録的羌族石刻，大多有年款，其產生年代一般是明确的，銘文上面一般都明確列出鐫刻的時間。少數石刻自身没有明確時間，但是可以通過與之同時出土的相關材料的内容、鐫刻工藝和形式風格、文字書體，考察石刻出土的具體環境等，作出比較準確的判斷。還可以在文獻本身的字裏行間，考察其用詞特征等方面，從中找到蛛絲馬迹，進而作出判斷。作者在這方面所作的工作是卓有成效的。

正是由於《羌族石刻文獻集成》所著録的羌族石刻產生的時間、地點是明確的，這就為羌族文獻的斷代和分域研究，提供了客觀依據；為考察羌人在不同歷史時期和不同地域的生存、發展狀况，追尋羌人的分佈狀况和歷史進程，提供了極大便利。就這個意義上説，本書關於羌族石刻文獻的搜集、集録及研究是其他任何文獻都無法替代的。

三

歷代搜集整理石刻文獻，有不同的形式，歸納起來主要有以下几种：

其一，公佈拓片圖録。1936年趙萬里《漢魏六朝塚墓遺文圖録》十卷（中央研究院歷史語言研究所石印本），我國第一次大量匯集墓誌拓片，按一定編排思路，經過分類整理、編輯成册的石刻拓片圖録匯編。北京圖書館金石組編《北京圖書館藏中國歷代石刻拓本滙編》（中州古籍出版社1989年版），我國第一次對石刻進行的大規模搜集整理，是目前最大的一部拓本圖録匯編。所收石刻上起先秦，下至清代，並延至民國，數量達兩萬餘種，按時代先後排列，分101册刊出。

其二，編制目録。如南宋陳思纂輯《寶刻叢編》，收録秦至五代石刻，著録石刻目録，記録出處、時代、撰書人。據當時所見各種有關石刻書籍，蒐録古碑，摘録其目。以地理類著作《元豐九域志》之京、府、州、縣為綱，分地理編排，實開後世地方志中的著録石刻目録的先河。南宋曾宏父撰《石刻鋪敍》，从上古至宋代，著録石刻目録。這是一部綜合類石刻目録，没有一定的體例，也没有一定收録標准，只是雜採石刻，編纂成册。清孫星衍、邢澍的《寰宇訪碑録》是目前著録石刻最多的目録，為按目索碑提供了方便。

其三，目録加跋尾式。首創於北宋前期的歐陽修，其《集古録》十卷，是目前所見最早的跋尾式石刻研究著作。其基本格局是在碑文後面加入跋文，如果没有過録碑文，則在碑文標題後面，對該通碑銘的有關信息發表意見，或交代碑石來源，或考證文史，或考釋文字，形式靈活而淆雜。這種形式一直延續到清代末年，直到今天仍有出現。

其四，楷書迻録碑文。將石質文獻轉變成紙質文獻，對銘文内容的保存有積極意義。司馬遷著《史記》，過録秦刻石，是過録碑銘的源頭，宋代以後逐漸增加。其載體形式的變化，完成了石刻文獻的文本著録。由於金器有時而毁，石刻有時而泐，賴拓本得以保存，而拓本既不易得，不便保存，不易翻檢，更不便於閱讀，對利用、研究石刻文獻仍然隔着一層，因而終賴文獻著録傳之後世。

其五，楷書録文加跋尾。宋洪适《隸釋》二十七卷，首創此體。其體例是先釋讀並楷書迻録；原石有闕泐，若闕一字，則隨文小字雙行注明“闕”，若闕二字以上，則注明“闕幾字”。石刻闕泐而他書有引録，則據以補出，並注明出處。然後以跋尾形式對碑銘涉及相關文史進行考辨，内容包括石刻原物的具體説明，涉及歷史事實、漢隸文字的考證。性質類似於歐、趙跋尾，而又有所拓展。末尾以雙行小字説明碑别字，是研究碑别字的最早著作。

其六，拓片圖録加釋文。將圖録和釋文同時公佈，既為利用石刻拓片提供方便，又便於覈對原文。這是較好的一種碑刻文獻著録方式，如朱亮主編《洛陽出土北魏墓誌選編》、中國文物研究所編《新中國出土墓誌》（文物出版社 1994 年開始分省、分册陸續出版）。著録包括説明（以墓誌首題所作的名稱、産生年代、尺寸、形制、紋飾、書體、行數、字數、出土時間、地點、收藏處為對象）、圖版、録文。

其七，公佈拓片圖録，楷書録文，並有考證。既有石刻圖録，又有録文，並有具體文史考證，其法甚善。如毛漢光《唐代墓誌銘彙編附考》（臺灣“中研院”歷史語言研究所，1991 年）、王其禕等《隋代墓誌銘彙考》（綫裝書局 2007 年版）。先出圖録，後載楷書録文，並用現代標點，簡介墓誌出土情况、誌石形制尺寸、書體、歷代著録情况。附録摘引前人對各墓誌的考證，附考有簡短的編者評語。

其八，於碑石提要、圖録、録文、考證之外，增加“校注”一目，應該是對石刻文獻比較科學的整理。如毛遠明《漢魏六朝碑刻校注》（綫裝書局 2008 年版），先提要介紹碑石的基本情況，然後公佈拓片圖版，楷書隸定録文，加現代標點，注明拓片來源，最後為較詳細的校注，對歷代石刻録文多有訂補。

以上各種形式，既反映研究的時代特徵，也表現出人們對石刻文獻整理的觀念和意識，都有用處，而又各有優劣。

與以上各种形式相比較，《羌族石刻文獻集成》的整理科学合理。本文作者對石刻整理，包括了石刻目録、提要、圖録、録文、校注、考證。凡有拓片或原石圖片，均刊佈圖片，並據原刻楷書録文。少數無拓片的，據前人著録過録原文，均注明來源，便於進一步利用和研究。校注廣采諸家之説，對石刻中的生字、難詞、名物典章、史事故實等作注，並對相關人物、事件等史實作彙考，其體例甚善。

特別是注釋和文史考辨，這項工作做好了，對於利用這批成果有莫大的帮助。作者在這方面花了很大功夫。如北魏永安二年《雷漢仁造像記》："□建左□武（上泐）新封授□廣威（上泐）鼓六角（上泐）東都督諸軍宗海生（下泐）。"作者認為"廣威"下，文字泐，疑是"廣威將軍"，為雜號將軍之一。三國魏始置，北魏沿置。前秦建元四年（368）《廣武将軍□産碑》有"廣威將軍楊糸""廣威將軍楊山多"。"彙考"指出：

> 該碑為雷氏家族造像碑。雷氏三代任軍政職，為西羌大姓望族。《碑銘所見前秦至隋初的關中部族》脱5人題名，其中同琋氏2人，一為雷阿迷"妻同琋王宗"，另一"同琋龍虎"，在家族中身份不確。據北周天和六年《雷明香造像記》，亦陝西省耀縣出土，有雷明香母家和亡夫同琋乾熾兩個家族題名。表明北魏至北周，耀縣一帶雷氏與同琋氏互為婚姻，實行的是族内婚制。

北周建德元年《毙仲茂八十人等造像記》："生同泡沫，滅若奄飛。白日恒昭，夜月長暉。業淺福�，道勝則肥。百年徘須，營營何希。分財奉寶，散冞畐刑。漏以金玉，［餝］以丹青。"《關中石刻文字新編》《金石萃編補遺》於"泡沫""奄飛""恒""淺""徘須""營營"等字均缺而未釋。釋"則"作"身"，"肥"作"非"，又誤。"彙考"指出：

> 碑陰題名，造像人可省識者9人。毙氏為主8人，郭氏1人。其中，一毙氏為曠野將軍、殿中司馬，一為縣主簿，謂北周毙氏羌人有較高社會地位。毙，為西羌常見姓氏。前秦至北周碑銘中常見。如前秦建元三年《鄧艾祠堂碑》有軍録事和戎毙陸道□、軍主薄寧戎毙共永萇、録事寧戎毙投欽詳等毙者3人。北魏永熙二年《儁蒙□娥合邑字卅一人等造像記》有邑主清信毙姬娥等毙姓4人。北周保定四年《聖母寺四面像碑》有都唯那毙榮達、邑子毙榮昌等毙姓7人。《閨姓類集儷語》認為毙氏是党項後裔，馬長壽先生據《舊唐書·党項羌》"自周氏滅

宕昌、鄧至之後，党項始强”，以為不可信①。其觀點可以採納。

北周保定二年《同琋延爦等造像碑》，作者指出：

同琋，一作“同蹄”。《廣武將軍□產碑》題名同蹄者3人。北周保定二年《同琋延爦等造像碑》題名姓同琋者達63人，説明是一個以同琋羌人為核心的聚居點所造佛像。《同琋氏造像記》題名可識者160餘人，其中姓同琋者81人，是一通以同琋羌人為聚落的造像。《漢書・地理志》有銅鞮縣，屬上黨郡。考其得名理據，當是羌人曾東遷至上黨郡銅鞮縣聚居，因以為姓氏。其族源包括滇零羌、參狼羌等。《元和姓纂》：“銅鞮，晋羊舌氏之後。”② 與此不同。《新唐書・孝友傳》載同官縣有同蹄智壽、同蹄智爽兄弟，當是其後裔。清嘉慶《洛川縣志》地名有“同蹄村”③，《陝西省行政區劃圖》有“上、下桐堤村”，是同蹄羌人留下的歷史遺跡。此碑為“邑子一百人”造像，存可辨題名97人，僅同琋氏就佔全部題名的65%。加上羌姓荔非、姜氏，以及可能是羌，也可能是氐的楊、梁氏，羌人在造像人數中佔有絕對優勢，遠遠高於漢族人數。同時，冠佛職香火、唯那、典録、化主、典坐、齋主者23人，其中有明確宗教職位的羌人15人，説明北周時期，羌人已普遍接受佛教思想。而該地是一個以“同琋”為主體，羌人同族同姓或異姓而居的羌村聚落。題名吐盧、普六茹、析婁等，是北族姓氏，表明北族入關後，逐漸居住於内遷羌人的羌村之中。羌人、北族、漢族雜居，自然促成了各民族的融合。

應該説，這是綜合了各家的優長之處，擇取了各種樣式的優點，經過作者細密的思考而制定的一種體例。這種體例更科學、更系統、更完善，也更有價值。因此本項成果，不僅對於羌族歷史文化研究具有重要的學術價值，而且對於今後整理石刻文獻，也是一個理想的範本，相信此書的體例一定能夠在學界産生重要的影響。

本項成果對羌族漢文石刻進行卓有成效的搜集與整理，形成專書《羌族石刻文獻集成》，其研究成果反映出作者廣闊的學術視野、敏鋭的觀察思考能力、廣博的學識

---

① 馬長壽：《碑銘所見前秦至隋初的關中部族》，中華書局1985年版，第17頁。

② （唐）林寶撰，岑仲勉校記：《元和姓纂》卷一，中華書局1994年版，第42－43頁。

③ （清）賈構撰，（清）劉毓秀修：《洛川縣志》卷三，《中國地方志集成・陝西府縣志輯》（47），鳳凰出版社2007年版，第380頁。

積累和創新性的研究思維。

曾曉梅同志以自己的辛勤工作和聰明智慧，本着對科學研究高度負責的精神，對古羌民族深厚的情感，為我們奉獻了這份具有開創性的、富含學術價值的著作，值得讚揚，值得肯定，值得推薦。

是為序。

毛遠明

2014 年歲末於西南大學

凡 例

一、本書是國家古籍整理出版專項經費資助項目、2011 年教育部人文社會科學研究一般項目“羌族碑刻文獻整理與研究”（項目批准號：11YJA870026）、2015 年四川省教育廳人文社會科學一般項目“姚氏羌人文獻搜集與整理”（項目批准號：15SB0246）。分为“概述”“集釋彙考”“專題研究”“附録”四个部分。

二、“集釋彙考”部分對每通石刻，按照先圖後文的方式，分为“拓片（或照片）”“説明”“碑（誌）文”“著録”“注釋”“彙考”六個部分。“説明”對石刻出土時間、地點、遞藏情況、石刻形制、高廣尺寸、書體行款等基本信息作簡明介紹。“碑（誌）文”利用石刻原物或拓片、照片，參以已出版的録文、題跋等資料，詳細校勘，查漏補闕，辨正失誤。“著録”主要説明資料來源，注明單位或個人藏拓和照片、圖書和期刊卷次。凡期刊，依次標注篇名、所載刊名、年代（期數）。凡圖書，標注書名和頁碼。分卷（册）的圖書，以某書卷（册）X－X，表明卷（册）數和該卷（册）頁碼，便於比勘、核對。為節省篇幅，僅標注“卷”字，“册”字則省減；連續頁碼，亦僅注明起始頁。“注釋”主要從文字、詞彙、典故、事實、姓氏等方面進行釋詁。“彙考”主要考證相關人物、時間、事件或姓氏譜系，力求不枝不蔓，準確簡明。

三、本書收録已公佈及部分已出土尚未公佈的漢代至民國羌族漢文石刻文獻材料 390 餘通，其中包括四川省汶川、理縣、茂縣、北川等羌區石刻。所録石刻，對羌族和羌區政治、經濟、軍事、宗教、歷史和文化有重要影響，并具有較高學術、文獻價值。

四、主要收録有實物、拓片、照片的石刻銘文，包括碑碣、墓誌、摩崖、造像記等。少數無拓片、照片而存文者，精選底本轉録原文，並在本碑“著録”條中説明某書載録情況。

五、所録石刻，一律按朝代先後排序。墓誌以葬期為序，無葬期者，以卒年為序。無具體年代者，按考證出的具體時間排序。無法確定的，則置於同時代末。

六、所收石刻均迻録原文。凡古體字、俗體字、假借字、訛誤字等，均照録。原刻中的衍字、脱字、訛字、倒文、重文符號等，亦照録，不予改正，旨在保存石刻文獻原貌，僅在“注釋”中説明。

七、録文一律採用現代標點。根據石刻銘文内容，適當分段。凡銘辭一律提行，以便醒目。根據原刻，在每行末尾用“/”標示行次。原石中的空格、空行，除人物名諱空格外，一般不保留。

八、凡石刻殘損泐蝕，無法辨識處，用“□”標識。不能辨識字數多寡者，用“( )”表示，並在圓括號内注明“泐”或“上泐”“下泐”。據上下文義或他書補入的字，加“[ ]”標明，以備參考。

九、石刻題名，用歷代通行標題，但作適當簡省。凡某人造像、墓誌或碑碣，只冠題名，不書仕履。

目　録

概　述

集釋彙考

西　漢

東　漢

三　國

前　秦

後 秦

西 秦

南 朝·齊

北 魏

東　魏

西　魏

北　齊

北　周

隋　代

唐　代

五　代

北　宋

南　宋

金

西 夏

元 代

明 代

清　代

民　國

專題研究

附　録

羌族石刻文獻集成

概述

概　述

用漢字記録的文獻，稱為漢語言文獻。羌族是個有自己本民族語言，但没有文字的民族（西夏文除外）。羌族的歷史文化傳承方式主要有三種：一是靠實物，二是靠口頭傳頌，三是靠漢語言文獻記載。殷商甲骨刻辭是我們所能見到的最早的成系統的漢語文獻材料，在約十多萬片材料中，有很多與羌人有關的刻辭，是我們認識、研究上古時期，特别是商周時期羌人歷史文化的寶貴資料和重要依據。與甲骨刻辭同屬於出土文獻的還有歷代的金文、簡帛文獻、石刻文獻，他們與紙質漢文文獻、羌族口頭傳説、歷史實物共同構成羌族歷史文獻，成為研究羌人、羌族歷史文化的重要材料。由於石刻文獻容易風化，不易保存，是一種亟待搜集、科學整理的實物資料。

一、古羌人石刻産生的歷史描述

石刻是指以石質為載體的文獻材料，包括保存在地上的各種記事紀功碑碣、石闕、摩崖，也包括地下各種幽埋銘刻，如墓誌、墓記、地券等，以實物形式保存了原始面貌，具有考古學價值，因此學界通常將各類石刻都視為出土文獻。

羌族石刻文獻是以石質材料為書寫載體的銘刻文字，它是出土文獻中十分重要的、具有實證價值的文獻，包括有羌人題名，對羌族政治、經濟、軍事、歷史和文化有重大影響，特别是碑主或誌主有治羌事跡和政績的石刻。如東漢光和三年（180）《趙寬墓碑》，碑主趙寬，其先趙充國，西漢中期傑出的軍事家，熟諳匈奴、羌人。趙寬，即充國五世孫，自上邽别徙破羌，為護羌校尉假司馬。次子子惠，護羌假司馬。趙氏歷代居隴西、馮翊、金城等羌地，任護羌校尉假司馬等職，直接管理羌人，既有鎮壓羌人的史實，又有安撫羌人的事跡和政績，對古代羌族歷史和文化産生了重要影響。唐大中六年（852）《盧就墓誌》、大中十年（856）《孫景商墓誌》、咸通二年（861）《白敏中及前妻崔氏墓誌》等，反映了晚唐中央政府對党項由大規模征勦到鎮撫、以恩信撫馭的政治、軍事策略的轉變，不僅緩和了党項與唐朝的矛盾，也為百餘年後党項羌人依附唐王朝，休養生息，壯大崛起，繼而與其他割據勢力分庭抗争埋下了伏筆。對於四川省汶川、茂縣、理縣、松潘、黑水、北川等羌區，由於歷史上長期羌漢、羌藏雜居，有些石刻難辨其族屬，也予以收録。

中國石刻産生的時間現在尚無法確定，就目前所發現的最早的石刻看，是殷商末期帝乙、帝辛時代石刻，即1935年发现之河南安陽殷墟侯家莊1003號殷人墓的墓道石刻，鐫刻2行12字。春秋戰國時期，石刻開始多起來，並達到相當成熟的水平，如由十個鼓形的圓石組成的“石鼓文”，是現存最早、規模較大的石刻文獻，現藏北京歷史博物館。上古具有重大影響的石刻還有秦刻石，這份遺産没有完整保存下來，至今只能見到一些殘石，所幸的是司馬遷把原文著録在他的歷史巨著《史記》中了。

先秦、西漢留下的石刻文獻較少，固然受到古人重金輕石意識的影響，也可能與頻處戰亂、經濟凋敝有關。特别是西漢百廢待興、崇尚質樸，社會風氣無疑制約了石刻的發展。東漢國力强盛，獨尊儒術，儒家提倡孝道，厚葬蔚然成風，以興建石祠堂、墓碑來顯揚孝道。修橋築路、祭祀山川神靈先聖，更要刻碑紀念，出現了碑碣、石闕、摩崖、墓記、畫像題字、石經等石刻文獻類型，形制漸漸固定。後世石刻，基本遵循漢碑格局和矩範向前發展。

迄今發現最早的羌族石刻文獻是西漢末新莽始建國元年（9）《西海郡虎符》，虎符上為虎紐、蓋，下為石匱。虎頭所向的蓋和石匱正面刻文，3行，滿行6－9字不等，篆書。記載王莽篡漢，西海郡設立。《漢書·王莽傳》載，元始四年（4），中郎將平憲奉王莽令到青海“多持金幣誘塞外羌，使獻地，願内屬”①。獻地者，即卑禾羌豪良願等種。石刻銘文對研究西漢末中央政府的對羌人政策及該時期羌人種落、聚居及西海郡設置、變遷等都有參考價值。東漢熹平二年（173）《景雲碑》，出土於重慶市雲陽縣舊縣地址，漢晉朐忍縣故城遺址，現藏重慶市三峽博物館②。碑石斷為兩截，損壞11字，餘完好如新。碑高182cm，寬81 cm，制作精美。碑文13行，滿行30字。隸書。碑文述漢巴郡朐忍令廣漢景雲叔，乃大禹後裔的一支。景氏先祖由汶川石紐東徙於楚地，其“先人伯沇”曾率領族人“幃屋甲帳”，重返故地汶川，祭祀祖先禹。碑云“術禹石紐，汶川之會”；“惟汶降神，挺斯君兮”，均指其先世是來自汶川的大禹之後。該碑對研究大禹後裔遷徙、生存狀况以及羌人大禹崇拜等，具有很高的文獻價值。禹生之地石紐，是汶川，亦或北川，學界尚有争議，但二地同為四川羌區，表達的是同一思想情感，即羌人的大禹崇拜情结。

魏晉南北朝时期，社會動蕩，戰争連綿，人民流離失所，社會遭到很大破壞，但又為民族的大融合、思想文化的多元發展提供了難得的舞臺。本土道教的勃興、成熟，

① （漢）班固撰，（唐）顔師古注：《漢書》卷九十九上，中華書局1962年版，第4077頁。
② 叢文俊：《新發現漢巴郡朐忍令景雲碑考》，《中國書法》2005年第5期。

外來佛教文化的傳播、推廣，帶給苦難深重的人們以修道成仙的來生福報和佛主保佑的人生慰藉，讓人們在迷茫中找到精神寄託。這個時期的石刻，受到新興宗教習俗、思想文化、藝術審美的影響，在繼承東漢石刻的基礎上，固定了墓誌的形制和內容，同時產生出新的石刻文獻形制——造像記，因此在70餘通石刻中留存了大量羌人題名，為研究羌人遷徙、聚居、民族融合、古羌人姓氏及其演變，提供了十分豐富的資料。發願文既體現了中國人宗教信仰的變遷，也反映出羌人宗教信仰出現的適應性調整。在本土道教發展成熟的基礎上，外來佛教得到廣泛傳播，道教信仰和佛教信仰进一步融合。如北魏太和二十年（496）《姚伯多兄弟造像碑》，陝西省耀縣漆河出土，現藏藥王山碑林。記述羌人姚伯多兄弟造太上老君彩繪石像，以祈家族吉祥，斯願尅成。姚氏，乃羌之大姓，供養人為姚氏兄弟及其妻子，即姚伯多、姚伯龍、姚定龍、姚伯養、姚天虎、梁冬姬、胡女進、胡德女、牛妙姜、王黶女等，屬於家屬造像，是一通羌人道教造像碑。

北周保定四年（564）《聖母寺四面像碑》，又名《大周大像主和儁將軍等一百五十人造四面像》，自稱造像者題名150人，實際存題名122人，羌人最著。《潛研堂金石文跋尾》《八瓊室金石補正》《碑銘所見前秦至隋初的關中部族》曾對諸羌姓氏和人數做過統計。今據題名略計，昨和、屈男、罕井（亦作“罕幵”）、荔非、同琋、弥姐、鉗耳、地連、雷、甞、姚、姜氏等83人，佔題名總數的67%以上。另有王、楊氏，均漢和氏、羌大姓，族別待定。題名所冠從“堪像主”“大邑長”“都邑主”“檀越主”到“比丘”“化主”“唯那”“齋主”“典坐”“香火”及“邑子”的方式，既明確宣示造像人的宗教信仰，也表明其在宗教邑社中的身份地位，為研究佛教供養人組織形式，特別是研究北朝時期宗教結邑組織提供了十分難得的材料。這通碑銘表明，在陝西省蒲城縣的同族羌人與異族漢人以相同的信仰組織起來，構成民間社邑組織，表達共同的心願，反映出宗教信仰的功利化、世俗化特徵。

南朝永明元年（483）《釋玄嵩造像記》，四川省茂縣城鳳儀鎮静州村西南出土，是一通羌區羌人佛教造像，現藏四川省博物館。四面造像，左、右側題記，發願文“敬造無量壽、當來彌勒成佛二世尊像”。茂縣點將臺有唐代造像和題記，也出於羌族聚居區，也有羌人題名“西義州行參軍張、録事姚”①，説明從南朝至唐代，佛教仍是四川羌族地區普遍的民間宗教信仰。只是佛主崇奉發生了變化，由無量壽、彌勒佛變成了觀世音。羌區觀音菩薩在民間信徒中地位的提升與中國佛教的發展取同一步調，

① 于春、蔡青：《四川茂縣點將臺唐代佛教摩崖造像調查簡報》，《文物》2006年第2期，第48頁。

反映出羌區與漢區民間宗教的密切關係①。

隋代上承漢魏南北朝，下啟唐宋，時間雖短，仍留下了19通石刻，主要是造像碑和摩崖。如開皇二年（582）《弥姐顯明造像碑》、開皇六年（586）《弥姐後息造像碑》及附唐乾封元年（666）《鬲荀子合邑子廿五人改造佛像記》。過去治羌族史者以為弥姐是羌姓中的稀姓，自此二碑一出，始知弥姐氏與上述雷氏、同琋氏、昨和氏等，都是西羌中的大姓氏，在關中分佈很廣。開皇九年（589）《姜須達通道記》，摩崖，最為著名和珍貴。《隋書·本紀二》載開皇八年三月，"壬申，以成州刺史姜須達為會州總管"②。姜氏整修中央王朝通往汶山諸羌古道，反映了隋朝統治者管理諸羌、穩定邊疆的史實。隋會州，即汶山郡，開皇初改為蜀州，尋復為會州（見《隋書·地理志》），其轄境頗廣，統領今汶川、理縣、茂縣、黑水及松潘縣南部一帶的廣大地區，姜須達時任會州刺史。

唐代是中國封建時代的鼎盛時期，王朝以其強大的國力和開放的胸襟，建立了超越前代、空前統一的多民族國家，其蓬勃向上的時代精神、大度包容的氣魄反映到石刻，產生出大量巍峨宏博的豐碑，數量衆多，内容豐富，製作精美。據我們的調查，這個時期的羌族石刻有40餘通，包括墓誌、碑刻、造像、摩崖等，既有產生於陝西、河南這些政治、經濟、文化發達地區的，如《金行舉墓誌》《姚思忠墓誌》《雷大岑造像記》《夫蒙鍠墓誌》等；也有遠離政治中心，地處唐蕃邊境，位於西南四川岷江上游的，如《疊溪點將臺造像題記》《理縣樸頭題記》等。特別是其中的24通墓誌，鐫刻精緻，書體俊逸，所記人物、事件詳瞻，蘊涵豐富的政治、軍事、民族融合等信息，史料價值很高。

當然，相對於唐代浩繁的石刻文獻，唐代羌族石刻還是顯得十分寥落。探討其原因，應該涉及羌人遷徙、羌人改姓、賜姓等社會政治、經濟、軍事、習俗等，是一個相當複雜的問題。多種原因的綜合作用，加深了羌人與各民族的進一步融合。當北方其他種落羌人漸漸融入其他民族的時候，党項羌在隋末唐初崛起，活躍於甘、青、川三省交界的高原大草原——松潘草地一帶，如同本部族羌人一樣，經歷多次遷徙，在唐末、五代壯大，北宋時建立西夏政權。所以，從唐代到宋元，出現了一批党項及西夏党項遺民石刻，甚至明代也有党項遺民石刻，共40餘。西夏王朝創製西夏文，鐫刻了大量西夏文碑，是研究西夏學的重要材料。其遺存漢文石刻數量有限，一是党項羌進入空前強盛，羌人其他種落有可能融入党項；二是創製和推廣西夏文，再加上蒙元對西夏文明報復性的破壞。這批石刻，不僅可以彌補宋元羌族石刻的匱乏，使羌族石

① 曾曉梅、吴明冉：《南北朝造像記与羌族宗教信仰》，《西北民族大學學報》（哲社版）2012年第6期，第53頁。

② （唐）魏徵等：《隋書》卷二，中華書局1973年版，第29頁。

刻成為一個具有通代意義的石刻文獻，而且可以大大豐富西夏學。

它們是唐《拓拔守寂墓誌》《白敬立墓誌》；五代後唐《李仁寶妻破丑氏墓誌》、後晉《李仁福妻瀆氏墓誌》、後漢《李彝謹妻里氏墓誌》、後周《李彝謹墓誌》《綏州太保夫人祁氏神道誌》等拓拔李氏墓誌；北宋《折惟忠妾李夫人墓誌》《折可適墓誌》《折克行神道碑》《折繼閔神道碑》《折繼新墓誌》《折繼全墓誌》等折氏碑誌①。關於二氏，一説自鮮卑，一説党項，碑誌為研究拓拔李氏、折氏世系、族源提供了實證材料，也可考察唐末、五代藩鎮割據以及所涉相關朝代政治、軍事、民族政策、邊疆史等。

元代羌族石刻文獻主要記載西夏党項遺民，本書只收録西夏党項遺民石刻。西夏是一個以党項為主體，包括漢、吐蕃、回鶻在内的多民族地方政權。元《李恒墓田記》，碑主李恒是西夏皇室後裔，元世祖時副元帥，事跡可見《元史·李恒傳》《吴文正集·滕國李武愍公家傳後序》《李恒新廟碑》《李恒家廟碑》《李恒廟碑》，其子《李世雄墓誌》《李世安墓誌》，其裔明《李仲墓誌》及《楊教化神道碑》《立智理威忠惠公神道碑》等碑誌，是研究党項後裔及西夏遺民不可多得的材料。

自唐代開始出現了突厥文、回鶻文等少數民族文字碑，羌族石刻發展到西夏，也出現了西夏文碑，如西夏天祐民安五年（1094）《涼州重修護國寺感應塔碑》，是現存最完整、内容最豐富的西夏碑刻。兩面分刻西夏文、漢文，不僅對於解讀西夏文意義重大，碑中記載的地震史實，又是地震史研究重要資料。碑石的出現，使得消亡數百年的西夏文字得以重新為世人所認識。乾祐七年（1176）《黑水河建橋敕碑》，兩面刻藏、漢文。元至正八年（1348）《莫高窟六體真言碑》，刻梵、藏、漢、西夏、八思巴、回鶻等 6 種文字。清乾隆五十九年（1794）《［阿穆保］功德碑》《阿克魯氏慈君墓碑》，刻藏、漢文。光緒七年（1881）《黑水白爾窩告示碑》，刻藏、漢文。這些石刻既是研究邊疆地區史、少數民族史的重要史料，也是研究少數民族語言的珍貴語料。

明清時期，隨着工商業的發展，出現了大量反映農業、水利、賦税、漕運、貿易、工商會館、社會治安、鄉規民約等告示碑，佛教信仰的泛社會化，又産生出大量寺觀碑。此時，活躍在北方舞台的羌人，似已難見踪迹，而在西南四川西北岷江和涪江上游，則相對活躍，今已發現羌族石刻百餘通。與該時期中國石刻文獻發展一致的，主要是告示碑、鄉規民約碑、祠廟碑、墓碑、家譜碑，如明崇禎十七年（1644）《松潘城崇禎十六年告示碑》；清康熙四十年（1701）《牟托巡檢司土規告示碑》、同治十一年（1872）《老窪寨鄉規民約碑》；明嘉靖三十五年（1556）《報功祠碑》、清嘉慶十

---

① 北宋崇寧二年（1103）《折克柔墓誌銘》、約北宋（960－1127）末年《折克禧墓誌》，2012 年陝西省府谷縣文物管理委員會收藏，未公佈拓片。

二年（1807）《石紐山聖母祠碑記》、嘉靖七年（1528）《宋璡妻陳氏墓碑》、光緒二十年（1894）《小寨子袁姓墓碑》、乾隆三十二年（1767）《龍溪火墳碑》、嘉慶八年（1803）《劉氏百代興隆碑》。這些石刻成為研究明清羌族和羌區政治、軍事、賦稅、教育、鄉規、民俗、道路、水利、森林保護等最直接、最可靠的實物證據。

梳理羌人各個歷史時期石刻，便於我們從通代史的角度整體地認識、利用、研究這批珍貴資料。

二、羌族石刻的地域分佈

中國石刻分佈在全國各地，其繁盛與否、多與寡，與政治中心、地理位置、經濟文化發展、社會習俗密切相關。以現存石刻看，歷代石刻北方遠遠多於南方，尤以陝西、河南最多，山東、山西、河北、隴蜀也頗豐。羌族石刻的地域分佈與歷史上羌人的不斷遷徙密切相關。古羌人起源於中國西北，今青海河曲、湟水及甘肅大夏河、洮河、渭水上游一帶的高原草原。《後漢書·西羌傳》："河湟間少五穀，多禽獸，以射獵為事。"① 生活異常艱苦，隨着人口增長，生存壓力越來越大，於是便向四周遷徙，向東、向南遷徙是主流。中原地區先進的畜牧和農耕經濟，容易吸引羌人。從上古到春秋之時，羌人約有三次向東遷徙②。漢代，因漢政權設置而發生的大規模東移有6次③，氐人有3次④。氐、羌同源，後分化為不同的兩個民族。就源頭説，氐羌為一；從流衍説，氐羌可分。因此，研究古羌人，氐、羌似可通盤考慮。《後漢書·西羌傳》、光武、順、桓、靈《帝紀》，及趙充國、張奂、段熲等本傳都有記載。關中地區又是政治、經濟、文化發達的地區，更是羌人南遷的首選。至十六國時，關中"氐、羌人數最多，實力亦最强"⑤。前秦治關中，文物制度多宗魏晉，而帥吏則多憑羌人，氐羌上層始終聯合。前秦建元三年（367）《鄧太尉祠碑》、前秦建元四年（368）《廣武將軍□產碑》，多羌人軍吏、部族將吏。不只是地方政權如此，就是前秦的國家政權亦有不少羌人參加其中。苻堅的祖先苻洪，其母姜氏；苻健之母姓羌氏。馬長壽先生認為"此姜氏與羌氏應為羌姓，可知氐羌早互婚之族"⑥。至西晉前期，《晉書·江統傳》："關中之人百餘萬口，率其少多，戎狄居半……徙馮翊、北地、新平、安定界内

① （南朝宋）范曄撰，（唐）李賢等注：《後漢書》卷八十七，中華書局1965年版，第2875頁。
② 徐傑舜：《中國民族史新編》，廣西教育出版社1989年版，第241頁。
③ 馬長壽：《氐與羌》，上海人民出版社1984年版，第103－104頁。
④ 馬長壽：《碑銘所見前秦到隋初的關中部族》，中華書局1985年版，第8頁。
⑤ 同上書，第35頁。
⑥ 同上書，第38頁。

諸羌，著先零、罕幵、析支之地；徙扶風、始平、京兆之氐，出還隴右，著陰平、武都之界。"① 關中的氐、羌、匈奴、鮮卑等的人數已大大超過了漢族，氐羌至少在30萬口以上②，改變了秦漢時關中民族以漢族為主的分佈格局。這種格局及至北魏亦大體未改變。十六國時期，匈奴、羯、氐、羌、鮮卑等少數民族政權的建立，特别是前秦、後秦政權，以及後凉、清水氐楊氏仇池、宕昌羌、白水羌、白蘭羌等地方政權的建立，氐羌人成為這些政權的核心，民族自信獲得大大提升。隋唐古羌人中興起較晚的党項羌，在吐蕃不斷蠶食下，陸續從甘、青、川三省毗連的高原草地，遷往隴右；"安史之亂"後，再徙往銀州以北、夏州以東的沙漠地帶（今鄂爾多斯高原南緣）。1038年，建立大夏國，都興慶（今寧夏銀川市），從政治體制到軍事、文教等方面，創造了優秀燦爛的文化。古羌人向西南遷徙的，主要是沿着横斷山脉岷江、涪江、大渡河、雅礱江、安寧河等河流域，散佈開來。岷江、涪江上游，至今仍是羌族最大的聚居區，《史記·西南夷列傳》《華陽國志》《太平寰宇記》及漢至清代各史志均有記載。羌族石刻的分佈地，從新疆到青海、甘肅、寧夏、内蒙古、陝西、河南、河北、山西、四川、重慶等地，這片廣闊的區域歷史上就是羌人遷徙和聚居地。石刻分佈最多的陝西、河南、甘肅、寧夏、内蒙古、四川，就是歷史上羌人聚居最多、分佈最廣、時間最長的地區。明代以前，石刻分佈主要在北方，明清以後，則主要分佈在南方。元代西夏党項遺民石刻，由於無刻石地點著録，從碑銘文字看，碑主、誌主任職地有山東、安徽、江西、浙江、四川、湖廣等，有些地方應該就是石刻分佈地。所以説不同時代，羌族石刻地域分佈亦不同。

1. 陝西

陝西羌族石刻數量最豐，主要形制是造像記。年代跨度大，上自三國魏，下迄宋代。以耀縣、彬縣、富平縣、蒲城縣、洛川縣、白水縣、西安、榆林等地最富。耀縣有北魏《姚伯多兄弟造像碑》《夫蒙文慶造像碑》《氿臣生造像碑》《夫蒙氏造像碑》《雷漢仁造像記》《邑主儁蒙□娥合邑子卅一等造像記》《絳阿魯造像記》，僅耀縣稠桑鄉西牆村寺廟遺址，就出土北魏《荔非周歡造像碑》、西魏《荔非郎虎、任安保六十人等造像碑》、北周《荔非興度觀世音造像座》等，這些出土地即是北朝耀縣内遷羌人聚居村落。隋《弥姐後息造像碑》、唐《鬲荀子合邑子廿五人改造佛像記》，後碑刻於前碑碑陰下段，出土地不詳，原藏雷天一家，疑出土於耀縣一帶。遺存題名表明刻碑地，隋代時是以弥姐氏為主的羌人村落，八十年後，羌村逐漸為以漢族為主體的多民族聚居村落代替。在隋代為主體的弥姐氏，進入唐代，或是改姓，或是遷徙，日

① （唐）房玄齡等：《晉書》，中華書局1974年版，第1532－1533頁。

② 周偉洲：《陝西通史·民族卷》，陝西師範大學出版社1997年版，第88頁。

漸零落，顯示出民族融合的態勢。舊縣志載陝西蒲城縣北鄉有弥家，鄜州西南鄉有弥家川，應是弥姐氏改弥氏，以種族聚居為地名的痕跡。

彬縣有北魏《荔非屈利等造像碑》、北魏至隋代《荔非伏猥等造像碑》。北周《荔非明達造像碑》，碑石所在地不詳，或云在華州（今華縣一帶）。陝西省博物館人員認為，拓本似源自華縣，可備一説。1953 年由華縣徵集入藏①。彬縣、華縣同屬於渭北耀縣一帶。從荔非氏造像碑的出土範圍看，羌族荔非氏的活動範圍在北至耀縣、東達華山、西至甘隴一帶三角區域内。

富平縣有北魏《楊緵黑造像碑》、西魏《法超造像記》。富平，秦置，治今寧夏吴忠市西南，東漢為北地郡治。元初四年（117），任尚、馬賢與先零羌戰於富平上河，即此。東晉時一度為苻秦所據。北魏太平真君八年（447），將其轄地併入同官縣。因其地理位置優越，東鄰蒲城、渭南，南接西安臨潼，西連耀縣、三原縣，北依銅川，是關中平原和陝北高原的過渡地帶，早在東漢，已成為各民族匯聚之地，更是羌人的主要居住地之一。北魏《山公寺碑頌》就有“富平縣功言弥姐龍成”，羌人。西魏《法超造像記》存題名 39 人，《中國佛道造像碑研究》：“四面柱狀，頂、座佚，齊、仇、符、吕、衛、劉等。齊、仇為最。多羌、氐。”②“符”，拓本作“苻”。苻氏當是苻秦遺民，氐人。吕氏，略陽氐人，十六國時吕光在姑臧（今武威）建後凉政權。吕憲，吕光弟。後秦姚興弘始四年（402）《吕憲墓表》，《八瓊室金石補正》：“吕憲，後凉人。《十六國春秋》：‘吕氏，略陽氐人。’吕憲，纂之從叔也，為建節將軍、遼東太守。與碑所稱合，惟碑不言建節將軍耳。”③ 所引見《十六國春秋·後凉録四》。

蒲城有前秦《鄧艾祠堂碑》、北周《聖母寺四面像碑》《邑子一百廿八人造像記》、唐《弥姐亮墓誌》，洛川縣有西魏《法龍等合邑六十人造像碑》、北周《景曇和楊恭等八十人造像碑》，白水縣有前秦《廣武將軍□産碑》，西安有唐《雷大岑造像記》《夫蒙鍠墓誌》，郃陽縣有唐《雷詢及妻趙氏墓誌》。特别是榆林的拓拔李氏墓誌與府谷縣的折氏碑誌，史詩般地展現了兩個家族歷史。拓拔李氏與折氏，同為党項羌，均在唐末、五代發展成地方割據勢力，一個據夏、綏、銀、宥四州，建立西夏國，威脅北宋安全。一個據麟、府二州，忠心耿耿為北宋守邊，與西夏作戰，前後達百餘年，遏制西夏騎兵，使其始終未能東逾黄河。因為立場不同，同族成為勁敵。所以，當西夏襲取府州後，折氏祖塋遭到嚴重損毁。

---

① 馬長壽：《碑銘所見前秦到隋初的關中部族》，中華書局 1985 年版，第 74 頁。

② 羅宏才：《中國佛道造像碑研究——以關中地區為考察對象》，上海大學出版社 2008 年版，第 167 頁。

③ （清）陸增祥：《八瓊室金石補正》卷十，民國十四年（1925）吴興劉氏希古樓刊本，《石刻史料新編》第一輯（6），臺北：臺灣新文豐出版公司 1982 年版，第 4154 頁。

2. 河南

河南的羌族石刻集中在洛陽，主要有北魏《馬振拜等造像記》《楊大眼造像記》、西魏《黨屈蜀造像記》、東魏《蒙續祖等造像題名》，皆刻於洛陽龍門石窟，保存了羌人姓氏、羌人内附重要信息。《馬振拜等造像記》題名“部馬苟郎”，“部馬”，按中古雙唇音相通之原則，即“不蒙（夫蒙）”一氏之異寫①。《魏書·王遇傳》載，王遇“馮翊李潤鎮羌也，與雷、党、不蒙俱為羌中强族”②。可知“部馬”是西羌部落豪門大姓之一。《党屈蜀造像記》之党氏，西羌部内之盛族。《魏書·太宗紀》有泰常間“羌酋不蒙俄等遣使内附”③“河西太守馮翊羌酋党道子遣使内屬”的記載④，表明不蒙、党氏兩支羌人部落在明元帝（409－423）時已歸屬北魏。党氏還有晉職魏廷者。及唐代開元時期，《舊唐書》夫蒙靈詧⑤，同書《李嗣業傳》稱“馬靈詧”⑥，説明唐代“不蒙”即“夫蒙”，受複姓改單姓的影響，省去“不蒙”前一音，而將後一音節“蒙”字改為“馬”字。洛陽還有唐《魏君妻雷氏墓誌》《姚孝寬墓誌》《姚暢及妻陳氏墓誌》《金行舉墓誌》《姚思忠墓誌》《韓忠墓誌》《狄知愻碑》《姚遷墓誌》《鉗耳墓誌》《鉗耳君妻薛氏墓誌》等。

陝西與河南的姚氏墓誌，尤為引人注目。《晉書·姚弘載記》載，當後秦國破，姚贊率後秦“宗室子弟百餘人”降於劉裕，“裕盡殺之”⑦。姚泓被俘至建康遭斬殺，餘宗遷於江南，但此後數百年間的遷徙路綫、政治與軍事活動、社會生活，甚至婚配、生平事跡等均不清楚，上述姚氏墓誌為我們研究姚羌提供了新的視角，是開展相關研究的珍貴材料，可補史乘之闕。

3. 甘肅

甘肅有東漢《耿勳碑》，又名《天井山摩崖》，刻於成縣。碑云：“興利無極，外羌且□等，怖威悔惡，重譯乞降。”屯外未内附之羌謂外羌，降而入屯之羌謂屯羌。《後漢書·順帝紀》：陽嘉三年十一月“丙午，武都塞上屯羌及外羌攻破屯官，驅略人畜”⑧。“且”下一字泐，疑“凍”字⑨。且凍，羌人分支。《後漢書·順帝紀》：永和

① 張乃翥：《龍門石窟魏唐碑銘所見民族史史料集繹》，《敦煌學輯刊》1990年第2期，第94頁。

② （北齊）魏收：《魏書》卷九十四，中華書局1974年版，第2023頁。

③ 《魏書》卷三，第60頁。

④ 同上書，第59頁。

⑤ （後晉）劉昫等：《舊唐書》卷一百零四，中華書局1975年版，第3205、3207頁。

⑥ 《舊唐書》卷一百零九，第3297頁。

⑦ （唐）房玄齡等：《晉書》卷一百一十九，中華書局1974年版，第3017頁。

⑧ （南朝宋）范曄撰，（唐）李賢等：《後漢書》卷六，中華書局1965年版，第264頁。

⑨ 毛遠明：《漢魏六朝碑刻校注》（1），綫裝書局2008年版，第371頁。

四年九月，“且凍羌寇武都，燒隴關”①。熹平二年（173），耿勳到任，此時未降的且凍羌始降。北魏《山公寺碑頌》，寧縣出土，記述正始元年（504）豳州刺史山累帶頭興建三級浮圖的歷史。豳州，北魏太和二十年（496）改邠州置，領郡三、縣十，見《魏書·地形志下》，因古豳國城而獲名。治趙興郡城（今甘肅寧縣），一直是少數民族聚居地，氐、羌、屠各、盧水胡、粟特是這一帶最活躍部族②。秦州一帶出土一批權氏造像，如西魏《大統二年石雕造像塔》《權旱郎千佛造像題記》、北周《權道奴造像碑》《王文超造像碑》《權慶和等造釋迦象記》、隋《權苟與多造像記》等，權氏，略陽（今甘肅秦安隴城）大姓。前秦苻登時，休官首領權千成據秦州顯親縣（今甘肅秦安西北），稱秦州牧，後歸降西秦、後秦。“休官是氐族，常與屠各並見，想系雜居之故。”③《大統二年石雕造像塔》題“亡母吕小（下泐）、亡父吕□”；《權苟與多造像記》題“妄女吕淵容”，足見秦州望族氐人權氏，與略陽氐、十六國時在姑臧（武威）建後凉政權的吕光吕氏，互為婚姻，關係緊密，是研究秦州氐人的珍貴資料。北周保定元年（561）《正寧洛川釋迦立像題記》，正寧羅川鎮聶店村出土。發願文稱“合邑生一百三十人等”，實際題名 154 人，羌人有弥姐、地連、荔非、亓、雷等，氐人有梁、付、程、毛、楊氏等。全是部族人士，主要是羌、氐、屠各、盧水胡、月支胡、龜兹胡、粟特胡、吐谷渾及遷徙安置的六鎮鮮卑。因此，即使到了西魏、北周，豳寧地區仍然是氐、羌、屠各、盧水胡等部族聚居地，他們才是本地區佛教石窟藝術的真正創造者④。

甘肅還有西夏碑：天祐民安五年（1094）《凉州重修護國寺感應塔碑》，發現於甘肅省武威市大雲寺内。乾祐七年（1176）《黑水河建橋敕碑》，刻立於張掖市城西十里黑水河東岸的下龍王廟。

4. 内蒙古及其他地區

内蒙古烏審旗無定河鎮（原納林河鄉）出土一批夏州拓拔李氏墓誌，包括五代《李仁福妻瀆氏墓誌》《李彝謹妻里氏墓誌》《李彝謹墓誌》《李彝謹續妻祁氏神道誌》、北宋《李光睿墓誌》《李繼筠墓誌》《李光遂墓誌》等。誌文所記人物生平事跡、歷史事件為研究夏州拓拔李氏家族世系、党項羌部提供了實證材料。人物卒葬地表明夏州政權在該地根基深厚穩固，為研究西夏時期的夏州地理，增添了新的坐標。

青海有新莽始建國元年（9）《西海郡虎符》，出土於青海湖東北、湟水東岸的金

---

① （南朝宋）范曄撰，（唐）李賢等注：《後漢書》卷六，中華書局 1965 年版，第 270 頁。

② 唐長孺：《魏晉南北朝史論叢》，河北教育出版社 2000 年版，第 320－374 頁。

③ 同上書，第 387 頁。

④ 暨遠志、宋文玉：《北朝豳寧地區部族石窟的分期與思考》，《2005 年雲岡國際學術研討會論文集（研究卷）》，文物出版社 2006 年版，第 87 頁。

銀灘三角城古城遺址。這是迄今為止，青海省发现最早有紀年的石刻。東漢光和三年（180）《趙寬墓碑》，在青海省樂都縣老鴉城西征集。雖然僅兩通石刻，但足以證明青海乃古羌人聚居地及兩漢對羌人故地的管轄。

寧夏僅有西夏石刻，皆出自銀川，有大慶三年（1038）《大夏國葬舍利碣》、天祐垂聖元年（1050）《承天寺碑》《西夏陵石經幢》，與西夏都興慶有直接關係。

新疆有摩崖，西漢《燕然山銘》，刻於伊犁，記載車騎將軍竇憲，與執金吾耿秉，率南單于、東胡、烏桓、西戎、氐羌侯王君長之群，理兵於朔方。東漢《劉平國碑》，刻於新疆庫車大山崖壁間。表明羌人足跡已西至新疆。另外，河北有唐《狄公祠碑》、元《河西老索神道碑》，重慶有東漢《景雲碑》，山西太原有北齊《狄湛墓誌》等。

5. 四川

四川岷江、涪江上游羌族石刻，上自隋代，下至民國，共計170餘通，主要產生於明清。明代中期到清代，中央政府施行改土歸流，土民與漢民採取相同的政治、經濟、社會制度，如丈量土地、徵收賦税、編查户口、興辦學校、實行科舉等，促進了羌藏、羌漢民族融合和社會進步，產生了一批告示碑、鄉規民約碑、祠廟碑、修路碑、墓碑等，分佈在茂縣、汶川、理縣、黑水、松潘、北川等，如茂縣的清《小沙壩火葬墓碑》《水磨坪治安管理碑》《河西議話碑》《光明勸世碑》、汶川的明《重修壩州堡碑》、清《克枯棧道修路碑》《龍溪火墳碑》《非土著人民不得應試章程碑》《瓦寺土司差役碑》、理縣的清《水塘楊氏家譜碑》《曾頭修路功德碑》《老窪寨鄉規民约碑》等。另外松潘有明《松潘城崇禎十六年告示碑》、清《張元佐德惠碑》，北川有清《白水溪修路碑》《唐天福墓誌》《永垂萬古碑》等，這些都是研究明清岷、涪江上游羌族政治、軍事、建制、歷史文化真實可靠的材料。

三、羌族漢文石刻的形制及分類

我國石刻文獻的產生歷史悠久，數量巨大，種類繁富，用途不同，制作方式亦不同，形制多樣，名稱錯綜複雜，馬衡曾有“石刻種類名稱，僂指可難數”的感歎①。鑒於石刻以銘文為主，清代葉昌熾《語石》把石刻分成41類，成為我國石刻文獻進行全面分類的第一部專著。由於分類標准交叉，類目過細而致分類鎖碎，不利於總體地把握石刻文獻，揭示其規律，毛遠明先生在《碑刻文獻學通論》中將石刻文獻分為碑碣、石闕、摩崖、墓誌、畫像題字、造像記、經幢、器物附刻等類，大類下附設小類，如各種幽埋石刻，均附於墓誌之後；經版、圖碑統率於碑碣之下，避免劃分標準

① 馬衡：《中國金石學概要》（下），《凡將齋金石論叢》，中華書局1977年版，第10頁。

不一造成類別互含、交叉的問題。我們在搜集整理羌族石刻文獻時，基本遵循了這一原則，按照羌族石刻形制，可以分為碑碣、墓誌、造像記、經幢、摩崖、器物附刻等類。

1. 碑碣

狹義上講，凡刻寫有文字或圖案的豎立石頭，用以表達紀念和標記作用，均可稱“碑碣”，秦代稱“刻石”。碑碣主要為墓碑，鐫刻碑主生平事跡，頌其功德，表達對死者的尊敬、紀念，並立於墓前標記。凡將文告、讚頌、記事以及各種經典鐫刻於石，便産生了文告碑、功德碑、記事碑、石經碑等①。羌族碑碣主要有墓碑、紀功碑、廟碑、祠碑等。

廣義而言，碑碣可以作為對刻石的泛稱。碑，體積薄而方首的刻石；碣，厚而首圓或介於方圓之間的刻石。《國山碑考·國山圖》：“碑高八尺，圍一丈，其形微圜而橢，東西二面廣，南北狹四之一。”②《後漢書·竇憲傳》：“敻其邈兮亘地界，封神丘兮建隆嵑。”李賢注：“方者謂之碑，員者謂之碣。嵑亦碣也。”③ 多數情況下，碑有額、有座，碣無額、無座。此外，漢碑一般有暈、穿；碣無暈、無穿，如東漢《景雲碑》，碑文四周鐫刻對稱流雲紋。額作暈首，無題銘，左雕朱雀，右刻玉兔，中鐫婦人掩門圖。碑側浮雕青龍、白虎，制作精美，是漢碑代表，額下有穿。《樊敏碑》，額圭首，篆書“漢故領校巴郡太守樊府君碑”；刻兩獸蟠，額下有穿。前秦《鄧艾祠堂碑》，尖首穹窿形，下有穿。碑碣兩者雖然有別，但事實上彼此相混，碣也稱碑。

碑碣題名一般為碑額或首題。碑額又稱“碑首”“碑頭”，包括碑頭的題字和鐫刻的裝飾性圖案或浮雕，如花草佳木、祥鳥靈獸、日月風雲、人物造型，多數情況下刻螭首。如北魏《暉福寺碑》，《寰宇訪碑録》《金石録目録》著録，因所見河南洛陽董氏拓本，未見碑額，故題為“造三級浮圖碑”。清毛鳳枝始見碑陽額題“大代宕昌公暉福寺碑”，得其主名。武周《狄知愻碑》，覆斗形趺座。額篆書“大唐故邛州刺史狄府君之碑”，刻盤繞六夔龍。首題，是碑刻第一行起標題和總領作用的銘刻文字。通常情況下，碑額鐫碑文題目，碑身則不再重複出現題目，其第一行即正文。有時首題居碑文正中，如《劉氏百代興隆碑》，碑文中間大字楷書，題“本音劉氏門中歷代先祖昭穆宗親之墓百代興隆”。有的碑無額題、首題，通常便以碑文開頭一句作為標題，並省稱。如明《播州營題記》，摩崖刻，首句為“播州營”，題作“播州營題記”。《裁革陋規碑》，首句為“天啟三年，邑令周蓋臣裁革陋規也”，題作“裁革陋規碑”。

---

① 毛遠明：《碑刻文獻學通論》，中華書局 2006 年版，第 12 頁。

② （清）吴騫：《國山碑考》，《石刻史料新編》第三輯（34），臺北：臺灣新文豐出版公司（據拜經樓定本影印）1986 年版，第 597 頁。

③ （南朝宋）范曄撰，（唐）李賢等注：《後漢書》卷二十三，中華書局 1965 年版，第 817 頁。

2. 墓誌

墓誌與墓碑的内容基本無别，但形制卻大不相同。墓碑立於墳前地面，墓誌埋於壙中。墓碑一般有碑額、碑身和碑座，碑額或方或圓，紋飾多樣；墓誌無碑額，一般有誌蓋，其内容、作用類似碑額。墓誌，又稱“墓碣”“壙誌”“壙銘”“葬誌”“墳記”“墓記”“誌文”“埋銘”“槨銘”“神銘”“墓版文”“陰堂文”“玄堂誌”“靈舍銘”等，指埋葬於墳墓中，記録墓主姓名、籍貫、譜系、生卒葬年月、埋葬地點、官階品級、生平事跡、子孫情况等内容，並表達贊頌、哀悼和懷念的石刻。

墓誌包括誌銘和誌蓋，誌主姓氏一般鐫刻於誌蓋和首題。自六朝始，墓誌往往於首行題“某某墓誌”或“某某墓誌銘”，即首題，如北齊《狄湛墓誌》，蓋題“𢀸涇州刺史狄公墓誌”；唐《和善及妻周氏墓誌》，蓋題“唐故和君墓誌之銘”。有的無蓋，或是本身未刻蓋，或是出土後亡佚。缺誌蓋，首題即墓誌標題。唐代以後，墓誌首題形成定式，一般題“某某墓誌銘并序”，如唐《姚思忠墓誌》，蓋缺，首題“唐故姚君墓誌銘并序”；《姚遷墓誌》，首題“大唐故益州都督府户曹參軍姚君墓誌銘并序”。

在誌蓋、誌文四周往往鐫刻紋飾，如唐《拓拔守寂墓誌》，盝頂蓋，蓋面篆書“唐故拓拔府君墓誌銘”。有雙綫框，四周刻蓮花、卷草紋。四刹左刻長羚角獅形奔跑瑞獸，右刻斑紋豹奔跑瑞獸，上刻展翅飛翔鳥雀，下刻展翅飛翔鴻雁，均間以卷草紋。四側刻水波狀雲氣紋。誌文四側刻十二生肖，間以寶相花紋，非常精美。《鉗耳墓誌》，誌文有縱横界格，四側刻卷草紋飾，蓋篆書“大唐故鉗耳府君墓誌”，有縱横界格。四周刻回折綫紋，四刹刻卷草花紋。《鉗耳君妻薛氏墓誌》，誌文有縱横界格。四側刻卷草花紋。蓋缺。

同屬幽埋石刻的，還有刻於陶磚的“磚誌”“墓磚記”，用於佛教僧侣的“塔銘”“塔記”“功德塔”“浮屠銘”“浮屠記”等。西晉太康六年（285）《姜維城西晉磚》，高 27 cm，寬 10 cm。1 行 10 字：“太康六年九月吉日造作。”① 1989 年，四川省汶川縣威州鎮東南姜維城山南側半山上，村民取土時發現。穹窿頂單室磚墓，多幾何紋、錢幣紋、乳丁紋等花邊磚，銘文磚僅 1 通。汶川縣文博館還收藏太康六年（285）《西晉磚》，2 通，出土地點不詳，汶川縣綿虒鄉街村背後公路坎拾得。一高 38 cm，寬 22 cm，厚 4 cm。右下角殘缺。1 行 12 字：“太康六年九月造作吉利□□。”一殘斷，僅存“太康六年九月造作吉利”10 字②。

① 阿壩藏族羌族自治州地方志編纂委員會：《阿壩州志》，民族出版社 1994 年版，第 2137 頁。

② 汶川縣文博館藏。

3. 造像記、經幢

中國造像有石質、木質、竹質、泥質及金屬鑄造等，其中石質造像最多。早期造像是漢代畫像石，綫刻為主。魏晉南北朝，隨着佛教的興盛，出現了大量石窟造像和造像碑，最具代表性的是雲崗石窟、龍門山石窟。

以内容劃分，有世俗造像和宗教造像。前者以歷代聖君賢臣為主，後者是偶像崇拜的產物，以佛道造像為主。羌族石刻造像主要是佛教和道教造像，也有融佛道為一體的造像。最早可追溯到西秦建弘五年（424）《炳靈寺169窟建弘題記》，但普及、繁榮是在南北朝至隋唐時期。這與整個中國造像記發展的脉絡是一致的，也與佛教和道教在這幾個時期的發展、興盛有關。故《金石萃編·北朝造像諸碑總論》云："造像立碑始於北魏，迄於唐之中葉，大抵所造者釋伽、彌陁、彌勒及觀音、勢至為多，或刻山崖，或刻碑石，或造石窟，或造佛堪，或造浮圖。"①

以形制劃分，大多於方形石上雕鑿，造一佛，或一佛二菩薩，或數佛，或千佛，坐立無定式。或單面，或兩面，或四面刻，形制多樣。因此，有摩崖、石窟造像、造像碑、四面造像、經幢造像之别。造像題記一般刻於像座，也有刻於左右兩側或像背的。"其祈禱之詞，上及國家，下及父子，以致來生願望。"② 概括而言，羌人造像有摩崖和石窟造像、造像碑、經幢造像等形制。

摩崖、石窟造像，一般利用天然石壁，順石勢開龕、造像，題記通常刻於像龕的上下左右，或龕外，如西秦《炳靈寺169窟建弘題記》，刻於甘肅省臨夏回族自治州永靖縣西南積石山炳靈寺169窟一峭壁上。題記墨書。縱界格。此窟是炳靈寺規模最大、紀年最早的洞窟，為研究中國佛教塑像、壁畫的斷代提供了寶貴的實物依據。"博士南安姚慶子"，是現存最早的南安姚氏題名，他表明十六國時期，羌人宗教信仰已出現適應性調整，信仰佛教。

唐貞觀四年（630）《疊溪點將臺造像題記》，位於四川省茂縣北部疊溪鎮較場壩小學，在一塊天然平頂的巨石上開鑿。相傳唐太宗時，女將樊梨花率軍反擊西番軍隊，曾於巨石上點兵，故得名。造像分佈於點將臺北面及東北面，共22龕，題記19則，人物76個。龕為三層，上下對縫錯位。每龕有内圓外方兩層，各龕造像不一，以釋迦、觀世音像為主。題記刻於龕外，遺存的捐資造像者題名和其職官、州府縣名，成為研究初唐岷江上游府州建置、地理地名、軍事活動、佛教傳播與信仰等的珍貴資料，可補史料記載之不足。

造像碑，指用一塊碑形的獨立石頭造像，形制一般是上圓下方。碑陽上部開龕，

① （清）王昶：《金石萃編》卷三十九，《石刻史料新編》第一輯（1），臺北：臺灣新文豐出版公司（據經訓堂藏板影印）1982年版，第670頁。

② 同上書，第671頁。

内造佛像或道像。有的亦鐫刻供養人像，像旁或龕下題供養人姓名。發願文，一般較短，内容和行文方式程式化，刻於碑下部，或左右兩側。較長的發願文，闡發佛道義理，是宗教史研究的重要材料。如北魏太和二十年（496）《姚伯多兄弟造像碑》，就是羌人造像碑精品。現藏藥王山碑林。扁平四面體，略有收分。兩面鑿龕造像。碑陽上部造矩形龕，無龕楣，内刻三尊造像，造型奇特，神態滑稽。主尊為太上老君像，頭戴道冠，結跏趺坐。下部刻發願文。碑陰上刻兩層龕，下刻發願文，惜大多已泐蝕。碑左右兩側上刻供養人、題名，下題記。隸書，兼楷法，勁健有力，拙樸自然，古樸渾厚。長篇發願文，處處闡釋道教歸真修行思想。“大道之要，清虚唯真。素為潔練，身剋脩大道之本。”“大道”即《道德經》之“道”的同義語。《老子》：“道大，天大，地大，王大。”① “大道氾，其可左右。”② 銘文詳細講述老君授經，與尹喜化胡成仙的故事。同時表達着個人思想自由、人與自然和諧、與“神仙為友”，社會“以德導民”的理想，“虚中游翔，梵音希聲。神仙為友，歷觀玉京”，其宗教理想願望是“尊道為主，學以萇生。神仙為侶，福慶隆昌。子孫斯与，斯願尅成”，是典型道教思想的反映。文中“敬造皇老君文石像一軀”，“老君”作為中國道教對老子的神化尊崇，又稱“太上老君”，是道教的天神、尊神和教主。有趣的是，在羌族原始宗教中，地位最高的神也叫天神、天爺，掌管眾神，是自然界諸神中地位至高無上的神靈。其萬物有靈、靈魂不死等觀念與道教長生久視、修道成仙的思想一脉相通。我們認為，正是羌人的多神崇拜，才使得這個民族很容易接受道教龐雜的神靈體系和道歸自然的宗教理念③。

除《姚伯多兄弟造像碑》這樣的家族造像碑外，還有合村、合邑，或者合族集資鐫造。北魏《荔非屈利等造像碑》，扁平長方體單面造像碑，無碑首，頂、座佚，殘斷為兩塊，一角已佚。無年號，文字部分僅有供養人姓名，以圖為主，有38個人物形象（包括殘像）及二牲畜。龕内供奉道像，龕側立手持笏板作聆聽記録狀道士像。所有人物、牲畜從左上至右下呈帶狀構圖，形成不同場景，分别為供養人家族、天宫老君、人神接對、家僕大幅度碓舂、尋橦鼓吹以及百戲雜技等。一圖一主題，類似漢代畫像石的手法，以分格的方法構圖，同時將樂生與長生的道教教義融於每幅相對獨立的圖像中，使之成為一體。這種構圖和造像的方式，與一般造像碑肖像式排列供養人極為不同。

四面造像碑，指在正方體柱形石的四面開龕造像，這種形制集中在南北朝。一般

---

① 朱謙之：《老子校釋》卷二十五，《新編諸子集成》，中華書局1984年版，第102頁。

② 《老子校釋》卷三十四，第136頁。

③ 曾曉梅、吴明冉：《南北朝造像記與羌族宗教信仰》，《西北民族大學學報》（哲社版）2012年第6期，第51頁。

上稍窄下略寬，或四面開龕，佛座上刻發願文、題名。或二面開龕，二面刻記。四面造像大約是起源於石窟中支撐窟頂防止倒塌的中心石柱，一般分三截或者五截，每截四面刻佛像。以後便仿其形制産生了四面造像碑，如南朝齊《釋玄嵩造像記》，四面造像、題記，是四川省現存紀年最早、保存較為完整的佛教造像，也是岷江上游地區羌人接受佛教信仰最早的實證材料，表明該區域羌人接受佛教至遲在南齊。碑陽無量壽佛説法像，身著僧衹支和裙，披通肩大衫，大衫右下角搭左腕上。佛結跏趺坐於須彌方座上，膝前垂衣紋多對稱褶皺，佛手施無畏印，身後有背光，是典型的“褒衣博帶式”造像，長期以來被學界視作“褒衣博帶式”造像研究的最早範例，是雲岡、龍門石窟中褒衣博帶式袈裟受到南朝巨大影響的一個例證①。如果這個結論没有異議的話，那麽陝西地區的造像或造像碑上的褒衣博帶式袈裟也是受到南朝造像風氣影響而出現的嗎？這一時期，北方主要有雲岡和龍門石窟，乃北魏舉國之力開鑿，是全國的佛教中心和宗教場所。北魏歷史上孝文帝的漢化改革自然在石窟上會有所反映。南朝士大夫中流行的“褒衣博帶”式服裝，在朝廷政令推行下，由上至下逐漸流行起來。雲岡二期（465－494）佛的服裝主要是褒衣博帶式②。龍門石窟中，除早期（493－499）延續雲岡的風格外，自景明二年（501）起就一直流行雙領下垂式，即褒衣博帶式服裝③，從而奠定了龍門造像風格的基調。因此，陝西造像碑上的褒衣博帶式袈裟應受雲岡和龍門石窟造像的影響更大一些。

南北朝佛教大盛，在融合中國固有思想文化的同時，建寺院，造佛像，譯佛經。後仿儒家石經，佛經刻於碑，形成碑版佛經。主要有經幢，一般為八棱石柱，人稱“八棱碑”。也有十棱或圓柱形。經幢上為寶蓋，有額，下為臺座。每面上刻佛龕，造佛像，中間刻經，下造菩薩、獅子。經幢萌芽於六朝，盛行於唐代。經幢造像，既屬造像，也屬經幢刻經。羌族石刻經幢不多，有唐貞元五年（789）《奉先縣懷仁鄉敬母村經幢題名》，原蒲城縣保南鄉敬母寺村南的“聖母寺”内，八楞柱，底座不全，僅存仰蓮盤底座，柱頂有兩層寶蓋，寶蓋間為元代柱頂石，高360 cm，直徑106 cm，面寬37 cm，是陝西省目前發現的最大的一通經幢。元和十二年（817）《佛頂尊勝陀羅尼經幢》，四川省汶川縣威州民族師范學校基地出土，出土地即唐仁壽寺舊址。該經幢為八面柱，上端屋頂形寶蓋，每面刻一尊坐像，四佛四菩薩相間，中部碑文，下為

---

① 楊泓：《試論南北朝前期佛像服飾的主要變化》，《漢唐美術考古和佛教藝術》，科學出版社2000年版，第304頁。

② 黄新亞：《中國魏晉南北朝藝術史》，《新編中國藝術史》（上），人民出版社1995年版，第94頁。

③ 龍門文物保管所、北京大學考古系：《中國石窟·龍門石窟》（1），文物出版社1991年版，第212頁。

蓮花瓣座，上中下三部組合為一體。同一地點還出土唐《仁壽寺造像碑》，幢身上除第四面僅有少許經文並無佛像雕刻外，其餘七面皆上端綫刻釋迦牟尼像，下刻陀羅尼經文。唐代的陀羅尼經幢在國內見報道的 14 通，皆不在四川①。這是繼 1921 年茂縣出土南朝齊永明造像之後，又一次在岷江上游地區出土佛教造像，因而具有重要的學術價值，為研究四川地區佛教造像的樣式、題材內容以及傳播路綫等問題提供了新的資料。《西夏陵石經幢》，寧夏回族自治區銀川市西夏 6 號陵盜坑出土，八面柱體。

4. 摩崖及雜刻

“摩崖”，又稱“磨崖”，指鐫刻在山崖石壁上面的詩文、題字及造像等。從製作手段、過程、形制到內容，與石碑有所不同，但歷代把摩崖也統稱作“碑”。如東漢《耿勳碑》，摩崖，刻於甘肅省成縣天成山棧道中。光緒《綿簇護林碑》，刻於四川省茂縣南新鎮棉簇村汶茂公路邊巖石上。由於長期裸露在外，風雨侵蝕，風化泐蝕，不易保存。其內容不拘一格，有歷代文人墨客題詠詩文、摩崖造像及其題記。書體比較自由，多無界格。

如三國《玉壘山摩崖題刻》，刻於汶川縣威州鎮玉壘山上，距地面 50 米。1 行 3 字，楷書。傳為蜀後主劉禪所書。《蜀中名勝記》“威州”條：“州治後即玉壘山，蜀後主觀湔江至此，親書玉壘山三字於州署，其大盈尺。”②《三國志・蜀書・後主傳》：（建興）“十四年（234）夏四月，後主至湔，登觀阪，看汶水之流，旬日還成都。”③在其下 15 米處又刻清《三定諸蠻摩崖題刻》。隋《姜須達通道記》，刻於四川省理縣雜谷腦鎮西樸頭山古道旁崖壁。唐《理縣樸頭題記》，刻於《姜須達通道記》旁，距地表高 1 米。

四川省松潘縣施家堡鄉雙河村北十二道拐，明清《施家堡丹雲霞鑿字碑》兩通。明《霸州城堡遺址石刻》，刻於四川省汶川縣龍溪鄉東門口村後山上第一埡口上方 10 米處。丹雲峽東是小河鄉，此處還有《小河鄉萬家壩石刻群》，刻於小河鄉劉家村萬家壩北邊崖壁之上，緊鄰涪江河畔。摩崖距地面約 30 米，大字橫刻 3 行，滿行 3－4 字不等。首題“大明一統”，次題“極高遠”，落款泐甚，無法辨識，外有單綫框。第三行題“壁立萬仞”，落款亦泐蝕不存，外有單綫框。大字左右兩側，再刻 2 行，滿行 7 字。似楹聯，惜漫漶。“大明一統”右側，豎刻“右軍都督”。其右上角，還有題刻，亦漫漶。可辨者均為楷書④。北川有元《北川小壩元代題記》，刻於小壩羌族鄉大橋頭西石壁上；清《觀音巖摩崖題記》，刻於馬槽鄉觀音巖壁。

① 何永斌：《西川羌族特殊載體檔案史料研究》，巴蜀書社 2009 年版，第 336 頁。

② （明）曹學佺：《蜀中名勝記》卷七，商務印書館 1936 年版，第 109 頁。

③ （晉）陳壽撰，（南朝宋）裴松之注：《三國志》卷三十三，中華書局 1964 年版，第 879 頁。

④ 松潘縣文聯楊友利提供。

我國最著名的摩崖造像在洛陽龍門山，多數造像有題記。羌族摩崖造像有兩處最著名，一在龍門山，有北魏《楊大眼造像記》，刻於龍門石窟古陽洞北壁列龕間，額題“邑子像”。康有為評其書法為“峻健豐偉之宗”“能品上”①。楊大眼，氐人，《魏書》卷七十三有傳。《馬振拜等造像記》，刻於河南省洛陽龍門石窟古陽洞東壁門拱上方。造彌勒像一尊，龕側題記；餘題名。額題“邑子像”。《甞法端造像記》，刻於河南省洛陽龍門石窟古陽洞同壁西端上方。一在四川茂縣疊溪鎮較場壩點將臺北面及東北面，唐《點將臺唐代佛教摩崖造像》，共 22 龕，76 尊造像。題記刻於龕外，共 19 則。

雜刻指各種石材建築、器用的附刻題記，種類很多，主要有墓室附刻題記以及石橋柱欄刻石、石獸、器物等附刻題記，如清道光二十年（1840）《龍家山石室墓葬題記》。石室墓共兩座，其一為雙室，均被擾亂。兩室間用石壁隔開，耳室壁上題記：“道光二十年歲次庚子二月初一日建修。”石質墓門上有淺浮雕花卉、花瓶、寶劍等圖案。岷江和涪江上游羌區一般房前或道路邊有石敢當，形制、內容基本一致，茂縣南新鎮牟托村上寨温耀萍家門前 1 通，上面鐫刻“泰山石敢當”五字。有的石敢當碑陽或碑陰還加刻“敕令”，或是石碑頂端兩側分刻“日”“月”兩字。北川縣禹里鄉望江村路口立石敢當，造型和內容與茂縣温耀萍家門前基本相同，只是通體彩繪，色彩絢麗。多數石敢當無字，如茂縣三龍鄉文化館長羌族王國亨家門口石敢當，大小是一般石敢當的三分一。羌區石敢當，造像有人面、獸面、鬼面，皆張嘴，且大多吐舌頭，有近半數口中横插寶劍。多數刻有道教中的符號和文字，如太極和八卦紋②。“石敢當”即姓石的勇士③。當代學者劉錫誠認為石敢當是古代靈石崇拜的遺俗，與人無涉，石敢當之語應解釋為靈石可抵擋一切④。程鵬等認為源自漢族地區的石敢當，約在宋金以後傳入羌區，清道光以前，已成為羌人普遍的石敢當信仰。四面立體柱的石敢當一般立於房前，有的還在石敢當上放置羌人獨尊的白石，如汶川縣綿虒鎮高店子村泰山石敢當，其所處石壁的上面還擺放着一大八小共九塊白石，當地人稱之為神、菩薩。這説明羌人接受石敢當文化後，在石敢當原有靈性的基礎上，又賦予白石神性。這處泰山石敢當與白石和諧一體，由外來神轉變為本土神⑤。

---

① 康有為：《廣藝舟雙楫》，中國書店 1983 年版，第 41－42 頁。

② 程鵬等：《羌族地區泰山石敢當調查研究》，《地方文化研究輯刊》2010 年第 3 期，第 197 頁。

③ （清）徐珂：《清稗類鈔·迷信類》，天津社會科學院出版社 1990 年版。

④ 劉錫誠：《石敢當：靈石崇拜的遺俗》，《東嶽論叢》1993 年第 4 期；程鵬等：《羌族地區泰山石敢當調查研究》，《地方文化研究輯刊》2010 年第 3 期，第 197 頁。

⑤ 程鵬等：《羌族地區泰山石敢當調查研究》，《地方文化研究輯刊》2010 年第 3 期，第 199 頁。

四、羌族石刻文獻的内容

石刻文獻類别不同，所記載的内容亦不一樣，文獻的價值也各有側重。前面介紹石刻文獻形制時，也涉及它的内容，因為形制不同，既表現在外部形式上，也表現在内容上。羌族石刻文獻從形制上分為碑碣、墓誌、造像、經幢、摩崖、雜刻等類别，内容則涉及社會生活的各個方面。梳理石刻文獻的内容將其分門别類，有利於把握文獻全貌、合理使用文獻，更有利於通過與傳世文獻及其他出土文獻相比較，互補互正，互相支撑，從而進一步整理文獻，開展相關學科研究。

羌族石刻文獻内容主要包括以下幾個方面：

（一）記事贊頌碑

凡禮贊和歌頌歷史上有重要影響的人和事，並鐫刻於石的，就是記事贊頌碑。就刻石形式而言，或鐫於碑，或刻於柱，或刻於山崖。

1. 誌頌遠古傳説

最早記事贊頌碑，當屬傳説中衡山祝融峰上的《岣嶁銘》，共 77 個字，構形詭奇，無人能識。傳夏帝大禹治水到此，刻石以紀功並書。唐代時原碑已佚，宋嘉定五年（1212）由何致摹刻後立於湖南岳麓書院。明代楊慎得岳麓書院刻石拓本，據之摹刻兩碑，一在昆明，一在成都。西安等處亦有翻刻。現存為明嘉靖年間翻刻。北川有明嘉靖四十年（1561）《北川禹碑記》，石泉戍將周宗所立，位於禹王廟前，原有木亭覆罩。蝌蚪文 77 字。每字右側有明代綿州進士高簡楷書釋文。左下方刻跋文，述成都玉泉周宗備戍石泉，建禹王廟、求岣嶁碑、取衡陽拓摹刻之事。現藏大禹紀念館内。北川禹里鄉禹穴溝所存為復製品。2008 年汶川地震後，汶川縣綿虒建大禹祭壇，又摹刻《岣嶁碑》，高 255 cm，寬 155 cm，立於祭壇右側。

羌人崇禹，鐫刻了一批與大禹有關的碑記。嘉靖十六年（1537），陝西寧强縣知州王儒再建禹王廟，二十四年（1545）知州蕭遇祥重修，監察御史舒鵬翼撰書《重修禹王廟碑記》，又稱《嶓塚禹碑》，刻於寧强縣烈金壩嶓塚山下禹王廟。21 世紀 70 年代初廟拆碑毁[①]。清嘉慶十二年（1807）《石紐山聖母祠碑》，汶川縣令李錫書。碑文考證禹生於石紐村，讚頌大禹治水功德，追溯聖母之德，碑云："平成之績，明德遠矣。天下後世被其澤，而不推其所自出以崇報之，可乎？况我汶人，猶當溯水源木本之思，而不祀聖母以崇報之，可乎？"嘉慶十八年（1813）《重建夏禹王廟記》，石泉知縣姜炳璋撰，闡述石紐在石泉的觀點。石已亡佚。《乾隆石泉縣志・藝文志》、《道

① 寧强縣志編纂委員會：《寧强縣志》，陝西師範大學出版社 1995 年版，第 521 頁。

光石泉縣志》、《民國北川縣志》均録文。這些碑銘真實地記録了寧強、汶川、石泉乃至西川羌區各地敬奉大禹的盛況。

2. 誌頌德業

凡有德可表，載其事跡，贊其美德，並鐫刻於石者，均為頌德碑。所有正直忠正、賢良孝友、烈女節婦、道德為世，皆為楷模，均刻石贊揚其人，歌頌其事，碑文往往詳贍而多文彩。

東漢熹平二年（173）《景雲碑》："政化如神，烝民乃厲。"景雲卒，民眾悲痛，停止娱樂，以示悼念："如喪考妣，三載泣怛，遏勿八音，百姓深淚。魂靈既載，農夫慰結。行路撫涕，織婦喑咽。吏民懷慕，户有祠祭。煙火相望，四時不絕。深野曠澤，哀聲忉切。追歌遺風，嘆績億世。"

東漢《耿勳碑》，記熹平三年（174），耿勳到任，此前未降的且凍羌始乞降，時人美之，刻碑紀功，讚頌其佈施仁政、惠澤一方的偉績。

三國時魏太和五年（231）《曹真殘碑》，碑陽為文，碑陰題名。曹真，三國曹魏政權的宗室顯貴，最後任魏國最高軍事統帥。雖卒於洛陽，因久鎮關中，舊屬吏民為之頌德立碑。《三國志·曹真傳》："文帝即王位，以真為鎮西將軍，假節都督雍、涼州諸軍事。録前後功，進封東鄉侯。張進等反於酒泉，真遣費耀討破之，斬進等。"①碑陰有羌人題名。

元至正十六年（1356）《唐兀公碑》，碑主唐兀崇喜，又名"楊崇喜"。碑文記述來自賀蘭山下西夏遺民唐兀氏隨蒙古征戰，後定居河南濮陽的歷史。唐兀氏，亦作"唐兀"，是西夏主體民族党項族異稱。党項人自稱"彌藥"。漢人稱其"党項"，蒙古語譯為"唐兀"，突厥各族文獻譯作"唐古特""唐兀惕"。王國維先生考證："唐兀亦党項之異譯。"② 唐兀氏自元末即改楊姓，今其後裔有3000餘人，居住在碑石發現地河南省濮陽縣東柳屯鎮楊什八郎等村。

《唐兀公碑》碑主唐兀崇喜，是蒙元時期西夏移民後裔的傑出代表人物，編纂《述善集》，詳盡介紹其家族生活、文化變遷歷史，不僅作為家族祖遺藏書在其家族内部備受珍視，也成為存世的蒙元時期西夏遺民活動的珍貴文獻資料③。改楊氏的唐兀，還有"楊朵兒只"，一作"朶兒只""朵兒只""多兒只"，御史中丞，因彈劾右丞相帖木迭而被陷害致死。《元史·楊朵兒只傳》："河西寧夏人。少孤，與其兄皆幼，即

---

① （晉）陳壽撰，（南朝宋）裴松之注：《三國志》卷九，中華書局1964年版，第281頁。

② 《王國維論學集》：中國社會科學出版社1997年版，第144頁。

③ 任崇嶽、穆朝慶：《略談河南省的西夏遺民》，《述善集研究論集》，甘肅人民出版社2001年版，第83頁；焦進文、楊富學：《元代西夏遺民文獻〈述善集〉校注》，甘肅人民出版社2001年版，第205頁。

知自立，語言儀度如成人。”①《蒙兀兒史記・氏族表》：“楊氏，世居寧夏，亦唐兀世族。”② 元泰定四年（1327）《楊朵兒只神道碑》，頌其德政：“論政事必合於義理，正言無所徇麗，臨患顏色不變，凜凜乎古大臣之風焉。”

還有一種頌德碑叫做“生碑”，給活人立碑，頌其恩德，紀其功德，揚其名聲，多為德政碑。如明嘉靖二十六年（1547）《何公生祠碑》：“邊境賴以底寧，罔不感頌公德。乃合謀剏為生祠，將肖公像於中，晨夕瞻仰。其庶乎，繫邊人之永思也，敢以記請。”雲南按察司副佐高第撰文。何公祠有三，分別在石泉縣城、壩底堡、永平堡，規格、内容和建碑時間相同，到清代祠廟已不存。立於縣城内和壩底堡兩處的碑刻，在 20 世紀 60 年代“破四舊”時被毀。

3. 記録歷史事件

凡記録歷史事件，大到征戰、典禮、奉祀等國家大事，小到建祠興學、治水開渠、修廟造像等的石刻，稱為紀事碑。魏晉南北朝以後，刻經記、造像記、築橋記、修路記、修廟記、建觀記、學宫記等，是石刻文獻大宗。此類羌族石刻數量較多，内容豐富，具有較高的史料價值。

東漢永元元年（89）《燕然山銘》，記漢元舅車騎將軍竇憲，與執金吾耿秉，出朔方雞鹿塞，與北單于戰於稽落山，大破之。《後漢書・竇憲傳》：“憲、秉遂登燕然山，去塞三千餘里，刻石勒功，紀漢威德。令班固作銘。”③

前秦建元四年（368）《廣武將軍□産碑》，記録碑主護軍兼馮翊郡太守參與劃分疆界的經過，及轄區内部族、吏民情況。

中國一千多年來，興佛崇道，建造了大量的寺觀、佛塔，後世不斷修繕，産生出一批寺觀記事碑和造像題記。南朝齐永明元年（483）《釋玄嵩造像記》，發願文記録了“西凉曺比丘釋玄嵩”“敬造无量壽、當来弥勒成佛二世尊像”一事。並祈願一切群生，廣度一切，共成佛道。北魏太和十二年（488）《暉福寺碑》，王遇在其故鄉李潤鎮北鄉（今澄城縣北寺村）建造暉福寺三級浮圖，為“二聖”（文明太后和孝文皇帝）祈福，也為父兄子弟消災。北魏正始元年（504）《山公寺碑頌》，出土於甘肅省寧縣。碑文記述正始元年“羽真散騎常侍、安南將軍、殿中尚書、泰山公之孫，安南將軍、比部尚書、泰山公之子，持莭督豳州諸軍事、冠軍將軍、豳州刾史山累，率州府綱佐，仰為孝文皇帝立追獻寺三級”的史實，並鐫石立頌。西夏天祐民安五年（1094）《凉州重修護國寺感應塔碑》，記天祐民安三年，凉州大地震，西夏太后、皇

---

① （明）宋濂：《元史》卷一百七十九，中華書局 1976 年版，第 4151 頁。

② 屠寄：《蒙兀兒史記》卷一百五十四，《元史二種》，上海古籍出版社、上海書店 1989 年版，第 1021 頁。

③ （南朝宋）范曄撰，（唐）李賢等注：《後漢書》卷二十三，中華書局 1965 年版，第 815 頁。

帝應瑞詔命重修感應塔，塔成刻碑記之。同時，記録了西夏佛教盛况："釋教，尤所崇奉。近自畿甸，遠及荒要，山村磎谷，村落坊聚，佛宇遺址，隻椽片瓦，但髣髴有存者，無不必葺，况名跡顯敞，古今不泯者乎。"這是西夏時期留存至今最重要的佛教石刻。其豐富的内容，涉及西夏國名、帝號、紀年、官制、農耕、工商、宗教信仰等，為研究西夏政治、經濟、社會關係、宗教思想、語言文化、地質災害等提供了彌足珍貴的史料。

修建學宫、學舍，乃文化盛事，關乎國家未來和學子成才，於是産生了大量的興學記事碑。考察古代學宫建設、官學制度、興學風氣，是教育史研究的重要資料。早在唐代羌區就修建了學宫、學舍，但留存下来的石刻，主要在清代，表明清代羌漢融合已達到又一高峰。如康熙元年（1662）《修建文廟碑》，這是大學士胡世安受地方官吏委託為汶川文廟所撰："皇清定鼎，首重文教。以學校之廢興，課有司之殿最，萬代瞻仰，在此舉也。汶川屢遭寇兵屠蹂，城舍、丘墟、學宫鞠為茂草。瀕九年所，欲圖更造而未能。大參陳公子達，以内翰分藩威茂，聿興盛舉。"汶川學宫告竣，勒石紀功。原碑亡佚，文存《民國汶川縣志》。嘉慶二年（1797）《非土著人民不得應試章程碑》，孟維聰書。記整治岐冒之弊，禁止外籍人員冒籍應考，"以杜岐冒，以正學校事"。嘉慶元年、二年歲科兩試得到控制，邊塞寒士得以鼓舞而興起。科考作弊之風由來久矣，所以此碑不僅是研究汶川教育和科舉的實證材料，而且對於維護教育、考試公平有借鑑意義。

（二）哀誄紀念碑

1. 墓碑

凡紀念死者，贊頌其功德，並標識於墓前或神道口的石刻，皆為墓碑。具有同樣功用的，還有"墓表""墓碣""哀讚""神道""神誥""靈表"等，稱謂不同，大體無别。銘文一般記録墓主姓名、世系、生平事跡，評價墓主，表達對墓主的哀思等。中國傳統以"死者為大"，"蓋棺定論"難免有溢美之詞，但所涉史實可以與史傳互補互正，校正史乘之訛，史料價值很高。

古羌人一般火葬。有大量史料記載和出土文物表明，火葬和披髮這兩個文化特徵是判定古代部落是否屬於羌人的重要定性依據。同時，也應看到，由於古羌人分佈面廣，部落種號多，甘、新、青、藏和川西及川西南這些地區出現過古羌人若干部落種號①，内部經濟發展不平衡，不同的種落文化有差異，所以，羌人葬俗並不僅僅限於火葬，還有石棺葬、土葬②。只是受漢文化影響，羌人開始豎碑紀念死者，如後秦弘

① 何耀華：《試論古代羌人的地理分佈》，《思想戰綫》1988 年第 4 期，第 68 頁。

② 沈中常：《從考古資料看羌族的白石崇拜遺俗》，《考古與文物》1982 年第 6 期；沈中常、李復華：《關於"石棺葬文化"的幾個問題》，《中國考古學會第一次年會論文集》，文物出版社 1979 年版。

始四年（402）《吕憲墓表》《吕他墓表》，陝西咸陽市渭城區窑店鎮東北原畔出土，額均題“墓表”。《吕他墓表》有座，形如小碑。吕他，略陽氐人，後凉主吕光之子。吕憲，吕光弟，見《晉書·吕光載記》及《姚興載記》。吕他與吕憲墓表，形制、書法相同，唯行字數略有異。兩人同日下葬於“常安北陵，去城廿里”，同是後凉吕氏政權宗族武將，在同一年為後秦所敗而降，被迫遷關中，一為“幽州刺史”，一為“遼東太守”，均是姚興以遠方虚封，而非實授。兩人投降後秦一年即死，並同時安葬，恐是姚秦迫殺。

西南岷江、涪江上游羌人，到了清代，仍然沿用火葬，直至今天，仍以火葬為兇死者的葬俗。《汶志紀略·風土》：“歿用火化，檢骨掩之。”① “死喪無孝服，殯不用棺槨，男女親故羅拜，置屍於龕，焚而埋焉。”② 此地羌人改火葬古俗，傳世文獻記載中最早的是明嘉靖二十二年（1543）的静州長官司董法從武③。静州土司地在今茂縣城東，與岳希土司地毗連，現有《岳希土司祖墓題字》，無年代，推測岳希土司改土葬的時間應不早於嘉靖。尤為值得關注的是光緒三年（1877）《水草坪巡檢司祖塋墓碑》，又稱《蘇氏先祖之墳墓“禁火興發”碑》，刻於茂縣飛虹鄉水草坪村北水草坪蘇土司歷代先祖火葬墓。原存兩通碑，現下落不明。一碑額題“禁火興發”，碑銘詳細記録全族商議，“從今禁革火葬，興其血葬”。“血”，當“穴”。該碑立於清光緒三年（1877），而早在順治九年（1652），水草坪巡檢司就已投誠，頒給印信號紙，住牧水草坪，即今茂縣沙壩區飛虹鄉水草坪一帶，清中葉改土歸流，可知墓主蘇氏先祖受漢文化影響很深，已將“禁革火葬”與孝悌思想高度聯係起來了，這是羌人葬俗變遷並記録在案的實證材料。

羌族神道碑集中在北宋和元代，碑主都是漢化程度比較高的府谷党項羌人和西夏党項遺裔。如北宋《折克行神道碑》《折繼閔神道碑》、元《楊教化神道碑》《立智理威忠惠公神道碑》《河西老索神道碑》《星吉公神道碑》等，詳細地記録了碑主生平事跡、世系宗支、職官，為研究所涉人物、事件、地理、党項羌及遺民在北宋至元代的活動和相關史實等，提供了珍貴的材料和綫索。

2. 墓誌

墓誌與墓碑的内容基本無别。墓誌起源於先秦的刑徒磚，至漢代出現了墓記。發展到魏晉南北朝，墓誌的形制和内容已成熟定型。唐代是墓誌的繁盛期，但形制和内容與六朝並無太大區别。宋代以後，墓誌開始衰落。墓誌一般單面刻，偶爾雙面刻，内容大多相同。如隋《姚辯墓誌》，《金石萃編》：“碑一石兩面，宋時重刻本，多訛字

① 李錫書：《汶志紀略》卷三，清嘉慶十年（1805）蕊石山房藏版，第12頁。
② 姜炳璋：《乾隆石泉縣志》卷三，《四川府州縣志》（3），海南出版社2001年版，第396頁。
③（清）陳夢雷等：《古今圖書集成》卷五百九十三（108），中華書局1934年版，第30頁。

落字。"[①] 有時在墓誌兩側或誌蓋續刻，如唐《拓拔守寂墓誌》，誌主卒於開元廿四年十二月，於次年八月葬。此時誌石已鐫刻妥，朝廷給誌主追封，便鐫於蓋内頂，故誌云："誌石刊了，加贈鴻臚，故鐫之於蓋。" 内容簡潔，共百餘字。

羌族墓誌，集中在隋唐至宋代，出土地域主要在中原及西北一帶，如河南、山西、陜西、甘肅、内蒙古等地。這些地區羌人早在商周時期就已進入，特别是魏晉南北朝以後，羌漢雜居，漢化程度高，葬俗採用土葬，鐫刻墓誌。元代只有西夏党項羌遺民漢文墓誌。所以，這些墓誌呈現出家族性特點。明清時期，北方羌人多已融入漢民族和其他少數民族，西南四川省岷江上游地區有羌人墓誌出土，但數量不多，主要是羌人有着獨特的葬俗。這些墓誌保存了極其豐富的文化信息，對於歷史事件和人物事跡的考證、書法藝術和語言文字的研究，價值尤其巨大。

狄氏墓誌，有北齊《狄湛墓誌》、唐《狄兼謩及妻韋氏墓誌》，結合武周《狄知愻碑》《狄公祠碑》與史乘，可梳理出北齊至唐代狄氏脉絡。《狄知愻碑》載，知愻"夔州都督府長史"，"曾叔祖湛，出魏平西將軍、臨邑子"，"父孝緒"，尚書左丞，"嫡子故尚書令、尚書右僕射、贈司空梁國文惠公"。考《狄湛墓誌》，湛為"平西将軍、臨邑子"。《新唐書·宰相世系表》：湛"東魏帳内正都督、臨邑子"[②]。《舊唐書·狄仁傑傳》："祖孝緒，貞觀中尚書左丞。父知遜，夔州長史。"[③] 狄仁傑死後，"中宗返正，追贈司空；睿宗追封梁國公"[④]。《新唐書·狄仁傑傳》："聖曆三年卒，年七十一，贈文昌右相，謚曰文惠。"[⑤] 可見，知愻、湛、孝緒、仁傑的官職、謚號，碑文與史傳一致。知愻的曾叔祖即湛，父即孝緒，嫡子即狄仁傑。兼謩，仁傑族曾孫。歷代狄氏都是朝廷棟樑，良將重臣。特别是狄仁傑，更為武周忠良直臣。史載政績頗詳，但其父及世祖卻語焉不詳。上述碑誌詳述狄氏先輩及子嗣事跡，可補史闕。狄氏一族，進入唐代，對其族源，亦如碑稱其祖"周封孝伯國，受氏於狄城"，儼然早在西周已為伯爵，族出羌人的痕跡已抹去殆盡。

党項拓拔李氏墓誌，從唐開元《拓拔守寂墓誌》，經五代《李仁寶妻破丑氏墓誌》《李仁寶墓誌》《李仁福妻瀆氏墓誌》、北宋《李光睿墓誌》《李光遂墓誌》《李繼筠墓誌》，到元《李恒墓田記》《李世雄墓誌》《李世安墓誌》等，反映了党項拓拔李氏近六百年的發展歷程。明嘉靖《李仲墓誌》的出土，又將拓拔李氏的發展，向後推了二

① （清）王昶：《金石萃编》卷四十，《石刻史料新編》第一輯（1），臺北：臺灣新文豐出版公司（據經訓堂藏板影印）1982年版，第690頁。

② （宋）歐陽修、宋祁：《新唐書》卷七十四，中華書局1975年版，第3162頁。

③ （後晉）劉昫等：《舊唐書》卷八十九，中華書局1975年版，第2885頁。

④ 同上書，第2895頁。

⑤ （宋）歐陽修、宋祁：《新唐書》卷一百一十五，中華書局1975年版，第4214頁。

百餘年。折氏墓誌，從五代後梁《刺史折嗣倫碑》、北宋《折御卿墓誌》《折惟正墓誌》《折惟忠妾李夫人墓誌》《折可適墓誌》到金《折可存墓誌》《折可復墓誌》等，反映了折氏二百餘年的活動。這些墓誌，為研究所涉朝代政治、經濟、軍事、歷史、文化等提供了詳實的資料，也是研究邊疆地理沿革、民族政策、民族遷徙、民族融合的重要材料，更為研究拓拔李氏和折氏的族源、世系提供了新材料，可以大大豐富羌族歷史文化研究，甚至對西夏學研究亦有帮助。

夫妻墓誌，如唐天寶間《鉗耳墓誌》《鉗耳君妻薛氏墓誌》、五代《李仁寶墓誌》《李仁寶妻破丑氏墓誌》《李彝謹墓誌》《李彝謹妻里氏墓誌》《李彝謹續妻祁氏神道誌》、金《折可復墓誌》《折可復妻陳氏墓誌》等，是研究羌人婚姻關係、婚制變化的重要資料。

清光緒十一年（1885）《羅式公中墓誌》，四川省汶川縣綿虒鎮玉龍發現。誌文述始祖“遠别耕讀家傳，辭麻城而西屬，初遷黔門古法，徙茲汶水，爰得樂土”，“先父棄書躬耕，報捐國學”，這是漢民族融入羌族的一例，也是明清湖廣移民至岷江上游羌區的縮影。有些家譜碑記載了這一史實，如乾隆五十九年（1794）《大埃咪張氏家譜碑》，刻立於汶川綿虒白土坎村大埃咪，自稱：“原籍湖廣麻城縣孝感鄉蜈蚣橋民籍……自明時搬移巖鳴居住。”巖鳴，即“埃咪”的别寫。子嗣張其佐“招董保受，以婿作子，承頂宗祀”。董氏，岷江上游羌族大姓。自此，漢族張氏融入羌人。從碑云“故而改名張生，后世改姓張”來看，也有可能是白土坎村大埃咪羌人改漢姓編纂出來的故事。

（三）祠廟、寺觀碑

羌族的宗教信仰是以許（又稱“釋比”）文化為中心，集中體現在以白石神塔代表萬物神靈的自然崇拜。在羌人的觀念中，所有神靈，除火神以火塘上安置頂鍋而立的三塊石頭為代表外，其餘神靈均以白石為表徵，被廣泛地供奉在山巔、水邊、田間、屋頂以及石砌納薩神塔上，並無具象，也無廟宇。在羌族原始宗教的傳承過程中，特别是歷史運行到南北朝時期，隨着羌人的大量内遷，受到漢民族和其他少數民族宗教和文化的影響，其宗教信仰也一度出現適應性的調整，開始接受道教、佛教①。直至今天，岷江上游羌區還留存了一批祠廟、寺觀及其石刻。

① 曾曉梅、吴明冉：《南北朝造像記與羌族宗教信仰》，《西北民族大學學報》（哲社版）2012 年第 6 期，第 51 頁。

1. 祠廟、寺觀碑

祠廟、寺觀，一般建於名山、水畔、幽谷荒郊或通都大邑，是專門為神靈、聖賢、神仙、佛祖、菩薩而修建的一種特殊的建築。“祠廟、寺觀內，一般都要雕鑿石像，或塑造泥像，供人們瞻仰、供奉、禮拜。”① 有的豎碑或於石壁上鐫刻建祠修廟治寺觀的經過。

中國傳統重視法天祭祖，尊奉天神、地祇、祖宗，歷史上的賢君名臣、忠勇節義之士，死後也被幻化為神，供人們建祠祭吊。如前秦建元三年（367）《鄧艾祠堂碑》，為紀念鄧艾而建祠立碑。祠側有鄧公墓，係衣冠塚。碑文敘述鄧艾事跡，指出鄭能邈馮翊護軍管轄地域和部族雜居情況，對研究前秦陝西關中地區部族的遷徙和分佈具有很高的史料價值。明嘉靖二十六年（1547）《何公生祠碑》，何卿鎮守松潘達二十四年，恩威並重。《道光茂州志·職官志·政績》：“卿任松潘總兵。時裁去各路賞番銀數萬兩，改修馬路長安等堡，建築沿邊營房二萬餘間，夾道邊垣障蔽一千餘里。”② 保障南起威州、北上茂州松潘、東至龍安的茶馬古道暢通，往來商旅平安。民眾為其紀功建祠立碑。嘉靖三十五年（1556）《報功祠碑記》，刻立於四川省汶川縣威州城西報功祠內，原石已亡佚，祀蜀漢姜維、唐李德裕。維州因姜維和李德裕，境土周靖，故碑云：“無姜、李，則無威矣。”約嘉靖三十二年（1553）《報功祠記》，祠在四川省理番廳東寧江堡③，為紀念陳公、邢公而建。姜維，字伯約，天水冀人（今甘肅天水市甘谷縣）。初仕魏，後仕蜀，被視為諸葛亮身後的繼承人和蜀漢後期的柱石、復興之臣。李德裕，字文饒，趙郡（今河北趙縣）人。曾任西川節度使，移鎮劍南西川，加強邊防，移風易俗。見《舊唐書·李德裕傳》。何卿，字藎臣，江南合肥人。《明史·列傳·四川土司一》④、《民國松潘縣志·宦績》⑤、《道光茂州志·職官志·政績》⑥均載其事跡。陳公，寧江堡明軍參將。《道光茂州志·祠廟》：“陳公祠，寧江堡內為明參將陳良建。”⑦ 邢公，儆兵憲，《理番廳志》失載。他們既是人，又是神，被長期供奉祭祀，並刻碑述德崇聖。對率領華夏先民戰勝洪荒的英雄大禹，自明清始，羌區

---

① 毛遠明：《碑刻文獻學通論》，中華書局 2006 年版，第 207 頁。

② （清）楊迦懌等修，（清）劉輔廷纂：《道光茂州志》卷三，《中國地方志集成·四川府縣志輯》(66)，巴蜀書社（據清道光十一年刻本影印）1992 年版，第 376 頁。

③ （清）吴羹梅修，周祚嶧纂：《同治直隸理番廳志》卷五，《中國地方志集成·四川府縣志輯》(66)，巴蜀書社（據清同治五年刻本影印）1992 年版，第 788 頁。

④ （清）張廷玉等：《明史》卷三百一十，中華書局 1974 年版，第 8029 頁。

⑤ 傅崇榘等修，徐湘等纂：《民國松潘縣志》卷六，《中國地方志集成·四川府縣志輯》(66)，巴蜀書社（據民國十三年刻本影印）1992 年版，第 203 頁。

⑥ （清）楊迦懌等修，（清）劉輔廷纂：《道光茂州志》卷三，《中國地方志集成·四川府縣志輯》(66)，巴蜀書社（據清道光十一年刻本影印）1992 年版，第 376 頁。

⑦ 同上書，第 352 頁。

各地紛紛建廟、立碑，今綿虒大禹祭壇，內有摹刻《景雲碑》《岣嶁碑》。這些碑文都是羌人頌揚始祖先聖神靈的真實材料。

今存早期的寺觀碑，要數北魏太和十二年（488）的《暉福寺碑》。葉昌熾《語石》："寇謙之《嵩高靈廟碑》，為道流立碑之始。《嵩顯寺》《嵩陽寺》諸碑，為梵刹立碑之始。"① 其實《暉福寺碑》，比永平二年（509）《嵩顯寺碑》、東魏天平二年（535）《嵩陽寺碑》都早，不僅是羌族石刻中較早的碑刻，也是整個石刻文獻中最早的寺觀碑。康有為《廣藝舟雙楫》評此碑書法"為豐厚茂密之宗"，是"妙品上"②。內容表明南北朝時羌人宗教信仰比較普遍地出現適應性調整，因此，北方中原地區才產生了大量的羌人造漢文佛、道造像碑。西南四川岷江上游羌區也有部分寺觀碑，主要在清代。如同治四年（1865）《興建宗渠迴龍寺碑》，刻立於茂縣宗渠迴龍寺，記楊進興修建寺廟原因、目的和募捐修建過程，是研究佛教在羌族地區傳播的重要資料。乾隆《孟屯溝彌勒寺碑》，刻於理縣下孟鄉四門關寨。碑文為藏、滿、漢文。彌勒寺始建於唐代中期，原名"麥多寺"，明代改彌勒寺。清乾隆年間，受制於金川廣法寺，賜有彌勒寺、主寺大喇嘛印章各一枚。後兩次失火燒毀重建，"文革"期間被毀壞，現尚存下孟下殿。清末民國初年寺院僧人頗多，盛時多達百餘眾③。項目組多次尋找，惜未找到碑石。

此類碑刻還有《黃草坪龍王廟碑》《垮坡玉皇廟功德碑》《萬佛山靈興寺碑》《索橋寨川主廟碑》《楊家溝靈興寺碑》《牛家山玉皇廟碑》《茨玉村川主廟碑記》《建修本郡城隍廟碑》等，均記錄了岷江、涪江上游羌族建祠修廟治寺觀經過，展現了羌人宗教信仰的變遷，對道教的吸收、包容、揚棄的史實，既是研究羌族宗教的重要資料，也是研究中國道教流派、道教史難得的資料。

2. 佛教刻經

羌族佛教刻經數量非常有限。集中在唐代，與經幢盛於唐代一致。經幢多刻《陀羅尼經》，源自佛教傳說："陀羅尼"高懸於幢，幢影倒映於人身，或風吹幢上塵土於人身，所有罪業便可不受。因此，建造經幢，上自達官貴人，下至平民百姓，代代相襲。只是無論從數量上，還是鐫刻技藝上，再也沒能超越唐代。

貞元五年（789）《奉先縣懷仁鄉敬母村經幢題名》，每面刻佛經 12 行，共 84 行；餘題名。經文為《佛頂尊勝陀羅尼經并序》《經咒序文》。惜石面泐蝕嚴重，已不能辨識。經幢西北面存宋政和元年題記。

---

① （清）葉昌熾：《語石》，《考古學專刊（丙種第四號）》，中華書局 1994 年版，第 15 頁。

② 康有為：《廣藝舟雙楫》，中國書店 1983 年版，第 39、41 頁。

③ 中國人民政治協商會議理縣委員會文史資料委員會：《理縣文史資料選輯》（1），1997 年，第 93 –94 頁。

元和十二年（817）《佛頂尊勝陀羅尼經幢》，於四川省汶川縣威州民族師范學校基地出土，經幢每面刻三行咒語，分別為《不空絹索寶明王滅惡趣陀羅尼》《佛頂尊勝陀羅尼》。同一地點還出土了唐《仁壽寺造像碑》。造像碑和經幢上的經文與經咒，同《大藏經》第十九册佛陀波利譯《佛頂尊勝陀羅尼經》基本相同，是對陀羅尼經在我國流傳情况及經的釋理闡釋，只個別字句有差異。造像碑刻経序和經文，經幢刻經咒（陀羅尼經生辰咒）①。《西夏陵石經幢》，八面刻諸佛名。此經幢所刻不完整，應還有其他經幢。

（四）題名、題記

石刻銘文中的題名、題記開始於秦刻石的從臣題名，發展到後來，不僅題姓名，也題籍貫、身份、官職、爵位、封號，有的則題一段話或一首詩、一篇文章。內容不同，其文獻價值也有差異。其形式主要有以下幾種：

1. 銘刻附題

題名、題記，與碑刻同時完成，屬於同時文獻材料。題名有撰文人、書丹人、鐫刻人、立碑人、官吏、僧侶等。縱觀羌族石刻，此類石刻較多，特別是出資人題名，如南北朝至隋代造像碑、造像題記，邑里佛社共同集資造一佛像，在像座、像背、像側鐫刻造像記，敘述造像起因、經過以及發願祈求，然後題刻出資人、供養人姓名。

北魏《邑主儁蒙□娥合邑子卅一等造像碑》，右側刻發願文，三面題名，由“北雍州宜君郡黄堡縣邑主儁蒙□娥合邑子卅一人等”造，參加造像者全是婦女，為北朝造像中罕見。造像實際題名為57人，另有1人不能辨識，此比發願文所記“卅一”人多近一倍，主要是增加了僧尼官和亡故的清信女。題名儁蒙、夫蒙、荔非、鉗耳、甞、王、雷氏等羌人，佔一半以上，餘為漢族。説明北魏黄堡縣這一村邑是以羌人為主，並與其他民族雜居的地區。

西魏大統十五年（549）《夫蒙洪貴造像碑》，刻發願文及供養人夫蒙氏家族，存20人題名。從像主夫蒙洪貴的母親、祖母都是鉗耳氏看，夫蒙、鉗耳兩大西羌姓氏間長期通婚，並以族內婚制為主。據碑載“□□將軍、雍□□夫蒙道□”和“□□將軍、凉州雷□□夫蒙光仁”，知“夫蒙道□”“夫蒙光仁”有軍號和散官職。“雍”下一字泐，疑“州”字。像主父“夫蒙□”為“北雍州倉曺□”，結合《邑主儁蒙□娥合邑子卅一人等造像碑》“北雍州宜君郡黄堡縣邑主儁蒙□娥合邑子卅一人等”造像，足見北朝時期夫蒙、儁蒙氏為雍州、凉州望族，地位顯赫。

《點將臺唐代佛教摩崖造像》，題記刻於龕外，共19則，主要為各州縣軍政要員及州府縣名，如1號龕題記，翼州軍政首腦“持節兼翼州諸軍事、翼州刺史、上大將

① 雷玉華、羅進勇：《岷江上游的唐代經幢和造像碑》，《四川文物》2007年第1期，第31頁。

軍”率録事参軍、司倉參軍、行司户參軍、行參軍、統軍、右别將、戍副等戍邊武將，及翼針、翼水、左封、石臼縣等行政官員出資開鑿佛像。《元和郡縣圖志》：北周天和元年（566）“討蠶陵羌，又於七頃山下置翼州，以翼針水為名”①。《舊唐書·地理志四》：“翼州下，隋汶山郡之翼針縣。武德元年，分置翼州。六年，自左封移州治於翼針……翼水，漢蠶陵縣，隋置翼水縣也。”② 翼針縣故址即今茂縣較場壩南1公里之疊溪古城，轄境約為當今四川省茂縣西北部和黑水縣東部。從以上職官看，作為羈縻的翼州縣建置健全，雖是唐與吐蕃對峙的前方重鎮，集結了唐朝重兵防守，但唐朝政府在此區域統治穩固。貞觀四年（630），各級官員於此集資開鑿佛像，或有政治和軍事原因，題名未載，也無其他史料考證。

2. 遊覽題記

名山大川、歷史遺蹤，游人觸景生情，或賦詩，或題字，或題名，靈活多樣。羌族遊覽題記主要為題字、題名。

禹出生地“石紐”摩崖題刻三處，汶川縣綿虒鎮高店村飛沙關懸崖洞頂山石，行書“石紐山”③。理縣通化鄉汶山村東200米禹王廟南面崖壁，楷書“石紐山”④。北川縣南石紐山山腰巨石，陽文篆書“石紐”⑤。禹生活地“禹穴”，北川縣九龍山有三處，即唐天寶間李白、大曆末顔真卿，楷書“禹穴”，另有古篆書“禹穴”⑥。汶川綿虒鎮傳有李白書“禹穴”⑦。

唐《党曄等香山題名》，刻於河南洛陽龍門，題名“党曄”等八人。其中党曄、趙驊、王鍔、崔縱、盧誧，新舊《唐書》有載。趙驊，《舊唐書》卷一百八十七本傳誤作“趙曄”。

《龍洞題記》，出土於四川省汶川縣原縣政府地基1.5米處。橫題“龍洞”大字。左右存小字，2行，滿行字數不等。楷書。高60 cm，寬80 cm。題款泐蝕嚴重，原石2008年地震損毀。四川省汶川縣文博所藏，汪友倫拓。

明嘉靖二十五年（1546）《施家堡丹雲霞鑿字碑》：“松州一老歌為林下監生易文賦。”“松州老翁一側居，皓齒童眸八十餘。撫時論事露肝赤，胷中經驗多成書。”“易

---

①（唐）李吉甫撰，賀次君點校：《元和郡縣圖志》卷三十二，中華書局1983年版，第813頁。

②（後晉）劉昫等：《舊唐書》卷四十一，中華書局1975年版，第1689頁。

③ 黄新初：《阿壩文化史》，四川民族出版社2006年版，第38頁。

④（清）吴羹梅修、周祚嶧纂：《同治直隸理番廳志》卷一，《中國地方志集成·四川府縣志輯》(66)，巴蜀書社（據清同治五年刻本影印）1992年版，第661頁。

⑤ 楊鈞衡等修，黄尚毅等撰：《民國北川縣志》，巴蜀書社（據民國二十一年石印本影印）1992年版，第413頁。

⑥ 同上書，第564、565頁。

⑦ 何永斌：《西川羌族特殊載體檔案史料研究》，巴蜀書社2009年版，第340頁。

生更是松州士，立談頃刻盡邊事。”“談兵成敗古來有，白日青天韓范後。謀臣經國貴萬全，千載臥龍一廻首。英雄已去誰能同，眼底智計稱何公。”何公，即何卿，嘉靖五年（1526）任松潘總兵，嘉靖二十三年（1544）離任，二十六年復任，前後鎮守松潘二十四年，恩威並重，威望極高。《明史·列傳·四川土司一》評價道：“終嘉靖世，松潘鎮號得人，邊境安堵焉。”① 碑文末落款“嘉靖丙午秋”，即嘉靖二十五年(1546)，時值何卿離任後、復任前。這個時期正是松、茂、石泉羌人反抗朝廷最激烈，也是朝廷軍事控制和鎮壓羌人最殘酷的時期。

清道光二十四年（1844）《回瀾塔題記》，刻於四川省汶川縣漩口鄉9級密檐式磚塔塔身第1層內壁。“姚垂典謨訓誥捐造。堪輿苟含章，造工謝寅昌，大清道光二十四年立。”② 光緒四年（1878）《蠶陵重鎮石刻》，刻於四川省茂縣疊溪與較場間巨石，楷書“蠶陵重鎮”四字。

3. 舊刻附題

有的碑刻題名、題記不是同時完成，而是後人在原刻基礎上，有感而附刻於旁。有時題刻者不止一人，或多條，也非一時。

唐代《仁壽寺造像碑》，華蓋兩側有宋代補刻銘文，中部還有宋代補刻的方形淺龕。既有題名，也有題記，有“乾道六年”“乾道七年”落款，表明補刻至少有兩次。

四川省茂縣疊溪鎮較場村玉壘洞，洞內可容數十人，洞壁有明代無名氏先後題刻“玲瓏仙室”“萬山一平地，片石兩洞天”“行樂窩”及明隆慶元年（1567）雙槐山人、乾隆三十年（1765）總兵長白托雲等題詩③。

明嘉靖二十五年（1546）《施家堡丹雲霞壑字碑》，文末有清同治二年（1863）“藍翎統帶誠右營官弁兵勇、儘先遊擊鄒紹南重刊”幾字，在其旁又刻摩崖《施家堡丹雲霞壑字碑》：“古人可作，其許我把臂入林，因證緣于石上。”李澤洋撰文，□山龍定洲書，鄒紹南鐫。

結合理縣隋《姜須達通道記》“大將軍、開府儀同三司、摠管二州五鎮諸軍事、會州刺史”；唐《樸頭題記》“朝散大夫、檢校維州刺史”，“羌、漢兵及健兒”；茂縣較場壩唐《疊溪點將臺造像題記》題“大施主持節兼翼州諸軍事翼州刺史大將軍李玄嗣”，“助佈施主録事參軍常詮胄，司倉參軍李德超，行司户參軍王季札，行參軍劉紹約”等9條題記有軍職。摩崖附近，還有宋元題名，皆有軍職④，表明四川西川羌區

---

① （清）張廷玉等：《明史》卷三百一十一，中華書局1974年版，第8029頁。

② 阿壩藏族羌族自治州地方志編纂委員會：《阿壩州志》，民族出版社1994年版，第2149頁。

③ 同上書，第2162頁。

④ 于春、蔡青：《四川茂縣點將臺唐代佛教摩崖造像調查簡報》，《文物》2006年第2期，第48、50頁。

自隋代以來，就有駐軍。而托雲《山中野鶴題詩》細膩地描述該處地理環境、軍民生產生活，抒發邊陲將士遠離故土的思鄉之情，為研究羌族文學、清朝在岷江上游的軍事活動提供了資料信息。同時，這些題刻也是當時岷江上游自然環境的寫照，為該地自然風貌變遷留下了重要綫索。

（五）應用文石刻

凡章奏、詔命、契約、文書、帳簿、借據等應用性石刻文獻，都是應用文碑刻，具有較高史料價值。這類碑刻集中在明清岷江、涪江上游，內容豐富，類別繁復。根據內容和文體，分門別類，有文告碑、規約碑、契約碑、紀災碑、道路交通碑、界碑、族譜碑等。

1. 文告碑

文告碑是上級傳達給下級的文書，鐫刻在石，便於傳佈。羌族文告碑，主要在清代，明代僅崇禎十七年（1644）《松潘城崇禎十七年告示碑》1 通。清康熙四十年（1701）《牟托巡檢司土規告示碑》，刻立於茂縣南新鎮牟托村上寨温耀萍門前，宣佈牟托巡檢司制定的各種土規，涉及治安、婚喪、神事、生產、征糧、納税等。還規定“新舊土民，當遵土規”，“以上數條，各宜恪遵。如違重究，定照土律治罪枷杖”，為研究清初岷江上游羌族民風民俗、法規、區域自治制度等提供了詳實的資料，具有較高的政治、歷史、文化價值。

嘉慶二年（1797）《非土著人民不得應試章程碑》，原在汶川縣綿虒鎮汶川衙署門前。碑云：“批准詳定汶川學籍，嗣後非土著廩生，不得保結，非土著人民，不得應試，章程碑記。”旨在整飭科考作弊之風，維護教育、考試公平，是研究汶川教育和科舉的實證材料。光緒四年（1878）《鐵邑告示碑》，刻立於汶川縣威州鎮鐵邑村。碑文內容涉及山場分界及當地民俗規定。光緒四年（1878）《禁止差役索詐批示碑》，現藏北川縣貫嶺羌族鄉復興村二組朝真觀，記四川龍安府正堂王批轉總督部堂於光緒四年批示嚴禁訴訟過程中差役敲詐勒索、增添民累之事。光緒五年（1879）《薛城理番府告示碑》，刻立於理番縣（今理縣）薛城，現下落不明。理番府告示“四土、五屯襲補規費”等一併革除，以示“愛其兵民，□□□□□各安居樂業，萬不得克扣苛斂，以致百姓困苦”。

光緒六年（1880）《婚俗禁令碑》，刻立於理番縣薛城沙金壩。1934 年，莊學本先生發現，並鈔録發表在《羌戎考察記》①。羌民盛行“兄亡收嫂，弟亡收弟婦”的“轉房婚”及“近親結婚”等婚俗，莊學本認為該俗與吐蕃佔領該地多年、藏羌雜居，受其風俗影響有關。其實，此乃羌人古俗，《後漢書・西羌傳》：“父没則妻後母，兄

① 莊學本：《羌民的墓穴》，《羌戎考察記》，上海良友圖書印刷公司 1937 年版，第 67 頁。

亡則納厘嫂，故國無鰥寡，種類繁熾。”①《舊唐書·党項傳》：“俗皆土著……妻其庶母及伯叔母、嫂、子弟之婦。”② 近親結婚，更是親上加親。這兩種羌區人人認可的風俗，與清朝法律卻大相違背，也為歷代國家制定法律所禁止。按《大清律例》，“轉房婚”可判“斬立決”。直隸理番縣佈告，辭句嚴厲，違者絞決，比收父祖之妾的罪更重。

2. 規約碑

將鄉規民約、行會條規鐫刻於石，有條規，具有告示性質，但又不是純粹的文告。羌族規約碑產生在清代，涉及政治、經濟、法規、民俗等內容，是研究羌族習慣法的實證材料，參考價值高。

光緒四年（1878）《小寺寨封山護林碑》，原刻立於汶川縣克枯鄉周達村小寺寨。小寺寨神樹林歷經本寨公議封禁多年，不許入山砍伐。有鄉民不知议規，私自砍伐，被約首拿獲，抵抗不服，控來盗伐為實，憑議規“罰羊三隻、油三头、香一萬，以作酬神祭山之資”。“头”，與“桶”古音相近，碑文本作“桶”字。小寺寨眾姓人等共同商議規範村民日常生產生活行為，制定保護神樹林條規，並交理番廳分駐新保關官衙公示，禁止鄉民私自入山樵采，牧放牲畜踐踏，違者送官嚴懲，决不姑息。偷賣神樹者，罰錢10千文。罰錢之數，作約首輪流巡轉護林之資。此碑文是研究19世紀中期羌族地區宗教、村規民約的重要史料。

道光七年（1827）《水磨坪治安管理碑》，又題《溝口水若佛寺碑》，刻立於茂縣溝口鄉水若村1組。四面刻，碑面右側字跡漫漶。碑文敘述道光七年茂州總督部堂戴、佈政使司李與按察使司興推行保甲制度，並宣示其意義和相關法律條目，鼓勵村民興辦學校，勤耕善作，懲治好逸惡勞、偷盗奸殺者，反映了岷江上游羌區改土歸流以及朝廷推行和實施的相關政策。

道光二十三年（1843）《岳希土司碑》，現藏茂縣羌族博物館。碑文記録岳希土司制定的規約，包括婚姻、田土、債賬、酗酒滋事、争界、反外、磕索等事項。“婚姻、田土、債賬以及酗酒滋端、争界、反外、搕索，每案議定……官錢二千四百文……每案鞋脚錢四百八十文。”③

咸豐元年（1851）《河西議話碑》，刻立於茂縣曲谷鄉河東村。記“河東十二寨大眾尚議尔團”規定：“兩寨不打一寨，兩家不打一家。”“上不打民房，下不打門坎。”“議話坪”，羌語“爾母孜巴”，民國以前，每個村寨都有“議話坪”，聯寨或全鄉有大議話坪，是全寨檢閱羌丁武裝、練武射擊、推選寨首、决定出兵打仗等大事的地方。

① （南朝宋）范曄撰，（唐）李賢等注：《後漢書》卷八十七，中華書局1965年版，第2869頁。
② （後晉）劉昫：《舊唐書》卷一百九十八，中華書局1975年版，第5290頁。
③ 俞榮根：《羌族習慣法》，重慶出版社2000年版，第270頁。

清代將封山護林、鄉規民約、羌民糾紛等内容納入議話坪，每年或兩年召開一次會議，由寨首召集，每户成年男丁均可參加，民主議事。一旦“議話”認可，人人遵辦，故羌民有“男子十五穿鎧甲，槍法好，二十在議話坪講話，就算好小夥子”的諺語。清代、民國時期推行保甲制度後，“議話坪”議事逐漸消亡。今茂縣黑虎、三龍、曲谷等還有議話坪遺跡。

咸豐二年（1852）《永垂萬古碑記》，刻立於北川青片鄉新街老橋頭議話坪，現藏地不明。泐蝕嚴重，毁字約半，碑文記“四川龍安府石泉縣正堂加三級五次武一為思定章程，杜免亂規，永遠遵章”之事。根據青片寨三利柘、楊興保等呈稱：青片十一寨民年納豆糧，交永壩撫夷廳；營汛兵丁及監獄牆垣坍塌補修負擔；東嶽、城隍兩廟會與演戲需用等規約。革除弊端，人人遵循，違者重究不貸。

咸豐三年（1853）《瓦寺土司差役碑》，刻立於汶川縣綿虒鎮玉龍鄉塗禹山原瓦寺土司公署内。碑原有 2 通，分立塗禹山瓦土司署、汶川城北外禹王宫（綿虒鎮），文字略有出入，大義相同。後碑亡佚。存者現藏四川省汶川縣文博館。碑石為乳白色大理石。額楷書題“詳定批准”。碑文記瓦寺土司差役規約 14 條，由瓦寺二十八寨土民，會同汶城紳士、保甲公立。落款處有汶川縣署印章。

3. 契券

契券是當事各方共同訂立的憑券、證據類文書。契約碑最常見的是買地券，是土地買賣的一種憑據。一般為陰卷，埋於壙中，作為死者安葬墓塋，佔有墓地的證據，是為死者在陰間地府所立的券契，屬於冥間文書。又稱“幽契”“幽券”“買山地券”“墓莂”或“合同”。因材質不同，又有“鉛券”“玉券”“鐵券”“磚券”“木券”“竹簡券”之别。

券文一般署有買地時間、知見證明人，真實性强。詳述地域的四至八到及地形，是研究古地理的參考材料。至於所記土地價格、用錢數目，可作為研究古代土地制度和土地價格的依據，是經濟史研究的重要史料。有些陰券，所記界至與實際相合，但多數所記界至是虚構的，如南宋淳熙三年（1176）《負志成甘氏三娘買地券》，出土於四川省汶川縣，具體地點不詳。所言界至“兵迊其地，東至震位青竜，西至兑宫凉白虎”，落款“大宋釖南西川成都茂州汶川縣滋茂鄉”。汶川縣滋茂鄉，北宋熙寧五年（1072）屬青城縣滋茂鄉，元代屬灌州滋茂鄉，明代屬灌縣滋茂鄉，清代屬筏村，咸豐時，分屬麻溪局和遵諭局；光緒三十一年（1905），屬西七區；宣統三年（1911），屬漩口鄉；民國初年屬麻溪鎮，現屬都江堰麻溪鄉。此為該地所屬建置、地理沿革變化提供了材料。

明嘉靖十八年（1539）《高安買地券》，汶川縣綿虒糧站修倉庫地基内出土，現藏四川省汶川縣文博所。券石陽面刻券文，陰面刻八卦紋。

4. 災害碑

四川岷江上游地處龍門山斷裂帶和岷山斷裂帶，是中國强烈地震帶之一。自南宋乾道五年（1169）以來，該區域共發生破壞性地震26次，其中里氏6級以上地震20次，以茂縣、汶川為震中的有7次。其中，1933年茂縣疊溪發生7.5級地震，全城覆没；2008年以汶川縣映秀鎮為震中的汶川大地震，震級達8.0級，遇難失蹤87150人，受傷37萬多人①。除地震、泥石流等地質災害外，還頻發乾旱、洪水等災害，碑刻中有一些反映，但仍顯不足。

西夏天祐民安五年（1094）《涼州重修護國寺感通塔碑》，碑文用西夏文和漢文分别記述西夏天祐民安三年（1092）涼州大地震。西夏太后與皇帝應瑞詔命重修涼州護國寺塔，塔成後刻碑記功，是最早的羌族漢文地震碑，也是現存最完整、内容最豐富的西夏碑，對研究西夏歷史和文化有重要價值。内容涉及許多史籍失載的有關西夏社會經濟、階級關係、官制、民族關係、宗教信仰等方面史料，如夏崇宗乾順賜予護國寺“錢千緡，穀千斛，官作四户”，如對“大夏”西夏國名的記載。

民國二十三年（1934）《疊溪積水疏導紀念碑》，摩崖，刻於茂縣疊溪鎮較場點將臺右側一巨石上。碑文記録“疊溪陷落，地震山崩，壓斷岷江正、支各流，積水數潭成海”，釀成奇災及川西人士暨當局諸公疏導水患的史實。此碑既是地震碑，也屬洪水碑，為岷江上游地震和洪水等自然災害研究提供了材料。

清光緒十八年（1892）《董氏墓碑》，原刻立於汶川縣銀杏鄉桃關溝董姓家族墓。碑文準確記述“光緒庚寅歲五月十二寅卯刻”，即光緒十六年（1890）五月十二日凌晨三至七時，“天降洪雨，孽龍出焉”，洪水洶湧，“五六百尺之峰，源頭上走；數千餘年之墓，盡赴江中。不但坟塚流漓，而生被水冲者”。《四川兩千年洪災史料滙編》：光緒十三年（1887）大洪水，主要發生在岷江上游②。光緒十六年（1890）五月發生洪水一事失載，碑銘可補其闕，為岷江上游水文研究提供了資料。

5. 道路交通碑

碑文記載修路、整治橋梁津渡的史實，有的用於橋梁津渡標示，指明道路方向，有的為捐資人題名，是研究中國築路史、交通史的重要實物資料。

四川西川羌區最早修路碑是理縣，隋開皇九年（589）《姜須達通道記》：“自蜀相姜維嘗於此行，尔來三百餘年，更不修理。”不論公私往還，“人疲馬乏，筋力頓盡”。會州刺史姜須達，“遂治舊道，開山伐木”。其餘的修路碑主要刻於清代，汶川有乾隆二十四年（1759）《克枯棧道碑》，刻立於汶川縣威州陽角燈對面，克枯下500米，現

① 程鵬等：《羌族地區泰山石敢當調查研究》，《地方文化研究輯刊》2010年第3期，第191頁。
② 水利部長江水利委員會等：《四川兩千年洪災史料滙編》，文物出版社1993年版，第11頁。

存原址。同一地點還有嘉慶九年（1804）《克枯棧道碑》，圭首，楷書題“履險如夷”。克枯棧道位於雜谷腦河下游，上為層巒，下臨大江，谷深坡陡，實為奇險。村民集體捐資重修，刻碑以紀。此外，理縣還有嘉慶十一年（1806）《曾頭修路功德碑》，茂縣有嘉慶二十二年（1817）《白水溪修路碑記》、道光二年（1822）《納哈溝路旁修路碑》、咸豐元年（1851）《三龍鄉新基寨修路碑》、咸豐八年（1858）《三龍鄉新基寨修路碑》，松潘有光緒（1875－1908）《李道人修路碑》《夏毓秀轄夷口修路碑》等。這些碑刻反映了清代岷江上游羌區道路開鑿、修建狀況，也是該區域經濟發展和文化交流的需要。

橋碑很少，西夏乾祐七年（1176）《黑水河建橋敕碑》，原刻立在甘肅省張掖市城西十里黑水河東岸的下龍王廟，現藏張掖市博物館。記述夏仁宗對黑水河諸神發佈敕命，以求水患永息，橋道久長。碑文既記事，也題名，可為西夏王朝橋樑建設和工程管理研究提供參考。清嘉慶（1796－1820）《慶昇橋碑》，早已亡佚。嘉慶《汶志紀略》著録，修建於汶川縣南一百二十里龍溪溝口（今都江堰龍溪鎮溝口），記貢生陳先達捐建石橋以利濟。《民國汶川縣志》云：“嘉慶五年，庚申，貢生陳先達復獨資建木橋，閲年工竣。先達字慶昇，故名曰慶昇橋。”① 咸豐六年（1856）《重修躍龍橋碑》，原刻立於汶川三江鄉政府北，現下落不明。該橋由“四川加渴瓦寺宣慰使司宣慰司索”、瓦寺土舍、三江口總理、三江口副目領袖、三江口寨目領袖、會首及邑民等共同助銀建成，立碑以示紀念。民國《松潘通遠橋碑記》，亡佚。據《民國松潘縣志·山川》載，通遠橋在縣東北二百三十八里永和塘②。此橋“下接茂汶川，上連吐蕃”，為“夷漢互市，商賈馳驟”等提供了方便。

指路碑有元至正十六年（1356）《唐兀公墓指路碑》，隸書，題“大元贈敦武校尉軍民萬户府百夫長唐兀公祖塋”。民國《嶺崗村指路碑》，北川縣墩上鄉嶺崗村一組李友財家門前出土。指示茂州、石泉縣、千佛山、壩底堡方向、距離。《茂縣土門指路碑》指示茂州、土門、魚亭方向、路程。碑云：“指路碑。上走茂州五十里，下走土門二十里，左走□山八里，右走魚亭二里。張代順為子全泰立。”③ 指路碑因有為孩子積德行善，驅鬼辟邪之意，故又稱“將軍箭”“擋箭碑”。

6. 界碑

界碑，又稱“地界碑石”。標明地域起迄，有標界和指路的功能。羌族界碑，最

---

① 祝世德：《民國汶川縣縣志》卷四，《中國地方志集成·四川府縣志輯》（66），巴蜀書社（據民國三十三年本影印）1992年版，第497－498頁。

② 傅崇榘等修，徐湘等纂：《民國松潘縣志》卷一，《中國地方志集成·四川府縣志輯》（66），巴蜀書社（據民國十三年刻本影印）1992年版，第51頁。

③ 阿壩州文管所陳學志録文。

早的當屬乾隆五十六年（1791）《灌瓦界碑》，明中葉，瓦寺土司與灌縣分界在汶川縣水磨與三江交界處的鷂子山。乾隆十五年漢夷争界訴訟裁定，五十六年欽命傳示加渴瓦寺安撫司照遵，並立碑於鷂子山界。示曰："内歸灌縣，外屬土司……各管各業。漢民勿得潛入土司境内，藉端滋事；而土舍、土民，亦不許妄行越界生非。""各其凜遵勿違，特示。"嘉慶十六年（1811）《界碑》，刻於汶川縣水磨，現存地不明。《都江堰市金石録》著録①，是繼《灌瓦界碑》後，再次刊碑，勘定瓦寺土司轄地與灌縣界址。表明自明始，漢夷争界，從未間斷。

汶川縣綿虒鄉羌鋒村北 300 米，有 1 通界碑。石高 260 cm，寬 94 cm。4 行。楷書："功加千總高大勝遵奉分巡松茂兵備道李批飭署汶川縣事安縣正堂郭審斷定界。"②

有些界碑，因其内容不僅包括地界，也包含鄉規民約，故歸入規約碑。如汶川縣雁門鄉索橋小寨子村十字路口處立《封山護林碑》，一碑分别刻於光緒二年（1876）、四年、五年、十二年。小寨子與索橋、蘿蔔寨毗鄰，村民多年來由於林界不明，時有濫砍山林、放牧牛羊而産生糾紛或禍端。在縣署、鄉府官員主持下，各村民衆共同商議，劃分山場林界，刻立界碑，定條例、公約，"私行斫伐，藉影生枝，一經察覺，或被告發，定即挐案究治，决不姑寬"。茂縣曲谷鄉的咸豐十一年（1861）《黑如黑佈寨護林碑》，規定黑如、黑佈二寨神林地界以及管理、保護職責③。所以，羌族應用文石刻類型的劃分，既考慮碑銘文體，也顧及碑銘内容，類與類之間時有包含、交叉。

7. 族譜碑

漢族士人重宗族，設家廟，刻家廟碑，記載家族發展史，展示宗族世系，類似於宗族譜牒，是瞭解其族屬郡望、宗支發展歷史的重要資料。明末清初，羌區因改土歸流、湖廣填川等原因，受到漢文化更加深刻的影響和衝擊，同時也為了對外交流方便，羌族開始改漢姓，記族譜，出現了宗族族譜碑。

如理縣有乾隆五十三年（1788）《水塘楊氏家譜碑》，記水塘楊氏羌人六代 77 人姓名，其中改姓楊 8 人，第五、六代按字輩取名，是目前所見岷江上游羌族石刻中最早改楊氏，並按字輩形式取名的，表明水塘羌人改漢式單姓至遲在乾隆中期。嘉慶二十年（1815）《袁氏宗支碑》，記袁氏十四代 260 餘人，每一支系繁衍、遷徙，脉絡清晰。

汶川有乾隆五十九年（1794）《大埃咪張氏家譜碑》，敘述張氏始祖自明搬移至此

---

① 都江堰市地方志編纂委員會：《都江堰市金石録》，四川人民出版社 1999 年版，第 436 頁。

② 1994 年 7 月 16 日上午，龍大軒、孫偉在當地村民楊雲忠的協助下獲得該内容，見龍大軒：《鄉土秩序與民間法律·羌族習慣法探析》，中國政法大學出版社 2010 年版，第 180 頁。

③ 國家民族事務委員會全國少數民族古籍整理研究室：《中國少數民族古籍總目提要·羌族卷》，中國大百科全書出版社 2009 年版，第 21 頁。本書項目組田野調查未找到碑石。

居住，共十代，題名13人。嘉慶八年（1803）《劉氏百代姓氏碑》，記羌人劉氏于明隆慶四年（1570）從茂州奉旨徙往汶川三江口鎮守，世為頭人，至嘉慶八年（1803）繁衍生息九代，宗族題名近兩百人。其中“劉正祥”，見嘉慶十五年（1810）《劉正祥墓碑》載，“千総顕考劉公，諱正祥府君”，從西藏出師廓爾喀，乾隆五十七年（1792）陣亡。光緒十三年（1887）《毛姓家譜碑》，記毛守勳及其後裔、妻妾等十二世145人，各代字輩清晰，儼漢姓命名。

茂縣有嘉慶十三年（1808）《余氏世代宗枝碑》，題名19人，其中余氏14人。

有的墓碑、祠碑，也記載譜系。如汶川的乾隆三十二年（1767）《龍溪火墳碑》，子嗣六人，“更各取其六姓”，即賴寶志、勉伍志、毛耳志、何必志、高他、鄧耿志，是同宗六姓羌人。各房子嗣分刻其下，賴寶志有孝男我□勺、哭已，孝孫我□、羅必；何必志有孝男耿加智、革裕金、何祖滿；鄧耿志有孝男不木太、由必、不公已、巴不不。碑存題名八十餘人，均為多音節複姓，亦即羌族房名。房，在這裡既指親族，也指帶有家族符號的房屋，是在頻繁的遷移與戰争中羌人識别自己部落群體的符號。除此碑外，還有《水塘楊氏家譜碑》《劉氏百代姓氏碑》《余氏世代宗枝碑》等，清晰地記載着羌族房名改漢式單姓的由來。這些姓氏名號、家世譜系，成為研究羌族姓氏譜牒的最原始資料，其中涉及羌族改名改姓、婚姻關係的内容，為研究民族史、文化史，特别是民族融合提供了第一手歷史資料。

五、羌族石刻研究的現狀

（一）已有成果

金石學的研究古已有之，但真正意義上的石刻研究，是從宋歐陽修《集古録》開始的。自此以後，不斷有學者對歷代石刻進行搜集、整理、研究。但對羌族石刻文獻，過去没有人進行過專題搜集、整理。已經做的工作主要有以下幾個方面：

1. 羌族石刻零星著録

羌族石刻有過零星著録，只是散見於各種典籍中，如清王昶《金石萃編》、陸增祥《八瓊室金石補正》、南宋王象之撰《蜀碑記》、清李調元《蜀碑記補》、北京圖書館金石組《北京圖書館藏中國歷代石刻拓本滙編》、王素主編《新中國出土墓誌》、臺灣新文豐出版公司影印《石刻史料新編》、武樹善編《陝西金石志》等石刻專著，另外在陝西、甘肅、寧夏、四川等地方志中亦有记载。史金波、陳育寧任主編《中國藏西夏文獻·金石編》，收録党項羌漢文石刻拓片、釋文。韓蔭晟編《党項與西夏資料滙編》，搜集、整理西夏史料，其中有部分党項羌石刻資料。戴應新編著《折氏家族史略》，收録折氏家族碑誌。國家民族事務委員會全國少數民族古籍整理研究室編《中國少數民族古籍總目提要·羌族卷》收録岷江、涪江上游羌族石刻目録129通，算是著録比較多的羌族石刻資料。

2. 零星利用羌族漢文石刻從事文史研究

利用羌族漢文石刻從事文史研究有一些零星的成果。其中有分量的只有馬長壽先生遺著《碑銘所見前秦至隋初的關中部族》，收録關中地區碑刻25通，過録了原文的石刻10通，多是有關羌人的碑刻。利用碑銘材料，就碑文中的人物姓氏、官爵、姓氏變遷、婚姻關係、階級分化、部族融合等進行研究，涉及羌民族的内容很多。附録《關中北魏北周隋初未著録的羌村十種造像碑銘》《關於關中羌村羌姓的劄記》，是研究羌族歷史文化的重要參考資料。

俞榮根等主編《羌族習慣法》（重慶出版社2000年版）、李鳴著《碉樓與議話坪：羌族習慣法的田野調查》（中國法制出版社2008年版）、趙曦著《神聖與親和——中國羌族釋比文化調查研究》（民族出版社2010年版）、耿少將著《羌族通史》（上海人民出版社2010年版）等專著，引用羌族石刻文獻進行研究，這些研究集中在羌族習慣法，所用石刻材料主要是清代岷江上游規約碑。所據材料如下：

咸豐十一年（1861）《黑如黑佈寨護林碑》，現藏茂縣曲谷鄉。碑石高64 cm，寬38 cm。碑文9行，楷書。記黑如、黑佈二寨首領及衆花户對神林定界管理，加以保護，同時兩寨商訂准砍乾柴，不許砍生柴，不准過地界，違者將受罰銀處理①。

同治十一年（1872）《赤不蘇維城婚約碑》，刻立於茂縣赤不蘇維城鄉，現藏茂縣羌族博物館。記維城鄉前村公議修訂前輩嫁娶條文原因及具體内容等。

光緒四年（1878）《小寺寨封山護林碑》，刻立於汶川縣克枯鄉周達村小寺寨。為了保護神樹林和林盤的村寨公有，“經闔寨公議，封禁有年，不許入山砍伐”，制定了賞罰分明的村規民約。

光緒六年（1880）《綿簇護林碑》，刻於四川省茂縣南新鎮棉簇村汶茂公路邊巖石上，現存原址。摩崖，泐蝕嚴重。碑文記述綿簇衆姓為惜林議定村規民約，内容包括林盤界限、處罰偷砍者等相關事宜。綿簇，即今棉簇。

趙曦先生論文《領羊　吆猪：非戰祀和的宗教聖境心結——略論羌族宗教經典〈澤基格佈〉〈必格溜〉》，將羌族石刻規約上升到羌人釋比經典層面，其研究獨到，極有深度。《澤基格佈》《必格溜》是羌族釋比宗教經典。《澤基格佈》塑造了在戰爭與和平的重要歷史關頭，罷戰歸和的偉大民族英雄澤基格佈。《必格溜》表達了羌民對

① 國家民族事務委員會全國少數民族古籍整理研究室：《中國少數民族古籍總目提要·羌族卷》，中國大百科全書出版社2009年版，第21頁。本書項目組田野調查未找到碑石。

其他民族宗教的容納、對話與共用的宗教心結。趙曦先生從羌人宗教經典《澤基格倆》《必格溜》到歷史石刻《河西議話碑》盟誓，再到上世紀民主改革中“羌族地區没有發生叛亂”①，“我們可以解讀到羌族族群歷史心靈中積澱的和平安寧、和睦毗鄰、和諧共用的寶貴精神。也可以看到正是這種精神價值訴求的歷史實踐之汁液，滋潤了羌族宗教精神之花朵。這是《澤基格倆》和《必格溜》入選釋比經典的理由，也反襯出釋比鼓聲的久遠與榮光”②。

（二）不足

總體來説，羌族石刻文獻比較豐富，具體表現在數量比較多，内容比較豐富，形式多樣，對於文史研究，特别是羌族歷史文化研究具有重要的研究價值，但是無論是搜集、著録、整理，還是具體研究，都顯得非常不足。具體表現如下：

1. 材料相對零散

過去對羌族石刻少有人關注，至今没有進行過全面調查，更没有進行系統搜集和整理。情況不明、家底不清，無法科學利用。這份寶貴的文獻材料事實上大多被埋没，十分可惜。由於歷史的原因，研究羌族的文獻本來就很少，因此全面搜集羌族石刻，同時兼收與羌族歷史文化有重要關係，特别是有治羌事跡的石刻，并對其進行科學整理，從而為羌族歷史文化研究提供一份較為完整的石刻文獻，這應該是一項填補空白的工作，其意義無疑是十分重要的。

2. 材料原始，缺漏甚多

羌族石刻整理不系統、不全面、不科學。已經著録的羌族石刻，有的只有目録，没有圖録和釋文；有的只有拓片或拓片圖録，没有釋文；有的有釋文，但衍、脱、錯訛比較嚴重。因此亟待對羌族石刻進行全面的搜集、科學的整理。

3. 研究不夠全面和深入

對羌族石刻本身，至今没有任何專門系統研究的成果，利用該項材料進行歷史文化和其他學科研究的成果也非常罕見，而且研究的深度和廣度都不夠。研究成果與這批文獻的重要性極不相稱，亟待組織力量、投入精力展開研究。

利用羌族石刻從事文史研究，主要採用跋尾式，顯得零散而隨意，而且重在歷史和書法方面。有關專題、專項研究，缺乏系統性，大多只是在研究羌族歷史文化時，把石刻作為旁證材料來使用，而且材料利用也很不充分，自然研究也不可能深入。

---

① 李紹明：《四川民族地區民主改革的歷史回顧》，《西南民族大學學報》（人社版）2008 年第 1 期。

② 趙曦、趙洋：《領羊 吆豬：非戰祀和的宗教聖境心結——略論羌族宗教經典〈澤基格倆〉〈必格溜〉》，《西南民族大學學報》（人社版）2008 年第 4 期，第 57 頁。

六、科學整理羌族石刻的思路

（一）全面搜集羌族石刻

本書是2011年度教育部人文社會科學研究一般項目資助（11YJA870026）成果。自項目啟動，至今已6年有餘，羌族石刻太零散，淹没在浩瀚的石刻文獻中，搜集難度大。鑒於此，我們主要採取了兩種途徑：第一，充分利用歷代石刻著録，特别是以石刻目録為綫索，翻檢勾稽，儘量窮盡蒐採羌族漢文石刻資料。第二，訪尋西安碑林、圖書館等文博圖情單位；走訪石刻研究、歷史研究、考古研究的專家，廣泛調查，獲取未公佈的資料。同時，到陝西、河南、甘肅、貴州以及四川汶川、理縣、茂縣、北川等歷史上各羌族聚居區進行田野調查，頻繁進入羌寨尋碑、拓碑，對尚未公佈的石刻，親自椎拓拓片或拍攝原石照片。據我們統計，記載羌族歷史文化的漢文石刻有500餘通，包括目録、釋文、拓片、原石、照片等。經篩選、甄别、考證，剔除僞刻、碑石亡佚、損毁以及存目不存文的石刻外，從中精選出羌族石刻390餘通。上自漢代，下迄清代，延及民國，是目前收録羌族石刻最完整的文獻。

碑石亡佚，這是歷代石刻搜集和整理工作者無法避免的遺憾。在這批石刻中，岷江和涪江上游羌族石刻面臨的問題最突出。這裡乃古氐羌地，留存的羌族石刻數量多，但由於石質沙巖，容易風化，不易保存，再加上2008年“5·12”汶川特大地震，石刻或遭損毁，不見蹤跡，或被人藏匿。部分尚存的，泐蝕非常嚴重，不忍椎拓，以照片替之。没有原石照片或拓片圖録，據他書轉録備參；僅存目不存文的，只能付闕。如《謝方叔墓碑》，原立於四川省理縣通化鄉謝溪溝口，現墓塚不存，碑已不知去向，無刻碑時間，據《理番廳志·志存》：“謝丞相墓在通化里場外前。藩憲查公禮招安郭羅克，道經此捐俸培修豎碑，以誌之。”① 招安郭羅克，在清康熙六十年（1721），立碑時間在該年。謝方叔，字德方，威州（今四川理縣東北）人，南宋晚期著名政治家，《宋史》有傳並録其奏疏。同書《謝方叔傳》載，嘉定十六年（1223）進士，歷官監察御史。淳祐九年（1249），拜參知政事，封永康郡侯。十一年，特授知樞密院事兼參知政事，尋拜左丞相兼樞密使，進封惠國公，後罷相。“咸淳八年卒，特贈少保。”②《理縣志》著録該縣通化龍溪大寨有《歸漢碑》，記述龍溪溝被征服而歸漢之事；通化城北門有《北門碑》，記發現宋代某人墳及征羌之事③。《元和郡縣圖志·劍

---

① （清）吴羹梅修，周祚嶧纂：《同治直隸理番廳志》卷六，巴蜀書社（據清同治五年刻本影印）1992年版，第815頁。

② （元）脱脱等：《宋史》卷一百四十七，中華書局1977年版，第12510－12512頁。

③ 理縣志編纂委員會：《理縣志》，四川民族出版社1997年版，第682頁。

南道》通化縣條:“本漢廣柔縣地，周武帝時，於此置石門鎮。隋開皇六年，以近白狗（今作“白苟”）生羌，於金川鎮置金川縣，十八年改為通化縣。”① 隋通化縣，今理縣通化鄉，位於岷江支流雜谷腦河下游。“白狗羌，西羌之别名”②，是西山諸羌中較强大的部落。南北朝時，岷江上游西部的白苟羌人歸附西秦。《資治通鑑・宋紀・太祖文皇帝》：劉宋少帝景平二年，“夏，四月，甲辰，魏王東巡大寧。秦王熾盤遣鎮南將軍吉毗等帥步騎一萬南伐白苟、車孚、崔提、旁為四國，皆降之”。胡三省注：“白苟國至唐猶存，蓋生羌也，其地與東會州接。”③ 西秦之後，北周、隋唐相繼統轄該地。唐通化，近於維州。維州，本白苟羌地，因白苟羌附而置。《新唐書・地理志》：“維州維川郡，下。武德七年以白狗羌户於姜維故城置，並金川、定廉二縣。”④ 史乘表明，至遲南北朝時，此地就為白苟羌聚居。因此，《歸漢碑》《北門碑》成為研究羌人，特别是白苟羌歷史文化的珍貴資料。惜近年來多次探尋，均未訪到。這些，不能不説是本書的遺憾，也使我們倍感搜集、整理羌族石刻文獻的迫切和重要。

（二）詳細著録

所收石刻以拓本、原石或者照片為主，碑石亡佚存文者，則精選底本轉録原文，文獻真實性强。每通石刻，按照先圖後文的方式。包括拓片或照片、石刻基本資訊、録文、標點、注釋及彙考。每通石刻簡明扼要著録石刻題目、刻石時地、出土情況、碑石存佚、遞藏情況、現藏地點和石刻形制、體式、尺寸、行款、書體、資料來源等基本資訊，以備參考、覆核，進一步利用和研究。所有石刻一律按時間先後順序編排，以反映羌族石刻文獻及羌族發展歷史。

（三）精心校勘、彙考

對照石刻拓片、原石、照片，認真釋讀、考證，楷書録文。原文中的古體字、俗體字、假借字、訛誤字，照舊迻録，以保持石刻文字原貌，為語言文字研究提供語料。已有釋文的，核對石刻實物、各本舊拓、圖録、照片以及部分摹録，對其中誤字、衍文、闕脱，吸收諸家録文、跋尾、考辨以及專項研究成果，參以己意，精心校勘，查漏補闕，辨正失誤，寫出校勘記，確保石刻文本的準確性，以提高研究的可信度。

自宋代歐陽修《集古録》以來，考釋石刻的學者很多，清代尤著，其成果大都保存在跋尾、筆記、雜録中，雖價值很大，卻失之零散隨意。廣采諸家之説，主要從文字、詞彙、典故、事實、姓氏等方面進行注釋，並對相關人物、事件或姓氏譜系等史

① （唐）李吉甫撰，賀次君點校：《元和郡縣圖志》卷三十二，中華書局 1983 年版，第 813 頁。

② （宋）王溥：《唐會要》卷九十八，中華書局 1955 年版，第 1752 頁。

③ （宋）司馬光編著，（元）胡三省音注：《資治通鑑》卷一百二十，中華書局 1956 年版，第 3766 頁。

④ （宋）歐陽修、宋祁：《新唐書》卷四十二，中華書局 1975 年版，第 1085 頁。

實作彙考。只在必要處作注釋和彙考，力求準確簡明，不枝不蔓。

如北魏正始元年（504）《王遇墓誌》：“遠祖逃秦壟右，避沴西戎，改姓鉗耳，仍居羌氏。”注：“鉗耳，西羌虔仁種複姓。《元和姓纂》作‘箝耳’，或作‘虔仁’。《後漢書·西羌傳》作‘虔人’。同音異寫。後改漢式單姓‘王’。《魏書·王遇傳》：‘自云其先姓王，後改氏鉗耳，世宗時復改為王焉。自晉世已來，恒為渠長。’① ‘自云其先姓王’，與誌稱王子晉之後，下文‘被詔還姓，禋復王門’，均是受到魏晉以來門閥制度影響，冒姓以掩蓋其族姓。王遇，本鉗耳氏羌人，孝武帝南遷洛陽，推行漢化政策，令其他民族改漢姓。遇當此時改姓王。北魏太和十二年（488）《暉福寺碑》已題名‘王慶時’，則‘世宗時復改為王’的記載不可信。”

唐天寶二年（743）《鉗耳墓誌》，文末彙考：“誌云：‘其先出自有周，厥初生人，時惟姜嫄，誕彼后稷，至於古公，以及王季。王季之子曰泰伯、曰文王、曰仁虔。泰伯讓位，肇有于吴；文王受圖，是興於鎬。虔仁賜土于馮翊，其後以王父字為氏，時人語訛，以虔仁為鉗耳矣。聖人之胤，其必蕃昌，樹德先公，澤流後嗣。’王季，古公亶父之子，周文王姬昌之父，其兄太伯，也稱泰伯。《論語·泰伯》：‘子曰：泰伯，其可謂至德也已矣。三以天下讓，民無得而稱焉。’王曰：‘泰伯，周太王之長子。次弟仲雍，少弟季歷。季歷賢，又生聖子文王昌，昌必有天下，故泰伯以天下三讓于王季。其讓隱，故無得而稱言之者，所以為至德也。’② ‘仁虔’，據誌文當是‘虔仁’之誤倒，為周文王之弟。‘時人語訛，以虔仁為鉗耳矣’，誌文假設語訛，高攀遠祖出自姬姓，是黄帝後裔，以掩飾其少數族裔身份。用典雖誤，但足見鉗耳君深受儒家思想為主體的漢文化影響，而且文化修養較高。誌主繼續羌人‘鉗耳’之姓以及其尚武之習，都説明羌人在融入儒家文化圈的過程中還保留着本民族的文化因子，以寄託本民族的精神情懷③。”

七、羌族石刻文獻研究的價值

羌民族具有悠久的歷史和燦爛的文化，可是除了以民間口頭傳唱形式代代傳承之外，就只有少量用漢字書寫的宗教經卷、方志野史、宗族譜系、人物傳記、地契文書等紙本文獻和石刻文獻。以党項羌為主體的西夏有西夏文，屬於西夏學研究範疇，本書不涉及。在這批數量很有限的文獻中，石刻文獻具有十分重要的地位，有多方面研

① （北齊）魏收：《魏書》卷九十四，中華書局1974年版，第2023頁。

② 十三經注疏整理委員會：《論語注疏》卷八，《十三經注疏》，北京大學出版社2000年版，第111頁。

③ 吴明冉等：《唐代碑誌中的羌人》，《北方文物》2013年第4期。

究價值。下面扼要提出幾點，供學界參考。

（一）文獻學意義

石刻文獻屬於一次性文獻，其銘文一經上石，便不易更改，文獻真實性强。本書收録羌族石刻390餘通，足夠的數量可以提供研究的材料保證。石刻類型豐富，包括墓碑、讚頌碑、祠廟碑、墓誌銘、買地券、造像記、公告碑、契約碑、告示碑、規約碑、宗族譜牒碑等。内容豐富，涉及社會生活的很多方面，從不同角度反映了羌族的社會歷史狀態，是羌族文獻和文化遺産的重要組成部分，也是異彩紛呈的中華民族文化的一個組成部分，對於研究羌族歷史與文化具有重要的意義，十分珍貴。只是過去人們對這份材料重視不夠，没有進行過全面、系統的整理和研究，其價值没有充分顯示出來。系統整理這批文獻，有助於補正傳世文獻典籍的訛誤與不足。利用石刻文獻，結合傳世文獻以及其他考古材料、口頭傳説等，可以使已有的羌族歷史文化研究成果得到新的解釋，促進對已有材料的認識和研究。羌族石刻的整理工作屬於文獻學、石刻學、石刻文獻學的範疇。通過全面的搜集、整理，可以豐富文獻學、石刻學的内容，為文獻學、石刻學學科建設、發展和深入研究提供新的文獻和新的研究成果。

如唐開元十五年（727）《理縣樸頭題記》，記録了唐蕃之間的一次戰事。“朝散大夫、檢校維州刺史、上柱國焦淑”“領羌、漢兵”，表明維州唐兵中擁有羌人士卒。維州以白苟羌歸附而置。而白苟羌為西山諸羌中之强大部落，兵盛力强。但相對於唐、蕃兩大勢力，西山諸羌不得不因緣時勢，或附唐或歸吐蕃，兵力也隨之為其使。《舊唐書·東女國傳》譏之為“兩面羌”①。題記説明開元十五年，羌人士卒為維州唐軍所用。指揮者焦淑、參戰羌兵，新、舊《唐書》失載，焦淑的事跡亦不詳於其他史籍，可補史乘之闕。自貞觀八年（634）吐蕃攻破党項及白蘭諸羌開始，就不斷出兵與唐争奪涼、松、茂、巂，即今四川西部、西北部及甘肅東南部地區。至開元十五年（727），吐蕃的進攻更加聲勢浩大。《新唐書·玄宗本紀》：“開元十五正月辛丑，河西、隴右節度使王君㚟及吐蕃戰于青海，敗之。”閏九月“寇安西，副大都督趙頤貞擊敗之”②。為配合安西趙頤貞擊破吐蕃，劍南維州也採取軍事行動，史籍失載。摩崖的發現，為研究開元時維州已成為唐朝抵禦吐蕃的軍事重鎮，以及這次唐蕃戰争中，羌人站在唐王朝一邊提供了實證材料。

又，党項拓拔氏族源，自唐代以來學界就有兩種觀點，《元和姓纂》《遼史》《金史》認為出自鮮卑，而《隋書》《舊唐書》《宋史》則認為出自羌人。開元二十五年（737）《拓拔守寂墓誌》的出土，為争議提供了新的材料，文獻價值很高。誌文：“出

---

① （後晉）劉昫等：《舊唐書》卷一百九十七，中華書局1975年版，第5279頁。

② （宋）歐陽修、宋祁：《新唐書》卷五，中華書局1975年版，第132－133頁。

自三苗，蓋姜姓之別。以字為氏，因地紀號，世雄西平。”源自《後漢書·西羌傳》：“西羌之本，出自三苗，姜姓之別也。”① 意為誌主先祖為炎帝之後姜姓支脉，表達了對羌族的認同。誌文明確記載“大將軍寧府君”，即《隋書·党項傳》所載寧叢，開皇五年（585）“拓拔寧叢等各率眾詣旭州内附，授大將軍”②。“高祖立伽府君”，即赤辭，貞觀九年（635）内屬，拜西戎州都督，誌稱“拜大將軍兼十八州部落使”。後恐被吐蕃勢力吞滅，由原轄今岷江上游及甘青交界之地，輾轉内遷至關内道北部，今陝西北部地區，即誌云“徙居圁陰之地，則今之静邊府也”。“曾祖羅胄府君”，“拜右監門衛將軍押十八州部落使，仍充防河軍大使”；“祖後那府君”，“拜静邊州都督，押淳、恤等一十八州部落使兼防河軍大使，贈銀州刺史”；“考思泰府君”，“拜左金吾衛大將軍兼静邊州都督防禦使、西平郡開國公”。守寂“即西平公之元子”，“襲西平郡開國公、拜右監門衛大將軍，使持節淳、恤等一十八州諸軍事兼静邊州都督，仍充防禦部落使”，世系清晰明了，是党項羌無疑。成書於元和年間（806－820）的《元和姓纂》，晚於墓誌撰寫幾十年，把党項拓拔氏定為鮮卑之後，顯然是揣測，是缺乏依據的。

赤辭於貞觀九年（635）因功被“賜姓李氏”，死後朝廷加贈官職，後代世襲其位。乾寧二年（895）《白敬立墓誌》，出土於靖邊縣紅墩界鄉華家窪林場。誌文述及“夏州節度使、朔方王”，即拓拔思恭。《宋史·夏國傳》：“唐貞觀初，有拓跋赤辭者歸唐，太宗賜姓李，置静邊等州以處之。其後析居夏州者號平夏部。唐末，拓跋思恭鎮夏州，統銀、夏、綏、宥、静五州地，討黃巢有功，復賜姓李。”③ 思恭割據夏州，對党項拓拔部的發展及百餘年後西夏王朝的建立具有重要的意義。結合五代後周廣順二年（952）《李彝謹墓誌》、後唐長興元年（930）《李仁寶妻破丑氏墓誌》、後漢乾祐三年（950）《李彝謹妻里氏墓誌》等，可以幫助我們考察、梳理夏州拓拔李氏家族世系、賜姓、遷徙等問題，從而補充漢文文獻簡略，甚至矛盾之不足。同時，拓拔氏家族的埋葬地點為夏州朔方縣儀鳳鄉奉政里烏水原。烏水，即今納林河，對研究夏州地理，增添了新的歷史地圖地標。

對這批羌族石刻文獻，還可以在全面爬梳的基礎上，進一步歸納羌族石刻銘文形式，總結規律；清理、歸納出與之相對應的其他漢文石刻文獻的不同和變例，探討發生變例的原因，有利於整體把握和有效利用羌族石刻文獻，大大豐富我國文體學、文章學、文獻學的内容。

（二）歷史學意義

自漢代以來，歷代官家正史中，羌人都有記載，但是也都不甚詳細，其民族的整

---

①（後晉）劉昫：《舊唐書》卷一百九十八，中華書局1975年版，第2869頁。
②（唐）魏徵等：《隋書》卷八十三，中華書局1973年版，第1846頁。
③（元）脱脱等：《宋史》卷四百八十六，中華書局1977年版，第13982頁。

個歷史脉絡、生存狀况、社會形態、宗教民俗等都比較模糊。這種狀况對於一個具有悠久歷史和優秀文化傳統的民族來説是很不正常的。本書既是一部羌族石刻整理文獻，也是一部羌族石刻通代史。利用這批材料開展深入研究，可以勾畫古羌人的地域分佈、族群種類、遷徙流動、民族融合的歷史面貌；揭示不同歷史時期，羌人的經濟文化、生産生活、民風習俗以及羌人與周邊族群的關係。這種研究不但有助於瞭解羌族的發展史，也有助於從一個側面瞭解漢魏南北朝至清代、民國各個時期的歷史發展進程、社會面貌、政治制度、教育文化等，具有很高的歷史學意義。

如通過考察石刻出土地點，研究古羌人地域分佈和遷徙流動。從石刻出土地點看，北朝至隋代，關中各地都有羌人，但分佈不均匀，呈現北衆南少的格局。處在關中北面的彬縣、耀縣、蒲城、富平、澄城最多，説明在這些地區有數量甚衆的羌人聚居區，因而表現為同族或與他族合邑造像碑較多。南面的西安、咸陽最少，説明這些區域雖有羌人，但没有形成大規模的聚居區。考察其原因，主要是隨着北魏末鮮卑、高車等族大量遷入，這些民族開始向關中東部渭水兩岸遷移，使原來居住在馮翊、北地等郡的羌族不得不向西遷徙到今天的蒲城、大荔、澄城、白水及耀縣、富平之間，並且隨漆、沮水遷徙。出土羌人石刻最多的耀縣稠桑、演池和澄城縣西安里鄉韓古村正好位於漆、沮水中下游。關中羌族石刻，集中在北魏以後，也證明了羌人在北魏末的這次遷徙。同時，也説明羌人在經過東漢至西晉與漢民族的雜居，尤其是北朝與北方各族的雜居，接受漢民族文化的影響越來越深刻，鐫刻的造像碑較多，這與馬長壽先生認為“羌族的分佈主要在馮翊郡”，“即在長安的東北偏，今渭河以北至洛河中下游之地”是一致的[①]。沿着這條思路，可以繼續考察唐代以降的羌人地域分佈和遷徙流動。同時，結合碑銘記載碑主任職和生平事跡以及史乘舊志來進行研究，如永徽元年《金行舉墓誌》，出土於河南省洛陽市。行舉“父達，周芳州刺史，雄才蓋世，英略佐時”。芳州，北周建德六年（577）置。《周書·武帝紀》：建德六年六月“癸亥，於河州鷄鳴防置旭州，甘松防置芳州”[②]。甘松山，屬通轨縣，在今四川省松潘、黑水二縣西北，若爾蓋、红原二縣東南，約甘肅、青海、四川三省交界處，即古甘松地[③]。秦漢及魏晉，居諸羌。後魏時為吐谷渾所據。隋置甘松郡，唐以甘松名芳州折衝府。《舊唐書·地理志》：“武德元年，置芳州，領常芳、恒香、丹嶺三縣。神龍元年，廢芳州為常芬縣，隸疊州。”[④] 北周芳州治封德，唐芳州，神龍間廢為常芬縣，隸疊州，皆位於今甘肅迭部縣東南，有遷移，不同地。行舉之父金達既為羌人部落酋長，又為

① 馬長壽：《碑銘所見前秦到隋初的關中部族》，中華書局1985年版，第34頁。

② （唐）令狐德棻等：《周書》卷六，中華書局1971年版，第103頁。

③ 王仲犖：《北周地理志》（上），中華書局1980年版，第177頁。

④ （後晉）劉昫等：《舊唐書》卷四十，中華書局1975年版，第1638－1639頁。

芳州行政和軍事長官。行舉"授承御上士，尋遷車騎將軍"。承御上士，北周置。侍卫左右之官。車騎將軍，貞觀十年（636）已改果毅都尉。《新唐書·百官四上·諸衛折衝都尉府》："諸折衝都尉府，每府折衝都尉一人……左右果毅都尉各一人，上府從五品下，中府正六品上，下府正六品下……折衝都尉掌領屬備宿衛……左右果毅都尉，掌貳都尉。"折衝都尉，掌管府兵的操演和宿衛京師等事務，可知，行舉在陝西西安任職。卒葬河南洛陽邙山。父子兩代任職地、生活地不同，反映出北周至唐永徽間，這支金氏羌人活動地域向東遷徙的態勢。

當然，我們也不能因某地羌族石刻出土的多寡，就臆斷是否有羌人。如大荔、潼關等地，没有羌族石刻出土，但碑銘顯示，這些區域仍聚居着大量羌人。前秦建元三年（367）《鄧艾祠堂碑》載，前秦馮翊郡治於今陝西大荔，馮翊護軍管理統和戎、寧戎、鄜城、洛川、定陽五部，是部族聚居地。所列軍府僚佐全部來自部族，而絕大多數是和戎、寧戎二堡的羌人。而來自和戎的羌人雷、甞、儁蒙、利非、屈男等，都是羌中大姓，表明前秦這一帶是羌人聚居區。甞，又作"党"。唐大曆七年（772）《党曄等香山題名》，党曄，同州，今陝西渭南大荔縣人。官職方郎中。民國《大荔新志》有党石村、党客村、北党、北党灣等地名，是歷史上党姓羌人聚居地。潼關，唐明皇遣哥舒翰守潼關，以羌人篩耳大福為屬將。所以，北朝至隋代，關中廣佈羌人；直到唐代，仍有羌人散佈在這些地區。

（三）民族學意義

搜集和整理羌族石刻文獻，利用這批珍貴文獻可以進行多角度、多層面的研究，對於推進民族研究向縱深發展具有特殊的意義。羌族歷史十分悠久，與漢民族以及其他民族如藏族、彝族的關係特別密切，也特別複雜。可是由於自身没有文字，加上歷史上狹隘的民族歧視，正統文獻對羌民族的記載很少，因此羌族漢文石刻成為研究羌族歷史特別珍貴的文獻。通過整理與研究，可以從一個方面呈現羌族在各個歷史時期的社會形態、地理分佈、生產生活狀況，展示羌族發展史、民族遷移史、民族融合史、民族關係史，對研究中華民族的形成，各民族成分、民族關係等，具有重大的學術價值；可以推動羌族文化的研究，發掘羌族石刻中的文化史信息；可以研究羌族聚族而居、聚族而葬的習俗，如石刻記載西安附近的羌村；可以研究羌族的家族關係、通婚情況；可以研究羌族的宗教信仰，如石刻所載南北朝時期的宗教造像，反映羌人受漢民族影響而形成的佛、道信仰；通過明清石刻，研究釋比文化等①。

南北朝羌人造像反映了同族異姓的内婚制，北魏永安二年（529）《雷漢仁造像

① 吴明冉、曾曉梅：《石刻中反映的羌族釋比文化》，《西北民族大學學報》（哲社版）2014 年第 4 期。

記》，耀縣出土。雷氏家族造像碑，記載雷氏三代任軍政職，是西羌大姓望族。其中，雷阿迷“妻同琋王宗”。北周天和六年（571）《雷明香造像記》，耀縣出土，有雷明香母家和亡夫同琋乾熾兩個家族題名。表明北魏至北周，耀縣一帶雷氏羌人與同琋氏互為婚姻，實行族内婚制。

唐代墓誌中則較多地反映出羌人外族異姓的外婚制。如唐永徽元年（650）《金行舉墓誌》：“夫人郭氏，太原人也。”“合葬於邙山。”天寶二年（743）《鉗耳墓誌》、天寶七年（748）《鉗耳君妻薛氏墓誌》均曰：“夫人，河東人也。廣陵郡六合縣令德均之曾孫，上黨郡長史膺朝之孫，信安郡信安縣令公之季女。”羌人金氏、鉗耳氏分别娶漢女郭氏、薛氏為妻，是與外族通婚，死後皆葬漢地。龍朔元年（661）《韓忠墓誌》：“遷窆与夫人弥姐氏，合葬扵雍州萬年縣進賢鄉鳳栖之原。”誌主為蘭汗，匈奴南徙者後裔，其夫人弥姐氏。弥姐，又作“彌姐”[①]“彌且”[②]。其“父通，皇朝左領軍大將軍、鄜州一十七州行軍大總管、使持節鄜延二州都督、散騎常侍、延州刺史、銀青光禄大夫、上柱國、泥陽縣開國公”。弥姐通，即《通志·關西複姓》“弥姐氏”所載“唐右領軍、延州刺史彌姐長通”[③]。弥姐氏，西羌望族，南北朝至隋代造像題名中屢見，唐代石刻文獻罕見，目前僅發現至德二年（757）《弥姐亮墓誌》和此誌兩通材料，與羌中望族大姓顯得格外不符。韓忠與弥姐氏是匈奴後裔與羌人的族外婚。

這些墓誌表明内遷羌人在南北朝至隋代盛行的同族異姓内婚制，在唐王朝開放、融合的背景和趨勢下，婚姻制度悄然發生着變化，與其他民族通婚，進一步向外婚制發展，羌人與其他民族的融合進一步加深，這應當是唐代石刻中弥姐氏等複姓羌人題名少的真正原因。

李恒一族碑誌，《李世雄墓誌》《李恒墓田記》《李恒家廟碑》《李恒新廟碑》《李恒廟碑》《李世安墓誌》等，為研究西夏皇室後裔遷徙和民族融合等方面提供了實證材料，碑誌表明這支党項人在漢化的同時，也在蒙古化，即如碑銘“飲食祭祀，並遵國俗”。所以，費孝通先生指出在中華民族形成過程中，羌人以“供應”為主而壯大别的民族[④]，是可信的。羌人在“供應”的同時，也吸納其他民族，如岷江上游《大埃咪張氏家譜碑》《佳山龍氏家譜碑》等，特别是後碑清晰地記載龍氏其先從“歲零縣”（今遂寧），遷至灌邑（今都江堰）新場龍家灣，再徙至理番佳山村，融入羌民族。

---

① （宋）鄭樵撰，王樹民點校：《通志二十略》，中華書局 1995 年版，第 182 頁。

② （唐）林寶撰，岑仲勉校記：《元和姓纂》卷二，中華書局 1994 年版，第 91 頁。

③ （宋）鄭樵撰，王樹民點校：《通志二十略》，中華書局 1995 年版，第 182 頁。

④ 費孝通：《中華民族的多元一體格局》，宋蜀華、陳克進：《中國民族概論》，中央民族大學出版社 2001 年版，第 29 頁。

這些碑銘充分說明，在中華民族形成過程中，民族融合是多元、多向流動的。羌人在以寬闊的視野、大度的胸襟學習、吸收其他民族身上優秀文化的同時，也將堅韌不拔、和諧不戰的本民族精神融入他民族文化中，共同形成燦爛優秀的中華文化。

（四）語言文字學意義

對石刻文字的正確釋讀和準確理解，是研究歷史文化的基礎和先决條件；同時研究石刻文獻的歷史文化，也可促進石刻語言文字的理解。對一些尚有争議的文字、詞語和語法現象，通過歷史文化的研究，可能會有助於確定其意義、用法，也有可能會發現其新的意義和用法。特别是清代岷江上游羌族石刻，保留了羌語原貌，對羌語語音、語法、構詞研究都有重要的意義。

羌族只有語言，没有文字，第二語言漢語的水準参差不平。有的碑文因為同音或音近而出現譯音無定字。如清《河西議話碑》，“尚議”“糧弟兄”“賬木”，“尚”是“商”、“糧”是“娘”、“木”是“目”的同音字。更多的則受到羌語語音影響，産生了大量假借字。“江情”即“奸情”，“情娘情舊”即“親娘親舅”。羌語前後鼻音韻尾無别，故“江”是“奸”、“情”是“親”的假借字。

有的石刻題名以羌語漢字音譯記録，較好地保存了羌語原貌。如《龍溪火墳碑》，有折耳乜、不血已、何格甲、保□十、已木勺、不木太、不公已、勺水舍等題名，多保、太、勺、舍、甲、已等音節。《水塘楊氏家譜碑》，題名多姐、保、止、物等音節，有氏卓姐、茶肉保、舟來保、依止物、我止物等。保，羌族對男子的美稱；巳，姐姐的意思，為女子的美稱。己，已，巳，古混用無别。兩碑使用不同的音節題名，表明他們屬於不同的部落。這些題名都是羌語語音的漢字記録，真實地保存了羌族語言、語音和房名。

進一步考察《龍溪火墳碑》，有太祖曹、映□。曹、映，西夏姓氏。党項羌人在建立西夏政權以前應已在使用。其子嗣姓名中多折、甲（押）、乜、已等音節字，是典型的党項羌取名通用字，表明党項羌是龍溪羌的主要來源之一。結合隋唐時活動在甘青川三省交界的高原大草原——松潘草地一帶的党項羌，後為吐蕃所迫，向甘肅慶陽大規模遷徙，少部分繼續内遷至今茂縣、汶川一帶。《舊唐書·東女國傳》：貞元中僅西山松州生羌等就有二萬餘户，相繼内附①，是有史以來羌人從松潘地區入居茂州規模最大的一次，其人口遠遠超過茂州土著編户。據《元和郡縣圖志·劍南道》：“茂州開元户二千五百四十，元和户六百九十。”② 他們與原住諸羌相互融合，成為現代茂縣、汶川及理縣東部羌族的先民。石刻文獻為此提供了實證材料。過去對此没有系統

① （後晋）劉昫等：《舊唐書》卷一百九十七，中華書局1975年版，第5279頁。

② （唐）李吉甫撰、賀次君點校：《元和郡縣圖志》卷三十二，中華書局1983年版，第811頁。

的研究，利用這批材料，結合釋比經典和羌族南北方言，可以進一步研究羌族語音、詞彙、語法，豐富民族語言寶庫。同時，利用題名，可以進一步探討羌族族源、房名、賜姓、改姓來源理據和民族融合情况，有利於民族史、文化史的研究①。

結語

總之，羌族石刻的搜集和整理，對於普查和保護文物，保存民族文化遺産，促進民族感情，加强民族團結，推進羌族歷史文化的研究向前發展，具有重要的理論意義和實際研究價值。為了更好地利用這批石刻文獻，還應該結合史書傳記、宗族譜牒、人物傳記、地契文書等紙本文獻，必要時輔之以羌區口頭傳誦材料，以之作為旁證，分專題進行研究，必然會拓展羌族歷史文化研究的深度和廣度，發掘其研究的價值。新材料帶來新研究，産生新成果，這已經是不争的事實。希冀本書的出版能為相關研究提供不可多得的文獻支撑。

① 吴明冉：《明清羌族應用性石刻及其價值》，《赤峰學院學報》2016 年第 4 期。

羌族石刻文獻集成

集釋彙考

西 漢

001 西海郡虎符 新莽始建國元年（9）十月二十五日

西海郡虎符（正面局部）

西海郡虎符（側面）

説明

虎符上為虎紐、蓋，下為石匱。虎紐和蓋於 1942 年遭遇馬步芳幕僚馮國瑞盗掘，出土於青海湖東北、湟水東岸的金銀灘三角城古城遺址，今海北藏族自治州海晏縣城西南，因器物龐大笨重而棄置荒野①，於 1944 年發現。一説出土於 1943 年②。1956 年入藏海晏縣文化館。石匱於 1987 年在城内發現。虎紐呈蹲伏狀。蓋為長方體，頂部四角有方孔，下穿至左右兩壁。左右兩壁正中靠近口沿處各鑿一方孔，與石匱左右兩壁正中靠近口沿處相通。蓋器相對相通，應是封檢的凹槽。虎紐高 46 cm，寬 60 cm，長 132 cm；蓋高 65 cm，寬 115 cm，長 137 cm。石匱高 92 cm – 95 cm，寬 117 cm，長 139 cm – 140 cm。虎符通高 206 cm，寬 117 cm，長 140 cm。虎形與秦漢虎符相似。虎

---

① 宋衛哲：《青海虎符石匱石刻藝術考》，《青海師範大學學報》（哲社版）2013 年第 4 期，第 81 頁。

② 李零：《王莽虎符石匱調查記》，《文物天地》2000 年第 4 期，第 26 頁。

頭所向的蓋和石匱正面刻文，3 行，滿行 6－9 字不等。篆書。字口內塗紅色。該虎符又題《王莽虎符石匱》《青海虎符石匱》。

銘文

西海郡虎符石匱[1]。／

始建國元年十月癸巳[2]。／

工河南郭戎造[3]。／

著録

1.《中國文物地圖集·青海分册》97①。2.《青海古代文化》，《考古》1959（1）。3. 青海新莽西海郡虎符石匱銘刻》，《中國書法》2013（7）。4.《青海古城考辨》183②。

注釋

［1］虎符：古代帝王授予臣下兵權和調發軍隊的信物，為虎形，材以玉或銅為之。背有銘文，剖為兩半，右半留中央，左半由地方官吏或統兵將帥掌。調發軍隊，朝廷使臣須持符驗對，符合，方可發兵。戰國至隋代盛行。匱：古代盛放貴重物品或機密文檔，一般用官印封存。《尚書·金縢》：“公歸，乃納册于金縢之匱中。”鄭玄語：“凡藏秘書，藏之於匱，必以金緘其表。”③《漢書·高帝紀下》：“又與功臣剖符作誓，丹書鐵契，金匱石室，藏之宗廟。”如淳注：“金匱，猶金縢也。”師古注：“以金為匱，以石為室，重緘封之，保慎之義。”④“金匱”常與“石室”連用，作“石室金匱”或“金匱石室”。《史記·太史公自序》：“卒三歲而遷為太史令，紬史記石室金匱之書。”司馬貞《索隱》：“石室、金匱皆國家藏書之處。”⑤《漢書·王莽傳》：“又按金匱，輔臣皆封拜。”⑥

［2］始建國：或作“建國”。新朝建興帝王莽的第一個年號。始建國元年，即公元 9 年。此虎符是迄今為止，青海省发現最早有紀年的石刻。按《中國史曆日和中西曆日對照表》，上年十二月王莽建立新朝，改用丑正，以寅正的本月為歲首，稱“始建國”。元年為己巳年，正月癸卯朔；七月庚子朔，四日癸卯，無癸巳；十月己巳朔，

① 國家文物局：《中國文物地圖集·青海分册》，中國地圖出版社 1996 年版。

② 李智信：《青海古城考辨》，西北大學出版社 1995 年版，第 183 頁。

③（清）孫星衍撰，陳抗等點校：《尚書今古文注疏》卷十三，《十三經清人注疏》，中華書局 1986 年版，第 329 頁。

④（漢）班固撰，（唐）顏師古注：《漢書》卷一下，中華書局 1962 年版，第 81 頁。

⑤（漢）司馬遷：《史記》卷一百三十，中華書局 1959 年版，第 3296 頁。

⑥（漢）班固撰，（唐）顏師古注：《漢書》卷九十九中，中華書局 1962 年版，第 4100 頁。

二十五日癸巳，無癸卯。《青海古代文化》作“七月”，非。《青海古城考辨》沿誤。《青海虎符石匱石刻藝術考》《青海新莽西海郡虎符石匱銘刻》作“十月”①，是。《中國文物地圖集·青海分册》作“十月癸卯”，非。

［3］工：同“功”。河南：地域概稱。一指黄河以南地區。所指範圍廣狹歷代不一。漢置河南縣、河南郡，今河南省洛陽。一指西海郡位於湟水南②。可備一説。此謂鐫刻工匠里籍、姓名。

彙考

王莽，字巨君。平帝時，以大司馬輔政。孺子嬰時，以安漢公“踐祚居攝”，為“攝皇帝”，改元“居攝”稱制。西元九年，篡漢，改國號為“新”，改元“始建國”。當時漢已有東海、南海、北海等郡，王莽為湊四海之數，取“四海歸一”之意，誘騙青海境内羌人獻地設立西海郡。《漢書·王莽傳》載，元始四年（12），中郎將平憲奉王莽令到青海“多持金幣誘塞外羌，使獻地，願内屬”③。《後漢書·西羌傳》：“至王莽輔政，欲耀威德，以懷遠為名，乃命譯諷旨諸羌，使共獻西海之地，初開以為郡，築五縣。”④ 那麽，西海郡設置時間當為元始四年。石刻銘文表明，王莽稱帝第一年，安置西海郡虎符石匱，宣示西海郡屬新莽政權管轄，以正視聽。

獻地者，即卑禾羌豪良願等種。卑禾，見《水經注·河水》：“湟水又東南，逕卑禾羌海北，有鹽池。闞駰曰：‘縣西有卑禾羌海者也，世謂之青海。’”⑤《漢書·地理志》金城郡臨羌縣下顔師古注：“闞駰云：‘西有卑和羌。’”⑥ 卑禾，即“卑和”。“憲等奏言：羌豪良願等種，人口可萬二千人，願為内臣，獻鮮水海、允谷鹽池，平地美草皆予漢民，自居險阻處為藩蔽。”⑦ 兩年後，羌酋龐恬、傅幡率眾攻打西海太守程永，程永棄城敗北，羌人佔領故地，可見“獻”並非羌人共同心願。故史乘用了“誘”“耀”等字，來描述王莽“為名”“諷旨”的政治動機和欺騙手法。

西海郡治在何處，《漢書》和《後漢書》均没有留下詳細資料。虎符出土於青海湖東北三角城，城内還出土了西漢和王莽時期的五銖錢、貨布、貨泉、大泉五十等貨

---

① 宋衛哲：《青海虎符石匱石刻藝術考》，《青海師範大學學報》（哲社版）2013年第4期，第82頁。張世傑：《青海新莽西海郡虎符石匱銘刻》，《中國書法》2013年第7期，第177頁。

② 《青海虎符石匱石刻藝術考》，第82頁。

③ （漢）班固撰，（唐）顔師古注：《漢書》卷九十九上，中華書局1962年版，第4077頁。

④ （南朝宋）范曄撰，（唐）李賢等注：《後漢書》卷八十七，中華書局1965年版，第2878頁。

⑤ （北魏）酈道元著，陳橋驛等譯注：《水經注全譯》卷二，《中國歷代名著全譯叢書》，貴州人民出版社1996年版，第42頁。

⑥ （漢）班固撰，（唐）顔師古注：《漢書》卷二十八下，中華書局1962年版，第1611頁。

⑦ 《漢書》卷九十九上，第4077頁。

幣，以及東漢“西海安定元興元年作當”陶文瓦當等，表明古城遺址即郡治。瓦當的製作年代，考古學界如安志敏先生等認為屬南北朝南凉[①]，黃盛璋則認為是東漢和帝（105）時期[②]。此説可採。元興紀元有三：東漢和帝（105）、東吴孫皓（264）、東晉安帝（402）。和帝元興元年前兩年，曹鳳上書建議建復西海郡。《後漢書・和帝紀》：（永元）“十四年春二月……繕修故西海郡，徙金城西部都尉以戍之。”[③] 同書《西羌傳》：“隃糜相曹鳳上言……宜及此時，建復西海郡縣，規固二榆，廣設屯田，隔塞羌胡交關之路。……於是拜鳳為金城西部都尉，將徙士屯龍耆。”[④] 兩年後，改元為元興元年（105），修繕建復故西海郡工程近尾聲，燒造瓦當。龍耆，由金城西部都尉曹鳳徙戍於此，當西海郡址。“其功垂立，至永初中，諸羌叛，乃罷”[⑤]。永初（107－113），安帝年號，表明建復西海郡後不久，又為羌人所佔領，護羌都尉徙張掖。自此西海郡地不為漢廷控制。東漢末，西海郡徙治居延。見《晉書・地理志》：“西海郡，故屬張掖，漢獻帝興平二年，武威太守張雅請置。……居延，澤在東南。”[⑥] 西海郡在創設之初，“邊海亭燧相望焉”[⑦]，沿着青海湖邊設置亭隧，派駐軍兵。然而事實證明，這些軍事設施，未能阻擋羌人一次次奪取故地。

---

① 安志敏：《青海古代文化》，《考古》1959 年第 7 期，第 381 頁。
② 黃盛璋：《元興元年瓦當與西海郡》，《考古》1959 年版第 3 期，第 166 頁。
③ （南朝宋）范曄撰，（唐）李賢等注：《後漢書》卷四，中華書局 1965 年版，第 189 頁。
④ 《後漢書》卷八十七，第 2885 頁。
⑤ 同上。
⑥ （唐）房玄齡等：《晉書》卷十四，中華書局 1974 年版，第 434 頁。
⑦ （南朝宋）范曄撰，（唐）李賢等注：《後漢書》卷八十七，中華書局 1965 年版，第 2878 頁。

002 燕然山銘 永元元年（89）七月

説明

摩崖刻於新疆伊犁。拓片高 220 cm，寬 123 cm。文 13 行，滿行 23 字。班固撰文。隸書。《後漢書·竇憲傳》："憲、秉遂登燕然山，去塞三千餘里，刻石勒功，紀漢威德。令班固作銘。"①

銘文

惟永元元年秋七月，有漢元舅車騎将軍竇憲[1]，寅［亮聖明，登翼］/王室[2]。納於大麓，惟清緝熙[3]。乃與執金吾耿秉[4]，述職巡御[5]，理兵於/朔方[6]。鷹揚之校[7]，螭虎之士[8]。爰該六師，暨南單于、東胡、烏桓、西/戎、氐羌侯王君長之羣[9]，驍騎十萬[10]，元戎輕武[11]，長轂四分。雲輜蔽/路，萬有三千餘乘。勒㠯八陳[12]，莅㠯威神。玄甲燿日，朱旗絳天。遂/陵高闕，下鷄鹿[13]，經磧鹵，絶大漠。斬温禺㠯釁鼓，血尸逐㠯染鍔[14]。/然後四校横徂，星流彗埽，蕭條萬里，野無遺寇。于是域滅區單，/反旆而旋。考傳驗圖，窮覽其山川。遂踰涿耶，跨安侯，乘燕然[15]，躡/冒頓之區落，熿老上之龍庭[16]。将上㠯攄高、文之宿憤，光祖宗之/玄靈；下㠯安固後嗣，恢拓竟宇[17]，振大漢之天聲。此可託一勞而/久逸，暫費而永寧也[18]。乃封山刊石，昭銘盛德[19]。其辭曰：/

鑠王師兮征荒裔[20]，勦凶虐兮截海外[21]。夐其邈兮亘地界，封神丘/兮建隆嵑[22]。熙帝載兮振萬世。/

著録

1.《北京圖書館藏中國歷代石刻拓本滙編》1－29。2.《漢魏六朝碑刻校注》1－54 圖，55 文。3.《後漢書》卷 23－815。

注釋

［1］元：居首位的。元舅：長舅。《詩經·大雅·崧高》："不顯申伯，王之元舅，文武是憲。"②"舅"下，《後漢書·竇憲傳》有"曰"字，觀拓，無。

［2］"寅"下五字，拓片闕損，據《後漢書》補。寅亮，敬信之義。李賢注："寅，敬；亮，信也。《尚書》曰：'二公弘化，寅亮天地。'"翼：輔助。

［3］大麓：謂領録天子之事。緝熙：指光明。《後漢書》李賢注："孔安國注《尚書》曰：'麓，録也，納之使大録萬機也。'《周頌》曰：'惟清緝熙。'鄭玄注云：

① （南朝宋）范曄撰，（唐）李賢等注：《後漢書》卷二十三，中華書局 1965 年版，第 814 頁。

② 十三經注疏整理委員會：《毛詩正義》卷十八，《十三經注疏》，北京大學出版社 2000 年版，第 1430 頁。

‘光明也。’”

［4］執金吾：秦置，本名中尉，西漢沿置，武帝時改名“執金吾”。掌北軍，負責京城巡察、禁暴、督奸等。與掌南軍守衛宮禁的衛尉相為表裏。見《後漢書·百官志》。同書《竇憲傳》：“以執金吾耿秉為副。”

［5］述職：諸侯向天子陳述職守。巡御：同“巡功”。天子巡視各地，檢查所守功績。《孟子·梁惠王下》：“天子適諸侯曰巡狩，諸侯朝於天子曰述職。”[①]《後漢書》中李賢注：“《左傳》曰‘小有述職，大有巡功。’”

［6］玥：即“朔”。朔方，北方。《尚書·堯典》：“申命和叔，宅朔方，曰幽都。”蔡沈集傳：“朔方，北荒之地。”[②]

［7］“揚”上一字是“鷹”，因刻廢而補刻，故空一字格。鷹揚，威武貌。《後漢書》李賢注：“鷹揚，如鷹之飛揚也。《詩》云：‘惟師尚父，時惟鷹揚。’”

［8］螭：即“螭”字。漢碑偏旁“离”，多作“禹”。如西晉元康九年（299）《徐義墓誌》：“昔以鄉里荒亂，父母兄弟終亡，遂流離迸竄司川河內之土。”[③] 孝昌元年（525）《元寶月墓誌》:“而幼離閔凶，未膺策命。”[④] 離：即“離”。土：即“士”。

［9］六師：原指周天子所統六軍之師，後泛指全部軍隊。南單于：南匈奴王。東漢建武二十四年（48），匈奴南面八部大人共立比為呼韓邪單于，內附，自此匈奴分裂為南北二部。《後漢書·南匈奴傳》：“皇太子言曰：‘南單于新附，北虜懼於見伐，故傾耳而聽，争欲歸義耳。’”[⑤]“東胡、烏桓、西戎”，《後漢書》作“東烏桓、西戎”，闕“胡”字。東胡：因居匈奴之東而獲名。西漢初為匈奴冒頓單于所敗。餘眾退至烏桓山和鮮卑山，分別稱烏桓、鮮卑。見《史記·匈奴列傳》。烏桓：亦作“烏丸”。建安十二年（207），為曹操所敗，徙萬餘落至中原，勢漸衰。見《漢書·匈奴傳下》《後漢書·烏桓傳》。西戎：古代西北戎族的總稱。主要分佈在黄河上游及甘肅西北部，後漸東遷。氐羌：氐與羌的並稱。《詩經·商頌·殷武》：“自彼氐羌，莫敢不來享，莫敢不來王。”孔穎達疏：“氐羌之種，漢世仍存，其居在秦隴之西。”[⑥]《荀子·大略》：“氐、羌之虜也。不憂其係壘也，而憂其不焚也。”楊倞注：“謂見俘掠。壘，讀為累。氐、羌之俗，死則焚其屍。今不憂虜獲而憂不焚，是愚也。《吕氏春秋》

① （宋）朱熹：《孟子集注》卷十二，商務印書館1933年版，第172頁。

② （宋）蔡沈：《新刊四書五經·書經集傳》卷一，中國書店1994年版，第1頁。

③ 北京圖書館金石組：《北京圖書館藏中國歷代石刻拓本滙編》（2），中州古籍出版社1989年版，第64頁。

④ 《北京圖書館藏中國歷代石刻拓本滙編》（5），第14頁。

⑤ （南朝宋）范曄撰，（唐）李賢等注：《後漢書》卷八十九，中華書局1965年版，第2946頁。

⑥ 十三經注疏整理委員會：《毛詩正義》卷二十，《十三經注疏》，北京大學出版社2000年版，第1721頁。

曰：‘憂其死而不焚。’”① 侯：即“矦”的變形，同“侯”。君長：古代少數民族部落酋長。有的亦封侯。《後漢書·馬援傳》：建武間，“遣羌豪楊封譬説塞外羌，皆來和親。又武都氐人背公孫述來降者，援皆上復其侯王君長，賜印綬，帝悉從之”②。西和縣境還搜集到三國“魏歸義氐侯”金印，現藏甘肅省博物館③。

［10］“十萬”，《後漢書·竇憲傳》作“三萬”。《後漢書·竇憲傳》載此役所用兵力：竇憲與耿秉各將四千騎；南匈奴左谷蠡王師子萬騎；南單于屯屠河將萬餘騎；度遼將軍鄧鴻及緣邊義從羌胡八千騎；左賢王安國萬騎。

［11］元戎：大的兵車。《詩經·小雅·六月》：“元戎十乘，以先啓行。”朱熹《詩集傳》：“元，大也。戎，戎車也。”④ 唐楊炯《右將軍魏哲神道碑》：“元戎十乘，驅衛霍於前軍；甲士三千，列孫吴於後殿。”⑤

［12］乘：同“乘”。㠯：即“以”。下同。

［13］“篦”，《後漢書》作“鹿”。雞鹿：雞鹿塞。西漢通塞北之隘口，在今内蒙古西部磴口縣西北。《漢書·地理志》朔方郡“窳渾”下注：“有道西北出雞鹿塞。”⑥

［14］“昷”，《後漢書·竇憲傳》作“温”。《後漢書》李賢注：“温禺、尸逐，皆匈奴王號也。”此謂大敗匈奴。

［15］耶：用同“邪”。《後漢書·竇憲傳》作“邪”。涿耶：亦作“涿邪山”。今蒙古國境内戈壁阿勒泰東南額德倫金山。西漢後，常為進出漠北要道所經。安矦：水名。燕然：古山名。今蒙古國境内杭愛山。東漢永元元年（89），車騎將軍竇憲率兵北伐，大破匈奴，登燕然山，刻石勒功，紀漢威德，令班固作《封燕然山銘》。見《後漢書·竇憲傳》。

［16］冒頓：西漢初最偉大的匈奴單于，開闢了匈奴最强盛的時期。《後漢書》李賢注：“冒頓，單于頭曼子也。區落謂東滅東胡，西走月氏，南取樓煩，悉收秦所奪匈奴地。冒頓子稽粥號老上單于。”“熐”，《後漢書·竇憲傳》作“焚”，亦作“熐”。

［17］《後漢書》中李賢注：“高帝被冒頓單于圍於平城七日。孝文帝時匈奴寇邊，殺太守，帝欲自征，太后不許。”此所謂“攄高、文之宿憤”。竟：通“境”。境宇：猶境域。“竟宇”，《後漢書》作“境宇”。

［18］“此可託”，《後漢書》作“兹所謂”，與拓片不同。《後漢書》李賢注：“揚

---

① （清）王先謙撰，沈嘯寰等點校：《荀子集解》卷十九，《新編諸子集成》，中華書局1988年版，第501頁。

② （南朝宋）范曄撰，（唐）李賢等注：《後漢書》卷二十四，中華書局1965年版，第836頁。

③ 張立勝：《物華天寶》，敦煌文藝出版社2010年版，第159頁。

④ （宋）朱熹：《詩集傳》卷十，中華書局1958年版，第115頁。

⑤ （清）董誥等：《全唐文》卷一百九十四，中華書局1983年版，第1968頁。

⑥ （漢）班固撰，（唐）顔師古注：《漢書》卷28下，中華書局1962年版，第1619頁。

雄曰：‘以為不一勞者不久逸，不暫費者不永寧也。’”“寧”下，《後漢書》有“者”，拓片無。

［19］“乃”下，《後漢書》有“遂”字，拓片無。《後漢書》本傳：“憲、秉遂登燕然山，去塞三千餘里，刻石勒功，紀漢威德。令班固作銘。”

［20］鑠：美，美盛。《後漢書》李賢注：“鑠，美也。《詩》曰：‘於鑠王師，遵養時晦。’”

［21］“海”上一字，清晰，是“截”，《後漢書》作“截”，同“截”。《説文·戈部》：“截，斷也。”① 有使整齊之義。《後漢書》李賢注：“截，整齊也。《詩》云：‘相土烈烈，海外有截。’”

［22］碣：同“碣”。《後漢書》李賢注：“神丘即燕然山也。方者謂之碑，員者謂之碣。碣亦碣也。”

彙考

車騎將軍竇憲，與執金吾耿秉，率南單于、東胡、烏桓、西戎、氐羌侯王君長之群，理兵於朔方。其中羌，應是漢代東遷之羌。《後漢書》本傳載，竇憲濫殺無辜，“懼誅，自求擊匈奴以贖死。會南單于請兵北伐，乃拜憲車騎將軍，金印紫綬，官屬依司空……發北軍五校、黎陽、雍營、緣邊十二郡騎士，及羌胡兵出塞”。次年，出朔方雞鹿塞，與北單于戰於稽落山，大破之。《文獻通考·兵考二》：“光武以幽、冀、并州兵定天下，始於黎陽立營，領兵騎常千人，以謁者監之，號黎陽兵。其後，又以扶風都尉部在雍縣，以凉州近羌，數犯三輔，將兵衛武園陵，故俗稱雍營。”②

古羌人起源於今青海河曲、湟水及甘肅大夏河、洮河、渭水上游一帶的高原草原，正如《後漢書·西羌傳》云：“河湟間少五穀，多禽獸，以射獵為事。”③ 居處無定，容易為中原地區先進的畜牧和農耕經濟所吸引，而不斷東遷。從夏，經商，及周，東遷的羌人各部大多在春秋戰國的民族大融合中，融入華夏族。特別是羌人姜部落已成為華夏重要來源的一部分。至漢代，其活動區域因漢政權設置而發生遷徙。馬長壽先生提出漢代羌人大規模東移有 6 次④。西漢景帝時，羌人研部落首領留何率族人請求駐守隴西，於是留何等人居留狄道（今甘肅臨洮）、安故（今臨洮西南）至臨洮（今甘肅岷縣）、氐道（今甘肅禮縣西北）、羌道（今甘肅舟曲縣北）一帶，處於漢朝的監護之

① 丁福保：《説文解字詁林》卷十二下，中華書局 1988 年版，第 12349 頁。

② （元）馬端臨：《文獻通考》卷一百五十，中華書局 1986 年版，第 1315 頁。

③ （南朝宋）范曄撰，（唐）李賢等注：《後漢書》卷八十七，中華書局 1965 年版，第 2875 頁。

④ 馬長壽：《氐與羌》，上海人民出版社 1984 年版，第 103－104 頁。

下，這是羌人從湟水流域進入隴西走廊後，由西向東的一次遷徙。神爵二年（前60），趙充國招降先零、煎鞏等羌人部落，安置在破羌（今青海樂都東）、允街（今甘肅永登南）等縣。東漢建武十一年（35），馬援在臨洮等地擊敗先零等羌部，徙數千人至天水、隴西、扶風三郡，於是扶風、馮翊，遠及河東空地皆為羌漢雜處。永平元年（58），竇固、馬武等擊破西邯（今青海化隆回族自治縣西南）燒當羌，徙七千餘口羌民至三輔（今陝西西安周圍）一帶。建初二年（77），三輔部分羌人遷入河東地區。永元十三年（101），允川（即大允穀）一帶敗北的燒當羌，遷至漢陽（今甘肅武山東）、安定（今甘肅鎮原）、隴西（今甘肅臨洮）等地。這樣，經過東遷，羌人逐漸分佈到三輔、河東等地，而北地（治今甘肅慶陽西北，後遷富平，今寧夏青銅峽南）、上郡（故治今陝西榆林南）、西河（今山西離石縣）、安定四郡亦都有西羌。推之，竇憲所率之羌，為漢代東遷至京畿京兆尹、左馮翊、右扶風及附近的羌人。

東漢

003 劉平國碑 永壽四年（158）八月十二日

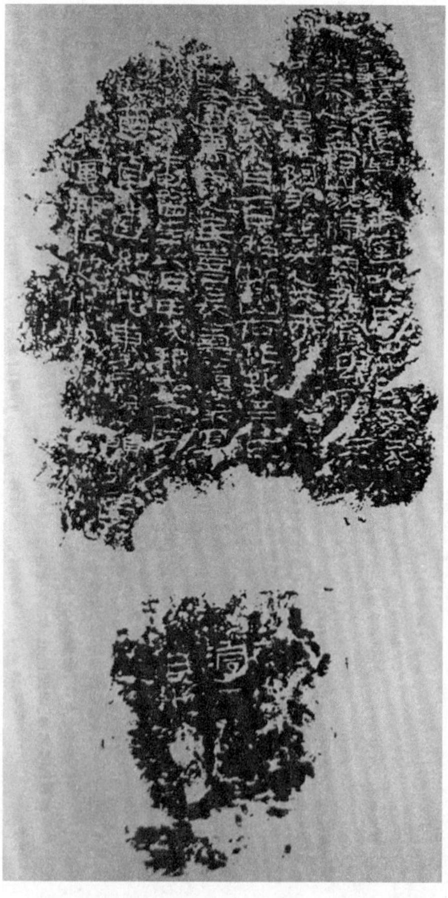

説明

摩崖刻於新疆庫車大山崖壁間。清光緒五年（1879）發現，始有椎拓。後當地百姓為避椎拓者騷擾而鑿毀。分拓二紙，一紙高 51 cm，寬 40 cm；一紙高 25 cm，寬 22 cm。碑文上存 8 行，下存 3 行，每行字數不等。隸書，文多漫漶。該碑又題《龜兹刻石》《漢烏壘摩崖石刻》。

碑文

龜兹左將軍劉平國，以七月廿六日發家[1]，/從秦人孟伯山、狄虎賁、趙當卑、萬羌、/□當卑[2]、程阿羌等六人，共來作列亭，從□［函］/谷關[3]。八月一日始斵山石，作孔[4]。至十日，［皆］/以堅固，萬歲人民喜，長壽億年，宜/子孫[5]。

永壽四年八月甲戌朔，十二日/乙酉直建紀[6]。此東烏累關城，皆/將軍所作也。仇披/京兆長安/淯于伯隗/作此誦[7]。/

著録

1.《北京圖書館藏中國歷代石刻拓本滙編》1－112。2.《增補校碑隨筆》69。3.《西陲石刻録》3。4.《漢魏石刻文學考釋》123。5.《漢魏六朝碑刻校注》1－214圖，215文。6.《湖南近現代藏書家題跋選》380①。

注釋

［1］“廿六日”，《湖南近現代藏書家題跋選》作“丙戌”，非。據《中國史曆日和中西曆日對照表》，“丙戌”為延熹元年四月。發家：據上下文義，為從家中出發。

［2］“萬”，《漢魏石刻文學考釋》作“苗□”，諦視拓片，字形不類，不取。又，“當”上一字泐，不能辨識，《漢魏石刻文學考釋》作“右”，非。

［3］“作”下泐二字，似“列亭”。《漢魏石刻文學考釋》作“利高”，非。“函”字，據《增補校碑隨筆》補。《增補校碑隨筆》：“初拓本第四行首‘谷’上尚有一‘函’字可見，稍晚即損。”②《漢魏石刻文學考釋》作“寸”，非。“從”，《湖南近現代藏書家題跋選》作“徒”，形似而誤，並釋“列”作“刊”，脱“亭”至“［函］”三字，非。

［4］“斵”，《增補校碑隨筆》作“斷”，非。《漢魏石刻文學考釋》《湖南近現代藏書家題跋選》沿誤。“山石”，觀拓，為兩字。《漢魏石刻文學考釋》釋“山石”作

---

① 葉德輝等著，湖南圖書館編：《湖南近現代藏書家題跋選》（2），岳麓書社 2011 年版，第 380 頁。

② （清）方若撰，王壯弘增補：《增補校碑隨筆》，上海書畫出版社 1981 年版，第 71 頁。

“岩”，“孔”作“此”。非。

［5］“以”上字泐，《漢魏六朝碑刻校注》作“皆”，可從。《西陲石刻録》析作“十日”，文不可讀。《漢魏石刻文學考釋》釋“十”作“八”，“皆”作“此”，均非。《湖南近現代藏書家題跋選》脱“十日”“［皆］以”四字，標點為“八月一日始斷山石，作孔至堅固萬歲，人民喜長壽億年宜子孫”，致文義不暢。

［6］永壽四年六月改元延熹。永壽、延熹，分别為漢桓帝劉志的第五、第六個年號。因新疆路途遥遠，詔書傳達必滯後，故八月仍稱永壽。

［7］“烏累關城”，《漢書》作“烏壘”。古城名。故址在今新疆輪臺以東的小野雲溝附近。西漢及東漢初，以地當西域中心，為西域都護府治所。“烏壘，户百一十，口千二百，勝兵三百人。城都尉、譯長各一人。與都護同治。其南三百三十里至渠犁。”①《湖南近現代藏書家題跋選》脱“皆”“仇披”“伯隗”字。湻：同“淳”字。淳于：春秋時期，夏王朝一部分遺裔，定居山東淳于城，建立淳于國，後族人以國命姓。《湖南近現代藏書家題跋選》標點為“京兆、長安、湻于、作此誦”，非。

彙考

“秦人”，為秦始皇統一全國後，北方和西方鄰國對中國人的稱謂，並沿用至漢晉。《史記·大宛列傳》：“聞宛城中新得秦人，知穿井，而其内食尚多。”②《漢書·匈奴傳上》：“穿井築城，治樓以藏穀，與秦人守之。”顔師古注：“秦時有人亡入匈奴者，今其子孫尚號秦人。”③ 又因陝西大部分地區為秦國故地，所以也稱陝西人為秦人。碑載秦人為“萬羌”“程阿羌”，乃以族為名，應是羌人。

---

① （漢）班固撰，（唐）顔師古注：《漢書》卷九十六下，中華書局 1962 年版，第 3911 頁。

② （漢）司馬遷：《史記》卷一百二十三，中華書局 1959 年版，第 3177 頁。

③ （漢）班固撰，（唐）顔師古注：《漢書》卷九十四上，中華書局 1962 年版，第 3782－3783 頁。

004 景雲碑 熹平二年（173）二月

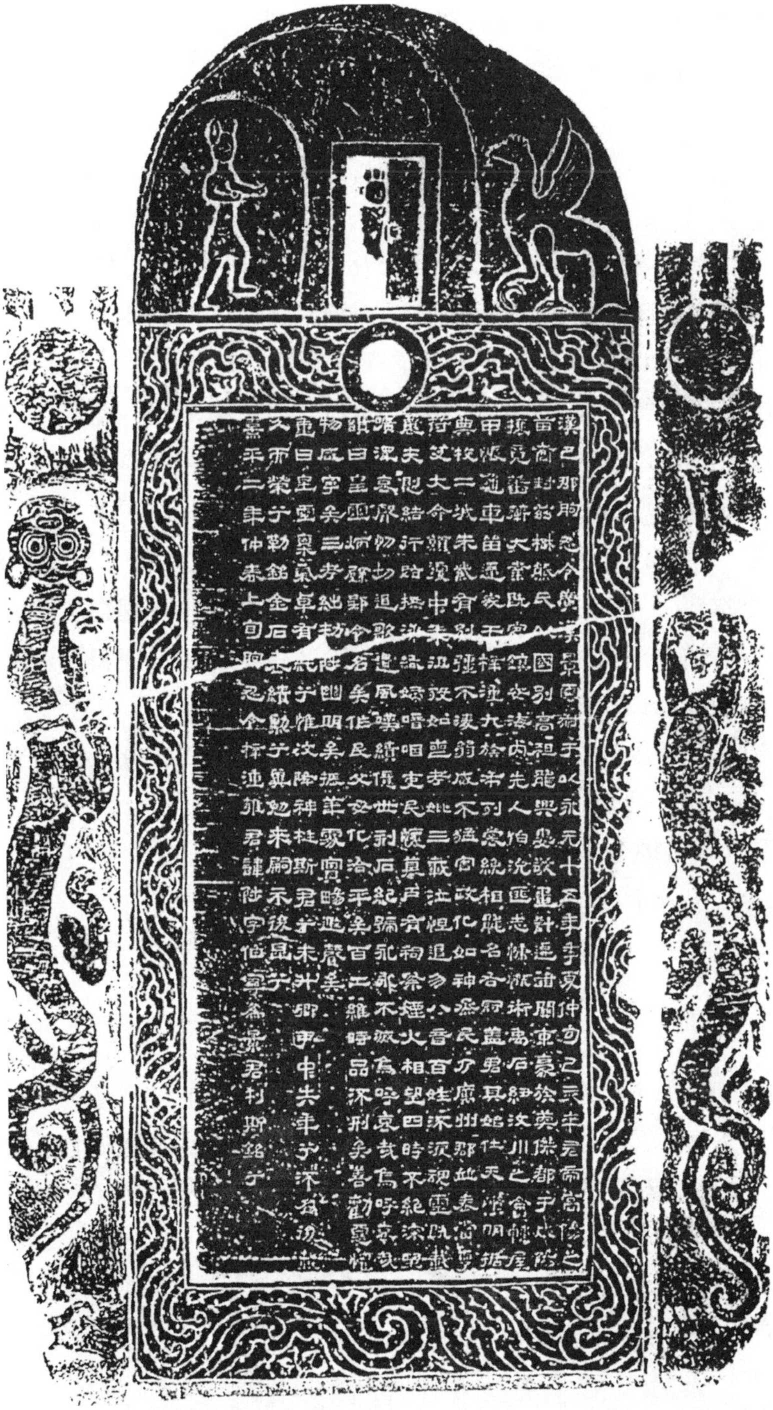

説明

碑石於 2004 年 3 月在重慶市雲陽縣舊縣地、漢晉朐忍縣故城遺址出土。現藏重慶市三峽博物館。碑高 182 cm，寬 81 cm。文 13 行，滿行 30 字。隸書。碑文外有雙綫框，四周鎸刻對稱流雲紋；碑側刻青龍、白虎。碑斷為兩截，損 11 字。額作暈首，無題名，左雕朱雀，右刻玉兔，中鎸婦人掩門圖。額下有穿。制作精美。該碑又題《巴郡朐忍令景雲碑》。

碑文

漢巴郡朐忍令，廣漢景雲叔于以永元十五手季夏，仲旬已亥卒[1]。

君帝高陽之/苗裔，封兹楙熊[2]，氏以國别。高祖龍興，婁敬畫計，遷諸關東豪族英傑，都于咸陽[3]，/攘竞蕃蘅[4]。大業既定，鎮安海内。先人伯沇，匪志慷慨[5]。術禹石紐，汶川之會[6]。幃屋/甲帳，龜車留遰。家于梓潼[7]，九族布列[8]。裳絻相襲，名右冠蓋[9]。君其始仕，天憒明据[10]，/典牧二城，朱紫有别。彊不凌弱，威不猛害。政化如神，烝民乃厲[11]。州郡竝表，當亨/苻艾[12]。

大命顛覆，中手徂歿[13]。如喪考妣，三載泣怛，遏勿八音，百姓深淚[14]。魂靈既載，/農夫恖結[15]。行路撫涕，織婦喑咽。吏民懷慕，户有祠祭。煙火相望，四時不絕。深壁/曠澤[16]，哀聲忉切。追歌遺風，嘆績億世。刻石紀號，永永不滅。烏呼哀哉！烏呼哀哉！/讚曰：

皇靈炳璧[17]，郢令名矣。作民父母，化洽平矣。百工維時，品汒刑矣。善勸惡懼，/物咸寧矣。三考絀勅[18]，陟幽明矣。振手雰賓，暘遐聲矣[19]。/重曰：

皇靈稟氣，卓有純兮。惟汶降神，梃斯君兮[20]。未升卿尹，中失手兮。汒名後載，/久而縈兮。勒銘金石，表績勳兮。巢勉來嗣，示後昆兮[21]。/

熹平二手，仲春上旬，朐忍令梓潼雍君，諱陟，字伯曼為景君刊斯銘兮[22]。/

著録

1.《漢巴郡朐忍令景雲碑考》，《中國書法》2005（5）。2.《讀三峽新出東漢景雲碑》，《四川文物》2006（2）。3.《重慶雲陽舊縣坪臺基建築發掘簡報》，《文物》2008（1）。4.《漢朐忍令景雲碑考釋補遺》，《中國歷史文物》2008（4）。5.《漢魏六朝碑刻校注》1－344 圖，345 文。6.《阿壩文化史》38。7.《歷代碑刻　契文　族譜》

注釋

[1] 朐忍：漢屬巴郡縣名，晉作“朐䏰”。“忍”字，受“朐”類化而加偏旁。

故城在今重慶市雲陽縣舊縣。𣲖：即“叔”的俗字。“叔”，由構件：“尗”“又”組成，石刻文字隸、楷書訛變所致。䄅：即“季”字。構件“八”省減變作“一”。

[2] 楚：即“楚”字。《元和姓纂·梗》：“景，芈姓，楚公族也。漢初徙山東豪族於關中，今好畤、華陰諸景是也。”① 楚之先出自帝顓頊高陽。周有鬻熊，文王師，封為楚祖。後世以為楚熊。見《史記·楚世家》。碑云“氏以國别”，指景氏以地為氏。何光嶽教授推測“景或即因封於湖北房縣南景山而為氏”②，可備一說。

[3]《漢書·高帝紀》載，高祖六年“戍卒婁敬求見，説上曰：‘陛下取天下與周異，而都雒陽，不便，不如入關，據秦之固’”③。九年十一月，徙齊楚大族至“關中，與利田宅”者④，就有景氏。與《元和姓纂·梗》記載一致。“遷”，《阿壩文化史》作“近”，誤。

[4] 竟：通“境”。邊境，疆界。《荀子·富國》：“‘其竟關之政盡察。’楊倞注：‘竟，與境同。’”⑤ 蕃：通“藩”。屏障。《詩經·大雅·崧高》：“四國于蕃，四方于宣。”鄭玄箋：“四國有難，則往扞禦之，為之蕃屏。”⑥ 衞：即“衛”的俗字。

[5]“沇”，《漢魏六朝碑刻校注》作“況”。構件“厶”，演變為“口”，漢魏碑刻中常見。可。《阿壩文化史》作“犹”，誤。諦視拓片，左“氵”非“犭”。魏啟鵬先生考證“沇”與“杼”讀音近似。伯沇，即“伯杼”⑦，大禹後裔、少康之子季杼，是後世公認遵循大禹治國之道的明君。匪：“斐”的假借。《詩經·衛風·淇奥》：“有匪君子。”⑧《禮記·大學》引作“斐”。

[6] 術：通“述”。述説。《漢書·賈山傳》：“今陛下念思祖考，術追厥功。”顔師古注：“術，亦作述。”⑨ 石紐：傳為大禹出生地，在今四川省汶川縣境⑩。《史記·夏本紀》正義引《蜀王本紀》：“禹本汶山郡廣柔縣人也，生於石紐。”⑪《華陽國志》：

---

① （唐）林寶撰，岑仲勉校記：《元和姓纂》卷七，中華書局 1994 年版，第 1090 頁。

② 何光嶽：《楚源流史》，江西教育出版社 2005 年版，第 332 頁。

③ （漢）班固撰，（唐）顔師古注：《漢書》卷一下，中華書局 1962 年版，第 58 頁。

④ 同上書，第 66 頁。

⑤ （清）王先谦撰，沈嘯寰等點校：《荀子集解》，中華書局 1988 年版，第 192 頁。

⑥ 十三經注疏整理委員會：《毛詩正義》卷十八，《十三經注疏》，北京大學出版社 2000 年版，第 1419 頁。

⑦ 魏啟鵬：《讀三峽新出土漢景雲碑》，《四川文物》2006 年第 2 期，第 65 頁。

⑧ 十三經注疏整理委員會：《毛詩正義》卷三，《十三經注疏》，北京大學出版社 2000 年版，第 254 頁。

⑨ （漢）班固撰，（唐）顔師古注：《漢書》卷五十一，中華書局 1962 年版，第 2335 頁。

⑩ （清）李錫書：《汶志紀略》卷四，清嘉慶十年（1805）蕊石山房藏版，第 2 頁。

⑪ （漢）司馬遷：《史記》卷二，中華書局 1959 年版，第 49 頁。

“廣柔縣，郡西百里。有石紐鄉，禹所生也。”① 一說石紐在石泉（今北川）。南宋《大禹廟記》：“自石泉之名立，其後唐《地理志》、國朝職方書、《先儒輿地記》皆以石紐歸石泉。”② 禹，其父名鯀，是黃帝之孫顓頊帝的兒子，禹即“高陽之苗裔”。汶川：岷江上游別稱。漢代稱“江源”“汶江”“汶川”“汶水”。非後世所說汶川縣。今汶川縣治地，漢武帝時為汶山郡治綿虒縣，西晉更名汶山縣，南朝梁改汶川。徐學書先生認為碑石證明兩漢三國時期人們所說的大禹出生地石紐在岷江上游③，是可信的。魏晉時期，《帝王世紀》：“伯禹，夏后氏，姒姓也。其先出顓頊。顓頊生鯀，堯封為崇伯，納有莘氏女，曰志，是為修己。山行，見流星貫昴，夢接意感，慄然，又吞神珠薏苡，胸坼而生禹於石紐。……（禹）長於西羌，西夷人也。”注引譙周《蜀本紀》：“禹本汶山廣柔縣人也，生於石紐，其地名刳兒坪。”④《華陽國志》載汶山郡廣柔縣：“郡西百里。有石紐鄉，禹所生也。夷人共營其地，方百里，不敢居牧。有過，逃其中，不敢追，云畏禹神。”⑤ 今汶川縣綿虒鎮刳兒坪，有洗兒池、禹王廟、“禹跡”等遺跡，相傳為大禹出生地。會：會盟。《周禮·春官·大祝》：“四曰會”。鄭玄注：“會，謂會同盟誓之辭。”又引鄭司農言：“會，謂王官之伯，命事於會。”⑥ 此謂大禹在故里石紐與諸侯盟誓。碑文為研究大禹出生地提供了實證材料。

［7］“甲”下一字未泐，是“帳”，《讀三峽新出東漢景雲碑》以為原刻“悵”，非。龜：古代印章多為龜形紐，後代指官印。㠯遷：停留。梓：“梓”的異體。“辛”，增加筆劃，作“辛”，變作異體。有“辛”為構件的字，因此受到影響，產生了一批異體字。如“辟”，東漢建寧元年（168）《楊著墓碑》作“辟”⑦；“薛”“辞”，北魏正始元年（503）《王遇墓誌》作“薛”“辞”。梓湩：即“梓潼”，今四川省綿陽東北。此謂景氏之先徙居四川“梓湩”為官，於是留在蜀中。“湩”，《讀三峽新出東漢景雲碑》《歷代碑刻　契文　族譜》徑作“潼”，非原刻。下同。《阿壩文化史》作“幢”，誤。

［8］“九”，《漢巴郡朐忍令景雲碑考》作“六”，非。九族：以自己為本位，上

---

① （晉）常璩著，任乃强校注：《華陽國志校補圖注》卷三，上海古籍出版社 1987 年版，第 190 頁。

② （明）楊慎編，劉琳等點校：《全蜀藝文志》卷三十七，綫裝書局 2003 年版，第 1047 頁。

③ 徐學書：《大禹、冉駹與羌族巫文化淵源》，《中華文化論壇》2012 年第 1 期，第 34 頁。

④ （晉）皇甫謐：《帝王世紀》第三，《二十五別史》，齊魯書社 2000 年版，第 21－22 頁。

⑤ （晉）常璩著，任乃强校注：《華陽國志校補圖注》卷三，上海古籍出版社 1987 年版，第 190 頁。

⑥ 十三經注疏整理委員會：《周禮》卷二十五，《十三經注疏》，北京大學出版社 2000 年版，第 777 頁。

⑦ 北京圖書館金石組：《北京圖書館藏中國歷代石刻拓本滙編》（1），中州古籍出版社 1989 年版，第 132 頁。

推至四世高祖，下推至四世玄孫，共九族。一指異姓親族，即父族四、母族三、妻族二。古多指父宗。

［9］絻：通“冕”。指古代天子、諸侯、卿、大夫等上朝、祭祀時戴的禮帽。裳冕，冕服，古代大夫以上的禮冠和衣飾。後代指官吏、仕宦。尌：即“冠”字。構件“元”與“寸”分開，碑刻中習見。北魏正光三年（522）《盧令媛墓誌》：“固以昭晰簡牘，紛綸秘圖，尌蓋縉紳，羽儀邦國者矣。”① 孝昌三年（527）《侯愔墓誌》：“其先蓋黄帝之苗裔，尌冕連衡，纓貂累襲。”②

［10］憤：“資”的加形專字。掂：即“哲”字。構件位移。明哲，明智、洞察事理。《讀三峽新出東漢景雲碑》《阿壩文化史》作“明括”，語義不通，非。

［11］厲：振作，奮起。《管子·七法》：“兵弱而士不厲，則戰不勝而守不固。”③ 此謂政治清明，社會大治，民心振奮。

［12］竝：“並”的古字。亨：“亨”的異體字。《漢魏六朝碑刻校注》認為此當讀作“享”，可從。古“亨”，同“享”。

［13］徂：通“殂”。死亡；凋謝。《史記·伯夷列傳》：“於嗟徂兮，命之衰矣！”司馬貞索隱：“徂者，往也，死也。”④ 徂歿：亦作“徂没”“殂没”。亡故。《後漢書·橋玄傳》：“徂没之後，路有經由，不以鬥酒隻雞過相沃酹，車過三步，腹痛勿怨。”⑤《讀三峽新出東漢景雲碑》《歷代碑刻　契文　族譜》釋“徂”作“殂”，二字同義，字非。

［14］考：即“考”字。《說文·老部》：“考，老也。从老省，丂聲。”⑥ 碑刻中常見“考”寫作“考”。如北魏正始三年（506）《寇臻墓誌》“乃追勳考行”等⑦，丂聲的曲筆拉直，變成記號“丁”。遏：停止。此謂景雲卒，民眾悲哀，停止娱樂。《阿壩文化史》作“退”，誤。洂：同下文“㳅”，即“流”字。

［15］“夫”下一字，觀拓，清晰，上“則”下“心”，是“恻”，即“惻”字。“心”，作“忄”。悲痛，哀傷。《讀三峽新出東漢景雲碑》作“則”，通“惻”。非

---

① 北京圖書館金石組：《北京圖書館藏中國歷代石刻拓本滙編》（4），中州古籍出版社 1989 年版，第 123 頁。

② 《北京圖書館藏中國歷代石刻拓本滙編》（5），第 69 頁。

③ （清）黎翔鳳撰，梁運華整理：《管子校注》卷二，《新編諸子集成》，中華書局 2004 年版，第 111 頁。

④ （漢）司馬遷：《史記》卷六十一，中華書局 1959 年版，第 2123－2124 頁。

⑤ （南朝宋）范曄撰，（唐）李賢等注：《後漢書》卷五十一，中華書局 1965 年版，第 1697 頁。

⑥ 丁福保：《説文解字詁林》卷八上，中華書局 1988 年版，第 8503 頁。

⑦ 北京圖書館金石組：《北京圖書館藏中國歷代石刻拓本滙編》（3），中州古籍出版社 1989 年版，第 91 頁。

原刻。

［16］壄：即“野”字，漢碑多如此。

［17］霊：即“靈”的省減筆字。辟：即“璧”字。

［18］絀：通“黜”。語出《尚書·舜典》：“三載考績，三考黜陟幽明。”孔傳：“三年有成，故以考功；九歲則能否幽明有別，黜退其幽者，升進其明者。”① 勑：同“敕”。《讀三峽新出東漢景雲碑》作“竏”，同“勑”。《阿壩文化史》作“勒”，誤。

［19］芈：“華”的俗字。雽：即“處”。碑刻中構件“虍”常寫作“乎”，又與構件“雨”相混。如“虛”作“雴”，見北魏《嵩高靈廟碑》：“唯妄祀岱宗，以勒雴美。”② 雴：即“虗”，同“虛”。又，“虔”作“霊”，見北齊《赫連子悅墓誌》：“房中牖下之奠，蘋藻荇菜之霊，肅展清祠，衹奉贊祼。”③ 暘：通“暢”，通達。遐：即“遐”的俗字。

［20］“惟汶降神，梃斯君兮”，與上文“術禹石紐，汶川之會”，均指其先世是來自汶川的大禹之後。碑文述大禹之一支後裔景氏先祖由汶川石紐東徙於楚地以及其先祖伯沇曾經率領族人為探省祖宗禹的根源，“幃屋甲帳，龜車留遰”，巡狩回蜀，汶川會盟的史實。史無載。

［21］績：通“積”。《漢書·孝平王皇后》：“賜皮弁素績。”顏師古注：“素績謂素裳也。朱衣而素裳。績字或作積；積謂襞積之。”④《讀三峽新出東漢景雲碑》《歷代碑刻 契文 族譜》釋“績”作“積”，非原刻。冀：同“冀”。後昆：亦作“後緄”。後嗣，子孫。

［22］𡬝：即“曼”字。《説文》“叔”下段玉裁注：“又、寸皆手也，故多互用。”⑤ 構件“又”變“寸”。《讀三峽新出東漢景雲碑》《歷代碑刻 契文 族譜》作“寧”，非。新任朐忍令雍陟始為景雲立碑，以彰其德。

彙考

碑主景雲為大禹後裔，其先伯沇，乃少康之子季杼。少康中興後，杼循大禹之跡，巡狩回蜀，追述大禹故里石紐、汶川會盟史實。表明碑主景氏，是大禹率族人向東發展、流寓楚地之後，族人未忘其本大禹，九族遷徙，其中一支安家於梓潼。該碑約在

① 十三經注疏整理委員會：《尚書正義》卷三，《十三經注疏》，北京大學出版社 2000 年版，第 99 頁。

② 北京圖書館金石組：《北京圖書館藏中國歷代石刻拓本滙編》(3)，中州古籍出版社 1989 年版，第 5 頁。

③ 《北京圖書館藏中國歷代石刻拓本滙編》(8)，第 52 頁。

④ (漢) 班固撰，(唐) 顏師古注：《漢書》卷九十七下，中華書局 1962 年版，第 4010 頁。

⑤ 丁福保：《説文解字詁林》卷三下，中華書局 1988 年版，第 3476 頁。

西晉時因故填埋於屋基之下，而今的出土，誠如魏先生所言，填補了一段歷史空白，即“大禹率族人向東發展之後，禹鄉舊地如何，傳世典籍除了夏桀伐岷山而娶琬、琰二女之外，幾乎是一片空白”①，同時也為羌人崇禹提供了實證。

① 魏啟鵬：《讀三峽新出土漢景雲碑》，《四川文物》2006年第2期，第67頁。

005　耿勳碑　熹平三年（174）四月二十日

說明

摩崖刻於甘肅省成縣天成山棧道中，南宋孝宗乾道年間發現。石高 218 cm，寬 205 cm。拓片高 156 cm，寬 146 cm。文 22 行，滿行 22 字。隸書。額篆書，題“漢故武都太守耿君表”。今存拓本無額。原刻殘泐嚴重，後人重剜，頗多謬誤，與《隸續》所録時有不同。該碑又題《天井山摩崖》。

額

漢故武都太守耿君表。/

碑文

漢武都大［守］、右扶風茂陵耿君，諱勳，字伯瑋[1]。其先本自［鉅］/鹿，世有令名[2]，為漢建功，俾侯三國。［卿］守將帥，［爵］位相承，以/迄亐君。君敦詩説禮[3]，家仍典［軍］。［壓］難和戎，虓虎慷慨[4]，以［得］/奉貢上計，廷陳恵康安遏之謀。上納其謨，拜郎、上黨府丞[5]，/掌令。考績有成，苻莢［乃］胙[6]。熹平二年三月癸酉即官[7]，奉宣/［詔］書，哀闵垂恩，［猛］不殘義，寬不宥姦，喜不縱慝，慼不戮仁[8]。/賞恭罰否，畀［奧］六流[9]。其於統［系］，寵存贈亡，篤之至也。

歲在/癸丑，厥［運淫］雨[10]，傷害稼穡。率圡普［議］[11]，開倉振澹[12]。身冒炎赫/火星之埶[13]，至属縣，巡行［窮］匱。陟降山谷，經營［拔］涉[14]，草止露/宿，捄活［食］餐千有餘人[15]。出奉錢市□□作衣[16]，賜給貧乏。發/荒田耕種，賦与宂獨王佳小男楊孝等三百［餘］户[17]。減省［貪］/吏二百八十人。勸課趍時[18]，百姓樂業。老者得終其壽，幼者/得以全育。《甘棠》之愛[19]，不是過矣。又開故道銅官，［鑄］作錢［器］。/興利無極，外羌且□等[20]，怖威悔恶[21]，重譯乞降[22]。脩治狹道[23]，分/子效力[24]，□□如農[25]，得衆兆之歡心，可謂卬之若明神者已。/夫美［政］不紀，人無述焉。國人僉嘆[26]，刊勒斯石，表示無窮。/其辭曰：/

泰華惟岳，神曜吐精。育兹令德，既喆且明。寔謂耿君，天［胙］/顯榮。司牧莅政，布化惟成。柔嘉惟則[27]，穆如風清。勤卹民隱[28]，/拯阸捄傾[29]。匪皇啓處[30]，東撫西征。赤子遭慈[31]，以活以生。山靈/挺寶，匈灾乃平[32]。愷悌父母，民賴以寧。

熹平三年四月廿日/壬戌，西部道橋掾下辨李𥙿造[33]。/

著録

1.《北京圖書館藏中國歷代石刻拓本滙編》1－158。2.《漢魏六朝碑刻校注》1－368 圖，369 文。3.《隸續》卷 11－2 下。4.《兩漢金石記》卷 13－9 下。5.《金石萃編》15－26 下。6.《漢碑集釋》402。

注釋

［1］武都：郡名。西漢武帝元鼎六年（前 111）以白馬氐置，治武都縣（今甘肅西和縣西南）。東漢移治下辨道（今成縣西）。轄今甘肅省武都、成縣、徽縣、西和、兩當及陝西鳳縣、略陽等地。王莽曾改郡名為樂平郡，見《後漢書·地理志》。古氐羌地。《水經注·漾水丹水》：“漢獻帝建安中，有天水氐楊騰者，世居隴右，為氐大

帥，子駒，勇健多計，徙居仇池。魏拜為百頃氐王。"① 南北朝時期楊氏據此先後建立前後仇池國、武都國、武興國、陰平國。耿勳，上黨府丞，熹平二年（173）三月接任李翕為武都太守。此為德政碑。右扶風：西漢太初元年（前104）分右內史地置，為三輔之一。所轄為京畿之地，即以地方官名為名。治所長安（今西安市西北）。東漢移治槐里（今興平縣東南）。三國曹魏改稱扶風郡。茂陵：西漢皇陵。陝西省興平縣城東北。"大"下字泐，方括符［］內字，據《隸續》《兩漢金石記》《金石萃編》《漢碑集釋》《漢魏六朝碑刻校注》補。下同。

［2］鉅鹿：秦置。東漢建武十三年（37）省廣平國，以其縣屬。《後漢書·郡國志二》："鉅鹿故大鹿，有大陸澤。"② 故城在今河北平鄉縣南。令名：美好的聲譽。《左傳·襄公二十四年》："僑聞君子長國家者，非無賄之患，而無令名之難。"③

［3］説：通"悦"。喜悦，高興。

［4］虣虎：即"暴虎"。《隸續》作"武慮"，不辭。《漢隸拾遺·武都太守耿勳碑》："諦審碑文，似是'虣虎'二字。虣，古'暴'字也。《周官》、漢碑，'暴'字多作'虣'。'暴虎慷慨'，喻其赴敵之勇耳。《論語》'暴虎馮河'，亦謂行三軍之事也。"④

［5］上黨：秦置。《釋名·釋州國》："上黨，黨，所也；在山上，其所最高，故曰上也。"⑤ 府丞：郡丞別稱。《漢書·百官公卿表》上："郡守，秦官，掌治其郡。秩二千石。有丞，邊郡又有長史，掌兵馬，秩皆六百石。"⑥

［6］苻茦：同"符策"。漢代郡守賜虎符策書。胙：通"祚"。《漢隸拾遺》："'苻茦'即'符策'。胙者，賜也。言考績有成，乃賜之以符策，命為太守也。韋注《齊語》云：'胙，賜也'。隱八年《左傳》'胙之土而命之氏'是也。下文云'天胙顯榮'，義亦同也。""茦"，《兩漢金石記》作"荓"，不取。

［7］"癸酉"，重剜訛作"六日"，《金石萃編》取之，非。三月癸酉，即三月二十四日。"官"上一字，《隸續》《兩漢金石記》《漢碑集釋》作"到"，字形不類。《金石萃編》作"郎"，形似而義不暢。《漢魏六朝碑刻校注》作"即"。諦視，似

① （北魏）酈道元著，陳橋驛等譯：《水經注全譯》卷二十，《中國歷代名著全譯叢書》，貴州人民出版社1996年版，第698頁。

② （南朝宋）范曄撰，（唐）李賢等注：《後漢書》卷二十，中華書局1965年版，第3433頁。

③ 十三經注疏整理委員會：《春秋左傳正義》卷三十五，《十三經注疏》，北京大學出版社2000年版，第1153頁。

④ （清）王念孫：《漢隸拾遺》卷十，《石刻史料新編》第三輯（2），臺北：臺灣新文豐出版公司（據清同治金陵書局重栞本影印）1986版，第603頁。

⑤ （漢）劉熙：《釋名》卷二，《叢書集成初編》，中華書局1985年版，第24頁。

⑥ （漢）班固撰，（唐）顏師古注：《漢書》卷四十九，中華書局1962年版，第742頁。

“即”字。即官：就職，到任。

［8］感：通“憾”。怨恨。《隸續》《兩漢金石記》作“威”，非。《金石萃編》作“感”。《漢隸拾遺》：“《隸續》‘感’作‘威’。案：碑文是‘感’字，非‘威’字，古字以‘感’為‘憾’。憾，恨也。不以忿恨而戮及仁人也。”

［9］“界”下一字泐，據《隸續》補“奧”字。“界奧”，義難解。“流”上一字泐，存下半“六”。

［10］熹平二年（173），歲次癸丑。淫雨：久雨。《禮記・月令》：“（季春之月）行秋令，則天多沈陰，淫雨蚤降。”鄭玄注：“淫，霖也，雨三日以上為霖。”① 《後漢書・五行一》：“熹平元年夏，霖雨七十餘日。”② 東漢水災頻發，自和帝永元十年（98）至熹平元年（172），《後漢書》記載郡國各地淫雨傷稼事件 15 次③。尤以熹平元年最甚，霖雨時間長達七十餘日。碑載熹平二年武都淫雨害稼，史乘失載，可補史闕。

［11］率圡：“率圡之濱”之省。全國各地。《詩經・小雅・北山》：“率土之濱，莫非王臣。”④

［12］振：救濟；賑濟。《漢魏六朝碑刻校注》認為“振”，後與“賑”混。是。澹：通“贍”。《漢書・食貨志上》：“（秦）竭天下之資財以奉其政，猶未足以澹其欲也。”顏師古注：“澹，古贍字也。贍，給也。”⑤《金石萃編》：“碑作‘振澹’，皆借用字。《金石録補》直釋為‘賑贍’，失其旨矣。”

［13］炎赫：熾熱，極熱。《後漢書・質帝紀》：“自春涉夏，大旱炎赫，憂心京京。”⑥ 火星：指炎夏。《史記・天官書》：“察剛氣以處熒惑。曰南方火，主夏、日丙、丁。”司馬貞索隱引《春秋緯文耀鉤》：“赤帝熛怒之神，為熒惑焉。位在南方，禮失則罰出。”⑦

［14］拔：通“跋”。《隸續》洪適跋：“以‘拔’為‘跋’。”《詩經・鄘風・載馳》：“大夫跋涉，我心則憂。”毛傳：“草行曰跋，水行曰涉。”陸德明《經典釋文》：

---

① 十三經注疏整理委員會：《禮記正義》卷十五，《十三經注疏》，北京大學出版社 2000 年版，第 572 頁。

② （南朝宋）范曄撰，（唐）李賢等注：《後漢書》卷十三，中華書局 1962 年版，第 3270 頁。

③ 同上書，第 3269 – 3270 頁。

④ 十三經注疏整理委員會：《毛詩正義》卷十三，《十三經注疏》，北京大學出版社 2000 年版，第 931 頁。

⑤ （漢）班固撰，（唐）顏師古注：《漢書》卷二十四上，中華書局 1962 年版，第 1127 頁。

⑥ （南朝宋）范曄撰，（唐）李賢等注：《後漢書》卷六，中華書局 1965 年版，第 278 頁。

⑦ （漢）司馬遷：《史記》卷二十七，中華書局 1959 年版，第 1318 頁。

“韓《詩》云：不由蹊遂而涉曰跋涉。”① 《詩經·豳風·狼跋》：“狼跋，美周公也。”陸德明《經典釋文》：“‘跋’字或作‘拔’。”②

［15］捄：同“救”。《隸續》《兩漢金石記》《金石萃編》作“扶”，乃形近而誤。《漢魏六朝碑刻校注》作“救”，是。救援之義。《史記·春申君列傳》：“魏之兵雲翔而不敢捄。”③ “活”下一字泐，僅存下半，《隸續》未釋，《兩漢金石記》作“食”，《漢魏六朝碑刻校注》取之，可採。“［食］餐”，《平津讀碑記》：“諦審此碑，是‘餍餐’二字。”④

［16］《隸續》釋“市”作“兩”；又，釋“作”為“振”，誤。

［17］“賦”下一字，《兩漢金石記》補作“与”，《金石萃編》取之。寡：即“寡”的簡筆俗字。漢魏六朝碑刻中，“寡”常作“寡”“寡”“寡”。如東漢建寧四年（171）《西狹頌》作“寡”，“督郵部職，不出府門，政約令行，强不暴寡，知不詐愚”⑤。中平二年（185）《曹全碑》作“寡”，“恤民之要，存慰高年，撫育鰥寡”⑥。北魏孝昌二年（526）《侯剛墓誌》作“寡”，“少私寡欲，不脩自遠”⑦。延昌三年（514）《司馬景和妻孟敬訓墓誌》作“寡”，“又夫人性寡妬嫉，多扵容納”⑧。

［18］勸課：勉勵與督促。《後漢書·卓茂傳》：“是時王莽秉政，置大司農六部丞，勸課農桑。”⑨ 《隸續》《兩漢金石記》釋“課”作“勉”，《漢碑集釋》取之。《金石萃編》作“課”，或重剜所改。趍：同“趨”。趨向。

［19］甘棠：棠梨。《史記·燕召公世家》：“周武王之滅紂，封召公於北燕……召公巡行鄉邑，有棠樹，决獄政事其下，自侯伯至庶人各得其所，無失職者。召公卒，而民人思召公之政，懷棠樹不敢伐，哥詠之，作《甘棠》之詩。”⑩ 後以“甘棠”指循吏美政和遺愛。

［20］外羌：指屯外未附的羌人。降而入屯的羌人，稱為屯羌。《後漢書·順帝

① 十三經注疏整理委員會：《毛詩正義》卷三，《十三經注疏》，北京大學出版社2000年版，第250頁。

② 《毛詩正義》卷八，第626頁。

③ （漢）司馬遷：《史記》卷七十八，中華書局1959年版，第2388頁。

④ （清）洪頤煊：《平津讀碑記》卷一，《石刻史料新編》第一輯（26），臺北：臺灣新文豐出版公司（據槐廬本影印）1982年版，第19357頁。

⑤ 北京圖書館金石組：《北京圖書館藏中國歷代石刻拓本滙編》（1），中州古籍出版社1989年版，第140頁。

⑥ 同上書，第176頁。

⑦ 《北京圖書館藏中國歷代石刻拓本滙編》（5），第35頁。

⑧ 《北京圖書館藏中國歷代石刻拓本滙編》（4），第16頁。

⑨ （南朝宋）范曄撰，（唐）李賢等注：《後漢書》卷二十五，中華書局1965年版，第871頁。

⑩ （漢）司馬遷：《史記》卷三十四，中華書局1959年版，第1550頁。

紀》陽嘉三年（134）十一月："丙午，武都塞上屯羌及外羌，攻破屯官，驅略人畜。"① "且"下一字泐，《平津讀碑記》："諦審此碑，是'居'字。"可備一説。《漢魏六朝碑刻校注》疑"涷"字。且涷，活躍於東漢順帝時期的羌人分支。《後漢書・順帝紀》永和五年（140）五月："且涷羌寇三輔，殺令長。""九月，令扶風、漢陽築隴道塢三百所，置屯兵。……且涷羌寇武都，燒隴關。""六年春正月丙子，征西將軍馬賢與且涷羌戰於射姑山，賢軍敗没。"② 同書《西羌傳》亦載此事，永和"五年夏，且涷、傳難種羌等遂反叛，攻金城，與西塞及湟中雜種羌胡大寇三輔，殺害長吏。……且涷分遣種人寇武都，燒隴關，掠苑馬。六年，馬賢將五六千騎擊之"③。

［21］恶：即"惡"。悔惡，知惡而悔改。

［22］"重"下一字，諦審拓片，右半"睪"可辨，似"譯"字。重鑿作"都"，非。《後漢書・西羌傳》載，建和二年（148），武都塞上"白馬羌寇廣漢屬國，殺長吏。益州刺史率板楯蠻討破之，斬首招降二十萬人"④。是時西羌及湟中胡復叛為寇。同書《段熲傳》延熹二年（159），"會燒當、燒何、當煎、勒姐等八種羌，寇隴西、金城塞，段熲將兵及湟中義從羌萬二千騎出湟谷，擊破之"⑤。義從羌，謂歸附漢王朝的羌人，封賞為"義從"。《後漢書・鄧訓傳》："訓遂撫養其中少年勇者數百人，以為義從。"⑥ 三年春，餘羌復與燒何大豪寇張掖，熲追之，出塞二千餘里，斬燒何大帥。燒當種九十餘口詣熲降。冬，勒姐、零吾種圍允街，熲排營救之。四年冬，零吾復與先零及上郡沈氐，隴西牢姐、烏吾諸種羌，力寇并、涼及三輔，皇甫規擊破之。永康元年（167），東羌岸尾等脅同種，連寇三輔，張奂破平之。當煎羌寇武威，熲復破滅之，西羌悉平。建寧二年（169）秋七月，段熲大破先零羌，東羌悉平。事見桓、靈二《帝紀》及張奂、段熲二傳。熹平二年，耿勳到任，此前未降的且涷羌始乞降，時人美之，刻碑紀功，讚頌其佈施仁政、惠澤一方的偉績。参《漢碑集釋》《漢魏六朝碑刻校注》。

［23］狹道：指成縣至略陽縣一帶的棧道。武都太守耿勳的前任李翕，曾予修治。見建寧四年（171）《西狹頌》，刻於甘肅省成縣天景山北麓崖壁轉角處。碑云："漢武都太守漢陽阿陽李君諱翕，字伯都。""不出府門，政約令行，强不暴寡，知不詐愚。"⑦

---

① （南朝宋）范曄撰，（唐）李賢等注：《後漢書》卷六，中華書局 1965 年版，第 264 頁。

② 同上書，第 269－270 頁。

③ 《後漢書》卷八十七，第 2895 頁。

④ 《後漢書》卷七，第 292 頁。

⑤ 《後漢書》卷六十五，第 2146 頁。

⑥ 《後漢書》卷十六，第 610 頁。

⑦ 北京圖書館金石組：《北京圖書館藏中國歷代石刻拓本滙編》（1），中州古籍出版社 1989 年版，第 140 頁。

五年（172）《郙閣頌》，原刻於陝西略陽北徐家坪，殘石現存略陽靈巖寺博物館。頌李翕"開石門，元功不朽"①。《後漢書·皇甫規傳》稱屬國都尉李翕多殺降羌，倚恃權貴，不遵法度。護羌校尉皇甫規到官，條奏其罪，招撫羌人，安定羌變。"羌人聞之，翕然反善。沈氏大豪滇昌、飢恬等十餘萬口，復詣規降。"② 於是緩解了東漢朝廷與羌人之間的矛盾。《潛研堂金石文跋尾·武都太守李翕〈西狹頌〉》："蓋後來治行，或減於前，而石刻亦容有溢美也。"③ 耿勳到郡，續修治狹道，乃摩崖紀其事。

［24］分子：支庶子孫。《穀梁傳·莊公三十年》："燕，周之分子也。"范寧注："燕，周大保召康公之後，成王所封。分子，謂周之别子孫也。"④ 此句謂正丁（舊稱對國家應有納税和服役義務的成年人）已供差徭，分子亦來助役。

［25］《隸續》作"□□如農"，《金石萃編》作"役大小民"。"役"，《兩漢金石記》："隱隱似是'後'字。"《漢魏六朝碑刻校注》以為重鑿，取《隸續》釋文，當是。

［26］僉：都，副詞。《隸續》作"命"，誤。《兩漢金石記》："'僉'字，洪誤釋'命'。"

［27］柔嘉：柔和美善。《詩經·大雅·烝民》："仲山甫之德，柔嘉維則。"孔穎達疏："柔和而美善。"⑤ 碑以仲山甫比耿勳，頌贊之。"則"字，《隸篇》雙鈎作"賊"，《漢魏六朝碑刻校注》認為本或如此，"則"與"賊"義相生。可採。《左傳·文公十八年》："毁則為賊，掩賊為藏。"⑥

［28］隱：通"慇"，慇憂。

［29］捄：通"救"。拯救，挽救。《史記·春申君列傳》："魏之兵雲翔而不敢捄。"⑦《隸續》《兩漢金石記》《金石萃編》作"扶"，非。

［30］皇：通"遑"。空閒。《漢書·董仲舒傳》："朕獲承至尊休德，傳之亡窮，而施之罔極，任大而守重，是以夙夜不皇康寧。永惟萬事之統，猶懼有

---

① 北京圖書館金石組：《北京圖書館藏中國歷代石刻拓本滙編》（1），中州古籍出版社 1989 年版，第 147 頁。

② （南朝宋）范曄撰，（唐）李賢等注：《後漢書》卷六十五，中華書局 1965 年版，第 2133 頁。

③ （清）錢大昕：《潛研堂金石文跋尾》卷一，《石刻史料新編》第一輯（26），臺北：臺灣新文豐出版公司 1982 年版，第 18742 頁。

④ （清）阮元：《十三經注疏》，中華書局 1980 年版，第 2388 頁。

⑤ 十三經注疏整理委員會：《毛詩正義》卷十八，《十三經注疏》，北京大學出版社 2000 年版，第 1434 頁。

⑥ 十三經注疏整理委員會：《春秋左傳正義》卷二十，《十三經注疏》，北京大學出版社 2000 年版，第 662 頁。

⑦ （漢）司馬遷：《史記》卷七十八，中華書局 1959 年版，第 2388 頁。

闕。"[①]《詩經·小雅·四牡》："不遑啓處。"[②]《采薇》："不遑啓居。"[③] 碑用其語。

［31］"慈"上一字泐，似"遭"。《漢隸拾遺》："碑文作'遭'，《隸續》作'遺'，案'赤子遺慈'，文義殊晦。且碑文是'遭'字，非'遺'字也。'赤子遭慈，以活以生'，言赤子遭慈母而生活也。"《兩漢金石記》《金石萃編》沿用，作"遺"，非。

［32］匈：通"凶"。凶災，意饑荒，荒災。《墨子·七患》："一穀不收謂之饉，二穀不收謂之旱，三穀不收謂之凶，四穀不收謂之饋，五穀不收謂之饑。"[④]

［33］《隸續》作"道"。道橋掾：秦漢時期縣令屬吏，掌道路橋梁。《隸續》："造碑之人即李翕《天井碑》中西部道橋掾李禔也。壬子之夏，李翕尚在武都。次年暮春耿君到郡，似是繼翕者。""道"，《金石萃編》作"通"，非。

彙考

漢代，氐的原始部族分佈在武都郡的武都（甘肅成縣西北）、隴西郡的氐道（甘肅風安縣西南）、天水郡的略陽和清水（甘肅今縣）等地。元鼎六年（前111）置武都郡，原居武都的一部分氐人被"排斥"在濟水、隴山之間。《三國志·東夷傳注魏略·西戎傳》："自漢開益州，置武都郡，排其種人，分竄山谷間，或在福禄（酒泉），或在汧、隴（汧水、隴山）左右。""俗能織布，善田種，畜養豕、牛、馬、驢、騾。其婦人嫁時著衽露……衽露有似中國袍。"[⑤] 建安二十年（215），曹操滅漢中張魯政權，遣軍至武都，遷徙武都氐人五萬餘居於扶風、天水一帶。後又令武都太守楊阜，"前後徙民、氐，使居京兆、扶風、天水界者萬餘户"[⑥]。在三國魏蜀爭奪武都郡地區時，氐人形成了四大集團，即河池（徽縣）附近，"氐王竇茂眾萬餘人"[⑦]；下辯（治所在今成縣西）等地，"氐雷定等七部萬餘"[⑧]；興國氐王阿貴，居興國城（今甘肅秦安縣東北）；百項氐王千萬，居仇池山（今甘肅西河縣西南）。《魏略·西戎傳》："近

① （漢）班固撰，（唐）顔師古注：《漢書》卷五十六，中華書局1962年版，第2495頁。

② 十三經注疏整理委員會：《毛詩正義》卷八，《十三經注疏》，北京大學出版社2000年版，第656頁。

③ 同上書，第689頁。

④ 李漁叔：《墨子今注今釋》，臺北：臺灣商務印書館1974年版，第22頁。

⑤ （晉）陳壽撰，（南朝宋）裴松之注：《三國志》卷二十五，中華書局1964年版，第858頁。

⑥ 同上書，第704頁。

⑦ 同上書，第45頁。

⑧ 同上。

去建安中，興國氐王阿貴，白項氐王千萬各有部落萬餘，至十六年，從馬超為亂。”①氐人因其所居之地為曹魏、蜀漢軍事爭奪要地，或支持曹魏，或支持蜀漢。

《後漢書·西羌傳》：“自爰劒後，子孫支分凡百五十種。其九種在賜支河首以西，及在蜀、漢徼北，前史不載口數；唯参狼在武都，勝兵數千人。”②“参狼種，武都羌是也。”③ 同書《光武帝紀》建武十一年（35）冬十月：“馬成平武都，因隴西太守馬援擊破先零羌，徙致天水、隴西、扶風。”十二年十二月，“参狼羌寇武都，隴西太守馬援討降之”。中元元年（56）十一月，“参狼羌寇武都，敗郡兵，隴西太守劉盱遣軍救之，及武都郡兵討叛羌，皆破之”④。《馬援傳》：“武都氐人背公孫述來降者，援皆上復其侯王君長，賜印綬，帝悉從之。乃罷馬成軍。十三年，武都参狼羌與塞外諸種為寇，殺長吏。援將四千餘人擊之，至氐道縣，羌在山上，援軍據便地，奪其水草，不與戰，羌遂窮困，豪帥數十萬户亡出塞，諸種萬餘人悉降，於是隴右清静。”⑤《孝安帝紀》元初元年（114）九月，“先零羌寇武都、漢中，絶隴道”⑥。《順帝紀》陽嘉三年（134）十一月，“丙午，武都塞上屯羌及外羌，攻破屯官，驅略人畜”⑦。永和五年（140），“且凍羌寇武都，燒隴關”⑧。六年“三月，武都太守趙冲討鞏唐羌，破之”⑨。《皇甫規傳》亦有永和五年（140）武都太守李翕多殺降羌之語⑩。由此可知，武都，氐羌雜居，氐婦人緣飾、嫁娶之制有似羌；語不與中國同，及羌雜胡相同⑪。

---

① （晉）陳壽撰，（南朝宋）裴松之注：《三國志》卷二十五，中華書局1964年版，第858頁。
② （南朝宋）范曄撰，（唐）李賢等注：《後漢書》卷八十七，中華書局1965年版，第2898頁。
③ 同上書，第2876頁。
④ 《後漢書》卷一，第57、60、84頁。
⑤ 《後漢書》卷二十四，第836頁。
⑥ 《後漢書》卷五，第221頁。
⑦ 《後漢書》卷六，第264頁。
⑧ 同上書，第270頁。
⑨ 同上書，第269－270頁。
⑩ 《後漢書》卷六十五，第2133頁。
⑪ （晉）陳壽撰，（南朝宋）裴松之注：《三國志》卷二十五，中華書局1964年版，第858頁。

006 趙寬墓碑 光和三年（180）十一月十三日

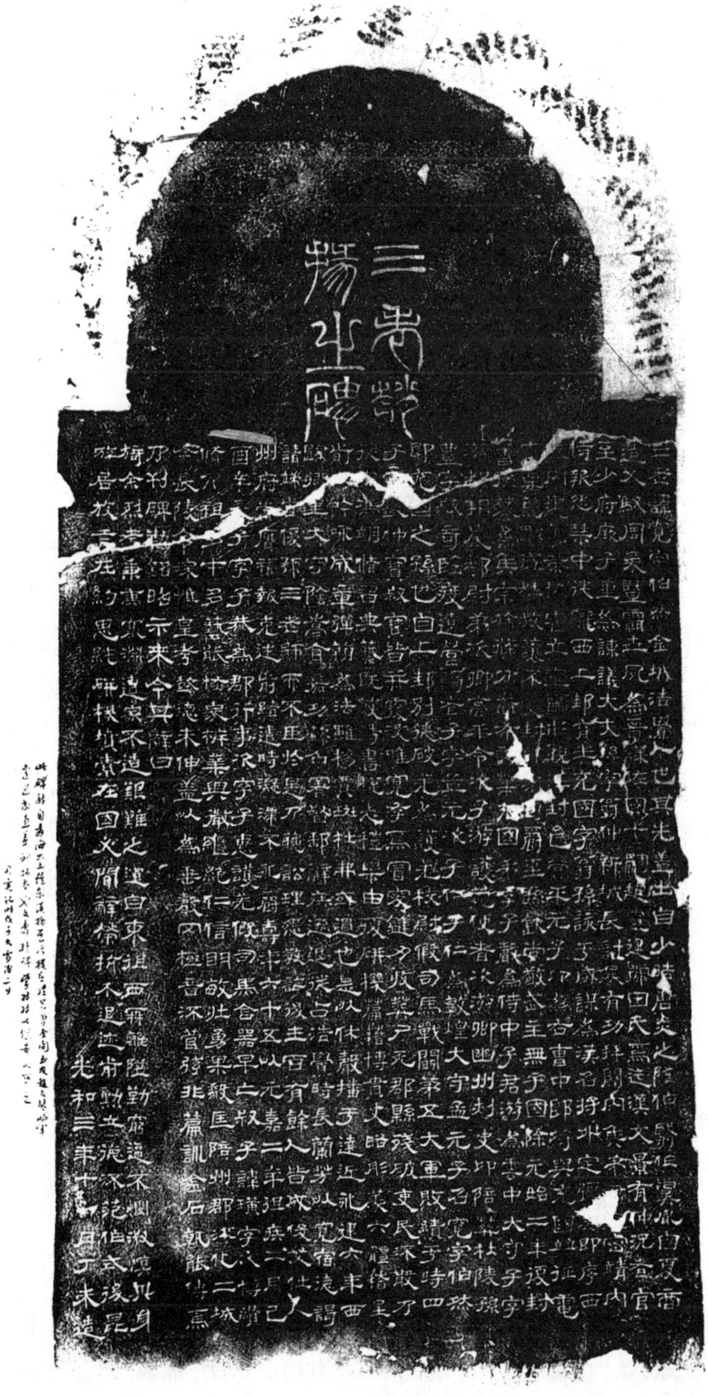

説明

碑石約於1941年出土，1943年4月在青海省樂都縣老鴉城西五里之白崖子徵集到。村民稱一年前築路時出土，後藏青海省圖書館。初出土時碑尚完好，搬運時斷為兩截，裂縫處損7字，另有6字亦損；1950年圖書館失火樓塌，碑被壓碎、火焚，僅存碗口大的一小塊。拓片通高114 cm，寬58 cm。碑文23行，滿行32字。隸書，有縱横界格。圓首，額篆書題“三老趙掾之碑”。本拓係初拓精本。該碑又題《漢三老趙寬碑》。

額

三老趙/掾之碑。/

碑文

三老諱寬，字伯然，金城浩亹人也[1]。其先蓋出自少皓[2]，唐炎之隆[3]，伯翳作虞[4]。胤自夏商，/造父馭周[5]。爰暨霸世[6]，夙為晉謀[7]。佐國十嗣[8]，趙靈建號，因氏焉[9]。迄漢文、景，有仲況者，官/至少府[10]。厥子聖，為諫議大夫[11]。孫字翁仲，新城長，討暴有功，拜關内矦[12]。弟君[宣]，密靖内/侍[13]，報怨禁中，徙隴西上邽[14]。育生充國，字翁孫，該亐威謀，為漢名將[15]。外定彊[夷]，即序西/戎[16]内建籌筞，協霍立宣[17]，圖形觀□，封邑營平[18]。元子卬，為右曺中郎將[19]，與充國竝征，電/震要荒[20]，馘滅狂狡[21]，讓不受封[22]。卬弟傳爵至孫欽[23]，尚敬武主[24]，無子，國除。元始二丰，復封/曾孫纂為矦[25]。宗族條分，裔布諸華。充國弟，字子聲[26]，為侍中。子君游，為雲中大守[27]。子字/游都，朔農都尉[28]。弟次卿，高平令[29]。次子游，護莬使者，次游卿，幽州刺史[30]。卬陪葬杜陵[31]，孫/豊，字叔奇，監度遼營謁者[32]。子字孟元，次子仁，子仁為敦煌大守[33]。

孟元子名寬，字伯然，/即充國之孫也[34]，自上邽别徙破羌[35]，為護羌校尉假司馬[36]，戰鬪第五[37]，大軍敗績。亐時，四/子孟長、仲寶、叔寶皆并覆没[38]，唯寬存焉。冒突鋒刃[39]，收葬尸死[40]。郡縣殘破，吏民涼散，乃/徙家馮翊[41]。脩習典藝，既敦《詩》《書》，悦志《禮》《樂》[42]。由復研機篇籍[43]，博貫史略，彫篆六體[44]，稽呈/前［人］[45]。吟咏成章，彈翰為法。雖楊、賈、斑、杜，弗或過也[46]。是以休聲播亐遠近[47]。

永建六丰，西/歸鄉里。大守陰嵩，貪嘉功懿[48]，召署督郵[49]，辭疾遜退。徙占浩亹，時長蘭芳。以寬宿德，謁/請端首[50]，優號三老，師而不臣。於是乃聽訟理怨，教誨後生，百有餘人，皆成俊艾[51]。仕入/州府，當膺福報，克述前緒[52]。遭時凝滯，不永爵壽[53]，丰六十五。以元嘉二丰徂疾[54]，二月己/酉卒[55]。長子字子恭，為郡行事[56]。次字子惠，護羌假司馬[57]，含噐早亡[58]。叔子諱璜[59]，字文博，纘/脩乃祖，多才多藝，能惁家祚業[60]，興徹繼絕[61]。仁信明敏，壯勇果毅。匡陪州郡，深化二城[62]，/今長陵令。深惟皇考，懿德未伸，蓋以為垂戰冈極[63]，音深菅弦，非篇訓金石，孰能傳焉。/乃刊碑勒銘，昭示来今。其辭曰：/

篙余烈考[64]，秉夷塞淵[65]。遭家不造[66]，艱難之運。自東徂西，再離隘勚[67]。窮逼不憫[68]，淑慎其身。/旂居放言[69]，在約思純。研機墳素[70]，在國必聞。辭榮抗个[71]，追迹前勲[72]。立德深范，作式後昆[73]。/

光和三丰十一月丁未造。/

著録

1.《北京圖書館藏中國歷代石刻拓本滙編》1－170。2.《漢碑集釋》432。3.《漢魏石刻文學考釋》中－696。4.《秦漢碑述》484。5.《漢魏六朝碑刻校注》2－19 圖，20 文。6.《秦漢刻石選譯》338①。

注釋

［1］耂：即“老”。碑刻中“老”的構件“匕”訛為“止”。如西晉永平元年(291)《徐君妻管洛墓碑》作“耂”②。三老，古代掌教化之官。秦漢以後，鄉、縣、郡設。《漢書・高帝紀》上：“舉民年五十以上，有脩行，能帥衆為善，置以為三老，鄉一人。擇鄉三老一人為縣三老，與縣令丞尉以事相教。”③《後漢書・百官志》：“三老掌教化。凡有孝子順孫，貞女義婦，讓財救患，及學士為民法式者，皆扁表其門。”④ 金城：金城郡，西漢始元六年（前 81）分天水、隴西、張掖三郡地置，治允吾（今甘肅永靖西北）。浩亹：縣名，屬金城郡。《漢書・地理志》“浩亹”下注：“浩亹水出西塞外，東至允吾入湟水。……師古曰：浩音誥。浩，水名也。亹者，水流峽山，岸深若門也。《詩・大雅》曰‘鳧鷖在亹’，亦其義也。今俗呼此水為閤門河，蓋疾言之，浩為閤耳。”⑤

［2］少皓：即“少皥”，通作“少昊”。《太平御覽》卷七十九引《帝王世紀》：“少昊帝名摯，字青陽，姬姓也。母曰女節，黄帝時，有大星如虹，下流華渚，女節

① 李檣：《秦漢刻石選譯》，文物出版社 2009 年版。

② 北京圖書館金石組：《北京圖書館藏中國歷代石刻拓本滙編》（2），中州古籍出版社 1989 年版，第 54 頁。

③ （漢）班固撰，（唐）顔師古注：《漢書》卷一上，中華書局 1962 年版，第 33－34 頁。

④ （晉）司馬彪撰，（梁）劉昭注補：《後漢書志》第二十八，中華書局 1965 年版，第 3624 頁。

⑤ （漢）班固撰，（唐）顔師古注：《漢書》卷二十八下，中華書局 1962 年版，第 1610－1611 頁。

夢接意感生少昊，是為玄囂。降居江水，有聖德，邑於窮桑，以登帝位。都曲阜，故或謂之窮桑帝。以金承土帝，圖讖所謂白帝朱宣者也，故稱少昊，號金天氏。"①

［3］唐炎：即"唐堯"，上古相繼為帝的黄帝、顓頊、帝嚳、唐堯、虞舜五大聖君之一。帝嚳之子，姓伊祁，亦作"伊耆"，名放勳。初封於陶，又封於唐，號陶唐氏。禪讓於舜。見《史記·五帝本紀》。

［4］伯翳：又作"伯益"，皋陶之子。舜時東夷部落首領。相傳伯益助禹治水有功，禹欲讓位於益，益避居箕山之北。見《尚書·舜典》《孟子·萬章上》。虞：古代掌管山林川澤之官。《尚書·舜典》："俞，咨！益，汝作朕虞。"孔傳："虞，掌山澤之官。"② 鄭玄《詩經·秦譜》："堯時有伯翳者，實皋陶之子，佐禹治水，水土既平，舜命作虞官，掌上下草木鳥獸，賜姓曰嬴。"③

［5］上述各句《漢魏碑石刻文學考釋》標點為"其先蓋出自少皓唐炎之隆，伯翳作虞胤，自夏商造父馭周"，非。造父：古之善馭者，為周穆王御手。東夷族，本嬴姓，因功封於趙城，以邑為氏，傳為趙氏先祖。《史記·趙世家》："造父幸於周繆王。造父取驥之乘匹，與桃林、盜驪、驊騮、緑耳，獻之繆王。繆王使造父御，西巡狩，見西王母，樂之忘歸。而徐偃王反，繆王日馳千里馬，攻徐偃王，大破之，乃賜造父以趙城，由此為趙氏。"④

［6］卋：同"世"。霸卋：春秋五霸時代。

［7］夙：即"趙夙"。古人名多簡省。春秋時晉國大夫，造父十二世孫。晉獻公時因功受賜耿（今山西河津）。《史記·趙世家》："自造父已下六世至奄父，曰公仲，周宣王時伐戎，為御。及千畝戰，奄父脱宣王。奄父生叔帶，叔帶之時，周幽王無道，去周如晉，事晉文侯，始建趙氏于晉國。自叔帶以下，趙宗益興，五世而生趙夙。趙夙，晉獻公之十六年伐霍、魏、耿，而趙夙為將伐霍，霍公求犇齊。晉大旱，卜之，曰：'霍太山為祟。'使趙夙召霍君於齊，復之，以奉霍太山之祀，晉復穰。晉獻公賜趙夙耿。"⑤

［8］此指趙氏輔佐晉國十代，即晉襄公、靈公、成公、景公、厲公、悼公、平公、昭公、頃公、定公。

［9］建號：指自立或受封為侯。語出《漢書·蒯通傳》："天下初作難也，俊雄豪

① （宋）李昉等：《太平御覽》卷七十九，中華書局1960年版，第370頁。

② 十三經注疏整理委員會：《尚書正義》卷三，《十三經注疏》，北京大學出版社2000年版，第92頁。

③ 十三經注疏整理委員會：《毛詩正義》卷六，《十三經注疏》，北京大學出版社2000年版，第474頁。

④ （漢）司馬遷：《史記》卷十三，中華書局1959年版，第1779頁。

⑤ 同上書，第1780－1781頁。

桀建號壹呼，天下之士雲合霧集，魚鱗雜襲，飄至風起。"① 春秋晚期，趙氏與韓、魏三分晉國，自立為侯。《資治通鑑》：周"威烈王二十三年，初命晉大夫魏斯、趙籍、韓虔為諸侯……"② 趙靈：戰國中後期趙國第六代國君趙武靈王趙雍的簡省。著名的政治家、改革家。通過胡服騎射法令，在政治、軍事、經濟、文化等領域進行大改革，使趙國兵强國盛。見《資治通鑑·趙武靈王胡服騎射》。

［10］少府：官名，始於戰國，秦漢沿置，為九卿之一。掌宫廷或皇室財政，兼宫廷事務。《後漢書·百官志》："少府，卿一人，中二千石。本注曰：'掌中服御諸物，衣服寶貨珍膳之屬。'"③

［11］厥：其。諫議大夫：秦置諫大夫，漢武帝復置，至漢光武帝始增"議"字。《後漢書·百官志》"諫議大夫，六百石"下，顏師古注引胡廣曰："光禄大夫，本為中大夫，武帝元狩五年置諫大夫為光禄大夫，世祖中興，以為諫議大夫。"④ 趙聖父仲况，西漢文景時官至少府，趙聖西漢人，當是諫大夫，碑文以後漢官名書之。

［12］新城：縣名，隸河南尹。春秋時晉國曲沃之别稱。在今山西聞喜縣東北。《史記·晉世家》獻公二十一年（前656），"申生自殺於新城"⑤。侯：即"侯"。關内侯，爵位名。春秋時齊國始置。戰國秦以二十等軍功爵中的第十九級為關内侯。位在徹侯下。秦滅六國，都咸陽，以關内為王畿，故曰關内侯。漢沿此制，食邑不限於關中，無封地。見《漢書·百官公卿表上·爵》《後漢書·百官志·關内侯》。《秦漢碑書》釋作"關内府"，誤。

［13］"君"下一字殘。馬衡《漢三老趙寬碑跋》："'宣'字殘，未敢確定。"⑥ 内侍：官名。漢置，給事宫中。《漢書·金日磾傳贊》："七世内侍，何其盛也。"⑦

［14］隴西：郡名。戰國秦昭襄王二十七年（前280）置。《漢書·地理志下》："隴西郡。秦置。"顏師古注："此郡在隴之西，故曰隴西。"⑧ 揚雄《蜀都賦》："江東鮐鮑，隴西牛羊。"⑨ 治狄道（今甘肅臨洮南）。漢從隴西分出天水郡。上邽：秦置邽縣。西漢時與下邽（在陝西）有别，改稱上邽，治今甘肅天水，隸隴西郡。東漢時隸

---

① （漢）班固撰，（唐）顏師古注：《漢書》卷四十五，中華書局1962年版，第2161頁。
② （宋）司馬光編著，（元）胡三省音注：《資治通鑑》卷一，中華書局1956年版，第2頁。
③ （晉）司馬彪撰，（梁）劉昭注補：《後漢書志》第二十六，中華書局1965年版，第3592頁。
④ 《後漢書志》第二十五，第3577頁。
⑤ （漢）司馬遷：《史記》卷三十九，中華書局1959年版，第1654頁。
⑥ 馬衡：《凡將齋金石叢稿》卷五，中華書局1977年版，第178頁。
⑦ （漢）班固撰，（唐）顏師古注：《漢書》卷六十八，中華書局1962年版，第2967頁。
⑧ 《漢書》卷二十八下，第1610頁。
⑨ （清）嚴可均：《全漢文》卷五十一，《全上古三代秦漢三國六朝文》，中華書局1958年版，第403頁。

涼州漢陽郡。

［15］亐：古同“于”。趙充國，隴西上邽（今甘肅天水西南）人，後遷居金城令居（今甘肅永登西北）。西漢中期名將。歷武帝、昭帝、宣帝，因功先後拜為中郎將、車騎將軍長史、後將軍，謚曰莊侯。見《漢書·趙充國傳》。天統元年（565）《趙征興墓誌》亦載其事跡，“拎充國著功先泠，臺卿馳譽於關右”①。先泠，即“先零”。謂充國平定先零羌。

［16］“疆”下泐一字，存下半部，似“夷”。“西”下一字，碑石殘斷而損，存痕似“戎”。西戎：指西域氐羌諸族。即序：亦作“即敘”，指；歸順。《尚書·禹貢》：“織皮崐崘、析支、渠、搜，西戎即敘。”②《漢書·西域傳贊》引《書》作“即序”③。此仿《尚書·禹貢》語式：“西戎即敘。”

［17］“筞”上一字微泐，諦視，是“籌”。充國與大將軍霍光定册尊立宣帝，以功封營平侯。《漢書·趙充國傳》：“與大將軍霍光定册尊立宣帝。”④

［18］彤：即“形”。“觀”下一字，左“氵”，右泐。可參《漢書·趙充國傳》：“初，充國以功德與霍光等列，畫未央宮。成帝時，西羌嘗有警，上思將帥之臣，追美充國，乃召黄門郎楊雄即充國圖畫而頌之。”⑤

［19］右亩中郎將：西漢置，掌宿衛。《漢書·趙充國傳》：“充國子右曹中郎將卬，將期門佽飛、羽林孤兒、胡越騎為支兵，至令居。”⑥

［20］要荒：要服和荒服，五服之二服，泛指極邊遠之地。古代王畿週邊，由近及遠分為侯服、甸服、綏服、要服、荒服。服，服事天子之意。《尚書·益稷》：“弼成五服，至于五千。”孔傳：“五服，侯、甸、綏、要、荒服也。服五百里，四方相距為方五千里。”⑦

［21］馘：即“聝”。同“馘”。古代戰爭中割取所殺敵人左耳，論數計功。《説文·耳部》：“聝，軍戰斷耳也。《春秋傳》曰：‘以為俘聝。’”⑧《左傳·宣公二年》：

---

① 毛遠明：《漢魏六朝碑刻校注》(9)，綫裝書局 2008 年版，第 230 頁。

② 十三經注疏整理委員會：《尚書正義》卷六，《十三經注疏》，北京大學出版社 2000 年版，第 187 頁。

③ （漢）班固撰，（唐）顔師古注：《漢書》卷九十六下，中華書局 1962 年版，第 3929 頁。

④ 《漢書》卷六十九，第 2972 頁。

⑤ 同上書，第 2994 頁。

⑥ 同上書，第 2976 頁。

⑦ 十三經注疏整理委員會：《尚書正義》卷五，《十三經注疏》，北京大學出版社 2000 年版，第 147 頁。

⑧ 丁福保：《説文解字詁林》卷十二上，中華書局 1988 年版，第 11695 頁。

“俘二百五十人，馘百人。”① 亦泛指斷割。《漢魏碑石刻文學考釋》作“毆”，非。聝滅，同義連文。狂狡：狂妄狡詐之敵。

［22］《漢書·趙充國傳》：“（破羌將軍辛武賢）上書告卬泄省中語。……下吏自殺。”② 卬故未襲爵。碑文避諱，以“讓不受封”掩之。

［23］“弟”上一字微泐，細審拓片，似“卬”字。與上下文義合。《漢書·趙充國傳》載，充國“年八十六，甘露二年薨，謚曰莊侯。傳子至孫欽，欽尚敬武公主”③。

［24］尚：匹配。專指娶公主為妻。《史記·張耳列傳》：“張敖已出，以尚魯元公主故，封為宣平侯。”司馬貞索隱：“韋昭曰：‘尚，奉也，不敢言取。’崔浩云：‘奉事公主。’”④

［25］丰：即“年”。纂：當是“蓁”字。《漢書·趙充國傳》：“元始中，修功臣後，復封充國曾孫伋為營平侯。”⑤“伋”與“蓁”音近通用。或以為“纂”字。

［26］嗀：即“聲”。構件位移。東漢熹平二年（173）《景雲碑》：“深堅曠澤，哀嗀忉切。”

［27］雲中：郡名，戰國趙武靈王置，雲中為治所。初在今內蒙古托克托東北，東漢移治山西原平縣西南。大守：即“太守”，為一郡最高行政長官。秦曰郡守，漢景帝時改稱太守。

［28］朔：即“朔”。筆畫“丷”變為“丿”；“凵”變為“一”。如北魏正光五年（524）《檀賓墓誌》：“于時朔馬南侵，吴戈北掃，接矢徐方，交刃州境。”⑥ 朔，古州名。轄地約在今山西省朔縣一帶。《秦漢刻石選譯》認為指朔方郡。西漢元朔二年（前127）置，治朔方縣（今內蒙古杭錦旗北），東漢移治臨戎（今內蒙古磴口縣北）。東漢末廢。可備一說。秦設郡尉，西漢景帝時改名都尉。武帝時於邊郡增農都尉，專掌屯田，不治民事。見《後漢書·百官志》。《漢書·地理志》僅載張掖番和縣有一農都尉，餘缺載。

［29］高平：縣名，隸安定郡。治所在今寧夏固原。

［30］護菀使者：漢代邊郡設有六個牧師菀，掌牧馬。謂使者。幽州：西漢武帝

---

① 十三經注疏整理委員會：《春秋左傳正義》卷二十一，《十三經注疏》，北京大學出版社2000年版，第680頁。

② （漢）班固撰，（唐）顏師古注：《漢書》卷六十九，中華書局1962年版，第2994頁。

③ 同上。

④ （漢）司馬遷：《史記》卷八十九，中華書局1959年版，第2585頁。

⑤ 同上。

⑥ 北京圖書館金石組：《北京圖書館藏中國歷代石刻拓本滙編》（4），中州古籍出版社1989年版，第178頁。

置十三州刺史部之一。東漢治薊縣（今北京市西南）。每州置刺史，以六條問事，為監察官，官階在郡守下。東漢時實為地方最高行政長官，握一州軍政大權。

［31］陵：即“陵”字。杜陵，西周杜伯國，秦置縣。原名杜縣，治所在陝西西安市東南。西漢宣帝築陵埋葬於東原上，更名杜陵。宣帝陵墓也稱杜陵。

［32］庋：“度”的異體。謁者：官名。《漢書·百官公卿表》載，郎中令屬官有大夫、郎、謁者，皆秦官。

［33］敦煌：西漢元鼎六年（前111）分酒泉郡置。治敦煌（今甘肅敦煌以西）。

［34］據碑文所述世系，碑主當為充國五世孫。

［35］破羌：縣名，屬金城郡。《漢書·地理志》：金城郡，破羌縣，宣帝神爵二年（前60）置。東漢遷徙羌人的主要地。

［36］護羌校尉：西漢武帝時平河西，於涼州部始置。治所令居（今甘肅永登西北）。掌羌族等少數民族事務。《漢官儀》：“護羌校尉，武帝置，秩比二千石，持節，以護西羌。”①《後漢書·西羌傳》：“持節領護，理其怨結；歲時循行，問所疾苦。”②東漢建武九年（33）復置，第一任護羌校尉牛邯。治所先後設在狄道（今甘肅臨洮）、安夷（今青海樂都西）、臨羌（今青海湟源東南）、張掖（今甘肅張掖西北）。晉惠帝時改稱“涼州刺史”。假：代理。《後漢書·西羌傳》：永初二年（108）春，“校尉侯霸坐衆羌反叛徵免，以西域都護段禧代為校尉”③。孟元為其代理司馬。

［37］鬪：即“鬬”。《漢魏六朝碑刻校注》作“鬪”，同“鬥”，是。第五：涼州姑臧縣。本山名，因山名而為地名。《太平寰宇記》：“第五山，夏函霜雪，有清泉茂林，懸崖修竹。”④

［38］“子”字清晰，《秦漢碑述》作“部”，非。其下一字上“子”，下似“皿”，《漢魏六朝碑刻校注》作“孟”，是。《漢魏碑石刻文學考釋》作“季”，《秦漢碑述》作“侯”，均非。覆没：覆滅，戰死。“覆”，《漢碑集釋》《秦漢碑述》《漢魏碑石刻文學考釋》作“震”，均形近而訛。

［39］鏠：同“鋒”。《説文·金部》：“鏠，兵耑也。……《玉篇》作‘鋒’，刀刃也。”⑤

［40］“葬”，《漢碑集釋》作“藏”，是。埋葬的意思。《列子·楊朱》：“一國之

---

① （清）孫星衍等輯，周天游點校：《漢官儀》卷二上，《漢官六種》，中華書局1990年版，第154頁。

② （南朝宋）范曄撰，（唐）李賢等注：《後漢書》卷八十七，中華書局1965年版，第2878頁。

③ 同上書，第2886頁。

④ （宋）樂史撰，王文楚等點校：《太平寰宇記》卷一百五十二，《中國古代地理總志叢刊》，中華書局2007年版，第2937頁。

⑤ 丁福保：《説文解字詁林》卷十四上，中華書局1988年版，第13620頁。

人受其施者，相與賦而藏之。”俞樾曰：“藏，猶言葬也。《禮記·檀弓篇》：‘葬也者，藏也。’故葬與藏義得相通。”① 死：通“屍”。尸屍，屍體。馬衡《凡將齋金石叢稿》：“漢人多以‘死’為‘尸’，但‘尸死’連用者，尚未之聞。”②

［41］㳅：即“流”字。散：即“散”。“攵”，來自“攴”，從“又”，卜聲。“又”，象手形，指右手；“殳”，從“又”，几聲，象手持。均是與手有關的形符，石刻文字中，彼此習見互換。如“散”，北魏太和十二年（488）《暉福寺碑》：“散騎常侍。”北周建德四年（575）《叱羅協墓誌》：“賊徒奔散，死者萬計。”③“教”，西晋元康六年（296）《賈充妻郭槐柩記》：“武公既薨，親秉國政，敦風教，明褒貶，導德齊禮。”④ 東魏武定八年（550）《高湛妻茹茹公主閭氏墓誌》：“朔南被教，邀外來庭。”⑤“徙”下一字為斷痕損，存痕似“家”。並與上下文義合。馮翊：即“左馮翊”。官名，秦屬内史，武帝改名。亦行政區名，漢代京兆尹、左馮翊、右扶風三輔之一。因地處京畿，不稱郡。治所長安（今西安市西北）。東漢時移治高陵（今高陵縣西南）。羌人進入關中始於東漢建武十一年（35），當時馬援為隴西太守，鎮壓西羌，於是扶風、馮翊，遠及河東空地皆有羌人與漢族雜處。三國曹魏改稱馮翊郡，治臨晉（今陝西大荔右扶風）。《漢魏碑石刻文學考釋》釋“馮翊”作“焉□”，文字訛闕。

［42］脩：同“修”。《漢魏碑石刻文學考釋》作“講”，非。典藝：古代相傳的典籍和技藝。“悦”：清晰。《漢碑集釋》作“説”，非。

［43］由：通“猶”。《荀子·富國》：“由將不足以免也。”楊倞注：“‘由’與‘猶’同。”⑥ 研：同“研”。機：通“幾”。研機，亦作“研幾”，研核探究精衛之理。《周易·繫辭上》：“夫易，聖人之所以極深而研幾也。”王弼注：“極未形之理則曰深，適動微之會則曰幾。”⑦

［44］彫篆：“彫蟲篆刻”的省語。蟲書、刻符分別為秦書八體之一，西漢時童蒙所習。後喻詞章小技，或文字。《法言·吾子》：“或問：‘吾子少而好賦?’曰：‘然，

---

① 楊伯峻：《列子集釋》卷七，中華書局1979年版，第229頁。

② 馬衡：《凡將齋金石叢稿》卷五，中華書局1977年版，第178頁。

③ 羅新、葉煒：《新出魏晉南北朝墓誌疏證》，中華書局2005年版，第158頁。

④ 北京圖書館金石組：《北京圖書館藏中國歷代石刻拓本滙編》（2），中州古籍出版社1989年版，第62頁。

⑤ 朱全升、湯池：《河北磁縣東魏茹茹公主墓發掘簡報》，《文物》1984年第4期，第3－11，99－104頁。

⑥（清）王先謙撰，沈嘯寰等點校：《荀子集解》卷六，《新編諸子集成》，中華書局1988年版，第200頁。

⑦ 十三經注疏整理委員會：《周易正義》卷七，《十三經注疏》，北京大學出版社2000年版，第335頁。

童子彫蟲篆刻。'"①《文選·王屮〈頭陀寺碑文〉》："敢寓言於彫篆。"李周翰注："彫篆，謂文字也。"② 六體：六種書體。《漢書·藝文志》："六體者，古文、奇字、篆書、隸書、繆篆、蟲書，皆所以通知古今文字，摹印章，書幡信也。"③《漢魏碑石刻文學考釋》不察，作"六禮"，非。六禮，指古代冠、婚、喪、祭、鄉、相見，或享祭宗廟，或諸侯朝見天子之禮。

［45］"前"下一字為斷痕損，據上下文義推為"人"字。

［46］楊：楊雄；賈：賈逵；斑：假借為"班"，指班固，古書常通用；杜：杜撫。皆漢代著名文人。"或"，《漢碑集釋》作"為"，非。

［47］播：即"播"的異體。

［48］飠："貪"的異體。《漢魏碑石刻文學考釋》作"有"，字形不類。

［49］郶：即"郵"。督郵，"督郵書掾""督郵曹掾"的簡稱。西漢中期置。掌督察屬吏，宣達教令，兼司獄訟捕亡。隋初廢郡，督郵亦廢。《後漢書·卓茂傳》："平帝時，天下大蝗……獨不入密縣界。督郵言之，太守不信，出自案行，見乃服焉。"李賢注："《漢書·志》曰：郡監縣有五部，部有督郵掾，以察諸縣也。"④

［50］端首：位高；首要。漢蔡邕《太尉喬公碑》："歷端首則義可行，處爪牙而威以㒀。"⑤《北史·元嘉傳》："既居儀同，又任端首，出入容衛，道路榮之。"⑥

［51］艾：通"乂"。俊艾：同義連文，賢才。語出《尚書·皋陶謨》"俊乂在官"⑦。《漢書·谷永傳》："小人日銷，俊艾日隆。"顏師古注："'艾'讀曰'乂'。"⑧《漢魏碑石刻文學考釋》作"俟乂"，非。

［52］"脣"上一字為斷痕損，觀拓，上"⺌"可辨。《漢魏碑石刻文學考釋》作"常"，以"當"為勝。述：《說文·辵部》："述，循也。"⑨ 緒：事業。《詩經·魯頌·閟宮》："纘禹之緒。"毛傳："緒，業也。"鄭玄箋："緒，事也。"⑩ 述緒，遵循、繼承前人

---

① 汪榮寶撰，陳仲夫點校：《法言義疏》卷三，《新編諸子集成》，中華書局 1987 年版，第 45 頁。
② （梁）蕭統編，（唐）李善等注：《六臣註文選》卷五十九，中華書局 1987 年版，第 1093 頁。
③ （漢）班固撰，（唐）顏師古注：《漢書》卷三十，中華書局 1962 年版，第 1721 頁。
④ （南朝宋）范曄撰，（唐）李賢等注：《後漢書》卷二十五，中華書局 1965 年版，第 870－871 頁。
⑤ 毛漢光：《唐代墓誌銘彙編附考》，臺北：臺灣歷史語言研究所，1991 年，第 350 頁。
⑥ （唐）李延壽：《北史》卷十六，中華書局 1974 年版，第 616 頁。
⑦ 十三經注疏整理委員會：《尚書正義》卷四，《十三經注疏》，北京大學出版社 2000 年版，第 127 頁。
⑧ （漢）班固撰，（唐）顏師古注：《漢書》卷八十五，中華書局 1962 年版，第 3448 頁。
⑨ 丁福保：《說文解字詁林》卷二下，中華書局 1988 年版，第 2457 頁。
⑩ 十三經注疏整理委員會：《毛詩正義》卷二十，《十三經注疏》，北京大學出版社 2000 年版，第 1656 頁。

事業。

［53］“滯”，《漢魏碑石刻文學考釋》作“澤”，形近而誤。凝滯：疑難。爵壽：奉爵稱壽。

［54］徂：通“殂”。死亡，凋謝。《史記·伯夷列傳》：“於嗟徂兮，命之衰矣！”司馬貞索隱：“徂者，往也，死也。”①《文選·顏延之〈應詔觀北湖田收〉詩》：“開冬眷徂物，殘悴盈化先。”李善注：“言開冬而視徂落之物，雖已殘悴，而尚盈於殘悴之先，言可觀也。”②

［55］據長曆，元嘉二年二月無己酉，正月有已酉，為二十八日；三月亦有，為二十九日。恐原刻誤。

［56］“長”字下泐，據下文“次子”，此為“長子”，是“長”。《漢魏碑石刻文學考釋》作“養”，不取。行事：郡吏。《周禮·天官·宮正》：“月終則會其稍食；歲終則會其行事。”鄭玄注：“行事，吏職也。”③

［57］《秦漢碑述》於“次”下衍“子”。

［58］噐：同“器”。喻人才。晉葛洪《抱樸子·正郭》：“嵇生以為太原郭林宗竟不恭三公之命，學無不涉，名重於往代，加之以知人，知人則哲，蓋亞聖之器也。”④

［59］叔子：第三子。古人以伯仲叔季為兄弟姊妹長幼排行。《左傳·昭公二十六年》：“亦唯伯仲叔季圖之。”⑤

［60］能：“能”的異體。恡：即“恢”。恢宏。裄：“袥”的異體。拓展之意。馬衡《凡將齋金石叢稿》卷五：“裄字從衣、從庠，疑即‘袥’字。”⑥“《說文》袥訓衣衸，有開展之義。《玉篇》袥，廣大也。《白石神君碑》‘開袥舊兆’，《桐柏廟碑》‘開袥神門’，皆取開展廣大之意。此從庠者，以與椊同音而假借耳。”⑦《漢魏碑石刻文學考釋》作“祈”，非。

［61］徵：即“微”字。東漢中平四年（187）《譙敏碑》：“守徵静穴，韜光韞

① （漢）司馬遷：《史記》卷六十一，中華書局1959年版，第2123－2124頁。

② （梁）蕭統編，（唐）李善注：《文選》卷二十二，《中國古典文學叢書》，上海古籍出版社1986年版，第1050頁。

③ 十三經注疏整理委員會：《周禮注疏》卷三，《十三經注疏》，北京大學出版社2000年版，第90頁。

④ 楊明照：《抱樸子外篇校箋》卷四十六，《新編諸子集成》，中華書局1991年版，第449頁。

⑤ 十三經注疏整理委員會：《春秋左傳正義》卷五十二，《十三經注疏》，北京大學出版社2000年版，第1700頁。

⑥ 馬衡：《凡將齋金石叢稿》卷五，中華書局1977年版，第180頁。

⑦ 同上書，第178頁。

王，以遠悔咎。”① 北魏太和十八年（494）《弔比干文》：“微子去矣，子不知歟？”②“徹”“徹”“微”，皆古文字隸定不同形成的異體。

［62］“化”上一字，左“氵”清晰，右泐。諦視，與文中“深”字形相似，是“深”，同“流”。流化，流佈教化。

［63］冈：同“罔”。罔極，無窮。

［64］旖：即“猗”。構件“犭”“方”訛混所致。

［65］夷：通“彝”。美。秉彝，秉持彝美。《詩經·大雅·烝民》：“民之秉彝。”毛傳：“彝，美也。”③ 塞淵：誠實深沉。《詩經·鄘風·定之方中》：“匪直也人，秉心塞淵。”鄭玄箋：“塞，充實也。淵，深也。”④

［66］造：造就，成就。《詩經·大雅·思齊》：“肆成人有德，小子有造。”鄭玄箋：“子弟皆有所造成。”⑤

［67］雔：即“離”，通“罹”。遭受。隘：通“阨”。困厄。勤，即“勤”字。隘勤：困厄辛苦之意。《詩經·小雅·谷風》：“將恐將懼，維予與女。”鄭玄箋：“喻遭厄難勤苦之事也。”⑥

［68］“逼”，《漢魏碑石刻文學考釋》作“通”，非。憫：通“懣”。《孟子·公孫丑上》：“阨窮而不憫。”趙岐注：“憫，懣也。”⑦

［69］斿：通“遊”。《漢魏碑石刻文學考釋》作“旋”，形似而誤。斿居：閒居。《禮記·學記》：“息焉，遊焉。”鄭玄注：“謂閒暇無事之為遊。”⑧ 放言：奔放不受拘束之言。《論語·微子》：“隱居放言。”⑨

［70］研：即“研”。“機”，通“幾”《漢魏碑石刻文學考釋》作“幾”。墳素：典籍。《三國志·魏志·管寧傳》：“敷陳墳素，坐而論道。”⑩

---

① 毛漢光：《唐代墓誌銘彙編附考》，臺北：臺灣歷史語言研究所，1991 年，第 751 頁。

② 北京圖書館金石組：《北京圖書館藏中國歷代石刻拓本滙編》（3），中州古籍出版社 1989 年版，第 215 頁。

③ 十三經注疏整理委員會：《毛詩正義》卷十八，《十三經注疏》，北京大學出版社 2000 年版，第 1432 頁。

④ 《毛詩正義》卷三，第 238 頁。

⑤ 《毛詩正義》卷十六，第 1189－1190 頁。

⑥ 《毛詩正義》卷十三，第 904 頁。

⑦ 十三經疏整理委員會：《孟子注疏》卷三下，《十三經注疏》，北京大學出版社 2000 年版，第 118 頁。

⑧ 十三經疏整理委員會：《禮記正義》卷三十六，《十三經注疏》，北京大學出版社 2000 年版，第 1233 頁。

⑨ 十三經疏整理委員會：《論語注疏》卷十八，《十三經注疏》，北京大學出版社 2000 年版，第 288 頁。

⑩ （晉）陳壽撰，（南朝宋）裴松之注：《三國志》卷十一，中華書局 1964 年版，第 360 頁。

［71］辭榮：辭去榮華，辭官的雅稱。个：即“介”字。抗介，保持高尚節操。

［72］勲：即“勳”。勳，放勳，堯名。漢馬融《〈忠經〉序》：“皇上含庖軒之姿，韞勛華之德。”① “迹”，《漢魏碑石刻文學考釋》作“述”，誤。追迹：猶追蹤，繼承。

［73］後昆：亦作“後緄”。後嗣；子孫。

彙考

碑文詳述趙氏世系，到漢文景仲况，再至趙寬，“宗族條分，裔偖諸華”。累代仕宦，多為武職。其先趙充國，西漢中期傑出的軍事家，熟諳匈奴、羌人情况。武帝、昭帝時率軍抗擊匈奴。宣帝神爵元年（前61），居住在今青海湖一帶的先零羌渡湟水北上，漢廷派義渠安國鎮壓。《漢書·地理志》北地郡有“義渠道”，後改名“義溝”“義渠”②，渠字在羌語中是河水的意思，可知“義渠”為羌人姓氏，安國亦乃羌人。“是時，光禄大夫義渠安國使行諸羌，先零豪言願時渡湟水北，逐民所不田處畜牧。安國以聞”③。羌人怒而攻金城，充國破平之，招降先零、罕、幵（亦作“罕井”）、煎鞏等羌人部落，安置在破羌（今青海樂都東）、允街（今甘肅永登南）等縣。這是漢代歷史上羌人較大規模向東的一次遷徙。隨即上奏《屯田制羌疏》，提出寓兵於農、耕戰兩利的策略，即屯田法，為漢庭及以後歷代政府沿用，既取得了軍餉和税糧，又促進了邊疆的穩定和農業的發展，特別是維護了漢庭西北邊陲的穩定。

碑主趙寬，字伯然，充國五世孫，自上邽別徙破羌，為護羌校尉假司馬。郡縣殘破，徙家馮翊，再徙浩亹，故云：“金城浩亹人也。”棄武從文，偹習典藝，博貫史略，任三老，掌教化，聽訟理怨。次子子惠，護羌假司馬。趙氏歷代居隴西、馮翊、金城等羌地，任護羌校尉假司馬等職，直接管理羌人，有鎮壓羌人、安撫羌人的事跡和政績，對古代羌族歷史和文化産生了重要影響，故收録。對歷代石刻中雖有“護羌挍尉”“臨羌都尉”（北魏正光三年《張猛龍碑》）、“領護羌戎挍尉”（正光四年《元秀墓誌》）等語，而無治羌事跡和政績者，則不予收録。

① （明）梅鼎祚：《東漢文紀》卷十三，《景印文淵閣四庫全書》（1397），臺北：臺灣商務印書館1986年版，第286頁。

② （漢）班固撰，（唐）顔師古注：《漢書》卷二十八下，中華書局1962年版，第1616頁。

③ 《漢書》卷六十九，第2972頁。

007　樊敏碑　建安十年（205）三月

説明

碑石久佚，清嘉慶、道光年間再次訪得，在四川省蘆山縣城南沫鄉石箱村石馬壩。拓片高 256 cm，寬 121 cm。劉懆書丹，劉盛鐫。碑文 21 行，滿行 29 字。隸書。泐蝕較嚴重。碑陰有二段宋刻。暈首，額篆書二行，題："漢故領校巴郡太守樊府君碑"。刻兩獸蟠。額下有穿。

額

漢故領校巴郡/太守樊府君碑。/

碑文

君諱敏，字升達[1]。肇祖宓戲[2]，遺苗后稷，為堯種樹，舍潛于岐，天顧亶甫[3]，乃萌昌、/發。周室衰微，霸伯匡弼。晉為韓、魏，魯分為楊[4]。充曜封邑，厥土河東。楙漢之際[5]，/或居于楙，或集于梁。

君纘其緒，華南西畺[6]。濵近聖禹，飲汶茹汸[7]。総角好學，治/《春秋》嚴氏經。貫究道度，無文不睹[8]。於是國君備禮招請，濯冕題剄[9]。傑立忠謇，/有夷、史之直，卓、密之風[10]，鄉黨見歸。察孝除郎，永昌長史，遷宕渠令[11]。布化三載，/遭離母憂。五五斷仁，大將軍辟[12]。光和之末，京師擾穰[13]。雄狐綏綏，冠履同囊。投/核長驅，畢志枕北[14]。國復重察，辭病不就。再奉朝娉，十辟外臺[15]。常為治中、諸部/從事，舉直錯枉，譚思舊制[16]。彈饕糾貪，務鉏民穢。患苦敀俗[17]，喜怒作律，案罪殺/人，不顧倡倸[18]。告子屬孫，敢若此者，不入墓門[19]。州里僉然，號曰吏師。季吉不祥，/米巫殉瘧；續蠢青羌[20]，姦狡竝起，陷附者衆。君執一心，賴無洿恥。復辟司徒，道/隔不往。牧伯劉公，二吉欽重[21]，表授巴郡，後漢中。秋耂乜身，以助義都尉，養疾/閭里。又行褒義校尉[22]，君仕不為人，禄不為己。桓桓大度，體蹈萁首[23]。當窮台緄，/松僑協軌[24]，八十有四，歲在汁洽[25]，紀驗期臻，奄曶臧形[26]。凡百咸痛，士女涕泠。臣/子褒術，刊石勒銘[27]。其辭曰：/

於戲与考，經德炳明。勞謙損益，耽古儉清。立朝正色，能無撓廁[28]。威恩御下，持/滿億盈。所歷見慕，遺歌景形。書載俊艾，股肱幹楨[29]。有物有則，模楷後生。宜糸/鼎鉉[30]，稽建皇靈。王路阪險，鬼方不庭[31]。恒戢莭足，親寵賤榮。故□天選，而捐陪/臣[32]。晏嬰邶殿，留侯距齊，非辭福也，乃辟禍兮[33]。/

亂曰：渾元垂像，岳瀆氵仁兮[34]。金精火佐，寔生賢兮[35]。□欲救民，德彌大兮[36]。遭偶/陽九，百六會兮。當□遐季[37]，今遂逝兮。歍嘑悢哉，魂神往兮[38]。/

建安十季，三月上旬造[39]。石工劉盛，息懆書[40]。/

著録

1.《北京圖書館藏中國歷代石刻拓本滙編》1－186。2.《四川歷代碑刻》70 圖，71 文。3.《金石録》卷 187 上。4.《金石文字記》卷 2－1 上。5.《隸釋》卷 11。6.《八瓊室金石補正》卷 6－20 上。7.《漢碑全集》6－1896。8.《漢魏石刻文學考釋》中 779。9.《秦漢碑述》577。10.《漢魏六朝碑刻校注》2－81 圖，82 文。11.《川大史學·任乃强卷》79。

注釋

[1]《金石録》跋尾摘録碑文，“升達”釋作“昇卿”。昇：同“升”。然“達”作“卿”，誤。

[2]“戲”，《漢魏石刻文學考釋》《四川歷代碑刻》作“戲”，是。戲：同“戲”通“羲”。宓戲，“伏羲”“戲皇”的别稱。傳説的上古帝王，教導人民畜牧。《漢書

・古今人表》："太昊帝宓羲氏。"顔師古注："宓，音伏，字本作虙，其音同。"①"戯"，《漢魏石刻文學考釋》《四川歷代碑刻》作"戲"，是。《戰國策・趙策二》："宓戲、神農教而不誅。"②

［3］甫：亦作"父"。亶甫：即"亶父"。古公亶父，周文王的祖父，周武王追尊為太王。"舍潛于岐，天顧亶甫"，語出《詩經・大雅・文王》："古公亶父，來朝走馬。率西水滸，至于岐下。"③

［4］晉：即"晉"字。《金石文字記》以為"析之異"，作"晢"，非。晉為韓魏：春秋末，韓、趙、魏三家瓜分晉國。楊：通"陽"。《漢魏六朝碑刻校注》認為"楊"即陽虎，春秋末魯季氏家臣，曾專魯政。可從。《金石録》《隸釋》作"揚"。《漢魏石刻文學考釋》作"晉為韓魏魯分，為楊充曜封邑"。句子點破。

［5］楚：即"楚"字。構件"足"變形作"疋"。熹平二年（173）《景雲碑》："封兹楚熊氏。"《八瓊室金石補正》："書'楚'作'楚'，蓋即'楚'之變體。"

［6］纉：同"纘"。繼承。《詩經・魯頌・閟宫》："奄有下土，纘禹之緒。"④ 畺：同"疆"。邊境。《漢書・郊祀志上》："天子祭天下名山大川……而諸侯祭其畺内名山大川。"顔師古注："畺，境也。"⑤

［7］"汶"，《隸釋》作"汝"，非。"汸"，《四川歷代碑刻》作"方"，可。汸，通"方"。《説文・方部》："汸，方或從水。"⑥ 汶、汸，皆水名。《山海經・南山經》："箕尾之山，其尾踆於東海，多沙石。汸水出焉，而南流注于淯。"⑦

［8］究："究"的異體。《八瓊室金石補正》："書'究'作'究'，九、久古通，碑蓋變'九'從'久'也。"《金石録》作"穿"，《四川歷代碑刻》作"穸"，均非。

［9］"題"，《四川歷代碑刻》作"顯"，誤。罰："剛"的異體字，構件拆分。題剛：即"提綱"。《金石録》跋作"冠"，非。

［10］夷、史：伯夷、史魚的省稱。伯夷，商末孤竹國國君的長子，謙恭揖讓、節操高潔之士；史魚，春秋衛國大夫，古代直臣。卓、密：指卓茂、杜密，東漢時期

---

① （漢）班固撰，（唐）顔師古注：《漢書》卷二十，中華書局1962年版，第863頁。

② 何建章：《戰國策注釋》卷十九，中華書局1990年版，第680頁。

③ 十三經注疏整理委員會：《毛詩正義》卷十六，《十三經注疏》，北京大學出版社2000年版，第1154頁。

④ 《毛詩正義》卷二十，第1656頁。

⑤ （漢）班固撰，（唐）顔師古注：《漢書》卷二十五上，中華書局1962年版，第1193－1194頁。

⑥ 丁福保：《説文解字詁林》卷八下，中華書局1988年版，第8606頁。

⑦ 袁珂：《山海經校注》卷一，上海古籍出版社1980年版，第7頁。

的直臣。

［11］“宕”，《金石録》跋作“蕩”，非。宕渠：古縣名。秦置宕渠縣，隸巴郡。漢沿置。東漢後屢為宕渠郡治所。

［12］五五斷仁：五五相乘為二十五，漢時用以代稱三年之喪，服滿稱斷仁。辟：即“辟”的異體。漢魏石刻中常見，習非成事。如：“辟”，東漢建寧元年（168）《楊著墓碑》作“辟”① 以之為構件的字，亦受此影響。如“避”，北魏延昌三年（514）《元珍墓誌》作“避”②；“壁”，北周天和二年（567）《華嶽廟碑》作“辟”③；“臂”，神龜二年（519）《比丘尼慧静墓誌》作“臂”④。

［13］光和：東漢靈帝劉宏年號，從178至184年。靈帝即位後，先後使用永康、建寧、熹平、光和、中平等年號。京：同“京”。“末”，《隸釋》作“中”，非。“擾”為“擾”的俗字。擾穰：亦作“擾攘”。混亂，騷亂。《漢書·律曆志上》：“戰國擾攘，秦兼天下。”⑤ 借指東漢末年宦官專政，政治混亂。

［14］核：通“劾”。揭發罪行的文狀。《漢魏石刻文學考釋》作“校”，非。投劾，呈遞彈劾自己的狀文。古代棄官的一種方式。北：即“丘”的異體。

［15］“外”，《秦漢碑述》作“九”，非。

［16］譚：通“覃”。深沉貌。譚思：即“覃思”。深思、追懷。

［17］“攱”，《漢魏六朝碑刻校注》作“施”，通“弛”。弛俗，惰弛、頹壞的風俗。《隸釋》作“政”，非。《漢魏石刻文學考釋》《四川歷代碑刻》沿誤。《川大史學·任乃强卷》作“馳”，非。

［18］殺：同“殺”。倡傲：通“猖獗”。《隸釋》洪跋：“倡傲，為‘猖獗’。”失敗，顛覆。

［19］此謂若子孫敢於不仁賢忠良，死後將不得入祖塋。“敢”，《川大史學·任乃强卷》作“厭”，《四川歷代碑刻》作“猒”，不取。

［20］殈：即“凶”的加形字。《後漢書·帝紀》載，東漢中平元年（184）春，鉅鹿人張角反。隨後，巴郡張脩反。同書《劉焉傳》載張陵作符書以惑百姓，受道者出米五斗。陵傳子衡，衡傳子魯。米巫：即諸張五斗米師。《後漢書·西羌傳》：“中

① 北京圖書館金石組：《北京圖書館藏中國歷代石刻拓本滙編》（1），中州古籍出版社1989年版，第132頁。

② 《北京圖書館藏中國歷代石刻拓本滙編》（4），第20頁。

③ 《北京圖書館藏中國歷代石刻拓本滙編》（8），第135頁。

④ 洛陽市文物工作隊：《洛陽出土歷代墓誌輯繩》，中國社會科學出版社1991年版，第29頁。

⑤ （漢）班固撰，（唐）顔師古注：《漢書》卷二十一上，中華書局1962年版，第973頁。

平元年，北地降羌先零種因黄巾大亂，乃與（漢）［湟］中羌、義從胡北宫伯玉等反，寇隴右。”① 碑謂續青衣羌反叛。青羌：青衣羌人。碑銘中罕見。保定四年（564）《拓跋虎墓誌》，陝西省咸陽市渭城區渭城鄉坡劉村西出土，有“青羌内獷”之語②。誌主卒於長安，正值壯年，“季卅有八，身經一十四陣”。誌云：“飛狐北望，玄菟西臨。青羌内獷，白犬南侵。”皆為拓跋虎所敗。

［21］二吉：指益州牧劉焉、子劉璋。

［22］乇：即“乞”字。《漢魏石刻文學考釋》釋作“後漢中秋，老乞身”。句子點破。“褒”，《漢魏石刻文學考釋》作“褒”，亦作“褒”。助義都尉、褒義校尉：劉焉創置。《資治通鑑・漢紀・獻帝初平二年》：“洪氏《隸釋》曰：‘劉焉在蜀，創置督義司馬，助義、褒義校尉。……漢衰，諸侯擅命，率意各置官屬。’”③《三國志・魏志・張魯》：“益州牧劉焉以魯為督義司馬，與別部司馬張脩將兵擊漢中太守蘇固，魯遂襲脩殺之，奪其眾。”④

［23］軆：同“體”。《四川歷代碑刻》《秦漢碑述》作“禮”，字形相似而誤。

［24］台緄：即“台衮”。猶台輔。松僑：即“松喬”。神話傳説中仙人赤松子與王子喬的並稱。

［25］“汁洽”，《漢魏六朝碑刻校注》作“叶洽”，亦即“協洽”。太歲在未的別稱。《四川歷代碑刻》作“計洽”，大誤。

［26］紀驗：即“記驗”。《白虎通義・壽命》：“命有三科，以記驗。有壽命以保度，有遭命以遇暴，有隨命以應行。”⑤“紀”，《秦漢碑述》作“絕”，誤。“期”，通“其”。《漢魏石刻文學考釋》作“其”。曶：通作“忽”。奄曶：忽然之間。臧：通“藏”。藏形，《漢魏六朝碑刻校注》謂逝世，是。《金石録》跋引徑改“曶”為“忽”；“臧”為“藏”，未能保持石刻文字原貌。

［27］《隸釋》闕“石”。

［28］“於”下一子微泐，諦視，與上文“戯”結構相似，同“戲”，通“呼”，吹氣之聲。《漢魏六朝碑刻校注》作“歑”，歎息。義近。廎：通“傾”。傾倒。

---

①（南朝宋）范曄撰，（唐）李賢等注：《後漢書》卷八十七，中華書局1965年版，第2898頁。

② 咸陽市渭城區文管會：《咸陽市渭城區北周拓拔虎夫婦墓清理記》，《文物》1993年第11期；負志安：《中國北周珍貴文物》，《北周墓葬發掘報告》，陝西人民美術出版社1993年版，第8頁。

③（宋）司馬光編著，（元）胡三省音注：《資治通鑑》卷六百六十，中華書局1956年版，第1928頁。

④（晉）陳壽撰，（南朝宋）裴松之注：《三國志》卷八，中華書局1964年版，第263頁。

⑤（清）陳立撰，吴則虞點校：《白虎通疏證》，中華書局1994年版，第391頁。

［29］俊艾：亦作“俊乂”。才德出衆的人。幹楨：築牆時，豎在兩旁的柱稱幹，豎在兩端的柱稱楨。引申為支柱、支撑。

［30］“叅”，《四川歷代碑刻》作“忝”，誤。鼎鉉：舉鼎之具，亦借指鼎。比喻宰相。

［31］鬼方：上古種族，殷周時期西北邊境的强敵。“鬼方不庭”，指羌人為亂。

［32］“故”下一字泐，《隸釋》闕，《漢魏石刻文學考釋》作“勑”，同“勅”。《四川歷代碑刻》作“勅”，備參。“天”，《隸釋》作“大”；“捐”，《秦漢碑述》作“損”，均非。陪臣：古代天子以諸侯為臣，諸侯以大夫為臣，大夫以家臣為臣。諸侯對天子，自稱陪臣。

［33］“邶”，《四川歷代碑刻》作“鄴”，非。距：通“拒”。辟：通“避”。《秦漢碑述》作“辞”，誤。禍：《八瓊室金石補正》：“以義論之，‘禍’，當作‘禍’。”前有春秋晏嬰推辭齊侯賜予的殿宇，後有漢張良推拒“自擇齊三萬户”的封賞，實為避禍之舉。

［34］“渾”，《隸釋》作“演”，非。並未釋“像”。“瀆”下一字泐，存左半“氵”。《漢魏石刻文學考釋》作“濬”，備參。

［35］“火”，《隸釋》作“大”，形似而誤。寔：即“寔”字，同“實”。漢碑中“穴”與“宀”常混用。

［36］“欲”上一字泐，《隸釋》闕。《漢魏石刻文學考釋》作“其”；《四川歷代碑刻》作“豈”，無據。

［37］“當”下一字泐，《隸釋》闕。《漢魏石刻文學考釋》作“護”；《四川歷代碑刻》云：“應為‘讓’。”備參。

［38］“歍”下一字泐，細觀拓，似“嘑”，即“呼”字。歍嘑：歎詞。猶嗚呼。“哉”上一字泐，諦視，左存“忄”，似“悢”，“哀”的加形字。《漢魏六朝碑刻校注》作“哀”，非原刻。《隸釋》未釋“往”字。

［39］“三月”，《金石録》跋作“二月”，非。

［40］息：兒子。劉盛父子書丹、鐫刻。“石工劉盛”，同見於《樊敏碑》《趙儀碑》《王暉石棺》，碑石皆出土於雅安蘆山。《趙儀碑》，2000年6月，四川蘆山縣舊城出土。碑石出土時已被鑿成三塊。兩面刻。碑文至少有三次以上重複刻文，惜殘斷、泐蝕。内容均與趙儀有關。建安十三年（208）漢嘉長張河發現此碑，命人重新篆刻

《趙儀碑》，題“蜀郡屬國”等。碑陰題“石工劉盛”[①]，與《樊敏碑》相距僅三年。《王暉石棺》，1942年春出土於四川省蘆山縣沫東鄉石羊上村，刻於建安十六年（210）。據郭沫若先生推斷，亦為劉盛所刻[②]。三通石刻相距時間近，且蘆山同建在，碑文蘊涵豐富的歷史文化信息，但三者間關係，有待進一步挖掘、考證。

彙考

碑云“青羌”，即青衣羌。《水經注·青衣水》：“青衣水出青衣縣西蒙山，東與沫水合。縣故青衣羌國也。《竹書紀年》：‘梁惠成王十年（前361），瑕陽人自秦道岷山青衣水來歸。’”[③]《竹書紀年》，亦稱《汲塚紀年》，原為戰國時魏國的編年體史書，敘述夏、商、西周和春秋戰國史事。西晉初從汲縣（今河南省衛輝市）魏王（一説魏國貴族）墓中出土的竹簡書中的一部，史料價值高。它的記載説明青衣水之名早就存在，沫水從岷山西來，活動於此的羌人沿沫水遷徙而至，因傍青衣水而得名。近年青衣江上游墓是寶興隴東石棺墓中所出的雙耳陶罐、紡輪、銅管及其他飾物等隨葬品，與岷江上游茂縣、汶川，甘孜地區的雅江及凉山地區木里等地石棺墓中同類器物，相似之處很多，其族屬為氐羌系[④]。羌人至遲在戰國至秦漢以前就來到青衣江上游。何時建立“青衣羌國”，史無記載。但從“縣故青衣羌國也”的記載來看，當在漢以前。《水經注·青衣水》：“漢武帝天漢四年，罷沈黎郡，分兩部都尉，一治青衣，主漢民。”[⑤]《華陽國志·蜀志》亦載：“天漢四年，罷沈黎，置兩部都尉，一治旄牛，主外羌；一治青衣，主漢民。”[⑥] 表明西漢青衣羌人已居此地，並形成一定規模。東漢初，公孫述據蜀時，青衣羌不服其統治，光武帝嘉之。建武十九年（43）以為郡。延光元年（122），青衣王子心慕漢制，請求内附。陽嘉二年（133）改名漢嘉。同書又云：“漢嘉縣，郡治……高后六年開為青衣縣。……延光二年，為屬國都尉治。陽嘉

① 郭鳳武：《蘆山出土〈趙儀碑〉考釋》，《中華文化論壇》2015年第8期，第95頁。

② 周日璉：《郭沫若与王晖石棺画像研究》，《四川文物》1993年第6期，第52頁。

③（北魏）酈道元著，陳橋驛等譯注：《水經注全譯》卷三十六，《中國歷代名著全譯叢書》，貴州人民出版1996年版，第1216頁。

④ 羅二虎：《試論青衣江上游的石棺葬文化》，《四川大學學報》（哲社版）1999年第3期，第88頁。

⑤（北魏）酈道元著，陳橋驛等譯注：《水經注全譯》卷三十六，《中國歷代名著全譯叢書》，貴州人民出版1996年版，第1216頁。

⑥（晉）常璩著，任乃強校注：《華陽國志校補圖注》卷三，上海古籍圖書出版社1987年版，第142頁。

二年，改縣名漢嘉。"[①]《後漢書·地理志》："漢嘉，故青衣，陽嘉二年改。"漢嘉縣，即原青衣縣。其地設立青衣縣由來已久，作為漢嘉郡郡治，處於原沈黎郡及後來漢嘉郡的中心位置。石碩先生認為青衣羌進入青衣江流域的時間很可能在秦獻公以前，並至少在秦滅蜀以前曾一度建立"青衣羌國"[②]。任乃强先生認為青衣縣在漢晉時的縣境大體包括今蘆山、寶興境内的蘆山河谷與寶興河谷一帶[③]。是可信的。

漢代對青衣羌人的管理，建制完善。《後漢書·筰都夷傳》：安帝永初"二年，青衣道夷邑長令田，與徼外三種夷三十一萬口，齎黃金、旄牛毦，舉土内屬。安帝增令田爵號為奉通邑君"[④]。青衣道夷，即青衣羌。同一青衣，或稱羌，或稱夷，或稱戎，乃同一種落不同異名，不能臆斷他們是不同的族類[⑤]。建安十年（205）《樊敏碑》，碑久佚，嘉慶、道光年間在四川省蘆山縣城南石馬壩重出。蘆山縣為漢代青衣縣中心地區，碑主初為青衣夷邑長丞，歷永昌長史、宕渠令、諸部從事，至益州治中從事。米巫馬相據蜀稱天子，敏歸漢嘉，以縣人助州從事賈龍起兵，討滅相。益州牧劉焉、子劉璋敬重樊敏的才德，表請領校巴郡太守。張魯僭肆，敏"辭病不就"。趙韙結蜀中大姓叛璋，敏獨不應。璋拜敏褒義校尉，以撫吏民未叛者。敏"養疾閭里"，死後歸葬故里，墓旁有樊敏闕，表明了其青衣縣人的身份。"譚思舊制"，既是敏，也是其閭里民眾對漢制的認同。

漢安元年（142），五斗米道施行收取道民信米五斗的教規。東漢末年，張脩、張魯等以五斗米教起義。《後漢書·帝紀》：中平元年（184）春，鉅鹿人張角反。七月，巴郡妖巫張脩反[⑥]。同書《劉焉傳》載米賊張陵，陵傳子衡，衡傳子魯，魯與張脩掩殺漢中守雄於巴漢之事[⑦]。碑銘中"米巫"，泛指諸張。皈依五斗米道的青衣羌人亦起兵響應，即碑云："季沓不祥，米巫凶虐；續蠢青羌，姦狡竝起，陷附者衆。"由此可見，東漢時，青衣羌人已接受五斗米道。而北方羌人宗教信仰出現適應性的調整在十六國，特別是南北朝時期。東漢順帝時（126－144），張陵入蜀傳教，後率弟子赴青衣江流域，建立起平岡治教區，青衣羌人很快受大道感化，成為奉道的五斗米道道民。

---

① （晉）常璩著，任乃强校注：《華陽國志校補圖注》卷三，上海古籍出版社1978年版，第198頁。

② 石碩：《羌人入據青衣江流域時間探析》，《民族研究》2007年第2期，第97頁。

③ （晉）常璩著，任乃强校注：《華陽國志校補圖注》，上海古籍出版社1978年版，第198頁。

④ （南朝宋）范曄撰，（唐）李賢等注：《後漢書》卷八十六，中華書局1965年版，第2857頁。

⑤ 徐中舒：《徐中舒歷史論文選輯》，中華書局1998年版，第1396頁。

⑥ （南朝宋）范曄撰，（唐）李賢等注：《後漢書》卷八，中華書局1965年版，第349頁。

⑦ 《後漢書》卷七十五，第2432頁。

立於雅安洪雅縣易俗鄉的漢熹平三年（174）《張道陵碑》，南宋洪適《隸續》卷三著録為《米巫祭酒張普題字》[①]，是五斗米道的重要教義，反映了五斗米道在四川的傳播和影響，也為研究青衣羌人宗教信仰變遷提供了實證材料。

---

① （宋）洪適：《隸續》卷三，《石刻史料新編》第一輯（10），臺北：臺灣新文豐出版公司 1977 年版，第 7104 頁。

三 國

008 曹真殘碑 魏太和五年（231）三月

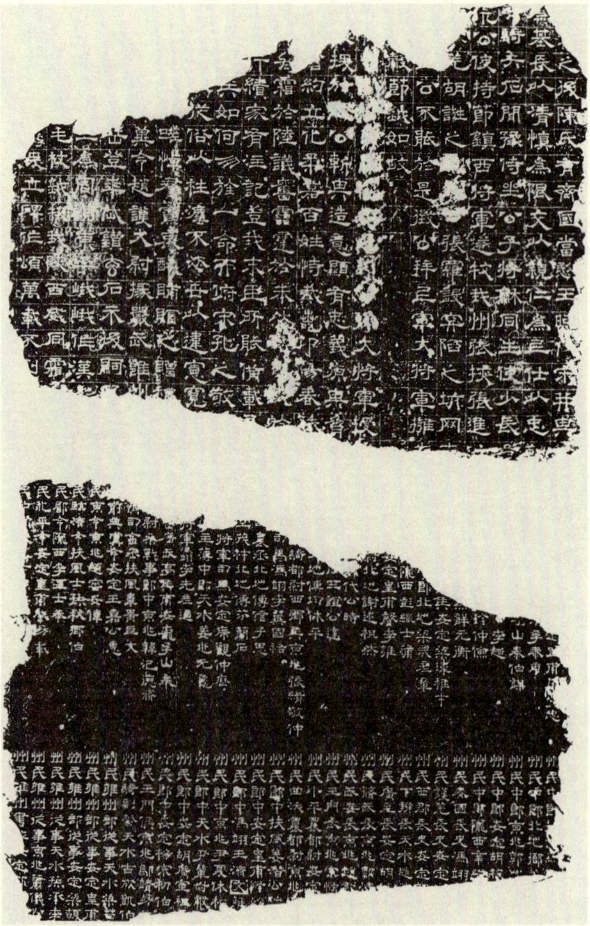

説明

碑石於清道光二十三年（1843）在陝西西安南門外出土，曾歸長白端方，現藏故宫博物院。石上下均殘，只餘中部。拓片高 76 cm，寬 99 cm。二面刻，碑陽文存 20 行，滿行存 10－17 字不等；碑陰題名。隸書，時雜篆筆，是存世漢碑中的精品。有縱横界格。側面刻龍紋。

碑文

（上殘）之後，陳氏有齊國[1]。當愍王時，伐宋，并典（下殘）／（上殘）為基[2]，長以清慎為限。交以親仁為上，仕以忠勤[3]（下殘）／（上殘）騎矢石間豫侍坐，公子將穌同生，使少長有［序］[4]。（下殘）／（上殘）公使持莭、鎮西將軍，遂牧我州[5]，張掖張進（下殘）／（上殘）羌胡誑之［妖道，公］張羅設穽陷之坑[6]。网（下殘）／（上殘）公不能。於是徵公，拜上軍大將軍[7]，擁（下殘）／（上殘）轂，莭鉞如故[8]。／

（上殘）［蜀□諸葛亮稱兵上邽。公拜］大將軍[9]，授（下殘）／（上殘）援於□。公斬其造意，顯有忠義，原典脅[10]（下殘）／（上殘）約，立化柔嘉，百姓恃戴，奉印陽春（下殘）／（上殘）冬霜於陸議，奮靁霆於朱然[11]。□□□於（下殘）／（上殘）績，家有注記。豈我末臣所䏻備載？（下殘）／（上殘）侯，如何勿旌。一命而俯，宋孔之敬。（下殘）／（上殘）從俗。以柱瀍不忞[12]，吿以違憲。寛（下殘）／（上殘）嗟悼，羣寮哀酸[13]。賻賵之贈[14]，禮（下殘）／（上殘）鼻令趙護、太尉掾嚴武，雝州（下殘）／（上殘）登華岱，鑚玄石，示後嗣。（下殘）／（上殘）為周輔。

東平峨峨，作漢（下殘）／（上殘）毛杖鉞[15]，牧我陝西。威同霜（下殘）／（上殘）□立碑作頌，萬載不刊（下殘）。／（以上刻於碑陽）

□□□□□□□□□□□定皇甫□□忠，／□□□□□□□□□□□孚泰□，／□□□□□□□□□□□山泰伯謀，／□□□□□□□□□□□□李超，／□□□□□□□□□□珍仲儉，／□□□□□□□□□□詳元衡[16]，／□□□□□□□□□侯安定梁瑋稚才，／□□□□□□□郎北地梁幾彦章，／□□□□□□□隴西彭紃士蒲，／□□□□□□安定皇甫聲季雝，／□□□□□□尉北地謝述祖然，／□□□□□□□□代公時，／□□□□□□□□竺誼公達，／□□□□□□□北地傅均休平，／□□□□□□騎都尉、西鄉侯京兆張緝敬仲，／□□□□司馬馮翊李翼國祐，／□□□司農丞北地傅信子思，／□□□空茂材北地傅芬蘭石，／□□□□將軍司馬安定席觀仲歷，／□□□□主簿中郎天水姜兆元龜[17]，／□□□將軍馮翊李先彦進，／□□□督廣武亭侯南安龎孚山舉[18]，／□□□尉糸戰事郎中京兆韓氾徳脩[19]，／□□領司金丞扶風韋昺巨文，／□□前典虞令安定王嘉公惠[20]，/［州］民京令京兆趙審安偉，/［州］民臨清令扶風士孫秋卿伯，/［州］民鄜令隴西李温士恭，/［州］民永平令安定皇甫肇幼載，［州］民中郎□□□□□□□□□。/（以上刻於碑陰第一層）

州民中郎□□□□□□□□，/州民中郎北地御□□□□，/州民中郎京兆郭□□□□，/州民中郎安定胡牧□□□，/州民中郎隴西辛□□□□，/州民秦國長史馮翊□□□，/州民護羌長史安定□□□，/州民西郡長史安定□□□，/州民下辨長天水趙□□□，/州民廣至長安定胡□□□，/州民脩武長京兆郭□□□，/州民武安長京兆趙欽□□，/州民玉門長京兆宋恢□□，/州民小平農都尉安定□□[21]，/州民曲沃農都尉京兆□□，/州民郎中扶風姜潛公□□，/州民郎中安定皇甫隆始□，/州民郎中馮翊王濟文雍□，/州民郎中京兆尹夏休□□，/州民郎中天水尹肇紂觳□，/州民郎中安定胡廣宣□□，/州民郎中安定楊宗初伯□，/州民玉門侯京兆鄢靖幼□，/州民騎副督天水古城凱伯，/州民雍州部從事天水梁苗，/州民雍州部從事安定皇甫，/州民雍州部從事安定梁馥，/州民雍州從事天水孫承季，/州民雍州從事京兆蕭儀公，/州民雍州書佐安定□□□。/（以上刻於碑陰第二層）

著録

1.《北京圖書館藏中國歷代石刻拓本滙編》2－7。2.《日本京都大學藏中國歷代文字碑刻拓本》GIS000A。3.《漢魏六朝碑刻校注》2－194 圖，195 文。

注釋

［1］齊國：指周太公望吕尚所傳姜氏一姓的齊國，因以稱“姜齊”。春秋末，田氏奪取政權，世稱“田齊”。其先人陳完避陳國亂，投奔齊國，改為田氏。事見《左傳·莊公二十二年》《史記·田完史家》。

［2］愍王：即“齊滑王”，或“齊閔王”，田齊政權第六任國君。與秦昭王並稱東西二帝。碑銘追述曹氏族源。《通志·氏族姓·以國為氏》：“曹氏，叔振鐸，文王子而武王弟也。”① 封於曹，後以國為氏。至二十四世伯陽立，為宋景公滅，時魯哀公八年。《史記·宋世家》：宋“王偃立四十七年，齊滑王與魏、楚伐宋，殺王偃，遂滅宋而三分其地”②。㔻：即“其”的變形。如西晉咸寧四年（278）《臨辟雍碑》作“㔻”。“下丙辰詔書，與行古禮，備㔻噐服。”③ 北魏天統元年（565）《張海翼墓誌》

---

① （宋）鄭樵撰，王樹民點校：《通志二十略》，中華書局 1995 年版，第 45 頁。

② （漢）司馬遷：《史記》卷三十八，中華書局 1959 年版，第 1632 頁。

③ 北京圖書館金石組：《北京圖書館藏中國歷代石刻拓本滙編》（2），中州古籍出版社 1989 年版，第 43 頁。

作“其”。“其年十月十一日，葬於并城西北。”①

［3］“忠”下一字存上部，似“勤”字。

［4］同生：謂同父所生。指兄弟。《積微居小學金石論叢·魏曹真殘碑跋》認為，古人謂兄弟為同生。曹丕與曹植争嗣，丕年長，故《漢魏六朝碑刻校注》認為：曹真名為協和兄弟，使少長有序，實黨文帝②。可從。

［5］莭：即“節”。“竹”與“艸”作為構件，筆劃拉直後，形體接近。碑刻文字中常見“竹”部變成“艹”部。如“第”，西晉元康六年（296）《賈充妻郭槐柩記》：“薨于茀寢。”③ 連筆。永安二年（529）《石定墓誌》：“終於崇仁鄉嘉平里茀。”④“等”作“荨”，“節”作“莭”。我州：即雍州。曹真為曹魏宗室顯貴，雖卒於洛陽，因久鎮關中，雍州舊屬吏民為其立碑頌德。《三國志·曹真傳》：“文帝即王位，以真為鎮西將軍，假節都督雍、凉州諸軍事。録前後功，進封東鄉侯。張進等反於酒泉，真遣費曜討破之，斬進等。”⑤

［6］張掖張進：漢末魏初豪强，建安二十五年（220）執太守杜通，自稱護羌校尉、金城太守扶風蘇則率眾破張掖，殺張進，亂平。碑石出土時，“妖道公”三字被鑿去。妖道，指五斗米教。東漢末年張脩、張魯以五斗米教舉行起義。《後漢書·孝靈帝紀》：中平元年（184）春，鉅鹿人張角反。其秋七月，“巴郡妖巫張脩反，寇郡縣。劉艾紀曰‘時巴郡巫人張脩療病，愈者雇以米五斗，號為五斗米師’”⑥。

［7］《三國志·魏志·曹真傳》：“黄初三年還京都，以真為上軍大將軍，都督中外諸軍事，假節鉞。與夏侯尚等征孫權，擊牛渚屯，破之。”⑦ 史傳與碑合。

［8］“莭”上一字右上角殘，細觀，是“轂”。

［9］“大”上各字，舊傳碑出土時，被人鑿去。據《漢魏六朝碑刻校注》補。《三國志·魏志·曹真傳》：“遷大將軍。諸葛亮圍祁山，南安、天水、安定三郡反應亮。帝遣真督諸軍軍郿，遣張郃擊亮將馬謖，大破之。”⑧ 據此，“蜀”下一字，當是“賊”。

［10］原：赦免。脅：通“協”。《三國志·魏志·曹真傳》：“安定民楊條等略吏

---

① 李愛國：《太原北齊張海翼墓誌》，《文物》2003年第10期，第41－49頁。

② 毛遠明：《漢魏六朝碑刻校注》（2），綫裝書局2008年版，第196頁。

③ 北京圖書館金石組：《北京圖書館藏中國歷代石刻拓本滙編》（2），中州古籍出版社1989年版，第62頁。

④《北京圖書館藏中國歷代石刻拓本滙編》（5），第131頁。

⑤（晉）陳壽撰，（南朝宋）裴松之注：《三國志》卷三，中華書局1964年版，第281頁。

⑥（南朝宋）范曄撰，（唐）李賢等注：《後漢書》卷八，中華書局1965年版，第349頁。

⑦（晉）陳壽撰，（南朝宋）裴松之注：《三國志》卷九，中華書局1964年版，第281頁。

⑧ 同上。

民保月支城。真進軍圍之。條謂其衆曰：‘大將軍自來，吾願早降耳。’遂自縛出，三郡皆平。”① 碑當指此。

［11］奞：即“奮”字。靁：“雷”的異體。查北魏太昌元年（532）《元頊墓誌》：“鴻源攸邈，寶祚載昌，纍仁成聖，積慶重光。”② 東魏武定元年（543）《李祈年墓誌》：“緜緜簪纓，纍纍勳勞。”③ 累，作“纍”“纍”。推之，“雷”是“靁”的增繁字。只是此異體在漢魏六朝石刻文字中，僅《曹真殘碑》使用，為孤證。由於書寫繁瑣，未能廣泛流傳，被語言文字規範所淘汰。

［12］“柱瀍”，語義不通。柱：當是“枉”字。枉瀍，違反法律。

［13］寮：即“寮”字，同“寮”。僚屬。

［14］賻：即“賻”字。饋贈。賻賵，謂送給喪家助葬的佈匹、車馬等物。《漢書·敘傳上》：“（班）斿之卒也，修緦麻，賻賵甚厚。”顔師古注：“送終者佈帛曰賻，車馬曰賵。”④ 杖鉞：手持斧鉞。表示權威。

［15］曹真，初封為靈壽侯，後進封東鄉侯，均是曹魏受禪前的事，故碑稱“作漢”。碑載“東平峨峨”，《三國志·魏志·曹真傳》作“東鄉”⑤。

［16］辥：即“薛”字。

［17］天水姜𠨎元龜：羌人。姜與羌，均見於甲、金文。姜，見母陽部；羌，溪母陽部，古音非常接近，構字理據均與羊有關，即以牧羊為生的部落，或解釋為以羊為圖騰的部落，或以羊角為裝飾的部落。《詩經·大雅·生民》：“厥初生民，時維姜嫄。生民如何？克禋克祀。以弗無子，履帝武敏歆，攸介攸止。載震載夙，載生載育，時維后稷。”⑥ 周人的始祖與古羌人應該有聯係，姜姓也成了上古八大姓之首。《後漢書·西羌傳》：“西羌之本，出自三苗，姜姓之別也。”⑦《左傳·僖公三十三年》：“晉人及姜戎敗秦師于殽。”杜預注：“姜戎，姜姓之戎。”⑧ 但《論衡·儒增篇》作“晉襄公率羌戎要擊於崤塞之下”⑨，羌與姜混用。《太平御覽》引《三十國春秋》：“其母

---

①（晉）陳壽撰，（南朝宋）裴松之注：《三國志》卷九，中華書局1964年版，第281頁。

② 北京圖書館金石組：《北京圖書館藏中國歷代石刻拓本滙編》（5），中州古籍出版社1989年版，第172頁。

③《北京圖書館藏中國歷代石刻拓本滙編》（6），第100頁。

④（漢）班固撰，（唐）顔師古注：《漢書》卷一百上，中華書局1962年版，第4204頁。

⑤（晉）陳壽撰，（南朝宋）裴松之注：《三國志》卷九，中華書局1964年版，第281頁。

⑥ 十三經注疏整理委員會：《毛詩正義》卷十七，《十三經注疏》，北京大學出版社2000年版，第1240頁。

⑦（南朝宋）范曄撰，（唐）李賢等注：《後漢書》卷八十七，中華書局1965年版，第2869頁。

⑧ 十三經注疏整理委員會：《春秋左傳正義》卷十七，《十三經注疏》，北京大學出版社2000年版，第542－543頁。

⑨ 黄暉：《論衡校釋》卷八，《新編諸子集成》，中華書局1990年版，第368頁。

姜氏，因寢産洪。"[1] 苻洪是苻堅的祖先。《晉書・苻健載記》："苻健字建業，洪第三子也。初，母羌氏夢大羆而孕之。"[2]

［18］龐氏：《漢書・王莽傳》有"西羌龐恬、傅幡等怨莽奪其地作西海郡，反攻西海太守程永"[3]。《晉書・姚萇載記》有南安龐演、天水龐魏。碑云"南安龐孚山舉"，應是羌人。

［19］叅：通"參"。

［20］典虞：主掌山澤的官名。《晉書・職官志》："太僕統典農、典虞都尉。"[4]

［21］小平：《水經注・河水注》作"河水又東，逕平縣故城北。漢武帝元朔三年，封濟北貞王子劉遂為侯國，王莽之所謂治平矣，俗謂之小平也"[5]。據碑，三國時已有"小平"之稱。可補漢、晉諸史之闕。

彙考

羌人進入關中始於東漢建武十一年（35），當時馬援為隴西太守，鎮壓西羌，於是扶風、馮翊，遠及河東空地皆有羌人與漢族雜居。僅明帝永平元年（58），就有七千餘口羌民遷徙至三輔。此外，安定、北地、上郡等地亦有羌人。建安二十年（215），曹操消滅漢中張魯政權，遷徙武都氐人五萬餘衆至扶風、天水一帶。隨後又"徙民、氐，使居京兆、扶風、天水者萬餘户"[6]。南安，今甘肅隴西縣境。其地，漢時屬天水獂道，漢末為南安郡治所，是西羌内遷燒當部族之聚落。碑載隴西、天水、南安、安定、扶風、馮翊等地，皆氐羌民衆内徙重鎮，題名"天水姜兆元龜""南安龐孚山舉""天水尹輦叔轂□""天水梁苗""安定梁馥"，這些應是内徙歸附的羌人。後秦有天水尹詳、梁希、龐魏，南安龐演等羌人，見《晉書・姚萇載記》：西州豪族尹詳等率五萬餘家，咸推萇為盟主，萇乃從謀，"以太元九年自稱大將軍、大單于、萬年秦王，大赦境内，年號白雀，稱制行事。以天水尹詳、南安龐演為左右長史，南安姚晃、尹緯為左右司馬，天水狄伯支、焦虔、梁希、龐魏、任謙為從事中郎"[7]。

---

① （宋）李昉等：《太平御覽》卷三百六十一，中華書局1960年版，第1662頁。

② （唐）房玄齡等：《晉書》卷一百一十二，中華書局1974年版，第2868頁。

③ （漢）班固撰，（唐）顏師古注：《漢書》卷九十九上，中華書局1962年版，第4087頁。

④ （唐）房玄齡等：《晉書》卷二十四，中華書局1974年版，第736頁。

⑤ （北魏）酈道元著，陳橋驛等譯注：《水經注全譯》卷五，《中國歷代名著全譯叢書》，貴州人民出版社，1996年版，第150頁。

⑥ （晉）陳壽撰，（南朝宋）裴松之注：《三國志》卷二十五，中華書局1964年版，第704頁。

⑦ （唐）房玄齡等：《晉書》卷一百一十六，中華書局1974年版，第2965頁。

前　秦

009　鄧艾祠堂碑　建元三年（367）六月

説明

碑石原刻立於陝西省蒲城縣蔡鄧鎮東南二十里之鄧公（鄧艾）祠内。祠側有鄧公墓，係衣冠塚。1927 年移往城東北七十里之東河川，即洛水西岸。1972 年移入西安碑林，現藏西安碑林。碑石高 170 cm，寬 64 cm。拓片高 167 cm，寬 43 cm。碑文 9 行，滿行 29 字。餘題名。隸書。額尖首穹窿形，下有穿。該碑又題《苻秦重修魏鄧太尉祠碑》《鄧太尉祠碑》《鄭能進修鄧艾祠碑》等。

碑文

大秦苻氏建元三年，歲在丁卯，馮翊護軍、建威將軍、奉車都尉、城安縣侯、華/山鄭能［邈］，字宏道[1]，聖世鎮南枀軍、水衡都尉、石安令、治書侍御史、南軍督都/水使者，被除右護軍[2]，甘露四年十二月廿五日到官[3]，以北接玄朔[4]，給兵三百/人，軍府［吏］屬一百五十人[5]，統和、寧戎、鄜城、洛川、定陽五部[6]，領屠各[7]，上郡夫施/黑羌、白羌，高涼西羌[8]、盧水[9]、白虜[10]、支胡[11]、粟特[12]、苦水雜戶七千[13]，夷類十二種，兼統/夏陽治[14]。在職六載，邈無異才[15]，履性忠孝。事上恪懃，夙夜匪［懈］[16]。以太尉鄧公祠，/張馮翊所造，歲久頹朽[17]。因舊修餝，故記之[18]。以其年六月左降為尚書庫部郎、/護軍司［馬］、奉車都尉、關内侯，始平解虔[19]，字臣文聖世水衡令、蒲子北掘令、安/邊將軍司馬、都水枀軍[20]，被除為司馬。/

軍枀事北地靈武孟□完廣，/軍枀事和戎鉗耳□□龍，/軍門下督和戎鉗耳引世虒[21]，/軍功曺和戎鉗耳叵當世興[22]，/軍主薄河西臨晉楊萬世和，/軍主薄和戎雷夫龍道［藏］[23]，/軍主薄河西重泉范高延思，/軍主薄和戎雷道子安[24]，/軍主［薄和］戎雷川玉光[25]。/（以上為屬吏題名，刻於第一層）

軍主薄和戎雷［永］景文[26]，/軍主薄和戎西羌騎世龍[27]，/軍録事和戎雷顏道□，/軍録事和戎甍陸道□[28]，/軍録事和戎儁蒙琕予諒[29]，/功曺書佐和戎雷陵道進，/功曺書佐和戎儁蒙龍彥詳[30]。/（以上刻於第二層）

軍枀事北地富平楊洸少論[31]，/軍門下督馮翊朱進超石，/軍功曺寧戎蓋周彥容，/軍主薄寧戎郝子星永文[32]，/軍主薄寧戎屈男童道詵[33]，/軍主薄寧戎甍共永萇[34]，/軍主薄寧戎雷樹進夔，/軍録事馮翊呂騫帨弑[35]，/軍録事寧戎甍投欽詳[36]，/軍功曺書佐寧戎利非閆永逵[37]。/治下部大鉗耳丁比[38]。/（以上刻於第三層）

著録

1.《北京圖書館藏中國歷代石刻拓本滙編》2－120。2.《日本京都大學藏中國歷代文字碑刻拓本》NAN0002X。3.《長安金石——陝西省文史研究館館藏碑石精華》16。4.《金石續編》卷1－23下。5.《八瓊室金石補正》卷10－1上。6.《關中金石文字存逸考》卷9－33上。7.《漢魏石刻文學考釋》上200。8.《碑銘所見前秦至隋初的關中部族》13。9.《漢魏六朝碑刻校注》3－73圖，74文。10.《全三國兩晉南朝文補遺》160。

注釋

［1］“大”下一字微泐，似“秦”，《漢魏石刻文學考釋》作“乘”；又釋“建”作“氐”；“華”作“季”，非。並不識“建元三年，歲在丁卯”“宏道”各字。諦視拓片，雖泐，尚可辨。“能”下一字泐，《金石續編》作“進”。《漢魏石刻文學考釋》《碑銘所見前秦至隋初的關中部族》《全三國兩晉南朝文補遺》沿用。《八瓊室金石補正》：“修祠者鄭能邈，見承安年段繼昌碑。當時石或未泐，可據以定之。諸家或作‘進’，或作‘達’，皆非。”《關中金石文字存逸考》未釋“能［邈］”；並“護軍”下，衍“將軍”二字。闕文末題名。馮翊在今陝西省韓城以南、白水以東、渭水以北，與今延安毗鄰，其中白水縣北與洛川、西與黃陵東南相連。

［2］聖世：猶聖代。漢王充《論衡·須頌》：“涉聖世不知聖主，是則盲者不能別青黃也。”①《關中金石文字存逸考》作“望出”，大誤。下文同。《漢魏石刻文學考釋》未釋“石”“被除”三字。右護軍：三國置護軍，分左右。“右”，《金石續編》《八瓊室金石補正》作“為”，非。

［3］據前文“大秦苻氏建元三年”，此“甘露”年號，當苻秦之“甘露（359－364）”，非三國曹魏“甘露（256－260）”。

［4］“北”，《金石續編》作“地”，非。玥：同“朔”。玄朔，北方。《金石續編》作“元朔”，避諱清康熙玄燁的諱改。《漢魏石刻文學考釋》沿用。

［5］“軍”下一字泐，觀拓，似“府”。《漢魏六朝碑刻校注》作“而”，非。“屬”上一字泐，存痕似“吏”。《關中金石文字存逸考》未釋。吏屬：下屬官吏。

［6］和、寧戎：即馮翊護軍所屬五部之和戎和寧戎。《碑銘所見前秦至隋初的關中部族》認為碑文合稱“和寧戎”，即和戎與寧戎，是二城二部。是。

［7］屠各：即匈奴部落名。後漢至西晉雜居西北沿邊諸郡，據此知十六國時已活躍在“和、寧戎、鄜城、洛川、定陽五部”。

［8］夫施：通作“膚施”。戰國魏置，秦漢上郡治此。《漢魏石刻文學考釋》未釋“施”字。“黑”下“羌”字，《關中金石文字存逸考》作“山”，非；並未釋

① 黄暉：《論衡校釋》卷二十，《新編諸子集成》，中華書局1990年版，第850頁。

“白”下“羌”。《金石續編》作“羗”，同“羌”。《漢魏石刻文學考釋》未釋“黑羌、白羌”及“凉”。高凉：北魏置，隋開皇三年（583）廢。故治在今稷山縣東南15公里。《魏書·地形志》東雍州：高凉郡，領縣二：高凉、龍門①。治所高凉縣（今山西稷山縣東南三十里）。晉代河東無高凉郡縣名。《碑銘所見前秦至隋初的關中部族》疑“高凉”或係“凉州”之誤。可備一説。“黑羌、白羌”、“西羌”是内遷在馮翊的諸羌部。黑羌、白羌，即馬蘭羌，因擴展到馮翊、北地二郡北部之馬蘭山而得名。其部族名以地名特徵為其種姓命名。《晉書·石勒載記》只言黑羌和北羌，而無碑云白羌。白羌之名或因與“北羌”同音，以致訛傳。

［9］盧：即“盧”字。盧水，即“盧水胡”，起源於張掖郡林松山下的盧水之濱。盧水亦名沮渠川，以沮渠蒙遜的祖先居於此而得名，其祖先原是匈奴人，以居於盧水之濱，所以稱盧水胡。該族主要以匈奴為主，有月氏胡和羌族的因素。三國建安二十二年（217）在馮翊、北地之間已有盧水胡居住。見《三國魏志·文帝紀》。

［10］白虜：鮮卑。《金石續編》“虜”誤作“盧”，音同，字、義均異。

［11］“胡”，《漢魏石刻文學考釋》作“明”，形似而誤。支胡：月氏胡的簡稱。月氏胡初居於甘肅的河西走廊，從敦煌到祁連山之間皆有其族。在西漢前，一部分月氏胡降漢，入居安定郡。西晉永嘉三年（309）入，住渭河以南陝西臨潼的新豐（今臨潼區西南）。

［12］粟特：粟特人，原居住於中亞以撒馬爾罕為中心的阿姆河東北地區。在錫爾河以北古有康居國，後康居國統一錫爾河以南諸地，分為康、石諸國等數個小國。該族西漢時期進入河西，西晉末年由河西遷入陝西藍田，後有一部分粟特人渡渭河北上入馮翊郡，在北魏時期，陝西韓城一帶有粟特人居住。

［13］吿：即“苦”字。《漢魏石刻文學考釋》未釋。苦水人，因居住地隴東鎮原縣南高平川有一河名苦水而得名。該地漢時屬於北地郡，有匈奴、月氏降人及西羌人。三國時期，禿發鮮卑亦居於此，後又有凉州屠户來此。北魏天興五年（402）被魏軍破。可見，苦水，既是地名，也是居住此地的多民族代稱，即碑云“雜户”。“雜”，《關中金石文字存逸考》作“襍”，同“雜”。

［14］纇：同“類”。《關中金石文字存逸考》作“貊”，非。《漢魏石刻文學考釋》未釋“夷類”。羕：即“兼”字。垂足變四點，如東漢熹平六年（177）《尹宙墓碑》作：“秦羕天下，侵暴大族。”② 北魏正始二年（505）《李蕤墓誌》作：“亦既從

---

① （北齊）魏收：《魏書》卷一百零六，中華書局1974年版，第2485頁。

② 北京圖書館金石組：《北京圖書館藏中國歷代石刻拓本滙編》（1），中州古籍出版社1989年版，第169頁。

政，聲實兼隆。"[①] 受之影響，"廉"作"亷"；"謙"作"謙"。如北魏太和二十三年（499）《諮議參軍元弼墓誌》："亷正自居，淹辞雅韻。"[②] 建義元年（528）《王誦墓誌》："雖寵任日隆，謙光弥至。"[③] "陽"上下各泐一字，觀存痕，分别似"夏""治"。兩書均未釋"治"。《漢魏石刻文學考釋》釋"夏"作"嘉"，非。

［15］諦視拓片，"職六載""邈"可辨。《漢魏石刻文學考釋》未釋。此句作"兼統嘉陽，□在□□□□無異"，語義不解。"邈"，即"鄭能邈"。《金石續編》《漢魏六朝碑刻校注》作"進"，非。

［16］懃：同"勤"。盡心竭力。夾：即"夜"字。"匪"下一字泐，《金石續編》作"懈"，《漢魏石刻文學考釋》《碑銘所見前秦至隋初的關中部族》《全三國兩晉南朝文補遺》沿用。《關中金石文字存逸考》未釋。《漢魏六朝碑刻校注》作"解"，備一説。

［17］頹："頽"字的異體。構件"乃"，變為"几"。《漢魏石刻文學考釋》未釋"張""所"。釋"造"作"早"，疑筆誤。

［18］脩餝：即"修飾"。"餝"，《金石續編》《碑銘所見前秦至隋初的關中部族》作"飭"，為"飾"的被通假字。"之"字清晰，《漢魏石刻文學考釋》作"又"，非。

［19］開，同"關"。《金石續編》《關中金石文字存逸考》《碑銘所見前秦至隋初的關中部族》作"關"，是。虔：即"虔"字。"攵"字撇變為"丶"，成"文"。《漢魏石刻文學考釋》作"安"，大誤。並釋"年"作"寺"，非。未釋"護""司馬"三字。

［20］"臣"，清晰。《金石續編》作"宇"，非。其上一字微泐，似"字"。《金石續編》《漢魏六朝碑刻校注》作"宇"，形似而誤。碑有穿，"邊"字上半受損，《金石續編》《碑銘所見前秦至隋初的關中部族》《關中金石文字存逸考》《全三國兩晉南朝文補遺》作"遠"，備參。北掘：即"北屈"，音同假借。地名，屬河東郡。《求是齋碑跋》："碑書'膚施'為'夫施'，'北屈'為'北掘'，皆以音同假借。"[④]《漢魏石刻文學考釋》未釋"聖""邊""被"。

［21］鉗耳：複姓。《八瓊室金石補正》："《元和姓纂》作'箝耳'。"少數民族西羌虔仁種。又作"虔人"，見《後漢書·西羌傳》，或作"虔仁"，見《元和姓纂》。

---

① 北京圖書館金石組：《北京圖書館藏中國歷代石刻拓本滙編》（3），中州古籍出版社 1989 年版，第 89 頁。

② 同上書，第 41 頁。

③ 《北京圖書館藏中國歷代石刻拓本滙編》（5），第 104 頁。

④ （清）丁紹基：《求是齋碑跋》卷一，《叢書集成續編》（97），臺北：臺灣新文豐出版公司 1989 年版，第 323 頁。

“鉗耳”“虔人”“虔仁”“箝耳”，均羌語之漢譯，取其音同而已，所選記音的漢字或示種族區别，或取褒美之意，各有側重①。虒：即“虎”字。“鉗耳引世虒”，名“引”，字“世虎”，名與字連稱。下同。《全三國兩晉南朝文補遺》均别作兩人，即“鉗耳引、世虒”，大誤。諦視拓片，題名雖泐，尚可辨識。《漢魏石刻文學考釋》闕、誤較多，未釋“武”“完廣”“鉗耳”“龍”“鉗耳引”“虒”，以為“鉗耳□□龍”作六字，非。《金石續編》未釋“引”字，《漢魏六朝碑刻校注》沿用。

[22]《金石續編》未釋“叵”字。《漢魏石刻文學考釋》未釋“功曺和戎鉗耳叵”。

[23] 雷：西羌累姐種後裔，為羌族大姓，碑銘中最常見。《晉書·苻生載記》：“未幾，又誅侍中、丞相雷弱兒及其九子、二十七孫。諸羌悉叛。弱兒，南安羌酋也。”② 今陝西省蒲城縣東西鄉居住大量雷姓羌人後裔。“道”下一字泐，《漢魏六朝碑刻校注》作“藏”。諦視存痕，字形相類，可採。《漢魏石刻文學考釋》未釋“主薄河西臨晉”“萬”“和”“主薄”“雷夫龍道［藏］”。

[24]《金石續編》將“龍”“雷”下“道”字釋作“遠”，“思”作“恩”，非。泉：即“泉”字。《漢魏石刻文學考釋》未釋“主薄”“重泉范高”“思”；並釋“河”作“可”，非。

[25] 此層題名主要是和戎部羌人，任軍主薄。“主”下泐二字，據上文補“薄”“和”二字。《漢魏石刻文學考釋》未釋“主［薄和］戎雷道子”“玉”。

[26]“景”上一字泐，細觀存痕筆畫，似“永”。《漢魏六朝碑刻校注》作“永”，可取。《漢魏石刻文學考釋》未釋“［永］景”。

[27] 西羌：西漢時對羌人的泛稱，亦指東漢羌人内徙定居在金城、隴西、漢陽等郡的一支。前文述“黑羌、白羌”“西羌”是内遷在馮翊的諸羌部。“西羌騎世龍”：官階名為“軍主薄”，其籍貫“和戎”，姓“西羌”，名“騎”，字“世龍”。馬長壽認為“他所以姓西羌者，乃由於此人入居馮翊後，尚無漢譯的姓氏，故以西羌為姓”③。像這樣以種落為姓氏者，古羌人還有罕。别族也有這種情況。《晉書·石季龍載記》：“閔潛于襄國行宫，與十餘騎奔鄴。降胡粟特康等執冉胤及左僕射劉琦等送於祗，盡殺之。”④ 粟特人原居住在中亞撒馬爾罕，錫爾河以北有康居國，後統一錫爾河以南地區，以粟特人為主，下分若干小國。其入中國者有康、石諸姓，均以國為姓。

---

① 曾曉梅、吴明冉：《兩晉南北朝至隋碑銘所見羌族姓氏研究》，《北方文物》2012 年第 3 期，第 83 頁。

② （唐）房玄齡等：《晉書》卷一百一十二，中華書局 1974 年版，第 2873 頁。

③ 馬長壽：《碑銘所見前秦至隋初的關中部族》，廣西師範大學出版社 2006 年版，第 17 頁。

④ （唐）房玄齡等：《晉書》卷一百零七，中華書局 1974 年版，第 2795 頁。

而粟特康則以族為姓氏，以國為名，殊奇。《晉書·石勒載記》：“其先匈奴別部羌渠之胄。”① 羌渠：即“康居”，古音相同。與羌族無關。《漢魏石刻文學考釋》未釋“羌”“龍”。

［28］甞：即“党”字。《後漢書·西羌傳》有當煎、當闐諸種。“甞”與“當”同音，或即其後裔。《魏書·太宗紀》：泰常四年（419）六月“馮翊羌酋党道子遣使內屬”②。《魏書·王遇傳》：“王遇字慶時，本名他惡，馮翊李潤鎮羌也，與雷、党、不蒙俱為羌中强族。”③ 可知馮翊党氏，確係羌人，西羌之别種。今汶川、茂汶等地羌族有“常”“尚”等姓，與“甞”古音相近，或與古羌人甞姓有關；今陜西關中之“党”姓習見，多應是羌人後裔，“甞”變“党”，只是文字不同而已。“道”下一字泐，《全三國兩晉南朝文補遺》作“陸”，以為“甞陸、道□”是兩人，實應為名與字連稱。《漢魏石刻文學考釋》未釋“顏”“進”“甞陸道”。

［29］儁蒙：又作“夫蒙”“不蒙”，西羌複姓，羌中强族。“俾予”，《金石續編》《碑銘所見前秦至隋初的關中部族》作“琕子”，非。《漢魏石刻文學考釋》未釋“儁蒙琕予諒”。

［30］《漢魏石刻文學考釋》未釋“陵道進”“儁蒙龍”。脱“詳”字。

［31］富：即“富”字。

［32］“郝子星”，《金石續編》作“都子靈”，非。《漢魏石刻文學考釋》未釋“郝”字。

［33］屈男：西羌複姓，又作“屈南”，“南”與“男”同音。《元和姓纂》卷十：“屈原裔孫仕後魏，魏重複姓，以自南來，乃加‘南’字，或作屈男。”④ 純屬望文生義，不可信從。羌姓音譯，用漢字記録，同音異寫，實為一姓。《碑銘所見前秦至隋初的關中部族》作“屈男道詵”，闕“童”字。《漢魏石刻文學考釋》釋“詵”作“言”，非。並未釋“郝”字。

［34］“共”，《金石續編》作“世”，非。《漢魏石刻文學考釋》釋“甞”作“當”，同音而誤。又，釋“莀”作“長”。

［35］“夒”，《漢魏石刻文學考釋》作“囂”，非。並未釋“帎弒”。帎：即“幀”字。構件“亠”，演變為“卜”;“几”與“冂”混用。弒：即“蒼”字。“幀”，《碑銘所見前秦至隋初的關中部族》作“禎”，非。“吕”下一字泐，下有四點，是“騫”。《金石續編》釋“騫”作“蹇”，不取。《漢魏六朝碑刻校注》沿誤。

---

① （唐）房玄齡等：《晉書》卷一百零四，中華書局 1974 年版，第 2707 頁。

② （北齊）魏收：《魏書》卷三，中華書局 1974 年版，第 59 頁。

③ 《魏書》卷九十四，第 2023 頁。

④ （唐）林寶撰，岑仲勉校記：《元和姓纂》卷十，中華書局 1994 年版，第 1520 頁。

［36］“投”下一字，清晰，是“欽”字。《金石續編》作“鈽”，構件“欠”變形，字形相似。《漢魏石刻文學考釋》未釋“嵓投”。

［37］利非：西羌複姓。又作“茘非”“茘菲”“茘棐”“麗飛”。南北朝石刻中常見“茘非”，作“利非”者，僅此碑“軍功直書佐寧戎利非閻永達”。《元和姓纂》：“茘非，西羌種類也。隋有茘非雄，涇州人，伏誅。唐彭州刺史茘非生實，應節度茘非元禮，寧州人。”① 閫：即“閻”字。達：即“達”字。《金石文編》作“遠”，誤。《漢魏石刻文學考釋》未釋“閻”“達”。

［38］部大：魏晉南北朝時期，少數民族部族之長。如前秦建元四年（368）十月一日《廣武将軍□産碑》碑陰題名“部大王卯多里，部大樊良奴，部大董白□（下泐），部大楊小方，部大张（下泐）”“部大揭赤平，部大王先多，部大爪黑平，部大秦度地，部大韓秉世，部大秦道成”等。《晉書·石勒載記》：“時胡部大張訇督、馮莫突擁眾數千，壁於上黨。”② 觀拓，“治”上無字，《漢魏石刻文學考釋》作闕二字，非。

彙考

鄧艾，《三國志》卷二十八有傳。曹魏時，鄧艾率兵迫使劉禪投降。前秦馮翊將軍鄭能邈立碑紀念鄧艾。碑文敘述鄧艾事跡及鄭能邈的官銜，明確指出馮翊護軍管理和戎、寧戎、鄜城、洛川、定陽五個城堡以及辖区内的“雜户七千，夷類十二種”部族雜居狀況。馬長壽先生在考證關中部族雜居情況後，發現各部族人數實力並不相同。氐羌人數最多，實力亦最强③。碑銘羅列軍府僚佐 29 人，全為部族。其中，羌族 22 人，佔 75%；氐族、盧水胡、屠各均各有 2 人，分別佔 6.9%。這些羌人絕大多數來自和戎、寧戎二堡。説明和戎、寧戎二堡是羌族聚居地④。前秦的歷史短暫，僅 44 年，存碑很少。因此，該碑對研究前秦陝西關中地區部族的遷徙和分佈具有很高的史料價值。

---

① （唐）林寶撰，岑仲勉校記：《元和姓纂》卷八，中華書局 1994 年版，第 1244 頁。

② （唐）房玄齡等：《晉書》卷一百零四，中華書局 1974 年版，第 2709 頁。

③ 馬長壽：《碑銘所見前秦至隋初的關中部族》，廣西師範大學出版社 2006 年版，第 13 頁。

④ 暨遠志：《北朝杏城—鄜州地區部族石窟的分期與思考》，《藝術史研究》（8），中山大學出版社 2006 年版，第 368 頁。

010 廣武将軍□産碑 建元四年（368）十月初一

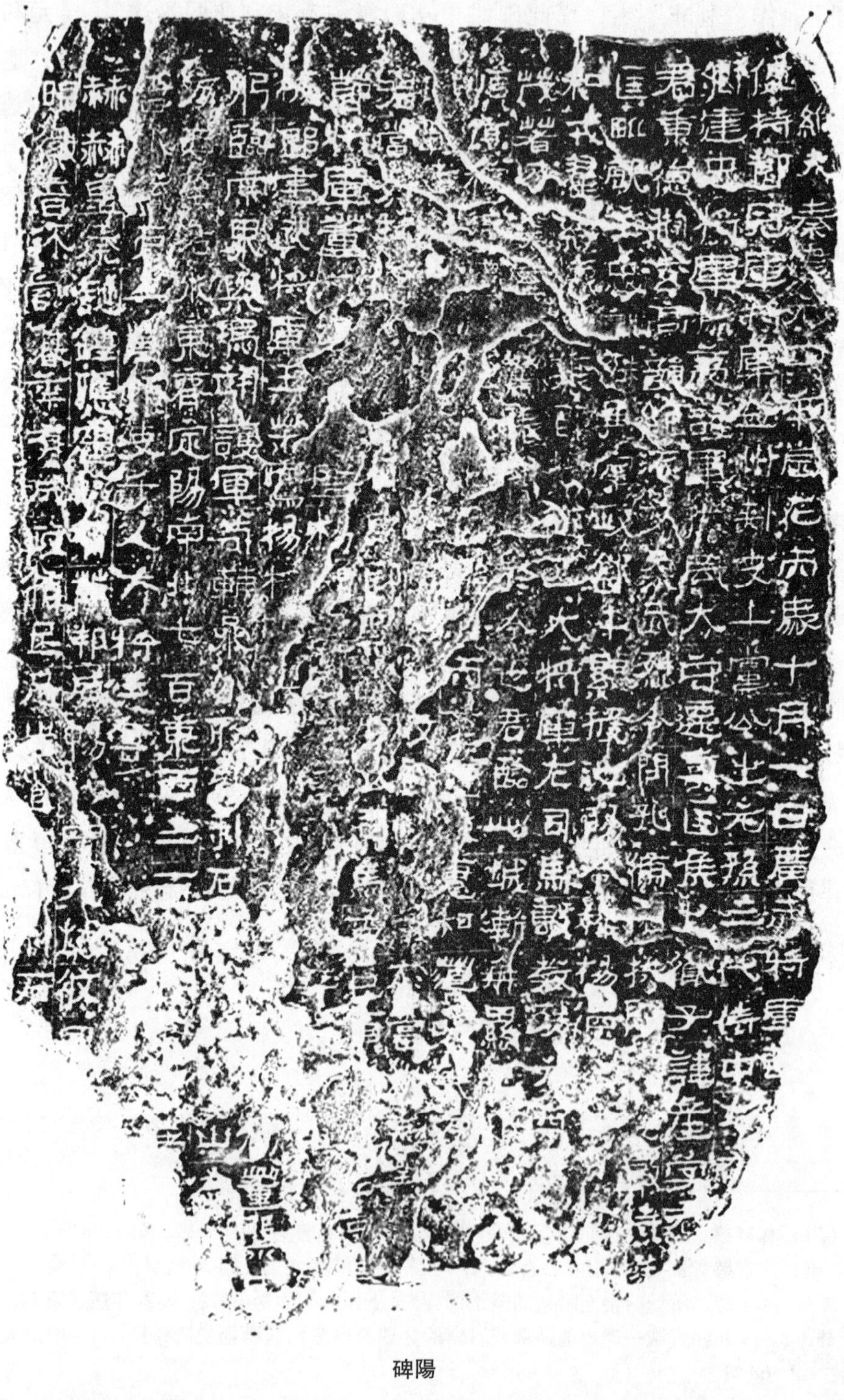

碑陽

碑陰

兩側

説明

碑石原在陝西省渭南市白水縣，一説“白水縣城東北三十里之縱目鎮”①；一説“白水縣史官村倉頡廟”②。乾隆初，石佚。民國九年（1920），雷召卿拆除廟前影壁復得。1972 年移入西安碑林。《金石萃編》稱碑高五尺，寬三尺。1951 年，《文物參考資料》量其尺寸，高 216.7 cm，寬 56.7 cm。四面刻。《北京圖書館藏中國歷代石刻拓本滙編》收録碑陽，拓片高 90 cm，寬 71 cm，僅上部，餘失拓未收。《日本京都大學藏中國歷代文字碑刻拓本》收碑陽、碑陰、碑側。拓片碑陽高 110 cm，碑陰高 145 cm，均寬 70 cm；碑側一高 173 cm，寬 13 cm；一高 132 cm，寬 10 cm。碑陽刻文，碑陰、碑側題名。碑文 17 行，滿行 31 字；餘題名。隸書，有縱横界格。每面均有殘損，泐蝕較嚴重。額題“立界山石祠”，無拓。《金石萃編》題“廣武將軍□產碑”，應是未見碑額及碑側題名，故只録碑陽、碑陰。《漢魏六朝碑刻校注》題“張產碑”，僅録碑陽，亦不完整。《碑銘所見前秦至隋初的關中部族》以題額“立界山石祠”為名，應是所見拓本完整而題。因其字體寬博樸茂，變化自由，天然渾成，于右任將之與《姚伯多造像記》《豆盧恩碑》合稱為“秦中三絕碑”。

額

立界山石祠。/

碑文

維大秦建元四季，歲在丙辰[1]，十月一日，廣武將軍節□□□□□□□□□□□/使持節、冠軍將軍、益州刺史、上黨公之元孫，三代侍中，右□□□□□□□□□□□/卿、建忠將軍、撫夷護軍、扶凤大守[2]，遷壽匡侯之胤子諱產，字君□□□□□□□。/君秉德□玄，高韻絕深[3]。文柔武烈，令問孔脩。密捞□□□聲特挺□□□□□□[4]。/匡毗歎主，忠訓殊異。宰政歆沖[5]，顯授池陽令。稱揚德□□□□□□□□□□□□/和戎翟，綏懷□聚[6]。即授征西大將軍、左司馬。敷教殊方[7]，西□□□□□□□□□□/茂著乃業，屋□蕭張[8]，□□於今也。君臨此城，漸甬㬎紀[9]。□□□□□□□□□□□□□/順序稼□□□□□□□□□□而至□□惠和導□□万□□□□□□□□□□□□□/職□高□□□□□□□□□□□□□□□□職於當□垂□□□□□□□□□□/君當列封□□□□司馬即□□[10]。廣武司馬孟臣□□□□□□□□□□□□□□/節將軍董□[11]，建□□軍楊□，建□□軍□□□□□□□□□□□□□□□□□□□/□郎，建武將

---

① 馬長壽：《碑銘所見前秦至隋初的關中部族》，廣西師範大學出版社 2006 年版，第 2 頁。
② 毛遠明：《漢魏六朝碑刻校注》（3），綫裝書局 2008 年版，第 77 頁。

軍王柴，鷹揚將軍□□□□□□□□□□□董槩□□□□□□□/躬臨南界[12]，與馮翊護軍苟輔，粂分所□。刊石□□□□山為□□□□□□□□□/方，西至洛水，東齊定陽，南北七百，東西二百。□□□□□□□□□□□□□□□□/吾水，統戶三萬，領吏千人，大將三□[13]。/

赫赫皇秦[14]，誕鍾應靈。臨有萬邦，威暢八賓[15]。九域攸同，□□□□□□□□□□□□/明。徽音洏訓[16]，暮季有成。政脩㞐足，旹道□□[17]。刊石□□，□□□□。/（以上刻於碑陽）

□□□□法曹京兆解盾，/□□左尉始平胡性[18]，/軍監始平駱岐，/葷督馮翊相訓，/粂軍南安王准，/参軍扶風歷静，/参軍京兆陳暢，/司馬京兆杜孟臣[19]，/司馬京兆石安即默歆，/建威司馬略陽杜基，/粂軍天水蘇戕，/將軍馮翊王買，/將軍馮翊胡鈞，/將軍馮翊維叙，/揚威將軍酋大白安[20]。/（刻於碑陰上部）

立節將軍（下殘）[21]。/建節將軍楊□，/廣威將軍楊粂，/建威將軍韓雙，/建威將軍董平奴[22]，/廣威將軍楊山多，/建威將軍梁帝傒，/録事董廣，/録事楊頭，/行事董遠，/行事白禽，/主薄司馬穆，/主薄白國，/功曹楊豪[23]，/功曹董慛[24]，/粂事楊安，/粂事楊生，/幹梁生[25]。/

（泐3人），/部（下泐），/都統（下泐），/建威將軍楊朐[26]，/酋大王何，/寺門李浮，/寺門楊醜，/戶曹王興，/兵曹董耇[27]，/賊曹楊沙，/賊曹梁□[28]，/金曹王周，/行事王滑，/書佐徐雙，/書佐梁胡，/□陽翟[29]。/

（泐6人），/酋（下泐），/行事秦黄，/録事井琿[30]，/録事秦平，/主薄秦國，/主薄秦梨[31]，/主薄郭陵，/主薄胡逸，/功曹秦漢，/粂事秦屬，/粂事韓祟[32]，/幹□□深[33]。/

（泐6人）/（上泐）孫良，/（泐2人），/租曹□□，/賊曹□宜[34]，/金曹王江，/兵曹秦烏[35]，/戶曹霍千，/書佐秦翟，/書佐誹奭，/寺門爪胡，/幹聿□[36]。/

（泐2人），/（上泐）傒，/（上泐）帛初[37]，/（上泐）帛大谷，/（上泐）王稠兒[38]，/酋大王腨[39]，/（上泐）雷踕屠[40]，/□曹夫蒙頭，/戶曹夫蒙彭娥，/録事夫蒙護，/録事夫蒙大毛，/行事夫蒙傷大，/主薄夫蒙大祁，/功曹夫蒙進，/（上泐）皿，/粂（下泐）[41]。/

（泐1人），/（上泐）□□牜將軍［秦國］[42]，/部大王卯多里，/部大樊良奴，/部大董白□（下泐），/部大楊小方，/部大张（下泐），/立裁將軍夫蒙（下泐）[43]，/寧遠將軍夫蒙□□，/部大揭赤平，/部大王先多，/部大爪黑平，/部大秦度地，/部大韓秉世，/部大秦道成[44]，/兵曹夫蒙犁，/租曹夫蒙大傷[45]。/

（泐1人），/□大秦熙[46]，/（上泐）蜀（下泐），/田（下泐），/（泐1人），/部（下泐）[47]，/（泐4人），/秦（下泐），/部（下泐），/部（下泐）金漢慶[48]，/

（上泐）去秦□，/（泐 1 人），/部（下泐），/將（下泐）。/（以上刻於碑陰下部）

里禁秦羽，/酋大夫蒙私卑，/酋大雷上賠。/

將軍張□成，/酋大雷株舟[49]，/酋大雷丘耳。/

大人白平君□□□，/里禁夫蒙□□，/酋大儁蒙抚娥[50]。/

酋大夫蒙木犁，/酋大同蹄夫遮娥，/□□揚威將軍儁蒙桂祁。/

酋大夫蒙博知，/酋大夫蒙万丘，/將軍同蹄怖地。/

酋大夫蒙□寄，/酋大儁蒙陞恭[51]。/酋大夫蒙大娥，/將軍夫蒙抚和。/

酋大夫蒙丘供，/酋大夫蒙阿詃，/酋大儁蒙帝暢，/將軍夫蒙杰暢。/

酋大夫蒙彌暢，/酋大夫蒙阿床，/酋大夫蒙剔娥，/將軍夫蒙（下泐）。/

酋大夫蒙□娥。/酋大夫抚蜀。/酋大夫错述。/

酋大同蹄弱讁，/（泐 1 人）。/（以上刻於碑側一）

部大張廣平，部大司馬柱，部大王□挍[52]。

部大王祟，/部大楊秀世□□□，/部大王□[53]，□□□方。/

石庈。/

丁議韓友生，/部大楊光香。/

丁議楊兴[54]，/丁議董成章，/丁議秦晉始。/

部大李山多，/部大李任奴，/部大張愛郎[55]。/

部大王安，/部大李賢頎[56]，/部大張苩月。/

張平，/楊洛平，/王成。/（以上刻於碑側二）

著録

1.《日本京都大學藏中國歷代文字碑刻拓本》NAN0003A。2.《北京圖書館藏中國歷代石刻拓本滙編》2－123。3.《長安金石——陝西省文史研究館館藏碑石精華》17。4.《金石萃編》25－23。5.《碑銘所見前秦至隋初的關中部族》24。6.《漢魏六朝碑刻校注》3－76 圖，77 文。

注釋

［1］前秦建元四年，即晉廢帝太和三年，歲在戊辰。《攈古録》作建元三年，為丁卯。碑文作“丙辰”，《漢魏六朝碑刻校注》認為原刻誤，是。

［2］剌：即“刺”字。凬：同“風”。《金石萃編》作“夷”。廣武將軍：《碑銘所見前秦至隋初的關中部族》云：“這一官銜是□産的，抑是其祖父的，很難確定。”

但“□產”當是護軍兼馮翊郡太守[①]。《魏晉南北朝地方行政制度史》推測“廣武將軍□產可能是其祖父”，“產所官非州刺史可知。又護軍所統較小，就可考而言，可能以馮翊護軍為最大，其領户不過七千，屬吏不過百五十人，遠較此為小。則產所在，非鎮將即郡守也。”[②] 廣武將軍名諱“產”，姓氏泐蝕不見。《漢魏六朝碑刻校注》作“張產碑”，疑姓“張”，然查其碑文，卻不見姓氏。不知源自何處。

［3］“玄”上一字泐蝕,《碑銘所見前秦至隋初的關中部族》作“淵”，備參。㳅：同“流”，異體字。

［4］崈：同“崇”，構件上下移位。《金石萃編》闕“崈”“聲”二字；“特”作“持”，誤。搼：即“拱”字。

［5］歖，微泐。左“壹”，清晰。即“懿”。美，美德。西晉元康八年（298）《趙氾墓表》：“穆穆歖德，靈挺精英。”[③] 《碑銘所見前秦至隨初的關中部族》作“歖”，不取。“歆冲”，義難解，《漢魏六朝碑刻校注》作“欽才”，義可通，但字形不類。不取。

［6］翟：通“狄”。古族名。主要居住在北方，是中原人對各少數民族的泛稱。戎翟：即“戎狄”。西方曰戎，北方曰狄。後泛指西北少數民族。綏懷：安撫關切。春秋時期，諸夏與戎狄相錯相交，諸夏奉行“和戎翟”政策，化解矛盾，促進了民族融合。此謂廣武將軍用“和戎翟”政策，安撫轄區各部族。《金石萃編》未釋“聚”。

［7］敷教：佈施教化。語出《尚書·舜典》：“帝曰：‘契，百姓不親，五品不遜，汝作司徒，敬敷五教，在寬。’”[④]

［8］蕭張：漢蕭何、張良並稱，泛指良臣。《金石萃編》未釋“屋”“張”二字。

［9］舟：即“舟”字。纍：同“累”。《八瓊室金石補正》：“纍紀，即‘累紀’異文。”[⑤]

［10］以上文字泐蝕甚。庌：即“序”字。漢魏碑中“口”與“マ”或“ム”混用。“庌”上一字泐，似“廣”，《碑銘所見前秦至隋初的關中部族》作“順”，非。《金石萃編》《漢魏六朝碑刻校注》均未釋。“庌”下一字泐，《碑銘所見前秦至隋初的關中部族》作“稼”，字形相似，可採。又，釋“當”下第四字作“聖”。細審拓

① 馬長壽：《碑銘所見前秦至隋初的關中部族》，廣西師範大學出版社 2006 年版，第 22 頁。

② 嚴耕望：《中國地方行政制度史·乙部·魏晉南北朝地方行政制度史》（下），臺北：臺灣歷史語言研究所《專刊》之四十，1990 年，第 415 頁。

③ 毛遠明：《漢魏六朝碑刻校注》（2），綫裝書局 2008 年版，第 318 頁。

④ 十三經注疏整理委員會：《尚書正義》卷三，《十三經注疏》，北京大學出版社 2000 年版，第 89 頁。

⑤（清）陸增祥：《八瓊室金石補正》卷十，吴興劉氏希古樓刊本，民國十四年（1925），《石刻史料新編》第一輯（6），臺北：臺灣新文豐出版公司 1982 年版，第 4154 頁。

片，上部存痕似“丵”，字形不類，不取。“導”下泐二字，《漢魏六朝碑刻校注》脱。並未釋“序”上下所泐字。《金石萃編》未釋“至”“万”。據碑陰題名“司馬京兆石安即默歆”，“即”下二字，疑作“默歆”。

［11］“孟”下一字，似“臣”。字形與碑陰題名“司馬京兆杜孟臣”之“臣”字相同，也可據碑陰補。《碑銘所見前秦至隋初的關中部族》作“益臣”。非。

［12］鷹揚：古代武官名號。《北史·隋紀下·煬帝》：“壬辰，雁門賊帥尉文通，聚眾三千，保於莫壁谷，遣鷹揚楊伯泉擊破之。”①《金石萃編》《漢魏六朝碑刻校注》作“鷲揚”，不知何解。“董”前泐蝕字數，《漢魏六朝碑刻校注》作十字，《碑銘所見前秦至隋初的關中部族》作九字。槩：即“槃”字。構件“月”與“舟”易混。《碑銘所見前秦至隋初的關中部族》作“檠”，非。《金石萃編》未釋。

［13］《漢魏六朝碑刻校注》未釋“大”。碑文“西至洛水，東齊定陽，南北七百，東西二百”，是指碑主管轄地，從洛水流域東至定陽西界的狹長地帶。其地在馮翊護軍的西北，撫夷護軍的東北，三方因此劃界立石。撫夷護軍，據《元和郡縣圖志》是三國魏時司馬懿廢舊雲陽縣而建立的。舊雲陽縣在涇陽縣西北，前秦時屬馮翊郡，仍稱撫夷護軍。馮翊護軍，據《鄧太尉祠碑》，是鄭能進，建元三年去職。此碑刻於次年，碑云“馮翊護軍苟輔”，當是繼任者。苟氏，前秦望族，氐人。苻堅的母親和妻都姓苟，苟輔當係苻堅的外戚。《晉書·苻堅載記下》載，前秦末姚萇攻新平遭遇太守苟輔頑强抵抗之事②。可知，苟輔在此前即已遷新平太守。

［14］皇：意思為大。《詩經·大雅·皇矣》：“皇矣上帝，臨下有赫。”毛傳：“皇，大。”③ 皇秦：大秦，指前秦。

［15］寅：同“寅”。《漢魏六朝碑刻校注》作“演”的省文，是。八演，八方邊遠之地。《金石萃編》未釋。

［16］徽：美也。徽音：指令聞美譽。沠：即“派”字，“流”“派”二字的異體。“沠”下一字泐，細觀拓，左“言”，右“川”，是“訓”。《碑銘所見前秦至隋初的關中部族》作“言”，非。《金石萃編》《漢魏六朝碑刻校注》未釋。

［17］疋：即“正”字。“正”，《碑銘所見前秦至隋初的關中部族》作“足”，致語義不暢。又釋“旹”作“峕”，非。旹：即“時”字。

［18］“法”上，《金石萃編》作泐蝕四字；“左”上作泐蝕二字，是。《碑銘所見前秦至隋初的關中部落》認為僅“法”上泐二字。《漢魏六朝碑刻校注》僅録碑陽，

---

① （唐）李延壽：《北史》卷十二，中華書局1974年版，第455頁。

② （唐）房玄齡等：《晉書》卷一百一十四，中華書局1974年版，第2926頁。

③ 十三經注疏整理委員會：《毛詩正義》卷十六，《十三經注疏》，北京大學出版社2000年版，第1195頁。

未録碑陰、碑側題名。

［19］“孟”，《碑銘所見前秦至隋初的關中部族》作“益”；《金石萃編》作“盍”，同“盡”，均非。

［20］“威”上一字殘，存右半“昜”，當是“揚”。揚威將軍：武官軍名號。始於東漢建安末，南北朝沿置。碑側題名有“揚威將軍儁蒙桂祁”。酋大：亦即“酋長”。少數民族部落首領。

［21］碑陰下部，每行題名約七人。殘損嚴重，第一行題名，僅存四字。由於題名一般有軍號、職官、部族首領稱謂等；姓氏有單姓和複姓，名亦長短不一，為保持題名整齊，有的一個縱横界格内有二字，如第一列題名“主薄司馬穆”五字，佔四個縱横界格的空格。故殘泐缺損處以所見拓為準。

［22］董氏：匈奴屠各，亦羌姓。《北朝胡姓考·匈奴諸姓·董氏》云：“代郡董氏，本匈奴屠各族。”① “董平奴”，《碑銘所見前秦至隋初的關中部族》認為“似為匈奴屠各”，可備一説。

［23］禽：即“禽”字。豪：即“豪”字。《金石萃編》作“蒙”；《碑銘所見前秦至隋初的關中部族》作“尧”，均非。

［24］“董”下一字泐，似“傛”。《碑銘所見前秦至隋初的關中部族》作“隋”，非。

［25］《金石萃編》脱“梁生”。

［26］“楊”下一字，殘缺右下，左存“月”，不是“日”；右存“句”上部，據碑陰所見，作“昫”，疑是“朐”。

［27］《金石萃編》未釋“者”。

［28］“梁”下一字泐，《碑銘所見前秦至隋初的關中部族》作“胡”，字形不類，不取。《金石萃編》未釋“梁”。

［29］據《碑銘所見前秦至隋初的關中部族》補“陽翟”二字。《金石萃編》脱“陽翟”。

［30］井，本作“幵”，或作“亓”，西羌開種之歸漢者。“幵”的古音，後訛為“井”字，成為同形字。顔師古注《趙充國傳》，謂唐代文獻已變“幵”為“井”。實則十六國前秦和北朝的碑銘即已改變。史傳于罕、井或連稱，或單稱。《漢書·趙充國傳》：“故遣開豪雕庫宣天子至徳，罕、開之屬皆聞知明詔。”② 顔師古注以罕、幵為羌人之二氏，很有見地。此碑羌人“井珅”，可為之補一鐵證。

① 姚薇元：《北朝胡姓考》，中華書局1962年版，第287頁。
② （漢）班固撰，（唐）顔師古注：《漢書》卷六十九，中華書局1962年版，第2981頁。

［31］棃：即“梨”字。《金石萃編》存左上和下筆劃“𥝢”，當是“梨”。

［32］祟：即“崇”字。“崇”，下部“示”，減省一短橫，訛變作“木”。《碑銘所見前秦至隋初的關中部族》作“桀”，非。

［33］《金石萃編》脱“斡”“深”字。

［34］賊曹：官名。漢魏兩晉均置，主盗賊事。

［35］《金石萃編》未釋“鳥”。

［36］索：即“索”字。構件“幺”減省、移位、分拆至“冖”上，並用篆隸筆法；“冖”訛變作“冂”；“小”訛變作垂足。雖有這些變化，但大體輪廓未變。如東漢永元十年（98）《張仲有修通利水大道刻石》作“索”①；東魏興和二年（540）《敬顯儁碑》作“索”②。《金石萃編》脱“斡聿”二字，據《碑銘所見前秦至隋初的關中部族》補。

［37］西域龜兹胡王姓，多白氏或帛氏。秦漢時，龜兹地區白氏很活躍。西漢時，龜兹人入陝西。《漢書》卷二十九《地理志下》載，漢在上郡置龜兹縣，以安置内附龜兹國人。碑文中載，“大人白平君”“酋大白安”“行事白禽”“主薄白國”及“帛初”“帛大谷”，當龜兹胡，從上郡南入關中馮翊，可知魏晉以來白氏、帛氏散居其間。

［38］《金石萃編》未釋“王”。

［39］臈：即“臘”字。

［40］蹉：“蹉”的異體。

［41］条：即“參”字。《金石萃編》未釋“条”。

［42］細審拓片，存左側字。第四、五字，似“將軍”二字。第三字存左“⺦”。所泐三字，《碑銘所見前秦至隋初的關中部族》作“宣⺦⺦”；《金石萃編》作“厚⺦⺦”。均非。“軍”下字泐，無法辨識。據《金石萃編》《碑銘所見前秦至隋初的關中部族》補。備參。

［43］羲：即“義”的俗寫。石刻文字偏旁多訛混，如“木”與“扌”混，“模”作“摸”，“檢”作“撿”，“校”與“挍”等。構件“𦍌”減省作“芏”“䒑”，又變體成“艹”。如東魏天平三年（536）《高盛墓碑》：“敷信義於四民，導礼讓於百姓。”③ 北齊天統元年（565）《張海翼墓誌》：“及編名臣職，直道事人，非義若浮，

① 徐玉立：《漢碑全集》（1），河南美術出版社2006版，第207頁。

② 北京圖書館金石組：《北京圖書館藏中國歷代石刻拓本滙編》（6），中州古籍出版社1989年版，第71頁。

③ 同上書，第38頁。

不貪為玉。"① 武平元年（570）《吴遷墓誌》："遐迩慕羨，繈負来賔。"② 從"義""羲""羨"到"羗"，訛變軌跡清晰。

［44］"成"，《碑銘所見前秦至隋初的關中部族》作"杰"，非。

［45］"曹"上一字，存右半"且"，似"租"。"蒙"下"傷"，字間似存一小字"大"。《碑銘所見前秦至隋初的關中部族》作"大傷"，是。《金石萃編》作"傷口"，不取。並未釋"租"。

［46］拓殘損。碑陰下部題名主要是酋大、部大，《碑銘所見前秦至隋初的關中部族》作"□大秦熙"，可取。《金石萃編》作"□秦□"，不取。

［47］《金石萃編》未釋"部"字。

［48］《金石萃編》未釋"部""慶"。

［49］廾：即"帠"字。《碑銘所見前秦至隋初的關中部族》作"床"，非。

［50］抜：即"拔"字。《碑銘所見前秦至隋初的關中部族》作"撥"，非。下同。

［51］恭：即"恭"字。

［52］《碑銘所見前秦至隋初的關中部族》未釋"挍"。挍：同"校"。

［53］《碑銘所見前秦至隋初的關中部族》未釋"世""王"。

［54］"楊"下一字泐，存上"兴"字頭。

［55］"愛"下一字，是"郎"。《碑銘所見前秦至隋初的關中部族》作"鄉"。觀拓，字形結構、上下字對齊方式看，左應無構建"乡"。

［56］顛："顧"的半簡化字。如北齊天保間《王憐妻趙氏墓誌》："无不顧己愛身，視陰昔日。"③ 《劉洪徽墓誌蓋及妻高阿難墓誌》："□好兼於鄭默，愛顧均於盧綰。"④

彙考

碑文敘述碑主家世、履歷和事業、參與劃分疆界的經過及轄區内部族吏民等情況。碑主□産是護軍兼馮翊郡太守。馮翊郡主要生活着羌、胡等少數民族，碑中題名，就常見姓氏而言，主要分屬16種少數民族，共76人。其中最多的是西羌，如夫蒙氏29人，人數最多。還有儁蒙氏、雷氏、同琋、井氏等。碑中所涉苻秦官秩較多，既有各級將軍，如"廣武將軍""立節將軍""建節將軍""廣威將軍""建威將軍"等，也

① 李愛國：《太原北齊張海翼墓誌》，《文物》2003年第10期，第41－49頁。

② 北京圖書館金石組：《北京圖書館藏中國歷代石刻拓本滙編》（8），中州古籍出版社1989年版，第9頁。

③ 《北京圖書館藏中國歷代石刻拓本滙編》（7），第66頁。

④ 《拿雲美術博物館藏墓誌選》，《書法叢刊》2006年第2期，第45頁。

有司馬、参軍、功曹、賊曹、兵曹、主簿、軍監、都統及郡縣主簿、録事、行事、参事等，其中寺門、租曹、行事、丁議、里禁等諸秩，晉代官秩無。可補史闕。除軍政官員外，還有酋長、部大等部族首領。碑銘中豐富的文史信息，是研究該時期政治、軍事、職官設置、部族構成與分佈等問題的珍貴材料。

後 秦

011 **呂他墓表** 弘始四年（402）十二月二十七日

説明

碑石於1970年前後在陝西省咸陽市渭城區窑店鎮東北原畔出土，農民取土時偶然發現。1998年入藏西安碑林博物館。墓表有座，表身以榫臼連接表座，形如小碑。高65 cm，上寬32.5 cm，下寬34 cm。墓文5行，滿行7字。隸書，兼楷法，有縱橫界格。圓首，額題“墓表”。

額

墓表

碑文

弘始四年[1]，十二月/乙未朔，廿七日辛/酉[2]，秦故幽州刺史/略陽吕他[3]，葬於常/安北陵[4]，去城廿里。/

著録

1.《吕他墓表考述》，《文物》1997（10）。2.《後秦〈吕他墓表〉與〈吕憲墓表〉》，《文博》2001（5）。3.《新出魏晉南北朝墓誌疏證》28，《碑林集刊》5－圖2。4.《咸陽碑刻》4。5.《漢魏六朝碑刻校注》3－83圖，84文。

注釋

［1］弘：即“弘”字。構件“厶”演變為“口”，漢魏碑刻中常見。如“單”，東漢延熹八年（165）《鮮于璜墓碑》作“单”①；北魏延昌三年（514）《元珍墓誌》作“单”②。前碑構件“厶”篆隸，圓轉；後誌楷化後趨於規整。“口”上一點為裝飾性符號。

［2］辛：同“辛”。如東漢建安十年（205）《樊敏碑》：“五五斷仁，大將軍辟。”辟：即“辟”的異體字③。

［3］略陽：古縣名、郡名。本氐人居地，西漢置略陽道，東漢以道改縣。《後漢書·光武帝紀》：建武八年（32）春正月，“中郎將來歙襲略陽，殺隗囂守將而據其

① 北京圖書館金石組：《北京圖書館藏中國歷代石刻拓本滙編》（1），中州古籍出版社1989年版，第127頁。

② 《北京圖書館藏中國歷代石刻拓本滙編》（4），第20頁。

③ 《北京圖書館藏中國歷代石刻拓本滙編》（1），第186頁。

城"①。西晉泰始中改廣魏郡置。治所在臨渭，地在今甘肅天水縣東北。屬古秦州。《晉書·地理志》："略陽郡，本名廣魏，泰始中更名焉。"②《魏書·地形志》："略陽郡，晉武帝分天水置。"③ 不確，地在今陝西省西南部略陽縣。吕他：氐人，後凉主吕光之子。事跡參見《晉書·吕光載記》及《姚興載記》。

［4］常安：即"長安"。西漢王莽改。後復舊，姚萇又改為常安④。北陵：秦稱"咸陽北阪"。《史記·秦始皇本紀》："秦每破諸侯，寫放其宫室，作之咸陽北阪上。"⑤ 在長安西北，地形為大土山狀的原阪。

① （南朝宋）范曄撰，（唐）李賢等注：《後漢書》卷一，中華書局1965年版，第53頁。
② （唐）房玄齡等：《晉書》卷十四，中華書局1974年版，第435頁。
③ （北齊）魏收：《魏書》卷一百零六下，中華書局1974年版，第2610頁。
④ （唐）房玄齡等：《晉書》卷一百一十六，中華書局1974年版，第2967頁。
⑤ （漢）司馬遷；《史記》卷六，中華書局1959年版，第240頁。

012　吕憲墓表　弘始四年（402）十二月二十七日

説明

碑石於清光緒年間在陝西省西安市出土，初為渭南趙乾生得，後為歸長白端方、諸城王緒祖藏。又流入日本，為江滕氏所有。現存東京書道博物館。《咸寧長安兩縣續志》著録“石佚”①，非。拓片高47 cm，寬32 cm。墓文6行，滿行6字。隸書，兼楷法，有縱横界格。額抹角，題“墓表”。該碑又題《遼東太守吕憲墓表》《姚秦吕憲墓表》。

---

①（清）陸耀橘、董祐誠、高延發、沈琮修：《民國咸寧長安兩縣續志》卷十三，民國二十五年（1936）鉛印本，《中國地方志集成·陝西府縣志輯》（3），上海書店、巴蜀書社、江蘇古籍出版社2007年版，第5頁。

額

墓表

碑文

弘始四年十二/月乙未朔[1]，廿七/日辛酉，秦故遼/東太守略陽吕/憲塟於常安北陵[2]，/去城廿里。/

著録

1.《北京圖書館藏中國歷代石刻拓本滙編》2－124。2.《漢魏六朝碑刻校注》3－81 圖，82 文。3.《長安金石——陝西省文史研究館館藏碑石精華》108。4.《八瓊室金石補正》卷 10－8 下。

注釋

［1］“弘”，《八瓊室金石補正》作“宏”，避諱清帝弘曆改。

［2］吕憲：後凉略陽氐人，吕光弟。後秦弘始三年投降後秦。《八瓊室金石補正》：“吕憲，後凉人。《十六國春秋》：‘吕氏，略陽氐人。’吕憲，纂之從叔也，為建節將軍、遼東太守。與碑所稱合，惟碑不言建節將軍耳。”① 引自《十六國春秋》卷八十四《後凉録四》。該書由北魏崔鴻撰，是一部紀傳體十六國史，原書北宋時已亡佚。現存有明代屠喬孫等所刊本及明何鏜《漢魏叢書》收録《十六國春秋》十六卷本，均稱崔鴻撰。塟：同“葬”，通作“葬”。

彙考

吕他與吕憲墓表，形制、書法相同，惟行字數略有異。兩人同日下葬於“常安北陵，去城廿里”。據《吕他墓表》出土地，推測吕憲墓亦應在陝西咸陽市渭城區窑店鎮東北原畔附近。吕他、吕憲，同是後凉吕氏政權宗族武將，在同一年為後秦所敗而降，被迫遷於關中，一為“幽州刺史”，一為“遼東太守”，均是姚興以遠方虚封，而非實授。兩人投降後秦一年即死，並同時安葬，恐是姚秦迫殺。

---

① （清）陸增祥：《八瓊室金石補正》卷十，吴興劉氏希古樓刊本，民國十四年（1925），《石刻史料新編》第一輯（6），臺北：臺灣新文豐出版公司 1982 年版，第 4154 頁。

西　秦

013　炳靈寺169窟建弘題記　建弘元年（420）三月二十四日

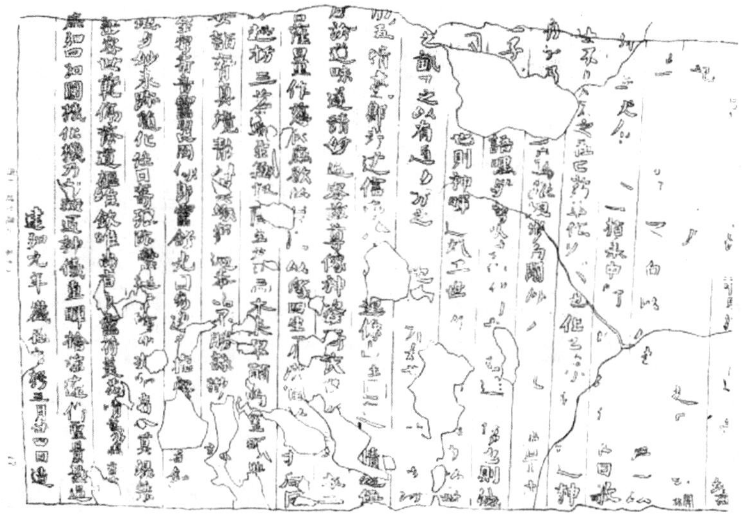

說明

題記位於甘肅省臨夏回族自治州永靖縣西南約40公里的積石山中，刻於炳靈寺169窟。石窟高約1500 cm，寬2675 cm，深856 cm，是炳靈寺中規模最大、內容最豐富、最有價值的洞窟。清末棧道毀，百年間無人登臨，直至1963年，甘肅省文物工作隊第二次考察炳靈寺時才架梯進人。記 21 行，滿行 22－24 字不等；餘題名。墨書，楷書，縱界格。殘缺、泐蝕嚴重，存字不及原文一半。

題記

（泐）/□□□□□□□□□□□□□□□言□□□□□□□□□以□/□□□出□□□□□□□□□□□□□流□□□無/□記□□□□□□□□□□□□□□□□□□□□□□□□胡/□□□□□□□□□□□□□□□□□□以□□□□□□□□□以/擇□□□□□□□□□□指秉中□□□□□□□□□曰[1]：歌/□不□□□之，在亡苐拜作□□也[2]。化之像□□□□□神/舟□乃□□□鶩跟坦步□閑□□□□□□□□□□□□/□子□□□□語嘿歟[3]。當以其□化□世□在□□□也[4]，則滅/□□□□□□□也，則神暉□熾□世□□□□□□□□以無/之韴□之以有適□□之□□也□□□□□□□□□□寂/□五情台郎者[5]，遂信□□□□起像□□□□□□情起悟/□□矜道味[6]。遂請妙匠，容玆尊像。神姿琦茂，□□□□表二/［菩］薩量作慈氏[7]。庶欲□□□以緣四生□洪潤以□□□同/□□趣枋三□□至拯□□主□□大乘畢願□□□□□□□/□□詣齋真境[8]，彭以□緣。竊適奉□，不勝詠歎[9]。□□詠□□/□全穹乖音[10]。靈煛閃像，即靈舒光[11]。因㝵逸□□察□□□銘曰[12]：/

理與妙來，跡隨化住[13]。□寄理跡，變起□塗[14]。□□□盲，入莫混無[15]。/慈容世範，停蔭道樞[16]。唯欽唯尚，旨□靈符[17]。美苑情豪，□□□□[18]。/庶弘四弘[19]，圓機化機。乃妙斑匠，神儀重暉[20]。捨玆遠□，聖景熟追[21]。/

□□建弘元年，歲在玄枵，三月廿四日造[22]。/

□國大禪師曇摩毗之像[23]，/比丘道融之像，/（下泐五身俗人題名）。（刻於B4壁畫第一層）

比丘□□之像[24]，/比丘慧普之像，/博士南安姚慶子之像[25]，/侍生廣寧邢斐之像，/侍生天水梁伯熙之像，/侍生金城萬□之像，/侍生天水楊□之像。/

鳳興弟盛興之像，/清信女妾王之像。/（以上刻於 B4 龕左下側）

清信士金城万温之像，/清信女温妻□□□［之像］[26]。/（以上刻於發願文上部像左側）

沙弥僧集之像。/（以上刻於發願文右側）

乞佛□罗使之像[27]。/（以上刻於發願文下部像右側）

著録

1.《建弘題記及其有關問題的考釋》，《敦煌研究》1992（1）。2.《中國早期佛教供養人服飾》，《敦煌研究》1995（1）。3.《全三國兩晉南朝文補遺》169。

注釋

［1］乗：即“乘”的俗字。題記泐蝕嚴重，據《建弘題記及其有關部題的考釋》録以備參。《全三國兩晉南朝文補遺》未釋“言”“出”“流”“記”“胡”等字。

［2］《全三國兩晉南朝文補遺》未釋“亡苐拜作”“也”。苐，通“弟”。

［3］“閑”上一字泐，《全三國兩晉南朝文補遺》作“而”。並釋“歟”作“與”，是；未釋“舟”“乃”“鶯跟”。嘿：同“默”。

［4］《全三國兩晉南朝文補遺》未釋“其”“世”“在”“也”。

［5］訙：即“畝”字。構件“几”演變為“夂”。“暉”下第二字存痕“炏”，疑“熾”。《全三國兩晉南朝文補遺》作“炏”；又釋“訙”作“訓”，“情”作“清”，非。“世”下七字泐，首字，《全三國兩晉南朝文補遺》作“則”；“適”下一字作“像”；“也”下第三、四字，作“三河”；脱“寂”字及以上泐蝕共五字。

［6］“悟”下泐兩字，《全三國兩晉南朝文補遺》作一字，並脱“像”及“情”下之“起”字。

［7］“表”，《建弘題記及其有關問題的考釋》作“衣”，非。“薩”上一字，當為“菩”字。《建弘題記及其有關問題的考釋》未釋，並以為“二”下還泐有一字，恐非。量：即“量”字。

［8］《建弘題記及其有關問題的考釋》未釋“潤”字。“四”上一字泐，《建弘題記及其有關問題的考釋》《全三國兩晉南朝文補遺》作“緣”。第二個“以”下泐六字，第四字似“同”。《全三國兩晉南朝文補遺》作“□無居均”四字。“趣”下泐四字，前三字，《建弘題記及其有關問題的考釋》作“枋三□”；《全三國兩晉南朝文補遺》作“於菩薩”。“拯”下泐三字，第三字作“主”，《全三國兩晉南朝文補遺》作兩字，為“薩志”。大乘：即“大乘佛教”。諸大菩薩將處於無量無邊的眾生，從生、老、病、死的苦難中度化到西方極樂世界。畢願：謂心願得到滿足。《三國志·魏志·王修傳》：“世稱其知人。”裴松之注引晉王隱《晉書》：“吾薄志畢願，山藪自處……以此自誓。”①《建弘題記及其有關問題的考釋》釋“大乘”作“木來”；“畢願”作“早願”，非。沿誤。“願”下泐八字，《全三國兩晉南朝文補遺》作七字，為“□室□□□女”，備參。

［9］《全三國兩晉南朝文補遺》未釋“竊”。

［10］“全”上泐六字，第三字作“詠”。《全三國兩晉南朝文補遺》作泐五字。並釋“寄乘”作“寄帝”，非。乘：即上文“乘”。

［11］熨：即“熨”字。《全三國兩晉南朝文補遺》作“霓”，非。又，“閃”作“閔”；“即”作“郎”，形似而誤。

［12］宊：即“寂”的異體。“逸”下八字，《全三國兩晉南朝文補遺》作“□停

① （晉）陳壽撰，（南朝宋）裴松之注：《三國志》卷十一，中華書局1964年版，第347－349頁。

□□□□□鏡”，文義不暢，恐非。

[13]“理”“往”可辨。“住”，疑“往”字。“跡隨化往”，形骸已化。《全三國兩晉南朝文補遺》釋“理”作“埋”，非。

[14] 寄：即“寄”的異體。漢魏碑中“穴”字頭和“宀”混用。寄：即“奇”字。“寄”上一字泐，《全三國兩晉南朝文補遺》作“日”；並未釋“理”。又，“塗”上泐一字，作兩字，非。

[15]“盲”，《全三國兩晉南朝文補遺》作“育”。其上泐三字，第一字作“出”，備參。未釋“入”字。

[16]“慈”，《全三國兩晉南朝文補遺》作“慧”，備參。

[17]《全三國兩晉南朝文補遺》未釋“旨”，“符”作“荷”，非。

[18]“豪”，《全三國兩晉南朝文補遺》作“臺”。“豪”下泐四字，第二字作“會”。

[19]《全三國兩晉南朝文補遺》未釋“庶”“四”下“弘”字。四弘：佛教術語。“四弘誓”的省稱，又稱四弘願行、四弘行願、四弘願。指一切菩薩於因位時所應發的四種誓願。

[20] 重暉：此謂尊佛崇佛事業前後相繼。《全三國兩晉南朝文補遺》未釋“妙”字。

[21]“玆”下一字，觀摹圖，似“遠”。《建弘題記及其有關問題的考釋》“遠”下泐二字，《全三國兩晉南朝文補遺》作“悟”。備參。“追”上一字，似“熟”，通“孰”。

[22] 建弘：西秦主乞伏熾盤的年號。這是迄今為止國內紀年最早的石窟造像記，為中國佛教塑像、壁畫的斷代提供了寶貴的實物依據。“玄枵”，十二星次之一，與十二辰相配是“子”。建弘元年，歲在庚申。考建弘五年，歲在甲子，此年即“歲在玄枵”①。張寶璽先生認為“‘元年’二字是清楚的，應以建弘元年為是”②。學界多從此說。諦視張先生摹圖，是“元”字。正如先生在文中所說：“原文殘損嚴重，後半部凹面保存較多的文字，前半部凸面，加之鳥爪傷害，文字已剥落不清。……根據照片核對原壁，重新録文，并勾描成圖。”由於文字泐蝕，“元”與“五”字易混，以“五”作“元”，是有可能的。根據長曆，當為“建弘五年”。《甘肅炳靈寺第169窟法顯供養人像及其意義》認為該窟的鑿刻年代應在399－400年間③，不取。

[23] 曇摩毗：即“曇無毗”。“摩”與“無”，古音同。《高僧傳·玄高傳》載：

---

① 王惠民：《炳靈寺建弘紀年應為建弘五年》，《炳靈寺石窟學術研討會論文集》，甘肅人民出版社2003年版，第273頁。

② 張寶璽：《建弘題記及其有關問題的考釋》，《敦煌研究》1992年第1期，第12頁。

③ 張南南：《甘肅炳靈寺第169窟法顯供養人像及其意義》，《四川文物》2002年第1期，第61頁。

"時乞伏熾磐跨有隴西，西接涼土，有外國禪師曇無毗，來入其國，領徒立眾，訓以禪道。"① 被尊為西秦國師。《中國早期佛教供養人服飾》僅釋題名至"清信女妾王之像"，未釋題記。

［24］《全三國兩晉南朝文補遺》脱"比丘□□之像"。

［25］"南安姚慶子"，《甘肅炳靈寺第169窟法顯供養人像及其意義》作"安鈍嚴子"②，非。南安，今甘肅隴西縣境。其地，漢時屬天水豲道，漢末、魏晉為南安郡治所，是西羌内遷燒當部族之聚落。後秦姚興就是南安姚氏，其子姚萇於白雀元年（384）在長安建立後秦政權。苻堅曾稱姚萇為"小羌"③。可見姚氏是十六國時北方諸族之大宗，"博士南安姚慶子"是羌人無疑。

［26］"妻"下字泐，據造像記文例推，第四五字當為"之像"二字。《建弘題記及其有關問題的考釋》《甘肅炳靈寺第169窟法顯供養人像及其意義》未釋。

［27］乞佛："乞伏"的同音異寫。鮮卑種姓。西秦王室姓氏。《晉書·西秦載記》："（乞伏）乾歸率步騎三萬征西羌彭利髮於枹罕，師次於奴葵穀，利髮棄其部眾南奔。乾歸遣其將公府追及于清水，斬之。乾歸入枹罕，收羌户一萬三千。"④

彙考

炳靈，藏語"十萬佛"的音譯，與漢語"千佛山""萬佛洞"同義。此龕中有十方諸佛，張寶璽準確考得其佛名與晉譯《華嚴經》"如來名號品"佛名完全一致（晉譯《華嚴經》於418－421年）。建弘五年建窟，採用新譯經中佛名⑤。造像並題名有高僧國師、大禪師曇摩毗；乞佛：即"乞伏"，西秦王室姓氏。表明西秦佛事活動，特别是169窟的開鑿，王室起了重要作用。"博士南安姚慶子""侍生天水梁伯熙""侍生天水楊□"，與"乞佛"同在一石窟造像、題名，可知氐羌與西秦王族關係密切，社會地位較高。此窟是炳靈寺規模最大的洞窟，且有明确紀年最早的造像記，為研究中國佛教塑像、壁畫的斷代提供了寶貴的實物依據。同時，也表明十六國時期，該地區仍是氐羌主要聚居地之一，羌人宗教信仰開始出現適應性調整。

---

① （梁）釋慧皎撰，湯用彤校注，湯一玄整理：《高僧傳》卷十一，《中國佛教典籍選刊》，中華書局1992年版，第410頁。

② 張南南：《甘肅炳靈寺第169窟法顯供養人像及其意義》，《四川文物》2002年第1期，第57頁。

③ （唐）房玄齡等：《晉書》卷一百一十四，中華書局1974年版，第2928頁。

④ 《晉書》卷一百二十五，第3122頁。

⑤ 張寶璽：《建弘題記及其有關問題的考釋》，《敦煌研究》1992年第1期，第12頁。

南朝·齊

014 釋玄嵩造像記 永明元年（483）七月十五日

碑陽

左側

右側

說明

碑石於 1921 年在四川省茂縣鳳儀鎮静州村西南出土，其址原為静州長官司衙署大門外。現藏四川省博物院。碑高 170 cm，寬 73 cm，厚 21 cm。四面造像和題記，是四川省現存紀年最早、保存較為完整的佛教造像。碑陽刻無量壽佛説法像，結跏趺坐於須彌方座上。身披通肩大衫，是典型的“褒衣博帶式”造像。左上角存一小龕佛像。主像像座下刻發願文。碑陰為無量壽佛立像，風格同碑陽；龕上部殘；右上角有一龕一佛及“無量壽佛”四字。碑左側為五層，第三層刻字，餘造像。碑右側亦造像、題記。記 9 行，每行字數不等。楷書。

碑文

齊永明元年，歲次癸亥，七月十五日，西涼亶比丘釋玄嵩[1]，為帝/主臣王，累世師長，父母兄弟，六親眷屬，及一切衆生，敬/造无量壽、當来弥勒成佛二世尊像[2]，頴一切羣生，䜭弘/曠心，明信三寶[3]。瞿脩十善，遭遇慈氏[4]。龍華三會，[聶]豫/其昌[5]。永去塺結[6]，法身滿足。廣度一切，共成佛道。/

比丘釋僧成搽□□□，共成此［功］[7]。/（以上刻於碑陽）

時鎮主性莊丘北部尓值□福[8]，頴□同[9]。/（以上刻於碑右側）

諸行無常，是生滅法。/生滅ミ已，象滅為樂[10]。/（以上刻於碑左側）

著録

1.《四川茂汶南齊永明造像碑及有關問題》，《文物》1992（2）。2.《茂汶南齊永明造像碑質疑》，《四川文物》2001（3）。3.《漢魏六朝碑刻校注》3－127圖，129文。4.《四川歷代碑刻》83。5.《四川省文物志》2－137。6.《阿壩州志》2158。7.《西川羌族特殊載體檔案史料研究》327。

注釋

[1]“西凉亶比丘”，《四川省文物志》作“正停寅此丘”，《阿壩州志》沿用，意不通。西凉，古凉州别稱。十六國時，漢族李暠在凉州建立西凉政權。都酒泉（今屬甘肅，一説敦煌）。歷三主，共二十二年。亶：即“曹”。職官名。比丘：佛教語。梵語譯音，意譯“乞士”，以上從諸佛乞法，下就俗人乞食得名，為佛教出家“五衆”之一。指已受具足戒的男性。

[2]無量壽：即阿彌陀佛。

[3]頴:“願”的異體。羣生：即衆生，一切生命。䜭：同“發”。弘：即“弘”。碑刻中構件“口”與“厶”混用。《四川省文物志》《阿壩州志》《西川羌族特殊載體檔案史料研究》闕“弘”。䜭弘：發揚光大，弘揚精神。如天統五年（569）《孫昨三十人等造像記》：“囙溉聖福，仍䜭弘心。”① 三寶：指佛法僧。

[4]脩：同“修”。勤懇而嚴謹地修行。“氏”，《四川歷代碑刻》作“民”，非。

[5]龍華：龍華樹。佛教傳説，彌勒佛曾在花枝似龍頭的龍華樹下講論佛法，故稱。三會：佛教謂彌勒曾在龍華樹下開法會，三次濟度世人。“豫”上一字泐蝕，擬作“聶”。《四川歷代碑刻》作“矗”，備參。

[6]塺：塵土。《説文·土部》：“塺，塵也。从土，麻聲。”②《文物》作“塵”。“塺”與“塵”同義，但形、音都不同。《阿壩州志》沿誤，並脱“結”字。

① 毛遠明：《漢魏六朝碑刻校注》（9），綫裝書局2008年版，第300頁。

② 丁福保：《説文解字詁林》卷十三下，中華書局1988年版，第13278頁。

［7］《四川歷代碑刻》釋“摻”作“慘”；“功”作“法”，均非。“共”上一字，作“徂”，不取。《西川羌族特殊載體檔案史料研究》未釋“摻”。

［8］《四川茂汶南齊永明造像碑及有關問題》未釋“部尓值”。尓：即“亦”字。漢魏六朝碑刻文字，在强勢構件“灬”的影響下，“亦”字上點變撇，右豎變點①。如東晉義熙十年、長壽王二年（414）《高勾麗好太王碑》：“雖有富足之者，尓不得擅買。”② 北魏正始二年（505）《李蕤墓誌》：“尓既從政，聲實兼隆。”③ 碑誌中“尓”“尓”，可窺見“亦”字的演變軌跡。“丘北部尓值□”六字，《西川羌族特殊載體檔案史料研究》作五字；“福”作“祝”，非。

［9］存“頗”“同”二字。據造像記文例，當是“願頗同心”。

［10］偈語。《阿壩州志》未釋“ミ”。左右側文，《四川歷代碑刻》釋在文末注中。

彙考

造像石出土於茂縣縣城附近較場壩一帶，即静州土司轄地。其先自唐開元年間歸附授職，因功駐守茂州。其地一直是羌人聚居地。此造像是迄今發現四川省紀年最早的佛教造像，也是最早的岷江上游地區羌人接受佛教信仰實證材料，表明該區域羌人接受佛教的時間至遲在南齊。根據造像和造像主持人西凉玄嵩推知，南齊時，茂縣城東建有佛寺，四川早期造像當是從甘肅經四川松潘南下，經茂縣，傳入四川腹地。此造像是目前所知褒衣博帶式袈裟有紀年的最早實物，一直被認為是雲岡、龍門石窟中的褒衣博帶式袈裟受到南朝巨大影響的一個例證④。

---

① 毛遠明：《漢魏六朝碑刻異體字研究》，商務印書館2012年版，第635頁。

② 毛遠明：《漢魏六朝碑刻校注》（3），綫裝書局2008年版，第50頁。

③ 北京圖書館金石組：《北京圖書館藏中國歷代石刻拓本滙編》（3），中州古籍出版社1989年版，第89頁。

④ 楊泓：《漢唐美術考古和佛教藝術》，科學出版社2000年版，第304頁。

北魏

015 吕思顔造像碑 太和十年（486）二月初八

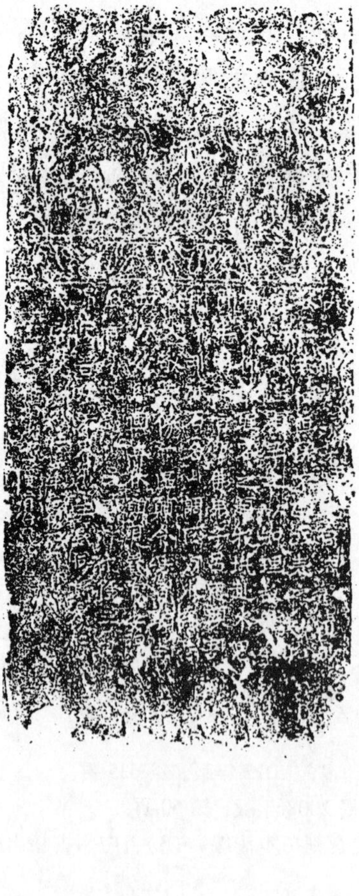

説明

碑石於1935年在陝西省耀縣柳林寺出土，1936年遷入耀縣碑林，1955年遷入耀縣文化館，1971年遷至藥王山碑林。長方體柱狀，頂、座佚，上下有榫。碑石高104 cm，寬43 cm，厚28 cm。拓片高57 cm，寬43 cm，兩側均寬27 cm。四面造像。碑陽龕内一佛二菩薩，碑陰龕内一彌勒二脇侍。左右碑側，上部為龕，内有一佛；龕下一側刻發願文，10行，每行13字。一側刻題名。楷書。泐蝕嚴重。

碑文

□□□□□□□□□同泒□清妙/□□□□□但俗不□成表之仙□/□□□□頑子之以知理[1]。故□金/□木，仰□聖容之顯，投托赴水思/聞史□□百□[2]。佛弟子吕思顔割/削家祢[3]，採石名山，調□方□，為亡/叔父敬造像一區[4]。頑令□□□□/西方必□回□□[5]，頑見養常安，歸/咸□□□□□□□□□尔隆，三寶/□□。普□［法］界眾生[6]，感同□□。/

太和十年，歲次/［丙］寅，二月八日□訖[7]。/（以上刻於碑側）

像主吕思顔。/元男□□録治江□□承崇□[8]。/弟京城防治都督讬賓□[9]。/□□□□領民酋長□[10]。/□仵生，/□男生[11]，/空元舉[12]，/□苦青[13]，/□□仁，/（泐2人）/妹醜女，□□德，/□弟劉元略。/（以上刻於碑側二）

著録

1.《北京圖書館藏中國歷代石刻拓本滙編》3－16。2.《中國西北地方歷代石刻滙編》37。3.《全北魏東魏西魏文補遺》426。

注釋

［1］泒：即“泒”的俗字。“泒”下字泐，第二、三字，存痕，似“清妙”。指清遠美妙的佛國世界。頑：即“願”的異體字。“但”下各字微泐，尚可辨識。《全北魏東魏西魏文補遺》未釋“俗不”“成”“仙”“頑子”等字。

［2］百：即“旨”。“投”上一字，似“顯”。“投”下三字泐，諦視拓片，是“托赴水”。“思”下泐一字，似“聞”。《全北魏東魏西魏文補遺》均未釋。

［3］“割”下字泐，細觀拓片，存“肖”“刂”，是“削”。割削：削減。後兩字似“家祢”。南北朝造像記中習見。如北魏神龜二年（519）《夫蒙文慶造像碑》“減割

家玠”。正光五年（524)《劉根四十一人等造像記》“竭己家玠”①。《全北魏東魏西魏文補遺》未釋“削”“家玠”。

［4］“方”雖泐，尚可辨。其下一字，不能釋讀，《全北魏東魏西魏文補遺》作“外”，不取。並未釋“亡叔父”“造”等字。

［5］“必”下二字泐，次字疑“回”字。《全北魏東魏西魏文補遺》未釋“西方必□回”。

［6］“頭”下一字似“見”。“安”下二字泐，諦視拓片，存痕似“歸咸”。“隆”上一字似“尔”。三寶：佛教語。指佛、法、僧，後專指佛教。“界”上泐二字，按造像記文例，第二字當為“法”字。法界：佛教用語。泛指各種事物的現象及本質。如北齊天保五年（554）《張景暉造像記》：“普為法界群生。”② 皇建二年（561）《比丘尼員空造像記》：“普及法界，遍地衆生。”③ 《全北魏東魏西魏文補遺》未釋“見”“歸”“咸”“尔”“三寶”“普”“界”等。“眾生”，《全北魏東魏西魏文補遺》釋作“隆主”，形似而誤。

［7］刻石時間泐，首字似“太”，又似“天”。細觀拓，僅有一横，是“太”。“寅”上一字泐蝕嚴重，下部存痕似“丙”或“庚”。據干支，太和十年，歲次丙寅；天和五年，歲次庚寅。《北京圖書館藏中國歷代石刻拓本滙編》作“太和十年”，是。《中國佛道造像碑研究》作“天和五年”（570)④，《全北魏東魏西魏文補遺》脱刻石時間。

［8］元男：據“元子”，天子和諸侯的嫡長子。“元男”，當為長子。《全北魏東魏西魏文補遺》闕，並未釋“録治江”“承崇”。

［9］“京”“防”下各泐一字，諦視拓片，是“城”“治”。《全北魏東魏西魏文補遺》闕。

［10］領民酋長：北魏置，少數族裔部落酋帥。北魏末年六鎮反亂以後，從領民酋長制度中化來“領民都督”，專統地方胡族⑤。如北齊河清三年（564）《狄湛墓誌》：“十年，除白馬領民都督。”⑥《全北魏東魏西魏文補遺》未釋“領民酋長”。

---

① 北京圖書館金石組：《北京圖書館藏中國歷代石刻拓本滙編》（4)，中州古籍出版社 1989 年版，第 164 頁。

② 《北京圖書館藏中國歷代石刻拓本滙編》（7)，第 39 頁。

③ 程紀中：《河北藁城縣發現一批北齊石造像》，《考古》1980 年第 3 期，第 243 頁。

④ 羅宏才：《中國佛道造像碑研究——以關中地區為考察對象》，上海大學出版社 2008 年版，第 186 頁。

⑤ 羅新、葉煒：《新出魏晉南北朝墓誌疏證》，中華書局 2005 年版，第 175 頁。

⑥ 太原市文物考古研究所：《太原北齊狄湛墓》，《文物》2003 年第 3 期，第 41 頁。

［11］“生”下二字，首字下“力”清晰；上“口”，中間似有“十”字痕，疑是“男”字。下一字似“生”。《全北魏東魏西魏文補遺》未釋二字。

［12］“元”上一字微泐，是“空”。《全北魏東魏西魏文補遺》未釋。

［13］“舉”下三字泐。諦視拓片，第二字，似“苦”。第三字，上存模糊泐痕，似“士”，下“口”“可”能辨，是“壽”，即“壽”的俗字。《全北魏東魏西魏文補遺》未釋“生”“空”“苦壽”字。《北朝杏城—鄜州地區部族石窟的分期與思考》云：題名為“羌”①，是。

① 暨遠志：《北朝杏城—鄜州地區部族石窟的分期與思考》，《藝術史研究》（8），中山大學出版社2006年版，第402頁。

016 暉福寺碑 太和十二年（488）七月初一

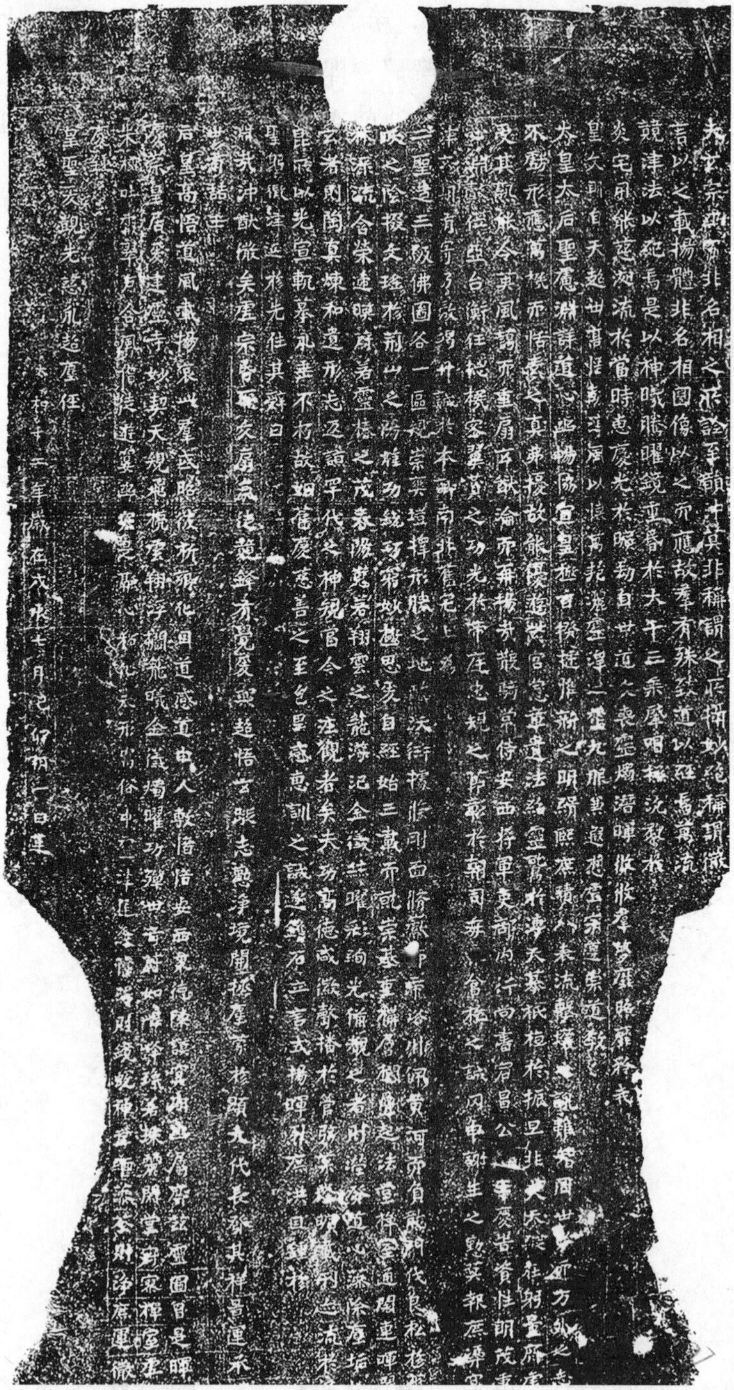

碑身

碑額

説明

碑石原刻立於陝西省澄城縣李潤鎮暉福寺内，1971 年入藏西安碑林。碑身拓片高 157 cm，寬 83 cm。碑陽文 24 行，滿行 26－44 字不等。有縱横界格。碑陰題名。楷書。額方形螭首，下有穿。拓片高 63 cm，寬 53 cm。陽文篆書“大代宕昌公暉福寺碑”，有縱横界格。孫星衍《寰宇訪碑録》、趙明誠《金石録·目録》卷二第三百二十五，所據河南洛陽董氏拓本無額，故稱《後魏造三級浮圖碑》。清毛鳳枝始見額，得其主名《大代宕昌公暉福寺碑》。《北京圖書館藏中國歷代石刻拓本滙編》碑陰失拓。《廣藝舟雙楫》評此碑書法“豐厚茂密之宗”，為“妙品上”。

額

大代宕/昌公暉/福寺碑。/

碑文

夫玄宗幽寂[1]，非名相之所詮[2]；至韻沖莫，非稱謂之所攝。妙絕稱謂，徹/言以之載揚；體非名相，圖像以之而應[3]。故羣有殊致，道以經焉；萬流/競津[4]，法以紀焉。是以神曦騰曜，鏡重昏於大千；三乘肇唱，拯沈黎於/炎宅[5]。用能慈迦[6]，流於當時，惠慶光於曠劫[7]。自世道交喪，靈燭潛暉。衫衫羣夢[8]，靡照靡矜。

我/皇文明自天，超世高悟，皷淳風以懷萬𢌿，灑靈澤以霑九服[9]。𤇯遐想虚宗[10]，遵崇道教。/太皇太后聖慮淵詳[11]，道心幽暢。協宣皇極，百揆挺惟新之明[12]；緝熙庶績，八表流擊壤之詠[13]。雖智周世紀[14]，而方外之志/不虧；形應萬機，而恬素之真弗擾。故能優遊紫宮，憲章遺法。紹靈鷲於溥天，摹祇桓於振旦[15]。非夫天縱在躬，量齊虚/受，其孰能令英風藹而重扇[16]，玄猷淪而再揚哉[17]。

散騎常侍、安西將軍、吏部内行尚書、宕昌公王慶旹，資性明茂，秉/心淵懃[18]。位亞台衡[19]，任總機密。翼萯之功，光於帝庭；忠規之節[20]，彰於朝司。每惟倉䄜之誠冈申，謝生之懃莫報[21]。庶彈寘/津[22]，玄期有寄。乃𣪍竭丹誠[23]，於本鄉南北舊宅。

上為/二聖，造三級佛圖各一區[24]。規崇爽塏，擇形勝之地[25]。臨沃衍，據絛剛，面脩𪏊而帶洛川，佩黃河而負龍門[26]。伐良松於華/畎之陰[27]，掇文瑤於荊山之陽。旌功鋭巧[28]，窮妙極思。爰自經始，三載而就。崇基重構，層欄疊起[29]。法堂禪室，通閣連暉。翠/林淥流，含榮迩暎[30]。蔚若靈椿之茂春陽，嵬若翔雲之籠濛汜[31]。金儀𤇯曜，彩珣光備[32]。覩之者，則瀅𢌿道心，藻除塵垢[33]；悕/玄者，則陶真煉和[34]，遺形忘返。諒罕代之神規，當今之㽵觀者矣[35]。

夫功高德咸，徽聲播於管弦[36]；業隆曠載，刊迹流於後/昆[37]。所以光宣軌摹，永垂不朽。故姻舊慶慈善之至[38]，邑里感恵訓之誠。遂鐫石立言，式揚暉烈。庶洪囙鍾於/聖躬，徽津延於先住[39]。其辤曰：/

淵哉沖猷，微矣虚宗。昏耶交扇，氛徒競鋒[40]。有覺爰興，超悟玄蹤[41]。志懃淨境，開拯塵蒙[42]。於顯大代，長𢌿其祥[43]。景運承苻[44]，/世有喆王。/后皇高悟，道風載揚。哀此羣或[45]，照彼祈鄉。化囙道感，道由人敷[46]。愔愔安西[47]，秉德陳謨。寘期幽屬，齊玆靈圖[48]。曾是暉福，/慶崇皇居[49]。爰建靈寺，妙契天規。飛橑雲翔，浮檷籠曦[50]。金儀燭曜，功殫世奇。蔚如崐峰，瑍若珠麗[51]。閑堂穸寥，禪室虚沖[52]。/朱檽吐霞，翠戶含風[53]。僧徒遊宴，幽宗是融[54]。心栖化表，形寓俗中。靈津匪遼，寤緣則鏡[55]。蛻神豈緬[56]，藻荃則净。庶運徹囙，/慶鍾/皇聖。爰覬先慈，永超塵俓[57]。/

太和十二年，歲在戊辰，七月己卯朔，一日建。/（以上刻於碑陽）

父佛弟子安西將軍、秦州□□□城（下泐）[58]，/兄佛弟子華州主薄（下泐），/兄佛弟子寧遠將軍、澄城太守，遷雍州刺史、澄城侯（下泐），/兄佛弟子寧朔將軍、河東太守、澄城子[59]，遷澄城太守（下泐），/兄子佛弟子本郡功曺[60]，□為威遠太守、澄城太守（下泐），/兄子佛弟子鷹陽將軍、華州□將王元雍（下泐），/世子佛弟子內行內小□□王道訓（下泐），/弟二子佛弟子中書□生王。/（以上刻於碑陰）

著録

1.《北京圖書館藏中國歷代石刻拓本滙編》3－17。2.《日本京都大學藏中國歷代文字碑刻拓本》NAN0025X。3.《長安金石——陝西省文史研究館館藏碑石精華》21。4.《陝西古代石刻藝術》150。5.《三秦碑刻英華》24。6.《乾隆澄城縣志》卷二十。7.《陝西金石志》卷6－7。8.《關中石刻文字新編》卷1－4。9.《漢魏六朝碑刻校注》3－269圖，271文。10.《全北魏東魏西魏文補遺》50。

注釋

［1］玄宗：猶"虚宗""冲宗"。本指道教，後泛指佛道玄虚深奥的旨意。造像記中常見。"玄"，《全北魏東魏西魏文補遺》作"元"，清人避康熙玄烨之諱，改"玄"作"元"。寂：即"寂"字。漢魏碑刻中"穴"與"宀"常混用。幽寂：幽静、寂滅。佛道追求的一種境界。《關中石刻文字新編》作"幽窈"，語義不可解。《乾隆澄城縣志》《全北魏東魏西魏文補遺》未釋。

［2］名相：佛教語。指耳可聞、眼可見，即可感知的事物。南朝梁蕭統《令旨解二諦義》："無名相中何得見有名相？"①

［3］圜：同"圓"。《楚辭·離騷》："何方圜之能周兮，夫孰異道而相安？"洪興祖注："圜，一作'圓'。"②《關中石刻文字新編》作"圖"，非。

［4］經：即"經"字。"巠"的構件"巛"，形體複雜，不便鐫刻，把三折簡化成三點，作"巠"。進一步簡化後，續改"巠"作"至"，再改作"圣""乏"等。如"經"作"經"，東魏武定八年（550）《元韶及妻侯氏合葬誌》："並經朙行理。"③ 東漢建寧二年（169）《史晨前碑》："《孝經援神挈》。"④ 又如"輕"作"輕"，北魏永熙二年（533）《元爽墓誌》："加輕車將軍。"⑤ 普泰元年（531）《元弼墓誌》

---

① （明）梅鼎祚：《釋文紀》卷二十二，《景印文淵閣四庫全書》（1401），臺北：臺灣商務印書館1986年版，第232頁。

② （宋）洪興祖撰，白化文等點校：《楚辭補注》，《中國古典文學基本叢書》，中華書局1983年版，第16頁。

③ 北京圖書館金石組：《北京圖書館藏中國歷代石刻拓本滙編》（6），中州古籍出版社1989年版，第160頁。

④ 《北京圖書館藏中國歷代石刻拓本滙編》（1），第135頁。

⑤ 趙力光：《鴛鴦七誌齋藏石》，三秦出版社1995年版，第134頁。

(新興王):"辞金軽富,樂道安貧。"① 以"巠"為聲符的"徑""經""勁""逕""輕""涇"等字,都發生了相應的簡省變化,以之作為一組異體字考察,可以發現異體字同步變化的規律②。競:同"競"。争競;角逐。《左傳·襄公十年》:"鄭其有災乎!師競已甚。"杜預注:"競,争競也。"③《全北魏東魏西魏文補遺》作"兢",非。

[5] 三乗:即"三乘",佛教語。一般指小乘(聲聞乘)、中乘(緣覺乘)、大乘(菩薩乘)。三者均為淺深不同的解脱之道。亦泛指佛法。沈:亦作"沉"。

[6] 滋:即"液"字。《乾隆澄城縣志》《全北魏東魏西魏文補遺》作"洳",非。

[7] 曠劫:佛教語。谓久遠之劫,過去的極長時間。南朝宋朱昭之《難顧道士〈夷夏論〉》:"閉晴開照,期神曠劫,以長其心,推而遠之也。"④

[8] 攸:即"攸"字。

[9] 𢪱:同"邦"。《隸釋·漢國三老袁良碑》:"民被澤,𢪱畿乂。"⑤《乾隆澄城縣志》《全北魏東魏西魏文補遺》未釋,《陝西金石志》作"抱",非。"九"上一字泐,似"霑"字,浸潤。九服:指全國各地區。此句謂帝王恩澤浸潤到全國各地。

[10] 虗:同"虛"。

[11] 太皇太后:指文明馮皇后。孝文帝即位後,馮太后臨朝稱制。下文"二聖",即指馮太后和孝文帝。

[12] 百揆:總理國政之官,亦泛指各種政務。語出《尚書·堯典》:"納于百揆。"⑥

[13] 八表:八方之外,指極遠的地方。三國魏明帝《苦寒吟》:"遺化佈四海,八表以肅清。"⑦ 擊壤之詠:古歌名。典出《帝王世紀·擊壤歌》:"帝堯之世,天下大和,百姓無事,有八九十老人擊壤而歌。"⑧ 後用以指歌詠太平盛世。

[14]"卋",《陝西金石志》作"世",是。三十年。《論語·子路上》;"如有王

---

① 趙力光:《鴛鴦七誌齋藏石》,三秦出版社 1995 年版,第 123 頁。

② 毛遠明:《漢魏六朝碑刻異體字研究》,商務印書館 2012 年版,第 490 頁。

③ 十三經注疏整理委員會:《春秋左傳正義》卷三十一,《十三經注疏》,北京大學出版社 2000 年版,第 1018 頁。

④ (明)梅鼎祚:《釋文紀》卷十五,《景印文淵閣四庫全書》(1401),臺北:臺灣商務印書館 1986 年版,第 54 頁。

⑤ (宋)洪適:《隸釋》卷六,中華書局 1985 年版,第 71 頁。

⑥ 十三經注疏整理委員會:《尚書正義》卷三,《十三經注疏》,北京大學出版社 2000 年版,第 61 頁。

⑦ (明)馮惟訥:《古詩紀》卷二十二,《景印文淵閣四庫全書》(1379),臺北:臺灣商務印書館 1986 年版,第 176 頁。

⑧ 譚國清:《中華藏典·傳世文選·樂府詩集》(3),西苑出版社 2003 年版,第 708 頁。

者，必世而後仁。"《集解》孔曰："三十年曰世。"① 《漢魏六朝碑刻校注》作"卅"，"丗"為"卅"的異體。"丗"下一字泐，似"紀"字。《關中石刻文字新編》未釋。

［15］溥天：全天下。《詩經・小雅・北山》："溥天之下，莫非王土。"② "摹"，《乾隆澄城縣志》作"募"，語義不暢。"桓"，《關中石刻文字新編》作"洹"，是。祇桓：亦作"祇洹"或"祇園"。佛教聖地之一，釋迦牟尼曾在此說法。振旦：古印度人稱中國為"震旦"，又異譯作振旦、真丹等。東晉帛尸黎蜜多羅譯《佛說灌頂經》卷六："閻浮界内有震旦國。"③

［16］"夫"，《全北魏東魏西魏文補遺》作"復"，非。熟：通"孰"。《全北魏東魏西魏文補遺》釋"熟"，徑作"孰"，非原刻。《乾隆澄城縣志》脱"令"字。英：即"英"。英風：奇偉傑出的氣慨。

［17］玄猷：先聖大道。《魏書・尉元傳》："夫大道凝虛，至德冲挹，故后王法玄猷以禦世，聖人崇謙光而降美。"④

［18］旹：同"時"。王慶旹，名遇，孝文帝時閹官，本北魏李潤鎮李潤羌。北魏李潤鎮，今澄城縣境。事跡見《魏書》卷九十四。《關中石刻文字新編》跋語："王慶時父守嘗為郡功曹，卒。遇既貴，追贈安西將軍秦州刺史澄城公，則首行當是守貴贈官及名傳。又云遇眷弟子本郡太守，稍近至右軍將軍襲封宕昌侯，此時當未得官也。"賜死者以爵位或榮譽稱號，曰"贈"。宋趙昇《朝野類要・入仕》："生曰封，死曰贈。"⑤ 懿：即"懿"字。

［19］台衡：喻宰輔大臣。台，三台星；衡，北斗杓三星，均位於紫薇宮帝座前。此謂王慶旹官吏部内行尚書，位僅次於宰輔。

［20］槵：即"揔"字。賛：即"賛"。同"贊"。娊：即"規"字。忠規：盡心規劃；忠心謀劃。也指忠言規諫。北魏建義元年（528）《元順墓誌》："忠規孝範，麗國光家。"⑥

［21］"酓"，《關中石刻文字新編》作"畣"，是。《爾雅・釋言》："俞、畣，然

---

① 程樹德撰，程俊英、蔣見元點校：《論語集釋》卷二十六，《新編諸子集成》，中華書局1990年版，第910頁。

② 十三經注疏整理委員會：《毛詩正義》卷十三，《十三經注疏》，北京大學出版社2000年版，第931頁。

③ ［日］大村西崖：《中國佛學文獻叢刊・密教發達志》，全國圖書館文獻縮微復製中心，2001年，第129頁。

④ （北齊）魏收：《魏書》卷五十，中華書局1974年版，第1114頁。

⑤ （宋）趙升編，王瑞來點校：《朝野類要》卷三，中華書局2007年版，第67頁。

⑥ 北京圖書館金石組：《北京圖書館藏中國歷代石刻拓本滙編》（5），中州古籍出版社1989年版，第87頁。

也。”郭璞注：“畣者，應也，亦為然。”邢昺疏：“畣，古答字。”①《全北魏東魏西魏文補遺》未釋“畣”字。㐌：即“施”字。冈：即“罔”的簡筆俗字。懃：同“勤”。《乾隆澄城縣志》《全北魏東魏西魏文補遺》作“勳”，非。

［22］凴：即“凭”字。寘：即“冥”的俗字。“冥”，从日从六，冖聲。隸變過程中，“相同、相關的文字形體彼此影響，在趨同作用下，可能出現筆畫的增減，而文字的主體輪廓基本不變”②。由於“冖”部與“宀”部相近，“冖”加點變“宀”。如北魏永安二年（529）《元繼墓誌》：“於是撫翼北寘，搏扶南舉。”③ 北齊天保八年（557）《高叡修定國寺塔銘碑》：“心将寘會，非復友衆攸知。”④ 又由於“宀”與“穴”形體相近，意義相通，趨同變“穴”。北魏太和二十年（496）《姚伯多兄弟造像碑》“非至非咸，孰啓窴機。”“冥”，作“窴”。延昌元年（512）《元詮墓誌》：“泉夜窴窴，松颸屑屑。”⑤ 寘津，即“冥津”。佛教語。傳地獄中的奈河。王隱客《議沙門不應拜俗狀》：“雕文振彩，信所以激昂幽致，刷蕩冥津者也。”⑥《五月長齋詩一首》：“誰謂冥津遐，一悟可以航。”⑦

［23］㲉：即“磬”字，通“罄”。本意為器中空，引申為盡、竭。罄竭，同義連文。《陝西金石志》作“慤”，恭謹的意思。《全北魏東魏西魏文補遺》作“穀”，同“穀”，糧食的總稱。均不取。

［24］三級：指三級浮屠。

［25］爽塏：高爽乾燥。

［26］絛：即“條”字。脩：即“脩”字。漢碑“彳”與“亻”混用。《關中石刻文字新編》未釋“脩”。又，釋“巘”作“嶽”，非。巘，同“巘”。

［27］“伐”，《關中石刻文字新編》作“代”，非。扵：即“於”。畎：山谷。《尚書·禹貢》：“岱畎絲、枲、鉛、松、怪石。”孔傳：“畎，谷也……岱山之谷，出此五物，皆貢之。”孔穎達疏：“谷是兩山之間流水之道，‘畎’言畎去水，故言‘谷’

---

① 十三經注疏整理委員會：《爾雅注疏》卷三，《十三經注疏》，北京大學出版社2000年版，第65頁。

② 毛遠明：《漢魏六朝碑刻異體字研究》，商務印書館2012年版，第133頁。

③ 趙力光：《鴛鴦七誌齋藏石》，三秦出版社1995年版，第114頁。

④ 北京圖書館金石組：《北京圖書館藏中國歷代石刻拓本滙編》（7），中州古籍出版社1989年版，第61頁。

⑤《北京圖書館藏中國歷代石刻拓本滙編》（4），第1頁。

⑥ 周紹良：《全唐文新編》卷二百零五，吉林文史出版社2000年版，第2343頁。

⑦（唐）釋道宣：《廣弘明集》卷三十上，上海函芬樓影印明汪道昆本元書版，《四部業刊初編·子部》（488），商務印書館影印，1992年重印，第2頁。

也。"① 《全北魏東魏西魏文補遺》釋"畎"作"畝",非。

［28］旌:即"旌",《關中石刻文字新編》作"桂",非。

［29］"欄",《全北魏東魏西魏文補遺》作"櫊",同"閣"字,非。

［30］遆:即"遞"字,亦作"逓"。《關中石刻文字新編》作"遖",是,為異體字。

［31］靈椿:古代傳説中的長壽樹。典出《莊子·逍遙游》:"上古有大椿者,以八千歲為春,八千歲為秋。"② "嵬",高峻,奇異。《全北魏東魏西魏文補遺》作"瑰"。瑰:大,魁偉大。義近形近而非。濛汜:古代稱日落之處。《乾隆澄城縣志》《全北魏東魏西魏文補遺》未釋"濛"。

［32］赫:即"赫"的異體。"珣",《關中石刻文字新編》作"絢",非。

［33］彂:即"發"字。"發",从弓,癹聲。"癹"為聲符,从癶,从殳。其構件"殳",或變作"攵",或簡化,用單符號"丨"代替;形符"弓"發生漸變。如北魏正光四年(523)《元譚妻司馬氏墓誌》:"動貌無虧,發言斯正。"③ 景明二年(501)《任城王妃李氏墓誌》:"英彂前輝,光飛後武。"④ 藻:《漢魏六朝碑刻校注》認為通"澡",可取。藻除:即"澡除"。澡蕩。

［34］"煉",《全北魏東魏西魏文補遺》作"練"。練:熔煉也。

［35］諒:即"諒"。《漢魏六朝碑刻校注》作"詣",非。莊:即"莊"字。此處通"壯"。莊觀:即"壯觀"。景象雄偉。

［36］咸:本作"盛"。《乾隆澄城縣志》作"盛",非原刻。《關中石刻文字新編》《全北魏東魏西魏文補遺》沿用。徽聲:美好的名聲。

［37］"刊",《乾隆澄城縣志》《全北魏東魏西魏文補遺》作"利",形似而誤。

［38］"軓",《關中石刻文字新編》作"軏",是。"軓"的異體。"軓摹"當作"規模"。《陝西金石志》脱"所以"至"之至"各字。

［39］"徵",《漢魏六朝碑刻校注》作"微"的俗書,是。

［40］昬:同"昏"。《全北魏東魏西魏文補遺》釋"耶"作"邪",語氣助詞。又,"競"作"兢",形似而誤。

［41］"玄",《乾隆澄城縣志》作"神",非。

［42］塵蒙:喻塵世的束縛或煩擾。《全北魏東魏西魏文補遺》釋"蒙"作

---

① 十三經注疏整理委員會:《尚書正義》卷六,《十三經注疏》,北京大學出版社 2000 年版,第 170 頁。

② (清)郭慶藩撰,王孝魚點校:《莊子集釋》卷一上,中華書局 1961 年版,第 11 頁。

③ 趙力光:《鴛鴦七誌齋藏石》,三秦出版社 1995 年版,第 62 頁。

④ 同上書,第 16 頁。

“豢”，非。

［43］“長發其祥”，語出《詩經·商頌·长發》。稱頌帝王祖先有明德、享國長久。

［44］“苻”，本作“符”，吉兆。《全北魏東魏西魏文補遺》作“符”，非原刻。

［45］或：通“惑”。《漢書·霍去病傳》：“青之與單于會也，而前將軍廣，右將軍食其軍别從東道，或失道。”顔師古注：“或，迷也。”① 羣或，指芸芸衆生。

［46］敷：即“敷”字。

［47］愔愔：和悦安舒貌。《左傳·昭公十二年》：“祈招之愔愔，式招德音。”杜預注：“愔愔，安和貌。”②

［48］“齊”，《關中石刻文字新編》作“廓”，非。靈圖：指《河圖》。借指君權。《全北魏東魏西魏文補遺》釋“圖”作“圜”。

［49］“慶”下一字微泐，上“山”，下“宗”，是“崇”。《乾隆澄城縣志》作“宗”，非。

［50］甍：即“甍”的異體。屋檐。南朝宋鮑照《詠史》：“京都十二衢，飛甍各鱗次。”③ “櫚”字，拓片清晰。《關中石刻文字新編》作“櫚”，非。

［51］《全北魏東魏西魏文補遺》釋“瑍”作“煥”，非。

［52］宊：即“寂”字。“叔”，由構件“又”和“赤”組成，碑刻隸、楷書訛變，被粘合成無音、無義的符號構件“对”。如北魏正光五年（524）《元子直墓誌》：“吠犬希聲，階違虛寂。”④ 孝昌二年（526）《于纂墓誌》：“而與仁寂寥，奄焉徂殞。”⑤ 以“叔”為聲符的字均受此影響。如“淑”，永平元年（508）《元詳墓誌》作“淑”⑥；“椒”，正光五年（524）《慈慶墓誌》作“椒”⑦；“督”，孝昌三年（（527）《元融墓誌》作“督”⑧。

［53］《全北魏東魏西魏文補遺》釋“風”作“煙”，非。

---

① （漢）班固撰，（唐）顔師古注：《漢書》卷五十五，中華書局1962年版，第2485－2486頁。

② 十三經注疏整理委員會：《春秋左傳正義》卷四十五，《十三經注疏》，北京大學出版社2000年版，第1506頁。

③ （南朝宋）鮑照著，錢仲聯增補集説校：《鮑参軍集注》卷五，上海古籍出版社1980年版，第326頁。

④ 趙力光：《鴛鴦七誌齋藏石》，三秦出版社1995年版，第67頁。

⑤ 同上書，第87頁。

⑥ 王綿厚、王海萍：《遼寧省博物館藏碑誌精粹》，文物出版社、日本中教出版株式會社2000年版，第86頁。

⑦ 北京圖書館金石組：《北京圖書館藏中國歷代石刻拓本滙編》（4），中州古籍出版社1989年版，第163頁。

⑧ 《北京圖書館藏中國歷代石刻拓本滙編》（5），第60頁。

［54］宴：即“宴”的異體字。《陝西金石志》未釋“宗”。

［55］靈津：佛教中，世俗衆生由此岸輪迴濟渡到彼岸涅槃。也指佛法潤澤衆生。“匪”下三字泐。第一字，《乾隆澄城縣志》《關中石刻文字新編》《全北魏東魏西魏文補遺》作“遼”；第二、三字，《漢魏六朝碑刻校注》作“寤緣”，可從。

［56］蜕神：脱去皮囊，羽化為神，是上文“遵崇道教”、崇佛的最高境界。

［57］“覬”，微泐，《陝西金石志》作“覲”，《關中石刻文字新編》作“覩”，備參。侄：同“徑”。塵徑，謂凡俗人間。

［58］碑陰題名存8人，據《關中石刻文字新編》著録迻録。《全北魏東魏西魏文補遺》闕。其中，兄、侄7人，《魏書·王遇傳》失載，可補王氏世系。《王遇傳》：“父守貴，為郡功曹。……遇即貴，追贈安西將軍、秦州刺史、澄城北。”① “城”上泐字，當為“刺史”“澄”三字。非四字。其下泐字，疑為“公”及“王守貴”等字。

［59］“城”，《關中石刻文字新編》作“州”，非。據上、下文題名，當為“城”。

［60］此及以下題名為王遇子侄輩，共4人。《漢魏六朝碑刻校注》脱“兄”下“子”字。

彙考

王遇，字慶時，本名他惡。馮翊李潤鎮（今陝西蒲城縣東北或澄城縣北）羌人。因其居住地名“李潤羌”。

古羌人以地名為部落種姓之號，傳世文獻和石刻文獻均有記載。如龍橋羌，以居住地龍橋而得名。《後漢書·西羌傳》：“至安帝永初元年，蜀郡徼外羌龍橋等六種萬七千二百八十口内屬。”② 白馬羌以居住地在白馬水流域而獲名。《後漢書·光武紀》：光武十三年（37）“秋七月，廣漢徼外白馬羌豪率種人内屬”。李賢注：“羌有百五十四種，在廣漢西北者為白馬羌。”③ 同書《西羌傳》：“或為白馬種，廣漢羌是也。”④《水經注·漾水》：“白水西北出於臨洮縣西南西傾山，水色白濁。東南流與黑水合，水出羌中。”⑤ 今甘肅文縣有白馬峪，華池縣有白馬鄉、白馬河、白馬廟。有人認為是白馬崇拜，以動物為種號，為別一説。黑水、白水、赤水、青衣、白草等羌人，亦以地名特徵為其種姓命名。“青衣”或徑稱“青”。東漢《樊敏碑》“續蠢青羌，奸狡並

① （北齊）魏收：《魏書》卷九十四，中華書局1974年版，第2023頁。

② （南朝宋）范曄撰，（唐）李賢等注：《後漢書》卷八十七，中華書局1965年版，第2898－2899頁。

③ 《後漢書》卷一下，第62頁。

④ 同上書，第2876頁。

⑤ （北魏）酈道元著，陳橋驛等譯注：《水經注全譯》卷二十，《中國歷代名著全譯叢書》，貴州人民出版社1996年版，第701頁。

起”之“青羌”[1]，以地名特徵為其種姓命名。前秦建元三年（367）《鄧艾祠堂碑》有“黑羌、白羌”之語，即馬蘭羌，因擴展到馮翊、北地二郡北部之馬蘭山而得名。至後趙石勒末年，仍盤據馬蘭山而南攻北地、馮翊二郡[2]。《晉書·惠帝紀》載，元康六年（296），“匈奴郝散弟度元帥馮翊、北地馬蘭羌，盧水胡反，攻北地，太守張損死之”[3]。《晉書·石勒載記》亦載，延熙元年（334），“長安陳良夫奔于黑羌，招誘北羌四角王薄句大等擾北地、馮翊，與石斌相持”[4]。碑云白羌，或因與“北羌”同音，致訛傳所致[5]。

《魏書·王遇傳》：“自云其先姓王，後改氏鉗耳，世宗時復改為王焉。自晉世已來，恒為渠長。”[6] 王遇“其先姓王”，不可信，本是鉗耳氏羌人，後改姓王。王姓，漢族大姓，傳出自王子喬。取漢族旺姓為姓，可掩蓋原有身份。直至今天，王姓也是羌人大姓。如茂汶黑虎鄉的黑虎羌人多姓王，理縣蒲溪溝、北川青片河、白草河流域也有王姓羌人。

孝文帝時，王遇因坐事遭刑，遂為宦官。累遷吏部尚書、將作大匠，加散騎常侍，封宕昌公。宣武帝時，授光禄大夫。精通建築，《水經注·㶟水注》云：平城縣（今山西大同），“東郭外，太和中，閹人宕昌公鉗耳慶時，立祇洹舍于東皋，椽瓦梁棟，臺壁櫺陛，尊容聖像，及床坐軒帳，悉青石也。圖制可觀，所恨惟列壁合石，疏而不密”[7]。此碑是王遇在其故鄉李潤鎮北鄉（今澄城縣北寺村）所造暉福寺三級浮圖，為“二聖”（文明太后和孝文皇帝）祈福，同時為父兄子弟消災。碑陰留存許多少數民族的姓氏，成為研究民族史的重要資料。《暉福寺碑》開啟了關中州郡貴族和平民造像題名之風，或一人一家，或數十百家，造一像或數像，並題名。這些石刻，特別是題名，為研究古代部族分佈、部族階層分化、各部族聚族而居和雜居、婚姻關係及姓氏變化等等，提供了實證材料，史料價值高。

---

① 北京圖書館金石組：《北京圖書館藏中國歷代石刻拓本滙編》（1），中州古籍出版社 1989 年版，第 186 頁。

② 馬長壽：《碑銘所見前秦至隋初的關中部族》，中華書局 1985 年版，第 16 頁。

③ （唐）房玄齡等：《晉書》卷四，中華書局 1974 年版，第 94 頁。

④ 《晉書》卷一百零五，第 2755 頁。

⑤ 曾曉梅、吴天德：《羌族種落及其得名理據考察》，《四川民族師範學院》2012 年第 4 期，第 24 頁。

⑥ （北齊）魏收：《魏書》卷九十四，中華書局 1974 年版，第 2023 頁。

⑦ （北魏）酈道元著，陳橋驛等譯注：《水經注全譯》卷十三，《中國歷代名著全譯叢書》，貴州人民出版社 1996 年版，第 457 頁。

017 姚伯多兄弟造像碑 太和二十年（496）九月初四

碑陽

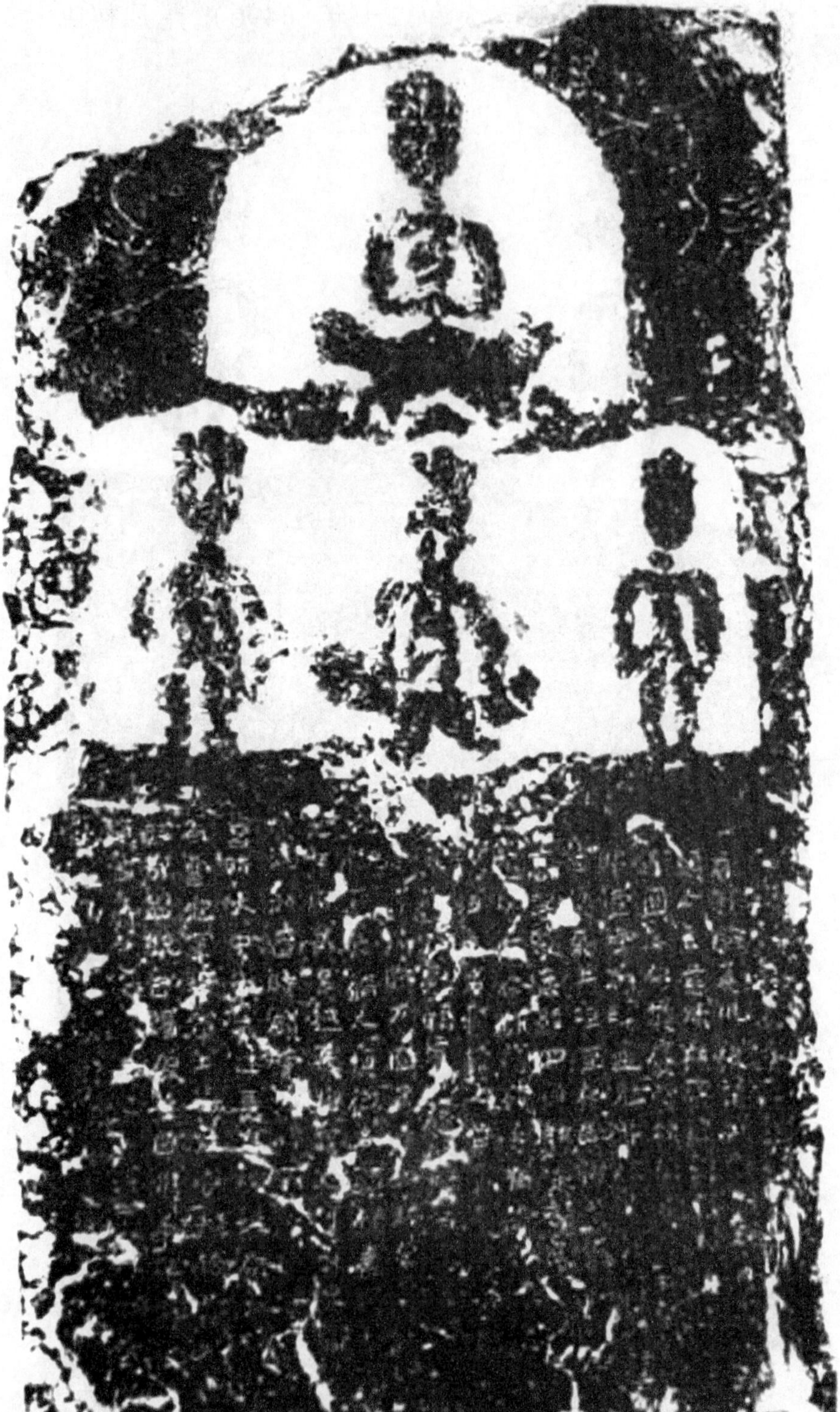

碑陰

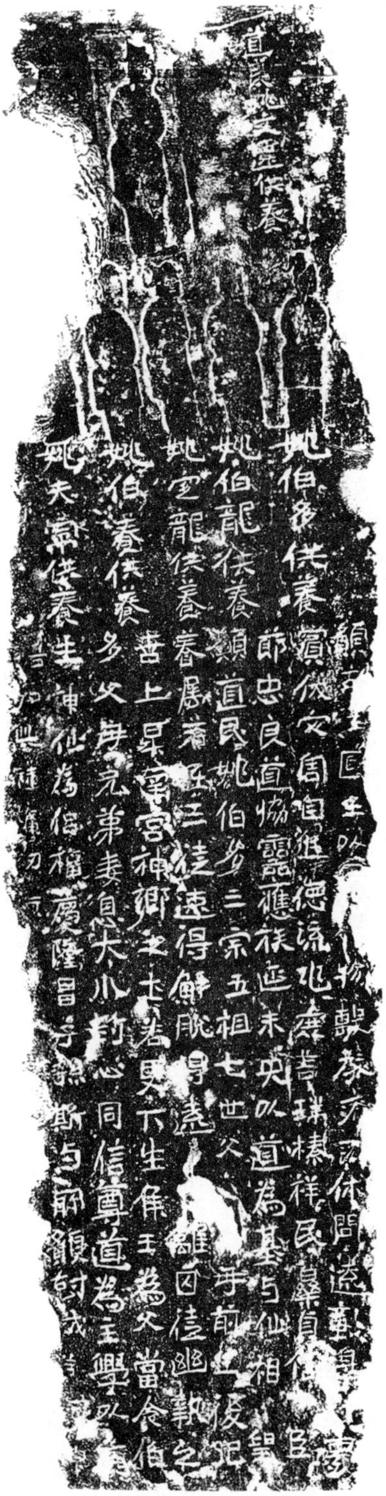

左側

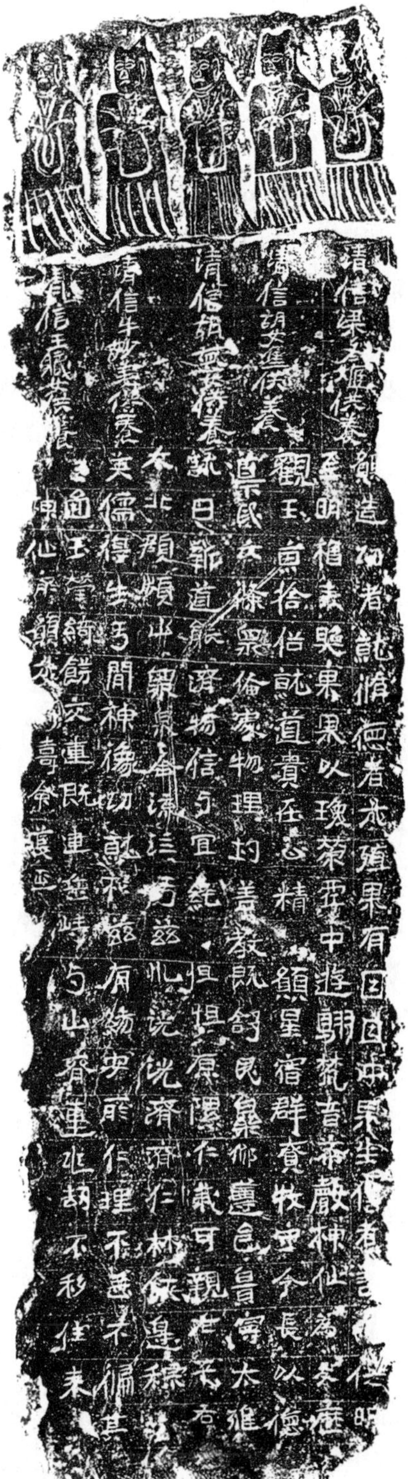

右側

説明

碑石於1912年在陝西省耀縣文楷書院出土①，1936年移入耀縣碑林，1955年遷入耀縣文化館，1971年遷至藥王山碑林。現藏藥王山博物館，陝西省古籍整理辦公室藏拓。長方體，略有收分。無頂，座佚，下有榫。碑石高140 cm，上寬70 cm，下寬72 cm，上厚28 cm，下厚30 cm，上部略殘。四面刻，兩面開龕造像。碑陽上開方形龕，無龕楣，内造一主尊、二脇侍，均頭戴道冠。主尊為太上老君像，結跏趺坐。下刻發願文。碑陰上兩層龕，下刻發願文，惜大多已泐蝕。第一層龕内一像，與碑陽主尊同；第二層龕主尊垂膝而坐，右手當胸，左手按床。碑左右兩側上刻供養人、題名，下刻發願文。碑陽文23行，滿行29字；碑陰文19行，滿行26字；右側、左側上題名，下均文9行，一滿行23字，一滿行20字。隸書，兼楷法，有縱横界格。該碑又題《姚伯多造像碑》《姚伯多道教造像碑》《姚文遷造像碑》。

碑文

夫大道幽玄，以妙寄為宗[1]，靈教□微，以虗冢為旨[2]。是以群方，而功不在/己[3]。生成萬物，不以存私為稱[4]。故能苞羅六合[5]，而品類咸熙。纖介通/微，而感物之彫[6]。《經》云：大道如昧，而硏之者明[7]；至言若訥，而尋之/者辨。故真文弥梵，非高何以可宗？李耳和生，非玄教光以合空[8]。欝陵齊/禪，以致其真[9]。當今世道教紛，群惑茲甚。假道亂真，群聚為媚。大道之要，/清虗唯真[10]。素為潔練，身剋脩大道之本。

有北地姚伯多兄弟等[11]，承帝舜之/苗胄，珠紫弈世，仰論士尉，杳不可託[12]。九族雍穆，負素清潔[13]。兄弟至孝，通/於神明。望欝肀族[14]，雅量淵廓。神心肅悞[15]，發自天然。雖形寄時俗，超然遠欲[16]。乃自/剋削，内懷歡心。於大代太和廿年，歲在丙子，九日辛酉朔，四日甲子，姚伯/多、伯龍、定龍、伯養、天廗等[17]，上為帝主，下為七祖眷屬，敬造皇先君文石/像一軀[18]。營構荘髣，極工匠之奇彫[19]。隱起形啚，瑍若真容[20]，現於今世。綺錯/盡窮巧之剬，脩泰清顔[21]，有若真對。非夫道協幽宗，理會上言[22]，焉能若此者？/

于時奉敬之徒，欽太極以興觀；信悞之賓，望玄門而□偶[23]。不勝欣躍之至，/即而頌之。其辭曰：

茫茫太上，奮奮幽微，於矣皇先，誕精云湄[24]。純風/漸皷，品物沾暉[25]。非至非咸，孰啓窴機，洸洸尹生[26]，妙契玄理。遠其城都，皓/變素起。微言既暢，萬累都止[27]。陳文五千，功不在巳。沖亹纏退，如昧俞深[28]。不/知其誰，像帝先人[29]。

① 《長安藝術與宗教文明》載，1931年出土於陝西省耀縣漆河，放置於文楷書院。

化沾西域，流波東秦。至感無其[30]，崇之者囯。既建石像，/啚藻霝仚[31]。在軒雲遘[32]，岳峙霄間。茬麗嚴餝[33]，妙觀閑閑。訪䢜神儀，載揚真/賢[34]。濟濟川原，雍稼閑閑[35]。俄俄風流，君子交齊。降生哲人，敘此塾/資[36]。清為時範，動為世師。非唯立德，政化是妣[37]。其妣唯何？唯政是匡。其政/唯何？矛而能罰[38]。造立石像，德立弥章。唯我皇先，与月齊光。

伯多、伯龍、/姚定龍、姚伯養、姚天［㢑］，□始供眷[39]，千載不忘。壽身捨身，導炁將自[40]。如此種福，/萇久天堂[41]。子［孫］□□，後更煩昌[42]。後人見之，供養如常。若當不信，□□/□□。/（以上刻於碑陽）

（上泐）待□道（下泐）/前則險萇川[43]，後背（下泐）/頭合□慈娥，故朝陽（下泐）/舒囙上[44]，仍興慶雲。神仚游（下泐）/曜，雲空神暉[45]。通鬼并録（下泐）/主□[46]，東上俎豆，祀既倚道（下泐）/高[47]，坐瞑真經，四面競求[48]，請諸（下泐）/越功偲[49]。合郡為族幸，伯多、伯（下泐）[50]。/姚伯多者，軒轅之苗冑，虞舜（下泐）/氣□□假，暢雷□□□□今殖（下泐）/□□□□乃君臨万國[51]，遷民北地，望欝（下泐）/□□万代[52]，脩人順偲，名顯竹素[53]。始祖（下泐）/元年拜為皇越大將軍、雍州刺史、司徒/公姚和[54]，晉時鎮南大將軍、□□□□□石[55]，/晉時大中大夫、江夏太守姚□石，□吏部/尚書、冠軍將軍、上谷太守姚銓蔭[56]，姚時四/縣都盟統、晉陽保主、回州令[57]，祖姚（下泐）[58]。/魏□□中大夫□□，北地□□□姚（下泐）[59]。/（以上刻於碑陰）

清信梁冬姬供養，/清信胡女進供養，/清信胡意女供養，/清信牛妙姜供養，/清信王黱女供養[60]。/（以上刻於碑右側上部）

顙造功者䟽，脩偲者成[61]。殖果有囙[62]，囙中果生。信者□□，從明/至明[63]。［福來］照果，果以瑍榮[64]。雲中遊翱[65]，梵音斋聲[66]。神仚為叐，歷/觀玉亰[67]。捨佁䟽道，貴在心精。顙星宿群賁[68]，牧守令長，以偲/巢民，六條衆佑[69]，處物理均。善教既舒，民樂仰遵。㿝景寧太[70]，雅/詠日新。道能濟物，信与冥純[71]。怛怛原隰[72]，仁蕔可親[73]。

左子右/女，北顧頻山[74]。衆泉合流，注亐茲川[75]。洸洸濟濟，仁林狭𨔝[76]。稼稼/英儒[77]，得生亐間。神像功䟽，於茲有緣。安厎仁理，不垂不徧[78]。其/啚玉瑩，綺餝交連。既逹岳峙[79]，与山齊連。兆劫不移，往來神仚。厎顙如意，哥龠萇延[80]。/（以上刻於碑右側下部）

道民姚文遷供養。/

姚伯多供養，/姚伯龍供養，/姚定龍供養，/姚伯養供養，/姚天［㢑］供養[81]。/（以上刻於碑左側上部）

顙故主國王[82]，以□□物。敷教濟□[83]，休問遠彰。遑夷/賔伏，灾卨自

[罷][84]。傯流乢庶，言瑞榛祥[85]。民樂貞信，臣/莭忠良。道協霝應，族延未央。以道為基，与仙相望。/顋道民姚伯多三宗五祖[86]，七世父母，前亡後死/眷屬[87]，若在三徒[88]，速得解脱。得逺離囚徒幽執之/苦[89]，上昇南宮神鄉之去。若更下生，侯王為父[90]。當令伯/多父母、兄弟、妻息大小，封心同信[91]。尊道為主，學以萇/生[92]。神仙為侶，福慶隆昌[93]。子孫斯与，斯顋尅成[94]。□□□/□。如此種福，功德（下殘）[95]。/（以上刻於碑左側下部）

著録

1.《陝西碑石精華》6。2.《北朝佛道造像碑精選》9。3.《耀縣藥王山道教造像碑》，《考古與文物》1987（3）。4.《四川大學博物館藏北魏姚伯多造像碑文拓本考釋》，《宗教學研究》1997（2）。5.《漢魏六朝碑刻校注》3－287 圖，290 文。6.《長安金石——陝西省文史研究館館藏碑石精華》226。7.《中國西北地方歷代石刻滙編》40。8.《中國道教石刻藝術史》上－36。9.《長安藝術與宗教文明》366。10.《全北魏東魏西魏文補遺》433。11.《從〈姚伯多造像記〉看北朝造像記的文體來源》，《咸陽師範學院學報》2012（3）。

注釋

[1]“大”，《耀縣藥王山道教造像碑》作“本”。大道：很高的道行。指道教教義精微玄妙。《一切道經音義妙門由起》引《升玄經》云：“夫大道玄妙，出於自然。”① 幽玄：深奥玄妙。謂玄虚的釋道哲理。寄：即“寄”的俗體。

[2]“教”，《耀縣藥王山道教造像碑》作“孝”，非。靈教：指道教。家：即“寂”字。家中無人為寂。如隋開皇六年（586）《雷香妙造像碑》：“夫冲元虚家。”虚家：亦“虚寂”。虚無寂静。佛教、道教追求的最高境界。發願文反映出佛、道思想的混融。《耀縣藥王山道教造像碑》不識“家”，作“寡”，非。“微”，觀拓可辨。《耀縣藥王山道教造像碑》《四川大學博物館藏北魏姚伯多造像碑文拓本考釋》未釋。旨：旨意深遠。两文釋“旨”作“能”，非。

[3]“已”，《長安藝術與宗教文明》作“之”，非。“已”下，《全北魏東魏西魏文補遺》衍“之”字。

[4]“為”下，《長安藝術與宗教文明》衍“一”字。

[5]苞羅：即“包羅”。六合：天地四方。《莊子·齊物論》：“六合之外，聖人

① 張繼禹：《一切道經音義妙門由起》，《中華道藏》（5），華夏出版社 2004 年版，第 605 頁。

存而不論；六合之内，聖人論而不議。”成玄英疏：“六合，天地四方。”①《長安藝術與宗教文明》未釋“能”。

［6］彫：通“凋”。凋敝。《耀縣藥王山道教造像碑》脱“彫”字。並釋“之”作“否”，非。《全北魏東魏西魏文補遺》《從〈姚伯多造像記〉看北朝造像記的文體來源》釋“之”作“不”。“不凋”，有違自然規律，誤。

［7］“昧”，《四川大學博物館藏北魏姚伯多造像碑文拓本考釋》作“媚”，同時又作“昧”，不取。硏：即“研”字。“ソ”，當是衍筆。

［8］旡：“无”的變體，“无”的異體字。《四川大學博物館藏北魏姚伯多造像碑文拓本考釋》作“何”，義近詞非。李耳：即老子。“李耳和生”，與“真文弥梵”，文句對偶。

［9］“致”，諦視拓片，可辨。《耀縣藥王山道教造像碑》作“鼓”，致語義不暢。

［10］“之”下一字泐，存上半，似“要”。北魏時期，道教流派繁多，本身十分不完備。《魏書·釋老志》稱，太上老君賜寇謙之《雲中音誦新科之誡》二十卷，並對寇曰：“汝宣吾《新科》，清整道教，除去三張僞法，租米錢税，及男女合氣之術。”② 由此，寇氏整頓道教混亂局面。即碑云“當今世道教紛，群惑玆甚，假道亂真，群聚為媚，大道之要，清虚為真”。正是該事件的反映，也是姚氏憤慨的“假道亂真”現象。九年後，北魏正始二年（505）《馮神育造像碑》，陝西省臨潼櫟陽鎮出土，現藏臨潼博物館。馮氏宣示自己是“真道民”③，其背景和理由當源於此。“要”，《全北魏東魏西魏文補遺》《四川大學博物館藏北魏姚伯多造像碑文拓本考釋》作“少”，非。《從〈姚伯多造像記〉看北朝造像記的文體來源》未釋。

［11］“有”，《耀縣藥王山道教造像碑》《四川大學博物館藏北魏姚伯多造像碑文拓本考釋》作“者”，並上屬，“唯真素為潔練，身剋脩大道之本者”。句子點破，義不能解。北地：即“北地郡”。“兄”，《耀縣藥王山道教造像碑》作“史”，非。

［12］弈世：累世，世代。此指姚伯多兄弟為建立後秦政權姚氏的後裔，名門貴族，北地羌族望姓。與碑陰姚氏祖、父等在晉世為高官，相互印證。“弈”，《耀縣藥王山道教造像碑》作“身”，字形不類，非。《四川大學博物館藏北魏姚伯多造像碑文拓本考釋》作“晉”。晉世，不知何解。酎：“爵”的俗字。《説文·鬯部》：“爵，禮器也。象爵之形，中有鬯酒，又持之也，所以飲。器象爵者，取其鳴節節足足也。”④ 石刻文字中，“爵”字受强勢筆劃“穴”和“冖”的影響，構件“皿”，訛變作

① （清）郭慶藩撰，王孝魚點校：《莊子集釋》卷一下，中華書局1961年版，第83頁。
② （北齊）魏收：《魏書》卷一百一十四，中華書局1974年版，第3051頁。
③ 胡文和：《中國道教石刻藝術史上》，高等教育出版社2004年版，第226頁。
④ 丁福保：《説文解字詁林》卷五下，中華書局1988年版，第5318頁。

“穴”，後“八”，倒置為“丷”，繼續省點作“宀”。從“爵”“爵”“爵”到“爵”“爵”。如北魏建義元年（528）《元端墓誌》：“方崇上爵，以覆含章，如何如何，哲人其亡。”① 熙平元年（516）《元廣墓誌》：“昇朝襲爵，仍以父位，傳踵前華，紹跡令軌。”② 孝昌二年（526）《于纂墓誌》作“信可以縻爵登槐，继調鼎餁”③。正始元年（504）《山公寺碑頌》：“累忝沐恩景，世荷榮爵。”正光二年（521）《封魔奴墓誌》：“賜爵富城子。”④ 再減省掉“宀”，並構件位移，作“尌”。永安二年（529）《元端妻馮氏墓誌》：“公體量沉隱，尌望凝高。”⑤ 形體訛變，作“酎”。《四川大學博物館藏北魏姚伯多造像碑文拓本考釋》不辨其演變，釋“酎”作“酎”，非。又，未釋“杳”“託”。

［13］稼：即“穆”的省筆字。雍穆，意和睦，融洽。《耀縣藥王山道教造像碑》釋“穆”作“宗”，非。《長安藝術與宗教文明》《從〈姚伯多造像記〉看北朝造像記的文體來源》沿誤。《四川大學博物館藏北魏姚伯多造像碑文拓本考釋》未釋“穆”字；釋“負”作“貞”，非。素：寫字的紙，指書籍。負素：指背負書籍。謂勤奮讀書。《新唐書·儒學傳序》：“四方秀艾，挾策負素，坌集京師，文治煟然勃興。”⑥《全北魏東魏西魏文補遺》作“素負”，誤倒。

［14］檦：即“標”的加形字。漢魏石刻常見。《四川大學博物館藏北魏姚伯多造像碑文拓本考釋》作“樹”，非。𣅀：疑為“貴”。《耀縣藥王山道教造像碑》作“青”，非。《四川大學博物館藏北魏姚伯多造像碑文拓本考釋》《長安藝術與宗教文明》沿用。青族，義不可解。

［15］悞：即“悟”的異體字。

［16］“竒”，即“寄”。構建“穴”“宀”相混，石刻中常見。《長安藝術與宗教文明》作“寂”，非。“欲”，《四川大學博物館藏北魏姚伯多造像碑文拓本考釋》作“敬”，非。《全北魏東魏西魏文補遺》《從〈姚伯多造像記〉看北朝造像記的文體來源》沿誤。

［17］“天”下一字，觀拓，為“𠀁”字頭，是“虍”的變形。“虒”，即“虎”字。《耀縣藥王山道教造像碑》作“宗”，非。《四川大學博物館藏北魏姚伯多造像碑

---

① 北京圖書館金石組：《北京圖書館藏中國歷代石刻拓本滙編》（5），中州古籍出版社1989年版，第97頁。

② 趙力光：《鴛鴦七誌齋藏石》，三秦出版社1995年版，第40頁。

③ 同上書，第87頁。

④ 北京圖書館金石組：《北京圖書館藏中國歷代石刻拓本滙編》（4），中州古籍出版社1989年版，第115頁。

⑤ 《北京圖書館藏中國歷代石刻拓本滙編》（5），第123頁。

⑥ （宋）歐陽修、宋祁：《新唐書》卷一百九十八，中華書局1975年版，第5636頁。

文拓本考釋》《長安藝術與宗教文明》《全北魏東魏西魏文補遺》《從〈姚伯多造像記〉看北朝造像記的文體來源》沿用，不取。下同。

［18］“主”，拓片清晰。《耀縣藥王山道教造像碑》作“王”，非。“上為帝主”“帝王國主”，六朝隋唐造像發願文常見語。先：“老”的會意字。《耀縣藥王山道教造像碑》作“先”，非。下文“於矣皇老”“唯我皇老”之“老”亦誤作“先”。老君，即老子。李老君或太上老君的省稱。《後漢書·孔融傳》：“融曰：‘然。先君孔子與君先人李老君同德比義，而相師友，則融與君累世通家。’”①

［19］荘：即“莊”字。餝：同“飾”。荘餝：當為“裝飾”。《從〈姚伯多造像記〉看北朝造像記的文體來源》作“莊飾”。《耀縣藥王山道教造像碑》《四川大學博物館藏北魏姚伯多造像碑文拓本考釋》作“裝飾”，非原刻。彫：雕刻。《耀縣藥王山道教造像碑》《四川大學博物館藏北魏姚伯多造像碑文拓本考釋》《全北魏東魏西魏文補遺》釋“彫”作“雕”，是。迻録原文，當尊原刻。

［20］瑍：“煥”的異體字。煥然。《耀縣藥王山道教造像碑》作“瑰”；《四川大學博物館藏北魏姚伯多造像碑文拓本考釋》作“宛”，非。

［21］“綺”字清晰，《耀縣藥王山道教造像碑》作“倚”，非。“之”下一字微泐，諦視拓片，是“㓨”，“制”的古字。“脩”下一字，下半微泐，似“奉”。修奉：修繕供奉。《晉書·禮志上》：“司徒荀組據漢獻帝都許即便立郊，自宜於此修奉。”②《四川大學博物館藏北魏姚伯多造像碑文拓本考釋》《耀縣藥王山道教造像碑》釋作“來”；《漢魏六朝碑刻校注》作“泰”，非。又釋“㓨”作“制”，非原刻。清顔：敬稱人容顔。此指造像尊容。

［22］𠅀：即“亡”。漢魏石刻中又寫作“𠑹”或“㠩”。《耀縣藥王山道教造像碑》《四川大學博物館藏北魏姚伯多造像碑文拓本考釋》作“上”，大誤。

［23］“時”上一字“于”，《耀縣藥王山道教造像碑》作“平”，非。“而”下一字泐蝕，有劃痕。《耀縣藥王山道教造像碑》《四川大學博物館藏北魏姚伯多造像碑文拓本考釋》作“聖”；《漢魏六朝碑刻校注》作“喪”，備參。

［24］亹：同“亹”。勤勉貌。《漢書·王莽傳上》：“自公受策，以至于今，亹亹翼翼，日新其德。”顔師古注：“亹亹，勉也。”③《四川大學博物館藏北魏姚伯多造像碑文拓本考釋》未釋“亹亹”。“云”，拓片清晰，《全北魏東魏西魏文補遺》作“雲”。

［25］“皷”，《耀縣藥王山道教造像碑》作“鼓”，均同“鼓”。“沾”字，含隸

① （南朝宋）范曄撰，（唐）李賢等注：《後漢書》卷七十，中華書局1965年版，第2261頁。

② （唐）房玄齡：《晉書》卷九十，中華書局1974年版，第584頁。

③ （漢）班固撰，（唐）顔師古注：《漢書》卷九十九，中華書局1962年版，第4058頁。

意。《四川大學博物館藏北魏姚伯多造像碑文拓本考釋》作"浴"，非。

［26］窴：即"冥"的異體字。北魏太和十二年（488）《暉福寺碑》，又作"窴"。窴機：即"冥機"。謂眾生信受道家義理的根機和因緣。一般指天機、天意。《耀縣藥王山道教造像碑》釋"冥"作"窴"，是。"洸洸"兩字，拓片清晰，《四川大學博物館藏北魏姚伯多造像碑文拓本考釋》未釋。

［27］《耀縣藥王山道教造像碑》釋"止"作"上"，形似而誤。

［28］虗：即"虛"的俗字。纏邈：即"纏邈"。纏綿遙遠。俞：通"愈"。《耀縣藥王山道教造像碑》作"愈"，《四川大學博物館藏北魏姚伯多造像碑文拓本考釋》《從〈姚伯多造像記〉看北朝造像記的文體來源》沿用。

［29］"知"，字跡清晰。"智"的古字。《耀縣藥王山道教造像碑》作"智"，是。典出《老子·道冲章》："吾不知誰之子，象帝之先。"①

［30］沾：熏陶，感化。《後漢書·王暢傳》："士女沾教化，黔首仰風流。"②《耀縣藥王山道教造像碑》《四川大學博物館藏北魏姚伯多造像碑文拓本考釋》《從〈姚伯多造像記〉看北朝造像記的文體來源》釋作"治"，非。東秦：戰國時，秦昭王、齊湣王分别曾稱西帝、東帝，兩國皆以富强而東西並立。後因稱齊國或齊地為"東秦"。其：與"期"同音，以"期"為宜。

［31］"畐藻"，微泐，尚可辨。《耀縣藥王山道教造像碑》作"因滲"，非。《四川大學博物館藏北魏姚伯多造像碑文拓本考釋》未釋"畐"；釋"藻"作"滲"，非。《長安藝術與宗教文明》《中國佛道造像碑研究》沿誤。霝：即"靈"字。仚：即"仙"字。

［32］觀拓，字跡清晰。《四川大學博物館藏北魏姚伯多造像碑文拓本考釋》未釋"軒"。遘：通"構"。構成。《耀縣藥王山道教造像碑》《全北魏東魏西魏文補遺》《從〈姚伯多造像記〉看北朝造像記的文體來源》作"遖"，非。雲構：亦作"雲搆"。高大的建築物。《文選·陸機〈招隱詩〉》："輕條象雲構，密葉成翠幄。"張銑注："雲構，大廈也。"③

［33］餝：同"飾"。嚴飾：裝飾美盛；盛飾。

［34］髣髴：即"髣髴"。隱隱約約。《楚辭·遠游》："時髣髴以遙見兮，精皎皎以往來。"④《四川大學博物館藏北魏姚伯多造像碑文拓本考釋》作"仿佛"，是。《中國佛道造像碑研究》《全北魏東魏西魏文補遺》《從〈姚伯多造像記〉看北朝造像記

① 朱謙之：《老子校釋》，《新編諸子集成》，中華書局2000年版，第21頁。

② （南朝宋）范曄撰，（唐）李賢等注：《後漢書》卷五十六，中華書局1965年版，第1824頁。

③ （梁）蕭統編，（唐）李善等注：《六臣注文選》卷二十二，中華書局1987年版，第404頁。

④ 林家驪譯注：《楚辭》，中華書局2010年版，第169頁。

的文體來源》沿用。《耀縣藥王山道教造像碑》釋“真”作“其”，非。

［35］稡：同“稡”，即“穆”字。《四川大學博物館藏北魏姚伯多造像碑文拓本考釋》不識，未釋。《耀縣藥王山道教造像碑》《全北魏東魏西魏文補遺》《從〈姚伯多造像記〉看北朝造像記的文體來源》作“宗”，非。閞：即“關”。《耀縣藥王山道教造像碑》作“開”。《四川大學博物館藏北魏姚伯多造像碑文拓本考釋》《全北魏東魏西魏文補遺》《從〈姚伯多造像記〉看北朝造像記的文體來源》沿誤。

［36］“敘”，《耀縣藥王山道教造像碑》作“敍”，是。

［37］“唯”，拓片清晰，《四川大學博物館藏北魏姚伯多造像碑文拓本考釋》作“為”，恐為筆誤。謂姚伯多兄弟造道像，宣揚道教，不僅可以為個人建立功德，而且對時政有益。

［38］罰：即“剛”字。矛：據上下文義，當以“柔”為宜。與“剛”相對。《四川大學博物館藏北魏姚伯多造像碑文拓本考釋》《全北魏東魏西魏文補遺》《從〈姚伯多造像記〉看北朝造像記的文體來源》徑改作“柔”。迻録碑文，當尊原刻。

［39］“供”上，左半上部殘，諦視存痕，是“始”。《四川大學博物館藏北魏姚伯多造像碑文拓本考釋》未釋。眷：當是“養”的誤刻。供養：佛教語。又作“供施”“供給”“打供”。供食物、衣服等予佛法僧三寶、師長、父母、亡者等。造像記中常見。

［40］“導”，《耀縣藥王山道教造像碑》作“道”，非。其下一字泐，下半“灬”清晰，上半泐，存痕似“炁”，即“氣”的異體字。《四川大學博物館藏北魏姚伯多造像碑文拓本考釋》徑作“氣”。《長安藝術與宗教文明》釋作“熙”，非。“將自”，兩字右側有一倒文符號“ʅ”，當作“自將”誤倒。這是所見碑刻中較早使用倒文符號者。《四川大學博物館藏北魏姚伯多造像碑文拓本考釋》《全北魏東魏西魏文補遺》作“自將”，未説明理由。將：扶持。

［41］“久”，《耀縣藥王山道教造像碑》作“入”，非。《四川大學博物館藏北魏姚伯多造像碑文拓本考釋》《長安藝術與宗教文明》《全北魏東魏西魏文補遺》《從〈姚伯多造像記〉看北朝造像記的文體來源》沿誤。

［42］“子”下泐三字，無法辨識，《全北魏東魏西魏文補遺》《從〈姚伯多造像記〉看北朝造像記的文體來源》首字作“孫”。據上下文義，可採。煩：通“繁”。繁多。繁昌：繁榮昌盛。《四川大學博物館藏北魏姚伯多造像碑文拓本考釋》《全北魏東魏西魏文補遺》《從〈姚伯多造像記〉看北朝造像記的文體來源》延用。

［43］“前”，《耀縣藥王山道教造像碑》作“崩”，字形不類，不取。其上字泐，諦視，可辨“待□道”三字。《長安藝術與宗教文明》作“待通道”。《耀縣藥王山道教造像碑》作“□□□□□等人，通道□……”，《全北魏東魏西魏文補遺》《從〈姚

伯多造像記〉看北朝造像記的文體來源》迻録，脱“通”字，不取。“萇”，通“長”。《耀縣藥王山道教造像碑》《全北魏東魏西魏文補遺》作“長”，非原刻。

［44］囜：“囧”的異體字。漢碑中常將“厶”寫作“口”。《北朝佛道造像碑精選》作“國”，非。《長安藝術與宗教文明》沿誤。《耀縣藥王山道教造像碑》未釋“囧”。“後”下字泐，可辨“背”字。《耀縣藥王山道教造像碑》未釋“背”。其下泐蝕字作“□光門”，不取。又，釋“故”作“并”，非。《全北魏東魏西魏文補遺》《從〈姚伯多造像記〉看北朝造像記的文體來源》延用，脱“光”字。

［45］“神”，《長安藝術與宗教文明》作“楝”，非。脱“曜”至“鬼”各字。虗：即“虚”字，通用字作“虛”。

［46］“通”，《耀縣藥王山道教造像碑》《全北魏東魏西魏文補遺》作“近”。“并”，《耀縣藥王山道教造像碑》《從〈姚伯多造像記〉看北朝造像記的文體來源》作“井”，皆形似而誤。“録”下字泐，《耀縣藥王山道教造像碑》《全北魏東魏西魏文補遺》《從〈姚伯多造像記〉看北朝造像記的文體來源》作“生使有為道”。又，“主”下一字泐，作“從”。碑陰泐蝕嚴重，三文補出多字，卻未説明理由，備參。《四川大學博物館藏北魏姚伯多造像碑文拓本考釋》未釋碑陰。

［47］礼：即“礼”字。《耀縣藥王山道教造像碑》《從〈姚伯多造像記〉看北朝造像記的文體來源》作“祀”，非。“倚道”，《耀縣藥王山道教造像碑》《北朝佛道造像碑精選》《長安藝術與宗教文明》作“俗兼”。字形不類，不取。“道”下字泐，《耀縣藥王山道教造像碑》作“□□□餅”。受此影響，《全北魏東魏西魏文補遺》《從〈姚伯多造像記〉看北朝造像記的文體來源》釋“倚道”作“備兼”，並補“優”字。此句釋作“録生使有為，道主從東上。俎豆祀既備，兼優□□餅”。文義不解。

［48］坐：即“坐”字。其下一字泐，觀拓，似“瞑”。《耀縣藥王山道教造像碑》作“暉”，非。“競”下一字泐，觀存痕，似“求”。《全北魏東魏西魏文補遺》《從〈姚伯多造像記〉看北朝造像記的文體來源》釋“瞑”作“瑛”；“求”作“來”，皆非。

［49］“諸”下字泐，無法辨識，《耀縣藥王山道教造像碑》作“姚□”，不確。《全北魏東魏西魏文補遺》作“□姚□”；《從〈姚伯多造像記〉看北朝造像記的文體來源》作“姚”。“越”，《耀縣藥王山道教造像碑》《全北魏東魏西魏文補遺》《從〈姚伯多造像記〉看北朝造像記的文體來源》作“起”，形似而誤。悳：即“德”字。下同。《耀縣藥王山道教造像碑》不識，未釋。

［50］“郡”下字泐，觀存痕，似“為族幸伯多、伯”。《耀縣藥王山道教造像碑》作“蒙□幸伯多□□□”。《全北魏東魏西魏文補遺》《從〈姚伯多造像記〉看北朝造像記的文體來源》作“蒙福幸，伯多、伯□壇□□”。備參。《長安藝術與宗教文明》

釋“幸”作“辛”，非。第二個“伯”下泐蝕字，作“□定□”。《漢魏六朝碑刻校注》未釋“幸”。

［51］“乃”，《耀縣藥王山道教造像碑》《長安藝術與宗教文明》作“前”，非。其上一字，左存“阝”，疑為“險”字。不確。“舜”下字，多泐蝕嚴重，難以辨識。《耀縣藥王山道教造像碑》補出多字，未説明理由。作“虞舜後□，高風□□□暢……□□前君臨萬□”。《全北魏東魏西魏文補遺》《從〈姚伯多造像記〉看北朝造像記的文體來源》釋“氣”作“淵”，字形不類，不取。釋“雷”作“賈”，形近而誤；釋“乃”作“則”，非。釋作“虞舜□後胤，官□淵邁形假暢賈□□□□表今殖封□□初則君臨萬國”。後胤：後裔。據文義，可採。

［52］觀拓，“遷民”可辨。《全北魏東魏西魏文補遺》《從〈姚伯多造像記〉看北朝造像記的文體來源》作“爰居”，形似而誤。檦：即“標”字。《耀縣藥王山道教造像碑》作“樹”，非。其下字泐，續作“四方”“□格”；《全北魏東魏西魏文補遺》《從〈姚伯多造像記〉看北朝造像記的文體來源》沿用，並釋“格”上一字作“勳”。勳格，功勛的品級。可備一説。

［53］竹素：猶竹帛。多指史册、書籍。以上各句，説明造像者姚氏是建立後秦的姚萇後裔，遷居北地。《耀縣藥王山道教造像碑》釋“順”作“須”，非。《全北魏東魏西魏文補遺》沿用，並釋“人”作“太”，致文義不暢。

［54］“祖”下字泐，據《全北魏東魏西魏文補遺》《從〈姚伯多造像記〉看北朝造像記的文體來源》補“留南”兩字；釋“元年拜”作“時年用”；“司徒”作“司從”；並認為“徒”下有一泐蝕字。均非。《耀縣藥王山道教造像碑》釋“元年拜”作“天帝上年”，未釋“司”“公姚”各字。“州”上一字，諦視拓片，似“雍”。《耀縣藥王山道教造像碑》《全北魏東魏西魏文補遺》未釋；《從〈姚伯多造像記〉看北朝造像記的文體來源》作“梁”，非。姚伯多祖、父等世在晉任職，為研究姚秦後裔家族譜系提供了資料。

［55］“晉”，《耀縣藥王山道教造像碑》《北朝佛道造像碑精選》作“留”，非。《長安藝術與宗教文明》《全北魏東魏西魏文補遺》《從〈姚伯多造像記〉看北朝造像記的文體來源》沿誤。“石”，《耀縣藥王山道教造像碑》作“后”，非。其上泐五字，第二字《全北魏東魏西魏文補遺》作“州”，按文義，可從。

［56］“晉”下，《全北魏東魏西魏文補遺》《從〈姚伯多造像記〉看北朝造像記的文體來源》衍“後”字。釋“晉”作“後留”，不知何解。“石”上一字泐，《耀縣藥王山道教造像碑》作“常”，備參。《全北魏東魏西魏文補遺》《從〈姚伯多造像記〉看北朝造像記的文體來源》沿用。“吏”，《耀縣藥王山道教造像碑》《漢魏六朝碑刻校注》作“使”，非。觀拓，左半應是劃痕。“吏”上一字泐，《全北魏東魏西魏

文補遺》《從〈姚伯多造像記〉看北朝造像記的文體來源》作“時”。又，《漢魏六朝碑刻校注》作“銓”，備參。“書”，《長安藝術與宗教文明》作“曹”，非。

［57］“縣”上一字，觀拓，似“四”。《耀縣藥王山道教造像碑》未釋“四”“回”。又，釋“盟”作“留”；“晉陽”作“吉陽”，非。《全北魏東魏西魏文補遺》《從〈姚伯多造像記〉看北朝造像記的文體來源》沿用，並釋“回”作“曲”。晉陽：古邑名。春秋晉地。故址在今山西太原市西南一帶。《晉書·苻丕苻登載記》：苻丕“乃以太元十年僭即皇帝位於晉陽南。立堅行廟，太赦境内，改元曰太安。置百官，以張蚝為侍中、司空，封上黨郡公……俱石子為衛將軍、濮陽公”①。知晉時，晉陽為氐羌活躍地。回州、曲州，唐設。晉時不確。

［58］“姚”下字泐，《耀縣藥王山道教造像碑》《全北魏東魏西魏文補遺》《從〈姚伯多造像記〉看北朝造像記的文體來源》作“束”。

［59］“魏”下字多泐，此句《耀縣藥王山道教造像碑》作“魏邑□中大夫□北地□□父姚□□”；《全北魏東魏西魏文補遺》《從〈姚伯多造像記〉看北朝造像記的文體來源》作“魏邑中大夫□北地□□二郡，父姚茂□”。按造像文例及文義，此題名當姚伯多父題名，可備一説。

［60］“進”，《北朝佛道造像碑精選》作“焦”，非。《長安藝術與宗教文明》沿誤。“意女”，觀拓清晰可辨，《全北魏東魏西魏文補遺》《從〈姚伯多造像記〉看北朝造像記的文體來源》作“盛安”，非。軄：同“職”。《四川大學博物館藏北魏姚伯多造像碑文拓本考釋》作“斌”，非。《耀縣藥王山道教造像碑》未釋左側題名。

［61］“願”，拓片清晰。《漢魏六朝碑刻校注》作“惟”，非。此句《耀縣藥王山道教造像碑》作：“願造功者，就修德者成。”破句而文義難解。

［62］囙：即“因”字。

［63］“者”下泐兩字，《全北魏東魏西魏文補遺》《從〈姚伯多造像記〉看北朝造像記的文體來源》第一字作“善”。又，釋“從”作“以”。均非。《四川大學博物館藏北魏姚伯多造像碑文拓本考釋》未釋“從”。

［64］“瑍”，觀拓，可辨。《耀縣藥王山道教造像碑》作“琬”，非。《四川大學博物館藏北魏姚伯多造像碑文拓本考釋》未釋。

［65］虗：“虛”的俗字。遊：即“遊”字；翺：即“翔”的異體。《四川大學博物館藏北魏姚伯多造像碑文拓本考釋》未釋。《北朝佛道造像碑精選》作“翩”，非。《長安藝術與宗教文明》沿誤。

［66］“音”，《耀縣藥王山道教造像碑》作“聲”，非。《老子·上士聞道章》：

---

① （唐）房玄齡等：《晉書》卷一百一十五，中華書局1974年版，第2942頁。

“大音希聲，大象無形。”① 斋：即“希”的俗字，通“稀”。《長安藝術與宗教文明》作“稀”，是。但迻録碑文當尊原刻。此謂道音本極其宏大，但平時則聽似無聲。

［67］叐：即“友”字。《耀縣藥王山道教造像碑》作“父”，非。“玉”，《長安藝術與宗教文明》作“王”，非。玉亰：即“玉京”。道家稱天地所居處所。《魏書·釋老志》：“道家之原，出於老子。其自言也，先天地生，以資萬類，上處玉京，為神王之宗。”② 泛指仙都。

［68］佁：即“俗”字。㝛：即“宿”字。賫：即“寮”字，通“僚”。僚屬。《耀縣藥王山道教造像碑》作“潦”，非。

［69］牧守：州郡的長官。州官稱牧，郡官稱守。“牧”，《長安藝術與宗教文明》作“扙”。擦之意。非。悳：即“德”。《耀縣藥王山道教造像碑》作“得”，通“德”。德行。《荀子·成相》：“舜授禹，以天下，尚得推賢不失序。”王先謙集解：“得當為德。”③ 導：即“導”字。偹：即“俻”字，同“備”。六條：晉諸郡中正舉薦賢才的六項標准。《晉書·武帝紀》：“令諸郡中正以六條舉淹滯：一曰忠恪匪躬，二曰孝敬盡禮，三曰友于兄弟，四曰絜身勞謙，五曰信義可復，六曰學以為己。”④ 凡具備六條標准者，堪稱賢才。“六條”，《四川大學博物館藏北魏姚伯多造像碑文拓本考釋》《全北魏東魏西魏文補遺》作“文韬”；《耀縣藥王山道教造像碑》《從〈姚伯多造像記〉看北朝造像記的文體來源》作“文條”，均誤。“眾備”，拓片清晰。《耀縣藥王山道教造像碑》作“象掩”，非。

［70］邑：即“邑”的俗寫。亦作“邑”。造像記中常用字。景：通“境”。太：古作“大”或“泰”。極大。《禮記·曲禮上》：“假爾泰龜有常，假爾泰筮有常。”孔穎達疏：“泰，大中之大也。”⑤《漢書·禮樂志·郊祀歌》：“揚金光，横泰河。”顔師古注：“泰河，大河也。”⑥ 寧泰，安寧。謂所轄區域太平安寧。《全北魏東魏西魏文補遺》《從〈姚伯多造像記〉看北朝造像記的文體來源》釋“太”作“泰”，非原刻。

［71］与：“譽”的别字。聲譽良好。“信”，《耀縣藥王山道教造像碑》作“仗”，非。“冥”，《耀縣藥王山道教造像碑》《北朝佛道造像碑精選》《四川大學博物館藏北魏姚伯多造像碑文拓本考釋》作“宜”，非。《耀縣藥王山道教造像碑》並誤倒，作

---

① 朱謙之：《老子校釋》卷四十一，《新編諸子集成》，中華書局1984年版，第171頁。

② （北齊）魏收：《魏書》卷一百一十四，中華書局1974年版，第3048頁。

③ （清）王先謙撰，沈嘯寰等點校：《荀子集解》卷十八，《新編諸子集成》，中華書局1988年版，第463頁。

④ （唐）房玄齡等：《晉書》卷三，中華書局1974年版，第50頁。

⑤ 十三經注疏整理委員會：《禮記正義》卷三，《十三經注疏》，北京大學出版社2000年版，第104，107頁。

⑥ （漢）班固撰，（唐）顔師古注：《漢書》卷二十二，中華書局1962年版，第1066，1067頁。

"純宜"。

［72］怛怛：憂傷貌。《詩經·齊風·甫田》："無思遠人，勞心怛怛。"孔穎達疏："怛怛，猶忉忉也。"①《全北魏東魏西魏文補遺》《從〈姚伯多造像記〉看北朝造像記的文體來源》不識其意，釋作"恆恆"，非。隟：即"隰"字。《四川大學博物館藏北魏姚伯多造像碑文拓本考釋》未釋。

［73］莪：即"義"。《耀縣藥王山道教造像碑》釋作"栽"；《四川大學博物館藏北魏姚伯多造像碑文拓本考釋》作"栽"或"哉"；《全北魏東西西魏文補遺》作"裁"；《從〈姚伯多造像記〉看北朝造像記的文體來源》作"栽"，皆不明其訛變而誤。仁義：亦作"仁誼"。仁愛和正義；寬惠正直。《禮記·喪服四制》："恩者仁也，理者義也，節者禮也，權者知也，仁義禮知，人道具矣。"②

［74］拓片文字可辨。《耀縣藥王山道教造像碑》釋"左"作"在"，非。"左"與"右"對偶。又，釋"子"作"平"；"女"作"太"，非。《四川大學博物館藏北魏姚伯多造像碑文拓本考釋》《全北魏東魏西魏文補遺》《從〈姚伯多造像記〉看北朝造像記的文體來源》沿誤。"北"下一字，觀拓，似"順"。《耀縣藥王山道教造像碑》作"欸"，非。

［75］亐：古同"于"。下同。《耀縣藥王山道教造像碑》作"兮"，非。下同。

［76］洸洸：盛貌。《四川大學博物館藏北魏姚伯多造像碑文拓本考釋》未釋。濟：即"濟"，亦作"済"。濟濟，眾多貌。《詩經·大雅·旱麓》："瞻彼旱麓，榛楛濟濟。"毛傳："濟濟，眾多也。"③"狹"，《中國佛道造像碑研究》作"俠"④，非。邉：即"邊"字。此指造像碑刻立之地，與北魏太和十二年（488）《暉福寺碑》"擇形勝之地"而建的理念一致。

［77］穆穆：即"穆穆"。儀容或語言和美。《耀縣藥王山道教造像碑》作"粽粽"，非。《四川大學博物館藏北魏姚伯多造像碑文拓本考釋》沿誤。

［78］肵：即"所"字。碑刻中常見。徧：古同"遍"，通"偏"字。《耀縣藥王山道教造像碑》《四川大學博物館藏北魏姚伯多造像碑文拓本考釋》作"偏"，非原刻。

---

① 十三經注疏整理委員會：《毛詩正義》卷五，《十三經注疏》，北京大學出版社 2000 年版，第 405 頁。

② 十三經注疏整理委員會：《禮記正義》卷六十三，《十三經注疏》，北京大學出版社 2000 年版，第 1952 頁。

③ 十三經注疏整理委員會：《毛詩正義》卷十六，《十三經注疏》，北京大學出版社 2000 年版，第 1176 頁。

④ 羅宏才：《中國佛道造像碑研究——以關中地區為考察對象》，上海大學出版社 2008 年版，第 88 頁。

［79］“綺”下一字，諦視，似“餝”。《耀縣藥王山道教造像碑》作“萶”，非。逮：即“逮”字。《北朝佛道造像碑精選》作“建”，字形相似而誤。《四川大學博物館藏北魏姚伯多造像碑文拓本考釋》《長安藝術與宗教文明》沿誤。

［80］“意”，《長安藝術與宗教文明》作“願”，非。《四川大學博物館藏北魏姚伯多造像碑文拓本考釋》未釋“意”；並釋“如”作“成”，非。壽命：即“壽命”的俗字。

［81］帍：即“虎”，《四川大學博物館藏北魏姚伯多造像碑文拓本考釋》《全北魏東魏西魏文補遺》《從〈姚伯多造像記〉看北朝造像記的文體來源》作“常”。同一人題名，上文作“宗”，均非。

［82］“頽”下字泐，諦視，似“故”。“故主國王”，《耀縣藥王山道教造像碑》作“故王國主”；《四川大學博物館藏北魏姚伯多造像碑文拓本考釋》作“帝王國主”，《全北魏東魏西魏文補遺》《從〈姚伯多造像記〉看北朝造像記的文體來源》沿用。非。

［83］觀拓，“以”下二字，無法辨識。“教”下泐二字，第一字似“濟”，第二字不能辨。《長安藝術與宗教文明》未釋“濟”。《全北魏東魏西魏文補遺》《從〈姚伯多造像記〉看北朝造像記的文體來源》釋此八字作“以物敷教，敷教濟濟”。不取。《四川大學博物館藏北魏姚伯多造像碑文拓本考釋》脱“物”上泐蝕的二字及“濟□”。

［84］邉：即“邊”字。邊夷：邊疆少數民族。賔伏：即“賔服”。指少數民族和鄰國，與中央王朝保持正常“賓服”關係。唐劉庚《稽瑞》引《晉紀》文：“永和元年……桓温平蜀，四夷賓服。”① “周”，《漢魏六朝碑刻校注》作“害”的俗字，可採。構件“宀”，變長作“冂”；“丶”變作短“丿”。《耀縣藥王山道教造像碑》未釋“夷”“罷”；釋“周”作“周”，非。釋文、斷句為“以□□教□□休問遠彰邊□賓伏周自□”，以致文義無解。《四川大學博物館藏北魏姚伯多造像碑文拓本考釋》未釋“罷”。《全北魏東魏西魏文補遺》《從〈姚伯多造像記〉看北朝造像記的文體來源》釋“罷”作“亡”，非。

［85］兆：即“兆”字。善：即“善”的減筆字。榛：通“臻”。《耀縣藥王山道教造像碑》釋“瑞”作“珠”，非。

［86］“五”，《長安藝術與宗教文明》作“七”，非。《道德戒律全集·老君音誦誡經》：“願言：‘某乙三宗五祖、七世父母、前亡後死，免離苦難，得在安樂之

① （唐）劉庚：《稽瑞》，《術數全書》（下），中州古籍出版1995年版，第382頁。

處。'"①"祖"，字跡可辨，《耀縣藥王山道教造像碑》作"祀"，非。

［87］觀拓："母"字清晰。其上一字，疑刻錯而廢。其下一字為"前"。"前"上，《漢魏六朝碑刻校注》衍"□□"泐蝕字。"七世父母"，佛教語，"一切眾生"的代名詞。"死"，《耀縣藥王山道教造像碑》作"妃"。《北朝佛道造像碑精選》《長安藝術與宗教文明》沿用。《四川大學博物館藏北魏姚伯多造像碑文拓本考釋》作"化"或"死"。《全北魏東魏西魏文補遺》《從〈姚伯多造像記〉看北朝造像記的文體來源》作"化"。均非。

［88］徒：假借為"途"。三途：佛教語。指火塗、血塗、刀塗。

［89］逺：即"遠"字。

［90］《耀縣藥王山道教造像碑》脱"生"，使文不能解。

［91］"令"，《北朝佛道造像碑精選》作"今"，非。"封"字泐，存痕可辨。《全北魏東魏西魏文補遺》《從〈姚伯多造像記〉看北朝造像記的文體來源》作"均"，非。《四川大學博物館藏北魏姚伯多造像碑文拓本考釋》未釋"封"。

［92］萇生：本作"長生"。永久生存，也指道家求長生的法術。《耀縣藥王山道教造像碑》不識，並以為是一字。《四川大學博物館藏北魏姚伯多造像碑文拓本考釋》《長安藝術與宗教文明》未釋"萇"。

［93］《耀縣藥王山道教造像碑》脱"福"字。文義不明。

［94］"与"，《長安藝術與宗教文明》作"興"，非。《全北魏東魏西魏文補遺》《從〈姚伯多造像記〉看北朝造像記的文體來源》釋"斯"作"所"，非。

［95］"如"上泐四字，第三字《全北魏東魏西魏文補遺》《從〈姚伯多造像記〉看北朝造像記的文體來源》作"神"，備參。"功"下一字，存右半，據存痕和文義當"德"。《漢魏六朝碑刻校注》未釋。《耀縣藥王山道教造像碑》未釋"如此種福，功德"六字。

彙考

造像碑出自陝西耀縣，題名有姚伯多、姚伯龍、姚定龍、姚伯養、姚天虎五兄弟及道民姚文遷等。北魏時期（386－534）《邑子羅暉造像記》，出自藍田縣，題名有姚姓15人②。北周保定四年（564）《聖母寺四面像碑》，出自蒲城縣，題名有右葙邑正姚族欝、邑子姚輝粲2人。這些地方在南北朝時期均屬於羌人內遷關中聚居地域。

---

① 臺灣歷史語言研究所：《慶祝胡適先生六十五歲論文集》（上），《"中研院"歷史語言研究所集刊》1956年第28期，第46頁。

② （清）毛鳳枝：《關中石刻文字新編》卷一，民國二十四年會稽顧燮光校印石印本，第11頁。

《晉書・姚弋仲載記》："姚弋仲，南安赤亭羌人也。"① 其子姚萇建後秦，立國33年。姚姓羌人是該政權的核心。發願文三次指出姚氏顯赫身世："承帝舜之苗胄，珠紫弈世。""望欝啚族，雅量淵廓。""軒轅之苗胄""君臨万國"，更明確表明其為建立後秦政權姚萇的後裔的身份。儘管稱"姚伯多者，軒轅之苗胄"，乃是偽託，不可信，實是"遷民北地"羌人。該造像碑為研究姚秦後裔提供了實證資料。

北朝時期，上達帝王貴胄，下到貧民百姓，或為信仰，或為祈福，佛教、道教信仰和造像盛行。此造像碑為姚氏家屬造像碑。造像碑四面造像、發願文。碑陽龕正中造"皇老君文"像。只見其頭戴道冠，聃耳長頸，衣着不顯。雙手置於腹前，作結跏趺坐狀。主尊側為二脇侍，着冠，雙手拱於胸前，曲膝下蹲。發願文一千一百餘字，敘述姚伯多兄弟及其妻子造太上老君石像，"營構裝飾極工匠之奇雕，隱起圖形婉若真容現於今世。綺錯盡穹巧之制，修來清顏有若真對。非夫道協幽宗、理會上言，焉能若此者"。祈家族吉祥"所願克成"。可推測姚氏家族是當時北地郡執道教牛耳者②。古人盟用牛耳，卑者執之，尊者涖之。《左傳・定公八年》云："衛人請執牛耳。"③ 反映出南北朝時期姚氏羌人對道教的推崇，以及姚氏羌人的漢化和較高的文化水平。特別是發願文中對道教、佛教教義的闡釋，顯示兩種宗教的混融以及當時人們普遍地對佛道的包容心態和多重信仰。

---

① （唐）房玄齡等：《晉書》卷一百一十六，中華書局1974年版，第2959頁。

② 韓偉、陰志毅：《耀縣藥王山的道教造像碑》，《考古與文物》1987年第3期，第18頁。

③ 十三經注疏整理委員會：《春秋左傳正義》卷五十五，《十三經注疏》，北京大學出版社2000年版，第1812頁。

018 楊阿紹造像碑 景明元年（500）八月十八日

説明

碑石出土於 1936 年，具體地點不詳。現藏陝西省耀縣藥王山碑林。長方體，高 100 cm，寬 54 cm，厚 31 cm。上開拱形龕，内有一天尊、二立侍。天尊头戴道冠，束腰帯，衣似佛之通肩衣，右手上举亦似佛。龕下刻發願文。文 7 行，滿行 9 字；餘題名。楷書，帶隸法。

碑文

景明元年，八月十八日，歳次/庚辰玥[1]，北地郡富平縣/楊阿紹為国主[2]，為七世/以耒，肵生父母，造石像/一傴[3]。頗眷屬大小[4]，龍花［乇］/會[5]，道在初手[6]，衣食自然，/所頞如意。/

楊阿紹，妻姜小姬，/息文要，妻王阿㜸[7]，息女阿勝，/息文熾，妻張買女，/息文好，/息文安，妻王樂，妹阿豐。/

著録

1.《北朝佛道造像碑精選》44。2.《藥王山北朝碑石研究》19。3.《中國道教石刻藝術史》上 45。4.《長安藝術與宗教文明》369。5.《漢魏六朝碑刻校注》3－330 圖，331 文。6.《全北魏東魏西魏文補遺》440。

注釋

［1］原刻歳次月朔秩序誤倒。景明元年歳次庚辰，八月乙未朔，十八日為壬子。

［2］“阿”，《藥王山北朝碑石研究》作“向”，下同。並因以為題名，作“楊向紹造像碑”，非。《全北魏東魏西魏文補遺》沿誤。

［3］耒：即“來”的省筆字。“耒”上一字微泐，是“以”字，《全北魏東魏西魏文補遺》未釋。傴：造像量詞，通“區”“塸”“軀”。猶“座”“龕”。

［4］頗：即“願”字，造像碑中常用字。《藥王山北朝碑石研究》作“顧”，非。

［5］龍花：亦作“龍華”。“花”，《藥王山北朝碑石研究》作“華”，非原刻。“花”下一字泐，據同時期、同為“北地郡富平縣”的北魏景明元年（500）八月《楊縵黑造像碑》，當為“乇”。“乇會”，即“三會”。佛教謂彌勒曾在龍華樹下開法會，三次濟度世人。“乇”字中“乚”，為“三”的衍筆。

［6］“道”下一字泐，諦視拓片，似“在”。《北朝佛道造像碑精選》《藥王山北朝碑石研究》釋作“整”，非。初手：即“初首”。首先。手，通“首”。此語在造像

記中常見，如北魏神龜二年（519）《夫蒙文慶造像碑》有“恒在初首”①；神龜三年（520）《晏僧定等六十七人造像碑》“願在初首”②；西魏大統元年（535）《毛遐造像記》有“願在先首”③。《北朝佛道造像碑精選》《藥王山北朝碑石研究》均釋作“物丰”，非是。“道□初手”《長安藝術與宗教文明》作“道整物丰”，不取。《全北魏東魏西魏文補遺》未釋“初首”。

[7] 婁：即“妻”字。兩點為裝飾性衍筆。蕿：即“雙”字。

彙考

北魏北地郡，郡治富平縣，是氐羌的主要居住地之一。此造像碑與《楊緩黑造像碑》同為“北地郡富平縣”楊氏家族合邑造像，又同時開鑿，形制、發願文相似。《北朝杏城—鄜州地區部族石窟的分期與思考》認為是氐人④，其説可信。

① 李改、張光溥：《藥王山北朝碑石研究》，陝西旅游出版社 1999 年版，第 53 頁。

② 羅宏才：《中國佛道造像碑研究——以關中地區為考察對象》，上海大學出版社 2008 年版，第 322 頁。

③ 同上書，第 78 頁。

④ 暨遠志：《北朝杏城—鄜州地區部族石窟的分期與思考》，《藝術史研究》（8），中山大學出版社 2006 年版，第 401 頁。

019 楊縵黑造像碑 景明元年（500）八月三十日

説明

碑石出土於1937年①，具體地點不詳。《北朝杏城—鄜州地區部族石窟的分期與思考》，出土於陝西省富平②，可備一説。碑呈不規則長方體，高90 cm，寬81 cm，厚23 cm。現藏耀縣藥王山碑林。上開二圓拱形龕，内均有一天尊、二立侍。天尊端坐，頭戴道冠，身著道袍。龕下有發願文。文6行，行字數不等；餘題名。楷書，带隸法。泐蝕嚴重。

碑文

景明元年，八月卅日，北地郡富平/縣楊縵黑為父母造/石像一傴[1]。顊眷屬/大小，龍花乇會，/恒□初手[2]，衣食/自然，所顊如意。/

父楊□慶作玉像［一］傴，/□□作子□宋主□□/心後作（下泐）/楊縵黑[3]，妻王白□，妻泉公[4]。/楊小黑，妻王魯女，妻李□。/

息萇生，/息佁生，/息萇成[5]，/息道成，/息阿国[6]，/息道生。/

息女□□，/息女鳳皇，/息女□□[7]，/息女清栖[8]，/息女阿□。/（以上刻於龕下）

□母王始姬。/（以上刻於左龕側）

著録

1.《藥王山北朝碑石研究》22。2.《北朝佛道造像碑精選》47。3.《中國道教石刻藝術史》上－47。4.《長安藝術與宗教文明》369。5.《漢魏六朝碑刻校注》3－332圖，333文。6.《全北魏東魏西魏文補遺》440。

注釋

［1］縵：即“縵”字。永安元年（528）《元欽墓誌》：“報善參差，酬仁森漫。”漫：即“漫”字③。《全北魏東魏西魏文補遺》作“楞”，大誤。

［2］“恒”，《北朝佛道造像碑精選》《藥王山北朝碑石研究》《全北魏東魏西魏文補遺》作“道”，非。“恒”下一字泐，《全北魏東魏西魏文補遺》作“在”字，可從。“初手”，《北朝佛道造像碑精選》作“物平”，《藥王山北朝碑石研究》作“物

① 出土時間，《長安藝術與宗教文明》作1937年，《藥王山北朝碑石研究》作1938年。

② 暨遠志：《北朝杏城—鄜州地區部族石窟的分期與思考》，《藝術史研究》（8），中山大學出版社2006年版，第401頁。

③ 王綿厚、王海萍：《遼寧省博物館藏碑誌精粹》，文物出版社、日本中教出版株式會社2000年版，第76頁。

丰”，非。《長安藝術與宗教文明》沿用。《全北魏東魏西魏文補遺》未釋“初”字，題名缺。

［3］《長安藝術與宗教文明》未釋“心”。

［4］“公”上一字，似“泉”。《長安藝術與宗教文明》作“男”。並釋“妻泉公”作“□妻妻泉公”，均非。

［5］“生”上一字，似“佁”，即“俗”字。《漢魏六朝碑刻校注》未釋。《藥王山北朝碑石研究》脱“息萇生，息□生，息萇成”。

［6］“国”，字跡清晰，《北朝佛道造像碑精選》《藥王山北朝碑石研究》作“因”，非。《長安藝術與宗教文明》沿用。

［7］“皇”，《長安藝術與宗教文明》作“星”，非。《藥王山北朝碑石研究》脱以上題名。

［8］“清”下一字，似“栖”，他書均未釋。

020　馬振拜等造像記　景明四年（503）八月初五

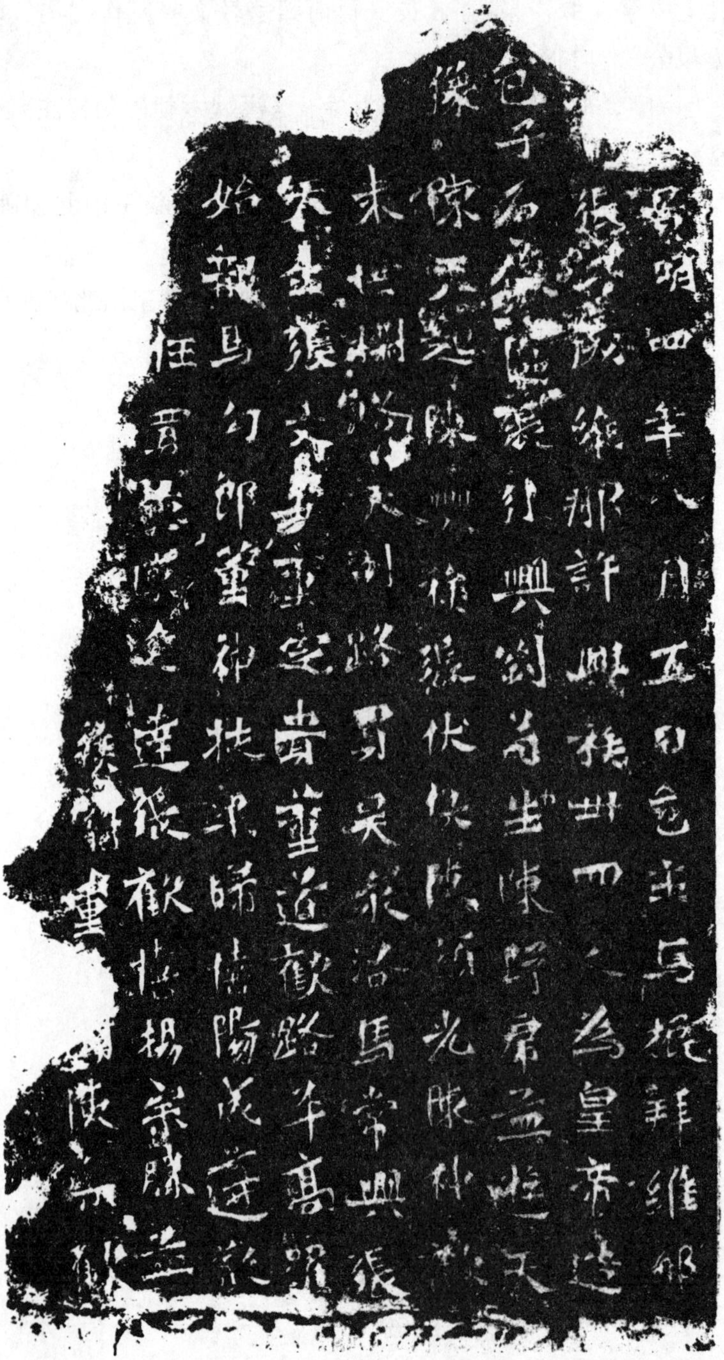

説明

碑石刻於河南省洛陽市龍門石窟古陽洞東壁門拱上部。拓片高 57 cm，寬 31 cm。造像為彌勒像，龕側刻發願文。額題“邑子像”。文 3 行，滿行 15 字；餘題名。楷書。該碑又題《邑主馬振拜等三十四人造石像記》。

額

邑子/像。/

碑文

景明四年，八月五日，邑主馬振拜，維那/張□成，維那許興族卅四人[1]，為皇帝造/石像一區。

張引興、劉苟生、陳野㕑、孟遊天、/陳元起、陳興族、張伏俱、陳顯光[2]、陳神歡、/袁世樹、路天副、路買、吴永洛、馬常興、張/天生、張文安、董乏貴、董道歡、路平、高羅/始、部馬勾郎[3]、董神扶、梁歸憘、陽成遵敬/[4]、任買德、陳［延］達、張歡憘、楊宗勝、孟/族□[5]、董□□、陳樂歡。/

著録

1.《北京圖書館藏中國歷代石刻拓本滙編》3－65。2.《日本京都大學藏中國歷代文字碑刻拓本》NAN0067X。3.《八瓊室金石補正》卷 12－28。4.《漢魏六朝碑刻校注》4－5 圖，6 文。5.《龍門石窟魏唐碑銘所見民族史史料集繹》，《敦煌學輯刊》1990（2）。6.《全北魏東魏西魏文補遺》449。

注釋

［1］那：即“那”字。族：即“族”字。卅：亦作“卅”字，三十年。此指三十。

［2］顯：即“顯”字。“俱”，《龍門石窟魏唐碑銘所見民族史史料集繹》作“保”，非。觀拓，右上微泐，右下部為“八”。

［3］“馬”上一字泐，細審拓片，似“部”。因右下劃痕，《八瓊室金石補正》《漢魏六朝碑刻校注》作“龍”，相似而誤。“部馬”，按中古雙唇音相通的原則，應即“不蒙”或“夫蒙”的異寫①。《魏書·王遇傳》：“王遇字慶時，本名他惡，馮翊

① 張乃翥：《龍門石窟魏唐碑銘所見民族史史料集繹》，《敦煌學輯刊》1990 年第 2 期，第 94 頁。

李潤鎮羌也，與雷、党、不蒙俱為羌中强族。”① 可知“部馬”乃西羌大姓。“路……郎”，《漢魏六朝碑刻校注》作“路平高、羅始龍、馬勾郎”，非。《全北魏東魏西魏文補遺》沿誤。

[4] 陽成：複姓。原作“陽成”，後去土為“陽成”。先秦有陽成泄。見《韓非子·说疑》。漢有陽成昭信。見《漢書·廣川惠王劉越傳》。《漢魏六朝碑刻校注》作“陽成遵、敬□□”，不取。《全北魏東魏西魏文補遺》沿用。

[5] “袟”上無字。《漢魏六朝碑刻校注》《全北魏東魏西文補遺》作泐七字，致題名超出三十四人，不取。《龍門石窟魏唐碑銘所見民族史史料集繹》以為“盂族”，可採。題名據石窟壁势鐫刻，故不整齊。

彙考

不蒙，又稱“夫蒙”，或“儁蒙”，羌豪大姓。《魏書·太宗紀》：泰常五年（420）四月，“羌酋不蒙俄遣使内附”②，表明在明元帝（409－423）時代此支羌人已歸屬北魏。及唐代開元時期，馮翊郡羌豪夫蒙靈詧曾官至安西都護。王維撰《奉和聖製送不蒙都護兼鴻臚卿歸安西應制》③，不蒙都護，即《舊唐書·突厥傳》所載安西都護夫蒙靈詧。同書《高仙芝傳》《封常清傳》皆稱其為“夫蒙靈詧為四鎮節度使”④。1955年出土的《夫蒙鍠墓誌》中的夫蒙鍠就是夫蒙靈詧的兒子⑤。説明唐時“不蒙”與“夫蒙”已為一體。就在《舊唐書》卷一百零九《李嗣業傳》、卷一百二十八《段秀實傳》、卷一百四十五《劉全諒傳》，不蒙靈詧則作“馬靈詧”，這是受到複姓改單姓的影響，省去“不蒙”前一音，改為蒙氏，後又變音改為馬氏，羌戎的影子便完全抹去了。這是夫蒙氏改馬氏之證。

---

① （北齊）魏收：《魏書》卷九十四，中華書局1974年版，第2023頁。
② 《魏書》卷三，第60頁。
③ 《全唐詩》卷一百二十五，中華書局1980年版，第1235頁。
④ （後晉）劉昫等：《舊唐書》卷一百零四，中華書局1975年版，第3205，3207頁。
⑤ 吴鋼等：《隋唐五代墓誌滙編·陝西卷》(2)，天津古籍出版社1991年版，第18頁。

021　楊大眼造像碑　景明年間（500－503）[1]

説明

摩崖刻於河南省洛陽龍門石窟古陽洞北壁列龕間。拓片高95 cm，寬41 cm。額楷書題“邑子像”。記11行，滿行23字。楷書，有縱横界格。下部泐蝕漫漶。該碑又題《龍門山仇池楊大眼題記》《楊大眼為孝文帝皇帝造像》《後魏楊大眼為孝文帝皇帝造像》，是龍門造像二十品之一。

額

邑子像。/

碑文

邑主仇池楊大眼[2]，為孝文皇帝造像記。/

夫靈光弗曜，大千懷永夜之□[3]；□蹤不遘，葉生啥靡道之懺[4]。/是以如来應群緣以顯迹。爰暨□□□像遂著。降及後王，茲/功廓作[5]。

輔國將軍、直閤將軍、[游擊將軍]、梁州大中正、安戎縣/開國子仇池楊大眼[6]，誕承龍曜之資，遠踵應符之胤。禀英奇/於弱年，挺超群於始冠[7]。其［行］也[8]，垂仁聲於未聞；揮光也，摧百/万於一掌。震英勇，則九宇咸駭[9]；存侍納，則朝野必附。彭王衢/於三紛，掃雲鰤於天路[10]。南穢既澄，震旅歸闕[11]；軍次□行，路迳/石窟。覽先皇之明蹤，覩盛聖之麗迹。矚目□霄，泫然流感[12]/。遂為孝文皇帝造石像一區。凡及衆形，罔不備列[13]。刊名記/功，示之云尒。武（下泐）。/

著録

1.《北京圖書館藏中國歷代石刻拓本滙編》3－71。2.《日本京都大學藏中國歷代文字碑刻拓本》NAN0712E。3.《長安金石——陝西省文史研究館館藏碑石精華》221。4.《金石萃編》卷28－9。5.《漢魏六朝碑刻校注》4－13圖，14文。6.《龍門石窟交通遺跡與佛教藝術的歷史聯係》，《普門學報》2002（10）。

注釋

［1］碑文中無刻石時間。《寰宇訪碑録》云：“錢辛楣少詹云，當在宣武初年。”①張乃翥認為刻於北魏宣武帝初年②，即北魏景明年間（500－503）。

［2］仇池，本“仇夷山”名，又稱“百頃山”，因山上有池水，故名。在今甘肅

① （清）孫星衍、邢澍：《寰宇訪碑録》卷二，《叢書集成初編》，商務印書館1935年版，第24頁。

② 張乃翥：《從龍門石窟造像遺跡看北魏民族關係中的幾個問題》，《民族研究》1989年第2期。

省成縣西。《後漢書·西南夷傳·白馬氐》："居於河池，一名仇池，方百頃，四面斗絕。"① 又指西羌之地，曾建國。前趙光初五年（322），劉曜伐仇池，徙降羌氐萬余户於長安；次年"徙秦州大姓楊、姜諸族二千餘户於長安。氐、羌悉下，並送質任"②。光初十年（327），"襲楊難敵于仇池，弗克，掠三千餘户而歸"③。

［3］大千：佛教語。即"大千世界"。泛指廣闊的萬物世界。"之"下一字泐，張乃翥《龍門石窟交通遺跡與佛教藝術的歷史聯係》作"悲"④，悲憫之意，可採。

［4］"踪"：即"蹤"字。"啥"：亦作"含""琀"。"㦗"，同"懺"。三字，拓片皆清晰，張乃翥《龍門石窟交通遺跡與佛教藝術的歷史聯係》釋"蹤"作"縱"。"縱"，通"蹤"。又，"啥"作"含"；"㦗"作"懺"，非原刻。

［5］隆：即"降"字。切：即"功"字。"力"與"刀"形近同化⑤。厤："厥"的異體。張乃翥《龍門石窟交通遺跡與佛教藝術的歷史聯係》略"是"以下諸字。

［6］楊大眼：武都氐族楊難當族孫，"善騎乘，裝束雄竦，擐甲折旋，見稱當世"。"自為將帥，恒身先兵士，衝突堅陳，出入不疑，當其鋒者，莫不摧拉"⑥。北魏宣武帝初年，以功封安戎縣開國子，"食邑三百户。除直閣將軍，尋加輔國將軍、遊擊將軍"⑦。見《魏書·楊大眼傳》。題記所叙官階"輔國將軍、直閤將軍、□□□□、梁州大中正、安戎縣開國子"，是壽春戰後朝廷所授官爵，可知造像記是壽春凱旋之際所刻。"梁"上泐四字，據《魏書》補"游擊將軍"。《潛研堂金石文跋尾》卷二："《魏書》本傳云：封安成縣開國子。《北史》作'安城'。此記作'安戎'。安戎縣隸略陽郡，於仇池為近，當據此以正史文之誤。"⑧ 直閤將軍：出現於南朝宋齊之際，孝文帝官制改革時將其引入北魏官制系統，見《魏書·官氏志》載太和十七年《職員令》官品表。太和二十三年《職員令》官品表中無，但在實際政治生活中卻存在。掌閤内禁衛，在禁衛武官中官秩較高。

［7］稟：即"禀"字。冠：即"冠"字。在構件"元"與"寸"分開基礎上，

---

① （南朝宋）范曄撰，（唐）李賢等注：《後漢書》卷八十六，中華書局1965年版，第2859頁。

② （唐）房玄齡等：《晉書》卷一百零三，中華書局1974年版，第2694頁。

③ 同上書，第2699頁。按《晉書·劉曜載記》敘此事於晉咸和三年（328），《晉書·成帝紀》《資治通鑑》卷九十三係咸和二年，從後者。

④ 張乃翥《龍門石窟交通遺跡與佛教藝術的歷史聯係》，《普門學報》2002年第10期，第14頁。

⑤ 毛遠明：《漢魏六朝碑刻異體字研究》，商務印書館2012年版，第137頁。

⑥ （北齊）魏收：《魏書》卷七十三，中華書局1974年版，第1635頁。

⑦ 同上書，第1634頁。

⑧ （清）錢大昕著，祝竹點校：《潛研堂金石文跋尾》卷二，《嘉定錢大昕全集》，江蘇古籍出版社1997年版，第57頁。

構件“元”訛作“礻”。碑刻中有此用例。如北魏正始二年（505）《李蕤墓誌》：“弱秎”①。孝昌三年（527）《元固墓誌》作“秎”②。

［8］“其”下一字，泐蝕不能辨識，張乃翥《從龍門石窟造像遺跡看北魏民族關係中的幾個問題》作“行”，可採。

［9］《金石萃編》未釋“咸”。其下一字左半存“馬”，似“駭”。

［10］彭：同“靖”字。鰟：即“鯨”字。

［11］南穢：北魏對南齊政權的篾稱。《授堂金石跋》謂“是時為宣武初，裴叔業内附”③。碑云“南穢”，當指此。㳺：即“旅”的俗訛字。閞：“闕”的異體字。

［12］“目”下一字泐，張乃翥《龍門石窟交通遺跡與佛教藝術的歷史聯係》作“徹”，備參。

［13］冈：即“罔”的俗字。㑗：即“偹”字，通作“備”。《金石萃編》未釋“不”。“凡”至文末各字，張乃翥《龍門石窟交通遺跡與佛教藝術的歷史聯係》略。

彙考

北魏太和十九年（495）六月，令“遷洛之民，死葬河南，不得還北”，“於是代人南遷者悉為河南洛陽人”。北方匈奴、鮮卑、羯、氐、羌、高麗、丁零、柔然、烏丸等部族遷徙至此，並在龍門紛紛從事佛事活動，留下了不少題記。為研究北朝時期中原地區的民族構成提供了真實可靠的依據。

---

① 北京圖書館金石組：《北京圖書館藏中國歷代石刻拓本滙編》（3），中州古籍出版社1989年版，第89頁。

② 《北京圖書館藏中國歷代石刻拓本滙編》（5），第70頁。

③ （清）武藝：《授堂金石跋》卷三，《石刻史料新編》第一輯（25），臺北：臺灣新文豐出版公司1982年第2版，第19107頁。

022 山公寺碑頌 正始元年（504）七月十五日

碑陽

碑陰

説明

碑石於2004年在甘肅省寧縣人民醫院基建工地出土。碑石下部殘毀，上部保存基本完好。殘高135 cm，寬110 cm，厚37 cm。四面刻，圓首，碑陽額陽文篆書“大代持節豳州刺史山公寺碑頌”，刻雙龍頭，龍頭垂飾於碑兩側。碑身上刻頌，下述家世。碑陰額中間開尖拱龕，内有一佛二菩薩，周圍有隋代補刻題名；龕下題名。碑左右側題名，未公佈拓片。碑文上列27行，滿行21字；下列28行，滿行存1－2字不等；餘三面題名。楷書。

額

大代持節/幽州刺史山/公寺碑頌。/

碑文

維大代正始元年，歲在甲申，七月丙午朔，十五日庚申，/羽真散騎常侍、安南将軍、殿中尚書、泰山公之孫，安南/将軍、比部尚書、泰山公之子，持莭砮幽州諸軍事、冠軍/将軍、幽州刺史山累，乘州府綱佐[1]，仰為/孝文皇帝立追獻寺三級[2]。

蓋聞善不積，不足以賛利見/之美菓，功不顯[3]，何以欝住聖之英蹤[4]？竊惟/孝文皇帝叡哲欽明，渊暉洞遠[5]。玄化邁於唐軒，道風超/於三代[6]。澄絹四瀛，冠麵万國[7]。是以玉燭効和，禎綵雜曜[8]。/三趾九尾之瑞，嘉［禾］素烏之苻[9]，充集於進蓿矣[10]。

累忝沐/恩景，世荷榮爵[11]。歷侍三朝，出牧汾蕃。皇上流恩，遷/任此州。宣猷壠左[12]。姖教西肷[13]，夙夜追念，不知何以仰助/實祉[14]。愚謂三乘福應之原，十善将来之慶，遂發誠心[15]，開/造禪堂。寶山四周，華林藹野[16]。頍剬之初[17]，於寺肵絕壁之/際，有霊井三區，忽然自成，淨麗渊圓，今古莫見。非至神/著感，幽顯廌祥，如斯烋嶶[18]，何可聞覿？遂乃鐫石立頌焉。/

於顯皇祚，疊世重明。跨周越漢，牟唐等進[19]。滂作郁穆，四/海儀形。永惟/先帝，至德玄経。光澤區夏，曜道三霊[20]。如日斯照，如川斯/生。如日伊何，明朗九圍[21]。如川伊何，均育八維。仁夙洪濟，/民歌永思。伊余寘昧，夙沾恩烋[22]？糸侍累朝，委任綢繆。/皇心有眷，錫土斯州。兢〻尅念，塵露靡詶[23]。傾誠焉寄，歸/依大寶。思頗/先皇，昇神玄皓。麗景眞卛[24]，靖證常道。敬建斯寺，時汞太/平[25]。禪館爽闓，寶宮霞亭。藹〻雲構[26]，濟〻僧英。法響載璨，/梵音澂清[27]。勝菓光炳。禎應自然[28]，祕井啓露，法水明泉。曀/鏡昬佾[29]，芳烈淨天。含生更曉，為國福田。聖業永康，比隆/zzz乾[30]。爰刊玄志，或揚烋傳[31]。/

曾祖（下殘），/祖諫（下殘），/安南（下殘），/八議（下殘），/顯授（下殘），/墓殯（下殘），/父諱（下殘），/性貞（下殘），/進為（下殘），/惺威（下殘），/長兄（下殘），/襲品（下殘），/州刺（下殘），/芊門（下殘），/同冗（下殘），/聖悼（下殘），/詔（下殘），/次（下殘），/冠軍（下殘），/葨（下殘），/累（下殘），/鎮将（下殘），/倉（下殘），/補輔（下殘），/又蒙（下殘），/刺史（下殘），/祚歸（下殘），/仁（下殘）[32]。/（以上刻於碑陽）

開皇六年，歲次/丙午，二月壬午/朔，八日己丑/（泐1行）。/邑生董阿先，/香火主秦保玉，邑生樂道奴，/佛堂主封安貴，□□□□□，/邑主郭猛略，邑生強伏德，/菩薩主封伯仁，邑生趙欽仁。/（泐 1 行）。/都化主封和仁，帀令權仲詮[33]，/菩薩主樂奴子，邑生胡子榮，/邑主別将封運，邑生□□□，/燈明主趙鳳母張，邑生姚子延，/齋主姚黄頭，邑生范孃暈，/檀越主董桃母李[34]，邑生晉阿仕，/邑生楊黑仁，/邑生樂宼貴。/（以上刻於碑陰額）

行糸軍董道歡，/行糸軍前城內軍副龐羅漢[35]，/行糸軍尉其驎，/行糸軍□元祚[36]，/兼主薄輔賢，/默曺糸軍兼土曺郭保龍[37]，/法曺糸軍兼刑獄集曺事長孫和，/城局糸軍席惠訓，/長流糸軍奚慶[38]，/騎兵糸軍沓護陽州縣事陸僧壽[39]，/外兵糸軍姚慎終，/中兵糸軍兼別駕沓護西北地郡事尉静，/倉曺糸軍郭衆憙[40]，/功曺糸軍梁神寶，/録事糸軍沓護趙興郡事杜将，/司馬魚陽侯受洛干仁[41]，/長史沓護襄樂郡事王紹，/長兼治中従事史主薄魏永，/主薄弥姐李生[42]，/西曺書佐沓護彭陽縣事郭槃石，/西曺書佐鄧文祖，/祭酒従事史沓護趙安縣事弥姐後進，/祭酒従事史魏阿壽，/部郡従事史弥姐阿元，/部郡従事史魏阿度，/部郡従事史張道達，/前典籤李安生，/典籤解敬賓。/（以上刻於碑陰第一列）

田曺掾屈南赤城娥[43]，/水曺掾鄧文石，/鎧曺掾郭龍虵[44]，/刑獄掾郭龍興，/城局掾路阿雙，/外長流掾雷衆保，/內長流掾董道分，/騎兵掾雷守谷，/外兵掾郭太周，/都統直兵曺扶扶[45]，/倉曺掾王天龍，/戶曺掾卜小㚖[46]，/統府功西李毛郎[47]，/録事晁金龍，/録事雷毛騎取，/司馬省事曺步渾[48]，/長史省事鄭李生，/門下沓趙榮，/省事鄭洪伯，/前沓録事張毛儀，/都録事魏斠倫，/録事彭羌興[49]/西曺月令上官文德，/朝直楊法歡，/記室雷太安，/刾姧□官受洛孫[50]，/戶曺掾刑世豪，/佐戶掾弥姐扶文，/別局掾郭豹子，/金曺掾屈男文朗，/前金曺掾孫毛郎，/金曺掾佐進願，/臺倉曺掾郭廣遠，/臺倉曺掾鄧龍安，/鎮倉曺掾彭道仁。/（以上刻於碑陰第二列）

法曺史魯文□，/法曺史董珍□，/刑獄史皇甫隆壽，/城局史仵封畢墮，/外長流史甞成□[51]，/內長流史孟道興，/騎兵史孫卯龍，/外兵史昨和安遷，/中兵史李□奴[52]，/倉曺史張道壽，/戶曺史雜定光生，/功曺史郭安仁，/録事史成定龍[53]，/録事史王回雅，/默曺掾張天生，/土曺掾雷丘蹄扶，/集曺掾郭法安，/外兵掾茘非飛龍[54]，/騎兵掾丁尾普賢，/長流掾王鳳景，/長流掾劉歡憙，/長流掾路伏安，/前田曺掾魏道建，/田曺掾成法興，/默曺掾郭黑郎，/部郡掾弥姐王興，/部郡掾劉買龍，/部郡掾趙阿建，/録事史□小李，/録事史茘非興仁，/西曺月令史楊衆敬，/典軍張永達，/前戶曺史亲仲遷[55]，/戶曺史寇小保，/佐戶曺史史文龍。/（以上刻於碑陰第三列）

（闕一行）/城內幢副（下殘）[56]，/城內幢副（下殘），/三川幢主（下殘），/三川幢主（下殘），/城內幢主（下殘）/城內幢主（下殘）/三川軍副郭（下殘），/城內軍副（下殘），/三川軍主（下殘），/城內軍主（下殘），/默曺史伏（下殘）[57]，/土曺史茘非（下殘），/集曺史張（下殘），/田曺史郭（下殘），/水曺史樊（下殘）[58]，/鎧曺史雷（下殘），/别局史姜（下殘），/金曺史李（下殘），/金曺史趙（下殘），/臺倉曺（下殘），/鎮倉曺（下殘），/外兵史（下殘），/騎兵史地［連］（下殘）[59]，/長流史郭（下殘），/長流史弥（下殘），/前田曺史（下殘），/田曺史（下殘），/默曺史向（下殘），/部郡史成（下殘），/部郡史孫（下殘），/部郡史王（下殘），/别駕教郭（下殘），/别駕典事（下殘），/别駕典事（下殘）。/（以上刻於碑陰第四列）

彭陽縣兵曺□弥姐散[60]，/戶曺史茘非馬郎，/戶曺史未代天保，/金曺史甞俱取，/金曺史樊仵宜，/租曺史茘非墮娥，/租曺史甞定龍，/兵曺史雷俱取，/兵曺史供烏仵明[61]，/兵［曺］史王鳳奴。/富平縣功曺弥姐龍成，/主薄周道宜，/録事雷景養，/戶曺掾茘非進成，/金曺掾弥姐李安，/租曺掾弥姐守磨，/兵曺掾雷道明，/兵曺掾者非安都，/戶□□□屈奴，/戶□□□□興。/金曺史雷□抚，/租曺史王白谷，/兵曺史雷道平，/兵曺史雷抚祛，/安武縣功曺供烏山壽，/録事蓋同仵明，/戶曺掾□□□，/金曺掾（下殘），/租曺掾（下殘），/兵曺掾（下殘）。/戶曺史茘（下殘），/戶曺史（下殘），/金曺史甞（下殘），/兵曺史（下殘），/兵曺史（下殘），/膚施縣功（下殘），/主薄（下殘）。/（以上刻於碑右側）

趙安縣戶曺掾任安定，/金曺掾昨和薄隗，/租曺掾郭元壽，/兵曺掾向伏奴，/兵曺掾雷進安，/戶曺史賈法忩，/戶曺史苟阿法[62]，/戶曺史趙定衆，/金曺史王進保，/金曺史郭龍保。/租曺史大非定成，/租曺史唐法定，/兵曺史王道安，/兵曺史大非午龍[63]，/兵曺史張曇法，/安定縣功曺龐天安，/主薄路龍保，/録事嚴道郎，/戶曺掾路天勳，/金曺掾楊清奴。/租曺掾郭安仁，/兵曺掾成安國，/兵曺掾張萬光，/戶曺史厙衆熹[64]，/戶曺史王還興，/戶曺史郭龍安，/金曺史張安保，/金曺史成萬壽，/租曺史范龍光，/租曺史董道龍，/兵曺（下殘），/兵曺（下殘），/兵曺（下殘），/獨洛（下殘），/主薄（下殘），/録事雷（下殘），/戶曺［掾］雷（下殘），/金曺掾昨和（下殘），/租曺掾張（下殘），/兵曺掾雷（下殘）。/（以上刻於碑左側）

著録

1.《新發現的北魏〈大代持節豳州刺史山公寺碑〉》，《文物》2007（7）。2.《漢魏六朝碑刻校注》4－26 圖，28 文。

注釋

［1］㴯：即“率”字。綱：該字右即“剛”字。加上“糸”旁，當為“綱”的

俗字。綱佐：指官員中主管和輔佐。

［2］献：即“獻”字。此指北魏顯祖獻文帝，名弘，孝文皇帝之父。《魏書·高祖紀第七》：“高祖孝文皇帝，諱宏，顯祖獻文皇帝之長子。”① 顯祖，拓拔弘廟號。

［3］賛：即“贊”字。羙：同“美”。菐：即“業”的俗字。美業：美好的事業顯：即“顯”字。

［4］英：即“英”的俗字。北魏正始二年（505）《元始和墓誌》：“覆載大魏，誕育英良。”②《李蕤墓誌》：“末葉弥昌，英賢代起。”③ 在文字發展過程中，書寫者為趨奇求異，任意增减筆劃，産生了不少異體字。“英”，即是其中一例。

［5］竊：“竊”的俗字。餿：即“叡”字。叡哲，亦作“叡喆”。神聖而明智。用以頌揚帝王。《晉書·江統傳》：“古之人君，雖有聰明之姿，叡哲之質，必須輔弼之助，相導之功。”④ 渕：即“淵”的俗字。

［6］玄化：聖德教化。道風：道德風操。三代：指夏、商、周三代聖王治天下。《論語·衛靈公》：“斯民也，三代之所以直道而行也。”馬融疏：“三代，夏、殷、周。”⑤ 後用以指盛世。“玄化”對“道風”，“邁”對“超”，“三代”對“唐軒”。“唐軒”，亦應指朝代，本作“陶唐”，亦稱“唐年”“唐堯”，傳説堯所建。借稱太平盛世。

［7］緝：即“緝”字。“瀛”：右上“ㄷ”，即“亡”，石刻碑銘中常見。右邊是“羸”字，通“贏”。充盈、飽滿。《墨子·非儒下》：“夫飢約則不辭妄取以活身，羸飽（則）僞行以自飾。”孫詒讓《墨子閒詁》：“舊本羸作羸，又挩則字。”⑥ 瀛，即“瀛”。如北魏孝昌元年（525）《元焕墓誌》：“父信，使持節、鎮東將軍、幽瀛二州刺史、衛尉卿惠公。”⑦ 瀛，寫作“瀛”。武定二年（544）《元湛墓誌》：“追贈使持節、假黄鉞、侍中、太傅、大司馬、尚書令、都督定殷瀛幽四州諸軍事、驃騎大将軍、定州刺史。”⑧ 瀛，寫作“瀛”。四瀛，指四海，天下。

［8］玉燭：四時之氣和順、暢達。形容安定、興盛的時代。“禎”，《新發現的北

---

① （北齊）魏收：《魏書》卷七，中華書局1974年版，第135頁。

② 北京圖書館金石組：《北京圖書館藏中國歷代石刻拓本滙編》（3），中州古籍出版社1989年版，第87頁。

③ 趙力光：《鴛鴦七誌齋藏石》，三秦出版社1995年版，第20頁。

④ （唐）房玄齡等：《晉書》卷五十六，中華書局1974年版，第1536頁。

⑤ 十三經注疏整理委員會：《論語注疏》卷十五，《十三經注疏》，中華書局2000年版，第244頁。

⑥ （清）孫詒讓撰，孫啟治點校：《墨子閒詁》卷九，《新編諸子集成》，中華書局2001年版，第305頁。

⑦ 北京圖書館金石組：《北京圖書館藏中國歷代石刻拓本滙編》（5），中州古籍出版社1989年版，第7頁。

⑧ 《北京圖書館藏中國歷代石刻拓本滙編》（6），第109頁。

魏〈大代持節豳州刺史山公寺碑〉》作“禛”，語義不通，不取。綵：彩色的丝绸。也作“彩”。

［9］三趾：指三足烏。傳説的祥瑞神鳥。九尾：九尾狐的簡稱。古人以為瑞獸。“嘉”，即“嘉”字，其下一字泐，當作“禾”。嘉禾：生長奇異的禾，古人以之為吉祥征兆。典出《尚書·微子之命》：“唐叔得禾，異畝同穎，獻諸天子。王命唐叔，歸周公於東，作《歸禾》。周公既得命禾，旅天子之命，作《嘉禾》。”① 素烏：白烏。古人以為瑞物。

［10］逳：即“庭”字。構件“廴”外移作“辶”。“茆”，《新發現的北魏〈大代持節豳州刺史山公寺碑〉》作“苑”，可從。

［11］爵：即“爵”的俗字。構件“皿”，受强勢筆劃“匕”和“冖”的影響訛變、省减所致。

［12］猷：即“猷”字。壠左：即“隴左”，或“隴東”。指今甘肅省東部，陕甘寧三省區的交匯處。

［13］肞：即“服”字。

［14］寘：“冥”字。石刻文字在隸變過程中，受到趨同心理的影響，“冖”與“宀”“穴”相混，筆畫增添，成為異體。北魏太和二十年（496）《姚伯多兄弟造像碑》：“非至非咸，孰啓寘機。”正光六年（525）《李超墓誌》：“絕交獨坐，化動陰寘。”②“冥”，變作“寘”，又變作“寘”，但文字主體輪廓是没有變的。冥祉，神靈的福祉③。《海南大興寺事跡碑銘》：“發心雪山之會，來去真興，菩薩薦冥祉而報慈泗洮法王。”④

［15］善：即“善”的俗字。十善，佛教語，與“十惡”相對。不犯十惡，即為十善。彂：即“發”的俗字。也作“发”。

［16］華：“華”的俗字。蕩：“藹”的俗字。《新發現的北魏〈大代持節豳豳刺史山公寺碑〉》作“蕩”，非。野：即“野”。

［17］剬：同“制”。頍剬：即“規制”。規劃建設。《新發現的北魏〈大代持節豳州刺史山公寺碑〉》作“玩剬”，語義不可解，非。

［18］廌：“薦”的簡體字。烋嶶：即“休徵”。吉祥的征兆。《尚書·洪範》：

① 十三經注疏整理委員會：《尚書正義》卷十三，《十三經注疏》，北京大學出版社 2000 年版，第 421 頁。

② 北京圖書館金石組：《北京圖書館藏中國歷代石刻拓本滙編》（4），中州古籍出版社 1989 年版，第 179 頁。

③ 毛遠明：《漢魏六朝碑刻校注》（4），綫裝書局 2008 年版，第 30 頁。

④ 蓝吉富主編：《大藏經补編》（31）《朝鮮寺刹史料》，臺灣：華宇出版社 1984 年版，第 88 頁。

“曰休徵。”孔傳：“敘美行之驗。”①

［19］廜：“唐”的異體。可能受到“康”字的影響而增繁訛變。北齊河清四年(565)《薛廣墓誌》：“將拒唐堯之誅，思逆天王之命。”②

［20］霊：即“靈”的簡省字。三靈，指天、地、人。

［21］九圍：九州，天下。《詩經·商頌·長發》：“帝命式于九圍。”孔穎達疏：“謂九州為九圍者，蓋以九分天下，各為九處，規圍然，故謂之九圍也。”③。

［22］冥：同上文“寘”，是“冥”的俗字。恩烋：即“恩休”，亦作“恩庥”。猶恩澤。

［23］兢：即“兢”字。“ミ”，疊字符號。碑刻中習見。兢ミ：即“兢兢”。尅：即“尅”字。露：即“露”字。“雨”字兩邊分別省去一點，作“雨”。如北魏建義元年（528）《青州刺史元湛墓誌》作：“下筆雨流”。④ 以之為構件的字，亦受到影響。如“雷”作“雷”，見前秦建元三年（367）《鄧艾祠堂碑》、北魏正始元年(504)《山公寺碑頌》。“霜”作“霜”，見永平元年（508）《元淑墓誌》⑤。詶：即“酬”字。酬謝。

［24］“皃巠”，《漢魏六朝碑刻校注》作“兜率”，是。兜率，“兜術天”的省稱。梵語音譯。佛教中將天分成許多層，第四層為兜術天，是彌勒菩薩的净土，天上眾生居住之所。

［25］乗：“乘”的省筆俗字。

［26］藹ミ：疊字，即“藹藹”。盛多貌。《新發現的北魏〈大代持節豳州刺史山公寺碑〉》作“蕩蕩”，形似而誤。雲：即“雲”的俗字。

［27］凝：字形與“凝”相類。構件“㔾”，即“匕”。中間和右邊，即“疑”字。當是“凝”字。凝清，指梵音凝重肅穆而清寂。《新發現的北魏〈大代持節豳州刺史山公寺碑〉》作“漩”，不取。

［28］“禎”，《新發現的北魏〈大代持節豳州刺史山公寺碑〉》作“禛”，字形相似而誤。

［29］嘒：即“嘒”字。小星微閃貌。

① 十三經注疏整理委員會：《尚書正義》卷十二，《十三經注疏》，北京大學出版社 2000 年版，第 379 頁。

② 北京圖書館金石組：《北京圖書館藏中國歷代石刻拓本滙編》（7）中州古籍出版社 1989 年版，第 148 頁。

③ 十三經注疏整理委員會：《毛詩正義》卷二十，《十三經注疏》，北京大學出版社 2000 年版，第 1712 頁。

④ 趙力光：《鴛鴦七誌齋藏石》，三秦出版社 1995 年版，第 106 頁。

⑤ 大同市博物館：《大同東郊魏元淑墓》，《文物》1989 年第 8 期，第 64 頁。

［30］《新發現的北魏〈大代持節豳州刺史山公寺碑〉》未釋“永”字。zzz 乾：即“坤乾”。

［31］戉：即“式”字。兩“丶”與“丿”為裝飾性符號。《新發現的北魏〈大代持節豳州刺史山公寺碑〉》作“哉”，非。

［32］“曾”下一字略損，是“祖”。《新發現的北魏〈大代持節豳州刺史山公寺碑〉》未釋。每行存一至二字，《新發現的北魏〈大代持節豳州刺史山公寺碑〉》均僅録一字。不一一出注。菙：即“華”字。“仁”，《新發現的北魏〈大代持節豳州刺史山公寺碑〉》作“宜”，字形不類，不取。

［33］“欽”上，《漢魏六朝碑刻校注》衍“親”字。“和”下一字，清晰，諦視拓片，右有石花，是“仁”，《新發現的北魏〈大代持節豳州刺史山公寺碑〉》作“仨”，非。帀：“市”的俗寫。《漢魏六朝碑刻校注》未釋。

［34］檀越主：梵語音譯。施主。

［35］龐羅漢：羌人。《漢書·王莽傳上》載，平帝元始五年秋，王莽派人誘奪羌人世居地鮮水海（今青海湖）等地，設西海郡。王莽居攝元年，羌人龐恬、傅幡等起兵反攻西海太守而敗。

［36］其：罕見姓氏。《漢功臣表》中有陽河侯其石傳封六代改姓亓氏，春秋時有其地，後世以地為氏。疑為羌人。驎：即“麟”字。尉氏：本北魏西方尉遲部。《魏書·太祖紀》載，天興六年（403）春正月，以部酋率族内屬，居雲中，後因功於魏，同與丘穆陵氏列入望族八姓。《魏書·官氏志》：“西方尉遲氏，後改為尉氏。”① “元”上一字泐，右存“刂”，左下似“小”。《新發現的北魏〈大代持節豳州刺史山公寺碑〉》作“劉”，備參。

［37］兼：即“兼”的異體。土：當以“士”為宜。碑刻中“土”“士”常混用。下同。

［38］奚：即“奚”的俗字。

［39］護：即“護”的俗字。下同。𥄉護：即“督護”。謂監軍。《魏書·官氏志》：“司空皇子參軍督護。從第一品將軍、開府參軍督護。”② 第九品。

［40］憙：同“喜”。《新發現的北魏〈大代持節豳州刺史山公寺碑〉》作“熹”，非。下同。

［41］受洛氏：鮮卑族。《魏書》有遼西公意烈子，名拓拔“受洛”③。少數民族中有以前輩名、字為氏，“受洛氏”疑源於此。

---

① （北齊）魏收：《魏書》卷一百一十三，中華書局1974年版，第3012頁。

② 同上書，第3002頁。

③ 《魏書》卷十五，第384頁。

［42］従：即“從”字。弥姐：亦作“彌且”，關西複姓，西羌種。《元和姓纂·五支》作“彌且”①。鄭樵《通志·氏族略·關西複姓》作“彌姐”②。此造像碑有“弥姐”氏10人，其中1人存“弥”字，下殘，當“弥姐”。主要擔任主薄、從事史、縣事、佐户掾、户曺史、功曺、兵曺、金曺掾、租曺掾等軍政職務。

［43］屈南：西羌複姓，又作“屈男”。“南”與“男”同音。《元和姓纂》“屈南”條，純屬望文生義，云：“屈原裔孫仕後魏，魏重複姓，以自南來，乃加‘南’字，或作屈男。”③ 不可信從。《八瓊室金石補正·鄭能邈修鄧太尉祠碑》以為“或屈男與屈南異系，後人以音近合併為一姓”④。其説亦非。羌姓音譯，取其音同之字來記録，異寫現象是常有的事，實為一姓。此碑有“屈南赤城娥”，亦有“屈男文朗”，就是明證。

［44］虯：即“虯”字，“刂”訛變作“丩”。亦作“虬”。

［45］抜抜：即“拔拔”。鮮卑種姓，拓拔之分支。《魏書官氏志疏證》：“蓋拓拔本拔拔轉聲，先係一氏。獻帝始因聲分之，故諸書或稱其舊。”⑤ 拓拔，是“拔拔”之誤。同書又云：“拓拔氏，後改為長孫氏。”⑥《孝文吊比干文》碑陰題名有“拔拔臻”⑦。《新唐書·宰相世系表》：“長孫氏出自拓拔鬱律，生二子：長曰沙莫雄，次曰什翼犍。什翼犍，即後魏道武皇帝祖也。後魏法，七分其國人，以兄弟分統之。沙莫雄為南部大人，後改名仁，號為拓拔氏，生嵩，太尉、柱國大將軍、北平宣王。道武以嵩宗室之長，改為長孫氏。”⑧ “號為拓拔氏”，分國命姓，不應相同。拓，當作“拔”。拓拔氏改元氏。《古今姓氏書辯證》：“拔拔，後魏獻帝次兄為拔拔氏，後改為長孫氏。”姚薇元考同⑨。

［46］星：即“星”字。《新發現的北魏〈大代持節豳州刺史山公寺碑〉》釋文作“里”，非。卜：《後漢書·南匈奴傳》：“異姓有呼衍氏、須卜氏、丘林氏、蘭氏四姓，

① （唐）林寶撰，岑仲勉校記：《元和姓纂》卷二，中華書局1994年版，第91頁。

② （宋）鄭樵撰，王樹民點校：《通志二十略》，中華書局1995年版，第182頁。

③ （唐）林寶撰，岑仲勉校記：《元和姓纂》卷十，中華書局1994年版，第1520頁。

④ （清）陸增祥：《八瓊室金石補正》卷十，《吴興劉氏希古樓刊本》，民國十四年（1925），《石刻史料新編》第一輯（6），臺北：臺灣新文豐出版公司1982年版，第4154頁。

⑤ （清）陳毅撰：《魏書官氏志疏證·二十五史補編》（4）卷一百一十三，開明書店1955年版，第4645頁。

⑥ 同上書，第3006頁。

⑦ 北京圖書館金石組：《北京圖書館藏中國歷代石刻拓本滙編》（3），中州古籍出版社1989年版，第21頁。

⑧ （宋）歐陽修、宋祁：《新唐書》卷七十二上，中華書局1975年版，第2409頁。

⑨ 姚薇元：《朝胡姓考》，中華書局1962年版，第13－15頁。

為國中名族，常與單于婚姻。"① 《魏書·官氏志》載餘部内入諸姓"須卜氏，後改為卜氏"②，可知卜氏為匈奴貴族種姓須卜所改，為匈奴姓。

［47］乇：即"三"字。碑刻中常見。《新發現的北魏〈大代持節豳州刺史山公寺碑〉》作"丰"，非。下同。

［48］曹氏：族屬複雜，既有漢族，也有匈奴、粟特曹國人。自十六國以來，東、西曹姓匈奴有部分遷入正寧境内。北魏時正寧即在豳州境内，故此曹氏應為匈奴。

［49］彭羌興：以種名為名字，是羌人無疑。《晉書·西秦載記》："（乞伏）幹歸率步騎三萬征西羌彭利髮於枹罕，師次於奴葵穀，利髮棄其部眾南奔。幹歸遣其將公府追及于清水，斬之。幹歸入枹罕，收羌户一萬三千。"③ 枹罕的"枹"與"彭"古音相同，受漢文化單姓的影響，取其一音"枹"，改字為"彭"。《晉書·苻登載記》的姚興帥彭沛谷④，同書《乞伏乾歸載記》的河州刺史彭奚念⑤，均是羌人。

［50］"官"上一字，可辨下"可"，上模糊不清。

［51］"巃"下泐二字，存痕，第一字似"成"。第二字，難辨。《新發現的北魏〈大代持節豳州刺史山公寺碑〉》《北朝豳寧地區部族石窟的分期與思考》作"柳"⑥，待考。《漢魏六朝碑刻校注》未釋"巃"下二字。

［52］昨和：羌人複姓。該碑題名有外兵史昨和安遷、金直掾昨和薄隗、金直掾昨和（下殘）等昨和氏 3 人。陝西省蒲城縣出土《昨和拔祖等一百二十八人造像記》有昨和拔祖、昨和早洛等姓昨和者 58 人。後變單姓和氏。"奴"上一字泐，下存四點，《新發現的北魏〈大代持節豳州刺史山公寺碑〉》作"杰"。備參。

［53］成氏：馬長壽認為："盧水胡是以匈奴為主而又融合其他成分的一種部族，所以謂之為匈奴，或謂之為盧水胡，皆無不可。"⑦

［54］荔非：羌族複姓。亦作"荔菲""麗飛""荔棐"及"利非"，均音同，漢語音譯無定字，取其同音而已。《元和姓纂》："荔非，西羌種類也。隋有荔非雄，涇州人。唐彭州刺史荔非，生寳應節度荔非元禮，寧州人。"⑧《通志·氏族略》："麗飛

---

① （南朝宋）范曄撰，（唐）李賢等注：《後漢書》卷八十九，中華書局 1965 年版，第 2945 頁。

② （北齊）魏收：《魏書》卷一百一十三，中華書局 1974 年版，第 3010 頁。

③ （唐）房玄齡等：《晉書》卷一百二十五，中華書局 1974 年版，第 3122 頁。

④ 同上書，第 2947 頁。

⑤ 同上書，第 3117 頁。

⑥ 暨遠志、宋文玉：《北朝豳寧地區部族石窟的分期與思考》，《2005 年雲岡國際學術研討會論文集·研究卷》，第 85 頁。

⑦ 馬長壽：《碑銘所見前秦至隋初的關中部族》，廣西師範大學出版社 2006 年版，第 18 頁。

⑧ （唐）林寳撰，岑仲勉校記：《元和姓纂》卷八，中華書局 1994 年版，第 1090，1244 頁。

氏，與荔非同承。”① 此碑有荔非氏 8 人，都是羌人。

［55］亲：即“亲”字。此作姓氏。《新發現的北魏〈大代持節豳州刺史山公寺碑〉》作“秦”字，待考。

［56］憧：當為“幢”字。下同。下文“憧主”，即“幢主”。

［57］伏氏：《魏書·官氏志》：“俟伏斤氏，後改為伏氏。”②《中國少數民族姓氏研究》稱“稽胡有伏氏”，“略陽伏氏，似亦氐族”③。

［58］樊氏：氐人。《晉書·苻堅載記》：“特進樊世，氐豪也，有大勳於苻氏。”④

［59］“地”下殘，疑為“地連”。馬長壽考證地連即漢代滇零的異譯⑤。羌人造《聖母寺四面像碑》，題名有邑子輔國將軍、中散金曹從事、郡主薄地連敦等地連氏 2 人。

［60］碑左右兩側未公佈拓片，據《新發現的北魏〈大代持節豳州刺史山公寺碑〉》釋文録以備参。

［61］供烏氏：族屬不明。此碑有 2 人，即“供烏仵明”“供烏山壽”。隋開皇二年（582）《弥姐顯明造像碑》，有“供烏□”。“供烏”與“供烏”或為同一複姓。後一石刻出土地不詳，現藏藥王山碑林。題名可辨者 63 人，其中弥姐氏 35 人，是典型的羌人造像碑。供烏氏應與羌人有密切關係。

［62］苟氏：氐人。《碑銘所見前秦至隋初的關中部族》：“苟氏為氐秦望族，苻堅的母親和妻都姓苟。”⑥

［63］大非氏，碑中題名 2 人，族屬不明。待考。

［64］庫氏：《魏書·官氏志》：“庫褥官氏，後改為庫氏。”⑦ 庫，字本作“厍”。姚薇元及周偉洲考其為鮮卑徒何種，以部名為氏。

彙考

碑文記述北魏正始元年（504），豳州刺史山累帶頭興建三級浮圖的史實。豳州，北魏“皇興二年為華州，延興二年為三縣鎮，太和十一年改為班州，十四年為邠州，二十年改焉。領郡三、縣十”。見《魏書·地形志下》。因古豳國城而獲名，治趙興郡

---

① （宋）鄭樵撰，王樹民點校：《通志二十略》，中華書局 1995 年版，第 197 頁。
② （北齊）魏收：《魏書》卷一百一十三，中華書局 1974 年版，第 3010 頁。
③ 陳連慶：《中國古代少數民族姓氏研究》，吉林文史出版社 1993 年版，第 55 頁。
④ （唐）房玄齡等：《晉書》卷一百一十三，中華書局 1974 年版，第 2885 頁。
⑤ 馬長壽：《氐與羌》，廣西師範大學出版社 2006 年版，第 97 頁。
⑥ 馬長壽：《碑銘所見前秦至隋初的關中部族》，廣西師範大學出版社 2006 年版，第 24 頁。
⑦ （北齊）魏收：《魏書》卷一百一十三，中華書局 1974 年版，第 3014 頁。

城（今甘肅寧縣）。西魏改寧州。隋復改豳州，治定安縣（今寧縣）。一直是少數民族聚居地。氐、羌、屠各、盧水胡、粟特等部族活躍於此。題名中有龐、雷、彭、荔非、弥姐、屈南、甞、昨和、地連等姓羌人，楊、樊、梁、苟氏等氐人，山、長孫、抚抚、厙、奚、伏、受洛氏等鮮卑人，曹、史氏等粟特人，郭、董氏等屠各人，盧水胡成氏以及族屬不明的大非、供烏、丁尾氏等。在正始元年（504）豳州各級政府機構中，除擔任刺史的山累為鮮卑貴族外，擔任軍府、州郡縣級官職最多是部族，特別是縣級僚佐，尤以氐羌最眾，顯示出北魏州、郡、縣佐吏例用本地人的政策。題名所涉職官繁多，有的不見史載，可補史闕。如“前典籤”“前典”“別駕教”“別駕典事”“默曹史”“土曹史”“集曹史”等諸曹掾、史，史均不載。按照“後齊制官，多循後魏”的原則①，掾、史可能是將軍府諸曹參軍之屬。碑銘中保存了豐富的古代少數民族與分佈、豳州郡縣名稱、地方僚佐等資訊，具有較高的史料價值。

① （唐）魏徵等：《隋書》卷二十七，中華書局1973年版，第751頁。

023 王遇墓誌 正始元年（504）十月二十四日

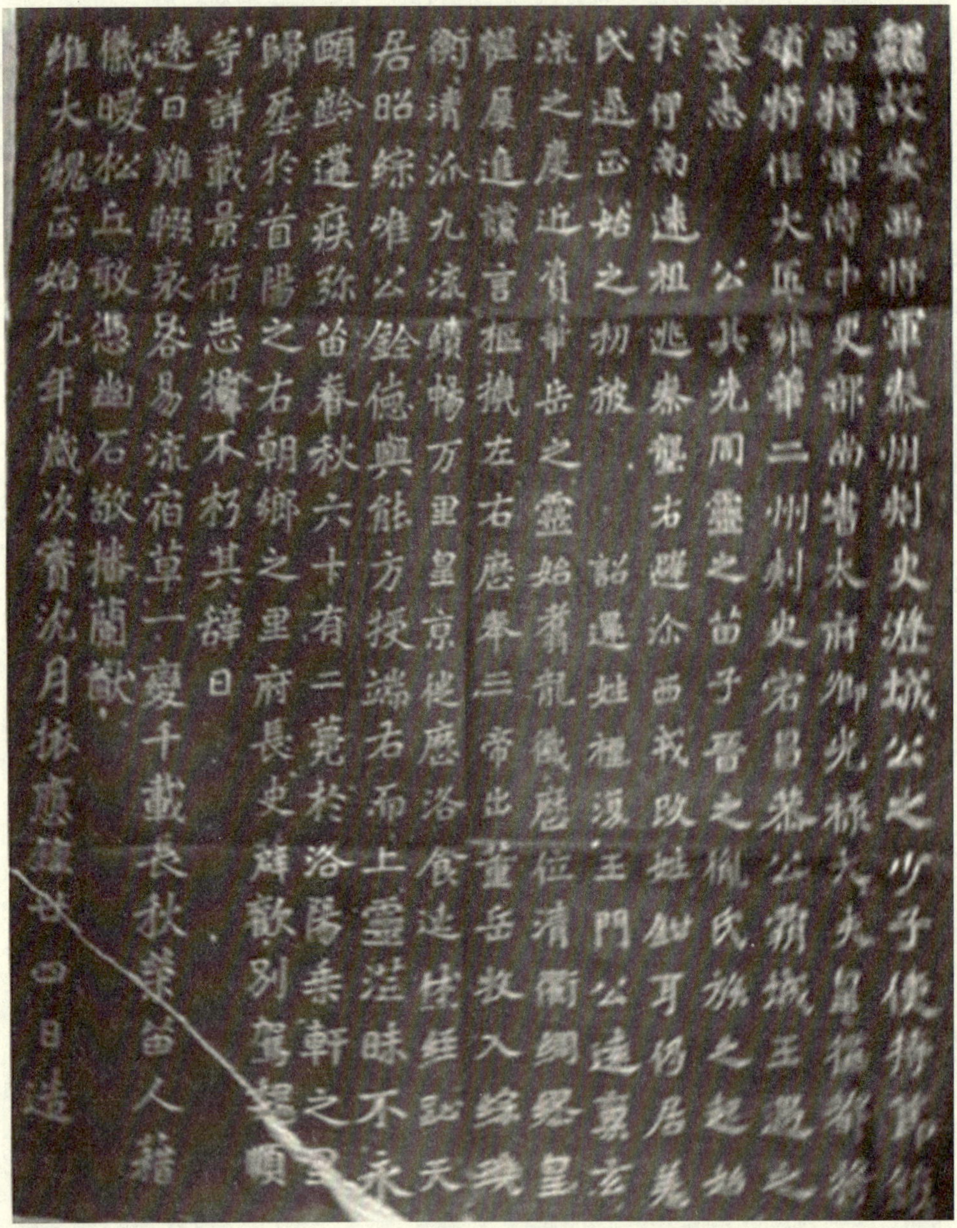

說明

墓誌出土於河南省洛陽市首陽山鎮北邙山，具體出土時間、地點不詳。誌石高54.5 cm，寬44.5 cm。誌文16行，滿行20字。楷書，有縱橫界格。左下角有裂痕。誌蓋缺。

誌文

魏故安西將軍、泰州刺史、澄城公之少子、使持節、鎮/西將軍、侍中吏部尚書、太府卿、光禄大夫、皇構都將/領、將作大匠、雍華二州刺史、宕昌恭公、霸城王遇之/墓志[1]。

公其先周靈之苗，子晉之胤[2]。氏族之起，始/於伊南。遠祖逃秦壟右[3]，避沴西戎[4]，改姓鉗耳[5]，仍居羌/氏[6]。逯正始之初，被詔還姓，禋復王門[7]。

公遠稟玄/流之慶[8]，近資華岳之靈。始翥龍儀[9]，歷位清衢[10]。綢繆皇/幄，屢進讜言[11]。樞機左右，歷奉三帝[12]。出董岳牧，入綜璣/衡。清泒九流[13]，績暢万里。皇京徂歷[14]，洛食延烋[15]。經趾天/居[16]，昭綜唯公。銓德與能，方授端右[17]。

而上靈茫昧，不永/頤齡。遘疾弥留，春秋六十有二，薨於洛陽乘軒之里。/歸塟於首陽之右，朝鄉之里。府長史薛歡、別駕魏順/等，詳載景行，志揚不朽。其辭曰[18]：/

遠日難輟，哀晷易流。宿草一變，千載長秋。榮留人藉[19]，/儀曖松丘。敢憑幽石，敬播蘭猷[20]。/

維大魏正始元年，歲次實沇，月抾應鍾[21]，廿四日造。/

著録

1.《洛陽〈王遇墓誌〉釋略》圖、文，《書法叢刊》2013（5）。

注釋

［1］“持”，《洛陽〈王遇墓誌〉釋略》作“特”，誤。構都將領：當“營構都將”。官名。北魏、東魏置，掌營建事務。《魏書・韋閬傳》：“（姜昭）自平憲司直，出為兗州安東長史，帶高平太守，卒于營構都將。”① 將作大匠：秦始置，稱將作少府。西漢景帝時改稱將作大匠，掌宫室、宗廟、陵寢及其他土木營建。後代沿置，名稱有所不同。南朝梁稱大匠卿，北齊稱將作寺大匠，隋稱將作監大匠，元稱將作院院

① （北齊）魏收：《魏書》卷四十五，中華書局1974年版，第1018頁。

使，明初設將作司卿，不久廢。王遇：馮翊李潤鎮羌人，北魏著名的宦官。《魏書·王遇傳》："王遇字慶時，本名他惡，馮翊李潤鎮羌也，與雷、党、不蒙俱為羌中强族。"卒"贈使持節、鎮西將軍、雍州刺史"。"世宗初，兼將作大匠。未幾，拜光禄大夫，復奪爵"。"北都方山靈泉道俗居宇及文明太后陵廟，洛京東郊馬射壇殿，修廣文昭太后墓園，太極殿及東西兩堂、内外諸門制度，皆遇監作"。① 史只云其"將作大匠"，未載"構都將領"，可補史闕。《水經注·溼水注》云：平城縣（今山西大同），"東郭外，太和中，阉人宕昌公钳耳庆时，立祇洹舍于东皋，椽瓦梁棟，臺壁欞陛，尊容聖像，及床坐軒帳，悉青石也。圖制可觀，所恨惟列壁合石，疏而不密"。② 北魏太和十二年《暉福寺碑》："散騎常侍、安西將軍、吏部内行尚書、宕昌公王慶旹。""上為二聖，造三級佛圖各一區"，顯示出遇非凡的建築設計和施工才能。《魏書·王遇傳》又載其"父守貴，為郡功曹，卒。遇既貴，追贈安西將軍、秦州刺史、澄城公"③，與誌吻合。

［2］周靈：即"周靈王"。東周第十一代國君，姬姓，名泄心，在位二十七年。有二子，太子晉，次子貴。子晉不願為王，被浮丘公引往嵩山修修煉，升仙而去。晉葛洪《抱樸子·釋滯》："昔子晉舍視膳之役，棄儲貳之重，而靈王不責之以不孝。"④ 王姓世以為子晉為始祖。

［3］壟：通作"隴"。隴右，隴山以西地區。古代以西為右，故稱。約今甘肅六盤山以西，黄河以東地區。

［4］避：即"避"的異體。沴：舊稱天地四時之氣不和而生發的災害、災禍。

［5］鉗耳：西羌虔仁種複姓。《元和姓纂》作"箝耳"，或作"虔仁"。《後漢書·西羌傳》作"虔人"。同音異寫。後改漢式單姓王。《魏書·王遇傳》："自云其先姓王，後改氏鉗耳，世宗時復改為王焉。自晉世已來，恒為渠長。"⑤ 北魏宣武帝元恪，499年即位，廟號世宗，其"自云其先姓王"，與誌稱王子晉之後，下文"被詔還姓，禋復王門"，均是受到魏晉以來門閥制度影響，冒姓以掩蓋其族属。王遇，本鉗耳氏羌人，孝武帝南遷洛陽，推行漢化政策，令其他民族改漢姓。遇當此時改姓王。北魏太和十二年（488）《暉福寺碑》已題名"王慶時"，則"世宗時復改為王"的記載不可信。

---

① （北齊）魏收：《魏書》卷九十四，中華書局1974年版，第2023－2024頁。

② （北魏）酈道元著，陳橋驛等譯注：《水經注全譯》卷十三，《中國歷代名著全譯叢書》，貴州人民出版社1996年版，第457頁。

③ （北齊）魏收：《魏書》卷九十四，中華書局1974年版，第2023頁。

④ 王明：《抱樸子内篇校釋》（增訂本）卷八，《新編諸子集成》，中華書局1986年版，第153頁。

⑤ 《魏書》卷九十四，第2023頁。

［6］氐：即“氐”字。羌氐：指羌人部落。

［7］逯：即“逮”字。詔：即“詔”字。禋：祭祀名。升煙祭天用以求福。後泛指祭祀。《詩經·大雅·生民》：“厥初生民，時維姜嫄。生民如何？克禋克祀，以弗無子。”鄭箋：“乃禋祀上帝於郊禖，以祓除其無子之疾，而得其福也。”孔穎達疏：“‘凡絜祀曰禋’，若絜祀為禋，不宜別六宗與山川也。凡祭祀無不絜，而不可謂皆精。然則精意以享，宜施燔燎，精誠以做煙氣之升，以達其誠故也。”① 《詩經·周頌·維清》：“肇禋，迄用有成，維周之禎。”鄭箋：“文王受命，始祭天而枝伐也。《周禮》：‘以禋祀祀昊天上帝。’”② 復：即“復”字。偏旁“彳”訛變為“氵”。誌文“禋復王門”，謂恢復在王門祭祀，即恢復王姓。

［8］玄流：君上的恩澤。誌主自稱“周靈之苗”，以其子王子晉為獲姓之始，故稱。《文選·袁宏〈三國名臣贊序〉》：“仰挹玄流，俯弘時務。”吕向注：“玄，天也，臣仰君之澤流也。”③ 晉葛洪《抱樸子·勖學》：“玄流沾於九垓，惠風被乎無外。”④ 稟：即“稟”字。

［9］“翥”上一字清晰，是“始”。《洛陽〈王遇墓誌〉釋略》作“如”，非。儀：即“儀”的偏旁俗訛字。

［10］歷位：所任官職達到的地位或品階。《漢書·張延壽傳》：“延壽已歷位九卿，既嗣侯，國在陳留，別邑在魏郡，租入歲千餘萬。”⑤ 《魏書》本傳：“遇坐事腐刑，為中散，遷內行令、中曹給事中，加員外散騎常侍、右將軍，賜爵富平子。遷散騎常侍、安西將軍，進爵宕昌公。拜尚書，轉吏部尚書，仍常侍。例降為侯。出為安西將軍、華州刺史，加散騎常侍。”⑥

［11］“進”，《洛陽〈王遇墓誌〉釋略》作“言”，非。

［12］三帝：指北魏獻文帝拓拔弘、孝武帝拓拔宏、宣武帝元恪。

［13］派：即“派”字，分也。《洛陽〈王遇墓誌〉釋略》作“孤”，非。

［14］徙：即“徙”字。構件“止”變“山”。徙歷，謂北魏從代北南遷洛陽。《洛陽〈王遇墓誌〉釋略》不識“徙歷”義，釋“徙”作“徒”，非。

［15］烋：即“烋”。石刻中亦作“休”字。構件“灬”，演化為“一”。同

---

① 十三經注疏整理委員會：《毛詩正義》卷十七，《十三經注疏》，北京大學出版社 2000 年版，第 1239－1242 頁。

② 《毛詩正義》卷十九，第 1514 頁。

③ （梁）蕭統編，（唐）李善等注：《六臣注文選》卷四十七，中華書局 1987 年版，第 906 頁。

④ 楊明照：《抱樸子外篇校箋》卷三，《新編諸子集成》，中華書局 1991 年版，第 137 頁。

⑤ （漢）班固撰，（唐）顏師古注：《漢書》卷五十九，中華書局 1962 年版，第 2653 頁。

⑥ （北齊）魏收：《魏書》卷九十四，中華書局 1974 年版，第 2023－2024 頁。

“休”。《字彙補·人部》：“体，《篇海》與休同。”① 延休，獲得長久蔭庇。

［16］天居：天子的居所，即皇宫。王遇是北魏著名的建築學家，主持建造洛陽京城。

［17］端右：指宰輔重臣。亦特指尚書令。

［18］薜：即“薛”字。辞：即“辭”字。受“辛”作“幸”的影響。

［19］藉：通“籍”，户籍。通“借”，憑借。《洛陽〈王遇墓誌〉釋略》作“借”，於義不通，不取。人藉：猶人世間。

［20］“猷”，《洛陽〈王遇墓誌〉釋略》分作“茜犬”二字，致文義不通，非。

［21］沇：即“沉”字。抜：即“旅”的形訛字。唐開元二十五年（737）《拓拔守寂墓誌》：“入捴工徒，出司戎抜，位將時並，名與功偕。”構件“方”變為“扌”。《洛陽〈王遇墓誌〉釋略》釋“抜”作“據”，非。應鍾：本古樂律名。十二律之一。以十二律與十二月相配，每月以一律應之。應鍾位於亥，與十月相應。《禮記·月令》載，孟冬之月“其音羽，律中應鍾”。鄭玄注：“孟冬氣至，則應鍾之律應。應鍾者，姑洗之所生，三分去一，律長四寸二十七分寸之二十。”②

---

① （清）吴任臣：《字彙補》卷十二，《續修四庫全書》（233），上海古籍出版社2013年版，第462頁。

② 十三經注疏整理委員會：《禮記正義》卷十七，《十三經注疏》，北京大學出版社2000年版，第632－633頁。

024　高思雍造像記　正始元年（504）十一月初四

説明

石刻於河南省洛陽龍門石窟古陽洞南壁列龕上方，有釋迦像龕一鋪，龕下題造像記。現存原址。拓片高 14 cm，寬 35 cm。文 11 行，滿行 5 字。楷書。

碑文

正始元年，十/一月四日，清/信女士高思/蒴[1]，為上子/苻四品亙/生[2]。婁楊/保勝。[3]，為上者/造糬迦文像/一區[4]，顛使匕者/上生天上，值/遇弥勒佛。/

著録

1.《北京圖書館藏中國歷代石刻拓本滙編》3－79,《敦煌學輯刊》1990（2）。2.《龍門石窟魏唐碑銘所見民族史料集繹》①。3.《漢魏六朝碑刻校注》4－35。4.《八瓊室金石補正》卷13－1上。

注釋

［1］“高”下,《八瓊室金石補正》闕二字。實為“思雍”。雍：“雍”的俗字。《説文·隹部》：“雝，雝渠也。从隹，邕聲。”段玉裁注：“雝，經典多用為雝和、辟雝。隸作雍。”石刻中，或承篆書作“雝”，見三國曹魏太和五年（231）《曹真殘碑》作“雝”；北魏永安二年（529）《元繼墓誌》作“雝”②。或隸省作“雍”，東漢延熹六年（163）《桐柏淮源廟碑》作“雍”③；東漢熹平二年（173）《景雲碑》作“雍”。《龍門石窟魏唐碑銘所見民族史料集繹》釋“雍”作“鄉”，非。

［2］亡：即“亡”的俗字。構件“匚”訛變；“丶”有時位移，有時訛變作“一”或“丿”，石刻中常見，下文作“亡”“亡”。亦寫作“亡”“亡”“妄”。北魏太和二十年（496）《姚伯多兄弟造像碑》作“亡”；孝昌年間（525－527）《夫蒙氏造像碑》作“妄”；西魏大統四年（538）《法超造像記》作“亡”；北周保定元年（561）《雷文伯造像碑》作“亡”。“亘”，即“追”的省减字。構件“匚”與“辶”的變異。“辶”的草率寫法與“匚”相近。如“迷”作“迷”。東晉義熙十年、長壽王二年（414）《高勾麗好太王碑》：“太王恩赦始迷之衞，録其後順之誠。”④北魏正始四年（507）《元思墓誌》：“移牧魏壤，迷醜改識。”⑤正光六年（525）《李遵墓誌》：“汚北僞師，守迷不變。”“追”，《高勾麗好太王碑》：“自倭背，急追至任那加羅從拔城，城即歸服。”“苻”“品”“追”“生”拓片清晰，《八瓊室金石補正》闕。

［3］婁：同“妻”。《八瓊室金石補正》作“妾”，非。

［4］釋：即“釋”的異體。構件“幸”簡省作“羊”，又省減“釆”上一“丿”，或位移至“罣”上，見北魏永熙三年（534）《韓顯祖等造塔像記》：“夫釋迦就道，捨躬於飢獸。”⑥北齊武平四年（573）《赫連子悦墓誌》：“于定國哀斸取断，

① 張乃翥：《龍門石窟魏唐碑銘所見民族史料集繹》,《敦煌學輯刊》1990年第2期，第95頁。

② 趙力光：《鴛鴦七誌齋藏石》，三秦出版社1995年版，第114頁。

③ 北京圖書館金石組：《北京圖書館藏中國歷代石刻拓本滙編》（1），中州古籍出版社1989年版，第118頁。

④ 毛遠明：《漢魏六朝碑刻校注》（3），綫裝書局2008年版，第50頁。

⑤ 北京圖書館金石組：《北京圖書館藏中國歷代石刻拓本滙編》（3），中州古籍出版社1989年版，第99頁。

⑥《北京圖書館藏中國歷代石刻拓本滙編》（5），第199頁。

張糬之正直是剖。”① 北周大象二年（580）《張子開造像記》：“敬造糬迦玉像一區。”② 東魏興和二年（540）《馬都愛造像記》：“釋迦如来修功德於曠劫之前。”③《八瓊室金石補正》：“‘釋迦文像’當是‘釋迦文殊像’。”

彙考

漢代，氐人較大規模向關中遷徙有3次，分别為西漢元鼎六年（前111）、東漢建安二十年（215）、三國蜀建興十四年（236）。其中，《三國志·蜀志·後主紀》載“氐王苻健”。建興十四年“夏四月，後主至湔，登觀阪，看汶水之流，旬日還成都。徙武都氐王苻健及氐民四百餘户於廣都”④。曹魏齊王曹芳正始元年（240），即蜀漢後主延熙三年，魏將郭准擊退蜀將姜維，安撫“氐三千餘落，拔徙以實關中”。⑤ 經過遷徙，關中氐族人眾。至西晉惠帝元康六年（296），齊萬年被擁立稱帝，率領數十萬氐人攻打晉朝，元康九年（299）齊萬年戰敗被擒。4世紀中葉，該族豪右苻堅篡制，號稱大秦天王。至北魏中，略陽苻承祖以氐人閹宦入侍於魏廷。《魏書·苻承祖傳》：“苻承祖，略陽氐人也。因事為閹人，為文明太后所寵，自御廄令遷中部給事中、散騎常侍、輔國將軍，賜爵略陽侯，兼典選部事，中部如故。轉吏部尚書，仍領中部。高祖為造甲第，數臨幸之。進爵略陽公，安南將軍，加侍中，知都曹事。初太后以承祖居腹心之任，許以不死之詔。後承祖坐贓應死，高祖原之，削職禁錮在家，授悖義將軍、佞濁子，月餘遂死。”⑥ 此造像記表明氐人在宣武初年亦顯跡於洛京，同窟的北壁北魏景明年間（500－503）《楊大眼造像記》即是印證。

---

① 趙力光：《鴛鴦七誌齋藏石》，三秦出版社1995年版，第160頁。

② 趙力光、裴建平：《西安市東郊出土北周佛立像》，《文物》2005年第9期，第86頁。

③ 北京圖書館金石組：《北京圖書館藏中國歷代石刻拓本滙編》（6），中州古籍出版社1989年版，第67頁。

④ （晉）陳壽撰，（南朝宋）裴松之注：《三國志》卷三十三，中華書局1964年版，第897頁。

⑤ 《三國志》卷二十六，第735頁。

⑥ （北齊）魏收：《魏書》卷九十四，中華書局1974年版，第2025頁。

025　甞法端造像記　正始三年（506）三月十九日

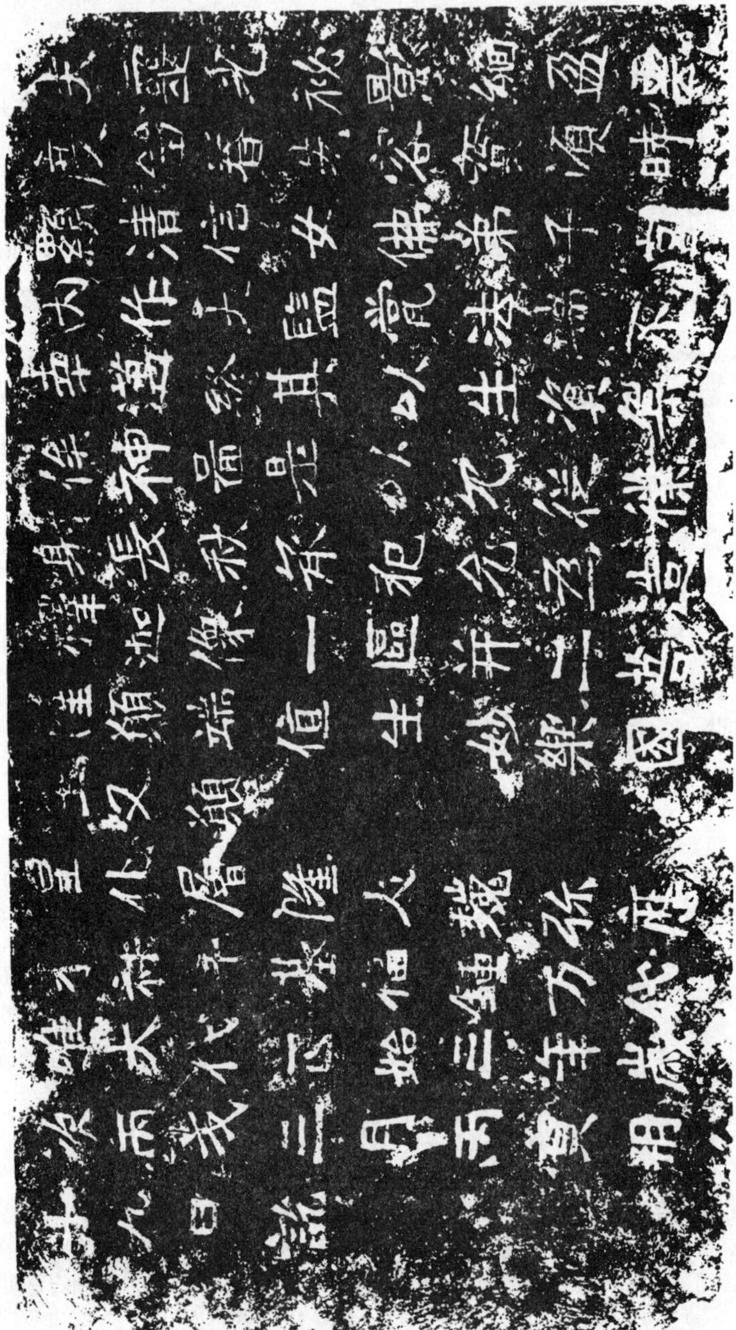

説明

造像刻於河南省洛陽龍門石窟古陽洞同壁西端上部。《八瓊室金石補正》卷十三題《宂從僕射等題記》，稱石“高八寸七分，廣一尺六寸”。《十二硯齋金石過眼録》卷五題為《甞法端造象》。拓片高 28 cm，寬 51 cm。記 15 行，滿行 8 字。楷書。

碑文

夫靈光祕影[1]，緬盈雲/度。留眷先容，實湏時/顯[2]。清信女佛弟子宮/內作大監甞法端[3]，不/幸邁終。其以生資，集/俟神啚[4]。是以宂徔僕/射、長秋承祀[5]，允為造/釋迦像一區，并二菩/薩。熲端值生妙樂國/土，又熲/皇化層隆[6]。大魏弥歷，/利祚千基[7]，福鍾万代。/

唯大代正始三年，歲/次丙戌，三月丙寅朔，/十九日訖。/

著録

1.《北京圖書館藏中國歷代石刻拓本滙編》3－90。2.《八瓊室金石補正》卷 13－2 上。3.《漢魏六朝碑刻校注》4－61 圖，62 文。4.《從龍門石窟造像遺跡看北魏民族關係中的幾個問題》，《民族研究》1989（2）。5.《全北魏東魏西魏文補遺》458。

注釋

［1］祕：同“秘”。

［2］湏：同“須”。因構件“彡”受强勢筆畫“氵”的影響而變形。

［3］大監：北魏置，後宮女官，掌宮内事。《魏書·皇后列傳》：“作司、大監、女侍中三官視二品。”①《八瓊室金石補正》：“《補訪碑録》有‘甞法端生資造象’，即此刻也。”甞：即“党”字。

［4］邁：年邁。邁終：指老死。啚：古同“圖”。“集”，《全北魏東魏西魏文補遺》作“像”，非。

［5］徔：即“従”字。同“從”。碑刻中習見。構件“从”變“⺍”；“⻊”作“⻌”或“⻍”。如“從”，東漢建寧五年（172）《郙閣頌》：“又醳散關之嶃漯，從朝陽之平燥。”② 北魏正始四年（507）《元思墓誌》：“德充四海，弱冠徔政。”③ 永安元

---

① （北齊）魏收：《魏書》，中華書局 1974 年版，第 3001 頁。

② 北京圖書館金石組：《北京圖書館藏中國歷代石刻拓本滙編》（1），中州古籍出版社 1989 年版，第 147 頁。

③ 《北京圖書館藏中國歷代石刻拓本滙編》（3），第 99 頁。

年（528）《元子永墓誌》："王既任允推轂，君彸鎮秦嶺。"① 僕：同"僕"。宂従僕射，散官名。承：通"丞"，長秋丞，亦官名。《八瓊室金石補正》："宂従僕射，弟六品。長秋丞，弟八品上，北魏官名。宂従，猶今言散秩。"《從龍門石窟造像遺跡看北魏民族關係中的幾個問題》將"祀"下一字"允"，連讀，作人名，非。

［6］頬：即"願"。皇化：皇帝的德政和教化。

［7］"歷"下一字泐蝕，諦視拓片，存痕似"利"。《全北魏東魏西魏文補遺》作"得"，非。祚："祚"的俗書。"祚"，《從龍門石窟造像遺跡看北魏民族關係中的幾個問題》作"秩"，形似而誤。

彙考

據《魏書·太宗紀》"泰常四年六月有司馬德文建威將軍、河西太守馮翊羌酋党道子遣使内屬"②，可知馮翊党氏早在北魏明元帝（409－423）時就已内附北魏。及至王慶時，已推望至馮翊，成為羌中强族。《魏書·王遇傳》："王遇，字慶時，本名他惡，馮翊李潤鎮羌也，與雷、党、不蒙俱為羌中强族。"③ 同書《世宗紀》：景明三年（502）"五月，楊州小峴戍主党法宗襲蕭衍大峴戍，破之，擒其龍驤將軍邾菩薩，送之京師"。④ 造像主法端行事在北魏宣武初年，同時期又有武將党法宗，兩人名中同有"法"字，符合羌人取名重同一字的特點，推測兩人或許有近緣血統關係。法端以羌中女性的身份，為北魏皇室内官。正始前後，北魏朝廷又有羌人王慶時，且正值其任事盛年，説明北魏王朝不僅任命羌人事武職，而且徵用羌人為朝廷内職。故《從龍門石窟造像遺跡看北魏民族關係中的幾個問題》稱嘗法端是"北魏西羌盛族党氏之胤女"，是也。

---

① 北京圖書館金石組：《北京圖書館藏中國歷代石刻拓本滙編》（5），中州古籍出版社 1989 年版，第 113 頁。

② （北齊）魏收：《魏書》卷三，中華書局 1974 年版，第 59 頁。

③ 《魏書》卷九十四，第 2023 頁。

④ 《魏書》卷八，第 194 頁。

026 平凉吕太元造像碑 正始四年（507）三月初一

説明

碑石出土於甘肅省平凉市。現藏平凉地區博物館。高 32 cm。單面刻，上部圓拱龕形，造一佛二菩薩。龕楣刻火焰紋，有佛光。下部刻發願文、水波紋。記 8 行，滿行 2－3 字不等。楷書。

碑文

正始/四年/三月/一日，弟/子呂/太元/一心供/養[1]。/

著録

《甘肅佛教石刻造像》100 圖，210 文。

注釋

［1］“子”上一字泐，上部“丷”清晰，據造像記文例，似“弟”。《甘肅佛教石刻造像》作“弟”，可採。

027　雷花頭造像記　永平三年（510）七月十五日

説明

碑石由早崎硬吉氏得於陝西省延安鄜縣，即富縣石泓寺，現藏日本大阪市立美術館。高 40. 8 cm，造一佛二菩薩。發願文刻於左右兩側。文 2 行，滿行字數不等。楷書。

碑文

［永］平三年七月十五日，［佛］弟子雷花頭造石像一軀[1]，供養佛時。／（以上刻於碑座右側）

清信妻姜□□，息雷興[2]，息愛，息歡□[3]。／（以上刻於碑座左側）

著録

1.《海外及港臺藏歷代佛像》27 圖文①。2.《中國歷代紀年佛像圖典》463②。3.《中國佛教雕刻史論》129 圖。4.《北朝杏城—鄜州地區部族石窟的分期與思考》,《藝術史研究》8 – 395 圖,406 文。

注釋

[1]“弟”上一字泐,據上下文義當為“佛”字。《海外及港臺藏歷代佛像》未釋。

[2]《中國歷代紀年佛像圖典》《北朝杏城—鄜州地區部族石窟的分期與思考》脱“息”字。

[3]“息愛”,《海外及港臺藏歷代佛像》脱。《中國歷代紀年佛像圖典》《藝術史研究》作“息□愛”;釋“歡”作“觀”,並以為“觀”下泐蝕二字。備參。

彙考

此為雷氏家族造像碑。佛像着通肩服,衣紋綿密。松原三郎認為,這是陝西鄜縣一帶獨特樣式,稱為“鄜縣式佛像”③。《北朝杏城—鄜州地區部族石窟的分期與思考》認為這種風格的造像、石窟主要分佈在洛水以西的杏城地區,由居住在該地區的盧水胡、高麗胡、屠各等部族共同創造,因以為“杏城式”④。可從。鄜縣,古縣名。本秦邑,西漢置縣,治今陝西洛川縣東南鄜城,屬左馮翊。東漢時廢。東晉設長城縣,後縣境内分設利仁縣。北魏孝明帝熙平元年(516),改東秦州為北華州。西魏文帝大統元年(535),改北華州為敷州(敷為鄜)。西魏廢帝三年(554),以北華州改名為鄜州,仍治杏城。該地區是羌人内遷主要聚居地之一,題名雷氏者,應是羌人。

① 金申:《海外及港臺藏歷代佛像——珍品紀年圖鑒》,山西人民出版社 2007 年版,第 27 頁。

② 金申:《中國歷代紀年佛像圖典》,文物出版社 1994 年版,第 463 頁。

③ 松原三郎:《中國佛教雕刻史論》,吉川弘文館 1995 年版,第 35 – 41 頁。

④ 暨遠志:《北朝杏城—鄜州地區部族石窟的分期與思考》,《藝術史研究》(8),中山大學出版社 2006 年版。

028 雷天生造像記 永平四年（511）四月初八

説明

《寶豐縣志》："碑正書。永平四年。在白雀寺。"

碑文

大魏□□□造，永平四年四月八日□□北地郡土門縣人雷天生[1]，在魯陽郡龍陽縣小留山北淳亐村北[2]，造（下泐）浮圖一傴[3]，石浮圖一傴。為七世（下泐）都竒□□□□□郡□□願（下泐）永記不朽（下泐）弟子（下泐）淳亐□□昊（下泐）胡（下泐）亐（下泐）郡（下泐）軍淳亐（下泐）。

雷天保，雷天奇。

著録

1.《寶豐縣志》卷 14 – 14①。2.《全北魏東魏西魏文補遺》465。

注釋

［1］北地郡：《魏書·地形志》北地郡宜君縣下云"真君七年置"②，屬雍州北地郡。北魏北地郡，郡治富平縣。土門縣：古縣名。前秦設立土門護軍，故址在富平縣薛鎮西北。太平真君七年（446）改設土門縣，旋廢。景明元年（500）置，屬北地郡。治今陝西省富平縣東北土門坊。隋代先廢後復置，屬宜州。唐貞觀十七年（643）再廢。

［2］魯陽郡：《魏書·地形志》："太和二十二年，置魯陽郡。"③ 治所魯陽縣，舊稱"北山"。置郡當年設，北周改為魯山縣④。在今河南省魯山縣城關，隋開皇初郡廢。龍陽縣：古縣名。北魏太和十七年（493）置，屬廣州順陽郡，治今河南省郟縣和汝州市境内。造像記刻於北魏永平四年（511），此時當又隸屬於魯陽郡。史傳失載，可補史闕。畱：同"留 "。亐：即"于"。淳于，以國命姓，疑該村落多居淳于

---

① （清）武億：《寶豐縣志》，《石刻史料新編》第三輯（30），臺北：臺灣新文豐出版公司 1986 年版，第 131 頁。

② （北齊）魏收：《魏書》卷一百零六，中華書局 1974 年版，第 2609 頁。

③ 同上書，第 2544 頁。

④ 王仲犖：《北周地理志》，中華書局 1980 年版，第 430 頁。

氏人，村落因此獲名。

［3］傴：同“軀”。《全北魏東魏西魏文補遺》迻録徑改為“軀”。

彙考

早在東漢（25－220）時期，北地郡（郡治富平）就已成為内遷羌人的主要居住地。此地區有一批南北朝時期羌人造像記。如神龜三年（520）《晏僧定等六十七人造像碑》有“雍州北地郡、雲陽縣縣”像師茘非道酋。永安二年（529）《雷漢王等造像記》題：“祖雷支油，北地郡□令。”此造像記中的雷天生，北地郡土門縣人，羌人，在魯陽郡龍陽縣小留山北淳于村北造像，表明北魏時雷氏羌人已有落籍魯陽郡者。又，北魏《雷樹等五十人造像碑》，出土於陝西省耀縣。題名“邑子魯陽郡守雷□周”。兩碑為研究北魏羌人活動區域提供了新地標。

029 皇甫驎墓誌 延昌四年（515）四月十八日

説明

清咸豐年間於陝西省鄠縣（今陝西户縣一帶）出土。曾歸長白端方、天津金鉞。石高 117 cm，寬 70 cm。誌文 23 行，滿行 40 字。楷書。縱横界格。誌蓋闕。

誌文

魏故涇雍二州別駕、安西平西二府長史、新平安㝎清水武始四郡太守皇甫君墓誌銘[1]。/

君諱驎，字真駒，安㝎朝䣚人也[2]。卿士之苗冑[3]，渡濟之瓊胤[4]。荊州剌史之孫，辟主薄州部處士之元子[5]。金紫/扶踈，緌冠今古[6]。風莭朝略，載在史藉。

君冑藉深華，性自竒拔。是以早延休譽，夙播高問[7]。剌史王公召簡高/梁[8]，澄練涇土。尒日拔揚[9]，無先君者，辟君為州都。君詮才舉弟[10]，稱允羣望，平直之選，歌聲滿路。剌史嘉君忠/蕙[11]，即拜為主薄。君輕賤儒術，意薎經讀[12]。奨賞之情，自然孤觧[13]，即年中湲貢秀才[14]。君仁恕寛洽，接賕深到[15]，共事之/處，無不樂仰。延興中，涇土夷民一万餘家，詣京申訴，請君為統酋[16]。然戎、華理隔，本不相豫，朝議不可。聖/上以此諸民舟情難奪[17]，中旨特許[18]。太和廿年中，仇池不彰[19]，扇逼涇隴[20]。君望著西垂，勘能厭服[21]。旨召為/中書博士，加議郎[22]，馳驛慰勞，陳示禍福。兇頑盡悟，面縛歸降，動有數万。剌史任城王嘉其遠量，表為長史[23]。/君筞謀深玄，聲震朝廷[24]，湲除為清水太守，領帶軍鎮。景明元年中，旨格初斑[25]，簡選臺資[26]，窮盡州望，除君/為別駕。而君佐弼有方，民士悅樂。從景明三年至四年，督護新平安定二郡事。正始元年中，河州剌史梁/公以閞塞地嶮[27]，非賢不御，而君矛猛互張[28]，善能綏撫[29]，湲表為武始太守。正始三年，秦涇叛逆[30]，大軍征討。都/督楊公以君權略多端[31]，深達軍要，表君為都長史，特稟高竿[32]。君雖冑藉安定，墳井在雍。正始四年中還鄉。/剌史元王以君量勘執物[33]，湲表為別駕。君辞以夕年[34]，沖讓不許。王重加厚禮，頻命乃就。凡所佐莅，血心奉/公，雄宜是緃[35]。雖伯奐之無私[36]，楊振之賤賄[37]，方之於君，未足嘉也。曆名宦[38]，垂登方岳，意氣蕭橼，猶若凡素。每/欽想四公，佡懷商洛焉[39]。是以逸問遠流，聲蓋四海。視斤義如丘山[40]，散千金若草土。朝野榮賤，望風送欵[41]。

方/應進登台鼎，永垂高試，昊天不弔，春秋七十有五，遘疾不損，薨于家。以延昌四年，歲次乙未[42]，四月癸酉朔，/十八日庚寅埅於鄠縣申鄉洪澇里[43]。嵩山美木，誰不□仗[44]。名賢背世，熟不痛戀。前雍州主簿、横水令辛對/与君緾萬[45]，臨柩悲慟，弥增哀忉[46]。遂尋君平志，刊記金石。其辭曰：/

三才啓曜，五氣流暉。名川峻阜，靈感特徵[47]。誕生君侯，獨稟玄質[48]。綽矣高度，希世間出。金鏘河右，飛聲挺逸。/賞不擇讎，誅不避昵[49]。唯理是從，渾之若一。深量難惻，沖識孤融[50]。矛能撫衆[51]，武亦折雄。丹磨不異，鑽仰弥崇。/形羈浮俗[52]，志味通仙。如雲開月，如松出烟。瓊巖頹崿，至韻韜玄。親舊悼惋，瘱惜綿綿[53]。畐記金石，式揚名賢[54]。/

妻安定梁氏，州主薄、郡功曺洪敞女[55]。/妻鉅鏕魏氏，鎮西将軍、内都太官、黄龍鎮將趙興公留孫女。/

著録

1. 中國圖書館、上海圖書館藏拓。2.《漢魏南北朝墓誌集釋》217 圖。3.《北京圖書館藏中國歷代石刻拓本滙編》4－25。4.《漢魏六朝碑刻校注》4－282 圖，283 文。5.《匋齋臧石記》6－17 上。6.《八瓊室金石補正》14－22 下。7.《漢魏南北朝墓誌彙編》80。

注釋

［1］䧫：即“雍”字。安定：即“安定”。屬涇州，郡名。西漢武帝元鼎三年（前114）析北地郡地置。治高平（今寧夏固原）。東漢移治臨涇（今甘肅鎮原西）。東晉又移治安定（今甘肅涇川北）。《八瓊室金石補正·四郡太守皇甫麟墓誌》：“安西府屬幽州。……《地形志》新平、安定屬涇州，武始屬河州。無清水郡，而有清水縣。殆先嘗置郡，後經省改耳。”①

［2］䣊：即“那”字。朝那，秦置。戰國秦昭襄王三十五年（前272）秦滅義渠戎國設北地郡，置縣。治今固原東南。東漢安定郡八城之一。見《後漢書·郡國五》。北魏末廢。皇甫驎，史籍不載。誌文亦未著其祖父、父姓名，無從考證。據誌文，皇甫驎的入仕，是由刺史王公品藻、甄選本州士族，擇優征辟為州都，而後拜為主簿。

［3］胄：同“胄”。北魏熙平元年（516）《吴光墓誌》：“蓋藉隆周之苗祚，又承司徒公之緜胄。”② 苗胄，後裔。卿士：謂皇甫氏。《詩經·小雅·十月之交》：“皇父卿士，番維司徒。”③ 父，通“甫”。唐開成元年（836）《安定皇甫公墓誌》：“戴公之子曰皇父，因字命族為皇父氏。至秦徙茂陵，改父為甫。及漢，還安定朝那，其後為朝那人。”④

---

① （清）陸增祥：《八瓊室金石補正》卷十四，吴興劉氏希古樓刊本，民國十四年（1925），《石刻史料新編》第一輯（6），臺北：臺灣新文豐出版公司 1982 年版，第 4221 頁。

② 北京圖書館金石組：《北京圖書館藏中國歷代石刻拓本滙編》（4），中州古籍出版社 1989 年版，第 33 頁。

③ 十三經注疏整理委員會：《毛詩正義》卷十二，《十三經注疏》，北京大學出版社 2000 年版，第 848 頁。

④ （唐）白居易：《白居易集》，中華書局 1979 年版，第 1480 頁。

［4］潦：即"潦"字。《八瓊室金石補正·四郡太守皇甫麟墓誌》："碑多別體字。'渡潦'即'度遼'……'瓊'，疑即'瓊'字。"可從。渡潦，也作"度遼"。"度遼將軍"的省稱。漢置，掌征伐。《漢書·昭帝紀》載，元鳳三年（前78），"冬，遼東烏桓反，以中郎將范明友為度遼將軍"。注引應劭說："當度遼水往擊烏桓，故以為號。"① 三國魏沿置。北齊亦置度遼將軍。東漢皇甫規祖父棱及孫規曾徵拜度遼將軍。皇甫氏自祖父棱始居安定，自此皇甫氏成為安定望族。《後漢書·皇甫規傳》②："字威明，安定朝那人也。祖父棱，度遼將軍。""先是，安定太守孫儁受取狼籍，屬國都尉李翕、督軍御史張稟多殺降羌，涼州刺史郭閎、漢陽大守趙熹並老弱不堪任職，而皆倚恃權貴，不遵法度。規到州界，悉條奏其罪，或免或誅。"討羌零吾等，勸降先零諸種十餘萬，"東羌遂遣使乞降，涼州復通。……沈氐大豪滇昌、飢恬等十餘萬口，復詣規降"。後拜度遼將軍，"遷規弘農太守，封壽成亭侯，邑二百户，讓封不受。再轉為護羌校尉"。皇甫規在事數歲，有兵略，素悉羌事，反對一味鎮壓殺戮羌人，招撫諸羌，安定羌變，緩和了漢羌矛盾，北邊威服。胤：後嗣。此謂皇甫麟為東漢皇甫規之裔胄。

［5］辟：即"辟"字。徵召、舉薦。北魏時期，各府州郡縣皆可自辟僚幕。

［6］金紫："金印紫綬"的省稱。指黃金印章和系印的紫色綬帶，謂達官顯貴。魏晉以後，光禄大夫得假金章紫綬，因亦稱金紫光禄大夫。踈：通"疏"。扶踈：茂盛貌，指家族發達。勉："勉"的異體字。如北魏正始元年（504）《山公寺碑頌》："澄緝四瀛，冠勉万國。"勉：即"勉"，又作"勉"。

［7］休：即"烋"，通作"休"字。"問"，《八瓊室金石補正》作"門"，非。問：通"聞"。聲譽。《詩經·大雅·文王》："宣昭義問。"朱熹《詩集傳》："佈明其善譽於天下。"③ 高問：高卓的聲譽或聲望。

［8］《八瓊室金石補正》："'高粱'之'粱'，疑是'良'之通借。或即'膏粱'。"膏粱，肥美的食物。

［9］搜：即"搜"字。構件"臼"與"臼"形近，為求簡單易寫，"臼"訛變作"旧"，如東魏興和三年（541）《李挺墓誌》："旧竈生鼃，不異趙襄之急。"④ 受此影響，"臼"亦類推作"旧"；構件"又"，訛變作"夂"，從而寫成"搜"。搜揚，搜尋、訪求舉拔賢才。南北朝碑刻有此用例。北魏建義元年（528）《元彝墓誌》："孝明

① （漢）班固撰，（唐）顏師古注：《漢書》卷七，中華書局1962年版，第229頁。
② （南朝宋）范曄撰，（唐）李賢等：《後漢書》卷六十五，中華書局1965年版，第2129－2137頁。
③ （宋）朱熹注：《詩集傳》卷十六，中華書局1958年版，第176頁。
④ 趙力光：《鴛鴦七誌齋藏石》，三秦出版社1995年版，第150頁。

皇帝春秋富冲，敦上庠之學，廣延宗英，搜揚儁乂。”①

［10］詮：通“銓”。用同“跧”。低下的才能與膚淺的學識。多用作自謙之詞。清納蘭性德《上座主徐健庵先生書》：“某以詮才末學，年未弱冠，出應科舉之試。”②《漢魏南北朝墓誌彙編》作“銓”，可。

［11］嘉：即“嘉”字。薦：即“篤”字。

［12］蔑：“蔑”的俗字。輕視。南北朝碑刻有用例。如北魏太和十八年（494）《弔比干文》：“荊棘荒朽，工為緜蔑。”③ 延昌二年（513）《元颺妻王氏墓誌》：“后妃之若開雎，君□□作好仇，蔑以加焉。”④

［13］㷖：即“照”的俗字。本作“煛”，訛化為“㷖”。構件“火”可能是受到“因”訛作“囙”的影響所致。見《尉遲運墓誌》“因”作“囙”⑤。北魏延昌元年（512）《冠軍將軍夫人劉氏墓誌》：“三星煛耀，琴瑟調各。”⑥ 北齊天保八年（557）《劉碑造像銘》：“纂募鄉邑酋領，懷殊獨㷖。”⑦ 觧：即“解”字。

［14］湲：即“復”字。偏旁“彳”訛變為“氵”。

［15］寛：即“寬”字。賝：即“賚”字。

［16］《八瓊室金石補正》“餘”下衍“人”字；“申”作“中”，非；“請”下脱“君”字。陸增祥引《魏書·高祖本紀》：延興三年（473），“吐谷渾部内羌民鐘豈渴干等二千三百户内附”⑧。認為墓誌所記者即指此事。統酋，即夷民酋長。兩晉、十六國、南北朝時期，被征服民族叛服不定。為了便於管理和控制被征服的民族，北魏統治者籠絡部落首領，封官爵，允其在領地内按照部落舊制管理。夷民請外族皇甫驎為統酋，可見皇甫驎頗有聲望，才德出眾。

［17］《八瓊室金石補正》：“‘舟’，即‘丹’。”丹情，赤誠之心。或讀為“舟”。《匋齋臧石記》：“‘舟情’字絕新，猶言輿情耳。”《漢魏六朝碑刻校注》認為此説大致釋“舟”為“舟”，以為“舟”與“輿”都屬交通工具，詞義相類，可以通用，故“舟情”猶“輿情”，意為衆心。可備一説。

---

① 北京圖書館金石組：《北京圖書館藏中國歷代石刻拓本滙編》（5），中州古籍出版社 1989 年版，第 90 頁。

② （清）納蘭性德：《納蘭性德全集》（4），新世界出版社 2014 年版，第 135 頁。

③ 北京圖書館金石組：《北京圖書館藏中國歷代石刻拓本滙編》（3），中州古籍出版社 1989 年版，第 21 頁。

④ 《北京圖書館藏中國歷代石刻拓本滙編》（4），第 15 頁。

⑤ 毛遠明：《漢魏六朝碑刻校注》（10），綫裝書局 2008 年版，第 327 頁。

⑥ 洛陽市文物工作隊：《洛陽出土歷代墓誌輯繩》，中國社會科學出版社 1991 年版，第 21 頁。

⑦ 北京圖書館金石組：《北京圖書館藏中國歷代石刻拓本滙編》（7），中州古籍出版社 1989 年版，第 69 頁。

⑧ （北齊）魏收：《魏書》卷七（上），中華書局 1974 年版，第 140 頁。

［18］旨：即“旨”字。中旨，皇帝的詔諭。南朝宋顏延之《赭白馬賦》：“乃詔陪侍，奉述中旨。”①

［19］太和廿年：即496年。“仇池”，《八瓊室金石補正》作“仇地”，非。仇池：本山名，在今甘肅省成縣西。東漢建安元年（196）氐人楊氏在此建立地方割據政權。《水經注·漾水丹水》：“漢獻帝建安中，有天水氐楊騰者，世居隴右，為氐大帥，子駒，勇健多計，徙居仇池。魏拜為百頃氐王。”② 國號百頃。駒子楊千萬，千萬孫楊飛龍，飛龍的義子楊茂搜建立前仇池國，流落關中與西蜀的氐人紛紛歸附，至梁承聖元年（552）為西魏所滅。據李祖桓《仇池國志》，仇池國可分為五期，即前後仇池國、武都國、武興國、陰平國③。彭：通“靖”。安定。“仇池不靖”發生時間，屬於仇池國第四期武興國，元嘉二十年（443）至梁天監五年（506）。由武都國末代國王楊文度之弟楊文弘建。北魏、劉宋均封楊文弘為武都王。治所武興（今陝西略陽），控武興、白水等地。共亡國兩次，分別為北魏和西魏所滅。立國共七十五年。

［20］《魏書·任城王澄傳》：“梁州氐帥楊仲顯、婆羅、楊卜兄弟及符叱盤等，自以居邊地險，世為凶狡。澄至州，量彼風俗，誘導懷附。表送婆羅，授仲顯循城鎮副將，楊卜廣業太守，叱盤固道鎮副將。自余首帥，各隨才而用之，款附者賞，違命加誅。於是仇池帖然，西南款順。”④ 陸增祥引用《魏書》認為《任城王澄傳》中關於梁州氐的記載，即指誌文“太和廿年中，仇池不靖，扇逼泾隴”，可從。

［21］勘：通“堪”。厭服：即“壓服”。“厭”，《八瓊室金石補正》“疑是‘徹’字”，非。

［22］“郎”，《八瓊室金石補正》作“即”，形近而誤，進而認為“中書博士加議，《官氏志》所不載，可補其闕”，非。中書博士加議郎，見《魏書·傅永傳》：“未幾，除中書剥蝕，又改為議郎。”⑤ 又《魏書·李叔虎傳》：“太和中，拜中書博士，與清河崔光、河間邢巒并相親友。轉議郎。”⑥

［23］任城王：謂元澄。《魏書·任城王澄傳》：高祖時“以氐羌反叛，除都督梁益荊三州諸軍事、征南大將軍、梁州刺史。……澄至州，量彼風俗，誘導懷附。……款附者賞，違命者誅，於是仇池帖然”⑦。據誌文，皇甫驎参與此事有功“表為長史”。

---

① （梁）蕭統編，（唐）李善注：《文選》卷十四，《中國古典文學叢書》，上海古籍出版社1986年版，第622頁。

② （北魏）酈道元著，陳橋驛等譯注：《水經注全譯》卷二十，貴州人民出版社1996年版，第698頁。

③ 李祖桓：《仇池國志》，書目文獻出版社1986年版，第9－10頁。

④ （北齊）魏收：《魏書》卷十九，中華書局1974年版，第268頁。

⑤ 《魏書》卷七十，第907頁。

⑥ 《魏書》卷七十二，第946頁。

⑦ （北齊）魏收：《魏書》卷十九中，中華書局1974年版，第463頁。

［24］朝廷：即“朝庭”。

［25］斑：通“班”。《魏書·官氏志》載，太和二十三年，“高祖復次職令，及帝崩，世宗初班行之，以為永制”①。

［26］臺：即“臺”的别體。

［27］開：即“關”字。“塞”，《漢魏南北朝墓誌彙編》作“梁”，非。開塞：關隘要塞，軍事重地。崄：同“險”。

［28］《八瓊室金石補正》：“‘矛’乃‘柔’之誤”。《漢魏六朝碑刻校注》：“‘柔’之省文。”可從。猛：“猛”的俗訛字。矛猛：即“柔猛”。懷柔與威猛。下文“矛能撫衆”中的“矛”，亦是“柔”字。

［29］綏：同“綏”。《八瓊室金石補正》：“‘接’作‘綏’”，致語義不暢，非。綏撫，同義連文。《漢書·翟方進傳》：“是以廣立王侯，並建曾玄，俾屏我京師，綏撫宇内。”②

［30］逆：即“逆”。構件“屰”，在碑刻文字中大多變成直筆的“□”“手”“羊”等形。“逆”，東漢中平二年（185）《曹全碑》：“而縣民郭家等復造逆亂，燔燒城寺。”③ 北魏孝昌元年（525）《元熙墓誌》：“飜然改啚，千里同逆。”④ 秦涇叛逆，指正始三年（506）正月，“秦州民王智等聚衆二千，自號王公，尋推秦州主簿吕苟兒為主，年號建明”⑤。朝廷詔别駕楊椿為别將，隸安西將軍元麗討之。見《魏書·楊春傳》。

［31］督：即“督”字。構件“叔”，從又，從尗，尗亦聲，拾取之義，假借為伯叔之叔。碑刻中隸、楷書常訛變。《曹真殘碑》作“尗”，《元簡墓誌》作“尗”⑥。以“叔”為聲符的字以此類推。都督楊公，即楊椿。《魏書·元麗傳》稱楊椿為别駕，《楊椿傳》稱别將，此謂都督。

［32］“為”下一字泐，僅見輪廓。《八瓊室金石補正》作“都”。筭：即“算”。謀略，策謀。

［33］元王：即元麗。勘：通“堪”。《北史·元麗傳》：正始三年，“秦州屠各王法智推州主簿吕苟兒為主，號建明元年，置立百官，攻逼州郡。涇州人陳瞻亦聚衆稱

---

①（北齊）魏收：《魏書》卷一百一十三，中華書局1974年版，第2993頁。

②（漢）班固撰，（唐）顔師古注：《漢書》卷八十四，中華書局1962年版，第3432頁。

③ 北京圖書館金石組：《北京圖書館藏中國歷代石刻拓本滙編》（1），中州古籍出版社1989年版，第176頁。

④《北京圖書館藏中國歷代石刻拓本滙編》（5），第12頁。

⑤（北齊）魏收：《魏書》卷九，中華書局1974年版，第201頁。

⑥ 北京圖書館金石組：《北京圖書館藏中國歷代石刻拓本滙編》（3），中州古籍出版社1989年版，第37頁。

王，號聖明元年。以麗為使持節、都督，與楊椿討之”①。時元麗為安西將軍、秦州刺史，楊椿為別駕。亦見《魏書·元麗傳》。

［34］辞：即“辭”字。

［35］㕍：即“唯”字。構件“口”訛變為“厶”，漢魏六朝石刻中習見。如“單”，東漢延熹八年（165）《鮮于璜墓碑》作“单”②。“捐”，北魏正光五年（524）《元謐墓誌》作“捎”③。亘：即“直”字。碑刻中並列橫劃多的字，常簡省橫劃，改變置向。绁：即“断”字。本作“繼”，構件“㡭”，初變為“绁”。北魏太和五年（481）《塔基石函銘刻》：“妙跡攸緬，梵音繼響。”④ 孝昌元年（525）《元懌墓誌》：“七鎮繼傾，二秦覆没。”⑤ 類推造出“绁”。

［36］奐：即“魚”字。“魚”字下構件“灬”，由魚尾的象形符號所變。省去一點作“余”，見三國吴黄武四年（225）《浩宗買地券》：“余下入淵，郭師呈酒。”⑥ 又變形作“大”，見建義元年（528）《元瞻墓誌》：“雖未符於兆夢，抑相合以奐水也。”⑦

［37］楊振：即“楊震”。“振”與“震”通。

［38］曆：通“歷”。宦：“宧”的俗字。“宀”與“穴”相混。

［39］佡：即“企”字，《八瓊室金石補正》：“‘企’，作‘佡’。”企懷，企盼懷想。

［40］斤：即“片”字。

［41］歎：《漢魏六朝碑刻校注》認為似“歎”字。或然。疑“歎”的省减筆字。從構件“莫”，訛變作“美”；繼續省點作“美”看，“莫”省减筆劃作“芙”，是可能的。北齊河清四年（565）《元洪敬墓誌》：“吏曰難欺，民咲来暮。”⑧ 北周建德六年（577）《張滿澤妻郝氏墓誌》：“莭物易覩，一咲難期。”⑨《八瓊室金石補正》作“款”，左下垂足為“小”，不取。

［42］延昌三年，歲次甲午；四年，歲次乙未。《漢魏南北朝墓誌彙編》釋“乙

---

① （唐）李延壽：《北史》卷十七，中華書局1974年版，第638頁。

② 北京圖書館金石組：《北京圖書館藏中國歷代石刻拓本滙編》（1），中州古籍出版社1989年版，第127頁。

③ 《北京圖書館藏中國歷代石刻拓本滙編》（4），第158頁。

④ 毛遠明：《漢魏六朝碑刻校注》（3），綫裝書局2008年版，第260頁。

⑤ 洛陽市文物工作隊：《洛陽出土歷代墓誌輯繩》，中國社會科學出版社1991年版，第43頁。

⑥ 北京圖書館金石組，《北京圖書館藏中國歷代石刻拓本滙編》（2），中州古籍出版社1989年版，第33頁。

⑦ 《北京圖書館藏中國歷代石刻拓本滙編》（5），第89頁。

⑧ 毛遠明：《漢魏六朝碑刻校注》（9），綫裝書局2008年版，第200頁。

⑨ 北京圖書館金石組：《北京圖書館藏中國歷代石刻拓本滙編》（8），中州古籍出版社1989年版，第166頁。

未”作“丁未”，非。

［43］壐：即“壟”字。“申”字微泐，《八瓊室金石補正》《匋齋臧石記》作“中”，備參。洪澇里：地名。

［44］“不”下一字泐，《漢魏六朝碑刻校注》疑是“仰”字。《匋齋臧石記》作“俙”，備參。《八瓊室金石補正》未釋，《漢魏南北朝墓誌彙編》闕。

［45］𨐌：即“辛”字。“對”為“樹”，“緾”為“纏”的簡體字。篤：即“篤”的俗字。緾篤，交情親密深厚。横水：屬岐州。

［46］“柩”，據上下文義和字形，當是“棺”字。《八瓊室金石補正》：“‘柩’，疑即‘棺’字。”忉：憂傷。哀忉：悲哀傷悼。《八瓊室金石補正》釋“忉”作“切”，義可通，而字非。

［47］微：即“微”字。

［48］“質”，《匋齋臧石記》《八瓊室金石補正》作“資”，非。玄質：天然神妙的素質。唐白居易《黑龍飲渭水賦》：“飲盛蜜之清流，浴彬彬之玄質。”①

［49］𣅈：即“昵”字。由於受到“老”的構件“匕”訛為“止”，再變形訛為“工”的類推，“昵”的構件“匕”訛變為“工”。如漢《趙寬碑》：“以寬宿德，謁請端首，優號三老，師而不臣。”晉《徐君妻管洛墓碑》：“宜當等壽姜任，永錫難老。”②北魏《元誘妻薛伯徽墓誌》：“顧吾老矣，而不見此女。”③

［50］難：即“難”字。惻：通“測”。測量。

［51］矛：“柔”的簡筆俗字。與下文“武”，對舉成文。

［52］“形”，《陝西金石志》作“刑”。刑，通“形”。“覊”“俗”二字闕。《十二硯齋金石過眼録》闕“形覊”；“味”，作“道”，非。浮俗：浮薄的习俗。

［53］𤸱：“痛”的加形專字。强調悲傷、傷悼之情發自内心。緜：即“綿”。

［54］戌：“式”的俗字。

［55］“女”上一字微泐，是“敞”字。《八瓊室金石補正》《漢魏南北朝墓誌彙編》作“敬”，非。

---

① （唐）白居易：《白居易集》卷三十八，中華書局1979年版，第874頁。

② 北京圖書館金石組：《北京圖書館藏中國歷代石刻拓本滙編》（2），中州古籍出版社1989年版，第54頁。

③ 《北京圖書館藏中國歷代石刻拓本滙編》（5），第10頁。

030 弥姐馬叜造像記 延昌四年（515）八月十一日

説明

碑石出土時間、地點不詳。分拓三紙，均高 30 cm，寬 12 cm。上部開圓拱龕，内造坐佛。碑陽、碑陰龕楣上方刻蓮花紋。碑陽下部刻供養人像，碑陰續刻發願文。一側龕楣刻火焰紋，下刻發願文。記下圖二各 4 行，行字數不等。隸書，有縱界格。

碑文

延昌四年八月十一日弥/姐馬叜[1]，上為帝主[2]，/下為七世父母，所生父母，（下泐）/合門眷屬，（下泐）。（以上刻於碑一側）/造像一區[3]。/陏洛住（下泐）[4]，/起（下泐）道（下泐）（以上刻於碑陰）[5]。/

著録

1.《北京圖書館藏中國歷代石刻拓本滙編》4－27。2.《日本京都大學藏中國歷代文字碑刻拓本》NAN0155X。3.《全北魏東魏西魏文補遺》471。

注釋

［1］叜：即“叟”字。構件“臼”，簡省作“内”。如，“搜”，字形訛作“挍”，建義元年（528）《元子正墓誌》：“遂能挍今閲古，博覽羣書。”①

［2］帝：即“帝”字。帝主，即“國主”。

［3］合：通作“闔”。合門：全家。造像記中常見。如西魏大統十四年（548）《辛延智造像記》：“上為皇帝陛下、大丞相，群遼百師僧父、父母，囙緣眷属，合門大小。”② 保定四年（564）《張永貴造像記》：“是以正□佛弟子張永貴合門大小。”③ 按造像記文例，“造”上疑有“敬”字。

［4］“洛”下一字，覿拓，左存“亻”，是“住”字，即“往”字。“亻”與“彳”混，碑刻中習見。見東魏天平二年（535）《趙氏姜夫人墓誌》：“泣飄風之長住，悲蓼莪之在兹。”④ 西魏大統十七年（551）《楊泰妻元氏墓誌》：“樹静難期，奄從化住。”⑤ 又如，“徘”作“俳”，北魏景明四年（503）《元誘妻馮氏墓誌》：“四教

① 北京圖書館金石組：《北京圖書館藏中國歷代石刻拓本滙編》（5），中州古籍出版社 1989 年版，第 108 頁。

② 張燕：《北朝佛道造像碑精選》，天津古籍出版社 1996 年版，第 95 頁。

③ 北京圖書館金石組：《北京圖書館藏中國歷代石刻拓本滙編》（8），中州古籍出版社 1989 年版，第 113 頁。

④ 趙超：《漢魏南北朝墓誌彙編》，天津古籍出版社 1992 年版，第 317 頁。

⑤ 張江濤：《華山碑石》，三秦出版社 1995 年版，第 19 頁。

俳佪，七德猷逸。"[①] 正光五年（524）《元隱墓誌》："繾綣戎幃，俳佪莫府。"[②]《全北魏東魏西魏文補遺》釋作"生"，非。

［5］"屬""起""道"下泐，《全北魏東魏西魏文補遺》認為無字，不取。

彙考

弥姐，又作"彌且"，關西複姓，西羌種。《元和姓纂·五支》作"彌且"[③]。《通志·氏族略·關西複姓》："彌姐氏，後秦冠軍大將軍彌姐婆觸、遼東侯弥姐氏要地、立節將軍彌姐威、後魏末都督彌姐元進，夏州酋望也。唐右領軍延州刺史彌姐長通。"[④] 其中，弥姐要地，即《晉書·姚興載記下》的"彌姐亭地"[⑤]。弥姐元進，即《周書·文帝紀上》的"彌姐元進"[⑥]。弥姐威，即《元和姓纂》的"彌且成"。南北朝至隋代碑銘中常見此姓，如北周保定四年（564）《聖母寺四面像碑》題名有邑子弥姐榮、邑子弥姐貴慶 2 人[⑦]。隋開皇二年（582）《弥姐顯明造像碑》題名可辨者 63 人，其中弥姐氏 35 人[⑧]。隋開皇六年（586）《弥姐後息造像碑》，又稱《邑主弥姐後德合邑子卅人等造像記》四面存題名 27 人，其中弥姐氏達 22 人[⑨]。可見，弥姐是西羌大姓。

① 趙力光：《鴛鴦七誌齋藏石》，三秦出版社 1995 年版，第 18 頁。
② 洛陽市文物工作隊：《洛陽出土歷代墓誌輯繩》，中國社會科學出版社 1991 年版，第 38 頁。
③（唐）林寶撰，岑仲勉校記：《元和姓纂》卷二，中華書局 1994 年版，第 91 頁。
④（宋）鄭樵撰，王樹民點校：《通志二十略》，中華書局 1995 年版，第 182 頁。
⑤（唐）房玄齡等：《晉書》卷一百一十八，中華書局 1974 年版，第 2997 頁。
⑥（唐）令狐德棻等：《周書》卷一，中華書局 1971 年版，第 5 頁。
⑦ 北京圖書館金石組：《北京圖書館藏中國歷代石刻拓本滙編》（8），中州古籍出版社 1989 年版，第 114 頁。
⑧ 馬長壽：《碑銘所見前秦至隋初的關中部族》，廣西師範大學出版社 2006 年版，第 96 頁。
⑨ 耀生：《耀縣石刻文字略志》，《考古》1965 年第 3 期，第 140 頁。

031 邑子六十七人造像碑 熙平二年（517）五月二十三日

碑陽

碑陰

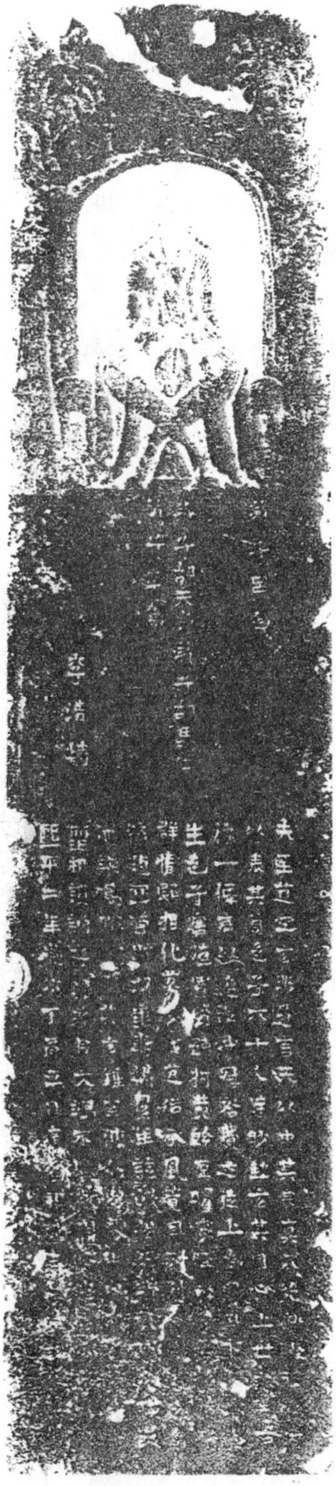

左側

右側

説明

碑石出土於陝西省富平縣，1960 年造像碑從富平縣小學運至西安，現藏西安碑林。碑石高 203 cm，寬 81 cm，厚 41 cm。四面刻，均上開龕，下刻供養人並題名，佛道混合造像碑。碑陽道教，上開屋頂形龕，内有老君和二立侍①，及仙人、高冠道士、胡人、瑞羊、瑞獸。道士旁題“邑師李元安”。下部為持笏供養人，共六層。碑陰為佛教，上開一圓拱龕，内有一佛二菩薩二比丘，及翼獸、胡人。火焰紋龕楣，上有六龍相交。下部為供養人四層。碑右側為道教，上開屋形龕，内造坐像，戴道冠。龕上有飛仙四身。碑左側為佛教，上部小龕，内有加脚彌勒。下刻題名、發願文，文 9 行，行字數不等。楷書。大部分漫漶不清。該碑又題《邑子六十七人造像題記》《熙平二年造像碑》。

碑文

夫至道空玄，非邑言天，以申其宗[1]，真□絕□□形□□/以表其貞[2]，邑子六十人等，眇執玄其，同心上世，□造石/像一傴，□以追□沖寂，啓費迷徒。上為□□，下［為］□含/生邑子，宿殖寬資，踈柯黄幹。□處暉體，□□□□□/群情即相，化募□□[3]。道俗承風，覺自剋列□□□□□/然隨冥督[4]，助功重年，精累年□就，相好□□□□□/而□矚暇□□其玄鐘[5]，至德□處□□□□□□□□□/聖相讚誦之興，著文竭不□□□□□□□□□□□。/

熙平二年，歲次丁酉，五月辛酉朔，廿三日造訖。/（以上刻於碑左側佛龕下部）

李文杲[6]。/（以上刻於碑左側龕外）

弟子呂□，弟子胡天□，弟子李□。弟子胡□□，李清［特］[7]。/（刻於碑左側佛龕下部）

邑師李元安。/（以上刻於碑陽龕左側）

平望劉永壽，/但官子呂靈[8]，/邑先呂龍，/侍者李進，/但官劉安都，/邑日劉靈智。/

邑子張奴，/邑子呂光，/典録呂漢[9]，/平望李朧，/侍者呂道与，/邑正顔𧺆[10]，/邑子呂道光，/化主呂雙胡。/

邑子張世，/邑子呂道起，/邑子劉安成，/邑子呂日德，/邑子劉安德，/邑子劉永熾[11]，/邑子呂曳胡，/邑子呂道奴。/

邑子王石生，/邑子張安宗，/邑子呂見猥，/邑子呂蘭德，/邑子呂理女，/邑子呂

① 此碑陽、碑陰，《北魏至隋代關中地區造像碑的樣式與年代考證》作碑陰、碑陽。見宋莉：《北魏至隋代關中地區造像碑的樣式與年代考證》，西安美術學院博士學位論文，2011 年，第 69 頁。

相得[12]，/邑子劉道珎，/邑子劉永洛。/

邑正王道王，/邑正呂韶猥，/邑子王天与，/邑子垣鍾馗，/邑子段鮮愁，/邑子王□，/邑子呂黽[13]，/邑子王天保。/

道士李景尚。/（以上刻於碑陽下部，分刻六層）

比丘法暉。/比丘慧泰，/（以上刻於碑陰龕左右）

平望呂皇鴈，/唯那呂破胡[14]，/邑日呂肆胡，/香火呂杴[15]，/彈官呂猥子[16]，/平望呂辦。/

邑子呂小[17]，/邑子張天□，/邑子□保熾，/邑正其清郎，/邑子張雙知，/邑子呂洪欝。/

邑子呂眾□，/邑子恵袮莉[18]，/邑子胡天生，/邑子呂蕤生，/邑子張□奴，/邑子呂伯昌，/邑子呂伏猥，/邑子呂樹。/

邑子□早。/（以上刻於碑陰，分刻四層）

［道］士呂陽□。/道士呂榮孫，/邑子呂㪯与，/道士李醜奴。/

輔國將軍武都太守李元安。/（以上刻於碑右側道龕下）

著録

1.《碑林藏佛道合刻造像及道教造像》，《碑林集刊》1995（3）。2.《中國古代祆教美術考古手記》179 圖。3.《陜西珍貴文物集成·碑刻書法卷》55。4.《長安藝術與宗教文明》374。5.《茹小策合邑一百人造像碑的宗教性质》，《碑林集刊》2003（9）。6.《北魏至隋代關中地區造像碑的樣式與年代考證》69。

注釋

［1］“非”下一字，上為“口”，是“邑”字。《北魏至隋代關中地區造像碑的樣式與年代考證》釋“邑”作“過”；“天”作“无”，非。

［2］“真”下一字，無法辨識。《長安藝術與宗教文明》《北魏至隋代關中地區造像碑的樣式與年代考證》脱一字。

［3］“下”字下泐二字，據造像記文例，首字是“為”。《北魏至隋代關中地區像碑的樣式與年代考證》未釋。含生：一切生靈。多指人類。發願文泐蝕嚴重，《長安藝術與宗教文明》《北魏至隋代關中地區造像的樣式與年代考證》未釋“為”。“處”上一字，《長安藝術與宗教文明》作“屎”，不確；又，“即”，作“郎”，非。

［4］“自”下一字微泐，《北魏至隋代關中地區造像碑的樣式與年代考證》作“剋”，是。《長安藝術與宗教文明》作“尅”，不取。

［5］“年”下一字泐，左是“言”字旁，右不確。《長安藝術與宗教文明》《北魏

至隋代關中地區造像碑的樣式與年代考證》作“蹤”，不取。“好”下泐蝕甚，第一、二字，《長安藝術與宗教文明》作“埠師”；《北魏至隋代關中地區造像碑的樣式與年代考證》作“端□師”，三字，備參。

［6］《長安藝術與宗教文明》作“文杲”，《北魏至隋代關中地區造像的樣式與年代考證》作“元遷”。拓片泐蝕不清，無法辨識。録以備參。

［7］《北魏至隋代關中地區造像的樣式與年代考證》未釋“弟”字。

［8］“永”，《北魏至隋代關中地區造像碑的樣式與年代考證》作“求”，非。但官：即“壇官”的俗寫。道教的一般道士，按照神職身份排列，居於第二層中壇。南北朝時期，佛道思想、禮儀相互學習借鑒。

［9］“吕”下一字泐，細審，是“漢”。《長安藝術與宗教文明》作“濮”。典録：佛社中僧職名，負責文書簿册。造像記中習見。

［10］起：“起”的異體。《長安藝術與宗教文明》作“越”，非。“顔”，《北魏至隋代關中地區造像的樣式與年代考證》作“張”，非。

［11］“永”，《北魏至隋代關中地區造像的樣式與年代考證》作“兆”，非。

［12］“相”下一字泐，諦視，是“得”。《長安藝術與宗教文明》作“椅”；《北魏至隋代關中地區造像的樣式與年代考證》作“特”，不取。

［13］“王”下一字泐，無法辨識。《長安藝術與宗教文明》作“毳”，構字框架相似，字形不類，不取。原刻那，“那”的異體。

［14］“皇”下一字，清晰，是“鴈”，即“鴈”，同“雁”。《北魏至隋代關中地區造像碑的樣式與年代考證》作“鸾”，非。唯那：亦作“維那”。梵語音譯，意譯“授事”。佛社中僧職名，管理僧眾事務，位次於上座、寺主。

［15］“肂”，《北魏至隋代關中地區造像的樣式與年代考證》作“肆”，存疑。香火：佛社中僧職名，主照料香火及打雜。杦：《北魏至隋代關中地區造像碑的樣式與年代考證》作“枚”，可從。

［16］彈官：佛社中僧職名，下級小吏，執事不確，可能是鄉邑里社管理糾彈者。如北魏永熙二年（533）《邑主儁蒙□娥合邑子卅一等造像記》題“彈官清信夫蒙妙朱，彈官清信同琋天姬”。西魏大統元年（535）《毛遐造像記》題“彈官王□德”。北周保定二年（562）《鉗耳世樹造像碑座》題“彈官褚蘭淂”。

［17］“小”，《長安藝術與宗教文明》作“川”，形似而誤。

［18］“祢莉”，《北魏至隋代關中地區造像的樣式與年代考證》作“神苻”，不取。

彙考

這是一通以吕姓為主的合邑造像碑，佛道造像各佔一半，有題名 67 人，除吕氏外，還有李、王、劉、張、顏、段、胡、子、垣、其等姓氏。其中子、垣、其是比較少見的姓氏。吕氏 33 人，為氐人；王氏 5 人，或為羌人，或為漢人。餘為漢人。此反映了北魏時期民族姓氏、合邑狀況、宗教信仰、民族融合情況。“李元安”在碑陽、碑側兩次出現，别為“邑師”“輔國將軍、武都太守”，説明李元安是該邑的道教邑師，同時也是供養人中官職最高者。

032 夫蒙文慶造像碑 神龜二年（519）七月十五日

碑陽

右側

左側

碑陽、右側（原石）

説明

碑石1934年出土於陝西省耀縣樓村鄉坡頭村，一説出土於柳林鄉坡底村，放置於耀縣碑林。1955年遷於縣文化館，1971年遷於藥王山，現藏藥王山碑林。碑上下均有榫頭，梯形柱狀。石高100 cm，上寬34 cm，下寬47 cm，厚30 cm。四面刻，均上開拱形龕，内有釋迦二侍者。龕楣上有二樂伎，手持樂器，相對騰空而起，姿態呈“U”字形。碑陽、陰和左側的龕楣，是雙龍交纏，龍頭口含忍冬垂於楣兩側，並相對刻有三層小佛閣。碑陽龕下刻發願文，左側續刻，陰題名、右側題名。記16行，行字數不等；餘題名。楷書，有縱横界格。像劣字佳。該碑又題《蒙文度造像記》。

碑文

神龜二年，歲次［己亥］，八月戊申朔，十五日[1]，夫蒙文慶為巨父/巨妹，七世父［母］，因緣/眷蜀，［敬］造立石/像一區[2]，減割家珎，/雇良匠[3]，仰感帝王覆/被之恩[4]，追所生顯育/之重[5]。竒形異容[6]，□/□然明工不能加其巧[7]；是修/釋迦皷法，豈非極（以上刻於碑陽）/聖姿□之形容[8]？信/徒礼敬[9]，莫不啟悟。頗/使龍華三會，恒在初首[10]。/佛弟子清信士比丘/光姬[11]，頗使生天妙/朗，國玉无□，略受佛□[12]。/若墮三徒，速得解退[13]。/（以上刻於碑左側）

清信士/光姬。/（以上刻於碑左側龕下）

像主夫蒙文慶，/母雷男㚬，/父名道明[14]，/妻甞□□，/祖名□□，/曾祖名屈闌[15]，/□平縣令、/建□將軍宜□□□。/高祖名南也韶明[16]，/高祖母名□㚬拔。/（以上刻於碑陰）

妻雷男[17]。/（以上刻於碑陽發願文左上）

妻清信士雷豊供養佛時，/蒙文慶供養佛時[18]，/佛弟子息祖族供養佛，/佛弟子息道郎供養佛時，/清信女㛐宜供養佛時，/清信女和如供養佛時。/合門大小，善頗從心，功廣成就[19]。/（以上刻於碑右側）

著録

1.《耀縣石刻文字略志》，《考古》1965（3）。2.《耀縣藥王山佛教造像碑》，《考古與文物》1996（2）。3.《藥王山北朝碑石研究》55。4. 宋莉藏原石照片。5.《碑銘所見前秦至隋初的關中部族》89。6.《全北魏東魏西魏文補遺》483。

注釋

［1］“歲次”下泐二字，據《中國史曆日和中西曆日對照表》，神龜二年，干支歲次己亥。《碑銘所見前秦至隋初的關中部族》作“歲次戊戌”，非。“月”上一字泐，諦視，是“八”字。《碑銘所見前秦至隋初的關中部族》未釋。《藥王山北朝碑

石研究》《全北魏東魏西魏文補遺》脱“月戊申朔十五日”。“年”下各字，《耀縣藥王山佛教造像碑》作泐蝕。

［2］“巳父”即“亡父”，《藥王山北朝碑石研究》作“丘父”，語義不可通。原刻脱“母”，據造像文例補。“蜀”，應為“屬”。眷蜀：本作“眷屬”。家屬，親屬。“因緣眷屬”，造像記中常用語。《耀縣藥王山佛教造像碑》《藥王山北朝碑石研究》作“屬”，迻録碑文，當尊原刻。《耀縣藥王山佛教造像碑》脱“立”字。“造”上一字殘，據造像記文例，是“敬”字。

［3］“雇良匠”三字清晰，《藥王山北朝碑石研究》在“雇”下衍“□”，非。

［4］《藥王山北朝碑石研究》脱“感”字。覆被：喻施恩澤。“王”，《耀縣藥王山佛教造像碑》作“主”，形似而誤。並未釋“覆”字，釋“被”作“波”，非。《全北魏東魏西魏文補遺》沿誤。

［5］追：及也。《藥王山北朝碑石研究》釋“追”作“追思”；《耀縣藥王山佛教造像碑》《全北魏東魏西魏文補遺》作“追”，均非。

［6］“容”，《藥王山北朝碑石研究》作“客”，形似而誤。

［7］“明”上一字泐，觀存痕，似“然”。《碑銘所見前秦至隋初的關中部族》未釋。“□□然明工”，《耀縣藥王山佛教造像碑》作“□上”，《藥王山北朝碑石研究》作“妙手”，不取。“工”，《全北魏東魏西魏文補遺》作“上”，並認為“□□然明”作一泐蝕字，非。

［8］“修”上一字泐，存痕似“是”字。“是修”，《藥王山北朝碑石研究》作“是以”，非。《耀縣藥王山佛教造像碑》《全北魏東魏西魏文補遺》未釋“是”，並脱“極”“□”。皷：同“鼓”。《藥王山北朝碑石研究》未録“豈非”以下發願文和題名。觀拓，“之”上泐一字，不能辨識。《碑銘所見前秦至隋初的關中部族》脱“修”。

［9］徔：即“徒”字。“容”下一字泐，存痕似“信”。“信徒”，《耀縣藥王山佛教造像碑》《全北魏東魏西魏文補遺》作“侍禮”，非。

［10］《耀縣藥王山佛教造像碑》《全北魏東魏西魏文補遺》脱“初首”。釋此句作“願使龍華三會恒在”，致語義不明。

［11］觀拓，“比”，字體略小於上下文，《耀縣藥王山佛教造像碑》脱。並釋“丘”作“巨”，非。“光姬”，《耀縣藥王山佛教造像碑》作“姬光”，誤倒。《全北魏東魏西魏文補遺》沿用。碑左側两見“光姬”其名。

［12］圀：即“国”。同“國”。《北史·王雅傳》：“王雅字度容，闡熙新囯人也。”①“无”，《碑銘所見前秦至隋初的關中部族》作“旡”，為異體。又，未釋

① （唐）李延壽：《北史》卷六十八，中華書局1974年版，第2371頁。

“佛”。《耀縣藥王山佛教造像碑》《全北魏東魏西魏文補遺》沿用，並釋“受”作“使”，非。

［13］“徒”即“徒”，是“塗”譌。三塗，即“三途”。佛教語。《百喻經·夫婦食餅共為要喻》：“墜墮三塗，都不怖畏。”① “退”，《耀縣藥王山佛教造像碑》作“艮”，非。《全北魏東魏西魏文補遺》未釋“退”字。兩書均未迻録題名。

［14］“父”下一字泐，存下半部，疑“名”。碑陰無拓，據宋莉藏原石攝影圖録文。

［15］屈闌：即“屈男”“屈南”，同音異寫。西羌複姓。

［16］“南”下三字泐，觀原石圖，是“也韶明”。“也”，《碑銘所見前秦至隋初的關中部族》作“地”，非。並未釋“韶明”。

［17］比對拓片與原石攝影圖，發現發願文左上有“妻雷男”三字。《碑銘所見前秦至隋初的關中部族》《耀縣藥王山佛教造像碑》脱。

［18］造像中出現二次“夫蒙文慶”，一次“蒙文慶”，實為同一人。“夫蒙”改“蒙”，唐開元時期，馮翊郡羌豪夫蒙靈督，即《舊唐書·突厥傳》的安西都護夫蒙靈督，其子夫蒙鍠，見《夫蒙鍠墓誌》。説明受到複姓改單姓的影響，“夫蒙”省去前一音，改為蒙氏。此碑表明西羌夫蒙氏改單姓至遲在北魏時期就已開始，比傳世文獻記載提前了近200年，是迄今為止發現的最早實物證據。

［19］《碑銘所見前秦至隋初的關中部族》未釋“族”；後二“清”字，均作“親”；“門”作“家”，均非。“功廣”，《耀縣藥王山佛教造像碑》作“動□□”，不取。

彙考

這是一通典型的北魏家屬造像。題名夫蒙、雷、屈闌、甞氏，皆關中西羌著姓。像主夫蒙氏、祖母雷氏、母雷氏、妻雷氏、父親妻甞氏，説明北魏時期夫蒙氏與雷氏兩姓間通婚連綿有序，是西羌族内異姓婚的體現。

像主夫蒙氏，“曾祖名屈闌”，“高祖名南也韶明”，高祖之“南”，或是“屈南”之省。像主“夫蒙文慶”，亦省作“蒙文慶”。推之，“南”，或為“屈闌”複姓改單姓。唐《奉先縣懷仁鄉敬母村經幢》題名有平座主李提伽母屈氏，屈氏由屈男氏變來。舊縣志中，陝西蒲城縣西鄉有屈家老堡，北鄉有屈家、屈家堡；洛川縣有屈家溝、屈家窑、後屈家河；鄜州西鄉有屈家溝等。這是石刻文獻中首見“屈闌”變南氏。像主“夫蒙”，是屈闌氏之義子。

---

① 僧伽斯那：《百喻經》卷四，東京大正一切經刊行會1934年版，第554頁。

033　晏僧定等六十七人造像碑　神龜三年（520）二月二十三日

碑陽

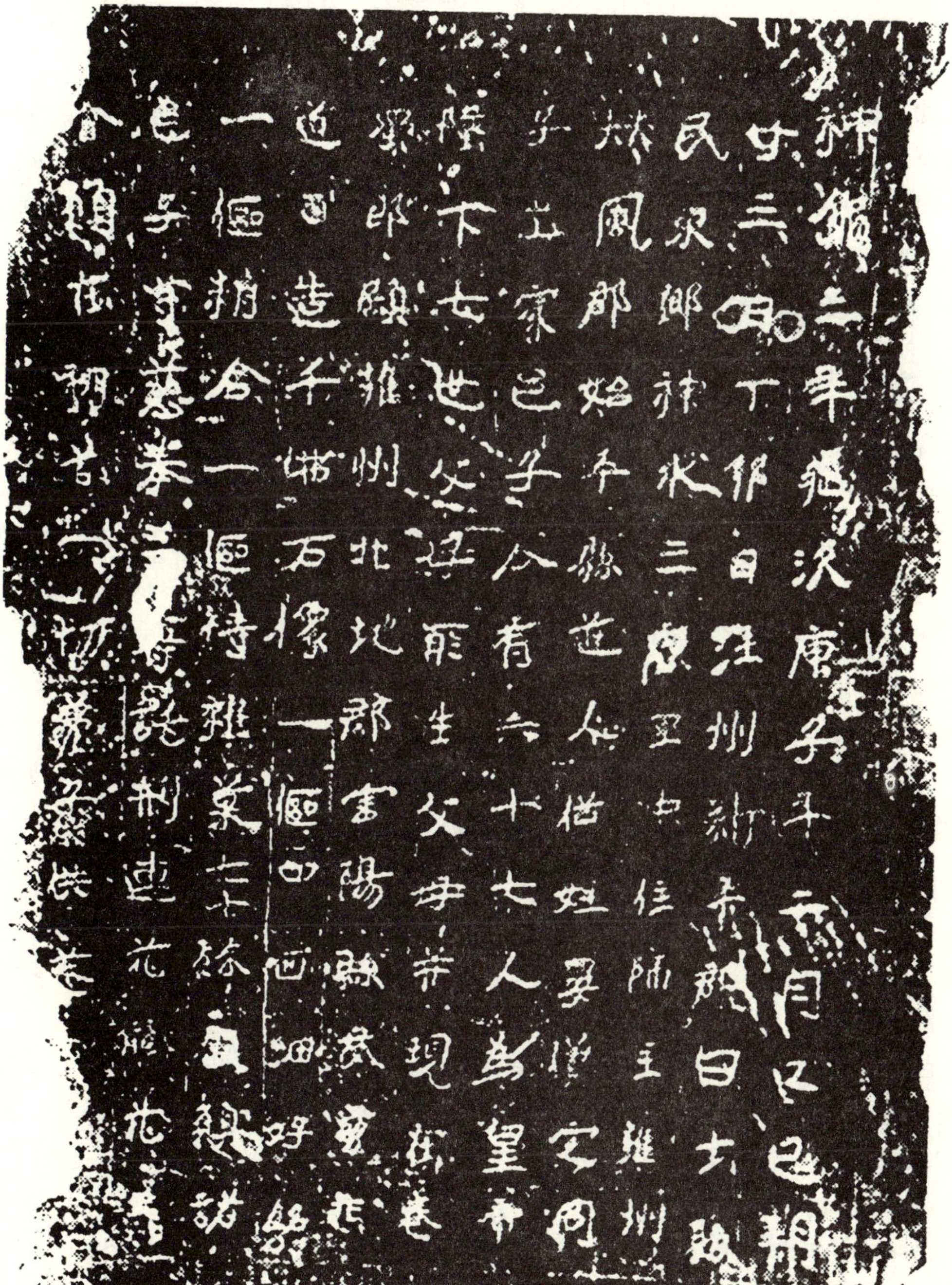

碑陰

説明

碑石20世紀80年代中期出土於陝西省咸陽市永壽縣泔水東、涇水西永泰鄉車村，現藏永壽縣文化館。高162 cm，寬63 cm－65 cm，厚15. 5 cm。圓首蟠螭，已殘，座佚。四面刻，碑陽上部開並列兩個圓拱龕，内均有一坐佛。龕下刻題名。碑陰刻發願文①。碑左側上刻二螭首，下殘存數字。右側風化，已不能辨識。失拓。記11行，滿行14字；餘題名。楷書，有縱橫界格。該碑又題《邑師晏僧定合邑子六十七人造像碑》《蓋氏造像碑》。

碑文

神䶂三年，歲次庚子年，二月己巳朔，/廿三日丁卯日，涇州新平郡白土縣/民、東鄉神水三原里中住[1]，師主雍州/扶風郡、始平縣道人，佁姓晏僧定，同/子出家[2]。邑子合有六十七人，為皇帝/陛下、七世父母、所生父母、并現在眷/蜀[3]，即願雍州北地郡、雲陽縣民荔非/道酋，造千佛石像一傴，四面細好銘/一傴，精舍一傴，侍雜菓七十餘□[4]。願諸/邑子荥慈奉□壽[5]，託刑連花[6]，龍花三/會，願在初首。一切弟子供養[7]。/（以上刻於碑陰）

像師荔非道酋，/雍州扶風郡、/始平縣/僧海[8]，/大鮮師南宮/趙僧鸞，/大鮮胡上/僧定師，/邑師晏僧定，/僧定師，/大鮮胡上/趙僧建禪師，/大鮮師趙僧龍/在揚州何開城[9]。/（以上刻於碑陽第一層）

香火車雙廻，典坐蓋肆玉[10]，敗匿趙猥仁[11]，典録車法壽，唯那蓋郎仁，録事車道明，邑請似先魯仁[12]，邑請彭仵龍[13]，録事似先仵明，唯那蓋昌貴，典録蓋宜郎，敗匿蓋文保，典坐蓋楊猥，香火似先毛郎。/（以上刻於碑陽第二層）

邑子車□□，邑子車鸞鳥，邑子蓋伏猥，邑子彭龍猥，邑子車定貴，邑子車蘭正，邑子蓋任王，邑子車仵龍，邑子蓋模興，邑子彭藉猥，邑子孫道雙，邑子車宕昌[14]，邑子車□□，邑子車□□，邑子車天生，邑子車成郎，邑子□阿□。/（以上刻於碑陽第三層）

邑子□孝子[15]，邑子車惠定，邑子車定合，邑子□□虔，邑子蓋羽林，邑子蓋周郎，邑子蓋歸生，邑子蓋歸洛，邑子蓋清龍，邑子蓋楊真，邑子似先睹仁，邑子蓋郎猥，邑子車道生，邑子蓋苟起，邑子彭歸郎，邑子蓋龍虎[16]，邑子車安興，邑子□□□。/（以上刻於碑陽第四層）

邑子蓋雙□，邑子孫法壽，邑［子］似先道貴，邑［子］彭清仁，邑子車小猥，

① 《中國佛道造像碑研究》稱碑陽刻發願文，碑陰刻題名。

邑子孫道刵，邑子盖顯達，邑子孫僧法，邑子車迴興，邑子孫安生，邑子盖清苟，邑子盖椿蒙[17]，邑子孫□龍，邑子盖似郎，邑子彭合郎，邑子劉法奴，邑子彭四宜，［邑］子□□□。／（以上刻於碑陽第五層）

邑子□□□，邑子□□□，邑子□□□，邑子□立□，邑子車□□，邑子車明□，邑子車合□，邑子彭漢□，邑子盖漢□，邑子盖□□，邑子盖乱□，邑子盖伯主，邑子彭□□，邑子彭□□。／（以上刻於碑陽第六層）

地主□。／（以上刻於碑左側）

著録

1.《敗匿考》，《碑林集刊》2001（7）。2.《西安碑林全集》卷 197－1200。3.《中國佛道造像碑研究》322。

注釋

［1］神龜，北魏孝明帝元詡的第二個年號。孝明帝在位期間，使用了熙平、神龜、正光、孝昌、武泰五個年號。《中國佛道造像碑研究》脱“神水”。並釋發願文，未録題名。

［2］师：即“師”字。“郡”，《中國佛道造像碑研究》作“縣”，非。㝎：即“定”字。下同。

［3］卷蜀：即“眷屬”。同音異寫而誤。《中國佛道造像碑研究》作“卷屬”，非。

［4］精舍：道士、僧人修煉居住之所。“菐”，拓片清晰，即“業”的異體。《中國佛道造像碑研究》作“果”，雜果，不詞，不取。雜業：佛教業報之一。佛教徒認為根據業所依以形成的因行和所感引的果報的性質不同，而分别設黑黑、白白、雜、非黑非白“四業”，與及罪、福、不動“三業”。雜業指以参雜善恶的行為因、感引轉生参雜可愛、可恶成份的人、天二趣之業。

［5］芣：即“等”的異體。“奉”下泐二字，第二字似“壵”，即“壽”字。

［6］刑：即“形”字。連花：即“蓮花”。連：通“蓮”。《敦煌變文集·佛説阿彌陀經講經文》：“來世往生西方净土，連花化生，永抛三惡道。”①

［7］“一切”，《中國佛道造像碑研究》作“四方”，非。

［8］“像”下字殘，存左半。觀拓，似“师荔非道酋”。

［9］兩處“上”,“亡”的俗寫。北魏皇興三年（469）《趙琱造像記》作“上”②；

① 黄征、張涌泉：《敦煌變文校注》卷五十四，中華書局 1997 年版，第 680 頁。

② 北京圖書館金石組：《北京圖書館藏中國歷代石刻拓本滙編》（3），中州古籍版社 1989 年版，第 10 頁。

南朝梁天監三年（504）《釋法海造像記》作“𠅈”[①]，都是“亡”的簡省。“閒”下一字泐，覩存痕，似“城”。

［10］坐：即“坐”。盖氏：羯胡種姓，五胡之一，亦稱盧水胡。《魏書·官氏志》：“蓋樓氏，後改為蓋氏。”[②]“樓”“婁”同音。故蓋樓氏，亦稱“蓋婁”。《魏書·世祖紀》：“九月，盧水胡蓋吳聚眾反於杏城。”[③] 蓋吳，即蓋婁氏所改單姓。可見，碑銘中蓋氏，盧水胡入居中原裔。

［11］敗：即“敗”字。“文”，亦作“攵”。“匿”，《中國佛道造像碑研究》作“區”，非。細觀拓，“匸”内下部為一“口”，非兩個“口”。敗匿：按上下文，當佛社僧官名。《敗匿考》認為“敗匿”即“唄匿”，梵語音譯。宗教儀式中，依曲調引聲歌詠偈頌以讚歎諸佛菩薩的僧官[④]。可從。

［12］請：即“謂”字。下同。邑謂，佛社中僧職位。掌事不確。疑級別較低。似先氏：《古今姓氏書辨證》以為“高麗扶餘種也”[⑤]。《通志·氏族略》：“本高麗餘種也。”[⑥]《詩經·大雅·卷阿》：“豈弟君子，俾爾彌爾性，似先公酋矣。”毛傳：“酋，終也。”[⑦] 此碑出土於陝西省咸陽市永壽縣，題似先氏5人。陝西省黄陵縣雙龍鄉發現的西魏大統十四年（548）《似先難及造像碑》，題名多為似先氏。表明北朝時期陝西永壽、黄陵一帶已有高麗人遷徙至此。

［13］彭氏，西羌種姓氏。因枹罕之“枹”與“彭”古音相同，取其一音“枹”，改字為“彭”。《晉書·西秦載記》：“（乞伏）乾歸率步騎三萬征西羌彭利髮於枹罕。師次於奴葵谷，利髮棄其部眾南奔。乾歸遣其將公府追及于清水，斬之。乾歸入枹罕，收羌户一萬三千。”[⑧]《晉書·苻登載記》有姚興帥彭沛穀[⑨]，同書《姚興載記》有河州刺史彭奚念[⑩]，均是羌人。北魏正始元年（504）《山公寺碑頌》有録事彭羌興、鎮倉曹掾彭道仁。

［14］宕昌：雍州之地。宕昌羌酋帥梁氏，傳至梁懃，始稱王。《北史·宕昌傳》：

---

① 雷玉華、顔勁松：《成都市西安路南朝石刻造像清理簡報》，《文物》1998年第11期，第10頁。

② （北齊）魏收：《魏書》卷一百一十三，中華書局1974年版，第3011頁。

③ 《魏書》卷四下，第99頁。

④ 李健超：《敗匿考》，《碑林集刊》2001年第7期，第212頁。

⑤ （宋）鄧名世撰，王立平點校：《古今姓氏書辨證》卷二十二，江西人民出版社2006年版，第329頁。

⑥ （宋）鄭樵撰，王樹民點校：《通志二十略》，中華書局1995年版，第183頁。

⑦ 十三經注疏整理委員會：《毛詩正義》卷十七，《十三經注疏》，北京大學出版社2000年版，第1324頁。

⑧ （唐）房玄齡等：《晉書》卷一百二十五，中華書局1974年版，第3122頁。

⑨ 《晉書》卷一百一十五，第2949頁。

⑩ 同上書，第3117頁。

"有梁懃者，世為酋帥，得羌豪心，乃自稱王焉。懃孫彌忽，（北魏）太武初，遣子彌黄奉表求内附。太武嘉之，遣使拜彌忽為宕昌王，賜彌黄爵甘松侯。彌忽死，孫彪子立。"① 轄地在仇池以西，東西千里，席水以南，南北八百里。車氏，《魏書·官氏志》載，源自鮮卑人，北魏時改車氏、車非氏為車姓。此車氏以羌人國號為名，應是羌人。

［15］"子"上一字泐，觀存痕，似"孝"。

［16］"龍"下一字泐，似"虜"。虜：即"虎"字。

［17］"蒙"上一字泐，細審拓片，似"椿"。

彙考

"師主"晏僧定，"雍州扶風郡、始平縣道人"，邀"雍州北地郡、雲陽縣民"像師荔非道酋，至涇州新平郡白土縣東鄉神水三原里，與居住於此的"邑子合有六十七人"一道"造千佛石像一偪，四面細好銘一偪，精舍一偪"。像師是專門從事佛道造像的工匠，不是一般的石匠。根據中古時期中國手工業機體内的結構，以及傳統以血緣為紐帶的師承規律，像師荔非道酋應該還有家族性質的兄弟、子侄參與造像的設計、施工等。《魏書·世祖紀》：太平真君五年（444）正月，詔書規定"百工伎巧，騶卒子息，當習其父兄所業，不聽私立學校。違者師身死，主人門門誅"②。《石刻考工録》輯太延元年（436）《大代華嶽廟碑》題名"石師"荔非薄非、荔非東輔③，反映了荔非氏家族成員共同刻碑造像的史實。

供養人題名姓氏有荔非、車、蓋、似先、彭、孫、劉等姓氏，其中車、蓋、彭、似先氏最多。表明至遲到北魏，内遷的高麗種似先氏，已與盧水胡蓋氏，鮮卑人車氏，匈奴餘種劉氏，羌人荔非、彭氏等同居白水縣東一帶，在羌人像師荔非道酋的帶領下共奉佛教，反映出西安地區北魏時期的民族構成以及民族融合的態勢。

---

① （唐）李延壽：《北史》卷九十六，中華書局 1974 年版，第 3190 頁。

② （北齊）魏收：《魏書》卷四下，中華書局 1974 年版，第 97 頁。

③ 曾毅公：《石刻考工録》，書目文獻出版社 1987 年版，第 3 頁。

034 雍光里邑子造像碑 正光元年（520）正月

碑陽

碑陰

左側

右側

説明

碑石1999年7月發現於陝西省咸陽涇陽城關南側涇惠渠旁先鋒隊農田（原北魏咸陽郡郡治所在）。2000年移至涇陽縣城太壺寺，現藏該處。长方形，高206 cm，碑身寬70 cm，碑首寬88.5 cm，厚25 cm。四面刻，蟠螭頂，上開方形龕，内有一佛二菩薩。龕楣刻帷幔、流蘇、蓮花、龍紋。該碑四面標識方位，序列清楚。東面龕下刻發願文，餘三面題名。文11行，滿行存40字不等。楷書。中間横斷裂，東面右下角殘。該碑又題《王子悦造像碑》《正光元年造像碑》。

碑文

夫人能弘道,[非]道弘人[1]。信于賓宗，澄静□□窮無以闡其蹤[2]，津途殊託[3]，非曠識無以弘其一銘。惟釋[迦]□/人託跡權應[4],和光緯世。雖濟涉殊津,而□□□致[5]。故淺識之徒,尋鹿跡而局继曠達之士,□玄蹤而等□□(下殘)/靈武池陽郡城雍光里邑子等,悉以□和□,啟機覺關,曠會空常之[永]逸[6]。體生滅之煩度。賢殊徒之要,悟/同歸之趣[7]。故朋好等,顉以正光元年正月□日,率竭衣食之資,□□造石□大四像天宫石像四面[8],真容既/就,妙相佑舉。菩薩非天侍衛,寶□莊嚴。恍[焉]若降之自於天,惚焉如瓊之出於地[9]。頂相魏魏,非十位之/肵能窺其好[10],津途曠莫,豈立來之士肵能□。□宗觀者[11],堂堂于韻中信[12],知人力之肵經,而冈知肵以成[13]。是/故不思議也,將釋福田之上,□人天之肵□□居秦川之中[14],中□仁義之理,□梠慈娥靈山,□其皆膏腴/涇原怛其前。觀矚周游,顧望山雲。又乃像成□□□,過者遲遲,先湏各思□悪[15],更惟平生之顉,展于一□。龍/花之會,首兹一連。啱玉石金剅,匠餝窈續面□□□剬惟新[16],言之不㞠[17],故作頌云:/

山川通氣，炟炟愊愊[18]。唯聖是從，觀矚周流。顉□□雲，既見如來，又覩世尊[19]。化澤既流，不肅不純[20]。塵外之□，/士超佁之賓。不士王侯，高尚覺津。昜以言□□□志親[21]。既聞其語，又見其人。

東面像主馬益得，/東面［邑］謂張鳳皇。/（以上刻於碑東面）

一文四像/主王迴周/一心供養[22]。/鎮南將軍、金紫光禄大夫、并州大中正、/行咸陽郡事、晉陽安乏伯王子悦。/南面像/主王塹/一心供養。/中堅將軍、前長城太守、原/州州都、咸陽郡丞、獨頭/子長城縣開國子周天寶[23]。/（以上刻於南面龕兩側）

假鎮軍將軍、西秦州刺史邑謂宋虎頭，/假龍襄將軍、齊州魏郡太守邑子王龍寶[24]，/假中軍將軍、歧州刺史邑謂王史[25]，/假龍驤將軍、齊州魏郡太守邑子王勝，/假輔國將軍、清州北海太守邑子政谷，/假輔國將軍、洛州始平太守張乊[26]，/假伏波將軍、巢州廣川令邑子王引孫[27]，/假龍驤將軍、齊州魏郡太子化主王延明，/假龍驤將軍、齊州魏郡太守王僧[28]，/假伏波將軍、夏州廣洛令邑子典録王清，/假陵江將軍、澄城令馬小奴大政道，/假伏波將軍、涇州安乞令邑子王伯孫，/假龍驤將軍、齊州魏郡太守邑子王歡，/假臨江將軍、陽州石門令邑子化主張市德，/假鎮軍將軍、南歧州刺史邑子維那張保，/假伏波將軍、雍州涇陽令邑子□引興[29]。/

比丘孫惠方，邑子王平生，邑子王歸生。/

大化主涇州冠軍將軍、安乞太守王伯孫，南（下泐）[30]，/假輔國將軍、兗州高平太守邑子程宗，/假龍驤將軍、齊州魏郡太守典録張儀，/假伏波將軍、清州蘭陵令邑子王龍倶，/假江陵將軍、秦州略陽縣令邑子張令安，/假伏波將軍、雍州杜縣令邑子王安府，/大化主、平南騎兵参軍李□、邑子王平城，/邑子田乞[31]，但越主張諸周，邑子邴杜奴，/冠軍將軍、寧州東鄉太守邑子王朝脱，/維那程重興，邑子劉買興，/江陵將軍、南梁州僒水令杜伏懷[32]，/假伏波將軍、安州安市令邑子高龍歡，/咸陽郡市令邑子王敬歡，典録劉薩寶[33]，/咸陽郡太學博士王早生，假江陵將軍、清州安西令馬法興。/（以上刻於南面題名第一層）

假鎮軍將軍、歧州刺史邑子劉□進，/假龍驤將軍、相州穎上太守邑［子］□□魯，/假龍驤將軍、雍州櫟陽太守邑［子］□□生，/假伏波將軍、荊州永安令維那王□生，/假龍驤將軍、齊州魏郡太守邑子□□小，/假伏波將軍、齊州壽張令邑子□□□，/假伏波將軍、夏州朔方令邑子□□，/假伏波將軍、乞州灤城令典坐□□起，/假龍驤將軍、齊州魏郡太守□□垍，/假伏波將軍、秦州馬城令邑子□□平[34]，/假伏波將軍、夏州廣武令邑子□□皿[35]，/假伏波將軍、夏州永豐令邑政□□特，/假龍驤將軍、齊州魏郡太守邑子□婆仁，/假陵江將軍、清州西安令、香火馬法興，/假伏波將軍、華州華陰令邑子□見，/假伏波將軍、東秦州敷城令邑子法樹[36]，/假龍驤將軍、北雍州建中太守陽回紇[37]。/

郡主簿、郡中正秀容巨鹿魏神□，/假伏波將軍、楊州西華令邑子張□□，/假龍驤將軍、齊州魏郡太守邑子張□□，/假陵江將軍、清水縣令邑子張□□，/郡功曹史、郡中正兼丞冊行池陽令□□，/假陵江將軍、趙平太守路富，堡主杜□□，/防魏［分］堡大都督、義士都督王輔□[38]，/郡五官華郡功曹史太原王起字景□[39]，/兼州西曹書佐、義士都督張弼字輔□，/邑子劉歸洛，邑子冊洛，/邑子李舍歡，邑子冊歡熹，邑子張智，/邑子慶海，邑子厲威將軍、都督程迴周，/邑子邴忻[40]，邑子程金保，邑子邴毛[41]。/邑子慶德珎、邑子馬枕奴、邑子馬枕□。/（以上刻於南面題名第二層）

假鎮軍將軍、秦州刺史尹文表，/假鎮軍將軍、梁州刺史尹道德，/中堅將軍、歧州刺史尹道文，/邑子王萇生，/邑子龐顯達，/邑主王迴[42]，/邑子王成昌，/邑子王祖王，/邑主王迴，/邑子王雙達，/邑子田乞[43]，/邑子李非，/邑子王和辛[44]，/邑子王德，/邑子王神敬，/邑子王文康，/邑子王京起。/

郡主簿尹紹先，/邑子王允引，/邑子王□貴，/邑子王輔相，/邑子□道生[45]，/邑子王淂[46]，/邑子王神敬，/邑子王秉熹，/邑子王文康，/邑子楊普文，/邑子劉潤，/龍相將軍、中散大夫楊川戌[47]，/平南府倉曹參軍馬世□，/平南府殿曹參軍朱袟。/（以上刻於南面題名第三層）

邑子楊景明。/邑子賈男，/邑子劉思枭，/邑子劉景明，/邑子程令威。/（以上刻於南面題名第四層）

通直驍騎常待平南將軍、都督、/南陽子、昌樂縣開國伯韓山靖，/第壹上施主法福，/北面像主王安都[48]。/（以上刻於北面龕側）

比丘道敢，/比丘法合，/比丘惠珎，/比丘法端。/（以上刻於北面題名第一層）

宋山壽，/馬爽猥。/

比丘僧豐，/比丘法鄉，/比丘惠殪，/比丘惠揚，/比丘僧進，/比丘僧俱，/比丘智林，/比丘僧猛，/比丘智藏，/比丘法明，/比丘法悦，/比丘法盛，/比丘智通，/比丘僧寶，/比丘法景，/比丘法和，/比丘智敬。/（以上刻於北面題名第二層）

王仵朗，/張靈愛，/張苻，/蔣靈倉，/張長僧，/張万，/張僧城，/假陵江將軍、秀容令魏神樹。/

張景輝（後刻），/沙彌僧敬，/沙彌僧顯，/比丘惠□，/比丘□輝，/比丘法千，/比丘法潤。/（以上刻於北面題名第三層）

陽天生，/鮑三王，/宋杞樓，/魏馬栓，/王德宗，/馬天覆，/王文伍[49]，/王法德。/

上化主王萇生，/馮安保，/劉龍㡀，/宋㡀頭，/王郎㡀，/張樹易，/張忘愁，/但越主張鳳皇，/張胡郎，/張祖胡，/王槃陀，/王万壽。/（以上刻於北面題名第四層）

邑子王小道，/邑子王文朗，/邑子張道秀，/邑子毋苟緒，/邑子天對，/邑子程祖德，/典坐張歡，/典録程光世，/化主程水，/張顯和。/

咸陽郡中正、軄人都督劉紹糧，/通直驍騎常待□劉紹導[50]，/邑子程金保，/邑子程伏歡，/邑子萬道顯，/維那皇甫柏。/（以上刻於北面題名第五層）

邑師惠興，/邑師惠祥，/邑師法王，/邑主王龍俱，/化主劉世，/邑主張小敬，/維那王敬，/邑日張鄰苻，/化主馬法興，/典坐張金□，/化主王肆虎，/邑日王安洛，/邑主張洛周，/典坐王思，/化主王市顯，/化主馬映周，/郡五官兼主簿馬子恢。/

襄威將軍、鎮東禆録事參軍張□□[51]，/郡中正魏世茂，邑子劉道顯，龐□□，/假鎮軍將軍、靈州剌史陽豐，/邑子張叶，/邑子馬安周，邑子張在伾，/邑子張天安，/邑子承賢，/邑子張智通。/（以上刻於北面題名第六層）

邑主張善業，/化主楊陁仁，/邑子張養，/王㝎周，/典坐田壽，/邑主張要歡，/

邑香火張神□，/香火主但稑□，/邑子張迪安，/邑子張胡□，/治律張胡仁[52]，/邑子劉□□，/典坐張□□，/化主□□□，/典坐□□□，/化主□□□。/（以上刻於北面題名第七層）

化［主］王萇生，/□□宋始進，/［邑］子王市歡，/［維］那冊㞢，/［邑］子劉他仁，/［邑］子張他仁，/［邑］主劉義，/［邑］主劉導，/［邑］子劉杜周，/［邑］子劉虎生，/

□阿隨，/駱萇保，/鮑小可，/鮑道遵，/鮑阿都，/□歡慶，/楊阿馗，/楊栟奴，/楊榮祖，/秦宗秀，/劉佰宜，/孫文秀，/孫龍虎。/（以上刻於北面題名第八層）

邑子程苟，/邑主王㞢洛，/香火宋迪鹿，/邑子王文漾，/邑子劉顯，/［邑］子楊普文，/邑子劉求，/邑主周元，/邑子成儁，/邑子□雙，/邑子張鍾馗，/邑子王天義，/邑子張達，/像主張伏奴，/像主王魄。/

像主王略，/化主李橋歡，/化主馬紹隆，/化主宋廷康，/邑謂張紹□，/邑謂王祚，/邑主張道元，/邑主王但祚，/邑主王僧眷，/維那王義和，/維那□顯祥，/典録王景和，/典録王廷達。/（以上刻於北面題名第九層）

邑子王□川，/邑子王輔政，/邑子司馬遠，/邑子王及，/典坐馬薩，/典坐程迺周，/邑子王祖生，/維那張神業，/邑子楊普熹，/邑子張苟生，/邑子王承光。/

邑子王僧顯，/邑子王朱猛，/邑子法信，/邑子王伏敬，/邑子王元顯，/邑子張宜，/邑子劉征，/邑子郭昌和，/邑子張元景，/邑子畦惠琰，/香火宋法和，/香火王文，/香［火］張集僧，/香火王肆□，/典坐王元，/典坐陽□。/（以上刻於北面題名第十層）

邑子王僧和，/邑子張法㞢，/邑子楊仵女，/邑子王文知，/邑子翟景，/邑子輔延慶，/邑子蕭遵慶，/邑子辛畢生，/邑子王夫敬，/邑子王神智，/邑子宋僧寶，/邑子王欝柒，/邑子王純阤，/邑子劉暎周。/（以上刻於北面題名第十一層）

邑。/（以上刻於北面題名第十二層）

鎮西將軍、石安令孔賢，/郡中正程迴，/郡中正魏道顯，/比丘僧俁，西面像主/郡中正並㞢□，/郡中正程邈，/佛弟子程猛虎，/職人都督劉士延[53]，/主簿畦元儁，/郡五官牛遵慶。/（以上刻於西面題名第一層）

化主龐邕，/邑子趙卑[54]，/邑子趙妙敬，/邑子孟伏洛，/邑子王間，/佛弟子張嵩，/佛弟子侯元，/佛弟子強永安，/佛弟子強苟生。/（以上刻於西面題名第二層）

邑子劉景文，/邑子魏万歲，/邑子牛超，/邑子傅湛，/邑子劉犢子，/邑子集預，/邑子田樂，/邑子如業，/邑子杜景儁，/邑子劉顯龍。/（以上刻於西面題名第三層）

邑子高阿世，/邑子程伏，/邑子蔣義樹，/邑子苐五苟，/邑子高通，/邑子牛磃子，/邑子劉宗，/邑子朱猛磃，/邑子車息樂，/邑子王始引，/邑子蘇鳳樹。/（以上刻於西面題名第四層）

邑子苐五生[55]，/邑子蔣阿□，/邑子朱道儁，/邑子張遠□[56]，/邑子曹珎，/邑子邵賢和，/邑子邴杜得，/邑子張槃龍，/邑子任伯華[57]，/邑子梁頒，/邑子劉義達。/（以上刻於西面題名第五層）

□□□法輝，/□□子姚頒，/□□□劉令義，/佛［弟］子趙儁，/［佛弟］子孔道迴[58]，/［佛］弟子魏无伓，/［佛］弟子馮難，/［佛］弟子秦普和，/［佛］弟子李顯，/［佛］弟子杜文儁，/□□□□□槃[59]。/（以上刻於西面題名第六層）

佛弟子劉穡[60]，/佛弟子馬始歡，/佛弟子竇法進，/佛弟子田婆周，/佛弟子苐五金保，/佛弟子劉般仁[61]，/佛弟子陽顯□，/佛弟子魏令，/郡主簿龐樂。/（以上刻於西面題名第七層）

著録

1.《造像碑師匠題名、位元序與北地樣式的討論》，《中國美術研究》2006（創刊號）。2.《中國佛道造像碑研究》339 圖、343 圖、346 圖、349 圖，340 文。3.《北魏正光元年“雍光里邑子造像碑”初探》，《藝術史研究》（9）①。

注釋

［1］弜：即“弘”。弘道：弘揚大道、正道。《論語·衛靈公》：“人能弘道，非道弘人。”② 據之補“弘道”下所泐“非”字。

［2］寘：“冥”的俗字。寘宗，即“冥宗”。指奥妙精深之理。《中國佛道造像碑研究》作“寘”，同“寘”。《北魏正光元年“雍光里邑子造像碑”初探》沿用。两文作者羅宏才，釋文相同。不再一一注明。碑斷裂，“靜”下損兩字。“闡”上一字，清晰，是“以”。《中國佛道造像碑研究》脱“以”。

［3］津途：亦作“津塗”“津涂”。途徑。“託”，《中國佛道造像碑研究》作“托”，異體字。

［4］人：當“入”。古“人”“入”混用無别。

［5］致：即“致”字。《説文·攴部》：“攴，小擊也。从又，卜聲。”③“攵”與“攴”意義相通，“攵”是“攴”的隸省。“攴”與“支”形體相似，故混用。如

① 中山大學藝術史研究中心：《藝術史研究》（9），中山大學出版社 2007 年版，第 235－256 頁。

② 十三經注疏整理委員會：《論語注疏》卷十五，《十三經注疏》，中華書局 2000 年版，第 245 頁。

③ 丁福保：《説文解字詁林》卷三下，中華書局 1988 年版，第 3616 頁。

“致”作“致”，北魏正光四年（523）《元尚之墓誌》：“仁招世賞，孝致時遵。”① 建義元年（528）《元子正墓誌》：“致雛馬之徒，懷東閤而並至。”② 太和十二年《暉福寺碑》：“故羣有殊致，道以經焉。”右上一點為裝飾性衍筆。唐咸通二年（861）《白敏中及前妻崔氏墓誌》作“致”。

［6］“玄”上一字，細審拓片，右上似“山”。《中國佛道造像碑研究》作“體”，字形不類。不取。又，“和”上一字泐，作“靈”；並釋“之”作“乏”，均非。“逸”上一字泐，應是“永逸”，長久安逸。

［7］“同”下一字，似“歸”。同歸：猶一致。《中國佛道造像碑研究》作“肆”，形似而誤。

［8］“故”下一字泐，存痕可辨，是“朋”。《中國佛道造像碑研究》作“平”，非。“率”下一字泐，似“竭”。《中國佛道造像碑研究》未釋，並脱“日”。天宫：天神居所。

［9］“嚴”上一字，是“莊”，《中國佛道造像碑研究》“雜”，非。雜嚴，不詞，不取。其下為對舉句。“恍”下一字泐，應是“焉”字。《中國佛道造像碑研究》未釋。降：即“降”的俗體。

［10］所：即“所”字。“能”下一字泐，《中國佛道造像碑研究》作“窺”，疑是。未釋“所”字。

［11］“宗”上一字泐甚，不能辨。《中國佛道造像碑研究》作“長”，不取。

［12］“信”上一字泐，似“中”。《中國佛道造像碑研究》作“于”，非。

［13］“冈”，是“罔”的簡筆俗字。《中國佛道造像碑研究》作“同”，誤。

［14］“人”上一字泐，《中國佛道造像碑研究》作“璞”，諦視拓片，右下似“小”，字形不類，不取。

［15］“乃”下字泐，細審拓片，似“像成”二字。“先”下泐二字，細觀拓，似“湏”“各”。湏：即“須”字。《中國佛道造像碑研究》未釋“像成”。釋“湏”作“頑”，“各”作“改”，非。

［16］“匠”下一字泐，似“飭”，整飭。《中國佛道造像碑研究》作“餅”，誤。“窈”下一字，似“續”，録以備參。《中國佛道造像碑研究》未釋。剬：“制”的古字。

［17］𤴓：即“足”字。

［18］烟：即“煙”字。

---

① 北京圖書館金石組：《北京圖書館藏中國歷代石刻拓本滙編》（4），中州古籍出版社 1989 年版，第 108 頁。

② 《北京圖書館藏中國歷代石刻拓本滙編》（5），第 113 頁。

［19］如來：佛的别稱。謂開示真理的人。世尊：佛陀的尊稱。章太炎《大乘佛教緣起考》："世尊説法不用一方之語。"①

［20］"不"下一字，上部泐，細審，是"肅"字。

［21］"以"下字泐，細審原拓，似"言"，《中國佛道造像碑研究》作"寶"，非。

［22］"迴"，《中國佛道造像碑研究》作"乃"，非。

［23］中堅將軍：將軍名號。東漢始置，掌領兵征伐。魏、晉、南朝梁、北魏、北周沿置，階從四品上。參《隋書·百官志》《魏書·官氏志》。《中國佛道造像碑研究》作"中望軍"，非，並脱"頭"。"郡"下一字泐，《中國佛道造像碑研究》擬作"承"或"丞"，當作"丞"。郡丞：官名。秦始置。漢代在郡守下設丞及長史。歷代沿設。東晉咸康七年（341），革諸郡丞，僅保留京畿丹陽丞。南朝宋元嘉四年（427）復置。北朝各郡都設丞。

［24］龍襄將軍：亦稱"龍驤將軍"，雜號將軍名。晉武帝時置，累見於南北朝。苻堅、姚萇均受此名號。《晉書·姚萇載記》："及苻堅寇晉，以萇為龍驤將軍、督益梁州諸軍事，謂萇曰：'朕本以龍驤建業，龍驤之號未曾假人，今特以相授，山南之事一以委卿。'"②

［25］中軍將軍：雜號將軍名，掌征戰或駐守宿衛。亦稱"中將軍"。漢武帝始置，晉沿置。南朝宋、北魏、北齊皆置。見《宋書·百官上·中軍將軍》《魏書·官氏志》。隋避楊忠諱，改稱内軍將軍。唐不置。

［26］"張"下一字泐，下"乙"，似"乏"，疑似"乞"字。《中國佛道造像碑研究》作"兜"，字形不類，不取。輔國將軍：後漢獻帝置，以伏完為之。宋明帝時改為輔師將軍，廢帝劉昱元徽二年（474）復故。北朝沿置，主要用以褒賞勳庸。《魏書·官氏志》："輔國將軍，第三品上。"③

［27］伏波將軍：雜號將軍名，西漢武帝置，掌征伐。《史記·衛將軍驃騎列傳》："驃騎死後，（路）博德以衛尉為伏波將軍。"④ 東漢光武時，馬援任此職。《後漢書·光武帝紀》："遣伏波將軍馬援率樓船將軍段志等擊交阯賊徵側等。"⑤ 魏晉南北朝沿置。《魏書·官氏志》："伏波將軍，第五品上。"⑥

［28］《中國佛道造像碑研究》脱此題名。

---

① 章太炎：《大乘佛教緣起考》，《章太炎全集》（四），上海人民出版社 1985 年版，第 466 頁。

② （唐）房玄齡等：《晉書》卷一百一十六，中華書局 1974 年版，第 2965 頁。

③ （北齊）魏收：《魏書》卷一百一十三，中華書局 1974 年版，第 2980 頁。

④ （漢）司馬遷：《史記》卷一百一十一，中華書局 1959 年版，第 2945 頁。

⑤ （漢）班固撰，（唐）顏師古注：《漢書》卷一下，中華書局 1962 年版，第 69 頁。

⑥ （北齊）魏收：《魏書》卷一百一十三，中華書局 1974 年版，第 2985 頁。

[29]“引”上一字泐，無法辨識。《中國佛道造像碑研究》作“册”，備參。

[30]“孫”下殘，存半字，似“南”。

[31]“子”下字泐，細考拓片，似“田”。《中國佛道造像碑研究》作“册”，非。

[32]“伏”下一字泐，諦視拓片，似“懷”。《中國佛道造像碑研究》作“儂”，非。

[33]薩寶：亦稱“薩甫”“薩薄”“薩婆”，源自回紇語Sartpau音譯，官名，管理旅居内地的胡商及主持祆教祭祀。《隋書·百官志下》：“又有流内視品十四等：雍州薩保，為視從七品。……諸州胡二百户已上薩保，為視正九品。”① 又，指虔誠佛教徒②，可備一説。此用作人名。

[34]“秦”，《中國佛道造像碑研究》作“恭”，非。恭州，北周武帝保定二年(526)置，轄今雲南東川、昭通、曲靖、會澤一帶。非北魏勢力範圍。

[35]皿：即“旦”字。《中國佛道造像碑研究》作“丑”，非。

[36]“敷”下一字泐，似“城”。敷城：北魏改鄜為敷，置敷城郡。领敷城、洛川、定阳三县，屬北华州。北魏永安三年（530）《北原里十人造像碑》，又稱《李黑城造像碑》：“北華州、敷城郡、敷縣、土石□□鄉、北原里十人造像。”③

[37]回紇：亦稱“烏護”“烏紇”，鐵勒諸部之一。《魏書·太祖本紀》作“袁紇”。登國五年（390）“春三月甲申，帝西征，次鹿渾海，襲高車袁紇部，大破之，虜獲生口、馬牛羊二十餘萬。慕容垂遣子賀驎率衆來會”④。《隋書·北狄·鐵勒傳》作“韋紇”。“鐵勒之先，匈奴之苗裔也，種類最多。自西海之東，依據山谷，往往不絕。獨洛河北有僕骨、同羅、韋紇、拔也古、覆羅並號俟斤，蒙陳、吐如紇、斯結、渾、斛薛等諸姓，勝兵可二萬。”⑤《新唐書·回鶻傳》：“回紇，其先匈奴也，俗多乘高輪車，元魏時亦號高車部，或曰敕勒，訛為鐵勒。其部落曰袁紇、薛延陀、契苾羽、都播、骨利幹、多覽葛、僕骨、拔野古、同羅、混、思結、斛薛、奚結、阿跌、白霫，凡十有五種，皆散處磧北。”“袁紇者，亦曰烏護，曰烏紇，至隋曰韋紇。”⑥《舊唐書·迴紇傳》：“迴紇，其先匈奴之裔也，在後魏時，號鐵勒部落。其衆微小，其俗驍强，依託高車，臣屬突厥，近謂特勒。”“元和四年，藹德曷里禄没弭施合密毗迦可汗遣使

---

①（唐）魏徵等：《隋書》卷二十三，中華書局1973年版，第789－791頁。

② A. E. Dien, “The sa-pao Problem Re-examined”, *Journal of the American Oriental Society*, vol. 82, no. 3. 1962, pp. 336－346

③ 羅宏才：《中國佛道造像碑研究——以關中地區為考察對象》，上海大學出版社2008年版，第110頁。

④（北齊）魏收：《魏書》卷二，中華書局1974年版，第23頁。

⑤（唐）魏徵等：《隋書》卷八十四，中華書局1973年版，第1879頁。

⑥（宋）歐陽修、宋祁：《新唐書》卷二百一十七上，中華書局1975年版，第6111頁。

改為迴鶻，義取迴旋輕捷如鶻也。”① 陽氏，以部族為名，應為回紇人。

［38］“魏”下一字泐，無法辨識。《中國佛道造像碑研究》作“分”，據之補。

［39］“王”字清晰。其下一字泐，似“起”。《中國佛道造像碑研究》作“于過”，非。

［40］“忻”上一字泐，《中國佛道造像碑研究》作“邴”，據之補。

［41］乇：即“三”字。漢碑石刻中習見。《中國佛道造像碑研究》作“毛”，非。

［42］“王”下一字泐，似“逈”，又似“迪”，擬以“逈”備参。下文“邑主王逈”之“逈”亦同。

［43］“田”，《中國佛道造像碑研究》作“册”，非。南面題名兩見“田定”，或非同一人。

［44］“李非”，《中國佛道造像碑研究》作“素韓”，非。

［45］“道”上一字泐，《中國佛道造像碑研究》作“段”，字形不類，不取。

［46］淂：同“得”。

［47］龍相：當作“龍驤”。

［48］“騎”上一字，細審，是“驍”。驍騎常侍，北魏無此職官名。應“散騎常侍”之誤。“驍”，本為“散”字。通直散騎常侍：官名。掌隨侍皇帝。三國魏文帝時置散騎常侍，又置員外散騎常侍。晉太始中，令員外散騎常侍與散騎常侍通員入值，共平尚書奏事，故名。《晉書・職官志》：“通直散騎常侍：案魏末散騎常侍又有在員外者。泰始十年（274），武帝使二人與散騎常侍通員直，故謂之通直散騎常侍。江左置四人。”② “散”“常”，《中國佛道造像碑研究》作“驥”“官”，非。“侍”作“待”，偏旁混訛。上：“亡”的俗寫。

［49］“天”下一字泐，《中國佛道造像碑研究》作“覆”，又疑作“寶”。存痕似“覆”。備參。“文”下一字，是“征”。該書作“化”，形似而誤。

［50］“驍”，本為“散”字。“待”，本當“侍”原刻誤。《中國佛道造像碑研究》徑改作“散”“侍”。又，“待”下一字泐，《中國佛道造像碑研究》作“高”或“亭”，致語義不暢。

［51］襄威將軍：官名。將軍名號。北魏置，《魏書・官氏志》：“太和二十三年（499）職令，襄威將軍，從第六品上。”③ 可作為士族的起家官。

［52］“治”下一字泐，似“侓”，同“律”。治律：僧寺職事，指執掌僧寺條律的人。

---

① （後晉）劉昫等：《舊唐書》卷一百九十五，中華書局 1975 年版，第 5195、5210 頁。

② （唐）房玄齡等：《晉書》卷二十四，中華書局 1974 年版，第 733 頁。

③ （北齊）魏收：《魏書》卷一百一十三，中華書局 1974 年版，第 2999 頁。

[53]“乏”下一字泐，無法辨識。《中國佛道造像碑研究》脱。軄：即“職”的異體字。職人都督，傳世文獻鮮見記載，“職人”累見北朝文獻。《魏書·孝莊帝紀》載建義元年（528）“詔諸有私馬仗從戎者，職人優兩大階，亦授實官”①。據閻步克、羅宏才考證，當指有散官、散階而沒有實官的一類階層人物。包括軍號和文散官②。

[54]“趙”下一字泐，考察拓片，是“畁”，“卑”的異體。《中國佛道造像碑研究》作“果”，非。

[55]“五”下字泐，左邊緣殘，似“生”。《中國佛道造像碑研究》未釋。

[56]“遠”下一泐蝕字，《中國佛道造像碑研究》脱。

[57]“伯”下一字泐，似“華”。《中國佛道造像碑研究》作“年”，非。

[58]“孔”上存“子”字，其上泐兩字。據上下題名及造像記文例，是“佛弟子”，補“佛弟”兩字。下同。推之，“法輝”“姚顇”“劉令義”上所泐字，亦當“佛弟子”。

[59]“槃”，《中國佛道造像碑研究》作“宗”，非。

[60]“劉”下一字泐，細審拓片，似“稽”。《中國佛道造像碑研究》作“歡”，非。

[61]“劉”下一字泐，似“般”。《中國佛道造像碑研究》作“軟”，非。

彙考

造像碑題名共404人③，存57姓，有王、張、劉、程、孔、馬、楊、魏、蔣、杜、龐、陽、强、田、梁、伏、竇、第五、皇甫、司馬等。以漢姓為主，間以部族人員。成、輔延氏，或係匈奴種姓，或為盧水胡種姓。侯、伏、萬氏，鮮卑種姓。北朝時期入居中原後改單姓。侯氏，由北魏代北鮮卑複姓侯奴氏、侯伏氏所改。伏氏，由侯伏氏改。萬氏，由吐萬氏、萬紐于氏所改。翟氏，或係高車種姓。劉氏，既是漢族大姓，也是匈奴常用姓氏，不能確定族源。姚、龐，羌人。楊、强、梁、但氏，氐人。但，後作“淡”。北魏正光元年（520）《雍光里邑子造像碑》，出土於咸陽涇陽城關南，題名有“香火主但稑□”。《北周保定五年造像碑》、隋開皇二年（582）《邵卯造像碑》、開皇十四年（594）《啖阿浩等邑子造像碑》，出土於陝西淳化縣，造像題名均有“但”“啖”，以音記字，是“但”的同音異寫。據馬長壽先生考證：前秦滅前燕以

① （北齊）魏收：《魏書》卷十，中華書局1974年版，第259頁。

② 閻步克：《北魏、北齊職人初探——附論魏晉的“王官司徒吏”》，《文史》1999年第3輯，第19頁；羅宏才：《中國佛道造像碑研究——以關中地區為考察對象》，上海大學出版社2008年版，第373頁。

③ 《中國佛道造像碑研究——以關中地區為考察對象》認為題名共395人。

前，關中北部定陽、鄜城、洛川一帶，主要聚居着屠各匈奴。“氐族集中屯聚在三原、九嵕、汧、雍一帶，在長安的西北偏，正當涇水以西南的汧水流域。”“羌族的分佈（則）主要在馮翊郡”，“即在長安的東北偏，今渭河以北至洛河中下游之地”①。立碑地，即是屠各匈奴、氐羌聚居地交匯處，池陽郡城一帶。題名中的民族構成，漢與氐、羌、匈奴、高車、鮮卑等族雜居，顯示出部族在該區域的滲透與民族融合的態勢。同時，北魏孝明帝積極倡導佛教，大肆修造石窟、寺院，雕鑿佛像。僅洛陽一地，就有佛寺1367所②，佞佛之風浸潤各地。“咸陽郡事、晉陽安定伯王子悦”“咸陽郡丞”“周天寶”，與池陽郡數百軍政要員、庶民百姓共同造像，正是北魏正光年間佛教興盛史實的縮影。

① 馬長壽：《碑銘所見前秦至隋初的關中部族》，廣西師範大學出版社2006年版，第34頁。
② （北魏）楊衒之撰，杨勇校箋：《洛陽伽藍記校箋》卷五，中華書局2006年版，第244頁。

035 劉法藏等造像碑 正光二年（521）四月初八

説明

碑石出土時地不詳。現藏美國菲利爾美術館。高 70 cm，寬 34. 2 cm。碑中部開尖拱龕，内有一佛二菩薩，龕上部有三層小坐佛龕，每層八龕，龕兩側各有五層小坐佛龕。碑下部左側刻發願文，右側題名。記 7 行，滿行 5 – 12 字。楷書。該碑又題《法藏等造佛像碑》。

碑文

大代正光二年，歲在辛丑，四月/戊戌朔，八日乙巳，為比丘劉法/藏、弟子比丘法遵，二僧為/□造二區五十三佛[1]，復為七世/平生，□□□/佳，一切衆生[2]，所/顛如善[3]。/

弟子荔非龍受平造[4]。/（以上刻於碑陽）

著録

1.《中國歷代紀年佛像圖典》158 圖，471 文①。2.《“中研院”歷史語言研究所藏北魏紀年佛教石刻拓本目録》138 圖，63 文②。3.《北魏至隋代關中地區造像碑的樣式與年代考證》256。

注釋

[1] 謂法藏菩薩（即阿彌陀佛之前身）之師世自在王佛以前、皆悉已過的五十三佛，即錠光如來、光遠如來、月光如來至處世如來等諸佛③。見三國魏康僧鎧譯《無量壽經》。

[2]“一”上字泐，似“佳”。

[3] 顛：即“願”字。“所願如善”，造像記中常用語。如北魏始光元年（424）《魏文朗造像碑》：“所願從心。”④ 太和二十三年（499）《僧欣造像記》：“所願如是。”⑤ 景明元年（500）《楊阿紹造像碑》：“所願如意”。

[4]“非”下二字泐，諦視原石，似“龍受”。《北魏至隋代關中地區造像碑的樣式與年代考證》未釋。

---

① 金申：《中國歷代紀年佛像圖典》，文物出版社 1994 年版。

② 佛教拓片研讀小組：《“中研院”歷史語言研究所藏北魏紀年佛教石刻拓本目録》，臺北：歷史語言研究所，2002 年。

③《净土三經》，岳麓書社 2012 年版，第 11 頁。

④ 李改、張光溥：《藥王山北朝碑石研究》，陝西旅游出版社 1999 年版，第 3 頁。

⑤ 北京圖書館金石組：《北京圖書館藏中國歷代石刻拓本滙編》（3），中州古籍出版社 1989 年版，第 43 頁。

036　荔非天德造像記　正光二年（521）

説明

碑石出土於陝西省西安。《匋齋臧石記》載："石高一尺三寸七分，廣七寸。記刻佛座正書。"拓片高 18 cm，寬 20 cm。記 8 行，滿行 3－4 字不等；餘題名。楷書。《中國西北地方歷代石刻滙編》作《荔非天德造像記》，該碑又題《荔非明□造象記》《荔非天狚造像記》。

碑文

荔非明□，/佛弟子（下泐）[1]。/（刻於房兩側）

佛弟子/荔非天德/供養佛/時[2]。顏弟子/化犬門竟[3]，/顏豖人□[4]。/正光二年□/一傴[5]。/

著録

1.《日本京都大學藏中國歷代文字碑刻拓本》NAN0780X。2.《中國西北地方歷代石刻滙編》53。3.《匋齋臧石記》卷10－3下。

注釋

［1］“明”下一字泐，似“相”，《匋齋臧石記》作“祖”，備參。其云：“荔非明祖”“四字在象右旁”，“佛弟子”“三字在象左旁”，“均與座連”，故題名作《荔非明□造象記》更宜。

［2］“天”下一“德”字，《匋齋臧石記》作“狚”，非。

［3］“竟”，從殘存筆畫看，似“意”。

［4］豕：即“家”。“豕人□”，《匋齋臧石記》云“似是‘家人一心’四字”，可從。

［5］傴：一般作“軀”“區”。“光”下一字，諦視拓本，是“二”。《中國西北地方歷代石刻滙編》作北魏正光二年（521），可從。《匋齋臧石記》作西魏時期（535－556），《石刻題跋索引》① 《京都大學藏中國歷代文字碑刻拓本》作南北朝（420－589）。

① 楊殿珣：《石刻題跋索引》（修訂本），商務印書館1995年版，第272頁左上。

037 王靜墓誌 正光四年（523）三月三十一日

説明

墓誌出土時間失記。石高47cm，寬48cm。于悅撰文。誌文20行，滿行20字。楷書，有縱橫界格。左下微泐。

誌文

魏故善𪎽太守略陽王府君墓誌銘[1]。/

君諱靜，字廻安，略陽安融人也。望著關西，姓華秦壟[2]。/軒蓋相承，冠冕弁世[3]。㓜遭家難[4]，夙侍宮闈。惠敏之識，/摽於稚齒[5]。景明中，除中謁者[6]，轉小黃門[7]。出內機密，能/官流稱。永平二季，遷中黃門[8]。謹節之誠，著於二宮[9]；

肅/恭之美，彰扵禁闥[10]。遷騎都尉，領內者令。雖巷伯載扵/國風，趙談揚扵漢冊，㷻以過也。神䶨元秊，除伏波將/軍、善㷻太守。治平政清，民和訟息。化美一邦，途歌五/袴。惟帝念勞[11]，加寧遠將軍。㠯正光三秊四月五日卒/扵位。㠯四秊三月丁亥朔十一日丁酉，窆扵北岂之/嶺[12]。故吏功曺于悅等，痛良木之云摧，懼山川之易改，/乃作誌銘，其詞曰：

穆穆華胄，世載其美。爰及哲人，處屯能在。少慕忠孝[13]，/長翫經史。綢繆禁闥，分竹千里[14]。非義弗行，非清弗履[15]。/出齊良政，入等多士。溫恭淑慎，在終若始。驚川易邁，/電促難匕[16]。壠霧夜結[17]，松風晨起。身同丘螢[18]，聲流㷻已。/

曾祖略，姚朝員外散騎侍郎、除略陽太守[19]。/曾祖親，河閒尹伯女。伯，本郡功曺。/祖儁，本郡丞。祖親，河閒劉景女。景，奉朝請。/父生聖朝，南伭子都郡功曺。母車顯女。顯，州主簿。

著録

1.《洛陽新獲七朝墓誌》16。2.《全唐文補遺·千唐誌齋新藏專輯》437。

注釋

［1］䰟：即“魏”字。㷻：即“無”字。加“亡”形的専字。善無：秦置縣，屬雁門郡。東漢改屬定襄郡，建安末廢。北魏復置縣，為善無郡治。故城在今山西右玉縣南。《魏書·地形志五》載善燕郡，注：“天平二年置。”又，善無縣：“前漢屬雁門，後漢屬定襄，後屬。”①《中外地名大辭典》：“漢置。東漢靈帝末廢。北魏復置，又於縣置善燕郡，拓跋珪稱帝時，東至代郡，西及善無，皆為畿內。北齊時郡縣俱廢。”②

［2］壠：通“隴”。秦壠：陜西、甘肅之合稱。宋陸游《老學庵筆記》：“姚福進者，兕麟之祖也，德順軍人，以挽强名於秦隴間。”③

［3］寃：“冕”的俗寫。弈：即“弈”字。在强勢筆劃點的影響下，垂足變四點。

［4］㓜：即“幼”字。構件位移。遭：即“遭”字。曹，亦作“曺”。以“曹”為聲符的字也作“曺”，如“遭”作“遭”，見西晉元康元年（291）《成晃墓碑》：“奄

① （北齊）魏收：《魏書》卷一百零六上，中華書局1974年版，第2497頁。

② 段木幹：《中外地名大辭典》，人文出版社1981年版，第3539頁。

③ （宋）陸游撰，李健雄、劉德權點校：《老學庵筆記》卷五，《唐宋史料筆記叢刊》，中華書局1979年版，第66頁。

遭不豫，寢疾日增。"[①] 北魏正光元年（520）《劉阿素墓誌》："遭家不造，幼履宮庭。"[②]"僧"作"僧"，正始四年（507）《元緒墓誌》："故傲僧者奇其器，慕茚者欽其風。"[③]

［5］摽：通"標"。《全唐文補遺·千唐誌齋新藏專輯》作"標"，是。非原刻。

［6］中謁者：西漢置，掌引見接待賓客等事。北魏沿置，宦官充任，隨侍宮中。《漢書·魏相丙吉傳》："中謁者趙堯舉春，李舜舉夏，兒湯舉秋，貢禹舉冬，四人各職一時。"[④]《魏書·楊範傳》："高宗時，坐宗人劫賊被誅，范宮刑，為王琚所養，……範為中謁者，轉黄門、中謁者僕射、中給事中、射聲校尉，加寧遠將軍，為中尹。"[⑤]

［7］黄門：給事黄門，故名。秦官，漢因之。東漢黄門令、中黄門諸官，為宦者充任。《文選·嵇康〈與山巨源絕交書〉》："豈可見黄門而稱貞哉!"李周翰注："黄門，閹人也。"[⑥] 小黄門：東漢始置，隸少府。掌收受尚書奏事，侍皇帝左右，權勢威重。《後漢書·百官志三》載，小黄門注："掌侍左右，受尚書事。上在内宮，關通中外，及中宮已下眾事。諸公主及王太妃等有疾苦，則使問之。"[⑦] 魏晉南北朝亦置。北魏沿置，太和十七年（493）為從五品上，二十三年改從九品。屬中侍中省、長秋寺。見《魏書·官氏志》。《宋書·禮志》五："小黄門，給四時朝服，武冠。……黄門諸署史，給四時朝服。"[⑧]

［8］中黄門：宦官。西漢置。掌皇宮黄門以内諸伺應雜務。魏晉多沿置，北魏、北齊時隸中黄門令，位小黄門上，九品上。見《魏書·官氏志》《隋書·百官志中》。

［9］宣武帝元恪在位，先後使用景明、正始、永平、延昌四個年號。上文永平二年，即509年。時宣武帝首任皇后于氏已死兩年。"二宮"，指宣武帝元恪和皇后高氏。

［10］禁闥：宮廷門户。亦指宮廷、朝廷。《梁書·元法僧傳》："法僧以在魏之日，久處疆埸之任，每因寇掠，殺戮甚多，求兵自衛，詔給甲仗百人，出人禁闥。"[⑨]

---

① 北京圖書館金石組：《北京圖書館藏中國歷代石刻拓本滙編》（2），中州古籍出版社1989年版，第56頁。

② 趙力光：《鴛鴦七誌齋藏石》，三秦出版社1995年版，第51頁。

③ 北京圖書館金石組：《北京圖書館藏中國歷代石刻拓本滙編》（3），中州古籍出版社1989年版，第109頁。

④（漢）班固撰，（唐）顏師古注：《漢書》卷七十四，中華書局1962年版，第3140頁。

⑤（北齊）魏收：《魏書》卷九十四，中華書局1974年版，第2029頁。

⑥（梁）蕭統編：（唐）李善等注：《六臣註文選》卷四十三，中華書局1987年版，第804頁。

⑦（晉）司馬彪撰，（梁）劉昭注補：《後漢書志》二十六，中華書局1965年版，第3594頁。

⑧（梁）沈約：《宋書》卷十八，中華書局1974年版，第515頁。

⑨（唐）姚思廉：《梁書》卷三十九，中華書局1973年版，第553頁。

［11］指北魏孝明帝元詡，宣武帝元恪子。《魏書·世宗紀》第八載，延昌元年（512）冬十月，“立皇子詡為皇太子”①。先後使用熙平、神龜、正光、孝昌、武泰等年號。即位後尊生母胡氏為皇太妃。

［12］芒：即“邙”。山名。河南洛陽北邙山。漢魏以來，王侯公卿多葬於此。北魏神龜元年（518）《高英墓誌》：“遷葬於邙山。”②

［13］“能”下一字泐，諦視，存痕似“在”字。“忠”上泐二字，存痕尚可辨，識“少”“慕”二字。

［14］“繆”上一字泐，字型輪廓，似“綢”。分竹：古代封官授權以竹使符象征權力，因以為名。《梁書·蕭子顯傳》：“仁威將軍、吴興太守子顯，神韻峻舉，宗中佳器。分竹未久，奄到喪殞，惻愴于懷。”③

［15］第一個“弗”下泐三字，首字左為“彳”，右上為“二”，似“行”字。第三字，左“氵”，右“青”，似“清”。第二字，難辨，中間似有雙豎。《全唐文補遺·千唐誌齋新藏專輯》作“非”，可取。

［16］匕：即“止”字。石刻中，“正”作“匸”，如天監三年（504）《釋法海造像記》：“廣及一切衆生，等成无上匸覺。”④ 永安元年（528）《元欽墓誌》：“太和中，出身元士，俄遷匸員郎，尋轉左中郎將。”⑤ 以“正”為聲旁的字亦受此影響，如下文“征”，作“佂”。“止”又與“正”混。故《全唐文補遺·千唐誌齋新藏專輯》釋“止”作“心”，非。

［17］“霧”，《全唐文補遺·千唐誌齋新藏專輯》作“務”，非。

［18］螢：“塋”的省减筆字。

［19］散：即“散”字。“林”訛變為“艹”。《漢魏六朝碑刻異體字研究》認為“散”，源於金文“散”⑥。武成二年（560）《獨孤渾貞墓誌》：“加散騎常侍。”⑦

彙考

後秦永和二年，即東晉義熙十二年（417），後秦國滅，即有後秦宗族落籍北魏。姚黄眉，姚興之子，北魏太宗昭哀皇后之弟，以外戚身份入北魏，受爵始封隴西公。

---

① （北齊）魏收：《魏書》卷八，中華書局1974年版，第212頁。

② 朱亮：《洛陽出土北魏墓誌選編》，科學出版社2001年版，第275頁。

③ （唐）姚思廉：《梁書》卷三十五，中華書局1973年版，第512頁。

④ 雷玉華、顏勁松：《成都市西安路南朝石刻造像清理簡報》，《文物》1998年第11期，第10頁。

⑤ 北京圖書館金石組：《北京圖書館藏中國歷代石刻拓本滙編》（5），中州古籍出版社1989年版，第112頁。

⑥ 毛遠明：《漢魏六朝碑刻異體字研究》，商務印書館2012年版，第77頁。

⑦ 李慧、曹發展：《咸陽碑刻》，三秦出版社2000年版，第8頁。

見《魏書·外戚列傳·姚黄眉傳》。同書《太宗紀》記羌人作内官。泰常四年（419），“馮翊羌酋党道子遣使内屬”①。孝文帝時宕昌公王遇，馮翊李潤鎮羌。雖在正始元年（503）《王遇墓誌》中稱其先姓王，因居羌地，“改姓鉗耳”，實由“鉗耳”改王姓。太和十二年（488），為文明太后和孝文皇帝“二聖”祈福，造《暉福寺碑》，時已為王姓，題“王時慶”。《魏書》有《王遇傳》。遇雖為内官，卻活躍於宮廷内外，是傑出的建築家，任吏部尚書、將作大匠，加散騎常侍。生活、卒葬皆在洛陽。同時期還有党法宗，《世宗紀》載景明三年（502）“楊州小峴戍主党法宗襲蕭衍大峴戍，破之……送之京師”②。女性羌人甞法端，正始三年（506）在河南省洛陽龍門石窟，刻《甞法端造像記》。稍晚一點，有略陽隴城人王悦，正光五年（524）“卒於京師”，“窆於洛城西北”，永熙二年（533）與夫人合葬於芒山南嶺。曾任“略陽太守”，“遷中散大夫，加征虜将軍、侍御師”，贈秦洛二州刺史，謚蔄公。参《王悦及妻郭氏墓誌》。説明北魏一朝，政治、軍事、宗教舞台及朝廷内職都有羌人。此誌中“王静”，略陽人。宣武帝景明中，除中謁者，轉小黄門。永平二年（509），“遷中黄門。謹節之誠，著於二宮”。孝明帝神龜元年（518），“除伏波將軍、善無太守”。正光三年（522）卒，贈加寧遠將軍。次年葬“北邙之嶺”。王姓既是漢族大姓，傳出自王子喬，又是氐人和羌人之大姓。取漢族旺姓為姓，便於掩蓋原有身份，以抬高出身。即使是拓跋魏南下中原，已獲得統治權，為了政權長治久安，思想開明的孝文帝也要向漢族學習，典制取法魏晉，改鮮卑複姓為漢姓，如拓跋氏改元氏，邱木陵氏改穆氏，叱列氏改李氏等。那麼，氐羌之王姓當是改同漢姓。直到今天，“王”仍是羌中大姓，茂汶黑虎鄉黑虎羌人多姓王，理縣蒲溪溝、北川青片河、白草河流域也有王姓羌人③。

誌云：“曾祖略，姚朝員外散騎侍郎、除略陽太守。”姚朝，即後秦，由南安赤亭姚氏所建。民族構成以氐羌為主體，並有鮮卑、雜胡等部族及漢族。石刻中不乏曾在姚秦一朝任職者，由於碑主不屬氐羌，亦無治羌事跡，暫未收録。如北魏永平元年（508）《趙超宗墓誌》，趙氏“天水新縣人也”，“近祖清河太守丕，值秦姚數終，爰適梁漢”④。此述誌主本籍天水人，其祖因姚秦滅亡，乃南遷。但難辨其族屬。孝昌二年（526）《韋彧墓誌》，韋氏“京兆杜人也，今分山北縣洪固鄉疇貴里”。山北縣，後秦姚興時建，北魏因之，屬京兆郡。《太平寰宇記·關西道一》雍州萬年縣條：“《周地圖記》云：‘後周明帝二年分長安、霸城及姚興所置山北三縣地，始于長安城中置

① （北齊）魏收：《魏書》卷三，中華書局1974年版，第59頁。

②《魏書》卷八，第194頁。

③ 王明珂：《根基歷史：羌族的弟兄故事》，黄應貴主編：《時間、歷史與記憶》，臺灣民族學研究所，1999年，第283－341頁。

④ 毛遠明：《漢魏六朝碑刻校注》（4），綫裝書局2008年版，第104頁。

萬年縣，理八角街以東，屬京兆尹，取舊漢縣名也。’天和三年廢山北縣，建德二年又省霸城、杜城二縣，以三縣地併入萬年。”① 誌云：“曾祖秦姚郎中，諱宣，並綴響儒林，德音清美。”② 韋彧事迹見《魏書·韋閬傳》《北史·韋閬傳》。但無韋宣記載。京兆韋氏出自風姓，黄帝之孫顓頊之後。北周時，因賜皇族之姓，改宇文氏。宣政元年（578）《宇文瓘墓誌》：“本姓韋氏，後魏末改焉。”《周書》載韋瓘，即宇文瓘。建德五年（576）《韋彪墓誌》：“曾祖尚，雍州刺史、杜縣侯。深體危乱，悟於有道，雌伏苻、姚，雄飜後魏。”③ 謂前秦苻氏、後秦姚氏政權時期，天下戰亂，韋尚於隱身不出仕。後歸北魏，始出為官。

① （宋）樂史撰，王文楚等點校：《太平寰宇記》卷二十五，《中國古代地理總志叢刊》，中華書局2007年版，第521頁。

② 羅新、葉煒：《新出魏晉南北朝墓誌疏證》，中華書局2005年版，第128頁。

③ 同上書，第281頁。

038　氿臣生造像碑　正光五年（524）七月十五日

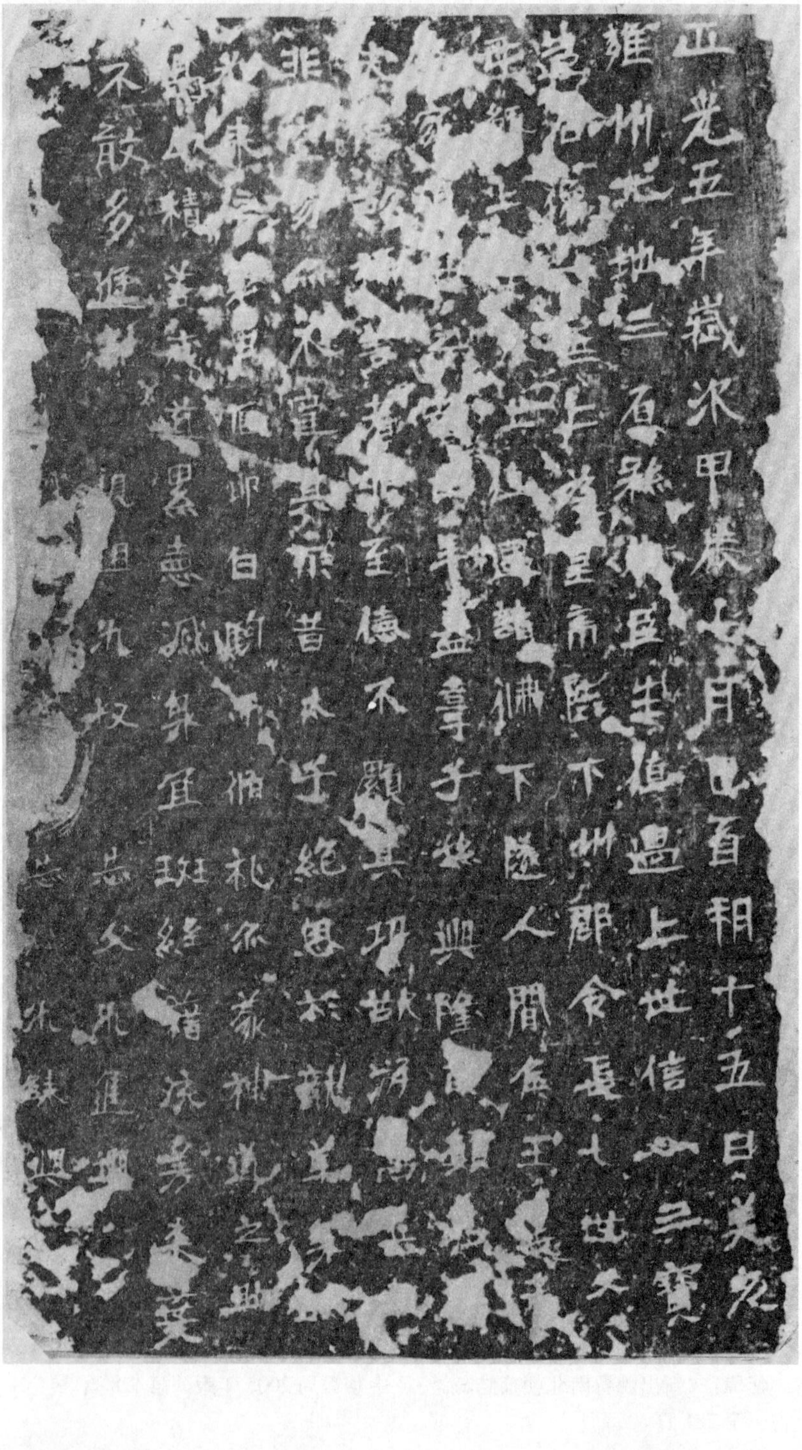

說明

碑石1933年7月出土於陝西省耀縣城南①。原為雷氏家藏，1936年捐送耀縣碑林，1955年遷入耀縣文化館，1971年遷至耀縣藥王山碑林。長方體，上半部殘斷。高100 cm，殘寬43 cm，上厚16 cm，下厚19 cm。二面刻，碑陽開龕，内有一佛二脅侍，胸部以上殘，殘留褒衣博帶。龕外兩側刻雙獅。龕下刻發願文。記18行，滿行18字。楷書。有縱橫界格。泐蝕甚嚴，訛别字較多。該碑又題《仇臣婆造像碑》《三寶造像記》。

碑文

正光五年，嵗汣甲辰，七月己百玥，十五日美亥[1]，/雍州北地三［原］縣氿臣生[2]，值遇上世，信心三寶，/造石像一區。上為皇帝陛下[3]，州郡令長，七世父/母，顮上生天上[4]，值遇諸彿[5]；下墜人閒侯王長者/之家，现世之安，延年益蕁[6]，子孫興隆。旂頟如斯/夫德歆稱善者，非至德，不顯其功[7]。歆遊嵩岳□/非空家，亦不達其旂[8]。昔太子絕思於龍華，身□/如来之躰，月辰叩白駒而脩祉[9]，亦蒙神道之興[10]。/是以積善成道，累袁滅身[11]。宜斑絰藉，流芳來葉[12]，/不敢多進。

親祖氿叔，忘父氿進興[13]，/（上泐）忘叔氿𩛦興[14]。/

著録

1.《耀縣石刻文字略志》,《考古》1965（3）。2.《耀縣藥王山佛教造像碑》,《考古與文物》1996（2）。3.《北朝佛道造像碑精選》92。4.《藥王山北朝碑石研究》70圖，69文。5.《北京圖書館藏中國歷代石刻拓本滙編》4－167。6.《漢魏六朝碑刻校注》5－274圖，275文。

注釋

［1］汣：即“次”。北魏永平三年（510）《周千墓誌》：“嵗汣庚寅。”② 百：即“酉”的俗字。按長曆，正光五年七月己酉朔，十五日是癸亥。美亥：即“癸亥”。美，應是“癸”的訛字。“甲”下，《藥王山北朝碑石研究》衍“長”字。

［2］“三”下一字，泐下半，細察拓本，似“原”字。“臣”上一字泐，存痕與下文“氿叔”“忘父氿進興”的“氿”一致，似“氿”。該字與“氿”字形相類，但

① 碑石出土地點，《藝術史研究》（8）、《中國佛道造像碑研究》稱原刻在“三原縣”。《漢魏六朝碑刻校注》：“石刻於河南省輝縣。”

② 北京圖書館金石組：《北京圖書館藏中國歷代石刻拓本滙編》（3），中州古籍出版社1989年版，第134頁。

後者是地名用字，非姓。此應是“仇”的俗字。

［3］陡：即“陛”字。構件移位。

［4］“上”字清晰，其上一字泐下半，據存痕和造像記文例，是“額”。“天”上一字泐，存下半“土”，似“生”。本作“升”字。《耀縣藥王山佛教造像碑》作徑“升”。

［5］“值”，《耀縣藥王山佛教造像碑》作“上”，非。彿：即“佛”字。

［6］“者”上一字泐，《耀縣藥王山佛教造像碑》《藥王山北朝碑石研究》作“長”；並釋“家”上一字作“之”，是。“安”，微泐，可辨。《耀縣藥王山佛教造像碑》作“者”，非。《漢魏大朝碑刻校注》釋“之家”作“居家”，並斷句下属，非。又，未釋“長”“所”及“安”上“之”。𡕥：又作“㝷”，即“壽”字。益壽，增延壽命。

［7］比較《藥王山北朝碑石研究》拓片，“額”上一字，是“所”，即“所”字。《漢魏六朝碑刻校注》作“䏻”，即“貳”省筆字，字形不類。“額”下二字泐，諦視，是“如斯”。“所願如斯”，造像記常用語。㰴：據北魏太和二十年（496）《姚伯多兄弟造像碑》：“捨佁就道，貴在心精。”佁：即“俗”字。推之，“㰴”，當“欲”字。德：同“悳”，通作“德”。善：即“善”字。積善，持續作好事，功德無量。《漢書·董仲舒傳》：“積善在身，猶長日加益，而人不知也。”① 《耀縣藥王山佛教造像碑》未釋“如斯”“德”“欲”。《藥王山北朝碑石研究》摘録原文，未釋“斯”至“興”各字。

［8］㪍：疑似“故”的俗字。《耀縣藥王山佛教造像碑》作“歡”，非。並釋“家”作“家”；脱“岳”下泐一字。家：即“寂”。空寂：虚冲，淡寞。“其”下一字，觀拓，似“所”。《漢魏六朝碑刻校注》未釋。又，釋“空寂”作“室家”，致語義不暢。

［9］龍華：傳説中彌勒坐於龍華樹下，得道為佛。“來”上一字，清晰，是“如”。“之”下一字泐。“躰”，《耀縣藥王山佛教造像碑》作“體”，是。未釋“華”“卯”。《漢魏六朝碑刻校注》未釋“如”“之”“躰”“月辰卯”。礼：即“禮”字。白駒：指釋迦牟尼，本名悉達多，早年在王宫為太子時所騎的白馬。太子騎著白馬巡遊，而後騎著白馬出家。此謂神秘而超然。

［10］“興”，《耀縣藥王山佛教造像碑》作“助”，非。

［11］悳：即“德”字。兩字碑刻中習見。

［12］綎：即“經”字。“來”，《藥王山北朝碑石研究》作“未”，誤。葉：世，代。《耀縣藥王山佛教造像碑》作“世”，義同字異。

---

① （漢）班固撰，（唐）顔師古注：《漢書》卷五十六，中華書局1962年版，第2517頁。

［13］忘：即“忘”字，通“亡”。死亡。

［14］𢔂：即“歸”字。《漢魏六朝碑刻校注》考構字理據會追來為歸之義，可採。《耀縣藥王山佛教造像碑》作“𩞁”，非。

彙考

仇氏，阴平羌。《宋書・氐胡傳》：“文德宗人杨高率阴平、平武羣氐，據唐鲁橋以距文德，文德水陸俱攻，大破之，衆并奔散。高遁走奔羌，文德追之至黎邛岭，高单身投羌仇阿弱家，追斬之。”①《北朝杏城—鄜州地區部族石窟的分期與思考》認為題名為氐人②。不取。

① （梁）沈約：《宋書》卷九十八，中華書局1974年版，第2410頁。

② 暨遠志：《北朝杏城—鄜州地區部族石窟的分期與思考》，《藝術史研究》（8），中山大學出版社2006年版，第401頁。

039 夫蒙氏造像碑 孝昌年間（525－527）

碑左側

説明

碑石出土於陝西省耀縣石柱鄉生寅村，1981 年遷至藥王山博物館保存。現藏藥王山碑林。長方體，高 164 cm，寬 60 cm，厚 32 cm。殘斷為兩截。四面刻，碑陽和碑陰龕下部，元代時被磨平重刻，龕内造像及兩側造像、文字得以保存。碑陽上開圭形龕，内有一佛二菩薩。龕下存“至正十六年（1356）三月十八日”等字。碑陰上開圭形龕，内有一佛二菩薩，龕上為元代刻“重修廣嚴院記”兩行字。碑右側上開圓拱龕，内有佛像三尊，坐像高肉髻，作施無畏印、與願印；龕下刻發願文。左側碑面上開一帷幔龕，内有一道二真人像，坐像戴道冠，蓄長鬚，束腰帶。龕下刻人像、並供養人題名。記 10 行，行字數不等；左側題名。楷書。泐蝕嚴重。該碑又題《夫蒙武豪佛道碑》。

碑文

（上泐）有北（下泐）/（上泐）三（下泐）/（上泐）臣□一切眾生[1]，（下泐）/（上泐），為亡弟（下泐）垢□風飛高翔[2]，/（上泐）□□□氏竿/（上泐）□□□□□□/（上泐）□積成山[3]，□/（上泐）□清勝□□/（泐）。（以上刻於碑右側下方）

八世祖夫蒙龍賭[4]，/七世祖夫蒙□樹[5]，/六世祖夫蒙威揚[6]，/五世祖夫蒙米順，/高祖夫蒙□□，/曾祖父夫蒙伏□[7]，/祖父夫蒙阿亦[8]，/伯祖夫蒙威岃[9]，/伯祖夫蒙義攢[10]，/叔祖夫蒙弥連[11]，/㐲父夫蒙伯仁[12]。/□父夫蒙□□。/（以上於碑左側）

著録

1. 宋莉藏原石照片。2.《長安藝術與宗教文明》396。3.《北魏至隋代關中地區造像碑的樣式與年代考證》296。

注釋

［1］《長安藝術與宗教文明》未釋“三”。《北魏至隋代關中地區造像碑的樣式與年代考證》沿用。

［2］“風”上泐一字，似“天”。備參。《長安藝術與宗教文明》《北魏至隋代關中地區造像碑的樣式與年代考證》均脱。

［3］“氏”下一字泐，似“竿”。《長安藝術與宗教文明》未釋“氏竿”。《北魏至隋代關中地區造像碑的樣式與年代考證》沿襲。

［4］“蒙”下一字泐，諦視，存痕似“龍”。賭：從月，者聲，應是“豬”。《長安藝術與宗教文明》作“睹”，非。並且未釋“龍”字。《北魏至隋代關中地區造像碑的樣

式與年代考證》沿誤。

［5］“蒙”下泐二字，第二字存痕，左“木”、中下“示”、右“寸”，似“樹”。《長安藝術與宗教文明》未釋。《北魏至隋代關中地區造像碑的樣式與年代考證》亦缺。

［6］“蒙”下二字泐，似“威揚”。《長安藝術與宗教文明》作“武奇”，非。《北魏至隋代關中地區造像碑的樣式與年代考證》沿誤。

［7］“蒙”下一字，基本清晰，是“伏”字。其下一字，左存“大”，右半已殘。《長安藝術與宗教文明》《北魏至隋代關中地區造像碑的樣式與年代考證》未釋二字。

［8］“阿”下一字泐，細審泐痕，似“亦”。《長安藝術與宗教文明》《北魏至隋代關中地區造像碑的樣式與年代考證》未釋。《長安藝術與宗教文明》並闕“父”字。

［9］“蒙”下二字泐，細察拓本殘痕，第一字似“威”。第二字上“山”，下“乃”，似“岃”。疑“岌”字。《長安藝術與宗教文明》《北魏至隋代關中地區造像碑的樣式與年代考證》未釋二字。

［10］《長安藝術與宗教文明》《北魏至隋代關中地區造像碑的樣式與年代考證》未釋“義攢”。

［11］“蒙”下一字泐，左“弓”，似“弥”字。《長安藝術與宗教文明》《北魏至隋代關中地區造像碑的樣式與年代考證》作“魯”，非。“弥”下泐，細察拓本殘痕，擬作“連”。

［12］妄：即“忘”字，通“亡”。下文“□父夫蒙□□”，《北魏至隋代關中地區造像碑的樣式與年代考證》脱。

彙考

造像碑發願文泐蝕嚴重，未見年號。《長安藝術與年代考證》認為從風格樣式看，約為北魏孝明帝時（516－528）刻。《北魏至隋代關中地區造像碑的樣式與年代考證》進一步從碑側道像交領道袍造型和碑陽、碑陰主尊衣裾已垂至龕下以及圭形、帷幔豐富多變的龕形看，認為此是比較成熟时期的作品，刻碑下限為孝昌年間（525－527）。可從。夫蒙氏家族，族譜可追朔至八代，共12個男性姓名，在關中農村不多見，足見夫蒙氏應為當地望族。四面開龕，三面佛像，一面道像，反映出北魏孝昌年間，陝西耀縣石柱鄉生寅村西羌夫蒙氏宗教信仰以佛教為主、道教為次的格局。

040 雷漢仁造像記 永安二年（529）十一月初十

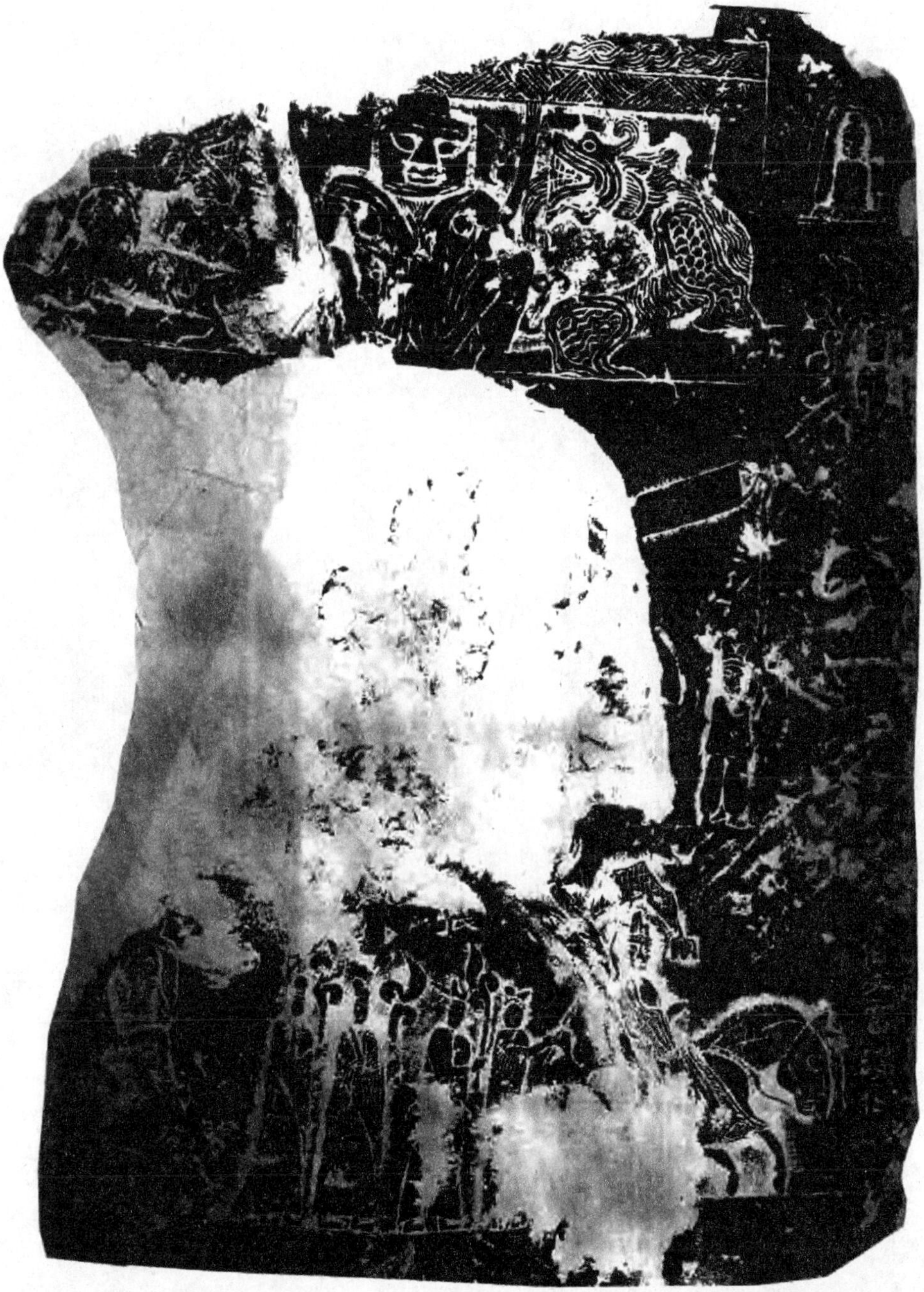

碑陽

左側局部（下）

説明

碑石 1927 年出土於陝西省耀縣，雷天一收藏，1936 年捐耀縣碑林，1955 年遷縣文化館，1971 年遷於藥王山。現藏藥王山碑林。長方體，上部、右邊殘損，存高 96 cm，寬 65 cm，厚 25 cm。四面刻，碑陽上部殘，下部開圓拱龕，内有一主尊和左脅侍。龕楣上一蹲坐力士，方頭大眼。龕下題“伯父雷漢仁”，並刻“雷漢仁騎馬圖”。供養人褒衣博帶。碑陰上部開龕，内有天尊二侍者。龕上一天尊，頭戴道冠，身著道袍。兩側刻雙龍頭，呈貢奉姿勢，頂上有三角紋。造型奇特，北魏造像中罕見。碑陰左右邊刻發願文、題名。碑左側騎馬圖殘，刻供養人題名。碑右側無造像，有供養人題名。造像粗獷奔放，綫條簡單流暢，保留著濃厚的漢畫像風格。記 5 行，行存字數不等；餘題名。楷書。泐蝕甚嚴。該碑又題《雷漢王等造像記》《雷漢仁造像碑》。

碑文

（上泐）/□州建忠郡安□縣□□/侯[1]，年七十六，今假忠部太守[2]。/永安二年十一月/朔十日丁亥授[3]。/（上泐）伏弟子雷生（下泐）竭家珍，造石像一區（下泐）。/

雷阿迷、同琋龍虎、妻同琋王宗、女□□。/

息□仁。/（以上刻於碑陰）

伯父雷漢仁。/（以上刻於碑陽）

（上泐）□建左□武/（上泐）新封授□廣威/（上泐）鼓六角/（上泐）東都督諸軍/宗海生（下泐）[4]。/（以上刻於碑左側上方）

祖雷支油，北地郡□令。/伯父雷漢[5]。/父雷漢王，字人起，雲陽令。/

苐雷眾憙，/苐安王，/苐安慶，/苐族祖[6]。/

息伯外，/息外周，/息珎□[7]，/息定周，/息羊奴。/（以上刻於碑左側下方）

著録

1.《藥王山北朝碑石研究》73（局部）。2. 宋莉藏原石照片。3.《碑銘所見前秦至隋初的關中部族》90。

注釋

［1］“縣”下泐二字，不能辨識。《碑銘所見前秦至隋初的關中部族》脱。建忠郡：北魏永安元年（528）置，在今陝西省三原縣。據宋敏求《長安志》卷二十，至周武帝建德二年（573）此郡始廢，以三原屬馮翊郡。

［2］“今”下一字泐，似“假”，指代理職務。《碑銘所見前秦至隋初的關中部族》

未釋“假”。

［3］“日”下，觀圖，存“丁亥授”。《碑銘所見前秦至隋初的關中部族》脱三字，並脱“雷阿迷”等5人題名。

［4］“左”下泐第二字，似“武”。“封”上一字，應是“新”。《碑銘所見前秦至隋初的關中部族》未釋“武”“新”。“廣威”下字泐，疑“廣威將軍”。雜號將軍之一。三國魏始置，北魏沿置。前秦建元四年（368）《廣武将軍□産碑》有“廣威將軍楊參”“廣威將軍楊山多”。

［5］碑陽龕下題“伯父雷漢仁”，並刻“雷漢仁騎馬圖”。“漢”下，應脱“仁”字。

［6］苐：本作“弟”。“祖”上一字殘損，存右“矢”，似“族”字。《碑銘所見前秦至隋初的關中部族》未釋。

［7］“息”下一字泐，细审圖，似“玠”。《碑銘所見前秦至隋初的關中部族》未釋“玠”。

彙考

該碑為雷氏家族造像碑。雷氏三代任軍政職，為西羌大姓望族。《碑銘所見前秦至隋初的關中部族》脱5人題名，其中同琋氏2人，一為雷阿迷“妻同琋王宗”，另一為“同琋龍虎”，在家族中身份不確定。據北周天和六年（571）《雷明香造像記》，亦陝西省耀縣出土，有雷明香母家和亡夫同琋乾熾兩個家族題名。表明北魏至北周，耀縣一帶雷氏與同琋氏互為婚姻，實行的是族内婚制。

041　邑主儁蒙□娥合邑子卌一等造像記　永熙二年（533）五月初八

碑陽

碑陰

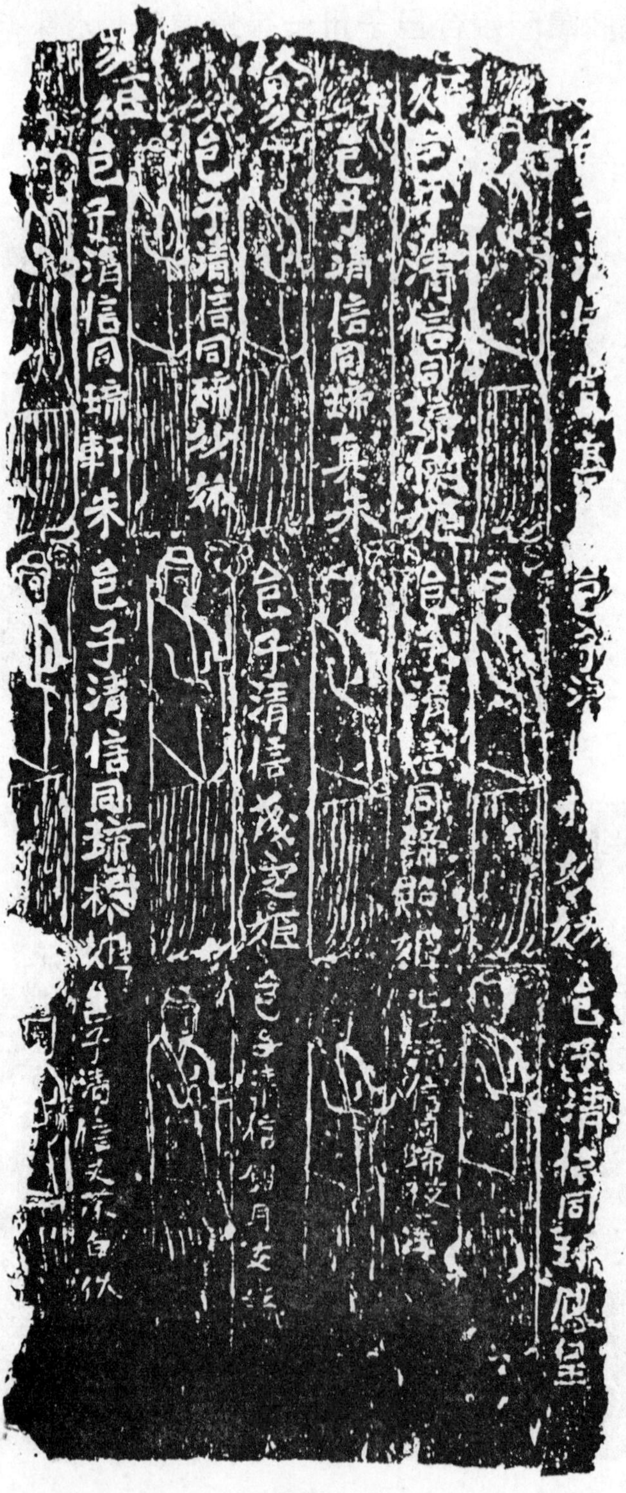

左側

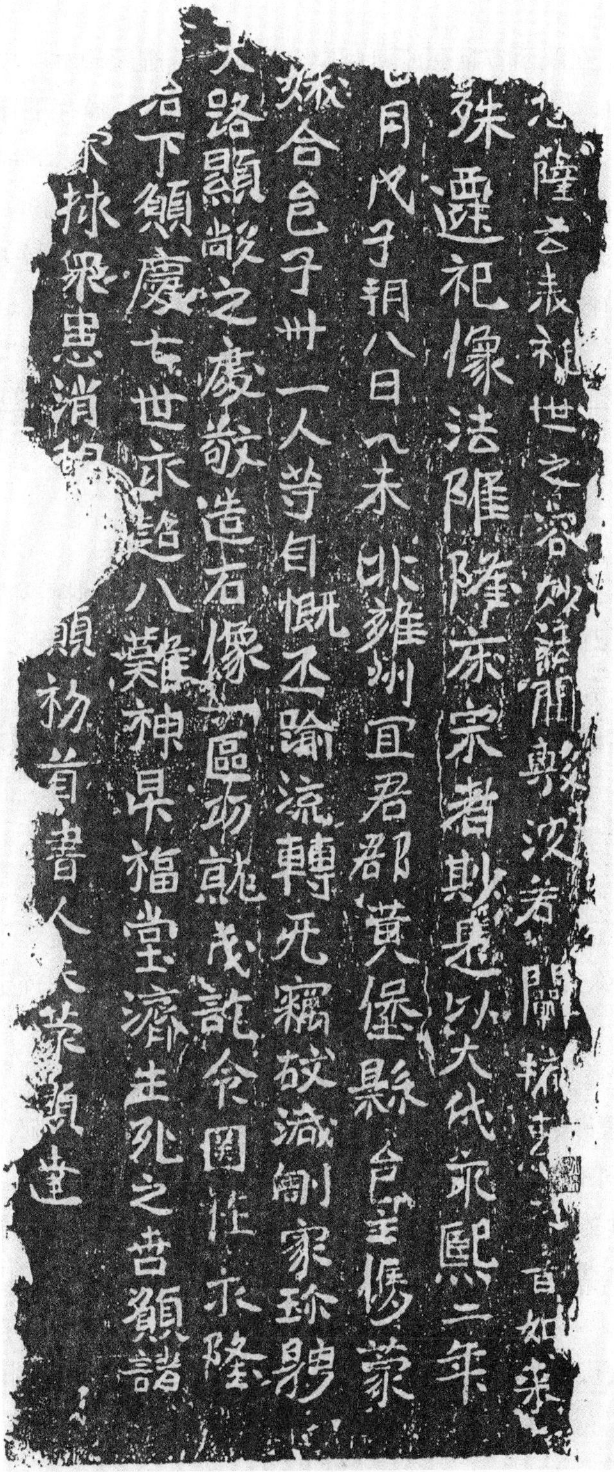

右側

説明

碑石於1934年在陝西省耀縣漆河西岸出土，存於耀縣碑林，1955年遷縣文化館，1971年遷立藥王山，現藏藥王山碑林。長方體，上部殘，僅存下部。殘高92 cm，寬60 cm－67 cm，厚29 cm。四面刻，分拓四紙，一高68 cm，寬28 cm；一高50 cm，寬63 cm；一高37 cm，寬64 cm；一高63 cm，寬27 cm。每面開龕，碑陽圓拱龕，内有一佛二脅侍。龕外刻二脅侍。碑右側刻發願文，三面題名。夫蒙顯達書。記7行，滿行存20－22字；餘題名。楷書，有縱界格。該碑舊題《夫蒙顯達造像碑》，又題《漆河雋蒙顯達造像碑》《蒙文姬碑》《蒙文姬碑發願詞》。據發願文"北雍州宜君郡黄堡縣邑主儁蒙□娥合邑子卅一人等"造像，故題"邑主儁蒙□娥合邑子卅一等造像記"更妥。

碑文

［夫大］□□□，薩云表祳世之容[1]；妙法開敷，波若闡擁恵之音[2]。如來/［奄過］[3]，□□殊遷祀像，法陮隆床宗者尠[4]。是以大代永熙二年，/［歲次癸丑，五］月戊子朔，八日乙未[5]，北雍州宜君郡黄堡縣邑主儁蒙/□娥合邑子卅一人寺[6]，自慨丕踰[7]，流轉无竆，故減剬家珎[8]，聘/［名］□□□大路顯敞之處，敬造石像一區，功就成訖[9]。今囸祚永隆，/□□□治[10]，下頠慶七世，永超八難，神昇福堂[11]，濟生死之呇，頠諸/［邑子］□蒙捄眾患消□□，頠初首[12]。

書人夫蒙顯達。/（以上刻於碑右側）

維那清［信］□抚達，/邑謂清信同琋雲□，/邑主清信儁蒙文姬，/比丘僧郭僧景名豐洛[13]，/沙弥夫蒙僧貴，/邑主清信甞姬娥，/邑謂清信同琋定姜，/維那清信同琋弥弱。/

邑子清信僧篠漠，/香火清信王蘭小，/典録清信同琋阿美[14]，/邑正清信同琋娥媚，/彈官清信夫蒙妙朱，/彈官清信同琋天姬[15]，/邑正清信朱阿儻，/典録清信同琋阿陵，/香火清信同琋□磨㑭，/邑子清［信］□□□□[16]。/（以上刻於碑陽）

巨邑子清信田文姜[17]，/巨邑子清信同琋文姬，/巨邑主清信儁蒙阿護承，/巨邑主清信王翮香，/巨惟那清信甞姬香，/巨惟那清信同琋龍姜，邑子□想姬[18]。/

邑子同琋□男，/邑子夫蒙連花，/邑子同琋□貴，/邑子夫蒙禄光[19]，/邑子甞佁男，/邑子荔非貴姬，/邑子同琋道如，/邑子王徠男，/邑子同琋顯妃，/邑子同琋妙花，/邑子于向妃[20]，/邑子夫蒙照男，/邑子雷貴姬，/邑子同琋明月，/邑子劉雙□。/（以上刻於碑陰）

□□□□□□□□□，/□□□□□□□□ 姬/□□□□□□□ 伏 男，/□□□□□□□男姬[21]。/

邑子清信儻亭，/□姬[22]，/邑子清信同琋樹姬[23]，/邑子清信同琋眞朱，/邑子清信同琋妙娥，/邑子清信同琋軒朱。/

邑子清［信］□□□□[24]，/邑子清信同［琋］照姬，/邑子清信成定姬[25]，/邑子清信同琋欉姬[26]。/

邑子清信同琋鳳凰，/邑子清信同琋枝達，/邑子清信鉗耳支誠[27]，/邑子清信夫蒙白伏[28]。/（以上刻於碑左側）

著録

1.《北京圖書館藏中國歷代石刻拓本滙編》5－179。2.《耀縣藥王山佛教造像碑》，《考古與文物》1996（2）。3.《中國西北地方歷代石刻滙編》1－59。4.《碑銘所見前秦至隋初的關中部族》91。5.《全北魏東魏西魏文補遺》537。

注釋

［1］拓本上部殘，“薩”上各字，據《碑銘所見前秦至隋初的關中部族》補。下同。“云”字，清晰，《碑銘所見前秦至隋初的關中部族》作“芸”，非。“禵”，《全北魏東魏西魏文補遺》作“祧”。“世”，《耀縣藥王山佛教造像碑》作“老”，非。

［2］波若：梵語音譯。佛教語，謂離一切分別執著的大智慧。亦作“般若”。“擁”，《全北魏東魏西魏文補遺》作“權”，“闡擁惠”，《耀縣藥王山佛教造像碑》作“□惠系”，非。

［3］“奄過”，據《碑銘所見前秦至隋初的關中部族》《耀縣藥王山佛教像碑》補。

［4］遷：即“遷”字。“陏”，《耀縣藥王山佛教造像碑》作“維”；《全北魏東魏西魏文補遺》作“雖”，非。庍：即“廣”的異體字。《碑銘所見前秦至隋初的關中部族》作“床”，非。“者”下一字清晰，尠：即“尠”字，稀有、罕見之意。《耀縣藥王山佛教造像碑》作“甚少”二字，非。

［5］熈：即“熙”字。刻石時間，據干支，大代永熙二年，歲次癸丑，五月戊子朔，八日乙未。“月”上拓片残，可補“歲次癸丑”“五”。《碑銘所見前秦至隋初的關中部族》作泐四字，《耀縣藥王山佛教造像碑》《全北魏東魏西魏文補遺》闕。“乙未”，《耀縣藥王山佛教造像碑》作“巳未”，非。《三秦碑刻英華》作永熙二年（519）①，《陝西古代佛教美術》作532年②，均誤。

［6］儁蒙：西羌姓。《廣韻·稕韻》“儁”字條：“羌複姓有儁蒙氏。”③《鄧艾祠

① 陳根遠、羅小幸：《三秦碑刻英華》，陝西師範大學出版社1996年版，第31頁。

② 李淞：《陝西古代佛教美術》，陝西人民教育出版社2000年版，第26頁。

③ 周祖謨：《廣韻校本》卷四，中華書局1960年版，第397頁。

堂碑》題名有儁蒙俾予諒、儁蒙龍彦詳。《廣武將軍□産碑》題名有儁蒙氏4人。該碑有儁蒙氏4人。碑銘證實《廣韻》所載有據。"儁蒙",《耀縣藥王山佛教造像碑》作"攜蒙",非。冝,同"宜"。宜君郡黄堡縣,即今銅川市黄堡鎮。拓片清晰,《耀縣藥王山佛教造像碑》釋"卅"作"州";"□娥"作"文姬",均非。《全北魏東魏西魏文補遺》沿用"文姬"。

［7］踰:同"逾"。

［8］�:即"割"的俗體字。"宀"變形作短"丿"和"冂"。石刻中,"害"作"害""寚""周",如北魏孝昌元年(525)《元熙墓誌》:"姧臣擅命,離隔二宫,賊害賢輔。"① 孝昌三年((527)《元融墓誌》:"既而楊州刺史元嵩被害,壽春兇兇,人懷危迫。"② 永安元年(528)《元欽墓誌》:"四月十三日遇寚於北芒之陰。"③ 太和二十年(496)《姚伯多兄弟造像碑》:"邊夷賔伏,灾周自［罷］。"以"害"為構件的"割",亦因此受到影響,作"割""割""剮"。孝昌二年(526)《于景墓誌》:"遂割罔極之容,俯就断恩之制。"④ 天和五年(570)《劉敬愛造像記》:"佛弟子劉敬愛躰識非常,述即割削財。"⑤ 大統四年(538)《法超造像記》:"信心開悞,減剮家珎。"

［9］聠:即"聘"字。拓殘,據《碑銘所見前秦至隋初的關中部族》補"名"。顯敞:豁然寬敞。"大路顯敞之處",謂造像碑豎立地點。就:即"就"字。

［10］囙:"國"的俗體字。《耀縣藥王山佛教造像碑》作"闢";並釋"今"作"令",均非。"國祚永隆",造像記中常見。如北魏太和七年(483)《崔承宗造像記》:"曠國祚之永隆。"⑥ 景明三年(502)《孫秋生等造像記》:"願國祚永隆。"據文例,⑦"治",上泐三字,與民有關。"□□□治",《全北魏東魏西魏文補遺》作"(下殘)治",非。

［11］"神"下一字微泐,審視拓片,似"昇",《碑銘所見前秦至隋初的關中部族》作"縣",非。

---

① 北京圖書館金石組:《北京圖書館藏中國歷代石刻拓本滙編》(5),中州古籍出版社1989年版,第12頁。

② 同上書,第60頁。

③ 王綿厚、王海萍:《遼寧省博物館藏碑誌精粹》,文物出版社、日本中教出版株式會社2000年版,第76頁。

④ 同上書,第46頁。

⑤ 北京圖書館金石組:《北京圖書館藏中國歷代石刻拓本滙編》(8),中州古籍出版社1989年版,第143頁。

⑥《北京圖書館藏中國歷代石刻拓本滙編》(3),第15頁。

⑦ 同上書,第54頁。

［12］“諸”下泐三字，第一、二字，據造像記文例，是“邑子”。捄：“救”的異體字。其上一字殘，存右下，似“蒙”。《全北魏東魏西魏文補遺》未釋“蒙”。“初”上，原刻疑脱“在”字。

［13］據拓片，按照從右向左的順序一層一層迻録題名，與《碑銘所見前秦至隋初的關中部族》略不同。《耀縣藥王山佛教造像碑》未釋題名。《全北魏東魏西魏文補遺》闕泐較多，未釋“［信］□抚”“名”；釋“謂”作“主”，非。

［14］《全北魏東魏西魏文補遺》釋“僧篠漠”作“薛□”；“火”作“大”；“美”作“奚”，均非。

［15］“姬”上一字微泐，似“天”。《碑銘所見前秦至隋初的關中部族》作“矢”，諦視拓片，左上“丿”為泐花。

［16］《全北魏東魏西魏文補遺》未釋“儻”；釋“□磨帋”作“磨□”；“清［信］□□□□”作“僧（下殘）”，非。

［17］《全北魏東魏西魏文補遺》未釋“田”上“清信”二字。

［18］帰：即“歸”的俗字。《全北魏東魏西魏文補遺》未釋“王”“想”二字。

［19］《全北魏東魏西魏文補遺》未釋“□男”“連花”“璋”“貴”“禄”各字。“禄”下一字泐，細審拓片，似“光”。《碑銘所見前秦至隋初的關中部族》作“花”，非。

［20］《全北魏東魏西魏文補遺》未釋“茘非”“徕”“顯妃”“璋妙花”。並釋“如”作“智”；“于向”作“尚”，均非。

［21］此列題名上殘，存“姬”“伏男”“男姬”。《全北魏東魏西魏文補遺》作“□姬”“伏男”“男姬”，不準確。

［22］《全北魏東魏西魏文補遺》未釋“邑子清信”，釋“亭”作“高”。“姬”字雖泐，但存痕清晰，《碑銘所見前秦至隋初的關中部族》脱。並以為“□”上屬，非。

［23］“樹”，《全北魏東魏西魏文補遺》作“標”，非。

［24］“信”，據下文題名補。其下泐四字，第三字《全北魏東魏西魏文補遺》作“妙”。《碑銘所見前秦至隋初的關中部族》作“楊妙□”，備參。

［25］“成”字清晰草率，《全北魏東魏西魏文補遺》作“茂”，非。

［26］“姬”上一字，中間下部為“小”，是“樹”，《碑銘所見前秦至隋初的關中部族》作“樹”，非。

［27］《全北魏東魏西魏文補遺》釋“凰”作“皇”；“鉗耳”作“□月”，非。並未釋“達”“誠”。

［28］《全北魏東魏西魏文補遺》未釋“夫蒙”。

彙考

此為“北雍州宜君郡黄堡縣邑主儁蒙□娥合邑子卅一人等”造像碑，題儁蒙、夫蒙、荔非、鉗耳、瓽、王、雷等西羌姓。尤其值得關注的是參加造像的全是婦女，這在北朝造像中很少見。造像實際題名為57人，另有1人不能辨識，比發願文所記“卅一”人多近一倍，主要是增加了僧尼官和亡故的清信婦女。題名者，羌人佔一半以上，餘為漢族。説明北魏時黄堡縣的這一村邑，是以羌人為主，並與其他民族雜居。

042 王悦及妻郭氏墓誌 永熙二年（533）

説明

墓誌於 1927 年在河南省洛陽城西北西山嶺頭村東南出土。曾歸三原于右任，1938 年于氏捐藏西安碑林。石高 64 cm，寬 66 cm①，誌文 25 行，滿行 25 字。楷書，有縱横界格。蓋素面無文字，上刻蓮花、龍獸、雲氣等紋飾，圖案精美。

① 趙力光：《鴛鴦七誌齋藏石》，三秦出版社 1995 年版，第 135 頁。《鴛鴦七誌齋藏石》謂高、寬均 66 cm。

誌文

魏故使持節、平西将軍、秦洛二州刺史王使君郭夫人墓誌銘[1]。/

君諱悦，字文歡，略陽隴城人也[2]。蓋黄帝之所出，后稷之枝裒矣[3]。曾/祖符氏東宫中庶子、秘書監、太子詹事、儀曹尚書、使持節、平遠将/軍、益州刺史、文鄉侯[4]，清暉令譽，聲播於秦朝。祖𡋿連時散騎常侍、/金部尚書、使持節、平西将軍、河州刺史[5]。父沮渠時東宫侍講[6]，旨太/延二秊歸闕，為第一客[7]。並旨風槩峻整[8]，名高一時。

君承弈世之/英華，挺珪璋之秀質[9]。岐嶷肇於弱秊，瑚璉成於早歲。名高鄉墊，嚣/重閭閻。及其孝敬忠篤之誠，信義仁恕之美，卓犖雄儁之風[10]，垂文/經武之業，固旨綴美前脩[11]，儀形邦族者矣。弱冠，拜黄袟，轉强弩将/軍。尋與御史中尉、東海王世榮，光州刺史、勃海高世表[12]，兾州別駕/清河崔文若等並為侍御。續遷都水使者、寧遠将軍、奉車都尉、冠/軍将軍、本郡略陽太守。專城之寄，所任非輕。自非望重當時，莫膺/斯舉。君旨才茀兼華，剖符奮邑[13]，後遷中散大夫，加征虜将軍、侍御/師。

方當騁力康衢，亨兹榮寵[14]。福善無徵，春秋六十一，以正光五秊，/八月五日卒於京師。詔贈持節、平西将軍、洛州刺史。即旨其年/窆於洛城西北。然龜筮謬卜，兆入定陵，嚴敬理殊，事當遷改。

至永/熙二年[15]，夫人薨逝，言歸同穴，更營墳隴。上天降愍，有顧存亡，追尋/往冊，聲實未隆。復贈本州秦州刺史，餘官如故，謚曰莭公。合趸於/芒山南嶺，定陵西崽[16]。乃作銘曰：/

蟬聯遠奚[17]，氤氳餘烈。如彼江河，長源靡絶。金玉連輝，咸恒相結。桂/馥筠貞，淩霜負雪[18]。見善則遷，聞諫必受。孝旨事親，信以期叒[19]。不玷/不虧，能敬能久。内恬憘愠，外夷藏否[20]。虯鱗方泳，鴻翼将騫，逡風矯/翰[21]，綴彼翔鵷。西光難合，東流易奔。悲泉尚遠，徂鑣已軉。絛絛霜袚[22]，/肅肅寒帷。道淪幽室，路隔玄扉。短辰遽曉，長夜莫晞。徒塵珠玉，空/想聲徽[23]。/

著録

1.《漢魏南北朝墓誌集釋》287 圖。2.《北京圖書館藏中國歷代石刻拓本滙編》5－191。3.《鴛鴦七誌齋藏石》135。4.《長安金石——陝西省文史研究館館藏碑石精華》155。5.《漢魏南北朝墓誌彙編》310。6.《漢魏六朝碑刻校注》7－74 圖，75

文。7.《洛陽出土北魏墓誌選編》178①。

注釋

［1］故：即“故”字。形符“攵”，來自“攴”，從“又”。“殳”，從“又”。石刻文字中常見其互换使用。下文“散”作“散”，亦作“散”；“改”作“改”；“敬”作“敬”；“嚴”作“嚴”，亦同理。

［2］隴城：略陽屬縣。略陽郡初治臨渭，北魏移治隴城，地在今秦安縣東北隴城鎮。《魏書·地形志》載，晉略陽郡，領縣五，安戎、綿諸、隴城、清水、阿陽。隴城“前漢屬天水，後漢屬漢陽，晉罷，後復屬。有隴城、略陽稱”②。誌主王悦略陽隴城人，其地是氐羌聚居區，疑是古西羌鉗耳氏所改之王姓。鉗耳氏，西羌鉗仁種，以種落為姓氏，後又改姓王。《魏書·王遇傳》：“王遇，字慶時，本名他惡，馮翊李潤鎮羌也。與雷、党、不蒙，俱為羌中彊族。自云其先姓王，後改氏鉗耳。世宗時，復改為王焉。”③

［3］裛：即“裔”的俗字。枝：即“枝”字。右上一點為裝飾性筆劃。與下文“岐”寫作“岐”同。枝裔，宗族分枝，後代。“后”，君也。非前後字，《洛陽出土北魏墓誌選編》作“後”，誤。

［4］符：通“苻”。姓。本作“蒲”，至苻堅更改為“苻”。《晉書·苻洪載記》：“時有説洪稱尊號者，洪亦以讖文有‘艸付應王’，又其孫堅背有‘艸付’字，遂改姓苻氏。”④ 五胡十六國時期，略陽臨渭氐人苻健曾建立前秦政權。其父氐酋苻洪，後趙石虎舊部，龍驤將軍、流人都督，處於枋頭，累有戰功。石虎死，洪遣使降晉。東晉永和五年（350），即後趙永寧元年，冉閔誅胡羯，關隴流民相率西歸。洪有眾十餘萬，自稱大將軍、大單于、三秦王，欲率眾還關中，未成行，死。子苻健繼領其眾，自稱晉征西大將軍，自枋頭西入潼關。攻長安，據關隴。永和七年（352），僭稱天王、大單于，建元皇始，都長安。史稱“前秦”。歷六主，享國四十四年。第三任皇帝苻堅，殺健之子苻生自立。尚儒學，重文教，經濟興，國勢漸盛，先後滅前燕、仇池氐人楊氏、前凉、代國，佔領東晉梁、益二州，命吕光率軍進駐西域，統一了北方，與東晉形成南北對峙格局。建元十九年（383），肥水之戰，為晉大敗。自此前秦分裂，走向衰落。河北鮮卑慕容垂、陝西華陰慕容泓、渭北羌姚萇紛紛起兵，堅終為姚萇擒殺。至苻登，與姚萇子興戰，兵敗被殺，前秦滅亡。事見《晉書·苻洪載記》

---

① 朱亮：《洛陽出土北魏墓誌選編》，科學出版社2001年版，第178頁。

② （北齊）魏收：《魏書》卷一百零六下，中華書局1974年版，第2610頁。

③ 《魏書》卷九十四，第2023頁。

④ （唐）房玄齡等：《晉書》卷一百一十二，中華書局1974年版，第2868頁。

《苻健載記》《苻生載記》附苻雄，《苻堅載記》附苻融、苻朗。《漢魏六朝碑刻校注》以為苻氏"蓋亦北方匈奴種姓。本好'鐵弗'，省稱'弗'，以音近而又取'符'字以記姓"。誤。庶子：周代司馬屬官。掌諸候、卿大夫的庶子的教養、訓戒等事。秦置庶子、中庶子。漢代稱太子庶子、太子中庶子，魏晉南北朝沿置。誌主曾祖曾在前秦"苻氏東宮"為官，任"中庶子"等職。詹：即"詹"的異體。構件"言"省減筆畫變形作"佔"，見《王悅及妻郭氏墓誌》；或作"舌"，永安二年（529）《爾朱紹墓誌》："祖東宮詹事。"①"八"訛為"北"，見北魏孝昌元年（525）《元寶月墓誌》："父子賢，㕽太子詹事、平樂侯。"②

［5］赫：即"赫"字。受强勢筆畫"灬"的影響，垂足變點。赫連：匈奴鐵弗部赫連勃勃所建夏國。407年勃勃擁五部鮮卑及雜虜眾數萬，自稱大夏天王、大單于，建元龍升，國號大夏。都統萬，今内蒙古烏審旗南白城子。歷三主，共二十五年。東晉義熙十三年（417），晉大將劉裕北伐滅後秦，留子義真守長安。次年，為勃勃攻佔，即皇帝位。426年為北魏所敗，赫連昌敗被俘；其弟赫連定率餘眾數萬至平涼稱帝，直至被北魏屬國吐谷渾吞，夏亡。參《晉書·赫連勃勃載記》。

［6］沮渠：原為匈奴之官左沮渠，後以官為姓氏。沮渠蒙遜，臨松郡的盧水胡人，曾在今甘肅地區建立十六國之一的北涼政權。沮渠氏祖先世本張掖一帶酋豪。401年，時任張掖太守的蒙遜殺段業，自立為涼州牧、張掖公，建國北涼。412年，遷都姑臧，稱"河西王"。439年，為北魏所敗，子茂虔繼位，降。其弟無諱和安周率部向西轉移至高昌，延續北涼政權。北魏太平真君五年（444），無諱死，安周代立，劉宋授安周涼州刺史，河西王。460年柔然滅北涼。見《魏書·沮渠蒙遜傳》及北涼承平三年（445）《沮渠安周造像記》③。誌主曾祖、祖、父均在西北胡人政權中任職。講：即"講"。

［7］𠥼：即"以"的異體。第一客：拓跋氏早期對歸順的外族人的一種封號。《魏書·宇文福傳》："祖活撥，仕慕容垂，為唐郡内史、遼東公。太祖之平慕容寶，活撥入國，為第一客。"④ 同書《薛安都傳》："道標弟道異，亦以勳為第一客，早卒，贈寧西將軍、秦州刺史、安邑侯。"⑤ 閞：即"闕"字。

［8］整：即"整"字。"敕"，亦作"勅""勑"。

---

① 趙力光：《鴛鴦七誌齋藏石》，三秦出版社1995年版，第116頁。

② 同上書，第77頁。

③ 北京圖書館金石組：《北京圖書館藏中國歷代石刻拓本滙編》（2），中州古籍出版社1989年版，第125頁。

④ （北齊）魏收：《魏書》卷四十四，中華書局1974年版，第1000頁。

⑤ 《魏書》卷六十一，第1355頁。

［9］貭：即“質”的俗字。“所”的形體訛變作“竹”。西晉永康元年（300）《張朗墓誌》：“永辞穢貭，證□光生。”① 北魏正光元年（520）《劉阿素墓誌》：“志心儒貭，蒙筞紫極。”②

［10］卓犖：超凡出衆。《後漢書·班固傳》：“卓犖乎方州，羡溢乎要荒。”李賢注：“卓犖，殊絕也。”③

［11］脩：即“脩”字。

［12］勃：同“㪍”，即“勃”字。勃，從力，孛聲。聲符“孛”，構件“十”橫筆脱開，變形作“㣺”。見南朝宋元徽二年（474）《明曇憘墓誌》：“後夫人㪍海封氏。”④ 如北魏永平四年（511）《鄭羲下碑》：“屬石氏㪍興，撥乱起正。”⑤ 構件“㣺”又訛變作“爫”。如此誌作“㪍”。有的省“冖”。如北魏正光五年（524）《韓賄妻高氏墓誌》：“夫人㪍海條人也。”⑥ 丗：即“世”字。亦作“卋”。

［13］剖符：猶剖竹。古代帝王分封諸侯、功臣，以竹符為信證。後因以“剖符”“剖竹”為分封、授官之稱。舊：“舊”的異體字。

［14］康衢：四通八達的大道。“騁力康衢”，喻仕途得意、順達。亨：通“享”。享受。

［15］至：即“至”的異體。《漢魏南北朝墓誌彙編》作“主”，非。並將該字上屬，標點為“然龜筮謬，卜兆入定陵，嚴敬理殊事，當遷改主。永熙二年，夫人薨逝”，致文不可讀。

［16］崀：即“崗”的俗字。“崗”，本作“岡”，加形作“崗”。“岡”，從山，网聲。“山”變作“止”，“岡”變形作“罡”⑦，“崗”變化作“崀”或“𡻕”。北魏正始四年（507）《元嵩墓誌》：“窆於河陰縣谷水之北崀。”⑧ 北周明帝元年（557）《强獨樂造像記》：“□東之嶺，顥益之𡻕。”

［17］蟬：即“蟬”。“虫”上一“一”為裝飾性衍劃。聅：即“聯”。垂足變

① 北京圖書館金石組：《北京圖書館藏中國歷代石刻拓本滙編》（3），中州古籍出版社 1989 年版，第 14 頁。

② 趙力光：《鴛鴦七誌齋藏石》，三秦出版社 1995 年版，第 51 頁。

③（南朝宋）范曄撰，（唐）李賢等注：《後漢書》卷四十下，中華書局 1965 年版，第 1382－1383 頁。

④ 李蔚然：《南京太平門外劉宋明曇憘墓》，《考古》1976 年第 1 期，第 53－56 頁。

⑤ 北京圖書館金石組：《北京圖書館藏中國歷代石刻拓本滙編》（3），中州古籍出版社 1989 年版，第 151 頁。

⑥ 鄭紹宗：《河北曲陽發現北魏墓》，《考古》1972 年第 5 期，第 34－36，73－76 頁。

⑦ 毛遠明：《漢魏六朝碑刻異體字研究》，商務印書館 2012 年版，第 481 頁。

⑧ 北京圖書館金石組：《北京圖書館藏中國歷代石刻拓本滙編》（3），中州古籍出版社 1989 年版，第 104 頁。

“灬”。碑刻中常見，如“廉”作“㢘”；“兼”作“somm”。唐大中六年（852）《盧就墓誌》“以㢘茂為事”；“檢校著作郎somm同州司馬”；“舉进士聮不中第”。奚：即“弈”的異體。《漢魏南北朝墓誌彙編》《洛陽出土北魏墓誌選編》作“奚”，形近而誤。逺奚，不成詞。弈：通“奕”。重；累。逺弈，久遠的世代。字又與“系”形略近，作“系”亦通，但差别更大，不取。

［18］淩：即“凌”的俗字，通作“陵”。下文“淩風𥎊翰”同。

［19］𠬢：即“友”字。上“又”訛變作“ナ”，寫作“友”，成“𠬢”的通行寫法。

［20］藏：通“臧”。善。此指讚美，褒揚。臧否：褒貶、善惡等評判。

［21］𧈧：即“虬”字。兩“一”短促，為增繁衍劃，起裝飾作用。騫：飛舉之義。《漢魏南北朝墓誌彙編》作“騫”，形近而誤。該字下從“鳥”，不從“馬”。“鴻翼将騫”，喻志向遠大，準備做一番大事業。𩏾：即“翰”字。

［22］攸：即“攸”字。旆：即“旃”，同“旆”。霜旆：白色的旗幡，指送葬的靈幡。

［23］徒：即“徒”字。塵珠玉：視珠玉如塵土，暗示生命可貴。“想”字上部微泐，存痕可辨。《洛陽出土北魏墓誌選編》作“思”，非。

043　茘非周歡造像碑　北魏（386－534）中期[1]

碑陽

碑陰

説明

碑石於 1987－1991 年間在陝西省耀縣稠桑鄉西牆村水井邊發現，村民正利用此碑穿在井邊支轆轤。現藏藥王山博物館。殘損泐蝕嚴重。頂、坐佚，上下榫跡猶在。存高 164 cm，寬 70 cm－73. 8 cm，厚 13 cm－ 20. 8 cm。碑上部正中有圓形穿孔。碑陽僅存主龕局部及左側。龕内天尊，坐像右手執扇，穿交領寬邊道袍。左側侍者手持笏板。主龕之上殘存兩層小坐像，及二位供養人、供養人騎馬出行圖等。有題名，無發願文。楷書。碑陰上半部殘損，似為上下雙龕，上龕僅存主尊衣裙，可能是由於碑面穿孔而毀。下龕内有造像三尊，主尊亦殘損嚴重。龕楣為雙龍相交。下龕兩側刻武士、胡人像、胡人騎駱駝、大象及供養人等。該碑又題《荔非周歡道教造像碑》《西牆村荔非周歡道碑》。

碑文

邑□荔非周歡馬，/邑主荔非侍郎馬。/（以上刻於碑陽供養人騎馬像旁）

（上缺）失堂不□□[2]。/□非□雋，/邑史荔非□□，/邑□□□□□□，/維那荔非□□，/典坐荔非□□[3]，/典録荔非□□，/香火荔非郎□，/邑子荔非周定，/邑子荔非周虎，/邑子荔非金□，/邑子荔非顯□，/邑子荔非□□，/邑子荔非□□。/（以上刻於碑陽）

著録

1.《耀縣新發現的一批造像碑》，《考古與文物》1994（2）。2.《長安藝術與宗教文明》400。

注釋

［1］無刻石時間。《耀縣新發現的一批造像碑》據碑上有穿推斷為北魏中期刻。《長安藝術與宗教文明》認為造像遺存有漢畫像石的粗獷風格，具有典型的渭北地區北魏民間造像特徵，被發現時一直被農民用在水井邊支轆轤，可能是利用原有穿支轆轤。龕内坐像衣裾外垂、主龕外有成排小龕，屬北魏晚期至西魏初①。可備一説。

［2］“不”下字泐，無法辨識。第二字似“恕”，或“窮”，不能確定。

［3］典坐：佛社中僧職名。負責在佛事活動中安排座位。

彙考

殘存題名14人，均為荔非氏，居住在陝西耀縣稠桑地區，共同雕造道教造像碑。碑石的出土準確地標識出北魏時期西羌在渭北地區的分佈、居住地點。在孝文帝漢化政策下，渭北地區諸民族之間文化交流與融合更加頻繁，羌人接受道教和合邑宗教集團的信仰特徵，反映了少數遊牧民族吸收先進文化的進化過程。同時，碑石中深目高鼻的胡人像及駱駝、大象，反映了關中地區與中亞、西亞、印度的文化交流。

石碑有穿，是漢碑重要形制之一。造像碑有穿則實為少見，目所及有北魏太和十

① 李淞：《長安藝術與宗教文明》，中華書局2002年版，第400頁。

二年（489）《暉福寺碑》[①]、正始二年（505）《僧暈造像記》[②]《荔非周歡造像碑》[③]。墓誌有穿者有北魏神龜年間（518－520）《高植墓誌》[④]、北周天和四年（569）《李賢墓誌》[⑤]，為造像碑和墓誌形制源於漢碑提供了直接證據，説明魏晉南北朝碑石承襲漢碑形制。

① 北京圖書館金石組：《北京圖書館藏中國歷代石刻拓本滙編》（3），中州古籍出版社1989年版，第17頁。

② 同上書，第19頁。

③ 陝西省文物普查隊：《耀縣新發現的一批造像碑》，《考古與文物》1994年第2期。

④ 趙萬里：《漢魏南北朝墓誌集釋》，科學出版社1956年版，第227圖。

⑤ 寧夏固原博物館：《寧夏固原北周李賢夫婦墓發掘簡報》，《文物》1985年第11期。

044　雷櫯等五十人造像碑　北魏（386－534）

左側

碑陽

右側

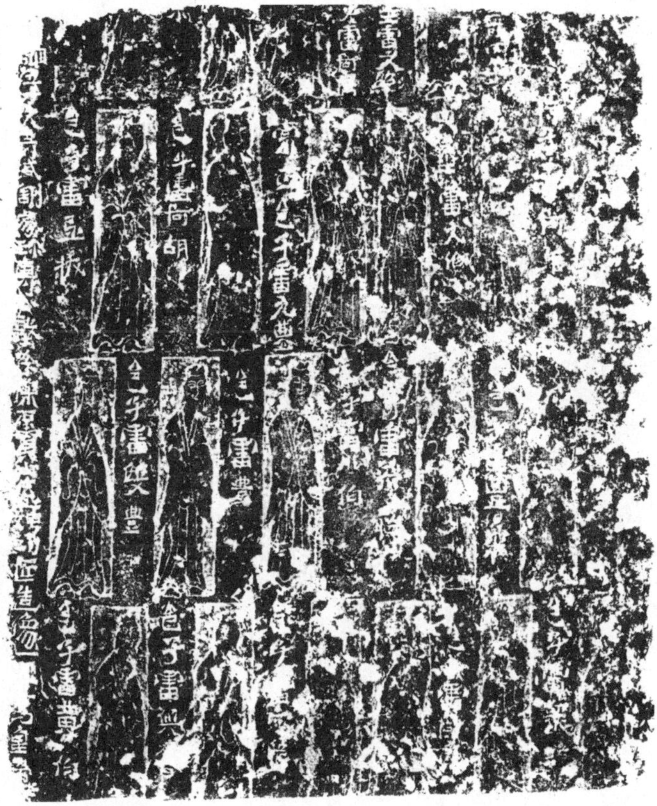
碑陰

説明

碑石出土於陝西省耀縣。造像碑上殘缺。四面刻供養人、題名；碑陰左側刻發願文。分拓二紙，高均64 cm，一寬77 cm，一寬75 cm。記4行，行字數不等；餘題名。楷書。

碑文

□櫕五十人等，減鄃家珎，專心罄□，採石買山，延娉巧匠[1]，造像一區。上為皇帝陛［下］[2]。/（以上刻於碑陰末行）

□□煩惚[3]，彌勒□□。龍花三會，顤在初首，所顤如是，一心奉［佛］[4]。/

前將軍、左銀青光禄、淮州苻壘縣令，/汝南郡丞、假懷州刺史、都督雷櫕。/

邑子雷申生。/（以上刻於碑右側）

（上泐）櫕[5]。/（以上刻於碑陽第一層）

平望雷周生[6]，/邑正雷万度，/邑主雷祖生[7]，/香火雷保安，/唯那雷阿姞[8]，/録事雷僧胤。/（以上刻於碑陽第二層）

邑子雷㔾侯[9]，/邑子雷清光，/侍者雷武勇，/典坐王萇夵[10]，/忠正雷龍文，/邑子雷榮眞。/（以上刻於碑陽第三層）

邑子雷万生，/邑子雷萇洛，/邑子雷伯虯，/邑子雷枇樹[11]，/邑子雷伏念，/邑子雷龍樹。/（以上刻於碑陽第四層）

邑子雷席子[12]，/邑子雷道生，/邑子雷周光，/邑子雷阿昌，/邑子雷㹨進[13]，/邑子雷胤受。/（以上刻於碑陽第五層）

邑主雷文照，/香火雷阿席[14]。/（以上刻於碑陰第一層）

侍子雷阿年[15]，/典坐雷文伯，/宗正邑子雷元豐[16]，/邑子雷阿胡，/邑子雷㔾拔。/（以上刻於碑陰第二層）

邑子雷豊樂[17]，/邑子雷眾怙[18]，/邑子雷川伯，/邑子雷豊，/邑子雷雙豊。/（以上刻於碑陰第三層）

/邑子雷眾略，/邑子雷阿□，/邑子雷定□，/邑子雷興□[19]，/邑子雷黄伯。/（以上刻於碑陰第四層）

邑子趙郡功曹雷抶敬[20]，/邑子雷石龍，/邑子魯陽郡守雷□周。/（以上刻於左側）

著録

1.《北京圖書館藏中國歷代石刻拓本滙編》8－101。2.《碑銘所見前秦至隋初的關中部族》90。3.《全北齊北周文補遺》61。

注釋

［1］标：疑是"標"的簡筆俗字。"罄"下一字泐，存筆疑"念"，不確。《全北齊北周文補遺》脱"五"上兩字，未釋"專"至"巧"等各字。又，釋"匠"作"延"，非。巧匠：技藝精湛的工匠。《史記·屈原賈生列傳》："巧匠不斷兮，孰察其揆正？"①

［2］"皇帝"上二字左半泐，似"上為"。"陛"存痕跡，"下"字泐，據文義補。《碑銘所見前秦至隋初的關中部族》《全北齊北周文補遺》未釋"上為""陛下"。

［3］《碑銘所見前秦至隋初的關中部族》《全北齊北周文補遺》未釋"煩惣"。

［4］"奉"字殘存筆畫。其下一字殘損，據文義，似"佛"字。

［5］此行泐蝕，有一字，存下半部，與碑右側"都督雷"下一字存上半部，筆畫吻合，當為"樹"字缺損。

① （漢）司馬遷：《史記》卷八十四，中華書局1959年版，第2487頁。

［6］𦶸：即“望”字。題名據拓片從右向左一層一層迻録，與《碑銘所見前秦至隋初的關中部族》順序略不同。

［7］“生”上一字清晰，是“徂”，《碑銘所見前秦至隋初的關中部族》《全北齊北周文補遺》作“但”，非。

［8］䂂：即“智”字。構件移位，且有缺筆。

［9］“𢀳”字清晰，不識。疑“弖”字的繁筆俗字。《全北齊北周文補遺》未釋“𢀳”。下同。

［10］侍：即“侍”字。侖：即“命”的俗寫字。萇命，謂長壽。

［11］虳：即“虬”。桃：“桃”的簡筆俗字。

［12］虒：即“虎”的俗字。

［13］豿：即“豹”的異體字。“豹”下一字清晰，是“進”。《碑銘所見前秦至隋初的關中部族》《全北齊北周文補遺》作“焦”，形似而誤，不取。

［14］《碑銘所見前秦至隋初的關中部族》釋“主”作“子”，非。並未釋“虒”。《全北齊北周文補遺》未釋“邑”“阿虒”三字，並以為“阿虒”為一字，非。

［15］“阿”下一字泐，《碑銘所見前秦至隋初的關中部族》《全北齊北周文補遺》作“牛”，不確。觀拓，筆畫“丨”，上未出頭，似草率的“年”字，備參。

［16］“邑”上二字微泐，觀拓，似“宗正”。秦置，掌管皇族宗室事務的官吏。《全北齊北周文補遺》未釋。

［17］“雷”下一字清晰，是“豊”，同“豐”。《説文》：“豊，行禮之器也。”①《碑銘所見前秦至隋初的關中部族》脱“樂”字。

［18］“雷”下一字清晰，是“眾”。《全北齊北周文補遺》未釋。怀：“懷”的簡筆俗字。

［19］“興”下一字泐，《全北齊北周文補遺》作“虎”。備參。

［20］抜：即“拔”的俗字。《碑銘所見前秦至隋初的關中部族》作“伏”，非。

彙考

此為耀州雷氏合邑造像碑，存雷氏題名45人。雷氏，本南安羌人，屬西羌累姐種。以種落號為姓氏，内遷關中後，受漢族單姓影響，以“累”的同音漢姓“雷”為姓。《晉書·苻生載記》：“未幾，又誅侍中、丞相雷弱兒及其九子二十七孫，諸羌悉叛。弱兒，南安羌酋也。”② 發願文無年月日，按造像碑書刻風格，是典型的北魏魏碑

① 丁福保：《説文解字詁林》卷五上，中華書局1988年版，第5149頁。
② （唐）房玄齡等：《晉書》卷一百一十二，中華書局1974年版，第2873頁。

體，為北魏刻。《碑銘所見前秦至隋初的關中部族》："由字體言之，其為北魏造像無疑。"而像主官銜，則是後來補刻。考"左銀青光禄"，即左銀青光禄大夫的省稱，文散官。《魏書·官氏志》載北魏設有左、右光禄大夫，從第一品中。光禄大夫銀青者，則從第二品中。《周書·盧辯》："前、後將軍，左、右將軍，左、右銀青光禄大夫，帥都督，户一萬以上刺史，柱國大將軍府長史、司馬、司録。"① 可見北周時才有"左銀青光禄"。雷樹"前將軍、左銀青光禄"軍號和文散官雙號制，也是北周實行的。故碑右側像主不是北魏"雷樹"，而是北周"雷樹"。諦視拓片，"雷樹"等字，與碑左側"邑子趙郡功曹雷抚敬""邑子魯陽郡守雷□周"書寫風格一致，這三位有官職的家族成員，顯然係北周時加刻。

此碑題名"典坐雷文伯"。保定元年（561）《雷文伯造像碑》："是以雷文伯減割家珎。"《北京圖書館藏中國歷代石刻拓本滙編》便誤以為一碑，而以"雷文伯"為名，記作《雷文伯造像記》。兩碑書體風格迥異，應是同出耀州的同名同姓的羌人。《全北齊北周文補遺》沿誤。

① （唐）令狐德棻等：《周書》卷二十四，中華書局1971年版，第405頁。

045　羅暉造像記（殘）　北魏（386 – 534）

説明

碑石已殘，尺寸失記，字數無考。楷書，兼隸意。碑文無年月日，字體屬北魏風格。出北魏蓝田县，即今陝西省西安藍天縣。《關中石刻文字新編》著録。該碑又題《邑子羅暉等造像題名》。

碑文

邑子羅暉，邑子姚，邑子石伏和，邑子田，/邑子姚纂，邑子宙，邑子姚，邑子苻，/邑子姚平元，邑子姚僧，邑子吴世和，邑子乾，邑子姚暉，邑子王善，邑子姚世玠，邑子吕張，邑子姚世明，邑子張伏，邑子徐苟生，邑子姚海，/邑子杜僧迴，邑子楊元，邑子吕定歡，/邑子張曇，齋主姚暉，香火，治律姚略，録姚伏，日。/（以上刻於一石）

□□姚要，□維郍，□化主□□，邑□姚小伏，像主雷曇暢，像主姚□□，/比邱□海，/比邱法顯（闕）。/（以上刻於一石）

□□羅要，□□田元安，典録，治律焦金女，□香火徐雲明，□面齋主朱慎，邑子李羅，/邑子李大女，□□李難，邑子道容，邑子姜，邑子侯好，邑子景光，邑子阿妃，邑子徐，邑子辛，容，/邑子卞金光，邑子翟映朱。/（以上刻於一石）

著録

《關中石刻文字新編》卷 1 – 11

彙考

造像存題名 50 餘人，可辨識姓氏，屬羌姓者姚氏 15 人、雷氏 1 人、姜氏 1 人；屬氐人者苻、石、楊各 1 人，吕 2 人。氐羌近半。翟姓或係高車姓氏。王或為羌人或為漢姓氏。餘為漢姓。造像出自藍田，本非氐羌集中分佈區域，由於北近馮翊，西臨長安，特别是前秦姚羌建立政權以及北朝各民族的大遷徙，藍田氐羌大姓往往有之，並與漢雜居於此。

046　鉗耳万祖等造像碑　北魏（386－534）

碑陽

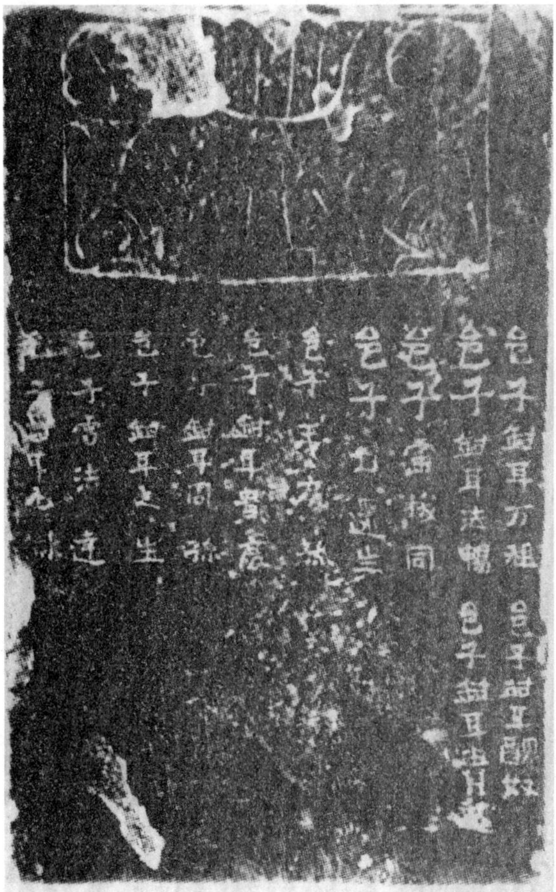

左側

右側

説明

碑石出土時間、地點不詳，現藏陝西省澄城趙莊鄉白家河村。方柱形，碑石高 100 cm。四面刻，上部均造像。碑陽下部石高 53 cm，寬 26 cm；一側高 44 cm，寬 18 cm；一側高 42 cm，寬 27 cm。碑陽下部刻發願文，文上刻二獅對蹲紋。碑兩側下部題名，一側題名上方刻二獅對鼎蹲、花朵紋。記 13 行，滿行 18 字；餘題名。隸書。無具體年月。

造像記

（上缺泐）/而□□□入□□□□□□□是以王亡□□/父母潛形文□□内□□□□飢歲[1]，莫不□難/陽有旳等衣[2]，茲□□可□□無明之利劒，然□/衆之舟航[3]，化主王命相□生□肺回於曩，故悟/生死之無常[4]，遭四大其如生[5]，□□家之似□，遁/入名山，採斯玄石[6]，命器雕匠[7]，成此相生雜復有/王之遘寶塔[8]，復

□之刻香像[9]，方茲未足為逾[10]。傾/藉今□□同□有緣遇去者[11]，永離三途，長辭八/苦[12]。现在□□，各保遐年，長無患難。六道四生[13]，普/同斯福。懇親平等[14]，悉斷鄣纏，道心貞固。同□政/資[15]，□無退轉。/（以上刻於碑陽）

邑子鉗耳万祖，/邑子鉗耳法暢，/邑子雷抜同[16]，/邑子白還生，/邑子姜力無[17]，/邑子鉗耳貴慶，/邑子鉗耳周孫，/邑子鉗耳定生，/邑子雷法達，/邑子鉗耳元樹[18]。/

邑子鉗耳醜奴，/邑子鉗耳胄超。/（以上刻於碑左側）

［寧］遠將軍、右員外散騎常侍邑子鉗耳碩璨[19]，/邑子鉗耳客生，/邑子劉福家[20]，/邑子高阿英[21]，/邑子雷□存[22]，/邑子王僧慶，/邑子鉗耳扶真。/

邑子彦亭景[23]，/邑子雷清記[24]，/邑子輔國將軍、別將鉗耳慶樹[25]。/

邑子，/邑子，/邑子。/（以上刻於碑右側）

著録

《澄城碑石》6圖，115文。

注釋

［1］“飢歲”，《澄城碑石》作“歲飢”，誤倒。並未釋“人”“亡”。

［2］“難”，《澄城碑石》作“歎”，非。“有”下一字泐，似“㪽”，即“所”字。《澄城碑石》釋“陽”作“汲”；“有㪽”作“引劬”，致語義不暢。

［3］劒：同“劍”。“劒”下一字泐，觀拓，似“然”字。《澄城碑石》作“越”，非。“之”上一字泐，似“眾”。《澄城碑石》作“象”，非。

［4］“主”上一字，微泐，似“化”。化主：佛社中指掌管化緣的僧徒。“相”上一字，上方泐，疑“侖”。“生”，《澄城碑石》作“並”，非。其下一字泐，不能辨，《澄城碑石》作“植”，不取。又，未釋“化”“侖”“胏”“故”四字。

［5］四大：佛道用語。道家以道、天、地、人為四大。“十大”之説。其中，以地、水、火、風為四大。認為四者包含堅、濕、暖、動四種性能，從而構成人身。亦用作人身的代稱。《圓覺經》卷上：“妄認四大為自身相，六塵緣影為自身相。”① 東魏武定八年（550）《廉富等造義井頌》：“春秋方對，四大辭軀，八九未充，一朝往矣，而子天長。”②

［6］“石”上一字，下折泐，似“玄”。《澄城碑石》疑作“亥”，非。玄石：黑

① 許敏譯注：《圓覺經》，《佛教十三經》，中華書局2010年版，第9頁。

② 北京圖書館金石組：《北京圖書館藏中國歷代石刻拓本滙編》（6），中州古籍出版社1989年版，第166頁。

石，即青石。

［7］《澄城碑石》未釋“器”。

［8］遘：通“構”。《澄城碑石》未釋“雜”。

［9］“復”下一字泐，《澄城碑石》作“墨”，非。

［10］“為”下一字泐，細觀拓，似“逾”。《澄城碑石》作“喻”，非。

［11］《澄城碑石》未釋“藉”。又，“同”上一字作“善”；下一字作“鄉”。細察拓本，實不能辨識，不取。

［12］三途：佛教語。又作“三塗”“三惡道”。即火塗，也稱地獄道；血塗，也稱畜生道；刀塗，也稱餓鬼道。八苦：佛教語。即生苦、老苦、病苦、死苦、怨憎會苦、愛別離苦、求不得苦及五取蘊苦。梁簡文帝《菩提樹頌序》：“悲哉六識，沉淪八苦，不有大聖，誰拯慧橋。”①

［13］六道四生：佛教詞彙。六道，又稱“六趣”，指天、人、阿修羅、畜生、餓鬼、地域六種生命形態，是一切眾生乘業而趣向之處。六道眾生又有胎生、卵生、濕生、化生等四種出生的方式。

［14］“親”上一字微泐，似“懇”字。《澄城碑石》未釋。

［15］“同”下一字泐，《澄城碑石》作“吉”。字形不類，不取。該書未釋“政”。

［16］《澄城碑石》未釋“拔”。

［17］“子”下字泐。復核拓本，“王”上有“丷”，下似“女”，是“姜”字。“力”下字泐，下部“灬”清晰，似“無”字。

［18］《澄城碑石》未釋“樹”。

［19］“外”下一字泐，觀拓，疑是“散”字。右員外：即右員外常侍散官省稱。與之相對應的軍職是寧遠將軍，正五命。見《北史·盧辯傳》。“遠”上一字，當為“寧”字。璪：即“璨”字。

［20］“福”下一字泐，似“家”。《澄城碑石》未釋。

［21］“高”下一字，似“阿”。

［22］“存”，《澄城碑石》作“有”，非。

［23］“子”下三字泐，首字構件“产”清晰，内“彡”漫漶，應是“彦”字。“亭”下一字，上“曰”，下“京”，似“景”字。“彦”，《澄城碑石》作“成”，非。又未釋“亭”。

---

① （明）梅鼎祚：《釋文紀》卷二十一，《景印文淵閣四庫全書》（1401），臺北：臺灣商務印書館，第187頁。

［24］䶮：即“龍”的俗字。

［25］輔國將軍：戰國時始置，是將軍的最高封号。南朝宋曾改為輔師將軍，旋復舊稱。北魏、北齊仍置。北魏景明年間（500－503）《楊大眼造像記》：“輔國將軍、直閤將軍、［游擊將軍］、梁州大中正、安戎縣開國子仇池楊大眼。”神龜二年（519）《賈思伯碑》：“遷揚烈将軍、□□挍尉，□前軍将軍，□拜。仍授輔國将□，□□□□□□□□左□□□□夜勤王，匪躬斯著。”①《魏書》本傳稱思伯“釋褐奉朝請，太子步兵校尉、中書舍人，轉中書侍郎。頗為高祖所知，常從征伐。及世宗即位，以侍從之勤，轉輔國將軍”②。可知，輔國將軍地位高。別將：官名。秦漢指配合主力軍作戰的部隊將領。《漢書·高帝紀上》：“五月，項羽拔襄城還。項梁盡召別將。”顏師古注：“別將，謂小將別在他所者。”③ 北魏、北齊、北周之別將，隸屬總管，正六命，與都將、統軍、軍主、幢主並稱五職。見《北周六典》卷十。《澄城碑石》釋“別將”作“特”；“樹”，作“榭”，均非。

彙考

造像記中無刻石時間，可辨題名，鉗耳氏最多，12 人，次為雷氏 4 人，及姜、王、高、彦等氏。其中，鉗耳、雷、姜氏都是羌人。王氏，可能是羌人，也可能是漢人。職位最高的是“輔國將軍、別將鉗耳慶樹”和“［寧］遠將軍、右員外□□虎”，可知陝西省澄城趙莊鄉白家河村一帶聚居着羌人，且以鉗耳氏居多。惜後者姓氏泐蝕。

---

① 北京圖書館金石組：《北京圖書館藏中國歷代石刻拓本滙編》（4），中州古籍出版社 1989 年版，第 65 頁。

② （北齊）魏收：《魏書》卷七十二，中華書局 1974 年版，第 1613 頁。

③ （漢）班固撰，（唐）顏師古注：《漢書》卷一，中華書局 1962 年版，第 14 頁。

047 姚尊造像記 北魏（386－534）

説明

造像刻於河南省洛陽市龍門西山老龍窩中段。開外方内尖龕，高 116 cm，寬 94 cm，深 50 cm。龕内造七座佛，均結跏趺坐，施禪定印。龕側刻發願文。高 33 cm，寬 40 cm。記 13 行，滿行 17－23 字不等。楷書。

碑文

魏故使持節、平西將軍[1]、東陽□都大將[2]、青州刺史、隴西公姚尊□惠銘[3]。/

公諱尊，字天生，南安人也。秦文桓皇帝之曾/孫[4]，鎮西將軍、隴西惠公之世子[5]。龜紐焕華，年/交軒器[6]，罕與名賈，騰茂通鑒[7]。無外機□創發[8]，/每登高棲異[9]，矚曠遊心[10]，何嘗不仰真妙而造/軀[11]，途峻嶺而圖想[12]。至乃方軌南陸，涇塗伊川[13]。覩崇崖之崢嶸，臨清流之漫衍[14]。遂鐫敬靈石[15]，/雕神妙軌。道會聲華，控別離之觀[16]；彩質像□，/以垂不朽之感。乃作頌曰[17]：/

靈慈□□，□覺紛流。跡絕空徑，祖致玄周。非/慮誰極，/非□□□。□□春膏，郭彩□□。/

正光［元年］□□□□朔十五日造[18]。

著録

1.《龍門石窟與西域文明》263①。2.《從龍門石窟造像遺跡看北魏民族關係中的幾個問題》，《民族研究》1989（2）。3.《龍門石窟姚尊造像考略》，《敦煌研究》2004（1）。4.《北魏洛陽石窟文化研究》239。

注釋

［1］平西將軍：四平將軍號之一。《宋書·百官志》謂“四平”②，曹魏置，南北朝沿置，有“四征”“四鎮”“四平”等，位居諸將軍號前列。《魏書·車伊洛傳》：“世祖録其誠款，延和中授伊洛平西將軍，封前部王，賜絹一百匹，綿一百斤，繡衣一具，金帶靴帽。”③

［2］“東陽□都大將”，《從龍門石窟造像遺跡看北魏民族關係中的幾個問題》摘録原文，作“原陽侯都太守”④，備參。《北魏洛陽石窟文化研究》沿用。考《魏書·官氏志》：“舊制，緣邊皆置鎮都大將，統兵備禦，與刺史同。”⑤“都”上泐蝕字，疑為“鎮”。北魏前期，在平城以北邊境置軍鎮，軍鎮置鎮都大將、僚屬。

［3］青州刺史：即山東青州刺史，州最高行政長官。隴西：指甘肅隴山以西，渭水河畔，今定西市。《北魏洛陽石窟文化研究》脱“尊□惠銘”。“□惠”，《龍門石窟姚尊造像考略》作“石像”。

［4］後秦姚興，謚號“文桓”。《晉書·姚興載記》：“義熙十二年，興死，時年五十一，在位二十二年。偽謚文桓皇帝，廟號高祖，墓曰偶陵。”⑥“桓”，《龍門石窟姚尊造像考略》《北魏洛陽石窟文化研究》作“恒”，形似而誤。“皇帝”，《從龍門石窟造像遺跡看北魏民族關係中的幾個問題》作“惠王”，非。“秦文桓”，後秦皇帝姚興謚號，以為“惠王”，大誤。據下文知姚尊父“鎮西將軍、隴西惠公”；其祖父，據《魏書·外戚列傳·姚黄眉傳》載是“隴西王”姚黄眉⑦。發願文明確述説姚尊為後秦姚興嫡系子孫。《北魏洛陽石窟文化研究》釋“曾孫”作“玄孫”，非。曾孫之子

① 張乃翥：《龍門石窟與西域文明》，中州古籍出版社 2006 年版，第 263 頁。

② （梁）沈約：《宋書》卷三十九，中華書局 1974 年版，第 1226 頁。

③ （北齊）魏收：《魏書》卷三十，中華書局 1974 年版，第 723 頁。

④ 張乃翥：《從龍門石窟造像遺跡看北魏民族關係中的幾個問題》，《民族研究》1989 年第 2 期，第 37 頁；賀玉萍：《北魏洛陽石窟文化研究》，河南大學出版社 2010 年版，第 240 頁。

⑤ （北齊）魏收：《魏書》卷一百一十三，中華書局 1974 年版，第 2976 頁。

⑥ （唐）房玄齡等：《晉書》卷一百一十六，中華書局 1974 年版，第 3003 頁。

⑦ （北齊）魏收：《魏書》卷八十三上，中華書局 1974 年版，第 1814 頁。

為玄孫。

［5］隴西惠公，查史傳，北魏時期南安籍姚姓人氏，封號隴西公僅姚黄眉。《魏書·皇后列傳第一》載姚興之女西平公主，於神瑞二年（415）入聘於北魏，“明元昭哀皇后姚氏，姚興女也，興封西平長公主”①。《北史·列傳第一·后妃上》亦記此事②。後秦滅國後，西平長公主弟黄眉以外戚身份入北魏，受爵始封隴西公。《魏書·外戚列傳·姚黄眉傳》：“姚黄眉，姚興之子，太宗昭哀皇后之弟也。姚泓滅，黄眉間來歸，太宗厚禮待之，賜爵隴西公，尚陽翟公主，拜駙馬都尉，賜隸户二百。世祖即位，遷内都大官，後拜太常卿。卒，贈雍州刺史、隴西王，謚曰獻。”③ 姚尊父按規定降級襲爵，封為隴西惠公，與史相合。那麽，造像記中姚尊，是黄眉一門後世裔緒，“秦文桓”皇帝姚興曾孫，“隴西王”姚黄眉之孫，姚尊父子二代襲官隴西惠公。史傳未載姚尊事跡，可補史闕。

［6］“紐”，《從龍門石窟造像遺跡看北魏民族關係中的幾個問題》作“組”，形似而誤。龜紐：指雕刻成龜形的印紐，在頂部小孔中穿繩佩於腰間或繫於臂上。《淮南子·説林訓》：“龜紐之璽，賢者以為佩。”④ 當以“龜紐”為宜。《龍門石窟姚尊造像考略》釋“焕華”作“州宰”；“年”作“并”，致語義不暢。不取。《北魏洛陽石窟文化研究》未釋“龜紐焕”三字；並釋“華”作“室”，非。

［7］《龍門石窟姚尊造像考略》釋“罕”作“宇”；“賈”作“實”，備參。《北魏洛陽石窟文化研究》沿用“實”字。

［8］《北魏洛陽石窟文化研究》脱“□創發”。

［9］《從龍門石窟造像遺跡看北魏民族關係中的幾個問題》《北魏洛陽石窟文化研究》釋“異”，《龍門石窟姚尊造像考略》作“冀”。以“異”為宜。

［10］矚曠：長久地矚目。“矚”，《從龍門石窟造像遺跡看北魏民族關係中的幾個問題》《龍門石窟與西域文明》《北魏洛陽石窟文化研究》作“屬”，非。遊心：留心，心神傾注在某一方面。《莊子·德充符》：“夫若然者，且不知耳目之所宜，而遊心乎德之和。”⑤

［11］“真”，《龍門石窟姚尊造像考略》作“青”，形似而誤。未釋“妙”字。真妙：真實美妙。此指佛教塑像。造像記多作“真容”“真如”。《成唯識論》：“真謂真

① （北齊）魏收：《魏書》卷十三，中華書局1974年版，第325頁。
② （唐）李延壽：《北史》卷十三，中華書局1974年版，第492頁。
③ （北齊）魏收：《魏書》卷八十三，中華書局1974年版，第1814頁。
④ 何寧：《淮南子集釋》卷十七，《新編諸子集成》，中華書局1998年版，第1208頁。
⑤ （清）郭慶藩撰，王孝魚點校：《莊子集釋》卷二下，中華書局1961年版，第191頁。

實，顯非虛妄；如謂如常，表無雙易。謂此真實，於一切位，常如其性，故曰真如。"① 造軀：造像。

［12］《北魏洛陽石窟文化研究》録文作"途""峻嶺"；《龍門石窟姚尊造像考略》作"崇嶺"，形似而混。"無外"至"圖想"，《從龍門石窟造像遺跡看北魏民族關係中的幾個問題》未迻録。

［13］"軌"，《北魏洛陽石窟文化研究》作"規"，非。《從龍門石窟造像遺跡看北魏民族關係中的幾個問題》録文"涇塗"，《龍門石窟姚尊造像考略》作"迳途"，《北魏洛陽石窟文化研究》未釋。塗：通"途"。以"迳塗"為宜。伊川古地名。指伊水所流經的伊河流域。《左傳·僖公二十二年》："辛有適伊川，見被髮而祭於野者。"杜預注："伊川，周地。伊，水也。"② 楊伯峻注："伊川，伊河所經之地，當今河南省嵩縣及伊川縣境。"③

［14］覩：同"睹"。《從龍門石窟造像遺跡看北魏民族關係中的幾個問題》録文"漫衍"，流溢，氾濫。《北魏洛陽石窟文化研究》作"濁衍"，《龍門石窟姚尊造像考略》作"滂衍"，不取。《文選·王褒〈洞簫賦〉》："或漫衍而駱驛兮，沛焉競溢。"李善注："漫衍，流溢貌。"④ 此指姚氏及羌人臣服北魏王朝以來，其上層豪門人物以政治、宗教原因顯耀於京華。

［15］《龍門石窟姚尊造像考略》録文"敬"，《從龍門石窟造像遺跡看北魏民族關係中的幾個問題》作"岩"，《北魏洛陽石窟文化研究》未釋。以"敬"為宜。

［16］《龍門石窟姚尊造像考略》録文"道會"，信奉道教的人的集會。是。《從龍門石窟造像遺跡看北魏民族關係中的幾個問題》作"造會"，並認為"控"上泐有一字，備參。

［17］《龍門石窟姚尊造像考略》未釋"質"。《北魏洛陽石窟文化研究》釋"像"作"煥"。並未釋"質""朽"和"曰"下各字。《從龍門石窟造像遺跡看北魏民族關係中的幾個問題》缺"乃"及以下各字。"感"下字，《從龍門石窟造像遺跡看北魏民族關係中的幾個問題》脱。

［18］《北魏洛陽石窟文化研究》脱"靈"至"正"上各字，及"朔"等字。刻石時間泐，《龍門石窟姚尊造像考略》作"元年"。

---

① 中華大藏經編輯局：《成唯識論》，《中華大藏經》（30），中華書局 1987 年版，第 762 頁。

② 十三經注疏整理委員會：《春秋左傳正義》卷十五，《十三經注疏》，北京大學出版社 2000 年版，第 460 頁。

③ 楊伯峻：《春秋左傳注》，中華書局 1990 年版，第 393 頁。

④ （梁）蕭統編，（唐）李善注：《文選》卷十七，《中國古典文學叢書》，上海古籍出版社 1986 年版，第 785 頁。

彙考

南安，今甘肅隴西縣境。其地，漢時屬天水豲道，漢末、魏、晉為南安郡治所，是西羌燒當部族内遷聚落。該族有姚氏、雷氏等大姓。姚薇元《北朝胡姓考》："南安姚氏，憲族人也。"①《晉書·姚弋仲載記》："姚弋仲，南安赤亭羌人也。"② 其子姚萇十六國時期在長安建立後秦政權，歷姚興、姚泓二帝，417 年被東晉劉裕所滅，《晉書·姚弘載記》云：姚氏"餘宗遷於江南"③。後秦部衆大都東遷入魏，其中不乏姚氏。《魏書·太宗紀》："姚泓匈奴鎮將姚成都與弟和都舉鎮來降。"泰常二年（417），"十有二月己酉，詔河東、河内有姚泓子弟播越民間，能有送致京師者賞之"。"姚泓尚書、東武侯姚敞，敞弟镇远將軍僧光，右將軍姚定世自洛來奔"④。《魏書·姚黄眉傳》明確記載姚興之子姚黄眉入北魏，造像記補充了其子嗣姚尊父子官爵，可知後秦亡國後姚黄眉一支在北魏衍續。姚尊行事，史傳罕載，造像記可補史闕。

---

① 姚薇元：《北朝胡姓考》，中華書局 1962 年版，第 345 頁。

② （唐）房玄齡等：《晉書》卷一百一十六，中華書局 1974 年版，第 2959 頁。

③ 《晉書》卷一百一十九，第 3017 頁。

④ （北齊）魏收：《魏書》卷三，中華書局 1974 年版，第 58 頁。

048 荔非屈利等造像碑 北魏末期（505－534）

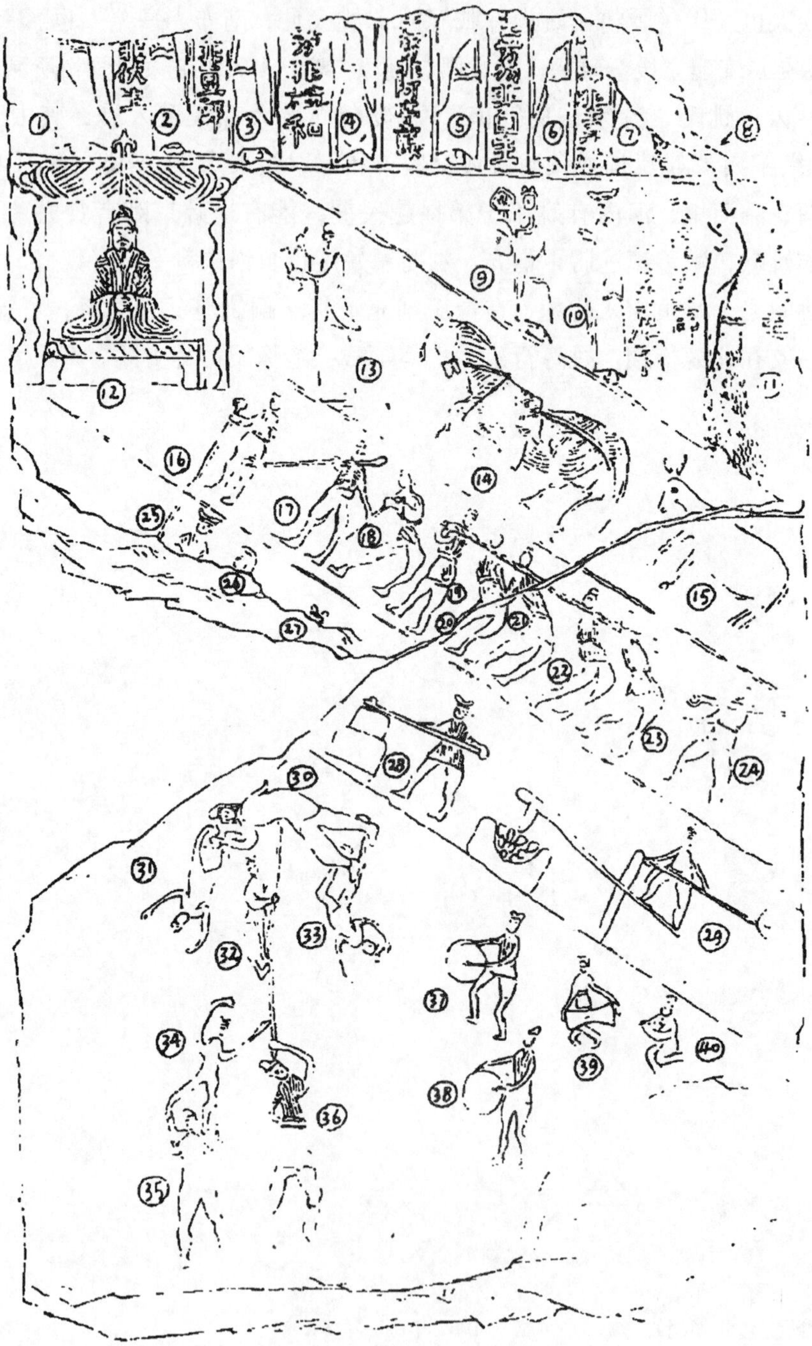

描綫圖

説明

碑石於1980年前後在陝西省彬縣縣城内衙舊址背後私宅建築地出土，1984年入藏彬縣文化館。長方體，無碑首，頂、座佚。碑石高100 cm，寬66 cm，厚12 cm。殘斷為兩塊，一角已佚。單面刻，以圖為主，刻38人、2牲畜，採用漢代畫像石分格構圖法，展現供養人家族、天宫老君、人神接對、家僕大幅度磑舂、尋橦鼓吹，及百戲雜技等場景圖。無年號，未見發願文，僅有兩層供養人題名。殘損、泐蝕嚴重，現存41字（包括殘字）。楷書。龕内造道像，龕側立手持笏板作聆聽記録狀道士像，身後隨一馬一驢。該碑又題《荔非屈利等道教造像碑》《彬縣荔非氏造像碑》《荔非氏造像碑》《荔非道教造像碑》。

碑文

［邑生荔］非伏生，/［邑生］荔非豆郎，邑生荔［非］（下泐）[1]，/邑生荔非樟和，/［邑］生荔非阿亭漢[2]，/［邑］生荔非自生，/［邑生］荔非廣裯，/［邑生荔非］仁[3]。/（以上刻於碑陽第一層）

邑生荔非屈利，/荔非賓郎[4]，/［荔］非興王[5]。/（以上刻於碑陽第二層）

著録

1.《一塊北魏羌族的道教造像碑》，《中國道教》1994（3）。2.《長安藝術與宗教文明》398。3.《中國佛道造像碑研究》141。

注釋

［1］殘損泐蝕嚴重，題名據《一塊北魏羌族的道教造像碑》迻録。“［ ］”内文字，據下文補。《長安藝術與宗教文明》脱“［ ］”内各字。《中國佛道造像研究》脱第三人題名。荔非氏，《廣韻》“羌複姓有荔非氏”①，又作荔菲、利非、麗飛。由河西走廊東遷的遊牧民族，生産方式逐步由射獵變為田畜，北朝時期在關中渭北一帶非常活躍。

［2］“亭”下一字泐蝕嚴重，似“漢”，又似“薄”，存疑待考。

［3］“邑生荔非”，《長安藝術與宗教文明》認為是五字，並且未釋。

［4］“賓”，《中國佛道造像碑研究》作“買”，非。

［5］“［荔］非興王”，衣服波形紋飾與他人不同，質地似絲綢，推測其地位較高，疑該荔非部之主。

① 周祖謨：《廣韻校本》卷三，中華書局1960年版，第376頁。

彙考

碑石無發願文，闕刻石時間。不同時期的造像碑，都有各自特定的制式。《一塊北魏羌族的道教造像碑》比較關中同期造像，推其刻石時間在正始年以後的北魏末期（505－534）。可採。此碑供養人左右對稱的排列方式，和臨潼正始二年（505）《馮氏道教造像碑》供養人排列方式一樣。同時，供養人下着裳，是受到孝文帝漢化政策影響服飾改制所致。造像清瘦，亦受到南朝文化影響。

彬縣縣城還有北魏至隋代《荔非伏猥等造像碑》，又稱《殘千佛造像碑》。1980年前後，在縣城内衙舊址背後私宅建房時由朱鶴令發現，1984年入藏彬縣文化館。扁平四面體佛教造像碑，高80 cm，寬33 cm，厚11 cm。上、下、右側均殘。碑陽刻千佛像，存60餘尊；下刻鹿頭、孩童，及題名。楷書。構圖大塊留白，造像風格同於《荔非屈利等造像碑》。題名存“［邑生］荔非伏猥，香火荔非昌祖，香火荔非□□，邑生荔非娥仁，邑生荔非金安”等[①]。未公開刊佈圖片。關於荔非氏家族造像，耀縣有北魏《荔非周歡造像碑》、北周《荔非興度觀音造像座》、西魏至北周刻《荔非郎虎造像碑座》，華縣有北周《荔非明達造像碑》。從碑石出土範圍可以發現，北朝時期荔非氏主要活躍於彬縣、耀縣、華縣等區域。彬縣的羌人，早期有《晉書·江統等傳》記載：“徒馮詡、北地、新平、安定界内諸羌，著先零、罕幵、析支之地。”[②] 新平，即今彬縣。姚秦建都長安，使羌人勢力在關中達到頂峰。加之姚秦篤信佛教，更加快了羌人對宗教信仰的調整和對佛道的吸收、接納。正是在這一宗教氛圍和歷史背景中，産生了荔非氏諸造像碑。

---

① 閻步克：《北魏、北齊職人初探——附論魏晋的“王官司徒吏”》，《文史》1999年第3輯，第19頁。

② （唐）房玄齡等：《晉書》卷五十六，中華書局1974年版，第1532頁。

東　魏

049　蒙續祖等造像題名　東魏（534－550）

説明

造像記刻於河南省洛陽龍門山老君洞外，現藏原址。《八瓊室金石補正》記高廣尺寸，高九寸五分，廣三寸。上下各題名 1 人，均在像左。楷書。該碑又題《龍門山蒙續祖等造像題名》。

碑文

邑子蒙續祖[1]，/邑子劉景珎[2]。/

著録

1.《八瓊室金石補正》卷 17－24 上。2.《全北魏東魏西魏文補遺》649。

注釋

［1］蒙氏：羌人複姓夫蒙氏、儁蒙氏改單姓。夫蒙氏，西羌大姓，從南北朝至唐代，不斷出現在史傳和碑銘中。夫蒙，或作“不蒙”，後改為蒙氏。據舊縣志，陝西蒲城縣東鄉有蒙家、蒙家坡、蒙家新村。此地蒙姓，實則來自夫蒙氏。如唐開元中曾官至安西都護的夫蒙靈詧，馮翊郡羌豪，《全唐詩・王維・奉和聖製送不蒙都護兼鴻臚卿歸安西應制》①，不蒙都護，即安西都護夫蒙靈詧。1955 年出土唐《夫蒙鍠墓

---

① 《全唐詩》卷一百二十五，中華書局 1980 年版，第 1235 頁。

誌》①，夫蒙鍠就是夫蒙靈詧的兒子。《舊唐書·高仙芝傳》《舊唐書·封常清傳》《舊唐書·突厥傳》均作夫蒙靈詧。儁蒙氏亦羌人複姓，《廣韻·稕韻》“儁”字條：“羌複姓有儁蒙氏。”② 其他不見記載。碑銘《鄧艾祠堂碑》《廣武將軍□産碑》《邑主儁蒙□娥合邑子卅一人等造像記》所載儁蒙氏證實《廣韻》所載有據，但宋人陳彭年等編輯此條不知所據為何種材料。後來儁蒙氏亦改為蒙氏。根據夫蒙靈詧，在《李嗣業傳》《段秀實傳》《劉全諒傳》中則作“馬靈詧”，乃夫蒙氏改馬氏之證。推測其改變過程，大約是夫蒙氏先改為蒙氏，仍殘留有羌戎的因素，且與儁蒙氏改蒙氏相混，於是又變音改為馬氏，因為馬氏是漢族之大姓，羌戎的影子便完全抹去了③。夫蒙改蒙，再改馬。

［2］劉：即“劉”字。

① 吴鋼：《隋唐五代墓誌滙編·陝西卷》，天津古籍出版社 1991 年版，第 18 頁。

② 周祖謨：《廣韻校本》卷三，中華書局 1960 年版，第 397 頁。

③ 曾曉梅、吴明冉：《兩晋南北朝至隋碑銘所見羌族姓氏研究》，《北方文物》2012 年第 3 期，第 83 頁。

西　魏

050　毛遐造像記　大統元年（535）二月二十日

碑陽（局部）

説明

碑石出土時地一作1940年陝西省耀縣沮河之旁①，一作1930年陝西省耀縣漆河②。原存松禪寺（今耀縣中學）内，1955年遷縣文化館，1971年遷藥王山。現藏藥王山碑林。石圭狀，頂、座佚。高132 cm，寬62 cm，厚27 cm。單面造像，碑陽上開尖頂龕，内有一佛二菩薩；中造像題名；下刻發願文。記15行，滿行8字；餘題名。楷書，含隸韻。有縱橫界格。該碑又題《諸邑子等造像碑》。

碑文

夫至道幽玄，非有非/無。慈氏見化，連葉訟應[1]。/是以諸邑子寺，仰感/聖善，心往［覺妙］[2]。迭相/勸率，減割家珎[3]，敬造/石像一區，慈顔端妙[4]，/立在通衢[5]。願使天下/太平，皇治永康。七世/所生，曠劫先師[6]，因緣音屬[7]，超度八難[8]。歷侍/諸佛[9]，龍華三會，願在/先首[10]。/

大統元年，歲次乙卯，/四月［丁丑］朔，□日造訖。/□□□□□□康□人[11]。

大行臺、尚書、北/雍州刺史、宜君/縣開國公毛遐[12]。/（以上刻於碑陽龕下右邊）

□□□□，/□□楊朗，/［典坐］粟因標[13]，/［但］□夫蒙文光，/邑□夫蒙興□，/□□□轉生，/邑［謂］□蒙□王[14]，/化［主］□□［定］録，/邑主任業，/邑［平］□□昌明，/□□夫蒙□周，/邑老王天會，/邑老李□，/邑正夫□毛仁，/彈官王□德，/典［坐］主李［後］興，/典録謝□□。/（以上刻於碑陽龕下第一層）

邑子張馬栓，/邑子□□□，/邑子李□和，/香火□□□，/香火［謝文日］，/邑子公孫□，/邑子夫蒙伏□，/邑子謝超世，/邑子謝元達，/邑［子］謝儀生。/（以上刻於碑陽龕下第二層）

著録

1.《耀縣石刻文字略志》，《考古》1965（3）。2.《耀縣藥王山佛教造像碑》，《考古與文物》1996（2）。3.《藥王山北朝碑石研究》78。4.《漢魏六朝碑刻校注》8－161圖，162文。5.《陝西古代石刻藝術》150。6.《北魏至隋代關中地區造像碑的樣式與年代考證》95。7.《全北魏東魏西魏文補遺》652。

---

① 毛遠明：《漢魏六朝碑刻校注》（8），綫裝書局2008年版，第162頁。

② 羅宏才：《中國佛道造像碑研究——以關中地區為考察對象》，上海大學出版社2008年版，第166頁；宋莉：《北魏至隋代關中地區造像碑的樣式與年代考證》，西安美術學院博士學位論文，2011年，第95頁。

注釋

［1］連：同“蓮”。連葉，亦作“蓮葉”。“葉”，《耀縣藥王山佛教造像碑》《全北魏東魏西魏文補遺》作“茋”，非。“應”上一字似“訟”，《耀縣石刻文字略志》作“就”，不取。《耀縣藥王山佛教造像碑》《藥王山北朝碑石研究》《陝西古代石刻藝術》《全北魏東魏西魏文補遺》沿用。

［2］寺：即“等”的俗字，作“等”。《耀縣石刻文字略志》脱“寺”，未釋“妙”。《陝西古代石刻藝術》《藥王山北朝碑石研究》《全北魏東魏西魏文補遺》沿用。“聖善”，《全北魏東魏西魏文補遺》作“世苦”，非。“往”，《藥王山北朝碑石研究》作“沉”；《陝西古代石刻藝術》作“住”，字形不類；《耀縣藥王山佛教造像碑》《全北魏東魏西魏文補遺》作“生”，不取。“往”下二字泐，觀拓，似“覺妙”。“妙”，《北魏至隋代關中地區造像碑的樣式與年代考證》作“悟”，備參。

［3］迭相：相繼，輪番。勸率：猶勸導。剖：“割”的異體。“迭……珎”，《耀縣藥王山佛教造像碑》作“造像相勸，率减割家珍”，誤。“珎”，《藥王山北朝碑石研究》作“琛”，語義不可解。

［4］慈顔端妙：謂尊上音容美好。“顔”，《耀縣藥王山佛教造像碑》作“於”。“妙”，《耀縣石刻文字略志》作“拟”；《藥王山北朝碑石研究》作“姒”，均形似而誤。

［5］通衢：指四通八達、寬敞平坦的道路。漢班昭《東征賦》：“遵通衢之大道兮，求捷徑欲從誰。”①《耀縣石刻文字略志》釋“通”作“迪”，形似而誤。《藥王山北朝碑石研究》《陝西古代石刻藝術》《中國佛道造像碑研究》沿誤。立在通衢：指造像碑所在位置。北朝造像碑雕刻所在位置，主要有依山開鑿、造室雕像、佛寺内外、豎石於曠野、立於大路顯敞之處等。後者如藥王山《邑主儁蒙□娥合邑子卅一等造像記》“聘［名］□□□大路顯敞之處，敬造石像一區”，亦即此碑“通衢”。

［6］帇：即“師”字。《耀縣石刻文字略志》《全北魏東魏西魏文補遺》釋作“佛”；《藥王山北朝碑石研究》《耀縣藥王山佛教造像碑》釋作“除”，均非。

［7］巻：即“眷”的簡省俗字。“眷屬”，《耀縣石刻文字略志》作“善為”，語義不通，不取。《耀縣藥王山佛教造像碑》《藥王山北朝碑石研究》《陝西古代石刻藝術》《全北魏東魏西魏文補遺》沿用。

［8］八難：佛教語。謂難於見佛聞法，處於地獄、餓鬼、畜生、北拘盧洲、長壽天、盲聾瘖啞、世智辯聰、佛前佛後等八端，指與佛法無緣，故名八難。《西遊記》：

① （梁）蕭統編，（唐）李善等注：《六臣注文選》卷五，中華書局1987年版，第185頁。

“解八難，度群生。”①《耀縣藥王山佛教造像碑》釋“八”作“以”，非。《藥王山北朝碑石研究》《全北魏東魏西魏文補遺》沿誤。

［9］“侍”，《耀縣石刻文字略志》作“傳”；《藥王山北朝碑石研究》作“代”，形似而誤。

［10］頋：“願”的異體。“先首”，《藥王山北朝碑石研究》作“首先”。誤倒。

［11］刻石時間，據長曆，此年四月為丁丑朔。《耀縣藥王山佛教造像碑》《全北魏東魏西魏文補遺》未釋“丁丑”。《藥王山北朝碑石研究》作“二月”，為戊寅；《漢魏六朝碑刻校注》沿用，並脱“丁丑朔”三字。《耀縣石刻文字略志》作“二月十□日”，《陝西古代石刻藝術》沿用。不取。《北魏至隋代關中地區造像碑的樣式與年代考證》《全北魏東魏西魏文補遺》作四月“廿日”，備參。《藥王山北朝碑石研究》《漢魏六朝碑刻校注》脱“□□□□□□康□人”等字。

［12］臺：即“臺”，《北魏至隋代關中地區造像碑的樣式與年代考證》作“高”，誤。大行臺：北魏置，為尚書省設在各主要地區的派出機構，代行尚書省權力，以所轄區功能變數名稱稱為關西大行臺、東北道大行臺、徐州大行臺等。毛遐，事跡見《魏書·蕭寶夤傳》。《北史》有載毛遐及其弟毛鴻賓傳。“毛遐字鴻遠，北地三原人也。”② 毛遐北地三原豪右，為人豪俠，聰明多智謀。家貲巨億，賑濟災民。所以，得到了民眾的稱讚和敬仰。孝昌三年（527）十月蕭寶夤叛魏自立，年號隆緒。毛遐與弟毛鴻賓率氐羌兵及魏將長孫道生一舉挫敗蕭寶夤叛亂，因功受封，深受魏帝賞識，封遐為“兼尚書，二州行臺。……稍遷驃騎大將軍、儀同三司”③。《魏書·蕭寶夤傳》也載：“時北地人毛鴻賔與其兄遐糾率鄉義，將討寶夤。寶夤遣其大將軍盧祖遷等擊遐，為遐所殺。又遣其將侯終德往攻遐。”④ 可補史書不足。

［13］碑陽題名失拓，《北魏至隋代關中地區造像碑的樣式與年代考證》從右向左迻録題名，據之轉録。泐蝕嚴重，擬作文字放在“［ ］”內。

［14］“□蒙”，據上下題名“夫蒙”，應為“夫蒙”。下文“夫□”，亦同，共題夫蒙氏6人。

彙考

供養人冠有邑主、化主、彈官、香火、典坐、典録、邑老、邑子、香火等佛職，包括劉、楊、粟、夫蒙、公孫、謝、王、李、張、任、雷等姓。其中夫蒙、雷、任氏

---

① （明）吴承恩著，黄肅秋注釋：《西遊記》，人民文學出版社2005年版，第85頁。

② （唐）李延壽：《北史》卷四十九，中華書局1974年版，第1808頁。

③ 同上。

④ （北齊）魏收：《魏書》卷五十九，中華書局1974年版，第1323頁。

為羌人。毛、楊為氐人。像主毛遐，“北雍州刺史、宜君縣開國公”。宜君古屬雍州地。《魏書·地形志》北地郡宜君縣下云：“真君七年（446）置。”① 屬雍州北地郡。《陝西通志》：“《地形志》云：縣有宜君水（今耀縣沮河），因取名焉。”② 魏孝莊帝永安元年（528），分北地郡置宜君郡，宜君縣屬之，兼設郡治。北魏又分故泥陽地置石保縣（今宜君縣西部，縣東部原區，屬中部縣），隸東秦州中部郡。西魏、北周均沿襲舊制。在北魏至北周造像碑中對此有較多反映，如北魏永熙二年（533）《邑主儁蒙□娥合邑子卅一等造像記》“北雍州宜君郡黄堡縣邑主儁蒙□娥合邑子卅一人等”；西魏大統元年（535）《毛遐造像記》“大行臺、尚書、北雍州刺史、宜君縣開國公毛遐”。北周天和六年（571）《雷明香造像記》有“從弟宜州大學生雷海傍”；北周（557－581）《郭羌造像記》，郭羌的官階“平東將軍、右光禄、宜州從事、宜君縣主簿”③，碑石同時還記録了儁蒙、夫蒙、荔非、鉗耳、甞、王、雷等姓羌人，説明南北朝時期“宜君縣”是羌人的主要聚居地之一。

① （北齊）魏收：《魏書》卷一百零六下，中華書局1974年版，第2609頁。

② （清）沈青崖等著，劉於義等監修：《陝西通志》卷三，《景印文淵閣四庫全書》（551），臺北：臺灣商務印書館1986年版，第104頁。

③ 馬長壽：《碑銘所見前秦至隋初的關中部族》，廣西師範大學出版社2006年版，第95頁。

051 大統二年石雕造像塔 大統二年（536）

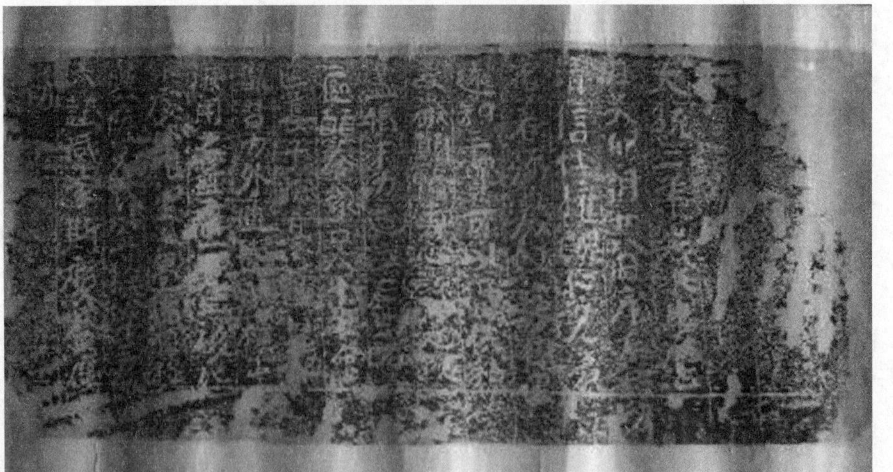

説明

碑石於1942年農曆三月在甘肅省天水市北部秦安縣南15里吴川村廟兒寺出土，寺址今荒蕪。後移縣教育館保存，現藏甘肅省博物館。高170 cm。四面刻，三層樓閣式出檐方塔。每層四面造龕，内有佛、脇侍、菩薩，姿態多樣，或坐，或立，或交脚。基座方形，一面刻發願文。記15行，滿行8－10字不等；餘題名。楷書，縱界格。泐蝕嚴重。麥積山石窟藝術研究所藏拓。

碑文

大統二年，歲次［丙辰］[1]，正/月癸卯朔，廿八日□□，/清信仕權醜仁兄弟[2]，/宿着弥濃，恒□□□。/遠知三寶[3]，可以□□，私/發微願，情恵心□□□，/盡竭才力，造立三級石/一區。願令家口大小，壽命/延長，子孫豪□□□[4]，/□習内外，通達□礻，𡴀□/□用之無□[5]，先亡後死，/不處八難，生二遇福，國祚/興隆，人民寧□，□□/六趣，咸蒙斯慶，□□/一切。/（以上刻於基座第四面）

清（下泐），/清信（下泐），/清信女（下泐），/邑子權□僵，/邑子權保多，/邑子權顯恭，/邑子王金□，/邑子權楊□，/邑子權□□，/邑子權□□。/（以上刻於基座第一面）

弟子（下泐）供養，/弟子權（下泐）供養，/弟子權（下泐）供養。/（以上刻於基座第二面）

亡弟（下泐），/亡□權（下泐），/亡母吕小（下泐），/亡父吕□供養佛時。/（下泐）（以上刻於基座第三面）

著録

1.《甘肅館藏佛教造像調查與研究》，《敦煌研究》2012（4）。2.《甘肅佛教石刻造像》138。3.《甘肅省博物館文物精品圖集》210。4.《莊嚴妙相——甘肅佛教藝術展》64。

注釋

［1］據長曆，大統二年歲次丙辰，補"丙辰"二字。

［2］"仕"與"士"，古多通用。古代四民之一。指以道藝、武勇謀求仕進的人。清信仕：謂受持清净信仰的在家男子。

［3］三寶：梵語Triratna的意譯，指佛、法、僧。也泛指佛教。

［4］"孫"下一字，微泐，細審拓片，似"豪"。《甘肅佛教石刻造像》未釋。

［5］“達”下五泐字，第二字存偏旁“礻”；第三字存上部“山”。

彙考

造像塔由權氏兄弟出資建造。供養人以權氏為主，次為吕，間有王姓。權，甘肅秦安隴城大姓。前秦苻登東進隴東，原據仇池的氐酋楊定取隴右翼城、略陽等地，自稱秦州牧、隴西王。休官首領權千成據秦州顯親縣（今天水西北），亦稱秦州牧。後歸降西秦、後秦。其勢力受到氐羌政權統治者的重視。“休官是氐族，常與屠各並見，想係雜居之故。”① 可從。北周名將權景宣亦出自秦州，見《周書·權景宣傳》。秦州一帶出土一批權氏造像，如西魏《大統二年石雕造像塔》《權旱郎千佛造像題記》、北周《權道奴造像碑》《王文超造像碑》《權慶和等造釋迦像記》、隋開皇六年（586）《權苟與多造像記》等，題名亦多為權、吕、王氏，足見權氏不僅是秦州望族，且與略陽氐、十六國時在姑臧（武威）建立後凉政權的吕光吕氏，關係緊密。該造像題名亡母、亡父為吕氏。隋《權苟與多造像記》題“妄女吕淵容”，表明權、吕二姓聯姻，並至少持續到隋代。北周建德三年（574）《建崇造像記》，“建崇”，即吕建崇之名，氐人，宇文泰賜其姓“宇文”，又名宇文建崇。有“弟姊權常妙”“佛弟子權法超”“佛弟子權仕賓”等權氏題名。不僅如此，南北朝時期，權氏也常與弥姐、屈南、雷、黨、昨和、荔非等姓羌人共同造像立碑，如北魏正始元年（504）《山公寺碑頌》，有“□令權仲詮”。

《甘肅館藏佛教造像調查與研究》據三層塔身龕内造像組合數量、龕楣不同，以及造像風格不一致，認為此造像塔非同一時期建，是不同時期組合的。即第三層塔身與基座為西魏時期的，而第一、二層塔身則為北周時期的。可備一説②。

---

① 唐長孺：《魏晉南北朝史論叢》，商務印書館2010年版，第387頁。

② 文静、魏文斌：《甘肅館藏佛教造像調查與研究》（之一），《敦煌研究》2012年第4期，第37頁。

052 黨屈蜀造像記 大統四年（538）六月初六

説明

造像記刻於河南省洛陽龍門西山火燒洞北側，屋形龕，内有一佛二弟子二菩薩二力士，龕下刻發願文。石高 45 cm，寬 43 cm。拓片高 10 cm，寬 34 cm。記 10 行，字數不等。楷書。泐蝕嚴重。

碑文

黨屈蜀/自為己身/造像一區[1]，/願生⺄世⺄，/直遇諸佛[2]。/清信士佛弟子/黨屈蜀，一心/佛[3]。/

大統四年/六月六日/造像記。/

著録

1.《北京圖書館藏中國歷代石刻拓本滙編》6－5。2.《龍門石窟魏唐碑銘所見民族史料集繹》，《敦煌學輯刊》1990年（2）。3.《漢魏六朝碑刻校注》8－169圖，170文。4.《全北魏東魏西魏文補遺》656。

注釋

［1］《龍門石窟魏唐碑銘所見民族史料集繹》脱“為”。黨氏，亦作党氏，西羌望族。《八瓊室金石補正》：“《左氏傳》杜注：‘黨氏，魯大夫。’釋文音‘掌’。後世‘黨’‘党’等姓，皆即黨氏也。”①《魏書·王遇傳》載：“王遇，字慶時，本名他惡，馮翊李潤鎮羌也，與雷、党、不蒙俱為羌中强族。”②同書《太宗紀》：泰常四年（419）“六月，有司馬德文建威將軍、河西太守馮翊羌酋党道子遣使内屬”③。可知党氏在北魏建國初就已入附。在龍門石窟發現《黨屈蜀造像記》，表明西羌部落遺民頗已顯身於洛京④。

［2］⺄：表示疊字。“生⺄世⺄”，即“生生世世”。直：通“值”。值遇，同義連文，遇到。

［3］士：通“侍”。《八瓊室金石補正》：“士，疑用為‘侍’。”⑤“侍佛”“侍佛時”，造像記習語。如北魏神龜二年（519）《杜永安造像記》：“杜永安士佛時。”⑥按照造像記文例，“心”下應脱“侍”字。

---

①（清）陸增祥：《八瓊室金石補正》卷十六，吴興劉氏希古樓刊本，民國十四年（1925），《石刻史料新編》第一輯（6），臺北：臺灣新文豐出版公司1982年版，第4246頁。

②（北齊）魏收：《魏書》卷九十四，中華書局1974年版，第2023頁。

③《魏書》卷三，第59頁。

④ 張乃翥：《龍門石窟魏唐碑銘所見民族史料集繹》，《敦煌學輯刊》1990年第2期，第96頁。

⑤（清）陸增祥：《八瓊室金石補正》卷十三，吴興劉氏希古樓刊本，《石刻史料新編》第一輯（6），臺北：臺灣新文豐出版公司1982年版，第4199頁。

⑥ 北京圖書館金石組：《北京圖書館藏中國歷代石刻拓本滙編》（4），中州古籍出版社1989年版，第64頁。

053 法超造像記 大統四年（538）六月初八

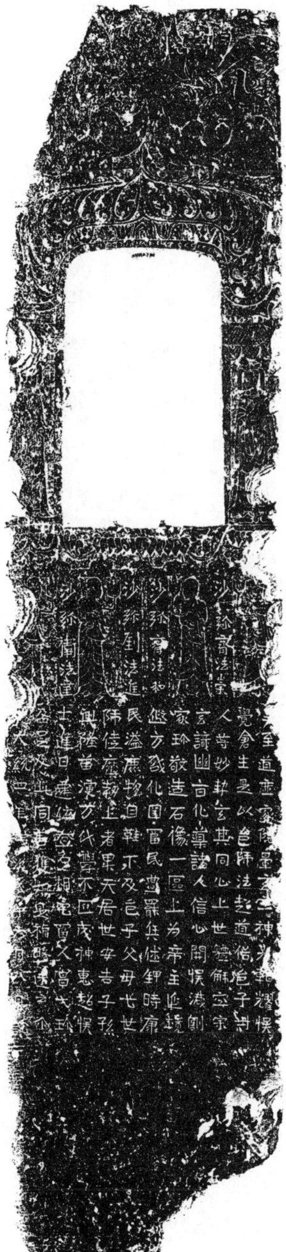

碑右側

説明

碑石於20世紀90年代在陝西省渭南富平縣工商局家屬院出土。陝西省古籍整理辦公室藏拓。長方體，高192 cm，寬75 cm，厚45 cm。四面刻。碑陽上開圓拱龕，内為一佛二菩薩，龕下分刻四層供養人、題名。碑右側上開圓拱龕，龕側刻菩薩立於蓮座，下刻四比丘、題名、發願文。碑陰上開圓拱龕，内有一交脚彌勒二菩薩，龕側、龕下題名。碑左側上開圓拱龕，内立一菩薩，下題名。記12行，滿行14字；餘題名。楷書，書法簡拙厚樸。

碑文

夫至道庬冡[1]，隱暈玄空[2]。神光韬耀，悮/覺倉生[3]。是以邑陑法超、道佁、邑子卌/人芽，妙芽玄其[4]。同心上世，體解空宗[5]。/玄識幽盲，化菒諸人[6]。信心開悮，減劁/家珎[7]，敬造石像一區。上為帝主延境，/遡方啓化[8]，国冨民豊[9]。罷兵佅鉀，時康/民溢，庶物自韡[10]。下及邑子，父母七世，/陑徒歷劫。上者畁天，居世安吉[11]。子孫/興隆，苗演万代[12]。學不匜成[13]，神恵超悮。/士進日遷[14]，位登名相。宅冨人昌，乀珎/盈足[15]。及此同善[16]，獲如是福。略述云尔[17]。/

大統四年，歲次戊午，六月八日訖。/

沙弥齊法崇，/沙弥齊法和，/沙弥劉法進，/沙弥衛法達。/（以上刻於碑右側）

郊邑大都邑師仇法超，/比丘李法濟。/像主齊阿蓋真，/邑老齊舍王。/

邑老齊萇歡，/邑老苻烈[18]，/邑老仇文超，/香火仇嵩岳，/比丘仇法先[19]，/比丘仇䆮訓[20]。/

邑子齊舍洛，/邑子仇石𫝆[21]，/邑子衛白柱，/比丘齊法王，/比丘呂法忩，/比丘齊法暈。/

比丘法超開佛眼，/比丘法總開眉間白豪。/（以上刻於碑陽）

邑子齊伏敬。/（以上刻於碑陰）

邑子仇元樹，/邑子齊金興，/邑子齊久仁[22]，/邑子齊同景。/

邑子□夫榮，/邑子德齊，/邑子齊景和，/邑子齊國珍。/（以上刻於碑陰龕下）

沙弥仇道保，/比丘仇法萇，/比丘仇洪龍[23]，/沙弥仇法渆[24]。/

邑子仇舍洛，/邑子齊僧保，/邑老仇舍郎，/邑子仇庠玉[25]。/（下泐）（以上刻於碑左側）

著録

1.《陝西碑石精華》圖15。2. 宋莉藏原石照片。3.《漢魏六朝碑刻校注》8－171圖，172文。4.《北魏至隋代關中地區造像碑的樣式與年代考證》75。

注釋

［1］虛家：即“虛寂”的俗寫。該碑多俗訛異體字。

［2］暈：應是“暉”字，構件位移。暉光。

［3］原刻“輕”，構件位移，是“暫”。意為突然。《漢魏六朝碑刻校注》作“轉”；《北魏至隋代關中地區造像碑的樣式與年代考證》作“軺”，均非。悮：同“悟”，換聲異體字。覺悟。

［4］陭：即“師”字。亦作“陭”。卌：即“卌”字，與題名四十餘人吻合。《漢魏六朝碑刻校注》作“世”，非。契：即“契”字。《北魏至隋代關中地區造像碑的樣式與年代考證》作“茲”，誤。

［5］觧：即“解”字。軆解，領悟。宗：即“宗”字。空宗，指佛教。因佛教宣揚“一切皆空”，故名。“空宗”為“大乘空宗”的簡稱，即“中觀宗”①。

［6］旨：即“旨”字。幽旨：玄妙深奥的旨趣。導：即“導”的異體字。化導，化育引導。

［7］割：即“割”字。割捨。珎：即“珎”字。

［8］帝主：皇帝，亦稱“帝主人王”。如北周天和六年（571）《趙富洛等二十八人造像記》：“上為天龍八部，帝主人王，師僧父母，目緣眷属，法界衆生。”② 遐：“遐”的俗字。遠方。

［9］国：“國”的減筆俗字，六朝碑刻常作“国”，或“囯”。富：即“富”，同“富”。

［10］休：即“烋”，通作“休”字。休鉀：卸下鎧甲。喻停戰。庶，即“庶”。亦作“庻”。西晉永嘉二年（308）《石尠墓誌》：“庶子恭嗣，刊石紀終，俾示來世。”③ 北魏熙平二年（517）《王誦妻元貴妃墓誌》：“乃勒石傳徽，庶旌不朽。”④ 構件“廿”變“艹”，“灬”訛變作“从”，再增繁而成“庶”。庶物：眾物，萬物。《孟子·離婁下》：“舜明於庶物，察於人倫。”⑤ 鞋：字形與“鞋”類，但語義不暢。存疑。

［11］亡：“亡”的異體字。畀：“昇”的俗字。與“卑”的異體同形。《北魏至隋

① 宗教詞典編輯委員會：《宗教詞典》，上海辭書出版社 1981 年版，第 57 頁。

② 北京圖書館金石組：《北京圖書館藏中國歷代石刻拓本滙編》（8），中州古籍出版社 1989 年版，第 147 頁。

③ 《北京圖書館藏中國歷代石刻拓本滙編》（2），第 73 頁。

④ 王綿厚、王海萍：《遼寧省博物館藏碑誌精粹》，文物出版社、日本中教出版株式會社 2000 年版，第 58 頁。

⑤ 十三經注疏整理委員會：《孟子注疏》卷八上，《十三經注疏》，北京大學出版社 2000 年版，第 264 頁。

代關中地區造像碑的樣式與年代考證》釋“上”作“上”、“卑”作“畢”，皆誤。安吉：平安吉祥。漢焦贛《易林·觀之鼎》：“天所顧祐，禍災不到，安吉不懼。”①

［12］演：即“演”字。

［13］�：即“匠”字。《漢魏六朝碑刻校注》未釋。匠成，培育造就。《淮南子·泰族訓》：“入學庠序，以修人倫，此皆人之所有於性，而聖人之所匠成也。”②

［14］士：通“仕”字。仕進，昇官。遷：即“遷”字。“士進日遷”，同義重文。

［15］乇：即“七”字。《漢魏六朝碑刻校注》未釋。《北魏至隋代關中地區造像碑的樣式與年代考證》作“弋”，誤。七珎，同“七寶”，佛教供器。

［16］“同”下一字泐，似“善”，《漢魏六朝碑刻校注》未釋。

［17］“云”，《北魏至隋代關中地區造像碑的樣式與年代考證》作“之”，形似而誤。並且未釋“尔”。

［18］“苻”下一字，構件“列”清楚，下部泐，當是“烈”字。《北魏至隋代關中地區造像碑的樣式與年代考證》釋作兩字，作“道補”，不取。

［19］“法”下一字泐，似“先”字，《北魏至隋代關中地區造像碑的樣式與年代考證》作“光”，非。

［20］䎖：即“僧”字。

［21］乕：同“虎”。

［22］“仁”上一字泐，似“久”。《北魏至隋代關中地區造像碑的樣式與年代考證》作“又”，恐非。

［23］“龍”上一字泐，似“洪”。《北魏至隋代關中地區造像碑的樣式與年代考證》作“法”，非。

［24］“法”下一字微泐，字形“渕”，即“淵”的異體字。《北魏至隋代關中地區造像碑的樣式與年代考證》脱。

［25］碑左側第三層尚有題名，泐蝕不能辨。《漢魏六朝碑刻校注》僅録碑右發願文和題名，餘三面題名未録。據宋莉藏原石攝影圖録録文，與《北魏至隋代關中地區造像碑的樣式與年代考證》題名順序略有不同。

彙考

造像碑出土地陝西省富平縣。“富平，秦置。治今寧夏吴忠市西南。屬北地郡。東漢為北地郡治。元初四年，任尚、馬賢與先零羌戰於富平上河，即此。永和六年因羌亂，

---

① （漢）焦延壽著，（民國）尚秉和注，常秉義點校：《焦氏易林注》，光明日報出版社2005年版，第206頁。

② 何寧：《淮南子集釋》卷二十，《新編諸子集成》，中華書局1998年版，第1387頁。

北地郡内遷，寄居馮翊，舊土廢棄，復置富平縣於今陝西富平縣西，郡縣分置。”① 歷史上著名的“富平三遷”，就發生在這個時期。黄巾之亂，富平遷徙並落户在陝西懷德，為北地郡郡治。東晉時（317－420），富平一度為苻秦所統治，曾在頻陽縣境内設置土門護軍（故址今薛鎮鄉土木坊）。北魏太武帝太平真君八年（447），撤土門護軍，將其轄地併入同官縣（今銅川市）。西魏文帝大統五年（539），富平縣治由懷德故址遷至石川河北岸（今城關鄉古城村一帶），後又以富平縣屬宜州（今耀縣）。北周時先後歸中華郡、左馮翊管轄。隋復改屬京兆郡。富平東鄰蒲城、渭南，南接西安臨潼，西連耀縣、三原縣，北依銅川，是關中平原和陝北高原的過渡地帶。早在東漢（25－220）時期，北地郡（郡治富平）已成為羌族的主要居住地，地理位置優越，是各民族匯聚之地。北魏正始元年（504）《山公寺碑頌》就有“富平縣功𦣻弥姐龍成”，弥姐龍成為羌人。西魏大統四年（538）《法超造像記》存題名 39 人，《中國佛道造像碑研究》認為：“四面柱狀，頂、座佚，齊、仇、符、吕、衛、劉等。齊、仇為最。多羌、氐。”② “符”，覾拓，是“苻”。苻、吕氏是苻秦遺民。

① 中國歷史大辭典歷史地理編纂委員會：《中國歷史大辭典·歷史地理卷》，上海辭書出版社 1996 年版，第 919 頁。

② 羅宏才：《中國佛道造像碑研究——以關中地區為考察對象》，上海大學出版社 2008 年版，第 167 頁。

054　和伏慶造像座　大統四年（538）

碑座陽面

説明

造像座出土時間、地點不詳。原在耀縣文化館，1971 年遷移至藥王山，現藏藥王山碑林。像座高 45 cm，寬 58 cm，厚 56 cm。上部為圓形蓮花，中間有凹洞，四面題名。陽面題名下刻記，記存 17 行，滿行存 3 字左右；餘題名。楷書，有縱界格。上下均殘損，泐蝕較嚴重。該碑又題《觀世音造像基座》。

碑文

大統四年，/是以明（下泐）[1]，/和伏慶（下泐）/等皆□（下泐）/信心弥曠[2]，（下泐）/□常□（下泐）/家之□（下泐）/有人□（下泐）/遵脩□[3]，（下泐）/悟群𦍌（下泐）/衣生之（下泐）/觀世音（下泐）［一］/區[4]。願仏（下泐）/耶迷歸（下泐）/主永康[5]，（下泐）/息囩□（下泐）/等（下泐）[6]。

□主范伏保[7]，/邑子成康賓[8]，/邑子雷並明[9]，/邑子李□仁，/□□劉菩薩[10]，/邑子曺思禯[11]，/（泐）/二十一人。/（以上刻於碑座陽面）

邑子□□興，/邑子胡定囧[12]，/邑子□仵興[13]，/邑子王延和，/邑子劉市罷[14]，/邑子郭洛拔[15]，/高阿略，/邑子□□□，/邑謂□□□。/（以上刻於碑座左

側）

□主呂宮，／像主和□汶康，／邑師比丘僧，／邑子呂勝。／（以上刻於碑座陰面）

邑子王□□，／邑子□□玉[16]，／□□劉□洛，／□□□永洛，／□□□□□，／邑子封阿和，／邑子蓋顯□[17]。／（以上刻於碑座右側）

著録

1. 宋莉藏原石照片。2.《北魏至隋代關中地區造像碑的樣式與年代考證》95。

注釋

［1］“明”下各字，固定碑座時為水泥所掩，不知闕多少字。下同。

［2］“弥”下一字泐，似“曠”。

［3］遵：即“遵”字。

［4］“群”下字泐，存上部“⺷”。“匾”上一字，據造像記文例，當為“一”字。

［5］“願”下一字泐，細觀殘痕，應是“仏”，“佛”的異體字。《正字通・人部》：“仏，古文佛。宋張子賢言：‘京口甘露寺鐵鑊有文：梁天監造仏殿前。’”①《北魏至隋代關中地區造像碑的樣式與年代考證》未釋。“永”下一字泐，似“康”字。永康：永久安康、平安。

［6］囯：即“國”字。

［7］“主”上一字泐，不能辨識。《北魏至隋代關中地區造像碑的樣式與年代考證》作“邑”，可。

［8］“康”下一字泐，復核照片，似“賔”，《北魏至隋代關中地區造像碑的樣式與年代考證》作“實”。構件形似而誤。

［9］“並”下一字模糊，左右結構，似“明”。《北魏至隋代關中地區造像碑的樣式與年代考證》作“州”，非。

［10］“劉”下二字泐，細觀殘痕，似“菩薩”。以佛教專用人名為俗名，表達了取名人的宗教信仰傾向。

［11］“思”下一字清晰，是“禵”，《北魏至隋代關中地區造像碑的樣式與年代考證》作“標”，非。

［12］囻，當是“國”的俗字。《北魏至隋代關中地區造像碑的樣式與年代考證》作“回”，誤。

① （明）張自烈著，（清）廖文英續：《正字通》，《續修四庫全書》（234），上海古籍出版社 2013 年版，第 55 頁。

［13］“仵”字清晰，《北魏至隋代關中地區造像碑的樣式與年代考證》闕。

［14］毘，似“昆”字。

［15］“拔”，《北魏至隋代關中地區造像碑的樣式與年代考證》作“扶”，非。

［16］“玉”，與“王”隸變後混同不别。《北魏至隋代關中地區造像碑的樣式與年代考證》作“王”。

［17］“蓋”下一字，左下泐，細觀為“顯”。《北魏至隋代關中地區造像碑的樣式與年代考證》作“頭”，字形相類而誤。

彙考

和氏，羌人複姓“昨和”變的單姓。北魏《山公寺碑頌》有外兵史昨和安遷、金曹掾昨和薄隗、金曹掾昨和（下泐）等3人。北周《聖母寺四面像碑》題名大邑長昨和高儁、大邑長昨和遵等19人。《昨和拔祖等一百二十八人造像記》有昨和拔祖、昨和早洛等昨和氏58人。唐貞元五年（789）《奉先縣懷仁鄉敬母村經幢》題名有楊絢妻和氏①，馬長壽認為應是昨和氏變來②，應該可信。開元十八年（730）《和善及妻周氏墓誌》，稱其先汝南人也，“其後子孫因官遂家於上黨，故今為潞州上黨人也”③，上黨亦是羌人遷徙居住過的地方，他們應是羌人昨和氏的後裔。據舊縣志，澄城縣有和家樓；《同官縣志·氏族表》同官縣有和姓188人④，他們應是羌人的後裔⑤。鮮卑素和氏也改和氏，但同官縣及《和伏慶造像座》出土地耀縣是羌人入遷關中的聚居地之一，是羌姓無疑。

---

① （清）毛鳳枝輯：《關中石刻文字新編》卷二，會稽顧燮光校印，1935年，第29頁。

② 馬長壽：《碑銘所見前秦至隋初的關中部族》，廣西師範大學出版社2006年版，第86頁。

③ 趙力光：《西安碑林博物館新藏墓誌彙編》（中），綫裝書局2007年版，第377頁。

④ 馬長壽：《碑銘所見前秦至隋初的關中部族》，廣西師範大學出版社2006年版，第103－109頁。

⑤ 曾曉梅、吴明冉：《兩晉南北朝至隋碑銘所見羌族姓氏研究》，《北方文物》2012年第3期，第85頁。

055 權旱郎千佛造像題記 大統十二年（546）二月

碑陽

碑陽局部

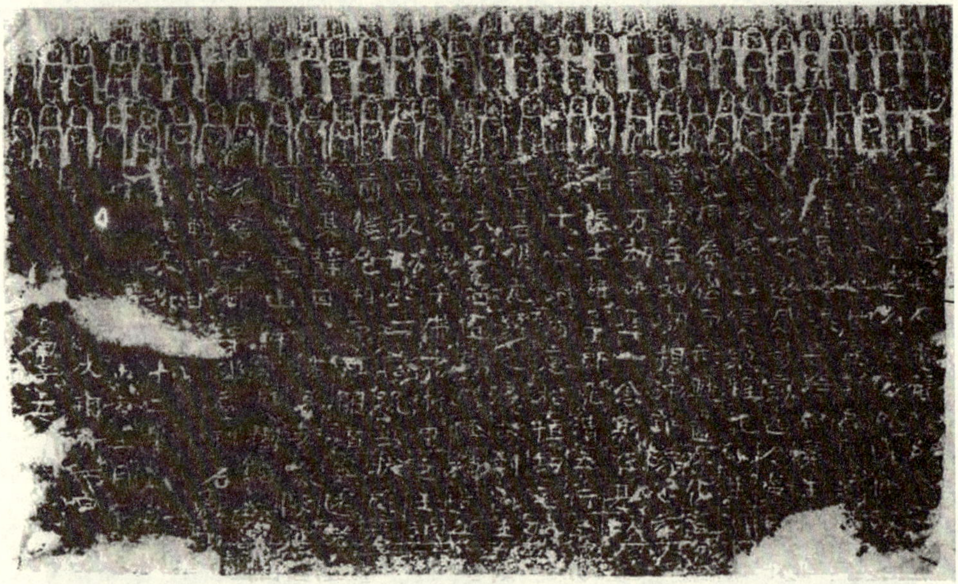

碑陰局部

說明

碑石出土地不詳，現藏甘肅省博物館。高 1821 cm，寬 67 cm。碑陽、碑陰均螭首，中開龕，内有一佛二菩薩二弟子。碑陽額中刻饕餮，碑身上刻千佛 10 排；下刻供養人題名。碑陰上刻千佛 18 排，下刻發願文。碑左側題名。記 24 行，滿行 11 字；餘題名。楷書，有縱横界格。

碑文

夫至道無原，精聲教以證之；/靈虚澄遠，［須］言象以通濟[1]。故/龍宮啟奐，甘露軒扉。用飯□/［艷，重］昏津梁苦海[2]。但眾生□/習，多趣邀感，易窮逸令。慧□/潛光，婆羅寢照。惟記□生滅/［息］同歷俗，而形軌遺□，化音/豈輟。至如渤想沖蹤，潒□□/範。万劫艱難，一念斯在。是以/清信士權早郎，夙清五行[3]，早/縛十心。識為悪招恒劫之流[4]，/遵善俱無窮之慶。故割前生/賔，夫工治匠鐫鏤□精造一/劫石像。千佛□析申之王□。/尚收□於二蔭，況寫狀形於/圖仙。色相而□開[5]，諸無述者/□。其辭曰：

法身無緣，象應/通真。靈山奉寶，雙樹絕珍。□/光寤理，拂星幽塵。刊石頤功，/永暢明因[6]。/

大魏大統十二年，歲次/丙寅，二月甲/戌朔，廿七日/庚子立。/（以上刻於碑陰）

比丘僧朗昌，/妄父權還白供養佛時[7]，/妄母文陵供養佛時，/□□權□郎供養佛時，/妄弟權□郎供養佛時，/妄姊□□□供養佛時，/妄嫂呂妙香供養佛時，/妄女雲妃供養佛時。/

弟子權早郎供養佛時，/弟子權頭息，弟子權頭□，/弟子子頭，/弟子子和，/弟子法□。/

清信［女］□妃，清信［姊］王□□，/弟子［持木］，弟子［權白］，息女淑妃，息女南妃。/（以上刻於碑陽）

妄兄權敬郎，/小妄兄權□仁，/權養具，/權六特。/（以上刻於碑左側）

著録

《甘肅佛教石刻造像》140 圖，213 文。

注釋

［1］遠，指邊疆地區。澄遠：指安定邊疆。言象：在言辭上留下的痕跡。《宋高僧傳》："不立佛殿，唯樹法堂，表法超言象也。"① 通濟：融通調濟。

［2］"昏"上三字泐，細觀拓，第二、三字似"艷""重"。津梁：渡口橋樑，引申為途徑。《國語・晉語二》："豈謂君無有，亦為君之東遊津梁之上，無有難急也。"②

［3］五行：水、火、木、金、土。古人常以這五種元素説明萬物起源和變化。此句顯示出外來佛教與本土傳統思想的融合。

---

① （宋）贊寧撰，范祥雍點校：《宋高僧傳》卷十，《中國佛教典籍選刊》，中華書局 1987 年版，第 236 頁。

② 徐元誥、王樹民等點校：《國語集解・晉語二》，中華書局 2002 年版，第 296 頁。

［4］悪：即“惡”字。

［5］色相：佛教語。亦作“色象”。指萬物的形貌。《大般涅槃經》：“（菩薩）示現一色，一切衆生各各皆見種種色相。”①

［6］“明”下一字泐，似“因”。《甘肅佛教石刻造像》作“目”，非。

［7］妄：即“忘”字，通“亡”。下同。碑陽拓片質量欠佳，題名主要據《甘肅佛教石刻造像》迻録。

① 中華大藏經編輯局：《大般涅槃經》卷二十四，《中華大藏經》（14），中華書局1985年版，第268頁。

056 荔非郎虎、任安保六十人等造像碑 大統十二年（546）三月二十三日

碑陽

右側

碑陰

左側

碑座陽面

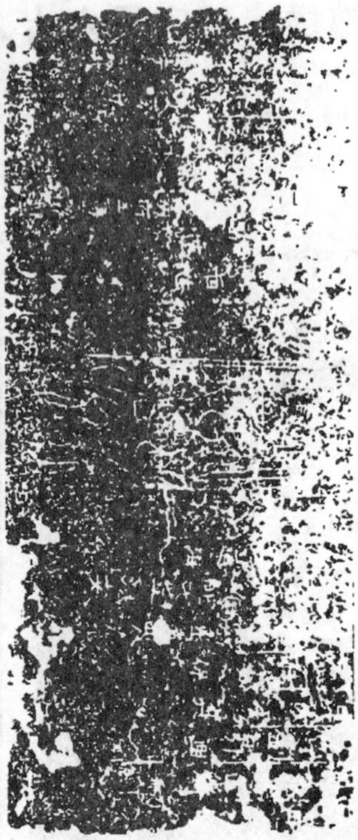

碑座陰面

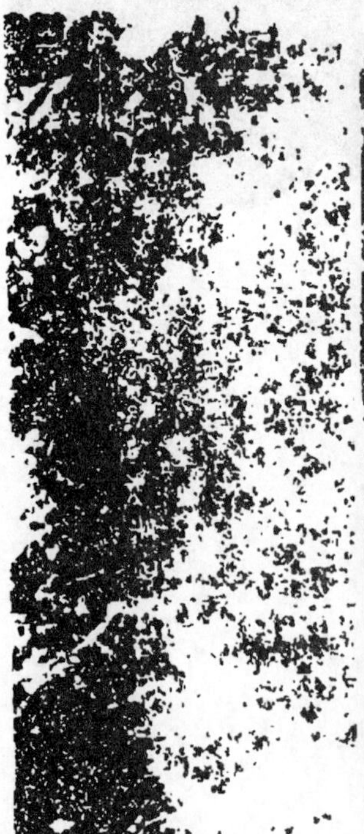

碑座右側

碑座左側

説明

碑石於20世紀80年代末在陝西省銅川市耀州區稠桑鄉牆村寺廟遺址出土（關莊鎮楊原西牆村北60米）①。現藏藥王山碑林。碑身高130cm，寬51.2 cm－55.6 cm，厚24.5 cm－25.5 cm。碑座高51 cm，寬71.5 cm，厚65 cm－68. 4 cm。四面刻，每面開龕造像，碑陽、陰、左、右龕内分别為一佛二弟子二菩薩、一交脚彌勒像二菩薩、彌勒菩薩及立佛。碑下面均刻佛傳本生故事。雕刻細膩精美，是西牆造像碑群中保存最好的一通。碑左側殘存二字。碑座四面刻發願文及眾邑子題名。記11行，行存字數不等；餘題名。楷書。上部泐蝕嚴重，文多不能識。該碑又題《西魏任安保六十人佛教造像碑》《任安保六十人佛教造像碑》《西牆村任安保等六十人造像碑》。

碑文

□□大夫□（下泐）。/（以上刻於碑左側）

（上泐）宗光乎遠著敬諸聖/（上泐）感表以像主荔非郎虎[1]，/（上泐）啚邑主任安保六十人/（上泐）未覩真容[2]，述即相率/（上泐）［為］皇帝陛下，大丞相王/（上泐）［造］石像一區[3]，□盡□書之像，契金剛之/（上泐）影現于雙林[4]，釋迦曜形於淨/級，□邑□仰願周祚永隆，兵鉀休息，/（上泐）等罪結雲除，業障冰散，生生/（上泐）樂一切群生，咸同福慶[5]。/（上泐）年，歲次丙寅，三月癸卯朔，廿三日訖[6]。

（上泐）［寧遠］將軍、左員外常□、［前］/郡功曹荔非顯樹[7]、（下泐）。/邑子蓋□□。/（以上刻於碑座陰面）

□□田□□，/□□□□□□□，/□主劉引興，/□日成法興，/□□任安保，/（上泐）將軍、趙興郡丞［縣令］荔非□香[8]，/□同□縣唯那比丘法安，/（上泐）荔非道海，/□□荔非西生，/□□□□僧達，/（上泐）［前］郡［丹州］永寧令、［丹］州府主簿荔非郎虎[9]，/（上泐）官長□□□荔非定□，/□□唯那□□□輔暵守，/（上泐）假伏波將軍、陽安令荔非待郎[10]，/（上泐）秦小法化。/（以上刻於碑座陽面）

都唯那李元儁，/（上泐）劉阿仵，/□（典）録秦阿憙，/比丘僧和，/沙彌法進，/沙彌僧海，/邑子姚王仁，/邑子前郡功曹史督護三原、□吴二縣令都督荔非仵虎，/邑子彭陽和，/邑子劉道周，/邑子鉗耳元樹，/邑子前州主簿荔非保歡，/邑子荔非金壽，/邑子李阿熾，/邑子厲□保□□州□□□令都督、彭城縣開國□男劉顯[11]，/邑子□感□□員外、散騎侍郎、都督荔非伯達[12]，/邑子荔非雙貴，/邑子任

① 陝西省文物普查隊：《耀縣新發現的一批造像碑》，《考古與文物》1994年第2期，第50頁。

□慶，/邑子李阿嘆，/邑子荔非□歡。/（以上刻於碑座左側）

邑子荔非慶樹，/邑子荔非僧樹，/邑子荔非儁達，/邑子荔非神樹，/邑子荔非僧慶，/邑子雷金昌，/邑子張和宗，/邑子任法和，/邑子荔非景祖，/邑子王道養，/邑子路顯保，/邑子尚書刑部令史雷籙，/邑子荔非忠祖，/邑子□洛奴，/邑子□□興，/邑子□道遵，/□□□太學生義士統軍荔非興度[13]，/典坐荔非洛奴，/唯那彭安引。/（以上刻於碑座右側）

著録

1.《耀縣新發現的一批造像碑》，《考古與文物》1994（2）。2.《中國佛道造像碑研究》111①。3.《北魏至隋代關中地區造像碑的樣式與年代考證》98。

注釋

［1］“郎虎”，《耀縣新發現的一批造像碑》作“虎京”，非。

［2］寿：即“壽”字。碑刻中習見。“未”上字泐，不能辨識，《中國佛道造像碑研究》作“等”字，可。覩：同“睹”。看見，察看。

［3］“皇”“石”上字泐，《中國佛道造像碑研究》分别作“為”“造”。據造像記文例，當是。

［4］雙林：指釋迦牟尼涅槃處。北魏楊衒之《洛陽伽藍記·法雲寺》：“神光壯麗，若金剛之在雙林。”②

［5］“咸”，《北魏至隋代關中地區造像碑的樣式與年代考證》作“減”，非。造像記中常見。如正光五年（524）《道充等一百人造像記》：“一切羣生，咸同福慶。”③天保三年（552）《張世寶三十餘人造塔記》：“歸真悟忸，逯及有形，咸同福慶。”④

［6］刻石時間，《耀縣新發現的一批造像碑》作“西魏大流十二年”，非。西魏無大流年號，當為“大統”之誤。考長曆，大統十二年，歲次丙寅。佛像高肉髻，平額長眉細眼，面帶微笑，身着雙領下垂式袈裟，胸前繫帶，衣裙搭於龕外。較之北周造像更加清秀、端莊，較之北魏造像亦有所不同。與大統十四年（548）《辛延智等七十人造像記》、大統十五年（549）《法壽造像碑》相同。屬西魏大統時期刻。《中國佛

---

① 《耀縣新發現的一批造像碑》摘録題名，未録碑左側存字；《中國佛道造像碑研究》，摘録發願文。

② （北魏）楊衒之撰，周祖謨校釋：《洛陽伽藍記校釋》卷四，中華書局1963年版，第154頁。

③ 北京圖書館金石組：《北京圖書館藏中國歷代石刻拓本滙編》（4），中州古籍出版社1989年版，第171頁。

④ 《北京圖書館藏中國歷代石刻拓本滙編》（7），第15頁。

道造像碑研究》查發願文文辭稱謂、結構，據造像主尊造像下擺遮覆佛座褶皺裝，以及楷意至濃的書體風格，認為此造像碑為北周晚期風格。“其中‘大丞相’當指楊堅，‘仰願周祚永隆，兵鉀休息’，則指北周建德始武帝宇文邕所不斷發動的歷次戰爭而言。”據《隋書·高祖本紀》等相關文獻，楊堅相繼任隋國公、左大丞相、大丞相，皆在建德末年至宣政、大成以至大象年間。“丙寅”或為“丙申”之誤，刻碑時間為建德五年（576）。此備一說。

［7］“將”“郡”上字泐，據同一出土地的保定二年（562）《荔非興度觀世音造像座》：“囗寧遠將軍、員外待郎、前郡囗曺荔非顯樹”，可補“寧遠”“前”字。“員外常□”，即“員外常侍”。“左”，應是“右”之筆誤。北魏時期（386－534）刻《鉗耳万祖等造像碑》題：“□遠將軍、右員外□□虎。”與右員外常侍散官相對應的軍職是寧遠將軍。如北魏正光四年（523）《元仙墓誌》：“俄遷員外常侍、鎮遠將軍、前軍將軍。”① “軍”“郡”上數字，《北魏至隋代關中地區造像碑的樣式與年代考證》未釋。

［8］“趙”，《中國佛道造像碑研究》作“和”，非。《北魏至隋代關中地區造像碑的樣式與年代考證》沿誤。趙興郡：北魏置豳州趙興郡，轄安定、趙安、高望、獨樂、陽周五縣。“丞”下二字泐，據文义當是“縣令”。《北魏至隋代關中地區造像碑的樣式與年代考證》未釋。“香”上一字泐，《耀縣新發現的一批造像碑》作“狀”。備參。

［9］永寧：《元和郡縣圖志》咸寧縣下：“後魏太和十八年，於白水川置永寧縣。屬義川郡，在今縣東二十里永寧故縣是也。”② 北魏永寧即今陕西宜川縣東。同出土於耀州的北周保定二年（562）《荔非興度觀世音造像座》：荔非郎虎為“前郡忠正丹州永寧令、丹州主薄、淮州顯剛縣令、板授益州漢陽郡守”，與刻於大統十二年（546）的此碑“荔非郎虎”，應為同一人。據此，“郡”上泐“前”字，“永寧令”上為“丹州”，“州府主簿”上應為“丹”字。《北魏至隋代關中地區造像碑的樣式與年代考證》未釋“丹州”“丹”三字。

［10］“假伏波”上泐字，觀拓，無法辨識。《耀縣新發現的一批造像碑》作“中律殿忠將軍”，備參。

［11］“都督”，《耀縣新發現的一批造像碑》作“郡□”，非。

［12］“員”上泐四字，細審拓片，第二字似“感”。《耀縣新發現的一批造像碑》認為不缺字，非。

---

① 北京圖書館金石組：《北京圖書館藏中國歷代石刻拓本滙編》（4），中州古籍出版社 1989 年版，第 134 頁。

② （唐）李吉甫撰，賀次君點校：《元和郡縣圖志》卷三，中華書局 1983 年版，第 75 頁。

［13］太學生：在太學就讀的學生。“太”上泐三字，無法辨識，《耀縣新發現的一批造像碑》作“北地郡”，待考。

彙考

發願文稱有“六十人”，由於泐蝕，題名可辨識姓者55人，共16個姓氏。羌姓荔非22人、雷3人、任3人、彭2人、鉗耳1、姚1人，佔大半。其中，“荔非郎虎”“任安保”，在發願文和碑陽兩次出現，是眾邑子中身份尊貴的人。特別是荔非氏，數人擔任軍政職務，如“（上泐）將軍、趙興郡丞［縣令］荔非□香”“（上泐）［寧遠］將軍、左員外常［侍］、［前］郡功曹荔非顯㰚”“（上泐）假伏波將軍、陽安令荔非待郎”“□□□太學生義士統軍荔非興度”“［前］郡［丹州］永寧令、［丹］州府主簿荔非郎虎”“前郡功曹史督護，三原、□吴二縣令都督荔非仵虎”“前州主簿荔非保歡”“邑子□感□□員外、散騎侍郎都督荔非伯達”等9人，多數是軍號、散官雙號，足見西魏大統時期，耀縣稠桑鄉牆村寺廟遺址一帶是荔非氏羌人聚落，且荔非氏政治地位較高。

057 法龍等合邑六十人造像碑 大統十二年（546）八月初三

碑陽

説明

碑石於1984年在陝西省洛川縣東土基鎮鄜城村北魏敷城郡暨敷縣治所寺廟遺址出土，現存洛川縣民俗博物館。長方體，頂、座佚。石高230 cm，上寬50 cm，下寬66 cm，厚20 cm。三面造像。碑陽上部分刻二層，上層刻三排小佛龕，每排五龕，龕内坐佛。下層主龕尖拱龕楣，内一坐佛，兩側迦葉、阿難二弟子。主龕外兩側小龕，内刻金剛力士。下部刻發願文、題名。碑左右兩側分别刻三個小佛龕，風格與碑陽造像相同，均為單尊坐佛。記19行，滿行16字。楷書。泐蝕嚴重。該碑又題《法龍造像碑》《合邑六十人造像碑》。

碑文

大統十二年，歲次丙寅，八月庚申朔，三日立石。/

夫真宗沖寂，而玄鑒幽邁。至蠅絕□，□□/能宣。致使耶風競扇[1]，真途隱于方外。□□/夷倫，重迷［昏］翳。塵［或］煩茲[2]，罔知歸返。是以/如來發四誓，曩於遐劫［問］[3]，寢於□□□軌，/故乘和降生，誕影王宫。□九舍愛，出登□/鹿野[4]，誠訓憍陳，獨悞耆闍[5]，方便一音，隨類/發唱。則群生夜遊□意，兆庶音曉，圜化無/停，娑羅掩輝。非天□□，孰射曠渡者。於斯/等合邑六十人，可□□□名林記四□□，/體空無我。德生流□，終溺苦□。□□□□/靡修從聲。賴啟五乘□□之誘[6]，割□妻子/之餘，勸導鄉豪道□等，採石名山，□□□/道，敬造釋迦石像一區。相備嚴莊[7]，□□二/八祈眄[8]，徘徊瞻仰，莫瞬顒□曾功□□/十伏，願□皇帝［陛］下[9]，大丞相王□□□□。/四方寧静，干戈永戢，又願三寶禎隆，□□/師正，師僧父母，因緣眷屬，善友知識[10]，以及/四土，普升常樂，所願如是。

□□□法龍，/□□□□石，/□□□□□，/□□□□□，/都維那□□□，/邑主□□敬，/邑主□□□，/□□□□□，/唯那□□□，/邑□□□□，/邑正□□□，/典録李□□，/□□□□□，/典□李□□，/邑子李□□，/邑子李□□，/邑子佐法□，/邑子李□□，/邑師比丘□。/（下泐）

邑子李楊周，/邑子梁道興，/邑子李法廣，/邑子李□德，/邑子王道龍，/邑子賞神智，/邑子李野賭[11]，/邑子李阿願，/邑子梁能德，/邑子楊猥明，/邑子王富洛，/邑子李□□，/邑子李僧□，/邑子李小洛，/邑子李阿□，/邑子李羌安，/邑子李文□，/邑子李□□，/邑子李伏□，/邑子王阿難。/

邑子雷□奴，/邑子李秦□，/邑子□阿高，/邑子楊羌如，/邑子李定龍，/邑子董胡□，/邑子李羌□，/邑子李進□，/邑子李阿□，/邑子李□□，/邑子李若□，/邑子梁阿□，/邑子楊黑羌，/邑子李背郎，/邑子王阿盧，/邑子康虵虵，/邑子李文貴，/邑子□□□，邑子康長□，/邑子王□□。/（以上刻於碑陽下部）

著録

《延安地區發現一批佛教造像碑》,《考古與文物》1984(5)。

注釋

[1] 耶:即“邪”字。碑石泐蝕嚴重,拓片質量不佳,碑文據《延安地區發現一批佛教造像碑》迻録。

[2]“迷”下一字微泐,《延安地區發現一批佛教造像碑》疑是“昏”字,“塵”下疑是“或”字,録以備參。

[3] 遐劫:佛教指極久遠的時間,生生世世。

[4] 鹿野:亦稱“鹿野苑”。佛教創始地,在印度北方邦瓦拉那西以北。此指釋迦牟尼出生於王宫,修行成佛。鹿野即是其成佛後初轉法輪處,是古印度佛教四大聖地之一。

[5] 悮:即“悟”。耆闍:“耆闍崛山”的省稱。梵語譯音,又作“靈鷲山”“靈鳥山”,在古印度摩揭陀國王舍城東北。傳説釋迦牟尼曾居住此山説法多年,後因以指佛地。

[6] 五乘:佛教語,指人乘、天乘、聲聞乘、緣覺乘、菩薩乘(或云佛乘)。

[7] 嚴莊:莊嚴肅穆。《管子·形勢解》:“人主者,温良寬厚則民愛之,整齊嚴莊則民畏之。”①

[8] 盻:同“盼”字。

[9]“帝”字下,疑“陛”字。

[10] 知識:相識的人,朋友。《墨子·號令》:“其有知識,兄弟欲見之,為召,令勿入里巷中。”岑仲勉注:“知識者,相識之人。”②

[11] 睹:即“豬”字,異體字。

彙考

供養人題名存李、梁、楊、董、雷、王、賞、康八姓,以李姓為最。陝西省洛川縣,秦、漢置鄜縣。前秦(351－394)設敷城縣,後秦姚萇設洛川縣於今舊縣鎮北15公里處。建初八年(393)分鄜縣北部、長城縣東部,置洛川縣,與鄜縣屬東秦州。北魏改鄜為敷,置敷城郡,治所敷縣,即碑石出土地洛川縣東土基鎮鄜城村。洛川是

① (清)黎翔鳳撰,梁運華整理:《管子校注》卷二十,《新編諸子集成》,中華書局2004年版,第1181頁。

② 岑仲勉:《墨子城守各篇簡注號令》第七十,《新編諸子集成》,中華書局1958年版,第114頁。

關中和陝北交通樞紐，早在魏晉就逐漸為匈奴、氐、羌佔據，至南北朝，更是少數民族遷徙、聚居之地。題名康為昭武九姓之一，是中亞康居國人。董或為屠各，或為羌人。雷氏為羌人。王氏或為氐、羌，或為漢人。梁、楊氏為氐人。也有楊氏羌人，如“楊羌如”“楊黑羌”。“黑羌”是內遷諸羌部之一，前秦建元三年（367）《鄧艾祠堂碑》就有黑羌、白羌、西羌部記載。以族為名，符合古羌人以父母種姓為號的原則。同樣情況的還有“李羌安”“李羌□”，他們應是改漢姓的羌人。這些記載反映了西魏時，氐、羌等北朝各部族雜居、合邑造像的史實。

058 辛延智等七十人造像記 大統十四年（548）四月二十一日

碑陽

碑陰

右側

左側

說明

碑石出土於1927年，原為雷天一家藏，1936年捐送耀縣碑林，1955年遷入耀縣文化館，1971年入藏藥王山碑林。長方體，頂、座佚，高113 cm，寬40 cm－44 cm，厚23 cm－24 cm。四面刻，碑陽、碑陰佈局相似，上部鑿長方形龕，内有一天尊二侍者；中部刻香爐、雙獅和跪拜供養人；下部刻供養人，並題名。碑左側上部鑿長方形龕，内有一佛，龕側為供養人，龕楣上刻四弟子。下部刻供養人和題名。碑右側，上開龕，内有一立佛，頭頂光環，龕側為弟子。龕下刻蓮花香爐和五層供養人及題名。下部刻發願文、題名。每層造像間刻單綫或雙綫框。記12行，滿行17字；餘題名。楷書，筆鋒圓潤含蓄。該碑又題《合邑雜姓七十人等造大道如來二聖真容》《合諸邑子七十人等造像碑》《辛延智佛道教造像碑》。

碑文

（殘闕1行）/功就揚宗，故能思慈下，降託民生。李氏契應/合并，構車發興。楊乎□首，日月［吐］暉[1]，迴照八/極。南化則濱□啓悞心，西涉則胡主啓頪，北/訓夷狄體善，東據則現生季佁[2]。重利群生，教/与仕藥。精成則白日昇天，盡非个元神尊[3]，福/起九劫者矣。是以合諸邑子七十人等輪有/緣，值遇至法、識、信三寶[4]，思建功効於今[5]。

大魏/大統十有四年，四月廿一日，造大道如来/二聖真容[6]，功加累玥，素畫成記。上為皇帝/陛下、大丞相，群遼百師僧父、父母，叵緣眷屬，/合門大小，門徒□□□□□微功[7]，淂免三悪[8]，/常居人道，永被[9]（下殘）/。

邑子韓智，/邑正郭祖頒，/邑主呂伏歡，/像主昭建慶，/化主郭和悅，/邑子魏□□[10]。/（以上刻於右側）

邑子劉興□，/邑子趙道千，/邑子王□□，/邑先王阿洛[11]，/□主鄧石柱[12]，/邑主董法達，/化主呂元智，/邑先武来孫，/邑先□阿剌，/邑先劉阿紫。/

邑子賈黑丞，/邑子杜保達，/邑子常神通，/邑子李世仁，/邑子王法洛，/香火高暵國，/邑子房進達，/邑子王宜袾，/邑子李學又，/邑子楊神歡。/

邑子李法智，/邑子董保，/邑子妙雙業，/邑子常□窴，/但官保道國，/邑子夫蒙□□，/邑子姚歡伯，/邑子高□國，/邑子杜元袾，/邑子王馬駱。/（以上刻於碑陽）

邑先□□□，/邑先夫蒙阿酉，/邑□□□□，/□主□□□，/邑主張道進，/邑帀王阿伯，/□□□□□，/像主王安保，/邑先呂伏生，/邑子夫蒙□□。/

邑子苻阿榮，/邑子趙阿保，/邑子□進□，/邑子范氏□，/典録王寄顯，/香火魏黄頭，/邑老王定周，/邑子香蘭淂，/邑子趙當川，/邑子馬憙洛。/

邑子張奴子，/邑子王善二，/邑子趙遵儀，/邑子楊玉儁，/邑子董玉生[13]，/邑子閻□□[14]，/邑子李輔貴，/邑子趙阿業，/邑子王神歡，/邑子范僧養。/（以上刻

於碑陰)

像主辛延智,/邑主辛法□,/化主張敬賔,/邑子王伏玉。/

邑子樓伏興,/唯那趙阿保,/香火鄧潤祖,/邑子房法長。/

邑子房耳仁,/邑子楊□顯,/邑子夫蒙洪櫯,/邑子房旅子[15]。/

邑子張景嵐,/邑子吕洛興,/邑子范延□,/邑子夫蒙貴生。/

檀主(下殘)[16]。/(以上刻於左側)

著録

1.《北朝佛道造像碑精選》100。2.《藥王山北朝碑石研究》81。3.《漢魏六朝碑刻校注》8-206 圖,209 文。4.《長安藝術與宗教文明》402。

注釋

[1]"暉"上一字泐,《長安藝術與宗教文明》作"吐"。可取。《藥王山北朝碑石研究》釋"暉"作"暈"。"暈"是"暉"的構件位移異體字。

[2]頪:即"顙"字。啓顙,稽顙,虔誠跪拜禮。此謂歸順。"南化""西涉""北訓""東據",指佛道教義引導、啟迪四方信眾向善、歸順。

[3]"个元",《長安藝術與宗教文明》釋作"人天",不取。

[4]"遇",《藥王山北朝碑石研究》作"迂",非。值遇:同義連文。此句《長安藝術與宗教文明》作"輪有緣值,遇至法識,信三寶",誤。

[5]"建",《藥王山北朝碑石研究》作"達",非。

[6]真容:真實的容顔。大道如来二聖真容:指天尊、佛像的真實容色,與龕内造像一致,是佛道融合的造像碑。

[7]遼:通"僚"。僚屬,屬官,屬吏。

[8]淂:用同"得"。《宋元以來俗字譜》:"'得',《古今雜劇》作'淂'。"①悪:即"悪"字,同"惡"。

[9]"被",《藥王山北朝碑石研究》作"彼",誤。

[10]魏:即"魏"字。

[11]老:即"老"的俗字。邑老:指邑里的老人。晉潘岳《藉田賦》:"有邑老田父,或進而稱曰:蓋損益隨時,理有常然。"②

[12]"柱",《北朝佛道造像碑精選》作"性",非。《長安藝術與宗教文明》沿誤。

---

① 劉復、李家瑞:《宋元以來俗字譜》,臺灣歷史語言研究所《單刊》之三,1930 年,第 7 頁。

② (梁)蕭統編,(唐)李善注:《文選》卷七,《中國古典文學叢書》,上海古籍出版社 1986 年版,第 342 頁。

[13]“玉”,《長安藝術與宗教文明》作“王”。兩字古混用,此本作“玉”。下文“王伏玉”的“玉”,《長安藝術與宗教文明》作“王”,同理。

[14]“閻”下泐兩字,首字存右半“市”。《長安藝術與宗教文明》作“市”,不取。次字存外框“門”,餘則無法辨識。

[15]“房”下一字泐,似“旅”。《長安藝術與宗教文明》作“浪”,非。

[16]碑左側右下角,存二字,似“檀主”。《漢魏六朝碑刻校注》脫。

彙考

造像題名有16種姓,以夫蒙、董、苻、楊、辛、張、王、趙、鄧、房、吕、范、但、常、賈、馬、魏等為顯,其中夫蒙、苻、吕、但等為氐羌姓。“常神通”“常□賔”,常氏是一個多民族、多源流的姓氏群體。常姓發源於今山東西部,從戰國至三國,常姓繁衍至河南、河北、山西、四川。魏晉南北朝時,有常姓遷入甘肅。今四川省茂縣、理縣有常氏羌人,可補中華姓氏之缺。

辛氏,《通志·氏族略》:“辛氏即莘氏也。”① 夏王啟封庶子於莘,建莘國,後世以地為氏,去“卄”頭為辛氏。北朝時期,既有少數民族賜姓為辛氏,也有中原故姓易賜蕃姓。《資治通鑑·梁紀》二十一世祖孝元皇帝下“承聖二年”條:“泰乃以諸將功高者為三十六姓,次者為九十九姓,所將士卒亦改從其姓。洪邁曰:‘西魏以中原故家易賜蕃姓,如李弼為徒河氏,趙肅、趙貴為乙弗氏……辛威為普毛氏。’”② 陝西西安南門外出土的三國魏太和五年(231)《曹真殘碑》有“州民中郎隴西辛□□□□”。咸陽涇陽城關南側出土的北魏正光元年(520)《雍光里邑子造像碑》有“邑子辛畢生”。西安藍天縣出土的北魏《羅暉造像記(殘)》有“邑子辛”。甘肅正寧羅川鎮聶店村的北周保定元年(561)《正寧洛川釋迦立像題記》有“邑生辛安保”。隋仁壽二年(602)《僧智等造像》,又稱《薛鳳規造像碑》有“邑子辛萬歡”“左相菩薩主辛仕祭”③。足見魏晉南北朝時期,辛氏在隴西繁衍生息,並常與氐羌等内遷各部族雜居。只是出土於耀縣的西魏大統十四年(548)《辛延智等七十人造像記》,氐羌已較之漢人少了很多,説明北族入關,逐漸居住内徙羌村。作為北朝時羌人内遷主要聚居地的耀縣,已形成氐羌、北族、漢族雜居的格局。共同的生存環境與社會文化生活,促成了各民族間文化的交流與融合。

---

①(宋)鄭樵撰,王樹民點校:《通志二十略》,中華書局1995年版,第65頁。

②(宋)司馬光編著,(元)胡三省音注:《資治通鑑》卷一百六十五,中華書局1956年版,第5111頁。

③ 北京圖書館金石組:《北京圖書館藏中國歷代石刻拓本滙編》(5),中州古籍出版社1989年版,第141頁。

059 夫蒙洪貴造像碑 大統十五年（549）九月

碑陽局部（第一層至第二層間）

碑陰局部（下）

右側

説明

造像碑原刻立在陝西省耀縣古村廟内，1981年遷入耀縣藥王山碑林。現藏藥王山博物館。座佚，碑身上下有榫。長方體，高100 cm，寬37 cm，厚27 cm。四面刻，均上開龕，下題名。碑陽上部開方形龕，内有一佛二菩薩，龕下分刻二層佛説法圖，最下層題名。碑陰上部開一尖拱龕，内有一佛二菩薩，龕下題名。碑左側上部開圓拱龕，内有一立佛，龕下題名。碑右側上部開尖拱龕，内有一立菩薩，龕下刻發願文。記9行，滿行11字；餘題名。楷書，有縱界格。

碑文

夫至道□□，妙□□□□□/域量情佁曉□□□□□□/□未悟者也[1]。然今木代□□/弟子夫蒙洪貴，□珎竭□□/敬造石像一區，容笡竒□□/□□□□□[2]，上為三寶永□□，/□□延祚。七世所生，同□斯□。/元□□□□□因緣□□，□/□□□，□成正覺[3]。/

大統十五年，［歲次］己巳，九/月（下泐）[4]。/（以上刻於碑右側）

（上泐）年（下泐）。/（以上刻於碑陽第一層至第二層間）

像主夫蒙洪貴，/父北雍州倉曺□夫蒙□[5]，/叔父夫蒙乾，/從叔夫蒙□。/

母鉗耳昭男，/息女豊女，/息女豊姬，/息女□□。/（以上刻於碑陽第三層）

高祖夫蒙世□，/弟夫蒙世處，/□□夫蒙定□，/□□將軍、雍/□□夫蒙道□[6]。/

□□將軍、涼州雷□/□夫蒙光仁[7]，/妻鉗耳皂世[8]，/息顯□[9]，/□□顯貴。/（以上刻於碑陰下層）

祖母鉗耳僧□，/阿嬈夫蒙女品[10]，/阿姑夫蒙妙珠，/□□夫蒙玉珠。/（以上刻於碑左側）

著録

1. 宋莉藏原石照片。2.《北魏至隋代關中地區造像碑的樣式與年代考證》100。

注釋

［1］“情”下一字泐，似“佁”。《北魏至隋代關中地區造像碑的樣式與年代考證》未釋。

［2］“蒙”上一字泐，諦視存痕，似“夫”。《北魏至隋代關中地區造像碑的樣式與年代考證》脱。“竒”上一字，字形基本清晰，似“笡”。但語義不通。

［3］正覺：梵語“三菩提”，意譯正覺。如來之法實智，名為正覺。證語，一切

諸法之真正覺智，故成佛謂之成正覺。《长阿含经》：“佛昔于郁鞞羅尼連禪水邊，阿游波尼俱律樹下初成云覺。”①

［4］“年”下泐二字，當是“歲次”。

［5］“倉”，《北魏至隋代關中地區造像碑的樣式與年代考證》作“會”，形似而誤。“革”下一字泐，無法辨識。《北魏至隋代關中地區造像碑的樣式與年代考證》疑為“儀”字，備參。一般情况下，按照書寫順序從右至左迻録題名。此碑像主題名居中，為了便於識别題名輩分、親屬關係，迻録順序從中間向左右迻録。下同。

［6］“軍”下一字泐，觀石存痕，似“雍”。“雍”下泐二字，據上文“父北雍州倉革□夫蒙□”，首字疑是“州”。《北魏至隋代關中地區造像碑的樣式與年代考證》釋此題名作“□□夫蒙□□”，失其職，不取。

［7］“州”上一字泐，細審圖，左半“氵”，似“凉”。“凉”上還有四字，第一、二字泐蝕不辨，餘字為“將軍”二字。此五字，《北魏至隋代關中地區造像碑的樣式與年代考證》作三字，不取。“州”下一字泐，似“雷”字，《北魏至隋代關中地區造像碑的樣式與年代考證》作“曹”，非。

［8］“耳”下泐，第一字似“皂”。《北魏至隋代關中地區造像碑的樣式與代考證》作“□七”或“□皂”二字，非。第二字，殘存畫痕與上文“世”同，應是“世”字。該文未識。

［9］“息”下一字泐，左上“曰”，右半“頁”，似“顯”字。《北魏至隋代關中地區造像碑的樣式與年代考證》作“明”，字形不類，不取。

［10］嬈：即“姨”字。西魏魏元三年（556）《荔非廣通五十人造像碑》有“優婆尭”，尭，即“夷”字。據此可推“嬈”為“姨”字。“女”下一字，似“品”字。《北魏至隋代關中地區造像碑的樣式與年代考證》未釋。

彙考

此為夫蒙氏家族造像碑，刻夫蒙氏六世題名。其中，“夫蒙道□”和“夫蒙光仁”有軍號，並在雍凉二州任職，像主父任“北雍州倉曹”，足見夫蒙氏為雍州、凉州望族，地位顯赫。夫蒙光仁“妻鉗耳皂世”，像主夫蒙洪貴“祖母鉗耳僧□”“母鉗耳昭男”，表明夫蒙、鉗耳兩大西羌姓氏長期通婚，是族内婚制。

① 恒强校注：《長阿含經》卷二，綫裝書局2012年版，第52頁。

060 法壽造像碑 大統十五年（549）十月初六

碑陽

右側

碑陰

左側

説明

碑石於1988年在陝西省澄城縣西安里鄉韓古村發現。現藏藥王山碑林。上小下大呈梯形，下有榫。碑石高110 cm，寬43 cm－48 cm，厚23.7 cm－25.1 cm。四面刻，上部開龕，龕内造像。碑陽、碑陰、左側、右側龕内分别為一佛二弟子二菩薩、一交脚彌勒二脇侍、彌勒立佛及侍立菩薩，衣裙均下垂至龕外。龕下刻雙獅、香爐、供養人像、題名。碑左側下刻發願文。記8行，行存字數不等；餘題名。楷書。泐蝕嚴重，題名多已不存。該碑又題《法壽佛教造像碑》。

碑文

□□□□□□育王宫□□雙樹□為/□□□□□有比丘法壽[1]，□能仰尋經教，誕生/平如，傾資竭寶，為亡息造石像一區□□，/造經一部□[2]。大統十五年，歲在己巳，□十/月六日朔訖。福山□褫[3]，願三寶永［隆］[4]，/皇家延祚，七世所生，同沾斯潤。又/願亡息記生、阿養，非心□境。又願□□法/界泉生[5]，同宿善□，成先上道。為亡息（下泐）。/（以上刻於碑左側）

□□□□雷樊□[6]。/（上泐）建（下泐）。/

□□□□，/□雷平壽，/□□□郭，/□□□□。/□□□法達，/□姪□□，/亡息永□，/□□法□。/（以上刻於碑陰）

□母□永姬，/姊石金[7]，/姊□門□，/亡息道顯。/

妻甞□□，/嫂□女是，/嫂□丘□，/遠孫雷醜□[8]。/（以上刻於碑右側）

姪石□□，/姪石□□。/

姪女□姬，/姪女□□。/（以上刻於碑陽）

著録

1.《耀縣新發現的一批造像碑》,《考古與文物》1994（2）。2.《北魏至隋代關中地區造像碑的樣式與年代考證》101。

注釋

［1］雙樹：婆羅雙樹。也稱雙林，是釋迦牟尼入滅之處。

［2］“經”，《耀縣新發現的一批造像碑》作“徑”，非。

［3］褫：《北魏至隋代關中地區造像碑的樣式與年代考證》未釋。

［4］三寶：佛教的教法和證法的核心，指佛寶、法寶、僧寶。“永”下泐一字，按造像記文例，當為“隆”。永平四年（511）《萬福榮造像記》：“仰賴三寶永隆，國祚

延長。”① 大统十三年（547)《杜照賢等十三人造像记》:“上願三寶永隆，國祚康泰。”②

［5］泉：本作“眾”。眾生：佛教指一切有生命者。

［6］“雷”上泐四字，《北魏至隋代關中地區造像碑的様式與年代考證》疑前三字為“父子人”，備參。《耀縣新發現的一批造像碑》録發願文，未録題名。由於《耀縣新發現的一批造像碑》刊佈圖片無法辨識，據《北魏至隋代關中地區造像碑的様式與年代考證》迻録題名。

［7］“石”下一字泐，《北魏至隋代關中地區造像碑的様式與年代考證》疑是“金”字，同時疑作“綿”，備參。

［8］遠孫：即“遠裔”。猶後世子孫。

彙考

《北魏至隋代關中地區造像碑的様式與年代考證》云：“碑面可辨雷氏家族供養人題名 22 人。”實存題名 21 人，以雷氏為著。由於泐蝕嚴重，母親姓氏闕。妻鴬氏，乃羌人大姓。此碑與隋代（581－618）《鉗耳儁造像碑》發現於同一地點，即陝西澄城安里鄉韓古村，兩碑造像風格與西魏大統十二年（546）《荔非郎虎、任安保六十人等佛教造像碑》、西魏大統十四年（548）《辛延智等七十人造像記》相同。後三碑是羌人造像碑，《法壽造像碑》是雷氏羌人家族造像碑無疑。

① 北京圖書館金石組：《北京圖書館藏中國歷代石刻拓本滙編》（3），中州古籍出版社 1989 年版，第 143 頁。

② 《北京圖書館藏中國歷代石刻拓本滙編》（6），第 15 頁。

061 荔非廣通五十人造像碑 魏元三年（556）五月十五日

碑陽

碑陰

説明

碑石於1996年10月在陝西省白水縣白水中學出土，現藏白水縣文管會。長方體，碑上下有榫頭，首、座佚。高138 cm，寬60 cm，厚20.5 cm。四面刻。碑陽上部開方形龕，與龕下的雙獅龕形成凸字形。龕内一佛二弟子二菩薩，龕側題名。龕下刻香爐、供養人像並題名。碑陰上開方形龕，内為交脚佛二脇侍菩薩，龕兩側刻供養人並題名，龕下刻發願文。碑右側上開尖拱龕，内有一菩薩立像；碑左側上開方形龕，内有一坐像，應為思惟菩薩像。龕下均題名。記8行，滿行20字；餘題名。楷書，有縱横界格。該碑又題《荔非廣通合邑子五十人等造像碑》《妙覺寺荔非碑》《妙覺寺北魏2號造像碑》。

碑文

蓋靈淨澄府，非某力无以顯其宗[1]。至理沖虚[2]，非積行/何乃達其真，故眾生在火宅之中[3]，非經不宣，唯像可/表。是以如來託刑王宫[4]，流軏鹿野[5]，滅影雙林。是以荔/非廣通合邑子五十人等，仰尋大行，減割財帛[6]，造石/像一軀，四面彫刑[7]，真容嚴偨，興功之祐[8]，仟願皇祚永/康，百遼休太[9]，龍王降雨，五穀豊溢，萬民安寧，普及一/切，師僧父母、同學善友，法界滄生，廿五有[10]，共至菩提。/

魏元三年，歲次丙子，五月己亥朔，十五日敬造。/（以上刻於碑陰龕下）

北面大像開明主荔非貴慶，右相菩薩開明主雷貴姬，/左相菩薩開明主甞慶妙。/（以上刻於碑陰龕兩側）

邑，/清信優婆夷甞帛娥[11]，/清信女荔非君海，/清信士女荔非阿張。/（以上刻於碑陰龕下發願文右側）。

邑子優婆夷弥姐元女[12]，/故優婆夷雷朞姬，/清信優婆夷雷早姬，/清信優婆夷唐香香。/（以上刻於碑陰龕下發願文左側）

大像開明主荔非合榮，菩薩開明主優婆夷甞黑男，菩薩開明主清信甞法姜。/（以上刻於碑陽龕邊緣）

邑子雷永昌，/阿難開明主雷遵某[13]，/都化主雷榮樹，/邑師荔非清苟[14]，都邑/檀越主荔非屈仇，/都邑主威列將、奉朝請荔非廣通[15]，/化主寧遠將軍統軍荔非慶啇，/都/衰主荔非乞滜，侍童荔非永石[16]。/都唯那荔非抚副[17]，/香火主荔非醜奴，/南面像主荔非黄苟，/邑子輔國將軍、中散大夫都督荔非思明[18]，/迦釋開明主、□將□員□□郎、幢主甞樹歡[19]。/

邑子荔非景袪，/邑子荔非明貴，/邑子雷貴和，/邑子［荔］非長[20]，/邑子荔非明儁，/邑子荔非清里，/邑子荔非引奴，/邑子荔非万孫。/都邑。/（以上刻於碑陽龕下，分刻兩層）

邑子荔非如祆[21]，邑子荔非堅引，西面像主王買得南安邑令[22]，思維開明像主荔非永孫，邑子荔非雙虩，邑子清泉□白。／（以上刻於碑左側）

邑子荔非趙奴，／東面像主荔非明祖，／觀世音開明主荔非景圖，／邑子荔非歡祖，／邑子荔非歡明，／邑子荔非鳩支。／（以上刻於碑右側）

著録

《陝西白水北宋妙覺寺塔基及地宫的發掘》，《考古與文物》2005（4）。

注釋

［1］㝩：即“寂”的俗字。𣐊：即“業”的俗字。

［2］虚：即“虛”字。《陝西白水北宋妙覺寺塔基及地宫的發掘》作“㾾”，非。

［3］火宅：佛教語。比喻迷界衆生所居住之三界。《法華經・譬喻品》：“三界無安，猶如火宅，衆苦充滿，甚可怖畏。常有生老，病死憂患，如是等火，熾然不息。”① 然衆生生存於諸苦逼迫的三界中，全然不自知其置身苦中。

［4］刑，與“形”為同源通用字。託形：寄託形體。晉葛洪《抱樸子・論仙》：“彭生託形於玄家，如意假貌於蒼狗。”②

［5］軓：即“範”字。構件“凡”，與“卂”“凡”“九”混用。

［6］“滅”，《中國佛道造像碑研究——以關中地區為考察對象》作“威”③。“氵”泐蝕，但尚存痕跡，應是“滅”。

［7］《陝西白水北宋妙覺寺塔基及地宫的發掘》脱“一”字。刑：當是“刊”的俗字，用同“龕”。彫刑，亦“彫龕”。

［8］俻：即“備”字。祐：即“福”字。

［9］仟：即“仰”字。遼：即“遼”字。通“寮”字，或作“僚”。百僚，百官。休：同“休”。停止，罷休。

［10］溢：即“溢”字。滿，充塞。刎：即“切”字。《陝西白水北宋妙覺寺塔基及地宫的發掘》作“彻”，通“轫”。充實，盈滿。致語義不暢，不取。滄：通“蒼”。廿五：指釋迦牟尼佛的二十五位弟子，各人修持圓通法門證果。《大佛頂如來密因修證了義諸菩薩萬行首楞嚴經》：“梵唄詠歌自然數奏，於是如來告文殊師利法王

① 王彬譯注：《法華經》卷三，《佛教十三經》，中華書局2010年版，第132頁。

② 王明：《抱樸子内篇校釋》（增訂本）卷二，《新編諸子集成》，中華書局1985年版，第21頁。

③ 羅宏才：《中國佛道造像碑研究——以關中地區為考察對象》，上海大學出版社2008年版，第111頁。

子，汝今觀此二十五無學諸大菩薩及阿羅漢，各説最初成道方便。"①

［11］"邑"下無字，疑未刻完，或有意留白待後加題名。夷：即"夷"字。下同。優婆夷，指在家奉佛的女子。《魏書·釋老志》："俗人之信憑道法者，男曰優婆塞，女曰優婆夷。"②

［12］"弥"，《陝西白水北宋妙覺寺塔基及地宮的發掘》作"阫"，非。

［13］遵：即"遵"字。《陝西白水北宋妙覺寺塔基及地宮的發掘》釋"遵某"作"尊某"，非。

［14］"樹""荀"，《陝西白水北宋妙覺寺塔基及地宮的發掘》分別釋作"樹""荀"，形似而誤。下同。

［15］"將"下原刻當缺刻"軍"字。威列將軍，見保定四年（564）《聖母寺四面像碑》："弥勒像主威列將軍荔非道慶。"

［16］齋：即"齋"字。《陝西白水北宋妙覺寺塔基及地宮的發掘》脱"齋"和"浔"，並"乞"作"邑"，誤。侍童，刻於碑陽第二層題名，緊隨像主後。與齋主同姓"荔非"，兩人間或有親屬關係。

［17］拔：即"拔"字。《陝西白水北宋妙覺寺塔基及地宮的發掘》作"攏"，誤。

［18］"都"下一字微泐，當是"督"字。《陝西白水北宋妙覺寺塔基及地宮的發掘》作"晳"，非。

［19］"樹"上一字微泐，諦視拓片，右下為"乚"，應是"赏"。《陝西白水北宋妙覺寺塔基及地宮的發掘》作"賞"，字形相類而誤。下同。

［20］"非"上一字泐，存"一"痕，應為"荔"字。

［21］"如"下一字、"拔"下一字，《陝西白水北宋妙覺寺塔基及地宮的發掘》作"袄"，疑"拔"，即"拔"。

［22］"買得"，《陝西白水北宋妙覺寺塔基及地宮的發掘》作"賣藹"，非。

---

① （唐）般刺蜜帝譯：《大佛頂如來密因修證了義諸菩薩萬行首楞嚴經》卷六，東京大正一切經刊行會1934年版，第130頁。

② （北齊）魏收：《魏書》卷一百一十一，中華書局1974年版，第3026頁。

北　齊

062　狄湛墓誌　河清三年（564）十二月十九日

蓋

墓誌

説明

墓誌於2000年7月初在山西省太原市迎澤區王家峰村北側北齊墓中出土。誌石高、寬均65 cm。誌文29行，滿行28字。隸書，兼楷書筆意，有縱橫界格。盝頂蓋，陽文篆書“亖涇州刺史狄公墓誌”，有縱橫界格。

蓋

亖涇州/刺史狄/公墓誌[1]。/

誌文

大亖車騎將軍、涇州刺史、朱陽縣開國子狄公墓誌。/

公諱湛，字安宗，馮翊郡高陸縣人也[2]。其先漢丞相狄方進之後[3]。衣冠世襲，/人物代昌。史牒載焉，無假復敘[4]。曾祖寧玥將軍、略陽、趙平二郡太守，又除/使持莭、都督、鎮西將軍、領東羌挍尉、駕部尚書、秦涇二州刺史、略陽公[5]。祖/

使持節、鎮西将軍，召補蘭臺給事中丞、秦州刺史、司空公、略陽公，謚曰康/王。德望隆高，雄振朝野[6]。父大将軍府行參軍、秦州府主薄，風流淹雅，衿袖/當時[7]。公納祉奇靈[8]，資神異氣，生而卓犖，長則殊羣。儀皀端長[9]，志量弘遠。輕/文好武，重義忘身。超乘擊劒之能，類中希伴[10]；麾戈騎射之伎，舉世無儔。見/者愛而敬之，聞者虛衿屬慕[11]。丰十八，解褐散騎侍郎[12]，在員外，尋加給事中。/心存将略，非其好也。俄值孝昌季丰，海內波蘯，王室微弱，政出私門，鹿馬/相矇[13]。永熙西蹈，公被勒侍從，随到咸陽[14]。深識逆順之機，悟知禍福之理。遂/與建州刺史王保貴，擁騎歸朝。獻武皇帝戢其忠莭，即除東雍州刺/史。綏撫邊民，威恩甚著[15]。昔竇融歸欵，名載於漢啚，黄權送誠，譽傳於魏史[16]。/方今況古，異軫同榮。比挍而論[17]，綽有餘裕。元象元丰，除為都督。興和三丰，/除永安鎮将。武定六丰，除侍官正都督；八丰，除平西将軍、臨邑子。天保□/丰，除安西将軍、朱陽縣開國子；至六丰，除原仇領民副都督；七丰，除直蘯/正都督、食陽城縣幹；十丰，除白馬領民都督[18]。乹明元丰[19]，除假莭都督涇州/諸軍事、涇州刺史。皇建元丰，除車騎将軍，餘官如故。公或出從戎行，或入/參帷幄，功城野戰[20]，每立庸勳，故能闢土以承家，裂山川而建國[21]，貴盛一時，/聲流千載。

方當論道槐棘，享丰茂永，賦命不融，溘随時謝，春秋六十有□，/薨於晉。公忠孝盡於君親，信諾存於朋友，脱略錢帛，敬賓才賢。內外嗟談[22]，/遠迩哥詠。天不賛善，玉樹漂淪。凡在聋知[23]，莫不痛惜。家人情地，乎可言哉[24]？/皇帝悼傷，贈筞云尔[25]。越以河清三丰十二月十九日，窆於晉陽城東北三/十里[26]。若夫英桀載挺[27]，必為楨榦。世德相傳，理垂不朽。惟恐陵谷非固，縑竹/易虧[28]。所以金石稱長，寄刊盛美[29]。其詞曰：/

源流眇浚，基搆遐崇。含靈藴祉，世挺才雄。或卿或相，非侯則公。餘芬不□，/嗣軌傳風。公惟降誕，夙号民英。儀容魁岸，氣略從横。情欽劒俠，意忽儒生。/方圖遠大，棄置耘耕。悁家入仕[30]，姓居廉潔。憲章法度，師摸令哲[31]，去兹華屋，□/彼高原。風吟壟樹，鳥思泉門。音形永隔，景行空存。相偕到此，舉目傷魂。/

著録

1.《太原北齊狄湛墓》,《文物》2003（3）。2.《新出魏晉南北朝墓誌疏證》172。3.《漢魏六朝碑刻校注》9－163圖，164文。4.《太原狄氏源自羌人——跋北齊〈狄湛墓誌〉》,《春華集——紀念山西博物院九十周年學術文集》109圖，113文①。

注釋

［1］垒："齊"的異體。東漢建寧五年（172）《成陽靈臺碑》："卜擇元日，𪗉革

① 渠傳福：《太原狄氏源自羌人——跋北齊〈狄湛墓誌〉》，山西博物院：《春華集——紀念山西博物院九十周年學術文集》，山西人民出版社2009年版，第109－113頁。

精誠。"① 北齊武平二年（571）《徐顯秀墓誌》："亦有美貌盛顏，擅高名於壘北。"② 武平五年（574）《智度等造像記》："今像教之中，壘國夫沙門。"③ 浧：即"涇"字。"巠"的構件"巛"，形體複雜，不便鐫刻，把三折簡化成三點"⺍"，作"𢀖"。

［2］狄湛，史書無傳。據《新唐書·宰相世系四下》狄氏條："狄氏出自姬姓。周成王母弟孝伯封於狄城，因以為氏。孔子弟子狄黑裔孫漢博士山，世居天水。後秦樂平侯伯支裔孫恭，居太原，生湛，東魏帳内正都督、臨邑子。孫孝緒。"④ 狄孝緒即狄仁傑的祖父。《舊唐書·狄仁傑傳》："狄仁傑，字懷英，并州太原人也。祖孝緒，貞觀中尚書左丞。"⑤ 可知，狄湛為狄仁傑高祖。

［3］西漢有翟方進，字訛作"狄"。《新唐書·宰相世系四下》認識到以翟方進為始祖不妥，遂改為："狄氏出自姬姓。周成王母弟孝伯封於狄城，因以為氏。"⑥

［4］《太原北齊狄湛墓》脫"衣"等十六字。

［5］據誌文狄湛曾祖"寧玥（朔）"、祖、父名及任職情況，可補狄氏世系。

［6］《太原北齊狄湛墓》脫"德"等八字。

［7］衿：衣襟。"領"的異體字。《爾雅·釋器》："黼衿謂之襮。"陸德明《經典釋文》："衿，本又作領，音同。"⑦《太原北齊狄湛墓》《新出魏晉南北朝墓誌疏證》徑作"領"，未保持原刻原貌。

［8］霊：即"靈"字。

［9］皀：《漢魏六朝碑刻校注》云："即'皃'字。通作'貌'。"可從。

［10］類：即"類"的俗訛字。構件"犬"省去一點，變成"大"。

［11］衿：衣的交領。也作"襟"。《太原北齊狄湛墓》作"襟"，非原刻。《新出魏晉南北朝墓誌疏證》沿用。《太原北齊狄湛墓》脫"風流……屬慕"。

［12］"年"，《太原北齊狄湛墓》作"公"，非。褐：指粗佈或粗佈衣。古謂貧賤者所穿之服。《詩經·豳風·七月》："無衣無褐，何以卒歲？"鄭玄箋："褐，毛佈也。"⑧ 解褐：脫去粗佈衣，換為官服。一般指初仕。《梁書·武帝紀中》："詔曰：

---

① （清）陸增祥：《八瓊室金石補正》卷五，吴興劉氏希古樓刊本，民國十四年（1925），《石刻史料新編》第一輯（6），臺北：臺灣新文豐出版公司 1982 年版，第 4073 頁。

② 毛遠明：《漢魏六朝碑刻校注》（9），綫裝書局 2008 年版，第 394 頁。

③ 北京圖書館金石組：《北京圖書館藏中國歷代石刻拓本滙編》（8），中州古籍出版社 1989 年版，第 59 頁。

④ （宋）歐陽修、宋祁：《新唐書》卷七十四下，中華書局 1975 年版，第 3162 頁。

⑤ （後晉）劉昫等：《舊唐書》卷八十九，中華書局 1975 年版，第 2885 頁。

⑥ 同上書，第 3162 頁。

⑦ 十三經注疏整理委員會：《爾雅注疏》卷五，《十三經注疏》，北京大學出版社 2000 年版，第 156 頁。

⑧ 十三經注疏整理委員會：《毛詩正義》卷八，《十三經注疏》，北京大學出版社 2000 年版，第 574－575 頁。

‘今九流常選，年未三十，不通一經，不得解褐。’”①

［13］私：即“私”字。碑刻文字中有大量衍劃，如加點、撇，很像標示構件，本身無語義信息，屬於裝飾性符號。習見的如“夭”作“歿”，“私”作“私”。矇：視而不見。鹿馬相矇：指强臣弄權，專横跋扈。語出典故“指鹿為馬”，《史記·秦始皇本紀》：“二世笑曰：丞相誤邪；謂鹿為馬。”②《太原北齊狄湛墓》作“蒙”，非。

［14］永熙三年（534），北魏分裂為東西魏。北魏孝武帝逃奔關中時，狄湛作為隨從官員而西入長安。狄湛逃回關東。狄湛因此東歸，獲高歡賞識，得除東雍州刺史。見下文。

［15］“蓍”，《太原北齊狄湛墓》《新出魏晉南北朝墓誌疏證》作“著”，非。“建州刺史王保貴”，史未載，可補史闕。

［16］竇融：字周公。扶風平陵人。新莽末至東漢時期軍閥、名臣。後歸順東漢光武帝。遂有“竇融歸漢”的典故。見《後漢書·竇融傳》。黄權，字公衡。四川閬中人。三國時期蜀漢將領。伐吴敗，因歸途隔絕，率部降魏。見《三國志·黄權傳》。

［17］挍：同“校”。此當“較”，亦為形旁訛混。《新出魏晉南北朝墓誌疏證》作“較”，非原刻。

［18］原仇：不詳所在。狄湛死於晉州，治城白馬，即“白馬領民都督”的白馬。原仇疑即晉州白馬城。領民都督：《新出魏晉南北朝墓誌疏證》認為從領民酋長制度中演化而來，專統地方胡族。其説可採。領民酋長，官名。北魏地方制度，對不同部族和地區施行不同制度，漢地為郡縣制，漢、鮮卑以外的異族為護軍制，鮮卑本族和早期歸附其他部族為酋長制。實為部落酋帥，猶何渾地汗之類。《魏書·爾朱榮傳》：“北秀容人也。其先居於爾朱川，因為氏焉。常領部落，世為酋帥。高祖羽健，登國初為領民酋長，率契胡武士千七百人從駕平晉陽……羽健，世祖時卒。曾祖郁德，祖代勤，繼為領民酋長。……父新興，太和中，繼為酋長。”③

［19］乹：“乾”的俗字。

［20］功：通“攻”。

［21］庸勳：功勳。《後漢書·王允傳》：“方欲列其庸勳，請加爵賞，而以奉事不當，當肆大戮。”④“裂”，拓片清晰。《太原北齊狄湛墓》作“烈”，非。

［22］“嗟”下一字，右下泐，右上“火”，似“談”。《太原北齊狄湛墓》作“歎”，義通字異。

［23］聻：本作“睯”。“聞”的異體字。《正字通·耳部》：“睯，從釆，釆，古

① （唐）姚思廉：《梁書》卷二，中華書局1973年版，第41頁。

② （漢）司馬遷：《史記》卷一，中華書局1959年版，第273頁。

③ （北齊）魏收：《魏書》卷七十四，中華書局1974年版，第1643－1644頁。

④ （南朝宋）范曄撰，（唐）李賢等注：《後漢書》卷六十六，中華書局1965年版，第2173頁。

辨字，聲入耳能辨之也。"①

［24］"乎"，《太原北齊狄湛墓》作"平"，非。

［25］筞：同"策"。《新出魏晉南北朝墓誌疏證》徑作"策"，非原刻。

［26］"方當論道……三十里"，《太原北齊狄湛墓》作"薨於晉，春秋六十有□。河清三年十二月十九日，葬於晉陽城東北三十里"。脱漏、誤倒字數甚多。

［27］桀：亦作"傑"。《新出魏晉南北朝墓誌疏證》徑作"傑"，當遵原刻。

［28］恐：即"恐"。構件"凡"變形作"口"。如西晉永平元年（508）《元繼妃石婉墓誌》："言恐驚氣，行慮動衣。"② 北魏永安二年（529）《尔朱襲墓誌》："但恐其勇於授命。"③

［29］羙：同"美"。盛美，讚美。

［30］悁：通"捐"。舍弃。

［31］摸：通"模"。楷模。《新出魏晉南北朝墓誌疏證》徑作"模"，非原刻。

彙考

誌主狄湛，誌文追溯"其先漢丞相狄方進之後"。西漢有翟方進，字訛作"狄"，攀附以為宗族所出。至宋代，《新唐書·宰相世系四下》認識到以翟方進為始祖不妥，遂改稱："狄氏出自姬姓，周成王母弟孝伯封於狄城，因以為氏。"④ 並尋孔子弟子狄黑作為祖先。魏晉以降，主流社會尊崇門第閥閱，高門望族競相標榜矜誇，藐視普通士族，流俗成風。一般士人因出身寒微而自慚形穢，在墓表行狀中穿鑿附會名門顯宦。北方各族在華夏化過程中，也浸染此風。該墓誌，反映了狄氏族人從北朝到唐朝，對改造其家世淵源所作的持續努力。到唐修《晉書》時，已稱狄伯支為天水人，顯然已經接受了後來的譜系⑤。

誌稱狄湛"馮翊郡高陸縣人"，《新出魏晉南北朝墓誌疏證》認為"其實狄湛一族本是馮翊羌人。"⑥《漢魏六朝碑刻校注》云："顯然狄氏本馮翊羌人。"⑦《太原狄氏源自羌人——跋北齊〈狄湛墓誌〉》亦稱："太原狄氏源自羌人。"⑧ 可從。然而誌未詳載，史籍亦無明文。《元和姓纂》卷十錫部狄姓條："《姚秦録》，狄伯文官至中書令、

---

① （明）張自烈著，（清）廖文英續：《正字通》，《續修四庫全書》（235），上海古籍出版社 2013 年版，第 295 頁。

② 北京圖書館金石組：《北京圖書館藏中國歷代石刻拓本滙編》（3），中州古籍出版社 1989 年版，第 119 頁。

③ 《北京圖書館藏中國歷代石刻拓本滙編》（5），第 128 頁。

④ （宋）歐陽修、宋祁：《新唐書》卷七十四下，中華書局 1975 年版，第 3162 頁。

⑤ 羅新、葉煒：《新出魏晉南北朝墓誌疏證》，中華書局 2005 年版，第 174 頁。

⑥ 同上書，第 173 頁。

⑦ 毛遠明：《漢魏六朝碑刻校注》（9），綫裝書局 2008 年版，第 164 頁。

⑧ 渠傳福：《太原狄氏源自羌人——跋北齊〈狄湛墓誌〉》，山西博物院編：《春華集——紀念山西博物院九十周年學術文集》，山西人民出版社 2009 年版，第 110 頁。

樂平侯。……伯文裔孫，又居太原；曾孫孝緒。"① 伯文，由於形近傳抄訛誤，作伯支。狄孝緒是狄伯支孫子的曾孫，與《新唐書》合。《新唐書》載狄氏"世居天水"，後"居太原"②，那麽太原狄氏，始祖為狄伯支，即狄湛的曾祖，誌稱其為"寧玥（朔）將軍、略陽趙平二郡太守，又除使持莭、都督、鎮西將軍、領東羌挍尉、駕部尚書、秦涇（溼）二州剌史、略陽公"，是姚秦集團的重要成員。《晉書·姚萇載記》："西州豪族尹詳、趙曜、王欽盧、牛雙、狄廣、張乾等率五萬餘家，咸推萇為盟主。"萇乃從謀，"以太元九年自稱大將軍、大單于、萬年秦王，大赦境内，年號白雀，稱制行事"。以"天水狄伯支、焦虔、梁希、龐魏、任謙為從事中郎"③。北魏天興五年（402），柴壁大戰伯支被俘入魏，後姚興以北魏賀狄幹交换始回到後秦，"復其爵位"④，官至征虜將軍，為姚冲所鴆殺。見《晉書·姚興載記下》。後秦的主體民族是羌人，作為西州羌氏豪族的狄伯支進入後秦的政權核心，順理成章。誌稱伯支領"東羌校尉"，此職在魏晉南北時，例由羌族豪强擔任。《晉書》《魏書》和《北史》載羌酋姚萇、梁彌機，胡酋沮渠氏，氐酋苻氏、吕氏、楊氏等，皆授此類官職，並世代相襲。《魏書》所見狄姓幾乎全為羌人⑤。如《魏書·帝紀第三·太宗紀》：常泰五年（420），"十有二月丁亥，杏城羌酋狄温子率三千餘家内附"⑥。《魏書·陸俟傳》："平涼休屠金崖、羌狄子玉等叛。"⑦《北史·陸俟傳》亦載："羌狄子玉等叛。"⑧ 再考誌載狄氏家族，曾祖至誌主，世代在秦、涇（溼）二州（今甘肅天水一帶）任職，這些地區是北族、特别是羌人内遷的主要聚居區。"曾祖寧玥将軍、略陽趙平二郡太守，又除使持莭、都督、鎮西将軍、領東羌挍尉、駕部尚書、秦涇二州剌史、略陽公""祖使持莭、鎮西将軍，召補蘭臺給事中丞、秦州剌史、司空公、略陽公，謚曰康王""父大将軍府行參軍、秦州府主薄"，最低官職也是秦州府主薄，軍職則有鎮西將軍。狄湛"安西将軍、朱陽縣開國子""仇領民副都督""白馬領民都督""假莭都督涇州諸軍事、涇州剌史"，狄氏族人衣冠世襲，肩負着守護本民族的使命，擔當着維護國家穩定的責任。直至唐朝，其後人狄仁傑，任寧州刺史，"撫和戎夏，人得歡心，郡人勒碑頌德"⑨。

---

① （唐）林寶撰，岑仲勉校記：《元和姓纂》卷十，中華書局1994年版，第1605頁。

② （宋）歐陽修、宋祁：《新唐書》卷七十四下，中華書局1975年版，第3162頁。

③ （唐）房玄齡等：《晉書》卷一百一十六，中華書局1974年版，第2965頁。

④ 《晉書》卷一百一十八，中華書局1974年版，第2991頁。

⑤ 渠傳福：《太原狄氏源自羌人——跋北齊〈狄湛墓誌〉》，山西博物院編：《春華集——紀念山西博物院九十周年學術文集》，山西人民出版社2009年版，第111頁。

⑥ （北齊）魏收：《魏書》卷三，中華書局1974年版，第60頁。

⑦ 《魏書》卷二十八，第901頁。

⑧ （唐）李延壽：《北史》卷二十八，中華書局1974年版，第1007頁。

⑨ （後晉）劉昫等：《舊唐書》卷八十九，中華書局1975年版，第2887頁。

北周

063 强獨樂造像記 明帝元年（557）

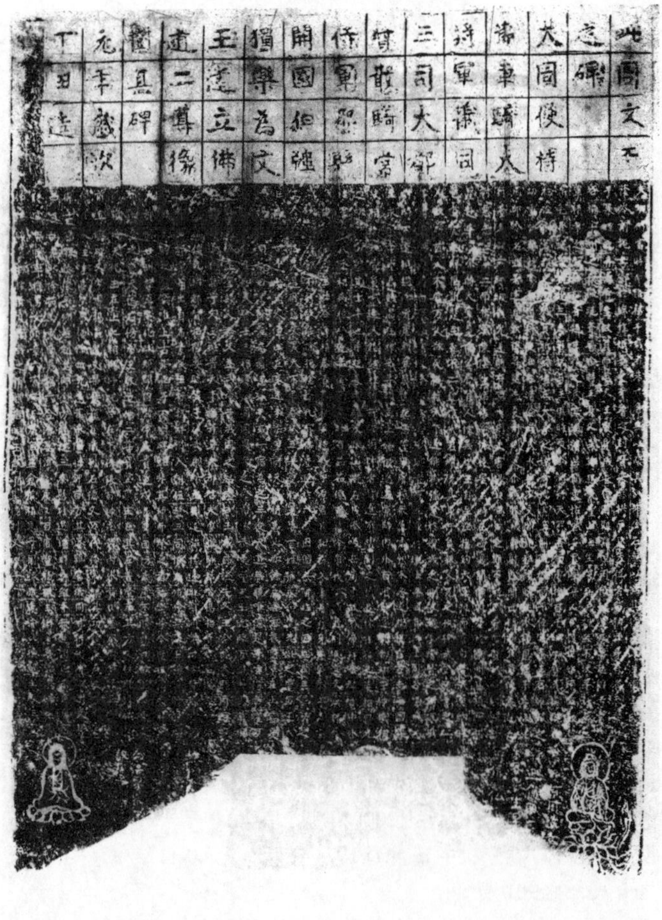

説明

碑石刻於四川省簡陽縣大佛崖，今屬成都市龍泉驛區山泉鄉。拓片高 148 cm，寬 112 cm。碑文 40 行，滿行 34 字。楷書，有縱橫界格。左右下角各刻佛道像一軀。額陽文楷書“此周文王之碑，大周使持莭、車騎大將軍、儀同三司、大都督、散騎常侍、軍都縣開國伯强獨樂為文王建立佛道二尊像，樹其碑。元年歲次丁丑造”。有縱橫界格。該碑又題《高祖文帝廟碑》。

額

此周文王/之碑，大周使持/莭、車騎大/將軍、儀同/三司、大都/督、散騎常/侍、軍都縣/開國伯強/獨樂為文/王建立佛/道二尊像，/樹其碑。/元年歲次/丁丑造。/

碑文

夫功例當時，而顯揚千載者[1]。非竹帛無以褒其訓，非金石無以銘其德。是以漢頌李氏於/蔭岑，前魏書鄧於绵竹[2]。姬姜受竟魯之封，晉宋垂拱而取天位者[3]，皆猶立身有谥天之功[4]，/平暴理乱，存濟蒼生故耳。

而我文王，處身成長[5]，值國艱難，恒玥風起，連及魯越。鮮亐、葛榮[6]，/各擁十州之衆，飜魂竟晉[7]。尒時王身，文武英逫[8]，稟量山海，坐笇知天，謀無不決。平杜、葛二/軍，積年之冦[9]，掃蕩竟魏革化之民，京洛清晏[10]，開東怗然。安置宰守，人民湲業[11]。唯有醜奴、莫/折[12]，屯聚蟻衆，撓乱三秦。賀拔与王俱時受命，龔行天罰[13]。各領虎將百千□加先搒[14]。擒醜奴/於泾州長坑之原[15]，戮莫折餘燼在大秦之域，河涼息寧，開隴徬同[16]。平任定秦[17]，王有陣敵之/功，重勳難彰，除原州剌史。在任清儉，与民水菜不交，閤絶私覿[18]，皎然冰鏡。恩同子産，後比/周邵[19]。令名照著[20]，遠近欽穆。尋轉為夏州剌史。

尒時賀拔僕射為開西行臺[21]，侯莫陳為隴右/行臺[22]，各領所部，擬伐兇逆[23]。時有靈州剌史曺遲，圮黄河之難，不袛國命[24]。而賀拔僕射心欲/討元悪[25]，志公無二；而侯莫陳陰生姤嫉，密懷徒害[26]。王時在西夏，聞僕射薨於原州，即領所部/星赴平［涼］。尒時大軍見府公薨背，人懷異望。王自至泾，誓約六軍。泣而言曰："昔洪演納肝[27]，/苞胥哭泰[28]，解陽執楚[29]，至死不二。紀信代君，熂燒其身[30]。仵負報父兄之仇，孫武令而言之[31]。一/人欲死，百人不當；万人欲死，横行天下。遂能滅強楚於孃城之側，破越軍噲稽之野[32]。況我/等諸軍，將同韓、白[33]，衆如虎狼。今不為君雪恥，豈可立身於地上乎?" 叵即将士同心，揚威西/討。時不逾玥，蘯除兇虐。斬侯莫陳元悪。黨類虜掠衆軍，悉恕不咎。遂捴攝百万，志平國難。/

至永熙年中，高賊昌狂[34]，挔威并相[35]。主上嫌恨，遂遷京師。内外百官，歸還雍都。知王神機獨/決，視徹九霄。負武迳文，鎮越社稷。所領将帥者，皆進有曺劌之機，退懷孫臏之筞[36]。指日光/迴，吹流山鐅[37]。其士卒也，手把長戈，雄毅跳山，蹴石成風，吸岳肖思，故武帝拜為都督中外/諸軍事、大丞相。威振八極，六合来賓[38]。北有茹茹[39]，頃國歸降。南伐梁國，君刑民遷。交廣請命，/西定［宕］昌[40]。鄧至吐谷渾稱藩[41]，貢獻相尋，禮及中原。君臣和穆，父義，母慈，兄友，弟恭，子孝[42]。盜/賊大慝，姧詐不行。故能除攙槍於九霄[43]，掃塵遐於六莫。囹圄無何枉之囚，幽閒無屈滯之/土[44]。今日俗美[45]，遵同慈父。

昊天不弔，春秋五十，薨於長安。百姓號墓，如遭先妣之窀[46]。國王大/臣，咸推世子代其父位。心在哀迷[47]，未治軍府。天鑒積善，必加餘慶[48]。善悪報應，唯在上靁。是/以湯王自燒[49]，甘澤降注；宋景思殃，熒或一宿為之三徙[50]。天道無親，唯德是予。玄像垂曜，万/國必仰。魏王知天命去已，祚歸於周。周畏天之命，即依恭受。而天王既臨万國，尋思漢祖，/迺尊謚太上皇，魏文謚父為武帝。昔我周之紹隆，武王滅纣，謚先文王，今既天歸周，恒應/襲其故，遂依尊号文王，斑告天下[51]。樂等与大都督夫蒙儁，帥都督楊哲，都督吕璨，都督治/石嵓縣傅元绪，都督治陽安縣史于德，武康郡丞劉延治，懷遠縣劉開，都督王祥，都督馮/延，都督鄭業等，出自布素，蒙王採拔，解褐入朝，位登三司，恢身殞命，無以上報，雖肝腸糜/爛，無過時之哀。竊唯上古，非臣子不樹碑銘，非其神而祭之者諂。樂等今從柱國大将軍、大都督、甘州諸軍事、化政郡開國公宇文貴[52]，邊戍岷蜀，曰防武康，不勝悲切，故於□東之/嶺，顯益之嵔[53]，天落石傍，為王敬造佛二尊，寶堂藥王在其左，普賢在其方，文殊師利侠持/兩萡。飛天化生，在上馳翔。師子吒呰[54]，在下侏張。百神压嚴，内外黄⺄[55]。鑒察愚冥，済其道塲。/前立靁碑，文字書揚。龜龍交槃，巘巉昂藏[56]。刊石隱文，万代弥常。讚其功勳，永序延康。/

赫赫文王，才高少昌。掃除四兇，建萠秦陽。捴鉀百万，其峯難當。儀同督将，智斉三剛。文學/儒士，態殊陳張。平殄燕趙，進師金方[57]。剋捷三秦，懸袿逷壃[58]。群姧斂平，衆逆消亡。南定庸蜀，/西及胡羌。北降茹⺄，東南夷梁。六合清晏，済⺄康⺄。百官釐務，佩玉锵⺄。各治其職，撫導/勝常。百民孿擁[59]，男女顯章。六畜滿原，槃帛盈倉[60]。漢稱文景，周詠成康，論比德績，上及三皇[61]。/抑強綾貴，採擢賢良，覆載之下，/讃言明王[62]。故頌其德，刋文碑傍[63]。/

弟子何周敬造/釋迦像，一切/法界衆生，早/淂作仏。/為法界衆生/敬造。/

著録

1.《北京圖書館藏中國歴代石刻拓本滙編》8－99。2.《漢魏六朝碑刻校注》10－136圖，137文。3.《十二硯齋金石過眼録》卷7。4.《八瓊室金石補正》卷23－1上。

注釋

［1］例：通“烈”。顯：“顯”的俗字。碑刻中習見。

［2］李氏：即李廣，“隴西成紀人也”。“廣在郡，匈奴號曰漢飛將軍，避之數歲，不入界”①。廣一生與“與匈奴大小七十餘戰”②，終迷路被困自刎。事跡見《漢書》卷五十四《李廣傳》。按上下文義，“蔭岑”對“绵竹”，“蔭岑”應是地名，史傳失載，待考。鄧：即鄧艾，義陽棘陽（今河南新野）人。三國時期魏國名將，景元四年“冬十月，艾自陰平道行無人之地七百餘里，鑿山通道，造作橋閣”，“至江由，蜀守將馬邈降。蜀衛將軍諸葛瞻自涪還綿竹，列陳待艾”③。迫使劉禪投降。事跡見《三國志·魏書》卷二十八《鄧艾傳》。

［3］斉：“斉”的訛字。同“齊”。齊魯：齊、魯國。西周武王封吕尚於齊，國君姜姓吕氏，因而又稱“姜齊”或“吕齊”。魯國是周王朝的同姓諸侯國之一，姬姓。晉宋：東晉、南朝劉宋。垂拱：垂衣拱手，不理事務。稱頌帝王無為而治。《尚書·武成》：“惇信明義，崇德報功，垂拱而天下治。”孔穎達疏：“謂所任得人，人皆稱職，手無所營，下垂其拱。”④

［4］“猶”，《十二硯齋金石過眼録》作“由”，非。凡《漢魏六朝碑刻校注》對《八瓊室金石補正》《十二硯齋金石過眼録》釋文有注處，不再贅述。滔：“滔”的俗字。

［5］文王：即宇文泰。北周孝閔帝宇文覺，即天王位，無年號，追尊皇考文公宇文泰為文王。世宗宇文毓即位後，改天王稱皇帝，追尊文王為帝，建元“武成”。

［6］亐：即“于”字。鮮于，鮮于修禮。農民起義首領，建號“魯興”，為葛榮殺。葛榮：鮮于修禮之黨，曾稱帝，建國齊，號“大通”。為尒朱榮擒。下文“杜葛”之“葛”，即指葛榮。“杜”，當杜洛周，為葛榮所併。

［7］飝：即“飛”的俗訛字。

［8］邈：即“邈”的簡體俗字。

［9］寇：即“寇”的俗體字。杜葛：杜洛周、葛榮。杜阻兵幽定，葛佔據冀瀛。碑文稱“平杜、葛”，實際上葛併杜後，被尒朱榮擒。銘刻飾而已。

［10］清晏：亦作“清宴”。清世安寧。《三國志·魏志·鍾會傳》：“拓平西夏，方隅清晏。”⑤

［11］宰：即“宰”。宰守：泛指地方行政長官。《周書·蘇綽傳》：“明知百僚卿尹，雖各有所司，然其治民之本，莫若宰守之最重也。”⑥ 復：即“復”字。復業，恢

---

① （漢）班固撰，（唐）顏師古注：《漢書》卷五十四，中華書局1962年版，第2444頁。

② 同上書，第2449頁。

③ （晉）陳壽撰，（南朝宋）裴松之注：《三國志》卷二十八，中華書局1964年版，第779頁。

④ 十三經注疏整理委員會：《尚書正義》卷十一，《十三經注疏》，北京大學出版社2000年版，第350頁。

⑤ （晉）陳壽撰，（南朝宋）裴松之注：《三國志》卷二十八，中華書局1964年版，第790頁。

⑥ （唐）令狐德棻等：《周書》卷二十三，中華書局1971年版，第382頁。

復常業。

［12］醜奴：万俟醜奴，曾僭號稱帝，號“神虎”。万俟氏，鮮卑族。據《北齊書·万俟普傳》：“其先匈奴之别種也。”正光中“率部下降魏”①。莫折：此指莫折念生，曾稱帝，號“天建”。念生死，醜奴統轄其部。莫折氏，又作“莫遮”“莫者”，秦州羌人。《元和姓纂》：“莫者氏。《西秦録》有右衛將軍莫者羖羝，西安太守莫者幼春、尚書郎莫者阿胡。”② 後莫折氏變折氏，鄜州東北鄉有折家墊，應是莫折氏改折氏的歷史遺證③。醜奴、念生，事跡見《魏書》。

［13］抜：即“拔”字。碑刻中亦作“抜”。賀抜：指賀拔岳，賀拔勝之弟，曾總制關右。永安三年（530）春，北魏派尒朱天光任統帥，賀拔岳、侯莫陳悦為左右大都督、副帥，敗醜奴。見《魏書·賀拔勝傳》附。賀拔氏，《廣韻·佪》：“又虜複姓九氏。……《周書·賀蘭祥傳》云：‘其先與魏俱出陰山，代為酋長。北方謂土為拔，為其總有地土，時人相賀，因為賀拔氏。後自武川徙居河南也。”④ 龔行：奉行。《漢魏六朝碑刻校注》稱“龔”通“恭”，恭敬。可從。

［14］虒：即“虒”，同“虎”。虎將：勇將。典出《漢書·王莽傳下》：“莽拜將軍九人，皆以虎為號，號曰‘九虎’，將北軍精兵數萬人東，内其妻子宫中以為質。”⑤ 勐：《八瓊室金石補正》：“‘勐’之訛，即‘猛’之俗。‘埩’疑即‘争’字。”

［15］擒：即“擒”字。《八瓊室金石補正》：“‘抭’即‘坑’之訛。”萇：古通‘長’。

［16］絛：《漢魏六朝碑刻校注》疑是“攸”的俗字，可採。

［17］徑：即“涇”字。“亻”與“彳”相混，“彳”與“氵”因形體相近而訛混。如：“儒”作“徜”、“得”作“淂”等。

［18］《八瓊室金石補正》：“‘閤’，疑‘閼’之訛。”閼絕，堵塞杜絕。私：即“私”字。私覿，謂私以禮物拜會出使國的國君。《禮記·聘儀》：“君親禮賓，賓私面私覿，致饔餼。”⑥

［19］子産：字子美。亦稱“公孫僑”“公孫成子”。因居東里（今屬河南鄭州），亦稱東里子産，見《論語·憲問》。春秋時期鄭國傑出的政治家、思想家。執政期間實行改革，按丘征賦，鑄刑書，不毀鄉校。事跡見《史記》卷四十二《鄭世家》。周邵：三國吴武將，父為東吴大將周泰。“（周泰）子邵以騎都尉領兵。曹仁出濡須，戰

① （唐）李百藥：《北齊書》卷二十七，中華書局1972年版，第375頁。

② （宋）鄭樵撰，王樹民點校：《通志二十略》，中華書局1995年版，第178頁。

③ 曾曉梅、吴明冉：《兩晉南北朝至隋碑銘所見羌族姓氏研究》，《北方文物》2012年第3期。

④ 周祖謨：《廣韻校本》卷四，中華書局1960年版，第421頁。

⑤ （漢）班固撰，（唐）顔師古注：《漢書》卷九十九下，中華書局1962年版，第4188頁。

⑥ 十三經注疏整理委員會：《禮記正義》卷六十三，《十三經注疏》，北京大學出版社2000年版，第1941頁。

有功，又從攻破曹休。"① 事跡見《三國志》卷五十五《周泰傳》。

［20］照：通“昭”。昭著，彰顯。

［21］�：即“僕”字。臺：即“臺”字。行臺：魏晉時，因出征臨時在外設置的代表中央的政務機構。

［22］侯莫陳：指侯莫陳悦，代郡人。事跡見《魏書・侯莫陳悦傳》。侯莫陳，鮮卑别部，居庫斛真水，以部落為氏。《魏書・官氏志》：“侯莫陳氏，後改為陳氏。”②

［23］擬：同“擬”。逆：即“逆”的俗字。

［24］靁：“靈”的俗字。涅：同“泥”。祗：即“祇”字。

［25］元悪：即“元惡”，首惡。

［26］徒：即“徒”字，通“圖”。徒害：圖謀殺害。

［27］演：即“演”的俗字。洪演，又稱“弘演”。洪演纳肝，典出《吕氏春秋・忠廉》：春秋衛懿公為戎人“殺之，盡食其肉，獨捨其肝。弘演至，報使於肝，畢，呼天而啼，盡哀而止，曰：‘臣請為襮。’因自殺，先出其腹實，内懿公之肝”③。後指忠臣。

［28］昌：即“芽”字。苞芽，疑“鮑叔”。春秋時“鮑叔牙”的别稱，齊國代稱，以知人、篤於友誼稱於世，輔佐齊桓公稱霸。後常以“鮑叔”代稱知己友好。

［29］解：即“觧”。同“解”。解陽，春秋晉大夫，出使宋，以解楚圍宋之困。事見《左傳・宣公十五年》。

［30］紀信：項羽攻滎陽，信自請與漢王劉邦易服，乘漢王車，遂被焚。漢王乘間而遁。

［31］仵負：即伍員（伍子胥）。春秋楚國大夫，因父兄為楚王害，逃至吴國。後利用吴國力量，打敗楚國，為父兄報仇雪恨。見《左傳・定公四年》。孫武：古代大軍事學家，春秋末期吴國將軍。亦稱孫子。字長卿，齊國樂安（今山東惠民，一説博興）人。避禍至吴國，與伍子胥共同輔佐吴王闔閭，以少勝多，大敗楚國，使吴國成為春秋戰國霸主之一。著《孫子兵法》十三篇。《史記》卷六十五有傳。

［32］噲稽：即“會稽”。春秋吴國孫武大敗越國勾踐於會稽。

［33］韓、白：即韓信、白起，分别為西漢、戰國名將，兩人以善於用兵著稱。

［34］高賊：當指北齊神武帝高歡。武泰元年封渤海王。永熙元年任大丞相、柱國、大將軍、太師。後取代東魏政權，建立北齊政權。

［35］《八瓊室金石補正》：“‘弄’作‘挊’。”

---

① （晉）陳壽撰，（南朝宋）裴松之注：《三國志》卷五十五，中華書局 1964 年版，第 1288 頁。

② （北齊）魏收：《魏書》卷一百一十三，中華書局 1974 年版，第 3012 頁。

③ （戰國）吕不韋編，陳奇猷校釋：《吕氏春秋新校釋》卷十一，《中華要籍集釋叢書》，上海古籍出版社 2002 年版，第 595 頁。

［36］曺劌：春秋時魯國名將。又名曹沫。以智謀、勇略聞名後世。在齊魯長勺之戰中，採用後發制人戰法，敗齊國。事跡見《左傳·魯莊公十年》。孫臏：戰國中期著名軍事家。孫武的後裔。齊威王時為齊軍師。著《孫臏兵法》，《漢書·藝文志》稱為《齊武子》。《史記》卷六十五有傳。筞：同“策”。

［37］鏊：同“鏖”。

［38］肻：即“崩”字。北魏建義元年（528）《青州刺史元湛墓誌》：“可謂荊山肻，玉樹折。”① 六合：天下；人世間。

［39］茹茹：北朝稱蠕蠕，南朝稱為芮芮。《隋書》稱茹茹。本為東胡族的一支。初屬拓拔部。南北朝時始强，西魏廢帝時為突厥所滅。《元和姓纂·九御》：“茹，河南，《官氏志》，普陋茹氏改為茹氏。又蠕蠕入中國，亦為茹氏。”②

［40］“昌”上一字泐，應是“宕”字。宕昌，西北諸羌之一支。分佈在洮河以東，白水以北、渭水以南的地區。《北史·宕昌傳》：“有梁懃者，世為酋帥，得羌豪心，乃自稱王焉。懃孫彌忽，（北魏）太武初，遣子彌黄奉表求内附。太武嘉之，遣使拜彌忽為宕昌王，賜彌黄爵甘松侯。彌忽死，孫彪子立。其地自仇池以西，東西千里，席水以南，南北八百里。地多山阜，人二萬餘落。”③

［41］鄧至：鄧至羌，西部諸羌之一，又稱白水羌。《北史·鄧至傳》：“鄧至者，白水羌也，世為羌豪，因地名號，自稱鄧至。”④ 主要活動於白水流域，根據羌人以地名為種姓之號的理據，鄧至羌又名白水羌。吐谷渾：本遼東鮮卑慕容廆之兄，後徙居上隴，為西北諸種之一。參《晉書·吐谷渾傳》。

［42］和穆：同“和睦”。“父義，母慈，兄友，弟恭，子孝”，即五教，語出《史記·五帝本紀》：“舉八元，使佈五教於四方，父義，母慈，兄友，弟恭，子孝，内平外成。”⑤

［43］搀：即“欃”字。《漢魏六朝碑刻校注》：“欃槍，星名，主戰争。”除欃槍於九霄，表示平息戰亂。

［44］“何枉”，《漢魏六朝碑刻校注》疑“阿枉”之訛。阿枉之囚，因受冤枉而獲罪的囚犯。可採。土：當作“士”。

［45］俗美：民風淳樸、美好。“俗”，《漢魏六朝碑刻校注》作“私”，恐非。

［46］尭：據文義，疑應“考”的俗字。與“老”字混。㐮：“喪”的訛變字。

［47］哀迷：悲傷迷惘。

---

① 趙力光：《鴛鴦七誌齋藏石》，三秦出版社 1995 年版，第 106 頁。

② （唐）林寶撰，岑仲勉校記：《元和姓纂》卷八，中華書局 1994 年版，第 1206 頁。

③ （唐）李延壽：《北史》卷九十六，中華書局 1974 年版，第 3190 頁。

④ 同上書，第 3191 頁。

⑤ （漢）司馬遷：《史記》卷一，中華書局 1959 年版，第 35 頁。

［48］此句語出《周易·坤》："積善之家，必有餘慶；積不善之家，必有餘殃。"①累積善行，留給子孫後輩的德澤。

［49］湯王：即商湯。商明君，文治武功，因天旱，自焚而降雨。

［50］熒或：即"熒惑"，星名。古之火星，熒惑現，國有災。㫺：即"昔"字，通"夕"。春秋宋景公因國家遭災，思悔過。

［51］斑：通"頒"。

［52］宇文氏：鮮卑化匈奴姓。南北朝時期，由於匈奴氏族内部組織的解體，加之匈奴與漢、鮮卑及其他各族的接觸，部分匈奴已鮮卑化，如宇文部。有的融入漢和其他民族，在南北朝後期，"匈奴"一名在中國歷史舞臺上消失。

［53］益：通"隘"。㟁：即"崗"的俗字。

［54］師子：即"獅子"的譯名。

［55］庒嚴：即"莊嚴"。黄乚：即疊詞"黄黄"。《八瓊室金石補正》："'黄黄'，即'煌煌'，古只作'皇'，皇、黄古通。"

［56］巍：《八瓊室金石補正》："即'巉'之俗。"巙巉，山高峻貌。

［57］金方：古代五行，西方屬金，故西方亦稱金方。

［58］邉：即"邊"的減筆俗字。《八瓊室金石補正》作"邉"，是。

［59］銮：同"率"。儛：即"舞"的加形字。率舞，相率而舞。語出《尚書·舜典》："夔曰：'於！予擊石拊石，百獸率舞。'"孔傳："樂感百獸，使相率而舞。"②

［60］㲉：即"穀"的異體。《八瓊室金石補正》："'穀'作'㲉'。"構件"壴"演變為"声"。

［61］三皇：指傳説中上古三帝王，伏羲、神農、黄帝。

［62］綏：即"綏"字。讃：即"讚"的簡筆俗字。

［63］傍：同"傍"。

彙考

《晉書·苻生載記》：苻生尊其母强氏為皇太后。隴右强氏，當為氐人。但像主强獨樂，族屬不明。北魏孝文帝（471－499）時，趙興郡轄安定、趙安、高望、獨樂、陽周五縣，屬豳州，乃氐羌、屠各、盧水胡、粟特等部族活躍地。"强獨樂"其名，是否源自縣名"獨樂"，待考。記載有"趙興郡"題名的北魏正始元年（504）《山公寺碑頌》，出土於甘肅省寧縣，多龐、雷、彭、弥姐、屈南、㒹、昨和、地連、楊、

① 十三經注疏整理委員會：《周易正義》卷一，《十三經注疏》，北京大學出版社2000年版，第36頁。

② 十三經注疏整理委員會：《尚書正義》卷三，《十三經注疏》，北京大學出版社2000年版，第95頁。

樊、梁、苟、山、長孫、扶扶、厍等氏羌、屠各、盧水胡等部族姓氏題名。此造像碑，雖刻於四川腹地，但所涉人物、事件多為北魏少數部族。碑文稱“樂等与大都督夫蒙儁”。“夫蒙”，西羌望族，南北朝時期，北方碑銘中常見，在四川尚屬首次發現。它表明北朝末期，夫蒙氏，該支羌人業已活躍於西南四川内陸腹地。鑒於此，我們將《强獨樂造像記》收入羌族漢文石刻。

064 絳阿魯造像碑 武成元年（559）十月

碑陽

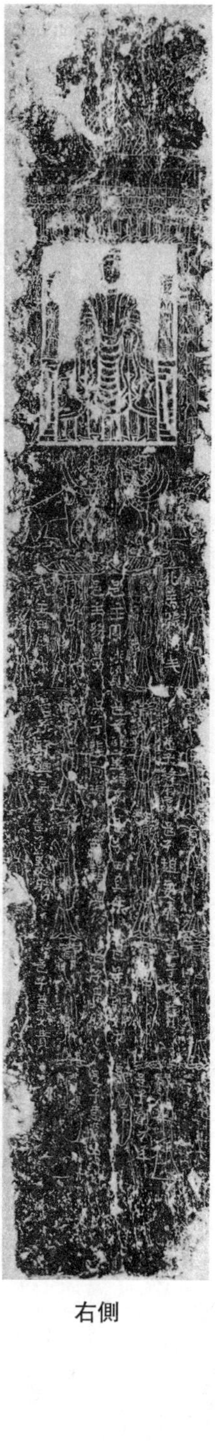

右側

碑陰

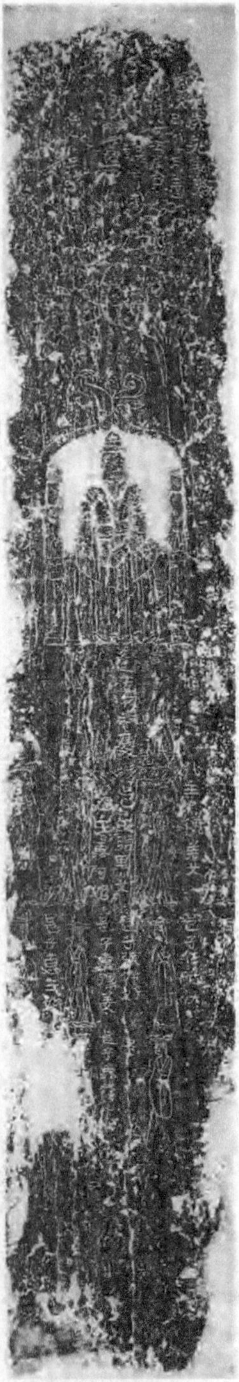

左側

説明

碑石於1913年在陝西省耀縣城南漆河發現，原藏耀縣文正書院（今耀縣城内西街小學）。1955年遷入耀縣文化館，1971年遷入耀縣藥王山碑林。長方體柱狀，頂、座佚，頂部有榫。高177 cm，寬80 cm，厚33 cm。碑陽並列兩龕，左龕道像，右龕佛像。龕楣火焰式，上有六龍、飛天並左右三層方塔。龕左右、下部刻供養人像和題名。碑陰中開方龕，内造佛像三尊，坐佛穿雙領下垂衣，坐束腰方臺，衣裾垂覆臺面。這種龕形和座式在北周以後逐漸流行①。龕左右、下部刻供養人像和題名。左側圓拱龕，内造道像三尊。龕頂有發願文，龕下刻供養人並題名。右側方龕，内佛像三尊。兩龕左右及下部皆供養人圖。記14行，滿行5–7字；餘題名。楷書。記殘泐嚴重，不可讀。人稱《田癸洛碑》，該碑又題《二十六人等造像碑》《廿六人等造像碑》。

碑文

絳阿穠，/絳阿㜁[1]。/（以上刻於碑陽龕左右）

父絳苟子秉馬時，/□法宗[2]，/絳僧駱，/父絳阿黑秉馬時。/

絳吴生，/絳道淂，/像主絳阿魯，/息男阿狗，/息男樂智，/息僧明，/息田阿舡，/息女女大女，/㜁妻［劉］買来[3]。/

絳阿智，/絳□□，/絳暵国[4]，/絳阿□，/絳神庶，/□□雙，/絳□□，/絳英槲，/絳正典，/息□□□。/

絳□□，/絳令雙，/絳遵璨[5]，/絳光祖，/絳□祖□，/絳始貴，/絳元和，/絳迴族，/絳□侯。/（以上刻於碑陽龕下）

沙彌化生[6]。/（以上刻於碑陰龕左側）

比丘尼法姬，/邑師沙門尼曇景，/唯舡法果，/唯舡智樂[7]。/

香火辨通，/比丘尼僧輝，/比丘尼僧思，/沙彌法和。/

都邑主張男引，/像主田蕻洛，/像主恵像姬，/都邑主恵迴好。/

典坐恵無資雀，/邑正楊神嬰，/邑諝劉緱男[8]，/化主恵姚趙，/邑主張道陽[9]，/邑主田黑伏，/化主劉練東，/邑諝田□嫁[10]，/邑正恵阿瓊，/典坐緱魯妃。/

邑先田休[11]，/邑先緱阿金，/邑先李女花，/香火緱壯汝，/都録游文足，/都録王阿倮，/邑老任昭堂，/邑先劉逢容，/邑先王阿迗[12]，/邑先魏来好。/

邑子魏雀女，/邑子劉宜好，/邑子緱金朱，/邑子恵董□，/邑子張猥荼，/邑子恵好香，/邑子田阿容，/邑子王女嬰，/邑子驢容女，/邑子王羅漢。/（以上刻於碑陰）

---

① 李淞：《長安藝術與宗教文明》，中華書局2002年版，第405頁。

武成元年，歲/次己卯，十月乙酉，/八月八日壬辰，/合諸邑（下泐）。/

道士□神慶。/

化主魏着女，/邑主張黑女，/邑主恵阿姬。/

邑子任醜伏，/邑子張仵好，/邑子恵猥姜，/邑子恵三好。/

邑（下泐），/邑子恵□□。/（以上刻於碑左側）

化主張阿弋[13]，/邑主周洪資[14]，/邑主絳豐女，/化主田錦來。/

邑子絳磨姬，/邑子□董洛女[15]，/邑子張阿瑣，/邑子郭興□[16]。/

邑子趙要勝，/邑子田真朱，/□□趙□俗，/邑子董女勝[17]。/

邑子香□，/邑子張好女，/邑子田□勝，/邑子菓女貴[18]。/

邑子緱万達[19]，/邑子恵□榮[20]。/（以上刻於碑右側）

著録

1.《北朝佛道造像碑精選》106 圖，138 文。2.《中國道教石刻藝術史》上－132。3.《藥王山造像碑》，《中國道教》2001（6）。4.《漢魏六朝碑刻校注》10－145 圖，148 文。5.《長安藝術與宗教文明》405。6.《全北齊北周文補遺》54。

注釋

[1] 奍：上“少”，下“免”。《長安藝術與宗教文明》作“党”，非。《全北齊北周文補遺》未釋。

[2] 秉：“乘”的俗字。下文又將“丷”省略，簡化作“秉”。見下文“父絳阿黑秉馬時”。《全北齊北周文補遺》未釋“法”。

[3]《漢魏六朝碑刻校注》未釋“大”上“女”字。《北朝佛道造像碑精選》《長安藝術與宗教文明》脱“奍”。《全北齊北周文補遺》沿用，脱一“女”字，並脱“奍”。

[4]《長安藝術與宗教文明》未釋“智”。並“暵”作“暯”，形似而誤。《全北齊北周文補遺》沿誤。

[5]“璨”，《長安藝術與宗教文明》作“燦”，非。

[6]《漢魏六朝碑刻校注》脱“沙彌化生”。

[7] 舺：“那”的異體。《長安藝術與宗教文明》釋“果”作“泉”。“智”，《漢魏六朝碑刻校注》作“知”，脱“樂”。均非。

[8] 諝：通“胥”。胥吏。

[9]“陽”，《北朝佛道造像碑精選》作“隊”，非。《長安藝術與宗教文明》沿誤，並釋“姚”作“要”，同音而誤。

［10］“諝”，《長安藝術與宗教文明》作“謂”，不取。《全北齊北周文補遺》未釋“嫁”。

［11］先：即“老”的俗字。休：即“烋”字。同“休”。《玉篇·火部》：“烋，美也；福禄也；慶善也。”①《長安藝術與宗教文明》作“烋”，是。《全北齊北周文補遺》作“休”，非原刻。

［12］《長安藝術與宗教文明》未釋“昭”“逆”。《全北齊北周文補遺》沿用。原刻“逆”，即“逆”字。《北朝佛道造像碑精選》均未釋。

［13］弎：即“三”的俗字。

［14］“資”，《長安藝術與宗教文明》作“寶”，非。

［15］“洛”上“董”字，《長安藝術與宗教文明》作“黑”，非。《全北齊北周文補遺》沿誤。

［16］《漢魏六朝碑刻校注》未釋“郭”。

［17］“董女”二字，《北朝佛道造像碑精選》釋作“妻”字，《長安藝術與宗教文明》《全北齊北周文補遺》沿誤。

［18］菒：即“業”字。《長安藝術與宗教文明》作“慕”，非。

［19］“万”，《北朝佛道造像碑精選》釋作“不”字，不取。《長安藝術與宗教文明》《全北齊北周文補遺》沿用。

［20］“恵”下泐两字，首字無法辨識，次字存痕，上為兩個“火”，似“榮”字。他書未釋。

彙考

該造像碑是以絳阿魯為首的合邑造像碑。佛道造像在同一碑面並列的情況，除北魏始元年（424）《魏文朗造像碑》外，不多見。碑陽供養人主要為男性，餘三面則為女性，包括沙門尼、比丘尼，這顯示當地有尼寺背景的可能。

造像題名有絳、魏、劉、緱、恵、董、楊、張、田、王、周、任、董、楊、周、業、驢等姓氏，尤以絳多。其中，楊、董為氐羌，王、周或羌人、或漢人。任姓，《周書·任果傳》：“南安人也。世為方隅豪族。……魏廢帝元年率所部來附。太祖嘉其遠至，待以優禮。……太祖以益州未下，復令果乘傳歸南安，率鄉兵二千人從［尉遲］迥征蜀。……以其方隅首望，早立忠節，乃進爵安樂郡公，賜以鐵券，聽世相傳襲。”② 南安（今甘肅隴西縣）原是羌人所住的地方，任果當即羌中豪族。後秦有任

---

① （梁）顧野王著，（唐）孫强增補，（宋）陳彭年等重修：《重修玉篇》卷二十一，《景印文淵閣四庫全書》（224），臺北：臺灣商務印書館 1986 年版，第 175 頁。

② （唐）令狐德棻等：《周書》卷四十四，中華書局 1971 年版，第 799 頁。

謙、任蘭，疑亦一族①，在羌人碑中屢見。西魏大統元年（535）《毛遐造像記》有“邑主任業”，另有夫蒙、楊、雷氏等羌人。西魏大統十二年（546）《荔非郎虎、任安保六十人等佛教造像碑》，荔非氏 22 人、雷氏 3 人、彭氏 2 人、鉗耳氏 1 人、姚氏 1 人，羌人過半。王氏 1 人，有可能是羌人，也有可能是漢人。其中，“荔非郎虎”“任安保”，分別在碑陽、碑陰出現兩次，足見其為該造像碑身份重要之人。“荔非郎虎”是像主，“［前］郡［丹州］永寧令、［丹］州府主簿荔非郎虎”；“任安保”是邑主，後泐蝕嚴重，不能辨識。任氏同荔非氏，應是羌人。

① 周一良：《魏晉南北朝史論集》，北京大學出版社 2010 年版，第 178 頁。

065 王妙暉造像記 武成二年（560）二月初八

説明

碑石出土於陝西省咸陽縣渭河南岸。碑石亡佚，拓片失傳。《金石萃編》："石座方三尺五分，厚九寸。"四面刻，碑陽文28行，碑陰文12行，碑左側文26行，右側文24行，行字數不等。《關中石刻文字新編》："此造像已見《金石萃編》，題為《王妙暉造像記》。惟字多舛誤，今為校録于此。"該碑又題《王妙暉等五十人造像銘》《邑子五十人等造像記》。

碑文

蓋大範攸寂[1]，非一念无以顯其原；妙理澄湛，非表像何以暢其言[2]。是故影跡雙林，□□蒼生。雖□□□□沙[3]，知善可崇[4]，邑子五十人等，并宿樹蘭柯[5]，同兹明世。爰託鄉親。義存香火。識十惡之徒炭[6]，體五道之新吉[7]。既沈處娑婆，實思宏願。僉渴家資[8]，共成良福。遂於長安城北，渭水之陽，造釋迦石像一區，永光聖宅。願周皇帝祚延祚，常登安樂[9]，晉國公忠孝，慶筭無窮[10]。又邑子亡者，值佛聞法。見在眷屬，恆與善居。將來道俗世同，脩使如来福業不墜[11]。於今奕籍回之感，終美於去在。

武成二年，歲次庚辰，二月癸未□，八日辛丑[12]。

像主王妙暉，［天宮］主豆石客[13]，塔主曹妃[14]，鐘主韋宜如[15]，天宮主吴香女，邑師比邱尼法光，谷主杜孃[16]，□主王顯女，化主竇遷。（以上刻於一面）

像主逷薩姜[17]，像主王元嬰，邑主劉女勝，典坐弥姐婁[18]，邑主呼延蠻獠[19]，邑主施英光，邑主[20]，典坐韓仕資，邑主杜資，客登主王舍，化主馬白女，登主袁征女，化主段春嫗[21]，邑謂段磨尼[22]，邑謂吕敬容[23]，邑謂陸敬容[24]，都維那段顯資[25]，都維那高阿香，典坐何阿妃，行維那趙將男[26]，典録冑道女，香火杜香暎[27]，香火竇勝貴[28]，登明主王阿舍，登明主袁仏女[29]，邑子王伏光，邑子陽女勝，邑子王五男[30]，治律晉央女，維那賀保勝，邑子慕容妃[31]，邑子苟妃[32]，邑子，典坐高那朱[33]。（以上刻於一面）

典坐王恩嫗[34]，香火孫女賜，邑子孫黄頭，邑子楊須磨[35]，邑子蘭買女，邑子高含女，邑子袁保嫗，邑子李榮妃，邑子王始鑾[36]，香火張孟暉，邑子馮外嫗[37]，邑子杜香暎。（以上刻於一面）

邑子陳孃，邑子聞獠是，邑子成令□，邑子于阿□[38]，邑子張阿□，香火張僧暉，香火劉榮資，登明主王康[39]，登明主閻□，行維那高□，行維那高□[40]，□行維那□，邑謂賀□，邑謂□□，典録張□[41]，典録胡□，化主宋□，化主丁香□，都維那王洪暉，都維那王妙資，典坐劉伏香[42]，典坐秦□[43]，都化主杜香暵，都化主潘石妃，邑主陸河休[44]，邑主審容資，行，［像］主陳資容[45]，但日主王[46]。（以上刻於一面）

著録

1.《金石萃編》卷36－1上。2.《關中石刻文字新編》卷1－13下。3.《八瓊室金石補正》卷23－8下。4.《全北齊北周文補遺》55。

注釋

［1］《關中石刻文字新編》："大範之'範'當作'梵'。"可從。"攸"，《關中石刻文字新編》作"修"，非。

［2］亩：即"旨"字。

［3］"蒼"上泐二字，《金石萃編》作一泐蝕字，《八瓊室金石補正》認為作"示"。"沙"上五字，《金石萃編》作"離合□蛾□"，《八瓊室金石補正》補未釋之字作"抹""蕠"。《全北齊北周文補遺》沿用，並釋"生"下六字，作"離合；□蟻聚沙"。備參。

［4］𡵂：即"崇"的異體字。《關中石刻文字新編》未釋。"可"上，《全北齊北周文補遺》衍一泐蝕字。

［5］《金石萃編》《全北齊北周文補遺》脱"并"。

［6］徒：當作"塗"。徒炭：即"塗炭"。比喻極困苦的境遇。十惡：佛教語，指殺生、偷盗、邪婬、妄語、兩舌、惡口、綺語、貪欲、瞋恚、邪見等。

［7］五道：佛教語，指天、人、畜生、餓鬼、地獄五處輪回之地。參《菩薩處胎經》。後道教吸收其説，亦有生死輪回轉世五道。新吾：即"辛苦"。"新"，《金石萃編》作"親"，非。

［8］渴：假借為"竭"，竭盡。《全北齊北周文補遺》作"竭"，是。

［9］延：即"延"的簡筆俗字。延祚，長久的福禄。"常"，《金石萃編》作"當"，不取。

［10］晉國公：宇文護，字薩保，代郡武川人。鮮卑種。北周文帝宇文泰之侄，邵惠公宇文顥第三子。曾隨侍賀拔岳，跟隨宇文泰征討侯莫陳悦。宇文泰死後，掌國政大權，迫使西魏恭帝禪位，擁立宇文覺建立北周。封大司馬、晉國公，權傾一時，先後廢孝閔、明帝，後被武帝宇文邕殺。此造像將"晉國公"與北周皇帝並列，可見

護權重而望尊。見《周書·宇文護傳》。筭：同“筭”“算”字。《全北齊北周文補遺》徑作“算”，非原刻。

［11］耒：即“來”的俗訛字。如耒：即“如來”。福業：佛教語。指行善佈施、慈悲利生的造福功德。

［12］《周書·明帝本紀》：武成二年正月癸丑，則二月為癸未朔無疑，八日乃庚寅，非辛丑。是月辛丑在十九日。“未”下一字，當“朔”字。

［13］“主”上泐二字，據《金石萃編》補“天宮”二字。天宮主，謂出資造天宮石像者。

［14］曹氏，族源有漢、粟特匈奴族。很有可能是粟特曹國人。《北朝胡姓考》：“河南曹氏，本曹國胡，以國為氏。”① 《關中石刻文字新編》未釋“塔”“曹”二字，據《金石萃編》補。

［15］“如”，《八瓊室金石補正》作“姬”，備參。

［16］荅：即“塔”的簡筆俗字。

［17］“薩”上一字，《八瓊室金石補正》作“逿”，即“邊”字。《金石萃編》《關中石刻文字新編》未釋。《全北齊北周文補遺》脱“逿”字，並釋“薩”作“薛”字，非。

［18］弥姐婁：西羌種。《金石萃編》未釋“勝”“弥姐婁”四字。據《關中石刻文字新編》《八瓊室金石補正》補。

［19］呼延：匈奴種號。《史記·匈奴列傳》：“呼衍氏、蘭氏，其後有須卜氏，此三姓其貴種也。”顏師古注：“呼衍，即今鮮卑姓呼延者也。”② 《晉書·北狄·匈奴傳》：“其四姓，有呼延氏、卜氏、蘭氏、喬氏。”③ “延”，《八瓊室金石補正》作“吱”，不取。

［20］《金石萃編》《全北齊北周文補遺》脱“邑主”。

［21］“客登主”“登主”，出資造像的稱謂。執事不明。《金石萃編》未釋“段”“嫗”。

［22］諝：即“謂”字。《關中石刻文字新編》：“東魏武定八年《太公廟碑》云：‘慶傳曾胥，《金石萃編》“諝”“胥”即“胃”字。北魏造像多有邑“胥”之名。此碑又加言旁，作“諝”，其時俗書，固無定格也。’”邑諝：疑佛社中低級職位。掌事不明。磨尼：佛教語。寶珠“摩尼”的梵語音譯，又作“末尼”。此作人名，與摩尼教無關。後者是3世紀中葉由波斯人摩尼創立的宗教。因音譯，“磨”“摩”不分。

① 姚薇元：《北朝胡姓考》，中華書局1962年版，第392頁。
② （漢）司馬遷：《史記》卷一百一十，中華書局1959年版，第2890－2891頁。
③ （唐）房玄齡等：《晉書》卷九十七，中華書局1974年版，第2550頁。

《金石萃編》未釋“段”。

［23］《金石萃編》未釋“容”。

［24］“容”,《金石萃編》作“客”,“容”的省筆俗字。

［25］《金石萃編》未釋“段顯”。都維那：北魏時置僧官名。北魏文成帝於興安元年（452），設都維那於道人統之下。道人統乃中央僧官機構監福曹之首長。沙門僧義、僧暹、僧頻等皆曾任都維那之職。

［26］《金石萃編》未釋“將”。

［27］“暎”,《金石萃編》作“暎”，即“映”的異體。備參。《全北齊北周文補遺》沿用。下同。

［28］竇氏，氐羌姓氏。《晉書·姚萇載記》：“南羌竇鴦率户五千來降，拜安西將軍。”① 此造像刻於陝西，是氐羌内遷主要聚居地之一，“竇勝貴”應為氐或羌人。《金石萃編》未釋“勝”。

［29］仏：即“佛”字。《金石萃編》未釋。

［30］《金石萃編》未釋“勝”“男”。

［31］慕容氏：複姓。十六國時期，遼東鮮卑種。前燕、後燕、南燕等國，為慕容氏建立。《金石萃編》未釋“治律晉央”“保”“慕容”。“治律晉央女”,《八瓊室金石補正》作“氵偉曺𦥑女”。“𦥑”,“興”的俗寫。但漢魏六朝碑刻未見用例，或是“央”字。

［32］苟氏，魏晉南北朝時期主要聚居在長安的氐人。今四川岷江上游也有苟氏羌人。羌語“哭吾節”，又作“哭吾已”，意為狗，漢語狗和苟音近，該種落羌人根據意譯加諧音的方式，改成漢式單姓“苟”。汶川縣克枯鄉清嘉慶九年（1804）《克枯棧道碑》、理縣上孟鄉同治十一年（1873）《老窪寨鄉規民約碑》、茂縣疊溪鎮排山營村道光二十五年（1899）《排山營修廟碑》等都有苟氏羌人題名。見《碑銘所見岷江上游羌人姓氏研究》②。《金石萃編》未釋“苟”。

［33］《金石萃編》未釋“那朱”。

［34］“嫗”,《全北齊北周文補遺》作“姬”。下同。

［35］“楊”下一字,《金石萃編》作“須”。《關中石刻文字新編》未釋。

［36］“李榮妃”,《金石萃編》作“李妃”,《八瓊室金石補正》作“鞏妃”。又，“蠻”上一字,《金石萃編》釋作“始”。

［37］《金石萃編》未釋“外嫗”。

---

① （唐）房玄齡等:《晉書》卷一百一十六，中華書局1974年版，第2970頁。

② 曾曉梅等:《碑銘所見岷江上游羌人姓氏研究》,《北方文物》2014年第4期。

［38］“于”，此為姓氏。《全北齊北周文補遺》作“於”，大誤。

［39］《關中石刻文字新編》未釋“康”。“康”下，《全北齊北周文補遺》衍一字，作“□”。

［40］《全北齊北周文補遺》脱“行維那高□”一人。

［41］《金石萃編》未釋“張”。

［42］“香”，《金石萃編》作“番”，名字以“香”為宜。

［43］“秦”下一字，《金石萃編》《全北齊北周文補遺》作“處醜”，備參。

［44］“河”下一字，《金石萃編》作“休”，同“休”。

［45］《金石萃編》未釋“行”。《全北齊北周文補遺》脱“行”。“像”字據《金石萃編》補，《關中石刻文字新編》脱。

［46］“但日”，《金石萃編》未釋；《八瓊室金石補正》作“但日”。但日：義不明，疑“但官”，即“壇官”的俗寫。

彙考

造像碑題名弥姐婁，是羌人。苟、竇氏，為氐羌。邑主呼延蠻獠，匈奴大姓。渭南縣渭水北岸泰莊村出土北周武成二年（560）《合方邑子百數十人造像記》，合邑主呼延觀，也是呼延氏匈奴人。該複姓後改為呼氏單姓，唐以後融入漢族。兩通造像碑羌人題名已明顯少於匈奴、鮮卑等部族題名，表明北周時期，陝西咸陽、渭南有些村邑羌人合族而居並以羌人為主的格局正逐漸代之以漢、氐羌和北方諸族雜居，多部族人們同邑而居，過着共同的經濟生活；又以信仰相同，共同建立佛像，從此各族人民走上了相互融合的道路。

066　合方邑子百數十人造像記　武成二年（560）九月十五日

説明

碑石原在同州延壽郡下邽縣，今陝西省渭南渭水河北岸信義鎮西二里之泰莊村。現藏陝西省博物館。拓本今存陝西省文物保管委員會，香港寶蓮禪寺主頁亦載有拓本圖録，可參看。北面刻發願文，四面刻供養人並題名。文5行，滿行9－12字不等；餘題名。楷書。

碑文

武成二年九月十五日，合方/邑子等百申人[1]，敬造睾加/像一區，為法界衆生，普同/妙洛[2]。先方旡量壽國[3]。頑/黄帝比下延祚無窮，離苦享洛[4]。/

□□男賀蘭萇洛一心供[5]，/□□□洪緒一心供養，/北面像主侯永洛，/合邑主呼延觀一心供養[6]，/北面像主統軍賀蘭寧一心，/典録都督若干禺一心供養[7]，/維那尉靜妙一心供養，/典坐齊普照一心供。/（以上刻於北面，即碑陰第一層）

邑子擒拔長顒一心供，/邑子䣚斯子叅[8]，/邑子賀蘭益冨一心[9]，/邑子賀蘭廣常一心，/邑子若干道洛一心，/邑子若干天生一心，/邑子如羅道明一心[10]，/邑子擒拔耷干一心[11]，/邑子若干老意一心[12]，/邑子乞伏菩超一心[13]，/邑子鈫晊元葦一心[14]，/邑子䣚斯景祥一心，/邑子䣚斯黄頭一心[15]，/邑子賀蘭芜一心[16]，/邑都督乙弗阿師子一心[17]。/（以上刻於北面第二層，發願文右側）

邑子李貴妃一心供，/邑子卜阿妃一心供[18]，/邑子彭洛咨一心[19]，/邑子賀拔元妃一心[20]，/邑子劉阿勝一心，/邑子親信城陽男若干何一心[21]，/邑子破洛汗阿拔一心[22]，/邑子烏六渾烏地歸[23]，/邑子張歸好一心，/邑子若干雙妃一心，/邑子薛蕃一心[24]，/邑子薛迺男一心，/邑子屋引女一心[25]。（以上刻於北面第二層，發願文左側）

邑主白演妃一心供養[26]，/邑主親信城陽男䣚斯詳一心，/都像主都督白停男普乇冨一心供養[27]，/邑師比丘道先一心供養，/邑師比丘僧和一心供養，/像檀越主師都督六、洋二州刺史永寧子賀蘭婁一心[28]，/都邑主師都督三原縣令華陰男屋引洛一心供，/都化主都督范縣伯擒拔怡一心。/（以上刻於南面，即碑陽第一層）

邑子宇文子祭一［心］[29]，/邑子乙弗子暢一心供，/邑子宗元妃一心供，/邑子䣚斯相妃一心供，/邑子䣚斯顧輝一心供，/邑子城陽男世子䣚斯僧通一心，/邑子禮舍香一心供養，/邑子次子土歡一心供養[30]，/邑子白停男世子興集一心[31]，/邑子長息吐胡比一心供［養］[32]，/邑子劉潘妃一心供［養］，/邑子揄抜俱羅一心供養，/邑子董貴妃一心供，/邑子吐浴渾談光一心[33]，/邑子香火主高僧慶。/

邑子趙觀遠一心供養，/邑子郚斯相勝一心，/邑子郚斯景癸一心，/邑子郚斯桃杖一心[34]，/邑子永寧子賀蘭串女一心[35]，/邑子永寧子世子賀蘭士逮一心，/邑子次子賀蘭僧安一心供，/邑子次子賀蘭僧達一心，/邑子郚斯子尚一心，/邑子屋引進遠一心，邑子屋引元遠一心，/邑子郁朱長頤意一心，/邑子俟奴突貴一心[36]，/邑子郚斯相貴。/（以上刻於南面第二層）

邑化主高陵縣開國子大都督宇文雍[37]。/西面像主□妻馮炭[38]一心，/維那周容嬰一心供養，/西面邑主師都督部鄉縣、開國子庫汗宗一心供養佛[39]，/邑師比丘玄照一心供養，/邑師比丘［僧儁］一心供養[40]，/都齋主平原縣男趙歡相[41]，/都典坐宇文抜陵一心供，/維那郚斯溫顏老[42]。/（以上刻於西面第一層）

邑先都督俟奴俟尼[43]，/邑子別將斛斯成，/邑子若干子略一心，/邑子郚斯子恭一心，/邑子和沓堂夫一心，/邑子郚斯野义一心，/邑子郚斯伯隴，/邑子郚斯元和一心，邑子高小慶一心供養，/邑子若干元安一心供養，/邑子普乇磨蚝一心供［養］[44]，/邑子謝冨和一心供養，/邑子次子前待上士庫道洛一心，/邑子部鄉開國世子庫元慶一心，/邑子和沓阿郎一心[45]，/邑子屈突褥但[46]，/邑子宇文平周一心供，/邑子宇文俱桃一心供，/邑子周子慶一心供，/邑子郚斯子襲一心供養，/邑子揄抜平洛一心供養，/邑子宇文康儒一心供[47]，/邑子郚斯貴興一心（下泐），/邑子郚斯子元一心（下泐），/邑子郚斯子□一心（下泐），/邑子宇文天保一心供養，/邑子宇文洛保一心供養，/邑子乙旃洛生一心[48]，/邑子吐知勤相贵一心，/邑子/普乇阿并一心，/邑子王洛一心供養，/邑子江子歸一心，/邑子費連廻悳一心[49]，/邑子若干廻生一心。/（以上刻於西面第二層）

□□□廣洛一心供養，/裹主揄抜癸一心供養[50]，/東面邑主都督揄抜慶一心，/香火主趙妙菓一心供養佛，/邑師比丘法師道政，/邑師比丘僧滅，/典坐謝憘一心供養[51]，/裹主揄抜僧一心供養，/東面化主郚斯相貴一心女。/（以上刻於東面第一層）

/邑子未［紫綵］一心[52]，/邑子成阿連一心，/邑子親信邑抜子靜一心，/邑子纂妻揄抜女子一心，/邑子師都督拓抜纂一心[53]，/邑子韓伙化一心供養，/邑子藥金銀一心供，/邑子郚斯阿乏一心，/邑子郚斯乏妃一心，/邑子程黑女一心，/邑子呂妃一心，/邑子周洪量一心，/邑子宇文敬妃一心，/邑子王阿妙一心，/邑子郚斯廻孃一心，/邑子屋引景妃一心，/邑子梁織成一心，/邑子梁阿妃一心，/邑子山顏嬰一心，/邑子權洛周一心，/邑子邊狼女一心[54]，/邑子牛娟妃一心[55]，/邑子王廣親一心，/邑子女陳阿姜一心，/邑子女裴洛容一心，/邑子支舍妃一心[56]，/邑子岐娥王一心，/邑子李阿廻一心，/邑子宇文似璣一心，/邑子亶小璣一心，/邑子張清妃一心供養，/

邑子屋引洛妃一心。/（以上刻於東面第二層）

著録

1.《碑銘所見前秦至隋初的關中部族》56。2.《全北齊北周文補遺》58。

注釋

［1］數：即“數”的簡筆俗字。邑：“邑”的俗寫。下文西面、東面亦作“邑”。合邑：由於經濟原因，同鄉信徒集體合作造像，這是民間造像的主要形式。發願文中常用“合方邑子”“合邑”“邑”，表示造像人身份和相互關係，成員以宗親關係為主，也有同事、同鄉關係。題名順序以出資多寡單獨開龕或者排名，比較隨意。另一種民間造像形式是“義邑”，世俗信徒結成佛教社團，根據邑主、維那、邑師、邑子等社團分工不同而排名。南北朝時，北方經歷長期戰亂，但門閥制度依然盛行，義邑的發起者與核心人物多是豪强地主，大多數成員相對於邑主完全是一種依附關係，更進一步强化、突出了尊卑的結社特點。因此，其世俗的等級觀念在題記形制上表現得極為明顯①。

［2］睪：“釋”的異體。衆：即“眾”字。洛：通“樂”。妙樂，古印度俗語的意譯。西印度國名。見唐玄奘《大唐西域記·蘇剌妙佗國》。北魏後碑刻中有以“洛”代“樂”者。

［3］旡：“无”的變體字。無量壽，即阿彌陀佛，又名無量佛、無量光佛等。國：即“國”，為“域”的别體字。“旡”“國”，《全北齊北周文補遺》作“无”“域”，非原刻。

［4］黄帝比下：即“皇帝陛下”的俗别寫。享洛：即“享樂”的俗别寫。《全北齊北周文補遺》徑作“皇帝陛下”“享樂”，當遵原刻。離：即“離”字。

［5］“賀”上一字殘，存下大半，似“男”。其上應還有二字。“洛”下，有“一心供”三字。按造像記文例，“供”下有“養”或“佛”字。原刻脱。此造像記，每面題名兩層，題名後一般有“一心”，或“一心供養”，或“一心供養佛”；下層題名前還有“邑子”二字，《碑銘所見前秦至隋初的關中部族》均脱。《全北齊北周文補遺》沿誤。《碑銘所見前秦至隋初的關中部族》從中間至兩邊迻録題名，以表現供養人的身份地位。為了便於了解碑石題名原貌，今據拓片，仍按照從右向左順序迻録題名。

［6］“邑”上一字泐，《碑銘所見前秦至隋初的關中部族》作“合”。諦視拓片，

① 賀玉萍：《石窟題記的形制與文字特點》，《中國書法》2012年第3期，第77頁。

存痕似，可取。

［7］𠬤：即“督”的異體字。若干：漠北部落名，以部落為姓氏，後改為苟氏。《魏書·官氏志》：“若干氏，後改為苟氏。”①《元和姓纂·十八藥》：“若干，出自代北，以國為氏。”②《北史·苟頹傳》：“苟頹，代人也，本姓若干，父洛拔，内行長。”③

［8］㧞：即“拔”的俗字。祭：《碑銘所見前秦至隋初的關中部族》作“祭”，是。

［9］冨：即“富”字。北朝碑亦作“畱”。

［10］如羅氏，蠕蠕族複姓。北魏時改如羅氏為如氏，見《魏書·官氏志》。蠕蠕，亦稱“茹茹”。北朝稱蠕蠕，南朝稱芮芮。《隋書》稱茹茹。本為東胡族的一支。初屬拓拔部。南北朝時始強，西魏廢帝時為突厥所滅。《元和姓纂·九禦》：“茹，河南，《官氏志》普陋茹氏改為茹氏。又蠕蠕入中國，亦為茹氏。”④

［11］夵：即“鵉”字。揄拔氏，不明。下文有“拓拔”，或為拓拔氏。《碑銘所見前秦至隋初的關中部族》作鮮卑複姓，可從。《全北齊北周文補遺》未釋“揄”字。下同。

［12］悳：同“德”。亦作“悳”。

［13］乞伏氏：亦作“乞扶氏”。鮮卑種姓。《魏書·官氏志》：“乞扶氏，後改為扶氏。”⑤ 苦：疑“蓍”字。《全北齊北周文補遺》作“苦”，非。

［14］釹：即“釵”字。《全北齊北周文補遺》未釋，並迻録“晊”作“咥”，非。

［15］斛：即“斛”的俗字。斛斯，複姓。《北朝胡姓考》認為：“朔州斛斯氏，本高車斛斯部。”⑥ 北魏有斛斯椿，《北史·斛斯椿》：“字法壽，廣牧富昌人也。其先世為莫弗大人。”⑦《北史》卷四十九有其傳。此碑題名斛斯氏 26 人，多在碑西面、南面，北面 3 人。

［16］茪：即“芜”字。《全北齊北周文補遺》未釋“茪”。賀蘭：又異譯作“賀賴”。北方賀蘭部，以部落為姓氏。《元和姓纂·三十八箇》：“賀蘭，代居元朔，隨魏南遷河洛。魏以‘忠貞’為‘賀蘭’，因命以氏。孝文時代人咸改單姓，唯賀蘭氏不改。”⑧《廣韻·個》：“又虜複姓九氏。北俗謂忠貞為賀若，魏孝文以其先祖有忠貞之

---

① （北齊）魏收：《魏書》卷一百一十三，中華書局 1974 年版，第 3007 頁。
② （唐）林寶撰，岑仲勉校記：《元和姓纂》卷十，中華書局 1994 年版，第 1545 頁。
③ （唐）李延壽：《北史》卷二十五，中華書局 1974 年版，第 929 頁。
④ （唐）林寶撰，岑仲勉校記：《元和姓纂》卷八，中華書局 1994 年版，第 1205 頁。
⑤ （北齊）魏收：《魏書》卷一百一十三，中華書局 1974 年版，第 3009 頁。
⑥ 姚薇元：《北朝胡姓考》，中華書局 1962 年版，第 306 頁。
⑦ （唐）李延壽：《北史》卷四十九，中華書局 1974 年版，第 1785 頁。
⑧ （唐）林寶撰，岑仲勉校記：《元和姓纂》卷九，中華書局 1994 年版，第 1316 頁。

稱，遂以賀若為氏。”① 因此，“賀蘭”，又作“賀若”。《魏書·官氏志》：“北方賀蘭，後改為賀氏。”② 又，“賀賴氏，後改為賀氏”③。

［17］乙弗：别譯“一弗”。鮮卑吐谷渾别支乙弗部，以部落為姓氏。《魏書·官氏志》：“乙弗氏，後改為乙氏。”④《魏書·太祖紀》載：登國元年“五月，車駕東幸陵石，䕶佛侯部帥侯辰、乙弗部帥代題叛走”⑤。“代題”，《魏書·尉古真傳》作“乙突”。《魏書·乙瓌傳》之“乙瓌”，《陸俟傳》之“乙渾”，都是乙弗氏，改乙氏。《全北齊北周文補遺》釋“乙弗”作“乙伏”。

［18］卜氏，複姓“須卜”，北魏時改卜氏。本匈奴部的一支，以部落為姓氏，屬匈奴貴族姓氏之一。《史記·匈奴列傳》：“呼衍氏、蘭氏，其後有須卜氏，此三姓其貴種也。”⑥ 五胡十六國時，該部流徙居於代北，鮮卑化。

［19］彭氏，枹罕氏變彭氏。《晉書·乞伏乾歸》：“（乞伏）乾歸率步騎三萬征西羌彭利髪於枹罕。師次於奴葵谷，利髪棄其部眾南奔。乾歸遣其將公府追及于清水，斬之。乾歸入枹罕，收羌户一萬三千。”⑦ 枹罕之“枹”與“彭”古音相同，故取其一音“枹”，且改字為“彭”。《晉書·苻登載記》有姚興帥彭沛穀，同書《姚興載記》有河州刺史彭奚念，均是羌人。北魏正始元年（504）《山公寺碑頌》題名有録事彭羌興、鎮倉曹掾彭道仁。此碑題名有昨和、荔非、雷姓，皆羌姓，彭為羌姓應該可信。

［20］賀抜：即“賀拔”鮮卑姓氏，後改單姓“何”，發生在北魏孝文帝遷都洛陽後。《廣韻·個》：“又虜複姓九氏。……《賀拔勝傳》云：‘其先與魏俱出陰山，代為酋長。’”⑧

［21］《碑銘所見前秦至隋初的關中部族》考：北周時，城陽有郥州的城陽郡（今湖北省）、永州城陽郡城陽縣（今河南省）、華山郡城陽縣（今陝西省東部）。據碑石出土地，此“城陽男”似指華山郡的城陽縣。可採。

［22］破洛汗：又作“破落汗”“破六韓”。《北齊書·破六韓常傳》：“破六韓常，字保年，附化人，匈奴單于之裔也。”⑨《魏書·肅宗紀》：“三月，沃野鎮人破落汗拔

① 周祖謨：《廣韻校本》卷四，中華書局1960年版，第421頁。
② 同上書，第3013頁。
③ 同上書，第3007頁。
④ 同上書，第3011頁。
⑤ （北齊）魏收：《魏書》卷二，中華書局1974年版，第20頁。
⑥ （漢）司馬遷：《史記》卷一百一十，中華書局1959年版，第2890－2891頁。
⑦ （唐）房玄齡等：《晉書》卷一百二十五，中華書局1974年版，第3122頁。
⑧ 周祖謨：《廣韻校本》卷四，中華書局1960年版，第421頁。
⑨ （唐）李百藥：《北齊書》卷二十七，中華書局1972年版，第378頁。

陵聚衆反，殺鎮將，號真王元年。”① 《太武五王傳》：“及沃野鎮人破六韓拔陵反叛，臨淮王彧討之，失利。”② 《全北齊北周文補遺》“扳”上衍一字，泐蝕，作“□”。

［23］烏六渾氏，東夷烏洛侯國種姓。原居於黑龍江嫩江流域，北魏時稱烏洛侯，應為降魏而隨北魏南遷者居關中者。唐時稱烏羅渾，亦稱烏洛渾。

［24］薛：即“薛”的異體字。

［25］屋引氏，鮮卑諸複姓之一。《魏書·官氏志》載：“屋引氏，後改為房氏。”③ 《通志·氏族略·代北複姓》：“本居元朔，隨魏南遷，孝文改為房氏。”④ 又，《姓氏尋源》注：“出自房氏，晉初有房乾，本出清河，使北虜，留不遣。北俗謂‘房’為‘屋引’，遂改為‘屋引’氏。乾子孫隨魏南遷，復為房氏。”⑤

［26］“主”上一字泐，據《碑銘所見前秦至隋初的關中部族》補。

［27］白停：地名。《太平寰宇記》姑臧縣有白亭海。今甘肅民勤縣以北内蒙拉善旗。唐代於此設白亭守捉，又置白亭軍。北周的“白停”疑即此“白亭”。下同。乇：即“屯”的簡筆俗字。普屯，代北鮮卑複姓。《通志·氏族略·代北複姓》：“周書，辛威賜姓普屯氏。”⑥ “屯”，或作“毛”，蓋屯、毛形近似而訛誤。遂有普屯、普毛之分，真僞莫辨。

［28］洋州：《太平寰宇記·山南道》：西魏“廢帝二年于今西鄉縣置洋州”⑦，即今陝西西鄉縣。六州無考。永寧：《元和郡縣圖志》咸寧縣下：“後魏太和十八年，於白水川置永寧縣。屬義川郡，在今縣東二十里永寧故縣是也。”⑧ 此北魏之永寧縣，今陝西宜川縣東。又《魏書·地形志》，南汾州定陽郡、朔州太平郡皆有永寧縣。“賀蘭婁”封爵，不知哪一“永寧”。

［29］“子”下一字泐，存左半，似“祭”。《碑銘所見前秦至隋初的關中部族》作“祭”，録以備參。

［30］“歡”上，是“土”。《碑銘所見前秦至隋初的關中部族》作“普”，並衍“屯三”二字，以為題“普屯三歡”，非。《全北齊北周文補遺》沿誤。

---

① （北齊）魏收：《魏書》卷九，中華書局 1974 年版，第 235 頁。

② 《魏書》卷十八，第 429 頁。

③ 《魏書》卷一百一十三，第 3011 頁。

④ （宋）鄭樵撰，王樹民點校：《通志二十略》，中華書局 1995 年版，第 176 頁。

⑤ （清）張澍撰，趙振興點校：《姓氏尋源》卷三十八，岳麓書社 1992 年版，第 481 頁。

⑥ 同上書，第 180 頁。

⑦ （宋）樂史撰，王文楚等點校：《太平寰宇記》卷一百三十八，《中國古代地理總志叢刊》，中華書局 2007 年版，第 2687 頁。

⑧ （唐）李吉甫撰，賀次君點校：《元和郡縣圖志》卷三，《中國古代地理總志叢刊》，中華書局 1983 年版，第 75 頁。

［31］世子：帝王、諸侯的嫡長子。《禮記·曲禮下》："不敢與世子同名。"鄭玄注："世或為大。"孔穎達疏："世子謂諸侯之適（嫡）子也。諸侯之臣為其子作名，不得與君適（嫡）子名同也。"① "大""太"，古音相通。"興"上，《碑銘所見前秦至隋初的關中部族》衍"普屯"二字。《全北齊北周文補遺》沿用。

［32］長息：長子。"養"字存上半，下殘。

［33］吐浴渾："吐谷渾"的異寫。本遼東鮮卑種，鮮卑慕容氏的支庶。西附陰山，徙居上隴，主要活動在抱罕、西平一帶。後慕容葉延建立吐谷渾國，以國為姓氏。

［34］"桃"下一字，右是"丈"，是"杖"字。《碑銘所見前秦至隋初的關中部族》作"枝"，非。《全北齊北周文補遺》沿誤。

［35］《碑銘所見前秦至隋初的關中部族》脱此題名。《全北齊北周文補遺》沿用。

［36］俟奴：代北人複姓。《魏書·官氏志》："俟奴氏，後改為俟氏。"②

［37］"文"下一字，諦視，是"雍"。《碑銘所見前秦至隋初的關中部族》作"永"，非。《全北齊北周文補遺》沿誤。

［38］炭：疑是"炭"字。

［39］郃鄉縣：北周無。疑即郃陽縣，屬同州澄城郡。

［40］"丘"下泐二字，據《碑銘所見前秦至隋初的關中部族》補"僧儁"。

［41］平原縣：北周時屬魏州平原郡，今山東聊城市。

［42］"扳"上，《全北齊北周文補遺》衍"□"。"乇"：即"託"字。

［43］"先"，《碑銘所見前秦至隋初的關中部族》作"先"，非。並脱"邑"字。邑先：即"邑老"，邑里老人。脱。《全北齊北周文補遺》沿用。"尼"下，拓片殘。

［44］"供"下，疑有"養"字。

［45］督：即"稽"字。和稽氏，鮮卑複姓之一。西魏以中原故家易賜蕃姓氏，耿豪為和稽氏。《魏書·官氏志》："和稽氏，後改為緩氏。"③

［46］屈突氏，本庫莫奚種，宇文之别種，本住饒樂水北，鮮卑故地，即今内蒙西拉木倫河一帶。晉建元二年為慕容皝所擄，徙居昌黎。魏登國十年，道武帝伐燕，歸魏，孝武帝時改為屈氏，望稱昌黎。西魏復舊姓。《魏書·官氏志》："尸突氏，後改為屈氏。"④ "尸"，應是"突"之誤。《元和姓纂·八物》"屈"字條："《官氏志》

---

① 十三經注疏整理委員會：《禮記正義》卷四，《十三經注疏》，北京大學出版社 2000 年版，第 124 – 125 頁。

② （北齊）魏收：《魏書》卷一百一十三，中華書局 1974 年版，第 3012 頁。

③ 同上書，第 3013 頁。

④ 同上書，第 3010 頁。

屈六友氏改為屈氏。”① “突” 被誤析為 “六友”。“屈突” 條：“屈突，本居元朔，徙昌黎，孝文改為屈氏，西魏復本姓。”② 此條不誤。拓片清晰，“褥” 下存 “伹” 字。

［47］“供” 字存上半，其下是否存 “養” 字，不確。

［48］乙旃：北方高車種姓，屬西部鮮卑。《魏書·官氏志》：“乙旃氏，後改為叔孫氏。”③《宋書·檀道濟傳》有 “安平公乙旃眷”④。《魏書·世祖紀》有 “丹陽王叔孫建”⑤，《叔孫建傳》：叔孫建，代人也，太祖時賜爵安平公，世祖時進封丹陽王。乙旃眷、涉歸幡能健、叔孫建均為一人。乙旃為原姓，叔孫是改姓；幡能健是原名，改單名建；建、眷音近。

［49］費連：代北複姓。北魏孝文帝時改費連氏為費氏。鄭樵《通志·氏族略》收録。《周書·李賢傳》有費連少渾。

［50］褭：即 “褒” 字，亦作 “襃” “裒”。《全北齊北周文補遺》作 “齋”，字形不類，不取。下同。

［51］“憘”，拓片清晰。《碑銘所見前秦至隋初的關中部族》作 “僖”。相似而混。《全北齊北周文補遺》沿用。

［52］“未” 下泐二字，據《碑銘所見前秦至隋初的關中部族》補 “紫綵”。

［53］“晢” 下一字，拓片清晰，是 “拓” 字。疑 “擒拔” 為 “拓拔”。《碑銘所見前秦至隋初的關中部族》釋 “拓” 作 “擒”，非原刻。

［54］狠：似 “猥”。

［55］焸：即 “智” 的别體。構件移位。

［56］攴：即 “支” 字。

彙考

造像碑云 “百數人”，共有題名一百五十餘人，包括匈奴鮮卑化的賀蘭氏以及鮮卑部吐谷渾、乙弗、庫、擒拔、拓拔、若干、普屯、宇文、如羅、和稽、俟奴、費連等氏；東夷部烏六渾氏；高車部斛斯、屋引、賀拔、乞伏、乙旃氏等；氐羌彭、梁、吕、程等氏；西域胡人支、白氏等。各方邑子，根據不同部族，分刻於造像碑四面，如斛斯氏多在西、南面；擒拔姓多在北面；宇文姓多在西面。匈奴、高車諸姓多在北面，氐羌在北、西面，宣示着他們從哪裡來，更重要的是 “合方邑子” 的真實反映，

① （唐）林寶撰，岑仲勉校記：《元和姓纂》卷十，中華書局 1994 年版，第 1511 頁。
② 同上書，第 1518 頁。
③ （北齊）魏收：《魏書》卷一百一十三，中華書局 1974 年版，第 3006 頁。
④ （梁）沈約：《宋書》卷四十三，中華書局 1974 年版，第 1343 頁。
⑤ （北齊）魏收：《魏書》卷四上，中華書局 1974 年版，第 78 頁。

體現了北族各部在關中的集中聚居。碑石原在同州延壽郡下邽縣，正是宇文泰與高歡鏖戰所在，故造像題名以鮮卑為主，雜胡、氐羌次之。不同部族人們，雜居一處，為了同一信仰從事同一佛事活動，造像在此具有了更多的政治歷史意義。

值得關注的是，造像題名既有軍事、政治官銜，也有宗教僧俗官銜。既有男性，也有30位女性題名，顯示了北朝時女性較高的社會地位。造像碑豐富的內容，為研究關中地區部族分佈和構成、職官設置、女性地位等問題，提供了真實可靠的材料。

067 正寧洛川釋迦立像題記 保定元年（561）正月十五日

南面　　東面

北面　　　　西面

説明

碑石於 1984 年在甘肅省正寧縣羅川鎮聶店村出土，正寧縣博物館收藏。沙巖，通高 207 cm，佛高 169 cm。臺基高 47 cm，寬 80 cm。佛像着通肩袈裟，腹部外鼓，兩手略殘，似為施無畏與願印。雙脚殘失，站在蓮花臺上。臺基陽面刻發願文、題名，餘三面題名。記19行，滿行12－14字不等。楷書。縱界格。該碑又題《保定元年一百三十人等造像記》。

碑文

保𡧍元年正月十五日合邑生一百三十/人等，共同普心，為法界眾生，廣發/洪頭[1]，造人中釋迦石像一軀，頭使/黃帝比下明中日月[2]，法界眾生，/□沾此福[3]，公得圓滿，菓保成佛[4]。/邑□劉歸綿，邑生黃□羅[5]，/南面衺主寧遠將軍、儀同司馬孫□□[6]，/南面典録寧遠將軍、統軍庫延豐□[7]，/南面化主、輕車將軍、別將宇文元達，/南面唯那驃騎將軍、都督地連昌[8]，/都香火主車騎將軍、帥都督紇奚慎[9]，/都唯那都督、啟寧縣平州剌史賈延[10]，/都邑政劉子皮為父，都衺主程顯欝，/南面邑主建中將軍、誠戭、別將郭永[11]，/都化主牛文龍，都邑謂也丘目歸，/帥都督、真𡧍縣開國侯吐難慶[12]，/都像主前將軍、右銀青光禄、/大都督、明水縣開國公豆盧相[13]，/都邑主使持節、驃騎將軍、儀同三司。/

邑師比丘僧靜，/佛堂主安法嵩，/都典坐王僧姬，/南面邑謂孫慶遵，/邑生劉法姬，/邑生范阿姊斤[14]，/邑生弥姐者総[15]。

邑師比丘顯和，/都典録孫阿妃[16]，/南面香火主支嬰□，/南面邑政吐谷渾阿□，/南面典坐容公主，/邑生樂永興，/邑生郭要遥[17]。/（以上刻於南面）

西面邑主王迴洛[18]，/西面化主成小生，/西面邑謂白慶妃，/西面邑正紇奚康和，/西面唯那江文洛，/西面典録豆盧寄受，/西面典坐牛慶珎[19]，/西面香火主付清黑，/西面衺主房阿羅□[20]，/邑生劉天生，/邑生董真歡[21]，/邑生朱汁息，/邑生徐洛僧，/邑生宇文相壽，/邑生李苟子奴，/邑生紇奚石奴，/邑生王思菓[22]，/邑生李永知，/邑生衛法胡[23]，/邑生王分進，/邑生徐阿毛[24]，/邑生毛奴子，/邑生雷仫得[25]，/［邑］生驃騎將軍、都督趙和，/［邑］生建中將軍、統軍賈洪遵。/

邑生張美香，/統軍邑生金□，/都督□妙客[26]，/邑生王顯諮，/邑生傅阿妃，/邑生王善暉，/邑生王道暉[27]，/邑生雷黑奴，/邑生馬婆惠，/邑生肖洪䄶[28]，/邑生梁茿川[29]，/邑生宇文慶，/邑生吐谷渾天生，/邑生趙郎宜，/邑生暢子㴬，/邑生雷正□[30]，/邑生成僧和，/邑生成万歲，/邑生程白居，/邑生皇甫富昌，/邑生雷士如，/邑生趙比生，/邑生趙比磨，/邑生賈華晄[31]。/（以上刻於碑西面）

［北面］邑主衛相和[32]，/［北］面花主袁阿顯，/［北面］邑謂呼延永興，/［北面邑］正段子祭，/北面唯那牛照世，/北面典録段元顯[33]，/北面典坐馬思和，/北面香火主程顯榮[34]，/北面衺主唐黃頭，/邑生魏羅慎，/邑生韓洛祖，/邑生雷智顯，/邑生雷婆非，/邑生辛安保，/邑生劉還綿，/邑生楊永洛，/邑生丁文歡，/邑生韓景開，/邑生吐難奉生，/邑生吐難紇亥，/邑生劉播貴，/邑生趙萬周，/邑生李富

昌，/邑生劉達磨，/邑生豆盧武長，/邑生李慶珎[35]，/邑生寧遠將軍、平興縣開國子曹□[36]。/（以上刻於北面上層）

邑生徐華妃，/邑生牛阿暉，/邑生李妙光，/邑生梁和妃，/邑生尉遲世晄，/邑生甬誠仃[37]，/邑生李子歡，/邑生華阿慶，/邑生張要妃，/邑生雷道生，/邑生帥都督/曹買得[38]，/邑生都/督悦光宗[39]，/邑生孟阿廣，/邑生賈元佰[40]，/邑生雷道奴，/邑生横野將/軍亓苟仁[41]，/邑生柳松諮，/邑生賈羊晄，/邑生賈仲晄，/邑生雷興郎，/邑生雷阿父女[42]，/邑生雷子乾，/邑生巍伏妙。/（以上刻於北面）

東面邑主都督豆盧子光，/［東］面化主成安慶，/［東］面邑謂阿六丸伏姫[43]，/東面邑政黄甫羅妃[44]，/東面唯那吐難慶安，/東面典録劉道洛，/東面典坐牛安和，/東面香火主徐貴安，/東面齋主段阿亥女，/邑生侯莫陳阿顯，/邑生紇奚元恭[45]，/邑生步大汗阿顒[46]，/邑生可頻各奴[47]，/邑生成洪達，/邑生地連猛略，/邑生地連暉略，/邑生趙天與，/邑生豆盧子惠，/邑生六道女，/邑生孫阿妃，/邑生尹婁比何朱[48]，/邑生侯莫陳康果，/邑生開府司馬荔非穆，/邑師比丘法顕[49]，邑生粟王生，/邑生李華妃，邑生衛毛嬰[50]。/（以上刻於東面）

著録

1.《甘肅正寧縣出土北周佛像》，《考古與文物》1985（4）。2.《甘肅佛教石刻造像》156 圖，216 文。3.《西北民族史研究》450。4.《全北齊北周文補遺》59。

注釋

［1］“普”，《甘肅正寧縣出土北周佛像》作“尊”，形似而誤。《甘肅佛教石刻造像》《西北民族史研究》《全北齊北周文補遺》沿誤。三書釋文多從《甘肅正寧縣出土北周佛像》，沿誤處不再累述。顛：即“願”。洪願，即“宏願”。

［2］黄帝比下：即“皇帝陛下”的誤寫。碑刻中習見。《甘肅正寧縣出土北周佛像》經改“皇帝陛下”。

［3］“沾”《甘肅正寧縣出土北周佛像》作“治”，形似而誤。褔：即“福”字。“一”訛變為“𠂉”。

［4］公得：即“功德”。“圓滿”，《甘肅正寧縣出土北周佛像》作“團蒲”，非。又，“保”上一字微泐，諦視，有草字頭，是“菓”。《甘肅正寧縣出土北周佛像》作“果”，二字異體。

［5］“劉”上一字殘，《全北齊北周文補遺》作“主”，據造像記文例，或是。但認為“邑”上泐一字，覾拓，非。又，未釋“生”上“邑”字。

［6］齋：即“齋”字。齋主，僧、道的施主。

［7］ 面：同“面”。“典”下一字微泐，似“録”。《甘肅正寧縣出土北周佛像》作“慮”，非。庫延：疑是鮮卑。

［8］ 驃：即“驃”字，六朝碑刻常加“寸”或“刂”。如“標”作“檦”。地連：滇零羌。“地連”與“滇零”音同。源自東漢時的滇零羌，屬西羌先零之别種，移居北地郡，其盛時自稱天子，東出馮翊，遠及魏、趙①。關中有其後裔。見《聖母寺四面像碑》，題名有邑子輔國將軍、中散金曹從事、郡主薄地連敦。該碑地連氏羌人有 3 人。

［9］ 紇奚氏，代北鮮卑紇奚部。《魏書·官氏志》勳臣八姓中有“紇奚氏，後改為嵇氏”②。《北朝胡姓考》載：登國五年（390）四月，太祖“行幸意辛山，與（慕容）賀麟討賀蘭，紇突鄰，紇奚諸部落，大破之”③。紇奚部原居意辛山（今山西大同北塞外），在代京之北，故稱“北方紇奚氏”④。《西北民族史研究》考《魏書·太祖紀》登國五年（390）十二月，“紇奚部大人庫寒舉部内屬”⑤；皇始二年（397）有“紇奚部帥叱奴根聚黨反于陰館”等⑥。認為北魏早期境内即有紇奚部，而此時柔然尚未建立政權，當為代北鮮卑部之一。其説可從。“帥”，《甘肅正寧縣出土北周佛像》作“師”，字形相近而誤。帥都督：武官名。始於西魏，北周及隋沿置，府兵統兵將軍，秩正七命。北周改都督諸軍為總管，下設大都督、帥都督、都督，掌行軍作戰及諸種軍方事宜。《北周六典·勳官》第二十：“按西魏大統中，始以大都督、帥都督、都督領鄉兵。北周初……遂成為戎秩之等。”⑦ 周明帝元年（557）《强獨樂造像記》：“帥都督楊哲。”

［10］ 敞寧縣：北魏置，治所在今陝西安塞縣境，西魏廢。造像記題“敞寧縣”，當北周時復置。平州：北周置，即今湖北當陽縣治。《周書·陽雄傳附父猛傳》：“即以其地置平州，以雄為刺史。”⑧

［11］ 㦽：即“紫”的俗訛字。構件“糸”變為“示”；“匕”變為“戈”。誠紫，無義。原刻“㦽”，或為“義”字，“議”的省寫。誠議，即“誠議大夫”的省稱。建中將軍：即“建忠將軍”。北魏置。《魏書·官氏志》載：太和二十三年（499）職

---

① 馬長壽：《碑銘所見前秦至隋初的關中部族》，廣西師範大學出版社 2006 年版，第 71 頁。
② （北齊）魏收：《魏書》卷一百一十三，中華書局 1974 年版，第 3013 頁。
③ 姚薇元：《北朝胡姓考》，中華書局 1962 年版，第 176 頁。
④ 同上書，第 221 頁。
⑤ （北齊）魏收：《魏書》卷二，中華書局 1974 年版，第 23 頁。
⑥ 同上書，第 29 頁。
⑦ 王仲犖：《北周六典》卷九，中華書局 1979 年版，第 580 頁。
⑧ （唐）令狐德棻等：《周書》卷四十四，中華書局 1971 年版，第 797 頁。

令建忠將軍，第四品①。北周沿用。二職同為正六命上階，為北周軍號散官雙授制。別將，武官名。與主力分道而行的輔翼將領，也稱“別道都將”。

[12]“主”上一字，上有泐痕，是“化”。《西北民族史研究》《全北齊北周文補遺》作“花”。“化主”，下文亦作“花主”，指掌管化緣的僧徒。㝎：即“定”。真定縣：漢文帝十一年（前196）以東垣縣改名，治所今河北正定縣南。唐神龍元年（705）復真定。吐難：亦作“土難”。代北吐難族姓。《魏書·官氏志》：“土難氏，後改為山氏。”②《魏書·山偉傳》：“山偉，字仲才，河南洛陽人也，其先代人。”後封東阿縣伯，“孝静初，除衛大將軍、中書令、監起居。後以本官復領著作，卒官。贈驃騎大將軍、開府儀同三司、都督、幽州刺史，謚曰文貞公”③。

[13]明水縣：北魏置，後改為洛聚，隋改為廚北，故治在今陝西略陽縣西。《隋書·地理志》上：順政郡轄縣有鳴水，“西魏置，曰落叢，並置落叢郡。開皇初郡廢。六年，縣改為廚北。八年，改曰鳴水”④。此云“明水”，説明北周又改名明水。豆盧：“吐伏盧”異譯和簡稱。本鮮卑慕容燕支庶，後歸北魏，改為豆盧，意為歸義。孝文時改為單姓盧。《魏書·官氏志》：“吐伏盧氏，後改為盧氏。”⑤《周書·豆盧寧傳》：“豆盧寧字永安，昌黎徒何人。其先本姓慕容氏，前燕之支庶也，高祖勝，以燕。皇始初，歸魏，授長樂郡守，賜姓豆盧氏，或云避難改焉。”⑥賜姓之説不可信，當避難改姓。《隋書·豆盧績傳》：“豆盧績字定東，昌黎徒河人也。本姓慕容，燕北地王精之後也。中山敗，歸魏。北人謂歸義為豆盧，因氏焉。”⑦唐神龍元年在沙州置豆盧軍，亦取豆盧即歸義意。見敦煌文書《唐永泰元年至大曆元年河西巡撫使判集》：“豆盧軍健兒册七人春賜請加。”⑧

[14]姊：即“姊”字。《西北民族史研究》作“姉”，非。觀拓，右半上無“艹”。《全北齊北周文補遺》作“斤姊”，誤倒。

[15]弥姐：西羌姓。《甘肅佛家石刻造像》未釋“弥”。此字微泐，尚可辨。

[16]《甘肅正寧縣出土北周佛像》脱“録”，《甘肅佛教石刻造像》沿誤，並作“都典、孫阿妃”為兩人，非。

---

① （北齊）魏收：《魏書》卷一百一十三，中華書局1974年版，第2996頁。
② 同上書，第3011頁。
③ 《魏書》卷八十一，第1792－1793頁。
④ （唐）魏徵等：《隋書》卷二十九，中華書局1973年版，第822頁。
⑤ （北齊）魏收：《魏書》卷一百一十三，中華書局1974年版，第3008頁。
⑥ （唐）令狐德棻等：《周書》卷十九，中華書局1971年版，第209頁。
⑦ （唐）魏徵等：《隋書》卷三十九，中華書局1973年版，第1155頁。
⑧ 暨遠志：《張議潮出行圖研究（續）——論沙州歸義軍的長行官健制和蕃漢兵制》，《敦煌研究》1992年第4期，第80頁。

［17］“要”下一字泐，存“辶”，右上“爫”，似“遥”。《甘肅正寧縣出土北周佛像》作“罹”，《西北民族史研究》《全北齊北周文補遺》作“羅”；《甘肅正寧縣出土北周佛像》《甘肅佛家石刻造像》作“罹”，均非。

［18］“王”下一字泐，存“辶”，“回”，《甘肅正寧縣出土北周佛像》作“迴”，是。

［19］“慶”下一字，清晰，是“珎”。《甘肅正寧縣出土北周佛像》作“我”，非。

［20］“羅”下泐一字，《甘肅正寧縣出土北周佛像》作“總”，《甘肅佛教石刻造像》作“總藾”，不取。《西北民族史研究》《全北齊北周文補遺》脱。

［21］董氏，《北朝胡姓考·匈奴諸姓》：“代郡董氏，本匈奴屠各族。”① 董氏亦羌姓。《魏書·穆崇傳·附穆亮傳》：“階陵比谷羌董耕奴、斯卑等率眾數千人，寇仇池，屯于陽段嶺。”② 此董氏，族源不可妄定。

［22］菐：即“業”字。

［23］“衛”，《甘肅正寧縣出土北周佛像》作“惷”，非。下文同。

［24］乇：即“三”字。漢魏六朝碑刻習見。《西北民族史研究》《全北齊北周文補遺》作“毛”，非。

［25］仏：即“佛”的俗字。《甘肅正寧縣出土北周佛像》作“仙”，非。《甘肅佛教石刻造像》《全北齊北周文補遺沿誤》。《西北民族史研究》脱“邑生雷仏得”。

［26］“金”“督”下，分别泐一字，《甘肅正寧縣出土北周佛像》脱。

［27］“逌”,《甘肅正寧縣出土北周佛像》《西北民族史研究》《全北齊北周文補遺》作“夐”。字形不類，不取。

［28］《西北民族史研究》《全北齊北周文補遺》未釋“肖”。

［29］梁：或氐羌姓。“梁”下一字清晰，原字作“萠”，似“藝”的俗字。《甘肅正寧縣出土北周佛像》作“藜”；《西北民族史研究》作“葝”，均非。《甘肅佛教石刻造像》《全北齊北周文補遺》未釋。

［30］“天”下一字泐，痕存似“生”。《全北齊北周文補遺》《西北民族史研究》作“山”，備參。埑：即“哲”字。《甘肅正寧縣出土北周佛像》作“暫”，非。《甘肅佛教石刻造像》沿誤。《西北民族史研究》《全北齊北周文補遺》作“督”，亦非。“正”下泐一字，《甘肅正寧縣出土北周佛像》脱。

［31］《甘肅佛教石刻造像》脱“晄”。《西北民族史研究》脱“邑生賈華晄”。

［32］“北面”，據下文補。下同。《甘肅正寧縣出土北周佛像》未釋“北面”。

---

① 姚薇元：《北朝胡姓考》，中華書局 1962 年版，第 287 頁。

② （北齊）魏收：《魏書》卷二十七，中華書局 1974 年版，第 668 頁。

［33］“北面邑”，據造像記文例補。《甘肅正寧縣出土北周佛像》作兩字，非。

［34］顋：拓片清晰。《西北民族史研究》作“炅”，非。

［35］“吐難”“豆盧”，複姓，《甘肅正寧縣出土北周佛像》作“吐糵”“豆虎”，非。又釋“珎”作“彎”，非。

［36］平興縣：西晉置，治所在今廣東高要縣東南，後廢。造像題此，説明北周時尚存。“曹”下殘，當有一字。《甘肅正寧縣出土北周佛像》認為“曹”下無字。

［37］：聶：即“聶”。由於構件重迭而減省。“仃”，《全北齊北周文補遺》《西北民族史研究》作“行”，形似而誤。

［38］“邑生帥都督曹買得”，《甘肅正寧縣出土北周佛像》別作“邑生師都督，曹買得”兩人，非。下文“邑生都督悦光宗”作“邑生都督、悦光宗”；“邑生橫野將軍亓苟仁”作“邑生橫野將、軍亓苟仁”。又釋“得”作“德”，非。各書沿誤。

［39］“都”下一字泐，似“督”。“都督”，《西北民族史研究》《全北齊北周文補遺》釋“都□”“督□”，非。

［40］“佰”字清晰，《全北齊北周文補遺》作“伯”，通“佰”，一百之數。釋讀碑文當遵原刻。

［41］“雷”，《甘肅正寧縣出土北周佛像》《甘肅佛教石刻造像》作“容”，非。並釋“野”作“舒”。非。橫野將軍，武官名號。亓氏，西羌複姓。亦作“幵”，後來與“井”字混，成為同形字。史傳於罕、幵或連稱，或單稱。《漢書·趙充國傳》：“故遣幵豪雕庫宣天子至徳，罕、幵之屬皆聞知明詔。”① 顏師古注以罕、幵為羌人之二氏，很有見地。此題名表明北周時已分姓。《全北齊北周文補遺》作“開”，非。並題作“邑生橫野將”“軍亓苟仁”兩人，大誤。

［42］“柳”下一字泐，右“公”清晰，是“鬆”。《甘肅正寧縣出土北周佛像》作“生”，非。雷氏，南安雷氏，本西羌累姐種，以種名為氏，羌中豪族。此造像記題名雷氏10人，又《聖母寺四面像碑》雷氏有27人，可見北周時雷氏仍為羌中大姓。

［43］“安慶”，《全北齊北周文補遺》作“慶安”，誤倒。阿六丸：鮮卑“阿鹿桓”的異譯，是內遷鮮卑姓氏之一。見《北朝胡姓考·内入諸姓·鹿氏》。

［44］黄甫：即“皇甫”。複姓。漢有皇甫規。見《後漢書》本傳。

［45］“恭”下，《甘肅佛教造像》衍“顒”。

［46］“步大汗”，《梁書·文帝紀》作“步六汗”②，《魏書·肅宗紀》作“破落

---

① （漢）班固撰，（唐）顏師古注：《漢書》卷六十九，中華書局1962年版，第2981頁。

② （唐）姚思廉：《梁書》卷五，中華書局1973年版，第133頁。

汗”[①]，《北齊書・破六韓常傳》作“破六韓”[②]，《魏書・官氏志》作“出大汗”[③]，匈奴單于之裔。“步大汗”，《全北齊北周文補遺》作“六汙”；“汗”，《西北民族史研究》作“汙”，非。“阿”下，《甘肅佛教造像》脱“顒”。

［47］可頻：代北複姓。《通志・氏族略》收録此姓，其注引“周書王雄傳云，太原人。唐貞觀志云，代人。雄涇州總管庸國公，西魏賜姓可頻氏”[④]。“可頻”，《全北齊北周文補遺》《西北民族史研究》作“□阿”；《全北齊北周文補遺》作“阿□”，均非。

［48］婁：即“妻”字。《西北民族史研究》作“婁”，非。又，釋“何”作“阿”，亦非。

［49］“丘”，《甘肅正寧縣出土北周佛像》《甘肅佛教造像》作“岳”，非。

［50］“衛”，清晰，《甘肅正寧縣出土北周佛像》作“偉”，非。

彙考

此碑發願文稱“合邑生一百三十人等”，實際題名153人。《西北民族史研究》稱158人，《北朝關中地區造像記書法藝術研究》作157人[⑤]，均非。疑將“邑生師都督曹買得”“邑生都督悦光宗”“邑生横野將軍亓苟仁”等，一人釋作兩人，如“邑生師都督，曹買得”“邑生都督、悦光宗”“邑生横野將軍、亓苟仁”。從題名姓氏看，漢姓為主體，有王、劉、李、段、張氏等87人，餘為鮮卑、屠各、氐羌等部族。部族構成也非常複雜，與碑“合邑生”四方各族一致。鮮卑姓氏有豆盧、紇奚、吐難、宇文、尉遲、侯莫陳、阿六丸、庫氏等；匈奴屠各有成、曹、衛、呼延、董、金、步大汗氏等；羌人有弥姐、地連、荔非、亓、雷等；氐人有梁、付、楊氏。表明北周時，秦隴氐羌已進入涇河北。就姓氏而言，比較複雜，不能一概而論。僅漢姓王氏，除羌族鉗耳氏改王氏外，還有秦州匈奴屠各王氏、代郡烏丸王氏、高麗王氏。金氏，早在十六國前秦，就有金氏羌酋。《晉書・苻登載記》有金大黑、金洛生、金温。西漢羌人内徙主要安置在隴西、金城等郡縣，羌人以地名為種姓之號和漢化姓氏，符合羌人種號取名理據。出土於河南省洛陽市的唐貞觀十六年（650）《金行舉墓誌》，誌主“隴西伏羌人”，任“車騎將軍”，其父金達即為羌人部落酋長。岷江上游也有金姓羌人，

① （北齊）魏收：《魏書》卷九，中華書局1974年版，第235頁。

② （唐）李百藥：《北齊書》卷二十七，中華書局1972年版，第378頁。

③ （北齊）魏收：《魏書》卷一百一十三，中華書局1974年版，第3010頁。

④ （宋）鄭樵撰，王樹民點校：《通志二十略》，中華書局1995年版，第177頁。

⑤ 岳紅記：《北朝關中地區造像題記書法藝術研究》，西安美術學院博士論文，2011年，第169頁。

如清《排山營修廟碑》有“金朝宗”“金朝清”“金朝林”“金朝明”等。今茂縣疊溪仍有金姓羌人①。造像碑原在聶店五華里的佛堂村，該村因佛事活動而獲名。就在碑石發現地還出土紅砂石香爐，刻“大清乾隆四十三年”字樣，可知此處佛事活動延續有序。碑石題名，為研究北周時北方部族分佈和構成、各部族任職情況等，提供了實證材料，十分珍貴。

① 曾曉梅等：《碑銘所見岷江上游羌人姓氏研究》，《北方文物》2014 年第 4 期。

國家古籍整理出版專項經費資助項目
2011 年教育部人文社會科學研究一般項目“羌族碑刻文獻整理與研究”，項目批准號：11YJA870026
2015 年四川省教育廳人文社會科學一般項目“姚氏羌人文獻搜集與整理”，項目批准號：15SB0246

羌族石刻文獻集成

貳

曾曉梅　吴明冉／集釋

巴蜀書社

圖書在版編目(CIP)數據

羌族石刻文獻集成/曾曉梅,吴明冉集釋.—成都:巴蜀書社,2016.12

ISBN 978-7-5531-0749-3

Ⅰ.①羌… Ⅱ.①曾… ②吴… Ⅲ.①羌族—石刻—文獻—彙編—中國 Ⅳ.①K287.4 ②K877.4

中國版本圖書館 CIP 數據核字(2016)第 289768 號

羌族石刻文獻集成

曾曉梅　吴明冉　集釋

出品人	林　建　侯安國
策劃編輯	施　維
責任編輯	張照華　肖　静　張亮亮　封　龍　趙邦媛　張紅義　張立園
封面設計	周　明
出　版	巴蜀書社 成都市槐樹街 2 號　郵編　610031 總編室電話:(028)86259397
網　址	www.bsbook.com
發　行	巴蜀書社 發行科電話:(028)86259422　86259423
經　銷	新華書店
印　刷	四川省南方印務有限公司
版　次	2017 年 2 月第 1 版
印　次	2017 年 2 月第 1 次印刷
成品尺寸	260mm×185mm
印　張	116.25
字　數	2800 千
書　號	ISBN 978-7-5531-0749-3
定　價	3000.00 元(全 4 册)

068 雷文伯造像碑 保定元年（561）七月二十九日

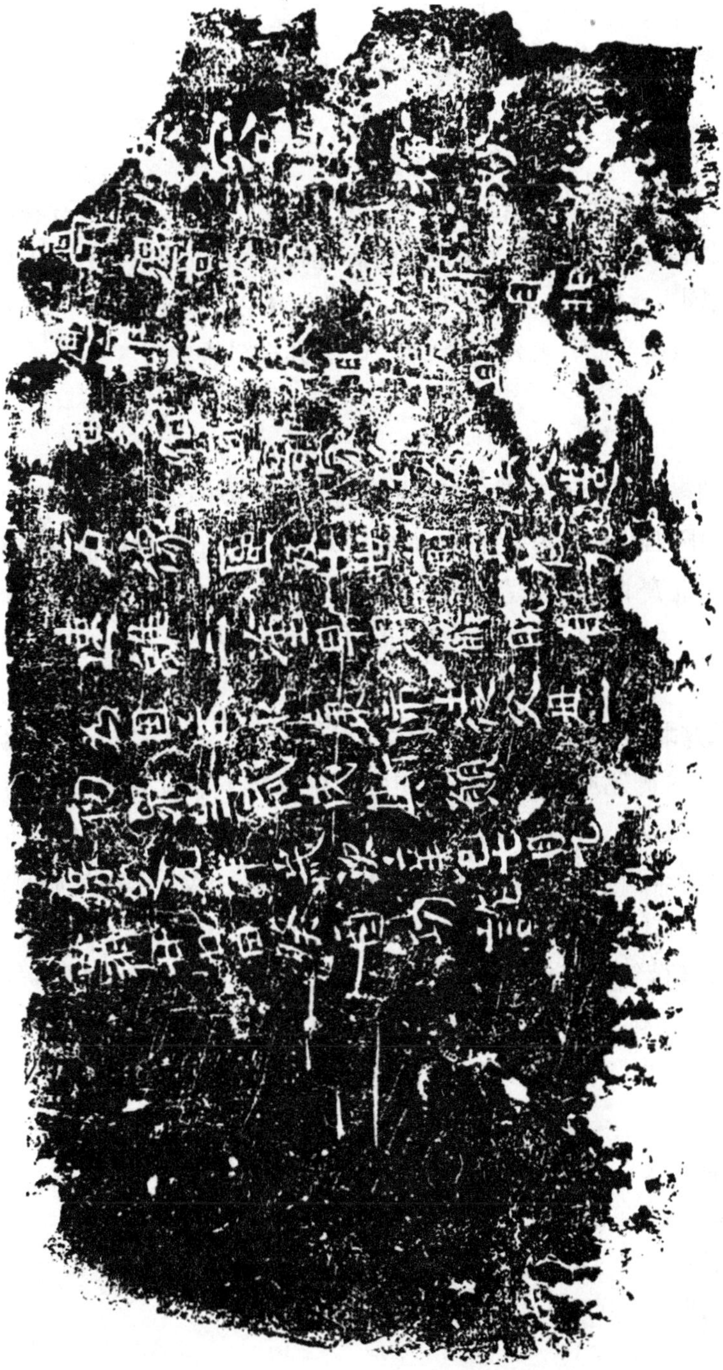

説明

碑石於1927年在陝西省耀縣出土，先歸雷天一，1936年捐送耀縣碑林。1955年遷入耀縣文化館，1971年遷入耀縣藥王山碑林。碑身、頂蓋遺失，存碑座，殘缺。石高52 cm，寬29 cm，厚20 cm。拓片高27 cm，寬50 cm。記10行，滿行9－11字不等。楷書。該碑又題《雷文伯造像座》。

碑文

□□眞容，隱輝妙化[1]。/□□高響，太空遼廓[2]。自非/□□通權[3]，无以狀其悏。是以/雷文伯減割家珎，為巳父造/石像一區，及七世前巳後死，/速離三塗，早淂解脱[4]。有/為國主永康[5]，陭徒父母[6]，一/切眾生，咸成斯願。

保定元年，歲次辛巳，七月乙/巳朔[7]，廿九日癸酉功訖。/

著録

1.《北京圖書館藏中國歷代石刻拓本滙編》8－103。2.《西安碑林全集》卷197－1266。3.《中國西北地方歷代石刻滙編》74。4.《碑銘所見前秦至隋初的關中部族》93。5.《全北齊北周文補遺》61。

注釋

[1]《全北齊北周文補遺》未釋“化”。

[2]“高”，《碑銘所見前秦至隋初的關中部族》釋文作“亭”。遼：即“遼”。廓：當通“闊”。遼闊，亦作“遼濶”。謂寬廣博大。晉葛洪《抱樸子·塞難》：“所得非所欲也，所欲非所得也，況乎天地遼闊者哉!”① 上文，《碑銘所見前秦至隋初的關中部族》作“□真容隱輝，妙化亭響，太空遼廓”。不取。

[3]“自”，《碑銘所見前秦至隋初的關中部族》釋文作“目”，形似而誤。自非：如果不是。“通”上泐二字，《全北齊北周文補遺》脱。

[4]巳：即“亡”。漢魏石刻中習見。淂：即“得”的俗訛字。“彳”訛變為“氵”。

[5]有：通“又”，二字古代常通用。《全北齊北周文補遺》作“又”，非原刻。

[6]陭：即“師”俗字。

[7]辛：即“辛”字。《碑銘所見前秦至隋初的關中部族》未釋“朔”上之“巳”字。

---

① 王明：《抱樸子内篇校釋》（增訂本）卷七，《新編諸子集成》，中華書局1986年版，第137頁。

069 邑子一百一十五人造像碑 保定元年（561）九月初九

碑陽　右側　碑陰　左側

説明

碑石於1991年文物普查時，在陝西省銅川市耀州區稠桑鄉西牆村寺廟遺址（關莊鎮楊原西牆村北60米）發現。現藏藥王山碑林。此碑殘斷為二塊，復原高156 cm，寬56 cm－61.5 cm，厚28 cm－28.4 cm。四面刻，均上部開圓拱龕，碑陽、碑陰、左右側龕内分別為一佛二弟子二供養侍者、一佛二弟子二菩薩、一佛二弟子、一善跏趺彌勒坐佛。主尊身著褒衣博帶式袈裟，腰前繫帶、衣裙垂於龕外，呈U形。龕楣雙層，内刻雙層蓮瓣，外刻火焰紋，上刻眾弟子聽法圖。龕下界格刻雙獅、香爐。碑陽下部刻“法華經變”，碑陰下部刻“釋迦多寶説法”及坐佛；碑右側下部刻“本生圖”。碑左側下部刻“降魔變”、發願文。記11行，滿行13－15字不等。楷書。

碑文

夫宣照幽宗，光乎遠著，敬諸聖法，/運因至感，是以邑子一百一拾許五人/等[1]，自悼垢彰，未覩真容[2]，述即相率，減削/微資，仰為皇帝陛下、留國公造/石像一區[3]，工蓋班□書之奇像，契金/剛之妙，雖多寶彰現於雙林，釋迦曜/刑於淨飯[4]，未以遇也。仰願國祚永隆，/□□□息使諸邑子等罪結雲除[5]，業/□□□生生遇佛，終登常樂，一切/□□□同福慶。

（上殘）辛巳，九月甲辰朔，九日造訖[6]。/（以上刻於碑左側）

著録

1.《耀縣新發現的一批造像碑》，《考古與文物》1994年（2）。2.《北魏至隋代關中地區造像碑的樣式與年代考證》106。3.《全北齊北周文補遺》62。

注釋

［1］“許”，《北魏至隋代關中地區造像碑的樣式與年代考證》作“仵”，形似而誤。《耀縣新發現的一批造像碑》脱“五”。

［2］覩：同“睹”。

［3］留國公：史無載。北周保定二年（562）《李曇信兄弟等造像記》亦稱“上為皇帝、留國公”①，當是位高權重之人。可補史闕。

［4］刑：通“形”。净飯：指中印度迦毘羅國王净飯王。釋迦牟尼本是中印度迦毘羅國王净飯王長子喬答摩·悉達多。

［5］《全北齊北周文補遺》據《耀縣新發現的一批造像碑》轉録，脱“邑”字。

［6］造像年代殘損，保定元年，岁次辛巳。

彙考

此造像碑，當時《耀縣新發現的一批造像碑》公佈拓片圖録，質量不好，無法辨識，故僅録發願文。《北魏至隋代關中地區造像碑的樣式與年代考證》亦未載題名。據碑石發現地陝西省銅川市耀州區稠桑鄉西牆村寺廟遺址，今關莊鎮楊原西牆村北60米，耀縣南部沮河西岸。20世紀80－90年代文物普查發現一批以荔非氏、雷氏為主的西羌造像碑，如北魏中期（386－534）《荔非周歡造像碑》、西魏大統十二年（546）《荔非郎虎、任安保六十人等造像碑》、約西魏廢帝三年至北周保定二年（554－562）間《荔非郎虎造像碑座》、北周保定二年（562）《荔非興度觀音造像座》、北周（557－581）《蓋男花造像碑》、隋開皇十年（590）《馬僧竇等五十人造像碑》，説明北魏至隋代，此處為西羌村落。“西牆”或是“西羌”的轉音。

---

① 北京圖書館金石組：《北京圖書館藏中國歷代石刻拓本滙編》（8），中州古籍出版社1989年版，第108頁。

070 鉗耳世樹造像碑座 保定二年（562）二月初八

碑座右側　碑座左側　碑座陽面　碑座陰面

説明

碑石1987年出土於陝西省銅川市耀縣演池鄉吕村磚瓦窯北佛爺廟，廟已毁，1989年11月18日移至耀縣博物館，現藏藥王山碑林。僅存碑座，高53 cm，寬83 cm，厚65 cm－68. 5 cm。四面刻，碑陽刻發願文，餘每面題名。記12行，滿行14字。楷書。

有縱横界格。記和題名上下刻雙綫框，内刻蔓草紋。該碑又題《邑子一百零一人等造像碑》《鉗耳世樹造像記》。《耀縣新發現的一批造像碑》刊佈拓片，迻録發願文，未載題名。

碑文

夫真軌潛形，非昉像焉能顯實[1]。實/相冲邃[2]，非遺晛奚以表真[3]？惟娼士曉/達曉知[4]，惛塵惛晵豈戠然[5]。北谷中原，/合邑緢維[6]，并諸邑子等，皆通慧幽宗，/志樹正羿，共相弊勸[7]，樹像一區，乃聘/罳巧之上巧[8]，盡罳嚴之罳麗[9]，營之/營就，罔有罔匹[10]。讃其妙而妙也，若真/儀再應[11]。緣兹功得[12]，頵三寶隆輝，/輝［隆］法界[13]，皇帝延祚，祚延退祀[14]。/公卿尹庶，彝純保國[15]；乃辟群司[16]，寵/加榮禄。師尊父母，生生值佛，流潤稾/形[17]，同斯慶頵。

周保定二年壬午二月八日訖。/

□□趙侯受[18]，/□□鞏雙枤，/□□［鉗耳］世樹，/像都檀主李枤女，/象主邢歸洛，/都邑化主豆盧榮，/化主梁僧王，/都化主公孫遠，/邑師比丘道冰[19]。/（以上刻於碑座陽面發願文右側上層）

行維那魏元粲，/直維那李顯慶，/彈官褚蘭淂，/梵音張法洪[20]，/典坐潘長遠，/維那趙顥和，/都維那魏元慶，/香火李歸歡，/典録李景洛。/（以上刻於碑座陽面發願文右側下層）

化主鉗耳扳慶，/邑主鉗耳丞明，/像檀主趙智保，/像檀主□僧□。/（以上刻於碑座陽面發願文左側上層）

香火趙道生，/典録趙顯貴，/典坐趙阿含，/維那李清奴。/（以上刻於碑座陽面發願文左側下層）

維那，/典坐，/典録，/邑正，/邑謂[21]，/像檀主李喜洛[22]，/像都檀主鉗耳保周，/邑主宋小族，/都邑主，/化主張枤得，/都化主劉思菒，/化主董進達，/邑主趙果，/像檀主，/邑謂，/邑正，/典録，/典坐，/維那，/香火，/梵音，/彈官，/□維那。/（以上刻於碑座陰面上層）

邑子趙柴勝，/邑子上官女賜，/邑子劉買女。/（以上刻於碑座陰面下層）

□□李登□，/典録□騰□。/邑正劉樹落，/邑謂劉頒眾，/像檀主李歸敬家，/像都檀主鉗耳传度，/邑主鉗耳顯洛，/都邑主魚賢，/化主魏洛興，/都化主鉗耳伏興，/化主張升，/邑主劉世榮，/像檀主姚遠，/邑謂，/邑正，/典録，/典坐，/香火劉族勝，/梵音梁元集，/彈官。/（以上刻於碑座左側上層）

（上泐 1 行）/邑子□□□，/邑子梁定世，/邑子楊念，/邑子朱迴龍，/邑子雷仏明，/邑子同琋衆香[23]。/邑子□□□，/邑子宋舍玉，/邑子鉗耳道明，/邑子王惠纂，/邑子張引興，/邑子雷榮昌，/邑子劉伏景，/邑子趙顗，/邑子巢儁，/邑子鉗耳榮族，/邑子韋延菓，/邑子□□望。/（以上刻於碑座左側下層）

典坐田道集[24]。/典録郭延貴，/邑正賈顯愼，/邑謂鉗耳顯慶，/像檀主魏猥洛，/像都檀主，/邑主劉普賢，/都邑主吴雙郡，/化主鉗耳遵葉，/都化主張成，/化主張法安，/化主趙安祖，/像檀主李進迴，/邑謂李迴景，/邑正，/典録李法顯，/典坐，/香火，/彈官，/（上泐）碩勖[25]。/（以上刻於碑座右側上層）

邑子步定和，/邑子鉗耳顯族，/邑子李顯文，/邑子劉啓□，/邑子同琋叉奴，/邑子鉗耳□□，/邑子殷舍顯，/邑子郭邕儁，/邑子，/邑子鉗耳黄支，/邑子吴顗周，/邑子鉗耳苟奴，/邑子，/邑子趙會，/邑子，/邑子刑容生，/邑子趙景林，/邑子，/邑子王𢹂[26]，/邑子丁丁更興[27]。/（以上刻於碑座右側下層）

著録

1.《耀縣新發現的一批造像碑》，《考古與文物》1994（2）。2.《全北齊北周文補遺》63。

注釋

［1］“非”下一字似“昉”，效法，仿效。顗：即“顯”的俗訛字。下同。此造像中還有“顯”，亦是“顯”的俗字。

［2］邃：當是“邃”的俗字。

［3］“遺”下一字有泐痕，似“睨”，視也。

［4］𥏼：即“智”字。構件移位，成異體。

［5］第二個“惛”下一字泐，《耀縣新發現的一批造像碑》作“睨”，或“腎”，均不妥，似“瞀”。从目，敄声。本义，眼睛昏花。《全北齊北周文補遺》只録發願文，沿用“睨”字。戠：即“哉”字。

［6］綑：即“綱”的俗訛字。綱維，猶綱領。比喻法度。司馬遷《報任少卿書》：“不以此時引綱維，盡思慮。”①

［7］㓞：即“契”字。弉：即“獎”字。構件“大”，演變為“廾”。獎勸，鼓勵，勉勵。《耀縣新發現的一批造像碑》釋“弉”作“將”，非。《全北齊北周文補遺》沿誤。

［8］冣：即“冣”字。古同“最”。

① （梁）蕭統編，（唐）李善注：《文選》卷四十一，《中國古典文學叢書》，上海古籍出版社1986年版，第1857頁。

［9］“麗”，《耀縣新發現的一批造像碑》作“所”，誤。

［10］“罔”，《耀縣新發現的一批造像碑》作“闬”；《全北齊北周文補遺》作“罔”，誤。罔：即“罕”字。匹：相配。《耀縣新發現的一批造像碑》《全北齊北周文補遺》未釋。

［11］“真”下一字，泐蝕不能辨。《耀縣新發現的一批造像碑》作“儀”，録以備參。“再”，《耀縣新發現的一批造像碑》作“舟”，非。《全北齊北周文補遺》沿誤。

［12］功得：即“功德”。佛教語。《大乘義章·十功德義三門分別》：“功謂功能，能破生死，能得涅槃，能度衆生，名之為功。此功是其善行家德，故云功德。”①多泛指念佛、誦經、佈施等事。

［13］“法”上二字泐，首字似“輝”。第二字泐蝕嚴重，已無法看清。《耀縣新發現的一批造像碑》作“隆”。下文“延祚”續文“祚延”，此“隆輝”續文“輝隆”，可取。

［14］“皇”，《耀縣新發現的一批造像碑》作“當”，非。《全北齊北周文補遺》沿誤。遐：即“遐”的俗字。

［15］“公”下一字泐，復核拓本，似“卿”。《耀縣新發現的一批造像碑》作“耶”，非。彝：清晰，《耀縣新發現的一批造像碑》作“彝”，同“彝”。

［16］“辟”上一字泐，似“乃”。《耀縣新發現的一批造像碑》作“為”，非。

［17］稟：即“稟”的異體字。《耀縣新發現的一批造像碑》作“稟”，通“稟”，非原刻。“形”，《耀縣新發現的一批造像碑》作“彩”。據拓本，似當釋作“形”為妥。稟形，謂天賦的形貌。《全北齊北周文補遺》釋“稟形”作“稟彩”，沿誤。

［18］“趙”下一字泐，似“侯”。以下題名《耀縣新發現的一批造像碑》《全北齊北周文補遺》均未録。

［19］“道”下一字，左半泐，似“冰”。

［20］梵音：佛、菩薩的音聲，也指佛事活動时歌咏贊頌之聲。此為管理佛教音樂的人，乃首見。同北魏“貝匿”一職。

［21］“維那”“典坐”“典録”“邑正”“邑謂”等後未刻字，疑備需時補刻。下同。

［22］“喜”下一字，觀拓，右半存劃痕似“各”，是“洛”字。

［23］“衆香”，疑指“同琋”眾香客。但碑右側又題“同琋叉奴”。從題名習慣看，“衆香”，應是人名。

---

① 《大乘義章》卷十四，東京大正一切經刊行會1934年版，第751頁。

［24］“坐”下一字，存右半，觀痕，似“田”。
［25］此行存兩字，上字左半殘，似“碩”。其下一字，似“勖”。
［26］𢻢：即“整”的簡筆俗字。
［27］“更”上一字，右邊有泐花，似“丁”。

彙考

北朝時期，佛社造像是民間造像的一種重要形式之一。造像人以在家信仰佛教的俗人為主，發起者與核心人物往往是佛社首領邑主（都邑主），也多是豪强地主，而維那（都維那）、化（花）主（都化主）、香火主（都香火主）、齋主（都齋主）、邑政（正）（都邑正）、邑謂（都邑謂）、典録（都典録）、典坐（都典坐）、佛堂主、都像主、邑師眾佛職人員和邑子則大多數依附於邑主，這種尊卑關係的體現實際上是世俗門閥制度在結社中的反映。此造像碑四面刻供養人題名，存 130 人，待後補的維那、典坐、典録、邑正、邑謂等就有 24 人，在同時期造像中實屬少見。題名鉗耳氏的 15 人，有 6 人為像都檀主、像檀主、邑主、都化主、邑謂等；姚氏有 1 人為像檀主，表明該村落羌人鉗耳、姚氏社會地位較高，是佛社的核心人物。而同琋、雷氏只是邑子，社會地位略低。

071　茘非興度觀世音造像座　保定二年（562）

碑座陽面

碑座陰面

碑座左側

碑座右側

説明

碑石於1991年文物普查時，在陝西省銅川市耀州區稠桑鄉牆村寺廟遺址（關莊鎮楊原西牆村北60米）發現。僅存碑座，高44 cm，寬63.8 cm，厚63.2 cm。碑座上刻蓮花及雙獅。四面刻，陽面刻發願文，文末刻一牛車騎馬出行圖，題“茘非胡仁妻雷玉姜”。泐蝕嚴重。餘每面刻題名。記13行，行字數不等。楷書。該碑又題《西牆村茘非興度觀世音造像座》。《耀縣新發現的一批造像碑》刊佈拓片，迻録發願文，摘録題名。

碑文

□身□静，邃理寂寥。妙達/□為，而無不為。故鹿苑金/輪[1]，而及引以濟佁[2]，雙/樹□法以顯究竟[3]，以問□蕩，□/□及大千條煩□子□□，/祇薗滅影[4]，鷲岳淪光[5]。而成/□言不隧，妙像可追[6]。是以/□可大檀越。茘非興度於/［保定］二年，歲次壬午[7]，/□□□石，為亡息胡仁造觀世/音像一區，比狀倫輝，曾□/□□，所以間□耶，倒□□/□□者也。/

茘非胡仁，妻雷玉姜[8]。/（以上刻於碑座陽面）

（上泐）龍相高/（上泐）取春[9]，/□兄李嵩哲，弟子神音，/□□□賈磨仁，/□□茘非他世，/□兄茘非明昶，/姊茘非容妃，/姊茘非光妃，/亡姊茘非明堂，/亡兄茘非生儁，/亡兄茘非保娟。/

姑茘非含花，/𡚱母雷雙媚[10]，/□𡚱茘非儁達，/𡚱母同琋冝男，/□寧遠將軍、員外待郎、前郡/［功］直茘非顯憗[11]，/□母蓋男花[12]，/□母雷娥媚。/（以上刻於碑座陰面）

（上泐）□母鉗耳□，/（上泐）□□□，/（上泐）母鉗耳，/𡚱祖阿㕍，/𡚱祖母雷，/弟儁達，/□□母劉景妃，/□□雷永輝，/□雷政洛，/□劉春玉，/（上泐）芬洛，/□□弥姐醜女，/□雷安呂，/□□迴憗，/□□□睹女，/（上泐）妃，/□□容妃，/𡚱雷容粲，/𡚱母傅蓮容，/𡚱母褚，/雷阿歡，/母雷明花，/□□縣令雷龍。/（以上刻於碑座左側）

□母楊春花，/義襄威將軍、虎賁給事義士統/軍茘非興度[13]，/［𡚱］祖前郡忠正丹州永寧令、丹州主薄、/淮州顯𡈼縣令、板授益州漢陽郡守茘/非郎㕍[14]，/𡚱祖宣威將軍、前板授淮州南方縣令、/石授安州重城郡守茘非市郎[15]。/

［曾］親雷冝王，/𡚱祖周㕍，/祖親鉗耳豊姬，/□□□歡，前當陽縣功直/□□鉗耳伯朱，/□祖泉璨[16]，/□弥僧界/（上泐）僧和，/（上泐）伯，/（泐1行）。/（以上刻於碑座右側）。

著録

1.《耀縣新發現的一批造像碑》，《考古與文物》1994（2）。2.《全北齊北周文補遺》67。

注釋

［1］鹿苑：即鹿野苑。《洛陽伽藍記·法雲寺》："摹寫真容，似丈六之見鹿苑。"周祖謨校釋："鹿苑，又名鹿野苑，佛成道後説法處。"① 金輪：佛教語。輪，古印度戰争中使用的武器之一，擁有無敵的力量，為四輪之首，領東南西北四洲。

［2］佁：即"俗"字。濟俗，救治世俗之弊。"引"上一字，似"及"，通"汲"。"及引"，亦即"汲引"，引導；開導。《全北齊北周文補遺》作"汲"，非原刻。

［3］雙樹：也稱雙林。釋迦牟尼入滅處，亦指釋迦牟尼佛。"法"上泐一字，《全北齊北周文補遺》脱。

［4］"煩"下一字泐，存右半。擬"成"或"或"。《全北齊北周文補遺》脱。"祇"下一字泐，似"薗"。《耀縣新發現的一批造像碑》作"菌"，形似而誤。

［5］"岳"下一字泐，觀存痕，似"淪"。《耀縣新發現的一批造像碑》作"論"，非。

［6］《全北齊北周文補遺》未釋"成"。妙像：亦作"妙象"。莊嚴之像。佛教多用以指佛像。

［7］下文"妻雷玉姜"，名見北周（557－581）《蓋男花造像碑》，知荔非興度造像時在北周。又，北周保定二年，歲次壬午。據之補"保定"二字。

［8］"雷"上一字，似"妻"。《耀縣新發現的一批造像碑》作"委"，非。《全北齊北周文補遺》沿誤，並摘録以下題名。同一地點出土的北周（557－581）《蓋男花造像碑》"亡兄妻雷玉姜"，即荔非胡仁"妻雷玉姜"；"亡兄"，即荔非胡仁。

［9］"朞"上一字，右上微殘，似"取"。

［10］"母"上一字殘，存痕似"㕛"，即"叔"。題名中可辨識的叔祖、叔、叔母11人。

［11］此碑與大統十二年（546）《荔非郎虎、任安保六十人等造像碑》，出土於同一地點，所題"荔非顯嶎"應為同一人，泐蝕處可互補。據西魏北周軍號散官雙授制，"員"上原刻脱"右"字。"冑"上泐一字，為"功"字。原刻"員外待郎"，乃"員外常［侍］"之誤。待：即"侍"的俗字。漢魏南北朝石刻中"彳""亻"常混用。

［12］蓋氏，族源有三：一出自姜姓，以邑名為氏；二出自盧水胡人；三出自蓋樓氏複姓改單姓。碑石出土地陝西省耀縣，早在十六國時期，漢、氐、羌、匈奴屠各、盧水胡、鮮卑等就聚居於此，北周時其分佈亦大抵相同。此蓋氏應為盧水胡。

［13］虎賁：官名。掌侍衛國君及保衛王宫、王門的官。東漢時置，為虎賁中郎

① （北魏）楊衒之撰，周祖謨校釋：《洛陽伽藍記校釋》卷四，中華書局1963年版，第154頁。

將，歷代因之，至唐廢。“統”下字殘，疑“軍”。統軍：官名，北魏末軍職。

［14］㓻：即“剛”字。《耀縣新發現的一批造像碑》釋作“繹”或“嶧”，均非。又，釋“丹”作“舟”，非。《全北齊北周文補遺》沿誤。“淮”，《耀縣新發現的一批造像碑》作“准”，非。題名荔非郎㐆，與西魏大統十二年（546）《荔非郎虎、任安保六十人等造像碑》、保定二年（562）《荔非興度觀世音造像座》中“荔非郎㐆”，官職一致，當為同一人。

［15］“板”字清晰，《耀縣新發現的一批造像碑》作“報”，非。板授：魏晉南北朝時地方軍政長官等不經朝廷正式任命、自行選用的官員。《全北齊北周文補遺》僅録荔非顯欁、荔非興度、荔非郎㐆、荔非市郎姓名及职官名。

［16］“永”下一字泐，細審拓片，似“琛”，即“璨”字。碑右側題名，以“□親雷亘王”居中，左右分書、鐫刻荔非氏祖親、叔祖職位和姓名。“親雷亘王”上泐一字，其左題“叔祖周㐆，祖親鉗耳豊姬”。“祖親鉗耳豊姬”為祖母，推之，雷亘王應為曾母，是該造像題名中輩分最高者。其上泐蝕一字，當為“曾”字。曾親，即曾祖母。碑陰左刻姑、叔母、□母等長輩，右刻亡兄、亡姉或兄、姉等晚輩，及“□寧遠將軍、員外侍郎、前郡［功］直荔非顯欁”，題名方式為左書。為便於了解原石題名原貌，從右向左依次迻録。題名中含“㐆”名者有 3 人，即“叔祖周㐆”“叔祖阿㐆”“郎㐆”，表現了荔非氏俗 尚威武勇猛。下文“□弥僧界”等題名泐，疑沙彌題名。

彙考

該碑是像主荔非興度家族設齋造像，題家族成員五十餘人，包括曾親（曾祖母）、祖親（祖母）、叔祖、叔祖母、父、母、姑、叔、叔母、兄、姉、亡息等。家族成員任“□□寧遠將軍、員外侍郎”“義襄威將軍、虎賁給事義士統軍”“前郡忠正丹州永寧令、丹州主薄、淮州顯剛縣令、板授益州漢陽郡守”“宣威將軍、前板授淮州南方縣令、石授安州重城郡守”“前當陽縣功直”等職，當為羌中顯赫家族。從婚姻狀況上看，荔非氏多娶鉗耳氏、雷氏、同琋氏為妻，内婚制為主流。同時，也有外婚制，如娶盧水胡蓋、劉、傅氏等為妻。此造像碑與北周（557－581）《蓋男花造像碑》同出一地，後者題“亡母蓋男花，亡母楊春花”，即此造像的“母蓋男花”“楊春花”，表明蓋氏居羌村，與羌人荔非、雷氏互相通婚。前碑“荔非胡仁妻雷玉姜”“亡姉荔非明堂”，即後碑“亡兄妻雷玉姜”“亡娣明堂”。兩碑現存題名四人相同，説明荔非、雷、蓋氏共同造像，從事佛事活動，傳承有序。

072 同琋延樹等造像碑 保定二年（562）

右側（局部）

碑陰（局部）

説明

碑石於1934年在陝西省耀州漆河發現。1936年遷入陝西省耀縣碑林，1955年遷移至耀縣文化館，1971年遷於陝西省耀縣藥王山，現藏藥王山碑林。拓本分存陝西省圖書館、博物館。長方體，碑石高101 cm，寬72 cm，厚24 cm。頂、座佚。上部殘斷，文字有殘損。四面刻，上部均開一龕，已殘。龕下刻五層供養人像和題名。碑右側下刻發願文，餘每面題名。記10行，滿行10字。楷書。有縱界格。該碑又題《邑主同琋龍歡合邑子一百人等造像記》《邑子一百人等造像》《同琋氏碑》《同琋延᠁等百人碑》。

碑文

果難□□□□慶□□/邑子一百人等，進不值三/光之照，退不遇八音之諧[1]。/知命弗常，澍流四徙[2]。故採/石名山，雕磨拭瑩。滅竭家/珎[3]，樹長生之果；刋削衣□，/脩越苦之業[4]。上為皇帝/群僚，七世所生，法界有［形］[5]，/咸脩十地，成无□道[6]。/

周保定二年，歲次□□□□□□□□□。/（以上刻於碑右側第五層）

邑子同琋龍世，/邑子同琋先生[7]，/□□□□□和。/（以上刻於碑右側第一層）

邑正同琋伏世，/香火同琋雙儁[8]，/香火普六茹岳洲[9]，/化主吴僧和。/（以上刻於碑右側第二層）

邑子同琋阿奴[10]，/邑子同琋阿僧，/邑子同琋安定，/邑子□□毛王[11]。/（以上刻於碑右側第三層）

邑子同琋□□，/邑子同琋胡奴，/邑子張安貴，/邑子則□□通[12]。/（以上刻於碑右側第四層）

像主同琋清奴[13]，/香火同琋由洛，/邑長同琋顯亮，/化主同琋□□，/但官公孫永興，/但官同琋□稚[14]，/邑長則景通，/邑正同琋雙扶，/邑子公孫海慶[15]，/□□同琋。/（以上刻於碑陽第三層）

邑子同琋神祭，/邑子析婁道生[16]，/邑子胡歸生，/邑子同琋顯宗[17]，/邑子公孫安衆，/邑子公孫□興，/邑子同琋清虎，/邑子同琋子祭，/邑子公孫祥嵩[18]，/邑子公孫子義。/

邑子同琋伯隴[19]，/邑子田子祥[20]。/（以上刻於碑陽第四層）

邑子公孫哥哥，/邑子公孫始達，/邑子同琋榮族，/邑子同琋族昌，/邑子同琋合暉，/邑子㪔延福[21]，/邑子趙伏明，/邑子劉元集。/（以上刻於碑陽第五層）

都邑主同琋龍歡，/比丘僧演。/（以上刻於碑陰第一層）

唯那同琋黑奴，/邑正同琋獴生[22]，/像主同琋鳳𢤱，/香火同琋智達，/香火公孫合達[23]，/像主同琋延𢤱，/邑正呂道萇，/唯那同琋景業[24]。/（以上刻於碑陰第二層）

齋主同琋紹儁，/邑請同琋神和，/典坐同琋男眞，/化主同琋祢國，/典録同琋世祢，/典録同琋神扶[25]，/化主同琋舍和[26]，/典坐同琋榮儁，/邑請同琋妙洛，/□□同琋□□[27]。/（以上刻於碑陰第三層）

邑子同琋雙海，/邑子同琋龍𢤱，/邑子同琋𢤱達，/邑兂同琋屈朱[28]，/邑兂同琋方周，/邑兂同琋交𢤱[29]，/邑兂同琋馬生，/邑兂程廣香，/邑子同琋慶安[30]，/邑子同琋神歡。/（以上刻於碑陰第四層）

邑子荔非景暉，/邑子吐盧長弼[31]，/邑子郝子哲[32]，/邑子同琋子亮，/邑子姜景儁，/邑子同琋洪顯，/邑子同琋景祢，/邑子楊元景，/邑子同琋思和，/邑子同琋元智。/（以上刻於碑陰第五層）

邑正同琋龍慶，/邑主同琋□□，/像主同琋□□，/香火同琋僧祭[33]。/（以上刻於碑左側第三層）

邑謂普六茹興龍，/化主同琋伯洛，/化主梁景和，/邑謂梁多郎啼[34]。/（以上刻於碑左側第四層）

邑子齊景悦，/邑子同琋扶都[35]，/邑子同琋太伯，/邑子同琋樹□。/（以上刻於碑左側第五層）

著録

1.《陝西耀縣的碑林與石窟》157。2.《三秦碑刻英華》45（局部）。3. 宋莉藏原石照片。4.《碑銘所見前秦至隋初的關中部族》93。5.《北魏至隋代關中地區造像碑的樣式與年代考證》107。6.《全北齊北周文補遺》66。

注釋

[1]《北魏至隋代關中地區造像碑的樣式與年代考證》未釋“難”。《全北齊北周文補遺》未釋“果難”“慶”三字。其下六字存左半，無法辨識。“八音之”下一字殘，存上部，似“諧”字。

[2] 瀔：即“漂”的加形字。同例如“標”變為“𢤱”。徒：本“使”的異體，這裡當讀作“徙”。“知命弗常，瀔流四徒”，描述此邑羌人諸姓遷徙流亡之苦。

[3]“減”下一字泐，細審拓片，似為“竭”，盡也。《碑銘所見前秦至隋初的關中部族》作“割”。“減割”，六朝造像常用，但此實為“竭”字。《北魏至隋代關中地區造像碑的樣式與年代考證》《全北齊北周文補遺》沿誤。

［4］脩：即“循”，同“修”。亲：即“業”字。

［5］“有”下一字泐，不能辨識。據造像記文例，缺字為“形”字，佛教祈願語。在造像者看來，不論死生、現世來世，眾生均可成佛、成正覺。北魏正光五年（524）《劉根四十一人等造像記》：“仰為皇帝陛下、皇太后、中宮眷屬、士官僚庶、法界有形，敬造三級塼佛畠一區。”① 天保九年（558）《魯思明等造像記》：“令長忠貞，韯（下泐）彌勒三會，俱逢上首。逯及法界有形，普同斯福。”②

［6］十地：梵語意譯，又譯作“十住”。佛教稱菩薩修行所經歷的十大境界。十地的內容、意義，各宗所據教義有別，解説亦有所不同。大乘菩薩十地為：歡喜地、離垢地、發光地、焰慧地、極難勝地、現前地、遠行地、不動地、善慧地、法雲地。另有三乘十地、四乘十地、真言十地等，名目甚繁。“无”下一字泐，據文例，當是“上”字。無上：最高境界。東魏元象元年（538）《浄智塔銘》：“良以至道無上，括六合而靡遺。”③

［7］先：即“老”字。会先人為老之意。下同。《碑銘所見前秦至隋初的關中部族》作“先”，《全北齊北周文補遺》作“光”，並誤。下同。題名據拓片和照片圖録從右向左一層一層迻録，與《碑銘所見前秦至隋初的關中部族》題名順序略有不同。

［8］《全北齊北周文補遺》未釋“伏”“儁”。

［9］普六茹：鮮卑複姓，亦作“普陸茹”“普陋茹”，北魏孝文帝改為茹氏。隋文帝楊堅父楊忠因功受北周賜姓普六茹，楊堅因此也稱普六茹堅。見《魏書·官氏志》《隋書·高祖紀上》。渕：即“淵”的俗字。《碑銘所見前秦至隋初的關中部族》作“渕”，迻録不準確。

［10］《全北齊北周文補遺》未釋“奴”字。

［11］乇：即“三”字。碑刻中習見。《北魏至隋代關中地區造像碑的樣式與年代考證》作“乇”，《全北齊北周文補遺》作“屯”，大誤。

［12］“貴”，《北魏至隋代關中地區造像碑的樣式與年代考證》作“賞”，非。“通”上泐三字，細審原圖，第一字似“則”。姓氏。下文有“邑長則景通”。《碑銘所見前秦至隋初的關中部族》存右半“刂”。《全北齊北周文補遺》未釋“則”。

［13］“清”字，原石照片清晰，《北魏至隋代關中地區造像碑的樣式與年代考證》作“達”，非。

［14］但官：即“壇官”。《全北齊北周文補遺》徑作“壇官”，非原刻。“稚”，

① 北京圖書館金石組：《北京圖書館藏中國歷代石刻拓本滙編》（4），中州古籍出版社 1989 年版，第 164 頁。

② 毛遠明：《漢魏六朝碑刻校注》（9），綫裝書局 2008 年版，第 13 頁。

③ 《漢魏六朝碑刻校注》（7），第 205 頁。

《北魏至隋代關中地區造像碑的樣式與年代考證》作“祖”，不取。

［15］“邑子公孫海慶”，《北魏至隋代關中地區造像碑的樣式與年代考證》作“□□□□歡□”，非。

［16］析婁：不見於史傳，疑鮮卑複姓。待考。《北魏至隋代關中地區造像碑的樣式與年代考證》作“安”，字形不類，不取。

［17］“宗”，《北魏至隋代關中地區造像碑的樣式與年代考證》作“榮”，非。

［18］“嵩”，《北魏至隋代關中地區造像碑的樣式與年代考證》作“高”，誤。

［19］“伯”下一字泐，細審圖，左半“阝”，似“隴”，《北魏至隋代關中地區造像碑的樣式與年代考證》作“龍”，非。

［20］“祥”，《北魏至隋代關中地區造像碑的樣式與年代考證》作“釋”，非。並未釋“田”。

［21］散：即“散”字。本“散宜”氏。西周初分封姬姓諸侯散國，後世因以為氏。《全北齊北周文補遺》釋“散”作“嚴”，字形不類，不取。

［22］猥：即“猥”字。

［23］“合”，《北魏至隋代關中地區造像碑的樣式與年代考證》作“會”，非。

［24］“業”，《北魏至隋代關中地區造像碑的樣式與年代考證》作“葉”，非。

［25］“神”，《全北齊北周文補遺》作“種”，非。

［26］“和”上一字較清晰，應是“舍”字。《碑銘所見前秦至隋初的關中部族》作“合”，非。《北魏至隋代關中地區造像碑的樣式與年代考證》《全北齊北周文補遺》沿誤。

［27］“同琋”上下均泐二字，《全北齊北周文補遺》作“洽伴”“□達”。備參。

［28］“兂”，《北魏至隋代關中地區造像碑的樣式與年代考證》作“先”，非。“朱”上一字，清晰，是“屈”。《北魏至隋代關中地區造像碑的樣式與年代考證》作“尼”，非。

［29］“琋”下一字，清晰，是“交”。《碑銘所見前秦至隋初的關中部族》作“元”，非。《北魏至隋代關中地區造像碑的樣式與年代考證》《全北齊北周文補遺》沿誤。

［30］“慶”下一字潦草，應是“安”字。《北魏至隋代關中地區造像碑的樣式與年代考證》作“光”，非。

［31］吐盧氏，南北朝時高車部族複姓。見《萬姓總譜》①。

［32］“子”下一字泐，根據殘痕，上為“析”，下為“日”，應為“晳”，《北魏

① （明）陳士元著，武樂泉譯：《萬姓總譜》，天津人民出版社 1993 年版，第 196 頁。

至隋代關中地區造像碑的樣式與年代考證》作“哲”，非。

［33］“僧”下一字，拓片清晰，是“祭”字。《北魏至隋代關中地區造像碑的樣式與年代考證》作“癸”，誤。

［34］“多”字清晰，《北魏至隋代關中地區造像碑的樣式與年代考證》作“鄉”，非。“啼”，《碑銘所見前秦至隋初的關中部族》作“啇”，字形不類，不取。《全北齊北周文補遺》未釋“啼”字。

［35］抜：即“拔”字。碑刻中常見字。《碑銘所見前秦至隋初的關中部族》《全北齊北周文補遺》未釋“抜都”；《北魏至隋代關中地區造像碑的樣式與年代考證》未釋“抜”。

彙考

同琋，一作“同蹄”。《廣武將軍□産碑》題名同蹄者3人。北周保定二年（562）《同琋延嶽等造像碑》題名姓同琋者達63人，説明這是一個以同琋羌人為核心的聚居點所造佛像。《同琋氏造像記》題名可識者160餘人，其中姓同琋者81人，是一通以同琋羌人為聚落的造像。

《漢書·地理志》有銅鞮縣，屬上黨郡。考其得名理據，當是羌人曾東遷至上黨郡銅鞮縣聚居，因以為姓氏。其族源包括滇零羌、參狼羌等。《元和姓纂》：“銅鞮，晉羊舌氏之後。”① 與此不同。《新唐書·孝友傳》載同官縣（今銅川市）有同蹄智壽、同蹄智爽兄弟，當是其後裔。清《嘉慶洛川縣志》地名有“同蹄村”②，《陝西省行政區劃圖》有“上、下桐堤村”，是同蹄羌人留下的歷史遺跡。

此碑為“邑子一百人”造像，存可辨題名97人，僅同琋氏就佔全部題名的65%。加上羌姓荔非、姜氏，以及可能是羌也可能是氐的楊、梁氏，羌人在造像人數中佔有絶對優勢，遠遠高於漢族人數。同時，冠佛職“香火”“唯那”“典録”“化主”“典坐”“齋主”者23人，其中有明確宗教職位的羌人15人，説明北周時期，羌人已普遍接受佛教思想，而該地是一個以“同琋”為主體、羌人同族同姓或異姓而居的羌村聚落。題名吐盧、普六茹、析婁等，是北族姓氏，表明北族入關後，逐漸居住於內遷羌人的羌村之中。羌人、北族、漢族雜居，自然促成了各民族的融合。

---

① （唐）林寶撰，岑仲勉校記：《元和姓纂》卷一，中華書局1994年版，第42－43頁。

② （清）賈構撰，（清）劉毓秀修：《洛川縣志》卷三，《中國地方志集成·陝西府縣志輯》（47），鳳凰出版社2007年版，第380頁。

073 荔非郎虎造像碑座 約廢帝三年至保定二年（554－562）間

碑座陽面

碑座陰面

碑座左側

碑座右側

説明

碑石於 1988－1991 年在陝西省銅川市耀州區稠桑鄉牆村寺廟遺址出土（關莊鎮楊原西牆村北 60 米），現藏耀縣藥王山碑林。碑座高 45.6 cm，寬 85.5 cm－89 cm，厚 57.8 cm－61.2 cm。四面刻，題名約 125 人。楷書。無發願文。泐蝕嚴重。該碑又題《西牆村荔非郎虎碑座》。

碑文

（上泐）州令、丹州府主薄、淮州顯［剛］縣令荔非郎虎[1]。／（以上用小字刻於碑座陽面中間）

（泐 4 行），（上泐）容，／（泐 4 行），／（上泐）□女，／（泐 2 行），／（上泐）□榮。／（上泐）□光幼[2]，／（上泐）雷仵花，／（上泐）□□花，／（上泐）□女，／（上泐）雷□姬，／（上泐）□官钊，／（上泐）□桃花，／（上泐）□和親，／（上泐）□荔非郎姬，／（上泐）□□□姬，／（上泐）雷儁姬，／（上泐）荔非冨花，／（上泐）雷伏花，／（上泐）□□姬容，／（上泐）□弥姐瓌，／（上泐）□□阿銀[3]。／（以上刻於碑座陽面上層）

邑子孫紫花，／邑子朱白女，／邑子郭令妃，／邑子趙芋姬[4]，／邑子孫成姬，／邑子賈敬容，／邑子郭小香，／邑子郭勝咹，／邑子孫阿善[5]，／邑子鉗耳卸姬，／邑子田伏女，／邑子同琋魯妃，／邑子鉗耳金繡，／邑子劉安好，／邑子楊空勝，／邑子鄧白妃，／邑子荔非□妃。／邑子劉子暈，／邑子雷朔妃，／邑子卲毛花，／邑子城遒姬[6]，／邑子如阿醜[7]，／邑子侯妙男，／邑子雷早花，／邑子同琋哏妃，／邑子荔非玉妃，／邑子荔非鴻妃，／邑子荔非容洛，／邑子同琋連男，／邑子雷香媚，／邑子劉男如，／邑子張豆妃。／（以上刻於碑座陽面下層）

邑子雷妍妃，／邑子雷比妃，／邑子荔非勾男，／邑子陳女姿[8]，／邑子金好女，／邑子郭列女，／邑子□道妃[9]，／邑子郭迪妃，／邑子□小姿，／香火張阿銀，／典録□□□，／典坐□□豪，／維那□沐妃，／□□弥遒景，／花主衛進姜，／邑主桓好姿，／邑主雷□□，／像主張犳女，／像主雷伏花，／邑主苦桃姬[10]，／邑主衛求容，／化主王妃足，／□□張蘭香，／維那同琋姿男，／典坐張神姜，／典録荔非冨花[11]，／香火雷祥妃，／邑子荔非光基[12]，／邑子衛進姜，／邑子郭小非，／邑子□宜□。／（以上刻於碑座陰面上層）

邑子梁女興，／邑子荔非僧妃，／邑子雷阿姜，／邑子同琋佁男[13]，／邑子劉子妃，／邑子田晏濱[14]，／邑子趙阿呆，／邑子雷仵花[15]，／邑子雷姿妃。／（以上刻於碑座陰面下層）

香火雷国女，／像主鉗耳男光，／邑主舍僧妃，／邑主荔非歡姬，／化主王妙嬰，／治律雷清□，/維那趙果，/典坐雷王女，/典録負綾東，/邑子鉗耳娥媚，/邑子郭女時，/邑子荔非衆妙，/邑子楊阿暈，/邑子張舍貴，/邑子呂日竦，/邑子尉光花，/邑子張滕貴，/邑子奇玉男，/邑子趙奐花，/邑子同琋相姐[16]，/邑子鄒野容支[17]，/邑子荔非杴宗，/邑子張伏華，/邑子□□□。/（以上刻於碑座左側）

邑子王宜容，/邑子□□女，/邑子張□□，/邑子牛□姿，/邑子田□女，/邑子衛□妃，/邑子□□姜，/邑子（下泐），/邑子（下泐），/邑子（下泐）光，邑子（下泐）賽，/邑子□□女，/（泐1行），/邑子□□□余，/（泐1行），/（上泐）王妃足，/（上泐）□光□，/（上泐）□□醜，/（上泐）王香，/（下泐1行），/□主□/阿華，/（泐3行）。/（以上刻於碑座右側上層）

邑子賀阿暈，/邑子高鳳皇，/邑子王羌女，/邑子孫道男，/邑子彭男香，/邑子荔非明女，/邑子荔非金容，/邑子荔非男容。/（以上刻於碑座右側下列）

著録

《耀縣新發現的一批造像碑》，《考古與文物》1994（2）。

注釋

［1］碑陽存題名者，唯“荔非郎虎”職位最高，用小字刻於碑座陽面中間，兩旁分刻供養人題名。丹州：西魏廢帝三年（554），改汾州為丹州，以丹陽川為名。治義川縣，今陝西省宜川東北。《元和郡縣圖志》：“後魏文帝大統三年，割鄜、延二州地置汾州，理三堡鎮。廢帝以河東汾州同名，改為丹州。因丹陽川為名。領義川、樂川縣。”① 北周改丹陽縣，隋初復舊名，唐移治今宜川縣②。淮州：西魏時，一改東荊州置，治所在比陽城（今河南泌陽縣西）。隋改為顯州。一於廢帝元年（552）改華州置，治所在淮安郡（今河南桐柏縣東固縣鎮）。三年（554）改為純州。《北史·潘樂傳》：“涇州舊在石梁，侯景改為淮州。樂獲其地，仍立涇州。”③ 涇州，北魏神䴥三年（430）置，因涇水獲名。治臨涇縣（今甘肅涇川）。後移治安定縣（治今甘肅涇川北涇河北岸）。《元和姓纂》：“荔非，西羌種類也。隋有荔非雄，涇州人，伏誅。唐彭州刺史荔非生賓，應節度荔非元禮，寧州人。”④ 此碑荔非任職淮州，在涇州的可能性更大。保定二年（562）《荔非興度觀世音造像座》：“［叔］祖前郡忠正丹州永寧令、丹州主薄、淮州顯㽕縣令、板授益州漢陽郡守荔非郎俿。”“俿”即“虎”；㽕：即

① （唐）李吉甫撰，賀次君點校：《元和郡縣圖志》卷三，中華書局1983年版，第74頁。
② 戴均良等：《中國古今地名大詞典》（上），上海辭書出版社2005年版，第539頁。
③ （唐）李延壽：《北史》卷五十三，中華書局1974年版，第1922頁。
④ （唐）林寶撰，岑仲勉校記：《元和姓纂》卷八，中華書局1994年版，第1244頁。

“剛”字。《荔非郎虎造像碑座》與之同出土於耀州區稠桑鄉牆村寺廟遺址，兩個“荔非郎虎”任職相同，應是同一人，據之“顯”下泐一字，應是“剛”。“顯剛縣”，不確。“州令”之間應脱“永寧”二字。同一地出土的還有西魏大統十二年（546）《荔非郎虎、任安保六十人等造像碑》，題“［前］郡［丹州］永寧令、［丹］州府主簿荔非郎虎”。有明確紀年的造像碑相距 16 年，三碑荔非郎虎應是同一人。《荔非郎虎造像碑座》的刻石時間，最早在“丹州”改州名之後的廢帝三年（554），至遲在北周保定二年（562）。

［2］碑座陽面泐蝕嚴重，“荔非郎虎”之右題名僅可見“客”“女”“桊”三字，餘不辨；其左題名亦泐，尚可識部分，首題存“光幼”二字。

［3］“容”上字，左下角泐蝕不能辨，細察原拓，當是“女”，右為“叵”，整個字應是“姬”。“阿”下字泐，存痕左半為“金”，右半為“艮”，應是“銀”字。

［4］“趙”下字泐，諦視拓片，上“廾”，下“丁”，應是“芓”字。

［5］“阿”下字泐，諦視拓片，構件“八”，演化為“丷”，應為“善”字。

［6］卲：“邵”的俗寫。其下首字清晰，是“乇”，即“三”；第二字微泐，上為“䒑”，下存痕似“化”，整字是“花”。“城”下字泐，可辨內“酋”，外“辶”，應是“遒”字。

［7］“子”下一字，左右結構，左“女”，右“口”，是“如”。姓氏，三國有如淳。見唐顔師古《〈漢書〉敘例》。

［8］“女”下一字，左“冫”，右上“欠”，下“女”，是“姿”字，構件移位。

［9］“道”上一字泐，細審拓片，疑是“嵬”字。

［10］“桃”上一字泐，其下為“占”，應是“苫”字。苫姓，有苫夷，春秋魯季氏家臣。見《左傳·定公七年》。

［11］坐：即“坐”字。碑坐陽面、陰面兩見“荔非富花”，只是陽面姓名上泐，佛職不明，應為同一人。

［12］“非”下一字，上部微泐，似“光”。

［13］佁：即“俗”字。

［14］濱：即“資”字。

［15］“阿”下一字泐，是“呆”，碑座陽面、陰面兩見“雷仵花”。

［16］“姐”上一字，似“租”。

［17］“野”上一字，右“阝”清晰，左泐，似“鄒”，又似“鄔”“郭”，《耀縣新發現的一批造像碑》作“鄒”，並認為“鄒野”是姓氏，首次在碑刻中出現。録以備參。

彙考

這是目前所見最早一通婦女結邑造像碑，共 158 人。其中，存有姓或名的一百三十餘人，共四十餘種姓氏。首為荔非、雷氏，次為郭、張、同琋氏，還有趙、劉、楊、王、鉗耳、孫、任、衛、田、賈、陳、侯、賀、牛、高、彭、吕、尉、郭、苫秦、耿、孔、焦、鄧、邵、城、胡、梁、鐘、舍、桓、弥姐、劉、間、負、程等。其中，荔非、雷、同琋、鉗耳、弥姐、任、梁、彭為羌人，且人數最衆。楊氏或為氐人，或羌人。王氏或為漢人，或為氐羌人。吕氏為氐人。焦氏是鮮卑姓或鮮卑化的胡姓。表明西魏時陝西耀州區稠桑鄉牆村一帶，主要聚居着羌人，並與北方其他少數族裔及漢族雜居。

074　權道奴造像碑　保定三年（563）六月二十日

碑陽

碑陰

説明

碑石於1965年在甘肅省秦安縣徵集，現藏甘肅省博物館。碑石高82 cm，寬32.5 cm。四面刻，額均螭首。碑陽額題“伏富寺”，下為發願文和題名。碑陰額中間為屋形龕，内有彌勒佛。龕下刻馬匹、牛車、供養人和題名。記10行，滿行12－14字不等；餘題名。楷書，有縱横界格。碑文俗訛字較多，為文字研究提供了材料。該碑又題《秦安權道奴造像碑》。

額

伏富寺。/（以上刻於碑陽額）

碑文

周保乏三年，歲在癸未，六月甲午/朔，廿日癸丑，佛弟子權道奴，割施/財產之餘，弢誓斯頟[1]，為家口/大小，建立弥勒石像一區。並為巳父母、/兄等造碑一豚[2]，親迎妙匠，盡竒/巧思，撸石表容[3]。兹儆然[4]，頟家眷/休延侖、齊天竒、仕官高、遷冨/禄无窮[5]，子孫昌熾，流光万世，巳者/皈真[6]，永断昔囙，囶主清化[7]，民安/豊洛，佛法長輝，恥迷皈正[8]，□/□之頟，普沾霝境[9]。/

巳父阿驢，/巳伯帛安，/巳伯世安，/巳汖阿興[10]，/巳汖興洛，/巳汖松洛，/巳汖洛豐，/巳兄伏冨，/巳兄清樬[11]，/巳兄檞安，/巳弟檞冨。/

巳姪洛超，/巳姪慶超，/巳姪帛超，/巳母辛香姫，/巳姉周好[12]，/巳姉僧姿，/巳姉小女，/巳婠妙男[13]，/巳姪女王秀[14]。/（以上刻於碑陽）

匠□權帛郎，/息珎延和[15]。/（以上刻於碑陰馬匹和牛車兩側）

蕩難殿中二將軍都督、渭州南安郡守、/陽縣開囶伯權道奴供養佛時。/

息朗起，/息朗琛，/息永琛，/息永集，/息永祑[16]，/息永悳，/息永富，/息永檀。/

姪兒僧朗，世榮[17]，/清信婠昌松郡君王女俄[18]，/清信婠呂女姿，/清信婠廉男敘，/姉香秀，/女永妃供養，/息姉廉益男，/息姉呂要男，/孫女伯容。/

孫長，/孫始，/孫女小容，/孫女阿逻[19]，/孫女帛容。/孫女善容，/姪婠王善如，/外生呂陽如，/孫姪王安放[20]。/（以上刻於碑陰馬匹和牛車下部）

□□申，/□長容。/巳姉公王苝頌[21]，/巳姉母仵帛棕[22]，/巳姉弟僧安[23]，/巳姉弟顯安，/巳姉弟伯悪。/（以上刻於碑左側）

佷姪永安[24]，/妻王法秀。/佷姪法□僧，/妻王洛秀[25]。/佷姪道元，/妻王妃。/外生王明，/息婠姪王清妃[26]。/（以上刻於碑右側）

著録

《甘肅佛教石刻造像》157 圖，217 文。

注釋

［1］蕟：同“發”。

［2］巨：“亡”的俗寫。馭變作横。所：即“所”字。量詞。《水經注·河水四》：“岸上並有廟祠，祠前有石碑三所。”①

［3］擔：即“擔”字。

［4］儼：即“儼”的俗寫字。儼然，莊重肅穆的樣子。《論語·堯曰》：“君子正其衣冠，尊其瞻視，儼然人望而畏之。”②

［5］休：即“烋”，通作“休”。休延，謂太平世界。命：即“命”字。富：即“富”字。窮：即“窮”字。“冖”與“宀”，“宀”與“穴”混用，碑刻中習見。

［6］皈：即“歸”的簡筆俗字。歸真，佛教語。婉指死亡。《釋氏要覽·送終·初亡》：“釋氏死，謂涅槃、圓寂、歸真、歸寂、滅度、遷化、順世，皆一義也。”③

［7］昔：即“苦”字；囻：即“國”字。二字均為簡筆俗字。清化：清明而教化。《後漢書·鄧騭傳》：“不能宣讚風美，輔助清化，誠慙誠懼，無以處心。”④

［8］耶：即“耶”字，“邪”的異體。皈：即“歸”字。在上文“皈”的基礎上又有些變化，減左半“丿”，移至右下。歸正，回歸正道。

［9］靁：即“靈”字。靈境，莊嚴妙土。泛指寺廟所在的名山勝境。

［10］𡬶：即“叔”的異體字。叔，從又，從尗，尗亦聲。隸變後，“尗”被割裂為“上”“小”，“小”與“⺌”形體相似，於是，“小”訛寫為“⺌”。漢魏六朝碑刻隸、楷書常訛變。三國魏太和五年（231）《曹真殘碑》：“州民郎中天水尹龔𡬶轂□。”北魏永安三年（530）《寇霄墓誌》：“韶起周文，穆舉康𡬶，樊柯後漢，懋葉魏邦。”⑤ 字形訛變後很難看出與“叔”的聯係。

［11］楂：即“櫥”字。

［12］姉：即“姊”字。

［13］婹：即“嫂”的異體字。

---

① （北魏）酈道元著，陳橋驛等譯注：《水經注全譯》卷四，《中國歷代名著全譯叢書》，貴州人民出版社 1996 年版，第 110 頁。

② 十三經注疏整理委員會：《論語注疏》卷二十，《十三經注疏》，中華書局 2000 年版，第 307 頁。

③ 釋道誠：《釋氏要覽》卷下，東京大正一切經刊行會 1934 年版，第 307 頁。

④ （南朝宋）范曄撰，（唐）李賢等注：《後漢書》卷十六，中華書局 1965 年版，第 613 頁。

⑤ 北京圖書館金石組：《北京圖書館藏中國歷代石刻拓本滙編》（5），中州古籍出版社 1989 年版，第 137 頁。

［14］“王”下一字泐，細審拓片，似“秀”字。《甘肅佛教石刻造像》未釋。

［15］“延”上一字，似“玜”。《甘肅佛教石刻造像》未釋。

［16］裓：即“族”字。《甘肅佛教石刻造像》作“袄”，非。

［17］“世榮”下為孫輩。《甘肅佛教石刻造像》以為“世榮”與“孫長”為一人名，非。

［18］《甘肅佛教石刻造像》上文釋“姮”作“嫂”，此作“姊”，不取。昌松郡：十六國後凉置，治昌松縣（今甘肅武威市東南漢蒼松縣南）。尋改東張掖郡。北魏復改昌松郡。北周廢。

［19］“阿”下一字泐，細審拓片，似“遻”。《甘肅佛教石刻造像》未釋。

［20］此一人題名，《甘肅佛教石刻造像》作“孫應善，姊侄王子郎”，非。

［21］姉：即“姊”字。“王”下一字，似“赤”，“赫”的異體字。左右結構併為一體，垂足變點，點的多寡比較隨意。《甘肅佛教石刻造像》未釋。

［22］棕：即“捺”字。拓片清晰，《甘肅佛教石刻造像》未釋。碑左側題亡故人“亡姊公王赫頌，亡姊毋仵帛棕”，該書釋作四人，即“亡姊公，王□頌，亡姊母仵，帛”，非。

［23］“安”上一字，左泐，存痕似“僧”。

［24］従：即“従”字，同“從”。碑刻中有時又寫作“従”。從侄，堂房侄子。

［25］“僧”上泐蝕一字，《甘肅佛教石刻造像》脱。“洛”，字體清晰，《甘肅佛教石刻造像》作“各”，非。

［26］姪：同“侄”。《甘肅佛教石刻造像》作“侄”，是。但迻録原文，當尊原刻，以保持碑刻原貌。

075 王文超造像碑 保定四年（564）二月十四日

碑陽

左側　　碑陰　　右側

説明

碑石在甘肅省奉安縣新化鄉任吴村徵集，現藏甘肅省博物館。高 96 cm，寬 43 cm，厚 12 cm。四面刻，碑陽、碑陰均螭首、刻龕，内有一佛二弟子；龕兩側各一小龕。碑陽額中題“還鄉寺”，龕下刻發願文。碑陰及兩側下刻題名。記 11 行，滿行 10 字；餘題名。楷書，有縱橫界格。該碑又題《奉安新化王文超造像碑》。

額

還鄉寺。/（以上刻於碑陽額）

碑文

保定四年二月庚寅朔十四日，/夫先出軒轅，支惟帝嚳姬仲□/王之次子，江亭周世之封名。玆/於百代，煥乎方策，累葉簪纓[1]，天/下稱為盛，後選土豪，常為次弟。/自入起戰已來，蒙假輔國將軍、/中散、儀同、司馬王文超。屬逢逶/末，薄識廣傲[2]，割淒玉之[3]，入造浮/啚三劫，并銘一斦，選石崟山，工/過世表。仰頭四海寧[4]，往生淨土。/（以上刻於碑陽）

權杏保，小妹夫權舅仁，奴陽仁業[5]。/佛弟子王文超，妻呂阿□[6]，/岐鮮愁，息王景，景先小□，/侄苟与郎，妻權帛香，息□/明，息女善徽［外］，呂紹，呂□/超，姊僧姿，眇姿，茹姿何□[7]，/妹帛姿，羌姿，外子暈僧□。/廿父王清［仁][8]，弟白福鴻，□/肆保，侄王顯，弟顯達，清□/義珍，慶崇買，㥁僧雲永□[9]，/呂仕斌，權洛萬，王紹子相□。/（以上刻於碑陰）

忘父塢進，忘母續男，忘兄合熾[10]，娅帛朱。/忘伯父進富，忘廿煩進，廿拜侍，妹菴沒，/亡廿仵煩鴝，兒朗富，兄安超，妹帛汝。/（以上刻於左側）

呂定熾，常在妙樂，其辭曰：子超洪進□，/呂正明外權道生，弟子襲樹達，慶樹□，/義達僧紹，從弟王茧仁，子明始□，景略[11]。/（以上刻於右側）

著録

《甘肅佛教石刻造像》159 圖，218 文。

注釋

［1］簪纓：頭簪和束髮的纓絡，古代官吏的冠飾。喻顯貴。南朝梁蕭統《錦帶書

十二月啟・姑洗三月》：“龍門退水，望冠冕以何年？鷁路頹風。想簪纓於幾載？”①

［2］“識”下一字泐，似“廣”。《甘肅佛教石刻造像》未釋。

［3］《甘肅佛教石刻造像》脱“割”。“割”下字泐，細觀原拓，為“涹”，似“姿”字。姿，“資”也。資生，指經濟。

［4］四海：古指中國四境有海環繞。此謂四鄰各族居住的廣袤境域。

［5］“仁”下一字泐，諦視，似“業”。《甘肅佛教石刻造像》作“來”，非。“權杏保，小妹夫權舅仁，奴陽仁業”題於碑陰，《甘肅佛教石刻造像》以為刻於碑右側，非。

［6］碑陰泐蝕，下部文字，無法辨識。造像題名一般按職位尊卑和輩分排列，每層清晰。此題名連續排列，不易分辨，照原文迻録。王文超妻吕氏，與下文侄苟与郎妻權氏，氏人，表明王氏與吕、權氏望族大姓互為聯姻。

［7］“超”，《甘肅佛教石刻造像》作“趣”，非。𠆲：即“僧”字。

［8］卄：即“叔”字。亦作“㕛”“㕛”。

［9］悳：同“德”。《甘肅佛教石刻造像》未釋。並脱“雲”字。

［10］“熾”上一字清晰，是“合”。《甘肅佛教石刻造像》作“令”，非。

［11］“始”下一字泐，無法辨識。其下一字是“景”。

① （清）嚴可均：《全梁文》卷十九，商務印書館1999年版，第212頁。

076 同琋永樂造像記 保定四年（564）六月

説明

《民國咸寧長安兩縣續志》卷十三《金石考》下卷云碑“佚”①，非。現藏美國波士頓博物館。四面刻，每面高 40 cm，寬 94 cm。記 14 行，行字數不等；餘題名。楷書。第一面殘，上下泐蝕不可讀。該碑又題《同琋氏造像記》《邑子同琋永樂等造像記》。

碑文

（上泐）□□□□□□□□□□□□□（泐）□□虚□要日□□□□□□（泐）□託言以□□以諸邑子□□（泐）□□□□釋迦□光之□□□（泐）□□八音之説形□□□飄（泐）大宅□停□庢□尒然者□[1]。（泐）□藉浮□□□□□□□空□（泐）□□致果。故咸發菩提，俱生□（泐），採石名山，造像一區。雕磨既□，（泐）□斯就□□之□□□起福（泐）□□常暉法三□世囬□□（泐）□慕義，生己居眷，及法界有（泐）斯慶，成無上道。

（上泐）四年，歲次甲申，六月戊子朔，九日丙申□□[2]。

□子同琋永樂，□子同琋高命[3]，□子□□恩，□子同琋□□，□子同琋慶□，□子同琋景□，□子□□伏慶，□子同琋高顯，□子來像保，□□暉儁，邑子來联世[4]，邑子同琋延□，邑子同琋永欽，邑子同琋阿和，邑子同琋道□，邑子雷郎興，邑子同琋僧□，邑子同琋超達，邑子程慶歡，邑子同琋相國，□□□顯慶。

□子同琋[5]，□録趙□，□坐同琋超宗，□□同［琋］□勝[6]，□□同琋士獻，邑子同琋洪□，邑子朱□□[7]，邑子同琋□□。（以上刻於一面）

邑子尉□□，邑子同琋□□，邑子□□□□，邑子□□□□，邑子□□□，邑子同琋□，邑子同琋，□□□□，□同琋□光，主比丘□慶，□，主比丘□□，邑師比丘僧静，邑子同，邑子同，邑子，邑子，邑子，邑子，邑子沙□□，邑子，香同，邑子，師比丘道□，□同琋顯□，邑主同琋明□，□同琋□□，邑□□□，邑主□□□□，□化主高□□，香，邑子，邑子，邑子，邑，邑，邑子，邑子，邑子同，邑子同，□郵同琋□宗[8]，典坐同琋，□□慶，明□，□□，邑子徐子穆，邑子同琋

---

①（民國）翁檉、宋聯奎纂修：《民國咸寧長安兩縣續志》卷十三，民國二十五年（1936）鉛印本，《中國地方志集成·陝西府縣志輯》（3），鳳凰出版社 2007 年版，第 6 頁。

暉祭，邑子同琋顯暉，邑子同琋榮暉，同，邑子，邑子同琋，邑，邑子同，邑子[9]。（以上刻於一面）

邑子同琋□非，邑子同琋暉略，高顯保，慰遲袖祭[10]，邑子同琋伏興，邑子同琋伏仁，邑子同琋珎國，邑子同琋敬秩，邑子同琋僧奴，邑子同琋魯仁，邑子同琋遵業，邑子同琋石欝，邑子同琋黑達，邑子同琋黑奴，邑子萇命，邑子同琋慶祖，邑子同琋回熾，邑子同琋千万，邑子同琋子和，邑子同琋景珎，邑子同琋賈奴，儁，子同琋儁儀，子同琋長白，子同琋遵和，子同琋洪慶，□主□暉□，□□元□，子同琋□稚，邑子同琋□，邑子同琋□□。（以上刻於一面）

子同琋景儁，□子同琋景祭，□子同琋王祭，□子同琋僧奴，□子同琋宗，□子同琋彭仁，□子同琋興亮，□子同琋□貴，□子同琋長□，□子同琋子開，邑子張容□，邑子馬真元，邑子憂顯□，□子同琋子由，□子同琋長賓，子同琋元吉，子同琋□奴，子同琋□祥，子同琋慶和，子同琋元和，子賀□，□子同琋長高，□奴，□□□□。（以上刻於一面）

著録

1.《金石萃編》卷 36－12 下。2.《全北齊北周文補遺》70。

注釋

［1］ 居：即"居"字。

［2］ 年月上下泐，《金石萃編》云："其年號以甲申推之乃保定四年，證以《周書・周武帝本紀》保定四年二月庚寅朔八月丁亥朔，則六月為戊子朔，正與史合。"

［3］ 題名"同琋高命"，與下文"同琋高顯"；"同琋顯暉"與"同琋榮暉"；"同琋景□"與"同琋景珎""同琋景儁"，可能是同一字輩的同琋氏，表明北周時期内遷羌人對儒家文化的認同。

［4］"來"下一字，《金石萃編》作"暎"，是"暎"。《全北齊北周文補遺》作"映"，非。《全北齊北周文補遺》據《金石萃編》轉録題名，"儁"下為"□□□顯慶"等，順序有誤。不一一列出。

［5］"琋"下，《金石萃編》無字。造像題名中有的只題姓，或"邑子"，或佛社職位號，可能是留待將來補刻。《全北齊北周文補遺》以為下闕，臆斷。

［6］"琋"，據上下題名補。

［7］"朱"，《金石萃編》存左"日"。

［8］ 郙：即"那"字。

［9］ 此面上下泐蝕嚴重，題名多不完整。

［10］慰遲：即“尉遲”。鮮卑族部名，以部落為氏。《周書·尉遲迥傳》：“其先魏之別種，號魏遲部，因而姓焉。”①《魏書·官氏志》：“西方尉遲氏，後改為尉氏。”②

彙考

同琋，代北複姓。字書無“琋”字，唯《新唐書》有姓同蹄者二人，《金石萃編》：“此碑作同琋或蹄字之別體也。”該造像題名160餘人，有同琋者81人。此造像碑未詳所在，孫星衍《寰宇訪碑録》謂在陝西省長安③，不確。題名同琋氏集中的碑石，耀縣有北周保定二年（562）《同琋延嶎等造像碑》；北周天和六年（571）《雷明香造像記》，像主夫家即同琋氏。蒲城縣有北周保定四年（564）《聖母寺四面像碑》。《關中金石文字存逸考·邑子同琋永樂等造像記》跋：“唐永淳二年有《雍州美原縣頻陽府校尉同琋武榦造像記》，亦即此姓。”④ 就中華字庫收録唐代碑刻看，尚無此造像記拓片，疑已亡佚。據此推測，該造像碑當在銅川或渭北的其他縣内。

---

① （唐）令狐德棻等：《周書》卷二十一，中華書局1971年版，第349頁。

② （北齊）魏收：《魏書》卷一百一十三，中華書局1974年版，第3012頁。

③ （清）孫星衍：《寰宇訪碑録》卷二，商務印書館排印本1935年版，第58頁。

④ （清）毛鳳枝：《關中金石文字存逸考》卷三，《石刻史料新編》第二輯（14），臺北：臺灣新文豐出版公司1979年版，第10424頁。

077 聖母寺四面像碑 保定四年（564）九月初八

南面

北面

西面

東面

説明

碑石在陝西省蒲城縣。四面刻，分拓四紙，碑陽、碑陰均高 143 cm，寬 69 cm；兩側均高 90 cm，寬 27 cm。碑陽、碑陰額圭首造龕，内一佛二菩薩。碑身均上開龕，下刻供養人，並題名。碑陽龕下第一層像下有“聖母寺碑”四個小字，雜在題名之側。最下層刻發願文。碑左右側上開圓拱龕，下刻供養人題名。記 25 行，滿行 8 字；餘題名。楷書。四面標識南北西東方位。該碑又題《聖母寺四面造像碑》《大周大像主和儁將軍等一百五十人造四面像》。

碑文

聖母寺碑[1]。/（以上刻於南面第一層）

夫靈津澄净，非□□/無以顯其功。□□□/家[2]，非積行何能□其/志。衆生在火宅之□，/非經不宣，唯像可□。/是以如来託形□□，/流萉鹿野；滅影□□，/經像訓世。大像［主］［昨］/和儁將率鄉原□□/之夫[3]，勸□邦川[4]，来追□/大士。合邑一百五十/人等，識四□常，體□/无㝵[5]。内𢦏菩提，採□/真珎石，娉㝉□之□/工[6]，造四面像一區，其/福𩀌㠞[7]，上為天龍八/部，仰頞皇帝福祚/唯［長］[8]，万國朝宗，彊［禦］/𨒪化[9]。公卿將士，保國/安民，福延万世。遂及/先師父母，邑子義眷屬[10]，/法界倉生[11]，廿五有，共/至菩提，明見佛性。/

維大周保定四季，歲/次甲申，九月丁巳朔，八日甲子建。/（以上刻於南面龕下第三層）

南面上堪像主曠野將軍、殿中司馬趙迴昌，/南面中堪像主䕺鉗耳榮歡[12]。/（以上刻於南面碑額龕兩側）

檀越主㽞井阿仵[13]，/大像主安定公寺大邑長昨和高儁[14]，/釋加像主比丘僧永，/開明像主比丘僧昌，/都邑主王暉遠，/檀越主㽞井明孫肆安縣令。/（以上刻於南面龕下第一層）

左葙典坐郭法遵[15]，/左葙𦑣䑨曠野將軍、殿中司馬屈男神□[16]，/左葙齋主安定公寺大邑長昨和遵，/左葙邑正横野將軍、員外司馬同琋永，/左葙化主上官抸洛，/右葙化主屈男明度，/右葙邑正姚袾檞，/右葙齋主惠醜，/右葙𦑣䑨屈男度羨[17]，/右葙典坐張景略。/（以上刻於南面龕下第二層）

北面上堪像主㕡思暢[18]。/（以上刻於北面碑額龕側）

左葙香火主雷洪儁，/弥勒像主威列將軍荔非道㢈[19]，/大化主姜彭儁，/右葙香火蒲城縣法曹府昨和暢，/弥勒開明主鄉黨昨和善，/都𦑣䑨𧨸榮達[20]，高坐王李世貴，/邑子□□□。/（以上刻於北面龕下第一層）

邑子征東將軍、右金紫光禄、/都督、洛川縣開國伯上官略，/邑子輔國將軍、中

散、金曹從/事、郡主薄地連敦[21]，/邑子㓝井雲慶，/邑子輔國將軍、中散都督李慶賫[22]，/邑子雷郎非，/邑子㓝井昌歆[23]，/邑子趙遵禮，/邑子雷奴意，/邑子李廣琰[24]，/邑子荔非仕明，/邑子杜昌，/邑子昨和引安，/邑子李驕蘭，/邑子雷豊抚，/邑子惠歸憙，/邑子党榮昌，/邑子屈男客仁，/邑子屈延貴，/邑子鉗耳仲和，/邑子屈男昭明，/邑子昨和景和，/邑子雷景𢦏[25]。/（以上刻於北面龕下第二層）

邑子㓝井顥暢，/邑子雷僧明，/邑子党子亮，/邑子党奴奴，/邑子雷子寬，/邑子雷慶受，/邑子荔非社奴，/邑子雷洛受，/邑子姚輝粲[26]，/邑子李小魯，/邑子楊世雄，/邑子張景業，/邑子王遵暢，/邑子王鍾𦙶[27]，/邑子雷漢奴，/邑子弥姐榮，/邑子雷清奴，/邑子雷伯奴，/邑子雷延貴，/邑子雷嘿雀[28]，/邑子昨和石意，/邑子屈男景祥，/邑子雷万郎，/邑子昨和子輝，/邑子雷定袾。/（以上刻於北面龕下第三層）

觀世音像主王子遷，/東面邑主曠野將軍、殿中司馬雷榮顥，/邑子㓝井景仲。/（以上刻於東面龕下第一層）

邑子□□伏庯[29]，/邑子雷榮儁，/邑子雷慶儁，/邑子昨和顥袾，/邑子昨和明歡，/邑子王定國，/邑子雷長命[30]，/邑子党海保，/邑子昨和景奴，/邑子昨和雙�[31]，/邑子昨和同抚。/（以上刻於東面龕下第二層）

邑子党榮貴，/邑子張子明，/邑子陳海貴，/邑子任普大，/邑子昨和榮亮，/邑子趙子偘，/邑子屈男馬矢[32]，/邑子昨和外景，/邑子雷里子，/邑子昨和子粲，/邑子党枤察，/邑子郭□□[33]。/（以上刻於東面龕下第三層）

无量夀像主白水郡五官雷洪達[34]，/西面邑主輔國將軍、中散別將同琋永孫。/（以上刻於西面龕下第一層）

邑子昨和豐郎，/邑子㓝井魯仁，/邑子雷浚熾[35]，/邑子王道及，/邑子弥姐貴慶，/邑子同琋廣貴，/邑子昨和榮昌，/邑子雷阿歸，/邑子雷道頵[36]，/邑子雷僧頞。/（以上刻於西面龕下第二層）

邑子屈男牛主，/邑子昨和仲達，/邑子惠長通，/邑子趙阿雀，/邑子雷顯順，/邑子雷蒲智[37]，/邑子㟁井僧智，/邑子蒲還紓[38]，/邑子朱陽生。/（以上刻於西面龕下第三層）

著録

1.《北京圖書館藏中國歷代石刻拓本滙編》8－114。2.《日本京都大學藏中國歷代文字碑刻拓本》NAN0569A。3.《金石萃編》卷36－19上。4.《八瓊室金石補正》23卷。5.《漢魏六朝碑刻校注》10－180。6.《全北齊北周文補遺》72。

注釋

［1］《金石萃編》脱此四字。《全北齊北周文補遺》沿誤。“聖母寺碑”四字，刻於南面碑身龕下第一層，因其為碑之主名，故遂録碑文时置於首。

［2］家：“寂”的異體。“家”中無“人”便“寂”。《全北齊北周文補遺》未釋。

［3］率：即“率”字。“主”，據下文補。《八瓊室金石補正》：“‘和’上所缺，當是‘昨’。”可從。題名“大像主”者，唯見“大像主安定公寺大邑長昨和高儁”。那麽，發願文“大像［主］［昨］和儁”，亦即“昨和高儁”。故舊題《大周大像主和儁將軍等一百五十人造四面像》中“和儁”，應更改為“昨和儁”，或“昨和高儁”。

［4］“勸”下一字，《八瓊室金石補正》疑“舞”，備參。

［5］导：即“礙”字。“四”，《全北齊北周文補遺》作“回”，非。

［6］“珎”上一字，觀拓，清晰，是“真”。《全北齊北周文補遺》脱。宇：“宇”的俗字。

［7］《八瓊室金石補正》以為“雖”，即“雖”的異體，《漢魏六朝碑刻校注》從之。微：即“微”的俗字。後字碑刻中常見。

［8］天龍八部：佛教分諸天、龍及鬼怪八部，以天、龍居首。《全北齊北周文補遺》釋“唯”作“惟”，非原刻。“唯”下一字，《八瓊室金石補正》作“長”字，可採。

［9］“彊”下泐一字，《漢魏六朝碑刻校注》疑“禦”，可從。彊禦，强悍。《詩經·大雅·烝民》：“不侮矜寡，不畏彊禦。”① 𨑃：左“追”，右“來”。追來即歸，“歸”的俗字。

［10］《金石萃編》《漢魏六朝碑刻校注》“邑”下脱“子”，《八瓊室金石補正》認為“邑”下有“子”，當從之。“子義”二字，《全北齊北周文補遺》作一字，並未釋。

［11］倉：通“蒼”。《全北齊北周文補遺》徑作“蒼”，當遵原刻。

［12］堪：通“龕”。造像記中常見。如北魏正光四年（523）《優婆夷李造人像記》：“為亡女楊氏王神英，敬造无量壽像一堪。”② 武定八年（550）《杜文雍等十四人造像記》：“敬造石像一區，堪室華離。”③ 當：“黨”的俗字。

［13］穽：即“穽”。碑刻中有時也作“穽”。《八瓊室金石補正》：“‘穽井’即

---

① 十三經注疏整理委員會：《毛詩正義》卷十八，《十三經注疏》，北京大學出版社 2000 年版，第 1436 頁。

② 北京圖書館金石組：《北京圖書館藏中國歷代石刻拓本滙編》（4），中州古籍出版社 1989 年版，第 149 頁。

③ 《北京圖書館藏中國歷代石刻拓本滙編》（6），第 162 頁。

‘罕井’，關西複姓。”罕井，西羌罕種、幵種之歸漢者，以種名為氏。後訛作“井”。至南北朝，罕與井合一，成為罕井姓。《漢書・趙充國傳》“先零、罕、幵乃解仇作約”下顏師古注：“蘇林曰：罕、幵在金城南。師古曰：罕、幵，羌之別種也。”① 此下言：“遣幵豪雕庫宣天子至德，罕、幵之屬皆聞知明詔。”其下又云：“河南大幵、小幵。”“則罕羌、幵羌姓族殊矣。幵音口堅反。而《地理志》天水有罕幵縣，蓋以此二種羌來降，處之此地，因以名縣也。而今之羌姓有罕幵者，總是罕幵之類，合而言之，因為姓耳。變幵為井，字之訛也。”② 他未斷二羌合一為姓的具體時代，六朝石刻為之解決，罕與井二羌合為一姓不會晚於南北朝。《金石萃編》作“南井”，非。

［14］昨和：西羌複姓。《山公寺碑頌》題名有外兵史昨和安遷、金曺掾昨和薄隗、金曺掾昨和下殘等3人，此碑有大像主安定公寺大邑長昨和高儁、左葙齋主安定公寺大邑長昨和遵、左葙齋主安定公寺大邑長昨和遵等19人，表明昨和氏為羌姓望族。陝西省蒲城縣出土《昨和拔祖等一百二十八人造像記》有昨和拔祖、昨和早洛等姓昨和者58人，是一通以昨和種落羌人為核心的佛社造像。

［15］葙：即“箱”的俗字，通“廂”。《金石文字辨異・陽》：“葙，與‘箱’同。”③

［16］翟：即“唯”字。構件移位。翟𨙸：即“唯那”，亦作“維那”。屈男：羌族複姓，又作“屈南”，“南”与“男”同音。《元和姓纂》“屈南”條：“屈原裔孙仕後魏，魏重複姓，以自南来，乃加‘南’字，或作屈男。”④ 純屬望文生義，不可信從。其實為西羌族姓。陸增祥《八瓊室金石補正》認為“或屈男與屈南異系，後人以音近合併為一姓”。其說亦非。羌姓音譯，取其音同之字來記録，異寫現象是常有的事，實為一姓。碑寫作“屈男”。

［17］“明”下一字微泐，似“度”。下文“屈男度羕”，亦同。《全北齊北周文補遺》均作“慶”，非。羕：《金石萃編》認為即“業”字。當是。

［18］亝：即“斉”，同“齊”。“北面上堪像主亝思暢”，當作姓，是“齊”。《全北齊北周文補遺》作“齋”，不取。

［19］列：通“烈”。威列將軍，即“威烈將軍”。古代將军名称。三國吴始置。北魏、北周沿置。北魏熙平元年（516）《元延生磚誌》：“威烈將軍、奉朝請元延生銘。”⑤《全北齊北周文補遺》釋“列”作“烈”，非原刻。㢈：即“慶”字。

---

① （漢）班固撰，（唐）顏師古注：《漢書》卷六十九，中華書局1962年版，第2973－2974頁。

② 同上。

③ （清）邢澍著：《金石文字辨異》卷五，《石刻史料新編》第一輯（29），臺北：臺灣新文豐出版公司（據《聚學軒叢書》本影印）1982年版，第21661頁。

④ （唐）林寶撰，岑仲勉校記：《元和姓纂》卷十，中華書局1994年版，第1520頁。

⑤ 北京圖書館金石組：《北京圖書館藏中國歷代石刻拓本滙編》（4），中州古籍出版社1989年版，第37頁。

［20］䣊：西羌别種。《閨姓類集儷語》認為是党項後裔，馬長壽據《舊唐書·党項羌》："自周氏滅宕昌、鄧至之後，党項始强。"以為不可信①，但其觀點可以採納。《後漢書·西羌傳》有當煎、當闐諸種。"䣊"與"當"同音，或即其後裔。《元和姓纂》："党，本出西羌。姚秦將軍党耐虎。自云夏后氏之後，代居羌豪。"②今汶川、茂汶等地羌族有"常""尚"等姓，與"䣊"古音相近，或與古羌人䣊姓有關；今陝西關中之"黨"姓習見，多應是羌人後裔，"䣊"變"党"只是文字不同而已。"䣊"，《全北齊北周文補遺》作"嘗"，即"嘗"，非。下文同。

［21］地連氏，文獻罕見，僅碑刻中有。《碑銘所見前秦至隋初的關中部族》以為其族源來自東漢時的滇零羌，屬西羌先零之别種，"地連"與"滇零"音同，其説或然。《潛研堂金石文跋尾》認為姓"薄地"，誤將主薄之"薄"下屬。

［22］"寳"，《金石萃編》作"寶"，可從。構件"米"，演變為"缶"。

［23］歓：即"歡"的俗字。

［24］"琰"，《金石萃編》作"炎"，音同字異、義異，非。《全北齊北周文補遺》未釋。

［25］発：同"發"。《全北齊北周文補遺》作"族"，字形不類，不取。

［26］"輝"下一字與"祭""粲"字形相似，諦視拓片，似"粲"，即"粲"的俗字。《金石萃編》作"祭"，非。下同。

［27］"廼"，《漢魏六朝碑刻校注》作"廼"的俗書，當是。

［28］嘿：即"嘿"字。筆畫"丷"變為"一"。《金石萃編》作"哩"，非。

［29］虒：即"虒"字，"虎"的俗字。《全北齊北周文補遺》未釋"子"字。

［30］"長"下一字，清晰。《金石萃編》作"命"，即"命"字。漢魏南北朝碑刻中有的也寫作"肏"。

［31］"郎"，《金石萃編》作"郭"，非。《全北齊北周文補遺》沿誤。

［32］"馬"下一字，《金石萃編》《全北齊北周文補遺》未釋"矢"，《八瓊室金石補正》作"失"，非。《漢魏六朝碑刻校注》作"矢"，當從之。

［33］"䣊"上，《全北齊北周文補遺》衍一字，未釋。"郭"下泐二字，《全北齊北周文補遺》作"煞鬼"，備參。

［34］壽：即"壽"字，"壽"的俗訛字。碑刻中習見。像：即"像"字。

［35］《全北齊北周文補遺》未釋"浚"字。

［36］顕：即"顯"的俗訛字。

---

① 馬長壽：《碑銘所見前秦至隋初的關中部族》，中華書局 1985 年版，第 17 頁。
② （唐）林寶撰，岑仲勉校記：《元和姓纂》卷七，中華書局 1994 年版，第 1086 頁。

［37］《全北齊北周文補遺》未釋“智”字。

［38］“纾”，《金石萃編》作“𦂊”，是。構件“乡”即“纟”。《全北齊北周文補遺》作“鄉”，非。

彙考

造像碑為“合邑一百五十人等”造，實際存題名 122 人，羌人最著。《潛研堂金石文跋尾》《八瓊室金石補正》《碑銘所見前秦至隋初的關中部族》曾對諸羌姓氏和人數作過統計。今據題名略計如下：昨和氏 19 人，屈男氏 9 人，罕井（亦作“罕幵”）氏 8 人，荔非氏 3 人，同琋氏 3 人，弥姐、鉗耳、地連各 1 人，雷氏 28 人，甞氏 7 人，姚氏 2 人，姜氏 1 人，佔題名總數的 67% 以上，表明北周時蒲城碑石所在地是一個以羌人為主的聚落。羌漢交往，羌人受到強勢漢文化影響，其姓氏向漢民族靠近，是必然的趨勢。但在南北朝多元文化的大環境下，羌人在吸收他文化的同時（如對佛教、道教的接受），保持了本民族的文化特色。該時期大量的造像題名就是很好的例證。

078 北周保定五年造像碑 保定五年（565）二月二十六日

説明

碑石原存陝西省淳化縣夕陽鄉于寨村，1985 年秋移藏縣文化館。八面柱，高 118 cm，每面上寬 19 cm，下寬 25. 5 cm。上下有榫。每面上開三龕，内有一佛二菩薩或二佛像；下開一龕造一佛。龕外刻供養人、跏趺坐佛等。長方體座，長 81 cm，寬 69 cm，高 49 cm。碑座四面題名，陽面泐蝕嚴重，已無法辨識。碑座右側刻發願文。記 19 行，滿行 7 字；餘題名。楷書。

碑文

大魏時□有保定五年，歲次乙酉，二月甲寅朔，二十六日己卯，鄉義邑子二百人等共造八面石像一區。□□像□寫條條□□□之福業，□□□言如來敢若□□，衆心晝夜憂□□□悲慘有生之□悉□□□應身女六□□□靡化閻□金□□□□□□□□□□。

像主化主楊金朱，檀越主閻女郎[1]，邑主劉□佛常，像主楊顯榮，化主梁魏女，邑主朱道貞，化主楊道妃，像主閻鐵虎，邑主楊僧京，檀越主邑先del荊目[2]，邑主楊僧歡□□□尚。

邑子啖朋達[3]，邑子楊□正，邑子趙容珍，邑子楊平洛，邑子閻漢仁，邑子深道濟，邑子啖堅，香火劉大興，香火楊澐相，邑先啖酉，邑子閻景達，邑子閻景癸，邑子高各生，邑子賈□和，邑子啖法宋，邑□□□□。

邑子楊□發，邑子啖□□，邑子楊□興，邑子□□□，邑子啖道□，邑子梁尚□，邑子啖僧□，邑子□僧□，邑子楊□□，邑□□□□，邑子楊□□，邑子季定□，邑子閻□，邑子□□□□□□□□為北周武帝宇文邕保定五年造。(以上刻於碑座右側)

邑子楊□□，邑子鞏□□[4]，邑子鞏九真，邑子鞏石朱，邑□□僧□，邑子□道□，邑子楊太妃，邑子□元妃，邑子□□□，□子□子□，［邑］子□□昌，邑子閻賣□，邑子方金□，邑子常僧祭，邑子特奇妃□□□□□□□□ □□，邑子閻元□，邑子閻逮昌，□□閻旦妃，［清］信女啖相妃[5]，［清］信女高□□，［清］信女□魯女，［清］信女閻□女，［清］信女啖合化，清信女□合妃。

大化主魏法□，大像主金□□，化主劉□□，□越主常道，邑主閻祭，大邑主啖道遷，像主啖富公，大化主魏法現，比丘尼僧妙，比丘尼僧暈，化主仇歲基[6]，大檀越主啖配女，大檀越主仇要香，邑主萬善薛，像主宋始進，邑主楊郎忠，像□□□。

□□□□和□□□□子□□□師好□□劉頜□，邑子啖滌，邑魏道□[7]，邑子張妃女，邑子啖男基，邑子姜子，邑子王阿□，邑子劉子㷉[8]，邑子高□姐，邑子楊□□，邑啖呔□頻雅配公孫清奴，邑子趙暈，典録，邑子劉子欽[9]，香火馮□□，香火□榮，邑□張眾工□，典録如富女□□□配閪武□，邑子楊元□，邑子楊□榮，邑子陽財，邑子高顯和，邑子閪□□，邑子閪法□，邑子魏長□、張子呷□□□阿保。

邑子□□□，邑妃子□滌女，邑子張阿，邑子閪贛，邑子啖阿花，邑子啖曲□女，邑子莚□[10]，邑子閪阿從，邑子王從女，邑子楊花女，邑子□□吺，邑子啖阿香王，邑子何花馬合，邑子王要貴，邑子閪男香，邑子楊女□，邑子深□幸，邑子□道妃，邑子王阿花，邑子楊阿□，邑子啖山□，邑子魏先女，邑子高□□，邑子王先目，邑子楊重女，邑子梘元，邑子啖實。（以上刻於碑座陰面）

邑□□□興□傅阿和，邑子李魯□，邑子辛紀□，邑子閪□識，邑子閪□識，邑子閪光遵，邑子□□女，邑子魏雙□，比丘師楊□暉，□□石歲□□，邑子楊宜□□娥容，邑□小□，邑子閪達，邑子閪□興。

□□□花□□劉阿采，像主郭阿花，邑主王豐好，化主閪台生，邑師比丘郭僧瞇，化主魏敬妙，像主王阿香，像主但真但，［檀］越主但真妃[11]，邑主華牛女□，像主但麻□，化主高□□。

邑子□□□，邑子仇阿小，邑子楊枚女，典録楊相，邑子閪小女，香火致洛女雅配秅枚女[12]，都典録楊富摹，邑子㑌羅容[13]，邑子杜猥女，邑子牛清女，邑子王睗好，邑子□□薛[14]。

□□□□□，邑子邵曦[15]，邑子邵僧㑌，邑子馮方容，邑子楊金朱，邑子刿男香[16]，邑子孔僧女，邑子劉羅束，邑子但合如，邑子啖□女，邑子馮合容，邑楊金[17]，朱□□女。（以上刻於碑座左側）

著録

《淳化縣文物志》56

注釋

［1］無圖，據《淳化縣文物志》著録迻録碑文。“閪”，查字書，無此字。據熙平二年（517）《張宜世子妻墓誌》：“魏寧玥將軍、咸陽太守、方城侯張府君世子妻，故軍主天水閪壇伯長女也。”① “閪”，即“閻”。“閻”字“門”内“臽”，訛變作“但”。構件“⺈”下屬，訛變作未封口的“且”，而“⺁”變作“亻”。到北周保定五年至天和五年間（565－570）《四面像主造像碑》題名“北面花主閪和達”。“閪”

① 毛遠明：《漢魏六朝碑刻校注》（4），綫裝書局2008年版，第337頁。

字的“㒳”訛變作“但”，右半似“旦”，儼然“但”字。此造像鐫刻於北周保定五年（565），與《四面像主造像碑》造像時間一致。且都在陝西，一為淳化縣，一為耀縣，兩縣毗鄰，文字訛變相類，完全可能。故“閪”，是“閻”字無疑。

［2］《淳化縣文物志》作“邑先”，不詞。本作“邑先”，邑裡老人。下文“邑先啖西”，亦同理。斉：即“斉”，“斉”的訛字，亦作“齊”字。《漢魏六朝碑刻異體字研究》認為，“齊”隸定後，一是沿着筆畫簡省、異寫變異的路，一是承用古文字的路，“兩條綫路都是因為異寫，形體不斷發展，變成形體異構，彼此交錯，構成一組異體字”①。“斉”字，就屬前者。其簡化、變異見北魏景明五年(504)《霍揚碑》作“脊”②；正始四年(507)《侯君妻張列華墓誌》作“斉”③；武定六年(548)《志朗造像記》作“斉”④；東魏興和三年(541)《祖子碩妻元阿耶墓誌》作“斉”⑤。

［3］啖：亦可作噉。前秦名將有啖青，枹罕氐人。《晉書·苻丕載記》：“枹罕諸氐以衛平年老，不可以成事業，議廢之，而憚其宗彊，連日不決。氐有啖青者，謂諸將曰：‘大事宜定，東討姚萇，不可沈吟猶豫，一旦事發，反為人害。’”⑥ 啖：通“淡”。

［4］鞏氏，東漢末期，燒當羌中有鞏氏，生羌部落中亦有鞏氏，多為秦時鞏唐部羌人，主要分佈在隴西（今甘肅臨洮）、金城（今甘肅永清湟水南岸）二郡，及其塞外地區。三國曹魏政權有生羌酋長鞏廉玉、鞏廉至等。此鞏氏與氐羌共居一處，應是羌人。

［5］“信”上一字，當為“清”。下同。

［6］仇氏：阴平羌人。

［7］“魏”上，原刻脱“子”字。下文“邑啖”之“啖”上，原刻疑脱“子”字。

［8］祭：即“祭”字。

［9］斂：即“敘”字。

［10］“子”下，《淳化縣文物志》作“誔”，不識。

［11］“越”上一字，《淳化縣文物志》作“槽”，應為“檀”字。檀越主：佛家語。又稱“檀主”，或“旦那主”“檀那主”。意為施主。

---

① 毛遠明：《漢魏六朝碑刻異體字研究》，商務印書館2012年版，第17頁。

② 毛遠明：《漢魏六朝碑刻校注》(4)，綫裝書局2008年版，第20頁。

③ 趙力光：《鴛鴦七誌齋藏石》，三秦出版社1995年版，第26頁。

④ 北京圖書館金石組：《北京圖書館藏中國歷代石刻拓本滙編》（6），中州古籍出版社1989年版，第149頁。

⑤ 同上書，第74頁。

⑥ （唐）房玄齡等：《晉書》卷一百一十五，中華書局1974年版，第2946頁。

［12］“枚”上一字，《淳化縣文物志》作“毦”，不識。迻録備參。

［13］“羅”上一字《淳化縣文物志》作“侶”，不知何姓。

［14］“子”下泐二字，第一字《淳化縣文物志》作“𦓐”，似“羸”，或“羸”。不確。

［15］“邵”下一字泐，存半邊，似“曦”。

［16］刾：即“刾”字。“覃”的被通假字。

［17］“楊”上，原刻脱“子”。

彙考

明《隆慶淳化志》：“秦王殿在縣北五十里白堡地方箭幹山。”即今陝西淳化縣安子哇鄉東灣村北箭幹山，又名秦王殿山。“晉寧康九年符堅將姚萇背堅起兵此地，自立為王，國號秦，秦王殿蓋始於此。”① 寧康，止於三年。姚萇稱王實為太元九年（384）。寧康九年誤。箭幹山東面即為耀縣境域。十六國，特別是前後秦時期，淳化與耀縣一帶都是氐羌活動的重要地區。夕陽鄉于寨村的《北周保定五年造像碑》題名稱“邑子二百人”，實際可辨識的158人，有閻、啖、但、楊、梁、仇、姜、王、鞏、劉、馮、郭、魏、趙等姓。最多的是閻氏25人、啖氏21人、楊氏29人。啖、但、楊、梁氏是氐人。仇、姜、鞏氏是羌人，王氏，或氐羌，或漢人。聯係隋開皇二年（582）《邵卯造像碑》，出土於固賢鄉李寨村有題名啖氏。同鄉開皇十四年（594）《啖阿浩等邑子造像碑》題名啖氏10人，且地名有談村，可知北朝至隋代時，這一帶是氐羌聚居村落，居住着大量啖姓氐人。

① 陝西省文物志編纂委員會、淳化縣文物志編審委員會：《淳化縣文物志》，陝西人民教育出版社1991年版，第19頁。

079　麥積山造像殘碑　天和元年（566）

說明

碑石已殘，現藏麥積山石窟藝術研究所。殘碑高 35 cm，寬 32 cm。螭首。碑身僅存上半截，中間開龕，内有坐佛。龕側題名。碑身通刻發願文，13 行，滿行存 5－6 字不等；餘題名。楷書。泐蝕嚴重，多不能辨識。

碑文

天和元年……/□清□□……/夫大□玄……/自建立妙……/須知□可舍……/衣食為亡息……/子銘□子一……/□與□弘［陽著］……/悦之願□□光……/［坦］大小人□□……/窮□□六……/□□□……。/

呂德頌，/兄呂伏保，/□□□伯生，/□［土阿］□，/生□家，/息女容化。/（以上刻於佛龕兩側）

著録

《甘肃佛教石刻造像》219 文

彙考

麥積山自後秦姚興鑿山興建，有千龕萬像，經北魏太武帝滅佛，造像多毁。現存遺跡均造於文帝復法之後。經北魏、西魏、北周的發展，既有十六國時期凉州風格造像，也有南朝褒衣博帶式佛像，這是北方各族與漢族在政治、經濟、文化上融合在造像上的反映。此造像殘碑題名主要為吕氏，氐人，為家族造像。

080　昨和拔祖等一百廿八人造像記　天和元年（566）

説明

碑石在蒲城縣北的堯山鄉。碑云："堯山之鄉，壙川之里。"《關中金石文字存逸考·附録古碑》："堯山在今蒲城縣北二十里。此石當在其地，但未能實指其處耳。"① 高廣尺寸，《關中石刻文字新編》卷一載："古碑石高一尺九寸，廣一尺八寸。"記 19 行，滿行 12－15 字不等，餘題名。楷書。該碑又題《邑子一百廿八人造像記》《昨和拔祖等造像記》《浦城縣北周四面像銘》。

碑文

天和元年，歲次丙戌，［七月丙］子朔[1]，/廿三日戊戌，佛弟子一百廿八人等，共/發宏願[2]。維天地開闢，陰陽運轉。明/則有日月之照，幽有鬼神之影[3]。/故神濟不測，品物斯願。載形權道，/無方理識，所以日照[4]。是以釋迦如來，/慨四諦之蔣輪，改三乘之未證[5]，發/宏誓於八解之津，廣大悲於五濁之域[6]。/淂信士都邑主昨和拔祖合邑等，共發積道場，迭相勸率，造釋迦像一區。/知一沉恩愛之獄[7]，永拘名色之槛[8]，輪/轉三界，迴服五道[9]，福盡合村，輪同憂/禍。至與灌湯等耀，既捨家資，及事/子之分[10]，於堯山之鄉，壙川之里，左挾/同升，右臨白徑[11]。採石脩願，遠召名匠，/出巧思之奇，樹茲釋迦像一區[12]。上為/皇帝陛下，延祚無窮，師僧父母，/因緣眷蜀[13]，法界合識[14]，成斯同願，咸/登妙覺。合邑普同敬礼。/

都維那賀蘭万吉[15]，/南面化主昨和洪智，/南面光明主昨和了亮[16]，/南面邑員□蘇馬歡[17]，/南面維那雷歡引，/南面典録昨和無暢。/（以上刻於南面上截上層）

左相侍憧昨和伏子[18]，/南面邑正武鄉縣□先長和[19]，/右相侍憧昨和伯龍[20]，/都邑正昨和景賓，/都邑員昨和孫安，/南面香火主荔棐子和[21]，/南面齋主虎賁給事、中散大夫昨和富進[22]。/（以上刻於南面上截下層）

邑子昨和元豐，/邑子昨和陽奴，/邑子岃井法榮，/邑子昨和歡智，/邑子唐山壽，/邑子昨和法慎，/邑子呂儁德，/邑子昨和法安，/邑子昨和猥子[23]，/邑子昨和永樂，/邑子昨和山虎，/邑子昨和僧定[24]，/邑子姚引奴[25]，/邑子昨和道穆[26]，/邑子昨和景儁，/邑子岃井阿祥，/邑子屈男顯業[27]，/邑子昨和樹建[28]，/邑子昨和榮

---

① （清）毛鳳枝：《關中金石文字存逸考》卷十，《石刻史料新編》第二輯（14），臺北：臺灣新文豐出版公司 1979 年版，第 10618 頁。

安，/邑子昨和仲粲，/邑子荔非慎智[29]，/邑子昨和明引，/邑子昨和景洛[30]，/當陽像主昨和醜奴，/都化主［寧遠］將軍□、右員外常侍都督㑆井舉[31]，/南面邑主□督賀蘭延暢[32]。/（以上刻於南面下截第一層）

邑（缺），/邑子昨和□□[33]，/邑子王歸郎，/邑子昨和先生[34]，/邑子雷陽昌，/邑子昨和子康，/邑子昨和景業，/邑子㑆井叀生，/邑子㑆井明祥[35]，/邑子昨和羊皮，/邑子昨和醜奴，/邑子昨和顯熾，/邑子昨和顯和，/邑子昨和顯慎，/邑子昨和伏奴，/邑子昨和蘭奴，/邑子荔非思祖，/邑子荔非思暢，/邑子昨和師奴，/邑子昨和仲賓，/邑子昨和儒粲，/邑子昨和仕粲[36]，/邑子昨和清虎[37]，/邑子昨和貴□，/邑子昨和長樂[38]。/（以上刻於南面下截第二層）

邑子昨和□□，/邑子荔非佛奴[39]，/邑子呂右妃，/邑子昨和暉亮[40]，/（空此行）/邑子昨和□□，/邑子昨和大吉，/邑子昨和釋吉[41]，/仏堂主昨和真慶[42]，/邑子昨和孝逼[43]，/邑子昨和早洛，/邑子昨和洛容，/邑子昨和㝉平[44]，/邑子昨和㝉達，/邑子昨和早洛母屈男長資[45]，/邑子昨和輝緒，/邑子昨和長達，/邑子昨和永貴，/邑子平貴母㑆井阿□[46]，/邑子昨和□非，/邑子（缺）。/（以上刻於南面下截第三層）

著録

1.《八瓊室金石補正》卷23－14。2.《關中石刻文字新編》卷1－15下。3.《金石萃編補遺》卷1－32。4.《全北齊北周文補遺》79。

注釋

［1］據《八瓊室金石補正》釋文迻録，並以《關中石刻文字新編》《金石萃編》校之。“戌”下三字泐，查干支，可補“七月丙”三字。《全北齊北周文補遺》作“七月丙”，是。

［2］“發”，《八瓊室金石補正》作“張”。下文有“發宏誓於八解之津”。以“發”為宜。

［3］“幽有”，《關中石刻文字新編》作“幽則”。此兩句對舉，字數應相等。“鬼”上疑原刻脱一字，為“幽則有”。《全北齊北周文補遺》徑作“幽則有”。

［4］《關中石刻文字新編》《金石萃編補遺》未釋“日”字。

［5］四諦：又名“四聖諦”“四真諦”，即苦諦、集諦、滅諦、道諦。這是佛法修行的四大階段，也是重要的基礎理論。三乘：佛教語。指小乘（聲聞乘）、中乘（緣覺乘）、大乘（菩薩乘），是深淺不同的解脱之道。《魏書·釋老志》：“初根人為小

乘，行四諦法；中根人為中乘，受十二因緣；上根人為大乘，則修六度。”① 蔣輪：本作“將淪”。

［6］八解：佛教指八解脱，又作“八背舍”“八惟無”“八惟務”，即內有色想觀外色、內無色想觀外色、净解脱身作證具足住、空無邊處、識無邊處、無所有處、非想非非想處、滅受想定身作證具住等八種禪修方式的合稱。五濁：佛教認為塵世充滿煩惱痛苦，眾生生存於劫濁、見濁、煩惱濁、衆生濁、命濁等五濁之中。

［7］“嶽”，《八瓊室金石補正》以為“獄”之誤，是也。《金石萃編補遺》《關中石刻文字新編》認為當作“欲”，非。

［8］“色”，《金石萃編補遺》《關中石刻文字新編》釋作“邑”，非。並未釋“嶽”。嶽，疑“獄”之誤。《全北齊北周文補遺》作“域”，非。

［9］三界：佛教語。指衆生輪回的欲界、色界、無色界。《法華經·譬喻品》：“三界無安，猶如火宅。”② “三界”與“五道”對舉。

［10］《八瓊室金石補正》作“事”，《金石萃編補遺》《關中石刻文字新編》作“妻”，或是。

［11］“里”，《關中石刻文字新編》作“裏”，非。《全北齊北周文補遺》沿用。“徑”，《關中石刻文字新編》作“侄”，是。偏旁訛混。此句指造像地點。造像記中常見。如建德元年（572）《甞仲茂八十人等造像記》：“在村處中置立，南臨白水，北背馬蘭，東俠洛水，西望堯山。”

［12］“釋”，《金石萃編補遺》《關中石刻文字新編》作“石”，非。

［13］“眷蜀”之“蜀”，通“屬”。碑刻中常見，如北魏正光四年（523）《師緣生造像記》：“囙緣眷蜀。”③《全北齊北周文補遺》作“眷屬”，非原刻。

［14］合識：當“含識”。“合”，“含”之訛刻。佛教語。謂有意識、有感情的生物，即眾生。南朝梁簡文帝《馬寶頌》：“愍含識，資惠命，引蒼生，歸法性。”④ 造像記常用語。如北魏孝昌二年（526）《智空造像記》：“諸灾□弥，十方含識。”⑤

［15］“吉”，《金石萃編補遺》《關中石刻文字新編》均作“元”，備參。

［16］“了”，《金石萃編補遺》《關中石刻文字新編》均作“子”，備參。

［17］《關中石刻文字新編》脱“員”字。《全北齊北周文補遺》沿用。

---

① （北齊）魏收：《魏書》卷一百一十四，中華書局 1974 年版，第 3027 頁。

② （西晉）竺法護譯：《正法華經》卷二，東京大正一切經刊行會 1934 年版，第 147 頁。

③ 張燕：《北朝佛道造像碑精選》，天津古籍出版社 1996 年版，第 86 頁。

④ （宋）李昉等：《文苑英華》卷七百七十八，中華書局 1966 年版，第 4106 頁。

⑤ 北京圖書館金石組：《北京圖書館藏中國歷代石刻拓本滙編》（5），中州古籍出版社 1989 年版，第 28 頁。

［18］“相”，《金石萃編補遺》《關中石刻文字新編》均作“葙”，即“廂”字，它碑多作“箱”。下同。

［19］“長和”，《金石萃編補遺》《關中石刻文字新編》認為是一字，並且未釋。《全北齊北周文補遺》未釋“縣”字。

［20］“龍”，《金石萃編補遺》作“蘢”。

［21］“荔茮子和”，《關中石刻文字新編》作“昨和□□”，非。荔茮：即“荔非”，譯音無定字。亦作“利非”“麗飛”。西羌複姓。

［22］“南面齋”，《金石萃編補遺》《關中石刻文字新編》未釋，並認為是兩字，不取。

［23］“猥”，《金石萃編補遺》作“猥”，疑“㹠”之誤。㹠，為“孺”的異體。見北魏建義元年（528）《王誦墓誌》：“泣血㹠慕，幾於毀滅。”① 《全北齊北周文補遺》因此作“孺”。

［24］“定”，《關中石刻文字新編》《金石萃編補遺》作“寶”。

［25］“奴”上，《關中石刻文字新編》《金石萃編補遺》認為《八瓊室金石補正》脱一字，應為“□奴”。

［26］《八瓊室金石補正》未釋“道穆”。《全北齊北周文補遺》沿用。

［27］業：即“業”的俗字。碑刻中有時亦作“菐”“業”。

［28］《金石萃編補遺》未釋“建”。

［29］“智”，《關中石刻文字新編》《金石萃編補遺》作“伯”。

［30］“邑子”，《關中石刻文字新編》《金石萃編補遺》均作“齋主”。據上下文題名，疑是。

［31］《關中石刻文字新編》未釋“右”。“常侍”，《八瓊室金石補正》作“□中侍”，非。《全北齊北周文補遺》沿用。“將”上兩字，當為“寧遠”。北魏時期刻（386－534）《鉗耳万祖等造像碑》題“□遠將軍、右員外□□虎”。與右員外常侍散官相對應的軍職是寧遠將軍。見《北史·盧辯傳》。《八瓊室金石補正》卷十三載普泰二年（532）《樊道德造像記》跋語：“揚烈將軍，第五品上階。揚，作‘陽’。”該碑又題“右員外”，即右員外常侍散官省稱。與之相對應的軍職是寧遠將軍，正五命。

［32］“督”上一字泐，應為“都”字。“延暢”，《關中石刻文字新編》作一字，並且未釋。

［33］“和”下泐兩字，《全北齊北周文補遺》作一字。

---

① 北京圖書館金石組：《北京圖書館藏中國歷代石刻拓本滙編》（5），中州古籍出版社 1989 年版，第 104 頁。

［34］耂：即“老”字。《金石萃編補遺》作“先”，非。

［35］“明”，《關中石刻文字新編》作“胡”。

［36］《關中石刻文字新編》脱“邑子昨和仕粲”。

［37］虖：即“虎”字。《八瓊室金石補正》作“席”，非。南北朝碑刻中，少數民族用“虎”為名的較多，用“席”則甚少。

［38］“長”，《關中石刻文字新編》《金石萃編補遺》作“安”。

［39］“奴”，《關中石刻文字新編》《金石萃編補遺》作“女”。兩字均常用作女性名。

［40］“暉”與“亮”，義近，符合古人取名習慣。《金石萃編補遺》《關中石刻文字新編》釋“亮”作“高”，不取。其下無字，《全北齊北周文補遺》衍“邑子”。

［41］“釋”，《金石萃編補遺》《關中石刻文字新編》作“輝”。

［42］仏：即“佛”的異體字。

［43］逼：即“通”的異體。

［44］恖，即“思”字。

［45］“屈”，《八瓊室金石補正》作“金”，非。屈男，亦“屈南”，西羌複姓。《全北齊北周文補遺》沿誤，並將“昨和早洛母屈男長資”句子點破，作“昨和早洛，母金，男長資”，大誤。上有題名“昨和早洛”，此為其母親“屈男長資”題名。《關中石刻文字新編》《金石萃編補遺》釋“母”作“丑”，形似而誤。並未釋“洛”上一字，脱“邑子昨和”。

［46］“平”，《金石萃編補遺》《關中石刻文字新編》作“王”。

彙考

“堯山之鄉，壙川之里”，即今陝西蒲城縣北二十里的“佛弟子一百廿八人等”，結成社邑組織，“共發宏願”造像。現存題名 86 人。實際題名與發願文所述人數不符，造像諸刻恒有之。其中昨和 58 人，“荔棐”（即“荔非”）5 人，甬井（即罕幵）6 人，屈男 2 人，雷 2 人，皆西羌大姓。羌人佔造像題名 85% 以上，足見該地是一個以昨和氏為主的羌人聚落，實行族内婚制，見題名“邑子昨和早洛母屈男長資”。造像中還有王氏 1 人，可能也是羌人。氐人吕氏 2 人。北方賀蘭部落賀蘭氏 2 人。表明此時的北族入關後，居於羌村，未形成本部族村落。

081 毛明勝造像碑 天和五年（570）五月二十五日

碑側

説明

碑石於1963年6月，在陝西省耀縣縣城里仁巷出土，居民劉傑收藏，1964年5月捐送耀縣文化館，1971年遷至耀縣藥王山碑林。正方體，頂、座佚，高、寬均80 cm，厚18 cm。四面刻，每面開一龕，碑陽龕内一佛二菩薩，主尊跏趺坐。碑陰龕内造像三尊，主尊垂足坐。碑兩側龕内各造一坐佛。每面龕下刻男女供養人，着胡服，旁各題名。一側刻發願文，8行，滿行12字；餘題名。楷書。題名泐蝕嚴重，失拓。

碑文

夫先玄妙，託生□迩[1]，聖容□□，/形教遊存。自唯福淺[2]，生遭□□，/處於五濁，无常身命[3]。□歿難□，/知毛寶可憑[4]。□為国主，及七世/父母，法界眾生，敬造石像一區。/匠畫殊容，眾相具足[5]。借此□□，/四方寧泰。行同此願，□□□□。/

天和五年五月廿五日□□□。/（以上刻於碑側）

著録

1.《耀縣石刻文字略志》，《考古》1965（3）141圖，135文。2.《陝西古代石刻藝術》152。

注釋

［1］“生”上一字右泐，細觀拓本，為“乇”，應是“託”。

［2］淺：即“淺”的簡筆字。

［3］五濁：佛教語。謂塵世中五種惡濁行為，即劫濁、見濁、煩惱濁、眾生濁和命濁。

［4］毛：即“三”字。三寶：佛教中，稱“佛、法、僧”為三寶。

［5］具足：“具足戒”“近具戒”“大戒”的略稱，為比丘、比丘尼受持的戒律。南北朝時，佛教所傳戒本各異，按《四分律》所載，比丘戒有二百五十條，比丘尼戒有三百四十八條。

彙考

《北朝杏城——鄜州地區部族石窟的分期與思考》稱該造像碑題名族源為氐①。前秦太傅毛貴；兗州刺史毛盛；梁州刺史毛當；河州刺史毛興，女兒是苻登皇后，都是氐人。西魏大統元年（535）《毛遐造像記》："大行臺、尚書、北雍州刺史、宜君縣開國公毛遐。"《北史·毛遐傳》："毛遐，字鴻遠，北地三原人也，世為酋帥。"② 因此，毛遐及其弟毛鴻賓，被氐羌推選為盟主。今四川省汶川縣城附近有毛嶺山，居民多姓毛，羌族③。《中國佛道造像碑研究》稱供養人是着胡服的"漢族"④，非。

---

① 暨遠志：《北朝杏城——鄜州地區部族石窟的分期與思考》，《藝術史研究》（8），中山大學出版社 2006 年版，第 401 頁。

② （唐）李延壽：《北史》卷四十九，中華書局 1974 年版，第 1808 頁。

③ 曾曉梅、吴明冉：《兩晉南北朝至隋碑銘所見羌族姓氏研究》，《北方文物》2012 年第 3 期，第 82 頁。

④ 羅宏才：《中國佛道造像碑研究——以關中地區為考察對象》，上海大學出版社 2008 年版，第 186 頁。

082 四面像主造像碑 保定五年至天和五年之間（565－570）

北面、西面

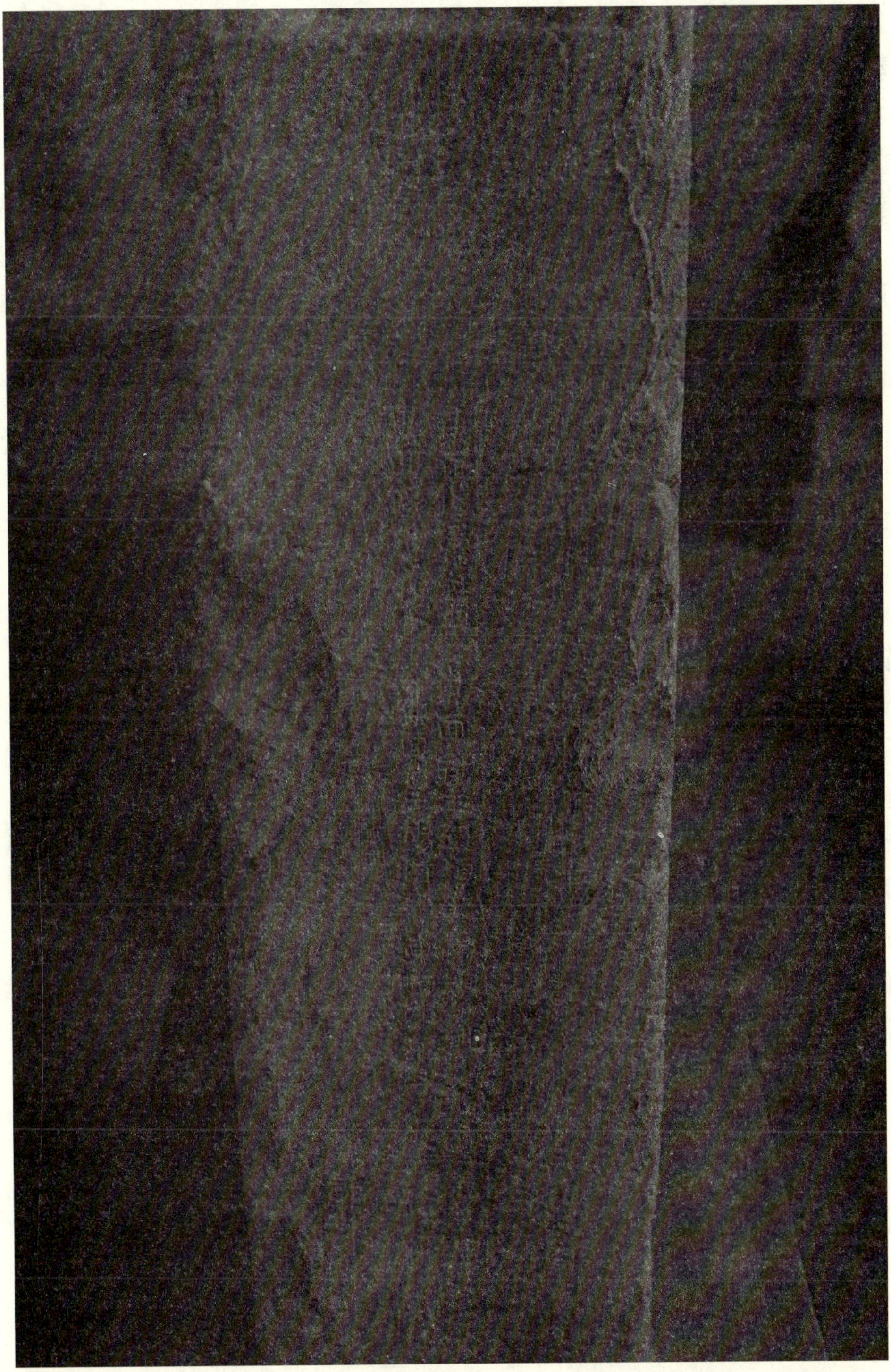

東面

説明

碑石於 1934 年在陝西省耀縣東山出土，現藏藥王山博物館。長方體，碑高 133 cm，寬 53 cm，厚 25 cm。四面刻，均上開龕，屬佛道混合性質。龕下刻四層供養人像並題名。南面上部開圓拱龕，内有一佛二菩薩。龕下題名，泐蝕嚴重，難辨題名姓氏。北面上部開圓拱龕，内有一道二真人像。額刻帷帳紋。一側上部開尖拱龕，内有一道二真人像。龕下第一至三層花主、像主、邑主、唯那等身後均有侍從跟隨。最下層為“邑子”供養人像。一側上部開尖拱龕，内有一佛二菩薩，龕下亦題名。碑面標明東西南北四方。無發願文。楷書。該碑又題《魏苟安造像碑》《楊洪義造像碑》《雷小豹造像碑》。

碑文

南面都花主鄧禄阿[1]，/南面都花主□範□[2]。/（以上刻於南面第二層）

南面都像主□□□，/南面都像主□□旁。/

南面都典録□□□，/南面都典録雷道中。/（以上刻於南面第三層）

南面都邑主□□□，/南面都邑主□□□。/南面香火主□□□，/南面香火主孟□□。/南面唯那□□□，/南面唯那□□□。/南面邑主□□□，/南面邑主□□□。/（以上刻於南面第四層）

西面像主楊善護，/西面像主劉元和。/（以上刻於西面第一層）

西面邑主朱孃子，/西面邑主楊仕榮。/（以上刻於西面第二層）

西面維那楊萇，/西面維那張元妃。/（以上刻於西面第三層）

邑子楊雨女，/邑子楊磨女，/邑子劉豊貴[3]，/邑子雷鐘□。/（以上刻於西面第四層。）

北面花主閩和達[4]，/北面花主魏苟女。/（以上刻於北面第一層）

北面像主楊洪義。/北面像主雷小豹，/北面典録梁阿醜，/北面典録紹阿金[5]。/（以上刻於北面第二層）

北面邑主強願悳[6]，/北面邑主楊阿彿，/北面香火郭阿雙，/北面香火鄧道起。/（以上刻於北面第三層）

北面齋主洛白妃，/北面唯那，/北面唯，/邑子𨻳女貴[7]。/（以上刻於北面第四層）

東面像主強社通，/東面像主強花容。/（以上刻於東面第一層）

東面邑主劉洦［逢］[8]，/東面邑主楊阿媚[9]。/（以上刻於東面第二層）

東面唯那鄧心息[10]，/東面唯那鄧小息[11]。/（以上刻於東面第三層）

邑子劉義袁[12]，/邑子楊萇悳，/邑子楊僧恂，/邑子楊金主。/（以上刻於東面第四層）

著録

1. 宋莉藏原石照片。2.《中國道教石刻藝術史》上154圖。3.《長安藝術與宗教文明》413。

注釋

[1]“花主”，本“化主”。下同。“鄧”下二字泐，觀殘痕，似“禄阿”。《長安藝術與宗教文明》未釋碑陽供養人姓名。

[2]“主”下泐三字，第二字似“範”字。

[3]“豊”上一字，似“劉”。

[4]閪：即“閻”的俗訛字。

[5]“紹”，《長安藝術與宗教文明》未釋。

[6]悳：即“德”的異體字。下同。

[7]隟：當是“薛”的異體。《長安藝術與宗教文明》未釋“薛”“貴”。

[8]湏：即“湏”字。《長安藝術與宗教文明》作“須”，同“湏”，等待。其下一字泐蝕嚴重，不能辨識。《長安藝術與宗教文明》作“逢”，“湏”“逢”兩字義相通，可採。

[9]“媚”，《長安藝術與宗教文明》作“娟”，形似而誤。

[10]“鄧”下一字泐，觀存痕，似“心”。《長安藝術與宗教文明》未釋。又釋“息”作“惠”，非。

[11]“息”，《長安藝術與宗教文明》作“女”，字形不類，不取。

[12]“劉”下二字泐，但輪廓尚可辨，似“義袁”。此及下文共四邑子題名，《長安藝術與宗教文明》未釋。

彙考

造像碑無發願文，亦無年號。《北魏至隋代關中地區造像碑的樣式與年代考證》一文中認為，該碑保留了保定年間一些圖像元素，及天和年間供養人着裝特徵，刻碑時間約在北周保定五年至天和五年之間（565－570）。可從。男供養人、侍從身着圓領窄袖半長袍，腰束帶，脚蹬靴。這種胡服，見於北周保定二年（562）《同琋延嬼等造像碑》，只不過半長袍下擺較寬長。天和二年（567）《馬眾庶造像碑》題名“息迴業”“劉大慶”的供養人也着寬衣長袍胡服①。天和五年（570）《毛明勝造像碑》已是典型的胡裝。胡服是鮮卑、匈奴、羌、氐等少數民族的傳統服飾，曾經流行於北魏孝昌至正光年間，在消失四十多年之後重新流行。北周保定五年至天和五年間，造像供養人着類似褲裝的長袍，正是北周胡服改制過渡期的表現。《關中北朝造像碑研讀劄記》一文亦持基本相同觀點，認為造像碑上供養人服飾的變化發生於北周保定至天和年間②。

① 宋莉：《北魏至隋代關中地區造像碑的樣式與年代考證》，西安美術學院博士學位論文，2011年，第312頁。

② 李凇：《長安藝術與宗教文明》，中華書局2002年版，第342－345頁。

083　費氏造像記　天和六年（571）五月二十一日

説明

碑石刻立地點不詳，《平津讀碑記》："在長安縣。"① 四面刻，《金石萃編》："前後皆高一尺三寸五分，橫廣三尺二寸五分。"中間刻發願文，兩邊刻像。"後面兩截十四像，旁兩面俱高六寸五分，廣二尺一寸二分，像各八。四面每面刻一人名，惟一旁止七人。"記15行，滿行14字－17字不等；餘下題名。楷書。該碑又題《費伯達造像》《費氏四面造像》。

碑文

夫如來真意玄寂，道出塵表。至理宏□，□□□□。□□虛空，本無名相。眾□□力，□以緣合。□應□至現形，非□□□□□三寶輝，万品俱□。□以如來，體性清淨。摧應六道[1]，慈愍□□。□□□起保紫礉[2]，誕生王宮。捨□之□，□世金輪之寶，□讀步玄遠□□。仍□十九出家，□□道□身百□□□□□廣全，流布教化。眾既耶□□□。滅影雙樹，無餘涅槃。

佛弟□□□□邑子□僚憂婆庋合邑子□□□□人等[3]，經像訓世，仰承聖教[4]，識達非常。信□□□意□志□崇三寶，為天王國主，枰□□□穀容華□奇異世間否有發廣大[5]。𩕳□□□佛在我[6]，𩕳中无□成就，流入佛海，悉皆具足。

天和六年五月廿一日造像一區。/

邑主陽烈將軍費伯達[7]，/像主□雜宗主費子推，/邑師比丘智業，/□□將軍諫議長利縣、南啓二縣令慎政郡丞治都督費永進[8]。/（以上刻於一面）

□子王□保，/□子費榮族，/□子費堅，/□子虎威將軍費法俟[9]，/邑子費法海，/邑子費僧和，/邑子費沄猛，/邑子費肆□，/邑子費進族，/邑子費長宗，/邑子張貴，/邑子程道遵，/邑子費社奴，/邑子費格奴，/邑子費長□，/邑子費宊騎[10]，/邑子費長暉，/邑子費始進，/邑子費市宜，/邑子費□奴，/邑子費真孫，/邑子費阿樹，/邑子費真敬，/邑子費僧暉，/邑子費黃頭，/邑子費法□，/邑子周奉，/邑子費陁俱。/（以上刻於一面）

齋主費白奴，/□大費宗棄，/□律費伯孫，/唯郝費紹熹[11]，/典坐、曠野將軍、

---

①（清）洪頤煊：《平津讀碑記》卷三，《續修四庫全書》（905），上海古籍出版社2013年版，第36頁。

殿中司馬費雷[12]，/典録、大司馬府、吏部朝官費胡[13]，/邑渭費萇生，/□主費伏□。/（以上刻於一面）

□主費樹羅，/邑渭費禹[14]，/典録費暉和，/典坐費長寬，/唯郁横野將軍費遠[15]，/治律費鐘旭，/香火陽烈將軍費伯進，/齋主費遵禮。/（以上刻於一面）

著録

《金石萃編》卷 37－25

注釋

［1］搉：即“權”字。六道：佛教語，指一切眾生輪回其中的六個界别，即天道、阿修羅道、人道、畜生道、餓鬼道、地獄道。其中上三道為三善道，下三道為三惡道。

［2］微：即“微”的異體字。

［3］夷：“夷”的異體。憂婆夷，即“優婆夷”，梵語，音譯而字别。指在家奉佛的女子。《魏書·釋老志》：“俗人之信憑道法者，男曰優婆塞，女曰優婆夷。”①

［4］聖：即“聖”。字形結構改變。碑刻中常見。

［5］嚴：即“嚴”的構建減省俗字。

［6］願：即“願”的俗字。

［7］陽：通“揚”字。偏旁混用。《平津讀碑記》卷三：“‘陽烈’，即‘揚烈’。《魏書·官氏志》：‘揚烈將軍，從第四品。’周初據關内官名，末改魏，號其階，當與之同碑。”② 該軍號與“寧遠將軍”“鷹揚將軍”“折衝將軍”，屬從第四品。

［8］諫議：即“諫議大夫”。秦置，專掌論議。歷代因之。北魏置諫議大夫，屬集書省。太和十七年（493）定為四品下，二十三年改從四品下。北周時，與“鎮遠將軍”同為正六命上階。據北周軍號散官雙授制，“將”上泐二字，當為“鎮遠”。

［9］侯：即“侯”。虎威將軍，從第五品。見《魏書·官氏志》。《金石萃編》云：“陽烈將軍、虎威將軍，皆無考。”非。

［10］突：即“突”的俗字。

［11］海：即“海”字。郁：即“那”的異體。下同。

［12］殿中司馬：即“殿中司馬督”，碑省“督”字。曠野將軍、殿中司馬督，為北周軍號、散官雙授制。曠野將軍，從第八品。

① （北齊）魏收：《魏書》卷一百一十四，中華書局 1974 年版，第 3026 頁。

② （清）洪頤煊：《平津讀碑記》卷三，《續修四庫全書》（905），上海古籍出版社 2013 年版，第 36 頁。

［13］《金石萃編》：“後齊之制大司馬與大將軍並尊，謂之二大，皆典司武事者，碑於‘大司馬府’下有‘吏部朝官’四字，又不知何謂也。”

［14］邑渭：本作“邑謂”。指佛社下級職官名。

［15］横野將軍，從八品階。見《魏書・百官志》。

彙考

該造像碑存合邑子題名47人，費氏為主，43人。《中國佛道造像碑研究》云：費氏“部屬系西羌”①。題名擁有軍號、散官及佛職者均是費氏，足見長安縣立碑處是一個以費氏為主的羌人聚落，他們沿襲古羌尚武習俗，多有建樹，政治、軍事、宗教地位頗高。軍號、散官雙授，始自北魏前期，宣武帝以後大量湧現。西魏、北周沿襲，直至隋開皇間。題名中的官職為研究北朝軍號、散官雙授制提供了實證材料。

① 羅宏才：《中國佛道造像碑研究——以關中地區為考察對象》，上海大學出版社2008年版，第407頁。

084 雷明香造像記 天和六年（571）七月十五日

碑陽

碑陰

左側（局部）

說明

碑石於1927年在陝西省耀縣出土，具體地點不明。據題名“建忠郡”太學生雷鴻遠和“宜州”太學生雷□儁，當在渭北三原縣或耀州一帶。原藏雷天一家，1936年遷入耀縣碑林，1955年遷入耀縣文化館，1971年移至耀縣藥王山碑林。長方體，頂、座佚，上下有榫。碑高95 cm，上寬36 cm，下寬43 cm，上厚17 cm，下厚18 cm。四面刻，碑陽上部開圓拱龕，内有一佛二弟子；中部刻像主、其夫像和題名；下部刻供養人像和題名。碑陰上部開圓拱龕，龕楣上七弟子，龕内一佛二弟子；下刻供養人和題名。兩側上部開圓拱龕，内有一坐佛。左側下部刻發願文，右側下部刻供養人和題名。記9行，滿行19字；餘題名。楷書，有縱界格。泐蝕較嚴重。該碑又題《雷明香為亡夫同琋乾熾造像記》《雷明香佛教造像碑》。

碑文

夫冲玄虚冢[1]，妙趣理幽。應難尋悟，□□□□[2]。□金/鏤木，以表眞容，乃今佛弟子雷明香[3]，知世非常世，/減割家弥，為亡夫同琋乾熾敬造石像一區，願亡/夫託生西天[4]，無量萅因[5]，眾恚崩消[6]，万善慶集[7]。复願/家內大小，老者延康[8]，少者益筭[9]，門風庠序[10]，禮義俻/足[11]。常飡法味，恒与善俱，蒙此嵌因[12]。願皇帝延祚/無窮，下及七世師僧、父母，因緣眷屬，法界眾生，咸/同斯慶[13]，等成正覺。

大周天和六年七月十五/日造就[14]。/（以上刻於碑左側）

像主雷明香，/夫曠野將軍、殿中司馬同琋乾熾。/息女貴容，/息女貴妃一心[15]，/息女貴宗，/息女貴女。/（以上刻於碑陽第三層）

外孫伏奴、僧妙，妐同琋天哥，姑夫蒙佁男[16]，從叔□□主薄郡□□□雲陽二縣令、□□□□雷奉昌[17]，從弟開府外兵、曹治都督雷顯慶[18]，太學生雷玉賢，太學生雷顯暉[19]。/（以上刻於碑右側）

姪雷彭暢，/外生雷超侯[20]。/兄橫野將軍、彊弩司馬雷儁樹[21]，/弟宣威將軍、輔朝請別將雷樹安[22]，/從弟建忠郡太學生雷鴻遠[23]，/從弟雷玉祖。/（以上刻於碑陰第二層）

從弟雷洪熾。/女夫雷季玉，/女夫雷鴻慶，/女夫夫蒙雙養，/女夫夫蒙貴慶，/從弟宜州太學生雷□儁[24]。/（以上刻於碑陰第三層）

外孫夫蒙榮姬，/清信士荔非沙女[25]。/（以上刻於碑陰第四層）

著録

1. 陝西省圖書館、博物館。2. 宋莉藏原石照片。3.《藥王山北朝碑石研究》108。4.《中國西北地方歷代石刻滙編》92。5.《碑銘所見前秦至隋初的關中部族》94。6.《耀縣藥王山佛教造像碑》,《考古與文物》1996（2）。7.《北魏至隋代關中地區造像碑的樣式與年代考證》113。

注釋

［1］家：字書無此字。疑應是“寂”字。《耀縣藥王山佛教造像碑》迻録發願文，釋“家”作“無”，“玄”作“之”；《北魏至隋代關中地區造像碑的樣式與年代考證》釋“家”為“家”，均非。

［2］“悟”下一字，不能辨識。《耀縣藥王山佛教造像碑》作“云”，備參。並未釋“悟”。

［3］“今”上一字泐，似“乃”。《耀縣藥王山佛教造像碑》作“與”，《北魏至隋代關中地區造像碑的樣式與年代考證》疑作“母”，均非。

［4］“西”下一字泐，存痕可辨，是“天”。西天：印度古稱天竺，因在中國之西，故稱。《耀縣藥王山佛教造像碑》脱“世”字。

［5］萬囻：即“壽國”的俗體。指保全國家，國家久存。《管子·霸言》：“夫一言而壽國，不聽而國亡。若此者，大聖之言也。”① 《耀縣藥王山佛教造像碑》未釋“國”。

［6］恴：即“惡”的俗字。《北魏至隋代關中地區造像碑的樣式與年代考證》釋“恴”作“悳”，同“德”。形似而義非。《漢書·賈誼傳》：“割膏腴之地以王諸公，多者百餘城，少者乃三四十縣，悳至渥也。”顏師古注：“悳，古德字。”② “衆惡”，與下句“萬善”相對。《耀縣藥王山佛教造像碑》釋作“罪惡”，不取。

［7］善：“善”的簡筆俗字。《耀縣藥王山佛教造像碑》作“吉”，非。

［8］“延”，《耀縣藥王山佛教造像碑》作“追”，非。追康，意不通。延康：長久安康。

［9］葢：即“益”字。筭：“筭”的俗寫，即“算”字。壽也。《北魏至隋代關中地區造像碑的樣式與年代考證》作“籌”，誤。

---

① （清）黎翔鳳撰，梁運華整理：《管子校注》卷九，《新編諸子集成》，中華書局2004年版，第467頁。

② （漢）班固撰，（唐）顏師古注：《漢書》卷四十八，中華書局1962年版，第2234頁。

［10］庤：即“序”字。構件“ム”，常混作“口”，碑刻中常見。“ム”方位倒置作“マ”。庠庤：即“庠序”。庠：通“詳”。安詳肅穆。《後漢書・左雄傳》：“九卿位亞三事，班在大臣，行有佩玉之節，動有庠序之儀。”①《耀縣藥王山佛教造像碑》釋“庠序”作“度厚”；《北魏至隋代關中地區造像碑的樣式與年代考證》未釋“庠”，“庤”作“厚”，均非。

［11］偹：“備”的俗寫。備足，俱全，齊備。《後漢書・寇恂傳》：“寇恂文武備足，有牧人御眾之才，非此子莫可使也。”②

［12］湌：同“餐”。法味：佛教語。指參悟妙法所産生的悦樂。《耀縣藥王山佛教造像碑》釋“味”作“昧”，不可取。又，未釋“湌”。𢼸：即“微”字。《碑銘所見前秦至隋初的關中部族》作“徽”；《北魏至隋代關中地區造像碑的樣式與年代考證》作“歲”，均非。

［13］“同”，《耀縣藥王山佛教造像碑》作“月”，誤。咸同斯慶：造像發願文習見。如北魏景明年間（500－503）《魏靈藏薛法紹等造像記》，“五道羣生，咸同斯慶”③。《北魏至隋代關中地區造像碑的樣式與年代考證》釋“成”作“或”，誤。

［14］“日”下，所見拓片殘。按造像文例，或還有字。《碑銘所見前秦至隋初的關中部族》《耀縣藥王山佛教造像碑》作“造就”，可採。

［15］《碑銘所見前秦至隋初的關中部族》脱“一心”。

［16］妐：丈夫的姐姐。《北魏至隋代關中地區造像碑的樣式與年代考證》作“姪”，非。又，“佮”，即“俗”字。《北魏至隋代關中地區造像碑的樣式與年代考證》作“倍”，亦非。

［17］從叔：堂房叔父。《碑銘所見前秦至隋初的關中部族》釋“叔”作“州”，非。“叔”下泐兩字，第一字，《北魏至隋代關中地區造像碑的樣式與年代考證》釋作“那”；“雲陽”上泐二字，作“清水”；“雷”上二字作“保主”，備參。又釋“奉”作“秦”，不取。

［18］外兵：官名。三國魏置。《宋書・百官志上》：“魏世有吏部、左民、客曹、五兵、度支五曹尚書……五兵尚書領中兵、外兵二曹，昔有騎兵、別兵、都兵，故謂之五兵也。”④ 見《通典・職官五》。“外”，《北魏至隋代關中地區造像碑的樣式與年代考證》作“州”，非。

---

① （漢）班固撰，（唐）顔師古注：《漢書》卷六十一，中華書局1962年版，第2022頁。

② （南朝宋）范曄撰，（唐）李賢等注：《後漢書》卷十六，中華書局1965年版，第621頁。

③ 北京圖書館金石組：《北京圖書館藏中國歷代石刻拓本滙編》（3），中州古籍出版社1989年版，第72頁。

④ （梁）沈約：《宋書》卷三十九，中華書局1974年版，第1235頁。

［19］太學生：在太學學習儒家經典的學生，也稱“博士弟子”。享有較優厚的經濟和政治待遇，由國家供給廪食，不服徭役，不納賦税。《北魏至隋代關中地區造像碑的樣式與年代考證》釋“暉”作“貽”，誤。

［20］生：通“甥”。《碑銘所見前秦至隋初的關中部族》脱“姪雷彭暢，外生雷超侯”。

［21］彊弩：即“强弩”。漢代為武官名，設强弩校尉、强弩將軍。北周置强弩司馬，散官名號，秩正二命。見《周書·盧辯傳》。同書載“曠野、横野將軍……右正一命”①。那麼，與雷儁樹所任横野將軍、强弩司馬秩不同，與北周散官軍號雙授制不合，疑原刻有誤。《碑銘所見前秦至隋初的關中部族》釋“弩”作“努”；《耀縣藥王山佛教造像碑》釋“横”作“槿”，“彊”作“殭”，均非。

［22］“宣”，《耀縣藥王山佛教造像碑》作“定”，形似而誤。宣威將軍：雜號將軍名。三國魏始置。南北朝沿置。北魏沿置，秩正六品上。見《魏書·官氏志》。北周秩正四命，用以褒賞勳庸。《周書》：“宣威、明威等將軍；武賁、冗從等給事，……正四命。”② 輔朝請別將：疑“奉朝請”。同書載“給事中；奉朝請”，正四命。散官與軍號同級。

［23］建忠郡：北魏永安元年（528）置，在今三原縣。據宋敏求《長安志》卷二十載，至周武帝建德二年（573）此郡始廢，以三原屬馮翊郡。

［24］宜州：州治華原縣，今耀州。

［25］“沙女”，《北魏至隋代關中地區造像碑的樣式與年代考證》作“婆”，諦視拓本，兩字結構不密緊，二字可能性大。

彙考

造像題名主要為像主雷明香母家、亡夫同琋乾熾兩個家族三代人。其中六對夫婦，涉及同琋、雷、夫蒙三姓，表明彼此代代聯姻，是北周時期羌人同族異姓内婚制的體現。從題名看，雷、同琋二氏擔任朝廷命官者9人，即：正一命官的礦野將軍、殿中司馬；正二命官的横野將軍、彊弩司馬；正四命官的宣威將軍、輔朝請別將，為正四命官；雲陽縣令；開府外兵曹治都督；太學生等。“太學生”，官秩，屬府史雜色一類。參考《通典》卷三十九《後周官品》。這些顯示出雷、同琋氏的家族、社會背景，是羌中豪族大姓。

---

① （唐）令狐德棻等：《周書》卷二十四，中華書局1971年版，第407頁。

② 同上書，第406頁。

085　夫蒙道智造像碑　西魏末至北周天和年間（535－571）

碑陽（局部）

説明

碑石原倒放於陝西耀縣石柱鄉京兆村北池邊，1981年移入藥王山。現藏藥王山碑林。石高155 cm，寬60 cm，厚30 cm。長方體，上下有榫，頂蓋遺失，底座據説埋於地下，至今未發現。四面刻，碑陽上部開圓拱龕，内有一佛二弟子二菩薩；下部有兩個長方形凹槽，疑後人鑿。碑陰中上部開圓拱龕，内有一坐佛二脇侍。碑左右兩側相同，中上部開圓拱龕，内有一坐佛。每面龕下刻小坐佛、供養人題名。左側漫漶泐蝕嚴重，題名無存。楷書，有縱界格。

碑文

比丘法通。/（以上刻於碑陽龕右側）

南□□（下泐），/南□□夫蒙蓋□鄆[1]，/香火夫蒙□□□□□操[2]，/香火夫蒙□□祥，/［都］花主夫蒙璟□[3]，/南□主夫蒙洪國，/邑主夫蒙定佰[4]，/邑主夫蒙百敬，/都［花］夫蒙□□[5]，/南面像主夫蒙道矨[6]，/都花主夫蒙樹□，/□□□□□說[7]。/（以上刻於碑陽第四層）

邑子[8]，/□□子興，/邑子夫蒙智達，/都□，/都□□□□□，/邑子夫蒙材樹[9]，/邑子夫蒙伏□，/邑子夫蒙夫保[10]，/邑子夫蒙僧�[11]，/邑子夫蒙□□，/邑子夫蒙□□，/邑子夫蒙□□。/（以上刻於碑陽第五層）

佛弟子夫蒙晏尼[12]，/邑子□貴□[13]，/香火夫蒙元朗[14]，/西面香火夫蒙赤夫[15]，/西面□□□英皇[16]，/西面□□夫蒙□□，/邑主夫蒙□□。/（以上刻於碑右側第四層）

邑子夫蒙□唐，/邑子夫蒙世珎，/邑子夫蒙明貴，/邑子夫蒙□□，/邑子夫蒙周□，/□□□道□，/邑子夫蒙□□，/邑子夫蒙□貴。/（以上刻於碑右側第五層）

邑子莪通女[17]，/邑子□□□，/邑子楊欝主[18]，/邑子葉袾樹[19]，/北面像主郭□□[20]，/邑子□□□[21]，/邑子□洛歡[22]，/邑子上官安國，/邑子王道興，/北面花主夫蒙□迴，/邑子上官還周，/邑子輔洛生，/邑子王延和，/邑子夫蒙歡暢[23]，/邑子夫蒙男郎，/邑子夫蒙洪景，/邑子夫蒙道貴，/邑子雷永洛，/邑子夫蒙□□。/（以上刻於碑陰第四層）

佛弟子夫蒙安奴。/（以上刻於碑陰第五層）

著録

1. 宋莉藏原石攝影圖。2.《北魏至隋代關中地區造像碑的樣式與年代考證》299。

注釋

［1］“蓋”下一字泐，左半“軍”，右半“阝”，似“鄆”。

［2］“蒙”下泐六字，最末一字，似“操”。

［3］花主：本作“化主”。佛家指專掌化緣的僧徒。其上一字泐，據同層題名“都花主夫蒙樹□”，補“都”字。“蒙”下一字泐，諦視原圖，右半“景”，似“璟”。“璟□”，《北魏至隋代關中地區造像碑的樣式與年代考證》作“同璾”，非。“［都］花主夫蒙”，是造像碑中身份尊貴的捐資人，不可能姓“夫蒙”，又用姓氏“同璾”作名。

［4］“佰”，《北魏至隋代關中地區造像碑的樣式與年代考證》作“伯”，二字常通用。

［5］“都”下一字泐，右下角存“匕”，據上文，疑“花”。其下疑脱“主”字。

［6］矨：即“智”字。漢魏碑刻習見。如北魏（386－534）《雷樹等五十人造像碑》題名有“唯那雷阿矨”。此碑題名可查見南面、西面。北面，泐蝕一側當為東面。

［7］“蒙”下二字泐，觀其字形輪廓、結構，當是“樹”。《北魏至隋代關中地區造像碑的樣式與年代考證》未釋。其下一字被鑿，無法辨識。以上第四層題名，《北魏至隋代關中地區造像碑的樣式與年代考證》釋5人題名，即“［都］花主夫蒙同璾”

“邑主夫蒙定伯”“邑主夫蒙百敬□”“南面像主夫蒙道筘”。

［8］《北魏至隋代關中地區造像碑的樣式與年代考證》脱“邑子”二字。

［9］“樹”上一字，似“材”。《北魏至隋代關中地區造像碑的樣式與年代考證》未釋。其上 2 人題名，均存首字“都”，《北魏至隋代關中地區造像碑的樣式與年代考證》亦未釋，每名均作六字。

［10］“保”上一字清晰，應是“夫”。《北魏至隋代關中地區造像碑的樣式與年代考證》作“天”，字形相似而誤。並未釋“保”字。

［11］“僧”下一字泐，從“亻”，從“業”，應是“僕”的異體。《北魏至隋代關中地區造像碑的樣式與年代考證》作“保”，字形不類，不取。下文“邑子夫蒙□□，邑子夫蒙□□，邑子夫蒙□□”，《北魏至隋代關中地區造像碑的樣式與年代考證》作 4 人，“邑子夫蒙□□，邑子夫蒙□□，邑子，邑子”。備參。

［12］“蒙”下二字泐，似“晏尼”。《北魏至隋代關中地區造像碑的樣式與年代考證》未釋。

［13］“子”下三字泐，第二字似“貴”。《北魏至隋代關中地區造像碑的樣式與年代考證》未釋。

［14］“元”下一字泐，細審，似“朗”。《北魏至隋代關中地區造像碑的樣式與年代考證》作“諳”，不取。

［15］“夫”上一字，似“赤”。《北魏至隋代關中地區造像碑的樣式與年代考證》作“上”，不取。

［16］“面”下泐五字；末兩字，似“英皇”。《北魏至隋代關中地區造像碑的樣式與年代考證》未釋。

［17］“子”下泐二字，首字較清晰，似“莪”。第二字似“通”。《北魏至隋代關中地區造像碑的樣式與年代考證》未釋“莪通”。“女”下題名泐，諦視，第一、二字似“邑子”，《北魏至隋代關中地區造像碑的樣式與年代考證》未釋。

［18］“楊”下一字泐，似“欝”。《北魏至隋代關中地區造像碑的樣式與年代考證》未釋。

［19］“子”下一字泐，疑是“葉”字，録以備參。“袟”字清晰，是“族”的異體。《北魏至隋代關中地區造像碑的樣式與年代考證》作“祚”，不取。樹：即“標”的異體字。《北魏至隋代關中地區造像碑的樣式與年代考證》作“衛”，非。

［20］《北魏至隋代關中地區造像碑的樣式與年代考證》未釋“郭”。

［21］“邑子”下磨泐，字已不存。

［22］“子”下一字泐，存殘痕，似“韓”，或“輔”字。不确。“歡”上一字，左半“氵”，右上“夂”，右下泐，似“洛”。《北魏至隋代關中地區造像碑的樣式與

年代考證》作“漢”，非。

［23］“歡”下一字，右半“昜”清晰，左半似“申”，似“暢”。《北魏至隋代關中地區造像碑的樣式與年代考證》作“陽”，不取。

彙考

造像記無發願文，亦無紀年。考碑陽龕内一佛二弟子二菩薩的一鋪五尊組合式，最早見於北魏末《朱黑奴造像碑》，此後西魏多採用。碑陰龕下，分層分格綫刻坐佛，與西魏大統十五年（549）《夫蒙洪貴造像碑》相似。主尊衣裾覆座，但仍在龕内的做法，與天和四年（569）《夏侯純陁造像記》相同。再看龕楣花草紋飾，圓拱楣與火焰紋尖拱楣的組合，與大同四年（538）《法超等造像碑》的龕楣驚人相似。《北魏至隋代關中地區造像碑的樣式與年代考證》據此認為雕鑿年代上限大約在西魏末，下限在北周天和年間（571）。可採。

086 蓋男花造像碑 保定二年至天和年間（562－571）

碑陽　碑陰　右側　左側

説明

碑石於1987年文物普查時，在陝西省銅川市耀州區稠桑鄉牆村寺廟遺址（今關莊鎮楊原西牆村北60米）發現。現藏藥王山博物館。長方體，殘斷為三塊，左側下半損佚，經拼對復原。石高141 cm，寬52 cm，厚31 cm－33 cm。四面刻，每面上部開龕，碑陽、陰、左、右側龕内分别有一佛二弟子二菩薩、一主尊菩薩二弟子二菩薩、一尊立佛、一尊立菩薩。龕楣兩層，分刻忍冬紋、火焰紋，龕楣之上造衆弟子半身像。碑下部漫漶甚，僅碑右側下半可辨一層供養人像，男供養人未題名，女供養人殘存題名。楷書。該碑又題《蓋男花佛教造像碑》。

碑文

亡母口口男，/亡母蓋男花，/亡母楊春花[1]。/（右側下題名上層）

亡弟妻雷娥昔，/亡兄妻雷玉姜[2]，/亡娣明堂[3]。/（右側下題名下層）

著録

1.《耀縣新發現的一批造像碑》，《考古與文物》1994（2）。2.《北魏至隋代關中地區造像碑的樣式與年代考證》315。

注釋

［1］“楊”上一字，據上文，當是“母”字。《耀縣新發現的一批造像碑》作“毋”，非。

［2］據《荔非興度觀世音造像座》“荔非胡仁妻雷玉姜”，“亡兄”當是指“荔非胡仁”。

［3］娣：即“姊”字。“亡娣明堂”，當即《荔非興度觀世音造像座》的“亡姊荔非明堂”。詳見彙考。

彙考

碑石殘存題名6人，均為某家族女性。蓋姓1人、楊姓1人、雷姓2人，2人缺姓氏。結合同一地點北周保定二年（562）《荔非興度觀世音造像座》，“蓋男花”“楊春花”，即此碑“亡母蓋男花，亡母楊春花”。“荔非胡仁妻雷玉姜”“亡姊荔非明堂”即此碑“亡兄妻雷玉姜”“亡娣明堂”。那麼，立碑者當荔非胡仁、荔非明堂同輩人，或兄弟、或姊妹。《荔非興度觀世音造像座》和《蓋男花造像碑》都是荔非家族造像。由此可推，刻碑時間當在北周保定二年（562）以後。又，《北魏至隋代關中地區造像碑的樣式與年代考證》認為該碑與天和二年《馬眾庶造像碑》、天和四年《夏侯純陀造像碑》相似性較多，那麼，刻石年代在北周保定二年至天和年間。

087 賞仲茂八十人等造像記 建德元年（572）四月初八

碑陽（局部）

碑陽（局部）

説明

碑石出土於陝西省白水縣西固鄉潘家村内。《關中石刻文字新編》云：“碑當在銅川、白水二縣間。”詳細地點難考。《陝西石刻文獻目録集存》作“原在蒲城縣”①。現藏白水縣文管會。長方體，下端有榫頭，碑座遺失。高 190cm，寬 58cm，厚 25cm。四面刻。碑陽，額螭首，上開方形龕；碑身開上下二龕，上龕圭形，内有一佛二弟子二菩薩；下龕内有香爐、供養人、獅子。龕下刻發願文。碑陰題名。碑兩側上龕尖拱，下龕方形。龕内，右側均為一佛二菩薩；左側為一菩薩。記 22 行，滿行 19 字；餘題名。楷書，有縱横界格。該碑又題《邑子甞仲茂八十人等造像記》。

碑文

□大覺之寺，軒羲之世[1]，真容寂漠，□彰□□之年。爰及□室，肇現閻浮。生滅相囙，報應斯□。是以慧心獨悟之智，自登彼岸之果[2]，耳目所見之□，/永沉□棸之際[3]。佛弟子邑主都督甞仲義[4]，邑師比/丘智盛，合邑子八十人等，思五濁之多果[5]，慕湏達之金錢[6]，深躰无常[7]，同遵正覺[8]。共造石像壹區，高七/尺五寸。莊嚴種好，垂相滿庭[9]。慈悲道俗，咸變園中[10]。/永勝囙於曩劫[11]，獲妙果於當

① 李慧：《陝西石刻文獻目録集存》，三秦出版社 1990 年版，第 19 頁。

今。在村處中置立，南/臨白水，北背馬蘭，東俠洛水，西望堯山[12]。地居爽塏，/眾所歸仰。藉此微功[13]，願/皇帝陛下，與日月齊暉；羣公百辟，与天壤同弊[14]。/義等合邑七世父母，長居妙樂[15]；見在眷屬，迴向上/道。竊惟竹素是播潰之宗[16]，金石是記善之原。非刊/非琢，何以宣言[17]。其辭曰：/

巍巍紫山[18]，獨秀童童。娑羅集聖，遍□虛空[19]。亭□□/子，出入相容[20]，不有不無，非紫非紅。悠哉大智[21]，實惟/世尊。拯彼眾生，濟此重昏[22]。五欲自屏，三式無根[23]。拔/㖠伊何，歸依法門[24]。生同泡沫，滅若奄飛[25]。白日恒昭，/夜月長暉[26]。業淺福徜，道勝則肥[27]。百年俄須，營營何/希[28]。分財奉寶，散渁啚刑[29]。漏以金玉，餝以丹青[30]。神光/鬱起[31]，曠濟羣生。舟樑㖠海[32]，曆劫踰明[33]。

建德元年，歲次壬辰，四月癸酉朔，八日庚辰建立。/（以上刻於碑陽）

檀越主曠野將軍、殿中司馬𡩋□□[34]，/邑子𡩋顯暉，/邑子𡩋子儒，/邑子𡩋慶如，/邑主𡩋□□，/典録𡩋景亮，/邑子郭明仁，/邑子𡩋□□，/邑子縣主薄𡩋定昌。/（以上刻於碑陰）

著録

1. 宋莉藏拓與原石照片。2.《關中石刻文字新編》卷1－18。3.《金石萃編補遺》卷1－41。4.《北魏至隋代關中地區造像碑的樣式與年代考證》168。

注釋

［1］軒羲：通常作“羲軒”。伏羲氏和軒轅氏的並稱。唐李白《金陵鳳凰台置酒》：“明君越羲軒，天老坐三台。”①

［2］“岸”，《北魏至隋代關中地區造像碑的樣式與年代考證》作“玠”，非。彼岸：佛教語。指超脱生死的彼岸，達到涅槃的境界。《大智度論》十二：“以生死為此岸，涅槃為彼岸。”② 造像記中常見。如北魏正光二年（521）《慧榮再造像記》：“一切含生，普登彼岸，同證正覺。”③ 神龜元年（518）《孫寶憘造像記》：“一切群生，同歸彼岸。”④ 唐龍朔元年（661）《雷大岑造像記》：“早登菩提，同臻彼岸。”⑤“以”上各字，拓片殘，據《關中石刻文字新編》《金石萃編補遺》補。

---

① （清）彭定求等編校：《全唐詩》卷一百七十九，中華書局1980年版，第1828頁。

② 龍樹菩薩：《大智度論》卷十二，東京大正一切經刊行會1934年版，第145頁。

③ 北京圖書館金石組：《北京圖書館藏中國歷代石刻拓本滙編》（4），中州古籍出版社1989年版，第111頁。

④ 同上書，第52頁。

⑤《北京圖書館藏中國歷代石刻拓本滙編》（14），第14頁。

［3］湶：即“海”。

［4］“義”字清晰，《關中石刻文字新編》《金石萃編補遺》作“茂”，非。也因此題為《邑子甞仲茂八十人等造像記》。沿用舊題。

［5］《北魏至隋代關中地區造像碑的樣式與年代考證》“果”作“眾”，非。並未釋“濁”。五濁：佛教語。“五濁惡世”的省稱。指煩惱痛苦熾盛的塵世，充滿劫濁、見濁、煩惱濁、眾生濁和命濁等五種渾濁不净。《關中石刻文字新編》《金石萃編補遺》未釋“盛”“五濁”。

［6］湏達：即“須達多”，梵語音譯。意為善與、善給、善授等。古印度拘薩羅國舍衛城富商，波斯匿王的大臣，釋迦牟尼的有力施主之一。後皈依佛陀。“達”，《北魏至隋代關中地區造像碑的樣式與年代考證》作“寺”，非。

［7］“深”字可辨。《關中石刻文字新編》《金石萃編補遺》未釋。躰：即“體”。

［8］“遵”，《北魏至隋代關中地區造像碑的樣式與年代考證》作“導”，非。

［9］《關中石刻文字新編》《金石萃編補遺》脱“共”。“滿”下一字泐，觀拓，似“庭”。《北魏至隋代關中地區造像碑的樣式與年代考證》作“屋”，非。《關中石刻文字新編》《金石萃編補遺》未釋“滿庭”。

［10］《關中石刻文字新編》《金石萃編補遺》未釋“變”“園”。

［11］劫：佛教語。劫波的略稱，又稱“劫簸”。意為極久遠的時節。古印度傳説世界若干萬年毀滅一次，重新再開始，這樣的一個週期為一“劫”。天和五年（570）《僧妙法師碑》：“繫珠囊劫，衣衰仍存。”①

［12］望：拓片正好斷在此，存下半“王”。《金石萃編補遺》《關中石刻文字新編》作“望”，可從。《北魏至隋代關中地區造像碑的樣式與年代考證》作“睉”，諦視，不取。此句詳述造像立碑之所。《關中金石文字存逸考·邑子甞仲茂八十人等造像記》跋：“白水在今白水縣南馬蘭山，在同官縣東北五十里，洛水在白水宜君二縣之東，堯山在蒲城縣北二十里。此石亦疑在蒲城境内。”② 當是。

［13］㣲：即“微”字。構件“夕”衍作“几”。類似的還有“久”變為“九”。

［14］“同”下一字微泐，諦視，是“弊”，通“蔽”。蒙蔽。《韓非子·姦劫弑臣》：“為姦利以弊人主。”王先慎集解：“弊，讀為‘蔽’。”③《關中石刻文字新編》《金石萃編補遺》未釋。《北魏至隋代關中地區造像碑的樣式與年代考證》作“葬”，非。

---

① 北京圖書館金石組：《北京圖書館藏中國歷代石刻拓本滙編》（8），中州古籍出版社1989年版，第142頁。

②（清）毛鳳枝：《關中金石文字存逸考》卷十，《石刻史料新編》第二輯（14），臺北：臺灣新文豐出版公司1979年版，第10618頁。

③（清）王先慎：《韓非子集解》卷四，《新編諸子集成》，中華書局1998年版，第98頁。

［15］“義”，即“甞仲義”。《關中石刻文字新編》《金石萃編補遺》未釋“義”“合邑”，又釋“妙”作“安”，非。妙樂：古西印度國名。見唐玄奘《大唐西域記·蘇剌侘國》。此謂西方極樂世界，是佛教描繪的美好境界。

［16］竹素：猶竹帛。多指史册、書籍。潰：即“演”字。播演，廣泛傳播。

［17］“琢”，《北魏至隋代關中地區造像碑的樣式與年代考證》釋作“球”；“何”作“向”，形似而誤。

［18］《北魏至隋代關中地區造像碑的樣式與年代考證》未釋“山”字。

［19］娑羅：梵語譯音。常緑喬木名。釋迦牟尼涅槃於娑羅雙樹下。《涅槃經·壽命品》：“一時佛在拘尸那國力士生地阿利羅跋提河邊娑羅雙樹間。”① 聖：即“聖”字。構件移位。“聖”，《北魏至隋代關中地區造像碑的樣式與年代考證》作“瑆”，字形構件相似，但音義不同，不取。又，“虚”上一字泐，作“滿”，非。

［20］“亭”下一字泐，《北魏至隋代關中地區造像碑的樣式與年代考證》作“歷”；“入”，《金石萃編補遺》作“人”，均非。以上各句，《北魏至隋代關中地區造像碑的樣式與年代考證》作：“巍巍紫□獨秀，童童娑羅集瑆，遍滿虚空，亭歷□子，出入相容”。斷句誤。

［21］“悠”，《北魏至隋代關中地區造像碑的樣式與年代考證》作“修”，非。並且未釋“哉”字。

［22］昬：即“昏”字。

［23］“三”下一字微泐，是“式”字。《關中石刻文字新編》《金石萃編補遺》《北魏至隋代關中地區造像碑的樣式與年代考證》均不識。前兩書亦未釋“屏”，並以為是泐蝕兩字，非。

［24］啚：即“苦”字。《北魏至隋代關中地區造像碑的樣式與年代考證》作“世”，非。

［25］泡沫：液體中的氣泡。喻空虚與幻化的人事。“飛”上一字，清晰，是“竜”，即“電”字。形容迅疾，快速。考察“寅”，《寇臻墓誌》作“寅”②，《王守令造像碑》作“寅”③，構件“宀”向“雨”字頭訛變。“電”，《元龍墓誌》作“電”④，《元譿墓誌》作“電”⑤，推其構件“雨”，減省兩點，作“雨”後，再訛變作“宀”，又與“穴”相混。“生同泡沫，滅若電飛”，對舉成文。“泡沫”“電飛”，同義重文。《關中

① 中華大藏經編輯局：《大般涅槃經》卷一，《中華大藏經》（14），中華書局1985年版，第1頁。

② 北京圖書館金石組：《北京圖書館藏中國歷代石刻拓本滙編》（3），中州古籍出版社1989年版，第91頁。

③ 張燕：《北朝佛道造像碑精選》，天津古籍出版社1996年版，第63頁。

④ 毛遠明：《漢魏六朝碑刻校注》（4），綫裝書局2008年版，第32頁。

⑤ 北京圖書館金石組：《北京圖書館藏中國歷代石刻拓本滙編》（4），中州古籍出版社1989年版，第84頁。

石刻文字新編》《金石萃編補遺》未釋該四字。

［26］昭：通“照”。《關中石刻文字新編》《金石萃編補遺》未釋“恒”。

［27］徛：同“徛”，即“倚”。漢碑中構件“彳”與“亻”常混用。下文“俄”作“�”，同理。福倚：靠著福。“徛”，《北魏至隋代關中地區造像碑的樣式與年代考證》作“壽”；並釋“肥”作“那”，均誤。《關中石刻文字新編》《金石萃編補遺》未釋“淺”，且“則”作“身”、“肥”作“非”，非。

［28］�：即“俄”。《關中石刻文字新編》《金石萃編補遺》未釋“俄須”“營營”。

［29］“散”下一字清晰，右為“采”，左“氵”，是“深”字。“散深”，不解。當是“散彩”，給佛像施彩。偏旁“氵”演化為“彡”。《北魏至隋代關中地區造像碑的樣式與年代考證》作“嚴洣”；“分財”作“□則”，非。《關中石刻文字新編》《金石萃編補遺》未釋“散深”。刑：通“形”。啚刑：即“圖形”，畫像。

［30］原刻“漏”，以“鏤”為宜。餝：同“飾”。《關中石刻文字新編》《金石萃編補遺》作“鐫”，非。並未釋“漏”。

［31］神光：神異的靈光。“神”，《關中石刻文字新編》《金石萃編補遺》作“祥”，非。鬱起：蓬勃興起。《北魏至隋代關中地區造像碑的樣式與年代考證》未釋“鬱”。

［32］舟樑：即“舟梁”。濟渡，拯濟。《關中石刻文字新編》《金石萃編補遺》未釋“舟樑”“海”。“舟樑吾海”，《北魏至隋代關中地區造像碑的樣式與年代考證》釋作“舟禪世親”，非。

［33］《關中石刻文字新編》《金石萃編補遺》未釋“曆劫踰”。

［34］曠野將軍：武官名。南朝宋有廣野將軍，用以褒賞勳庸。北魏稱曠野將軍，秩正九品上。北周沿置，秩正一命。《周書·盧辯傳》：“曠野、横野將軍，殿中、員外二司馬……右正一命。”① 北周保定四年（564）《聖母寺四面像碑》“南面上堪像主曠野將軍、殿中司馬趙迴昌”，“左葙唯那曠野將軍、殿中司馬屈男神□”，“東面邑主曠野將軍、殿中司馬雷榮顯”。《北魏至隋代關中地區造像碑的樣式與年代考證》録造像記，未録題名。

彙考

碑陰題名，造像人可省識者9人：甞氏為主8人，郭氏1人。其中，一甞氏為曠野將軍、殿中司馬，一為縣主簿，謂北周甞氏羌人有較高社會地位。甞，為西羌常見姓氏。前秦至北周碑銘中常見。如前秦建元三年（367）《鄧艾祠堂碑》有軍録事和戎

① （唐）令狐德棻等：《周書》卷二十四，中華書局1971年版，第407頁。

甞陸道□、軍主薄寧戎甞共永萇、録事寧戎甞投欽詳等甞姓 3 人。北魏永熙二年(533)《儁蒙□娥合邑字卅一人等造像記》有邑主清信甞姬娥等甞姓 4 人。北周保定四年（564）《聖母寺四面像碑》有都唯那甞榮達、邑子甞榮昌等甞姓 7 人。《閨姓類集儷語》認為甞氏是党項後裔，馬長壽先生據《舊唐書·党項羌》：“自周氏滅宕昌、鄧至之後，党項始强。”以為不可信①。其觀點可以採納。

① 馬長壽：《碑銘所見前秦至隋初的關中部族》，廣西師範大學出版社 2006 年版，第 17 頁。

088 景曇和楊恭等八十人造像碑 建德二年（573）七月初十

説明

碑石於1981年在陝西省洛川縣東土基鄜城村北魏敷城郡暨敷縣治所寺廟遺址出土，現藏洛川縣民俗博物館。頂、座佚。碑高179 cm，寬71 cm，厚16 cm。三面刻，碑陽分刻四層，第一層刻二個尖拱淺龕，内分刻一交脚彌勒、思維菩薩。兩龕間刻發願文。第二層為主龕，内有一佛二菩薩二弟子，及半跪供養比丘。龕右側刻發願文。第三層刻題名。第四層刻發願文。碑左右側開上下方龕，上為半結跏趺坐菩薩，下為施禪定印坐佛，龕下刻題名。泐蝕嚴重，文字難辨，故《延安地區發現一批佛教造像碑》著録，未公佈碑側拓片。記15行，滿行11字；餘題名。楷書。該碑又題《景曇和楊恭等八十人佛教造像碑》《郭亂頤造像碑》。

碑文

思維像主姚子豫，為七世父母、所生父母，/都像主范田買子，為忘父母范智，一心侍佛。/彌勒像主侯始禤，為忘父母孝母。/（以上刻於碑陽第一層二龕之間）

齊□□□□□□父母、所生父母。/

邑正郭亂頤，一心/供養主。輕車將軍、奉□都尉、別將郭亂頤一心。/

邑子王阿[1]（下泐），/邑子王（下泐），/邑子任阿[2]（下泐）。/（以上刻於碑陽第二層龕側）

南面唯那殿中將軍、員外司馬任顯族[3]，一心侍佛。/邑主楊延寶，為忘父母，因緣眷屬。/起像主楊阿令，為亡過父母、所生父母侍佛時。/邑比丘師世榮發心，化主景仙一心侍佛。/化主景苟生，為忘弟阿樹，一心侍佛。/當陽像主羅永，為七世父母、所生父母。/都邑主殿中將軍、員外司馬楊恭，一心侍佛。/

邑子景叔仁，/邑子景方族，/邑子景先族，/邑子楊伏奴，/邑子景□神和，/邑子景文族，/邑子張迪□，/邑子□祁保，/邑子楊永洛，/邑子張仁和，邑子薛甑[4]，邑子姚□智。/

邑子楊阿猛，/邑子任元洛，/邑子楊照息，/邑子羅石生，/邑子楊元仲，/邑子楊阿和，/邑子皇元茈，邑子晉買勖，邑子郭遵勝，邑子郭義顯，邑子韓忠顯，邑子郭景穆，邑子宗顯族，邑子賈惠祥。/（以上刻於碑陽第三層）

建德二年，歲次癸巳，七月乙/丑朔，十日甲戌日。

夫妙□/莫名相之表[5]，幽玄隱稱言像/之外。但感悟修餝，應同生滅。/俞越苦津，顯澄常樂。化盡歸/終，雙林應滅。是以像教東流，/開悟未聞，波斯籌金，況三有/之瓦身已造令容然綿有信。/佛弟子景曇和楊恭八十等，/滅已羽身[6]，尋谷采寶運玉，琢/成曜光[7]，敬造石像一區。上為/皇帝陛下，下為群遼伯官[8]，一/切群生，七世父母[9]，所生父母，因/緣眷屬，及法界眾生，普離三/塗。願登上集，同厭四流，

一時/成佛。/（以上刻於碑陽第四層）

著録

《延安地區發現一批佛教造像碑》，《考古與文物》1984（5）。

注釋

[1]“王”下一字泐，《延安地區發現一批佛教造像碑》作“阿”，細觀存痕，是。

[2]“任”下一字泐，似“阿”。

[3]題名“殿中將軍、員外司馬”，考《周書·盧辯傳》及北周軍號散官雙授制，與曠野將軍對應的散官為殿中司馬；與横野將軍對應的散官為員外司馬，均為正一命①。原刻“殿中將軍”，應為“横野將軍”。下同。

[4]“甑”上一字泐，似“薛”字。

[5]“妙”下泐二字，泐蝕難辨。《延安地區發現一批佛教造像碑》疑作一字，為“登”或“蒙”，不確，不取。名相：佛教指可以感知的事物。耳可聞者為名，眼可見者為相。梁蕭統《令旨解二諦義》：“無名相中何得見有名相?”②

[6]“已”下一字泐，據拓本録文，似“滅”。《延安地區發現一批佛教造像碑》作“減”，形似而誤。羽身：出自道教“羽化”，喻飛升成仙。

[7]“啄”，《延安地區發現一批佛教造像碑》作“喙”，非。

[8]伯：當通“百”。“下為群遼百官”，造像記中常見語。

[9]“七”，《延安地區發現一批佛教造像碑》作“亡”，非。七世父母：源自佛教語。指今世加過去生的六世在六道輪回時，各道的父母，故是“一切眾生”的代名詞。北魏正光元年（520）《宋□造像記》：“敬造像一區，為七世父母。”③正光四年（523）《師緣生造像記》：“上為皇帝陛下，下為七世父母，所生父母。”④

彙考

供養人題名張、景、楊、郭、韓、宗、皇、賈、薛、姚、范、侯、任等12姓，郭姓為最，屬漢、羌、氐、匈奴等族。“都邑主殿中將軍、員外司馬楊恭”等楊氏10

---

①（唐）令狐德棻等：《周書》卷二十四，中華書局1971年版，第407頁。

②中華大藏經編輯局：《廣弘明集》卷二十一，《中華大藏經》（63），中華書局1993年版，第206頁。

③臨朐縣博物館：《山東臨朐明道寺舍利塔地宮佛教造像清理簡報》，《文物》2002年第9期。

④張燕：《北朝佛道造像碑精選》，天津古籍出版社1996年版，第86頁。

人、韓1人，氐人。魏晉南北朝時期，氐人主要生活在漢中、關中一帶。《周書・任果傳》："南安人也。世為方隅豪族。……魏廢帝元年，率所部來附。太祖嘉其遠至，待以優禮。……太祖以益州未下，復令果乘傳歸南安，率鄉兵二千人，從（尉遲）迥征蜀。……以其方隅首望，早立忠節，乃進爵安樂郡公，賜以鐵券，聽世相傳襲。"① 據此可知，南安，今甘肅隴西縣，原是羌人聚居地，任果是羌中豪族。後秦任謙、任蘭，疑亦一族。題名"唯那殿中將軍、員外司馬任顯族"等任氏3人、姚氏2人，是羌人。

① （唐）令狐德棻等：《周書》卷四十四，中華書局1971年版，第799頁。

089 建崇寺造像記 建德三年（574）二月二十八日

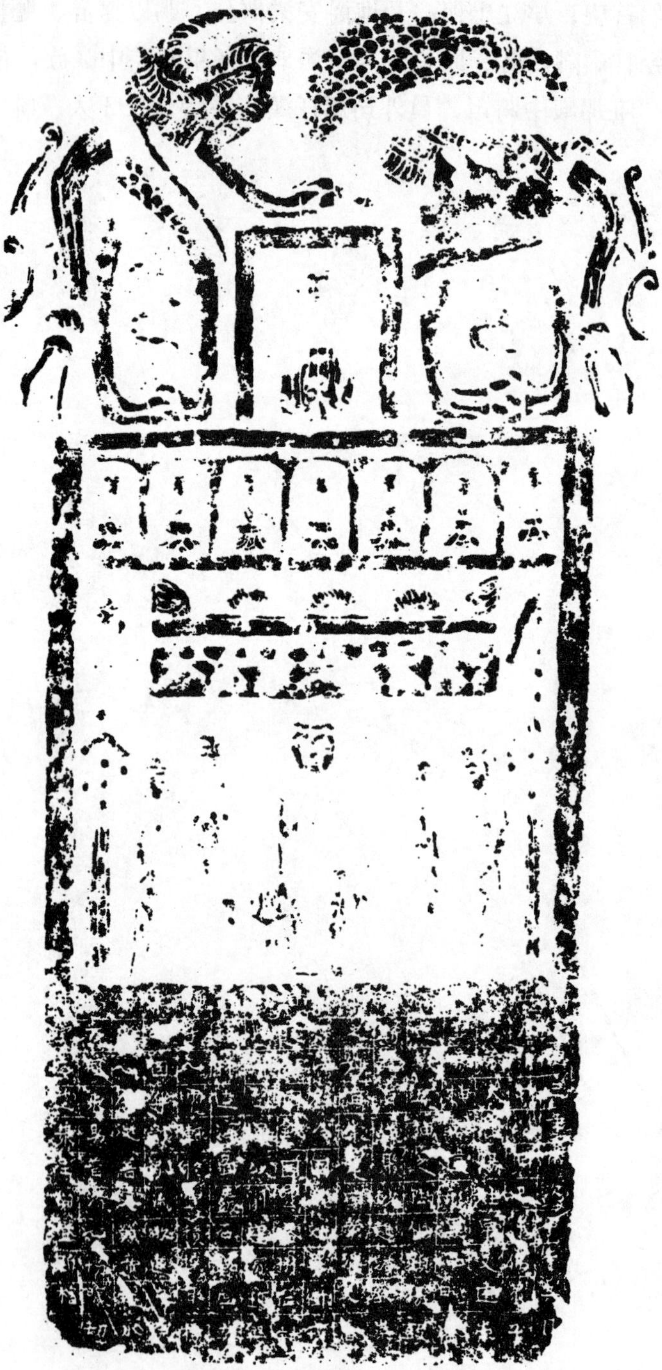

碑陽

左側　　碑陰

説明

《金石萃編補遺》載碑在“秦安縣”。1954年陝西省博物館入藏，現藏西安碑林。《北京圖書館藏中國歷代石刻拓本滙編》收録拓片，題“宇文建崇石浮圖銘”，並云“藏在山東泰安”，非。下有榫。石高111 cm，寬50 cm。呈三級造型。四面刻，碑陽額為螭首，開小方龕，内有一坐佛，下為須彌座。碑身開屋形楣拱，龕頂一列七佛小龕，主龕内為一佛二菩薩、二羅漢，共五尊；下部刻發願文。碑陰額楷書“建崇寺”三字，碑身上部開尖拱卷端式龕，内有一佛二菩薩二羅漢二比丘，龕側刻供養人、飛天等；下部題名。碑右側無龕無文字；左側上刻像，下題名。王湛書丹，記16行，滿行14字；餘題名。楷書，含隸書筆意。有縱横界格。該碑又題《宇文建崇石浮圖銘》《建崇寺造像記》《吕建崇造像碑》。

碑文

惟建［德］三年[1]，歲次甲午，二月/壬辰朔，廿八日己未，佛弟子/本姓呂，蒙大祖賜姓宇文建崇[2]。/夫靈像神容，遺形異品。毗倫/讃道，敷五神之欳[3]。化顯揚設，/教斯疇百代。駼沙起塔[4]，欲崇/虚之妙旨。崇寔曰業淺[5]。又息/別將法和，為國展效，募衝戎/首[6]。從柱國鉞國公益州征討[7]，/曰陣身故[8]。是以削竭家珎，興/起福邦[9]，造浮啚毛級、石銘壹立、/師子乙覆[10]，/輒於冥積，採耶將/來之囯[11]，身骸分流，欲追之懐。/竊求乙念之善[12]。又朗帝祚永/隆，万國來助。普濟乙切曠劫/師宗[13]，六道眾生，同登斯福。（以上刻於碑陽）

建崇寺。/（以上刻於碑陰額）

巨祖秦州都酋長呂帛冰[14]，女定羌女/驃騎大將軍、南道大行臺、秦州剌史/顯親縣開國伯巨伯興成，伯母帶神。/龍驤將軍、都沓淅州剌史巨父興進[15]，/巨母元要，巨母男娥，巨母僧姿。/亡灯法成，叔灯雙進。兄天猥，弟道伯，/巨姉李姿[16]，姉男姿，妹伯男。/輔國將軍、中散都沓、開國子宇文建，輔國將軍、中散都沓宇文嵩，/弟進周。崇息雍周、法達、孫洪濟[17]。/崇妻王光容。息女含徽、□子明月。/息妻王花。姪季和，/姪子孝、子慎、子恭、保和，達和，善和。/伯母王阿松、佐阿男[18]。兄妻弥思妙，/弟妻王遻輝[19]。姪女仩輝、小輝、尙女[20]，/弟姉權常妙[21]，息□女，姉赤女。/（以上刻於碑陰）

佛弟子權法超，佛弟子王湛書，佛弟子權仕賓。/妹皂花，妹明光。/（以上刻於碑左側上層、下層）

著録

1.《北京圖書館藏中國歷代石刻拓本滙編》8－164～165。2.《關中石刻文字新編》卷1－19。3.《金石萃編補遺》卷1－42。4.《北魏至隋代關中地區造像碑的樣式與年代考證》39。

注釋

［1］“建”下一字，當“德”。建德，北周武帝宇文邕年號，560－578在位。宇文泰第四子。從天和四年（569）至建德三年（574），就儒、佛、道三教，先後多次展開辯論。建德二年十二月，宇文邕在西安召集高僧、名儒、道士和文武百官兩千餘人討論，他主張“以儒教為先，道教為次，佛教為後”①。次年五月下令普滅佛道二教。見《廣弘明集·滅佛法集道俗議爭》《周書·武帝紀》。此造像刻於滅佛前。

［2］建崇：即“吕建崇”，氐人，宇文泰賜姓“宇文”。《關中金石文字存逸考》：“記云：‘佛弟子本姓吕蒙，太祖賜姓帛文，建崇可為姓氏。’家言之一助碑額有‘建崇寺’三字，故題為《建崇寺造像記》。帛文建崇，疑四字姓也。太祖即宇文泰，北周孝閔帝受禪，追尊為‘文王廟’，曰太祖。明帝武成元年，追尊為‘文皇帝’。”②觀拓，“文”上一字是“帛”，《關中金石文字存逸考》作“帛文”，當“宇文”之誤。

［3］“五”下一字，諦視拓片，與上文“夫靈像神容”之“神”字形結構一致，似“神”字。五神：五方之神，指勾芒、祝融、後土、蓐收、玄冥，亦稱五行之神。《淮南子·要略訓》：“順時運之應，法五神之常。”③《關中石刻文字新編》《金石萃編補遺》未釋。劶：即“劫”的加形字。

［4］𦗨：即“聚”字。構件位移、變形。右上“⺄”，是“又”的變形。下文“取”，作“耴”。聚沙，典出佛教聚砂成佛塔。童子戲聚砂用作佛塔以供養。《法華經·方便品》：“乃至童子戲，聚砂為佛塔，如是諸人等，皆已成佛道。”④ 沙：同“砂”。《關中石刻文字新編》《金石萃編補遺》未釋“聚”。

［5］“囙”上一字，存上“宀”，下“𧾷”，中間泐痕似“日”，當“寔”。“囙”，《關中石刻文字新編》作“囘”，同“回”，非。《關中石刻文字新編》《金石萃編補遺》未釋“淺”字。

［6］“募”下一字泐，觀拓，似“�”。《北魏至隋代關中地區造像碑的樣式與年代考證》作“衛”，非。拓片中間末筆為“一”，非“丨”。

［7］“國”上一字，諦視拓片，右半“戉”，似“鉞”。鉞國，史無載。《關中石

① （唐）令狐德棻等：《周書》卷五，中華書局1971年版，第83頁。

② （清）毛鳳枝：《關中金石文字存逸考》卷十，《石刻史料新編》第二輯（14），臺北：臺灣新文豐出版公司1979年版，第10614頁。

③ 何寧：《淮南子集釋》卷二十一，《新編諸子集成》，中華書局1998年版，第1442頁。

④ 王彬譯注：《法華經》，中華書局2010年版，第82頁。

刻文字新編》《金石萃編補遺》《北魏至隋代關中地區造像碑的樣式與年代考證》均作“銚”，非。古有銚國，今地不詳，以國為氏。東漢劉秀有虎牙大將軍銚期，潁川郟縣（今屬河南）人①。原刻“鉞國”，是否即“銚國”，待考。

［8］回：同“因”。《關中石刻文字新編》《金石萃編補遺》作“目”，非。法和益州征戰而死，為追念他發願造像。宇文建崇有一子，名“法達”。此“法和”可能是其子。侄子有“季和”“保和”“達和”“善和”等，“法”“和”當宇文建崇子侄輩。

［9］“福”下一字泐，似“邦”。《關中石刻文字新編》《金石萃編補遺》未釋“邦”及“起”“削”。

［10］浮啚：又作“浮屠”，佛塔音譯異寫。隨佛教從印度傳入我國。也譯作“塔婆”“佛圖”“浮圖”“浮屠”等，用於珍藏舍利子、供奉佛像、佛經等。塔的層數一般為單數，如三、五、七、九、十一、十三層等。“乇”，即“三”字。《關中石刻文字新編》《金石萃編補遺》均作“七”，非。七級為最高等級的佛塔。俗語：“救人一命，勝造七級浮屠。”乙：即“一”字。下同。霻：即“雙”的異體字，會兩隻為雙之意。《金石萃編補遺》云：“記文義多不屬，又多缺字，疑出工匠之手，故語多費解。”

［11］耳卜：即“取”字。《關中石刻文字新編》《金石萃編補遺》未釋“將”，並釋“囙”作“回”，非。

［12］“竊”下三字泐，似“求乙念”，《關中石刻文字新編》《金石萃編補遺》未釋。乙念：即“一念”。

［13］乙切：即“一切”。曠劫：佛教語。久遠之劫。唐李白《〈地藏菩薩贊〉序》：“獨出曠劫，導開橫流。”王琦注：“曠劫，謂久遠之劫也。”②《關中石刻文字新編》《金石萃編補遺》未釋“祚”。

［14］巳：即“亡”字。秦州：原為羌、狄、戎所居。西周孝王封秦祖先非子“邑之秦”號曰嬴秦。見《史記·秦本紀》。《晉書·地理志四》：魏文帝分隴右為秦州。後廢。“泰始五年（269），又以雍州隴右五郡及涼州之金城、梁州之陰平，合七郡置秦州。鎮冀城。”③ 冀縣隸屬天水郡，今甘肅甘谷縣東。《關中石刻文字新編》《金石萃編補遺》未釋“亡”。

［15］淅：即“浙”的偏旁俗訛字。建德三年（574）《張僧妙法師碑》，出土於

---

① 杜建春：《中華萬姓溯源》，山東人民出版社 1995 年版，第 179 頁。

② 李白：《李白全集》（下），四川人民出版社 1995 年版，第 920 頁。

③ （唐）房玄齡等：《晉書》卷十四，中華書局 1974 年版，第 435 頁。

陝西省耀縣崇慶寺。“父他，魏冠軍將軍、淅州刺史。”①

［16］姊：古同“姉”，是“姊”的異體字。

［17］《關中石刻文字新編》《金石萃編補遺》未釋“孫”。

［18］《關中石刻文字新編》《金石萃編補遺》未釋“伯”；釋“阿”作“河”，非。

［19］“輝”上一字，清晰，是“逕”。《關中石刻文字新編》《金石萃編補遺》釋“逕”作“逯”，非。《北魏至隋代關中地區造像碑的様式與年代考證》釋“弥”作“仵”，非。

［20］尙：“尚”字兩邊加“丶”，即有水，會其意，是“淌”。《關中石刻文字新編》《金石萃編補遺》未釋。

［21］“權”下一字泐蝕難辨，《關中石刻文字新編》《金石萃編補遺》作“常”，可從。但未釋“姊”字。《北魏至隋代關中地區造像碑的様式與年代考證》釋“常”作“帛”，字形不類，不取。

彙考

該造像碑屬家庭造像碑，題宇文建崇及其家庭成員五代人的姓名。碑石刻立於秦安縣，位於甘肅省東南部，天水市北部，渭河支流葫蘆河下游。北周時屬略陽郡。後凉略陽氐人有吕憲，吕光弟。《八瓊室金石補正》：“吕憲，後凉人。《十六國春秋》：‘吕氏，略陽氐人。’”吕他，後凉主吕光之子。事跡參見《晉書·吕光載記》及《姚興載記》。兩人於弘始三年先後投降後秦。吕建崇亡祖吕帛冰“秦州都酋長”，皇帝賜姓“宇文”；亡伯興成為“女定羌女驃騎大將軍、南道大行臺、秦州刺史顯親縣開國伯”。足見吕氏乃氐人顯赫望族大姓。

建崇妻王光容、伯父妻王阿松、兄妻弥思妙、弟妻王逕輝、弟婦權常妙。權氏，氐人。王氏既是漢族大姓，也是氐羌大姓。弥氏出自北魏鮮卑東部大元帥弥加所改，見《通志·氏族略》。《三國志·魏書·滿田傳》：“文帝踐阼，拜招使持節護鮮卑校尉，屯昌平。是時，邊民流散山澤，又亡叛在鮮卑中者，處有千數。招廣怖恩信，招誘降附。建義中郎將公孫集等，率將部曲，咸各歸命；使還本郡。又懷來鮮卑素利、弥加等十余萬落，皆令款塞。”② 表明北周時吕氏不僅保持内婚制，同時盛行外婚制，與漢族、鮮卑族通婚。

① 北京圖書館金石組：《北京圖書館藏中國歷代石刻拓本滙編》（8），中州古籍出版社 1989 年版，第 142 頁。

② （晉）陳壽撰，（南朝宋）裴松之注：《三國志》卷二十六，中華書局 1964 年版，第 731 頁。

090 荔非明達造像碑 武成年間至建德六年（559－577）

碑陰

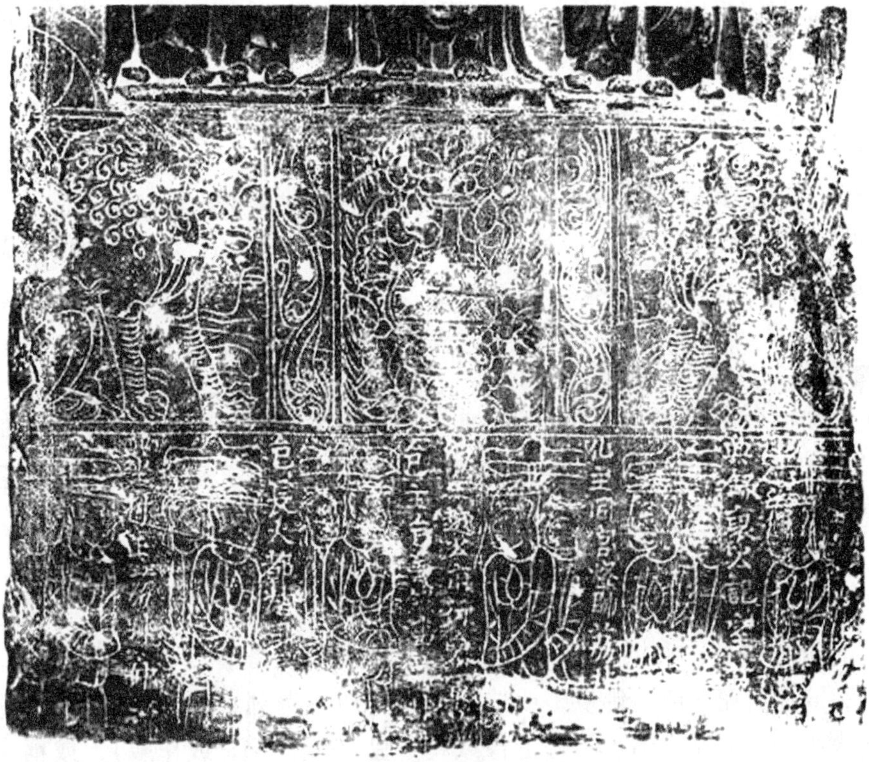

碑陰局部（下）

説明

碑石所在地不詳，或云在華州（今華縣一帶）。1953 年由華縣徵集入藏，現藏西安碑林博物館。長方體，蓋、座佚，有榫痕。石高 91 cm，寬 45 cm。四面刻，每面中部開圓拱形龕。碑陽、碑陰龕内造像五尊，左右兩側龕内各三尊。龕下刻供養人、題名，皆着胡服。楷書。無發願文。該碑又題《荔非明達等四面造像題名》《北周荔非明達造像碑》《荔非明達等四面造像碑》。

碑文

佛檀越主兼録事鄉□□□□□，/都化主荔非明達，/都像主前□車騎曹達□□□□[1]，/都邑主□□□□□平縣□□□□，/天宫主柱國參軍□□□□，/開佛光明主東□城□□□□□□[2]。/（以上刻於碑陽第二層）

典録哀公記室荔非□□，/化主同官烽帥荔非延□[3]，/像主越公府行參軍荔□□□[4]，/邑主邑義録事荔非仲□，/邑長大都督司鎧□□□□，/典坐村正荔非仲祥[5]。/（以上刻於碑陰第二層）

邑主襄陽公參軍（下泐），/像主大都督府長（下泐），/化主成平公參軍荔（下泐）[6]。/（以上刻於碑左側第二層）

像主大都督司兵屈（下泐），/邑主前里正荔非熹□[7]，/化主前里正大都督（下泐）。/（以上刻於碑右側第二層）

著録

1. 陝西省文物保管委員會藏拓。2.《陝西古代石刻藝術》56。3.《碑銘所見前秦至隋初的關中部族》74。4.《北魏至隋代關中地區造像碑的樣式與年代考證》260。5.《長安藝術與宗教文明》346。

注釋

［1］荔非氏：西羌複姓。亦作“荔棐”“利非”，譯音異寫而已。見《北朝胡姓考·西羌諸姓·荔非氏》。“曹”上“車騎”二字，下“達”字，據《北魏至隋代關中地區造像碑的樣式與年代考證》迻録。

［2］“宫”，《北魏至隋代關中地區造像碑的樣式與年代考證》作“國”，非。天宫主：出資造天宫石像者的稱謂。《金石萃編·北朝造像諸碑總論》：“造像立碑始於北魏，迄於唐之中葉，大抵所造者釋迦、弥陁、弥勒及觀音、勢至為多，或刻山崖，或刻碑石，或造石窟，或造佛堪，或造浮圖，其初不過刻石，其後或施以金塗彩繪，其形模之大小廣狹製作之精粗不等造像或稱一區（或作塸，或作軀），或稱一堪，其後乃稱一鋪。造像必有記（記後或又銘頌），記後題名。……造像諸記，其祈禱之詞，上及國家，下及父子，以致來生願望。”① 東魏武定七年（549）《義橋石像碑》：“天宫主旨授□□□□侯，天宫主馮伯虎，天宫主郡功曹賀穆，天宫主兼主薄文明，天宫主郡功曹王神和，天宫主郭賢，天宫主高顯賔。”②“柱國參軍”，與下文“記室”“大都督司鎧”等，北周官吏名。“東”，《北魏至隋代關中地區造像的樣式與年代考證》作“車”，並未釋“城”。

［3］同官烽帥：秩不見記載。北周同官縣（今銅川縣）東北馬蘭山設有烽火台，同官烽帥當於此置烽帥，以備邊警。

［4］越公府：華陰楊素，隋初封越國公，極為顯貴。《周書·明帝紀》，武成元年（559）九月乙卯，以“（宇文）盛為越國公……邑各萬户”③。同書《越野王盛傳》亦記，“武成初，封越國公，邑萬户。天和中，進爵為王”④。大象二年（580）為楊堅所殺。造像題名“越公府”，疑即宇文盛時的越國公。若然，此造像題名當在北周武

① （清）王昶著：《金石萃編》卷三十九，《石刻史料新編》第一輯（1），臺北：臺灣新文豐出版公司（據經訓堂藏板影印）1982年版，第670－671頁。

② 北京圖書館金石組：《北京圖書館藏中國歷代石刻拓本滙編》（6），中州古籍出版社1989年版，第153頁。

③ （唐）令狐德棻等：《周書》卷四，中華書局1971年版，第58頁。

④ 《周書》卷十三，第204頁。

成年間（559－561）。《陝西古代石刻藝術》脱“行”。

［5］村正：鄉下居民分散居住地區設村，有村正。掌村中具體事務。《通典》卷三《食貨三·鄉黨》：開元二十五年（737）《大唐令》：“在田野者為村，別置村正一人。其村滿百家，增置一人，掌同坊正。其村居如（不）滿十家者，隸入大村，不須別置村正。”① 村，是與里同級的基層行政單位。

［6］成平公：《元和郡縣圖志》：“成平公營，在縣北一百五十六里。周武帝拔鄴城，齊王高緯，先送其母妻於青州。是日，緯率千騎走青州，周遣大將軍成平公尉遲勤率二千騎追之，擒緯于青州南之雙溝。周因授以青州總管，立碑紀功。”②《周書·武帝下》：“齊主先送其母並妻子於青州，及城陷，乃率數十騎走青州。遣大將軍尉遲勤率二千騎追之。是戰也，於陣獲其齊昌王莫多婁敬顯。”③ 兩書所述為同一事件，成平公，即“尉遲勤”。碑左右側題名，《碑銘所見前秦至隋初的關中部族》未釋。

［7］題名下方泐蝕嚴重，“兵”下一字似“屈”，疑為“屈南”氏。《北魏至隋代關中地區造像碑的樣式與年代考證》未釋“屈”“熹”二字。

彙考

該造像亦無年月。關於年代，最早有馬長壽先生的研究，他推測為北周武成年間（559－561）的造像。《陝西古代石刻藝術》斷為隋代（581－618）。《長安藝術與宗教文明》認為刻於保定末至天和年間，主要基於龕内造像的組合形式。這個時期碑陰龕内一般為倚坐菩薩二脇侍的組合，荔非明達造像的碑陰即為倚坐菩薩二弟子二脇侍菩薩的組合，符合這一時期造像碑的組合形式，因而推斷其為保定末至天和年間的作品（565－571）④。題名中有官職“越公府行參軍”，越公府即越國公府，乃北周封爵，此碑疑是北周造。又，“成平公參軍”，《元和郡縣圖志》載，建德六年“周遣大將軍成平公尉遲勤”擒北齊主高緯一事。那麽，刻碑時間在北周明帝武成至武帝建德六年（559－577），更為合理。造像者共十五人。像主為“越公府行參事荔□□□”，名字漫漶不可辨，故以另一造像人有全名者，即以荔非明達為代表的碑名。存題名15人，有姓可省識者皆以荔非為姓，並署官階，説明荔非氏族人，可能多為“越國公”楊素、“成平公”尉遲勤的家將。

① （唐）杜佑撰，王文錦等點校：《通典》卷三，中華書局1988年版，第63－64頁。“其村居如滿十家者”，“滿”字前疑脱“不”字。

② （唐）李吉甫撰，賀次君點校：《元和郡縣圖志》卷十三，中華書局1983年版，第305頁。

③ （唐）令狐德棻等：《周書》卷六，中華書局1971年版，第100頁。

④ 李凇：《長安藝術與宗教文明》，中華書局2002年版，第349頁。

091　郭羌造像碑（殘）　北周（557－581）

碑左側（局部）

碑陽（原石）

説明

碑石於1935年在陝西省耀州雷家崖出土，1936年入藏陝西省耀縣碑林，1955年遷移至耀縣文化館，1971年遷至耀縣藥王山，現藏藥王山博物館。長方體碑，上部殘損，殘高83 cm，寬53 cm，厚22 cm。四面刻，碑陽、右側、碑陰下部均刻着胡服供養人及題名。碑陽上部存龕下半部，内有一佛二弟子二菩薩殘軀。碑右側龕不存。碑陰上部存龕下半部，内有一主尊二脇侍殘軀。碑左側龕内存一仰覆蓮束腰六棱高座和二弟子殘軀，下刻發願文。記8行，行字數不等；餘題名。楷書。該碑又題《郭羌四面造像銘》。

碑文

夫大道深遠，□形□□[1]。自非□□□□，□主□□[2]，朝□□躬，□□□/□□□□□□□□□□□□□□運唯新。堡安天地，通達神光[3]。哀愍蒼生[4]，□/立聖容□□□□□□□[5]。/是以正信佛弟子、平東將軍、右光禄、宜州從事宜君縣主/簿□□[6]，知善可崇，三塗可捨[7]，減割家珍，名山採石，敬造四面佛像一區。上願/皇帝□□日月[8]，福禄萇延，四方歸化。□□□主□土採□□平節[9]，一切衆生，有形之類，及/□□□過去先亡，七世父母，見在眷屬，内外大小，普令離苦得樂，延年萇壽，□□□/形空，六情完具，□諸煩惚[10]，□□三寳，同升正覺。開（下泐）。/（以上刻於碑左側）

父五王，/母李羅妙。/

像主郭羌[11]，/妻盧胡仁。/（以上刻於碑陽）

母蒲寄彊，/叔父迴王[12]，/叔母王毛女[13]，/弟都督洪慶，/妹羌女，/弟雙㟓[14]，/妹僧妃，/弟思恒，/姪万石，/外生雷輝慶[15]。/（以上刻於碑陰）

苐婦白女定[16]，/苐婦楊先妃，/苐婦魚阿貴，/姪女郡好，/姪女明化[17]，/外生雷廣熾，/兒方遷，/兒摩訶[18]。/（以上刻於碑右側）

著録

1. 陝西省圖書館、博物館藏拓。2. 宋莉藏原石照片。3.《碑銘所見前秦至隋初的關中部族》95。4.《北魏至隋代關中地區造像碑的樣式與年代考證》325。

注釋

［1］“大”下字泐，《北魏至隋代關中地區造像碑的樣式與年代考證》作“覺□邏百□□□月”，字形不類，不取。據《碑銘所見前秦至隋初的關中部族》迻録。

［2］“主□□”，《北魏至隋代關中地區造像碑的樣式與年代考證》作“生死則”，

泐蝕不能辨，録以備參。

［3］“安”上一字，“保”下有“土”，是“堡”。《碑銘所見前秦至隋初的關中部族》作“保”，非。又，釋“光”作“先”，非。

［4］愍：憂傷。《左傳・昭公元年》：“吾代二字愍矣。”孔穎達疏引服虔曰：“愍，憂也。”①《碑銘所見前秦至隋初的關中部族》未釋“哀愍”。

［5］《碑銘所見前秦至隋初的關中部族》未釋“立聖容”。聖容：本指皇帝的容貌和氣色。此謂佛像。

［6］正信：佛教語，篤信正法之心。唐白居易《唐東都奉國寺禪德大事照公塔銘》：“起正信，見本覺。”② 平東將軍：雜號將軍名，四平將軍之一。三國魏置平東將軍、平西將軍、平南將軍、平北將軍。後世多沿置。《周書・盧辯傳》：“平東、平西、平南、平北、前、後將軍，左、右銀青光禄大夫……正七命。”③ 與“右銀青光禄”同為正七命上階。故原刻“右光禄”，應是“右銀青光禄”之誤。“君”下字泐，《耀縣石刻文字略志》摘録原文，作“縣主簿”④。“縣”，《北魏至隋代關中地區造像碑的樣式與年代考證》《碑銘所見前秦至隋初的關中部族》作“望”，非。並未釋“主簿”。

［7］三塗：亦作“三途”，佛教語，即火途（地獄道）、血途（畜生道）、刀途（餓鬼道）。“知善可崇”，《碑銘所見前秦至隋初的關中部族》作“□□可榮”，不取。

［8］“帝”下字泐，諦視原石圖，第三、四字，是“日月”。他書闕。

［9］《北魏至隋代關中地區造像碑的樣式與年代考證》釋“主□土採□□”作“王公士將□益”，字形不類，不取。《碑銘所見前秦至隋初的關中部族》脱“採”。

［10］惚：本作“惱”字。《碑銘所見前秦至隋初的關中部族》未釋“形”。“類”下泐蝕嚴重，又作“□□□□□□具□□惚□□□亖□同□□□□□□□□”等23字。《北魏至隋代關中地區造像碑的樣式與年代考證》未釋“亡”，並釋“得”作“行”、“煩惚”作“惚□”，不取。

［11］羗：古同“羌”。以部族為名。《耀縣石刻文字略志》作“蕪”，非。

［12］“王”上一字，諦視，是“逥”，《碑銘所見前秦至隋初的關中部族》作“迪”。

［13］“乇”：即“三”，《碑銘所見前秦至隋初的關中部族》作“毛”，非。

［14］“羗”，《北魏至隋代關中地區造像碑的樣式與年代考證》作“芜”，形似而

---

① 十三經注疏整理委員會：《春秋左傳正義》卷四十一，《十三經注疏》，北京大學出版社2000年版，第1315頁。

② （唐）白居易：《白居易集》卷七十一，中華書局1979年版，第1500頁。

③ （唐）令狐德棻等：《周書》卷二十四，中華書局1971年版，第405頁。

④ 耀生：《耀縣石刻文字略志》，《考古》1965年第3期，第144頁。

誤。“雙”上本“弟”一字，再衍一“弟”字。

［15］《北魏至隋代關中地區造像碑的樣式與年代考證》未釋“姪”“輝”。

［16］苐：即“弟”的俗字。下同。“定”，《北魏至隋代關中地區造像碑的樣式與年代考證》作“足”，非。

［17］“明”下一字泐，似“化”。《北魏至隋代關中地區造像碑的樣式與年代考證》作“仁”，非。又，未釋“阿”。

［18］生：通“甥”。《碑銘所見前秦至隋初的關中部族》未釋“熾”。又，釋“摩訶”作“廣□”，不取。

092 焦阿帛造像記 北周（557－581）

説明

造像記位於甘肅隴右水簾洞石窟第6號。開尖楣圓拱龕。北周原繪，宋代重修。原繪存龕内一佛二弟子二菩薩二弟子、供養人及題名。記存14行，行字數不等。楷書，墨書。殘損泐蝕嚴重。

碑文

比丘尼清□/供養佛時，/（泐）/供養佛時，/清信女焦□□/供養佛時。/（以上書於龕基右側）

佛弟子焦阿帛供養佛時，/佛弟子焦阿祥供養佛時，/佛弟子焦阿善供養佛時，/侍人（下泐），/佛弟子（下泐）供養佛時。/

比丘（下泐）供養佛時，/（上泐）梁（下泐）供養佛時，/（上泐）梁令超供養佛時，/（上泐）梁暢供養佛時，/（上泐）□阿洛/供養佛時，/佛弟子梁阿帛/供養佛時，/佛弟子梁景延/供養佛時。/（以上書於龕基左側）

著録

《2005雲岡國際學術研討會論文集·研究卷》417

彙考

該窟由梁、焦氏家族共同供養。西秦有南安人安南將軍焦遺及其子尚書民部郎焦華。梁氏，有梁楞，安定氐人。《晉書·苻生載記》：前秦苻生，殺皇后梁氏及其岳父左僕射梁安，太傅毛貴，車騎、尚書令梁楞。“未幾，又誅侍中、丞相雷弱兒及其九子、二十七孫。諸羌悉叛。弱兒，南安羌酋也。”① 又，宕昌羌酋帥梁懃，仇池羌人。《北史·宕昌傳》所載：“梁懃者，世為酋帥，得羌豪心，乃自稱王焉。懃孫彌忽，（北魏）太武初，遣子彌黄奉表求内附。太武嘉之，遣使拜彌忽為宕昌王，賜彌黄爵甘松侯。彌忽死，孫彪子立。其地自仇池以西，東西千里，席水以南，南北八百里。地多山阜，人二萬餘落。”② 梁、焦氏，北方望族。造像記中梁氏，是氐，是羌，無法考辨。氐羌同源異流，此梁氏當氐羌無疑，或為研究宕昌羌提供綫索。

---

① （唐）房玄齡等：《晉書》卷一百一十二，中華書局1974年版，第2873頁。

② （唐）李延壽：《北史》卷十，中華書局1974年版，第3190頁。

093　莫折永妃題記　北周（557－581）

壁畫（原圖）　　綫描　　墨書

説明

題記位於甘肅隴右水簾洞石窟第11號壁畫旁。壁畫主尊結跏趺坐於蓮臺上，兩側脅侍四人，下層為供養人。男供養人戴冠，圓領胡服；女供養人大翻領，足登雲頭鞋，與現在四川岷江上游地區羌族所穿雲雲鞋相似。記存2行，行字數不等。楷書，墨書。泐蝕嚴重。

碑文

佛弟子莫折永妃一心供養，/弟子權之女供養。/

著録

《2005年雲岡國際學術研討會論文集·研究卷》415

彙考

莫折氏，西羌種。《北朝胡姓考·西羌諸姓》："關西莫折氏，本西羌族。"① 《通志·氏族略·關西複姓》："莫折氏，本西羌，世居渭州襄武縣。"② 關西羌中强族，主要活動於隴右秦州、渭州一帶（今天水地區），魏周之世，迭為邊患。《魏書·肅宗紀》："正光五年六月，秦州城人莫折太提據城反，自稱秦王。……太提尋死，子念生代立，僭稱天子，號年天建，置立百官。"③ 《北史》卷五《魏本紀》記載略同。莫折

① 姚薇元：《北朝胡姓考》，中華書局1962年版，第330頁。
② （宋）鄭樵撰，王樹民點校：《通志二十略》，中華書局1995版，第182頁。
③ （北齊）魏收：《魏書》卷九，中華書局1974年版，第236頁。

太提立國，有年號，見《王清造像記》，銅佛坐像，日本佐野美術館藏，題："天建元年十二月十七日，弟子王清造像一軀。"① 天建元年（524），即北魏正光五年（524）。"莫折永妃"與"莫折太提"同族。該支羌人與中原民眾一樣，篤信佛教，造像亦同漢風。

① 金申：《中國歷代紀年佛像圖典》，文物出版社1994年版，第474頁（圖版117）。

094 權慶和等造釋迦像記 北周（557－581）

説明

造像在甘肅秦州北鄉石佛鎮。高二尺二寸，廣二尺四寸。10行，滿行14－15字。楷書。造像記鐫刻於石佛像背，泐蝕嚴重，殘闕，無首尾。

碑文

□□□□□九月癸酉朔，廿五丁酉，持莭撫軍將軍大都督摧慶和[1]，使持莭、車騎大將［軍］、儀同三司、大都督、［散］騎常侍、□州剌史、秦州大中正□□□□□□□州主簿世□□[2]，開□□扌遷□艹仰□亡父母[3]，敬［造］釋迦石像一區[4]，并二菩薩，藉斯嵡誠，蒑使國祚[5]，永□存亡，獲利法界，有生普同□佛息州主簿都督子景[6]，姪蕩寇將軍、武騎□□子通[7]，姪□略，姪子岳。

著録

1.《甘肅新通志》卷92。2.《秦州新志》卷23。3.《魯迅大全集·魯迅輯校石刻手稿·造像》545①。

注釋

［1］莭：即“節”字。“竹”字頭，訛變為“卝”或“廾”。摧：即“權”。“木”字旁，訛變作“扌”。筆畫減省，書寫快捷方便，漢魏六朝碑刻中常見。

［2］大中正：元魏時置，掌考察州郡人才。唐杜佑《通典·選舉二·歷代制中》：“北齊選舉多沿後魏之制，凡州縣皆置中正。”② 同書卷十四：“晉依魏氏九品之制……州有大中正，郡國有小中正。”③ 造像題名泐蝕不存，所任“使持莭、車騎大將［軍］、儀同三司、大都督、［散］騎常侍”“秦州大中正”等職。考歷任“秦州大中正”者，有穆提婆，本姓駱，漢陽（今甘肅禮縣）人。北齊武平元年（570），“遷儀同三司，又加開府，尋授武衛大將軍、秦州大中正”④。北魏延昌二年（513）《□伯

---

① 李新宇、周海嬰：《學術編·魯迅輯校石刻手稿·造像》（下），《魯迅大全集》（26），長江文藝出版社2011年版，第545頁。

② （唐）杜佑撰，王文錦等點校：《通典》卷十四，中華書局1988年版，第340頁。

③ 同上書，第328頁。

④ （唐）李延壽，《北史》卷九十二，中華書局1974年版，第3048頁。

超墓誌》："祖敬，秦州大中正。"① 但餘職不符。唯權景宣，《周書・權景宣傳》："字暉遠，天水顯親人（今甘肅秦安西北）也。" "曉兵權，有智略。從太祖拔弘農。""魏孝武西遷，授鎮遠將軍、校尉，加平西將軍、秦州大中正。大統初，轉祠部郎中。"敗東魏將劉貴平，"進授使持節、車騎大將軍、儀同三司，加散騎常侍"②。"天和初，授荊州刺史，總管十七州諸軍事，進爵千金郡公。……謚曰恭。"③ 故推"主薄"下三字，疑"權景宣"。《甘肅新通志》《秦州新志》《魯迅大全集・魯迅輯校石刻手稿・造像》作"世□□"，不取。"騎"上泐一字，為"散"。紀年不詳，據此可推知造像時間在北周。

［3］遷：即"遷"字。其上一字存左半"扌"；其下第二字存"艹"字頭。

［4］"敬"下一字泐，據造像文例，當"造"字。

［5］徳：即"使"。偏旁"亻"，訛變為"彳"。如上文"仰"，即"仰"。碑刻中習見。

［6］"景"微泐，《甘肅新通志》作"息"，備參，待考。

［7］寇：即"寇"。蕩寇將軍，汉魏时置。蜀之關羽、張嶷，魏之張遼、滿寵等都曾得此號。

① 洛陽市文物工作隊：《洛陽出土歷代墓誌輯繩》，中國社會科學出版社 1991 年版，第 24 頁。

② （唐）令狐德棻等：《周書》卷二十八，中華書局 1971 年版，第 477－478 頁。

③ （唐）李延壽：《北史》卷六十一，中華書局 1974 年版，第 2193 頁。

095 任要好造像碑 北周（557－581）

説明

碑石於 1982 年在陝西省黄陵縣雙龍公社出土。碑高 190 cm，寬 25 cm，厚 17 cm。碑陽分刻五層，均為尖拱龕。其中，第一層龕内有騎象觀音菩薩①，及四小禪僧。碑左側第一層龕内一立佛；第二至五層龕内坐佛；右側第一層龕内為手持蓮蕾菩薩立像；第二、四層龕内為菩薩立像；第三、五層龕為一坐佛。造像具有北周風格。無發願文，龕下題名。楷書。

碑文

妹太□，/□□□，/□□□，/息仲□，/息□□高，/□息□□，/族兄令□，/族兄□□，/族兄清水，/祖王□萬，/□王阿□。/（以上刻於碑陽龕下）

妹□好，/妹練好，/弟□□，/兄任仲略，/兄任□樹，/母衛花銀，/□父□□傅。/（以上刻於碑左側下面）

［像］主任要好，/兄息男小兒，/族息男□□，/息男士茂，/息女豐男，/息女和妃，/息女嚴妃，/息妻張阿女，/□妻□□□，/□女盛征妃，/大女夫張景珍，/□女夫張曲珍，/女夫□□仁，/女夫孔子榆。/（以上刻於碑右側下部）

著録

《延安地區發現一批佛教造像碑》，《考古與文物》1984 年（5）。

---

① 靳之林：《延安地區發現一批佛教造像碑》（《考古与文物》1984 年第 5 期）原文作“騎象觀音菩薩”。恐非。佛教中四大菩薩坐騎不一，普賢騎象，觀音騎犼，又名“朝天吼”。

096　吕村鉗耳氏殘碑　北朝（420－581）

説明

碑石於 1987 年在陝西省耀縣演池鄉吕村出土，現藏藥王山博物館。石已殘損，僅剩上半部，碑額圭形刻蟠龍。殘高 109 cm，寬 70 cm，厚 23 cm。未公佈拓片。行字數不明。該碑又題《吕村鉗耳氏斷碑》。

碑文

□□□□功李雲，維思強□車騎尉司馬夫蒙永開，光明主張元妃，□録鉗耳□□，□□□□□雷伯定，邑主前□騎（下泐），天官主笏軍鉗耳顯和[1]，□□□普頤□，維那弥姐□□（下泐 2 行），□像主劉仕通，香火主劉仕剛。

鄉老鉗耳壽郎，鄉老鉗耳客奴。

（上泐），邑長□□清，像檀主（下泐），大像檀主郡功曹鉗耳□□，忠部郡張榮珍，忠□□和順，開光（下泐）。（以上為左側）

著録

《耀縣新發現的一批造像碑》，《考古與文物》1994（2）。

注釋

［1］天官主：當“天宫主”。笏：道教的重要法器。道士齋醮時使用，懷抱笏板，向帝尊奏告，以表尊敬。

彙考

該碑存題名 20 人，鉗耳 5 人，及夫蒙、弥姐、雷，都是西羌姓氏。北周保定二年（562）《鉗耳世櫥造像碑座》，存鉗耳 15 人。《吕村二面五尊造像碑》，此碑保存不完整，以碑面綫刻遺跡分析，約有三分之一的碑體殘佚，屬佛教造像，無發願文和題名①。結合北周保定二年（562）《鉗耳世櫥造像碑座》，均發現於演池鄉吕村，足見北朝吕村是羌人聚落，且鉗耳氏為望族大姓。

---

① 陝西省文物普查隊：《耀縣新發現的一批造像碑》，《考古與文物》1994 年第 2 期，第 56 頁。

097 符茂造像碑 北朝（420－581）晚期

説明

碑石於1982年在陝西省黄陵縣雙龍公社出土。碑高85 cm，寬40 cm，厚28 cm。四面造像，每面上下三龕。碑陽、碑陰龕内一佛二弟子，碑兩側龕内一佛。造像較為粗糙，為陝北鄉邑工匠造。龕下題名。隸書。碑石泐蝕嚴重，僅左右兩側題名可辨數字。無發願文，約刻於北朝晚期（568－581）。

碑文

□家文符茂□□□□□[1]。/高祖□□□□□□□□。/祖父□□□，楊□□□□。/祖父□興阿姑□□□□。/外家父衛猥仁[2]，□□□□。/阿神□阿□□□阿□□。/□□□□□□，邑子□□。/阿□□□□□□□□□。/（以上刻於碑右側）

父衛□□□□□。/母□□□□□□□□。/弟仲□□□□□。/弟□□□□□□□。/弟仲祭□，□□□。/弟□國□，□□□。/弟共智□，楊氏□。/妹顏景□，□雙頤。/阿姑□□，阿姑□。/（以上刻於碑左側）

著録

《延安地區發現一批佛教造像碑》，《考古與文物》1984年（5）①。

注釋

［1］建立前秦國的是氐豪苻氏，“苻”，通“符”。符茂是氐人無疑。氐進入關中，受漢化較深，語言多已漢化，模仿漢姓，“俗能織佈，善田種，畜養豕、牛、馬、驢、騾。其婦人嫁時著衽露……衽露有似中國袍”②。《北朝胡姓考・匈奴諸姓・衛氏》：“長水衛氏，本匈奴族。”③《陝西古代史》謂供養人“係漢與鮮卑人的融合形象”④，所謂“漢”當是已經漢化的“氐”。從遺存題名看，苻氏與氐人楊氏、匈奴衛氏聯姻，家族造像，符合北朝北方各族聚居的史實。

---

① 靳之林：《延安地區發現一批佛教造像碑》，《考古與文物》1984年第5期，第42頁。
② （晉）陳壽撰，（南朝宋）裴松之注：《三國志》卷二十五，中華書局1964年版，第858頁。
③ 姚薇元：《北朝胡姓考》，中華書局1962年版，第288頁。
④ 楊東晨：《陝西古代史》，陝西人民教育出版社1994年版，第529頁。

［2］外家：泛指母親和妻子的娘家。《晉書·魏舒傳》："（魏舒）少孤，為外家寧氏所養。寧氏起宅，相宅者云：'當出貴甥。'外祖母以魏氏甥小而慧，意謂應之。"① 外家父，即外祖父。

① （唐）房玄齡等：《晉書》卷四十一，中華書局1974年版，第1185頁。

隋　代

098　弥姐顯明造像碑　開皇二年（582）九月二十三日

説明

碑石於1927年出土。出土地不詳，原藏雷天一家，1936年捐陝西省耀縣碑林，1955年遷縣文化館，1971年遷藥王山。現藏藥王山碑林。呈柱狀梯形，頂、座佚，下有榫。石高153 cm，上寬61 cm，下寬68 cm，上厚29 cm，下厚32 cm。四面刻，均上部開龕並殘，龕下刻供養人、題名，每層供養人和題名間刻雙綫框。碑陽上部存龕，内有一佛二弟子二菩薩。龕下刻發願文、題名。碑陰上部存龕，内有一倚坐菩薩二弟子二菩薩。碑左側龕内一佛二弟子。碑右側龕内一佛二弟子。記7行，滿行19字；餘題名。楷書，有縱界格。《碑銘所見前秦至隋初的關中部族》首次著録。該碑又題《雷惠祖造像碑》《邑主雷惠祖合邑子弥姐顯明等造像記》。

碑文

夫冲元虚寂[1]，妙趣理幽，應迹難尋，悟之者罕[2]。是以金田不種[3]，珎粟/難收。若永行檀刼，叵得白馬還宫者哉[4]？然今諸邑子弥姐顯明/□□□□□人等，識世非常，□□内安□□減割己珍[5]，採石名山，/造四面像一區，弥姐顯明□□罕有[6]。藉此徽功[7]，願帝祚永隆，三/寶常繼[8]。又願諸邑子等，老者延年，少者益壽，男孝女貞，禮義備足，/門風痒庨[9]，恒脩功德。復及法界倉生[10]，普同斯慶，等成正覺。/

開皇二年，歲次壬寅，九月壬寅，朔廿三日甲子訖。/

邑主雷惠祖，/化主雷金相[11]，/香火張顯栖[12]，/香火弥姐道遵，/邑謂弥姐顯儁，/唯那弥姐慶昌[13]，/唯那張量記，/典坐弥姐義昌[14]。/（以上刻於碑陽第二層）

邑子弥姐孝□，/邑子弥姐暉熾，/齋主楊神義，/佛堂主都督弥姐珍，/開明主雷貴，/邑子弥姐暉祥，/邑子弥姐慶暉，/邑子弥姐嵩禮。/（以上刻於碑陽第三層）

（上泐），/邑子弥姐相貴[15]，/邑子弥姐洪慶，/邑子弥姐貴慶，/邑子鉗耳暉逯[16]，/□□□□□，/開明主弥姐后進，/邑子弥姐仕祭，/邑子弥姐夫□，/邑子雷道暉，/□□□□□[17]。/（以上刻於碑陰第一層）

邑子弥姐士余，/邑子弥姐射暉[18]，/邑子弥姐景周，/邑子雷仕僧[19]，/邑子張小安，/邑子張文通，/邑子雷道祭，/邑子弥姐五虎，/邑子弥姐子産[20]，/邑子弥姐仕産。/（以上刻於碑陰最下層，餘皆泐蝕不識）

邑子劉石生，/典録都督雷元儁，/邑子楊石養[21]，邑子弥姐子暉。（以上刻於碑左側第三層）

邑子弥姐長儒，/邑子弥姐彭儁，/邑子雷光超[22]，/邑子雷洪慶。/（以上刻於碑左側第四層）

邑子雷道勝，/邑子雷元熾，/邑子弥姐仕貴，/邑子弥姐仕遷。/（以上刻於碑左

側第五層）

邑子雷元亮，/開明主弥姐萇貴，/邑子雷元榮，/邑子供鳥□[23]。/（以上刻於碑左側第六層）

像主弥姐儁和[24]。/（以上刻於碑右側第二層）

邑子雷歡慶，/典坐弥姐舍明，/邑子楊莫問，/邑子楊神義[25]。/（以上刻於碑右側第三層）

邑子弥姐義遠[26]，/邑子弥姐珎[27]，/邑子弥姐后進[28]，/邑子弥姐彭樹[29]。/（以上刻於碑右側第四層）

邑子弥姐嵩業，/邑子弥姐長洛，/邑子弥姐玉祭[30]，/邑子雷雙熾。/（以上刻於碑右側第五層）

邑子弥姐子方，/邑子雷暉榮，/開明主秦顯和，/邑子供子述。/（以上刻於碑右側第六層）

著録

1. 陝西省圖書館藏拓。2.《碑銘所見前秦至隋初的關中部族》96。3.《北魏至隋代關中地區造像碑的樣式與年代考證》114。

注釋

［1］“虚”下一字泐，似“寂”。《碑銘所見前秦至隋初的關中部族》作“邃”；《北魏至隋代關中地區造像碑的樣式與年代考證》作“家”，均非。虚寂：清虚寂滅，佛、道追求的一种境界。此碑造佛像，但發願文透露出佛、道思想的融合。北魏太和二十年（496）《姚伯多兄弟造像碑》：“夫大道幽玄，以妙寄為宗，靈教□微，以虚寂為旨。”普泰二年（532）《薛鳳規造像碑》：“澄神虚寂，達觀照矚之始。”① 據《碑銘所見前秦至隋初的關中部族》迻録，並參《北魏至隋代關中地區造像碑的樣式與年代考證》校之。

［2］罕：極少。《北魏至隋代關中地區造像碑的樣式與年代考證》釋“罕”作“用”，非。

［3］金田：佛教語，菩薩所居用黄金鋪地，故稱。也借指佛寺。唐宋之間《奉和九月九日登慈恩寺浮屠應制》：“散花多寶塔，張樂佈金田。”②《北魏至隋代關中地區造像碑的樣式與年代考證》釋“不”作“少”，不取。

① 北京圖書館金石組：《北京圖書館藏中國歷代石刻拓本滙編》（5），中州古籍出版社 1989 年版，第 141 頁。

② 《全唐詩》卷五十二，中華書局 1980 年版，第 631 頁。

［4］"行"上二字，"得"上一字，《碑銘所見前秦至隋初的關中部族》分別釋作"□不""回"；《北魏至隋代關中地區造像碑的樣式與年代考證》釋作"若永""亘"，可從。

［5］"己"，《碑銘所見前秦至隋初的關中部族》作"汜"，非。己珍：亦稱"家珍"。減損割捨家裡財物，即捐獻財物。東魏武定七年（549）《道寶碑記》如："率彼令儁，裁捨己珍。"① 北魏孝昌三年（527）《楊豐生造像記》："佛弟子楊豐生減割家珍。"②

［6］"四"，《北魏至隋代關中地區造像碑的樣式與年代考證》作"石"，"石面像"，語義不暢。"弥姐顯明"，《碑銘所見前秦至隋初的關中部族》作"和好□明"，形似而誤。此造像，《碑銘所見前秦至隋初的關中部族》題作"邑主雷惠祖合邑子弥姐顯明等造像記"，但釋文卻無"弥姐顯明"，不符合石刻題名原則。

［7］徽：通"微"。隱微。此為細、小之義。微功：謙詞。細小的功勞。孝昌三年（527）《宋景妃造像記》："籍此微功，願令亡考比託生西方妙樂國土。"③

［8］《北魏至隋代關中地區造像碑的樣式與年代考證》釋"繼"作"續"，義通字異。

［9］《北魏至隋代關中地區造像碑的樣式與年代考證》釋"備"作"偕"，或是。

［10］《北魏至隋代關中地區造像碑的樣式與年代考證》釋"復"作"勝"，非。

［11］造像題名雷氏16人，無曹氏。"金"上"雷"字，《北魏至隋代關中地區造像碑的樣式與年代考證》作"曹"，當非。未見拓片，《碑銘所見前秦至隋初的關中部族》《北魏至隋代關中地區造像碑的樣式與年代考證》所録題名順序略有不同。《北魏至隋代關中地區造像碑的樣式與年代考證》記録每層題名情況，據《北魏至隋代關中地區造像碑的樣式與年代考證》調整題名順序。

［12］《碑銘所見前秦至隋初的關中部族》"顯栖"，《北魏至隋代關中地區造像碑的樣式與年代考證》作"□和"，並以為此人上還有1人，已泐蝕不存。備參。

［13］"唯那弥姐慶昌"上，《北魏至隋代關中地區造像碑的樣式與年代考證》認為還有1人題名，泐蝕不存。

［14］《北魏至隋代關中地區造像碑的樣式與年代考證》未釋"義"字。

［15］"邑子弥姐相貴"上，《北魏至隋代關中地區造像碑的樣式與年代考證》認為還有泐蝕無法辨識的題名。

---

① 北京圖書館金石組：《北京圖書館藏中國歷代石刻拓本滙編》（6），中州古籍出版社1989年版，第155頁。

② 《北京圖書館藏中國歷代石刻拓本滙編》（5），第62頁。

③ 同上書，第61頁。

［16］《碑銘所見前秦至隋初的關中部族》作“貴”“逯”，《北魏至隋代關中地區造像碑的樣式與年代考證》作“賢”“還”，形近而誤。恐非。並未釋“暉”上“鉗耳”二字。

［17］“開明主弥姐后進”上、“邑子雷道暉”下，《北魏至隋代關中地區造像碑的樣式與年代考證》認為還有各1人題名，泐蝕無法辨識。“后進”下，《碑銘所見前秦至隋初的關中部族》題名順序與《北魏至隋代關中地區造像碑的樣式與年代考證》不同。前者為“邑子弥姐陸□，邑子雷道暉，邑子弥姐仕祭，邑子弥姐射暉”等4人，後者為“邑子弥姐仕祭，邑子弥姐夫□，邑子雷道暉，□□□□□”及下文“邑子弥姐士余，邑子弥姐射暉”等6人。“邑子弥姐夫□”“邑子弥姐士余”並泐1人，《碑銘所見前秦至隋初的關中部族》為“邑子弥姐陸□”，録以備參。此層泐蝕2人，《碑銘所見前秦至隋初的關中部族》未列。著録時稱“碑陰原有題名四排，現僅餘二排，餘皆泐患不識”。

［18］《北魏至隋代關中地區造像碑的樣式與年代考證》未釋“射”。

［19］“僧”，《北魏至隋代關中地區造像碑的樣式與年代考證》作“儒”，備參。

［20］《碑銘所見前秦至隋初的關中部族》作“産”，即“彦”的俗訛字。《北魏至隋代關中地區造像碑的樣式與年代考證》釋作“慶”，非。

［21］《碑銘所見前秦至隋初的關中部族》作“養”，《北魏至隋代關中地區造像碑的樣式與年代考證》作“眷”。

［22］《碑銘所見前秦至隋初的關中部族》作“光”，《北魏至隋代關中地區造像碑的樣式與年代考證》作“元”。

［23］供烏，或複姓，或供氏單姓。族屬不明。北魏正始元年（504）《山公寺碑頌》有“供烏氏”，不知是否同一族屬，有待進一步考證。

［24］《碑銘所見前秦至隋初的關中部族》作“和”，《北魏至隋代關中地區造像碑的樣式與年代考證》作“禾”，恐後泐蝕“口”所致。

［25］《碑銘所見前秦至隋初的關中部族》作“義”，《北魏至隋代關中地區造像碑的樣式與年代考證》作“氣”。

［26］《碑銘所見前秦至隋初的關中部族》作“遠”，《北魏至隋代關中地區造像碑的樣式與年代考證》作“還”，恐非。

［27］《北魏至隋代關中地區造像碑的樣式與年代考證》作“珎”，《碑銘所見前秦至隋初的關中部族》作“琛”，兩字形似易混。疑為“珎”字。《碑銘所見前秦至隋初的關中部族》稱造像碑題名二見“弥姐琛”，查題名，上文有“佛堂主都督弥姐珍”，“珎”，即“珍”。故“琛”，應為“珎”字之誤。

［28］“后”下，《北魏至隋代關中地區造像碑的樣式與年代考證》作“慶”，非。

碑陽題弥姐琢（琛）、楊神義、弥姐后進，碑右側皆重見，前見者有“佛堂主都督”“齋主”“開明主”等佛銜，後見者稱邑子，當係一人。

［29］《北魏至隋代關中地區造像碑的樣式與年代考證》未釋“彭”。樹：即“標”字。

［30］“玉”，《北魏至隋代關中地區造像碑的樣式與年代考證》作“王”，兩字古混用無别。

彙考

過去治羌族史者以為弥姐氏乃羌中罕見姓氏，此造像與隋開皇六年（586）《弥姐後息造像碑》的發現，為弥姐氏揭開了神秘面紗。前碑存題名 63 人，弥姐氏 35 人；後碑存題名 27 人，弥姐氏 22 人。兩碑出土地點不詳，原藏雷天一家，疑刻立於陝西耀縣一帶，足見該地區直到隋代有一個或多個以弥姐氏為主的羌人村邑。該造像還有雷氏 16 人，鉗耳氏 1 人，羌人佔題名總數的 83%。並有少數氐人楊氏，漢族張、秦氏，或匈奴遺裔劉氏，以及族屬不明的供氏或供鳥氏。

099 邵卯造像碑 開皇二年（582）

說明

碑石於1981年在陝西淳化縣固賢鄉李寨村發現，現存原址。石高136 cm，上寬63 cm，下寬71 cm，上厚27 cm，下厚31 cm。下有榫。碑座高40 cm，寬93 cm，厚56 cm。中榫窩。四面刻，碑陽上開龕，内有一佛二菩薩二脅侍。龕下有五小龕並列，内有一坐佛，外題名。碑陰形制與碑陽同，泐蝕甚，題名不存。碑右側上開並列二小龕，内有一坐佛。龕間題名，泐蝕不能辨。下開一龕，内有一佛二菩薩。龕下題名。碑左側上開一龕，内有一佛二菩薩。龕下刻發願文。碑座除陽面存題名外，三面泐蝕嚴重，不能辨識。記15行，滿行6字。楷書，有縱横界格。

碑文

大□形湛□那智士無以通其原真影□□□慧□莫能達其□也。邑主邵卯□九十人□若□必□為□□□□並□業□，故共造四面石像一區。□□人王，八方歸伏，師僧□母，□道四主，咸［同］斯福[1]。開皇二年，歲□□□□□□□。

邑子劉客生，西面化主張伏和，西面像主馮暉□，邑子俱阿頭[2]，邑子魏□□。

邑子徐方暉，邑子閻萬興[3]，邑子魏道□，邑子仇松柏。

邑子鞏□□，邑子□□□，邑子□□□，邑子□□□。

邑子（下泐）。（以上刻於碑左側）

□□佛主□□妃，□□奉佛主孔阿㭬，隨葉佛主□□姬[4]，□佛主□大女，□□□□□昭息邵卯為。

但官鞏景茂，密縣令都維那啖小馬，南面化主徐歸洛，南面像主㺨神景[5]，曠野將軍、□門縣令、都像主俱朗□，曠野將軍、高陽縣郃、都邑主邵卯[6]，都化主俱默達，邑子劉智曠。

陽□□□□□□□，香火□□□達，香火□□□□□□，典坐楊洪珍[7]，典録李阿醜，邑長俱義和，佛堂主俱智，邑謂鞏王女，典録鞏隴，典坐張僧和，内軍將軍、右金紫光禄□□[8]。（以上刻於碑陽）

邑子李買，東面化主張伏顯，□□□□□□□，邑子□潤國。

邑子李誼，邑子王和□，邑子李婆仁，邑子孫暉□。

邑子鞏魯暉，邑子□大女，邑子仇俱香，邑子劉毛。

邑子李洪妃，邑子鞏□相，□□□□□，□□□買女。（以上刻於碑陽龕外）

邑子張奴子，邑子俱大猥；邑子俱伏生，邑子俱善暉，邑子俱暉緒，邑子俱暉遠，邑子俱暉□，邑子劉摩陀，邑子劉舍那，邑子劉耶利，邑子邵□□，邑子張益□，邑子俱共□，邑子俱和達。

邑子邵子長，邑子啖道奴，邑子啖輔國，□□□□□，邑子啖楊國，邑子陳益得，邑子閻顯和，邑子俱勝達，邑子俱輔相，邑子俱占通，邑子俱輔通，邑子俱□相，邑子俱誼弟，邑子李延景。（以上刻於碑座陽面）

著録

《淳化縣文物志》57

注釋

［1］按造像記文例，“咸”下當為“同”。

［2］俱氏，氐人。《晉書·苻堅載記》下：“左將軍苟池、右將軍俱石子率騎五千，與冲爭麥，戰於驪山，為冲所敗，池死之，石子奔鄴。”① 同書《苻丕苻登載記》：苻丕“乃以太元十年僭即皇帝位於晉陽南。立堅行廟，太赦境内，改元曰太安。置百官，以張蚝為侍中、司空，封上黨郡公……俱石子為衛將軍、濮陽公”②。

［3］閻：即“閻”的俗字。詳見北周保定五年（565）《北周保定五年造像碑》注。《淳化縣文物志》此處不識，下文釋作“閻”字，恐疏漏。

［4］隨葉佛：諸佛名之一。過去七佛之第三佛。又作“毘濕婆部佛”“鞞恕婆附佛”“毘舍婆佛”，被視為過去莊嚴劫千佛中最後出現之佛。

［5］璞：疑“璞”。

［6］邻：當“令”。“阝”為衍筆。縣邻：應為“縣令”。

［7］尘：當為“坐”。典坐：佛職名。典尘，不詞。下同。

［8］内軍將軍：官名。隋代因避諱，改中軍將軍置。散號將軍為中三將軍之一，無職掌，秩正六品下。大業三年（607）罷。

彙考

该造像題名多氐羌姓氏，以俱氏为最，19 人。其次為鞏氏 6 人，啖氏 4 人，還有仇氏 2 人，楊氏 1 人。同出土於陝西省淳化縣的《北周保定五年造像碑》、隋《邵卯造像碑》《啖阿浩等邑子造像碑》，題名亦多氐羌姓氏，表明該地區至遲在北周、隋代時期，氐羌與漢、匈奴等雜居，是多民族聚居交匯地帶，為研究各民族融合提供了實證材料。

---

① （唐）房玄齡等：《晉書》卷一百一十四，中華書局 1974 年版，第 2926 頁。

② 《晉書》卷一百一十五，第 2942 頁。

100　鉗耳神猛造像記　開皇四年（584）十二月十五日

碑陽

碑陰

左側

右側

説明

碑石原所在地不明。1949年前陝西歷史博物館移交入存碑林博物館，現藏西安碑林①。《陝西金石志》："碑約高三尺餘，寬一尺六寸，厚七寸。"《長安佛韻——西安碑林藏佛教造像藝術》載石高100 cm，寬44 cm，呈梯形。四面刻，均上部開圓拱龕、火焰紋、尖拱楣。碑陽龕内一佛二弟子，兩側刻弟子像。龕楣六弟子像。碑額刻帶狀卷草紋。龕下刻供養人騎馬、乘牛車圖及題名。碑陰龕内一佛一弟子一菩薩，龕下刻香爐和兩層四坐佛。碑左右側龕内分别為一立佛、一坐佛，龕楣均刻四弟子頭像，碑額為帶狀卷草紋；龕下分别刻香爐、二坐佛，第三層左側題名，右側刻發願文。記10行，滿行11字；碑陽、左側題名。楷書，有縱横界格。《日本京都大學藏中國歷代文字碑刻拓本》分拓四紙。《陝西金石志》迻録發願文和部分題名，疑武樹善只見碑陽和碑右側，未見碑陰和碑左側，所以題名遺漏大半。《陝西古代石刻藝術》《北魏至隋代關中地區造像碑的樣式與年代考證》釋題名，未録發願文，均不完整。該碑又題《鉗耳神猛為亡姑造四面像記》《佛弟子鉗耳神猛等造四面佛像》。

碑文

開皇四年十二月十五日[1]，［佛］/弟子鉗耳神猛為巳姑造四/面石像一區[2]，藉此功德，頗使/巳者託生西方妙樂國土，弥/勒三會[3]，愴在先首，若落墮三/途[4]，速得解脱，又頗皇帝、國/祚永隆[5]，四方寧太，兵鉀休息[6]，/万民安樂，龍王歡憘[7]，降澤以/時，五聲□成[8]，人無疾病，普及/法界，□□［衆］生，咸同斯福[9]。(以上刻於碑右側)

巳姑夫縣平望夫蒙鐘抚[10]，/像主巳姑鉗耳女体。/（以上刻於碑陽第二層）

妻甞暉容，/息鉗耳遵略，/巳女夫蒙容女，/巳女夫蒙女□[11]。/（以上刻於碑陽第三層）。

猛妻甞神妃，/猛母雷明姬。/姪兒鉗耳神猛。/猛息鉗耳方貴[12]。/（以上刻於碑左側）

著録

1.《日本京都大學藏中國歷代文字碑刻拓本》ZUI0013X。2.《陝西金石志》卷7－3。3.《續修陝西通志稿》卷141－3。4.《陝西古代石刻藝術》52。5.《北魏至隋代關中地區造像碑的樣式與年代考證》42。

---

① 《陝西石刻文獻目録集存》著録："原存陝西省圖書館，現存西安碑林。"見李慧：《陝西石刻文獻目録集存》，三秦出版社1990年版，第23頁。

注釋

［1］刻石時間《日本京都大學藏中國歷代文字碑刻拓本》作“十九日”，非。

［2］“弟”上一字殘，左半存“亻”，右半存痕似“弗”。據文義、造像及文字存痕，當“佛”字。《陝西金石志》未釋“佛”“為”。匚：即“亡”。下同。

［3］三會：龍華樹下，彌勒佛分初會、二會、三會，開三次法會，濟度衆生。《陝西金石志》釋“三會”作“三像會”，非。

［4］三途：亦作“三塗”，佛教語，指火途、刀途和血途。《陝西金石志》釋“途”作“塗”，非原刻。

［5］觧：即“鮮”，同“解”。脟：即“脱”。国：即“國”。

［6］休：通作“休”。息也。下同。兵鉀休息，謂罷兵停戰。

［7］憘：同“喜”“憙”。《集韻·去志》：“憙，《説文》：‘説也。’亦省，或作憘。”①

［8］“五”下一字下部邊緣泐，似“聲”。五聲：亦稱“五音”，即宫、商、角、徵、羽。《尚書·益稷》：“予慾聞六律、五聲、八音。”②《陝西金石志》作“槩”，非。

［9］法界：梵語意譯。泛指各種事物的現象及本質。“界”，拓片清晰，《陝西金石志》釋作“眾”，非。據造像文例，“生”上一般作“眾”或“羣”字。以拓校之，擬“眾”字。

［10］“夫”字清晰，《北魏至隋代關中地區造像碑的樣式與年代考證》作“父”，非。抜：即“拔”的別體。《陝西古代石刻藝術》作“扶”，非。《北魏至隋代關中地區造像碑的樣式與年代考證》沿誤，並脱“縣”。

［11］“女”下一字泐，存上部，外“广”，内“非”，但下部已不能辨識。匚：即“亡”。《陝西古代石刻藝術》作“三”，大誤。並釋“容”作“客”，形似而誤。“女□”“容女”，《北魏至隋代關中地區造像碑的樣式與年代考證》作“安慶”“容安”，均非。

［12］《陝西金石志》“妻”上脱“猛”。“息”上亦脱“猛”。“貴”下各字均脱。

彙考

題名涉及鉗耳神猛，及姑母鉗耳女休兩個家庭，是家庭造像碑。包括 4 對夫妻，即猛父鉗耳氏和猛母雷明姫、鉗耳神猛和妻甞神妃、猛子鉗耳遵略和妻甞暉容、姑父夫蒙種抜和姑母鉗耳女休，及子女 3 人，屬羌人同族異姓内婚，表明直到隋代關中渭北羌人的婚姻形式主要是内婚制。其中猛子妻與猛妻同姓甞氏，或為表親。

① （宋）丁度等：《集韻》卷七，《景印文淵閣四庫全書》（236），臺北：臺灣商務印書館 1986 年版，第 646 頁。

② 十三經注疏整理委員會：《尚書正義》卷五，《十三經注疏》，北京大學出版社 2000 年版，第 139 頁。

101 權苟與多造像記 開皇六年（586）二月

碑陽

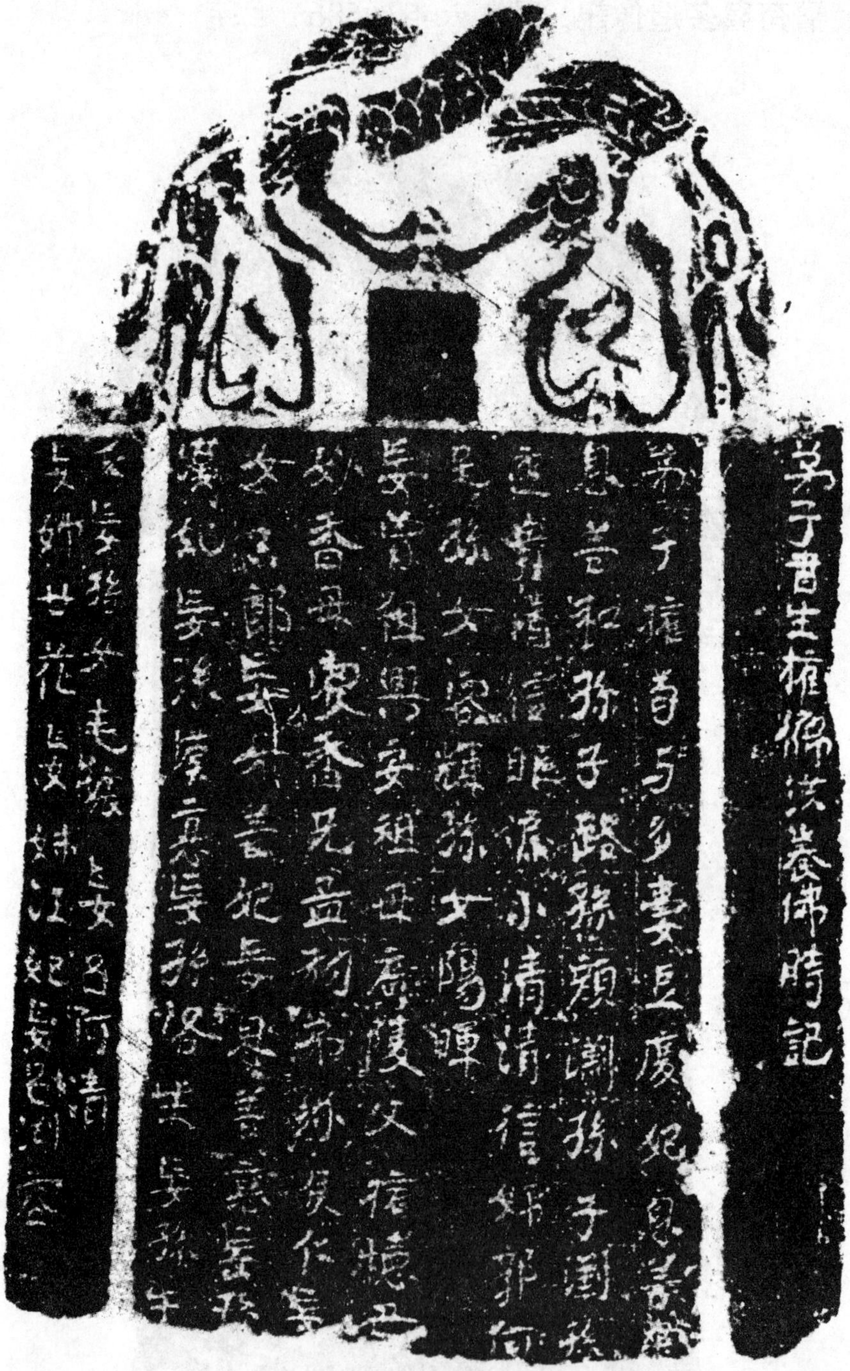

碑陰及兩側

説明

碑石出土時間、地點不詳。四面刻。螭首。拓片碑陽高 46 cm，寬 19 cm；碑陰及兩側高 46 cm，寬 29 cm。北京圖書館藏砞拓，有邵章題跋。碑陽刻記，三面題名。記 7 行，滿行 12 字；餘題名。楷書，有縱橫界格。

碑文

唯開皇六年，歲次在丙午，二月/己亥朔，佛弟子權苟與多減割/家珍，為七世父母，及妄女□郎[1]，/見在卷屬，贖觀世像一軀，並有/石碑。頋令妄者神生淨圡，託生/西方无量壽國。又頋在卷屬[2]，/及國圡眾生，普同成頋。/（以上刻於碑陽）

弟子書生權儒洪養佛時記。/（以上刻於碑一側）

弟子權苟与多婁豆慶妃[3]。息善□，/息善和。孫子路，孫顔淵，孫子淵，孫/遽前，清信□□小清，清信姊郭何/□，孫女容輝，孫女陽暉。/

妄曾祖興安，祖母廣陵，父權德，母/妙香，母霙香。兄孟利，弟沵候仁[4]，妄/女□郎，妄女善妃，妄息善意。妄孫/漢妃，妄孫漢意，妄孫洛生，妄孫牛/□，妄孫女毛娘[5]。妄呂阿清，/妄姊甘花，妄妹江妃，妄呂淵容[6]。（以上刻於碑陰、碑一側）

著録

1.《北京圖書館藏中國歷代石刻拓本滙編》9－29。2.《全隋文補遺》393。

注釋

[1] 妄：即“亡”的異體。

[2]“在”上，《全隋文補遺》衍“現”字。卷属：即“眷属”。

[3] 婁：“妻”的異體。

[4]“弟”下一字泐，諦視拓片，是“沵”，同“沴”。《全隋文補遺》未釋。

[5] 毛：即“三”，《全隋文補遺》作“毛”，非。

[6]“呂阿清”與“呂淵容”上，《全隋文補遺》衍“女”字。

102 弥姐後息造像碑 開皇六年（586）六月初八

碑陰

碑陰（局部）

說明

碑石於1927年出土，出土地不詳，原藏雷天一家，1936年捐耀縣碑林，1955年遷縣文化館，1971年遷藥王山。現藏藥王山博物館。長方體，上下有榫，頂、座佚。石高156 cm，寬60 cm，厚20 cm。四面刻，均上部開圓拱龕。碑陰龕内一倚坐菩薩二弟子二菩薩；下部分層刻香爐、發願文、供養人和題名。另三面龕内一佛二弟子像，龕下造像、題名。記14行，滿行9字；餘題名。楷書，含隸意，有縱界格。《耀縣石刻文字略志》刊佈碑陰拓片。該碑又題《邑主弥姐後德合邑子卅人等造像記》《雷香香造像碑》。附唐乾封元年（666）《鬲苟子合邑子廿五人改造佛像記》。

碑文

夫眞如大覺，萬行俱備，/像法吾風，有緣斯覩[1]。自/非□斯□田[2]，仰尋聖迹/者哉。是以鑄金漏木[3]，以/表聖容。然今都像主弥/姐後悳合邑卅人等[4]，識/世非常，感情内裳，迭相/勸化，採石名山，造四面/像一區。其功以就[5]，頠國/祚永隆，三寳常續。又頠/合邑子等，老者延康，少/者益壽。愃及法界倉生[6]，/緣此微因，等成正覺[7]。/

開皇六年，歲次丙午，六月庚辰朔，八日丁亥成。/

北面像主雷香香。/（以上刻於碑陰第二層）

邑子弥姐阿醜，/邑子弥姐神安，/邑子弥姐蕓慶[8]，/邑子弥姐明貴，/邑子弥姐洪暉，/邑子弥姐熼見[9]，/邑子弥姐貴昌[10]，/邑子弥姐魯熾。/（以上刻於碑陰第四層。第五層被唐代乾封元年的村民磨平，另造碑銘，詳見後）

南面像主□□□□□□□□□□□□□□弥姐祖慶，/都像主弥姐後悳[11]。/（以上刻於碑陽第二層）

邑主雷男姐，/化主從事弥姐阿遷[12]。/（以上刻於碑陽第三層）

香火弥姐子暢，/像主弥姐景和[13]。/（以上刻於碑陽第四層）

□□□□□□□都督弥姐顯祭，/都維張浮圖磨。/（以上刻於碑右側第三層）

邑子弥姐枖悳[14]，/邑子弥姐顯周，/邑子弥姐興國。/（以上刻於碑右側第四層）

東面像主□□□□，/邑子弥姐阿妃[15]，/邑子弥姐僧熾，/邑子弥姐□。/（以上刻於碑左側第三層）

邑子弥姐明達，/邑子劉良貴，/邑子弥姐萇生。/（以上刻於碑左側第四層）

著録

1. 陝西省圖書館藏拓。2.《耀縣石刻文字略志》，《考古》1965（3）。3.《碑銘所見前秦至隋初的關中部族》97。4.《北魏至隋代關中地區造像碑的樣式與年代考證》118。

注釋

［1］像法：佛教語，三時正、像、末之一。指佛去世久遠，與“正法”相似的佛法。“像法”的時限，在佛去世五百年後的一千年之間。文見《大集經》。“吾”，《北魏至隋代關中地區造像碑的樣式與年代考證》作“垂”，是。覩：同“睹”。察看，看見。《北魏至隋代關中地區造像碑的樣式與年代考證》作“賭”，非。

［2］“非”下一字泐，諦視拓片，擬“及”，不確。《北魏至隋代關中地區造像碑的樣式與年代考證》作“波”，不似，不取。“田”上一字泐，無法辨識。擬“福”。福田，佛教語。佛教以為供養佈施，行善修德，能受福報，猶如播種福田，有秋收之

利。《碑銘所見前秦至隋初的關中部族》作“憂”；《北魏至隋代關中地區造像碑的樣式與年代考證》作“愛”，不取。

［3］漏：“鏤”之訛。雕刻。

［4］悳：即“德”，《北魏至隋代關中地區造像碑的樣式與年代考證》不識，作“息”，非。《碑銘所見前秦至隋初的關中部族》認為“邑”下脱“子”字，諦視拓片無“子”字。北魏神龜三年（520）《錡雙胡造像記》“合邑廿人等”“下願合邑亡過師尊父母”①。孝昌元年（525）《蘇胡仁等十九人造像記》：“像主蘓胡仁合邑十九人等。”②

［5］“以”，《碑銘所見前秦至隋初的關中部族》作“巳”之訛，是。《北魏至隋代關中地區造像碑的樣式與年代考證》作“一”，非。

［6］愎：即“復”的别字。倉：通“蒼”。

［7］“因”上一字泐，諦視，似“微”。《碑銘所見前秦至隋初的關中部族》作“徽”，非。景明四年（503）《侯太妃自造像記》：“願此微因，資潤神識。”③ 武定元年（543）《道俗九十人等造像碑》：“異藉此微因，廣被群品。”④“緣”，《北魏至隋代關中地區造像碑的樣式與年代考證》作“蒙”；“等”作“予”，均非。

［8］“慶”上一字，似有“艹”字頭，是“蕓”字。《碑銘所見前秦至隋初的關中部族》作“雲”，非。《北魏至隋代關中地區造像碑的樣式與年代考證》沿用。

［9］“見”上一字，《碑銘所見前秦至隋初的關中部族》作“熈”，《北魏至隋代關中地區造像碑的樣式與年代考證》未釋。

［10］“昌”上一字泐，似“貴”。《北魏至隋代關中地區造像碑的樣式與年代考證》作“買”，非。

［11］《北魏至隋代關中地區造像碑的樣式與年代考證》存1人題名，存“主”一字。

［12］“阿”下一字泐，諦視拓片，似“遷”。《北魏至隋代關中地區造像碑的樣式與年代考證》作“還”，不取。

［13］“像主”，《北魏至隋代關中地區造像碑的樣式與年代考證》作“齋主”。

［14］柭：即“拔”。《北魏至隋代關中地區造像碑的樣式與年代考證》作“枨”，非

［15］“妃”，《北魏至隋代關中地區造像碑的樣式與年代考證》作“華”，非。

---

① 張燕：《北朝佛道造像碑精選》，天津古籍出版社1996年版，第74頁。

② 北京圖書館金石組：《北京圖書館藏中國歷代石刻拓本滙編》（4），中州古籍出版社1989年版，第185頁。

③ 《北京圖書館藏中國歷代石刻拓本滙編》（3），第66頁。

④ 《北京圖書館藏中國歷代石刻拓本滙編》（6），第95頁。

102－1　鬲荀子合邑子廿五人改造佛像記　唐乾封元年（666）正月初八

碑陰（局部）

説明

造像刻於隋開皇六年（586）《邑主弥姐後德合邑子卅人等造像記》碑陰下段。唐代乾封元年（666），村民鬲苟子等磨去原造像人的姓名和刻像，又在上面刻一碑記和題名。原碑所在地不詳。拓本今存陝西省圖書館。記 12 行，滿行 12 字；餘題名。楷書。左邊緣有縱界格，似原刻。

碑文

余以眞如大覺，万行具備。佛法/有緣，□如斯覩。憂尋聖迹，惟念/福田。是以漏石鑄金[1]，出離生死。/然今都像主鬲苟子合邑子廿/五人等[2]，識行表蹟，咸發□心。上/為皇帝聖主，下救三塗，共誓此/心，頒成□德。其□等□已□□/粧嚴此像[3]。其功以了。又頒合邑/子等老者□□，少者延長。復/為蠢□倉生，永除三［途］，同入/法門，［等］成正覺[4]。

乾封元年，歲次景寅，正月/八日庚辰朔成。/（以上刻於碑陰左下）

都□□輕車都尉弥姐□□，/都化主武騎尉武文□議檢□□[5]，/大齋主飛騎尉楊師，邑主任□□，/香火主武騎尉武威等事張□□[6]，/像主楊士宗，/像主孫玄德，/像主康阿難[7]，/像主張醜仁，/大像主紀□軍[8]，/都像主鬲加隅[9]，/邑子李德，/邑子雷師緒，/邑子雷神帥，/邑子元神壽，/邑子任僧奴、男恩九[10]，/邑子張玄儉，[11]/邑子楊石生，/邑子鄧胡馬，/邑子王道政，/邑子梁宏士[12]，/邑子韓阿果，/邑子房仁表，/邑子□□敬[13]，/邑子□□□。/（以上刻於碑陰右下）

著録

1.《耀縣石刻文字略志》，《考古》1965（3）。2.《碑銘所見前秦至隋初的關中部族》98。3.《北魏至隋代關中地區造像碑的樣式與年代考證》119。

注釋

［1］漏：同上文，當“鏤”之訛。

［2］鬲：夏有鬲國，又稱有鬲氏，後世簡稱鬲氏。故址在今山東德州市附近。《左傳·襄公四年》：後羿為寒浞所殺，其大臣“靡奔有鬲氏”。後“收（斟灌、斟尋）二國之燼，以滅浞而立少康”①。春秋時為齊國鬲邑，秦置鬲縣。

［3］粧嚴：裝束，打扮。晉干寶《搜神記·盧充幽婚》：“及至黄昏，内白：‘女

① 十三經注疏整理委員會：《春秋左傳正義》卷二十九，《十三經注疏》，北京大學出版社 2000 年版，第 961 頁。

郎粧嚴已畢。’”①

［4］“途”“等”二字，據造像文例補。

［5］“文”下一字泐，無法辨識，《北魏至隋代關中地區造像碑的樣式與年代考證》作“忠”，備參。又，未釋“尉”。

［6］“武”下一字泐，諦視拓片，似“威”。《北魏至隋代關中地區造像碑的樣式與年代考證》作“成”，非。並脱“事張”二字。

［7］“阿難”，《北魏至隋代關中地區造像碑的樣式與年代考證》作“宣□”，非。

［8］“紀”下一字，左“忄”，右上“又”，下不能辨識。《北魏至隋代關中地區造像碑的樣式與年代考證》作“怊”，不取。

［9］“加”下一字泐，左“阝”，似“隅”。《北魏至隋代關中地區造像碑的樣式與年代考證》作“偲”，字形不類，不取。並於“加”下衍一字，作“□”。《碑銘所見前秦至隋初的關中部族》未釋“加隅”。

［10］《北魏至隋代關中地區造像碑的樣式與年代考證》脱“恩九”。並將“男”上屬，作1人。非。

［11］“玄”下一字泐，觀拓，“亻”字旁，似“儉”。《碑銘所見前秦至隋初的關中部族》作“檢”，非。

［12］“宏”，作“玄”，非。

［13］“敬”，作“敏”，形似而誤。

彙考

隋開皇六年（586），“都像主弥姐後惪合邑卅人等”造像刻碑。唐乾封元年（666），該村邑民眾圖簡省，將隋代造像碑陰下方一列供養人和題名磨去，刻上發願文和題名。隋唐兩代字體均為楷書，但明顯不同，隋刻楷書含隸意，近似北魏隸楷。隋碑存題名27人，弥姐氏22人，佔絶大多數。又雷氏2人，亦羌人。唐碑存題名26人，弥姐1人，雷氏2人，任氏2人，是羌人。楊氏3人，梁、韓各1人，氐人。康氏1人，粟特人。餘鬲、張、李、王等氏多是漢族。表明刻碑地，在隋時是以弥姐氏為主的羌人村落，八十年後，羌村逐漸為以漢族為主體的多民族聚居村落代替。弥姐氏，進入唐代，或是改姓，或是遷徙，日漸零落，顯示出民族融合的態勢。我們認為弥姐氏变弥氏是主流。當然，迄今為止，弥姐氏变弥氏，碑銘不見用例，但據舊縣志，陝西蒲城縣北鄉有弥家，又鄜州西南鄉有弥家川。以種族聚居為地名，應是弥姐氏改弥氏的證據。

① 馬銀琴、周廣榮譯注：《搜神記》，中華書局2009年版，第309頁。

103　雷香妙造像碑　開皇六年（586）九月二十一日

左側　　右側

説明

碑石於1927年出土，原藏雷天一家，1936年捐耀縣碑林，1955年遷縣文化館，1971年遷藥王山。現藏藥王山博物館。頂、座佚失，有榫頭。石高157 cm，上寬55 cm，下寬65 cm，上厚24 cm，下厚26. 5 cm。四面刻，均上開圓拱龕，內一佛二脅侍。碑陽、碑陰刻尖形龕額，上有七佛；龕下題名。碑左右側龕內一坐佛，尖額，左側龕額上刻天蓋帷幕；右側龕額上刻二佛，龕下刻發願文。記7行，滿行12字；餘題名。楷書。

碑文

夫沖元虚家[1]，□□□□，應迩難/尋之者角[2]，是以鑄金[3]，□木以表/聖容[4]。然今佛弟子清信女雷香/妙，減割家珎，為妄息敬造石像/一區[5]，其功以就，願巳者生天[6]，見/在獲慶[7]，又願帝祚永隆[8]，三寶/常續，法界眾生，等成正覺。/（以上刻於碑右側）

開皇六年，歲次丙□，九月廿一日功訖。/

巳夫柱國参军党文表，/像主雷香妙。/巳息思熾，/熾妻夫蒙貴資，/孙女默女。/（以上刻於碑陽第二層）

祖嫜前部郡同官令天斷[9]，/祖姑雷合姬，/祖姑夫蒙伏花。/（以上刻於碑陰第二層和第三層）

著録

1.《耀縣藥王山佛教造像碑》，《考古與文物》1996（2）。2.《北魏至隋代關中地區造像碑的樣式與年代考證》117。

注釋

［1］家："寂"的俗字，會"家"少"人"。《耀縣藥王山佛教造像碑》作"家"，非。《耀縣藥王山佛教造像碑》僅録發願文，錯訛較多。刊佈拓片質量差。

［2］迩：即"迹"俗訛字。"亦"字下部演變為"灬"。《北魏至隋代關中地區造像碑的樣式與年代考證》作"迩"，"迩"的異寫。尋：即"尋"的異體。角：即"罕"字。《耀縣藥王山佛教造像碑》釋"迩"作"边"，非。

［3］《耀縣藥王山佛教造像碑》未釋"鑄"。

［4］"木"上殘，右存"扌"。

［5］"妄"，《耀縣藥王山佛教造像碑》作"妻"，非。《北魏至隋代關中地區造像碑的樣式與年代考證》作"妄"，是。"妄"，通"亡"。

［6］天，《耀縣藥王山佛教造像碑》作"无"，形似而誤。

［7］獲：即"獲"。

［8］《耀縣藥王山佛教造像碑》"帝"上衍一字，未釋。

［9］嫜：丈夫的父親。

104 姜須達通道記 開皇九年（589）九月二十三日

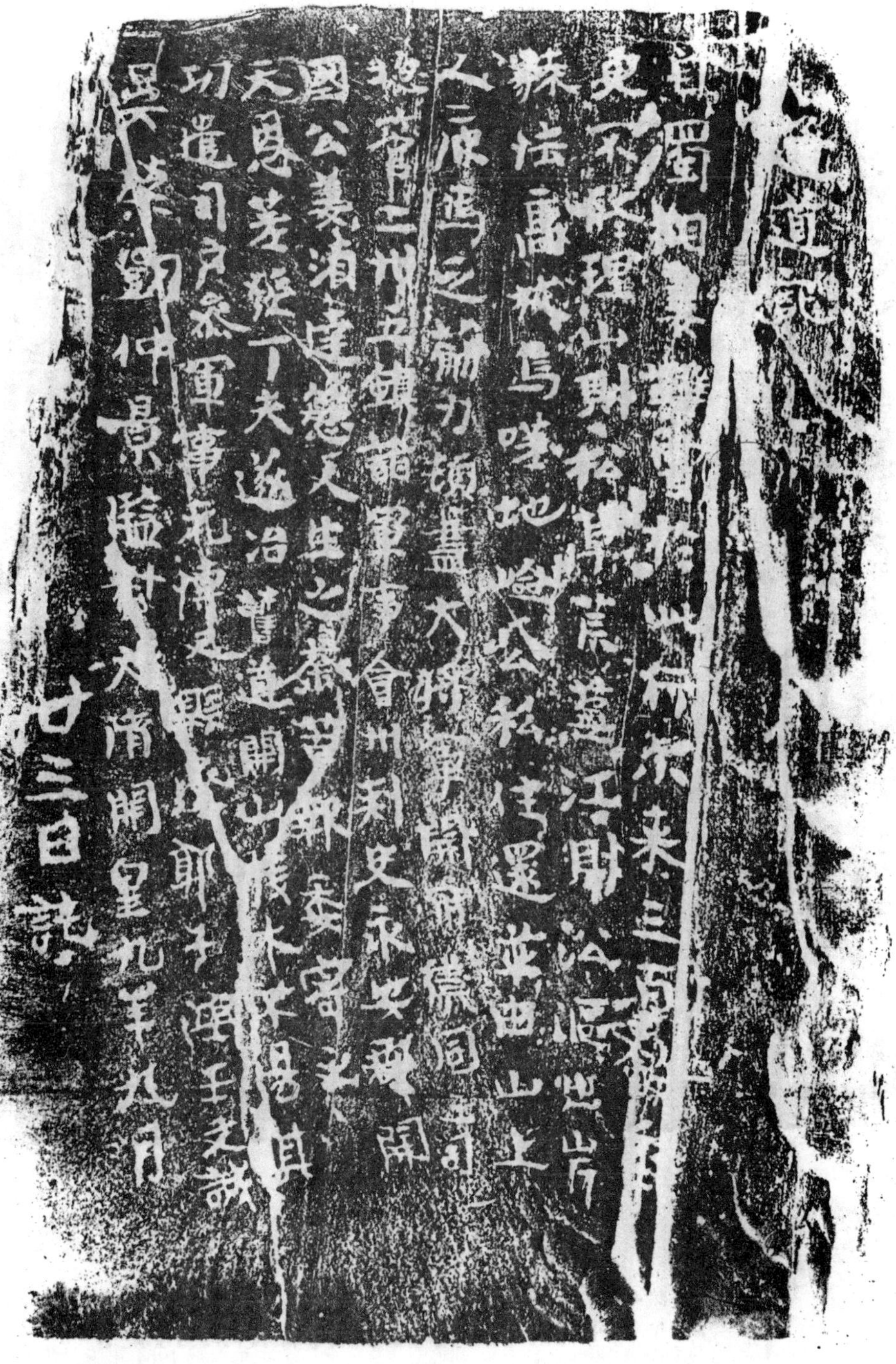

說明

摩崖位於四川省理縣雜古腦鎮西2.5公里的樸頭山古道旁石壁上。石高80 cm，寬50 cm；拓片高63 cm，寬44 cm。泐蝕嚴重。碑文11行，滿行17字。行書。該碑又題《理縣通道碑記》《樸頭通道記碑》《隋會州通道記》。

碑文

自蜀相姜維嘗於此行，尔來三百餘年[1]，/更不修理。山則松草荒蕪[2]，江則沿漚出岸[3]，/猿怯高拔，鳥嗟地嶮[4]。公私往還，並由山上。/人疲馬乏[5]，筋力頓盡。大將軍、開府儀同三司、/揔管二州五鎮諸軍事、會州刺史、永安郡開/國公姜須達[6]，愍人生之荼苦[7]，報委寄之/天恩，差發丁夫，遂治舊道，開山伐木[8]，不易其/功。遣司戶參軍元博文，縣丞郭子鴻、王文誠、/晏榮、鄧仲景監督[9]。

大隋開皇九年九月/廿三日記[10]。/

著録

1.《北京圖書館藏中國歷代石刻拓本滙編》9－53。2.《四川省文物志·徵求意見稿》128。3.《四川理縣隋唐二石刻題記新證》，《思想戰綫》1980（2）。4.《阿壩州志》2159。5.《理縣文史資料選輯》（1）163。6.《理縣志》681。7.《西川羌族特殊載體檔案史料研究》273。8.《全隋文補遺》68。

注釋

［1］《三國志·後主傳》載："（延熙十年）是歲，汶山平康夷反，維往討，破平之。"①《三國志·姜維傳》："十年，遷衛將軍，與大將費禕共録尚書事。是歲，汶山平康夷反，維率眾討定之。"② 平康，今松潘縣以南，茂縣舊疊溪城以北一帶。晉置，屬汶山郡轄八縣之一。見《晉書·地理志》。唐代先後隸於翼、當、松三州。見《新唐書·地理志》及《元和郡縣圖志》卷三十三。碑文稱蜀相姜維路經此，應為訛誤。

［2］"荒"下一字，清晰，即"蕪"。"荒蕪"，《阿壩州志》作"蔓蔓"，非。

［3］沿：即"沿"。《阿壩州志》《理縣文史資料選輯》作"訟"，非。漚：長時間地浸泡。

［4］嶮：同"險"。

［5］"疲"，《全隋文補遺》作"瘦"，非。

［6］揔：古同"總"。"須"，《四川省文物志·徵求意見稿》作"次"；《阿壩州志》《理縣文史資料選輯》《理縣志》作"洧"，均非。姜須達：《隋書·本紀二》載

① （晉）陳壽撰，（南朝宋）裴松之注：《三國志》卷三十三，中華書局1964年版，第898頁。

② 《三國志》卷四十四，第1064頁。

開皇八年三月，“壬申，以成州刺史姜須達為會州總管”①。《通道記》刻於開皇九年九月，知姜氏治道、題記是在其涖任第二年。隋會州，據《隋書·地理志》，即汶山郡，開皇初改為蜀州，尋為會州。領十一縣，轄境廣，約唐代茂、翼、當、悉、静、恭、拓七州及松州南部一帶。

［7］“人”上一字右上微泐，似“慭”，同“憖”，哀憐。《全隋文補遺》作“感”，非。荼苦：艱苦；苦楚。《北齊書·文苑傳·顔之推》：“予一生而三化，備荼苦而蓼辛。”②《四川理縣隋唐二石刻題記新證》作“荼”，誤。

［8］“伐”，《四川理縣隋唐二石刻題記新證》作“棧”，非。《全隋文補遺》沿誤。“開山”與“伐木”相對，作“棧木”，指編連起來的木柵，詞不相對，語義不通。

［9］“榮”上一字，清晰，上“曰”，似“晏”。《四川理縣隋唐二石刻題記新證》作“吴”，非。《阿壩州志》《全隋文補遺》沿誤。又，《全隋文補遺》釋“鄧”作“劉”，亦非。

［10］刻石時間《理縣志》作“九日”，非。“記”，清晰，《全隋文補遺》作“誌”，非。

彙考

這是西川羌區通道建橋中遺存最早的碑記。開皇九年，隋統一中國，結束了南北朝長達近三百年的分裂格局。而在此之前，隋開皇三年（583），隋朝統治就已達岷江上游及川甘交界。開皇五年（585），改蜀州為會州。而直到開皇八年（588），“冉駹羌作亂，攻汶山、金川二鎮，沙羅帥兵擊破之”③。參見《隋書·蘇孝慈傳附兄子沙羅傳》。《隋書·高祖本紀》載，開皇八年，姜須達為會州總管④。所以，次年，會州刺史姜須達治舊道，“差發丁夫，遂治舊道，開山伐木”，使隋王朝勢力抵達西川羌區。開皇十四年（594），崔仲方“轉會州總管。時諸羌猶未賓附，詔令仲方擊之”⑤。紫祖、四鄰、望方、涉題、千碉、小鐵圍山、白男王、弱水等部悉平。考諸羌地，與强大的吐谷渾、附國相接，隋為防禦吐谷渾、附國，鞏固邊境，争取諸羌部落為己所用，便可伺機推進吐谷渾、附國。因此，姜須達整治舊道，實為經營會州諸羌，是隋中央政府經略西部邊境的戰略舉措。

① （唐）魏徵等：《隋書》卷二，中華書局1973年版，第29頁。
② （唐）李百藥：《北齊書》卷四十五，中華書局1972年版，第625頁。
③ （唐）魏徵等：《隋書》卷四十六，中華書局1973年版，第1260頁。
④ 《隋書》卷二，第29頁。
⑤ 《隋書》卷六十，第1449頁。

105 蘇豐國等造像記 開皇十年（590）四月初八

碑座陽面

碑座一側

説明

碑石於1927年出土，原藏雷天一家，1936年遷耀縣碑林，1955年移縣文化館，1971年遷藥王山。現藏藥王山碑林。長方形碑座，座上中間有方榫。石高35 cm，寬80 cm，厚55 cm。拓片高31 cm，寬107 cm。四面刻，碑座陽面中間刻發願文，兩側題名。碑座一側題名，另一側與碑坐陰面泐蝕嚴重，文字及難辨識。記9行，滿行13字；餘題名。楷書，有縱横界格。該碑又題《蘇豐國造像座》。

碑文

西如來真形，静妙難見[1]，寂絕之外，/圓通無导，應化於檀度脩明□之/三味[2]，眾生尋教，鉊箕沉咽[3]，大理無/乗聲而入實搽[4]，昔優填鑄寶，目連/尅檀[5]，假欝注怖[6]，高歲者也。/

開皇十年，歲次庚戌，四月戊午朔，/八日乙丑[7]，依仁坊、蘇豐國等敬造/釋加石像一區[8]。今為皇帝及百官、/四恩三有、法界眾生，同蹬彼岸[9]。/

邑長陳暉亥，/邑主陳僧奴[10]，/東面香火主陳明達，/東面化主郭元茂，/東面仏檀主魏紹[11]。/北面香火主馬先為父[12]，/北面化主梁美任[13]，/北面佛檀越主梁湏。/

都化主蘇豐國，/南面仏檀越主楊陳興，/南面化主郭元輝，/南面香火馬熾。/西面仏檀越主里廼[14]，/西面化主郭睦，/西面香火李乏國[15]。/邑子蔄荀子[16]，/邑子李保貴。/（以上刻於碑座陽面）

邑謂來金頭[17]，/邑録李保明，/邑録張仕粲[18]，/邑子甞子頙[19]，/邑子賈義德[20]。/（以上刻於碑座一側）

著録

1.《北京圖書館藏中國歷代石刻拓本滙編》9－63。2.《北魏至隋代關中地區造像碑的樣式與年代考證》123。3.《全隋文補遺》402。

注釋

[1]“如”上一字泐，存痕似“西”。如來：佛的别名。釋迦牟尼法號之一。西如來：謂從西方如實之道而來，開示真理的人。《北魏至隋代關中地區造像碑的樣式與年代考證》《全隋文補遺》脱“西”。“静”字清晰，《全隋文補遺》作“淨”，非。

[2]圓通：通達事理。“导”，當“淂”的俗訛字，用同“得”。《北魏至隋代關中地區造像碑的樣式與年代考證》《全隋文補遺》作“尋”，非。“於”，《全隋文補遺》作“施”，非。

［3］“生”，《北魏至隋代關中地區造像碑的樣式與年代考證》作“主”，非。鉊：鐮刀。《全隋文補遺》釋作“銘”，非。

［4］無：即“兼”的俗訛字。“兼”字的四垂足變四點，如西晉咸寧四年（278）《臨辟雍碑》：“無六代之美美跡，苞七聖之遐蹤。”① 隋開皇十二年（592）《吕武及妻宇文氏墓誌》：“管轄師旅，無復撿挍、候正、儀同。”乘：即“乘”。《北魏至隋代關中地區造像碑的樣式與年代考證》作“葉”，非。揆：即“揆”。度量。《詩經·鄘風·定之方中》：“揆之以日，作于楚室。”毛傳：“度日出日入以知東西。”②《北魏至隋代關中地區造像碑的樣式與年代考證》《全隋文補遺》作“際”，非。

［5］目連：梵語，摩訶目犍連的縮略語，釋迦牟尼十大弟子之一。“尅”，《全隋文補遺》作“克”，“剋”的簡體字。“尅”，同“剋”。

［6］“注”，《北魏至隋代關中地區造像碑的樣式與年代考證》作“淫”，非。“悕”，《全隋文補遺》作“希”，非。

［7］造像的時間為四月八日，釋迦牟尼誕辰日，通常是佛教造像之署日。

［8］釋加：即“釋迦”。區：即“軀”，造像記中常見。《全隋文補遺》釋“加”作“迦”，“區”作“軀”，均非原刻。

［9］“恩”上一字，下泐。存痕似“四”。“四恩”“三有”，佛教語。前者指父母恩、眾生恩、國王恩、三寶恩。又指父母恩、師長恩、國王恩、施主恩。後者謂三界之生死。“眾”字微泐，觀拓，似“生”。塓：即“岸”的加形字。《北魏至隋代關中地區造像碑的樣式與年代考證》作“岸”，非原刻。彼岸，佛教語。指濟度世人從有生死的此岸達到涅槃、寂滅的境界。《大智度論》：“此六波羅蜜，能令人渡慳、貪等煩惱染著大海，到於彼岸，以是故名波羅蜜。”③

［10］《全隋文補遺》未釋“僧”上“陳”字。

［11］仏：即“佛”。碑刻中習見。《全隋文補遺》作“像”，大誤。下同。“檀”下，原刻脱“越”字。《北魏至隋代關中地區造像碑的樣式與年代考證》衍“越”字，非原刻。“紹”，《北魏至隋代關中地區造像碑的樣式與年代考證》作“噩”，字形不類。

［12］《北魏至隋代關中地區造像碑的樣式與年代考證》釋“為父”作“芻人”，字形不類，不取。

---

① 北京圖書館金石組：《北京圖書館藏中國歷代石刻拓本滙編》(2)，中州古籍出版社 1989 年版，第 43 頁。

② 程俊英、蔣見元：《〈詩經〉注析定之方中》，中華書局 1991 年版，第 137 頁。

③ 中華大藏經編輯局：《大智度論》卷十二，《中華大藏經》(25)，中華書局 1987 年版，第 310 頁。

［13］“美任”，《北魏至隋代關中地區造像碑的樣式與年代考證》作“羔王”，非。

［14］檀：梵語，佈施。檀越：佛教名。施主。又稱“檀越主”“旦那主”“檀那主”。“越”下三字微泐，諦視，似“主里廼”。“主”與“里”，兩字結構密緻，《北魏至隋代關中地區造像碑的樣式與年代考證》作“董”，非。“里”，《全隋文補遺》作“黑”，非。拓片無“灬”痕。其下一字，有“廴”，似“廼”，《北魏至隋代關中地區造像碑的樣式與年代考證》作“�”；《全隋文補遺》作“恒”，不取。

［15］㝎：即“定”的俗字。《北魏至隋代關中地區造像碑的樣式與年代考證》作“豐”，《全隋文補遺》作“之”，均非。

［16］“蔄”，《北魏至隋代關中地區造像碑的樣式與年代考證》《全隋文補遺》作“蘭”，形似而誤。

［17］“謂”，《全隋文補遺》作“講”，字形不類，不取。

［18］“粲”，《北魏至隋代關中地區造像碑的樣式與年代考證》作“熾”，非。《全隋文補遺》未釋“粲”。

［19］頍：即“規”的俗字。規矩，規範之義。六朝碑刻中，“規”字有多個俗體，如：晉《臨辟雍碑》作“頍”，《徐義墓誌》作“䂓”；北魏《暉福寺碑》作“娚”，《封延之墓誌》作“頮”，《李超墓誌》作“䂓”，《徐之才墓誌》作“娚”，這些都可作為本條佐證①。嵔氏，羌人。《全隋文補遺》釋“嵔”作“賞”；“頍”作“顏”，大誤。並脱“邑子”二字。

［20］德：即“德”。偏旁訛混。《北魏至隋代關中地區造像碑的樣式與年代考證》作“遠”，非。

---

① 曾曉梅：《遼寧省博物館藏碑誌精粹釋文校正》，《東亞文獻研究》2008年第1期。

106 馬僧寶等五十人造像碑 開皇十年（590）十二月初八

碑陽

碑陰

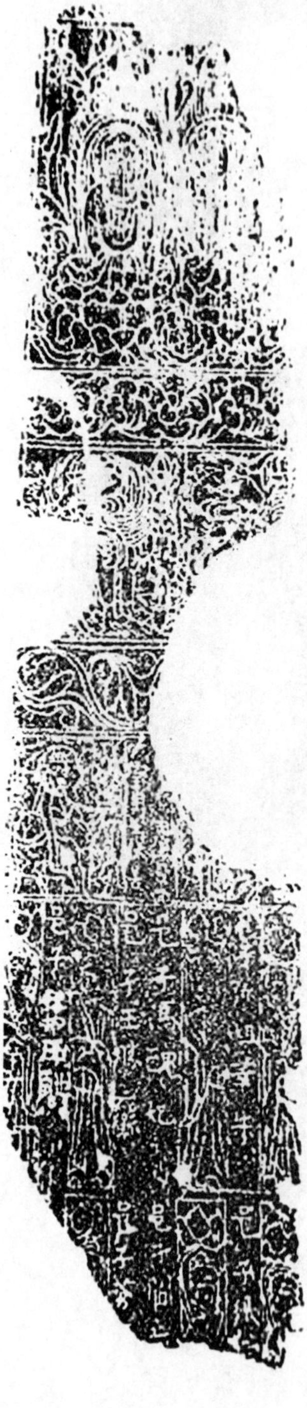

左側

右側

説明

碑石於 1991 年文物普查時，在陝西省銅川市耀州區稠桑鄉牆村寺廟遺址發現（關莊鎮楊原西牆村北 60 米）。現藏藥王山博物館。碑身上半截殘佚，下有榫。石高 107 cm，寬 51 cm – 60 cm，厚 20.3 cm – 22.8 cm。四面刻，上部存碑陽、碑陰佛龕。碑陽龕内一佛二菩薩，下部刻三層，分别為四坐佛、騎馬出行圖、發願文和題名。碑陰龕一善跏趺坐觀音菩薩二弟子，下部題名，泐蝕嚴重。碑左右側刻五層供養人，間有題名。每面每層以忍冬草紋為界。記 12 行，滿行 10 字；餘題名。楷書，有縱界格。該碑又題《馬僧寶佛教造像碑》。

碑文

維開皇十季[1]，歲次庚戌，十/二月甲寅朔，八日辛酉銘。/

夫沖元虚妙，趣理幽應。積/難千，悟之者罕。昔鑄金鏤/玉，从表聖容。然今像主/馬僧寶等五十人。減割珍/財，共成邑義，敬造四面像/壹區，願國祚永隆，三寶常/續。有合邑子家内老者延/康，少者增壽，門風庠稟，礼/義備是[2]。復原師僧、七世父/母、法界倉生[3]，感同斯慶，等/成正覺。/（以上發願文刻於碑陽第四層正中）

都化主□曹□事王禮[4]，/（上泐）□門縣令崔澄，都邑主馬清□，/都像主馬僧寶。/（以上刻於碑陽第三層）

邑子張□□，/邑子張□□，/邑子王思顯，/邑子張阿仕，/邑子丘仕誠[5]，/邑子□□□。/

邑子張□□，/邑子王□□，/邑子王□□，/邑子崔□生，/［都］維那主[6]。/

邑子□□□，/邑子□□□，/邑子□□□，/邑子□□□，/邑子□□□。/（以上刻於碑陽第四層發願文右側）

邑子張過順[7]，/邑子王思□，/邑子張阿長，/邑子弥姐阿□，/邑子柴□□，/邑子馬□□[8]。/

邑子阮品小[9]，/邑子張還香，/邑子張歸香，/邑子李□儿[10]，/邑子丘顯心，/邑子□陽[11]。/

邑子□□□，/邑子張□□，/邑子王□□，/邑子□□□，/邑［子］□□□。/（以上刻於碑陽第四層發願文左側）

邑子□□□，/邑子□□□，/邑子張□生，/邑子□□□，/邑子□□□，/邑子□□□，/邑子毛□□，/邑子化主□妃，/邑子□□□。/

邑子□□□，/邑子陳□□，/邑子□□□，/邑子張像□，/邑子張安□，/邑子□□□，/邑子□□□，/邑子孫□□。/（以上刻於碑陰）

（上泐）□像主張景尚，/□□堂主王伏善。/

邑子弥姐華朱，/邑子馮醜妃，/邑子王勝鸞，/邑子馬王蛇[12]，/邑子。/

邑子張□□，/邑子閻□□，/邑子荔□□□□[13]，/□□□□□。/（以上刻於碑左側）

開明主張□□，/□□□□□。/

（泐），/□□□吕□□，/邑子王阿禾，/（泐），/邑子妻□女（下泐），/邑子供□妃。/

邑子王敬容，/邑子馬娥嬰，/邑子丘畔暉，/邑子宋光□。/（以上刻於碑右側）

著録

1.《耀縣新發現的一批造像碑》，《考古與文物》1994（2）。2.《北魏至隋代關中地區造像碑的樣式與年代考證》121。

注釋

［1］“十”下一字微泐，似“秊”，即“年”。從“禾”從“人”，會意字。隸定楷化所致。《北魏至隋代關中地區造像碑的樣式與年代考證》作“季”，非。

［2］“是”，《北魏至隋代關中地區造像碑的樣式與年代考證》作“足”，非。

［3］原：當為“願”。《北魏至隋代關中地區造像碑的樣式與年代考證》徑作“願”，非原刻。倉：通“蒼”。

［4］“王”下一字泐，似“禮”。《北魏至隋代關中地區造像碑的樣式與年代考證》作“禮”，又擬作“和”，備參。

［5］《北魏至隋代關中地區造像碑的樣式與年代考證》未釋“誠”。洛陽丘姓，本代郡丘敦氏，或作丘堆氏，鮮卑族姓，北魏拓拔氏皇室十姓之一。北魏孝文帝遷都洛陽後落籍洛陽，改單姓丘氏。《魏書·官氏志》：“丘敦氏，後改為丘氏。”① 此題名丘氏，或出鮮卑。

［6］“［都］維那主”，《北魏至隋代關中地區造像碑的樣式與年代考證》作“崔□曇”，非。

［7］“張”下二字泐，諦視拓片，似“過順”。《北魏至隋代關中地區造像碑的樣式與年代考證》作“丘通”，非。

［8］夫蒙，亦“僑蒙”，改蒙氏。又改為馬氏。如馮翊郡羌豪夫蒙靈詧在唐開元中曾官至安西都護，《全唐詩·王維·奉和聖製送不蒙都護兼鴻臚卿歸安西應制》②

① （北齊）魏收：《魏書》卷一百一十三，中華書局1974年版，第3006頁。

② 《全唐詩》卷一百二十五，中華書局1980年版，第1235頁。

“不蒙都護”，即安西都護夫蒙靈詧。唐《夫蒙鍠墓誌》“夫蒙鍠”，即夫蒙靈詧的兒子。《舊唐書・高仙芝傳》《封常清傳》《突厥傳》作夫蒙靈詧，而《李嗣業傳》① 《段秀實傳》② 《劉全諒傳》③ 則作“馬靈詧”，是夫蒙氏改馬氏之證。《馬僧寶等五十人造像碑》出土於羌村，馬氏當是夫蒙氏所改。

［9］“子”下泐三字，似“阮品小”。《北魏至隋代關中地區造像碑的樣式與年代考證》未釋。

［10］“儿”，觀拓，清晰。《北魏至隋代關中地區造像碑的樣式與年代考證》未釋。

［11］《北魏至隋代關中地區造像碑的樣式與年代考證》未釋“□陽”，並以為是三字，非。

［12］“蛇”，《北魏至隋代關中地區造像碑的樣式與年代考證》作“虵”，同“蛇”。

［13］“茘”下一字，當“非”，或“棐”。茘非氏，西羌複姓。

彙考

造像碑下有榫，應有一碑座，碑座上續刻邑子題名，遺憾的是未發現碑座。由於碑石泐蝕嚴重，題名姓氏存者少。就目所及，張、王、李、宋氏等漢姓為主，間有弥姐、茘非羌姓。吕、毛氏，氐人。王乃漢族大姓，亦氐羌大姓。馬氏當是夫蒙氏所改。丘氏，鮮卑族。供氏，族屬不明。這是一通合族造像碑。

---

① （後晉）劉昫等：《舊唐書》卷一百零九，中華書局 1975 年版，第 3297 頁。
② 《舊唐書》卷一百二十八，第 3583 頁。
③ 《舊唐書》卷一百四十五，第 3938 頁。

107 盧誼兄弟造像碑 開皇十一年（591）三月二十八日

碑陰

説明

碑石於1956年由陝西耀縣耀光大隊文保組送縣文化館，1971年移入藥王山。現藏藥王山碑林。呈梯形，頂座佚失，上下有榫。石高120 cm，寬48 cm，厚32 cm。四面刻，碑陽、碑陰均上部開圓拱龕，内有一佛二菩薩；龕下題名，碑陰下刻發願文。碑右側、左側均上部開圓拱龕，内有一坐佛；龕下題名。記6行，滿行19字；餘題名。楷書。

碑文

開皇十一年，歲次辛亥，三月癸未朔，廿八日庚戌[1]。/

夫元沖亞家[2]，妙趣理幽，應迩難畢[3]，悟之者鬧[4]。是以大都督、縣平望盧誼/兄弟等[5]，念亡考比生育慈恩[6]，敬造四面石像一區。願巳父/母，託生西方妙樂國玉[7]，見在眷屬安吉，恒脩功德，/帝祚永隆，三寶常續，又及法界哈生，蒙此功德，等/成正覺。/（以上刻於碑陰）

巳父□都使持節、車騎大將軍、儀同三司、大都督、宜祐陵三州諸軍事、三州刺史、□□防主平齊縣開國［公］盧景，巳母池陽縣君□瑞羅[8]。/（以上刻於碑陽）

母杜保勝，/巳母徐阿妃，/弟達妻同男秀。/（以上刻於碑右側一、二層）

息迴儁觀相□正[9]，/巳弟宜紹州主薄郡司功，/世子澄前後侍二命土郡司功統軍。/

弟儁妻啖，/次妻梁超男[10]，/妻趙阿香，/弟澄妻楊，/弟興妻党，/弟方妻張。/（以上刻於碑陰發願文兩側）

巳叔州都前將軍、左銀青光禄、帥都督、州主薄盧文通。像檀主大都督、縣平望誼[11]。/（以上刻於碑左側第一層）

弟世達東宮右翊衛，弟方達秦王左右，弟方貴都督，□真興（泐）望，/（以上刻於碑左側第二層）

著録

1.《耀縣藥王山佛教造像碑》，《考古與文物》1996（2）。2.《北魏至隋代關中地區造像碑的樣式與年代考證》124。

注釋

［1］“庚”下一字，内有短“一”，是“戌”。《北魏至隋代關中地區造像碑的樣式與年代考證》作“庚戊”，非。《耀縣藥王山佛教造像碑》刊佈碑陰拓片圖録，録發願文。《北魏至隋代關中地區造像碑的樣式與年代考證》僅録題名。據拓片釋碑陰發

願文和題名，餘三面題名據《北魏至隋代關中地區造像碑的樣式與年代考證》迻録。

［2］亞：即“虚”。家：即“寂”。《耀縣藥王山佛教造像碑》未釋。《北魏至隋代關中地區造像碑的樣式與年代考證》作“家”，非。

［3］迒：即“迹”的俗訛字。“丶”演變為“丿”；“一”與下“丶”，演變為“冖”；下“丨”變為“丶”。如北魏正始二年（505）《崔隆墓誌》：“氣褫異域，威鎮边疆，小醜斂迒，華胄增光。”① 正始四年（507）《元燮造像記》：“昇超遐迒，常值諸佛，龍華為會。”②《耀縣藥王山佛教造像碑》釋“迹”作“迼”，不識而誤。《北魏至隋代關中地區造像碑的樣式與年代考證》作“迩”，形似而誤。㝷：即“尋”的簡省俗字。構件“工”演變作“口”，如北魏延昌四年（515）《皇甫驎墓誌》：“遂㝷君平志，刊記金石。”③

［4］罔：本作“罕”。《北魏至隋代關中地區造像碑的樣式與年代考證》作“罔”，非。

［5］吐伏盧：即“豆盧”之異譯並簡省。本慕容燕支庶，後歸北魏，改為豆盧，意為歸義。孝文時改為單姓盧。《魏書·官氏志》：“吐伏盧氏，後改為盧氏。”④《隋書·豆盧績傳》：“豆盧績，字定東，昌黎徒河人也。本姓慕容，燕北地王精之後也。中山敗，歸魏。北人謂歸義為豆盧，因氏焉。”⑤

［6］比：即“妣”。考妣，古人對已故父母的稱謂。《禮記·曲禮下》：“生曰父，曰母，曰妻，死曰考，曰妣，曰嬪。”又，父母的别稱。《尚書·舜典》：“帝乃殂落，百姓如喪考妣。”孔傳：“考妣，父母。”⑥

［7］託：亦作“托”。《耀縣藥王山佛教造像碑》作“托”，非原刻。“託生西方妙樂國玉”“法界眾生”，皆造像記常用語。下文“哈”，本當“眾”。《耀縣藥王山佛教造像碑》徑作“眾”。

［8］“巳”，《北魏至隋代關中地區造像碑的樣式與年代考證》作“亡”，據碑陰發願文和題名“頠巳父母縣君“”巳弟宜紹州主薄郡司功”，本寫作“巳”。據以改之。下同。“都”上一字泐，《耀縣藥王山佛教造像碑》作“州”。又，釋“祐”作“環”；“景”作“晉”，非。《北魏至隋代關中地區造像碑的樣式與年代考證》作

① 毛遠明：《漢魏六朝碑刻校注》（4），綫裝書局2008年版，第41頁。

② 北京圖書館金石組：《北京圖書館藏中國歷代石刻拓本滙編》（3），中州古籍出版社1989年版，第97頁。

③《北京圖書館藏中國歷代石刻拓本滙編》（4），第25頁。

④（北齊）魏收：《魏書》卷一百一十三，中華書局1974年版，第3008頁。

⑤（唐）魏徵等：《隋書》卷三十九，中華書局1973年版，第1155頁。

⑥ 十三經注疏整理委員會：《尚書正義》卷二，《十三經注疏》，北京大學出版社2000年版，第84頁。

“伯”，《耀縣藥王山佛教造像碑》作“公”。隋《若干雲墓誌》載若干雲任使持節、車騎大將軍、儀同三司、宣陽縣開國公①。儀同三司，隋十一等之第八等，正五品上。其妻縣君。縣君：古代婦人封號。晉已有之。《晉書·後妃傳上·宣穆張惶後》：“魏正始八年崩，時年五十九，葬洛陽高原陵，追贈廣平縣君。”② “□瑞”，《耀縣藥王山佛教造像碑》作“同琋”，羌人大姓，或是。

［9］“正”上一字泐，觀痕，擬“鄉”。

［10］“超”，《北魏至隋代關中地區造像碑的樣式與年代考證》作“迩”，非。

［11］“都”上一字，《北魏至隋代關中地區造像碑的樣式與年代考證》作“師”，當“帥”之誤，隋代職官無“師都督”，而有“帥都督”。《隋書·百官志下》：“高祖又採後周之制，置上柱國、柱國、上大將軍、大將軍、上開府儀同三司、開府儀同三司、上儀同三司、儀同三司、大都督、帥都督、都督，總十一等，以酬勤勞。”③

彙考

此造像碑與隋開皇六年（586）《雷香妙造像碑》刻碑時間相距五年，行文風格一致，所用俗訛字亦相同。如“寂”作“家”、“迹”作“迩”、“尋”作“𢑴”、“罕”作“甪”或“罘”。前碑立碑地點不詳，後碑在耀光大隊發現，推測應相距不遠。同為家庭造像碑，《雷香妙造像碑》題名“祖嫜前部郡同官令天樹”“亡夫柱國參军甞文表”，甞氏當為顯族大姓。祖姑、子妻皆夫蒙氏，甞氏與雷、夫蒙氏互為婚姻。《盧誼兄弟造像碑》亡父盧景任“□都使持節、車騎大將軍、儀同三司、大都督、宜祐陵三州諸軍事、三州刺史、□□防主平齊縣開國公”，較之甞氏軍號、散官，官職更高。“弟儁妻啖”“弟興妻甞”，羌姓。“弟興妻甞”，表明羌人甞氏與出自鮮卑的盧氏聯姻。足見隋代渭北甞氏羌人既有族内婚，也與族外通婚，兩種婚姻形式並存。

① 羅新、葉煒：《新出魏晉南北朝墓誌疏證》，中華書局 2005 年版，第 295－298 頁。
② （唐）房玄齡等：《晉書》卷三十一，中華書局 1974 年版，第 949 頁。
③ （唐）魏徵等：《隋書》卷二十八，中華書局 1973 年版，第 781 頁。

108 吕武及妻宇文氏墓誌 開皇十二年（592）十一月十九日

誌文

誌蓋

説明

墓誌於 1956 年至 1957 年間在陝西省西安市東郊韓森寨出土。現藏中國社會科學院考古研究所西安研究室。誌石高、寬 45 cm，厚 10 cm。誌文 28 行，滿行 29 字。楷書，縱橫界格。盝頂蓋，石高、寬均 45 cm，厚 10 cm，陽文篆書“大隋大都督左親衛車騎將軍吕君墓誌”。

蓋

大隋大都/督左親衛/車騎將軍/吕君墓誌/

誌文

大隋大都督左親衛車騎將軍吕使君之墓誌/

公諱武，字仲禮，天水人也。九州晵土[1]，世著衣冠；百郡開基，家傳軒冕[2]。師尚秉/鉞[3]，專征不韋[4]，脩書制禮，允文允武，其在茲乎。曾祖纥，征西將軍、安陽鎮將、燉/煌太守、濱州刺史[5]。祖智，天水、南安二郡太守[6]。父真，名溢丘園，聲高鄉國，使持/莭、驃騎大將軍、開府儀同三司、房子縣開國公[7]、洮陽博陵等防諸軍事、巴渠/通兆四州刺史[8]，贈少司空[9]。三公坐而論道，六卿陰陽燮理[10]。

惟公童汪之歲，掁/莭戎行；賈誼之年[11]，明經高第。解褐晉蕩公內親信[12]。建德之初，周武皇帝知公/毗贊之能[13]，遣輔代王[14]；後勑已不盡公才，令入動冑[15]，遷右侍、承御二上士。于時/三方鼎峙，四海猶分，公陷城野陣[16]，韓原之戰推輪[17]；破敵摧兇，垓下之兵舉旆[18]。/但不遇朱門，未封青玉[19]。大象之末[20]，周道淪亡，大相膺圖，官依雲瑞。文伎則/敷揚礼樂，武用復拔山扛鼎[21]。公夙藏智略，久畜雄心，慷慨遇申於一時[22]，壯莭/逢展於明世。任右親衛、帥都督，玏績有彰[23]，俄遷大都督。開皇之始，復轉直齋。/三年，河閒王奉辭伐罪，受律專征[24]。公尔日蒙副委三軍，音轄師旅，㷊復揄挍、/候正、儀同[25]。四年，褒績賞勞，轉車騎將軍，領右衛右一開府右儀同兵。十年，復/授左衛左親衛驃騎府內車騎將軍。爪牙之寄，實委腹心；椝侮之資[26]，親之口/耳。位始分珪，榮同受脤。開皇十二年，奉詔使外，誰知遘疾於途，忽加瘻疹。/促神仙和味[27]，不解栗田之徵；術法調湯[28]，焉除豎子之禍。春秋卌有四，薨於行/所。奮戈俠戟，魚鱗之陣無期；披衮尋篇，垂帷之志何曰？

然夫人宇文氏，大將/軍東光之第二女，先亡。粤以其年歲次壬子十一月癸卯朔十九日辛酉遂/乃合葬大興縣寧安鄉。人啼馬踢[29]，痛切心肝；鳥噪松枝，悲鳴哀斷。年來歲往，/忽變四時，谷轉陵移，俄銷天地。故乃鐫石鏤玏，庶使傳之不朽，明德惟馨，乃/為銘曰：/

大哉至德，秉越昇平。地封七百，門傳六卿。輔匡帝室，翼贊皇京。世多雄略，代/足豪英。屆藏盛美，鼎鏤滐榮[30]。如何一旦，無復逢迎。惟公天挺，幼著神童。文傳/竹萠，武表金鍾。荷戈逐北，抱帙遊東。誰知夏葉，雕落秋蘽。孤墳露泋[31]，獨壠霜/封。寒氷空奠，酹酒虛逢。洛陽五隱，俠客西周。高陽罷宴，金谷無遊。低雲如盖，/騰氣成樓。泉分隴下，風起松頭。昔時多歎。今日無愁。昏昏百歲，穸穸千秋[32]。/

世子乹荷，次子乹通，次子乹宗。/

著録

1.《隋代墓誌銘彙考》2－99 圖，101 文。2.《西安郊區隋唐墓》93。3.《隋唐五代墓誌滙編·陝西卷》3－2。

注釋

［1］啓：即“啓”字。“啓”的古字。亦作“啟”“闙”。

［2］開基：猶開國，謂開創基業。《漢書·魏相丙吉傳贊》：“近觀漢相，高祖開

基，蕭曹為冠，孝宣中興，丙魏有聲。”① 冕：“冕”的俗寫。軒冕：古時大夫以上官員的車乘及冕服，後引申為官位爵禄，國君或顯貴者，泛指為官。明確指出吕武為後凉吕氏宗族後裔，天水氏人。史無載，可補史闕。

［3］秉：即“秉”。秉鉞：持斧。借指掌兵權。《詩經·商頌·長發》：“武王載旆，有虔秉鉞。”②

［4］怔：即“征”字。偏旁訛混。

［5］紇：即“紘”字。燉：即“燉”。構件“夂”與“殳”混訛。涼：即“凉”字。

［6］天水郡，西漢析隴西郡地置，《漢書·地理志》：“天水郡，武帝元鼎三年（前114）置。”③ 治冀縣（今甘肅甘谷東南）。東漢更名漢陽郡，治冀縣。西晉時，治上邽縣。北周因之。南安郡，古代西北郡縣名。東漢從漢陽郡析置。治豲道縣（今隴西東南），屬凉州。魏文帝時郡屬秦州。晉太康秦州併入雍州，治長安。北魏改為南安陽郡，治桓道（在今隴西東南）。北周復舊名。隋文帝開皇三年（583）前廢。天水、南安二郡，古氐、羌重要内遷聚居地。

［7］聲：“聲”。構件位移。房子縣：古縣名。西漢置，屬恒山郡。後趙時屬趙郡，為郡治所在，在今高邑縣西南。北齊時省入高邑縣。隋開皇六年（586）析高邑縣，復置房子縣，屬趙州。表明吕真任上述各職，在隋初。據此，也可推論隋代置開府儀同三司、驃騎府的大約時間。

［8］愽陵：即“博陵”。古地名。東漢因陵而置郡，治所博陵，今河北蠡縣南。北魏延昌二年（513）《□伯超墓誌》“妣愽陵方氏”④ 巴州，東晉義熙元年（405）譙縱據蜀置，治所在白帝城（今四川省奉節縣東）。轄地大致在今四川開縣、萬縣市以東地區。見《晉書·譙縱傳》。渠州，古州名。南朝梁置，治北宕渠郡（今四川渠縣）。北周治流江郡。隋大業三年（607年）改為宕渠郡。通州，《太平御覽》：“《十道志》曰：‘通州，通川郡土地所屬。……春秋戰國並屬巴子國，秦併天下為巴漢郡，漢因之。’”⑤ 隋改名通川縣（今達川市）。隋大業三年（607）改為通川郡。兆州，唐置羈縻州，今闕，在四川境内⑥。誌稱“兆州”，置州至遲在隋初，甚至更早。

---

① （漢）班固撰，（唐）顔師古注：《漢書》卷七十四，中華書局1962年版，第3151頁。

② 十三經注疏整理委員會：《毛詩正義》卷二十，《十三經注疏》，北京大學出版社2000年版，第1716頁。

③ （漢）班固撰，（唐）顔師古注：《漢書》卷二十八下，中華書局1962年版，第1611頁。

④ 洛陽市文物工作隊：《洛陽出土歷代墓誌輯繩》，中國社會科學出版社1991年版，第24頁。

⑤ （宋）李昉等：《太平御覽》卷一百六十七，中華書局1960年版，第817頁。

⑥ 段木幹：《中外地名大辭典》，人文出版社1981年版，第1066頁。

［9］少司空：周代官名。司空副職，西魏、北周“小司空上大夫”的省稱①，故又名“小司空”，隋代以後為“工部侍郎”的别稱②。隋開皇三年（583）《陰雲墓誌》：“轉相府司録，加授少司空。”③ 大業十二年（616）《牛方大墓誌》：“祖允，魏開府儀同三司、工部尚書、少司空、臨涇縣公。”④

［10］坐：即“坐”字。爕：即“燮”字。《説文》：“燮，和也。從言，從又。炎聲。籀文燮從羊。”⑤ 永安二年（529）《尒朱紹墓誌》：“方當爕四序於台階，正五緯於槐路，齊十亂於周蔦，等八元於唐典。”⑥ “三公”與“六卿”相對為文。三公：古代中央三個最尊顯官銜的合稱。《尚書·周官》：“立太師、太傅、太保，兹惟三公。論道經邦，燮理陰陽。官不必備，惟其人。”⑦《漢書·百官公卿表》：“太師、太傅、太保，是為三公。”⑧ 魏晉以太尉、司徒、司空為三公。後世因之，基本無大變動。六卿：上古稱天子六軍的主將為“六卿”。《尚書·甘誓》：“大戰于甘，乃召六卿。”⑨ 後世多以吏、户、禮、兵、刑、工六部尚書為六卿。

［11］抗：即“抗”字。賈誼：西漢初著名政論家、文學家，世稱賈生，洛陽人，善文，文帝時博士，事跡見《漢書·賈誼傳》。

［12］解褐：即“解褐”，謂脱去佈衣做官。晉蕩公：即“宇文護”。代郡武川（今内蒙古武川西）人，鮮卑種。北周文帝宇文泰之侄，北周權臣。《周書·蕩公護傳》：“晉蕩公護，字薩保，太祖之兄邵惠公顥之少子也。”⑩

［13］建德（572－578）：北周武帝宇文邕年號。賛：同“贊”。毗贊：輔佐，襄助。《晉書·列女傳·凉武昭王李玄盛后尹氏》：“玄盛之創業也，謨謀經略多所毗贊，故西州諺曰：‘李、尹王敦煌。’”⑪

［14］代王：即代王達。北周宗室趙王招、陳王純、越王盛、代王達、滕王逌五

① 張政烺：《中國古代職官大辭典》，河南人民出版社1990年版，第170頁。

② 李偉民：《法學辭源》，中國工人出版社1994年版，第193頁。

③ 王其禕、周曉薇：《隋代墓誌銘彙考》（1），綫裝書局2007年版，第110頁。

④ 北京圖書館金石組：《北京圖書館藏中國歷代石刻拓本滙編》（10），中州古籍出版社1989年版，第159頁。

⑤ 丁福保：《説文解字詁林》卷三下，中華書局1988年版，第3451頁。

⑥ 北京圖書館金石組：《北京圖書館藏中國歷代石刻拓本滙編》（5），中州古籍出版社1989年版，第127頁。

⑦ 十三經注疏整理委員會：《尚書正義》卷十八，《十三經注疏》，北京大學出版社2000年版，第569頁。

⑧ （漢）班固撰，（唐）顔師古注：《漢書》卷十九上，中華書局1962年版，第722頁。

⑨ 十三經注疏整理委員會：《尚書正義》卷七，《十三經注疏》，北京大學出版社2000版，第207頁。

⑩ （唐）令狐德棻等：《周書》卷十一，中華書局1971年版，第165頁。

⑪ （唐）房玄齡等：《晉書》卷九十六，中華書局1974年版，第2526頁。

王之一。《北史》卷五十八列傳第四十六、《周書》卷十三列傳第五有傳。“代奰王達，字度斤突。性果决，善騎射。武成初，封代國公，邑萬户。天和元年，拜大將軍、右宫伯，拜左宗衛。建德初，進位柱國，出為荊淮等十四州十防諸軍事、荊州刺史。”① 大象二年，為隋文帝楊堅所害。

［15］勳：即“勳”的減省字。承御：即“承御”的省減筆字。

［16］陥：即“陷”字。北魏孝昌三年（527）《元融墓誌》：“濩梁城陥之郛。”② 北周宣政二年（579）《寇熾墓誌》：“穎川陥没。”③ “陷”，右下構件，前者為連筆，後者已斷開。

［17］韓原之戰：春秋時期，發生在秦晉之間的一場戰役。公元前651年，晉獻公去世，晉國内亂。秦穆公助公子夷吾登上王位，立為晉君，是為惠公。後者背約不願割地。四年，晉饑，乞糴於秦。本著“救菑恤鄰，國之道也”的信念④，秦卒與粟。次年，秦饑，請糴於晉，卻遭拒絶。於是兩國在韓原（山西河津東）交戰。晉兵敗，晉惠公被俘。見《史記·晉世家》《左傳·僖公十五年》《國語·晉語》。後世指忘善背德，不得人心。

［18］垓下：古地名，今安徽省靈壁縣東南。漢高祖劉邦圍困項羽於此，是楚漢之争的决戰地。旆：泛指旌旗。《詩經·商頌·長發》：“武王載旆，有虔秉鉞。”毛傳：“旆，旗也。”⑤

［19］朱門：紅漆大門，指貴族富豪之家。青玉：指天子封東方諸侯時所用的青色泥土。漢班固《白虎通·社稷》：“東方色青……故將封東方諸侯，取青土，苴以白茅。”⑥

［20］大象（579－580）：北周宣帝宇文贇年號。581年楊堅代北周稱帝，定國號為隋，改元開皇。

［21］濩：即“復”字。北魏孝昌三年（527）《元融墓誌》：“濩梁城已陥之郛，摧陰陵鯨鯢之賊。”⑦ 抜：即“拔”字。

---

① （唐）令狐德棻等：《周書》卷十三，中華書局1971年版，第205頁。

② 北京圖書館金石組：《北京圖書館藏中國歷代石刻拓本滙編》（5），中州古籍出版社1989年版，第60頁。

③ 《北京圖書館藏中國歷代石刻拓本滙編》（8），第175頁。

④ （漢）司馬遷：《史記》卷三十九，中華書局1959年版，第1653頁。

⑤ 十三經注疏整理委員會：《毛詩正義》卷二十，《十三經注疏》，北京大學出版社2000年版，第1716頁。

⑥ （清）陳立撰，吴則虞點校：《白虎通疏證》卷三，《新編諸子集成》，中華書局1994年版，第91頁。

⑦ 北京圖書館金石組：《北京圖書館藏中國歷代石刻拓本滙編》（5），中州古籍出版社1989年版，第60頁。

［22］碓：即“雄”字。慨：即“慨”字。

［23］彰：即“彰”。

［24］河間王：即“河間王孝琬”，北齊文襄帝高澄第三子。“天保元年（550）封”，①《北齊書》卷十一、《北史·齊宗室諸王下》卷五十二有傳。子高正禮，襲封河間王。此當指高正禮。

［25］菅：即“管”字。漢魏六朝碑誌中無用例。轄：即“轄”的減省字。兼：即“兼”字。下部兩“丨”及“丿”“丶”演化為“灬”。撿挍：即“撿挍”，又作“檢校”。散官名。南北朝時以他官敕派行事，雖未實授而已掌其職事。隋唐，檢校制興盛。候正：武官名。春秋戰國晉置。又作候奄、元候。掌偵察。《左傳·成公二年》：“司馬、司空、輿帥、候正、亞旅皆受一命之服。”杜預注：“候正，主斥候。”②儀同：“儀同三司”的省稱，指雖非三公而享受三公的儀制待遇，南北朝時為官號之一。隋為勳號，用以酬勞有軍功者。

［26］桀：“禦”的省減筆字。

［27］從：即“縱”字。武平七年（576）《高潤墓誌》：“王德惟天從，道實生知，體協黄中，思摽象外。”③“縱”，作“從”，雙人旁。此誌訛變為單人旁。

［28］徵：即“徵”字。術：即“術”字。“彳”與“亻”訛混。

［29］鬄：即“鬣”字。馬頸上的長毛。

［30］庿：即“廟”字。湥：即“深”字。受構件“米”的影響，右上兩點改變置向。

［31］染：即“染”字。構件移位。

［32］昬：同“昏”。寂：即“寂”字。

彙考

誌稱吕武“天水人也”。天水，古氐羌内遷的主要聚居地之一。“九州昝土，世著衣冠；百郡開基，家傳軒冕。”明確指出誌主乃後凉吕氏宗族後裔，天水氐人。如果説後秦吕他、吕憲，僅為武將，及至北周、隋代吕武已“允文允武”。誌載吕武及曾祖、祖、父名和所任職官，可豐富吕氏氐人世系。

① （唐）李延壽：《北史》卷五十二，中華書局1974年版，第1878頁。

② 十三經注疏整理委員會：《春秋左傳正義》卷二十五，《十三經注疏》，北京大學出版社2000年版，第806頁。

③ 磁縣文化館：《河北磁縣北齊高潤墓》，《考古》1979年第3期，第242頁。

109 啖阿浩等邑子造像碑 開皇十四年（594）十二月初五

碑陽

説明

碑石於 1986 年 8 月由陝西省淳化縣文化館在固賢鄉談村發現，現藏淳化縣文化館。碑石梯形，下有榫。高 83 cm，上寬 46 cm，下寬 55 cm，厚 18 cm。四面刻，碑陽上刻花籃、蹲獅。下刻發願文、供養人和題名。碑陰上刻紋飾，下似有供養人和題名；左右兩側題名，但均泐蝕甚嚴，不能辨識。記 8 行，滿行 18 字；餘題名。楷書。外有雙綫框。該碑又題《魏道□等造像碑》。

碑文

夫金輪御世，以十善為基[1]，法王垂化，以啚像為/本，故使天地晏安，帝隆遐代。非業力無以會其/石，至里玄穽[2]，非積善無以達其柏虛虧一驚，而/□□百秃十方無□□能[3]，了然通覺，群心善㥁輕重，是以/合邑一十人，咸割家珎[4]，造四面像一/區[5]。採石於前巓之倚，□匠於□內之涍盡[6]，加功雕出聖容[7]，/上為國主人王，師僧父母，因緣眷屬[8]，法界眾生，/同沾此顛，一［切］成佛[9]。

開皇十四年十二月五日造。/

都邑主魏道□，大檀越主魏僧花[10]，南面唯那魏□□[11]，/都大像主啖安和，南面像主啖阿浩，都典禄啖和興□□[12]。/

都化主啖子暉，南面化主啖□漠，都典主魏元貴，都□□主啖□，南面邑主□元妃，南面邑□啖和□。/（以上刻於碑陽發願文兩側）

邑子啖□姚，/邑子啖□姚，/南面□□啖□□，/太都天宫主魏光[13]。/（以上刻於碑陽發願文下部）

著録

1.《淳化縣發現開皇十四年造像》，《文博》1988（4）。2.《淳化縣文物志》58。3.《全隋文補遺》414。

注釋

［1］十善：佛教語，一、不殺生；二、不偷盗；三、不邪淫；四、不惡口；五、不兩舌；六、不妄語；七、不綺語；八、不貪；九、不嗔；十、不痴。不犯十惡，就是十善。唐玄奘《大唐西域記·提謂城》："世尊為説人天之福，最初得聞五戒十善也。"①

① （唐）玄奘、辯機著，季羨林等校注：《大唐西域記校注》，中華書局 1985 年版，第 122 頁。

［2］宥：即“寂”。《淳化縣發現開皇十四年造像》未譯。

［3］“其”下一字泐，《淳化縣發現開皇十四年造像》作“栢”；《淳化縣文物志》作“柏”，觀拓，似“柏”字。《淳化縣發現開皇十四年造像》未釋“善無”“虛虧”“兲”。《淳化縣文物志》未釋“無以”。《全隋文補遺》脱“兲”。

［4］通：透徹。《全隋文補遺》作“邊”，致“了然通覺”為“了然邊覺”，語義不暢。《淳化縣發現開皇十四年造像》未釋“息”。“合”下字泐，似“邑”。“珎”，《淳化縣發現開皇十四年造像》作“竇”，非。

［5］“匾”，《全隋文補遺》作“軀”，是。非原刻。

［6］“匠”上一字泐，《淳化縣文物志》作“娖”，觀拓，非。不取。“之”下一字泐，《淳化縣發現開皇十四年造像》《淳化縣文物志》作“倚”，《全隋文補遺》作“傍”。備參。

［7］加功：本作“加工”。《淳化縣發現開皇十四年造像》《全隋文補遺》脱“洿”，並未釋“聖”字。

［8］“因”，《淳化縣發現開皇十四年造像》作“回”，非。

［9］“沾”，《淳化縣發現開皇十四年造像》作“活”，非。《淳化縣文物志》沿誤。均未釋“此”字。“同沾此顛”，文義不解。“顛”，本當“願”字。如南朝梁中大通四年（532）《釋僧顯造像記》：“廣及六道，普同此願。”① 北魏景明三年（502）《孫秋生等造像記》：“五道群生，咸同此願。”②《淳化縣發現開皇十四年造像》《淳化縣文物志》《全隋文補遺》作“顛”，非。“一”下一字泐，據造像記文例補“切”字。《淳化縣發現開皇十四年造像》《淳化縣文物志》闕。

［10］“檀”，《淳化縣發現開皇十四年造像》作“禮”，非。《淳化縣文物志》沿誤。

［11］唯那：又作“維那”。“唯”下一字泐，應是“那”。《淳化縣發現開皇十四年造像》《淳化縣文物志》未釋。

［12］《全隋文補遺》釋“浩”作“法”；“興”作“興”，形似而誤。

［13］太：古作“大”，後分化，但仍混用不别。

---

① 毛遠明：《漢魏六朝碑刻校注》（3），綫裝書局2008年版，第192頁。

② 北京圖書館金石組：《北京圖書館藏中國歷代石刻拓本滙編》（3），中州古籍出版社1989年版，第54頁。

110 劉伐等廿八人造像碑 開皇十五年（595）四月初八

碑陽

説明

碑石於 1987 年 4 月 29 日在陝西省彬縣新堡子鄉白店村出土，現藏彬縣文化館。碑石長方體，頂殘損。石高 138 cm，寬 43 cm－52 cm，厚 17. 5 cm－18 cm。單面開龕造像。碑陽上部開尖拱龕，内為一佛二弟子二菩薩。龕下刻發願文、題名。記 16 行，滿行 6－9 字不等；餘題名。楷書。《彬县出土隋造像碑》釋發願文，未題名。造像記又題《雷填造像記》。

碑文

維大隋開皇十五年，/歲次乙卯，四月已丑朔，/八日丙申[1]，佛弟子劉/伐等廿八人，並為/國展效，殿揚江/南[2]，在難之日，併發/弘願[3]，今得還家[4]，/敬造釋迦像一區，/今已得就。上為/皇帝陛下，聖祚/萇延[5]，明齊日月，/六國同化，咸彌/十圯[6]，後願七世父/母，因緣眷屬，及善/知識，法界眾生，/俱時成佛[7]。

仏堂主雷楨[8]，/仏弟子大都督爍[9]，/孫萇洛，/維那駱進，/化主李供濟，/化主□□□[10]。/（以上刻於碑陽第二層）

化主軍主□□，/都邑主別將劉伐，/都像主張寶達[11]，/都化主弥姐成[12]，/開明主軍主張還，/邑主張長宗，/像主劉阿珍，/像主左阿□，/唯那万俟光[13]，/香火主□羅□[14]，/開國男曹阿和，/典録尉應吉[15]，/典坐郭伯蘭，/齋主李方達，/□齋主姚石惪，/都相主王苟子，/化主駱明□。/（以上刻於碑陽第三層）

邑子，/邑子賈奴，/邑子趙隴生，/邑子王□子，/邑子高道□，/邑子梁□□，/邑子張□□，/邑子王道貴，/邑子陳暉維，/邑子路阿□[16]，/邑子梁阿□，/邑子馬□□，/邑子弗連□，/邑子高師奴，/邑子□保安，/邑子□□□。/（以上刻於碑陽第四層）

邑子□□□（下泐）。/（以上刻於碑陽第五層）

著録

1.《彬县出土隋造像碑》，《文博》1988（2）。2.《北魏至隋代關中地區造像碑的樣式與年代考證》158。3.《全隋文補遺》416。

注釋

［1］據《中國史曆日和中西曆日對照表》，開皇十五年三月為已未朔，四月是已丑朔。《彬县出土隋造像碑》作“三月”，非。

［2］殿：鎮撫；鎮守。《詩經・小雅・采菽》：“樂只君子，殿天子之邦。”毛傳：“殿，鎮也。”① 此謂劉伐等為隋文帝楊堅鎮撫江南，威名顯播。

［3］“願”，《彬县出土隋造像碑》作“顛”，非。弘願：佛教語。謂拯救一切眾生的心願。建德三年（574）《張僧妙法師碑》：“弘願廣行，堅固不傾。”②

［4］“還”，《彬县出土隋造像碑》作“眾”，非。

［5］“聖”，《彬县出土隋造像碑》作“維”，不取。《全隋文補遺》沿用。萇延：應為“長延”，綿長久遠。《全隋文補遺》作“長”，非原刻。北周天和四年（569）《王迎男造像記》：“仰願皇帝，聖祚長延，明齊日月。”③

［6］脩：即“修”的加形俗字。

［7］《彬县出土隋造像碑》釋“願”作“頞”；“因”作“目”；“善”作“著”，均非。並脫“卷”字。卷屬：“眷屬”之訛。《全隋文補遺》脫“屬”字。又，“及”

---

① 十三經注疏整理委員會：《毛詩正義》卷十五，《十三經注疏》，北京大學出版社 2000 年版，第 1055 頁。

② 北京圖書館金石組：《北京圖書館藏中國歷代石刻拓本滙編》（8），中州古籍出版社 1989 年版，第 142 頁。

③ 毛遠明：《漢魏六朝碑刻校注》（10），綫裝書局 2008 年版，第 230 頁。

字上屬，“善”作“著”，致語義不暢。

［8］仏：即“佛”。《彬县出土隋造像碑》不識，作“化”，大誤。又，“槙”作“填”，形似而誤。雷槙：羌人。《北魏至隋代關中地區造像碑的樣式與年代考證》釋“仏”作“佛”，是。

［9］“督”，《彬县出土隋造像碑》作“爈”，以為“大都督”作“大都爈”，不詞，不取。《全隋文補遺》沿誤。《北魏至隋代關中地區造像碑的樣式與年代考證》未釋“爍”。疑原刻“爍”上脱一字，當為姓氏。

［10］“化主□□□”及以下題名，《彬县出土隋造像碑》《全隋文補遺》闕。據《北魏至隋代關中地區造像碑的樣式與年代考證》迻録。

［11］“寶”下一字泐，作“達”，又擬作“遠”。録以備參。

［12］《北魏至隋代關中地區造像碑的樣式與年代考證》作“弥姐”，應作“弥姐”。羌人弥姐氏。

［13］万俟氏，族部落名，以部為氏。原居夏州。《北朝胡姓考》万俟氏條：“夏州万俟氏，本役屬於匈奴之牧民，鮮卑族也。”① 《北齊書·万俟普傳》：“其先匈奴之别種也。……正光中……率部下降魏，授後將軍，第二領民酋長。”② 《魏書》有“萬俟醜奴”③。

［14］“羅”上一字泐，《北魏至隋代關中地區造像碑的樣式與年代考證》擬作“負”。

［15］尉氏，《魏書·官氏志》：“西方尉遲氏，後改為尉氏。”④ 《魏書·太祖紀》：天興“六年春正月辛未，朔方尉遲部别率萬餘家内屬，入居雲中”⑤。

［16］“阿”下一字泐，《北魏至隋代關中地區造像碑的樣式與年代考證》擬作“悳”。備參。

彙考

碑石出土於陝西省彬縣，即新平。魏晉南北朝，是羌人重要的内遷聚居地之一。《晉書·江統傳》：“徙馮翊、北地、新平、安定界内諸羌，著先零、罕幵、析支之地；徙扶風、始平、京兆之氐，出還隴右，著陰平、武都之界。”⑥ 白雀二年（385），姚萇

① 姚薇元：《北朝胡姓考》，中華書局1962年版，第246頁。

② （唐）李百藥：《北齊書》卷二十七，中華書局1972年版，第375頁。

③ （北齊）魏收：《魏書》卷十，中華書局1974年版，第259頁。

④ 《魏書》卷一百一十三，第3012頁。

⑤ 《魏書》卷二，第40頁。

⑥ （唐）房玄齡等：《晉書》卷五十六，中華書局1974年版，第1532頁。

遣將圍困前秦苻堅，縊殺地就在新平。足見新平羌姚的勢力之盛。該造像碑題名“仫堂主雷榼”“□齋主姚石惪”，乃羌人大姓雷、姚氏。“都化主弥姐成”，當羌姓“弥姐”之訛。梁氏，或氐或羌。造像題名以漢族為主，次為劉、曹、万俟、尉氏等北方民族，人數最少的是羌氏。隋代彬縣，已由過去的羌人聚落發展成漢族為主，間有北方諸族及羌人的村邑，足見民族融合趨勢。

111 鞏賓及妻陳氏墓誌 開皇十五年（595）十月二十四日

説明

碑石於清嘉慶二十四年（1794）在陝西省武功縣南鄉出土。誌石高、寬均 52 cm。誌文 32 行，滿行 32 字。楷書，有縱横界格。蓋篆書“周驃騎將軍鞏君墓誌”。失拓。誌石曾歸段嘉謨、趙乾生、端方，今佚。誌文末有清嘉慶己卯（1819）吴榮光刻跋及嶽小琴題跋。該碑又題《鞏賓墓誌》《周驃騎將軍鞏賓墓誌銘》。

蓋

周驃騎將軍鞏君墓誌。/

誌文

周驃騎將軍右光禄大夫雲陽縣開國男鞏君墓誌銘。/

公諱賓，字客卿，張掖永平人也。自壽丘之山，卿雲照三星之色；襄城之野，童子為七/聖之師。继喆傳賢，肇終古而長懋；垂陰擢本，歷寒暑而流芳。曾祖澄，西河鼎望，行滿/鄉閭[1]。後涼召拜中書侍郎、建威將軍、玉門太守。屬涼王無諱[2]，擁戶北遷。士女波流，生/民塗炭。乃与燉煌公李保立義歸誠[3]。魏太武皇帝深加禮辟[4]，授使持節、大鴻臚、散騎/常侍、高昌張掖二郡太守，封永平侯，贈涼州剌史。祖幼文，西平鎮將。考天慶[5]，汝南太/守。政脩奇績，世襲茅圡[6]。州閭畏憚，豪右敬推[7]。家享孝子之名，朝揖良臣之譽[8]，門稱通/德，里号歸仁。

公惟岳惟神，克岐克嶷。幼而卓尔，爽慧生知[9]；長則風雲，英聲自遠。永安/二年，從隴西王尔朱天光入關[10]，任中兵参軍，內决機籌，外捴軍要，除平東將軍、太中/大夫。周大祖龕定關河，公則功参草創，沙菀苦戰[11]，勳冠三軍，封雲陽縣男，邑五百戶。/大統十七年，除岐州陳倉令。周二年，除敷州中部郡守[12]，歷居宰莅，民慶來蘇。野有三/異之祥，朝承九里之潤。保定二年，授司圡上士。四年，遷下大夫。濟濟鏘鏘，允具瞻之/望；兢兢謇謇，見匪躬之節。天和二年，授驃騎將軍、右光禄大夫。四年，任豫州長史、別/駕。騣騣驥足，起千里之清塵[13]；鬱鬱鳳林，灑三春之憓澤[14]。君子仰其風猷，小人懲其威/化。諒人物之指南，寔明君之魚水。俄以其年十二月遘疾，薨於京第，春秋五十有五。/

夫人許昌陳氏，開府儀同、金紫光禄大夫、岐州使君、西都公豊德之長女也。繇翔飛/鳳，則四世其昌；天聚德星，則三君顯号。清音麗響，与金石而鎗鏘；秀嶺奇峯，隨風雲/而縈鬱。夫人資光稼采[15]，稟教嚴閨，淑慎內和[16]，容言外皎，高門儷德，君子好逑[17]。保定元/年，先從朝露，春秋卌五。為仁難恃，天無鐲善之徵；樹德遂孤，神闕聦明之鑒。唱隨俄/頃[18]，相继云亡。逝者如斯，嗚呼何已。公夫人之即世也，時鍾金革，齊秦交争，車軌未并[19]。/主祭幼沖[20]，且隨權瘞。

今世子營州捴管司馬、武陽男志，次子右勳衛、大都督、上洪男/寧，運屬昌朝，宦成名立，思起蓼莪[21]，心纏霜露。攀風枝而永慟[22]，哀二親之不待；陟岵屺/而長號，痛百身之罔贖。乃以今開皇十五年，歲次乙卯，十月丙戌朔，廿四日己酉，奉/厝於雍州始平縣孝義鄉永豊里。高岸為谷，愚公啓王屋之山；深谷為陵，三州塞長/河之水。懼此貿遷[23]，故以陳諸石鏡。銘曰：/

白帝朱宣，寔粤金天。西河良將，張掖開邊。承暉接響，世挺英賢。賢哉上喆，時之人傑。/夏雨春風，松心竹節。肅等霜嚴，清同氷潔[24]。司戎幕府，作守敷陽。蝗歸河玥，瑞見陳倉[25]。/大夫濟濟，士實鏘鏘。文龜玉印，紫綬金章。首僚驥足，曜此龍光。必齊之姜，必宋之子。/儷德高門，家榮桃李。行滿婦箴，聲揚女史。春秋代序，春非昔春。閲人成世，世不常人。/精華已矣，空想芳塵。疇日怛逝，時屬屯窮。蒿里尚隔，黄泉未通。孝于惟孝[26]，追遠追終。/卜茲玄宅，穴此幽宮。山浮苦霧，樹勳悲風[27]。流氷噎水，上月凝空。悠悠自古，冥寞皆塵。/

著録

1.《北京圖書館藏中國歷代石刻拓本滙編》9－103。2.《漢魏南北朝墓誌集釋》392圖。3.《日本京都大學藏中國歷代文字碑刻拓本》ZUI0052X。4.《隋唐五代墓誌滙編·北京大學藏拓卷》1－10。5.《隋代墓誌銘彙考》2－166圖，167文。6.《金石續編》卷3－3。7.《古誌石華》卷4－2下。8.《八瓊室金石補正》卷25－23上。9.《全隋文補遺》156。

注釋

［1］垂：即“垂”。壓：即“歷”。滿：“滿”的異體。

［2］涼王無諱：即武宣王大沮渠，或稱“沮渠蒙遜”，張掖臨松盧水胡人。在今甘肅地區建立北涼政權，是五胡十六國之一。沮渠，原匈奴官名，後以為氏。北魏太平真君五年（444）無諱死，其子安周代立，劉宋授安周涼州刺史，河西王。見《魏書·沮渠蒙遜傳》。

［3］李保：後梁李暠之孫。“保”，《魏書·李寶傳》作“寶”。沮渠蒙遜滅後梁，“隨舅唐契北奔伊吾，臣於蠕蠕。”“（北魏世祖時李）寶自伊吾南歸敦煌，遂修繕城府，規復先業。”“（北魏太平）真君五年，因入朝，遂留京師，拜外都大官。……高宗初，代司馬文思鎮懷荒，改授鎮北將軍。”① 家族世系可參隋大業二年（606）《李虎墓誌》。

［4］魏太武皇帝：即太武帝拓拔燾，字佛狸，鮮卑種，明元帝拓拔嗣長子，母明元密皇后杜氏。在位28年。謚號太武皇帝，廟號世祖。《魏書·帝紀》有傳。辝：即“辟”字。

［5］考：即“考”字。

［6］茅圡：天子分封王、侯時，按封地所在方位取一色土授之，作為受封者有國築壇建社的表徵。指王、侯的封爵。《文選·李陵〈答蘇武書〉》：“陵謂足下當享茅土之薦，受千乘之賞。”李善注：“《尚書緯》曰：‘天子社，東方青，南方赤，西方白，北方黑，上冒以黄土，將封諸侯，各取方土，苴以白茅，以為社。’”②

［7］豪右：謂富豪家族。《後漢書·明帝紀》：“濱渠下田，賦與貧人，無令豪右得固其利。”李賢注：“豪右，大家也。”③

［8］朝：即“朝”。揖：即“揖”。

［9］爽：即“爽”。爽慧，明慧。《晉書·華譚傳》：“（譚）及長，好學不倦，爽

① （北齊）魏收：《魏書》卷三十九，中華書局1974年版，第885－886頁。

② （梁）蕭統編，（唐）李善等注：《六臣注文選》卷四十一，中華書局1987年版，第763頁。

③ （南朝宋）范曄撰，（唐）李賢等注：《後漢書》卷二，中華書局1965年版，第116－117頁。

慧有口辯，為鄉里所重。"[①]

［10］《魏書·帝紀》："永安三年，隴西王尔朱天光討醜奴平關中。"[②] 武成二年（560）《獨孤渾貞墓誌》："魏永安二秊，從故隴西王尔朱天光西征。"[③] 此墓誌亦載事在二年。可糾正史之訛。

［11］周大祖：即"周太祖"文皇帝宇文泰。龕：同"戡"。《古誌石華》釋"龕"作"勘"，是。通"戡"。戡定，能定，克定。《尚書·康王之誥》："惟新陟王，畢協賞罰，戡定厥功，用敷遺後人休。"孔傳："當盡和天下賞罰，能定其功，用佈遺後人之美，言施及子孫無窮。"[④] 菀：即"苑"的訛字。沙菀：一名"沙阜"。《元和郡縣圖志》："後魏文帝大統三年，周太祖為相國，與高歡戰於沙苑，大破之。其時太祖兵少，隱伏於沙草之中，以奇勝之。"[⑤] 誌文與史傳合。參《周書·本紀》。

［12］敷：即"敷"。敷州，即鄜州。西魏廢帝三年（554）以北華州改名為鄜州，仍治杏城。

［13］騣：即"駸"的加形字。駸駸，馬急速奔馳貌。𤴓："足"的異體。清塵：揚起在車後的灰塵。對尊貴者的敬稱。

［14］憓：即"惠"。猶恩澤。《漢書·鄭崇傳》："朕幼而孤，皇太后躬自養育，免於繈褓，教道以禮，至於成人，惠澤茂焉。"[⑥]

［15］𥝺：即"婺"。構件位移。

［16］稟：即"禀"。《金石續編》作"票"。觀拓，下為"木"。淑：即"淑"。

［17］語出《詩經·周南·關雎》："窈窕淑女，君子好逑。"[⑦]

［18］"唱"，清晰。《金石續編》作"倡"，非。

［19］軌：即"軌"。

［20］祭：即"祭"。幼冲：年齡幼小。《漢書·循吏傳序》："孝昭幼冲，霍光秉政。"[⑧]

［21］蓼莪：語出《詩經·小雅·蓼莪》："蓼蓼者莪，匪莪伊蒿，哀哀父母，生

---

① （唐）房玄齡：《晉書》卷五十二，中華書局 1974 年版，第 1448 頁。

② （北齊）魏收：《魏書》卷十，中華書局 1974 年版，第 264 頁。

③ 李慧、曹發展：《咸陽碑刻》，三秦出版社 2000 年版，第 8 頁。

④ 十三經注疏整理委員會：《尚書正義》卷十九，《十三經注疏》，北京大學出版社 2000 年版，第 610 頁。

⑤ （唐）李吉甫撰，賀次君點校：《元和郡縣圖志》卷二，中華書局 1983 年版，第 37 頁。

⑥ （漢）班固撰，（唐）顏師古注：《漢書》卷七十七，中華書局 1962 年版，第 3255 頁。

⑦ 十三經注疏整理委員會：《毛詩正義》卷一，《十三經注疏》，北京大學出版社 2000 年版，第 26 頁。

⑧ （漢）班固撰，（唐）顏師古注：《漢書》卷八十九，中華書局 1962 年版，第 3624 頁。

我劬勞。"① 表達子女對雙親撫養恩德的追慕之情。後以"蓼莪"悼念亡故親人。

［22］撵：即"攀"的加形字。

［23］貿：即"貿"。貿然。

［24］氷："冰"的異體字。冰潔，形容德行清白高潔。

［25］瑶："瑤"的簡省俗字。"瑤見"，不詞。"瑤"，本當作"遙"字。遥見：遠遠地望。《楚辭·遠遊》："時髣髴以遙見兮，精皎皎以往來。"②《古誌石華》作"寶"，非。陳倉：古地名。今陝西寶雞。劉備用韓信計，明修棧道，暗渡陳倉，即此。

［26］《金石續編》："《論語》：'孝乎，惟孝有于兄弟。'《漢石經》及皇侃本'孝乎'，皆作'孝于'。此銘亦用古本，可見'乎'字改，在隋後。"

［27］勲：即"勳"字。據文義，此當作"動"。清陳夢雷《西郊雜詠》之九："灌木動悲風，殘雲迷孤嶼。"③

彙考

鞏賓"張掖永平人"。張掖古屬雍州，西漢置張掖郡。漢至魏，皆張掖治所。晉改永平，西魏為甘州治，隋為張掖郡治。唐陷吐蕃，宋入西夏。從夏商到春秋戰國，先後有羌、戎、狄等少數民族居住。鞏氏，《中國古代少數民族姓氏研究》稱源於古羌，出自秦漢時羌族鞏唐部，以部落名為氏。鞏氏，《文選》卷五十七潘岳《馬汧督誄》："秦隴之僭，鞏更為魁。"李善注云："鞏姓也，更名也。《漢書》曰'羌煎鞏降'，《東觀漢記》曰'羌什長鞏便然'，更蓋其種也。"④《魏書·呂羅漢傳》："仇池氏羌叛逆滋甚，所在蜂起，道路斷絕。其賊帥鞏廉、苻祈等皆受劉昱官爵、鐵券。"⑤《周書·巖昌羌傳》："其後羌酋東念姐、鞏廉俱和等反，大將軍豆盧寧、王勇等前後討平之。"⑥ 誌主鞏賓，漢代鞏唐羌之裔。

---

① 十三經注疏整理委員會：《毛詩正義》卷十三，《十三經注疏》，北京大學出版社 2000 年版，第 908 頁。

② （宋）洪興祖：《楚辭補注》，《中國古典文學基本叢書》，中華書局 1983 年版，第 165 頁。

③ 華夫：《中國古代名物大典上》，濟南出版社 1993 年版，第 120 頁。

④ （梁）蕭統編，（唐）李善等注：《六臣注文選》卷五十七，中華書局 1987 年版，第 1053 頁。

⑤ （北齊）魏收：《魏書》卷五十一，中華書局 1974 年版，第 1139 頁。

⑥ （唐）令狐德棻等：《周書》卷四十九，中華書局 1971 年版，第 893 頁。

112　合村老少造像碑　大業二年（606）

碑陽（局部）

碑左側（局部）

説明

碑石於 1978 年在陝西省耀縣馮家橋村“夫蒙祠堂”遺址院内出土，1981 年遷移至耀縣藥王山，現藏藥王山碑林。長方體，頂座佚失，上下有榫。石高 116 cm，寬 49 cm，厚 20 cm。四面刻，碑陽中部開圓拱龕，内有一佛二弟子像。龕下刻香爐、獅子、一弟子及供養人題名。碑陰中部開一圓拱龕，内有一佛二弟子。龕下力士像、蓮座香爐、獅子、摩尼寶珠等。碑左側中上部開圓拱龕，内有一菩薩立像。龕下供養人題名。碑右側中上部開小尖拱龕，内有一坐佛。龕下題名。碑陽記 1 行，滿行 17 字；三面題名。楷書，有縱界格。該碑又題《夫蒙子祥佛教碑》。

碑文

都化主同琋妙男，/都邑主儀同三司夫蒙洪達，/都仏堂主夫蒙子祥[1]，/都道場主夫蒙九德，/都典録夫蒙子粲[2]，/都邑正夫蒙武乏，/東面仏堂主夫蒙榮貴，/南面仏堂主同琋阿林，/西面仏堂主郡君同琋阿醜，/北面佛堂主□男妃，/都唯䩾夫蒙肇生[3]，/齋主夫蒙長熾，/都檢校仏事丁貴和。/

大業二年四月八日，合村老少等造像一區。/（以上刻於碑陽第一層）

邑子𠭊先敬[4]，/邑子夫蒙榮䄂[5]，/邑子夫蒙子慶，/邑子夫蒙慶還，/邑子夫蒙景祥，/邑子夫蒙榎之[6]，/邑子夫蒙金愷，/邑子夫蒙子通，/邑子夫蒙道仁，/邑子夫蒙道先，/邑子夫蒙方粲[7]，/邑子夫蒙野叉，/邑子夫蒙熹和，/邑子夫蒙益前，/邑子夫蒙昌熾，/邑子夫蒙延貴，/邑子雷道安，/邑子雷初生，/邑子趙子由，/邑子丁長先，/邑子夫蒙□□。/（以上刻於碑陽第二層）

邑子夫蒙□□，/邑子段□□，/邑子夫蒙□□，/邑子夫蒙□□，/邑子夫蒙老□[8]，/邑子蕪像生[9]，/邑子夫蒙□友[10]，/邑子夫蒙常柱，/邑子夫蒙羅仁，/邑子卞長通，/邑子夫蒙榮熾，/邑子夫蒙清侯，/邑子夫蒙高遷，/邑子夫蒙世□，/邑子夫蒙霻□[11]，/邑子夫蒙社女，/邑子夫蒙世通，/邑子趙佰奴，/邑子夫蒙雙副，/邑子雷石孫，/［邑子］夫蒙方岳[12]。/（以上刻於碑陽第三層）

邑子雷樹生。/（以上刻於碑右側左端）

邑子荊資愛，/邑子梁阿象，/邑子雷明妃，/邑子甞石思，/邑□□□□。/（以上刻於碑左側第一層）

邑子張須摩，/邑子劉暉勝。/（以上刻於碑左側第二層）

邑子李阿□，/邑子甞明容，/邑子丁吴女，/邑子鉗耳黑女。/（以上刻於碑左側第三層）

著録

1. 宋莉藏攝影圖。2.《北魏至隋代關中地區造像碑的樣式與年代考證》127。

注釋

［1］仏：即“佛”的異體字。下同。

［2］粲：即“粲”的俗字。

［3］䢦：即“那”的異體字。下同。“肇”，《北魏至隋代關中地區造像碑的樣式與年代考證》作“堅”，非。

［4］㪰：當是“段”字。“敬”，文字清晰，《北魏至隋代關中地區造像碑的樣式與年代考證》作“苟”，非。並未釋“㪰”。

［5］“榮”下一字泐，似“昶”，《北魏至隋代關中地區造像碑的樣式與年代考證》作“旭”，不取。

［6］“之”上一字，凝圖，左半“木”，似“榎”，《北魏至隋代關中地區造像碑的樣式與年代考證》作“慎”，非。

［7］粲：同上文，“粲”的俗字。《北魏至隋代關中地區造像碑的樣式與年代考證》作“祭”，誤。

［8］“老”下一字泐，存右半“又”，餘不存，不知何字。《北魏至隋代關中地區造像碑的樣式與年代考證》作“漢”，非。

［9］“蘓”字，清晰。即“蘇”。構件换位。《北魏至隋代關中地區造像碑的樣式與年代考證》作“素”，非。

［10］“蒙”下一字泐，左存“禾”，右下殘，擬作“稪”。

［11］“蒙”下一字，可辨，是“䨱”，即“䨱”。《北魏至隋代關中地區造像碑的樣式與年代考證》作“覆”，非。

［12］“方”下一字泐，諦視，是“岳”。《北魏至隋代關中地區造像碑的樣式與年代考證》未釋。“邑子”泐，據上文補。

彙考

此碑“合村老少等造像一區”，存題名67人。夫蒙氏為主，40人。加上同琋氏3人，雷氏5人，𡸁2人，鉗耳氏1人，羌姓佔總人數76%以上。這表明隋大業年間耀縣馮家橋村仍然是一個以羌人為主，間有氐、漢等民族，合族聚居的村落。因所居夫蒙氏為主，歷史上以姓氏命名祠堂，曰“夫蒙祠堂”。造像碑就出土於該遺址。

113　和彦造像記　大業四年（608）四月三十日

説明

碑石出土於陝西省涇陽縣。分拓二紙，碑陽、碑側均高 5 cm，碑陽寬 13 cm，側寬 11 cm。記刻於佛座陽面與左側。8 行，滿行 3 字。楷書。山東諸城劉喜海舊藏。

碑文

大業四/年四月/卅日[1]，和/彥為/巨兒善/行[2]，造/觀世音/像一區。/

著録

1.《北京圖書館藏中國歷代石刻拓本滙編》10－18。2.《八瓊室金石補正》卷 27－1 上。3.《全隋文補遺》437。

注釋

［1］丗：同“世”。數字，三十。《論語·子路》：“如有王者，必丗而後仁。”何晏集解引孔安國曰：“三十年曰世。”①

［2］皃：即“兒”字。南朝梁太清五年（551）《杜僧逸造像記》：“佛弟子杜僧逸，為亡皃李仏施敬造育王像供養。”②“皃”，又訛作“皃”。北魏孝昌二年（526）《丘哲妻鮮于仲兒墓誌》：“夫人諱仲皃。”③上部“旧”“但”，衍作“臼”。如北魏永安二年（529）《尔朱襲墓誌》：“此皃乃是家門之千里。”④

彙考

和氏，西羌昨和氏改和氏。陝西省蒲城縣唐貞元五年（789）《奉先縣懷仁鄉敬母村經幢題名》有“楊宇絢妻和氏”，為羌人。《和彦造像記》出土於陝西省涇陽，北魏時是屠各匈奴、氐羌雜居地。見北魏正光元年（520）《雍光里邑子造像碑》，題名395人，能辨識者325人，57種姓氏，漢姓為主流，並有氐、羌、匈奴、高車、鮮卑等姓氏。據此推測和彦父子應是羌人。

---

① 十三經注疏整理委員會：《論語注疏》卷十三，《十三經注疏》，北京大學出版社2000年版，第198頁。

② 毛遠明：《漢魏六朝碑刻校注》（3），綫裝書局2008年版，第206頁。

③ 北京圖書館金石組：《北京圖書館藏中國歷代石刻拓本滙編》（5），中州古籍出版社1989年版，第34頁。

④ 同上書，第128頁。

114 姚辯墓誌 大業七年（611）十月二十一日

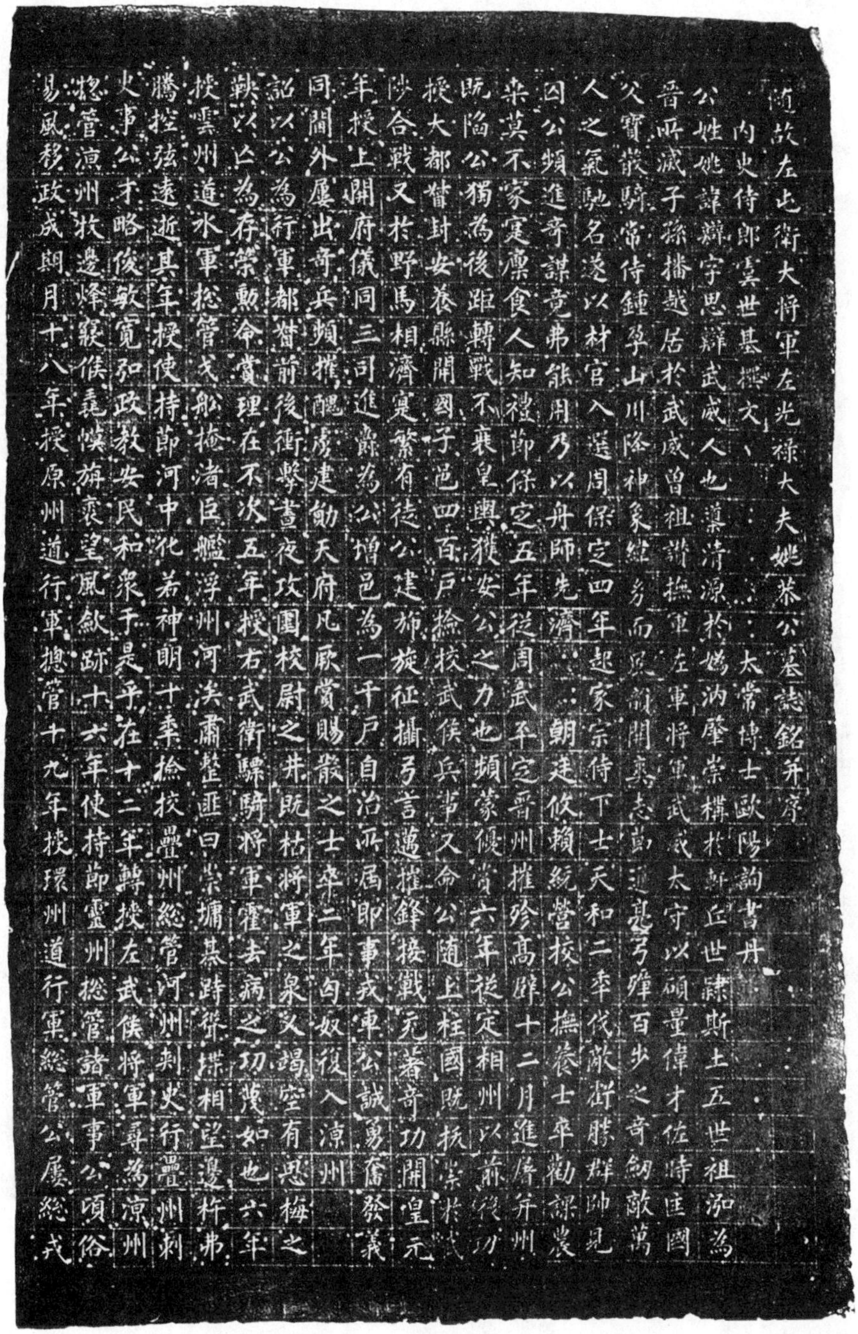
隨故左屯衛大將軍左光祿大夫姚恭公墓誌銘并序
內史侍郎虞世基撰文、太常博士歐陽詢書丹
公姓姚諱辯字思辯武威人也葉清源於嬀汭肇崇構於軒丘世肆斯土五世祖泓為
晉所滅子孫播越居於武威曾祖讚撫軍左軍將軍武威太守以碩量偉才佐時匡國
父寶散騎常侍鍾孕山川降神象緯幼而風韻開爽志尚通遠彎弓殫百步之奇劍敵萬
人之氣馳名邊以材官入選周保定四年起家宗侍下士天和二年伐敵對勝群帥見
囙公頻進奇謀竟弗能用乃以舟師先濟朝廷攸賴統營校公撫養士卒勸課農
桑莫不家寔廩食人知禮節保定五年從周武平定晉州摧殄高辟十二月進屠并州
既陷公獨為後距轉戰不衰皇輿獲安公之力也頻蒙優賞六年從定相州以前後功
授大都督封安養縣開國子邑四百戶檢校武侯兵事又命公隨上柱國既抚崇於武
陟合戰又於野馬相濟寔繁有徒公建旆旋征擒馬言邁摧鋒接戰先著奇功開皇元
年授上開府儀同三司進爵為公增邑為一千戶自治所屬即事戎車公誠勇奮發義
同閫外屢出奇兵頻摧醜虜建勳天府凡厥賞賜嚴之士卒二年匈奴復入涼州
詔以公為行軍都督前後衝擊晝夜攻圍校尉之井既枯將軍之泉又竭空有思梅之
歎以亡為存策勳命賞理在不次五年授右武衛驃騎將軍霍去病之功蔑如也六年
授雲州道水軍總管戈船掩渚巨艦浮州河渶肅整匪曰崇墉基跱邪堞相望邊柝弗
騰控弦遠逝其年授使持節河中化若神明十年檢校疊州總管河州刺史行疊州刺
史事公才略俊敏寬弘政教安民和衆于是乎在十二年轉授左武侯將軍尋為涼州
總管涼州牧邊烽寢候義懷旟襄望風斂跡十六年使持節靈州總管諸軍事公頌俗
易風移政成朞月十八年授原州道行軍摠管十九年授環州道行軍總管公屢總戎

誌陽面

誌陰面

説明

墓誌出土於陝西省長安（今西安），高廣尺寸，失記。原石久佚，世多翻刻。《金石萃編》："碑一石兩面，宋時重刻本，多訛字落字。高三尺三寸，廣一尺五寸三。三十二行，行四十二字。"二面刻，今見拓片，文均20行，滿行33字。楷書，有縱横界格。

誌文

隨故左屯衛大將軍、左光禄大夫姚恭公墓誌銘并序[1]/

内史侍郎虞世基撰文，太常博士歐陽詢書丹[2]。/

公姓姚，諱辯，字思辯[3]，武威人也。導清源扵嬀汭，肇崇構扵軒丘[4]，世隸斯土[5]。五世祖泓，為/晉所滅[6]。子孫播越，居扵武威。曾祖讃，撫軍左軍將軍、武威太守，以碩量偉才，佐時匡國[7]。/父寶，散騎常侍。

鍾孕山川[8]，降神象緯，旁而風韻開爽[9]，志莭通亮。弓殫百步之竒，劒敵萬/人之氣[10]，馳名遂以材官入選[11]。周保㝎四年[12]，越家宗侍下士。天和二季，伐敵虧滕[13]，群帥見/囚。公頻進竒謀，竟弗能用。乃以舟師先濟，朝廷攸賴統營校[14]。公撫養士卒，勸課農/桒，莫不家寔廩食[15]，人知禮莭。保㝎五年[16]，従周武平㝎晉州，摧殄高辟[17]。十二月進屠并州，/既陷，公獨為後距，轉戰不衺[18]。皇輿獲安，公之力也。頻蒙優賞，六年[19]，従定相州，以前後切/授大都督，封安養縣開國子，邑四百戶[20]，撿校武侯兵事。又命公隨上柱國既拔崇扵武/陟合戰，又扵野馬相濟，寔繁有従[21]。公建旆旋征[22]，攝弓言邁，摧鋒接戰，充著竒功[23]。開皇元/年[24]，授上開府儀同三司，進爵為公，增邑為一千戶[25]，自治所屆[26]，即事戎車。公誠勇奮發，義/同閫外[27]，屢出竒兵，頻摧醜虜，建勛天府[28]。凡厥賞賜，散之士卒。二年，匈奴復入涼州，/詔以公為行軍都督[29]。前後衝擊，晝夜攻圍。校尉之井既枯，將軍之泉又竭，空有思梅之/觖，以亾為存[30]，策勳命賞，理在不次。五年，授右武衛驃騎將軍，霍去病之切蔑如也[31]。六年，/授雲州道水軍捴管[32]。戈舩掩渚[33]，巨艦浮州，河涘肅整[34]，匪曰崇墉基跱[35]，聳堞相望，邊柝弗/騰[36]，控弦遠逝。其年，授使持莭，河中化若神明[37]。十季，撿校疊州総管、河州刾史，行疊州刺/史事[38]。公才略俊敏，寬弘政教[39]，安民和眾。于是乎在十二年轉授左武侯將軍，尋為涼州/摠管、涼州牧[40]。邊烽寢候，毳幙旃裘，望風歛跡[41]。十六年，使持莭靈州捴管諸軍事[42]。公頃俗/易風移，政成期月[43]。十八年，授原州道行軍摠管[44]。十九年，授環州道行軍総管[45]。公屢総戎/律[46]，特精邊事。每秋風逘塞，胡騎揚塵，折衝之任，非公莫能。大業二年[47]，授左武侯大將軍，/進爵蔡陽郡開國公，食邑一千五百戶[48]。大啟皇丘[49]，欽明御籙，睿聖纂圖，特荷天眷，恩遇/隆重，密勿禁候[50]，知無不為，乃與子威等[51]，同進位大將軍，左武侯大將軍如故。三年，以母/憂去官。其年有警，公孝性自天[52]，幾于毀滅，僶俛王事，杖而後起[53]。四年，以官方草創，授金/紫光祿大夫，上光祿大夫如故[54]。車駕北巡，諸蕃朝朔。以舊典糺察，整肅軍[55]。乃令公建旌/門洞張[56]，內外肅然，事嚴細柳。吐谷渾大保五期尼樂周等率眾歸附[57]，使鑾蹕西幸[58]，底定/渾國，以公為鬱卑道將軍[59]，旗鼓所振，莫不摧殄俘獻，授右光祿大夫[60]，左屯衛大將軍如/故。乃獻凱廟廷，禮崇備物，六軍之長。車駕南巡江都，以公京師留守，職居爪牙，任惟心/膂[61]，出露崇重，朝野榮之。大業七年三月遘疾，十九日薨於京兆郡[62]，春秋六十有六。惟公/體量宏達，倡仁興義[63]，造次弗違，虛己推賢，始終同致[64]，加以雄畧恢廓，奇略弘遠[65]，氣有餘/勇，莫之與抗。善於御撫，得士卒之心；長於政術，致廉平之美。自入統禁旅，出捴戎所[66]，夙/夜匪懈，簡在帝心。至于敬友穆親，輕財貴義，家稟誠孝，奉以周旋，訓與不善[67]，遽此歸全，/知與不知，莫不流涕。粤以其年十月癸丑朔二十一日葬[68]。有詔："故左屯衛大將軍、右光/祿大夫姚思辯，性理和謹，秉心恭慎，歷仕無玷[69]，式表哀榮。可贈左光祿大夫。"又蒙賜物/八百段、粟麥一千石，謚曰恭公[70]。乃為之銘，銘曰[71]：/

長瀾若水，遠馥薰風。時賢繼及，世德攸隆[72]。勤王成務，啟竊垂功[73]。炳靈不已，玄宮冥照[74]。落/鴈窮能，通猨盡妙[75]。蹶張選勇，期門待詔。職分七萃[76]，官聯五營。入登陪衛[77]，出擁高旌。汜水/兵略，常山陳勢。卓犖明謀，沉深莭制。功有必取，筭無遺計[78]。累膺恩寵，顯赤身名[79]。執恭履/慎[80]，守滿持盈。方陪祀岳[81]，遽掩佳城[82]。遊寬不歸[83]，逝川何既[84]。春秋遞代，徽猷勿替[85]。

萬文韶刻字[86]。/

著録

1.《隋代墓誌銘彙考》4－152圖，153文。2.《金石萃編》卷40－24。3.《金薤琳琅》卷8－10上。4.《隋姚辯墓誌銘傳本小議》，《故宮博物院院刊》1991（2）。5.《全隋文》卷14－157①。

注釋

［1］隨：即"隋"字。隋代和唐初石刻中"隨"寫作"隋"，比較常見。隋開皇

① （清）嚴可均：《全隋文》，商務印書館1999年版，第157頁。

五年（585）《元英及妻崔麝香墓誌》蓋："大隨開皇五年七月一日合葬。"① 開皇十一年（591）《王猛墓誌》："大隨開府儀同三司安定公王君。"② 大業九年（613）《豆盧寔墓誌》："大隨故金紫光禄大夫豆盧公墓誌銘。"③ 唐貞觀十六年（642）《劉粲墓誌》："大隨之初，以廉絜聞。"④《全隋文》脱"隨"字。

［2］"内"上，《金石萃編》《金薤琳琅》衍"虞軍"。清乾隆三十四年（1769），汪日荄在重刻《金薤琳琅・姚辯墓誌銘》時按語："南濠（都穆號）所藏當是舊拓，不載撰書人姓名，文亦殘缺難讀。"説明《金薤琳琅》的明刻本録文没有撰書人姓名。《全隋文》沿用。《隋姚辯墓誌銘傳本小議》認為，都穆提及虞世基、歐陽詢等，恐是據宋人或其他拓本而録，撰書人官銜姓名、鐫刻人是北宋人摻雜進去。可備一説。虞：即"虞"。

［3］《金薤琳琅》脱"公姓姚"三字。姚：即"姚"。辯："辯"的異體。

［4］嬀汭：傳説舜居於此，堯將兩女嫁給他。一説，嬀、汭皆水名。軒丘：古地名。相傳為軒轅黄帝居處。《金薤琳琅》作"軒邱"。

［5］拓片"土"，《金石萃編》作"圡"，即"土"。"圡""土"古混用無别。《金薤琳琅》脱"隸""土"。《全隋文》沿誤。

［6］姚辯：隴西羌人。《晉書・姚弋仲載記》："姚弋仲，南安赤亭羌人也。其先有虞氏之苗裔。禹封舜少子於西戎，世為羌酋。"⑤ 其子姚萇建立後秦政權，至姚弘，僅傳三代，為晉所滅。五世祖泓：即指"姚弘"，姚辯是後秦嫡系。

［7］"撫軍"下"左"字清晰，《金薤琳琅》《全隋文》未釋。"以"上，《金薤琳琅》衍"並"字。

［8］《金薤琳琅》未釋"鍾孕"二字。《全隋文》沿用。

［9］㓜：即"幼"。構件移位。開爽：豁達爽朗。

［10］語出《史記・項羽本紀》："書足以記名姓而已。劍一人敵，不足學，學萬人敵。"⑥ 謂姚辯懂兵法。《金薤琳琅》未釋"敵萬人之"。"之"下，《全隋文》衍"□□"。

［11］《隋姚辯墓誌銘傳本小議》認為"名"下有"遐邇"。可備一説。《全隋文》脱"馳名"。材官：兵種名，武卒或供差遣的低級武職。秦稱步兵中勇敢、有才的士

① 王其禕、周曉薇：《隋代墓誌銘彙考》（1），綫裝書局2007年版，第147頁。

② 《隋代墓誌銘彙考》（2），第47頁。

③ 《隋代墓誌銘彙考》（4），第346頁。

④ 北京圖書館金石組：《北京圖書館藏中國歷代石刻拓本滙編》（11），中州古籍出版社1989年版，第106頁。

⑤ （唐）房玄齡等：《晉書》卷一百一十六，中華書局1974年版，第2959頁。

⑥ （漢）司馬遷：《史記》卷七，中華書局1959年版，第296頁。

兵為材官。亦稱“材士”。《漢書·晁錯傳》:“材官騶發,矢道同的,則匈奴之革笥木薦弗能支也。”顏師古注:“材官,有材力者。”①《金石萃編》釋“材”作“才”,原刻非。

［12］㝎:即“定”字。

［13］滕:即“勝”字。《金薤琳琅》未釋“伐敵”。《全隋文》沿用。

［14］《金石萃編》案:“《周武帝紀》云:‘天和二年六月南伐。九月,衛國公直等與陳將淳于量、吴明徹戰於沌口,王師失利。’元定以步騎數千先度,遂没江南。即其事也。”誌稱辯“乃以舟師先濟”,辯當元定屬下。《金薤琳琅》未釋“攸賴”。《全隋文》沿用。

［15］桒:同“桑”。廩:粮仓。《金石萃編》脱“廩”。《隋姚辯墓誌銘傳本小議》據此認為《金石萃編》所據為翻刻本,是將“廩”、及下文“將軍之泉又竭”中的“軍”字,挪至“内史侍郎虞世基”前,誤作官銜。“廩食”,《金薤琳琅》作“食廩”。

［16］《金石萃編》:“此乃建德五年(576)之事,碑誤作保定五年。”是。周武帝定晉州,事見《周書·武帝紀下》。《金薤琳琅》未釋“保定”。其下衍“賞”字,案語:“此字疑衍。”是。

［17］辟:即“壁”字。構件移位。

［18］衺:即“衰”字。《金薤琳琅》未釋“陷”。《全隋文》沿用。

［19］“賞”下,《金薤琳琅》《金石萃編》《全隋文》衍“以累”。“累”下《金薤琳琅》作“□”,泐一字,《金石萃編》作“□□”,泐二字;《全隋文》注明“下缺”。均非。

［20］開國子:封爵名。晉代始置,秩第二品。見《通志略·職官略第一·封爵》。北周正六品。隋初為第八等爵,秩正四品下,煬帝不置。《隋姚辯墓誌銘傳本小議》釋“子”作“號”,非。“四”下,《金薤琳琅》《全隋文》未釋“百户”字,並作“下缺”。亦非。

［21］“既”字清晰,《全隋文》作“拓”,非。“馬”字下,《金薤琳琅》衍泐一字,《金石萃編》作二字,《全隋文》作“下缺”,均非。寔:同“實”。

［22］“旋”,《金薤琳琅》《金石萃編》作“遄”。覩拓,是“旋”。當與《金薤琳琅》《金石萃編》所録拓本不同。二字同為“速”的意思。《全隋文》沿用。

［23］“鋒”,《金石萃編》作“鋒”,即“鋒”的俗訛字。“充”,《金薤琳琅》作“克”。

① (漢)班固撰,(唐)顏師古注:《漢書》卷四十九,中華書局1962年版,第2281頁。

［24］“開”上，《金薤琳琅》《金石萃編》衍“大象□□户”。《全隋文》沿用。《金薤琳琅》在“户”下案語：“此字疑衍。”《隋姚辯墓誌銘傳本小議》以周滅隋興，擬作“大象禪隨後”。觀此拓，均無。

［25］誌稱姚辯“開皇元年，授上開府儀同三司”，據1987年7月寧夏固原縣南郊鄉小馬莊村出土隋大業六年（610）《史射勿墓誌》：“公諱射勿，字槃阤阤，平涼平高縣人也。”“開皇二年，從上開府、岐章公李軌出向涼州，與突厥戰於城北，又隨史萬歲，羅截奔徒。開皇三年，應募隨上開府姚𢒼北征，隨方勦撲，又從安豐公高越盡鋭攻圍。”[①] 勦撲，猶剿除。“𢒼”，構件“㓈”，即“巧”。巧言，“辯”也。李軌，上開府、岐章公；姚辯，“上開府儀同三司，進爵為公”。《姚辯墓誌》下文載，開皇三年，“匈奴復入凉州”。辯“前後衝擊，晝夜攻圍”。《隋書·高祖本紀》載，開皇三年二月，“突厥寇邊”。四月，“突厥遣使來朝”。“五月癸卯，行軍總管李晃破突厥於摩那渡口。……壬戌，行軍元帥竇榮定破突厥及吐谷渾於涼州”。六月“戊寅，突厥遣使請和。”[②]《隋書》之突厥、吐谷渾，即《姚辯墓誌》之匈奴。匈奴，中國古代北方民族之一。興於戰國，衰於東漢。光武建武二十四年（48）分裂為南北二部，北匈奴敗而西遷，南匈奴附漢。同書《突厥傳》：“突厥之先，平涼雜胡也，姓阿史那氏。”“大抵與匈奴同俗。”“史臣曰：四夷之為中國患也久矣，北狄尤甚焉。種落實繁，迭雄邊塞，年代遐邈，非一時也。……逮乎兩漢，則匈奴焉；當塗、典午，則烏丸、鮮卑焉；後魏及周，則蠕蠕、突厥焉。”[③] 南北朝時部分匈奴已鮮卑化。同書《吐谷渾傳》：“本遼東鮮卑徒河涉居歸子也。”“風俗頗同突厥。”[④] 二誌官秩、姓名、時間基本一致，所涉史實與史乘吻合，説明“姚辯”確有其人，墓誌亦真實存在。關於并州，《姚辯墓誌》上文載，建德五年（576），“從周武平定晉州，摧殄高壁。十二月進屠并州”。十餘年後，即開皇十年（590）正月，史射勿又隨姚辯“從駕幸并州”。可知，北周、隋初，姚辯在并州、涼州有重要軍事活動。

［26］《金薤琳琅》未釋“自治”。《全隋文》沿用。

［27］閫外：指京城或朝廷以外。此指外任將吏駐守邊疆地區。

［28］《金薤琳琅》未釋“建勳”。《全隋文》沿用。

［29］“二”，《金石萃編》《金薤琳琅》《全隋文》作“三”，非。凉：即“涼”。《金薤琳琅》未釋“都督”。《全隋文》沿用。

［30］鞅：通“怏”。鬱鬱不樂。《金薤琳琅》未釋“鞅”。《全隋文》沿用。亾：

---

① 王其禕、周曉薇：《隋代墓誌銘彙考》（4），綫裝書局2007年版，第38頁。

② （唐）魏徵等：《隋書》卷一，中華書局1973年版，第20頁。

③ 《隋書》卷八十四，第1863、1864、1883頁。

④ 《隋書》卷八十三，第1842頁。

“亡”的古字。“校尉之井”“將軍之泉”，指校尉耿恭挖井，貳師將軍李廣利刺山出泉。語出《後漢書·耿恭傳》。永平十八年（75）三月，北單于遣左鹿蠡王二萬騎擊車師。校尉耿恭遣司馬將兵三百人救之。五月，以疏勒城（今新疆喀什）傍有澗水可固，引兵據之。七月，匈奴復來攻，擁絶澗水。“恭於城中穿井十五丈不得水，吏士渴乏，笮馬糞汁而飲之。恭仰歎曰：‘聞昔貳師將軍拔佩刀刺山，飛泉湧出；今漢德神明，豈有窮哉？’乃整衣服向井再拜，為吏士禱。有頃，水泉奔出，眾皆稱萬歲。乃令吏士揚水以示虜。虜出不意，以為神明，遂引去”①。思梅：“止渴思梅”“望梅止渴”的省稱。南朝宋劉義慶《世説新語·假譎》：“魏武行役，失汲道，軍皆渴，乃令曰：‘前有大梅林，饒子，甘酸可以解渴。’士卒聞之，口皆出水，乘此得及前源。”② 連續三次用典，反映了姚辯與復寇凉州的“匈奴”之戰的膠著之況、慘烈之狀。

［31］《金薤琳琅》未釋“之㓛”。《全隋文》沿用。驃騎將軍霍去病，西漢著名軍事將領。《史記·霍去病列傳》：“匈奴未滅，無以家為也。”③ 蔑如：猶不如，不及。《文選·潘勗〈册魏公九錫文〉》：“君有定天下之功，重以明德……雖伊尹格於皇天，周公光于四海，方之蔑如也。”李周翰注：“伊尹之高德上至皇天，周公之明德遠照于四海，比之曹公則無如德者若此。”

［32］雲州：今山西大同。隋北方边陲。

［33］舩：即“船”。渚：水中小塊陸地。《隋姚辯墓誌銘傳本小議》作“諸”，非。

［34］《金薤琳琅》未釋“整”。《全隋文》沿用。

［35］崇墉：高牆；高城。“曰”，《隋姚辯墓誌銘傳本小議》作“日”。棊：同“棋”。棊跱：同“棋跱”，《三國志·吴志·陸遜傳》：“方今英雄棊跱，豺狼闚望，克敵寧亂，非眾不濟。”④

［36］“柝”，《金薤琳琅》《金石萃編》作“栻”，即“柝”，非。《全隋文》沿用，誤。邊柝：边防巡夜人，敲木梆以报更。“弗”下一字清晰，是“騰”，《金薤琳琅》《金石萃編》《隋姚辯墓誌銘傳本小議》作“驚”，非。

［37］《金薤琳琅》《全隋文》未釋“中”。

［38］河州：古州名。十六國前凉置，治所在枹罕縣（今甘肅臨夏市西南）。春秋以前為古西羌地。今甘肅皋蘭。疊州：北周建德六年（577）逐吐谷渾置，取山川重疊

① （南朝宋）范曄撰，（唐）李賢等注：《後漢書》卷十九，中華書局1965年版，第720頁。

② （南朝宋）劉義慶撰，徐震堮校箋：《世説新語校箋》，《中國古典文學基本叢書》，中華書局1984年版，第455頁。

③ （漢）司馬遷：《史記》卷一百一十一，中華書局1959年版，第2939頁。

④ （晉）陳壽撰，（南朝宋）裴松之注：《三國志》卷五十八，中華書局1964年版，第1343頁。

之義。治所在疊川縣（今甘肅省迭部縣東）。隋大業元年（605 年）廢州，以縣屬洮州。均隋西北邊陲。

［39］寬弘：亦作“寬宏”。《金薤琳琅》未釋“俊敏”“寬”三字。《全隋文》沿用。

［40］《金薤琳琅》《全隋文》未釋“摠管、涼州牧”五字。

［41］幙：同“幕”。旃：通“氈”。亦作“氊”。氈裘，指北方遊牧民族以皮毛製作的衣服。斂跡：收斂形跡。有所顧忌，不敢放肆。

［42］靈州：今寧夏靈武。

［43］頃：同“傾”。《金薤琳琅》《全隋文》未釋“公頃”。

［44］原州：今寧夏固原，既是關中通往西域的軍事重鎮，也是賀蘭山口通向長安的必經之路。

［45］環州：今甘肅環縣。《金薤琳琅》未釋“行軍”。“行軍”，《全隋文》作泐蝕一字，非。

［46］“公”，《金薤琳琅》作“君”。義通。原刻非。

［47］《金薤琳琅》未釋“莫能”“大業”。《全隋文》未釋“莫能”。

［48］蔡陽：梁置蔡陽郡，後魏置南雍州。西魏改為蔡州，分置南陽縣。開皇初郡並廢，大業初州廢①。誌稱“大業二年（606），授左武侯大將軍，進爵蔡陽郡開國公”。《隋書·帝紀·高祖下》：仁壽三年（603）“戊子，以大將軍、蔡陽郡公姚辯為左武候大將軍”②。而史傳、墓誌所載官爵相同，惟時間相左。考同書，開皇十六年（596）“夏五月丁巳，以懷州刺史龐晃為夏州總管，蔡陽縣公姚辯為靈州總管”③。與下文誌載吻合，“十六年，使持節靈州捴管諸軍事”。捴管：隋和唐初地方高級軍政長官。左武侯大將軍：隋代十二衛大將軍之一。與右武侯大將軍同掌車駕出巡營衛，分領府兵。正三品。大業三年（607）改左侯衛大將軍。誌主“左武侯大將軍”，品階高於捴管。授職時間在開皇十六年後，大業三年前，當以誌正史傳之誤。《隋姚辯墓誌銘傳本小議》以為大業三年（607），非。

［49］“敞”下，《全隋文》認為有泐蝕字，字數不明。不取。丘：《金薤琳琅》《全隋文》作“邱”。

［50］“候”，《金石萃編》《金薤琳琅》作“衛”，非。

［51］《金石萃編》“子”下衍“□”，此拓無。《金薤琳琅》未釋“乃與子”。《全隋文》沿用。

---

① （唐）魏徵等：《隋書》卷三十一，中華書局 1973 年版，第 892 頁。

② 《隋書》卷二，第 49 頁。

③ 同上書，第 40 頁。

［52］《金薤琳琅》《全隋文》未釋“謦”。後者並脱“公孝性”三字。

［53］僶俛：亦作“僶勉”。努力，勤奮。“杖”上，《金石萃編》認為有二字，未釋，作“□□”。

［54］“官”，《金石萃編》作“宮”，疑為筆誤。《全隋文》未釋“上”。

［55］“軍”下，《金薤琳琅》《金石萃編》《全隋文》衍“容”。

［56］旌門：即“旌門”，古代帝王出行，以帷幕為行宮，宮前樹旌旗為門。《周禮·天官·掌舍》：“為帷宮，設旌門。”賈公彦疏：“食息之時，則張帷為宮，樹立旌旗以表門。”①《金薤琳琅》《全隋文》未釋“建”。《金石萃編》“建”下衍“節”。

［57］五：“王”之訛。《隋姚辯墓誌銘傳本小議》作“王”，是。《金石萃編》引《授堂金石跋》：“《隋書·西域傳》帝立順為主送出玉門合統餘眾以其大。實王尼洛周為輔通鑒同，獨此誌所記部落名號與之小異，當以誌為定。”“期”，衍文。

［58］鑾蹕：猶鑾駕。《北史·柳遐傳》：“今襄陽既入北朝，臣若陪隨鑾蹕，進則無益塵露，退則有虧先旨。”②《金薤琳琅》未釋“使”。《全隋文》脱“使”。

［59］鬱卑道：此誌僅見。《隋姚辯墓誌銘傳本小議》認為大約其地在青海東南，西寧湟水一帶。可從。“以”上，《金薤琳琅》衍“乃”字。

［60］摧殄：摧折消滅。《魏書·崔延伯傳》：“荊州土險，蠻左為寇，每有聚結，延伯輒自討之，莫不摧殄。”③ 俘獻：凱旋以戰俘獻於宗廟。《左傳·僖公二十八年》：“（晉師）振旅，愷以入于晉。獻俘授馘，飲至大賞。”杜預注：“獻楚俘於廟。”④《金薤琳琅》《全隋文》未釋“獻”“授”二字。

［61］“脊”，《金石萃編》作“掮”，是。“脊”的偏旁俗訛、構件移位。

［62］《隋書·煬帝本紀上》：大業七年“三月丁亥，右光禄大夫、左屯衛大將軍姚辯卒”⑤。兆：“兆”的異體。隋京兆郡，即長安，今西安。

［63］《金薤琳琅》《全隋文》未釋“倡仁”。

［64］“致”，《金石萃編》作“致”，是。“致”的俗訛字。

［65］弘：大、廣。《尚書·顧命》：“赤刀、大訓、弘璧、琬琰，在西序。”孔穎達疏：“弘訓大也。”⑥《金石萃編》作“宏”。

---

① （清）阮元校刻：《周禮注疏》卷六，《十三經注疏》，中華書局1980年版，第676頁。

② （唐）李延壽：《北史》卷七十，中華書局1974年版，第2442頁。

③ （北齊）魏收：《魏書》卷七十三，中華書局1974年版，第1636頁。

④ 十三經注疏整理委員會：《春秋左傳正義》卷十六，《十三經注疏》，北京大學出版社2000年版，第523頁。

⑤ （唐）魏徵等：《隋書》卷三，中華書局1973年版，第76頁。

⑥ 十三經注疏整理委員會：《尚書正義》卷十八，《十三經注疏》，北京大學出版社2000年版，第592，596頁。

［66］《金薤琳琅》《全隋文》未釋“捻戎”。

［67］“訓與不善”，《隋姚辯墓誌銘傳本小議》《全隋文》作“訓不與善”。

［68］《金薤琳琅》未釋“葬”。

［69］《金薤琳琅》《全隋文》未釋“無玷”。

［70］《金石萃編》未釋“謚曰”。

［71］“乃為之銘，銘曰”各字，《金薤琳琅》《全隋文》作“祀□”，疑與《金石萃編》在文末作“祀掩”相同。

［72］“攸”，《金石萃編》作“斯”，非。

［73］“羈”，《金石萃編》作“霸”，非。

［74］玄宫：謂墳墓。《金薤琳琅》《全隋文》未釋“玄宫”。冥：即“冥”。《隋姚辯墓誌銘傳本小議》作“宴”，非。

［75］鴈：同“雁”。《隋姚辯墓誌銘傳本小議》作“鷹”，形似而誤。猨：同“猿”。《隋全文》作“猿”，是。非原刻。

［76］軄：即“職”。

［77］《金薤琳琅》《隋全文》未釋“入登”。

［78］筭：即“算”。

［79］《金薤琳琅》未釋“累膺”。赤：即“赫”的異體。“顯赫”，《金石萃編》作“頻赫”，非。

［80］《金石萃編》脱“慎”。《隋全文》釋“慎”作“順”，非。

［81］“祀”，《金石萃編》作“紀”，非。《隋全文》沿誤。

［82］《金石萃編》脱“掩”。

［83］䰟：即“魂”。構件位移。

［84］《金薤琳琅》《隋全文》未釋“何既”。

［85］“遞代”，《金石萃編》作“代遞”，誤倒。徽猷：美善之道。猷，道，指修養、本事等。《詩經・小雅・角弓》：“君子有徽猷，小人與屬。”毛傳：“徽，美也。”鄭玄箋：“猷，道也。君子有美道以得聲譽，則小人亦樂與之而自連屬焉。”① “勿替”，《金薤琳琅》《金石萃編》《隋全文》作“永遠”，非。

［86］《隋全文》脱“萬文韶刻字”等字。其上，《金石萃編》《故宫博物院院刊》衍“祀掩”。萬文韶：隋唐間著名刻工。永徽四年（653）刻《雁塔聖教序》。清王昶《金石萃編・姚辯墓誌銘》：“蓋碑為重摹本，或因缺泐，後人意為改竄。”並進一步認

① 十三經注疏整理委員會：《毛詩正義》卷十五，《十三經注疏》，北京大學出版社2000年版，第1062頁。

為“或是元明好事者摹集歐跡竄改原碑，雜之翻刻中以欺世未可”①。該誌原石久佚，世多翻刻，主要有明都穆《金薤琳琅》、清王昶《金石萃編》録文各據不同翻刻本；故宮博物館藏原拓本；浙江仁和趙氏舊藏拓；附清乾隆經學和考據家程瑤田題跋，1988年北京文化藝術出版影印本等。從此拓看，一石兩面刻，一紙完整，一紙有裂痕，也應是翻刻。儘管如此，但誌文中部分内容，特别是誌主姚辯的生平事跡，可以補史之闕，具有重要的史料價值。

彙考

姚氏，燒當羌人，世為豪酋。東漢初，内徙到隴西漢陽安定一帶。西晉末，從南安赤亭（今甘肅隴西之西），率眾東遷至榆眉（今陝西千陽東）。姚辯其先，八世祖姚弋仲，先後投靠前趙、後趙、晉，授予冠軍大將軍；車騎大將軍、大單于，封高陵郡公。這是姚氏羌人傾向中原文化的肇始，開啟了姚氏一支的勃興之路。七世祖姚萇據陝中、隴東、豫南，在長安建立後秦政權。歷六世祖興，至五世祖弘，兵敗晉劉裕，子孫散佈，在北魏、北周、隋朝中擔任重要官職。姚辯，出自西羌名門望族後秦姚萇嫡裔。《隋書》《北史》無傳。只是在《隋書·帝紀·高祖下》、大業六年（610）《史射勿墓誌》有零星記録，且語焉不詳。墓誌詳述姚辯生平事跡，可補史之闕。所載左武侯大將軍授職時間，可正史之誤，史料價值高。誌主在楊堅結束南北朝混亂分裂局面、建立統一的隋王朝大業，以及穩定西北邊陲中，作出了重大貢獻，誌文為研究後秦姚氏世系提供了新的材料。

① （清）王昶：《金石萃編》卷四十，《石刻史料新編》第一輯（1－4），臺北：臺灣新文豐出版公司（據經訓堂藏板影印）1982年版，第693頁。

115 姚太及妻袁氏墓誌 大業十年（614）八月十九日

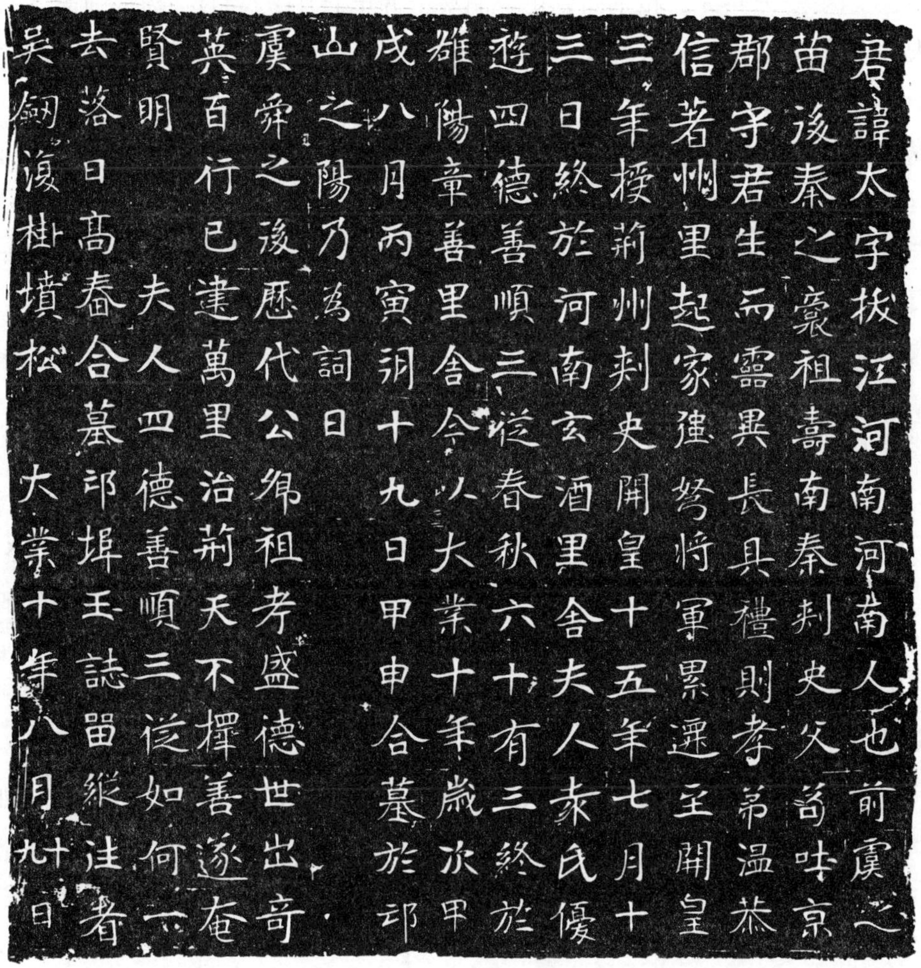

説明

墓誌於1924年在河南省洛陽城北邙山前海資村出土，曾歸陝西三原于右任。現藏西安碑林。石高、寬均37 cm。拓片高36.3 cm，寬36.8 cm。誌文15行，滿行15字。楷書。有縱横界格。單綫框。誌蓋陽文篆書“荊州刺史姚君墓誌銘”。有縱横界格。失拓。該誌又題《荊州刺史姚君墓誌銘》。

蓋

荊州刺史姚君墓誌銘。/

誌文

君諱太，字拔江，河南河南人也。前虞之/苗，後秦之裔[1]。祖壽南[2]，秦刺史。父茍吐[3]，京/郡守。君生而靁異，長具禮則，孝弟溫恭[4]，/信著州里。起家強弩將軍，累遷至開皇/三年[5]，授荊州刺史。開皇十五年七月十/三日，終於河南玄酒里舍。

夫人袁氏，優/遊四德，善順三従[6]。春秋六十有三，終於/雒陽章善里舍。今以大業十年歲次甲/戌八月丙寅朔十九日甲申[7]，合墓於邙/山之陽。乃為詞曰：/

虞舜之後，歷代公卿[8]。祖考盛德，世出奇/英。百行已建，萬里治荊。天不擇善，遂奄/賢明。

夫人四德，善順三従。如何一/去，落日高春。合墓邙埠，玉誌留縱[9]。往者/吴劍，復掛墳松。

大業十年八月十九日。/

著録

1.《漢魏南北朝墓誌集釋》481圖。2.《北京圖書館藏中國歷代石刻拓本滙編》10－107。3.《隋唐五代墓誌滙編·洛陽卷》1－123。4.《全隋文補遺》316。5.《隋代墓誌銘彙考》5－61圖，62文。6.《鴛鴦七誌齋藏石》215圖①。7.《西安碑林群集》卷71－1601。

注釋

［1］裔：即“裔”。構件“衣”“冏”拆分，上下倒置，“八”變“丷”。如北魏永平四年（511）《司馬紹墓誌》：“遙哉遠裔，緬矣鴻胄。”② 孝昌三年（527）《侯愔墓誌》：“其先蓋黄帝之苗裔。”③ 受到强勢筆畫“冖”的影響，“冂”演變為“冖”。“冖”與“匕”不分。如建義元年（528）《元彝墓誌》：“侔弱水之聖裔，等豊岐之隆緒。”④ 誌主姚太，後秦姚氏後裔。

［2］壽：即“壽”。

［3］茍：即“苟”。吐：即“吐”。

［4］靁：即“靈”。靈異，與衆不同，聰慧。禮則：禮節法則。《後漢書·皇后紀

① 趙力光：《鴛鴦七誌齋藏石》，三秦出版社1995年版。

② 北京圖書館金石組：《北京圖書館藏中國歷代石刻拓本滙編》（3），中州古籍出版社1989年版，第140頁。

③ 《北京圖書館藏中國歷代石刻拓本滙編》（5），第69頁。

④ 同上書，第90頁。

上·明德馬皇后》："奉承陰后，傍接同列，禮則修備，上下安之。"① 弟：通"悌"。順從和敬愛兄長，泛指敬重長上。《論語·學而》："入則孝，出則弟。"陸德明《經典釋文》："弟，音悌。本亦作悌。"②

［5］強：即"强"。强弩將軍，漢武帝時置，東漢為雜號將軍名號。晉太康十年（289）立弩營，置强弩將軍以主之，秩四品，掌宿衛。南朝沿置。《隋書·百官志》："為從第七品。"③ 遷：即"遷"。

［6］従：即"從"。

［7］寅：即"寅"。朔：即"朔"。

［8］卿：即"卿"。公卿，泛指高官。

［9］"埠"，拓片清晰，《全隋文補遺》作"阜"，非。留：即"留"。縱：即"縱"。《全隋文補遺》作"蹤"，非。

---

① （漢）班固撰，（唐）顏師古注：《後漢書》卷十上，中華書局1962年版，第408頁。

② 十三經注疏整理委員會：《論語注疏》卷一，《十三經注疏》，北京大學出版社2000年版，第11頁。

③ （唐）魏徵等：《隋書》卷二十七，中華書局1973年版，第768－769頁。

116　孟常及妻吕氏趙氏墓誌　大業十三年（617）十月初八

説明

墓誌出土於陝西省長安。石高 40 cm，寬 42.6 cm。誌文 20 行，滿行 21 字。楷書，有縱横界格。左右邊緣微殘，泐蝕嚴重。誌蓋闕。

誌文

隋故涇陽府拣帥孟君墓誌[1]

君諱常，字子常，武威人/也。重黎之後，是曰羲和[2]。司天司地之153，咸其上茉[3]。至于/有周肇祚，封邑孟郊，囙圡命氏[4]，可略言矣。祖宗，魏使持/莭；蒙州刾史。屈産之俗，頻臨虢之兵[5]；垂棘之壤，非無絕/秦之路。公乃雲旗亙野，月陣遍山[6]。服叛威邊，舉無遺策[7]。/父崇，太保公。蜀栾性徒規[8]，儀形合軏[9]，星精體德，溫狡俱/義[10]。

君少忻戎㧙，償班超之頭；幼冀儒心，尚孫弘之學[11]。雖/□□非□謇，恆延陶侃之賓；氣齊斗牛，即有張華之劒[12]。/大業九年，授㧙帥。十年，徙捴管，北征胡寇。于時三軍士/卒，各表所能。君以明略佐時，授為司騎。入陪帷帳，應變/之計無窮；出俠旌旆，謀猷之權罕匹。加以單于侵塞，踐/逼京圻[13]。君以雄烈之戰[14]，□軍繫討[15]。十三季九月七日，遂/薨于陣，春秋五十有七。

夫人呂氏、趙氏，英華胄族，軒冕/當朝[16]，箴訓無虧，四德斯備。開皇十二季，揜盡房籠。即於/十月八日合葬于永□之里[17]。嗚呼哀哉，乃為銘曰：/

南正司天，北正司地。羲和所掌，重棃之嗣[18]。周鼎肇興，封/莱斯至[19]。黼黻傳茲[20]，英模遠泉[21]。媿登方伯，弘宣今軌。擁麾/為將，存休弥郃[22]。/控竹來迎[23]，信無虛圯。威加斯俗[24]，恩敷故/□。睢陽落景，金谷秋雲[25]。英規岦挺[26]，雄傑並群。/芳徽永瘞[27]，/□響餘芬。幽垧一阻，壟月長分[28]。/

著録

1.《漢魏南北朝墓誌集釋》圖 353 上。2.《隋代墓誌銘彙考》5－418 圖，419 文。3.《全隋文補遺》143。

注釋

［1］㧙：即“旅”。構件“方”變“扌”。如“於”作“扵”。見北魏永平四年（511）《元倖墓誌》：“君有溫柔之貞氣，栖素質扵靈府。”① 神瑞元年（414）《净悟浮圖記》：“於永興四年冬十二月圓寂扵法室。”② “旅”作“㧙”，見太和二十二年（498）《元詳造像》：“太妃以聖善之規，戒途戎㧙。”③ 太昌元年（532）《元恭墓誌》：“心旅所憑，社稷攸賴。”④

［2］棃：即“黎”字。重黎：即重與黎，羲和二氏祖先。《尚書·吕刑》：“乃命重、黎，絶地天通，罔有降格。”孔傳：“重即羲，黎即和。堯命羲和世掌天地四時之官，使人神不擾，各得其序。”孔穎達疏：“羲是重之子孫，和是黎之子孫，能不忘祖之舊業，故以重黎言之。”⑤

［3］莱：即“葉”字。構件“世”，筆畫減省所致。減省一横，豎筆連通。東漢

---

① 北京圖書館金石組：《北京圖書館藏中國歷代石刻拓本滙編》（3），中州古籍出版社 1989 年版，第 144 頁。

② 同上書，第 1 頁。

③ 同上書，第 40 頁。

④《北京圖書館藏中國歷代石刻拓本滙編》（5），第 172 頁。

⑤ 十三經注疏整理委員會：《尚書正義》卷十九，《十三經注疏》，北京大學出版社 2000 年版，第 635 頁。

中平二年（185）《曹全碑》："枝分𣡵佈，所在為雄。"① 北齊武平七年（576）《李雲墓誌》："蘭柯佈濩，桂葉氛氳。"② 減省豎筆，北魏永安二年（529）《穆彦墓誌》："弈𣡵扶疎，分柯瀾漫。"③ 再進一步訛變作"菜"。南朝梁大同元年（535）《羅浮山銘》："枝菜禮義，黥劓是非。"④

［4］囙：即"因"字。氏：即"氏"字。此謂孟氏祖先封邑孟郊，因地命氏。

［5］"臨"下一字泐，諦視，似"虢"。周初虢國，晉地。漢武帝置弘農郡，北魏改恒農郡。《元和郡縣圖志》虢州條："隋開皇三年廢郡。其年，以縣屬陝州。大業二年，又改屬豫州。三年，又於弘農縣置弘農郡。"⑤ 唐武德初改為虢州，屬河南道。

［6］月陣：古代軍隊作戰時的一種戰鬥隊形。"卻月陣"的省稱。《宋書·朱齡石傳》附《朱超石傳》：劉裕北伐，與後秦戰於黄河，朱超石遣丁旿"率七百人，及車百乘，於河北岸上，去水百餘步，為卻月陣，兩頭抱河，車置七仗士"⑥。"山"上一字，泐蝕，"辶"清晰，細觀，或是"遍"字。

［7］"遺"下一字泐，是"策"字。遺策：失策；失算。

［8］"規"上一字泐，右下清晰，是"止"，似"徒"字。

［9］彤：即"形"。構件"开"，筆畫寫穿，變為"井"。

［10］"溫"下一字泐，左右結構，左似"犭"，右下"乂"，似"狡"。壯健驍勇。《文選·揚子雲〈羽獵賦〉》："方馳千駟，狡騎萬帥。"李善注引晉灼曰："狡健之騎也。"⑦《隋代墓誌銘彙考》《全隋文補遺》未釋"狡"。

［11］班超：東漢著名軍事家、外交家。擊北匈奴，出使西域，促進民族融合。"孫"下一字，左中筆畫略斷，是"弘"，即"弘"字。頣：即"願"。兩字在漢魏石刻中常見。孫弘：即公孫弘，西漢時人。治《春秋公羊傳》，熟悉文法吏治，被武帝委為丞相，封平津侯。

［12］"恆"上一字，是"謇"，《隋代墓誌銘彙考》《全隋文補遺》未釋。陶侃，字士行，廬江尋陽（今江西九江）人。東晉名將。以軍功升為荊州刺史，以武功為士

---

① 北京圖書館金石組：《北京圖書館藏中國歷代石刻拓本滙編》（1），中州古籍出版社 1989 年版，第 176 頁。

② 毛遠明：《漢魏六朝碑刻校注》（10），綫裝書局 2008 年版，第 115 頁。

③ 趙力光：《鴛鴦七誌齋藏石》，三秦出版社 1995 年版，第 120 頁。

④ 北京圖書館金石組：《北京圖書館藏中國歷代石刻拓本滙編》（2），中州古籍出版社 1989 年版，第 160 頁。

⑤（唐）李吉甫撰，賀次君點校：《元和郡縣圖志》卷六，中華書局 1983 年版，第 162 頁。

⑥（梁）沈約：《宋書》卷四十八，中華書局 1974 年版，第 1425 頁。

⑦（梁）蕭統編，（唐）李善注：《文選》卷八，《中國古典文學叢書》，上海古籍出版社 1986 年版，第 393 頁。

族折服。張華（232－300），字茂先，范陽方城（今河北固安）人。西晉文學家、詩人、政治家，固勸伐吳，死於朋党之争。著《博物志》。見《晉書》卷六十六《陶侃傳》、卷三十六《張華傳》。

［13］京圻：猶京畿。《庚子事變文學集·哀黎民》："京圻化煨燼，千里五墟落。"①

［14］雄烈：雄壯剛烈。"之"下一字，右"戈"清晰，似"戰"。《隋代墓誌銘彙考》《全隋文補遺》未釋"戰"。

［15］"軍"上一字泐，右下似"昔"，疑"籍"，不確。《全隋文補遺》未釋"繫"。

［16］軒冕：指國君或顯貴者。十六國時，氐人吕氏入據涼州，建立后涼政權，後降後秦。此謂吕氏為后凉國君之裔。

［17］"葬"下泐三字，前兩字為"于永"，第三字不識。《隋代墓誌銘彙考》《全隋文補遺》均未釋。

［18］"羲"下一字，"禾"清晰，左右似有"口"。據上下文義，及"羲和"與"重黎"對舉，應是"和"。構件"禾"的左"口"，應為泐痕。

［19］周鼎：指周代傳國的九鼎。"封"下一字泐，細審，上為"艹""爫"，是"菜"字，通"采"。封采，埰地，封邑。南朝陳無名氏《陳叔明墓誌》："出自帝舜之後胡公滿，食菜於陳，因而賜姓。"② 與上文"有周肇祚，封邑孟郊"相對應。《隋代墓誌銘彙考》《全隋文補遺》未釋"菜"。

［20］"黼"：從黹，甫聲。形符訛變、簡省作"嵩"。北齊天保二年（551）《崔芬墓誌》："握蘭禮闈，黼藻軍國。"③ 黼黻：即"黼黻"。本謂繡在禮服上的華美花紋，借指爵禄。

［21］"模"下二字，雖泐，尚可辨識，是"遠臮"，遠播。臮，同"暨"，亦作"旣"。《全隋文補遺》未釋"臮"。

［22］"存"下一字，諦視，是"体"，同"休"。《隋代墓誌銘彙考》《全隋文補遺》作"使"，不取。

［23］"來"上二字泐，細審，似"控竹"。《全隋文補遺》未釋。

［24］"俗"上一字泐，左似"其"，是"斯"字。《全隋文補遺》未釋。

［25］"秋"下一字泐，似"雲"。《全隋文補遺》未釋。

［26］丗：同"世"。

---

① 阿英：《庚子事變文學集》卷一（上），中華書局1962年版，第157頁。

② 吴鋼：《隋唐五代墓誌滙編·洛陽卷》(2)，天津古籍出版社1991年版，第132頁。

③ 羅新、葉煒：《新出魏晉南北朝墓誌疏證》，中華書局2005年版，第161頁。

[27]“芳”下一字泐，是“徽”。《全隋文補遺》未釋。芳徽，墓誌中常用語。北魏正光五年（524）《元璨墓誌》：“陵谷儻改，芳徽是鐫。”① 建義元年（528）《元彝墓誌》：“迺命典臣，鐫銘述盛，庶芳徽與日月共遠，流鴻猷與陵谷俱敻。”②

[28]“壟”，《全隋文補遺》作“秋”，非。壟月，常用於墓誌，以烘托悲涼、哀傷的氣氛。北周正光四年（523）《元斌墓誌》：“壟月曉寒，松風夜列。”③ 北周建德五年（576）《王鈞墓誌》：“滄茫壟月，蕭瑟松風。”④

① 趙力光：《鴛鴦七誌齋藏石》，三秦出版社1995年版，第69頁。
② 同上書，第98頁。
③ 同上書，第65頁。
④ 李慧、曹發展：《咸陽碑刻》（上），三秦出版社2000年版，第10頁。

117　鉗耳儁造像碑　隋代（581－618）初期

碑陽

碑陰

左側

右側

説明

碑石於1991年在陝西省澄城縣西安里鄉韓古村發現，現藏藥王山博物館。石高66.8 cm，寬34 cm－37.5 cm，厚16.1 cm。长方形扁體，碑體較小。顶有小圓榫，底部有方榫。四面開龕造像，碑陽、碑陰、左右側主龕内造像組合分別為：一佛二菩薩、一善跏趺坐彌勒菩薩二脇侍菩薩、侍立菩薩及立佛。龕楣飾以忍冬紋。龕下刻香爐、雙獅。碑面下半刻供養人出行圖，並題名。楷書。有縱界格、雙綫框。該碑又題《鉗耳僑佛教造像碑》。

碑文

像主清信女鉗耳僑[1]，/曠野將軍、員外員司馬囗夫雷屈弱[2]。/（以上刻於碑陽）

義女雷明囗，/義息雷世囗，/義息同琋像奴，/義息似先法達，/興門鉗耳囗妃[3]，/興囗久姿女。/（以上刻於碑陰）

巨姑馬文珎還，/巨嫜春生[4]。/（以上刻於碑左側）

佛弟子夫蒙醜默，/佛弟子雷洛周，/兄嫜雷興標，/巨兄嫜雷道猥。/（以上刻於碑右側）

著録

1.《耀縣新發現的一批造像碑》，《考古與文物》1994（2）。2.《北魏至隋代關中地區造像碑的樣式與年代考證》312。

注釋

［1］碑陽泐蝕嚴重，題名據《耀縣新發現的一批造像碑》迻録。

［2］曠野將軍：軍號，為四十三將軍之一，其品階與横野將軍相同，正一命，第九品。根據軍號、散官雙授制，曠野將軍對應的散官是“殿中司馬”；“横野將軍”對應“員外司馬”，都是正一命。見《通典·職官二一》“後周官品”①、《周書·盧辯傳》卷二十四、《北史·盧辯傳》卷三十。如北周保定四年（564）《聖母寺四面像碑》：“横野將軍、員外司馬同琋永。”《鉗耳僑造像碑》：“曠野將軍、員外員司馬。”“員外”下“員”字，當是衍刻。軍號與之對應的散官錯位，當更正為“曠野將軍、殿中司馬”。

［3］興門：興旺之家。《隋書·列女·劉昶女》：“上聞而歎曰：‘吾聞衰門之女，

① （唐）杜佑撰，王文錦等點校：《通典》卷三十九，中華書局1988年版，第1072頁。

興門之男，固不虛也！'"① 此為家族造像。丈夫雷氏，妻鉗耳氏，收養多名同姓、異姓子女，"興門鉗耳囗妃"，當是從母姓。

［4］ 嫜：北朝造像碑題名少見，意思是"丈夫的父親"。此謂姑姑的丈夫。

彙考

無刻碑時間，從雕鑿年代看，《耀縣新發現的一批造像碑》認為是隋代。可從。

隋初，社會剛結束長期動亂、分裂局面，官制多沿用前朝官號。《八瓊室金石補正》著録開皇六年（586）《龍藏寺碑》，題名有"驃騎大將軍、開府儀同三司、内邱縣散伯"者，跋語："然則此數人者，皆齊官而非隋官矣。"② 又如此造像題"曠野將軍""員外員司馬"，表明該碑刻石時間約在隋初。

從供養人服飾考察，碑陽下部右側男供養人身穿胡服騎在馬上，其餘碑面的男供養人均身穿長袍漢服，有的頭戴籠冠。同一塊造像碑供養人的服飾既有胡服又有漢服，説明供養人的服飾正好處於變化時期，是北朝進入隋代的反映。李凇先生據此認為，北周胡服代替漢服發生在保定五年、天和元年左右③，造像記應刻於天和元年左右。《北魏至隋代關中地區造像碑的樣式與年代考證》認為刻於北周天和年間（566－571）。二説備參。

---

① （唐）魏徵等：《隋書》卷八十，中華書局1973年版，第1809頁。

② （清）陸增祥：《八瓊室金石補正》卷二十四，吳興劉氏希古樓刊本，民國十四年（1925），《石刻史料新編》第一輯（6），臺北：臺灣新文豐出版公司1982年版，第4374頁。

③ 李凇：《長安藝術與宗教文明》，中華書局2002年版，第343頁。

唐代

118　疊溪點將臺造像題記十五條　貞觀四年（630）

118－01　疊溪點將臺造像題記（一）　貞觀四年（630）九月十五日

説明

題記刻於四川省茂縣北部疊溪鎮唐代摩崖造像第一龕，現存縣疊溪鎮小學。外方内圓拱雙重龕，外龕石高 146 cm，寬 120 cm，深 40 cm；内龕高 103 cm，寬 85 cm，深 25 cm。龕内有一佛二弟子二菩薩二力士，俗稱“彌勒龕”，是點將臺造像中題記最大的一龕。龕楣刻七佛。龕外右上側刻題記，高 43 cm，寬 30 cm。殘存記 9 行，滿行 16－17 字不等。楷書。

碑文

惟大唐貞觀四年，歲次庚寅，九月癸亥朔，/十五日丁丑，大施主持節兼翼州諸軍事/翼州刺史、大將軍李玄嗣[1]，行治中張仲偘/敬造釋迎及彌勒佛二龕[2]。助布施主録事/參軍常詮胄、司倉參軍李德超、行司戶參/軍王季札、行參軍劉紹約[3]，翼針縣令范孝/同、丞馮師才[4]，翼水縣令席義靜、丞楊弘鸞[5]，/左封縣令劉保德、丞常白寬，如和府統軍宋威[6]、/右別將王君相，石臼戍副鄭寶賢，敬造為法界[7]。

著録

1.《阿壩州志》2155。2.《四川省文物志》2－101。3.《四川茂縣點將臺唐代佛教摩崖造像調查簡報》,《文物》2006（2）。4.《西川羌族特殊載體檔案史料研究》331。

注釋

［1］翼州：北周天和元年（566）置，治翼針縣，即今四川省茂縣西北較場壩南。轄境約當今四川省茂縣西北部和黑水縣東部。唐初置為羈縻翼州翼針縣，天寶間改衛山縣，《川西北羌族探源》一文中認為，“衛山”疑“昔衛山”簡稱，如是，北周時此地的蠶陵羌，即唐昔衛羌，唐中葉後融入茂州羌。唐初岷江上游西山地區各羈縻州的部族，如冉駹、左封、昔衛、葛延、向人、望族、林台、紫祖、四鄰、白狗、千碉等羌人部落，以及其後内徙該地區的涉題、特浪、辟惠、那鄂、渠步、西山八國諸羌，從唐代中後期至宋，融合為茂州羌和維州羌，成為川西北羌族可考的祖先①。《四川茂縣點將臺唐代佛教摩崖造像調查簡報》在“大將軍”上衍“上”字。

［2］釋迎：即“釋迦”。“迎”，“迦”的筆誤。唐代點將臺造像題記，凡“釋迦”均作“釋迎”，不再一一出注。“敬造釋迎及彌勒佛二龕”，從出土於茂縣較場壩中村寨西南的南朝永明元年（483）《釋玄嵩造像記》，到此造像題記，佛教在四川茂縣羌族地區是民間普遍的宗教信仰。只是佛主崇奉發生了變化，從南朝的無量壽、彌勒佛變成了觀世音。羌區觀音菩薩在民間信徒中地位的提升與中國佛教的發展取同一步調，反映出羌區與漢區民間宗教的密切關係。偘：同“侃”。《阿壩州志》作“品”，非。《四川茂縣點將臺唐代佛教摩崖造像調查簡報》《西川羌族特殊載體檔案史料研究》沿誤。“治”，《西川羌族特殊載體檔案史料研究》作“侍”，非；“中”下衍“傳個”。

［3］《西川羌族特殊載體檔案史料研究》釋“札”作“扎”，非；並脱“行”。

［4］丞：此即“縣丞”。官名。戰國始置，縣令副佐，助掌縣政。秦漢沿置，歷代因之。《漢書・景帝紀》：“縣丞，長吏也。”② “丞”，《阿壩州志》作“承”，非。《四川省文物志》《四川茂縣點將臺唐代佛教摩崖造像調查簡報》沿誤。下同。

［5］弘：即“弘”。《阿壩州志》作“和”，非。《四川茂縣點將臺唐代佛教摩崖造像調查簡報》沿誤。《西川羌族特殊載體檔案史料研究》釋“翼”作“異”，非。《四川省文物志》《西川羌族特殊載體檔案史料研究》“異水縣”，史無載，當“翼水縣”之誤。“異”為“翼”之訛。

［6］翼州、翼針縣、翼水縣、左封縣，為羈縻州縣，均見於史載。翼州，《元和郡縣圖志・劍南道中》：北周天和元年（566）“討蠶陵羌，又於七頃山下置翼州，以翼針水為名”③。《舊唐書・地理志》：“翼州下，隋汶山郡之翼針縣。武德元年，分置

---

① 郭聲波：《川西北羌族探源——唐宋岷江西山羈縻州部族研究》，《中南民族大學學報》（人社科）2002年第4期，第74頁。

② （漢）班固撰，（唐）顔師古注：《漢書》卷五，中華書局1962年版，第151頁。

③ （唐）李吉甫撰，賀次君點校：《元和郡縣圖志》卷三十二，中華書局1983年版，第813頁。

翼州。六年，自左封移州治於翼針。”“衛山，漢蠶陵縣，屬蜀都。故城在縣西，有蠶陵山。隋改為翼針縣。”“翼水，漢蠶陵縣，隋置翼水縣也。”① 而漢之蠶陵縣即今之疊溪。翼針縣故址即今茂縣較場壩南1公里之疊溪古城，轄境約當今四川省茂縣西北部和黑水縣東部。左封縣，唐初屬翼州，後屬悉州。悉州故治應在今理縣西北部孟屯水上游，隔山與茂縣西部赤不蘇交界。而悉州之左封縣，其故治當在今茂汶縣西部赤不蘇之維城②。如和府：唐貞觀四年曾存在於岷江上游地區，史無載，題記可補史志之闕。“宋”，《阿壩州志》作“朱”，非。《西川羌族特殊載體檔案史料研究》脫“如”。

[7] 石臼：“識臼”的同音字，縣名。《舊唐書·地理志》：“悉州本翼州之左封縣，顯慶元年（656）置悉州，領悉唐、左封、識臼三縣，治悉唐城。咸亨元年（670）移治左封。”③《元和郡縣圖志·劍南道中》：“石臼戍，在縣北六十里。”④ 故址當在今松潘縣南岷江東岸的鎮平關。

彙考

以“翼州刺史、大將軍李玄嗣”為首的翼州、翼針縣、翼水縣、左封縣、石臼、“如和府”等官吏、戍邊武將集資開鑿佛像，為研究岷江上游古今地名、建置沿革，提供了可靠材料。翼州是唐王朝與吐蕃對峙的前方重鎮，各僚屬、將領的崇佛活動，必與政治或軍事行動有密切關係。

118－02 疊溪點將臺造像題記（二） 貞觀四年（630）九月十五日

説明

題記刻於四川省茂縣北部疊溪鎮唐代摩崖造像第六龕，現存茂縣疊溪鎮小學。外方内圓拱形雙重龕，外龕石高103 cm，寬91 cm，深18 cm；内龕高77 cm，寬68 cm，深17 cm。龕内有一佛二弟子二菩薩二力士。龕外右上角刻題記，高17 cm，寬35 cm。記11行，滿行16字。楷書。泐蝕較嚴重。此龕與第一龕内容基本相同，題名比第一龕多“梓州前州行參軍韓義展”1人。

---

① （後晉）劉昫等：《舊唐書》卷四十一，中華書局1975年版，第1689頁。
② 四川文物管理局：《四川省文物志》(2)，巴蜀書社2005年版，第101頁。
③ （後晉）劉昫等：《舊唐書》卷四十一，中華書局1975年版，第1703頁。
④ （唐）李吉甫撰，賀次君點校：《元和郡縣圖志》卷三十二，中華書局1983年版，第814頁。

碑文

惟大唐貞觀四年，歲次庚寅，九月癸亥朔，/十五日丁丑，大施主持節兼翼州諸軍事、/翼州刺史、上大將軍李玄嗣[1]，行治中張仲偘/敬造釋迦及彌勒佛二龕。助布施主録事/參軍常詮胄，司倉參軍李德超，行司戶參/軍王季札，行參軍劉紹約，翼針縣令范孝/同、丞馮師才，翼水縣令席義靜、丞楊弘鸞[2]，/左封縣令劉保德、丞常白寬，如和府統軍宋威、/右別將王君相，石臼戍副鄭寶賢，梓州前州行/參軍韓義展等[3]，今即像成功就[4]，敬造為法界眾生，/咸同斯福。/

著録

1.《阿壩州志》2155。2.《四川省文物志》2-101。3.《四川茂縣點將臺唐代佛教摩崖造像調查簡報》,《文物》2006（2）。4.《西川羌族特殊載體檔案史料研究》331。

注釋

［1］《四川省文物志》釋“兼”作“箓”，即“兼”。又，釋“翼”作“異”，非。

［2］“弘”，《阿壩州志》作“和”，非。《四川茂縣點將臺唐代佛教摩崖造像調查簡報》沿誤。

［3］梓州：《元和郡縣圖志·劍南道下》：“因梓潼水以為名也。”① 治所在昌城縣（今四川三台縣潼川鎮）。隋開皇末改為梓州。大業三年（607），昌城縣改為郪縣，同時改梓州為新城郡。唐武德元年（618），又改新城郡為梓州，屬劍南道。天寶元年（742），改梓州為梓潼郡。乾元元年（758）復改梓州。翼州、梓州同屬劍南道。

［4］“就”，《四川省文物志》作“氣莊”，非。“像成功就”，造像記中常見類似用語。北魏太和二十年（496）《姚伯多兄弟造像碑》：“神像功就，於茲有緣。”天統元年（565）《郭顯邕造經記》：“功就慈□，刊銘金石。”②

118-03　疊溪點將臺造像題記（三）　貞觀四年（630）九月十五日

説明

題記刻於四川省茂縣北部疊溪鎮唐代摩崖造像第十一龕，現存茂縣疊溪鎮小學。

① （唐）李吉甫撰，賀次君點校：《元和郡縣圖志》卷三十三，中華書局1983年版，第841頁。

② 北京圖書館金石組：《北京圖書館藏中國歷代石刻拓本滙編》（7），中州古籍出版社1989年版，第163頁。

外方内圓拱形雙重龕，外龕石高 55 cm，寬 34.5 cm，深 9 cm；内龕高 40.5 cm，寬 16.5 cm，深 5 cm。龕内有觀世音菩薩。龕外右上角刻題記。記 4 行，滿行 12 字。楷書。

碑文

惟貞觀四年，歲次庚寅，九月癸亥，/十五日丁丑，西義州行參軍張、/録事姚敬造救苦觀世音菩薩/一軀[1]，往生西方，一切眾生共同此[2]。/

著録

1.《四川省文物志》2－104。2.《四川茂縣點將臺唐代佛教摩崖造像調查簡報》，《文物》2006（2）。

注釋

［1］“西義州行參軍張、録事姚”，《中國少數民族古籍總目提要·羌族卷》以為1人，作“張姚”①，非。西義州：唐貞觀四年（630）置，羈縻州之一，屬松州都督府。治所在今四川省若爾蓋縣東境。《舊唐書·地理志四》：“貞觀四年，處党項，置西義州。八年，改為可州也。”②

［2］往生：即西方净土信仰彼岸世界的觀念。北周保定四年（564）《王文超造像碑》：“仰頭四海寧，往生净土。”點將臺造像屬净土宗造像，題記與造像相互印證，反映出唐代初期净土宗在四川的傳播和流行。

118－04　疊溪點將臺造像題記（四）　貞觀四年（630）十月十五日

説明

題記刻於四川省茂縣北部疊溪鎮唐代摩崖造像第二龕，在第一龕北側 23 cm 處。現存茂縣疊溪鎮小學。外方内圓拱形雙重龕，外龕石高 65 cm，寬 60 cm，深 13 cm；内龕高 52 cm，寬 38 cm，深 11 cm。龕内有一佛二弟子二菩薩二力士。龕外右側刻題記。記 4 行，滿行 19－21 字不等。楷書。泐蝕較嚴重。

---

① 國家民族事務委員會全國少數民族古籍整理研究室：《中國少數民族古籍總目提要·羌族卷》，中國大百科全書出版社 2009 年版，第 13 頁。

② （後晉）劉昫等：《舊唐書》卷四十一，中華書局 1975 年版，第 1707 頁。

碑文

惟大唐貞觀四年，歲次庚寅，十月壬辰朔，十五日丙午[1]，/斬州司戶參軍劉紹約敬造釋迦牟尼佛一龕[2]，上/為皇帝臣下及一切法界眾生，見在眷屬，七世父母，/咸同斯福[3]。/

著録

1.《阿壩州志》2156。2.《四川省文物志》2－101。3.《四川茂縣點將臺唐代佛教摩崖造像調查簡報》，《文物》2006年（2）。4.《西川羌族特殊載體檔案史料研究》331。

注釋

［1］《新唐書·太宗本紀》：貞觀四年“十月壬辰，赦岐、隴二州，免今歲租賦，降咸陽、始平、武功死罪以下”①。《四川茂縣點將臺唐代佛教摩崖造像調查簡報》釋“十月”作“七月”；《四川省文物志》釋“丙午”作“景午”，非。《阿壩州志》《四川茂縣點將臺唐代佛教摩崖造像調查簡報》《西川羌族特殊載體檔案史料研究》沿誤。

［2］斬州：史無載，據造像記知唐貞觀四年時岷江上游地區曾有斬州，亦羈縻州之一。可補史志不足。

［3］“福”，《四川省文物志》作“佛”，非。《西川羌族特殊載體檔案史料研究》沿誤。南朝梁普通六年（525）《□宣造像記》：“一切衆生，咸同斯福。”② 北魏太和五年（481）《塔基石函銘刻》：“咸同斯福，克成佛果。”③

118－05　疊溪點將臺造像題記（五）　貞觀四年（630）十月十五日

説明

題記刻於四川省茂縣北部疊溪鎮唐代摩崖造像第五龕，現存茂縣疊溪鎮小學。外方內圓拱形雙重龕，外龕石高70 cm，寬59 cm，深15 cm；內龕高58 cm，寬40 cm，深10 cm。龕內有一佛二弟子二菩薩二力士。龕外右上角刻題記。石高20 cm，寬22 cm。記6行，行字數不等。楷書。泐蝕較嚴重。

① （宋）歐陽修、宋祁：《新唐書》卷二，中華書局1975年版，第32頁。
② 袁曙光：《四川省博物館藏萬佛寺石刻造像整理簡報》，《文物》2001年第10期。
③ 劉來成：《河北定縣出土北魏石函》，《考古》1966年第5期。

碑文

大唐貞觀四年，歲次庚寅，十月壬辰朔，十五日丙午[1]，翼州行□□参軍□敬造釋迦像一龕，願法界眾生，咸同斯福[2]。/

著録

1.《阿壩州志》2156。2.《四川省文物志》2－102。3.《四川茂縣點將臺唐代佛教摩崖造像調查簡報》，《文物》2006（2）。4.《西川羌族特殊載體檔案史料研究》332。

注釋

［1］刻石時間“十月壬辰朔，十五日丙午”，《四川茂縣點將臺唐代佛教摩崖造像調查簡報》《四川省文物志》《阿壩州志》《西川羌族特殊載體檔案史料研究》均作“十月壬辰□□景午”，非。

［2］“福”，《四川省文物志》作“佛”，非。《西川羌族特殊載體檔案史料研究》沿誤。

118－06　疊溪點將臺造像題記（六）　貞觀四年（630）十一月十五日

説明

題記刻於四川省茂縣北部疊溪鎮唐代摩崖造像第九龕，現存茂縣疊溪鎮小學。外方内圓拱形雙重龕，外龕石高37 cm，寬23 cm，深2 cm；内龕高29 cm，寬15 cm，深3 cm。龕内有觀音菩薩。龕外左下角刻題記，高11 cm，寬8 cm。記4行，滿行8－9字不等。楷書。泐蝕較嚴重。

碑文

貞觀四年十一月十五日，/翼州孝刺史梁夫人為/七世父母及見在造/觀世音菩薩一軀供養。/

著録

1.《四川省文物志》2－104。2.《四川茂縣點將臺唐代佛教摩崖造像調查簡報》，《文物》2006（2）。

彙考

點將臺造像第十、十二、十四、十八龕題記，均明確記載造“觀世音菩薩”。這是四川地區最早的有明確紀年單獨供奉觀音菩薩的題記，並未避唐太宗李世民“世”之諱。

118－07　疊溪點將臺造像題記（七）　貞觀四年（630）十一月十五日

説明

題記刻於四川省茂縣北部疊溪鎮唐代摩崖造像第十龕，現存茂縣疊溪鎮小學。圓拱形龕，高 97 cm，寬 57 cm，内有釋迦牟尼像。龕外左壁刻題記。高 16 cm，寬 19 cm。記 4 行，滿行 11－12 字不等。楷書。泐蝕嚴重。

碑文

惟大唐貞觀四年十一月八日，/佛弟子梁大逢夫婦奉為法界/眾生及見在、先父母理釋迎/佛一龕，供養俱同。/

著録

1.《四川省文物志》2－104。2.《四川茂縣點將臺唐代佛教摩崖造像調查簡報》，《文物》2006（2）。

118－08　疊溪點將臺造像題記（八）　貞觀四年（630）十一月十五日

説明

題記刻於四川省茂縣北部疊溪鎮唐代摩崖造像第十七龕。外方内圓拱形雙重龕。外龕石高 32 cm，上寬 48.5 cm，下寬 50cm，深 4 cm。内有第十七至第十九龕，分別為高 25.5 cm，寬 9.5 cm，深 3 cm；高 23 cm，寬 10 cm，深 3.5 cm；高 28.4 cm，寬 12 cm，深 3.5 cm。内均有觀世音菩薩。龕外左側刻題記。僅第十八龕題記可辨，高 8 cm，寬 15 cm。記 3 行，滿行 10 字。楷書。餘泐蝕不清，應為同時期刻。

碑文

貞觀四年十一月十五日，/翼州孝刺史□□□及□/母，敬造觀世音菩薩一軀。/

著録

1.《四川省文物志》2－105。2.《四川茂縣點將臺唐代佛教摩崖造像調查簡報》,《文物》2006（2）。

118－09 疊溪點將臺造像題記（九） 貞觀四年（630）十一月十七日

說明

題記刻於四川省茂縣北部疊溪鎮唐代摩崖造像第四龕，現存茂縣疊溪鎮小學。外方内圓拱形雙重龕，外龕石高48 cm，寬51 cm，深9 cm；内龕高36 cm，寬38 cm，深8 cm。龕内有二佛二菩薩，龕楣刻七個小佛龕，是四川地區最早的有明確紀年記載釋迦、藥師並坐的造像，對於廣元、巴中、蒲江等地的同類造像的認定有重要的參考價值。龕外右側刻題記，高30 cm，寬9 cm。記4行，滿行12字。楷書。泐蝕較嚴重。

碑文

貞觀四年十一月十七日，清信/弟子古忌連夫婦敬造[1]。另釋迦、/藥師佛，奉為七世父母及見在/眾生肯為法界眾生供養。/

著録

1.《阿壩州志》2156。2.《四川省文物志》2－102。3.《四川茂縣點將臺唐代佛教摩崖造像調查簡報》,《文物》2006（2）。4.《西川羌族特殊載體檔案史料研究》332。

注釋

［1］《阿壩州志》脱“忌”。《西川羌族特殊載體檔案史料研究》沿誤。

118－10 疊溪點將臺造像題記（十） 貞觀四年（630）十一月十九日

說明

題記刻於四川省茂縣北部疊溪鎮唐代摩崖造像第三龕，現存茂縣疊溪鎮小學。外方内圓拱形雙重龕，外龕石高 70 cm，寬 57 cm，深 13 cm；内龕高 50 cm，寬 34 cm，深 8 cm。龕内有一佛二弟子二菩薩二力士。龕外左側刻題記，高 27 cm，寬 23 cm。記 8 行，行字數不等。楷書。泐蝕較嚴重。

碑文

惟大唐貞觀四年，歲次庚寅，/十一月壬戌朔，十九日庚辰[1]，翼/州翼水縣丞上騎都尉楊弫鸞為法/界眾生敬造釋迎牟尼像一龕[2]，/□法界眾生，□獄自想壞人，/忩忩見都成□勝[3]，向匀薇薇之/意，薄之口薄□，含露□□□□真[4]。/

著録

1.《阿壩州志》2156。2.《四川省文物志》2－102。3.《四川茂縣點將臺唐代佛教摩崖造像調查簡報》，《文物》2006（2）。4.《西川羌族特殊載體檔案史料研究》332。

注釋

[1]《西川羌族特殊載體檔案史料研究》脱“十”，釋“十一月”作“一月”，非。

[2] 縣丞：官名。秦漢於諸縣置丞，以佐令長，歷代因之。《四川省文物志》釋“弫”作“和”，非。《阿壩州志》《四川茂縣點將臺唐代佛教摩崖造像調查簡報》沿誤。《西川羌族特殊載體檔案史料研究》脱“丞”“敬”；“為”上衍“得”。

[3] 忩忩：匆忙貌。

[4]《阿壩州志》釋“薄之口薄□”作“清之口薄佔其”，不取。《西川羌族特殊載體檔案史料研究》沿用。“含”上一字泐，《四川省文物志》作“籋”，備參。含露：帶着露水。隋煬帝《四時白紵歌·東宫春》：“含露桃花開未飛，臨風楊柳自依依。”①

118－11　疊溪點將臺造像題記（十一）　貞觀四年（630）十一月

説明

題記刻於四川省茂縣北部疊溪鎮唐代摩崖造像第十二龕，現存茂縣疊溪鎮小學。

① （宋）郭茂倩：《樂府詩集》卷五十六，中華書局 1979 年版，第 807 頁。

外方内圓拱形雙重龕，外龕石高61 cm，寬31.5 cm，深6 cm；内龕高28 cm，寬22 cm，深2.5 cm。龕内有釋迦、藥師坐像。與第五龕造像相同。龕外右側刻題記，高18 cm，寬6 cm。記存1行，滿行8字。楷書。餘泐蝕難辨。

碑文

惟貞觀四年十一月（下泐）[1]。/

著録

1.《四川省文物志》2－105。2.《四川茂縣點將臺唐代佛教摩崖造像調查簡報》，《文物》2006（2）。

注釋

［1］“惟”，《四川省文物志》作“為”。筆誤矣。

118－12　疊溪點將臺造像題記（十二）　貞觀四年（630）

説明

題記刻於四川省茂縣北部疊溪鎮唐代摩崖造像第十三龕，現存茂縣疊溪鎮小學。外方内圓拱形三重龕，外龕高24.5 cm，寬29 cm，深2.5 cm；内龕高20 cm，寬10 cm，深5 cm。龕内有觀世音菩薩。龕外左側刻題記。記文2行，滿行8－9字不等。楷書。泐蝕嚴重，文難辨識。

碑文

貞觀四年敬造救苦/觀世音菩薩一軀供養。/

著録

1.《四川省文物志》2－105。2.《四川茂縣點將臺唐代佛教摩崖造像調查簡報》，《文物》2006（2）。

118－13　疊溪點將臺造像題記（十三）　貞觀四年（630）

説明

題記刻於四川省茂縣北部疊溪鎮唐代摩崖造像第十四龕，現存茂縣疊溪鎮小學。圓拱形龕，石高 33 cm，寬 18 cm，深 4 cm。龕内有釋迦牟尼像，造型同第七、八龕。龕外右壁刻題記，高 21 cm，寬 10.5 cm。記 2 行，滿行 11－12 字不等。楷書。

碑文

翼州孝女佛弟子梁大逢妻/往為孝母及父啚佛一軀供養。/

著録

1.《四川省文物志》2－105。2.《四川茂縣點將臺唐代佛教摩崖造像調查簡報》，《文物》2006（2）。

118－14　疊溪點將臺造像題記（十四）　貞觀四年（630）

説明

題記刻於四川省茂縣北部疊溪鎮唐代摩崖造像第十五龕，現存茂縣疊溪鎮小學。圓拱形龕，高 34.5 cm，寬 16.5 cm，深 4 cm。龕内有釋迦文佛。龕右壁刻題記。記文 3 行，滿行 13－14 字不等。楷書。泐蝕較嚴重。

碑文

□□□□□，弟二式佛[1]，第三隨叶佛，/第四成□拘□□佛，第五拘那含/牟尼佛，第六迎叶佛，第七釋迎文佛。/

著録

1.《四川省文物志》2－105。2.《四川茂縣點將臺唐代佛教摩崖造像調查簡報》，《文物》2006（2）。

注釋

［1］弟：即“第”。《四川茂縣點將臺唐代佛教摩崖造像調查簡報》作“第”，非

原刻。"弟"上字泐，據"第一惟衛佛"，當為五字。《四川省文物志》作泐三字，並釋"式"作"或"，均非。

彙考

題記泐蝕，從存文看，即七佛。《法苑珠林 · 種族》："第一維衛佛、第二式棄佛、第三隨葉佛，此三佛同是刹利王種。第四拘樓秦佛、第五拘那含牟尼佛、第六迦葉佛，此三佛同是婆羅門種。第七今我作釋迦文佛，是刹利王種。"① 摩崖造像記中刻七佛名字，這在四川地區尚屬首見。

118－15　疊溪點將臺造像題記（十五）　貞觀四年（630）

説明

題記刻於四川省茂縣北部疊溪鎮唐代摩崖造像第二十一龕。外方内圓拱形雙重龕，外龕石高 40 cm，寬 31 cm，深 9 cm；内龕高 29.3 cm，寬 20.7 cm，深 5 cm。龕内有釋迦牟尼和二弟子。龕外右側刻題記，高 21 cm，寬 7 cm。記殘存文 4 字。楷書。泐蝕嚴重。

碑文

貞觀四年。/

著録

1.《四川省文物志》2－105。2.《四川茂縣點將臺唐代佛教摩崖造像調查簡報》，《文物》2006（2）。

彙考

疊溪點將臺唐代造像共 22 龕，題記 19 條，可辨識 15 條，泐蝕非常嚴重，已難辨識的有 4 條。一是刻於第七龕、第八龕，兩龕鑿於同一方形大龕。龕内皆有一釋迦牟尼結跏趺坐於須彌座。殘存輪廓。題記刻於兩内龕間。一是刻於第十六龕，圓拱形龕，内刻佛像。龕外右側刻題記。以及刻於第十八、十九龕的題記，第二十一、二十二龕無題記，均泐蝕不清，應為同時期開鑿。

此處造像刻於羌族聚居區，可識羌人題名僅第八龕，即貞觀四年九月十五日"西義州行參軍張、録事姚"，"敬造救苦觀世音菩薩一軀"。聯係出土於茂縣鳳儀鎮靜州

---

① （唐）沙門道世：《法苑珠林》卷八，東京大正一切經刊行會 1934 年版，第 334 頁。

村西南的南朝永明元年（483）《釋玄嵩造像記》，發願文“敬造無量壽、當來彌勒成佛二世尊像”，説明從南朝至唐代，佛教是四川羌族地區普遍的民間宗教信仰。只是佛主崇奉發生了變化，由無量壽、彌勒佛變成了觀世音。羌區觀音菩薩在民間信徒中地位的提升與中國佛教變化的趨同步調，反映出羌區與漢區民間宗教的密切關係。

值得關注的是，此處造像題名多是戍邊軍人及其家屬，如南朝《釋玄嵩造像記》“西涼曹比丘釋玄嵩”；唐代題名，刻於貞觀年間，能釋讀者 15 條，有 9 條是軍職題名，如“大施主持節兼翼州諸軍事翼州刺史大將軍李玄嗣、行治中張仲偘”，“助佈施主録事參軍常詮冑、司倉參軍李德超、行司户參軍王季札、行參軍劉紹約，翼□縣令范孝同、丞馮師才，翼水縣令席義静、丞楊弘鸞，左封縣令劉保德、丞常白寛，如和府統軍宋威、右别將王君相，石臼戍副鄭寶賢”，“西義州行參軍張、録事姚”，“翼州孝刺史梁夫人”等，由此可知，羌族聚居區的佛教信仰源遠流長，與駐軍之間有很大關係。翼州，北周天和元年（566）置，治翼針縣，即今四川省茂縣西北校場垻南。轄境約當今四川省茂縣西北部和黑水縣東部，是著名的羌人聚居區。

119 魏君妻雷氏墓誌 貞觀十四年（640）十一月初三

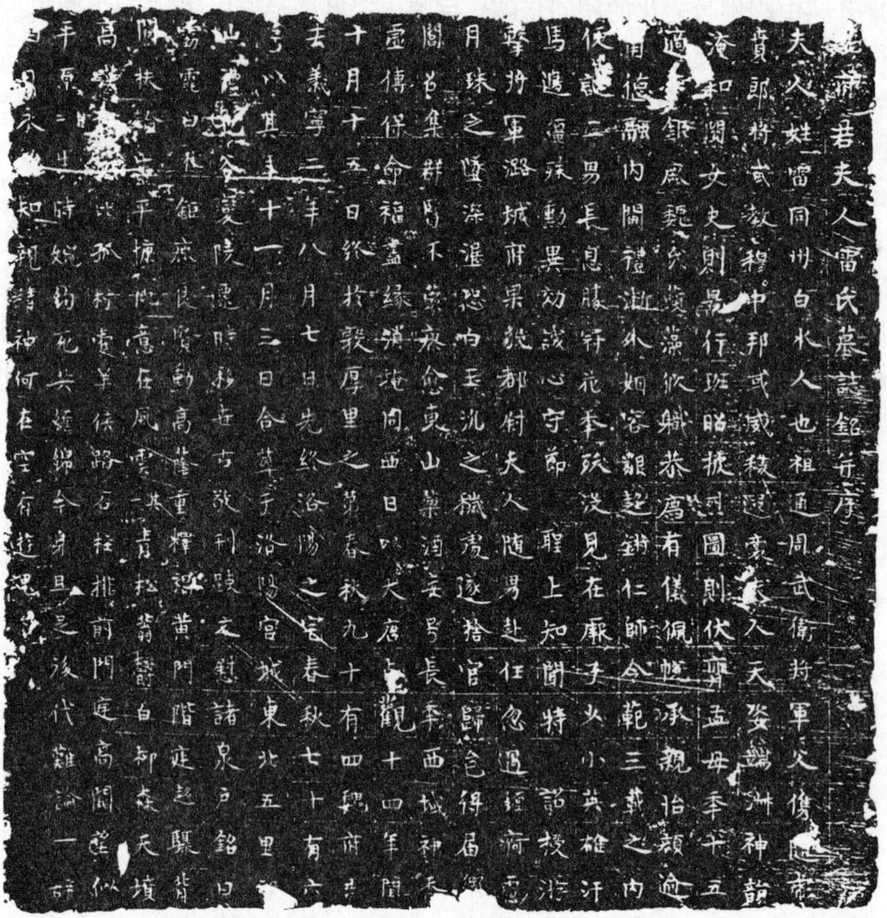

説明

墓誌出土於河南省洛陽市。現藏河南省開封博物館。石高 43 cm，寬 42.5 cm。拓片高、寬均 43 cm。誌文 21 行，滿行 21 字。楷書，有縱橫界格。誌蓋闕。

誌文

魏府君夫人雷氏墓誌銘并序。/

夫人姓雷，同州白水人也。祖通，周武衛將軍。父儁，隨虎/賁郎將[1]，或教穆中邦，或威稜遐裔[2]。

夫人天姿端淋，神韻/淹和，閱女史則景行班昭，披烈圖則伏膺孟母[3]。季十五，/適於鉅鹿魏氏。蘋藻攸職，恭鳫有儀[4]，佩帨承親，怡顏逾/肅。德融内閫，禮漸外姻。容貌趍鏘[5]，仁師令範。三載之內，/便誕二男。長息勝冧，花季殀没[6]。見在㕓子[7]，少小英雄，汗/馬邊疆，殊勳異効，誠心守節。聖上知聞，特詔授游/擊將軍、潞城府果毅都尉。

夫人隨男赴任，忽遇纏痾[8]。慮/月珠之墜深逕，恐白玉沉之穢蕩，遂捨官歸邑，得届鄉/閭。𠮷集群醫，不蒙瘳愈。東山藥酒，妄号長秊[9]；西域神香，/虛傳保命。福盡緣消，掩同西日。以大唐貞觀十四年閏/十月十五日，終拎敦厚里之第，春秋九十有四。魏府君/去義寧二年八月七日，先終洛陽之宅，春秋七十有六。/粵以其年十一月三日，合葬于洛陽宮城東北五里邙/山，禮也。谷變陵遷，時移吉古，敬刊䟽文[10]，慰諸泉戶。銘曰：/

雺兆白水[11]，鉅鹿良賢，勳高蔭重，釋褐黄門。階庭趍驟，背/闕扶輪。生平慷慨，意在風雲。其一。青松翁鬱，白柳森天，墳/高漢□，□比孤村。覊羊俠路，石柱排前。門庭高闕，望似/平原。其二。生時婉約，死共纏綿，今身且足，後代難論。一辭/白日，永絕知親。精神何在？空有遊魂。/

著録

1.《北京圖書館藏中國歷代石刻拓本滙編》11－88。2.《唐代墓誌銘彙編附考》1－67。3.《洛陽出土歷代墓誌輯繩》100。4.《隋唐五代墓誌滙編・洛陽卷》2－58。5.《日本京都大學藏中國歷代文字碑刻拓本》TOU0040X。6.《唐代墓誌彙編》53。7.《全唐文補遺》4－301。8.《全唐文新編》卷992－13786。

注釋

［1］“隨”,《全唐文補遺》作“隋”，是。非原刻。

［2］“稜”，一作“棱”。威稜：亦作“威棱”。威勢。謂人有威，就像木頭一樣有棱角。《漢書・李廣傳》：“是以名聲暴於夷貉，威棱憺乎鄰國。”王先謙《補注》：“《廣韻》：‘稜，俗棱字。’”① 裒：即“裔”。遐裔：後裔、遠裔。

［3］洲：“淑”的異體。昭：即“昭”。班昭：東漢史學家班彪之女、班固之妹。博學高才，著《女誡》。孟母：戰國人，以教子有方著稱。景行：景仰。伏膺：傾慕。此謂夫人雷氏才德孝行俱佳。

［4］廌：“薦”的簡省字，後成為同形字。進獻之義。

［5］趍：即“趨”字。《廣韻・虞韻》：“趨，走也。趍，俗。”② 石刻中常見。北

① （清）王先謙：《漢書補注》卷二十四，中華書局1983年版，第1128頁。

② 周祖謨：《廣韻校本》卷一，中華書局1960年版，第79頁。

魏建義元年（528）《元譚墓誌》："始趍羽翼，出紐邦印。"① 《唐代墓誌彙編》作"超"，非。《全唐文補遺》《全唐文新編》沿誤。下文"階庭趍驟"，字同。

［6］長息：長子。花季：即"華年"。青春年華，青年時代。《魏書·王叡傳》："漸風訓于華年，服道教於弱冠。"② 殀："夭"的加形專字。《玉篇·歹部》："殀，殁也。短折曰殀，亦作夭。"③ 《唐代墓誌彙編》釋作"夭"，不妥。《全唐文新編》沿用。

［7］㕟："厥"的異體。構件"屰"，折筆拉直，短豎變横，作"手"或"羊"，再訛作"幸"；"欠"與"㔾"相混。如東漢建寧元年（168）《楊著碑》作"㢃"④；建寧五年（172）《成陽靈臺碑》作"厥"⑤；北魏太和十八年（494）《弔比干文》、正光五年（524）《郭顯墓誌》均作"㕟"⑥。

［8］纆：同"纏"。下同。

［9］東山：《詩經·豳風·東山》："我徂東山，慆慆不歸。"朱熹《詩集傳》："東山，所征之地也。"⑦ 後指遠行或遠征之地。又《史記·秦始皇本紀》記載徐福入海求仙藥之事。故"東山藥酒"，應指妙方仙藥。長季：長壽。《管子·中匡》："道血氣以求長年、長心、長德。"⑧ 晉陸機《歎逝賦》："嗟人生之短期，孰長年之能執。"⑨

［10］踈：同"疏"，亦作"踈""踈"。疏文，粗疏之文，謙虚的説法。《全唐文補遺》《全唐文新編》徑作"疏"，非原刻。

［11］窅窕：同"窈窕"。深遠，綿長之貌。

---

① 北京圖書館金石組：《北京圖書館藏中國歷代石刻拓本滙編》（5），中州古籍出版社1989年版，第91頁。

② （北齊）魏收：《魏書》卷九十三，中華書局1974版，第1989頁。

③ （梁）顧野王著，（唐）孫强增補，（宋）陳彭年等重修：《重修玉篇》卷十一，《景印文淵閣四庫全書》（224），臺北：臺灣商務印書館1986年版，第102頁。

④ 徐玉立：《漢碑全集》（4）河南美術出版社2006年版，第1155頁。

⑤ 毛遠明：《漢魏六朝碑刻校注》（1），綫裝書局2008年版，第334頁。

⑥ 北京圖書館金石組：《北京圖書館藏中國歷代石刻拓本滙編》（3），中州古籍出版社1989年版，第21頁；趙力光：《鴛鴦七誌齋藏石》，三秦出版社1995年版，第72頁。

⑦ （宋）朱熹：《詩集傳》卷十六，中華書局1958年版，第94頁。

⑧ （清）黎翔鳳撰，梁運華整理：《管子校注》卷八，《新編諸子集成》，中華書局2004年版，第386頁。

⑨ （梁）蕭統編，（唐）李善等注：《六臣注文選》卷十六，中華書局1987年版，第297頁。

彙考

雷氏，西羌累姐種後裔，羌中大姓。《晉書·苻生載記》有侍中、丞相雷弱兒及其九子二十七孫。“弱兒，南安羌酋也。”① 誌云：雷氏“同州白水人”。陝西白水縣縱目鎮有前秦建元四年（368）《廣武將軍□産碑》，碑陰題酋大雷上□□、雷丘耳、雷歸得，皆羌人。清乾隆《重修白水縣志》有雷衙鎮、雷村鎮、馮雷鎮、馮雷莊、雷公墓、大雷公村、小雷公等地名。白水周圍的蒲城、澄城、同官、三原、郃陽等縣，也有大量以雷為名的村寨、坊堡、溝坡，都是歷史上，特别是魏晉南北朝時雷氏羌人内遷、活躍地區。此誌雷氏，羌人無疑。其祖雷通，周武衛將軍；父雷儁，隋虎賁郎將。雷氏跟隨子“游擊將軍、潞城府果毅都尉”赴任，羌中女性亦染尚武之風。所適鉅鹿魏氏，漢族。《貞觀政要·任賢》：“魏徵，鉅鹿人也。近徙家相州之臨黄（今河南内黄西）。”② 魏氏與雷氏，屬族外通婚。民族融合，更多的是文化交流，相互學習借鑒，但通婚無疑是很重要的一種體現方式。

---

①（唐）房玄齡等：《晉書》卷一百一十二，中華書局 1974 年版，第 2873 頁。

②（唐）吴兢著，駢宇騫、駢驊譯：《貞觀政要》，中華書局 2009 年版，第 26 頁。

120 姚孝寬墓誌 貞觀十七年（643）十月二十七日

説明

墓誌出土於河南省洛陽市，具體時間、地點不詳，現藏河南省開封博物館。石高、寬均45 cm。拓片高、寬均44 cm。誌文19行，滿行20字。楷書，有縱橫界格。微泐。蓋闕。

誌文

隨毗陵郡無錫縣令姚君墓誌銘[1]。/

君諱孝寬，字德博，南安人也。即帝舜有虞之裔，自肇/聖開源，因靈命氏，騰芬史冊，無俟揄揚[2]。

君稟獨拔之/姿，摽逸群之氣[3]。思用淹遠[4]，言狀機華。澄撓不渝，同叔/度雅量；黄中通理，有恭嗣明心。隨起家為左勳衛，遷/毗陵郡無錫縣令[5]。趍驟丹墀，竭股肱之力[6]；鳴琴邑里，/弘蔺務之風。洎隨紊不綱，抽簪辝秩[7]，逍遙陋巷，養素/丘園。交則扳俈俊民，談必趏世雄略。騁千里而非遠，/亙万尋而詎高[8]。

豈謂秀槿摧榮，芳蘭罷茂，喆人云逝[9]，/零落忽諸。以大唐貞觀十二年九月十日，卒於洛陽/敦厚之里第，春秋七十有二。有識酸嗟，更甚華陰之/慟；親朋哀悼，情逾闕里之悲。即以十七年，歲次癸卯，/十月丁未朔，廿七日癸酉，葬於邙山之阜。但悠悠白/日，鬱彼佳城[10]；皎皎脩名，幽茲窮壤。故旌令德，以紀芳/猷。貞石用刊，而為銘曰：/

發慶流英，開祥挺喆。惠質玉潤，清襟氷徹[11]。三省靡違，/九思弗缺[12]，允文允武，唯忠唯烈。積善無驗，輔仁徒設。/羽□□摧[13]，崇蘭春折。桂觴空湛，蕙餚虛列，月澹霜時，/風輕露節。壠霧朝晦[14]，松煙夜結。寒暑雖遷，德音無歇。/

著録

1. 周紹良藏拓。2.《北京圖書館藏中國歷代石刻拓本滙編》11－114。3.《唐代墓誌銘彙編附考》1－377。4.《洛陽出土歷代墓誌輯繩》109。5.《隋唐五代墓誌滙編·洛陽卷》2－74。6.《日本京都大學藏中國歷代文字碑刻拓本》TOU0061X。7.《唐代墓誌彙編》66。8.《全唐文補遺》4－305。

注釋

［1］隨：即“隋”字。下文“隨起家為左勳衛”“洎隨紊不綱”之“隨”，亦“隋”。

［2］揄揚：宣揚。

［3］摽：通“標”。《全唐文補遺》作“標”，是。逸群：亦作“逸羣”。超群，

出衆。漢蔡邕《太尉橋公碑》:“岐嶷而超等，總角而逸羣。”①

［4］“用”上一字泐，《唐代墓誌彙編》《全唐文補遺》未釋。諦視拓片，上部“田”大體可見，輪廓似“思”。淹遠：深遠。誌文“思用淹遠”，謂孝寬思慮深遠。貞觀十六年（642）《李紹墓誌》:“識量諺通，思用淹遠。”②

［5］左勳衛：東宫武官名。北周建德初置，隋設左右衛所，領宿衛禁軍。《資治通鑑·隋紀·文帝開皇十九年》:“夏，四月，丁酉，突利至長安。帝大喜，以晟為左勳衛驃騎將軍。”胡三省注：“隋制，驃騎將軍正四品。”③ 毗陵郡：西晉至隋唐所置郡，轄今江蘇省常州市。

［6］丹墀：指宫殿赤色台階或地面。股肱：大腿和胳膊。比喻輔佐或親信的人。《尚書·説命下》:“股肱惟人，良臣惟聖。”孔傳：“手足具，乃成人，有良臣，乃成聖。”④《尚書·益稷》:“帝曰：‘臣作朕股肱耳目。予欲左右有民，汝翼。’”⑤

［7］不綱：語出《論語·述而》:“子釣而不綱。”⑥ 後世引申為朝廷失去綱紀、混亂。抽簪：古人為官須束發戴冠，用簪連發冠。因以“抽簪”指引退。辤：“辭”的古字。

［8］詎：通“巨”。大。

［9］喆：同“哲”。

［10］佊：即“彼”字。

［11］“氺”，拓片清晰，是“冰”的異體。“碑刻中，‘冰’省筆並變形，常寫作‘氷’，《元嵩墓誌》作氷，《侯太妃自造像記》作氷。”⑦ 東魏天平四年（537）《崔鶡墓誌》:“氺清玉潔。”⑧ 徹：同“澈”。清澄。誌文“惠質玉潤，清襟冰徹”，比德於玉之潤，比胸懷於冰之清。喻誌主有美德，胸懷高潔。

［12］九思：指反復思考。語出《論語·季氏》:“君子有九思：視思明；聽思聰；色思温；貌思恭；言思忠；事思敬；疑思問；忿思難；見得思義。”⑨

---

① （清）嚴可均:《全後漢文》卷七十七，河北教育出版社1997年版，第719頁。

② 周紹良、趙超:《唐代墓誌彙編續集》，上海古籍出版社2012年版，第27頁。

③ （宋）司馬光編著，（元）胡三省音注:《資治通鑑》卷一百七十八，中華書局1956年版，第5563頁。

④ 十三經注疏整理委員會:《尚書正義》卷十，《十三經注疏》，北京大學出版社2000版，第301頁。

⑤《尚書正義》卷五，第139頁。

⑥ 十三經注疏整理委員會:《論語注疏》卷七，《十三經注疏》，北京大學出版社2000年版，第104頁。

⑦ 毛遠明:《漢魏六朝碑刻異體字研究》，商務印書館2012年版，第229頁。

⑧ 蘇玉瓊、蔣英炬:《臨淄北朝崔氏墓》，《考古學報》1984年第2期，第221－244頁。

⑨ 十三經注疏整理委員會:《論語注疏》卷十六，《十三經注疏》，北京大學出版社2000年版，第260頁。

［13］“摧”上泐三字，細審拓片，首字左半“刁”，右下角殘，似“羽”。《唐代墓誌彙編》未釋。

［14］壠：亦作“壟”。墳墓。

彙考

孝寬，南安姚氏羌人。隋時因職徙江蘇無錫，又因“隨紊不綱，抽簪辞秩”於貞觀十二年在洛陽卒。何時還洛陽，誌文未載，但誌文反映出這支羌人在隋唐之際，由北方遷至南方，再返還北方的史實。隋代及其以前，羌人主要聚居在西北、關中各地，如姚辯。唐《姚孝寬墓誌》《姚暢及妻陳氏墓誌》《姚思忠墓誌》等墓誌，均出土於河南洛陽，表明姚氏羌人的一支已深入中原文化核心地帶，成為隋唐時期重要的政治、軍事力量，為隋唐王朝建立、穩定、繁榮作出了重要貢獻。

121　姚暢及妻陳氏墓誌　貞觀十八年（644）八月十九日

説明

墓誌出土於河南省洛陽市偃師市，具體時間、地點不詳。現藏偃師市商城博物館。石高 58 cm，寬 57 cm。誌文 25 行，滿行 25 字。楷書，有縱横界格。拓片左右下角微泐。蓋闕。

誌文

大唐故姚君墓誌銘。/

君諱暢，字士榮，隴西南安人也。皇軒出震，令緒華滋，帝舜居震，營/基迥構[1]。莫不芝蘭間植，杞梓俱神[2]，名烈丹青，功摽史冊。高祖基，為/蜀太常卿。曾祖恭，晉任光州長史。祖乾，齊并州録事叅軍[3]。父賓，板/授河間郡守[4]。儀表朝廷[5]，領袖鄉閭，望重當時，譽光後葉。

君含五行/而介秀，體三德以挺生。暢志詞翰之間，放心琴酒之側。早輕二諾，/夙重一言。道合則不蔄薜蘿[6]，義乖則無論冠盖。君夫人陳氏，潁川/人也。齊東萊郡守禎之孫，黎州功曺毅之女。感淳和而耀質，應淑/粹以呈姿。婉順自然，溫柔成性。敚珪璋之潤潔，寫水鏡之清華。纔/及縱笄[7]，言歸君室。恭勤標扵組織，肅敬著扵蘋蘩。且德且功，莫不/斯在。

夫人貞觀十七年閏六月廿一日，詔板授河南縣崇業/鄉君。且齡頹儵忽[8]，流去不淹。是以降年不長，逢斯遘疾。君春秋六/十有四，去武德四年十二月廿七日，掩從風燭。夫人春秋八十有/三。以貞觀十八年，歲次甲辰，七月壬申朔，五日景子，還類石光，可/謂貞桂摧殘，芳蘭沉歇，鸎聲徒思，詎覺三春之華；風響空悲，寧知/九秋之氣。痛單魂之無託，悲孤魄之靡依，爰奉雙靈，祔同一槨。遂/以夫人終年之八月壬寅朔[9]，十九日庚申，窆扵河南縣千金之鄉，/邙山之陽，禮也。其地前瞩清洛，縈帶郛纏[10]，後控濁河，灌注溝瀆。形/勝之所，誰不在斯。庶恐陵谷貿遷[11]，德音蕪没。爰昭景行[12]，勒此幽扃。/遂以銘鐫，留傳萬代，嗚呼哀哉！乃為銘曰：

隆隆茂族，綿綿遠/係。濫觴有皇，肇基惟帝。泒流分植，忽纏遐壵[13]。式追古訓，媾斯雙裔。/其一。烏飛電激，兔騖星奔[14]。舜華早落，蜉蝣巳昏[15]。雙靈無託，二魄何存？/廓茲玄室，附此幽魂。其二。隨珠隱耀，郢璧韜輝[16]。蘭彫青蒨，桂歇芳菲。/愁生日照，痛結風悲。淒涼舊駕，歔欷遺衣。其三。質與壤銷，魂將風散。/冥寞容色，寂寥帷幔。乃標玄石，勒斯銘讃。庶鑒終古，遺之永歎。其四。/

著録

1.《隋唐五代墓誌滙編・洛陽卷》2－81。2.《芒洛塚墓遺文五編》卷2。3.《唐代墓誌彙編》72。4.《全唐文補遺》6－239。

注釋

［1］迴：亦作“迴”。“震”下一字下部殘泐，觀拓片，上為二“火”，似“營”。《唐代墓誌彙編》作“崇”，非。《全唐文補遺》沿誤。

［2］芝：通“芷”。芷、蘭，皆香草。《荀子·王制》：“其民之親我也歡若父母，好我芳若芝蘭。”① 杞梓：杞、梓，皆良材。出自《國語·楚語上》：“晉卿不若楚，其大夫則賢。其大夫皆卿才也，若杞梓皮革焉，楚實遺之。”② 芝蘭、杞梓，比喻優秀人才。植：即“植”。

［3］并州：古九州之一。漢置，西晉、北魏因之。領太原、上黨、西河、雁門、樂平、新興等六郡，治晉陽（今山西太原）。隋唐雖仍有并州，然其轄地已縮小。

［4］河間郡：古地名。或稱“河間國”。西漢高帝九年（前198）分巨鹿郡置河間郡，文帝二年（前178）改為國。十五年國除，分為河間、廣川、勃海三郡。後世幾經復國、改郡，西晉時雖為國，但轄境縮小。十六國後趙改為郡。隋開皇初廢。③

［5］儀：即“儀”字。

［6］薜蘿：兩種攀援於林木或屋壁的野生植物。借指隱者或高士住所。

［7］纔：“才”的繁體。笄：古代漢族女子用以裝飾發耳的一種簪子。十五歲結髮，稱“及笄”或“笄年”。縱笄，當義同此。

［8］儵：同“倏”，迅疾。

［9］寅：即“寅”字。

［10］瞻：即“瞻”字。纒：即“壥”，同“纏”。偏旁訛混。

［11］貿：“貿”的異體。遷：即“遷”的異體。

［12］景行：高尚的德行。頌揚姚暢品行高尚，受人推重。如東漢建寧三年（170）《夏承碑》：“高山景行，慕前賢列。”④

［13］泒：即“派”字。丗：即“卋”，“世”的俗字。

［14］兔：本作“兔”。“鳥”與“兔”對舉。《唐代墓誌彙編》《全唐文補遺》作“兔”，非原刻。

［15］舜華：木槿花。出自《詩經·鄭風·有女同車》：“有女同車，顏如舜華。

① （清）王先謙撰，沈嘯寰、王星賢點校：《荀子集解》卷五，《新編諸子集成》，中華書局1988年版，第173頁。

② 徐元誥撰，王樹民、沈長雲點校：《國語集解》卷十七，中華書局2002年版，第489頁。

③ 中國歷史大辭典歷史地理編纂委員會：《中國歷史大辭典·歷史地理卷》，上海辭書出版社1996年版，第570頁。

④ 北京圖書館金石組：《北京圖書館藏中國歷代石刻拓本滙編》（1），中州古籍出版社1989年版，第138頁。

將翱將翔，佩玉瓊琚。彼美孟姜，洵美且都。”① 蜉蝣：即“蜉蝣”，亦作“蜉蝤”。《詩經・曹風・蜉蝣》：“蜉蝣之羽，衣裳楚楚。”毛傳：“蜉蝣，渠略也，朝生夕死，猶有羽翼以自脩飾。”②

［16］辟：即“壁”字。構件位移。韜：同“韜”。掩藏；斂藏。《後漢書・姜肱傳》：“肱臥於幽闇，以被韜面，言患風疾，不欲出風。”③ 韜輝：謂不顯露才華。南朝梁簡文帝《箏賦》：“故乃宋偉、綠珠之好聲，文君慎女之清角，尚掩面而不清，言韜輝而恥學。”④

---

① 十三經注疏整理委員會：《毛詩正義》卷四，《十三經注疏》，北京大學出版社2000年版，第349頁。

② 《毛詩正義》卷七，第550頁。

③ （南朝宋）范曄撰，（唐）李賢等注：《後漢書》卷五十三，中華書局1965年版，第1950頁。

④ （梁）蕭綱著，肖佔鵬、董志廣校注：《梁簡文帝集校注》卷一，南開大學出版社2012年版，第32頁。

122　金行舉墓誌　永徽元年（650）三月初三

說明

墓誌出土於河南省洛陽市，具體出土時間、地點不詳。現藏河南省洛陽古代藝術館。石高、寬均 39 cm。誌文 18 行，滿行 18 字。楷書，含行意，有縱橫界格。誌蓋失。

誌文

大唐隨故車騎將軍金公墓誌銘并序。/

公諱行舉，字義起，隴西伏羌人也[1]。夫薦慎忠貞，/日磾見稱於強漢；經朙行著，欽賞播美於元成[2]。/年代悠然，寐寥無紀，其能继兹哥詠[3]，惟在君乎？/父達，周芳州剌史[4]；雄才蓋世，英略佐時。君擢幹/鳳林，兮芳桂嶺[5]。隨屬周鼎未定，秦鹿走嶮[6]，待降/絲綸[7]，授承御上士，尋遷車騎將軍[8]。住近鈎陳[9]，寄/深侍衛，夙恭恪謹，情禮弥隆。乃息宦情，散志丘/壑，奄以永徽元年二月十三日薨于私第，春秋/六十有九。嗚呼哀技！夫人郭氏，太原人也。父楚/先。以貞觀十六年五月八日卒，今以三月三日/合莛捡邙山，禮也[10]。惘悵蘭室，臨祖奠而罇清；飈/颵長原[11]，望佳城而馬白。嗣子弘則等，孝行滐厚，/喪鼓過制[12]，恐陵谷遷移，敬鐫貞石。其詞曰：/

長源洪族，遂古金天，休屠特挻[13]，乃誕貞賢。滅親/存乎大義，拜泣發乎天然，盛德不泯[14]，嗣後光前。/知玉之潤[15]，如松之貞，方期仙術，遽掩佳城。霧昏/壠暗，山空月朙，雁餘萬古[16]，永播嘉聲。/

著録

1. 北京圖書館藏拓本。2.《北京圖書館藏中國歷代石刻拓本滙編》12－2。3.《唐代墓誌銘彙編附考》2－158。4.《洛陽出土歷代墓誌輯繩》141。5.《隋唐五代墓誌滙編·洛陽卷》3－1。6.《唐代墓誌彙編》132。7.《全唐文補遺》5－102。

注釋

[1] 羗：同“羌”。伏羌，古舊縣名。今甘肅甘谷縣。唐武德三年（620）改冀縣置，治所今伏羌縣，屬隴右道秦州，後没吐蕃。宋改置伏羌城，屬陝西秦鳳路秦州。

[2] 朙：即“明”。經朙：即“經明”。亦作“明經”，指通曉經學要旨。語出《漢書·王吉傳》：“左曹陳咸薦駿賢父子，經明行修，宜顯以厲俗。”① 王吉，字子陽，西漢琅琊皋虞人，通五經，官至博士諫大夫。元帝初即位，遣使者徵貢禹與吉。

① （漢）班固撰，（唐）顏師古注：《漢書》卷七十二，中華書局 1962 年版，第 3066 頁。

播美：美名傳揚。元成：西漢元帝、成帝。元帝為太子時，“柔仁好儒”①；成帝“博覽古今，容受直辭”②。因之元成時代雖為西漢晚期，也是西漢中衰時期，但卻是一個太平安樂的時期。③

［3］哥詠：歌詠。《史記·燕召公世家》：“召公卒，而民人思召公之政，懷棠樹不敢伐，哥詠之，作《甘棠》之詩。”④

［4］芳州：北周建德六年（577）置。《周書·武帝紀》：建德六年六月“癸亥，於河州鷄鳴防置旭州，甘松防置芳州”⑤。甘松山，屬通軌縣，在今四川省松潘、黑水二縣西北，若爾蓋、红原二縣東南，約甘肅、青海、四川三省交界處，即古甘松地⑥。秦漢及魏晉，居諸羌。後魏時為吐谷渾所據。隋置甘松郡，唐以甘松名芳州折衝府。《舊唐書·地理志》：“武德元年，置芳州，領常芳、恒香、丹嶺三縣。神龍元年，廢芳州為常芬縣，隸疊州。”⑦ 周芳州治封德；唐芳州，神龍間廢為常芬縣，隸疊州，皆位於今甘肅迭部縣東南，有遷移，不同地。

［5］兮：當作“分”，《唐代墓誌彙編》作“含”，非。

［6］隨：此同“隋”。隋唐初碑刻中常見。周鼎：周代傳國的九鼎。秦鹿：秦國的帝位。鹿，喻帝位。宋王安石《范增》詩之一：“中原秦鹿待新羈，力戰紛紛此一時。”⑧

［7］絲綸：《禮記·緇衣》：“王言如絲，其出如綸。”孔穎達疏：“王言初出，微細如絲，及其出行於外，言更漸大，如似綸也。”⑨ 後代指帝王詔書。

［8］遷：即“遷”的異體字。從辵。“辵”表移動。《詩經·小雅·伐木》：“出自幽谷，遷于喬木。”鄭玄箋：“遷，徙也。謂鄉時之鳥，出從深谷，今移處高木。”⑩ 承御上士：北周置。承御大夫屬官。《北周六典·六官餘録》：“承御中大夫，正五命；小承御下大夫，正四命；小承御上士，正三命；小承御中士，正二命；小承御下士，正一命。”⑪《資治通鑑·陳紀·太建七年》：“周主左右略盡，自拔無路，承御上士張

① （漢）班固撰，（唐）顔師古注：《漢書》卷九，中華書局 1962 年版，第 277 頁。

② 《漢書》卷十，第 330 頁。

③ 勞榦：《秦漢史》，臺北：華岡出版有限公司 1974 年版，第 57 頁。

④ （漢）司馬遷：《史記》卷三十四，中華書局 1959 年版，第 1550 頁。

⑤ （唐）令狐德棻等：《周書》卷六，中華書局 1971 年版，第 103 頁。

⑥ 王仲犖：《北周地理志》（上），中華書局 1980 年版，第 177 頁。

⑦ （後晉）劉昫等：《舊唐書》卷四十，中華書局 1975 年版，第 1638－1639 頁。

⑧ （宋）王安石：《臨川文集》卷三十二，《景印文淵閣四庫全書》（1105），臺北：臺灣商務印書館 1986 年版，第 236 頁。

⑨ 十三經注疏整理委員會：《禮記正義》卷五十五，《十三經注疏》，北京大學出版社 2000 年版，第 1755 頁。

⑩ 十三經注疏整理委員會：《毛詩正義》卷九，《十三經注疏》，北京大學出版社 2000 年版，第 674 頁。

⑪ 王仲犖：《北周六典》卷七，中華書局 1979 年版，第 513 頁。

壽牽馬首，賀拔伏恩以鞭拂其後，崎嶇得出。”胡注：“承御上士，蓋侍衛左右之官。”①
車騎將軍：西漢置，掌征伐。東漢靈帝以車騎將軍授予倖臣及為贈官。後世多因之。隋大業三年（607）改稱鷹揚副郎將，唐初復名。貞觀十年（636）改為果毅都尉。見《漢書·高惠高後文功臣表》《後漢書·百官志》《魏書·官氏志》《北周六典·戎號》《新唐書·百官志·諸衛折衝都尉府》。從墓誌用例看，永徽間仍在沿用舊名。

[9]“住”，《全唐文補遺》作“任”，非。

[10]亖：古同“四”。《唐代墓誌彙編》《全唐文補遺》作“三”，非。

[11]颼颮：象聲詞。風聲。

[12]湥：即“深”字。喪：即“喪”字。毀：即“毁”字。

[13]“古”上一字微泐，觀拓，是“遂”。《全唐文補遺》作“邃”，非。“遂古”與“邃古”，遠古。但義同詞非，當尊原刻。佅：“休”的訛字。《字彙補·人部》：“佅，和煦也。見《玉篇》。”② 休屠，亦稱“屠各”，“休屠各”的省稱。匈奴休屠種部落名，東漢初以匈奴休屠王部衆為主體的雜胡。原遊牧於蒙古高原，冒頓單于西逐月氏之後，即將其部遷居月氏故地東境。後漢至西晉雜居西北沿邊諸郡，魏晉以後分佈在涼州、秦隴、并州、渭北等地。

[14]盛：即“盛”字。

[15]“知”，《全唐文補遺》作“如”，非。

[16]唯：即“唯”字。

彙考

誌主姓金，羌人和匈奴休屠王後裔皆有改同此姓者。《晉書·姚興載記》云：“姚碩德討平涼胡金豹於洛城，克之。”③《魏書·陸俟傳》：“平涼休屠金崖、羌狄子玉等叛。”④ 金豹、金崖，休屠族。五胡十六國前秦，有金氏羌酋。《晉書·苻登載記》：苻“纂遣師奴攻上郡羌酋金大黑、金洛生，大黑等逆戰大敗之，斬首五千八百”。又“登自雍攻（姚）萇將金温于範氏堡，克之”⑤。西漢羌人內遷，主要安置在隴西、金城等郡縣，羌人以地名為種姓之號和漢化姓氏，符合羌人種號取名理據。誌文稱：“長源洪族，遂古金天，休屠特挺，乃誕貞賢。”又云：“隴西伏羌人。”誌主永徽元年（650）卒，距武德三年（620）改“伏羌”為“冀縣”，已三十年矣，仍稱舊名，必與羌有

① （宋）司馬光編著，（元）胡三省音注：《資治通鑑》卷一百七十二，中華書局1956年版，第5363頁。

② （清）吴任臣：《字彙補·子集》，《續修四庫全書》（233），上海古籍出版社2013年版，第462頁。

③ （唐）房玄齡等：《晉書》卷一百一十七，中華書局1974年版，第2977頁。

④ （北齊）魏收：《魏書》卷四十，中華書局1974年版，第901頁。

⑤ （唐）房玄齡等：《晉書》卷一百一十五，中華書局1974年版，第2949－2952頁。

闗。他們受到魏晉門閥之風影響，攀附顯貴，假託望出休屠王後裔，實乃“隴西伏羌”羌人。金行舉父金達“周芳州刺史”，同時也是羌人部落酋長，體現了唐王朝對少數民族實行的羈縻制。清代岷江上游也有金姓羌人，如清《排山營修廟碑》有“金朝宗”“金朝清”“金朝林”“金朝明”等。今茂縣疊溪仍有金姓羌人①。

① 曾曉梅等:《碑銘所見岷江上游羌人姓氏研究》,《北方文物》2014 年第 4 期。

123 姚思忠墓誌 永徽四年（653）五月二十二日

説明

墓誌出土於河南省洛陽市孟津縣朝陽村，現藏河南千唐誌齋。石高、寬均39.5 cm。誌文19行，滿行17字。楷書，有縱橫界格。微泐。誌蓋闕。

誌文

唐故姚君墓誌銘并序。/

君諱思忠，南安人也。神基遠搆，凝邃中天。流/慶遐長，昭晰千里。豈直英奇閒出，珪組陸離/而已哉[1]！祖榮，隨營州司倉衆軍[2]。父鸞，見任文/林郎，並振響琳琅，垂風蕙若。毗賛千乘[3]，賦亩/正清。随冗鄉閭，道行志逸。

君英流高胤，靈誕/華宗。竦危柯扵翠微，遠近標異；凝白雲扵丹/巘[4]，時輩嗟奇。至扵孝友天然，誠信非則；學綜/經史，文華綺絢。日新月故，扵此得之。

方檀美/扵王庭，未馳光價；想鳥次其尚遠，俄見遷舟[5]。/以永徽四年五月十一日，終扵立行坊私第，/春秋卄九。以其月卄二日，權葬扵邙山之陽，/礼也。恐嶠岳千尋，与坳塘而俱泯；靈沼万頃，/共赤岸而争高[6]。不勒玆銘，德音何曩[7]？嗚呼哀/哉！其詞曰：/

陶源汭渚，竦泒九嶷[8]。貽厥忠正，祚此神基。文/物躡踵[9]，清徽攸继。松竹凝志，蘭菊斯系。未澄/雲翮[10]，運壑已窮。靈輀夙駕，素旐揚空。蒼茫原/野，旦夕飛花。泉門永閉，空見流霞。/

著録

1. 周紹良藏拓。2.《北京圖書館藏中國歷代石刻拓本滙編》12－90。3.《千唐誌齋藏誌》87。4.《唐代墓誌銘彙編附考》3－95圖，93文。5.《隋唐五代墓誌滙編·洛陽卷》3－72。6.《唐代墓誌銘彙編》182。7.《全唐文補遺》2－123。8.《全唐文新編》卷992－13918。

注釋

［1］珪組：亦作“組珪”，古代貴官佩戴在衣服上的玉珪與印綬。引申為爵位、官職。《晉書·張軌傳論》：“綰累葉之珪組，賦絶域之琛賓。”①

［2］營州：今遼寧營州。

［3］毗賛：亦作“毘贊”。輔佐。《晉書·列女傳·凉武昭王李玄盛后尹氏》：“玄盛之創業也，謨謀經略多所毗贊，故西州諺曰：‘李、尹王敦煌。’”② 乘：即“乘”字。

① （唐）房玄齡等：《晉書》卷八十六，中華書局1974年版，第2253頁。

② 同上書，第2526頁。

［4］丹巘：赤色的峰巒。南北朝江淹《顏特進延之侍宴》詩："青林結冥蒙，丹巘被蒽蒨。"①

［5］檀：通"擅"。美：同"美"。檀美：擅美。专美，特有其美。烏次：傳説中的山名。《淮南子·天文訓》："（日）至于昆吾，是謂正中。至於烏次，是謂小還。"高誘注："烏次，西南之山名也。烏所宿止。"②《唐代墓誌彙編》釋"烏"作"烏"，非。遷舟：即"遷舟"。喻出殯安葬。

［6］赤岸：泛指土石呈赤色的崖岸。《楚辭·東方朔·〈七諫·哀命〉》："哀高丘之赤岸兮，遂没身而不反。"③

［7］德音：好名聲。《詩經·豳風·狼跋》："公孫碩膚，德音不瑕。"朱熹《詩集傳》："德音，猶令聞也。"④ 兾：同"冀"。

［8］疎：同"疏"。九嶷：亦作"九疑"，山名。湖南寧遠縣南。《山海經·海内經》："南方蒼梧之丘，蒼梧之淵，其中有九嶷山，舜之所葬，在長沙零陵界中。"⑤ 傳説舜以姚墟命氏。

［9］躡踵：猶接踵。

［10］雲翮：指凌雲高飛的鳥。晉陶潛《乙巳歲三月為建威參軍使都經錢溪》："微雨洗高林，清飆矯雲翮。"逯欽立校注："雲翮，指高飛鳥。"⑥

彙考

誌文"神基遠構，凝邃中天。流慶遐長，昭晰千里"，指其先稱霸關中。誌主"南安人"，後秦羌姚後裔。誌文雖稱"陶源汭渚，疎派九嶷"，即傳説中舜以姚墟命氏者，實則兩者不同族源。

---

① （梁）蕭統編，（唐）李善等注：《六臣注文選》卷三十一，中華書局1987年版，第600頁。

② 何寧：《淮南子集釋》卷三，《新編諸子集成》，中華書局1998年版，第234頁。

③ 林家驪譯注：《楚辭》，中華書局2010年版，第274頁。

④ （宋）朱熹：《詩集傳》卷十六，中華書局1958年版，第97頁。

⑤ 袁珂：《山海經校注》卷十八，上海古籍出版社1980年版，第459頁。

⑥ 逯欽立校注：《陶淵明集》卷三，中華書局1979年版，第79－80頁。

124 雷大岑造像記 龍朔元年（661）七月二十三日

説明

碑石出土於陝西西安。《金石萃編補畧》：“石高一尺二寸，闊三尺。”① 拓片高 31 cm，寬 69 cm。記文 23 行，滿行 10 字。楷書，有縱界格。泐蝕較嚴重。

碑文

若夫二儀有象，顯覆載以/含生[1]，四時無形，潛寒暑以/化物。是以庸愚者[2]，皆識其端；/［明］陰洞陽[3]，賢智者，罕窮其/數[4]。況乎佛道崇虚，乘幽空/𡘋[5]，弘濟萬品，典御十方[6]。舉/威靈而無上[7]，抑神力而無/下。大之弥於宇宙，細之攝/於豪釐[8]，無滅無生。歷千/劫而不古，若隱若顯，運百/福而長今[9]。妙道凝懸[10]，遵之/莫知［其際，法流湛寂］[11]，□□/區區□邵提□□□起□/□□□□□□□□□以□/今十二人□□□□□□□[12]，/早悟三空之心，正果菩提[13]。/建立碑象一區，上為/皇帝陛下[14]，法界一切眾生/及所生父母、因緣眷屬，早/登菩提，同臻彼岸。/

龍朔元年，歲次辛酉，/七月甲午朔，廿三日丙/辰。成佛弟子雷大岑。

著録

1.《北京圖書館藏中國歷代石刻拓本滙編》14－14。2.《金石萃編補畧》1－53。3.《全唐文補遺》7－213。

注釋

［1］二儀：指天地。《周書·武帝紀上》：“二儀創闢，玄像著明。”② 合：即“含”字。中間一横簡化為一點，與折筆劃構成“八”字。含生，一切有生命者。

［2］庸愚：庸下愚昧。自謙詞。《全唐文補遺》“以”下衍“窺天鑒地”。

［3］“陰”上一字泐，據《大唐三藏聖教序》：“明陰洞陽，賢哲罕窮其數。”③ 補“明”字。洞陽：道教語。猶人間。

［4］造像記語出唐太宗撰《大唐三藏聖教序》，個别字不同。如上文，原文為：“葢聞二儀有像，顯覆載以含生，四時無形，潛寒暑以化物。是以窺天鑑地，庸愚皆識其端；明陰洞陽，賢哲罕窮其數。然而天地苞乎陰陽而易識者，以其有像也。”④ 據之補“明”。《金石萃編補畧》未釋。

① （清）王言：《金石萃編補畧》卷一，清光緒八年（1882）刊，《石刻史料新編》第一輯（5），臺北：臺灣新文豐出版公司 1982 年版，第 4582 頁。

② （唐）令狐德棻等：《周書》卷五，中華書局 1971 年版，第 68 頁。

③ （清）董誥等：《全唐文》卷十，中華書局 1983 年版，第 119 頁。

④ 同上。

［5］虗："虛"的俗字。乗：同"乘"。𡪏：即"寂"的訛體。

［6］"品"上一字泐，觀痕，似"萬"。萬品：猶萬物，萬類。《尹文子·大道下》："過此而往，雖彌綸天地，籠絡萬品，治道之外，非羣生所餐挹，聖人錯而不言也。"① 十方：佛教語。指東南西北及四維上下，無量無邊的世界。《金石萃編補畧》未釋"萬"，並釋"弘"作"宏"。

［7］"威"上一字泐，觀存痕，上似"與"，下部疑泐蝕不存。《大唐三藏聖教序》："舉威靈而無上，抑神力而無下。"②"舉"與"抑"對舉，當為"舉"字。《全唐文補遺》作"與"，不取。《金石萃編補畧》未釋"舉"。又"無上"作"莫□"，非。

［8］"之"下一字泐，存痕似"攝"。"豪"，應"毫"之誤。文中"宇宙"與"毫釐"對舉成文。《金石萃編補畧》未釋"弥""攝"。

［9］"而"上一字"礻"旁泐，存痕似"福"。《金石萃編補畧》未釋"古""運"。又，釋"而長今"作泐蝕兩字。

［10］懸：空虛。《大唐三藏聖教序》："妙道凝玄，遵之莫知其際。"③"懸"，原作"玄"。《金石萃編補畧》未釋"懸"。

［11］"知"下泐蝕嚴重，"其"等六字據《全唐文補遺》補。"寂"下泐蝕嚴重，《全唐文補遺》未釋"邵捉""二"等字。此處僅"早悟三空之心"一句與《大唐三藏聖教序》同④。《金石萃編補畧》未釋"遵之"。又，釋"其際""法流湛寂"作泐蝕四字。

［12］"區"上泐兩字，無法辨識，《金石萃編補畧》作"蠢蠢"，備参。又，未釋"區"至"十"間各字。"人"下泐六字，作泐五字。"區"至"起"，及"起"下泐蝕字，《全唐文補遺》均作泐蝕九字。

［13］《金石萃編補畧》未釋"正果"，釋"碑象"作"禪象"，"上"作"一"，非。《全唐文補遺》釋"建"作"逮"；"碑象"作"禪龕"，均非。

---

① （周）尹文撰，（魏）仲長統定：《尹文子》，《景印文淵閣四庫全書》（848），臺北：臺灣商務印書館1986年版，第189頁。

② （清）董誥等：《全唐文》卷十，中華書局1983年版，第119頁。

③ 同上。

④ 同上書，第120頁。

125 韓忠墓誌 龍朔元年（661）十月二十三日

蓋

墓誌

説明

墓誌出土於河南省洛陽市孟津縣楊凹村。拓片高、寬均 56 cm。誌文 37 行，滿行 38 字。楷書，有縱橫界格。蓋拓片高 62 cm，寬 61 cm。篆書“唐故左千牛府中郎上柱國韩君墓誌銘”。四周刻纏枝蔓草紋；四煞刻四神、雲紋。

蓋

唐故左千/牛府中郎/上柱國韩/君墓誌銘。/

誌文

唐故左千牛府中郎上柱國韓君墓誌銘并序。/

君諱忠，字孝慈，南陽堵陽人也[1]。其先昌黎王之苗裔[2]。粤若在天成象，列角亢以疏躔[3]；在地成形，履箕/潁而開國。蒼精懿戚，武穆降虹珪之封；炎運謀臣，文昌耀龍劍之賜。義深探賾，祕理翼扵龜圖[4]；誠竭/匪躬，勳庸暎扵麟閣[5]。故亦備乎家諜，詳諸國史者哉。

曾祖興，齊黎州刺史，尚齊後主女，駙馬都尉，封/南陽公。銑鑒霞明，瑤貞霜淨。千城露冕，舞清鏡以飛鸞；七夕登仙，上吹樓而策鳳。祖悅，齊龍驤驃騎、/函谷道行軍大揔管[6]，周征南將軍，襲南陽公。珥鶡冠而矯羽林[7]，警巡砦禁；蘊豹韜而趍蘭錡[8]，作衛丹/墀[9]。懋績方騫，英聲自遠。父寶，隨朝散大夫、左監門中郎將、青州刺史、檢校青州都督，齊州黜陟大使[10]，/皇朝右監門中郎將、安州都督府長史、檢校趙王府事、上柱國、襄川公。毓智資神，日新允洌；懸衡稱/物[11]，月旦攸歸。故以德警皇華，澠川叶流星之使；道光帝子，蘪臺襲曳裾之樂。豈非礼延陰慶，遹闢高/門。筮仕元亨[12]，克昭後大。

惟君荊岑降祉，漢浦凝姿。孝義夙彰，仁勇早著。鳳毛題彦，學洞芸圖。猨臂馳/英，藝殫楊葉。甫漸鴻陸，方矯鵬雲。屬隨曆不絓，周鼎將問[13]。爰在大業，遂授左勳衛，非其好也。既而金/陵玉壘，生伏鼈以流災[14]；玄扈砦泉，亘長虵而肆毒。公緬懷立節，歎膠舩而不歸[15]；思預元勳，望碭雲而/委質。

武德之始，除秦王府庫真[16]。驛鑒機先，馳聲幕府。功標策後，擢侍維城。貞觀二年，授右千牛[17]。三年，/授遊擊將軍，行右親衛校尉。四年，授左驍衛太州府別將。十七年，擢左衛率鄭邑府折衝。官當二校，/折衝千里。奮鷹揚之力，克振摩霄之羽；竭汗馬之誠，式騁蘙雲之足。廿二年，授左衛率親衛中郎。廿/三年，授左衛勳三府中郎。永徽三年，遷太子左宗衛率[18]。顯慶四年，拜左千牛府中郎[19]。五年，/駕幸東京，躬親扈從。其年又詔加勳，即授上柱國，賞勤王也。頻参武帳，累典戎機[20]。榮耀兩宮，/績宣三代。銀章在握，入鳳闕以晨趍；玉珮鳴腰，侍鶴關而夕警[21]。栢梁之上[22]，爰陪翰墨；搖山之側，式奉/笙簧。賢俊光時，轢千秋而獨騖；廉孝動俗，駕五官以遐征[23]。

方期儀表鉤陳，肅恭宸極。抑揚戎律，囊括/兵鈐。豈啚捿鵩興祆[24]，泣瑰軫夢。潛功大樹，悲搖落扵靈椿；克構華堂，痛摧殘扵梁木。春秋五十八。以/顯慶五年十二月五日，薨扵洛陽龍門之南。皇上惻悼傷念，贈賻物一百五十段。惟君/貞情岳峻，雅度泉澄。祕策叶扵玄圖，神略窮扵黄石。仗節禁府，冠子幼之清塵；倒屣賔逹，挹仲宣之/風彩。爪牙未展，羽翼斯摧。繐帳纔懸，佳城啓[25]。粤以龍朔元年，歲次辛酉，十月癸亥朔，廿三日，遷窆/与夫人弥姐氏，合葬扵雍州萬年縣進賢鄉鳳栖之原，禮也。父通，皇朝左領軍大將軍、鄜州/一十七州行軍大摠管、使持節鄜延二州都督、散騎常侍、延州刺史、銀青光禄大夫、上柱國、泥陽縣/開國公之長女[26]。惟夫人芳源啓胄，態水凝華。延務彩扵星光[27]，湛娥靈扵月景。禮昭中饋，闡四德扵閨/闈；道叶蒸嘗，稟三從扵閫閾[28]。故得作嬪君子，肅展嘉容。望保彼休徵，宜其家室。豈圖嚴霜遽殞，芳樹/先凋。仙嶺雲沉，吹樓簫斷[29]。春秋卌有一。貞觀廿二年五月十日，終於雍州櫟陽縣馮翊府。會葬斯原，/式略同穴。嗣子懷悊，茹荼蓼扵霜晨，感風枝扵露夕。恐陵谷之遷貿，懼桑溟之變易。庶旌懿扵黄壚，/敬題芳扵翠石。其銘曰：/

箕山曾構，穎泒長津。仁岳效祉，智水資神。析胤周穆，標傑漢臣。封連魏趙，仕暎荀陳。其一。舄弈英彦，葳/蕤秀士。勳襲丹青，譽甄圖史。積德金玉，揚芬蘭芷。必復公侯，挺生君子。其二。性習良冶，聲冠名豪。夙成/麟角，早被鳳毛。藝窮飲羽，辯駕奔濤。韻諧文律，筞祕兵韜。其三。周鼎將飛，隋鏡有失。鵬翼俄矯，驥乏方/逸。抱樂歸真，瞻烏委質。功馳草昧，寵昭榮秩。其四。機禁累典，渙汗頻光。文槐警衛，蘭錡提綖。肅儀紫極，/局影青方。胥鳴玉珮，握耀銀章。其五。兩楹興孽，二豎嬰疢。馮樹凋華[30]，孔牆頽仞。空馳良執，長辭孤胤。蓍/筮告祥，薤歌將振。其六。蒿里煙積，松迮月皎。素車凌曙，清笳犯曉。霜墳蕭瑟，泉扃窈窱[31]。一掩佳城，千秋杳杳。/其七。

著録

西南大學石刻研究中心藏拓

注釋

［1］堵陽：漢置，屬南陽郡。因其地在堵水之陽，故名。隋改置方城縣，貞觀時改屬唐州。

［2］昌黎王：即“蘭汗”。《晉書·安帝紀》：隆安“二年春三月，龍舟二災。夏五月，蘭汗弑慕容寶，而自稱大將軍、昌黎王。秋七月，慕容寶子盛斬蘭汗，僣稱長樂王，攝天子位”①。蘭汗，疑“步六汗”異譯。《梁書·文帝紀》載：承聖二年九月“魏遣郭元建治舟師於合肥，又遣大将邢杲遠、步六汗薩、東方老率衆會之。”② 又作“破落汗”“破六韓”。《北齊書·破六韓常傳》：“破六韓常，字保年，附化人，匈奴單于之裔也。”③《魏書·肅宗紀》：“三月，沃野鎮人破落汗拔陵聚衆反，殺鎮將，號

① （唐）房玄齡等：《晉書》卷十，中華書局1974年版，第250頁。

② （唐）姚思廉：《梁書》卷五，中華書局1973年版，第133頁。

③ （唐）李百藥：《北齊書》卷二十七，中華書局1972年版，第378頁。

真王元年。"①《太武五王傳》:"及沃野鎮人破六韓拔陵反叛，臨淮王彧討之，失利。"②《魏書·官氏志》:"出大汗氏，後改為韓氏。"③"出大汗"，當是"步六韓"之訛。可知此韓氏為匈奴之南徙者。

[3] 角亢：即角宿、亢宿，位列二十八宿中东方蒼龍七宿中的第一、二宿。

[4] 龜圖：即"龜書"，又稱"洛書"。語出《龍魚河圖》:"堯時與羣臣賢智到翠嬀之淵，大龜負圖來出授。堯勑臣下寫取畢，龜還水中。"④

[5] 麟閣：亦作"麐閣"。"麒麟閣"的省稱。漢代名閣，在未央宫中。漢宣帝召人在此，為功臣畫像，以示表彰。

[6] 函谷道：也稱"渭南道"。漢時關中通往外地的主要道路之一，位於潼關以東，秦嶺、崤山與黄河之間。與渭北道東西相貫，古今同為崤函隴蜀所必經。大揔管：地方高級軍政長官。北周大象二年（580），尉遲迥起兵反對楊堅總制朝政，自稱"大總管"。唐初於所征之道督軍事者，是為軍事統帥，稱"大總管"。貞觀三年（629）以後，行軍即稱大總管，本道即稱大都督，中宗至玄宗時改為節度使⑤。

[7] 鶡冠：武官以鶡羽裝飾冠。《後漢書·輿服下》:"武冠，俗謂之大冠，環纓無蕤，以青系為緄，加雙鶡尾，豎左右，為鶡冠雲。五官、左右虎賁、羽林、五中郎將、羽林左右監皆冠鶡冠，紗縠單衣。"⑥ 羽林：禁衛軍名。西漢武帝時始置。選隴西、天水、安定、北地、上郡、河西等六郡良家子弟宿衛建章宫，因以建章營騎為名。後改稱玉林騎。隋以左右屯衛所領兵為羽林。唐置左右羽林軍。

[8] 紫：即"紫"。石刻文字中，構件"小"常訛作三點，三點變作一横。豹韜：原為古代兵書《六韜》篇名之一，後引申為軍事謀略。蘭錡：兵器架。蘭，通"闌"。麟德元年（664）《杜君綽碑》:"飛華紫禁，奉囗戟於蘭錡。"⑦ 引申指顯赫的門第。

[9] 丹墀：指宫殿的赤色臺階或赤色地面。與上文"紫禁"對舉成文。

[10] 黜陟：古代考核官吏，以定其升降。《尚書·周官》:"諸侯各朝于方岳，大明黜陟。"⑧ 魏皇興三年（469）改劉宋僑冀州為齊州。治曆城（今濟南市曆下區内）。隋大業二年（606）改齊州為齊郡。唐武德元年（618）復名齊州，天寶後分别更名為

① （北齊）魏收：《魏書》卷九，中華書局 1974 年版，第 235 頁。

② 《魏書》卷十八，第 429 頁。

③ 《魏書》卷一百一十三，第 3010 頁。

④ （宋）李昉等：《太平御覽》卷八十，中華書局 1960 年版，第 373 頁。

⑤ 鄭天挺、譚其驤：《中國歷史大辭典》(1)，上海辭書出版社 2010 年版，第 125 頁。

⑥ （晉）司馬彪撰，（梁）劉昭注補：《後漢書志》第三十，中華書局 1965 年版，第 3669 頁。

⑦ 張沛：《昭陵碑石》，三秦出版社 1993 年版，第 43 頁。

⑧ 十三經注疏整理委員會：《尚書正義》卷十八，《十三經注疏》，北京大學出版社 2000 年版，第 572 頁。

臨淄郡、濟南郡，乾元元年（758）又復名齊州。誌主父韓寶，為隋“齊州黜陟大使”，其任職或在大業二年之前。

［11］懸衡：謂輕重相等，勢均力敵。

［12］祂：“祉”的俗寫。遰：“遽”的異體字。筮仕：初出做官。

［13］周鼎：周代傳國九鼎。春秋時，楚莊王覬覦王位，伐戎至周境，問及周鼎大小、輕重。事見《左傳·宣公三年》。後因以指國家政權。誌文：“隨曆不綱，周鼎將問。”謂隋朝廷失去綱紀、法紀，政治混亂，政權即將更迭。

［14］鼇，亦作“鰲”。伏鼇：本作“伏龜”，傳説中俯伏在松樹下的神龜，乃松樹之精所化。《淮南子·説山訓》：“千年之松，下有茯苓，上有兔絲；上有叢蓍，下有伏龜。”①

［15］膠舩：用膠黏合的船。《太平禦覽·昭王》：“昭王在位五十一年，以德衰南征，及濟于漢，船人惡之，乃以膠船進王。王御船至中流，膠液解，王及祭公俱没于水而崩。”② 墓誌為以周昭王被害來比況南徙匈奴後裔無歸期。

［16］庫真：唐初王府屬官。如《崔玄籍及妻屈突氏墓誌》：“父善福，唐秦王府庫真，上大將軍。”③ 秦王府：即高祖時李世民的秦王府。“真”與“直”字形相近，為一音之轉，史料中“庫真”與“庫直”常混稱。《舊唐書·職官志》：“諸軍驃騎將軍為統軍，其秦王、齊王下領三衛及庫直、驅咥直、車騎並準此。”④《新唐書·百官四下》：“又有庫直，隸親事府；驅咥直，隸帳内府。選材勇為之。貞觀中，庫直以下皆廢。”⑤ 漢晉無此職名。據《新唐書·長孫無忌傳附長孫敞傳》：“隋煬帝為晉王，敞以庫直從畋驪山。”⑥ 應為唐承隋制。

［17］右千牛：唐右千牛備身省稱。掌執御刀，備宿衛。為門蔭子之職。

［18］左宗衛：隋文帝置左右宗衛，官制如左右衛，各掌以皇族侍衛。煬帝改為左右武侍率。大唐復為左右宗衛率府。見《隋書·百官下》《通典·東宮官》。

［19］千牛府：官署名。唐顯慶五年（660）始置左右千牛府；龍朔二年（662）改左右奉宸衛；神龍元年（705）改左右千牛衛。為唐府兵制南衙“十六衛”之一，掌執御刀因以名職，負責皇帝警衛。唐末，府兵制瓦解，南衙勢漸衰，左右千牛府僅為虚名。見《通志·武官上》。左千牛府中郎：職事官。《舊唐書·職官志》：“太子左

---

① 何寧：《淮南子集釋》卷十六，《新編諸子集成》，中華書局1998年版，第1121－1122頁。

② （宋）李昉等：《太平御覽》卷八十五，中華書局1960年版，第401頁。

③ 周紹良、趙超：《唐代墓誌彙編續集》，上海古籍出版社2012年版，第929頁。

④ （後晉）劉昫等：《舊唐書》卷四十二，中華書局1975年版，第1784頁。

⑤ （宋）歐陽修、宋祁：《新唐書》卷四十九下，中華書局1975，第1307頁。

⑥ 《新唐書》卷一百零五，第4022頁。

右喻德、左右衛左右千牛衛中郎將、太子左右率府左右内率府率及副、太子左右衛率府中郎將，已上四品。”①

［20］武帳：置有兵器的帷帳。帝王或大臣所用。典出《漢書·汲黯傳》：“上嘗坐武帳中，黯前奏事，上不冠，望見黯，避帷中，使人可其奏。”顔師古注引孟康曰：“今御武帳，置兵闌五兵於帳中也。”② 戎機：戰争，軍事機宜。《樂府詩集·梁鼓角横吹曲·木蘭詩》：“萬里赴戎機，關山度若飛。”③

［21］銀章：隋唐官員隨身攜帶的金銀魚袋，謂之章服，簡稱銀章。漢制，吏秩比二千石以上皆銀印。隋唐以後，銀印為魚袋代替。鳳闕：漢代宫闕門。《史記·孝武本紀》：“其東則鳳闕，高二十餘丈。”④ 鶴關：太子宫禁之門。南朝梁蕭統《答湘東王求文集及詩苑英華書》：“陟龍樓而静拱，掩鶴關而高臥。”⑤

［22］栢梁：即“柏梁”。指柏梁臺。《史記·孝武本紀》：“其後則又作栢梁、銅柱、承露僊人掌之屬矣。”⑥ 漢武帝邀請大臣登柏梁臺遊玩，大臣們輪流聯句賦詩，成百梁體。此指陪伴天子。

［23］遐征：遠行。宋陸游《夜聞湖中漁歌》：“峽猿失侣方獨宿，沙雁垂翅猶遐征。”⑦ 元吴師道《鶴野詞》：“欻嬌翼兮遐征，超滇池兮一息。”⑧

［24］鵩：“鵬”的異體。鳥名。似鴞，不祥之鳥。典：“興”的異體。

［25］此句文義不明，文氣不暢。“城”下原刻空一個字格，當是脱刻一字。

［26］弥姐氏：西羌族姓。《通志·關西複姓》“弥姐氏”載：“後秦冠軍大將軍彌姐婆觸、遼東侯彌姐要地、立節將軍彌姐威、後魏末都督彌姐元進，夏州酋望也。唐右領軍延州刺史彌姐長通。”⑨《陝西通志》卷二十一、《萬姓統譜》卷一百三十九皆載，但無年代。此誌弥姐通，左領軍大將軍、延州刺史，任職與弥姐長通同，應是史傳“左”誤作“右”、“通”衍作“長通”，惜兩《唐書》不載，墓誌可補史闕，糾史之訛。鄜州：又作敷州。西魏廢帝三年（554）改北華州置，治杏城（今陝西黄陵縣西南）。隋以後始專作鄜州。《元史·地理志》：“唐初為鄜州，又改洛交郡。又復為鄜

---

① （後晉）劉昫等：《舊唐書》卷四十二，中華書局 1975 年版，第 1804 頁。

② （漢）班固撰，（唐）顔師古注：《漢書》卷五十，中華書局 1959 年版，第 2318 頁。

③ （宋）郭茂倩：《樂府詩集》卷二十五，中華書局 1919 年版，第 374 頁。

④ （漢）司馬遷：《史記》卷二十八，中華書局 1959 版，第 1402 頁。

⑤ （梁）蕭統：《昭明太子集》卷四，《景印文淵閣四庫全書》（1063），臺北：臺灣商務印書館 1986 年版，第 671 頁。

⑥ （漢）司馬遷：《史記》卷十二，中華書局 1959 年版，第 459 頁。

⑦ 陸游：《陸游集》（2），中華書局 1976 年版，第 718 頁。

⑧ 李修生：《全元文》卷一千零七十，鳳凰出版社 2004 年版，第 8 頁。

⑨ （宋）鄭樵撰，王樹民點校：《通志二十略》，中華書局 1995 年版，第 182 頁。

州。宋、金因之，舊領洛交、洛川、鄜城、直羅四縣。"① 迮：即"延"延州：西魏廢帝三年（554）改東夏州置。治廣武縣（今延安市東北）。隋改延安郡，唐武德元年（618）改為延州，領膚施、豐林、延川三縣。參《舊唐書·地理志》卷三十八。宋改為延安府，金為鄜延路，元改延安路。

［27］務彩：即"婺彩"，婺女星的光彩。婺女，星宿名，又名須女、務女。二十八宿之一，玄武七宿之第三宿，有星四顆。《史記·天官書》："婺女，其北織女。"司馬貞索隱："務女。《廣雅》云'須女謂之務女'是也。一作'婺'。"②

［28］四德：封建禮教指婦女的四種德行。《周禮·天官·九嬪》："掌婦學之灋，以教九禦婦德、婦言、婦容、婦功。"鄭玄注："婦德謂貞順，婦言謂辭令，婦容謂婉娩，婦功謂絲枲。"③ 三從：封建禮教指婦女應做到的三從，即：在家從父，出嫁從夫，夫死從子。《儀禮·喪服》："婦人有三從之義，無專用之道，故未嫁從父，既嫁從夫，夫死從子。"④

［29］婉指女性死亡。語出《列仙傳·簫史》："簫史者，秦穆公時人也。善吹簫，能致孔雀白鶴於庭，穆公有女字弄玉，好之，公遂以女妻焉。日教弄玉作鳳鳴，居數年，吹似鳳聲，鳳凰來止其屋，公為作鳳臺，夫婦止其上，不下數年。一日，皆隨鳳凰飛去。"⑤

［30］馮樹：本指東漢名將馮異。比喻大將沉穩風範。墓誌語義雙關，既以馮異比況誌主，又以大樹凋零，比喻誌主死亡。

［31］窈窱：通"窈窕"。深远貌，幽深貌。唐盧照鄰《雙槿樹賦》："紛廣庭之靃靡，隱重廊之窈窱。"⑥

彙考

誌主為蘭汗，匈奴南徙者後裔。其夫人弥姐氏，"父通，皇朝左領軍大將軍、鄜州一十七州行軍大總管、使持節鄜延二州都督、散騎常侍、延州刺史、銀青光禄大夫、上柱國、泥陽縣開國公之長女"。弥姐通，即《通志·關西複姓》"弥姐氏"所載

① （明）宋濂：《元史》卷六十，中華書局 1976 年版，第 1426 頁。

② （漢）司馬遷：《史記》卷二十七，中華書局 1959 年版，第 1311 頁。

③ 十三經注疏整理委員會：《周禮注疏》卷七，《十三經注疏》，北京大學出版社 2000 年版，第 227 頁。

④ 十三經注疏整理委員會：《儀禮注疏》卷三十，《十三經注疏》，北京大學出版社 2000 年版，第 671 頁。

⑤ 王叔岷：《列仙傳校箋卷上》，《王叔岷著作集》，中華書局 2007 年版，第 80 頁。

⑥ （唐）盧照鄰：《盧昇之集》卷一，《叢書集成新編》（59），臺北：臺灣新文豐出版公司 1985 年版，第 377 頁。

“唐右領軍、延州刺史彌姐長通”①。弥姐氏，西羌望族，南北朝至隋代造像題名中屢見，唐代碑刻文獻罕見，目前僅發現至德二年（757）《弥姐亮墓誌》和此墓誌兩通材料，這種現象與羌中望族大姓顯得格外不符。此墓誌記述了匈奴後裔與羌人的族外婚，打破羌人在南北朝至隋代盛行的同族異姓内婚制，這是在唐王朝的强大和開放的胸襟下，進一步融合的表現，也應當是弥姐氏羌人唐碑少的真正原因。

① （宋）鄭樵撰，王樹民點校：《通志二十略》，中華書局1995年版，第182頁。

126 王君妻姚子墓誌 麟德元年（664）七月十五日

説明

墓誌出土於河南省洛陽市，現藏洛陽古代藝術館。石高、寬均33 cm。誌文15 行，滿行 17 字。楷書，有縱界格。右下角殘缺。微泐。誌蓋闕。

誌文

大唐王氏妻姚夫人墓誌銘并序[1]。/

夫人諱子，南安人也。茂祑之興，久布方策[2]。□/枝蘭菉[3]，何代無人。祖乂，羽翼當時，顯中齊代[4]；/父德，清英家□，立德随朝。

夫人誕秀華宗，表/祥鴻祑。飛秋霜而挺質，播春煦而弘仁。所以/藝綜髫年[5]，𣲖穎州里[6]。及採名深閤[7]，作婦王門。/峻節与寒木竞貞，明允將冬冰争潔。何圖瓊/英夙隕，玉蘂先凋。以麟徳元年七月二日終/抣私第，春秋卌有四。即以其月十五日，殯抣/平樂鄉之原，礼也。恐翠微千刃[8]，俄成万頃之/陂；碧浪九重，遷化三山之峻[9]。敢雋玄石[10]，勒此/芳猷。銘曰：/

□宗遠架，鴻胄騰芳。貞亮敦雅[11]，允迪溫良。誕/發蘭儀，慶流王度。謂祐輔仁，俄從泉路。壽堂/虚廓，綺帳塵飛。松風颼颺，夜月空暉。/

著録

1.《洛陽出土歷代墓誌輯繩》270。2.《隋唐五代墓誌滙編・洛陽卷》4－162。3.《唐代墓誌彙編續集》第144頁。4.《全唐文補遺》5－129。

注釋

［1］"夫"上一字泐，存痕似"姚"字。《全唐文補遺》未釋。

［2］"方"下一字泐，僅存殘痕，《唐代墓誌彙編續集》缺。《全唐文補遺》作"策"，可從。方策：亦作"方筴"。泛指典籍。方指木牘，策指竹簡。《禮記・中庸》："文武之政，佈在方策，其人存則其政舉，其人亡則其政息。"鄭玄注："方，版也。策，簡也。"孔穎達疏："言文王 武王為政之道，皆佈列在於方牘簡策。"① 《宋書・後廢帝傳》："方筴所不書，振古所未聞。"②

［3］菜：即"葉"字。"世"減省筆畫成"𠫔"。南朝梁大同元年（535）《羅浮山銘》："枝菜禮義，黥劓是非。"③ 唐代石刻，因避太宗李世民，遇"世"缺筆作"廿"。以"世"為構件的字，亦隨改，省筆為"𠫔"。

［4］"乂"，《全唐文補遺》作"文"。"齊"，《唐代墓誌彙編續集》作"濟"，誤。

［5］髫：即"髫"。構件移位。髫年：幼年。唐人墓誌常見，如貞觀七年（632）《楊業洛墓誌》："聞詩聞禮，譽表髫年。"④ 顯慶三年（658）《許叔静墓誌》："髫年志學，弱冠有成。"⑤ 長安三年（703）《王貞及妻秦氏墓誌》："恭慧著於髫年，寬厚稱於冠歲。"⑥

---

① 十三經注疏整理委員會：《禮記正義》卷五十二，《十三經注疏》，北京大學出版社2000年版，第1682－1683頁。

② （梁）沈約：《宋書》卷九，中華書局1974年版，第187頁。

③ 北京圖書館金石組：《北京圖書館藏中國歷代石刻拓本滙編》（2），中州古籍出版社1989年版，第160頁。

④ 吴鋼：《隋唐五代墓誌滙編・洛陽卷》（2），天津古籍出版社1991年版，第30頁。

⑤ 周紹良、趙超：《唐代墓誌彙編續集》，上海古籍出版社2012年版，第98－99頁。

⑥ 周紹良、趙超：《唐代墓誌彙編》，上海古籍出版社1992年版，第1003頁。

［6］“頴”，《全唐文補遺》作“頒”，形似而誤。

［7］“閤”，亦作“閣”。舊指女子的住房。

［8］刃：通“仞”。古代长度单位。《隋書·禮儀志五》：“旌杠，皇帝六刃，諸侯五刃，大夫四刃，士三刃。”① 顏之推《古意二首》之一：“千刃安可舍，一毁難復營，昔為時所重，今為時所輕。”②

［9］遷：即“遽”字。构建“虍”與“雨”混訛。“雨”，省去點變為横綫。如“盧”作“䨣”“䨮”。見武平四年（573）《赫連子悦墓誌》：“朝廷以䨣毓、山濤，譽流任舉。”③ 大象二年（580）《元壽安妃盧蘭墓誌》：“燕王䨮綰，漢祖共書；侍中䨮毓，魏君同乘。”④

［10］雋：即“鎸”字，同“鐫”。構件位移。

［11］亮：即“亮”字。構件“几”訛變為“八”。

① （唐）魏徵等：《隋書》卷十，中華書局1973年版，第199頁。

② （唐）歐陽詢：《藝文類聚》卷二十六，上海古籍出版社1965年版，第469頁。

③ 趙力光：《鴛鴦七誌齋藏石》，三秦出版社1995年版，第160頁。

④ 同上書，第166頁。

127　狄知愻碑　武周載初元年（689）正月

説明

碑石於1984年6月在河南省洛陽平樂村北雙碑凹出土。《唐邛州刺史狄君碑及狄仁傑墓考》載出土於河南省洛陽東北15公里孟津平樂翟泉村。原石高365 cm，寬118 cm，厚35 cm。覆斗形趺座。拓片碑身高225 cm，寬110 cm；額高46 cm，寬29 cm。碑文31行，行存字數不等。楷書。額篆書“大唐故邛州刺史狄知愻之碑”；刻盤繞六夔龍。下部殘缺，泐蝕嚴重。該碑又題《邛州刺史狄知愻碑》《贈邛州刺史狄公神道碑》《狄知愻墓碑》。

額

大唐故邛/州刺史狄/府君之碑。/

碑文

大唐贈使持節、邛州諸［軍事、邛］州刺史狄公之碑並序[1]。/

君子進德修業以佐時，哲后求賢審官以成務[2]。有才無命，［賈問鵬］於［長沙；其□□貞］（下泐），故則□□/程昱既卒[3]，雖贈車騎之榮[4]；劉毅云亡，徒表直臣之禮。［死］而追贈，侍補袞章，不甚悲乎[5]！（下泐）景［允於］戲/后稷[6]，克播靈苗。承積德之鴻休，藉基主之茂緒[7]。周封孝伯，因受氏於狄城[8]，孔（下泐）［門人］（下泐）氣息，魚羊擾/代[9]，龍馬浮江。九洲幅裂，四溟板蕩[10]，樂平公出將入相，豹變於秦［庭］（下泐）事炎方/虎賁屈潘岳之才[11]，坐悲秋興。曾叔祖湛，魏平西將軍、臨邑子、齊靈（下泐）［動］澠池、鄧艾/專征[12]。卷懷庸蜀，建旗作牧，首登循吏之科；開國承家，俯入功臣之（下泐）吴坂[13]。父孝/緒，唐行軍總管、大將軍、金紫光禄大夫、尚書左丞、使持節、汴州諸軍事、（下泐）兵略地，/傳長虞嚴持左轄，八座澄清；蔣子通常侍乘輿，萬機宏益[14]。六條出守，鎮梁國（下泐）［明］月。

公即/臨潁公之第五子也。龍虎鳳姿，地靈天縱，神情秀發，則白日雲開衛向達［權］（下泐）體物[15]，居多/黄絹之詞；敬業樂群，早茂青襟之譽[16]。起家以國子［明經］擢第，補東［宫］内直（下泐）又授鄭/州司兵參軍[17]，兼鄭王府兵曹參軍、漢川南紀，總録眾曹；鄭［國］東門，職司鍵閉（下泐）國之/封[18]。降彼親賢，守兹陋隘。大開藩邸，博訪英髦。□授□□賜梁州都督府録事參軍（下泐）咸/坐君不與焉[19]。豈惟魯國憍親，每慙田叔[20]；汝南［人］吏，常畏范滂而已乎[21]？俄除越州刺史［剡縣令］（下泐）南□□□□華/州鄭縣令[22]。竹箭長瀾，浸於關輔；蓮花峻岳，鎮若都畿。祖恕之理宏農[23]，［唯］聞惠愛[24]。陳［稚之］（下泐）［拜］/周景之題輿；御王祥之别乘，屈汝潁之高節[25]。通理譙都[26]，振海沂之康歌；來清奭道[27]，若乃（下泐）有南蠻/之寇盗[28]，更相劫掠，久患兼并。為官擇人，非君莫可。即除夔州都督府長史、[州]府[軍]節一（下泐）[而猛獸]懷仁[29]，論/沸鼎，而遊魚知懼。招集亡散，戶口日增；敦勸農桑，京坻歲積[30]。敚攘邊（下泐）[31]，我[有餘]美[32]。既而/朝廷藉甚，璽書優洽。坐望公車，佇登[廊]廟[33]。

豈[謂]祆[延二]豎，[夢奠兩楹，遘疾]（下泐）有[同朱]□之亡，/郡吏□攀，更甚莊遵之死。天子行魏[文之録舊]，考《周禮》之易名，贈使持節、邛州諸軍事、邛州刺史（下泐）肅恭成德[34]，[柔]順居貞[35]。/鳳皇於飛，坐享從夫之秩[36]；蛟龍既没[37]，死偕同穴之榮[38]。初封太谷縣君，追贈太谷[郡□□乃以載初元]（下泐）[39]，禮也。惟公生而□[明]，幼/而好學。有黃童之俊逸，世號無雙；有顏子之庶幾[40]，共推知什[41]。容[儀]端肅[42]，識□謙虛，（下泐）之材抱干將莫[邪][之]□[43]。方/欲弼諧王道，□亮天工[44]，作神化之丹青，為聖朝之元凱。豈知□[隨有命州]（下泐），但見生祠[45]，張訓莫亡[46]，空優/死贈。嫡子故尚書令、尚書右僕射、贈司空、梁國文惠公[47]，明謨光於帝道[48]，[至性葉]於天[經，痛□宣]（下泐）三月偃平皋[49]，得仙公之/宅兆。以為崗巒起伏，雖封白玉之棺；陵谷遷移，須勒黃金之碣[50]。頹[齡]溘謝[51]，誠願[莫]申[52]，有孝孫[鴻臚]□卿[光嗣]（下泐）合宮羽居喪有滅/性之酷[53]，惟孝將成父之志，見何日之義毀[54]，孰不哀憐；頌陳寔之□猷，吾無愧色，迺為銘曰：

[周道]（下泐）□□褫彌，丘賢子哲[55]。儀/實知禮，義存載籍。出為巨儒[56]，志在宏益。其一。秦推樂平，魏得安成[57]。伏波曜武，臨邑持兵[58]，時[逢喪]亂[59]，運偶□[横經]（下泐）名。其二。司馬建安，降/年短折。散騎常侍，匡時杖節。武帳前鋒，文□左轄。勘濟寓縣[60]，肅清朝列。威[德]延[鐘][61]，克[生]俊哲。/其三。欽[惟雅量]，江漢（下泐）[曳]履[朱邸]抽毫[62]。聲雄/總録，望重諸曹。非君作宰，誰與操[刀]。其四。剡本[吴]縣，鄭稱京輔[63]。銅墨外臨，[宰纮]內□。政成[飛]□，澤[及時]雨[64]，□[若]黎□（下泐）。其五。東臨睢渙，西陟/岷波[65]。方勞刺割[66]，載穆康歌。青江灝漾，赤甲[嵯]峨[67]。[賓渝]始附，寇盗仍多。微我君者，[孰樂]安和[68]？其六。[克播]□□[曲]成（下泐）美□□□□□[鼇]百揆[69]。祆鵬/來集，臥龍不起。一歎頹山，長悲閱水[70]。其七。恩覃死贈，[禮]□哀[榮]。冥[寘同]穴，[昭彰易名]，□鳥□□□□佳城（下泐）有悲[71]。/

著録

1.《北京圖書館藏中國歷代石刻拓本滙編》17－115。2.《金石萃編》卷69－38

下。3.《全唐文》卷993－1。4.《全唐文新編》卷991－13713。5.《唐邛州刺史狄君碑及狄仁傑墓考》,《中原文物》1991(2)。

註釋

[1]“公”,《唐邛州刺史狄君碑及狄仁傑墓考》作“府君”,義通,非原刻。邛州:南朝梁置,治所蒲陽縣,今四川邛崍縣東南。《元和郡縣圖志·邛州》:“南接邛崍山,因以為名。”① 隋廢。唐武德元年(618)復置,顯慶二年(657)移治臨邛縣,今邛崍市。“[]”内據《全唐文》補。

[2]佐時:輔佐帝王國主治理國家。漢張衡《歸田賦》:“遊都邑以永久,無明略以佐時。”李善注:“言久淹滯於京都,而無知略以匡佐其時君也。”② 成務:成就事業。《周易·繫辭上》:“夫《易》何為者也?夫《易》,開物成務,冒天下之道,如斯而已者也。”③

[3]“則”上一字泐,存痕似“故”。《全唐文》作“令”,非。《全唐文新編》沿用。《金石萃編》未釋“故則”。該書未釋之處較多,不一一指出。

[4]《唐邛州刺史狄君碑及狄仁傑墓考》未釋“雖”。“贈”《全唐文》作“增”。

[5]衮章:借指三公。《陳書·孔奂傳》:“奂曰:‘衮章之職,本以德舉,未必皇枝。’”④《資治通鑑·陳宣帝太建六年》引用此文,胡三省注曰:“三公一命。衮,命服,身之章也。”⑤“衮”,《全唐文新編》作“衺”,非。侍補:猶“待補”。《全唐文》《金石萃編》《全唐文新編》釋“侍”作“何”,非。又,《全唐文》釋“甚”作“其”,形似而誤。《唐邛州刺史狄君碑及狄仁傑墓考》沿誤,並未釋“不”“乎”二字。

[6]“景”下一字泐,不能辨識。《全唐文》作“允”,《唐邛州刺史狄君碑及狄仁傑墓考》作“胤”,備參。

[7]鴻休:鴻業,大統。《北齊書·文宣帝紀》:“朕入纂鴻休,將承世祀,籍援立之厚,延宗社之算。”⑥ 茂緒:盛業。南朝宋颜延之《陽給事誄》:“光昭茂緒,旌

---

① (唐)李吉甫撰,賀次君點校:《元和郡縣圖志》卷三十一,中華書局1983年版,第780頁。

② (梁)蕭統編,(唐)李善注:《文選》卷十五,《中國古典文學叢書》,上海古籍出版社1986年版,第692頁。

③ 十三經注疏整理委員會:《周易正義》卷七,《十三經注疏》,北京大學出版社2000年版,第337頁。

④ (唐)姚思廉:《陳書》卷二十一,中華書局1972年版,第286頁。

⑤ (宋)司馬光編著,(元)胡三省音注:《資治通鑑》卷一百七十一,中華書局1956年版,第5337頁。

⑥ (唐)李百藥:《北齊書》卷四,中華書局1972年版,第48頁。

録舊勳。"①

［8］"因"，《唐邛州刺史狄君碑及狄仁傑墓考》作"國"，非。狄城：當指秦置狄縣，唐置狄道郡。治所今甘肅臨洮。

［9］《唐邛州刺史狄君碑及狄仁傑墓考》釋"孔"作"死"，非。"息"上一字，觀拓，似"氣"。《全唐文》《全唐文新編》作"颭"，備參。

［10］板蕩：《板》《蕩》是《詩經·大雅》中譏諷周厲王無道國敗、社會動蕩的詩篇。因以指政局混亂，國家動蕩。《金石萃編》釋"板"作"版"。版，木板，後作"板"。《唐邛州刺史狄君碑及狄仁傑墓考》沿用。

［11］虎賁：官名，主宿衛。唐始廢。此碑誌表明唐末仍在使用。《唐邛州刺史狄君碑及狄仁傑墓考》作"虎責"，大誤。並脱"於"字。潘岳：即潘安，西晉文學家。與陸機齊名，史稱"潘陸"。

［12］《全唐文》《全唐文新編》未釋"靈"。《唐邛州刺史狄君碑及狄仁傑墓考》沿用。澠池：水名，河南省境内。鄧艾：三國魏義陽郡棘陽（今河南南陽南）人，曹魏後期著名將領，受詔專征蜀漢，偷渡陰平，率先入成都，亡蜀漢，後遭司馬昭猜忌被殺。

［13］"吴"，《唐邛州刺史狄君碑及狄仁傑墓考》作"兵"，非。見古詩《吴阪》："蹉跼鹽車萬里蹄，忽逢良鑒始能嘶。不緣伯樂稱奇骨，幾與駑駘價一齊。"② 引用伯樂相馬、驥伏鹽車典故，感嘆鄧艾有志報國卻遭人陷害，表達碑主曾祖狄湛報效國家的强烈願望，以及湮没無聞的遺憾。

［14］宏益：即"弘益"，增益。《唐邛州刺史狄君碑及狄仁傑墓考》作"弘益"，非原刻。下同。

［15］"虎"，《全唐文新編》作"章"，不取。《唐邛州刺史狄君碑及狄仁傑墓考》釋"開"作"門"，非。"衛向"二字，《全唐文》作一字，並未釋。《全唐文新編》沿用。

［16］"襟"，《全唐文》《全唐文新編》作"衿"，義同詞異。

［17］明經：通曉經術。此指以明經射策取士。《全唐文》《全唐文新編》脱"明"，未釋"又"。《唐邛州刺史狄君碑及狄仁傑墓考》未釋"子"。

［18］《唐邛州刺史狄君碑及狄仁傑墓考》釋"録眾曹"作"封還□齊"；"國"作"州"；"鍵閉"作"隸□"，均非。鍵閉：封鎖。

---

① （梁）蕭統編，（唐）李善注：《文選》卷五十七，《中國古典文學叢書》，上海古籍出版社1986年版，第2465頁。

② （清）李調元：《全五代詩》，中華書局1985年版，第951頁。

［19］“授”至“梁”間，《全唐文》《全唐文新編》作闕二字。

［20］憍：同“驕”。驕矜。《唐邛州刺史狄君碑及狄仁傑墓考》作“槁”，形似而誤。慙：同“慚”。田叔：趙國陘城人。其先齊國田氏後裔。任魯國國相。《史記·田叔列傳》：“太史公曰：孔子稱曰‘居是國必聞其政’，田叔之謂乎！義不忘賢，明主之美以救過。仁與余善，余故並論之。”①

［21］“而”下一字泐，諦視拓片，似“已”。《唐邛州刺史狄君碑及狄仁傑墓考》作“邑”，非。范滂：字孟博，東漢汝南征羌（今河南漯河市召陵區）人。少厲清節，舉孝廉。後為汝南太守。因舉劾權豪、嚴整疾惡聞名。與李膺、杜密等死於獄中。見《後漢書·黨錮傳·范滂》。

［22］《全唐文》《全唐文新編》未釋“南”。又，脱“刺史”。

［23］“祖”，《唐邛州刺史狄君碑及狄仁傑墓考》作“相”，非。宏農：即“弘農”。郡名，西漢置。唐朝時，弘農郡分為陝州、虢州，廢郡。虢州仍治弘農縣（今靈寶市）。

［24］“惠”，《唐邛州刺史狄君碑及狄仁傑墓考》作“忠”，非。惠愛：猶仁愛。《韓非子·姦劫殺臣》：“哀憐百姓，不忍誅罰者，此世之所謂惠愛也。”②

［25］周景：字仲饗，廬江舒縣（今安徽廬江）人。東漢名臣。好賢愛士，以忠正聞名。參《後漢書·周景傳》。王祥：字休徵，琅琊臨沂（今山東臨沂）人。典故“臥冰求鯉”就指王祥侍奉後母至孝。參《晉書·王祥傳》。“潁”，《唐邛州刺史狄君碑及狄仁傑墓考》作“南”，非。

［26］“通”，《唐邛州刺史狄君碑及狄仁傑墓考》作“適”，非。

［27］僰道：古縣名。漢屬犍為郡，在今四川省宜賓縣境，因居僰人而名。見《漢書·地理志上》。清丁澍《送孫九婉備兵保寧》：“僰道生瑶能漢語，羌西諸將半渝歌。”③“來清僰”，《唐邛州刺史狄君碑及狄仁傑墓考》作“奏請贊”，非。

［28］“南”，《全唐文》《全唐文新編》作“山”，非。又，“寇”作“侵”，亦非。

［29］夔州：唐武德二年（619）改信州。治所奉節縣（今縣東白帝城）。屬山南東道。《唐邛州刺史狄君碑及狄仁傑墓考》未釋“長史”，並脱“一”。夔州都督府長史：《舊唐書·狄仁傑傳》載其“父知遜，夔州長史”④。碑與史傳吻合。

---

① （漢）司馬遷：《史記》卷一百零四，中華書局1959年版，第2779頁。

② （清）王先慎：《韓非子集解》卷四，《新編諸子集成》，中華書局1998年版，第104頁。

③ （清）沈德潛：《清詩別裁集》卷四，河北人民出版社1997年版，第74頁。

④ （後晉）劉昫等：《舊唐書》卷八十九，中華書局1975年版，第2885頁。

［30］京坻：形容豐收。《詩經・小雅・甫田》：“曾孫之庾，如坻如京。”① 謂穀米堆積如山。亦作“坁”。“坻”，《唐邛州刺史狄君碑及狄仁傑墓考》作“城”，非。

［31］敓：强取。《説文・攴部》“敓”字下引《周書》：“敓攘矯虔。”②《唐邛州刺史狄君碑及狄仁傑墓考》作“寇”，非。“邊”，《全唐文》《全唐文補遺》未釋。

［32］“美”，《唐邛州刺史狄君碑及狄仁傑墓考》作“虞”，非。

［33］《唐邛州刺史狄君碑及狄仁傑墓考》未釋“廟”。

［34］肅恭：端嚴恭敬。《尚書・微子之命》：“恪慎克孝，肅恭神人。”③《唐邛州刺史狄君碑及狄仁傑墓考》釋“肅”作“建”，非。並釋“周”作“州”，非。未釋“天子行”“考”。

［35］“居”下一字泐，似“貞”。通“正”。居貞：遵守正道。《唐邛州刺史狄君碑及狄仁傑墓考》一作“貞”，是。又作“真”，非。並未釋“恭成德”。

［36］坐享：不出力，只是享受。《全唐文》《全唐文新編》釋“坐”作“生”，非。

［37］“蛟”，《唐邛州刺史狄君碑及狄仁傑墓考》作“夔”，非。

［38］“偕同”，《唐邛州刺史狄君碑及狄仁傑墓考》作“□既”。並脱“榮”。將“初”上屬，均非。

［39］《資治通鑑・唐紀》注云：“武德三年，以并州之太谷、祈（祁）縣置太州，六年，州廢；當是此時（久視元年）復置也。”④《金石録》謂碑石於載初元年立；嚴可均謂當在睿宗時。載初改元始用子正，以十一月為正月，十二月為臘月，寅月為一月，至久視元年復寅正。據此，立碑時間為武周載初元年（689）正月。

［40］語出《周易・繫辭下》：“顔氏之子，其殆庶幾乎。”⑤ 顔氏之子，指顔回。庶幾：借指賢才。《唐邛州刺史狄君碑及狄仁傑墓考》未釋“庶”。

［41］什：古代兵制，五人為伍，兩伍為什。也指户籍編制，十家為“什”。《全唐文》《全唐文新編》作“十”。義同詞非。《唐邛州刺史狄君碑及狄仁傑墓考》釋“推知什”作“於□膺”。

［42］端肅：端正嚴肅。《唐邛州刺史狄君碑及狄仁傑墓考》釋“肅”作“麗”，

---

① 十三經注疏整理委員會：《毛詩正義》卷十四，《十三經注疏》，北京大學出版社 2000 年版，第 988 頁。

② 丁福保：《説文解字詁林》卷三下，中華書局 1988 年版，第 3663 頁。

③ 十三經注疏整理委員會：《尚書正義》卷十三，《十三經注疏》，北京大學出版社 2000 年版，第 419 頁。

④ （宋）司馬光編著，（元）胡三省音注：《資治通鑑》卷二百零七，中華書局 1956 年版，第 6551 頁。

⑤ 十三經注疏整理委員會：《周易正義》卷八，《十三經注疏》，北京大學出版社 2000 年版，第 364 頁。

非。並以為“端”上有二字，實為一字“儀”，據《全唐文》補。

［43］干將：古劍名。相傳春秋吴有干將、莫邪夫婦善於鑄劍，為闔閭鑄陰陽劍，陽為“干將”，陰為“莫邪”。見《吴越春秋·闔閭内傳》。《唐邛州刺史狄君碑及狄仁傑墓考》釋“抱干將莫”作“招千將萬”，大誤。“莫”下一字泐，當為“邪”。《全唐文》《全唐文新編》未釋“邪”字。又，釋“謙虚”作“虚謙”，誤倒。

［44］“工”，《唐邛州刺史狄君碑及狄仁傑墓考》作“二”，形似而誤。並未釋“王道”。

［45］《唐邛州刺史狄君碑及狄仁傑墓考》釋“聖”作“坐”；“但”作“仁”，均非。並未釋“為”“豈知”。

［46］“莫”，《唐邛州刺史狄君碑及狄仁傑墓考》作“其”，非。

［47］“嫡子故尚書令、尚書右僕射、贈司空、梁國文惠公”，新舊《唐書·狄仁傑傳》均載唐中宗、睿宗追封的官爵謚號。《全唐文》《全唐文新編》“尚書令”作“中書令”，非。

［48］《唐邛州刺史狄君碑及狄仁傑墓考》釋“謨”作“昭”；“道”作“遵”，均非。

［49］“月”上一字泐，諦視拓片，似“三”。《全唐文》《全唐文新編》作“塋”，非。

［50］“勒”上一字泐，觀拓，似“須”，《唐邛州刺史狄君碑及狄仁傑墓考》作“而”。又釋“碣”作“詞”，並誤。

［51］“頽”，《金石萃編》作“顔”，形似而誤。《唐邛州刺史狄君碑及狄仁傑墓考》未釋“溘”。

［52］此四字，《唐邛州刺史狄君碑及狄仁傑墓考》作“祔英□”，非。

［53］《唐邛州刺史狄君碑及狄仁傑墓考》未釋“孝”等六字。“孫”下泐三字，第一二字似“鴻臚”。鴻臚：周官名“大行人”，掌天子諸侯間的重大交際禮儀。秦漢初稱典客，景帝時更名大行令，武帝改稱大鴻臚。東漢以後，掌朝祭禮儀贊導。北齊置鴻臚寺，唐曾改司賓寺。主官或稱卿，或稱正卿，副職為少卿，屬官因各朝代而異，或有鳴贊、序班，或置丞、主簿。

［54］“義”，《全唐文》《全唐文新編》作“羸”，非。並未釋“日”。《金石萃編》沿誤。

［55］“子”下一字泐，諦視拓片，似“哲”。《唐邛州刺史狄君碑及狄仁傑墓考》作“晳”，非。

［56］“出”，《全唐文》作“山”，非。《全唐文新編》沿誤。

［57］“成”，《唐邛州刺史狄君碑及狄仁傑墓考》作“威”，非。

［58］伏波：漢將軍名號。《唐邛州刺史狄君碑及狄仁傑墓考》釋“伏”作“縱”；“臨”作“郡”，均非。並未釋“兵”。

［59］此四字《唐邛州刺史狄君碑及狄仁傑墓考》作“鳳逸燕飛”，不取。“時”“亂”二字，拓片尚能辨認。

［60］“勘”，《唐邛州刺史狄君碑及狄仁傑墓考》作“載”，非。

［61］“列”下一字泐，似“威”。《全唐文》《金石萃編》作“盛”，義可通。備參。“延”，《唐邛州刺史狄君碑及狄仁傑墓考》作“所”，非。

［62］抽毫：抽筆出套。借指寫作。《唐邛州刺史狄君碑及狄仁傑墓考》未釋“欽”；“曳”等六字釋作“望履，來邸插毫”，不知何義。

［63］“京輔”，《唐邛州刺史狄君碑及狄仁傑墓考》作“秉輔”，非。並未釋“鄭稱”。

［64］《唐邛州刺史狄君碑及狄仁傑墓考》未釋“銅墨外”。又，“澤”下第三字，作“時”，非。不取。

［65］“岷”，《金石萃編》《唐邛州刺史狄君碑及狄仁傑墓考》作“岻”，山名。非。《全唐文》脱“其五”。

［66］“方”，《金石萃編》作“万”，非。

［67］灝：通“浩”。水勢無邊際。赤甲：山名。嵯峨：山高峻貌。“青江”至“嵯峨”，對舉成文。《唐邛州刺史狄君碑及狄仁傑墓考》釋“灝”作“瀨”。並釋“青江”作“清山”；“峨”作“俄”，均誤。未釋“赤”字。

［68］“微”一句，《唐邛州刺史狄君碑及狄仁傑墓考》僅釋“者”“和”兩字。

［69］《唐邛州刺史狄君碑及狄仁傑墓考》釋“成”作“承”，非。

［70］“山”，《唐邛州刺史狄君碑及狄仁傑墓考》作“上”，非。並未釋“閲”。

［71］“七”下泐蝕嚴重，《唐邛州刺史狄君碑及狄仁傑墓考》僅釋“恩”“佳”“有悲”四字。《全唐文》《全唐文補遺》未釋“有悲”二字。

彙考

碑稱狄知愻“夔州都督府長史”，“曾叔祖湛，出魏平西將軍、臨邑子”，“父孝緒”，尚書左丞，“嫡子故尚書令、尚書右僕射、贈司空梁國文惠公”。《狄湛墓誌》載，湛為“平西将軍、臨邑子”。《新唐書·宰相世系表》：湛“東魏帳内正都督、臨邑子”①。《舊唐書·狄仁傑傳》：其“祖孝緒，貞觀中尚書左丞。父知遜，夔州長

① （宋）歐陽修、宋祁：《新唐書》卷七十四，中華書局1975年版，第3162頁。

史"[①]。狄仁傑死後，"中宗返正，追贈司空；睿宗追封梁國公"[②]。《新唐書·狄仁傑傳》：狄仁傑"聖曆三年卒，年七十一，贈文昌右相，謚曰文惠"[③]。據此，碑文述知愻、湛、孝緒、仁傑的官職、謚號與史傳一致，碑主的曾叔祖即湛，父即孝緒，嫡子即狄仁傑。狄氏碑誌，除北齊《狄湛墓誌》外，主要集中在唐代，有載初《狄知愻碑》、開元十年（722）《狄仁傑生祠碑》[④]、元和七年（812）《狄公祠碑》[⑤]、武宗會昌年間（841－846）《狄兼謩碑》[⑥]。兼謨，字汝諧，仁傑族曾孫。歷代狄氏都是朝廷棟樑，良將重臣，特别是狄仁傑，更為武周忠良直臣。史載他的政績頗詳，但其父及世祖卻語焉不詳。上述碑誌詳述狄氏先輩及子嗣事跡，可補史闕。狄氏一族，進入唐代，對其族源，亦如碑稱其祖"周封孝伯國，受氏於狄城"，儼然早在西周已為伯爵，族出羌人的痕跡已抹去殆盡。

① （後晉）劉昫等：《舊唐書》卷八十九，中華書局1975年版，第2885頁。

② 同上。

③ （宋）歐陽修、宋祁：《新唐書》卷一百一十五，中華書局1975年版，第4214頁。

④ （宋）陳思：《寶刻叢編》卷六，浙江古籍出版社2012年版，第3頁。

⑤ 北京圖書館金石組：《北京圖書館藏中國歷代石刻拓本滙編》（29），中州古籍出版社1989年版，第74頁；（清）董誥等：《全唐文》卷六百二十四，中華書局1983年版，第6301頁。

⑥ 蘇建：《唐邛州刺史狄君碑及狄仁傑墓考》，《中原文物》1991年第2期。

128 姚元慶墓誌 武周天授二年（691）正月初十

蓋

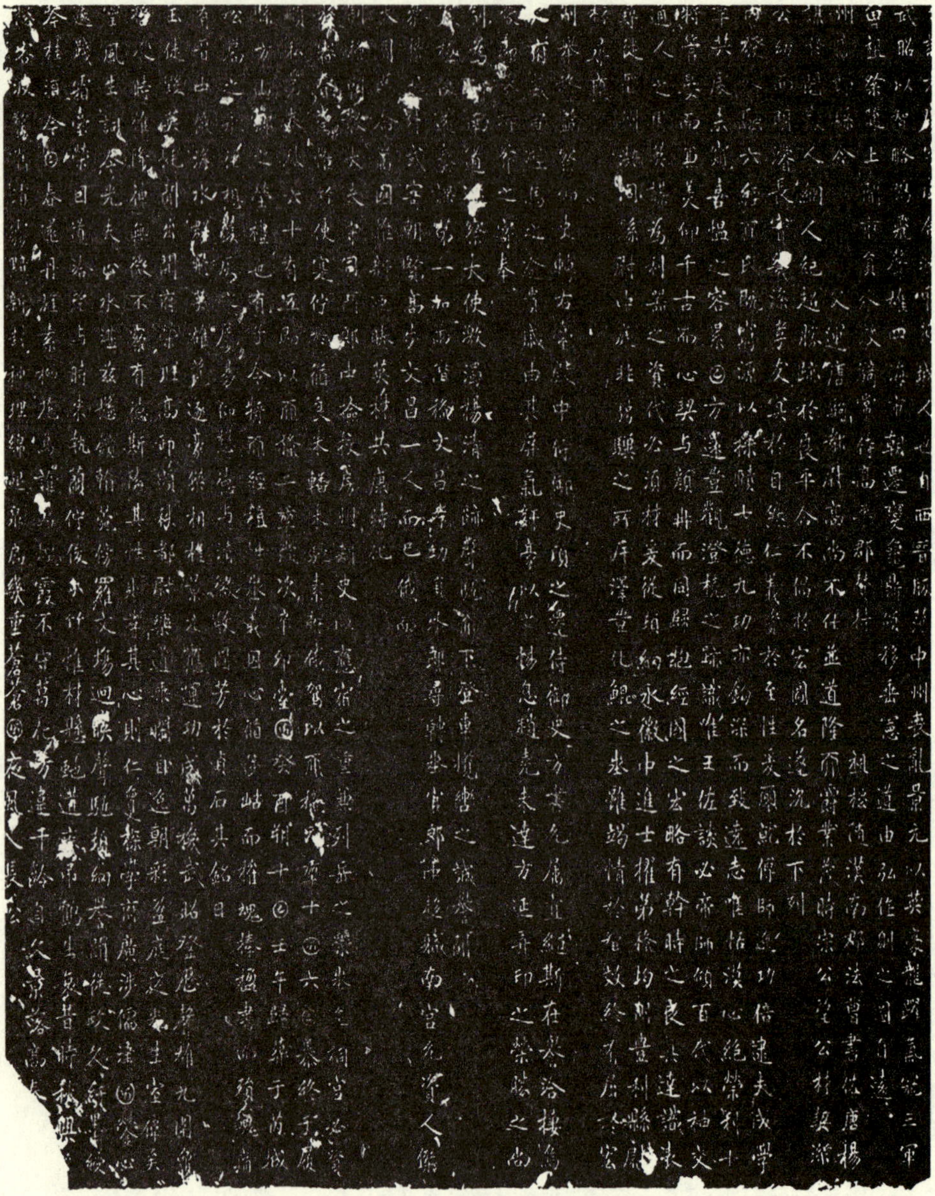

墓誌

説明

墓誌於1989年在山西省芮城縣東夭村出土，現存芮城縣博物館。誌石高、寬均48 cm。誌文32行，行33字。楷書，有縱橫界格。左下角殘損。盝頂蓋，高、寬均48 cm。篆書："大周故文昌司門郎中檢校房州刺史姚君墓誌銘。"四周刻纏枝卷葉紋。

蓋

大周故文/昌司門郎/中、撿校房/州刺史姚/君墓誌銘/。

誌文

大周故朝散大夫、守文昌臺司門郎中、撿挍房州刺史姚府君墓誌銘并序[1]。/

公諱元慶，字威合，河東芮城人也[2]。自西晉版蕩[3]，中州喪亂，景元以英豪龍躍，氣冠三軍；/武昭以智略鵬飛，聲雄四海[4]。市朝遷變，龜鼎傾移[5]，垂憲之道由弘，作則之圖自遠[6]。/曾祖粲，隨上開府員外散騎常侍、高平郡贊持[7]。祖崧，隨漢南郡法曹書佐，唐揚/州高郵縣令[8]。父運，唐騎都尉，高尚不仕。並道隆𠀑爵[9]，業茂時宗。公望公材，契深/謀於閎散；人綱人紀，超勝跡於良平[10]。命不偶於宏圖，名遂沉於下列。/

公幼而明濬，長實幾深。孝友寘扵自然，仁義資扵至性。爰壓就傅[11]，師逸功倍；逮夫成學，/內發外融。六經百氏[12]，既窮源以探賾；七德九功[13]，亦鉤深而致遠。志唯恬漠，心絕榮利。十/埀共處，未窺喜慍之容[14]；累㫒方還，豈觀澄橈之跡。識唯王佐[15]，談必帝師。傾百代以神交，/將管晏而兼美；仰千古而心契，与顏冉而同歸[16]。抱經國之宏略，有幹時之良具[17]。達識表/通人之用，英謀為利器之資。代必湏材，爰從頓綱。永徽中進士擢第，䅘均州豊利縣尉，/尋従晉州洪洞縣尉[18]。中庭非騁驥之所，斥澤豈化鯤之埊[19]。雖竭情扵智效，終有屈扵宏/材。尋應/制舉，䅘監察御史，轉右臺殿中侍御史。頃之，遷侍御史[20]。方書允屬，直繩斯在。譽洽棲烏/之府，威宣避馬之途[21]。貴戚由其屏氣，姧豪以之愓息[22]。趙堯未達[23]，方延弄印之榮，勝之尚/微，即承持斧之寄。奉/制為劍南道巡察大使[24]。激濁揚清之跡，聲馳𠀑下；登車攬轡之誠，譽聞/宸極[25]。使還，奏課第一，加兩階，䅘文昌考功員外郎，尋轉地官郎中[26]。趍職南宮，允資人傑；/參機北斗，式寄朝賢。高步文昌，一人而已。俄而/大周革命，萬國惟新[27]。迺睠英材[28]，共康時化。/制䅘朝散大夫、守司門郎中，撿挍房州刺史[29]。以應宿之重，兼列岳之榮。埊迩桐宮[30]，必資/扵審督；望惟竹使[31]，寔佇扵循良。朱幡未馳，素軒俄駕，以𠀑䅘元埀十㔩六㫒，暴終于履/

順私第[32]，春秋六十有五。即以天授二秊歲次辛卯臺㊄癸酉朔十㋥壬午[33]，歸葬于芮城/縣方山鄉之塋，禮也。有子令將，㐭經植性，埊義因心。循陟岵而摧魂，捧楹書而殞魄。痛/松扃之永住[34]，想葭灰之屢易。仰懋德与清徽，敢圖芳抡貞石。其銘曰：/

有晋中微[35]，海水群飛。英雄竸逐，豪傑相摧。景元應運，功成萬機。武昭登歷，聲雄九圍[36]。龜/玉徒毀，英毦間出[37]。開府榮班，高邷顯秩。都尉樂道，乘閑自逸。朝彩盈庭，夜光生室。偉矣/哲人，時惟降神。無微不察，有德斯鄰。其性則孝，其心則仁。夐探學府[38]，廣涉儒津。㊄鑒心/靈，風生詞令。光夫止水，湛兹懸鏡。翰菀傍羅[39]，文場迴映。聲馳頓綱，譽聞従政。久紆墨綬，/處踐霜臺。榮曰道洽[40]，望与時來。執蘭佇俊，□竹惟材。懸虵遘疾，吊鶴生哀[41]。昔時秋興，□/琴桂酒。今㋥春還，丹旌素柳。花鳥誰即，煙霞不守。萬化方違，千齡自久。景落高□，□□/愁容。波驚舊浦，霧黯新封。神理綿邈，泉扃幾重。蒼蒼㊄夜，風入長松。/

著録

1.《姚元慶墓誌銘》，《文物季刊》1993（1）。2.《唐代姚元慶墓誌銘價值及書法作者探討》，《中國書法》2010（3）。3.《河東歷代書法述略》，《書法叢刊》2012（2）。4.《全唐文補遺》7 – 318。

注釋

［1］文昌臺："尚書省"的别稱。唐武后光宅元年（684），改尚書省為文昌臺，後又改為文昌都省。684 年，嗣聖元年，武則天廢中宗李顯，立其弟睿宗李旦，改元文明，旋改光宅。見《全唐文·武皇后·改元光宅赦文》《新唐書·百官志》。白居易《聞楊十二新拜省郎遙以相賀》："文昌新入有光輝，紫界宫牆自粉闈。"① 司門郎中：唐改司門郎置，為"尚書省刑部司門司郎中"省稱。誌文無撰文者，《唐代姚元慶墓誌銘價值及書法作者探討》認為撰文者為鐘紹京②。可備一説。

［2］河東代指山西。秦漢時指河東郡地，在今山西運城、臨汾一帶。唐以後泛指山西。顧炎武《日知録》卷三十一稱："河東，山西一地也。唐之京師在關中，而其東則河，故謂之河東。元之京師在薊門，而其西則山，故謂之山西，各自其畿甸之所

① 《全唐詩》卷四百四十，中華書局 1980 年版，第 4909 頁。
② 王甲興：《唐代姚元慶墓誌銘價值及書法作者探討》，《中國書法》2010 年第 3 期，第 116 – 123 頁。

近而言之也。”①

［3］版：同“板”。《詩經・大雅》有《板》《蕩》兩篇，皆諷刺周厲王暴虐無道，天下不寧。用以指動亂不安。

［4］景元：即姚弋仲，後秦開國皇帝姚萇之父，《晉書・姚弋仲載記》：“追謚曰：‘景元皇帝’，廟號始祖，墓曰高陵，置園邑五百家。”② 姚萇死後，謚“武昭帝”。表明誌主姚氏身份，為姚萇後裔，南安羌人。

［5］龜鼎：元龜與九鼎，皆古代國之重器。因以比喻帝位。

［6］垂憲：即垂憲：垂示法則。“弘”，指姚泓。後秦末代國主。《晉書・姚泓載記》：“姚泓字元子，興之長子也。孝友寬和，無經世之用……博學善談論，尤好詩詠。尚書王尚、黄門郎段章、尚書郎富允文以儒術侍講。”③ 姚泓性格寬和，主張用刑要輕，法律要寬。但姚氏内部骨肉相殘，羌酋党容反；氐王楊盛攻祈山；赫連勃勃攻秦；征東將軍姚懿舉兵在浦阪稱帝；齊王姚恢自稱大都督；姚洸暗通敵，東晉大將劉裕率兵長驅直取洛陽，破長安，姚泓降，後秦政權滅亡。

［7］高平郡：北周改高都郡置。治高都（今晉城市東北），轄境相當於今山西晉城、高平等市地，隋開皇初廢。唐天寶、至德時又曾改澤州為高平郡④。

［8］郵：即“郵”字。《姚元慶墓誌銘》作“卸”，非。下同。高郵縣：今江蘇省高郵縣。

［9］𠀑：即“天”字。武周時期，改造字 18 個，此誌使用“天、地、日、月、年、臣、初、授、生”等字，共十餘處。天爵：指德高受人尊敬，重於有爵位。《孟子・告子上》：“仁義忠信，樂善不倦，此天爵也。公卿大夫，此人爵也。”⑤ 唐白居易《池上即事》：“身閒當貴真天爵，官散無憂即地仙。”⑥

［10］閎散：周文王賢臣閎夭、散宜生的合稱。良平：漢高祖名臣張良、陳平的省稱。

［11］𡔈：即“初”字。武周造字。

［12］六經：儒家六部經典。《莊子・天運》：“孔子謂老聃曰：‘丘治《詩》《書》

① （清）顧炎武著，（清）黄汝成集釋，欒保群等校點：《日知録集釋》卷三十一，《清代學術名著叢刊》，上海古籍出版社 2006 年版，第 1722 頁。

② （唐）房玄齡等：《晉書》卷一百一十六，中華書局 1974 年版，第 2961 頁。

③ 《晉書》卷一百一十九，第 3007 頁。

④ 中國歷史大辭典歷史地理編纂委員會：《中國歷史大辭典・歷史地理卷》，上海辭書出版社 1996 年版，第 2512 頁。

⑤ 十三經注疏整理委員會：《孟子注疏》卷十一下，《十三經注疏》，北京大學出版社 2000 年版，第 371 頁。

⑥ 《全唐詩》卷四百五十，中華書局 1980 年版，第 5077 頁。

《禮》《樂》《易》《春秋》六經，自以為久矣，孰知其故矣。'"① 《漢書·武帝紀贊》："孝武初立，卓然罷黜百家，表章六經。" 顏師古注："六經，謂《易》《詩》《書》《春秋》《禮》《樂》也。"② 百氏：諸子百家。《漢書·敘傳下》："緯六經，綴道綱，總百氏，贊篇章。"③ 宋曾鞏《徐幹〈中論〉目録序》："蓋漢承周衰及秦滅學之餘，百氏雜家與聖人之道並傳。"④

［13］七德：七種文治德行。《國語·周語中》："尊貴、明賢、庸勳、長老、愛親、禮新、親舊……若七德離判，民乃攜貳。" 韋昭注："七德，謂尊貴至親舊也。"⑤ 九功：指六府三事。《左傳·文公七年》："六府三事，謂之九功。水、火、金、木、土、穀，謂之六府。正德、利用、厚生，謂之三事。"⑥

［14］喜：通"嘻"。喜慍：嘻笑、含怒。《全唐文補遺》作"嘻"，是。非原刻。

［15］王佐：輔佐王業的人。晉葛洪《抱朴子·時難》："懷其王佐之器，抱其邈世之材。"⑦

［16］管晏：戰國齊國名相管仲、晏嬰的省稱。顏冉：孔子弟子顏回、冉有的省稱。美：同"美"。

［17］幹時：治世，用世。《北史·房彦謙傳》："設有正直之士，才堪幹時，於己非宜，即加擯棄。"⑧

［18］穛：即"授"字。均州：故治在今湖北省均縣北；豐利縣：故治在今陝西省白河縣南。據墓誌知豐利縣屬均州。洪洞縣：今山西臨汾。唐屬晉州。

［19］㟁：即"岸"字。埊：即"地"字。

［20］《姚元慶墓誌銘》脱"史"。

［21］棲烏：晚宿的歸鴉。《全唐文補遺》釋"烏"作"鳥"，非。避馬："避驄馬"的省稱。亦作"避驄"。謂回避侍御史。語出《後漢書·桓典傳》："是時宦官秉權，典執政無所回避。常乘驄馬，京師畏憚，為之語曰：'行行且止，避驄馬御

① （清）郭慶藩撰，王孝魚點校：《莊子集釋》卷五下，《新編諸子集成》，中華書局 1961 年版，第 531 頁。

② （漢）班固撰，（唐）顏師古注：《漢書》卷六，中華書局 1962 年版，第 212 頁。

③ 《漢書》卷一百下，第 4271 頁。

④ （宋）曾鞏：《徐幹〈中論〉目録序》：上海涵芬樓借江安傅氏雙鑑樓明嘉靖乙丑青州刊本景印，《四部叢刊初編·子部》（337），商務印書館景印 1929 年重印，序 6 下。

⑤ 徐元誥撰，王樹民、沈長雲點校：《國語集解·周語中第二》，中華書局 2002 年版，第 48 頁。

⑥ 十三經注疏整理委員會：《春秋左傳正義》卷十九上，《十三經注疏》，北京大學出版社 2000 年版，第 600 頁。

⑦ 楊明照：《抱樸子外篇校箋》卷八，《新編諸子集成》，中華書局 1991 年版，第 298 頁。

⑧ （唐）李延壽：《北史》卷三十九，中華書局 1974 年版，第 1420 頁。

史。'"① 唐孟浩然《與黄侍御北津泛舟》："本欲避驄馬，何如同鷁舟。"② 唐白居易《見蕭侍禦憶舊山草堂詩因以繼和》："晚起慵冠豸，閑行厭避驄。"③ 明臧懋循《送張侍御巡關中》："漢闕風流争避馬，秦關月落蚤鳴雞。"④

［22］讃元慶從政威嚴、正直。

［23］趙堯：西漢良吏，御史大夫。向劉邦獻計，阻止吕后殺劉如意。見《漢書·趙堯傳》。

［24］劍南道：貞觀置，東連牂牁，西界吐蕃，南接群蠻，北通劍閣，治成都。

［25］譽聞：名聲。"譽"，《姚元慶墓誌銘》《全唐文補遺》作"舉"，非。致語義不暢。宸極：喻帝位。

［26］地官：光宅二年（685），改户部為地官，中宗神龍元年（705）復舊。見《唐六典·户部尚書》。

［27］"惟"，《姚元慶墓誌銘》作"維"，同"唯"，亦作"惟"。"大周革命，萬國惟新。"指689年，武則天改國號"周"，改元"天授"，易服制。《釋氏稽古略》："天授元年九月，侍御史傅遊蓺帥關中百姓詣闕上表，請改國號周賜皇帝姓武氏。太后可之。乃御則天樓赦天下，以唐為周，改元，上尊號曰：'聖神皇帝。'"⑤

［28］睠：同"眷"。此謂則天能用人。

［29］房州：秦置房陵縣，屬漢中郡。隋為房陵郡。貞觀改光遷縣為房陵縣，為房州治，隸山南東道。《元和郡縣圖志·山南道二》："《禹貢》梁州之域。古麇國之地，《左傳》曰：'楚子伐麇，成大心敗麇師於防渚。'闞駰以為防陵即春秋時防渚，州之得名，蓋自此也。戰國時屬楚，秦為漢中郡地。漢立房陵縣，屬漢中郡。後漢末，立為房陵郡。建安三十四年，蜀先主遣宜都太守孟達征房陵，殺太守申耽。魏文帝時，孟達降魏，魏改房陵郡為新城郡。後達叛魏降蜀，司馬宣王擊殺之。侯景之亂，地入後魏。至周武帝，改為遷州。貞觀十年，廢遷州，自竹山縣移房州於廢遷州廨，即今州理是也。"⑥

［30］桐宫：商湯墓地，伊尹放太甲於桐宫。誌文用典，暗指中宗兩度被幽禁房州。《資治通鑑·唐紀十九》載：太后則天"集百官於乾元殿，裴炎與中書侍郎劉禕

---

① （南朝宋）范曄撰，（唐）李賢等注：《後漢書》卷三十七，中華書局1965年版，第1258頁。

② （唐）孟浩然：《孟浩然詩集校注》，巴蜀書社1988年版，第157頁。

③ （唐）白居易：《白居易集箋校》卷五，上海古籍出版社1988年版，第276頁。

④ （明）臧懋循：《負苞堂集》卷三，古典文學出版社1958年版，第141頁。

⑤ （元）釋覺岸：《釋氏稽古略》，《大正新修·大藏經》卷四十九，東京大正一切經刊行會1934年版，第820頁。

⑥ （唐）李吉甫撰，賀次君點校：《元和郡縣圖志》卷二十一，中華書局1983年版，第545頁。

之、羽林將軍程務挺、張處勖勒兵入宫，宣太后令，廢中宗為廬陵王”。“（光宅元年夏四月）癸酉，遷廬陵王于房州。丁丑。又遷均州故濮王宅”。“（垂拱元年三月）丙辰，遷廬陵王于房州”。“垂拱元年三月丙辰，遷廬陵王于房州”①。

［31］竹使：“竹使符”的省稱。漢代竹制信符。銅虎符用於發兵，餘者徵調用竹使符。《漢書·文帝紀》：“初與郡守為銅虎符、竹使符。”顔師古注引應劭曰：“竹使符皆以竹箭五枚，長五寸，鐫刻篆書，第一至第五。”② 借指州郡長官。

［32］𠑺、㊄、㊐、𠡦、恭，分别為“天”“月”“日”“年”“暴”字。天授元年（690）九月，武則天改大周。僅一月，誌主就暴死，抑或對武則天改號不滿而死。正史不見其傳，也可能是這個原因。

［33］“臺”，《全唐文補遺》注：“當為‘壹’。”可。

［34］松扃：松扉。唐王勃《上絳州上官司馬書》：“餐花佩葉，入蘭室而談元；挹露攀霞，坐松扃而嘯逸。”③ 貞觀二十年（646）《尹貞墓誌》：“白馬徘徊，朱旒委欝，掩松扃于文石，窆玉質扵白楸。”④ 永住：長存。《全唐文補遺》作“往”，非。

［35］中微：中道衰微。《史記·楚世家》：“季連生附沮，附沮生穴熊，其後中微，或在中國，或在蠻夷，弗能紀其世。”⑤ 北魏永安二年（529）《笱景墓誌》：“魏道中微，社稷無主。”⑥

［36］九圍：九州。《詩經·商頌·長發》：“帝命式於九圍。”孔穎達疏：“謂九州為九圍者，蓋以九分天下，各為九處規圍然，故謂之九圍也。”⑦ “景元應運，功成萬機。武昭登歷，聲雄九圍。”對應上文：“景元以英豪龍躍，氣冠三軍；武昭以智略鵬飛，聲雄四海。”

［37］龜玉：龜甲、寶玉的合稱。國之重器。《禮記·玉藻》：“執龜、玉，舉前曳踵，蹜蹜如也。”⑧“龜玉徒毁”，對應上文“龜鼎傾移”毦：即“毣”的省减筆字。

［38］夐：觀拓，無“艹”。《姚元慶墓誌銘》作“敻”，非。

---

① （宋）司馬光編著，（元）胡三省音注：《資治通鑑》卷二百零三，中華書局1956年版，第2477、2478、2483頁。

② （漢）班固撰，（唐）顔師古注：《漢書》卷四，中華書局1962年版，第118頁。

③ （清）董誥等：《全唐文》卷一百七十九，中華書局1983年版，第1825頁。

④ 吴鋼：《隋唐五代墓誌滙編·北京大學卷》（1），天津古籍出版社1991年版，第32頁。

⑤ （漢）司馬遷：《史記》卷四十，中華書局1959年版，第1690頁。

⑥ 趙力光：《鴛鴦七誌齋藏石》，三秦出版社1995年版，第113頁。

⑦ 十三經注疏整理委員會：《毛詩正義》卷二十，《十三經注疏》，北京大學出版社2000年版，第1712，1713頁。

⑧ 十三經注疏整理委員會：《禮記正義》卷三十，《十三經注疏》，北京大學出版社2000年版，第1077頁。

［39］菀：通“苑”。翰菀：翰林院的别稱。《宋史・蕭服傳》：“文辭勁麗，宜居翰苑。”① 唐咸亨元年（670）《李□基墓誌》：“推高翰苑，獨步文房。”② 上元二年（675）《郭義本墓誌》：“流螢曳影，集照於書帷；顧鵠騰文，驚飛於翰苑。”③

［40］曰：《姚元慶墓誌銘》作“目”，非。

［41］虵：即“蛇”字。“吊鶴生哀”，典出《晉書・陶侃列傳》：“後以母憂去職。嘗有二客來吊，不哭而退，化為雙鶴，冲天而去，時人異之。”④ 後以“吊鶴”頌揚死者。

彙考

姚元慶，史乘無傳。其先“景元以英豪龍躍，氣冠三軍；武昭以智略鵬飛，聲雄四海”，分别指姚弋仲、後秦開國皇帝姚萇。“市朝遷變，龜鼎傾移。”指後秦末代國主姚泓。姚秦立國僅三代，姚萇、姚興皆賢主，姚泓雖為亡國之君，然性仁慈友愛。“姚氏之亡，非以君暴而亡，特以兵力不如晉為晉所滅。”⑤ 其言中肯。誌文明確表明誌主南安姚氏後裔身份。

誌稱誌主“河東芮城人”，“歸葬于芮城縣方山鄉之塋”。姚氏居芮城，後世因以為籍。但何時徙居芮城，誌文未載。姚弋仲死後，《晉書・姚弋仲載記》載，第五子姚襄統率部眾，晉封為持節、平北將軍、并州（今山西太原）刺史、即邱縣公⑥。襄戰死，姚萇率諸弟降於前秦苻生。苻堅封萇為揚武將軍，歷左衛將軍，隴東、汲郡、河東（郡治位於今山西夏縣）、武都、武威、巴西、扶風太守。姚萇為苻澄所敗即奔走河東。後秦政權成立後，於芮城置河北郡。《元和郡縣志》芮城縣條：“本漢河北縣地，屬河東郡，自漢至後魏因之。周明帝二年，改名芮城，屬河北郡。其年，又於此置虞州。武帝建德二年，於縣置芮州。貞觀元年廢芮州，以縣屬陝州。”⑦《〈魏延昌地形志〉存稿輯校》：“姚秦於故河北縣置河北郡。”⑧《北周地理志》河北郡條：“楊守敬《隋書・地理志》考證曰：‘《晉書》載記，姚泓有河北太守薛帛。《北史・薛辯傳》，仕姚興歷河北太守。然則東晉時姚秦置也。’《寰宇記》：‘今芮城縣北五里有魏

① （元）脱脱等：《宋史》卷三百四十八，中華書局1977年版，第11024頁。
② 周紹良、趙超：《唐代墓誌彙編續集》，上海古籍出版社2012年版，第27頁。
③ 周紹良、趙超：《唐代墓誌彙編》，上海古籍出版社1992年版，第599頁。
④ （唐）房玄齡等：《晉書》卷六十六，中華書局1974年版，第1769頁。
⑤ 林瑞翰：《中國通史（上）》，臺北：三民書局1973年版，第269頁。
⑥ （唐）房玄齡等：《晉書》卷一百一十六，中華書局1974年版，第29620頁。
⑦ （唐）李吉甫撰，賀次君點校：《元和郡縣圖志》卷六，中華書局1983年版，第161頁。
⑧ （清）張穆撰，安介生輯校：《〈魏延昌地形志〉存稿輯校》，齊魯書社2011年版，第269頁。

城，即畢萬所封，漢以其地為河北縣，屬東郡。姚秦於此置河北郡，”① 可見，早在入據關中前，姚氏即活躍於河東，徙居芮城，遲至後秦立國。這些都表明姚氏在芮城的根基由來已久。

尤為珍貴的是誌文詳細記録姚氏譜系，曾祖粲，隋朝在高平郡為官；祖崧，亦在漢南郡、揚州高郵縣為官；父運，高尚不仕；元慶在均州豐利縣、晉州洪洞縣、劍南道為官，可補姚秦世系譜牒。誌主出身寒微，志存高遠。經唐太宗、高宗、中宗、武則天。武則天在高宗時期，積極參與朝政，大開科舉，打破門閥世俗，大量録用寒門學子。姚元慶於高宗永徽（650－655）中，進士擢第，步入政壇，歷任县尉、监察御史、右台殿中侍御史、侍御史、巡察大使、文昌考功員外郎、地官郎中、朝散大夫，守司門郎中、撿校房州刺史等職。元慶作為房州刺史，“必資於審督”，有監視中宗行動的責任②，從這點可以推斷元慶屬武氏集團的親信。

① 王仲犖:《北周地理志》卷七，《二十四史研究資料叢刊》，中華書局 1980 年版，第 579 頁。
② 李百勤:《姚元慶墓誌銘》，《文物季刊》1993 年第 1 期，第 82 頁。

129 党□等造像碑 武周長壽二年（693）九月

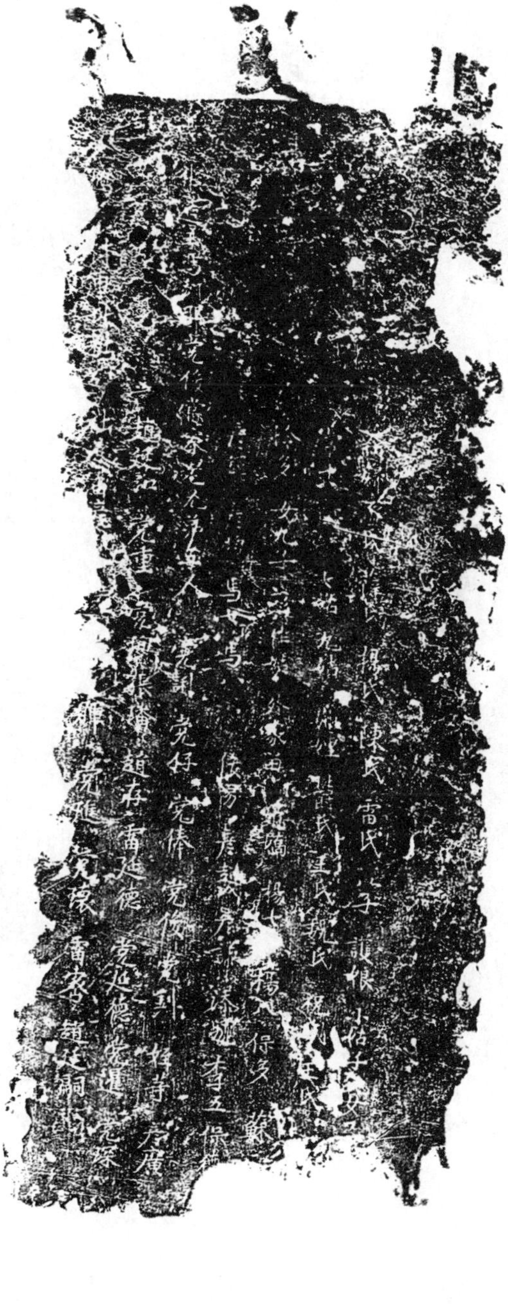

造像碑第一面

造像碑第二面

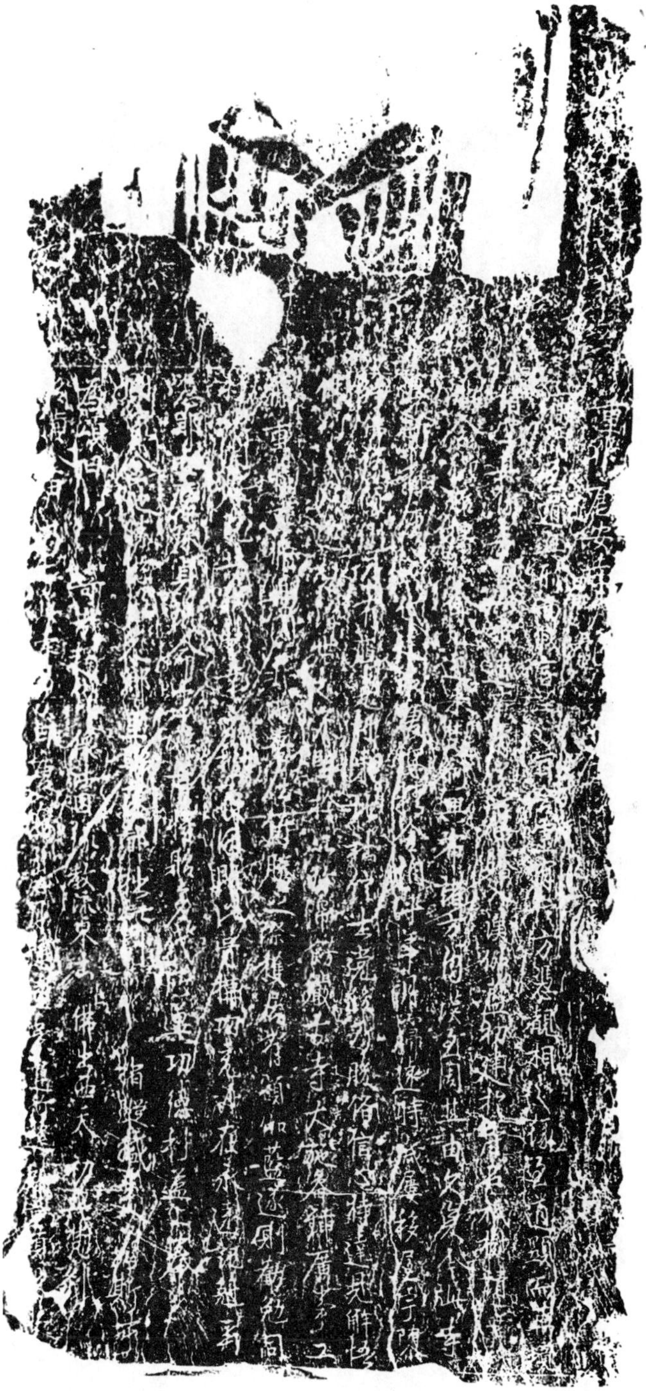

造像碑第三面

造像碑第四面

説明

碑石出土時間、地點失記。四面刻，上造像，下刻發願文、題名。王□書丹，董訓鐫。《日本京都大學藏中國歷代文字碑刻拓本》分拓四紙，一高 66 cm，寬 28 cm；一高 66 cm，寬 33 cm；一高 70 cm，寬 32 cm；一高 60 cm，寬 28 cm。一 7 行，一存 4 行，行存字數不等；一 13 行，滿行 28 字左右；一上 7 行，行存字數不等。楷書，間草書。泐蝕較嚴重。第二紙有環形硬傷。第四紙下方端方題跋，刻於清光緒甲辰（1904）五月。13 行，滿行 11－12 字不等。該碑又題《周造像記》。

碑文

重□唐安府□□/□□隨無形，倘成言文，每有含虛[1]。有位信方，憑覩相□緣至道，顯而萬境。/

相空真係，□□□道廉霄若摩騰入漢[2]，伽藍初建扵寺[3]，石衹挝請，/□舍□，□楊扵俞処，迩來梵何興希，諸方自漢至周，其由久矣。今此寺/樂□有唐□徒□處安精舍[4]。洎乎年月，寖遠時歲，屢移屋宇，隳/□佛[5]，□□□□，有霜□寸，東北□信士党�俗乃□脩[6]，信心持達，見觧悟/□，川□□□，□世之不堅，捨以扵帛，飭嚴古寺，大施畚鍤[7]，廣事工/□重□，□□□□□□□仕侍騰之際獲居，有額伽藍。逐則勸勉，同/村然開，□□土成勝南，達□□□困，敗此葺構刅，充□在永遠，記尅采/憑郢，□磨琢貞，□命□□□將貽多代所冀刅德利益[8]，上奉/國家。地勝□□光。鄉里聯京都拙此剋指蹤盛美始斯可/為頌曰：

奇哉□□，像法因緣[9]，教流東土，佛出西天，初與梵剎/□[10]，□□伊乃□□□昔唐□□月□□□違□遷鄉願□。/（以上刻於造像碑第三面）

佛像摧殘，今有信士，意淨心堅，重修重建，功□/備□[11]，于貞石磨琢雕鐫，將貽末代，古往相陣，/福滋国祚，利益無邊，永光鄉邑，百千万年。/

時大周癸巳之歲無射月奉命述記[12]。/

修造主清信弟子□［馮］翊郡党□。/

寺主僧□。/

（上泐）士王□書，鐫字董訓。/（以上刻于造像碑第四面）

（上泐）新婦衣氏，□氏，揚氏[13]，陳氏，雷氏，儿子，護娘，小姑子□女，（下泐）。/（上泐）常十八，比統，七姑，九姑，妯娌，郁氏，王氏，魏氏，祝氏，王氏，（下泐）。/（上泐）怜多。女九子，立伴嫣[14]，外家峀，□嬌，揚七，楊八，保多，蘇（下泐）。/（上泐）彦母，彦均，馬七，馬八，俀陽[15]，彦起成，彦謙，添別，李五，保德。/（上泐）外還王馮翊郡党俀當家老兄弟五人：党詶、党仔、党俸、党俀、党釗，姪等，彦廣。/（上泐）趙廷弘，党重，党煦[16]，張璠，趙存，雷

延德，党延德，党暹，党琛。/

雷休連、休社，社人雷意[17]，（下殘）□暉，党璡，党瓌，雷密，趙延嗣。/（以上刻於造像碑第一面）

□像□強□和□馬時[18]，白□□馬時，□息阿普，雷□□□□□□□二十三/花□开凌□柔車時，（下泐）八月下旬吉□□，共僧□一心供養。/

□□□□範女一心養時。/（上泐）迴亩一心供養時[19]。/（以上刻於造像碑第二面）

著録

《日本京都大學藏中國歷代文字碑刻拓本》TOU0795A

注釋

［1］虗：即“靈”。碑刻中見該字簡省訛作“霊”。構件“雨”又演變為“虍”，成“虗”。含靈，内蘊靈性。晉庾闡《涉江賦》：“且夫山川瓌怪，水物含靈，鱗千其族，羽萬其名。”①

［2］摩膳：即天竺僧人攝摩騰，亦作“迦葉摩騰”“竺摩騰”。東漢明帝永平十年（67），與竺法蘭入華傳教。精通佛經，能解大小乘經。用白馬馱佛經、佛像到洛陽，明帝因之築白馬寺，供其譯經、説法。據傳兩僧人合譯《四十二章經》。《高僧傳》卷一有載。

［3］伽藍：“僧伽藍摩”的簡稱。眾僧居住的園庭，即“寺院”的通稱。《洛陽伽藍記·永寧寺》：“時有西域沙門菩提達摩者，波斯國胡人也。起自荒裔，來遊中土。”“自云：年一百五十歲，歷涉諸國，靡不周遍，而此寺精麗，閻浮所無也。極佛境界，亦未有此。口唱南無，合掌連日。”② 此“菩提達摩”，南北朝南天竺高僧，中國禪宗創始人。亦稱“達摩”或“達磨”。《續高僧傳·菩提達摩傳》有傳。

［4］精舍：佛教語，寺院别名，精進修煉之人居住的處所。

［5］“佛”上一字泐，觀拓，擬“狩”。

［6］“脩”上一字泐，擬“暖”，或“脧”，不確。待考。

［7］畚鍤：亦作“畚臿”“畚插”。畚、鍤，分别為盛土、起土的器物。泛指挖運泥土的工具。此謂寺院土建。

［8］“命”上一字泐，存左半“王”。

① （清）嚴可均：《全上古三代秦漢三國六朝文》，中華書局1958年版，第1678頁。

② （北魏）楊衒之撰，周祖謨校释：《洛陽伽藍記校譯》卷一，中華書局1963年版，第27－28頁。

［9］像法：佛教語。佛教三時正、像、末之一。一般認為佛去世五百年後的一千年之間，是“像法”，是與“正法”相似的佛法。“緣”上一字泐，似“因”。字左旁似筆劃，細審，是石花。

［10］梵刹：泛指佛寺。唐彦謙《遊南明山》：“金銀拱梵刹，丹青照廊宇。”①

［11］“備”下一字泐，外“门”清晰，内已不能辨。

［12］“月”上一字，諦視，是“射”。無射：古十二律之一。位於戌，故亦指陰曆九月。《史記·律書》：“九月也，律中無射。無射者，陰氣盛用事，陽氣無餘也，故曰無射。其於十二子為戌。戌者，言萬物盡滅也，故曰戌。”②

［13］揚：即“楊”。偏旁訛混。

［14］“嫣”上一字，左“亻”，右“半”，似“伴”。

［15］俈：即“俊”。下同。

［16］“党”下一字泐，諦視拓片，下存“灬”痕，似“煦”。

［17］社人：即“村人”。

［18］“馬”上一字泐，擬“騎”。

［19］畗：即“雷”的簡省俗字。漢魏六朝碑刻中“雨”，常省作“⻗”。如前秦建元三年（367）《鄧艾祠堂碑》：“軍主薄和戎雷夫龍道［藏］。”北魏正始元年（504）《山公寺碑頌》：“外長流掾雷衆保。”

彙考

甞，西羌别種。《北朝胡姓考·外編·羌族諸姓》：“馮翊党氏，本出党項，羌族人也。”並引《閨姓類集儷語》党氏：“望出馮翊郡，世居党項，有降唐者，賜姓党氏。”③ 以為党項後裔。《碑銘所見前秦至隋初的關中部族》據《舊唐書·西戎傳》“自周氏滅宕昌、鄧至之後，党項始强”。以為不可信④。其觀點可從。早在唐党項强盛前，石刻中就常見甞氏題名。如前秦建元三年（367）《鄧艾祠堂碑》題名軍録事和戎甞陸道□、軍主薄寧戎甞共永萇、録事寧戎甞投欽詳等甞氏3人。北魏永熙二年（533）《邑主儁蒙□娥合邑字卅一人等造像記》題名邑主清信甞姬娥等甞氏4人。北周保定四年（564）《聖母寺四面像碑》題名都唯那甞榮達、邑子甞榮昌等甞氏7人；建德元年（572）《邑子甞仲茂八十人等造像記》可識題名甞仲茂、甞定昌等甞氏8人。《後漢書·西羌傳》有當煎、當闐諸種。“甞”與“當”同音，或即其後裔。《元

① 《全唐詩》卷六百七十一，中華書局1980年版，第7679頁。

② （漢）司馬遷：《史記》卷二十五，中華書局1959年版，第1248頁。

③ 姚薇元：《北朝胡姓考》（修訂本），中華書局2007年版，第353頁。

④ 馬長壽：《碑銘所見前秦至隋初的關中部族》，中華書局1985年版，第17頁。

和姓纂·三十七蕩》："党，本出西羌。姚秦將軍党耐虎。自云夏后氏之後，代居羌豪。"①《魏書·太宗紀》：泰常四年（419）"六月，司馬德文建威將軍、河西太守、馮翊羌酋党道子遣使内屬"②。又《王遇傳》："王遇，字慶時，本名他惡，馮翊李潤鎮羌也。與雷、党、不蒙俱為羌中强族。"③ 今汶川、茂汶等地羌族有"常""尚"等姓，與"黨"古音相近，或與古羌人黨姓有關。陝西關中"党"姓習見，多應是羌人後裔，"黨"變"党"只是文字不同而已。陝西渭水以北，有許多以党為名的村莊，歷史上應是党氏聚居地。如光緒《蒲城縣新志》東鄉的党家莊、党家、党家溝、腰党村、党家灣，西鄉的党定李家、党家，南鄉有党睦鎮，北鄉的東党前村、党家。《民國澄城縣志》有党家巷、党家河、党家原、趙党原、南社党家村、党家莊、南党前村、南党後村。《民國大荔新志》有党石村、党客村、北党、北党灣。道光《重修鄜州志》有党亥、党家莊。《民國黄陵縣志》有党家溝、阿党村。《民國同官縣志》有阿党河、党家原、党家塔。《乾隆續耀州志》有吕党村、党家堡、党堡、党北堡、東党堡、党東堡、北党堡、南党堡、党家山、油党堡。光緒《三原新志》有党家溝。

該造像碑由"馮翊郡党□"帶領，合邑造像，存党氏 15 人，常氏 1 人，雷氏 7 人，羌人。碑上存多為女性題名，所以羌人題名實際遠遠大於上述數字。造像碑出土地點不明，據端方光緒三十年（1904）題跋，"焦山定慧寺""金山江天寺"俱在江蘇鎮江。造像碑或出江蘇。"外遷王馮翊郡党後當家老兄弟五人"，確指馮翊郡党氏"外遷"，他們與雷氏等羌人至遲在唐長寿二年（693）前，即已有徙至江蘇一帶者。

附端方題跋：

光緒甲辰五月，余奉/命移撫江蘇，自鄂入吴江。程所歷/既以唐大中經幢置焦山定慧寺，復以宋元祐經幢置金/山江天寺，適萬君中立，將游/杭州，因以武周癸巳造像一石，/讬寄天竺，以結勝緣。癸巳當/長壽二年，去懷仁集書時/未遠，書體猶存晉法，改可/寶貴，留置山門，用告來者，/為我鄭重護惜之。

六月朔日。/

浭陽端方記於昆山舟次，/義州李葆恂觀。/（端方題跋刻於第四面造像記下方）

---

① （唐）林寶撰，岑仲勉校記：《元和姓纂》卷七，中華書局 1994 年版，第 1086 頁。

② （北齊）魏收：《魏書》卷三，中華書局 1974 年版，第 59 頁。

③ 《魏書》卷九十四，第 2023 頁。

130 理縣樸頭題記 開元十五年（727）九月十九日

説明

題記刻於四川省阿壩州理縣雜谷腦鎮西2.5公里的樸頭山古道旁的崖壁上，距地表高100 cm。石高50 cm，寬60 cm。8行，滿行6－11字不等。楷書。該碑又題《樸頭梁子唐代戰事碑記》《唐開元十五年題記》。

題記

朝散大夫、檢按維州刺史、上/柱國焦淋[1]，為吐蕃賊侵境。/并董敦義投番[2]，聚結逆/徒數千騎。淋領羌、漢兵/及健兒等三千餘人討除[3]，/其賊應時敗散。/

開元十五年九月十九日記。/

典施恩書[4]。/

著録

1. 茂縣羌族博物館蔡清館長提供原石照片。2.《理番廳志》6－8。3.《全唐文補遺》1－459。4.《四川理縣隋唐二石刻題記新證》，《思想戰綫》1980（3）。5.《有關羌族的兩件石刻》，《考古與文物》1980（2）。6.《西川羌族特殊載體檔案史料研究》278。

注釋

［1］挍：同“校”，偏旁訛混。維州：本白苟羌地。《新唐書·地理志》：“維州維川郡，下。武德七年，以白狗羌户於姜維故域置，并金川、定廉二縣。”① 白狗（“狗”或作“苟”）羌酋鄧賢佐率衆内附置維州。貞觀元年（627），鄧賢佐率衆叛去，州廢。朝散大夫：唐從五品下文散官。上柱國為其勳官，唐制視正二品，勳級十二轉。淋：即“淑”。焦淑，新舊《唐書》未載，可補史闕。

［2］“吐”，《全唐文補遺》《四川理縣隋唐二石刻題記新證》作“土”，非。《四川理縣隋唐二石刻題記新證》釋“境”作“壩”，因之釋“侵境”作“侯壩”，以為人名，均非。《四川省文物志》沿誤。

［3］健兒：唐代士兵的一種，即繼續守邊的退伍軍人。唐代諸軍鎮置有健兒，長住邊軍者，政府予以種種優待。

［4］典：戰國時秦國有典里，為一里之長，簡稱典。唐流外官名。

彙考

碑文記述羌人作為主力軍參加唐朝與吐蕃之間的一次戰事，由此可以反映出唐朝中央王朝對羌區的管轄和羌區的戰略地位。“董敦義”，史籍無載。據碑文推測他當是先歸附唐，後棄唐投蕃，聚“數千騎”與唐抗衡。考维州乃白苟羌地，唐邊境擁有重兵者，非鎮將即為當地民族首領，董氏當白苟羌首领。唐中央政府對羌人和其他少數民族推行羈縻制度，在今岷江上游及甘青交界的羌人居住區設府、州、縣，以其首領為都督、刺史，皆得世襲。這些首領中多董氏。《舊唐書·地理志》茂州都督府有維州薛城左上封生羌酋董屈佔、薛城小封刺史董弄、徹州西羌酋董凋貞、松州都督府有當州刺史董和那蓬（其子屈寧襲繼刺史）、悉州刺史董係比射、奉州刺史董晏立、保州刺史董嘉俊。《舊唐書·南蠻西南蠻列傳·東女國傳》載哥鄰國王董卧庭、弱水國王董辟和、咄壩國王董藐蓬、東女國大首領董卧卿。董卧庭卒，贈武德州刺史，其子利囉為保寧都督府長史，襲哥鄰王。董藐蓬授銀青光禄大夫、試太僕卿。西山松州黏信部主董夢葱、龍諾部落主董辟忽。《宋史·蠻夷傳》載嘉祐及熙寧中有保州董仲元、霸州董永錫；政和間有保州刺史董舜咨、團練使董彦博、直州將董承有。明洪武十年

① （宋）歐陽修、宋祁：《新唐書》卷四十二，中華書局1975年版，第1085頁。

(1377)，《茂州志·職官志·政績》有長寧安撫長官司董貼里。静州長官司，《清史稿·列傳·土司二》有董懷德，《四川通志·武備·土司》有董光舒，民國最後一任承襲土司董承恩。詳見《碑銘所見岷江上游羌人姓氏研究》①。

“羌、漢兵”，以羌居首，是以羌兵為主。維州以白苟羌歸附而置，而白苟羌為西山諸羌中之强大部落，兵盛力强。但相對於唐、蕃兩大勢力，西山諸羌還是不得不因緣時勢，或附唐或歸吐蕃，其兵力也就或為唐用或蕃使，《舊唐書·東女國傳》譏之為“兩面羌”②。唐代邊地征戰，屢有統率蕃、漢兵的記載，如唐中宗命吕休璟等北伐，諸將所領人員，多次提到了“蕃漢兵募健兒”“諸蕃部落兵”“蕃漢兵馬”，見《唐大詔令集》卷一百三十、《全唐文》卷二百五十三。“蕃”，就是指少數民族。題記明載“羌、漢兵”，説明開元十五年，諸羌士卒為維州唐軍所用，可補史乘之不足。

---

① 曾曉梅、吴明冉:《碑銘所見岷江上游羌人姓氏研究》,《北方文物》2014 年第 4 期。
② （後晉）劉昫等:《舊唐書》卷一百九十七，中華書局 1975 年版，第 5279 頁。

131　和善及妻周氏墓誌　開元十八年（730）十一月十日

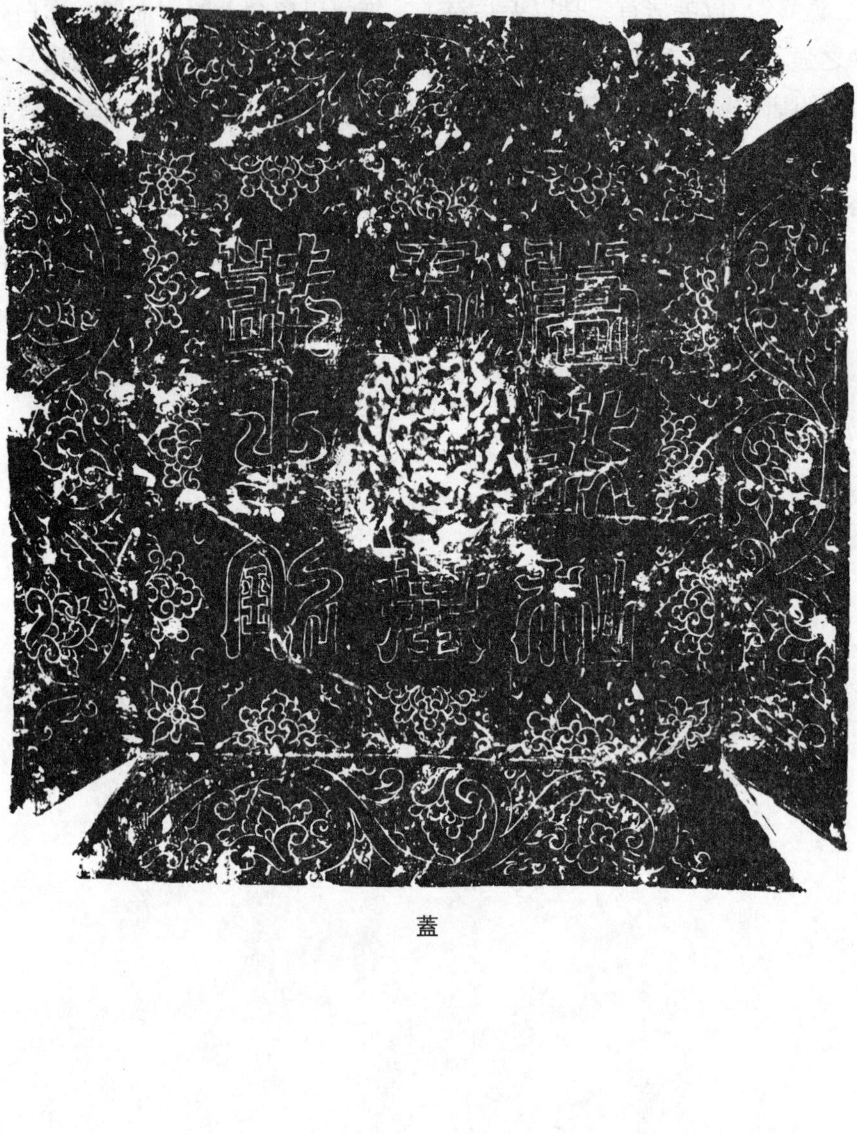

蓋

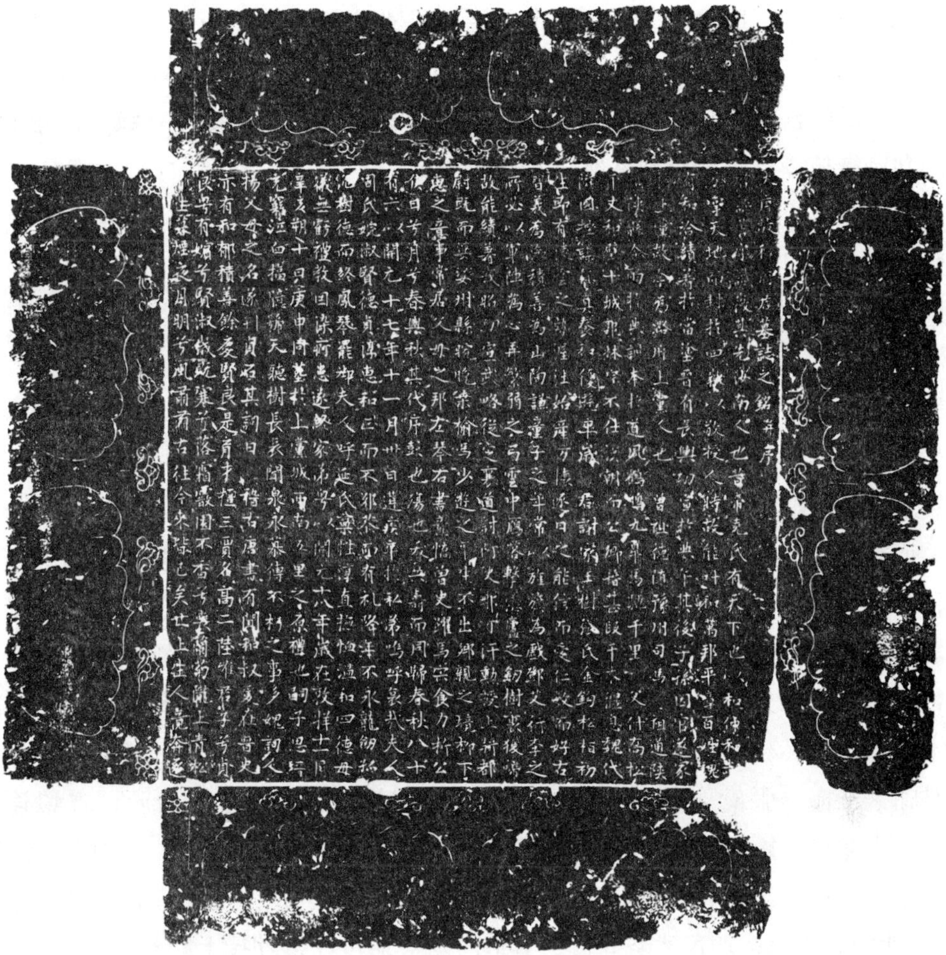

墓誌

説明

墓誌出土時間、地點不詳。2005年9月入藏西安碑林。誌石高60 cm，寬61 cm。誌文25行，滿行25字。楷書，有縱橫界格。四側刻壺門，間以雲紋。蓋高60 cm，寬61 cm。雙鉤篆書“唐故和君墓誌之銘”。蓋中部刻鋪首，四周刻花卉紋，四角刻團花紋；四刹刻纏枝蔓草紋。該碑又題《和善墓誌》。

蓋

唐故和/君墓/誌之銘。/

誌文

大唐故和府君墓誌之銘并序。/

君諱善，字識微，其先汝南人也。昔帝堯氏有天下也，以和仲和叔，/分掌天地[1]，而封扵四嶽，以敬授人時。故能叶和萬邦，平章百姓[2]。魏/有和洽，績著扵當塗；晉有長輿[3]，功宣扵典午。其後子孫因官，遂家/扵上黨，故今為潞州上黨人也[4]。曾祖德，随豫州司馬。祖通，陜/州陜縣令。酌扵典訓，本扵道風。鶴鳴九皋[5]，馬馳千里。父什，髙松/千丈，和璧十城[6]。郭林宗不仕漢朝，而公卿籍甚；段干木偃息魏代，/隣國挫謀[7]。保真養和，優遊卒歲。

君謝家玉樹，張氏金鈞。松柏初/生，即有凌雲之勢；渥洼始產，方懷逐日之能[8]。信而愛仁，敏而好古。/習義為海，積善為山。陶謙童子之年，常以旌旗為戲；鄧艾行李之/所，必以軍陣為心[9]。弄繁弱之弓，雲中鴈落；擊湛盧之釰，樹裏猨啼。/故能績著戎昭，功宣武略。従定襄道討阿史那可汗，勳授上騎都/尉[10]。既而婆娑州縣，晼晚桑榆。馬少遊之平生，不出鄉親之境；柳下/惠之意事，常居父母之邦。左琴右書，意慊曾史；躍馬宍食[11]，力折公/侯。

日兮月兮，春與秋其代序；彭也殤也，忝共壽而同歸。春秋八十/有六，以開元十七年十一月卅日遘疾，卒扵私第。嗚呼哀哉。夫人/周氏，婉淑賢德，貞淳恵和。正而不邪，恭而有礼。降年不永，龍劒孤/沉；樹德而終，鳳琴罷御。夫人呼延氏，稟性淳直，撫恤溫和。四德母/儀，無虧禮教。囙染痾患，遂終家弟。粤以開元十八年，歲在敦牂[12]，十一月/幸亥朔，十日庚申，同葬扵上黨城西南五里之原，禮也。嗣子思縉，/充窮泣血，擗臆號天。聽樹長哀，聞泉永慕。傳不朽之事，多媿詞人；/揚父母之名，遂刊貞石。其詞曰：

稽古唐書，有聞和叔。爰在晉史，/亦有和郁。積善餘慶，賢良是育。才擅三賈，名高二陸。唯君子兮貞/良，粤有嬪兮賢淑。歲既寒兮落霜霰，園不香兮喪蘭菊。隴上

青松/兮生暮煙[13]，夜月明兮風肅肅。古往今來皆已矣，世上生人竟奔逐。/

著録

《西安碑林博物館新藏墓誌彙編》（中）375 圖，377 文①。

注釋

［1］和仲、和叔：遠古傳説中分掌西方、北方之官，後以官為氏，堯時羲和四子之二。出自《尚書·堯典》："分命和仲宅西，曰昧谷。……申命和叔宅朔方，曰幽都。"②《通志·氏族略》："羲和，堯時掌天地之官，和仲、和叔因以為氏。"③

［2］叶和：和睦，和合，和諧。漢王充《論衡·齊世》："既得天下，無嘉瑞之美，若'叶和萬國''鳳凰來儀'之類。"④ 平章：彰明。《尚書·堯典》："九族既睦，平章百姓。"⑤

［3］和洽：字陽士，三國汝南西平（今河南西平）人也。以廉潔著名。參《魏志·和洽傳》。和嶠：字長輿。西晉汝南西平人。以為政清簡聞名。謚號"簡"。參《晉書·和嶠傳》。

［4］誌主稱其先汝南人，"其後子孫因官，遂家於上黨，故今為潞州上黨人也"。上黨是中古羌人徙居地，應是羌人昨和氏後裔，改和氏。今渭南市澄城縣還有和家樓村。上文追溯和氏先祖，乃偽託。

［5］九皋：亦作"九臯"。指曲折幽遠的沼澤。語出《詩經·小雅·鶴鳴》："鶴鳴于九臯，聲聞于野。"毛傳："臯，澤也。言身隱而名著也。"鄭玄箋："臯，澤中水溢出所為坎，自外數至九，喻深遠也。鶴在中鳴焉，而野聞其鳴聲……喻賢者雖隱居，人咸知之。"⑥

［6］喬：即"喬"。喬松：指傳説中的仙人王。和璧：即"和氏璧"，喻極為珍貴的美玉。"和璧十城"，春秋戰國時期，赵惠文王獲得楚國原丢失的和氏璧，秦昭襄王許以十五座城池換取，後因藺相如機智而完璧歸趙。事見《史記·廉頗藺相如列傳》。

---

① 趙力光等：《西安碑林博物館新藏墓誌彙編》，綫裝書局 2007 年版。

② 十三經注疏整理委員會：《尚書正義》卷二，《十三經注疏》，北京大學出版社 2000 年版，第 34－35 頁。

③ （宋）鄭樵撰，王樹民點校：《通志二十略》，中華書局 1995 年版，第 126 頁。

④ 黃暉：《論衡校釋》卷十八，《新編諸子集成》，中華書局 1990 年版，第 812 頁。

⑤ 十三經注疏整理委員會：《尚書正義》卷二，《十三經注疏》，北京大學出版社 2000 年版，第 31 頁。

⑥ 十三經注疏整理委員會：《毛詩正義》卷十一，《十三經注疏》，北京大學出版社 2000 年版，第 781－782 頁。

［7］郭林宗：即“郭泰”，字林宗。太原郡界休縣（今山西）人。東漢名士，“介休三賢”之一。博通群書，嚴拒仕進。參《後漢書·郭義傳》。段幹木：春秋末戰國初晉籍魏國安邑（今運城市安邑鎮）人，“河東三賢”之一。清高隱居，後輔佐魏文侯，使之首霸中原。

［8］渥洼：指代神馬。逐日：喻行走疾速。典出《山海經·海外北經》：“夸父與日逐走，入日。渴慾得飲，飲于河渭；河渭不足，北飲大澤。未至，道渴而死。弃其杖，化為鄧林。”①

［9］陶謙：字恭祖，丹陽郡丹陽縣（今安徽當塗東北）人，漢末群雄之一。少時常騎竹馬、揚佈為旌旗嬉戲，受蒼梧太守甘公賞識，好學，為諸生，仕州郡，舉茂才，除盧令，遷幽州刺史，徵拜議郎②。《三國志·魏書》《後漢書》都有其傳。鄧艾：字士載，義陽棘陽（今河南新野）人，三國時期魏國名將。事跡見《三國志·魏書·鄧艾傳》。

［10］阿史那可汗：突厥王。定襄道：唐初為行軍綫路，根據行軍方位、作戰地點命名的道，有弓月道、定襄道、金牙道等，主要用於對外行軍作戰。调露元年（679）、开耀元年（681），發生了以阿史那泥熟匐可汗、阿史那伏念可汗為首的两次叛乱，定襄道行军大总管裴行俭将兵討伐，擒阿史那可汗，平定叛乱。代北军人更是先后四次参与讨伐突厥的战争。誌主“春秋八十有六，以開元十七年十一月卅日遘疾”③。據墓誌所載，戰爭期間，正值誌主 36－38 歲的壯年時期，應該參與了這場平定突厥的重要戰爭，並“勳授上騎都尉”。和善，史無載，可補史闕。

［11］宍：“肉”的古字。《西安碑林博物館新藏墓誌彙編》作“肉”，是，非原刻。

［12］敦牂：古代稱太歲在午之年為“敦牂”，指是年萬物盛壯，在此形容人老而壯。

［13］“兮”字泐蝕，殘劃尚隱隱可見。《西安碑林博物館新藏墓誌彙編》未釋。

---

① 袁珂：《山海經校注》卷八，上海古籍出版社 1980 年版，第 238 頁。

② （晉）陳壽撰，（南朝宋）裴松之注：《三國志》卷八，中華書局 1964 年版，第 247 頁。

③ （宋）司馬光編著，（元）胡三省音注：《資治通鑑》卷二百零二，中華書局 1956 年版，第 6392－6405 頁。

132 姚遷墓誌 開元二十年（732）九月二十日

説明

碑石出土於河南省洛陽市，現藏千唐誌齋，又題《大唐故益州都督府户曹參軍姚遷墓誌銘》，鄭乾撰文。誌石高、寬均 44.5 cm；拓片高、寬均 45 cm。誌文 25 行，滿行 24 字。楷書，有縱横界格。微泐，文字有殘損。蓋缺。

誌文

大唐故益州都督府戶曺參軍姚君墓誌銘并序。/

左監門衛倉曺鄭乹詞。/

公諱□，字遷，吴興郡人也。昔黄神執契，始軒臺而派族；嬀舜受/圖，因姚墟而命氏。德光遐祚[1]，福延後昆。在趙則弋仲鴻勳，居晉/則方典碩學[2]。曾祖昂，皇朝□□別駕；祖茆，皇朝/著作佐郎；父囧，皇朝夷州都上縣主簿、上柱國，並明月/之寶，青雲之器[3]。門傳禮樂，世襲衣冠。

公即著作郎之元孫，都上/君之猶子也。纫而能言，長不好弄，年卅，起家宿衛出身，解褐，初/調邛州蒲江縣主簿，二拜徐州沛縣尉，三轉河南府伊陽縣尉。/梅福南昌之美，槗玄北部之榮，欲騁長衢，且安畢位[4]。四授京兆/府奉天縣丞，五遷益州大都督府戶曺參軍。桓譚之入陸安，何/辤官薄[5]；王陽之遊蜀道[6]，不畏身危。在官每盡扵廉平[7]，去職實多/扵遺愛。扵是政袟未滿，休假而歸。不尚繁華，深試榮辱[8]。

嗚呼！旻/不耇德[9]，景命失靈。以開元廿年八月五日遇疾，終扵河南府洛/陽縣審教里之私第，春秋五十有九。公居忠履孝，蘊義懷仁。三/年不鳴，一日千里。方諸瑚璉[10]，則宗廟之器；同夫杞梓[11]，則棟樑之/材。言笑若秋風，顔色如春日。士也不禄，命將矣夫！中山之印未/傳，佳城之銘以發。

夫人京兆韋氏，良金相門，明珠貴室。易錦衾/以苫席，改羅裯而素帷。誓彼栢舟，要歸同穴。長子邈，吏部常選；/次子逾等，哀毀骨立，杖而後起。比顔丁之居喪，等高粊之泣血[12]。/以其年九月辛丑，廿日庚申，遷窆扵河南府河南縣邙山之塋，/禮也。東南接銅人之原[13]，西北近尚書之谷，青松鬱鬱，悲風更多；/白楊蕭蕭，恨聲無盡。勒刊貞石，紀録幽泉。銘曰：

唐襲軒業，虞/纉堯勳。姚墟命氏，蒲阪垂芬。其一。累葉相継，弈代承家。何朝不休[14]，/何世不華？其二。君之不永，享年奚促。榮未鏘金，痛深埋玉。其三。/

著録

1. 河南千唐誌齋藏石。2. 周紹良藏拓本。3.《北京圖書館藏中國歷代石刻拓本滙編》23－80。4.《千唐誌齋藏石目録》717。5.《隋唐五代墓誌滙編·洛陽卷》10－52。6.《唐代墓誌彙編》1400。7.《全唐文補遺》1－128。8.《全唐文新編》卷330－3766。

注釋

［1］"遐"字微泐，《全唐文補遺》未釋。

［2］弋仲：即姚弋仲，南安羌酋，先後依附前趙、後趙及東晉，拜為六夷大都督、車騎將軍、大單于，後秦開國君主姚萇之父。見《晉書·姚弋仲載記》。鴻勳：偉大的功勛；宏大的事業。碩學：博學，學問淵博。

［3］囧：即"冏"。夷州：唐代設置的行政區。《舊唐書·地理志三》："隋明陽郡之綏陽縣。武德四年，置夷州於思州寧夷縣，領夜郎、神泉、豐樂、綏養、雞翁、伏

遠、明陽、高富、寧夷、思義、丹川、宣慈、慈岳等十三縣。”① 貞觀元年，廢夷州。四年，復置夷州於黔州都上縣。治綏陽縣（今貴州鳳岡）。青雲：喻高官顯爵。《全唐文補遺》未釋。

［4］羙：同“美”。槗：即“橋”。早：“卑”的異體。

［5］辤：同“辭”。桓譚：字君山，沛國相人。東漢哲學家、經學家、琴師、天文學家。博學多通，遍習《五經》，歷事西漢、王莽（新）、東漢三朝，位皆不高。傳見《後漢書·桓譚傳》。官薄：亦作“官簿”。記録官吏功績和經歷的簿籍，後多指做官資歷。

［6］王陽：趙王石勒反晉起兵十八騎之一。《晉書·石勒載記》有載。

［7］廉平：公平清廉。《史記·孝文本紀》：“妾父為吏，齊中皆稱其廉平。”②

［8］試：即“誠”的異體。《唐代墓誌彙編》作“試”，形似而誤。《全唐文新編》沿誤。

［9］耉，“耈”的省减筆字。老年，長壽。《唐代墓誌彙編》作“考”，非。《全唐文新編》沿誤。

［10］瑚、璉：宗廟禮器，於此比喻治國安邦的人才。《魏書·李平傳》：“實廊廟之瑚璉，社稷之楨幹。”③

［11］梓：即“梓”。杞、梓，皆良材。《左傳·襄公二十六年》：“晉國不如楚，其大夫則賢，皆卿材也。如杞梓、皮革，自楚往也。雖楚有材，晉實用之。”杜預注：“杞、梓皆木名。”④

［12］颜丁：以孝子居喪合禮著稱。粊：即“柴”。構件訛變、位移。高柴，以尊老孝親垂範後世。《禮記·檀弓下》：“颜丁善居喪。始死，皇皇焉如有求而弗得。既殯，望望焉如有從而弗及。既葬，慨然如不及其反而息。”⑤ 皆孝子哀慕之情。同書《檀弓上》：“高子皋之執親之喪也，泣血三年，未嘗見齒，君子以為難。”⑥

［13］《全唐文補遺》未釋“人”。

［14］“不”下一字下半泐蝕，據殘痕似“休”。《唐代墓誌彙編》《全唐文新編》未釋。休：美好、善良、福禄、喜慶。

---

① （後晉）劉昫等：《舊唐書》卷四十，中華書局 1975 年版，第 1624 頁。

② （漢）司馬遷：《史記》卷十，中華書局 1959 年版，第 427 頁。

③ （北齊）魏收：《魏書》卷六十五，中華書局 1974 年版，第 1455 頁。

④ 十三經注疏整理委員會：《春秋左傳正義》卷三十七，《十三經注疏》，北京大學出版社 2000 年版，第 1199 頁。

⑤ 十三經注疏整理委員會：《禮記正義》卷九，《十三經注疏》，北京大學出版社 2000 年版，第 335 頁。

⑥ 《禮記正義》卷七，第 237 頁。

133 拓拔守寂墓誌 開元二十五年（737）八月十八日

蓋

門下故特進兼右監門衛大將軍
員外置同正員持節渾恤等十八
州諸軍事兼靜邊州都督防禦部
落使贈使持節都督靈州諸軍事
靈州刺史上柱國西平郡開國公
拓拔守寂業繼英豪志懷忠烈綏
其種落扞我邊垂威序滋深勳庸
益著生而懋賞既洽於榮章没有追
崇更優於寵數宜增上卿之位以
飾重泉之禮可贈鴻臚卿仍令夏州
刺史鄭宏之充使監護主者施行
開元廿五年八月一日

蓋内頂

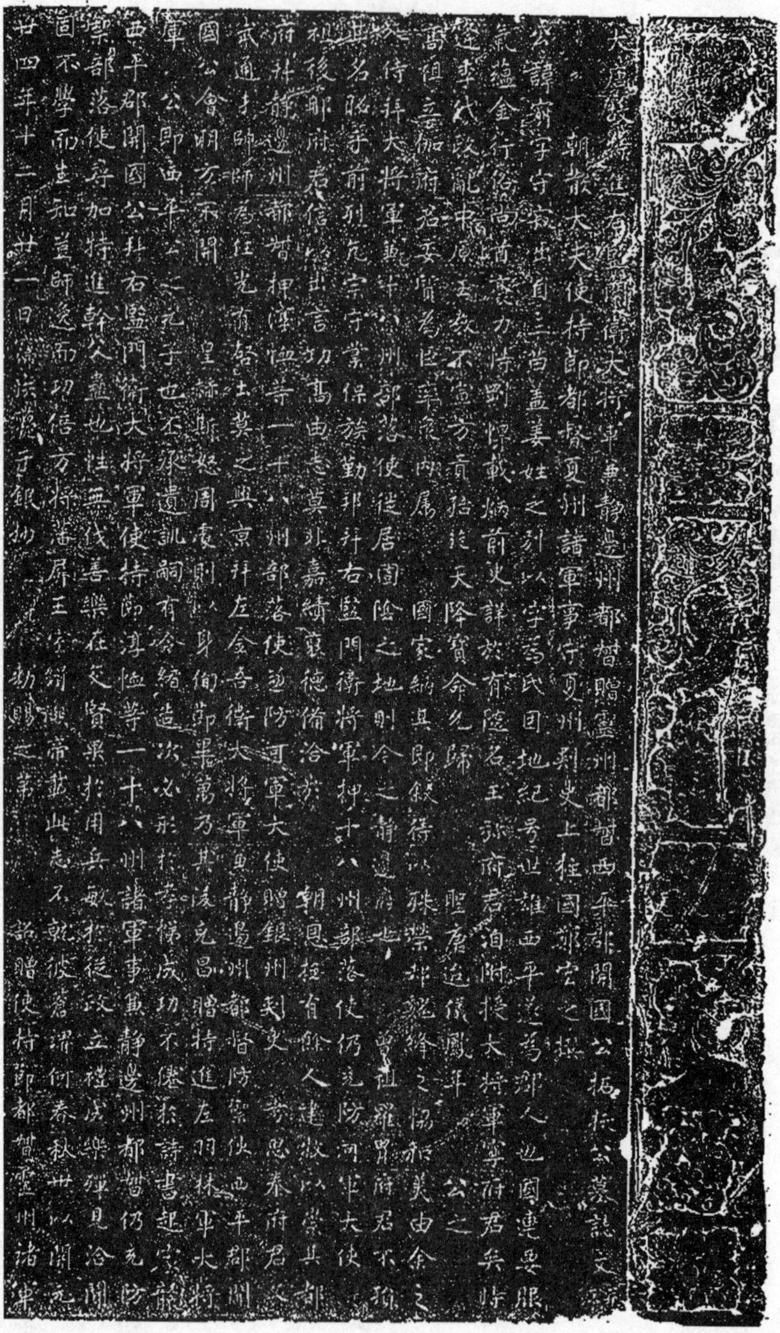

墓誌（局部）

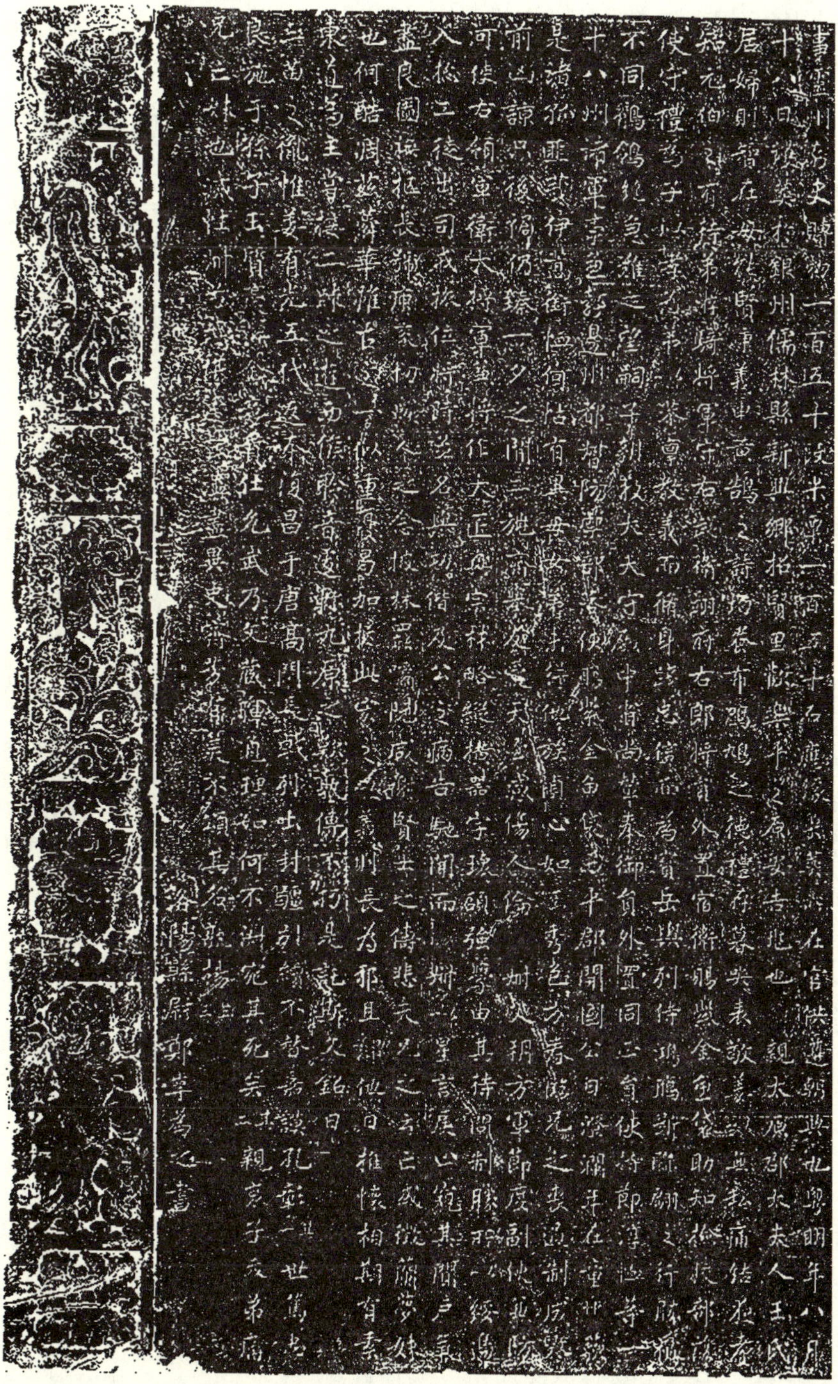

墓誌（局部）

説明

墓誌於1995年在陝西省榆林市横山縣韓岔鄉元盆窪村出土，藏於農民家中。2003年3月上旬，陝西省榆林市文管辦徵得。誌石高、寬均90 cm，厚10 cm。持節都督夏州諸軍事、夏州節度使鄭宏之撰，洛陽縣尉鄭崿書。誌文35行，滿行36字。楷書，間行書，四側刻十二生肖，間以寶相花紋。盝頂蓋，石高、寬90 cm，厚10 cm。篆書“唐故拓抚府君墓誌銘”。雙綫框。四周刻蓮花、卷草紋。四煞每面所刻各異：右刻長羚角獅形奔跑瑞獸；左刻斑紋豹奔跑瑞獸；上刻展翅飛翔鳥雀；下刻展翅飛翔鴻雁，均間以卷草紋。四側刻水波狀雲氣紋。蓋内頂磨光，文13行，滿行13字；反方向1行，16字。楷書。蓋内題字屬僅見。該碑又題《静邊州都督拓拔守寂墓誌銘並蓋》，是現存最早的党項碑刻。

蓋

唐故拓/抚府君/墓誌銘。/

誌文

門下故特進、兼右監門衛大將軍、/負外置同正負、持莭淳、恤等十八/州諸軍事、兼静邊州都督、防禦部/落使、贈使持莭都督靈州諸軍事/靈州刾史、上柱國、西平郡開國公/拓抚守穿[1]，業継英豪，志懷忠烈，綏/其種落，扞我邊垂，歲序滋深，勳庸/益著。生而懋賞，既洽扵榮章[2]；没有追/崇，更優扵寵數[3]。宜增上卿之位，以/飾重泉之禮。可贈鴻臚卿[4]，仍令夏州/刾史鄭宏之充使監護，主者施行。/

開元廿五年八月一日。/

誌石刊了，加贈鴻臚，故雋之扵盖[5]。/（以上刻於蓋内頂）

弟開元州刺史守義從京送至銀州赴葬[6]。/（以上刻於蓋内底部左邊欄）

大唐故特進、右監門衛大將軍、兼静邊州都晳、贈靈州都晳、西平郡開國公拓抚公墓誌文并序[7]。/

朝散大夫、使持莭都督夏州諸軍事守、夏州刾史、上柱國鄭宏之撰。/

公諱穿，字守寂。出自三苗，盖姜姓之別[8]。以字為氏，囙地紀号，世雄西平[9]，遂為郡人也。國連要服，/氣藴金行[10]，俗尚酋豪，力恃罰悍[11]，載炳前史，詳於有隨，名王弥府君，洎附授大將軍寧府君矣[12]。時/逢季代[13]，政亂中原，王教不宣，方貢殆絕。天降寶命，允歸聖唐。迨儀鳳年，公之/高祖立伽府君，委質為臣，率眾内屬。國家納其即敘，待以殊榮。郄魏絳之協和，美由余之/入侍[14]。拜大將軍、兼十八州部落使，徙居圁陰之地，則今之静邊府也[15]。曾祖羅胄府君[16]，不殞/其名，昭乎前烈。亢宗守業，保族勤邦[17]，拜右監門衛將軍、押十八州部落使、仍充防河軍大使。/祖後郍府君[18]，信以出言，玏高由志，莫非嘉績。襃德備洽[19]，於朝恩撫有餘人，建牧以崇其都/府，拜靜邊州都督，押淳、恤等一十八州部落使、兼防河軍大使，贈銀州刺史。考思泰府君，文/武通才，帥師為任，光有啟土，莫之與京。拜左金吾衛大將軍、兼靜邊州都督防禦使、西平郡開/國公。會朔方不開，皇赫斯怒，周旐則以身徇莭[20]，畢萬乃其後克昌[21]，贈特進、左羽林軍大將/軍。

公即西平公之元子也。丕承遺訓，嗣有令緒[22]，造次必形拎孝悌，成玏不倦拎詩書，起家襲/西平郡開國公、拜右監門衛大將軍，使持莭淳、恤等一十八州諸軍事、兼靜邊州都督，仍充防/禦部落使，尋加特進，幹父蠱也[23]，性無伐善，樂在交賢，果拎用兵。敏拎従政，立禮成樂，殫見洽聞，/固不學而生知，豈師逸而玏倍。方將藩屏王室。緝熙帝載[24]，此志不就。彼蒼謂何？春秋卅，以開元/廿四年十二月廿一日，寢疾薨於銀州勑賜之第[25]。詔贈使持莭都督靈州諸軍/事、靈州刺史。賻物一百五十段，米粟一百五十石，應緣喪葬，所在官供，遵朝典也。粤明年八月/十八日。護葬拎銀州儒林縣新興鄉招賢里歡樂平之原[26]，安吉兆也。

親太原郡太夫人王氏，/居婦則智，在母能賢，秉義申黃鵠之詩，均養布鳲鳩之德[27]。禮存暮哭，表敬姜以無私；痛結夜臺[28]，/知元伯之有待。弟游騎將軍、守右武衛翊府右郎將員、外置宿衛、賜紫金魚袋、助知檢校部落/使守禮[29]。為子以孝，為弟以恭，稟教義而脩身，踐忠信而為寶。岳輿列侍，鴻鴈斷聯翩之行[30]；肱被/不同，鶺鴒絕急難之望[31]。嗣子朝散大夫、守殿中省尚輦奉御、員外置同正員、使持莭淳、恤等一/十八州諸軍事、兼靜邊州都督、防禦部落使、賜紫金魚袋、西平郡開國公，曰澄瀾。年在童丱[32]，藐/是諸孤，匪莪伊蒿，銜恤何怙，有異母女弟，未行他族[33]，貞心如玉，秀色方春。臨兄之喪，過制成毀[34]。/前凶諒只，後禍仍臻，一夕之間，二旐齊舉[35]，友愛天至，感傷人倫。𣲖父朔方軍莭度副使、兼防/河使、右領軍衛大將軍、兼將作大匠與宗[36]。材略縱横，器宇瑰碩[37]，強學由其待問，制勝所以綏邊。/入撿工徒，出司戎捄[38]，位將時並，名與玏偕。及公之病[39]，告馳聞而，𣲖以星言戾止，窺其闃戶[40]，氣/盡良圖，撫摭長號[41]，庚袞切成人之念[42]；披林罷嘯，阮咸謝賢士之儔。悲夫！兄之云亡，或徵蘭夢；妹/也何酷，凋茲蕣華[43]，雖古之一似重憂，曷加拎此[44]。宏之以義則長，為邪且鄰[45]。他日推懷，相期有素。/東道為主，嘗接二踈之遊；西候聆音，遽軫九原之歎。孰傳不朽，是託斯文。銘曰：/

三苗之胤，惟姜有光，五代返本，復昌于唐，高門長戟，列土封疆，引續不替，嘉謨孔彰。其一。世篤忠/良，施于孫子，玉質豪族，金章貴仕，允武乃文[46]，藏暉通理，如何不淑，宛其死矣。其二。親哀子夭[47]，弟痛/兄亡，妹也滅性，𣲖兮增傷，連枝溘盡，異史齊芳，有美不頌，其名孰揚。其三。/

洛陽縣尉鄭暈為之書[48]。/

著録

1.《中國藏西夏文獻·金石編》18－19圖，22文。2.《榆林碑石》51圖，224文。3.《唐党項族首領拓拔守寂墓誌考釋》，《考古與文物》2004（3）。4.《陝北出土三方唐五代拓拔氏墓誌考釋》，《民族研究》2004（6）。

注釋

［1］静邊州：即静邊州，唐羈縻州。所轄州一説十八，一説二十五。《舊唐書·地理志》："静邊州都督府，舊治銀州郡界内，管小州十八。"①《新唐書·地理志下》："静邊州都督府，貞觀中置，初在隴右，後僑治慶州之境，領州二十五。"② 即㑊州、北夏州、思義州、思樂州、昌塞州、吴州、朝州、歸州、浮州、祐州、𢃄州、西歸州、嶂州、𨨏州、開元州、歸順州、淳州、烏籠州、恤州、嵯州、蓋州、悦州、廻樂州、烏掌州、諾州。其中，淳州，貞觀十二年（638）以降户置於洮州境，轄二縣。恤州，貞觀五年（631）置，轄一縣。據墓誌，静邊州疑初設二十五州，後置十八州。靈州：古州名。北魏孝昌中置，治所今寧夏吴忠市北。北周置靈州總管府。隋改靈武郡。唐武德復改靈州，置總管府，旋改都督府。開元後置朔方節度使。抜：即"拔"。《中國藏西夏文獻·金石編》作"跋"，非。《舊唐書·西戎傳·党項羌》："其種每姓别自為部落，一姓之中復分為小部落，大者萬餘騎，小者數千騎，不相統一。有細封氏……米擒氏、拓拔氏，而拓拔氏最為强族。"③ 穿：即"寂"字。下文或作"宊"，亦或作"寂"。

［2］懋賞：獎賞褒美。榮章：榮顯。

［3］"寵"，《唐党項族首領拓拔守寂墓誌考釋》作"宏"，非。寵數：帝王所給予的禮數。《周書·皇后傳·宣帝元皇后》："是用加兹寵數，式光踐禮。"④ 追崇：對死者追加封號。《梁書·侯景傳》："景又嬌蕭棟詔，追崇其祖為大將軍，考為丞相。"⑤

［4］上卿：為官名。周制，宗室及諸侯皆有卿，分上中下三級。秦漢有九卿。晉代對諸侯王國三卿亦尊稱上卿。歷代沿用，至清末始廢。鴻臚卿：即"大鴻臚"别稱。隋初正三品，煬帝改從三品，唐因之。

---

① （後晉）劉昫等：《舊唐書》卷三十八，中華書局1975年版，第1413頁。
② （宋）歐陽修、宋祁：《新唐書》卷四十三下，中華書局1975年版，第1123頁。
③ （後晉）劉昫等：《舊唐書》卷一百九十八，中華書局1975年版，第5290頁。
④ （唐）令狐德棻等：《周書》卷九，中華書局1971年版，第147頁。
⑤ （唐）姚思廉：《梁書》卷五十六，中華書局1973年版，第859頁。

［5］雋：即“鐫”。誌主卒於唐開元廿四年十二月廿一日，於次年八月十八日葬。此時誌石已鐫刻妥，朝廷給誌主追封，便鐫於蓋内頂。

［6］開元州：静邊州之一。《中國古今地名大辭典》：“唐置羈縻州。今闕。當在甘肅舊寧夏府境。”①

［7］特進：官名，西漢末期始置。初為賜列侯中有特殊地位者。《漢書·元後傳》：“而平阿侯譚位特進，領城門兵。”② 東漢沿置。《後漢書·百官志》：“中興以來，唯以功德賜位特進者，次車騎將軍。”③ 《通典·文散官·特進》：“後漢皇后父兄，率為特進侯，朝會位次三公。”④ 三國、兩晉、南北朝成為正式加官名號，用作安置閑退大臣。隋初為正二品散官。大業三年（607）廢。唐代為正二品散官。監門衛：官署名。設左右監門衛，唐十六衛的兩衛。掌宫殿門禁及守衛事，有大將軍各一員，正三品。隋唐沿襲北周衛府制，將禁兵和府兵合二為一，既掌管京城宿衛，也掌基層府兵。隋初置十二府，開皇時增改為十二衛四府。唐初襲開皇舊制，仍稱十六府。龍朔二年（662）定為十六衛，即左右衛、左右驍（騎）衛、左右武衛、左右威衛、左右領軍衛、左右金吾衛、左右監門衛和左右千牛衛。除監門衛與千牛衛外，其他十二衛都分領諸軍府到長安上番宿衛的府兵。誌主本正三品武官，贈特進，為正二品散官。《陝北出土三方唐五代拓拔氏墓誌考釋》脱“贈靈州都督”。

［8］三苗：古國名。《尚書·舜典》：“竄三苗於三危。”孔傳：“三苗，國名，縉雲氏之後，為諸侯，號饕餮。”⑤《淮南子·修務訓》高誘注云：“縉雲氏之裔子饕餮，三族之苗裔，故謂之三苗。”⑥ 《史記·五帝本記·集解》引賈逵云：“縉雲氏，姜姓也。炎帝之苗裔。”⑦《後漢書·西羌傳》：“西羌之本，出自三苗，姜姓之别也。”⑧ 此謂誌主先祖為炎帝之後姜姓支脉。

［9］西平：即西平郡。東漢建安置，治西都縣（今西寧市），轄境相當於今青海湟源縣、樂那縣門湟水流域，屬凉州。十六國南凉在此建都，北魏改置鄯善鎮。隋唐曾改鄯州為西平郡。

［10］“國”，《陝北出土三方唐五代拓拔氏墓誌考釋》作“因”，致語義不暢。要

---

① 臧勵龢：《中國古今地名大辭典》，香港：商務印書館香港分館 1982 年版，第 953 頁。

② （漢）班固撰，（唐）顔師古注：《漢書》卷九十八，中華書局 1962 年版，第 4025 頁。

③ （晉）司馬彪撰，（梁）劉昭續補：《後漢書志》第二十八，中華書局 1965 年版，第 3630 頁。

④ （唐）杜佑撰，王文錦等點校：《通典》卷三十四，中華書局 1988 年版，第 934 頁。

⑤ 十三經注疏整理委員會：《尚書正義》卷三，《十三經注疏》，北京大學出版社 2000 年版，第 78 頁。

⑥ 何寧：《淮南子集釋》卷十九，《新編諸子集成》，中華書局 1998 年版，第 1312 頁。

⑦ （漢）司馬遷：《史記》卷一，中華書局 1959 年版，第 37 頁。

⑧ （南朝宋）范曄撰，（唐）李賢等注：《後漢書》卷八十七，中華書局 1965 年版，第 2869 頁。

服：古代五服之一。古代王畿以外按距離分為五服。相傳一千五百里至二千里為要服。《尚書·禹貢》："五百里要服。"①《後漢書·西羌傳·東號子麻奴》："戎狄荒服，蠻夷要服，言其荒忽無常。"②

［11］剻：即"剛"的俗訛字。剛悍：强悍。《列子·周穆王》："其民食草根木實，不知火食，性剛悍，强弱相藉。"③

［12］隨：即"隋"。"名王弥府君"，《唐党項族首領拓拔守寂墓誌考釋》作"王弥"，西晉青州東萊人（今山東萊州）。惠帝末起兵。311 年與劉曜等攻取洛陽，因與曜有隙，奔石勒，勒斬之，並其眾。《陝北出土三方唐五代拓拔氏墓誌考釋》據《隋書·吐谷渾傳》：隋開皇八年（588）吐谷渾"其名王拓拔木弥請以千餘家歸化"④，作"拓拔木弥"。弥，為木弥省譯，與党項自稱或吐蕃對其稱呼"弥藥""木雅"有關。時木弥等党項部落為吐谷渾所統屬，率部附隋。可備一説。寧府君：《隋書·党項傳》：開皇"五年，拓拔寧叢等各率眾詣旭州内附，授大將軍……"⑤ 旭州，治今甘肅臨潭附近。史料與誌文對照，拓拔寧叢當為寧府君。"洎"，《唐党項族首領拓拔守寂墓誌考釋》作"泊"，非。

［13］逄：即"逢"的異體。

［14］郄：即"却"。魏絳：即魏莊子，春秋時晉國人。羙：同"美"。由余：晉國人，《史記·秦本紀》：秦穆公三十四年"戎王使由余於秦。由余，其先晉人，亡入戎，能晉言。聞穆公賢，故使由余觀秦。秦穆公示以宫室、積聚"⑥。秦用由余伐戎，益國十二，開地千里，遂霸西戎。

［15］《漢書》西河郡有"圜陽""圜陰"二縣，"師古曰'圜'字本作'圁'，縣在圁水之陰，因之為名也。……今有銀州、銀水，即是舊名猶存，但字變耳"⑦。圁陰之地：即銀州。

［16］"胄"，《榆林碑石》《中國藏西夏文獻·金石編》作"冑"，恐筆誤。羅胄，拓拔守寂曾祖。"拜大將軍、兼十八州部落使"，帶領族人"徙居圁陰之地"。

---

① 十三經注疏整理委員會：《尚書正義》卷六，《十三經注疏》，北京大學出版社 2000 年版，第 202 頁。

② （南朝宋）范曄撰，（唐）李賢等注：《後漢書》卷七十七，中華書局 1965 年版，第 2895 頁。

③ 楊伯峻：《列子集釋》卷三，中華書局 1979 年版，第 105 頁。

④ （唐）魏徵等：《隋書》卷八十三，中華書局 1973 年版，第 1844 頁。

⑤ 同上書，第 1846 頁。

⑥ （漢）司馬遷：《史記》卷五，中華書局 1959 年版，第 192 頁。

⑦ （漢）班固撰，（唐）顏師古注：《漢書》卷二十八下，中華書局 1962 年版，第 1618－1619 頁。

［17］亢宗：即庇護宗族。《左傳·昭公六年》："吉不能亢身，焉能亢宗？"① 舊稱能擴大家族權勢者曰亢宗之子。邦：即國家。

［18］郝：即"那"。後郝：拓拔守寂祖父。據下文，"拜静邊州都督，押淳、恤等一十八州部落使、兼防河軍大使，贈銀州刺史"。

［19］袌：同"褒"，亦作"褎"。

［20］侚："徇"的本字。《陝北出土三方唐五代拓拔氏墓誌考釋》徑作"徇"，非原刻。侚莭：為守節操而至死不變。周虜：即周處，吴時為東觀左承。晉平吴後，任新平太守，遷御史中丞，糾劾不避權貴，受到貴戚權臣的排擠。後在平定氐帥齊萬年中戰死。《三國志·龐德傳》："昔先軫喪元，王蠋絶脰，隕身徇節，前代美之。"②

［21］"後"，《中國藏西夏文獻·金石編》作"浚"，非。畢萬為春秋時晉國人。晉獻公十六年（前661）獻公率軍征伐耿、霍、魏三國時，為獻公戎右，滅魏後，被封於魏，為大夫。子孫乃以魏為氏，為晉之强族，後與趙、韓三分晉國而建魏國。克昌：《詩經·周頌·雝》："燕及皇天，克昌厥後。"鄭玄箋："文王之德，安及皇天……又能昌大其子孫。"③ 後因稱子孫昌大為"克昌"。

［22］令緒：偉大的事業或業績。《陝北出土三方唐五代拓拔氏墓誌考釋》作"今緒"，非。

［23］幹父蠱：源於《周易·蠱》："幹父之蠱，有子考無咎，厲，終吉。"王弼注："以柔巽之質，幹父之事，能承先軌，堪其任者也。"④ 蠱：惑亂則必生事，故也以蠱稱事。幹蠱謂能矯正父母之過而處事有才能。北齊顔之推《顔氏家訓·治家》："婦主中饋，惟事酒食衣服之禮耳，國不可使預政，家不可使幹蠱。"⑤ 此指主事。

［24］"緝"，《唐党項族首領拓拔守寂墓誌考釋》作"輯"。輯，通"緝"。放志：放縱心志。

［25］勑：同"敕"。

［26］葬地即今之横山縣韓岔鄉元盆窪村中心。

［27］秉義：即執持仁義。黄鵠：鳥名。《楚辭·惜誓》："黄鵠之一舉兮，知山川

① 十三經注疏整理委員會：《春秋左傳正義》卷四十一，《十三經注疏》，北京大學出版社2000年版，第1326頁。

② （晉）陳壽撰，（南朝宋）裴松之注：《三國志》卷十八，中華書局1964年版，第546頁。

③ 十三經注疏整理委員會：《毛詩正義》卷十九，《十三經注疏》，北京大學出版社2000年版，第1569頁。

④ 十三經注疏整理委員會：《周易正義》卷三，《十三經注疏》，北京大學出版社2000年版，第110頁。

⑤ 王利器：《顔氏家訓集解》（增補本）卷三，《新編諸子集成》，中華書局1993年版第47頁。

之紆曲。"①《説文通訓定聲·孚部》:"形似鶴,色蒼黄,亦有白者,其翔極高,一名天鵝。"② 詩:即志的意思。在心為志,發言為詩。《吕氏春秋·慎大》:"湯謂伊尹曰:'若告我曠夏盡如詩。'"③ 鳲鳩:鳥名,鳲鳩即佈穀鳥,為勸耕之鳥。以鳲鳩餵養眾多小鳥、始終如一之德,稱頌誌主母親教子有方。《詩經·國風》:"鳲鳩在桑,其子七兮;淑人君子,其儀一兮。"④《詩集傳》謂:"(佈穀鳥)飼子朝從上下,莫從下上。"⑤ 就是這個意思。所以《左傳·昭公十七年》:"鳲鳩氏,司空也。"杜預注:"鳲鳩平均,故為司空,平水土。"鳲鳩在桑⑥,始終如一,操守不變。

[28] 耋:泛指老年。《陝北出土三方唐五代拓拔氏墓誌考釋》未釋,《榆林碑石》《中國藏西夏文獻·金石編》作"臺",非。

[29]"騎",《陝北出土三方唐五代拓拔氏墓誌考釋》作"擊",非。游騎將軍:南朝梁天監六年(507)改遊擊將軍置。唐武德七年(624)亦置,從五品上武散官。見《舊唐書·職官志》。賜紫金魚袋:紫為官員章服顏色,金魚袋為表示官員身份的魚符之袋。着紫服,佩金魚袋為唐代官員章服最高一級,一般為三品及以上官員才能享有。

[30] 鴈:同"雁"。鴻雁,鳥名。《詩經·小雅·鴻雁》:"鴻雁於飛,肅肅其羽。"《傳》:"大曰鴻,小曰雁。"《疏》:"鴻、雁俱是水鳥,故連言之。其形鴻大而雁小。"⑦ 聯翩:鳥飛貌。形容連續不斷,前後相接。

[31] 鶺鴒:亦作"脊令"。水鳥名。語出《詩經·小雅·常棣》:"脊令在原,兄弟急難。"毛傳:"脊令,雝渠也,飛則鳴,行則摇,不能自舍耳。"⑧

[32] 丱:古時兒童束髮成兩角的樣子。《唐党項族首領拓拔守寂墓誌考釋》作"卝",非。童丱:指童年。

[33] 女弟:即妹妹。異母女弟即同父異母的妹妹。"未行他族",即没有出嫁。

---

① (宋)洪興祖撰,白化文等點校:《楚辭補注》,《中國古典文學基本叢書》,中華書局1983年版,第228頁。

② (清)朱駿聲:《説文通訓定聲·孚部》第六,《續修四庫全書》(220),上海古籍出版社2002年版,第370頁。

③ 張雙棣等譯注:《吕氏春秋》,《中華經典藏書》,中華書局2007年版,第124頁。

④ 十三經注疏整理委員會:《毛詩正義》卷七,《十三經注疏》,北京大學出版社2000年版,第557頁。

⑤ (宋)朱熹:《詩集傳》,《朱子全書》,上海古籍出版社、安徽教育出版社2002年版,第526頁。

⑥ 十三經注疏整理委員會:《春秋左傳正義》卷四十八,《十三經注疏》,北京大學出版社2000年版,第1570頁。

⑦ 十三經注疏整理委員會:《毛詩正義》卷十一,《十三經注疏》,北京大學出版社2000年版,第773頁。

⑧ 《毛詩正義》卷九,第666頁。

［34］“遏”，觀拓，清晰。《榆林碑石》《中國藏西夏文獻·金石編》《唐党項族首領拓拔守寂墓誌考釋》均作“過”，《陝北出土三方唐五代拓拔氏墓誌考釋》作“臨”，均非。

［35］旃：即“旐”字。

［36］㒷：即“興”字。

［37］瓌：即“瓌”字。《唐党項族首領拓拔守寂墓誌考釋》作“環”，非。

［38］㧺：即“旅”的形訛字。

［39］“病”，《陝北出土三方唐五代拓拔氏墓誌考釋》作“痛”，非。

［40］星言：古代以星象佔驗吉凶的方術之言。《漢書·藝文志·天文》：“然星事殉悍，非湛密者弗能由也。”① 戾止，即來到。“闃”，亦作“闃”。空也。

［41］抠：“柩”的異體。

［42］“庚”，《中國藏西夏文獻·金石編》《陝北出土三方唐五代拓拔氏墓誌考釋》作“庾”，非。

［43］蕣華：木槿之花，朝開暮謝。

［44］“曷”，《陝北出土三方唐五代拓拔氏墓誌考釋》作“昌”，非。

［45］“邪”，《唐党項族首領拓拔守寂墓誌考釋》作“邦”，非。

［46］允武：指征伐之事。“文”，《唐党項族首領拓拔守寂墓誌考釋》作“父”，非。此謂誌主能文能武。語出《詩經·魯頌·泮水》：“允文允武，昭假烈祖。”②

［47］夭：即“夭”字。

［48］崋：即“崿”。構件位移。

彙考

該墓誌回答了西夏王族拓拔部族屬和世系排列的問題，史料價值高。

誌主祖先“以字為氏，因地紀號，世雄西平，遂為郡人也”，“授大將軍寧府君”；“高祖立伽府君”“率眾內屬”，“拜大將軍兼十八州部落使，徙居圁陰之地，則今之静邊府也”；“曾祖羅胄府君”，“拜右監門衛將軍押十八州部落使，仍充防河軍大使；祖後那府君”，“拜静邊州都督，押淳、恤等一十八州部落使兼防河軍大使，贈銀州刺史；考思泰府君”，“拜左金吾衛大將軍兼静邊州都督防禦使、西平郡開國公”，“贈特進左羽林軍大將軍”。誌主拓拔守寂“即西平公之元子也”，“起家襲西平郡開國公、拜右監門衛大將軍，使持節淳、恤等一十八州諸軍事兼静邊州都督，仍充防禦部落使，

---

① （漢）班固撰，（唐）顏師古注：《漢書》卷三十，中華書局1962年版，第1765頁。

② 十三經注疏整理委員會：《毛詩正義》卷二十，《十三經注疏》，北京大學出版社2000年版，第1648頁。

尋加特進，幹父蠱也”。“幹父蠱”，指守寂主事。梳理誌文，發現寧府君即《隋書·党項傳》所載拓拔寧叢，隋開皇五年“拓拔寧叢等各率眾詣旭州内附，授大將軍”①。立伽，即前文赤辭，於貞觀九年（635）内屬，拜西戎州都督，由於吐蕃勢力北上，恐被其吞滅，由原轄今岷江上游及甘青交界之地，輾轉内遷至關内道北部，今陝西北部地區，即誌文所云：“徙居圁陰之地，則今之静邊府也。”《新唐書·地理志下》：“静邊州都督府，貞觀中置，初在隴右，後僑治慶州之境，領州二十五。”② 誌文與史料吻合。赤辭之後羅胄、後那、思泰，包括誌主守寂，皆世襲静邊州都督、十八州部落使兼防河軍大使、西平郡開國公等職。守寂更因“業繼英豪，志懷忠烈，綏其種落，捍我邊垂，歲序滋深，勳庸益著，生而懋賞，既洽于榮章，没有追崇，更優於宏數”，死後“宜增上卿之位，以飾重泉之禮，可贈鴻臚卿”。“上卿”“鴻臚卿”，均為官名。上卿，周制，宗室及諸侯皆有卿，晉代對諸侯王國三卿亦尊稱上卿。歷代沿用。鴻臚卿為從三品。朝廷對於去世的羌人首領，加贈官職，顯示出唐王朝對少數民族的寬鬆政策。守寂“弟開元州刺史守義”，開元州，亦唐置羈縻州，當在甘肅舊寧夏府境，是唐朝優待羌人，特别是羌人首領族人的又一佐證，這些徵兆也為幾百年後党項羌人在唐王朝這柄大傘庇佑下休養生息，壯大崛起，繼而與其他勢力分庭抗争埋下了伏筆。

關於党項拓拔氏的族源，是來自北魏皇族鮮卑拓跋氏，還是源自羌人，自唐代以來學界就有兩種觀點，《元和姓纂》《遼史》《金史》認為出自鮮卑，《隋書》《舊唐書》《宋史》認為出自羌族。開元二十五年（737）《拓拔守寂墓誌》的出土，為此争議提供了確鑿的實證材料，誌文：“出自三苗，蓋姜姓之别。以字為氏，因地紀號，世雄西平。”源自《後漢書·西羌傳》：“西羌之本。出自三苗，姜姓之别也。”③ 意為誌主先祖為炎帝之後姜姓支脉，表達了對羌族的認同。《舊唐書·西戎傳》党項羌：“其種每姓别自為部落，一姓之中復分為小部落，大者萬餘騎，小者數千騎，不相統一。有細封氏、費聽氏、往利氏、頗超氏、野辭氏、房當氏、米擒氏、拓拔氏，而拓拔最為强族。”④ 成書於元和年間（806－820）的《元和姓纂》，晚於墓誌撰寫幾十年，把党項拓拔氏定為鮮卑之後顯然是揣測，缺乏依據的。周偉洲《陝北出土三方唐五代党項拓拔氏墓誌考釋——兼論党項拓拔氏之族源問題》、王福春《唐党項族首領拓拔守寂墓誌考釋》一致認為：“如若没有確切的論據，党項拓拔氏源於元魏拓跋氏的説法是難以令人置信的。”

---

① （唐）魏徵等：《隋書》卷八十三，中華書局1973年版，第1846頁。

② （宋）歐陽修、宋祁：《新唐書》卷四十三下，中華書局1975年版，第1123頁。

③ （南朝宋）范曄撰，（唐）李賢等注：《後漢書》卷八十七，中華書局1965年版，第2869頁。

④ （後晉）劉昫等：《舊唐書》卷一百九十八，中華書局1975年版，第5290頁。

134 移縣記 開元二十九年（741）六月

説明

摩崖於2013年7月由四川省松潘文管所發現，刻於松潘縣小姓鄉獅子頭山古道旁山崖上。摩崖高60 cm，寬25 cm，與《開州陳山題記》相隔四五米，3行，行字數不等。楷書。

碑文

開元廿九年六月。奉使/移縣，記令王/公。/

著録

阿壩州文管所藏拓

彙考

該題記“開”上一行，存一字，清晰，數筆劃，為不完整字。“公”下無字，疑未鐫刻完成。松州是唐軍事重鎮。自貞觀十二年（638）吐蕃松贊干佈率軍進攻唐邊城松州敗北，吐蕃贊普先後於貞觀十五年（641）、景龍四年（710）迎娶文成公主、金城公主，這些都奠定了唐蕃茶馬互市等友好的基礎。但其間雙方交惡亦不斷，如李林甫等於開元二十八年（740），有表賀收復維州之舉，可知維州自中宗神龍没吐蕃，至開元二十八年收復其地①。題記稱開元廿九年“奉使移縣”，當與唐蕃戰争有關。

---

①（清）顧祖禹：《讀史方輿紀要》卷六十七，中華書局2005年版，第3184頁。

135 鉗耳墓誌 天寶二年（743）五月二十八日

蓋

墓誌

説明

墓誌於 2001 年 10 月在河南省洛陽市龍門鎮張溝村出土，同時出土其夫人薛氏墓誌。同年 11 月 3 日河南省洛陽市龍門鎮張溝村東畢窯徵集。現藏洛陽市新安縣千唐誌齋博物館。石高 49.3 cm，寬 49.5 cm。靳能撰。誌文 27 行，滿行 26 字。楷書，有縱横界格。四側刻卷草紋飾。蓋高 49.3 cm，寬 49.5 cm，篆書“大唐故鉗耳府君墓誌”，有縱横界格。四周刻回折綫紋，四刹刻卷草花紋。

蓋

大唐故/鉗耳府/君墓誌。/

誌文

唐故游騎將軍、左威衛、洛汭府果毅馮翊郡鉗耳公墓誌銘并序[1]。/

公諱，字[2]，馮翊人也。其先出自有周，厥初生人，時惟姜嫄，誕彼/后稷，至于古公，以及王季。王季之子曰泰伯、曰文王、曰仁虔[3]。泰伯讓/位，肇有拎吴；文王受圖，是興拎鎬。虔仁賜圡拎馮翊，其後以王父字/為氏，時人語訛，以虔仁為鉗耳矣[4]。聖人之胤，其必蕃昌，樹德先公，澤/流後嗣。父皇涇州別駕[5]。王循之不妄有名，管輅之多才見擢。外/臺稱理，邦國不空。

公即別駕之第六子也。鳳毛五色[6]，驤旦千里，德音/是茂，威儀孔嘉。郁郁其文，洸洸其武。擅翁歸之雙美，體雋氏之兼脩。/弱冠，補國子生，秀才擢第，授上黨郡潞城尉，遷婺州金華丞。器藴青/雲，職惟黄綬，政皆有述，人咸以康。公性惟磊硌[7]，志多慷慨。常以為文/章小伎，每有揚雄之嗟[8]；州縣勞人，非無梁竦之歎。願帶七尺之劒，遊/天子之階；持五千之兵，斷匈奴之辟。圖功麟閣，輸力天朝。開元初，/以藩邸舊寮[9]，且令近侍，遂敕授左衛司戈，副宿誠也。秩滿，補左青/道率府中候[10]，又應左衛司階。三翊宫闈，一心匪懈。或司諸軒陛，或/監以五營。夜警晝巡，載清環列。秩滿，調補河南洛汭府左果毅。公拎/是備乃弓矢，鍛乃戈矛，則冈或不良；貯乃糗粮，峙乃楨梓[11]，則冈或不/善。順時簡閲，人知訓焉。由是車攻馬閑，兵精器利，軍政以穆，朝廷/與能。既朱紱斯皇，亦鞞鞛有珌[12]。

方將擁旄授鉞[13]，錫圡分茅。天以慭/遺，俾之戩穀[14]。豈期彼蒼不吊，萎我哲人。涉洹之夢乃徵[15]，曳杖之歌/云及[16]。藥物不救，大命遂傾。以天寶二年三月日[17]，薨拎建春里之私/第，享年[18]。髪膚不毁，手旦全歸。才高位卑，命也命也。以其年五月/廿八日，殯于河南縣龍門鄉西原，禮也。嗣子［暄］等[19]，欒欒泣血，喪過乎/哀，既孝事之以終，亦死葬之以禮。恐陵谷有變，刊而志焉。銘曰：/

拎惟后稷，粤我之先。慶傳後嗣，或聖或賢。王季之子，分邑命氏。瓜瓞/綿綿，源流濔濔。暨乎馮翊，世濟明德。降生我公，克岐克嶷。武旦戡難，/文稱經國。運貧命舛，有才無時。良圖未騁，聖代俄辭。九原遽作兮/望何壘壘，野籥倏兮狐兔悲，公歸此兮無還期。/

著録

1.《新中國出土墓誌·河南》3 上－145 圖，3 下－107 文。2.《全唐文補遺·千唐誌齋新藏專輯》188。

注釋

［1］左威衛：禁衛軍名。唐十六衛之一，武德改隋左右屯衛為左右威衛，龍朔改為威衛，光宅改為左右豹韜衛，神龍復為威衛也。大將軍各一員，正三品。將軍各二員，從三品。果毅：唐“左右果毅都尉”省稱。武德中採隋折衝衛、果毅郎將之名，改統軍為折衝都尉，別將為果毅都尉。見《舊唐書·職官志》。

［2］“諱”下原刻空一字格；“字”下原刻空二字格，失其名諱。

［3］“仁虔”，下文作“虔仁”，是。此處誤倒。

［4］鉗耳：複姓。亦稱“箝耳”“虔人”“虔仁”，均羌語漢譯，取其音同而已，所選記音的漢字或示種族區别，或取褒美之意，各有側重。北魏太和十二年（488）《暉福寺碑》造像者王慶時，名遇，《魏書·宦官王遇傳》稱他“本名他惡，馮翊李潤鎮羌也，與雷、党、不蒙俱為羌中强族。王慶時自云其先姓王，後改氏鉗耳，世宗時復改為王焉。自晉世已來，恒為渠長”①。氐羌之王姓，本是鉗耳氏，改同漢姓，而不是造像發願文所謂本王姓，改氏鉗耳，復改為王。

［5］“父”字下原刻空二字格，失其名諱。

［6］鳳毛：鳳凰的羽毛。喻珍貴稀少的東西。唐王勃《乾元殿頌》序：“桐圭作瑞，鳳毛曜丹穴之英。”② 色：即“色”。五色：古代以青、赤、白、黑、黄五種顔色為正色。《尚書·皋陶謨》：“以五采彰施於五色作服，汝明。”孫星衍疏：“《考工記》：‘東方謂之青，南方謂之赤，西方謂之白，北方謂之黑，天謂之玄，地謂之黄。’玄出於黑，故六者有黄無玄為五也。”③

［7］磊硌：亦作“礧硌”。壯大。《山海經·西山經》：“上申之山，上無草木，而多硌石。”晉郭璞注：“硌，磊硌，大石貌也。”④

［8］揚雄：字子雲。西漢蜀郡成都人。博覽群書，是司馬相如之後西漢最著名的辭賦家。故後人讚：“歇馬獨來尋故事，文章兩漢愧揚雄。”

［9］寮：亦作“寮”，後多作“僚”。官吏。漢揚雄《百官箴·大鴻臚箴》：“人有才能，寮有級差。”⑤

［10］青道：當作“清道”。舊時帝王、官員出行，清除道路、禁止行人來往。猶

① （北齊）魏收：《魏書》卷九十四，中華書局1974年版，第2023頁。

② （宋）李昉等：《文苑英華》卷七百七十八，中華書局1966年版，第4101頁。

③ （清）孫星衍撰，陳抗等點校：《尚書今古文注疏》卷二，《十三經清人注疏》，中華書局1936年版，第102頁。

④ 袁珂：《山海經校注》卷二，上海古籍出版社1980年版，第59頁。

⑤ （宋）章樵注：《古文苑》卷十五，《景印文淵閣四庫全書》（1332），臺北：臺灣商務印書館1986年版，第691頁。

“警戒”。

［11］桙：即“榦”。《全唐文補遺·千唐誌齋新藏專輯》作“桴”，非。楨榦，建築時所用的木柱。語出《尚書·費誓》：“峙乃楨榦。”孔傳：“題曰楨，旁曰榦。”孔穎達疏：“題曰楨，謂當牆兩端者也。旁曰榦，謂在牆兩邊者也。”①《史記·魯周公世家》：“魯人三郊三隧，峙爾芻茭、糗糧、楨榦，無敢不逮。”②

［12］朱紱：古代礼服上用以繫佩玉或印章的紅色絲帶。因以指代做官。鞞鞛：猶鞞琫。刀鞘上的裝飾。《詩經·大雅·公劉》：“維玉及瑤，鞞琫容刀。”毛傳：“下曰鞞，上曰琫。”孔穎達疏：“鞞者，刀鞘之名。琫者，鞘之上飾。”③

［13］旄：即“髦”字。《全唐文補遺·千唐誌齋新藏專輯》作“髦”，是，非原刻。

［14］慭：“憖”的異體。戩穀：福禄。

［15］微：即“微”字。《全唐文補遺·千唐誌齋新藏專輯》《新中國出土墓誌·河南》作“徵”，非。

［16］曳：即“曳”字。此文“氏”即“氏”，“玉”即“土”，混用無别。

［17］“日”上原刻空一個字格，失其卒日。

［18］“享年”下，原刻空二字格，失其年壽。

［19］“嗣子”下，原刻空一個字格，失其名諱。據天寶七載（748）《鉗耳君妻薛氏墓誌》“嗣子暄等”，可補其名諱“暄”。《全唐文補遺·千唐誌齋新藏專輯》闕。

彙考

鉗耳君“弱冠，補國子生，秀才擢第”的一介文弱書生，立志“願帶七尺之劍，游天子之階；持五千之兵，斷匈奴之臂”，“調補河南洛汭府左果毅”。誌主飽讀詩書，做了秀才，本是文職，卻做武官，暗示羌人内遷中原後，仍保留北方遊牧民族尚武的習俗。

誌云：“其先出自有周，厥初生人，時惟姜嫄，誕彼后稷，至於古公，以及王季。王季之子曰泰伯、曰文王、曰仁虔。泰伯讓位，肇有于吴；文王受圖，是興於鎬。虔仁賜土于馮翊，其後以王父字為氏，時人語訛，以虔仁為鉗耳矣。聖人之胤，其必蕃昌，樹德先公，澤流後嗣。”王季，古公亶父之子，周文王姬昌之父，其兄太伯，也

① 十三經注疏整理委員會：《尚書正義》卷二十，《十三經注疏》，北京大學出版社2000年版，第665－666頁。

② （漢）司馬遷：《史記》卷三十三，中華書局1959年版，第1524頁。

③ 十三經注疏整理委員會：《毛詩正義》卷十七，《十三經注疏》，北京大學出版社2000年版，第1309頁。

稱泰伯。《論語注疏·泰伯第八》："子曰：'泰伯，其可謂至德也已矣。三以天下讓，民無得而稱焉。'王曰：'泰伯，周太王之長子。次弟仲雍，少弟季歷。季歷賢，又生聖子文王昌，昌必有天下，故泰伯以天下三讓于王季。其讓隱，故無得而稱言之者，所以為至德也。'"① "仁虔"，據誌文，是"虔仁"之誤倒，為周文王之弟。"時人語訛，以虔仁為鉗耳矣"，誌文假設語訛，高攀遠祖出自姬姓，是黄帝後裔，以掩飾其少數族裔身份。誌文用典雖誤，但足見鉗耳君深受儒家思想為主體的漢文化影響，而且文化修養較高。誌主用羌人"鉗耳"之姓，以及其尚武之習之留存，都説明羌人在融入儒家文化圈的過程中還保留着本民族的文化因子，以寄託本民族的精神情懷②。

① 十三經注疏整理委員會：《論語注疏》卷八，《十三經注疏》，北京大學出版社 2000 年版，第 111 頁。

② 吴明冉等：《唐代碑誌中的羌人》，《北方文物》2013 年第 4 期。

136　雷詢及妻趙氏墓誌　天寶五年（746）六月初五

説明

墓誌出土於陝西省郃陽縣，現藏西安段氏。拓片高、寬均 49 cm。誌文 21 行，滿行 20 字。楷書，兼行書，有縱綫界格。蓋失拓。《八瓊室金石補正》載：蓋篆書，題“大唐故雷君墓誌之銘”；四周刻十二生肖。楷書“夜半子，雞鳴醜，平旦寅，日出卯，食時辰，禺中巳，正南午，日昳未，晡時申，日入酉，黄昏戌，人丁亥”。該碑又題《雷詢墓誌》。

蓋

大唐故雷君墓誌之銘。/

誌文

大唐故處士陪戎副尉雷君墓誌銘并序。/

君諱詢，字明遠，開内馮翊郡人也。德能𨺗俗[1]，垂寶光扵/先；功可濟時，福慶流扵後。故祀路[2]，曄兮雄勇[3]，風骨不凢，/辪兮清雅[4]，神彩異俗。應前随以見用，位列錦司；入大唐/而昇朝，職臨司馬。父通，上柱國，智可運籌，德堪濟物，不/徇私門[5]，唯憂報國。揮霜戈扵隴外，戎虜電除；耀金甲扵/輪臺，骨都膽讋。功成遂退，賞悅丘園，知命無憂，自怡風/月。

君稟陰陽之秀氣，受天地之雄和[6]。維孝維忠，克恭/克敏。虚心應物，任性帰真，坐幽壑以怡神，卧白雲而放/志[7]。將為羨門比壽，豈其孔父齒亡[8]。以天寶五載六月五/日，構疾扵私第，終扵家館。

夫人趙氏，道叶坤順，德配乹/剄。性以謙約為本，行以温柔作常。訓女垂誡，教男義方。/遷居均善扵孟母，守志侔貞扵敬姜[9]。何寶婺之昔殞，乃/龍劒之今淪。同臻玉匣，雙契佳城。書帳虚而歛跡，粧樓/空以生塵。幽顯既分，死生道隔。降婁次，諏呰月[10]。合葬扵/仙宮原，侍光塋也[11]。孤子賓泰，敬思遺訓，伐稱泉壤，以為/銘。其辞曰：/

凜兮儼兮[12]，家國稱美。倩兮絢兮，閨闈有軌。道契神明，德/侔君子。動止不乖扵町畦，心形豈違扵天理。任物同化，/委體從流[13]。泯然形順，翛然入幽。琢石鐫銘兮光德[14]，芳聲/不朽兮千秋！/

著録

1. 北京圖書館藏拓本。2.《北京圖書館藏中國歷代石刻拓本滙編》25－103。3.《八瓊室金石補正》卷58－4上。4.《唐代墓誌彙編》1594。5.《全唐文拾遺》卷21－6303①。6.《全唐文新編》卷358－4109。

注釋

[1] 𨺗：即“匡”字。匡俗：匡正時俗。《魏書·逸士傳序》：“比夫邁德弘道，匡俗庇民，可得而小，不可得而忽也。”②

---

① （清）董誥等：《全唐文拾遺》卷二十一，山西教育出版社2002年版，第6303頁。

② （北齊）魏收：《魏書》卷九十，中華書局1974年版，第1929頁。

［2］“祀”，《八瓊室金石補正》認為“祀”即“祖”字，但進一步推斷避睿宗李旦諱，則非。祖：即“祖”的俗寫。北魏武泰元年（528）《元舉墓誌》：“曾祖南安惠王楨，字乙若伏。”據上下文義，是“祖”字①。

［3］“曄”，拓片清晰。《八瓊室金石補正》作“煜”，非。

［4］凢：“凡”的俗寫。欝：即“鬱”字。“兮”，《唐代墓誌彙編》作“乎”，非。

［5］侚：即“徇”字。偏旁訛混。

［6］禀：即“稟”字。“秀”，觀拓字體清晰。《八瓊室金石補正》作“受”，非。“天”上“受”字，《全唐文新編》脱。

［7］“志”，拓片清晰。《全唐文拾遺》作“誌”，非。下同。

［8］羡門：墓門。孔父：指孔子。《後漢書·申屠剛傳》：“損益之際，孔父攸歎。”李賢注引《説苑》：“孔子讀《易》，至《損》《益》，則喟然而歎。”②

［9］孟：即“孟”字。孟母：孟子的母親。三次搬家，擇良居。賢母典範。敬姜：齊侯之女，魯國大夫公父文伯的母親。本姓姜，謚曰敬，世稱賢母，其《論勞逸》，為春秋戰國時家訓代表作。侔：“侔”的省減筆字。齊等，相當。

［10］降婁次：歲次降婁。降婁，星次名。十二星次之一，與十二辰相配為戌，與二十八宿相配為奎、婁兩宿。此指丙戌年，即天寶五年。《左傳·襄公三十年》：“於子蟜之卒也，將葬，公孫揮與裨竈晨會事焉。過伯有氏，其門上生莠。子羽曰：‘其莠猶在乎？’於是歲在降婁，降婁中而旦。”杜預注：“降婁，奎婁也。周七月，今五月，降婁中而天明。”③《晉書·天文志上》：“自奎五度至胃六度為降婁，於辰在戌，魯之分野，屬徐州。”④ 諏訾月：月次諏訾。諏訾，星次名，亦作“娵訾”。《禮記·月令第六》：“孟春之月，日在營室。”鄭玄注：“此云孟春者，日月會於諏訾，而斗建寅之辰也。”⑤《漢書·律曆志下》：“諏訾，初危十六度，立春。”⑥ 諏訾與寅月相配，屬孟春正月。疑誌文有誤。否則就應是乾元元年（758），歲次戊戌之正月。存疑待考。刻石時間《石刻題跋索引》作天寶十年正月⑦，非。

---

① 趙力光：《鴛鴦七誌齋藏石》，三秦出版社1995年版，第95頁。

② （南朝宋）范曄撰，（唐）李賢等注：《後漢書》卷二十九，中華書局1965年版，第1013－1014頁。

③ 十三經注疏整理委員會：《春秋左傳正義》卷四十，《十三經注疏》，北京大學出版社2000年版，第1286－1287頁。

④ （唐）房玄齡等：《晉書》卷十一，中華書局1974年版，第308頁。

⑤ 十三經注疏整理委員會：《禮記正義》卷十四，《十三經注疏》，北京大學出版社2000年版，第517頁。

⑥ （漢）班固撰，（唐）顏師古注：《漢書》卷二十一下，中華書局1962年版，第1005頁。

⑦ 楊殿珣：《石刻題跋索引》（修訂本），商務印書館1995年版，第190頁。

［11］光：原刻訛誤。本作“先”字。《唐代墓誌彙編》迻録作“光”，《八瓊室金石補正》《全唐文拾遺》《全唐文新編》改作“先”，未加注説明，處理未當。

［12］凛：即“凜”字。

［13］“化”，《全唐文新編》作“物”；“流”，《八瓊室金石補正》作“依”，非。

［14］餝：同“飾”。《全唐文新編》作“飾”，“飾”的異體。

彙考

墓誌出土於陝西省郃陽縣。誌主雷詢，“閈内馮翊郡人”。順治《郃陽縣志》有雷寨，舊名雷村，雷寨村舊名雷家寨，雷家。蒲城、白水、澄城、洛川、同官、三原等縣，也有許多含雷的地名，是歷史上渭北雷氏羌人聚居地。《碑銘所見前秦至隋初的關中部族》：“按其地望，當為羌民。”可從。雷詢娶漢女趙氏。這些都表明羌漢通婚已屢見不鮮。雷詢及祖路、父通、子賓泰，史傳闕載。標題“陪戎副尉”，誌文未詳述，應為勳蔭授者。

137 鉗耳君妻薛氏墓誌 天寶七載（748）十一月二十四日

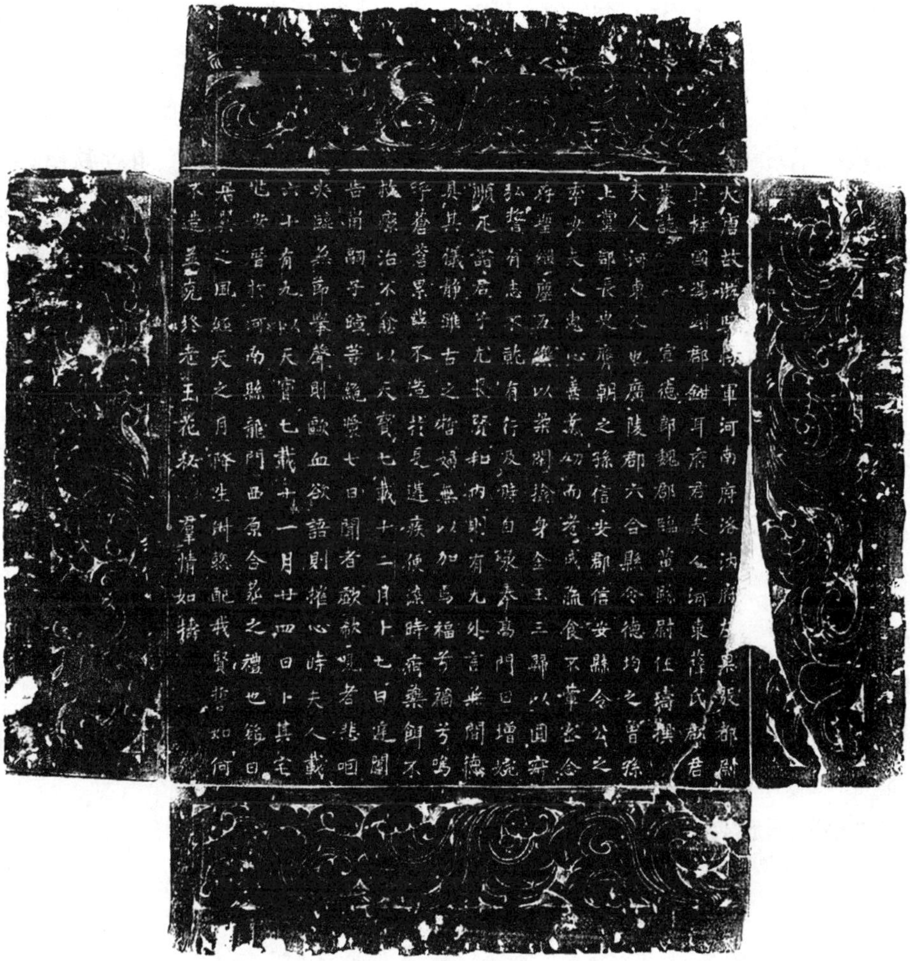

説明

墓誌於 2001 年 10 月在河南省洛陽市龍門鎮張溝村出土，同時出土其夫鉗耳公墓誌銘。同年 11 月 3 日河南省洛陽市龍門鎮張溝村東畢窯徵集，現藏洛陽市新安縣千唐誌齋博物館。任璹撰。石高 46 cm，寬 45 cm。誌文 18 行，滿行 18 字。楷書，有縱横界格。四側刻卷草花紋。右下角稍殘，有裂痕。蓋缺。

誌文

大唐故游騎將軍、河南府洛汭府、左果毅都尉、/上柱國、馮翊郡鉗耳府君夫人河東薛氏郡君/墓誌。

宣德郎、魏郡臨黄縣尉任璹撰。/

夫人，河東人也。廣陵郡六合縣令德均之曾孫，/上黨郡長史膺朝之孫，信安郡信安縣令公之/季女。夫人惠心善業，纫而老成。蔬食不葷，密念/存聖。緇塵五欒，以柔閑撿身；金玉三歸，以圓穽/弘誓。有志不就，有行及時。自承奉高門，日增婉/順；疋諧君子，尤長賢和。内則有允，外言無間，德/具其儀靜，雖古之哲婦，無以加焉。

福兮禍兮，嗚/呼蒼蒼，累兹不造，扵是遘疾，便染時痾，藥餌不/救，療治不愈。以天寶七載十二月十七日，迮闈/告肻[1]。嗣子暄等，絕漿七日，聞者歔欷，見者悲咺。/哭臨無節[2]，舉聲則歐血，欲語則摧心。時夫人載/六十有九。以天寶七載十一月廿四日，卜其宅/兆，安厝扵河南縣龍門西原，合葬之禮也。銘曰：/

居巽之風，經天之月。降生泔懿，配我賢晢[3]。如何/不造，並克終老。玉花秘[4]，羣情如擣。/

著録

1.《新中國出土墓誌·河南》3 上－121 圖，3 下－120 文。2.《全唐文補遺·千唐誌齋新藏專輯》214。

注釋

[1] 肻："崩"的訛混字。死亡。

[2] 哭：即"哭"字。

[3] 晢：當作"哲"。原刻訛。賢哲：賢明睿智的人。

[4]"秘"下應有一字，原刻闕。

彙考

天寶二年（743）《鉗耳墓誌》、天寶七載（748）《鉗耳君妻薛氏墓誌》，是鉗耳氏夫妻墓誌。較之魏晉南北朝至隋代，唐代石刻文獻中的羌人複姓稀少，很多羌人已改姓氏。此誌主以"鉗耳"為姓，又假設語訛，"以虔仁為鉗耳"，試圖掩飾少數族裔身份。誌主與漢族薛氏通婚的現象，表明羌人進入中原後除了沿襲羌族的内婚制，也與其他民族通婚，族群有進一步向外婚制發展的遺跡象。

138　姚承珇墓誌　偽大燕聖武二年（757）八月十四日

蓋

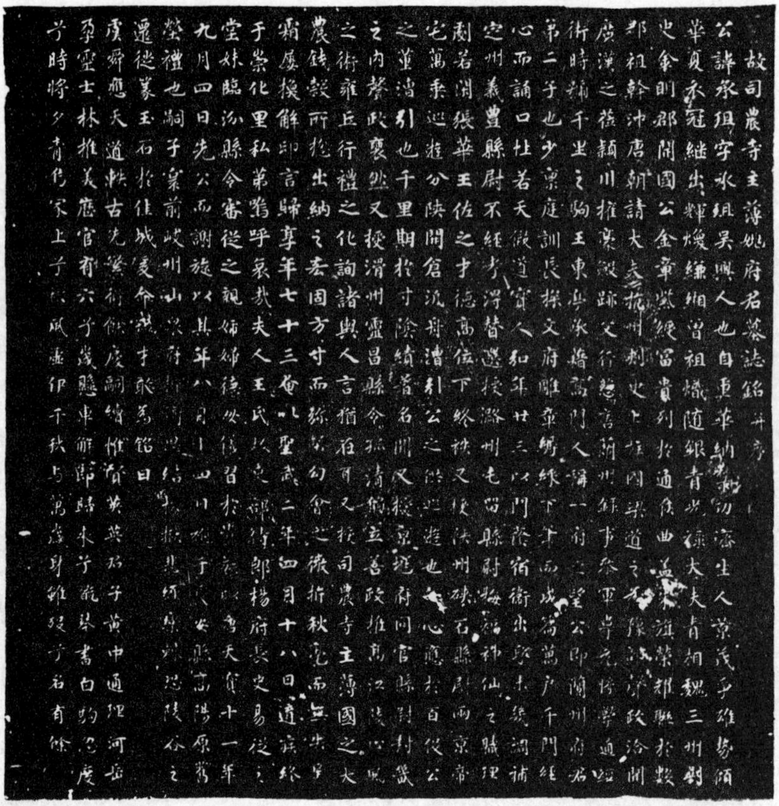

墓誌

説明

墓誌出土於陝西省西安市郊。誌石拓片高 59. 5 cm，寬 59 cm。誌文 25 行，滿行 26 字。楷書，有縱橫界格。誌蓋拓片高、寬均 62 cm，篆書“大燕故姚府君墓誌銘”。四周鐫刻團花紋，四煞刻四神紋飾。

蓋

大燕故/姚府君/墓誌銘。/

誌文

故司農寺主簿姚府君墓誌銘并序。/

公諱承珇，字承珇，吴興人。自重華納麓[1]，叻濟生人。景茂争雄，勢傾/華夏。衣冠継出，輝熿縑緗[2]。曾祖熾，隨銀青光禄大夫、青相魏三州刾/史、金明郡開國公[3]。金章紫綬，冨貴列扵通侯；曲盖朱旗，榮耀聡扵數/郡。祖幹沖，唐朝請大夫、杭州刾史、上柱國。梁道之為豫部，聲政洽聞；廣漢之莅穎川，摧豪斂跡。父行慈，唐蘭州録事参軍。韋元將學通經/術，時號千里之駒[4]；王東亭承藉高門，人稱一府之望[5]。

公即蘭州府君/第二子也。少稟㢟訓，長探文府。雕章縟綵，下筆而成篇；萬戶千門，經/心而誦口。性若天假，道實人弘。年廿三，以門蔭宿衛出身[6]。未幾，調補/㝎州義豐縣尉。不經考淂替選，授潞州屯留縣尉。梅福神仙之職[7]，理/劇若閑；張華王佐之才[8]，德高位下。終秩，又授陝州硤石縣尉。兩京帝/宅，萬乘巡遊。分陝開倉，汎舟漕引[9]。公之以供巡遊也，一心應拎百役；公/之董漕引也[10]，千里期拎寸陰。績著名聞，又授京兆府同官縣尉。封畿/之內，聲政裒然[11]。又授滑州靈昌縣令。抓清獨立，善政推高。江陵心風/之術，雍丘行禮之化。詢諸輿人，言猶在耳。又授司農寺主簿。國之大/農，錢穀所揔。出納之忩[12]，固方寸而弥堅；勾會之微，析秋毫而無失。

星/霜屢換，解印言歸。享年七十三。奄以聖武二年四月十八日遘疾[13]，終/于崇化里私第。嗚呼哀哉。夫人王氏，故吏部侍郎楊府長史易従之/堂妹，臨汝汾縣令審従之親姊。婦德母儀，習拎貴族。以唐天寶十一年/九月四日，先公而謝。旋以其年八月十四日，祔于長安縣高陽原舊/塋，禮也。嗣子寰，前岐州山泉府折衝，思結松楸，悲纏欒棘。恐陵谷之/遷徙，篆玉石拎佳城。爰命短才，敢為銘曰：/

虞舜應天，道軼古先。繁衍餘慶，嗣續惟賢。英英君子，黄中通理。河岳/孕靈，士林推美。歷官有六兮歲懸車，解印歸來兮翫琴書。白駒忽度/兮時將夕，青鳥冢上兮松風虚[14]。伊千秋与萬歲，身雖歿兮名有餘。/

著録

西南大學石刻研究中心藏拓

注釋

［1］重華：虞舜的美稱。《尚書·舜典》："曰若稽古，帝舜，曰重華，協拎帝。"孔傳："華謂文德，言其光文重合拎堯，俱聖明。"① 以後用以代稱帝王。納麓：《尚書·舜典》："納拎大麓，烈風雷雨弗迷。"孔傳："麓，録也。納舜使大録萬機之政。"② 後以"納麓"謂總攬大政。南朝梁江淹《蕭太尉上便宜表》："菲躬謙度，方追重華納麓之勤；約情撝操，乃取文命卑宮之義。"③

［2］煥："煥"的異體。縑緗：指書寫用的淺黄色細娟。

［3］青州：《舊唐書·地理志》："隋北海郡。武德四年，置青州總管府。"④ 天寶

① 十三經注疏整理委員會：《尚書正義》卷三，《十三經注疏》，北京大學出版社 2000 年版，第 60 頁。

② 同上書，第 61 頁。

③ 俞紹初、張亞新：《江淹集校注》，中州古籍出版社 1994 年版，第 364 頁。

④ （後晉）劉昫等：《舊唐書》卷三十八，中華書局 1975 年版，第 1452 頁。

元年改青州為北海郡，乾元間復為青州。相州：北魏天興四年（401）分冀州置，治鄴縣（今河北臨漳縣西南鄴鎮）。隋為魏郡，唐武德初置相州總管府。漢魏郡也，後魏道武改為相州，隋為魏郡。武德元年，置相州總管府。魏州：北周大象二年（580）置。治貴鄉縣（今河北大名縣東北）。隋大業改為武陽郡，唐武德年間復舊名，龍朔改為冀州。見《舊唐書·地理志》。金明郡：治永豐。今延安市北和安塞縣境。《北周地理志·關中》："後魏置。《魏書·地形志》：'金明郡，真君十二年（451）置。'"① 隋開皇三年（583）撤。

［4］語出《三輔決録·韋康》："韋元將，年十五，身長八尺五寸，為郡主簿。楊彪稱曰：'韋主簿年雖少，有老成之風，昂昂千里之駒。'"② 比喻人器宇軒昂。號："號"的異體。

［5］王東亭：字元琳，東晉琅邪（今屬山東）人。官至尚書令。語出《世説新語·雅量》："王東亭為桓宣武主簿，既承藉，有美譽，公甚欲其人地為一府之望。"③

［6］門蔭：亦作"門廕"。指憑藉祖先功績循例做官。《晉書·儒林傳·范弘之》："石（謝石）階藉門蔭，屢登崇顯。"④ 宿衛：皇帝的警卫人员；禁軍。

［7］梅福：字子真。漢九江郡壽春人。王莽當政，棄官棄家隱居。後世有許多關於他成仙的傳説，江南、閩粵也有傳其修煉成仙的遺跡。

［8］張華：字茂先，范陽方城人。晉初著名文人，有王佐之才。即輔佐帝王、成就偉業的才幹。語出《漢書·董仲舒傳贊》："劉向稱董仲舒有王佐之材，雖伊吕亡以加。"⑤

［9］汎：即"汎"。亦作"泛"。漂浮，浮游。漕：即"漕"。漕引：猶漕運。《新唐書·王播傳》："南方旱歉，人相食，播掊歛不少衰，民皆怨之。然浚七里港以便漕引，後賴其利。"⑥

［10］董：監察、監督。《後漢書·方術傳·謝夷吾》："昔為陪隸，與臣從事，奮忠毅之操，躬史魚之節。董臣嚴綱，勖臣懦弱，得以免戾，寔賴厥勳。"⑦

［11］褎：同"裦"。出眾貌。

［12］厷："吝"的變體異體字。構件"口"作"厶"是石刻常有之例。

［13］聖武：安史之亂，大燕皇帝安禄山年號。聖武二年，即唐至德二年（757）。

---

① 王仲犖：《北周地理志》卷一，中華書局1980年版，第125頁。

② （宋）李昉等：《太平御覽》卷二百六十五，中華書局1960年版，第1240頁。

③ 余嘉錫：《世説新語箋疏》，中華書局1983年版，第377頁。

④ （唐）房玄齡等：《晉書》卷九十一，中華書局1974年版，第2362頁。

⑤ （漢）班固撰，（唐）顔師古注：《漢書》卷五十六，中華書局1962年版，第2526頁。

⑥ （宋）歐陽修、宋祁：《新唐書》卷一百六十七，中華書局1975年版，第5116頁。

⑦ （南朝宋）范曄撰，（唐）李賢等注：《後漢書》卷八十二上，中華書局1965年版，第2713頁。

［14］鳥：乃"烏"字之訛。青烏，指青烏子。傳説中的勘輿家，借指風水寶地。如北齊天保八年（557）《高叡修定國寺塔銘碑》："光飾侔青烏之蓮，珎華奪白牛之駕。"① 唐咸亨二年（671）《越國太妃燕氏墓誌》："瑤池水上，忽悲青鳥之音；珠絡帳前，永絶紫雲之駕。"② 唐上元二年（676）《王祥墓誌》："浮生方閲，縞駟將騑，青鳥夕□，青柳晨飛。"③

彙考

誌云："自重華納麓，功濟生人。景茂争雄，勢傾華夏。"指其先為稱霸關中、建立後秦政權的姚氏。當姚贊率後秦"宗室子弟百餘人"降於劉裕，"裕盡殺之"，姚泓被俘至建康斬，史載姚氏"餘宗遷於江南"④，那麽，誌主姚承珇應是後秦姚氏宗室在國破家亡後被迫遷徙江南的一支。這支姚氏定居吴興，但與唐歷武后、中宗、睿宗、玄宗四朝宰相的姚崇不是同一支。前者其先南安赤亭羌人姚弋仲於永嘉六年（312），率眾東遷進入關中，自此採用漢姓⑤；後者是漢族，其家世見唐景龍二年（708）《姚懿墓誌》，姚懿，隋末唐初陝州硤石（今三門峽市陝縣東）人，後居於洛陽，姚崇之父。故誌云："其先吴興郡，因官北徙。"晚年"龍朔年中"在東都洛陽購有"河南之別業"（見《姚夫人殘刻》），"今為河南洛陽人也"⑥。這支姚氏，當係傳説中舜以姚墟命氏者。誌稱"媯汭森其昌源，姚墟奧其靈壤。因生是宅，爰此開宗"。又，開元二十年（732）《姚晠墓誌》："有虞之後。"傳有虞氏為古部落名，其首領舜受堯禪，都蒲阪。《國語・魯語上》："故有虞氏禘黄帝而祖顓頊，郊堯而宗舜。"⑦ 姚晠其先"永嘉中，南遷吴興，因官徙地，今為吴興郡人也"⑧。永嘉五年（311）五月，漢主劉聰使前軍大將軍呼延晏寇洛陽，始安王曜、王彌、石勒皆引兵會之。癸未，先至洛陽。甲申，攻平昌門。六月辛卯，彌至宣陽門。壬辰，曜至西明門。丁酉，彌、晏克宣陽門。帝出華林園門，欲奔長安，漢兵追執之，幽於端門。太子司馬詮被殺。事見《資治通鑑・晉紀九》，《晉書・帝紀第五》略同，史稱"永嘉之禍"。誌文明確記載姚晠一支為吴興人的緣由。陝郡姚氏，終唐一代，冠纓不絶。故姚承珇與姚懿、姚晠雖同稱"吴興人"，實則不同族源。

---

① 北京圖書館金石組：《北京圖書館藏中國歷代石刻拓本滙編》（7），中州古籍出版社 1989 年版，第 61 頁。

② 中國文物研究所、陝西省古籍整理辦公室：《新中國出土墓誌・陝西卷》（1），文物出版社 2003 年版，第 80 頁。

③ 周紹良、趙超：《唐代墓誌彙編續集》，上海古籍出版社 2012 年版，第 601 頁。

④ （唐）房玄齡等：《晉書》卷一百一十九，中華書局 1974 年版，第 3017 頁。

⑤ 洪濤：《三秦史》，上海復旦大學出版社 1992 年版，第 95 頁。

⑥ 吴鋼主編：《全唐文補遺・千唐誌齋新藏專輯》，三秦出版社 2006 年版，第 104 頁。

⑦ 徐元誥撰，王樹民、沈長雲點校：《國語集解・魯語上》第四，中華書局 2002 年版，第 159 頁。

⑧ 吴鋼主編：《全唐文補遺・千唐誌齋新藏專輯》，三秦出版社 2006 年版，第 163 頁。

139 弥姐亮墓誌 至德二年（757）十月初八

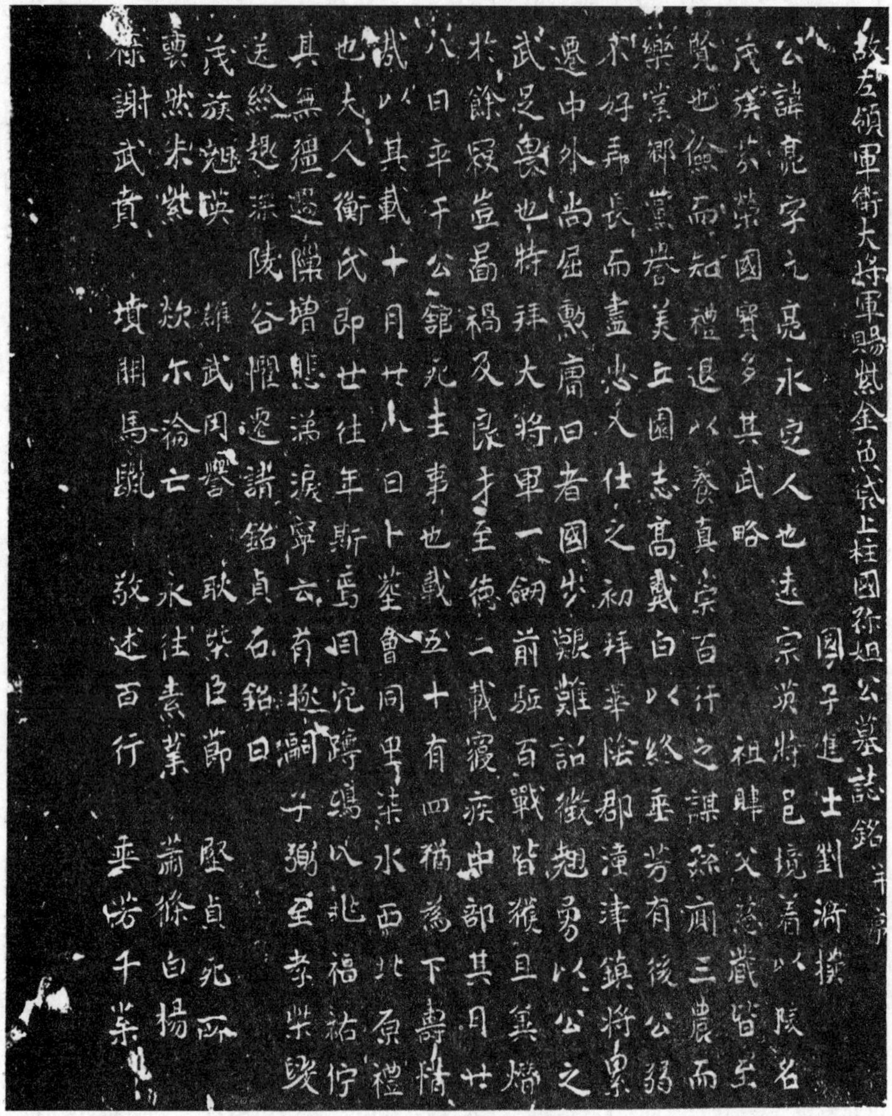

墓誌

蓋

説明

墓誌於 1990 年 3 月在陝西蒲城縣罕井礦務局建安處出土，現藏蒲城縣博物館，陝西省古籍整理辦公室藏拓。誌石高、寬均 43 cm。劉漪撰文。誌文 18 行，滿行 20 字。楷書，有單綫框。蓋石高、寬 43 cm。楷書“大唐故弥姐公墓誌銘”，四煞刻花朵紋。

蓋

大唐故/弥姐公/墓誌銘。/

誌文

故左領軍衛大將軍賜紫金魚袋上柱國弥姐公墓誌銘并序。/

國子進士劉漪撰。/

公諱亮，字元亮，永乏人也[1]。遠宗英特[2]，邑境着以陵名；/茂族芬榮，國寶多其武略。祖暐，父慈藏，皆至/賢也。儉而知禮，退以養真。崇百行之謀孫，廁三農而/樂業。鄉黨譽美丘園，志高戴白以終[3]，垂芳有後。公弱/不好弄[4]，長而盡忠，入仕之初，拜華陰郡潼津鎮將[5]，累/遷中外，尚屈勳庸。日者國步艱難，詔徵翹勇。以公之/武旦畏也，特拜大將軍。一劒前驻[6]，百戰皆獲。

且巢熸/扵餘複，豈圖禍及良才。至德二載寢疾中部，其月廿/八日卒于公館，死王事也[7]。載五十有四，猶為下壽。惜/哉！以其載十月廿八日，卜葬會同里桼水西北原，禮/也。夫人衡氏，即世往年，斯焉同穴。蹲鴟入壯[8]，福祐佇/其無疆；過隟增悲，涕淚寧云有極。嗣子弼，至孝柴毀，/送終趣深。陵谷懼遷，請銘貞石。銘曰：/

茂族翹英，雄武用譽。耿槩臣節，堅貞死所。/褒然朱紱，欻尔淪亡。永往素草，蕭條白楊。/禄謝武賁，墳開馬鬣[9]。敬述百行，垂芳千葉。

著録

1.《陝西碑石精華》139。2.《新中國出土墓誌·陝西》1上－124圖，1下－132文。3.《全唐文補遺》3－105。

注釋

［1］永㝎：即“永定”。《新唐書·地理志》載隴右道有羈縻党項的永定州，並注：“永泰元年以永定等十二州部落内附，析置州十五。”① 又，《舊唐書·代宗紀》：永泰元年“戊子，河西党項永定等十二州部落内屬，請置宜芳等十五州，許之”②。永定，應即二書所指永定州，屬隴右道，具體地點，史載闕，不得而知。

［2］英特：才智超群。《晉書·宣帝紀》：“君弟聰亮明允，剛斷英特，非子所及也。”③

［3］丘園：家園，鄉村。《易經·賁》：“六五，賁于丘園，束帛戔戔。”孔颖达疏：“丘謂丘墟，園謂園圃。唯草木所生，是質素之處。”④ 後泛指隱居處所為“丘園”。戴白：頭戴白髪，形容人老。代指老人。《漢書·嚴助傳》：“天下賴宗廟之靈，方内大寧，戴白之老，不見兵革。”顔師古注：“戴白，言白髪在首。”⑤

［4］弱：年少。弄：玩要。年幼時不愛嬉戲玩要。語出《左傳·僖公九年》：“夷吾弱不好弄，能鬬不過，長亦不改，不識其他。”⑥

［5］華陰郡：唐天寶元年（742）改華州置，治鄭縣（今陝西華縣）。乾元元年（758）復改華州。唐四輔之一。《新唐書·地理志》：“華州華陰郡，上輔。”⑦ 鎮將：

① （宋）歐陽修、宋祁：《新唐書》卷四十三，中華書局1975年版，第1134頁。

② （後晉）劉昫等：《舊唐書》卷十一，中華書局1975年版，第278頁。

③ （唐）房玄齡等：《晉書》卷一，中華書局1974年版，第1頁。

④ 十三經注疏整理委員會：《周易正義》卷三，《十三經注疏》，北京大學出版社2000年版，第126頁。

⑤ （漢）班固撰，（唐）顔師古注：《漢書》卷六十四，中華書局1962年版，第2778頁。

⑥ 十三經注疏整理委員會：《春秋左傳正義》卷十三，《十三經注疏》，北京大學出版社2000年版，第413頁。

⑦ （宋）歐陽修、宋祁：《新唐書》卷三十七，中華書局1975年版，第964頁。

武官名。南北朝隋唐邊防軍區鎮一級的主將。北魏"鎮都大將"的省稱。《魏書・官氏志》:"舊制,緣邊皆置鎮都大將,統兵備禦,與刺史同。城隍、倉庫皆鎮將主之,但不治。"①《新唐書・兵志》:"唐初,兵之戍邊者,大曰軍,小曰守捉,曰城,曰鎮,而總之者曰道。"② 秩正六品下,掌防戍守禦。

[6] 駈:即"軀"。通"驅"。鞭馬前進。

[7] "死"下一字清晰,細審拓片,横上一點為衍筆,是"王"字。王事:特指朝聘、會盟、征伐等王朝大事。此謂征伐安禄山叛亂。天寶十三年(754)十一月安禄山反於范陽,後僭越稱帝,國號燕,年號盛武,於至德二年被刺身亡。就在安禄山起兵當年十二月,破陳留郡、滎陽,至泥水甖子谷,受到將軍荔非守瑜頑强抵抗。守瑜"蹲而射之,殺數百人,矢及禄山輿。禄山不敢過,乃取谷南而過。守瑜箭盡,投河而死"③。可知,積極參與抵禦安禄山的有羌人。結合史實與時間,誌主弥姐亮作為"大將軍",應參加了對抗安禄山的戰鬥。史傳未載,可補史闕。

[8] 廿:"世"的異體。鳰:即"鴟"字。

[9] 鑞:"鬣"的省减筆字。

彙考

據至德二年(757)《弥姐亮墓誌》:"公諱亮,字元亮,永定人也。"表明該支弥姐氏羌人内遷、世居於永定。貞觀末,隨着吐蕃勢力北移,原居甘、青、川交界處的党項部落北遷。結合《舊唐書・代宗紀》《新唐書・地理志》載永泰元年(765)隴右道有党項永定等十二州部落内附的内容,説明党項部落此時已北遷至隴右一帶,與原居住永定的弥姐氏等羌人雜居。

---

① (北齊)魏收:《魏書》卷一百一十三,中華書局1974年版,第3976頁。

② (宋)歐陽修、宋祁:《新唐書》卷五十,中華書局1975年版,第1328頁。

③ (後晉)劉昫等:《舊唐書》卷二百,中華書局1975年版,第5370頁。

140 姚貞諒及妻陳氏墓誌 永泰二年（766）十月初三

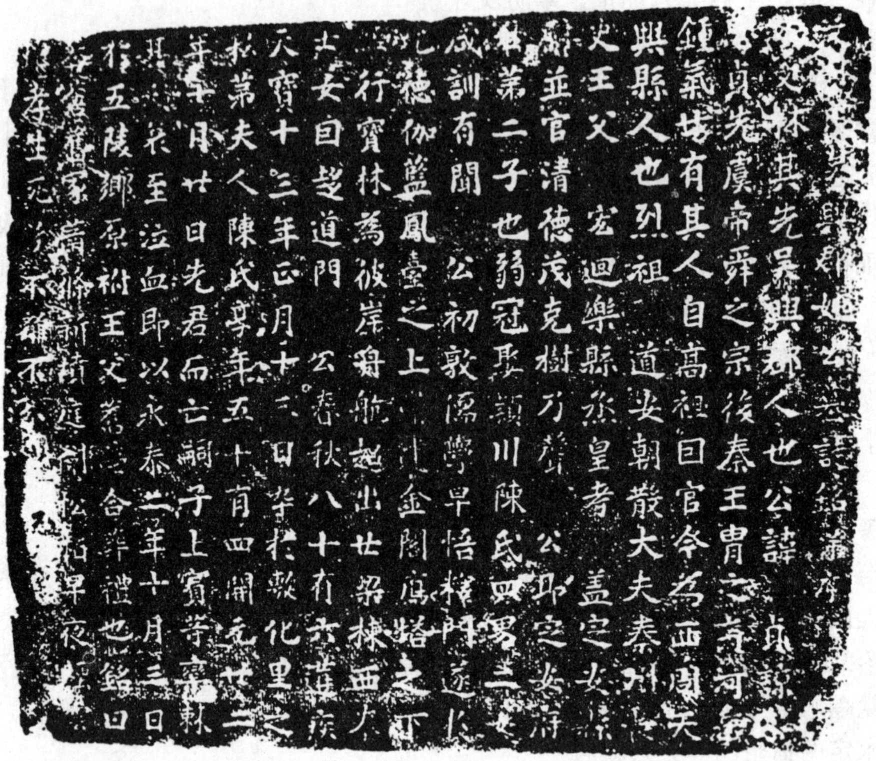

説明

碑石出土於陝西，現藏西安碑林。拓片高 26 cm，寬 30 cm。左右邊緣微泐。誌文 19 行，滿行 16 字。楷書，有縱横界格。蓋缺。該碑又題《姚貞諒墓誌》《文林郎吴興郡姚貞諒墓誌銘》。

誌文

文林□□□□□□□墓誌銘并序。/

□文林，其先吴興郡人也。公諱貞諒，□/意貞[1]，先虞帝舜之宗。後秦王冑之裔，河岳/鍾氣，廿有其人[2]。自高祖曰官，今為西周天/興縣人也。烈祖道安[3]，朝散大夫、秦州長/史；王父宏[4]，迴樂縣丞；皇考盖，定定縣/尉。並官清德茂，克樹乃聲。公即定安府/君苐二子也[5]。弱冠娶穎川陳氏，四男二女，/箴訓有聞。公初敦儒學，早悟釋門，遂於/比德伽藍鳳臺之上[6]，崇建金閣鴈塔之下，/經行寶林[7]，為彼岸舟航，超釋出廿梁棟，西奉/士女[8]，曰趍道門。

公春秋八十有六，遘疾，/天寶十三年卮月十三日，卆拎敷化里之/私第[9]。夫人陳氏，享年五十有四，開元廿二/年十月廿日，先君而亡。嗣子上賓等[10]，欒棘/其形，哀至泣血。即以永泰二年十月三日，/拎五陵鄉原，祔王父舊塋合葬，禮也。銘曰：/

莽蒼舊冢，蕭條新墳。迮闈松栢，早夜煙雲。/惟孝生死兮[11]，不離不分。/

著録

1.《隋唐五代墓誌滙編·陝西卷》1－153。2.《陝西金石志補遺》上－20。3.《唐代墓誌彙編》1759。4.《全唐文補遺》5－408。

注釋

[1]“貞”上一字泐，存痕似“悳”，同“德”。《陝西金石志補遺》未釋“悳”，《唐代墓誌彙編》沿用。

[2]“後秦王胄之裔”，明確交代誌主為姚秦羌人後裔。“岳”，《陝西金石志補遺》作“口”，非。《唐代墓誌彙編》沿誤。河岳：同“河嶽”。黄河和五嶽的並稱。語出《詩經·周頌·時邁》：“懷柔百神，及河喬嶽。”毛傳：“喬，高也。高嶽，岱宗也。”孔穎達疏：“言高嶽岱宗者，以巡守之禮必始於東方，故以岱宗言之，其實理兼四嶽。”① 泛指山川。鍾氣：凝聚天地間靈秀之氣。卋：“世”的異體。下同。

[3]烈祖：古多稱開基創業的帝王。此謂建功立業的祖先。據上下誌文，指曾祖。

[4]王父：祖父。《漢書·外戚傳·孝元傅昭儀》：“少傅閻崇以為《春秋》不以父命廢王父命。”顏師古注：“王父謂祖也。”②

[5]《陝西金石志補遺》“苐”上衍“之”。《唐代墓誌彙編》沿用。

[6]䆌：即“釋”。釋門：佛門。伽藍：梵語僧伽藍摩、僧伽藍的略稱，又稱僧園、僧院，指僧侣所居的寺院、堂舍。此謂誌主學儒悟釋崇佛。“德”上一字泐，細觀拓，是“比”。《陝金石志補遺》未釋“比”。《唐代墓誌彙編》沿用。鳳臺：泛指華美的樓臺。

[7]鴈：即“鴈”，亦即“雁”。《陝西金石志補遺》《唐代墓誌彙編》未釋“之下”“經”三字。經行：佛教語。指在一定區域旋繞往返或徑直來回，以防止坐禪困頓而眠，或表示敬意。寶林：佛教語。西方阿彌陀佛極樂世界七寶樹林的簡稱。

---

① 十三經注疏整理委員會：《毛詩正義》卷十九，《十三經注疏》，北京大學出版社2000年版，第1534頁。

② （漢）班固撰，（唐）顏師古注：《漢書》卷六十七下，中華書局1962年版，第4001頁。

［8］“女”，《陝西金石志補遺》作“安”，非。並未釋“奉士”二字。《唐代墓誌彙編》沿用。

［9］《陝西金石志補遺》未釋“疾”。《唐代墓誌彙編》沿用。卆：“卒”的省減訛變字。

［10］上賓：謂作客於天帝之所。指帝王去世。《逸周書·太子晉解》：“王子曰：‘吾後三年上賓於帝所，汝慎無言。’”① “賓”，《陝西金石志補遺》作“寅”，非。《唐代墓誌彙編》沿誤。

［11］《陝西金石志補遺》未釋“煙雲”，並脱“兮”。《唐代墓誌彙編》沿誤。

---

① 黄懷信：《逸周書彙校集注》卷九，上海古籍出版社 1995 年版，第 1102 頁。

141 曹秀臻為亡女惠寂造經幢 大曆六年（771）十月十四日

説明

《金石萃編》："幢高六尺二分。字二面，廣七寸，共十三行，行六十餘字不等。行書，類篆書。"僧昔真撰，康玢書。該碑又題《前潞州黎城縣尉曹秀臻為亡女惠寂造陀雁尼經幢》。

碑文

頂尊勝陁羅尼幢銘。

林野僧昔眞撰，怖衣康玢書。

粤惟尊勝者佛也，陁羅尼者法也。敬知佛法高妙[1]，最勝最尊，四生不測其源，三天冈觀其相[2]，勝妙無極，將喻佛頂也。如來為善住天主所說，減七返之深殃，朽骨蒙霑，息三塗之苦壽。自我法王韜逝，滅跡金河[3]，後有天竺梵僧佛陀波利[4]，是應眞菩薩，傳教東來。至永淳二年，重屆唐國[5]。聞奏大帝，天下流傳，標幢相於長衢[6]，操銀鉤於金偈[7]。佛塵影者，滅罪恒砂[8]，況乎受持[9]，鐫題書寫。大矣哉，衆法之王；妙矣哉，人天敬仰。厥有信士黎城縣尉曹公，委佛法不思議焉，遂刻記妙幢[10]，兹亡女之靈矣！

惟亡尼惠寂，宿承静命。童眞出家[11]，學戎□乂[12]，未蒙進具。稟靈梵綱，從政法王，持誦維摩法華，以為遊神之菀也。後廣德二年十一月，忽為北狄侵淩，南奔雲騎，朱旗□電玉劒如霜，揮霍目前，潛身無暇。惠寂因恐，墜井殁焉[13]，臻嘗收焚，灰散諸寺[14]。嗚呼！岦我法寶[15]，落我眼光，痛割吾心，傷汝非命。至大曆六年十月十四日，招魂想念，建幢於縣西北堯山鄉，遷座於六井古社壇之東，左臨大路，敬崇畢矣。其狀也，玉柱楞層，聳湧青蓮之上[16]；金鈴晃曜，瑑垂化塔之傍。內雕寶像之容，外刻陁羅之咒[17]，平座鎮勢雄之地，峯珠輝大梵之天。嗟乎！逝川有舟，夫何往而敏？其詞曰：

妙哉佛頂，雄乎大聖。夜壑明燈，昏途寶鏡。逝者乘兮靈光，所壽生兮清淨。人佛刹，歸真境。黯玉質兮無形，悲寶幢兮有詠。

大唐大曆六年，歲次辛亥，十月癸丑朔，十四日丙寅建[18]。

前潞州黎城縣尉曹秀臻為亡女京修慈寺尼惠寂及法界蒼生敬造。

幢主臻妻馮翊雷氏。

臻兄秀同，弟秀成，男英□，男多寶，男應奴，男曩子，孫女矜娘，孫女八人。

著録

1.《金石萃編》卷66－19。2.《全唐文》卷916－20。

注釋

［1］“敬”，《金石萃編》作“儆”，告誡，警告。敬：恭敬，端肅。當以“敬”為宜。

［2］“冈”，《全唐文》作“罔”，是。即“罔”的俗字。

［3］金河：古印度拘耶尼洲金沙河，梵名娑婆耶。《大般涅槃經》卷十：“有洲名拘耶尼，其洲有河，端直不曲，名娑婆耶，猶如直繩入於西海。”①

［4］佛陀波利：梵語音譯。亦作“覺護”“佛護”。古印度大乘佛教中觀學派論師。博學，遠涉流沙，於唐高宗時期來華，將《尊勝陀羅尼經》獻予高宗。参《宋高僧傳》卷二。

［5］屆：同“届”。

［6］長衢：大道。《古詩十九首·青青陵上柏》：“長衢羅夾巷，王侯多第宅。”②造像碑、經幢常立於長衢、通衢。大統元年（535）《毛遐造像記》：“敬造石像一區，慈顔端妙，立在通衢。”

［7］金偈：佛所説的韻語。唐李白《崇明寺佛頂尊勝陀羅尼幢頌》序：“每口演金偈，舌摇電光。”③

［8］佛塵：又作“拂尘”。手執佛塵為大眾説法，後以佛塵為説法的表徵。砂：同“沙”。聚砂成佛塔用以作供養，指與佛結緣。

［9］受持：佛教語。從師所學曰受，解義修行曰持。謂將佛陀教法領受於心而憶念不忘。《百喻經·婦詐稱死喻》：“猶故不信如彼外道聞他邪説。心生惑著。謂為真實，永不可改。雖聞正教不信受持。”④

［10］“遂”，《全唐文》作“蓮”。當以“遂”為宜。

［11］童真：幼稚天真。“童”，《全唐文》作“青”。義通字異。

［12］戎：“戒”的俗字。乂：出眾。《金石萃編》作“又”，非。

① 佛光大藏經編修委員會：《佛光大藏經·法華藏·經部·南本涅槃經》，佛光出版社2009年版，第246頁。

② 季鎮淮等：《歷代詩歌選》(1)，中國青年出版社1980年版，第94頁。

③ 周紹良：《全唐文新編》卷三百四十八，吉林文史出版社2000年版，第3977頁。

④ 尊者僧伽斯那：《百喻經》卷一，《大正新修大藏經》(4)，東京大正一切經刊行會1934年版，第543頁。

［13］《新唐書·代宗》：廣德二年八月癸巳吐蕃寇邠州，十一月乙未“吐蕃軍潰，京師解嚴。河西節度使楊志烈及僕固懷恩戰于靈州，敗績”①。狄：當指吐蕃，“惠寂墜井而死”，應為此間發生的事。殍：“終”的俗字。《全唐文》作“歿”。義通字異。

［14］灰：即“灰“的俗字。

［15］壱：即“喪”的俗字。

［16］青蓮：指佛寺。唐劉長卿《戲贈幹越尼子歌》：“亭亭獨立青蓮下，忍草禪枝繞精舍。”②

［17］“兕”，《全唐文》作“呪”，是。構件位移。

［18］“大”下各字，《全唐文》脱。

彙考

《金石萃編》：“此幢為修慈寺尼惠寂建也。惠寂為黎城縣尉曹秀臻之女，廣德二年十一月寺遇狄奔，惠寂墜井而死。至大曆六年其父乃建幢，以紀其事。”經幢立於蒲城縣“西北堯山鄉”，幢主“臻妻馮翊雷氏”，乃馮翊雷氏羌人。曹氏，族屬複雜，漢、匈奴、粟特曹國人都有可能。蒲城地處南北、東西交通要道，東、西曹姓匈奴遷入其境，曹秀臻出匈奴的可能性較大。《碑銘所見前秦至隋初的關中部族》認為幢主是蒲城漢男③，可備一說。經幢題名表明有渭北羌人與他族通婚的情況。

---

① （宋）歐陽修、宋祁：《新唐書》卷六，中華書局1975年版，第171頁。

② 《全唐詩》卷一百五十一，中華書局1980年版，第1580頁。

③ 馬長壽：《碑銘所見前秦至隋初的關中部族》，廣西師範大學出版社2006年版，第84頁。

142 党曄等香山題名 大曆七年（772）二月十二日

説明

碑石位於河南省洛陽市龍門，現存原址。窟龕號2125－2800。拓片高46 cm，寬79 cm。記10行，滿行2－9字不等。楷書，左書。後刻唐元和十一年王造續題字，4行，行存字數不等。

碑文

党曄[1]，/趙驊[2]，/盧政，/王後己[3]，/王銷[4]，/崔縱[5]，/王澄，/盧誧[6]。/大曆七年二月十二［日］/同宿此寺[7]。/

著録

1.《北京圖書館藏中國歷代石刻拓本滙編》27－116。2.《龍門石窟碑刻題記彙録》634圖、文①。3.《全唐文補遺》7－454。

注釋

［1］“曄”，《全唐文補遺》作“嘩”，非。党曄：同州，今陝西渭南大荔縣人。先後任大理評事職、監察御史，官至職方郎中。元結撰《與党評事》：“大理評事党曄，好閑自退。”② 即此人。西羌党氏郡望馮翊。同州党氏，亦羌人。《資治通鑑·晉紀》：“興卒。羌酋党容叛，泓遣撫軍將軍姚贊討降之，徙其酋豪于長安，餘遣還李閏。”③ 李閏，今陝西大荔縣東。《晉書·乞伏乾歸載記》有羌酋党龍頭。《民國大荔新志》載有以党氏為名的地名，如石村、党客村、北党、北党灣等。党曄應為羌人。

［2］“驊”，《全唐文補遺》作“韓”，非。趙驊，子“宗儒”。《舊唐書·宗儒傳》：“父驊，為秘書少監。”④ 同書《忠義傳》作“趙曄”。“曄志學，善屬文，開元中，舉進士。……秘書少監。曄性孝梯，敦重交友，雖經艱危，不改其操。……曄早擅高名，在宦途五十年，累經貶謫……”⑤

［3］“己”，《龍門石窟碑刻題記彙録》作“改”，非。

［4］“銷”，《全唐文補遺》作“鈞”，非。《新唐書·王方冀傳》：王銷，祖方冀，以都護安西聲馳西域。父珣，以遊刃文學與兄弟璵、瑨“時號‘三王’。”銷“天寶中

① 劉景龍、李玉昆：《龍門石窟碑刻題記彙録》，中國大百科全書出版社1998年版。

② 《全唐詩》卷二百四十一，中華書局1980年版，第2706頁。

③ （宋）司馬光編著，（元）胡三省音注：《資治通鑑》卷一百一十七，中華書局1956年版，第3685－3686頁。

④ （後晉）劉昫等：《舊唐書》卷一百六十七，中華書局1975年版，第4361頁。

⑤ 《舊唐書》卷一百八十七下，第4906－4907頁。

歷右補闕、殿中侍御史"①。

［5］崔縱：《舊唐書·崔渙傳》："（渙）子縱，初以蔭補協律郎，三遷為監察御史。……貞元元年（785），親祠南郊，為大禮使。……數月，除吏部侍郎，尋檢校禮部尚書、東畿唐汝鄧都觀察使、河南尹。"② 據《唐會要·皇后》：貞元元年七月九日，因太常卿崔縱奏，遂以越王貞母為"太妃"，作為定制③。知此時縱為太常卿。

［6］"誧"，《全唐文補遺》作"諦"，非。貞元十七年（801）《盧甫及妻李氏墓誌》："君諱甫，字甫，其先食菜於盧，因以氏焉，則今之范陽也。自我太公國齊，以至於我五代祖兵、禮、吏尚書容城侯愷，代有其傳，故不書也。""公少孤行敏，兄弟相依，孝友傳聲，德聞於世。繇是租庸使李公以公行恭性篤，解巾奏鄭州原武尉。""夫人隴西李氏，贈户部員外瀾之次女，先公而歿。"④ 事見《舊唐書·列女傳》："原武尉盧甫妻李氏，隴西成紀人也。父瀾，永泰元年（765）春任蘄縣令。……瀾女盧甫妻，又泣請代父死，並為賊所害。""詔曰：'鄭州原武縣尉盧甫之妻李氏……懿範傳家，柔明植性，頃因寇難，克彰義烈……宜膺贈飾，俾光休美。李氏可贈孝昌縣君……仍編入史册。'"⑤

［7］刻石時間，《龍門石窟碑刻題記彙録》作"一月"，非。觀字形，是"二月"。"同"，《全唐文補遺》未釋。《龍門石窟碑刻題記彙録》釋"寺"作"土"，細審拓片，上"土"清晰，下存痕"寸"，似"寺"。

---

① （宋）歐陽修、宋祁：《新唐書》卷一百一十一，中華書局1975年版，第4136頁。

② （後晉）劉昫等：《舊唐書》卷一百零八，中華書局1975年版，第3281頁。

③ （宋）王溥：《唐會要》卷三，中華書局1955年版，第34頁。

④ 洛陽市文物工作隊：《洛陽出土歷代墓誌輯繩》，中國社會科學出版社1991年版，第614頁。

⑤ （後晉）劉昫等：《舊唐書》卷一百九十三，中華書局1975年版，第5148頁。

143 汶川縣威戎軍製造天王殿記 約大曆年間（767－779）

説明

碑石刻於四川省汶川縣。元友諒撰文。亡佚。

碑文

汶川縣威戎軍製造天王殿記。

元友諒［撰］[1]。

至哉！天王之盛德也。若乃嘘大海為川陸，扇須彌為塵霧，即藥父眾[2]，破修羅屬[3]，赫然天王示其威神也。住水晶宫，護閻浮界，那吒捧塔以前峙[4]，天女持花以凝睇，示其威福也。懸鹿轤劍，秉黄金戟，龍蛇鼓怒以騰目，神鬼睚盱而捧足，示其威力也。天寶中，表其神靈，衛我唐土，化身於于闐之國[5]，摧鋒於百萬之醜，使聖聰無勍敵之虞[6]，士馬絕奔騰之患。示其變通也。

汶川古塞，戎馬之境，山雄玉壘，軍壯威戎，有護國精舍，凝翠峰疊，甘涼泉湧，創立天王殿一座。其初也，故使惠澄討論之，寺主智昕繕成之，社眾精肅崇構之[7]，兩變星霜，方盡其美。我兵馬使賀若崟[8]，雷霆在天，威戢戎貊[9]，冠簡晶曜，山川載清。當其門闌布德之秋，桃李成蹊之日[10]，副使彭城劉公命昌輔佐戎軍，恒持妙略，昔聞飛將，今見輕車。判官西河藺公弇風流倩倩，文質彬彬。阮元瑜書記之能，王仲宣從軍之樂。汶川縣令太原王公炅，水鏡臨人，清風偃草，邑稱三異，名慎四知。都虞候及諸大將等弓張秋月，劍落繁霜，為蜀國之長城，作轅門之巨塹。社眾冉州守攝判官李建脩等[11]，風情廓落，文武縱横，俱懷奉主之心，共守安邊之術，故能拔倫騰秀，宏此聖猷[12]。曙起宵興，率先勿替。遂感祥光迭委，靈氣薦臻，十旬不愆[13]。貞質山立，金冠照爛，寶殿玲瓏。山横棟宇之奇，花綻霧嵐之異。祐我皇也，弧弓不能壯其威；表其神也，靈怪不能藏其用。

寺主智昕，俗姓湯氏，梵行沈密[14]，道容真清。勾當僧惠則[15]，俗姓李氏，潔白虛衷，秋潭月照。俱能輔贊其美，宏闡法梁，巍峩之勳，萬古不革之道也。詞吏仗命[16]，敢碑斯文。

著録

1.《全唐文》卷620－14。2.《巴蜀佛教碑文集成》40。3.《全蜀藝文志》卷38－1137。

注釋

［1］威戎軍：唐代邊陲要地駐兵戍守，大者軍，隸屬於道。軍的將領稱使，掌管軍務。《新唐書·地理志》：劍南道"茂州通化郡，下都督府"。"有威戎軍"① 宋代仍置威戎軍。《宋史·地理志》："熙寧九年（1076），即汶川縣置威戎軍使。"② 故址在汶川縣故城西，今威州鎮古城坪之北，俗稱"姜維城"處。《古今圖書集成·方輿彙編·職方典·成都府部》汶川："天王殿，唐建。"③ 天王：佛教稱護法神為天王，如毘沙門天王、四天王。作者"元友諒"下，按照文例，應有"撰"字。

［2］川陸：水陸。須彌：梵語音譯。"須彌山"的省稱。原為古印度神話中的山名。佛教借用，指一個小世界的中心。信眾泛指山。塵霧：喻濁世。《全唐文》《巴蜀佛教碑文集成》作"父"，《全蜀藝文志》"父"作"叉"，是。藥叉：又稱"夜叉"。佛教八部護法之一，列天龍八部眾之一。《維摩詰經·佛國品》："並餘大威力諸天、龍、神、夜叉、乾闥婆、阿修羅、迦樓羅、緊那羅、摩睺羅伽等，悉來會坐。"鳩摩羅什注："（夜叉）有三種：一在地，二在虛空，三天夜叉也。地夜叉但以財施，故不能飛空，天夜叉以車馬施，故能飛行。"④

［3］修羅：梵語。"阿修羅"的省稱。佛教中天龍八部眾之一，列輪迴六道之一。

［4］那吒：即"哪吒"。佛教中的護法神，傳為毘沙門天王之子。道教為中壇元帥、通天太師、威靈顯赫大將軍、三壇海會大神等，俗稱太子爺、三太子。那吒捧塔：當指毘沙門天王，是佛教四大天王中影響最大的沙門天王。道教中的托塔李天王。

［5］于闐：亦作"于寘"。古西域國名，今新疆和田縣境內。唐代安西四鎮之一。《史記·大宛列傳》："（大宛）東北則烏孫，東則扜罙、于闐。"⑤

［6］聖聰：舊稱帝王明察秋毫。《漢書·谷永傳》："臣前幸得條對災異之效，禍亂所極，言關於聖聰。"⑥

［7］社：集體性組織。社眾：民間結社念佛的眾人。《元典章·户部八·倒死牛肉不須稅》："省府相度：既是俵散社眾食用，卻令補助，不係買賣，不須納稅。"⑦

［8］賀若崟：《全唐文·白居易二》："西川大將賀若岑等一十二人授御史中丞殿

---

① （宋）歐陽修、宋祁：《新唐書》卷四十二，中華書局1975年版，第1084頁。

② （元）脱脱等：《宋史》卷八十九，中華書局1977年版，第2214頁。

③ （清）陳夢雷等：《古今圖書集成》（108）卷五百九十一，中華書局1934版，第20頁。

④ 中華大藏經編輯局：《維摩詰所説經注》卷一，《中華大藏經》（98），中華書局1996年版，第812頁。

⑤ （漢）司馬遷：《史記》卷一百二十三，中華書局1959年版，第3160頁。

⑥ （漢）班固撰，（唐）顏師古注：《漢書》卷八十五，中華書局1962年版，第3450頁。

⑦ 《大元聖政國朝典章户部》卷八，中國廣播電視出版社1998年版，第987頁。

中監察及諸州司馬同制。"① 岑、崟，形似，二字未詳孰是。

［9］戎貊：戎和貊。西曰戎，北曰狄。北狄又稱“貊”。泛指西北少數民族。晉傅玄《失題》詩之三：“一舉覆三軍，再舉殄戎貊。”②

［10］蹊：小路。泛指道路。《史記・李將軍列傳》：“桃李不言，下自成蹊。”③

［11］冉州：治今小金縣北木城牧場。《史記・西南夷列傳》正義引《括地志》云：“蜀西徼外羌，茂州、冉州本冉駹國地也。”④《舊唐書・地理志》冉州，“本徼外斂才羌地。貞觀五年，置西冉州。九年，去‘西’字。領縣四，與州同置。冉山、磨山、玉溪、金水。領户一千三百七十，無口。在京師西南三千七百三十九里”⑤。“攝”，《全蜀藝文志》作“捉”，是。守捉，唐代軍制名。戍邊之兵，大為軍，小為守捉。

［12］《全唐文》《巴蜀佛教碑文集成》作“宏”，《全蜀藝文志》作“弘”，廓大、光大之意。《尚書・康誥》：“汝惟小子，乃服惟弘王，應保殷民。”孔傳：“惟弘大王道。”⑥ 以“弘”為宜。下同。聖猷：指皇帝的謀略。《晉書・庾冰傳》：“上不能光贊聖猷，下不能緝熙政道。”⑦

［13］《全唐文》《巴蜀佛教碑文集成》作“愆”，《全蜀藝文志》作“僁”。

［14］沈密：亦作“沉密”。深沉嚴謹。南朝梁劉勰《文心雕龍・事類》：“夫以子建明練，士衡沈密，而不免於謬。”⑧

［15］勾當：主管，料理。唐永貞元年（805）《程懷信墓誌》：“皇帝哀之，詔令公□男節度副使、兼都知兵馬使、兼御史中丞執恭，權勾當軍州事。”⑨ 元和八年（813）《石神福墓誌》：“悦暢君心，遷授大將。為征馬事，重委在腹心，兼令勾當右廂草馬使事。”⑩ 開成四年（839）《基公塔銘》：“院主曇景，同勾當僧懷真、德循、惠皋、惠章。”⑪

---

① （清）董誥等：《全唐文》卷六百五十七，中華書局1983年版，第6689頁。

② （宋）李昉等：《太平御覽》卷三百五十四，中華書局1960年版，第1627頁。

③ （漢）司馬遷：《史記》卷一百零九，中華書局1959年版，第2878頁。

④ 《史記》卷一百一十六，第2992頁。

⑤ （後晉）劉昫等：《舊唐書》卷四十一，中華書局1975年版，第1692頁。

⑥ 十三經注疏整理委員會：《尚書正義》卷十四，《十三經注疏》，北京大學出版社2000年版，第428頁。

⑦ （唐）房玄齡等：《晉書》卷七十三，中華書局1974年版，第1928－1929頁。

⑧ 黄叔琳注，李祥補注：《增訂文心雕龍校注》卷八，中華書局2000年版，第474頁。

⑨ 吴鋼主編：《全唐文補遺》（6），三秦出版社1999年版，第126頁。

⑩ 吴鋼：《隋唐五代墓誌滙編・北京大學卷》（2），天津古籍出版社1991年版，第51頁。

⑪ 北京圖書館金石組：《北京圖書館藏中國歷代石刻拓本滙編》（31），中州古籍出版社1989年版，第44頁。

[16]《全唐文》《巴蜀佛教碑文集成》作“仗”，《全蜀藝文志》作“伏”。以“伏”為宜。

彙考

元友諒，《全唐文》原注：“河南人，容管經略使元結從子。”《巴蜀佛教碑文集成》認為元結“叔侄曾同為官，年齡相差不大。元結卒於772年，則本文寫作或在大曆年間（779年前）”①。可從。

對元友諒的籍貫，除河南説而外，還有漢嘉説、汶川説。見《嘉慶四川通志·選舉》：“元友諒，漢嘉人。”② 漢嘉，今四川蘆山縣。康熙元年（1662）《修建文廟碑》：“汶庠之發祥，有自來乎？唐元友諒以名進士起家，文章事業，彪炳一時。”《嘉靖四川總志·成都府》：“元友諒，汶川人，元和進士。”③ 嘉慶《汶志紀略·選舉》：“元友諒，唐元和年（806－820）進士。”④ 是否汶川人，今已無從考證，但據《汶川縣威戎軍製造天王殿記》《修建文廟碑》碑文及舊志載汶川唐有元和進士元友諒、宋有乾道進士李樞等，《汶川縣志·學校·序》説：“汶邑自唐代元和中即有以進土顯者，追溯其源，則建學或當自唐代始。”⑤ 這種推測可成立。

① 龍顯昭：《巴蜀佛教碑文集成》，四川出版社2004年版，第40頁。

② （清）常明修，楊芳燦纂：《四川通志》卷一百二十二，巴蜀書社1984年版，第3686頁。

③ 北京圖書館古籍出版編輯組：《嘉靖四川總志》卷四，《北京圖書館古籍珍本叢刊》（42），書目文獻出版社，第89頁。

④ （清）李錫書：《汶志紀略》卷三，清嘉慶十年（1805）蕊石山房藏版，第2頁。

⑤ 祝世德：《民國汶川縣志》卷三，《中國地方志集成·四川府縣志輯》（66），巴蜀書社1992年版，第482頁。

144 奉先縣懷仁鄉敬母村經幢題名 貞元五年（789）正月十五日

説明

據《關中金石文字存逸考》卷九載，經幢在“蒲城縣”。原蒲城縣保南鄉敬母寺村南的“聖母寺”内，1997年移存於蒲城博物館。八棱柱，底座不全，僅存仰蓮盤底座，柱頂有兩層寶蓋，寶蓋間為元代柱頂石。經幢高360 cm，直徑106 cm，面寬37 cm，是陝西省目前發現最大的一通經幢。《關中石刻文字新編》：“幢高五尺六寸，共八面。每面廣一尺。”① 每面刻佛經12行，共84行；餘題名。楷書。泐蝕嚴重，已不能辨識。佛經為《佛頂尊勝陀羅尼經并序》《經咒序文》。郭謂書丹。經幢西北面存宋政和元年題記。

① （清）毛鳳枝輯：《關中石刻文字新編》卷二，《石刻史料新編》第一輯（1），臺北：臺灣新文豐出版公司1982年版，第16993頁。

碑文

大唐奉先縣懷仁鄉敬母村宿老郭令什等，奉為國王太子，下為文武百官羣品等建造。

尊勝陀羅尼幢[1]。□□□四品孫楊崇絢，前竹馬府果毅□敘功德殁故和尚法廣[2]，泰陵故副使張果報，僧真行殁故僧志誠，同元觀主道士許洞元、僧惠雲[3]，□□意，尼无礙，尼了性，僧良寄，□□□滿，尼凝暉，尼月尚，僧道德，尼圓滿，□法寂，尼勝寂，尼明悟，尼正信。

書經人前鄉貢明經郭謂。

大幢主、扈從游擊將軍、守左金吾衛翊府中郎將、員外置同正員、賜金魚袋、上柱國昨和尚高□，副主王元俊，幢身主李楚金，垂裙主李祜母法寂，大生花主郭岑母法才，次生花主雷昌，垂花主郭英□。

佛龕主僧如灼，曹朝，裝南面、西面像主僧惠雲。

郭□□為亡妣，覆傘主王奉先，何岳。

小生花主陳玼，暢金。

頻伽主周鸞母邢[4]，張才。

火珠主趙璋[5]，平座主李提伽母屈氏[6]，都子遊，劉物希，八龍碣主郭義瓊，張從心，王玉，□朝，李希望，郭辿母雷，郭進達，吴詢，雷進。

史明俊，張子貢，魚秀滔，雷昌妻吕，曹秀母王，党金藏[7]，党金逸，李惠興母成氏，劉羅妻法超，韋貞，宗朝，史金，索允。

佛龕主隴州閣川府左果毅何景進，郭守義，幢身主郭□□為亡考，垂化主李常榮，大生花主郭進昇，大幢主上都國子監學生上柱國子司馬璘，副主郭守允。

□成施主昨和方妻李氏，男文晟，女寶心。曹端為亡考弼，魚滔母馬氏，雷璀母韋氏，雷寂妻杜，李望母淨照，李楚進妻薛三娘，郭庭瑜周鸞妻王氏，楊崇俊，妻四德男曹九，李承明男天養，權清華。昨和進，妻淨德，女金運閤李承昂。李芬妻郭，男彩奴。陳玼妻雷，郭□母吴郭□，曹暉姉，三娘，劉五娘，李惠與姉娘九娘，十一娘，成師奴，姉嫣娘。朱九娘，孫党寶。雷昌男嘉和，雷寂女大娘、二娘，楊宇絢妻和氏[8]，女三娘，女賢娘。何岸女薛氏，郭勝妻法源。

正月十五日，李祐男福子賣與尊勝幢改名惠通，惠奴李惠昌，李尚仙。

著録

《關中石刻文字新編》卷2－29

注釋

［1］幢：也稱“經幢”“法幢”。刻有佛經、佛像的長筒形綢傘或刻有佛經、佛像的石柱。石柱一般呈六棱或八棱形，分幢頂、幢身和基座三部分。

［2］竹馬府：唐貞觀中置，為府兵所居之處。開元十一年（723）廢。據《元和郡縣圖志・晉陽縣》：“竹馬府，在（并）州城中。”① 并州（今山西太原市），屬河東道太原府。唐景龍四年（710）《李柔墓誌》：“大唐前并州竹馬府果毅羅承先夫人故李氏墓誌。”② 長慶四年（824）《解晉妻張氏墓誌》：“唐故寧遠將軍守左金吾衛大將軍守并州竹馬府折衝都尉解君故夫人張氏墓文。”③

［3］觀：道教廟宇。佛教經幢上題觀主、道士，顯示出唐代宗教的包容性。

［4］頻伽：“迦陵頻伽”，又作“歌羅頻伽”“羯邏頻迦”“迦羅頻伽”等的略稱，又作“迦陵頻”“頻伽”等。梵語音譯，意為妙音鳥，佛教中的一種神鳥。

［5］火珠：即火齊珠。唐玄奘《大唐西域記・屈露多國》：“既鄰雪山，遂多珍藥，出金、銀、赤銅及火珠、雨石。”④

［6］屈氏：西羌屈男，亦稱屈南氏複姓變單姓。據舊縣志，陝西蒲城縣西鄉有屈家老堡、北鄉有屈家、屈家堡；洛川縣有屈家溝、屈家峁、後屈家河；鄜州西鄉有屈家溝等。

［7］“党”，《集韻》作“黨”。西羌。《魏書・太宗紀》：泰常四年（419）六月，“馮翊羌酋党道子遣使內屬”⑤。又《王遇傳》：“王遇，字慶時，本名他惡，馮翊李潤鎮羌也，與雷、党、不蒙俱為羌中强族。”⑥ 姚秦將軍党耐虎，自云夏后氏之後，代居羌豪。

［8］和氏：西羌昨和氏變和氏。《碑銘所見前秦至隋初的關中部族》認為“楊宇絢妻和氏”，應是昨和氏變來⑦，應該可信。開元十八年（730）《和善及妻周氏墓誌》，稱其先汝南人也，“其後子孫因官遂家於上黨，故今為潞州上黨人也”。上黨亦是羌人遷徙居住過的地方，應是羌人昨和氏的後裔。據舊縣志，澄城縣有和家樓；《同官縣誌・氏族表》載同官縣有和姓188人，他們應是羌人的後裔。鮮卑素和氏也改和氏，但同官縣是羌人入遷關中的聚居地之一，故判為羌姓。

---

① （唐）李吉甫撰，賀次君點校：《元和郡縣圖志》卷十二，中華書局1983年版，第366頁。
② 周紹良、趙超：《唐代墓誌彙編續集》，上海古籍出版社2012年版，第1114頁。
③ 周紹良：《全唐文新編》卷三百四十八，吉林文史出版社2000年版，第15422頁。
④ （唐）玄奘撰，季羨林校注：《大唐西域記校注》卷四，中華書局1985年版，第372頁。
⑤ （北齊）魏收：《魏書》卷三，中華書局1974年版，第59頁。
⑥ 《魏書》卷九十四，第2023頁。
⑦ 馬長壽：《碑銘所見前秦至隋初的關中部族》，中華書局1985年版，第86頁。

彙考

碑文題名“大幢主、扈從游擊將軍、守左金吾衛翊府中郎將、員外置同正員、賜金魚袋、上柱國昨和尚高□”；“次生花主雷昌”；“平座主李提伽母屈氏”；“郭辿母雷氏”；“雷進”；“雷昌妻吕氏”；“党金藏，党金逸”；“□成施主昨和方妻李氏”之“昨和方”“男文晟、女寶心”；“雷璀母韋氏”之“雷璀”；“雷寂妻杜氏”之“雷寂”；“昨和進”；“女金運閣李承昂”；“陳玼妻雷（氏）”；“朱九娘，孫党寶”；“雷昌男嘉和”；“雷寂女大娘、二娘”；“楊宇絢妻和氏，女三娘，女賢娘”等24人，均為羌人。其中和氏為昨和氏，屈氏为屈男氏，複姓變單姓。羌漢交往，甚至雜處，自然受强勢文化的影響，其姓氏向漢民族靠近，羌姓複姓變單姓是必然的趨勢，也是主流，該碑同一姓氏昨和氏、和氏並題，表明複姓變單姓是一個漫長演進的過程，並在相當長一段時間兩者並存。

145 夫蒙鍠墓誌 貞元十六年（800）十一月二十日

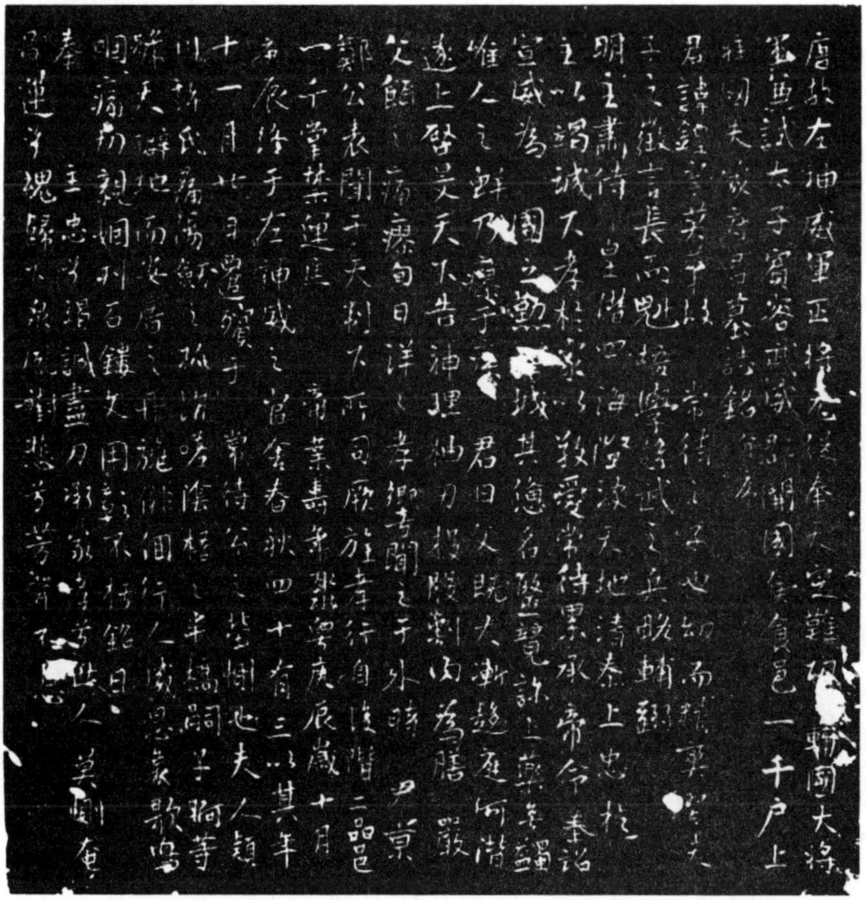

説明

墓誌於1955年在陝西西安市東郊郭家灘出土。現藏西安碑林。誌石高、寬均35 cm。拓片高35.5 cm，寬35 cm。20行，滿行19字。行書。有雙綫框。誌蓋缺。

誌文

唐故左神威軍正將、元従奉天定難功臣、輔國大將/軍兼試太子賓客、武威郡開國侯食邑一千戶、上/柱國夫蒙府君墓誌銘并序[1]。/

君諱鍠，字英華，故常侍之子也[2]。幼而精爽，習夫/子之徽言；長而魁梧，學孫武之兵略。輔弼/明主，肅侍皇階。四海澄波，天地清泰。上忠扵/主以竭誠，下孝扵家以敬愛。常侍累承帝命，奉詔/宣威，為國之勲[3]，□城其億。名醫覽診[4]，上藥無鐲，/唯人之鮮，乃瘵于疾[5]。君曰：父既大漸，趍庭何階，/遂上啟旻天，下告神理，柚刃校股，割肉為膳[6]。嚴/父餌之，痛瘵旬日。洋洋孝響，聞之于外。時尹京/鄭公，表聞于天。制下所司，厥旌孝行。自後階二品，邑/一千，掌禁運，匡帝業，壽年聚[7]。粵庚辰歲十月/庚辰終于左神威之官舍[8]，春秋四十有三。以其年/十一月廿日遷殯于常侍公之塋側也。夫人潁/川許氏[9]，痛揚劍之孤沉，嗟陰梧之半槁。嗣子眴等/號天擗地而安厝之。丹旐徘徊，行人感思。哀歌嗚/咽，痛切親姻。刊石鏤文，用彰不朽。銘曰：/

奉主忠兮竭誠盡力，承家孝兮世人莫惻。奄/昌運兮魂歸下泉，風樹悲兮芳聲不息。/

著録

1.《隋唐五代墓誌滙編·陝西卷》2－18。2.《唐代墓誌彙編續集》775。3.《全唐文補遺》5－418。

注釋

［1］左神威軍：武官。唐代禁軍左神威軍統兵。貞元三年（787）置，由殿前左射生軍改。元和三年（808）罷。史傳無“左神威軍正將”，可補史闕。左神威軍正將：應即“左神威軍大將軍”，左神威軍統兵長官，正三品。元従：即元從，“元從禁軍”的簡稱，唐初禁軍之一。唐高祖李淵稱帝，以定策元勳為“武德功臣”，以太原起兵將士為“太原元從”，此後，每逢皇權遭遇危機或重大變動時，唐王朝都以功臣之號頒賜給有功之臣。如唐景雲元年（710）平韋后之亂有“唐元（隆）功臣”。寶應元年（762）代宗平張皇后之亂有“寶應功臣”。建中四年（783）十月“徑師之變”，德宗逃奔奉天，渾瑊、李懷光、李晨三將赴難解奉天之圍，眾將士被賜“奉天定難功臣”①。後朔方節度使李懷光叛，德宗南遷梁州而還，《新唐書·兵志》：扈從的射生、神策、六軍將士，因公“皆號‘興元元從奉天定難功臣’”，“俄改殿前左右射生軍曰左右神威軍，置監左右神威軍使”②。貞元三年（787）《雷顏芬妻馮氏墓誌》：“長男元從奉天定難功臣、寶應功臣、雲麾將軍行右驍衛大將軍上柱國希進，次男元從奉天定難功臣、雲麾將軍左驍衛將軍左籠武軍宿衛上柱國希順。”③ 誌主“顏芬”，《全唐

① 《唐大詔令集》卷六十五，商務印書館1959年版，第360頁。

② （宋）歐陽修、宋祁：《新唐書》卷五十，中華書局1975年版，第1333－1334頁。

③ 吴鋼：《隋唐五代墓誌滙編·陝西卷》（2），天津古籍出版社1991年版，第4頁。

文補遺》《全唐文新編》作“彦芳”①，非。可見，受賜此號將士甚眾。“元從奉天定難功臣”，亦稱“興元元從”，本質上看，都是扈從梁州而立功獲封。誌主夫蒙鍠參加了平定原幽州節度使朱泚、朔方節度使李懷光叛亂，並因功獲左神威軍正將、元從奉天定難功臣號，即下文所云“匡帝業”。武威郡：西漢置，治姑臧縣（今甘肅武威）。唐武德初改為凉州，後給為都督府，天寶元年（742）改為武威郡，乾元元年（758）復為凉州。

［2］常侍：即《新唐書》中《突厥傳》《高仙芝傳》，《舊唐書》中《高仙芝傳》《封常清傳》所載的安西四鎮節度使夫蒙靈詧。王維《奉和聖製送不蒙都護兼鴻臚卿歸安西應制》② 中的不蒙都護。《新唐書・李嗣業傳》、《舊唐書》中《段秀實傳》《劉全諒傳》所記的馬靈詧③，或馬靈察④。“詧”，“察”的古字。下文稱其“累承帝命，奉詔宣威”，積勞成疾。

［3］懃：即“勤”。筆畫“灬”簡筆為“一”。

［4］覽：即“競”。診：即“診”。

［5］瘵：即“瘳”。構件“小”，演變為“彡”。

［6］柚：即“抽”。杸：即“投”。偏旁“木”和“扌”混用。此謂夫蒙鍠父夫蒙靈詧積勞成疾，夫蒙鍠割股醫病。出自典故《二十四孝》之一“割肉療親”。《莊子・盜跖》第二十九：“介子推至忠也，自割其股以食文公。文公後背之。子推怒而去，抱木而燔死。”⑤

［7］品：即“品”。原刻構件“日”為“口”的衍筆。聚：“聚”的異體。通“驟”，急，謂短壽。

［8］應是貞元十六年（800）庚辰，下一庚辰為咸通元年（860），如為奉天定難功臣，恐不及其時。

［9］潁：即“潁”。

---

① 吴鋼主編：《全唐文補遺》（3），三秦出版社 1999 年版，第 124 頁；周紹良：《全唐文新編》卷四百七十八，吉林文史出版社 2000 年版，第 5610 頁。

② 《全唐詩》卷一百二十五，中華書局 1980 年版，第 1235 頁。

③ 《舊唐書・劉全諒傳》：天寶末，安禄山招誘知誨，“知誨遂受逆命，誘殺安東副都護、保定軍使馬靈詧”。見（後晉）劉昫等：《舊唐書》卷一百四十五，中華書局 1975 年版，第 3938 頁。

④ 《舊唐書・段秀實傳》：“天寶四載，安西節度馬靈察署為別將，從討護蜜有功，授安西府別將。七載，高仙芝代靈察，舉兵圍怛邏斯。”見（後晉）劉昫等：《舊唐書》卷一百二十八，中華書局 1975 年版，第 3583 頁。

⑤ （清）郭慶藩撰，王孝魚點校：《莊子集釋》卷九下，中華書局 1961 年版，第 998 頁。

彙考

夫蒙鍠，其父即唐開元中安西都鑊夫蒙靈詧，又稱“不蒙都護”“馬靈詧”，表明唐開元時“不蒙”與“夫蒙”已為一體，並已省去“蒙”字前“夫”或“不”音，改為蒙氏，後又變音作馬氏。但從其子仍為“夫蒙”氏看，該時期此複姓改姓尚不穩定，不過這也為夫蒙氏改馬氏提供了實證材料。靈詧出仕移居長安，再任安西都護，來往於兩地，“常侍累承帝命，奉詔宣威”。子夫蒙鍠出仕禁軍，後任禁軍左神威軍統兵等職。又因其為父“割肉為膳”的孝行，受到朝廷表彰，“階二品，邑一千，掌禁軍”。父子兩代同為京都顯官，死後葬於長安。作為西羌望族，生葬關中，已遠離本民族文化圈，長期實行的族内婚制亦難以保障。誌稱其妻“潁川許氏”，乃漢族女子，由此可窺見渭北、關中西羌漢化緣由，以及羌漢通婚和民族融合的情況。誌文內容詳瞻，可豐富夫蒙鍠父子生平事跡，史料價值較高。

146 梁褒先題名 元和二年（807）五月初十

説明

題名刻於湖南省永興縣。《古泉山館・金石文編》："梁褒先題名，八分書七行，後正書一行，在永興。"①《八瓊室金石補正》："高一尺三寸四分，廣一尺七寸。"文7行，滿行7字。隸書，末行楷書。安常皎鐫。該碑又題《梁褒先侍郎窾題名》《侍郎窾題刻三段之一》。

碑文

朝散大夫使持節、/郴州諸軍事守、郴/州刺史、賜緋魚袋/梁褒先因行春[1]，經/此石室，續勒修鐫。/

元和弍年五月十/日先記[2]。

西羌安常皎鐫[3]。/

著録

1.《八瓊室金石補正》卷67－20下。2.《湖南金石志》9－12。

注釋

［1］賜緋魚袋：朝廷賜緋及魚袋，緋為官員章服顏色，魚袋為表示官員身份的魚符之袋，由於賜緋者例賜魚袋，所以常稱賜緋魚袋。《湖南通志・金石》："梁褒先，《郴州志・職官》未載。"

［2］"元"上，《湖南通志・金石》認為有一字，不能辨識，作"□"。又云："缺'修鐫'之'鐫'字。"題名單稱"先"字，《八瓊室金石補正》："與浯溪柳宗直題名單稱'直'字同，近人重勒，則補一'宗'字矣。"

［3］"西"字漫漶，據《湖南通志》補。羌：即"羗"，同"羌"。題名表明唐代安氏這支羌人已遷徙至湖南。

---

①（清）瞿中溶：《古泉山館金石文編殘稿》卷二，《石刻史料新編（第二輯）》（3），臺北：臺灣新文豐出版公司1982年第2版，第1666頁。

147 狄公祠碑 元和七年（812）十月初五

説明

碑石現存河北大名五賢祠。拓片高283 cm，寬139 cm。馮宿撰文，胡證書丹並篆額。額失拓。碑文27行，滿行47－62字不等。楷書。泐蝕較嚴重。該碑又題《唐魏州刺史狄仁傑生祠碑》。

碑文

魏府狄梁公祠堂碑。/

后不可以獨臨，必誕生嶽靈。扶既傾，繫將絕，茲梁國狄公[1]，是已興於天授之朝，蘊深謀，奮奇節也。物不可以終否，必繼起邦傑，欽往績，懋來功，茲/沂國田公，是以挺乎河朔之郊[2]，創新祠，修舊典也。初梁公出牧於魏，實宜斯人。罔遂乞留，則深遺愛。闔境同力，生祠其神。畏威懷仁，如在乎上；祈恩徼福，/亦若有答。洎胡起幽陵，毒痡中邦[3]。腥羶遺餘，漸漬甿俗[4]，六十年于茲矣[5]。戰血滿野，忠魂歸天。階戺之容，隱嶙猶在。元和壬辰歲，/我天子恢拓千古之不庭，凡在率土，罔不來服[6]。維元侯保和一心之有眾，舉茲列城，表正多方[7]。歸職貢而奉官司，尊漢儀而秉周禮。鳳鳴而梟音革，蘭芳/而棘刺死[8]。甘醴湧而盜泉竭，慶雲飛而濁祲消[9]。四郊廓清，萬方丕變。然後辯正封疆，諮謀耋老。得是舊址，作為新祠。鳩材僝功，蕆事頒役。上下有度，東西惟序。披圖/以立儀像，據品以昭命數。不僭不偪，經之營之，越十月五日厥功成。沂國公於是乎請護軍洎賓僚、將校、虎貔之群，撰吉而致饗焉。先一日，執事設次于/門西，設柔毛、翰音、腯肥、鮮槀之具以俟[10]。詰朝公至，則改服于次，率護軍等升拜，將校以下，序拜於堂下。公親酌以奠，揚觶而言曰：昔者皇風中微，陰沴/勃興。六宮弄其神器，萬乘遜於房陵。生人之耳目盡迴，元老之肺肝彌固。蹈履虎尾，攘奪鯨口。薙除蔓草，扶持忠賢。元良克正[11]，萬國居貞；秘策潛授，五/王奮起。包復夏之大業於心術，貽安劉之永圖於身後。再造唐室，時維梁公。顧不腆之是羞，獲守斯土，實群帥與三軍之眾[12]，逮封內之黎老，勤請於/天王。天王重韙斯人而鑒厥誠，未及浹辰，而璽書金印，命服瑞節，一日駢至。且又頒非常之清問，下莫大之洪澤。馬逐逐，車闐闐[13]。野接/跡，空駕肩。彼感心與喜氣，固已翔九天而滲九泉。今所以靡遑寧居，思有上報。竊慕神之志義，景神之忠功。薦神於此堂，告神以微懇[14]。至於修廢繼絕，興仁樹/善，乃守臣之職，烏敢為名。再拜而退。由是六州之人士，知狄公之崇德可享，而田公斯言可復也。詩云：維其有之，是以似之。乃作銘曰：/

奕奕新祠，于魏之疆。巖巖梁公，惠此一方[15]。其惠伊何，其人則亡。在昔通天，契丹猖狂。衝陷連城，勢莫與亢。山東繹騷，駘藉犬羊。顧是都會，孰能保障。/天后召公[16]，飛傳靡遑。至自彭澤，屹為金湯。以逸待勞，以柔摧剛。緩賦寬役，勉農勸桑。外示無虞，内為之防。虜則引歸，歲獲大穰。人荷公來，踴躍歡康。人惜公遷，/泣涕彷徨。援刀割膚，守闕上章。終然莫克，詎可弭忘。眾心城城[17]，經始斯堂。立公儀形，薦此馨香。於以祝之[18]，萬壽無疆。於以歌之，久久垂芳。追惟/我公，寔邦之良。岐嶷有聞，金玉其相。學以時習，闇然日彰。文武是經，謨謀允臧。測圭知正，涵鼎難量。碩大博厚，靖和端莊。逮使絕域，義聲孔揚。居憂致感，有鳥/呈祥。毗于大理[19]，決獄平當。亟觸龍鱗，驟探虎狼。西門沈巫[20]，汲直開倉[21]。蜀守興學[22]，晉臣撫床[23]。公兼有之，謇謇在旁[24]。宣威中權，論道上庠。慰薦幽仄，懷來暴強。天授/以還，燎火無光。藹藹本枝[25]，困於斧斨。下窒人願，上迴天綱。拜洛受圖，非劉而王。后實當扆，帝遷於房。時維狄公，致身巖廊[26]。進持/正色，中激剛腸。棼棼侈謀[27]，將易儲皇。公陳不可，校短推長。血瀝太階，心祈彼蒼。長戈倒日，勁草橫霜。一柱嶷然，四維重張。/帝拜元老，春歸少陽。濳安爪牙，密布棟樑。七日寢□，五賢興唐[28]。道優三仁，力茂一匡。始終無愧，夷夏所望。維此魏邦，實維樂鄉[29]。燕寇之後，中為戰場。何/人不鰥，靡室不喪。祠宇煨燼，階除墟荒。故老懷思，遺甿慨慷。猶依封畛，時奠壺觴。否道既傾，聖曆會昌。元和御辰，/天子垂裳。九夷八蠻，山梯海航。禮備樂陳，執贄奉璋。思我懷人，寘彼周行。是生沂公，忠順激昂。劍久埋獄[30]，錐能處囊。道言愔愔，武烈洸洸。業尚管蕭，化臻/龔黃。掃除雰雺[31]，吊恤災傷。尾斷蜂蠆，苗鋤莠稂。萬夫歸誠，有死無將。/天子嘉之，霈澤瀼瀼。龍節虎旗，玉佩金鐺。班其慶賜，覃其濳翔。沂公滋恭，扶服兢惶。愧負山嶽，誓酬毫芒。乃建新祠，媲彼甘棠。航其廈屋，繚以周牆。吉蠲/庶羞，容衛兩廂[32]。仰止何遠，中心是藏。地迴沙麓，河抱衡漳。刻勒豐碑，揭乎中央。/

著録

1.《北京圖書館藏中國歷代石刻拓本滙編》29－74。2. 陸和九舊藏本。3.《全唐文》卷624－16。4.《文苑英華》卷877。5.《大名縣志》卷28。6.《八瓊室金石補正》卷70－25上。7.《全唐文新編》卷624－7063。

注釋

[1] 狄公：即狄仁傑，武則天時期宰相，傑出的政治家。《新唐書·狄仁傑傳》：狄仁傑“聖曆三年卒，年七十一，贈文昌右相，謚曰文惠”①。《舊唐書·狄仁傑傳》：中宗“追贈司空；睿宗追封梁國公”②。史載政績頗詳，但其父及世祖卻語焉不詳。可參北齊《狄湛墓誌》、唐載初《狄知愻碑》。

[2] “以”，《文苑英華》《全唐文》作“已”，《全唐文新編》沿用，不一一注明。《八瓊室金石補正》《大名縣志》作“以”，以拓校之，當以“以”為是。

① （宋）歐陽修、宋祁：《新唐書》卷一百一十五，中華書局1975年版，第4214頁。
② （後晉）劉昫等：《舊唐書》卷八十九，中華書局1975年版，第2895頁。

［3］毒痡：毒害。《尚書・泰誓下》："作威殺戮，毒痡四海。"① 中邦：中原，中國。《尚書・禹貢》："成賦中邦。"孔傳："成九州之賦……以成其貢賦之法於中國。"②

［4］羶：指羊的氣味。腥羶：作"腥膻""腥羴"。貶稱外敵入侵。《舊唐書・宣宗紀》載大中三年（849）八月鳳翔節度使李玭奏收復秦州，制曰："天寶末，犬戎乘我多難，無力禦姦，遂縱腥羶，不遠京邑。"③ 甿俗：民俗，風尚。唐劉知幾《史通・言語》："夫三傳之説，既不習於《尚書》；兩漢之詞，又多違於《戰策》。足以驗甿俗之遞改，知歲時之不同。"④

［5］首二字，《全唐文》作"十六"，《文苑英華》《大名縣志》《八瓊室金石補正》作"六十"，以拓校之，當以"六十"為是。

［6］元和壬辰歲：即元和七年（812）。元和，唐憲宗李純年號。在位期間出現短暫統一，史稱"元和中興"。不庭：不朝於王庭者，指叛逆。《漢書・趙充國傳》："鬼方賓服，罔有不庭。"顏師古注："庭，來帝庭也。"⑤

［7］首二字，《八瓊室金石補正》作"表□"，《文苑英華》《全唐文》作"表正"，《大名縣志》作"來牧"，以拓校之，當以"表正"近是。

［8］鳳鳴：鳳凰鳴唱。喻優美的樂聲。漢劉向《列仙傳・蕭史》："蕭史者，秦穆公時人也。善吹簫……日教弄玉作鳳鳴，居數年，吹似鳳聲。"⑥ 梟音：邪惡之聲。唐元稹《桐花》："姦聲不入耳，巧言寧孔壬。梟音亦云革，安得沴與祲。"⑦ 蘭芳：以蘭花的芳香比喻賢人。《楚辭・招魂》："結撰至思，蘭芳假些。"王逸注："蘭芳，以喻賢人。"⑧

［9］慶雲：五色雲。古人以為喜慶、吉祥之氣。《列子・湯問》："慶雲浮，甘露降。"⑨《漢書・天文志》："若煙非煙，若雲非雲，鬱鬱紛紛，蕭索輪囷，是謂慶雲。慶雲見，喜氣也。"⑩

［10］"鮮"下一字泐，以拓校之，當作"稾"，或當通"膏"。《文苑英華》"鮮

---

① 十三經注疏整理委員會：《尚書正義》卷十一，《十三經注疏》，北京大學出版社 2000 年版，第 331 頁。

② 《尚書正義》卷六，第 198 頁。

③ （後晉）劉昫等：《舊唐書》卷十八下，中華書局 1975 年版，第 623 頁。

④ （唐）劉知幾：《史通》卷六，《景印文淵閣四庫全書》（685），臺北：臺灣商務印書館 1986 年版，第 45 頁。

⑤ （漢）班固撰，（唐）顏師古注：《漢書》卷六十九，中華書局 1962 年版，第 2995 頁。

⑥ 王叔岷：《列仙傳校箋》卷上，《王叔岷著作集》，中華書局 2007 年版，第 80 頁。

⑦ 《全唐詩》卷三百九十六，中華書局 1980 年版，第 4452 頁。

⑧ （宋）洪興祖撰，白化文等點校：《楚辭補注》，《中國古典文學基本叢書》，中華書局 1983 年版，第 213 頁。

⑨ 楊伯峻：《列子集釋》卷五，中華書局 1979 年版，第 177 頁。

⑩ （漢）班固撰，（唐）顏師古注：《漢書》卷二十六，中華書局 1962 年版，第 1298 頁。

膏之具以俟”，《全唐文》《全唐文新編》作“鮮薨之具以俟”，《八瓊室金石補正》《大名縣志》作“鮮藁之具以侯”，當作“鮮稾之具以俟”。

［11］《全唐文》《文苑英華》《全唐文新編》作“改命服於次”。《八瓊室金石補正》作“改服于次”。拓片漫漶甚，暫從“改服于次”。序：同“敘”。《全唐文》《全唐文新編》作“敘”；《文苑英華》“次”。“房陵”，《全唐文》《文苑英華》《全唐文新編》作“羅川”，屬寧州轄縣。房陵，房州治。武則天廢徙中宗於房陵14年。文指此事。“克”下一字《文苑英華》《全唐文》《全唐文新編》作“正”，《大名縣志》作“任”，拓片漫漶，當以“正”為勝。

［12］“帥”上一字，《文苑英華》《全唐文》作“群”，《大名縣志》作“郡”，拓片漫漶，未知孰是，暫從“群”。

［13］逐逐：奔忙、匆忙貌。唐胡皓《奉和聖制送張尚書巡邊》：“稜威方逐逐，談笑坐怡怡。”① 闐闐：众多、衆盛貌。《诗經·小雅·采芑》：“伐鼓淵淵，振旅闐闐。”高亨注：“闐闐，兵勢衆盛貌。”②

［14］《文苑英華》《全唐文》《全唐文新編》作“吉辰良日，以微懇陳告”，《八瓊室金石補正》作“告神以□□”，《大名縣志》作“告神以微懇”，拓片漫漶較甚，暫從“告神以微懇”。

［15］首字《文苑英華》《全唐文》《全唐文新編》作“惠”，《大名縣志》作“鎮”，拓片漫漶，未知孰是。

［16］《八瓊室金石補正》《大名縣志》作“契丹”，《全唐文》《文苑英華》《全唐文新編》作“戎虜”。契丹人進攻冀州，震動河北，則天升狄仁傑為魏州（今大名）刺史，擊退契丹。應是“契丹”。天后：武則天，名武曌，并州文水（今山西文水縣東）人。

［17］《八瓊室金石補正》《大名縣志》作“莫”，《全唐文》《文苑英華》《全唐文新編》作“不”。“心”下二字，《八瓊室金石補正》作“城城”，《文苑英華》《全唐文》作“欲成”，《大名縣志》作“成城”。以拓校之，作“城城”，當作“成城”。謂君臣上下團結緊密如城堡一樣堅固。《國語·周語下》：“故諺曰：‘衆心成城，衆口鑠金。’”③

［18］“以”，《八瓊室金石補正》闕，《全唐文》作“此”，《文苑英華》《大名縣志》作“以”。拓片殘缺，下文有“於以歌之”，從“以”。

［19］《八瓊室金石補正》作“毗于大理”，《文苑英華》《全唐文》《全唐文新編》作“毗於天理”，《大名縣志》作“毘於大理”。毘：同“毗”。以拓校之，當以

① 《全唐詩》卷一百零八，中華書局1980年版，第1123頁。

② 高亨：《詩經今注》，《中國古典文學叢書》，上海古籍出版社1980年版，第249頁。

③ 徐元誥撰，王樹民等點校：《國語集解·周語下》第三，中華書局2002年版，第111頁。

“毗于大理”為是。

［20］西門沈巫：典出《史記・滑稽列傳》。戰國時期魏國西門豹，魏文侯時鄴令，著名的水利家。投祝巫於漳河，革除“河伯娶婦”陋俗。

［21］汲直：西漢汲黯，性剛直，敢於面折廷諍，世稱汲直。後代借指諍臣。《漢書・賈捐之傳》：“置之争臣，則汲直。”顔師古注引張晏曰：“汲黯方直，故世謂之汲直。”①

［22］蜀守興學：西漢蜀郡太守文翁創建文翁石室，是中國第一所地方官辦學校，薪火不斷。至武帝時，乃令天下郡國效仿文翁，興立學校，教化民眾。事見《漢書・循吏傳》。

［23］晉臣撫床：事見衛瓘借酒吐真言。《史綱評要注・晉紀》：“晉以衛瓘為尚書令。是時，朝野咸知太子昏愚，不堪為嗣，瓘每欲陳啟，而未敢發。會侍宴凌雲台，瓘陽醉，跪晉主床前，欲言而止者三，因以手撫床曰：‘此座可惜。’晉主意悟，因謬曰：‘公真大醉耶！’瓘於此不復有言。”②

［24］謇謇：直言貌。漢荀悦《漢紀・昭帝紀》：“龔遂亦數直諫，陳禍福，號泣謇謇無已。”③

［25］藹藹：茂盛的樣子。晉陶潛《和郭主簿》之一：“藹藹堂前林，中夏貯清陰。”④

［26］《八瓊室金石補正》《大名縣志》作“窒”“帝”，《文苑英華》《全唐文》《全唐文新編》作“適”“唐”。《八瓊室金石補正》作“時維狄公，□此巖廊”，《文苑英華》《全唐文》有脱漏，《大名縣志》作“時維狄公，致身巖廊”，當以“時維狄公，致身巖廊”為是。

［27］“婪”下一字，《文苑英華》作“婪”，《八瓊室金石補正》闕，《全唐文》《全唐文新編》作“伊”，《大名縣志》作“侈”。以拓校之，後一字亦作“婪”，婪婪，貪得無厭之意。

［28］《八瓊室金石補正》作“七日寢□，五賢□唐”，《文苑英華》《全唐文》《全唐文新編》作“七日變疾，五月興唐”，《大名縣志》作“七日寐寤，五賢興唐”。以拓校之，暫録為“七日寢□，五賢興唐”。

［29］《八瓊室金石補正》《大名縣志》作“鄉”，《全唐文》《文苑英華》《全唐文新編》“康”。

［30］《八瓊室金石補正》《大名縣志》作“埋”，《全唐文》《文苑英華》《全唐

---

① （漢）班固撰，（唐）顔師古注：《漢書》卷三十二，中華書局1962年版，第1045頁。

② 李贄：《史綱評要注》卷十四，社會科學文獻出版社2010年版，第203頁。

③ 張烈點校：《兩漢紀》卷十六，中華書局2002年版，第287頁。

④ 逯欽立校注：《陶淵明集》卷二，中華書局1979年版，第60頁。

文新編》作“理”。據文義，暫録“埋”。

［31］末二字，《文苑英華》《全唐文》《全唐文新編》作“氛祲”，《大名縣志》作“零落”，《八瓊室金石補正》作“雰霁”。以拓校之，當作“雰霁”。

［32］“扶服”，亦作“扶伏”“扶匐”，同“匍匐”。《文苑英華》《全唐文》《全唐文新編》作“俯伏”，是。《文苑英華》《全唐文》《全唐文新編》作“吉蠲羞容，羽衛兩廂”，《八瓊室金石補正》《大名縣志》作“吉蠲庶羞，容衛兩廂”。以拓校之，當以“吉蠲庶羞，容衛兩廂”為是。

148　佛頂尊勝陀羅尼經幢　元和十二年（817）

原石局部 1

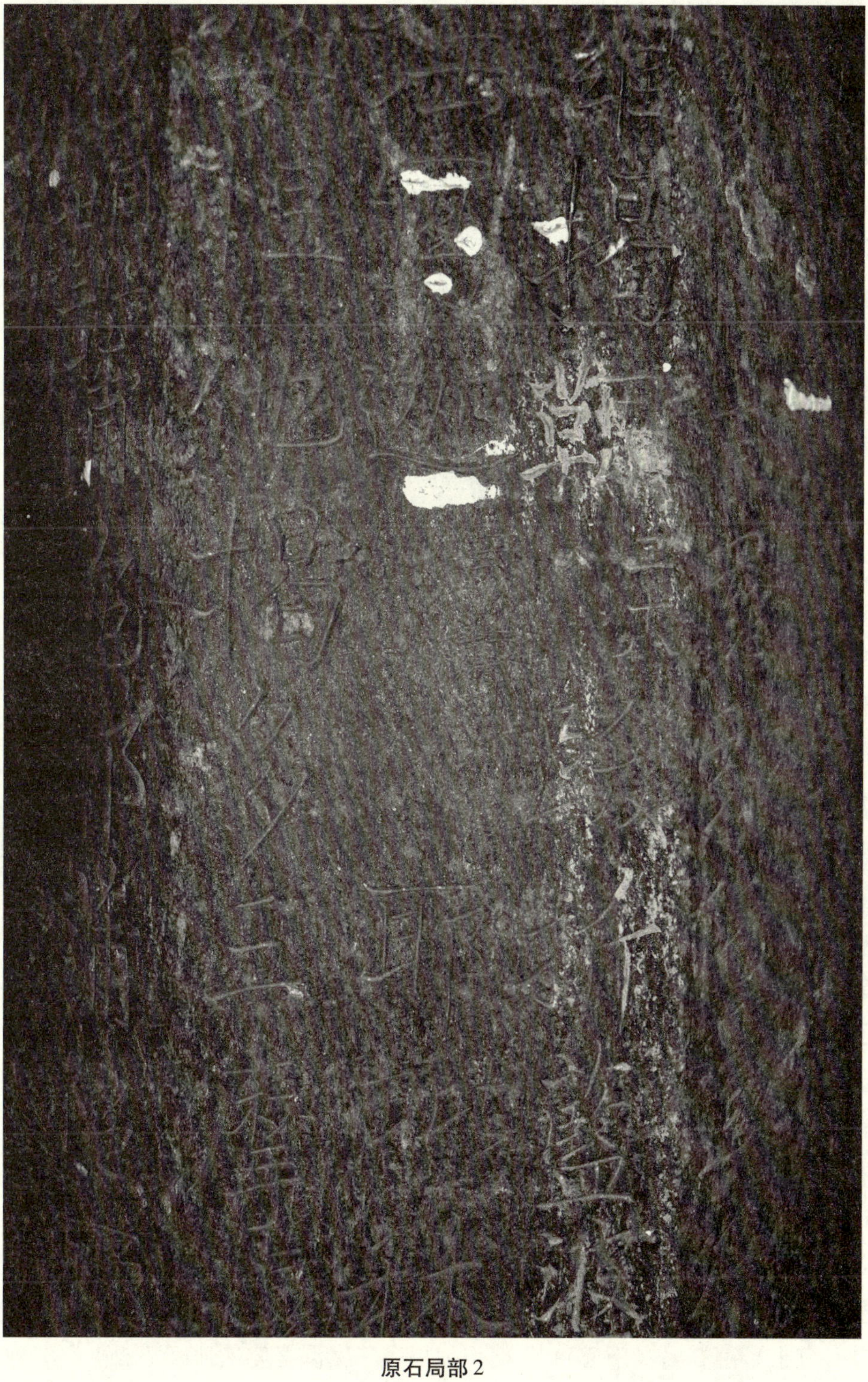

原石局部2

説明

經幢於1989年12月在四川省汶川縣威州民族師范學校基地出土，現藏四川省汶川縣文管所。經幢出土地為唐代仁壽寺舊址，清康熙八年（1669）重修。《理番廳志·志存》："新保關仁壽寺内有八角幢一方，唐元和十二年立。字跡類柳上鐫生辰咒，惜下半漶滅。"① 八面柱，高110 cm，面寬16.5 cm，直徑30.9 cm。上端屋頂形寶蓋，每面刻一尊坐像，四佛四菩薩相間，中部碑文，下為蓮花瓣座。上中下三部組合為一體，可搬動。幢身上除第四面僅有少許經文並無佛像雕刻外，其餘七面皆上端刻釋迦牟尼像，下為陀羅尼經文。造像相同，身後有環形背光。佛頂光上弧形排列7尊綫刻小釋迦佛像；佛兩側背光上每邊亦各刻兩尊小佛像。碑文每面刻3行咒語，分别為《不空絹索寶明王滅惡趣陀羅尼》《佛頂尊勝陀羅尼》。文共23行，滿行存11－13字不等。楷書。字徑大字5 cm，小字1.5 cm。該碑又題《唐代仁壽寺舊址出土經幢》《唐陀羅尼經幢》。

碑文

不空罥索寶明王滅惡趣陀羅尼（下泐）[1]/唵阿慕佉微嚧者曩麼訶母捺囉麼[2]（下泐）/羅跛囉嚩囉跢曳吽娑嚩賀[3]/（以上刻於第一面）

佛頂尊勝陀羅尼罽賓國沙門佛陁波利（下泐）[4]/郍謨薄伽跋帝（一）啼（入聲）𮈔路迦鉢囉（下泐）[5]/（□折佉/□，下同）耶（二余何/反，下同）勃陁陀，耶（三）薄伽跋帝（四一日）（下泐）/（以上刻於第二面）

輸陀耶娑摩三漫多□（下泐）[6]/拏揭底伽訶郍娑婆縛秫（下泐）[7]/蘇□多伐折□郍訶蜜嘌哆毗（下泐）[8]/（以上刻於第三面）

□阿訶羅阿瑜散陀羅（下泐）/（上泐）此（下泐）[9]/（以上刻於第四面）

瑟咤（到二合）郍頞□地瑟恥帝（下泐）[10]/僧訶多郍秫提薩婆（下泐）/弥伐怛耶阿瑜秫提（二十）（下泐）[11]/（以上刻於第五面）

末你怛闥多部多俱胵鉢□（秫）（下泐）/勃地（徒賣）秫提（二十四）杜耶杜耶毗杜耶（下泐）[12]/囉薩末啰勃陁遏地瑟恥（二合）塔多秫提（下泐）[13]/（以上刻於第六面）

囉揭鞞（二十八）跋折藍婆伐都（二十九）摩摩（下泐）/埵寫迦（□□□）耶毗秫提（三十）薩婆揭（下泐）[14]/婆怛他揭多三摩濕婆娑遏地（下泐）[15]/（以上刻

① （清）吴羹梅修，周祚嶧纂：《同治直隸理番廳志》卷六，《中國地方志集成·四川府縣志輯》（66），巴蜀書社1992年版，第813頁。

於第七面）

陁（同上/世三/）蒲陁耶蒲陁耶三湠多鉢（下沏）[16]/他揭多地瑟咤郍遏地瑟恥（下沏）/婆訶（三十五）。

大唐元和十二年歲。/（以上刻於第八面）

著録

1. 阿壩州文管所藏拓。2.《岷江上游的唐代經幢和造像碑》，《四川文物》2007（1）。

注釋

［1］絹：即“絹”字。明：同“明”。北魏延昌元年（512）《元詮墓誌》：“絹佈七百匹。”①

［2］唵阿慕：梵文音譯，又作“唵阿吽”，三字總持真言，是修持秘宗法教中極為重要的咒音。《岷江上游的唐代經幢和造像碑》作“崦啊慕”。《岷江上游的唐代經幢和造像碑》釋“嚧”作“嘘”，形似而誤。

［3］《岷江上游的唐代經幢和造像碑》釋“跢”作“踝”，“吽”作“哞”，“賀”作“貨”。形近而誤。

［4］罽賓國：西域古國。又作“凜賓國”“劫賓國”“羯賓國”，位於古代中國與印度之間，今阿富汗東南部、巴基斯坦北部及喀什米爾西北部。《漢書》《後漢書》《魏書》《北史》均有記載。《岷江上游的唐代經幢和造像碑》未釋“罽”。佛陁波利：印度僧人佛陁波利譯《佛頂尊勝陁羅尼經》。《長安佛頂尊勝陸羅尼經序》：“佛頂尊勝陁羅尼經者，婆羅門僧佛陁波利，儀鳳元年，從西國來至此土。”②《語石》：“婆羅門僧佛陁波利，儀鳳元年，從西國來到五臺山。”③

［5］郍：即“那”。郍謨薄伽跋帝：梵語音譯，諸佛通號之一，亦作“那莫薄伽跋帝”“薄伽跋帝”“婆伽婆”“婆伽梵”“薄伽梵”“婆伽伴”等。意為具備衆德為世所尊重、恭敬者，也是佛的尊號。“謨”，清晰。《岷江上游的唐代經幢和造像碑》釋作“莫”，非。未釋“鉢”字。𩔁：即“隸”字。北魏孝昌三年（527）《富平伯于纂墓誌銘》：“勸課有途，氓𩔁仰德。”“（）”内，除“下沏”二字外，均為碑文中小字，《岷江上游的唐代經幢和造像碑》未釋。經比對，自“郍謨薄伽跋帝”至文末

① 北京圖書館金石組：《北京圖書館藏中國歷代石刻拓本滙編》（4），中州古籍出版社1989年版，第4頁。

② 吴鋼：《全唐文補遺》（1），三秦出版社1994年版，第463頁。

③ 葉昌熾：《語石》卷四，商務印書館1936年版，第136頁。

“婆訶”，即罽賓國沙門佛陁波利所譯《佛頂尊勝陀羅尼》中一部分内容，只個别字句有差異。《岷江上游的唐代經幢和造像碑》作“陀羅尼經生辰咒”。因幢體殘損、文字泐蝕，致經文不完整。

［6］湨：即“漫”字。《岷江上游的唐代經幢和造像碑》未釋。

［7］拏：覿拓，上為“如”，下為“手”，《岷江上游的唐代經幢和造像碑》作“努”，非。

［8］《岷江上游的唐代經幢和造像碑》脱“多”。

［9］“此”，《岷江上游的唐代經幢和造像碑》作“婆”，非。

［10］“地”上，《岷江上游的唐代經幢和造像碑》衍“□反”二字，覿拓，非。

［11］怚：即“怛”字。東漢永壽三年（157）《史安國祠堂碑》：“與父母并力奉遺，悲哀慘怚。”①

［12］杜：即“社”字。北魏普泰元年（531）《穆紹墓誌》：“青杜瓛玉。”②“胵”，《岷江上游的唐代經幢和造像碑》作“胝”；又，“毗”作“昆”，均非。

［13］《岷江上游的唐代經幢和造像碑》未釋“末”“塔”。

［14］《岷江上游的唐代經幢和造像碑》未釋“毗”。

［15］“地”下，《岷江上游的唐代經幢和造像碑》衍“瑟”。覿拓，泐蝕嚴重，無法辨識，録以備參。

彙考

“幢”，梵語譯名，旌幡。一般用絲帛製作，狀如傘蓋。唐代始，以石作經幢，由幢座、幢身、幢頂組成，上鐫佛經或佛像，主要刻《佛頂尊勝陀羅尼經》《心經》《楞嚴經》等。唐代陀羅尼經幢，國内見報道者 14 通，均不在四川。這是繼 1921 年茂縣出土南朝齊永明造像之後，又一次在岷江上游地區出土佛教造像，因而具有重要的學術意義，為研究四川地區南朝佛教造像的樣式、題材内容以及傳播路綫等問題提供了新的資料。

與《佛頂尊勝陀羅尼經幢》同時出土於仁壽寺的還有《仁壽寺造像碑》，所刻經文與經咒，同《大藏經》第十九册佛陀波利譯《佛頂尊勝陀羅尼經》基本相同，只個别字句有差異③。兩通石刻出土於同一地點，内容基本相同，那麼碑和經幢應是在唐元和十二年（817）同時鐫刻。

---

① 毛遠明：《漢魏六朝碑刻校注》（1），綫裝書局 2008 年版，第 205 頁。

② 北京圖書館金石組：《北京圖書館藏中國歷代石刻拓本滙編》（5），中州古籍出版社 1989 年版，第 153 頁。

③ 雷玉華、羅進勇：《岷江上游的唐代經幢和造像碑》，《四川文物》2007 年第 1 期，第 31 期。

149　仁壽寺造像碑　約元和十二年（817）

説明

碑石出土於四川省汶川縣威州民族師範學校。1989 年 12 月，鑲嵌於四川省汶川縣威州民族師範學校食堂側的一面牆。石四面體，高 208 cm，側面厚 44 cm，碑陽厚 50 cm，四角切角寬 9 cm。四面刻，僅存碑體部分，碑陰嵌於牆上，唯能查見碑陽、左右側。碑陽上部刻華蓋，華蓋兩側宋代補刻 3 條。中部刻方形龕，為宋代補刻。下部為唐代刻方形小龕，内有一主尊二脇侍，殘損嚴重。左側棱邊宋代補刻 2 行。碑左側 15 行，右側 16 行，均行存字數不等。楷書。碑上下泐蝕嚴重，多被磨損或鑿毁。該碑又題《茂州造像碑》。

碑文

（上泐）/□福□□□郎［茂］州（下泐）。/（上泐）佛陀波利[1]，儀風元年從西國來至此土，到五臺山□，□五體投地，向山頂禮曰："如來滅後，眾聖潛靈，有大士文殊師利，於此山中（下泐）。/（上泐）□□大□（慈）大悲普覆令見尊義。"□已悲泣雨淚，向山頂禮，□已舉□，忽見一老人從山中出來，遂作婆羅門語謂僧曰："法師□□慕道，（下泐）。/出家之□，□□□律。唯有佛頂尊勝陀羅尼經，能滅眾惡業，未知法師頗將此經來不。"僧曰："貧道直來禮謁，不將經來。"僧曰：既不將經來空來何益？縱見文殊亦（下泐）。/□，即得□奉眾聖，廣利群生，拯濟幽冥，報諸佛恩也。師取經來至此，弟子當是師文殊師利菩薩所在。僧聞此語，不勝喜躍，遂裁抑悲淚，至心□□，（下泐）。/還西國，取佛頂尊勝陀羅尼經。□永［淳］二年[2]，回至西京，具以上事，聞奏□□。□□遂將其□本入内。□□（請日）詔三藏法師[3]，及敕司賓□□客（下泐）。/奏曰：□道捐軀，委命遠取經來，情望普濟群生，救援苦難。不以財寳為念，不以名利關懷，請還經本流行，庶望含靈同益，□□（下泐）。其（下泐）/翻譯，帝□其請，僧遂對諸，□德共貞翻譯□。僧將梵本□□□山，入山於今不出。今前後兩翻，兩本並流行於代，小小（下泐）年，（下泐）。/□三藏法師，問其逗留，一如前說，志靜三藏法師，咨問受神咒，法師於是口宣□音。經二七日，句句委受，具足梵音，一□差□，□更［取］[4]，（泐）脱錯悉（泐）翻者是也其（下泐）。/□異於□□所翻者，其新咒改定不□並注音。□後有學者幸詳此焉。至永昌元年八月，於大□□□□西明寺□座澄法師[5]。問：（下泐）。/思義。恐□者□知故，具録委曲，以傳未悟。

佛頂尊勝陀羅尼經。

罽賓國沙門佛陀波利奉詔譯[6]。

"如是我聞"。一時薄伽梵在室羅筏，住哲多□林（泐）尒時（下泐）。/告法堂（泐）□，□與大天受勝尊貴，與諸天□□□□□□□□□□，種種音樂，共相娛樂，受諸快（泐）命，將欲（下泐）。/命終之□□贍部州（下泐）□。從地獄出，希得人身，生於貧賤，處於母胎，即無兩目。爾時□□□□聞此□□即（泐）□□惶怖無（下泐）。/□□□□□□□□□□□言聽我□□□□□□□□□□□圍繞受諸快樂，聞有聲言，□□□□□□□□□將欲□命，終之後生（泐），人身貧賤（下泐）。/云□□□得□斯（泐）語已甚，大驚□□□□。惟此□□□□受□□□□□□之身，爾時帝（泐）之身□□猶野□（下泐）。/（上泐）□□（泐）當墮□□惡道之身，拯救苦惱，痛割於心諦。思無□，何所歸依，唯□已來（泐）時帝□□於此（下泐）[7]。/（以上刻於右側）

（上泐）/扵四衢道造窣堵波[8]，安置陁羅尼，合掌恭敬，旋繞行道，歸依礼拜。天帝，彼人能如是供養者，名摩訶薩埵，真是佛子，持法棟梁，又是如來全身舍利窣堵波（下泐）。/衣妙華[9]，塗香莊嚴供養佛已，繞佛七匝，項礼佛足而作是言[10]，我聞如來演說，讃持大力陁羅尼[11]，故來脩學。若有受持讀誦是陁羅尼者，我常隨遂守護□□（下泐）/□時[12]，護世四天大王，繞佛三匝白佛言，世尊[13]，唯願如來為我廣說持陁羅尼法。尒時佛告四天王，汝今諦聽，我當為汝宣說受持此陁羅尼法，亦為短命諸（下泐）念（下泐）/齊讃此陁羅尼[14]，滿其千遍，令短命眾生，還得增壽，永離痛苦，一切業鄣[15]，悉皆消滅，一切地獄諸苦，亦得解脫，諸飛鳥畜生含靈之類，聞此陁羅尼，一經捨身（下泐）含時特（下泐）/羅尼[16]，即得永離，一切諸病，亦得消滅，應墮悪道，亦得除斷，即得往生安樂世界，從此身已，後更不受胞胎之身[17]，所生之處，蓮華化生，一切生處，□［持］不忘（下泐）/終，秉斯悪業[18]，應墮地獄，或墮畜生閻羅王界，或墮餓鬼，乃至墮大阿鼻地獄，或生水中或生禽獸異類之身，取其亡者隨身分骨[19]，以圡一把，誦陁羅尼（下泐）/此陀羅尼二十一遍[20]，應消一切世閒廣大供養，捨身往生極樂世界[21]。若常誦念，得大涅槃。復增壽命[22]，受勝快樂，捨此身已，即得往生種種微妙諸佛剎圡[23]，□□□□□□□□（泐）□處，一切如來□□□□微妙（下泐）[24]，/一切世尊即授其記，身光照曜一切佛剎。佛言，若誦此陁羅尼法[25]，扵其佛前，先取淨圡作壇，隨其大小方四角作，以種種草華散扵壇上[26]，燒眾名香，右採蓮□胡跪，心常念佛，作□（下泐）其□指，以□/母指押[27]，合掌當其心上，誦此陁羅尼一百八遍訖，扵其壇中，如雲王雨華，能遍供養八十八俱胝殑伽沙郍庾多百千諸佛，彼佛世尊咸共讃言，善哉稀有，□□□□，即得無鄣□□三昧，□大菩（下泐）/三昧[28]，持此陁羅尼法，應如是。佛言天帝，我以此方便，一切眾生應墮地獄道，令得解脫，一切悪道亦得清靜，復令持者增益壽命。天帝汝□□我此陁羅尼。/

爾時，天帝扵世尊所受此陁羅尼法，奉持還扵本天，授與□□□□。尒時，□□□□□此陁羅尼已滿其六日六夜，依法受持，一切願滿，應受一切悪道等□即得解脱，□菩提道，增壽無量，甚大歡喜[29]，高□□/言："希有如來，希有妙法，希有明驗[30]，甚為難得，令我解脱。"尒時，帝釋至第□，與善住天子將諸天衆，嚴持花鬘[31]，塗香末香，寶幢幡蓋[32]，天衣瓔珞，微妙莊嚴，往□□□設大（泐）天衣□諸（下泐）/尊，繞百千匝[33]，扵佛前立，踊躍歡喜，而坐聽法。尒時，世尊舒金色臂，摩善住天頂，而為説法，授菩提記。佛言："此經名淨一切惡道佛頂尊勝陁羅尼，汝當受持。"[34]□時，大衆（下泐）。/（以上刻於造像碑左側）

著録

1. 阿壩州文管所藏拓。2.《岷江上游的唐代經幢和造像碑》，《四川文物》2007(1)。

注釋

[1]"佛陀波利"上，泐"佛頂尊勝陀羅尼經者婆羅門僧"等字。碑文所刻經文、經咒與《大藏經》第十九册佛陀波利譯《佛頂尊勝陀羅尼經》基本相同，僅個别字句有差異。如第三行"土"，《大正新修大藏經》作"漢土"；"有"作"唯有"。第四行"義"作"儀"。第五行"衆惡業"作"衆生一切惡業"。第一個"僧曰"作"僧報言曰"；第二個"僧曰"作"老人言"；"經來"，均作"來經"。第六行"是"作"示"。第九行"貞"作"順貞"。如此等等，不一一指出。造像碑被墻壁遮蓋部分，疑是《大藏經》經序的一部分。

[2]唐代年號"永"字開頭者，有永徽（650－655）、永隆（680－681）、永淳（682－683）、永昌（689）、永泰（765－766）、永貞（805）。上文有"儀風元年(676)"，下文有"永昌元年（689）八月"，此"永"下當為"淳"。永淳：唐高宗李治年號。《大正新修大藏經》作"永淳"。是。

[3]三藏法師：佛教語。梵文意譯。簡稱"三藏"。三藏，佛教經典的總稱。對精通經、律、論的法師，尊稱"三藏法師"。古代把從事譯經的高僧亦稱為三藏法師。唐玄奘(602—644)，即被稱為三藏法師，俗稱唐三藏。

[4]"更"下一字泐，《岷江上游的唐代經幢和造像碑》作"恥"，不取。查《大正新修大藏經》作"取"。

[5]西明寺：唐代長安主要寺院之一，位於延康坊西南隅（今西安市白廟村一帶），與大莊嚴寺、慈恩寺、薦福寺齊名。該寺為唐代重要的譯經場，翻譯出如《金光明最勝王經音》《佛説般若波羅密多心經》《金光明最勝王經》等重要佛經，藏經豐富。

[6]罽賓國：西域國名。唐玄奘《大唐西域記》作"迦畢試"。《岷江上游的唐

代經幢和造像碑》釋“罽賓國”作“歷”，非。

［7］碑右側刻有《佛頂尊勝陀羅尼經》的序、經。

［8］窣堵波：梵文音譯。亦作“窣都婆”“偷婆”“塔婆”“素覩波”“藪偷婆”“私鍮簸”等，即塔。佛教或耆那教中原瘞埋佛陀和聖徒骸骨的地方，後成為收藏聖者遺骨舍利的紀念性建築，逐漸演變成象徵性的禮拜對象。

［9］妙華：佛教語。謂神妙燦爛美麗之天花。“華”，《岷江上游的唐代經幢和造像碑》作“哉”，非。

［10］繞佛七匝：右繞於塔，一般為單數。《大唐西域記》：“龍池西岸有小精舍中作佛像。昔如来初成正覺，於此宴座，七日入定。時此龍王警衛如来，即以其身繞佛七匝，化出多頭，俯垂為蓋，故池東岸有其室焉。”① 下文有“繞佛三匝”，《法苑珠林》：“爾時天子讚歎佛已，繞佛三匝還詣天宮。”② 㞷：即“足”。

［11］讃：讚美，頌揚。《岷江上游的唐代經幢和造像碑》作“贊”。義同字異，不取。下同。

［12］《岷江上游的唐代經幢和造像碑》脱“常”字。

［13］世尊：佛教徒對佛陀的尊稱。隋慧遠《無量壽經義疏》卷上：“佛備衆德，為世欽仰，故號世尊。”③

［14］“諦”上一字，清晰，是“今”。《岷江上游的唐代經幢和造像碑》作“當”，非。並未釋“短”“念”。

［15］鄣：同“障”。業鄣：即“業障”，佛教語，謂妨礙修行證果的罪業。南朝梁慧皎《高僧傳·譯經中·曇無讖》：“進更思惟：‘但是我業障未消耳。’”④

［16］《岷江上游的唐代經幢和造像碑》未釋“含時特”三字。

［17］胞胎：即“胎胞”。《岷江上游的唐代經幢和造像碑》作“胎胞”，非原刻。佛教有“四生”之説，即將世界衆生分為胎生、卵生、濕生和化生。此謂脱離世俗苦難。

［18］蓮華：亦作“蓮花”。喻佛門妙法。“不”上一字泐，痕跡似“持”。《岷江上游的唐代經幢和造像碑》未釋。乗：同“乘”。

［19］兩個“身”字，《岷江上游的唐代經幢和造像碑》均作“生”，非。

［20］“十”下刻小字“一”，當是漏刻後補。《岷江上游的唐代經幢和造像碑》脱。並釋“十”作“千”，非。《佛頂尊勝陀羅尼經》，佛教認為有滅罪息災、興福延

① （唐）玄奘撰，董志翹注：《大唐西域記》卷八，中華書局2012年版，第512頁。

② （唐）沙門道世：《法苑珠林》卷七十八，東京大正一切經刊行會1934年版，第868頁。

③ （隋）慧遠：《無量壽經義疏》卷上，東京大正一切經刊行會1934年版，第99頁。

④ （梁）慧皎撰，湯用彤校：《高僧傳》卷二，中華書局1992年版，第79頁。

壽的神力。唐代宗大曆十一年（776）敕天下僧尼每日持誦此經二十一遍。下文“誦此陁羅尼一百八遍”，亦是信佛神力。

［21］“往”，《岷江上游的唐代經幢和造像碑》作“唯”，非。往生：佛教净土宗認為具足信、願、行，一心念佛，與阿彌陀佛願力感應，死後能往西方净土，化生於蓮花中。

［22］《岷江上游的唐代經幢和造像碑》脱“復”。

［23］玉：同“土”。刹土：佛教語。梵語意為土田、國土。《大乘義十九》：“刹者是其天竺人語。此方無翻。蓋乃處處之别名也。”唐玄應《音義》一曰：“刹，梵云差多羅，此譯云土田。經中或言國，或言土者，同其義也。或作刹土者，存二音也。”①

［24］《岷江上游的唐代經幢和造像碑》未釋“微妙”。“處”上一字泐，不能辨識，《岷江上游的唐代經幢和造像碑》作“妙”，非。

［25］《岷江上游的唐代經幢和造像碑》脱“法”。

［26］“壇”下一字泐，存痕，似“上”字。

［27］“常”，《岷江上游的唐代經幢和造像碑》作“當”，非。構件下為“巾”，非“田”。並未釋“心”“其”“指”“以”。

［28］三昧：梵文音譯，又作“三摩地”，意為“正定”，屏棄雜念，專注。《清静毘尼方廣經》：“‘何等為三昧?’答曰：‘無二無别異。’”②

［29］“道”上泐二字，痕跡模糊，疑為“菩提”。“增壽”下為“無量”“甚大”。《岷江上游的唐代經幢和造像碑》均未釋。且釋“菩”作“是”，非。

［30］希：通“稀”。因稀少而珍貴。《岷江上游的唐代經幢和造像碑》作“稀”，非原刻。

［31］鬘：瓔珞之類的裝飾品。《岷江上游的唐代經幢和造像碑》作“蔓”，非。

［32］末香：搗碎成細末狀的沉香、檀香等。《岷江上游的唐代經幢和造像碑》未釋“蓋”。

［33］《岷江上游的唐代經幢和造像碑》未釋“往”“諸”“百”。

［34］《岷江上游的唐代經幢和造像碑》未釋“汝當受持”。

---

① 釋元曉、丁福保：《佛説無量壽經宗要箋注合刊》，佛陀教育基金會2008年，第99頁。

② 《清静毘尼方廣經》，東京大正一切經刊行會1934年版，第1079頁。

149－1 附　宋代補刻

説明

刻於側棱與華蓋兩側的題記，字體一致，與唐刻字體不同。華蓋兩側題記分刻於乾道六年（1170）、乾道七年（1171）。據此，為宋代補刻無疑。

碑文

右朝奉大夫、通判、茂州軍兼管內勸農事、賜緋魚袋樊□大□□□□□□□□□□威戎軍使、銀青光禄大夫、撿校太子賓客、兼監察御史、上柱國果（下泐）/武義大夫擢發遣茂州軍州兼管內勸農事、沿邊都巡檢使李禹[1]，茂州開元寺沙門毗賢與合軍門徒等同□立兼蒙使司差僧貳人住持□少謙□州□□□□有（下泐）[2]。/（以上刻於側棱）

時以乾道六年/十一月□（興）□（土）遷。

移至乾道七年/五月/（下泐）。

威州開元寺僧。/（以上刻於華蓋兩側，宋代補刻。）

注釋

［1］通判：宋代始置。鑒於五代藩鎮之弊，宋太祖命令朝臣通判諸州府，與知府、知州共理政事。握有兵民、錢穀、户口、賦役、獄訟等裁可，署州府公牘及監察官吏的實權。見《宋史·職官志·通判》。明清於各府設，分掌糧運及農田水利等事務，職任較宋初則輕。清代府稱通判，州稱州判。《岷江上游的唐代經幢和造像碑》未釋“擢”。沿：即“沿”。《岷江上游的唐代經幢和造像碑》作“松”，非。沿邊：靠近邊界一帶。《舊唐書·宣宗紀》：“劍南西川沿邊没蕃州郡，如力能收復，本道亦宜接借。”① 巡檢：五代後唐莊宗始置。宋代在京師府界及沿邊、沿江、沿海等關隘要地，置巡檢司。在一些地方也設都巡檢使。掌訓練甲兵，巡邏州邑，職權頗重。後受所在縣令節制。

［2］“同”下一字泐，左右結構，難辨，《岷江上游的唐代經幢和造像碑》作“誓”，字形不類，不取。《岷江上游的唐代經幢和造像碑》釋“貳”作“二”，是。但非原刻。

---

① （後晉）劉昫等：《舊唐書》卷十八下，中華書局1975年版，第624頁。

彙考

从碑文“威州開元寺僧”等信息，可知唐代的仁壽寺，宋代為開元寺。又，《古今圖書集成·方輿彙編·職方典》成都府部載威州“大悲寺，在城内。（明）知州崔元愷改名仁壽寺”①。朝代更迭，幾經更名，明代恢復“仁壽寺”稱呼。這説明汶川從唐至明，佛寺傳承有序，佛教是當地百姓普遍的民間信仰。結合南朝齊永明元年(483)《釋玄嵩造像記》、茂縣較場壩唐貞觀四年摩崖造像題名多軍隊職官，以及該造像碑中“威戎軍使”“都巡檢”題名，以及“合軍門徒”等字樣，表明唐宋時期羌地汶川的佛教造像與朝庭派往漢官和軍隊亦有關係。

---

① （清）陳夢雷等：《古今圖書集成》（108）卷五百九十一，中華書局1934年版，第21頁。

150　狄兼謩及妻韋氏墓誌　大中三年（849）五月十三日

説明

墓誌於20世紀90年代在河南省洛陽孟津縣平樂鄉上屯村邙山出土，後被農民蓋房和灰用，字多殘損，2003年歸洛陽金氏。誌石高寬均94 cm，厚18 cm。拓片高、寬均92.5 cm。翰林學士令狐綯撰文，裴翻書。誌文43行，滿行45字。楷書。上中殘泐。蓋缺。

誌文

唐故銀青光禄大夫、檢校尚書、右僕射、判東都尚書省事兼御史大夫并東都留守、東都畿汝州都防禦使、上柱國、汝南/縣開國侯，食邑一千戶，贈司空□□狄公墓誌銘并序。/

翰林學士、太中大夫、□□□舍人、上柱國、彭陽縣開國男，食邑三百戶令狐綯撰[1]。/

聖敬文思和武光孝皇帝嗣立之第□□□□□□□□二建丑月之五日[2]，天水狄公薨于洛師履道里之私第，/享年七十三。上震悼，□□□□冊上公□於徽數。公諱兼謩，字汝諧[3]，其先周之後也。成王少子/孝伯，封于狄城，曰而命氏焉。秦并天下，□□隴西，為秦州之強家大姓。至後秦建國天水[4]，狄伯支為佐命之臣，晉史稱/曰名將子孫，今為天水人。曾叔□□□□輔，梁文惠公仁傑[5]。天錫大忠，獨遏鳴牝。續皇綱於既絕，復/明辟於已廢[6]。振耀今古，聯輝□書。餘烈□□□生公焉，曾祖仁續，皇潞州長子縣令。祖光友，洺州長史[7]，/贈懷州刺史。顯考□邁，累增至左僕射。公生有奇狀，及長，姿度厖異魁偉[8]，動有老成之風。讀書觀其大略，為/文勇□□義[9]，雖環堵□室，常翛然自得[10]。李宰相程，司取士柄，選公於眾，擢登上第。既而言曰：某拔狄某，/□□□□□□擇他日，名卿賢侯耳，非止一區區科第也。繇是為京師聞人。鄭相國餘慶[11]，作藩歧隴。將行躬聘，/□□□□。是時，蔡人叛命，詔徵□師[12]。鄭公以治兵之事委公，公乃賦車籍馬，疊發伍符。精甲數千，一夕齊/盈。□□□□，機用有餘。鄭公曰：文武全致也[13]。後又從孟尚書於襄陽。憲皇在宥，厲精理道。時綯/先□□□□□□□□□□□□□□□□□□名進□聞薦，請徵為左拾遺[14]。由一命之秩，昇五諫之列。仍自草制，美粲/國章。公居其□□□□□□□□□□□，時人榮之。

天子以河朔大兵之後，凶荒赤地，㫖公與語，/臨遣賑撫[15]，□□□□□□□□□□□□□□活万眾[16]。天㫖皇澤，浹人肌骨。還報，以右補闕酬焉。改侍御史，屬歲/□□□□□□□□□宰以□□□□□□□□□□授奉天令。公不簿一同，理有異等。往守蘄春，報政居冣。入為司/□□□□□□□，復刺南陽。南陽□□□□□□□□□，公靡所畏避，賦政無頗。編人戴公，權臣沮意。乃除國子/司業，分司東都。公不□□□□□□□□□□□□□□□改太常少卿。又出為蘇、鄭二郡守，其理二邦，如蘄、鄧之美。/□益明□□□□徵為□□□□□□□外□□其官。

文宗皇帝以綱憲為朝政之急，授公/御史中丞[17]。郡國承風，上下整□，□加刑部□□[18]。公乃詳定刑書，適其輕重，舞文巧詆之吏，無以措手。/文宗躬覽可賞，頒行中外。寵□□□[19]。太子得罪於文宗，將移天性，百辟恫恐，相臣進諫，盛怒/難迴。公獨及雷瀝[20]，懇曰：太子生於深宮，□□師訓。陛下不使早聞義方，是君父之失教。今天下之/本也，本不可搖，特宜寬宥，俾之悔過[21]。不□陛下異日有望思之恨。嬰鱗犯顔者數四，雖竟不納，然而時議/以公有梁公之□烈□□。上意□屬，改兵部侍郎。無何，太原缺帥，宜得才望碩重者鎮之，公/膺是選。詔命檢校工部尚書兼御史大夫以專征。威懷兼施，北方大化。長城靈蔡，邦國倚注。又加兵部尚書，□□/勞能徵。復為兵部侍郎。

武宗鍾愛益王，求正人以訓導，以公兼益王傅，仍權總選部事[22]。衡鏡平□[23]，/清濁式序，乃□左丞，□□臺□。上以天平連潦，間殫為河[24]，思用才臣，往救昏溺。於是授公檢校吏部尚/書，統鄆曹濮□□□□。公□□□□，昭蘇□封，詔加銀青光禄大夫，則漢之增秩之典也。朝廷方將大用，/褒詔急徵。時權忌正，行過□□。除秘書□監，分司□邑，達遠曠放，不汩于中。拜東都留守，又改太子少保。上以/公元勳之後，舊老清名[25]，［議圖］□□□□□□□□□[26]。公有遺榮之志，俾諧素尚，命加檢校右僕射，再處守於東周。/一旦移書，□疾俄至，□病啟□□於□□□□□□。君子曰：其全人歟。惟公修祖德，服忠教，直方博大，/外勁內和。立朝書□□之道，撫俗布愷悌之化。便蕃崇顯，彰焯問望。經濟之略，華皓不衰。窮達一致，存歿光大如/公者，蓋鮮矣。《中庸》云：大德者，必得其名位禄壽四者，公皆得焉。嗚呼！所宜至而不至者，台衮而已，生靈之恨耶。/

夫人扶風郡夫人，京兆韋氏。自鼓琴瑟，至服褕翟[27]，垂三十年。婦德母儀，士林師法。有子二人，長曰咸中。福建觀察□□[28]，/試太常寺協律，孝友剋家，文學潤己，有致遠之資焉。次曰禎前，領軍騎曺，幼而嬰疾，天與至性。粵以明年五月十三日[29]，/奉公之裳帷，葬于河南府洛陽縣金墉鄉雙洛村，祔梁公之塋[30]。先期協律，以絢世□□□□/文，內署不謂空簿，見托志於窀穸[31]，因採公門吏竇監察宣孟之狀，得其遺懿，繫為銘曰：/

龜龍麟鳳，王者之瑞[32]。祇表休徵，靡益於事。孰若賢畯[33]，特鐘間氣[34]；生為盛時，奮□□□。□□□/路，宣力騁志。切劘政經，□容規刺。掖垣風動，強禦無避。所□有成，彌彰全器。入為公卿，道冠明廷。出為侯□，□□/華貊。先祖是似，德聲赫赫。不躋鼎鉉，負我未晝。於万祀年，名光竹帛。九原一閟，三秦遂隔。嵩高伊洛，□/永安宅。/

故吏従重表姪、前東都畿汝州都防禦推官、將仕郎、試太常寺、協律郎裴翻書[35]。/

著録

1. 趙君平、趙文成藏拓。2.《河洛墓刻拾零》578。3.《新出唐墓誌百種》290。4.《洛陽新獲七朝墓誌》349。5.《唐狄兼謨墓誌研究》,《洛陽師範學院學報》2005（1）。

注釋

[1] 令狐綯：字子直。京兆華原（今陝西耀縣東南）人。令狐楚子。晚唐大臣、政治家。精文學。大和四年（830）進士。大中間任宰相。“綯輔政十年，累官至吏部尚書、右僕射、凉國公”。後“進封趙國公，食邑三千户，卒”①。《舊唐書·令狐楚》有載。

[2] 建丑月：夏曆十二月。卒年泐，不能辨識。《河洛墓刻拾零》作“大中二年(848)二月五日，卒”，可從。

[3] 謩：同“謨”。誌主狄兼謩，字汝諧，仁傑族曾孫。登進士第。“元和末，解褐襄陽推官，試校書郎，言行剛正，使府知名。”② 附見《舊唐書》卷八十九、《新唐書》卷一百一十五《狄仁傑傳》。

[4] 姚萇建立後秦政權，都長安（今陝西西安）。誌稱“後秦建國天水”，非。姚襄兵敗，前秦苻生以王禮葬姚弋仲於天水冀縣。弋仲子姚萇參加討泓戰敗，逃奔渭北，得天水尹緯、尹詳、南安龐演等羌豪支持，起兵反秦，以天水狄伯支等為從事中郎。皇初三年（396），勢力已達天水郡。誌云“後秦建國天水”，應暗示誌主乃狄氏羌人後裔。

[5]“叔”下一字泐，據兩《唐書》及狄氏相關碑誌，是“祖”字。文惠公：狄仁傑，兩《唐書》有傳。官同平章事。死後，武則天“謚曰文惠”；睿宗追封“梁國公”③。

[6] 此指狄仁傑勸諫則天欲立武三思為太子。《資治通鑑》(元和十四年十二月)：“中書舍人武儒衡，有氣節，好直言，上器之，顧待甚渥，人皆言且入相。令狐楚忌之，思有以沮之者，乃薦山南東道節度推官狄兼謨才行。癸亥，擢兼謨左拾遺内供奉。……楚自草制辭，盛言‘天后竊位，姦臣擅權，賴仁傑保佑中宗，克復明辟’。”④

[7]“州”上一字，《唐狄兼謨墓誌研究》作“祐”，觀拓，作“洺”。洺州：北周宣政元年（578），分相州廣平郡置，治廣年（隋改永年，今河北永年東南）。唐屬河北道。《舊唐書·地理志二》洺州望條：“隋武安郡。武德元年，改為洺州。”⑤

[8]“姿”下二字泐，《唐狄兼謨墓誌研究》作“態”，觀拓，顯為“度”。《唐狄兼謨墓誌研究》作“暘”，非，觀拓，顯為“庬”。

[9]“為”下一字泐，《唐狄兼謨墓誌研究》作“文”，似與文義不合，暫存疑。

---

① （後晉）劉昫等：《舊唐書》卷一百七十二，中華書局 1975 年版，第 4466－4467 頁。

② 《舊唐書》卷八十九，第 2896 頁。

③ 同上書，第 2895 頁。

④ （宋）司馬光編著，（元）胡三省音注：《資治通鑑》卷二百四十一，中華書局 1956 年版，第 7776 頁。

⑤ （後晉）劉昫等：《舊唐書》卷三十九，中華書局 1975 年版，第 1497 頁。

［10］“然”上一字泐，《唐狄兼謨墓誌研究》作“鬉”，非，觀拓，顯為“翛”。翛然：無拘束，超脱。《莊子·大宗師》：“翛然而往，翛然而來而已矣。”成玄英疏：“翛然，無係貌也。”①

［11］鄭相國餘慶：鄭餘慶，《舊唐書·鄭餘慶傳》卷一百五十八、《新唐書·鄭餘慶傳》卷一百六十四有傳。德宗、憲宗兩任宰相。

［12］“蔡人叛命，詔徵□師”：指元和十二年（817）憲宗專討、平定淮西藩鎮叛亂。

［13］《唐狄兼謨墓誌研究》脱“文武”二字。

［14］綯先：即令狐綯之父令狐楚。楚舉薦狄兼謩為左拾遺，《舊唐書·武儒衡傳》《新唐書·狄兼謨傳》《資治通鑑》卷二百四十一等都有記載。

［15］河朔大兵：指河北道南部地區大規模的軍事叛亂。《舊唐書·裴度傳》：“穆宗即位，長慶元年秋，張弘靖為幽州軍所囚，田弘正於鎮州遇害，朱克融、王廷湊復亂河朔。”② 参《舊唐書·穆宗紀》。由於誌殘泐，無法知曉狄兼謨在“河朔大兵”兵亂之後，在河朔何州任職，救民於“凶荒赤地”。據下文“復刺南陽”，疑當南陽郡。“語”下五字，《唐狄兼謨墓誌研究》作“臨遣，振無軺”，有誤。觀拓，似作“臨遣賑撫，□”。

［16］“活”下一字，細審拓片，上部為泐痕，不是筆書點，應是“万”字。《唐狄兼謨墓誌研究》作“方”，非。

［17］御史中丞：《新唐書·百官志》：“大夫一人，正三品；中丞二人，正四品下。大夫掌以刑法典章糾正百官之罪惡，中丞為之貳。”③ 可謂權重位重。《册府元龜·帝王部·誡勵第三》：開成元年（836）“十二月庚子，御史中丞狄兼暮謝官，帝曰：‘御史中丞，朝廷紀綱，一臺理則朝廷理，朝廷理則天下理，無曠厥職。’兼暮奏曰：‘凡天下有礙法不得中道事，臣盡得以彈奏。’帝曰：‘大抵以顧望畏忌為心者，自失職業。卿等梁公之後，將嗣家聲，不可不留意。’”④ 兩《唐書》有記。

［18］《唐狄兼謨墓誌研究》闕“刑部”二字。

［19］“外”下一字泐，《唐狄兼謨墓誌研究》作“聞”，非。觀拓，為“寵”。

［20］“及”下一字泐，《唐狄兼謨墓誌研究》作“沾”，非。觀拓，似為“霤”。霤瀝，恐為近侍之意。

［21］“過”上一字泐，《唐狄兼謨墓誌研究》作“誨”，非。觀拓，當為“悔”。

［22］據《舊唐書》卷十八上載，會昌二年（842）八月，誌主兼益王傅。

---

① （清）郭慶藩撰，王孝魚點校：《莊子集釋》卷三上，中華書局1961年版，第229頁。

② （後晉）劉昫等：《舊唐書》卷一百七十，中華書局1975年版，第4421頁。

③ 《舊唐書》卷四十八，第1862頁。

④ （宋）王欽若等：《宋本册府元龜》卷一百五十八，中華書局1989年版，第325頁。

［23］《唐狄兼謨墓誌研究》作“乎”，或誤，觀拓，結合文義，竊以為“平”。

［24］“殫”上一字，當為“閭”。《唐狄兼謨墓誌研究》闕。《史記·河渠書》：“皓皓旰旰兮閭殫為河。”① 謂決堤之患。

［25］“清”下一字泐，觀拓，當為“名”。《唐狄兼謨墓誌研究》作“白”，非。清名：有清美聲譽。

［26］“名”下字泐，似可補“議圖”二字。《唐狄兼謨墓誌研究》未釋。

［27］“服”下字泐，觀拓，當為“褕”。《唐狄兼謨墓誌研究》作“闍”，非。褕翟，亦作“褕狄”。古代王后從王祭先公之服，三夫人及上公妻之命服，服上因刻畫雉形而獲名。狄，通“翟”。《詩經·鄘風·君子偕老》：“其之翟也。”毛傳：“褕翟、闕翟，羽飾衣也。”鄭玄箋：“侯伯夫人之服，自褕翟而下，如王后焉。”②

［28］“建”下字泐，似可補“觀察”二字。

［29］“月”下字泐，似可補“十三日”三字。《唐狄兼謨墓誌研究》未釋。

［30］“梁”上一字，觀拓，當為“祔”。《唐狄兼謨墓誌研究》作“堉”，非。

［31］空簿：假賬。《漢書·食貨志下》：“洛陽薛子仲……等因與郡縣通姦，多張空簿，府臧不實。”③ 窀穸：亦作“窀夕”。“夕”與“穸”同源。《左傳·襄公十三年》：“唯是春秋窀穸之事。”杜預注：“窀，厚也。穸，夜也。厚夜，猶長夜。”④ 埋葬之意。

［32］“者”上一字，勘驗圖版，近“王”。《唐狄兼謨墓誌研究》作“四”，似誤。

［33］“賢”下字泐，觀拓，當為“畯”。通“後”。賢後：才德出眾。《唐狄兼謨墓誌研究》作“褾”，非。

［34］“鐘”上一字，觀拓，當為“特”。《唐狄兼謨墓誌研究》作“持”，非。

［35］推官：唐置。節度使、觀察使、團練使、防禦使、採訪處置使下皆置，員一人，掌推勾獄訟之事。五代、宋朝三司各部沿置。開封府設左、右廳推官各一員，臨安府設節度推官、觀察推官各一員。諸州幕職有節度、觀察推官。後代因之。後晉天福七年（942）《毛汶墓誌》：“至貞明三年，先王署攝當府節度推官，方拘賓幕，深達理道，断決昭然。”北宋政和元年（1111）《折惟忠妾李夫人墓誌》：“從事郎、守府州觀察推官楊大榮。”

---

① （漢）司馬遷：《史記》卷二十九，中華書局1959年版，第1413頁。

② 十三經注疏整理委員會：《毛詩正義》卷三，《十三經注疏》，北京大學出版社2000年版，第220頁。

③ （漢）班固撰，（唐）顏師古注：《漢書》卷二十四下，中華書局1962年版，第1183頁。

④ 十三經注疏整理委員會：《春秋左傳正義》卷四十一，《十三經注疏》，北京大學出版社2000年版，第1326頁。

151 同國政墓誌 大中六年（852）二月十二日

説明

墓誌出土於陝西省西安市東郊高樓村，現藏西安碑林。拓片長 57 cm，寬 56 cm。僧清瀾撰書。誌文 21 行，滿行 24 字。行書。有縱界格，雙綫框。此拓為原北平圖書館舊藏本。誌蓋闕。

誌文

唐故朝議郎、行內侍省、宫闈局丞員外置同正員、上柱國同府君墓誌[1]。/

內供奉三教講論引駕賜紫大德沙門清瀾撰并書。/

府君諱國政，其先同州馮翊縣人也。曾祖洵廓，祖嘉俊[2]；父義興，/皆榮列盛時，繁而不叙。生全孝勤，長乃忠懇[3]。登省歷莭[4]，功/行遐聞。君賞緑衣，臣請佐判[5]。洎大和元年，聞捷背/叛[6]，奉詔討逆，尅果天心，領軍馬萬餘，收郡寨十/所。宮闈局丞，功賴加此，榮賞莊宅。委定清強，十九餘年，/監儲億萬。

身忽縈疾，私第養醫。嗚呼！神藥無效，生涯/有終，大中五年十一月一日，歿於來庭里之私弟[7]，行年六/十有五。夫人何氏，琴瑟韻乖，陟臺止望。男宣徽承/旨朝請郎、行内侍省掖庭局宮教博士員外置同正員、/上柱國曰景信[8]，哀過曾子[9]，淚逾高柴[10]。顧子建昌，眄妻鄧/氏。慟會啟親，卜謨遷奉，以六年正月十二日，葬于萬年縣滻/川鄉陳村之北也[11]。清瀾生沐眷私，殁戀無替，奉兄為/詞，援筆銘曰：/

馮翊哲人，忠孝兩新。歷勤公節，緑綬監瓌。奉詔討/逆，尅靜邊塵。宮闈是獎，監守歲頻。染疾私弟，虛然息/神，孝男哀竭，禮奉先身。冀佳城兮千載，希門閥萬春[12]。/

大中六年二月十二日建。/

買孫家莊下東北上地壹段，柒畝半餘壹拾肆步。東韓家，西吕將軍，南自至，北至道。/内畺營一所[13]，管地一畝半餘十五步，都計錢一百一十三貫三百五十文[14]。/

著録

1. 北京圖書館藏拓本。2.《北京圖書館藏中國歷代石刻拓本滙編》32－71。3.《隋唐五代墓誌滙編·陜西卷》2－90。4.《唐代墓誌彙編》2297。5.《全唐文補遺》3－228。

注釋

［1］朝議郎：文散官。隋開皇中始置，大業三年（607）罷。唐復置，秩正六品上。宋初沿置。參《新唐書·百官志·吏部郎中》卷四十六。内侍省：官署名，皇帝之近侍機構，管理宮廷内部事務。晉置大長秋卿，隋初改稱内侍省，煬帝改為長秋監，武德復為内侍，也稱内侍監、司宮臺。内侍四人，從四品上。内給事六人，從正五品下。宮闈局：官署名。隋文帝始置。隋煬帝時屬長秋監，唐屬内侍省。掌侍奉宮闈。《舊唐書·職官三》宮闈局條："令二人，從七品下。丞二人，從八品下。""令掌侍奉宮闈，出入管鑰。""丞掌判局事。内給事掌諸門進物出納之曆。"①

［2］"俊"，拓片清晰，《唐代墓誌彙編》作"浚"，非。

［3］忠懇：忠貞誠懇。"懇"，《全唐文補遺》作"怨"，非。

① （後晉）劉昫等：《舊唐書》卷四十四，中華書局1975年版，第1871頁。

［4］省：觀拓，上為“少”。《唐代墓誌彙編》作“者”，非。

［5］判：右“刂”。《唐代墓誌彙編》作“科”，誤。

［6］“捷”下一字泐，觀拓，似“背”。《全唐文補遺》未釋“背”。捷，指“李同捷”。唐藩鎮横海節度使李全略之子。寶曆二年（826），其父死，擅自為留後，求繼任為節度使。文宗繼位後，任命天平節度使烏重胤為横海節度使，李同捷為兖海節度使。《舊唐書・文宗紀》：大和元年七月“癸亥，李同捷除兖海，不受降，結幽鎮謀叛”，“徐州王智興請全軍討李同捷”。“八月庚寅朔，以工部侍郎獨孤朗為福建觀察使，以太府卿裴弘泰為黔中經略使、觀察使。左僕射致仕楊於陵讓全給俸料，許之。庚子，詔削奪李同捷在身官爵，復以張茂宗為兖海沂密節度使。”① 大和三年五月“甲申，柏耆斬李同捷於將陵，滄景平，李祐入滄州”。李同捷母妻及男元達等“詔並宥之，令於湖南安置”②。誌主參加了大和元年至三年對李同捷叛亂的平定，因功獲“宫闈局丞”職。史傳未載誌主參與此次戰爭，可補史闕。

［7］弟：通“第”。第宅。《唐代墓誌彙編》徑作“第”，當遵原刻。下同。

［8］“徽”，《唐代墓誌彙編》作“徵”，形似而誤。“郎”，拓片清晰，《唐代墓誌彙編》作“將”，非。掖庭局：内侍省所屬六局之一，有宫教博士二人，從九品下。掌教習宫人書、算、眾藝。

［9］曾子：春秋末魯國人。孔子得意門生，以孝為本的孝道觀影響了中國兩千多年。三國魏嵇康《養生論》：“終朝未餐，則囂然思食；而曾子銜哀，七日不飢。”③“曾子”，《唐代墓誌彙編》作“曹子”，大誤。

［10］高柴：春秋齊國人，孔子學生。《禮記・檀弓上》：“高子皋之執親之喪也，泣血三年，未嘗見齒。君子以為難。”④

［11］“滻”，《唐代墓誌彙編》作“泥”，非。乾封二年（667）《焦壽及妻趙三娘墓誌》“遷奉並於雍州萬年縣滻川鄉白鹿之源”⑤；總章三年（670）《李君妻劉琰墓誌》“合葬于雍州萬年縣滻川鄉春明里”⑥，均出土於西安市。

［12］《唐代墓誌彙編》“希”下衍“兮”。

［13］𦋹：“置”的異體。

---

① （後晉）劉昫等：《舊唐書》卷十七，中華書局 1975 年版，第 527 頁。

② 同上書，第 531 頁。

③ （梁）蕭統編，（唐）李善注：《文選》卷五十三，《中國古典文學叢書》，上海古籍出版社 1986 年版，第 2288 頁。

④ 十三經注疏整理委員會：《禮記正義》卷七，《十三經注疏》，北京大學出版社 2000 年版，第 237 頁。

⑤ 吴鋼：《隋唐五代墓誌滙編・陝西卷》（3），天津古籍出版社 1991 年版，第 75 頁。

⑥ 同上書，第 78 頁。

［14］《唐代墓誌彙編》脱“都”字。

彙考

誌主稱“其先同州馮翊縣人”。陝西同州馮翊縣是遷入關中的羌人聚居區，同蹄氏變同氏。同國政應是羌人同蹄氏後裔。清道光《重修鄜州志》，鄜州北鄉有同家嘴；《民國同官縣志·氏族表》同官縣有同姓40人，應大多是同蹄羌人後裔。國政奉詔討逆，因功獲“宫闈局丞”，其子景信“行内侍省掖庭局宫教博士員外置同正員”，教習宫人書、算衆藝。父子倆，父尚武，子從文。誌主在唐末藩鎮割據、國家動蕩時，為穩定唐王朝政權作出了積極貢獻。

關於羌人作内官，北魏孝文帝時有王遇，傑出的建築學家，累遷吏部尚書、將作大匠，加散騎常侍，封宕昌公。稍後有宫内作大監党法端，是以冗從僕射、長秋承祀，允為造釋迦像。他們在北方政治、軍事、宗教的舞臺上扮演了重要角色，對促進民族融合有着積極的作用。

152 盧就墓誌 大中六年（852）二月二十三日

墓誌

説明

墓誌於河南省洛陽市馬坡村出土。現藏河南千唐誌齋。拓片高 52 cm，寬 53 cm。畢誠撰文，盧喬書丹。誌文 30 行，滿行 30 字。楷書。微泐。此拓為原北平圖書館舊藏本。

誌文

唐故朝請大夫尚書刑部郎中上柱國范陽盧府君墓誌銘并序。/

翰林學士、朝散大夫、守中書舍人、上柱國畢誠撰[1]。/

有唐刑部郎中盧君諱就，字子業，范陽人也[2]。今淮南李公有盛名懿德，光耀/

當代，天下士大夫無華素皆出其門[3]。公善品人才，無不壹盡其能。/君即公之甥也。君自長慶、大和間，嘗從李公左右，未曾一日異處[4]。公/曰：今朝廷選舉，雖根本兩漢，以廉茂為事[5]，而風俗不甚厚，不如兩漢時。夫所謂/廉茂者，吾盡閱之矣，貞質而不華，靜專而無閟[6]，資之以孝義，飾之以文章[7]，無如/吾甥也。君以是日知名，舉进士聮不中苐，窮愁憤發[8]，激成志業。盧氏自北魏/著為望姓，従高祖曾祖諸父兄弟時所謂清名者，相継在朝，因緣表裏，二臺兩/掖，盧氏之親過半。君力行苦學，常与後門諸生道義來往，慷慨有大志，以自/致為樂。當是時，勢利相聮，翕為交友，車輿酒食，日与遊戲。以君李氏甥，族顯/朝列，又聲名籍甚，皆欲契交，分借其資[9]，以為羽翼。君是非行止灼然，維困扵/［事］，不易其操[10]。

大和六年，进士及苐，試正字，佐塩鐵[11]。府君少小通經術，壯年為/文賦，未嘗習吏事。及在職，剖析秋毫，如素學焉。開成初，自襄陽従事拜鄠縣尉[12]，/校理中秘書。無幾，居父喪，去官。開成末，李公任宰相[13]，以盧氏甥有嫌，不得為/御史拾遺。旬月，除廣文館博士[14]。會昌初，刑部侍郎弘宣，出為東川節度使，即/君之従高祖兄也[15]。奏假殿中侍御史，充支使。盧公移鎮易、定，改侍御史，充觀察/判官，又轉檢校戶部員外郎，充節度判官。未周歲，入為侍御史，推吴湘寃事甚/直[16]，遷比部員外，由比部為度支外郎。會天子赫怒党羌[17]，未暇調食，夅徵天下/兵屯于□上。君佐大計，理出入。大中五年正月，宰相□其能，請為刑部郎中。/［朝］廷方用之[18]，不幸有疾，四月六日，終於上都宣平里，年五十八。

盧氏歷兩漢魏/晉，軒冕相襲。至元魏以來，代居山東，号為名家。曾祖緬，終安定郡別駕。祖/溥[19]，海州朐山縣尉。父倕，檢校著作郎兼同州司馬，贈司封郎中[20]。君娶滎陽/鄭氏，先君而歿。有男一人，曰扃，始成童。又別男四人，女［三］人[21]。長曰禼，賢而有/文學，始應進士，已知名。次曰憲，曰重，曰陵。長女嫁趙郡李義挹，尋終[22]。兩人皆小。/以大中六年二月二十三日歸葬洛陽縣平陰鄉成村。余与君早結交友之/分，又同時登第。禼以為盡父之道無如余也，遂請銘其事於墓云：/

氣根于元，精泊于玄。寄形日靈，不久而旋。復精惟天，復形惟泉。洛水之東，嵩山/之西。音先，改邑為野，坦原為川。于以志之，永千萬年。/

長男孤子禼泣血書。/

著録

1. 河南千唐誌齋藏石。2. 周紹良藏拓。3. 北平圖書館舊藏拓。4.《北京圖書館藏中國歷代石刻拓本滙編》32－73。5.《千唐誌齋藏誌》1118。6.《隋唐五代墓誌滙編·洛陽卷》14－32。7.《唐代墓誌彙編》2299。8.《全唐文補遺》1－318。

注釋

［1］畢諴：字存之，鄆州須昌人。大和中舉進士，大中末出為邠寧節度、河西供軍安撫使，平順羌人，募士屯田。大中九年（855）“三月，詔邠寧節度使畢諴還邠州。先是，以河、湟初附，党項未平，移邠寧軍於寧州，至是，南山、平夏皆安，威、鹽、武三州軍食足，故令還理所”①。以功召為户部尚書判度支，後為禮部尚書同中書門下平章事，集賢大學士。

［2］盧就：晚唐大臣盧弘宣之侄。名見《舊唐書·禮儀志》：“檢校左僕射太常卿王起、廣文博士盧就等獻議。”② 范陽盧氏，出自姜姓，齊太公之後，食采於盧，因姓盧氏。秦有博士盧敖，子孫遷居至涿水（今涿州）一帶定居，以范陽為郡望。東漢有以儒學顯名的盧植。北魏太和間，孝文帝拓拔宏為聯絡漢族地主以加强統治，實行姓氏改革，改鮮卑複姓為漢族單姓，並評定姓氏等級，規定漢族范陽盧氏、清河崔氏、滎陽鄭氏、太原王氏及趙郡李氏為上等姓氏。“凡三世有三公者曰膏梁，有令、僕者曰華腴，尚書、領、護而上者為甲姓，九卿若方伯者為乙姓，散騎常侍、大中大夫者為丙姓，吏部正員郎為丁姓。”③ 適應了魏晉南北朝時期士族門閥制潮流，符合其政治需要，其時鼓勵鮮卑貴族與漢族士族聯姻。北魏以降，盧氏與皇室通婚頻繁，故下文云：“盧氏自北魏著為望姓。”如東魏武定四年（546）《元融妃盧貴蘭墓誌》：“太妃姓盧，諱貴蘭，范陽喙縣人也。魏司空毓之九世孫。氏族之興，詳於典故；弈世載德，不殞舊風。”④ 元融，恭宗景穆皇帝之曾孫。北周大象二年（580）《元壽安妃盧蘭墓誌》：“大妃諱蘭，幽州范陽涿縣人也。燕王盧綰，漢祖共書；侍中盧毓，魏君同乘。”⑤ 元壽安，景穆皇帝之孫。

［3］“大”下一字泐，存痕似“夫”。《全唐文补遺》未釋。華素：指貴族與庶民。李公，即李德裕。趙郡李氏。《舊唐書·李德裕傳》：“開成二年五月，授楊州大都督府長史、淮南節度副大使、知節度使事，代牛僧孺。”“五年，武宗即位。七月，詔德裕於淮南。……初德裕父吉甫，年五十一出镇淮南，五十四自淮南復相。今德裕鎮淮南，復入相，一如父之年，亦為異事。”⑥ 故有誌文“淮南李公”之説。

---

① （宋）司馬光編著，（元）胡三省音注：《資治通鑑》卷二百四十九，中華書局 1956 年版，第 8056 頁。

② （後晉）劉昫等：《舊唐書》卷二十四，中華書局 1975 年版，第 932 頁。

③ （宋）歐陽修、宋祁：《新唐書》卷一百九十九，中華書局 1975 年版，第 5678 頁。

④ 王綿厚、王海萍：《遼寧省博物館藏碑誌精粹》，文物出版社、日本中教出版株式會社 2000 年版，第 98 頁。

⑤ 北京圖書館金石組：《北京圖書館藏中國歷代石刻拓本滙編》（8），中州古籍出版社 1989 年版，第 200 頁。

⑥ （後晉）劉昫等：《舊唐書》卷一百七十四，中華書局 1975 年版，第 4521 頁。

［4］長慶：唐穆宗李恒年號。其後為唐敬宗李湛年號寶曆，唐文宗李昂年號大和、開成。期間李德裕先後任考功郎中、御史中丞、浙西觀察使、兵部侍郎、檢校兵部尚書、西川節度使等職。處：即“處”字。

［5］亷：即“廉”字。垂足變“灬”，碑刻文字習見。

［6］静專：静好專一。語出《易經·繫辭上》：“其静也專，其動也直。”韓康伯注：“專，專一也。”① 閟：本義為關門。引申為隱藏。《説文解字》：“閟，閉門也。”②

［7］餙：同“飾”。《唐代墓誌彙編》作“飾”，非原刻。

［8］癹：即“發”字。書寫時，其構件“殳”，變作“攵”。北魏正光四年(523)《元譚妻司馬氏墓誌》：“動貌無虧，發言斯正。”③ 相對《元譚妻司馬氏墓誌》的“發”，此誌“癹”的形符“弓”發生了漸變。又如，太和二十三年（499）《元彬墓誌》：“發彩蕃華。”“發”寫作“癹”④。

［9］“其”下一字左上角泐，諦視，似“資”字。《全唐文补遺》未釋。

［10］“不”上一字泐，據《唐代墓誌彙編》《全唐文補遺》補。

［11］盬：即“盐”字。盐鐵：煮鹽和冶鐵。秦漢以降，鹽鐵為官府專營，是國家税收的主要項目。

［12］鄠縣：秦邑名，在今陝西省户縣北。唐屬京兆府。

［13］李德裕，大和七年（833）和開成五年（840）兩度為相。新舊《唐書》均有傳。

［14］廣文館：唐天寶九年（750）於國子監增開，設博士、助教等官，有學生六十人。《舊唐書·職官志》：“廣文館博士二人。正六品上。天寶九載置，試附監修進士業者。置助教一人，至德後廢也。”⑤ 誌載開成末盧就“除廣文館博士”，表明至德後廣文館尚在，當以誌校史乘之誤。

［15］弘宣：即盧弘宣，字子章。元和中，擢進士第。開成中，山南、江西大水，賑䘏。還，遷京兆尹、刑部侍郎。《唐僕尚承郎表·兵刑工尚侍》“刑侍”條：“盧弘宣會昌初由京尹换刑侍，出為劍南東川節度使，時約二三年。”⑥ 誌與史乘一致。詳見《新唐書·盧弘宣傳》。

---

① 十三經注疏整理委員會：《周易正義》卷七，《十三經注疏》，北京大學出版社 2000 年版，第 321 頁。

② 丁福保：《説文解字詁林》卷十二上，中華書局 1988 年版，第 11619 頁。

③ 趙力光：《鴛鴦七誌齋藏石》，三秦出版社 1995 年版，第 62 頁。

④ 北京圖書館金石組：《北京圖書館藏中國歷代石刻拓本滙編》（3），中州古籍出版社 1989 年版，第 42 頁。

⑤ （後晉）劉昫等：《舊唐書》卷四十四，中華書局 1975 年版，第 1892 頁。

⑥ 嚴耕望：《唐僕尚承郎表》卷四，上海古籍出版社 2007 年版，第 293 頁。

［16］會昌五年（845），淮南節度使李紳按江都令吴湘盜用程糧錢，强娶所部百姓顔悦女，估其資裝為贓，罪當死。湘，武陵之兄子也，李德裕素惡武陵。此事一下便捲入“牛李黨争”之中，影響深遠。“牛李黨争”指以牛僧孺、李宗閔等為領袖的牛黨與李德裕、鄭覃等為領袖的李党之間的争鬥。大中元年（847）十二月案情反轉，已貶為太子少保的李德裕再貶為潮州司馬。事見《資治通鑑·唐紀·武宗》。此案由崔元藻和李稠調查審理①，墓誌表明盧就亦參與審理，可補史闕。

［17］“党”下一字，上泐，下清晰，似“羗”，同“羌”。党羗：即党項羌。《全唐文补遺》未釋。

［18］“廷”上一字泐，據上下文義，為“朝”。《唐代墓誌彙編》作“朝”，是。《全唐文补遺》未釋。

［19］“溥”字微泐，尚可辨。《唐代墓誌彙編》《全唐文补遺》未釋。

［20］“封”，《全唐文补遺》作“爵”。

［21］“女”下一字泐，據下文“長女嫁趙郡李義抱，尋終。兩人皆小”，知女三人。《全唐文补遺》未釋“三”。

［22］《全唐文补遺》未釋“終”上三字。

彙考

會昌五年（845）十二月，党項攻陷邠、寧、鹽三州交界城堡，屯於叱利寨。宰相李德裕次年正月十一日上書，主張以招撫為主②，武宗决意討之。當年發生了震驚朝野的“揚州吴湘案”，誌載盧就作為“入為侍御史，推吴湘冤事甚直”。隨後“遷比部員外，由比部為度支外郎。天子赫怒党羌，未暇調食，卒徵天下兵屯于囗上，君佐大計，理出入”。史書與墓誌一致，征討党項在會昌六年（846）。因尚未作好準備而十分倉促，但規模盛大。《舊唐書·武宗紀》：“兵部侍郎、判度支盧商奏：‘諸道兵討伐党項，今差度支郎官一人往所在有糧料州郡，先計度支給。’從之。”③ 此盧君，即誌云“度支外郎”盧就，負責徵集糧草。相關史料載該年招討党項，但詳情闕如。周偉洲先生認為這可能與同年三月武宗之死、各鎮使未出兵或小有戰鬥、未能改變党項屯集叱利寨局面有關④，墓誌提供了朝廷廣泛調兵與周密部署的信息，可補史闕。

① （宋）司馬光編著，（元）胡三省音注：《資治通鑑》卷二百四十八，中華書局1956年版，第8014頁。

② 傅璇琮、周建國：《李德裕文集校箋》，河北教育出版社2000年版，第316頁。

③ （後晉）劉昫：《舊唐書》卷十八，中華書局1975年版，第609頁。

④ 周偉洲：《唐代党項》，廣西師範大學出版社2006年版，第70頁。

153 姚中璠墓誌 大中九年（855）二月十七日

説明

墓誌出土於河南省洛陽市邙山鄉，現藏洛陽古代藝術館。誌石高、寬均 33.5 cm。張彤撰文，韓希從書丹。誌文 18 行，滿行 18 字。楷書。微泐，上邊緣中間殘，損數字。誌蓋缺。

誌文

大唐故飛龍洛苑判官、登仕郎、試左金吾衛/兵曺粂軍、上柱國吴興姚府君墓誌銘并序[1]。/

陳人張彤撰，昌黎韓希從書。/

吴興姚公，諱中璠，本京兆人也。其緒即/帝舜之苗裔，歷湯、禹、殷、周、漢、魏之代，王公侯伯，/流芳不絕。季晉宋武之際，秦王諱萇，即公之近/祖也[2]。

公迩纓不曜，高道弃圡。三銜爵諱，刪而濳云[3]。/公七歲授詩禮於師，十五閱文詞於友，博知廣/識，[僚] 侶不及也[4]。弱冠濯纓，當年顯秩[5]，辟之為椽，/ [咸議] 得人[6]。歷二十年，風教益著。

夫人范氏。有/ [子四] 人[7]：長曰宣略，次曰宣晬，次曰宣畦，幼曰宣□。於乎！/ [夭] 折良木[8]。至大中八年末秋三日，暴疾終於洛/牧公田之私第，享年五十有五。文武傷歎[9]，路行/咨嗟，遠近聞之，如喪子產[10]。沐恩者感懷其惠，欽/德者仰慕其風。即以九年二月十七日，歸葬于/邙山之陽，祔先塋之禮也。乃為銘曰：/

禮樂兼身，剄柔克偹。恭恭仕莭，珪璋同美[11]。/ [弱冠] 濯纓[12]，芳年顯位，佯佯令問，歿而□□。/

著録

1.《洛陽出土歷代墓誌輯繩》689。2.《隋唐五代墓誌滙編·洛陽卷》14－46。3.《唐代墓誌彙編續集》1003。4.《全唐文補遺》6－167。

注釋

［1］登仕郎：文散官。唐始置，為文官第二十七階，正第九品下階。金吾衛：唐十六衛，分設左右金吾衛，掌管皇帝禁衛、扈從等事的親軍。大將軍各一員，正三品。兵曹參軍各二人，正八品下。參《舊唐書·職官志》《唐六典》。姚：即“姚”。下文作“姚”。

［2］誌稱“帝舜之苗裔”，乃偽託。近祖“秦王諱萇”，即建立後秦的姚萇，誌主實為羌姚後裔。

［3］“而”下字泐，諦視拓片，是“濳云”。《唐代墓誌彙編續集》未釋。“濳”，《全唐文補遺》作“靡”，非。

［4］“侶”上一字，拓片殘缺，據文例，疑為“僚”。《全唐文補遺》未釋“公”“識”“僚”。

［5］濯纓：洗滌冠纓。語出《孟子·離婁上》：“有孺子歌曰：‘滄浪之水清兮，

可以濯我纓。'"① 後以"濯纓"喻超凡脱俗、品格高潔。顯秩：顯赫的官位。

［6］"得"上殘缺，據文例，疑為"咸議"。《全唐文補遺》未釋"得"。椽：即"掾"的偏旁訛混字。謂掾吏、掾佐、掾屬。《全唐文補遺》徑作"掾"，非原刻。

［7］"人"上殘缺，據下文，應是"子四"，故補。

［8］"折"上一字殘缺，據文義似"摧"字。《唐代墓誌彙編續集》作"夭"，義通。

［9］"傷"下一字，拓片清晰，是"歎"。《唐代墓誌滙編續集》作"歎"，左下少一横，不取。

［10］子産：字子美，春秋時期鄭國政治家，廉潔奉公。執政期間國家穩定，軍强民富。及卒，鄭民盡哀，三月不行樂。《左傳·昭公二十年》："仲尼聞之，出涕曰：'古之遺愛也。'"② 以子産頌姚公。

［11］"同"下一字左半殘，右存筆畫似"美"，同"美"。《唐代墓誌彙編續集》未釋。

［12］"濯"上二字泐，據上文補"弱冠"。古代男子二十歲為成人，因初加冠，身體未壯，故稱。

---

① 十三經注疏整理委員會：《孟子注疏》卷七上，《十三經注疏》，北京大學出版社 2000 年版，第 232 頁。

② 十三經注疏整理委員會：《春秋左傳正義》卷四十九，《十三經注疏》，北京大學出版社 2000 年版，第 1622 頁。

154 孫景商墓誌 大中十年（856）十月二十七日

蓋

墓誌

説明

墓誌於河南省洛陽市出土。現藏洛陽古代藝術館。蔣伸撰文，孫備書丹。誌石高、寬均 80 cm。誌文 34 行，滿行 36 字。楷書。下邊緣泐，左右角微殘。蓋石高、寬均 79cm，楷書“唐故天平軍莭度贈兵部尚書樂安孫府君墓誌銘”。

蓋

唐故天平軍/莭度，贈兵部/尚書，樂安孫/府君墓誌銘。/

誌文

唐故天平軍莭度、鄆曺濮等州觀察處置等使、朝請大夫、檢校禮部尚書、使持莭、鄆［州/諸］軍事兼鄆州刺史、御史大夫、上柱國、賜紫金魚袋，贈兵部尚書孫府君墓誌銘并序[1]。/

翰林學士承旨、通議大夫、戶部侍郎、知制誥、上護軍、賜紫金阝魚袋蔣伸撰[2]。/

公諱景商，字安詩，樂安人也[3]。其先陳大夫田完之後[4]。完之玄孫曰書，為齊大夫，伐樂安有功[5]，/封樂安，賜姓孫氏。及晉，有長秋卿曰顗，顗五代孫惠蔚，後魏光禄大夫[6]。兆名蔚[7]，以儒學文帝/恒召論講，增名之惠[8]。六代祖諱孝敏，隋為晉陽令兵部尚書，以忠正翼時，唐追封晉陽公[9]。曾/王父諱嘉之，天冊中，昇進士拔萃二科，有大名扵天下，而官止宋州司馬。王父諱遘，年未弱/冠，兩登制策殊等，至左補闕。父諱起，有才不展，終滑州白馬縣令。故稱孫氏為學家。公白/馬府君之第二子。母夫人隴西李氏，姑臧上族也。公幼奇卓，動舉與凢兒異[10]，稍長，力文學。/讀書見古人闡才振莭以輔時，必深揣擢[11]，且有以自練其志。性端介[12]，寡與人交。大和二年，清河/崔公郾下擢進士甲科，赴諸侯之辟于蜀西川、于荊、于越，凢所徑，悉當時名公[13]。公亦以國士/之道，居于其府。御史丞得其名，奏為監察，歷殿中侍御史，益有名。入尚書省為度支負外郎[14]。/丁继母裴夫人憂，毀逾扵禮。卒喪，除刑部負外郎，轉度支郎中。時宰相李德裕專國柄[15]，忿/公不依己，黜為温州剌史，移滁州剌史。理二郡，以慈煦弱，以嚴御豪。其他施設，皆可稱紀。/今上即位，徵為刑部兵部郎中，遷諫議大夫。居數月[16]，疏四五上，皆政之失而除授之乖忝者[17]。/大中五季，今西川白丞相為京西北招討，都統諸軍，以討叛羌[18]，奏公為行軍司馬，授左庶/子兼御史中丞，賜紫金阝魚袋，并授余招討副使[19]。時党羌仍歲擾邊，/上怒，命宰相出征。當時議者以士羸食窘，遽難收功。然其勢峻嚴，不可争止。公佐理之外，與/余從容講畫[20]，掇取精理，懇貢其說。白丞相納其言，奏罷討，以恩信撫馭，不日寧格。徵拜給事/中。半歲，為京兆尹。一持正道，豪人望風斂束[21]。視案牘，靡晝夜。試問其官理要目，屈指歷歷，如/手持文。居二年，政以清，遷刑部侍郎，風望愈美。條上當司要事餘十件，詔悉可之。出拜天/平軍莭度、鄆曺濮觀察等使、檢挍禮部尚書兼御史大夫。鄆自七八年亟發戍邊士，軍儲□/闕[22]，人業寢困。公至未旬歲，而廩溢帑豐，編人温飽[23]。扵其時，搢紳間權天下在顯位而宜持/相柄者[24]，公首在其數。年六十四，以大中十季八月廿二日薨于鎮。善人驚惜，連口悼嗟。/上素知其人，軫動且久，不視朝一日，贈兵部尚書，賻祭如常禮。即以其年十月廿七日祔先塋，/葬于河南府河南縣平樂鄉杜郭村[25]。

夫人河南于氏，潁川縣君，宣歙觀察使敖之女。淑哲稱於/家[26]。有子七人：曰備，曰侑，曰伉，曰倰，曰伾，皆于之出也；小男曰儼，曰攸，並專謹力學。備有文，已/二舉進士；伉，右千牛偹身；伾，僕寺進馬。女子子五人，上三人，于之出。長嫁南陽張雲，雲文敏/之士，苐進士，今為集賢校理。四女未笄。公深理道[27]，在劇權時，綠衣吏抱牘羣來，藂立扵前[28]，/公對賓笑語，剸決各到精理[29]，不見停筆。為人潔静自虜，不事刓飾，不馳名聲，而全德令問，自然/而至。不為請謁，不希貴顯，而高爵清袟[30]，亦隨而至。然不得一日相吾君，以恢至理，斯則為恨。[性]/孝友[31]，奉孀姊，頗盡莭。居大官，服物無華飾，率常以退休為念。將葬，其舊吏持狀來云：前有命，［請］/余為文[32]，誌於墓。余重悲酸，且以相得卅年，晚歲益密，即問諳熟，他不我先，吏來宜也。銘曰：/

德也強固[33]，才也恢弘。曷與其資，不畢其能。慶宜永流，子孫繩繩。

長子備書[34]。/

著録

1. 周紹良藏拓本。2.《隋唐五代墓誌滙編·洛陽卷》14－66。3.《唐代墓誌彙編》2245。4.《全唐文補遺》6－172。

注釋

［1］“曺”下一字泐，據下文“出拜天平軍莭度、鄆曹濮觀察等使、檢校禮部尚書兼御史大夫”補“濮”字。虙：即“處”的異體。鄆州：隋開皇十年（590）置，大業改東平郡。唐武德五年（622），置鄆州為總管府，管鄆、濮、兗、戴、曹五州①，後改都督府。故云“鄆曺濮等州”。貞觀間撤府，治須昌縣（今山東東平縣西北。乾元時復鄆州。）“軍”上，拓片殘，據上下文義，是“州諸”二字。《全唐文補遺》未釋，並作一字。

［2］旨：即“旨”字。蔣伸：字大直，常州義興（今江蘇宜興）人。登進士第。初拜右補闕、史館修撰，大中末官至中書侍郎、平章事，累遷太子太傅，贈太尉。兩《唐書》有傳，皆附於其父《蔣義傳》後。

［3］景商：孫景商，其先齊之樂安（今山東廣饒）人。齊大夫書之後。《資治通鑑·唐紀·宣宗》：“上以南山、平夏党項久未平，頗厭用兵。崔鉉建議，宜遣大臣鎮撫。三月，以白敏中為司空、同平章事，充招討党項行營都統、制置等使，南北兩路供軍使兼邠寧節度使。敏中請用裴度故事，擇廷臣為將佐，許之。夏，四月，以左諫議大夫孫景商為左庶子，充邠寧行軍司馬，知制誥蔣伸為右庶子，充節度副使。伸，係之弟也。”②

［4］“完”上一字似“田”，又似“曰”。田完，春秋時期陳國陳厲公之子，字敬仲。避禍至齊國，改姓田。玄孫齊國大夫田書伐莒有功，齊景公封田書於樂安，賜姓

① （後晋）劉昫：《舊唐書》卷三十八，中華書局1975年版，第1442頁。

② （宋）司馬光編著，（元）胡三省音注：《資治通鑑》卷二百四十九，中華書局1956年版，第8045－8046頁。

孫氏。《左傳·莊公二十二年》稱“陳完”①，《史記·田完世家》稱“田完”②。《新唐書·宰相世系表·媯姓孫氏世系》：“齊田完，字敬仲，四世孫恒子無宇，無宇二子：恒、書。書字子佔，齊大夫，伐莒有功，景公賜姓孫氏，食采於樂安。”③ 據此，“完”上一字，是“田”字。《全唐文補遺》作“曰”，誤。

［5］“有”下一字泐，存痕似“功”。

［6］《新唐書·宰相世系表·媯姓孫氏世系》：“晉長秋卿，二子：顗、芳。”④ 顗避居河朔，居武邑武遂，五代孫苑、蔚。蔚二子：伯禮、方嗣。

［7］“名”上一字泐，諦視，是“兆”字。《全唐文補遺》未釋。

［8］孫惠蔚，字叔炳，北魏祕書監、棗彊戴男。孫氏自晉長秋卿到惠蔚，世代以大儒傳家。孝文帝太和間，理定雅樂，惠蔚參與此事。宣帝正始年間宮内侍講，帝下詔在單名蔚前加“惠”字。歷任黄門侍郎、中散大夫等職。育二子：伯禮、方嗣。“文”下一字存上半“立”，《唐代墓誌彙編》作“帝”，是。《全唐文補遺》作“章”，不取。又，《唐代墓誌彙編》釋“論講”作“講論”，誤倒。

［9］“唐”下一字，左上角泐，存痕似“追”字。《全唐文補遺》未釋。

［10］凣：即“凡”字。

［11］“揣”下一字泐，從字形結構看似“擢”，通“榷”。“榷”，通“確”，明白。《全唐文補遺》釋作“榷”，義同詞非。

［12］端介：正直耿介。《遼史·郭襲傳》：“性端介，識治體。”⑤

［13］悉：即“悉”字。

［14］度支：掌管貢税租賦的統計、調撥、支出等事。魏晉及隋設度支尚書。唐屬户部，為度支郎中，全稱“尚書省户部度支司員外郎”。天寶後，軍費浩繁，由宰相判度支。《舊唐書·源休傳》：“會涇原兵叛，立朱泚為主。……泚悦其言，以休為宰相，判度支。休遂為謀主，至於兵食軍資，遷除補擬，内外諮謀，一稟休畫。”⑥

［15］李德裕：字文饒，趙郡（今河北趙縣）人。唐代著名政治家、文學家。宰相李吉甫子。以蔭補校書郎，拜監察御史。歷仕憲宗、穆宗、敬宗、文宗四朝，在牛李黨争中為李黨領袖。大和七年（833）和開成五年（840）兩度為相。新舊《唐書》均有傳。

---

① 十三經注疏整理委員會：《春秋左傳正義》卷九，《十三經注疏》，北京大學出版社 2000 年版，第 305 頁。

② （漢）司馬遷：《史記》卷四十六，中華書局 1959 年版，第 1880 頁。

③ （宋）歐陽修、宋祁：《新唐書》卷七十三下，中華書局 1975 年版，第 2954 頁。

④ 同上書，第 2947 頁。

⑤ （元）脱脱等：《遼史》卷七十九，中華書局 1974 年版，第 1274 頁。

⑥ （後晉）劉昫等：《舊唐書》卷一百二十七，中華書局 1975 年版，第 3575 頁。

［16］數：即“數”字。

［17］“乖”下一字，左上角泐，餘清晰，諦視，是“忝”。《全唐文補遺》脱。

［18］與下文“党羌”同，皆謂党項。西川白丞相，即白敏中，字用晦，華州下邽（今陝西渭南）人，刑部尚書白居易從弟。新舊《唐書》《資治通鑑》均有傳。亦可參唐咸通二年（861）《白敏中及前妻崔氏墓誌》。

［19］余：即撰文人蔣伸。

［20］畫：谋劃，筹劃。《漢書·趙堯傳》：“高后元年，怨堯前定趙王如意之畫。”師古疏：“畫，謂畫策令周昌相。”①

［21］斂：即“歛”字，同“斂”。構件“殳”與“攵”相通；“攵”與“力”意義有一定聯係，碑刻中常换用。如“敕”，北魏永安三年（530）《元液墓誌》：“勑捻三軍，龔言继伐。”② 開皇十二年（592）《吕武及妻宇文氏墓誌》：“後勑已不盡公才，令入勳冑。”

［22］軍儲：指軍需物資。《晉書·殷浩傳》：“開江西暱田千餘頃，以為軍儲。”③“儲”下一字泐，無法辨識。《唐代墓誌彙編》作“寢”字。寢闕：陵墓。不取。

［23］編人：编入户籍的平民。《新唐書·李栖筠傳》：“歲仍旱，編人死徙踵路，栖筠為浚渠，廝江流灌田，遂大稔。”④

［24］“天”上一字，清晰，是“權”。《唐代墓誌彙編》作“摧”，非。冝：即“宜”字。

［25］杜：即“杜”字。

［26］淑：即“淑”字。受碑刻中“叔”字訛變的影響所致。西晉永平元年（291）《徐君妻管洛墓碑》：“夫人淑質清和，恭誠朗識。”⑤ 北魏永平二年（509）《元願平妻王氏墓誌》：“凝質淑麗，若緑葛之延谷。”⑥

［27］深：即“深”字。

［28］“立”上一字微泐，諦視，上“艹”，下“聚”，是“藂”。同“叢”。聚集。《唐代墓誌彙編》徑作“叢”，非原刻。

［29］剸决：專斷；决斷。《史記·朝鮮列傳》：“天子曰將率不能，前乃使衛山諭

---

① （漢）班固撰，（唐）顔師古注：《漢書》卷四十二，中華書局1962年版，第2097頁。

② 趙力光：《鴛鴦七誌齋藏石》，三秦出版社1995年版，第121頁。

③ （唐）房玄齡等：《晉書》卷七十七，中華書局1974年版，第2045頁。

④ （宋）歐陽修、宋祁：《新唐書》卷一百四十六，中華書局1975年版，第4736頁。

⑤ 北京圖書館金石組：《北京圖書館藏中國歷代石刻拓本滙編》（2），中州古籍出版社1989年版，第54頁。

⑥ 《北京圖書館藏中國歷代石刻拓本滙編》（3），第128頁。

降右渠，右渠遣太子，山使不能剸决，與左將軍計相誤，卒沮約。”①

［30］祑：原指祭祀順序。亦泛稱順序。《楚辭·劉向〈九歎·愍命〉》：“逐下祑於後堂兮，迎宓妃於伊雒。”王逸注：“下祑，謂妾御也。”②“祑”字，清晰。《唐代墓誌彙編》《全唐文補遺》作“秩”，非。

［31］“孝”上一字泐，《唐代墓誌彙編》作“性”。據文義，可採。

［32］“命”下一字，拓片殘。《唐代墓誌彙編》作“請”，可採。

［33］“德”字，清晰。《全唐文補遺》作“志”，非。

［34］備：指孫備，誌主長子。誌云：“有子七人：曰備，曰侑，曰伉，曰倰，曰伾，皆于之出也；小男曰儼，曰攸。”又，《孫備墓誌》：“公諱景商，君其嫡長子也。……君之弟曰储、澥、伉、倚、鐸、埴。”《新唐書·宰相世系表·媯姓孫氏世系》載景商子備、儲、伾、儉、偓、伉、佾③。二誌與《新唐書》明確指出孫備為景商嫡長子。但餘者有出入。《孫景商墓誌》書丹者為誌主長子，不可能弄錯兄弟名。同書《孫偓傳》：“孫偓，字龍光。父景商，為天平軍節度使。……兄儲，歷天雄節度使，終兵部尚書。”④景商、備父子墓誌均無孫偓其名。從《孫備墓誌》撰文者“再從兄超三大夫守御史中丞上柱國賜紫金魚袋瑝”，以及“瑝於君（備）為群兄弟間最相愛”看，孫偓應為孫備從父之子，皆以“人”字為輩⑤。孫偓為景商子，有誤。當以墓誌正《新唐書》。

彙考

大中四年（850）党項侵擾邠寧地區，鳳翔節度與河東節度合兵反擊。《資治通鑑·唐紀·宣宗》載，大中五年（851）三月，“以白敏中為司空、同平章事，充招討党項行營都統、制置等使，南北兩路供軍使兼邠寧節度使。……以左諫議大夫孫景商為左庶子，充邠寧行軍司馬”⑥。誌云：“西川白丞相為京西北招討，都統諸軍，以討叛羌。”誌主孫景商為行軍司馬，撰文人蔣伸為招討副使，墓誌所記大中五年征討党項一事與史相合。

其時，党項頻繁擾邊，發諸道兵討之，連年無功，宣宗大怒，命宰相白敏中率軍

---

① （漢）司馬遷：《史記》卷一百一十五，中華書局1959年版，第2988頁。

② （漢）王逸：《楚辭章句》卷十六，《景印文淵閣四庫全書》（1062），臺北：臺灣商務印書館1986年版，第105頁。

③ （宋）歐陽修、宋祁：《新唐書》卷七十三下，中華書局1975年版，第2959－2961頁。

④ 《新唐書》卷一百八十三，第5386頁。

⑤ 尤煒祥：《兩唐書疑義考釋》，西泠印社出版社2012年版，第295頁。

⑥ （宋）司馬光編著，（元）胡三省音注：《資治通鑑》卷二百四十九，中華書局1956年版，第8045－8046頁。

出征。臣子們認為“士羸食窘，遽難收功”，反對貿然出征。孫景商與蔣伸掇取精理，懇頁其説。白丞相納其言，奏請停止對党項的大規模征討，“以恩信撫馭，不日寧格”。朝廷一方面恩信撫馭已降服的平夏党項，一方面堅決打擊桀驁不馴的南山党項。大中九年（855）“南山、平夏皆安”①。為避免大規模征討党項可能帶給唐朝的不利影響，誌主謀劃有功而被授予給事中之職。

① （宋）司馬光編著，（元）胡三省音注：《資治通鑑》卷二百四十九，中華書局 1956 年版，第 8056 頁。

155 白敏中及前妻崔氏墓誌 咸通二年（861）十月三十日

説明

墓誌於 1955 年在陝西省渭南縣太上村程家出土①。《新中國出土墓誌》認為出土於渭南縣辛市鄉北程村。現藏西安碑林。拓片高、寬均 93 cm。誌文 52 行，滿行 51 字。楷書，有縱橫界格，外有雙綫框。四側刻十二生肖紋。蓋毀。

誌文

唐故開府儀同三司守太傅致仕上柱國太原郡開國公食邑二千戶贈太尉白公墓誌銘

① 刻石時間，《新中國出土墓誌·陝西》作“十一月二日”；出土地點作“渭南縣辛市鄉北程村”。

并序。/

門吏翰林學士承旨朝議郎守尚書□部侍郎知制誥柱國賜紫金魚袋高璩撰[1]。/

初，宰相被戊戌詔：太傅喪，至自鳳翔府。宜以［朝班］翼永寧里第[2]。序吊哭禮[3]。璩適提筆粂密，命直內殿旁，用承旨結銜/故事[4]，非大朝會，不得與外廷通。次獨明日，得素服入謁，如平生。既申一慟，忽不知身世在所。其孫昭應縣尉夷道譯衛國夫人語[5]，/且置璩曰：太傅前立家國事[6]，夐苦夷遠，為不磨滅計[7]，今畦町不當理，即困禿自泥[8]，不能驚聳來者。子實太傅記室，従兩鎮五/年，宜乎味髓魄而登峯巒也。璩惶恐不敢讓，謹按[9]：白氏受姓柃楚[10]，本公子勝理白邑，有大切德，民懷之，推為白公[11]。其後徙居秦，實生武/安君，太史公有傳，遂為望族。元魏初[12]，因陽邑侯包為太原太守，子孫因家焉。逮今為太原人也。

公諱敏中，字用晦[13]，樹忠孝為根本。灌/以道德[14]，而培以詞學。鉤深決坼[15]，陽倚陰伏。扢古抵今，三光度縮[16]。以藝補鄉籍，不中。時穆宗皇帝以尚書苐業取浮譽，俾後生裁/出風態，拱折譚吐，如一手出。即揚鞭勞問，以踈數致規模[17]，聲容乏流品。臨卷隱机，号曰頑朽，尚不揖，唾去。中外猒怒[18]，坐有司不當職責，/出而被籍者[19]，索索墜地。文場一洗，唯精確不流者[20]，得負氣岳立，如霜殺百卉，而桂檜始相望。故公高揖殊等，李司徒聽為義成軍/節度使，聞公善名，召補從事[21]，奏試祕書省校書郎，移府邠州[22]，歷協律評事，專奏記。罷職，丁鄭國太夫人憂。服滿，有親交望拜者[23]，［亦］/不能如灰槁矣[24]。坐久得真粹[25]，方憶故時，標格里巷，蹈出崛行，則顏丁麽默在下[26]。俄拜右拾遺內供奉。上讀書愛《謚法》，懲勸寂盡[27]。/坐宰相索太常博士，唯公稱旨，以勞遷殿中侍御史。荇澈臨邠，詔公以侍御史衣朱衣銀印為莭度副使。凡兵賦虛實，風俗制/度，問公不問澈。時璩先司徒公職中丞事，前御史有帖削近俗[28]，悉解去。上章請公真為侍御史，尋治留臺事，改戶部右司負外/郎。武宗皇帝破迴鶻，裂潞軍，擒太原反者[29]，召公承詔意。鉛黃策畫，進兵部員外郎，充翰林學士。尋加職方郎中、知制誥，/賜紫，充承旨中書舍人、戶部兵部侍郎。時權臣有乘時得君，謂天下可以喜怒制而人皆銷死泥下者。公橫身守正，有不合理，即/欲呵叱，由是明廷儀物，多士修整，宛有棲息處。先皇帝藉會昌語兵後[30]，思得貞觀理平事，補報廟社，首命公入相，以兵部/侍郎同中書門下平章事。是日，當延英抗言曰：今嶺表窮民，實前朝舊相[31]，當事主時，輕家族如毛縷。及為奸人所得，顧柄任[32]，乃/焚溺之本耳[33]。此非必有缺陷，假若小不直，亦未傷大體[34]。且今日［㬮］前日[35]，豈继聖所宜言耶？上驚喜，即日詔還五宰相[36]，俄兼刑部/尚書、右僕射、司空、門下侍郎，歷集賢大學士、監修國典、太清宮使[37]。屬吐蕃有大喪[38]，大臣争廢立事，紀律四壞。有兵衆者，相起為盜，蔓延/波泊[39]，亭障安措。論者以朝廷久無邊患[40]，緣鎮因循，不事糧甲[41]。若一日問罪，必取笑奴虜[42]。公奉神筭，徵天下兵，捉險儌利[43]，納七關與/秦、武、渭三州，度隴山還為內地[44]，降男女羊馬無多少[45]。理□州[46]，立天雄軍，置威州[47]。先是，故老望西郡縣，皆冤痛泣血。及是，謂開元風日，可/屈指取。時內外畏公□大勳[48]，因間言玉蒙輿恐□□□争[49]。［內附三部］落[50]，強脆繫朝廷恩[51]，與即輸貢，落後聞羞愧，如出股鞭扵市[52]。今/各擁兵自大，若乘忿馳突[53]，肯不為烽戍憂[54]？況党項搖西北邊，縣道梗噎[55]。上果憶公威惠韜略，可整頓窮寇[56]，遂拜司空兼門下侍/郎平章事，充招討都統、邠寧莭度使，治寧州[57]。師行，［上］御安福樓，臨軒勞送[58]，錫以宸翰、通天帶[59]。用神策常扈蹕[60]，兵士撦左右隊/屬馬鞅下[61]。又命供奉樂官張鼓吹扵錫宴所，優寵徽數，人臣第一[62]。幕吏取侍臣[63]，皆銜真秩去。公始以智謀會，上意，復日揣磨/機要，器使傑俊，故得功用神速。既握兵外去，每一事，非關請不得專，則□有尋丈，無所施設[64]。党羌平，讓都統事，專治豳土。募新卒七千/人，增堡戍四十二所。換撿挍司徒平章事，充西川莭度使[65]。砭灼民害，屏除戎心[66]。冝增耀前史，以官移荊南節使，加太子太師，用軍儀見[67]。/嶺南莭度使李承勳，指麾湖南叛將[68]，即日承詔，遣騎卒迎處置使。以故綿湖嶺嘯聚者[69]，乞不相保。今上以孝德正位，思掌出/祖宗帝業[70]，詔追入，冊司徒兼門下侍郎平章事[71]。對迴，切齒黨比，朝野震懾。尋充太清宮使、弘文館大學士[72]。上全以昇平/遲公，公非理具不舉意[73]。既為忤氣注脥[74]，得關中，惡寒，疾勢壯大，進攻股膂，步趍皆失力。上舉苗晉公，優禮許坐靈芝殿。公/辝避寵渥[75]，聯拜四章[76]。上愛惜愈牢[77]，聽公立中書受㫖，進開府儀同三司、行中書令，又還司徒，且上相不面天子[78]。僅/滿歲，雖剪刻万目[79]，條疏羣萃，而議論叢雜[80]，物不寧適，竟得鳳翔莭度使。未數月，以疾乞骸骨。上縻以東都留守，堅不可起，從太/傅致仕。宣麻日[81]，哀問至。以咸通二年七月十五日，薨于鳳翔府公館，享年七十。上廢朝二日，詔贈太尉，行冊告苐，賻布帛，命/使吊祭，申優典也。

曾祖温，皇檢挍尚書都官郎中，贈給事中。祖鏻，皇揚州録事叅軍，贈左僕射。烈考季康，皇宣州溧水縣令，贈/司徒。前娶河東薛氏，追封河東郡太夫人[82]。有子二人：長曰闤，杭州枍濳尉。次曰幼文[83]，睦州遂安尉。再娶平陽敬氏，累封鄭國太夫人。皇/綏州刺史令琬之女[84]。公即司徒之苐三子，鄭國太夫人之出也。公前娶博陵崔夫人，解縣令寬第五女[85]。有女三人，二人早歿，一/人適今主客員外郎皇甫煒，亦歿[86]。後娶今衛國夫人韋氏。祕書少監同靖之女。時公已承天旨，方振國勳。夫人整將相之風，/建閫闈之教。勤雍和理，九十八年[87]。洎于營奉襄事，咸遵古典。嗚呼！榮貴輝爀[88]，嚴明修檢，無以加矣。有女二人[89]，皆早世。男曰徵復，祕書省/著作郎[90]；次曰崇儒，祕書省校書郎，皆先公而歿。女二人，一人継歸今主客員外郎皇甫煒，亦歿。一人歸前集賢殿校理張溫士，亦歿。/主祭男曰可久[91]，京兆府叅軍。

年在童丱，宛有成人風彩。女曰錦兒。徵復娶博陵崔氏，有男曰承孫，見任祕書省校書郎[92]。公巖谷峭澹，/聲律沖秀[93]。窮慮而盡遺細故[94]，畏名而不近大莭。不以位踞，不以困遷。烹惡如破讎，種善如引嗜。不理堂廡，不飾服翫[95]。進才敘德，不記/親嫌[96]。無私託，無夙憂[97]。糸總教化，歷三朝二十年[98]。享羔鴈者，自宰相而下三十人。世以文儒進至公相者，無以肩比。臨鎮以瑞稱，墜鈕/以機枏。載在圖記[99]，故不書。以其年十月三十日，歸葬于華州下邽縣義津鄉洪義原。前崔夫人合祔，從先塋[100]，禮也。瑀實以文從公[101]。/公加太師，復入相，復大司徒[102]。瑀忝職內廷[103]，皆獲視草，則銘勳撰世。承衛國夫人請其何以辞。銘曰：/

惟唐受命，弈代啓聖[104]。倏覆八紘，[芒]開庶政[105]。得禹身律，傳堯心鏡[106]。由乎碩臣，继廾大柄[107]。其一。碩臣伊何，孤摽粹和[108]。道跂忠甲[109]，氣橫筆戈。/三光借朗，万象嬰羅[110]。蟠作瑞物，散為賡［歌］[111]。其二。扚以定位，握惟濟德[112]。愛日可親，頹波自息。邹郢序管，賁育賈力。衡斗內明，測景中植。其三。白玉任/璞，黃鐘本［宮］[113]。天爵攸富，人文可宗[114]。自抑迅羽，難攀逸蹤[115]。斥去浮態[116]，提來古風。其四。首悏帝圖，言翔天路。鬼識機兆，神誇理具。符晉運昌，安/劉計樹。勁節不撓[117]，宸心所注[118]。其五。丙魏唾掌[119]，韓彭振衣。台階益峻，將劒增威。鼎鼐勳著，山河誓歸。彤墀澤潤[120]，青史雲飛。其六。術本銷兵，功全去/害[121]，將澄滓粃，盡芟翳薈[122]。我擅既圭，虜首盡膾[123]。耻刷九廟，魂招四外。其七。波斷大業[124]，熖引皇綱。斡排二氣，接跡三王。國寶云輟，民嫉忽翔[125]。/紫微耀掩，蒼闕悲長。其八。草樹積慘，昆蟲茹毒[126]。大君震悼[127]，百辟序哭。風號雨淒，自晦而伏[128]。方賛時休，寧堪電遨[129]。其九。南瞻太華，北邇渭川[130]。崇/崗虎踞，拱木星連[131]。道仰朝旭，勳銘夜泉。終古不泯，芳猷自傳[132]。其十。

門吏朝議郎、行侍御史、柱國于瓌書[133]。/

著録

1.《新中國出土墓誌·陝西》2上－278圖，2下－231文。2.《隋唐五代墓誌滙編·陝西卷》2－100。3.《唐代墓誌彙編續集》1033。4.《全唐文補遺》3－244。

注釋

［1］瑀：即“璩”。高璩，字瑩之，渤海人。大中三年（849）進士，歷丞郎。懿宗繼位後短暫為相。名見《舊唐書·崔彦昭傳》。張珪外兄，餘不詳。參《張珪墓誌》。

［2］“以”下泐三字，第三字似“翼”。《唐代墓誌彙編續集》作“奠”，非。餘

二字，《唐代墓誌彙編續集》作“朝□”，《新中國出土墓誌·陝西》《全唐文補遺》作“朝班”，録以備參。

［3］“吊”上一字，似“序”。《唐代墓誌彙編續集》未釋。哭：即“哭”字。構件“口”變“人”。

［4］承百：亦作“承指”。逢迎意旨。“結”下一字泐，《全唐文補遺》作“銜”，可採。結銜：即“結草銜環”之省。結草指春秋晉將魏顆事，銜環用漢楊寶事，分別見《左傳·宣公十五年》《後漢書·楊震傳》。後以“結草銜環”為感恩圖報之典。“百”，即“旨”，其上空一格，《唐代墓誌彙編續集》以為泐一字，釋“承百結銜”作“承□□居□”，非。

［5］“國”“語”泐，尚可辨。《唐代墓誌彙編續集》未釋。

［6］“置”上一字，是“且”，《唐代墓誌彙編續集》作“其”，非。

［7］“不”下一字，下部微泐，諦視，是“磨”字。《唐代墓誌彙編續集》未釋。

［8］涅：即“泥”字。構件“匕”訛變為“工”，碑刻中習見。如北魏孝昌元年（525）《元誘妻薛伯徽墓誌》：“顧吾老矣，而不見此女。”① 孝昌二年（526）《富平伯于纂墓誌》：“曾未强仕，遽収難老。”②“老”，均寫作“老”。

［9］“謹”下一字，左“扌”旁，右下“八”，清晰。細審右上，筆畫不多。《新中國出土墓誌·陝西》《全唐文補遺》作“按”，可採。《唐代墓誌彙編續集》作“撰”，不取。

［10］柃：即“於”字。偏旁訛混。碑刻文字中構件“方”與“扌”形近混同，“扌”又與“木”混。如北魏熙平元年（516）《吴光墓誌》：“皇内司終扵天宫。”③ 神龜二年（519）《元祐墓誌》：“榮枯澹柃一槩，善惡不形二言。”④“柃”下一字上部泐，諦視，是“楚”字。《全唐文補遺》釋作“是”，非。

［11］誌稱白氏出自楚國羋姓。公子勝：熊勝，即白公勝。春秋時楚國大夫。其父太子建被構陷而出走。熊勝隨伍子胥出走到吴，後被召回，封在白邑（今河南息縣包信東南），子孫因地為氏。關於白氏來源，一説出自楚國羋姓，見此誌及白居易《家狀》。一説出自姬姓，見新舊《唐書》。現學界一致認為白氏出自西域胡姓（即白氏與西域之白或帛氏有關）⑤。

---

① 趙力光：《鴛鴦七誌齋藏石》，三秦出版社1995年版，第76頁。

② 同上書，第87頁。

③ 同上書，第38頁。

④ 北京圖書館金石組：《北京圖書館藏中國歷代石刻拓本滙編》（4），中州古籍出版社1989年版，第61頁。

⑤ 蹇長春、匡亞明：《白居易評傳》（上），南京大學出版社2011年版，第19頁。

［12］“魏”上一字微泐，可辨識，是“元”。元魏，即北魏。魏孝文帝遷都洛陽，改鲜卑本姓拓跋為元，史稱“元魏”。《全唐文補遺》未釋；又釋“初”作“蔑”，非。

［13］敏中：白敏中，華州下邽（今陝西渭南）人，祖籍并州太原（今山西太原）。白居易從弟。長慶初，登進士第。歷穆宗、敬宗、文宗、武宗、宣宗、懿宗六帝，累任邠寧、劍南、荊南節度使，位及宰相，“居四輔之首”①。鎮撫党項，其後“徙劍南西川，增騾軍，完創關壁。治蜀五年，有勞，加兼太子太師，徙荊南”②。見新舊《唐書·白敏中傳》。

［14］《全唐文補遺》未釋“灌”。

［15］“鉤”下泐三字，首字似“深”。餘二似“决坼”。《唐代墓誌彙編續集》作“史□”，非。

［16］捉：即“捉”字。構件“正”，隸變作“疋”，草寫作“之”。如“定”作“㝎”，見太和十八年（494）《陶浚墓誌》③、太和二十三年（499）《諮議參軍元弼墓誌》④。《唐代墓誌彙編續集》釋“捉”作“提”字，非。《全唐文補遺》未釋“庋”。

［17］踈：同“疎”，亦作“疏”。开通。《全唐文補遺》作“疎”，《新中國出土墓誌·陝西》《唐代墓誌彙編續集》作“疏”，是。

［18］猒：同“厭”。《新中國出土墓誌·陝西》《全唐文補遺》作“厭”。非原刻。

［19］坐：即“坐”字。《干禄字書》：“坐、坐、㘸，上俗，中、下正。”⑤

［20］“者”上一字，右边清晰，左“氵”旁，似“流”。《唐代墓誌彙編續集》作“疏”，非。

［21］從：即“從”字。從事：官名。漢以後三公及州郡長官所自辟的僚屬，多稱為從事。

［22］“州”上一字泐，細觀，是“邠”。《全唐文補遺》未釋。唐武德元年（618），改新平郡為豳州。開元十三年（725）改“豳”為“邠”。治新平縣（今彬縣）。

［23］“拜”上一字，右上泐，下為“王”。《唐代墓誌彙編續集》作“監”，非。

［24］“不”上一字拓片殘損，存上部“丶”。《唐代墓誌彙編續集》作“亦”，録以備參。

［25］“得”上一字泐，存痕似“久”。《唐代墓誌彙編續集》未釋。

---

① （後晉）劉昫：《舊唐書》卷一百六十六，中華書局1975年版，第4359頁。
② （宋）歐陽修、宋祁：《新唐書》卷一百一十九，中華書局1975年版，第4306頁。
③ 朱亮：《洛陽出土北魏墓誌選編》，科學出版社2001年版，第215頁。
④ 趙力光：《鴛鴦七誌齋藏石》，三秦出版社1995年版，第14頁。
⑤ 施安昌：《顏真卿書干禄字書》，紫禁城出版社1990年版，第42頁。

［26］“默”上一字泐，諦視，外“广”，内部上為“林”，下似“幺”，是“麽”。《新中國出土墓誌·陜西》《全唐文補遺》作“麽”，是。《唐代墓誌彙編續集》釋作“庾”，非。

［27］寂：即“最”字。構件“曰”，受到强勢筆畫“宀”的影響，“冂”縮短變形作“冖”；兩横一訛變作“丶”，一訛變作“丁”。如北魏正光六年（525）《李超墓誌》：“巨政崇治，綽居尤寂。”① 東魏武定二年（544）《元湛墓誌》：“功寂天下，名播海内。”② 又减省作“寂”，“耴”即“取”。見北齊武平二年（571）《乞伏保達墓誌》：“去病三軍之寂，叔夜七賢之美。”③

［28］“有”下一字，右“占”清晰。細審，左為“巾”旁，是“帖”。官府文書，公文。唐杜甫《新安吏》：“府帖昨夜下，次選中男行。”④《唐代墓誌彙編續集》作“怗”。

［29］“宗”，拓片清晰。《唐代墓誌彙編續集》作“崇”，非。此謂武宗會昌間，回鶻内亂。三年（843），烏介可汗率眾逼振武，河東節度使劉沔遣將石雄大破回鶻。“太原反者”，指會昌四年，河東都將楊弁，因士卒怨怒在太原兵變，歷四十日而平。見《資治通鑑·唐紀·武宗》。

［30］會昌：武崇李炎年號。《唐代墓誌彙編續集》未釋“處”，並下屬，作“□先皇帝”。又，釋“昌”作“日”，均非。

［31］“是”“英”“曰”三字泐，尚可辨。“嶺”“民”“實”泐蝕嚴重，據《新中國出土墓誌·陜西》《全唐文補遺》補。《唐代墓誌彙編續集》均未釋。

［32］“所”下一字，右上微泐，餘清晰，是“得”。《唐代墓誌彙編續集》作“侍”，非。“顧柄”二字，拓片清晰。《唐代墓誌彙編續集》釋“顧”作“剽”，非。未釋“柄”字。

［33］“焚”下泐一字，右是“弱”；諦視，左上存兩點，應是“氵”旁，是“溺”。焚溺：喻遭受傷害。《唐代墓誌彙編續集》未釋。

［34］“亦”下一字，兩横的兩端未封口，是“未”。《唐代墓誌彙編續集》作“束”，非。並未釋“傷大體”。

［35］“前”上一字泐，《新中國出土墓誌·陜西》《全唐文補遺》作“隳”，録以備參。《唐代墓誌彙編續集》釋“今”作“全”，非。並未釋“隳前日”。

---

① 北京圖書館金石組：《北京圖書館藏中國歷代石刻拓本滙編》（4），中州古籍出版社1989年版，第179頁。

② 《北京圖書館藏中國歷代石刻拓本滙編》（6），第109頁。

③ 《北京圖書館藏中國歷代石刻拓本滙編》（8），第20頁。

④ （清）施鴻保：《讀杜詩説》，上海古籍出版社1983年版，第60頁。

[36]“五”，清晰。《唐代墓誌彙編續集》作“平”，脱“日”字。

[37]“國”下一字泐，諦視，是“典”。國典：國家的典章制度。《全唐文補遺》作“史”，非。“太清”，《唐代墓誌彙編續集》作“□請”，非。

[38]“吐蕃”，《唐代墓誌彙編續集》作“□朝”，非。

[39]蔄：即“蔓”字。《説文》“叔”下段玉裁注：“又、寸皆手也，故多互用。”① 構件“又”變“寸”。如《景雲碑》“曼”作“㝵”。“寸”訛作“万”，如《元顯魏墓誌》作“㝑”。以“曼”為偏旁的字由此可類推。《尔朱襲墓誌》作“蔄”②，此作“蔄”。拓片清晰，《唐代墓誌彙編續集》未釋“盜”“蔓”“延”三字。

[40]邊患：邊境遭受到侵犯的禍患。“邊”，《唐代墓誌彙編續集》作“内”，非。

[41]“鎮”上一字泐，存痕似“緣”。“不”下泐三字，細觀，似“事糧甲”。《唐代墓誌彙編續集》均未釋。

[42]“罪”上一字，外“門”，内“口”，是“問”。《唐代墓誌彙編續集》作“刑”，非。並未釋“若一日”。笑：即“笑”字。

[43]筭：同“算”。儌：通“徼”。徼利：謀利，求利。《新中國出土墓誌·陜西》《全唐文補遺》作“徼”。

[44]“七”“内”，拓片清晰。《唐代墓誌彙編續集》未釋。

[45]“無”下泐二字，諦視，首字上下均為“夕”，是“多”。第二字似“少”。《唐代墓誌彙編續集》作“數”，非。

[46]“州”上字泐，無法識别。《新中國出土墓誌·陜西》作“秦”，待考。《唐代墓誌彙編續集》未釋“理”。

[47]此句雖泐，尚可辨。“天”，《唐代墓誌彙編續集》作“大”，並未釋“立”“雄”“軍”“威”四字。威州：唐大中三年（849）以安樂州改。治今寧夏同心縣東北韋州。《新唐書·地理志》：“威州，本安樂州。”③ 吐谷渾部落自凉州徙鄯州，不安其居，又徙靈州境。咸亨三年（672），以靈州故鳴沙縣地置州以居之，至德後没吐蕃。大中三年（849）收復，更名。《舊唐書·吐谷渾傳》：“及吐蕃陷我安樂州，其部眾又東徙，散在朔方、河東之境。……貞元十四年十二月……慕容復為襲長樂州都督、青海國王。”④ 唐威州，非今汶川威州。後者為唐維州，宋改威州。

[48]“公”下一字泐甚，不識。《全唐文補遺》作“了”，備參。

---

① 丁福保：《説文解字詁林》卷三下，中華書局1988年版，第3476頁。

② 北京圖書館金石組：《北京圖書館藏中國歷代石刻拓本滙編》（5），中州古籍出版社1989年版，第128頁。

③ （宋）歐陽修、宋祁：《新唐書》卷三十七，中華書局1975年版，第972頁。

④ （後晉）劉昫等：《舊唐書》卷一百九十八，中華書局1975年版，第5301頁。

［49］“玉”,《新中國出土墓誌·陝西》作“王”。“興”下泐四字，首字似“恐”。第二字，《全唐文補遺》作“熱”，不確。《唐代墓誌彙編續集》釋“争”作“于”，非。並未釋“言”“恐”二字。

［50］泐蝕嚴重，僅可辨“落”字。《新中國出土墓誌·陝西》《全唐文補遺》作“内附三部落”，録以備参。《唐代墓誌彙編續集》作“□樹□郡落”，字型不類，不取。

［51］“朝”上三字泐蝕甚，存痕似“强脆繫”。《唐代墓誌彙編續集》未釋“强”。並釋“脆繫”作“腕縈”，不取。

［52］“聞”“市”，拓片清晰。《唐代墓誌彙編續集》釋“聞”作“間”，非。並未釋“市”。

［53］宊：即“突”字。

［54］“戍”上一字，右“夆”清晰，左泐，存痕似“火”，又似“亻”。據上下文義，似為“烽”。烽戍：駐兵防守之處，設置烽燧。《北史·齊趙郡王叡傳》：“叡撫慰新遷，量置烽戍，備有條法。”①《唐代墓誌彙編續集》作“條”，非。

［55］“邊”上二字泐蝕甚嚴重，隱約可見“西北”二字。“噎”上一字，左似“礻”，又似“木”；右為“更”，似“梗”。阻塞；斷絶。《唐代墓誌彙編續集》作“使”，不取。並未釋“搖西北”“縣道”“噎”等字詞。

［56］“果”，《唐代墓誌彙編續集》作“卑”，非。寇：即“寇”字。

［57］“討”上泐二字，首字存痕似“充”。第二字左似“扌”，右為“召”，是“招”。《唐代墓誌彙編續集》未釋“充”“招”。《資治通鑑·唐紀·宣宗》載，大中五年（851）三月，“以白敏中為司空、同平章事，充招討党項行營都統、制置等使，南北兩路供軍使兼邠寧節度使”②。大中十年（856）《孫景商墓誌》：“大中五秊，今西川白丞相為京西北招討，都統諸軍，以討叛羌。”誌與史吻合。寧州：治所今甘肅省寧縣。

［58］“御”上字泐，《新中國出土墓誌·陝西》《全唐文補遺》作“上”，可取。《唐代墓誌彙編續集》未釋“上”“福樓”三字。

［59］錫：賜予。宸翰：帝王的墨跡。通天帶：即“通天犀帶”的省稱。通天犀，為中國神話傳説中有靈性的一種動物。頭上之角，中有一孔，上下通貫，能出氣通天。見《抱樸子·内篇·登涉》。用以裝飾腰帶，故名“通天帶”。

［60］筞：即“策”字。扈蹕：隨侍皇帝出行至某處。《舊五代史·世襲傳·李茂

---

①（唐）李延壽：《北史》卷五十一，中華書局1974年版，第1845頁。

②（宋）司馬光編著，（元）胡三省音注：《資治通鑑》卷二百四十九，中華書局1956年版，第8045－8046頁。

貞》："朱玫之亂，唐僖宗再幸興元，文通扈蹕山南，論功第一。"①

［61］"鞅"上一字泐，諦視，似"馬"。馬鞅：馬拉車時套在當胸的皮帶。《周禮·春官·巾車》："王之五路：一曰玉路，錫，樊纓，十有再就。"鄭玄注："纓，今馬鞅。"②《唐代墓誌彙編續集》未釋"馬"。

［62］"徽"下泐二字，細觀，首字似"數"。第二字似"人"，又似"大"。比較此誌中兩字字形，似"人"。《舊唐書·白敏中傳》："李德裕再貶嶺南，敏中居四輔之首。"③《唐代墓誌彙編續集》作"大"，不取。並未釋"數"。

［63］"取"上，《唐代墓誌彙編續集》衍一泐蝕字。

［64］"有"上一字泐，《新中國出土墓誌·陝西》作"索"，《補遺》作"素"，不確。此句《唐代墓誌彙編續集》釋作"則不自專，大無所施設"。非。

［65］大中七年（853），特進白敏中為成都尹，劍南西川節度副大使，知節度使。《唐方鎮年表》："《舊紀》：'正月，以劍南西川節度副大使，知節度事、管內觀察處置統押近界諸蠻及西山八國，雲南安撫、檢校司徒、同中書門下平章事白敏中以本官統荊南節度等使。'"④十一年（857）二月，白敏中任檢校司徒平章事，江陵尹，荊南節度使。

［66］"灼"上一字，右為"乏"，似"砭"。《唐代墓誌彙編續集》作"蒙"，非。並未釋"民""除"。

［67］"用"，拓片微泐。《唐代墓誌彙編續集》未釋。

［68］《唐代墓誌彙編續集》未釋"嶺"。李承勳：左羽林大將軍李光弼之孫。《資治通鑑·唐紀·宣宗》載，大中十二年（858）四月，嶺南都將王令寰作亂，囚節度使楊發。五月，以涇原節度使李承勳為嶺南節度使，發鄰道兵討亂者，平之。秋"李承勳以百人定嶺南，宋涯使麾下效其服裝，亦定容州"⑤。

［69］《唐代墓誌彙編續集》未釋"綿"。

［70］《唐代墓誌彙編續集》未釋"祖宗"。

［71］"入"，拓片清晰。《唐代墓誌彙編續集》未釋。

［72］"尋"，微泐，可辨。《唐代墓誌彙編續集》未釋。

［73］"遲""具"雖泐，尚可辨識。理具：猶才識。《三國志·魏志·裴潛傳》：

① （宋）薛居正等：《舊五代史》卷一百三十二，中華書局1976年版，第1737頁。

② 十三經注疏整理委員會：《周禮注疏》卷二十七，《十三經注疏》，北京大學出版社2000年版，第838頁。

③ （後晉）劉昫：《舊唐書》卷一百六十六，中華書局1975年版，第4359頁。

④ 吳廷燮：《唐方鎮年表》，中華書局1980年版，第981頁。

⑤ （宋）司馬光編著，（元）胡三省音注：《資治通鑑》卷二百四十九，中華書局1956年版，第8071頁。

“秀（潛子），咸熙中為尚書僕射。”① 《新中國出土墓誌·陝西》未釋“遲”。《唐代墓誌彙編續集》釋“具”作“且”；“意”作“□息”，均非。並未釋“遲”“理”及“公”字。

［74］“為”上一字泐，諦視，是“既”。《唐代墓誌彙編續集》作“慨”，非。脨，清晰。《新中國出土墓誌·陝西》《全唐文補遺》作“膝”，可從。“桼”與“來”形體相近而混。《唐代墓誌彙編續集》作“脤”，非。並未釋“忤”。忤氣：賭氣。

［75］辞：“辭”的古字。“公”，《唐代墓誌彙編續集》作“詔”，非。並未釋“辞避”二字。

［76］“聯”下泐三字，可辨識，為“拜四章”三字。《唐代墓誌彙編續集》未釋“拜”“四”二字。又，釋“章”作“卒”，非。敏中四次上表辭位。《新唐書·白敏中傳》：“咸通二年，南蠻擾邊，召敏中入議，許挾扶升殿。固求免，乃出為鳳翔節度使。三奏願歸守墳墓，除東都留守，不敢拜，許以太傅致仕。”②

［77］“牢”，拓片清晰。《唐代墓誌彙編續集》未釋。

［78］“上”字，清晰。《新中國出土墓誌·陝西》脱。《唐代墓誌彙編續集》釋作“二”，非。並於“天”字上，衍一泐蝕字。

［79］“滿歲”，《唐代墓誌彙編續集》釋“歲”作“咸”；“雖”作“唯”，均非。並未釋“滿”“剪”。

［80］“羣”“議”雖泐，尚可辨識。《唐代墓誌彙編續集》未釋“羣”；釋“議”作“器”，均非。

［81］宣麻：唐宋時，用白麻紙寫詔書以拜相命將。後遂以為詔拜將相之稱。《新唐書·百官志一》：“凡拜免將相、號令征伐，皆用白麻。”③ 《唐代墓誌彙編續集》未釋“麻”。

［82］“封”上一字，左泐，似内外結構，是“追”。《唐代墓誌彙編續集》脱“追”。

［83］“纫”下一字是“文”。《唐代墓誌彙編續集》作“父”，非。

［84］“綏”字雖泐，尚可辨識。《唐代墓誌彙編續集》作“復”，非。並未釋“令”。

［85］愽：即“博”字。“忄”與“†”相混。寛：即“寬”字。構件“克”由“艹”和“見”訛變並合成一個整體。

［86］皇甫煒，安定朝那人。唐咸通七年（866）《皇甫煒墓誌》：“兩娶太原白氏，

① （晉）陳壽撰，（南朝宋）裴松之注：《三國志》卷二十三，中華書局 1964 年版，第 673 頁。
② （宋）歐陽修、宋祁：《新唐書》卷一百一十九，中華書局 1975 年版，第 4307 頁。
③ 《新唐書》卷四十六，第 1184 頁。

並故中書令敏中之息女。"① 亦可見大中十二年（858）《皇甫煒妻白氏墓》："父敏中，即今相國節制荊門司徒公也。……大中二年，以長女歸于煒。……公以煒早忝科第，柔而自立，遂繼姻好。十年二月廿五日，又以夫人歸于煒。"② 與咸通二年（861）《白敏中及前妻崔氏墓誌》記載吻合。

［87］整：即"整"字。九：即"几"字。

［88］"爀"，清晰。光明貌。《新中國出土墓誌·陝西》《全唐文補遺》作"赫"，義近詞非。《唐代墓誌彙編續集》作"懗"，均非。

［89］《唐代墓誌彙編續集》作"三"，非。下文有"女二人"。

［90］"著作"，《唐代墓誌彙編續集》作"□直"，非。

［91］此句雖泐，尚能辨識。"久"，《唐代墓誌彙編續集》作"人"，並未釋"主祭男"三字。

［92］"祕"，《全唐文補遺》作"秘"，亦作"祕"。非原刻。

［93］"濸"，拓片清晰。《唐代墓誌彙編續集》作"拔"，非。又，釋"律"作"神"，亦非。並未釋"聲""冲秀"。

［94］"慮"，《唐代墓誌彙編續集》作"齒"，非。並未釋"細"。細故：細小而不值得計較的事。《史記·匈奴列傳》："朕與單於皆捐往細故，俱蹈大道，墮壞前惡，以圖長久。"③

［95］服翫：同"服玩"。指服飾器用玩好之物。《後漢書·宦者傳·曹節》："車馬服玩擬於天家。"④

［96］嫌：即"嫌"字。親嫌：因親屬而徇私的猜疑。宋蘇軾《次韻王定國謝韓子華過飲》："親嫌妨鶚薦，相對發微泚。"⑤《唐代墓誌彙編續集》釋"親"作"可"，非。並未釋"嫌"。

［97］"夙"上泐二字，諦視，是"託""無"，《唐代墓誌彙編續集》均未釋。

［98］緫：同"總"。"化"下一字泐，細觀存痕，下為"止"，似"歷"。《全唐文補遺》《唐代墓誌彙編續集》作"整"，字形不類，不取。

［99］壓：即"壓"字。同"厭"，亦作"猒"。壓鈕：亦作"壓紐"，謂覆壓在璧紐上。楚共王有寵子五人，無適立焉，於是密埋璧於大室之庭，使五人齊而長入拜，當璧而拜者，神所立也。語出《左傳·昭公十三年》。後以"壓紐"為作國君的預兆。

① 李獻奇、郭引强：《洛陽新獲墓誌》，文物出版社 1996 年版，第 112 頁。
② 趙君平、趙文成：《河洛墓刻拾零》，北京圖書館出版社 2007 年版，第 596 頁。
③（漢）司馬遷：《史記》卷一百一十，中華書局 1959 年版，第 2903 頁。
④（南朝宋）范曄撰，（唐）李賢等注：《後漢書》卷七十八，中華書局 1965 年版，第 2526 頁。
⑤ 張春林：《蘇軾全集》（上），中國文史出版社 1999 年版，第 226 頁。

枬：即“析”的異體。《唐代墓誌彙編續集》未釋“鎮”“機析”“載在圖”等字詞。

［100］“從”，與下文“璩實以文從公”之“從”為“從”字。與上文“從太傅”的“徙”，字形相同。“從”和“徙”形體本相似，碑刻文字受行草書影響，字形更加接近，漸變為同形字。如東漢建寧二年（169）《肥致墓碑》：“從蜀郡大守取之。”① 北魏正始四年（507）《元思墓誌》：“德充四海，弱冠從政。”②“徙”，普泰元年（531）《元誨墓誌》：“懼山隤谷從。”③ 武定八年（550）《源磨耶壙記》：“懼從陵谷。”④ 是“從”還是“徙”，需細審具體語境中的字詞關係，否則容易出錯。“先”上，《唐代墓誌彙編續集》衍一泐蝕字。

［101］《唐代墓誌彙編續集》未釋“公”。

［102］此句《唐代墓誌彙編續集》作“□□□□□復□稱□□司徒”，非。

［103］忝：常用作謙詞。《唐代墓誌彙編續集》作“天”，非。《後漢書·楊賜傳》：“臣受恩偏特，忝任師傅，不敢自同凡臣，括囊避咎。”⑤

［104］“唐”字上空一格，其上一字“忄”旁，是“惟”。《唐代墓誌彙編續集》作“唯□”，非。並未釋“受命”“弈”三字。

［105］“八”，《唐代墓誌彙編續集》作“分”，非。“開”上一字，似“芒”。《唐代墓誌彙編續集》作“政”，不取。庶：即“庶”字。構件“灬”變作“小”。《唐代墓誌彙編續集》不識。

［106］堯心：謂聖君的心願、抱負。

［107］碩臣：重臣；大臣。唐韓愈《送齊皞下第序》：“朝之碩臣，皆其舊交。”⑥ 升：即“升”字。

［108］摽：通“標”。各書均作“標”，非原刻。

［109］“跂”，清晰。《唐代墓誌彙編續集》作“趺”，非。

［110］“借朗”，《唐代墓誌彙編續集》作“明鏡”，非。並未釋“三光”“象嬰”四字。

［111］“賡”下一字泐蝕，無法辨識。《新中國出土墓誌·陝西》《全唐文補遺》作“歌”，備參。

［112］“扚”，《唐代墓誌彙編續集》未釋。“惟”，《唐代墓誌彙編續集》作

---

① 李獻奇、郭引强：《洛陽新獲墓誌》，文物出版社1996年版，第8頁。

② 北京圖書館金石組：《北京圖書館藏中國歷代石刻拓本滙編》（3），中州古籍出版社1989年版，第99頁。

③ 《北京圖書館藏中國歷代石刻拓本滙編》（5），第145頁。

④ 《北京圖書館藏中國歷代石刻拓本滙編》（6），第165頁。

⑤ （南朝宋）范曄撰，（唐）李賢等注：《後漢書》卷五十四，中華書局1965年版，第1778頁。

⑥ （清）董誥等：《全唐文》卷五百五十五，中華書局1983年版，第5615頁。

“帷”，非。

［113］“玉”“本”二字，清晰。《唐代墓誌彙編續集》釋“本”作“不”，非。“本”下一字泐，《新中國出土墓誌·陝西》《全唐文補遺》作“宫”，可取。黄鐘：樂律十二律中的第一律。《禮記·月令》：“〔季夏之月〕其日戊巳。其帝黄帝，其神後土。其蟲倮。其音宫。律中黄鐘之宫。”孔穎達疏：“黄鐘宫最長，為聲調之始，十二宫之主。”①《唐代墓誌彙編續集》未釋“黄鐘”。

［114］“爵”，《唐代墓誌彙編續集》作“符”，字形不類，不取。又，釋“富”作“當”；“宗”作“軍”，均非。並未釋“文”。

［115］“自”，微泐，可辨。跿：即“蹤”，拓片清晰。《唐代墓誌彙編續集》分别釋作“曰”“縱”，均非。

［116］“浮”下一字，上為“能”，下有“心”，是“態”。《唐代墓誌彙編續集》作“能”，非。

［117］“安”下各字雖泐，皆可辨識。《唐代墓誌彙編續集》釋“符晉”作“勁節”，非。未釋“劉計樹”“不撓”。

［118］“所”下一字泐，右為“主”，左似“氵”，又似“彳”。《新中國出土墓誌·陝西》《全唐文補遺》作“注”，可採。《唐代墓誌彙編續集》作“往”，不取。

［119］“丙”，《唐代墓誌彙編續集》作“芮”，字形相似而誤。並未釋“唾”。

［120］“澤潤”，清晰。《唐代墓誌彙編續集》作“誓歸”，非。

［121］“術”，《唐代墓誌彙編續集》作“循”，非。又，釋“去”作“車”，亦非。並未釋“害”，即“害”。

［122］“滓”字，“氵”清晰。《唐代墓誌彙編續集》作“宰”，非。“翳”，右上微泐。《唐代墓誌彙編續集》作“蓊”，非。

［123］“我”下一字，左微泐，似“扌”，是“擂”。扶持。《唐代墓誌彙編續集》作“攝”，非。“盡”下一字泐，諦視，是“膾”。《唐代墓誌彙編續集》未釋。

［124］“駈”，清晰可辨。《新中國出土墓誌·陝西》《全唐文補遺》《唐代墓誌彙編續集》皆作“驅”，非。

［125］娍：即“妖”的俗字。《唐代墓誌彙編續集》未釋“民”。

［126］《唐代墓誌彙編續集》未釋“毒”。

［127］《唐代墓誌彙編續集》未釋“震”。

［128］《唐代墓誌彙編續集》未釋“晦”。

① 十三經注疏整理委員會：《禮記正義》卷十六，《十三經注疏》，北京大學出版社 2000 年版，第 603 頁。

［129］遬：同“遫”“速”。《唐代墓誌彙編續集》未釋“雹”。

［130］逬：即“迸”字。《唐代墓誌彙編續集》未釋。

［131］拱木：稱墓旁之木，亦婉指已死。星連：形容多而密集。“星”，《唐代墓誌彙編續集》作“泥”，非。並未释“虎踞”“拱木”四字。

［132］芳猷：猶美德。“芳”，《唐代墓誌彙編續集》作“號”，非。

［133］“門”，《唐代墓誌彙編續集》作“州”，非。于瓌：字匡德。其先京兆高陵（今屬陝西）人，徙居河南。大中七年（853）癸酉科狀元。

彙考

晚唐，地方藩鎮割據勢力加劇，中央對邊疆地區控制力日漸減弱，各族開始擺脱唐朝控制並對國家穩定、安全構成重大威脅。内徙定居於陝北、河東地區的党項頻繁侵擾關中和河東地區，唐朝用兵歲久，國用頗乏。白敏中奏請停止大規模征討党項，鎮撫党項，以恩信撫馭，恩威並用。大中十年（856）《孫景商墓誌》：“士羸食窘，遽難收功。……白丞相納其言，奏罷討，以恩信撫馭。”《新唐書·白敏中傳》：“次寧州，諸將已破羌賊，敏中即説諭其眾，皆願棄兵為業。乃自南山并河按屯保，回繞千里。又規蕭關通靈威路，使為耕戰具。”① 奉諭於銀夏境内授予閒田，使之棄兵擇業安居，並減免靈、夏、邠、鄜四道百姓租税三年。大中九年（855）“南山、平夏皆安”②。敏中為唐朝對党項由大規模武力征討到和平招撫，並以招撫為主的政治、軍事、民族策略的轉變起到了重要作用，也極大緩和了党項與唐朝的矛盾。墓誌為之提供了實證資料。正是在這種背景下，党項諸部不斷發展壯大。

大中間唐朝與党項的史料，還可見部分晚唐墓誌，如咸通二年（861）《楊居實墓誌》：“洎大中四年，党羌狂悖，府君奉詔監撫長武、崇信等鎮將士行營。”③《孫景商墓誌》：“大中五秊，今西川白丞相為京西北招討，都統諸軍，以討叛羗。”大中十二年（858）《皇甫煒妻白氏墓銘》：“大中五年，司徒守司空兼門下侍郎同中書門下平章事、兼邠寧節度使京西諸軍都統。鎮撫党羌，廓清邊鄙。”④ 大中九年（855）《楊乾光墓誌》：“大中六年五月授丹州防使。其年冬，蕃寇侵掠，傷害居人，公累表奏請兵士，討伐奸黨，人户却復，鄉里城邑，獲保無虞，實公之全才智用也。”⑤ 党項寇擾丹

① （宋）歐陽修、宋祁：《新唐書》卷一百一十九，中華書局 1975 年版，第 4306 頁。

② （宋）司馬光編著，（元）胡三省音注：《資治通鑑》卷二百四十九，中華書局 1956 年版，第 8056 頁。

③ 吴鋼：《隋唐五代墓誌滙編·陝西卷》卷二，天津古籍出版社 1991 年版，第 99 頁。

④ 趙君平、趙文成：《河洛墓刻拾零》，北京圖書館出版社 2007 年版，第 596 頁。

⑤ 周紹良、趙超：《唐代墓誌彙編》，上海古籍出版社 1992 年版，第 2325－2326 頁。

州，為丹州防使乾光擊潰。丹州東距同州350里，西至鄜州180里，南距坊州260里，北至延州250里①。這一區域正是唐朝為党項劃定的定居區。周偉洲先生認為侵擾丹州的可能是南山党項，他們因居於鄜、延二州之北山地而得名②。可從。

① （唐）李吉甫：《元和郡縣圖志》，中華書局1983年版，第74頁。

② 周偉洲：《唐代党項》，廣西師範大學出版社2006年版，第60頁。

156　蓋巨源墓誌　咸通十五年（874）五月二十三日

蓋

墓誌

説明

墓誌現藏四川省博物館。誌石高、寬均61 cm，厚10 cm。誌文40行，滿行38字。楷書，有縱橫界格。盝頂蓋，高、寬均39.5 cm，篆書“唐故蓋府君墓誌之銘”。四周刻雙綫框，内刻雲紋。四煞刻纏枝菊花紋，外有單綫框。

蓋

唐故蓋/府君墓/誌之銘。/

誌文

大唐故銀青光禄大夫、檢校國子祭酒、守興元少尹、兼侍御史、清河蓋府君墓誌銘並序。/

前攝瀘州司馬兼軍事判官、將仕郎、試太常寺協律郎崔璲撰。/

蓋氏之先，起於神農時姜姓，封於齊，是為襄公之裔。襄公生桓公，當周世[1]，与晉同稱霸。後姜氏族分/呂氏，亦為周尚父[2]。周天子復封于齊，始自王父字為氏焉。逮于西漢，司隸挍尉諱寬饒，家于魏郡[3]，衍/冕相繼，皆族衍清河，今為清河人。昔者挍尉直聲大振扵本朝，抗禮每持扵衛尉，道秉剛毅，千古美/譚[4]，餘慶不泯，鍾于南陽貳尹。府君之德行，可謂紹繼祖先也[5]。府君諱巨源，字匡濟[6]。文武上才，金玉中/器[7]，立名既彰於流泒，立字可表扵智謀。故名之与字，得謂其實矣。曾祖諱庭佺，驍衛大將軍。王父諱/俶，河南府鞏縣令。皇考諱自正，劒南鎮静軍使[8]。公即鎮静之子也。公筮仕西蜀，年始佩觿[9]；職雖列扵/軍戎，道每親扵儒墨。尔後藝業雙茂，書劒齊聲。攻筆扎而八體是精，躭典墳而五行俱下。故名儒之/詞藻刊在貞石者，多請公之能事，即鄭中《牛頭山寺馮翎公瑞聖記》《益部江瀆廟酒泉公廣源碑》，/皆公之遺跡也[10]。以數善皆絕，吾道益高。節制相承，見待獨異。主連營而訓齊有序，臨軍鎮而關/戍無虞。既多立事之玏，累授中權之職。大中初，冄駹故俗首率歸降時，節度使扶風公，慮扣關之/精誠，恐蕃情之多詐。將為偵邏，慎選全才。公去，乃單車深逾雪嶺，斥候邊徼，具審戎心。不勞百戰/之玏，歸復數城之地[11]。曰權郡印，以報殊玏。自後監撫汶山，假領僰道[12]，皆聞異績，布在人謠。咸通四年，/蠻寇憑凌[13]，烽燧相警；一郡既失，万井未安[14]。是時丞相蘭陵公委公以左廂軍侯，司察巡警，人心/怗然。殊績是列扵奏章，竹使俄分扵嚴道[15]。公褰帷問俗，化洽藩條。廉每投錢，儉唯洗幘。長河既聞/於獸去，合浦果見於珠還。開鈴閣而琴罇滿床[16]，登庾樓而履舄交錯。蓋以公操剸有守[17]，莅理無私；/以致郡齋居多暇日[18]。及聞受代，耆老乞留。事類衛卒之叩頭，不墜次公之厚德。他日微黃之後，闔境/去思。果聞新恩，再臨舊地。寇恂之重來河内，異世齊名；黃霸之再莅穎川，今不讓古[19]。熊伏前軾，隼/飛舊旟。仁化復霑於齊人，頌庭更增扵茂草。公修孟氏之天爵，味老聃之退名。累至乞骸，曰而辭禄。/雖罷苻竹，爰奉詔書；蹔息繁機，又授興元亞尹[20]。居官未幾，疾疹所侵，以至掛冠，尋醫舊里。遽聞大/限，風燭俄隨，名德將沉，遠迩傷悼！以咸通十四年正月廿六日，歿于成都府成都縣花林坊之私第。/享年六十有三。

夫人太原郝氏，故黎州刺史郝同美之女。閨門令德，姻族所推。公已歌鼓盆，早傷/舞鏡。先公七年而終。子二人，長曰：居訓，兼殿中侍御史。義遵慈教，訓稟趨庭。亦擅二王之殊蹤，兼/負七步之才思；職列已重，憲秩兼崇。次子居誨，始總角之歲，有國士之風[21]。皆公之行義所積，鐘于/令嗣矣。女三人，長適將仕郎呂慶；次適吴郡陸翱[22]，早年乑逝[23]；次適兼侍御史杜武。皆泣血居喪，時稱/達禮，即以來年五月廿三日塟于成都府華陽縣昇僊鄉貿遷里[24]，附夫人權瑩。嗣子居訓，慮陵谷之/變遷，恐遮莭之莫辯[25]。曰捧官諱，求族人而銘紀。銘曰：/

蓋氏之先，齊襄之裔，分族姜呂，輔佐周丗。周復封齊，冠冕相繼，奇莭大名，/漢朝司隸。當時名士，前古清風，德行獨彰，秉直在躬，綿綿遠泒，積慶是鐘。/南梁亞尹，不墜強宗。束發戎行[26]，風標迥美。才藝優長，職業勤至。藩府重難，/次苐莅履。節制相承，見待獨異。才贍八斗，書侔二王。金錯連珠，鳥跱鸞翔。/大儒詞藻，翰墨是彰，援毫貞石，霶霈垂芳。冉駹故俗，姜維舊地，蕃渾嚮化，/降書日至。將偵深情，慎選其使，既審戎心，曰復故壘。五權郡印，二真竹符。/移文請火，置水投書。六條化洽，千里人蘇。郡齋多暇，稚歌投壺。考績既周，/人惜賢守。衛平叩頭，今而復有。惟懼徵黄，前思借寇。一境蒸黎，同心異口[27]。/旋聞新命，重褰舊帷。班白相慶，尫瘵伸眉。化理益靜，良術重施。嚴道于今，/未息去思。亞尹南梁，官聲纔振。將迎寵徵，遽聞疾疹。哲人其萎，高岳頹峻。/逝水云流，哀悼遠近。所嘆者何，公之才長。清名雖振，大位未彰。幸有令子，/其門必昌。松楸永茂，嗣續傳芳。/

著録

《唐代〈蓋巨源墓誌銘〉考釋》，《文博》2006（4）。

注釋

［1］齊襄公：春秋時齊國國君。僖公之子。名諸兒，謚襄。為公孫無知等所殺。公孫乃自立為君，被殺。襄公異母弟公子小白即位，是為齊桓公。誌稱“襄公生桓公”，誤。丗：同“世”。亦作“卋”。

［2］姜太公尚，尊稱“尚父”，輔佐周文王、周武王滅掉殷商，封太師。本姓姜，其先祖佐禹掌四嶽有功，封於呂，亦稱“呂尚”或“呂望”。周代齊國的始祖。見《史記·齊太公世家》。

［3］寬饒：即蓋寬饒，字次公，魏郡（今屬河北）人。舉孝廉獲職。西漢宣帝太中大夫，奉使稱意，擢為司隸校尉。見《漢書·蓋寬饒傳》。下文“挍尉”，即“司隸校尉”。武帝置，監督京師和地方監察官。參《漢書·百官公卿表》。誌稱蓋氏源出齊姜，為西漢名臣蓋寬饒之後，魏郡清河望族。

［4］羙：同“美”。美譚：亦作“美談”。令人稱道讚揚的好事。《公羊傳·閔公

二年》:“桓公使高子將南陽之甲，立僖公而城魯，或曰自鹿門至于争門者是也，或曰自争門至于吏門者是也。魯人至今以為美談。”①

［5］紹：即“紹”。承繼。《漢書·敘傳下》：“漢紹堯運，以建帝業。”② 紹継，同義連文。

［6］蓋巨源：唐文宗時人。《舊唐書》《新唐書》均無傳。誌文詳載其生平事跡，可補史闕。誌稱其“主連營而訓齊有序，臨軍鎮而關戍無虞。既多立事之功，累授中權之職”，並得“五權郡印，二真竹符”。與五代孫光憲《北夢瑣言·柳稗譏蓋巨源》有“蓋巨源使君，乃西川大校、累典雄郡，宅在苦竹溪”之語③，吻合。

［7］“中”，清晰。《唐代〈蓋巨源墓誌銘〉考釋》作“重”，非。中器：本“重器”。猶大器。喻能勝任大事的人。《漢書·梅福傳》：“士者，國之重器；得士則重，失士則輕。”④

［8］劒：同“劍”。鎮静軍：唐於松、茂州和彭州、成都間交通要衝灌口鎮置，治今四川都江堰市境。《舊唐書·韋皋傳》載，貞元十七年（801），韋皋出兵擊吐蕃，“令鎮静軍使陳洎等統兵萬人出三奇路”⑤。同書《吐蕃傳》：“詔韋皋出兵成都西山以紓北邊。皋遂命鎮静軍兵馬使陳洎等統兵萬人出三奇路，威戎軍使崔堯臣率兵一千出龍溪石門路南。”⑥ 可知，至遲貞元間已有鎮静軍使⑦。北宋乾德四年（966）改為永安軍。太平興國三年（978），改為永康軍。

［9］觽：即“觿”。亦作“鐫”。解結用具。也作佩飾用。《詩經·衛風·芄蘭》：“芄蘭之支，童子佩觿。”朱熹《詩集傳》：“觿，錐也，以象骨為之，所以解結。”⑧

［10］誌主精書法，其書法遺跡除誌文所載鄭中《牛頭山寺馮翔公瑞聖記》、成都西南《益部江瀆廟酒泉公廣源碑》外，《四川通志·輿地·金石》茂州直隸州條還載，大中十三年（859）《唐廻車院碑》，刺史蓋巨源撰；《唐刺史題黃堂梁記》，有寶曆元年（825）刺史竇季餘，大中三年（849）刺史劉成師，咸通三年（862）刺史蓋巨源撰⑨。

---

① 中華書局輯：《公羊傳精華》，中華書局 1939 年第 2 版，第 29 頁。

② （漢）班固撰，（唐）顔師古注：《漢書》卷一百下，中華書局 1962 年版，第 4235 頁。

③ 孫光憲：《北夢瑣言》，商務印書館 1939 年版，第 28 頁。

④ （漢）班固撰，（唐）顔師古注：《漢書》卷六十七，中華書局 1962 年版，第 2919 頁。

⑤ （後晉）劉昫等：《舊唐書》卷一百四十，中華書局 1975 年版，第 3824 頁。

⑥ 《舊唐書》卷一百九十六，第 5260 頁。

⑦ 榮新江：《唐研究》十九卷，北京大學出版社 2013 年版，第 212 頁。

⑧ （宋）朱熹：《詩集傳》卷三，中華書局 1958 年版，第 39 頁。

⑨ （清）常明修，楊芳燦纂：《嘉慶四川通志》卷六十，巴蜀書社 1984 年版，第 2173 頁。

［11］《資治通鑑·唐紀》載，大中三年（849）“西川節度使杜悰奏取維州”①。事亦見新舊《唐書·杜悰傳》。

［12］從《四川通志》所記誌主在茂州留下墨跡的時間看，大中十三年（859）至咸通三年（862），蓋氏為茂州刺史，與誌文“監撫汶山”一致。誌文撰文人崔璲，史無傳。同書載茂州《伏波廟碑》，咸通八年（867）左武衛兵曹參軍崔遂文②，崔遂與崔璲或為同一人。那麽，至遲於咸通八年（867）蓋氏仍在茂州任職。而茂州正是漢冉駹羌舊地，表明唐代冉駹就是漢代岷江上游冉駹後裔。

［13］寇：即“寇”。“冖”部與“宀”部相混，構件“元”與“支”分開，構件“元”訛作“礻”。北周宣政二年（579）《寇胤哲墓誌》作“寇”③。“支”隸省為“攵”，又被“殳”替换。“几”又變作“口”。如北魏孝昌二年（526）《元壽安墓誌》：“外連寇讎，内苞姧宄。”④ 建義元年（528）《寇慰墓誌》：“延至周文，遂作司寇，因以氏焉。”⑤ 孝昌二年（526）《寇偘墓誌》作“寇”⑥；正始元年（504）《元龍墓誌》作“寇”⑦。

［14］《資治通鑑·唐紀》載，咸通四年（863）“十二月，南詔寇西川”⑧。誌文“蠻寇”，當指南詔侵西川。次年，掠嶲州（今西昌市）。《新唐書·南蠻中》：（咸通）“五年，南詔回掠嶲州（今西昌市）”⑨。誌文所記與史乘吻合。

［15］竹使：借指州郡長官。嚴道：今雅安西。此謂蓋巨源任雅州都督府長官。

［16］鈴閣：亦作“鈴閤”。翰林院及將帥或州郡長官辦公地。“琴”下一字，左右結構，是“罇”。《唐代〈蓋巨源墓誌銘〉考釋》作“尊”。琴罇：亦作“琴罇”“琴尊”。指琴與酒樽。文人雅士悠閑生活用具。

［17］“操”下一字，左右結構，右為“刂”。似“剸”。操剸：喻處理政事认真。《唐代〈蓋巨源墓誌銘〉考釋》脱“剸”。

［18］致：即“致”字。“攵”與“支”意義相通，形體相似，故混用。

---

① （宋）司馬光編著，（元）胡三省音注：《資治通鑑》卷二百四十八，中華書局1956年版，第8040頁。

② （清）常明修，楊芳燦纂：《嘉慶四川通志》卷六十，巴蜀書社1984年版，第2174頁。

③ 北京圖書館金石組：《北京圖書館藏中國歷代石刻拓本滙編》（8），中州古籍出版社1989年版，第171頁。

④ 同上書，第41頁。

⑤ 同上書，第75頁。

⑥ 同上書，第54頁。

⑦ 毛遠明：《漢魏六朝碑刻校注》（4），綫裝書局2008年版，第32頁。

⑧ （宋）司馬光編著，（元）胡三省音注：《資治通鑑》卷二百五十，中華書局1956年版，第8107頁。

⑨ （宋）歐陽修、宋祁：《新唐書》卷二百二十二，中華書局1975年版，第6284頁。

［19］“古”上一字，觀拓，左右結構，是“讓”字。《唐代〈蓋巨源墓誌銘〉考釋》作“襄”，非。

［20］慙：同“慚”。興元：今漢中市。亞尹：少尹的别稱。唐皇甫冉《河南鄭少尹城南亭送鄭判官還河東》詩：“使臣懷餞席，亞尹有前溪。”①

［21］總角：古時因兒童束髮為兩結，狀如角，故名。《詩經·齊風·甫田》：“婉兮孌兮，總角丱兮。”② 借指童年。“國”下一字，清晰，是“圡”。《唐代〈蓋巨源墓誌銘〉考釋》作“士”。是。為了區别“土”與“士”，“土”字加點作“圡”。可能是受“土”加點的影響，“士”亦加點。但到魏晉以後，“圡”被固定下來，加點不論二横長短，有點者為“土”，無點者為“士”。墓誌用例，表明“土”與“士”加點仍在混用。國士：國中才能最優秀的人物。宋黄庭堅《書幽芳亭》：“士之才德蓋一國，則曰國士。”③

［22］陸翱：字楚臣，吴縣（今蘇州）人。陸涓之孫，宰相陸希聲父。進士及第。《全唐詩》存其詩兩首。事跡見《新唐書·宰相世系表》。

［23］炗：即“夭”字。右上一“丶”和右下一“丿”，均為碑刻文字中的衍劃，屬於裝飾性符號。如“目”加兩筆衍畫。東漢熹平二年（173）《魯峻墓碑》：“督司京師，穆然清邈。”④ 中平四年（187）《譙敏碑》：“其先故國師譙贛。”⑤ 又，上文“私”作“私”等。

［24］僊：同“仙”字。原字形繁復，後用作神仙的“仙”替代。1955年，成都羊子山第53號墓出土唐《張誼墓誌》：“窆於華陽縣升僊鄉貿遷里。”⑥ 知唐代華陽縣之升僊鄉貿遷里即今成都北郊羊子山一帶。

［25］“莭”上一字，拓片模糊，唯見“辶”字底，《唐代〈蓋巨源墓誌銘〉考釋》作“遮”，録以備參。

［26］“行”上一字，與下“戎”字型相同，是“戎”。戎行：行伍；軍隊。《唐代〈蓋巨源墓誌銘〉考釋》作“戍”，非。

［27］“異”下字泐，諦視，似“口”。《唐代〈蓋巨源墓誌銘〉考釋》未釋。

---

① 中華書局編輯部：《全唐詩》卷二百四十九，中華書局2013年版，第408頁。

② 十三經注疏整理委員會：《毛詩正義》卷五，《十三經注疏》，北京大學出版社2000年版，第406頁。

③ 黄寶華注：《黄庭堅選集》，上海古籍出版社1991年版，第420頁。

④ 北京圖書館金石組：《北京圖書館藏中國歷代石刻拓本滙編》（1），中州古籍出版社1989年版，第125頁。

⑤ 毛遠明：《漢魏六朝碑刻校注》（2），綫裝書局2008年版，第74頁。

⑥ 楊榮新：《唐代〈蓋巨源墓誌銘〉考釋》，《文博》2006年第4期，第96頁；《張誼墓誌銘》現藏四川省博物院。

彙考

冉駹，漢代西南氐羌部族名，亦指其國名。關於冉駹古國，甲骨有“冉”“龙”等字，或稱“冉黽羌”“冉龙羌”，即“冉駹”的記載①，反映了其在商代與商王朝的密切關係。《史記》單稱“冉”“駹”，或合稱“冉駹”。《史記·西南夷列傳》：“自筰以東北，君長以什數，冄（冉）駹最大。”張守節正義引《括地志》：“蜀西徼外羌，茂州、冄（冉）州，本冄駹國地也。”② 表明冉駹是岷江上游從夏商直至西漢中期强盛的古國。西漢元鼎六年（前111），以其地置汶山郡，治汶江（今四川茂縣北）。宣帝時廢。東漢復名，治綿虒，屬蜀郡。《舊唐書·地理志》：“汶山，漢汶江縣，屬蜀郡。故城在今縣北二里，舊冉駹地，晉汶山郡，宋廣陽縣。周為汶州，置汶山縣。隋初，改為蜀州，又改為會州。貞觀八年，改為茂州。”③

《舊唐書·東女國傳》“逋租國王弟鄧吉知”，隨東女國王湯立悉於貞元中入朝於唐，唐授“試太府少卿兼丹州長史”④。丹州乃西魏所置之汾州，後改丹州，隋廢，唐復置，隸關内道，故治在今陝西宜川縣東北。唐代少數民族首領入朝後，所授官職一般以所在地區而命名，少數以内地官名遥授。同書《地理志》茂州都督府下有冉州：“本徼外斂才羌地，貞觀五年置西冉州，九年去西字。領縣四，與州同置：冉山、磨山、玉溪、金水。”⑤ 茂州乃漢冉駹部中心，冉字與丹字形相仿，西山有冉州而無丹州，故疑逋租王弟鄧吉知所授丹州長史，是冉州長史之誤。如此，逋租部即斂才羌，屬冉駹羌種。《隋書·蘇孝慈傳附兄子沙羅傳》有冉駹羌的記載。隋文帝開皇八年（588），“冉駹羌作亂，攻汶山、金川（今四川理縣通化鎮）二鎮，沙羅率兵擊破之”⑥。唐咸通十五年（874）《蓋巨源墓誌》亦云：“大中初，冉駹故俗首率歸降。”表明唐宣宗大中間（847－859），岷江上游仍為冉駹羌活躍之地，且實力較强。從冉州所處地理位置看，逋租王弟鄧吉知所率羌部離茂州不遠，應在今茂縣境内，當為今日茂縣羌族來源之一⑦。换言之，冉駹即今茂縣羌族的重要來源之一。

誌文載冉駹酋率衆附唐，蓋巨源單車出使冉駹地，出色地完成了偵察、安置工作，並收復數城，為研究冉駹提供了實證資料。自唐以後，碑誌鮮有冉駹信息的記載，明代有些，但不多，如明萬曆年間活躍於四川南部宜賓一帶的都掌蠻遭遇明軍征剿，其

---

① 饒宗頤：《甲骨文中的冉與冉駹》，《文物》1998年第1期。

② （漢）司馬遷：《史記》卷一百一十六，中華書局1959年版，第2992頁。

③ （後晉）劉昫等：《舊唐書》卷四十一，中華書局1975年版，第1688頁。

④ 《舊唐書》卷一百九十七，第5278頁。

⑤ 《舊唐書》卷四十一，第1692頁。

⑥ （唐）魏徵等：《隋書》卷四十六，中華書局1973年版，第1260頁。

⑦ 李紹明：《唐代西山諸羌考略》，《四川大學學報》（哲社版）1980年第1期，第91頁。

世居地九絲山陷落，國史館修撰李長春《平蠻碑記》："公（四川巡撫曾省吾）至，謀之部使者扶風孫公，因檄下文武大吏，徵兵轉餉，期三月畢會。又檄冉駹諸酋長，各率所部兵以俟。既如約，躬虔乘鉞會師而盟誓。"① 明中央政府調冉駹地區土兵征都掌由來已久。成化四年（1468），松、茂等衛所屬白草壩等番擁眾屢寇安縣轅門壩、石泉縣大方關等處，"蓋因各城軍士俱調征都掌，松、茂等處關隘多失巡守"②。事見《憲宗實録》卷五十一。翰林院經筵講官任瀚《西蜀平蠻碑》載，四川巡撫曾省吾分西、南、北、東北、西北五路，進剿都掌蠻，其中"澤（参將張澤）軍出穀爆，陣其北，以絶冉駹、董卜韓胡"③，具為防止都掌蠻向北突圍，與岷江上游冉駹、董卜韓胡等少數民族以作聯合。據此，羌學專家耿少將先生認為冉駹數千年來幾乎固定地生活龍門山西側、岷江上游地區④，其説是可信的。

---

① （清）王麟祥修，邱晉成等纂：《光緒敘州府志》卷十六，光緒二十二年，《中國地方志集成·四川府縣志輯》（28），巴蜀書社 1992 年版，第 493 頁。

② 李國祥、楊昶：《明實録類纂·四川史料卷》，武漢出版社 1993 年版，第 1536 頁。

③ （清）王麟祥修，邱晉成等纂：《光緒敘州府志》卷十六，光緒二十二年，《中國地方志集成·四川府縣志輯》（28），巴蜀書社 1992 年版，第 499 頁。

④ 耿少將：《冉駹歷史沿革考》，《中華文化》2014 年第 3 期，第 17 頁。

157 白敬立墓誌 乾寧二年（895）

説明

墓誌出土於陝西省靖邊縣紅墩界鄉華家窪林場。1991 年，靖邊縣文物管理委員會徵集並收藏。《中國藏西夏文獻》編號 S42·001。誌石高、寬均 77. 5 cm，厚 11. 5 cm。誌文 38 行，滿行 41 字。楷書，有縱界格。邊緣略殘。定難軍節度判官李潛撰。蓋佚。該碑又題《唐延州安塞軍防禦使白敬立墓誌銘》。

誌文

故延州安塞軍防禦使、檢校左僕射南陽白公府君墓誌并序。/

定難軍節度判官、檢校尚書庫部郎中兼侍御史、賜紫金魚袋李潛述。/

公諱敬立，字[1]，秦將軍武安君起之後。武安君將秦軍，破楚拎鄢郢，退軍築守於南陽，因而號其水為白水，始/稱貫于南陽。武安君載有坑趙之功，為相君张禄所忌，賜死于杜郵。其後子孫淪弃，或逐扶蘇有長城之役者，多/流裔于塞垣[2]。公家自有唐洎九世，世世皆為夏州之武官。曾祖父，字令光，年一百廿四歲，充興寧府都督[3]，娶高氏。/生祖父，字奉林，充興寧府都督，娶婆高氏。祖父字文亮，充興寧府都督[4]，娶婆王氏。生公。

公以祖、/父箕裘繼常[5]，為故夏州節度使、朔方王信用拎門下[6]。王始為教練使，公常居左右前後，/凡邊朔戰伐、軍機沉密，多與公坐謀[7]。時有征防卒結變拎外，突騎得入屠滅權位，其首乱者逼節使，/請署為馬步都虞候[8]。半年之□，凌慢愈甚。時朔方王集部下，伺隙盡擒誅之[9]。公弟兄皆與其事。

洎乾符/年，大寇陷長安，僖宗卜省拎巴蜀[10]。王自宥州剌史率使府將校[11]，統全師問安赴難，及於畿內。公時以親信/從，夜即居王之寢門，晝即視王之膳所；應對顧問，亦不離其前；傳呼號令，亦皆承其命。籌度冝便，探刺/變動，外常承鞠師旅，內又延語賓客，周徊折旋，曾無遺事。王乃推腹心，委之如父子；公亦盡忠瘁，報之如/君臣。一日，公失眾臨陣，為大寇環逼。王輕騎犯圍，公乃得出。後王駐軍鄜州，舍于洛郊傳舍[12]。時大/暑，久征之卒皆困簃于帳下[13]。夜漏未分，暴水突至，獨公先知，持刃呼左右。王驚起揭衣，就車得出。公乃手轡/王騎及子城南門之外[14]，守鑰者呼之不應，公乃梯堞而上，断關啓扉，王與軍人方脱其難。及收復長安，王獨憐/公之功，昇居右職，命幕下為獎飾之詞云：破黄巢於咸陽原上，非我不存；避洪濤於鄜畤城南，唯尔之力。時皆謂/趙襄子舉高共，蜀先主得孔明[15]，擢終始之功，言魚水之道，不過於此。

後王受命復平偽朝，而先定姧臣拎鄜畤[16]。/公揔衙隊之師，為虎賁之衛[17]。鄜、延逆師樹壘於延州東横川，聚三万眾，馬万疋[18]，號灘寨。公輕騎夜馳，星恒未盡[19]，/及寨門，摧壘直入[20]，斬級獲馬，其數万紀，延州不宿而下[21]。公推盡瘁，輸忠孝，滅勍敵[22]，峻軍令，奉王指蹤，守/王條制。更二歲，復下鄜畤，王乃首舉公為鄜州招葺使[23]。不踰月，鄜人有鄉井；不踰年，鄜人有農桒。無何，延州餘/孽為變，鄜人従風，興異志。公獲其哀告，遂間道得歸。又従王載收鄜、延[24]。舉不朞月，鄜、延復下，破城壘三十餘所，/誅惡黨一二千人。非運斤破竹，持湯向雪，不捷於此。王益嘉之，表薦公加右僕射。不經年，又薦為延州防禦使。治疲/俗為阜俗，化儉人為正人[25]。闢荒田數千頃為公田，以奉使府；樹壞舍數十處為郵舍，以待賓用。刱築城壘[26]，縈山架川，固/金臨洫，里人無剽掠之患，井邑無漂突之虞。行謳坐謠，至今如在。

及王薨，公悲戚哀憒，如喪其考。觸/目發言，未常不形追感之色[27]。公常云：有王有我。今王先我去世，所恨者不得灰其身，報扵王之生前。今/雖誓生前而荅於門下[28]，誠未及願。公自有疾，解印歸鄉井，伏枕綿年[29]，湯灸不瘳，竟以景福二年十一月/十九日，薨于夏州之故里，享年卌二。

尊夫人銜哀撫幼，深得賢母之道。公正室清河張氏，奉晨養，供祭祀，亦/合命大夫之家範，先公而歿。公長兄承襲，見任興寧府都督元楚。令兄忠信，撿挍吏部尚書、前綏州刺/史。令弟敬忠，撿挍左常侍、充親従都兼營田使、洛盤鎮遏使、御史大夫。飲歡侍親老，推讓友弟兄。在公門有/忠赤，在私門有孝行。其季忠禮，撿挍右常侍。攻儒墨，好禮樂，居權不驕，履嶮不亂，沉於參晝，審於進趨，取捨/言動，皆得宜於故實。

公五子：長男保全，充同節度副使；保勳，節度押衙、撿挍國子祭酒、兼御史大夫[30]；保恩、三鐵/、鐵胡。女四人：長十五娘，前濮州刺史高彥弨尚書定問；十七娘，適事王門，郎君司空；十八娘、廿一娘在室。/

公有忠盡之心報扵主，有戰伐之功及扵朝庭。為子彰孝行，為郡著政聲。可以俟陰功而昌厥門閥。今官/左僕射，貴為防禦使，功成名遂，歿於牖下[31]。弟、兄、兒、姪，皆兟兟扵郡邑牙帳之前[32]，豈不盛歟。公季忠禮，將猶子/荒，懇以公卜用有時，而請予銘之。以乹寧二年月日，葬于夏州朔方縣[33]。/

天有將星，地有將臣。稟茲瑞氣，方為令人。事主如子，報國能君。感恩無已，臨陣不身。/生為戎帥，死歸舊鄰。貴有閥閱，盛有子孫。一日浮世，万古芳塵。縱變高岸，存此貞瑉。/

故金紫光禄大夫、撿挍尚書左僕射、使持節都督延州諸軍事、守延州刺史、充本州防禦、左神策軍行營先鋒兵馬安塞軍等使、兼御史大夫、上柱國南陽白公府君墓誌。/

著録

1.《中國藏西夏文獻·金石編》卷 18－26 圖，27 文。2.《榆林碑石》75 圖，242 文。3.《党項夏州政權建立前後的重要記録——唐故延州安塞軍防禦使白敬立墓誌銘考釋》，《寧夏師範學院學報》（社科版）2007（2）。4.《夏州政權建立者拓拔思恭的新資料——唐代〈白敬立墓誌銘〉考釋之二》，《蘭州學刊》2009（1）。

注釋

［1］“字”下，與下文“以乾寧二年”“月”“日”上，均為鐫刻墓誌時待補而未補空格。墓誌中較為常見。

［2］秦將軍武安君：即“白起”。戰國時秦國名將，賜死於杜郵（今陝西咸陽境）後，子孫淪落，有的隨太子扶蘇築長城，定居塞上。誌主白敬立，自詡白起之後。參《戰國策・秦策》《史記・秦本紀》《史記・白起列傳》。張禄：戰國魏范雎化名。《史記・穰侯列傳》：“於是魏人范雎自謂張禄先生，譏穰侯之伐齊，乃越三晉以攻齊也，以此時奸説秦昭王。”① 塞垣：漢代為抵禦鮮卑而設立的邊塞。後亦指長城、邊關。漢蔡邕《難夏育上言鮮卑仍犯諸郡》：“秦築長城，漢起塞垣，所以別外内異殊俗也。”②

［3］寍：即“寧”。興寧府：“疑即党項羈縻府之一的‘清寧都督府’。”③《新唐書・地理志・羈縻州》：“党項州五十一，府十五：貞觀三年，酋長細封步賴内附，其後諸姓酋長相率亦内附，皆列其地置州縣，隸松州都督府。”“禄山之亂，河、隴陷吐蕃，乃徙党項州所存者于靈、慶、銀、夏之境。”④ 清寧都督府，初在今四川省阿壩藏族自治州東北部一帶，隸靈州都督府。後僑治靈州界，州治回樂縣，今寧夏回族自治區靈武市西南。尋廢。誌主曾祖、祖、父三代“充興寧府都督”，唐羈縻制世襲。

［4］據上文曾祖父，字令光；祖父，字奉林；依次當父。故“父字文亮”上，原刻衍“祖”字。

［5］箕裘：喻祖上事業。《禮記・學記》：“良冶之子，必學為裘，良弓之子，必學為箕。”⑤ 泛指子弟耳濡目染，繼承父兄事業。此謂誌主繼承祖、父事業，為故夏州節度使朔方王拓拔思恭門下，與上文“自有唐洎九世，世世皆為夏州之武官”吻合。

［6］夏州節度使、朔方王：即拓拔思恭。《舊五代史・李仁福傳》：“李仁福，世為夏州牙將，本拓拔氏之族也。”⑥ 自梁貞明、龍德及後唐同光中，“累官至檢校太師兼、中書令，封朔方王”⑦。拓拔思恭封朔方王，正史未載。唐僖宗中和元年（881）

---

① （漢）司馬遷：《史記》卷七十二，中華書局 1959 年版，第 2329 頁。

② （清）嚴可均校輯：《全後漢文》卷七十三，中華書局 1958 年版，第 870 頁。

③ 周偉洲：《早期党項史研究》，中國社會科學出版社 2004 年版，第 94 頁。

④ （宋）歐陽修、宋祁：《新唐書》卷三十三下，中華書局 1975 年版，第 1123 頁。

⑤ 十三經注疏整理委員會：《禮記正義》卷三十六，《十三經注疏》，北京大學出版社 2000 年版，第 1246 頁。

⑥ （宋）薛居正等：《舊五代史》卷一百三十二，中華書局 1976 年版，第 1746 頁。

⑦ 同上書，第 1747 頁。

八月，拓拔思恭因助唐鎮壓黄巢之亂，封為“夏綏節度使”①。唐代“夏綏節度使”，全稱“夏綏銀宥節度觀察處置押蕃落安撫平夏党項、銀川監牧等使，兼夏州刺史，領夏、綏、銀、宥四州”。誌主和誌文所涉“夏州節度使、朔方王”事跡，應指拓拔思恭，而非李仁福。推測拓拔思恭可能在唐僖宗時，已擁有“朔方王”稱號。後唐莊宗封李仁福為“朔方王”，可能是世襲這一封號。誌文稱拓拔思恭為“夏州節度使”，與史載吻合。

［7］教練使：唐代方鎮軍將。天寶十五年（756）始置，掌教練兵馬及武藝，亦或領兵出戰。《舊唐書·宣宗紀》：大中六年五月，“勑：天下軍府有兵馬處，宜選會兵法能弓馬等人充教練使，每年合教習時，常令教習”②。史傳未載拓拔思恭任“教練使”，可補史闕。“坐”：即“坐”字。《党項夏州政權建立前後的重要記録——唐故延州安塞軍防禦使白敬立墓誌銘考釋》《夏州政權建立者拓拔思恭的新資料——唐代〈白敬立墓誌銘〉考釋之二》《榆林碑石》脱。坐謀，長久地謀劃。

［8］“征防卒結變”，史未載。征防卒：或為駐軍。這次征防士兵變亂，作為“教練使”的拓拔思恭，與白敬立參與平“征防卒”變亂。虞候：即“虞候”。都虞候：武官名。北朝北齊、北周置虞候大都督、虞候都督，掌督馬糾察盜賊。隋為禁衛官，掌管偵察、巡邏。唐代沿隋制，藩鎮親信武官。

［9］隟：亦作“隙”。

［10］大寇：指乾符五年（878）至中和四年（884）的黄巢之亂，席捲了大唐的半壁江山，導致唐末國力衰退。期間“僖宗卜省於巴蜀”，黄巢軍進入長安，建立了大齊政權，年號金統。

［11］宥州：以“寬宥”為名。“開元十六年，以六胡州殘人置。乾元元年，理經略軍，後移治長澤縣。”③ 古寬州，治延恩縣（今内蒙古鄂托克前旗東敖勒召其古城），是關中進入蒙古草原要道。長澤縣，今内蒙古南與陝北交界處，位於夏州西北部。黄巢之亂時，宥州已移治新址。使府：即“幕府”。“幕府之設置乃為招攬各方面人材，為節度使之助理參謀。其地位雖不甚高，但作用頗為重要，為節使所敬重。”④ 上文思恭“時朔方王集部下”，伺機平“征防卒”變亂。此“部下”，亦即“使府”，即“幕府”。

---

① （宋）司馬光編著，（元）胡三省音注：《資治通鑑》卷二百五十四，中華書局1956年版，第8249頁。

② （後晉）劉昫等：《舊唐書》卷十八下，中華書局1975年版，第630－631頁。

③ （宋）司馬光編著，（元）胡三省音注：《資治通鑑》卷二百五十四，中華書局1956年版，第8249頁。

④ 王永興：《唐代後期軍事史略論稿》，北京大學出版社2006年版，第15頁。

［12］思恭“駐軍鄜州”，“舍於洛郊傳舍”，及下文“收復長安”“破黄巢于咸陽原上”，為駐軍鄜州、收復長安提供具體方位。《資治通鑑·唐紀·僖宗》：中和元年夏四月，“拓拔思恭屯武功”①，同鄭畋、唐弘夫、王重榮、王存處等“進薄長安。壬午，黄巢帥衆東走”，儘管數天後“（黄巢）復入長安”②。誌文與史載吻合。

［13］“困”，《中國藏西夏文獻·金石編》作“睏”，非。竊：“寐”的異體。

［14］“子”，清晰。《夏州政權建立者拓拔思恭的新資料——唐代〈白敬立墓誌銘〉考釋之二》作“隊之師”，《党項夏州政權建立前後的重要記録——唐故延州安塞軍防禦使白敬立墓誌銘考釋》作“于”，均非。

［15］趙襄子：即“趙毋恤”。戰國時趙國創始人。趙襄子被困，高共因亂中仍不失臣禮而獲功。此指思恭與白敬立的關係，如誌文所述“推腹心，委之如父子”；“公亦盡忠瘁，報之如君臣”，君臣關係亦如“趙襄子舉高共，蜀先主得孔明”。

［16］“偽朝”，當然是指“黄巢”；“奸臣”所指不明。夏軍從北路來，在與黄巢叛軍的戰争中，主要承擔北路軍務。除在長安附近外，主要在延州（陝西延安）、鄜州（陝西富縣）、富平一綫。“王受命復平偽朝”，及下文“延州不宿而下”，史傳無相應記載。誌文所述雖然是誌主事跡，但更應該是拓拔思恭收復延州的一次戰争。延州，早在唐肅宗時期（757－761）就曾為党項羌所據。玄宗末年爆發安史之亂，党項、回鶻應唐朝請求，出兵平定叛亂。貞元十三年（797）《劉昇朝墓誌》就記載了肅宗時的一次行動，“党項憑凌鄜、坊、丹、延等州。帝擇為假迴紇首領，領五百人，登山涉川，環崖透谷。若秋鶻之擊羣雁，似韓盧之逐狡兔”③。安史之亂後，唐政府為了鉗制西吐蕃、北突厥少數民族政權勢力，將慶州党項④，遷往銀州（今陝西米脂）以北、夏州（今陝西靖邊北白城子）以東的沙漠地帶（今鄂爾多斯高原南緣），静邊州都督府也移置銀州。出土於陝西省榆林市横山縣韓岔鄉元盆窪村的開元二十五年（737）《拓拔守寂墓誌》，記載了這一遷徙過程。綏州（今陝西綏德）、延州（今陝西延安）一帶，也陸續遷來大批党項部落。

［17］賁：通“奔”。虎賁：勇士。《尚書·〈牧誓〉序》：“武王戎車三百兩，虎賁三百人，與受戰於牧野。”孔傳：“勇士稱也。若虎賁獸，言其猛也。皆百夫長。”⑤《党項夏州政權建立前後的重要記録——唐故延州安塞軍防禦使白敬立墓誌銘考釋》

① （宋）司馬光編著，（元）胡三省音注：《資治通鑑》卷二百五十四，中華書局1956年版，第8250頁。

② 同上。

③ 吴鋼編：《隋唐五代墓誌滙編·陝西卷》（2），天津古籍出版社1991年版，第12頁。

④ （後晉）劉昫等：《舊唐書》卷一百九十八，中華書局1975年版，第5292頁。

⑤ 十三經注疏整理委員會：《尚書正義》卷十一，《十三經注疏》，北京大學出版社2000年版，第333頁。

脱“衛”上一“之”字。

［18］疋：量詞。用於紡織品或騾馬等。與“匹”，音義同，但字不同。《党項夏州政權建立前後的重要記録——唐故延州安塞軍防禦使白敬立墓誌銘考釋》《榆林碑石》徑作“匹”，非原刻。

［19］“未”，《党項夏州政權建立前後的重要記録——唐故延州安塞軍防禦使白敬立墓誌銘考釋》作“末”，非。

［20］塠：即“摧”。

［21］宿：即“宿”，《夏州政權建立者拓拔思恭的新資料——唐代〈白敬立墓誌銘〉考釋之二》作“日”，非。

［22］勍：即“勍”。勁；强。勍敵，强氏。《左傳·僖公二十二年》：“勍敵之人隘而不列，天贊我也。”①

［23］葺：通“緝”。搜捕。《夏州政權建立者拓拔思恭的新資料——唐代〈白敬立墓誌銘〉考釋之二》作“茸”，《中國藏西夏文獻·金石編》作“萺”，均非。

［24］載：即“再”。誌主隨思恭再次用兵鄜延。出兵不到一個月，再次佔領鄜延。因功加右僕射，又薦為延州防御史。鄜延之戰，《西夏書事》：“文德元年（888）李思恭取鄜延，以弟思孝知留後。”② 但如何攻取、治理鄜延失載，誌文可補史之闕。

［25］憸：即“奸”。

［26］樹：當作“修”。郵舍：驛站。《舊唐書·楊發傳》：“發以嚴為理，軍亂，為軍人所囚，致於郵舍。”③ 用：“朋”的異體字。刱：同“栦”。亦作“刱”“創”。

［27］常，通“嘗”。

［28］荅：即“答”。報答。

［29］伏枕：原為伏臥於枕上，指久病臥於床。唐杜甫《秋興八首》之一：“畫省香爐違伏枕，山樓粉堞隱悲笳。”④

［30］“御史”，《中國藏西夏文獻·金石編》作“禦史”，筆誤。

［31］牖下：户牖間之前。借指壽終正寢。《夏州政權建立者拓拔思恭的新資料——唐代〈白敬立墓誌銘〉考釋之二》釋“牖”作“牅”，城墻。大誤。

［32］甡甡：眾多貌。唐盧照鄰《釋疾文·命曰》：“野有鹿兮，其角甡甡；林有

---

① 十三經注疏整理委員會：《春秋左傳正義》卷十五，《十三經注疏》，北京大學出版社 2000 年版，第 463 頁。

② （清）吴廣成：《西夏書事四十二卷》卷一，《續修四庫全書》（334），上海古籍出版社 2002 年版，第 296 頁。

③ （後晉）劉昫等：《舊唐書》卷一百七十七，中華書局 1975 年版，第 4597 頁。

④ 《全唐詩》卷二百三十，中華書局 1980 年版，第 2509－2510 頁。

烏兮，其羽習習。"① 牙帳：謂將帥營帳。因其前建牙旗，故名。

［33］朔方縣：夏州治所。《舊唐書・地理志》："隋巖銀縣。貞觀二年，改為朔方縣。永徽五年，分置寧朔縣。長安二年廢。開元四年又置，九年又廢，還併入朔方。"②

彙考

誌文載敬立與思恭事跡。思恭即拓拔思恭，因參與鎮壓黄巢之亂獲功，割據夏、綏等州，是唐末夏州藩鎮政權的建立者，對党項拓拔部的發展及西夏王朝的建立具有重要意義。拓拔思恭，史無傳，有關史料，散見於《新唐書》的《党項傳》《僖宗紀》《黄巢傳》及《資治通鑑》卷二百五十五、二百五十六、三百五十四等史籍中。此誌為研究思恭提供了重要的新資料，史誌可互為補充。

近年來，内蒙古自治區烏審旗南部的無定河鎮，陝西省靖邊縣紅墩界鄉、榆林市榆陽區拱蓋梁村等地相繼出土一批夏州拓拔政權墓誌，誌主身份既有党項羌族，也有漢族。除《白敬立墓誌》外，還有後晉天福七年（942）《大晉故定難軍攝節度判官毛汶墓誌》、後晉天福八年（943）《大晉故夏銀綏宥等州觀察支使何德璘墓誌》、後晉天福八年（943）《大晉故定難節度副使劉敬瑭墓誌》、北宋乾德四年（966）《故大宋國定難軍管内都指揮使康成墓誌》、北宋開寶二年（969）《大宋攝夏州觀察支使何公墓誌》等，誌主皆據軍政要職，反映出拓拔部建立夏州政權前，就已打破地緣與血緣關係，吸收大量漢族人才，這是拓拔部發展壯大并最終走上建立西夏國道路的重要原因。他們與拓拔李氏形成了不同於一般主僕的"君臣"關係，印證了《宋史・夏國傳》"夏雖未稱國，而王其土久矣"③ 的説法。限於項目主旨，本書只收録《白敬立墓誌》，餘則存目備考。

---

① （唐）盧照鄰：《盧昇之集》卷五，《叢書集成新編》（59），臺北：臺灣新文豐出版公司 1985 年版，第 387 頁。

② （後晉）劉昫等：《舊唐書》卷三十八，中華書局 1975 年版，第 1414 頁。

③ （元）脱脱等：《宋史》卷四百八十六，中華書局 1977 年版，第 14030 頁。

158 開州陳山題記 唐（618－907）

説明

摩崖於2013年7月由阿壩州文管所、松潘文管所發現，刻於松潘縣小姓鄉獅子頭山古道旁山崖上。文4行，滿行6－10字不等。楷書。該碑又題《獅子頭山開州陳山題記》。

碑文

開州健兒陳山於此守捉[1]。/

歲歲長征戰，年年更捷報。/公夫元不得[2]，虛作健兒名。/遊弈使別奏記[3]。/

著録

阿壩州文管所藏原石照片

注釋

［1］開州：今重慶市開縣。因古南河稱開江，州、縣由此得名。古屬梁州，秦漢時屬巴郡朐忍縣地。健兒：唐代軍士名稱。又稱“官健”“長征健兒”“兵防健兒”等。開元後，戍守邊遠地區和藩鎮所依靠的主要力量，為長期服役的職業兵。家口可同往，並給予田地、房屋，終身免除課役。安史之亂後，各節度使統兵大多為健兒。這種兵制的出現，代表府兵制的瓦解，是中國古代兵制演變史上的一件大事。守捉：唐代軍制名。《新唐書・兵志》：“唐初，兵之戍邊者，大曰軍，小曰守捉，曰城，曰鎮，而總之者曰道。”① 天寶以前，軍、城、鎮、守捉皆有使。主要分佈在隴右道與西域，駐兵300至7000多人不等。

［2］公夫：官方徵用的役夫。

［3］遊弈使：唐代武官名，負責率領遊兵巡邏。《資治通鑑》：唐景龍二年，“以左玉鈐衛將軍論弓仁為朔方軍前鋒游弈使”。胡三省注：“游弈使，領遊兵以巡弈者也……游弈，於軍中選驍勇諳山川、泉井者充，日夕邏候於亭障之外，捉生問事。”②

彙考

題記鐫刻處，即唐松州。武德元年（618），置松州。貞觀二年（628），置都督府，督崌、懿、嵯、潤、麟、雅、叢、可、遠、奉、嚴、諾、峩、彭、軌、蓋、直、肆、位、玉、璋、祐、臺、橋、序二十五羈縻等州。永徽之後，羈縻三十州。《旧唐書・地理志》：“據天寶十二載簿，松州都督府，一百四州，其二十五州有額户口，但多羈縻逃散，餘七十九州皆生羌部落，或臣或否，無州縣户口，但羈縻統之。”③ 但這一百四十州的州名稱，未詳載。題記無刻石時間。然“守捉”，唐朝獨有職官，推斷刻於唐代。

---

① （宋）歐陽修、宋祁：《新唐書》卷五十，中華書局1975年版，第1328頁。

② （宋）司馬光編著，（元）胡三省音注：《資治通鑑》卷二百零九，中華書局1956年版，第6621頁。

③ （後晉）劉昫等：《舊唐書》卷四十一，中華書局1975年版，第1699頁。

159 魏文智等造像記 唐（618－907）

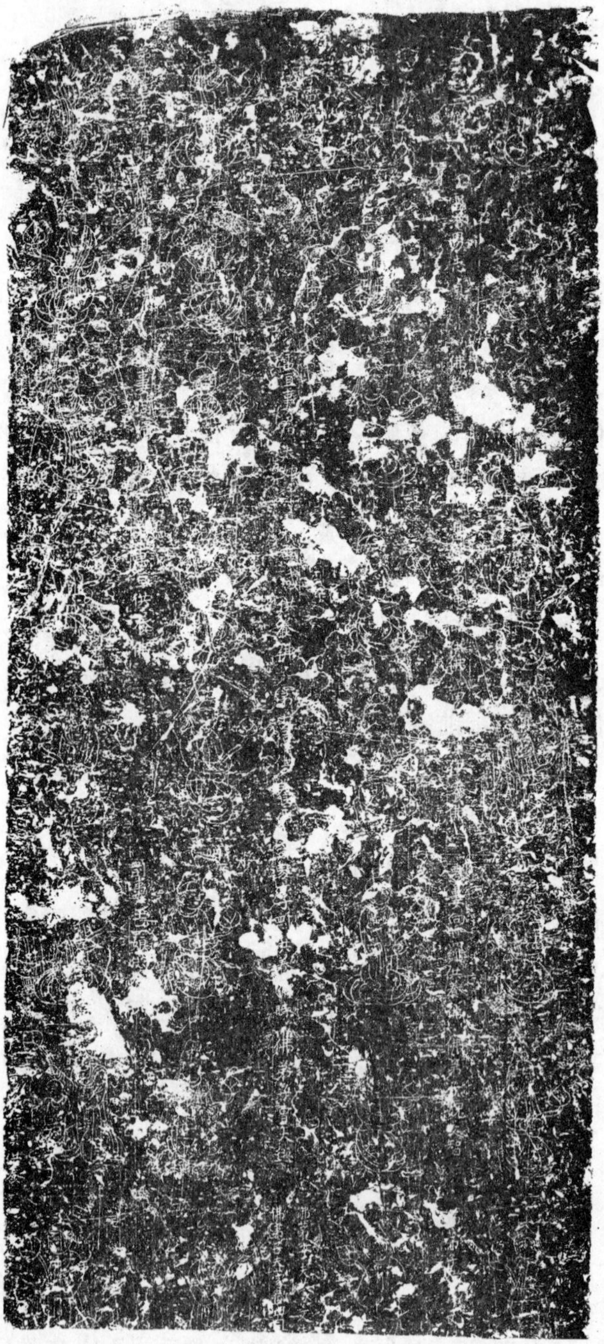

碑一面

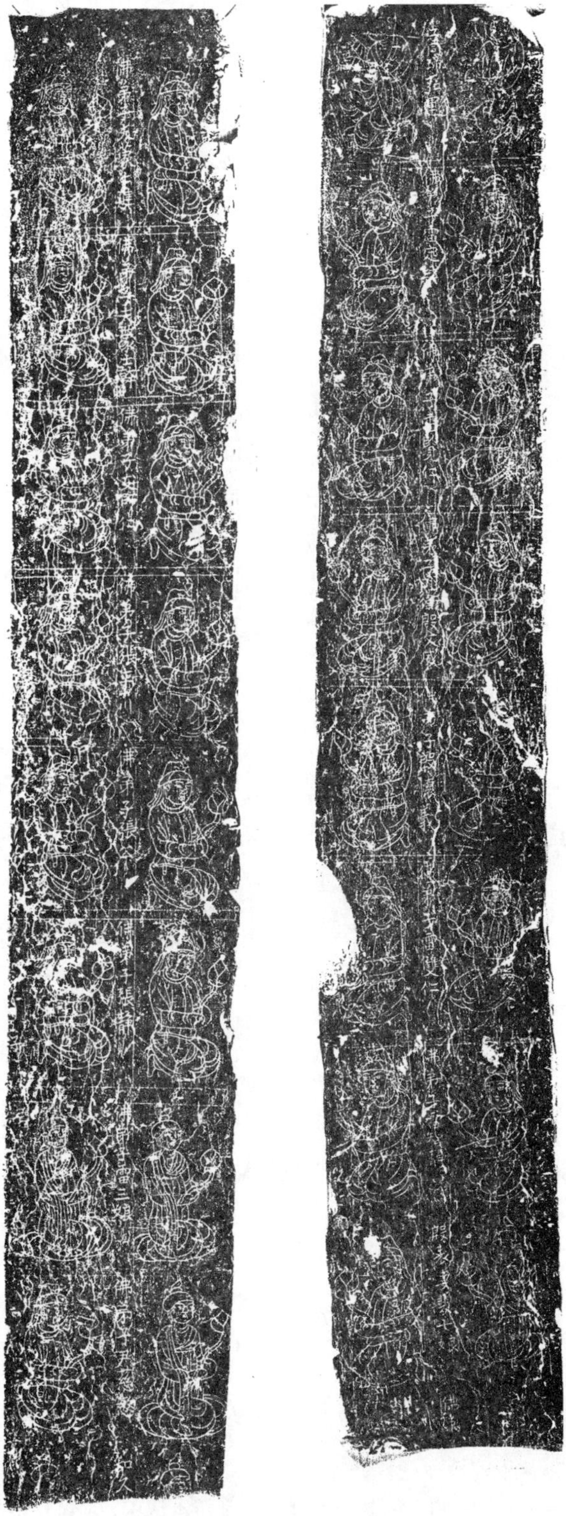

碑兩側

説明

碑石出土時間、地點不詳。三面刻，分拓三紙。碑拓片高 133 cm，寬 60 cm；兩側一高 130 cm，一高 135 cm，均寬 20 cm。一面刻八層供養人像、題名；兩側刻九層供養人像、題名。每層有雙綫框。楷書，有縱界格。碑兩側刻紋飾。該碑又題《佛弟子魏文智等題名》。

碑文

（上泐）歡，妻□三娘，/□雷□遷，/妻同琋。/佛弟子雷布有娘[1]，/□□□。/

雷奄男志貞，/雷斌女優曇，/佛弟子□□高行斌。/（下泐）。/

佛弟子雷冝供養，/雷冝妻雷大娘[2]、/妻同琋□娘。/

雷御男惠□供佛。/□雷感供養佛。/弟惠亘供養佛。/

男□寶供養佛。/弟安德供養。/

遷妻向羅供養佛。/男李罰供養佛時[3]。/罰事王二娘供養佛[4]。/

佛弟子魏文智、/佛弟子亘大德、/□□行貞供養。/

佛弟子儆□文保[5]，/佛弟子夫蒙文儌，/佛弟子夫蒙徹母目。/（以上刻於碑一面）

子同琋弘運，/佛弟子雷定興，/佛弟子雷覽仁，/佛弟子翊衛般攵威[6]，/佛弟子般懷義，/佛弟子雷雙仁，/佛弟子雷智靜，/般表其裴七娘，/佛弟子（下殘）。/（以上刻於碑一側）

佛弟子夫蒙士遷，/佛弟子夫蒙士幹，/佛弟子安師他，/佛弟子張來川，/佛弟子張公，/佛弟子張靜，/佛弟子雷三娘，/佛弟子尹慈愸。/知久（下殘）。/（以上刻於碑一側）

著録

《日本京都大學藏中國歷代文字碑刻拓本》TOU1714A

注釋

［1］希："希"的異體。如北魏正光元年（520）《李璧墓誌》："君心大希禄養，復乞史□州。"①

［2］妻：即"妻"字。《説文解字》："從女從屮，從又。又持事妻職也。"② 漢魏

① 北京圖書館金石組：《北京圖書館藏中國歷代石刻拓本滙編》（4），中州古籍出版社 1989 年版，第 97 頁。

② 丁福保：《説文解字詁林》卷十二下，中華書局 1988 年版，第 5534 頁。

石刻習見。如北魏神龜二年（519）《元遙妻梁氏墓誌》："使持節、平西将軍、都督泾州諸軍事、泾州剌史、饒陽男妻梁墓。"① 興和四年（542）《菀貴尉氏造像記》："清信士菀貴妻尉。"② 前誌"妻"字，構件"女"左上一"丶"，乃衍筆。

［3］時：即"時"字。

［4］罰：即"剛"字。左下訛變作"一""口"，與碑刻中常見"罰""剛"略有不同。北魏太和二十年（496）《姚伯多兄弟造像碑》："其政唯何？矛而能罰。"唐開元二十五年（737）《拓拔守寂墓誌》："俗尚酋豪，力恃剛悍。"

［5］"子"下二字泐，觀拓，首字似"徵"。據下文題名"文傲"，與此題名"文保"似為同輩，疑"夫蒙"氏。"徵"存疑備參。

［6］翊衛：侍衛官名。弼輔護衛。《文選・陳琳〈為袁紹檄豫州〉》："故使從事中郎徐勛就發遣操，使繕脩郊廟，翊衛幼主。"張銑注："翊，輔；衛，護也。"③ 隋設三衛，即親衛、勳衛、翊衛。唐沿置。殷：即"殷"。攵：同"攴"。《廣韻・入屋》："攴，擊也。凡從攴者作攵同。"④

彙考

該造像碑無發願文，亦無刻石時間。供養人像綫條柔和豐滿，着衣戴冠似唐風。日本京都大學藏拓，著録為唐刻，可從。題名以雷氏為主，次為夫蒙、同琋，皆羌姓，是以羌人為主的合邑造像碑。

① 趙力光：《鴛鴦七誌齋藏石》，三秦出版社 1995 年版，第 45 頁。

② 北京圖書館金石組：《北京圖書館藏中國歷代石刻拓本滙編》（6），中州古籍出版社 1989 年版，第 89 頁。

③ （梁）蕭統編，（唐）李善等注：《六臣注文選》卷四十四，中華書局 1987 年版，第 823－824 頁。

④ 周祖謨：《廣韻校本》卷五，中華書局 1960 年版，第 454 頁。

五代

160 刺史折嗣倫碑 約後梁開平五年（911）

説明

碑石於清道光十三年（1833）在陝西省府谷縣孤山鎮東李家窪發現①。碑石倒臥溝底，金初墓塚遭西夏人破壞所致。20 世紀 50 年代尚存，今佚。碑額篆書“麟州府谷鎮之碑”。石面泐蝕嚴重，首尾不存，亦無撰書人及年代。《全唐文》《金石萃編》及《府谷縣志》著録為“刺史折嗣祚碑”。《金石萃編》：“高九尺，廣三尺七寸。”文存 28 行②，行字數不等。該碑又題《折嗣倫墓碑》《敕使折嗣祚神道碑》。

額

麟州府谷鎮之碑[1]。

碑文

（上泐）人為之受命；瑞影搖彩，嶽瀆所以降神。昔周文王有大明，嗣太王季（泐）[2]。祖諱華[3]，雲中人也。永西伯之苗裔，大魏之後，宇文之別緒。以金城（泐）俞。自武德中，詔府谷鎮遏使，不改善政，永（泐）子孫黼黻（泐）之榮。（泐）能不施勞於民，不伐善於已[4]。慷慨（泐）以魏孝文皇帝廿七代之孫也[5]。世襲家聲，勳庸不（泐）昔先王之顧命，巨唐之芳葉，爰因忠烈，為唐裔隴西氏焉[6]。

① 《折氏家族史略》認為出土地為“李家坬”。見戴應新：《折氏家族史略》，三秦出版社 1989 年版，第 53 頁。

② 《折氏家族史略》：“文存 19 行，五百八十三字。”

所謂（泐）若作席上琳瑯，人間柱石。鹽梅麯糵（泐）不謂臨危致命[7]，不顧其死，見義有勇，無慴於（泐）獎式義方，（泐）不可奪也，（泐）可稱也[8]。不以私誣義，罔以虛眩真。守金石（泐）為府谷鎮（泐）持戎醜。壃境之內，民無雜居，杜烽戍之虞（泐）尚書兼御史大夫[9]，考績（泐）庶政，增以厥貢，良驥可千乘，與部族歸榨蠆之地[10]，黔黎有豐年之詠。（泐）昔先王求枚嗣祚也，以前（泐）乾符歷數，（泐）元兇（泐）不敢。以懸河之（泐）[11]，辨無不對。當進賢任重，為黎先行（泐）欲移動列爵未足稱（泐）吾懷何如（泐）其德不回[12]。馳驛（泐）於雲□之，然將明命於（泐）王覩之[13]，奭然曰："虜廷深邃□□危（泐）雖鑒中利刃（泐），當今晉王感公有大忠於王室[14]。有大（泐）駕為（泐）溪上氏□祖塍之[15]，禮也。而乃衣錦桑榆，顯榮也。先世聖唐之瑞派，子子孫孫，引無替之道也[16]。俾乎黻冕金行[17]，勳業惟新。敷五教以在寬，闡六條而弥政[18]，稼穡有通歧之詠[19]，庶民無聚斂之怨。

公下車之日，觀人多（泐）樊褰帷撫問[20]，愛如己育。遂乃布駈雞之善、牧馬之政，聆風嚮化[21]，繼至（泐）累降名綬，加□陰功罔效[22]，□靈山岳，其年冬末有二日，享齡五十，終祿於麟郡焉[23]。噫！（泐）永有（泐）為州（泐）之譽。（泐）趙宣子、郭伋（泐）[24]。有子五人，長曰從（泐）軍使。次曰（泐）軍使。次曰從遠，動合楷模，（泐）府府州副使[25]。次曰從依，攝麟州司馬、檢校尚書祭酒，兼御史中丞。次曰從（泐）祖塋之左右。授機應符契運，叶瑞來儀，清風朗月，孤高不群，口無擇言。哲中尤哲，賢中又賢。巇谷歸神，崑崗熾焰。玉石俱焚，□矚俯眺，（泐）封樹，諸子昇（泐）年月（下泐）[26]。

著録

1.《全唐文》卷 993－23。2.《金石萃編》卷 119－26。3.《党項與西夏資料滙編》卷上 1－181。4.《全唐文新編》卷 991－13722。5.《折氏家族史略》54。6.《府谷縣志》699。

注釋

［1］麟州：唐武德元年（618）以隋上郡置，治所洛交縣（故址今富縣城），領洛交、洛川、三川、伏陸、內部、鄜城六縣。《舊唐書·地理志》："天寶元年，改為洛交郡。乾元元年，復為鄜州。"① 屬關內道。宋為麟州新秦郡。太祖趙匡胤乾德初，移治吴兒堡。五年，升建寧軍。太宗趙炅端拱初，改鎮西軍，治新秦（今神木縣北楊家城）。府谷鎮：隋為銀、勝二州地，後屬樓煩郡。唐末於此置府谷鎮。折嗣倫父子代為鎮將，屬麟州。五代唐莊宗以代北諸部屢為邊患，乃升府谷為縣，後建為府州。後

① （後晉）劉昫等：《舊唐書》卷三十八，中華書局 1975 年版，第 1409 頁。

漢升為永安軍。後周升為永安節度。宋因之。《宋史·地理志二》："靖康軍節度。本永安軍。崇寧元年，改軍額。政和五年，賜郡名曰榮河。舊置麟府路軍馬司，以太原府代州路鈐轄領之。"① 治府谷（今縣）。折氏碑誌，無拓片可參者，則據《金石萃編》存録文，校以《全唐文》《全唐文新編》《折氏家族史略》《府谷縣志》。《党項與西夏資料滙編》均轉録自他書，不再出注。

［2］《折氏家族史略》《府谷縣志》脱"周"字。"季"下字泐，凡文中註明"（泐）"，除《折氏家族史略》《府谷縣志》作泐二字外，餘各書均作"闕"，不知泐字數情況。不再一一註明。

［3］折嗣倫祖父、折宗本父華，碑銘、史傳無載，可補史闕。"河西折氏，世家雲中，為北蕃大族，自唐以來，世為麟府州節度使。"②

［4］"能"上，《府谷縣志》無闕泐字。"於"，《府谷縣志》作"與"。

［5］"以"，《折氏家族史略》《府谷縣志》作"川"，文義不暢，不取。

［6］"裔"，《全唐文新編》作"允"，非。

［7］《折氏家族史略》《府谷縣志》未釋"不謂"。"臨"上作泐二字。

［8］"也"，《折氏家族史略》《府谷縣志》作"心"。以"也"為宜。

［9］壃：同"疆"。《折氏家族史略》《全唐文新編》作"疆"，是。烽戍：邊防之地設烽燧，駐兵防守。《折氏家族史略》作"烽戊"，不取。《北史·齊趙郡王叡傳》："叡撫慰新遷，量置烽戍，備有條法，大為兵人所安。"③ 白居易《律詩》："烽戍高臨代，關河遠控洮。"④

［10］蠆：蝎子一類的毒蟲。古代常以蟲、獸喻四方少數民族。

［11］《折繼閔神道碑》："折氏自唐末世有麟、府之地。初，宗本為唐振武軍緣河五鎮都知兵馬使，其子嗣倫為麟州刺史，孫從阮，從阮子德扆，相繼據府谷。"⑤《舊五代史·折從阮傳》："代家雲中，父嗣倫，為麟州刺史，累贈太子太師。"⑥《新五代史·折從阮傳》："雲中人也，其父嗣倫，為麟州刺史。"⑦ 碑銘、史傳載從阮父嗣倫，麟州刺史。此碑"嗣祚"，即嗣倫，同一人。晚唐時曾任麟州刺史，累贈太子太師。《折氏家族史略》《府谷縣志》脱"前"，釋"兇"作"宄"，是。宄，即"兇"的異

---

① （元）脱脱等：《宋史》卷八十六，中華書局1977年版，第2135頁。

② （宋）鄧名世：《古今姓氏書辯證》卷三十八，《叢書集成初編》，商務印書館1935年版，第527頁。

③ （唐）李延壽：《北史》卷五十一，中華書局1974年版，第1845頁。

④ （唐）白居易：《白居易集》卷三十四，中華書局1979年版，第764頁。

⑤ 戴應新：《北宋折繼閔神道碑疏證》，廣西師範大學出版社2006年版，第135頁。

⑥ （宋）薛居正等：《舊五代史》卷一百二十五，中華書局1976年版，第1647頁。

⑦ （宋）歐陽修撰，（宋）徐無黨注：《新五代史》卷五十，中華書局1974年版，第569頁。

體。如太和二十三年（499）《元彬墓誌》："一二年間，羣兗懷德。"① "之"下泐，《折氏家族史略》衍"口"，《府谷縣志》沿誤。

［12］列：通"烈"。勳烈：功業，功勛。《金石萃編》《全唐文新編》作"勳列"，是。《折氏家族史略》《府谷縣志》徑作"烈"。囘：同"回"。

［13］《折氏家族史略》《府谷縣志》脱"驛"下至"王"間各字，並作泐二字。

［14］虜廷：貶稱少數民族所建政權。晉王，唐末沙陀李克用，河東節度使時，"知太山公可付以事，收隸帳下，凡力所不能制者，悉命統之"。折宗本"輯睦招聚"，以功封為上柱國。見《折可適墓誌》。據此推知刻碑時李氏尚在。其子李存勖，建後唐，為莊宗（923－926）。追尊李克用為後唐太祖。"廷"，《金石萃編》作"延"，非。"邃"，《全唐文》《全唐文新編》作"遠"。深遠，指時間的久長或空間的深廣。據文義，以"遠"為宜。《折氏家族史略》《府谷縣志》釋"晉王"作"昔王"，非。又，脱"危"字。其下泐蝕字數不確，兩書並脱。於：《金石萃編》作存左半"扌"，是"扵"，即"於"字。《折氏家族史略》《府谷縣志》"於王室"作"協□□生宣"，致文義不暢。

［15］"大"字下，《折氏家族史略》《府谷縣志》作"□□溪上祖塋之棲也"，備參。

［16］"替"，《折氏家族史略》《府谷縣志》作"贊"，非。並於"先世"下衍二字，泐蝕。亦非。

［17］黻冕：古時大夫以上的祭服。《論語·泰伯》："惡衣服而致美乎黻冕。"鄭玄注："黻，是祭服之衣。冕，其冠也。"② 金行：指秋。《樂府詩集·郊廟歌辭六·唐五郊樂章十四》："金行在節，素靈居正。氣肅霜嚴，林凋草勁。"③ "乎"，《折氏家族史略》《府谷縣志》作"手"，形似而誤。"行"上，衍泐蝕二字，割裂"金行"一詞，非。

［18］五教：五常之教。指父義、母慈、兄友、弟恭、子孝五種倫理道德的教育。六條：薦舉賢才的六項標準。《晉書·武帝紀》："令諸郡中正以六條舉淹滯：一曰忠恪匪躬，二曰孝敬盡禮，三曰友于兄弟，四曰絜身勞謙，五曰信義可復，六曰學以為己。"④

［19］"通歧"與下文"聚斂"對舉成詞，為動詞。《折氏家族史略》《府谷縣志》作"通政"，"通政司"省稱，明清時收受、檢查内外奏章和申訴文書的中央機構。

---

① 北京圖書館金石組：《北京圖書館藏中國歷代石刻拓本滙編》（3），中州古籍出版社 1989 年版，第 42 頁。

② 十三經注疏整理委員會：《論語注疏》卷八，《十三經注疏》，中華書局 2000 年版，第 122 頁。

③ （宋）郭茂倩：《樂府詩集》卷六，中華書局 1979 年版，第 76 頁。

④ （唐）房玄齡等：《晉書》卷三，中華書局 1974 年版，第 50 頁。

大誤。

［20］“公”上，《折氏家族史略》《府谷縣志》作泐二字。獘：通“弊”。《折氏家族史略》《府谷縣志》脱“獘”。褰帷：亦作“褰幃”。撩起帷幔。

［21］駈：同“驅”。嚮化：歸化；順服。“嚮”，《折氏家族史略》《府谷縣志》作“鄉”，通“嚮”。《漢書·王莽傳上》：“天下聞公不受千乘之土，辭萬金之幣，散財施予千萬數，莫不鄉化。”師古曰：“鄉，讀曰嚮。”①

［22］“罔”，《金石萃編》作“冈”，即“罔”的俗字。《説文解字·网部》：“从冂，下象网交文。”② 罔效：不能報效。“罔”上，《折氏家族史略》《府谷縣志》作泐二字，非。

［23］“靈”上泐一字，《折氏家族史略》《府谷縣志》作“應”，備參。並脱“於”字。

［24］趙宣子：趙盾謚號。又稱趙孟。趙衰之子。古代良臣。春秋晉國正卿，歷仕晉襄、靈、成三世，屢有政績。見《左傳·文公六年》。郭伋：歷王莽、刘玄更始、劉秀建武，治郡有方，政通人和。《後漢書》卷三十一有傳。

［25］第三子本名從遠，避漢高祖舊名，故改從阮。《宋史·折德扆傳》：“父從阮，自晉、漢以來，獨據府州……其鎮府州時，署德扆為馬步軍都校。廣順間……時從阮鎮邠寧。”③《折氏家族史略》《府谷縣志》釋“府府州”作“充府州”，可備一説。

［26］《全唐文》《金石萃編》脱“年月”二字，《全唐文新編》未釋“年月”。無刻碑時間。《金石萃編》：“以後唐莊宗鎮太原時，領府州刺史。文内又有‘當今晉王感公有大忠’云云，則是碑梁時所建也。”晉王，唐末沙陀李克用，其子建立後唐。新舊《唐書》、新舊《五代史》均有載。《世代守邊禦敵的折氏家族》據李氏卒於908年，推其生卒年約為862－911年，刻碑時間在後梁④。其説可採。《折氏家族史略》《府谷縣志》《中國文物地圖集·陝西分册下》，推斷嗣倫生卒年約為855－905年，刻碑時間約在唐末天祐二年（905年）前後⑤。可備一説。

彙考

關於折氏族源，一説自鮮卑，一説自党項。鮮卑説，主要源自《刺史折嗣倫碑》：“大魏之後，宇文之別緒。”《折繼閔神道碑》和《折克行神道碑》載，出河西折掘。

① （漢）班固撰，（唐）顏師古注：《漢書》卷九十九上，中華書局1962年版，第4068－4069頁。
② 丁福保：《説文解字詁林》卷七下，中華書局1988年版，第7722頁。
③ （元）脱脱等：《宋史》卷二百五十三，中華書局1977年版，第8861頁。
④ 張志江：《世代守邊禦敵的折氏家族》，《尋根》1996年第3期，第26－27頁。
⑤ 國家文物局：《中國文物地圖集·陝西分册下》，西安地圖出版社1998年版，第655頁。

南凉秃發傉檀立其妻折屈氏為王后，疑折掘即折屈的異文。大魏指後魏，皇室本姓拓跋，後改元氏；宇文是後周皇族的本姓，皆鮮卑。《刺史折嗣祚碑》，又云折氏是“西伯之苗裔”；“為唐裔，隴西氏焉”。“西伯”即西周文王，其苗裔姓姬。唐裔即姓李。同一碑銘中折氏有四個族源，而這四個氏族都是中國歷史上的名門望族，顯然是撰文人攀附所為，不可信。

党項説，《折可適墓誌》：“其先與後魏道武俱起雲中，世以材武長雄一方，遂為代北著姓。後徙河西，有號太山公者，因其所居，人争附之。”《刺史折嗣倫碑》載：“祖諱華，雲中人也。”折嗣倫祖諱華，即折宗本父。宗本，即太山公。詳見《折可適墓誌》注釋。《折繼閔神道碑》：“折氏自唐末世有麟、府之地。初，宗本為唐振武軍緣河五鎮都知兵馬使，其子嗣倫為麟州刺史，孫從阮，從阮子德扆，相繼據府谷。”《宋史·折德扆傳》：“折德扆，世居雲中，為大族。”① 宋鄧名世《古今姓氏書辨證》：“羌族有河西折氏，世家雲中，為北蕃大族。自唐以來，世為麟府州節度使。”② 麟府：北宋麟、府二州（今陝西神木、府谷一帶。古雲中轄地），自五代群雄割據，麟府地區是西北要衝、軍事重鎮。開元十二年（724），因安置党項而置麟州。府州，後唐以麟州東北河濱之地置。亦本河西蕃界。境内主要為党項部落，折氏洞悉“番情”，率領“番兵”，碑陰題名所轄各寨主，亦党項種姓，故折氏為党項羌，其説可採。同時考《古今姓氏書辨證》一書，纂於北宋政和至南宋紹興年間，是父子兩代數十年成果，可信度高。宋代河西只有豐、麟、府三州，豐州為党項藏才族王氏統轄，麟、府為府州折氏統轄，那麼雲中屬番界無疑。又《宋史·党項傳》:“太祖建隆二年（961），代州（山西代縣）刺史折乜埋來朝。乜埋，党項之大姓，世居河右，有捍邊之功。”③《續資治通鑑長編》宋建隆二年十二月乙未條：“代州刺史折仁理，党項藩部之大姓也，世居河西，接鄰北境。上以其有捍邊之功，召今入覲，復命歸領刺史如故。”④ 折仁理即折乜埋，党項。據北宋政和年間（1111－1118）《折繼閔神道碑》：“折氏自唐末世有麟府之地，初，宗本為唐振武軍緣河五鎮都知兵馬使，其子嗣倫為麟州刺史，孫從阮，從阮子德扆相繼據府谷，五代周以為永安軍節度，捍蔽戎虜，歷世賴之。”同樣“世居河西”的折宗本家族，當以出自党項。只是是否為同一支，尚待出土材料考證。

---

①（元）脱脱等:《宋史》卷二百五十三，中華書局1977年版，第8861頁。

②（宋）鄧名世:《古今姓氏書辨證》卷三十八，《叢書集成初編》，商務印書館1935年版，第527頁。

③（元）脱脱等:《宋史》卷四百九十一，中華書局1977年版，第14138頁。

④（宋）李燾撰，上海師範大學古籍整理研究室、華東師範大學古籍整理研究室點校:《續資治通鑑長編（2)》卷二，中華書局1979年版，第56頁。

161 李仁寶妻破丑氏墓誌 後唐長興元年（930）十月十九日

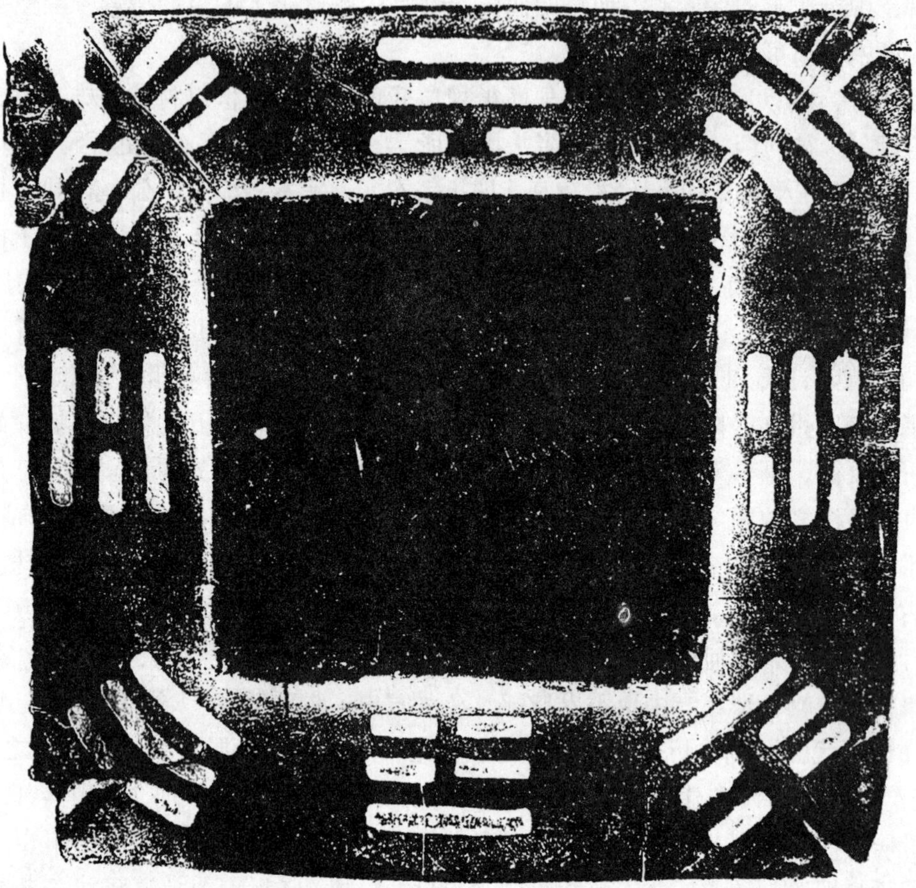

蓋

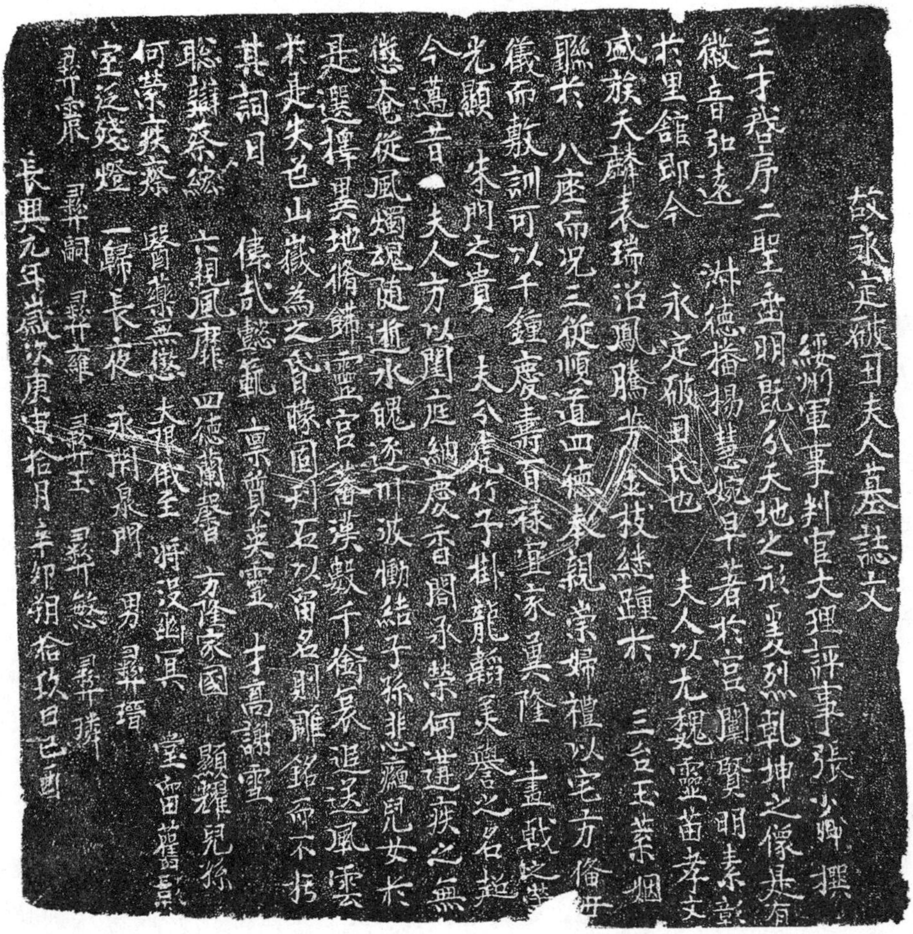

説明

墓誌近年出土於陝西省榆林市榆陽區紅石橋鄉拱蓋梁村。1994 年在打擊盗掘、走私文物活動中被繳獲，現藏榆林市榆陽城牆文管所。《中國藏西夏文獻》編號 S52・001。誌高、寬均 53 cm，厚 10 cm。張少卿撰文，誌文 19 行，滿行 19－22 字不等。楷書。下邊緣泐蝕剥落，損半字。盝頂蓋，高、寬均 54 cm，厚 16 cm。蓋面無文，四煞刻八卦紋。

誌文

故永定破丑夫人墓誌文。/

綏州軍事判官、大理評事張少卿撰。/

三才啓序，二聖垂明。既分天地之形，爰烈乹坤之像。是有/徽音弘遠，淋德播揚。慧婉早著扵宮闈，賢明素彰/扵里館，即今永定破丑氏也[1]。

夫人以元魏靈苗，孝文/盛族，天麟表瑞，沿鳳騰芳。金枝継踵扵三台，玉葉姻/

聯拎八座[2]。而况三從順道，四德奉親。崇婦禮以宅方，倫母/儀而敷訓。可以千鐘慶壽，百禄冝家[3]。冀隆晝戟之榮[4]，/光顯朱門之貴。夫分虎竹，子掛龍韜[5]。美譽之名，超/今邁昔。

夫人方以閨庭納慶，香閤承榮[6]。何遘疾之無/懲[7]，奄從風燭。䰟随逝水，魄逐川波。慟結子孫，悲纏兒女[8]。於/是選擇異地，脩餝靈宮。蕃漢數千[9]，銜哀追送。風雲/於是失色，山嶽為之昏曚[10]。固刊石以留名，則雕銘而不朽。/其詞曰：

偉哉懿範，禀質英靈。才高謝雪[11]，/聰辯蔡絃[12]。六親風靡，四德蘭馨。方隆家國，顯耀兒孫。/何縈疾瘵[13]，醫藥無懲。大限俄至，将没幽冥。堂留舊影，/室泛殘燈。一歸長夜，永閇泉門[14]。

男：彜瑨、/彜震、彜嗣、彜雍、彜玉、彜慜、彜璘。/

長興元年[15]，歲次庚寅，拾月辛卯朔，拾玖日己酉。/

著録

1.《中國藏西夏文獻·金石編》18－29 圖，31 文。2.《榆林碑石》77 圖，247 文。3.《陝北出土三方唐五代拓拔氏墓誌考釋》，《民族研究》2004（6）。

注釋

［1］破丑氏：鮮卑舊姓。“丑”，訛作“刃”。党項亦有破丑氏，以氏為部。《舊唐書·党項傳》：“又有雪山党項，姓破丑氏，居於雪山之下。”① 同書《劉師立傳》：“時河西党項破丑氏常為邊患。”② 校勘記：“党項破丑氏，‘丑’字各本原作‘刃’。”③《代宗紀》，永泰元年二月，“戊子，河西党項永、定等十二州部落内屬，請置宜、芳等十五州，許之”④。此支“破丑氏”部落被安置在永、定州，便以“永定”為其籍貫。故誌云：“永定破丑夫人。”關於“雪山”，日本學者冈崎精郎認為在松州嘉誠縣（治今四川松潘）東八十里的雪山⑤，非。周伟洲考證在青海河曲大積山（阿尼瑪卿山）⑥，可從。説明貞觀末隨着吐蕃勢力北上，原居於今青海湖南大積山一帶的党項破丑氏，與拓拔等党項部落北遷至隴右一帶。

［2］三台：古代天子靈台、時台、囿台的合稱。也指尚書、御史、謁者組成的中

① （後晉）劉昫等：《舊唐書》卷一百九十八，中華書局 1975 年版，第 5292 頁。
② 《舊唐書》卷五十七，第 2299 頁。
③ 同上書，第 2303 頁。
④ （後晉）劉昫等：《舊唐書》卷十一，中華書局 1975 年版，第 278 頁。
⑤ ［日］冈崎精郎：《唐代匯於計為党項の發展》，《東方史論叢》第一卷，養德社 1947 年版。
⑥ 周伟洲：《唐代党項》，三秦出版社 1988 年版，第 6 頁。

台、憲台、外台。八座：亦作“八坐”。古時中央政府的八種高級官員。此謂破丑氏出身高貴，與貴族聯姻。

［3］宜家：家庭和睦。語見《詩經·周南·桃夭》：“之子于歸，宜其室家。”朱熹《诗集傳》：“宜者，和順之意。室謂，夫婦所居；家謂，一門之內。”①

［4］巽：即“巽”。亦作“冀”。《榆林碑石》脱。

［5］虎竹：古時用以發兵的銅虎符與發兵的竹使符，合稱“虎竹”。《漢書·文帝紀》：“（二年）九月，初與郡守為銅虎符、竹使符。”顔師古注引應劭曰：“銅虎符第一至第五，國家當發兵遣使者至郡合符，符合乃聽受之。竹使符皆以竹箭五枚，長五寸，鐫刻篆書，第一至第五。”② 龍韜：宫廷禁卫羽林军的别名。

［6］香閤：青年女子的住室。《榆林碑石》《中國藏西夏文獻·金石編》《陝北出土三方唐五代拓拔氏墓誌考釋》釋“閤”作“閣”。閤：用同“閣”。

［7］懲：通“徵”，指效驗。下“醫藥無懲”用法同。

［8］癭：“纏”的異體字。亦作“緾”。纏結。

［9］夏州一帶主要為党項、吐谷渾等少數族裔，也有漢族雜居其間。

［10］曚：日未明，昏暗不明。《榆林碑石》釋文作“朦”，微明貌。義近詞非。

［11］𢦏：即“哉”。謝雪：晉太傅謝安嘗於雪天與子侄集會論文賦詩。俄而雪驟，安欣然曰：“白雪紛紛何所似?”侄兒謝朗曰：“撒鹽空中差可擬。”侄女謝道韞曰：“未若柳絮因風起。”安大笑樂。事見南朝宋劉義慶《世説新語·言語》。後遂以“謝雪”作為詠雪的典故，亦用以指代才女“謝道韞”。

［12］蔡絃，疑指蔡琰。《後漢書·列女傳》：“陳留董祀妻者，同郡蔡邕之女也，名琰，字文姬。博學有才辯，又妙於音律。”③

［13］疾瘵：廢疾，殘疾；亦泛指疾病。

［14］閇：古同“閉”。

［15］典：“興”的減省異體。

① （宋）朱熹：《詩集傳》卷一，中華書局 1958 年版，第 5 頁。

② （漢）班固撰，（唐）顔師古注：《漢書》卷四，中華書局 1962 年版，第 118 頁。

③ （南朝宋）范曄撰《後漢書》卷八十四，中華書局 1962 年版，第 2800 頁。

162 李仁福妻瀆氏墓誌 後晉天福七年（942）二月

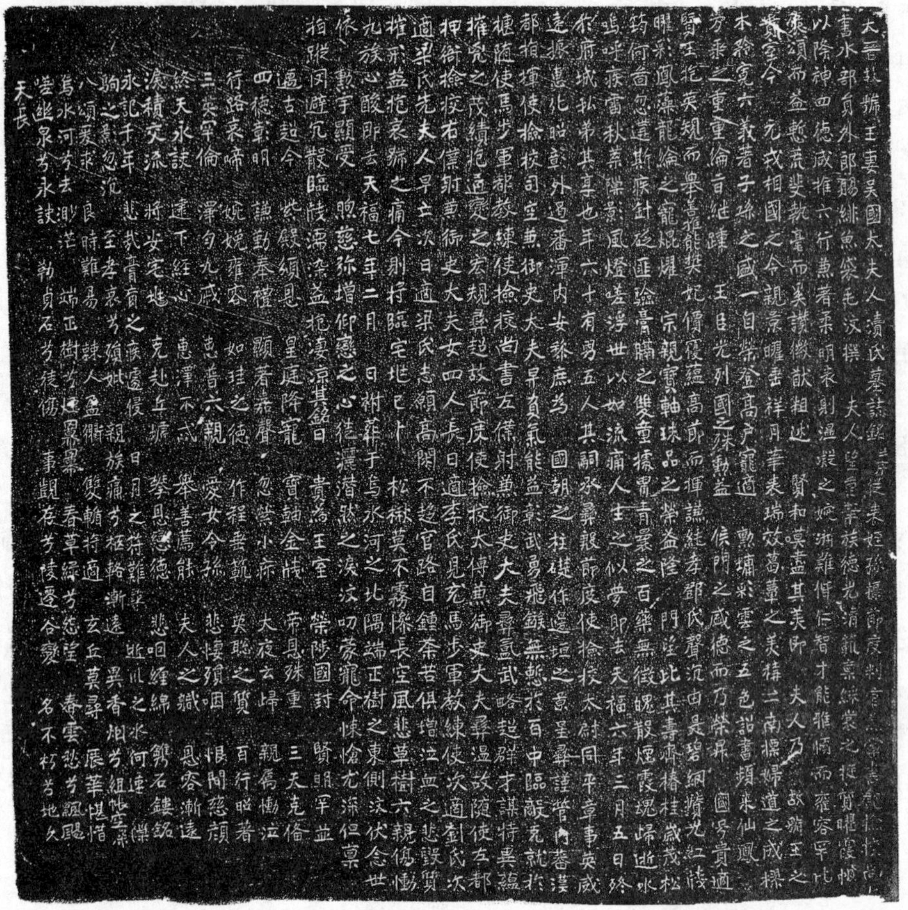

説明

墓誌出土於内蒙古烏審旗無定河鎮（原納林河鄉）十里梁，現藏内蒙古烏審旗文管所。《中國藏西夏文獻》編號 M42·001。誌石高 81.5 cm，寬 82 cm。毛汶撰文。誌文 33 行，滿行 33 字。楷書。該誌又題《後晉虢王李仁福妻瀆氏墓誌銘》。

誌文

大晉故虢王妻吴國太夫人瀆氏墓誌銘并序[1]。

從表姪孫攝節度判官兼掌書記、檢校尚/書、水部負外郎、賜緋魚袋毛汶撰[2]。/

夫人望重華族，德光清範。稟綵裳之挺質[3]，曜霞帔/以降神。四德咸推，六行兼著[4]。柔明表則，温凝之婉淑難偕；仁智才能，雅順而雍容罕比。/褒頌而益慙荒斐[5]，執毫而奚讃徽猷。粗述賢和，莫盡其美。即夫人乃故虢王之/貴室，今元戎相國之令親。景曜垂祥，月華表瑞，效葛蕈之美稍二南[6]，標婦道之成樑/木。矜寬六義，著子孫之盛。一自榮登，高戶寵適。動墉彩雲之五色，詔書頻來；仙鳳/万乘之重重，綸旨繼踵。

王臣光列國之殊勳，益侯門之盛德。而乃榮昇國号，貴適/賢王。抱英規而舉善推能，樊妃慣寢；蘊高節而撣謙純孝，鄧氏聲沉。由是碧綱攢光，紅牋/曜彩[7]。鳳藻龍綸之寵，焜耀宗親；寶軸珠品之榮，益隆門望。

比其壽齊椿桂，歲茂松/筠。何啚忽遘斯疾，針砭匪驗。膏肓之雙童據胃，青囊之百藥無徵[8]。魄散煙霞，魂埽逝水。/嗚呼！疾雷秋葉，隟影風燈。嗟浮世以如流，痛人生之似夢。即去天福六年三月五日歿/於府城私第。其享也，年六十。

有男五人：其嗣承彝殷[9]，節度使撿校太尉同平章事，英威/遠振，惠化昭彰。外遏番渾，內安黎庶。為國朝之柱礎，作邊垣之景星[10]。彝譔，管內蕃漢/都指揮使、撿校司空，兼御史大夫[11]。早負氣能[12]，益彰武勇。飛鏃無慙於百中，臨敵克就於/捷[13]。随使馬步軍都教練使、撿校尚書左僕射，兼御史大夫。彝氳，武略超群，才謀特異。蘊/摧兇之茂績，抱通變之宏規。彝超[14]，故節度使、撿校太傅兼御史大夫。彝温，故随使左都/押衙撿校右僕射，兼御史大夫。

女四人：長曰適李氏，氏見充馬步軍教練使。次適劉氏。次/適梁氏，先夫人早亡。次曰適梁氏，志願高閑，不趍官路。自鐘荼苦，俱增泣血之悲；毀質/摧形，益抱哀號之痛。今則將臨，宅兆已卜。松楸莫不霧慘，長空風悲草樹。六親傷慟[15]，/九族心酸。即去天福七年二月□日，祔葬于烏水河之北隅，端正樹之東側。汶伏念世/依勳宇，顯受煦慈。弥增仰戀之心，徒灑潸然之淚。汶叨蒙寵命，悚愴尤深。但稟/指蹤，罔避冗散[16]。臨牋濡染，益抱淒凉。其銘曰：

貴為王室，榮陟國封。賢明罕並，/邁古超今。紫殿頌恩，皇庭降寵。寶軸金箋，帝恩殊重。三天克偹，/四德彰明。謙勤奉禮，顯著嘉聲，忽縈小疹[17]，大夜云歸。親屬慟泣，/行路哀啼。婉娩雍容，如珪之德。作程垂範[18]，英聰之質。百行昭著，/三英罕倫。澤匀九戚，惠普六親。愛女令孫，悲悽殞咽[19]。恨間慈顏，/終天永訣。逮下経心，惠澤不忒。舉善薦能，夫人之職。恩容漸遠，/淚積交流。將安宅兆，克赴丘墟。攀恩戀德，悲咱纏綿。鐫石鏤銘，/永記千年。悲哉。膏肓之疾遽侵[20]，日月之符難尋。逝川之水何速，隟/駒之影忽沉。至孝哀兮殞妣，親族痛兮柩輅漸遠，異香焰兮組帳空深。/八頌爰求，良時難易。棘人盈衢，雙輴將適。玄丘莫尋，扆華惜惜[21]。/烏水河兮去渺茫，端正樹兮煙冪冪[22]。春草緑兮怨望，春雲愁兮飄颻。/嗟幽泉兮永訣，勒貞石兮徒傷。事覬存兮陵遷谷變，名不朽兮地久/天長。/

著録

1.《中國藏西夏文獻·金石編》18－32 圖，33 文。2.《内蒙古烏審旗發現的五代至北宋夏州拓拔部李氏家族墓誌銘考釋》，《唐研究》8－380。

注釋

［1］虢王：定難軍節度使李仁福。又稱“虢國王”，見後晉天福七年（942）《毛汶墓誌》。《舊五代史·李仁福傳》：“仁福自梁貞明、龍德及後唐同光中，累官至撿校太師、兼中書令，封朔方王。長興四年三月，卒於鎮。其年追封虢王。”① 《五代會要·封建》亦云後唐莊宗長興四年（933）五月，朝廷“追封故夏州節度使李仁福為虢王”②。《新五代史》卷四十、《册府元龜》卷四百三十六下亦有其傳。

［2］節度判官：判官在藩鎮幕府中地位甚高，胡三省注《資治通鑑》云：“唐諸使之屬，判官位次副使，盡總府事。”③ 掌書記：掌朝勤、聘慰、薦祭祀、祈祝之文，與號令、升細之事④。係節度使之喉舌。毛汶，見後晉天福七年（942）《毛汶墓誌》。

［3］綵裳：彩色的絲織品。《玉篇·糸部》：“綵，五綵備。”⑤ 《集韻·海韻》：“綵，繒也。”⑥ 泛指花紋，彩色。《中國藏西夏文獻·金石編》釋“綵”作“彩”，當以原刻為準。

［4］六行：六種善行。《周禮·地官·大司徒》：“六行：孝、友、睦、婣、任、恤。”⑦

［5］慙：同“慚”。

［6］葛覃：語出《詩經·周南·葛覃》：“葛之覃兮，施于中谷，維葉萋萋。”⑧ 喻女子在家，志在女功，躬儉節用，尊敬師傅，恪守婦道。二南：指周公、召公及其管轄的地區。此指瀆氏遵女子之本，美名遠播。穪：“稱”的異體。構件“爫”訛變

---

① （宋）薛居正等：《舊五代史》卷一百三十二，中華書局 1976 年版，第 1746－1747 頁。

② （宋）王溥：《五代會要》，上海古籍出版社 2006 年版，第 189 頁。

③ （宋）司馬光編著，（元）胡三省音注：《資治通鑑》卷二百一十六，中華書局 1956 年版，第 6888 頁。

④ 《資治通鑑》卷二百六十，第 8480 頁。

⑤ （梁）顧野王著，（唐）孫强增補，（宋）陳彭年等重修：《重修玉篇》卷二十七，《景印文淵閣四庫全書》（224），臺北：臺灣商務印書館 1986 年版，第 217 頁。

⑥ （宋）丁度等：《集韻》卷五，《景印文淵閣四庫全書》（236），臺北：臺灣商務印書館 1986 年版，第 590 頁。

⑦ 十三經注疏整理委員會：《周禮注疏》卷十，《十三經注疏》，北京大學出版社 2000 年版，第 314 頁。

⑧ 十三經注疏整理委員會：《毛詩正義》卷一，《十三經注疏》，北京大學出版社 2000 年版，第 36 頁。

為“土”，餘結構未變。北魏正光二年（521）《楊氏墓誌》：“出入紫闈，諷稱婉而。”① 孝昌三年（527）《元融墓誌》：“幼稱千里飄飛九重。”②《内蒙古烏審旗發現的五代至北宋夏州拓拔部李氏家族墓誌銘考釋》作“構”，相似而誤。

［7］綱：“網”的異體。牋：製作精美的書寫紙，這裡指文書簿册“牋”。紅牋：亦作“紅箋”。《内蒙古烏審旗發現的五代至北宋夏州拓拔部李氏家族墓誌銘考釋》作“箋”，同“牋”。《中國藏西夏文獻・金石編》沿用。下同。

［8］膈：即“膈”。《内蒙古烏審旗發現的五代至北宋夏州拓拔部李氏家族墓誌銘考釋》作“膜”，非。此引用膏肓之典。膏肓：古代醫學以心尖脂肪為膏，心臟與膈膜之間為肓。《左傳・成公十年》：“疾不可為也，在肓之上，膏之下，攻之不可，達之不及，藥不至焉，不可為也。”杜預注：“肓，鬲也。心下為膏。”③ 後用以指難治之病。

［9］彝殷：又名彝興，虢王李仁福與瀆氏之長子。仁福卒，子彝超襲其位。清泰二年（935）彝超卒，彝興加定難軍節度使。新舊《五代史》《宋史》均有記載。

［10］景：即“景”。景星：瑞星，大星德星。古謂有道之國所呈之星。

［11］謹：即“謹”。彝謹，虢王李仁福與瀆氏之次子，是定難軍内部蕃漢都指揮使，負責統一治軍。事跡詳見後周廣順二年（952）《李彝謹墓誌》。漢：即“漢”。定難軍由蕃軍、漢軍混編而成，而以党項羌士兵為蕃軍和定難軍軍事力量的重要組成部分。御史大夫：唐制正八品上。上柱國為其勳官，唐制視正二品，勳級十二轉。彝謹、彝超、彝温，皆兼御史大夫之職。

［12］負：即“負”字。構件“⺈”，演化為“力”。

［13］捷：即“捷”。《内蒙古烏審旗發現的五代至北宋夏州拓拔部李氏家族墓誌銘考釋》未釋“捷”。

［14］彝超：虢王李仁福與瀆氏之第四子。李仁福卒，加定難節度使。新舊《五代史》《宋史》均有載。

［15］“慟”，《内蒙古烏審旗發現的五代至北宋夏州拓拔部李氏家族墓誌銘考釋》作“痛”，非。《中國藏西夏文獻・金石編》沿誤。

［16］冈：即“罔”的俗字，《内蒙古烏審旗發現的五代至北宋夏州拓拔部李氏家族墓誌銘考釋》作“因”，非。又，“踨”本“蹤”，釋作“縱”，非。

---

① 趙力光：《鴛鴦七誌齋藏石》，三秦出版社 1995 年版，第 56 頁。

② 北京圖書館金石組：《北京圖書館藏中國歷代石刻拓本滙編》（5），中華書局 1974 年版，第 60 頁。

③ 十三經注疏整理委員會：《春秋左傳正義》卷二十六，《十三經注疏》，北京大學出版社 2000 年版，第 853 頁。

［17］疹：即“瘆”。同“疢”。疾病。

［18］範：即“範”字。《内蒙古烏審旗發現的五代至北宋夏州拓拔部李氏家族墓誌銘考釋》作“節”，非。《中國藏西夏文獻·金石編》沿誤。

［19］悽：同“凄”。《内蒙古烏審旗發現的五代至北宋夏州拓拔部李氏家族墓誌銘考釋》《中國藏西夏文獻·金石編》即作“凄”。

［20］遷：即“遽”。构建“虍”與“雨”混訛。

［21］“展”，《内蒙古烏審旗發現的五代至北宋夏州拓拔部李氏家族墓誌銘考釋》作“眉”，非。愖：同“忱”。誠信。《玉篇·心部》：“愖，信也。”①

［22］冪：即“幕”字。幕幕：覆蓋周密貌。漢張衡《思玄賦》：“建罔車之幕幕兮，獵青林之芒芒。”②

彙考

誌主瀆氏與號王李仁福育有男五子，依次為李彝殷、李彝謹、李彝氳、李彝超、李彝温。長子彝殷，又名彝興。《新五代史》《舊五代史》及《宋史》均有記載③。《宋史·李彝興傳》記宋長興四年（993），“仁福卒，子彝超嗣……彝興，彝超之弟也，本名彝殷，避宋宣祖諱，改‘殷’為‘興’。初為行軍司馬，清泰二年，彝超卒，遂加定難軍節度使”④。新舊《五代史》稱彝超為仁福次子，彝殷乃彝超弟。而據《李仁福妻瀆氏墓誌》，彝殷為長子，彝超排行第四。以瀆氏墓誌銘可糾史傳之謬。杜建録先生認為：“可能彝超襲位在前，彝殷襲位在後，故《宋史》誤記為‘彝興，彝超之弟也’。”⑤ 是。

---

① （梁）顧野王撰，（唐）孫強增補，（宋）陳彭年等重修：《重修玉篇》卷八，《景印文淵閣四庫全書》(224)，臺北：臺灣商務印書館 1986 年版，第 74 頁。

② （梁）蕭統編，（唐）李善注：《文選》卷十五，《中國古典文學叢書》，上海古籍出版社 1986 年版，第 674 頁。

③ （宋）歐陽修撰，（宋）徐無黨注：《新五代史》卷四十，中華書局 1974 年版，第 437 頁。（宋）薛居正等：《舊五代史》卷一百三十二，中華書局 1976 年版，第 1746 頁；（元）脱脱等：《宋史》卷四百八十五，中華書局 1977 年版，第 13982 頁。

④ （元）脱脱等：《宋史》卷四百八十五，中華書局 1977 年版，第 13982 頁。

⑤ 杜建録：《中國藏西夏文獻碑刻題記卷綜述》，《西夏學》(1)，寧夏人民出版社 2006 年版，第 119－120 頁。

國家古籍整理出版專項經費資助項目
2011 年教育部人文社會科學研究一般項目“羌族碑刻文獻整理與研究”，項目批准號：11YJA870026
2015 年四川省教育廳人文社會科學一般項目“姚氏羌人文獻搜集與整理”，項目批准號：15SB0246

羌族石刻文獻集成

肆

曾曉梅　吴明冉／集釋

巴蜀書社

圖書在版編目(CIP)數據

羌族石刻文獻集成/曾曉梅,吴明冉集釋.—成都:巴蜀書社,2016.12

ISBN 978-7-5531-0749-3

Ⅰ.①羌… Ⅱ.①曾… ②吴… Ⅲ.①羌族—石刻—文獻—彙編—中國 Ⅳ.①K287.4 ②K877.4

中國版本圖書館 CIP 數據核字(2016)第 289768 號

羌族石刻文獻集成

曾曉梅　吴明冉　集釋

出品人	林　建　侯安國
策劃編輯	施　維
責任編輯	張照華　肖　静　張亮亮　封　龍　趙邦媛　張紅義　張立園
封面設計	周　明
出　版	巴蜀書社 成都市槐樹街 2 號　郵編　610031 總編室電話:(028)86259397
網　址	www.bsbook.com
發　行	巴蜀書社 發行科電話:(028)86259422　86259423
經　銷	新華書店
印　刷	四川省南方印務有限公司
版　次	2017 年 2 月第 1 版
印　次	2017 年 2 月第 1 次印刷
成品尺寸	260mm×185mm
印　張	116.25
字　數	2800 千
書　號	ISBN 978-7-5531-0749-3
定　價	3000.00 元(全 4 册)

272 芳真人墓碑 嘉慶三年（1798）二月

説明

碑石刻立於四川省汶川縣映秀鄉老街村東北1400米處，東靠娘子嶺。單檐二柱一開間墓碑。碑身高200 cm，寬96 cm，厚30 cm。額楷書題“碧洞遺徽”。2008年汶川地震中損毁。碑文行字數失載。該碑又題《汶川映秀芳真人墓碑銘》。

額

碧洞遺徽。

碑文

羽化龍門正宗一十三代恩師鄧公派來芳真人之墓。/

公本吴之贛州籍也[1]。生居蜀之内江，幼登甲第，人慕玄風。乾隆甲子棄隱青城[2]，投天仙大戒陽炳王公派下，簪冠進道，苦志修持[3]。越壬午歲[4]，得王□通[5]。公師伯同志來汶，報懇娘嶺，承糧駐杖[6]。開修官道，建廟施茶，栽杉置田，參研道德，開承先啟後之光，繼傳登衍派之範。歷三十七載古功[7]，享八十六春壽?脱化于嘉慶戊午孟夏[8]。派等難忘木本[9]，敬叙履歷，以志不朽云耳[10]。

派徒：周復宗，黄復厚，李復茂，黄復金，魯復莊。

徒孫：蔣本全，王本玲，操本存，彭本如，謝本修，王本禄，楊本升，吕本仁，陳本根，李本先，方本中，姚本定，唐本立，馬本俊，張本敬，郭本虹，艾本信，丁本癸，李本善，張本儀，毛本青，楊本泰，曹本真，李本□。

曾徒：楊合春，韓合慶，侯合祥，文合根，吴合真，劉合富，李合榮。

玄孫：徐教洪，遊教敏立。

嘉慶十七年仲春月穀旦。

著録

1. 阿壩州文管所藏拓。2.《阿壩州志》2141。3. 阿壩州文管所陳學志録文。

注釋

[1]“也”，《阿壩州志》作“地”，不取。

[2]乾隆甲子：即乾隆九年（1744）。“棄”，《阿壩州志》未釋。

[3]簪冠：插簪於冠。古謂做官。此為投道教。進道：進修道業。《阿壩州志》脱“投”，並將“簪冠”上屬，“進道”下屬，致語義不暢。

[4]壬午歲：即乾隆二十七年（1762）。《阿壩州志》釋“壬午”作“三年”，形

似而誤。

［5］“王□”，《阿壩州志》作“五廟”，恐非。五廟：古代诸侯立五廟，即父、祖、曾祖、高祖、始祖之庙。《禮記·祭法》：“諸侯立五廟、一壇、一墠。曰考廟，曰王考廟，曰皇考廟，皆月祭之。顯考廟、祖考廟享嘗乃止。”

［6］《阿壩州志》未釋“伯”。又，釋“志”作“治”，“杖”作“枝”；脱“糧”字。録以備參。

［7］《阿壩州志》脱“施茶”至“歷”等字。釋“三十七”作“已七一”，非。

［8］脱化：羽化。《阿壩州志》作“聰化”，非。並脱“六”；於“聰”“戊”兩字上衍“莫”“太”。嘉慶戊午，即嘉慶三年（1798）。

［9］木本：本源，來源。《阿壩州志》作“未志”，不詞，不取。又，釋“派等”作“□篝”。

［10］“敘”，《阿壩州志》作“鏞”，非。並脱以下題名。

彙考

青城，道教名山，中國道教發源地之一，位於四川省都江堰市西南。傳説道教天師張道陵晚年顯道於青城，並羽化於此。唐至明代，道教一度盛行，清代以後式微。但在少數民族聚居的偏遠地區，道教已“轉變成為一種自發的信仰，一種淵源久遠的文化形態”，“羌族在漢族宗教文化的滲透與影響下，一方面要努力保持本民族傳統宗教信仰的古樸風貌，一方面又不可避免地在同異類文化的交流與碰撞中取其所長，為己所用”①。王明珂先生進一步指出：“由於漢化普遍，絶大多數羌族地區都有廟子信仰，反而，相當多的羌族地區無山神信仰。……廟子，則是一般川西鄉間所見的大小寺廟，其中供奉的皆是玉皇、觀音、川主、牛王、東嶽等漢人信仰中的神祇。”② 我們在羌區田野調查時，隨處可見供奉在山巔、水邊、田間、屋頂上的白石以及石砌的納薩神塔、廟子。如光緒十六年（1890）《綿篪護林碑》，刻於神樹林中，碑右側為神龕，羌民稱供奉的是菩薩。茂州西路三齊寨納耳大坪村眾姓重修龍王殿宇，見茂縣三龍鄉四大隊黄草坪乾隆四十四年（1779）《黄草坪龍王廟碑》。汶川縣龍溪鄉垮坡村建玉皇廟，見乾隆五十九年（1794）《垮坡玉皇廟碑》。汶川水磨黄龍寺，又稱“黄龍觀”，住道人，行道教之儀。可見，羌區民間信仰呈現出釋比與佛道合一、並行不悖的態勢。

---

① 鄧宏烈：《羌族宗教文化研究》，巴蜀書社2013年版，第343頁。

② 王明珂：《羌在漢藏之間——一個華夏邊緣的歷史人類學研究》，臺北：聯經出版事業股份有限公司2003年版，第46頁。

273 吼佛碑記 嘉慶八年（1803）二月初一

説明

碑石刻立於四川省茂縣白溪鄉杜家坪禎祥寺。碑高 120 cm，寬 72 cm，厚 10 cm。碑文 12 行，滿行 33 字；餘題名。楷書。左右刻纏枝蓮花草葉紋，下刻蓮花紋。額方首，楷書“吼佛碑記”，中間刻八卦圖，上刻纏枝紋；每字單綫框，四角雙弧綫。

額

吼佛碑記。/

碑文

從來名山大川，神靈之所居；宗廟社稷，神聖之所臨。朝廷尊崇祀典，長享太平之福；人/民建修廟宇，永賴護佑之恩。故我境内，穆然深思，勃發善念。在于乾隆庚寅年間，創修/禎祥寺[1]。顧盼福地之形，朱雀玄武，青龍白虎[2]，天生地成，實為奇觀。加之聖德昭彰，罄無/不宜，何幸如之。但歷覽天下庵觀寺院，培補廟前者，或為金獅、銀獅，或為銅獅、鐵獅，紛/紛不一。而詰其所由來，有掃邪歸正之雄，神欽鬼伏之德。爰是粤稽獅子之出處，於南方烏弋國所産[3]。威能加于虎豹，力足勝于良驥[4]。其修德在於西方，而成吼佛。欽哉!

洵足/與龍馬麟鳳而同瑞，夏瑚商璉而並美[5]。昔文王占之：“師：貞，丈人吉。无咎，是良。”[6]因我杜姓，/孝義弟兄，取其“貞吉无咎”之義，發心作福。他山之石，可以攻獅。不惜資財，雕琢成像，布/列兩廊，廟貌益顯[7]，神威愈彰。地脉龍神，于是奠安；邪魔妖怪，于是降伏。眞其風調雨順，/國泰民安。文風丕顯，富貴丕承。世世出俊秀之士，代代生英奇之才。观光四境，民康物/阜。名流當時，聲施奕禩。勒銘刊石，永垂不朽云爾。

弟子：杜朝俊，/男芝清、/芝萬。/杜文才，/男文瑛、/文琦。/杜文先，/男元英、/元瑞、/元惠、/元朝。/杜文珍，/男元富。/杜朝龍，/男芝茂、/芝秀。/杜文欽，/男元宗。/杜文魁，/男琛、/玥。/杜朝虎，/男芝蘭、/芝山。/佘尚成。/羅永昌，/男萬鐘、/萬全。/

瑢沐平敬撰。/

石匠：但子章、/子芳，/袁功成。/

杜芝春書。/

大清嘉慶癸亥年夾鐘月朔一日立[8]。/

著録

阿壩州文管所藏原石照片

注釋

［1］乾隆庚寅：即乾隆三十五年（1770）。“禎祥寺”，方志失載，可補志闕。

［2］青龍、白虎、朱雀、玄武為古代四神獸，代表方位。《封神演義》第七一回：“南分朱雀北玄武，東按青龍西白虎。”①

［3］烏弋：漢時西域國名。後泛指西方極遠的國度。

［4］良驥：駿馬，良馬。

［5］瑚、璉，皆古代宗廟禮器。《論語·公冶長》：“子貢問曰：‘賜也何如？’子曰：‘女，器也。’曰：‘何器也？’曰：‘瑚璉也。’”何晏集解引包咸曰：“瑚璉，黍稷之器。夏曰瑚，殷曰璉。”② 用以比喻治國安邦之才。

［6］語出《周易·師卦》卦辭：“師：貞，丈人吉，无咎。”③ 師：卦名。丈人：大人，謂德高望重富有經驗的軍隊統帥。

［7］貌：即“貌”。

［8］夾鐘月：即二月。

彙考

“吼佛”，“獅子吼佛”的省稱。“獅子吼”，亦作“佛音獅吼”，佛教語，如來化身之一，喻佛（或菩薩）講法如獅子威服眾獸一般，能調伏一切眾生（包括外道）。《南傳大藏經·小部經典·第二逃亡本生譚·序分》：“此一故事為彼遊行者入於祇園，瞬間見佛為大眾環繞，坐於嚴飾之法座，於赤砒之磐石上，如獅子之獅子吼狀說法。”注：赤砒之石“呈平板之形，佛於其上如獸王獅子哮吼。佛之說法喻為獅子吼”④。甘肅省甘南藏族自治州夏河縣拉卜楞寺，中國藏傳佛教格魯派六大寺院之一，被譽為“世界藏學府”，內有獅於吼佛殿。又，每年正月十五日，青海省西寧市塔爾寺曬佛節，山前展曬獅子吼佛、釋迦佛、宗喀巴和金剛薩睡佛像⑤。《吼佛碑記》，額題“吼佛碑記”，並刻八卦圖。碑云：“歷覽天下庵觀寺院，培補廟前者，或為金獅、銀獅，或為銅獅、鐵獅，紛紛不一。而詰其所由來……其修德在於西方，而成吼佛。”“顧盼福地之形，朱雀玄武，青龍白虎，天生地成，實為奇觀。”碑銘表明早在清嘉慶間，茂縣白溪鄉杜家坪羌民的宗教信仰就已呈現佛道雜糅的趨勢，也是羌區羌族民間宗教信仰變遷的縮影。

---

① （明）許仲琳：《封神演義》（下），十月文藝出版社 1996 年版，第 637 頁。

② 十三經注疏整理委員會：《論語注疏》卷五，《十三經注疏》，中華書局 2000 年版，第 60 頁。

③ 十三經注疏整理委員會：《周易正義》卷二，《十三經注疏》，中華書局 2000 年版，第 59 頁。

④ 慧岳法師、悟醒：《南傳大藏經·小部經典八》（33），臺北：元亨寺妙林出版社 1995 年版，第 219 頁。

⑤ 華智海、邊世平：《青海民俗文化與旅游資源開發》，旅游教育出版社 2012 年版，第 225 頁。

274 劉氏百代興隆碑 嘉慶八年（1803）二月十四日

原石照片（墨書）

舊拓

2013 年新拓

説明

碑石刻立於四川省汶川縣三江鄉照壁村西北 70 米處，現存原址。單檐二柱一開間，方趺座，高 186 cm，宽 93 cm，厚 13 cm。每柱寬 12. 25 cm，柱厚 25 cm。桑王□鐫刻。碑文 24 行，滿行 50 字。楷書。柱兩面刻楹聯。紅色沙巖，刻痕淺，風化泐蝕嚴重，特别是下方文字多辨識不清，加之後人墨書，錯訛較多。據 2013 年兩次椎拓所獲拓片，參以阿壩州文管所藏舊拓釋文。該碑又題《劉氏門中歷代先祖昭穆宗親之墓碑》《三江劉氏百代姓氏碑》。

碑文

前裕後承宗祧同乾坤悠久，/左昭右穆倫序並日月光明。/

造福橋横跨兩岸，/三江水澆灌良田[1]。/（以上刻於兩柱）

本音劉氏門中歷代先祖昭穆宗親之墓[2]。

百代興隆。/

竊我劉氏，四川防屬西道茂州文鎮之居[3]。遠祖劉什魁頒旨至蒙恩/同上敌[4]，時大明隆慶四年矣。世受頭人之職，絡繹八九代餘也[5]。今全族無知始之源，年夂多糸[6]，歷代泒孫[7]，□不□□□/先代宣楊[8]，後世子孫不忘本源也。以碑為誌，名垂不朽，是以為序。/

遠祖劉什魁，氏佘木大[9]。

始祖适木志，氏馬格姐。別木志，氏佘恩大[10]。

高祖么子，氏我別姐[11]。适木，氏劉媿[12]。劉志，氏苦姐[13]。适木留[14]。

曾祖/我木勺[15]，氏□妹姐[16]。備勺保，氏日木大。粒吉[17]，氏苦木留[18]。黄水，氏討妹姐[19]。黑保，氏別姐。劉加[20]，氏白什姐。忍保，氏板登勺。我保，氏木姐。南木，/氏劉姐。

祖考我舍勺，氏佘妹姐。佘陸，氏得六姐[21]。我木甲，氏別逼姐[22]。佘木止，氏苦木大[23]。別舍勺[24]，氏羅姐。羅木舍[25]，氏別木□。什保，氏□/妹[26]。佘止保壽，氏安康。木納，氏佘木太。羅舍[27]，氏正姐。別六，氏苦妹姐。我木甲，氏吴木留。适木加，氏苦吉。通澄[28]，氏么姑。么子□保[29]，氏□/姐。董保，氏大姐。保得，氏二姐。么子，氏神保姐[30]。白正，氏水木姐[31]。谷□□，氏适大。谷受保[32]，氏六□媽。□安，氏二姐[33]。么子，氏山劉勺[34]。伯佘金/木止多[35]。日朋暗妹[36]，氏日達。龍太，氏么姑。別志保，氏納馬弘。光音保，氏得保姐。什斤保，氏□保姐[37]。□木□太，氏□保姐[38]。苦保，氏□金妹。□/保。佘得保，氏保姐。我什勺，氏富妹姐。么子得木勺，氏納姐。木勺，氏楊保姐。羅保加，氏□□。□□□[39]，氏別姐[40]。谷什勺[41]。六斤□仍保止□[42]，氏/勺妹姐。我保受。□板登加，氏羅姐[43]。別木勺，氏甲格勺。法印佘勺，氏別木姐。清保受，氏□□□。□林保[44]，氏我妹姐。劉潘[45]，氏木受姐，□□/三保受張英保[46]。劉盛，氏格思，木法聰。劉俊，氏克吉[47]。劉杰，氏神保姐[48]。劉保，氏□□□□□□□□□□□□□□□□保，□夫泰保姐。劉什□/勺[49]，氏阿格耳[50]。西林保，氏沙乃。劉受保，铁林保。勺止保[51]，氏□□□□□□□□□□□□□□□□保西勺[52]，氏佘留[53]。倉保/，氏吴妹姐。別受保，日保，太谷舍保[54]。

長兄勤保，氏甲格勺[55]。張命保，氏□□□□□□□□□□□□□保妹[56]。劉如保，氏□□□/□□拆甲保[57]，氏古姐。吴受保陳甲，氏別保姐[58]。劉三，氏勺保川。劉天保，氏勺（下泐）/保，氏□□□。木西保，氏佘媽奴。各光保[59]，氏谷保受，氏長受姐。西林保，氏江保姐[60]。□□□□□□□□。劉山保，氏（下泐）。/劉正祥，氏水保姐[61]。劉裕昌，別止保，得止保。劉正宗[62]。劉正坤。劉正科，安中乃山□□（下泐）/正后宜[63]，氏□。劉正富，沙納朋西止保，四桂保朝□□□（下泐）[64]。

侄劉□保，本氏人（下泐）[65]。劉/元保，受孟光保[66]。刘貴保。刘成，何氏。刘□[67]，倪氏。刘正[68]，楊氏。刘忠（下泐）/受刘潤保。福元[69]。

孫刘文選[70]，李氏。孟旺保，徐氏。勺受保，□氏（下泐）。/

刊刻人桑王玉。/

大清嘉慶八年，歲次癸亥，又二月十四日立。艮山峰向[71]。/刘（下泐）元□□吉（下泐）。

著録

1. 阿壩州文管所藏拓片和原石照片。2. 曾曉梅藏拓。3.《碉樓與議話坪》143。4.《西川羌族特殊載體檔案史料研究》318。5.《歷代碑刻 契文 族譜》108。

注釋

［1］《碉樓與議話坪》《西川羌族特殊載體檔案史料研究》《歷代碑刻 契文 族譜》脱“前裕”至“良田”等字。楹聯刻於柱正面和側面。側面楹聯一順書，一逆書。阿壩州文管所藏拓，失柱石拓片。三書碑文相同，以出版略早的《碉樓與議話坪》校之，另二書不再一一出注。

［2］“穆”下微泐，觀拓是“宗親”。同宗的親屬。《吕氏春秋·大樂》：“故能以一聽政者，樂君臣，和遠近，説黔首，合宗親。”①《碉樓與議話坪》釋作“祖宗”，非。

［3］“竊”下，《碉樓與議話坪》衍“以為”；脱“四川防屬西道”。“茂”作“威”；“文”作“古”，均非。

［4］《碉樓與議話坪》“恩”下泐九字，觀拓與原石，實無文字。

［5］“絡”下一字泐，觀拓左“糸”，右“睪”，是“繹”。《碉樓與議話坪》作“為”，非。

［6］糸：古同“絲”。

［7］洂：古同“派”，水的支流。洂孫：指子孫支脉眾多。《碉樓與議話坪》作“劉”，非。

［8］“不”上一字泐，觀拓右存“各”，左不能辨識。原石墨書作“無”，非。

① （戰國）吕不韋著，陳奇猷校釋：《吕氏春秋新校釋》卷五，《中華要籍集釋叢書》，上海古籍出版社2002年版，第259－260頁。

“不”下一字，存右“戈”，左不能辨識，《碉樓與議話坪》作“找家”二字，並泐七字，非。

［9］《碉樓與議話坪》未釋“遠祖”“氏佘木大”。

［10］“馬”，原石墨書作“瑪”，《碉樓與議話坪》沿用。觀拓無偏旁“王”。“佘”，三書作“合”，非。“大”字，諦視，其右下有“丶”，為泐痕，亦作“太”，不取。明清時期，岷江上游羌族仍以房名為主，題名為漢字譯音。據乾隆五十三年(1788)《水塘楊氏家譜碑》，夫妻連名，妻名上冠“氏”之例，以及羌人命名慣用字與習俗，此為“始祖適木志，氏馬格姐。別木志，氏佘恩大”。兩對夫妻。《碉樓與議話坪》未斷句，在釋以下諸題名中依據漢族用名習慣，“氏”字上屬，誤。如下文“曾祖我木勺，氏□妹姐。備勺保，氏日木大。粒吉，氏苦木留。黄水，氏討妹姐。黑保，氏別姐。劉加，氏白什姐。忍保，氏板登。勺我保，氏木姐。南木，氏劉姐”。釋作“曾祖我木□氏、□木□□□保氏、日木大粒古氏、苦木留黄水氏，計討妹姐黑保氏、別姐劉如氏、白什姐忍保氏、板登勺我保氏、木姐南木氏、劉姐□□”。不取。下同，不再一一指出。

［11］“么”下一字泐，存痕似“子”。《碉樓與議話坪》未釋。又，釋“我”作“也”，非。“別”下一字，諦視，右“且”，左似“女”，又似“礻”。比較上下文中“姐”與“祖”字形，存痕是“女”，為“姐”字。《碉樓與議話坪》作“祖”，以為“別祖”，不詞。此碑文題名連續，唯每代前以空格表示，除“祖考”外。

［12］媿：觀拓左女、右鬼，為“媿”。原石墨書作“妹”，《碉樓與議話坪》作“綀”，形似而誤。

［13］“氏”下，《碉樓與議話坪》衍“佘”。

［14］古羌人就有父子連名的習俗，如燒當羌燒當的玄孫滇良，有子滇吾、滇岸，滇吾有子東吾、迷吾、號吾，東吾有子東號，迷吾有子迷唐，滇零羌滇零有子名零昌。見《後漢書·西羌傳》。北魏鄧至王像舒治，子孫舒彭。此碑“始祖适木志”、弟“別木志”、子“适木”“劉志”“适木留”，“留”，微泐，尚可辨。《碉樓與議話坪》作“备”，非。

［15］《碉樓與議話坪》未釋“勺。

［16］“妹”上一字泐，原石墨書作“計”，觀拓似“米”，存疑備參。《碉樓與議話坪》釋“妹”作“木”，非。

［17］“粒”，原石墨書作“板”，觀拓右為“立”，是“粒”字。“吉”，《碉樓與議話坪》作“古”，非。

［18］“苦木留”，原石墨書作“适木刘”，非。

［19］“妹”上一字，觀拓右旁“十”左下有一點，是“寸”，為“討”字。原石

墨書作“計”，非。

［20］“加”，《碉樓與議話坪》作“如”，形似而誤。

［21］“舍”，《碉樓與議話坪》作“奩”，非。又，脱“妹”上的“佘”字；並未釋“得”。

［22］逼：觀拓，上“口”，下“由”，及之字底。原石墨書作“遏”；《碉樓與議話坪》作“過”，均非。

［23］“苦”下泐二字，觀拓，似“木大”。《碉樓與議話坪》未釋。《中國人的姓名》載茂縣雅都鄉榮紅村有“别木基”“别木子”，意思分别為屬豬的男、女①。

［24］《碉樓與議話坪》未釋“别舍”。

［25］“木”下字泐，《碉樓與議話坪》作“佘”，觀拓下為“口”，非“小”，是“舍”字。

［26］“什”上一字泐，不能辨識，原石墨書作“留”，備參。“别木□”，《碉樓與議話坪》作“列登滿”，非。“妹”上一字泐，《碉樓與議話坪》作“六”，備參。

［27］觀拓“太”上一字為“木”，原石墨書作“米”。《碉樓與議話坪》沿誤。並釋“舍”作“念”，非。

［28］觀拓“通”字，清晰。“澄”，左“氵”，右“登”。《碉樓與議話坪》“通澄”作“道么”，非。

［29］“保”上一字泐，原石墨書作“什”，備參。《碉樓與議話坪》未釋“保”。

［30］《碉樓與議話坪》脱“神”。

［31］“白”，《碉樓與議話坪》作“苟”，非。並未釋“姐”字。

［32］“氏”上三字泐，不能辨識，原石墨書作“谷畲保”，備參。《碉樓與議話坪》未釋“适”“谷受保”等字。

［33］觀拓，“六”“媽”下各泐一字，不能辨識。原石墨書作“思”“通”，備參。

［34］“劉”，原石墨書作“章”，非。《碉樓與議話坪》未釋“劉”。又，釋“勺”作“么”，非。

［35］“佘金”，原石墨書作“公”，《碉樓與議話坪》作“□勺”；又，“木”作“水”；均非。

［36］《碉樓與議話坪》脱“暗”。

［37］“弘”，原石墨書作“扎”，觀拓左“弓”，是“弘”。“馬”下十四字，《碉樓與議話坪》未釋。“斤”，原石墨書作“仃”，非。

［38］“□木□太”，原石墨書作“□乙太”，《碉樓與議話坪》作“木大”，均非。

① 張聯芳：《中國人的姓名》，中國社會科學出版社1992年版，第502頁。

“保姐”上一字泐，無法辨識，原石墨書作“無”，《碉樓與議話坪》作“興”。

［39］“羅”下泐一字，觀拓左“亻”，右下“木”，上有“口”，是“保”字。原石墨書作“木”，非。“氏”下泐五字，原石墨書作“日大劉木勺”。備參。《碉樓與議話坪》均未釋。

［40］“別”，拓片微泐，尚可辨。《碉樓與議話坪》作“我”，非。

［41］“谷”，原石墨書作“別”，《碉樓與議話坪》作“劉”，非。

［42］“斤”下字泐，似“□仍保止□”，原石墨書作“保拆出保肉”，備參。

［43］“氏”，《碉樓與議話坪》作“開”，非，並未釋“受”“板登”三字。

［44］“清”，原石墨書作“福”，非。《碉樓與議話坪》未釋“清保受氏”四字。又，釋“林”作“妹”，形似而誤。“林”上泐，原石墨書作“余木姐法”，備參。

［45］“潘”，《碉樓與議話坪》未釋。原石墨書作“藩”，觀拓無“艹”字頭，不取。

［46］“姐”下，泐兩字，原石墨書作“押馬”。《碉樓與議話坪》未釋“受”，並釋“英”作“蒙”，均非。

［47］“氏”下泐兩字，諦視，似“克吉”。《碉樓與議話坪》不識。

［48］“劉杰”，《碉樓與議話坪》作“木”。又，未釋“神”字。

［49］“氏”下泐蝕嚴重，僅可辨“保”“夫泰保姐劉什”。原石墨書作“吒舍馬保氏余思吉羅勺氏別受姐日保止劉世□”，備參。《碉樓與議話坪》脫“夫泰保姐劉”等字。

［50］“耳”，《碉樓與議話坪》作“尔”，非。

［51］“止”，《碉樓與議話坪》作“上”，形似而誤。

［52］“氏”下泐蝕甚，無法辨識。原石墨書作“得余保安保阿什勺氏別受姐劉長”，備參。“西”，《碉樓與議話坪》作“日”，泐蝕處作十八字。

［53］“留”，《碉樓與議話坪》作“思”，非。

［54］《碉樓與議話坪》釋“別”作“引”；“舍”作“合”，均非。

［55］“甲”，原石墨書作“押”，觀拓無“扌”痕。

［56］“氏”下字泐，原石墨書作“余木姐保木甲□□壽林拆甲”。備參。“保妹”，《碉樓與議話坪》未釋，以為“氏”下泐十八字，實為十七字。

［57］“劉”，原石墨書作“烈”；“如”作“知”，形似而誤。“甲”上一字泐，左“扌”，右“斥”，為“拆”。

［58］“別”，原石墨書作“刘”，形似而誤。《碉樓與議話坪》脫“保”字。

［59］“各”，原石墨書作“备”，《碉樓與議話坪》沿誤。

［60］“江”，原石墨書作“汪”，《碉樓與議話坪》沿誤。

［61］劉正祥：清乾隆五十七年（1792）出征西藏，抗擊廓爾喀入侵。時任瓦寺土司轄區三江頭人“千總”，陣亡，享年43歲。詳見清嘉慶十五年（1810）《劉正祥墓碑》。《碉樓與議話坪》未釋“祥”。又釋“水”作“米”，形似而誤。

［62］《碉樓與議話坪》釋“劉”作“別”；“宗”作“清”，非。

［63］“乃”上泐二字，似“安中”；“乃”下是“山”，但其下二字泐，原石墨書作“呼保”，備參。《碉樓與議話坪》均不識，以“乃”下泐二十二字。

［64］“四桂保朝”，原石墨書作“劉桂保”，闕“朝”。《碉樓與議話坪》作“田桂保烈”。並未釋“劉”“富”二字。

［65］“劉”上一字，觀拓，“亻”旁，是“侄”字。《碉樓與議話坪》作“至”，非。並未釋“劉”字。原石墨書脱“人”字。

［66］“孟”上一字，似“受”。與下文“受”字形相同。《碉樓與議話坪》作“文”，字形不類，不取。但在此處語義不通。下文“刘潤保福元”上亦有此情況。原石墨書脱“受”。

［67］原石墨書脱“刘□”。

［68］“刘”為簡體字，據碑文録。《碉樓與議話坪》作“姐”，非。

［69］“刘忠”，《碉樓與議話坪》作“别姐”，非。“刘潤保福元”，名“潤保”，字“福元”。符合古人名與字意思相同或相近，彼此可解釋的原則。

［70］“選”，原石墨書作“遷”，《碉樓與議話坪》沿誤。

［71］艮山峰向：風水語。謂吉地或吉向。一般刻於碑額。“玉”下泐蝕，字數不明，比較舊拓和原石，末存“巳”字，“向”下，可見“刘”“元”“吉”字痕跡，各書未識。

彙考

明清時期，岷江上游羌族仍以房名為主，記録在碑銘上的題名為漢字譯音。每一題名用空格或换行提示，如汶川縣龍溪鄉乾隆三十二年（1767）《龍溪火墳碑》。但此碑題名連續，難辨識。根據理縣水塘村乾隆五十三年（1788）《水塘楊氏家譜碑》:“禄保，氏卓姐。男目得血，氏依婁。孫茶肉保，氏忒别。玄孫南木杰，氏阿保在。”夫妻連名，妻名上冠之以“氏”。循此例，並根據羌人姓名命名習俗和特徵進行釋讀，可解决這一難題。首先，古羌人命名有父子連名習俗。如燒當羌燒當的玄孫滇良，有子滇吾、滇岸；滇吾有子東吾、迷吾、號吾；東吾有子東號；迷吾有子迷唐。滇零羌滇零有子名零昌。見《後漢書·西羌傳》。北魏鄧至王像舒治，子孫舒彭。此碑“始祖適木志”，子“适木”“适木留”。其次，羌人男子用名常用“保”字，以為對男子的美稱。如茂縣北部地區曲谷、松潘四保、龍溪溝等地羌民，用“保”或“寶”字作字作為男性名字尾音。此碑用“保”命名多達84處，且主要為男性。用“子”，以示女子、女性、女兒的意思。第三，題名時往往夫在前，婦在後。如《水塘楊氏家譜碑》：“禄保，氏卓姐。”光緒十三年（1887）《毛姓家譜碑》：“三世，諱明大，張氏。”基於以上認識，此碑題名的釋讀，與《碉樓與議話坪》《西川羌族特殊載體檔案史料研究》《歷代碑刻 契文 族譜》不同，可備一説。

碑載羌人劉氏宗族，從明隆慶四年（1570）至嘉慶八年（1803）兩百多年間“世受頭人之職，絡繹八九代餘也”。考其所題，有遠祖、始祖、高祖、曾祖、祖考、兄、侄、孫等，與漢族宗族排序大致相同。然“祖考”題名最眾，遠遠超出下一代“兄”，疑為祖、考兩代。如若是，那麽，題名實為九代，與碑云“八九代”吻合。這些題名真實地反映了羌族姓名從房名到採用漢式單姓的過程，為研究清代羌人姓氏提供了珍貴的材料。現三江還有劉氏後人，自稱藏族。考其源，恐因瓦寺土司統轄三江，土司為嘉絨藏族，轄區有藏族屯兵，劉氏作為頭人，與瓦寺上層恐有聯姻，而後融入藏族。

275　萬佛山靈興寺碑　嘉慶九年（1804）四月二十日

説明

碑石刻立於四川省茂縣三龍鄉龍窩組，現存原址。碑石高 162 cm，寬 80 cm。碑文 22 行，行字數不等。楷書。

碑文

粵□于古歷敘于今，創造統于前，製作繼于後，詎無所見而云然乎？蓋自世以來設立寺觀，以寓神像佛乎，移立至今[1]。惟今有興隆、楊家二村共修建。

萬佛山靈興寺，蒙功古造，亦存有佛像[2]，顯然而威靈。有眾善人寺舉念[3]，修補東西□廊、靈宮，常馱雲殿山門，原同沾聖募化，不村仁人之喜佑，共效當代之規，錙珠之不吝，青錢之廣播[4]。多蒙稚殺福德非輕，感格于同人，請募至工，今而高竣，勒石標名于載，永格萬古，亦不朽没也云耳。是為序。

啓禄會首楊廷朝助銀五十兩[5]。(下略)。

大清嘉慶歲次甲子，仲呂月廿日。興隆村、楊家溝合眾立[6]。/

著録

《茂縣鄉鎮簡志》1－327

注釋

［1］移：本作“屹”字。屹立，挺立。

［2］“有”下泐二字，似“佛像”，又似“神佛”。據《茂縣鄉鎮簡志》録以備參。

［3］人寺：本當作“人士”。民眾。

［4］青錢：即青銅錢。喻優秀人才。

［5］以下題名 52 人及助銀數量，略。

［6］仲吕：農曆四月的代稱。《吕氏春秋・季夏》：“仲吕之月，無聚大眾，巡勸農事。”高誘注：“仲吕，四月。”①《中國少數民族古籍總目提要・羌族卷》著録，作“钟”，非。

---

① （戰國）吕不韋编，陳奇猷校釋：《吕氏春秋新校釋》卷六，《中華要籍集釋叢書》，上海古籍出版社 2002 年版，第 328、333 頁。

276 克枯棧道碑 嘉慶九年（1804）十一月

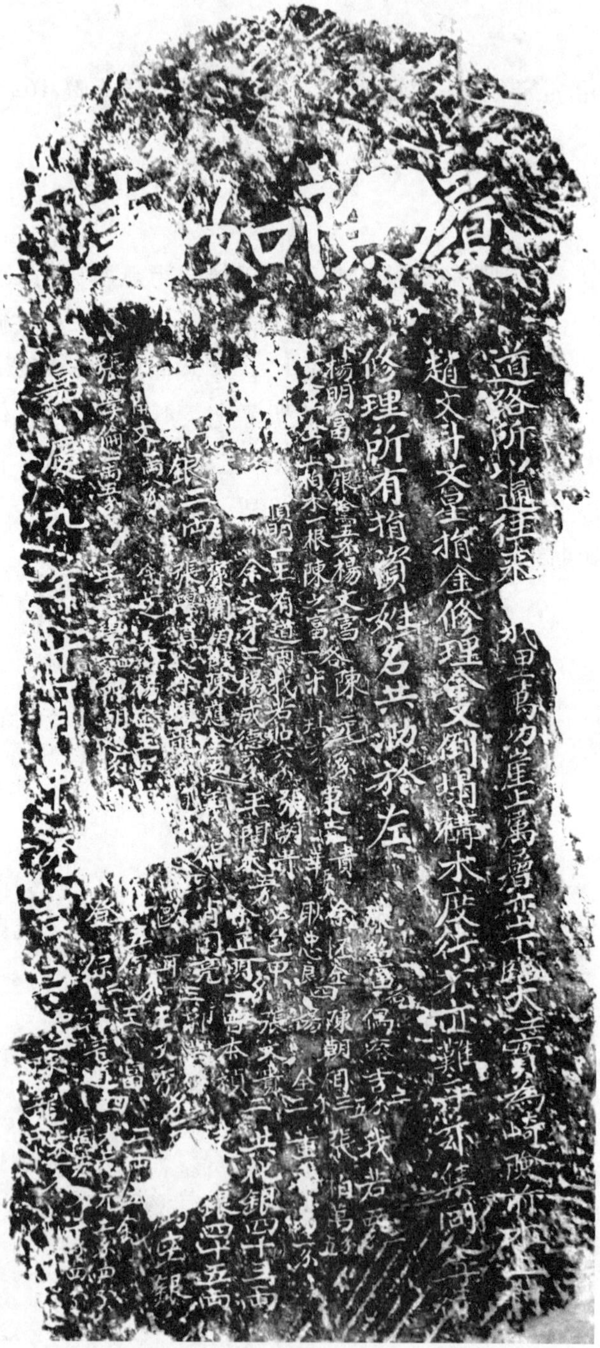

説明

碑石刻立於四川省汶川縣威州陽角燈對面，克枯下 500 米棧道處。現存原址。1989 年 12 月汪友倫先生椎拓，藏汶川縣文博館。碑石高 160 cm，寬 90 cm。拓片高 130 cm，寬 55 cm。碑文 4 行，滿行 27－29 字不等；餘題名。楷書。圭首，額楷書題“履險如夷”。邊緣微殘，左部泐蝕，缺損數字。該碑又題《嘉慶九年克枯棧道修路功德碑》。

額

履險如夷。/

碑文

道路所以通往來，□我里萬功崖[1]，上屬層峦，下臨大江，實為崎險。前木上村/趙文斗、文星捐金修理[2]，今又倒塌。構木度行，不亦難乎。茲集同人，再行/修理。所有捐資姓名，共泐於左：/

楊明富上銀拾兩五氻。/夏王全上柏木一根。□□□、/□□□、/□□□各□順明一/上銀□氻。/□□□上銀二兩。/康開文一兩八氻。/張學倫一兩五氻。/（以上刻於第一層）

楊文富、/陳之富、/王有道、/余文才、/康開明/各一兩二錢[3]。/張學真/八氻。/余芝美六氻四。/王忠學六氻。/（以上刻於第二層）

陳元六氻。/宋琪六氻。/我若貼六氻。/楊成德六氻。/陳應全五氻。/余耀龍五氻。/楊金玉五氻。/陳朝恕五氻。/（以上刻於第三層）

康榮貴、/康榮華五氻。/張朝貴、/王開來五氻。/義保、趙開志、曾□□、/馬□□四氻。/（以上刻於第四層）

來紹富、/余怌金、/耿忠良、/必色甲各四氻[4]。/余正明、/肖国亮、/歐耳各三氻。/□五保、/登保各二氻。/（以上刻於第五層）

偶察吉二氻五。/陳朝相三氻。/楊全二氻。/張文貴、/曾本禎、/郭萬□、/王文秀、/王富、/韓宗道各二氻四。/（以上刻於第六層）

我若西二氻。/張柏萬五氻。/董我□二氻。/

共化銀四十三兩。/使□銀四十五兩。/□□□空銀/二兩五氻。/大元元二氻四分。/周宏义二氻四分。/（以上刻於第七層）

嘉慶九年十一月中浣吉旦[5]，石工陳龍上木一氻二分。/

著録

汶川文博館藏拓

注釋

［1］萬功崖：又名“萬公巖”，即今汶川縣克枯鄉境内棧道所在之山崖。

［2］“前”下一字泐，細視，為“木”字。木上村：即木上寨村，今屬汶川縣克枯鄉管轄。

［3］錢：重量單位。亦作“办”。

［4］“紹”上一字泐，觀存痕，是“來”字。

［5］中浣：中旬，即每月十一至二十日。

彙考

克枯棧道位於雜谷腦河下游，上為層巒，下臨大江，谷深坡陡，實為奇險。前有木上寨村趙文斗、趙文星捐金修理，但年久失修，又遇坍塌。現有首約集同人捐資進行重新修理，刻碑以紀。從尚存題名看，捐資人有陳、宋、楊、陳、余、康、張、王、趙、曾、馬、耿、肖、郭、韓、董、來等17姓。其中，康、曾是羌人少見姓氏，分别為康開文、康開明、康榮貴、康榮華及曾□□、曾本禎，説明清嘉慶年間羌村社會採用漢式單姓與字輩排序已比較普遍。與此同時，仍有許多羌民沿用房名，如我若貼、我若西、義保、必色甲、歐耳、□五保、登保、偶察吉等，這既顯示出對漢文化的吸收與包容，也展現出對本民族文化的堅守。

277 曾頭修路功德碑 嘉慶十一年（1806）八月

説明

碑石刻立於四川省桃坪鄉曾頭村村委會以東200米，現存原址。高150 cm，上寬70 cm，下寬77 cm，厚9 cm。碑文24行，滿行存26字左右。楷書。圜首，額陽文楷書題“永垂萬古”；刻雙龍戲珠。下泐蝕嚴重，文已不存。

額

永垂萬古[1]。/

碑文

嘗聞修路之由大矣哉。君有護民自保金山之情，民有護路□□□□/其忠。野有人焉，而自有其路也，人豈獨無修開之理也[2]。□新□□□□/道，修理寬坪，人之來往，老幼無目，身之不全者，以步易行。而願首人□，/以有功而利後，子孫生長日繁，亦無不出人頭地，可立者也耳[3]。昔□□/會首共拾三人等：/

商文貴上銀拾兩五夕。/陳正文一兩八夕。/周朝達三兩七夕。/楊天寿六兩五夕。/楊玉秀一兩八夕。/余天富二兩三夕。/周朝坤二兩三夕。/周朝國一兩三夕。/楊富清二兩三夕。/王文富一兩七夕。/楊貴□一兩七夕。/石□禮一兩三夕。領首人等以上。/

周天成三兩二夕。/楊天榮二兩五夕。/王廷富二兩四夕。/王文秀二兩。/同男周朝金、/周朝位、/周世珍二兩。/楊天万一兩八夕。/楊天禄一兩八夕。/王廷相一兩八夕。/周奇龍、/周朝旺、/陳正珠、/周朝秀、/周文相、/余正明、/楊正朝、/周萬林各艮一兩。/楊天貴二兩。/余天貴、/陳文秀、/陳高壽二夕。/周文亮、/王金三、/周朝華、/陳正修、/朱國□、/周七林、/周朝隆、/楊寿保、/余鼓、/周世明、/周長貴、/朱田貴以各艮□夕。/

陳正貴一兩二夕。/鼓舟壽一夕二分。/周登朝一夕二分。/周文朝、/楊正□、/陳文秀、/陳□貴、/周□□、/周奮生、/王子□、/楊□□、/梁□顯、/梁□□、/余德新各上銀一夕五分。/楊文欽、/馬玉龍各銀六夕。/

楊天□上銀□□。/楊正富上銀八分。/周廷有上銀□分。/□□□上銀□分。/（下泐7行。）以九□上銀（下泐）。/

大清嘉慶拾壹年，歲次丙寅夏仲（下泐）。/

著録

阿壩州文管所藏原石照片

注釋

［1］垂：古同“垂”。

［2］“修”下一字泐，觀存痕似“茀”，又似“開”。以“開”為宜。

［3］“者”下一字泐，存下部似“亡”，不識。

彙考

曾頭寨，傳説有位叫曾萬發的羌人出生於此，聰明出衆，頗負民望①，因以為寨名。據碑題名，清嘉慶時，該寨主要居住着周、陳、楊、余、王、朱、梁、馬等羌人，周姓人最眾。商氏家道殷實，“上銀拾兩五夕”。“商”，疑“尚”。今汶川、茂縣等地羌族有“常”“尚”等姓，與“嘗”古音相近，或與古羌人嘗姓有關。

① 理縣地名領導小組：《四川省阿壩藏族自治州理縣地名録》，1985年，第44頁。

278 石紐山聖母祠碑記 嘉慶十二年（1807）

説明

碑石原刻立於石紐山聖母祠内，現已亡佚。李錫書撰文。石紐山聖母祠位於四川省汶川縣綿虒鎮高店村飛沙關洞頂上半山之平坦處，今遺址尚存。

碑文

石紐山聖母祠碑記。

李錫書[1]。

城南十里曰飛沙嶺[2]，俗呼鳳嶺，即石紐山也。嶺上平衍處曰刳兒坪[3]。有祠曰啟聖祠，年久圮廢。山側有路，陡險不可行，飛沙射人，往來以為難。

乙丑歲[4]，邑士孟其敏等，請移其路於山之麓。於是鑿壁開道。閲三月而成，建祠於其上，而崇祀焉。

考諸紀載：禹，汶山人，母曰修己，見流星貫昴，生禹於石紐。又曰：女嬉得薏苡而生高密。又曰：女狄得月精吞而孕[5]。而《路史》稱：修己，年壯不字，獲若后於石紐[6]，服媚之而孕十四月，以六月六日屠副而生禹[7]。數説不同，皆荒遠不可稽。太史公猶近古無所依據[8]，其意可知也。

雖然，大禹，神人也，其所自出，必神人也。或稱字，或稱名，紀載不同，要亦汶人也。平成之績，明德遠矣。天下後世被其澤，而不推其所自出以崇報之，可乎？況我汶人，猶當溯水源木本之思，而不祀聖母以崇報之，可乎？祠既成，爰以六月六日，率鄉邑民人而致享焉[9]。歲以為常，用鼓吹牲醴[10]。令愚夫愚婦盡知之，自為祈報。聖母，神人也，必有以佑我汶人而延受多福也。爰書而志之於石。

著録

1.《汶志紀略》卷4－33。2.《民國汶川縣志》183。3.《西川羌族特殊載體檔案史料研究》230。

注釋

［1］李錫書：山西静樂人，乾隆庚戌進士，號見庵。分别於嘉慶四年（1799）、十二年（1807）、十九年（1815）三任汶川知縣，期間重視教育，新建學署、明倫堂、啟聖祠、奎星閣，重修石紐山聖母祠、文廟文昌宫、雁門關，改建飛沙關新路。編撰

《汶志紀略》四卷，是汶川現存第一部志書。

［2］城：今汶川縣綿虒。飛沙嶺，位於綿虒鎮以南。

［3］平衍：平坦寬廣之地。

［4］乙丑歲：嘉慶十年（1805）。

［5］女狄：即簡狄。又稱娀簡。相傳為有娀氏之女，帝嚳之妻。吞玄鳥懷孕而生商代祖先契。商族為東夷分支，所謂玄鳥生商，是由夷族鳥圖騰推衍而來。

［6］“若后”，《西川羌族特殊載體檔案史料研究》作“夏后”，非。《路史·夏后氏》：“初，鯀納有莘氏日志，是為修己。年壯不字，獲若后于石紐。”① 《史記·夏本紀》：“禹於是遂即天子位，南面朝天下，國號曰夏后，姓姒氏。”②

［7］副：剖。《西川羌族特殊載體檔案史料研究》作“腹”，非。《汶志紀略》“而”，《民國汶川縣志》作“即”。

［8］近古：距今不遠的古代。《西川羌族特殊載體檔案史料研究》作“述古”，非。

［9］傳説大禹於農曆六月初六出生，每年這個時候，羌寨舉行盛大的轉山會，祭祀山神，祈求人畜興旺、五穀豐登。

［10］牲醴：指祭祀用的牲口和甜酒。《宋史·樂志七》：“樂均無爽，牲醴攸設。”③ 《民國汶川縣志》未釋“用”。

---

① （宋）羅泌：《路史》卷二十二，《景印文淵閣四庫全書》（383），臺北：臺灣商務印書館1986年版，第212頁。

② （漢）司馬遷：《史記》卷二，中華書局1959年版，第82頁。

③ （元）脱脱等：《宋史》卷一百三十二，中華書局1977年版，第3096頁。

279　余氏世代宗枝碑　嘉慶十三年（1808）六月初四

説明

碑石原刻立於四川省茂縣三龍鄉勒依村余家祠堂。現存茂縣三龍鄉勒依村余光弟菜地。碑石高 106 cm，寬 58. 5 cm。下有榫。碑文 10 行，滿行 15 字；餘題名。楷書。左右刻纏枝荷花草葉紋。圜首，寬 67. 5 cm，額楷書題“世代宗枝”，有單綫框；邊緣刻二龍戲珠及雲紋。該碑又題《勒依寨世代宗支碑》。

額

世代宗枝[1]。/

碑文

從來自古王道治天下，以姓為名，風淳/浴美[2]，無不感化，凡我本族。身居山地，未有/定姓名。從來水有源頭，木有根枝，天下□□，/各有宗枝[3]，其姓不同[4]，遵依五倫。我等會同/□一處[5]，諦議言定，泒行尊輩上下[6]，勿得紊/亂，依字取名。自定之後，今我納兒、勿勒、亦之、/多竹、木利寸等[7]，係是同宗。恐後人不知啟/祖之名，開載於碑，萬世不朽[8]！

啟祖余緑枝[9]，名曰：坤忌只[10]，/□□[11]，/科之白只，/火只日[12]，/完不只。/

孫名余天招、/天大、/天黄、/天壽、/天長、/天富、/天才、/天三[13]。/

余天壩、/天奉、/天格、/天吉、/天祥、/天明。/

大清嘉慶拾三年六月四日衆姓吉立[14]。/

著録

1. 曾曉梅藏拓。2.《羌族習慣法》472、621。3.《西川羌族特殊載體檔案史料研究》320。

注釋

［1］宗枝：同“宗支”。

［2］《羌族習慣法》脱“風”字，他書沿誤。《西川羌族特殊載體檔案史料研究》未釋“風”“淳”。

［3］“根枝”，本作“根基”。《羌族習慣法》作“根基”，非原刻。又，“各”上兩字泐蝕，無法辨識，《羌族習慣法》作“人”一字，不取。《西川羌族特殊載體檔案史料研究》沿用。

［4］“不”，《羌族習慣法》作“有”。非。

［5］“同□”，《西川羌族特殊載體檔案史料研究》作“□同”，《羌族習慣法》闕“□”，致語意不暢。

［6］譎：同“商”。輩：亦作“輩”，與“卑”音近而誤，以“卑”為宜。

［7］“今”，《羌族習慣法》作“人”，誤。“多竹”，《西川羌族特殊載體檔案史料研究》作“竹多”。“寸”，《羌族習慣法》作“寺”，非。“納兒、勿勒、亦之、多竹、木利寸”，皆羌村寨名。納兒：即“納耳”，三齊寨河東。亦之：即“屋只”，三齊寨河西。多竹：即“獨猪壩”。音近，字不同而已。見《道光茂州志·里甲》《理番聽志·里居》。木利寸：即“屋力”，三齊寨後。勿勒，不確。《理番聽志·里居》：“各番砦名與《陳志》書寫互易者，緑夷字止取諧聲，得其近似，隨意成文。”納耳、獨猪壩等“各砦總寨名曰黑虎，在九窩之北，去縣城二百餘里。與茂州三齊砦交界，於康熙五十年間投誠”①。

［8］啟祖：告於祖廟。此謂有世系可考的最初的祖先“載”，《西川羌族特殊載體檔案史料研究》作“列”，非。“啟”，《西川羌族特殊載體檔案史料研究》作“起”，誤。下同。

［9］“啟祖”，《西川羌族特殊載體檔案史料研究》作“起租”，大誤。“余緑”，《羌族習慣法》作“宗緣”，《西川羌族特殊載體檔案史料研究》作“余禄”，形似而誤。

［10］題名泐蝕嚴重，《羌族習慣法》摘録數人。“曰”，擬作“一”，誤。“坤”下一字，細觀拓，上“二”，下“心”，是“忌”，《羌族習慣法》作“几”；《西川羌族特殊載體檔案史料研究》作“見”。均非。

［11］泐蝕二字，無法辨識，《西川羌族特殊載體檔案史料研究》作“口丹日”，非。

［12］“科之”，《羌族習慣法》作“科只”；《西川羌族特殊載體檔案史料研究》作“段”一字，非；並未釋“火”。

［13］“余”，《羌族習慣法》作“人”，非。並未釋“招”字。

［14］刻石時間，《羌族習慣法》作“廿四日”，並釋“眾”作“宗”，均非。

彙考

碑謂“納兒、勿勒、亦之、多竹、木利寸等”寨羌人同宗。孫輩題名均為“天”字輩，共 14 人。前輩仍用羌族姓名。與乾隆五十三年（1788）《小寺寨余家火墳墓碑》相較，刻於汶川克枯鄉周达村之碑，余氏題名“天”字輩者僅 2 人，餘 6 人則未按字輩取名。兩碑表明岷江上游余氏羌人改用漢式單姓至遲在清乾隆間，但按照漢族字輩取名則在乾隆至嘉慶時期。

---

①（清）吴羹梅修，周祚嶧纂：《同治直隸理番廳志》卷一，《中國地方志集成·四川府縣志輯》（66），巴蜀書社（據清同治五年刻本影印）1992 年版，第 666 頁。

280 買田碑 嘉慶十四年（1809）二月

説明

碑石刻立地點史傳未載，現已亡佚。李錫書撰文。

碑文

教官歲得俸銀四十金，薪米費亦足用矣。惟汶地苦寒，不產［稻穀］。買運斗米，值錢八百，以［習］為常[1]。而汶學□考入學六名，多［數］在［外籍］，邑中士寥寥也[2]。以故，歷年來學師多不至汶。余之來也，力杜［絕冒］籍之弊，非土著不考送，所取之［人］，皆汶士[3]。閱十年，得十餘人，皆彬□妙才也。是不可不有以教之。因念吾人學古人官，原不徒為□□，惟是身衣口食，亦不可缺，枵腹□事，人情之所難堪。

戊辰春[4]，□邑士高從孔、孟其敏、楊明遠、董海、楊正仁、孟其基、馮良弼、陳三俊、孫芳、賈廷獻、吴友諒十一人，得三百五十金，買灌縣金馬場田三□，歲入租□三十石。除支費外，歲奉學師米八石，為羞□之用。又□署數楹，什物備具，□是出入有□，朝夕有□。乃支學師至我汶□之□，登而堂，課而士，□先生其安居此，□□汶士之□□□□□未有□際也。於是邑□士請其事［勒］石。

賜進士出身文林郎、知汶川縣事、候補同知加五級紀録大功十次右李錫書撰[5]。

經買田監生孟其敏[6]。

嘉慶十四年，仲春吉日。

著録

《民國汶川縣志》206

注釋

［1］“產”下，《民國汶川縣志》作泐兩字。據“買運斗米”補“稻穀”。“以”下，疑“習”。“以習為常”，即“習以為常”。

［2］據上下文義，及嘉慶二年（1797）《非土著人民不得應試章程碑》“此數十年來，汶川外籍入考之原委也”，補“數”“外籍”①。

［3］據文義及《非土著人民不得應試章程》載杜絕“冒籍應考”之事，補“絕

① 祝世德撰，羅晓林校注：《民國汶川縣縣志》，阿壩州地方志編輯委員會，1997年，第488頁。

冒”二字。“之”下，當“人”。

［4］戊辰：嘉慶十三年（1808）。

［5］候補同知：正五品。

［6］“敏”，《民國汶川縣志》作泐一字。據上文嘉慶十三年（1808）“邑士高從孔、孟其敏”等買學田補。孟其敏，名見《非土著人民不得應試章程碑》、嘉慶十二年（1807）《石紐山聖母祠碑記》。

281 四聖寺碑 嘉慶十四年（1809）夏

説明

碑石刻立於四川省汶川縣三江鄉照壁村二組村道旁。碑高 156 cm，寬 85 cm，厚 11 cm。劉正元題，劉潤元書丹，鄧福義刻。碑文 10 行，滿行 25 字左右。楷書。額楷書題“萬古流芳”。上部兩角刻紋飾，左右刻楹聯。1965 年 2 月 25 日改刻“三江/造福橋”等字，原文被損二十字，餘尚可辨識。

額

萬古流芳。/

岸柳春回甘露注，/池蓮風動妙香聞。/

碑文

四川瓦寺宣慰使司宣慰使索在此修建四聖廟[1]，供奉瓊/宵、碧宵、雲霄、痘疹[2]，後為四聖殿。廟貌峨靈，自古/□□。

前正統之年[3]，修造殿宇，年久數十餘載，而乃朽損。三江目民/捐資募化，十方善男信女，不吝錙銖，鳩工培修正殿，鑄造鐘/爐一座，□□□□□□□，後世□□□□保安者，莫頂/敬愛□□莫□□上下□□□人民，保境平安，錫福無窮矣[4]，永遠/不朽，是以為序。

儒生劉正元題，劉潤元書。

屬下軍功加升游府三江口總理王諱寶敬刊。/

住持僧得合保。/

石匠鄧福義造。/

大清嘉慶十四年，歲次己巳，夏吉日立。/

著録

1. 阿壩州文管所藏原石照片。2. 阿壩州文管所陳學志録文。

注釋

［1］宣慰使索：即瓦寺二十代土司索衍傳。“道光二十二年，英軍陷乍浦，據吴淞，逼金陵，衍傳遣土舍索文茂領土兵千餘人往征，至寧波”抗英軍，斬敵百餘人。功加一等，賞戴花翎①。

---

① 祝世德：《民國汶川縣志》卷二，《中國地方志集成·四川府縣志輯》(66)，巴蜀書社（據民國三十三年影印）1992 年版，第 579 頁。

［2］瓊宵、碧宵、雲霄：即“三霄娘娘”，又稱“感應隨世仙姑正神”“感應隨世三仙姑”。痘疹：又稱“天花娘娘”。

［3］正統：明英宗朱祁鎮年號（1436－1449）。瓦寺土司，其先世雍中羅洛思與兄桑郎納思壩於正統六年（1441）、十一年（1446）奉調出藏，鎮壓威茂、孟董、九子、黑虎等寨及草坡番亂，後住守威汶適中之塗禹山。

［4］錫福：賜福。清吴騫《扶風傳信録》：“天上福星恒錫福，人間徽士愛流徽。”①

彙考

考清嘉慶八年（1803）《劉氏百代興隆碑》、十四年（1809）《四聖寺碑》、十五年（1810）《劉正祥墓碑》三碑，其刻石時間相近，地點相同。又，《劉氏百代興隆碑》載“劉正祥”“劉正宗”“劉正坤”“劉正科”“劉正富”等劉氏“正”字輩，其子侄輩為“潤”字輩，有“刘潤保福元”，那麼此碑中的“儒生劉正元”“劉潤元”，是劉氏叔侄，為三江羌人。

① （清）吴騫輯録：《扶風傳信録》，《叢書集成初編》，商務印書館1939年版，第16頁。

282 劉正祥墓碑 嘉慶十五年（1810）十二月

説明

墓碑出土於四川省汶川縣水磨鎮，具體地點失載。汪友倫先生椎拓，藏汶川縣文博館。文博館將此拓與《灌瓦界碑》裝入同一典藏袋，疑同出土於汶川縣水磨鎮連山坡村山上。墓碑二柱一開間。拓片高 70 cm，寬 45 cm。碑文 5 行，行存字數不等；餘題名。楷書。右下邊緣殘缺。圜首，高 20 cm，寬 51 cm。額楷書題“世经默佑”“日月”，間刻流雲紋。

額

世经默佑。/

碑文

日月。/

龍踞虎蟠三（下殘），/鸾飛鳳舞注流芳[1]。/

皇清特授千総顕考劉公，諱正祥。府君大（下殘）/亡命於乾隆十五庚午歲（下殘）/時，生于五十七年[2]。西藏出師廓（下殘）/廿二日陣亡[3]，享壽四十三歲。扲（下殘）[4]。/

祀男劉□、哈年。/女汪保姐、桂英。/壻王珍龍、銀花姐。/

大清嘉慶十五年，歲次庚午，三月初（下泐）。/

著録

汶川縣文博館藏拓

注釋

［1］“鸾”下一字泐，細審痕跡，是“飛”。

［2］據下文碑主“享壽四十三歲”，其生卒年誤倒，應生於乾隆十五年（1750），卒於乾隆五十七年（1792）。碑文應“生于乾隆十五庚午歲（下殘）時，亡命於五十七年”。

［3］“師”下一字殘，存上半部，似“廓”上半。乾隆五十六年（1791）廓爾喀入侵西藏，當是“廓爾喀”三字。廓爾喀，今尼泊爾。碑主劉正祥，名見嘉慶八年（1803）《劉氏百代興隆碑》，其先劉什魁，本茂州文鎮羌人，明隆慶間奉旨徙至三江，世受頭人之職。乾隆間廓爾喀入侵西藏，時任瓦寺土司三江頭人“千総”的碑主劉正祥出征，於乾隆五十七年（1792）陣亡，享年 43 歲。子嗣為之立碑以祀。

［4］“歲”下一字，存上半，是“扲”，同“於”。

彙考

廓爾喀，嘉慶《汶志紀略·土司》作“郭爾喀”，並載瓦寺榮宗土司於乾隆“五十五年，奉旨改桑朗為索諾木，賜花翎一羽，征郭爾喀也。遣土弁領二百人從大軍進討，事定優賞”①。乾隆五十六年至五十七年（1791－1792），廓爾喀再次侵犯西藏，清政府調集各族大軍入藏，七戰七捷，最後收復失地，並深入廓境迫其求和。見《廓爾喀紀略》《衛藏通志》卷十三、《清實録》。事亦見清乾隆五十七年（1792）《御制十全武功碑》，立於西藏拉薩市佈達拉宫山後龍王潭内。該碑記録了驅逐廓爾喀入侵的經過，是研究邊疆地區和少數民族史的重要史料。乾隆五十年（1792）七月初三日，是最後一役，仰攻廓軍碉卡失利，將士死傷慘重。加之軍糧不繼，士卒枵腹，疾疫流行，減員日多。清軍總督福康安等密奏前綫窘況，請求准許廓降。七月十九日奏：“前調川兵，原擬五月中趕到，今總兵彭承堯帶領頭起瓦寺等處土兵五百名，於本日始行到營。即使早調多兵，糧石愈益增多，更難運送。……道路險遠，不能源源接濟。”② 可知正祥等瓦寺羌藏士兵抵達西藏，已是戰争末期，正祥即戰死於此。那麼，三江劉正祥墓應是辮子墳。瓦寺土司所轄藏、羌兵曾兩次遠征。第二次是1841年10月，出征浙江寧波，英勇戰死。將士的辮子和腰牌被剪下送回，葬於故地。現汶川縣三江鄉、理縣甘堡藏寨等地都有“辮子墳”。

---

① （清）李錫書：《汶志紀略》卷四，清嘉慶十年（1805）蕊石山房藏版，第55頁。

② 中國藏學研究中心：《元以來西藏地方與中央政府關係檔案史料彙編》（3），中國藏學出版社1994年版，第754－757頁。

283 界碑 嘉慶十六年（1811）

説明

碑石刻立於汶川縣水磨，現存地不明。

碑文

水磨溝境，東至大白石、籠竹園、鷂子山，西至韓婆嶺。

大清嘉慶十六年立。

著録

《都江堰市金石録》436①

彙考

水磨溝，即灌縣治西興仁場，今汶川縣水磨鎮。清道光八年（1828），在此設興仁書院。1957年劃歸汶川縣。大白石、籠竹園、鷂子山，在水磨境内。韓婆嶺，今牛頭山，在水磨與青城山鎮之間。瓦寺土司，境連汶川、灌縣。内歸灌縣，外屬土司。自乾隆以來，漢夷爭界不止，纏訟不止，多次勘界刻碑。乾隆二十五年（1760）、五十六年（1791）在水磨鎮連山坡村山上兩次刻《灌瓦界碑》，不過十餘年時間，第三次刊碑，表明雙方界址之爭從未間斷。

① 都江堰市地方志編纂委員會：《都江堰市金石録》，四川人民出版社1999年版，第436頁。

284　建威將軍墓碑　嘉慶十八年（1813）五月初一

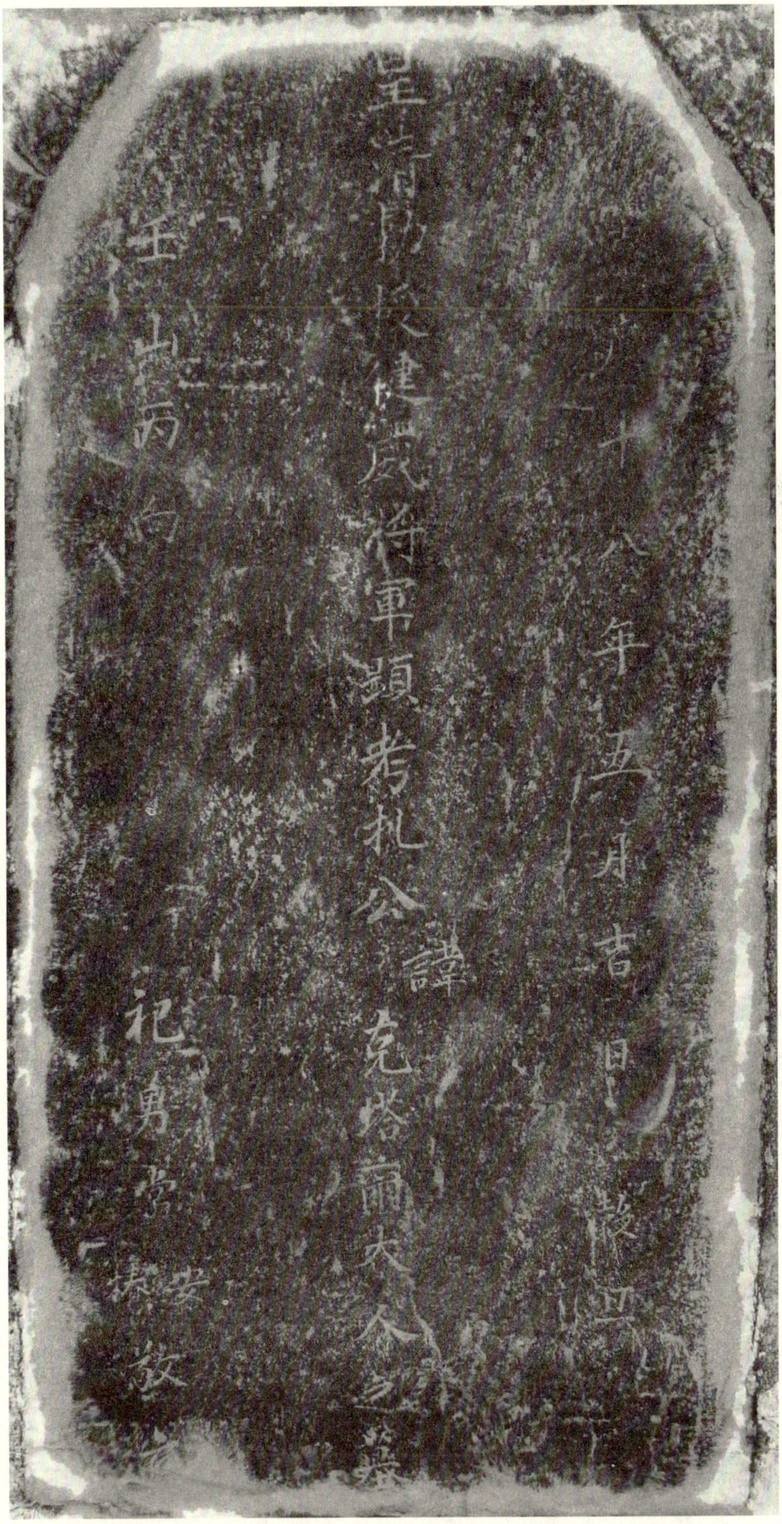
十八年五月吉日
皇清誥授建威將軍顯考札公諱克塔爾
壬山丙向
祀男常安敬

説明

碑石立於四川省理縣下孟鄉沙吉村清代建威將軍墓旁。石高 180 cm，寬 83 cm，厚 16 cm。碑文 3 行，行字數不等。楷書。圜首，刻雙螭龍、流雲紋。

碑文

皇清敕授徤威將軍顯考扎公[1]，諱克塔爾大人之墓。/
壬山丙向。
祀男常安、常椿敬立。/
嘉慶十八年五月吉日穀旦。/

著録

曾曉梅藏拓

注釋

［1］徤威將軍：即建威將軍，清代散階的一種，武官正一品授。榮號而已，可以賜封父母。顕：即"顯"。顯考：對亡父的美稱。

彙考

建威將軍及一品老夫人墓塚，佔地 1330 平方米。墓兩側立翁仲、石獅、石羊、石馬各一對。墓前立碑 3 通：《阿穆保功德碑》《阿克魯氏慈君墓碑》《建威將軍墓碑》。前兩碑刻於乾隆五十九年（1794），其中《阿克魯氏慈君墓碑》於嘉慶八年（1803）有補刻。《建威將軍墓碑》刻於嘉慶十八年（1813）。自乾隆以來，墓地一直有專人守護。2008 年汶川特大地震後重修。扎克塔爾，雜谷廳五砦（今下孟鄉沙吉村）人。扎，同"札"。下孟鄉，即清雜谷五屯中之下孟屯，是藏羌雜居區，今亦有藏羌漢。碑稱其"御前侍衛護軍統領管理徤鋭營大臣""瑞勇巴圖魯""建威將軍"，與史志吻合。《理番廳志·土屯人物》引《四川通志》載："札克塔爾，雜谷廳五砦人。初從大軍平金川，隨入京師。能通國語，工騎射，乾隆中用為藍翎侍衛。三省教匪作亂，隨經略大臣額勒登保、參贊德楞泰等出師川中，轉戰秦楚。嘉慶八年，三省底定，以功擢頭等侍衛御前行走，正紅旗蒙古副都統，鑲白旗護軍統領，給恩騎尉世職，封三等男。十一年，出為科佈多參贊大臣，旋授正藍旗漢軍副都統，鑲藍旗護軍統兼武備院。卿卒，賜祭葬如例。"① 又據乾隆五十九年（1794）《［阿穆保］功德碑》：知札克塔爾

① （清）吴羹梅修，周祚嶧纂：《同治直隷理番廳志》卷三，《中國地方志集成·四川府縣志輯》(66)，巴蜀書社（據清同治五年刻本影印）1992 年版，第 741 頁。

為“正紅旗蒙古副都統加一級”。曾祖父“［阿穆保］乃正紅旗蒙古副都統加一級”，其家族世代尚武。《理縣志》載《聖旨石匾》，石高 20 cm，寬 40 cm，厚 22 cm。楷書“聖旨”，四周刻五龍盤繞①，與上述碑刻應為同時期所刻。

① 理縣志編纂委員會：《理縣志》，四川民族出版社 1997 年版，第 681 頁。

285 重建夏禹王廟記 嘉慶十八年（1813）

説明

碑石刻立地點失載，現已亡佚。清姜炳璋撰文。

碑文

重建夏禹王廟記。

姜炳璋。

粵考記載，神禹生於石紐村。諸儒作《地輿志》，皆以石紐為石泉。而子雲氏為蜀人，《蜀都賦》不之及。王稚表云雄《蜀記》及之。考常璩《華陽國志·序》，信有《蜀記》而世罕傳本。未知王氏從何見之也。邑石紐山下舊有廟。《新唐書》志之。王氏謂始於宋者，非是。萬曆間，邑令趙可揚嘗修廟。後圮。

國朝康熙九年，署令楊公柱朝重建新宇。乾隆甲申，予宰邑，謁廟，摧頹剥落，又將圮焉。爰謀諸學博吕公儀表[1]，諸生張贇、李璪、李瑯，皆樂襄厥功。於是斥俸為之倡。正殿易而新之，别建大門一間，門左右各三間。建後堂，祀聖父崇伯、聖母有莘氏。又建神禹故里坊。

落成，諸生以記請。予曰：神禹之祀徧寰區，豈獨石泉一隅哉？其在蜀，南宋立廟於夔門，元立廟於巴之塗山前，明立廟於成都。其於石泉，則隨舉隨廢[2]。夫以神聖桑梓之地、降生之鄉，而不得世修明祀。塗山且祀聖后，謂啟賢敬承，有母教焉。而獨遺神聖之自出乎？是役也，楣杙磚甓[3]，求其堅緻[4]，不尚采章。即未必如成都、塗山、夔門之雄敞喬皇，而故鄉父老匍匐堦下[5]，薦其椒馨[6]，世世子孫弗替。當亦神禹之靈爽憑依，而不其吐之也[7]。是為記。

著録

1.《乾隆石泉縣志》卷4－31。2.《道光石泉縣志》卷10－28。3.《道光龍安府志》卷9上－89。4.《民國北川縣志》386。5.《西川羌族特殊載體檔案史料研究》231。

注釋

[1] 吕公：名文，字叔平，漢高祖劉邦夫人吕雉的父親。儀表：指吕公有相人之術。

［2］徧：“遍”的古字。《道光龍安府志》作“遍”，是。“禹”下，《西川羌族特殊載體檔案史料研究》脱“之……石”等字。

［3］楣：門楣。《民國北川縣志》作“宲”，屋的正梁。《乾隆石泉縣志》《道光石泉縣志》等作“杙”，用木樁或木樁類物楔入或戳刺。《民國北川縣志》作“栰”，形似而誤。

［4］堅緻：亦作“堅致”。謂堅固細密。宋樓鑰《重建學記》：“一木一瓦，皆不苟設，必欲堅緻宏敞，為久遠計。”①

［5］堦：同“階”。

［6］椒馨：椒的芳香。語出《詩經·周頌·載芟》：“有飶其香，邦家之光。有椒其馨，胡考之寧。”②

［7］《民國北川縣志》脱“其”。

彙考

姜炳璋（1736－1813），字石貞，號白巖，浙江象山丹城人。清乾隆十九年（1754）進士。二十九年任石泉知縣③，教民種水稻、載桑桐、建書院，還曾入番寨“教諭”番民改變火葬等習俗。其著述頗豐，有《詩序廣義》《讀左補義》《周易通旨》《歷朝紀元考》《白巖山人詩文集》等，前兩種收入《四庫全書》。編纂《乾隆石泉縣志》《象山縣志》，其中《石泉縣志》是石泉現存最早的方志書。《民國北川縣志》盛讚他在石泉任期內，“殫心閭閻，百廢皆舉。興水利灌漑，功雖不就，意良深也。先是，邑書院久廢於兵，令創修之。與生童講解弗倦，教養並至。長吏中少有斯人也”④。

---

① 奉化市教育局奉化教育志編纂委員會：《奉化教育志》，浙江人民出版社 2003 年版，第 51 頁。

② 十三經注疏整理委員會：《毛詩正義》卷十九，《十三經注疏》，北京大學出版社 2000 年版，第 1598－1599 頁。

③（清）鄧存詠等：《道光龍安府志》卷六，《中國地方志集成·四川府縣志輯》（14），巴蜀書社（據道光刻本影印）1992 年版，第 850 頁。

④ 楊鈞衡等修，黃尚毅等撰：《民國北川縣志》，巴蜀書社（據民國二十一年石印）1992 年版，第 427 頁。

286 袁氏宗支碑 嘉慶二十年（1815）九月

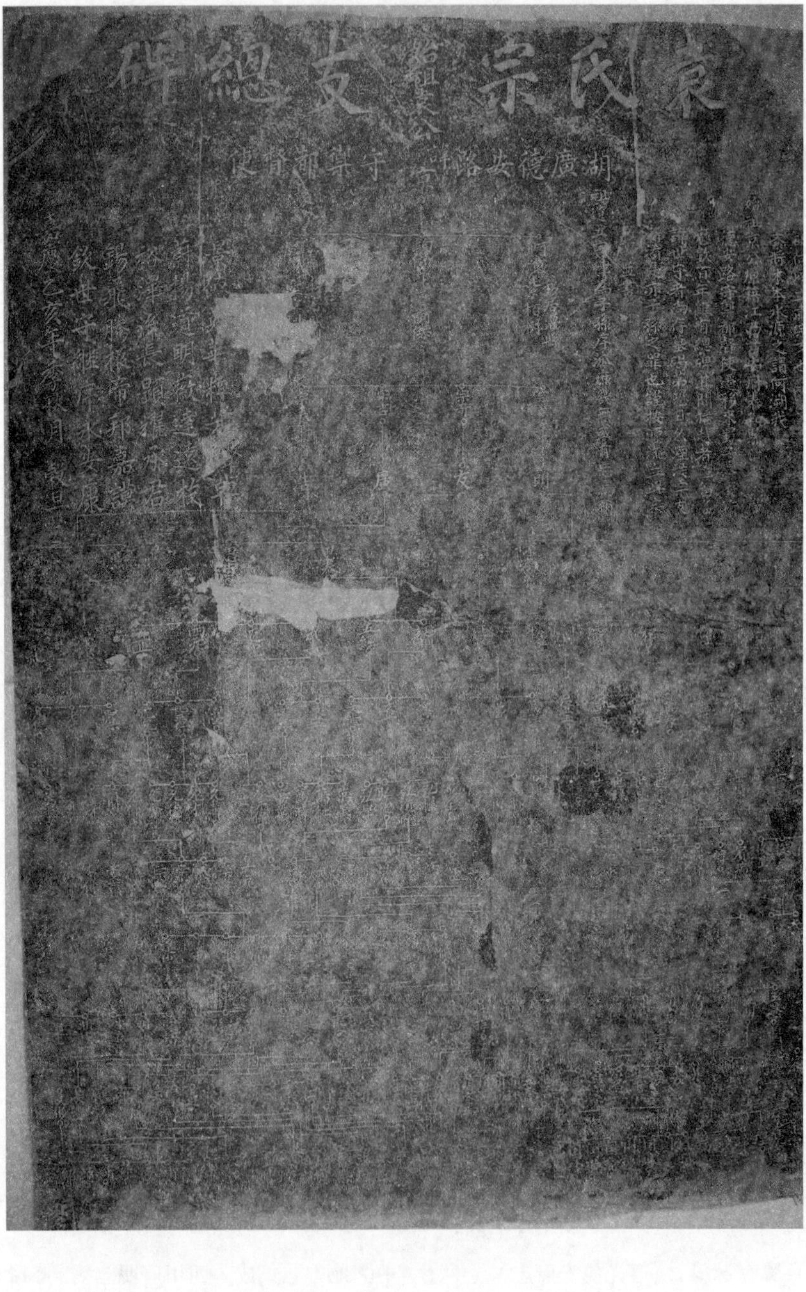

袁氏宗支碑（局部）

説明

碑石刻於四川省理縣薛城歡喜坡村活動室西南 50 米。抹角。碑高 210 cm，寬 130 cm，厚 12 cm。碑文 15 行，滿行 8－16 字不等；餘題名。楷書。横題“袁氏宗支總碑”。拓片有裂痕、殘損。

碑文

袁氏宗支總碑[1]。/

碑何以立，肅宗支也。宗支不肅，則世系或/紊，將木本水源之謂何？

溯我/始祖京公，原籍江西吉安府泰和縣，出授湖廣/德安路守禦都督使，遷移來蜀。子孫繁衍，/歷數百年。雖有總碑，其間播越者僅留名/諱，世守者尚存墓碣。第恐日久湮没，宗支/漸淆，是亦子孫之罪也。謹按源流，立此宗/支碑，並書/祖遺五言律，為子孫序泒[2]，庶幾無或有忘焉爾。/

景德英華粹，芳聲卓/蔚楊。道明徽達遠，枝/裕澤淶長[3]。顯耀承君/錫，飛騰振帝邦。嘉謨/欽世守，繼序永安康。/

嘉慶乙亥年季秋月穀旦。/

（第一代）始祖袁公，諱京，湖廣德安路守禦都督使。/（第二代）阿童，移居灌縣紫栢樹。/鉤保/□□，移居威州壁立□。

（鉤保）——（第三代）阿傑。/——（第四代）宗業、/宗竒、/宗吉、/宗義[4]。/

（宗業）——（第五代）明。/——（第六代）昇石、/慶壽、/清、/阿勞。/

（昇石）——（第七代）素玉、/廷佐。/（素玉）——（第八代）天禄。/——（第九代）允貴。/（廷佐）——（第八代）天章。/——（第九代）世善。/

（慶壽）——（第七代）林。/——（第八代）天德。/——（第九代）世春、/世傑、/世亨。/（世傑）——（第十代）俊宿、/俊辰、/俊星。/

（清）——（第七代）相、/廷貴。/（相）——（第八代）壽。/——（第九代）受授。/——（第十代）賔瑞。/（廷貴）——（第八代）萬春、/萬成、/萬明。/

（萬春）——（第九代）弘學、/世順。/

（弘學）——（第十代）焞。/——（第十一代）普常、/貴庭。/（普常）——（第十二代）允富。/——（第十三代）宸。/（貴庭）——（第十二代）玉菴、/玉明。/（玉菴）——（第十三代）繼業、/繼統、/繼祖、/繼先。/（繼祖）——（第十四代）忠、/虎。/（繼先）——（第十四代）理。/（玉明）——（第十三代）繼緒/——（第十四代）璋、/珍、/瑞。/

（世順）——（第十代）從錦、/從繡。/（從繡）——（第十一代）大年、/朝

裳。/（大年）——（第十二代）吉昌、/有慶。/（吉昌）——英、/芳、/芬、/華。/（有慶）——（第十三代）茗、/蘗。/

（萬成）——（第九代）世恩、/世禄。/

（世恩）——（第十代）近玉、/近璧。/（近璧）——（第十一代）純宇、/新宇。/（純宇）——（第十二代）庚福。/（新宇）——（第十二代）一傑、/一俊。/（一傑）——（第十三代）惠、/恕。/（惠）——（第十四代）炉州郜闔[5]，国瑚、/国稷、/国琳、/国瑗。/（恕）——（第十四代）重慶鎮，国瑜、/国璜、/国珍、/国瑶。/

（世禄）——（第十代）近奎、/祖。/

（阿勞）——（第七代）松。/——（第八代）保宝。/——（第九代）世美。/

（以上為袁氏第四代宗業一房）

宗奇。/——（第五代）友。/——（第六代）聰。/——（第七代）廷海。/——（第八代）萬祥、/萬賈、/萬瑞。/（萬祥）——（第七代）恒。/——（第八代）崇德。/（萬賈）——林、/棋。/

（以上為袁氏第四代宗奇一房）

（宗吉）——（第五代）廣。/——（第六代）思泰、/思吉。/

（思泰）——（第七代）廷相、/五經。/（廷相）——（第八代）文富、/文貴、/文光。/

（文富）——（第九代）萬禎、/萬聰、/萬寬、/萬全。/（萬禎）——（第十代）聘、/善、/詔。/（萬聰）——（第十代）美。/（萬全）——（第十代）蓋/——（第十一代）一奇。/——（第十二代）珮。/——（第十三代）兆敦。/——（第十四代）瑗。/

（文貴）——（第九代）弘權、/弘道、/弘德、/弘學。/

（弘權）——（第十代）燦、/炳、/耀。/（燦）——（第十一代）芝蘭。/——（第十二代）鎧、/鐕、/鐘。/（鎧）——（第十三代）五壽。/（鐘）——（第十三代）明理、/明初、/明善、/明孝[6]、/明文。/（明善）——（第十四代）文童。/（明文）——（第十四代）雯、/靄。/

（弘道）——（第十代）寧慶州荊州府神木□，焜、/焻、/爀[7]。/（焜）——（第十一代）紫瓆。/——（第十二代）佳祥。/——（第十三代）世俊。/（焻）——（第十一代）梅椿。/——（第十二代）字鳥。/

（爀）——（第十一代）鞏。/——（第十二代）鐸。/——（第十三代）仕浩、/仕沛、/仕雲。/

（弘德）——（第十代）燃、/燭。/（燃）——（第十一代）真儒、/歸儒、/大儒。/（真儒）——（第十二代）康侯。/——綱、/明、/純。/（歸儒）——（第十二代）夏侯、/崇侯。/（夏侯）——（第十三代）智、/仁、/義、/禮、/勇、/寬、/民。/（智）——（第十四代）煥發。/（仁）——（第十四代）煥筅、/煥德。/（民）——（第十四代）煥珍。/（崇侯）——（第十三代）連、/敏、/孝。/（敏）——（第十四代）添章、/添培、/添喜。/

（燭）——（第十一代）照林。/——（第十二代）建侯。/——（第十三代）睿、/明。/（睿）——（第十四代）煥麒、/煥鶴（移居廣元）、/煥蛟、/煥鳳。/

（文光）——（第九代）萬美、/萬紅、/萬時。/

（五經）——（第八代）文益、/文顯。/（文顯）——（第九代）萬章。/

（思吉）——（第七代）買喜、/返兒、/四元、/罡。/（買喜）——（第八代）繼祖。/（四元）——（第八代）小隆、/礼三保、/虎兒。/

（小隆）——（第九代）登元保、/聰□。/（登元保）——（第十代）文授。/

（礼三保）——（第九代）允華、/允才、/允德、/允會。/（允華）——六元。/

（虎兒）——（第九代）允付、/財、/聖才。/（允付）——（第十代）崇孝、/崇德、/崇古、/崇善、/恩。/（崇古）——（第十一代）懋中、/敬中、/守中、/孰中、/持中、/建中。/（敬中）——（第十二代）紹禄、/紹福、/紹祥。/（紹禄）——（第十三代）文彩。/——（第十四代）純（□趙公山）、/統、/緯（移蒲□）[8]。/（持中）——（第十二代）明哲、/明光、/明傑。/（明哲）——（第十三代）文運。/——（第十四代）綱、/繡、/縉、/紀。/（明光）——（第十三代）文彬。/——（第十四代）緒、/績、/紹。/（恩）——（第十一代）大義。/

（罡）——（第八代）四保、/老苞、/德。/（老苞）——（第九代）道。/——（第十代）本付。/——（第十一代）英、/寬。/（寬）——（第十二代）明中、/明童。/（德）——（第九代）萬本。/——（第十代）承禄、/承恩。/（承禄）——（第十一代）諒。/

（以上為袁氏第四代宗吉一房）

（宗義）——（第五代）浩。/——（第六代）漢陽、/漢至。/（漢陽）——崇學。/（漢至）——崇礼。/此一房移居嘉定[9]。/

（以上為袁氏第四代宗義一房）

闔族公□。/

著録

阿壩州文管所藏拓

注釋

［1］《西川羌族特殊載體檔案史料研究》著録將“支”作“友”，非①。

［2］泒：“派”的訛字。

［3］浵：“流”的異體。

［4］題名260餘人，共十四代，支系較多，録文時用“——”表示下一代，括號内註明某人、某代，便於瞭解各支後嗣情况。下文同房某一人移居情况，亦迻録於括號内碑文繁簡不一，按照原刻迻録。

［5］炉州：四川省瀘州。此房遷移瀘州。

［6］李：同“學”字。

［7］寧慶州：隸清代湖廣總督管轄。荊州府：朱元璋時置荊州府，治所在江陵縣（即今湖北省荊州市）。此房遷至始祖“出授湖廣德安路守禦都督使”之地湖北。

［8］趙公山：因傳説中財神爺趙公明元帥歸隱此處而得名。位於四川省都江堰市西南玉堂鎮境内。蒲□：疑蒲江。位於成都、眉山、雅安三市交匯處。

［9］嘉定：即今四川省樂山市。元為嘉定府，明改為嘉定州，清雍正十二年（1734）復為嘉定府。轄樂山、峨眉、洪雅、夾江等地。

彙考

碑文以圖表形式記載了袁氏始祖自明代“出授湖廣德安路守禦都督使”後，入蜀定居之事。其後代子嗣從灌縣遷至威州，再從威州徙往四川瀘州、嘉定、趙公山、蒲□，重慶，湖北荊州等地，綿延十四代。该碑所記宗支繁衍、譜系班輩清晰。目前，袁姓已成為總人口近千人的當地羌族第一大姓②。這是漢族融入羌族的又一例。

---

① 何永斌：《西川羌族特殊載體檔案史料研究》，巴蜀書社2009年版，第322頁。

② 徐學書、喇明英：《羌族族源及其文化多樣性成因研究》，《西南民族大學學報》（社科版）2009年第12期，第54頁。

287　小沙壩火葬墓碑　嘉慶二十年（1815）十一月初四

説明

碑石刻立於四川省茂縣石大關鄉大店村南1000米，小沙壩寨西南150米處火葬墓旁。單檐，頂部已殘。存高187 cm，寬103 cm，厚30 cm。碑文存35字。楷書。兩側圓雕石豬、石羊。該碑又題《石大關小沙壩清代墓碑》。

碑文

皇清授封昭楊校尉千戶指揮，故高曾祖顯考妣大人之總墓[1]。/
大清嘉慶二十年冬月初四。/

著録

1.《阿壩州志》2141。2.《西川羌族特殊載體檔案史料研究》222。3.《茂汶羌族自治縣志》625。

注釋

［1］《茂汶羌族自治縣志》釋“授封”作“封授”；“校”作“梭”，非。校尉：武官名。校，軍事編制單位。尉，軍官。校尉為部隊長之意。

彙考

《舊唐書·党項羌》稱其俗“死者焚屍，名為火葬”①。明末清初，改土歸流，化夷為漢，羌人火葬改土葬，最早記載的是嘉靖二十二年（1543），茂州静州土司董法從武護印，“羌人俗以火葬，從武母死，殮用棺槨，築墳以葬，番如華制，人羨其善變”②。到清初社會安定，羌民馴順。乾隆年間，石泉知縣姜炳璋還入寨教諭羌民改變火葬等習俗。汶川縣龍溪村老寨子的乾隆三十二年（1767）《龍溪火墳碑》、玉龍鄉板子溝的道光二十年（1840）《龍家山石室墓題記》、茂縣《小沙壩火葬墓碑》、以及禁止火葬的飛虹鄉水草坪光緒三年（1877）《水草坪巡檢司祖塋墓碑》等説明，葬俗的改變是非常漫長的過程，直到清代，西川羌人仍沿襲古老火葬的喪葬習俗。即使到今天，羌人仍有火葬，只是範圍大大縮小，僅為凶死者的葬俗。另一方面，墓碑和墓室題記的出現，也説明羌人墓葬制式明顯受到漢族喪葬習俗的影響。

---

①（後晉）劉昫等:《舊唐書》卷一百九十八，中華書局1975年版，第5290頁。

②（清）陳夢雷等:《古今圖書集成》卷五百九十三（108），中華書局1934年版，第30頁。

288 修建水泉功德碑 嘉慶二十一年（1816）

説明

碑石刻立於四川省茂縣三龍鄉龍窩寨，現存原址。碑高 90 cm，寬 70 cm，厚 5 cm。王□□撰文。碑文 9 行，行字數不等。餘題名。楷書。碑下方 1/2 處字跡漶漫，無法辨識。圜首，額中間刻太極八卦紋，左右刻纏枝花朵卷葉紋。該碑又題《龍窩修建水井功德碑》。

碑文

蓋聞天地之間，人為最貴。既為人[1]，必不愧不報，始足表忢□以（下泐）/立功差堪[2]，有捕於世，俾人皆佩之眼之，斯為□□之□□正（下泐）[3]，/水不在深，有龍則靈。其德甚盛，［其成甚赤。赤］（下泐）/等處[4]，山高水遠，婦女日行負水者（下泐）/望意有危惕，意有慈憫，意一村人民□□三□□入（下泐）/葺開導地安水澗数百餘丈[5]，引放長流之水（下泐）/井泉龍王神位[6]，更祈水滿盈餘[7]。能使飲斯水者（下泐）荣（下泐）/善功皆為，至寶地理云：發福以長定，見水流[8]。玄武神灵□□其□長（下泐）/物阜之兆為序耳[9]。（下泐）王□□撰。/

领袖会首：/王宗杰，男文忠，助銀一兩五力二卜[10]。/王朝重，男宗荣、宗兴，助銀四兩零八卜。/王宗賢，男文舉，助銀二兩六力五卜。/王朝輔，男宗仁，助銀二兩二力。/余永清，男昌兴，助銀二兩五力三卜。/王世德，男明選，助銀二兩五力一卜。/王英，助銀二兩三力二卜。/王宗顯，助銀二兩二□一卜。/□定貴，助銀二兩□□□□。/王宗元，助銀一兩六力二卜。/王應貴，助銀一兩二力二卜。王登仁，銀（下泐）。□□助銀六力。/

同（下泐）：/王宗源，/王宗尝，/王宗金，/王宗□，/王□□，/王希□，/余示海，/余示流，/王金貴，/（下泐），/本各助銀□兩二力二卜。/

王□□，/王□□，/王□清，/王全□，/王□□，/王□□，/王□□，/王登□，/各助銀二力二卜。/

王登□，/王（下泐）。/

大清嘉慶二拾壹年□月公立[11]。/

著録

1. 阿壩州文管所藏原石照片。2.《茂縣鄉鎮簡志》1－325。

注釋

［1］“既”，《茂縣鄉鎮簡志》作“及”，非。

［2］“立”，微泐，《茂縣鄉鎮簡志》作“里”，非。又，“差堪”作“羞甚”，亦非。並未釋“報”至“以”等字。

［3］捕，本作“補”。“為”下泐，諦視，第三、七字是“之”“正”，餘無法辨識。《茂縣鄉鎮簡志》未釋。

［4］“盛”下泐，據《茂縣鄉鎮簡志》補。

［5］“慈”下一字，審視圖片，右下未封口，似“憫”，《茂縣鄉鎮簡志》作“惘”，非。又，“民”下字泐，第三、六字是“三”“入”。釋“葺開導”作“當文尊”，“百”作“古”，亦非。

［6］“引”下一字，左右結構，是“放”。《茂縣鄉鎮簡志》作“方”，非。

［7］“祈”，《茂縣鄉鎮簡志》作“新”，非。並於“滿”下衍“溢”。

［8］《茂縣鄉鎮簡志》未釋“荣”。又，依次釋“寶”作“鑾”、“發”作“欲”、“定”作“寶”，致語義不暢，不取。

［9］“神”下一字泐，下“火”，似“灵”。玄武神灵，指水神。“之”，清晰。《茂縣鄉鎮簡志》作“云”，非。

［10］“宗”下，《茂縣鄉鎮簡志》衍“忠”字，脱“袖会首”“一兩五錢二分”及以下題名。ㄉ：“錢”的俗寫。卜：“分”的俗寫。

［11］“年”上，《茂縣鄉鎮簡志》衍一字，泐蝕。

289 白水溪修路碑記 嘉慶二十二年（1817）二月

説明

碑石刻立於四川省北川。現已亡佚。孫旭齡撰文。

碑文

白水溪修路碑記。

嘉慶二十二年，□石泉縣事孫旭齡，山陰人。

蜀中山水，險於天下，而路徑亦因山水而險。石泉縣乃古之石紐村，千峰萬嶺，攢簇如林，無多隙地。其澗水發派於西番[1]，源高而性駛，繞城東注。沿江小徑上下數十里，即入省通衢也。在前朝築墩堡以禦土番，誠一丸泥可以封關。官其地者，無不道其山川之險峻[2]。予夙聞之，而未以為奇。

客歲適奉檄來守茲土，自神泉抵縣中，路皆循江而上，半倚石壁，半傴急流[3]。移腳跟於石骨，倒人影於江波。心旌搖搖，不敢仰視。其曲折崎嶇之道，錖樹朋徑，亂石懸岩，俱能作梗，不特車難方軌[4]，亦且人難並肩。日斜鵝嶺，徑轉羊腸，林蔚馬鬃，峰連駟背，豈足以盡其形狀也哉！余遊西蜀數十年矣，所到之處，非山即水，固有若斯之驌歟[5]？

自余蒞任以來，未常一刻去此事於懷也。因斯平治道途，乃王政之要務。即於丁丑仲春，捐廉為首倡。自縣抵安界，綿亙六十里。石工則任於官，土工則借於民。凸者平之，凹者填之，闕者劈之，狹者濶之[6]。惟雷打石、白水溪數里，更屬崎嶇，甚至澗横路斷，取徑河沙。時逢大雨，灘連山水，即時覆没。行人多攀藤附葛，寄性命於不可知之鄉。余詢諸父老，僉云每歲葬於魚腹者，蓋不知幾許。無藉可循，只得另開山徑，使一勞而永逸。余甚喜石邑之民之能踴躍從事，皆樂捐地以勷厥成。甫兩月而蕩平，前為險途，今為坦道矣。余非敢自詡為功也，聊以盡守土之心，與人同善云耳。至於隨時補苴，是則有望於後繼者。

著録

1.《民國北川縣志》414。2.《西川羌族特殊載體檔案史料研究》275。

注釋

［1］西番：亦作"西蕃"。泛指中國西部少數民族居住區域。《西川羌族特殊載體

檔案史料研究》脱“澗”。

［2］“其”,《西川羌族特殊載體檔案史料研究》作“共”，形似而誤。

［3］偪：迫近；靠近。《西川羌族特殊載體檔案史料研究》作“逼”，義近。

［4］方軌：車輛並行。《戰國策·齊策一》：“車不得方軌，馬不得並行。”①

［5］駴：同“駭”。

［6］濶：即“闊”字。

① 何建章：《戰國策注釋》卷八，中華書局1990年版，第327頁。

290　馬元神道碑　嘉慶二十四年（1819）

説明

碑石刻立於四川省成都郫縣東高店鋪側里許。高寬尺寸、行字數不明。該碑又題《松潘鄉賢馬元碑銘》《清振威將軍原任廣西陸路提督馬元神道碑》《清嘉慶帝為表彰松潘籍廣西提督馬元御賜石碑》。

碑文

奉天承運，皇帝制曰：朕聞弧矢宣威，爰藉鷹揚之佐；鼎鐘紀微[1]，用酬虎旅之勳[2]。載念前勞，式崇懋錫。爾原任廣西提督馬元，出身軍校，久蒞戎行，從車騎於石峰，下樓船於台海。道通擦木，搴旗而番落歸誠；圍解永綏，傳檄而苗頑格化。恩沾雨霈，屢沐寵綸[3]；感激風生，更揚鴻伐。渠魁疊縛[4]，旌麾周三省而遙；邪孽全消，況瘁閱七年之久。彤纓是賚，勇號爰頒。既專戎閫於瀘維[5]，旋總軍樞於陝右。迺者蟻屯滑邑，臨衝則拉朽功成；追乎虎拜彤延，舍矢而穿楊藝熟。牙璋特錫，隆膺帝眷於楓宸[6]；銅柱可銘，聿振軍威於桂嶺。

方資專閫[7]，忽愴沈星。謚以壯勤[8]，昭兹恩禮。於戲，風淒雕俎，弥懷麟閣之功；雲護豐碑，丕煥螭文之采。欽兹，嘉命式是後昆。

著録

1.《民國松潘縣志》卷6－7。2.《西川羌族特殊載體檔案史料研究》221。

注釋

［1］《西川羌族特殊載體檔案史料研究》據《民國松潘縣志》迻録。《民國松潘縣志》作“紀”，《西川羌族特殊載體檔案史料研究》作“繼”。

［2］“勳”，《西川羌族特殊載體檔案史料研究》作“動”，非。

［3］《民國松潘縣志》作“寵”，《西川羌族特殊載體檔案史料研究》作“龍”。龍綸，亦作“龍綍”。聖旨，詔旨。以“龍”為勝。

［4］渠魁：大頭目；首領。

［5］《民國松潘縣志》“瀘”，《西川羌族特殊載體檔案史料研究》作“滬”。

［6］楓宸：宫殿。宸，北辰所居，指帝王的殿庭。《西川羌族特殊載體檔案史料研究》脱“宸”。

［7］專閫：專門主持京城以外的權事。語出《史記・馮唐列傳》："臣聞上古王者之遣將也，跪而推轂，曰：'閫以内者，寡人制之；閫以外者，將軍制之。'"裴駰集解引韋昭曰："此郭門之閫也。門中橛曰閫。"① 後稱將帥在外統軍為"專閫"。"專"，《西川羌族特殊載體檔案史料研究》作"傳"，大誤。

［8］"壯"，《西川羌族特殊載體檔案史料研究》作"莊"，形似而誤。

彙考

馬元（1751－1819），四川省松潘火燒屯大溝村回民。《民國松潘縣志・鄉賢》載：馬元，生而俊偉，抱負不凡，通書史，善騎射，勇力絶倫②。乾隆四十五年（1780），入松潘鎮標中營馬兵。自此先後轉戰臺灣、西藏、湖南、甘肅、陝西、重慶、雲南、四川各地。戰功卓著，曾任懋功撫邊營千總、陝西延安參將、綏定協副將、四川維州協副將、陝西寧陝鎮總兵、甘肅涼州鎮總兵等職。嘉慶二十年（1815），奉命補授廣西提督，任内振軍經武，邊境乂安。二十四年，卒於任所，年六十八歲，謚"壯勤"，授一等輕騎都尉。因松潘原籍地方番匪不時蠢動，寄籍郫縣，葬郫縣東高店鋪側里許。嘉慶帝為之撰寫《馬元神道碑》，命四川總督蔣攸銛致祭。道光帝繼位後，也撰文致祭③。

---

① （漢）司馬遷：《史記》卷一百零二，中華書局1959年版，第2758－2759頁。

② 傅崇榘等修，徐湘等纂：《民國松潘縣志》卷六，《中國地方志集成・四川府縣志輯》（66），巴蜀書社（據民國十三年刻本影印）1992年版，第226頁。

③ 同上書，第227頁。

291 納哈溝路旁修路碑 道光二年（1822）九月

説明

碑石刻立於四川省茂縣三龍鄉納哈溝路旁，現存原址。碑高 78 cm，寬 36 cm。碑文 4 行，行字數不等。楷書。該碑又題《納哈溝路旁修路碑》。

碑文

蓋聞暑四川成都有直隸茂州□河西恩君[1]。

村修數石□□□千萬人□□[2]，全心協力以修路道天□之間，有善□泉□□，慈悲善念□□青吉橋真□□。

石□□□。

道光二年九月□□□衆村[3]。

著録

《羌族習慣法》621

注釋

［1］《羌族習慣法》“暑”，本當作“署”。

［2］“石”和“人”下，泐蝕的第一字，《羌族習慣法》分别擬作“平”“在”。備參。

［3］刻石時間《中國少數民族古籍總目提要·羌族卷》作“二十年（1840）”①。

---

① 國家民族事務委員會全國少數民族古籍整理研究室：《中國少數民族古籍總目提要·羌族卷》，中國大百科全書出版社 2009 年版，第 17 頁。

292　温泉寺永垂萬古碑　道光三年（1823）五月初十

説明

碑石刻立於四川省北川佛泉山温泉寺。碑高 160 cm，寬 80 cm。額楷書題“永垂萬古”。住持德参撰文。楷書。泐蝕嚴重。

額

永垂萬古。

碑文

蓋聞山不在高，有仙則名；水不在深，有龍則靈。誠哉！是言也。今安、石二邑佛仙山有古刹[1]，名曰溫泉寺，創自上古，迄于明朝，其跡尚存。自乾隆五年照恒大和尚開建之後，無僧看守，廟宇倒敗。於二十四年有榮華山香林寺比丘僧上淨下初飛錫來山[2]，協同二邑會首，募化眾善，重建殿宇，妝塑滿堂聖像。三十三年招延徒道山，培修數載。又於嘉慶二十三年有徒孫德参、德全，思因年深月久，風雨飄注，廟宇聖像盡行傾頹。僧等不敢坐視，復行募化眾善金資，增補前後殿宇，東宇兩廊滿堂，全煥然一新。今值工程吉竣，勒石垂名，庶九勝果不昧。□是為序。

（捐募者題名，略）

榮華山和尚上仁下讓，發脈香林堂上師上太貴霞師□上淨下初、師伯上道下富、師父上道下山、師叔上道下平[3]，師兄德慈、德禪、德貴、德恩，徒圓善、圓性、圓真、圓塵，徒孫明瑞、明玉[4]。

大清道光三年，歲次癸未，五月十日午時吉建。

主持德参建。

著録

《北川羌族資料選集》218

注釋

［1］安、石：指安縣、石泉二縣。佛仙山：即“佛泉山”。

［2］飛錫：佛教語。僧人游方。唐冷朝陽《同張深秀才游華嚴寺》：“有僧飛錫

到，留客話松間。”① 比丘僧，名“上淨下初”，與下文“發脉香林堂上師上太貴霞師□上净下初”為同一人。“上”“下”二字，應是王清貴先生鈔録碑文時標註文字上下位置所寫，後衍所致。下同。

［3］“師父上道下山”，即上文“徒道山”。乾隆三十三年（1758）為徒。乾隆五十二年（1787）為“住持僧道山”，見《佛泉山温泉寺碑》。兩碑均刻於温泉寺，相距36年，其下一輩皆“德”字輩。故此處“師父上道下山”應即上文及《佛泉山温泉寺碑》所言“道山”。再次表明“上”“下”為衍字。此當作“榮華山和尚仁讓，發脉香林堂師太貴霞、師□净初、師伯道富、師父道山、師叔道平”。

［4］師父、師兄、徒弟、徒孫分別為道、德、圓、明字輩，與道光三年（1823）《道山墓碑》師徒題名字輩一致。

① 《全唐詩》卷三百零五，中華書局2013年版，第3471頁。

293 道山墓碑 道光三年（1823）五月二十八日

説明

碑石刻立於四川省北川縣佛泉山温泉寺。碑文3行，行字數不等；餘題名。楷書。額楷書題“辛山乙向”。該碑又題《山可墓碑》《北川佛泉山温泉寺和尚墓碑銘》。

額

辛山乙向[1]。/

碑文

層巒矗翠欽虎踞，/環峰疊障羡龍騰。/

原系榮華山發派明參海[2]，/臨濟正宗第五代恩師上道下山可公大和尚之墓[3]。/

孝徒德洪、德華、德全、德慈、/德禪、德恩、德貴、德孝，/孝徒孫圓慧、圓普、圓頁[4]、圓宗、/圓誠、圓相、圓喜、圓椗，/孝舍孫明衈[5]、明瑞、明玉、明亮、明心[6]。/

大清道光三年五月二十八日吉時建立。/

著録

1.《北川羌族資料選集》219。2.《西川羌族特殊載體檔案史料研究》227。

注釋

［1］辛山乙向：風水名，此指陰宅格局、朝向、旺運等。

［2］道光三年（1823）《温泉寺永垂萬古碑》有“榮華山香林寺比丘僧浄初飛錫來山”“發脉香林堂”語，此“脈”本當作“派”，指宗派相承。

［3］“恩師上道下山可公大和尚”，本當作“恩師道山可公大和尚”。與道光三年（1823）《温泉寺永垂萬古碑》中“師父上道下山”，為同一人。圓慧、圓普，亦見道光十六年（1836）《佛泉山浄身堂石穴題記》。

［4］“頁”，本作“真”。與“真”形似而誤。與《温泉寺永垂萬古碑》、道光十六年（1836）《佛泉山浄身堂石穴題記》所提“圓真”，當為同一人。

［5］舍孫：即“徒末”。“衈”，《西川羌族特殊載體檔案史料研究》别作“青血”二字，非。

［6］明瑞、明玉，名見道光三年（1823）《温泉寺永垂萬古碑》、道光十六年（1836）《佛泉山净身堂石穴題記》。

彙考

乾隆五十二年（1787）《佛泉山温泉寺碑》、道光三年（1823）《温泉寺永垂萬古碑》《道山墓碑》及道光十六年（1836）《佛泉山净身堂石穴題記》，記載石泉佛泉山羌民自明代以來就有佛事活動，特别是清乾隆以後更是興盛。其中，師傅道山，徒德禪、德恩、德全，徒孫圓性、圓真，徒末明瑞、明玉等四代多人題名互見，表明石泉佛泉山温泉寺法脉傳承有序，信眾基礎深厚。

294 重修宗渠川主廟碑記 道光三年（1823）十月

説明

碑石刻立於四川省茂縣南新鎮宗渠川主廟。現藏茂縣羌族博物館。碑高 115 cm，寬 75 cm。碑文 14 行，滿行 38 字。餘題名。楷書。上世紀 30 年代刻標語“共産主義青年团是反帝抗日的先鋒”，落款“西北軍區政治部”。重刻處及左下裂痕，損 80 餘字。存字微泐。

碑文

特授四川茂州直隸州右堂加三級紀録五次劉為題/重修宗渠川主廟碑記事[1]。/

世□□□□威□赫濯[2]，歷□者□□□一方之保障[3]。《□志》載：川主樓，明時［修建］[4]。年月則缺失無聞[5]，廟中/又無碑碣可考[6]，前來入廟者[7]，莫知其由來矣。本年正月，士人王先揚等因［廟］宇欹斜[8]，［慮］其傾圮也[9]，/集眾善士而重脩之。扵梁端得一紙，内記此廟明洪武年創建[10]，正德三年重建，崇禎培脩，康熙年重/建。雍正十三年首人孟時盛等捐貲修理，乾隆二年告成[11]。寥寥數語，樸實無久。而建修之終始，則歷/歷可考焉。噫嘻！前人之智慧雖淺小，而其計慮則尚遠天也。不勒扵石碣，不載扵志乘，而獨以諸［書］/藏之斗拱［之］間[12]，其邇知後人改造時□□此[13]，而可傳之後。是後人能知此讀書而藏□，則继此而又/改造者□□得此[14]，而可傳之遠[15]，勿箸而□勿□而□，不與［碑］碣、志乘同一□在人□□也[16]。後人聞其/事[17]，心（下泐）而□序[18]，□□今人□數□□見□修斯廟（下泐）後□可證/□知□□□有此遺字，□夫□□此漏[19]。捐貲錢粮壹百伍拾兩[20]，□□壹百柒拾□（下泐）[21]。/首事王自富清釐而記載之[22]，［以垂不］朽[23]，毋□。余贊□□是為序[24]。/

□請本村本□□於後：/

領袖白馬梁尚忠乙兩六力五分[25]。/□吏王先揚乙兩二力八分，/王恭乙兩二力八分，/孟維禧□兩□力，/梁尚選六兩五力八分，/順侃二兩□力，/順登選三兩乙力[26]，/順擁二兩乙力，/梁洧二兩乙力，/王君錫乙兩九力。/

吏員順學逸乙兩八力，/梁尚仁乙兩九力二卜[27]，/吏員衡聯順乙兩七力，/王明□乙兩六力三卜，/王美德乙兩□力，/順朝還乙一兩六力，/文□□乙兩六力，/順萬孺乙兩□力。/生員王光鳴乙兩五力。/吏員孟□乙兩五錢。/

吏員梁啟乙兩四力八卜，/顧清舉乙兩三力，/吏員梁瀾一兩一力八卜[28]，/王清德乙兩乙力，/順學周乙兩□力，/順學思九力四卜，/梁俊九力乙卜，/梁□澮五力五分，/任聯貴五力。/

□□辦立。/

大清道光叁年，歲次癸未，小陽月吉日穀旦[29]。/

著録

1. 茂縣羌族博物館藏石。2. 阿壩州文管所藏拓。

注釋

［1］“直”，左下殘，尚可辨。其下一字存左下“示”，右似“隶”，是“隸”字。再下一字存“丨”，據上下文義，是“州”。“堂”上一字存上“ナ”，觀字形結構，下似“口”，似“右”。右堂：清代州縣吏目、典史的別稱。掌緝捕、刑獄及文書等官署事務。“級”“紀”“録”“次”“劉”“為”“題”“重”“宗”“廟”等各字，均微殘，尚可辨識。

［2］“世”下各字，重刻“共”字時被鑿損。“威”下一字損。據文義，或作“靈”。威靈：神灵的威力。王來通《重建顯英通佑祈嗣三殿鐘銘》：“祈神保佑，感動神君，大顯威靈，降龍水息，民又復生，神威浩□。”① 咸豐六年（1856）《月里廟宇碑》：“我汶治月里村，舊屬威州吊下里，建立有川主、土主神廟，應感常昭，威靈丕著，不知經歷多年矣。”

［3］“一”下殘二字，首字右上角殘，是“方”。第二字上損，所存字形和筆畫，是“之”字。

［4］《道光茂州志·序》載：茂州專志，“前牧丁君映奎草創一稿，尚多漏畧。州長吏均輔廷涖官日久，勤於纂録。楊君以此事屬之，補其闕，芟其繁，正夸飾攀附者”②。成書時間已道光十一年（1831），四川成綿龍茂道桐城李宗傳撰序。考知州丁映奎，乾隆五十九年（1794），纂修《乾隆茂州志》八卷，其序文所言茂州舊志，即指明本，無存；康熙間前牧李斯栓纂修，亦未成書。今見《乾隆茂州志》，是茂州的最早志書，無刻本，僅見故宫博物院圖書館藏乾隆間鈔本。“志”上損一字，或為“舊”字。“時”下泐二字，《道光茂州志·寺廟》：“川主樓，州南宗渠。”③ 同書《祠廟》：“川主廟，阜康門内。明洪武間建。”④ 阜康門，原茂州城南門，亦即州南宗渠。川主樓的修建，時在明洪武間。下文碑云：“此廟明洪武年創建。”碑銘與方志吻合。“時”下泐二字，擬“修建”。

---

① 龍顯昭、黄海德：《巴蜀道教碑文集成》，四川大學出版社 1997 年版，第 320 頁。

② （清）楊迦懌等修，（清）劉輔廷纂：《道光茂州志》卷首，《中國地方志集成·四川府縣志輯》（66），巴蜀書社（據清道光十一年刻本影印）1992 年版，第 317 頁。

③ 《道光茂州志》卷二，第 353 頁。

④ 同上書，第 352 頁。

［5］“月” 上一字泐，諦視，似“年”的輪廓。“無” 下一字，損右，似“聞”字。

［6］“碣”上一字，損中間，上下存痕，似“碑”字。

［7］“入” 上一字殘，餘上下筆畫，似“來”字。

［8］“宇” 上一字泐，據上下文義，是“廟”字。

［9］“其” 上一字，上“᠇”，是“虍”的訛變；下“田”，再下應還有構件為重刻所損，據文義，是“慮”字。

［10］“建” 上一字泐，右“刂”，左上“𠂉”，似“創”字。

［11］陊：即“隆”的省減字。碑文詳記茂州川主廟自明洪武年（1368－1398）創建後，持續修建，期間經歷正德三年（1508）重建，崇禎培脩，清康熙年重建，雍正十三年（1735）修理，至乾隆二年（1737）完成，是茂州羌漢民眾300餘年川主信仰的見證，表明川主信仰在羌區傳承有序。碑文記載具體、詳細，可補舊志失載重修之闕。

［12］“以” 下泐二字，諦視，首字似“諸”。次字泐蝕無存，據上文疑“書”字。“間” 上一字損，擬作“之”字。

［13］“知” 下五字，損左部，似“後人改造時”。

［14］“書” 上一字損左下，諦視，是“讀”。“改” 下一字損大半，存痕似“造”字。

［15］“可” 下一字損右上角，似“傳”字。

［16］“碣” 上一字損，據上文補“碑”字。“人” 下損二字，無法辨識，首字存下部“一”，録以備參。

［17］“聞” 上二字，損大半，存痕似“後人”。

［18］“心” 下各字，重刻時損，不知缺損多少字。

［19］重刻損字嚴重，不可讀。“數” 下泐四字，第三字似“見”字。

［20］“粮” 下一字，存上半部，似“壹”字。“拾” 上一字，存左“亻”，據上下文義，是數字。而“亻”的數字，僅有“伍”，補之。“拾” 的上位是百。下文“壹”下“百”，雖損部分，尚可辨。此“壹”下損字，當是“百”字無疑。

［21］“拾” 下一字，疑“兩”字。餘字重刻損。

［22］“載” 上下各損一字，存痕似“記”“之”。

［23］“朽” 上三字損半，據存痕和文例，補。

［24］“為” 下一字損，存痕似“序”。

［25］尣：“錢” 的俗字。下同。第一列題名上，原刻還有兩字，為重刻“抗”字損。第二字存筆畫，似“袖”字。

［26］“兩”上一字泐，諦視，上下存“一”，似“三”字。

［27］卜：“分”的俗寫。碑文中“卜”“分”均在使用。

［28］下有裂痕，是否有字不知。

［29］小陽月：又稱小陽春，農曆十月的别稱。

彙考

上世紀30年代，為保存革命力量，紅軍進行了戰略轉移，途經四川省茂縣、北川、平武、汶川、理縣、黑水、松潘，陝西寧强等羌區，留下大量的宣傳標語，其中部分為石刻標語，刻於城牆，或房舍，或橋樑，或牌坊石柱，或碑誌，或宗教經幢。如茂縣縣城無影塔、土門三元橋，汶川縣郭竹鋪石牌坊、雁門鄉蘿蔔寨與索橋之間的巖石，理縣薛城城門洞、夾壁下孟古石牆、維關碉樓下石板等處，僅茂縣土門三元橋兩側石壁護欄上就有29條，現存10條①。有的刻於舊碑，如北川嘉靖三十九年（1560）《北川禹碑》、寧强《羅村壩鄉古城村墓碑》《城關侯家臺子墓碑》《高寨子鄉政府院内廟碑》，乾隆五十八（1793）《縣城南門〈憲示〉石碑》②，茂縣道光《重修宗渠川主廟碑記》《永垂萬古碑》《回蕃民族宗教信仰殘碑》等。《永垂萬古碑》，額抹角，楷書“永垂萬古”。碑文存“大清道光”等字。標語落款為“西北軍區政治部”③，與《重修宗渠川主廟碑記》刻於同一時期，即1935年。《回蕃民族宗教信仰殘碑》，石左部、右下邊緣已殘，存右半部。額抹角，右存“永垂（下泐）”。存文3行，滿行字數不等；餘題名2列，每列12行，滿行9字左右。楷書。可辨王、白、毛、何、吴等“上捐錢三兩……”，是一通捐資題名碑，原刻石時間損。三碑均藏茂縣羌族博物館。標語内容大同小異，旨在啟蒙、發動、組織群眾，宣傳共産黨的抗日主張、宗教和民族政策等。如《回蕃民族宗教信仰殘碑》：“回蕃民族宗教信仰。”2行，滿行4字。楷書④。《雁門鄉紅軍石刻標語》：“番夷羌回民族自由解放萬歲！丁一製。”4行，行3－4字不等。楷書。刻於四川省汶川縣雁門鄉蘿蔔寨與索橋之間的巖石上⑤。

---

① 四川省阿壩藏族羌族自治州茂汶羌族自治縣地方志編纂委員會：《茂汶羌族自治縣志》，四川辭書出版社1997年版，第626頁；周錫銀：《羌族詞典》，巴蜀書社2004年版，第470頁。

② 寧强縣志編纂委員會：《寧强縣志》，陝西師範大學出版社1995年版，第527－529頁。

③ 耿少將：《羌族通史》，上海人民出版社2010年版，第429頁。

④ 曾曉梅藏原石照片。

⑤ 汶川縣地名領導小組編印：《四川省阿壩藏族羌族自治州汶川縣地名録》，1982年，第22頁。

295 水磨坪治安管理碑 道光七年（1827）四月

原石照片

拓片（局部）

說明

碑石刻立於四川省茂縣溝口鄉水若村1組，現存茂縣溝口鄉水磨坪村南450米東嶽廟遺址内。方柱形攢尖頂碑。通高195 cm，碑陽、碑陰寬68 cm，側寬58 cm。基座寬120 cm，厚100 cm。四面刻，文存一16行，一18行，一19行，行字數不等。楷書。額楷書題“永垂萬古”。頂部蓋帽脱落，右側漫漶嚴重。該碑又題《溝口水若佛寺碑》。

額

永垂萬古。/

碑文

蓋聞朝廷者，施法之地；鄉黨者，奉法之臣。即我佛像寺東嶽，山水通溝，相連數十寨，□□數［百］家[1]。其間老幼尊卑，誰非奉法之人也耶？雖然上人無言，我輩不敢妄揣[2]，上人有數也。民不敢不遵（下泐）。

總督部堂戴、布政使司李與按察使司興[3]，三憲頒行條數章程，垂碑勒石於後，永遠奉行，是以為序。

計［開］條規於左：

一、保正、甲長自重，保人回來[4]。保甲多系地保兼管，多無能之輩承充，[或]□□□□□□□□□，以兹僾有保甲之名，而無保甲之實。命飭地方官先札諭，各地甲長、保正□□□□□，擇其明白端莊，為一方所敬服者[5]，準充甲長、保正之數，□效並止□□□□□□□□□，紳衿者多不肯明地方之事[6]。且每視□□為賊，無不賊喊捉賊，從有□□□□□□□□□□□□，甲長者在此，甲之長與同比長□[7]，胥何異，顧名思義，甚□□□□□□□□□□□□□糧□報地方官接見，當□以□貌辦，有成效者從優獎勵，該檢□糧□□□□□□□□□為眾人［所望，甲］□□□□□□□□□用□有□擾［善惡］事[8]，地方官即照□□□□□□□□□□。

一、保甲［戶口］宜先□□□冊簿□□□來[9]，以備查核。十戶宜制十家牌，以資□□□□□□□□牌，以便即□來□□工資□□抵帳，□□□均由地方□□給，絲毫不□□□□□□。

一、教民之道，莫有扵《聖諭廣訓》十六條。除地方官、教職，認真［宣講］，□耆中自相推舉[10]。每逢朔［望］□□□□□□□□□勿懈者[11]，地方官給匾優獎。其民□易犯規條，亦隨時講解，［俾］僻壤□□□□□□□□□□□[12]。

一、前奉總督部堂戴[13]，勸設鄉學，除地方官勸捐設立外，該保甲中如有倡議□□□□□□□□□□子弟皆得就讀。該正長務作綏為經理，以期行之，永遠為要。游□□□□□□□□□□旌獎。［又］前奉刊刻《聖訓六諭》《敬衍養蒙詩》及《勸孝歌》，皆有益於身心[14]。該保甲戶內各有□□□□□□□□□□□□□蒙以養正之功，並令其背誦純熟，講解透徹[15]，其有造於各□□□□□□□□□□□□□明顯，即婦［子］亦能領略，父母夫男皆可令其通解，其視誦□□□□□□□□□□□□□□紀，切要之言，大有裨益也，保正、甲長等均宜［留］意[16]。

一、例載，凡欽奉教民勅諭，該督撫督率［属］員，繕寫刊刻板榜，懸掛于申明亭，並將舊有一切條例□□□□□□□□□等。因不律注［州］、縣［各里］，皆［設］申明［亭］[17]。里民有不孝、不悌、犯盜、犯奸□□□□□□□□□［劣］蹟，俱書於村口[18]，以示懲戒，而□□羞惡之心。能改過自新，則去之。其□□□□□□□□□里老在此勸［惑］解［導］等語，今責成地方官[19]，各於城內設立申明亭，□□□□□□□□□□謹辦理，並於鄉場鎮所人□□□之處，相應地勢，各設申明亭，□□□□□□□□□□□勅諭，敬謹繕寫，並將［舊有］條約，督行刊刻曉諭。其里民有不孝情節，里□□□番□□書役鄉地人等，借端需索許，即指稟地方官[20]，從嚴懲處。或地方官徇□□□□□□□□□衙門，指實控告，以憑查辦。

一、編查保甲，無論大小村鎮，該保正、甲長務須挨戶編聯。每十戶為一牌，［設牌長一人。每］十牌為一甲[21]，設甲長一人。十甲為一保，設保正一人。或酌量地方遠近，三百、五百戶設為一保皆可。其附近該村，近之零星呈散戶及路旁小店、庵觀寺院、僧道尼姑[22]，一體編聯，□□□□□鎮之來編完，即用草冊，開明戶口，送縣鎮注循環冊，並規條十家牌門牌［給州以］□□環循册，歲終將牌中遷過、搬來各戶注明，呈換環冊；三年另換冊牌，以歸簡易。凡紳衿、兵丁店鋪俱一體編查。

一、牌甲中有平日犯窃，及習過［各］色邪［教］，並一切作奸犯科、不安本份之徒，各牌［保］甲或不屑與之同牌，或不屑與之為伍，不知編聯保甲，正為此輩而設。倘不編聯，使歲遇□彼□□自牌外，肆無忌憚，又安用此保甲為也。地方官為該牌眾等作主，務將一體編入［保甲，不］，准一戶［遺漏］[23]。或另編一牌，作為畸零戶，附於冊［尾］亦可[24]。此人戶正長牌眾等，凡有□□□時刻留心，稽查真偽。有犯，隨時明稟嚴辦。如果畏法知悔，改歸正業，一年之內不犯，即□以旬［驗］之[25]，□歸入正牌。該正長□宜誘掖獎勵，以勸其歸正之心。或有抗不入牌者，［必］定非［善類，經］稟明地方官懲處[26]，令其入牌。

一、長即將惡跡罪名書於板榜，牌眾□敬勸，其僅止不聽教訓，及偶爾言語相犯等事，以□犯盜犯奸等一應邪惡之人，該正長即分别合同其族正人兄，並牌眾將其事跡書於板榜，以示懲戒。如能改過自新，則去之。其戶口、田地等項事，許該保正甲長等立約兩□□□解紛。但不許挾嫌誣蔑[27]，籍端把持武斷，地方官查出重究。其申明亭從冊□□□□□□□之三面牆壁，懸掛板榜，前面空敞，排刻木簽，遮攔律載[28]。凡拆毀申明亭、房屋及亭中板榜者，杖一百，流三千里，仍各令修立。

一、本官因公下鄉，攜帶環冊[29]，順道查帳。先期不知某日某時到處等［點核］，附近［里］保甲正長齊集聽點，不到者懲處。不准另委位□，查處以首經據，本官及從人□□□□□□□均系自備[30]，絲毫不得累及牌眾。

一、川東、川北一帶百姓，喜團練而畏保甲。不知團練系有事之秋所宜，現有［保正、甲長］□□之名，殊覺不□，況保甲與團練無異。本［司尋訪］得從前編查保甲書役人等，有需□□□，是以百姓不□保甲之名。今一切費用，地方官捐讓辦理。一切門牌等費，永遠□□，百姓不必過慮。倘嗣後再有需［索］門牌等費，許抄糧本兩司[31]，革除章程，赴各處門牌□□，無不嚴行懲辦也。

章□平，春航，將□□，□文斗。

道光七年，丁亥之夏，四月中浣之吉日立[32]。

著録

1. 阿壩州文管所藏拓和原石照片。2.《羌族法制的歷程》105。3.《西川羌族特殊載體檔案史料研究》299。

注釋

［1］《羌族法制的歷程》《西川羌族特殊載體檔案史料研究》未釋“十寨”上“數”；釋“百”作“有”，致文義不暢。兩書錯訛、脱衍，據碑石照片和拓片校。未見圖録處，則參阿壩州文管所陳學志研究員提供録文補，並置於方括號内。

［2］“耶”，《羌族法制的歷程》《西川羌族特殊載體檔案史料研究》作“聊”，形似而誤。又，“妄”作“安”，非；並未釋“敢”“揣”。

［3］總督部堂戴，即四川總督戴三錫。順天大興人。乾隆五十八年（1793）進士。嘉慶二十四年（1919）任茂州直隸州知州。名見《道光茂州志·文秩》。《羌族法制的歷程》《西川羌族特殊載體檔案史料研究》脱“李”。

［4］“開”，《羌族法制的歷程》《西川羌族特殊載體檔案史料研究》作“明”，非。上有“保正、甲長”，下有“保甲”，此為“保人”。兩書作“得人”，行文不暢，非。

［5］“飭”，《西川羌族特殊載體檔案史料研究》作“傷”，非。“諭”，《羌族法制的歷程》《西川羌族特殊載體檔案史料研究》作“渝”，形似而誤，以“諭”為宜。

［6］紳：紳士，有官職退居在鄉者。衿：青衿，生員所服，指生員。紳衿，泛指地方上體面的人。“衿”，《西川羌族特殊載體檔案史料研究》作“補”，致語義不暢。

［7］“甲長者”至“長□”，不解。陳學志研究員釋作“甲長，初為一甲之長，興同官□之間”，備參。

［8］“檢”，《西川羌族特殊載體檔案史料研究》作“槍”，形似而誤。

［9］“户口”，《羌族法制的歷程》《西川羌族特殊載體檔案史料研究》作“伊□”，與文義不合。不取。

［10］“真”，《羌族法制的歷程》《西川羌族特殊載體檔案史料研究》作“其”，形似而誤。未釋“宣講”。兩字據下文補。

［11］“勿”，清晰。兩書未釋。

［12］《羌族法制的歷程》《西川羌族特殊載體檔案史料研究》脱“隨”“俾”。“僻壞”作“偏僻”，義近詞非。“民”下一字泐，無法辨識，兩書作“口”，恐笔誤。

［13］“督部”，《羌族法制的歷程》《西川羌族特殊載體檔案史料研究》作“都督”，非。

［14］明、清初期頒佈的《聖訓六諭》《聖諭廣訓》十六條、《敬衍養蒙詩》《勸孝歌》等，是社會教育的儒家經典。此地保甲後，地方官員用儒家思想教化羌民。

［15］透徹：亦作“透澈”。

［16］“宜”，《羌族法制的歷程》《西川羌族特殊載體檔案史料研究》作“直”，

當以“宜”為宜。

［17］《羌族法制的歷程》《西川羌族特殊載體檔案史料研究》未釋“属”“板榜”。釋“州”作“明”，不取。據下文“今責成地方官各於城内設立申明亭”，擬為“州”。“縣”下擬為“各里”；“皆”下擬為“設”；“明”下擬為“亭”。申明亭，明洪武間創建，為讀法、明理、彰善抑惡、裁决争訟小事之所。亭上亦書善惡人等諸事，以示懲勸。

［18］悌：“弟”的被通假字。泛指敬重長上。《西川羌族特殊載體檔案史料研究》作“梯”，非。

［19］“今責”，《羌族法制的歷程》《西川羌族特殊載體檔案史料研究》作“令書”，非。

［20］“役”“需”，拓片清晰。《羌族法制的歷程》《西川羌族特殊載體檔案史料研究》分别釋作“殺”“而”，均非。“稟”，《西川羌族特殊載體檔案史料研究》作“票”，非。

［21］《羌族法制的歷程》《西川羌族特殊載體檔案史料研究》脱“設牌長一人”。又，“每”作“以”，非。“牌”下，《西川羌族特殊載體檔案史料研究》均衍“門”字。

［22］“該”，《羌族法制的歷程》《西川羌族特殊載體檔案史料研究》作“設”，非。又，“庵”，《西川羌族特殊載體檔案史料研究》作“店”，亦非。

［23］“該”上，《羌族法制的歷程》《西川羌族特殊載體檔案史料研究》衍“官”。其下，《西川羌族特殊載體檔案史料研究》衍“為”。又，“户”下泐，是“遺漏”。兩書作“遣□”，致語義不暢。

［24］《羌族法制的歷程》《西川羌族特殊載體檔案史料研究》脱“尾”。

［25］“驗”，《羌族法制的歷程》《西川羌族特殊載體檔案史料研究》作“等”，非。

［26］“稟”上六字，《羌族法制的歷程》《西川羌族特殊載體檔案史料研究》作“□定非□□□□”，不取。

［27］蔑：“巇”的簡化字。《羌族習慣法探析》作“巇”，是。

［28］律：指《大清律例》。

［29］《羌族法制的歷程》《西川羌族特殊載體檔案史料研究》脱“下鄉”。

［30］經據：載於經典的依據。“系”，《羌族法制的歷程》《西川羌族特殊載體檔案史料研究》作“原”，非。

［31］兩司：此指佈政使司、按察使司。“司”，《羌族法制的歷程》《西川羌族特殊載體檔案史料研究》作“同”，非。

［32］“浣”，《羌族法制的歷程》《西川羌族特殊載體檔案史料研究》作“完”，

非。又,《西川羌族特殊載體檔案史料研究》脱“四月”。

彙考

清中葉,西川羌區推行里甲行政管理制,隸屬於州縣管轄。羌民編為牌眾,“每十户為一牌門,以十牌門為一甲”。碑銘記述了道光七年茂州佈政使司推行保甲制度及法律條目之事,并鼓勵羌村民眾興辦學校,接受《聖訓六諭》《聖諭廣訓》十六條、《敬衍養蒙詩》《勸孝歌》等儒家思想社會教育,“父母夫男皆可令其通解”,或“背誦純熟”。同時,設申明亭,懲治好逸惡勞、偷盗奸殺者。這反映了羌民聚居區改土歸流後,清政府對其實施的政策,以及羌民受到以儒學為核心的漢文化潛移默化的影響,从而使其民族心理、價值觀念、思維方式日漸與漢人趨同。

296 黑虎將軍墓碑 道光八年（1828）十月望八日

説明

碑石刻立於四川省茂縣黑虎鄉小河壩後山將軍林黑虎將軍墓前。方木結構，重檐六柱一開間，存三護欄，高 194 cm，寬 290. 5 cm。斗栱、門坎、護欄刻纏枝牡丹花紋，四周有多綫框。墓碑高 130 cm，寬 64 cm。碑文 3 行，行字數不等；餘題名；中間二柱刻楹聯。楷書。

碑文

禴祀蒸嘗牛眠地，/百代衣冠馬鬣峰[1]。/
楊公諱國龍大人，/母諱高氏孺人墓。/
奉祀男永禄、/永位、/永高、/永陞。/
道光八年孟冬月望八日吉旦。/

著録

吴明冉藏原石照片

注釋

［1］禴：同“礿”，古代祭名，指夏祭或春祭。《易經·萃·六二》：“引吉無咎。孚乃利用禴。”鄭玄注：“禴，殷春祭名也，四時祭之省者也。”① 《詩經·小雅·天保》：“禴祠烝嘗。”毛傳：“春曰祠，夏曰禴，秋曰嘗，冬曰烝。”② 鬣：馬頭、頸上的毛。

彙考

黑虎溝有楊、王、何、任、余、陳、吴七姓羌人，俗稱“黑虎七族”。其中楊姓家族勢力較大。墓主楊氏，即“黑虎將軍”。在茂縣民間傳説中，“黑虎將軍”有多個版本。一説在明代中葉，叫格魯叢寶，漢名楊文武，嘉靖元年（1522）出生在根多白吉寨（楊家梁子），自幼識文習武，嘉靖二十年（1541）至二十三年（1544）多次擊退明軍③；二説在明萬曆年間，叫蘭卡絮④；三説在清咸豐年間（1851－1861）⑤；四説在清中期，鷹咀河（亦作陰嘴河。岷江上游羌人，生活在高山峽谷，地名中常出現“嘴”“尖”“包”“坡”“坪”“壩”“溝”等，如“大石包”“上水磨溝”“河心壩”等，反映了羌人生活地貌和其生態環境。）“窩裏窩奪”寨楊氏將軍⑥。墓主楊國龍卒於道光八年（1828），未載其生平事跡。由於材料缺乏，無從考證諸位“黑虎將軍”之間的關係。

羌人所居，資源匱乏，尤以黑虎最重。明代中期至清代初期，官逼民反，黑虎寨羌人為應對戰爭修建碉樓甚多，戰爭不斷，屢見典籍。明宣德九年（1434），敕指揮

① 十三經注疏整理委員會：《周易正義》卷五，《十三經注疏》，北京大學出版社2000年版，第222頁。

② 十三經注疏整理委員會：《毛詩正義》卷九，《十三經注疏》，北京大學出版社2000年版，第384頁。

③ 楊光成：《西羌壯歌》，西羌文化編輯部，2002年，第196頁。

④ 辛允星、趙旭東：《羌族下山的行動邏輯——一種身份認同視角下的生存策略選擇》，《廣西民族大學學報》（哲社版）2013年第4期，第72－78頁。

⑤ 張力：《羌族民間故事選》，羌族文學編輯部編印，2001年，第108頁；馮驥才：《羌族口頭遺產集成》（神話傳説卷），中國文聯出版社2009年版，第107頁。

⑥ 王明珂：《尋羌·羌鄉田野雜記》，中華書局2009年版，第8頁。

僉事方政、蔣貴等撫松潘。政等至，榜諭禍福，威、茂諸衛俱聽命，唯松潘、疊溪所轄任昌、巴猪、黑虎等寨梗化。方政令進兵，平龍溪等三十七寨[①]。《明名臣琬琰録・定西侯涇國武勇蔣公神道碑》，錢文通撰文。宣德二年（1427）四川松潘夷叛，蔣貴充右參將率兵捕之。七年、八年復叛。《明實録・宣宗實録》載：宣德九年（1434）冬十月，四川總兵官都督僉事方政、副總兵都督僉事蔣貴等分兵三路討松潘番蠻，政破西北大寨，貴破任昌大寨，都指揮趙得、宫聚等"討平龍溪等三十七寨，前後斬首一千七百餘級，墜崖赴水死者無筭，餘寇帖服"[②]。《明史・蔣貴傳》《明史・四川土司》《四川通志・四川土司》《蔣貴神道碑》均有記載，於此可見戰争的慘烈。正統六年（1441），威茂、孟董、九子、黑虎等寨諸番跳梁，瓦寺宣慰司先世雍中羅洛思、與兄桑郎納思壩奉調出藏，帶兵鎮壓，留住汶川縣塗禹山[③]。正統九年（1444），松潘指揮僉事王果向朝廷奏："黑虎等寨番蠻圍攻椒園、松溪等關堡，殺傷官民。欲行擒勦，恐各寨驚疑，應諭能擒賊都重賞之。"報可。十年（1445），"黑虎寨首多兒太伏誅"[④]。十二年（1447），羅綺敗黑虎諸塞番，斬馘三百五十[⑤]。正統中（1436－1449），黑虎寨番掠近境，為官軍所獲[⑥]。景泰二年（1451），程信"起四川參政，理松潘餉，偕侍郎羅綺破黑虎諸寨"[⑦]。成化九年（1473），巡撫夏塤奏："黑虎寨賊首夜合等劫關堡，左參將宰用、兵備副使沈琮督兵馳詣松溪堡敗之，斬獲夜合等三十六級。"[⑧] 嘉靖五年（1526）黑虎五砦番反，圍長安諸堡，烏都、鵓鴿諸番亦繼叛。何卿皆破平之[⑨]，"於是黑虎等寨齊心納款"[⑩]。清康熙四十二年（1703）巡撫貝何諾、提督岳昇龍招撫黑虎七族三齊各寨黑水下寨等番，閱其疆界，諸羌"獻圖列册認納麥糧"[⑪]。道光八年（1828）《黑虎將軍墓碑》，是楊國龍的衣冠冢，表明直到清代中葉，這裡仍有反抗朝廷的鬥争。史傳和石刻材料表明，在漫長的四百年間，黑虎寨羌人不

① （清）張廷玉等：《明史》卷三百一十一，中華書局 1974 年版，第 8027 頁。

② （明）《明實録》卷一百一十三，臺北：臺灣歷史語言研究所據原國立北平圖書館紅格鈔本影印，1962 年，第 4 頁。

③ 趙爾巽等：《清史稿》卷五百一十三，中華書局 1977 年版，第 14234 頁。

④ （清）張廷玉等：《明史》卷三百一十一，中華書局 1974 年版，第 8027 頁。

⑤ 《明史》卷一百六十，第 4365 頁。

⑥ 《明史》卷一百六十五，第 4466 頁。

⑦ 《明史》卷一百七十二，第 4593 頁。

⑧ 《明史》卷三百一十一，第 8028 頁。

⑨ 《明史》卷二百一十一，第 5589 頁。

⑩ （清）楊迦懌等修，（清）劉輔廷纂：《道光茂州志》卷三，《中國地方志集成・四川府縣志輯》(66)，巴蜀書社（據清道光十一年刻本影印）1992 年版，第 382 頁。

⑪ 同上。

斷反抗明清統治，始終没有停下追求生存、自由的腳步，這就不難理解為什麼民間傳説中的黑虎將軍有多個版本，而且時間跨度大。民間傳説與史傳、石刻互為證明，而黑虎將軍，是這期間黑虎寨中湧現出的帶領羌人保護羌寨、羌民的民族英雄。村民約定黑虎寨所有女性，頭戴白色虎頭孝帕，兩端尾翼，形如兩片蘭花煙葉；成年男子則頭裹青紗，以示紀念。而今“萬年孝”已成風俗，為當地羌人世代遵守。在歷史發展過程中，“黑虎將軍”也逐漸演變成為羌族原始宗教體系中保護黑虎寨的寨神、地方神、祖先神。每年楊文武中箭犧牲的那天，即農曆四月初八，人們都會在黑虎將軍的墓前或廟裡祭祀，祈禱和平。

297 索橋村川主廟碑 道光九年（1829）五月

説明

碑石刻立於四川省汶川縣雁門鄉索橋寨内。現藏原址。1991 年 6 月，汪友倫先生椎拓，拓本現藏汶川縣文博館。碑石高 118 cm，寬 70 cm，厚 10 cm。碑文 9 行，滿行 39－41 字不等；餘題名。楷書。左上角殘損；左下方泐蝕嚴重。

碑文

碑記。/

蓋為莫為之前，雖盛而弗傳；莫為之後，雖美而弗彰也。惟我索橋一村，所建/川主神聖之廟宗，自古昭然，由唐宋元明，以至本朝，歷有年所矣。憶昔順治年間，已經前人補葺。樂善記名□/遺後世，以垂萬世不磨之功耳。特是物無不敝之理，而事亦無不變遷之會。即雖廟貌輝煌，經百十餘年之，/風霜雨雪，而未有不彫殘頹敗者乎。

於是呼也我村中正，忠厚長者，聚積公項，共樂為善。於是呼仔積數年/以來，覺有餘錢百十千文。所以村内老幼，同心協力募化，仁人囊貯錙銖[1]，樂善適從。鳩工化材[2]，堅意修建。/擇吉日於道光九年仲夏五月内，開闊廟基，寬有數丈，興工建修，庶乎廟宇為之一新，誠足以壯大觀哉！

茲/功成告竣，華彩美麗，殿宇巍峨，神靈赫耀。斯乃神以妥而以灵，而人宜福亦宜壽，此固神人胥慶。而正所謂/天有豊年，時和歲稔，祝頌昇平，而歌咏醉飽者耶。故以捐貲勒石，芳名永著。以使後嗣子孫，共鑒此意。而廟/宇之香火俱□□□不朽云。/

本村會首/領朱世賢捐⺨一千文[3]，/朱世文捐⺨二千四百文，/陳荣壽捐⺨二千四百文，/朱世才捐⺨叁千二百文，/陳荣階上⺨□□四百文，/朱世友，/□正通，/□□全（下泐）。/

納□□，/朱□子，/狗□/各納（下泐）。朱富壽，/朱朝選，/□貴/各上⺨六百四十。明保上⺨二□。/□壽上⺨五百。/（上泐）上⺨五百。/（上泐）上⺨八十□□。/

寒長壽，/王保成，/朝青/各上⺨四百文。朱文才，/長禄壽/上⺨各一千三百。□保□，/周道壬，/趙富成，/□□保/各上⺨四十文。朱文□三百□文。/馮壽子□□七□。/

吏員趙文水□□四千七百六十文。/溫懷德上（下泐）。/灯龍保，/楊德元，/馬登成，/趙儀基/各上⺨六百四十文。/袁文成上⺨六百文。/張成英，/張□□，/陳□明/上⺨五百文。和尚□五千八十□。/丙登貴（下泐）。/朱保長（下泐）。/

溫懷陞，/閏南，/干竿成，/樹林□，/元婭子，天□，/天槅壽，/文昭，/郭习昌，/余文成，/張朝遂/各上錢四百。/廖□萊二十文。/

溫懷聖，/馬三弟，/如兒子，/王章，/光長壽，/馬爾成，/馬登來，王壽，/□□□，/（泐），/王子，/黃（下泐），/余（下泐）/各上錢二百□十□。/

袁巴二百八十文。/馬登秀，/張慶英，/光音壽，/趙光保，/麒麟保，/攝澍保，/石長保，/康貴，/□□長，/（泐），/各上㔾四百四十文。/

張明柱，/光保壽，/天元禄，/吴（下泐），/光音壽，/趙順，/石成保，/余慶寧/各上錢□百六十文。文如，/獅子口，/各上㔾一百二十六。

趙士龍[4]，/李發蘭，/九照補，/董成□，/馬士玉，/三付成/各上㔾百文。登以壽，/萬洪，/□洪福，/趙龍虎，/馬□，/登保/各（下泐）[5]。/

著録

汶川文博館藏拓

注釋

［1］囊貯：貯於袋子中的物品。

［2］化材：謂整治絲麻。梁啟超《變法通義》："善居室者，去其廢壞，廓清而更張之，鳩工庀材，以新厥構。"① 原刻"化"，當"庀"之誤。庀材：備齊材料。多指建築材料。

［3］㔾：即"錢"字，"办"的變形字。

［4］"士"下一字泐，存痕為"龍"。

［5］"登"下一字泐，觀拓，左為"亻"，是"保"。

彙考

羌族視大禹為天下第一水神，岷江上游羌區廣建禹廟、禹宫，釋比邁禹步作法。許多村寨還祭祀水神，即龍神；崇祭治水英雄如羅和（羌語稱都江堰）二王，即李冰父子②。一般以寨為單位舉辦祭祀活動，故羌村各寨多建川主廟，即使在羌族文化腹地的茂縣黑虎寨、汶川縣龍溪鄉蕨孤山上，都有川主廟。川主，又稱"川祖""灌口神"。原為地方神，其廟是四川盆地的特殊廟宇。雲、貴、陝、甘、鄂等地也有川主廟。宋以後廟宇遍及全國各地。隨着羌漢交流、文化互融，川主已成為羌民普遍崇祭的治水英雄。故王明珂先生認為："靠南邊較漢化的汶川、理縣一帶村寨中，各寨至多只有本寨的山神，大家共同祭拜的各上層山神則被漢文化傳統的佛道'廟子'取代，廟中供奉的是玉皇、觀音、東嶽、川主、牛王、二郎等神祇。"③ 此碑是目前所見最早的一通羌人川主碑，題名有羌人，也有漢人。述汶川縣雁門鄉索橋一帶，自唐以來，歷代"建川主神聖之廟宗"，祈求神妥人福，展現了羌人宗教信仰的多元。

---

① 陳書良：《梁啟超文集》，燕山出版社1997年版，第3頁。

② 陳興龍：《羌族釋比文化研究》，四川民族出版社2007年版，第93頁。

③ 王明珂：《父親那場永不止息的戰爭》，浙江人民出版社2012年版，第162頁。

298 蘇朝相墓碑 道光十年（1830）九月二十一日

蘇朝相墓地桅桿

說明

碑石刻立於四川省茂縣迴龍鄉，現存原址。雙檐二柱一開間墓碑。飛檐、斗拱，門坎刻人物、瑞鳥、花卉紋。碑身高 125 cm，寬 71 cm。碑文 2 行，行字數不等；餘題名。楷書。碑形墓誌。圜首。額楷書題“丙山壬”。左右浮雕人物，肩上各執一棍。墓地有桅桿，立於何时失載。

額

丙山壬。/

碑文

千里來龍歸此地，/萬年世襲由祖德。/

皇清待贈西逝安撫使司蘇公，諱朝相老大人之墓。/

胞弟蘇朝楝、/蘇朝斌立。/

大清道光十年九月二十一日暨。/

著録

吴明冉藏原石照片

彙考

蘇朝相，“安撫使司”。“胞弟蘇朝楝、蘇朝斌”。墓碑所在地四川省茂縣迴龍鄉，即舊長寧安撫司地。《道光茂州志·土司》：“長寧安撫司蘇朝楝。”① 那麽，蘇朝相與蘇朝楝先後世襲長寧安撫使司一職。“蘇朝楝”，《四川通志》作“蘇朝仕”②。明清長寧安撫司、水草坪巡檢司首領皆為蘇氏，其先可追溯至明代蟒答兒，因功授職，以長子為正安撫司，襲沙壩安撫使，住牧沙壩。《明史·地理志》載：茂州北有長寧堡，“本長寧安撫司，宣德中，平曆日諸蠻置，屬松潘衛”。正統元年（1436）、八年（1448）先後改隸疊溪千户所和茂州衛，並廢為堡③，應是長寧安撫司遷至沙壩，故

① （清）楊迦懌等修，（清）劉輔廷纂：《道光茂州志》卷三，《中國地方志集成·四川府縣志輯》（66），巴蜀書社（據清道光十一年刻本影印）1992 年版，第 385 頁。

② （清）常明修，楊芳燦纂：《嘉慶四川通志》卷九十六，巴蜀書社 1984 年版，第 3060 頁。

③ （清）張廷玉等：《明史》卷四十三，中華書局 1974 年版，第 1025 頁。

《清史稿·列傳·土司二》只言："沙壩安撫司。"[1] 而由於習慣當地仍稱長寧安撫司。次子為副安撫司，即水草坪巡檢司，住牧水草坪，兩土司所轄地界接壤。長寧安撫司，其地東至長寧堡10里，南至水草坪土司界20里，西至州屬龍坪10里，北至世大關30里。水草坪轄地自水草坪東至大河界五里，南至竹木壩司界15里，西至三溪溝界30里，北至沙壩司界15里。長寧安撫司、水草坪巡檢司，均於清順治九年（1652）投誠[2]。至於其先"蟒答兒"其人，《明史》未載，《清史稿》僅云"自明時剿黑水、三溪生番有功授職。"[3]《茂州志·土司》："明时随剿黑水、三齊生番有功授职。"[4]《明史·地理志》明確記載：宣德中因平曆日諸蠻置長寧安撫司。同書《四川土司》載：宣德二年（1427）千户錢宏因調發松潘官軍往征交址，約黑水生番為亂。圍松潘、疊溪、茂州，斷索橋。都指揮僉事蔣貴同松潘衛指揮吴瑋"招撫番寇，令調附近諸衛軍二萬人以行"。"梟宏於松潘以徇，並竄諸將之貪淫玩寇者。……松潘平。"[5] 蟒答兒應令助戰，因功授職。蟒答兒後人改蘇姓，《明代民族史》認為是"清初賜蘇姓"[6]，可從。至民國最後一任世襲土司水草坪巡檢司蘇朝選[7]，羌區土司制消亡，羌人進入一個全新的時代。

蟒答兒，有的作"蘇蟒達"，"答"與"達"音同而異寫。《清史稿》《茂州志》《四川通志》均作"蟒答兒"，《川西北藏族羌族社會調查》變作"蘇蟒達兒"[8]。到《羌族口頭遺産集成》（神話傳説卷），"蘇蟒達"成了殺蟒青年"蘇阿寶"[9]。他們或為民建功，或為民除害，都是羌人英雄，附會同名，是羌人英雄崇拜的體現。有人認為蘇氏是房名"蘇蟒達改姓蘇"[10]，基於以上認識，我們認為值得商榷。一是，20世

---

① 趙爾巽等：《清史稿》卷五百一十三，中華書局1977年版，第14233頁。

② 同上。

③（清）張廷玉等：《明史》卷四十三，中華書局1974年版，第1025頁。

④（清）楊迦懌等修，（清）劉輔廷纂：《道光茂州志》卷三，《中國地方志集成·四川府縣志輯》（66），巴蜀書社（據清道光十一年刻本影印）1992年版，第385頁。

⑤（清）張廷玉等：《明史》卷三百一十一，中華書局1974年版，第8026頁。

⑥ 楊紹猷、莫俊卿：《明代民族史》，四川民族出版社1996年版，第385頁。

⑦ 四川省阿壩藏族羌族自治州茂汶羌族自治縣地方志編纂委員會：《茂汶羌族自治縣志》，四川辭書出版社1997年版，第447頁。

⑧ 西南民族大學西南民族研究院：《川西北藏族羌族社會調查》，民族出版社2008年版，第431頁。

⑨ 馮驥才：《羌族口頭遺産集成》（神話傳説卷），中國文聯出版社2009年版，第105頁。

⑩ 四川省阿壩藏族羌族自治州茂汶羌族自治縣地方志編纂委員會：《茂汶羌族自治縣志》，四川辭書出版社1997年版，第672頁。

紀50年代能記得老房子房名的已很少①，而能將房號對應姓氏的，只有極少數老釋比知道一點。二是，相關文獻記載有限，留存漢文碑銘以音記姓名，有複姓的，極少能將房名對應姓氏。如光緒三年（1877）《水草坪巡檢司祖塋墓碑》，無蘇氏族人題名；道光二十五年（1899）《排山營修廟碑》題“蘇元德”“蘇永長”；同治十年（1871）《龍池龍王廟碑記》“蘇子瞻”②，今茂縣、汶川等地仍有較多蘇姓羌人③，但姓名已與漢人姓名無別。

① 楊明、馬廷森：《羌族思想史資料彙集》，西南民族學院民研所、科研處，1985年，第155頁。

② 祝世德：《民國汶川縣志》卷二，《中國地方志集成·四川府縣志輯》（66），巴蜀書社（據民國三十三年影印）1992年版，第456頁。

③ 曾曉梅等：《碑銘所見岷江上游羌人姓氏研究》，《北方文物》2014年第4期，第75－80頁。

299 何延福墓誌 道光十一年（1831）十一月

說明

墓誌刻於四川省茂縣光明鄉刀溪村二組。碑高 109 cm，寬 58 cm，厚 6 cm。碑文 16 行，滿行 31－32 字不等。楷書。碑形墓誌圜首，高 30 cm，寬 66 cm，厚 6 cm。額楷書題“墓誌”“乾山巽兼辰戌”。

額

墓誌。/

乾山巽兼辰戌。/

誌文

例贈登仕郎何公延福[1]，字純九，增生[2]，里謚和厚。生於順治己亥，没於康熙丁亥，享/四十七寿。其元配孺人何母孟太君，里謚瑞静，生於順治庚子，没於雍正乙卯，享/七十四寿。

公平生事績，年久不復考稽。吾家源泒以來，歷宋、元、明而及清，可謂遠矣。/憶前代文獻，不足可考者惟隱隱[3]。公祖紹舜，父世藩，生子五，以禧、禄、福、祉、祺而分五大/支。公三支世祖也。公生三子，長名琨，貢生[4]；次名琬，增生；三名瓊[5]，廩生。其下又分三支，其大支之/琨生一愷，匕生四子[6]，曰文桂、文郁、文斗、文射。又桂生子曰清雲；郁生子曰清發、清耀；斗生子/曰清富；射生子曰清貴。其二支之琬生一元、一忱，元生子曰文孝，忱生子曰澍。又文孝生三/子，曰清仁、清澤、清潤。澍生子曰清運。其三支之瓊生一生、一山。生生三子，曰/銘、曰鵬、曰鈿；山生二子，曰鏞、曰錡。又銘生子曰清如、曰清漣；鵬生子曰清海、清源；鈿乏/嗣。鏞生子曰清元，錡乏嗣。如也，本支嫡泒，吞拋桑梓，寄籍石泉臼。曾祖遊學而/居焉，歷四代於彼矣。其缺於祀享者殊深[7]，然如之所歉者，亦余曾祖不得已而/遠遊。以曾祖不得已之心，宜為後人所復補。夫所謂補者，使後世者可有/拙耳[8]。竊念如賦性庸愚，髫齡即向往芸□，惜補生不遂，屢為孫山[9]，/偃蹇者三十載。至道光丁亥已半百，始□□桑梓，歲得（下泐），/茲往來於祖塋之側，覩其碑殘墓圮，目擊（下泐）/碑石，以誌其略云。元孫清如誌。

道光十一年冬月。/

著録

阿壩州文管所藏拓

注釋

［1］登仕：任官，當官。

［2］增生：即“增廣生員”的簡稱，為科舉生員名目之一。明代在生員正額之外增加的名額。正額有月廩，因此又稱“廩生”；增生則無月米。清代沿襲明制。

［3］隱隱：隱約不分明貌。

［4］貢生：科舉時代，考選府、州、縣生員（秀才）送入國子監肄業的人。

［5］瓊：即“瓊”字。

［6］匕：表示疊詞。此指“愷”。

［7］深：即“深”字。

［8］拠：即“據”字。

［9］孫山：即“名落孫山”。指考試或選拔未中。語出宋范公偁《過庭録》：“吴人孫山，滑稽才子也。赴舉他郡，鄉人託以子偕往。鄉人子失意，山綴榜末先歸。鄉人問其子得失，山曰：‘解名盡處是孫山，賢郎更在孫山外。’”①

① （宋）范公偁：《過庭録》，《景印文淵閣四庫全書》（1038），臺北：臺灣商務印書館 1986 年版，第 263 頁。

300 楊家溝靈興寺碑 道光十六年（1836）六月二十日

説明

碑石刻立於四川省茂縣三龍鄉楊家溝，現存原址。碑高 150 cm，寬 110 cm，厚 7 cm。楊石匠鐫。碑文 23 行，行字數不等。楷書。左右刻纏枝卷葉紋。碑身有多條斜裂痕。額抹角，内有浮雕人物。該碑又題《羊家溝靈興寺碑》。

碑文

尝聞自開國以來[1]，有四大名山，諸神各省累年，人心善念，興駕朝睹，古來有矣，豈但我/今世善哉[2]。雖然楊姓眾等，又暨會首其意由來久矣，且以眾皆説之善念，夙夜靜思，殊/深耿耿[3]，獨僻偏偶，再三壽量，新造聖駕一乘，禎珠、名傘、執隊全套，佑一境之中，固昭昭/之不爽也[4]。惟靈興寺禎祥會諸神案下，歷年朝覲。予寺雖有斯念[5]，先化自內，錢兩壹伯余貫，駕價無深，/獨力難成，集眾躊躇，請駕恭迎，本廟風水培而人傑地靈。為此竭力募化勸捐貲，福果/不昧[6]，以成其美。爰具小補，伏望遠近紳士、大戶、士民，欣發錙珠[7]，廣積無量之福果，將來/聖駕迎來，功成告竣，何莫非增功益禄，求功利而自成，科名顯達之助也。乃是四方善/士仁人之功果，而非一二人之功果。庶古人之遺風，可復見於以後。金名勒石，垂碑萬/古不朽，是以淺序。/

総領會首：楊廷玉，男文清、文松助小拾弍兩九小八卜。/楊廷桂，男文福、文禄助小七兩八小四卜。/楊廷鳳，男文泰助小拾壹兩四小四卜。/楊廷秀，男文寶、文元助小拾六兩零八卜。/楊廷高，男文富助小八兩八小八卜。/楊廷蒼、華，男文康助小七兩七小七卜。/楊廷虎，男文斗助小六兩零四卜。/

會首：楊廷芳、廷海助小六兩八小二卜。/楊廷尚，男文喜助小六兩零四卜。/楊廷位，男文光助小六兩零四卜。/

會首：楊文貴、文通，男士榮助小拾兩零八卜。/

會首：楊文魁、文德，男士明、士清助小拾七兩零二分。/楊文超，男士海助小八兩零八卜。/楊文發，男士林拾二兩五小零四分。/楊文彩，男士安助小六兩五小八卜。/楊文富助小四兩一小二卜。/

會首：楊文泰，男士緑。/會首：楊文德。/會首：楊文清。/會首：楊文富。/

楊石匠。/

大清道光十六年六月十二日楊家溝眾村等立。/

著録

1. 阿壩州文管所藏原石照片。2.《茂縣鄉鎮簡志》1－326。

注釋

［1］碑石雖有多條裂痕，但字跡清晰。《茂縣鄉鎮簡志》迻録碑文錯訛、脱衍嚴重，文末題名亦闕。“嘗”字清晰，該書作“當”，非。

［2］“省”字清晰，《茂縣鄉鎮簡志》脱。並釋“興”作“俱”，非。“但”下一字泐，諦視，是“我”。該書作“傳”，字形不類，不取。

［3］“其”“夂”“之”，《茂縣鄉鎮簡志》分别作“共”“以”“雲”，誤。並脱“皆”。

［4］《茂縣鄉鎮簡志》脱“禎”及“傘”上“名”。“執”下，衍“名”。釋“境”下“之”作“云”，“固昭昭”作“國云”，非。

［5］《茂縣鄉鎮簡志》脱“予寺”。“雖”作“歳”，非。

［6］《茂縣鄉鎮簡志》脱“為”。釋“力”作“人”，“捐貲”作“損皆”，致語義不暢。“募化”至“不昧”，與下文“其美”至“錙珠”誤倒。

［7］《茂縣鄉鎮簡志》脱“紳”“發”。釋“美”作“羨”，“爰”作“愛”，“補”作“云”，“錙珠”作“瑙珠”，非。

301　佛泉山净身堂石穴題記　道光十六年（1836）八月初二

説明

碑石刻立於四川省北川縣佛泉山净身堂室内。净身堂高 240 cm，寬 220 cm，深 500 cm。賈興隆書，劉代成鐫刻。題記 9 行，滿行 6－16 字不等。楷書。分别刻於道光十六年（1836）和咸豐六年（1856）。

碑文

圓寂恩師大成□德。

徒侄圓喜、圓真、圓海、圓普、圓慧、圓鉢、圓性、圓崇、圓覽，徒孫明玉、明禮、明瑞、明□、明方、明善，徒末真泰。

本山住僧迎空監修。

書記生賈興隆敬書。

梓匠劉代成敬造。

大清道光十六年八月初二日吉立。

性同圓月。

大清咸豐六年七月十日。

著録

《北川羌族資料選集》220

302 牛家山玉皇廟碑 道光十六年（1836）

説明

碑石刻立於四川省茂縣東興鄉永和村牛家山與北川墩上鄉許家灣交界的玉泉廟內，現存原址。碑石高 89 cm，寬 42 cm，厚 7 cm。碑文 12 行，滿行 29－34 字不得。楷書。泐蝕嚴重。後人將碑文描紅。

碑文

嘗思民依神而出[1]，神保人而□。故知人賴神而樂業者，□借□□而神□□以□□/者[2]，都緣□勝，廟宇輝煌，業林茂盛，□可少哉。□□茂州□□牛家山，自前□創修庙宇/一座，週圍樹木，絕勝陰濃。居此地者，財發人兴，民康宜物，皆□此地有灵[3]，風脈所致[4]。固建/庙宇之所宜培，而樹林之所宜植也。

迨至嘉慶十一年，有牛家族內四人，將此庙樹木斫伐，/出賣以後，家道遂不順，而財丁亦不旺。□至二十一年，正月十八日，我等三人，不□生□□□，/經□看守，復又長成。因之神灵妥侑[5]，從此更兴。不意本牛族□□有不□之（下泐）/等查实，誦口生非。于是不得已，邀集我族，合族人等上庙商議耳。（下泐）大小男女，不准乱/斫□伐。如果实犯行伐一根者，許罰誦□一□，所有斫伐，亦必捐修庙宇所用，其餘亦不得妄/□□此地□□□木，係是我三家□來而分之地，即至我後來三家子孫，亦不得□論，是誰/□□□有言說神（下泐）斫□，定必遭殃，今雖議論，□後無征，刻立碑文，□□□□。/

會首□□人牛維才、牛維剛、牛維兴，公□□宗。志金、文發、弟元典字，公□眾等刊立[6]。/

道光一十六年七月十五日。/

(曾曉梅藏原石照片)

著録

曾曉梅藏原石照片

注釋

［1］“民”上字泐，據文例和存痕，似“嘗思”。

［2］“借”上朱書“半”，未解。備參。

［3］“地”上一字，存痕似“此”。

［4］“脈”上朱書“風”。存痕似此字。

［5］《詩經·小雅·楚茨》：“以妥以侑。”毛傳：“妥，安坐也；侑，勸也。”①

① 十三經注疏整理委員會：《毛詩正義》卷十三，《十三經注疏》，北京大學出版社 2000 年版，第 947 頁。

［6］文末“志金、文發、弟元典字”，《中國少數民族總目提要・羌族卷》從左至右釋作“華文志、字曲”，大誤。

彙考

牛家山玉皇廟在牛家山頂，上山需 1 個多小時的車程，再步行一段被泥石流沖毀的路。2014 年 4 月 12 日項目組從茂縣到達山頂時，天色已暗。碑石泐蝕嚴重，一觸就有石屑掉落，恐損壞碑體，不忍椎拓。該碑刻痕淺、石花多，加上後人朱書，難以辨識者較多。碑述原東興鄉牛家山玉皇廟“週圍樹木絕勝陰濃後，此地者財發人兴民康”。樹木被毀後，家道不順，財源枯萎，人丁不旺。為此，牛氏族人上廟商議，立誓保護山林。此碑是研究清代羌族宗教信仰、鄉村法規的實證資料。

303　蘇全忠及妻王氏墓碑　道光十九年（1839）三月初十

説明

碑石刻立於四川省茂縣迴龍鄉，現存原址。單檐二柱一開間墓碑，高 190 cm，寬 93 cm。飛檐刻卷雲紋。碑身高 130 cm，寬 62 cm。碑文 8 行，行存字數不等。餘題名。柱刻楹聯。楷書。圜首，額楷書題“丙山壬”。雙綫框。左右刻牡丹花、卷雲紋。碑下方泐蝕嚴重，為避免損壞碑體，未做拓片。

額

丙山壬。/

碑文

吉地得佳山水秀，/真龍發桂子蘭孫[1]。/（以上刻於二柱）

窃思事欲久遠之徵，刻木者（下泐）/自吾先輩蘇朝斌[2]，內有父母坟墓[3]，（下泐）/年湮無所查考。為此豎碑拎墓，以（下泐）。/

皇清勅授世襲郎蘇公諱全忠老大人，蘇門王氏老太君（下泐）。/

孝男長寧安撫使司（下泐）。/

百世霖邦澤，/榮貴慶長春。/

大清道光十九年三月初十日。/

著録

吴明冉藏原石照片

注釋

［1］真龍：龍。真，謂非其他變種。漢王充《論衡·亂龍》：“夫易言‘雲從龍’，謂真龍也，豈謂土哉？”①

［2］蘇朝斌，長寧安撫司蘇朝相、蘇朝棟胞弟。道光十年（1830）《蘇朝相墓碑》載，蘇朝相為安撫使司，有“胞弟蘇朝棟、蘇朝斌”。墓碑所在地四川省茂縣迴龍鄉，即舊長寧安撫司地。《道光茂州志·土司》：“長寧安撫司蘇朝棟。”② 那麽，蘇朝相與蘇

① 黄暉：《論衡校釋》卷十六，《新編諸子集成》，中華書局 1990 年版，第 694 頁。

② （清）楊迦懌等修，（清）劉輔廷纂：《道光茂州志》卷三，《中國地方志集成·四川府縣志輯》（66），巴蜀書社（據清道光十一年刻本影印）1992 年版，第 385 頁。

朝棟先後世襲長寧安撫使司一職。《蘇全忠及妻王氏墓碑》刻於道光十九年（1839），在蘇朝相死後，下文“孝男長寧安撫使司”，應指“蘇朝棟”。

［3］“坟”下字泐，存“艹”字頭，據墓碑文例，補“墓”字。

彙考

長寧安撫司，明洪武十年威茂土酋董貼里先叛後降而置。隸松潘①。其後又增設蘇姓長寧安撫使司、蘇姓水草坪土巡檢，隸茂州。長寧安撫使司、水草坪土巡檢，“其先蟒答兒，明時隨剿黑水、三齊生番有功授職”。以長子為長寧安撫司；次子為副安撫司，住水草坪。其後裔世襲其職。“長寧安撫司蘇朝棟，清順治六年頒給印信號紙，仍襲安撫司，住牧沙壩”②，民國時改土歸流。

《蘇朝相墓碑》《蘇全忠及妻王氏墓碑》所在地為蘇氏先祖墳地，周圍還有數座蘇氏墓碑，主要是1949年後立。在蘇朝相墓前側有1桅桿，高5米，上有一斗，桅桿上似有文字，但已泐蝕莫辨。迴龍鄉羌人以蘇姓為主，應是長寧安撫司蘇氏之後。

---

① （清）楊迦懌等修，（清）劉輔廷纂：《道光茂州志》卷三，《中國地方志集成・四川府縣志輯》（66），巴蜀書社（據清道光十一年刻本影印）1992年版，第374頁。

② 同上書，第385頁。

304 排山營修廟碑 道光二十五年（1845）八月十五日

説明

碑石刻立於四川省茂縣疊溪鎮排山營村，現存原址。碑高 150 cm，寬 90 cm，厚 8 cm。碑文 5 行，滿行字數不等。餘題名。楷書。抹角，額楷書“永垂萬古”。三面刻回折綫紋。

額

永垂萬古。/

碑文

蓋聞積善之家，必有餘慶。建修廟宇，裝塑神像。估一境之中，固昭昭之爽矣。況我本處，山青水秀，龍脉蜿蜒。是以/納福生財之區也，安得不敬福神，風水培而人傑地灵。夙夜靜思，殊深耿耿。予等再三籌量，惟/川主、山王、牛王三尊大神本廟，即篤建修，裝塑神像。

竊慮向無蓄積，於是我等會首，雖有斯念，又無資珠。雖功不大，獨力難成。集眾商議，竭力募/功德福果不昧[1]，以成其美，［錙］珠廣積[2]，無量之福果。將來成功告竣，何莫非增功益禄，求名利而自成，科名顯達之助也。

勒石垂碑萬古，以是為/序。

裝塑神像信善：苟文相、朱萬清、苟欽定、王廷玉、苟欽艮八戶人。/

堪輿師：楊青荣

總領會首：許德貴、朱登達、苟喜每人出亍六兩四分[3]。/

胡文彩助亍四兩二亍。/胡文忠助亍二兩一亍八。/晏德用助亍一兩五卜。/胡文玉助亍一兩八亍卜。/胡文寿助亍一兩七亍五卜。/王正明助亍一兩六亍。/王正富助亍二兩四亍八卜。/苟文荣助亍一兩五亍五卜。/苟國安助亍一兩五亍五卜。/周先貴助亍一兩四卜八卜。/胡永眠助亍一兩四亍八卜。/王正龍助亍一兩三亍二卜半。/金永貴助亍一兩三亍。/王正興助亍一兩二亍八卜。/

趙登元助亍一兩二亍五卜。/唐開基助亍一兩二亍。/周為成助亍一兩二亍五卜。/王輔荣助亍一兩一亍八卜。/楊國富助亍一兩一亍五卜。/王啟順助亍一兩一亍八卜。/王文山助亍一兩二卜。/謝升輔助亍一兩二卜。/唐開丞助亍一兩。/李熊助亍一兩八卜。/趙登才助亍九亍二卜。/苟欽寬助亍五亍五卜。/

唐應寿助亍五亍二卜。/唐開遂助亍五亍五卜。/唐開換助亍五亍。/唐開荣助亍五亍。/蘇元得助亍五亍二卜。/羅寿長助亍五亍八卜。/王啟富助亍五亍。/王友助亍五亍八卜。/王啟苟助亍五亍五卜。/王朝清助亍五亍八卜。/王啟友助亍五亍五卜。/李全助亍五亍二卜。/魏朝元助亍五亍八卜。/王海從助亍二亍二卜。/姜容助亍五亍二卜。/

李如喜助𠂆五𠂆。/姜友助𠂆五𠂆。/郁如惠助𠂆五𠂆。/王朝奉助𠂆五𠂆三卜。/王友助𠂆五𠂆八卜。/張典議助𠂆五𠂆。/苟欽洪助𠂆五𠂆。/金永宗助𠂆五𠂆。/金朝清助𠂆五𠂆。/金朝林助𠂆五𠂆。/金朝明助𠂆五𠂆五。/金朝發助𠂆五𠂆。/金永才助𠂆五𠂆。/王朝東助𠂆三百。/金方方助𠂆三𠂆。/王啟荣助𠂆三𠂆。/張洪得助𠂆二百。/金主保助𠂆二𠂆。/

苟文明助𠂆五𠂆八卜。/苟文朝助𠂆五𠂆二卜。/金永林助𠂆五𠂆五卜。/蘇永長助𠂆五𠂆。/楊浦助𠂆五𠂆。/楊玉助𠂆三𠂆。/王孝元助𠂆五𠂆二卜。/楊正元助𠂆五𠂆五卜。/馬師斉助𠂆五𠂆。/王孝成助𠂆四𠂆。/許得明助𠂆三𠂆。/□□高助𠂆三𠂆。

立登干王廷彪善。/

大清道光二拾伍年八月十伍日立。/

著録

1. 阿壩州文管所藏拓。2. 阿壩州文管所陳學志録文。

注釋

［1］“昧”上一字泐，似“不”。不昧，不忘。

［2］“廣”上泐兩字，次字存下部，似“珠”。據文義，當“錙”。

［3］𠂆：即“錢”的俗寫。

彙考

較場排山營建廟裝塑“川主、山王、牛王三尊大神”。“川主”，是一種以治水英雄為核心内容的民間信仰。山王，即“山神”，他們是羌人原始宗教尊奉的大神。羌人崇拜川主、山神、牛，其中，對牛的崇拜还發展成了牛王會。羌族諺語“父母養身，耕牛養命”，故稱牛為“衣食之父母”①。每年農曆十月初一，到牛王廟敬香、點蠟、燒紙錢，祈求牛王菩薩保佑耕牛平安，六畜興旺。全寨耕牛休息一天。

① 清咸豐八年（1858）《光明勸世碑》。

305 王氏宗祠碑 道光二十六年（1846）

説明

碑石刻立於四川省茂縣三龍鄉龍窩組，現存原址。楊石匠鐫刻。碑石高 123 cm，寬 73 cm。碑文 20 行，行字數不等。楷書。該碑又題《龍窩王氏家族宗祠碑》。

碑文

昔吾先祖，自三楚黄州麻城縣人氏，自黄巢作亂，逃難于西蜀茂邑西鄉河東興隆村，立業于此。厲年以矣，乃曰太原也。右云朝廷宗廟，庶民祖祠右之然也。是吾各族人等，思前人先之德，後人商議，概行大悦，個捐錢珠于道光二拾三年新建祖祠，以為春祀，當此乃燕，當會也。工畢之後，慕明共用去小二百餘數之數，我族內人寺工畢之後，以為萬世永賴，是之耳。

（王氏人等捐錢名録略）

道光二拾六年。

著録

《茂縣鄉鎮簡志》1－326

彙考

麻城縣人雖自南宋初漸已開始向四川、重慶遷移，但主要集中在明清兩代。碑主自稱先祖唐末“黄巢作亂，逃難于西蜀茂邑西鄉河東興隆村”，與史不合。顯然，王氏本羌人，只是偽託麻城漢人而已。

碑文“厲年”，乃“歷年”之誤。清代羌族石刻中碑別字、错别字較多，此不贅述。

306 體恤兵艱碑 道光二十八年（1848）九月二十四日

説明

碑石刻於四川省茂縣。現藏茂縣博物館。碑高 160 cm，寬 70 cm。碑文 16 行，行存 38－56 字不等。四周有雙綫框，三面内刻卷雲紋。額圓角，無文字，刻卷雲紋。下邊緣處泐蝕嚴重。

碑文

署四川茂州營都閫府世襲雲騎尉候補副府馬為公懇體恤以濟兵艱事。

茲據八隊目兵潘宣（下泐）開喜、馬溶、/彭玉宇、唐武、劉興貴、蔣懷芳、唐朝壽、趙天福等專稱：緣因茂營設在衝衢路，當松、省孔道，往來差使（下泐）/兵自認。茲值臥龍関台站兵丁三年期滿，□茂州營派兵一十名前往更換，目等籌議□□□左□茂州□□□□□臥龍関台派/更換兵丁[1]，應領行裝、駝馬銀兩，全行留存營中，與□□生息，以資幫補盤費。是以目□□□酌議（下泐）/□之兵，每名應領行裝、駝馬銀八兩，營中□田一半、銀四兩，二十名共留銀八十兩，存於營中，與眾生息（下泐）/臥龍關臺焉，□以後如遇更換之年，均皆如斯照存，予眾生息，俾眾兵將來大有裨益，得有幫補盤費，不致苦□，此乃浩然（下泐）/服，甘願樂從。

據情，公懇/仁廉作主，體恤兵艱，憐憫戰卒，祈請賞准，以示永遠，立案遵行等情前來，已悉該目等眾公議，甚属善舉，應如所稟，以示體恤，准其（下泐）/更換為始，各丁俱令只存一半行裝、駝馬銀四兩，予眾生息，以資將來幫補盤費。永遠立案，勒石遵行。本府專準□□□（下泐）/擇其在營年夂，曾經出師兵丁王里信、楊福壽、坤鎮、黄遇春、楊福安、石占魁、部文壽、蔣懷芳、劉有富、部文福、文光照（下泐）。/楊有全、李正華、王明喜、陳占春、坤如阜、黄占超、張懷券揀派前往換防。嗣後仍照舊章，勿得變更，可也。此檄存案（下泐）。/

一兵丁無論交馬交戰留守者，只要留存行裝銀四兩，准其前往；

一兵丁入伍年限已滿五年者，准其前往；/

一兵丁由台、藏及臥龍關回營已滿六年者，准其前往；

一兵丁無論交馬交戰食守，不留行裝銀兩者，不准前往；/

一兵丁入伍年限未滿五年者，不准前往；

一兵丁由台、藏及臥龍關換回未滿六年者，不准復派前往。/

四川茂州營專城領哨部廳陳。/

道光二十八年無射月之廿四日閤營馬步兵丁等公立[2]。/

著録

阿壩州文管所藏拓

注釋

［1］“閿”下字泐，存痕似“台”“派”兩字。

［2］無射月：農曆九月。

307 茨玉村川主廟碑記 道光三十年（1850）八月初一

説明

碑石刻立於四川省汶川縣威州鄉茨玉村，即今茨里溝村。碑石現已亡佚。

碑文

□□神靈赫赫，固足保境邑之風光；廟貌輝煌，實克顯神聖之威靈。茲者我村及上下人等，睹殿宇之敗壞，見風雨之飄搖，不惟神祇之不安，亦惟斯民之不□□也。但我村蕞爾之區[1]，地瘠民貧，豈能舍舊而圖新。爰□合村公議首事，補其殘缺，□□傾頹。我川主會土主會，亦稍捐微資，以助其萬一，壯其彈丸之光耳。

道光十一年，做匾捐錢。

道光三十年八月初一日立。

著録

《民國汶川縣志》210

注釋

［1］蕞爾：形容小。《左傳・昭公七年》："鄭雖無腆，抑諺曰'蕞爾國'，而三世執其政柄。"①

---

① 十三經注疏整理委員會：《春秋左傳正義》卷四十四，《十三經注疏》，北京大學出版社 2000 年版，第 1439 頁。

308　新基寨修路碑　咸豐元年（1851）六月初六

説明

碑石刻立於四川省茂縣三龍鄉新基寨山谷河邊古棧道旁。現存原址。碑高 83 cm，寬 49 cm。碑文 8 行，滿行 15 字。餘題名。楷書。額抹角，高 23 cm，寬 55 cm。浮雕龍戲珠，外有雙綫框。其下楷書題“永垂萬古”。

額

永垂萬古。/

碑文

《易》曰：“積善之家，必有餘慶。”是積善，/莫大於補修道路。竊思此路，人所共行，/維開造已來，往來之間，無不崎嶇。爰是/邀集同人，捐貲成美，將□修砌，往表有/王道，垣平通興，行人無深厲浅揭之憂[1]，/衆因功果，告□金□勵名，取其千古不/朽，萬代流芳示尔。序文。/

格末乙千二百文[2]。/朱子勺乙千二百文。/咱官保六百文。/余三三四百文。/西只三百文。/只舌六百文。/灵日上捐錢三百五十文。/納馬只二百四十文。/目至先留一千二百文。/柒只六百文。/什久白什三百八十文。/

新基寨/兜乃以上捐錢二千文。/忠保組上捐錢一千三百文。/兜什勺上捐錢一百四十文。/

目只保三十文。/几只二十四□。/余保只上□四十文。/什易保一百廿文。/

朱長長上捐錢二百四十文。/科日基眾姓上捐錢乙千八百文。/

咸豐元年六月初六日立旦。/

著録

吴明冉藏原石照片

注釋

［1］深：即“深”字。《詩經·邶風·匏有苦葉》:“匏有苦葉，濟有深涉。深則厲，淺則揭。”①

［2］乙：與“一”同音，以“一”為宜。下同。

① 十三經注疏整理委員會：《毛詩正義》卷二，《十三經注疏》，北京大學出版社2000年版，第163頁。

309 河西議話碑 咸豐元年（1851）八月十五日

説明

碑石刻立於四川省茂縣曲谷鄉河東村娥寨北 200 米議話坪遺址，現存原址。碑高 96 cm，寬 72 cm，厚 7 cm。碑座已毀。納木什勺撰文。碑文 12 行，行字數不等。楷書。額抹角，楷書題“千垂萬古”。該碑又題《曲谷河西議話坪碑》《河東十二寨議話坪》《河東村娥寨議話坪》。

額

千垂萬古。/

碑文

咸豐元年八月十五日緉木什勺立。/

河東十二寨大象尚議尒團[1]。/

為其人命之，找本人不隨搬粮弟兄一案，法銀/五十兩[2]。若有吊死之人，白死一案。為江情，拿葬並殺死/無也一案[3]；不抢酒下州一案[4]。有打葬之人情，女背一兩五犭/一案[5]。財里錢二十五千一案[6]；為其讀藥娘旧不得二一案[7]。/兩寨不打一寨，兩家不打一家，二人不打一人一案；提刀龍斧/一案[8]。為賬木之找本人[9]，不隨找家门弟兄一案。上不打民房，/下不打門坎一案。生兒女情娘情旧去得一案[10]；死步无哇不葬，/外人不其一案[11]。頭河東人五桶咂酒下泰一案[12]。為人民情旧七得銀/三兩一案[13]。送包子五/个不席一案[14]。

著録

1. 阿壩州文管所藏拓。2. 《羌族習慣法》618。3. 《茂汶羌族自治縣志》628。4. 《碉樓與議話坪》245。5. 《西川羌族特殊載體檔案史料研究》308。

注釋

[1] 緉：本作“納”。右上為衍筆。“象”，即“眾”。受“象”的影響。尚：為“商”的同音别字。羌族只有語言，没有文字，第二語言漢語的水準參差不平。羌族漢文碑中，習見同音或音近而譯音無定字及省減、衍筆訛字情況。此碑尤為突出。尒：即“爾”的简体“尔”。團：本作“團”。《民間法》認為“東”字為“西”字的筆誤①。

① 謝暉、陳金釗主編：《民間法》卷一，山東人民出版社 2002 年版，第 229 頁。

［2］法："罰"的别字。《西川羌族特殊載體檔案史料研究》脱"法"下各字。原刻"粮"，本作"娘"。

［3］羌語中前後鼻音韻尾無别，原刻"江"，即"奸"。葬："贓"的别字。《碉樓與議話坪》《西川羌族特殊載體檔案史料研究》未釋"並"。

［4］"抢"，《羌族習慣法》作"抱"。"州"，《碉樓與議話坪》《西川羌族特殊載體檔案史料研究》作"册"，均非。

［5］葬：即"仗"的别字。"背"，《羌族習慣法》作"皆"，形似而誤。《碉樓與議話坪》《西川羌族特殊載體檔案史料研究》沿誤。｢ｸ：："錢"的俗寫，《碉樓與議話坪》《西川羌族特殊載體檔案史料研究》作"銀"，非。

［6］財里：即"彩禮"。羌人結婚禮曲唱道："羌人接親須送禮，此事亦是古來興，羌人口頭常言道，人無彩禮身不貴，某某姑娘新貴人，送上彩禮理應當。……全按木姐規矩辦，既不增添也不減。"聘禮多少不等，視兩家親疏、經濟能力而定。"二家自古是親戚，不看房屋和財產，不看財禮看情誼，古親舊春更加親。"① 碑載："財里錢二十五千。"千：觀拓，清晰，豎筆畫尾部微泐。《羌族習慣法》作"兩"，《碉樓與議話坪》《西川羌族特殊載體檔案史料研究》沿用。據清同治十一年（1872）《赤不蘇維城婚約碑》，因彩禮過重，公議："財禮銀六兩，咂酒拾桶。"如果作"兩"字，二十五兩，是"銀六兩"的四倍多，彩禮可謂數額巨大。考察清光緒三十三年（1907）《雁門蘿蔔寨議話坪護林碑》記："籌出公款錢貳拾千文。"②《河西議話碑》所記發生争議的"財里錢二十五千"之"千"，與貨幣单位"錢"同音，與其俗寫"ｸ"字形相似。按照十錢為一兩换算，二十五錢是二兩五錢，這個"財里錢"，與《赤不蘇維城婚約碑》的"財禮銀六兩"相較，是比較合情合理的數額。以"千"為勝。

［7］讀：即"毒"。旧：即"旧"的訛字。"舅"的假借字。二：即"兒"的假借字。《羌族習慣法》《碉樓與議話坪》《西川羌族特殊載體檔案史料研究》釋"二"為"葬"，非。"讀藥娘"，即"毒藥貓"，是岷江上游羌族及其周邊藏族、嘉絨藏、回族等共同信仰的邪神之一。在羌族釋比文化中，白、黑、黄代表了神、鬼、邪的三个類别，毒藥貓，又稱"毒藥鬼""犢疫"，因年齡大小不同，又稱為毒藥婆、毒藥娘，屬黄類别的邪神，外形多變化。它常常變為動物或物體，用指甲或眼睛傳毒，引起疾病。因其代表凶、惡、厄、血、厲鬼，需釋比敲黄鼓避禍。《羌族釋比經典·驅邪治病保太平篇》第二十四部《懲治毒藥貓》之《鬼來做》，又稱《詛咒毒藥貓》：

① 四川省編輯組：《羌族社會歷史調查》，四川省社會科學院出版社1986年版，第190頁。
② 同上書，第292頁。

“話語高唱唱咒了……事下壓了釋比事做了。”意為：“唱起誦經咒毒藥貓……釋比我作法把毒藥貓壓下去。”① 同篇《罪說》，又稱《說罪》：“罪來尋者罪趕者我是了……鬼罪趕者呢我是呀，鬼事做者呢我能的。”意為：“是我（釋比）來尋罪根，來驅趕毒藥貓。……驅趕毒藥貓的罪過者是我釋比，作法驅趕毒藥貓的是我釋比。”② 羌族諺語“無毒不成寨”，反映了羌村普遍存在的偏見、猜疑，以及羌族對現實世界充滿神、鬼、邪多元的認識。因其危害大，羌民畏懼、憎恨。釋比經典《毒藥放出》，又稱《毒藥放咒》，唱道：“毒藥父殺了，毒藥母殺了，毒藥兒殺了，毒藥女殺了。喔，毒藥完了。喔，毒藥完了。”意為：“釋比我將毒藥父母殺了，釋比將毒藥子女殺了。喔，釋比殺淨毒藥。喔，釋比殺淨毒藥。”③ 但在毒藥貓故事中，毒藥貓一般傳女，故被害者常常是毒藥貓的丈夫或兒子。受到羌村娘舅為大習俗的影響，這些故事中往往不見毒藥貓加害自己的父母和兄弟，所以碑文咒毒藥娘舅不得兒，是極大的毒誓。就目前所及，釋比經典中尚無此毒咒傳說。碑文“為其讀藥娘旧（娘舅）不得二（兒）一案”，未詳述，可能如上述釋比經典一樣僅為詛咒，屬隱形暴力，損害了人倫親情，與碑文“不戰”思想相悖，為羌族習慣法所不容。

［8］龍：即“弄”的別字。《西川羌族特殊載體檔案史料研究》徑改作“弄”，當尊原刻。

［9］賬木：即“賬目”。之：即“只”的別字。《碉樓與議話坪》《西川羌族特殊載體檔案史料研究》脫。

［10］受到羌語語音，特別是羌語前後鼻音韻尾無別的影響，羌族漢文碑產生了大量假借字。“情”是“親”的假借字。“情娘情旧”，即“親娘親舅”。下同。《碉樓與議話坪》脫“情娘”。

［11］“死”下一字，清晰，為“歨”，即“走”的訛字，同“步”，境地、階段。《羌族習慣法》作“蘢”；《茂汶羌族自治縣志》作“后”，字形不類，不取。《碉樓與議話坪》《西川羌族特殊載體檔案史料研究》作“步”，是。“无”，《碉樓與議話坪》作“瓦”，非。《羌族習慣法》未釋“无”。哇：即“娃”。其：即“欺”或“歧”的別字。

［12］頭：即“投”的別字。《碉樓與議話坪》《西川羌族特殊載體檔案史料研究》脫“頭”等十二字。

［13］《碉樓與議話坪》脫“七”字。“七得”，本作“氣得”。“民”是“命”、

---

① 四川省少數民族古籍整理辦公室：《羌族釋比經典》，四川民族出版社 2008 年版，第 1240－1241 頁。

② 同上書，第 1243 頁。

③ 同上書，第 1816 頁。

“情”是“親”的假借字。

[14]“送包子五个不席一案”，語義不通，不解。

彙考

碑石刻立於議話坪。“議話坪”，羌語“爾母孜巴”。民國以前，每個村寨都有“議話坪”。聯寨或全鄉有大議話坪，在古代是全寨檢閱羌丁武裝、練武射擊、推選寨首、決定出兵打仗等大事的地方。近代又納入封山護林、制訂鄉規民約、解決羌民糾紛等内容。每年或兩年開一次會，寨首任期長至七八年。羌民大會由寨首召集每户成年男丁參加，人人都有發言權，民主議定大事。經“議話”認可，全寨必須遵辦，大議話坪議定聯寨成全鄉的大事。羌民有“男子十五穿鎧甲，槍法好，二十在議話坪講話，就算好小夥子”的諺語。有的議話坪，還把鄉規民約立石樹碑，碑文内容涉及封山、解決糾紛等，此碑即屬此例。曲谷河東十二寨，議話十五個個案裁决原則，涉及民、刑大小各事。由於羌族只有語言，没有文字，第二語言漢語的水準參差不平，故碑文因為同音或音近而出現譯音無定字的情況比較多。以此碑為例，在“尚議”“粮弟兄”“賬木”中，“尚”是“商”、“粮”是“娘”、“木”是“目”的同音字。更多的則受到羌語語音影響，産生了大量假借字，如“江情”即“奸情”，“情娘情舊”即“親娘親舅”。羌語前後鼻音韻尾無别，故“江”是“奸”、“情”是“親”的假借字。雖然有個别地方語義不通，但也能反映出羌族社會生活中的原始民族。《領羊　吆猪：非戰祀和的宗教聖境心結》評價其為“一個非戰的五不之碑，也可以说是一個浓缩的石刻《泽基格佈》版本”①，是中肯的。

① 趙曦、趙洋：《領羊　吆猪：非戰祀和的宗教聖境心結》，《西南民族大學學報》（人社版）2008年第4期，第53頁。

310 永垂萬古碑 咸豐二年（1852）七月初十

説明

碑石刻立於四川省北川青片鄉新街老橋頭議話坪，現藏地不明。碑石高 150 cm，寬 105 cm。喇嘛書，蔡滌□、陳（下泐）鐫。碑文 24 行，行字數不等。楷書。泐蝕甚嚴，損毀文字約佔全碑的一半。該碑又題《青片小鴨渡永垂萬古碑記》。

碑文

永垂萬古。/

特授四川龍安府石泉縣正堂加三級五次武一為思定章程，杜免亂規，永遠遵章行事。

□□青片寨民三利柘、楊興保寺[1]，稱緑青片寨共十一柘民，人年納豆糧與永壩撫夷廳[2]，□乾交槍支。營汛兵丁，至有□縣內，公事十一寨監獄牆垣坍塌，隨即補修。其餘城工命令，及東岳、城隍兩廟會，與演戲需用，應甘、富、讓。凡約總承化，不與青片寨民相涉。尚分公捐□，舊有程規。案卷前涉麻窩興場突遮詩□□約，不遵舊規，浮化寨民。會戲［祭天］，借神吞肥[3]，□□□集糧、□炭、寨林、牲畜等物，塗［改］斗稱□□外[4]，任意拋撒糧食，入地□□□浮蒙。

今集眾公民，合斗更用公平□秤，［革］除［弊］端[5]。每寨口角□□□事，仍（下泐）起息□□□春□□祭，應麻窩場屠戶及舊行市扣絞[6]，不與寨民索派。至子文□□□□人等，自來之後，一律遵循，倘（下泐）究不貸。資宜凜遵□□行示（下泐）梁興占（下泐）二非百順保王有仁、王國富、徐□（下泐）、唐高志、張學明、何□□。談天有昌西宜非興之太陳啟貴、岳中富（下泐）杜啟發、陳紀清、□□富、張潤心、陳天貴、楊進才、唐大有、楊廷貴、陳（下泐）。/

咸豐二年七月初十日，吶嘛書，蔡滌□、陳（下泐）[7]。/

著録

《北川羌族資料選集》224

注釋

［1］寺：當為“等”的誤刻。

［2］青片十一寨民，屬永壩撫夷廳，故其年納豆糧，呈交該廳。

［3］《北川羌族資料選集》“戲”下作泐一字，並釋“借”作“指”，非。《中國少數民族古籍總目提要·羌族卷》摘録原文，據之補“祭天”①。

［4］據《中國少數民族古籍總目提要·羌族卷》補“改”。

［5］“除”上一字和其下一字泐，據《中國少數民族古籍總目提要·羌族卷》補“革”“弊”。

［6］絞：同“繳”同音而誤寫。以“繳”為宜。

［7］書丹人“吶嘛”，應“喇嘛”之誤。“蔡滌□、陳（下泐）”疑為鐫刻人。《中國少數民族古籍總目提要·羌族卷》作“喇嘛蔡、陳抄刻”，非。

① 國家民族事務委員會全國少數民族古籍整理研究室：《中國少數民族古籍總目提要·羌族卷》，中國大百科全書出版社 2009 年版，第 21 頁。

311　下孟穆氏宗支碑　咸豐二年（1852）八月

説明

碑石刻立於四川省理縣水塘村下孟溝内半山腰。碑石高 180 cm，寬 77 cm，厚 7 cm。碑文 10 行，滿行 19 字。楷書。額圜首，楷書題“穆氏宗支”。左下殘斷。

額

穆氏宗支。

碑文

啟後光前，恭承往訓。忠君愛國，善讀遺書。

家之有譜，猶國之有史也。二者雖殊，其理同一也。如下孟營行營都督穆君者[1]，世守官箴，簪纓恭訓。語及穆氏宗支，於今四世。其先祖從士從戍，立功塞外，可稱鞠躬盡瘁，懋邀殊恩。無如長□□□□孰考訂。疇昔文獻不足，孰告語將來。除□□□□，豎立之始，不揣固陋，作俚言一章也：

致身戎政立綱常。薛郡長留姓字氏[2]，略執經已遂漢班[3]。章於今正，風孰?[4]頡頏寄語他年修史吏，好憑[5]。

咸豐二年桂月吉旦立[6]。

春城王吉雲豎。

著録

阿壩州文管所陳學志録文

注釋

［1］下孟營行營：清乾隆第二次平定大小金川後，為了鞏固邊防，實行改土歸流，移民戍邊，從雜谷五屯中抽調九子、上孟、下孟屯的羌藏兵戍邊。其中，下孟屯分佈在丹扎村、金川縣馬爾幫鄉，稱“下孟營”，設把總一人，駐丹扎村，總管三營屯務。行營：指出征時的軍營，這裡指雜谷九子、上孟、下孟三營在金川的軍營。

［2］薛郡長：韓信自立為齊王後，使灌嬰率漢軍擊項羽楚的魯地，大破楚將薛公杲於魯北。《漢書・灌嬰》：“轉南，破薛郡長，身虜騎將入。攻博陽，前至下相以東南僮、取慮、徐。度淮，盡降其城邑，至廣陵。”渡過淮河，盡降楚之城邑。師古曰：

“長，亦如郡守也，時每郡置長。”①

［3］執經：手持經書。謂從師受業。

［4］章於：疑“章谷”之誤。清廷平定金川後，為鞏固邊防，分別設置懋功、章谷、崇化、綏靖、撫邊五屯，歸懋功廳管轄。

［5］頑：與“頏”字，形似而誤。頡頏：鳥飛上下貌。典出《詩經·邶風·燕燕》：“燕燕于飛，頡之頏之。”毛傳：“飛而上曰頡，飛而下曰頏”。② 亦作“頡亢”。

［6］桂月：即八月。

彙考

下孟地處理縣孟董河下游得名，明末清初地屬雜谷土司蒼旺轄地。清乾隆十七年（1752）滅雜谷土司蒼旺，實行改土歸流，置理番直隸廳，取治理番民之意。轄域遼闊，轄有三番、四土、五屯、六里、九枯、十寨，這是清朝對民族分佈的一種區域劃分。“三番”“四土”指藏族區域；“六里”指漢地；“九枯”“十寨”指羌族聚居地，實行十户立一牌長，十牌立一甲長，十甲立一保長的里甲制度。“五屯”為漢羌藏族雜居地，有雜谷屯、甘堡屯、上孟屯、下孟屯、九子屯，前四屯主要為嘉絨藏人，九子為羌人。每屯有官 100 員，兵 3000 名。每屯設屯守備、千總、把總、外委等官員。藏羌民平時務農，戰時打仗。平定兩金川後，從參加平亂的雜谷五屯中的九子、上孟、下孟兵營中抽調勇武精悍的羌、藏民，練弁駐屯，攜帶家眷，駐守大小金川，成為清政府“把守哨卡，鎮守降番”的屯兵。故碑銘稱“下孟營行營都督穆君者”，“其先祖從士從戍，立功塞外，可稱鞠躬盡瘁，懋邀殊恩”。民國廢屯置鄉。

---

① （漢）班固撰，（唐）顏師古注：《漢書》卷四十一，中華書局 1962 年版，第 2082 頁。

② 十三經注疏整理委員會：《毛詩正義》卷四，《十三經注疏》，北京大學出版社 2000 年版，第 144 頁。

312 瓦寺土司差役碑 咸豐三年（1853）九月

説明

碑石刻立於四川省汶川縣綿虒鎮玉龍鄉塗禹山原瓦寺土司公署内。碑有兩通，分立塗禹山瓦土司署、汶川城北外禹王宫（綿虒鎮），文字略有出入，惟大義相同。後碑已亡佚。前碑現藏四川省汶川縣文博館。碑石為乳白色大理石，高 139 cm，寬 59 cm，厚 8 cm。碑文 23 行，滿行 42 字。楷書。方首，額楷書題“詳定批准”。落款處有汶川縣署印章。該碑又題《汶川瓦寺土司差役碑》。

額

詳定批准。/

碑文

特調四川茂州直隸州汶川縣正堂加五級、紀録十次黄，為給發斷牌[1]，以垂永遵事：

案查前/陞道憲徐，詳奉/總督部堂琦/批准[2]：詳定瓦寺各項差役條規事宜，開列於后：/

一、每年各塘土兵，應領羊折茶麫銀兩[3]，每年汶川縣赴司領回，行知宣慰司定期發給。/

一、每年土司官田[4]，該土民耕種，上糞草一季。每年秋收之時，除歸還籽種外[5]，收有芓麦一石[6]，分賞土民二斗四升；/蕎豆一石[7]，分賞土民一斗二升[8]，其餘悉數運交宣慰司收納。内有塗山、四山、白土坎等土民[9]，耕種官田，每日一人/賞發蕎麦丙一個[10]，重一觔[11]。臥龍、跟達每年所上貝母五觔[12]，讓減一觔，只上四觔。/

一、土舍等給稱，督憲琦批示：每土舍一人，准用跟役二名。該土舍等因念土民近年户少差苦，公同商議[13]，願繳/退跟役一名，只用跟役一名，輪流更換[14]。土舍之子孫，不得濫用家役[15]，不得私增。/

一、每年橋樑道路，三年小修，各修各界[16]。五年大修，二十八寨朋修。自戴家坪起，至大石包止，該土民等照舊認/修，不得違誤[17]。

一、倘有兵差並一切大小差事，該土民承當[18]，不得違誤。/

一、每年坐塘遞送文報差事，土民等不得違誤[19]。/

一、土司署内上班，二十八寨土民輪流充當，不得遲延[20]。/

一、土司每年官背，每烟戶認出一夫。烟戶只有四、五百家，一人一差[21]。若官背有餘[22]，不敷背者，印主承認。/

一、土司所設油房，自行裁毀，出示嚴禁，不准開榨。/

一、土司所設燒房，自行革除，嚴禁、不准煮燒[23]。/

一、土司所蓄樹木，自行革除。不准佃寫與漢民砍伐、燒鹹[24]，出示禁止[25]。

一、塗山、白土坎、板橋、河坪四山五寨，土民夥耕印主官田，十九石種內土司讓免二石五斗種不耕[26]。/

一、每年土民上官麦糧[27]，不得違誤。/

一、三江口官寨會首，每年讓免三名。/

城隍廟、火神，二十八寨土民等共上銀叁拾兩正。/

禹王宮，二十八寨土民等共上香資錢拾千文[28]。/

咸豐三年九月吉日示[29]。

瓦寺二十八寨土民公立。/會同汶城紳士、保甲公立。/

著録

1. 阿壩州文管所藏拓。2. 汶川縣文博館藏拓。3.《民國汶川縣志》208。4.《四川地方史研究專集》157。5.《四川岷江上游地區歷史文化研究》153。6.《羌族法制的歷程》267。7.《碉樓與議話坪》231。8.《西川羌族特殊載體檔案史料研究》294。

注釋

［1］黄：指黄傑，福建進士。咸豐二年（1852）任汶川縣知縣，修雙鎮塔。《民國汶川縣志》脱“詳定批准”。給發：發給。並釋“牌”作“碑”，《碉樓與議話坪》《西川羌族特殊載體檔案史料研究》沿誤。比較《民國汶川縣志》録文，與此拓文字略有出入，或出自原刻立於禹王宮之碑。

［2］道憲：道台的尊稱。“總督”，《民國汶川縣志》脱“總”。“總督部堂琦”，指四川總督琦善。

［3］“開”，《民國汶川縣志》作“明”。“領”下一字，左邊緣微泐，是“羊”。據上下文義，本作“半”。麪：亦作“麵”。麵粉。《説文·麥部》：“麪，麥屑末也。”段玉裁注：“末者，屑之尤細者。”① 其上，《民國汶川縣志》衍“面”。

［4］瓦寺土司擁有的土地，分為兵地、官地、私田地、公地等。私田地為羌族兵民領，常因地多或勞動力少，租給漢人無地客户租種。羌族兵民成為二地主。

［5］“種”,《西川羌族特殊載體檔案史料研究》作“重”，非。並於其上衍“米”。

［6］芋麦：“玉米”的方言。《民國汶川縣志》《中國古代社會經濟史諸問題》作“玉麥”。

① 丁福保：《説文解字詁林》卷五下，中華書局1988年版，第5595頁。

［7］“蕎”字清晰，《西川羌族特殊載體檔案史料研究》作“養”，非。

［8］《中國民族問題資料·檔案集成》脱“土民”。《碉樓與議話坪》“賞”下衍“給”。

［9］白土坎：四川省汶川縣綿虒白土坎村。《民國汶川縣志》作“皇坎”；《四川岷江上游地區歷史文化研究》作“白土垻”，非。

［10］丙：即“餅”字，同音而誤。

［11］觔：“斤”的異體。

［12］跟達：即“耿達”，汶川縣卧龍耿達鄉。

［13］“准”，《西川羌族特殊載體檔案史料研究》作“備”，非。公：本作“共”。《中國民族問題資料·檔案集成》作“合”，非。“同”，《碉樓與議話坪》作“共”，非。“商”，《民國汶川縣志》作“相”，非。

［14］《中國民族問題資料·檔案集成》脱“只用跟役一名”。

［15］“家役”，《民國汶川縣志》《中國民族問題資料·檔案集成》《西川羌族特殊載體檔案史料研究》作“跟役”，義近而詞異。

［16］“三”，清晰。《汶川縣志》作“二”，非。《碉樓與議話坪》沿誤。

［17］朋：共同。《四川岷江上游地區歷史文化研究》脱“自戴家坪”等字。

［18］“倘”，《碉樓與議話坪》作“尚”，非。

［19］“土”上，《民國汶川縣志》《中國民族問題資料·檔案集成》衍“該”，《碉樓與議話坪》沿用。並釋“坐”作“座”。

［20］“遲延”，《民國汶川縣志》《四川地方史研究專集》作“違誤”。《碉樓與議話坪》作“延遲”，誤倒。

［21］“四、五百”，《民國汶川縣志》作“四□五”，脱“百”。細審拓片，存痕似“百”。又，“差”上衍“苦”字，《碉樓與議話坪》沿誤。

［22］《民國汶川縣志》脱“若”。

［23］“土司所設燒房”至“煮燒”各字，《民國汶川縣志》脱。

［24］“燒”下一字泐，觀拓，左“鹵”，右“咸”，是“鹹”，亦作“鹼”。原石描黑，作“醎”，同“鹼”。瓦寺土司是嘉絨藏族，信奉喇嘛教。反對燒山開火地，怕燒死蟲子或燒到嘛呢堆，要下雪彈子①。《嘉慶四川通志·武備·土司》：“番民……重喇嘛。生三子，一子為僧。有疾病請喇嘛誦經，插旗以卜吉凶。”②《碉樓與議話坪》作“山”，非。

① 西南民族大學西南民族研究院：《川西北藏族羌族社會調查》，民族出版社2008年版，第98頁。
② （清）常明修，楊芳燦纂：《嘉慶四川通志》卷九十六，巴蜀書社1984年版，第3068頁。

［25］“禁止”，《西川羌族特殊載體檔案史料研究》作“嚴禁”，非。《民國汶川縣志》脱此條。

［26］塗山：即“塗禹山”。“坎”，《碉樓與議話坪》作“砍”；《四川岷江上游地區歷史文化研究》作“埧”，形似而誤。《中國古代社會經濟史諸問題》在“白土坎”下脱“板橋”。“橋”下，《民國汶川縣志》衍“山”。又，釋“耕”作“畔”，非。“石”“斗”兩字下，《西川羌族特殊載體檔案史料研究》衍“米”。

［27］《碉樓與議話坪》脱“官”。

［28］《碉樓與議話坪》脱“城”至“文”各字。“三江口”至“拾千文”，《民國汶川縣志》脱。

［29］“吉日示”，《民國汶川縣志》《碉樓與議話坪》作“二十四日”，非。

彙考

瓦寺宣慰司轄今汶川。《古今圖書集成·方輿彙編·職方典·成都府部》：“祖籍烏思藏，住居董卜内地，居惟土房，此寺獨蓋以瓦，故名。明太祖差平蠻將軍丁玉招撫，山戎授南葛，以董卜韓胡都指揮之職。”①《清史稿·四川土司》：“正統六年，威茂、孟董、九子、黑虎等寨諸番跳梁，雍中羅洛思、桑郎納思壩奉調出藏，帶兵出力，即留住汶川縣塗禹山，給宣慰司印信號紙。”② 《古今圖書集成》進一步詳載：正統“十一年，威保西溝諸番跳樑汶川草坡野蠻作亂”，“雍中羅洛斯征剿，平服事寧。十二年頒勅印為董卜韓胡宣慰使司即令住守威汶適中之塗禹山。控制遠近番彝，防禦威汶灌河西一帶地方”③。“雍中羅洛思”，又作“雍中羅洛斯”，董卜韓胡都指揮使南葛之孫。故瓦寺土司的形成和設立，與董卜韓胡派兵平定威保西溝及草坡番亂有直接關係，《蜀中廣記》《天下郡國利病書》視瓦寺乃董卜韓胡的支系，是也。

茂、理、汶三縣羌族地區，明清時受封土司二十餘個，改土歸流後至清道光年間，僅存管轄有藏羌族的汶川瓦寺土司。瓦寺土司，據《四川通志·户口》載：嘉慶年間“管寨落大小共二十八寨，户口共八百”④。清魏煜《論九寨羌民》：道光時，汶邑“現查户口甚少，未減差徭”⑤。咸豐時，《瓦寺土司差役碑》道：“煙户只有四五百家。”户口鋭減，與瓦寺土司受命於清王朝頻繁出戰有密切關係。《四川通志·武備·

---

① （清）陳夢雷等：《古今圖書集成》卷五百九十三（108），中華書局1934年版，第30頁。

② 趙爾巽等：《清史稿》卷五百一十三，中華書局1977年版，第14234頁。

③ （清）陳夢雷等：《古今圖書集成》卷五百九十三（108），中華書局1934年版，第30頁。

④ （清）常明修，楊芳燦纂：《嘉慶四川通志》卷九十六，巴蜀書社1984年版，第3068頁。

⑤ 祝世德：《民國汶川縣志》卷七，《中國地方志集成·四川府縣志輯》（66），巴蜀書社（據民國三十三年影印）1992年版，第605頁。

土司》：瓦寺土司，“乾隆十七年及三十六年征勦雜谷土司蒼旺竝金川等處土司，桑郎雍中隨征出力”。“嘉慶元年，隨征達州教匪。”① 除戰争等原因外，差糧過重，無法生活而逃亡亦是重要因素，這些都迫使土司不得不做出調整。瓦寺嘉絨藏族土司，在咸豐三年（1853）迫於轄區内藏、羌民大規模反抗鬥争，重新制訂經四川總督批准的、作出了種種讓步的差役條規。碑文記瓦寺土司差役規約 14 條，由瓦寺二十八寨土民，會同汶城紳士、保甲公立。分立塗禹山瓦土司署一通，汶川城北外禹王宫（綿虒鎮）一通，文字略有出入，惟大義仍相同。落款時間有篆書“汶川□邑□□”印章。此碑不僅强調為“瓦寺二十八寨”羌族土民公立，而且也是“汶城紳土，保甲公立”，从而反映了清朝政府對瓦寺土司特權的限制。

瓦寺土司雖為嘉絨藏族，但其轄地通用漢文，能寫藏文的人很少，據記載 1947 年塗禹山官寨能寫藏文的僅有楊喇嘛一人②。

① （清）常明修，楊芳燦纂：《嘉慶四川通志》卷九十六，巴蜀書社 1984 年版，第 14234 頁。

② 中國人民政治協商會議四川省汶川縣委員會文史資料委員會：《汶川縣文史資料選輯》（4），内部出版，1995 年，第 39 頁。

313 鳳頭關雙鎮塔贊 咸豐五年（1855）正月

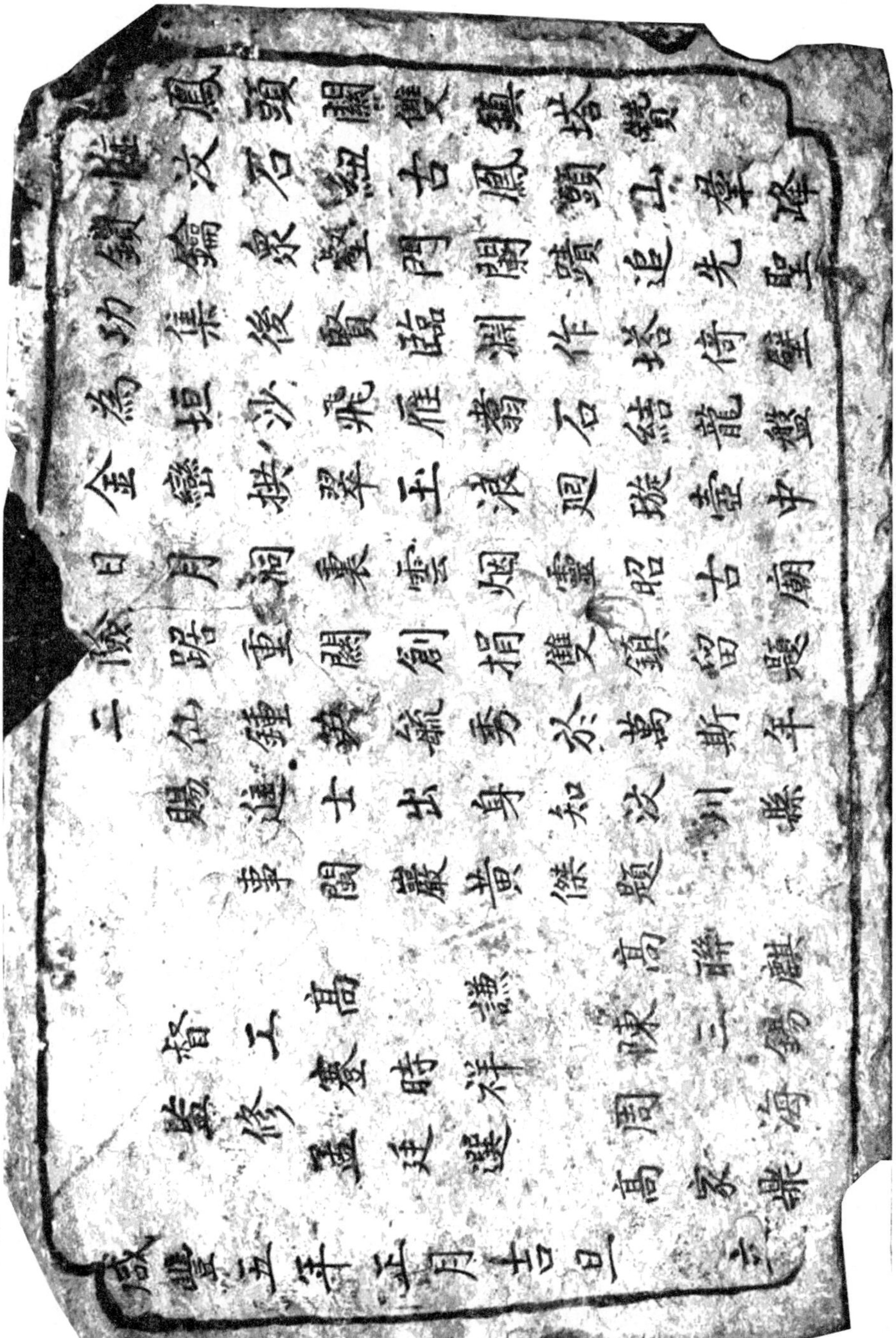

説明

碑石原刻立於四川省汶川縣綿虒鎮高店村飛沙關洞頂的古道旁，聖母祠側。現藏汶川縣文博館。碑高 90 cm，寬 45 cm，厚 9 cm。碑文 12 行，滿行 10 字。餘題名。楷書。黄傑撰文。

碑文

鳳頭關雙鎮塔贊[1]。/

惟汶石紐[2]，古鳳頭山。羣峰/鎖鑰，眾壑門闌。蹟追先聖，/功集後賢。臨淵作塔，倚壁/為垣。沙飛雁翥，石結龍盤。/金巒拱翠，玉浪廻璇。壺中/日月，洞裏雲煙。靈昭古廟，/險踞重關。創捐雙鎮，留題/二仙。鐘英毓秀，於萬斯年。/

賜進士出身知汶川縣/事閩巑黄傑題[3]。/

督工、/監修：/高謙、/蹇時祥、/孟廷選、/高聯麒、/陳三錫、/周海、/高家鼎。/

咸豐五年正月吉日立。/

著録

1. 阿壩州文管所藏原石照片。2.《民國汶川縣志》185。

注釋

［1］鳳頭關：俗稱鳳嶺，今綿虒鎮飛沙關。“塔”，《民國汶川縣志》作“墖”，同“塔”。

［2］石紐：汶川縣綿虒鎮刳兒坪，有洗兒池、禹王廟、“禹跡”等遺跡，相傳為大禹出生地。《帝王世紀》：“伯禹，夏后氏，姒姓也。其先出顓頊。顓頊生鯀，堯封為崇伯，納有莘氏女，曰志，是為修己。見流星貫昴，夢接意感，又呑神珠薏苡，胸坼而生禹於石紐。……（禹）長於西羌，西夷人也。”注引譙周《蜀本紀》：“禹本汶山廣柔縣人也，生於石紐，其地名刳兒坪。”①

［3］黄傑：福建進士，咸豐二年至咸豐五年任汶川縣知縣。“賜”以下文字，《民國汶川縣志》闕。

① （晉）皇甫謐：《帝王世紀》第三，《二十五別史》，齊魯書社 2000 年版，第 21－22 頁。

314 重修躍龍橋碑 咸豐六年（1856）六月十八日

説明

碑石刻立於四川省汶川三江鄉政府北500米處。碑石高200 cm，寬97 cm，厚10 cm。碑文11行，滿行49－52字不等。楷書。額方首，楷書題“躍龍橋碑”。林仁貴撰文，安兩亭書，劉青壽、李正品鐫。碑文行字數不明。原藏於當地鄢定玉（男）家門口，村民幾易其地，現不知下落①。

額

躍龍橋碑。

碑文

重修躍龍橋志。

聞嘗稽古志之猶仕，溯後世之詠談。既有風而有政，亦載五而載四。憶夫鳶飛魚躍，無非活潑之象；財行物生，皆是不言之邦。握乘蓋於再傳，共仰古之四聖。本廉讓以持身，群推今之三江爾。其境情物不異，性理亦然。于以樂家，守之升平，則國家之盛治也。洋洋溝洽，浩浩三江，自近而遠，由中達外。是即三江，而思夫中流。乃汶灌通衢，為商賈之要道也。舊有橋焉，創自前代。後被湮没，而基址猶存，往往阻礙行人。爾等久欲重建，而架索横空，庶免臨流返轡之嗟。當斯之舉，奈獨力難成。爰集諸同志而酌議曰：“必仗眾善樂助，共勷厥德。”工成告竣，書名泐石，永垂不朽，是以為記。

欽賜誠敬名號四川加渴瓦寺宣慰使司宣慰司索助銀壹對。

瓦寺土舍功加游府軍功加升花翎參府索諱文茂助錢一千[1]。

屬下三江口總理王諱肇成助銀一對。

屬下軍功藍翎加升守府三江口副目領袖劉諱福壽助錢一千文。

屬下軍功加升守府三江口寨目領袖劉諱珍助錢一千文。

會首：姚清振一千文。毛福壽一千文。劉永福六百文。姚思漢三百文。

會首：楊茂春、孟童子、徐友貴。

駱榮昌三千。肖洪生三千。姚森和上柱料。邱榮生十二根。蔣洪發，劉洪興，周

① 2014年11月項目組第四次到三江訪該碑，三江鄉文化站劉志全（男，66歲）回憶：1985年曾鈔録碑文。所述碑文内容與阿壩州文管所陳學志録文一致，但劉以為此碑為王保妻楊氏墓碑，實誤。王保於清乾隆五十六年廓爾喀入侵西藏時，率瓦寺土兵，會同西番各路人馬，從青海直插後藏，在清軍總督福康安的統一指揮下，六戰六捷，殺敵四千，收復後藏。

應俸，陳學璋各上錢一千六百文。李柏榮，劉意美，周國位，楊錫春各上錢一千二百文。周三才，陳元春，肖天發，劉方洪，李文俸，劉映鐘，明思忠，劉大才各一千文。二才太六百文。姚善常，徐桂芳，羅登柱，姚桂常，馬仕俸，楊文仲，肖福佑，李明山各上六百文。劉英貴，劉英正，李代聰各一百文。李清順，二合才，雷一文，雷一明，浦秀庚，劉雙喜各五百文。梁昌德，楊朝正，石錦元，楊富耀，文欽貴各上四百文。袁成應三百廿。張子賢，楊永安，王懷斌，趙國明，曾方成，明萬通，李喜才，張萬清各上三百文。吴繼瑚，吴立金，羅明安，殷洪明，岑懷林，馬思芳，吴安文，李成喜，姜天明，楊萬榮，楊吴氏，蒲志秀各上錢三百文。林富順，王明壽，唐清仲，周天元，丁廷聰，明思彩，尹祥榮，王萬安，岑懷福各上錢二百四十文。劉玉會，羅吉光，姚常友，楊永惠，陳鳳真，馬順元，楊二淋，唐官聰，尚萬才，羅遇溝，蔣武仲，楊國順，楊壽全，覃仲一各上錢二百文。唐明元，俄公木，張元恒，劉恭本，李元兵，王乾坤，肖玉興，龍大佑，薛金富，余騰龍，陳公舉，莊成洪，林文玉各上錢一百六十文。楊正國，楊正銀，鄭元洪，羅公洪，騰章元，謝文林，蔣文龍，袁進心，明方心，施廷元，顔永才，明方春，阮季名，騰洪春，羅元太，張全明，龐廷意，何明太，鄭顯明，劉孝倫，肖朝富，周奇貴，劉志洪，楊文□，李文欽，俞開貴，李開龍，胡太喜，魏長肖各上錢一百廿文。馮天成，徐金貴，楊春發，田成孝，楊春斌，張正揚，王洪照，張永盛，□大臣，胡星玉，肖開地，羅開元，徐永樂，劉世代，□榮魁，余寅宗，陳春喜，郭正文，劉德春，王廷友，陳孝仲，陳奮飛，龍君明，唐道秀，張金洪，蔣子芳，熊成順，楊洪林，吴繼元，梁文德，張方順，王福義，龍□品各上錢一百廿文。楊親寧，□增全，羅大明，楊洪春，賈興奉，王正富，李子芳各上錢一百文。

青城含芳氏謹識；林仁貴文。

永川新安雨亭敬書。

木匠劉春山。

牆畫吴忠保、劉貴生。

石匠劉青壽、李正品刊字。

共化來錢六十二千四百四十文，用去錢一百五十余千文。

大清咸豐六年六月十八日。

著録

阿壩州文管所陳學志録文

注釋

［1］瓦寺宣慰使司宣慰司索，即索衍傳，瓦寺第二十代土司。土舍，負責土司轄境各寨事務，由土司家族成員擔任。《民國汶川縣志·瓦寺土司》："道光二十二年，英軍陷乍浦，據吴淞逼金陵。衍傳遣土舍索文茂領土兵千餘人往征，至寧波，與英兵

遇，敵雖有槍炮，然困於湖沼，被土兵斬獲百餘人，功加一級，賞戴花翎。”① 故碑文有土舍索文茂“加陞花翎”之語。

彙考

羌人接受佛教文化後，從心理上認同因果輪迴、善惡報應的佛學理論，修橋、補路等公益活動成為積善修德的最好方式，每每建造或修繕橋樑、道路，便立碑以示紀念，並鐫上參與者和捐助者的名姓。這類建橋、修路碑的行為主要集中在清代。

① 祝世德：《民國汶川縣志》，《中國地方志集成·四川府縣志輯》(66)，巴蜀書社（據清同治五年刻本影印）1992年版，第578頁。

315 月里廟宇碑 咸豐六年（1856）六月二十日

説明

碑石刻立於四川省汶川縣雁門鄉月里村，現已亡佚。趙萬嘉撰文。該碑又題《月里川主廟碑》。

碑文

月里廟宇碑記。

蓋聞神得人妥[1]？人得神安。神非人何以得崇廟宇而奉明禋，人非神何以托庇護而隆昭報[2]。是神與人，兩相需者也[3]。我汶治月里村，舊屬威州吊下里，建立有川主、土主神廟，應感常昭，威靈丕著[4]，不知經歷多年矣。查考寶鼎上所刻名諱，前朝邱、高、馮、張、向、王、楊七姓人等修建，年號遺失。國朝康熙乙亥年重建[5]，大殿上文瓦木柱石，皆是古人創造，迄今千百餘載。為風雨所飄搖，而廟廡缺角；為鳥鼠所休息，而丹雘剥殘[6]，是神不妥而人亦不安也。

客歲十月之朔，因山神會期，酒後失手，誤傷二人，命延旦夕。連夜夢神醫救，不日傷愈無恙。若非神聖保佑，不但二人恩沾再造，即合村亦受異矣。川主、土主在天之靈，有求必應，無感不通。爰有首事等謀之村人，公同計議，即於本處募化錙銖。今功成勒石，乃聖乃神，有妥侑之所，以享以祀，得膜拜之休[7]。士農工商，獲清平之慶；東西南北，咸沾惠澤之孚。是神妥人安，一舉而兼得。同鄉善士捐錢，計刻於後，永垂不朽，以是為序。

大清咸豐六年六月二十四日吉旦，文生趙萬嘉。

著録

1.《民國汶川縣志》211。2.《羌族文學史》531。

注釋

［1］“神”，《羌族文學史》作“人”，迻録誤。

［2］禋：升煙祭天以求福，泛指祭祀。《民國汶川縣志》“托”，《羌族文學史》作“相”。

［3］“需”，《羌族文學史》作“霈”，非。

［4］丕：通“不”。《尚書·金縢》：“是有丕子之責于天。”孔穎達疏：“鄭玄曰：

‘丕讀曰不。愛子孫曰子。元孫遇疾，若汝不救，是將有不愛子孫之過，為天所責。’”①

［5］康熙乙亥年：即康熙三十四年（1695）。

［6］艧：彩色之名，有青、朱色者。丹艧：同“丹臒”。涂饰的红色颜料。

［7］妥侑：《詩經·小雅·楚茨》：“以妥以侑。”毛傳：“妥，安坐也；侑，勸也。”②《汶川縣志》作“有妥侑之，所以享以祀”，語句被點破，當為“有妥侑之所，以享以祀”。“休”，《羌族文學史》作“體”，鈔録致誤。

彙考

月里，光緒十六年（1890）《月里鄉規民約碑》作“月里”；《汶志紀略·附鄉里》作“月裡”。“月裡，治北六十里，羌居。”③ 月里廟，亦稱“川主廟”，明時由邱、高、馮、張、向、王、楊7姓人等修建，康熙三十四年（1695）重修，又經百餘載，宇廟剥殘，神、人不安。於是共同商議，募化錙珠，修建廟宇，川主、土主在天顯靈，合村受益。羌區白石崇拜與道觀寺廟並存，是羌族獨特的宗教現象。

撰文者趙萬嚞（1819－1885），號三吉。《説文·口部》：“嚞。古文哲，從三吉。”④ 羌族。四川汶川縣雁門鄉月里村人，其曾、高祖父均為當地名儒。嚞博學能文，擅長書法，創作了大量作品。四川省雁門鄉人民政府編《汶川縣雁門鄉概況》中共收録了25篇詩歌，有《歲試蓉城醉後題壁》《自遣詩》《過街樓》等詩；並撰有《月里廟宇》《重建索橋外三聖宫廟宇碑序》，《民國汶川縣志》收録⑤。

---

① 十三經注疏整理委員會：《尚書正義》卷十三，《十三經注疏》，北京大學出版社2000年版，第395、397頁。

② 十三經注疏整理委員會：《毛詩正義》卷十三，《十三經注疏》，北京大學出版社2000年版，第947頁。

③ （清）李錫書：《汶志紀略》卷二，清嘉慶十年（1805）蕊石山房藏版，第8頁。

④ 丁福保：《説文解字詁林》卷二上，中華書局1988年版，第2134頁。

⑤ 周錫銀：《羌族詞典》，巴蜀書社2004年版，第550頁。

316 梁韓氏墓碑 咸豐七年（1857）四月三十日

説明

碑石刻立於四川省北川縣青片鄉上五村原西窩寨遺址木香樹槽。現存原址。雙飛檐四柱三開間墓碑。碑座下為石槨藏棺之穴，用一長石板封擋，並有雕花石板鑲襯，羌區少見。墓碑高 330 cm，寬 260 cm。碑身一高 108 cm，寬 50 cm；左右二碑身均高 70 cm，寬 37 cm。三碑均刻碑文共 20 行，行字數不等。楷書。泐蝕甚嚴重。《中國少數民族古籍總目提要·羌族卷》著録為《清代西窩寨梁韓氏墓誌銘》，不準確，實為墓碑。

碑文

千年為吉地，/萬戴作佳成。/（以上刻於二柱）

皇清故顯妣梁母［韓氏老孺人之靈墓位］[1]。/（以上刻於中碑）

［大清］咸豐七年，歲次丁巳，孟夏［三十日生，孺人得品行淑慎、堅貞，三十居孀，苦守貞潔，冰清玉潔，操持家務，教子育孫，受世人稱頌］。/（以上刻於右碑）

祀男梁國安，［孫成柱、成桂、成相］。/（以上刻於左碑）

著録

曾曉梅藏原石照片

注釋

［1］《中國少數民族古籍總目提要·羌族卷》著録，闕二柱楹聯。“［ ］”内文字，據該書補。

彙考

2014 年 10 月，項目組在西窩寨村民余順和（男，52 歲）帶領下找到碑石。傳説很久以前羌族的一支遷徙至北川、茂縣，其中一支居住在此，原有 88 户。分為上寨、中寨、下寨，清末民國初漸次搬遷至西窩寨口，即下西窩寨。上寨即廢棄，今存古碉樓、祭祀塔遺址。村民姓氏除梁、韓氏外，還有王、印、喬、余氏等。

317 光明勸世碑 咸豐八年（1858）八月

説明

碑石刻立於四川省茂縣光明鄉中心村，現存原址。碑石方形柱體。三面刻，高140 cm，寬40 cm。碑文19行，滿行30字。楷書。該碑又題《茂縣光明勸世碑》《光明中心村方碑》。

碑文

聞之俗美風醇，雖十室必有忠信[1]；地靈人傑，縱萬億不無梗頑[2]。溯我東鄉上河村/土主宫，建自雍正年間。前有樓亭，後殿/太清，左樓風俗，右樹銀花，敢謂蓬萊仙境不過。曰禱告微區，歷年多而風飄雨灑，/神光塵垢，廟貌傾頹。時值道光，欲培此功而未逮。今逢咸豐桂月[3]，眾等喜心而□/成。今雖神像光輝，階梯鞏固，但我村地瘠民貧，所產無多。頻年以來，盡有無恥之/徒，每至芋麦成熟，以尋豬草為名，乘隙其間而偷竊包穀[4]。即或有此，雖見其實處[5]，/宜當思其奸惡，必察之說。/（以上刻於碑一側）

是牛也者，乃衣食之父母，農人尤當牧養[6]。俱皆急則耕於田畝，緩則放於荒郊，此/情本固。然不思牛本畜類尔，焉知其苗、草，倘或食之，多則雖求里甲理處，少則□/姑寬忍讓。況豬、羊、馬匹，孰是有心如此。夫如是，自然行餘一除三之慶，共處有□/幹有年之天。/

人非聖賢，焉能無過？是是非非，人所不免。大事劝小，小事劝無。切勿以細微之□，□/經官府須役甲里通融；亦勿使鄉黨不和，親朋不睦。/（以上刻於碑一側）

喜、憂兩事，宜節用，不尚奢華。持家之法，當勤儉，不貴懶惰[7]。不知一生/之計在於勤，一年之計在於春，一日之計在於寅[8]。古語有云：勤儉生富貴，/懶惰受饥寒。以上諺云，並非為規條種種，不過是勸勉之方。果不/陽奉陰違，誰肯作奸放科[9]。夫如是，將此叢尔之微區，不幾变為鐘鳴/鼎食之村云[10]。/

大清咸豐八年秋八月吉旦，眾等公立。/（以上刻於碑一側）

著録

阿壩州文管所藏拓

注釋

[1] 十室：十户。此句語出《論語·公冶長》："子曰：'十室之邑，必有忠信如

丘者焉，不如丘之好學也。'"①

［2］梗頑：謂非常頑固，難以感化。

［3］桂月：農曆八月的别稱。因桂花盛開故名。清厲荃《事物異名録·歲時·八月》："《提要録》：'八月為桂月。'"②

［4］"芋麦""包穀"，方言，即"玉米"。

［5］"實"下一字存上部"虍"，據上下文義和所存字頭，是"處"。

［6］羌人農耕生産主要依靠牛，故有"父母養身，耕牛養命"的羌族諺語，碑亦稱牛為"衣食之父母"。每年農曆十月初一既是羌曆年，也是牛王會。這天全寨耕牛休息，主人到牛王廟祈求牛王爺保佑耕牛平安。

［7］勤：即"勤"。構件"廿"，演變為"䒑"。倹："儉"的異體字。《陶園詩文集·偃師任天篤九世同居傳》："勤儉為持家之法。"③ 羌人崇尚勤儉，尊主持家務勞動、勤勞節儉、照顧老人、生兒育女、尊老愛幼的谷喂一瑟為女祖宗神（媳婦神）。

［8］語出《增廣賢文》："一年之計在於春，一日之計在於寅，一家之計在於和，一生之計在於勤。"④

［9］放：與"犯"音近而誤。"犯科"，犯法。

［10］鼎食：列鼎而食。鐘鳴鼎食，亦作"鳴鐘列鼎""鼎食鐘鳴""擊鐘鼎食"。漢張衡《西京賦》："擊鐘鼎食，連騎相過。"⑤ 唐王勃《滕王閣序》："閭閻撲地，鐘鳴鼎食之家。"⑥ 指世家大族豪奢、排場的生活。

彙考

東鄉上河村土主宫，始建於清雍正，咸豐八年（1858）重修。此碑可貴之處在於將羌人的土主信仰與行為規範融為一體，勸導人們惜牛、愛護莊稼，向善、寬宥忍讓、親朋和睦、勤儉持家。

---

① 十三經注疏整理委員會：《論語注疏》卷五，《十三經注疏》，北京大學出版社2000年版，第76頁。

② （清）厲荃原輯，關槐增纂：《事物異名録》卷二，《續修四庫全書》（1252），上海古籍出版社2013年版，第483頁。

③ （清）張九鉞撰，雷磊等校點：《陶園詩文集》，岳麓書社2013年版，第60頁。

④ （清）朱用純、佚名：《朱子家訓·增廣賢文》，山西古籍出版社2001年版，第123頁。

⑤ （梁）蕭統編，（唐）李善注：《文選》卷二，《中國古典文學叢書》，上海古籍出版社1986年版，第62頁。

⑥ （清）董誥等：《全唐文》卷一百八十一，中華書局1983年版，第1846頁。

318　余氏祖墳墓碑　咸豐八年（1858）八月

説明

碑石發現於四川省茂縣石鼓茶山村，高 170 cm，寬 75 cm。阿壩州文管所陳學志先生文物調查發現。

碑文

皇清正故余宅門中歷代高曾遠祖昭穆考妣之墓。/

嘗思國祚綿長，原賴前王之德溥[1]。後裔昌大，實由先祖之功深。遐思先祖，身產荊楚，籍屬四川。由明及清三百餘歲，自祖至孫十代有餘。我祖持身以來，凜聖人之三畏[2]，心中無愧。法君子之九思，籍內有憑。和睦鄉黨，愛敬親朋。治家以孝弟為本[3]，處世以忠厚當先。孽海茫茫，先祖弗喻而弗覩；塵寰擾擾，□前人未見以未聞。克勤復繼乎？克儉，惟知創業之匪易。有條又兼於有序，常恐垂統之弗符[4]。迨至今，茲啟我後人綿遠，書香登仕。籍之上茂盛，宗族比螽斯之多，後裔難忘。時值仲秋，紛紛槿花香宅院，顆顆棗實熟門牆。於是請良匠而琢磨，動精工以彤鄉，建一碑以銘前烈。雖未能盡生前之事，問寢以親膳，亦可獲歿後之期，鑒观而興起者矣。敬謹是序。/

余宅門中奉祀/男：余化坤，梁氏。孫：耀蛟，蔡氏。重孫：開元，有元，選元。玄孫：成林，成鵬。曾孫：余鳳。雲孫：職員余登科[5]，余登第。來孫：文生懷智，懷德，懷喜。耳孫：世珍。/

咸豐八年，歲次戊午，中秋月。/

著録

阿壩州文管所陳學志録文

注釋

［1］溥：露多貌。《詩經·鄭風·野有蔓草》："野有蔓草，零露溥兮。"毛傳："溥溥然盛多也。"①

① 十三經注疏整理委員會：《毛詩正義》卷四，《十三經注疏》，北京大學出版社 2000 年版，第 375 頁。

［2］三畏：語出《論語·季氏》："君子有三畏：畏天命，畏大人，畏聖人之言。"①

［3］弟：通"悌"。孝弟，即"孝悌"。《論語·學而》："其為人也孝弟，而好犯上者，鮮矣。"朱熹集注："善事父母為孝，善事兄長為弟。"②

［4］垂統：指把基業留傳下去。

［5］同治四年（1865）《興建宗渠迴龍寺碑》，刻立於今四川省茂縣鳳儀鎮，清代茂州治所。首事吏員順維藩撰並書，題捐資者 102 人，首列題名有"余登科"，是地位較尊者。《余氏祖墳墓碑》題"職員余登科"。兩碑皆出茂縣，鐫刻時間相近，應為同一人。

彙考

四川西川羌區留存有一批余氏題名石刻。汶川有清嘉慶九年（1804）《克枯棧道碑》，題"余文才""余芝美""余耀龍""余懷金""余正明"；理縣桃坪鄉曾頭村有嘉慶十一年（1806）《曾頭修路碑》，題"余天富""余正明""余天貴""余鼓""余德"；茂縣石鼓茶山村有咸豐八年（1858）《余氏祖墳墓碑》，題"余化坤"等八代 14 個余姓族人名。茂縣三龍鄉勒依村有嘉慶十三年（1808）《余氏世代宗枝碑》："今我納兒、勿勒、亦之、多竹、木利寸等，係是同宗。"題名余氏宗枝 20 人。理縣蒲溪鄉蒲溪村，於嘉慶二十年（1815）曾建余氏宗族祠堂，汶川龍溪鄉、茂縣白溪鄉有余家村，這些村寨過去主要聚居余氏族人，直到今天余氏仍是羌中大姓。《余氏祖墳墓碑》所在地茂縣石鼓茶山村，位於九頂山下，是羌族聚居村。2004 年，有羌民余家華發起成立"茂縣九頂山野生動植物之友協會"，其隊員均是羌民。所以碑云"遐思先祖，身產荊楚，籍屬四川"，可能是為避民族歧視而稱。余氏以儒家"持身""三畏""九思""孝弟"為訓，期子孫"書香登仕"，並以科舉應考被録取和録取列榜次第的"登科""登第"為名，从而顯示出這支余氏有着深厚的儒家思想文化底蘊。

關於余姓來源，一説由羌族房名所改，以房名的第一音節為漢姓。余約巳③，又稱"余若節"④，改姓余。一説，由帖木兒而改。"帖"變"木"，"木"變"金"，"金"變"余"⑤。虽然，从現存碑銘無法直接反映其姓氏的演變軌跡，但從文字角度

① 十三經注疏整理委員會：《論語注疏》卷十六，《十三經注疏》，北京大學出版社 2000 年版，第 259 頁。

② （宋）朱熹：《四書章句集注》，中華書局 1983 年版，第 47－48 頁。

③ 四川省阿壩藏族羌族自治州茂汶羌族自治縣地方志編纂委員會：《茂汶羌族自治縣志》，四川辭書出版社 1997 年版，第 672 頁。

④ 余志和：《稱謂通鑒》，世界知識出版社 2010 年版，第 119 頁。

⑤ 楊明、馬廷森：《羌族思想史資料彙集》，西南民族學院民研所、科研處，1985 年，第 155 頁。

考察，金和余，字形、筆劃相似，将“金”寫成“余”，有這種可能。早在十六國前秦，就有金氏羌酋。《晉書·苻登載記》有金大黑、金洛生、金温[1]。西漢羌人內徙主要安置在隴西、金城等諸郡縣，羌人以地名為種姓之號和漢化姓氏，符合羌人種號取名理據。唐貞觀十六年（650）《金行舉墓誌》，誌主金行舉，父金達。這表明唐代河南洛陽有金姓羌人。岷江上游也有金姓羌人，如清《排山營修廟碑》題名“金朝宗”“金朝清”“金朝林”“金朝明”“金朝發”“金永才”“金方方”“金主保”“金永貴”“金永林”等。今茂縣疊溪仍有金姓羌人[2]。

① （唐）房玄齡等：《晉書》卷一百一十五，中華書局1974年版，第2949頁。

② 曾曉梅：《碑銘所見岷江上游羌人姓氏研究》，《北方文物》2014年第4期，第77頁。

319 新基寨修路碑 咸豐八年（1858）十月

説明

碑石刻立於四川省茂縣三龍鄉新基寨。現藏地不明。高寬、行款字數失記。

碑文

蓋聞天地德，修數百年之功，必有餘慶，非神而掌工大，道故此於路，千萬來人行走，山峽戸遠，獨自今心。因我新基小郡，自前建香靈宮山門、土地廟，□全修難成，共□因議領神募化四方仁人君子，團結善緣[1]，庶前功不費，保殿宇[2]，信寧功，云：竣金銘刻石，千年不朽，百代流放，是以為序。

總領會首：陸几只，王保只，吴只勺，王紀勺，什官保，而太麥先只，柒只[3]，只卡多日，什太百什[4]，忠寶姐，西只勒，各只，臘色只，臘卡太柯日姐，日只，太勿，宜保佘太，佘文英，蔡朝貴，汪只，柒米只，日太（下泐），佘□□，楊□□。

建修飛風山風黄角時也。

咸豐八年孟冬日吉日各旦立[5]。

著録

《茂縣鄉鎮簡志》1－326

注釋

［1］“善”下一字，《茂縣鄉鎮簡志》釋“禄”，當以“緣”為宜。

［2］“費”“保”，分别為“廢”“寶”的同音字。以“廢”“寶”為宜。

［3］咸豐元年（1851）《新基寨修路碑》：“柒只六百文。”當是同一人。

［4］咸豐元年（1851）《新基寨修路碑》：“什久白什三百八十文。”此“太”與“久”，字形相似；“百”與“白”，同音别字。“什太白什”與“什久白什”應為同一人。

［5］原文“各”，當“谷”之誤。“穀”的簡體字。穀旦：良辰、吉日的代稱。

彙考

2014年5月，項目組兩次到三龍鄉新基寨，未見咸豐八年（1858）修路碑，意外尋得矗立在小河邊、古棧道旁的清咸豐元年（1851）修路碑。碑文表明新基寨於咸豐元年（1851）修路，八年後再次重修。兩碑題名，為羌人姓名研究提供了實證材料。

320 施家堡丹雲霞鏨字碑 同治二年（1863）四月

説明

碑石刻立於四川省松潘縣施家堡鄉雙河村北十二道拐。摩崖，刻於明嘉靖二十五年（1547）《施家堡丹雲霞鏨字碑》右側。高 300 cm，寬 115 cm。李澤洋撰文，龍定洲書，鄒紹南鐫。碑文 12 行，滿行 26－29 字不等。楷書。泐蝕，後世描紅。

碑文

余于癸亥之歲隨同朗山吴元茂勦辦松州事務[1]，屯營兹土。兵燹初經，/廬舍為之一空，瓦裂土崩，不禁有此河山風景之感。簡兵之瑕，則與凱臣/諸將士斬荊榛，刈茅茨，驅逐當道之虎狼，為旦夕進征計。無意觀及此碑，風/雨模糊，蓋不知幾經年代。細玩其詩，激昂感憤，寄慨遙深，有古大家風焉。今/日邊陲不靖，復事征伐，不意對此茫，百端交集。因彷彿邛邯之步[2]，走筆書/此，非敢云詩，聊以抒曠世同情之意云爾。古人可作，其許我把臂入林[3]，因證緣于石上：/

千崖萬壑湧奇觀，漢使西來河□□[4]。酒獻匋萄秋月冷，風吹楊柳朔風寒。/碑横道左詩猶在，扭急城頭血未乾。不見松州老名士，一回遊眺一登壇。/突兀豐碑聳道途，龍文鳥跡半模糊[5]。何年塞外銷兵氣，此老胸中擁壯圖。/毡帳雲連山勢促，板橋水煥水聲轟[6]。我來頗負安邊志，肯許胡騎犯五都。/

大清同治二年清和月上浣日。

凱臣鄒紹南刊石，清川李澤洋題，□山龍定洲書。

著録

1. 松潘縣文聯楊友利、阿壩州社科聯耿少將藏原石照片。2. 阿壩州文管所藏原石照片①。

注釋

［1］咸豐十年（1860），松潘一帶發生“庚申番亂”，城池被毁，同治初年始平。碑主於“癸亥之歲”，即同治二年（1863），“隨同朗山吴元茂勦辦松州事務”。

［2］“邯”上一字泐，諦視，左是“工”，是“邛”。“邛邯之步”，疑“鄲邯之步”，即“邯鄲學步”，亦作“學步邯鄲”。《莊子・秋水》：“且子獨不聞夫壽陵余子之學行於邯鄲與？未得國能，又失其故行矣，直匍匐而歸耳。”郭象注：“以此效彼，兩失之。”② 此作謙詞。

---

① 分别據 2000 年阿壩州文管所及 2007 年松潘縣文聯楊友利、阿壩州社科聯主席耿少將所藏照片而釋文，並參考阿壩州文管所陳學志、楊友利録文。

② （晉）郭象：《莊子注疏》，中華書局 2010 年版，第 327 頁。

［3］把臂入林：謂與友人一同歸隱。唐陳子昂《喜遇冀侍禦珪崔司議泰之二使》："邀使者之車，乃故人之駕，隱幾一笑，把臂入林。"①

［4］"來"下一字泐，細觀，左為"氵"，右似"同"，又似"可"，擬作"河"字。其下二字，已完全磨泐不存。

［5］"文"下字泐，諦視，存痕似"鳥跡"。原指鳥的爪印。此謂碑文痕跡。

［6］"聲"下一字泐，細觀，為三"車"，是"轟"。指轟鳴聲。唐韓愈《燕河南府秀才》："怒起簸羽翮，引吭吐鏗轟。"②

彙考

明清兩代《施家堡丹雲霞鏨字碑》，刻於同一巖石，就在丹雲峽東的小河鄉，此處還有《小河鄉萬家壩石刻群》，刻於小河鄉劉家村萬家壩北邊崖壁之上，緊鄰涪江河畔。摩崖距地面約30米，大字橫刻3行，滿行3－4字不等。首題"大明一統。/"次題"極高遠。/"落款泐甚，無法辨識。外有單綫框。第三行題"壁立萬仞。/"落款亦泐蝕不存。外有單綫框。大字左右兩側，再刻2行，滿行7字，似楹聯，惜漫漶。"大明一統"右側，豎刻"右軍都督。/"其右上角，還有題刻，亦漫漶。可辨者均為楷書。

距此摩崖群一公里處，是涪江上游第一古城小河城。明洪武十一年（1378），設小河守禦千户所。按照明衛所制，衛下設千户所、百户所。各衛所分別隸屬省都指揮使司，統由中央五軍都督府統轄，小河守禦千户所即屬於五軍都督府中的右軍都督府管轄。凡守禦所皆不隸衛，而自達於都司。小河地處松潘東路，北控松州，南扼龍安（今平武），既是軍事重地，也是松龍茶馬古道和運輸糧餉的通道。《民國松潘縣志·邊防》："東路通龍綿右臂，而三舍堡、小河城、木瓜墩、鐵龍橋統扼果子、白馬、羊峒諸番關隘。"③ 期間，松潘東路戰事不斷，直至嘉靖四十五年（1566），平定龍州土司宣撫使薛兆乾叛亂，龍州實行改土歸流，松潘東路的戰事才告一段落。見《明史·四川土司》《四川通志·土司》。從書體上看，摩崖並非刻於同一時期。從内容上看，刻於洪武至嘉靖年間，是可信的。

據松潘縣文聯楊友利先生調查，小河地區還有許多詩人吟詠邊塞戰爭的詩句及紀功碑等，惜多殘斷、損毀。這些石刻遺存，既是明清松潘東路作為軍事重鎮的真實寫照，也為相關軍事、歷史提供了真實可靠的材料。

---

① （唐）陳子昂撰，徐鵬校點：《陳子昂集》，中華書局1960年版，第39頁。

② （唐）韓愈：《韓愈全集》，上海古籍出版社1997年版，第64頁。

③ 傅崇榘等修，徐湘等纂：《民國松潘縣志》卷三，《中國地方志集成·四川府縣志輯》（66），巴蜀書社（據民國十三年刻本影印）1992年版，第101頁。

321　何遠慶德政碑　約同治三年（1864）

説明

碑石刻立於四川省松潘縣，現已亡佚。徐雲衡撰。該碑又題《清同知何遠慶德政碑》。

碑文

同知何遠慶德政碑。

徐雲衢[1]。

朱子曰："德之猶言得也，行道而有得於心[2]。政之為言正也，所以正人之不正。有其心，無其政，是謂徒善；有其政，無其心，是謂徒法[3]。二者皆不足以仁覆斯民也。"

我松地處邊徼[4]，萬番環繞。自咸豐十一年兵燹後，番性頑梗[5]，擄掠頻仍。商旅往來，常懷戒心。民生日蹙，幾無樂趣。其間非無廉能官吏，而此邦人士從未有享磐石之安者[6]，撫綏誠難言哉！

何公於庚子之冬來守是邦[7]，洞悉輿情。下車伊始，恩威兼濟。斬土酋而悍夷懾志，布清聲而荒裔納糧。且單騎捕土安寨刦賊[8]，擒紅土坡猾虜。一時匪燄肅清[9]，商旅通行。繼以培文風，振學校，建青雲塔，興義學館[10]。天和感召，雨暘時若。歲則大熟，訖無凶告。復建倉廒，儲麥稞，用備不虞。此皆公之竭慮殫精，撥亂為治。以故軍民戴德，漢番從風，洵難能矣。尤可羡者，生道殺民，雖殺不怨；佚道使民，雖勞不辭。猗歟休哉！其善政善教，寓於仁愛，實非詞筆所能盡也。

今公去任有日，返轡無時。士民感佩弗忘，爰為勒石。撮其大端，以誌不朽云。

著録

1.《民國松潘縣志》卷8－18。2.《西川羌族特殊載體檔案史料研究》259。

注釋

［1］《西川羌族特殊載體檔案史料研究》脱以上各字。

［2］猶、猶言，古注術語。猶言：好比説，等於説。《論語・學而》："行有餘

力。”宋朱熹集注：“餘力，猶言暇日。”① 得：通“德”。感恩。《西川羌族特殊載體檔案史料研究》釋“猶”作“遒”，非。“得”作“德”，可。

［3］《論語·為政》：“為政以德，譬如北辰，居其所而眾星共之。”朱熹注：“政之為言正也，所以正人之不正也。德之為言得也，得於心而不失也。”②

［4］邊徼：邊遠地。《梁書·蕭藻傳》：“時天下草創，邊徼未安。”③

［5］指松潘“庚申番變事”。《民國松潘縣志》卷三《邊防·書庚申番變事》載，按舊例，松潘藏民雖無認納税銀、糧馬，但各寨每年春秋按册應上糧於各營，折充兵米。咸豐初年，松潘廳中、左營官員收上納糧時，採取尖斗浮收，從中私飽。咸豐七年至八年，松潘各寨懇請免尖斗，不允，民眾益憤。九年，適太平天國運動，清廷調松潘鎮各營兵赴内地。庚申，即咸豐十年（1860），“各番抗糧不納，遍傳木刻起事”，攻佔要隘，陷關奪營。咸豐十一年（1861），先後佔據松潘廳城及漳臘、南坪、小河、平番、疊溪等營城、大小屯堡一百餘所。同治元年（1862）事乃平。史稱“庚申之亂”。頑梗：愚頑不順服。《續資治通鑑·宋徽宗崇寧二年》：“其地在大河之南，連接河、岷，部族頑梗。”④

［6］磐：《西川羌族特殊載體檔案史料研究》作“盘”，通“磐”，大石。磐石：喻穩定堅固。

［7］“庚子”，《西川羌族特殊載體檔案史料研究》作“庚慶子”。考“何公”，《民國松潘縣志》載，何遠慶，字冕之，湖北人，拔貢。同治三年（1864），歲次甲子，任同知。曉暢邊務，夷人畏服。創修文廟。建青雲塔於東山頂，修常平倉，建張公祠。親書“李衛公籌邊故址”⑤，筆劃勁遒，豎石七層樓畔。同治三年（1864）左右，何遠慶書《唐李衛公籌邊樓故址碑》⑥。那么，原文“庚子”，當“甲子”之誤。

［8］刦：同“劫”。

［9］燄：同“焰”。

［10］“馆”，《西川羌族特殊載體檔案史料研究》作“官”，非。

---

① （宋）朱熹：《四書章句集注》，中華書局 1983 年版，第 49 頁。

② 同上書，第 53 頁。

③ （唐）姚思廉：《梁書》卷二十三，中華書局 1973 年版，第 361 頁。

④ （清）畢沅撰：《續資治通鑑》卷八十八，中華書局 1957 年版，第 2259 頁。

⑤ 傅崇榘等修，徐湘等纂：《民國松潘縣志》卷六，《中國地方志集成·四川府縣志輯》（66），巴蜀書社（據民國十三年刻本影印）1992 年版，第 208 頁。

⑥ 《民國松潘縣志》卷二，第 57 頁。

322 興建宗渠迴龍寺碑 同治四年（1865）五月

説明

碑石刻立於四川省茂縣南新鎮宗渠迴龍寺，現存原址。碑石高 148 cm，寬 83 cm。順維藩撰文並書丹。碑文 14 行，滿行 39－41 字不等。餘題名。楷書。右邊緣殘損，右下角有裂痕，微泐。該碑又題《宗渠迴龍寺德州人氏碑》。

碑文

聞之諸惡莫作，眾善奉行/帝君垂訓，有云："從來有積善之道，莫先扵心正。而正□□□□在一誠。是故，誠者天之道也。" 斯誠者，人之道/也。善得以移風化俗，亦可以轉禍為祥。因余資苦飄零有年，每□動念，長此居心。往來思忖，上下□□。/常覽道途寺观，有頹敗而神像存者，有□□貽缺金容者，皆不一也。

適值/觀音降誕之辰，閱悉昔年。大士顯應，各上善長樂，捐簿首敘，及繪塑諸天羅漢等語，相沿已久。來經落/成。予甫今離塵曉俗[1]，願坠空門，以效前人之頓念，應遵檀越之規模。謹將歨積壹百陰金帶入寺中[2]。中以/俻衣單有缺，未敢耗費，查得□天宮廟后禪住田五斗五升，因牛廠購訟，公頃不濟，已將此田當□。□/不忍坐視，當去之田二塊，去錢壹百零弍兩，概行取回。斯時意欲興工裝塑，奈僧力薄身輕，□絲□可，/購線，独木，豈造禪林。願我同人，有意焚祀扵生前，□由裝塑於没後。惟巽喜施樂助之，仁人，不吝錙銖，/得以神貌莊嚴，壯彩光瞻。金名勒石，善夆不忘，俾妥/神像□萬古之也夫。/

夫籍隸德州人氏，俗名楊進興[3]，皈依如來門下，本寺住持僧上本下興敬募，徒覺聰同藏/兼理首事吏員順維藩撰並書。/

李占才，/王得符，/衡仁發，/王永禎，/文廷泰，/孟陶成，/順維一，/梁□齡，/余登科[4]，/董富舒，/袁成志/各一尊。/

聶興元，/莫長春，/唐超，/喬合義/各一尊。順秉聰，/順維甯，/唐士倫，/坤順，/陳有忠，/王宗礼，/錢恭恕/各半尊。

衡仁義，/楊映荣，/坤喜元/各半尊。/黄吉弍兩。/永順号一千一。/夏有端三双。/楊如林八百。/文廷国六百。/王兆俊，/肖貴，/楊永第，/楊加秀/各四百。/

蕭貴，/王德超，/蔡富，/余登榜/各四百。李正華，/梁丕世/三百。/王国祥，/順李泰，/胡志成，/梁朝奉，/王恩訓，/梁得用，/李占青/各弍百七十五文。/

衡仁發，/王兆甫，/王兆炳，/王得龍，/梁義世，/王怌，/余得材，/順維礼，/謝欽異，/楊朝陸，/梁得珍，/王得泰/各二百四十文。/

梁得炳，/王得寅，/付士成/二百。/晏成，/曾禄崇，/陳映章，/蔡永林，/孫文全，/吴朝富/各一百六十文。/梁得龍/一百。/蔡茷/廿文[5]。/王應先，/王應明/各二百四十。/

王得超，/孟朝禄，/陳铁匠，/陳明惠，/孟朝福，/楊永孚，/王榮，/顧清彦，/王永安，/□□，/順孪美，/罗永安/各一百文。/

王瑠，/王永禎，/坤庈，/陳朝富，/楊继宗，/王欽貢，/安啓來，/王国中/各一百文。/黄有才/八十。/晏廷柱，/馮得康/五十。/刘意成/四十二。/馬調元/四十。/

大清同治四年，歲次乙丑，夏五月中浣[6]。/

著録

曾曉梅藏拓

注釋

［1］離塵：猶出家。曉俗：通俗易懂。

［2］觀拓“歨”，是“歯”，同“齒”。見《宋元以來俗字譜》。

［3］《中國少數民族古籍總目提要·羌族卷》① 摘録撰文人和時間，釋“興”，作“直”，非。

［4］余登科，名亦見咸豐八年（1858）《余氏祖墳墓碑》。兩碑相距7年，又同為茂州人，疑是同一人。

［5］尨：“龍”的異體。庈：即“發”字。

［6］刻石時間，《中國少數民族古籍總目提要·羌族卷》作“清乾隆四十年（1779）”，非。應為“清同治四年（1865）歲次乙丑夏五月中浣”。中浣：月中旬。

彙考

迴龍寺，漢傳佛教古寺。《道光茂州志·寺觀》：“迴龍寺，州南十五里明時建。”②清咸豐、同治年間多次維修。2007年、2014年茂縣、汶川、理縣、松潘、北川等地信眾兩次捐資擴建並立碑於寺内，至今仍住有三位尼姑主事。汶川縣龍溪溝曾有迴龍寺鐘，其上有題名③，當有迴龍寺。嘉慶《汶志紀略》《民國汶川縣志》均無龍溪溝迴龍寺及相關記載，含“龍”字的寺廟，兩書《寺院》僅載一處：“龍會庵，在尤溪溝。

① 國家民族事務委員會少數民族古籍整理研究室：《中國少數民族古籍總目提要·羌族卷》，中國大百科全書出版社2009年版，第15頁。

② （清）楊迦懌等修，（清）劉輔廷纂：《道光茂州志》卷二，《中國地方志集成·四川府縣志輯》（66），巴蜀書社（據清道光十一年刻本影印）1992年版，第353頁。

③ 楊明、馬廷森：《羌族思想史資料彙集》，西南民族學院民研所、科研處，1985年，第155頁。

明萬曆間有邑僧日久行成，克日坐化，舉火陞坐，頃刻煨燼。”① 2013 年 11 月 2 日，項目組第三次來到龍溪村調查，據村民陳明全回憶，20 世紀 60－70 年代，該村老寨子有迴龍寺等三座寺廟，均已毀。其中一座寺廟，遺存石獅，高 107 cm，寬 32 cm；石柱高 125 cm，寬 32 cm，厚 32 cm。石柱一側刻字，泐蝕甚嚴重，殘存“乾隆四十□年”（1775－1784）等字②。明清改土歸流，汶川龍溪、蘿蔔寨，茂縣三龍勒依、黑虎寨等羌族核心腹地，亦紛紛建起川主廟、迴龍寺、老君廟、文廟、城隍廟、東嶽廟等。據嘉慶《汶志紀略》《道光茂州志》《同治直隸理番廳志》，乾隆、道光《石泉縣志》及項目組田野調查，結合趙曦先生統計，清末民初，漢族的儒釋道祠堂、宮觀、寺院、會館，在汶川約有三四十餘處，茂縣不少於七十餘處，理縣五十餘處，北川不少於九十餘處③。處在深山峽谷中的漢式寺廟與羌族釋比文化和諧共存，顯示出羌族文化的堅韌與包容、獨立與多元。

---

① （清）李錫書：《汶志紀略》卷二，清嘉慶十年（1805）刻本，第 24 頁；祝世德：《民國汶川縣志》卷二，《中國地方志集成·四川府縣志輯》（66），巴蜀書社（據民國三十三年影印）1992 年版，第 551 頁。

② 曾曉梅藏原石攝影圖。

③ 趙曦、趙洋：《羌漢文化生態對話發展中的釋比文化——論多元文化對話中的羌族釋比文化》（上），《阿壩師範高等專科學校學報》2009 年第 2 期，第 6 頁。

323 王壽姐墓碑 同治五年（1866）春月

説明

碑石刻立於四川省北川縣青片鄉正河村羌王寨。現存原址。單飛簷二柱一開間墓碑。碑身高 95 cm，寬 50 cm。碑文 6 行，行字數不等；柱刻楹聯。楷書。額楷書環刻“艮山坤向”。泐蝕較嚴重。

額

艮山坤向。/

碑文

興龍□□，/族祥世□。/（以上刻於二柱）

清故顯妣二姑母王壽姐老孺人之墓。/

從來報本追遠之意非人力所能盡也。思念子/母為報無由之思，故以後代腈石睦碑，永遠/名佳哉。永固之想見孫卦掃存，其念是以為（下泐）。/

奉祀男王文星[1]，媳張氏，孫桂香。/

大清同治五年，春月下浣日。/

著録

曾曉梅藏原石照片

注釋

［1］王文星，石泉人。生於清道光十年（1830），卒於光緒十二年（1886）。見《王文星及妻張氏墓碑》。

324 唐天福墓碑 同治七年（1868）

説明

碑石刻立於四川省北川馬槽鄉坪地村，現存原地。碑石高 306 cm，寬 183 cm。文 46 行，行字數不等。楷書。茂郡文生映川撰文。該碑又題《壩底土司後裔唐天福墓誌》。

碑文

祖籍湖廣麻城縣人氏，自遠祖公本洪，於明洪武年間，隨大帥王□□征剿川中松、茂一帶地方，屢建功勳。荷蒙總鎮何□保奏入闕，奉上旨下敕，授青片、白草七十二寨之職。因衙石邑壩底堡[1]。

本洪祖公一家老幼自湖廣來衙，為官居住[2]。俟後支流派運，人丁日茂。或東或西，或南或北。至顯考公元及遷移照水、坪地溝置買成業[3]。顯考妣先亡，卜苑墓古今，又遷地卜吉塋於此[4]。恐其世遠年湮，後人不識從來鄉貫，特為墓前立序，以志不朽。（後略）

著録

1.《北川羌族資料選集》222。2.《西川羌族特殊載體檔案史料研究》322。

注釋

［1］清《道光石泉縣志》："明初，奉兩院檄，設土司二員，彈壓艾林、壩底二堡，子孫世襲。"① 成化初年，白草番亂，在職的艾林土司任厚、壩底土司唐敖"撫番無術"被罷黜，另擢升平番有功的李世選和唐裔分别繼任②，"仍世襲"③。艾林堡在今北川開坪羌族永安鄉，壩底堡在今壩底羌族藏族鄉政府駐地，兩土司分别管轄白草河、青片河流域各寨。墓碑與舊志互證，唐氏遠祖唐本洪建功立業時間在明洪武年間。據舊志，成化間唐敖被罷，唐裔繼任。那麽，碑主應是壩底土司唐敖之裔，非唐裔之

---

① （清）趙德林等修，張沆等纂：《道光石泉縣志》卷五，巴蜀書社（據清道光十四年刻本影印）1992 年版，第 298 頁。

② 《道光石泉縣志》卷十，第 298 頁。

③ （清）鄧存詠等：《道光龍安府志》卷五，《中國地方志集成·四川府縣志輯》（14），巴蜀書社（據道光刻本影印）1992 年版，第 823 頁。

後。“總鎮何□”，查《道光龍安府志》《道光石泉縣志》等，明初無何姓總鎮，唯嘉靖四年（1525）石泉有重慶衛指揮何定。嘉靖間，還有松潘總兵何卿，大敗白草羌，威震羌區。碑文“荷蒙總鎮何□保奏入闕”之事應為杜撰，借其名望抬高身份。

［2］據現有文獻記載，唐本洪無官銜，其子孫世襲，被籠統稱之為唐土司，可能是世襲享有管理村寨的權利。

［3］唐氏人丁日茂，分散居住，天福遷移至馬槽坪地溝立業。

［4］“遷”，《西川羌族特殊載體檔案史料研究》作“扦”，非。碑文脱撰文人，應是《北川羌族資料選集》《西川羌族特殊載體檔案史料研究》迻録時脱。

彙考

龍州，明初設薛、王、李氏三大土司。《明史·四川土司》：“宋景定間，臨邛進士薛嚴來守是州，捍衛有功，得世襲。自文勝歸附，其部長李仁廣、王祥皆輸糧餉有功，亦得世襲。”① 據《道光龍安府志·政績》：“康績，由貢士授龍州土知事。當松潘被番攻圍，奉調入軍，運謀設策，多著奇勛，得賜世襲。”② 龍州實有薛、王、李、康四大土司。宣德九年（1434），薛氏因征剿松潘有功，“升州為宣撫使，仁廣為副使，祥為僉事”③。《天下郡國利病書·四川備録·蜀中邊防記·川西·龍安府》：“各統土兵五百，分守白馬、白草、木瓜三番。”④ 白馬、木瓜番地，今平武縣境内，居民主要是白馬藏族，也包括部分羌民以及被藏化的羌人，是薛氏、王氏土司領地。白草，今北川大部分地區、平武縣南部平通河流域，主要是羌人，為李氏土司領地。北川縣開坪、壩底還有艾林、壩底土司，只是其轄地和勢力範圍相對薛、王、李、康四大土司弱小。

碑稱其先“授青片、白草七十二寨之職”。考《皇清職貢圖·石泉縣青片白草番民》:“青片、白草四十二寨，其先本氐羌。明歸白馬生番。”⑤ 嘉靖四十四年（1565），薛兆乾反叛被誅，改龍州宣撫司為龍安府，設流官管理。各土司也被降級，領地被裁減。舊志載：萬曆五年（1577），番眾“犯松潘，巡撫工延瞻、副使楊一桂、總兵劉顯剿之，殲其魁，群蠻納款”。萬曆七年，與之相鄰的壩底番民懼朝廷用兵，遂向石

① （清）張廷玉等:《明史》卷三百一十一，中華書局1974年版，第8030頁。

② （清）鄧存詠等:《道光龍安府志》卷六，《中國地方志集成·四川府縣志輯》（14），巴蜀書社（據道光刻本影印）1992年版，第867頁。

③ （清）張廷玉等:《明史》卷三百一十一，中華書局1974年版，第8030頁。

④ （明）顧炎武:《天下郡國利病書》（20），上海涵芬樓景印昆山圖書館藏稿本，《四部叢刊三編·史部》（161），商務印書館1929年版，第35頁上。

⑤ （清）傅恒等:《皇清職貢圖》卷六，《景印文淵閣四庫全書》（594），臺北：臺灣商務印書館1986年版，第587頁。

泉縣衙報稱“各番不會窩藏丟骨、人荒、没舌三寨蠻子（俱屬松潘），今與齊風、村頭等十一寨前來投降，願作百姓”，“百草、野猪窩等一十七寨生番齊心出甲馬器械投降，望賞白旗，任守地方”。於是“風村、百草等番收入石泉版籍”。而“散居石泉、茂州山後”的青片上、下五簇及野猪窩（今小壩大梁）以北部番民仍由土司統治①。清初，又將縣內番民分而治之，艾林、壩底土司管轄區進一步縮小。所以碑文有誇大之嫌。

① 四川省北川縣志編纂委員會：《北川縣志》，方志出版社1996年版，第210頁。

325 白水寨鄉規民約碑 同治八年（1869）五月初二

說明

碑石刻立於四川省茂縣南新鎮白水寨。碑文21行，滿行50字。楷書。泐蝕較嚴重，右上及邊緣文字多被磨滅。

額

永垂（左泐）。/

碑文

聞之來□必福，春曰祭，夏曰禘，秋曰嘗，［冬曰烝］（下泐）/聞以來建□各□[1]，至今以三百餘年矣[2]。（下泐）/用錢□□卅[3]。有塾□，將廟上之地方（下泐）/□□□□□經理二無。春秋（下泐）識首事[4]，邀結本街善士人（下泐）/□□□□五年，又將徐□□□□□□安當中，山田一段[5]，一並在內。又張姓草坪子地，□一（下泐）/□□□□垻地方[6]。一段□領崗小寨子為界[7]，以上一帶山嶺，約係眾姓人等，各自買回，而廟宇（下泐）/（上泐）神壽之香資有貸。其有尖石頭等處地方，准其闖砍[8]。任隨首事，招細收租，而安當中之山牧牛於□□所/（上泐）□□有每經理租穀百事[9]，務要公正之人，輪流更換，必須照天仁事万（下泐）買山□□叚，總去□□/（上泐）□□五拾□千六百文，據約五張[10]。勒石垂碑以傳，後世惟願，神（下泐）捻仰（下泐）/（上泐）□□一為清泰[11]，幼者名顕[12]，利遠四時不染水火之災[13]，八節有泰來之象[14]，水火潛消，瘟癘遠離[15]，五穀豊登。□□六月壬□。/

一賣明本□張升荣、□福林尖石頭山田山叚，東至以石鼓路為界，南至以大寨嶺崗路為界，西至以大□［為］界[16]，北至以□□塘為/界。外有寨路，側邊相連田一塊在內，共去買價，錢卅八千八百文。同治四年正月廿八日立。

田証賈儒李楊思道[17]，代字順萬年。/

一賣明中寨徐洪順山場一坐，地名安當中。東至以老荀窩韓、余二姓田為界，南至以安鄉進溝大路為界，西至以格字对面大岩/為界，北至以進溝大路河垻為界，共去買價 ㇇廿八千文[18]。

田証吴洪太，代字王應夅[19]。六年十一月卅日立。/

一賣明本街韓正其、張福林二人山地一段，坐落王保坪，東至以石鼓必力寨大路為界，南至以豹捲高坎溝為界，西至以大坎大/石包張姓田為界，北至以石鼓大溝為界，共去買價 ㇇五十一千二百文。

田中黄士善、吴得貴、楊思道，代字刘永和。七年六月立。/

一賣明張佑林艸坪子山場一坐，上以下寨神樹林為界，下以河心為界，左以木耳上水頭為界，右以格字上吴姓田為界，共去買/價 ㇇十二千文。

引進代字楊思道[20]，七年冬月，廿二日立。

外帬溝内安鄉篷簇里粮一斗八升[21]，白雲寺上粮。/

一賣明張佑林山地，坐落挖鋤垻嶺崗，東至以石鼓路為界，南至以楊姓地溝為界，西至以大坎為界，北至以王保坪眾姓。買明地/為界，外有土塌台上地一塊在内，共去買價⺙十四千四百文。

引進楊思道，代字刘永和。同治八年五月初二日立。/

白水村川主廟神聖，山田粮五斗二升二合，眾人粗谷上納（下泐）。/

著録

阿壩州文管所藏拓

注釋

［1］“福”上泐三字，觀拓，首字似“來”，第三字似“必”。《禮記·王制》：“天子諸侯宗廟之祭，春曰礿，夏曰禘，秋曰嘗，冬曰烝。”鄭玄注：“此蓋夏殷之祭名，周則改之，春曰祠，夏曰礿。”① “嘗”下字泐，據此補“冬曰烝”三字。

［2］原刻“以”，“已”的誤寫。

［3］“用”下一字，左泐，右“戔”清晰。據上下文義，似“錢”字。

［4］首事：村寨中主持寨内事務的人或頭面人物。

［5］“安”上一字，左“公”清晰，右已泐蝕不存。叚：即“段”的異體。分段，截斷。《説文·殳部》“段”，段玉裁注：“後人……以段為分段字，讀徒亂切。分段字自應作斷，蓋古今字之不同如此。”② 一段，猶一截。

［6］“垻”上一字，左“金”，清晰；右泐不存。

［7］“界”上一字泐，諦視存痕，似“為”字。

［8］“砍”上一字，外“門”清晰，諦視，内似“因”，是“闔”字。古代婦女居住的内室，謂之“闔”。《後漢書·皇后紀序》：“明帝聿遵先旨，宫教頗修，登建嬪後，必先令德，内無出闔之言，權無私溺之授，可謂矯其敝矣。”③

［9］“牛”上字泐，諦視，似“牧”字。“於”下字泐，第三字似“所”。

［10］“五”下一字，有“長”，清晰，左泐，細觀，似“張”。其下一字，存右“力”。

---

① 十三經注疏整理委員會：《禮記正義》卷十二，《十三經注疏》，北京大學出版社 2000 年版，第 451 頁。

② 丁福保：《説文解字詁林》卷三下，中華書局 1988 年版，第 2569 頁。

③ （南朝宋）范曄撰，（唐）李賢等注：《後漢書》卷十，中華書局 1965 年版，第 400 頁。

［11］清泰：清静平安。漢應瑒《文質論》："承清泰，禦平業。"①《晉書·長沙王乂傳》："先帝應乾撫運，統攝四海，勤身苦己，克成帝業，六合清泰，慶流子孫。"②

［12］顕：即"顯"。

［13］"遠"上一字，左下泐，似"利"字。

［14］"節"上一字泐，存痕似"八"。八節：古指立春、立夏、立秋、立冬、春分、夏至、秋分、冬至。《周髀算經》卷下："凡為八節二十四氣。"趙爽注："二至者，寒暑之極；二分者，陰陽之和；四立者，生長收藏之始；是為八節。"③

［15］瘭：同"瘭"。寒戰。

［16］"大"下泐二字，據上下文例，第二字是"為"字。

［17］李：同"學"。

［18］𠂉：即"錢"的俗體字。

［19］"應"下一字，是"夆"，清晰。左下"丶"為泐痕，非筆畫。

［20］引進：猶推薦。

［21］帬："裙"的古字。

彙考

碑文包括同治四年至八年間白水寨村民買賣田地、山場合同及鄉規民約，涉及祭祀、廟神供奉上粮，田地、山場、林界等，是研究羌族習慣法的珍貴材料。尤其值得關注的是，首次在石刻中記載"神樹林"。

羌民信仰萬物有靈，除至高無上主宰萬事萬物的天神外，還有地神、樹神、山神等。樹神，為村寨保護神，居於寨後的神樹林或山坡上。故每個寨子都有一片神樹林。一年一度的祭天會或稱"祭山會""塔子會"就在神樹林中舉行。樹間立奉祀神靈的祭壇石塔，其上供白石，代表天地諸神。羌民便在釋比的帶領下向神靈祭獻犧牲，祈求風調雨順，五穀豐登，六畜興旺，國泰民安。這種習俗和宗教信仰，就是春祈秋報，與漢俗祭社稷相同。故《汶志紀略·風土》載："烹羊煮酒祀山神為社。"④ 當然，它更是羌民所居自然環境和生產、生活催生出的樸素生態環境思想的映照。

---

① （清）嚴可均：《全後漢文》，河北教育出版社 1997 年版，第 397 頁。

② （唐）房玄齡等：《晉書》卷五十九，中華書局 1974 年版，第 1613 頁。

③ （三國）趙爽：《周髀算經》，文物出版社 1980 年版，第 51、53－54 頁。

④ （清）李錫書：《汶志紀略》卷三，清嘉慶十年（1805）刻本，第 2 頁。

326 興仁書院碑 同治九年（1870）六月

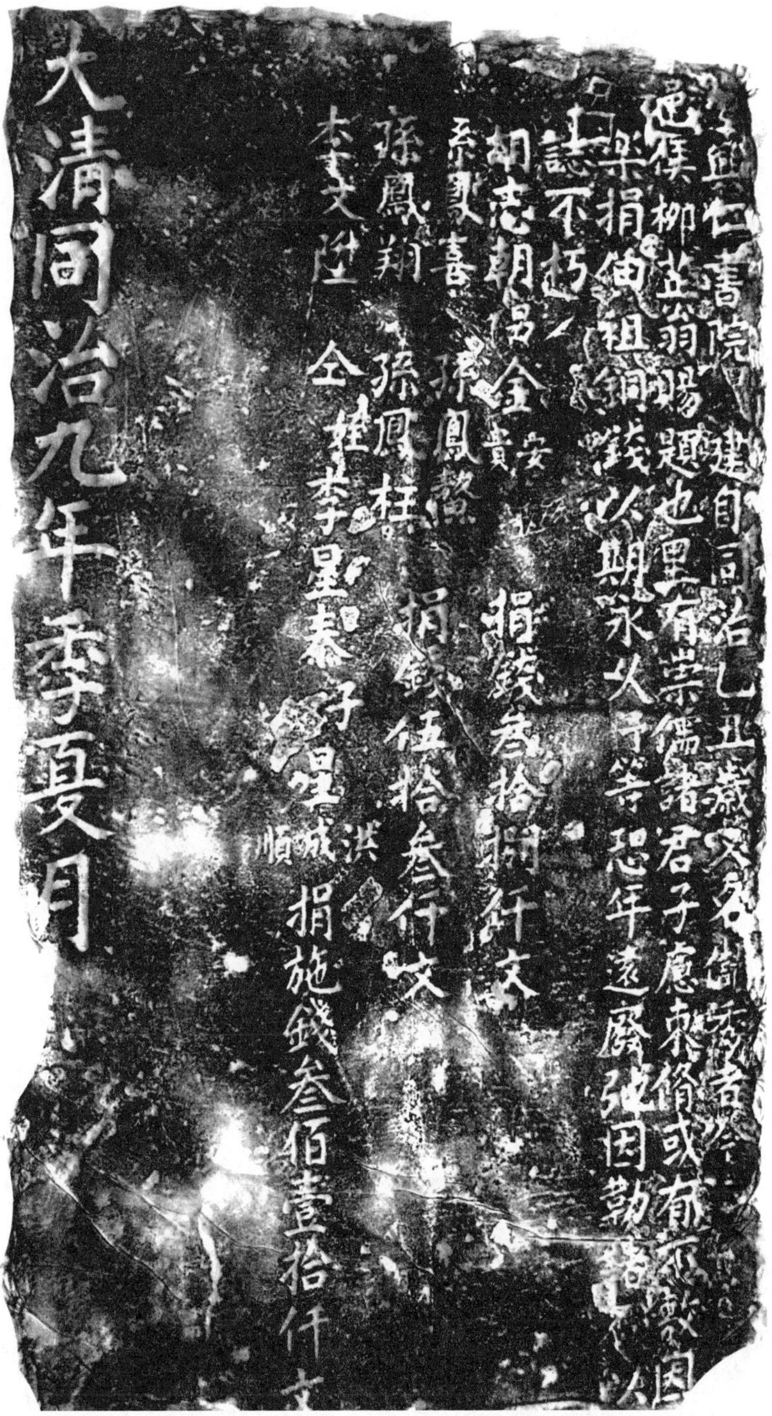

説明

碑石刻立於四川省汶川縣水磨鎮小學，現存該地。碑高 90 cm，寬 49.2 cm，厚 7.5 cm。碑文 5 行，滿行 22－23 字不等。餘題名。楷書。

碑文

興仁書院，建自同治乙丑歲，又名儲秀者，今/邑侯柳芷翁賜題也。里有崇儒諸君子，慮束脩或有不敷，因/樂捐佃祖銅錢，以期永久。予等恐年遠廢弛，因勒諸石，以/誌不朽。/

胡志朝、男金安、金貴捐錢叁拾捌仟文。/

孫鳳喜、孫鳳翔、孫鳳鰲、孫鳳柱捐錢伍拾叁仟文。/

李文陞，仝姪李星泰，子星洪、星成、星順捐施錢叁佰壹拾仟文。/

大清同治九年季夏月。/

著録

曾曉梅藏拓

彙考

興仁書院，創辦於道光八年（1828），設於灌縣治西興仁場紫雲宫（今汶川水磨小學址），後改名儲秀書院。太平天國後避“洪秀全”名諱改為壽江書院，咸豐十年（1860）改為興仁書院。同治四年（1865），再次更名為儲秀書院。同治九年，邑候柳芷翁題字，本地名士胡志朝等 12 人捐資修繕立碑。民國十四年（1934）更名為興仁學堂。地處汶川縣南部邊緣山區水磨的書院變遷史，是近代中國教育的縮影，為羌區近代教育提供了材料。

附

清咸豐初《儲秀書院碑記》，貢生王松南撰文。碑毁文存，見《民國灌縣志·雜記》。汶川水磨小學内有翻刻。鈔録於下：

前邑侯容齋莊公，念兹地近邊陲，延師主講暫寓神祠，今夏乃于寺東葡築，諸君好義急功，創建學宫三十餘間，堂室廚墻垣皆備。多士雲集，熏陶禮教，争自琢磨必將有司馬、淵云、三蘇者接踵而至，不讓文翁之此齊魯也。

327 龍池龍王廟碑 同治十年（1871）

説明

碑石原嵌於都江堰龍溪鄉南華宮右牆，毀於“大躍進”時代。雷澍撰文並書丹。高寬尺寸、行字數失記。

碑文

同治十年，川中大旱，自春至夏，江河淺蝕，井泉乾竭。通都大邑，疊災於火。當此之時，農不插種，商絕往來，盜風駸駸欲起[1]。且自咸豐九歲，遭滇粵諸匪之亂以來，兵戈阨之，水火阨之，瘟疫阨之。其饑饉之阨，起於同治甲子歲[2]，迄今八載。大荒薦臻[3]，市無赤米[4]，囷鹿空虛[5]，道殣相望[6]，岌岌乎周於黎民[7]，靡有孑遺之勢也。

時值大司馬吴公督蜀。公忠孝文武，仁慈惠和，軫念殷殷[8]，終憫瘡疾未復。詎意復降此大厲[9]，豈果欲盡斬伐耶？公夙夜憂懼，籲禱穹蒼[10]，遍及江瀆山川諸神[11]，為民請命。久之，迄無應。公曰：“昔成湯聖人而位天子，猶嬰茅代犧，今我微末凡庸，焉能有格天之德，是予與民命固盡之時也。”[12]

於是有前署汶川縣令桐君葉先生者，乃上言曰：“汶治之南百二十里，循溪東上，嶺橫霞綺。中有天池，盈盈清水。瀰漫巨浸，寂然停止。其神最靈，行雲佈雨，救旱祈年，感應無比。明公竭誠，雲霓將起，澤沛甘霖，宜在於此。謹呈愚昧，公其禱祀！”公曰：“善哉！”即命成都太守黄公往禱。覆命後，殊不雨。公憂危益甚，復沐書忱悃[13]，西出郭門，禮望遙祝。選擇太守周公、副將軍貴公往禱。二公往，竭誠盡志。於望五日，於省後，風清月朗，天猶昭昭然，有嘒其星焉。斯時，公及羣僚戚戚之衷，皆無聊奈矣。時將夜半，雲從西來，掩蔽星月，雨滿大垓[14]，赤地千里，同時滋培。連朝三次，酣注盈階。通國士庶，歡聲若雷。福國佑民，掃患禦災。

公命建祠。斯池之隈，面陽位吉祭。築層臺，奏請祀典，將享永該。蜀山崔巍[15]，蜀水瀠洄。於萬斯年，神其佑哉！由此觀之，蘇子瞻以雨名亭，詩喜一時，□而私者也。公因雨建祠，求恩萬世，普而公者也。豈可同日語哉！獨憶宣王中興[16]，旱魃為虐。其災威也，藴隆蟲蟲，滌滌山川；其災害也。饑饉薦臻，大命近上，憂懼之危。至於兢兢業業，如霆如雷焉。祭禱之切，至於不殄禋祀，靡神不宗焉，誠於盡禮也。靡愛斯牲，王璧既卒矣，遍於仰訴也。上至昊天上帝，下及群公先正矣。群臣助救之多，貴而冢宰庶正[17]，賤而膳夫左右，靡人不周矣。而其災不可猝弭，究不知曷惠其寧，至無聊欲遯矣。夫宣王側身修行，中興聖主也，弭災救害之難如此，其足見天心之難必。今明公一禱于龍池，再禱於龍池，不崇朝而神靈應，陰陽和，嘉祥見，百姓安者，何若斯之奇也！意者其有異術歟？

噫嘻！我知之矣。宣王承厲王之烈，乖戾之氣，蟠結未消，故求猝彌也難。我國家定鼎以來，聖君代作，深仁厚澤，固結天心。雖有小魄，猶尺霧障天，寸雲點日，頃刻消散耳。故今上以沖幼踐祚，肅清海宇。存神於穆，與天合符。誠中興之令辟，福世之聖人。祥風和氣，遍蒸海内矣。且龍者，天地之精，君象也。明公，聖朝輔翼，雲形。禱雨斯池，誠雲之從龍。公即雲，雲即雨也。豈非有感斯通，澤從公降哉？《易》曰："雲行雨施，品物流形。"又曰："雲從龍，風從虎，聖人作而萬物覩。"其此之謂歟！

明年壬申秋，祠成。公遣祀奠安其位，書其額曰"澤普崇朝"。深山巘壑，創茲巍峨廟貌。凡荒陬老叟，山谷黄童，莫不扶杖往觀，欣欣然空谷回春，均立列栟幪之下，捧觴執爵，皆願為明公壽。自茲以往，有不進而為禮教富庶之鄉哉！後世見公遺績，聞風慕德，猷將流連永歎，興起澤潤生民之思。

澍雖草茅下士，不獲登公之堂，以歌頌皇仁功德。然生於斯，長於斯，甯能已於斯而不紀其勝事耶？故不揣愚陋，備陳其跡，勒諸瑱珉[18]。澍願來守是邦者，聿脩祀事，以介景福。無慢神，自能感神；能感神，在無負民，無負民，乃無負公也。是為記。

文生雷澍撰並書。

著録

1.《民國汶川縣志》185。2.《灌縣志》883。

注釋

［1］駸駸：迅速。

［2］阨：困厄。同治甲子歲，即同治三年（1864）。

［3］薦臻：接踵而至，屢次降臨。薦，通"洊"。《詩經·大雅·雲漢》："天降喪亂，饑饉薦臻。"①

［4］赤米：一種劣質米，色略呈紅色，故名。也稱"桃花米"。《國語·吴語》："今吴民既罷，而大荒薦饑，市無赤米。"韋昭注："赤米：米之奸者。"②《南史·任

① 十三經注疏整理委員會：《毛詩正義》卷十八，《十三經注疏》，北京大學出版社2000年版，第1403頁。

② 徐元誥撰，王樹民等點校：《國語集解·吴語第十九》，中華書局2002年版，第554－555頁。

昉傳》:“唯有桃花米二十石，無以為斂。”①

［5］囷鹿：糧倉。《國語·吴語》：“市無赤米，而囷鹿空虛。”韋昭注：“員曰囷，方曰鹿。”②

［6］《國語·楚語下》:“道殣相望。”③ 殣，餓死的人。《説文·歺部》:“殣，道中死人，人所覆也。”段玉裁注：“今《小雅·小弁》作墐。傳曰：‘墐，路塚也。’按，‘墐’者假借字，‘殣’者正字也。”④

［7］原文“周”，是“囷”之誤。

［8］軫念：悲痛地思念。

［9］大厲：大禍害。《詩經·大雅·瞻卬》：“孔填不寧，降此大厲。”毛傳：“厲，惡也。”⑤

［10］籲：“吁”的繁體字。呼吁求告。《尚書·召誥》:“夫知保抱攜持厥婦子，以哀籲天，徂厥亡出執。”⑥ 籲禱：呼天祈神。

［11］祭山川諸神，屬弭災類祭祀。水旱瘟疫等災，祭山川之神；雪霜風雨等災，祭日月星辰之神。《左傳·昭公元年》:“山川之神，則水旱癘疫之災，於是乎禜之。日月星辰之神，則雪霜風雨之不時，於是乎禜之。”⑦ 羌語謂之“阿屋爾”。羌人常在房頂上和樹林里設聖壇納薩。塔身一般高 2 米左右，寬 0.8 米⑧，頂置數塊白石，代表天神和其他諸神。

［12］商湯克夏而正天下，天下大旱，湯以身禱於桑林，雨大至。《淮南子·主術》:“湯之時，七年旱，以身禱於桑林之際，而四海之雲湊，千里之雨至。”⑨《資治通鑑皇家讀本》進一步詳述：湯“遂齋戒、剪髮、斷爪、素車白馬、身嬰白茅，以身為犧，禱於桑林之野。祝曰：‘無以余一人之不敏，傷民之命。’以六事自責……言未已，大雨方數千里”⑩。

---

① （唐）李延壽:《南史》卷五十九，中華書局 1975 年版，第 1454 頁。

② 徐元誥撰，王樹民等點校:《國語集解·吴語第十九》，中華書局 2002 年版，第 554－555 頁。

③ 《國語集解·吴語第十八》，第 522 頁。

④ 丁福保:《説文解字詁林》卷四下，中華書局 1988 年版，第 4399 頁。

⑤ 十三經注疏整理委員會:《毛詩正義》卷十八，《十三經注疏》，北京大學出版社 2000 年版，第 1477 頁。

⑥ 十三經注疏整理委員會:《尚書正義》卷十五，《十三經注疏》，北京大學出版社 2000 年版，第 466 頁。

⑦ 十三經注疏整理委員會:《春秋左傳正義》卷四十一，《十三經注疏》，北京大學出版社 2000 年版，第 1335 頁。

⑧ 陳興龍:《羌族釋比文化研究》，四川民族出版社 2007 年版，第 81 頁。

⑨ （汉）高誘:《淮南子注》，上海書店 1986 年版，第 130 頁。

⑩ （明）張居正:《資治通鑑皇家讀本》（上），上海古籍出版社 1998 年版，第 80 頁。

[13] 忱悃：誠懇。《清史稿·禮志五》："高宗踐阼，加列聖、列后尊謚，諭言：'宗廟徽稱有制，報本忱悃靡窮。藉抒至情，不為恆式。'"①

[14] 天垓：天際、天邊的意思。

[15] 蜀山：《道光茂州志》卷四載："蜀山即茂州。"②

[16] 宣王，周朝第十一位王。勵精圖治，革除厲王暴政，任用賢臣，整頓朝綱，周宣王，鞏固了周文王與武王打下的江山，成為中興聖君。

[17] 冢宰：亦稱"太宰"。周官名。六卿之首。《詩經·大雅·雲漢》："鞫哉庶正，疚哉冢宰。"朱熹集傳："冢宰，又衆長之長也。"③

[18] 瑱："貞"的加形字。《民國汶川縣志》作"瑣"，非。《灌縣志》沿誤。貞珉：石刻碑銘的美稱。元余闕《化城寺碑》："斫辤貞瑠，永告無斁。"④

---

① 趙爾巽等：《清史稿》卷八十六，中華書局 1977 年版，第 2586 頁。

② （清）楊迦懌等修，（清）劉輔廷纂：《道光茂州志》卷四，《中國地方志集成·四川府縣志輯》（66），巴蜀書社（據清道光十一年刻本影印）1992 年版，第 385 頁。

③ （宋）朱熹注解：《詩經》，三秦出版社 1996 年版，第 399 頁。

④ （清）吴康霖：《六安州志》（下），黄山書社 2008 年版，第 1734 頁。

328　老窪寨鄉規民約碑　同治十一年（1872）三月

説明

碑石出土於四川省理縣上孟鄉，現藏上孟鄉緑葉村文化室院内。碑高 111 cm，寬 54 cm，厚 8 cm。碑文 10 行，滿行 17 – 24 字不等。楷書。該碑又題《緑葉用水民約碑》。

碑文

嘗聞古來無溝，因同治十年天干，地方官憑/衆公仪[1]，首事嚴澤絨保、松格凳添，鄉約額托王能日、廟祀伍/蒼耳、格喜邦、苟銀冬、苟板墭、嘣五保等[2]，開水溝東西四條，通/共去石匠銀照泒，不得一養地方官。

具結：河東上叚每斗泒艰/一兩[3]，中段六ㄌ[4]，下段四ㄌ五分。河西去艰四十六兩，磨子為止。仝衆公/仪，到放水時節，從頭一二哀放[5]，不許争放。倘有争放水，衆仪罰油/三斤，香一封，雜酒一斗罎子[6]，罰在廟子上敬神[7]。開水溝之/後，無論親朋家門，田内居係，過水不得異言生端。/如有生非，憑衆罰油十斤。開溝大吉，年年豐收。/

同治十一年仲春月，衆姓人等立。/

著録

1. 曾曉梅藏拓。2.《理縣文史資料選輯》(1) 164。

注釋

［1］仪：本作“議”。同音別字。下同。

［2］“冬”上一字，是“艰”。與下文“艰”字形相同，據文義作“銀”，故“艰”本作“銀”。“等”上泐三字，諦視，拓片難辨，原石存痕似“嘣五保”。

［3］叚：“段”的異體。艰：本作“銀”。

［4］ㄌ：“錢”的俗寫。下同。

［5］哀：是“挨”的同音別字。謂按照先後順序。

［6］雜酒：又稱“咂酒”。用青稞、小麥、玉米為原料釀造，是藏羌民的常用佳釀。飲時，先向壇中注入開水或清水，再用細竹管吸飲。羌民認為老人通神，離神最近，故老人先飲，年輕人次之，輪流吸飲，不停地添水，邊飲邊唱酒歌，直到味淡。凡各村寨、家族間發生矛盾衝突，或某人違背鄉規民俗，其過錯方都要罰咂酒，於是“煙散氣，酒結情”。因此，咂酒成為了羌民各種儀式禮俗的媒介，承載着羌族歷史文化信息。

［7］廟子：即神廟。西南官話稱“廟子”，是祭祀或公議之所。

329 赤不蘇維城婚約碑 同治十一年（1872）六月十八日

說明

碑石刻立於四川省茂縣赤不蘇維城鄉，現藏茂縣羌族博物館。碑高 70 cm，寬 36 cm。碑文 12 行，行字數不等。楷書。下部泐蝕甚嚴。圜首額，刻花草紋，無文字。

碑文

蓋聞自開霹以來[1]，男大湏婚，女大當嫁，/此係古人之所有也[2]。普天之下，合二為一，/禮[3]。今我前股子□□大眾人等，公議婚/姻嫁娶之條。想我前輩公議嫁娶之條，/財礼甚重，我村之人，貧富不一，難以出/辨[4]。是以前後公議：財禮銀六兩[5]，□□/拾捅[6]，將財禮過完，隨後接人，［如若］□□/阻攔[7]，投明眾人，照此處罰。［倘如］□/礼[8]，男家偷接，準照規處罰[9]。/有匪徒刁棍（下泐）/偷盜，許我（下泐）/其村內招留面坐（下泐）[10]。/

同治十一年六月十八日。/

著録

1. 阿壩州文管所藏拓。2.《羌族習慣法》617。

注釋

［1］原刻“霹”，本“闢”，音同、形似而誤。

［2］湏：即“須”字。羌族傳統婚姻觀認為“人人都是這樣，自古來都是這樣，到了成人的年齡，都要成家，都要養兒育女”①。《羌族釋比經典·婚姻篇》第十一部《祝酒詞》：“爾媽婚嫁首先要説，自古以來男和女些婚嫁需，後來人些違背規定不敢。這些制度古代從頭起，是一代後面一代相傳，是爾媽規矩遵照要。”意為：“爾媽婚配從頭説，自古男女皆婚配，後人不敢有減增。此制本是古人興，一代一代久相違，爾媽古規須遵守。”②

［3］羌人舉行結婚儀式時，婚姻介紹人紅爺重申，男女婚配“木姐興”，“所有規矩她制定，後人不敢有減增。一代一代傳下來，羌人古規須遵行”③。木姐，羌族神話

① 四川省編輯組：《羌族社會歷史調查·説親詞》，四川省社會科學院出版社 1986 年版，第 189 頁。

② 四川省少數民族古籍整理辦公室：《羌族釋比經典》，四川民族出版社 2008 年版，第 889 頁。

③ 四川省編輯組：《羌族社會歷史調查·接親詞》，四川省社會科學院出版社 1986 年版，第 189 頁。

傳説中天神的三女兒，首創一夫一妻制。

［4］辨：是“辧”的别字。《羌族習慣法》作“辯”，致語義不暢。

［5］財禮：《禮記·曲禮上》：“貧者不以貨財為禮。”① 後用以指娶婦的聘金。根據羌族婚姻習慣法，從提親到結婚，要經過説親、訂婚、報期、結婚、回門等程式，男方須花費大量錢財，用於訂婚聘金和應酬請客。《羌族釋比經典·婚姻篇》第十一部《祝酒詞》：“爾媽接來時聘禮送須，聘禮没送時人身不貴，主家這家想得周到，聘禮聘物别人比多，餽贈的聘禮體面是很。”意為：“爾媽接來須送禮，人無彩禮身不貴，主家想得很周到，回禮甚於别人家，餽贈禮品真體面。”② 這些財物來之不易。“夜半三更經常想在，糧食一石一斗存儲……一年年存積，一月月攢。”意即：“夜深人静常常想，一石糧食存一斗……年年積存，一月月攢。”③

［6］“拾捅”上泐二字，《羌族習慣法》擬作“黄蠟”或“咂酒”。羌人一般納“黄蠟”。“咂酒”，是羌人自釀酒，是重要節日慶祝和矛盾化解的佳釀。以“咂酒”為宜。

［7］“［ ］”内，據《羌族習慣法》補。下同。“若”下泐二字，據上下文義，疑是“强行”。

［8］“如”下泐一字，據文義，擬作“缺”或“失”。

［9］“□”，《羌族習慣法》擬作“也”。

［10］“坐”，清晰。《羌族習慣法》作“座”，非。招留：接待收留。光緒十六年（1890）汶川雁門鄉《月里鄉規民約碑》：“若有遠方來者，姑劣匪徒閒雜人等，人名不對，不許招留在家。”否則人人可投告首人。

彙考

岷江上游羌族婚姻碑僅兩通，一為此碑，一為理縣光緒六年（1880）《婚俗禁令碑》，都是針對羌村婚姻古俗的改革。不同的是，茂縣赤不蘇維城《婚約碑》，是羌民自發公議修訂前輩嫁娶條文，重在規範婚姻財禮。後者是官方制定，以革除“轉房婚”“近親結婚”等舊弊。前者雖是羌人認可風俗，卻與清朝法律相違，為國家法所禁止，所以懲處力度大。兩碑刻立時間接近，是研究清末羌族地區婚姻狀況以及羌族婚姻習慣法的原始資料。

---

① 十三經注疏整理委員會：《禮記正義》卷二，《十三經注疏》，北京大學出版社 2000 年版，第 63 頁。

② 四川省少數民族古籍整理辦公室：《羌族釋比經典》，四川民族出版社 2008 年版，第 891 頁。

③ 同上書，第 893 頁。

330 重修鼓樓岷山書院碑 光緒元年（1875）七月

説明

碑石刻立於四川省松潘縣城東文廟側。清同知劉廷恕撰文。該碑又題《重修書院鼓樓碑》。《民國松潘縣志·宦跡》："劉廷恕，字仁齊。湖南人。光緒元年任同知，培修縣城，創修岷山書院，籌捐膏火，作育人才。又建城内鼓樓，高可瞭望，以借邊警。"①

碑文

重修鼓樓岷山書院碑。

清同知劉廷恕。

松潘，在《禹貢》梁州之域，周氏羌地，自漢迄明，沿革不一[1]。雍正七年，設撫民直隸廳。居民漢少於夷，俗好争鬬，非善教以移之，殆不足平囂凌之氣也。城中舊有鼓樓，道光二年被回禄民物，因之寖衰。岷山書院則焚於咸豐庚申，蓋城陷所致[2]。雖歷任諸君子志切舉廢，然皆議而不果行，惜哉！

予來守是邦，巡閲廳城，形勢宛如斗柄，負山帶水，秀軼塵氛。固知無鼓樓不足以啟文明，無書院不足以興教育。良圖既墜，故址就湮，私心為怦然動者久之[3]。爰與岐山鎮軍謀，以是舉不可緩，毅然捐廉俸，令營屬籌金為之倡。紳耆米東陽、鄒啟桂、沙中聚、趙世華、李含春相與董其事，城鄉士民商賈皆量力釀金共襄善舉。先成鼓樓，重疊三層，以壯瞻視。即以餘金修復書院。於光緒元年七月經始九月落成，共需二千四百餘金。巍然煥然，遠勝疇昔。是役也，鎮軍力為之，民不勞而事成，費不糜而功畢。蓋鎮軍安邊有年，番畏其威，民懷其德，如唐李衛公風度，是不啻籌邊之有樓籌邊之有樓也[4]。為語邦人士，其益砥行勵學[5]，發名成業，將見文修武飭，庶於邊陲有豸[6]。

著録

1.《民國松潘縣志》卷 8－15。2.《西川羌族特殊載體檔案史料研究》282。

---

① 傅崇榘等修，徐湘等纂：《民國松潘縣志》卷六，《中國地方志集成·四川府縣志輯》（66），巴蜀書社（據民國十三年刻本影印）1992 年版，第 208 頁。

注釋

［1］“氏”，《西川羌族特殊載體檔案史料研究》作“氏”，非。

［2］《民國松潘縣志》卷三《邊防·書庚申番變事》載：按舊例，松潘藏民雖無認納稅銀、糧馬，但各寨每年春秋按册應上糧於各營，折充兵米。咸豐初年，松潘廳中、左營官員收上納糧時，採取尖斗浮收，從中私飽。咸豐七至八年，松潘各寨懇請免尖斗，不允，民眾益憤。九年，適太平天國運動，清廷調松潘鎮各營兵赴内地。庚申，即咸豐十年（1860），“各番抗糧不納，遍傳木刻起事”，攻佔要隘，陷關奪營。咸豐十一年（1861），先後佔據松潘廳城及漳臘、南坪、小河、平番、疊溪等營城、大小屯堡一百餘所。同治元年（1862）事乃平。史稱“庚申之亂”。

［3］“怦”，《西川羌族特殊載體檔案史料研究》作“砰”。砰然，象聲詞。此指怦然心動，當用“怦”。

［4］籌邊之有樓：即“籌邊樓”。唐大和元年，劍南西川節度使李德裕在唐朝與吐蕃的邊境四川省理縣雜谷腦河岸薛城鎮修建。旨在加强戰備、激勵士氣、籌措邊事，同時加强與少數民族首領溝通。在其任職兩年間，唐蕃在川西無戰事。現存籌邊樓為清乾隆年間（1736－1795）重修。

［5］勵：通“礪”。砥礪，磨煉。《西川羌族特殊載體檔案史料研究》作“礪”，是。

［6］有豸：有所解除；得以解除。《左傳·宣公十七年》：“餘將老，使郤子逞其志，庶有豸乎！”杜預注：“豸，解也。慾使郤子從政，快志以止亂。”①

彙考

據《松潘縣志》載，清松潘書院有二，均為清初所建。一為岷山書院，在城東文廟側；一為錦屏書院，在漳臘城南大街。咸豐末年，錦屏書院被毁，而岷山書院則於光緒二十九年（1903）改為學堂。

---

① 十三經注疏整理委員會：《春秋左傳正義》卷二十四，《十三經注疏》，北京大學出版社2000年版，第779－780頁。

331　水草坪巡檢司祖塋墓碑　光緒三年（1877）二月二十三日

説明

碑石原刻立於四川省茂縣飛虹鄉水草坪村北 10 米處，水草坪蘇土司歷代巡檢司先祖火葬墓前。存兩通碑，前後相距 10 米。現下落不明。前碑單檐歇山頂，二柱一開間，高 160 cm，寬 90 cm。後碑高 133 cm，寬 74 cm，厚 7 cm。抹角，額楷書題“禁火興發”。該碑又題《蘇氏先祖墳墓“禁火興發”碑》《蘇氏先祖塋之墳墓碑》。

額

禁火興發。/

碑文

水草呈祥鳳舞儀，/羅多□□□□秀。/（以上刻於二柱）

蓋聞孝弟、忠信、禮義、廉恥，世道之根本。堯舜之道，孝弟而已矣。夫孝弟□□□人之本興[1]，總之不離孝弟之道乎。孝弟之道，實由根本而生人倫也，□□□根本哉。夫根本由蒂而生枝，由枝而生葉。根本不立，枝葉何榮，不自枯之。故禁火興發，皆由於根本之不立耳。

情因上年世人，古直忠厚，父母亡故，世□□□□實立火墳。聖言父母之喪，無貴賤一也乎。所以男女仁人，細想父母□□□□事，何況處備衣衾棺木。葬期臨時，葷酒狂徒，抬喪出來，由如造反一般，□□□，即那斧亂坎[2]。有的舉火，有的舉柴，燒得你汙焦巴躬[3]，那火杆抄得你□□□。□抄濫[4]，抛屍露骨。兒孫其心何忍。故此數代，人不興發，代代故絕，人財兩□。

因宗管一族商籌議論，從今禁革火葬，興其血葬[5]。男女善歡，永遠不□□□□安葬，日後依此行事，不亂妄言之人，人財兩旺。倘若反口不依前輩話語，□□□欲保一族男女生死。若有此人，絕子滅孫之毒也。

今逢寒食之節，垂碑勒石，永垂萬古。自禁以後，歷代先祖，蔭中一族。家家□□□□□□扶持人興財旺□耳。是以為序。/

大清光緒三年二月二十三日，闔族公立[6]。/

著録

阿壩州文管所陳學志録文

注釋

［1］本興：當“本性”。音同而誤。此謂孝悌為人的本性。承接碑文上句“蓋聞孝弟、忠信、禮義、廉恥，世道之根本”。

［2］音同而誤，“那”當為“拿”，“坎”當為“砍”。

［3］汙：亦作“污”。

［4］抄濫：謂抄揚骨灰。《太平禦覽》引《莊子》佚文：“羌人死，燔而化其灰。”① 《吕氏春秋·義賞篇》：“氐羌之民，其虜也，不憂其係累，而憂其死不焚也。”②《後漢書·冉駹傳》載漢代冉駹“死則燒其尸”，因其此，馬長壽據《墨子·節葬篇下》記述義渠的葬俗“秦之西有義渠之國者，其親戚死，聚柴而焚之壇上，謂之登遐，然後成為孝子”，推測“義渠人屬於氐羌一系”③。岷江上游羌人，到了清代，仍然沿用火葬。《汶志紀略·風土》：“殁而火化，檢骨掩之。”④ “死喪無孝服，殯不用棺椁，男女親故羅拜，置尸於龕，焚而埋焉。”⑤

［5］血：本作“穴”。血葬，此謂土葬。《汶志紀略·風土》：“壟必深塋厚穴。”⑥

［6］刻石時間，《茂縣鄉鎮簡志》卷一作“一月一十二日”；“闔”作“眾”，非⑦。

彙考

水草坪土巡檢司，治今茂縣沙壩區水草坪村。其先蟒答兒“明时随剿黑水、三齐生番有功授职”⑧。碑文記述蘇氏土司自清光緒三年（1877）起由火葬改土葬的原由，他們將禁止火葬，與孝悌、忠信、禮義、廉恥聯係起來，并上升到儒家思想層面，後經全族商議，遂變革羌族火葬古俗。

岷江上游有不少火墳遺址和火墳碑。如茂縣鳳儀有明代石室火葬墓。茂縣溝口後寨火葬墓群，位於茂縣溝口鄉溝口村後寨南400米處，共三座，分佈在長120米、寬120米的山坡上，均坐西北向東南。墓前有五孔燒錢井，用石板砌成。這是羌人多次

① （宋）李昉等：《太平御覽》卷七百九十四，中華書局1960年版，第3523頁。

② （戰國）吕不韋著，陳奇猷校釋：《吕氏春秋新校釋》卷十四，《中華要籍集釋叢書》，上海古籍出版社2002年版，第786頁。

③ 馬長壽：《氐與羌》，上海人民出版社1984年版，第97頁。

④ （清）李錫書：《汶志紀略》卷三，清嘉慶十年（1805）蕊石山房藏版，第12頁。

⑤ 姜炳璋：《乾隆石泉縣志》卷三，《故宫珍本叢刊》（207），海南出版社2001年版，第396頁。

⑥ （清）李錫書：《汶志紀略》卷三，清嘉慶十年（1805）蕊石山藏版，第12頁。

⑦ 茂縣鄉鎮簡志編纂委員會：《茂縣鄉鎮簡志》卷一，中央民族大學出版社2011年版，第103頁。

⑧ （清）楊迦懌等修，（清）劉輔廷纂：《道光茂州志》卷三，《中國地方志集成·四川府縣志輯》（66），巴蜀書社（據清道光十一年刻本影印）1992年版，第385頁。

火葬墓，建於清中葉，使用至今，若放骨灰時，則將墓頂蓋石板揭起，將骨灰放入。汶川龍溪鄉直臺村既有全寨人的火墳場，也有宗族火墳。一般用石砌的圍牆，場内有一個“火墳坑”，長6尺－8尺，寬4尺－6尺，深7尺－8尺。乾隆三十二年（1767）《龍溪火墳碑》，為宗族火墳碑。玉龍鄉板子溝的道光二十年（1840）《龍家山石室墓題記》，分為左右兩室，耳室壁上題記云：“道光二十年歲次庚子二月初一日建修。”石質墓門上雕刻花卉、花瓶、寶劍等圖案①。羌人墓塚已與漢人墓塚無異。理縣光緒三十三年（1907）《朝欽及妻陶氏墓碑》：“溯高遠從火葬。”舊志亦有記載，《汶志紀略·風土》：“殁用火化，檢骨掩之。”②《乾隆石泉縣志·邊防》：“死喪無孝服，殯不用棺槨，男女親故羅拜，置尸於龕，焚而埋焉。”③但最早記載羌人葬俗變革的文獻，當推《古今圖書集成·方輿彙編·職方典·成都府部》引《邊防紀事》：“茂州之静州長官司董法從武，嘉靖二十二年護印。羌人俗以火葬，從武母死，殮用棺槨，築墳以葬，悉如華制，人羨其善變。”④實物材料則是光緒三年（1877）《水草坪巡檢司祖塋墓碑》，該碑也是迄今所見唯一的實證材料，史料價值高。從文獻所載的明嘉靖二十二年（1543）至光緒三年（1877），歷經三百多年，岷江上游羌人仍沿襲古老火葬喪葬習俗，表明葬俗的改變是非常漫長的過程。即使到今天，羌人仍有火葬，只是範圍大大縮小，僅為凶死者的葬俗。另一方面，墓碑和墓室題記的出現，也説明羌人墓葬制式明顯受到漢族喪葬習俗的影響。

① 阿壩藏族羌族自治州地方志編纂委員會：《阿壩州志》，民族出版社1994年版，第2141頁。
② 李錫書：《汶志紀略》卷三，清嘉慶十年（1805）蕊石山房藏版，第12頁。
③ 姜炳璋：《乾隆石泉縣志》卷三，《故宫珍本叢刊》（207），海南出版社2001年版，第396頁。
④ （清）陳夢雷等：《古今圖書集成》卷五百九十（108），中華書局1934年版，第30頁。

332　小寺寨封山護林碑　光緒四年（1878）二月十二日

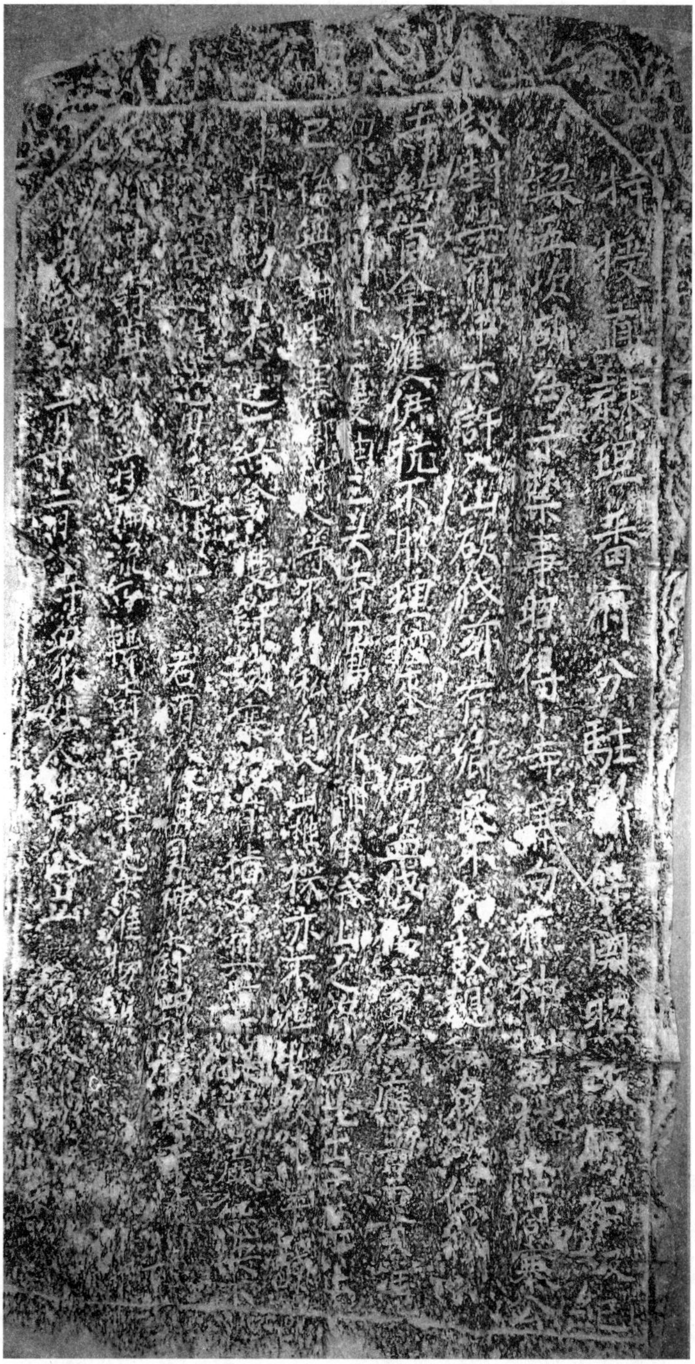

説明

碑石原刻立於四川省汶川縣克枯鄉周達村小寺寨。1988 年汪友倫先生椎拓，藏四川省汶川縣文博館。碑身高 141 cm，寬 81 cm，厚 12 cm。碑座高 19 cm，寬 150 cm，厚 50 cm。碑文 10 行，滿行 22－24 字不等。楷書。單綫框，抹角。四周刻纏枝花紋。泐蝕較嚴重。該碑又題《小寺寨神林保護碑》《克枯鄉小寺寨護林碑》。

碑文

特授直隸理番府分駐新保關照政廳加級紀/録五次胡為示禁事[1]。

照得小寺寨向有神樹林[2]，經闔寨公/議[3]，封禁有年，不許入山砍伐。

茲有鄉民不知議規[4]，私自砍伐。經小/寺約首拿獲[5]，伊抗不服，理控來听[6]。盜伐屬實，似應當處[7]。准/衆村罰羊三隻、油三头、香一萬[8]，以作酬神祭山之資。為此出示禁止。/已後無論本寨鄉村人等[9]，不得私自入山樵採，亦不得牧放［豬］羊[10]，踐踏/神樹，鄉民永遵[11]。一經拿獲，許該寨約首，指名具稟[12]，捉拿嚴懲，決不/姑息[13]。禁之□□，毋違禁示[14]。若有人偷賣神樹，罰錢拾千文□/□山神樹[15]。直山約首，輪流巡轉，樹葉草地[16]，不准捞割[17]。/

光緒四年二月十二日[18]。

小寺衆姓人等公立。/

著録

1. 汶川縣文博館藏拓。2.《羌族習慣法》617。3.《羌族法制的歷程》291。4.《碉樓與議話坪》186。5.《西川羌族特殊載體檔案史料研究》315。

注釋

［1］“府”，《羌族習慣法》作“聽”；“政廳”作“法廳”，均非。《碉樓與議話坪》《西川羌族特殊載體檔案史料研究》脱“特授……胡”。

［2］“向有”，《羌族習慣法》作“尚存”，形似而誤。《羌族法制的歷程》《碉樓與議話坪》《西川羌族特殊載體檔案史料研究》沿誤。

［3］《羌族法制的歷程》《碉樓與議話坪》《西川羌族特殊載體檔案史料研究》脱“闔”。議，即“議”。“言”字旁未變，簡化“義”為“义”，顯示出漢字簡化痕跡。下同。

［4］“茲”，《羌族法制的歷程》《碉樓與議話坪》《西川羌族特殊載體檔案史料研究》作“亦”，誤。

［5］《羌族習慣法》《羌族法制的歷程》未釋“經小”。《碉樓與議話坪》未釋“經”。“經”，《西川羌族特殊載體檔案史料研究》作“為”。約首：即“首人”，是羌族村寨基層的寨首、鄉約一類行政首領。一般負責管理境内燒鹼、割漆、焚藥、狩獵等各項山價。

［6］“听”，本作“廳”，同音誤寫。指“直隸理番府分駐新保關照政廳”。《羌族習慣法》釋作“所”，非。他書沿誤。

［7］《羌族習慣法》《羌族法制的歷程》《西川羌族特殊載體檔案史料研究》未釋“屬”“當處”；“似”作“為”，非。“屬”，《碉樓與議話坪》作“口”，誤；未釋“當處”。

［8］“准”，《羌族習慣法》《羌族法制的歷程》《碉樓與議話坪》《西川羌族特殊載體檔案史料研究》作“憑”，非。並未釋“罰”。又，《碉樓與議話坪》未釋“油”字。头：本作“桶”，與“桶”古音相近而誤。

［9］已：與“以”，音同而誤。

［10］“羊”上一字泐，據《羌族習慣法》補。

［11］“樹，鄉民永遵”，《羌族法制的歷程》《碉樓與議話坪》《西川羌族特殊載體檔案史料研究》作“森□林木”，非。

［12］《羌族法制的歷程》《碉樓與議話坪》未釋“約”，脱“稟”。“約首”，《碉樓與議話坪》作“口首”，不知何義，非。《西川羌族特殊載體檔案史料研究》作“會首”；又，脱“稟”。

［13］“拿”，《羌族習慣法》作“案”，他書沿誤。

［14］“之”下二字泐，《羌族習慣法》《碉樓與議話坪》作“值□□”。《羌族法制的歷程》《西川羌族特殊載體檔案史料研究》脱“□□，毋違禁示”。《碉樓與議話坪》脱“毋違禁示”。

［15］“神”上泐三字，第三字存痕似“山”。《羌族法制的歷程》《碉樓與議話坪》《西川羌族特殊載體檔案史料研究》脱。

［16］直：與“值”，音同而誤。《羌族習慣法》脱“直山”，指值班巡山。此二字，《羌族法制的歷程》《碉樓與議話坪》《西川羌族特殊載體檔案史料研究》作“其”。《羌族習慣法》“巡”作“口”，觀拓有“辶”；《羌族習慣法》《羌族法制的歷程》《西川羌族特殊載體檔案史料研究》釋“葉草地”作“棣柴木”，均非。

［17］“捞”下泐一字，諦視，左下部“口”、右“刂”旁清晰，似“割”。《羌族法制的歷程》《碉樓與議話坪》《西川羌族特殊載體檔案史料研究》未釋，並作泐四字，非。

［18］刻石時間未泐，尚可辨識。《羌族習慣法》釋“光緒”作“乾隆”，並

脱“十”，非。

彙考

這是一通民約碑。碑文記述光緒四年（1878）直隸理番府分駐新保關照政廳處理小寺寨村民盗伐羌族神樹林，並下令禁止盗伐林木等事宜。

羌民由自然神崇拜發展而來的對神樹林和林盤的公有及其保護，已成為寨民議話的重要内容，形成賞罰分明的村規民約習慣法規，貫穿於日常生産和生活實踐中。樹林有專人即“約首”輪流看管，不許“私自入山樵採”，“不得牧放［猪］羊”，凡私自砍伐、偷買神樹者，都要受到嚴厲懲罰。為了保護神樹林和林盤的村寨公有，不同地方形成了不同的習慣法規定，如茂縣曲谷鄉峨寨在 1992 年以前仍然通過傳遞木刻的古老方式由全寨各家各户輪流看管若干天，看管期間，林盤遭受的損失由該家負責。發現盗伐者，由全寨公議處罰方案，嚴懲不怠。這是羌人樸素生態環境保護思想的體現。這類石刻文獻成為研究 19 世紀羌族地區宗教、村規民約的重要史料。

333　鐵邑告示碑　光緒四年（1878）三月二十八日

説明

碑石原刻立於四川省汶川縣威州鎮鐵邑村。1991年6月汪友倫先生椎拓，現藏汶川縣文博館。碑身高125 cm，寬75 cm，厚11 cm。碑文25行，滿行43－44字不等。楷書。下方邊緣殘，右下泐蝕嚴重。圜首，高25 cm，寬100 cm，額楷書題“永垂萬古”。該碑又題《克枯鄉鐵邑風俗碑》《鐵邑風俗碑》。

額

永垂萬古。/

碑文

太子少保頭品頂戴四川總督部堂管巡撫事丁/特用四川直隸理番府即補民府加三級紀録十次傅，/四川維州協鎮都督府大人萬/，為新保關照廳胡、通化汛司廳向，/為示禁事[1]。

照得本部堂訪聞川省店縴一事[2]，最為民害。每逢委員過境，州縣□□一□□□□委員即在沿途各場[3]，開店□/索夫拉縴，名為店縴[4]。每員坐轎一乘，索縴夫六名、八名、十名不等，甚至□□□□□□□也，□地方官或索一縴票，即到之/□□□索縴夫[5]。似此騷擾，彼開店之家，利益無幾，何堪供此徭役[6]。其大乘□□□□□□□□□□□□尤為未惯[7]，如店家無/人支應，大班即向各店拉人，以至老少逃避，雞犬皆驚[8]。此等悪習未堪□□□□□□□□□□尤□□[9]。/

前啟督部堂吴通飭禁止[10]，迄今此風未息。除再飭各鎮府州縣，毋得貨□□□□□□□□□商店外，合二示諭[11]，為此示仰/各屬城鄉、場市、店鋪人等知悉[12]，嗣後無論大小委員，及一切官□□□過境，（下泐）[13]，倘有大班、内差向各店/拉縴者，許爾等立即扭交該場保正、團約[14]，就近解赴地方官懲究。倘□□□□□□□□，地方官人情放縱一經/查出，同干参處[15]，各宜遵照，並許該保店人刊立碑石，以垂永遠毋違，待（下泐）[16]。

自古歷代以來[17]，普天之下，莫非王/土；率統之兵，莫非王臣[18]。朝廷設於官長，官長設立於鄉保府州。各縣各府□□[19]；鄉村里甲，各有界址，修橋補路，各修各/界[20]。納糧當差，各有定例章程。我里估種報糧，二十九差半一，各每年完納扯票存[21]。修理□□□□界牌、哨樓，修炮修□、/竹木材料、立架、打巴、蓋床、上架、短水、匠人工價[22]。番民整修白土、陽角墩[23]，番民背送泥水，匠人番民支□背工泥石水土，/漢民運送送到[24]。不管橋索、長夫以及外沠仍旧，番民支應役不匆[25]，漢民相子夂定章程，並無紊亂。

至乾隆卅二年為□/金川不法，夫差、□兵差過境[26]，催修路道。漢番互控，縣主案下，蒙批本城農約踏勘，指關為定[27]。石洞子水溝起至流水接/止，番民修理。石洞子東起，漢民修理，陽角墩溝止。前有九子寨屯民搬移理增布馬[28]，開懇流水墩河坝，我下村不准□/□開懇。流水墩、龍鳳坪、鍋蓋子、石洞子順路一代地方，此來下村採樵、割草之山[29]，牧放牛羊畜地，互控到府。府主蒙批舊/例，番民只有修路界，無有河坝、山場地界。番民座住山頂，路隔十數餘里之遠[30]，何得霸佔河垻漢民之地？只准下村漢/民牧放牛羊、開懇[31]，不准番民侵佔估霸。倘有侵佔，漢民存有布據、紙約、印約為憑[32]。漢民上至流水墩，下至陽角墩[33]，漢民/灌木處，不准番民開懇[34]，永垂萬古。呈開三村公山，打樵坪、色二把、四方火地、務白口、撒汶裡、水塘頭、磨刀石、大坪□、馬□/雄村、后增布馬[35]，此來三村公山，先年各廟上有租谷，多年無人裡說。今儀只准伊子孫耕種[36]，不准當賣。私上分關伊□□/姓者[37]，存有把憑、約據，該約保票，究憑官，永垂千古，右論通知[38]。

保正郭正洪，鄉約當伸三、楊送羹。上村約首尚□□、□□□，中村約首□其□，下村約首□□□[39]。

光緒四年三月二十八日實貼鐵邑理，曉諭/告示[40]。/

著録

1. 汶川縣文博館藏拓。2. 阿壩州文管所藏拓。3.《羌族法制的歷程》109。4.《西川羌族特殊載體檔案史料研究》302。

注釋

［1］“理番府”的“府”，《西川羌族特殊載體檔案史料研究》作“廳”，形似而誤。紀：通“記”。記載，記録。《左傳・桓公二年》：“文、物以紀之，聲、明以發之。”①

［2］“堂”下一字，微泐，左右結構，是“訪”。《羌族法制的歷程》作“悉”，非。《西川羌族特殊載體檔案史料研究》沿用，除個別不同之處作注，餘則不再一一註明。

［3］“縣”上一字泐，觀拓，可辨三“丨”、三“丶”，是“州”。也與下文“除再飭各該府州縣”之“州”同。《羌族法制的歷程》釋“州”作“經”，“委”作“要”。非。並未釋“一”字。

---

① 十三經注疏整理委員會：《春秋左傳正義》卷五，《十三經注疏》，北京大學出版社 2000 年版，第 171 頁。

［4］“名為”，清晰。《羌族法制的歷程》未釋。此碑無縱横界格，排列不匀稱，字體大小不一。“店”下字泐，觀拓，似一字。

［5］《羌族法制的歷程》未釋“到之”。椎拓失“之”字，觀原石圖録，清晰。

［6］“家”，微泐。《羌族法制的歷程》釋“堪”作“借”，形似而誤。並脱“供此”。

［7］“未”下一字泐，諦視，外“門”，似“憫”。

［8］《羌族法制的歷程》釋“支”作“口”、“少”作“小”、“雞犬”作“雜大”，形似而誤。並未釋“皆”；脱“如”字。

［9］《羌族法制的歷程》未釋“悪習未”“尤”；“堪”下泐九字作八字。

［10］督部堂吴，即吴棠，字仲宣。安徽省盱眙人。道光十五年（1835）舉人。為官清廉，有“吴青天”之稱。同治七年（1868）奉旨調補四川總督。光緒元年（1875）因病奏請開缺。後回籍。

［11］“府”上一字泐，存“金”字旁，似“鎮”。《羌族法制的歷程》作“該”，非。並“諭”作“喻”，未釋“貨”“商店外，合二示”等字。母：“毋”的筆誤。

［12］《羌族法制的歷程》未釋“示仰”。

［13］泐蝕嚴重，損字多少，難辨。“過境”兩字，《羌族法制的歷程》未釋。

［14］團約：是羌寨處理民事糾紛之人。碑銘有此用例，如清光緒十六年（1890）《月里鄉規民約碑》載：“必須投之團約、首人知到。”“約”，《羌族法制的歷程》作“總”，非；脱“者”。

［15］“情”，本作“清”。《羌族法制的歷程》釋“經”作“纖”；未釋“情”“參”。參處：加以處分。

［16］“遠”下字泐，諦視，是“毋違，待”三字，餘不識。《羌族法制的歷程》未釋。

［17］《羌族法制的歷程》脱“歷代”。

［18］典出《詩經·小雅·北山》：“溥天之下，莫非王土；率土之濱，莫非王臣。”① “統”，《羌族法制的歷程》作“土”。

［19］“縣”下泐蝕，《羌族法制的歷程》作“府各州”，觀拓，存痕似。

［20］“各”下“修”，《羌族法制的歷程》作“至”，非。

［21］“每”上一字是“各”，清晰。《羌族法制的歷程》作“名”，並上屬，非。

［22］“炮”下“修”，《羌族法制的歷程》脱。

---

① 十三經注疏整理委員會：《毛詩正義》卷十三，《十三經注疏》，北京大學出版社 2000 年版，第931 頁。

［23］白土：即“白土坎”，地名。《羌族法制的歷程》“白”作“自”；“角”作“每”，非。

［24］“泥”下三字清晰，《羌族法制的歷程》不識。並釋“運送”作“運遂”，形似而誤。

［25］“不”，清晰。《羌族法制的歷程》未釋。又，釋“匆”作“外”，非。應役：受徵召服勞役。《清史稿·禮親王代善傳》：“太宗以祀事後至，言界凡方築城，民應役，宜急衛之。”①

［26］《羌族法制的歷程》“法”作“去”，非。清乾隆間，四川大小金川藏族土司叛亂，期間兩次用兵“平定兩金川”。“兵”上一字漶，諦視，左中右結構，存左“氵”，右“攵”，餘不辨。《羌族法制的歷程》脱。

［27］“農”“踏”，清晰。“踏”下一字，左半部清晰，似“勘”字。《羌族法制的歷程》釋“農”作“立”。此句《羌族法制的歷程》作“本城立約漢番甚括關為定”，致語義不暢。

［28］九子寨：清乾隆十七年（1752）滅雜谷土司蒼旺，改土歸流，在其南部地區建“寓兵於農”的土屯制。屯民平時務農，戰時為兵。屯內土地由守備分給屯兵耕種，不得買賣。屯兵以所獲土地的收入代替餉銀。雜谷腦、乾堡、上下孟董、九子五寨，對傾心投誠的頭人，每寨設立屯總土守備一名，總旗土千總三名。據《嘉慶四川通志·户口》載，嘉慶時各寨“共管屯番三千户”②。九子寨為羌人聚居區，其頭人楊桂祖阿太，於乾隆十七年（1752）剿除雜谷土司時投誠，補給屯守備③。“佈”下一字，似“馬”，又似“康”。查看下文“石增佈馬”，字形相類，是“馬”字。

［29］《羌族法制的歷程》脱“石洞子水溝”至“鍋蓋子”。原刻“代”，本作“帶”；“來”，本當作“乃”。下同。《羌族法制的歷程》徑直改作“帶”，當尊原刻。又，釋“來”作“本”，非。

［30］座：是“坐”的同音别字。居留，停留。《羌族法制的歷程》未釋“路隔”，作泐蝕三字，非。

［31］“只”，微泐，可識。《羌族法制的歷程》作“不”，非。

［32］“布”下一字，覩拓，左“扌”，是“據”。《羌族法制的歷程》作“政”，非。

［33］“角”，《羌族法制的歷程》作“解”，非。陽角墩，地名。

［34］《羌族法制的歷程》未釋“灌”“處”，並脱“番民”。

---

① 趙爾巽等：《清史稿》卷二百十六，中華書局1977年版，第8973頁。

② （清）常明修，楊芳燦纂：《嘉慶四川通志》卷六十五，巴蜀書社1984年版，第2268頁。

③ 李紹明：《李紹明民族學文選》，成都出版社1995年版，第443頁。

［35］“色二”，清晰，《羌族法制的歷程》作“包三”，非。“佈”右下，補刻“馬”。“務”下字多泐，但多可辨識。《羌族法制的歷程》作“務□撒里水塘刀□大坪□□□村石增□佈馬”，非。

［36］裡：通“理”。理説，申辯是非。儀：本作“議”，音同而誤。

［37］“分”“姓者”，可識。《羌族法制的歷程》未釋。

［38］“究”上，《羌族法制的歷程》衍一泐蝕字。論：本“諭”，形似而誤。

［39］《羌族法制的歷程》釋作“保正郭正洪上材等尚，鄉約□□□，村約楊其雲”，非。

［40］“邑”，《羌族法制的歷程》作“爾”，非。鐵邑：汶川境内。據保護村寨的羌人民間軍事組織駐扎該地而獲名。理：此本作“里”。

彙考

該碑是官府告示碑。涉及鐵邑里山場分界，漢番民修橋補路、修理哨所、採樵割草、牧放牛羊等規定，禁止過路官員向店家濫派徭役，增加番漢民負擔。禁止居住山頂的番民霸佔漢民河壩土地、牧放牛羊，碑云：“番民座住山頂，路隔十數餘里之遠，何得霸佔河垻漢民之地？只准下村漢民牧放牛羊、開墾，不准番民侵佔佔霸。倘有侵佔，漢民存有佈據、紙約、印約為憑。漢民上流水墩，下至陽角墩，漢民灌木處不准番民開墾”。足見羌民居住環境、生産條件，較之漢民，更加艱苦。

鐵邑里，今歸汶川縣，清代屬直隸理番府，地處雜谷腦河右岸。原此設有“鐵邑城”，地形險要，村前後設卡子，有攻不破的城堡之意①。清乾隆平定大小金川後即改土歸流，羌區府州縣鄉村里甲與羌村社會保正、鄉約、約首等結合，形成完善的地方管理制。

① 汶川縣地名領導小組編印：《四川省阿壩藏族自治州汶川縣地名録》，1982年，第20頁。

334 禁止差役索詐批示碑 光緒四年（1878）六月

説明

碑石刻立地點不詳，現藏四川省北川貫嶺羌族鄉復興村二組朝真觀。碑高224 cm，寬 114 cm。碑文 12 行，行字數不等。楷書。該碑又題《龍安府曉諭碑》《四川龍安府王禁止差役索詐批示碑記》。

碑文

鎮加三品銜，賞戴花翎四川龍安府正堂軍功隨帶加級記録十次王，/為曉諭事，/光緒四年正月十二日，奉/總督部堂丁□□批示。差役因索詐，極為民累。仰即轉飭所/屬。以/後差役無論大小案件，每案原告准給錢貳千文，被告准給錢壹千文，過堂一切使費共給錢貳千文。每/案原、被兩告只准共用/錢五千文。若此外多索分文者，即嚴究懲等。此除行各屬/遵照外，合行告示曉諭。

為此，示仰府屬平、江、石、彰細民人等知□[1]。/自示之後，每案原被兩告只准共費用錢五千文。若有多索分文者，/定將差役照詐髒從重究辦，決不寬貸。各宜稟遵毋違[2]。特示！/

光緒四年戌寅季夏月望三日立。/

著録

1.《北川羌族資料選集》221。2.《西川羌族特殊載體檔案史料研究》305。

注釋

［1］平、江、石、彰，指平武、江油、石泉、彰明四縣。石泉，今北川縣。《西川羌族特殊載體檔案史料研究》脱“細民”二字。

［2］“毋”，《西川羌族特殊載體檔案史料研究》作“勿”，義同字異。

彙考

北川貫嶺羌族鄉復興村刊立告示碑，從内容到文例，已與漢區無别。嚴禁訴訟中差役敲詐勒索，規定辦案費用，違者決不寬貸。

335 建修本郡城隍廟碑 光緒二年（1876）三月

説明

碑石原刻立於四川省松潘城隍廟，現已亡佚。《民國松潘縣志·壇廟》載：城隍廟，治城崇山上，明指揮耿忠建。耿忠，鳳陽人。“洪武十三年以指揮僉事兼攝衛印。十九年遷左府都督人名宦。”① “清咸豐庚申，毀於番。同治五年，同知吕紹裔重修。”② 歷十餘年竣工。因以碑記事。該碑又題《松潘城隍廟碑記》。

碑文

建修本郡城隍廟碑。

自古建國，範土為城，傍城鑿池曰隍[1]，《易·泰六》云“城復於隍”，是也。又按《三禮圖考》：“伊耆氏祀八蜡，其七日水庸。庸訓為墉，城也；水訓為池，隍也。”今之城隍，蓋即古之水庸。漢高帝封紀信為城隍神，所以輔郡國而庇人民，故列在祀典，天下後世皆主焉。

松邑之有城隍，相傳明建文遜國後曾居之。至成祖勑建，規模宏廓[2]，藻飾華麗，實較他郡為勝。清咸豐十年，番亂，城陷被燬。同治四年，克復廳城，聯鎮軍創建三楹以續時祀。至七年三月，神誕屆期，邦人雲集。見其湫隘，乃舉首使赴省募捐，刻神像，置輿服，歸而祀之。十年正月，首事懇知聽事何君設各項功德局，抽收百貨釐金，以次修建祀典祠廟，復委紳督理。

於是修正殿、内殿、過廳、樂樓、山門，並裝塑大小神像。其有不敷，復頒印簿廣化，軍民皆踴躍捐助。至光緒二年三月蕆事[3]，雖未能復舊製，而奉神有堂，齊宿有室，陳設有庭，内外具備，焕然一新，亦足以妥神靈而光祀事[4]。倘值水旱疾疫之灾，人有所禱[5]，神必阿護，豈第壯觀瞻已哉！

工既竣，集眾清算，即同新議首事二十人舉所置產業文約，並歷年製造器用，並交妥人經管。若能繼起前工，以復曩時之宏廊華麗，實所厚望。

因述崖畧[6]，勒之貞瑉[7]。

---

① 傅崇榘等修，徐湘等纂：《民國松潘縣志》卷五，《中國地方志集成·四川府縣志輯》（66），巴蜀書社（據民國十三年刻本影印）1992 年版，第 180 頁。

② 同上書，第 168 頁。

著録

1.《民國松潘縣志》卷5－4。2.《西川羌族特殊載體檔案史料研究》248。

注釋

［1］“曰”,《西川羌族特殊載體檔案史料研究》迻録作“為”，非。

［2］“廓”,《西川羌族特殊載體檔案史料研究》作“闊”，義近。

［3］蕆事：事情辦理完成。《西川羌族特殊載體檔案史料研究》作“蕨”，非。

［4］“亦”,《西川羌族特殊載體檔案史料研究》作“已”，義音近而字非。非。

［5］“禱”,《西川羌族特殊載體檔案史料研究》作“祈”。義近而詞異。

［6］崖畧：大略，梗概。

［7］貞瑨：碑石的美稱。

336 蠶陵重鎮石刻 光緒四年（1878）七月

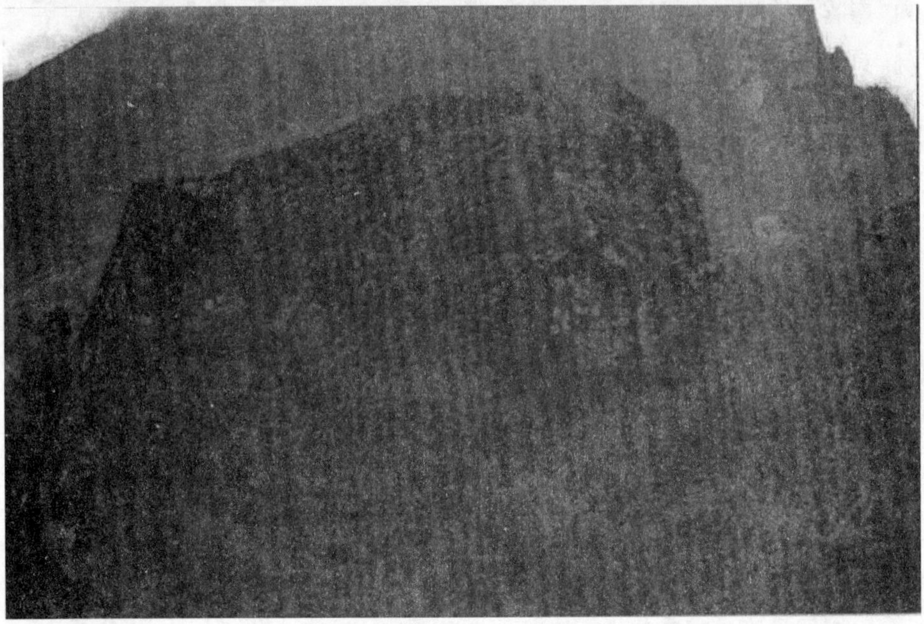

説明

摩崖刻於四川省茂縣疊溪與較場間巨石。現存原址。高 410 cm，寬 350 cm。光緒年間渝州温厚存書。題記 3 行，行字數不等。楷書。單綫框。“蠶陵重鎮”四字，字徑 64 cm。

碑文

蠶陵重鎮。/

渝州温厚存書。/

光緒戊寅年孟秋。/

著録

1.《茂汶羌族自治县志》冠圖。2. 茂縣羌族博物館藏原石照片。

彙考

石刻所在地茂縣疊溪鎮，古冉駹地，秦屬湔氐道。漢元鼎六年（前 111），置蠶陵縣，故又名蠶陵鎮。北周改稱翼針縣，唐為翼州疊溪城，明置疊溪千户所，轄疊溪長官司、鬱即長官司[①]。清改置疊溪營。疊溪築城始於唐貞觀年間，明洪武十一年（1378）復築。景泰、成化間相繼重修[②]。民國二十二年（1933），地震城毀，僅存東城門、城隍廟、蠶陵重鎮碑、玉壘洞、唐摩崖等遺跡。城池位於松茂要冲，為歷代軍事重鎮、商貿集散地。

---

① （清）張廷玉等：《明史》卷九十，中華書局 1974 年版，第 2210 頁。

② 四川省阿壩藏族羌族自治州茂汶羌族自治縣地方志編纂委員會：《茂汶羌族自治縣志》，四川辭書出版社 1997 年版，第 58 頁。

337 闖子溝牧牛關山題記 光緒五年（1879）四月

説明

刻立於四川省茂縣富順鄉槽木村闖子溝。

額

永垂萬古。

牧牛關山。

碑文

蓋自人有田地，牛有草山。因曹木衆有關山一段[1]，古號木城[2]，原系牛廠。上有高峰之險，下有長江之固。深溝高壘，廻還左右。孰非一鄉之保障矣哉。我衆等仰太平之世，追桃林之勝跡，以為後之開□侵争者戒，又為後之維俗持世者，是以為記。

再有牛□界至。衆等恐其世遠年湮，而有估辟侵吞之徒，以生枝蔓，故一一垂碑為證。上界齊□□采樵關山，下界至木城，左右相連之地，共有界石八，庋以□境[3]。勒石千載，永遠流傳。

大清光緒己卯年孟夏月之中浣日。

曹木衆等立。

著録

阿壩州文管所陳學志録文

注釋

［1］曹木：今“槽木”，屬茂縣富順鄉。《道光茂州志·里甲》載：乾隆間，“原額溝口、岐山等寨羌民八里”。後溝口改土歸流，因而《道光茂州志》將“曹木”歸入“漢民九里村落”①，實為羌居。

［2］木城：城牆外設置的木制守城設施。此處明代或有駐軍。查舊志，失載，可補其闕。《漢書·陳湯傳》：“土城外有重木城，從木城中射，頗殺傷外人，外人發薪

---

① （清）楊迦懌等修，（清）劉輔廷纂：《道光茂州志》卷二，《中國地方志集成·四川府縣志輯》(66)，巴蜀書社（據清道光十一年刻本影印）1992年版，第347頁。

燒木城。”①《元史·外夷傳三·佔城》：“佔城兵治木城，四面約二十餘里。起樓棚，立回回三梢炮百餘座。”②《清史稿·郎坦傳》：“於愛琿、呼瑪爾二地建木城，與之對壘，相機舉行。”③

［3］碑記界至，也包含鄉規民約內容。

彙考

碑文“高壘”，高大的壁壘，指羌族碉樓。《後漢書·西南夷傳》：“皆依山居止，壘石為屋，高者至十餘丈。”④ 羌族碉樓既有用於平時居住、儲存糧食柴火，戰時家家户户連接用於防禦的家碉，也有用於指揮、防禦、傳遞信息的寨碉、戰爭碉、烽火碉。“一碉當關，萬人莫開”。近可攻，退可守。明代，統治者對羌區施行了嚴苛的軍事管制，邊將肆意妄爲，濫殺無辜。嘉靖十八年（1539）《楊淳墓誌》：“嘉靖辛卯，陞四川參政。次年，陞本省按察使。次年，陞本省右轄，尋陞左轄。公在蜀，威茂諸邊將常因蕃夷入寇，多殺無辜，以邀賞賚。公累檄諭，以禍福勸戒。”⑤ 嘉靖辛卯，即嘉靖十年（1531）。《國朝獻徵録·胡端敏傳》：“松潘舊治皆熟番。其後，官軍不能制賂，遺番以假道番殺漢人，即匿不舉軍，或殺番反坐抵命，公請選將更戍以振威。”⑥ 这激起了羌人一次又一次地頑强抗争，以黑虎和白草羌的反抗最為激烈，也因此寨損碉樓被毀。宣德三年（1428），蔣貴“連破黑虎等四十餘寨，斬首千五百級”⑦。正統六年（1441），瓦寺宣慰司先世雍中羅洛思帶兵鎮壓“黑虎等寨”⑧。十年（1445），“黑虎寨首多兒太伏誅”⑨。景泰六年（1455）《陳敏及妻王氏墓誌》：“朝廷命將統兵征剿。公乃擐甲胄，率土民直搗賊巢，一鼓而破黑虎等寨。”弘治十三年（1500），指揮湯綱、巡撫張瓚調漢、土官兵攻黄頭、青水諸寨，“赭其碉房九百”⑩。僅嘉靖二十六年（1547），何卿會同張時徹從龍州、石泉、壩底三路圍剿白草番，在小壩走馬嶺一役，

① （漢）班固撰，（唐）顔師古注：《漢書》卷七十，中華書局1962年版，第3013頁。

② （明）宋濂：《元史》卷二百一十，中華書局1976年版，第4661頁。

③ 趙爾巽等：《清史稿》卷二百八十，中華書局1977年版，第10134頁。

④ （南朝宋）范曄撰，（唐）李賢等注：《後漢書》卷八十六，中華書局1965年版，第2858頁。

⑤ （明）焦竑：《國朝獻徵録》卷九十八，《中國史學叢書初編》，臺北：臺灣學生書局1964－1987年版，第4297頁。

⑥ 《國朝獻徵録》卷三十九，第1579頁。

⑦ （明）徐紘：《明名臣琬琰録》卷十四，《景印文淵閣四庫全書》（453），臺北：臺灣商務印書館1986年版，第152頁。

⑧ 趙爾巽等：《清史稿》卷五百一十三，中華書局1977年版，第14234頁。

⑨ （清）張廷玉等：《明史》卷三百一十一，中華書局1974年版，第8027頁。

⑩ 同上書，第8029頁。

就“毀碉房四千八百”①。

今天，碉樓已褪去軍事意義，成為羌民族堅韌不屈民族精神的象征。它們歷經千年風霜，無數次地震，特别是2008年汶川特大地震，仍屹立不倒。有的至今保存完好，如理縣桃坪鄉桃坪村、木卡鄉木卡村，汶川龍溪鄉的部分碉樓等。但更多的碉樓年久失修，加之羌民搬遷至交通方便或宜居之處，致使古碉多已廢置，這份建築文化遺産亟待挖掘整理。

① （清）張廷玉等:《明史》卷三百一十一，中華書局1974年版，第8029頁。

338 薛城理番府告示碑 清光緒五年（1879）

説明

碑石刻立於四川省理番縣（今理縣）薛城鎮較場村籌邊樓東50米。高140 cm，寬75 cm，厚7 cm。碑文15行，滿行30字。楷書。右上角殘，右下邊緣損。年代落款處刻方章一枚，篆書“直隸理番府□□□□□□□□□□□□□□”。

碑文

□□府即補直隸州［正堂署理番府加三級紀録十次鄧］/□□□□□四土、五屯襲補規費[1]，以示撫恤而办（下泐）/□□□□公正為行政大綱，清廉尤居官首重。凡處事之不公，皆由於不廉，能廉則必（下泐）/□□□□自能得宜。本府莅任伊始，聞理屬屯土官弁[2]，凡有襲補之事，必出規費，盈□□隨/□□□後苛虐其下[3]，徵求剋扣，不但補規費之欵，而又有贏餘以肥已，殊屬大于法□，一應/照例禁革。今自本府到任起，所有五屯、四土承襲拔補[4]，及請領印信圖記規費均一併革除。/□遇本屯土襲補等事，本府必秉公按例覈辦，斷不收受一切規費，爾官弁等不得（下泐）/□而謀襲補。致于查究，本府既不受爾一絲一毫，爾等即無須取償於下，務當守（下泐）/□，自將愛其兵民[5]，該屯土官弁各安居樂業，萬不得剋扣苛斂，以致百姓困苦。（下泐）/［朝廷］豢養之深恩[6]，並違/上憲撫恤之德意也[7]。為此示抑五屯、四土官弁人等知悉，自示之後，該官弁等（下泐）/自新，勿再蹈營謀剋扣。故習致于咎戾，本府清白有素，誠言無欺，其各凜遵毋違。/

右諭通知。/

光緒五年月□日/告示實刊頭門曉諭[8]。/

著録

阿壩州文管所藏拓

注釋

［1］直隸州：指理番直隸廳。舊隸成綿龍茂道。明，雜谷安撫司，屬茂州。清順治初，仍明制。乾隆十七年（1752），剿滅雜谷土司蒼旺，改土歸流，置理番廳，取“治理番民”之意。二十五年陞直隸廳。嘉慶六年（1801），以茂州屬之保縣入之①。見《清史稿·地理志·四川》。下轄“四土、五屯、九枯、十家、三番、六里”。碑文三處題“四土”“五屯”。四土，唐為吐蕃番地。明永樂間，以諸番割據，始劃為七，即三番、四土，居藏民。清乾隆初，“三番”相繼内附，不立酋長。“四土”，即卓克

① 趙爾巽等：《清史稿》卷六十九，中華書局1977年版，第2238頁。

基、松岡、黨壩、梭摩，仍習舊制，設有土司，世代承襲。“四土”境遼闊，東西七百餘里，南北千里。東連松潘、茂縣，西接西康，西南鄰懋功、靖化，北連草地、與甘肅接壤。五屯，即雜谷屯、甘堡屯、上孟屯、下孟屯、九子屯，漢羌藏民雜居地。每屯設屯守備、千總、把總、外委等官員。屯兵平時務農，戰時打仗。“正……鄧”，拓片殘。阿壩州文管所陳學志研究員在20世纪文物調查時記録，據之補，録以備參。規費：按照陳規陋習繳納的費用。范文瀾《中國近代史》：“海關監督又必用內務府旗人，替他搜括金銀玩好。監督於正税外，勒索賄賂，稱為‘規費’。”①

［2］弁：古代武官服皮弁，因此用以稱武官。清代指基層武官。

［3］“盈”下泐蝕三字，首字存上半“禾”；第三字存上半，似“隨”。

［4］拔補：獲提拔而補官。

［5］“自”上一字泐，左存“阝”旁清晰，右上角殘，似“隅”，不確。

［6］拓片殘，存“廷”下半，鐫刻超出正文，擬為“朝廷”。

［7］“並”下一字泐，觀存痕，內“韋”，外“辶”，是“違”字。

［8］“月”“日”上空格處有“五”“廿七”，與右上空白處“民國”二字，字體一致，但與正文字體不一，當為後人補刻。

① 范文瀾：《中國近代史》（上），人民出版社1947年版，第8頁。

339 婚俗禁令碑 光緒六年（1880）

説明

碑石刻立於四川省理番縣（今理縣）薛城沙金壩。莊學本先生於 1934 年發現，並鈔録發表在《羌戎考察記》。該碑又題《理番縣婚俗禁令碑》。

碑文

為嚴禁轉房以正人倫事[1]。查律載：凡同姓不宗為婚者，男女各杖六十，離異。外姻有服為婚者以姦論[2]。若娶己之姑、舅、兩姨姊妹之親，及無服親之妻者，男女各杖一百，離異。若娶己之緦麻親之妻[3]，及舅甥妻，各杖六十[4]，徒一年，並離異。若娶小功以上之妻[5]，各以姦論罪，自徒三年至絞斬。若收父祖妾，及伯叔母者，各斬立決。若兄亡收嫂，弟亡收弟婦者，各絞立決等語[6]。其餘親屬不應為婚者殊多，即同姓不宗及外姻親屬尚不得為婚，況同宗均有名分，豈容瀆亂無紀[7]，致蹈重罪。

乃近聞府屬舊有兄亡收嫂，弟亡收弟婦之事，名為轉房。緣亡者之兄弟，恐聘娶新婦，不習家務，是以收寡嫂弟婦為妻，□□□□特不知大乖倫理，重犯典刑，亟宜曉諭嚴禁。除已往不究外[8]，合行示禁。為此示仰府屬漢番軍民人等知悉：嗣後尔等遇有兄弟亡故，其寡嫂弟婦不肯再醮者[9]，自應聽從守節，以成其美。如不願守節者，可改嫁他姓，毋得貪圖己便，以兄弟之妻為妻，致壞名教，而罹重辟。其餘凡例禁為婚者，均一概不准擅自嫁娶，以肅倫紀。

本府訓民以忠孝節義為先，甚不忍愚民滅理亂倫[10]，自蹈刑辟，並犯天理，特此諄諄告誡，尔百姓務以轉房等事為戒為恥，共勉為敦倫飾紀之人。本府實有厚望焉。再自此示諭之後，倘有無恥之徒，仍敢違禁轉房，及娶同姓同宗有服□□親之妻女[11]，並一切違律為婚者，一經發覺，定即照律治罪，決不寬貸。本府言出法隨，切勿以身嘗試[12]，後悔無及，懍之慎之，切切毋違。特示！

光緒六年欽加道銜[13]，特用直隸州正堂，署理番府，加三級，紀録十次鄧。

著録

1.《羌戎考察記》67。2.《羌族習慣法》622。3.《西川羌族特殊載體檔案史料研究》306。

注釋

［1］轉房：舊俗，女子亡夫後例須嫁給其弟兄。

［2］有服：指五服之内的宗族關係。五服，謂高祖父、曾祖父、祖父、父親、自

身共五代。《官場現形記》:“黄麻子道:‘同高祖還在五服之内，是親的，不算遠。’”①“為”上，《西川羌族特殊載體檔案史料研究》衍“親”字。

［3］緦麻：古代喪服名。孝服用細麻製成，服期三月，是五服中最輕者。凡本宗為曾祖父母、曾伯叔祖父母、族伯叔父母、族兄弟，以及未嫁族姊妹、外姓中之表兄弟、岳父母等，均為緦麻親。

［4］“各”上，《西川羌族特殊載體檔案史料研究》衍“男女”。

［5］小功：古時喪服名。孝服以熟麻佈製成，較緦麻粗。服期五月。為五服第四等。《唐律疏議箋解·名例》“一曰議親”：“小功之親有三：祖之兄弟、父之從父兄弟、身之再從兄弟是也。此數之外，據《禮》，内外諸親，有服同者，並準此。”②

［6］《羌族習慣法》未釋“等語”二字。“絞”，《西川羌族特殊載體檔案史料研究》作“斬”。

［7］“豈”，《羌族習慣法》作“剴”，不取。

［8］已往不究：本“既往不咎”。同音而誤。

［9］“再”，《羌戎考察記》作“冉”，致語義不暢。疑莊氏著録時，原石泐蝕上“一”横。

［10］“忍”，《羌族習慣法》作“認”。以“忍”為宜。

［11］“及”，《羌族習慣法》作“乃”，非。《西川羌族特殊載體檔案史料研究》沿誤。

［12］“嘗”，《羌族習慣法》作“償”，非。

［13］刻石時間《羌戎考察記》作光緒六年（1880）；《羌族詞典》③作光緒元年（1875）。“元”與“六”，形似而誤。

彙考

羌民盛行“兄亡收嫂，弟亡收弟婦”的“轉房婚”“近親結婚”等婚俗。莊學本認為此亂婚風俗與吐蕃佔領該地多年，藏羌雜居，受其風俗影響有關。其實，此乃羌人古俗，《後漢書·西羌傳》:“父没則妻後母，兄亡則納厘嫂，故國無鰥寡，種類繁熾。”④《舊唐書·党項傳》:“俗皆土著……妻其庶母及伯叔母、嫂、子弟之婦。”⑤“近親結婚”，更是親上加親。這兩種在羌區人人認可的風俗，卻與清朝的法律大相違背，也為歷代國家制定法所禁止。“轉房婚”，按《大清律例》，應判“斬立決”。直隸理番縣佈告，辭句嚴厲，違者“絞决”，這比收父祖之妾的罪更重。碑文反映了19世紀後期羌族地區習慣法與國家法之間的衝突，是研究清末民族地方法律實踐的第一手資料，極具歷史價值。

---

① （清）李伯元:《官場現形記》，中州古籍出版社1995年版，第878頁。

② （唐）長孫無忌等編，劉俊文箋解:《唐律疏議箋解》卷一，中華書局1996年版，第173頁。

③ 周錫銀:《羌族詞典》，巴蜀書社2004年版，第435頁。

④ （南朝宋）范曄撰，（唐）李賢等注:《後漢書》卷八十七，中華書局1965年版，第2869頁。

⑤ （後晉）劉昫等:《舊唐書》卷一百九十八，中華書局1975年版，第5290頁。

340 黑水白爾窩告示碑 光緒七年（1881）九月十六日

説明

碑石刻立於四川省黑水縣扎窩鄉西里村西230米，現存原址。藏漢文合璧。右漢文11行，行字數不等。楷書。左藏文横書，35行，行字數不等。下邊緣泐蝕較嚴重。額方首，楷書題“永垂萬古”。

額

永垂萬古。/

碑文

告示。/

光緒七年九月拾六日立，刻碑曉諭：/

查辦松潘番務鹽運使銜統帶達字軍即補道富隆阿巴圖魯張/垂碑勒石，永資遵守事[1]。

照得西番雜谷地方，均與猼猓子界址相連。前因猓民偷搶/西番雜谷牛馬[2]，遂致集衆械鬬，幾釀巨禍。本道統兵查辦[3]，探悉各情，亟/應執法，嚴懲各治所應得之罪。姑念身處邊隅，罔知利害[4]，先行示諭/解散，調取各該頭目，當堂質訊。現據西番王作巴、雜谷郎松及猼猓子/土官峩不笑等，均各遵斷具結[5]。本道憫其庸愚而從寬宥[6]，除明定章程/十二條，移交松潘鎮、廳出示曉諭[7]，使各週知外[8]，為此刊立石碑。嗣後，該頭目及猼猓子土官/等，務宜各安住牧[9]，嚴加管束。如再有越界偷搶劫事，即將該管土官並偷搶之人，照章嚴治其罪。該番/亦不得擅自聚衆，同斗誅戮[10]。本道慈愛為懷，其各激發天良，各安本份，毋得仍蹈故轍，自取滅亡也。凛之，遵照毋違。/

（藏文略）

右諭通知。

著録

1. 阿壩州文管所藏拓。2.《碉樓與議話坪》240。

注釋

［1］“曉”微泐。《碉樓與議話坪》作“示”，非。達：通“韃”。達字：本作“達子”，舊時漢人對金元北方民族的蔑称。明湯顯祖《牡丹亭·冥判》：“原有十位殿

下。因陽世趙大郎家，和金達子争戰江山，損折衆生，十停去了一停。"①

［2］"因"下"猓"字，清晰，《碉樓與議話坪》未釋。"猓民"即"猼猓子"。本地漢話以"猼猓子"稱呼會殺人、搶劫的野蠻人②。關於猼猓子，馬長壽先生認為屬羌民，叫"猼倮羌"，包括剌版、雜木林、烏木蘇、俄魯、闊哈等部落③。田利軍先生認為是吐谷渾苗裔，祖先為鮮卑慕容的一支，不同於稱"西番"的藏族，包括松潘土司部落中峨眉土千户、七佈土千户、麥雜土千户、毛革土千户，均為猼猓④。今黑水，其境在清末有大小黑水。大黑水，為梭磨宣慰司所轄，屬理番直隸廳。其先係雜谷土目。小黑水則屬松潘直隸廳，故界址相連。

［3］"統兵"，清晰。《碉樓與議話坪》作"系具"，非。

［4］《碉樓與議話坪》脱"亟""各……利害"。

［5］"西"下有一小字"番"，係刻後發現漏刻而補。《碉樓與議話坪》脱"據""番""郎松""峩"。並釋"雜"作"栗"；"具"作"其"。非。

［6］"而"下一字泐，諦視，是"從"。《碉樓與議話坪》釋"而"作"與"，非。並未釋"從寬"。

［7］"移"，《碉樓與議話坪》作"務"，非。又，未釋"除明"。

［8］週：本作"州"。《碉樓與議話坪》未釋。

［9］《碉樓與議話坪》脱"務宜"，未釋"牧"。

［10］"擅自"下六字"聚眾，同斗誅戮"，微泐，尚能辨識。《碉樓與議話坪》作"□□□ □討伐"，非。

---

① （明）湯顯祖：《牡丹亭》，古典文學出版社1958年版，第117頁。

② 王明珂：《尋羌·羌鄉田野雜記》，中華書局2009年版，第137頁。

③ 馬長壽：《四川古代民族歷史考證》（下），《馬長壽民族學論集》，人民出版社2003年版，第120頁。

④ 田利軍：《民國時期川西北土司土屯部落變動考》，《貴州民族研究》，2010年第5期，第120頁。

341 理番汶山告示碑 光緒七年（1881）十一月二十八日

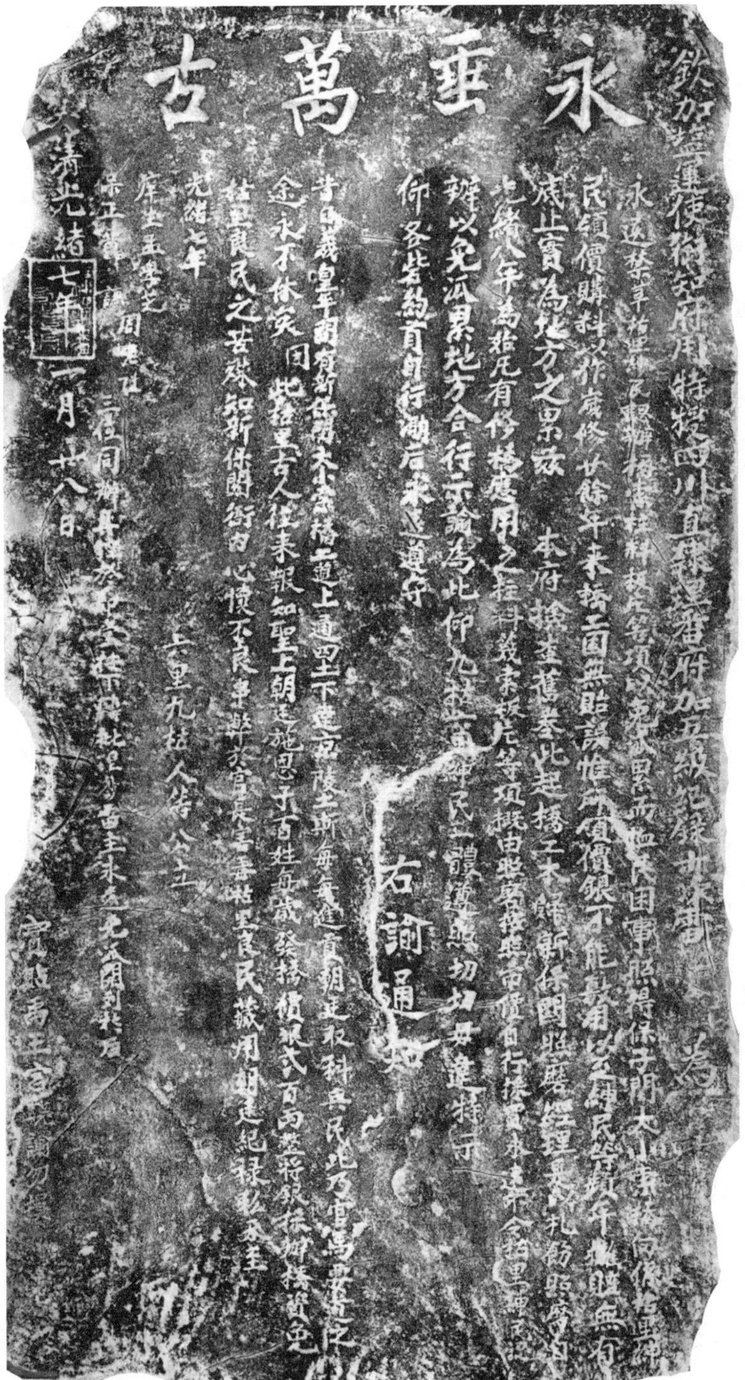

説明

碑石刻立於四川省理縣通化鄉汶山寨禹王廟。高 128 cm，寬 68 cm，厚 7 cm。碑文 14 行，滿行 39－42 字不等。楷書。文末刻長方形官府印章，篆書，泐蝕嚴重，存“理番”字樣。額方首，楷書題“永垂萬古”。

額

永垂萬古。

碑文

欽加盐運使銜知府用特授四川直隸理番府加五級紀録十次雷為/永遠禁革枯里紳民認辦橋索、柱料、板片等項，以免派累而恤民困事[1]。

照得保子關大小索橋，向係枯里紳/民領價購料，以作歲修。廿餘年來，橋工固無貽誤，惟所領價銀不能敷用，以至紳民等頻年攤賠，無有/底止，實為地方之累。茲本府撿查舊卷[2]，此起橋工，本歸新保關照磨經理，是以札飭照磨：自/光緒八年為始，凡有修橋應用之柱料、篾索、板片等項，概由照磨按照市價自行採買[3]，永遠不令枯里紳民認/辦，以免派累地方，合行示諭，為此仰九枯、六里紳民一體遵照[4]，切切毋違，特示。/仰各砦約首自行泐石，永遠遵守[5]。

右諭通知。/

昔日羲皇年間[6]，有新保關大小索橋二道。上通四土，下達京陵，土斯每每進貢[7]，朝廷取科兵民，此乃官馬要道之/途，永不休矣[8]。因此枯里古人[9]，往來報知聖上，朝廷施恩于百姓，每歲發橋價銀弍百兩整，將銀採辦橋資，免/枯里良民之苦。殊知新保關衙內[10]，心懷不良，串弊於官長，害毒枯里良民，藏用朝廷紀禄，私吞至/光緒七年。

六里、九枯人等公立[11]。/

庠生孟學芝、保正黃謙、周光让三位同辦，其控於部堂，按下轉批理番雷主，永遠免派，開列於后[12]。

大清光緒七年十一月廿八日。

實貼禹王宫，曉諭勿損[13]。

著録

1. 阿壩州文管所藏拓。2.《碉樓與議話坪》247。3.《西川羌族特殊載體檔案史料研究》305。

注釋

［1］“十”，清晰。《碉樓與議話坪》作“卅”；又，釋“辦”作“為”。均非。並未釋“雷”。《西川羌族特殊載體檔案史料研究》沿誤。

［2］撿：清理，察看。撿，亦作“檢”。《碉樓與議話坪》《西川羌族特殊載體檔案史料研究》徑作“檢”。

［3］照磨：掌管宗卷、錢穀的屬吏。元代置，明清沿用。《元史·百官志一》：“照磨一員，正八品。掌磨勘左右司錢穀出納、營繕料例，凡數計、文牘、簿籍之事。”①

［4］九枯、六里：指理番轄區九枯中的前三枯（克枯等十四寨）、中三枯（龍溪等二十七寨）、後三枯（瓦奔立密等十七寨），及甘溪堡、通化里、古城里、鐵邑里、下莊里、桑坪里等，居住着羌、漢民，在納賦上有所區別，前者繳麥，後者繳銀。

［5］《碉樓與議話坪》《西川羌族特殊載體檔案史料研究》脱“仰各砦約首……遵守”等字。

［6］羲皇：即伏羲氏。“羲”，《碉樓與議話坪》作“篋”，非。《西川羌族特殊載體檔案史料研究》沿誤。

［7］斯：本作“司”，同音而誤。“土斯”，本“土司”。清代“凡土司貢賦，或比年一貢，或三年一貢。各因其土産，穀米、牛馬、皮、佈，皆折以銀，而會計於户部”②。路途遙遠則五年一貢。嘉慶時，四川土司如瓦寺、梭磨、卓克基等，每五年朝覲一次，貢物有鳥槍、左插、藏香、貝母、黄連、金佛、銀佛、腰刀、哈達、鹿茸等。

［8］“永”，清晰。《碉樓與議話坪》作“咏”，非。《西川羌族特殊載體檔案史料研究》沿誤。

［9］《碉樓與議話坪》脱“古”。《西川羌族特殊載體檔案史料研究》沿用。

［10］“内”，《碉樓與議話坪》《西川羌族特殊載體檔案史料研究》作“為”。

［11］“人等”，《碉樓與議話坪》《西川羌族特殊載體檔案史料研究》作“等人”，誤倒。

［12］“謙”“光让”“部堂”“按”“轉”“雷”等字微泐，尚可辨。《碉樓與議話坪》未釋。《西川羌族特殊載體檔案史料研究》沿用。

［13］《碉樓與議話坪》脱“實”等九字。《西川羌族特殊載體檔案史料研究》沿誤。

---

① （明）宋濂：《元史》卷八十五，中華書局1976年版，第2125頁。

② 趙爾巽等：《清史稿》卷五百一十二，中華書局1977年版，第14027頁。

342 重建勝因院記 光緒八年（1882）三月

碑陽

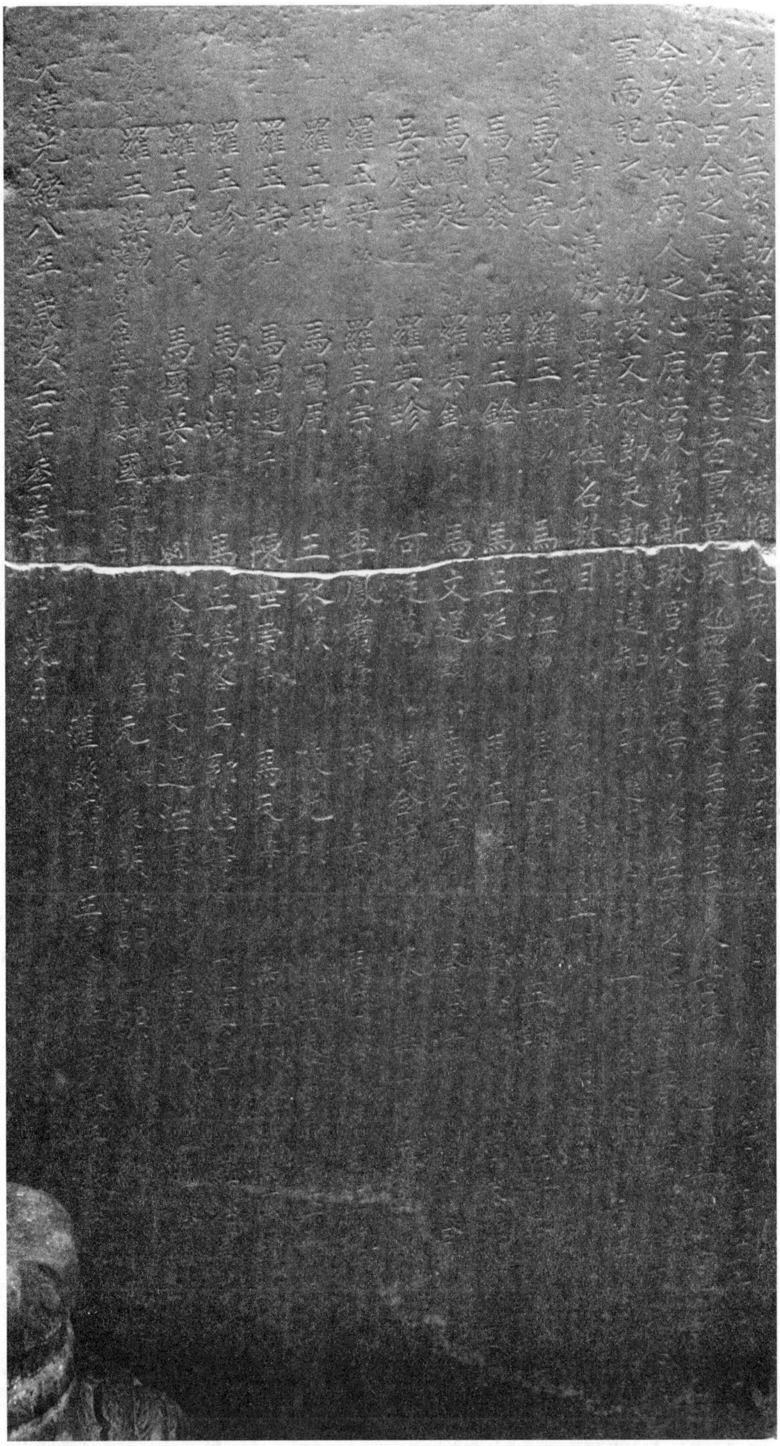

碑陰

說明

碑石原刻立於四川省汶川縣南漩口鎮聖音寺聖因寺 1 組，後移至勝音寺內。高 160 cm，寬 75 cm，厚 10 cm。兩面刻，碑陽文 17 行，滿行 36 字。碑陰題名。楷書。中間横斷裂，有裂痕。

碑文

重建勝因院記。/

自古名山、古刹，為僧寮、羽客所棲遲夥矣[1]。然不皆名勝即勝，矣而不傳，非經朝廷之勑賜，與名/流之題蹟，傳之而亦不久。況綿虒近西南之徼，去京師數千里哉。而勝因院之名，獨顯於世。其/地三面皆平疇[2]，後倚水洞溪，前臨滋茂池[3]。右則高峰插雲，層巒萬疊。左環江水，宛如衣帶。院下/里許有廟，奉川主，昔傳八廟堂也。又里許曰：柘坪壩，由此經漩口而之灌，路遠七十里。考之《汶/志》宋文湖州《碑序》云：此院初名羅漢[4]，有頭陀德欽，戒操甚嚴。揀選僧眾，將院事付與大中祥符/寺僧義海，傳五世，至惟簡師特興象教[5]，宏修院宇，功逾一紀始峻，以其名上列，乃錫斯名。明末/經獻賊之亂，土壤皆荒，寺宇半罹鋒燹[6]。至聖朝平，一宇內民獲安。有羅維堯、維第暨馬汝/麟、兆麟重建大殿，名書“上棟”，是向之屬於汶者，今則隸於灌也。

道光年間，大殿漸即傾頹，惟兩/廊略具。有羅金醇倡首募建前殿，斯廟得以克全。但院無所出，僅有薄田數畝，旱地一段，臥有/勑賜“勝因院”石碑一通，存“崇甯元年”字跡，餘皆漫滅不可辯[7]。時逾數百載，雨蝕風飄，金石雖堅，/不能不就消磨，而志乘長留，猶因名賢手跡而彰也。自元迄今，俱未存有，碑目獨傳。嘉慶年間，/歸娘子嶺。道人焚獻、曹本植曾改裝佛像，吴合慎、田教真亦稱守律焉，其後均無可紀。咸豐丁/巳年，高永昇由中灘堡清閒廟來接院事，行道教，誦皇經。見棟折榱崩，毅然發重建之志。每年/所出，纖悉不敢妄動。外以行教所得，買置零星木料、瓦片。積至辛未年興工，壬申年大殿並東/廊落成，不幸羽化。其徒高元敦繼修西廊，並及彩畫。其有山門，久擬建修，尚未舉事。至置買水/田一十五塊，旱地一方。若元敦師弟鄧元林者，為人敦樸，贊襄廟務，亦與有功焉。雖土木之興，/（以上刻於碑陽）方境不無資助，然亦不過小補。惟此兩人者，苦心耗力，撙節貲財[8]，得以完茲鉅任，克遂初心。又/以見古今之事無難，有志者，事競成也。羅君燮臣等因兩人苦行不忍，聽其淹没，尤望後之嗣。/今者亦如兩人之心，庶法界常新，琳宮永麗，得以資生民之福者，豈有涯哉。予雖不文，樂取其/事而記之。勑授文林郎吏部楝選知縣即選儒學教諭丁卯舉人傅毓秀拜撰。/

計刊清勝因捐貲姓名數目，刊碑食費工貲俱出捐項内。/

保正馬芝堯，/馬國發，/馬國超，/吴鳳熹/助錢二千。/羅玉琦，/羅玉琨，/羅玉琮，/羅玉珍，/羅玉成/助錢乙千文。漩口總局監生羅玉藻、男/漩口局大保正監生靖國、安國捐銀拾肆兩、/上木三根。/

羅玉珊，/羅玉銓，/羅其釗，/羅其珍，/羅其宗，/馬國用，/馬國連，/馬國湖，/馬國英/助錢壹千文。/

馬正江，/馬正廷，/馬文通，/何廷萬，/李鳳翥，/王永順，/陳世崇/助錢壹千。/馬正榮，/劉大貴/各五/百文。/

馬正明，/馬正魁，/馬天章，/義合號，/陳皋，/陳光明/各助錢陸百文。/馬天壽，/郭忠壽，/連治高/肆百文。/

羅玉琀，/尚思誠，/蔡德清，/陳華，/馬國增/各上木一根。/羅玉泰瓦三千。/馬國林錢一千、/木二根。/羅奠國、弟羅治國捐銀拾兩柒/錢、上木三根。/節婦羅馬氏、男保正/羅裕國捐銀拾貳兩、上櫟/木一根、雜木二根。/

伍洪泰錢壹千。/周泰源，/劉萬合/各墩子三塊。/馬國蟹，/馬正先各木二根。/馬正丰木三根。/馬國坤木二根、/錢三千。/

住持元敦、元林，徒明生、明金、明光、明也、明桂。石工楊吉榮、巴洪順、孫元龍。/

洛裕（下泐）。/玉才（下泐）。/

灌縣儒學生員劉清彦沐手敬書。/

大清光緒八年，歲次壬午，季春月，中浣日。/（以上刻於碑陰）

著録

阿壩州文管所藏原石照片

注釋

［1］僧寮：僧舍。羽客：又稱“羽人”。道士的别稱，指神仙或方士。棲遲：亦作“棲遅”“棲遲”“棲犀”。《詩經·陳風·衡門》：“衡門之下，可以棲遲。泌之洋洋，可以樂饑。”朱熹集傳：“此隱居自樂而無求者之詞。言衡門雖淺陋、然亦可以遊息。泌水雖不可飽，然亦可以玩樂而忘饑也。”①

［2］平疇：平坦的田野。

［3］滋茂池：今四川都江堰市西北龍溪鄉北，龍溪河源處龍池。《汶志紀略·古

① （宋）朱熹：《詩集傳》卷七，中華書局1958年版，第82頁。

跡》：滋茂池“縣南一百二十里。尤溪溝入四十里，四合皆山，中一巨浸，俗呼為‘白龍池’，曰‘滋茂池’”①。原隸茂州汶川，後隸灌縣。故碑云：“是向之屬於汶者，今則隸於灌也。”

［4］《汶志》：即《汶志紀略》，四卷，李錫書編撰，清嘉慶十年（1805）五月刻。汶川現存第一部志書。《汶志紀略·古跡》《民國汶川縣志·古跡》《都江堰市金石録》載：宋熙寧二年（1069）十月十五日文同撰《勝因院》：“就其居處，有院曰羅漢。”② 後更名為“勝因院”。

［5］惟簡，《勝因院記》：“性顓潔，所趣端慎，守僧戒，作佛事，癯形晦面，不避風雨。遠近四眾，咸宗仰之。”③ 象教：佛教語。釋迦牟尼佛離世，諸大弟子，刻木為佛，以形象教人，故稱佛教為象教。南朝梁元帝《內典碑銘集林序》：“象教東流，化行南國。”④

［6］鋒燹：战火、兵亂。

［7］“崇甯元年”，當“熙寧二年”之誤。見北宋熙寧二年（1069）《勝因院》。《全蜀藝文志》卷三十六、《汶志紀略·古跡》卷四、《民國汶川縣志·古跡》卷七收録原文。

［8］撙節：節省；節約。《新唐書·柳公綽傳》：“遭歲惡，撙節用度，輟宴飲，衣食與士卒鈞。”⑤

彙考

勝因院，《民國汶川縣志·古跡》：“院久廢，止存其址。”北宋熙寧二年（1069），文同，字與可，撰《勝因院》：“得永康軍大中祥符寺僧義海者付之。”⑥ 知大中祥符年間已有此院。勝因院本佛寺，“初名羅漢”，“興象教”；“守僧戒，作佛事”。清嘉慶年間，“道人焚獻、曹本植曾改裝佛像，吴合慎、田教真亦稱守律”。咸豐時“行道教，誦皇經”，儼然道觀。可見，羌區民眾宗教信仰呈現佛、道、釋比多元與融合的態勢。距此院十餘公里的汶川縣水磨鎮黄龍寺，傳建於唐代，又稱“黄龍觀”，住道

① （清）李錫書：《汶志紀略》卷四，清嘉慶十年（1805）蕊石山房藏版，第19頁。

② （清）李錫書：《汶志紀略》卷四，清嘉慶十年（1805）蕊石山房藏版，第21頁；祝世德：《民國汶川縣志》卷七，《中國地方志集成·四川府縣志輯》（66），巴蜀書社（據民國三十三年影印）1992年版，第590頁；王才友、傅子全：《都江堰市金石録》，四川人民出版社1999年版，第66頁。

③ 祝世德：《民國汶川縣志》卷七，《中國地方志集成·四川府縣志輯》（66），巴蜀書社（據民國三十三年影印）1992年版，第592頁。

④ （清）李兆洛：《駢體文鈔》，岳麓書社1992年版，第429頁。

⑤ （宋）歐陽修、宋祁：《新唐書》卷一百六十三，中華書局1975年版，第5022頁。

⑥ （清）李錫書：《汶志紀略》卷四，清嘉慶十年（1805）蕊石山房藏版，第21頁。

人，行道教之儀。咸豐二年（1852）《永垂萬古碑》，刻立於四川省北川青片鄉新街老橋頭議話坪，書丹人名“呐嘛”，實“喇嘛”之誤。羌族民間至今流傳着端公（釋比）和道士、端公和喇嘛鬥法的傳説，反映出道教、喇嘛教（藏傳佛教）傳入羌區後與羌族固有的原始宗教及民間信仰之間曾經發生過激烈的摩擦、碰撞的現實。

該碑題名存羅氏、馬氏各二十餘人，還有尚、蔡、陳、周、劉等姓，這些既是漢族大姓，也是岷江上游羌族常見姓氏。如《羌戈大戰》《木姐珠與斗安珠》的作者羅世澤，今汶川縣文博所所長羅進勇副研究員，都是羌族。離立碑地僅 30 公里的三江，清代有劉氏羌人駐守幾百年，見嘉慶八年（1803）《劉家百代興隆碑》。汶川縣克枯鄉藏光緒三年（1877）《尚氏族譜序言》①。克枯鄉北連龍溪鄉，東臨雁門鄉，西接理縣桃坪，南面是威州鎮、綿虒，是羌族聚居區，處於羌族文化核心地帶。立碑地漩口鎮位於汶川縣東南，與灌縣（今都江堰市）接壤，是羌人進出岷江上游的咽喉要地。明孫復鋐《羌傭行》：“其性畏暑不畏寒，春去秋來避炎燠。”“蜀人利其操作能，年年相賃極乘屋。”②《華陽國志校注·蜀志》卷三：冉駹“冬則避寒入蜀，庸賃自食，夏則避暑返落，歲以為常”③。加之，明清時期民族進一步融合，特别是經濟稍發達的城鎮或交通要道，往往羌漢無别，故題名中應有羌人。

① 劉作明、吴澤剛：《歷代碑刻契文族譜》，《阿壩州文庫·歷代文獻整理系列》，四川民族出版社 2013 年版，第 117 頁。

② （清）李錫書：《汶志紀略》卷三，清嘉慶十年（1805）蕊石山房藏版，第 41 頁。

③ （晉）常璩：《華陽國志校注》，巴蜀書社 1984 年版，第 296 頁。

343 趙氏家譜序 光緒九年（1883）

説明

碑石原刻立於四川省汶川縣，現已亡佚。

碑文

從來家之有譜，猶國之有史，所以昭信紀實，重本篤親，使後世子孫，不敢忘其所自出。蓋支分派衍之際，系序易淆，非肇之於譜，而數世以還，茫然不知祖考所自出，或相視若秦越焉[1]，將何以昭兹來許，克繩其祖武於勿替乎[2]？

我始祖趙公諱芳，本湖廣黄州府麻城縣孝感鄉之大族世家。自明時宏治十八年[3]，隨叔威州知州趙符節入川為千戶長。修築城池，經理有功。嘉靖十一年，為雁門通鶴城堡軍把總。隆慶二年，為威州吊下里村寨等處漢羌軍兵千總[4]。所生二子，長諱茂申，次諱茂甲，遷移放馬坪[5]。天啟二年一世祖茂申，復徙居於月里創業，貽謀劉、趙二姓，分割地界，各報丁糧，原非無徵不信。今以月里村中路為憑，路以上劉姓地土，路以下皆趙家糧田。明末獻賊亂後，將族譜遺失，逮傳數代，後裔有移住成都、郫、灌者，又有遷居茂、理、金川者，迄今代遠年湮，時移世易，族姓繁多，或出或處，竟有忘其所自出，而不知其來由者。

六世祖趙公諱福壽，考究書札，清查來歷，將輩數名諱，逐一傳授於予父。予父深痛之！是以虔修譜序，序創嘉慶甲子來歷，已書於上。碑豎道光己丑[6]，根由稍表其中。況匪予父議之，獨賴先祖傳授，實宗而主之。碑豎祖塋之側，譜藏族長之家，後輩能繼志述事者，必以予父之言為非悖也。迪前人之光，罔敢失墜，授後輩之字，毋庸錯亂。從一世起到廿世，字輩之詩曰：申紹三世長，門庭文萬永，維思邦國正，大啓自崇光。蓋凡族姓之始，忻然一父之子也，久之而親者疏矣，又久之而疏者遠矣。矧分疆異地，系序闕焉，甚相若視為秦越者，勢也。予父承先祖傳授，惻然念祖考所自出，因筆為家譜，既有系，復有圖，用心不可謂不厚矣。獨念予父汶邑職員生，予弟兄五人。予幸叨恩在庠，未能上進，雖不能繼先人之志，亦可以敬述先人之事也。今日者，族姓蕃衍遷析子孫[7]。各祖其祖，承先烈而式廊之，即南北懸殊，而近譜以稽，森然雁序，譬諸黄河之水，千里九曲，穿龍門過積石以達於海，其始固同源星宿。讀其譜也，油然而孝敬生，藹然而禮讓接重本篤親，毋忘所自，是則予父之志也。予亦敬跋數語，凡我子孫，其珍重敬奉之哉！是為序。時大清嘉慶九年，歲在甲子，小陽月上浣日，八世孫文才，字成章敬序。男萬嘉，字三吉[8]，又於光緒九年歲次癸未上巳吉日，照譜謄録，敬跋。

著録

《民國汶川縣志》214

注釋

［1］秦越：春秋時秦在西北，越居東南，相距甚遠。常並舉比喻疏遠隔膜，互不相關。

［2］繩：繼續。武：足跡。此謂踏着祖先的足跡繼續前進。喻承繼祖輩事業。《詩經·大雅·下武》："昭茲來許，繩其祖武。"①

［3］宏治：即"弘治"，音同而誤。弘治十八年，即1505年。

［4］威州吊下里：即汶川縣月里村，羌漢雜居，故碑稱其始祖"隆慶二年（1568），為威州吊下里（即月里）村寨等處漢羌軍兵千總"。趙氏自稱"本湖廣黄州府麻城縣孝感鄉之大族世家"。羌族核心腹地的羌人，亦常常自謂湖廣填川的漢人，如道光二十六年（1846）《王氏宗祠碑》，刻於四川省茂縣三龍鄉龍窩組，現存原址。"自三楚黄州麻城縣人氏，自黄巢作亂，逃難於西蜀茂邑西鄉河東興隆村，立業於此。"故趙氏，究竟是漢抑或羌，已無可考。但至後代，已融入羌人，因而《羌族詞典》《羌族文學史》均稱其為羌族。

［5］放馬坪：即汶川縣銀杏鄉境。《汶志紀略·附鄉里》："放馬坪，治北六十里。羌居。"②

［6］嘉慶甲子：即嘉慶九年（1804）。道光己丑，即道光九年（1829）。

［7］蕃衍：同"繁衍"。

［8］嚞："哲"的古字。《説文解字·口部》："嚞。古文哲，從三吉。"③ 萬嚞：即趙萬嚞，羌族文學家。四川省汶川縣雁門鄉月里村人。見《羌族詞典》。

---

① 十三經注疏整理委員會：《毛詩正義》卷十六，《十三經注疏》，北京大學出版社2000年版，第1230頁。

② （清）李錫書：《汶志紀略》卷二，清嘉慶十年（1805）蕊石山房藏版，第9頁。

③ 丁福保：《説文解字詁林》卷二上，中華書局1988年版，第2134頁。

344 裁撤夫馬局告示碑 光緒十年（1884）三月

説明

碑石刻立地點不詳，現藏四川省汶川縣文博館。碑高 120 cm，寬 65 cm，厚 6 cm。碑文 27 行，滿行 41 – 49 字不等。楷書。額抹角。已殘斷為七塊，字跡尚可辨。

碑文

署理茂州直隸州汶川縣正堂羅，為遵示刊碑以垂久遠事[1]。□奉/總督部堂丁劄[2]，光緒九年六月二十九日專，差具奏，為裁撤夫馬局[3]，請/旨立案以垂久遠。

恭擢具奏，抑祈/聖鑒事。竊查川省自同治初年，本省、鄰省軍務緊急，各處征兵防勦，地方供給兵差，始創設夫差局，由地方官委紳設局，按糧派錢，預/備支應。其初專為防勦緊要，辦理兵差而設，原為萬不得已之舉。迨後軍務肅清，兵勇大半遣撤，而各［廳］、州、縣積習相沿[4]，仍藉支/應兵差，名色任意，苛派夫馬，盈千累萬，有較正供浮多加至數倍。地方官以此為應酬入私之具，局紳以此為迎合漁利之階。小/民脂膏，半入官紳私囊。二十餘年，視為固有。民力幾何，豈堪長此剥削。雖前督臣吴查明[5]，分別裁撤酌減，而各屬仍多藉口差/使，大都陽奉陰違。

臣於光緒三年到川，民間具控夫馬之案，層見迭出，民情嗟怨，困苦堪憐。當應通飭，一［律］裁撤[6]。惟查南路之雅/安、邛州，上至省城，由省至北路廣元出境，十八州縣為藏差、喇嘛、學差、試差往來要道，例有支應，不能不而為酌留，以資津貼。仍/飭由臣親為核定，於向派錢數大加刪減，以杜侵蝕，而紓民力。其餘各屬，均自光緒三年六月起一律全撤，不准再派民間分文。/如違，嚴条懲辦。嗣據各廳、州、縣陸續稟報裁撤，復經遴委賢員分赴各□，明查暗訪，亦尚無巧立名目，影射私收情事。至今數年/以來，民力稍紓，應供之差，亦無貽誤。現在各廳、州、縣均尚恪遵辦理，第恐□□弊生，不肖官紳復□□□□□□□設夫馬局，亦/不可不預防。合無抑懇/天恩俯准，敕部立案以垂久遠。以後如有不肖州、縣，擅自開端，私行攤派，一經發覺，除將該牧令嚴行条辦外，並請將遞行批准/及夫察之，總督、藩司一併降級示懲。俾川中士民長獲休息，上副/聖主軫念民艱之至意[7]。除將酌留夫馬［廳］、州、縣另繕清單，恭呈/御覽，並咨部外，理合恭摺陳奏，伏乞/太后、/皇上聖鑒訓示，謹奏。

光緒九年九月□七日，原摺批回：軍機大臣奉/旨該部知□單併發，欽此。/

計開川省酌留夫馬各州縣清單：

北路：成都、新都、漢州、德陽、羅江、綿州、梓潼、劍州、昭化、廣元。南路：華陽、雙流、新津、邛州、名山、雅安、清溪、滎經，以上十八州縣/為駐藏大臣、喇嘛及學差、試差往來必由之路，例有支應，應請酌留夫馬。/

光緒十年三月□日豎立大堂。/

著録

阿壩州文管所藏拓

注釋

[1] 汶川縣正堂羅：即羅汝霖，光緒九年（1883）任汶川知縣。廣西賀縣增生①。

[2] "奉"上一字殘，存下部"木"。總督部堂丁：即四川總督丁寶楨，字稚璜。貴州平遠（今織金）人。咸豐三年（1853）進士，選庶吉士②。洋務運動重要成員，先後任山東按察使、山東巡撫、四川總督。治蜀凡十年。贈太子太保，謚"文誠"。參見《清史稿·丁寶楨》。

[3] 夫馬局：為軍情提供後勤保障，於同治元年（1862）設。戰事結束，兵勇遣散，各廳州縣仍保留，供因公往來的過境人員。然而其開支甚大，民苦不堪言。光緒三年（1877）四川總督丁寶楨上奏朝廷取締夫馬局。

[4] "州"上一字殘，據下文及文義，當"廳"字。

[5] 督臣吴：即吴棠，字仲宣。安徽省盱眙人。道光十五年（1835）舉人③。為官清廉，有"吴青天"之稱。同治七年（1868）奉旨調補四川總督。光緒元年（1875）因病奏請開缺。後回籍。

[6] "一"下一字泐，觀存痕，似"律"。

[7] 原刻"副"，本當"負"，同音而誤。辜負。

---

① 祝世德：《民國汶川縣志》卷二，《中國地方志集成·四川府縣志輯》（66），巴蜀書社（據民國三十三年影印）1992年版，第439頁。

② 趙爾巽等：《清史稿》卷四百四十七，中華書局1997年版，第12491頁。

③ 《清史稿》卷四百二十五，第12222頁。

345 羅式公中墓誌 光緒十一年（1885）二月

説明

墓誌刻於四川省汶川縣綿虒鎮玉龍。王衡氏書丹。誌文25行，滿行13字。楷書，有縱界格，多綫框。四周刻卷草花朵、回折綫紋。尺寸失記。

誌文

羅式公中墓誌銘。/

蓋聞祖德宗功，持躬篤厚，水/源木，木成性，孝慈。想當年，奉始/祖而三楚[1]，遠別耕讀家傳，辭麻城/而西屬，初遷黔門古法[2]，徙茲汶/水[3]，爰得樂土。承先世經榮百計，/裕後昆體志兩行[4]。地生百魚，水秀/青山。人傳十一代，清白家風，脉氣/一支，詩書門第，一堂之上，其樂淺/淺，其樂融融，無非上體親心，下承啟後，/其默默之相通者，惟志而已。以親之志/通乎子之志，亦以子之志通乎親/之志，《小雅》云："孝子不匱，永錫爾類。"[5]/其垂範為無窮焉。想曩時祖父母/之艱苦備嘗[6]，創業難，守業尤難，何/也？苦心孤詣，沿及今日，既不負先君之/立志，又不怠子孫之勤勞，想先父棄書/躬耕，報捐國學，生於道光辛丑年八/月十六日吉時，承繼宗祧，先靈啟後，/扶持默佑，家道興隆，夫而後福壽/全歸，利名一律斯時也。先行陰宅，/應卜二眠。為善之家，必有餘慶，佑/丁繁衍，世代榮昌。以志不朽之序云。/

光緒乙巳二月新造吉立。/

監生王衡氏敬書。/

著録

阿壩州文管所藏原石照片

注釋

［1］戰國楚地疆域廣闊，秦漢時分為西楚、東楚、南楚，合稱"三楚"。後泛指長江中游以南，今湖南湖北一帶地區。

［2］"遷"下一字泐，諦視，左"黑"，右"今"，是"黔"。貴州省的別稱。

［3］"徙"下一字泐，細審，是"玆"。

［4］後昆：亦作"後緄"。後代，子孫。東漢建安二十一年（216）《綏民校尉熊君碑》："追羨遺績，紀述前勳，於是刊碑，以示後緄。"①

［5］語出《詩經·大雅·既醉》："孝子不匱，永錫爾類。"雅分大、小，皆《诗經》的組成部分。"《大雅》"，原刻作"《小雅》"，誤。②

［6］曩：先時。《莊子·齊物論》："曩子行，今子止；曩子坐，今子起。"成玄英

① （清）嚴可均：《全後漢文》，河北教育出版社1997年版，第980頁。

② 十三經注疏整理委員會：《毛詩正義》卷十七，《十三經注疏》，北京大學出版社2000年版，第1285頁。

疏："曩，昔也，向也。"① 曩時：以前。明杨慎《六客詞》："追思曩时，真一梦爾。"②

彙考

立碑地綿虒玉龍，位於四川汶川縣城西南岷江兩岸，東北臨威州、克枯鄉，西南連草坡鄉，西北與理縣毗鄰，東南同灌縣（今都江堰）相交，是漢、羌、藏雜居區。誌稱其先辭麻城，徙兹汶水，人傳十一代，長期的民族雜居，勢必帶來文化的交融。

① （清）郭慶藩撰，王孝魚點校：《莊子集釋》卷一下，中華書局1961年版，第110頁。
② （明）楊慎著，岳淑珍校注：《楊慎詞品校注》，中州古籍出版社2013年版，第150頁。

346 觀音巖摩崖題記 光緒十一年（1885）十月十五日

説明

摩崖刻於四川省北川縣馬槽鄉觀音巖壁。石高100 cm，寬80 cm。碑文14行，滿行字數不等。楷書。泐蝕漫漶嚴重。該碑又題《觀音巖永垂萬古石刻題記》《馬槽羌族鄉觀音崖摩崖石刻》。

碑文

永垂千古。/

告白：情因地名陰徐山安刀放純[1]。/

光緒十年八月內，陳姓走去砍柴、割草，撞刀而亡。茂州興成詞訟明水溝、黑水坪、陰山眾姓人等，男女受口，不准安刀放純。若有人安刀放純，來人報信者，償工水一千文[2]。/

論在鄉場忍口氣，/莫在公衙橋高低。/縱然你有十分理，/勝敗二字戀不的。/

恕讓好的照湖，願請石匠損刀五百文。/

光緒十一年十月十五日眾姓公立。/

著録

《北川羌族資料選集》225

注釋

［1］陰：馬槽陰山。純：本當作“繩”。下同。“安刀放純（繩）”是羌人狩獵的重要方式。明清時期，高山羌區仍處於刀耕火種階段，生産水平低下，收入不豐，輔以砍伐、挖藥、狩獵來改善生活。因頻出現由于安刀放繩致人死亡事件，所以民眾以鄉規民約形式加以禁止。

［2］《北川羌族資料選集》逕録“水”，疑本作“氵”，“錢”的俗字。

347 天佛寺碑 光緒十一年（1885）十月

碑陽

碑陰

説明

碑石刻立於四川省汶川縣草坡鄉克充村天佛寺，現存原址。碑高 100 cm，寬 60 cm，厚 7 cm。兩面刻，碑陽 15 行，碑陰 19 行，滿行 29－31 字不等。餘題名。楷書。碑陽額方首，楷書題“永垂不朽”。

額

永垂不朽。/

碑文

碑序/

嘗思山石舦磨新鉄杵，蓮花不爛舊根頭；搜遍海山真仙子，發盡古間應文人。全/賴有仙佛以策為善之志，無仙佛則勇力精造矣。竊於咸豐先年，眾公發心，建立/觀音佛庙，以保圖境清寨□善済[1]，萬民灾咎，有求必應，無惑不通。近來三十餘/載，庙宇毁壞，佛祇不安。眾等聞心不忍，會同諸公同立捐薄，咸以募化，成功重/建、培修易四。作善降之百祥，作不善降之百殃。陰陽感應，主其富而且貴，貴而/且壽。文現三元之慶[2]，武受萬里之封[3]。壽敦彭祖，財培陶朱[4]，善意不勝，終古不朽/也，是以為敘。/眾公所議條規開列于左：/

一議会首臨会期，若佛神位前香蜡、祭油未齐，罰亇乙千文[5]。/

一議会首公用佛亇，不淂損神利已，私吞公項，罰亇乙千文。/

一議会首臨期，不准吃酒。於凡究酒、打架、闹会，罰亇乙千文[6]。/

一議会首臨期，敬神不准二人。如或二人來会，罰亇五百文。/

一議外來燒香敬神者，会上無有款待估坐者[7]，罰亇乙千文。/

古建総領首事：周安甲，周哈吉，賈德林，田正興。/

新建、培修首事：/

二月：周長生，曹明通，姜万芳，周仕富，劉道同，/各上亇二百文。/

六月：白鄉約，劉道榮，何榮山，楊天長，曹明達，/各上亇二百文。/

九月：吴三德，曾坤全，黄玉山，楊春長，周仕元，/各上亇二百文。/

（上泐）隆（下泐）。/

梓匠范木匠[8]。/

石工秦万才。/

大清光緒十一年小陽月吉日立。/（以上刻於碑陽）

蓋聞天地有存古之道，阴阳有消長之極。萃子宍抡一堂，序昭序穆：祀□異抡［百］/世，报德报功[9]。不有父母祖宗，何由得尔？但知夫婦兒女，難言是人也。今□□/設中元會一局[10]，慎終追遠，度死超生。孝子賢孫，难忘祖德。時思報本，以尽人□/之意也。以及鰥寡孤獨，薨於岩摧□打、投河自縊、刀兵□难[11]，一切孤魂

等憑□/扵一堂，年年鑒納，歲歲收領，以保同溝家家靖泰，戶戶平安之兆也。/

一議会首办公，不得私吞獲利。如獲者，公罰錢三千文。/

一議会首臨期，不得宄酒打架，摆錢賭博。公罰ㄋ二千文。/

一議各客上ㄋ者，臨期上紙，粗茶拱使[12]，各具包一封。/

一議会首及各客上ㄋ者，各異州縣。年久後，首事照規具包[13]。/

總領会首：/周長生，/曾軋泰，/邵洪泰，/冷真乒，/吳王德，/晉明通，/楊万長，/黄玉山，/姜万芳，/每各会首捐ㄋ乙千文[14]。/

藍天興，魯坤全，/陳德仁上ㄋ二千文。劉道榮上ㄋ乙千文。

雷陞祥上ㄋ乙［千文］。/汪相化上ㄋ乙［千文］。/周素友上ㄋ二［百文］。/□馮氏上ㄋ六［百文］[15]。/陳能春上ㄋ乙千文。/左永盛、江氏六百文。/

周哈吉，藍金成、馬氏，陳能春上ㄋ乙［千文］。/

曹應高、陳氏，陳有元、廖氏，左永盛、江氏六［百文］。/

邵万靖、程氏，劉大孝，/白哈泰、周氏，/吳國元，/曹奇珍、吕氏，/得耳甲、周氏，/黄朝洪、周氏，/姜连陞、左氏。/

光緒十一年小陽月吉日立。/（以上刻於碑陰）

著録

阿壩州文管所藏原石照片

注釋

［1］“善”下一字泐，諦視，似“済”，同“濟”。好的意思。

［2］三元：科舉時代，解試（後稱鄉試）、省試（後稱會試）、殿試（後稱廷試）的第一名稱為解元、會元、狀元，合稱三元。宋趙昇《朝野類要·舉業》：“解、省試並為魁者，謂之雙元；若又為殿魁者，謂之三元。”①

［3］萬里之封：即“封侯萬里”。典出《後漢書·班超列傳》：班超“輟業投筆歎曰：‘大丈夫無它志略，猶當效傅介子、張騫立功異域，以取封侯，安能久事筆研閒乎？’……其後行詣相者，曰：‘祭酒，佈衣諸生耳，而當封侯萬里之外’”②。後班超成就大業，封定遠侯。遂以“封侯萬里”，謂建功立功，求取功名。

［4］彭祖：傳説中的人物。封於彭，故稱。傳説其善養生，有導引之術，活到八百歲。事見漢劉向《列仙傳·彭祖》。後世以彭祖為長壽的象徵。陶朱：即陶朱公，春秋越國大夫范蠡的别稱。泛指大貴者。

［5］乙：本當作“一”。下同。

---

① 宋史座談會：《宋史研究集》（15），臺北：“國立”編譯館中華叢書編審委員會1984年版，第101頁。

② （南朝宋）范曄撰，（唐）李賢等注：《後漢書》卷四十七，中華書局1965年版，第1571頁。

［6］宂：即“兇”字。

［7］“估”，微泐，尚可辨。“估”，本作“準”。允許，準許。

［8］梓匠：木工與匠人。《孟子・盡心下》：“孟子曰：‘梓匠輪輿，能與人規矩，不能使人巧。’”① 楊伯峻注：“《周禮・考工記》有梓人、匠人為木工，有輪人（製車輪）、輿人（製車箱），為製車之工。”②

［9］“子”下一字泐，存痕似“冏”，亦作“訥”，語義不暢。擬“納”之誤。“祀”下一字，因後世用水泥固碑，失一字。此為宗祠通用對聯，一般寫作“萃子孫於一堂，序昭序穆；祀祖宗於百代，報德報恩”。

［10］中元：指農曆七月十五日。此日道觀作齋醮，僧寺作盂蘭盆會，民俗則有祭祀亡故親人等活動。唐韓鄂《歲華紀麗・中元》：“道門寶蓋，獻在中元。釋氏蘭盆，盛於此日。”③

［11］“兵”下一字泐，存上部“人”，不能辨識。

［12］拱：本當作“供”。

［13］具：本當作“矩”。

［14］各：本作“個”。

［15］“馮”上一字泐，是左右結構，似“敖”，不確。

---

① 蘭州大學中文系孟子譯注小組：《孟子譯注》，中華書局 1960 年版，第 326 頁。

② 楊伯峻：《孟子譯注》，中華書局 1962 年版，第 147 頁。

③（唐）韓鄂：《歲華紀麗》卷三，《叢書集成初編》（172），商務印書館 1937 年版，第 79－80 頁。

348 重建索橋村外三聖宮廟宇碑 嘉慶二十四年至光緒十一年(1819－1885)

説明

碑石原刻立於四川省汶川縣雁門鄉索橋村，現已亡佚。趙萬嘉撰文。

碑文

重建索橋村外三聖宮廟宇碑序

蓋聞莫為之前，雖盛弗傳，莫為之後，雖美弗彰。然神與人妥，而神人安，神因人則靈，人因神而佑。故神人有求必應，而人神有誠必通。今昔若是，各道皆然。宗教所由，理固然矣。

惟我索橋一村，所建/三聖神聖之廟宇[1]，自古昭然，由唐宋元明以來至前清，歷有年所。憶昔順治年間，已經前人補葺，樂善捐輸，以/遺後世萬載不朽之功耳。特是寒來暑往，山河變遷，月缺日盈，成敗旋轉，物產不敝之理，而事亦無不轉移之機。雖廟貌輝煌，經百餘年之風霜雨雪，鳥鼠棲留，有不凋殘頹敗者乎。於斯時也，我村中之忠厚長者，積聚公項，共樂為善，存積數年，覺有餘錢百十千。兼之村內老幼同心，協力募化，樂善諸公，囊貯錙銖，眾善適從。鳩工庀材，鋭意修建。擇就吉日吉時，開闊廟基，寬數丈。興工修建。不數月而廟宇煥乎為之一新。誠足以壯大觀。

茲則功成告竣，華彩美麗，殿宇巍峨，神靈赫耀。斯乃神以妥而以靈，而人宜福亦宜壽。此固神人胥慶。正所謂大有豐年，時和歲稔，祝頌昇平，而歌詠醉飽者耶。故有捐資勒石，芳名永著。庶我村各善士，後之子孫，共鑑此意。而廟宇之香火，千秋萬古，以傳不朽云。

又嘗考天角有缺，以石補之；袞職有闕，以德補之。故鄉有亭而里有廟，或字庫塔子，以補地勢，以培山川育秀之氣矣。通都大邑，何則無之，鄉村市鎮，各道皆然。

想我村朱、陳兩姓，原屬親誼[2]。自大明時，離湖麻城孝感地方，夥同上川，由灌近汶，輒迹至今相沿，屈指四百餘年。當始之時，其地四面雖山，而高低凸凹，頗有形勢，上美女看船，下有龍墩塞雁[3]。興龍磨月，背嶺添光。前背漁潭走馬，古號萬載江山。況又黑土在右，黃泥在左，泉源溪水，合塘入河。礳溝旋轉，乾坤不停。其間葡萄滿架，一碗千金。爾時之突兀崢嶸，蜒蜿綿亙，其形若勢，不無不壯麗。迄今滄海桑田，幾成澤國，山崩石落，宛如坵墟，无無頹敗，竟不地其地，亦人所當為興衰在人之力歟？豈今日之索橋，非昔日之索橋也無。雖年豐歲稔，而吾人不無告急。意者地脈紛馳，應動乎人。故余等集合同商，眾善樂捐，修枋建柞，三相培補。以壯地勢，而美觀瞻。聖代即今多雨露，人文從此會風雲。家歡戶樂，人壽年豐，庶可無凍餒云爾[4]！

著録

《民國汶川縣志》210

注釋

［1］道教三聖指太乙救苦天尊、大慧真人、救苦真人。

［2］親誼：親戚的情誼。

［3］對舉，“上”下脱“有”字。

［4］涷餒：饑寒交迫。漢賈誼《修政語下》：“故婦為其所衣，丈夫為其所食，則民無涷餒矣。”①

彙考

索橋村三聖宮廟宇，歷史悠久，自唐、宋、元、明以至清代，幾經修繕。雖順治年間又進行維修，但經百餘年之風霜雨雪剥蝕，廟宇仍有殘損。村中忠厚長者，積聚數年之財帛，全村老幼同心協力捐資，擴寬廟基，開工修建，幾月中廟宇煥然一新，故捐資勒石，芳名永駐。同時追述索橋村朱、陳二姓自明代湖廣填川由孝感鄉而來索橋村定居的經歷，这也是漢族融入羌族的事例。

《三聖廟碑》，無年代。道光九年（1829）《索橋村川主廟碑》與《重建索橋村外三聖宮廟宇碑》（以下簡稱《三聖廟碑》），均刻立於索橋村。兩碑除捐資人題名外，開篇至“不朽云”，碑文多有重複，行文、措辭一致。只是祭祀對象一為“川主”，一為“三聖”。如《索橋村川主廟碑》：“惟我索橋一村，所建川主神聖之廟宇。”《三聖廟碑》：“惟我索橋一村，所建三聖神聖之廟宇。”當敘及建廟歷史時，皆云：“自古昭然，由唐宋元明以來至前清，歷有年所。憶昔順治年間，已經前人補葺。”《三聖廟碑》僅多“來”字。《索橋村川主廟碑》：“鳩工化材，堅意修建。”《三聖廟碑》：“鳩工庀材，鋭意修建。”顯然，《三聖廟碑》的遣詞造句更加準確、雅緻，符合撰文人趙萬嘉文學家的身份。如果假設兩碑鐫刻於同一時間，根據撰文人趙萬嘉生於嘉慶二十四年（1819），則道光九年（1829），作者年僅10歲就撰《三聖廟碑》，可能性很小。那麼，我們推測，《三聖廟碑》是在道光九年（1829）《索橋村川主廟碑》基礎上有所發展而創作完成的。如對岷江上游自然景色的描寫，反映了岷江上游環境破壞的痕跡。不然無法解釋兩篇碑文那麼多的相似處。當然，兩碑也反映了索橋村民間信仰的變化，从而成為研究羌族宗教信仰的重要材料。

---

①（漢）賈誼：《賈誼集》，上海人民出版社1976年版，第168頁。

349 封山護林碑 光緒十二年（1886）四月二十八日

説明

碑石刻立於四川省汶川縣雁門鄉索橋小寨子村十字路口處，即小寨子與蘿蔔寨交界處。飛檐二柱一開間。碑高 160 cm，寬 90 cm。現存原址。袁朝輔撰文。碑文 28 行，滿行 51－52 字不等；左下附文 5 行，行字數不等。二柱刻楹聯，柱内側均 7 行，行存字數不等。楷書。左下方、柱内側下方泐蝕嚴重，已難辨識。横樑楷書題“非人能為天也”。碑文上端刻縣署、鄉府兩枚方形印章。20 世紀 80 年代汪友倫先生椎拓碑陽，現藏汶川縣文博館。村民重塑碑頂單飛檐，2011 年 6 月阿壩州文管所椎拓時，已不見横樑題字，幸獲碑柱及内側題字。

額

非人能為天也。/

碑文

大霸久必險，豈在奸猾可壓良。/天綱疎不漏，要圖厚報方行正。/

袁朝輔題言。/（以上刻於二柱）

欽加同知銜特授茂州直隸州汶川縣正堂加五級紀録十次曾[1]，為曉諭遵照永敦和睦事。

據小寨子□□□□□□□□□□□□□□/壽保、趙松、保長袁瑞廷，索橋寨民人陳世亨、朱光才、朱光斗、朱光華、朱光泗、朱喜喜、朱其章等因互争山林□□□□□□□□□□。/本縣親臨踏勘，集案訊明，断令將新開礌道[2]，永遠封禁。私塹字跡，概行鏟毁。其牧放牲畜小道，仍照先年舊路行走，以□□山頂立界/石，東以邊上大溝為界，西以中間大溝為界。二溝以内作為公山，不準兩寨人民私行斫伐，只準在内牧放牲畜，割蒿撈葉。如日後/樹木茂盛，兩寨公議稟官，匀派工資，採取作價，兩寨均分，以作培補廟宇，/修砌道路之費。其新開礌道之地，仍歸本主管業，兩寨人/民不得侵佔。除取該民等甘結備案存查外[3]，合行出示曉諭。為此示仰小寨子、索橋寨兩寨民等遵照，永遠照案遵行，永敦和［睦］[4]。自/示之後，倘有不遵，私行斫伐，藉影生枝，一經察覺，或被告發，定即挐案究治[5]，决不姑寬。各宜稟遵毋違，特示遵。/

光緒二年十月初一日。右諭通知，刊立碑右，匆□寨示家垂[6]，千古勿損。/

欽加同知銜陞用直隸州代理茂州直隸州事署汶川縣正堂加五級軍功加二級紀録十次趙[7]，為勘界立碑，示諭遵照事。

案查小寨子/與蘿蔔寨山場地界毘連，馬福興、［袁］定邦等[8]，於光緒四年控。

經曾前縣訊明，断令嶺崗坪山場之頂作為公山，准兩寨民人牧放/牛馬、砍柴、割草[9]。杉木老林，准取橋樑、道路柱木、房料。不得招商燒𪉟，砍做櫬板，私取山價。袁定邦等十一戸，在嶺崗坪下節开荒，准/其照常耕種管業。蘿葡寨向設夫置差三名，以二名撥歸上節小寨子花戸攤認[10]，以一名撥歸袁定邦等十一戸充當。並準蘿葡寨朋糧/分撥叁錢，歸袁定邦等十一戸完納。當經兩造遵照，書立合同，具結完案。

又，查光緒五年，前縣勘察議明，前断嶺崗坪□□□□□/未断粮，應断令王正才年納粮兩撥肆錢，在小寨子袁朝輔花戸人等完納，以示公允，而免争訟。王正才不得泒及小寨子□□□□/造，亦甘結備案。光緒十二年春間，該處婦女復在嶺崗坪山中，尋牛争□控，經本縣查卷□証訊明，仍照原断。親臨後□□□□□/節，向有深溝一道，界限分明。應溝外該小寨子管理，溝內該蘿葡寨管理。諭令兩寨民人和，合两寨兩相助，□□令兩造□族□□□□□[11]，/豎立界石。嶺崗山場，一分歸小寨子管業。所有山坡松林，歸蘿葡寨管業。人字溝老林，歸作公山。旋據蘿葡寨民馬福興、□□□□□□/金貴等，並小寨子民袁朝賓、袁天長、趙冬喜等，各具切結，前來合行，出示曉諭。為此示諭該處居民人等。知曉嶺崗坪深溝□□□□/上，現立界碑。爾等蘿葡寨、小寨子居民，自應永遠遵照。嗣後各營各業，互相和睦，共為善良。毋得再啟争端[12]，致負本縣諄□□□/之至意，毋違特示。遵。/

具結狀[13]。上水里蘿葡寨羌民馬福興等[14]，今於/大老爺臺前，為結狀事實，結得民等，以違開荒阻等情[15]，互控在案。蒙恩當堂訊明[16]，親臨踏勘[17]，/添立界石。嶺崗坪山場，一分歸小寨子管業。松林歸蘿葡寨管業[18]，人字溝杉木老林，歸作/公山，俱各遵断。中間不虛，結狀是實[19]。/

案經本縣親臨勘复，勘嶺崗坪上節，原有深溝一道，界限分明。背同兩造銀[20]，同立石/為憑。日後兩寨人等，永遠遵守，不得再起争端。既據遵断，准予完結[21]。/

光緒十二年四月十五日具[22]。/

光緒十二年四月二十八日，右諭通如，刊立碑界勿損[23]。/（以上刻於碑陽）

堂列。

□得此案馬福興，姪女金妹等進公山撿□[24]，被袁/□人毆打，無從□案，經前□罰，明□□□，/越界砍柴，滋事以（下泐）/□不合案，經堂一（下泐）寬（下泐）/□裝朝□（下泐）批/示，都督同□□林界□□/等泒民錢，致□擾界，是所（下泐）。/

□女惧擋（下泐）具松□□□□□□□□/（上泐）管（下泐）/（上泐）金貴（下泐）[25]。（以上刻於碑陽左下方）

立寫合據，永相和好，永息抗争，两相友助，里邦小寨子、蘿葡寨眾花戸等情[26]，我們兩村鄰山場，地土山下昆連[27]，因界限相侵，［互控到縣］[28]，/蒙縣主曾親臨踏勘，當堂訊明，断全嶺崗坪山場一分歸作公山[29]，上節准兩村人等放牧牛羊，［砍柴割蒿，移松木老林准砍取橋樑、道路柱木並住宅房屋，余］/不得招商燒鐮，撼掀開做□板[30]，私取山價。下節即經袁定邦等拾壹戶人開墾耕種[31]，所［種之地仍歸定邦等拾壹戶人耕管。蘿葡寨原來所當之夫差三］/名，以二名撥在上節，歸小寨子眾花戶攤認；以一名撥在下節，歸種地之［袁定邦等拾壹戶分當。又將蘿蔔寨之錢糧分撥三錢歸定邦等拾壹花戶完納。兩寨人］/等，均各歡悅，無議謹遵[32]。

求断貴堂，肃立合同約據，承請照驗[33]，兩寨［各/執約據，息争兢而相友助[34]，如有不遵，再行侵佔，録紙呈公認，留之慎之，切特示遵。

欽加同禦拜授汶川縣正堂加三級記録[35]，汶曾為嚴禁争執事。］/

□中□永感郭存北原洸湯順蘿□（下泐）[36]。/

光緒四年三月二一日［立］[37]。/

［合據人兩村眾等］刊□[38]。/（以上刻於左碑柱內側）

天理良心。/

具結。本上水里小寨子袁定邦等人於/大老爺臺前為結狀事，實結得蘿葡寨羌民馬福興等具控蚁在案[39]，蒙恩堂詢明，今前任/曾主任內所断：嶺崗坪上，断老林作為公山，准爾等興蘿葡寨牧放牛羊[40]，其荒山熟地編戶□□□小寨子種。断夫三名，未定断粮，因之成訟。今断爾等小寨子，在於王正才等□□□□內撥完，上□公粮、□錢□□/粮叁錢[41]，各扯各票。王正才等日後不得泒及爾等小寨子私粮。永□□□□□□□□□□□□□□具□□，/中間不虛，結狀是實。/

光緒五年十二月十七日。/（以上刻於右碑柱內側）

著録

1. 汶川縣文博館藏拓。2. 阿壩州文管所藏原石照片。

注釋

［1］衔：同“銜”。曾景福，雲南舉人。光緒二年任汶川知縣。見《民國汶川縣志·知縣》。

［2］礄：本作“槽”。

［3］“取”：當作“去”。同音而誤。除去，不計算所説的在内。

［4］“和”下一字泐，據上文“遵照永敦和睦事”，補“睦”。

［5］即拏：本作“緝拏”，亦作“緝拿”。搜捕。

［6］“右”下泐兩字，首字似“匆”。次字已不能辨。

［7］趙：趙鴻疇，浙江監生。光緒十二年任汶川知縣。見《民國汶川縣志·知

縣》。

［8］葡：與“蔔”，古音音同。蘿葡寨：即“蘿蔔寨”，又稱“鳳凰寨”。位於四川省汶川縣雁門鄉境内岷江南岸高半山臺地。今名由來，傳説多種。一説原名老虎寨，因酋豪與清廷對抗失敗，用諧音稱之為“蘿葡寨”，譏嘲它脆弱不堪一擊。《羌戎考察記》記録羌民關於“老虎變蘿葡”的傳説①。“定”上一字泐，據下文補“袁”。

［9］“人”下泐二字，諦視，是“牧放”。

［10］花户：舊時指在册之户。

［11］“寨”下泐三字，諦視，似“兩相助”。“造”下字泐。首字存左“亻”；次字似“族”。

［12］啟：本作“起”。引起。同音而誤。

［13］結狀：表示證明、擔保或了結而向官府出具的文書。《警世通言·金令史美婢酬秀童》：“衆吏雖懷妬忌，無可奈何，做好做歉的説發金滿備了一席戲酒，方出結狀，申報上司。”②

［14］上水里：據《汶志紀略·附鄉里》載，明代汶川置五里，清代則以汶川縣治綿虒為中心，將全縣分為上水里、下水里。上水里下轄縣城、蘇村、沙壩、三店、白漁落、板橋、磨刀溪、姜舍壩、雁門關、河坪、簇頭、里坪、馬念坪、高東山、白土坎、崖鳴、鞍子頭、瓦窯坪、剞兒坪、黄土坎、毛坡、羊山寨、牛腦寨、月里、通山寨、放馬坪、羅掛寨、小寨子、索橋寨、蘿蔔寨等，羌漢雜居，以羌為主③。《碉樓與議話坪》《西川羌族特殊載體檔案史料研究》脱“等”字。

［15］“以”字微泐，《碉樓與議話坪》脱。其下泐三字，諦視，似“違開荒”。《碉樓與議話坪》作“為霸兇”，與文義不合，不取。《西川羌族特殊載體檔案史料研究》沿用。

［16］“恩”，《碉樓與議話坪》作“承”，並脱“臨”。《西川羌族特殊載體檔案史料研究》沿誤。

［17］“勘”上一字泐，存痕似“踏”。《碉樓與議話坪》《西川羌族特殊載體檔案史料研究》脱。

［18］《西川羌族特殊載體檔案史料研究》脱“松林歸蘿葡寨管業”等字。

［19］《碉樓與議話坪》脱“不”“狀”。作“中間虚結是實”，致語義不暢。《西川羌族特殊載體檔案史料研究》沿用。

［20］“銀”，《碉樓與議話坪》《西川羌族特殊載體檔案史料研究》作“眼”，形

---

① 庄学本：《羌戎考察記》，上海良友圖書公司 1937 年版，第 24 頁。

② （明）馮夢龍：《警世通言》卷十五，上海古籍出版社 1998 年版，第 166 頁。

③ （清）李錫書：《汶志紀略》卷二，清嘉慶十年（1805）蕊石山房藏版，第 7－9 頁。

似而誤。

［21］“予”，《碉樓與議話坪》作“于”，音、字形相同而誤。並脱“據”。《西川羌族特殊載體檔案史料研究》亦脱“據”。二書摘録原文“具結狀”至“完結”①，分别命名為《訴訟碑》《汶川雁門蘿蔔寨訴訟結案碑》。

［22］《碉樓與議話坪》《西川羌族特殊載體檔案史料研究》均脱。

［23］“八”上存“二十”，《碉樓與議話坪》脱。

［24］“公”上一字泐，諦視，外存“辶”，内為“亻”，似“進”。“山”下泐二字，首字左下角殘，存左上“十”，右“僉”，似“撿”。羌民在約定的“公山”區域内可牧放牛羊、揀柴。

［25］“堂列……金貴”等語，分刻於碑文末，位於碑石左下，泐蝕嚴重。據汶川縣文博館藏拓，並參阿壩州文管所藏拓、原石照片釋文。

［26］“立寫合據”至下文“光緒四年三月二一日”，《碉樓與議話坪》② 作為獨立碑刻，命名為《蘿蔔寨去私碑》。《西川羌族特殊載體檔案史料研究》沿用。並釋“和”作“合”；“里邦”作“雁門”，非。兩書並誤。

［27］“村”上，《碉樓與議話坪》衍“之”；“地”下脱“土”。“連”上一字，觀拓上“田”，下“比”，是“毘”字。毘連，即“毗連”，相連接。《碉樓與議話坪》作“昆”，致語義不通。《西川羌族特殊載體檔案史料研究》沿誤。

［28］“侵”下字泐，無法辨識。“［］”内，據《碉樓與議話坪》補，備參。《西川羌族特殊載體檔案史料研究》沿用。下同。

［29］“嶺”下字泐，諦視，似“崗”。下文多處“嶺崗坪”，地名。當是。《碉樓與議話坪》作“田”，非。“分”，清晰，本作“份”。《碉樓與議話坪》釋作“段”，非。《西川羌族特殊載體檔案史料研究》沿誤。

［30］“板”上一字泐，觀痕，木字旁，似“檄”，不確。《碉樓與議話坪》作“撒”；並釋“撼”作“抱”，皆非。

［31］“經”下，《碉樓與議話坪》衍“小寨子”。

［32］“歡”，《碉樓與議話坪》作“欣”，形似而誤。又，釋“謹”作“鐘”，非。《西川羌族特殊載體檔案史料研究》沿誤。

［33］“立”上字泐五字，諦視，是“求断貴堂肃”。《碉樓與議話坪》作“當言”。又，釋“承”作“懇”，均非。《西川羌族特殊載體檔案史料研究》沿誤。

① 李鳴：《碉樓與議話坪：羌族習慣法的田野調查》，中國法制出版社 2008 年版，第 190 頁。何永斌：《西川羌族特殊載體檔案史料研究》，巴蜀書社 2009 年版，第 314 頁。

② 《碉樓與議話坪：羌族習慣法的田野調查》，第 189 頁；《西川羌族特殊載體檔案史料研究》，第 313 頁。

［34］“兩寨”下，泐蝕嚴重，無法辨識。兢：與“競”相似而誤。争競，角逐。作“兢”，語義不暢。

［35］據上文“茂州直隸州汶川縣正堂加五級紀録十次曾”，此“三級”應為“五級”之誤。

［36］“原”下一字，左“氵”，右下微泐，細觀拓，為“羌”，是“羌”。古代水名。“中”下各字，《碉樓與議話坪》《西川羌族特殊載體檔案史料研究》脱。

［37］“光緒”上，《碉樓與議話坪》《西川羌族特殊載體檔案史料研究》衍“大清”。

［38］《碉樓與議話坪》《西川羌族特殊載體檔案史料研究》脱“刊□”。

［39］蚁：本當作“議”。音同而誤。下同。

［40］原刻“興”，語義不暢。本作“與”，筆誤。

［41］“公”上一字泐，似“段”，又似“服”，不確。

彙考

公示文告碑，記小寨子與索橋、蘿葡寨與小寨子村民就山場、林區劃分、歸屬，以及對蘿葡寨羌民馬福興的姪女越界至小寨子砍柴争議控告事宜的處理。

雁門一名，源自雁門關，唐時為通鶴軍駐地，外有三墩，負山臨水，最危險隘。明正統十年（1445）黑虎等番叛始設雁門堡，嘉靖十一年（1532）重修①。清嘉慶五年（1800）重修雁門關，是昔日通松、茂咽喉要隘之一。其境有小寨子、索橋、蘿葡寨，位於岷江東面的半山和高山上。由於自然資源有限，羌人生存空間較為狹窄，村寨之間常常為山林、草場的使用而發生糾紛，甚至械鬥。濫砍山林、放牧牛羊也不時發生。鑒於此，在縣署、鄉府官員主持下，各寨眾姓村民共同商議，對權屬不明的各寨相連接處，歸作公山，村民不得隨意砍伐，以此来避免衝突。對相應的耕管、差役等分别約定，各執約據，永相和好。合約時間分别在光緒二年（1876）、四年、五年、十二年（1886），立石為憑，永遠遵守，可見各寨村民封山護林傳承有序。此碑既是官府文告，更是羌村為了避免糾紛、明確權利和責任的村規民約，是共同維護村寨間安定和睦的習慣法，為研究羌族經濟、法規提供了實證材料。

---

① （清）李錫書：《汶志紀略》卷一，清嘉慶十年（1805）蕊石山房藏版，第23頁。

350　王文星及妻張氏墓碑　光緒十二年（1886）十一月朔六日

説明

碑石刻立於四川省北川縣青片鄉正河村羌王寨。現存原址。多層飛檐墓碑。斗拱鐫刻人像，雕工精美。共有三碑，中间一碑碑身高 122 cm，寬 66 cm；左右二碑碑身均高 106 cm，寬 45 cm。碑文共 11 行，滿行 8 字；四柱刻楹聯。楷書。當地村民稱《王爺墓碑》。

碑文

萬丈青龍朝祖地，/九天紅日照明堂。/（以上刻於二柱）

大清光緒丙戌年，仲冬月朔之六日吉立。/

顯考王公諱文星老大人、妣張氏老孺人墓碑。/

奉祀王運發，媳張氏。/

侄男王運奎、王運富，女桂香、金英。/（以上刻於中間之碑）

物華天寶日，/人傑地靈時。/（以上刻於二柱）

公生於前皇道光十/年，歲次辛卯，十月初/日建生[1]，享年五十六。/本邑生長

人氏。/（以上刻於右碑）

母生於前皇道光十九/年吉月吉日時賦生[2]。/原系本邑二巴埡生長/人氏[3]，享壽無疆。/（以上刻於左碑）

著録

曾曉梅藏原石照片

注釋

［1］建生：誕生。元王實甫《西廂記・張君瑞鬧道場雜劇》："小生姓張……年二十三歲，正月十七日子時建生。"①

［2］賦生：賦予的生命。

［3］二巴埡：地名。今北川縣青片羌族藏族鄉正河村。

彙考

據同治五年（1866）《王壽姐墓碑》題"顯妣二姑母王壽姐""奉祀男王文星"，知王壽姐乃王文星姑母。王文星，即《王爺墓碑》碑主。王文星妻、媳均張氏，王氏與張氏長期互為婚姻，屬羌人族内異姓婚。王氏，為青片鄉羌族大姓。至今王爺後人仍居住該地。

① （元）王實甫：《西廂記》，浙江古籍出版社2011年版，第9頁。

351 毛姓家譜碑 光緒十三年（1887）十一月

碑陰

説明

碑石刻立於四川省汶川縣威州鄉茨里溝村，現存原址。單檐二柱一開間墓碑。碑身高120 cm，寬60 cm，厚8 cm。拓片高120 cm，寬60 cm。兩面刻，飛檐下横梁雙鉤楷書題“龍蟠鳳穴”。碑陽題名，柱刻楹聯；碑陰文11行，滿行40字。楷書，有縱横界格。1989年12月汪友倫先生椎拓碑陰，現藏汶川縣文博館。該碑又題《茨里溝毛氏家譜碑》。

碑文

嘗思：大哉乾元，萬物資始；厚哉坤元，萬物資生[1]，理既垂於宇宙。國有祖廟，猶木之本；家有宗支，猶水之源，/今我亦傳於古[2]。今我始祖公諱守勳、始祖妣張氏，自明將末時，由湖廣麻城縣孝感鄉入川，來至茲土，勤耕/苦讀，世發功名。然細思吾族，代有名士。自秦毛焦，一諫全母子之恩，數語感弟兄之義。更有註詩傳世，捧/檄養親[3]。然皆重本敦源，盤根穩固者也。

但恐世遠年湮，人繁族盛，宗派有乖，譜系易淆，與世之不肖子輩，/數傳而親者偶疎矣，夂傳而疎者相忘矣。不思張公九世同居，范公千人共爨[4]，其所以睦族和親者至矣。/自三世祖諱明奎時，一支分於灌邑河西玉堂場[5]，其餘尚有他遷、他適者，未能細訪的確也。

丁亥秋，後裔/等目睹始祖墓，亂石為堆，藤蘿相繞[6]。爰請工匠垂碑勒石，剷削修理。俾祖宗魂魄安於九泉，佑子孫功/名顯於萬代。即舜帝登庸[7]，克愛為親；周公封魯[8]，不施其親，實可效而可法也。凡我同宗，務/宜和睦。庶幾，子孫繁衍，世世情同紫荊，生生恩蒙丹詔。何前烈之不可嗣，即吾族之大幸矣，是以/為序。

大清光緒拾叁年，歲次丁亥，仲冬月上浣日。房族人等同立。/（以上刻於碑陰）

龍蟠鳳穴/（以上刻於碑陽上方横梁）

祥鐘馬鬣孝友承宗，/瑞靄牛眠簪纓继世。/（以上碑陽刻於二柱）

始祖毛公，諱守勳大人、張氏孺人神道。/

乙山□□。/

二世，［諱］□□，/黄氏。/

三世，諱明奎，/張氏。/

四世，諱鶴翎，/袁氏。/

五世，諱錦佩，/仝氏。/

六世，諱浚，文生，/袁氏。/諱清，文生，/薛氏。/諱湄，/郭氏。/諱溥，/薛氏。/

七世，諱元模，/薛氏。/諱元桃，/金氏、郭氏。/諱元楷，/薛氏。/諱元桂，/

全氏。

八世，諱啟珠，/全氏。/諱啟唐[9]，/全氏、楊氏、袁氏、馬氏。/諱啟珧，薛氏。/諱啟瓆，/董氏。/諱啟珍，/全氏。/諱啟輝，/張氏。/諱啟琮，薛氏、陳氏。/諱啟復，/張氏。

九世，諱萬竒，/高氏。/生員諱萬吉，/馮氏。/諱萬年，/岳氏、李氏。/諱萬發，/孟氏。/諱萬榮，/袁氏，張氏。/諱萬福，/董氏。/諱萬春，/薛氏。/諱萬才，/全氏。/諱萬有，/年氏。/

十世，諱世□，/張氏。/諱世逵，/郭氏、蔡氏。/諱世通，/董氏、劉氏。諱世安，/全氏。/諱世禄，/郭氏。/諱世胤，/郭氏。/諱世祥，/郭氏。/諱世祐，/郭氏。/諱世遠，/全氏。/諱世鳳，/王氏。/諱世續，/董氏。/諱世昌，/全氏。/諱世臣，/何氏。/諱世喜，/羅氏。/諱世郭，/全氏。/諱世祈。/諱世遂。/諱世瑪，/全氏。/諱世張，/孟氏。/

十一世，諱本興，/薛氏。/諱本隆，/張氏。/武生諱本善，武生，/董氏。/諱本周，/全氏。諱本基，/薛氏。/諱本先，/尚氏。/諱本枝，/董氏。/諱本華，/梁氏。/諱本盛，/郭氏。/本文，/蒲氏。/本貴，/蒲氏。/本業，/氏。/本新，/氏。/本强，/氏。/本固，/氏。/本道，/氏。本性，/氏。/本近，/氏。/

十二世泰平，/范氏。/泰明，/李氏。/泰林，/尚氏。/泰鵬，/氏。/泰臨，/張氏。/泰表，/氏。/泰山，/氏。泰岳，/氏。/泰銀，/氏。/（以上刻於碑陽）

著録

1. 汶川縣文博館藏拓。2. 阿壩州文管所藏原石照片。

注釋

［1］語出《周易·乾》："大哉乾元，萬物資始，乃統天。"孔穎達疏："以萬象之物，皆資取'乾元'而各得始生，不失其宜，所以稱'大'也。"① 同書《坤》："至哉坤元，萬物資生，乃順承天。"孔穎達疏："至哉坤元者，歎美坤德。"②

［2］"亦"上一字，觀拓，是"義"。碑文兩處用"義"，框架結構、運筆相似。

［3］捧檄：指東漢毛義孝名。《後漢書·劉平等傳序》："廬江毛義少節，家貧，以孝行稱。南陽人張奉慕義名，往候之，坐定而府檄適至，以義守安陽令，義捧檄而入，喜動顏色。奉心賤之，辭去。及義母死，征辟皆不至。奉歎曰：'賢者固不可測。

① 十三經注疏整理委員會：《周易正義》卷一，《十三經注疏》，北京大學出版社 2000 年版，第 8－9 頁。

② 同上書，第 30 頁。

往日之喜，乃為親屈也。’”① 後以“捧檄”指為母出仕。碑之“秦毛焦”，清晰，當東漢毛義之誤。

［4］九世：九代。語出《新唐書・孝友傳序》：“張公藝九世同居，北齊東安王永樂、隋大使梁子恭躬慰撫，表其門。”② 爨：燒火做飯。《左傳・宣公十五年》：“易子而食，析骸而爨。”杜預注：“爨，炊也。”③ 千人共爨，猶指毛氏聚族累世而居，這是中國農村普遍的家庭共同體。

［5］灌邑：清代和民國的“灌邑”即灌縣。今四川省成都市都江堰。清《光緒增修灌縣志》：“溯灌邑自秦太守李冰鑿離堆、疏二江灌田，民無沫水之害。”④ 又，“民國十四年五月十九日遊青城，登第一峰，口贊一首‘灌邑臨三次，青城第一遊。’”⑤ 玉堂場：位於岷江西岸，今都江堰市玉堂鎮。古又稱“草壩場”，清康熙間岷江氾濫，場毀，由“善人”李玉堂主持新建更名。

［6］藤蘿：即“藤蘿”。又通稱作“紫藤”。也泛指匍匐、攀援的莖類植物。

［7］登庸：指登帝位。《宋書・傅亮傳》：“高祖登庸之始，文筆皆是記室參軍滕演。”⑥

［8］周武王滅商後封弟周公旦於曲阜，曰魯。周朝重宗法，周公封魯，行輩較長，因之其餘姬姓諸國以魯為宗國。見《史記・魯周公世家》。

［9］䨓：即“霽”。構件“虍”因訛混而趨同，變“雨”。如東晉義熙十年、長壽王二年（414）《高勾麗好太王碑》：“宗古盧城、仇天城。”“盧”作“䨓”⑦。《赫連子悦墓誌》：“朝廷以盧毓、山濤，譽流任舉。”“盧”作“䨓”⑧。

彙考

毛氏一族，始祖守勳，明末躲避戰亂，由湖廣麻城縣孝感入川來威州。嘉慶《汶志紀略・風土》：“其地羌漢並處，其土羌漢雜耕，然各安其業，耦居無嫌。”⑨ 自其三

---

① （南朝宋）范曄撰，（唐）李賢等注：《後漢書》卷三十九，中華書局1965年版，第1294頁。

② （宋）歐陽修、宋祁：《新唐書》卷一百九十五，中華書局1975年版，第5578頁。

③ 十三經注疏整理委員會：《春秋左傳正義》卷二十四，《十三經注疏》，北京大學出版社2000年，第768頁。

④ （清）鄭珶山：《光緒增修灌縣志》，清光緒十二年（1886）刊，四川省灌縣志編纂委員會，四川人民出版社1991年版，第936頁。

⑤ 同上書，第652頁。

⑥ （梁）沈約：《宋書》卷四十三，中州古籍出版社1996年版，第235頁。

⑦ 毛遠明：《漢魏六朝碑刻校注》（3），綫裝書局2008年版，第47頁。

⑧ 北京圖書館金石組：《北京圖書館藏中國歷代石刻拓本滙編》（8），中州古籍出版社1989年版，第52頁。

⑨ （清）李錫書：《汶志紀略》卷三，清嘉慶十年（1805）蕊石山房藏版，第7頁。

世祖毛明奎時，一支遷至灌縣玉堂場，除他遷、他適未能細訪者，餘留在汶川威州，與羌人雜居，漸融入羌族。需要注意的是，這支毛氏羌人，與羌人從房名多音節複姓改漢式單姓毛不同。後者由房名白毛爾已所改①。如龍溪鐘銘題祖輩“毛耳巳”，兒“男不勺”，又名“毛萬龍”，孫“毛貴林”“毛二林”②。“毛耳巳”，音近於“白毛爾已”。其改名脉絡清晰。

① 四川省阿壩藏族羌族自治州茂汶羌族自治縣地方志編纂委員會：《茂汶羌族自治縣志》，四川辭書出版社 1997 年版，第 672 頁。

② 楊明、馬廷森：《羌族思想史資料彙集》，西南民族學院民研所、科研處，1985 年，第 155 頁。

352 神龍祠諭示 光緒十五年（1889）十二月十八日

説明

碑石原刻於四川省汶川縣。具體地點不詳，現已亡佚。

碑文

四川直隸茂州汶川縣知事，加三級紀録十次，為遵批示諭，以垂久違事：成綿道承札開，光緒十五年六月十九日，奉總督部堂劉札開，案據潘司詳稱，該縣會勘估計神龍祠工程，及籌款修理暨歲修銀兩，統應給發九七平銀五百六十兩，作為現屆工程應用。餘銀四百兩，即由該縣轉發三費局士月領生息[1]，作為歲修之費。當即於庫儲土厘公費項下提撥九七平銀五百六十兩，札發該縣查收遵照辦理等因；奉此。除飭本城三費局紳周之鼎等具領歲修生息銀肆百兩，并龍溪祠首事陳守謙等具領現在培修銀一百六十兩外，復經本縣稟覆。

藩督道憲札示立案[2]。所有現修工程，飭令督飭首事，核實興修，不得偷減干咎，事竣報銷。其歲修本銀肆百兩，發交城内三費局士結領，歲繳息四十兩，遇有應修之處，須由住持告知祠内首事，稟請勘估確實數目，動息培修。每年息銀如有餘剩，仍行積存，以備歷久大修之用。茲特刊碑泐石，以垂久遠。合行示諭為此示，仰三費局紳龍祠首事，并軍民人等一體遵照，毋違，特示遵！右諭通知！

清光緒十五年十二月十八日。

著録

《民國汶川縣志》206

注釋

［1］三費局：晚清四川財税機構。官府受理命盜案件需招解、相驗、緝捕等三費，其費自道光以來皆苛派於地鄰。

［2］道：本“導”。字形相似、同音而誤。

353 綿簇護林碑 光緒十六年（1890）十月初一

綿簇護林碑（拓片）

綿簇護林碑（原石）及神樹林

説明

銘文刻於四川省茂縣南新鎮棉簇村汶茂公路邊巖石上，現存原址。摩崖刻，整石修。高 103 cm，寬 62 cm。碑文 19 行，滿行 30 字。楷書。泐蝕非常嚴重，並多石花。據 2014 年新拓及阿壩州文管所藏舊拓比較釋文。該碑又題《綿簇民約碑》《綿簇護林防火碑》《綿簇森林碑》。

碑文

立寫禁惜家林[1]，以培林木，永不准［盜］伐[2]，/我村眾姓人等公立[3]。/

想我村地處邊隅，九石一十[4]，遵先人之德，/体前人之道[5]，禁惜家林，只准撈葉奢糞[6]，不准妄伐林株[7]。其家林盤：上至長流水/為界，下至河腳為界，左至四里白為界，/右至大槽水井為界[8]，四至分明，以遺後/世子孫[9]，永遠禁惜[10]。不料今歲[11]，有本村楊/洪順父子，起心不良，偷砍家林燒炭，［被］/眾人拿獲[12]，罰錢壹千二百文，以作香資。/眾姓公議：自禁之後，所惜林盤，無論［誰］/滋偷砍者[13]，罰錢四千八百文，羊一隻，酒/十斤，以作/山神宮香資。看見者賞錢八百文，以作辛苦費[14]。/以及春起放大溝之水，泡［芋］麦之［時］，無/論親朋[15]，单进双出，不得紊所争[16]。若有人/乱争者，罰錢八百文。再有秋投之時，偷/搬芋麦者[17]，罰錢四千八百文、羊一只、酒/十斤[18]。看見者賞錢二百。

永垂不朽，是以/為序也。/

大清光緒十六年十月初一日[19]。/

綿簇眾姓公立[20]。/

著録

1. 阿壩州文管所藏拓。2. 曾曉梅藏拓。3.《茂汶羌族自治縣志》740。4.《羌族習慣法》619。5.《碉樓與議話坪》188。6.《西川羌族特殊載體檔案史料研究》315。

注釋

［1］“寫”,《碉樓與議話坪》作“與”，形似而誤。“惜”上一字泐，上存“林”，下似“示”，似“禁”《羌族習慣法》脱“禁惜”；並釋“家”作“森”，非。

［2］“准”下一字泐，左上角存“冫”。《茂汶羌族自治縣志》作“盜”，可。《羌族習慣法》《碉樓與議話坪》作“砍”，字形不類，不取。

［3］“眾”,《羌族習慣法》作“羅”，形近而誤。下同。

［4］邉：同“邊”。“地處邉隅，九石一土”，是岷江上游羌區最主要的地貌特徵。《羌族習慣法》釋作“地界，遠九百一十一”，非。

［5］“先”與“前”，同義對舉。《羌族習慣法》釋“先人之”作“元文”，語義不通。

［6］“糞”上一字泐，存痕繚亂，加之石花，無法辨識。諦視，上似“宀”。“簭”，本當作“檢”。《碉樓與議話坪》作“檢”，非原刻。

［7］“伐”下一字，左右大小筆畫相同，是“林”。《碉樓與議話坪》《西川羌族特殊載體檔案史料研究》《茂汶羌族自治縣志》作“樹”，非。

［8］“界”上一字，清晰，是“為”。《羌族習慣法》脱。

［9］“以”下,《羌族習慣法》衍“白”字。

［10］“禁”下一字，偏旁為“忄”，是“惜”。《西川羌族特殊載體檔案史料研究》作“猎”，非。

［11］“今”下一字泐，存痕可辨，上“止”，是“歲”。《羌族習慣法》作“發”，非。

［12］“炭”下一字殘,《羌族習慣法》《碉樓與議話坪》《茂汶羌族自治縣志》作“被”，據上下文義，可。“獲”上一字泐，諦視，上“合”，下“手”，是“拿”。《羌族習慣法》作“全”，形似而誤。“拿獲”，羌族鄉規民約碑中常見。如清光緒四年(1878)《小寺寨封山護林碑》：“經小寺約首拿獲。”民國《保護茶薗條規》：“□眾拿獲送究。”

［13］“滋”雖泐，尚可辨。《羌族習慣法》作“再”，非。其上一字殘，無法辨識。《羌族習慣法》作“誰”，《碉樓與議話坪》《西川羌族特殊載體檔案史料研究》沿用。

［14］《羌族習慣法》脱“者賞”“以”。“山”字冒出一格鐫刻，反映出羌人對山神的原始宗教崇拜。

［15］據下文補。芋麦：即玉米。《羌族習慣法》脱“芋”；並“論”作“淫”，非。

［16］“紊”下，《羌族習慣法》《碉樓與議話坪》衍“亂”，觀拓實無。

［17］“親朋……偷搬芋麦者”，《茂汶羌族自治縣志》脱。《西川羌族特殊載體檔案史料研究》脱“乱争者”下各字。

［18］《羌族習慣法》脱“四千”。

［19］“月初”，《羌族習慣法》作“記”，非。

［20］綿簇：即今“棉簇村”，《羌族習慣法》因之作“棉”，《羌族詞典》《西川羌族特殊載體檔案史料研究》沿用。

彙考

羌族宗教活動，如祭山會，或叫山神會、山王會等，通常在各羌寨附近神林中舉行，祈求山神保佑人畜興旺、五穀豐登、地方太平。神林中豎石塔作祭壇，塔上放置五塊白石以代表天神、地神、山神、山神娘和樹神。天地神是大神，山神緊隨其後，羌人所謂：“皇帝祭天，百姓祭山。”① 舉行祭山會就是對山神的尊崇。山神之妻助山神有功，也被羌人尊為神。山神所在，是一片茂密的樹林和數棵古樹組成的神林。抽象的山神被賦予具象，使羌人看得見、摸得着，既而崇拜山神所居的樹林，將樹林或某種樹視為神樹，予以崇拜。如理縣佳山、若達、西山寨以松樹為神樹，汶川龍溪鄉巴奪村則以杉樹為神樹。巴奪村祭山會，釋比立杉木於祭壇前，分別用於祭路及代表天神、山神。因村民認為山神代表樹神，故不單獨供奉樹神。釋比向神祇獻祭羊，亦在代表天神的杉木下。禮畢，“釋比和刮司木抬上用於祭路杉木圍著全寨田地跑一圈，以保佑全寨莊稼豐收”②。釋比在祭祀神樹林時誦經説：“樹林神威廣又大，羌人若不敬從它，天災人禍少不了，五穀欠收牲畜亡。”③ 為確保樹林不被破壞，除祭山儀式中宣佈的規定外，還舉行特殊的封山封林儀式。禮畢，林内便不准放牧、不准積肥、不准隨意砍伐。這種保護生態環境的意識，體現在羌族釋比經典的《遍請山神》《朝山》

① 李鳴：《碉樓與議話坪：羌族習慣法的田野調查》，中國法制出版社 2008 年版，第 267 頁。

② 倪震：《羌族的樹神崇拜》，《文史雜志》1997 年第 4 期，第 33 頁。

③ 陳春勤：《羌族釋比文化與生態環境保護》，《阿壩師範高等專科學校學報》2008 年第 4 期，第 2 頁。

《祭神林》《男人犯罪》等唱誦中，同時也鐫刻在鄉規民約石刻中。經典是神的意旨，規約是行為規範，浸透在日常生產生活及各種祭禮活動中，自然而然地接受，又自然而然地傳承①。

受保護林木一般分為神樹林和林盤兩種，都是村寨的公有財產。如果説絶對禁止砍伐神樹林是出於對神的敬畏和崇拜，那麽可以限制性地使用林盤則源於生活積累。保護村寨公有林盤，禁止濫砍，是議話坪闔寨公議、議規、民約的重要内容。不同村寨形成了不同的習慣法。棉簇眾姓惜林，議定林盤界限、用水等村規民約，重申林盤為眾姓家族所有，對侵害公有利益行為處罰詳盡。碑石所在地為神樹林，至今林盤鬱鬱葱葱，保存尚好。

① 吴明冉、曾曉梅：《石刻中反映的羌族釋比文化》，《西北民族大學學報》2014 年第 5 期，第 35 頁。

354 月里鄉規民約碑 光緒十六年（1890）十一月十五日

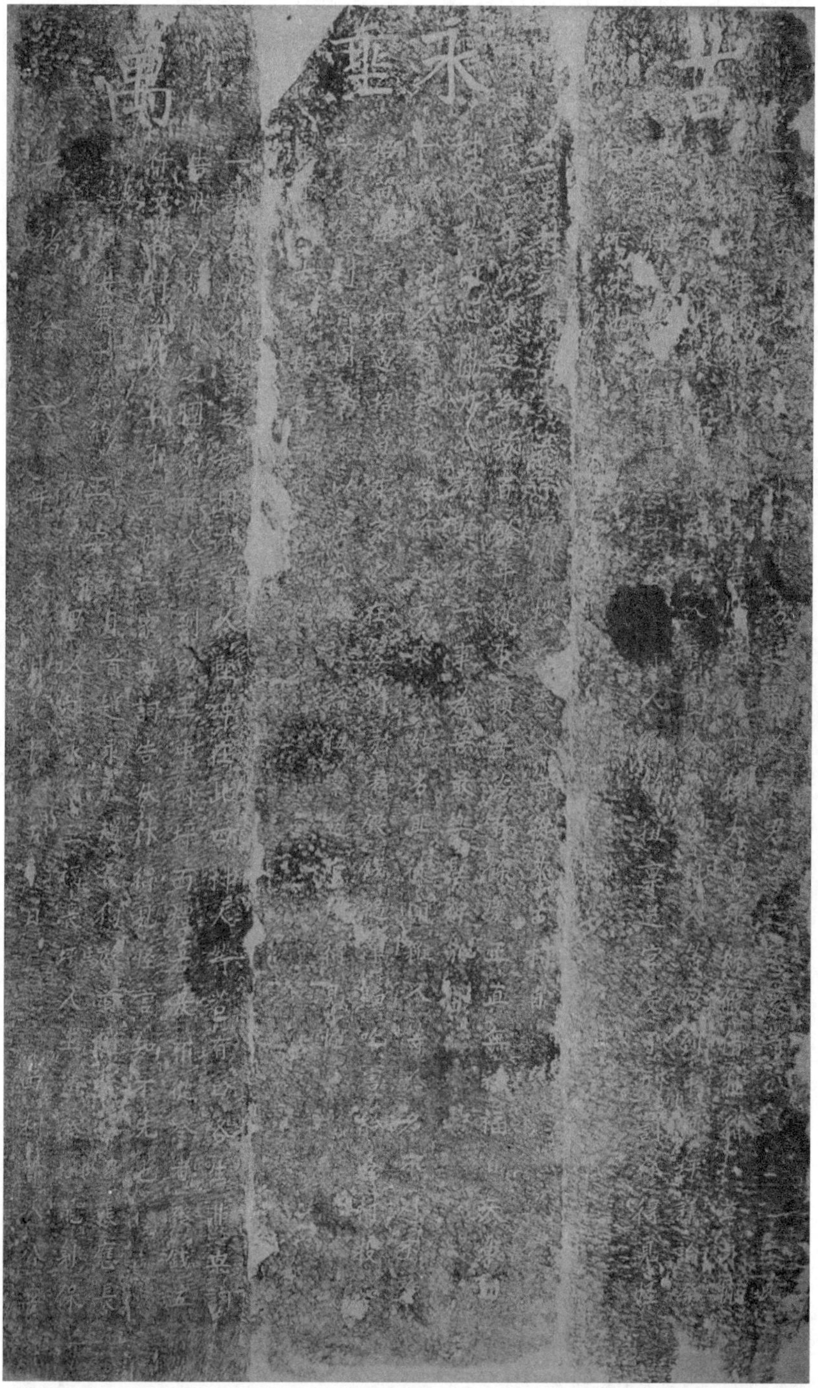

左側　　碑陽　　右側

説明

碑石刻立於汶川縣雁門鄉月里村二組農耕地中。方形柱，碑高 180 cm，每面寬 30 cm。三面刻，連拓。碑文共 18 行，滿行 28 字。楷書。上部殘缺，餘泐蝕較嚴重。額楷書题“永垂萬古”。

額

永垂萬古。/

碑文

月里村、放馬坪、大寨子、羅掛搭四寨人等，從來古村自/洪武二年以來，迨今數百餘年[1]。從來積善，必有餘慶，正直無私，福自天由[2]。四/村人等，同心協力，公議堅碑一事[3]，為善最樂。堅碑於□□□□[4]。/

一議各村人等知之：若有遠方來者，姑劣匪徒閒雜人等[5]，人名不對，不許/招留在家。如遇招留在家[6]，以在各村壳袭銀錢[7]，擴拏騙吃[8]，害給各村[9]，投知/首人[10]。各村齊團合眾[11]，以在公開議論，扭稟送官，休得見怪。/永垂萬古不朽之云尔[12]。(以上刻於碑陽)

一議各村人等，大男小婦，遠方近鄰，人仁君子之悉[13]：眾等公議，堅碑在此[14]。/所有每年秋收以來，萬保告狀芋麥下樹[15]，大男小婦，假借扯猪打草，刁搬/芋麥[16]。若是將人拏獲[17]，投知首人，齊團合眾[18]。各村人等以到中鄉坪議論，發/錢貳仟文[19]。若是不遵令者[20]，各［村］首人、鄉約[21]，扭稟送官，受予刑罰，休得見怪/言知不先也。/(以上刻於碑右側)

一議各村人等之知[22]：因有首人堅碑在此。四村人等，若有口各生非[23]，舆詞/告狀[24]，必須投之團約、首人知到[25]，以至中鄉坪面禮[26]。若是不從令者[27]，發錢五/仟文。各村首人上了稟帖，二家舆詞告伏[28]，休得見怪言知不先也。/

大寨子總鄉約王安福。

月里首人趙永義、趙永□、趙長狗、王福長[29]。

放馬坪首人趙□□、王清發。

羅掛搭張應長、龍躰保[30]。/

光緒十六年冬月十五日四村首人公立。/(以上刻於碑左側)

著録

1. 汶川縣文博館藏拓。2. 阿壩州文管所藏拓。3.《碉樓與議話坪》244。4.《西川羌族特殊載體檔案史料研究》310。

注釋

［1］據《汶志紀略·附鄉里》載，月里村、放馬坪、大寨子、羅掛搭四寨皆位於治北六十至六十五里，“羌居”①。《碉樓與議話坪》脱“大”字。《西川羌族特殊載體檔案史料研究》脱“月”至“堅碑於□□□□”等字。“今”上一字泐，諦視，是“迨”。《碉樓與議話坪》作“迄”，義近。

［2］“由”，《碉樓與議話坪》作“降”，非。

［3］“四”，《碉樓與議話坪》作“各”，觀拓，外“口”，内泐蝕，存“八”痕跡，是“四”字。原刻“堅”，與“豎”形近而誤。下同。《碉樓與議話坪》作“當為豎字之誤”，將注釋放在釋文中。

［4］“堅”，本作“豎”《碉樓與議話坪》脱“於□□□□”。

［5］“雜”上一字泐，細觀拓，外“门”，内“月”，是“閒”。《碉樓與議話坪》《西川羌族特殊載體檔案史料研究》作“同”，非。

［6］過：即“過”的異體。如過：本作“如果”。同音誤寫。

［7］椉：“索”的異體。売椉：本作“课索”。敲诈勒索。羌區碑銘中多錯别字或音近、形近而誤的字。《碉樓與議話坪》脱“椉銀”，《西川羌族特殊載體檔案史料研究》脱“椉”。

［8］撾：抓的意思。拏：同“拿”。撾拏：抓拿。《碉樓與議話坪》《西川羌族特殊載體檔案史料研究》分别釋作“過□”和“過拿”；又，“騙吃”作“矚信”；均非。

［9］紿：亦作“緫”。欺誑。宋王安石《同昌叔賦雁奴》：“偷安與受紿，自古有亡國。”②《碉樓與議話坪》《西川羌族特殊載體檔案史料研究》作“給”，非。

［10］“投”下一字泐，觀拓，左右結構，右上存“口”，存痕似“知”。

［11］“合”，《碉樓與議話坪》《西川羌族特殊載體檔案史料研究》作“示”，非。

［12］《碉樓與議話坪》《西川羌族特殊載體檔案史料研究》脱“永”等九字。

［13］之：本作“知”。音同而誤。之悉：即“知悉”。知曉、熟悉。

［14］“在”，清晰。《碉樓與議話坪》《西川羌族特殊載體檔案史料研究》作“于”，非。

［15］《碉樓與議話坪》《西川羌族特殊載體檔案史料研究》未釋“所”“秋收”。“告”下一字泐，細觀拓，左存“丬”，右“犬”痕，是“状”。《碉樓與議話坪》《西川羌族特殊載體檔案史料研究》作“誠”，非。“芋麥”“樹”，清晰可辨，二書作“等□”“村”，非。芋麥下樹：指玉米成熟、收穫。

---

① （清）李錫書：《汶志紀略》卷二，清嘉慶十年（1805）蕊石山房藏版，第8－9頁。

② （宋）吕祖謙：《宋文鑒》（上），中華書局1992年版，第226頁。

[16]“打”“刁”“芋麥”，清晰。《碉樓與議話坪》《西川羌族特殊載體檔案史料研究》未釋。

[17]拏：捉，持。《説文·手部》：“拏，持也。”桂馥義證：“持也者，拏，通作拏。拘捕有罪曰拏，今俗作拿。”“拏獲”，《碉樓與議話坪》《西川羌族特殊載體檔案史料研究》作“架雙”，誤。

[18]“眾”上一字泐，觀拓，下為“口”，是“合”。《碉樓與議話坪》《西川羌族特殊載體檔案史料研究》作“示”，非。

[19]以：本作“也”。音近而誤。發：本作“罰”。音同而誤。下同。《碉樓與議話坪》《西川羌族特殊載體檔案史料研究》脱。中鄉坪：地名。月里村境内。

[20]“不”下一字泐，諦視，“辶”字底，似“遵”。《碉樓與議話坪》《西川羌族特殊載體檔案史料研究》作“尊”，非。

[21]村：泐蝕殘缺，據上下文補。

[22]之知：即“知之”誤倒。

[23]口各：本作“口角”。本意為嘴的角落，引申為發生矛盾衝突從而產生争吵。

[24]興：即“興”的異體。下同。《碉樓與議話坪》脱“詞”。

[25]《碉樓與議話坪》《西川羌族特殊載體檔案史料研究》釋“必”作“本”、“之”作“鄉”，非。並脱“團”。知到：本當“知道”。同音誤寫。

[26]禮：本作“理”。音同而誤。面理，發生矛盾雙方當面論明是非。

[27]“令”，《碉樓與議話坪》《西川羌族特殊載體檔案史料研究》作“今”，非。

[28]原刻“伏”，本作“狀”。

[29]《碉樓與議話坪》未釋“狗”。

[30]《碉樓與議話坪》《西川羌族特殊載體檔案史料研究》未釋“躲”。

彙考

汶川縣雁門鄉月里村、放馬坪、大寨子、羅掛搭四寨人公議社會治安鄉規民俗3條，共同遵守。若有違背，可先經首人、鄉約等民間權威調解。若有不從，“首人上了稟帖，二家興詞告伏”，體現了羌村治安先民間、後國家制裁的原則，是習慣法在羌村社會治安中的具體化。

羌村土司組織，由各寨和公署組成，各寨有土舍、總管、寨首、鄉約、土民。土舍一般由土司家族成員擔任，協助總管管理。首人，即“寨首”。每寨1人，《羌戈大戰》：“羌人按姓氏，按姓分地盤，人人忙遷徙。地盤業主舉寨首，選公正的人，選善戰的人，選善牧放的人。"① 一般由能力强、為人擁護者擔任，管理本寨事務，受總管管轄。鄉約，又稱"老民"，由羌民中有威望的人充任。上傳下達，處理日常瑣事，調解民間糾紛。羌民"三個老民在，等於一個土官"②。每寨還有會首兩人，負責廟會時徵糧買香、組織士兵操練、耍龍燈等。公署有鄉約，負責官寨雜務；傳號，傳達指令，負責上下傳達。改土歸流後，有里長、甲長、保長、鄉長一類的行政首領。

① 北川縣政協文史委、北川縣民宗委：《羌族民間長詩選》，内部出版，1994 年，第 31 頁。
② 李鳴：《碉樓與議話坪：羌族習慣法的田野調查》，中國法制出版社 2008 年版，第 224 頁。

355 董氏合葬墓碑 光緒十八年（1892）三月

説明

碑石刻立於四川省汶川縣銀杏鄉桃關溝董姓家族墓。碑高 120 cm，寬 64 cm，厚 7 cm。已亡佚。1989 年 12 月汪友倫先生椎拓，現藏汶川縣文博館。碑文 5 行，滿行 36 字。餘題名。楷書。該碑又題《桃關董氏合葬墓碑記》《董姓墓水文資料碑》。

碑文

且夫攴同茂[1]，育脈貫淵源。業有螽斯之名，世無螟蛉之載[2]。子孫繁衍，坟塚崢嶸，大不幸。光緒庚/寅歲五月十二寅卯刻，天降洪雨，孽龍出焉[3]。五六百尺之峯，源頭上走；數千餘年之墓，盡赴江/中。不但坟塚流漓[4]，而生被水冲者，聊聊無所，何以祀之？若不當圖，子孫怠三。蓋吾攴尊卑不一，/孺婦無分，合成大墳，刊碑奉祀。抑子孫恩當圖報，而宗祖佑啓後人。諱氏刊揚，永垂不朽，謹啓。/

董何氏。董胡氏。/皇清特授誥封貞女董彩芝、/莭婦董王氏[5]。/

董茂逵，/李氏。/董茂蓮，/胡氏。/董茂�，/申氏。/董堪氏。/

董能生，/有生，/福生。/董定生。/董梧生，/照生，/澍生，/威生。/董龍生、/孟氏，/宸生，/宁生、/張氏。/

董春生，/米氏。/董李氏。/董鍾氏。/

董增元，/增華，/董增明。/董吴氏，/鍾氏。/董增緣，/甯氏，/高氏。/董劉氏。/

董增序。/董王氏。/董增垣。/董夫妹[6]。/

董于家，/于邦，/于典。/董于謨，/于訓，/于誥。/

附刊被水冲没者層次敘列/

董姜氏。/文生董策醇，/湯氏。/監生董策名，/連氏。/董增益，/胡氏。/

董增吉。/董增秋，/湯氏。/董增端。/

董鮮氏。/

董于朝，/鄭氏。/董于範，/竇氏。/董于正，/賀氏。/

董于德，/吴氏。/董金珠，/金川。/董韓氏。/

董康善，/志善。/董閏貞，/金貞。/董于川。/

光緒十八年，壬辰姑洗月，寒食節[7]。本攴奎生、双生、智生；姪增慶、增恬、增槐；孫于疇、于書、于光等立。/

著録

汶川縣文博館藏拓

注釋

[1] 攴：即“支”。同下文“攴”。

［2］螽斯：蟲名。因其極强的繁殖力，後用以多子多孫、多福多禄之典。螟蛉：一種緑色小蟲。蜾蠃捕捉螟蛉餵食幼蟲。古人以為蜾蠃不産子，餵養螟蛉為子，故以“螟蛉”喻義子。《詩經·小雅·小宛》：“螟蛉有子，蜾蠃負之。”①

［3］光緒庚寅：即光緒十六年（1890）。據《四川兩千年洪災史料滙編》載，清光緒十三年的大洪水，主要發生在岷江上游②。碑云：光緒十六年五月十二寅卯，即凌晨三至七時，岷江上游發生大洪水。他書失載，可補史傳之闕。

［4］漓：用同“離”。背離，喪失。

［5］莭：即“節”字。

［6］夫：為古語，通現代漢語“長”。

［7］姑洗月：即農曆三月。《白虎通·五行》：“三月謂之姑洗何？姑者故也，洗者鮮也，言萬物皆去故就其新，莫不鮮明也。”③ 寒食節：亦稱“禁煙節”“冷節”“百五節”。夏曆冬至後一百零五日，清明節前一二日。是日禁煙火，只吃冷食。後衍生出祭掃、踏青、秋千、蹴鞠等風俗。

彙考

記述1890年岷江支流桃關溝漲水的情況，是研究羌族地區自然災害的重要資料。碑載董氏四代題名47人，為董氏茂、生、增、于等字輩及其妻，為研究西川羌人姓氏提供了依據。早在唐宋，羌人首領已多董姓。唐蕃之争，《理縣撲頭題記》載棄唐投蕃，“聚結逆徒數千騎”的“董敦義”，就是該地區羌人首領。據《舊唐書·地理志》載，徹州有羌人首領凋貞；維州之薛城及小封縣，有羌酋董屈佔及羌人刺史董弄；當州之通軌縣有羌帥董和那蓬；悉州之左封縣有生羌首領董係比射；保州於開元部有羌酋董晏立，於乾元中有羌酋董嘉俊。《舊唐書·西域傳》亦謂，松州黏信羌部有首領董夢蔥、龍諾羌中有首領董辟忽；西山八國之羌部，有哥鄰國王董卧庭、弱水國王董辟和、咄壩國王董藐蓬、東女國大首領董卧卿等。《宋史·蠻夷傳》謂，宋時保、壩一州羌人首領仍多為董姓，保州羌酋董仲元，壩州羌酋董永錫，皆“世有其地”。此一董氏相傳直至近代，尚有茂縣之静州長官司。《道光茂州志·土司》：“静州長官司董光舒，其先董整伯，唐開元間投誠授職，國朝康熙五年歸誠，仍授原職，頒給印信號紙，住牧静州。”④ 可知董氏乃岷江上游羌人大姓，且世為羌人首領，唐宋時有較强勢力。

---

① 十三經注疏整理委員會：《毛詩正義》卷十二，《十三經注疏》，北京大學出版社2000年版，第870頁。

② 水利部長江水利委員會等：《四川兩千年洪災史料滙編》，文物出版社1993年版，第11頁。

③ （西漢）伏生著，（東漢）鄭玄注，（清）陳壽祺輯校：《尚書大傳》，朱維錚：《中國經學史基本叢書》（1），上海書店出版社2012年版，第294頁。

④ （清）楊迦懌等修，（清）劉輔廷纂：《道光茂州志》卷三，《中國地方志集成·四川府縣志輯》（66），巴蜀書社（據清道光十一年刻本影印）1992年版，第384頁。

356 竹石達川主廟碑 光緒十九年（1893）三月

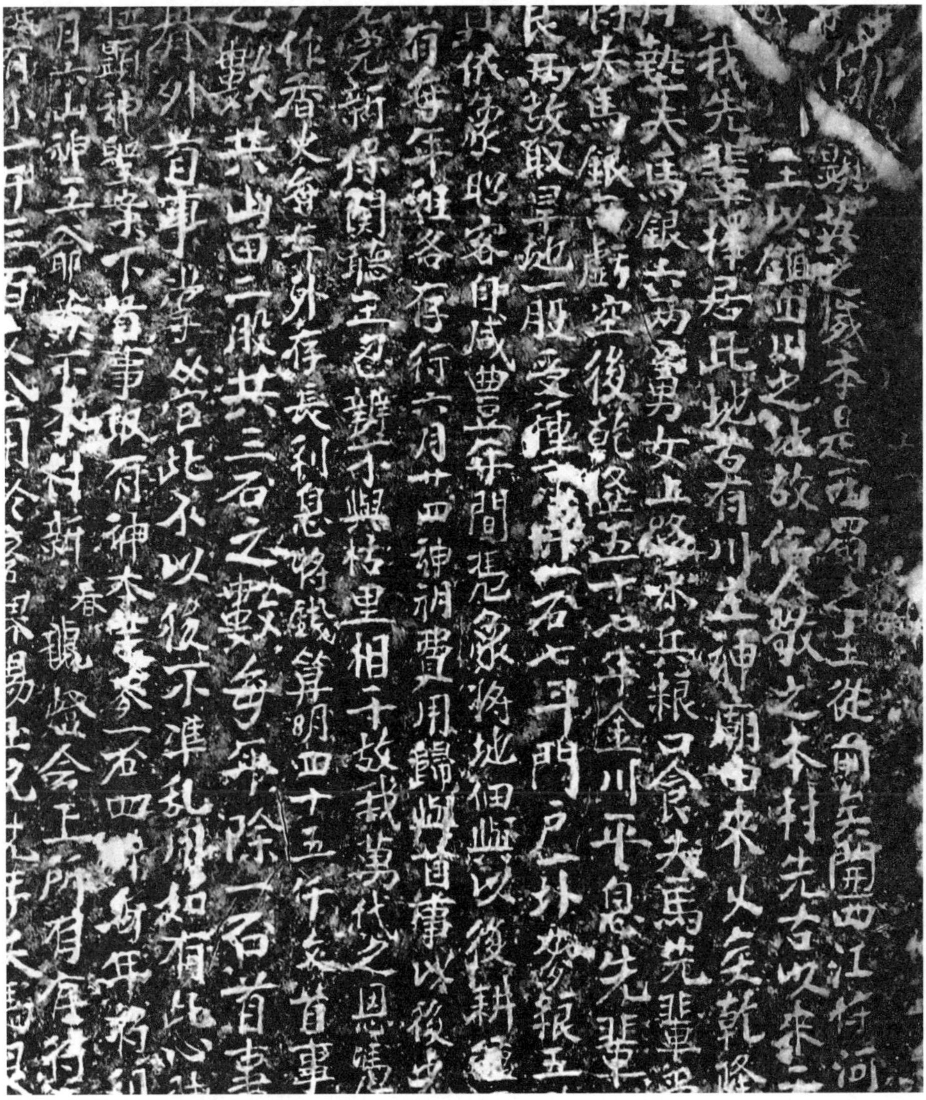

拓片（局部）

整拓

説明

碑石刻立於四川省汶川縣克枯鄉周達村竹石達，現藏竹石達小學。碑高 100 cm，寬 90 cm，厚 8 cm。碑身屋形二柱一開間。碑文 20 行，滿行 34 字。餘題名。楷書。額圜首，高 30 cm，寬 110 cm，厚 8 cm。楷書題“永垂萬古”。每字刻於圓圈内。四周刻二龍戲珠及草葉、回折綫紋。

額

永垂萬古。/

碑文

黄河澄清萬里功，/紫雲封號千秋国。/（以上刻於二柱）

川主廟碑序。/

川主顯英之歳，本是西蜀之主。從前矣，開西江，狩河权，斬蛟龍，大功，故唐朝天子敕封川主，/以鎮四川之地，故仁人敬之[1]。

本村先古以來，天子莫不有民居，其地莫不有神。故/我先輩擇居此地，古有川主神廟，由來夂矣。乾隆天子起初，金川作乱[2]，夫馬甚重。每/月墊夫馬銀六兩，又男女上路咏兵粮[3]，口食夫馬，先輩受此艰难，故花戸逃走在外甚多，因此/將夫馬銀兩虧空。

後乾隆五十七年，金川平息。先輩在廟議能算帳[4]，逃走花戸虧空夫馬/艮兩[5]。故取旱地一股受種，可開一石七斗，門戸一，外麥粮五斗，上於川主廟，每年以作焚献之/資，依眾昭客[6]。自咸豐年間，憑眾將地佃與，以後耕種。同治初年，將地壓租培修。廟内議倫，/外有每年租各存行，六月廿四神祃费用歸與首事[7]。以後光緒八年，府主雷公祖將前三枯橋工概行/免完，新保関聽主忍辦[8]，不與枯里相干，故我萬代之恩。憑眾面舉首事四人，每年執長芓麥租石/矣作香火，每年外存長利息將錢算明四十五仟文；首事四人將夂所凷入會山田一股[9]，每年納租二分/之數，共山田二股，共三石之數。每年除一石，首事照市合犭，以作六月卄四慶賀神/朞外，首事掌管此夂，以後不準乱用。如有此心，神聖威靈，負悖赦奪/伍顯神聖案下[10]。首事收有神本芓麥一石四斗，每年有利，九月廿八日以作慶神之祃[11]。六月六山神王爺案下。本村新春龍燈會上，所有存行小七仟文，將行小以作神分之。本村先輩/議有小一仟三百文，公用於磨稞。楊玉光先年夫馬艮兩不足，先老所議，每年邦出磨果小四百文[12]。/光緒年間張式有所買王姓田，每年幫出磨果小四百文，王廷楝每年幫出磨果小一百文[13]，王八濤一百文。/本村無門戸，眾全公議，所有邦出磨稞小四百文，麥粮一升。今將於石花戶今名開立，培修川主廟/捐項開列於后，是以為序。

首事：楊春秀捐㐅弍仟文，/王廷順捐㐅一仟六佰文，/王廷棟捐㐅弍仟文，/楊天富捐㐅一仟九佰文。/

張先金捐㐅弍仟文，/王保貝捐㐅弍仟文，/王旭龍捐㐅弍仟文，/王永安捐㐅弍仟文，/王和立捐㐅弍仟文，/王保元捐㐅弍仟文，/王□元捐㐅一仟六佰文，/楊受長捐㐅一仟六佰文，/楊田天捐㐅一仟弍佰文。/

楊什二捐㐅一仟六佰文，/王八涛捐㐅一仟六佰文，/王廷洪捐㐅一仟弍佰文，/王碑委捐㐅一仟弍佰文，/王元保上㐅一仟三佰文，/楊玉光捐㐅一仟文，/陶金雲捐芋麥弍斗、/玉路竟一耕。/

眾仝公立。

光緒拾玖年三月吉日立。/

著録

阿壩州文管所藏拓

注釋

［1］仁人：擁有德行的人。漢賈誼《惜誓》:“悲仁人之盡節兮，反為小人之所賊。”①

［2］金川作乱：指乾隆年間大小金川土司叛亂。

［3］咏：與方言“運”讀音相同而誤寫。

［4］議能：本作“議論”。可能受到四川方言鼻音邊音不分的影响，抑或羌語語音演變中排斥鼻音的趨勢②，本作“論”而碑文作“能”。

［5］艮：同“銀”字。

［6］昭：是“招”的同音别字。昭客：即“招客”。招待客人。

［7］議倫：本作“議論”。祁：“祈”的訛混字。向天或神求禱。

［8］事見清光緒七年（1881）《理番汶山告示碑》:“欽加盐運使銜知府用特授四川直隸理番府加五級紀録十次雷為永遠禁草枯里紳民認辦橋索、柱料、板片等項，以免派累而恤民困事。”“聽主忍辦”，是“廳主認辦”的别字誤寫。

［9］長：本作“漲”。㐅：“錢”的俗寫。下文亦作“ㄘ”“㐅”。原刻“㑽”，即“儅”

① （西漢）賈誼:《賈誼集》，岳麓書社 2010 年版，第 144 頁。

② 黄佈凡:《羌語語音演變中排斥鼻音的趨勢》，《民族語文》1987 年第 5 期，第 19 頁。

［10］伍顯神聖：即五顯神或五顯王。
［11］“之”下一字，審拓，似“祁”，即“祈”。
［12］邦：本作“幫”。
［13］果：本當作“稞”。

彙考

岷江上游羌族祭祀慶典名目繁多，其中祭山還願大典，又稱祭天會、祭山會、轉山會、山神會、山王會、塔子會等，最為隆重、全面，也最具代表性。因種落支派不同，時間不一。一般於農曆正月初八、四月初一、四月初八、五月初六、六月初六、七月初七、八月初八、十月初一等，在村寨附近的神樹林中舉行。而每年農曆六月二十四日，是岷江上游羌族川主會會期。後世附會為灌口二郎神誕辰。這天全寨男女老少著盛裝，不勞動，舉行隆重的祭祀儀式，感謝其為民治水。農曆九月二十八日，是羌族扎寨封山的傳統節日。羌語稱“刮竽扎薩”。用柴薪、刺籠封閉村寨所有路口，舉行三天儀式，期間不得有人進出。隨後便是農曆十月初一羌歷年，舉行“刮巴爾”——羌歷年最高的祭祀儀式，釋比唱念太陽飛光女神經典《索木竽拉》、給亮神送行的《喧且赫覽》、天路送要《達日赫畦》等釋比經典。趙曦先生詳細地記録了1988年農曆九月二十八日至十月初一，汶川縣龍溪鄉巴奪寨已故釋比余明海、朱順才主持的祭祀儀式①，為研究羌族祭祀慶典提供了重要資料。

① 趙曦：《神聖與親和中國羌族釋比文化調查研究》，民族出版社2010年版，第151頁。

357 袁氏墓碑 光緒二十年（1894）三月二十二日

説明

碑石刻立於四川省汶川縣雁門鄉索橋小寨子。現存原址。1989 年 12 月汪友倫先生椎拓，現藏汶川縣文博館。碑石二柱一開間，抹角。碑身高 100 cm，寬 50 cm，厚 10 cm。袁朝輔撰文。碑文 11 行，滿行 26 字。餘題名。楷書。該碑又題《小寨子袁姓墓碑》《小寨子袁姓墓火墳碑》《索橋小寨子袁姓家譜碑》。題名及楹聯，他書著録失載。

碑文

德二年扶一水，/功萬代永流通。/（以上刻於二柱）

皇清故袁氏歷代高曾遠祖之墓。/

蓋聞先祖語畱[1]，當是時也，湖廣填川。我先祖來川者，乃是兄弟八人也，/係麻城孝感縣人氏[2]。上川進灌，分處揷業[3]，惟祖袁文嘉，來至古綿虒/上山到此[4]，即今上水里也。草木暢茂，有方里而井，居房朽壞[5]，建有六/殘坊[6]，上書“樂善村”三字，今人呼為小寨子也。我祖欣然樂揷此業，報/粮入冊，墾田薗，創房宅。彼時此地，泥水氾濫，安塟亾魂，猶恐肌盧進/泥[7]，故立此墓，號曰“火墳”。世代先祖，概塟於此墓。後代人丁興發[8]，二十/餘家，以後各扦塋墓[9]。近因年久日深，懼後人忘却本源[10]，而將族譜泒/行編刊於碑[11]，二十四字曰：

天培世隆，慶康文光，照耀斗輝。謹煉忠孝[12]，/大有士明。洪朝正開，以曉後人。是以為序。

祀來孫趙長壽、袁馬兒、袁朝忠、袁朝鬓。祀昜孫士全貴、袁正細、久長[13]。祀□孫袁天長。

光緒二十年三月二十二日，袁朝輔奉書[14]，衆姓建立。

著録

1. 汶川縣文博館藏拓。2.《民國汶川縣志》211。3.《羌族歷史文化文集》97。4.《四川省志·民族志》319。

注釋

［1］畱：即“留”。《羌族歷史文化文集》《四川省志·民族志》作“吾”，非。

［2］麻城孝感縣：當麻城縣孝感。《民國汶川縣志》作“麻城縣孝感”，並脱“是”“也”。釋文遵照原石，據碑録文，以展現原刻風貌。

［3］《民國汶川縣志》脱“進灌”。揷：“插”的異體。

［4］“惟”，清晰。《民國汶川縣志》作“始”，非。《四川省志·民族志》《羌族

歷史文化文集》作“樵”，亦非。又，《四川省志·民族志》釋“至”作“自”，並脱“當是……揷業”。“此”指汶川縣雁門鄉索橋小寨子。

[5] 杇：粉刷，指房屋年久失修，外牆的粉飾斑駁。《民國汶川縣志》作“朽”；《羌族歷史文化文集》《四川省志·民族志》作“枋”，皆誤。壊：即“壞”。

[6]“六”，《民國汶川縣志》作“一”，《羌族歷史文化文集》《四川省志·民族志》沿誤。坊：亦作“堃”。街市里巷相類似，是居民聚居地的名稱。《洛陽伽藍記·開善寺》：“壽丘里，皇宗所居也，民間號為王子坊。”① 《羌族歷史文化文集》《四川省志·民族志》作“枋”，非。

[7]“氾濫”，拓片清晰。《四川省志·民族志》釋作“泡爛”，非。又，與《羌族歷史文化文集》並誤，釋“埜”作“奉”。“膚”“進”，《民國汶川縣志》分別作“體”“近”，非。

[8]“後”，《羌族歷史文化文集》《四川省志·民族志》作“石”，誤。下同。《民國汶川縣志》脱“發”。

[9] 扦：與“迁”音同、形似而誤。

[10]“久”，《羌族歷史文化文集》《四川省志·民族志》作“火”。又，“却”作“記”，非。

[11] 泒，同“派”。“泒行”，本作“排行”。《四川省志·民族志》徑改作“排行”。“刊”，《民國汶川縣志》作“列”，形近而誤。

[12]《民國汶川縣志》脱“謹煉忠孝”。《羌族歷史文化文集》《四川省志·民族志》摘録原文，脱“二十四字……開”及下文“祀來孫……天長”“眾姓建立”等字。

[13] 晜：同“昆”。來孫之子為晜孫，晜孫之子為仍孫。

[14]“袁”上，《民國汶川縣志》《羌族歷史文化文集》衍“耳孫”。“朝”字輩，據碑文係來孫，為袁氏第22代子孫。釋文當尊重原碑文，不能隨意添加。刻石時間，《羌族歷史文化文集》《四川省志·民族志》作“十二日”，非。

彙考

碑銘記述小寨子袁姓係麻城縣孝感人氏，先祖自明末從湖廣來川，至灌縣，又至汶川縣綿虒，再至雁門鄉索橋小寨子，報糧入册，開墾田園，安居樂業，死後“概埜”火墳場。懼族人忘卻本源，將族譜24字刊刻於碑，以傳後人。他書録文，失字輩排行、題名及楹聯。索橋小寨子為羌居，按照羌人每個家庭或家族都保留有本家火墳場的古俗，碑石刻立地是該支袁氏羌人的“火墳”，説明清末羌區雖由火葬改土葬，

---

① 尚榮：《洛陽伽藍記》，中華書局2012年版，第303頁。

但古俗火葬並未消失。羌人無宗祠，但有“火墳”。每逢清明，一個祖宗的子嗣，都會先到“火墳”祭奠，然後再到家墳祭祀。現在一般三年共祭一次“火墳”，講家史、勵子孫、彰善行、斥惡跡。四川西川羌族建宗祠主要在清代，如茂縣三龍鄉勒依村有余家祠堂，今已毀，存殘碑1通。

明代麻城作為軍事要塞，入蜀移民以軍事移民為主。這些擁有軍籍者，往往稱兄道弟，並非全來自一個始祖，可能還有一些既非血緣，也非一個家族，甚至就是麻城寨堡式家族軍事戰士[①]。據碑文所載，汶川縣雁門鄉索橋小寨子袁姓即源於此。當然，羌族石刻中，也有附會湖廣填川，以避民族歧視之嫌，所以對其來源需進一步甄別，但不可否認的，這是漢族融入羌族的一個實例。

① 黃權生、羅美潔:《明清麻城軍事人口遷徙與“麻城孝感鄉”的祖籍認同》,《湖北社會科學》2013年第1期，第117頁。

358 索楊氏金波寺給發碑 光緒二十年（1894）六月二十日

説明

碑石刻立於四川省汶川縣草坡鄉金波寺，現藏原址。碑高 90 cm，寬 40 cm，厚 9 cm。碑文 6 行，滿行 34 字。楷書。額圜首，高 25 cm，寬 50 cm，厚 9 cm。楷書題“永垂萬古”。文末刻方形章，篆書。

額

永垂萬古。/

碑文

宣慰使司生母索楊氏為給發遵照以垂永久事[1]。/

緣治属草坡[2]，舊有金波寺，業經廿世。每焚獻，輙有金波寺不濟。氏[3]，今年踰八十有二[4]，艱辛康/健，泰極否來，神天之所佑也。婆為同媳金氏、孫氏文等榷商無異，願上功德錢陸拾兩正，/親交該住持大樹子羅喇嘛手執管，每歲生息，為氏祖孫唪經幖旗[5]，消災解厄，毋不負□/氏之雅意。自經上給之後，索姓子孫並不得擅索改，致逆初願。倘經該喇嘛示寂後[6]，凡属继祀/香火者，務須一體遵行，仍照舊規，代為懺誦，毋得擅違干咎[7]，持給。/

右給金波寺住持大樹子羅喇嘛准此。/

高張氏上銀拾兩，穹哇楊威上錢五千，/姚登喜上錢拾千，山波期上銀五兩。/

光緒二十年六月廿日給發。/

著録

阿壩州文管所藏拓

注釋

［1］據《民國汶川縣志·瓦寺土司》載，十九代土司索郎榮宗，亦稱為索諾木榮宗。瓦寺土司索諾木氏，舊稱桑朗氏。其父索郎容忠卒，子榮宗嗣。乾隆四十四年(1779)，榮宗“奉派進京，賞給二品頂戴。五十五年，三次朝貢赴京，奉旨改桑郎為索諾木要，賜花翎一羽。……諭桑良（郎）榮宗賜索諾木，諾木而索然，抑之也”①。自此瓦寺土司改姓索氏。遣土弁領 200 藏羌兵從大軍進討郭爾喀，事定優賞。兵從秀山、教匪事，以功加陞宣慰使。舊志稱榮宗“母麥氏，訓育有方”②。索楊氏，即碑下

① 祝世德:《民國汶川縣志》卷六,《中國地方志集成·四川府縣志輯》(66), 巴蜀書社（據民國三十三年影印）1992 年版, 第 580 頁。

② 祝世德:《民國汶川縣志》卷六, 民國三十三年（1944), 第 578 頁。

文“廿世”瓦寺土司榮宗子索衍傳之生母。舊志失載，可補史闕。道光二十二年(1840)，英軍據吴淞，逼金陵。索衍傳遣土舍索文茂領藏羌土兵千餘人往征，至寧波與英兵惡戰。功加一級，賞頂戴花翎。

［2］草坡：即今汶川縣草坡鄉。明正統六年（1441），威茂、孟董、九子、黑虎等寨諸羌“叛亂”，明軍屢征不服。朝廷採取“以番治番，以夷治夷”的政策，遠調嘉絨藏軍鎮壓。雍中羅洛思、桑郎納思壩奉調出藏進剿，事態平息後住牧汶川縣塗禹山（今汶川縣玉龍鄉塗禹村），給宣慰司印信號紙①。《古今圖書集成·方輿彙編·職方典·成都府部》：正統“十一年，威保西溝諸番跳樑汶川草坡野蠻作亂。”② 隆慶二年（1568），草坡羌亂，寒水土巡檢高茂林被殺，第十一代瓦寺土司南吉二朋以兵討定。萬曆中，草坡十二寨頭領互相屯兵，争殺不休。二朋子，第十二代瓦寺土司舍躬進剿，明始以草坡地給土司舍躬③。清時，土司在此置草坡六合營。

［3］“氏”上，空格。下文“氏祖孫”上，亦空格。

［4］踰：同“逾”。超過。

［5］唪經：誦經。清富察敦崇《燕京歲時記·盂蘭會》：“中元日各寺院設盂蘭會，燃燈唪經，以度幽冥之沉淪者。”④

［6］示寂：佛教語。寂指涅槃。佛菩薩及高僧身死，只是一種示現，並非真滅。宋秦觀《圓通禪師行狀》：“〔圓通禪師〕既行，道過龍遊，留一月，會達觀示寂。”⑤

［7］干咎：擾亂，冒犯。

彙考

瓦寺土司是嘉絨藏族，轄境較大的喇嘛寺為金波寺，又名“金坡寺”，位於四川汶川縣草坡鄉金波村北200米半山坡上。始建於明崇禎年間（1628－1644），清乾隆年間（1736－1795）重修，後世多次維修。1984年重建，現已殘破不堪。嘉絨地區原信黑教，金川事件後，清朝廷令各嘉絨土司改信黄教，但瓦寺土司草坡官寨仍有木刻黑教經版百餘塊。歷代土司及家族資助修建喇嘛寺，見清《金波寺廟碑》：瓦寺土司祖

① 趙爾巽等：《清史稿》卷五百一十三，中華書局1977年版，第14234頁。

② （清）陳夢雷等：《古今圖書集成》卷五百九十三（108），中華書局1934年版，第30頁。

③ 祝世德：《民國汶川縣志》卷二，《中國地方志集成·四川府縣志輯》（66），巴蜀書社（據民國三十三年影印）1994年版，第42頁。

④ （清）富察敦崇：《燕京歲時記》，《帝京歲時紀勝燕京歲時記》，北京古籍出版社1981年版，第76頁。

⑤ 周義敢：《秦觀集編年校注》卷三十二，人民文學出版社2001年版，第701頁。

母捐地一石、功德錢六十四兩，並兩次加押七十兩和錢六千為廟産[①]。惜已亡佚。光緒二十年（1894）《索楊氏金波寺給發碑》、宣統二年（1910）《倍修金波寺佛廟内外完字碑》，後碑説："老太太上銀十兩，大老爺即代興上銀十兩"，"索大老爺即代楊、吴美章各上錢一千文"。代興：即瓦寺土司第二十二代索代興[②]。三江也有喇嘛寺，為瓦寺土司家廟，建於清嘉慶年間（1796－1820）。曾有廟碑，1973 年修建水電站被填入蓄水池。2008 年汶川大地震後，喇嘛廟重修並立碑，無喇嘛常住。瓦寺土司轄羌藏漢民，以羌民為主。至今羌族民間流傳著端公和道士、端公和喇嘛鬥法的傳説，反映出道教、喇嘛教傳入羌區後與羌族固有的原始宗教及民間信仰之間曾經發生過激烈的摩擦和碰撞的現實[③]。

① 中國人民政治協商會議汶川縣委員會文史資料委員會：《汶川縣文史資料選輯》（4），内部出版 1995 年版，第 41 頁。

② 祝世德：《民國汶川縣志》卷六，《中國地方志集成・四川府縣志輯》（66），巴蜀書社（據民國三十三年影印）1992 年版，第 580 頁。

③ 孔又專：《略談道教與古羌民族宗教文化的汲取與融合》，《四川民族學院學報》2010 年第 12 期，第 55 頁。

359 何遠慶墓誌 光緒二十年（1894）十一月

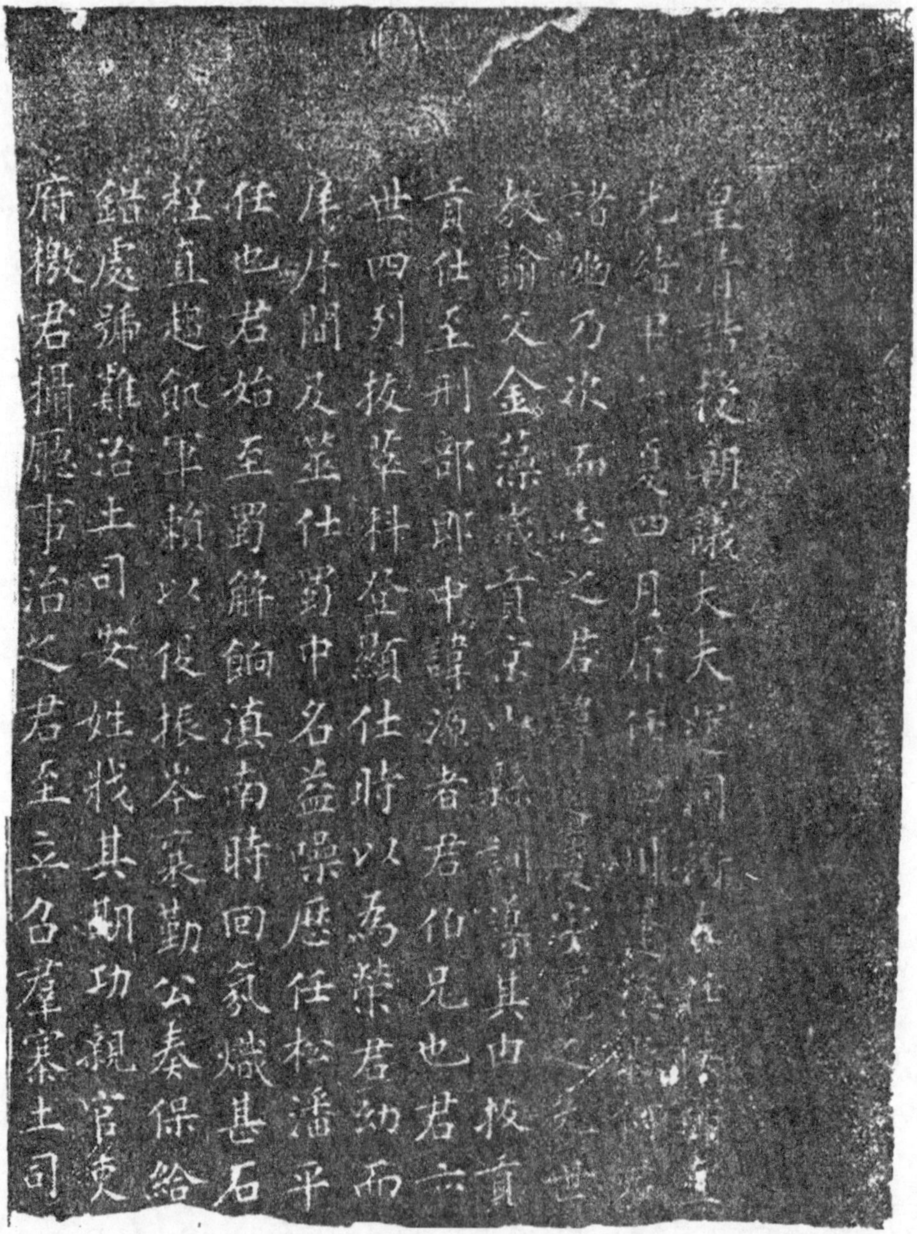
皇清誥授朝議大夫運同[illegible]
光緒甲[illegible]夏四月府君[illegible]
諸幽乃次而志之君諱[illegible]之先世
教諭文金藻歲貢宣[illegible]縣訓導其由拔貢
貢仕至刑部郎中諱源者君伯兄也君六
世四列拔萃科登顯仕時以為榮君幼而
庠升聞及筮仕蜀中名益噪歷任松潘平
任也君始至蜀解餉滇南時回氛熾甚石
程直超飢軍賴以復振岑襄勤公奏保給
錯處號難治土司安姓戕其期功親官吏
府檄君攝廳事治之君至立名薩寨土司

拓片（局部）

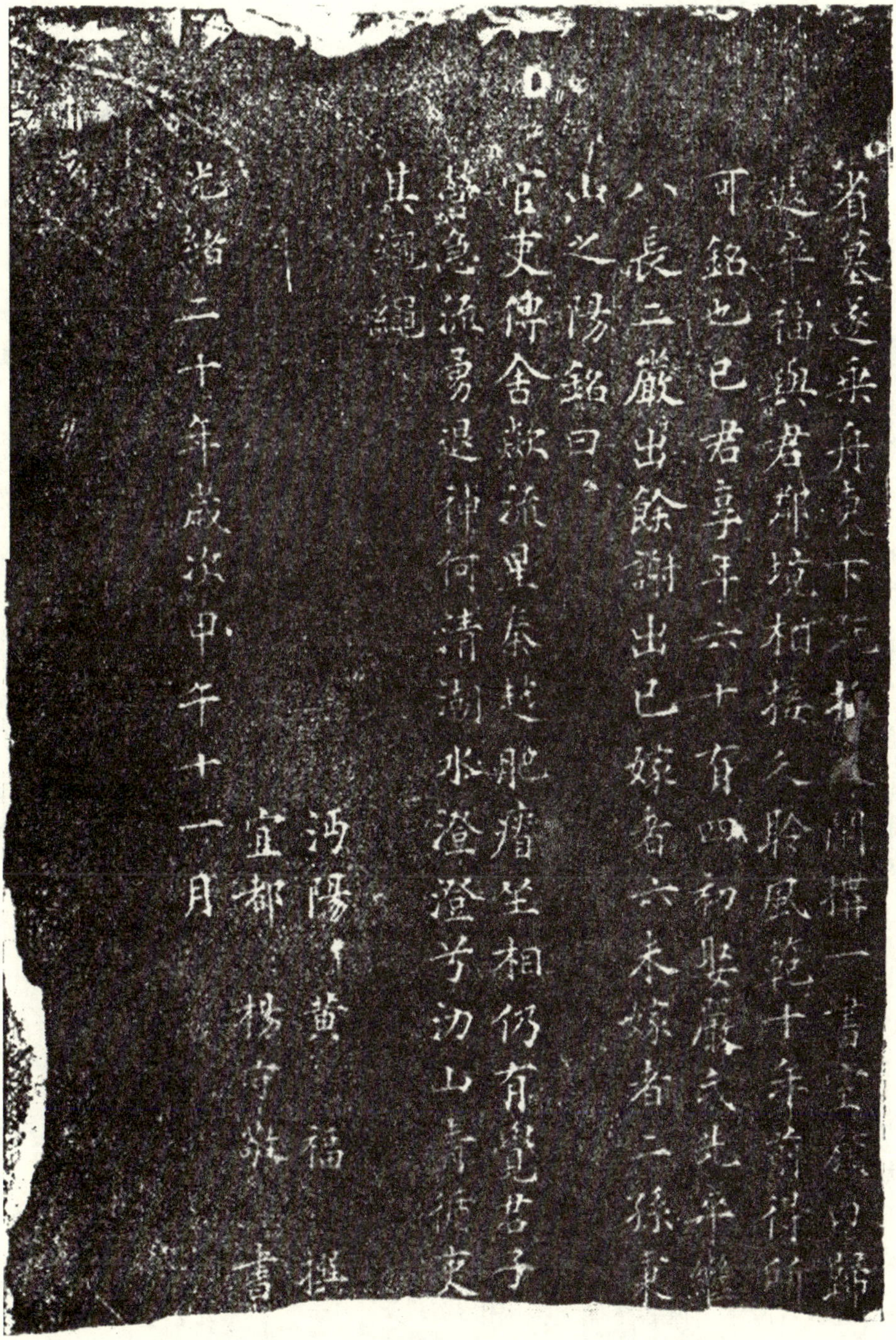

拓片（局部）

説明

墓誌於 1986 年 8 月由湖北省漢川縣文物管理所在河南鄉南河渡村二組徵集。黄福撰文，楊守敬書。誌石高 65.5 cm，寬 63 cm，厚 2 cm。墓誌邊沿有扣榫，邊寬 1 cm，凹 0.5 cm。無蓋。誌文 34 行，滿行 34 字。楷書。

誌文

皇清誥授朝議大夫運同銜在任候補直隸州四川蓬溪縣知縣何君墓誌銘[1]。/

光緒甲午夏四月，原任四川蓬溪縣何君以疾卒於漢川里第，其孤宗瀚，抱其行狀，請銘/諸幽，乃次而志之。

君諱遠慶，字冕之。先世由江右徙居漢川之南河渡[2]。祖貽堂，拔貢候選/教諭[3]。父金藻，歲貢京山縣訓導[4]。其由拔貢仕至湖南岳常澧道諱玉棻者，君季父也。由拔/貢仕至刑部郎中諱源者，君伯兄也[5]。君亦以辛酉拔貢朝考二等[6]，出為四川縣令。凡三/世四列，拔萃科，登顯仕，時以為榮。

君幼而倜儻，岐嶷見頭角[7]，連遭父兄喪，益自刻勵，有聲/庠序間。及筮仕蜀中[8]，名益噪。歷任松潘、平武、安、德陽、萬、蓬溪、成都、涪等廳州縣，蓬溪其本/任也。

君始至蜀，解餉滇南，時回氛熾甚[9]，石門、金齒道梗[10]。滇南缺餉者數月，君不避艱險，兼/程直趨，饥軍賴以復振，岑襄勤公奏保給花翎[11]。旋蜀，益為大府所器[12]。

松潘介萬山中，番漢/錯處，號難治。土司安姓戕其期功親[13]，官吏不能詰，積疑猜阻，互相煽動，武弁某妄請兵，大/府檄君攝廳事治之。君至，立召羣寨土司[14]，曉以大義，抵罪人於法，禁番民佩刀入城市，皆奉令惟謹以聽[15]。雖設學額，而習學者少。君創修學宮文昌，昭宗祠，建學舍，籌膏火資，報提學使者[16]。

請廩膳生，並杜冒占之弊。時時簡騶從入番部[17]，勸耕讀法，凡四年，教化大行，邊人以和。

川省有夫馬費，豫派之民間，自征大小金川暨咸同軍興[18]，相沿已久，紳吏依倚為奸。貴陽丁文誠公思除革之[19]，調君署德陽君條陳利弊，刻期立辦，文誠因以推行，各縣近驛者減半，遠者全撤，積困以蘇。

縣胥利購盜，賞使人冒盜而證成之。君詰知其詐，卒獲真盜。乃創團防，詰奸宄[20]，群盜屏跡。又決鄰縣羅江疑讞出大辟[21]，冤而抵舞，法吏如律，其在蓬溪下車，訊結前任滯獄數百案，無留牘。

縣舊有恤嫠、育嬰兩社，名存實亡。君捐俸創置公田，為經久計，又捐錢千緡，為鄉會試賓興之費[22]。及調成都，縣人建生祠，廛去思焉。

成都、涪州皆繁劇，例得請員幫審。君日坐堂皇，夜治文書，獨任其勞，亦無廢事。

涪州，尤江介沖地，健訟君嚴禁刁作[23]，案牘以省。貧民以竹代陶瓦，一不慎，萬家為燼。值火警，君面火拜，風隨反，涪人以為神。

州有孝女，年及笄，家貧，母歿，鬻身以葬母。君廉淂其情，贖之，論婚於廩生楊某之子，厚資贈之。

凡君所為，維風俗歌泣人心者類如此。又復綜練詳明，事必躬親，故所至吏胥不能欺。

君仕蜀三十年，久別邱壟[24]。恒有歸志。涪去楚近，攝事歲周。不謀親友，發稟/省墓。遂乘舟東下[25]。既抵里閈，構一書室，顏曰："歸雲別墅"。方與子弟弦誦其中[26]，僅逾年，而君/遽卒。

福與君鄰境相接，久聆風範。十年前得所著《松潘志略》，讀之知非徒敏於吏事者，其/可銘也已[27]。

君享年六十有四，初娶嚴氏，先卒。繼妻謝氏，賢而善治家。子宗瀚，庠生，女子子/八，長二嚴出餘謝出，已嫁者六，未嫁者二。孫秉誠、秉廉。將以明年二月廿九日，葬君於汸/山之陽。

銘曰：/

官吏傳舍欻流星，秦越肥瘠坐相仍。有覺君子民所型，甘棠敷蔭遍十城[28]。脂韋突梯眾營/營[29]，急流勇退神何清。湖水澄澄兮汸山青，循吏/幽宅此其扃。其生可祠歿可銘，利爾後昆/其繩繩[30]。

沔陽黃福撰。/

宜都楊守敬書[31]。/

光緒二十年歲次甲午十一月。/

著録

1.《漢川發現清楊守敬書何遠慶墓誌銘》，《江漢考古》1990（2）。2.《湖北宜都楊守敬書何遠慶墓誌銘考》，《三峽大學學報》（社科版）2012（4）。

注釋

［1］朝議大夫：文散官名。隋文帝始置。明從四品，清從四品封贈。運同：鹽政官名，位次於運使。候補直隸州：正五品，均見《清史稿·職官志》。《江漢考古》刊佈拓片為局部，不是整拓，亦未釋文，故文中部分釋文無隔行符號“/”。

［2］江右，今江西省。漢川，今湖北省漢川市。南北朝始建縣。南河渡：亦稱“南河頭”。舊為南河渡口，位於漢川西南。宋党仲昇拒守南河抗金人。見《宋史·曹彥約傳》《大清一統志·漢陽府一》。

［3］拔貢：科舉制中由地方貢入國子監生員的一種。清代優選者以小京官用。次選以教諭用。每府學一名，州、縣學各一名，由各省學政從生員中考選，保送入京，作為拔貢。經朝考合格，可以充任京官、知縣或教職。教諭：明清縣設“縣儒學”，內設教諭一人，另設訓導數人。府學教諭多為進士出身，由朝廷直接任命。《清史稿·職官志三》：“儒學：府教授、訓導，州學正、訓導，縣教諭、訓導，俱各一人。”①

［4］歲貢：科舉制中由地方貢入國子監生員的一種。明清時，因每年或兩年從府、州、縣學中選送廩生陞入國子監讀書而故名。

［5］季父：叔父。通常亦指最小的叔父。伯兄：長兄。《釋名疏證補·釋親屬》：“父之兄曰世父，言為嫡統繼世也，又曰伯父，伯，把也，把持家政也。父之弟曰仲父，仲，中也，位在中也；仲父之弟曰叔父，叔，少也；叔之弟曰季父，季，癸也，甲乙之次，癸最在下，季亦然也。”② 何遠慶父何金藻，其長兄何源，叔父何玉棻。

［6］咸豐十一年（1861），歲次辛酉。

［7］岐嶷：聰慧。頭角：出類拔萃。

［8］筮仕：古時外出做官需先佔卜。後指初次為官。宋王禹偁《感流亡》：“因思筮仕來，倏忽過十年。”③

［9］雲南回民起義，從咸豐五年（1855）至同治十二年（1873），歷時十八載，烽火遍及雲南全部，影響推及西南各省。《清史稿·張保和傳》：“滇回初起，势颇盛，自如龙反正，其气始衰。”④

［10］石門：大理蒼山石門關，著名的茶馬古道和重要的戰略要道。金齒：今雲南德宏、保山一帶，是少數民族聚居地。

［11］岑襄勤：即岑毓英，字彥卿，廣西西林人，咸豐初入滇助剿叛回，同治初，以軍功遊擢滇藩，旋授巡撫。同治十一年（1872），率軍下大理，滇回平，署雲貴總督。見《清史稿·岑毓英傳》。

［12］大府：即總督、巡府。

［13］土司安姓：松潘縣世襲呷竹長官司。今四川松潘縣南鎮坪鄉南呷竹寺。呷竹寺土千户安榮，係倮夷種類。其先七谷，康熙四十二年（1703），歸附，授職。屬

① 趙爾巽等：《清史稿》卷一百一十六，中華書局 1977 年版，第 3358 頁。

② 王先謙：《釋名疏證補》（下册），商務印書館 1937 年版，第 153 頁。

③ 北京大學古文獻研究所：《全宋詩》卷五十九，北京大學出版社 1998 年版，第 661 頁。

④ 趙爾巽等：《清史稿》卷四百五十六，中華書局 1977 年版，第 12662 頁。

松潘平番營。其地東至石泉縣界，南至麻塔寨界，西至松坪、牛尾巴界，北至丟骨、窯溝寨界。咸豐、同治以來，再領白草、風村等十餘寨。後降為土百户。見《清史稿・四川土司》、《嘉慶四川通志・土司》、《民國松潘縣志・土司》。對其族屬，《中國土司制度史》又作藏族①。根據其轄地及與羌族通婚看，土百户與羌族有密切關係。1935 年，土百户安登榜襲父職。其父安裕楨（興武），母蘇氏，是茂縣大店沙壩蘇土司的女兒②，自幼讀私塾，會羌、漢、藏語。

［14］此謂松潘土司數眾。至清末民初，松潘土司仍有 71 個。《民國松潘縣志・卷四・土司》："綜計松潘全境部落七十二，土司七十二，番寨七百四十九，番户一萬六千九百五十五，男女丁口四萬四千二百零五。"③ 名為 72，實 71。咸豐、同治年間，漢民遷入，改土歸流，下羊峝土司已不存。松潘土司主要為"西番"藏民，次為猼猓，吐谷渾苗裔，有峩眉土千户、七佈土千户、麥雜土千户、毛革土千户等。第三為羌民。

［15］"聽"，清晰。《湖北宜都楊守敬書何遠慶墓誌銘考》作"廳"，非。

［16］提學使者：官名。宋代各路置提舉學事司，簡稱提學。清沿明制，各省置督學道，雍正年間改提督學院，長官稱提督學政。清末罷科舉，興學校，改為提學使。

［17］騶從：騎馬的侍從。

［18］軍興：謂朝廷徵集財物供軍用。

［19］丁文誠：即丁寶楨，謚文誠。光緒十年（1884）《裁撤夫馬局告示碑》："奉總督部堂丁劄，光緒九年六月二十九日專，差具奏，為裁撤夫馬局，請旨立案以垂久遠。"

［20］奸宄：指違法作亂的事。

［21］讞：審判定罪。大辟：死刑。

［22］賓興：地方官吏設宴招待應舉之士。後泛指鄉試為賓興。

［23］健訟：原指好打官司的人。泛指古代官吏。

［24］邱鞸：亦作"邱隴"，指鄉間、家鄉。

［25］乗：即"乘"字。

［26］弦誦：弦歌和誦讀。《禮記・文王世子》："春誦夏弦，大師詔之。"④ 後亦

---

① 龔蔭：《中國土司制度史》（下），四川人民出版社 2012 年版，第 247 頁。

② 中國人民政治協商會議北川縣委員會文史資料委員會：《北川縣文史資料選輯》（6），1989 年版，第 29 頁。

③ 傅崇榘等修，徐湘等纂：《民國松潘縣志》卷四，《中國地方志集成・四川府縣志輯》（66），巴蜀書社（據民國十三年刻本影印）1992 年版，第 143 頁。

④ 十三經注疏整理委員會：《禮記正義》卷二十，《十三經注疏》，北京大學出版社 2000 年版，第 730 頁。

以稱詩禮教化或學校教育。

［27］誌主松潘任職期間，纂修《直隸松潘廳紀略》，同治十二年（1873）刻。

［28］“棠”，《湖北宜都楊守敬書何遠慶墓誌銘考》作“堂”，非。甘棠，《詩經·召南·甘棠》：“蔽芾甘棠，勿剪勿伐，召伯所茇。”①

［29］脂韋突梯：比喻阿諛或圓滑隨俗。營營：喻追求奔逐。

［30］繩繩：謂連綿不斷。

［31］楊守敬，字惺吾，晚年自號鄰蘇老人，宜都市陸城鎮人。清末民初傑出的歷史地理學家、金石文字學家、目録版本學家、書法家、藏書家。治學嚴謹，造詣深厚，中外馳名。

彙考

何遠慶“歷任松潘、平武、安、德陽、萬、蓬溪、成都、涪等廳州縣”，後為蓬溪知縣，卒於任上。松潘地處群山，各土司勢力强大，“積疑猜阻，互相煽動”，“官吏不能詰”。何公到任，即召各土司山寨，“曉以大義”，並“抵罪人於法，禁番民佩刀入城市”，“皆奉令，惟謹以廳”。同時，“創修學宫文昌，昭宗祠，建學舍”，積極籌措經費，配備師資，革除冒名頂替科考的弊端，常常輕車簡從，到少數民族地區勸耕讀法，凡四年，教化大行，邊人以和，為研究清代松潘羌藏民俗、接受儒學文化提供了史料。

① 十三經注疏整理委員會：《毛詩正義》卷一，《十三經注疏》，北京大學出版社2000年版，第92頁。

360　田氏新建宗祠碑　光緒二十一年（1895）十月初四

説明

碑石刻立於四川省茂縣東興鄉永和村，現存原址。碑石高 113 cm，寬 88 cm。碑文 11 行，滿行 24 字。餘題名。楷書。額抹角，楷書題“永垂萬古”。

額

永垂萬古。/

碑文

嘗聞/人生天地，木本水源[1]，先年新建宗祠，以至拾壹載，功完。自光緒/七年三月朔六日，合族公議新立。清明勝會，每年春秋二會余/奠宗祠[2]。每人名下捐出芋麦弍斗，集成壹會。/

一議，每年二會費用，憑神算明，若有私心，神天鑒察[3]，于孫不/得昌達，冀後先亡默佑矣。/

一議，每年租佃地土，㢑約交総領收，執租子以交[4]，新會首承收。/合族在內，尋使錢者，以楚交清，以煩後續。萬古不朽，是以為序。/

拾九家人的子孫，永世不許提說分會，入有一人說分會者[5]，全/家死亡。/

承領會首/田國祥，/田玉文，/田國安，/田玉武。/

田國正，/田國樹，/田玉貴，/田玉明。/

田玉倫，/田玉順，/田玉山，/田玉昌。/

田萬貴，/田正川，/田正發，/田正福。/

田玉姜，/田正有，/田正璠[6]。/

在會者不/准攤私也。/

清之光緒弍拾壹年，歲次乙未，小陽月朔肆日，合族公立。/

注釋

［1］木本水源：樹的根和水的源頭。《左傳·昭公九年》：“我在伯父，猶衣服之有冠冕，木水之有本原，民人之有謀主也。”① 後以之喻事物的根本或來源。多指血統關係。此謂田氏來源。家譜序言中常用語。

［2］勝會：猶盛會。唐張又新《三月五日陪大夫泛長沙東湖》：“從今留勝會，誰看畫蘭亭。”② 春秋二會：指清明和七月節。

---

① 十三經注疏整理委員會：《春秋左傳正義》卷四十五，《十三經注疏》，北京大學出版社 2000 年版，第 1462 頁。

② 周振甫：《全唐詩》卷四百九十七，黃山書社 1999 年版，第 3550 頁。

［3］鑒察：鑒别、察看。

［4］帋：同“紙”。執：即“報”字。

［5］入：本作“如”。

［6］題田氏羌人 19 人，代表 19 家。今茂縣東興鄉永和村仍是田氏羌人聚居地。

361 永定章程碑 光緒二十二年（1896）

説明

碑石原刻立於四川省茂縣三龍鄉河心壩聖駕廟，龍大軒等人於1994年在四川茂縣三龍鄉河心壩首次發現①。現藏三龍鄉文化館長羌族王國亨家廢棄的碉樓内。碑石高128 cm，寬78 cm。碑文23行，滿行43－44字不等。楷書。右下角殘缺，微泐。額圜首，楷書題“永定章程”，周圍刻纏枝卷葉花朵紋；邊緣處刻雙綫框，内刻卷草紋。該碑又題《永遠章程條規碑》。

額

永定章程。/

碑文

永定章程條規刊扵石□光□[1]。/

嘗聞官有禁條而柔治[2]，民有私禁，以清地方，而安良善，皆以戒人為不善（下泐）/合心壩[3]，皆因前人住居此地，立各規模[4]，議定章程。至今，地方人等青年子弟，貪圖口［腹］[5]，（下泐）/乱條規，肆行縱横，事乱紛紜[6]，三五成羣，五六結党，通同□無，不論尊卑[7]。只說強弱，横行霸道，世（下泐）/食难安[8]。因我村中老人、首人、花戶人等於心不忍[9]，照依古禮，不負前人之心也。/

一議，村中有等不孝之徒[10]，不思父母久養，反与父母牴敵[11]。倘有此等[12]，定要投鳴村中。知竟照男丁童等五/□俗眾，罰香朩十仟文存公[13]。若不依章程，集眾绳練送官懲治[14]。

一議，村中有古至今，有買有賣。上中下/三□[15]，肥腴不一，土分市價[16]，勿得內中包買、包賣，私吞賄賂，正直公辦。若有謝中買賣，二家心情意悅[17]，不得多取分/文[18]。倘有田土、房屋，不得估買、估賣。若估賣估當，眾罰香朩五仟文存公[19]。

一議，村中每逢神會之期，有悪霸/之徒[20]，私造妄言，曲語嘮酒[21]，法風行兇打架、提刀弄斧，依老啀喘依貧啀柰[22]，父子行兇[23]，弟兄悪霸，倘此為查出[24]，罰香錢/十仟文。若不依章程，绳練送官。

一議，村中窮富不等，所有錢米債帳，自古以來，对年加二，粮食加四。若年成久遠，/只得一本一利[25]，不得大利盤剥，重利磊算[26]。瞞心昧己[27]。勿使大秤小斗，輕出重入，故此本俟之人，难以興家[28]。此等查出，眾罰/香朩十仟文存公[29]。

---

① 龍大軒：《鄉土秩序與民間法律·羌族習慣法探析》，中國政法大學出版社2010年版，第178頁。

一議，村中有等本俟之人[30]，遠方買賣生理人等[31]，無論大小買賣，只許公平交易，不許套哄小男/弱女，亦不許交接空倉、粮食、菜子、洋煙等項，倘此等查出，罰香〻五仟文。

一議，村中恐有外來不知名姓之人[32]，犯有/案券，假充生理為實。不許招晋歇宿[33]。至今各處匪人盛多，倘村中停晋歇宿，恐遇不明之事，查出招主，罰〻十仟文。/

一議，村中有婦女私造妖言，無有世界[34]，使其二家争鬥，以小事大，听信妖言，以假作真。倘此等婦，查出衆罰香〻十仟文存公[35]。

一議，村中青年子弟假充精伶[36]，不知利害二字，反說自逞其能，不務正業，日困打眠，反起偷盗之意，連累全家。至於大小事務，行至/駕庙[37]，正直公断，內中不得包攬詞訟。倘查出，衆罰香〻十仟文，若投明老首人衆等公斷[38]，不了之事，詞訟不談[39]，以交老首人處。/

光緒廿二年七月初七日，合心垻老首人、花戸衆等同立。

倘有不依章程，衆等其集，自損口食送官。邑生相榮宗/。

著録

1. 曾曉梅藏拓。2.《羌族習慣法》619。3.《19世紀末地方法律實踐狀況考——一塊碑文透出的歷史資訊》①，《現代法學》2002（3）。4.《西川羌族特殊載體檔案史料研究》311。5.《茂縣鄉鎮簡志》1－325。

注釋

[1] 刊：他書未釋。"光"上一字泐，《羌族習慣法》擬為"道"，不確，備參。"光"下泐一字，不能辨識。《茂縣鄉鎮簡志》脱"永"等字。

[2]"聞"上一字下部有劃痕，是"嘗"。《羌族習慣法》作"當"，形似而誤。

[3]"善"下碑石殘，所失字數不明。"善"下《羌族習慣法》作泐蝕六字，《茂縣鄉鎮簡志》沿用。《19世紀末地方法律實踐狀況考——一塊碑文透出的歷史資訊》《西川羌族特殊載體檔案史料研究》作泐八字。合心垻：又作"河心垻"。今茂縣三龍鄉河心垻村。

[4]"各"，他書未釋。觀拓，上存"夊"、下有"口"，痕跡清晰，是"各"。

[5]"圖"下一字泐，諦視，是"口"。《羌族習慣法》《茂縣鄉鎮簡志》未釋。

① 龍大軒：《19世紀末地方法律實踐狀況考——一塊碑文透出的歷史資訊》，《現代法學》2002年第3期，第130頁。

“口”下，碑石殘損，《羌族習慣法》作“腹”，可。口腹：指吃喝飲食。《隋書·地理志上》：梁州、漢中的人“性嗜口腹，多事田漁，雖蓬室柴門，食必兼肉”①。

［6］“紛”下一字泐，細觀，似“紜”。《羌族習慣法》《茂縣鄉鎮簡志》未釋。

［7］“尊”上六字，他書未釋。其中，《羌族習慣法》《茂縣鄉鎮簡志》作泐蝕二字，《19世紀末地方法律實踐狀况考——一塊碑文透出的歷史資訊》《西川羌族特殊載體檔案史料研究》作泐三字，均非。

［8］“食”上，殘。其上一字疑“寢”。寢食难安：形容焦急、放心不下眼前的事。“难”，清晰。《茂縣鄉鎮簡志》脱。

［9］“老人、首人”，《19世紀末地方法律實踐狀况考——一塊碑文透出的歷史資訊》作“老首人”，脱“首”上“人”字。

［10］“有”下一字，清晰，是“等”。《19世紀末地方法律實踐狀况考——一塊碑文透出的歷史資訊》未釋“等”。

［11］“養”上一字，觀拓，下部微泐，存痕似“久”。《羌族習慣法》未釋。又，牴：觸，用角頂。釋作“抗”，非。《19世紀末地方法律實踐狀况考——一塊碑文透出的歷史資訊》《西川羌族特殊載體檔案史料研究》《茂縣鄉鎮簡志》沿誤。

［12］“有”，清晰。《茂縣鄉鎮簡志》作“由”，非。

［13］“丁”下泐三字，諦視原石，似“童等五”三字。“俗”，可辨。其上一字，左下泐，左上為“口”，右為“刂”，似“别”。不確。㣺：即“錢”字。其上一字，清晰，是“香”；其下二字泐，存痕似“十仟”。《羌族習慣法》未釋“俗”“十仟”。又釋“香㣺”作“錢□”，誤倒。《茂縣鄉鎮簡志》沿誤。《19世紀末地方法律實踐狀况考——一塊碑文透出的歷史資訊》未釋“俗”“罰香錢十仟”，並以為後五字為四字。《西川羌族特殊載體檔案史料研究》沿用。

［14］“绳”下一字微泐，觀拓，是“綀”，粗麻織物。《羌族習慣法》作“縛”，非。下同。並脱“治”。《19世紀末地方法律實踐狀况考——一塊碑文透出的歷史資訊》《西川羌族特殊載體檔案史料研究》《茂縣鄉鎮簡志》沿誤。

［15］“賣”下，《茂縣鄉鎮簡志》未釋，並作四字。《羌族習慣法》未釋“三”。《19世紀末地方法律實踐狀况考——一塊碑文透出的歷史資訊》《西川羌族特殊載體檔案史料研究》沿用。

［16］“腴”，《羌族習慣法》作“腹”，非。《19世紀末地方法律實踐狀况考——一塊碑文透出的歷史資訊》《西川羌族特殊載體檔案史料研究》《茂縣鄉鎮簡志》沿誤。《羌族習慣法》將“一”“土”二字併作“王”，致語義不暢。《茂縣鄉鎮簡志》

① （唐）魏徵等：《隋書》卷二十九，中華書局1973年版，第829頁。

沿誤，並脱“價”字。

［17］“家”，《羌族習慣法》作“眾”，非。《19世紀末地方法律實踐狀況考——一塊碑文透出的歷史資訊》《西川羌族特殊載體檔案史料研究》《茂縣鄉鎮簡志》沿誤。“悦”上一字，微泐。仔細端詳，上“立”、中“曰”、下“心”，是“意”。《19世紀末地方法律實踐狀況考——一塊碑文透出的歷史資訊》作“竞”，非。《西川羌族特殊載體檔案史料研究》沿誤。

［18］《羌族習慣法》“多”上衍“取”字，《茂縣鄉鎮簡志》沿誤。

［19］“若”下，《西川羌族特殊載體檔案史料研究》脱“估”。《羌族習慣法》《茂縣鄉鎮簡志》脱“若估賣估”。並將“估賣估當”之“當”字下屬，非。眾：本作“重”。下同。

［20］悪：同“惡”。《羌族習慣法》未釋。《茂縣鄉鎮簡志》沿用。

［21］曲語嘮酒：指酗酒鬧事。

［22］《西川羌族特殊載體檔案史料研究》脱“啀喘”及“貧”下“啀”。《羌族習慣法》“貧”下“啀”作“匪”。均非。觀拓，左“口”，右“匪”，是“啀”字。“依老啀喘依貧啀”，令人費解。結合上下文，意為依仗長輩，或依仗赤貧。猶如俗話所説的“赤腳的不怕穿鞋的”。

［23］柰：古同“奈”。《西川羌族特殊載體檔案史料研究》脱。

［24］“出”，《茂縣鄉鎮簡志》作“處”，非。下同。

［25］《羌族習慣法》未釋“只”，《茂縣鄉鎮簡志》沿用。

［26］《羌族習慣法》脱“大利”，他書沿誤。原刻“磊”，當本作“累”。積累。

［27］“心”上一字泐，觀拓，左“目”，右上“廾”，下“兩”，是“瞞”。《羌族習慣法》作“背”，非。《19世紀末地方法律實踐狀況考——一塊碑文透出的歷史資訊》《西川羌族特殊載體檔案史料研究》《茂縣鄉鎮簡志》沿誤。

［28］《羌族習慣法》未釋“以”。《19世紀末地方法律實踐狀況考——一塊碑文透出的歷史資訊》《西川羌族特殊載體檔案史料研究》《茂縣鄉鎮簡志》沿誤。

［29］香尒：即“香錢”。《羌族習慣法》作“香火”，非。《茂縣鄉鎮簡志》沿誤，並脱“此”字。

［30］《19世紀末地方法律實踐狀況考——一塊碑文透出的歷史資訊》未釋“等”，《西川羌族特殊載體檔案史料研究》《茂縣鄉鎮簡志》沿用。“本”下一字，清晰，是“俣”。疑“僕”。《19世紀末地方法律實踐狀況考——一塊碑文透出的歷史資訊》《西川羌族特殊載體檔案史料研究》作“樸”；《羌族習慣法》《茂縣鄉鎮簡志》作“寨”。本俣之人：本地、本村、本寨人。

［31］買賣生理人：指買賣生意人。

［32］“恐”字微泐，《羌族習慣法》作“凡”，《茂縣鄉鎮簡志》沿誤。

［33］晋：本作“畱”，亦作“峀”，同“留”。

［34］妖言：本作“謠言”。世界：本作“事件”。均音近而誤。

［35］“此”上，《羌族習慣法》《19 世紀末地方法律實踐狀况考 —— 一塊碑文透出的歷史資訊》《西川羌族特殊載體檔案史料研究》衍“有”，《茂縣鄉鎮簡志》衍“由”。

［36］精伶：四川方言，聰明。

［37］“務”，《羌族習慣法》作“男”，《茂縣鄉鎮簡志》“難”，非。

［38］“香尒”，《19 世紀末地方法律實踐狀况考 —— 一塊碑文透出的歷史資訊》作“香火”，《西川羌族特殊載體檔案史料研究》《茂縣鄉鎮簡志》沿誤。投明：投訴、訴狀。碑銘中有時亦作“投鳴”。“老首”，《羌族習慣法》作“首老”，誤倒，《茂縣鄉鎮簡志》沿用。下同。

［39］“不”下字泐，細觀痕跡，右存“炎”，是“談”。《羌族習慣法》擬作“返”，《茂縣鄉鎮簡志》沿誤。

彙考

碑文記述茂縣三龍鄉河心壩一帶羌民行為規範及違反條規所應受到的處罰。碑文中“合心垻”，即今之河心垻村。據銘文“至於大小事，務行至鴐庙，正直公断，内中不得包攬詞訟”，可知“鴐廟”應是當地羌民議話坪。議話坪是維護羌區民間秩序的重要場所，承擔著討論村中大小事，並予以實施的責任。文中“投明”，又稱“投鳴”，議話、“公斷”等步驟，體現了羌村習慣法公眾共同參與、秉公執法的民主意識和執法程式，成為研究清末羌族法規真實可靠的材料，有較高的史料價值。

362　蔚有文及妻任氏墓碑　光緒二十四年（1898）十一月二十六日

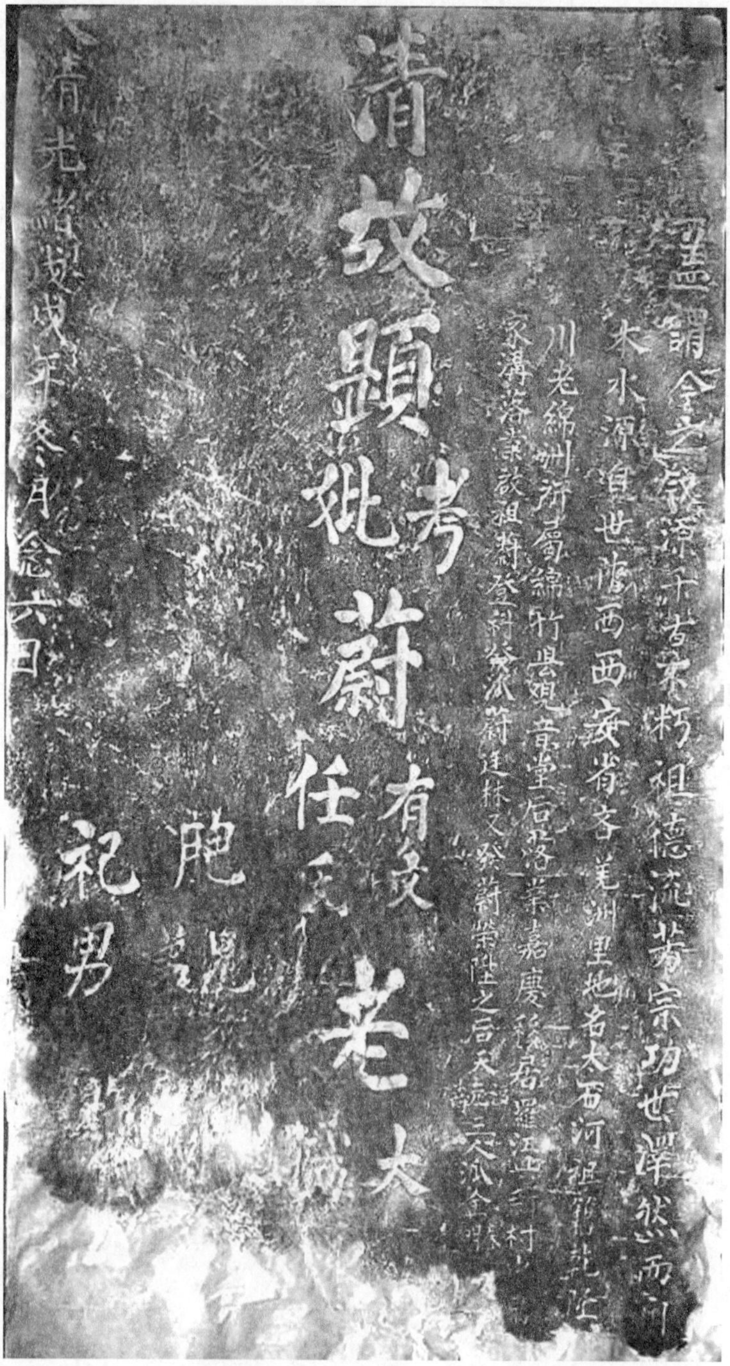

説明

碑石刻立於四川省北川縣青片鄉安綿村小鴨渡公路邊。現存原址。雙飛檐四柱三開間墓碑，斗拱上鐫刻人像。高 164 cm，寬 260 cm。共有三通碑，碑身一高 126 cm，寬 74 cm；左右兩碑碑身均高 98 cm，寬 47 cm。碑文共 18 行，行字數不等。楷書。柱刻楹聯。下部邊緣泐。

碑文

千里來龍歸此地，萬年富貴在其中。/（以上刻於二柱）

清故顯考蔚有文老大人、顯妣蔚任氏老孺人之墓。/

蓋謂今之敘源，千古不朽，祖德流芳，宗功世澤，然而潤（下泐）/本水源。自世陝西西安省脊羌洲里，地名太石河祖籍[1]。乾隆八年，入/川老綿洲所屬綿竹縣觀音堂后落業。嘉慶移居羅江縣新村中里（下泐）/家溝落業。啟祖蔚登科，發泒蔚廷林，又發蔚榮陞，之后天福、天元、天壽三人，泒金春、金明、金堂。/

胞兄（下泐）胞弟（下泐）。/

祀男蔚（下泐）。/吉（下泐）。/

大清光緒戊戌年冬月念六日[2]。/（以上刻於墓中間大碑）

丑山[3]。/

憑茲碣石綿先澤，籍此輿圖裕□□。/（以上刻於二柱）

蓋謂天之生此民也，使（下泐）/天蓋再日月照臨之德有（下泐）/為世至空勞煩惱不生之（下泐）/陝西西安蕩遊此處，一□黄泉塟安。/樂碑開就生年歿月湯相生於癸巳相/月十九日亥時，受生大限，亡於戊戌年六月[4]，/七日年時告終。/（以上刻於左小碑）

未向。/

殳功流芳遠，/母德世澤長。/（以上刻於二柱）

未嘗言仁氣英結授□不□/幼兒遜地，祖泒淵廣，落業終至/青片。生於丙午相三月初□日/時生[5]。/（以上刻於右小碑）

著録

1. 王國亨藏石。2. 曾曉梅藏拓。

注釋

［1］脊：本作“寧”。寧羌洲，明洪武三十年（1397）設寧羌衛。成化二十一年（1485）改寧羌衛置州，治今陝西省寧强縣。屬漢中府。轄境相當於今陝西省寧强、略陽兩縣地。太石河：今甘肅西和縣太石河鄉。

［2］念：即“廿”。念六，即二十六。

[3]“丑山”，與下文“未向”，表示墳墓坐東北偏西南偏南的方位。

[4] 蔚有文生於癸巳即道光十三年（1833）卒於戊戌年，即光緒二十四年（1898）。相月：農曆七月的别稱。《爾雅·釋天》：“七月為相，八月為壯。”郝懿行義疏：“相者導也，三陰勢已成，遂導引而上也。”① 據此知碑主生於道光十三年七月十九日，年六十五卒。受生：猶投生，投胎。

[5] 據上下碑文，任氏生於道光二十六年（1846），歲次丙午，三月初□日。

彙考

青片，位於四川北川縣西部，西南鄰茂縣，北接松潘。歷史上的青片羌，分佈於青片河流域，散居石泉、茂州山後，綿亙數百里，兇悍自擅。《道光茂州志·邊防》：“康熙二年，松潘副總兵何德成奉調剿，上下五族番民畏威投順，願隸版圖，每年認糧輸蠟。近茂州者，責之隴木土司管束。近石泉者，責之唐李土司管束。二十二年，以唐李土司所管之青片等寨去石泉太遠，撥歸疊溪營，屬之大小姓兩土司管束。”②《民國松潘縣志·宦跡》載，何德成，松潘副總兵，“康熙元年，阿壩煽誘賊番作亂。德成會兵備陳子達，四路夾攻，斬獲甚眾，各番納款輸誠，每歲量給賞需，以示羈縻”③。即指此事。此地由茂州、石泉土司分别管轄，壩底堡還設撫夷一員。今在青片設有羌族藏族鄉。

青片蔚氏，本陝西省西安各羌洲大石河人，乾隆八年（1743）入川，經綿州綿竹觀音堂、羅江新村，輾轉至青片鄉安綿村小鴨渡落業，繁衍至今。青片鄉新街老橋頭議話坪立有《青片小鴨渡永垂萬古碑記》，刻於咸豐二年（1852），碑高 150 cm，寬 105 cm。楷書，24 行。泐蝕漶漫嚴重。議話坪是羌村全寨檢閱羌丁武裝、練武射擊、推選寨首、决定出兵打仗等大事的地方，近代村寨中納入封山護林、制訂鄉規民約、解决羌民糾紛等内容。每年或兩年開一次會，由寨首召集，每户成年男丁參加，人人有發言權，民主議定大事。寨中一切事宜，凡經“議話”認可，全寨必須遵辦。可見，小鴨渡是羌人聚居之地，蔚氏應已融入羌人。清末民國，許多自稱“漢人”的羌人，早已深度漢化，當歷史行進至 20 世紀 80 年代，他們開始尋求恢復少數民族認同，於是羌族成為北川主要的少數民族，但拯救、挖掘、傳承面臨危機的羌族文化，卻不像修改民族族别那麼容易。

---

① （清）郝懿行：《爾雅義疏》（4），上海古籍出版社 1983 年版，第 751－752 頁。

② （清）楊迦懌等修，（清）劉輔廷纂：《道光茂州志》卷三，《中國地方志集成·四川府縣志輯》（66），巴蜀書社（據清道光十一年刻本影印）1992 年版，第 381 頁。

③ 傳崇榘等修，徐湘等纂：《民國松潘縣志》卷六，《中國地方志集成·四川府縣志輯》（66），巴蜀書社（據民國十三年刻本影印）1992 年版，第 205 頁。

363 夏毓秀德政碑 光緒二十五年（1899）八月

説明

碑石刻立於四川省南坪縣夏公祠内。李尚昆撰文。該碑又題《清總兵夏毓秀威鎮西陲德政碑》《夏毓秀生祠碑》《夏公祠碑》。

碑文

於戲，仁義之政不修，治民者之於民，猶秦人之遇越人也久矣[1]。若其分不相率[2]，其休戚不相及，則心尤恝焉。方咸同之際，重臣宿將，接踵於天下戡暴底亂之功偉矣。觀其師旅所至，往往以厲稱，豈不以為衂[3]，民非將帥職，而遂恣然以自肆哉。至於聲名不彰於世，則又諉罪於民之性情之薄。然則彼之性情，固獨厚也歟哉！夏公鎮松潘先後十餘年，遂以上命晉提督昆辱，公知愛，恒以閒暇與清燕雜論古今事[4]。連類語及松潘患者，則若有憂容；如某事已解，則其容怡如也。昆退思自歎，憶公居松潘之日，誠不可謂不久，於其地宜相習然，固有牧之者幸安輯，非總兵勞郎有不利大吏不以責總兵也。休戚無所與，而憂與怡，若不自制者，其殆天予之性有異於人哉。其眞知朝廷建官之意，固不問文武，胥以奠百姓為歸。提督以下諸職不專為修備禦設也。公不忘松潘人如此，而松潘人來者，自縉紳士民以逮部吏伍卒，但言及公事，若靖松坪亂，劃四川、甘肅界，伏拉佈郎寺[5]，克谷爾壩夷，紓臺兵[6]，創穀儲，立孔子廟諸事，務求有利於松，皆若慈母之於赤子，不忍須臾離者，其誠之感人為何如哉！前乎公鎮松潘者幾人，今之父老猶多及見之，或不能舉其姓字，猶此民此性情也。不當於今，乃忽增厚，則寧有所阿好而。然而公之持性情，以鞭策人，其術誠神。其化之所訖，且旁及理、茂，舉熙熙然，安耕鑿而無意外之擾也[7]。丁酉歲，松潘廩生馬光遠，蒙春輝、湯自新、文為富[8]，茂才米家書、文成章、任光超、文耀光。太學生哈玉發、鄒啟桂、文登儒[9]；都司張從禮，茂州學博王錫綬、趙樹清，茂才張兆麟及軍功蔣宗漢、理番廩生雷震修等，以邊陲不靖，賴公力無敢蠢其事，始松潘而茂州、理番亦獲敉寧[10]，軍民歡呼，無識與不識胥銘諸肺肝，弗能諼。僉議建祠以祈公之壽於天。又以其人皆思慕公，不能挽靳公之無去也，鐫長生木主於堂，其老其稚，無賢與不肖，苟思公自願見之者[11]，瞻於此，拜於此，庶幾足償松、理、茂士民無窮之望也。以此意告昆，丐記祠非古也。昔錢鏐士吳越[12]，杭州父老列狀，請為鏐建生祠。太祖寵之，碑文：鏐之世無非鏐者，公之得人艱於鏐。固知世之君子不責禮而累德也。雖然，不厚性情以予人，越制侵分以公為祖者，公之罪人也。於是本公之所由得人，人所由德公者，碑於祠，以榜後之來此邦者。祠經始三月丁酉，至己亥八月成[13]，費若干，不備及。

著録

1.《民國松潘縣志》卷8－18。2.《西川羌族特殊載體檔案史料研究》266。

注釋

[1] 秦、越，分别為春秋時西方和南方諸侯國名。兩國相距遥遠，彼此關係不多。形容漠不關心。語出唐韓愈《争臣論》："今陽子在位，不為不久矣；聞天子之得失，不為不熟矣；天子待之，不為不加矣。而未嘗一言及於政。視政之得失，若越人視秦人之肥瘠，忽焉不加喜戚於其心。"①

[2] "其"，《西川羌族特殊載體檔案史料研究》迻録作"具"，非。相率：亦作"相帥"。相繼，一個接着一個。

[3] "厲"，《西川羌族特殊載體檔案史料研究》作"歷"，非。又，"卹"，憂念，憫惜。亦作"恤"，義近。

[4] "先""知"，《西川羌族特殊載體檔案史料研究》分别作"前""之"。清燕：飲宴。

[5] 拉佈郎寺：即"拉卜楞寺"，位於甘肅省甘南藏族自治州夏河縣，意為具喜講修興吉祥右旋寺，是藏傳佛教格魯派六大寺院之一，保留着全國最完整的藏傳佛教教學體系，為甘南地區政教中心。

[6] 谷爾壩：清代四川松潘千户所之一②。見《清史稿·職官志四》。臺兵：古代指由代表中央政府的行臺派出的軍隊。宋趙彦衛《雲麓漫鈔》："凡朝廷遣大臣督諸軍於外，謂之行臺。自臺出師，謂之臺兵。"③

[7] "外"下，《西川羌族特殊載體檔案史料研究》衍"人"。

[8] 丁酉歲：光緒二十三年（1897）。"輝"，《西川羌族特殊載體檔案史料研究》作"暉"，非。

[9] 哈玉發：廩生。咸豐庚申之變，負父出險，人皆稱道。後業商致富，自奉儉薄，待人寬厚。文登儒：字席珍。性率直，樂善好施。漳臘城垣倉廒、廟宇、橋工，

① 金鋒：《唐宋八大家集》(1)，九州出版社2003年版，第37頁。

② 趙爾巽等：《清史稿》卷一百一十七，中華書局1977年版，第3413頁。

③ （宋）趙彦衛：《雲麓漫鈔》卷二，古典文學出版社1957年版，第23頁。

無不竭力贊助，相與有成[①]。

［10］“獲”，《西川羌族特殊載體檔案史料研究》作“獨”，非。敉寧：撫定，安定。

［11］“自”，《西川羌族特殊載體檔案史料研究》作“有”，非。

［12］錢鏐：字具美，一作巨美。錢塘臨安（今浙江省臨安縣北）人。唐末節度使，吴越國建立者，武肅王。“士”，《西川羌族特殊載體檔案史料研究》作“王”，非。

［13］己亥：光緒二十五年（1899）

彙考

夏公即夏毓秀，《民國松潘縣志·官師》“光緒七年任，九年任，二十一年再任”總兵[②]。刻石時間是在其第三次任松潘總兵之後。同書《宦績》：“夏毓秀，字琅溪，雲南昆明人。剛介有勇，咸豐滇亂，由偏裨累功至統將。每戰身先士卒，積傷如鱗。光緒中，署松潘鎮，實心圖治，百廢俱舉。黑水、松坪諸番作亂，毓秀派員往諭解散。甘肅拉佈郎番僧屢劫川商，毓秀稟咨川甘兩督，派員三次劃界，毋相侵擾，如逼搶劫，以該寺僧論罪。丙申，包坐生番構亂，毓秀帶兵深入，經十餘戰，斬首數百級，剿平雙則、甲借、縠爾等寨，諸夷悉定。募設利字馬隊百名，巡遊邊地，保護商旅。初，統兵入關日，西南彩雲見，毓秀曰：‘此雲主佔大有。’秋收麥果雙穗。遂建瑞麥、彩雲二亭，創修廣濟倉、文武廟、武侯祠、相國祠。任松十餘年，謙遜和平，未嘗以顯貴傲物。常集諸生會課，優給膏火，嘉惠寒畯。升任四川提督，遷廣西提督、湖北提督。去之日，松、茂、理、汶士民合建生祠於茂州。”[③]《民國松潘縣志》附録《夏毓秀西征記》《頌夏毓秀德政詩》7首。又，《松潘鎮臺夏毓秀德政碑》，原刻於平武南壩下場口外，現移至南壩叮噹泉[④]。

---

① 傳崇榘等修，徐湘等纂：《民國松潘縣志》卷六，《中國地方志集成·四川府縣志輯》（66），巴蜀書社（據民國十三年刻本影印）1992年版，第231－232頁。

② 《民國松潘縣志》卷五，第184頁。

③ 《民國松潘縣志》卷六，第206頁。

④ 平武縣政協文史資料委員會等：《平武文史資料選輯·蜀漢江油關唐宋五代龍洲郡專輯》（6），内部出版，1991年，第133頁。

364 北川創建小學堂碑記 光緒二十八年（1902）三月初一

説明

碑石原刻立於四川省北川縣。吴文綸撰文。該碑又題《創辦小學堂記》。

碑文

創辦小學堂記。

吴文綸邑人。

皇帝二十有八年，制誥天下書院易名學堂，特頒教育章程，蓋欲以三代鄉校之法，變易今日俗學之始。維時牧民者痼於積習，或畏繁難，多因循觀望。即我蜀富饒州縣，聞即舉辦者，亦屬寥寥。惟我楓尹王老父師適任茲邑，慨然曰："育才為守土之責[1]，況天語煌煌，猶以學術日壞為懼；倘尼不行，何以稱上意旨?"於是詢於眾。皆曰，石邑貧瘠，未易辦此。公曰："不然，地無難易，事在人為。"乃先眾勑舉，任勞殫思，節浮靡之費，開罰鍰之條。更得尚風慕義之李道士樂輸鉅欵，勷此盛舉。乃即庀材鳩工，因舊制而擴充之。葺補垣墉，黝堊室廬。師徒有舍，庖廩有儲，凡百器用各足[2]。於是為諸生延教習，立規條，豐廩餼，置夫役。於今三月一日，釋菜禮成。嗚呼！斯舉也，祗承德音，嘉惠士林，可謂不負厥職矣。惟念斯世，膺民社者眾矣。不聞遵辦如是。獨公能於荒寒之區，克期就理，是遵何道哉！殆即公所謂事在人為，不辭勞苦之效也。彼世之任繁劇，膺厚禄者，聞此能無念哉? 爰紀事實，勒諸貞瑉，用志不朽。使後之覽者知他日吾邑人材崛起之有自云。

著録

1.《民國北川縣志》437。2.《西川羌族特殊載體檔案史料研究》285。

注釋

[1]《西川羌族特殊載體檔案史料研究》迻録，脱"之"。

[2]"器"下為"用各"二字，《西川羌族特殊載體檔案史料研究》作"各用"。

彙考

石泉置縣始於唐貞觀，興學於宋。南宋寶祐二年（1257），楊音孫撰《重建軍治記》："宋政和七年，陞而為軍，控扼西夷故也。紹興間，平凉魏侯禧守此一十三載。

官廨、學校、城郭，規置周備，頡頏内郡。”① 明清時期，四川西川羌區中石泉縣最早恢復舊制學宫。洪武四年（1371），主簿盧子亨重修儒學。永樂間，知縣康維政興學校，宣德四年（1429）重修。此後，成化、弘治、正德、嘉靖及清康熙、乾隆間多次重修、重建。明正德二年（1507），邑訓導朱琳魁撰《重修石泉縣學》：“宣德間，民罹兵燹，學宫歲久剥落。……興學化民，百廢皆舉。”② 弘治十三年（1500）知縣林貴首務學校，捐俸鳩工，伐木陶瓦③。乾隆三十年（1765），知縣姜炳璋創建石泉西山書院，有講堂、書室，中奉朱子神位，内閣學士倪承寬撰《創建西山書院記》。嘉慶二十五年（1820），知縣郭德壎捐山地並俸錢生息。道光十一年（1831），知縣趙德林捐俸禄生息並勒碑④。事見《道光龍安府志·學校》，惜碑未保存。清末西學東漸，朝議變法，停科舉，設學堂。羌區紛紛奉詔辦學堂。光緒二十八年（1902）《北川創建小學堂碑》，反映了北川新學制肇始，亦可見石泉教育傳承有序。

① （清）姜炳璋：《乾隆石泉縣志》卷四，《故宫珍本叢刊》（207），海南出版社（據清乾隆三十三年影印）2001年版，第421頁。

② （清）趙德林等修，（清）張沆等纂：《道光石泉縣志》卷十，《中國地方志集成·四川府縣志輯》（23），巴蜀書社（據清道光十四年刻本影印）1992年版，第338頁。

③ （清）姜炳璋：《乾隆石泉縣志》卷四，《故宫珍本叢刊》（207），海南出版社（據清乾隆三十三年影印）2001年版，第422頁。

④ （清）鄧存詠等纂：《道光龍安府志》卷四，《中國地方志集成·四川府縣志輯》（14），巴蜀書社（據道光刻本影印）1992年版，第790頁。

365 牛家山護林碑 光緒二十八年（1902）十一月

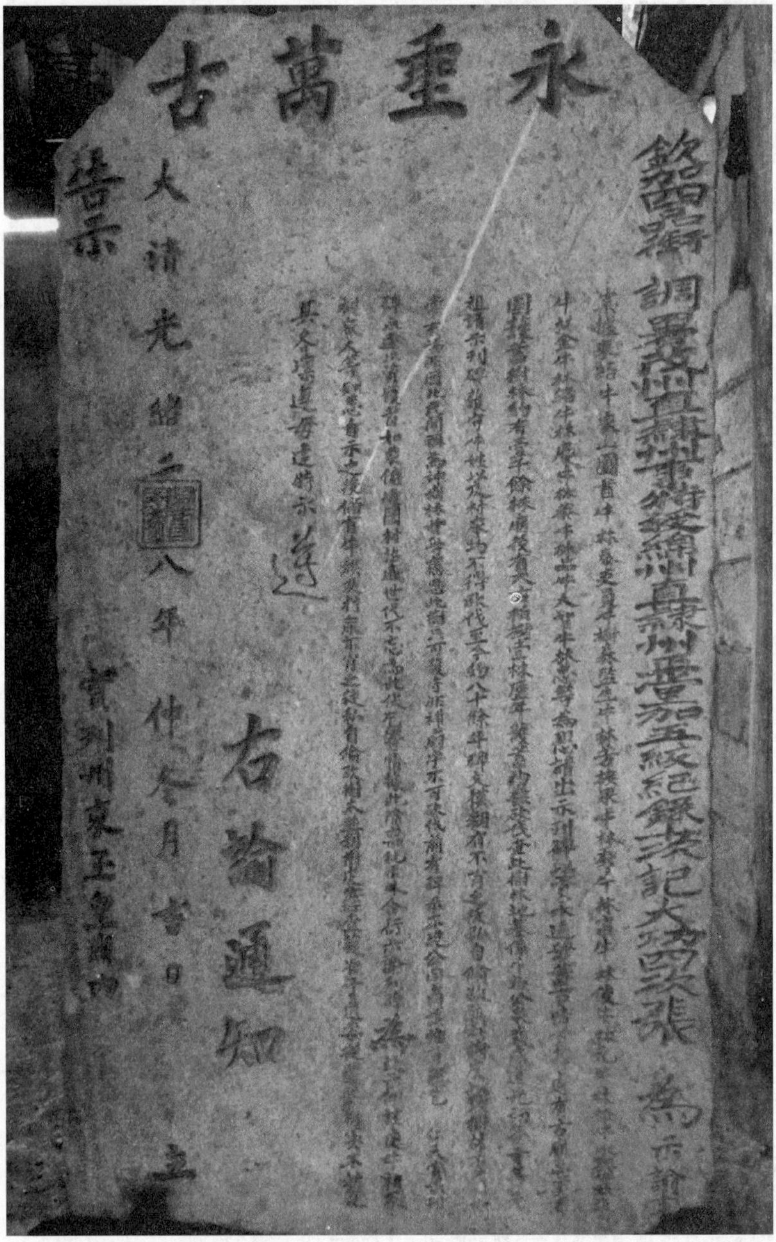

説明

碑石刻於四川省茂縣東興鄉永和村牛家山與北川墩上鄉許家灣交界的玉泉廟内，現存原址。碑石高 134 cm，寬 78 cm，厚 8.5 cm。碑文 12 行，滿行 44 –48 字不等。楷書。落款處有綿州直隸州正堂印。額方首抹角，楷書“永垂萬古”。該碑又題《茂州直隸州、綿州直隸州聯合告示碑記》。

額

永垂萬古。/

碑文

欽加四品銜調署茂州直隸州事特授綿州直隸州正堂加五級紀録茨記大功四次張/為示諭事。

案據東路牛家山團首牛林泰、吏員牛樹森、監生牛林芳，族眾牛林秀、牛林富、牛林俊、牛林元、牛林松、牛永興、牛林述、/牛林金、牛林緒、牛林慶、牛林恭、牛林品、牛大智、牛林忠等，為懇請出示刊碑，以資永遠護蓄古□□等處，有古廟一座。周/圍護蓄樹林，約有壹千餘株，廟後有大古柏樹壹株，歷年護蓄，均無砍伐。查此樹林地基係牛族公眾栽成，道光初年□等先/祖請示刊碑，護守牛姓以及村眾，均不得砍伐。至今約八十餘年，碑文模糊。有不肖之徒私自偷砍並剥樹皮，以致樹林不茂，樹中/常有禍非。因此民間稱為神樹林。首等竊恩此樹只可護守，非補廟宇不可砍伐。前有碑示不現，公同商議[1]，惟首□岂仁天賞議刊/碑[2]，永遠以資護蓄，如蒙俯准，闔村□感，世代不忘，為此伏乞等情。據此除稟批示以合行示諭，刊碑為此。而仰該處牛族及/村眾人等知悉。自示之後，倘有牛族及村眾不肖之徒，私自偷砍樹木，並剥樹皮，一經查獲，准予送案從嚴懲辦，决不姑寬。/其各凜遵，毋違特示，遵/右諭通知。/

大清光緒二十八年仲冬月吉日立。/

告示，實刊州東玉皇廟內。/

著録

曾曉梅藏原石照片

注釋

［1］公同：本作“共同”。

［2］賞議：本當作“商議”。

彙考

茂州東路牛家山團首牛林泰、吏員牛樹春、監生牛林芳並牛氏族眾 13 人懇請茂州、綿州合示保護牛家山玉泉廟周圍神樹林一千餘株、古柏樹一株。該樹林歷年護蓄，均無砍伐。但由於先祖刊碑已八十餘年，字跡模糊，現時有不肖之徒私自偷砍樹木並剝皮，“以致樹林不茂，常有禍非”。兩州“合行示諭”：只可護守，非補廟宇不可砍伐。碑銘可為羌族宗教、民俗、法規等研究提供材料。牛家山現有牛氏族人 41 户，均為羌族。

366 總督部堂錫示碑 光緒三十年（1904）正月十五日

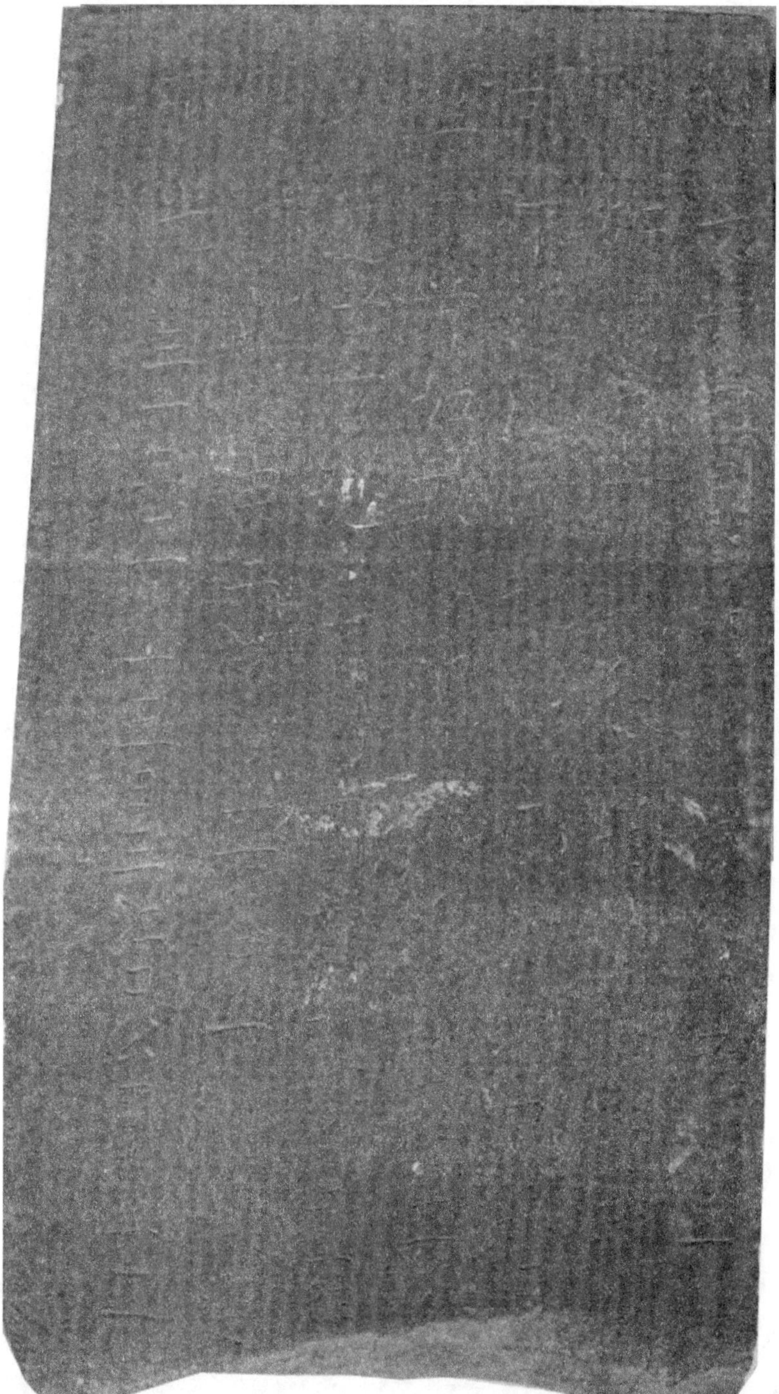

説明

碑石刻立於四川省汶川縣三江鄉政府駐地，現藏汶川縣文博館。碑石高 95 cm，寬 54 cm，厚 7 cm。碑文 7 行，行 12 字。楷書。碑下邊緣殘，損數字。額方首，楷書題“總督部堂錫示”。

額

總督部堂錫示。/

碑文

文武官員點團，自備夫馬一切。/所帶家丁勇役，均給口食錢□。/不准需索規費，需索准民控［告］[1]。/團首如敢私派，亦准指控其名[2]。/違者官必□□[3]，團首提省重懲[4]。/特此嚴申示諭，其各一體懍遵[5]。/

光緒三十年正月十五日三江口公同暨立。

著録

汶川縣文博館藏石

注釋

［1］“控”下，碑石殘，字損。據上下文義，似“告”字。

［2］“其”下一字，上存“夕”，下殘。似“名”字。

［3］“必”下二字泐，首字存痕似“参”，不確。

［4］“重”下一字，上存“征”，下殘。似“懲”字。

［5］“示”下一字泐，左上存“亠”，右上存“人”。按照文例判斷應是“諭”字。懍遵：猶謹遵。

367 喬白氏墓碑 光緒三十一年（1905）八月二十六日

說明

碑石刻立於四川省北川縣青片鄉上五村原西窩寨遺址，現存原址。單飛檐二柱一開間墓碑。碑身高 128 cm，寬 70 cm。碑文 5 行，行字數不等。楷書。額方首，題“亥山癸向”。

額

亥山癸向。/

碑文

來龍郎是真文地，/去水好將作佳成。/（以上刻於二柱）

清故祖母喬白氏宅（下泐）。/

原命生於丁酉相五月十七日吉受。/本郡生長人氏。/

孝女喬氏、孝（下泐）/

光緒乙巳年，八月二十六日（下泐）。/

著録

曾曉梅藏原石照片

彙考

由於碑石泐蝕，題名“孝女喬氏、孝”下各字已不存。西窩寨遺址老屋基麻園子，有清光緒三十一年（1905）《喬永清、喬永安及妻墓碑》，碑石高 146 cm，寬 105 cm。喬定貴撰文，楷書。碑文 14 行，記喬氏、喬永安、喬永清、劉氏四人的生辰、籍貫，永清、永安及劉氏的卒日。末題孝男喬定貴、媳王光映、喬定富媳喬氏和立碑時間①。兩碑喬氏，應為同宗。据西窩寨村民余順和（男，52 歲）介紹，北川縣民族宗教副主任喬邦成曾描紅《喬白氏墓碑》，並為祖父母立《喬氏墓碑》，追溯祖父母從茂縣遷徙至北川青片的緣由、經過。碑云：“祖系茂州疊陵擂鼓山，山高坡陡地

① 國家民族事務委員會全國少數民族古籍整理研究室：《中國少數民族古籍總目提要·羌族卷》，中國大百科全書出版社 2009 年版，第 26 頁。

瘠，薄産蕎麥，輔以采獵賣力度日，食不果腹，衣不蔽體。一秋，慶榮、慶華深山狩獵沿山而下，至一開闊地，視野猪揮處土沃，搜青稞數粒播之，次年察粒壯早黄，議徙，遂於明崇禎十三年遷至，慶榮佔陽山，慶華佔陰山，以刀砍火焚耕耘維生，繁衍後代雲耳。"① 青片鄉位於北川縣境西部，西南與茂縣為鄰，北與松潘接壤，青片上五村喬氏其先來自茂州。魏世金先生在《北川羌族溯源》中談道："北川尚武村羌民，從茂縣翻越青片山而來，散佈在該村各寨。"② 所言甚是。"尚武村"，即今"上五村"。

① 四川大學歷史系赴北川實習組：《北川縣青片鄉羌族社會歷史調查報告》，北川縣政協文史資料委員會，《北川羌族資料選集》，第36頁。

② 魏世金：《北川羌族溯源》，北川縣政協文史資料委員會，《北川羌族資料選集》，第86頁。

368 蘿蔔寨議話坪護林碑 光緒三十三年（1907）二月

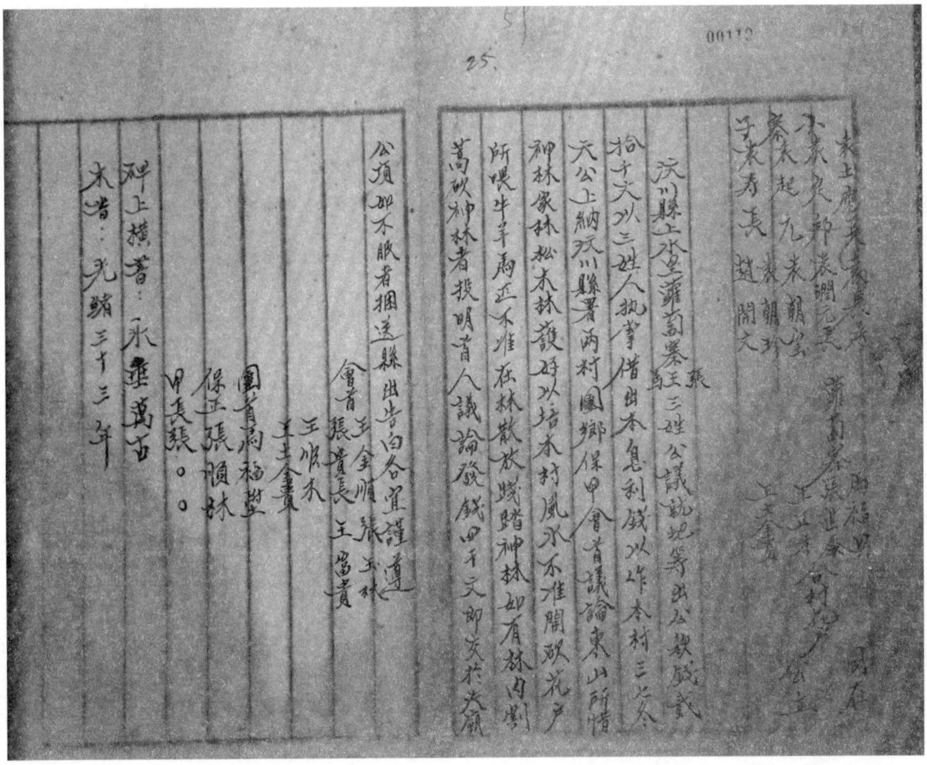

説明

碑石刻立於四川省汶川縣雁門鄉蘿蔔寨。

碑文

永垂不朽。

汶川縣上水里蘿蔔寨張、王、馬三姓公議[1]，就地籌出公款錢貳拾千文，以三姓人執掌，借出本息利錢，以作本村三七冬天，公納汶川署。兩村團鄉、保甲、會首議論，東山所惜神林、家林、松木林，護好以培本村風水，不准開砍。花戶所喂牛羊馬匹，不准在林散放，踐踏神林。如有林內割蒿、砍神林者，投明首人議論，發錢四千文[2]，即交於夫廟公項。如不服者，捆送縣。出告白，各宜謹遵。

會首王金順、張玉林、張貴長、王富貴、王順木、王土金貴。

團首馬福陞。

保正張順林。

甲長張□□。

光緒三十三年二月公立[3]。

著録

1. 阿壩州文管所藏圖録。2.《羌族法制的歷程》292。3.《碉樓與議話坪》187。4.《西川羌族特殊載體檔案史料研究》309。

注釋

［1］蘿蔔寨：原名鳳凰寨，羌語瓦兹格。張、王、馬為最早來蘿蔔寨定居的三大姓氏。該碑表明這三姓擔任會首、團首、保正、甲長之職，並由他們共同商議公立，足見張、王、馬在寨中為大姓，並有較高社會地位。

［2］“發”：本作“罰”。《羌族法制的歷程》等三書徑改作“罰”。

［3］阿壩州文管所藏圖録為碑文手鈔本，脱“二月公立”。

369 馬朝欽及妻陶氏墓碑 光緒三十三年（1907）六月

碑陰

説明

碑石刻立於四川省理縣桃坪鄉佳山村，現存佳山村中心至徐向前指揮部路邊菜園。碑石高 120 cm，寬 59 cm，厚 4 cm。安雨峯撰書，任安康鎸。兩面刻，碑陽文 9 行，行字數不等，餘題名。碑陰文 19 行，行 34 字。楷書。該碑又題《佳山馬大人及妻墓碑》《馬氏家譜碑》。

碑文

丙山壬向。/

天開治五倫，文朝成明登。/位列德正山，鳳高龍海全。/

皇清待贈顯考馬公諱朝欽老大人，待誥顯妣馬母陶太君孺人之塋墓[1]。/

今將泒行開列于左：/

祀男成［龍］[2]，/媳張氏。/成斌，/王氏。/

孝侄成富，/成名，/成奐。/

祀孫/監生明光，/明親，/明元，/明鏡，/明星，/明龍，/明王，/明楊，/明陶。/侄孫明先，明龍。/桂氏、/玉香氏、/□氏、/香妹氏。/

曾孫/登龍，/登元，/登祥，/登鰲，/登林。/

仝具。/（以上刻於碑陽）

［馬］大人、孺人合墓碑銘[3]。

佳山之陽多居馬氏，歲夏客經，族有成龍、成斌以先考、妣墓誌屬予，旋/詔其歷。伊對曰：先父諱朝欽，母陶氏，俱生道光丙申間，同治庚午冬，慈父見背[4]。龍方五齡，/斌尚遺腹，踰年斌生。母以隻身撫双孤，操井臼，值致昆季成立，家聲載振。母乃告隕於光/緒已丑之冬，合葬於兹，與先祖諱文忠，楊氏；曾祖諱倫，策保，龍氏。膀下三子，長曰諱文龍，/次曰諱文元，諸墓皆隴蜀相繫，進溯高遠從火葬[5]，不可殫述。孟云：上世不葬，其親可例矣[6]。/噫嘻！孝子仁人，伊之昆季，其殆庶几。

予感其誠，求更綴伊先贅以質諸原[7]。馬氏一族肇扶/風，屬羽音。本嬴姓伯之後。趙王子趙奢封馬服君，子孫因氏焉[8]。古有師皇，以針龍傳異[9]，厥/後可核者有雲、台、耀、武、瞿、鑠、稱、援，融、良以文才素著，超、續以武德流輝。循吏如稜，博孝如/富。化行如瑤，裕民如臻，備載《漢書》，不比無稽。至盛唐之際，若燧与周皆姿度魁傑，不爽封/侯。璘与總悉，猛男非常，述勛逮業異詩傳，險怪不滅，自然之異術，仙昇希範狹洞庭，足超/五代之重績博覽。逮宋之世，善行傑出者，涓及光祖；山水工妙者，遠及和之。彼公亮知節，/一以蔭補顯，/一以好孝傳晞驥。趙之一以不惑名，一以天文著，鈺和仙姑修煉，齊昇曁端，/臨忠貞並列。此自宋至元，齒頰尤馨者也。其他螽斯衍慶，歷官炫彩者，指不勝屈。今茲貴/族崇丰，諒亦此木本水源之發軔也。語云：根深葉茂，源遠流長。吾當拭目焉，是以為序。/

撰書□唐安氏雨峯[10]。/

太原氏科廷字。/

大工師任安康。/

龍飛光緒丁未年季夏月吉日立。/（以上刻於碑陰）

著録

曾曉梅藏拓

注釋

［1］待贈誥：即“待贈”“待誥”，等着皇帝賜封之意。墓碑銘文常用語。

［2］龍：泐蝕不存，據碑陰“族有成龍、成斌”補。

［3］碑右上角殘，“大”上一字損。據上下文，是“馬”字。

［4］見背：謂父母或長輩去世。

［5］滕：即“滕”字。曾祖育三子，長曰文龍，次曰文元，可知先祖即祖父文忠為少子。碑文明確記載曾祖父、曾祖母、祖父三兄弟，祖母，父母，皆“從火葬”。

［6］語出《孟子·滕文公上》。孟子曰：“蓋上世嘗有不葬其親者，其親死，則舉而委之於壑。”①

［7］頁：即“賢”字。

［8］漢族馬姓，源自嬴姓。顓頊後代伯益，助禹治水有功，被舜賜姓嬴。其後，戰國時趙王之子趙奢，大敗秦兵，封為馬服君，子孫因以為氏。故《廣韻》：馬，“嬴姓，伯益之後。趙王子奢封為馬服君，子孫氏焉。奢孫興，趙滅之徙咸陽”②，遂為扶風人。

［9］針：本作“真”。真龍，非其他變種。唐楊炯《從弟楊去溢墓誌銘》：“至如白雪迴光，清風度曲，崔亭伯真龍之氣，揚子雲吐鳳之才，莫不玉振金聲，筆有餘力。”③

［10］安：為現行常見姓氏。《鄭通志·氏族略》收載，其源不一。大體分為中原

---

① 十三經注疏整理委員會：《孟子注疏》卷五下，《十三經注疏》，北京大學出版社 2000 年版，第 186 頁。

② （唐）林寶撰，岑仲勉校記：《元和姓纂》卷七，中華書局 1994 年版，第 1034 頁。

③ （唐）楊炯：《楊炯集》卷九，中華書局 1980 年版，第 154 頁。

安姓和西域胡人安姓。

彙考

佳山馬氏族源，應是羌人。依據有三：其一，碑云“諸墓皆隴蜀相繫，進溯高遠從火葬”。大量史料記載和出土文物表明：火葬和披发这两个文化特征是判定古代部落是否屬於羌人的重要定性依据，是羌人重要特徵之一①。其二，碑文載“佳山之陽多居馬氏”。佳山，即今天四川省理縣桃坪鄉佳山寨，位於海拔2800米的高山山頂，由佳山、若達、西山三個寨子組成。全寨有村民170户，共604口人，全部為羌族。其三，唐開元中有官至安西都護的馮翊郡羌豪夫蒙靈詧，在唐王維有《奉和聖製送不蒙都護兼鴻臚卿歸安西應制》中②，不蒙都護，即安西都護夫蒙靈詧。夫蒙靈詧，在《舊唐書·高仙芝傳》《舊唐書·封常清傳》《舊唐書·突厥傳》均作夫蒙靈詧，在《李嗣業傳》《段秀實傳》《劉全諒傳》中則作“馬靈詧”，此乃夫蒙氏改馬氏之證。推測其改變過程，大約是夫蒙氏先改為蒙氏，仍殘留有羌戎的因素，且與儁蒙氏改蒙氏相混，於是又變音改為馬氏，因為馬氏是漢族之大姓，羌戎的影子便完全抹去了③。此碑主為掩飾羌人身份，自称“本姓嬴，伯之後。趙王子、趙奢封馬服君，子孫因氏馬”。

---

① 何耀華：《試論古代羌人的地理分佈》，《思想戰綫》1988年第4期，第68頁。

② 《全唐詩》卷一百二十五，中華書局1980年版，第1235頁。

③ 曾曉梅：《兩晉南北朝至隋碑銘所見羌族姓氏研究》，《北方文物》2012年第3期，第83頁。

370 周達理番知事公署碑 光緒間（1875－1908）五月十九日

説明

碑石刻立於四川省汶川縣克枯鄉周達村。現存原址。碑石高 90 cm，寬 45 cm，厚 9 cm。碑文 10 行，滿行 27 字。楷書。落款處有方章。右上角殘損，泐蝕較嚴重。額方首，楷書題“永垂萬古”。

額

永垂萬古。/

碑文

理番縣知事公署為示諭事。/

案移新堡關縣佐趙翼呈稱該若布、作石達、周達三村紛争/柴路。呈經會同團紳查明，議定界址條件，請存案、刊碑等情前，來□/令照准外，啓行示諭。仰該各村民，一體遵守界址條件，永息紛争，勿/違此示！

計開世定放柴地界列后：一放柴以作石達村房右邊李姓白/石包為界，一准周達在石包右邊滾放，不准在石包左邊近村房滾放，/由張姓（下泐）三姓田中。石包右邊，放至楊永惺田中止[1]。（下泐）/人木（下泐）人，一律不得逾界滾放。

首［人］：杨朝□、□吉富、季德□、□□喜[2]。/

右諭碑示。（下泐）/

（上泐）五月十九。/

著録

阿壩州文管所藏拓

注釋

［1］“永”下一字泐，構件右為“星”，是“惺”字。

［2］與“首”相關的羌村社會管理者有“寨首”“首人”“約首”“會首”。“寨首”，又稱“首人”“約首”，是羌族村寨基層的行政首領。“會首”主要管理廟會等宗教事務。那麼，“首”下所泐一字，是“人”字無疑。

371　李道人修路碑　光緒間（1875－1908）

説明

碑石原刻立於四川省松潘，現已亡佚。夏毓秀撰文。

碑文

李道人修路碑。

夏毓秀。

蜀西道極艱險，自灌歷汶茂至松[1]，凡六百餘里，其間窮崖陡絶，怪石嶙峋[2]，以致行人多所損失，仕宦商旅視為畏途。有道人者，慨然引為己任，募貲培修積十餘年，而險道盡坦途焉。道人姓李，名本善，崇慶州籍。故習石工，嘗傭蜀西諸郡邑。目擊險阻，即欲從事修鑿，以親老未遑他顧。惟日勤工作，備饔飧[3]，承菽水歡。即畢養，乃售器物，翛然出塵[4]，思償其夙願。同治三年，遂傾囊積，並募貲鳩工，兼以躬作。審曲面勢於，途之横阻者通之[5]，懸絕者補之，務使歸於坦蕩。紅崖等處則傍岩架木，縋險鑿幽[6]，所費尤鉅。蓋途平而力亦殫矣[7]。予以辛巳夏仲來鎮松州[8]，詢之士人，備悉道人事。其募集之貲，日給工食，自奉則甚薄也。嗣道人晉見，草履黄冠，無紛華氣，而事切利濟，情見乎辭，洵乎輿論之稱道弗虚。自後凡數見，仍募修無懈志。壬午冬，予奉公錦里，道人來謁，後遂遠行不知所終。其功成而羽化耶？抑或功更有大於此者，故不遑此處耶？嗟乎！吾川之官吏富紳大賈多矣，往往徵逐酒食，不惜鉅費，至婚喪酬應益競勝不止[9]。問有以利人濟物事勸之者[10]，則吝甚或不予一錢。為問有窮乏而又苦卓如道人之歷久不渝者乎？固知其懷抱别有在也。近日楊玉海、王啟有諸人尚承道人餘緒，迭加修葺，而又得見大府捐廉培修，蜀西一帶道途自後無復慮其艱險矣。但道人往矣，道人之功德不可没，用綴數語，以誌其梗概云。

著録

1.《民國松潘縣志》卷 8－17。2.《西川羌族特殊載體檔案史料研究》277。

注釋

［1］《西川羌族特殊載體檔案史料研究》脱“艱”。並“自”作“白”，非。

［2］嶙峋：形容山峰、巖石突兀高聳。

［3］饔飧：亦作“饔飱”。飯食。

［4］翛然：無拘無束、超脱的樣子。“翛”，《西川羌族特殊載體檔案史料研究》作“悠”，非。

［5］《西川羌族特殊載體檔案史料研究》脱“之”字。

［6］“險”，《西川羌族特殊載體檔案史料研究》作“儉”，形似，轉録而誤。

［7］“殫”，《西川羌族特殊載體檔案史料研究》作“彈”，非。

［8］光緒七年，歲次辛巳。予：即夏毓秀，光緒七年、九年、二十一年，三任松潘總兵。見《民國松潘縣志·官師》。夏毓撰文表彰李道人籌資修建松潘南路。

［9］“不”，《西川羌族特殊載體檔案史料研究》作“冬”，非。

［10］“問”，《西川羌族特殊載體檔案史料研究》作“間”，非。

372 社稷壇碑 光緒間（1875－1908）

説明

碑石原刻立於四川省松潘北門外，現已亡佚。清松潘同知劉廷恕撰文。該碑又題《重建三壇碑》。

碑文

重建三壇碑。

清同知劉廷恕。

社為五土之祇，其配為勾龍氏；稷為五穀之祇，其配為周棄氏。風師為箕，雨師為畢，其祀尚矣。唐初，令郡國得通祀社稷風雨雲雷。明初，令郡縣均得置社稷壇，又雲雨風雷山川城隍同一壇。清初因之，至先農壇為耕耤重祀，别有壇壝。松潘則合而置之北關外，年久坍塌，無議修者。基址雖存，皆菜畦麥地，人不知為壇壝所在。竊以食土者民，而司土福民者神，神無憑依，民其獲安乎？則食德而思報者，禮也。余守郡兩年，瓜代有日[1]，與岐山軍門捐廉重建一壇，合祀以祈民福。奉區區之誠，力所能為而為之，事所可具而具之，非所謂書禮以補前人之闕者與。此地僅種一季稞麥[2]，夏間冰雹，不時有傷禾黍；初秋飛雪，難期有成。余於孟夏朔日詣西門城頂，祭五海龍君，祝止冰雹，連歲豐稔。吾民以為誠敬所召，豈知為神福思民哉！從此修潔馨香，使陰霾之氣化為陽和，旱潦之虞休徵協瑞[3]。苟明禋不替[4]，斯受福無疆矣。

著録

1.《民國松潘縣志》卷5－3。2.《西川羌族特殊載體檔案史料研究》249。

注釋

［1］瓜代：本指瓜熟時赴戍，待來年瓜熟派人接替。後世稱官吏任滿換人接替為“瓜代”。語出《左傳·莊公八年》：“齊侯使連稱、管至父戍葵丘。瓜時而往。曰：‘及瓜而代。’”①

---

① 十三經注疏整理委員會：《春秋左傳正義》卷八，《十三經注疏》，北京大學出版社2000年版，第267頁。

［2］“季”，《西川羌族特殊載體檔案史料研究》作“種”，非。稞麥：即青稞。一年一季。

［3］潦：同“澇”。積水成災。《資治通鑑·晉穆帝永和元年》：“川瀆溝渠有廢塞者，皆應通利，旱則灌溉，潦則疏泄。”① 《民國松潘縣志》“虞”，憂慮，憂患。《西川羌族特殊載體檔案史料研究》作“虐”，非。又，迻録“休徵”作“修正”，亦非。

［4］明禋：指潔敬的獻享。《尚書·洛誥》：“伻來毖殷，乃命寧予以秬鬯二卣，曰：‘明禋，拜手稽首休享。’”《尚書正義》引《爾雅·釋詁》云：“禋，敬也。是明‘禋’為‘明絜致敬’也。”② “禋”，《西川羌族特殊載體檔案史料研究》作“理”，非。

彙考

社稷壇是明清兩代祭祀社、稷神祇的祭壇。京城及各府、州、縣有祭壇，祭祀諸路神靈，祈求五穀豐登、國泰民安。在儒家思想和文化的浸染下，羌區也開始修建祭壇。除松潘北門外的祭壇外，石泉縣縣南也建有社稷壇③。

① （宋）司馬光編著，胡三省音注：《資治通鑑》卷九十七，中華書局 1956 年版，第 3046 頁。

② 十三經注疏整理委員會：《尚書正義》卷十五，《十三經注疏》，北京大學出版社 2000 年版，第 491、493 頁。

③ （清）鄧存詠等纂：《道光龍安府志》卷二，《中國地方志集成·四川府縣志輯》（14），巴蜀書社（據道光刻本影印）1992 年版，第 655 頁。

373 夏毓秀轄夷口修路碑 光緒間（1875－1908）

説明

碑石刻立於四川省松潘縣，現已亡佚。王世萬代作撰文。

碑文

轄夷口者，舊傳為古人禦夷要地。懸崖疊嶂，下阻溪流，山麓徑路尤險。然東達龍郡，西達松州，實行旅必由之道也[1]。夏秋山水暴漲，横截沖刷，每令行人躑躅。向來駕木為橋[2]，雨淋日炙，旋修旋敗。俯而窺之，深邃幽暗，渺不見底。偶然失足，人畜皆無幸。冬春冰雪凝沍[3]，成塊纍、挂峯巔，幾若巨石。日映冰墜[4]，時復傷人。往來經過，視為畏途焉。數年以來，屢議興修，而事冗不果。迨己丑春間，余往小河營查修城工、隄工[5]，取道於此，踏勘山勢，以期化險為夷。爰集居民籌議，胥願輸力惟餉工乏貲[6]，無由措辦。余捐俸廉銀七十五兩以倡，中營遊擊陳君時霖董之，亦捐銀二十兩為繼，以後捐貲接濟不絕。自春徂秋，遂竣其事。雖佽助有多寡，而向義則無異同。玆值告成，未忍湮其美意，用勒貞珸，以為樂善者勸也。

著録

1.《民國松潘縣志》卷8－16。2.《西川羌族特殊載體檔案史料研究》276。

注釋

［1］“由”,《西川羌族特殊載體檔案史料研究》作“經”，非。

［2］“駕”,《西川羌族特殊載體檔案史料研究》作“架”，非。

［3］沍：凍結、凝聚。《西川羌族特殊載體檔案史料研究》作“匯”，非。

［4］墜：墜落。《西川羌族特殊載體檔案史料研究》作“遂”，非。

［5］隄：同“堤”。小河營：在今四川松潘縣東一百九十里。古名涪陽，明築城，調都戍前衛後所於此，改稱小河千户所，屬四川松潘衛。清改設小河營，為關内十二營之一。設遊擊駐防。事見《蜀中邊防記》《明史·地理志》《四川通志·邊防》《民國松潘縣志·兵制》。關内十二營，即松潘鎮屬左營、中營、右營、漳臘營、南坪營、龍安營、小河營、平番營、疊溪營以及維州協屬左營、右營、茂州營的統稱。

［6］貲：資力。通“資”。

374　倍修金波寺佛廟内外完字碑　宣統二年（1910）二月十二日

説明

碑石刻立於四川省汶川縣草坡鄉金波寺，現存原址碑高 105 cm，寬 70 cm，厚 6 cm。碑文 2 行，行字數不等，餘題名。楷書。額方首，楷書題“古千秋”。碑文外刻楹聯，篆書。有雙綫框；上方刻花朵、卷草纹。

額

古千秋。/

碑文

功善百世。/

華坊名雨百世[1]，/古佛靈應千年。/（以上刻於碑文外）

古千秋。/

光緒二十六年前后培修金波寺佛廟内外完字碑。/

老太太上銀十刄，/大老爺即代興上銀十刄[2]，/王喇嘛已下前后捐銀四十刄，/克总羅喇嘛上銀五十刄，/高丁貴上銀十刄，/姚登喜上小十千文[3]，/明喇嘛上小二千文，/索大老爺即代楊、吴美章各上小一千文[4]，/尹登高、松皆各上小五百文，/朱陽氏上銀五刄，/陳文喜、彭志安、克蒽無名氏/各上小二百文[5]。/

宣統二年二月十二日住持王喇嘛埾[6]。/

著録

阿壩州文管所藏原石照片

注釋

［1］名雨：語出北宋蘇軾《喜雨亭記》：“亭以雨名，志喜也。”①

［2］代興：即瓦寺土司第二十二代索代興，字懷仁。父索世蕃。歲次辛亥，川督趙爾豐頻危，飛調駐松巡防軍援成都，鎮壓革命。代興率士兵千餘人，擊於文鎮關白水寨，大敗之。見《民國汶川縣志·瓦寺土司》②。刄：即“兩”的俗寫。

［3］小：即“錢”字。

［4］《民國汶川縣志·瓦寺土司》載瓦寺土司第二十二代索代興及其弟代賡。代興卒，代賡嗣。代楊，應與二人同輩。舊志失載，可補其闕。

［5］克蒽：今汶川縣草坡鄉克充村。

［6］埾：即“暨”字。

---

① 杜貴晨：《中國古代文學作品選》（下），山東大學出版社 2000 年版，第 247 頁。

② 祝世德：《民國汶川縣志》卷六，《中國地方志集成·四川府縣志輯》（66），巴蜀書社（據民國三十三年本影印）1992 年版，第 579 頁。

民國

375 嶺崗村指路碑 民國三年（1914）前

説明

碑石20世紀80年代出土於四川省北川縣墩上鄉嶺崗村一組李友財家門前，高70 cm，寬41 cm，厚3 cm。抹角。下有榫。碑文6行，滿行8字。楷書。文下刻多條橫綫，似八卦紋。

碑文

李廣將軍[1]。/

左走茂州一百卄里，/右走石泉县六十里。/上走千佛山四十里，下走垻底堡三十里。/

羅中和為/女秀英立[2]。/

著録

吴明冉藏原石照片

注釋

［1］李廣：隴西成紀（今天水）人，西漢名將。舊時若某家小孩不好養，便於三岔路口豎李廣將軍指路碑，碑下置孩子生辰八字紙條，為孩子積德行善，驅鬼辟邪。該碑又稱“將軍箭”“擋箭碑”。

［2］無刻石時間。考石泉縣沿革，北周保定四年（564）置，初名北川；唐貞觀八年（634），析北川縣地置石泉縣，永徽時，北川縣併入石泉縣；宋元時，隸成都府路；明嘉靖四十五年（1566），石泉縣改隸龍安府；1914年，因與陝西省石泉縣同名，復名北川縣。此碑當刻於1914年前。

376　重修兩高等小學校碑　民國四年（1915）

説明

碑石原刻立於四川省松潘縣。民國四年，重修松潘高初兩等小學校，刻立兩通碑石，一由松潘籍人馬鴻藻撰，一由温江籍人徐勁岑撰。皆亡佚。

碑文

重修兩高等小學校碑記。

邑人馬鴻藻。

國家之盛衰，視乎人才；人才之興替，視乎學校。學校者，造就人才之具也[1]。中國數千年來，號宗孔孟，而科舉制興，專究文藝，涉於空虛，何裨實用。清之末葉，海禁大開，外交日迫，治國無謀，禦敵無勇，泄泄沓沓，媕婀成風[2]。平日自命為高才絕學者，遇有大患輒皆屈伏，遺誤多矣。清廷憤之，毅然改圖，參酌歐制，與時變通，詔天下府廳州縣改建學堂，專講科學，以次遞進，務在實事求是，不尚空談，庶我國有富強之日乎！同知黄汝楫奉命辦學，就岷山書院設校，規模頗宏，聘教員，增學費。榜曰：高等小學堂[3]，學子盈門，争先恐後，業已焕然一新矣。辛亥番變，倏化焦土，學舍榛蕪，可勝歎哉。民國繼起，首重學務，深知強國必賴人才，必由教育，譬之精金以冶鍊成[4]，良玉以琢磨就也。我邑地處邊荒，夷人環伺，前此蹂躪已深[5]，若再不思奮，且將淪於犷俗。都人士有鑒於此，仿昔年成規，更事建築，從此講學有地，造就可期，養成通才，共肩鉅任[6]，與學之效或可見歟。

著録

1.《民國松潘縣志》2－31。2.《西川羌族特殊載體檔案史料研究》282。

注釋

［1］《西川羌族特殊載體檔案史料研究》據《民國北川縣志》迻録，脱“之”。

［2］媕婀：亦作“媕娿”“媕阿”“媕妸”。阿曲，無主見。唐韓愈《石鼓歌》：“中朝大官老於事，詎肯感激徒媕娿。”錢仲聯集釋引祝充曰：“媕娿，《廣韻》：‘不決也。’”①

① （唐）韓愈著，錢仲聯集釋：《韓昌黎詩繫年集釋》卷七，上海古籍出版社 1984 年版，第 795、803 頁。

［3］松潘高等小學堂附設師範傳習所，始建於清光緒二十九年（1903），由同知黃汝楫奉命辦學，設於松潘岷山書院舊址，併入張公祠地。光緒三十三年（1907）改為“高初兩等小學校”。

［4］鍊：同“煉”。冶煉。《西川羌族特殊載體檔案史料研究》作“煉”，是。

［5］“前此蹂躪已深”，指咸豐十一年（1861）庚申番變及宣統三年（1911）辛亥番變，均致校毁。

［6］鉅：同“巨”。《西川羌族特殊載體檔案史料研究》作“巨”。

碑文

高等小學校碑。

溫江徐勁岑。

松邑處萬山中，大江發源，靈秀鐘萃，代産奇傑。明清盛時，武員迭著豐功，而文人則鮮留姓字於史冊，有之即若為希世珍者，豈僻處番夷、見聞素鮮所致歟，蓋亦視乎培植人才若何耳。治城舊有岷山書院，豈無能膺造作人士之任者。自清中葉，往往以幕友主講，其文行學識、課程矩薙、寬嚴美惡姑不具論，而既以幕僚任教育事，勢相凌，情相隔，道與權相悖，理與欲相違，政與教又相戾而不相合。難如所期，誠無足怪。雖間有騰達者，要皆成就於外而院中則寂寂無聞，無惑乎為人所輕視也。咸豐庚申，番變，書院竟燬於火。旋復重建。光緒丙午，改名中學校，一時從學者數百人，洗前此官制隔閡之習，既云盛矣。而宣統辛亥，又毁於番變，人以是傷之。不知除舊布新，事在人為，安知風會所趨，不將由晦而明耶。古代鄒魯，近時吴越，或今不古若，或今勝於古，足為龜鑑[1]。不然，數千年之專制胡一變為共和，故步甚易改也。民國元年，知事就學署舊基復建高小學校，規畫完密，較昔尤宏，不事華麗，有古樸風，殆亦鵝湖鹿洞之遺意乎！行見變空疏為實用，遠駕前日之習武諸賢，不徒以一介名秩為鄉里榮寵[2]，則成效當倍蓰於書院，可立待矣。

著録

1.《民國松潘縣志》2－32。2.《西川羌族特殊載體檔案史料研究》283。

注釋

［1］鑑：鏡子。龜鑑：喻學習的榜樣或引以為戒的教訓。《明史・謝鐸傳》：“（謝鐸）上言《綱目》一書，帝王龜鑑。”①

［2］名秩：指名位官階。“秩”，《西川羌族特殊載體檔案史料研究》作

① （清）張廷玉等：《明史》卷一百六十三，中華書局1974年版，第4431頁。

“佚”，非。

彙考

清末民初，四川西川羌區亦紛紛辦學堂，石泉西山書院改為初高等小學堂，見光緒二十八（1902）《北川創建小學堂碑》。光緒二十九年（1903）至民國四年（1915），松潘在岷山書院基础上兩次建校，名曰高初兩等小學校，附設師範傳習所。光緒二十九年，茂州知州福蘇禮遵飭改九峰書院為高等小學堂。三十二年，新建8所蒙學堂及1所半日制小學堂。汶川，光緒三十三年（1907）始設初等小學堂。《民國汶川縣志·學校》：“自新縣制推行迄民國三十一年，建得中心小學四所，保國民學校二十五所而已。三十二年，以政府全力推行之故，保校所數始激增至四十。”① 羌區小學堂的建立，有力地促進了羌區教育。

---

① 祝世德：《民國汶川縣志》卷三，《中國地方志集成·四川府縣志輯》（66），巴蜀書社（據民國三十三年本影印）1992年版，第484頁。

377 李國斌及妻郭氏馮氏墓碑 民國八年（1919）六月

碑陰（局部）

碑陰（局部）

左鼓石

右鼓石

説明

碑石刻立於四川省茂縣光明鄉馬蹄村松坪組李氏墓地，現存原址。重檐四柱三開間墓碑，飛檐、横樑及斗栱刻淺浮雕人物、花卉等，石柱雕工精美。2008 年後，部分結構倒塌。共有碑 3 通，中間為《李國斌墓碑》，高 153 cm，寬 80 cm。二面刻，碑陽文 3 行，滿行字數不等；碑陰 14 行，滿行 35 字。左右二碑，均高 123 cm，寬 50 cm。碑文一石 7 行，滿行 30 字；一石 3 行，滿行字數不等；餘題名。柱刻楹聯，柱外側上為鼓石，下為矩形石。左右鼓石文均 6 行，左右矩形石文均 7 行，行字數不等。楷書。

碑文

垂裕後昆純其祖武，/克篤前業蔚起人文。/

壬山鐘靈毓秀，/丙向發子蔭。/（以上刻於碑陽四柱）

皇清正故待贈修職登仕郎顯考里謚溫良李公，諱國斌，字廷英老大之墓。/堂名著道，/姓派隴西。/（以上刻於《李國斌墓碑》碑陽）

嘗讀《詩》曰："父兮生我，母兮鞠我，撫我畜我，長我育我，顧我復我，出入復我。欲報之德，昊天罔/極。"[1]追念生平，我父由啓祖遺業松坪，而至光緒年間置業馬三灣上河垻田地、房廊。立業/維艱，沐雨櫛風[2]，不辞風塵之劳苦，披星戴月。何慊早宿之奔馳，無非為兒之辛苦也。又與長/兄玉麐娶媳完姻，欲光門閭[3]，棄儒業而送習武科，俟後功名未就，乃例名國學。不吝錙銖，無非為/兒揚名顯親之心也。迨至胞姊擇配李門，培办粧奩費米花錢，誨三從而四德無違，無非為女之/苦心也。不數年，長兄亾故，而我父年將半百，老來喪子，大不幸也。雖有嫡母存吉，年邁力弱，/上不能承宗續嗣，下不能助理興家。故娶续室我母馮氏幫助，中饋井臼同理創業興家[4]。上下而/涉水登山，不辞跋涉之艰难。誰知苦心人，天不昧後，馮母而生我玉崑，我父為兒牽衣繞膝，繈褓提携。/年方五六，不幸我父仙逝，獨留郭母守業松坪，而我母管理上河，家寬难理，特撫玉明。後上河家/遭不幸，住房失火，五谷家具，片瓦無存。不一年而兩母奮志為雄，費盡萬苦千辛，又與兒房/屋修全。買田置業，無非我母為兒恢先緒之苦心也[5]。不特於此，又送玉崑攻書，玉明習武，意日後/功名成就，不負兩母辛苦一生，義方教子之心矣。誰知文武盡廢，特與二子完姻。又與玉崑們名/國子京監，迨至光緒乙巳年，郭母忽焉謝世，单留我母馮氏。自我父去世，年方廿九，守節堅貞，/常以矜孤恤寡造橋修路[6]，賑濟孤淒。至今母存二子，雖未能行坊建表，而事畧著於石矣。/（以上刻於《李國斌墓碑》碑陰）

七十餘年䒤月，馳時/上而下光思家[7]，雖/一子，身多累，祖弓/良田力示支。耿云/（以上刻於《李國斌墓碑》碑陽右柱側）

偃武隨兄追往日[8]，例/名誤我到今時。欲報/親恩情尤慘，一盧風雨/憶嚴慈。茂東瀘江氏題。/（以上刻於《李國斌墓碑》碑陽左柱側）

嘗思木有本，水有源，人有祖，理固然也。何則木無本不立，水無源不流，人無祖/不生。然而追究根源，溯尋始祖。自啓祖李榮，先由湖廣而至西蜀，遷於茂東，落/業小地名松坪，而生高祖李富，高祖而生曾祖李朝柱，曾祖而生顯祖/李洪義，顯祖而生顯考李國斌。本命生於道光庚寅年三月十一日子時建生，妣郭氏生於丁亥年五月十九日□時賦生。/（國斌）大限亾於光緒壬辰年穔月廿六日申時[9]，（郭氏）乙巳年三月十八日亥時，告終亯年，人間春光（國斌）六十三歲，（郭氏）七十九歲，而生玉林，不幸/身亾。而娶我母馮氏，本命生於咸豐辛酉年三月廿二日子時賦生，而生玉崑；玉林，無嗣。/二女招贅正穠，而生文海、文魁、文銀[10]。玉崑，而生郁金、馥穠，郭母撫。玉元，無嗣，馮母撫。玉明，而生春穠、翠穠。洎發派。/（以上刻於《李國斌墓碑》碑陽右側之碑）

奚百年來，雖不謂螽斯衍慶，亦可謂蘭桂騰芳者矣[11]。是為序。/

奉祀男監生李玉麟，/媳曾氏[12]；/玉崑，/馮氏。/

次男玉元，/媳羅氏；/玉明，/馮氏。/

祀孫郁穰，媳趙氏；馥穰，李氏。/

次孫女正穰，/媳李氏。/次孫春穰，/尹氏；/翠穰，/馮氏；/楊穰/叩[13]。/

曾孫文海，/媳王氏；/文魁，/謝氏；/文銀，/何氏。/

玄孫興貴叩。/

民國八年，歲次屠維協洽仲夏月中浣穀旦/（以上刻於《李國斌墓碑》碑陽左側之碑）

一碑/文巳敘親恩，/德桌俱為吉昕酎[14]。/佳城喜得真江水，宜/発賢子與賢孙[15]。/仲夏録。/（以上刻於右鼓石）

四孙二子紹箕裘，憶/昔親報，莫由一/生劬勞[16]。碑上記芳/名，萬古後人峃。/逸士題。/（以上刻於左鼓石）

書香继世德/積先。植桂培/蒲志更堅[17]，子/秸連枝尤挺秀，/聯央科甲弓/真傳。/古繩瀘江/逸士栞撰[18]。/（以上刻於右矩形石）

此君吉地/甚堪誇，白/虎青龍放/彩霞。豎碑/成立光前/代，今人尤/羡今人嗟。/（以上刻於左矩形石）

注釋

［1］語出《詩經·小雅·蓼莪》。碑文“撫”，原詩中作“拊”，撫摸。細膩地傳達了父母對孩子的癡情眷戀。連用“生”“鞠”“撫”“畜”“長”“育”“顧”“復”等動詞，直頌父母恩德。

［2］沐雨櫛風：雨洗臉，風梳頭，形容辛苦奔波。語出《莊子·天下》：“沐甚雨，櫛急風。”① 亦作“櫛風沐雨”“櫛風釃雨”。

［3］“玉”下一字，諦視，是“麐”。玉麐，僅此處現名。據文義，當玉林。門閭：家門，門庭。《北齊書·楊愔傳》：“愔兒童時，口若不能言，而風度深敏，出入門閭，未嘗戲弄。”②

［4］井臼：汲水舂米，泛指家務勞動。漢劉向《列女傳·周南之妻》：“親操井臼，不擇妻而娶。”③

［5］先緒：祖先的功業。西晉元康八年（298）《趙汜墓表》：“惟君先裔，奕世高宗，昔漢室失統，九州分崩，遂絶先緒，湮没韜光。”④ 唐上元二年（675）《李鳳妃劉氏墓誌》：“業藹先緒，祥延後昆。”⑤

---

① （清）郭慶藩撰，王孝魚點校：《莊子集釋》卷十下，《新編諸子集成》，中華書局 1961 年版，第 1077 頁。

② （唐）李百藥：《北齊書》卷三十四，中華書局 1972 年版，第 453 頁。

③ （漢）劉向：《列女傳》卷二，《景印文淵閣四庫全書》（448），臺北：臺灣商務印書館 1986 年版，第 21 頁。

④ 羅新、葉煒：《新出魏晉南北朝墓誌疏證》，中華書局 2005 年版，第 3 頁。

⑤ 周紹良、趙超：《唐代墓誌彙編續集》，上海古籍出版社 2001 年版，第 218 頁。

［6］矜：通“鰥”。老而無妻的人。《禮記·王制》：“老而無妻者謂之矜。”①

［7］亗：“歲”的古字。兊：同“光”。

［8］偃：停止。典出《尚書·武成》：“王來自商，至於豐，乃偃武修文。”② 指停止武事，振興文教。

［9］“大”下一字泐，覩拓，是“恨”，遺憾。

［10］穠：花木茂盛濃密，喻子孫多。正穠，玉林之女。

［11］龚：同“兊”。光照。螽斯衍慶：舊時用於祝頌子孫眾多。蘭桂騰芳：比喻子孫顯貴、發達。

［12］“麟”，民國八年（1919）《李母郭太君墓碑》作“林”③。

［13］李國斌子、孫、曾孫，分別為王、穠、文字輩，名亦見民國八年（1919）《李母郭太君墓碑》：“祀孫女正穠，媳李氏；郁穠，趙氏；馥穠，李氏。”“次孫春穠，媳尹氏；翠穠，馮氏。”

［14］奌：同“點”。

［15］発：“發”的簡體。

［16］劬勞：勞累；勞苦。語出《詩經·小雅·蓼莪》：“蓼蓼者莪，匪莪伊蒿，哀哀父母，生我劬勞。”④

［17］蘭：即“蘭”。

［18］栞：同“琴”。

彙考

重檐四柱三開間墓碑，四川羌區少見。碑載茂縣光明鄉馬蹄村松坪組李氏8代人落業、創業、置業守業的艱辛，反映了家族興衰、變故。墓碑所在墓地有李氏墓8座，除1座不知姓氏，即清嘉慶二年(1797)《牌壽銘》，餘均為李氏墳冢。其中，清代光緒五年至民國八年5座，7通墓碑，它們是《李仕興及王太君墓碑》(李仕興，即李富)、《李朝柱及妻二陳氏墓碑》《李洪義及梅太君墓碑》，是李國斌於光緒五年（1879），分別為其曾祖、祖父、父親及其妻所立。《李國斌及妻郭氏馮氏墓碑》《李母郭太君墓碑》（郭太君，即李國斌妻郭氏），鐫刻於民國八年（1919）。另有兩座為1980年以後李氏墓，有墓碑兩通。顯示出李氏家族“自啓祖李榮，先由湖廣而至西蜀，遷於茂東”，落業松坪後繁衍生息，傳承有序。

---

① 十三經注疏整理委員會：《禮記正義》卷十三，《十三經注疏》，北京大學出版社2000年版，第501頁。

② 十三經注疏整理委員會：《尚書正義》卷十一，《十三經注疏》，北京大學出版社2000年版，第341頁。

③ 曾曉梅藏攝影圖。

④ 十三經注疏整理委員會：《毛詩正義》卷十三，《十三經注疏》，北京大學出版社2000年版，第908頁。

由於清代墓碑風化泐蝕嚴重，恐破壞碑體，僅椎拓李國斌及其妻墓碑，餘者未敢椎拓。現李氏後人有李興樹，男，61歲，羌族，與家人仍居此地。

附李氏墓碑

377－1　李仕興及王太君墓碑　清光緒五年（1879）八月

説明

碑石刻立於四川省茂縣光明鄉馬蹄村松坪組李氏墓地，現存原址。石高100 cm，寬45 cm。碑文2行，行字數不等；餘題名。柱刻楹聯，楷書。額圜首，寬58 cm，楷書題“己山亥”。

額

己山亥。/

碑文

祖德千年盛，/宗功百世昌。/（以上刻於二柱）
皇清正故顯曾祖考李公，諱仕興，妣王太君大人墓。/
孫男國斌，/媳郭氏。/
重孫監生鈺陽，/白氏。/
大清光緒五年桂月上浣穀旦。/

著録

1. 阿壩州藏拓。2. 曾曉梅藏拓和原石照片。

377－2　李朝柱及妻二陳氏墓碑　清光緒五年（1879）八月

説明

碑石刻立於四川省茂縣光明鄉馬蹄村松坪組李氏墓地，現存原址。重檐二柱一開間墓碑。碑身高115 cm，寬65 cm。碑文2行，行字數不等；餘題名。柱刻楹聯，楷書。

碑文

千載蒸嘗由祖德，/萬年俎豆頌宗功。/（以上刻於二柱）

皇清正故顯祖考李公，諱朝柱老大人，妣陳太君、陳太君老孺人墓。/

奉次男洪陛、媳陳氏。/奉祀孫男國斌、媳郭氏；國清、李氏。/重孫監生鈺陽、鈺麟、鈺華。/

大清光緒五年，歲次己卯，桂月上浣穀旦。/

著録

曾曉梅藏原石照片。

377－3 李洪義及梅太君墓碑 清光緒五年（1879）八月

说明

碑石刻立於四川省茂縣光明鄉馬蹄村松坪組李氏墓地，現存原址。重檐二柱一開間墓碑，飛檐、横樑、斗栱、柱雕工精美，淺浮雕人物、花卉等。碑身高 140 cm，寬 73 cm。碑文 2 行，行字數不等；餘題名。柱刻楹聯，楷書。額圜首，楷書題“亥山巳”。

額

亥山巳。/

碑文

箕裘世業光前緒，/田第蜚聲啟後人。/（以上刻於二柱）

皇清正故里謚醇直顯考李公，諱洪義老大人，慈惠妣梅太君老孺人之塋墓[1]。/

奉祀男國斌，/媳郭氏。/次男國清，媳李氏。/

孫監生鈺麟，/曾氏；/鈺陽，/白氏；/鈺華，/□氏。/

大清光緒五年，歲次己卯，桂月上浣穀旦。/

著録

曾曉梅藏原石照片。

注釋

［1］慈惠：猶仁愛。

377－4 李母郭太君墓碑 民國八年（1919）六月

説明

碑石刻立於四川省茂縣光明鄉馬蹄村松坪組李氏墓地，現存原址。重檐二柱一開間墓碑，飛檐、横樑、斗栱及柱雕工精美，淺浮雕人物、動物、花卉等。碑身高 138 cm，寬 75 cm。碑文 2 行，行字數不等；餘題名。楷書。額方首，楷書題“佑我後人”。左右刻騎馬圖 6 人。

額

佑我後人。/

碑文

白虎青龍眠吉地，/玄武朱雀護佳城。/（以上刻於二柱）

皇清正故待贈孺人顯妣里謚慈惠李母郭太君靈。/

奉祀男監生李玉林、/媳曾氏；/李玉崑、/馮氏。/

祀孫女正穠、/媳李氏；/郁穠、/趙氏；/馥穠，/李氏。/

次男玉元、/媳羅氏；/玉明，/馮氏。/

次孫春穠、/媳尹氏；/翠穠、/馮氏。/

曾孫文海、/媳王氏；/文魁、/謝氏；/文銀，/何氏。/

玄孫興貴叩。/

民國八年，歲次己未，仲夏月之中浣日穀旦。/

著録

曾曉梅藏原石照片

378 姜公墓誌 民國九年（1920）二月

説明

墓誌出土於四川省北川縣馬槽鄉明頭村。誌石高 150 cm，寬 120 cm。王道履撰文，陳國華書。碑文22 行，行字數不明。楷書。該碑又題《清賜贈奉政大夫姜公墓誌銘》。

誌文

清賜贈奉政大夫姜公墓誌銘[1]。/

公諱正海，字鏡清，其先陝西洛陽人也。蓋西岳之苗裔，至曾祖國壐公，以名宦遊蜀，置別墅於綿竹之曹家巷，因家焉。生子維毓，維毓生應泰，是為公父。諸昆析產內訌，應泰取之輒引去。初徒石泉片口[2]，適公旋遷茂州，今茂州人也。公天性誠篤，幼年喜貿，應泰公以讓產，故老而逾貧，公□賈孝養臻至。泰公卒懋以遷致富。生平喜施予。尚篤實，不較仇怨。當建廟堂，工經三載，賠累數百金，始蕆□事。其樂善不倦如此。里中回禄為災，此屋厭盡，公居巋然獨存。又當溺，惟水護救，時年六十有六矣。脱危者再為善益力，因剖所積私財半作施濟。居恒長齊肅佛，深得玄妙理，雖年逾古稀，而鶴髮童顏兒齒□，若望者以為蕎松啇也。公吐納既精，神志全固，蟬脱龍變，莫可方物。遂於光緒乙巳年嫣然長逝，無疾而終，春秋七十有七。閭里痛惜，姻舊悲酸，以丙午年四月十四日葬于馬槽溝坪上之原[3]，禮也。夫人武功蘇氏，持家恭儉，貞順勉行。男德獻援例入太學，能繼父志。孫懷渭法律大成，以□官保免任江北法院檢察官，毫爽精明，尤未可量。積善餘慶，幽光必發，不其信歟？乃為銘曰：□□遐清，實佐扶鷹。世有令德，孝友相承。允矣淑人，厥□克濟。湧舍有泉，傳家有祓。詐諼既泯，永保厥真。受天之祜，佑故後人。碧松麓，功石之澗，鬱鬱佳成[4]。惟德之券。嗚呼休哉！/

前清丙午科□、清庚戌□法官廳署、成華初級地方各廳檢察官保免知事/世再晚王道履頓於拜撰[5]。/

前清賜進士出身三品頂戴持授廣西按察使司按察使/世愚晚陳國華沫手敬書。/

中華民國九年，歲次庚申，陰歷花朝月轂旦[6]。/

著録

《北川羌族資料選集》225

注釋

［1］奉政大夫：金代置，文階官名，正六品。元升為正五品。後代沿置。

［2］石泉片口：今片口羌族鄉，位於四川省北川縣北部。鄉境北部與松潘縣白羊鄉、平武縣泗耳藏族鄉相連，有羌、藏、漢、回等民族。

［3］馬槽溝：今馬槽鄉，位於四川省北川西部，涪江支流青片河中游，西接茂縣。

［4］“麓”下疑脱一字。成：本作“城”。佳城：指墓地。

［5］戍：“戌”之誤。庚戍，實為“庚戌”，宣統二年（1910）。

［6］花朝：又稱“花朝節”。舊俗以農曆二月十五日為“百花生日”。清代以後，南方以農曆二月十二日為花朝節。花朝月，當為二月。彀：為“穀”之誤。

379 五師碑記 民國十二年（1923）某月二十三日

說明

碑石刻立於四川省北川縣小壩羌族藏族鄉走馬嶺寶華寺。碑石高 130 cm，寬 80 cm。碑文 15 行，行字數不等。楷書。泐蝕嚴重。該碑又題《小壩羌族藏族鄉走馬嶺五師碑記》。

碑文

蓋自堯舜禹湯文武，以迄於今，惟神道佑民。作善降祥，作不善降殃，理有固然，千古不移也。即今世風愈下，病者不少，遭奇禍者恒多，無殊水深火熱之中，湮湮欲斃也。然我禹鄉有五郎神者，體天地好生為念，不□斯沉淪。緬□年利濟在，巫師獵人，而今年湮世遠，其道彌深，其德彌□。意不在此地，徒領皿食，豐儀一心，代天挽□，救生靈。昔之諸神，旌別淑□，激燭揚清。□五郎者，無論士農工商，□奸□[1]，凡遇奇禍而染沉疴者，祈禱一□，感□由也。作善者，釀遇突，叩之則靈。莫非望善者，功高儀宏，德山道海。作不善者，釀禍遇災，有求必應。莫□□□，革故鼎新，去偽存誠。倫飭紀而回太古之風。所以斯地斯民受恩□淺[2]，錙銖不吝，湊針成斧。鐫像于寶華寺，太陽□□之側。況太陽宮，先年有質，無文一併，黝堊流丹。其五郎庇□，多方赫赫，威靈達于江。瞰海篋民等，無不頌與日月，而華光邑，以為序□□□□。

民國十二年天月二十三日吉立。

著録

《北川羌族資料選集》227

注釋

[1]“奸”上一字，據文義疑為“忠”字。

[2]“淺”上一字，疑為“非”字。

彙考

五郎神為釋比作法時所請之神，地位僅次於太上老君。碑載五郎神佑民，人們“錙銖不吝，湊針成斧，鐫像于寶華寺”，祈五郎庇佑。反映了北川五郎神信仰，為研究羌族宗教、文化提供了實證資料。

380 建老人村黄龍寺募化碑 民國十三年（1924）十月十八日

説明

碑石刻立於四川省汶川縣水磨鎮黄龍寺，現存原址。碑石高 127 cm，寬 65 cm。張永平鎸。碑文 16 行，滿行 41 – 42 字不等。楷書。泐蝕嚴重。

碑文

重建老人村黄龍寺募化敃[1]。/

蓋聞□□□之前，雖美弗彰，□為之唆雖□弗□沐，祠宇飄零，神祇露坐，業林毁敗，廟宇懷□。□以有□/蹟□法結於宫□武當名山開建，勞乎星使，古今□勝地名區靡有不資大雅扶持者也。如黄龍寺者，□/青城古寺，創自商朝初，迭更名代，□□乾隆。中華間□榛新，亦拓土開基，土人報賽，西方雲集其地。前屏□/□松林，左倚蟠龍，右靠□安，諸寺中央位正，此是黄龍寺勝山名也。上有天垂寶蓋，下有地湧金蓮，寺内左□/棚石上天梯，黄龍洞右有連城碧，洞天上有牡丹台，乃是黄龍真人打坐養性之所從出，宗□禪師脱壳□/下，有靈芽石、菊花井諸勝蹟，古名曰：“老人村”是也。相傳紅根菜出菊花井，老孝人令之，□老□康，故多老/焉。

光緒初，倡被天灾，不戒於火，厌燼之餘，僅存神像。言念及此，心力俱窮，今□羽化，□□欲承其志獨□/叚。伏願仕宦、鄉紳、仁人、君子不吝布施，大發慈悲，集腋成裘[2]，領□相助，將見靈祠，正振□蹟，煌煌重建□/玉皇大殿及東西兩廊，功成告眾，善莫大焉。謹將各善士金名勒石，刊碑聲名。不布善由，自作諸（下泐）。/佛本多情，菩薩定倚門而望浮申小丹，願集大成，是以為序。/

劉蓋之捐大樹貳株，/劉泉浦捐大梁乙株，/□□雲捐錢五拾元，/□□增捐銀拾元。/

賀元才捐錢五拾千，/倪福貞捐錢二拾千，/劉元貞捐錢二拾千，/劉玉明捐錢拾千。/

王元吉捐錢五十千，/羅元貞捐錢二十千，/任元玉捐錢叁元。/

眾善士共捐出銀乙千八百卅六元，/共捐出□叁仟一百□。/劉（下泐）十千，/傅史氏、男德森（下泐）。/

新建觀音殿，共（下泐）；/新建靈祖殿，共（下泐）；/新建□孝祠，共去錢三千乙。/報□弟子羅圜率□之（下泐）。/

民國拾叁年甲子陰曆拾月拾捌日。

張永平敬鐫[3]。/

著録

曾曉梅藏拓。

注釋

［1］“建”上一字泐，下“土”清晰，似“重”。黄龍寺，原為“黄龍觀”。據傳始建於唐貞觀間。明萬曆年間，道教衰敗，佛教興盛，僧人宗風改建黄龍寺。清光緒中，偶遭回禄，無款修建，道眾四散。民國十四年（1925）《灌縣政府保護黄龍寺佈告碑》也記載了這一史實。民國時期建成有前後山門的大寺。2008 年汶川大地震寺倒。現常住道人三四人，為道教全真派弟子。

［2］集腋成裘：比喻積少成多。出自《慎子·知忠》：“故廊廟之材，蓋非一木之枝也；狐白之裘，蓋非一狐之皮也。”①

［3］張永平：據民國十四年（1925）《灌縣政府保護黄龍寺佈告碑》知為水磨黄龍寺主持。

① （唐）魏徵等編，《群書治要》學習小組譯注：《群書治要譯注》（22）卷三十二，中國書店 2013 年版，第 50 頁。

381　灌縣政府保護黄龍寺佈告碑　民國十四年（1925）五月十日

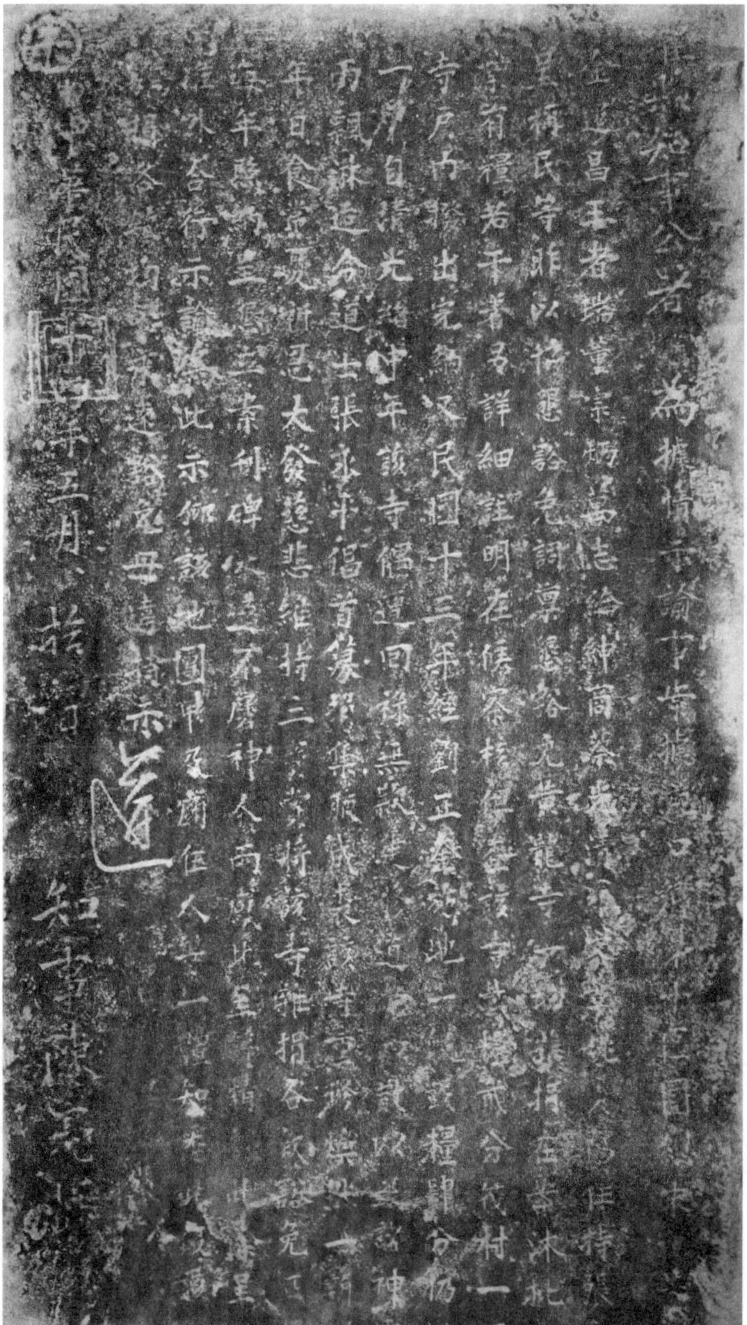

説明

碑石刻立於四川省汶川縣水磨鎮黄龍寺，現存原址。石高 106 cm，寬 59 cm。碑文 12 行，行 27 字。楷書。泐蝕較嚴重，尚能辨識。文末年款處刻方章，泐蝕不能辨識。左上角楷書“示”字，外有圓圈。

碑文

灌縣知事公署。

為據情示諭事。案據漩口鄉第十區團總宋運英，紳士/金運昌、王者瑞、董宗炳、萬志綸，紳商蔡光清、李文章、姚燮陽，住持張永平等/呈稱：民等昨以協懇豁免詞稟[1]，懇豁免黄龍寺一切雜捐在案。沐批：該寺/業有糧若干，著另詳細註明在候察核。但查該寺載糧貳分，筏村一甲，由/寺戶內撥出完納。又民國十三年經劉正奎施地一段，載糧肆分，仍撥種/一户。自清光緒中年，該寺偶遭回祿[2]，無款建修，道眾四散，以致諸神露坐/為雨飄淋。迨今，道士張永平倡首募捐，集腋成裘，該寺重修，煥然一新。值前/年日食，常憂祈恩大發慈悲，維持三寶。賞將該寺雜捐各款豁免。正副□/每年照納。呈懇立案刊碑，永遠不磨，神人兩感。此呈等情據此，除呈批/准服外，合行示渝。為此示仰該地團甲及廟住人等，一體知悉。此後該寺/雜捐各款均宜永遠豁免，毋違，特示。遵示。

中華民國十四年五月拾日。

知事陳亮熙。/

著録

曾曉梅藏拓。

注釋

［1］“永”下為“平”字。椎拓失下邊緣處字。據原石補。下同。為保護黄龍古刹，民國間刊有《灌縣政府保護黄龍寺佈告碑》《國民革命軍第二十八軍第六混成旅司令部佈告》《四川省長公署佈告》《江防第一師師長鄧佈告碑》等碑，均藏於黄龍寺。

［2］回禄：傳説中的火神。《左傳·昭公十八年》：“郊人助祝史除於國北，禳火于玄冥，回禄。”杜預注：“回禄，火神。”① 後用以指火災。

---

① 十三經注疏整理委員會：《春秋左傳正義》卷四十八，《十三經注疏》，北京大學出版社 2000 年版，第 1584 頁。

382 義塚 民國十七年（1928）

説明

碑石刻立於四川省汶川縣三江鄉三江小學溝邊山頂。現倒卧雜草中。高 103 cm，寬 66 cm，厚 11 cm。下有榫。碑文 1 行 2 字。楷書。無刻石時間。

碑文

義塜。

著録

曾曉梅藏拓

彙考

塜，即“塚”。三江，古乃茶馬交通要道，來往商旅頗多，不時有異鄉或窮困潦倒之人死後無處安葬，同善社與鄉紳便設立“義塜”。據當地村民回憶，該碑旁原有一高 200 cm 的大碑，刻於民國十七年（1928），記載各界捐資建“義塜”之事，後毀於上世紀 60 至 70 年代“文革”中①，僅存《義塜》，當為同時期所刻。因記載“義塜”來源的碑石已毀，有人便將義塜與辮子墳混為一談，實非。

---

① 據三江鄉文化站劉志全（男，66 歲）及村民鄢定玉（男，75 歲）回憶記載。

383　疊溪積水疏導紀念碑　民國二十三年（1934）四月十五日

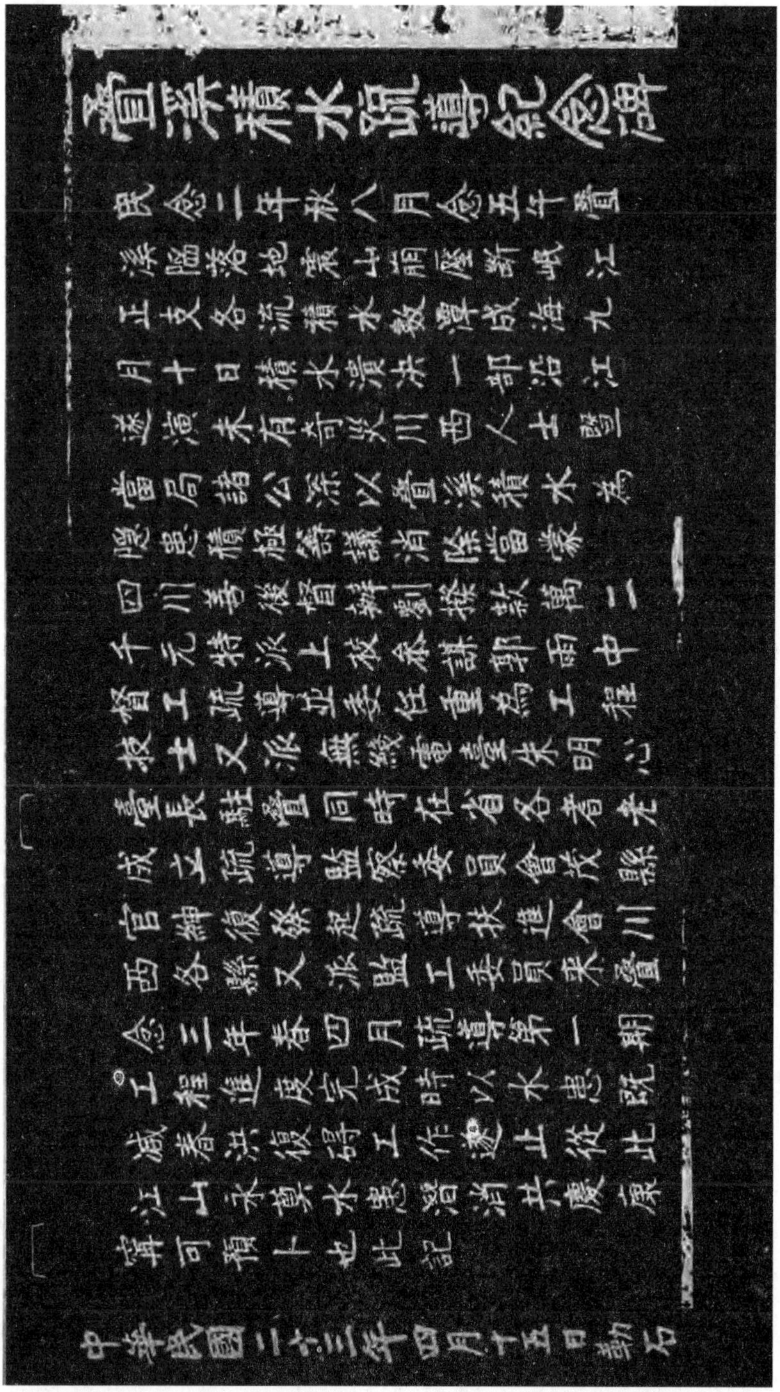

説明

紀念碑為摩崖，刻於四川省茂縣疊溪鎮較場點將臺右側一巨石上，現藏原址。石高 236 cm，寬 104 cm。碑文 22 行，滿行 10－11 字不等。楷書。

碑文

疊溪積水疏導紀念碑。/

民念二年秋八月念五午[1]，疊/溪陷落，地震山崩，壓斷岷江/正、支各流，積水數潭成海。九/月十日[2]，積水潰決一部，沿江/遂演未有奇災。川西人士暨/當局諸公，深以疊溪積水為/隱患，積極籌議消除。當蒙/四川善後督辦劉[3]，撥款萬二/千元，特派上校參謀郭雨中/督工疏導；並委任重為工程/技士，又派無綫電臺朱明心/臺長駐疊。同時在省各耆老/成立疏導監察委員會，茂縣/官紳復發起疏導扶進會；川/西各縣又派監工委員來疊。/念三年春四月，疏導第一期/工程進度完成。時以水患既/減，春洪復碍，工作遂止。從此/江山永奠，水患潛消，共慶康/甯，可預卜也。此記。

中華民國二十三年四月十五日勒石。/

著録

1.《中國地震碑刻文圖精選》169。2.《茂汶羌族自治縣志》628。3.《西川羌族特殊載體檔案史料研究》288。

注釋

［1］念：即“廿”。下同。民國二十二年（1933）八月二十五日，茂縣北疊溪一帶發生 7.5 級强烈地震，山崩地裂，臺地下沉，江河壅塞。

［2］九月十日：當十月九日，疊溪海子（湖）積水潰決，成都平原內外江十四縣發生了近百年罕見的水災。為杜絕水患，臘月下旬，較場壩附近一帶集合民工百餘人，疏導積水。

［3］四川善後總督劉湘批撥專款，派員督工疏導。

彙考

四川省岷江上游地處龍門山斷裂帶和岷山斷裂帶，是中國强烈地震帶之一。《疊溪積水疏導紀念碑》，碑文記録“疊溪陷落，地震山崩，壓斷岷江正、支各流，積水數潭成海”，釀成奇災及川西人士暨當局諸公疏導水患的史實。“上校參謀郭雨中”，名見《胡權五碑》：“郭主任雨中。”後碑又題《疏導疊溪殆難［烈］士胡君權五碑》：“胡君權五，籍温江，年□十，誠静寡言，不慕榮利。民初歷任三五排□長，以恥無義，□遁跡市□。去冬，郭主任雨中奉命疏導疊溪積水，君以事□□眾除患，欣然請從。主任嘉其志，請委為第二隊督工委員。□□月餘，不□難險。于□月十一日酉刻，收工遇觀音巖，被崩石□死，頭破肢折，為眾犠牲，不愧烈士。十三日蔔吉于此，謹撮節□，以志不朽。疊溪積水［疏導督］工書記張郎中撰並書。”①［ ］內文字據上下文補。碑文闕刻石年。《疊溪積水疏導紀念碑》：“念三年春四月，疏導第一期工程進度完成。”民國時期四川省建設廳《川西北區墾牧調查報告》：“……下海子暴裂，水勢洶湧，聲浪傳於數十里外，演成空前之大水災。……於是年臘月下旬，在較場壩附近一帶集合民工百余人，逐漸開挖海之堵塞處，冀免突潰危險。至二十三年三月下旬，費洋萬餘元，疏浚工作，見效甚少，遂停。”② 那麼，《胡權五碑》：“去冬，郭主任雨中奉命疏導疊溪積水。”時在民國二十二年冬，犠牲在二十三年四月或此前。《疊溪積水疏導紀念碑》，既是地震碑，也是洪水碑，為岷江上游地震和洪水等自然災害研究提供了材料。

① 任海軍、任葆德：《中國震跡旅遊》，兵器工業出版社 1998 年版；何永斌：《西川羌族特殊載體檔案史料研究》，巴蜀書社 2009 年版，第 291 頁。

② 四川省建設廳：《川西北區墾牧調查報告》，四川省阿壩藏族羌族自治州茂汶羌族自治縣地方志編纂委員會編：《茂汶羌族自治縣志》，四川辭書出版社 1997 年版，第 740 頁。

384 羅門甯氏墓碑 民國三十四年（1945）

説明

碑石刻立於四川省汶川縣三江鄉三江小學溝邊山頂。2013 年 12 月調查發現。現存原址。碑石二柱一開間。石高 98 cm，寬 56 cm，厚 6.8 cm。碑文 4 行，行字數不等；餘題名。柱刻楹聯，楷書。額圜首，楷書題“山明水秀”，四周刻纏枝花朵紋。

額

山明水秀。/

脉長綿世代，/瑩開啟後人。/（以上刻於二柱）

碑文

故祖妣羅門甯氏老孺人之墓。/生于己酉年四月廿三日子時，/卒于庚午年正月十四日戌時。/

祀孫元亮，段氏；元興，后氏[1]；元坤，陳氏；曾孫福弟、福壽、福禄、福喜。/

民國乙酉三十四年，吉月言時竪[2]。/

著録

曾曉梅藏拓

注釋

［1］后：罕見姓氏，是一個多源流的古老姓氏。

［2］“言”，清晰。“吉”的俗字。

385 松潘縣政府佈告碑 民國二十三年（1934）六月

碑陽

碑陰拓片（局部）

碑陰（原石照片）

說明

碑石刻立於四川省松潘縣黄龍風景區後寺門前，現存原址。碑高 175 cm，寬 95 cm。兩面刻，碑陽刻《松潘縣縣政府佈告第四號》，碑文 7 行，滿行 39－40 字不等。年代落款處刻方形章，泐蝕，無法辨識。碑陰刻《黄龍寺贖回廟產記》，碑文 14 行，滿行 44－46 字不等；餘題名。楷書。後世描紅。

碑文

松潘縣縣政府佈告，第四號。／

為佈告保護廟產事。照得黄龍寺，乃松邑名勝古刹，素為漢番民眾所信仰[1]。凡寺內廟產以及梵林古／跡，均應一律保護，以資永久，而示尊崇，合行佈告。為此告仰漢番民眾一體遵照。除廟內產業由首事等／負責經營外，至於林木古跡，務須一體保護，不得任意侵犯及有砍伐之事。倘敢違犯，一經發覺，定即／依法處究不貸，切切此佈。／

中華民國廿三年六月七日。／

縣長于戒需[2]。／（以上刻於碑陽）

黄龍寺贖回庙產記。／

考諸名山勝蹟，因地脉叺生成[3]。是凡寺觀庙堂，仗人力之培護。蜀西松潘黄龍寺，古庙也。初創何時，無從詳攷。第叺現有之／殿宇[4]，实建造於前明，迄今三百餘年[5]，不免墀崩棟折。倚岷山之絕頂，位涪江之水源。景色幽奇，不亞蓬萊弱水；蒼松／怪石，儼然梵刹仙鄉。池沼異形，水光絢彩。舉此天生自然之佳伭[6]，較之人工點綴之凡區，則不啻霄壤之別也。惜乎／地接遐荒，道途偏僻，既少名士之題韻，更無檀越之佈施。致古雅之庙廓，漸見傾頽之象；清新之妙境，未與名勝齊臻。／遊覽來斯，靡不嗟歎。茲於民國十八年，有善士蒲啟泰者，本邑之老農也，叺縣東寺望堡之己業旱地二股[7]，慷慨捐輸半／股，交由本庙保管[8]，永作常資。不料當時首事張定真，見啟泰誠樸可欺，竟將此項捐產隱匿不宣。至二十三年，公然轉售，所得／之價全入私囊。首事等接管庙事，始悉此情，迺聯名呈請縣府追究，叺儆貪婪。蒙縣長于准理在案[9]，經曼卿唐代縣長、／信丞何司法官徹底查明，將該定真及同謀者分别懲罰，原產准本庙贖回，發給管業證據，着首事保存，輪班交代。叺後／招租換佃，概賥本廟全權[10]。每年所收之租，即作培修常欵。嗟乎！世道之險悪如斯，人心之奸貪莫測。是叺將贖產略情，／泐石垂後[11]，叺戒將來。但首事等保守庙產，一秉大公，願此後同德同心，勿私勿怠。俾庙欵之豐裕，免培修之艱難。庶几，免／負首事等此次不避嫌怨，贖回廟產之本意也夫。／

附計贖產各費揔共实去錢肆仟叁佰捌拾千文。除有花帳可稽未列外[12]，尚有寺望堡因□路發生□□，該堡紳民捐去錢貳仟餘釧[13]，俟又兩次赴松上訴，該堡民眾等約去錢乙千餘釧，合併聲明[14]。/

本庙首事王澤生，/葛如松，/孫露普，/程鏡如，/郭兆豐，/孫承傑，/孫远堯，/劉秉忠，/趙愷全，/王正明，/母全仁，/郭兆泰，/唐照朝[15]，/何有清。/

寺望堡代表劉期玉，/首柄南。/

紳民萬登朝，/向朝禮，/袁萬年，/鄧敬林。/

縣紳文克中撰，/孫茲甫書。/

住持周德富，/聶培得。/

石工肖伯志。/

中華民國二十三年六月吉日立[16]。/（以上刻於碑陰）

著録

1. 松潘縣文聯楊友利、阿壩州社科聯耿少將藏原石照片。2. 阿壩州文管所藏原石照片及拓片①。3.《歷代碑刻　契文　族譜》77。

注釋

［1］《松潘縣志》："黄龍寺，在縣東七十里。明兵馬使馬朝覲建，亦名雪山寺，相傳黄龍真人養道於此，故名。有前中後三寺，殿閣相望，各距五里。"② 每年農曆六月十五日前後，藏、羌、回、漢各族民眾均來此賽社、焚香、跳鍋莊，祈禱吉祥和豐收。據 2007 年松潘宣傳部楊友利先生藏原石照片，參以 2013 年阿壩州文管所藏原石照片、拓片及陳學志先生録文。

［2］于戒需：舊志作"余戒需"，字敏士，江蘇省淮安縣人。時任松潘縣長。碑陰題作"縣長于"。

［3］叺：即"以"字。

［4］"叺"上一字，描紅作"第"。據上下文義，當作"但"字。

［5］"百"上一字，細觀原石，存痕清晰，是"三"。描紅作"五"，非。

［6］原刻"径"，本當作"境"。

［7］寺望堡：今松潘縣施家堡鄉四旺堡村。

① 松潘縣文聯楊友利、阿壩州社科聯耿少將主席所藏照片為 2007 年攝；阿壩州文管所藏照片為 2013 年攝。

② 傳崇榘等修，徐湘等纂：《民國松潘縣志》卷五，《中國地方志集成·四川府縣志輯》(66)，巴蜀書社（據民國十三年刻本影印）1992 年版，第 171 頁。

［8］“交”下一字，上泐；下“田”，清晰。據上下文義是“由”字。

［9］縣長于：指時任松潘縣長余戒需。

［10］賥：即“賫”字。

［11］“泐”，《歷代碑刻　契文　族譜》作“刻”，義近詞非。

［12］“附”，微泐，諦視，左為“阝”，是“附”。《歷代碑刻　契文　族譜》作“總”，非。“有”上一字，從字形左右結構看，左已泐蝕不存，右存“余”，清晰。據上下文義，是“除”字。《歷代碑刻　契文　族譜》釋“除”作“余”，釋“列”作“列”。均非。

［13］“路”上一字，“生”下二字，原刻泐蝕，丹書模糊亦無法辨識。“路”上一字，《歷代碑刻　契文　族譜》作“瀾”，備參。並脱“捐”字。

［14］“乙”，本作“一”。《歷代碑刻　契文　族譜》未釋“聲明”。

［15］“唐”下一字，下“灬”，上泐，右上似有“召”，似“照”。《歷代碑刻　契文　族譜》作“熙”，不取。

［16］《歷代碑刻　契文　族譜》脱“石工肖伯志。中華民國二十三年六月吉日立”。

彙考

黃龍寺，又名“雪山寺”“鹿寺”，始建於明代，以紀念傳説中助禹治水的黃龍真人。守寺者為道士，每逢夏曆六月十六日前後，遠近漢、藏、羌民，均來此賽社、焚香、跳鍋莊。黃龍寺本道教勝地，卻是喇嘛教信徒歡聚場所，實文化接觸現象的奇觀①，這恰如羌寨里既有羌族釋比，也有道士、喇嘛。有的羌區還有藏傳苯教、伊斯蘭教、基督教的教堂。靠近藏族的羌區，如小黑水小姓溝羌族，信奉喇嘛教，有“龍潭寺”。而信奉喇嘛教的嘉絨藏族，也如羌人一樣普遍敬奉白石神，供白石於屋頂小塔上，敬奉山神②。羌族民間至今流傳着端公和道士、端公和喇嘛鬥法的傳説，反映出道教、喇嘛教傳入羌區後，與羌族固有的原始宗教及民間信仰之間曾經發生激烈摩擦、碰撞的事實③。

---

① 王小紅：《川大史學・歷史地理卷》，四川大學出版社 2006 年版，第 172 頁。

② 中國人民政治協商會議汶川縣委員會文史資料委員會：《汶川縣文史資料選輯》（4），内部出版，1995 年，第 42 頁。

③ 孔又專：《略談道教與古羌民族宗教文化的汲取與融合》，《四川民族學院學報》2010 年第 12 期，第 55 頁。

386　保護茶薗條規　光绪十七年（1891）至民國三十八年（1949）九月二十三日

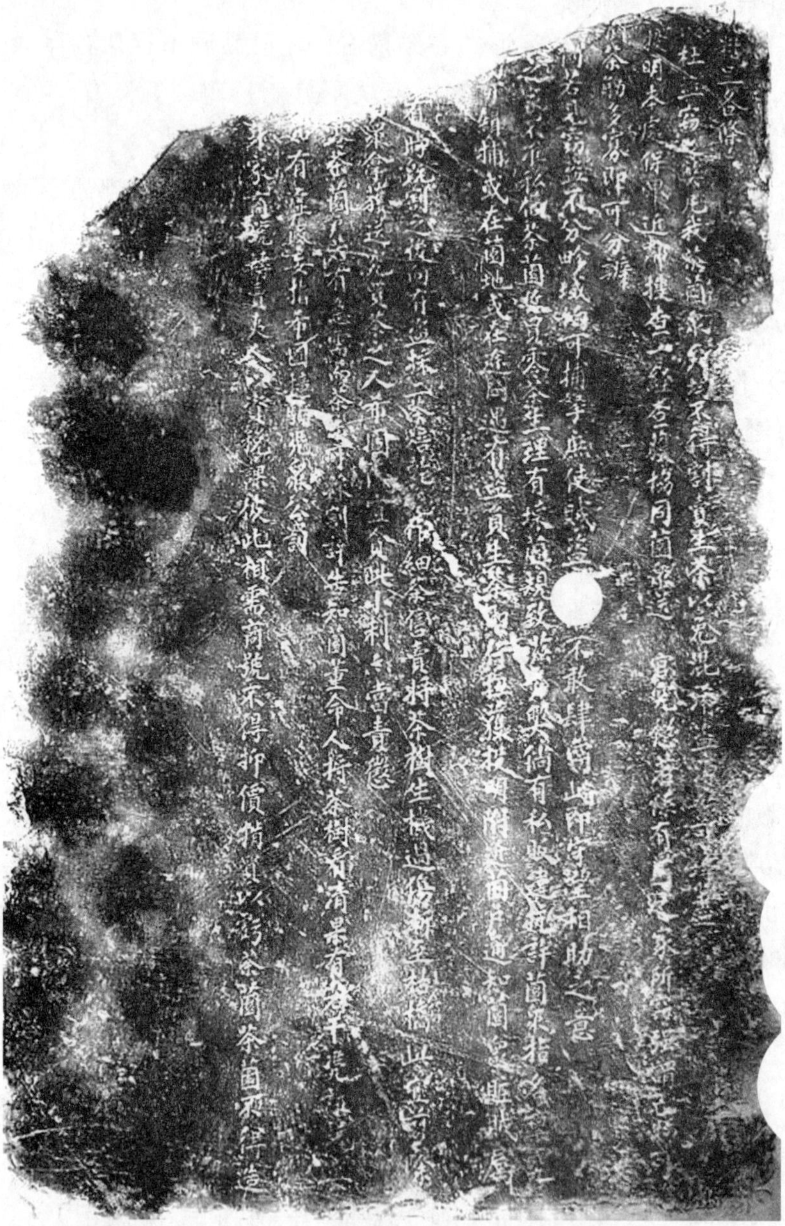

碑陽

説明

碑石原刻立於四川省汶川縣三江鄉，現存四川省汶川縣水磨小學。碑石上殘，存石高 102 cm，寬 66 cm，厚 10 cm。兩面刻，碑陽文 12 行，32 – 34 字不等；碑陰文 8 行，行存字數不等。泐蝕較嚴重，碑陰被鑿損，存數十字。

碑文

（上泐）粘呈各條。/

（上泐）以杜盜竊之弊，凡我茶薗衆戶，均不得割賣生茶，以免混淆盜源□可淨盡/（上泐）投明。本處保甲，近鄰搜查，一經查獲，協同薗衆，送官究懲。若係有為之家所窃，強謂己物，习/（上泐）□茶觔多寡，即刻分辨。/

（上泐）□若見窃盜，不分畛域，均可捕拏，庶使賊盜畏懼，不敢肆窃，山即守望相助之意。/（上泐）之家，不准私仮，茶薗□，買零茶，生理有，壞薗規，致滋□□獘，倘有私販違抗，許薗衆指名，稟究/（上泐）□可緝捕，或在薗地，或在途間。遇有盜，負生茶，即行扭獲，投明附近薗戶，通知薗衆，脏賊屬/（上泐）。

（上泐）有時既割之，後向有盜採二茶焙乾□作細茶售賣，將茶樹生機過傷，漸至枯橋，此宜剪除。/（上泐）□衆拿獲送究。買茶之人，希圖□宜，貪此小利，當責懲。/

（上泐）零茶薗戶，若有急需，而茶□可採割，許告知薗董命人將茶樹看清，果有若干，凭证兌妥。/（上泐）如有虛假妄指，希圖撞騙凭衆公罰。/

（上泐）身家商號，持賣夷人，以資稅課，彼此相需。商號不得抑價揹買，以亏茶薗。茶薗不得造/（上泐）。（以上刻於碑陽）

（上泐）為（下泐）/（上泐）□稱綠生□，茶薗因茶/（上泐）寨汛□團起獲生茶/（上泐）亦不得賂□零茶故□/（上泐）借□汛上固。國課下/（上泐）悉嗣後務各遵照，後/（上泐）達，特示遵，/右諭通知。/

（上泐）九月廿三日/實刊紫雲宫。/（以上刻於碑陰）

著録

曾曉梅藏拓

彙考

刻石時間存“九月廿三日”。年代闕。紫雲宫，清灌縣治西興仁場紫雲宫（今汶川縣水磨小學址）。水磨壽溪河兩岸和矮山盛産黑茶，價高①。當地祀茶神，始於清乾隆平定金川募商引茶時。光緒十七年（1891），在興仁場紫雲宫隙地修茶神龕以祀，次年落成。時任四川鹽課司大使周毓榆撰《刨修茶神龕記》，以記其事。鎮儒生劉家楨、鎮儒生五子山分别撰《周梓常明府創建茶神祠落成》，文見《民國灌縣志·雜記》。祠的創建，標誌着水磨茶業的興旺，灌縣馬茶亦自此經水磨運至懋功發賣，於是水磨所産茶葉，價均上漲。故《保護茶薗條規》應刻於光緒十七年（1891）至民國間。

① 李明昭：《水磨鄉茶話》，政協汶川委員會：《汶川縣文史資料選輯》（8），内部出版，2002年，第97頁。

387 國民革命軍第二十八軍第六混成旅司令部佈告 民國間(1912－1949)

説明

碑石現藏四川省汶川縣水磨鎮黄龍寺。碑石高 129 cm，寬 66 cm，厚 8 cm。碑文 12 行，滿行 24 字。楷書。下方邊緣處微泐。落款處有方章。該碑又題《第二十八軍第六混成旅司令部關於免征黄龍寺捐税的命令》。

碑文

國民革命軍第二十八軍第六混成旅司令部佈告。/

為佈告事。案據漩口清正鄉第十區團總姚燮陽、金運昌、董宗/炳，水磨溝團總宋治安暨黄龍寺住持張永平等公呈協懇豁/免黄龍寺山地雜捐，以維三寶一案，當經本部覆查，該廟建修/伊始，經費無着，實属清苦異常。除該廟每年應繳正粮共六分，/照章完納外，所有各欵雜捐暨土药窩捐，既據前旅長鄭核准/有案，自應賡續照免，以示體恤，而維三寶。但事關破格，其他寺/廟不得沿以為例。除一面批示令遵外，合行佈告。為此，告仰各/属官兵團甲人等，一體遵照。自免之後，無論何項雜捐雜税等，均/不得再向該廟藉端攤泒、需索、滋擾，致于重究。切切勿違。行告。/

中華民國十六年八月二十四日吉立。/

旅長鄧國章。/

著録

曾曉梅藏原石照片

388 佳山龍氏家譜碑 約民國間（1912－1949）

說明

碑石刻立於四川省理縣桃坪鄉佳山村，現存佳山村活動室以東龍吉意家菜園。碑石高 118 cm，寬 58 cm，厚 6 cm。碑文 13 行，滿行 30 字。楷書。

碑文

從來祖之有始而有本也，宗之有法而有之譜也。自盤古氏有龍子，而上古之賢/人亦有龍逄[1]，而夏桀之臣，我始祖此時之來歷也。昔日我鼻祖生在歲零縣北/門外龍萬世[2]，傳於百代，其有功於子也。吾先祖之時，皆有獨中第一高魁，以為/翰林學士之內。又遇荒年，備亂遷移至於灌邑新場龍家灣落業[3]，有名龍八千，/治田千畝，修房屋碾磨，取名龍家碾。傳至三代，弟兄秏費甚眾。難以繼，分爨各/居。惟有我高祖龍明才，營生走入西路，來至理番上三里佳山村[4]，開墾荒山，創/業成家。生有三子：長曰天元；次曰天進，招贅立木基，與楊姓作子；三曰天貴，生有/一女。其有曾祖天元，生我祖德，配獨子一人。育有四子：長登富，次登有，三登全，/四登海。表論遠年，以及排行，一毫不亂，以便取名。先輩治業，勞苦非常，傳於後/代。子孫曾玄，堅守其業，百世其昌，千秋護福。可愛者，若螽斯之蟄蟄；堪羨者，如/瓜瓞之綿綿。望其子孫發達，蘭桂騰芳之意云耳，是以謹序。/

叔侄龍朝俊、龍文漳敬撰。/

著録

曾曉梅藏拓

注釋

［1］龍逄：亦作“龍逄”，即“關龍逄”。夏時賢人，因諫被桀王殺害，後世用以代稱忠誠。《莊子·胠篋》：“昔者龍逄斬、比干剖。”①

［2］歲零縣：今四川省遂寧。

［3］原刻“備”，本作“避”。

［4］佳山：羌名額達，美好山村的意思。佳山鄉位於汶川縣桃坪鄉，佳山鄉古城為古定廉縣縣治②。

---

① （清）郭慶藩撰，王孝魚點校：《莊子集釋》卷四中，《新編諸子集成》，中華書局 1961 年版，第 346 頁。

② 理縣地名領導小組：《四川省阿壩藏族自治州理縣地名録》，1985 年，第 44 頁。

彙考

佳山龍氏，來自“歲零縣”（今遂寧），後遷至灌邑（今都江堰）新場龍家灣。其中一支，即碑主之高祖龍明才，再徙至理番佳山村，“開墾荒山，創業成家”。碑文未詳載與之婚配的女性族源，但其次子“天進，招贅立木基，與楊姓作子”。岷江上游羌族普遍存在招贅之俗，其下一代長子隨母姓，次子可隨父姓。《理縣文史資料選輯》載1922年佳山寨羌民龍春沛領導佳山羌民抗捐鬥争，其子篩篩保和同村龍志申[①]。《羌族思想史資料匯集》載1958年“佳山寨羌族貧民龍志仁、龍文理”[②]。表明龍氏族人居羌地、習羌俗，已漸漸融入羌民族。據實地調查，佳山皆羌民，故《佳山龍氏家譜碑》所記龍氏，自來到佳山的高祖龍明才始，有明、天、德、登、朝、文六代，展現了漢人融入羌民族的歷程。佳山龍氏排行為“明天德登朝、文治自升超、揚輝勳尚達、學業正邦耀”[③]。那麽，二書所云“龍志申”　“龍志仁”之“志”，疑“治”，以音記字而異，是“文”字輩的下一代。碑石無刻石時間。據龍氏族人字輩排序，及村民“龍志申”“龍志仁”“龍文理”，推測高祖龍明才來至理番上三里佳山村時間約在清嘉慶年間，刻碑時間約清末或民國間。值得關注的是，龍氏融入羌人已百餘年，文化習俗浸染羌風：龍春沛，佳山寨頭面人物，粗識文字，有子羌名篩篩保，抗捐鬥争失敗後，子請代父死被殺。古有党項惟忠，方七歲求從父死，今有佳山篩篩保請代父死，體現了羌人不屈不饒的民族性格。

---

① 中國人民政治協商會議理縣委員會文史資料委員會：《理縣文史資料選輯》（1），1997年，第50頁。

② 楊明、馬廷森：《羌族思想史資料匯集》（1），西南民族學院民研所、科研處，内部資料，1985年，第30頁。

③ 阿壩州文管所陳學志調查。

389 江防第一師師長鄧佈告碑 民國間（1912－1949）

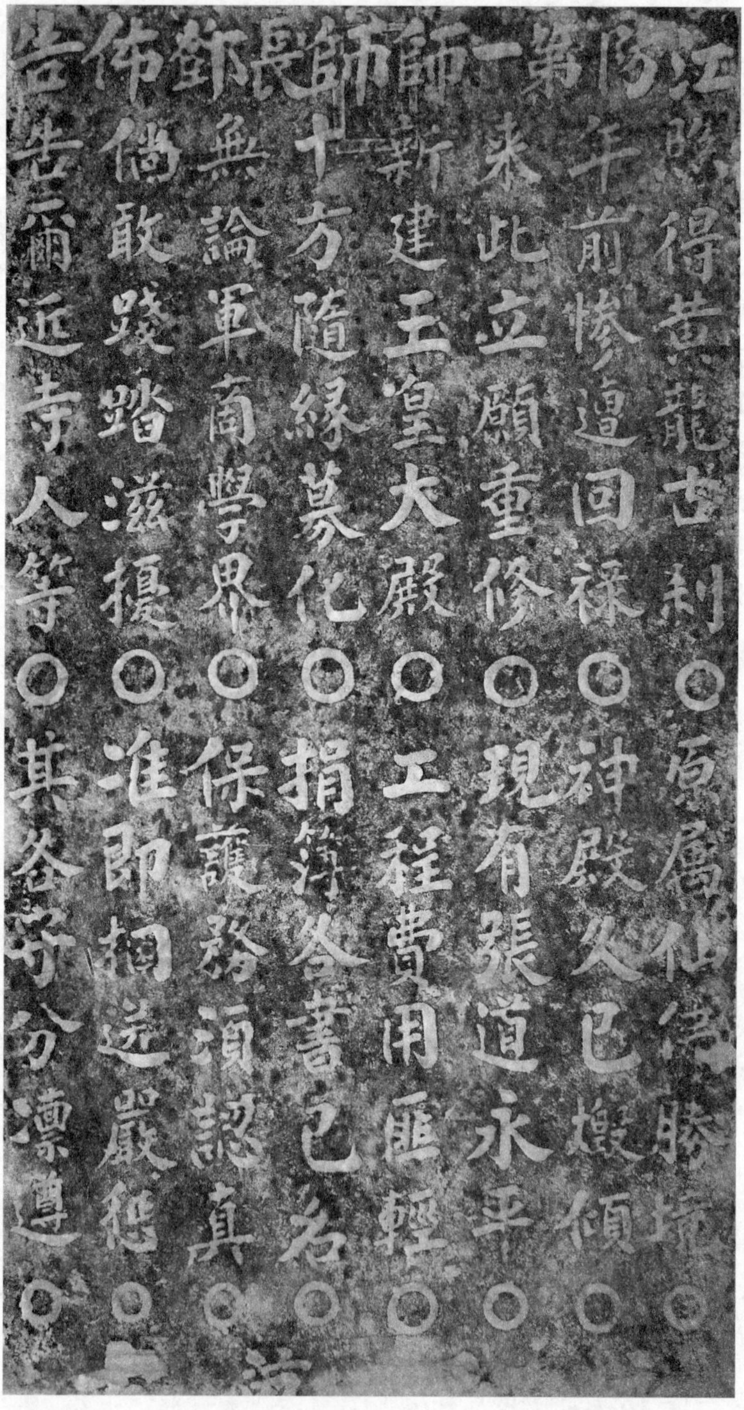

説明

碑石現藏四川省汶川縣水磨鎮黄龍寺。石高 120 cm，寬 65 cm。碑文 8 行，滿行 12 字。楷書。額方首，楷書題“江防第一師師長鄧佈告”。該碑又題《水磨黄龍寺鄧錫侯捐資建寺功德碑》。

額

江防第一師師長鄧佈告[1]。/

碑文

照得黄龍古刹，原屬仙佛勝境。/年前慘遭回禄，神殿久已燬傾。/來此立願重修。現有張道永平，/新建玉皇大殿，工程費用匪輕。/十方隨緣募化，捐簿各書己名。/無論軍商學界[2]，保護務須認真。/倘敢踐踏滋擾，准即捆送嚴懲。/告爾近寺人等，其各守分凜遵。/

永垂萬古。/

著録

曾曉梅藏拓

注釋

［1］鄧：即鄧錫侯，字晉康，四川營山縣人。中華民國陸軍二級上將、著名抗日將領。歷任護國軍營長，川軍連長、營長、團長、師長、軍長、集團軍總司令。曾任國民政府四川省主席。

［2］商：“商”的異體。

390　四川省長公署佈告　民國間（1912－1949）

説明

碑石原刻立於四川省汶川縣三江鄉，現藏四川省汶川縣水磨黄龍寺。石高 110 cm，寬 60 cm，厚 6 cm。已殘斷為三塊。碑文 8 行，行 18 字。楷書。額方首，楷書題“四川省長公署佈告”。在“長公”二字處刻方形印章，篆書“四川省長□□”。

額

四川省長公署佈告。/

碑文

照得僧流道侶，同為中華人民。寺廟庵觀財産[1]，/不得無故相侵。近來各屬紳首，每藉公益為名，/擅行提葉伐樹，以及勒派捐金。實屬故違通令，/亟應誥誡重申。責成官吏團保，一體保護認真。/至於僧道産業，應傳徒子徒孫。嚴禁變賣抵償，/與夫擅加押金。對於原有林木，尤禁擅尋斧斤。/非此雙方禁制，不足以資保存，人民串同當買，/一律從重嚴懲。特此明白示諭。其各一體凛遵。/

著録

曾曉梅藏拓

注釋

［1］每行末字，失拓，據原石補。下同。

391　松潘通遠橋碑　民國間（1912－1949）

説明

碑石刻立時間及地點不詳，現已亡佚。葉惠三撰文。

碑文

通遠橋記。

葉惠三。

“古橋春漲”，為松洲八景之一[1]。在東關外有橋曰“通遠”，古名也。下接茂汶，上連吐蕃。雪山對峙，岷嶺拱環。玉壘羅後，金蓬列前。睥睨鑪峰[2]，咫尺龍潭。二十五州之要道四百餘砦之關鍵[3]。長橋臥波，江水潺潺。古松映月，鼎足而三。惟惜乎經營締造不知始自何年。其在上古，蠶叢闢國[4]，神禹導江。初啟鳥道[5]，未成徒杠。下逮周秦，及於漢唐。相度地勢，剙建輿梁。中朝用兵，撻彼氐羌[6]。將軍靖虜，可汗歸王。往返士卒，輜運械糧。宋元迄今，多事西方。既有斯橋之利濟，自不興歎於望洋。甚至夷漢互市，商賈馳驟。孺子進履，丈夫題柱。送客萬里，驂騑上路。過斯橋者，不知其數。是故以地理言之，則有取乎通；以年代言之，則有取乎遠。古人以通遠名其橋，誠名實兩副也。雖屢經兵燹，而橋名仍舊，亦存古意耳。辛亥番變橋燬，邑人醵金重建。功既竣，爰約略為之記。

著録

1.《民國松潘縣志》卷 8－34。2.《西川羌族特殊載體檔案史料研究》278。

注釋

［1］據《民國松潘縣志·山川》載，通遠橋在縣東北二百三十八里永和塘①。松州八景，“古橋春漲”居首。同書《古跡》載灌縣王澤皋《古橋春漲》：“通遠橋邊望不迷，雪消春漲水平隄。”②

［2］睥睨：窺視，偵伺。鑪：亦作“爐”。

［3］砦：村寨，由營壘發展形成的居民點。唐元稹《和樂天送客遊嶺南》：“舶主

① 傅崇榘等修，徐湘等纂：《民國松潘縣志》卷一，《中國地方志集成·四川府縣志輯》（66），巴蜀書社 1992 年版，第 51 頁。

②《民國松潘縣志》卷二，第 59 頁。

腰藏寶，黄家砦起塵。”① 松潘，唐貞觀時招慰党項羌，置崌、懿、嵯、㵎、麟、雅、叢、可州等二十五州，舊屬隴右道，後改隸松州都督府。兩唐書《党項羌傳》與《地理志》均有載。

［4］蠶叢：即“蠶叢氏”。晉劉逵《蜀都賦注》引《蜀王本紀》：“蜀王之先，名蠶叢、拍濩、魚鳧、蒲澤、開明。”② 《古文苑》載揚雄《蜀都賦》章樵注引《先蜀記》：“蠶叢始居岷山石室中。”③ 是四川古代先民中最重要的族群之一。岷江流域有不少以蠶為名的古地名遺存，如蠶崖關、蠶崖石等④。

［5］鳥道：謂狹窄險峻的小道。南朝梁沈約《滑塗賦》：“依雲邊以知國，極鳥道以曾曉梅瞻家。”⑤ 唐李白《蜀道難》詩：“西當太白有鳥道，可以横絶峨眉巔。”⑥

［6］“羌”，《西川羌族特殊載體檔案史料研究》作“姜”，非。

---

① 《全唐詩》卷四百七十九，中華書局 1960 年版，第 5452 頁。

② （梁）蕭統編，（唐）李善注：《文選》卷四，《中國古典文學叢書》，上海古籍出版社 1986 年版，第 175 頁。

③ （宋）章樵注：《古文苑》卷四，《景印文淵閣四庫全書》（1332），臺北：臺灣商務印書館 1986 年版，第 605 頁。

④ （明）曹學佺：《蜀中名勝記》卷六，商務印書館 1984 年版，第 88 頁。

⑤ （清）嚴可均：《全梁文》卷二十五，商務印書館 1999 年版，第 276 頁。

⑥ 《全唐詩》卷二十，中華書局 1960 年版，第 245 頁。

羌族石刻文獻集成

專題研究

羌族種落及其得名理據考察*

曾曉梅　吴天德

氐族種落組織是古羌人的社會基本結構形式，其種落繁多，關係複雜。傳世典籍雖有記載，對種落的得名理據也偶有提及，但是相關材料既散碎，數量又很有限。這就使得對古代羌族種落問題的研究難以深入展開。所幸在出土碑銘中真實地保存了很有價值的有關古羌人的記載，為研究古代羌族種落提供了難得的史料。馬長壽在他的《碑銘所見前秦至隋初的關中部落》一書中對碑銘中出現的羌族部落的遷徙、定居、民族融合等問題進行了研究，而對羌族種落問題，特別是種號得名理據則没有展開討論。本文利用出土文獻和傳世典籍，試圖對其中的種號及其得名理據進行比較全面的調查和系統研究。

一、關於羌族種落

由遠古羌人形成的羌族，聚居在我國西北、西南地區，曾經人口興盛，活動區域廣袤，只是他們主要生活在山地、河谷，歷史上多次大規模遷徙，再加上漢民族政權、藏族勢力的控制和漢文化、藏文化的影響，所以古代羌人事實上並没有實現穩定而統一的民族，族内部落之間的聯係相對比較鬆散。即使姚萇曾建立後秦政權，也因為政權生存時間短，勢力範圍相對狹窄，力量比較單薄，因此並没有形成民族一統。相反受漢、藏等民族的影響，古羌人中很大一部分被漢化，一小部分被藏化，還有少部分融入鮮卑、吐谷渾等其他民族。羌民族本身的不統一，自然便形成了散居各地、以部落為單位的生存格局，種落繁多便成為該民族的重要特徵。

古羌人各個種落的情況在《史記·西南夷列傳》《漢書·趙充國傳》《後漢書·西羌傳》以及來歙、馬援、馬武等個人傳記，還有《華陽國志》等典籍中有大量的記

---

* 本文原載《四川民族學院學報》2012 年第 4 期，第 21 – 26 頁。

載。《後漢書·西羌傳》:“自爰劍後,子孫支分,凡百五十種,其九種在賜支河首以西及在蜀、漢徼北,前史不載口數;唯參狼在武都,勝兵數千人;其五十二種衰少,不能自立。”“其八十九種,唯鍾最强,勝兵十余萬。其餘大者萬餘人,小者數千人,更相鈔盜,盛衰無常,無慮順帝時,勝兵合可二十萬人,發羌、唐旄等絶遠,未嘗往來。犛牛、白馬羌在蜀、漢,其種别名號皆不可紀知也。”① 其種落之浩繁龐雜由此可知。據馬智全初步統計,羌人種落有名可數者達48種。現姑録於此:燒當、燒何、留何、先零、滇零、封養、封何、封僇、牢姐、東羌、岸尾、摩蟞、牢羌、累姐、彡姐、勒姐、卑湳、吾良、鍾羌、號良、號多、當煎、當闐、效功、虔人、全無、沈氏、且凍、傅難、鞏唐、罕、幵、煎鞏、黄羝、離湳、狐奴、零吾、烏吾、滇那、良多、句就、參狼、犛牛、白馬、大牂、龍橋、薄申、唐旄、發羌②。

其實羌族種姓還不止此目。比如研、牢羌、狼莫等,並見《後漢書·西羌傳》。狼何、莫須,見《趙充國傳》。卑禾,見《水經注·河水》:“湟水又東南徑卑禾羌,海北有鹽池。闞駰曰:縣西有卑禾羌海者也,世謂之青海”③。《漢書·地理志》金城郡臨羌縣下顔師古注:“闞駰云:西有卑和羌。”④ 卑禾,即“卑和”。婼羌,見《漢書·韋賢傳》。盧水羌,見《後漢書·竇融傳》。有本是羌種而記入匈奴者,如“蕩姐”,《漢書·匈奴傳》:“籍蕩姐之場。”顔師古注引劉德曰:“羌屬也。”⑤

再看漢簡材料。《居延漢簡》出現“印羌”,應該是古羌人忍季父印之後裔⑥。《敦煌懸泉漢簡》記載有壘羌、聊羌,各羌下面又分出多個小種姓。比如壘羌有壘渠歸種、壘甬種、壘蔔茈種、龍耶種;聊羌有聊槏良種、聊藏耶茈種、聊卑為茈種等⑦。

古羌人的多數種落勢力弱小,不能自立者,或分散為附落,或絶滅無後,或引而遠去,或融入其他民族。較大的種落,其有一部分種號後世成為羌族姓氏。

二、羌族種姓得名理據考察

(一)以父名母姓為種姓之號

羌族姓氏多來自種落,研究種落不能不考慮姓氏,故這裡以種姓稱之。《西羌傳》:

---

① (南朝宋)范曄撰,(唐)李賢等注:《後漢書》卷八十七,中華書局1965年版,第2898頁。

② 馬智全:《從出土漢簡看漢代羌族部落》,《絲綢之路》2011年第6期。

③ (北魏)酈道元:《水經注》卷二,《四部叢刊初編》,上海書店1989年版,第25頁。

④ (漢)班固撰,(唐)顔師古注:《漢書》卷二十八下,中華書局1962年版,第1611頁。

⑤ 《漢書》卷九十四下,第3814–3815頁。

⑥ 《居延漢簡》387.1:“□小月氏、印羌人。”“印”或釋為“柳”“仰”,作“印”是。謝桂華等:《居延漢簡釋文合校》,《秦漢魏晉出土文獻》,文物出版社1987年版,第547頁。

⑦ 胡平生、張德芳:《敦煌懸泉漢簡釋粹》,上海古籍出版社1990年版,第240頁。

“其俗氏族無定，或以父名母姓為種號。十二世後，相與婚姻。父没則妻後母，兄亡則納厘嫂，故國無鰥寡。種類繁熾，不立君臣，無相長一，强則分種為酋豪，弱則為人附落。更相抄暴，以力為雄。”① 這是羌族姓氏種號得名的主要理據。《後漢書·西羌傳》載：羌人爰劍曾孫“忍生九子，為九種”；其弟“舞生十七子，為十七種”②。可見其種姓分支是以血緣為基礎的。分述如下：

1. 研、燒當

《後漢書·西羌傳》：“從爰劍種五世至研，研最豪健，自後以研為種號；十三世至燒當，復豪健，其子孫更以燒當為種號。”③ 歷西漢，燒當種被逐出湟中，居大允谷（今青海共和東南）。東漢初，燒當種發憤擊敗先零、卑湳，奪取大、小榆谷，從而强大起來。隨着種落發展，他們的活動範圍主要集中在隴西、金城、漢陽一帶。又因戰敗，種人被徙往三輔、安定、漢陽、隴西等地。

“燒當”作為種號和姓氏，在唐代碑誌中仍見用例。垂拱元年（685）《竇君妻李氏墓誌》:“又以湟中負固，燒當尚梗。反耕築室，義切扡城。”④ 長壽元年（692）《邢政及妻張氏墓誌》：“屬貴霜餘孽，□懸度而挺妖，大月遺黎，雜燒當而縱慝。”⑤ 長安三年（703）《張仁楚及妻趙氏墓誌》：“屬先零逆命，禿髮逋誅。執銅鏡於遐荒，堤封尚陋；得金行之勁氣，正朔猶迷。烏驚卑湳之墟，蜂起燒當之域。”⑥ 神龍元年（705）《李思貞墓誌》：“□連燒當，地接罕井。人多馳射，俗尚遊畋。”⑦

2. 燒何、當煎、當闐、比銅鉗

燒何、當煎、當闐、比銅鉗諸種，是燒當一族的分支。《後漢書·段熲傳》：“燒當、燒何、當煎、勒姐等八種羌寇隴西金城塞。”⑧《後漢書·西羌傳》載：“時燒何豪有婦人比銅鉗者，年百餘歲，多智算，為種人所信向，皆從取計策。時為盧水胡所擊，比銅鉗乃將其衆來依。郡縣種人頗有犯法者，臨羌長收擊比銅鉗，而誅殺其種六七百人。”⑨ 可知比銅鉗種是燒何的一支。燒何種因盧水胡的攻擊而依附於金城臨羌縣（今青海湟源東南），其原居地當與臨羌相距不遠⑩。《後漢書·西羌傳》又載：章和

---

① （南朝宋）范曄撰，（唐）李賢等注：《後漢書》卷八十七，中華書局 1965 年版，第 2869 頁。

② 同上書，第 2876 頁。

③ 同上書，第 2877 頁。

④ 吴鋼：《全唐文補遺》（7），三秦出版社 1999 年版，第 12 頁。

⑤ 吴鋼：《隋唐五代墓誌滙編·北大卷》（1），天津古籍出版社 1991 年版，第 90 頁。

⑥ 北京圖書館金石組：《北京圖書館藏中國歷代石刻拓本滙編》（19），中州古籍出版社 1989 年版，第 80 頁。

⑦ 吴鋼：《隋唐五代墓誌滙編·陝西卷》（1），天津古籍出版社 1991 年版，第 81 頁。

⑧ （南朝宋）范曄撰，（唐）李賢等注：《後漢書》卷六十五，中華書局 1965 年版，第 2146 頁。

⑨ 《後漢書》卷八十七，第 2880 頁。

⑩ 馬長壽：《氐與羌》，上海人民出版社 1984 年版，第 108 頁。

元年（87），張紆設計殺迷吾羌，“迷吾子迷唐及其種人向塞號哭，與燒何、當煎、當闐等相結，以子女及金銀聘納，諸種解仇交質，將五千人寇隴西塞”①。可見燒當支系有當煎、當闐諸種。

3. 先零、滇零、零昌、滇那

古羌先零種，是與燒當羌不相伯仲的一個大種落。西漢武帝初開河西，列置四郡，隔絶羌胡，先零羌與封養、牢姐種結盟。漢宣帝時，先零渡湟水北上，漢廷派義渠安國鎮壓，羌人怒而攻金城，趙充國破平之。東漢初，先零與諸種聯合，攻擊金城、隴西，被隴西太守馬援所敗。

先零之後有滇零。《後漢書·西羌傳》載：永初元年（107）“先零别種滇零，與鍾羌諸種大為寇掠，斷隴道”②。《後漢書·安帝紀》載，永初二年（108）“先零羌滇零稱天子於北地，遂寇三輔”③；“先零羌滇零死，子零昌復襲偽號”④，知滇零羌種從先零而來，滇零之後有零昌羌種。漢安帝元初四年（117）“九月，護羌校尉任尚使客刺殺叛羌零昌”⑤。又有“零吾種”，《後漢書·段熲傳》:“勒姐、零吾種圍允街，殺略吏民。”⑥

滇那羌，也應是由滇零而來。《後漢書·桓帝紀》延熹五年（162）十一月，“滇那羌寇武威、張掖、酒泉”⑦。《段熲傳》亦載，“時滇那等諸種羌五六千人寇武威、張掖、酒泉，燒人廬舍”，“明年春，羌封僇、良多、滇那等”⑧。

以父名母姓為種號者還有烏吾、封養、封何、封僇、牢姐、牢羌、累姐、彡姐、勒姐等等，都是比較大的羌族種落。他們主要活動於金城、隴西一帶。典籍記載者如西漢武帝初，“先零羌與封養、牢姐種解仇結盟，與匈奴通，合兵十餘萬，共攻令居、安故，遂圍枹罕”⑨。令居、枹罕，屬金城郡；安故，屬隴西郡。安帝永初三年（109）春，“當煎、勒姐種攻没金城郡破羌縣（今青海樂都西）”⑩，“累姐種附漢，迷唐怨之，遂擊殺其酋豪”⑪。

---

① （南朝宋）范曄撰，（唐）李賢等注：《後漢書》卷八十七，中華書局1965年版，第2882頁。
② 《後漢書》卷八十七，第2886頁。
③ 《後漢書》卷四，第211頁。
④ 《後漢書》卷五，第219頁。
⑤ 同上書，第227頁。
⑥ 《後漢書》卷六十五，第2146頁。
⑦ 《後漢書》卷七，第311頁。
⑧ 《後漢書》卷六十五，第2147頁。
⑨ 《後漢書》卷八十七，第2876頁。
⑩ 同上書，第2887頁。
⑪ 同上書，第2884頁。

（二）以地名為種姓之號

1. 龍橋羌

龍橋羌因居住地為龍橋而得名。《後漢書·西羌傳》："至安帝永初元年，蜀郡徼外羌龍橋等六種萬七千二百八十口内屬。"①

2. 白馬羌

白馬羌以居住地在白馬水流域而得名。《後漢書·光武紀》：光武十三年（37）"秋七月，廣漢徼外白馬羌豪率種人内屬"。李賢注："羌有百五十四種，在廣漢西北者為白馬羌。"②《後漢書·西羌傳》："或為白馬種，廣漢羌是也。"③《水經注·漾水》："白水西北出於臨洮縣西南西傾山，水色白濁。東南流與黑水合，水出羌中。"④ 今甘肅文縣有白馬峪、華池縣有白馬鄉、白馬河、白馬廟。有人認為是白馬崇拜，以動物為種號，為别一説。

3. 黑水、白水、赤水、青衣、白草

黑水、白水、赤水、青衣、白草等羌人都以地名特徵為其種姓命名。"青衣"或徑稱"青"。東漢《樊敏碑》"續蠢青羌，奸狡並起"之"青羌"以地名特徵為其種姓命名⑤。前秦建元三年（367）《鄧艾祠堂碑》："統和寧戎、鄜城、洛川、定陽五部領屠各，上郡夫施黑羌、白羌，高凉西羌，盧水，白虜、支胡、粟特、苦水雜户七千。"⑥ 碑文之"上郡夫施黑羌、白羌"即馬蘭羌，因擴展到馮翊、北地二郡北部之馬蘭山而得名。

這些羌族直到後趙石勒末年，仍盤據馬蘭山而南攻北地、馮翊二郡⑦。《晉書·惠帝紀》：元康六年（296），"匈奴郝散弟度元帥馮翊、北地馬蘭羌，盧水胡反，攻北地，太守張損死之"⑧。此馬蘭羌即碑文所云："上郡夫施黑羌、白羌。"《晉書·石勒載記》謂延熙元年（334），"長安陳良夫奔於黑羌，招誘北羌四角王薄句大等擾北地、馮翊，與石斌相持"⑨。

以此知黑羌等對馬蘭山的據點始終未曾放棄。但《晉書·石勒載記》只言黑羌和

---

① （南朝宋）范曄撰，（唐）李賢等注：《後漢書》卷八十七，中華書局1965年版，第2898頁。

② 《後漢書》卷一下，第62頁。

③ 《後漢書》卷八十七，第2876頁。

④ （北魏）酈道元：《水經注》卷二十，《四部叢刊初編》，上海書店1989年版，第12頁。

⑤ 北京圖書館金石組：《北京圖書館藏中國歷代石刻拓本滙編》（1），中州古籍出版社1989年版，第186頁。

⑥ 《北京圖書館藏中國歷代石刻拓本滙編》（2），第121頁。

⑦ 馬長壽：《碑銘所見前秦至隋初的關中部族》，中華書局1985年版，第16、17頁。

⑧ （唐）房玄齡等：《晉書》卷四，中華書局1974年版，第94頁。

⑨ 《晉書》卷一百零五，第2755頁。

北羌，而無碑云白羌。白羌之名或因與“北羌”同音，致訛傳而致。

（三）以動物命名為種姓之號

1. 犛牛

《後漢書·西羌傳》：“其後子孫分別，各自為種，任意所之，或為犛牛種，越巂羌是也，或為白馬種，廣漢羌是也，或為參狼種，武都羌是也。”① 越嶲産犛牛，犛牛是其重要的生活來源，因以為種姓。有人認為犛牛是地名，為別一說。不過，從《後漢書》記載來看，當視為以動物命名為優。

2. 參狼

參狼，狼之一種，亦為星宿名。《尚書·考靈耀》：“西南朱天，其星參狼。”②《後漢書·西羌傳》：“或為參狼種，武都羌是也。”③ 有學者認為西北有地名“參狼谷”，羌人居之，而為種號，為別一說。

其他還有黄羝、黄牛、黄羊、白狗諸種姓，也明顯是以動物為其種姓命名。如《新唐書·地理志六》:“維州維川郡，下。武德七年以白狗羌户於姜維故城置。”④

（四）以漢王朝封賞命名為種姓之號

1. 效功、號封

歸順漢王朝，立有功勞，受到王朝封賞，因以為種姓之號。《後漢書·西羌傳》：元初四年（117）“秋，任尚復募効功種號封，刺殺零昌，封號封為羌王”⑤。“效功”“號封”都是因功而得種號。

2. 義從

歸附漢王朝的羌人，封賞為“義從”，因以為種姓之號。《後漢書·鄧訓傳》：“訓遂撫養其中少年勇者數百人，以為義從羌。”⑥《後漢書·竇憲傳》載：竇憲於和帝永元二年（90）與耿秉擊北單于，有“緣邊義從羌胡八千騎”隨軍參戰⑦。《段熲傳》載：參與延熹四年（161）“羌遂大合”者，除零吾、先零外，還有上郡沈氏、隴西牢姐、烏吾諸種羌，共寇并、凉二州，“熲將湟中義從討之，凉州刺史郭閎貪共其功，稽固熲軍，使不得進。義從役久，戀鄉舊，皆悉反叛。郭閎歸罪於熲，熲坐征下獄，輸作左校。羌遂陸梁，覆没營塢，轉相招結，唐突諸郡”⑧。1953 年在新疆什格提古墓

① （南朝宋）范曄撰，（唐）李賢等注：《後漢書》卷八十七，中華書局 1965 年版，第 2876 頁。
② （宋）李昉等：《太平御覽》卷一，中華書局 1960 年版，第 5 頁。
③ （南朝宋）范曄撰，（唐）李賢等注：《後漢書》卷八十七，中華書局 1965 年版，第 2876 頁。
④ （宋）歐陽修、宋祁：《新唐書》卷四十二，中華書局 1975 年版，第 1085 頁。
⑤ （南朝宋）范曄撰，（唐）李賢等注：《後漢書》卷八十七，中華書局 1965 年版，第 2891 頁。
⑥ 《後漢書》卷十六，第 610 頁。
⑦ 《後漢書》卷二十三，第 814 頁。
⑧ （南朝宋）范曄撰，（唐）李賢等注：《後漢書》卷六十五，中華書局 1965 年版，第 2147 頁。

出土“漢歸義羌長”銅印一枚[①]，為“義從羌”之得名提供了鐵據。

（五）以古國名為種姓之號

義渠，本春秋末期羌人建立的國家，周赧王四十三年（前272），秦滅義渠。至漢代，設義管道，其羌人以義渠為種號，且以為姓氏。《漢書・趙充國傳》載：“是時光祿大夫義渠安國使行諸羌，先零豪言願時渡湟水北，逐民所不田處畜牧，安國以聞。”[②]。義渠安國能官至光祿大夫，官階已不低。至於義渠之得名，乃古羌語四水之義。“義”，義為數詞“四”；“渠”，或作“曲”。義為水，甘肅寧縣城西有嘛蓮河、城北河、九龍河、西溝。由水名而地名，而國名，而種落名，又為姓氏。其歷史脉絡甚清晰。

（六）以族為種姓

1. 西羌

前秦建元三年（367）《鄧艾祠堂碑》題名“軍主薄和戎西羌騎世龍”[③]，西羌騎世龍，官階名為“軍主薄”，其籍貫和戎護軍是“和戎”，他姓西羌，名騎，字世龍。馬長壽先生認為：“他所以姓西羌者，乃由於此人入居馮翊後，尚無漢譯的姓氏，故以西羌為姓。”[④] 或是。別族也有這種情況。《晉書・石季龍載記》：“閔濳于襄國行宫，與十餘騎奔鄴。降胡粟特康等執冉胤及左僕射劉琦等送于祗，盡殺之。”[⑤] 粟特人原居住在中亞撒馬爾罕，錫爾河以北有康居國，後統一錫爾河以南地區，以粟特人為主，下分若干小國。其入中國者有康、石諸姓[⑥]，均以國為姓。而粟特康則以族為姓氏，以國為名，殊奇。

2. 罕井

罕井，本作“罕幵”，後“幵”與“井”混。史傳於罕、幵或連稱，或單稱。以《漢書・趙充國傳》為例，連稱者如“疑匈奴使已至羌中，先零、罕、幵乃解仇作約”[⑦]；“初，罕、幵豪靡當兒使弟雕庫來告都尉曰先零欲反”[⑧]。有時單稱，“將軍計欲至正月乃擊罕羌”[⑨]；“臣竊見騎都尉安國前幸賜書，擇羌人可使使罕，諭告以大軍

① 《文物》1975年第7期，圖版捌：1。

② （漢）班固撰，（唐）顔師古注：《漢書》卷六十九，中華書局1962年版，第2972頁。

③ 北京圖書館金石組：《北京圖書館藏中國歷代石刻拓本滙編》（2），中州古籍出版社1989年版，第121頁。

④ 馬長壽：《碑銘所見前秦至隋初的關中部族》，中華書局1985年版，第16、17頁。

⑤ （唐）房玄齡等：《晉書》卷一百零七，中華書局1974年版，第2795頁。

⑥ 《晉書・石勒載記》：“其先匈奴別部羌渠之胄。”（唐）房玄齡等：《晉書》卷一百零四，中華書局1974年版，第2707頁。“羌渠”，即“康居”，古音相同。与羌族无关。

⑦ （漢）班固撰，（唐）顔師古注：《漢書》卷六十九，中華書局1962年版，第2973頁。

⑧ 同上書，第2977頁。

⑨ 《漢書》卷六十九，第2979頁。

當至，漢不誅罕，以解其謀。恩澤甚厚，非臣下所能及。臣獨私美陛下盛德至計亡已，故遣幵豪雕庫宣天子至德，罕、幵之屬皆聞知明詔"①。罕，即"罕"。

至南北朝，罕與井合一，成為罕井姓。《趙充國傳》"先零、罕、幵乃解仇作約"下顏師古注："蘇林曰：罕、幵在金城南。師古曰：罕、幵，羌之別種也、此下言'遣幵豪雕庫宣天子至德，罕、幵之屬皆聞知明詔'，其下又云'河南大幵、小幵'，則罕羌、幵羌姓族殊矣。幵，音口堅反。而《地理志》天水有罕幵縣，蓋以此二種羌來降，處之此地，因以名縣也。而今之羌姓有罕幵者，總是罕幵之類合而言之，因為姓耳。變幵為井，字之訛也。"② 他未斷二羌合一為姓的具體時代，碑銘材料為之解決，罕與井二羌合為一姓不會晚於南北朝。北周保定四年（564）《聖母寺四面像碑》題名有檀越主罕井阿仵、檀越主罕井明孫、邑子罕井雲慶、邑子罕井魯仁等 8 人③。北周天和元年（566）《昨和拔祖等一百二十八人造像記》題名有罕井阿祥、罕井舉等姓罕井的羌姓 6 人④。直到今天，陝西關中仍有罕井之姓，這是羌族以種落為姓氏沿用至今未變之例。

（七）音譯，不明理據

有的種姓是羌語漢譯。由於是用漢語音譯，而漢字又是象形類文字，而非表音文字，字形符號只要同音即可，故出現同種姓而文字異寫的現象。

受漢文化、漢語言文字的影響，有時單姓還會找一個同音的漢族旺姓或找一個褒美之字作為姓氏。

1. 馬蘭、馬蓮

《晉書·惠帝紀》載，永平六年（63）五月，"匈奴郝散弟度元帥馮翊、北地馬蘭羌、盧水胡反"⑤。此即以太尉鄧公祠張馮翊所造《鄧艾祠堂碑》之"上郡夫施黑羌、白羌"。見"黑羌、白羌"，不累述。

2. 白蘭、白狼、不弄、彌不弄

《北史·白蘭傳》："白蘭者，羌之別種也。其地東北接吐谷渾，西北利摸徒，南界那鄂，風俗物產，與宕昌略同。"⑥《新唐書·吐蕃傳》："二國有舅甥好，昨彌不弄

---

① （漢）班固撰，（唐）顏師古注：《漢書》卷六十九，中華書局 1962 年版，第 2981 頁。

② 同上書，第 2974 頁。

③ 北京圖書館金石組：《北京圖書館藏中國歷代石刻拓本滙編》（8），中州古籍出版社 1989 年版，第 114 – 116 頁。

④ （清）毛鳳枝輯：《關中石刻文字新編》，《石刻史料新編》第一輯（22），臺北：臺灣新文豐出版公司 1982 年版，第 16887 頁。

⑤ （唐）房玄齡等：《晉書》卷四，中華書局 1974 年版，第 94 頁。

⑥ （唐）李延壽：《北史》卷九十六，中華書局 1974 年版，第 3191 頁。

羌、党項交構二國，故失歡。”① “不弄”的藏文對應詞 vBrom，又譯作“白蘭”，“彌”則是用來翻譯藏文前加字“m”的。敦煌古藏文《岱噶玉園會盟寺願文》中有 vBrom Khong，就是“彌不弄羌”的對音，也就是“白蘭羌”的對應詞②。白蘭羌後來被吐蕃征服，至晚到唐代已被藏化。

3. 虔仁、虔人、箝耳

虔仁，西羌虔仁種，又作“虔人”，又或作“箝耳”。《元和姓纂》卷五：“箝耳，西羌人。狀云周王季之後，為虔仁氏，音訛為箝耳氏。”書中列舉南朝梁天監初有箝耳期凌、後魏馮翊太守箝耳静、後魏伏波將軍箝耳進、華山太守箝耳德等③。“鉗耳”“虔人”“虔仁”“箝耳”均羌語之漢譯，取其音同而已，所選記音的漢字或示種族區别，或取褒美之意，各有側重。鉗耳，《鄧艾祠堂碑》題名有軍參事和戎鉗耳□□龍、軍門下督和戎鉗耳引世虎、軍功曹和戎鉗耳亘當世興、治下部大鉗耳丁比，姓鉗耳者 4 人。《聖母寺四面像碑》題名鉗耳榮歡、邑子鉗耳仲和等 2 人。《鉗耳神猛造像記》題名有鉗耳神猛、鉗耳方貴等 5 人。

三、與羌族種姓相關的族源問題

在“華夏四夷”思維模式下，以中原華夏為核心，以南蠻、北狄、東夷、西戎為四維形成的中華民族，其族源關係是十分複雜的。就西戎而言，應該已經是一個泛化的概念，明顯地具有開放性和多元性，但歷史上主要是指西羌人。討論羌族種姓，羌族與各民族之間的關係不可回避，比如氐與羌、戎與羌、藏與羌、吐谷渾與羌等等。研究其族源對於研究羌人種落、種號及其得名理據，具有重要的意義。

（一）氐與羌

關於氐與羌的族源問題，學界存在很大争論。以白馬為例，方國瑜認為白馬氐即白馬羌，名異實同④；何光嶽認為白馬氐演化出白馬羌⑤；冉光榮等則認為白馬氐與白馬羌是關係密切而彼此不同的兩個民族⑥。

考其原因主要有三：其一，氐羌同源。氐與羌應屬於同一族源，後來種落分化，各自分頭發展，在活動區域、生産經濟、社會組織、生活習俗、語言文化等方面逐漸

① （宋）歐陽修、宋祁：《新唐書》卷二百一十六上，中華書局 1975 年版，第 6084 頁。

② 楊銘：《“彌不弄羌”考》，《民族研究》2007 年第 1 期，第 93－99 頁。

③ （唐）林寶撰，岑仲勉校記：《元和姓纂》卷五，中華書局 1994 年版，第 776 頁。

④ 方國瑜：《彝族史稿》，四川民族出版社 1984 年版，第 18 頁。

⑤ 何光嶽：《氐羌源流史》，江西教育出版社 2000 年版，第 292 頁。

⑥ 冉光榮等：《羌族史》，四川民族出版社 1985 年版，第 99 頁。

拉開距離，成為兩個不同的民族。其二，典籍記載多氐羌連稱。《詩經·商頌·長發》："昔有成湯，自彼氐羌，莫敢不來享，莫敢不來王，曰商是常。"①《山海經·海內經》："伯夷父生西嶽，西嶽生先龍，先龍是始生氐羌，氐羌乞姓。"②《玉海》："西申以鳳鳥，氐羌以鸞鳥。"③ 其三，氐與羌雜居，種落相混，或氐附於羌，或羌附於氐，民族融合，彼此不分。白馬氐，或稱白馬羌，這種同源異流又融合為一的現象，在中華民族大家庭中是常有的事。

我們持同源異流的觀點，即氐、羌同源，後分化為不同的兩個民族。就源頭說，氐羌為一，從流衍説，氐羌可分。因此，研究古羌人種姓，氐、羌似可以通盤考慮。

（二）戎與羌

古籍稱西方之"戎"，大多是指羌族。《後漢書·西羌傳》："及平王之末，周遂陵遲，戎逼諸夏，自隴山以東，及乎伊、洛，往往有戎。於是渭首有狄、䝠、邽、冀之戎，涇北有義渠之戎，洛川有大荔之戎，渭南有驪戎，伊、洛間有楊拒、泉皋之戎，潁首以西有蠻氏之戎。"④ 又説："羌無弋爰劍者，秦厲公時為秦所拘執，以為奴隸。不知爰劍何戎之别也。"⑤ 范曄明謂羌是戎之别種。

《墨子·節葬下》："秦之西有儀渠之國者，其親戚死，聚柴薪而焚之，熏上，謂之登遐，然後成為孝子。"⑥《荀子·大略》："氐、羌之虜也。不憂其系壘也，而憂其不焚也。"楊勍注："謂見俘掠。壘，讀為累。氐羌之俗，死則焚其屍。今不憂虜獲而憂不焚，是愚也。《吕氏春秋》曰：'憂其死而不焚。'"⑦ 西戎有義渠國，見《史記·秦本紀》張守節正義引《括地志》⑧。一稱義渠，一稱氐羌，名異而實同。

這裡有一個族源認定標準的基本理論問題。歷史學意義的族源認定，主要包括政治正統、文化認同、血緣聯係。綜合考慮當然是我們的首選，但是決定性的因素是什麽？我們認為在多民族混居、交雜、融合、同化漫長進程的事實面前，最基本、最原始的血緣在族源認定上可能並不起決定性作用，而政治正統則具有舉足輕重的價值，儘管它不一定是人類學、人種學那樣科學意義的族源。

① 十三經注疏整理委員會：《毛詩正義》卷二十，《十三經注疏》，北京大學出版社 2000 年版，第 1721 頁。

② 袁珂：《山海經校注》卷十八，上海古籍出版社 1980 年版，第 461 頁。

③ （宋）王應麟：《玉海》卷一百五十二，京都中文出版社 1977 年版，第 2879 頁。

④ （南朝宋）范曄撰，（唐）李賢等注：《後漢書》卷八十七，中華書局 1965 年版，第 2872 頁。

⑤ 同上書，第 2875 頁。

⑥ 吴毓江：《墨子校注》卷六，《新編諸子集成》，中華書局 1993 年版，第 286 頁。

⑦ （清）王先謙撰，沈嘯寰等點校：《荀子集解》卷十九，《新編諸子集成》，中華書局 1988 年版，第 12 頁。

⑧ （漢）司馬遷：《史記》卷五，中華書局 1959 年版，第 206 頁。

如何權衡取捨，是歷史提出的問題。如果能夠把氐與羌、戎與羌、藏與羌、河湟吐谷渾與羌、小月氏與羌等族源關係徹底弄清楚，對羌族姓氏種落，甚至對羌族社會組織結構、羌族文化、羌族婚姻、羌族歷史的研究，有可能產生質的變化。可是限於研究進程的滯後，在問題没有徹底解決的情況下，我們還是採取謹慎的態度，没有把這些問題放到本文中來論述。有關研究只好有待後來了。

兩晉南北朝至隋碑銘所見羌族姓氏研究*

曾曉梅　吴明冉

傳世典籍對古代羌族姓氏的記載比較少，雖然在《元和姓纂》《廣韻》《通志·氏族略》中偶有提及，但是材料既散碎，數量也有限，這就使得對古代羌族姓氏的研究難以展開。所幸在出土碑銘中，羌族姓氏的記載則比較多，特别是兩晉南北朝至隋代的石刻造像題名中有集中存留，數量相當可觀，且材料原始，内容真實可靠，為研究古代羌族姓氏，提供了難得的史料。論文以兩晉南北朝至隋代碑銘為基本材料，同時結合史傳等傳世文獻，梳理、歸納羌族單姓、複姓，並探討了複姓改單姓的相關問題，對研究羌族種落、姓氏的歷史變遷，社會結構，羌族歷史，文化史以及各民族大融合等，都具有重要意義。

一、羌人之單姓

（一）雷

前秦建元三年（367)《鄧艾祠堂碑》①，碑原在陝西省蒲城縣蔡鄧鎮，現藏西安碑林。其題名有軍主薄和戎雷夫龍道藏、軍主薄和戎雷道子安、軍主薄和戎雷川玉光、軍主薄和戎雷永景文、功曺書佐和戎雷陵道進等，雷姓者 7 人②。北魏神龜二年（519）《夫蒙文慶造像記》載：夫蒙文慶之祖母甞氏③，母雷氏，其妻亦雷氏。古羌人實行同族異姓的内婚制，直到南北朝，其主流習俗不改。可見夫蒙、甞、雷皆羌姓

---

* 本文原載《北方文物》2012 年第 3 期，第 81－86 頁。

① 北京圖書館金石組：《北京圖書館藏中國歷代石刻拓本滙編》（2），中州古籍出版社 1989 年版，第 121 頁。

② 題名排列順序是姓、名、字，如雷夫龍道藏，即姓雷，名夫龍，字道藏。下文鉗耳叵當世興，即姓鉗耳，名叵當，字世興。以下並同，不一一説明。

③ 李改、張光溥：《藥王山北朝碑石研究》，陝西旅遊出版社 1999 年版，第 53 頁。

無疑。北魏永安二年（529）《雷漢王等造像記》題名 13 人[①]，均雷姓。北周保定四年（564）《聖母寺四面像碑》題名[②]，雷姓者多達 28 人。

羌人雷姓是西羌累姐種的後裔，為羌族大姓，碑銘中最常見。《晉書・苻生載記》："未幾，又誅侍中、丞相雷弱兒及其九子、二十七孫。諸羌悉叛。弱兒，南安羌酋也。"[③] 今陝西省蒲城縣東西鄉居住大量雷姓人，多是羌人後裔。

（二）甞

《鄧艾祠堂碑》題名有軍録事和戎甞陸道□、軍主薄寧戎甞共永萇、録事寧戎甞投欽詳，姓甞者 3 人。《聖母寺四面像碑》題名有都唯那甞榮達、邑子甞榮昌等甞姓 7 人。北魏永熙二年（533）《邑主儁蒙□娥合邑字卅一人等造像記》題名有邑主清信甞姬娥等甞姓 4 人[④]。北周建德元年（572）《甞仲茂八十人等造像記》，題名可識者 9 人[⑤]，有甞仲茂、甞定昌等 8 人為甞姓。

甞，西羌別種。《閨姓類集儷語》認為是党項後裔，馬長壽據《舊唐書・西戎傳》"自周氏滅宕昌、鄧至之後，党項始強"，以為不可信[⑥]。其觀點可以採納。《後漢書》卷八十七《後漢書・西羌傳》有當煎、當闐諸種。"甞"與"當"同音，或即其後裔。《元和姓纂》卷七："党，本出西羌姚秦將軍党耐虎。自云夏后氏之後，代居羌豪。"[⑦] 今汶川、茂汶等地羌族有"常""尚"等姓，與"甞"古音相近，或與古羌人甞姓有關；今陝西關中之"党"姓習見，多應是羌人後裔，"甞"變"党"，只是文字不同而已。

（三）井

前秦建元四年（368）《廣武將軍□産碑》題名有"録事井琕"[⑧]。

井，本作"幵"，或作"亓"，後來與"井"字混，成為同形字。史傳於罕、幵或連稱，或單稱。《漢書・趙充國傳》："故遣幵豪雕庫宣天子至德，罕、幵之屬皆聞知明詔。今先零羌楊玉，將騎四千及煎鞏騎五千，阻石山木，候便為寇，罕羌未有所

① 李改、張光溥：《藥王山北朝碑石研究》，陝西旅遊出版社 1999 年版，第 73 頁。

② 北京圖書館金石組：《北京圖書館藏中國歷代石刻拓本滙編》（8），中州古籍出版社 1989 年版，第 114 頁。

③ （唐）房玄齡等：《晉書》卷一百一十二，中華書局 1974 年版，第 2873 頁。

④ 拓本分存陝西省圖書館、博物館。

⑤ （清）毛鳳枝：《關中石刻文字新編》卷一，民國二十四年（1935）會稽顧燮光校印石印本，《石刻史料新編》第一輯（22），臺北：臺灣新文豐出版公司 1982 年版，第 16892 頁。

⑥ 馬長壽：《碑銘所見前秦至隋初的關中部族》，中華書局 1985 年版，第 17 頁。

⑦ （唐）林寶撰，岑仲勉校記：《元和姓纂》卷七，中華書局 1994 年版，第 1086 頁。

⑧ 北京圖書館金石組：《北京圖書館藏中國歷代石刻拓本滙編》（2），中州古籍出版社 1989 年版，第 123 頁。

犯。今置先零，先擊罕。釋有罪，誅亡辜，起壹難，就兩害，誠非陛下本計也。”① 顏師古注以罕、幵為羌人之二氏，很有見地，説詳下。但他認為至唐代文獻時才變“幵”為“井”，實則十六國前秦的碑銘已經變“幵”為“井”了。此碑之羌人“井”氏，可為之補一鐵證。

（四）王

北魏太和十二年(488)《暉福寺碑》：“散騎常侍、安西將軍、吏部内行尚書、宕昌公王慶旹，資性明茂，秉心淵懿。位亞台衡，任揔機密。”② 王慶旹，即王慶時，名遇，《魏書·宦官王遇傳》稱他“本名他惡，馮翊李潤鎮羌也。與雷、党、不蒙俱為羌中强族。自云其先姓王，後改氏鉗耳，世宗時復改為王焉。自晉世以來恒為渠長”③。

王姓既是漢族大姓，傳出自王子喬，又是氐人和羌人之大姓，則氐羌之王姓當是改同漢姓。以碑銘為例，文中王遇是本姓鉗耳的羌人，後改姓王。《邑主儁蒙□娥合邑字卅一人等造像記》是一通同族異姓造像，有儁蒙、夫蒙、荔非、鉗耳、甞、雷姓，除一王姓，餘均為羌人姓，則此王姓必是羌族無疑。今四川省茂縣黑虎鄉有黑虎羌人多姓王，理縣蒲溪溝、北川青片河、白草河流域也有王姓羌人④。

（五）姚

1931年於陝西省耀縣漆河出土北魏太和二十年（496）造《姚伯多兄弟造像碑》⑤，銘文有姚伯多、姚伯龍、姚定龍、姚伯養、姚天虎、道民姚文遷等。耀縣屬於羌人内遷關中聚居地，儘管銘文説“姚伯多者，軒轅之苗胄”，但實應是羌人。《聖母寺四面像碑》題名有右葙邑正姚族𣟴、邑子姚輝粲2人。北魏時期《羅暉造像記》出自陝西藍田縣⑥，其題名中姚姓15人。

《晉書·姚弋仲載記》：“姚弋仲，南安赤亭羌人也。其先有虞氏之苗裔。禹封舜少子於西戎，世為羌酋。其後燒當雄於洮罕之間，七世孫填虞，漢中元末寇擾西州，為楊虛侯馬武所敗，徙出塞。虞九世孫遷那，率種人内附，漢朝嘉之，假冠軍將軍、

① （漢）班固撰，（唐）顏師古注：《漢書》卷六十九，中華書局1962年版，2981頁。

② 北京圖書館金石組：《北京圖書館藏中國歷代石刻拓本滙編》（3），中州古籍出版社1989年版，第17頁。

③ （北齊）魏收：《魏書》卷九十四，中華書局1974年版，第2023頁。

④ 王明珂：《根基歷史：羌族的弟兄故事》，黄應貴：《時間、歷史與記憶》，臺北：民族學研究所，1999年，第283－341頁。

⑤ 張燕：《北朝佛道造像碑精選》，天津古籍出版社1996年版，第9頁。

⑥ （清）毛鳳枝：《關中石刻文字新編》卷一，民國二十四年（1935）會稽顧燮光校印石印本，《石刻史料新編》第一輯（22），臺北：臺灣新文豐出版公司1982年版，第16877頁。

西羌校尉、歸順王，處之於南安之赤亭。”① “有虞氏之苗裔”，乃是僞託，不可信。姚弋仲之子姚萇建後秦，立國達33年，姚姓羌人是該政權的核心。

（六）姜

三國魏《曹真殘碑》有主簿中郎天水姜兆元龜②；《羅暉造像記》有題名姜姓1人。

姜與羌，均見於甲骨文、金文。姜，見母陽部；羌，溪母陽部。古音非常接近，構字理據均與羊有關，即以牧羊為生的部落，或解釋為以羊為圖騰的部落，以羊角為裝飾的部落。《詩經·大雅·生民》：“厥初生民，時維姜嫄。生民如何？克禋克祀。以弗無子，履帝武敏，歆，攸介攸止。載震載夙，載生載育，時維后稷。”③ 周人的始祖與古羌人應該有聯係，姜姓也成了上古八大姓之首。《後漢書·西羌傳》：“西羌之本出自三苗，姜姓之别也。”④《左傳·僖公三十三年》：“晉人及姜戎敗秦師於殽。”杜預注：“姜戎，姜姓之戎。”⑤ 但《論衡·儒增篇》作“晉襄公率羌戎要擊於崤塞之下”⑥，羌與姜混用。《太平御覽》卷三百六十一引《三十國春秋》：“其母姜氏，因寢產洪。”⑦ 苻洪是苻堅的祖先。《晉書·苻健載記》：“苻健，字建業，洪第三子也。初，母羌氏夢大羆而孕之。”⑧

（七）毛

西魏大統元年《毛遐造像記》像主題名“大行台、尚書、北雍州刺史、宜君縣開國公毛遐”⑨。《北史》有傳，稱“毛遐，字鴻遠，北地三原人。世為酋帥”⑩。孝昌三年（527），蕭寶夤叛魏自立。毛遐與弟毛鴻賓率氐羌兵挫敗蕭寶夤叛亂，因功受封。《魏書·蕭寶夤傳》也載：“時北地人毛鴻賓與其兄遐，糾率鄉義，將討寶夤。寶夤遣其大將軍盧祖遷等擊遐，為遐所殺。”⑪ 今汶川縣城附近有毛嶺山，居民多為羌族之毛姓。

---

① （唐）房玄齡等：《晉書》卷一百一十六，中華書局1974年版，第2959頁。

② 北京圖書館金石組：《北京圖書館藏中國歷代石刻拓本滙編》（2），中州古籍出版社1989年版，第7頁。

③ 十三經注疏整理委員會：《毛詩正義》卷十七，《十三經注疏》，北京大學出版社2000年版，第1240頁。

④ （南朝宋）范曄撰，（唐）李賢等注：《後漢書》卷八十七，中華書局1965年版，第2869頁。

⑤ 十三經注疏整理委員會：《春秋左傳正義》卷十七，《十三經注疏》，北京大學出版社2000年版，第542－543頁。

⑥ 黄暉：《論衡校釋》卷八，《新編諸子集成》，中華書局1990年版，第368頁。

⑦ （宋）李昉等：《太平御覽》卷三百六十一，中華書局1960年版，第1662頁。

⑧ （唐）房玄齡等：《晉書》卷一百一十二，中華書局1974年版，第2868頁。

⑨ 毛遠明：《漢魏六朝碑刻校注》（8），綫裝書局2008年版，第161頁。

⑩ （唐）李延壽：《北史》卷四十九，中華書局1974年版，第1808頁。

⑪ （北齊）魏收：《魏書》卷五十九，中華書局1974年版，1323頁。

（八）彭

北魏正始元年（504）《山公寺碑頌》題名有録事彭羌興、鎮倉曹掾彭道仁①。此碑題名有昨和、荔非、雷姓，皆羌姓，彭為羌姓應該可信。

《晉書·乞伏乾歸載記》："（乞伏）乾歸率步騎三萬征西羌彭利髮横於枹罕。師次于奴葵谷，利髮棄其部眾南奔。乾歸遣其將公府追及于清水，斬之。乾歸入枹罕，收羌户一萬三千。"② 枹罕之"枹"與"彭"古音相同，故取其一音"枹"，且改字為"彭"。《晉書·苻登載記》有姚興帥彭沛穀③，《晉書·乞伏乾歸載記》有河州刺史彭奚念④，均是羌人。

羌人之單姓應該還多，限於碑銘材料，這裡僅就可以肯定的姓氏梳理出來。漢魏六朝羌人碑銘中還有一些單姓，究竟是漢姓、羌人姓，還是其他民族的姓氏，有待繼續研究。

二、羌人之複姓

（一）鉗耳

《鄧艾祠堂碑》題名有軍參事和戎鉗耳□□龍、軍門下督和戎鉗耳引世虎、軍功曹和戎鉗耳叵當世興、治下部大鉗耳丁比，姓鉗耳者4人。《聖母寺四面像碑》題名有南面中堪像主鉗耳榮歡、邑子鉗耳仲和等2人。隋開皇四年（584）《鉗耳神猛造像記》題名有鉗耳神猛、鉗耳方貴等5人⑤。

鉗耳，複姓。西羌虔仁種。又作"虔人"，見《後漢書·西羌傳》。又或作"虔仁"，或作"箝耳"。《元和姓纂》卷五："箝耳，西羌人。狀云周王季之後，為虔仁氏，音訛為箝耳氏。"⑥ 書中列舉南朝梁天監初有箝耳期淩、後魏馮翊太守箝耳静、後魏伏波將軍箝耳進、華山太守箝耳德等。"鉗耳""虔人""虔仁""箝耳"，均羌語漢譯，取其音同而已，所選記音的漢字或示種族區别，或取褒美之意，各有側重。

（二）西羌

《鄧艾祠堂碑》題名有軍主薄和戎西羌騎世龍，姓西羌者僅此1人。"軍主薄和戎西羌騎世龍"，根據題名文例，"軍主薄"是官名，"和戎"是其籍貫，即和戎護軍，

---

① 毛遠明：《漢魏六朝碑刻校注》(4)，綫裝書局2008年版，第26頁。

② （唐）房玄齡等：《晉書》卷一百二十五，中華書局1974年版，第3122頁。

③ 《晉書》卷一百一十五，第2949頁。

④ 《晉書》卷一百二十五，第3117頁。

⑤ 拓本分存陝西省圖書館、博物館。

⑥ （唐）林寶撰，岑仲勉校記：《元和姓纂》卷五，中華書局1994年版，第776頁。

“西羌”是姓，“騎”是名，“世龍”是字。馬長壽認為：“他所以姓西羌者，乃由於此人入居馮翊後，尚無漢譯的姓氏，故以西羌為姓。”① 其説可從。像這樣以種落為姓氏者，古羌人還有罕井。

（三）儁蒙

《鄧艾祠堂碑》題名有軍録事和戎儁蒙俾子諒、功曺書佐和戎儁蒙龍彦詳，羌人姓儁蒙者2人。《廣武將軍□産碑》題名有姓儁蒙者4人。《（邑主）儁蒙□娥合邑字卅一人等造像記》題名有姓儁蒙者3人。

《廣韻・稕韻》“儁”字條：“羌複姓有儁蒙氏。”② 其他不見記載。碑銘證實《廣韻》所載有據，但宋人陳彭年等編輯此條不知所據為何種材料。

（四）屈男

《鄧艾祠堂碑》題名有軍主薄寧戎屈男童道詵。《聖母寺四面像碑》題名有右葙化主屈男明度、右葙唯那屈男度業、邑子屈男客仁、邑子屈延貴等9人。《昨和拔祖等一百二十八人造像記》題名姓屈男者2人。

屈男，羌族複姓，又作“屈南”，“南”與“男”同音。《元和姓纂》卷八“屈南”條：“屈原裔孫仕後魏，魏重複姓，以自南來，乃加‘南’字，或作屈男。”③ 純屬望文生義，不可信從。其實“屈男”為西羌族姓。陸增祥《八瓊室金石補正》認為“或屈男與屈南異系，後人以音近合併為一姓”④。其説亦非。羌姓音譯，取其音同之字來記録，異寫現象是常有的事，實為一姓。碑寫作“屈男”。

（五）利非

《鄧艾祠堂碑》題名有“軍功曺書佐寧戎利非逵永達”。《山公寺碑頌》題名有外兵掾荔非飛龍、録事史荔非興仁、土曺史荔［非］、户曺史荔非馬郎、租曺史荔非墮娥、户曺掾荔非進成等，姓荔非者6人。《聖母寺四面像碑》，又名《荔非道慶造像碑》，題名有彌勒像主威列將軍荔非道慶、邑子荔非仕明、邑子荔非社奴等3人。《昨和拔祖等一百二十八人造像記》題名有荔非氏5人，其中一人作“荔棐”。

“利非”，羌族複姓。又作“荔非”，或作“荔菲”“麗飛”“荔棐”，均音同，漢語音譯無定字，取其同音而已。《元和姓纂》卷八：“荔菲，西羌種類也。隋有荔菲雄，涇州人誅。唐彭州刺史荔菲生竇，應節度荔菲元禮，寧州人。”⑤ 《通志・氏族

① 馬長壽：《碑銘所見前秦至隋初的關中部族》，中華書局1985年版，第17頁。

② 周祖謨：《廣韻校本》卷四，中華書局1960年版，第397頁。

③ （唐）林寶撰，岑仲勉校記：《元和姓纂》卷十，中華書局1994年版，第1450頁。

④ （清）陸增祥：《八瓊室金石補正》卷十，民國十四年（1925）吴興劉氏希古樓刊本，《石刻史料新編》第一輯（6），臺北：臺灣新文豐出版公司1982年版，第4154頁。

⑤ （唐）林寶撰，岑仲勉校記：《元和姓纂》卷八，中華書局1994年版，第1244頁。

略》："麗飛氏，與荔菲同承。"[①]

（六）夫蒙

北魏大統十四年（548）《辛延智等七十人造像記》題名有邑子夫蒙□□、邑老夫蒙阿西、邑子夫蒙□□、邑子夫蒙洪標、邑子夫蒙貴生等姓夫蒙者6人[②]。《廣武將軍□產碑》題名夫蒙者29人，如立義將軍夫蒙□□、甯遠將軍夫蒙□□、録事夫蒙護、功曹夫蒙進、主簿夫蒙大祁等。《邑主儁蒙□娥合邑字卅一人等造像記》題名夫蒙姓者4人。

夫蒙，羌族複姓，又作"不蒙"。《元和姓纂》卷十"不蒙，音夢，西羌人。《後漢書》不蒙娥使内附。"[③]《後漢書》，當作《後魏書》，《元和姓纂》筆誤，見《魏書·太宗紀》：（泰常五年）"夏四月河西屠各帥黄大虎、羌酋不蒙娥等遣使内附。"[④]同書《姚萇傳》有"安遠將軍不蒙世"[⑤]；《王遇傳》載王遇"與雷、党、不蒙俱為羌中强族"[⑥]。

（七）同蹄

《廣武將軍□產碑》題名同蹄者3人。又作"同琋"。北周保定二年（562）《同琋龍歡合邑子一百人等造像記》題名姓同琋者達63人，説明是一個以同琋羌人為核心的聚居點所造佛像。《同琋氏造像記》題名可識者160餘人，其中姓同琋者81人[⑦]，是一通同琋羌人聚落造像。

《漢書·地理志》有銅鞮縣，屬上黨郡。考其得名理據，當是羌人曾東遷至上黨郡銅鞮縣聚居，因以為姓氏。其族源包括滇零羌、參狼羌等。《元和姓纂》卷一："銅鞮，晉羊舌氏之後。"與此不同。《新唐書·孝友傳》載同官縣（今銅川市）有同蹄智壽、同蹄智爽兄弟[⑧]，當是其後裔。清《順治洛川縣志》地名有"同蹄鋪"，《陝西省行政區劃圖》有"桐堤村"[⑨]，是同蹄羌人留下的歷史遺跡。

（八）罕井

本作"罕幵"，後"幵"與"井"混。《聖母寺四面像碑》題名有檀越主罕井阿

---

① （宋）鄭樵撰，王樹民點校：《通志二十略》，中華書局1995年版，第197頁。

② 李改、張光溥：《藥王山北朝碑石研究》，陝西旅遊出版社1999年版，第83頁。

③ （唐）林寶撰，岑仲勉校記：《元和姓纂》卷十，中華書局1994年版，第1521頁。

④ （北齊）魏收：《魏書》卷三，中華書局1974年版，第60頁。

⑤ 《魏書》卷九十五，第2083頁。

⑥ 《魏書》卷九十四，第2023頁。

⑦ （清）王昶：《金石萃編》卷三十六，《石刻史料新編》第一輯（1），臺北：臺灣新文豐出版公司（據清同治十年補刊本影印）1982年版，第621頁。

⑧ （宋）歐陽修、宋祁：《新唐書》卷一百九十五，中華書局1975年版，第5585頁。

⑨ 馬長壽：《碑銘所見前秦至隋初的關中部族》，中華書局1985年版，第105頁。

件、檀越主罕井明孫、邑子罕井雲慶、邑子罕井魯仁等8人。《昨和拔祖等一百二十八人造像記》題名有罕井阿祥、罕井舉等姓罕井的羌姓6人。

史傳於罕、井或連稱，或單稱。以《漢書·趙充國傳》為例，連稱者如“疑匈奴使已至羌中，先零、罕、幵乃解仇作約”①；“初罕、幵豪靡當兒使弟雕庫來告都尉曰先零欲反”②。有時單稱，“將軍計欲至正月乃擊罕羌”③；“以七月二十二日擊罕羌，入鮮水北句廉上”④；“臣竊見騎都尉安國前幸賜書，擇羌人可使使罕，諭告以大軍當至，漢不誅罕，以解其謀，恩澤甚厚，非臣下所能及。臣獨私美陛下盛德至計亡已，故遣幵豪雕庫宣天子至德，罕、幵之屬皆聞知明詔”⑤。

至南北朝，罕與井合一，成為罕井姓。《漢書·趙充國傳》“先零罕、幵乃解仇作約”下顏師古注：“蘇林曰：罕、幵在金城南。師古曰：罕、幵，羌之別種也。此下言‘遣幵豪雕庫宣天子至德，罕、幵之屬皆聞知明詔’，其下又云‘河南大幵、小幵’，則罕羌、幵羌姓族殊矣。幵，音口堅反。而《地理志》天水有罕幵縣，蓋以此二種羌來降，處之此地，因以名縣也。而今之羌姓有罕幵者，總是罕幵之類合而言之，因為姓耳。變幵為井，字之訛也。”⑥ 他未斷二羌合一為姓的具體時代，六朝石刻為之解決，罕與井二羌合為一姓不會晚於南北朝。

（九）昨和

《山公寺碑頌》題名有外兵史昨和安遷、金曺掾昨和薄隗、金曺掾昨和（下殘）等3人。《聖母寺四面像碑》題名有大像主安定公寺大邑長昨和高儁、左葙齋主安定公寺大邑長昨和遵等19人。陝西省蒲城縣出土《昨和拔祖等一百二十八人造像記》有昨和拔祖、昨和早洛等姓昨和者58人，是一通以昨和種落羌人為核心的佛社造像。

（十）弥姐

《聖母寺四面像碑》題名有邑子弥姐榮、邑子弥姐貴慶2人。隋開皇二年（582）《弥姐顯明造像碑》題名可辨者63人，其中弥姐顯明等弥姐羌姓達35人。隋開皇六年（586）《弥姐後德合邑子卅人等造像記》四面存題名27人⑦，其中有弥姐後德等羌姓弥姐者達22人，必是以弥姐為主的羌人聚落合邑造像。

“弥姐”是西羌大姓。《通志·氏族略·關西複姓》有“彌姐氏”⑧；《元和姓纂·

① （漢）班固撰，（唐）顏師古注：《漢書》卷六十九，北京中華書局1962年版，第2973頁。
② 同上書，第2977頁。
③ 同上書，第2979頁。
④ 同上書，第2980頁。
⑤ 同上書，第2981頁。
⑥ 同上書，第2973頁。
⑦ 拓本分存陝西省圖書館、博物館。
⑧ （宋）鄭樵撰，王樹民點校：《通志二十略》，中華書局2009年版，第182頁。

五支》作“彌且”[①]。史傳多有記載，《晉書·姚興載記》後秦有弥姐亭地[②]，《周書·文帝紀上》有夏州酋望弥姐元進等[③]。

（十一）地連

羌人造《聖母寺四面像碑》，題名有邑子輔國將軍、中散金曹從事、郡主薄地連敦2人，《潛研堂金石文跋尾》認為姓“薄地”，誤將主薄之“薄”下屬[④]。毛鳳枝《關中金石文字存逸考》卷九已指出其非[⑤]。

“地連”氏文獻罕見。馬長壽以為其族源來自東漢時的滇零羌[⑥]，屬西羌先零之別種，“地連”與“滇零”音同，其說或然。

（十二）莫折

周明帝元年（557）《强獨樂造像記》：“唯有醜奴莫折，屯聚蟻眾，撓亂三秦。賀拔與王俱時受命，龔行天罰。各領虎將百千□猛争。先擒醜奴於涇州葨坑之原，戮莫折餘燼在大秦之域。”[⑦]

莫折，關西複姓。《魏書·肅宗紀》：“六月，秦州城人莫折太提據城反，自稱秦王，殺刺史李彦。詔雍州刺史元志討之。南秦州城人孫掩、張長命、韓祖香據城反，殺刺史崔游以應太提。太提遣城人卜朝襲克高平，殺鎮將赫連略、行台高元榮。太提尋死，子念生代立，僭稱天子，號年天建，置立百官。”[⑧]《北史》卷五《魏本紀》記載略同。《元和姓纂》卷十：“莫折，本羌姓。代居渭州襄城縣，後魏秦州刺史莫折大題。”[⑨] 又作“莫者”，同卷“莫者，《西秦録》有右衛將軍莫者羖羝，西安太守莫者幼春，尚書郎中莫者阿胡”[⑩]。分記為二條，以為二姓，非是。

三、複姓變單姓

隨着歷史變遷，羌姓發生了許多變化，或單姓變複姓，或複姓變單姓，或湮滅無

---

① （唐）林寶撰，岑仲勉校記：《元和姓纂》卷二，中華書局1994年版，第91頁。

② （唐）房玄齡等：《晉書》卷一百一十八，中華書局1974年版，第2997頁。

③ （唐）令狐德棻等：《周書》卷一，中華書局1971年版，第5頁。

④ （清）錢大昕：《潛研堂金石文跋尾》卷三，《續修四庫全書》，上海古籍出版社2002年版，第16頁。

⑤ （清）毛鳳枝：《關中石刻文字新編》卷九，民國二十四年（1935）會稽顧燮光校印石印本，《石刻史料新編》第一輯（22），臺北：臺灣新文豐出版公司1982年版，第10577頁。

⑥ 馬長壽：《碑銘所見前秦至隋初的關中部族》，中華書局1985年版，第72頁。

⑦ 毛遠明：《漢魏六朝碑刻校注》（10），綫裝書局2008年版，第136頁。

⑧ （北齊）魏收：《魏書》卷九，中華書局1974年版，第236頁。

⑨ （唐）林寶撰，岑仲勉校記：《元和姓纂》卷十，中華書局1994年版，第1574頁。

⑩ 同上書，第1573頁。

存。其中，複姓變單姓是最重要的一個現象。將複姓去掉一個音節，便成為單姓。受漢文化、漢語言文字的影響，有時單姓還會找一個同音的漢族旺姓，或找一個褒美之字作為姓氏。

（一）昨和氏變和氏

唐貞元五年（789）《奉先縣懷仁鄉敬母村經幢》題名有楊絢妻和氏①，馬長壽認為應是昨和氏變來，應該可信。開元十八年（730）《和善及妻周氏墓誌》，稱其先汝南人也，“其後子孫因官遂家於上黨，故今為潞州上黨人也”②。上黨亦是羌人遷徙居住過的地方，應是羌人昨和氏的後裔。據舊縣志③，澄城縣有和家樓；《同官縣志·氏族表》同官縣有和姓188人，他們應是羌人的後裔。鮮卑素和氏也改和氏，但同官縣是羌人入遷關中的聚居地之一，故判為羌姓。

（二）屈男氏變屈氏

《奉先縣懷仁鄉敬母村經幢》題名有昨和尚［高］、次生花主雷昌、平座主李提伽母屈氏等，昨和、雷、屈都是羌族，屈氏應是由屈男氏變來。據舊縣志，陝西蒲城縣西鄉有屈家老堡，北鄉有屈家、屈家堡；洛川縣有屈家溝、屈家窗、後屈家河；鄜州西鄉有屈家溝等。

（三）夫蒙氏變蒙氏和馬氏

夫蒙氏從南北朝起一直是一個羌族大姓，至唐代夫蒙（或作“不蒙”）仍不斷出現在史傳和碑銘中，又改為蒙氏。據舊縣志，陝西蒲城縣東鄉有蒙家、蒙家坡、蒙家新村。此地之蒙姓，實則來自夫蒙氏。

有趣的是夫蒙氏又改為馬氏。如馮翊郡羌豪夫蒙靈詧在唐開元中曾官至安西都護，詩人王維詩《不蒙都護歸安西詩》④，不蒙都護，即安西都護夫蒙靈詧。1955年出土了唐《夫蒙鍠墓誌》，夫蒙鍠就是夫蒙靈詧的兒子⑤。《舊唐書·高仙芝傳》《封常清傳》《突厥傳》均作夫蒙靈詧，而《李嗣業傳》《段秀實傳》《劉全諒傳》則作“馬靈詧”，是夫蒙氏改馬氏之證。推測其改變過程，大約是夫蒙氏先改為蒙氏，仍殘留有羌戎的因素，且與儁蒙氏改蒙氏相混，於是又變音改為馬氏，因為馬氏是漢族之大姓，羌戎的影子便完全抹去了。

---

① （清）毛鳳枝：《關中石刻文字新編》卷二，民國二十四年（1935）會稽顧燮光校印石印本，《石刻史料新編》第一輯（22），臺北：臺灣新文豐出版公司1982年版，第16994頁。

② 趙力光：《西安碑林博物館新藏墓誌彙編》，綫裝書局2007年版，第377頁。

③ 馬長壽：《碑銘所見前秦至隋初的關中部族》，中華書局1985年版，第103－109頁，凡“舊縣志”，皆出此，不一一出注。

④ 《全唐詩》卷一百二十五，中華書局1980年版，第1235頁。

⑤ 吳鋼：《隋唐五代墓誌彙編·陝西卷》（2），天津古籍出版社1991年版，第18頁。

（四）同蹄氏變同氏

唐大中六年（852）《同國政墓誌》，稱“其先同州馮翊縣人也”①，陝西同州馮翊縣是遷入關中的羌人聚居區，判同國政為羌人後裔，應該可以成立。據清《道光重修鄜州志》，鄜州北鄉有同家嘴；《民國同官縣志·氏族表》同官縣有同姓40人，應大多是同蹄羌人後裔。

（五）弥姐氏變弥氏

碑銘不見用例，但據舊縣志，陝西蒲城縣北鄉有弥家；鄜州西南鄉有弥家川。以種族聚居為地名，應是弥姐氏改弥氏的證據。

（六）罕幵氏變井氏

據舊縣志，陝西蒲城縣東鄉有井家，西鄉有井家東村、井家西村，南鄉有西安豐井家、井村張家、井家，北鄉有罕井鎮、井家原、井家堡、井家河、井家塔。羌人罕與幵融合，入遷關中，聚族而居，改姓井氏，應與羌人原來的井氏不同。

（七）累姐氏變雷氏

《後漢書·西羌傳》載西羌有累姐種，複姓變單姓，取其“累”，並變音為“雷”。《史記·武帝本紀》：“黃帝居軒轅之丘，而娶於西陵之女，是為嫘祖。”② 歷代姓氏書以為雷姓出黃帝居軒轅氏，並不可信。

羌姓複姓變單姓是主流，考其原因，至少有以下幾點：其一，受漢文化的影響。漢民族以單姓為常。羌漢交往，甚至雜處，受强勢文化的影響，其姓氏向漢民族靠攏，是必然的趨勢。在中華民族中，很多少數民族複姓，都改成單姓，就是明證。其二，政治或生存需要。中國古代傳統以尊王攘夷、揚漢抑夷為基本政治路綫，少數民族受到嚴重歧視。為了争取政治地位，甚至為了生存需要，往往改少數民族之複姓為漢民族之單姓，而且取漢族之旺姓為姓，掩蓋原有身份，以抬高出身。即使如拓跋魏南下中原，已獲得統治權，而為了政權的長治久安，思想開明的孝文帝向漢族學習，典制取法魏晉，改鮮卑之複姓為漢姓，拓跋氏改元氏，邱木陵氏改穆氏，叱列氏改李氏之類，不可勝數，詳參姚薇元教授《北朝胡姓考》③。其三，漢語單音節語的性質，決定了單姓比複姓簡潔明快，易呼易記，這也應是其中的一個重要原因。

① 吴鋼：《隋唐五代墓誌彙編·陝西卷》（2），天津古籍出版社1991年版，第90頁。

② （漢）司馬遷：《史記》卷一，中華書局1959年版，第10頁。

③ 姚薇元：《北朝胡姓考》，中華書局1962年版，第2、25、297頁。

碑銘所見岷江上游羌人姓氏研究*

曾曉梅　吴明冉　陳學志

古羌人以部落為單位散居，種落繁多，“其俗氏族無定，或以父名母姓為種號”①。姓氏多來自種號，或部族首領，有的也來自賜姓②。受强勢文化的影響，姓氏很早就向漢民族靠攏，秦漢時期，少數羌人開始改漢姓。魏晉南北朝，隨着與漢民族交往的加深，甚至雜處，羌族複姓變單姓，並留存在碑銘文獻中。進入隋唐，民族融合進一步加快，漢文化滲透到羌族政治、軍事、經濟、宗教、民俗的各個層面，北方古羌人姓氏在碑銘文獻中日漸零落。宋代，西夏碑銘文獻中遺存有党項羌人姓氏。明清時，北方古羌人似已了無蹤跡。所幸的是，在四川西北岷江上游，我們發現一批羌人碑銘，其中有羌人姓氏。根據現存碑銘和傳世文獻，梳理、歸納羌人多音節複姓、複姓變單姓、賜姓和改姓情況，為研究羌族種落、姓氏的歷史變遷以及各民族大融合提供一批材料。

一、岷江上游羌人多音節複姓

岷江上游羌人長期聚居在漢藏民族勢力範圍之間的高山峽谷草原地段，受到兩方鉗制，嚴重制約了該民族的發展，但也使其文化得以在一個相對封閉的空間較為完整保存。表現在姓氏上，直到明清仍普遍使用多音節複姓。如清乾隆三十二年（1767）《龍溪火墳碑》，現存於汶川龍溪鄉龍溪老寨子。碑石泐蝕嚴重，下半部碑文已不存，可識別題名賴寶志、勉伍志、毛耳志、何必志、耿加智、何祖滿、鄧耿志等 83 人③。

* 本文略有修改，原載《北方文物》2014 年第 4 期，第 75－80 頁。

①（南朝宋）范曄撰，（唐）李賢等注：《後漢書》卷八十七，中華書局 1965 年版，第 2869 頁。

② 曾曉梅、吴天德：《羌族種落及其得名理據考察》，《四川民族學院學報》2012 年第 4 期，第 21 頁。

③ 曾曉梅藏拓。

同寨《回龍寺鐘銘》題毛耳巳、何我勺、男不勺、耿家已、羅已保等。這些題名均為羌語漢字音譯記録，準確反映羌人多音節姓名特點。

據該寨76歲的余老釋比1952年回憶：羌族原有房名[①]。《龍溪火墳碑》賴寶志、折耳乜、勉伍志、毛耳志、何必志、鄧耿志，《回龍寺鐘銘》毛耳巳、耿家已，即房名，其子孫脉絡清晰。毛耳巳，子毛萬龍，孫毛貴林、毛二林。碑云子嗣六人，“更各取其六姓，各居□江□”。賴寶志，孝男我□勺、哭已，孝孫我□、羅必。何必志，孝男耿加智、青裕金、何祖滿。鄧耿志，孝男不木太、由必、不公己、巴不不。“房”，在這裡既指親族，也指帶有家族符號的房屋。

羌人在頻繁遷移與戰爭中，為更好識別自己部落群體，或用頭帕，或用綁腿以示區别。理縣桃坪鄉桃坪村、木卡鄉木卡村，汶川龍溪鄉部分羌寨則以碉樓建築上的符號來區别[②]。同一村寨來自不同祖先，其房號也有細微區别。這些房屋便具有代表家族祖先、家族姓氏的意義。所以，余老釋比回憶龍溪寨為十一户老房子分化出來，而十一户老房子又共屬三個更古老的火墳[③]。羌人一個姓氏，即一個宗族或一個寨子有一處共同火墳。碑銘所記六房，僅是龍溪寨房名中的一部分。

根據所獲碑銘，羌人名字後面多帶有“保”“太”“勺”“舍”“止”“姐”“甲”“己”等音節，“己”，又作“巳”，二字相通。《龍溪火墳碑》題名主要用“保”“勺”“舍”“甲”“己”“木”音節，依次為：保□十、□保巳、保必、榸□保巳；我□勺、衣木勺、巳木勺、淂木勺；血舍、哭舍、勺水舍、拆舍；何格甲、何令以甲、代以合甲；不血巳、折木巳、也木巳、必勺己；不木太、巴木木、十巴母、拆母[④]。“木”與“母”音同。理縣水塘村下孟溝，乾隆五十三年（1788）《水塘楊氏家譜碑》則用“姐”“保”“止”“物”，分别為：氏卓姐、氏佈姐馬、氏阿姐、氏婆依姐；茶肉保、氏阿保在、阿保、舟來保；依止物、我止物、肉止物、白止物等[⑤]。“保”為男子美稱，一般用於男性；“巳”稱呼女子時有姐姐之意。兩通碑銘多音節題名的使用，呈現出自身規律，不同音節表明他們屬於不同的部落，而同部落内成員之間具有一定的血緣關係。這種命名習慣，在羌人普遍採用漢姓漢名後，仍十分流行。如汶川埒坡乾隆五十九年（1794）《埒坡玉皇廟功德碑》的張保、青保太、新志保、高山保、楊保壽、拆木舍、易鄧舍、拆木白、拆保、巴西保等[⑥]。這種漢姓羌名結合的方式，充分

① 楊明、馬廷森：《羌族思想史資料彙編》，西南民族學院民研所、科研處，1985年，第155頁。
② 彭代明：《羌族民居建築上的“房號”圖案分析》，《民藝之窗》2006年第11期，第129頁。
③ 楊明、馬廷森：《羌族思想史資料彙編》，西南民族學院民研所、科研處，1985年，第155頁。
④ 曾曉梅藏拓。
⑤ 陳學志藏拓。
⑥ 四川省汶川縣文博館藏拓。

體現了羌人在民族融合中具有保存本民族文化的强烈意識。

二、岷江上游羌人複姓變單姓

魏晉南北朝，北方古羌人多音節複姓已開始大量向單音節漢姓轉化①，但在岷江上游地區，直到明清，仍在使用多音節複姓。隨着明清兩朝對羌人頻繁的殘酷鎮壓、鉗制，以及“湖廣填川”移民潮衝擊，羌族人在出外讀書、與其他民族交往中備受歧視，於是改稱漢式單姓。最開始對外示漢姓，對内仍用多音節複姓。由於漢式單姓是隱藏民族身份的最好方式，同時簡單易記，採用漢式單姓的越來越多，原來的多音節羌姓便逐漸消亡。羌人多音節複姓改漢式單姓，主要有以下兩種方式：

（一）意譯加諧音的漢式單姓

羌語“哭吾節”，又作“哭吾已”，意為狗，漢語狗和苟音近，該種落羌人根據意譯加諧音的方式，改為漢式單姓“苟”。羌族史詩《羌戈大戰》中有率領羌人南遷，戰勝“戈基”人，並定居岷江上游的部落首領“阿巴白構”②。這支羌人以氏族酋長名為種號，符合羌人以父名母姓為種號的習俗。他們到達岷江上游的時間約在春秋戰國末至西漢初，即《後漢書·西羌傳》云：秦獻公時，河湟羌人爰劍曾孫忍，其季父卬，畏秦之威，將其種人附落，南出賜支河曲西數千里。“忍及弟舞獨留湟中”③。

“白狗羌，西羌之别名”④，南北朝時，岷江上游西部的白苟羌人歸附西秦。《資治通鑑·宋紀·太祖文皇帝》載：劉宋少帝景平二年（424），“秦王熾盤遣鎮南將軍吉毗等帥步騎一萬南伐白苟、車孚、崔提、旁為四國，皆降之”⑤。北周、隋仍統轄此地。隋開皇九年（589）《樸頭通道記碑》記：“大將軍、開府儀同三司、揔管二州五鎮諸軍事、會州刺史、永安郡開國公姜須達”，“差發丁夫，遂治舊道”⑥。反映了隋朝統治者管理諸羌、穩定邊疆的史實。隋會州，據《隋書·地理志》，即汶山郡，先後改蜀州、會州，統領今汶川、理縣、茂縣、黑水及松潘縣南部一帶的廣大地區⑦。摩

① 曾曉梅、吴明冉：《兩晉南北朝至隋碑銘所見羌族姓氏研究》，《北方文物》2012 年第 3 期，第 81 頁。

② 羅世澤：《羌戈大戰》，《木姐珠與鬥安珠》，四川民族出版社 1983 年版，第 84 頁。

③ （南朝宋）范曄撰，（唐）李賢等注：《後漢書》卷八十七，中華書局 1965 年版，第 2876 頁。

④ （宋）王溥：《唐會要》卷九十八，中華書局 1955 年版，第 1752 頁。

⑤ （宋）司馬光編著，（元）胡三省音注：《資治通鑑》卷一百二十，中華書局 1956 年版，第 3766 頁。

⑥ 北京圖書館金石組：《北京圖書館藏中國歷代石刻拓本滙編》（9），中州古籍出版社 1989 年版，第 53 頁。

⑦ （唐）魏徵等：《隋書》卷二十九，中華書局 1973 年版，第 823 頁。

崖刻於理縣雜谷腦鎮西樸頭山崖壁，乃通化縣境地。《元和郡縣圖志·劍南道下》云：本漢廣柔縣地，“隋開皇六年，以近白狗生羌，於金川鎮置金川縣，十八年改為通化縣”①。隋唐通化皆隸屬會州。唐通化，近維州。表明至唐代，會州通化、維州一帶，是白苟羌聚居區，其地漢以前有“徼外羌冉駹”，三國時有汶山羌②，白苟羌應有冉駹、汶山羌遺裔。馬長壽先生認為今通化鄉西山寨白空寺所在地羌人與文獻中的白苟有歷史關聯③，當可信。

《新唐書·党項傳》載：“龍朔後，白蘭、舂桑及白狗羌為吐蕃所臣，藉其兵為前驅。白狗與東會州接，勝兵纔千人。”④ 就在同一地點又有唐《樸頭題記》載：開元十五年（727）焦淑“領羌、漢兵及健騎三千餘人討除”吐蕃。所領羌為西山諸羌，且以白苟羌為主。羌人在唐與吐蕃的夾縫中求生存，其首領一方面代襲唐王朝所封官職，一方面陰附、潛通吐蕃。但不論是吐蕃，還是唐，均以羌人為作戰先鋒或主力，反映了羌人尚武並有較強兵力的史實。唐置維州後，於開元二十八年（740）增置保州，以歸誠王董嘉俊為保州刺史⑤。天寶十三載（754）二月，“劍南節度奏女國、南王國及白狗”率部內屬，閏十一月“吐蕃、白蘭二品官籠董佔庭等二十一人來降”⑥。足見白苟在政治、軍事上對羌人各部有舉足輕重的影響，且與歷代中央王朝保持着密切聯係。

如果史詩《羌戈大戰》中部落首領白構即傳世文獻中白苟羌人，那麼岷江上游清代碑銘中“苟”姓羌人，早在秦漢就已定居於此，而非始自西秦。他們應該是今天羌族最古老的族源之一。汶川縣克枯鄉嘉慶九年（1804）《克枯棧道碑》有“苟氏”⑦；理縣上孟鄉同治十一年（1873）《老窪寨鄉規民約碑》有苟氏 2 人⑧；茂縣疊溪鎮道光二十五年（1899）《排山營修廟碑》題苟文相、苟欽定等苟氏 10 人⑨。可見，苟氏為羌中古姓。

（二）以複姓的第一個音為漢式單姓

岷江上游羌人多以祖先名字或房名的第一音節為漢姓。如余約巳改姓余、耿家巳

① （唐）李吉甫撰，賀次君點校：《元和郡縣圖志》卷三十二，《中國古代地理志叢刊》，中華書局 1983 年版，第 813 頁。

② （後晉）劉昫等：《舊唐書》卷四十一，中華書局 1975 年版，第 1690 頁。

③ 馬長壽：《氐與羌》，廣西師範大學出版社 2006 年版，第 154 頁。

④ （宋）歐陽修、宋祁：《新唐書》卷二百二十一上，中華書局 1975 年版，第 6216 頁。

⑤ （後晉）劉昫等：《舊唐書》卷四十一，中華書局 1975 年版，第 1705 頁。

⑥ （宋）王欽若等編纂，周勳初等校訂：《冊府元龜》（校訂本）卷九百七十七，鳳凰出版社 2006 年版，第 11313 頁。

⑦ 四川省汶川縣文博館藏拓。

⑧ 中國人民政治協商會議理縣委員會文史資料委員會：《理縣文史資料選輯》（1），內部出版，1997 年，第 164 頁。

⑨ 阿壩州文管所藏拓。

改姓為耿、白毛爾已改姓毛。

1. 余氏

余約巳[①]，又稱“余若節”[②]，改姓余，為房名改漢姓。所存碑銘余氏題名可以作證。清《克枯棧道碑》有余文才等余氏 5 人[③]；理縣桃坪鄉曾頭村嘉慶十一年（1806）《曾頭修路碑》有余天富等余氏 5 人[④]；茂縣石鼓茶山村咸豐八年（1858）《余氏祖墳墓碑》題“余化坤”等余氏八代 14 人[⑤]。嘉慶二十年（1815），理縣蒲溪鄉蒲溪村曾建余氏宗族祠堂；汶川龍溪鄉、茂縣白溪鄉有余家村，這些村寨過去主要聚居余氏族人，直到今天，余氏仍是羌中大姓。關於余姓來源，還有一說，即余老釋比家老祖宗叫帖木兒，後來“帖”變“木”、“木”變“金”、“金”變“余”[⑥]。現存碑銘無法直接反映其姓氏演變軌跡，但從文字角度考察，金和余，字形、筆劃相似，“金”寫成“余”，有這種可能。

早在十六國前秦時，就有金姓羌酋。《晉書・苻登載記》有金大黑、金洛生、金温[⑦]。西漢羌人内徙主要安置在隴西、金城等諸郡縣，羌人以地名為種姓之號和漢化姓氏，符合羌人種號取名理據。河南省洛陽市的唐貞觀十六年（650）《金行舉墓誌》，誌主“隴西伏羌人”，任車騎將軍[⑧]。其父金達既為羌人部落酋長，又為芳州刺史，是唐羈縻制的體現。岷江上游也有金姓羌人，如清《排山營修廟碑》有金朝宗、金永才等金氏 10 人[⑨]。今茂縣疊溪仍有金姓羌人。

2. 耿氏

“耿家巳”[⑩]，又稱“耿家已”[⑪]“革伽節”[⑫]“革家節”[⑬]，音近而異寫。取第一個音為姓，即耿。《回龍寺鐘銘》“耿家已”；《龍溪火墳碑》“何必志”孝男之一“耿加

---

① 茂汶羌族自治縣地方志編纂委員會：《茂汶羌族自治縣志》，四川辭書出版社 1997 年版，第 672 頁。

② 余志和：《稱謂通鑒》，世界知識出版社 2010 年版，第 119 頁。

③ 四川省汶川縣文博館藏拓。

④ 陳學志藏原石照片。

⑤ 陳學志録文。

⑥ 楊明、馬廷森：《羌族思想史資料彙編》，西南民族學院民研所、科研處，1985 年，第 155 頁。

⑦ （唐）房玄齡等：《晉書》卷一百一十五，中華書局 1974 年版，第 2949 頁。

⑧ 北京圖書館金石組：《北京圖書館藏中國歷代石刻拓本滙編》(12)，中州古籍出版社 1989 年版，第 2 頁。

⑨ 阿壩州文管所藏拓。

⑩ 茂汶羌族自治縣地方志編纂委員會：《茂汶羌族自治縣志》，四川辭書出版社 1997 年版，第 672 頁。

⑪ 楊明、馬廷森：《羌族思想史資料彙編》，西南民族學院民研所、科研處，1985 年，第 155 頁。

⑫ 董光富：《羌族歷史文化文集》，内部出版，1990 年，第 131 頁。

⑬ 巴蜀文化大典編纂委員會：《巴蜀文化大典》（下），四川人民出版社 1998 年版，第 1736 頁。

智”，但均無耿氏後人題名。“耿家已”為房名，汶川龍溪大姓之一。羌族學者耿少將先生就是該鄉人。據他回憶，其先人所屬“革伽節”，即以耿為姓。雖然現存碑銘没有發現該姓氏發展過程，但留存耿氏題名，如北川縣中部開坪鄉永坪堡明嘉靖二十六年（1547）《何公生祠碑》，有耿君垚、耿彧[①]；《克枯棧道碑》有耿忠良[②]，為研究耿氏羌人提供了一定的綫索。

3. 毛氏

白毛爾已改姓毛[③]。龍溪鐘銘題祖輩“毛耳巳”，兒“男不勺”，又名“毛萬龍”，孫“毛貴林”“毛二林”[④]。毛耳巳，音近於“白毛爾已”，從房名多音節複姓到改漢式單姓毛，脉絡清晰。

4. 羅氏

“溜潑節”[⑤]，“溜”與“羅”音相近，以羅為姓。現存碑銘多此姓，如明正德十六年（1521）《龍溪關堡重修碑》的羅信中[⑥]；茂縣白溪清嘉慶八年（1803）《杜家坪吼佛碑》的羅永昌、羅萬鐘等羅氏 9 人[⑦]；道光二十五年（1845）《排山營修廟碑》有羅壽長[⑧]；汶川三江咸豐六年（1853）《重修躍龍橋志》有羅登柱、羅明安等[⑨]，表明羅姓亦為羌中大姓之一。

三、岷江上游羌人單姓

羌人單姓，主要來自賜姓和改姓，如松潘何氏羌人。有時因文獻記載的缺失，難以確定是賜姓還是改姓，如董氏、蘇氏言其為賜姓，但缺乏佐證材料。下面僅舉幾例。

（一）董氏

唐代對羌人及其他少數民族推行羈縻制度，在今岷江上游及甘青交界的羌人居住區設府、州、縣，以其首領為都督、刺史，皆得世襲。《舊唐書·地理志》載羌酋有維州董屈佔、徹州董凋貞；刺史有薛城董弄、悉州董係比射、奉州董晏立、保州董嘉

① 北川縣政協文史資料委員會：《北川羌族資料選集》，内部出版，1991 年，第 224 頁。

② 四川省汶川縣文博館藏拓。

③ 茂汶羌族自治縣地方志編纂委員會：《茂汶羌族自治縣志》，四川辭書出版社 1997 年版，第 672 頁。

④ 楊明、馬廷森：《羌族思想史資料彙編》，西南民族學院民研所、科研處，1985 年，第 155 頁。

⑤ 余志和：《稱謂通鑒》，世界知識出版社 2010 年版，第 119 頁。

⑥ 曾曉梅藏拓。

⑦ 陳學志録文。

⑧ 阿壩州文管所藏拓。

⑨ 陳學志録文。

俊，當州董和那蓬①。《舊唐書·東女國傳》載哥鄰國王董卧庭、弱水國王董辟和、咄壩國王董藐蓬、東女國大首領董卧卿。董卧庭卒，贈武德州刺史，其子襲哥鄰王②。《宋史·蠻夷列傳》載保州董仲元，霸州董永錫，保州刺史董舜諮、團練使董彦博，直州將董承有③。《茂州志·職官志·政績》載明洪武長寧安撫長官司董貼里④。静州長官司，有《清史稿·土司二》董懷德⑤，《四川通志·武備·土司》董光舒⑥，民國最後一任土司董承恩⑦。

唐《理縣樸頭題記》謂“董敦義投蕃”。董敦義，即當時維州白苟羌人首領。汶川縣威州明嘉靖三十五年（1556）《報功祠碑》題董君剛⑧；銀杏鄉桃關溝光緒十八年（1892）《董氏合葬墓碑》題董氏 84 人⑨。綿虒白土坎村乾隆五十九年（1794）《大埃咪張氏家譜碑》：“招董保受，以婿作子。”張氏“原籍湖廣麻城縣孝感鄉”⑩，是内地漢人徙居羌區，招羌人入贅，慢慢融入羌人的實證。可知，董氏羌人唐以前就定居理縣、汶川、茂縣等地，綿延至明清，是羌中大姓，其先多為羌人首領。今岷江上游董姓羌人，應多源於此。

静州土司遠祖董和拉普，或曰“玄宗賜漢姓董”⑪，或曰“其先董姓，楚麻城人，流寓茂州，土人推以為長，宋元皆官之”⑫。諸説不可信。静州，其地即唐之悉唐縣⑬，“顯慶元年，生羌首領董係比射内附，乃於地置悉州，州在悉唐川故也”⑭。清静州長官司董懷德、董光舒，其先董正伯，自唐時歸附，授職。據此得知，静州土司祖先是唐初内附羌人，非官方賜姓，更非漢人。所言“麻城”，不過是為了在民族歧

① （後晉）劉昫等：《舊唐書》卷四十一，中華書局 1975 年版，第 1690 – 1705 頁。

② 《舊唐書》卷一百九十七，第 5278 – 5279 頁。

③ （元）脱脱等撰：《宋史》卷四百九十六，中華書局 1977 年版，第 14239 頁。

④ （清）楊迦懌等修，（清）劉輔廷纂：《道光茂州志》卷三，《中國地方志集成·四川府縣志輯》（66），巴蜀書社（據清道光十一年刻本影印）1992 年版，第 374 頁。

⑤ 趙爾巽等：《清史稿》卷五百一十三，中華書局 1977 年版，第 14233 頁。

⑥ （清）常明修，楊芳燦纂：《嘉慶四川通志》卷九十六，巴蜀書社 1984 年版，第 3069 頁。

⑦ 茂汶羌族自治縣地方志編纂委員會：《茂汶羌族自治縣志》，四川辭書出版社 1997 年版，第 447 頁。

⑧ （清）陳克繩纂，（清）施義爵、李心正校訂：《乾隆保縣志》卷七，《故宫珍本叢刊》（221），海南出版社 2001 年版，第 395 頁。

⑨ 四川省汶川縣文博館藏拓。

⑩ 陳學志録文。

⑪ 茂汶羌族自治縣地方志編纂委員會：《茂汶羌族自治縣志》，四川辭書出版社 1997 年版，第 672 頁。

⑫ （清）陳夢雷等：《古今圖書集成》（108）卷五百九十三，中華書局 1934 年版，第 13067 頁。

⑬ （清）張廷玉等：《明史》卷三百一十一，中華書局 1974 年版，第 8025 頁。

⑭ （後晉）劉昫等：《舊唐書》卷四十一，中華書局 1975 年版，第 1703 頁。

視環境下掩飾少數民族血統身份的托詞罷了。當然，從這一記述中，也反映出羌人融入到漢民族的過程。

北方碑銘也有董姓羌人題名，如耀縣碑林藏西魏大統十四年（548）《辛延智等七十人造像記》，董法達、董保、董玉生與夫蒙、符、楊、吕等姓，合邑造像①。陝西省演池鄉吕村北周保定二年(562)《鉗耳世標造像碑座》，有董進達②。董氏族源除漢、羌外，還有匈奴屠各、藏族等，但以上碑銘出土地為古羌人内屬主要聚居地，題名以羌人為主，當是羌人無疑。北方董氏羌人與岷江上游董氏羌人之間是否有直接的淵源，尚待材料證明，但可以肯定，羌區董氏是羌人古舊的姓氏和望族。

（二）李氏

隋唐時河湟一帶興起的党項是羌人勢力最强大的一支。隋開皇五年（585）党項首領拓拔寧叢等各率眾詣旭州内附，授大將軍③。貞觀三年（629），細封步賴舉部内附，置軌州，作刺史。貞觀九年（635）拓拔赤辭内附，以松州為都督府，“賜姓李氏”④。隨着内附部落增加，設州愈多，分置党項、降羌或生羌。吐蕃强盛後，迫使生活在甘青川三省交界大草原的一部分党項繼續内徙至今茂縣、汶川一帶，與這裡原有羌人雜居，成為今天羌族的一個來源。多數党項羌北上，徙於姚、渭、慶、夏、銀等州。出土於陝西省榆林市的開元二十五年（737）《拓拔守寂墓誌》，清晰地記載拓拔寧叢世系。誌主祖先“大將軍寧府君”即拓拔寧叢；高祖立伽，即赤辭，率部輾轉内遷至静邊府。曾祖羅胄、祖後那、考思泰、誌主守寂，世襲静邊州都督等職⑤。中和二年（882），居住夏州，今榆林靖邊北的平夏部酋長拓拔思恭，奉詔平賊，“封夏國公，賜姓李”⑥。拓拔氏獲賜李姓兩次，分别在唐初和唐末，寧叢、赤辭，帶動諸羌部落内附；思恭助唐鎮壓黄巢起義，對國家穩定有重要意義，充分展示了該支羌部的强大以及對中央政府的貢獻。直到明清仍有党項羌人後裔聚居在岷江上游，如《排山營修廟碑》題李熊等李氏 3 人⑦，《董氏合葬墓碑》董李氏 2 人⑧，茂縣土門光緒年間(1875 – 1908)《重修佛心山聖廟序》有李光燦等李氏 19 人⑨。這些李氏，以羌為主，可以肯定一點的是，李氏羌人中有的就是拓拔賜姓李之後。又，《龍溪火墳碑》“曹、

① 李改、張光溥：《藥王山北朝碑石研究》，陝西旅遊出版社 1999 年版，第 83 頁。

② 陝西省文物普查隊：《耀縣新發現的一批造像碑》，《考古與文物》1994 年第 2 期，第 50 圖。

③ （唐）魏徵等：《隋書》卷八十三，中華書局 1973 年版，第 1846 頁。

④ （後晉）劉昫等：《舊唐書》卷一百九十八，中華書局 1975 年版，第 5291 頁。

⑤ 王福春：《唐党項族首領拓拔守寂墓誌考釋》，《考古與文物》2004 年第 3 期，第 76 頁。

⑥ （宋）歐陽修、宋祁：《新唐書》卷二百二十一上，中華書局 1975 年版，第 6218 頁。

⑦ 阿壩州文管所藏拓。

⑧ 四川省汶川縣文博館藏拓。

⑨ 陳學志録文。

映□太祖”，曹為古羌姓氏；映為西夏姓氏，此前党項羌應已在使用。其子嗣姓名多“折”“乜”“巳”“押”或“甲”等音節字①，是典型的党項取名通用字，說明党項羌應是龍溪羌人的主要來源之一。

（三）蘇氏

茂縣飛虹鄉水草坪村北有光緒三年（1877）《水草坪巡檢司祖塋墓碑》，為羌人蘇氏“闔族公立”。明清沙壩安撫司、水草坪巡檢司首領蘇氏，其先可追溯至明代蟒答兒，因功授職。“蟒答兒”長子後裔襲沙壩安撫司，後改稱長寧安撫司。《茂州志・土司》蘇朝棟②，《四川通志》作“蘇朝仕”③。次子後裔襲水草坪巡檢土司，有《四川通志・土司二》蘇尚智④、《茂州志・土司》蘇國珖⑤，兩人任職孰先孰後，無其他材料考證，但他們與蘇朝棟，均於順治九年（1652）投誠，同為“蟒答兒”之後。“蟒答兒”其人，《明史》未載，《清史稿》僅云：“自明時剿黑水、三溪生番有功授職。”⑥據《茂州志・土司》載，大姓黑水土百户，其先明末隨征山後諸番有功授職；小姓土百户、松坪土百户、小姓黑水土百户，其先明末隨征河西諸番有功授職⑦。《四川通志・武備・土司》載：“大定沙壩寨土千户蘇尚榮，原籍四川疊溪人，其先蘇忠於前明萬曆年間投誠。”⑧ 推之，蟒答兒建功在明末，抑或與蘇忠投誠同在萬曆年間。但蟒答兒後人姓蘇，與蘇忠應無直接關聯，他們不過是同改為漢人大姓蘇氏而已。蟒答兒後人改蘇姓，出現在清順治年間，《明代民族史》認為是“清初賜蘇姓”⑨，有一定道理。至於蘇忠和蟒答兒之後蘇尚榮、蘇尚智，同一字輩，說明羌人在改漢人單姓後，依照漢人姓名規律，按字輩取名。這在今天的羌區已非常普遍。到民國最後一任承襲土司，大定沙壩土千户蘇百川、水草坪巡檢司蘇朝選⑩，羌區土司制消亡，羌人漸進入一個全新的時代。

---

① 曾曉梅藏拓。

② （清）楊迦懌等修，（清）劉輔廷纂：《道光茂州志》卷三，《中國地方志集成・四川府縣志輯》（66），巴蜀書社（據清道光十一年刻本影印）1992 年版，第 385 頁。

③ （清）常明修，楊芳燦纂：《嘉慶四川通志》卷九十六，巴蜀書社 1984 年版，第 3070 頁。

④ 同上。

⑤ （清）楊迦懌等修，（清）劉輔廷纂：《道光茂州志》卷三，《中國地方志集成・四川府縣志輯》（66），巴蜀書社（據清道光十一年刻本影印）1992 年版，第 385 頁。

⑥ 趙爾巽等：《清史稿》卷五百一十三，中華書局 1977 年版，第 14233 頁。

⑦ （清）楊迦懌等修，（清）劉輔廷纂：《道光茂州志》卷三，《中國地方志集成・四川府縣志輯》（66），巴蜀書社（據清道光十一年刻本影印）1992 年版，第 386 頁。

⑧ （清）常明修，楊芳燦纂：《嘉慶四川通志》卷九十六，巴蜀書社 1984 年版，第 3066 頁。

⑨ 楊紹猷、莫俊卿：《明代民族史》，四川民族出版社 1996 年版，第 385 頁。

⑩ 茂汶羌族自治縣地方志編纂委員會：《茂汶羌族自治縣志》，四川辭書出版社 1997 年版，第 447 頁。

蟒答兒，又作“蘇蟒達”，“答”與“達”音同異寫。《清史稿》《茂州志》《四川通志》作“蟒答兒”；《川西北藏族羌族社會調查》變作“蘇蟒達兒”①。到《羌族口頭遺産集成·神話傳説》，“蘇蟒達”成了殺蟒青年“蘇阿寶”②。他們或為民建功，或為民除害，都是羌人英雄，附會同名，是羌人英雄崇拜的體現。有人認為蘇氏是房名“蘇蟒達改姓蘇”③，基於以上認識，我們認為值得商榷。一是，上世紀五十年代能記得老房子房名的已很少④，而能將房號對應姓氏的，只有極少數老釋比。二是，相關文獻記載有限，留存漢文碑銘以音記姓名，有複姓的，極少能將房名對應姓氏。如《水草坪巡檢司祖塋墓碑》，無蘇氏族人題名；《排山營修廟碑》蘇元德、蘇永長⑤；清同治十年（1871）《龍池龍王廟碑》蘇子瞻⑥，與漢人姓名已無區别。今茂縣、汶川等地仍有較多蘇姓羌人。

（四）何氏

清代隴木土司何裳之，其先楊氏。《茂州志·土司》載：宋時楊文貴“隨剿羅打鼓，有功授職”，明嘉靖間，“土司楊翱隨總兵何卿征白草生番著有勞績，命改何姓”⑦。《四川通志》⑧《清史稿》中的“何文貴”⑨ 即“楊文貴”。

《明史·四川土司》載：“宋大觀中，楊文貴納土，置遵義軍。”其先太原楊端，唐乾符初，因南詔陷播，募復其城，為播人所懷服，子孫世有其地。元世祖授楊邦憲宣慰使。明洪武初歸附，萬曆二十九年（1601）改置遵義軍民⑩，隸屬四川。楊文貴隨剿羅打鼓，留居茂州。明末松潘丢骨、人荒、没舌，茂州羅打鼓，疊溪楊柳及樹底乞撒諸羌與明軍衝突不斷，萬曆十四年（1586），將軍李應祥等案驗諸羌，誤判羌人殺戮裨將及軍商民，朝廷下令“欲戮力，攻諸羌”。楊應龍率播州兵七千人征喇麻，“渡歪地，擊破之”⑪。今黑水縣洛多鄉沃河村西沃河山頂，存萬曆十九年（1591）

---

① 西南民族大學西南民族研究院：《川西北藏族羌族社會調查》，四川民族出版社 2008 年版，第 431 頁。

② 馮驥才：《羌族口頭遺産集成·神話傳説卷》，中國文聯出版社 2009 年版，第 105 頁。

③ 茂汶羌族自治縣地方志編纂委員會：《茂汶羌族自治縣志》，四川辭書出版社 1997 年版，第 672 頁。

④ 楊明、馬廷森：《羌族思想史資料彙編》，西南民族學院民研所、科研處，1985 年，第 155 頁。

⑤ 阿壩州文管所藏拓。

⑥ 祝世德：《民國汶川縣志》卷二，《中國地方志集成·四川府縣志輯》（66），巴蜀書社（據民國三十三年本影印）1992 年版，第 456 頁。

⑦（清）楊迦懌等修，（清）劉輔廷纂：《道光茂州志》卷三，《中國地方志集成·四川府縣志輯》（66），巴蜀書社（據清道光十一年刻本影印）1992 年版，第 384 頁。

⑧（清）常明修，楊芳燦纂：:《嘉慶四川通志》卷九十六，巴蜀書社 1984 年版，第 3069 頁。

⑨ 趙爾巽等：《清史稿》卷五百一十三，中華書局 1977 年版，第 14233 頁。

⑩（清）張廷玉等：《明史》卷三百一十二，中華書局 1974 年版，第 8049 頁。

⑪（明）瞿九思：《萬曆武功實録》卷五，中華書局 1962 年版，第 316－317 頁。

《播州營題記》："驃騎將軍楊（下泐），奉天征討。"① "楊" 字下泐，據史傳，當楊應龍。摩崖表明播州兵此時駐扎在茂縣、黑水、松潘三縣交界的松坪、洛多一帶。當萬曆三十一年（1603）楊應龍反，傳二十九世、八百餘年的唐人楊氏一族在播州亡，留居茂州隴木的後人，得以倖存。

茂縣光明刀溪村南鳳凰山，存宋至清代隴木土司家族墓葬數十座，現已平為耕地。裝骨灰的明代鏤空將軍壇，現藏茂縣博物館②。播州宣慰司、隴木土司，其先是唐代中土漢人，到元明播州二十九代，已有西南夷血統，故谷應泰《明史紀事本末·平楊應龍》曰："應龍生而雄猜，尤阻兵嗜殺。然其賓叛不一，荒忽無常，亦土司之風類然也。"③ 而楊氏另一支，在茂縣繁衍，明清已融入羌人。這是漢人楊氏融入兩個少數民族的事例，也是華夏民族雙向融合的一個縮影。

楊氏為古氐羌人姓，如北魏《楊大眼造像記》④，據《魏書·楊大眼》知其為武都氐羌難當之族孫⑤。茂縣一地，多楊氏、何氏羌人。今曲谷鄉河西村 500 人中，李、楊佔 18%⑥。土門《重修佛心山聖廟序》題楊氏 6 人、何氏 9 人⑦。但我們没有其他材料考證哪些是楊氏賜何姓，哪些是房名所改。汶川《龍溪火墳碑》中"何必志"為房名，孝男"何祖滿"，表明龍溪何氏是房名所改。

中國古代傳統以尊王攘夷、揚漢抑夷為基本政治路綫，少數民族受到嚴重歧視。羌漢交往，甚至雜處，受强勢文化的影響，其姓氏從複姓變單姓是必然的趨勢。賜姓和改姓，往往以漢族旺氏為姓，以抬高出身。姓氏變遷，是一個漸變的過程。岷江上游羌人改姓主要發生在明朝改土歸流運動中，而這個時期留下的碑銘材料很少，清代碑銘中有留存，但數量有限。我們以上的研究僅觸及到冰山一角，如房名伯什保改姓白、易勺改姓易等問題⑧，除羌人口頭傳説，都還缺少文獻考證。且就房名音近變成單姓而言，也不能完全排除有直接改單姓或漢人融入羌人的情況。要完全理清羌人多音節複姓改單姓的歷史軌跡，尚有待新材料的發現以及對與羌人口耳相傳的民俗文化的进一步研究。

① 耿少將：《羌族通史》，上海人民出版社 2010 年版，第 327 頁。

② 茂汶羌族自治縣地方志編纂委員會：《茂汶羌族自治縣志》，四川辭書出版社 1997 年版，第 625 頁。

③ （清）谷應泰：《明史紀事本末》卷六十四，中華書局 1977 年版，第 1003 頁。

④ 北京圖書館金石組：《北京圖書館藏中國歷代石刻拓本滙編》（3），中州古籍出版社 1989 年版，第 71 頁。

⑤ （北齊）魏收：《魏書》卷七十三，中華書局 1974 年版，第 1633 頁。

⑥ 茂汶羌族自治縣地方志編纂委員會：《茂汶羌族自治縣志》，四川辭書出版社 1997 年版，第 672 頁。

⑦ 陳學志録文。

⑧ 茂汶羌族自治縣地方志編纂委員會：《茂汶羌族自治縣志》，四川辭書出版社 1997 年版，第 672 頁。

南北朝至隋唐碑銘反映的羌人女性地位*

吴明冉

在漫長的中國封建社會時期，女性社會地位低男人一等，這是無可争辯的歷史事實。羌人女性地位，傳世文獻鮮有記載，但在南北朝至隋唐石刻碑銘材料中，卻留存了大量羌人史料，客觀、真實地反映了這個時期羌人和羌人女性生活狀況。我們考察羌人女性婚姻和社會活動，對於研究南北朝至隋唐史以及研究中國中古少數民族婦女史，有着重要的意義。

一、羌人女性社會活動

（一）羌人女性的宗教活動

魏晉南北朝時期，戰亂頻繁，政權更迭，社會大動盪促使民族大遷徙，各民族間不同文化與習俗不斷碰撞與融合；玄學興起與佛教、道教流傳，與各民族的原始宗教相結合，形成了多元文化的格局；社會風氣相對開放，對婦女的束縛有所放鬆，羌人女性和男性一樣，有宗教信仰的權利，並以各種方式參與到宗教活動中。石刻材料中反映了這一史實，下面舉例分析。

北魏永熙二年（533）《邑主儁蒙□娥合邑子卅一等造像記》，舊題《夫蒙顯達造像碑》。銘文載："北雍州宜君郡黄堡縣邑主儁蒙□娥合邑子卅一人等"，"敬造石像一區"。經統計，實際題名57人①，比發願文所記多近一倍。除書人、比丘僧、沙彌外，造像人全部為女性，為北朝造像中僅見。羌人女性佔70%，餘下題名，朱、田、郭氏3人，為漢姓；成、劉、楊、王等姓6人，則不能貿然斷定。成姓，或係匈奴姓氏，

* 本文略有修改，原載《北方文物》2014年第1期，第78－82頁。

① 馬長壽：《碑銘所見前秦至隋初的關中部族》，中華書局1985年版，第92頁。

或為盧水胡[①]；劉姓，為匈奴餘種之一[②]；楊姓，可能屬於氐羌姓氏；王姓，可能是漢人，也可能是羌人。王姓既是漢族大姓，相傳出自王子喬，又是氐人和羌人大姓，氐羌王姓當是改同漢姓。今四川茂汶羌族自治縣黑虎鄉的黑虎羌人，大多姓王，理縣蒲溪溝、北川青片河、白草河流域也有王姓羌人[③]。石刻文字漫漶、泐蝕、脱字等因素，致使姓氏不詳者 8 人，其中“□拔”姓 1 人，是否是党項“拓拔”氏，或鮮卑“賀拔”氏，存疑。

造像所記之宜君郡，即今陝西銅川市黃堡鎮。這説明北魏時黃堡縣是羌人聚居區，並與其他民族雜居。他們同邑而居，為了共同的信仰，造像祈福消災，造像記所載：“今國祚永隆，□□□治，下願慶七世，永超八難，神昇福堂，濟生死之苦，願諸邑子□蒙捄眾患消□□，願初首。”文中透露出這些女性，特別是羌人女性，不僅在經濟上有自主權，“減割家珍，聘名□□□大路顯敞之處，敬造石像”[④]。而且在民間信仰中也有某種程度的獨立性，可自由從事佛事活動。

北周（557－581）《蓋男花造像碑》，碑石已殘斷為三塊，四面開龕造佛像，碑面下半漫漶，碑右側刻供養人像，男供養人俱未刻題名，女供養人殘存題名，包括“亡母□□男、亡母蓋男花、亡母楊春花、亡弟妻雷娥昔、亡兄妻雷玉姜、亡娣明堂”等 6 人[⑤]，均為蓋氏家族女性題名。蓋姓 1 人、楊姓 1 人、雷姓 2 人，1 人姓名泐蝕，1 人未題姓氏。碑石出土地陝西銅川市耀州區，早在北魏時，就是陝西各族，包括漢、氐、羌、匈奴屠各、盧水胡、鮮卑等關内主要聚居區之一。據《魏書》卷九十四《王遇傳》記載：“遇，字慶時，馮翊李潤鎮羌也，與雷、党、不蒙俱為羌中强族。”[⑥] 雷應該是羌人。楊姓待定，大抵為盧水胡。此造像記中“蓋男花”已為亡母，而在北周保定二年（562）《荔非興度觀世音造像座》中有“□□寧遠將軍、員外待郎前郡□母蓋男花”[⑦]，时其人尚在世。“待”為“侍”的俗字。兩通造像，反映了蓋氏家族十幾年來不斷設齋造像的情况。

羌人女性不僅積極參與宗教活動，還在佛社擔任職位。如北魏永熙二年（533）《邑主儁蒙□娥合邑子卅一等造像記》載“邑主清信儁蒙文姬、邑主清信甞姬娥”，

---

① 姚薇元：《北朝胡姓考》，中華書局 1962 年版，第 283 頁。

② 羅宏才：《中國佛道造像碑研究——以關中地區為考察對象》，上海大學出版社 2008 年版，第 140 頁。

③ 王明珂：《根基歷史：羌族的弟兄故事》，黃應貴：《時間、歷史與記憶》，臺北：民族學研究所，1999 年，第 283－341 頁。

④ 馬長壽：《碑銘所見前秦至隋初的關中部族》，中華書局 1985 年版，第 91 頁。

⑤ 陝西省文物普查隊：《耀縣新發現的一批造像碑》，《考古與文物》1994 年第 2 期，第 56 頁。

⑥ （北齊）魏收：《魏書》卷九十四，中華書局 1979 年版，第 2023 頁。

⑦ 陝西省文物普查隊：《耀縣新發現的一批造像碑》，《考古與文物》1994 年第 2 期，第 51 頁。

“邑正清信同琋娥媚、邑正清信朱阿儻”等，“邑主”是社邑或邑義之長，負責組織與領導整個社邑或邑義的活動；“邑正”一般由世俗地位高的人擔當，二職都是佛教信仰共同體——社邑的領導者。另載“維那清信同琋弥弱、彈官清信夫蒙妙朱、彈官清信同琋矢姬”、“典録清信同琋阿美、典録清信同琋阿陵”等①，“唯那”“彈官”“典録”等都是僧官名。約西魏大統十二年（546）的《荔非郎虎造像碑座》，碑座四面刻女性結邑題名 145 人，存有姓或名的 130 人，姓氏龐雜，達 40 餘種姓氏，以荔非、雷、同琋、鉗耳、弥姐等羌人姓氏為主，50 餘人；其餘為郭、張、趙、孫、陳、田等漢姓，劉、焦等北族匈奴姓氏。這些女性中有像主 3 人、僧官 25 人、邑子 94 人②。所任僧職名號包括化主、邑主、邑日、治律、維那、典生、典録、香火、邑百、沙彌等，代表着女性在從事佛事活動中所肩負的不同職責。與世俗女性相比，佛門女子在某種意義上有較大的活動自由③。因講經學法而受到良好教育；雲遊四方，擴大了眼界，拓展了視野。這種特殊的生活環境，為她們争取到了更大的活動空間和表達話語的權利。

（二）羌人女性的社會活動

北魏正始三年（506）《甞法端造像記》，又稱《冗從僕射造像記》，刻於河南省洛陽龍門石窟古陽洞同壁西端上方。造像銘文有“清信女佛弟子宫内作大監甞法端，不幸邁終。其以生資，集侯神畐。是以冗從僕射長秋承祀。允為造釋迦像一區，并二菩薩”的記載④。“冗從僕射”，散官名。“承”，通“丞”，長秋丞，亦官名。《八瓊室金石補正》：“冗從僕射，弟六品。長秋丞，弟八品上，北魏官名。冗從，猶今言散秩。”⑤ 拙文《兩晉南北朝至隋碑銘所見羌族姓氏研究》據《後漢書》卷八十七《後漢書·西羌傳》有當煎、當闐諸種，“甞”與“當”同音，或即其後裔；又據《元和姓纂》卷七“党，本出西羌姚秦將軍党耐虎”，認為四川省阿壩州羌人聚居區汶川、茂縣等地羌族有“常”“尚”等姓，與“甞”古音相近，或與古羌人甞姓有關。今陝西關中之“党”姓習見，多應是羌人後裔，“甞”變“党”只是文字不同而已⑥。其

① 馬長壽：《碑銘所見前秦至隋初的關中部族》，中華書局 1985 年版，第 91 頁。

② 陝西省文物普查隊：《耀縣新發現的一批造像碑》，《考古與文物》1994 年第 2 期，第 52 頁。

③ 張承宗：《從婦女史的視野深化魏晉南北朝史研究》，《傳統中國研究集刊》2008 年版，第 143 頁。

④ 北京圖書館金石組：《北京圖書館藏中國歷代石刻拓本滙編》（3），中州古籍出版社 1989 年版，第 90 頁。

⑤ （清）陆增祥：《八瓊室金石補正》卷十三，《石刻史料新編》第一輯（6），臺北：臺灣新文豐出版公司（據希古樓刻本影印）1982 年版，第 4193 頁。

⑥ 曾曉梅、吴明冉：《兩晉南北朝至隋碑銘所見羌族姓氏研究》，《北方文物》2012 年第 1 期，第 81 頁。

觀點可以參考。《魏書・宦官王遇傳》："本名他惡，馮翊李潤鎮羌也。與雷、党、不蒙俱為羌中强族。自云其先姓王，後改氏鉗耳，世宗時復改為王焉。自晉世已來恒為渠長。"① 王遇是本姓鉗耳的羌人，後改姓王。因坐事入閹而奉事於孝文、宣武諸皇朝，精通建築設計和施工，主持監修北魏大同、洛陽兩都城的大型建築群，在北魏佛教時事中影響頗大。從《甞法端造像記》中，我們可知甞法端作為羌中女性，進入北魏皇室並為內官。正始前後，王遇正值盛年，可推北魏王朝徵用羌人以及羌人女性為朝廷內職，甞法端絕不是個例，而應有連綿相敘者②。羌人女性擔任社會職位，獲得了經濟獨立，可以自由地支配財產，參加宗教活動，同時南北朝宗教園林的大量出現，也為善男信女的社交活動提供了公開場所，各族女性的社交活動範圍更廣，形式更為豐富多彩。

二、羌人女性婚姻儀制

羌人從北方遊牧到內徙關中，主要是本民族聚居，也有與其他民族雜居的，民族融合的結果，羌人逐漸開始農耕，這種自然經濟基礎之上形成的社會結構，是以父系血緣關係為核心，並以父系血緣的單向親屬關係——家門，聯係着整個社會關係，婚姻規則上採取父系同姓不婚，而母系血緣關係所產生的親戚關係，一方面被儘量淡化，一方面採取"親上加親，雪上加凌"的習慣③。即不論女兒訂婚，還是兒子訂婚，舅表、姨表婚或姑表婚為優先選擇，在聯姻觀念中尤其重視舅表、姨表婚。究其原因，一是羌人習俗中母舅擁有至高權威，以平衡和制約父系血緣關係為主導的社會關係，這應該是羌人母系氏族部落風俗的遺存；二是結成表親，優於和外人結親，親上加親，可以加深家庭成員親密程度，結成更加有力的血親集團。這種觀念影響下的羌人女性婚姻，真實地反映在南北朝至隋唐碑刻材料中，具體而言，主要有同族異姓的內婚和異族異姓婚的外婚兩種制度。

（一）同族異姓的內婚制

同族異姓婚是族內婚制，羌人同族異姓婚以舅表、姨表婚和姑表婚為最。

北周保定二年（562）《荔非興度觀世音造像座》，1987 年在陝西省銅川市耀州區稠桑鄉牆村寺廟遺址（今關莊鎮楊原西牆村北 60 米）文物普查時發現，現藏藥王山博物館。碑座題記中鐫刻荔非興度家族成員 50 餘人，除少部分文字泐蝕外，現存題名

① （北齊）魏收：《魏書》卷九十四，中華書局 1979 年版，第 2023 頁。

② 張乃翥：《從龍門石窟造像看北魏民族關係中的幾個問題》，《民族研究》1989 年第 2 期，第 36 頁。

③ 徐平：《羌村社會——一個古老民族的文化和變遷》，中國社會科學出版社 1993 年版，第 73 頁。

48人，有曾親（曾祖母）、祖親（祖母）、叔祖、叔祖母、父、母、姑、叔、叔母、兄、姊、亡兄、亡姊、亡息等家族成員及其姓名。從婚姻狀況上看，荔非氏主要是族人不同姓氏之間通婚，多娶鉗耳氏、雷氏、同琋氏以及弥姐氏為妻，有“祖親鉗耳豊姬”“□母鉗耳□”“（上泐）母鉗耳□□”“叔母雷雙媚”“叔母雷”“□雷娥媚”“母雷明花”“妻雷玉姜”“叔母同琋宜男”“□□弥姐醜女”等①，同一姓氏女性出現多人，説明荔非興度家族在考慮婚姻時，優先考慮舅表、姨表婚。當然，這個家族也與外族通婚，如娶盧水胡蓋氏、匈奴劉氏等為妻，表明北周時期陝西省銅川市耀州原西牆村以羌人為主，雜居着少量北族人。如果“西牆村”是“西羌村”的轉音，那麼遲至北周時期，此地仍為羌人主要聚居地之一。本碑中嫁給荔非氏的盧水胡“□□寧遠將軍、員外待郎前郡□母蓋男花”，在出土於同地的《蓋男花造像碑》中，已是“亡母蓋男花”。據此推斷，《蓋男花造像碑》刻碑時間當在北周保定二年（562）以後。

羌人内婚制，往往是各異姓家族間代代聯姻。如西魏大統十五年（549）《夫蒙洪貴造像碑》，是一通夫蒙氏家族造像，現存題名五代20人，祖母、母及將軍夫蒙光仁妻，皆姓鉗耳，可知夫蒙家族與鉗耳氏家族世代聯姻②。北周天和六年（571）《雷明香造像記》，四代人，翁同琋天壽、姑夫蒙俗男為上一代，雷明香與夫同琋幹熾一代，女兒四人已出嫁，“女夫雷季玉，女夫雷鴻慶，女夫夫蒙雙慶養，女夫夫蒙貴慶”，同琋家族與雷、夫蒙，三姓代代聯姻③。隋開皇四年（584）《鉗耳神猛造像記》，鉗耳神猛父與母雷明姬、姑母鉗耳女休與姑夫夫蒙種拔、鉗耳神猛與妻甞神妃、猛子鉗耳方貴與妻甞暉容，共4對夫妻④，是鉗耳家族與雷、甞、夫蒙的聯姻，且與甞氏二代聯姻，即猛妻與猛子妻同姓甞氏，或為表親。開皇六年（586）《雷香妙造像碑》，從現存題名看，像主雷香妙，其“亡夫柱國參軍甞文表”“亡息思熾、熾妻夫蒙貴資、孫女默女”“祖嫜前部郡同官令天櫄、祖姑雷合姬、祖姑夫蒙伏花”⑤。梳理雷香妙一家，四代共8人，丈夫姓甞，推之，祖父“天標”，兒子“思熾”，孫女“默女”同姓，有甞姓4人。祖姑，為丈夫的祖母，一與孫媳婦“雷香妙”同姓雷，一與重孫媳婦“夫蒙貴資”同姓夫蒙，表明甞氏家族，與雷、夫蒙氏代代聯姻，並常常伴隨着表親婚。

---

① 陝西省文物普查隊：《耀縣新發現的一批造像碑》，《考古與文物》1994年第2期，第49頁。

② 宋莉：《北魏至隋代關中地區造像碑的樣式與年代考證》，西安美術學院博士學位論文，2011年，第100頁。

③ 馬長壽：《碑銘所見前秦至隋初的關中部族》，中華書局1985年版，第94頁。

④ 本書編委會：《日本京都大學藏中國歷代文字碑刻拓本》，新疆美術攝影出版社2015年版，ZUI0013X。

⑤ 宋莉：《北魏至隋代關中地區造像碑的樣式與年代考證》，西安美術學院博士學位論文，2011年，第117頁。

這種婚制，我們在唐代造像題名中仍能看到，如唐《魏文智等造像記》“□雷□遷，妻同琋”，雷宜“妻同琋□娘”①。由於没有發願文，碑體泐蝕嚴重，我們不能臆斷兩位雷氏之間的關係，但其妻均為同琋，表明到隋唐，羌人在婚姻中仍嚴格遵循古制，父系同姓不婚，但有母系血緣表親關係的婚姻，則仍備受推崇。令人困惑的是，唐代碑刻數量龐大，從中華字庫清理情況看，有 15000 餘通②，迄今發現羌人同族異婚的碑刻材料寥寥。究其原因，其一是這種婚姻形式是唐代以前關中渭北羌族和北方諸族婚姻形態的主要形式。其二是古羌人在歷經魏晉南北朝民族大融合後，有很大一部分已經融合到漢族和其他民族之中，“到隋、唐時，羌族主要聚居地區已大大縮小。從文獻上看，這一時期羌族的主要聚居地區，除了他們的原始居地河曲及洮水、白龍江流域而外，主要就是岷江上游、黑水流域及其西北直至今青海南部一帶”③。羌人勢力式微，而這一地帶，又正是唐朝與吐蕃拉鋸戰的前沿，羌人生活困頓，没能留下多少屬於本民族的碑刻材料。其三是這種婚姻形式的發生與存在是以羌人大量聚居為前提。我們看到在幾百年後，党項羌人依靠唐王朝的庇佑，休養生息，壯大崛起，建立西夏王朝，政治、軍事、經濟的强大，帶來了民族文化的繁榮，其獨特的婚制婚俗在《李彝謹墓誌》《故永定破醜夫人墓誌》《大漢故沛國夫人里氏墓誌》等墓誌中，均有反映。夏州拓拔李氏與破丑氏世代聯姻，李彝謹“祖妣破丑氏”④，李仁寶妻永定破丑夫人⑤，李彝謹長子李光琇“娶破丑氏之女”⑥。破丑氏即歷史上的雪山党項，“姓破丑氏，居於雪山之下”⑦。直至今天，我們考察羌村，仍然不難發現各家庭之間盤根錯節的“竹根親”關係，就是母系血緣間親戚的開親⑧，這應該是古羌人婚姻形制的遺存，也是在相對較為封閉的環境裡，婚姻選擇在排除父系血緣關係後，選擇範圍十分有限造成的。

（二）異族異姓的外婚制

唐以前，關中羌族和北方諸族婚姻形態的主要形式是族内婚制，但是，由於戰争、政治、自然災害等因素導致的民族大遷徙越來越頻繁，民族融合日益加劇，各民族同

---

① 本書編委會：《日本京都大學藏中國歷代文字碑刻拓本》，新疆美術攝影出版社 2015 年版，TOU1714A。

② 新聞出版重大科技工程項目“中華字庫：石刻文字的搜集與整理”（專案編號：0610－104IBJNF2328/8）

③ 馬長壽：《氐與羌》，廣西師範大學出版社 2006 年版，第 159 頁。

④ 寧夏大學西夏學研究中心：《中國藏西夏文獻·金石編》（18），甘肅人民出版社、敦煌文藝出版社 2007 年版，第 52 頁。

⑤ 同上書，第 30 頁。

⑥ 同上書，第 47 頁。

⑦ （後晉）劉昫等：《舊唐書》卷一百九十八，中華書局 1975 年版，第 5292 頁。

⑧ 徐平：《羌村社會——一個古老民族的文化和變遷》，中國社會科學出版社 1993 年版，第 99 頁。

居一地，勢必相互影響，小到服飾穿着、民俗民風，大到經濟活動、宗教信仰。人們慢慢地衝破傳統的族内婚姻，走上異族通婚的道路。事實上，羌人與其他部族間的異族異姓婚在北朝時期已比較普遍地為人們接受。

北魏太和二十年(496)《姚伯多兄弟造像碑》①，四面刻，右側為減地綫雕的兩排供養人。左側為道民姚文遷和姚伯多五兄弟；右側為清信梁、胡、牛、王氏等五人題名，似為姚氏兄弟妻輩，均為漢女；約西魏大統十二年(546)《荔非郎虎造像碑座》現存張氏題名8人，嫁與荔非氏，是羌人與漢族女性的異族婚姻。北周保定二年(562)《荔非興度觀世音造像座》載荔非氏娶蓋氏、劉氏等為妻，是羌人與北族間的通婚。北周(557－581)《蓋男花造像碑》，盧水胡蓋氏與羌、漢聯姻。

唐長壽二年(693)《党□等造像記》，又稱《周造像記》②，出土地點不明，漫漶泐蝕嚴重，造像記内容是"清信弟子馮翊郡党□"等結社造像，題名以羌人党、雷二姓為主，還有異族彦、馬、李、張、趙氏等，娶衣氏、揚氏、陳氏、雷氏、郁氏、王氏、魏氏、祝氏等為妻，這些女性多為漢姓，少數為同族女性。天寶七載(748)《鉗耳君妻薛氏墓誌》，與《鉗耳墓誌》出土於河南省洛陽市龍門鎮張溝村。"夫人，河東人也。廣陵郡六合縣令德均之曾孫，上黨郡長史膺朝之孫，信安郡信安縣令公之季女。"薛氏為漢女，"自承奉高門，日增婉順；疋諧君子，尤長賢和。内則有允，外言無間，德具其儀静，雖古之哲婦，無以加焉"。鉗耳君"馮翊人世"，"秀才擢第"，是為"游騎將軍左威衛洛汭府果毅"③，娶漢姓女，卒後與妻同葬於漢地"河南縣龍門鄉西原"。唐至德二年（757)《弥姐亮墓誌》，1990年3月出土於山西省蒲城縣罕井；唐貞元十六年(800)《夫蒙鍠墓誌》，1955年出土於陝西省西安市東郊郭家灘。弥姐亮所娶"衡氏"、夫蒙鍠"夫人潁川許氏"，皆為漢族女性，這從另一個側面説明：隨着與其他民族聚居，羌人參與到國家政治、軍事、社會活動的機會不斷擴大，如弥姐亮是"左領軍衛大將軍賜紫金魚袋上柱國"④；夫蒙鍠是"左神威軍正將元從奉天定難功臣輔國大將軍兼試太子賓客武威郡開國侯食邑一千户上柱國"，接受漢文化和儒家思想影響更加深刻，"幼而精爽，習夫子之征言"，"學孫武之兵略"，"上忠於主以竭誠，下孝于家以敬愛"⑤。民族融合愈加深入，同族異姓婚和血緣親逐漸向族外婚制發展。特別是中唐以後，羌人婚姻範圍擴大，羌、漢通婚已經成為普通的風俗。遺憾的是，

① 毛遠明：《漢魏六朝碑刻校注》(3)，綫裝書局2008年版，第290頁。

② 本書編委會：《日本京都大學藏中國歷代文字碑刻拓本》，新疆美術攝影出版社2015年版，TOU0795A～D。

③ 吴鋼：《全唐文補遺·千唐志齋新藏專輯》，三秦出版社2006年版，第214頁。

④ 中國文物研究所：《新中國出土墓誌·陝西卷》(2上)，文物出版社2003年版，第182頁。

⑤ 吴鋼：《隋唐五代墓誌彙編·陝西卷》(2)，天津古籍出版社1991年版，第18頁。

目前我們在唐代墓誌中尚未查見羌人女性異族異姓婚的碑銘例證，但這並不表示就没有羌人女性嫁給外族。其中一個重要原因是關中羌族複姓，隨着唐代各民族融合的深入，逐漸改為漢式單姓，如複姓屈男氏省稱屈氏，昨和氏省稱和氏，罕幵氏改為井氏，夫蒙氏改稱蒙，同琋氏改為同氏等，加上歷代封建王朝對少數民族的歧視政策以及攀附名門望族的社會心理，碑主或墓誌主的羌人身份多被藏匿或者掩飾，使得甄别其族源比較困難。可喜的是，羌區至今仍保存着一些羌人碑刻，為我們研究羌人及其婚俗提供了真實可靠的材料。如清光緒十八年（1892）《董氏合葬墓碑》[①]，出土於四川省汶川縣銀杏鄉桃關溝董姓家族墓，載董氏族人 47 人，分别娶李、米、何、胡、吴、鍾、王、申、寧、高、堪、孟、張、劉、姜、湯、鮮、鄭、連、湯、竇、賀、韓氏等為妻，這些女性多為漢族。董氏乃此地區羌人中之大姓，且世為羌人首領。早在唐開元（727）《理縣撲頭題記》就有該區羌酋“董敦義”“聚結逆徒數千騎”[②]，周旋於唐、蕃之間。此墓碑為我們在考察羌區“竹根親”關係的同時，也提供了外婚制的實證材料。

三、結語

探討羌人女性地位，涉及羌人女性的社會階層、婚姻與家庭生活、教育、服飾、社會活動、才華、喪葬諸多方面，是一個相當複雜的問題。傳世文獻中對這些問題幾乎没有涉獵，現存石刻碑銘材料給我們提供了十分寶貴而且真實可靠的資料，只是碑銘材料仍然很有限，而且這些材料大多散在各地，没有全面搜集整理。近年來，我們花了很大力氣搜集到部分資料，並逐步整理研究。根據這些材料，我們僅考察了南北朝至隋唐羌人女性的宗教活動、社會活動、婚姻等，儘管對於全方位、多角度研究羌人女性生活，還顯得很不足，但仍然可以為南北朝至隋唐少數民族女性史研究提供新的資訊，新的視覺，新的材料，這種嘗試應該是有益的。希望通過這些研究，能夠推動羌民族與各民族的進一步融合，加强中華民族大家庭的大彙聚，促進中華民族文化的大繁榮和社會的大發展。

---

① 四川省汶川縣文博館藏拓。

② 四川省文物志委員會：《四川省文物志——徵求意見稿》，内部出版，1985 年，第 128 頁。

唐代碑誌中的羌人*

吴明冉　曾曉梅　嚴木初

唐王朝以其强大的國力和開放的胸襟，建立了超越前代、空前統一的多民族國家，留下了大量碑誌，成為研究唐代歷史、宗教、民族、文化史、語言文字等多領域多學科的重要資料。其中，不少碑誌蘊涵着豐富的古羌人資訊，我們根據這批資料，條分縷析，考察古羌人在這一特定歷史階段社會地位、宗教信仰、姓氏和婚姻等方面發生的變化，對於研究羌族歷史、宗教、文化以及各民族大融合等方面，具有重要的參考價值。

一、羈縻制下内附羌人的地位

唐朝中央政府對羌人和其他少數民族推行羈縻制度。羈縻制度萌芽於秦漢，成熟於唐代。《新唐書·地理志》七下“羈縻州”記載：“唐興，初未暇於四夷，自太宗平突厥，西北諸蕃及蠻夷稍稍内屬，即其部落列置州縣。其大者為都督府，以其首領為都督、刺史，皆得世襲。”① 用羈縻府州，安置内附的各少數民族，並根據其領地大小、人口多寡，分別建立府、州、縣，因俗而治，全國總計八百五十六個羈縻府州，範圍遍及中華東西南北，按地區分別由關内、河北、隴右、劍南、江南、嶺南諸道管轄，以此來加强對各地少數民族地區的控制，以確立、鞏固少數民族地區與唐中央王朝領屬關係，同時又給予少數民族較大的自治權。所有的羈縻府州，均由該地區的民族首領擔任都督、刺史。

古羌人在歷經魏晉南北朝民族大融合後，有很大一部分融合到漢族和其他民族之中，“因此，到隋、唐時，羌族主要聚居地區已大大縮小。從文獻上看，這一時期羌

---

* 本文原載《北方文物》2013年第4期，第72－77頁。

① （宋）歐陽修、宋祁：《新唐書》卷四十三下，中華書局1975年版，第1119頁。

族的主要聚居地區，除了他們的原始居地河曲及洮水、白龍江流域而外，主要就是岷江上游、黑水流域及其西北直至今青海南部一帶”①。“西羌微弱，或臣中國，或竄山野”②。貞觀三年（629），南會州都督鄭元璹遣使招諭，党項羌酋長細封步賴“舉部內附”，唐太宗“列其地為軌州，拜步賴為刺史”，“其後諸姓酋長相次率部落皆來內屬，請同編户。太宗厚加撫慰，列其地為崌、奉、巖、遠四州，各拜其首領為刺史”③。貞觀九年（635），岷州都督劉師立遣人招誘党項羌，“拜赤辭為西戎州都督，賜姓李氏”④，安置其眾於今岷江上游及甘青交界的羌人居住區。貞觀初，置羈縻州九個，後歸屬部落增加，設州愈多，至天寶十二年（753），僅松州都督府就有一百零四州⑤。羌人的地位以及在羈縻府、州、縣擔任選官或世襲官職的情況，在碑誌材料中均有不同程度的反映。下面就墓誌做具體分析。

（一）貞觀十六年（650）《金行舉墓誌》

該碑在河南省洛陽市出土。金行舉時任“車騎將軍”，“隴西伏羌人也”。其“父達，周芳州刺史，雄才蓋世，英略佐時”⑥。“合川，秦、漢已來為諸羌保據。後周武帝逐諸羌，始有其地，置合川縣，仍於縣置疊州，取郡山重疊之義。舊治吐谷渾馬牧城。”“武德元年，置芳州，領常芳、恒香、丹嶺三縣。神龍元年，廢芳州為常芬縣，隸疊州。”⑦ 金行舉之父金達既為羌人部落酋長，又為芳州行政和軍事長官。他不像漢族官吏一樣是以個人資格考取功名，獲得官職，而是率領整個部落參加府州政權；他與當地羌人之間不僅有統屬關係，更主要的是親長關係，體現了氏族部落社會的特點。按部落酋長世襲制原則，部落酋長在唐朝政權機構中的職位也是世襲。如哥鄰羌，西山第一大羌部，列於西山八國之首，其種“散居山川”⑧，其王董卧庭卒後贈武德州刺史，其子為保寧（今四川理縣薛城一帶）都督府長史。唐王朝政府承認其世襲，只是這種世襲必須經過王朝審批册封方為合法。金行舉未世襲其父刺史職，大概是未得唐王朝審批，而“授承御上士，尋遷車騎將軍”⑨。這從另一個角度説明，內附後的羌人，受到漢文化影響，依據個人才學、實力獲得文武職官，不排除通過科舉考試進階

---

① 馬長壽：《氐與羌》，廣西師範大學出版社 2006 年版，第 159 頁。

② （後晉）劉昫等：《舊唐書》卷一百九十八，中華書局 1975 年版，第 5290 頁。

③ 同上書，第 5291 頁。

④ 同上書，第 5290 頁。

⑤ 《舊唐書》卷六十二，第 1699 頁。

⑥ 北京圖書館金石組：《北京圖書館藏中國歷代石刻拓本滙編》（2），中州古籍出版社 1989 年版，第 2 頁。

⑦ （後晉）劉昫等：《舊唐書》卷四十，中華書局 1975 年版，第 1638 – 1639 頁。

⑧ 《舊唐書》卷一百九十七，第 5279 頁。

⑨ 北京圖書館金石組：《北京圖書館藏中國歷代石刻拓本滙編》（2），中州古籍出版社 1989 年版，第 2 頁。

的可能性。關於車騎將軍，漢制，為將軍名號，位僅次於大將軍、驃騎將軍，地位相當於上卿，或比三公。魏晉南北朝多沿置其名，但地位已經下降。隋車騎將軍屬驃騎府。唐貞觀元年（627）改“車騎將軍為游騎將軍”①。但在唐代碑誌中仍見此職官名，如龍朔三年（663）《賀蘭淹墓誌》，蓋篆書“大唐故車騎將軍賀蘭君墓誌”②；乾封二年（667）《王道智墓誌》“唐故左驃騎左一車騎將軍上柱國”③；考其原因，一是唐朝建國之初，多沿用舊制；二是唐朝“官名品秩，屢有改易”是在高宗（650－655）之後④，與墓誌顯示的時間基本一致，在這個時期，唐朝軍政體制改革尚在不斷調整中。

（二）開元十五年（727）九月二十三日《理縣樸頭題記》

摩崖刻於四川省理縣雜谷腦，内容述及唐朝與吐蕃之間一次戰事，“朝散大夫、檢挍維州刺史、上柱國焦淑”，“領羌、漢兵及健兒等三千餘人討除，其賊應時敗散”⑤。碑文以羌字居首，可知焦淑率領的維州唐兵中擁有諸羌士卒，並以羌兵為主。此戰及指揮者焦淑、參戰羌兵，新舊《唐書》皆無記載，焦淑的事跡亦不詳於其他史籍，該摩崖可補史乘之闕。

自貞觀八年（634）吐蕃攻破党項及白蘭諸羌開始，就不斷出兵與唐争奪涼、松、茂、巂，即今四川西部、西北部及甘肅東南部地區。至開元十五年（727）時，吐蕃的進攻更加聲勢浩大。《新唐書·玄宗本紀》：“開元十五正月辛丑，河西隴右節度使王君㚟及吐蕃戰於青海，敗之。”當年閏九月，“寇安西，副大都督趙頤貞擊敗之”⑥。吐蕃大舉進攻河西及安西時，劍南維州也採取軍事行動以配合安西趙頤貞擊敗吐蕃的戰争，《理縣樸頭題記》證明開元時期維州已成為唐朝抵禦吐蕃軍事重鎮，也為在對吐蕃的戰争中羌人站在唐王朝一邊提供了實證材料。

值得注意的是，羌人長期處於吐蕃與唐朝拉鋸戰地帶。《舊唐書·東女國傳》譏刺西山諸羌為介於唐蕃之間的“兩面羌”⑦。從唐王朝本身看，一直存在來自西吐蕃、北突厥少數民族政權的壓力，中央王朝對羌人部落與羌人地區實行極具彈性的羈縻制度，其統轄是十分有限的。羌人在夾縫中求生存，西山羌人首領一方面代襲唐王朝所封刺史等官，一方面又陰附、潛通吐蕃，實在是西山羌弱小、無奈的隱忍之舉。

---

① （後晉）劉昫等：《舊唐書》卷四十二，中華書局 1975 年版，第 1784 頁。
② 吴鋼：《全唐文補遺》(6)，三秦出版社 1999 年版，第 291 頁。
③ 周紹良、趙超：《唐代墓誌彙編》（下），上海古籍出版社 1992 年版，第 456－457 頁。
④ （後晉）劉昫等：《舊唐書》卷四十二，中華書局 1975 年版，第 1786 頁。
⑤ 四川省文物志委員會：《四川省文物志》，内部出版，1985 年，第 128 頁。
⑥ （宋）歐陽修、宋祁：《新唐書》卷五，中華書局 1975 年版，第 132 頁。
⑦ （後晉）劉昫等：《舊唐書》卷一百九十七，中華書局 1975 年版，第 5279 頁。

（三）開元二十五年（737）《拓拔守寂墓誌》

陝西省榆林市横山縣韓岔鄉元盆窪村出土。誌主祖先“以字為氏，因地紀號，世雄西平，遂為郡人也”，“授大將軍寧府君”；“高祖立伽府君”，“率眾内屬”，“拜大將軍兼十八州部落使，徙居圁陰之地，則今之静邊府也”；“曾祖羅胄府君”，“拜右監門衛將軍押十八州部落使，仍充防河軍大使；祖後那府君”，“拜静邊州都督，押淳、恤等一十八州部落使兼防河軍大使，贈銀州刺史；考思泰府君”，“拜左金吾衛大將軍兼静邊州都督防禦使、西平郡開國公”，“贈特進左羽林軍大將軍”。誌主拓拔守寂“即西平公之元子也”，“起家襲西平郡開國公、拜右監門衛大將軍，使持節淳、恤等一十八州諸軍事兼静邊州都督，仍充防禦部落使，尋加特進，幹父蠱也”①。“幹父蠱”，指守寂主事。梳理誌文，寧府君即《隋書・西域傳・党項》所載拓拔寧叢，隋開皇五年，“拓拔寧叢等各率眾詣旭州内附，授大將軍”②。立伽，即前文赤辭，於貞觀九年（635）内屬，拜西戎州都督，由於吐蕃勢力北上，恐被其吞滅，由原轄今岷江上游及甘青交界之地，輾轉内遷至關内道北部（今陝西北部地區），即誌文所云：“徙居圁陰之地，則今之静邊府也。”③《新唐書》卷四十三下《地理志》：“静邊州都督府，貞觀中置，初在隴右，後僑治慶州之境，領州二十五。”④ 誌文與史料吻合。赤辭之後羅胄、後那、思泰，包括誌主守寂，皆世襲静邊州都督、十八州部落使兼防河軍大使、西平郡開國公等職。守寂更因“業繼英豪，志懷忠烈，綏其種落，扞我邊垂，歲序滋深，勳庸益著。生而懋賞，既洽於榮章，没有追崇，更優於寵數”，死後“宜增上卿之位，以飾重泉之禮。可贈鴻臚卿”⑤。“上卿”“鴻臚卿”，均為官名。上卿，周制，宗室及諸侯皆有卿，晉代對諸候王國三卿亦尊稱上卿。歷代沿用。鴻臚卿為從三品。朝廷對於去世的羌人首領，加贈官職，顯示唐王朝對少數民族的優撫政策。誌載守寂“弟開元州刺史守義”⑥，開元州，亦唐置羈縻州，當在甘肅舊寧夏府境，是唐朝優待羌人特别是羌人首領族人的又一佐證，也為幾百年後党項羌人依靠唐王朝這柄大傘庇佑，休養生息，壯大崛起，繼而與其他勢力分庭抗争埋下了伏筆。

關於党項拓拔氏的族源是來自北魏皇族鮮卑拓跋氏，還是源自羌人，自唐代以來學界就有兩種觀點，因《元和姓纂》《遼史》《金史》認為出自鮮卑，因《隋書》《舊唐書》《宋史》認為出自羌族。開元二十五年（737）《拓拔守寂墓誌》的出土，為此争議

① 王福春：《唐党項族首領拓拔守寂墓誌考釋》，《考古與文物》2004 年第 3 期，第 76 頁。
② （唐）魏徵等：《隋書》卷八十三，中華書局 1973 年版，第 1846 頁。
③ 王福春：《唐党項族首領拓拔守寂墓誌考釋》，《考古與文物》2004 年第 3 期，第 76 頁。
④ （宋）歐陽修、宋祁：《新唐書》卷四十三下，中華書局 1975 年版，第 1123 頁。
⑤ 王福春：《唐党項族首領拓拔守寂墓誌考釋》，《考古與文物》2004 年第 3 期，第 76 頁。
⑥ 同上。

提供了確鑿的實證材料，誌文:“出自三苗，蓋姜姓之別。以字為氏，因地紀號，世雄西平。”① 源自《後漢書·西羌傳》:“西羌之本。出自三苗，姜姓之别也。”② 意為誌主先祖為炎帝之後姜姓支脉。表達了對羌族的認同。《舊唐書·西戎傳》党項羌：“其種每姓别自為部落，一姓之中復分為小部落，大者萬餘騎，小者數千騎，不相統一。有細封氏、費聽氏、往利氏、頗超氏、野辭氏、房當氏、米擒氏、拓拔氏，而拓拔最為强族。”③ 成書於元和年間（806－820）《元和姓纂》，晚於墓誌撰寫幾十年，把党項拓拔氏定為鮮卑之後顯然是揣測，缺乏依據。周本州《陝北出土三方唐五代党項拓拔氏墓誌考釋——兼論党項拓拔氏之族源問題》、王福春《唐党項族首領拓拔守寂墓誌考釋》一致認為如若没有確切的論據，党項拓拔氏源於元魏拓跋氏的説法是難以令人置信的④。

二、羌人宗教信仰

羌人在歷史發展中形成了以許（又稱釋比文化）為中心，集中體現在以白石神塔代表萬物神靈的自然崇拜。這是在人類原始社會條件下産生的原始宗教，“與其他原始宗教相比，羌族宗教有其顯著特點，這就是萬物有靈觀念和自然崇拜。這是釋比文化的核心”⑤。在羌人的觀念中，所有神靈，除火神以火塘上安置頂鍋而立的三塊石頭為代表外，其餘神靈均以白石為表像，被廣泛地供奉在山巔、水邊、田間、屋頂以及石砌納薩神塔上，並無具象，也無廟宇。這樣的宗教信仰已經成為一種普遍的文化基因，融入到羌族歷史、民俗、文學、藝術、建築、倫理等各個領域，成為羌族理念的靈魂安慰和羌族人民的精神財富。但是，在羌族原始宗教的傳承過程中，特别是南北朝、隋唐時期，隨着羌人的大量内遷，受到漢民族和其他少數民族宗教和文化的影響，其宗教信仰也一度出現適應性的調整，逐漸接受道教、佛教。特别是受到佛教造像的影響，開始借助於造像、寺廟等具體、可視、物質性的實體，伴之以發願文、刻經，以表述其抽象的宗教信仰⑥，這是羌人一改傳統宗教信仰無具象、無廟宇的一次大膽

① 王福春:《唐党項族首領拓拔守寂墓誌考釋》,《考古與文物》2004 年第 3 期，第 74 頁。

② （南朝宋）范曄撰，（唐）李賢等注:《後漢書》卷八十七，中華書局 1965 年版，第 2869 頁。

③ （後晉）劉昫等:《舊唐書》卷一百九十八，中華書局 1975 年版，第 5290 頁。

④ 周本州:《陝北出土三方唐五代党項拓拔氏墓誌考釋——兼論党項拓拔氏之族源問題》,《民族研究》2004 年第 6 期，第 72 頁。王福春:《唐党項族首領拓拔守寂墓誌考釋》,《考古與文物》2004 年第 3 期，第 79 頁。

⑤ 陳興龍:《羌族釋比文化研究》，四川民族出版社 2007 年版，第 40 頁。

⑥ 曾曉梅、吴明冉:《南北朝造像記與羌族宗教信仰》,《西北民族大學學報》(哲社版) 2012 年第 6 期，第 51 頁。

嘗試和變形。當然，羌人信仰從對佛道的吸收、接納、信奉到揚棄，歷經了一千多年的洗禮，直到今天仍然沿襲、堅守着本民族傳統的原始宗教信仰，仍然以自然崇拜為其宗教的核心價值，這不能不説是一個奇跡。非常有趣的是，作為儒、佛、道一體的唐朝，只為我們留下了羌人佛教信仰的痕跡，我們在南北朝碑誌中普見的羌人道教信仰，在歷史進程到唐代時，似乎忽然銷聲匿跡，為我們留下了一個個待考的疑問。下面利用石刻文獻，具體討論羌人在唐代的信仰。

（一）茂縣《點將臺唐代佛教摩崖造像》

造像位於四川茂縣疊溪鎮較場壩點將臺北面及東北面。貞觀四年（630）造，共22龕76尊造像，人物有釋迦、彌勒、藥師、觀世音、文殊、普賢、迎葉、阿難、力士、飛天、供養人等，以釋迦、觀世音像為主。大小尺寸不一，形態各異，栩栩如生，雖經千餘年風霜剥蝕，但形態幾無損壞。造像為當地官吏捐資鑿刻。題記刻於龕外，共19則，涉及眾多職官及州府縣名，如1號龕題記，翼州軍政首腦“持節兼翼州諸軍事、翼州刺史、上大將軍”率録事參軍、司倉參軍、行司户參軍、行參軍、統軍、右別將、戍副等戍邊武將及翼針、翼水、左封、石臼縣等行政官員出資開鑿佛像①。就題名而言，僅第8號龕有羌人題名“西義州行參軍張、録事姚”，“敬造救苦觀世音菩薩一軀”②，但該地區早在北周就為羌人聚居區，至今居民仍以羌人為主。《元和郡縣志》載：北周天和元年（566）“討蠶陵羌，又於七頃山下置翼州，以翼針水為名。”③《舊唐書·地理志四》：“翼州下，隋汶山郡之翼針縣。武德元年，分置翼州。六年，自左封移州，治於翼針。”“翼水，漢蠶陵縣，隋置翼水縣也。”④ 翼針縣故址即今茂縣較場壩南1公里之疊溪古城，轄境約當今四川省茂縣西北部和黑水縣東部。從以上職官看，作為羈縻的翼州縣建置健全，雖是唐與吐蕃對峙的前方重鎮，集結了唐朝重兵防守，但唐朝政府在此區域統治穩固。貞觀四年（630），各級官員於此集資開鑿佛像，當有政治和軍事原因，題名未載，也無其他史料考證。

值得關注的是，此地造像題名，多是戍邊軍人及其家屬。如出土於四川省茂汶縣城鳳儀鎮静州村西南的南朝永明元年（483）《釋玄嵩造像記》：“西涼曹比丘釋玄嵩。”⑤《點將臺唐代佛教摩崖造像》署軍職題名，除上述軍政職官外，還有“蘄州司户參軍劉紹約”“翼州翼水縣丞上騎都尉楊弘鸞”“翼州行□□參軍□”“翼州孝刺史

---

① 于春、蔡青：《四川茂縣點將臺唐代佛教摩崖造像調查簡報》，《文物》2006年第2期，第53頁。

② 同上書，第48頁。

③（唐）李吉甫撰，賀次君點校：《元和郡縣圖志》卷三十二，《中國古代地理志叢刊》，中華書局1983年版，第813頁。

④（後晉）劉昫等：《舊唐書》卷四十一，中華書局1975年版，第1689頁。

⑤ 袁曙光：《四川茂汶南齊永明造像碑及有關問題》，《文物》1992年第2期，第67－71頁。

梁夫人""佛弟子梁大逄夫婦""翼州孝女佛弟子梁大逄妻""翼州孝刺史□□□及□母"①。及至宋代，有"□義郎知茂州軍州事沿邊都巡檢使節制張□□制置大使司□要□提軍馬抵此扼塞"，元代有"大元開國忠順公玄孫劉上萬户文起引兵至此"②，可知羌族聚居區的佛教信仰源遠流長，與駐軍之間有密切關聯。今四川黑水縣木蘇鄉黑水河東岸崖壁晚唐《徐古吐蕃摩崖造像》，共19龕，分上下四層，鑿一佛二弟子，釋迦佛、二世佛、西方三聖、觀音等，體態豐滿，着吐蕃服飾。黑水，唐屬翼州，晚唐為吐蕃所併。該"吐蕃摩崖佛教造像在四川尚屬僅見，在全藏區亦罕見"③。再次説明唐代羌人佛教信仰與戰争有密切關聯，也印證了該羌區在唐時是唐朝抗擊吐蕃的前沿地段。

（二）《仁壽寺造像碑》《佛頂尊勝陀羅尼經幢》

《仁壽寺造像碑》《佛頂尊勝陀羅尼經幢》均出土於四川省汶川縣威州民族師範學校，原唐代仁壽寺舊址。造像碑約刻於唐元和十二年（817），正面上部刻華蓋，華蓋兩側有宋代補刻銘文。中部為宋代補刻石龕。下部為唐刻石龕，龕中刻一主尊二脅侍。兩側均刻陀羅尼經文，首尾磨損泐蝕嚴重。背面由於嵌於牆上，情况不明。經幢刻於元和十二年（817），八角石幢。上端有屋頂形寶蓋，中部為碑文，下為蓮花瓣座。上中下三部組合為一體，可搬動。幢頂及基座已失，僅存幢身，藏於汶川縣文博館。幢身上除第四面僅有少許經文，並無佛像雕刻外，其餘七面皆上端綫刻釋迦牟尼像，下為陀羅尼經文。上端每面刻一尊坐像，四佛、四菩薩相間，下部每面刻陀羅尼經咒。造像碑和經幢上的經文與經咒與《大藏經》第十九册佛陀波利譯《佛頂尊勝陀羅尼經》基本相同，造像碑刻經序和經文，經幢刻經咒④。威州仁壽寺始建於唐元和（806－815）年間，宋朝進行過重修，接引佛像立於大佛殿側，唐宋香火甚盛。清康熙八年（1669）重修，供如來佛。民國二十四年（1935）廟毁，民國二十七年（1938），在舊廟遺址上建四川省立威州鄉村師範學校，即今四川省威州民族師範學校。

唐代佛教造像在四川境内不多，迄今為止，岷江上游僅汶川、茂縣兩處，説明在唐代，佛教仍是四川羌族地區普遍的民間宗教信仰。只是佛主崇奉發生了變化，從南朝的無量壽、彌勒佛變成了觀世音。羌區觀音菩薩在民間信徒中地位的提升與中國佛教的發展取同一步調，反映出羌區與漢區民間宗教的密切關係⑤。

---

① 于春、蔡青：《四川茂縣點將臺唐代佛教摩崖造像調查簡報》，《文物》2006年第2期，第53頁。

② 同上書，第50頁。

③ 阿壩藏族羌族自治州地方志編纂委員會：《阿壩州志》，民族出版社1994年版，第2157頁。

④ 雷玉華、羅進勇：《岷江上游的唐代經幢和造像碑》，《四川文物》2007年第1期，第31頁。

⑤ 曾曉梅、吴明冉：《南北朝造像記與羌族宗教信仰》，《西北民族大學學報》（哲社版）2012年第6期，第4頁。

三、羌人與各民族融合

中國在相當長的歷史時期，如西周、東周與春秋戰國、秦漢、魏晉南北朝，都處於“治亂更替”和“統一與分裂”階段①。特別是魏晉南北朝，社會劇烈動蕩，政權更替頻繁，兵禍連結。北境各少數部族有的崛起，向南發展；有的被强盛民族征服，融合歸併；有的為求生存，被迫内遷，與漢民族錯雜而居。他們人數甚眾，比如“關中之人百餘萬口，率其少多，戎狄居半”②。至貞觀九年（635），僅党項内附者已達34萬人。唐王朝在政治上的統一，儒佛道三教並立，開放多元的文化格局，為各民族之間相互學習提供了廣闊的舞臺，帶來了經濟生活的混融和風俗文化的認同。羌人學習漢文化，與漢民族聚居、雜居，婚姻、姓氏、風俗習慣等也隨之發生了相應的變化。

（一）天寶二年（743）《鉗耳墓誌》

鉗耳君“弱冠，補國子生，秀才擢第”，立志“願帶七尺之劍，游天子之階；持五千之兵，斷匈奴之臂”，“調補河南洛汭府左果毅”③。誌主飽讀詩書，做了秀才，本是文職，卻做武官，暗示羌人内遷中原後，仍保留北方遊牧民族尚武的習俗。

誌云：“其先出自有周，厥初生人，時惟姜嫄，誕彼后稷，至於古公，以及王季。王季之子曰泰伯、曰文王、曰仁虔。泰伯讓位，肇有於吴；文王受圖，是興於鎬。虔仁賜圡於馮翊，其後以王父字為氏，時人語訛，以虔仁為鉗耳矣。聖人之胤，其必蕃昌，樹德先公，澤流後嗣。”王季，古公亶父之子，周文王姬昌之父，其兄太伯，也稱泰伯。《論語注疏》卷八《泰伯》第八：“子曰：‘泰伯，其可謂至德也已矣。三以天下讓，民無得而稱焉。’王曰：‘泰伯，周太王之長子。次弟仲雍，少弟季歷。季曆賢，又生聖子文王昌，昌必有天下，故泰伯以天下三讓於王季。其讓隱，故無得而稱言之者，所以為至德也。’”④ “仁虔”，據誌文當“虔仁”之誤倒，為周文王之弟。“時人語訛，以虔仁為鉗耳矣”⑤，誌文假設語訛，高攀遠祖出自姬姓，是黄帝後裔，以掩飾其少數族裔身份。用典雖誤，但足見鉗耳君深受儒家思想為主體的漢文化影響，而且文化修養較高。

“鉗耳”“虔人”“虔仁”“箝耳”，複姓，均羌語之漢譯，取其音同而已，所選記

---

① 李文學：《論兩漢魏晉南北朝的治亂更替與中華民族的凝聚——兼談對中華民族“多元一體”的認識》，《文化多樣性背景下的民族和諧——國際人類學民族學聯合會第十六屆大會文集》，2009年，第373頁。

② （唐）房玄齡等：《晉書》卷五十六，中華書局1974年版，第1533頁。

③ 吴鋼：《全唐文補遺》，三秦出版社1999年版，第188頁。

④ 十三經注疏整理委員會：《論語注疏》卷八，《十三經注疏》，北京大學出版社2000年版，第111頁。

⑤ 吴鋼：《全唐文補遺》，三秦出版社1999年版，第188頁。

音的漢字或示種族區別，或取褒美之意，各有側重。隨着民族融合，很多羌人已經改姓氏。如北魏太和十二年（488 年）《暉福寺碑》造像者王慶時，名遇①，《魏書·宦官王遇傳》稱他“本名他惡，馮翊李潤鎮羌也。與雷、党、不蒙俱為羌中强族。自云其先姓王，後改氏鉗耳，世宗時復改為王焉。自晉世已來恒為渠長”②。氐羌之王姓，本是鉗耳氏，改同漢姓，而不是造像發願文所謂本王姓，改氏鉗耳，復改為王。《鉗耳墓誌》誌主繼續羌人“鉗耳”之姓，以及其尚武之習，都説明羌人在融入儒家文化圈的過程中還保留着本民族的文化因子，以寄託本民族的精神情懷。

（二）天寶七載（748）《鉗耳君妻薛氏墓誌》

該誌與《鉗耳墓誌》皆出土於河南省洛陽市龍門鎮張溝村。“夫人，河東人也。廣陵郡六合縣令德均之曾孫，上党郡長史膺朝之孫，信安郡信安縣令公之季女。”薛氏為漢人，“自承奉高門，日增婉順；疋諧君子，尤長賢和。内則有允，外言無間，德具其儀静，雖古之哲婦，無以加焉”③。鉗耳君居漢地，娶漢女，卒後與妻同葬於漢地“河南縣龍門鄉西原”，表明唐代羌人進入中原後，除了沿襲羌族的内婚制，同時與其他民族通婚，向外婚制發展，從而羌人與其他民族進一步融合。《金行舉墓誌》，其妻“郭氏，太原人也”，也是羌人與漢人通婚的例證。

（三）《拓拔守寂墓誌》

誌主守寂為党項拓拔氏赤辭的孫子。赤辭於貞觀九年（635）因功被“賜姓李氏”，死後朝廷加贈官職，後代世襲其位。乾寧二年（895）《白敬立墓誌》，出土於靖邊縣紅墩界鄉華家窪林場。誌文述及“夏州節度使、朔方王”④，即拓拔思恭。《宋史·夏國傳》載：“唐貞觀初，有拓拔赤辭者歸唐，太宗賜姓李，置静邊等州以處之。其後析居夏州者號平夏部。唐末，拓拔思恭鎮夏州，統銀、夏、綏、宥、静五州地，討黄巢有功，復賜姓李。”⑤ 思恭割據夏州，對党項拓拔部的發展及其後西夏王朝的建立具有重要的意義。結合後周廣順二年（952）《李彝謹墓誌銘》、後唐長興元年（930）《破醜夫人墓誌》、後漢乾佑三年（950）《沛國夫人里氏墓誌》等，可以幫助我們考察、梳理夏州拓拔李氏家族世系、賜姓等問題，從而補充漢文文獻簡略甚至矛盾之不足。

縱觀碑誌中羌人姓氏，漢魏南北朝遺存較多，隋唐漸少。其改姓、賜姓，涉及社會生活的許多方面，或政治，或婚姻，是一個相當複雜的問題，最終導致並加深了羌人與各民族的進一步融合，促進了唐代民族大彙聚、社會大發展，這應該值得歡迎。

---

① 毛遠明：《漢魏六朝碑刻校注》（3），綫裝書局 2008 年版，第 269 頁。

② （北齊）魏收：《魏書》卷九十四，中華書局 1979 年版，第 2023 頁。

③ 吴鋼：《全唐文補遺》，三秦出版社 1999 年版，第 2140 頁。

④ 康蘭英：《榆林碑石》，三秦出版社 2003 年版，第 75 頁。

⑤ （元）脱脱等：《宋史》卷四百八十五，中華書局 1977 年版，第 13982 頁。

古代羌人的尊儒重教思想研究*

吴明冉

古羌人在發源地“河湟間少五穀，多禽獸，以射獵為事”①。隨着人口的增多，不斷向東、西、西南遷徙。因此歷史上古羌人分佈面廣，東自臨洮，西至帕米爾；部落種號繁多，可記者150種，還有“種别名號，皆不可紀知”者②，内部政治、經濟、文化發展不平衡，不同地區、不同種落的羌人，其教育也有很大差異。作為主流，向南、向東遷徙的羌人，早在兩晉南北朝時期，受到漢文化的深刻影響，在精神層面開始尊儒重教，教育方略逐漸與漢人無異。向西南遷徙的羌人，主要沿着横斷山脉岷江、涪江、大渡河、雅礱江等河流域，散佈開來。隋唐時，生活在甘青川交界處的党項羌漸强，受吐蕃勢力所迫，請求内徙，遂陸續移其部眾於今甘肅東部、寧夏和陝西北部一帶，成為建立大夏的主體民族。在力量壯大的同時，文化事業獲得長足發展，並影響到元代宗教。偏居岷江上游一隅的羌人，隨着明清改土歸流的擴大和深入，儒學更深入民心。利用碑刻文獻，探討古代羌人的尊儒重教精神，對於認識羌民族融入中華民族大家庭的歷史足跡，具有重要意義。

一、前秦至唐代軍中羌人文官

前秦建元三年（367）《鄧艾祠堂碑》，原在陝西省蒲城縣蔡鄧鎮，現藏西安碑林。其題名主簿、功曹、録事、參事者，多來自和戎、寧戎的羌人，有軍主薄和戎雷夫龍道藏、雷道子安、雷川玉光、雷永景文、西羌騎世龍，軍主薄寧戎甞共永萇、雷樹進夔；軍功曹書佐寧戎利非閻永達，和戎雷陵道進、儁蒙龍彦詳；軍録事寧戎甞投欽詳；

---

* 本文略有修改，原載《長春教育學院學報》2015年第13期，第15－18頁。

① （南朝宋）范曄撰，（唐）李賢等注：《後漢書》卷八十七，中華書局1965年版，第2875頁。

② 同上書，第2898頁。

軍參事和戎鉗耳□□龍等①。

考察碑中職官題銜，“主薄”，即“主簿”，戰國始置，負責文書簿籍，掌管印鑒等事。漢代以後，中央和地方各官署均置，為掾史之首。《文獻通考·職官考》：“古者官府皆有主簿一官，上自三公及御史府，下至九寺五監以至州郡縣皆有之。”② 魏、晉時，軍中主簿作為長官親吏，常參與機要，總領府事，權勢頗重。唐以後，稱録事參軍或典簿、縣主簿，地位漸衰。功曹，亦稱功曹史。西漢置，郡守、縣令佐吏，主管選署功勞。屬員為功曹書佐。録事，“録事掾史”的簡稱，西漢郡縣置，掌文書、舉彈善惡等事。三國魏晉將軍府、郡縣沿置。軍中主簿、功曹、録事、參事，與各郡縣一樣，均為文職，可知前秦襲前朝和東晉政治體制，且軍中多用羌人。

前秦建元四年（368）《廣武將軍□産碑》，原在陝西省渭南市白水縣，現藏西安碑林。其題名除部大、酋大外，還有“□曹夫蒙頭、户曹夫蒙彭娥、録事夫蒙護、録事夫蒙大毛”“主簿夫蒙大祁、功曹夫蒙進”等③。户曹，漢始置，掌民户、農桑、祠祀等事。晉、南北朝沿置，主民户。羌人俗尚武，從題名中我們注意到這樣一個史實：內遷關中、中原地帶的羌人，已受到系統的漢文化教育，漢文化水準較高，至遲在前秦時已在軍中任文職。以此推之，前秦郡縣亦當有羌人作文官。

北魏太和十二年（488）《暉福寺碑》，原在陝西省澄城縣李潤鎮暉福寺內，現藏西安碑林。王慶時，馮翊李潤鎮羌人。《魏書·王遇傳》：“自云其先姓王，後改氏鉗耳，世宗時復改為王焉。自晉世已來，恒為渠長。”④ 碑云“忠規之節”，為“散騎常侍、安西將軍、吏部內行尚書、宕昌公”。碑陰題父兄子弟名，多軍政要職，其中存“兄佛弟子華州主簿”“兄佛弟子本郡功曹”“弟二子佛弟子中書□生王”等題名⑤，表明北魏時，內屬關中的鉗耳氏羌人，憑個人學識獲得文職。

正始三年（506）《甞法端造像記》，刻於河南省洛陽龍門石窟古陽洞。甞法端，“宮內作大監”⑥。大監，北魏置，後宮女官，掌宮內事。《魏書·皇后列傳》：“作司、

① 北京圖書館金石組：《北京圖書館藏中國歷代石刻拓本滙編》（2），中州古籍出版社 1989 年版，第 120 頁。

② （元）馬端臨：《文獻通考》卷六十三，中華書局 1986 年版，第 574 頁。

③ 北京圖書館金石組：《北京圖書館藏中國歷代石刻拓本滙編》（2），中州古籍出版社 1989 年版，第 123 頁。

④ （北齊）魏收：《魏書》卷九十四，中華書局 1974 年版，第 2023 頁。

⑤ （清）毛鳳枝輯：《關中石刻文字新編》卷一，民國二十四年（1935）會稽顧燮光校印石印本，《石刻史料新編》第一輯（22），臺北：臺灣新文豐出版公司，第 16863－16866 頁。

⑥ 北京圖書館金石組：《北京圖書館藏中國歷代石刻拓本滙編》（3），中州古籍出版社 1989 年版，第 90 頁。

大監、女侍中三官視二品。"① 據此，北魏朝廷不僅有"樞機左右，歷奉三帝"的王遇②，還有内廷嶲法端等女性羌人。

正始元年（504）《山公寺碑》，甘肅省寧縣出土。題名"主簿弥姐李生""祭酒從事史督護趙安縣事弥姐後進""部郡從事史弥姐阿元""録事史荔非興仁""富平縣功曹弥姐龍成"等③。祭酒從事史，漢置，掌敬老禮賢。《南齊書·百官志》："州朝置別駕、治中、議曹、文學祭酒、諸曹部從事史。"④ 北魏僅司州置祭酒從事，見《魏書·官氏志》⑤。應與南齊同，以儒士擔任。

唐天寶二年（743）《鉗耳墓誌》，河南省洛陽市龍門鎮出土，現藏千唐誌齋。鉗耳君弱冠，補國子生，秀才擢第，以一介文弱書生，調補武官洛汭府左果毅。其先出自有周，並稱"王季之子曰泰伯、曰文王、曰仁虔"⑥。泰伯，即太伯，乃王季之兄，非其子。誌文用典錯誤，但能知泰伯讓位、文王受圖等上古傳説，加上其秀才身份，足見鉗耳氏漢文化修養較高。

羌人獲得文職官職，與接受儒家思想教育有直接的關係，正是因為崇儒重教，才使得他們能受到較好的文化教育，進而融入漢文化主流社會，在社會管理層面佔據一席地位。

二、後秦教育制度及姚氏羌人崇儒

南安赤亭姚氏，世為羌酋，漢時内附，其後弋仲，少英毅。永嘉之亂，東徙榆眉，擁眾數萬，先後歸順前趙、後趙。後趙亡，附東晉，拜為使持節、六夷大都督、都督江淮諸軍事、車騎大將軍、儀同三司、大單于。曾上疏後晉豫州刺史祖約逼殺太后，不忠於主。以中原為大統，常戒諸子："自古以來未有戎狄作天子者。我死，汝便歸晉，當竭盡臣節，無為不義之事。"⑦ 子姚襄"好學博通，雅善談論"⑧。白雀元年（384），姚萇建後秦，都長安。置百官，服色如漢氏承周故事。修德政，佈惠化。"立

① （北齊）魏收：《魏書》卷十三，中華書局 1974 年版，第 321 頁。
② 趙君平：《洛陽〈王遇墓誌〉釋略》，《書法叢刊》2013 年第 5 期，第 25－30 頁。
③ 毛遠明：《漢魏六朝碑刻校注》（4），綫裝書局 2008 年版，第 26 頁
④ （梁）蕭子顯：《南齊書》卷十六，中華書局 1972 年版，第 328 頁。
⑤ （北齊）魏收：《魏書》卷一百一十三，中華書局 1974 年版，第 3001 頁。
⑥ 中國文物研究所等：《新中國出土墓誌·河南》（3 上），文物出版社 2008 年版，第 145 頁。
⑦ （唐）房玄齡等：《晉書》卷一百一十六，中華書局 1974 年版，第 2961 頁。
⑧ 同上書，第 2962 頁。

太學，禮先賢之後。"① 在留臺諸鎮辦官學，以考試優劣，選拔人才②。萇死，長子姚興繼位，常與"舍人梁喜、洗馬範勖等講論經籍，不以兵難廢業"③。天水姜龕、東平淳于岐、馮翊郭高等耆儒碩德，經明行修，教授長安時，諸生自遠至者萬數千人。當河西大儒凉州胡辯，東徙洛陽，除弟子千餘人外，關中後進紛紛赴之請業。興包容廣納，"聽政之暇，引龕等於東堂，講論道藝，錯綜名理"④。同時，立律學，召郡縣散吏學習律法，學成後返還，"論决刑獄"，再無冤滯⑤。建立專門的律法學習與教育研究機構，可謂創舉。告社稷宗廟，行仁孝，以孝治天下。姚泓，興之長子，孝友寬和，博學善談論，尤好詩詠。尚書王尚、黄門郎段章、尚書郎富允文以儒術侍講。博士淳于岐病，"泓親詣省疾，拜於床下。自是公侯見師傅皆拜焉"⑥。可見，姚氏一族，久居北方，深受儒家文化影響，特别是在後秦建立後，不論大政方略，還是典章制度、教育政策無不尊儒。後秦三代，皆傳位長子，這是自西周確立的嫡長制，先嫡後庶、先長後幼的宗法觀念和宗法制度的體現，也意味着後秦國家政治組織的發展與完善。建國僅 33 年，但是民族的根基卻在關中扎下根來，崇儒的教育思想代代相襲。

西秦建弘五年（424）《炳靈寺 169 窟建弘題記》，刻於甘肅省臨夏永靖縣炳靈寺，是該寺規模最大、内容最豐富、最有價值的洞窟。題名"博士南安姚慶子"⑦，羌人。博士，中國古代學官，戰國始置，初泛指學者，後為官職名。秦漢相承，諸子、詩賦、術數、方技都立博士。《漢書·百官公卿表上》："博士，秦官，掌通古今。"⑧ 西漢太常博士省稱，後專掌儒家經學教授。

唐貞觀十八年（644）《姚暢墓誌》，河南省洛陽市偃師出土，現藏偃師商城博物館。誌主高祖，蜀太常卿；曾祖，光州長史；祖，齊并州録事參軍；父，板授河間郡守。"君含五行而介秀，體三德以挺生。暢志詞翰之間，放心琴酒之側。"⑨

永徽四年（653）《姚思忠墓誌》，河南省洛陽市孟津縣朝陽村出土，現藏千唐誌齋。祖，隨營州司倉參軍；父，文林郎。文林郎，文散官名。隋置，唐為文官第二十八階，從九品上。思忠"孝友天然，誠信非則；學綜經史，文華綺絢"⑩。

---

① （唐）房玄齡等：《晉書》卷一百一十六，中華書局 1974 年版，第 2968 頁。

② 同上書，第 2971 頁。

③ 《晉書》卷一百一十七，第 2975 頁。

④ 同上書，第 2979 頁。

⑤ 同上書，第 2980 頁。

⑥ 《晉書》卷一百一十九，第 3007 頁。

⑦ 張寶璽：《建弘題記及其有關問題的考釋》，《敦煌研究》1992 年第 1 期，第 14 頁。

⑧ （漢）班固撰，（唐）顔師古注：《漢書》卷十九上，中華書局 1962 年版，第 726 頁。

⑨ 吴鋼：《隋唐五代墓誌彙編·洛陽卷》（2），天津古籍出版社 1991 年版，第 81 頁。

⑩ 北京圖書館金石組：《北京圖書館藏中國歷代石刻拓本滙編》（12），中州古籍出版社 1989 年版，第 90 頁。

開元二十年（732）《姚遷墓誌》，河南省洛陽市出土，現藏千唐誌齋。祖，著作佐郎；父，夷州都上縣主簿。遷幼而能言，先後任縣主簿、縣尉、縣丞、户曹參軍。可謂“門傳禮樂，世襲衣冠”①。

永泰二年（766）《姚貞諒墓誌》，陝西省出土，現藏西安碑林。“公初敦儒學，早悟釋門，遂於比德伽蘭鳳台之上，崇建金閣鴈塔之下，經行寶林，為彼岸舟航，超出世梁棟，西奉士女，回趨道門。”② 誌主學儒悟釋崇佛修道，與唐代奉行儒佛道於一體的主流文化一致。

上述誌主均南安姚氏，無論是建立自己的政權，還是政權滅亡後的繼續生存，都讓他們深刻感受到儒家思想文化和儒家教育的重要。儘管他們一直不同程度地固守着本民族的一些文化因素，特别是在生活習俗層面對本民族的内核頑强地保留，但更多地是向華夏主流文化靠攏，吸取營養，使得自己在融入華夏大家庭的過程中不被完全排擠出去。從碑刻中反映出來的文職官階，正是在接受儒家文化後的一個表現。

三、西夏及党項羌崇儒重教

西夏是以党項羌人為主體建立的政權，立國190年，效唐宋政治體制，施行文教改革，尊奉孔子為“文宣帝”，建立各級蕃漢官學，實行科舉考試，以科目取士。創制西夏文，以西夏文和漢文為官方語言和文字。翻譯、刊刻大量儒家典籍及佛經，教育獲得長足發展，文化繁榮空前。天祐民安五年（1094）《凉州重修護國寺感應塔碑》，原在凉州大雲寺内，現藏武威西夏博物館，刻西夏、漢文，是迄今所見保存最完整、内容最豐富的碑刻。西夏亡國後，人們借助該碑得以重釋西夏文。乾祐七年（1176）《黑水河建橋敕碑》，刻漢、藏文，反映了党項羌尊佛的同時，依然固守着對山、水、龍、樹、土地等諸神崇拜的原始宗教，這是西夏以儒治國、以佛治心的真實寫照。

其實，早在唐初党項羌崛起時，就傾慕儒家文化。開元二十五年（737）《拓拔守寂墓誌》，陝西省榆林市横山縣韓岔鄉元盆窪村出土。父思泰文武通才。守寂“丕承遺訓，嗣有令緒，造次必形於孝悌，成功不倦於詩書”③。

後晉天福七年（942）《李仁福妻瀆氏墓誌》，内蒙古烏審旗無定河鎮十里梁出土，

① 北京圖書館金石組：《北京圖書館藏中國歷代石刻拓本滙編》（23），中州古籍出版社1989年版，第80頁。

② 吴鋼：《隋唐五代墓誌彙編·陝西卷》（1），天津古籍出版社1991年版，第153頁。

③ 史金波、陳育甯：《中國藏西夏文獻》卷十八，甘肅人民出版社、敦煌文藝出版社2007年版，第19頁。

現藏烏審旗文管所。誌稱瀆氏“四德咸推，六行兼著”。“景曜垂祥，月華表瑞，效葛覃之美稱二南，標婦道之成樛木。”① 葛覃，語出《詩經·周南·葛覃》：“葛之覃兮，施于中谷，維葉萋萋。”② 喻女子在家，志在女工，躬儉節用，尊敬師傅，恪守婦道。此指瀆氏遵女子之本，美名遠播。誌文雖有溢美之嫌，但儒家文化亦成為衡量此支党項羌女子道德、行為的標準。瀆氏與虢王李仁福育子彝殷、彝謹、彝氳、彝超、彝温。據後周廣順二年（952）《李彝謹墓誌》，同出土於十里梁。“曾祖妣破丑氏，累贈梁國太夫人。祖諱思□，皇任京城四面都統教練使，累贈太師。”“考諱仁福，皇任定難軍節度使，累贈韓王。妣瀆氏，封吴國太夫人。”③《新唐書·西域上》：“拓拔思恭……中和二年，詔為京城西面都統、檢校司空、同中書門下平章事。俄進四面都統，權知京兆尹。賊平，兼太子太傅，封夏國公，賜姓李。”④ 傳世典籍中唯見拓拔思恭任京城四面都統，累贈太師。可見，誌文“李思口”，即拓拔思恭，李仁福父，李彝殷與李彝謹祖，李光睿曾祖。守寂一支，唐初從甘青川高原草地內遷至隴右慶州（今甘肅慶陽）等地，再遷銀州以北、夏州以東的沙漠地帶，經過幾百年休養生息，不斷壯大，終於在宋時建立大夏政權，成為與宋、遼、金等勢力分庭抗爭的重要力量。其崛起、壯大、建國，是其既繼承、發揚本民族優秀文化傳統，又崇儒敬佛、大興文教的結果。

西夏教育的成功，為元初培養了大批人才。《元史·朵爾赤傳》：“帝以西夏子弟多俊逸，欲試用之。”⑤ 這些党項遺民往往家學深厚，代代相承。大德五年（1301）《李世雄墓誌》，張伯淳撰文。張伯淳，宋進士，杭州路儒學教授，後遷翰林侍講學士。在翰林供職時，認識世雄，推世雄為儒學教授。世雄子亦“翰林待制屺”⑥。又，至正二年（1342）《立智理威忠惠公神道碑》。《元史·立智理威傳》：“立智理威，為裕宗東宫必闍赤，典文書。”⑦“其先西夏之貴臣、唐兀之令族，烏密其氏也。”⑧《新元史·察罕傳》：“烏密即嵬名之異譯，西夏國族。”⑨ 党項羌人。嵬名氏是西夏皇室姓

① 史金波、陳育甯：《中國藏西夏文獻》卷十八，甘肅人民出版社、敦煌文藝出版社 2007 年版，第 32 頁。

② 十三經注疏整理委員會：《毛詩正義》卷一，《十三經注疏》，北京大學出版社 2000 年版，第 36 頁。

③ 史金波、陳育甯：《中國藏西夏文獻》卷十八，甘肅人民出版社、敦煌文藝出版社 2007 年版，第 53 頁。

④（宋）歐陽修、宋祁：《新唐書》卷三百三十一上，中華書局 1975 年版，第 6218 頁。

⑤（明）宋濂：《元史》卷一百三十四，中華書局 1976 年版，第 3255 頁。

⑥ 韓蔭晟：《党項與西夏資料彙編》卷上，寧夏人民出版社 2000 年版，第 375 頁。

⑦（明）宋濂：《元史》卷一百二十，中華書局 1976 年版，第 2958 頁。

⑧（元）虞集：《道園類稿》（6），《元人文集珍本叢刊》，臺北：臺灣新文豐出版公司（據明初覆刊本影印）1985 年版，第 279 頁。

⑨ 柯劭忞：《新元史》，吉林人民出版社 2005 年版，第 2281 頁。

氏，通常有威明、烏密、於彌等不同的譯法。太祖兵至河西，得金紫公之幼子察罕。金紫公，即曲也怯律，仕西夏，官至金紫光祿大夫、平章政事①。子曲也怯祖，察罕之兄，“夏國嘗舉進士第一人”②，孫亦力撒合，秀才③。碑主立智理威，初為東宮執掌文書的官員，後在“所治郡新學校，謹教養，拔俊秀而用之”④。子買納、韓嘉納，“皆起家為監察御史”⑤。碑中所述立智理威家族六代，皆從文，為文官。

元至正十六年（1356）《唐兀公碑》，發現於河南濮陽縣東柳屯鎮楊什八郎村，現藏該村。碑文述來自賀蘭山下西夏遺民唐兀氏隨蒙古征戰，定居河南濮陽的史實。碑主唐兀崇喜，又名楊崇喜，國子上舍生，“已豫會試，俟貢有期”⑥。會試，元代禮部一級的科舉。國子生，又稱國學生，指在國子監肄業的學生。魏晉以降，歷代設太學或國子學、國子監，是傳授儒家經典的最高學府。崇喜還編纂《述善集》，述家族歷史，是研究蒙元時期西夏遺民活動的珍貴文獻資料⑦。其子理安，國子生，娶翰林待制伯顏宗道女為妻。崇喜弟卜蘭台，攻習儒書及蒙古文字，深通農務，曉知水利。長女嫁國子生燕山。整個家族“厚禮禮學師，以教子孫”⑧。今楊氏後裔三千餘人，仍居住在楊什八郎等村。

至正八年（1348）《莫高窟六體真言碑》，現藏敦煌莫高窟文物所，刻西夏、漢、藏、梵、八思巴、回鶻六種文字。明弘治十五年（1502）《保定西夏文石經幢題名》，現藏保定市蓮池公園，刻西夏文《佛頂尊勝陀羅尼》，並用西夏、漢文題党項羌和漢族施主姓名。足見直到明代仍有懂得西夏文、漢文的党項羌知識分子，他們在宣講佛教教義的同時，也在傳播西夏文明與漢文化。

---

① （明）宋濂：《元史》卷一百二十，中華書局 1976 年版，第 2955 頁。

② （元）虞集：《道園類稿》(6)，《元人文集珍本叢刊》，臺北：臺灣新文豐出版公司（據明初覆刊本影印）1985 年版，第 279 頁。

③ （明）宋濂：《元史》卷一百二十，中華書局 1976 年版，第 2957 頁。

④ （元）虞集：《道園類稿》(6)，《元人文集珍本叢刊》，臺北：臺灣新文豐出版公司（據明初覆刊本影印）1985 年版，第 279 頁。

⑤ （明）宋濂：《元史》卷一百二十，中華書局 1976 年版，第 2960 頁。

⑥ 史金波、陳育甯：《中國藏西夏文獻》卷十八，甘肅人民出版社、敦煌文藝出版社 2007 年版，第 153 頁。

⑦ 焦進文、楊富學：《元代西夏遺民文獻〈述善集〉校注》，甘肅人民出版社 2001 年版，第 205－206 頁。

⑧ 史金波、陳育甯：《中國藏西夏文獻》卷十八，甘肅人民出版社、敦煌文藝出版社 2007 年版，第 153 頁。

四、明清時期岷江上游羌區教育

四川西川岷江上游和涪江上游羌區，僅汶川縣自唐代起就有進士顯第人才，如元友諒，唐元和進士；李樞，宋乾道中進士。故《民國汶川縣志·學校·序》說："汶邑自唐代元和中即有以進士顯著，追溯其源，則建學或當唐代始。"[①] 這種推測可以成立。宋代茂州設有教授等學官[②]。南宋紹興年間，石泉知軍魏禧，創辦學宮，鼓勵官員、羌酋子弟入學。嘉定九年（1216）《魏侯祠記》載其任職"自甲子迄丙子"，即紹興十四年至二十六年（1144－1156），達13年之久，"邦之人飲食必祝，祖孫數世，見聞相襲。覩城郭、宮室、籩豆禮樂，如見公精爽焄蒿間"。後人紀念其功德，建祠立碑"以頌公興學"[③]。

元至元二十七年（1290）《北川小壩元代題記》，刻於四川省北川縣小壩羌族鄉大橋頭石壁。為保障鹽茶道路的暢通，"木刻記事"，"蠻漢一百餘人共同打狗埋石為誓"[④]。"木刻記事""打狗埋石"，是羌藏盟誓習俗。宋初茂州無城隍，熙寧八年（1075）知州事范百常主持築城，蠻以為侵其地，引發衝突。事態平息後，百常與羌誓和，"投石擊婢，以土埋之。巫師詛云：'有違誓者，當如此婢。'"[⑤]"擊婢"殘忍，漸變為"打狗"。宋元官員皆尊重羌俗，兩相盟誓，刻石路側，顯示出羌人酋長較高的漢文化水準。

明清羌區改土歸流，漢族官員積極興學辦校，有力地促進了羌區儒學教育。明景泰六年（1455）《陳敏及妻王氏墓誌》，發現於茂縣。"茂州古荒服，羌戎素號難治。"誌主"由邑庠弟子員充太學生"，永樂十九年（1421）升知成都府茂州事[⑥]。"遷學校，葺城堡。"[⑦] 清乾隆五十八年（1793）丁映奎在其墓前置亭，次年樹《陳敏記功碑》。州人感其恩德，在茂州南明門外，建祠塑像，綿延不絕。墓誌、碑石均現藏茂縣羌族博物館。

---

① 祝世德：《民國汶川縣志》卷三，《中國地方志集成·四川府縣志輯》（66）巴蜀書社（據民國三十三年影印）1992年版，第482頁。

② 冉光榮等：《羌族史》，四川民族出版社1985年版，第217頁。

③ （清）趙德林等修，張沆等纂：《道光石泉縣志》，《中國地方志集成·四川府縣志輯》（23），巴蜀書社（據清道光十四年刻本影印）1992年版，第337頁。

④ 李紹明：《北川小壩元代至元石刻題記考略》，《四川文物》1989年第2期，第58頁。

⑤ （清）陳夢雷等：《古今圖書集成》（108）卷五百九十三，中華書局1934年版，第30頁。

⑥ 四川省阿壩藏族羌族自治州茂汶羌族自治縣地方志編纂委員會：《茂汶羌族自治縣志》，四川辭書出版社1997年版，第747頁。

⑦ 阿壩州文管所陳學志提供拓圖。

嘉靖三十五年（1556）《報功祠碑記》，刻於汶川縣威州城西。碑云：“夫惟天下名賢所寓，宦績流芳，必祀諸學宫，以昭不泯，威獨闕焉，不可以為訓。”① 清康熙元年（1662）《修建文廟碑》，大學士胡世安受地方官吏委託，為汶川文廟所撰。從碑文知：“汶川屢遭寇兵屠蹂，城舍、丘墟、學宫鞠為茂草。”② 清初定江山，首重文教，重建學宫。四十三年（1704）重修，樹《重修文廟碑》，並云：“汶學創始嘉慶三年，後燹於兵。”③ 嘉慶三年，即 1798 年，遲於刻碑近百年，顯然有誤。據《報功祠碑記》，當明嘉靖三年（1524）。這是迄今發現明確記載汶川辦學最早的石刻材料。兩碑亡佚，《民國汶川縣志》存文。

約同治三年（1864）《何遠慶德政碑》，刻於四川省松潘縣，亡佚。“繼以培文風，振學校，建青雲塔，興義學官。”④ 光緒二十年（1894）《何遠慶墓誌》，徵集於河南鄉南河渡村二組。誌載：松潘“雖設學額，而習學者少。君創修學宫文昌，昭宗祠，建學舍，籌膏火資，報提學使者”。提學使者，宋代各路置提舉學事司，簡稱提學。清沿明制，各省置督學道，雍正年間改提督學院，長官稱提督學政。清末罷科舉，興學校，改為提學使。“請廪膳生，並杜冒佔之弊。時時簡騶從入番部，勸耕讀法，凡四年，教化大行，邊人以和。”⑤

羌人紛紛送子讀書，參加科舉考試，獲取功名。如道光十一年（1831）《何延福墓誌》，出土於茂縣光明鄉刀溪村。誌主“增生，里謚和厚”。生三子，分别為貢生、增生、廪生⑥。增生，即“增廣生員”的簡稱，為科舉生員名目之一。明代在生員正額之外增加的名額。正額有月廪，因此又稱“廪生”；增生則無月米。清代沿襲明制。貢生，科舉時代，考選府、州、縣生員（秀才）送入國子監肄業的人。誌稱其家“歷宋、元、明而及清，可謂遠矣”。雖不可考，但“憶前代文獻，不足可考者隱隱”。直到今天，何氏仍是該地羌族大姓。

儘管古代羌族教育資源不平衡，經過長期的發展，四川西川羌區以儒學為核心的漢文化教育，還是潛移默化地影響到了羌族民族心理、價值觀念、思維方式。如道光

---

① （清）吴羹梅修，周祚嶧纂：《同治直隸理番廳志》卷五，《中國地方志集成・四川府縣志輯》（66），巴蜀書社（據清同治五年刻本影印）1992 年版，第 784 頁。

② 祝世德：《民國汶川縣志》卷七，《中國地方志集成・四川府縣志輯》（66），巴蜀書社（據民國三十三年本影印）1992 年版，第 597 頁。

③ 同上。

④ 張典等修，徐湘等纂：《民國松潘縣志》卷八，《中國地方志集成・四川府縣志輯》（66），巴蜀書社（據民國十三年刻本影印）1992 年版，第 293 頁。

⑤ 劉志軍、張首才：《湖北宜都楊守敬書何遠慶墓誌銘考》，《三峽大學學報》（人社版）2014 年第 4 期，第 6 頁。

⑥ 阿壩州文管所陳學志提供拓圖。

七年（1827）《水磨坪治安管理碑》，刻於茂縣溝口鄉水若村，現存該村東嶽廟遺址。官府鼓勵羌村民眾興辦學校，刊刻《聖諭廣訓》十六條、《聖訓六諭》《敬衍養蒙詩》及《勸孝歌》，地方官教職，認真宣講，使羌村“父母夫男皆可令其通解”，或“背誦純熟”。設申明亭，懲治好逸惡勞、偷盗奸殺者。對“不孝、不弟、犯盗、犯奸”等，“俱書於板榜，以示懲戒，而發其□惡之心。能改過自新，則去之”①。儒家孝、節、義、悌等倫理道德思想，已融入羌民心中，升華為釋比文化中頌揚的照顧老人、生兒育女、尊老愛幼媳婦神谷喂一瑟的化身，成為衡量人際關係和自我修養的主要準則。而且，羌族教育還培養出了本民族的文學家，如趙萬嚞，號三吉。《説文解字·口部》：“嚞。古文哲，從三吉。”② 汶川縣雁門鄉月里村人。曾高祖父均為當地名儒。博學能文，擅長書法，創作大量作品。代表作《歲試蓉城醉後題壁》《自遣詩》《過街樓》及《月裏廟宇》《重建索橋外三聖宮廟宇碑序》等，《民國汶川縣志》收録。

考察一千多年來羌民族的發展歷程，不難發現，在頑强地保持着民族自身發展的過程中，總是在努力尋求適合本民族生存發展的思想路綫，總是在力圖建立有益於本民族發展的精神追求。儘管不同歷史階段，其社會形態、勢力興衰有很大的起落，但這個民族試圖儘量從儒家文化教育中吸取營養，以豐富本民族的思想文化和文明精神，從而在華夏民族大家庭中獲得了一席地位。當然，也正是對儒家思想文化的過於依賴，特别是對儒家教育的依賴，使得本民族的很多特質在有意無意之間丢失，本民族創造的歷史文明没有得到完整的保存，這也算在吸收儒家思想文化、接受儒家教育過程中付出的代價吧。

---

① 李鳴：《羌族法制的歷程》，中國政法大學出版社2008年版，第105頁。

② （漢）許慎：《説文解字》，社會科學文獻出版社2005年版，第69頁。

南北朝造像記與羌族宗教信仰*

曾曉梅　吴明冉

傳世典籍記載和當代學術界對羌族的宗教信仰研究基本形成了一個共識，那就是以許（又稱釋比）文化為中心，集中體現在以白石神塔代表萬物神靈的自然崇拜。這是在人類原始社會條件下産生的自發宗教，又稱原始宗教。“與其他原始宗教相比，羌族宗教有其顯著特點，這就是萬物有靈觀念和自然崇拜。這是釋比文化的核心。”① 尊崇自然神靈，讚美祖先英雄，是泛神崇拜的典型。在羌人的觀念中，所有神靈，除火神以火塘上安置頂鍋而立的三塊石頭為代表外，其餘神靈均以白石為表像，被廣泛地供奉在山巔、水邊、田間、屋頂以及石砌納薩神塔上，並無具象，也無廟宇。這種宗教信仰已經成為一種普遍的文化基因，融入到羌族歷史、民俗、文學、藝術、建築、倫理等各個領域，成為羌族理念的靈魂安慰和羌族人民的精神財富。

當然，在羌族原始宗教的傳承過程中，特別是歷史運行到南北朝時期，隨着羌人的大量内遷，受到漢民族和其他少數民族宗教和文化的影響，其宗教信仰也一度出現適應性的調整，開始接受道教、佛教。這個時期留下的大量造像題名，為羌人這一特殊宗教現象提供了豐富佐證。本文擬通過這批資料，分析、歸納南北朝時期内遷羌人對道教、佛教的接受和信仰變遷。

一、羌人道教造像與道教信仰

道教是根植於中國固有文化所産生的宗教，以老子為崇拜偶像，以《道德經》為根本經典，强調“返本歸真”和修道成仙。道教本身是不造像的，但是在南北朝時期，由於受到佛教造像的影響，道教開始將抽象、虚擬、精神性的“道”，借助於石

---

* 本文原載《西北民族大學學報》（哲社版）2012 年第 6 期，第 51－56 頁。

① 陳興龍：《羌族釋比文化研究》，四川民族出版社 2007 年版，第 40 頁。

刻造像這種具體、可視、物質性的實體，以造型藝術，伴之以發願文表述出來。

（一）北魏太和二十年（496）《姚伯多兄弟造像碑》

1931年出土於陝西省耀縣漆河，現藏陝西省銅川市藥王山博物館。記述羌人姚伯多兄弟造太上老君彩繪石像，以祈家族吉祥，"斯願尅成"①。姚氏乃羌族大姓，供養人為姚氏兄弟及其妻子，即"姚伯多""姚伯龍""姚定龍、姚伯養、姚天虎""清信梁冬姬""清信胡女進""清信胡德女""清信牛妙姜""清信王黼女"，屬於家屬造像碑。發願文末題名"道民姚文遷""道民姚伯多"。"道民"是信奉道教者的自稱，表明這是一通羌族道教造像碑。

發願文更是處處闡釋着道教歸真修行的思想，"大道之要，清虛唯真。素為潔練，身剋脩大道之本"②。"大道"即《道德經》之"道"的同義語。《老子》云："道大，天大，地大，王大。"③"大道汜兮，其可左右。"④ 碑文詳細講述老君授經，與尹喜化胡成仙的故事："茫茫太上，亹亹幽微，於矣皇老，誕精雲眉。純風漸皷，品物沾暉。非至非咸，孰啟冥機，洸洸尹生，妙契玄理。遠其城都，皓變素起。微言既暢，萬累都止。"碑文表達着個人思想自由、人與自然和諧、與"神仙為友"，社會"以德導民"的理想，"虛中游翔，梵音希聲。神仙為友，歷觀玉京"。其宗教理想願望是"尊道為主，學以蓑生。神仙為侶，福慶隆昌。子孫斯與，斯願尅成"⑤，可謂典型道教思想的反映。

文中"敬造皇老君文石像一軀"，"老君"作為中國道教對老子的神化尊崇，又稱"太上老君"，是道教的天神、尊神和教主。有趣的是，在羌族原始宗教中，地位最高的神也叫天神、天爺，掌管眾神，是自然界諸神中地位至高無上的神靈。其萬物有靈、靈魂不死等觀念與道教長生久視、修道成仙的思想一脉相通。我們認為，正是羌人的多神崇拜，才使得這個民族很容易接受道教龐雜的神靈體系和道歸自然的宗教理念。

（二）北魏永安二年（529）《雷漢王等造像記》

該造像記又稱《雷漢仁造像記》，1927年出土於陝西省耀州，現藏陝西省耀縣藥王山碑林。碑銘漫漶不清，像主名不詳，造像人家屬有"祖雷支油，北地郡□令。伯父雷漢。父雷漢王，字人起，雲陽令。弟雷眾憙。弟安王。弟安慶。弟□祖。息伯外。息外周。息珎□。息定周。息羊奴"。"伯父雷漢仁"⑥。雷姓乃是南北朝時期關中西羌

① 張燕：《北朝佛道造像碑精選》，天津古籍出版社1996年版，第9頁。

② 同上。

③ 朱謙之：《老子校釋》第25章，《新編諸子集成》，中華書局1984年版，第100頁。

④ 《老子校釋》第34章，第136頁。

⑤ 張燕：《北朝佛道造像碑精選》，天津古籍出版社1996年版，第9頁。

⑥ 李改、張光溥：《藥王山北朝碑石研究》，陝西旅遊出版社1999年版，第73頁。

大姓，造像題名雷姓者 8 人。僅從造像題名無從辨知宗教信仰，但從造像看，碑陰刻天尊二侍者，龕上刻天尊，頭戴道冠，身著道袍，峨冠博帶是道教造像的典型，是一通羌人家族道教造像碑無疑。

二、羌人佛教造像與佛教信仰

十六國時期，氐族、羌族先後在長安建立前秦、後秦政權，而佛教自東漢傳入中國，至此時在關中已經形成了相當强大的勢力，它帶給頻繁戰亂、苦難深重的人們以佛主保佑的人生慰藉和來生福報的精神寄託。特别是由羌人建立的政權後秦，其統治者姚興崇信並利用政權力量大力扶持佛教，關中佛教自前代以來達到最為興盛的時期。這種由上及下推行、普及的宗教信仰，是統治者利用佛教來消融關中漢、羌、氐等民族的文化差異，將教權置於皇權的掌控之中，從而鞏固自己的統治的一种手段。流風所及，很多氐羌民眾開始皈信佛教。到南北朝時期，佛教在中國傳播愈加廣泛，無論王公貴戚、世家大族，還是庶民百姓，崇佛之風日盛，佛教造像也越來越多，並在歷經魏晉南北朝時期佛教僧侶以各種手段傳佈，逐漸邁入隋唐的全盛期。

在南北朝羌族漢文造像碑銘材料中，出現了佛弟子、清信、比丘、沙彌、維那、邑主、齋主、化主等佛職詞語，明確宣示供養人的身份及宗教信仰。

（一）北魏太和十二年（488）《暉福寺碑》

該碑出土於陝西省澄城縣，現藏西安碑林。題名“佛弟子”8 人，即“父佛弟子安西將軍、秦州□□□□城（下殘），兄佛弟子華州主薄（下殘），兄佛弟子寧遠將軍、澄城太守，遷雍州刺史、澄城侯（下殘），兄佛弟子寧朔將軍、河東太守、澄城子，遷澄城太守（下殘），兄子弟子本郡功曺，□為威遠太守、澄城太守（下殘），兄子弟子鷹陽將軍、華州□將王元雍（下殘），世子佛弟子内行内小□□王道訓（下闕），弟二子佛弟子中書□生王”①。造像者王慶時，名遇，《魏書·宦官王遇傳》稱他“本名他惡，馮翊李潤鎮羌也。與雷、党、不蒙俱為羌中强族。自云其先姓王，後改氏鉗耳，世宗時復改為王焉。自晉世已來恒為渠長”②。氐羌之王姓，本是鉗耳氏，改同漢姓，而不是造像發願文所謂本王姓，改氏鉗耳，復改為王。北魏永熙二年（533）《邑主儁蒙□娥合邑字卅一人等造像記》是一區同族異姓造像，題名有儁蒙、夫蒙、荔非、鉗耳、党、王、雷，均羌姓③。今茂縣黑虎鄉有黑虎羌人，多姓王，理

① 毛遠明：《漢魏六朝碑刻校注》（3），綫裝書局 2008 年版，第 269 頁。

② （北齊）魏收：《魏書》卷九十三，中華書局 1974 年版，第 2023 頁。

③ 馬長壽：《碑銘所見前秦至隋初的關中部族》，中華書局 1985 年版，第 91 頁。

縣蒲溪溝、北川青片河、白草河流域也有王姓羌人①。

（二）北魏神龜元年（518）《夫蒙文慶造像銘》

該碑1934年出土於陝西省耀縣樓村鄉坡頭村，現藏陝西省耀縣藥王山碑林。碑陰和左側刻有夫蒙文慶及供養人姓名，題佛職者5人，即“妻清信士雷豐供養佛時，夫蒙文慶供養佛時，佛弟子息祖□供養佛時，佛弟子息道郎供養佛時，親信女照宜供養佛時，親信女和如供養佛時”②。夫蒙、雷，均羌姓。這是一通羌人“夫蒙”家族的同族異姓佛教造像碑，反映出佛教在羌人中已廣泛傳播。

（三）北魏永熙二年（533）《邑主儁蒙□娥合邑子卅一等造像記》

該碑碑陽、碑陰、碑側刻題名，題羌人佛職多處，沙彌者有“沙彌夫蒙僧貴”1人；清信、香火、維那、典録者有邑主清信儁蒙文姬、邑主清信甇姬娥、邑謂清信同琋雲□、邑謂清信同琋定姜、維那清信同琋弥弱、彈官清信夫蒙妙朱、彈官清信同琋矢姬、邑正清信同琋娥媚、典録清信同琋阿美、曲録清信同琋阿陵、香火清信王蘭小、香火清信同琋磨㡀、亡邑主清信儁蒙阿護承、亡邑主清信王歸香、亡惟那清信甇姬香、亡惟那清信同琋龍姜、亡邑子清信同琋文姬、邑子清信同琋軒朱、邑子清信同琋妙娥、邑子清信同琋真朱、邑子清信同琋樹姬、邑子清信甇亭□、邑子清信同琋樹姬、邑子清信同琋照姬、邑子清信楊妙□、邑子清信夫蒙白伏、邑子清信鉗耳支誠、邑子清信同琋枝達、邑子清信同琋鳳凰”等29人；“邑主儁蒙□娥”1人③。整個造像題名58人，除剥蝕嚴重難以辨識外，能確認為羌人的共43人，佔整個造像題名74%以上。這通碑銘，出土於陝西省銅川市黄堡鎮，除“比丘僧郭僧景名豐洛”1人是漢人男性外，餘58人為羌人婦女，是一通羌人同族同姓和異姓造像碑。這些羌人婦女大部分從外村外姓娶來，姓氏以同琋為主，兼及儁蒙、夫蒙、甇、楊、王、鉗耳等羌姓。由此可見羌人在北魏時期仍然沿襲古老的同族異姓内婚制，羌人婦女在宗教信仰中具有獨立性，同時也説明黄堡鎮這一村邑是以羌人為主，並與少數漢族雜居的地區。羌人這種聚居模式至今仍保留着，據筆者調查汶川縣龍溪鄉，以羌人為主，也居住了林姓漢人。

羌人、漢人同邑而居，過着相同的經濟生活，又以相同的信仰，共同造立佛像，表達美好心願，此種文化氛圍自然容易引導各民族走上相互融合的道路。文中“妙法”“波若”“如來”“八難”等佛教術語貫穿通篇，表達了造像者虔誠信佛、消災祈福的願望。

---

① 王明珂：《根基歷史》《羌族的弟兄故事》，黄應貴：《時間、歷史與記憶》，臺北：民族學研究所，1999年，第283－341頁。

② 宗鳴安：《碑帖收藏與研究》，人民美術出版社2008年版，第145頁。

③ 馬長壽：《碑銘所見前秦至隋初的關中部族》，中華書局1985年版，第91頁。

（四）北魏《雷㯳等五十人造像銘》

該碑出土於陝西省耀州，四面刻，包括造像、發願文和題名，是同族同姓羌人造像碑，題雷氏 45 人，其中姓名前冠“香火”“唯那”“侍者”“侍子”“典坐”等佛職者 7 人，即“香火雷保安”“唯那雷阿智”“侍者雷武勇”“典坐王萇命”“香火雷阿年，典坐雷文伯”等，發願文有“彌勒□□，龍花三會，願在初首，所願如是，一心奉［佛］”①，説明北魏時期聚居耀州的雷姓羌人已經比較全面地接受佛教教義和信仰。

（五）北周保定四年（564）九月初八《聖母寺四面像碑》

該碑又名《大周大像主和儁將軍等一百五十人造四面像》，自稱題名造像者 150 人，但實際可識者僅 122 人，除王姓 6 人，有羌人、漢人，族别待定外，題名中的雷、昨和、屈南、罕开、甞、荔非、同琋、鉗耳、弥姐、地連、姚、楊、姜、蒲氏等均羌人姓氏，達 83 人，佔題名總數的 67%。四面造像題名佛職者“像主”“檀越”“香火”“比丘”“化主”“唯那”“齋主”“典坐”，正面有羌人“南面中堪像主党鉗耳榮歡、檀越主罕井阿仵、大像主安定公寺大邑長昨和高儁”，“檀越主罕井明孫肆安縣令”，“左葙唯那曠野將軍殿中司馬屈男神□、左葙齋主安定公寺大邑長昨和遵、左葙邑正横野將軍員外司馬同琋永”，“右葙化主屈男明度、右葙邑正姚族㯳”，“右葙唯那屈男度業、右葙典坐張景略”。既明確宣示造像人的宗教信仰，同時也表明在宗教邑社中的身份地位。這通碑銘題名，除正面外，其餘三面“典坐”下還有“邑子”，這種從“像主”“齋主”“檀越主”到“香火”“比丘”“化主”“唯那”“典坐”及“邑子”的題名方式，為研究佛教供養人組織形式，特别是研究北朝時期宗教結邑組織提供了十分難得的材料。這通碑銘表明，在陝西省蒲城縣的同族羌人與異族漢人以相同的信仰組織起來，構成民間社邑組織，表達共同的心願，“内發菩提，採□真珍石，娉宇□之□工，造四面像一區，其福雖微，上為天龍八部，仰願皇帝福祚唯長，萬國朝宗，彊［禦］歸化。公卿將士，保國安民，福延萬世。遂及先師父母，邑子義眷屬，法界倉生，廿五有，共至菩提，明見佛性”②，反映出宗教信仰的功利化、世俗化特徵。

（六）南朝永明元年（483）《釋玄嵩造像記》

該造像出土於四川省茂汶縣城鳳儀鎮静州村西南，是一通羌區羌人佛教造像，現藏四川省博物院。四面造像，左、右側題記，發願文“敬造無量壽、當來彌勒成佛二世尊像”③。又，茂汶縣點將臺有唐代造像和題記，也出於羌族聚居區，雖然羌人題名

① 馬長壽：《碑銘所見前秦至隋初的關中部族》，中華書局 1985 年版，第 90 頁。

② 北京圖書館金石組：《北京圖書館藏中國歷代石刻拓本滙編》（8），中州古籍出版社 1989 年版，第 114－116 頁。

③ 袁曙光：《四川茂汶南齊永明造像碑及有關問題》，《文物》1992 年第 2 期，第 67－71 頁。

僅第八龕。貞觀四年九月十五日題名有“西義州行參軍張、録事姚”，“敬造救苦觀世音菩薩一軀”①，説明從南朝至唐代，佛教仍是四川羌族地區普遍的民間宗教信仰。只是佛主崇奉發生了變化，由無量壽、彌勒佛變成了觀世音。羌區觀音菩薩在民間信徒中地位的提升與中國佛教的發展取同一步調，反映出羌區與漢區民間宗教的密切關係。

值得關注的是，此處造像題名，多是戍邊軍人及其家屬。可知羌族聚居區的佛教信仰源遠流長，與駐軍之間有很大關係。

三、道佛合一與羌族信仰

對於一個泛神崇拜的羌族，佛教、道教怎麽會産生如此深遠的影響呢？我們認為最主要的原因是羌人内遷後，受漢文化的深刻影響，民族融合與宗教融合相互作用，從而蔚為大觀。因此通過宗教的融合，我們可以看到民族融合的軌跡。

（一）北魏大統十四年（548）《辛延智等七十人造像記》

該造像1927年出土於陝西省耀縣，原為雷氏家藏，現藏陝西省耀縣藥王山碑林，是一通羌人、漢人合造的道教、佛教造像碑。陰陽兩面佈局基本相同，上部鑿一長方形龕，雕一天尊二侍者。題名80人，碑銘中稱“合諸邑子七十人等”，但實際題名不止此數。其中有羌人“夫蒙”氏5人、姚氏1人、楊氏3人，漢人、羌人王氏12人。題名前冠“典録”“香火”“化主”“唯那”等佛職，有“化主吕元智”“化主張敬賓”“化主郭和悦”“香火魏黄頭”“香火高暵國”“香火鄧潤祖”“典録王寄顯”“唯那趙阿保”“但官保道國”等10人②。

“但官”，即“壇官”的俗寫，是道教的一般道士，按照神職身份排列，居於第二層中壇③。所造“天尊”，即“道像”“太上道君”“大道如來”“太上老君”“石老君”④。整個造像碑題名以漢人為主，有明確宗教信仰標識的亦是以漢人為主，説明北魏時耀州内遷羌人除了羌人同族而居外，亦居住在漢人聚居區，並與漢人雜居一處，接受了漢人道教、佛教融合的宗教信仰，共同造像，以期達到“南化則濱，□啟誤心。西涉則胡主啟顃，北訓夷狄體善。東據則現生季俗。重利群生，教與仙藥。精成則白日升天，盡非個元神尊，福起九劫者矣”。所造“大道、如來二聖貞容”⑤，更顯

---

① 于春、蔡青：《四川茂縣點將臺唐代佛教摩崖造像調查簡報》，《文物》2006年第2期，第48、50頁。

② 毛遠明：《漢魏六朝碑刻校注》（8），綫裝書局2008年版，第206頁。

③ 吴真：《羅天大醮與水滸英雄排座次》，《讀書》2009年第7期，第156頁。

④ 李凇：《關中一帶北朝道教造像的幾點基本問題》，《新美術》1997年第4期，第41頁。

⑤ 毛遠明：《漢魏六朝碑刻校注》（8），綫裝書局2008年版，第206頁。

示出融道、佛為一體的民間信仰。

（二）周明帝元年（557）《强獨樂造像記》

造像刻在四川省簡陽縣大佛崖，今屬成都市龍泉驛區山泉鄉。額題“强獨樂為文王建立佛道二尊像”，下方左右鐫刻佛、道像各一軀。“（强獨）樂等與大都督夫蒙儁”等，“南定庸蜀，西及胡羌。北降茹茹，東南夷梁。六合清晏，濟濟康康”[①]，是有功於國的。其題名“夫蒙儁”，即羌人。

（三）北周保定二年（562）《同琋延懤造像碑》

該造像出土於陝西省耀州，四面題名存97人，有羌人“同琋”氏63人。冠佛職“香火”“唯那”“典録”“化主”“典坐”“齋主”者23人，其中羌人“香火同琋智達”“典録同琋世珍”“典坐同琋男真”“齋主同琋儁”等15人。“齋主同琋儁”，“齋主”指僧、道的施主。“但官同琋稚”，亦是羌人。“但官公孫永興”[②]，應是漢人。造像者融道、佛信仰於一體，説明北周時期，羌人已經完全接受了道教、佛教思想。

此造像記還有羌人“邑子荔非景暉、邑子姜景儁”“邑子楊元景”等，共有羌人題名74人，以“同琋”羌人為主體，顯示出羌人同族同姓或異姓而居的聚居模式。此碑無論是造像人數中的羌人比例，還是有明確宗教職位的羌人數，均高於漢人，與北魏大統十四年（548）《辛延智等七十人造像記》中羌人較之漢人少的情況大不相同。題名另有吐盧長弼、普六茹興龍、普六茹嶽淵3人[③]，是北族姓氏，説明北族入關後，便逐漸居住於内遷羌人的羌村之中。反映出北朝時耀州是羌族内遷的主要聚居地。該地羌人、北族、漢族雜居，共同的自然與生存環境，共同的社會與文化生活，自然促成了各民族的融合，隨之也帶來了宗教的大融合。

這種情況一直延續到隋唐，如唐龍朔元年（661）《雷大岑造像記》，石在陝西省西安。發願文有“况乎佛道崇虚，乘幽空寂。弘濟□品，典禦十方”，“早登菩提，同臻彼岸”。題名有“成佛弟子雷大岑”[④]，是一個羌人。

“佛道”，一説為佛道之像，或直譯為佛像[⑤]；一説為佛、道二像。就此處而言，當解為後者。如北魏始光元年（424）《魏文朗造像碑》，發願文稱“佛道像”，題名“道女萇生”[⑥]。“道女”，道教女信徒的稱謂。碑陽龕内刻天尊、釋迦，碑左側刻兩尊

---

① 北京圖書館金石組：《北京圖書館藏中國歷代石刻拓本滙編》（8），中州古籍出版社1989年版，第99頁。

② 馬長壽：《碑銘所見前秦至隋初的關中部族》，中華書局1985年版，第93頁。

③ 毛遠明：《漢魏六朝碑刻校注》（8），綫裝書局2008年版，第206頁。

④ 北京圖書館金石組：《北京圖書館藏中國歷代石刻拓本滙編》（14），中州古籍出版社1989年版，第14頁。

⑤ 李凇：《北魏魏文朗造像碑考補》，《文博》1994年第1期，第52頁。

⑥ 張燕：《北朝佛道造像碑精選》，天津古籍出版社1996年版，第1頁。

天尊像，碑右側刻一佛二菩薩。足見所稱“佛道”應是佛、道二像。

當然，不可否認的是，從現存南北朝時期造像碑銘來看，佛教造像碑遠遠多於道教造像碑，顯示出此時的佛教在中國已呈現奔騰澎湃之勢，其造像確曾對道教造像產生深遠影響，僅以《魏文朗造像碑》而言，天尊坐姿呈斜身式，是模仿佛教造像中維摩詰的姿勢。但重要的是佛、道並存，而且，展現出兩者互相調和、融通的態勢。如創建净土宗的慧遠法師，創念佛往生西方極樂净土的法門，與道教的棲神、煉神方法類同；修煉方法，佛教禪定之學，與道士修煉内丹之方，其基本形式與習静養神的根柢，完全形似；佛教出家觀念，與道教避世高蹈的隱士觀念，也極相同①；兩者的發願文用語也經常互借，如“香火”“道”“功德”“居士”“眾生”，反映出兩教教義的交流。造像記中“俱登佛道”“况乎佛道崇虚”，均透露出南北朝至隋唐時期佛道融合的社會現實。

四、原始宗教與道教、佛教的融合、揚棄與遺存

在世界各地，宗教的原始狀態一經與文明社會接觸，往往會發生許多變形。但羌族的原始宗教信仰，雖然自南北朝以來受到道教、佛教的巨大影響，從吸收、接納、信奉到揚棄，歷經了一千多年的洗禮，直到今天卻仍然沿襲、堅守着本民族傳統的原始宗教信仰，仍然以自然崇拜為其宗教的核心價值，這不能不説是一個奇跡。

宗教信仰的興盛，與社會的動蕩、百姓的苦難、統治者的重壓密切聯係。南北朝社會大動蕩，各族統治者施行强權暴政，社會經濟和文化遭到嚴重破壞。所幸的是被破壞的經濟，在不同歷史時期有所恢復；被破壞的傳統文化，在吸收外來文化的同時，自身又得到了發展。道教源自上古原始宗教和民間巫術，到戰國秦漢，吸收了神仙傳説與方士方術，更借用了先秦老莊哲學和秦漢道家學説、儒學與陰陽五行思想②，被納入哲學的軌範。道教的神仙不同於原始宗教的鬼神，它是現實活人個體生命的無限延伸和直接升華。道教的修煉道法、神仙長生思想，與羌民族萬物有靈、自然永存信仰之間找到了契合。而佛教隱忍的處世哲學、清淡的生活方式、包含智慧的哲理、相對簡單的持戒方式，又符合羌民族一直以來隱忍的生存環境，澹泊的人生態度，吃苦耐勞、勤勞簡樸的生活習慣，因此也容易受到羌人上層和民間的追捧和推崇。隨着羌族的内遷，加快了與漢民族和其他民族相融合的步伐，這種融合不僅表現在風俗習慣、社會結構、生產生活方式的趨同，也表現在宗教信仰、思想觀念、思維模式、心理特

---

① 南懷瑾：《中國道教發展史略》，復旦大學出版社1996年版，第37頁。

② 任繼愈：《中國道教史》，中國社會科學出版社2001年版，第9－16頁。

徵等方面的融合，甚至達到了族群關係的混同。如陝西的党姓及一部分雷姓、王姓，從族源上考察，應是羌族，而他們的實際民族成分已經是漢族。這種水乳交融的變化，正是中華民族多元文化的特質。

再考察信仰形式，今天的羌區白石表徵崇拜與道觀寺廟並存也是值得關注的宗教現象。本來羌人在萬物有靈觀念形態支配下的神靈信仰，是没有具體偶像和寺廟道觀的，一切神靈都凝結於石英白石的表徵，安放在屋頂、家中神龕上以及神樹林中。但隨着與道教、佛教的交融，羌族的一些地區也開始修建道觀、寺廟。理縣鐵林、天元、白空等三座寺廟，其祭祀的神祇是這支羌人傳説中的祖先——“白”氏三兄弟，他們屬於羌人五類神靈之一的祖先神。雖然他們仍以三塊白石作為精神的象徵，但已經被請進了寺廟①。這種將羌人祖先神請進寺廟而公開祭祀崇拜的信仰形式，雖然仍以白石為神靈表徵，沿襲、保留、傳承了羌民族宗教信仰形式的精髓，但寺廟的修建，則預示着羌民族宗教信仰在道教、佛教影響下發生的嬗變。羌人聚居區的汶川縣綿虒、威州、龍溪鄉等地，至今仍修建有城隍廟②；理縣境内還建有禹王宫、文昌宫、川主宫等③。有些羌區村寨，其神職人員除了釋比之外，還有道士、和尚。

當然，在羌族民間又流傳着端公和道士鬥法的傳説，這也反映了道教傳入羌區後與羌族固有的原始宗教及民間信仰之間曾經發生過激烈的摩擦、碰撞的現實④。而所有這些，都表明道教、佛教在羌族宗教信仰中的遺存。

在羌區也有一部分地區仍然堅守着民族的“净土”，在相對封閉的自然環境中，保持着民族最深層的精神領地，其社會結構仍然保持着獨立的社會單元，宗教信仰仍然傳習着原始宗教的觀念和習俗，仍然表現出萬物有靈的自然崇拜。宗教信仰是民族文化的源頭和母體，從民俗地理學的角度審視，一個民族民間宗教信仰的形成與其居住的自然環境、生活方式以及民族歷史文化密切相關⑤。正是由於特殊的居住環境、生活方式以及民族歷史文化的固守，這批羌人仍然信仰天地日月、山河樹木等自然神以及法天敬祖産生出來的祖先神，頑强體現了羌民族以自然崇拜為特徵的宗教原初性。至於隨着社會的進步、經濟的發展、資訊交流的增加、文化教育的提升，羌人的宗教信仰未來將是一個怎樣的運動軌跡，這是值得我們隨時關注的。

---

① 李紹明：《羌族歷史文化三題———以四川理縣桃坪羌鄉為例》，《西南民族大學學報》（人社版）2006 年第 4 期，第 1－4 頁。

② 汶川縣地方志編纂委員會編：《汶川縣志》，民族出版社 1922 年版，第 744 頁。

③ 理縣志編纂委員會編：《理縣志》，四川民族出版社 1997 年版，第 682 頁。

④ 孔又專：《略談道教與古羌民族宗教文化的汲取與融合》，《四川民族學院學報》2010 年第 12 期，第 55 頁。

⑤ 高曾偉：《中國民俗地理》，蘇州大學出版社 1996 年版，第 177－179 頁。

石刻中反映的羌族釋比文化*

吴明冉　曾曉梅

“釋比”是對羌族民間巫師的一種稱呼，又稱“許”。他們主持祭祀，是神和人、虛世和現世的聯係者，是羌族歷史來源、思想文化、宗教習俗、文學作品等知識的傳承者和保留者。祭祀儀式上，演唱釋比經典上、中、下三壇事，以歌頌神事、人事，敘述鬼事。目前已調查、搜集、“整理成500餘部”①，内容豐富多彩，堪稱羌人百科全書。其中的《羌戈大戰》《木姐珠與鬥安珠》《木姐珠剪紙救百獸》《赤吉格補》《鬥旱魃》《頌先祖》等祭祀活動中常演劇碼，都是口傳心授的神話傳説。《刷勒日》圖經，則把想像中的神靈觀念物態化、圖形化。釋比通過祭祀活動，誦唱釋比經典，構建、傳播羌族宗教信仰、思想文化。歷代特别是明清羌族漢文石刻，反映出濃重的釋比文化色彩。

一、祖先英雄崇拜

傳説中，黄帝是人文初祖，黄帝之後相繼以禪讓方式成為大部落首領的是堯、舜、禹。而後的夏王族為大禹之後，著名歷史學家徐中舒先生説：“夏王朝的主要部族是羌，根據由漢至晉五百年間長期流傳的羌族傳説，我們没有理由再説夏不是羌。”② 周人為夏人的一支，與羌人關係密切。傳説中的大禹是治水英雄，既是氐族部落領袖，也是主持部落祭祀的大釋比。因此，四川省岷江上游羌族不僅有大禹《石紐出生》《塗山聯姻》《背嶺導江》《化猪拱山》《古樹吞碑》等民間傳説，而且也産生了一批石刻，傳頌其英雄業績，充分體現出羌人祖先英雄崇拜的民間信仰。

---

* 本文原載《西北民族大學學報》（哲社版）2014年第5期，第33－38頁。

① 陳興龍：《羌族釋比經典的性質和價值》，《西南民族大學學報》（人社版）2007年第9期，第43頁。

② 徐中舒：《我國古代的父系家庭及其親屬稱謂》，《四川大學學報》（哲社版）1980年第1期，第110頁。

禹出生地“石紐”摩崖題刻有三處：汶川縣綿虒鎮高店村飛沙關懸崖洞頂山石，即傳説中禹出生之地，行書“石紐山”①。理縣通化鄉汶山村東200米禹王廟南面崖壁，楷書“石紐山”②。北川縣南石紐山山腰巨石，陽文篆書“石紐”③。

禹生活地“禹穴”，北川縣九龍山有三處：即唐天寶間（742－756）李白、大曆末（766－779）顏真卿，楷書“禹穴”④；又古篆書“禹穴”⑤。汶川綿虒鎮傳有李太白書“禹穴”⑥。

大禹事跡，最早可見傳説中夏禹書衡山《岣嶁碑》，唐人發現，刻77字，構形詭奇，無人能識。人們認定是大禹治水到此，刻石紀功。原碑唐代已佚，宋嘉定五年（1212）何致摹刻，立於湖南岳麓書院，也已亡佚。後人所依，皆其拓本，並非原石拓本。今長沙、西安、蘭州、昆明、紹興等地有岣嶁碑。明嘉靖四十年（1561）《北川禹碑記》，石泉（今北川縣）戍將周宗立。每字右側有明代綿州進士高簡楷書釋文。左下方刻跋文，述周宗備戍石泉，建禹王廟、求岣嶁碑、取衡陽拓摹刻之事。現存蝌蚪文25字和零星釋文、跋文。現藏大禹紀念館内，北川禹里鄉禹穴溝為復製品。2008年“5·12”汶川特大地震後，汶川縣綿虒建大禹祭壇，亦摹刻《岣嶁碑》，立於祭壇右側。

東漢熹平二年（173）《景雲碑》，2004年3月於重慶市雲陽縣舊縣地址即漢晉朐忍縣故城遺址出土，現藏重慶市三峽博物館。碑云：“術禹石紐，汶川之會。”⑦“惟汶降神，梃斯君兮。”⑧明確指出禹出汶川，景氏其先是來自汶川的大禹後裔，西羌人，後人到汶川會盟。至清代，西川羌區汶川有乾隆五十五年（1790）鄭命新撰《大禹故里紀事碑》；嘉慶十二年（1807）李錫書撰《石紐山聖母祠碑》。北川有嘉慶十八年（1813）姜炳璋撰《重建夏禹王廟記》。這些清代石刻雖已亡佚，但反映出羌人對大禹的尊崇和奉祀。

陝西省寧强縣，地處陝西、甘肅、四川三省交界，為古氐羌故地，明洪武三十年設寧羌衛，寓意羌地永寧。烈金壩鄉皤塚山下禹王廟，明嘉靖十六年（1537）知州王儒再建，二十四年（1545）知州蕭遇祥重修，監察御史舒鵬翼撰書《重修禹王廟碑》。21世紀70年代初，拆廟碑毀。就在該地白巖灣石牛洞口鐘乳石上有摩崖《禹王碑》，

---

① 黄新初：《阿壩文化史》，四川民族出版社2006年版，第38頁。

② （清）吴羹梅修，周祚嶧纂：《同治直隸理番廳志》卷一，巴蜀書社（據清同治五年刻本影印）1992年版，第661頁。

③ 楊鈞衡等修，黄尚毅等纂：《民國北川縣志》，巴蜀書社（據民國二十一年石印本影印）1992年版，第413頁。

④ 同上書，第564頁。

⑤ 同上書，第565頁。

⑥ 何永斌：《西川羌族特殊載體檔案史料研究》，巴蜀書社2009年版，第340頁。

⑦ 毛遠明：《漢魏六朝碑刻校注》（1），綫裝書局2008年版，第344頁。

⑧ 同上。

狀如石牛，後背及臀部有8個古字，不可辨識。傳為大禹治水所留真跡①。近年，認為是佛道符籙之屬，或為少數民族文化遺存。

傳説中的大禹是神，也是人。在現實世界裡是真實，同時也是虛構。但在羌族釋比文化傳承過程中，有關大禹的傳説在意義世界裡是一種“實在”，並帶給羌族現實生活善、美、堅韌。到明清時期，地方官奏請朝廷將祭禹載入祀典，反映出統治者對祭禹的重視，對羌族民間祖先英雄崇拜的認同，大肆興修禹廟。如汶川威州楊柳坪箐山有禹王廟，綿虒飛沙關有聖母祠遺跡，綿虒鄉有禹王宫。茂縣有大禹廟。理縣通化鄉汶山村東有禹王廟。北川九龍山，康熙七年（1668）重建大禹廟，乾隆三十一年（1766）陸續修建，祀聖父崇伯、聖母有莘氏。儘管各地為大禹故里爭樹碑記，但碑銘中真實地記録西川羌區各地敬奉大禹的盛況，為研究羌人頌揚始祖先聖、答謝天地神靈提供了真實材料。

釋比經典上頌揚的始祖先聖中，還有率羌人戰勝戈基人、重建家園的阿巴白構，照顧老人、生兒育女、尊老愛幼的媳婦神谷喂一瑟，盗火種到人間的燃比娃等等。只是這些英雄没有銘刻在碑銘文獻中。正是基於對祖先英雄的崇拜，羌族民族文化、宗教思想纔得以一代代傳承。

二、樹神崇拜，封山護林，樸素的生態環境思想

羌族宗教活動，如祭山會（或叫山神會、山王會等），通常在各羌寨附近神林中舉行，祈求山神保佑人畜興旺、五穀豐登、地方太平。神林中豎石塔作祭壇，塔上放置五塊白石以代表天神、地神、山神、山神娘和樹神。天地神是大神，山神緊隨其後，羌人所謂“皇帝祭天，百姓祭山”②，舉行祭山會就是對山神的尊崇。山神之妻助山神有功，也被羌人尊為神。山神所在，是一片茂密的樹林和數棵古樹組成的神林。抽象的山神被賦予具象，羌人看得見、摸得着，既而崇拜山神所居的樹林，將樹林或某種樹視為神樹，給予崇拜。如理縣佳山、若達、西山寨以松樹為神樹，汶川龍溪鄉巴奪村則以杉樹為神樹。巴奪村祭山會，釋比立杉木於祭壇前，分别用於祭路及代表天神、山神。因村民認為山神代表樹神，故不單獨供奉樹神。釋比向神祇獻祭羊，亦在代表天神的杉木下。禮畢，“釋比和刮司木抬上用於祭路杉木圍着全寨田地跑一圈，以保佑全寨莊稼豐收”③。現在有些羌區，小孩出生時，樹上拴繩，並將此樹長期保護。有

---

① 拓片存於寧强縣文史館，編號：0393H027，長1630 cm，寬66 cm。上有“寧羌縣政府印”“寧强县政府印”印跡，左右及下存王岱安、黎琴南等13人題跋。見寧强縣志編纂委員會：《寧强縣志》，陝西師範大學出版社1995年版，第522頁。

② 李鳴：《碉樓與議話坪——羌族習慣法的田野調查》，中國法制出版社2008年版，第267頁。

③ 倪震：《羌族的樹神崇拜》，《文史雜誌》1997年第4期，第33頁。

的山寨舉行專門祭祀神樹的硐硐會，參會男子將彩色紙旗獻給自己認定的神樹，任何人不得砍伐。這些習俗，意味着羌人視個人生命與神樹同體。所以，樹神又叫生命神。釋比在祭祀神樹林時誦經説："樹林神威廣又大，羌人若不敬從它，天災人禍少不了，五穀欠收牲畜亡。"[①] 羌區每片神樹林中供奉着象徵諸神的白石，林内不准放牧、不准積肥、不准隨意砍伐。這種保護生態環境的意識，體現在羌族釋比經典的《遍請山神》《朝山》《祭神林》《男人犯罪》等唱誦中，同時也鐫刻在鄉規民約石刻中。經典是神的意旨，規約是行為規範，浸透在日常生産生活及各種祭禮活動中，自然而然地接受，又自然而然地傳承。

如道光十六年（1836）《牛家山玉皇廟碑》，今藏茂縣東興鄉永和村牛家山玉泉廟内。此處原本林木茂盛，"居此地者，財發、人興、民康"[②]。樹木被毀後，家道不順，財源枯萎，人丁不旺。於是，合族上廟商議，牛牲立誓，保護山林。幾十年後，即光緒二十八年（1902），村民再立《茂州直隸州、綿州直隸州聯合告示碑》，兩州示諭，保護神樹林，"永遠以資護畜"[③]。倘有偷砍樹木或剥樹皮者，一經查獲，即送縣衙嚴辦，决不姑息。

光緒四年（1878）《小寺寨封山護林碑》，刻於汶川縣克枯鄉周達村小寺寨。該寨"封禁有年，不許入山砍伐"[④]，"亦不得牧放猪羊，踐踏神樹，鄉民永遵"[⑤]。光緒十六年（1890）《綿簇民約碑》，刻於茂縣南新鎮棉簇村。該村"地處邊隅，九石一土，遵先人之德，體前人之道，禁惜家林，只准撈葉□糞，不准妄伐林株"[⑥]。

羌人神樹信仰的普遍性，使羌人形成了樸素的生態環境思想。神樹林，平時有專人即"約首"輪流看管。林木的茂盛，減少了陡峭高山峽谷的水土流失，山寨和村民得以平安，人畜興旺，人與自然達成和諧、良性循環，更增强了羌人保護林木資源的積極性，由此産生、形成了相應的保護性習慣法規，為羌人普遍遵守。如《小寺寨封山護林碑》規定，不許私自入山樵采、牧放猪羊。私自砍伐和偷買神樹者，都要受到嚴厲懲罰，盗伐者"罰羊三隻、油三頭、香一萬，以作酬神祭山之資"[⑦]。"偷賣神樹，罰錢拾千文"[⑧]。罰錢作為歷任約首流轉護林之資，不得挪用。鄉規民約，常常交由廳、縣公示，如小寺寨封山護林規約就交理番廳分駐新保關的官衙公示，使羌族民間

---

① 陳春勤：《羌族釋比文化與生態環境保護》，《阿壩師範高等專科學校學報》2008 年第 4 期，第 2 頁。

② 曾曉梅藏原石摄影圖。

③ 同上。

④ 四川省汶川縣文博館藏拓。

⑤ 同上。

⑥ 曾曉梅藏拓。

⑦ 四川省汶川縣文博館藏拓。

⑧ 同上。

鄉村習慣法與國家法合為一體，為羌民普遍接受和遵守。

受保護林木一般分為神樹林和林盤兩種，都是村寨的公有財産。如果説絶對禁止砍伐神樹林是出於對神的敬畏和崇拜，那麽可以限制性地使用林盤則源於生活積累。保護村寨公有林盤，禁止濫砍，是議話坪闔寨公議、議規、民約的重要内容。不同村寨形成了不同的習慣法，如茂縣曲谷鄉有的村寨在1992年以前仍然是通過傳遞木刻的古老方式，由全寨各家各户輪流看管若干天，看管期間，林盤遭受的損失由該家負責。發現盗伐者，全寨公議，嚴懲不怠。

北川通口鎮三溪口的道光十八年（1838）《抑盗安民碑》，敘述境内三溪口、麻窩子等十餘寨，地瘠民貧，靠樹、竹、茶叢變賣活家。有遊手好閑之徒，偷砍樹木。為抑盗安民，“許失主同管約、保人等擒獲送縣依法懲治，絶不姑寬”①。道光二十六年（1846），再立《歷久不易碑》，由龍安府彰明縣、石泉縣兩邑居民相約出示，嚴禁盗樹、竹、茶叢，違者由約長分送兩縣究辦。

咸豐十一年（1861）《黑如黑佈寨護林碑》，刻於茂縣曲谷鄉。黑如、黑佈二寨村民規約神林地界、管理、保護職責，“商訂准砍乾柴，不許砍生柴，不准過地界”②，違者將受罰銀處理。

汶川縣雁門鄉索橋小寨子村十字路口處立一碑，分刻光緒二年（1876）《小寨子索橋林界碑》、光緒十二年（1886）《小寨子蘿葡寨林界碑》，雁門鄉小寨子與索橋、蘿葡寨毗鄰，村民多年來由於林界不明，時有濫砍山林、放牧牛羊而産生糾紛或禍端，鑒於此，在縣署、鄉府官員主持下各村民衆共同商議，立界碑，定條例、公約，“私行斫伐，藉影生枝，一經察覺，或被告發，定即挐案究治，决不姑寬”③。

光緒十六年（1890）《綿簇民約碑》，亦詳細規定偷砍林盤者所受處罰：“偷砍者，罰錢四千八百文，羊一隻，酒十斤，以作山神宫香資。看見者賞錢八百文，以作辛苦費。”④ 今碑石所在地，林盤鬱鬱葱葱。2014年4月12日項目組田野調查到此，見一顆千年古樹，距樹根2.6米處周長為3.06米，倒卧碑旁。據當地村民回憶，古樹於2008年突然倒塌，三天後發生“5·12”地震。古樹，在羌人眼裡似乎有了某種神性。

即使在羌區邊緣地帶，如汶川縣水磨鎮，離最近的羌人聚居地三江十多公里，也有不得亂砍林木的佈告。如民國（1912－1949）《四川省長公署佈告》，刻於汶川縣水磨溝黄龍寺。告誡官吏團保，保護僧道産業，“對於原有林木，尤禁擅尋斧斤”⑤。

但由於近百年，特别是1935年至1985年的50年間，濫砍、亂伐、放牧、開荒、

① 國家民族事務委員會全國少數民族古籍整理研究室：《中國少數民族古籍總目提要·羌族卷》，中國大百科全書出版社2009年版，第19頁。

② 同上書，第21頁。

③ 四川省汶川縣文博館藏拓。

④ 曾曉梅藏拓。

⑤ 同上。

燒炭等人為破壞，岷江上游川西北地方資源鋭減，森林覆蓋率從建國初的30%，減到1990年的“11.32%”①，不包括灌木林地。這片區域處於高寒地帶，地勢陡峻，林木生長緩慢。1999年國家在該區域實施退耕還林政策，使生態環境惡化得到有效控制，林草植被增加，水土流失和風沙危害減輕。

三、和諧對話的世界觀

釋比文化的核心價值觀是和諧，這种和諧體現在人與自然的關係上，即崇拜天地、山川河流等自然環境的一切，保護神樹林，尊崇自然規律；體現在人與人、羌族與其他民族的合作；體現在釋比文化與其他多元文化的交流融合，如羌族原始宗教對道教、佛教、苯教的吸收。釋比文化就是羌人在適應自然環境過程中，構建起的與漢、藏等其他民族和諧雜居的生存環境、多元文化，“集安定、祥和、團結、交往為一體”②。

釋比經典英雄史詩《澤基格佈》③，充分體現羌人與其他民族發生衝突時的生存原則。這部戰爭史詩，記述民族英雄澤基格佈率千軍萬馬，從甘青高原腳下的大草原，到達國涅比亞古蜀都附近，在戰爭與和平的重要關頭，毅然罷戰撤軍修和，揮師返還、重建家園，反映出羌人對和平的祈願和對戰爭的厭棄。澤基格佈，既是羌人大首領、軍事統帥，也是16歲就出師的大釋比，集政權與宗教領袖於一身，為報父母仇，把眾羌引向戰爭。途經28個城寨，皆因理解而暢通無阻，但無一個城寨加盟，透露出羌人面對戰爭、衝突的態度。最後，兩軍對壘，吹響的不是戰鬥的號角，而是平和、溝通的對話，羌人與他民族化干戈為玉帛。

《羌戈大戰》展現羌人與戈基人的戰爭，這部史詩解决衝突的辦法不是對話，而是在天神木比塔主持下，雙方使用樹枝與麻稈、白石與雪坨以及跳巖的比賽。羌人用樹枝、白石，打敗了戈基人，因此更加崇拜神樹、白石。只要是戰爭，肯定就有流血死亡，但史詩没有展現戰爭慘烈場面，而以遊戲、諧謔的方式呈現。如戈基人用麻稈打羌人，“一鞭打去麻稈折，二鞭打去麻稈斷，三鞭打去麻稈碎，戈人陣上笑翻天”④。戈人，亦即戈基人。

以上兩部釋比經典，《澤基格佈》大量篇幅敘述出征準備、過程以及兩軍對話；

---

① 中國科學院西南資源開發考察隊：《川西北地方資源開發研究》，中國科學技術出版社1990年版，第85頁。

② 馮憲光：《羌族“釋比文化”核心是和諧》，《蘇州日報》，2011年5月19日，A05。

③ 澤基格佈是羌族集工藝、稼穡、游牧、釋比、戰士、統帥等衆多角色為一身的人和神的雙重英雄。見趙曦、趙洋：《羌族民族英雄史詩〈泽基格佈〉解讀》，《民族文學研究》2009年第3期，第104－107頁。許箭星：《羌族釋比經典〈澤基格佈〉戰爭與和平觀念探討》，《西南民族大學學報》（社科版）2010年第8期，第45－48頁。

④ 羅世澤、時逢春：《木姐珠與鬥安珠》，四川民族出版社1983年版，第112頁。

《羌戈大戰》更是刻意沖淡戰爭血腥，竭力渲染買猪、帶猪、吆猪、趕猪的過程，表現出羌人對和平的祈望。正如趙曦先生所説：“作為現實的人的釋比，把萬物有靈、崇拜生命、張揚人神、人事和諧共處的意念借《澤基格佈》和《必格溜》文本上演，把自己對於和睦比鄰與構仇他族重大問題的現實的、有效的深刻思考與活動，轉换生成為釋比經典。”① 按：《羌戈大戰》，又稱《必格溜》。

釋比經典的這種和平、和諧的思想深深浸透在羌人心裡，成為民族思想，融入到日常生活，映照在石刻碑銘中。如咸豐元年（1851）《河西議話碑》，刻於茂縣曲谷鄉河東村。載河東十二寨大眾約定“兩寨不打一寨，兩家不打一家，二人不打一人”②，“上不打民房，下不打門檻”等③。光緒九年（1883）《河東十七寨議話碑》，刻於茂縣黑虎鄉，規定凡有打死人賠命價，凡有搶人、殺人事件發生，全鄉民眾要先行制止事態惡化，然後到議話坪，以“投鳴”、眾等公斷的方式解決④。乾隆年間茂縣三齊三十六寨（包括曲谷、三龍部分自然村）原為無主生番，史稱生羌。乾隆元年（1736），三齊地區遭受嚴重自然災害，糧食欠收，未交麥糧本色，用銀兩折交上納。瓦寺土司桑朗雍忠對此極為不滿，聯合雜谷土司，兩路夾攻三齊、龍坪等地，燒毀房屋，殺死八十餘人。三齊羌民没有以暴抗暴，而是聚集龍坪議話坪，達兩千餘眾，控告土司罪行，公斷由汪特率三十六人背本進京，要求脱土歸州。《清實録·高宗實録》載：乾隆十一年（1746）四月，清廷允准“川陝總督公慶復等奏稱《川省三齊三十六寨番民歸隸茂州管轄、籌酌管束事宜》”⑤，三齊歸隸茂州。民國推行保甲制度後，議話坪議事逐漸消亡。黑虎、三龍、曲谷等還有議話坪遺跡。這些石刻和史實充分體現了《澤基格佈》不戰的思想。故李紹明先生在《四川民族地區民主改革的歷史回顧》中寫到：1955 年至 1960 年的四川民族地區民主改革中，四川、雲南部分藏彝地區曾經發生叛亂，羌族地區受到了影響，但是“羌族地區没有發生叛亂”⑥。反映出崇尚和平的理念已積澱在羌人心底，成為羌族重要的民族思想文化。

咸豐八年（1858）《光明勸世碑》，刻於茂縣光明鄉中心村。碑稱：“人非聖賢，焉能無過？是是非非，人所不免。大事勸小，小事勸無。切勿以細微之故，□經官府須役甲里通融；亦勿使鄉黨不和，親朋不睦。”⑦ 光緒十三年（1887）《毛姓家譜碑》，

---

① 趙曦、趙洋：《領羊 吆猪：非戰祀和的宗教聖境心結——略論羌族宗教經典〈澤基格佈〉〈必格溜〉》，《西南民族大學學報》（人社版）2008 年第 4 期，第 57 頁。

② 俞榮根：《羌族習慣法》，重慶出版社 2000 年版，第 618 頁。

③ 同上。

④ 龍大軒：《鄉土秩序與民間法律·羌族習慣法探析》，中國政法大學出版社 2010 年版，第 185 頁。

⑤ 《清實録》（12）卷二百四十六，中華書局 1985 年版，第 420 頁。

⑥ 李紹明：《四川民族地區民主改革的歷史回顧》，《西南民族大學學報》（人社版）2008 年第 1 期，第 36 頁。

⑦ 阿壩州文管所陳學志藏拓。

刻立於汶川縣威州鄉茨里溝村。“千人共爨其，所以睦族，和親者至矣。”[①] 這種睦族和親思想，同宗如此，同族、外族亦然。光緒二十二年（1896）《永定章程碑》，刻於茂縣三龍鄉河心壩，村民照依古禮，制定章程八條，規範行為。禁止“私造妄言、曲語、嘮酒，法及行兇打架、提刀、弄斧”[②]。凡“不孝之徒，不思父母久養，反與父母抵敵。倘有此等，定要投鳴村中”[③]。早在道光七年（1827）茂縣溝口的《水若坪治安管理碑》，又稱《水磨坪治安管理碑》，亦對“不孝、不弟、犯盜、犯奸”等[④]，“俱書於板榜，以示懲戒，而□□羞惡之心。能改過自新，則去之”[⑤]。“弟”，通“悌”。羌族釋比文化中頌揚的照顧老人、生兒育女、尊老愛幼媳婦神谷喂一瑟，就是儒家孝、節、義、悌等倫理道德思想的化身，這些觀念已深入羌族心中，成為衡量人際關係和自我修養的主要準則。

需要注意的是，當代羌人精英們在整理、宣揚羌人文化的同時，刻意掩去羌人居住區中的漢文化印記。2013 年 11 月 2 日，正值羌曆年的前一天，項目組再次來到汶川縣龍溪村調查，據村民陳明全回憶，“文革”前，該村老寨子有迴龍寺等三座寺廟。其中一座寺廟，遺存石獅，高 107 cm，寬 32 cm；石柱高 125 cm，寬 32 cm，厚 32 cm。據其尺寸，石獅當立於石柱。石柱一側刻字，泐蝕嚴重，殘存“乾隆四十□年”等字[⑥]，均毀於上世紀六十年代。龍溪是羌族釋比文化傳承做得最好的村寨，處在深山中的漢式寺廟與羌人火葬、釋比文化和諧共存，顯示出羌族文化的堅韌與包容。歷史進程證明，多文化的交融，不僅不會阻礙羌族文化傳承，必將促進羌族民族文化發展，有利於挖掘羌族文化精髓，讓更多地人認識羌族文化。

羌族釋比文化內容豐富，石刻中反映的釋比文化僅是其中一小部分。釋比文化以積極的生活態度，引導羌人與自然和社會環境、藏漢多元文化和諧共處，謀求生存和發展，它顯示出和諧是人類適應生存環境而構建文化的重要內核。

---

① 四川省汶川縣文博館藏拓。

② 曾曉梅藏拓。

③ 同上。

④ 李鳴：《羌族法制的歷程》，中國政法大學出版社 2008 年，第 105 頁。

⑤ 同上。

⑥ 曾曉梅藏拓。

羌族石刻文獻集成

附録

主要參考書目

札記

主要參考書目

雲岡石窟文物研究所:《2005 年雲岡國際學術研討會論文集·研究卷》，文物出版社 2006 年版。

阿壩藏族羌族自治州地方志編纂委員會:《阿壩州志》，民族出版社 1994 年版。

(清) 陸增祥:《八瓊室金石補正》，《石刻史料新編》第一輯 (6－8)，臺北: 臺灣新文豐出版公司 1982 年版。

龍顯昭:《巴蜀佛教碑文集成》，巴蜀書社 2004 年版。

(宋) 陳思:《寶刻叢編》，《石刻史料新編》第一輯 (24)，臺北: 臺灣新文豐出版公司 1982 年版。

(清) 陳克繩纂，(清) 施義爵、李心正校訂:《乾隆保縣志》，《故宮珍本叢刊》(221)，海南出版社 2001 年版。

西安碑林博物館:《碑林集刊》(1－17 輯)，三秦出版社 1993－2011 年版。

毛遠明:《碑刻文獻學通論》，中華書局 2009 年版。

馬長壽:《碑銘所見前秦至隋初的關中部族》，廣西師範大學出版社 2006 年版。

宗鳴安:《碑帖收藏與研究》，陝西人民美術出版社 2008 年版。

張燕:《北朝佛道造像碑精選》，天津古籍出版社 1996 年版。

姚薇元:《北朝胡姓考》，中華書局 1962 年版。

北川縣政協文史資料委員會:《北川羌族資料選集》，內部出版，1991 年。

政協北川縣委員會文史資料研究委員會:《北川縣文史資料選輯》(1－11 輯)，1984－1999年版。

四川省北川縣志編纂委員會:《北川縣志》，方志出版社 1996 年版。

北京圖書館金石組:《北京圖書館藏中國歷代石刻拓本滙編》，中州古籍出版社 1989 年版。

(唐) 李百藥:《北齊書》，中華書局，1972 年版。

(唐) 李延壽:《北史》，中華書局，1974 年版。

宋莉:《北魏至隋代關中地區造像的樣式與年代考證》，西安美術學院博士論文，2011 年。

（清）趙之謙：《補寰宇訪碑録》（附《失編》），《石刻史料新編》第一輯（27），臺北：臺灣新文豐出版公司 1982 年版。

李秉武主編，陝西省文史研究館編：《長安金石——陝西省文史研究館館藏碑石精華》，香港人民美術出版社 2007 年版。

（唐）姚思廉：《陳書》，中華書局 1972 年版。

王小紅：《川大史學·歷史地理卷》，四川大學出版社 2006 年版。

西南民族大學西南民族研究院：《川西北藏族羌族社會調查》，民族出版社 2008 年版。

山西博物院：《春華集——紀念山西博物院九十周年學術文集》，山西人民出版社 2009 年版。

陝西省文物志編纂委員會、淳化縣志文物志編審委員會：《淳化縣志文物志》，陝西人民教育出版社 1991 年版。

韓蔭晟：《党項與西夏資料滙編》，寧夏人民出版社 1983 年版。

（清）楊迦懌等修，劉輔廷纂：《道光茂州志》，《中國地方志集成·四川府縣志輯》（66），巴蜀書社（據清道光十一年刻本影印）1992 年版。

（清）趙德林等修，（清）張沆等纂：《道光石泉縣志》，《中國地方志集成·四川府縣志輯》（23），巴蜀書社（據清道光十四年刻本影印）1992 年版。

（元）虞集：《道園學古録》，《四部叢刊》本，商務印書館 1937 年版。

李鳴：《碉樓與議話坪——羌族習慣法的田野調查》，中國法制出版社 2008 年版。

（清）顧祖禹：《讀史方輿紀要》，中華書局 2005 年版。

馬衡：《凡將齋金石叢稿》，中華書局 1977 年版。

府谷縣志編纂委員會：《府谷縣志》，陝西人民出版社 1994 年版。

魏文斌、吴葒：《甘肅佛教石窟考古論集》，民族出版社 2009 年版。

張寶璽：《甘肅佛教石刻造像》，甘肅人民美術出版社 2001 年版。

（清）許容等：《甘肅通志》，清乾隆元年（1736）刻本。

（清）昇允等：《甘肅新通志》，清宣統元年（1909）木刻本，江蘇廣陵古籍刻印社 1989 年版。

（宋）鄧名世：《古今姓氏書辨證》，《叢書集成初編》本，商務印書館 1936 年版。

（清）陳夢雷等：《古今圖書集成》，中華書局 1934 年版。

闕名編，（宋）章樵注：《古文苑》，《文淵閣四庫全書》本。

（清）黄本驥:《古誌石華》,《石刻史料新編》第二輯（2）, 臺北: 臺灣新文豐出版公司 1979 年版。

李淞:《長安藝術與宗教文明》, 中華書局 2002 年版。

（清）毛鳳枝:《關中金石文字存逸考》十二卷,《石刻史料新編》第二輯（14）, 臺北: 臺灣新文豐出版公司 1979 年版。

（清）畢沅:《關中金石記》,《石刻史料新編》第二輯（14）, 臺北: 臺灣新文豐出版公司 1979 年版。

（清）毛鳳枝:《關中石刻文字新編》,《石刻史料新編》第一輯（22）, 臺北: 臺灣新文豐出版公司 1982 年版。

高文:《漢碑集釋》（修訂本）, 河南大學出版社 1997 年版。

徐玉立:《漢碑全集》, 河南美術出版社 2006 年版。

（宋）婁機:《漢隸字源》, 汲古閣刻本。

（漢）班固撰,（唐）顔師古注:《漢書》, 中華書局 1962 年版。

毛遠明:《漢魏六朝碑刻校注》, 綫裝書局 2008 年版。

毛遠明:《漢魏六朝碑刻異體字研究》, 商務印書館 2012 年版。

趙萬里:《漢魏南北朝墓誌集釋》,《石刻史料新編》第三輯（3－4）, 臺北: 臺灣新文豐出版公司 1986 年版。

趙超:《漢魏南北朝墓誌彙編》, 天津古籍出版社 1992 年版。

葉程義:《漢魏石刻文學考釋》, 臺北: 臺灣新文豐出版公司 1997 年版。

趙君平、趙文成:《河洛墓刻拾零》, 北京圖書館出版社 2007 年 7 月。

（清）張仲炘:《湖北金石志》, 民國十年（1921）刻本。

（晉）常璩撰, 任乃强校注:《華陽國志校補圖注》, 上海古籍出版社 1987 年版。

（清）孫星衍、邢澍:《寰宇訪碑録》,《叢書集成》初編本, 商務印書館 1935 年版。

（南朝宋）范曄撰,（唐）李賢等注:《後漢書》, 中華書局 1965 年版。

（明）胡汝礪編, 李端隆校, 管律重修, 孟霖重校:《嘉靖寧夏新志》, 明嘉靖十九年（1540）刻本, 寧夏人民出版社 1985 年版。

（清）方若:《校碑隨筆》,《石刻史料新編》第二輯（17）, 臺北: 臺灣新文豐出版公司 1979 年版。

（清）王昶:《金石萃編》,《石刻史料新編》第一輯（1－4）, 臺北: 臺灣新文豐出版公司 1982 年版。

（清）方履籛：《金石萃編補正》，《石刻史料新編》第一輯（5），臺北：臺灣新文豐出版公司 1982 年版。

（清）王言：《金石萃編補略》，《石刻史料新編》第一輯（5），臺北：臺灣新文豐出版公司 1982 年版。

（宋）趙明誠：《金石録》，中華書局 1991 年版。

（清）葉奕苞：《金石録補》，行素草堂金石叢書本。

（清）顧炎武：《金石文字記》，《石刻史料新編》第一輯（12），臺北：臺灣新文豐出版公司 1982 年版。

（清）陸耀遹：《金石續編》，《石刻史料新編》第一輯（4－5），臺北：臺灣新文豐出版公司 1982 年版。

（明）都穆：《金薤琳琅》，《石刻史料新編》第一輯（10），臺北：臺灣新文豐出版公司 1982 年版。

（清）宋振譽：《金薤琳琅補遺》，《石刻史料新編》第一輯（10），臺北：臺灣新文豐出版公司 1982 年版。

（唐）房玄齡等：《晉書》，中華書局 1974 年版。

本書編委會：《日本京都大學藏中國歷代文字碑刻拓本》，新疆美術攝影出版社、新疆電子音像出版社 2015 年版。

（後晉）劉昫等：《舊唐書》，中華書局 1975 年版。

（宋）薛居正等：《舊五代史》，中華書局 1976 年版。

中國人民政治協商會議理縣委員會文史資料委員會編：《理縣文史資料選輯》（第一輯），内部出版，1997 年。

（宋）洪适：《隸續》，《石刻史料新編》第一輯（9－10），臺北：臺灣新文豐出版公司 1982 年版。

（清）翁方綱：《兩漢金石記》，《石刻史料新編》第一輯（10），臺北：臺灣新文豐出版公司 1982 年版。

（唐）姚思廉：《梁書》，中華書局 1973 年版。

趙康民、李小萍：《临潼碑石》，三秦出版社 2006 年版。

劉景龍、李玉昆：《龍門碑刻題記匯録》，中國大百科全書出版社 1998 年版。

張維：《隴右金石録》，《石刻史料新編》第一輯（21），臺北：臺灣新文豐出版公司 1982 年版。

北京魯迅博物館、上海魯迅紀念館：《魯迅輯校石刻手稿》，上海書畫出版社 1987 年版。

洛陽市文物工作隊：《洛陽出土歷代墓誌輯繩》，中國社會科學出版社 1991 年版。

（北朝）楊衒之撰，杨勇校箋：《洛陽伽藍記校箋》，中華書局 2006 年版。

齊運通：《洛陽新獲七朝墓誌》，中華書局 2012 年版。

李紹明：《李紹明民族學文選》，成都出版社 1995 年版。

（元）柳貫：《柳待制文集》，《四部叢刊》本，商務印書館 1929 年版。

王壯弘、馬成名：《六朝墓誌檢要》，上海書畫出版社 1985 年版。

中國科學院民族研究所、四川少數民族社會歷史調查組：《茂汶羌族自治縣黑虎鄉社會調查報告》，内部出版，1963 年。

四川省阿壩藏族羌族自治州、茂汶羌族自治縣地方志編纂委員會：《茂汶羌族自治縣志》，四川辭書出版社 1997 年版。

茂縣鄉鎮簡志編纂委員會：《茂縣鄉鎮簡志》，中央民族大學出版社 2011 年版。

楊鈞衡等修，黄尚毅撰：《民國北川縣志》，《中国地方志集成・四川府縣志輯》（23），巴蜀書社（據民國二十一年石印本影印）1992 年版。

傳崇榘等修，徐湘等纂：《民國松潘縣志》，《中國地方志集成・四川府縣志輯》（66），巴蜀書社（據民國十三年刻本影印）1992 年版。

（清）谷應泰：《明史紀事本末》，中華書局 1977 年版。

楊紹猷、莫俊卿：《明代民族史》，四川民族出版社 1996 年版。

（清）張廷玉等：《明史》，中華書局 1974 年版。

羅世澤等：《木姐珠與鬥安珠》，四川民族出版社 1983 年版。

姚燧：《牧庵集》，《四部叢刊》本，商務印書館 1929 年版。

寧强縣志編纂委員會：《寧强縣志》，陝西師範大學出版社 1995 年版。

（明）朱㮵撰修，吴忠禮箋證，劉仲芳審校：《寧夏志箋證》，寧夏人民出版社 1996 年版。

（清）洪頤煊：《平津讀碑記》，《石刻史料新編》第一輯（26），臺北：臺灣新文豐出版公司 1982 年版。

（清）洪頤煊：《平津讀碑記三續》，《石刻史料新編》第一輯（26），臺北：臺灣新文豐出版公司 1982 年版。

（清）錢大昕著，陳文和等點校：《潛研堂金石文跋尾》，《嘉定錢大昕全集》，江蘇古籍出版社 1997 年版。

郭玉堂編次，王廣慶校訂：《千唐誌齋藏石目録》《續目》《三目》，西泠印社印行，民國二十四年（1935）。

河南省文物研究所、河南省洛陽地區文管處：《千唐誌齋藏誌》，文物出版社 1984 年版。

（清）戴治修，（清）洪亮吉、孫星衍纂：《乾隆澄城縣志》，《中國地方志集成·陝西府縣志輯》（22），鳳凰出版社 2007 年版。

姜炳璋：《乾隆石泉縣志》，《故宫珍本叢刊》（207），海南出版社 2001 年版。

莊學本：《羌戎考察記》，四川民族出版社 2007 年版。

周錫銀：《羌族詞典》，巴蜀書社 2004 年版。

中國科學院民族研究所四川少數民族社會歷史調查組：《羌族地區土司資料匯輯》，油印本，1963 年。

李鳴：《羌族法制的歷程》，中國政法大學 2008 年版。

茂縣地方志編纂委員會辦公室：《羌族風情》，方志出版社 1993 年版。

《羌族簡史》編寫組：《羌族簡史》，民族出版社 2008 年版。

李紹明：《羌族歷史問題》，阿壩州地方志編纂委員會，内部出版，1998 年。

馮驥才：《羌族口頭遺産集成·神話傳説卷》，中國文聯出版社 2009 年版。

北川縣政協文史委、民宗委：《羌族民間長詩選》，内部出版，1994 年。

孟燕等：《羌族民間故事選》，上海文藝出版社 1994 年版。

四川省編輯組：《羌族社會歷史調查》，四川省社會科學院出版社 1986 年版。

陳興龍：《羌族釋比文化研究》，四川民族出版社 2007 年版。

楊明、馬廷森：《羌族思想史資料匯集》（第一輯），西南民族學院民研所、科研處，1985 年。

耿少將：《羌族通史》，上海人民出版社 2010 年版。

林忠亮、王康：《羌族文學史》，四川民族出版社 1994 年版。

俞榮根：《羌族習慣法》，重慶出版社 2000 年版。

（清）袁維春：《秦漢碑述》，北京工藝出版社 1990 年版。

趙爾巽等：《清史稿》，中華書局 1977 年版。

（清）丁紹基：《求是齋碑跋》，《石刻史料新編》第二輯（19），臺北：臺灣新文豐出版公司 1982 年版。

韓理洲等：《全北齊北周文補遺》，三秦出版社 2008 年版。

韓理洲等：《全三國兩晉南朝文補遺》，三秦出版社 2013 年版。

（清）嚴可均：《全上古三代秦漢三國六朝文》，中華書局 1958 年版。

韓理洲等：《全隋文補遺》，三秦出版社 2004 年版。

（清）董誥等：《全唐文》，中華書局 1983 年版。

吴鋼：《全唐文補遺》（1－9 輯），三秦出版社 1994－2007 年版。

吴鋼：《全唐文補遺·千唐誌齋新藏專輯》，三秦出版社 2006 年版。

周紹良：《全唐文新編》，吉林文史出版社 2000 年版。

李修生：《全元文》，江蘇古籍出版社 1999 年版。

（晉）陳壽撰，（宋）裴松之注：《三國志》，中華書局 1964 年版。

陳根遠、羅小幸：《三秦碑刻英華》，陝西師範大學出版社 1996 年版。

陝西省社會科學院、陝西省文物局：《陝西碑石精華》，三秦出版社 2006 年版。

李淞：《陝西佛教美術》，臺北：藝術家出版社 1999 年版。

李淞：《陝西古代佛教美術》，陝西人民出版社 2000 年版。

楊東晨：《陝西古代史》，陝西人民教育出版社 1994 年版。

李域錚：《陝西古代石刻藝術》，三秦出版社 1995 年版。

武樹善：《陝西金石志》，《石刻史料新編》第一輯（22），臺北：臺灣新文豐出版公司 1982 年版。

李慧：《陝西石刻文獻目録集存》，三秦出版社 1990 年版。

陝西省博物館：《陝西省博物館藏石刻選集》，文物出版社 1957 年版。

周偉洲：《陝西通史·民族卷》，陝西師範大學出版社 1997 年版。

王康等：《神秘的白石崇拜——羌族的信仰和禮俗》，四川民族出版社 1992 年版。

趙曦：《神聖與親和——中國羌族釋比文化調查研究》，民族出版社 2010 年版。

（清）汪鋆：《十二硯齋金石過眼録》《續録》，《石刻史料新編》第一輯（10），臺北：臺灣新文豐出版公司 1982 年版。

十三經注疏整理委員會：《十三經注疏》，北京大學出版社 2000 年版。

（漢）司馬遷：《史記》，中華書局 1959 年版。

（梁）沈約：《宋書》，中華書局 1974 年版。

（明）宋濂：《宋學士文集》，《四部叢刊》本，商務印書館 1929 年版。

（清）武億：《授堂金石跋》，《石刻史料新編》第一輯（25），臺北：臺灣新文豐出版公司 1982 年版。

（清）李調元：《蜀碑記補》，《石刻史料新編》第二輯（12），臺北：臺灣新文豐出版公司 1979 年版。

（北魏）酈道元撰，陳橋驛等譯注：《水經注全譯》，貴州人民出版社 1996 年版。

四川大學學報編輯部、四川大學歷史系：《四川地方史研究專集》，四川人民出版社 1980 年版。

高文、高成剛：《四川歷代碑刻》，四川大學出版社 1990 年版。

冉光榮、工藤元男：《四川岷江上游地區歷史文化研究》，四川大學出版社 1996 年版。

四川省文物志編輯部：《四川省文物志·徵求意見稿》（第二集），1986 年版。

四川省地方志編纂委員會：《四川省志·民族志》，四川民族出版社 2000 年版。

四川省地方志編纂委員會：《四川省志·文物志》，四川人民出版社 1999 年版。

（清）常明、楊芳燦等纂修：《嘉慶四川通志》，巴蜀書社 1984 年版。

四川省阿壩藏族羌族自治州、松潘縣志編纂委員會：《松潘縣志》，民族出版社 1999 年版。

（元）脱脱等：《宋史》，中華書局 1977 年版。

王其禕、周曉薇：《隋代墓誌銘彙考》，綫裝書局 2007 年版。

（唐）魏徵等：《隋書》，中華書局 1973 年版。

（清）黄本驥：《隋唐石刻拾遺》（附《關中金石記隋唐石刻原目》），《石刻史料新編》第二輯（14），臺北：臺灣新文豐出版公司 1979 年版。

吴鋼等：《隋唐五代墓誌滙編》，天津古籍出版社 1991 年版。

（宋）李昉等：《太平御覽》，商務印書館 1936 年版。

向達：《唐代長安與西域文明》，三聯書店 1957 年版。

毛漢光：《唐代墓誌銘彙編附考》，臺灣"中研院"歷史語言研究所，1984－1994 年版。

周紹良、趙超：《唐代墓誌彙編》，上海古籍出版社 1992 年版。

周紹良、趙超：《唐代墓誌彙編續集》，上海古籍出版社 2001 年版。

（清）端方：《匋齋臧石記》，《石刻史料新編》第一輯（11），臺北：臺灣新文豐出版公司 1982 年版。

楊殿珣:《石刻題跋索引》(修訂本),商務印書館 1995 年版。

(宋)鄭樵撰,王樹民點校:《通志二十略》,中華書局 2009 年版。

(清)吴羹梅修,周祚嶧纂:《同治直隸理番廳志》,《中國地方志集成·四川府縣志輯》(66),巴蜀書社(據清同治五年刻本影印)1992 年版。

周偉洲:《吐谷渾史》,寧夏人民出版社 1985 年版。

(明)陳士元:《萬姓總譜》,天津人民出版社 1993 年版。

唐長孺:《魏晉南北朝史論叢》,商務印書館 2010 年版。

周一良:《魏晉南北朝史論集》,北京大學出版社 2010 年版。

(北齊)魏收:《魏書》,中華書局 1974 年版。

(宋)李昉等:《文苑英華》,中華書局 1966 年版。

祝世德纂修:《民國汶川縣志》,《中國地方志集成·四川府縣志輯》(66),巴蜀書社 1992 年版。

何星俊:《汶川縣威州鎮志》,内部出版,1997 年。

李錫書:《汶志紀略》,清嘉慶乙丑(1805)夏五月新鐫,蕊石山房藏版。

趙力光等:《西安碑林博物館新藏墓誌彙編》,綫裝書局 2007 年版。

高峽:《西安碑林全集》,廣東經濟出版社、海天出版社 1996 年版。

李域錚等:《西安碑林書法藝術》,陝西人民美術出版社 1983 年版。

羅宏才:《西部美術考古》,上海大學出版社 2008 年版。

何永斌:《西川羌族特殊載體檔案史料研究》,巴蜀書社 2009 年版。

(清)徐松:《西域水道記》,國家圖書館藏稿本。

翁聖修、宋聯奎:《咸寧長安兩縣續志》,民國二十五年(1936)鉛印本。

(清)陸耀遹:《咸寧縣志》,民國二十五年(1936)重印本。

李慧、曹發展:《咸陽碑刻》,三秦出版社 2000 年版。

張鴻傑:《咸陽碑石》,三秦出版社 1990 年版。

咸陽市文物事業管理局:《咸陽市文物志》,三秦出版社 2008 年版。

龍大軒:《鄉土秩序與民間法律·羌族習慣法探析》,中國政法大學出版社 2010 年版。

趙文成、趙君平:《新出唐墓誌百種》,西泠印社 2010 年版。

(宋)歐陽修:《新五代史》,中華書局 1974 年版。

中國文物研究所等:《新中國出土墓誌》,文物出版社 1994–2008 年版。

羅新、葉煒:《新出魏晉南北朝墓誌疏證》，中華書局2005年版。

（宋）歐陽修、宋祁:《新唐書》，中華書局1975年版。

柯劭忞:《新元史》，中國書店1988年版。

（宋）李燾:《續資治通鑑長編》，中華書局1986年版。

王明珂:《尋羌：羌鄉田野雜記》，中華書局2009年版。

（元）張伯淳:《養蒙先生文集》，清鈔本。

（清）張澍:《養素堂文集》，清道光十五年（1889）棗華書屋刻本。

李改、張光溥:《藥王山北朝碑石研究》，陝西旅遊出版社1999年版。

中山大學藝術史研究中心:《藝術史研究》（第八輯），中山大學出版社2006年版。

（清）葉昌熾:《語石》，《石刻史料新編》（16），臺北：臺灣新文豐出版公司（據清宣統元年刻本影印）1979年版。

康蘭英:《榆林碑石》，三秦出版社2003年版。

（唐）李吉甫撰，賀次君點校:《元和郡縣圖志》，中華書局1983年版。

（唐）林寶撰，岑仲勉校記:《元和姓纂》，中華書局1994年版。

新文豐出版公司編輯部:《元人文集珍本叢刊》，臺北：臺灣新文豐出版公司（據明初覆刊本影印）1985年版。（包括王運:《秋澗先生大全集》，明刊修補本；吴澄:《吴文正公集》，成化二十年刊本；虞集:《道園類稿》，明初覆刊本；許有壬:《至正集》，石印本等。）

（明）宋濂等:《元史》，中華書局1976年版。

（元）蘇天爵:《元文類》，臺北：臺灣商務印書館1967年版。

（清）方若原著，王壯弘增補:《增補校碑隨筆》，上海書畫出版社1981年版。

周偉洲:《早期党項史研究》，中國社會科學出版社2004年版。

戴應新:《折氏家族史略》，三秦出版社1989年版。

李仁清:《中國北朝石刻拓片精品集》，大象出版社2008年版。

負安志:《中國北周珍貴文物》，陝西人民美術出版社1993年版。

杜建録:《中國藏西夏文獻研究》，上海古籍出版社2012年版。

史金波、陳育寧:《中國藏西夏文獻·金石編》，甘肅人民出版社、敦煌文藝出版社2007年版。

胡文和:《中國道教石刻藝術史》，高等教育出版社2004年版。

齊書勤、蔣克訓:《中國地震碑刻文圖精選》，地震出版社1999年版。

羅宏才：《中國佛道造像碑研究——以關中地區為考察對象》，上海大學出版社 2008 年版。

陳連慶：《中國古代少數民族姓氏研究》，吉林文史出版社 1993 年版。

國家民族事務委員會全國少數民族古籍整理研究室：《中國少數民族古籍總目提要・羌族卷》，中國大百科全書出版社 2009 年版。

方詩銘、方小芬：《中國史曆日和中西曆日對照表》，上海人民出版社 2007 年版。

趙平：《中國西北地方歷代石刻滙編》，天津古籍出版社 2000 年版。

（唐）令狐德棻等：《周書》，中華書局 1971 年版。

（宋）司馬光編著，胡三省音注：《資治通鑑》，中華書局 1956 年版。

札記

本書在原初設計時分為兩個部分，上編《羌族石刻文獻校注》，即《羌族石刻文獻集成》，收録歷代羌族石刻文獻，上自西漢，下迄民國。每通石刻，按照先圖後文的方式编排，基本体例和内容为：對石刻（拓片或照片）基本資訊的说明、對石刻文字的標點校勘和釋文、石刻著录情况、注釋及彙考。下編《羌族石刻文獻研究》，以整理好的石刻文本為基礎材料，依据石刻文獻内容及其所反映的信息，結合傳世文獻及方志、口頭傳説等，分章節系統研究羌族石刻。内容主要包括羌族石刻文獻概述、羌族石刻歷史研究、羌族石刻反映的民族融合研究、羌族石刻反映的民族遷徙、羌族石刻文化史研究等，形成了初稿，並發表了一些專題研究論文。但基於以下考慮，我們决定留待將來條件成熟，繼續進行相關研究。

首先，羌族石刻文獻零散，加上風化泐蝕，甚至天災毀損和人為破壞，有的已不見蹤跡，有的被人藏匿，有的為收藏家珍藏，有的尚未刊佈，因而付闕，不能不説是羌族石刻搜集、整理的最大遺憾。

至今，有些地區仍是羌族聚居地，但幾無羌族石刻出土，如陝西略陽、寧强這些古氐羌地。建安二十四年（219）至魏正始元年（240），曹魏先後三次將氐人遷徙到關中和隴右的略陽、天水等地，賜“魏歸義氐侯”金印（西和縣境收集，現藏甘肅省博物館①）。武都國末代國王楊文度之弟楊文弘建武興國，北魏、劉宋均封楊文弘為武都王，治所武興（今陝西略陽）。前秦建立者苻健、後凉建立者吕光，皆略陽氐人。苻氏其先世蒲洪，據《晉書》記載，出於略陽臨渭（今甘肅天水東北）。西晉懷帝永嘉四年（310），被推為盟主，自稱“護氐校尉”“秦州刺史”“略陽公”。後秦有《吕憲墓表》《吕他墓表》。吕憲，即吕光弟；吕他，吕光之子。《八瓊室金石補正》：“吕憲，後凉人。《十六國春秋》：‘吕氏，略陽氐人。’吕憲，纂之從叔也，為建節將軍、

① 張立勝：《物華天寶》，敦煌文藝出版社 2010 年版，第 159 頁。

遼東太守。與碑所稱合，惟碑不言建節將軍耳。”① 北魏《王悦及妻郭氏墓誌》：“君諱悦，字文歡，略陽隴城人也。”所以，歷代羌族石刻文獻中，不乏略陽氐羌的記載。寧强，即寧羌，取“輯寧氐羌”之義。其境歷史上曾歸前秦、後秦、仇池氐王楊堅難當統轄。東漢元初元年（114）春，“零昌遣兵寇雍城，又號多與當煎、勒姐大豪共脅諸種，分兵鈔掠武都、漢中。巴郡板楯蠻將兵救之，漢中五官掾程信率壯士與蠻共擊破之”②。明洪武間建衛，成化間升為州，轄沔縣、略陽二縣，屬漢中府。清因之，民國改縣。洪武三十年（1397），有羌人田九成起義③。成化初，劉通、石龍倡亂於荊襄，鄂民沿江逃難。《明史·楊鼎傳》載：成化六年（1470），“鼎疏言：‘陝西外患而寇，内患流民。……漢中僻居萬山，襟喉川蜀，四方流民數萬，急之生變，置之有後憂。請暫設監司一人，專領其事。其願附籍者聽之。’”④ 據統計，明清兩代，流徙移民來寧，客籍佔十之八九，遷入人口以兩湖最多⑤。經長達兩千多年漢羌雜處，至清末，已羌漢難辨，唯羌俗及其服飾傳統經久不泯。梳理該地石刻，除已毀的嘉靖十六年（1537）《重修禹王廟碑記》，唯見四川省北川縣存光緒二十四年（1898）《蔚有文及妻任氏墓碑》，載蔚氏“自世陝西西安省斉羌洲里，地名太石河祖籍”，乾隆時入川老綿州所屬綿竹縣，嘉慶時移居羅江縣新村中里，後落業青片鄉安綿村小鴨渡。“斉羌洲”，即“寧羌州”。太石河，今甘肅西和縣太石河鄉。西和縣，周春秋為羌、戎地。十六國時為仇池國地。明隸鞏昌府，編户七里。蔚氏祖籍太石河，推其先約於明代沿嘉陵江水系遷徙至寧羌州，又從“西安蕩遊此處”。據《寧强縣志》載：“縣境有不少石板墓、磚墓，内無棺木亦少碑記。代代流傳説：‘唐朝石板，宋朝磚，清朝興的木板板。’”⑥ 故何紹基《寧羌州》：“郵亭尚記金牛峽，部落空傳白馬羌。”⑦

四川省平武，《道光龍安府志》：“《禹貢》梁州之域，周秦氐羌地。”⑧ 西漢置剛氐道，治今古城鄉。東漢末始有大量漢人進入縣境。南北朝梁末，境為氐豪所據，自

① （清）陸增祥：《八瓊室金石補正》卷十，民國十四年（1925）吴興劉氏希古樓刊本，《石刻史料新編》第一輯（6），臺北：臺灣新文豐出版公司 1982 年版，第 4154 頁。

② （南朝宋）范曄撰，（唐）李賢等注：《後漢書》卷八十七，中華書局 1965 年版，第 2889 頁。

③ 寧强縣志編纂委員會：《寧强縣志》，陝西師範大學出版社 1995 年版，第 615 頁。

④ （清）張廷玉等：《明史》卷一百五十七，中華書局 1974 年版，第 4299 頁。

⑤ 寧强縣志編纂委員會：《寧强縣志》，陝西師範大學出版社 1995 年版，第 112 頁。

⑥ 同上書，第 593 頁。

⑦ 同上書，第 567 頁。

⑧ （清）鄧存詠等：《道光龍安府志》卷二，《中國地方志集成·四川府縣志輯》（14），巴蜀書社（據道光刻本影印）1992 年版，第 613 頁。

稱藩王[①]。唐代吐蕃東進，松潘一帶的藏族開始進入縣境西部。《天下郡國利病書·四川備録·蜀中邊防記·川西·龍安府》："龍州，古氐羌地。國初，薛文勝歸附，乃授知州。時千夫長隴西李仁廣、提領高郵王祥給我餉饋，蜀平，賜李州同知，王州判官。宣德中，以征松潘功，升州為宣撫，薛氏世宣撫使，李為副使，王為僉事，各統土兵五百，分守白馬、白草、木瓜三番。"[②] 嘉靖四十四年（1565），龍州宣撫使薛兆乾聚集部分少數民族作亂、拒命、造反，次年叛亂平定，實行改土歸流，改龍州宣撫司為龍安府，設立流官。明末清初戰亂，特别是嘉慶五年（1800）白蓮教起義、宣統三年（1911）哥老會對境内白馬番人大肆屠殺，致少數民族人口鋭減，大批漢族移入。現境内與北川山水相連的平通河流域鎖江、徐塘、平南三個鄉，主要為羌族。白馬、木座、黄羊、虎牙、泗耳、木皮等地，主要為藏族聚集地。這些地區歷史上是白草番、白馬番、木瓜番人活動中心地帶。平武白馬人，自稱氐人，1980 年前後，四川省民委民族識别組從學術上論證，白馬人為歷史上一支氐人的遺裔[③]。沿用古姓楊氏最多，還有王、余、張、曹、班、李、劉、田等姓[④]。遺存石刻有清嘉慶二十年（1815）《眾議團碑記》，刻於平武縣豆叩鎮銀嶺村老房組。碑石高 100 cm，寬 60 cm。張禮撰文。碑文 28 行，行字數不等。額楷書，題"眾議團碑"。泐蝕嚴重[⑤]。宣統三年（1911）《藥叢山椵木樹利濟行人碑》，刻於平武縣徐塘羌族鄉藥叢山椵木樹。碑石高 180 cm，寬100 cm。兩面刻，杜煥章撰文。碑文 27 行，約 450 餘字[⑥]。

北川羌族石刻，多次訪碑無果。如清咸豐二年（1852）《永垂萬古碑》，又稱《青片小鴨渡永垂萬古碑記》。碑石高 150 cm，寬 105 cm。泐蝕嚴重。碑文 24 行，楷書，有"東岳、城隍兩廟會，與演戲需用，應甘富讓""吶嘛"書丹等字樣[⑦]。《中國少數民族古籍總目提要·羌族卷》著録，現藏四川省北川縣青片鄉新街老橋頭議話坪[⑧]。

---

① 平武縣志編纂委員會:《平武縣志》，四川科學技術出版社 1997 年版，第 217 頁。

② （明）顧炎武:《天下郡國利病書》（20），《四部叢刊三編·史部》（161），商務印書館 1929 年版，第 34－35 頁。

③ 蕭猷源:《平武白馬藏族》，内部出版，2001 年，第 163 頁。

④ 同上書，第 67 頁。

⑤ 國家民族事務委員會全國少數民族古籍整理研究室編:《中國少數民族古籍總目提要·羌族卷》，中國大百科全書出版社 2009 年版，第 17 頁。

⑥ 同上書，第 27 頁。

⑦ 北川縣政協文史資料委員會編:《北川羌族資料選集》，内部出版，1991 年，第 224 頁。

⑧ 國家民族事務委員會全國少數民族古籍整理研究室編:《中國少數民族古籍總目提要·羌族卷》，中國大百科全書出版社 2009 年版，第 21 頁。

然實地調查，卻未查見。20 世紀 80 年代末至 90 年代初，幸王清貴先生著《北川金石雜抄》，迻録文字，保存了這份石刻材料。

貴州銅仁石阡羌族人口數量多於江口，但多散居。江口羌族主要聚居於桃映鄉勻都村漆樹坪村民組。該村胡姓是同一老祖公的後人，約在明末清初，從四川茂縣躲避戰亂至江西，改名胡再江，輾轉遷移到貴州銅仁，從錦江支流小江溯河而上，先後在甕格溝、胡家坡、漆樹坪擇地而居。他們身處高山峽谷，在漢、土家、苗、侗、仡佬等民族文化圈中，自稱漢族，唯以羌族最重要的文化表象“羌年”的民俗形式提醒子嗣保持對本民族文化的关注和认知[①]。

由此可窺見羌族融合於漢、藏及其他民族的大致情況。但我們堅信，隨着對羌族歷史文獻的挖掘、羌族歷史文化的保護、出土文物資源的共享，一定會有新的羌族石刻被發現、被利用。

其二，羌族石刻文獻内容的局限和不足。

羌族石刻較多地反映出羌人向東、向關中的遷徙，而向西南的遷徙，除岷江、涪江上游，雅安蘆山縣有石刻外，其他地方則無羌族石刻，這與羌人向這些地區遷徙的史料記載極不相稱。《後漢書・西羌傳》載，羌人“出賜支河曲西數千里，與衆羌絶遠，不復交通。其後子孫分别，各自為種，任隨所之。或為氂牛種，越巂羌是也；或為白馬種，廣漢羌是也；或為参狼種，武都羌是也”[②]。五胡十六國時期，氐羌政權中，除前秦、後秦建都西安，屬於羌人東遷關中而外，清水氐楊氏仇池政權，宕昌羌、白水羌、白蘭羌等地方政權都是羌人向西南遷徙過程中不斷發展、壯大起來的。然僅白馬、青衣名見石刻文獻。白馬羌，因居住白馬水流域而得名。《後漢書・光武紀》：光武十三年（37）“秋七月，廣漢徼外白馬羌豪率種人内屬”。李賢注：“羌有百五十四種，在廣漢西北者為白馬羌。”同書《後漢書・西羌傳》：“或為白馬種，廣漢羌是也。”[③]《水經注・漾水》：“白水西北出於臨洮縣西南西傾山，水色白濁。東南流與黑水合，水出羌中。”[④] 桓、靈二《帝紀》及張奂、段熲二《傳》，《華陽國志・大同志》《晉書・乞伏國仁載記》亦有相關記載。北齊河清三年（564）《狄湛墓誌》，山西太

① 莊鴻文：《對漆樹坪“羌年”的考察與思考》，《銅仁學院學報》2011 年第 1 期，第 13 頁。

② （南朝宋）范曄撰，（唐）李賢等注：《後漢書》卷八十七，中華書局 1965 年版，第 2876 頁。

③ 同上。

④ （北魏）酈道元撰，陳橋驛等譯注：《水經注全譯》卷二十，貴州人民出版社 1996 年版，第 701 頁。

原出土，狄湛於天保“十年，除白馬領民都督”。湛死於晉州，治城白馬，誌文“白馬”即指此，非白馬羌。青衣羌，《後漢書·筰都夷傳》：“安帝永初二年，青衣道夷邑長令田，與徼外三種夷三十一萬口，齎黄金、旄牛毦，舉土内屬。安帝增令田爵，號為奉通邑君。”① 青衣道夷，即青衣羌。同一青衣，或稱羌，或稱夷，或稱戎，乃不同異名②。建安十年（205）《樊敏碑》稱“續蠢青羌”。陝西咸陽出土的保定四年（564）《拓拔虎墓誌》，有“青羌内獷，白犬南侵”之語③。三通石刻，只有一通出自西南，且確指羌人種落。

1978年，費孝通先生第一次提出“藏彝走廊”的概念，其範圍北至甘肅，南至西藏察隅、珞瑜④。走廊北端是“羌”，因其地域的廣泛以及其族稱的多樣性，不能等同於國民國家“羌族”的民族概念，特别是由於認識的局限和歧視，有些族名為“羌”實為他族。如寧夏固原《陝西軍門平羌碑》⑤、萬曆五年（1577）《軍門平羌碑記略》⑥，雖號“羌”，然實為蒙古舊部。固原距蒙古瓦剌最近，是明朝北部防禦蒙古勢力再起的邊防重鎮。《明史紀事本末·平固原盜》：“憲宗成化四年夏四月，固原土達滿四叛。”⑦ 即蒙古舊部土達部上層分子發動的一次叛亂。只是《陝西軍門平羌碑》：“全陜北忱虜，西南襟氐羌，彼熄此熾。”道出了西南羌人不屈不撓反抗明朝統治者的史實。走廊北端的“羌”，其中含有今天岷、涪江上游羌族的先民。兩漢以後古羌人的主要活動區由中原地區轉换至黄河中上游的甘青草原。其後部分羌人向西南地區遷徙，形成了今天藏緬語族的諸民族。所以，稱為“藏羌彝走廊”更準確。中國社會科學院民族研究所的孫宏開先生指出：“北自甘肅南部、青海東部，向南經過四川西部、西藏東南部，到雲南西部以及緬甸、印度北部的這一條狹長地帶成為民族走廊。”⑧ 他

① （南朝宋）范曄撰，（唐）李賢等注：《後漢書》卷八十六，中華書局1965年版，第2857頁。

② 徐中舒：《徐中舒歷史論文選輯》，中華書局1998年版，第1396頁。

③ 咸陽市渭城區文管會：《咸陽市渭城區北周拓拔虎夫婦墓清理記》，《文物》1993年第11期；負安志：《中國北周珍貴文物·北周墓葬發掘報告》，陝西人民美術出版社1993年版，第8頁。

④ 費孝通：《關於我國民族的識别問題》，《民族研究文集》，民族出版社1988年版，第178－179頁。

⑤ 湖北人民政府文史研究館、湖北省博物館：《湖北文徵全本》卷二，湖北人民出版社2014年版，第462頁。

⑥ （清）安維峻：《甘肅新碑記》卷九十一，《石刻史料新編》第三輯（32），臺北：臺灣新文豐出版公司1986年版，第174頁。

⑦ （清）谷應泰：《明史紀事本末》卷四十一，中華書局1977年版，第599頁。

⑧ 孫宏開：《川西民族走廊地區的語言》，中國西南民族研究學會編：《西南民族研究》，四川民族出版社1983年版，第429頁。

以南北走向的河流岷江、大渡河、雅礱江、金沙江、瀾滄江、怒江為標誌，劃出走廊的大致地理空間位置。語言、宗教、地域、習俗等文化特徵是族群認同的要素，而語言在某種程度上是表徵族群的符號。從一個族群語詞的語源和演變、造詞心理、親屬稱謂、姓氏等，都可以追溯其文化淵源，語言成了維繫族群認同的明顯成分。所以，孫宏開先生認為羌語對研究“藏羌彝走廊”有着非常重要的意義，他指出：在藏緬語族之下，羌語支包括羌語、嘉絨語、爾龔語、拉塢戎語、普米語、木雅語、扎巴語、卻域語、貴瓊語、爾蘇語、史興語、納木依語，以及文獻語言西夏語。這支語言“在漢藏語系中是一支比較保守的語言，也是保留古老面貌比較多的一些語言”①。古羌人與藏族、彝族、滇西南少數民族等有淵源關係，民族學和文化學研究成果較多，如費孝通《關於我國民族的識別問題》［收入《民族研究文集》（民族出版社 1988 年版）］；孫宏開《羌語簡志》（民族出版社 1981 年版），《西南民族研究》（四川民族出版社 1983 年版），《羌語支在漢藏語系中的歷史地位》［《雲南民族大學學報》（哲社版）2011 年第 6 期］，石碩《藏族族源“西羌説”的緣起及其不成立性》［《西藏民族學院學報》（哲社版）1999 年第 2 期］，《一個隱含藏族起源真相的文本——對藏族始祖傳説中“獼猴”與“羅刹女”含義的釋讀》（《中國社會科學》2000 年第 4 期），李紹明《巍山歷史和南詔文物》（《中央民族學院學報》1980 第 3 期），王繼超、陳長友《彝族族源初探——兼論彝族文字的歷史作用》（《中央民族大學學報》1993 第 3 期），賈銀忠《古夷族群的歷史淵源與彝羌之羊密碼解讀》［《西南民族大學學報》（人社版）2012 第 2 期］，高澤禎《藏彝走廊歷史文化學術討論會綜述》（《中國藏學》2004 第 3 期），張曦《藏羌彝走廊的研究路徑》（《西北民族研究》2012 第 3 期），王明珂《羌在漢藏之間——川西羌族的歷史人類學研究》（中華書局 2008 版）等等。

還有多支古羌人由甘青之間分批向新疆、西藏、滇西遷往葱嶺、喜馬拉雅山以西及以南一帶，形成一些部落和國家。如《通典・邊防六・西戎二》：悉立，在吐蕃西南②。約今印度北部喜馬偕爾邦首府西姆拉市。《新唐書・西域上》：“貞觀二十年，其王羅利多菩伽因悉立國遣使入朝。玄策之討中天竺，發兵來赴，有功，由是職貢不絕。”③ 同書《西域下》：“大勃律，或曰佈露。直吐蕃西，與小勃律接，西鄰北天竺、

① 孫宏開：《羌語支在漢藏語系中的歷史地位》，《雲南民族大學學報》（哲社版）2011 年第 6 期，第 133－143 頁。

② （唐）杜佑撰，王文錦等點校：《通典》卷一百九十，中華書局 1988 年版，第 5178 頁。

③ （宋）歐陽修、宋祁：《新唐書》卷二百二十一上，中華書局 1975 年版，第 6240 頁。

烏萇。役屬吐蕃。”①《中國喪地史》：“巴達克山，一名拔達克山，在本國新疆葱嶺之西。”② 後為阿富汗所並。任乃强先生認為，喀什米爾人，阿里山圍繞的象雄區，原羌族分佈的範圍，包括喀什米爾全部即印度河上游區，上游整個河谷，是喜馬拉雅西端與喀喇昆侖兩大山脉之間的一個大斜向谷地，長達一千餘里。這些羌人，“他們同時從‘南羌塘’翻過喜馬拉雅一些山口，進入南坡。南坡地形陡落，羌人畏熱，便長期在這長千餘里、斜寬不過百里的斜坡山坡停頓下來，分段形成了文化不同的若干民族”③。藏北“羌塘”，意即羌人之地。藏族稱之為北方，因位於藏族聚居區雅魯藏佈江上游以北之故。在漢唐時代，這裹就已分佈各支羌人部落④。基於以上認識，我們認為古羌人與藏族，在形成民族之前，是有着非常密切聯係的族群，在漫長的歷史發展過程中，你中有我，我中有你。

以上這些認識是基於史乘和民族學、人類學研究成果，還缺乏羌族石刻文獻本身材料作為支撑。如果挖掘藏族、彝族及滇西南少數民族的石刻文獻，或許能發現一批有價值的材料，彌補羌族石刻文獻在這方面的缺憾。

其三，由於自身知識結構、學術底子和學術視野的拘囿，對羌族石刻文獻在民族學、人類學等方面的研究還需深入，尤其是尚需結合文化的接觸、融合等知識，深度研究羌族文化與其他民族的文化借用與輸出；對石刻文獻的文獻整理，在對羌族語言與藏語、漢語、彝語的接觸關係方面關注不夠。

鑒於此，我們謹呈上部分已發表的專題研究成果，内容包括羌人名號姓氏、羌人女性問題、羌族遷徙與民族融合、羌族宗教信仰，見《羌族種落及其得名理據考察》《兩晉南北朝至隋碑銘所見羌族姓氏研究》《碑銘所見岷江上游羌人姓氏研究》《南北朝至隋唐碑銘反映的羌人女性地位》《唐代碑誌中的羌人》《古代羌人的尊儒重教精神》《南北朝造像記與羌族宗教信仰》《石刻中反映的羌族釋比文化》等。而羌人在歷朝歷代中的任職、改姓、婚姻、教育、宗教等，又都涉及民族融合，所以專題研究是相對而言的。最後，敬請方家指正！

---

① 同上書，第6251頁。
② 謝彬：《中國喪地史》，中華書局1926年版，第59頁。
③ 任乃强：《任乃强民族研究文集》，民族出版社1990年版，第434頁。
④ 何光嶽：《氐羌源流史》，江西教育出版社2010年版，第589頁。

後 記

為羌族立傳，首推司馬遷著《史記・西南夷列傳》。循此例，《漢書》列《西南夷列傳》，《後漢書》列《後漢書・西羌傳》，《晉書》列姚秦《載記》，因為這些記載，人們得以了解羌族歷史及其發展。但總體來説，正史記載零星，不甚詳細。悠久的羌族歷史和燦爛的羌族文化，除了通過民間口頭傳唱的形式代代傳承之外，只有少量用漢字書寫的紙本文獻和石刻文獻存留。在這批數量很有限的文獻中，石刻文獻具有十分重要的地位。這些石刻一部分保存在各地博物館、圖書館、文化館或者收藏家私人手中，一部分仍在田間野外。由于石質材料本身容易風化，石皮脱落，加上天災毀損和人為的破壞，極不易長期保存。特別是2008年“5・12”汶川特大地震，羌族聚居區石刻損失嚴重，有的碑石已損毀，有的已不見蹤跡，有的被人藏匿。我們雖然多方求索，但好家珍藏，不願提供，只有付闕。有時，為了尋找一通石刻，跋山涉水，行程數百公里，趕到原石刻地時，發現石刻已湮没無存，惋惜之餘，更感到這份工作的緊迫和重要。有鑒於此，不論是否有原刻和拓片現存，只要歷史上曾經著録，均一律收入。僅存目者，則未予收録。拓片尋訪，來源多途，有精有粗，均予收録，偽刻則剔除。由於四川羌區石質多為沙巖，極易風化，石皮一觸即碎，不忍椎拓，便以原刻照片為據過録原文。

石刻碑版釋读、校勘難度大，文字泐蝕模糊，不易辨認。文字中異體字、古文字、俗字、訛字不少，考釋困難。而釋文的準確性是本課題研究的品質保證，必須把好關。項目組主研人是我的老師西南大學文獻研究所博士生導師毛遠明教授，他在病中依然堅持審稿，逐一復核録文，其精審嚴謹的治學態度，垂範我輩，令我感動。先生在項目實施、執行過程中，不斷給予指導，提供文獻資源，並賜序。每遇困難，還殷切鼓勵，在此表達深深的敬意和感謝！

完成這項工作，還得益於多方面的幫助和支持。

首先得益於前人對歷代石刻的搜集、著録、整理與研究。特別是對王昶《金石萃編》、陸增祥《八瓊室金石補正》、趙萬里《漢魏南北朝墓誌集釋》《北京圖書館藏中國歷代石刻拓片滙編》、馬長壽《碑銘所見前秦到隋初的關中部族》、趙超《漢魏南北朝墓誌彙編》、毛遠明《漢魏六朝碑刻校注》、吴鋼《隋唐五代墓誌彙編》、寧夏大學西夏學研究中心《中國藏西夏文獻·金石編》、韓蔭晟《党項與西夏資料滙編》等成果的採擷，利用尤多。

由衷感謝教育部社會科學人文研究司，圖書館學、情報與文獻學各位領導和專家們為我的工作立項，撥發專項經費支持。感謝四川省教育廳的各位領導和專家在此之前為“歷代碑刻文獻整理與研究”立項，支持我完成《碑刻文獻論著敘録》(全三册)，使我有勇氣申報教育部課題。感謝阿壩師範學院領導給予我工作的大力支持。學校撥發配套經費，支助這項工作。感謝四川省民委、《民族》雜誌社副社長王定樸先生，阿壩州文管所所長陳學志研究員，阿壩州社科聯主席羌學專家耿少將，汶川縣文博館館長羅進勇，西北大學藝術學院博士宋莉副教授等搜集資料。特别是陳學志研究員，從事文博工作三十餘年，熱愛文博事業，在阿壩州做了大量艱苦細緻的石刻調查和石刻録文工作，熱忱參加、無私支持本書工作。成果送審時，各位專家提出了許多寶貴意見和建議。巴蜀書社施維先生傾心策劃，審讀全文，組織張照華、張亮亮、肖静、封龍等編輯認真編輯，統一體例，修訂錯讹，極為嚴謹。項目組成員吴明冉主持的四川省教育廳人文社會科學一般項目“姚氏羌人文獻搜集與整理”，豐富了本項目；同時，严木初、梁建東、吴天德在資料搜集和圖片整理方面做了許多具體工作。我的家人更是给予無限的理解和支持。在此，謹致謝忱！

由於本人學術底子薄，科研經驗不足，完成此項任務時，雖然認真負責，竭盡全力，但書中仍有不少錯誤，敬請各位專家學者和廣大讀者批評指正。

曾曉梅

2016年6月12日

國家古籍整理出版專項經費資助項目
2011 年教育部人文社會科學研究一般項目“羌族碑刻文獻整理與研究”，項目批准號：11YJA870026
2015 年四川省教育廳人文社會科學一般項目“姚氏羌人文獻搜集與整理”，項目批准號：15SB0246

羌族石刻文獻集成

叁

曾曉梅　吴明冉／集釋

巴蜀書社

圖書在版編目(CIP)數據

羌族石刻文獻集成/曾曉梅,吴明冉集釋.—成都:
巴蜀書社,2016.12

ISBN 978-7-5531-0749-3

Ⅰ.①羌… Ⅱ.①曾… ②吴… Ⅲ.①羌族—石刻—
文獻—彙編—中國 Ⅳ.①K287.4 ②K877.4

中國版本圖書館 CIP 數據核字(2016)第 289768 號

羌族石刻文獻集成
曾曉梅 吴明冉 集釋

出 品 人	林 建 侯安國
策劃編輯	施 維
責任編輯	張照華 肖 静 張亮亮 封 龍 趙邦媛 張紅義 張立園
封面設計	周 明
出 版	巴蜀書社 成都市槐樹街 2 號 郵編 610031 總編室電話:(028)86259397
網 址	www.bsbook.com
發 行	巴蜀書社 發行科電話:(028)86259422 86259423
經 銷	新華書店
印 刷	四川省南方印務有限公司
版 次	2017 年 2 月第 1 版
印 次	2017 年 2 月第 1 次印刷
成品尺寸	260mm×185mm
印 張	116.25
字 數	2800 千
書 號	ISBN 978-7-5531-0749-3
定 價	3000.00 元(全 4 册)

本書如有印裝質量問題,請與工廠調換

163 姚嗣騈墓誌 南唐昇元六年（942）五月二十三日

説明

墓誌於 1952 年在江蘇省揚州西郊今邗江縣蔣王鄉十三里廟出土。現藏江蘇省揚州博物館。拓片高 59 cm，寬 61 cm。孫峴撰文。誌文 40 行，滿行 39 字。楷書。下方高約 5 字處，泐蝕嚴重。中間篆書“越一千又十載出土，胤津記”。有縱横界格。係出土後所鐫。覆斗形蓋，頂及四煞刻天文星象圖案。

誌文

大唐故右軍散押衙、左天威第七指揮使、銀青光禄大夫、撿校司徒、右領軍衛将軍［兼東都左巡使］姚府君墓銘并序[1]。/

将仕郎、守大理評事、中書門下兼直史［孫峴］撰[2]。/

府君諱嗣駢，字霸臣。其先南安人[3]。虞帝之後，餘慶所鍾，綿綿萬嗣，古推茂族，代為名家，□傑□□。古今相/継，載之譜諜[4]。炳若丹青，厥後因宦徙家。府君即晉陵人也。曾祖諱暢，仕唐殿中侍御史，追贈□□/衛将軍。王父諱鎬，仕唐行亳州長史，追贈右監門衛将軍。考諱崇，屬土運中否，天□□□□□□。/唱義建號，遂参于武帳。仕吴，累遷官水土，旋遙授宿州刺史。己卯歳[5]，轉授吉州刺史。政簡仁和，授［鎮海］/軍随使、都押衙，追贈開國男、食邑三百戶[6]。母太原王氏，封太原縣君，進封縣太君[7]。賢淑著慧，□□□□[8]，/育成令器，克襲家聲。自進封之命，盖従府君之貴。

府君即鎮海都校之次子也[9]。元昆諱□[10]，右軍/兵馬使、銀青光禄大夫，不幸早世。府君嗣慶，禀性淳直，質氣倜儻，沉謀罕測。實自生知軍事，□□□/神授，敦詩閲禮，射馬射人，時皆許之，每相謂曰：養子當如姚氏[11]。其揚名如此。自唐乹寧之後，□□□□/隸和門，荐履戎資[12]，益表奇莭。洎吴宣帝開國之後，順義三年[13]，丁先公之憂，扶護東歸。□□□□□/革無避，苫凷難居[14]。朝庭署右職[15]，寵之，欲漸其用也。時/主上聿持衡柄[16]，府君曲預指顧，或入参親掭[17]。出莅劇邑南豊，遺愛分寧布惠。遷任京畿□□□□□，/平賦均田，利民資國。累授左右散騎常侍、工部尚書、右千牛衛、中郎将，以賞勸焉[18]。尋以□□□□□□/鎮實資列挍，以賛戎機[19]。大和五年，遷充壽州右黒雲指揮使。明年，兼右廂馬步都虞候[20]，□□□□□□/重貞幹尤多[21]。入則訓練師徒，出則戒嚴烽候[22]。敵彊既肅，比戶用安[23]。丕績升聞，朝獎爰及[24]，□□□□□/散押衙、左雄武軍先鋒指揮使、右千牛衛将軍，尋轉兵部尚書。軍掭之任，輯睦有方[25]，士卒□□，/寔謂百夫之特，當先二子之鳴。天祚三年，授尚書左僕射、右領軍衛将軍。主上□□□□□/□之命，建都建業[26]，改元昇元。以吴之宮闕為東都，左右金吾使為左右巡使。将俾警察□□□□□□/遂行徽章。兼降遷左天威軍第七指揮使兼東都左巡使、撿挍司空。誘善如流，去悪若揮[27]。□□□□□/以清。二年，上以運復宗枝，禮成郊祀。中外品列，浹洽恩華。轉撿挍司徒。三年，□□□□□□□。/乃要衝之所，盛屯甲士，思委良将。差充上淮巡撿都部署。克修邊備，遠振威聲[28]。常思樊噲之□□，□□/主之薄伐。既踰朞歳，爰值班旋。五年，歸于東都，戎職如故。府君常自言曰：我國家興復[29]，□□□/□；中原失主，尚染羊塵。百戰亡身，固甘馬革。余之勇槩，不讓他人。

嗚呼！大器已彰，令圖方遠。而□□□，/焉可力争。如露朝晞，胡為能久。倏纏美疢[30]，莫驗良醫。玄報適誣，猒世何速。以昇元六年閏三月□□日，寢/疾終于東都懷德坊之私苐，亨年五十。娶河東衛氏，不幸早世。継娶衛氏，又納太原王氏，皆□□□□/□相從。偕老不期，鰲居永慟[31]。令季四人：曰騃福[32]，昌殿使、撿挍尚書右僕射、兼御史大夫。次曰□，□□□/撿挍尚書右僕射、兼御史大夫。曰驥，殿前承旨院副使、撿挍工部尚書、兼御史大夫，乙未歲暴□□。曰馴，為/壽王衙通引官。皆推揚國器，充被朝恩。棠棣之華[33]，於玆為盛。女兄一人，早帰于太原王氏[34]。女一人[35]，/嬀隴西李公郎中[36]。有子七人：長曰承禮，留守衙前虞候。次承智、承祚與承泰[37]，早世。次曰承道、承□[38]，/或已居職序，或尚在童丱[39]。義方成訓，善慶可知。有女三人：長歸于峴，次二人俱在弱齡，将及笄年。當□/族有諸姪、諸孫，悉播令問。以松楸有地，旌旐告行。其年五月二十三日，葬于江都府江都縣興寧鄉贊/□先塋，禮也。且大丈夫處世，患禄不及親，仕不及貴，才不遇時，惠不施下。今府君甘旨畢臻，色養□□[40]，/可謂禄及親矣。自偏裨之任，分旗鼓之權，可謂仕及貴矣。以通變之略，歷繁重之寄，可謂才遇時矣。□/□俗善撫鋭師，可謂惠施下矣。其所不足者，莫登上壽，未惣百域，弃綵衣於高堂，掩泉臺於昭代[41]。/知者傷歎久之。峴早熟世交，晚叨嘉選。辱嗣子見托，幸勒貞珉。銘曰：

嬀水之後，實為華宗。綿靈□□，/桑裕穹隆。古今相継，圖史無窮。方知積善，代有英雄。府君生德，克襲門風。如飛電兮擊劍，象圓月兮彎弓。器度□□，/□謀變通。継臨大邑，異政唯公。歷臾列効，英威罕同。入分巡務，出遏邊封。東夏而盡，欣去暴北。椽而使敢興/戎，衣再□蕚推恭。理家盡孝，許國懷忠。方堅勁莭，将圖大功。忽膏肓兮遘疾，俄電露兮告終[43]。□□□/下，□□□□。嗚呼！□□□□，龜筮叶從。永存貞紀，如對音容。□□□□，□□□□。/

著録

1.《隋唐五代墓誌匯編·江蘇山東卷》1－156。2.《南唐姚嗣騈墓誌初考》69圖，《東南文化》1995（1）。3.《對李之龍先生〈南唐姚嗣騈墓誌初考〉一文的幾點補充》，《東南文化》1996（3）。

注釋

［1］将“軍”下漫漶六字，據下文“兼降遷左天威軍第七指揮使、兼東都左巡使、撿校司空”，推為“兼東都左巡使”六字。《南唐姚嗣騈墓誌初考》釋文闕。

［2］“門下”上二字泐，諦視，似“中書”。中書門下：開元十一年（723）改政

事堂為“中書門下”，是唐中期、五代宰相辦公機構和官署。“史”下泐蝕嚴重，據誌文“峴早熟世交，晚叨嘉選。辱嗣子見托，幸勒貞瑉”補“孫峴”二字。《南唐姚嗣駢墓誌初考》未釋。孫峴，江西贛州人。

［3］誌主南安羌人。

［4］“譜”下字泐，存痕為“諜”字。譜諜，亦作“譜牒”，記述氏族或宗族世系的書籍。《南唐姚嗣駢墓誌初考》作“籍”，非。

［5］上文“仕吴”，那麼“己卯”即吴楊隆演武義元年（919）。

［6］“鎮海”二字泐，據下文“府君即鎮海都校之次子也”補。《南唐姚嗣駢墓誌初考》未釋“鎮海”及“政”。

［7］縣君、縣太君，皆古代婦女封號。按唐制，五品母妻為“縣君”。宋高承《事物紀原·嬪御命婦·太君》：“唐制，四品妻為郡君，五品為縣君，其母邑號皆加太君封，稱太君此其始也。”①

［8］《南唐姚嗣駢墓誌初考》未釋“賢”“著慧”三字。

［9］“子”，《南唐姚嗣駢墓誌初考》作“之”，非。

［10］元昆：長兄。唐蘇頲《寒食宴於中舍別駕兄弟宅》：“始覩元昆鏘玉至，旋聞季子佩刀迴。”②

［11］“相”，《對李之龍先生〈南唐姚嗣駢墓誌初考〉一文的幾點補充》作“指”，非。據《晉書·姚弋仲載記》，弋仲有子42人。1933年岑仲勉在《課餘讀書記》中，論及此事，認為這42子中多數是其義子，皆因“羯羌之俗，好畜養子”③。

［12］乹寧（894－898），唐昭宗李曄年號。《對李之龍先生〈南唐姚嗣駢墓誌初考〉一文的幾點補充》脱“履”。

［13］五代十國時期吴國開國國君太祖楊行密。吴宣帝，即楊隆演，武帝楊行密次子。吴景帝楊渥死後繼位，謚號宣帝，廟號高祖。故誌文“吴宣帝開國”，誤。順義，吴楊溥年號。順義三年，即923年。

［14］凷：同“塊”。《説文·土部》：“塊，凷或從鬼。”④《對李之龍先生〈南唐姚嗣駢墓誌初考〉一文的幾點補充》釋文作“出”，非。

［15］庭：字體清晰，《對李之龍先生〈南唐姚嗣駢墓誌初考〉一文的幾點補充》（1996）作“廷”，非。

［16］“衡”，《對李之龍先生〈南唐姚嗣駢墓誌初考〉一文的幾點補充》作

---

① （宋）高承撰，（明）李果訂，金圓等點校：《事物紀原》卷一，中華書局1989年版，第31頁。

② 《全唐詩》卷七十三，中華書局1980年版，第806頁。

③ 顧鐵符：《隋姚辯墓誌銘傳本小議》，《故宮博物院院刊》1991年第2期，第13頁。

④ 丁福保：《説文解字詁林》卷十三下，中華書局1988年版，第13181頁。

“權”，非。衡柄：衡文之權。

［17］䪿：即“顧”字。㫢：即“旅”字。《對李之龍先生〈南唐姚嗣駢墓誌初考〉一文的幾點補充》作“振”，非。

［18］“焉”，《南唐姚嗣駢墓誌初考》《對李之龍先生〈南唐姚嗣駢墓誌初考〉一文的幾點補充》作“馬”，非。

［19］戎機：用兵的時機。

［20］虞候，古官名。本山澤守望之官。唐代後期有都虞候，乃軍中執法長官。五代時，都虞候為侍衛親軍的高級軍官。唐、五代石刻中常見。如唐開元十八年（730）《臧懷亮墓誌》“充平狄軍都虞候總管”①。後晉天福八年（943）《劉敬瑭墓誌》“署四州馬步都虞候。”②《南唐姚嗣駢墓誌初考》《對李之龍先生〈南唐姚嗣駢墓誌初考〉一文的幾點補充》釋“候”作“侯”。侯，通“候”。下同。

［21］貞幹：亦作“貞榦”。忠貞幹練。

［22］烽候：亦作“烽堠”。烽火臺。唐元稹《酬樂天〈東南行〉》：“郵亭一蕭索，烽候各崎嶇。”③《南唐姚嗣駢墓誌初考》《對李之龍先生〈南唐姚嗣駢墓誌初考〉一文的幾點補充》“候”作“侯”。

［23］比户：家家户户。

［24］“奨”，《對李之龍先生〈南唐姚嗣駢墓誌初考〉一文的幾點補充》作“廷”，非。

［25］輯睦：即“和睦”。《南唐姚嗣駢墓誌初考》未釋“輯”。

［26］建業：今江蘇南京。三國吴，南北朝南朝宋、齊、梁、陳，五代十國之一吴，在此前後建都。

［27］悪：即“惡”字。“揮”，《南唐姚嗣駢墓誌初考》作“擇”，非。

［28］“威聲”，《南唐姚嗣駢墓誌初考》作“聲威”，誤倒。

［29］復：《南唐姚嗣駢墓誌初考》未釋。

［30］“倏”，《對李之龍先生〈南唐姚嗣駢墓誌初考〉一文的幾點補充》作“修”，非。倏，忽然。“美”，《南唐姚嗣駢墓誌初考》作“恙”，非。疢：即“疹”。美疹，疾病。《梁書·劉孝綽傳》引任昉報章曰：“九折多美疹，匪報庶良藥。”④

［31］“老”，《南唐姚嗣駢墓誌初考》《對李之龍先生〈南唐姚嗣駢墓誌初考〉一文的幾點補充》釋文作“孝”，非。偕老，語出《詩經·邶風·擊鼓》：“執子之手，

---

① 吴鋼：《隋唐五代墓誌匯編·陝西卷》（3），天津古籍出版社1991年版，第155頁。

② 康蘭英：《榆林碑石》，三秦出版社2003年版，第250頁。

③ 《全唐詩》卷四百零七，中華書局1980年版，第4532頁。

④ （唐）姚思廉：《梁書》卷三十三，中華書局1973年版，第154－155頁。

與子偕老。"① 鰲：同"嫠"，指寡婦。"偕老"與"鰲居"，反義對舉。

［32］"駥"，《對李之龍先生〈南唐姚嗣騈墓誌初考〉一文的幾點補充》作"福"，誤。

［33］棠棣：也作"常棣"，語出《詩經·小雅·常棣》。後常用以指兄弟。

［34］女兄：姐姐。《說文·女部》："姊，女兄也。"② 埽：即"歸"。《南唐姚嗣騈墓誌初考》《對李之龍先生〈南唐姚嗣騈墓誌初考〉一文的幾點補充》釋"氏"為"五"，非。

［35］"女一人"三字，《南唐姚嗣騈墓誌初考》未釋，並脱一字。又，"女"，《對李之龍先生〈南唐姚嗣騈墓誌初考〉一文的幾點補充》未釋，並上屬，致文義不暢。

［36］嫡：同"適"，"出嫁"義的加形專用字。

［37］"與"，《南唐姚嗣騈墓誌初考》作"欷"，非。

［38］"承"下泐一字，《南唐姚嗣騈墓誌初考》《對李之龍先生〈南唐姚嗣騈墓誌初考〉一文的幾點補充》作二字。其中一"□"為衍字。

［39］丱，丱角，兒童髮式。童丱：指童子；童年。《對李之龍先生〈南唐姚嗣騈墓誌初考〉一文的幾點補充》"丱"作"業"，非。

［40］《南唐姚嗣騈墓誌初考》未釋"色"，原拓可識。色養：子女和顏悦色，奉養父母，或謂承順父母顏色。語出《論語·為政》："子游問孝，子曰：'今之孝者，是謂能養。'……子夏問孝。子曰：'色難'。"（注）包曰："'色難者，謂承順父母顏色乃為難。'"③ "養"下，《對李之龍先生〈南唐姚嗣騈墓誌初考〉一文的幾點補充》脱一"□"。

［41］昭代：政治清明的時代。常用以稱頌本朝或當今時代。《對李之龍先生〈南唐姚嗣騈墓誌初考〉一文的幾點補充》"昭"上和"代"下，均衍一"□"，致"昭代"一詞被點破，標點錯誤，文義不暢。《南唐姚嗣騈墓誌初考》釋文"知"上亦衍兩"□"，非。唐崔塗《問卜》詩："不擬逢昭代，悠悠過此生。"④

［42］遘：遭遇，遭受。《對李之龍先生〈南唐姚嗣騈墓誌初考〉一文的幾點補充》作"構"，非。"媯"及以下各字，《南唐姚嗣騈墓誌初考》未釋。

［43］電露：閃電和露水，喻短暫的人生。

---

① 十三經注疏整理委員會：《毛詩正義》卷二，《十三經注疏》，北京大學出版社 2000 年版，第 557 頁。

② 丁福保：《説文解字詁林》卷十二下，中華書局 1988 年版，第 12068 頁。

③ 十三經注疏整理委員會：《論語注疏》卷二，《十三經注疏》，中華書局 2000 年版，第 19 頁。

④ 《全唐詩》卷六百七十九，中華書局 1980 年版，第 7772 頁。

164 毛汶墓誌 後晉天福七年（942）九月初九

蓋

墓誌

説明

墓誌近年出土於陝西省靖邊縣紅墩界鄉圪坨河村，現藏陝西省榆林市文物管理委員會辦公室。《中國藏西夏文獻》編號 S32·002。誌高、寬均 68.5 cm，厚 11 cm。牛渥撰文，楊從溥書丹，娥景稠鐫刻。誌文 30 行，滿行 33－36 字不等。楷書。盝頂蓋，高 69 cm，寬 70 cm，厚 13 cm。篆書“滎陽郡毛公墓誌之銘”，四煞刻八卦紋。該誌又題《大晉故定難軍攝節度判官毛汶墓誌銘》。

蓋

滎陽郡/毛公墓/誌之銘。/

誌文

大晉故定難軍攝節度判官兼掌書記、朝議郎、捡挍尚書、水部員外郎兼侍御史、柱國、賜緋魚袋、滎陽毛公墓誌銘並序。/

押衙兼觀察孔目官、銀青光禄大夫、捡挍戶部尚書兼御史大夫、上柱國牛渥撰[1]。/

公諱汶，字延泳。家居鞏洛，族本王京，泒盛苗豐[2]，昇朝顯貴。而況桂枝皓簡，皆聮於鴈序鵷行[3]；彩/峯金章，盡佐於元戎相國。久参夏府，兩丗光暉。曾祖瑩，皇任朝散大夫、捡挍秘書少監[4]，兼/御史大夫、上柱國、賜緋魚袋。妣高氏。祖貞遠，皇任儒林郎、守京兆府萬年縣令、柱國、緋魚/袋[5]。妣崔氏。父崇厚，皇任定難軍節度觀察判官，兼掌書記、朝請大夫、捡挍左散騎常/侍，兼御史大夫、上柱國，賜紫金魚袋[6]。妣巨氏。

公即先常侍之愛子也。家傳儒雅，代/継簪裾。承貴胤之芳榮，顯華軒之令望[7]。氷霜潔己，松韻操身。早登虎幄之門，/聲揚外閫[8]；不滯鵬搏之勢，美播丹霄[9]。公始自乹化元年，故號國王覩兹直氣，/委贊巡屬[10]，職倅雕陰，官及評事[11]。累易寒暄之莭，备覩明敏之才。暫歇郡城，來覲/府墎[12]。至貞明三年，先王署攝當府莭度推官，方拘賓幕，深達理道，断决昭然。職分之/餘，硯席兼著[13]。逈超流輩，不墜家風。於長興二年，又遷花幕，改轉階銜，辟命迎筵，請知牋/管[14]。朱衣銀印，皆自於侯伯敷揚；粉署華資，盡沐於天波帝誥。官崇上佐，貴列/夏臺。繇是筆亞陳琳，言欺子貢。英通巧智，嘲吟之士子何偕；章檄詞能，吏理之賓寮/罕比[15]。以斯賢彦，孰可齊焉。清泰三年，即今府主初紹洪勳[16]，榮聮河岳。又伸迎揖[17]，請判/軍戎。雖訓練之機繁，兼掌檄之無曠。匡持太府[18]，數十載之筆陣文鋒；翊輔/王門，幾千般之干天頌闕。因傳聲價，遂顯高名。

不幸偶此違和，遘縈小疢[19]，/奇方莫驗，良藥何痊。俄奄謝以帰泉，人寰是弃；忽終天之墜丗，隟影難留。慭以哲人[20]，/嗟兮薄壽。於天福七年七月十四日，卆于府之私弟。其享也，五十有二矣。我元戎聞斯/殂歿，悲悼流啼[21]，輟軍務繁機，衣素服令式。

娶清河張氏，先公早亡。嗣子二人：/長曰文贍，次曰文璨，方及束髮，倶在庠門。泣血號天，絕漿叩地[22]。哀摧骨肉，恨聚會/以無由；痛迫親姻，感追思之戀德。以其年九月九日，备葬于朔方縣崇信鄉綏德/里峻陵原之禮也。時乃風高葉墜，霜勁蘭

彫[23]。窮秋生慘淡之光，苦霧結颼飂之/色[24]。渥素熟公葉，久視強能。命以微才，紀斯盛事。其銘曰：/

家傳令望，世紹簪纓。皆為傑俊[25]，盡播芳名。生居洛汭，族茂連臺[26]。華資貴胤，咸歎奇哉。/始佐魚符，重參虎帳[27]。落落宏詞，澄澄偉量。𢓜持大府，翊輔旌旃。文同賈馬，行比曾顏[28]。/粉署為郎，朱衣煥爛。薦自鈞恩，榮承天眷。偶縈衰運，巨至違和[29]。針醫寡驗，忽措沉疴[30]。/大夜忙呑，神靈滉颾[31]。哲士淪亡，人兮慘愴。可嘆浮生，流如舉瞬。石火難停，風燈易泯。/冪冪煙霞[32]，哀哀薤露。訣別容光，何因再遇。緬以年深，陵傾阜改。勒石標文，千春萬載。/

押衙楊従溥書。都料娥景稠鐫[33]。/

著録

1.《榆林碑石》78 圖、247 文。2.《中國藏西夏文獻·金石編》18－34 圖，36 文。3.《後晉定難軍攝節度判官兼掌書記——毛汶墓誌銘考釋》，《西夏學》(8)。

注釋

［1］孔目官：唐代州、鎮始置，掌六書，軍府事無細大皆經其手，為使主親信或心腹近臣。《資治通鑑·唐玄宗天寶十載》：“（安禄山）有輕中國之心。孔目官嚴莊、掌書記高尚因為之解圖讖，勸之作亂。”胡三省注：“孔目官，衙前吏職也。唐世始有此名，言凡使司之事，一孔一目，皆須經由其手也。”① 牛渥，史無傳。

［2］王京：王都，帝都。宋张耒《正月二十日梦在京师》：“朦朧五更夢，俄頃踏王京。”② 泒，古同“派”。

［3］桂枝：“桂林一枝”的省言③，喻登科及第。鵷：鳥，飛行有序。鵷行：指朝廷官員上朝的行列。《梁書·張緬傳》：“殿中郎缺。高祖謂徐勉曰：‘此曹舊用文學，且居鵷行之首，宜詳擇其人。’”④

［4］朝散大夫：唐從五品下文散官。捡校秘書少監為撿校官，非實任。秘書少監：唐中央秘書省官員，從四品上。

［5］儒林郎：唐正九品上文散官。萬年縣：京兆府屬縣，唐代縣分京縣、畿縣、

① （宋）司馬光編著，（元）胡三省音注：《資治通鑑》卷二百一十六，中華書局 1956 年版，第 6905 頁。

② 北京大學古文獻研究所：《全宋詩》卷一千一百八十四，北京大學出版社 1991 年版，第 13381 頁。

③ （唐）房玄齡等：《晉書》卷五十二，中華書局 1974 年版，第 1443 頁。

④ （唐）姚思廉：《梁書》卷三十四，中華書局 1973 年版，第 491 頁。

上縣、中縣、下縣，萬年縣屬京縣管轄。據《舊唐書・百官志》："長安、萬年、河南、洛陽、太原、晉陽六縣，謂之京縣。令各一人，正五品上。"① 唐《貞觀令》以官員所任職事高於本品者為守，毛貞遠所任京兆府萬年縣令為正五品上，高於其文散官正九品上儒林郎，故誌云"守京兆府萬年縣令"。

［6］著紫服、佩金魚袋為唐代官員章服最高一級，一般為三品及以上官員才能享有。毛崇厚以藩鎮判官職，享有高規格待遇。

［7］簪裾：古代顯貴者的服飾。借指顯貴。華軒：指富貴者所乘的華美的車子，與上句"貴胤"相對，《後晉定難軍攝節度判官兼掌書記——毛汶墓誌銘考釋》《中國藏西夏文獻・金石編》釋"華"作"莘"，誤。令望：指有美好名聲的人。

［8］虎幄：猶"虎帳"，舊時指將軍的營帳。外閫：郭門之外。借指京城以外的武將或文官。

［9］鵬摶：鵾鵬展翅盤旋而上。喻奮發有為。語出《莊子・逍遙遊》："鵬之徙於南冥也，水擊三千里，摶扶搖而上者九萬里。"② 丹霄：帝王居處；朝廷。

［10］後梁乾化元年（911）毛汶成為虢國王僚屬。虢國王：又稱"虢王"，定難軍節度使李仁福。巡屬：統屬，轄治的地方。

［11］雕陰：代指綏州。《舊唐書・地理》綏州條："隋雕陰郡。武德三年，於延州豐林縣置。"③ 以其地在雕山西南故名。評事：即大理評事，為大理寺派遣出使外州推鞫的法官，唐制從八品下，後梁承唐制。毛汶以藩鎮屬州官員而任此官，此官應為其試銜。

［12］墎："郭"的加形專字，城郭，外城。《後晉定難軍攝節度判官兼掌書記——毛汶墓誌銘考釋》《中國藏西夏文獻・金石編》作"廓"，非。

［13］硯席：硯臺與坐席，借指學習。《北史・魏陳留王虔傳》："（元暉）好涉獵書記，少得美名於京下。周文禮之，命與諸子遊處，每同硯席，情契甚厚。"④

［14］"牋"，《榆林碑石》作"箋"，非。《後晉定難軍攝節度判官兼掌書記——毛汶墓誌銘考釋》《中國藏西夏文獻・金石編》沿誤。牋本是製作精美的書寫紙，這裡指文書簿册。

［15］繇：即"繇"。陳琳："建安七子"之一，是三國時期著名文人，善文書。子貢：孔子弟子。并讚誌主有文才，賢能過人。檄："檄"的偏旁訛混、筆畫减省字。

［16］今府主：指定難軍節度使李彝殷。《舊五代史・末帝紀中》載，清泰二年

① （後晉）劉昫等：《舊唐書》卷四十四，中華書局 1975 年版，第 1920 頁。
② （清）郭慶藩撰，王孝魚點校：《莊子集釋》卷一上，中華書局 1961 年版，第 4 頁。
③ （後晉）劉昫等：《舊唐書》卷三十八，中華書局 1975 年版，第 1412 頁。
④ （唐）李延壽：《北史》卷十五，中華書局 1974 年版，第 576 頁。

(935)三月辛丑，“以夏州行軍司馬李彝殷為本州節度使，兄彝超卒故也”①。

［17］迎揖：迎接時作揖為禮。北齊顔之推《顔氏家訓·風操》：“南人賓至不迎，相見捧手而不揖……北人迎送並至門，相見則揖，皆古之道也，吾善其迎揖。”②

［18］㕧：“匡”字。一横訛變作一點。“太”是“大”的分化字，“大府”即“太府”。公府。《史記·酷吏列傳》：“以湯為無害，言大府。”③

［19］疢：熱病，亦泛指病。亦作“疹”。

［20］“慜”，《榆林碑石》作“湣”，非。湣，通“慜”，病。慜，憂傷。劉歆《移書讓太常博士》：“此乃有識者之所歎慜，士君子之所嗟痛也。”④

［21］殂歿：死亡，亦作“殂没”。《後晉定難軍攝節度判官兼掌書記——毛汶墓誌銘考釋》未釋“歿”。啼：本指悲哀哭泣，後亦借指眼淚。《榆林碑石》《後晉定難軍攝節度判官兼掌書記——毛汶墓誌銘考釋》作“涕”，義同而字誤。

［22］髮：即“髮”。構件位移。“叩”，《榆林碑石》作“扣”，誤。《後晉定難軍攝節度判官兼掌書記——毛汶墓誌銘考釋》《中國藏西夏文獻·金石編》沿誤。叩，指頓、擊之義。

［23］彫：通“凋”。凋敝。

［24］飂飉：疾風吹貌。《後晉定難軍攝節度判官兼掌書記——毛汶墓誌銘考釋》脱“飉”字。

［25］“傑俊”，《後晉定難軍攝節度判官兼掌書記——毛汶墓誌銘考釋》作“俊傑”，誤倒。

［26］“茂”，《後晉定難軍攝節度判官兼掌書記——毛汶墓誌銘考釋》作“别”，非。

［27］魚符：亦稱“魚契”。隋唐時朝廷所發符信。一般為木或銅，魚形，上刻書，剖而分執之，以備符合為憑信。開皇時始頒木魚符於總管、刺史，一雌一雄。唐用銅魚符，起軍旅，易官長。又有金、銀、銅隨身魚符，賜親王及五品以上官員，明貴賤，應徵召。虎帳：舊時指將軍的營帳。

［28］文同賈馬，行比曾顔：誌文將誌主與陸賈、司馬遷、曾參、顔回相媲美，讚其富有文采，德行高尚。

［29］違和：婉稱他人身體不適。宋歐陽修《書簡》載，嘉祐七年，“某啟：見兒子，言尊候違和，豈非患腹臟邪?”⑤

① （宋）薛居正等：《舊五代史》卷四十七，中華書局1976年版，第644頁。
② 王利器撰：《顔氏家訓集解》（增補本）卷二，《新編諸子集成》，中華書局1993年版，第77頁。
③ （漢）司馬遷：《史記》卷一百二十二，中華書局1959年版，第3138頁。
④ （梁）蕭統編，（唐）李善等注：《六臣注文選》卷四十三，中華書局1987年版，第618頁。
⑤ 曾棗莊、劉琳：《全宋文》卷七百一十一，巴蜀書社1990年版，第327頁。

［30］原刻“措”，於義無取。應為“搆”的誤刻。通“遘”，遭受，遇患。

［31］“吞”，《後晉定難軍攝節度判官兼掌書記——毛汶墓誌銘考釋》作“屯”。“颺”，《後晉定難軍攝節度判官兼掌書記——毛汶墓誌銘考釋》《中國藏西夏文獻·金石編》作“暘”。非。

［32］冪冪：亦作“羃羃”，覆蓋貌。《後晉定難軍攝節度判官兼掌書記——毛汶墓誌銘考釋》《中國藏西夏文獻·金石編》作“冥冥”，昏暗貌，非。

［33］都料：又稱“都料匠”。古代指營造師、總工匠。唐柳宗元《梓人傳》：“梓人，蓋古之審曲面勢者，今謂之都料匠云。”①

彙考

滎陽：毛姓郡望。《古今姓氏書辯證》云：“唐時，滎陽、北地毛氏，世系皆具《元和姓纂》。”② 但今本《元和姓纂》已佚此條。誌稱毛汶“家居鞏洛”，即河南洛陽一帶。毛汶是定難軍節度使之妻瀆氏的從表侄。夏州瀆氏，党項羌人，與拓拔李氏世有婚姻。從後晉天福七年（942）《李仁福妻瀆氏墓誌》、後周廣順二年（952）《李彝謹墓誌》、北宋太平興國四年（979）《李光睿墓誌》等誌知，李光睿母“瀆氏，見封秦國太夫人”，祖母亦為瀆氏，“封吴國太夫人”。表明夏州拓拔氏盛行姑表親，姑姑的兒子娶舅舅的女兒為妻。毛汶或有党項血脉。據《毛汶墓誌》記載其家族世系和本人在定難軍的仕宦經歷以及撰寫《李仁福妻瀆氏墓誌》看，他與定難軍節度使李仁福及家族淵源頗深。過去人們只把毛汶作定難軍幕府中的漢官看待，顯然是不全面的。

① 《柳宗元集》卷十七，《中國古典文選基本叢書》，中華書局 1979 年版，第 480 頁。

② （宋）鄧名世撰，王力平點校：《古今姓氏書辯證》卷十，江西人民出版社 2006 年版，第 164 頁。

165 李仁寶墓誌 後晉開運三年（946）二月初五

蓋

墓誌

説明

墓誌出土於陝西省榆林市榆陽區紅石橋鄉拱蓋梁村，具體出土時間不詳。1996 年在打擊盜掘、走私文物活動中繳獲，石現藏榆林市榆陽區城牆文管所。《中國藏西夏文獻》編號 S52・002。誌石高、寬均 64 cm，厚 11 cm。齊嶠撰文。誌文 30 行，滿行 36 字。楷書。字多草率。盝頂蓋，高、寬均 64 cm，厚 13 cm。楷書“故隴西李公墓誌之銘”。四煞刻八卦紋。該誌又題《大晉故綏州刺史李仁寶墓誌銘》。

蓋

故隴西/李公墓/誌之銘。/

誌文

大晉綏州故刺史、金紫光禄大夫、撿挍太保，兼御史大夫、上柱國李公墓誌/銘并序[1]。

銀州防禦判官齊嶠撰。

公諱仁寶，字國珎，迺大魏道武皇帝之遐胤也。自/儀鳳之初遷居於此，旅趋輦轂，便列鵷鴻[2]，或執虎符，或持漢節者，継有人也。以唐中和之歳，/國家多難。聖主省方，又聞骨肉之間，逈禀英雄之氣。長驅驍鋭，却復翠華。厥立奇功，/果邀異寵。遽分苐土，遂賜姓焉[3]。七八十年，四五朝矣[4]。山河遠大，門族輝華，莫可比乎，孰能加/也。曾祖副葉，皇任寧州、丹州等刺史、金紫光禄大夫、撿校司空、兼御史大夫、上柱國、拓拔副葉。/祖重遂，皇任銀州防禦、度支營田等使、金紫光禄大夫、撿校太保、兼御史大夫、上柱國/李重遂[5]。考思澄[6]，皇任定難軍左都押衙、銀青光禄大夫、撿校工部尚書、兼御史/大夫李思澄。

公渾金重德，遠大竒材[7]。風神雅而緒护一株[8]，器度廣而黄陂万/頃。體唯溫克，性本善和[9]。訴公之讜直難同[10]，治亂而經綸少比。天邊一鶚，誰知騫/翥之程[11]；雪裏孤松，可辨歳寒之操。欝為時彦，宛是人龍。高持謹愿/之風，顯著忠貞之譽。故虢王覩其莭槩[12]，舉以才能。遂署職於軍門，頗/彰勤績；俄分符於屬郡，甚有嘉聲。莫不洞曉魚鈐[13]，深明葛陣。行驅隼旆，坐/鎮鵰陰[14]。張堪任蜀之年，尤同善政；侯霸臨淮之日，可類清名[15]。朝庭以久立邊功，爰/加寵命。佈龍綸於碧落，降鈿軸於丹墀。累轉官資[16]，継頒爵秩，位崇保傅，權/計慘舒。而又逢存亡進退之機，知榮辱成敗之理，求帰別墅[17]，獲替府城。朝辝鵲印魚符[18]，暮/入雲峯煙水。自怡情性，獨縱優遊。張平子月下秋吟，陶靖莭籬邊醉臥[19]，功成名遂，無/以比焉。

方显綺季連衡，株松等壽，豈意忽縈疾疢，便困膏肓[20]。問神之心緒徒施，/洗胃之功夫漫誤。重泉忽往，逝川不迴。嗚呼！皓月韜光，德星沉彩。即於開運二年十月/二十八日，薨于坂井舊莊，其享也七十二矣。

蘭臺之數，酒香空在[21]；鼎鍾之間，望猶新[22]。/莫不內外悲傷，家邦痛惜[23]。九族灑闌干之淚，六親興楚欝之懷[24]。諸夫人目斷幽/津，遽失和鳴之響；兒女等愁生白晝[25]，莫聞庭訓之言。結戀何窮，重泉永隔。即於/開運三年二月五日，祔葬于先祖陵闕之側也。陰雲淡淡[26]，如資愴恨之容；春草/萋萋，似動悲涼之色。今以唯虧夢筆[27]，固昧知人。素無黄絹之辝，兼白眉之譽。貴遵/請託，聊敢染濡[28]。其銘曰：

勳績早著，德望弥高。明彰露冕，惠著投醪[29]。/孝敬誰同，忠貞少比。價擅龍須[30]，名光凮尾。善驅五馬，能撫辱城。靄然令問[31]，/欝矣嘉聲。時謂棟梁，民謌襦袴。傾賴居房，何奢叔度[32]。望瓦竹帛[33]，身退園林。/事同往哲，年過從心。方樂優遊，忽縈疾恙。良藥無徵，重泉可愴。長天墜月[34]，/太華摧峯。露沾香蕙，風折喬松。內外興悲，親姻聚泣。隟駒影徹[35]，逝川波急。/令嗣痛裂，九族淒涼。遺愛徒在，列宿韜光。夢幻堪嗟[36]，丘輪不測。聊刊貞珉[37]。/

著録

1.《榆林出土西夏皇族先祖李仁寶墓誌》，《碑林集刊》2001（7）。2.《榆林碑石》81 圖、247 文。3.《中國藏西夏文獻·金石編》18－44 圖，46 文。4.《陝北出土三方唐五代拓拔氏墓誌考釋》，《民族研究》2004（6）。

注釋

［1］綏州：隋雕陰郡。《舊唐書·地理》綏州：“武德三年，於延州豐林縣置綏州總管府，領西和、南平、北基、銀、雲、貞、上、殄、北吉、匡、龍等十一州。其綏州領上、大斌、城平、綏德、延福五縣。六年，移治所於延州延川縣界。七年，又移治平城縣界魏平廢城。”① 天寶元年，改為上郡。乾元元年，復為綏州。金紫光禄大夫：文散官名。晉光禄大夫，授銀章青綬。詔加金章紫綬者為金紫光禄大夫，正二品。唐為正三品，宋、金復為正二品。太保：古三公之一，位次太傅。周置，春秋後廢，漢復置。後代沿置。往往是對重臣的加銜，以示恩寵，並無實職。

［2］輦轂：皇帝的車輿。代指京城。《三國志·魏志·楊俊傳》：“今境守清静，無所展其智能，宜還本朝，宣力輦轂，熙帝之載。”② 鵷鴻：鵷雛和鴻雁。以二鳥飛行有序，喻朝官班列。

［3］“中和之歲，國家多難”，指唐僖宗中和間爆發的黃巢之亂。李仁寶先世，党項拓拔氏，奉旨助唐鎮壓黃巢之亂，因功獲賜姓李。故下文曾祖“拓拔副葉”，祖名“李重遂”，父“李思澄”。

［4］“七”，《中國藏西夏文獻·金石編》作“已”，非。党項李氏一門，自唐拓拔思恭受封夏州節度使，割據北方，歷後梁、後唐，至仁寶時的後晉，共四朝，約“七八十年，四五朝矣”。

［5］度支：官署名。魏晉始置。掌財政收支。長官為度支尚書。隋唐沿置。開皇改為民部尚書。唐避太宗李世民諱，改為户部，復改舊稱。參《通典·職官五》《文獻通考·職官六》《唐會要·尚書省諸司下》。營田：即屯田。

［6］“思”下一字，《榆林碑石》釋文闕。拓片清楚，字草率，是“澄”字。下文“澄”字更草率，《榆林碑石》亦闕。《陝北出土三方唐五代拓拔氏墓誌考釋》釋

① （後晉）劉昫等：《舊唐書》卷三十八，中華書局 1975 年版，第 1412 頁。
② （晉）陳壽撰，（南朝宋）裴松之注：《三國志》卷二十三，中華書局 1964 年版，第 663 頁。

作“沿”，即“沿”，非。下同。

［7］“大”上一字“遠”，《中國藏西夏文獻·金石編》《陝北出土三方唐五代拓拔氏墓誌考釋》未釋。

［8］抑：即“柳”。

［9］善和：和善，善良。“和”，《榆林碑石》《中國藏西夏文獻·金石編》釋文作“知”，誤。

［10］讜直：忠耿正直。“讜”，正直敢言，與“直”同義連文。

［11］騫翥：高飛貌。喻仕途順達騰飛。《晉書·袁湛傳》：“范泰贈湛及混詩云：‘亦有後出雋，離羣頗騫翥。’”①

［12］槩：即“概”的構件位移字。莭槩：亦作“節概”。氣節、氣概。《文選·左思〈吴都賦〉》：“士有陷堅之鋭，俗有節概之風。”李周翰注：“俗有志節梗慨之人。”② 虢王：定難節度使李仁福。《舊五代史·李仁福傳》記：“仁福自梁貞明、龍德及後唐同光中，累官至檢校太師、兼中書令，封朔方王。”③

［13］魚：魚符。鈐：韜鈐，軍事謀略。魚鈐：借指武略。

［14］隼旆：亦作“隼旟”。畫有隼鳥的旗幟。語本《周禮·春官·司常》：“鳥隼為旟，龜蛇為旐……州里建旟，縣鄙建旐。”④ 代指帥旗。鵰：亦作“雕”。鵰陰：亦作“雕陰”，綏州。

［15］張堪、侯霸，同東漢初光武帝時期官員，分别任蜀漢太守、淮平郡太守。《後漢書·張堪傳》：“張堪，字君游，南陽宛人也。”“昔在蜀，仁以惠下，威能討姦。”⑤ 同書《侯霸傳》：“侯霸，字君房，河南密人也。……霸矜嚴有威容，家累千金，不事産業。篤志好學。”⑥《韋彪傳》讚曰：“湛、霸奮庸，維寧兩邦。”⑦ “政”，《榆林碑石》作“玫”，非。《中國藏西夏文獻·金石編》沿誤。

［16］官資：官吏的資歷職位。“資”，《陝北出土三方唐五代拓拔氏墓誌考釋》作“賫”，非。

［17］“桊”，《陝北出土三方唐五代拓拔氏墓誌考釋》作“崇”；“求”，《榆林碑石》作“友”，均非。

---

① （唐）房玄齡等：《晉書》卷八十三，中華書局1974年版，第2171頁。

② （梁）蕭統編，（唐）李善等注：《六臣注文選》卷五，中華書局1987年版，第117頁。

③ （宋）薛居正等：《舊五代史》卷一百三十二，中華書局1976年版，第1764－1765頁。

④ 十三經注疏整理委員會：《周禮注疏》卷二十七，《十三經注疏》，北京大學出版社2000年版，第863頁。

⑤ （南朝宋）范曄撰，（唐）李賢等注：《後漢書》卷三十一，中華書局1965年版，第1100頁。

⑥ 《後漢書》卷二十六，第901頁。

⑦ 同上書，第922頁。

［18］辤：同“辭”。鵠印：借指公侯之位。

［19］張平子：《後漢書・張衡傳》：“張衡字平子，南陽西鄂人也。”① 東漢時期與司馬相如、揚雄、班固並稱漢賦四大家。代表作有《二京賦》《歸田賦》。陶靖莭：即陶潛。《晉書・陶潛列傳》：“陶潛，字元亮。”②《陶徵士诔並序》：“宜謚曰靖節徵士。”③ 潯陽柴桑（今江西九江西南）人。晉宋時期詩人、辭賦家、散文家。“靖”，《陝北出土三方唐五代拓拔氏墓誌考釋》作“静”，非。

［20］“株”，《榆林碑石》未釋。《中國藏西夏文獻・金石編》作“楺”，非。疢：即“疹”。“困”，《陝北出土三方唐五代拓拔氏墓誌考釋》《榆林碑石》均未釋。

［21］“數”“酒”，《中國藏西夏文獻・金石編》釋二字作“馨”，此句“蘭臺之數，酒香空在”即改作“蘭臺之馨香空在”，不知何意。

［22］“新”下，《陝北出土三方唐五代拓拔氏墓誌考釋》作闕一字。查，並無缺字。

［23］“邦”，《榆林碑石》作“幫”，誤。“邦”“幫”不同字。

［24］蔟：“族”的被通假字。家族，親族。九族：以自己為本位，上推至四世之高祖，下及四世之玄孫為九族。《尚書・堯典》：“克明俊德，以親九族。”孔傳：“以睦高祖、玄孫之親。”④ 一説父族四、母族三、妻族二為九族。六親：説法不一。一般指父母兄弟妻子。“楚”，《中國藏西夏文獻・金石編》作“抑”，非。《榆林碑石》《陝北出土三方唐五代拓拔氏墓誌考釋》未釋。

［25］“津”，《中國藏西夏文獻・金石編》作“遠”，非。《陝北出土三方唐五代拓拔氏墓誌考釋》在“生”字下，衍“於”字。

［26］“陰”，《榆林碑石》未釋。《中國藏西夏文獻・金石編》作“秋”；《陝北出土三方唐五代拓拔氏墓誌考釋》作“臨”，均非。

［27］夢筆：才思敏捷，文章華美。語見《晉書・王導傳》：“珣夢人以大筆如椽與之，既覺，語人云：‘此當有大手筆事。’俄而帝崩，哀册謚議，皆珣所草。”⑤

［28］“貴”，拓片清晰。《陝北出土三方唐五代拓拔氏墓誌考釋》作“遺”；“託”作“志”，均非。請託，以私事相託付。聊：姑且。“染”，《榆林碑石》《中國藏西夏文獻・金石編》《陝北出土三方唐五代拓拔氏墓誌考釋》均作“滌”，非。

---

① （南朝宋）范曄撰，（唐）李賢等注：《後漢書》卷五十九，中華書局 1965 年版，第 1897 頁。

② （唐）房玄齡等：《晉書》卷九十四，中華書局 1974 年版，第 2460 頁。

③ （梁）蕭統編，（唐）李善注：《文選》卷五十七，《中國古典文學叢書》，上海古籍出版社 1986 年版，第 2472 頁。

④ 十三經注疏整理委員會：《尚書正義》卷二，《十三經注疏》，北京大學出版社 2000 年版，第 31 頁。

⑤ （唐）房玄齡等：《晉書》卷六十五，中華書局 1974 年版，第 1756 頁。

［29］“著”，《榆林碑石》作“若”，非。誌文“彰”與“著”對舉，意義相同。《中國藏西夏文獻·金石編》沿誤。

［30］“擅”，《榆林碑石》作“捏”，誤。《中國藏西夏文獻·金石編》沿誤。

［31］凬：即“鳳”字。“令”，《中國藏西夏文獻·金石編》作“今”，非。令問，美好的聲名。

［32］“謌”“穤”，《中國藏西夏文獻·金石編》作“歌”“祲”；“賴”作“頼”；“奢”作“戀”，均非。《榆林碑石》未釋“傾賴”“奢”。

［33］“望”下一字，拓本清晰，是“瓦”。他書均未釋。

［34］“天”上一字，《中國藏西夏文獻·金石編》作“長”，可取。

［35］“影”，《中國藏西夏文獻·金石編》作“彰”，誤。《榆林碑石》未釋。

［36］“幻”，《榆林碑石》作“勿”，“夢勿”不辭，誤。夢幻，嘆息人生無常，有如夢幻。《中國藏西夏文獻·金石編》沿誤。

［37］根據墓誌文例，此下還應有一句。疑因石面已滿，便棄而不刻，遂使誌文缺一韻。

166　李彝謹妻里氏墓誌　後漢乾祐三年（950）八月十九日

墓誌

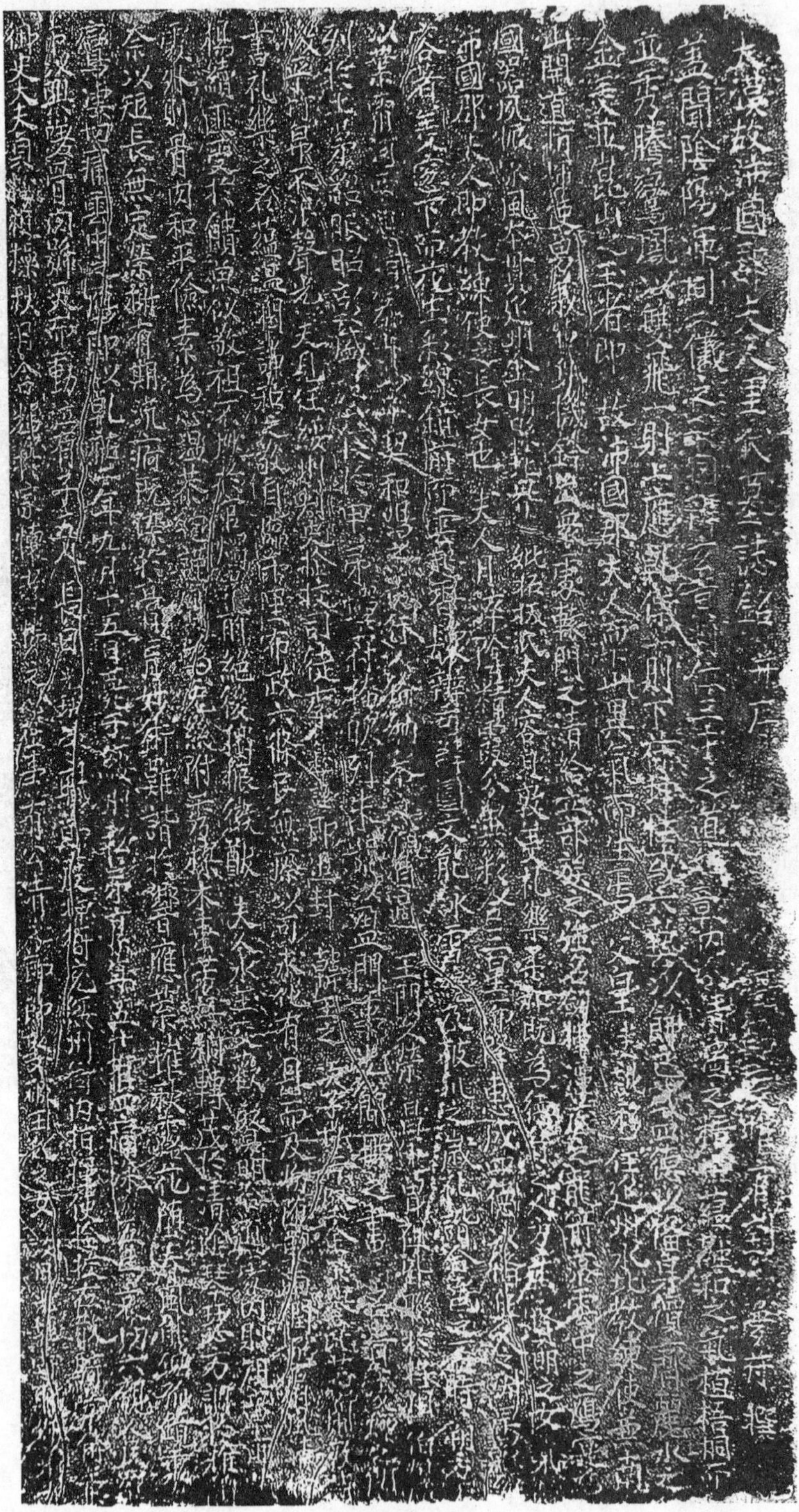

墓誌局部之一

墓誌局部之二

説明

墓誌出土於内蒙古自治區烏審旗無定河鎮（原納林河鄉）排子灣，具體出土時間不詳。現藏内蒙古烏審旗文管所。《中國藏西夏文獻》編號 M42·002。誌石高、寬均 79 cm。劉夢符撰文，楊從溥書丹，劉敬萬鐫字。誌文 37 行，滿行 40 – 46 字不等。楷書，有縱界格。該誌又題《大漢故沛國郡夫人李彝謹妻里氏墓誌銘》《後漢沛國郡夫人里氏墓誌銘》。

誌文

大漢故沛國郡夫人里氏墓誌銘并序。

攝節度推官劉夢符撰。/

蓋聞陰陽渾同，二儀之形罔辨[1]。玄黄判位，三才之道始彰。内分清濁之精，外蘊融和之氣。植梧桐而/並秀，騰鸞鳳以雙飛。一則上應乾儀，一則下符坤性。或六藝以飾己，或四德以俻身[2]。價齊麗水之/金，美並崑山之玉者[3]，即故沛國郡夫人，禀此異氣而生焉。

父皇甫訛移，任延州水北教練使兼南/山開道指揮使。勇義兼身，機鈐出衆。霧轅門之清給，立部族之强名。劍揮潭底之龍，箭落雲中之鴈。寔為/國器，夙振家風。本貫延州金明縣北界[4]。妣拓拔氏，夫人容貞敦美，禮樂柔和。既為德行之人，方產賢明之女。我故/沛國郡夫人，即教練使之長女也。

夫人月淬陰精，霞分異彩。合三星而降惠，成四德以俻身，令淑早彰，雍/容著美。窓下而花生彩線[5]，鏡前而雲起香鬟。辯可解圍，文能詠雪。纔及破瓜之歲，礼諧合巹之酒[6]。時朔方王/以業霸河西，塵清塞上。為子契和鳴之美，行人俻納衆之儀[7]：自適王門，久榮昌運。曾祖皆聯拎將相，伯叔咸/列於士茅。貂眼昭彰，盛公矦拎甲弟；蟬冠掩映，列朱紫以盈門。事光簡冊之書，名貴凌煙之閣。/熠乎竹帛，不泯聲光[8]。夫見任綏州剌史、撿校司徒李彝謹，即追封韓王之次子也。行堅金玉，譽比芝蘭。敦詩/書禮樂之名，藴温潤謙和之敬。目臨千里，佈政六條。民無瘵以可求，化有恩而及物，隨軒雨潤[9]，逐扇風清。如/楊續匪受於拎饋魚，似敬祖不燃拎官燭[10]。光前絶後[11]，獨振徽猷。夫人水玉交歡，賢明合道。處内則祖章匪失，/處外則骨肉和平。儉素為心，温恭抱謹。實為兔絲附秀，樛木垂芳。梧桐轉茂拎清陰，琴瑟方調於雅韵。/奈以短長無定，榮謝有期。沉疴既染拎膏肓，妙術難諧拎響應。葉摧秋露[12]，花墮春風。徘徊孤鏡秉之/鸞[13]，淒切痛雲中之鴈。即以乾祐二年九月十五日薨于綏州私弟，享年五十有四。痛深五臣[14]，哀切六親。人民罷/市以興嗟，骨肉號天而動泣。

有子五人：長曰光琇，守職節度押衙充綏州衙内指揮使、撿校右散騎常侍兼/御史大夫[15]。貞松梃橾[16]，秋月含輝。拎家懷孝悌之心，莅事有公清之節。即娶破丑氏之女。次曰光璉，守職綏州都/知蕃落使、撿校國子祭酒兼御史大夫。玉瑩寒光，山高聳翠。有文武兼才之美，抱仁信及物之情。即娶蘇氏之女。/次曰光義，節度押衙充馬軍第二都軍使、撿校右散騎常侍兼御史大夫。清白有聞，貞兼無染。執硯之仁慈既蘊，奉/堇之孝道應全。咸為継體之人，盡保成家之者。即娶楊氏之女。次曰光璘、光琮，皆不仕。七絲雅韵，三秀靈苗。蘊/王湛隱德之才[17]，抱狄嗣顯名之譽。咸以哀毀過聲[18]，涕泗交併。樹欲靜而風不停，子欲養而親不待，信有之矣，不期/然乎。

有女三人：長適野由氏，次適蘇氏，皆以婚成伉儷，禮配玄黃，秋霄永而圓月虧，春風急而好花落。遽□/日皆奄黃泉[19]。次曰喜娘，幼霧閨窓，未諧匹偶。念女蘿之獨秀，傷棣萼以凋零。人間未及扵問名，泉下已帰扵問□[20]。/短長命矣，噫亦痛焉[21]。扵是地選邢山，川如洧水。正乙酉乙卯之位，當甲子甲午之阡。植孔樹以參著[22]，構玄堂之深邃。即以乾/祐三年八月十九日，光琇等自雕陰護引夫人之靈，葬于夏州朔方縣儀鳳鄉奉政里烏水之原也。

夜臺永閟，幽隧難/尋。寒松噓噁以生風，野草萋萋而泣露。夢符才非徛馬[23]，學愧雕虫，難為撫掌之嗤，强副指蹤之命[24]。乃為銘曰：/

乹坤育性，融和蘊精。苓浦珠瑩，崑山玉貞。無為罕測，大謂難名。淬明月魄，我夫人生。其一。/抱婉約情，稟雍容質。神降瓊樓，花藏金室。娄禽問名，佳期納吉[25]。榮比鴛鸞，聲諧琴瑟。其二。/恩沾私室，貴顯王門。龍旌虎節，玉華金昆。貂蟬滿座，將相盈軒。乃文乃武，令子令孫。其三。/祖列雙旌，夫榮五馬。分茱扵堯，霸基于夏。清儉懸魚，賢明讓難[26]。政理名光，揚春和寡[27]。其四。/方期貴盛，忽染膏肓。鴛衾失緒，鸞臺罷粧[28]。青絲減翠，金鴨鎖香。術無百中，藥悮千方。其五。/難返幽魂，奄帰玄闕。兒女哀號，軍民哽咽。九族悲傷，六親慘切。哀極扵心，淚継之血[29]。其六。/既辭靈帳，須卜昏庭。簠簋俻設，黍稷咸藏。松風暗響，薤露愁聽。募草縈骨[30]，懸窆泉坰。其七。/恨田窮荒[31]，痛深幽隧。白日長辝，玄堂永閟。德行追搜，言詞匪媿[32]。刻紀燕然[33]，千秋万歲。其八。/荒郊慘澹兮愁雲連，野草萋迷兮凝寒煙。人自老兮烏飛兔走，名不朽兮谷變陵遷。

押衙充随使孔目官楊從溥書，石匠劉敬萬鎸。/

著録

1.《中國藏西夏文獻·金石編》18－47 圖，50 文。2.《内蒙古烏審旗發現的五代至北宋夏州拓拔部李氏家族墓誌銘考釋》，《唐研究》8－382。

注釋

［1］“形”下一字清晰，是“罔”。《内蒙古烏審旗發現的五代至北宋夏州拓拔部李氏家族墓誌銘考釋》作“因”，非。

［2］乾儀：天道；天綱。六藝：此指儒家“六經”，即《禮》《樂》《書》《詩》《易》《春秋》。《禮》以節人，《樂》以發和，《書》以道事，《詩》以言志，《易》以陰陽，

《春秋》以道名分。

［3］麗水：古水名。《韓非子·内儲説上》："荊南之地，麗水之中生金，人多竊採金。"① 崑山：亦作"崐山"。昆侖山的簡稱。晉潘尼《贈侍御史王元貺》詩："崐山積瓊玉，廣廈構衆材。"②

［4］金明縣：本漢高奴縣地，北魏於此置廣洛縣，屬金明郡。隋開皇屬延州，仁壽元年（601）避太子楊廣名諱，改為金明縣（今陝西安塞東南舊安塞）。大業末撤金明縣，併入膚施縣。唐武德復舊名。參《元和郡縣圖志·延州》卷四。

［5］窓："窗"的異體。

［6］破瓜：舊稱女子十六歲為"破瓜"。"瓜"字拆開為兩個八字，即二八之年，十六岁。合巹：古代婚禮儀式之一。剖一瓠為兩瓢，新婚夫妻各執一瓢，斟酒以飲。故多以"合巹"借指成婚。第二"之"字下泐一字，諦視，是"酒"字。"破瓜"，《内蒙古烏審旗發現的五代至北宋夏州拓拔部李氏家族墓誌銘考釋》作"破川"，大誤。又，釋"酒"作"否"，亦非。

［7］《内蒙古烏審旗發現的五代至北宋夏州拓拔部李氏家族墓誌銘考釋》未釋"衆"字。

［8］聲光：聲譽風光。"泯"，《内蒙古烏審旗發現的五代至北宋夏州拓拔部李氏家族墓誌銘考釋》作"氾"，語義不暢。非。

［9］"軒"，《内蒙古烏審旗發現的五代至北宋夏州拓拔部李氏家族墓誌銘考釋》作"輒"，非。

［10］"不"下一字，有"火"字旁，為"燃"，《内蒙古烏審旗發現的五代至北宋夏州拓拔部李氏家族墓誌銘考釋》作"然"，非。官燭：供官吏办公使用的蠟燭。

［11］"前"上一字泐，諦視拓片，存痕，似"光"。

［12］摧：此當作"催"，二字通假。

［13］《内蒙古烏審旗發現的五代至北宋夏州拓拔部李氏家族墓誌銘考釋》未釋"徘徊""秉"。

［14］五臣：五個臣子，隨文所指不同。有舜五臣、周文王五臣、周武王五臣、晉文公五臣、楚威王五臣、南朝宋文帝五臣等，泛指良佐。此喻里氏為李彝謹賢内助。《中國藏西夏文獻·金石編》作"五馬"，大誤。

［15］"史"，《内蒙古烏審旗發現的五代至北宋夏州拓拔部李氏家族墓誌銘考釋》作"使"，非。下文"撿挍國子祭酒兼御史""撿挍右散騎常侍兼御史"中"史"，亦同誤。

---

①（清）王先慎撰：《韓非子集解》卷九，《新編諸子集成》，中華書局1998年版，第225頁。

②（梁）蕭統編，（唐）李善注：《文選》卷二十四，《中國古典文學叢書》，上海古籍出版社1986年版，第1160頁。

［16］“橾”，《内蒙古烏審旗發現的五代至北宋夏州拓拔部李氏家族墓誌銘考釋》作“操”，是。《中國藏西夏文獻·金石編》沿用。

［17］“王”，《内蒙古烏審旗發現的五代至北宋夏州拓拔部李氏家族墓誌銘考釋》《中國藏西夏文獻·金石編》作“玉”。古“玉”“王”隸變後常混同不别。隠：“隱”的異體。構件“工”被省去，“⺕”變形所致。

［18］《内蒙古烏審旗發現的五代至北宋夏州拓拔部李氏家族墓誌銘考釋》未釋“聲”。

［19］《内蒙古烏審旗發現的五代至北宋夏州拓拔部李氏家族墓誌銘考釋》未釋“遽”。

［20］閇：“閉”的異體字。

［21］“痛”，《内蒙古烏審旗發現的五代至北宋夏州拓拔部李氏家族墓誌銘考釋》作“通”，非。又，“洧”字，清晰，釋作“有”，非。洧水，古水名。

［22］《内蒙古烏審旗發現的五代至北宋夏州拓拔部李氏家族墓誌銘考釋》未釋“著”。

［23］徛：“倚”的異體。

［24］“難”下“為撫掌”三字，《内蒙古烏審旗發現的五代至北宋夏州拓拔部李氏家族墓誌銘考釋》未釋，並以為四字，非。又，“蹤”即“蹤”，用同“縱”。該文釋作“縱”，非原刻。

［25］“禽”上一字微泐，是“娄”字，《内蒙古烏審旗發現的五代至北宋夏州拓拔部李氏家族墓誌銘考釋》《中國藏西夏文獻·金石編》未釋。納吉：古代婚禮六禮之一。前文脱“其一”，及“其二”“其三”等序號。

［26］懸魚：語出《後漢書·羊續傳》：“府丞嘗獻其生魚，續受而懸於庭；丞後又進之，續乃出前所懸者以杜其意。”① 後以懸魚指為官清廉。此指里氏勤儉持家。魚，《中國藏西夏文獻·金石編》作“僉”，誤。《内蒙古烏審旗發現的五代至北宋夏州拓拔部李氏家族墓誌銘考釋》未釋“難”。

［27］“寡”，《内蒙古烏審旗發現的五代至北宋夏州拓拔部李氏家族墓誌銘考釋》未釋。

［28］《内蒙古烏審旗發現的五代至北宋夏州拓拔部李氏家族墓誌銘考釋》未釋“鴛”。又，“粧”同“粧”。釋作“妝”，義近詞非。

［29］慘切：悲慘凄切。“切”，《内蒙古烏審旗發現的五代至北宋夏州拓拔部李氏家族墓誌銘考釋》作“忉”，非。“淚”，《中國藏西夏文獻·金石編》作“泪”，非。

［30］《内蒙古烏審旗發現的五代至北宋夏州拓拔部李氏家族墓誌銘考釋》未釋“藏”。蔓：即“蔓”。

---

① （南朝宋）范曄撰，（唐）李賢等注：《後漢書》卷三十一，中華書局1965年版，第1110頁。

［31］“恨”，拓片清晰。《中國藏西夏文獻·金石編》《内蒙古烏審旗發現的五代至北宋夏州拓拔部李氏家族墓誌銘考釋》作“垠”，非。

［32］媿：羞辱。《漢書·循吏傳·龔遂》：“面刺王過，王至掩耳起走，曰：‘郎中令善媿人！’顔師古注：‘媿，古愧字。愧，辱也。’”①《中國藏西夏文獻·金石編》作“愧”，是。

［33］燕然：漢班固撰《燕然山銘》，記竇憲、耿秉大破北單于之功。後泛指歌頌邊功的詩文。唐竇鞏《經竇車騎故城》詩：“荒陂古堞欲千年，名振圖書劍在泉。今日諸孫拜墳樹，愧無文字續《燕然》。”②

彙考

沛國郡夫人里氏，李彝謹前妻，“父皇甫訛移”。皇甫氏，出自子姓，春秋時宋戴公子充石，字皇父，打敗來犯夷狄部落，後世以其字為氏。漢興，裔孫鸞，自魯徙茂陵，改“皇父”為“皇甫”。父：同“甫”。見《古今姓氏書辯證》卷十五。皇甫貴為古老姓氏，郡望京兆郡、安定郡，而訛移“本貫延州金明縣北界”。延州，漢匈奴南侵，魏、晉陷戎狄；唐有“右領軍、延州刺史彌姐長通”③，龍朔元年（661）《韓忠墓誌》詳載其職：“皇朝左領軍大將軍、鄜州一十七州行軍大總管、使持節鄜延二州都督、散騎常侍、延州刺史、銀青光禄大夫、上柱國、泥陽縣開國公。”弥姐長通，或曰弥姐通，表明延州在唐龍朔間為西羌聚居地之一。誌文稱皇甫訛移“廌轅門之清給，立部族之强名”。進一步表明其少數民族身份。又，“訛移”，不知何義，為以音記字的部族名。那麽，訛移當是少數民族改漢姓。只是源自何部族，無法確定。

里氏母拓拔氏，據同時期後晉天福七年（942）《李仁福妻瀆氏墓誌》、後周廣順二年（952）《李彝謹墓誌》、北宋太平興國四年（979）《李光睿墓誌》等誌知，李光睿母瀆氏，秦國太夫人；祖母瀆氏，吴國太夫人。夏州拓拔氏盛行姑表親，里氏母當為党項拓拔氏，故推里氏為党項人。

誌主葬於“夏州朔方縣儀鳳鄉奉政里烏水之原”。朔方縣，夏州治所。此地是夏州拓拔李氏家族墓地。先後出土後晉天福七年（942）《李仁福妻瀆氏墓誌》、後周廣順三年（952）《李彝謹墓誌》、後漢乾祐三年（950）《李彝謹妻里氏墓誌》、宋太平興國四年（979）《李繼筠墓誌》等。奉政里又作鳳正里，有一條烏水，烏水即今天的納林河。這些墓誌的出土為研究夏州地理增添了新坐標。

---

① （漢）班固撰，（唐）顔師古注：《漢書》卷八十九，中華書局1962年版，第3637－3638頁。

② 《全唐詩》卷二百七十一，中華書局1980年版，第4838、3051頁。

③ （宋）鄭樵撰，王樹民點校：《通志二十略》，中華書局1995年版，第182頁。

167　李彝謹墓誌　後周廣順二年（952）四月二十四日

墓誌

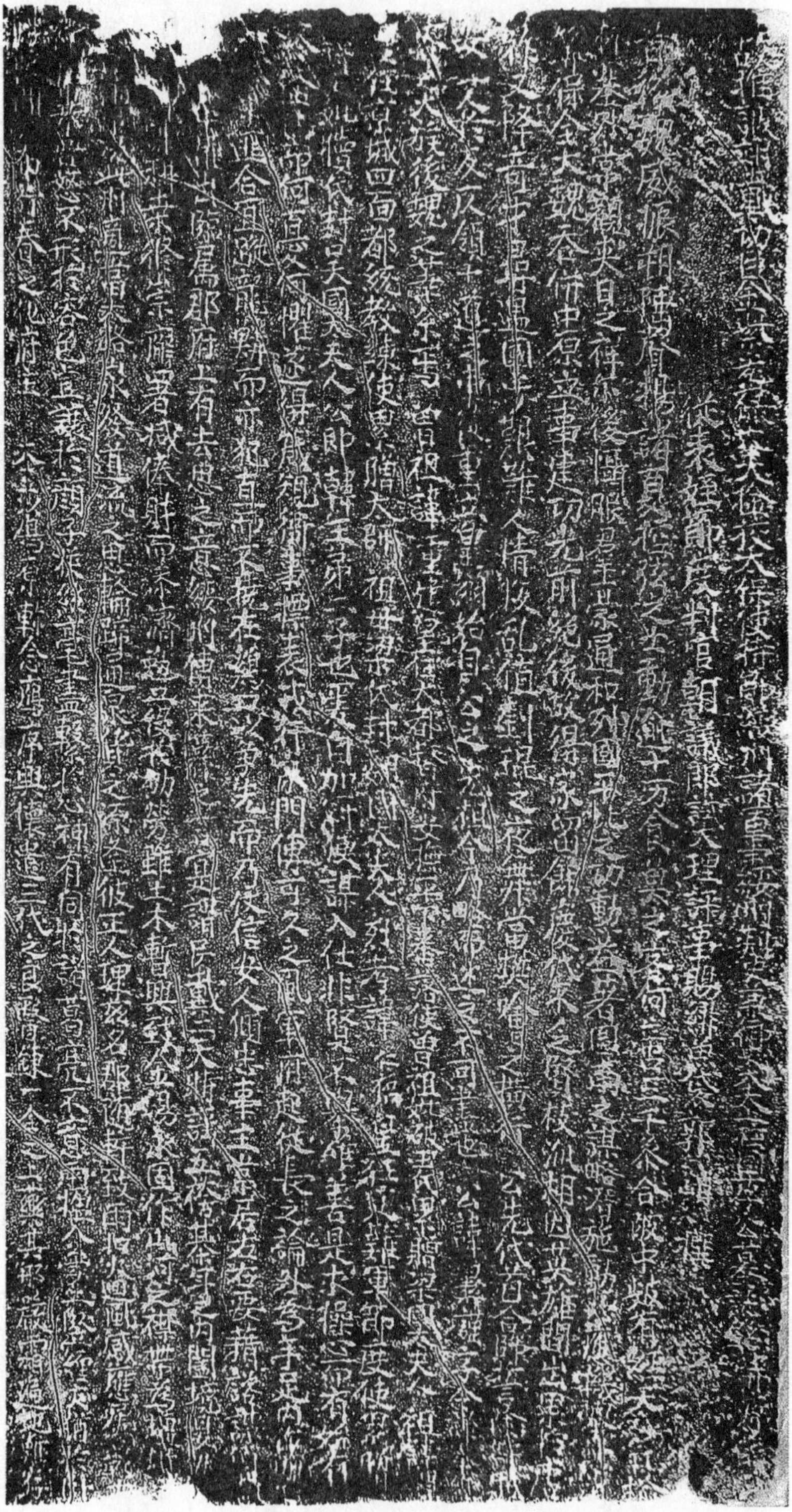

墓誌局部之一

墓誌局部之二

説明

墓誌出土於内蒙古烏審旗無定河鎮（原納林河鄉）十里梁，現藏内蒙古自治區烏審旗文管所。《中國藏西夏文獻》編號 M42·003。郭峭撰文，楊從溥書丹，劉敬萬鐫字。誌石高、寬均77 cm。誌文36 行，滿行38－45 字不等。楷書。該誌又題《後周綏州刺史李彝謹墓誌銘》。

誌文

故推誠翊戴功臣、金紫光禄大夫、檢校太保、使持節綏州諸軍事、綏州刾史兼御史大夫、上柱國李公墓誌銘並序[1]。/

従表姪節度判官、朝議郎、試大理評事、賜緋魚袋郭峭撰[2]。/

昔後魏威振朔陲，聲揚諸夏，控弦之士動逾十万，食臭之客何啻三千[3]。参合陂中，竣有經天之氣[4]；榆/林塞外，常觀夾日之祥。尔後懾服羣豪，通和列國[5]。平北之功勳益著，圖南之謀略潛施。動必應機，舉無遺/算。保全大魏，吞併中原。立事建功，光前絕後。故得家留餘慶，代不乏賢；枝派相因[6]，英雄間出。果於唐/祚，又降奇才。尋遇國步艱難，人情叛亂。值劉琨之夜舞，當樊噲之横行[7]。公先代首合師，誓除奸賊。/安一人於反仄，領十道之車徒。重立皇綱，始自公之先祖。今乃略而述之，不可盡也。

公諱彝謹，字令謙，本鄉/客之大族，後魏之莘系焉。曾祖諱重建，皇任大都督府安撫平下番落使[8]。曾祖妣破丑氏，累贈梁國太夫人[9]。祖諱思□，/皇任京城四面都統教練使，累贈太師[10]。祖母梁氏，封魏國太夫人。烈考諱仁福，皇任定難軍節度使，累贈/韓王[11]。妣瀆氏，封吴國太夫人。公即韓王弟二子也，爰自加冠，便謀入仕。非賢不舉，唯善是求。操心而有始有/終，儉己而何憂何懼。遂得箴規衙事，標表戎行。家門傳可久之風，軍府起従長之論。外為手足，内作腹/心。或事匪合宜，蹤龍鱗而亦犯；直而不撓[12]，在雞口以争先。而乃仗信安人，傾忠事主。常居左右要藉[13]，諮謀傾忠。/□□中權，出臨屬郡[14]。府上有去思之意，綏州傳來暮之言。寔謂尸戴二天，時謠五袴[15]。朞年之内[16]，闔境晏然。/□□勸課耕桒，脩崇廨署[17]。減俸財而添濟，勉工役於劬勞。雖土木暫興，致金湯永固。作山河之襟帶，為疆境之/□□。而況此州適當大路，山水發道流之思，輪蹄通泉貨之源。逢彼正人，理茲名郡。隨軒致雨，扣火迴風[18]。感應屢彰，古/□□異。喜怒不形於容色，豈讓於顏子推；絲毫盡繫於心神，有同於諸葛亮[19]。不意兩楹入夢，二竪纏災[20]。猶於臥/□之間，大佈行春之化。府主大王以鴒原軫念，鴈序興懷[21]。遣三代之良醫，錬十全之上藥[22]。其那嚴霜遍地，難存/□□之姿；落日欹山，莫住桒榆之景[23]。時廣順二年壬子歲正月十七日，薨於綏州正寢，享年五十六。府主大王忽聞怨/悲[24]，□過哀號。縮地里以無方，叫天閽之不及，良久而嘆曰：吾之一身，如折一臂[25]。哲人云亡，吾不濟矣。

公六年為政，万戸承恩。法絕/煩嚴，事惟平允。邵伯之棠陰勿伐，張公之麦秀長聞[26]。遍尔鄉閭[27]，如喪考妣，莫不千門罷市，万眾輟耕。瞻日月以蒼黄，見山川之/黯慘。卜其年四月二十四日，帰葬扵夏府朔方縣儀鳳鄉鳳正里烏水原之禮也。青烏鳴兆，白鹿呈祥。契千載之休/徵，鍾五壟之殊應[28]。

公晳沛國郡里氏，先公而亡。賢而舉案，和以肥家[29]。比希蘭蕙同香，豈料梧桐半死[30]。次晳下邳/郡祁氏，能脩四德，善睦六親。恒依禮以事夫，曾著書而誡女。男五人：長曰光琇，守職綏州衙內指揮使。次曰光璉，/守職綏州左都押衙。次曰光義，守職節度押衙充馬軍弟二都軍使。次曰光璘，守職押衙充元従都軍使。次曰光琮，不/仕[31]。皆以溫恭約己，忠孝流芳。脩文傳賈馬之蹤，講武踵孫吴之跡[32]。女三人：長曰適野由氏[33]，次曰適蘇氏，先公而亡。/次曰在室，亦先公而亡。可謂容欺朱粉，節過松筠[34]。或帰王鄭名家，並是金張盛族[35]。

昆季四人：長曰彝溫，守職随使都押衙[36]。/次曰彝超，皇任定難軍節度使撿挍太傅，亦先公而亡，皆以情通讓来[37]，理絕分荊。麟鳳龜龍，惣作明時之瑞，珪璋琮/璧，俱為異代之珎[38]。慶維襲扵一門，官盡分扵五籌。賈生榮顯，虛留三虎之名；荀氏風流，徒說八龍之貴[39]。公/本従釋褐，至扵中年，授霸府職資者八，承大朝綸綍者三，几經轉遷，不可勝紀[40]，公克明且哲，善始令終。曾臨陣/以忘身，常見危而致命[41]。脩心慎行，常恐墜扵家風；執法奉公，不忘尊扵王室。脩短之期到此，哀榮之分必然。生也無涯，/論之不及。峭早依公門館，偏忝恩知。誠慙臯陘之才，莫述龍頭之德[42]。辭不獲已，寧無媿乎[43]。乃為銘曰：/

代有英特，賢生朔方。家傳將相，道契皇王。分符共治，托土開疆。視民若子，憫物如傷。事昭千載，功立一世。添人襦袴[44]，作國金湯。/橋無白虎，里絕飛蝗。言詞諤諤，容皃堂堂[45]。珠蘊川媚，蘭標國香。文山高特，心劒深藏。施恩春雨，出令秋霜。志同韓白，政比龔黄[46]。/法唯扶薤，境不争桒[47]。勿矜功大[48]，能謙道光。榮連後魏，貴系前唐。德澤流霈，仁風扇揚。名彰忠孝，譽著賢良。徵民不辭，牧守□□。/何負天地[49]，須摧楝樑。薤露歌咽，松阡夜長。塵飛碧落，水泛滄浪。六年遺愛，万代不忘。永存淚碑，勿剪甘棠。

節度押衙充随使孔目官楊従溥書，都料匠劉敬万鐫。/

著録

1.《中國藏西夏文獻·金石編》卷 18 – 52 圖，55 文。2.《内蒙古烏審旗發現的五代至北宋夏州拓拔部李氏家族墓誌銘考釋》，《唐研究》8 – 384。3.《後周綏州刺史李彝謹墓誌銘考釋》，《西夏學》（5）。

注釋

［1］翊戴：輔佐擁戴。《晉書·閻鼎傳》："乃與撫軍長史王毗、司馬傅遜懷翊戴

秦王之計。"① 南北朝時，對重要的功臣加"開國"爵位，以示重視和恩賜。唐初出現了以年號、地名命名功臣名號，如"武德功臣""太原元從""唐隆功臣""靈武扈從功臣"等。唐德宗（780－805）始賜"功臣"名號前增加具有道德品質評價的"定難"二字，此後又增加了"扶危""推忠""翊戴"等美辭，為獎賞在皇帝危機時刻文武臣僚赴難效忠的美號。《宋史·職官志·雜制》："五代浸增其制，宋初因之。"② 如唐貞元十六年（800）《夫蒙鍠墓誌》：夫蒙君為"元從奉天定難功臣"。後周廣順二年（952）《李彝謹墓誌》：彝謹為"推誠翊戴功臣"。元泰定四年（1327）《楊朵兒只神道碑》：對楊朵兒只"特贈思順佐理功臣"，"祖失剌，贈推忠佐運功臣"，"父失剌唐兀臺，贈推忠翊戴功臣"。"翊"，《内蒙古烏審旗發現的五代至北宋夏州拓拔部李氏家族墓誌銘考釋》作"望"，非。金紫光禄大夫：文散官名。晉光禄大夫，朝廷嘉獎授銀章青綬。詔加金章紫綬者為金紫光禄大夫，正二品。唐為正三品，宋、金復為正二品。"使持節綏州諸軍事綏州刺史"，即綏州刺史的全稱。"御史大夫"為憲銜，非中央實任，唐制從三品，後周承唐制。"上柱國"在唐代為勳級十二轉，視正二品的勳官，後周承唐制。

［2］姪：同"侄"。《後周綏州刺史李彝謹墓誌銘考釋》作"侄"，是。

［3］威振：亦作"威震"。使人震驚的威力或聲勢。《後周綏州刺史李彝謹墓誌銘考釋》作"震"。釋文應尊重原刻。奂：即"魚"。食魚：比喻幕賓受到重視、有待。語出《戰國策·齊策四》："齊人有馮煖者，貧乏不能自存，使人屬孟嘗君，願寄食門下……居有頃，倚柱彈其劍，歌曰：'長鋏歸來乎！食無魚！'左右以告，孟嘗君曰：'食之，比門下之客。'"③

［4］玻：似"頻"字。

［5］"尔"，《後周綏州刺史李彝謹墓誌銘考釋》作"而"，非。羣：亦作"群"。《内蒙古烏審旗發現的五代至北宋夏州拓拔部李氏家族墓誌銘考釋》割裂為兩字，作"君王"，非。通和：相互往來和好。

［6］泒："派""流"的俗體。枝泒，同"支派"。水的支流。枝派：支族，後裔。《内蒙古烏審旗發現的五代至北宋夏州拓拔部李氏家族墓誌銘考釋》作"脈"，義近詞非。相因：相襲；相承。《史記·酷吏列傳》："二千石繫者新故相因，不減百餘人。"④

［7］語出西晉軍事家劉琨聞雞起舞，遂成棟樑之才。樊噲：漢高祖劉邦的猛將。《史記·季佈列傳》："上將軍樊噲曰：'臣願得十萬眾，横行匈奴中。'"⑤

① （唐）房玄齡等：《晉書》卷六十，中華書局1974年版，第1647頁。
② （元）脱脱等：《宋史》卷一百七十，中華書局1977年版，第4080頁。
③ 何建章：《戰國策注釋》卷十一，中華書局1990年版，第381頁。
④ （漢）司馬遷：《史記》卷一百二十二，中華書局1959年版，第3153頁。
⑤ 《史記》卷一百，第2730頁。

［8］大都督府安撫平下番落使：中唐以後設大都督府之地僅有靈州、陝州、幽州、揚州、潞州、鎮州、徐州等州。陳瑋《後周綏州刺史李彝謹墓誌銘考釋》認為“大都督府安撫平下番落使”中的大都督府指靈州大都督府。靈州為內遷党項聚居之處①。“安撫平下番落使”中的“番落使”即蕃落使，應為管理靈州党項本族事務的使職。據此也可推斷誌主及曾祖父李重建是党項羌人。

［9］破丑氏：党項姓氏。《舊唐書·党項傳》：“又有雪山党項，姓破丑氏，居於雪山之下。”②《新唐書·党項傳》：“慶州（甘肅慶陽）有破丑氏族三。”③《宋史·党項傳》，稱“今靈、夏、綏、麟、府、環、慶、豐州，鎮戎、天德、振武軍並其族帳”④。可見，直到宋代慶州（即慶陽府）一帶仍以党項為主。

［10］《新唐書·僖宗紀》：中和二年（882）“八月丁巳，東方逵為京城東北面行營都統，拓拔思恭為京城四面都統”⑤。考《新唐書·西域上》：“拓拔思恭……中和二年，詔為京城西面都統、檢校司空、同中書門下平章事。俄進四面都統，權知京兆尹。賊平，兼太子太傅，封夏國公，賜姓李。”⑥ 史傳中只有拓拔思恭（李思恭）任過京城四面都統，累贈太師。可見，誌文中的“李思□”，即首任夏州定難軍節度使拓拔思恭（李思恭），是李仁福父，李彝殷、彝謹、彝氲、彝超、彝温跡祖，李光睿曾祖。另據誌文，拓拔思恭被唐廷追贈“太師”。太師為三師之一，唐制正一品。

［11］烈：《後周綏州刺史李彝謹墓誌銘考釋》作“列”，通“烈”。烈考：顯赫的亡父。《詩經·周頌·雝》：“既右烈考，亦右文母。”毛傳：“烈考，武王也。”鄭玄箋：“烈，光也。”⑦ 後多用為對亡父的美稱。李彝謹父為定難軍節度使李仁福，被追贈“韓王”。《五代會要·封建》載後唐莊宗長興四年（931）五月，朝廷“追封故夏州節度使李仁福為虢王”⑧。誌不言虢王而稱韓王，是為避後周太祖郭威之諱。《李繼筠墓誌》亦稱李仁福為韓王，同處於此緣由。

［12］蹤：《内蒙古烏審旗發現的五代至北宋夏州拓拔部李氏家族墓誌銘考釋》作“縱”，形似而誤。鏻：即“鱗”。龍鱗：指人主。“撓”，《後周綏州刺史李彝謹墓誌銘考釋》作“擾”，非。

［13］“居”，《内蒙古烏審旗發現的五代至北宋夏州拓拔部李氏家族墓誌銘考釋》

---

① 《唐朔方靈武龍興寺增忍傳》記載增忍在靈州時，“羌胡之族，競臻貢獻酥酪”。（宋）贊寧撰，范祥雍點校：《宋高僧傳》卷二十六，《中國佛教典籍選刊》，中華書局 1987 年版，第 667 頁。

② （後晉）劉昫等：《舊唐書》卷一百九十八，中華書局 1975 年版，第 5292 頁。

③ （宋）歐陽修、宋祁：《新唐書》卷二百二十一上，中華書局 1975 年版，第 6217 頁。

④ （元）脱脱等：《宋史》卷四百九十一，中華書局 1977 年版，第 14138 頁。

⑤ （宋）歐陽修、宋祁：《新唐書》卷九，中華書局 1975 年版，第 273 頁。

⑥ 《新唐書》卷二百二十一上，第 6218 頁。

⑦ 十三經注疏整理委員會：《毛詩正義》卷十九，《十三經注疏》，北京大學出版社 2000 年版，第 1569 頁。

⑧ （宋）王溥：《五代會要》卷十一，上海古籍出版社 2006 年版，第 189 頁。

作“據”，非。藉：通“籍”。

［14］屬郡：即綏州。定難軍自唐末起即領有夏、綏、銀、有四州。從此誌首題知李彝謹在綏州擔任綏州刺史一職。

［15］來暮、五袴：稱頌地方官吏施行善政之詞。語出東漢時期成都百姓歌頌廉臣廉範的民謠“廉叔度，來何暮？不禁火，民安作。平生無襦今五袴”①。五袴，亦作“五绔”“五褲”。二天：則指賢明的官員。陸機《晉平西將軍孝侯周處碑》：“陜北留棠，遂有二天之詠；荊南度虎，猶標十部之書。”② 戸：即“民”。

［16］朞：亦作“棋”。此當為“朞”字。朞年，即“期年”，一年。《左傳·僖公十四年》：“秋，八月辛卯，沙鹿崩。晉卜偃曰：‘期年將有大咎，幾亡國。’”③

［17］桒：即“桑”字。《内蒙古烏審旗發現的五代至北宋夏州拓拔部李氏家族墓誌銘考釋》作“業”，非。廨署：官署。

［18］迴：亦作“廻”，同“回”。

［19］將誌主與撰《顏氏家訓》的北齊文學家顏子推及三國軍事家諸葛亮相媲美。

［20］兩楹：語出《禮記·檀弓上》，孔子預感到自己行將離世，對門生子貢感歎：“予疇昔之夜，夢坐奠於兩楹之間。夫明王不興，而天下其孰能宗予？予殆將死也！”④ “兩”，《内蒙古烏審旗發現的五代至北宋夏州拓拔部李氏家族墓誌銘考釋》作“雨”，非。二豎：語出《春秋左氏傳·成公十年》：“公疾病，求醫于秦。秦伯使醫緩為之。未至，公夢疾為二豎子，曰：‘彼良醫也，懼傷我，焉逃之？’其一曰：‘居肓之上，膏之下，若我何？’醫至，曰：‘疾不可為也。在肓之上，膏之下，攻之不可，達之不及，藥不至焉，不可為也。’”⑤ 纒：即“纏”字。《内蒙古烏審旗發現的五代至北宋夏州拓拔部李氏家族墓誌銘考釋》《中國藏西夏文獻·金石編》作“經”，非。

［21］“府主大王”，為時任夏州定難軍節度使李彝殷。後晉天福七年（942）《毛汶墓誌》中稱“今府主”：“清泰三年，即今府主初紹洪勲，榮聯河岳。又伸迎揖，請判軍戎。雖訓練之機繁，兼掌檄之無曠。匡持太府。”《舊五代史·末帝紀中》：清泰二年（935）三月辛丑，“以夏州行軍司馬李彝殷為本州節度使，兄彝超卒故也”⑥。墓誌所云清泰三年，是李彝殷任定難軍節度使第二年，故“今府主”，是李彝殷無疑。

---

① （南朝宋）范曄撰，（唐）李賢等注：《後漢書》卷三十一，中華書局1965年版，第1103頁。

② （西晉）陸機：《陸士衡文集》卷十，《四部叢刊初編·集部》（587），商務印書館景印，1929年重印，第14頁下。

③ 十三經注疏整理委員會：《春秋左傳正義》卷十三，《十三經注疏》，北京大學出版社2000年版，第424頁。

④ 十三經注疏整理委員會：《禮記正義》卷七，《十三經注疏》，北京大學出版社2000年版，第241－242頁。

⑤ 十三經注疏整理委員會：《春秋左傳正義》卷二十六，《十三經注疏》，北京大學出版社2000年版，第853頁。

⑥ （宋）薛居正等：《舊五代史》卷四十七，中華書局1976年版，第644頁。

鴒原：語出《詩經・小雅・常棣》："脊令在原，兄弟急難。"鄭玄箋："水鳥，而今在原，失其常處，則飛則鳴，求其類，天性也。猶兄弟之於急難。"① 脊令，亦作"鶺鴒"。謂兄弟友愛。軫：即"軫"。軫念：悲痛思念。"軫"，《後周綏州刺史李彝謹墓誌銘考釋》作"珍"，非。鴈序：亦作"雁序"。喻兄弟。興懷：引發感觸。"鴒原軫念"與"鴈序興懷"同義對舉成文。此謂李彝超、彝殷兄弟友和，襲位有序。實際上，兩人分别為仁福第四子和長子，彝超襲位在前，彝殷襲位在後。彝殷於乾德五年（967）秋卒②。彝謹為仁福次子，卒於後周廣順二年（952），故有下文"府主大王忽聞怨悲，□過哀號"之語。

［22］"錬"，《中國藏西夏文獻・金石編》作"煉"，是。

［23］桒榆：即"桑榆"，日落始光照桑榆樹端，喻日暮。郍："那"的異體。桒：同"桑"。《内蒙古烏審旗發現的五代至北宋夏州拓拔部李氏家族墓誌銘考釋》分别釋作"奈""葉"，非。

［24］"聞"下一字泐，似"怨"字，《内蒙古烏審旗發現的五代至北宋夏州拓拔部李氏家族墓誌銘考釋》未釋。

［25］"折"，《内蒙古烏審旗發現的五代至北宋夏州拓拔部李氏家族墓誌銘考釋》作"損"，非。《後周綏州刺史李彝謹墓誌銘考釋》未釋"閭"。

［26］邵伯：周召公奭。因封地在召，故名召公、召伯，又作邵公、邵伯。"邵"，《中國藏西夏文獻・金石編》《後周綏州刺史李彝謹墓誌銘考釋》作"劭"，誤。棠陰：比喻良吏的惠行或惠政。南朝梁簡文帝《罷丹陽郡往與吏民别》詩："柳栽今尚在，棠陰君詎憐。"③ 麦秀：指麥子秀髮而無粒。《史記・宋微子世家》："箕子朝周，過故殷虚，感宫室毁壞，生禾黍，箕子傷之，欲哭則不可，欲泣為其近婦人，乃作《麥秀之詩》以歌詠之。其詩曰：'麥秀漸漸兮，禾黍油油。彼狡僮兮，不與我好兮！'"④ 後世用以感歎國破家亡的慘痛史實。

［27］"鄉"下一字泐，細觀，門内兩口，為"閭"。鄉閭：二十五家為閭，一萬二千五百家為鄉。故以"鄉閭"泛指民眾聚居之處。《南齊書・禮志上》："郡縣有學，鄉閭立教。"⑤《中國藏西夏文獻・金石編》《後周綏州刺史李彝謹墓誌銘考釋》釋"閭"作"間"，非。

［28］"兆"上一字泐，諦視，為左右結構。《中國藏西夏文獻・金石編》《後周綏州刺史李彝謹墓誌銘考釋》作"鳴"，可採。《内蒙古烏審旗發現的五代至北宋夏州

---

① 十三經注疏整理委員會：《毛詩正義》卷九，《十三經注疏》，北京大學出版社 2000 年版，第 666 頁。

② （宋）薛居正等：《舊五代史》卷一百三十二，中華書局 1976 年版，第 1749 頁。

③ （唐）歐陽詢撰，汪紹楹校：《藝文類聚》卷五十，上海古籍出版社 1985 年版，第 904 頁。

④ （漢）司馬遷：《史記》卷三十八，中華書局 1959 年版，第 1620－1621 頁。

⑤ （梁）蕭子顯：《南齊書》卷九，中華書局 1972 年版，第 145 頁。

拓拔部李氏家族墓誌銘考釋》作“葉”，字形不類，不取。休徵：祥瑞、美好的徵兆。《漢書·終軍傳》：“故周至成王，然後制定，而休徵之應見。”顏師古注：“休，美也。徵，證也。”① 霊：同“靈”。五靈：傳説中預示吉祥的麟、鳳、神龜、龍、白虎等五種靈異鳥獸。《舊唐書·杜正倫王珪等傳贊》：“五靈嘉瑞，出繫汙隆，人中麟鳳，王、戴諸公。”②

［29］朋：“服”的異體。賢而舉案：語出《東觀漢記·梁鴻傳》中的“梁鴻適吴，依大家臯伯通廡下，為人賃舂。每歸，妻為具食，不敢於鴻前仰視，舉案齊眉。伯通異之，曰：‘彼傭賃能使妻敬之如此，非凡人也。’”③

［30］梧桐半死：喻喪偶。語出唐白居易《為薛台悼亡》：“半死梧桐老病身。”④

［31］李彝謹有子五人，按行序為光琇、光璉、光義、光璘、光琮。除李光琮没有出仕外，其餘諸子均有仕職。衙内指揮使：安史之亂後，藩鎮割據，皆擅設衙官，出現了衙將、衙官、都押衙等繁雜官名。五代、北宋初多沿置。衙内指揮使，即藩鎮衙軍的統兵長官。都押衙：藩鎮節度使使衙的親從軍將。在都押衙之下有左都押衙、右都押衙，左都押衙又較右都押衙尊顯。元從都軍使：統領節度使衙軍騎軍的親信軍官。弟：即“第”字。

［32］賈馬：西漢著名文學家賈誼、司馬相如的省稱。孫吴：兵聖孫子、魏國名將吴起的省稱。誌文並讚李彝謹諸子文武齊修。

［33］野由氏：疑為党項族姓氏。西夏文《雜字》“番姓”中有“耶酉”者⑤，“野由”與“耶酉”音譯異寫。

［34］松筠：比喻節操堅貞。

［35］“鄭”，《後周綏州刺史李彝謹墓誌銘考釋》作“政”，非。金張盛族：指西漢名臣金日磾、張安世家族。《漢書·張湯傳》：“功臣之世，唯有金氏、張氏，親近寵貴，比於外戚。”⑥

［36］随使：即随從節度使。“随使都押衙”為節度使親從軍將中的要職。

［37］来：即“棗”字。《説文》：“棗，羊棗也。從重朿。”段玉裁注：“‘羊’蓋衍文……當云‘棗，木也’。棗樹隨地有之，盡人所識，赤心而外朿。”⑦

［38］惣：即“總”字。“琮”下一字泐，觀存痕，是“璧”，《後周綏州刺史李彝謹墓誌銘考釋》作“碧”，非。琮璧：玉制禮器。亦指珍貴物品。珎：拓片清晰。

① （漢）班固撰，（唐）顏師古注：《漢書》卷六十四下，中華書局 1962 年版，第 2816 頁。

② （後晉）劉昫等：《舊唐書》卷七十，中華書局 1975 年版，第 2544 頁。

③ （漢）劉珍等撰，吴樹平校注：《東觀漢記》卷十八，中州古籍出版社 1987 年版，第 829 頁。

④ 《全唐詩》卷四百三十六，中華書局 1980 年版，第 4838 頁。

⑤ 史金波：《西夏社會》，上海人民出版社 2007 年版，第 36 頁。

⑥ （漢）班固撰，（唐）顏師古注：《漢書》卷五十九，中華書局 1962 年版，第 2657 頁。

⑦ 丁福保：《説文解字詁林》卷七上，中華書局 1988 年版，第 7064 頁。

《内蒙古烏審旗發現的五代至北宋夏州拓拔部李氏家族墓誌銘考釋》作“珥”，義近詞非。

［39］賈生：指賈彪，字偉節，其“彪兄弟三人，並有高名，而彪最優，故天下稱曰‘賈氏三虎，偉節最怒’”①。荀氏：指荀淑，其“有子八人：儉、緄、靖、燾、汪、爽、肅、專，並有名稱，時人謂之‘八龍’”②。此贊李彝謹兄弟名聲顯聞於世，超越東漢賈氏兄弟、荀氏父子。

［40］覇：即“霸”字。綸綍：語出《禮記・緇衣》：“王言如絲，其出如綸；王言如綸，其出如綍。”鄭玄注：“言，言出彌大也。”孔穎達疏：“‘王言如綸，其出如綍’者，亦言漸大出如綍也。綍，又大於綸。”③ 後泛指詔令。彝謹在定難軍中，先後被署命八次職務，其中三次為朝廷授予朝銜。

［41］“常”，《内蒙古烏審旗發現的五代至北宋夏州拓拔部李氏家族墓誌銘考釋》作“嘗”，非。此句與後晉天福七年（942）《李仁福妻瀆氏墓誌》所記一致：“早負氣能，益彰武勇，飛鏃無慚於百中，臨敵克就於捷。”

［42］鳧脛：野鴨的小腿。《莊子・駢拇》：“是故鳧脛雖短，續之則憂；鶴脛雖長，斷之則悲。”④ 唐劉知幾《史通・浮詞》：“蓋鳧脛雖短，續之則悲，史文雖約，增之反累。”⑤ 脛，亦作“踁”。“鳧脛”與“龍頭”對舉。

［43］媿：《説文》：“慙也。從女，鬼聲。愧，媿或從恥省。”⑥ 同“愧”。

［44］襦袴：短衣與褲。泛指衣服。“襦”，《後周綏州刺史李彝謹墓誌銘考釋》釋作“褥”，非。

［45］“絕”，《中國藏西夏文獻・金石編》作“無”，非。貞：各書均作“貞”，可採。

［46］韓白：善於用兵的西漢韓信和戰國白起的並稱。《抱樸子・君道》：“韓、白畢力以折衝，蕭、曹竭能以經國。”⑦ “龔”下一字，泐蝕嚴重，存痕似“皇”，通“黄”。《中國藏西夏文獻・金石編》作“皇”，《内蒙古烏審旗發現的五代至北宋夏州拓拔部李氏家族墓誌銘考釋》作“黄”，徑改。龔黄：漢龔遂與黄霸的並稱，泛指循吏。典出《漢書・循吏傳序》。黄霸少學律令，為人明察内敏，“以外寬内明得吏民

---

① （南朝宋）范曄撰，（唐）李賢等注：《後漢書》卷六十七，中華書局1965年版，第2217頁。

② 《後漢書》卷六十二，第2049頁。

③ 十三經注疏整理委員會：《禮記正義》卷五十五，《十三經注疏》，北京大學出版社2000年版，第1755頁。

④ （清）郭慶藩撰，王孝魚點校：《莊子集釋》卷四上，中華書局1961年版，第317頁。

⑤ （清）浦起龍：《史通通釋》卷六，《景印文淵閣四庫全書》（685），臺北：臺灣商務印書館1986年版，第246頁。

⑥ 丁福保：《説文解字詁林》卷十二下，中華書局1988年版，第12268頁。

⑦ 楊明照：《抱樸子外篇校箋》卷五，《新編諸子集成》，中華書局1991年版，第232頁。

心，户口歲增，治為天下第一”[①]。龔遂以明經為官，在任時“郡中皆有畜積，吏民皆富實。獄訟止息”[②]。因以為比。

［47］“争弃”，《内蒙古烏審旗發現的五代至北宋夏州拓拔部李氏家族墓誌銘考釋》作“斺業”，非。

［48］“勿”，《内蒙古烏審旗發現的五代至北宋夏州拓拔部李氏家族墓誌銘考釋》作“刃”，非。

［49］“何”，《内蒙古烏審旗發現的五代至北宋夏州拓拔部李氏家族墓誌銘考釋》作“向”，致文義不暢，不取。

彙考

根據夏州拓拔李氏家族墓誌及新、舊《唐書》記載可知，北宋太平興國四年（979）《李光睿墓誌》中“李思口”，即首任夏州定難軍節度使拓拔思恭（李思恭），是李仁福父，李彝殷、彝謹、彝氲、彝超、彝温祖，李光睿曾祖。世襲定難軍節度使，《舊五代史·世襲列傳》：“思恭卒，弟思諫繼之。梁開平元年，授思諫撿校太尉、兼侍中。二年卒，思諫卒，三軍立其子彝昌為留後，尋起復，正授旄鉞。三年春，牙將高宗益等，作亂彝昌遇害，時仁福為蕃部指揮，使本州軍吏迎立仁福為帥。其年四月，梁祖降制授仁福撿校司空充，定難軍節度使。”“長興四年三月，卒於鎮。……子彝超嗣”[③]，充定難軍節度使。後唐清泰二年（935）卒，彝興（彝殷）襲其位。北宋乾德五年（967）秋，卒於鎮，“子光叡繼其位，其後事具皇朝日曆”[④]。叡：同“睿”。光叡，即“光睿”“克睿”。

拓拔李氏家族與破丑氏世代聯姻。後周廣順二年（952）《李彝謹墓誌》：“曾祖諱重建，皇任大都督府安撫平下番落使。曾祖妣破丑氏，累贈梁國太夫人。”以此推之，思恭應為破丑氏的兒子。思恭子仁寶妻為“永定破丑夫人”，見後唐長興元年（930）《李仁寶妻破丑氏墓誌》；曾孫光琇，即彝謹長子“娶破丑氏之女”，見後漢乾祐三年（950）《李彝謹妻里氏墓誌》；光睿“次婚破丑氏”，見北宋太平興國四年（979）《李光睿墓誌》。破丑氏即歷史上的雪山党項。唐貞觀末年，吐蕃勢力對外擴張，破丑氏和拓拔氏等部遷居隴右地區。梳理党項拓拔與破丑的聯姻，為研究夏州藩鎮勢力的穩固和發展提供了新的視角。

---

① （漢）班固撰，（唐）顏師古注：《漢書》卷八十九，中華書局 1962 年版，第 3631 頁。

② 同上書，第 3640 頁。

③ （宋）薛居正等：《舊五代史》卷一百三十二，中華書局 1976 年版，第 1746 – 1747 頁。

④ 同上書，第 749 頁。

168　李彝謹續妻祁氏神道誌　後周顯德二年（955）七月十九日

説明

墓誌出土於内蒙古烏審旗無定河鎮（原納林河鄉）十里梁，現藏内蒙古烏審旗文管所。誌石高 64 cm，寬 63 cm，厚 9 cm。綏州軍事判官撰文。誌文 23 行，滿行 26 字。楷書。右下角殘缺。蓋佚。該誌又題《後周綏州太保夫人祁氏神道誌銘》。

誌文

故綏州太保夫人祁氏神道誌。

綏州軍事判官將作□（下缺）。/

夫人祁氏者，晉祁奚之後也。家傳忠孝，世本温恭。父諱□□，□/守清廉，閑居不仕。

夫人即公之長女也。幼而令淑，閨訓每聞。/纔及笄年，適従李氏。李氏者，故朔方/韓王之次子也。既事夫有齊眉之道，養姑全婉娩之風。備四德/而宗族和，守三従而中外美。于是三十餘稔矣。不幸舅姑薨/逝，禮剬三周[1]。後即従夫分茅[2]，崇家八載。抱螽蟴而無妬，懷葛藟之有/遷[3]。承富貴則不驕，約令儀而甚雅。至思撫育，願惒箴規[4]。致琴瑟之素調，遂/親戚之愛敬。

冀迩遐筭，共保噩椿[5]。豈鳳鸞之欻分，值梧桐之半落。三年被服，/粧閣塵埃[6]。信蓬鬊以蹤横，志灰身而杜閾。日持齋戒，晝夜持経。未及五祀將/終，何乃神醫醫虧損。疾為二竪，徒呂秦醫[7]，忽遭夜火俄臨，以四月二十四日殞逝。在/世六十有三，榮貴五十餘歳。雍容而時世難比，賢行而古往郍儔。

男，光璘，/閲禮敦書，通明爽俊。若高粊之泣血，如曾子之絶漿。但以禮不踰時，而乃卜其/宅兆。既揀良日，明具專臻。方遷柩車，赴於窀穸。以乙卯歳，七月十九日，禮/葬于府城北鳳政里鳥水河北原，端整樹東之側。德状恭蒙/傳誨[8]，令草誌文。但慙短拙之詞，難播盛榮之貴。嗚呼！乃為銘曰：/

夫人閑雅，令淑有儀[9]。發言可則，舉趾成規。開雎既愈，/葛藟常纍。佳聲播遠，俟聘為妻。僶俛德行[10]，柔和於内。/孝養舅姑，慈仁弟妹。為侯弃國，不衣繒絲。灰心持経，/終身無改。於欷何常，天道豈亡。賢同肹母，列等恭姜[11]。/家風流慶，壽禄不藏。貞清永播，獨掩高崗。杳杳冥途，/振振四德。佪位従南，終居帰北[12]。時兹顯赫，年深静默。/粤以至堅，珉石刊勒。/

著録

《中國藏西夏文獻·金石編》18－57 圖，58 文。

注釋

［1］剬："制"的異體。三周：三周年。《南史·循吏傳序》："郡縣居職，以三周為小滿。"①

［2］分茅：古代分封諸侯，以白茅裹着泥土授予，象徵擁有土地和權力。《晉書·八王傳》："有晉鬱興，載崇藩翰，分茅錫瑞，道光恒典。"②

［3］妬："妒"的異體。嫉妒。螽蟴：即"螽斯"。或名"斯螽"。常稱"蟈蟈"，

① （唐）李延壽：《南史》卷七十，中華書局 1975 年版，第 1697 頁。

② （唐）房玄齡等：《晉書》卷五十九，中華書局 1974 年版，第 1626 頁。

産卵極多，繁殖力極强。喻多子多福。語出《詩經・國風・周南・螽斯》：“螽斯羽，詵詵兮。宜爾子孫，振振兮。”① 葛藟：落葉木質藤本植物，可入藥。又稱“千歲藟”。《詩經・王風・葛藟》：“綿綿葛藟，在河之許。終遠兄弟，謂他人父。”② 後世以“葛藟”借指流亡他鄉者。

［4］愬：“愨”的简省字。同“慤”。恭謹。箴娊：即“箴規”。劝戒規諫。

［5］蕫：即“冀”。筭：“算”的異體。遐算：長壽。霊椿，亦即“靈椿”。傳説中的長壽樹。

［6］“閤”，亦作“閣”。拓片清晰。《中國藏西夏文獻・金石編》作“閣”，非原刻。

［7］衹：“祇”的異體。醫：即“醫”字。“竪”，《中國西夏文獻・金石編》作“堅”，非。秦醫：古之良醫扁鵲。《韓非子・説林下》：“秦醫雖善除，不能自彈也。”③

［8］状：“扶”的異體。“扌”的變異，石刻文字中常見。其中，横和提筆劃止於“丨”成“丬”。如“持”作“特”，北魏太和二十二年（498）《元偃墓誌》：“太和十五年十二月廿七日制詔使特節、安北將軍、賀侯延鎮都大將、始平公元偃。”④“措”作“㻗”，北魏永平元年（508）《趙超宗墓誌》：“乃祖因宦，居於斯鄉，遂擇地形而㻗宅焉。”⑤“抽”作“𤖼”，武泰元年（528）《梁國鎮將元舉墓誌》：“麟趾斯茂，枝葉以𤖼。”⑥《中國西夏文獻・金石編》釋“扶”作“狀”，非。

［9］“令”，《中國藏西夏文獻・金石編》作“今”，非。令淑：謂善美德行。南朝宋劉義慶《世説新語・賞譽》：“林下諸賢，各有儁才子：籍子渾，器量弘曠……秀子純、悌，並令淑有清流。”⑦

［10］僶：即“俋”字，力耕貌。俛：勤勉貌。

［11］肹：古同“肸”，《中國藏西夏文獻・金石編》作“盼”，非。肸母：即“佛肸母”。戰國時期，趙國中牟地方官佛肸之母。《古列女傳・趙佛肹母》：佛肸“以

① 十三經注疏整理委員會：《毛詩正義》卷一，《十三經注疏》，北京大學出版社 2000 年版，第 52 頁。

② 《毛詩正義》卷四，第 311 頁。

③ （清）王先慎撰，鐘哲點校：《韓非子集解》卷八，《新編諸子集成》，中華書局 1998 年版，第 192 頁。

④ 北京圖書館金石組：《北京圖書館藏中國歷代石刻拓本滙編》（3），中州古籍出版社 1989 年版，第 35 頁。

⑤ 毛遠明：《漢魏六朝碑刻校注》（4），綫裝書局 2008 年版，第 100 頁。

⑥ 趙力光：《鴛鴦七誌齋藏石》，三秦出版社 1995 年版，第 96 頁。

⑦ 徐震堮：《世説新語校箋》卷八，《中國古典文學基本叢書》，中華書局 1984 年版，第 240 頁。

城叛者，身死家收，佛肸之母將論”①。陳列母職，子長在君，趙襄聽後，言之有理，遂將佛肸母免罪。“恭”，《中國西夏文獻·金石編》作“參”，大誤。恭姜：春秋衛世子伯之妻。世子早逝，恭妻不再嫁。後泛指發誓不再嫁的寡婦。《晉書·列女傳》序：“至若恭姜誓節，孟母求仁。”②

［12］従：此為“徙”的異體。“徙”與“從”形體相似，碑刻中由於受到行草書體影响，漸變為同形字。釋讀碑文時要結合文義和語境，否則易錯。《中國藏西夏文獻·金石編》作“従”，非。“佝位徙南”與“終居歸北”對舉，文義通暢。

彙考

李彝謹前妻里氏，党項人，“合三星而降惠，成四德以備身，令淑早彰，雍容著美”；繼妻祁氏，漢人，“幼而令淑，閨訓每聞”，“能修四德，善睦六親”。她們都是受過良好教育的官宦之女。作為後周綏州刺史的李彝謹，與本族和漢族女子通婚，既是夏州藩鎮政治利益集團的需要，也對蕃漢各族打破隔閡、進一步融合起到了示範作用。墓誌中使用大量典故，既是對誌主的贊美，也體現出拓拔李氏對漢文化的心理認同及其家族的高度漢化。

---

① （漢）劉向：《古列女傳》卷六，《景印文淵閣四庫全書》（448），臺北：臺灣商務印書館 1986 年版，第 57 頁。

② （唐）房玄齡等：《晉書》卷九十六，中華書局 1974 年版，第 2507 頁。

北 宋

169 李光睿墓誌 太平興國四年（979）八月二十一日

蓋

墓誌

墓誌局部之一

墓誌局部之二

説明

墓誌出土於内蒙古自治區烏審旗無定河鎮（原名納林河鄉）十里梁。現藏内蒙古自治區烏審旗文管所。誌石高 98 cm，寬 113 cm，厚 13 cm。郭貽撰文，鄭繼隆書丹，娥敬萬鎸字。誌文 42 行，滿行 58 – 63 字不等。楷書。盝頂蓋，高 93.5 cm，寬 93.5 cm，厚 15 cm。篆書“隴西郡李公墓誌之銘”。四煞刻八卦紋。該誌又題《宋故定難軍節度使李光睿墓誌銘》。

蓋

隴西郡/李公墓/誌之銘。/

誌文

大宋故定難軍節度使、撿校太尉、贈侍中李公墓誌銘并序。/

夏州觀察判官、承奉郎、試大理司直兼監察御史、賜緋魚袋郭貽撰。/

蓋聞至高者，天環兩曜，而列群星，昭其象也；至厚者，地立五岳，而分四瀆，彰其儀也。是故英霊下降，感之者，稱帝稱王，精氣上騰；應之者，為公為伯哉。公/蓋稟此義而生，為時而出也。本後魏之華宙，朔野之大族。曾祖諱，字，皇任。曾祖母郡氏。祖諱仁福，字，皇任夏州節度使、韓王。祖母，/列考諱彜殷，字，皇任夏州節度使，西平王[1]。母□□郡瀆氏，見封秦國太夫人。一門之貴，數世相沿，或承家而建武功，或因地而封王爵。領繁劇之鎮，居廉察之/司，綿歷數朝，將餘百載。乃扵昭代，又降哲人。此所謂根固葉繁，源深流遠者哉。

公諱光［睿］，字□□，即西平王之令子也。神傳貴緒，天付宏才。岳聳千峯，高示參天/之狀；河分五色，雄流貫海之波。爰自戲童，便懷異識。志公摩頂，為天上石麟，相者試聲，乃人中英物。鄉閭共許，戚屬相推。尓後暗藴壯心，不拘小節。每見高山廣/澤，謂若軍營，終期大戟長幡，必光庭戶。

時大周廣順元年，府主大王以郡邑封壃，開托幾數千里[2]，戎夷帳族，交雜踰百万家。戶口雄豪，人心徑直，每思共理，須藉奇/人，因補公夏州管內蕃部越名都指揮使[3]，奏授銀青光禄大夫、撿挍尚書、右僕射兼御史大夫、上柱國。公承訓鯉庭[4]，事父之名早著；分司戎部，奉公之莭尤堅。固曉變/通，頗閑韜略。莫不明申賞罰，嚴示憲章。往年悖乱之徒，咸令屏跡；日姧兇之黨，罔不悛心[5]。邊境之無虞，俾群生之遂性。王見公之操持有則，劃製多謀，/謂必構之才，可以付扵大事，乃奏授莭度行軍司馬。佩紫賫金，荷明朝之盛秩；親戎御武，壯列㐲之雄名。至于首歷賓堦，位叅使府，上則副賢君之委寄，下則分慈父/之憂勤。外作忠臣，内為孝子，芳猷令德，美孰甚焉。

無何，大宋乾德五年，西平王遐齡不享，大限告終，河朔之間，人民乏主。高祖知公素懷貞莭，夙抱純誠，智善安邊，謀/能卻敵。況夏臺高地，秦土餘封，非公果毅英明，莫能製也，特授公定難軍莭度夏銀綏宥靜等州觀察處置押蕃落等使，起復雲麾將軍、右金吾衛大將軍、員外置/同正員、捡挍太保、使持莭都督、夏州諸軍事、夏州刺史，兼御史大夫、上柱國、隴西縣開國子，食邑五百戶。興嗣賞勞，國之盛典。

公自軍列陟將壇，釋縗服以繼弓裘[6]，捨哀杖而持莭/鉞，雖當人不讓[7]，而受寵若驚。深增惕礪之懷，用副倚毗之念。但以勤官之道，恤物為先。惠愛所臨，澆風盡格。仁慈所及，異政克新。朝庭飛馹騎以推恩，降/天書而褒美，就加推忠保義翊戴功臣[8]，定難軍節度夏銀綏宥靜等州觀察處置押蕃落等使，特進捡挍太傅、使持莭都督夏州諸軍事、行夏州刺史兼御史/大夫、上柱國、隴西郡開國公，食邑三千戶，食實封八百戶。

公履先良之任[9]，居輔翼之資，位貫諸侯，秩崇五等，益多恭恪，惟務葺綏。皂蓋朱輪，彰太守行春之/德；紅旌白羽，綰將軍治亂之權。帝賴湲深，民謂愈甚[10]。皇上運屬休平，禮終告謝。方須好爵，遍及尤勳。又加推忠保順翊戴功臣、捡挍太尉。名高四世，/望重三公。儼万乘之皇威，揔八方之戎事[11]。仍封階品，漸峻井田。公累受深恩，旋膺大用。非盡治民之術，奚伸報主之門。於是，徵妙道扵汞黃，法/玄能扵廉賈[12]，則獸渡河而蝗越境，未可言其政也；金作粟而馬為羊，不足語其清也。仁風大扇，疲俗頓蘇，鬱有令名，光乎信史。公臨極塞，/鎮名都，控群胡，禦敵寇[13]。

然隼輿熊軾，久彰求瘼之功；而兹矢彤弓，未盡專征之志[14]。不意上天降禍，妖豎為灾，疾臥，明時寧止，嗟乎之恨，魂歸厚/夜，徒懷盍尔之悲耶[15]。以戊寅年四月二十七日，薨于私地，享年四十有四矣。主上聞良師之云亡，動皇情而興歎，追封甚速，賻贈尤豐。卜/明年歲次己卯八月二十五日，埽葬于夏州朔方縣儀鳳鄉奉政里之禮也。馬立佳城，自應千年之限；龜分吉兆[16]，將延百世之期。於戲，日暗前山，雲遮遠/天，寒風蕭颸[17]，流水潺湲。嘉樹參參兮夜猿鳴，衰草芊芊兮秋露圓。築孤墳於兹地，享千年兮萬年。

公婚濮陽郡吴氏，見封本郡夫人。次婚破丑/氏，道義肥家[18]，賢明訓子。寶琴絃絕，宮商之韻已乖；素脸淚浸，桃李之容永謝。元昆之長曰光普，見任定難軍節度行軍司馬。次曰光新，見任管內蕃漢都軍指/揮使。寵弟五人[19]，長曰光文，衙前都知兵馬使。次曰光憲，見任綏州刺史。次曰光美，見任衙內都虞侯。次曰光遂[20]，見任管內蕃部越名都指揮使。次曰光信，見任馬軍都指揮/使。或司戎職，或典郡符。趙璧隋珠，乃人間之異寶，祥鱗彩鳳，為天下之殊靈。男二人，長曰繼筠，次公而亡，次曰繼捧，見權知夏州軍府事。少貴承家，得鳳毛/而不忝，衷誠許國，持龍節以非遙。勇烈有聞[21]，恭和不撓。克踐構堂之業，定昌柞土之榮。女三人，長適蘇越羅，先公而亡。次適濆羅馱。次在室。朱門稟氣，甲族聯姻。優閑/之德頗高，順穆之情備顯。偉矣哉！枝泒相繼，莫之与京，略而述焉，不可盡也。

公生自朔陲，長於王室，抱風雲之氣，懷日月之光，聲若洪鐘，眼如嚴電，以至宣威外閫，規/莭明庭[22]。愛民憂物之情，立事成功之道，無以加也。達興亡之理，闡教化之源。以溫、良、恭、儉、讓之風，自謹於己；以仁、義、禮、智、信之道，不欺扵心。盡其能，可以經天地而泣/神鬼；究其妙，可以靜邦國而定人民，有以見公為文之道也。歷韓、彭之任，踵頗、牧之能，計設六奇，謀深三覆。劍揮秋水，欃槍殞而妖孽除；絃激清風[23]，社稷安而姧/臣滅。銘鐘鏤鼎，未足以盡其勳，有以見公為武之道也。上遵皇化，下撫黔民，威肅百城，風行千厘。仁及於物，嘉禾異畝而同芳；德感於天，膏雨隨軒而洒潤。既/滿盈之誡，豈踰寬猛之規，有以見公為牧之能也。富貴在天，不可長保，金玉滿堂，莫之能守。事君有禮，執法無私，獨霸一方，平觀万國。於是乎，燕臺將/築，弘閤常開，來英彥扵九州，納賢才扵四野。黃金白璧，乃是眾資，肥馬輕裘，未嘗獨有。說魏游秦之士，雨集庭闈；論天對日之徒，雲臻戶牖。常曰：座上客長滿，/罇中酒不空，復何憂哉，有以見公延納之道。公帝祚傳芳，侯門積慶。享壽年鐘扵四紀，增封戶及扵万餘。異爵洪勳，已標竹帛，華資峻級，永煥圖書。崇高之/望足焉，修短之期定矣。貽叨依儉幕，久廁原賓，遽承見託之私，俾敘無窮之績。援毫述事，憂心徒積扵厚顏；變谷為陵，他日寧進扵拊掌。強搜鄙思，勉勒貞/瑉。謹為銘曰：

玄天罔惻，大道寧知。降乎精粹，產作英奇。波澄器量，岳立風儀。公侯紹業，將相傳基。銀河胤泒，玉樹分枝。挺生俊德，出佐明時。/為國之寶，作帝之師。分憂塞境，察俗邊陲。白旄黃鉞[24]，虎莭龍旗。宣揚号令，懾使羌夷。化民有法，約己無私。抑遏強暴，矜恤孤危。仁沾物類，道合神祇。/珠還令浦，麦秀兩歧。行軒所到[25]，甘雨相隨。人知禮讓，路絕姧欺。專心翼輔，竭力匡持。文從天受，武乃神資。毫飛舞鳳，箭發餓鴻[26]。志輕鄧艾，膽大姜維。/佈政六條，均裴之德。運籌千里，越信奚為。龜城一任，鳳曆十移。雄藩結好，信不可隳。鄰封慕義，寇不敢窺[27]。言千至道[28]，事合恒規。□延□□，養育拔莭。/勳庸克著，貴達猶宜。景分盈異，壽有盛衰。疾生晉豎，藥誤秦醫[29]。逝波不返，幽魄難追，將昭具美，用紀荒詞。孤墳一掩，万古成悲。/

太平興國四年，歲次己卯，八月二十一日，定難軍押衙兼觀察押司官鄭繼隆書，石匠都料娥敬万鐫[30]。/

著録

1.《中國藏西夏文獻·金石編》18–69 圖，74 文。2.《宋代党項拓跋部大首領李光睿墓誌銘考釋》，《西夏學》(1)。

注釋

[1] 曾祖、祖，祖母名諱闕佚，故誌文在該處留有空格。唐貞觀初，拓拔赤辭歸唐，太宗賜姓李，置静邊等州處之。唐末拓拔思恭鎮夏州，奉詔討黄巢，復賜姓李。思恭卒，弟思諫、思恭孫彝昌代為定難軍節度使。彝昌遇害，李仁福襲位。後子彝超、彝殷先後加定難節度使。彝殷卒，“子克睿立”。克睿即光睿，避太宗諱改“光”為“克”。誌主曾祖、李彝殷與李彝謹祖、李仁福父，即拓拔思恭（李思恭）。拓拔思恭，見《李彝謹墓誌》。李仁福見《舊五代史·李仁福傳》。李彝殷，《宋史·夏國傳》：“彝興，彝超之弟也，本名彝殷，避宋宣祖諱，改‘殷’為‘興’……顯德（954–960）初，封西平王。”① 誌文與史籍相互印證。

[2]“府主大王”，據後周廣順二年（952）《李彝謹墓誌》，為時任夏州定難軍節度使李彝殷。托：即“拓”字。開拓：擴展疆土。數：即“數”。

[3] 夏州管内蕃部越名都指揮使，為夏州節度政權的屬官。

[4] 鯉庭：典出《論語·季氏》。孔鯉“趨而過庭”②，其父孔子教訓他要學詩、學禮。謂子受父訓。

[5] 乩：“亂”的簡省字。亦作“乱”。可能是受到“辭”簡體作“辞”的影響，構件“𤔔”類推，“亂”簡省作“乱”。北魏孝昌二年（526）《元壽安墓誌》“乱”③；北齊天保八年（557）《高叡修定國寺塔銘碑》“乩”④，都是“乱”字。悛心：悔改之心。《尚書·泰誓上》：“惟受罔有悛心，乃夷居弗事上帝神祇，遺厥先宗廟弗祀。”孔穎達疏：“言紂縱惡無改心。”⑤

[6] 縗：指披於胸前的麻佈條，是臣為君、子為父服三年喪時用的。《中國藏西夏文獻·金石編》作“纕”，非；《宋代党項拓跋部大首領李光睿墓誌銘考釋》作

① （元）脱脱等：《宋史》卷四百八十五，中華書局 1977 年版，第 13982 頁。

② 十三經注疏整理委員會：《論語注疏》卷十六，《十三經注疏》，北京大學出版社 2000 年版，第 261 頁。

③ 北京圖書館金石組：《北京圖書館藏中國歷代石刻拓本滙編》(5)，中州古籍出版社 1989 年版，第 41 頁。

④《北京圖書館藏中國歷代石刻拓本滙編》(7)，第 41 頁。

⑤ 十三經注疏整理委員会：《尚書正義》卷十一，《十三经注疏》，北京大學出版社 2000 年版，第 323 頁。

“繷”，是。弓裘：又稱“箕裘”，指克承父業。《禮記·學記》：“良冶之子，必學為裘。良弓之子，必學為箕。”① 意即冶金、造弓能手，其子弟習見多聞，故能善繼世業。

［7］哀杖：即“喪杖”。節鉞：即符節與斧鉞，天子授予大將軍以都督諸軍事。“人”，此作“仁”字。

［8］“推忠保義翊戴功臣”，與下文“推忠保順翊戴功臣”，均功臣之號。

［9］先良：前輩祖先賢良者。

［10］甚：“甚”的異體。

［11］《宋史·夏國傳下》：“夏雖未稱國，而王其土久矣。”② 夏州自唐五代以來，割據一方，雖歸順中原梁、唐、晉、漢、周諸政權，奉其正朔，但實質上是一個相對獨立的政治實體，故稱公“儼万乘之皇威”。

［12］汞：“袁”的異體。袁黄：東漢袁安與西漢黄霸的並稱。廉賈：東漢廉範與賈彪的並稱。廉範為趙將廉頗之後。四人皆良臣循吏。事跡分別見《後漢書》卷四十五《袁安傳》、卷八十五《黄霸傳》、卷三十一《廉範傳》、卷六十七《賈彪傳》。實指李克睿仁政。

［13］蕬：“蘇”字。構件位移。其下一字清晰，是“鬱”。《宋代党項拓跋部大首領李光睿墓誌銘考釋》未釋。極塞：極遠的邊塞。“極”，《中國藏西夏文獻·金石編》作“拯”，非。寑：即“寇”，《宋代党項拓拔部大首領李光睿墓誌銘考釋》作“侵”，非。

［14］熊軾：指車前如伏熊形的横木。代指顯宦。求瘼：謂瞭解民間疾苦。玈矢：黑箭。《中國藏西夏文獻·金石編》“玈”作“弦”，非。《宋代党項拓跋部大首領李光睿墓誌銘考釋》未釋。專征：受命自主征伐。晉陶潛《命子詩》：“桓桓長沙，伊勳伊德，天子疇我，專征南國。”③

［15］盍尔：突然去世。

［16］師：“帥”的俗寫。乢：即“兆”字。亦作“垗”。

［17］“前”，《宋代党項拓跋部大首領李光睿墓誌銘考釋》作“千”，非。颾，秋風；風聲。兩書均作“瑟”，義近詞非。

［18］肥：“服”的異體。《宋代党項拓跋部大首領李光睿墓誌銘考釋》作“肥”，形似而誤。

---

① 十三經注疏整理委員会：《禮記正義》卷三十六，《十三經注疏》，北京大學出版社 2000 年版，第 1246 頁。

② （元）脱脱等：《宋史》卷四百八十六，中華書局 1977 年版，第 14030 頁。

③ 逯欽立校注：《陶淵明集》卷二，中華書局 1979 年版，第 26 頁。

［19］寵弟五人：分别是李光文、李光憲、李光美、李光遂、李光信。加上光普、光新和誌主光（克）睿，一共兄弟八人。據《李光睿墓誌》《李繼筠墓誌》，李光睿太平興國三年（978），長子繼筠任定難軍節度觀察留後，次年卒，“享年二十又三矣”，子當尚幼。《宋史·夏國上》：“太平興國五年，卒，弟繼捧立。繼捧立，以太平興國七年率族人入朝。”引發集團内部矛盾①。李光（克）文和李光（克）憲，後來迫使克睿次子李繼捧交出節度使權力，史稱夏州“難起家庭”。繼捧以太平興國七年率族人南下歸宋，主動獻出銀、夏、綏、宥四州。李繼遷反對内附，率部眾居住在今横山党岔，不斷襲擾宋邊境，稱臣於遼，受封夏國王。北宋無力剿滅，被迫授繼遷為節度使，賜姓趙，名保吉。不久，繼遷復從北宋手中奪取靈州（今寧夏靈武），其子德明嗣位，向宋乞和，被封為西平王，後進封夏王。德明得以專力西向，擊敗吐蕃及甘州回鶻，基本控制河西走廊。其孫李元昊在興慶府（今寧夏銀川）建國。参《宋史·夏國上》卷四百八十五。

［20］光遂事跡，見太平興國五年（980）《李光遂墓誌》：“次子光遂，初自建隆四年九月九日，授職牒一道，補管内蕃部都指揮使。”

［21］“烈”，拓片清晰。《中國藏西夏文獻·金石編》《宋代党項拓拔部大首領李光睿墓誌銘考釋》作“列”，非。勇烈：勇敢剛烈。

［22］《宋代党項拓跋部大首領李光睿墓誌銘考釋》未釋“規”。

［23］“絃”，《宋代党項拓跋部大首領李光睿墓誌銘考釋》作“炫”，非。

［24］“鉞”，《宋代党項拓跋部大首領李光睿墓誌銘考釋》作“祇”，非。

［25］“浦”上一字，下部泐，諦視，似“令”。《宋代党項拓跋部大首領李光睿墓誌銘考釋》作“今”，非。又，釋“到”作“至”，亦非。

［26］“䬡”，《宋代党項拓跋部大首領李光睿墓誌銘考釋》作“飛”，誤。與上一“飛”字，結構完全不同。《中國藏西夏文獻·金石編》作“餓”，非。

［27］寇：即“寇”。《宋代党項拓跋部大首領李光睿墓誌銘考釋》作“寢”，非。雄藩：指契丹。鄰封，即指延州、朔方節度使。五代宋初，夏州北面契丹，南面延州節度使，西面朔方節度使，夏州都與之和平相處。

［28］“千”，《宋代党項拓跋部大首領李光睿墓誌銘考釋》作“于”，形似而誤。

［29］此句謂病情險惡無法醫治。典出病入膏肓。《左傳·成公十年》：“公疾病，求醫於秦。秦伯使醫緩為之。未至，公夢疾為二豎子，曰：‘彼良醫也，懼傷我，焉逃之。’其一曰：‘居肓之上，膏之下，若我何？’醫至，曰：‘疾不可為也，在肓之上，膏之下，攻之不可，達之不及，藥不至焉，不可為也。’公曰：‘良醫也。’厚為

① （元）脱脱等：《宋史》卷四百八十五，中華書局1977年版，第13984頁。

之禮而歸之。”① 後世以“晉豎”稱病魔。

［30］娥氏，本姓拓拔，鮮卑種姓，代郡人。

彙考

撰文人郭貽，北宋乾德四年（966）撰《故大宋國定難軍管内都軍指揮使康成墓誌銘》，時任攝定難軍節度館驛巡官。開寶二年（969）撰《宋攝夏州觀察支使何公墓誌》，時任攝節度掌書記。太平興國四年（979）撰《李光睿墓誌》，又稱《大宋故定難軍節度使撿校太尉贈侍中李公墓誌銘》，時任夏州觀察判官、承奉郎、試大理司直兼監察御史賜緋魚袋。其官職變遷，從側面反映北宋時期夏州藩鎮政權的職官設置，官員們升遷有序。其時的夏州，“時大周廣順元年，府主大王以郡邑封壃，開拓幾數千里，戎夷帳族，交雜踰百萬家”。“府主大王”指夏州定難軍節度使李彝殷，表明從五代後周至北宋，西夏統治者實際已稱王。

① 十三經注疏整理委員會：《春秋左傳正義》卷二十六，《十三經注疏》，北京大學出版社2000年版，第853頁。

170 李繼筠墓誌 太平興國四年（979）八月二十五日

蓋

墓誌局部之一

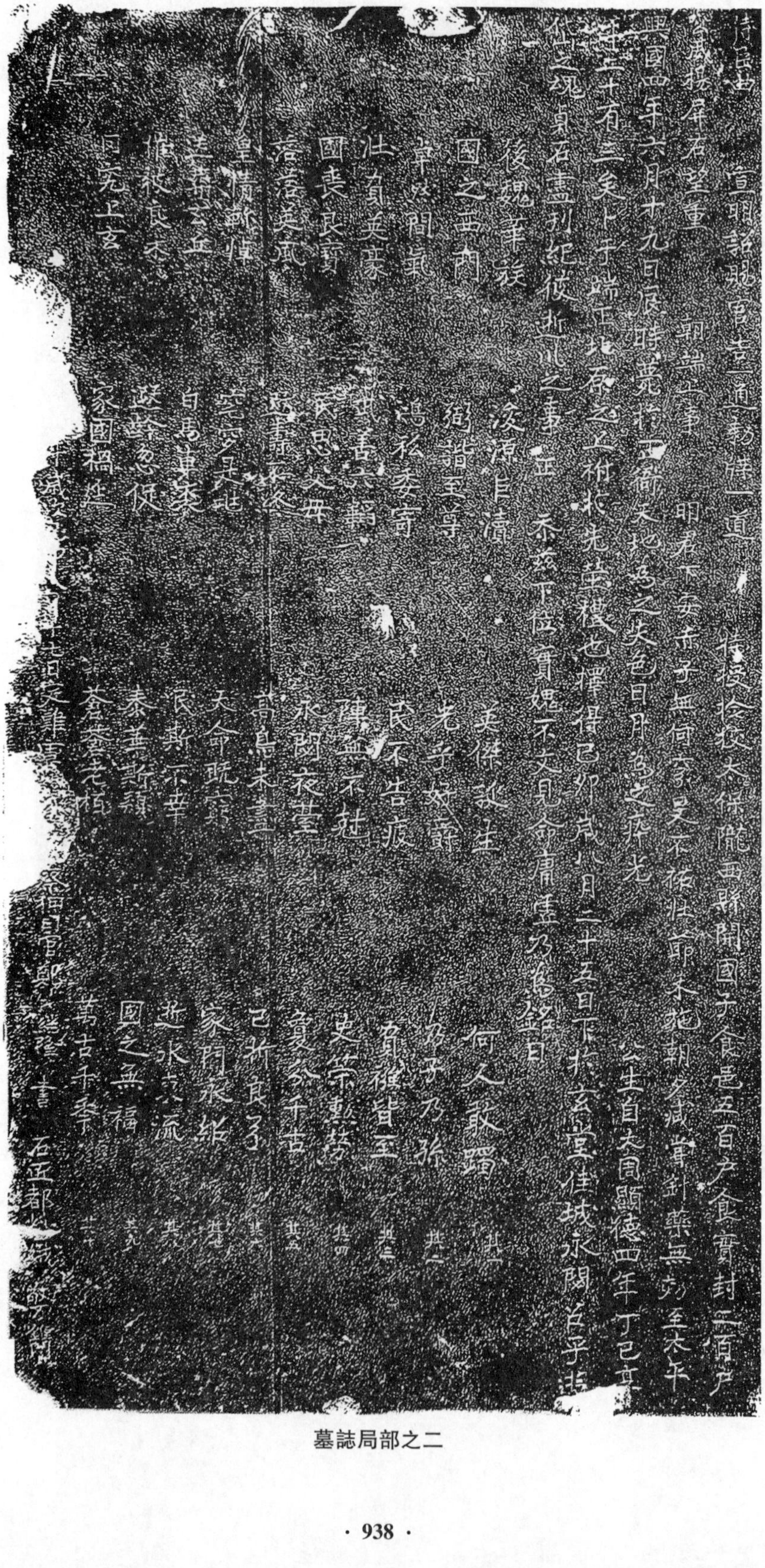

墓誌局部之二

説明

墓誌出土於内蒙古烏審旗無定河鎮（原納林河鄉）十里梁，現藏内蒙古烏審旗文管所。《中國藏西夏文獻》編號 M42・006。誌石高 98 cm，寬 100 cm。郭正撰文，鄭繼隆書丹，娥敬萬鎸字。誌文 30 行，滿行 41－48 字不等。楷書。誌蓋尺寸失記，篆書“隴西郡李公墓誌之銘”。四煞刻八卦紋。該誌又題《宋定難軍節度觀察留後李繼筠墓誌》。

蓋

隴西郡/李公墓/誌之銘。/

誌文

大宋故起復雲麾将軍、捡挍太保、定難軍莭度觀察留後、隴西縣開國子、食邑五百戸、食實封二百戸李公墓誌銘并序[1]。/

攝節度掌書記郭正撰。/

噫！閲水為川，閲人為世。壽夭既揔拎天令[2]，短脩奚欝拎時情。則有抱挺特之才，懷果敢之志，謀可以安國家而能利社稷，勇/可以戮封豕而能斬長鯨[3]。惜乎功業未成，霜露溢至。英骨俄沉拎泉戸，雄姿不列拎雲臺者[4]。得不集/彼事勳，研乎確實。爰紀他山之石，用防深谷為陵。

公本係族，乃後魏之苗裔也[5]，峻址長源，綿歷代祀。匡時濟俗[6]，継/有其人。曾韓王，名諱仁福，字[7]，以位分土茅[8]，望重藩屏。控扼河外，彈壓一方。朝廷以輔弼邦家，倚注心腹。獨盛光/乎史策，大紹嗣拎門風。祖夏王，名諱彜殷，字，有溢國之勳，負眾人之望。冊封王位，興霸祖宗。鐵契金書[9]，永光不朽。鳳池麟閣，/崇踐無由。故大父侍中，間氣不群，美秀竒異。有開羽萬人之敵[10]，可以制服外疆；負葛亮七縱之謀，可以横行宁夏。蟬/聯爵秩，鶚視公侯[11]。天命未終，藏舟靡固。我后興輟朝之念，司天瞻垂象之文。紹彼高旌，付玆長嫡[12]。

名諱繼筠，字。/公初自開寶七年中，補衙前廳直指揮使。勇懷剛毅，威慑戎夷。名實有聞，勢不可抑。却拎轉授衙内都指揮使。/艱難偹歷，賞罰無私。拎開寶九年中，主帥奏正授衙内加銀青階左散騎常侍卫騎都尉。復拎太平興國□/季三月，再奏授官告加捡挍工部尚書。洎主上知名[13]，恩渥逌厚。無何，故侍中疾殛。以邊藩任重，軍府事/繁。簡署権知奏章，俞允。拎太平興國三年六月，内降馹騎[14]，賫到官告一通，勑牒一道，授起復雲麾将軍、捡挍司/徒、定難軍莭度觀察留後。逌加服命之恩，併示奪情之寵。拎當年十一月，以郊禋畢禮，渥澤普天。速□/侍臣，曲宣明詔。賜官告一通，勑牒一道，特授捡挍太保、隴西縣開國子，食邑五百戸，食實封二百戸。/

公威揚屏右，望重朝端。上事明君，下安赤子。無何，穹旻不祐，壯莭未施。朝夕減嘗，針藥無效。至太平/興國四年六月十九日辰時，薨於正衙。天地為之失色，日月為之瘁光。公生自大周顯德四年丁巳，享/年二十又三矣[15]。卜于端正北原之上，祔扵先塋，禮也。擇得己卯歲八月二十五日，下於玄堂。佳城永閟，召乎逝/岱之魂。貞石盡刊，紀彼逝川之事。正忝玆下位，實媿不文。見命庸虛，乃為銘曰：/

後魏華族，浚源巨瀆。英傑誕生，何人敢躅。其一。/國之西門，弼諧至尊。光乎好爵，乃子乃孫。其二。/卓然間氣，鴻私委寄。民不告疲，負襁皆至。其三。/壯負英豪，武善六韜。陣無不尅，史策勳勞[16]。其四。/國喪良寶，民思父母。永閟夜臺[17]，敻兮千古。其五。/落落英風，遐壽不終。高鳥未盡，已折良弓。其六。/皇情軫悼，窀穸是圵。天命既窮，家門永絀。其七。/送葬玄丘，白馬車裘[18]。民斯不幸，逝水東流。其八。/摧彼良木，遐齡忽促。泰華斯頽，國之無福。其九。/冈究上玄[19]，家國禍延。蒼蒼老柏，萬古千季。其十。/

□□□□年歲次□□□□□十七日定難軍□□□□□察押司官鄭繼隆書[20]，石匠都料娥敬万鐫。/

著録

1.《中國藏西夏文獻·金石編》18－76圖，80文。2.《内蒙古烏審旗發現的五代至北宋夏州拓拔部李氏家族墓誌銘考釋》，《唐研究》8－386。

注釋

［1］莭度觀察留後：唐代置。代行節度使之職。五代、宋初沿置，後改承宣使。武臣寄禄官，正四品，位節度使下、觀察使上。掌主一方軍民政令。《宋史·職官志》："承宣使，無定員。舊名節度觀察留後。政和七年詔：'觀察留後乃五季藩鎮官以所親信留充後務之稱，不可循用，可冠以軍名，改為承宣使。'唐有留後，五代因之，宋初，留後、觀察皆不得本州刺史。"① "二"字清晰，《内蒙古烏審旗發現的五代至北宋夏州拓拔部李氏家族墓誌銘考釋》作"三"，非。並脱"實"上"食"字。下文亦脱。

［2］兲：即"天"字。䅲：即"稽"字。

［3］封豕：大猪。喻貪暴者。長鯨：大鯨。喻巨寇。

［4］臺：即"臺"。雲臺：漢宮中高臺名。明帝時圖畫鄧禹等二十八將於南宮雲臺，以追念前世功臣。後泛指紀念功臣名將的處所。唐杜牧《少年行》："捷報雲臺賀，

---

① （元）脱脱等：《宋史》卷一百六十六，中華書局1977年版，第3947－3948頁。

公卿拜壽巵。"①

［5］《内蒙古烏審旗發現的五代至北宋夏州拓拔部李氏家族墓誌銘考釋》脱"係族""乃"三字。

［6］𨸏：即"匡"字。

［7］"曾""字"及下文"祖""字"下空格。誌主李繼筠曾祖韓王李仁福，祖夏王李彜殷。《舊五代史·世襲列傳》：清泰二年，彜興（彜殷）襲定難軍節度使。"周顯德中，累加至守太傅、兼中書令，封西平王。""乾德五年秋，卒於鎮。制贈太師，追封夏王。子光叡繼其位，其後事具皇朝日曆。"② 又，《宋史·夏國上》：克睿"太平興國三年，卒，太宗廢朝二日，贈侍中。子繼筠立"③。與下文"大父侍中"吻合。

［8］分土茅：即"分茅"。分封王侯。

［9］契：即"契"。鐵契：用丹砂書寫在鐵製契券上的誓詞。金書：用金簡或金泥刻寫的文字。均喻古代皇帝頒賜功臣授以世代享受某種權利的憑證。

［10］"開"，《中國藏西夏文獻·金石編》作"開"。大誤。《内蒙古烏審旗發現的五代至北宋夏州拓拔部李氏家族墓誌銘考釋》沿誤。開，同"關"。開羽：即"關羽"，與下文"葛亮"對舉。葛亮：即"諸葛亮"。兩人為三國蜀的名將、謀臣。敵："敵"的異體。

［11］鶚視：形容勇士目光鋭利。《文選·左思〈吴都賦〉》："鷹瞵鶚視。"劉逵注："言勇士似之也。"④

［12］誌主繼筠，李克睿長嫡。北宋太平興國四年（979）《李光睿墓誌》："公諱光［睿］，字□□，即西平王之令子也。""男二人，長曰繼筠。"

［13］"洎"，《内蒙古烏審旗發現的五代至北宋夏州拓拔部李氏家族墓誌銘考釋》作"及"，非。

［14］馹騎：即驛騎。唐元稹《授牛元翼深冀州節度使制》："羽書三奏，馹騎四馳。"⑤

［15］誌文稱繼筠生於大周顯德四年（957），太平興國四年（979）卒，"享年二十又三"，是也。《宋史·夏國上》："太平興國五年，卒，弟繼捧立。"⑥ 當以誌正之。

［16］"勞"，《内蒙古烏審旗發現的五代至北宋夏州拓拔部李氏家族墓誌銘考釋》

① 《全唐詩》卷五百二十三，中華書局1980年版，第5988頁。

② （宋）薛居正等：《舊五代史》卷一百三十二，中華書局1976年版，第1749頁。

③ （元）脱脱等：《宋史》卷四百八十五，中華書局1977年版，第13983頁。

④ （梁）蕭統編，（唐）李善注：《文選》卷五，《中國古典文學叢書》，上海古籍出版社1986年版，第223頁。

⑤ （清）董誥等：《全唐文》卷六百四十八，中華書局1983年版，第6570頁。

⑥ （元）脱脱等：《宋史》卷四百八十五，中華書局1977年版，第13984頁。

作“務”，非。勳勞：建立功勳。《晉書·陶稱傳》：“臣以侃勳勞王室，是以依違容掩。”①

［17］闋：關閉。《内蒙古烏審旗發現的五代至北宋夏州拓拔部李氏家族墓誌銘考釋》釋作“閤”，非。並脱“其一”“其二”等序號。

［18］“車”，《内蒙古烏審旗發現的五代至北宋夏州拓拔部李氏家族墓誌銘考釋》作“卓”，非。

［19］囙，“罔”的俗字。《内蒙古烏審旗發現的五代至北宋夏州拓拔部李氏家族墓誌銘考釋》作“因”，非。

［20］“次”下拓片殘，損五字。首字，《内蒙古烏審旗發現的五代至北宋夏州拓拔部李氏家族墓誌銘考釋》作“品”，不確，不取。

① （唐）房玄齡等：《晉書》卷六十六，中華書局1974年版，第1781頁。

171 李光遂墓誌 太平興國五年（980）十一月十三日

蓋

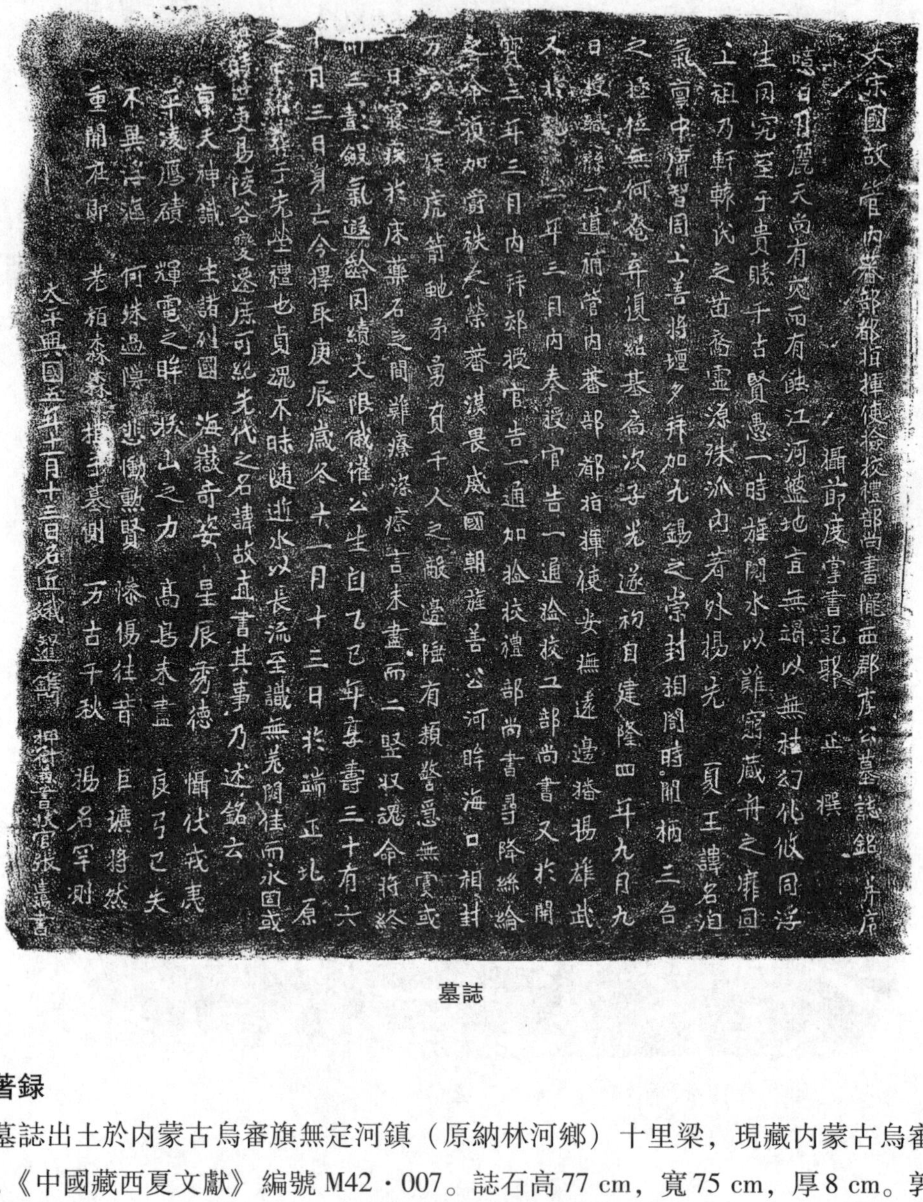

墓誌

著録

墓誌出土於内蒙古烏審旗無定河鎮（原納林河鄉）十里梁，現藏内蒙古烏審旗文管所。《中國藏西夏文獻》編號 M42 · 007。誌石高 77 cm，寬 75 cm，厚 8 cm。郭正撰文，張□□書丹，娥知進鐫字。誌文 22 行，滿行 23 字。楷書。盝頂蓋，高 76.5 cm，寬75 cm，厚 12 cm。篆書“隴西郡李公墓誌之銘”。四煞刻八卦紋。該誌又題《宋管内蕃部都指揮使李光遂墓誌》。

蓋

隴西郡/李公墓/誌之銘。/

誌文

大宋國故管内蕃部都指揮使、撿挍、禮部尚書、隴西郡李公墓誌銘并序。/

攝莭度掌書記郭正撰。/

噫！日月麗天，尚有交而有蝕；江河盤地，豈無竭以無枯。幻化攸同，浮/生罔究。至于貴賤千古，賢愚一時。旌閱水以難窮，藏舟之靡固。/上祖乃軒轅氏之苗裔，霊源殊泒[1]，内著外揚。先夏王諱名洎[2]，/氣稟中庸，智周上善。將壇夕拜，加九錫之崇封；相閤時開，柄三台/之極位。無何奄弃，復紹基扃。次子光遂，初自建隆四年九月九/日，授職牒一道，補管内蕃部都指揮使。安撫遠邊，播揚雄武。/又於［乾德］三年三月[3]，内奏授官告一通捡挍工部尚書。又於開/寶三年三月，内拜郊授官告一通加捡挍禮部尚書。尋降絲綸/之命，復加爵秩之榮。蕃漢畏威，國朝旌善。

公河眸海口，相封/万戶之侯；虎箭虵矛，勇負千人之敵。邊陲有頮[4]，警急無虞。或/一日寢疾於床，藥石之間，難療深瘵。言未盡而二竪收魂，命將終/而三彭般氣[5]。遐齡冈績，大限俄催。公生自乙巳年，享壽三十有六，/十月三日身亡。今擇取庚辰歲冬十一月十三日，於端正北原/之下[6]，祔葬于先塋，禮也。貞魂不昧，隨逝水以長流；至識無恙，閟佳而永固[7]。或/恐時世更易，陵谷變遷，庶可紀先代之名諱，故直書其事，乃述銘云：/

禀天神識，生諸列國。海嶽奇姿，星辰秀德。慑伏戎夷，/平凌鴈磧。輝電之眸，拔山之力。高鳥未盡，良弓已失。/不異浮漚，何殊過隙。悲慟勳賢，慘傷往昔。巨壙將然，/重開在即。老栢森森，植于墓側。万古千秋，揚名罕測。/

太平興國五年十一月十三日，石匠娥知進鐫，押衙兼書狀官張廷瑒書[8]。/

著録

《中國藏西夏文獻·金石編》82 圖，84 文。

注釋

［1］霊：“靈”的異體。靈源：喻帝緒，帝業。建義元年（528）《元信墓誌》：“神蹤與姬夏同初，靈源共積石爭峻。”① 泒：“派”“流”的俗體。《中國藏西夏文獻·金石編》作“流”，可。

［2］夏王：即李彝殷。

① 北京圖書館金石組：《北京圖書館藏中國歷代石刻拓本匯編》（5），中州古籍出版社 1989 年版，第 92 頁。

［3］“扵”下泐二字，據下文“開寶三年（970）”，此當“乾德”，均宋太祖趙匡胤年號。乾德三年，即965年。

［4］誌文多碑别字，或簡省，或添加笔劃成異體。如“眸”作“眸”，“擇”作“擇”，“善”作“善”，“虵”作“虵”，“拔”作“拔”等。頪：“賴”的異體。通“厲”。禍患。漢桓寬《鹽鐵論·毁學》：“故舜受堯之天下，太公不避周之三公；苟非其人，簞食豆羹猶為賴民也。”①

［5］三彭：即三尸神。斂：即“斂”字。

［6］“之”下一字，細審拓片，似“下”。《中國藏西夏文獻·金石編》未釋。歳：“歲”的異體。構件“止”變“山”、“少”變“小”，再變為“⺌”。

［7］“佳”下，原刻疑脱一“城”字。佳城：指墓地。唐貞觀七年（633）《耿士隆墓誌》：“即□□□，永閟佳城。”② 貞觀十四年（640）《楊温墓誌》：“終圖雲合，空閟佳城。”③

［8］鐫：即“鐫”。構件位移。“廷瑒”二字清晰，《中國藏西夏文獻·金石編》未釋。

① 王利器：《鹽鐵論校注（定本）》卷四，《新編諸子集成》，中華書局1992年版，第230頁。

② 洛陽市文物工作隊：《洛陽出土歷代墓誌輯繩》，中國社會科學出版社1991年版，第81頁。

③ 中國文物研究所、陝西省古籍整理辦公室編著：《新中國出土墓誌·陝西》（1），文物出版社2003年版，第36頁。

172 折御卿墓誌 約至道二年（996）

説明

墓誌無刻石時間。20世紀50年代初出土，棄置道旁，後佚。1976年夏在陝西省府谷縣孤山鄉楊家溝村西墕頭（天平山）瓦礫中掘出，殘斷為碎片。所獲三塊，每塊存字不一。楷書。

誌文

大宋故永安（下泐）公。折公諱（下泐）。于府州府（下泐）先是墳（下泐）餘祀（下泐）亂（下泐）金帶寶（下泐）以鳳承（下泐）吉于嘉祐（下泐）日辛酉（下泐）歲十月甲戌（下泐）視其柏樠殆不□用命易之（下泐）一新，塋兆再完[1]，公始娶蘇氏（下泐）王氏，進封郡夫人。次梁氏，封（下泐）人，後以子貴，進封河南太夫因（下泐）公之穴，禮也[2]。

孫如京使康州刺史、知府州軍州事兼管内勸農事、兼麟府（下泐）[3]。

著録

1.《折氏家族史略》94。2.《榆林碑石》372。

注釋

［1］“于府州府”至“完”各字，《榆林碑石》脱。“戌”，《折氏家族史略》作“戍”，非。

［2］“夫”下字，《榆林碑石》脱。

［3］考折氏，先後任康州刺史者繼祖、可求。《宋會要·党項傳》：嘉祐元年十二月，“如京使、知府州折繼祖領康州刺史，仍賜錢五十萬。繼祖改葬其父，而請借月俸，因以推恩也”①。《折克行神道碑》：“［克］行既葬八年，其子右武大夫、康州刺史、知府州可求。”誌主乃御卿，詳見下。據《宋史·折德扆傳》附御卿傳載，其子“惟”字輩、其孫“繼”字輩，故文末“孫如京使康州刺史、知府州軍州事兼管内勸農事、兼麟府（下泐）”，是繼祖無疑。結合政和元年（1111）《折惟忠妾李夫人墓

① （宋）李燾撰，上海師範大學古籍整理研究室、華東師範大學古籍整理研究室點校：《續資治通鑑長編》（13）卷一百八十四，中華書局1985年版，第4461頁。

誌》："繼祖，是為崇信之季子。"繼祖即崇信惟忠子，借月俸"改葬其父"。《折惟忠妾李夫人墓誌》又云："政和元年，侄曾孫四方館使、滎州團練使、知府州可大，將葬其父安武太尉、母和義夫人，盡舉族人二百餘喪葬之。"惟忠侄曾孫可大安葬其父克行及妻和義夫人，同時還有二百餘族人，時在政和元年（1111）。鑒於此，《宋史新探》認為折氏"實行族藏"①，是有一定道理的。由此再考折氏碑誌出土地，折氏家族墓地兩處：一為府谷縣李家窪，出土《刺史折嗣倫碑》，碑云"祖塋之左右"。其父宗本始鎮麟府，折氏祖塋從宗本始；二為天平山，出土折繼祖遷葬御卿、惟忠等墓及10通碑誌，是折氏主要的家族墓地。惟忠妾李夫人"不祔崇信之兆者，不敢亂嫡庶之分"，故《折惟忠妾李夫人墓誌》在府谷縣西南15公里的傳家嫣村出土。

彙考

墓誌泐蝕，闕誌主名諱。據北宋政和年間（1111－1118）《折繼閔神道碑》"祖妣蘇氏、楊氏、王氏、梁氏並封郡國太夫人"，與誌文相符。知此誌誌主為繼閔的祖父。又據北宋政和元年（1111）《折惟忠妾李夫人墓誌》："夫人姓李氏……年十三，從府守崇信軍節度使折公諱惟忠。""崇信母梁國大夫人。"崇信，即折惟忠，贈崇信軍節度使。其母梁氏，夫人李氏，孫克行，曾孫可存。《折克行神道碑》："大父惟忠，簡州團練使，贈崇信軍節度使。"《折可存墓誌》："曾祖簡州團練使，贈崇信軍節度使，諱惟忠。"惟忠襲知州事，梁氏作為生母，因子而貴，即此誌謂梁氏"後以子貴，進封河南太夫"。惟忠是此殘誌墓主的兒子。梳理折氏脉絡，誌主即折御卿，繼閔之祖，惟忠之父，德扆子，嗣倫曾孫。生卒年失載。《宋史·折德扆傳》附《御卿傳》載：御卿，幼補節院使。繼父折德扆、兄御勳知府州②。太平興國四年（979），從太宗征河東，破岢嵐軍，下嵐州。淳化三年（992），拜府州觀察使。五年，拜永安軍節度使。次年正月，大敗契丹兵於子河汊；十二月契丹又犯，抱病出戰，旋卒於軍中，年三十八歲，贈侍中，葬天平山。推之，御卿卒於至道二年（996）。"以其子惟正為洛苑使、知州事。惟正歸朝，以其弟惟昌繼之。"③

---

① 李裕民：《宋史新探》，陝西師範大學出版社1999年版，第189頁。

② （元）脱脱等：《宋史》卷二百五十三，中華書局1977年版，第8861頁。

③ 同上書，第8862頁。

173 折惟正墓誌 景德二年（1005）

説明

墓誌出土時間、地址不詳。2012 年夏入藏陜西省府谷縣文管所。誌石高、寬均 68 cm，厚 16 cm。智周撰文，李賁書丹並撰額。誌文 29 行，滿行 25 字。楷書。刻痕淺，泐蝕嚴重。

誌文

故莊宅使、延州管界□邊都巡檢使、金紫光禄大夫、檢校尚書□□射兼御史大夫、上柱國、平恩縣開國伯、食邑九百戸折公墓誌銘并序[1]。

新授將仕郎、守壽州霍丘縣尉智周撰[2]。

隨使知宅□司李賁書并篆額[3]。

公諱惟正，字可法[4]。其始先有唐貞觀中賜姓折氏，自唐季歷五代，凡三十世，繼立嗣侯，綿綿弗絕，庶繁備載。曾祖諱從阮，官為静難軍節度使、同中書門下平章事[5]。薨，贈尚書令。娶滎陽郡太夫人，楊氏之重孫也。祖諱德扆，官為永安軍節度使。薨，贈侍中。娶京兆郡太夫人，路氏之孫也。皇考諱御卿，官為永安軍節度使。薨，贈尚書□[6]。夫人□氏。夫人楊氏、夫人王氏，天水郡太夫人□氏。各抱器能，為□王爪牙，控□金方，于國家有大功，公即□□也。

公仁勇□慎，□葉時□未冠年，備充西頭供奉官。既諧禄任，□□忠□。至道元［年］十二月十八日，以父薨[7]，循舊制，立嗣侯，權授洛苑使、知府州軍州事[8]。既理要郡，□著政聲。

公所居里時，與遷賊接境，臨陣交鋒，□□□□月朝廷嘉其勞効，至道中，加授金紫光禄大夫[9]。詔離□□留任掖庭。咸平初年正月，又加授食邑三百戸。嘗任鄭州兵馬大都監，□必豪俠畏威，民□德仁。會高陽路告獫狁犯境[10]，在擇能者禦之。□詔公曰，鄭之彼□□□登赴敵，甚致肅寧。未期年，遷授莊宅使，□□如故，移授延州管界□邊都巡檢使。景德元年九月七日，□□薨於延州傳舍，春秋四十有一[11]。

娶馮翊縣君王氏，即里中人也，宣□武陟鎮使王延貴之長女也。婦順母訓，中外咸知。生子二人，殿直繼□，次子奏職繼烈。孫女一人望卿。景德二年五月一日，旅□□□鄉，當年八月八日□葬於皇考大營，從吉地也。

於戲！公之忠力果毅□于國，孝廉幹□著于家。如金石在佩，動而□□其大者，蘊武緯通□□君，濟民為己任，有識者深知之。□繼世侯，樹勳立績未偕，文無隱情，

□無愧詞焉。其銘曰：

世禄德門，斯之謂□。懿勳□績，斯之不朽。福善則□，弗享遐壽。□勞□□，□□厥後。嗚呼折公，何不足有。/

著録

《宋〈折惟正墓誌銘〉與府州折氏的幾個問題》，《宋史研究論叢》2013（1）。

注釋

［1］莊宅使：官名。唐武則天始置。掌京師及東京官田及磨坊、邸店等産業的管理。《資治通鑑·唐開成元年》："教坊選試以百數，莊宅收市猶未已。"胡三省注："唐内諸司有教坊使、莊宅使，皆宦者為之。"① 五代、宋代沿置。宋屬西班諸司使之一，無職掌，僅作為武臣遷轉之階。政和二年（1112）改為武節大夫。

［2］將仕郎：文散官。隋大業始置，唐、五代、宋襲隋制。政和六年（1116）改迪功郎，並改假將仕郎為將仕郎。以將仕郎與登仕郎、通仕郎，係奏補未出身官人。見《宋史·職官志》卷一百六十九。智周，史籍未載。

［3］知宅：亦稱"知墅"或"宅督"。南北朝時期，管理私家宅宇田園者。《宋書·黄回傳》：宋中書舍人戴明寶以黄回"統知宅及江西墅事"②。梁征虜將軍蕭穎達曾用彭難當為"宅督"。同書《蕭穎達傳》載，蕭穎達因包攬魚税，梁官府曾"攝穎達宅督彭難當到臺辨問"③。唐代莊墅有莊吏或别墅吏、寺院莊園有知莊、知墅等。李賁，史籍未載。

［4］惟正：即折惟正，御卿長子，御卿病歿，以惟正為洛苑使，知州事。《宋史·折德扆傳》附《御卿傳》中寥寥數語，史傳不詳。誌可補其生平事跡。

［5］静難軍：唐方鎮。唐光啟元年（885）以邠寧節度使賜號為静難軍。治邠州（今陜西彬縣）。轄境屢變，初管邠、寧、慶、鄜、坊、丹、延、衍等州④，久領邠、寧、慶州。五代因之。北宋初廢。誌主曾祖從阮，後周静難軍節度使；祖德扆，後周永安軍節度使，《宋史》皆有傳。《宋史·折德扆傳》："父從阮，自晉、漢以來，獨據府州，控扼西北，中國賴之。仕周至静難軍節度使。其鎮府州時，署德扆為馬步軍都校。廣順間，周世宗建府州為永安軍，以德扆為節度使，時從阮鎮邠寧，父子俱領節

① （宋）司馬光編著，（元）胡三省音注：《資治通鑑》卷二百四十五，中華書局1956年版，第7925頁。

② （梁）沈約：《宋書》卷八十三，中華書局1974年版，第2122頁。

③ （唐）姚思廉：《梁書》卷十，中華書局1973年版，第189頁。

④ （後晉）劉昫等：《舊唐書》卷三十八，中華書局1975年版，第1390頁。

鎮，時人榮之。”[①] 誌文與史吻合。廣順（951－953），後周太祖郭威年號。宋乾德二年（964），德扆卒，贈侍中。子御勳、御卿。

［6］御卿：即折御卿，德扆子，誌主父。德扆卒，御勳為永安軍留後，開寶末改泰寧軍節度使。太平興國二年（977）卒，贈侍中。淳化五年（994），弟御卿拜永安軍節度使。參加征討北漢、防禦契丹、討伐夏州李繼遷抗命等軍事行動，屢立戰功。《宋史》《資治通鑑》《資治通鑑後編》《隆平集》等各書皆云“贈侍中”，唯誌“贈尚書□”，以誌正之。

［7］關於折御卿卒年，《宋史·折御卿傳》載為淳化五年（994）；《續資治通鑑長編》卷三十八、《宋會要輯稿·方域》記為至道元年（995）十二月，後二書與誌文“至道元［年］十二月”吻合，可糾《宋史》之誤。“元”下泐一字，當“年”字。

［8］折御卿卒，《宋史·折御卿傳》：“子惟正為洛苑使、知州事。惟正歸朝，以其弟惟昌繼之。”[②] 關於惟正，《宋史·折御卿傳》提及，寥寥數語。誌文詳贍，可補史闕。知州事：宋代知軍州事省稱。宋太宗改道為路，凡十五路。路下府、州、軍、監同為一級。府設知府事，州設知州事，軍設知軍事，監設知監事。知，主持也。知州事，即掌一州軍政事。誌云：“知府州軍州事。”即府州知州事，主持、管理府州軍政事宜。延至北宋政和年間（1111－1118）《折繼閔神道碑》“仍知州事”，可知折氏累世邊將，自後周世宗建府州始，世代為府州知州事。

［9］遷賊：即夏州李繼遷。《宋史·夏國上》：“繼遷，繼捧族弟也。高祖思忠，嘗從兄思恭討黃巢，拒賊於渭橋，表有鐵鶴，射之没羽，賊駭之，遂先士卒，戰没，僖宗贈宥州刺史，祠于渭陽。曾祖仁顔，仕唐，銀州防禦使。祖彝景嗣于晉，父光儼嗣于周。建隆四年，繼遷生於銀州無定河，生而有齒。開寶七年，授定難軍管内都知蕃落使。”[③] 太平興國七年（982），李繼捧率宗族南下歸宋，主動獻出銀、夏、綏、宥四州。繼遷反對内附，率部眾居住在今横山黨岔，不斷襲擾宋邊境，稱臣於遼，受封夏國王。至道二年（996），宋軍從環、延、夏、慶、麟等五州五路出兵，圍攻逃竄沙漠的李繼遷部。惟正受到朝廷嘉獎，加授金紫光禄大夫。至道（995－997），宋太宗趙炅年號之一。宋太宗先後用太平興國、雍熙、端拱、淳化、至道五個年號。

［10］獫狁：亦作“玁狁”，古代北方少數民族名，此指契丹。

［11］惟正卒年，《宋史》失載。景德元年（1004），宋真宗趙恒年號。

---

① （元）脱脱等：《宋史》卷二百五十三，中華書局1977年版，第8861頁。

② 同上書，第8863頁。

③ 《宋史》卷四百八十五，第13985－13986頁。

174 廣仁禪院碑 元豐七年（1084）八月十四日

説明

碑石刻立於甘肅省岷縣西南廣福寺内，現存原址。石高 200 cm，寬 100 cm。額高、寬均 60 cm。宋陝府西路轉運副使王欽臣撰，熙河路邊防財用司勾當公事周璟書丹，岷州知州張若訥立碑，荔非恭鐫刻。碑文 26 行，滿行 40 字。楷書。額岷州通判王彭年篆書“敕賜岷州廣仁禪院記”。張維校對《岷州志》《宣統甘肅通志》釋文，收入《隴右金石録》。

額

敕賜岷州廣仁禪院記。

碑文

新修岷州廣仁禪院記[1]。

奉議郎、權發遣陝府西路計度轉運副使公事兼勸農使、輕車都尉供紫王欽臣撰[2]。

奉議郎、充都大經制熙河蘭會路邊防財用司、勾當公事、賜緋魚袋周璟書[3]。

奉議郎、權通判、岷州軍州兼管内勸農事騎都尉、借緋王彭年篆[4]。

王師既開西疆，郡縣皆復，名山大川，悉在封内[5]。惟是人物之未阜，思所以繁庶之理；風俗之未復，求所以變革之道。《詩》《書》《禮》《樂》之外，蓋有佛氏之道大焉，乃敕數州皆建佛寺，岷州之寺曰廣仁禪院。於是，守臣為之力，哲僧為之幹，酋豪為之助，雖經歷累歲而數百區之盛若一旦而就。初，前守種侯度爽嵦之地於川之西南，背山面川，規可以容數百區之廣，以為不如是之宏大，則不足稱佛宇之尊；今守張侯謂經營之既久[6]，而恐勤者有惰，日加戒促，以底厥成功。

初，岷州之復也，詔以奉州長道、大潭二縣隸之。長道有僧曰海淵，居漢源之骨穀，其道信于一方，遠近歸慕者眾。州乃迎海淵以主其事，其道勤身以率下，愛人而及物，始至則程其力之所及，必使力勝其事；事足其日，又有藥病咒水之術，老幼争趨，或以車致，或以馬馱，健者則扶持而至，人大歸信[7]。

郡之酋豪曰趙醇忠、包順、包誠，皆施財造像[8]。荊棒薙而宫殿巍然，門扉辟而金人煥然，次則笵鐘以鼓其時，藏經以尊其道，徒有常居，客有攸舍，儲峙有廩，涓潔有庖；最其凡四百六十區。其眾瞻于高山大川，深林巨郭之際，來者趨，過者下，咸曰：壯哉，吾土之未嘗有也，吾昔之所謂佛居而持其教知為□矣。

岷州，故和政郡。通，青海之塞，南直白馬氐之地，大山重複以環繞，洮水蕩潏於其中[9]，山川之勝，可以言天下之壯偉。前日之頹垣廢壘，今薙堞樓櫓以衛之[10]，前日之板屋聚落，今棟宇衢巷以列之[11]；又得佛宮塔廟以壯其城邑，凡言阜人物，變風俗者，信無以過此也。

西羌之俗，自知佛教，每計其部人之多寡，推擇其可奉佛者使為之[12]，其誦貝葉傍行之書，雖侏儒駃舌之不可辯，其音琅然如千丈之水赴壑而不知止[13]。又有秋冬間，聚糧不出，安坐於廬室之中，曰坐禪[14]，是其心豈無情粹識理者，但世莫知之耳。雖然其人多知佛而不知戒，故妻子具而淫殺不止，口腹縱而葷酣不厭，非中土之教為之開示提防而導其本心，則其精誠直質且不知自有也。

傳曰：用夏變夷，信哉其言乎。恭惟聖主之服遠也，不以羈縻恍忽之道待其人，必全以中國法教馭之。故強之並弱，大之淩小，則有甲兵刑罰以威之；擅山澤，專障管，則或賦或禄以易之，鳥獸驚散，則文告期會以束之；閒田沃壤，則置兵募士以耕之；書勞告勤，則金帛爵命以寵之；争訟不決，則置吏案法以平之；知佛而不知戒，則塔廟尊嚴以示之。日計之不足，歲計之有餘，必世而後仁，盡在於是矣。

元豐初，予以市國馬數至其郡，見海淵首其事，其後繼之，則見其功之半；今年遂自來，告其功畢，請予記其終始。予謂海淵既能信其眾，又能必其成，復能知其終，必以示後皆非苟且者，乃為書之，七年八月十四日記[15]。

皇城使、持節嘉州諸軍事、嘉州刺史、充本州防禦使、知岷州軍州兼管內勸農事兼管勾洮東沿邊安撫司公事、騎都尉、清河縣開國伯、食邑九百戶張若訥立石。

荔非恭刻字[16]。

著録

1.《隴右金石録》卷3－37。2.《宋〈岷州廣仁禪院碑〉淺探——兼談熙河之役後北宋對吐蕃的政策》，《西藏研究》1987（1）。3.《從〈岷州廣仁禪院碑〉看河隴吐蕃佛教文化的特色》，《西藏大學學報》（漢文版）2003（2）。4.《〈西夏碑〉與〈岷州碑〉》，《文史知識》1997（6）。

注釋

［1］岷州：唐上元二年（761）陷吐蕃，為吐蕃部落居地。北宋熙寧五年（1072），熙河之舉，拓熙、河、洮、岷、疊、宕六州置郡縣。

［2］奉議郎：文散官。唐置，秩從六品上。五代、宋初因之。太平興國（976－984）初改為奉直郎，元豐三年（1080）復置，正八品，寄禄官。元祐間（1086－

1094）分左右奉議郎。参《舊唐書·職官志》《宋史·職官志》。權發遣：宋代推行的一種官制。清袁枚《隨園隨筆·官職中》："宋法判知之外，又有云'權發遣'者，則因其資輕而驟進，故於其結銜稱'權發遣'以示分别。"① 計度轉運使：由唐水陸發運使發展而來。宋乾德三年（965）置轉運使，設隨軍轉運使、水陸計度轉運使，掌軍需供辦。太宗改置專職都轉運使、轉運使，職權擴大，不僅掌一路或數路財賦，監察州官，而且兼理邊防、治安、錢糧、巡察等事務。勸農使：唐開元十二年（724）置，巡行州縣，稽查田畝，與吏民議定賦役。宋至道二年（996）置，掌勸課農桑。王欽臣，"字仲至，清亮有志操，以文贄歐陽修，修器重之"②。傳見《宋史·王欽臣傳》。

［3］都大經制熙河蘭會路邊防財用司：簡稱"經制邊防財用司""經制財用司""熙河經制司""經制司"。差遣官名。《宋史·職官志七》經制邊防財用司條："熙寧末，以熙、河連歲用兵，仰給支度，費用不貲，始置是司。"③ 元祐廢，崇寧復置。《隴右金石録》《宋〈岷州廣仁禪院碑〉淺探——兼談熙河之役後北宋對吐蕃的政策》釋"經"作"徑"、"緋"作"徘"，大誤。書丹人周璟，不見傳載。

［4］通判：宋初懲五代藩鎮之弊，加强地方控制，於州、府置通判，輔佐權知軍、州事處理政事。《宋史·職官志七》："凡兵民、錢穀、户口、賦役、獄訟聽斷之事，可否裁决，與守臣通簽書施行。所部官有善否及職事修廢，得刺舉以聞。"④ 借緋：緋，大紅色。唐代四、五品官員服緋、佩銀魚袋。未及者特許服緋，稱"借緋"。宋沿用此制。《通典·禮二十三》："開元八年二月敕，都督刺史品卑者，借緋及魚袋。"⑤ 亦稱"借牙緋"。牙，即象笏。宋制五品以上用象笏，借緋時並借象笏，故云。同例，亦還有"借紫"。唐宋三品以上官員服紫，未及者特許服紫，謂"借紫"。《宋史·輿服志五》："或為通判者，許借緋；為知州、監司者，許借紫；任滿還朝，仍服本品，此借者也。"⑥ 又有出於恩賜者，改轉服色。篆書人王彭年，不見傳載。

［5］北宋熙寧五年（1072）始，對西北展開熙河之役，拓熙、河、洮、岷、疊、宕六州，設置郡縣。該地區自唐上元二年（761）陷吐蕃，一直為吐蕃部落居地。自此為北宋所據。

［6］北宋收復岷州後，設官置守，與内地無異。《宋史·神宗紀》：熙寧九年（1076）三月，"以种諤知岷州"⑦，即碑"前守種侯"。元豐七年（1084），知州為張

---

①（清）袁枚：《袁枚全集》（5），江蘇古籍出版社1993年版，第128頁。

②（元）脱脱等：《宋史》卷三百九十四，中華書局1977年版，第9817頁。

③《宋史》卷一百六十七，第3972頁。

④ 同上書，第3974頁。

⑤（唐）杜佑撰，王文錦等點校：《通典》卷六十三，中華書局1988年版，第1770頁。

⑥（元）脱脱等：《宋史》卷一百五十三，中華書局1977年版，第3563頁。

⑦《宋史》卷十五，第290頁。

若訥，即碑“今守張侯”。

［7］岷州高僧海淵，《宋史》無其傳，碑載其事跡，可補史闕。“藥病咒水之術”，是道士符咒符水之術的襲用。

［8］郡：指和政郡，即岷州。吐蕃酋豪趙醇忠，蕃名巴氈角，木征（降宋後賜名趙思忠）之弟，唃廝囉之孫，熙寧六年（1073）九月降宋後賜姓名為趙醇忠。《宋史·吐蕃傳》僅六字，即“巴氈角曰醇忠”①，事跡語焉不詳。碑載其“施財造像”協助修建廣仁禪院，可補史闕。包順，蕃名俞龍珂，青唐大首領，《宋史·王韶傳》：“龍珂率屬十二萬口內附，所謂包順者也。”②《宋史·神宗紀》載，五月庚寅“以青唐大首領俞龍珂為西頭供奉官，賜姓名包順”③。其兄河州首領瞎藥，《宋史·神宗紀》載，十一月“來降，以為內殿崇班，賜姓名包約”④。包誠，《宋史》無傳，同書《哲宗二》稱“蕃官包順、包誠”⑤，疑為包順弟。《宋史·吐蕃傳》載趙思忠之妻包氏咸寧郡君，可見包氏為青唐大族。包順、包誠歸宋後，據守岷州。三人皆岷州酋豪。至南宋、金，包氏一族仍活躍在洮岷一帶。

［9］潏：水湧流貌。

［10］薙：除草。堞樓：指城牆。櫓：望樓。薙堞樓櫓：此謂重修城墻，增築樓臺。

［11］衢巷：街巷。《西京雜記》：“高帝既作新豐，並移舊社，衢巷棟宇，物色惟舊，士女老幼，相攜路首，各知其室。放犬羊雞鴨於通塗，亦競識其家。”⑥

［12］松贊干佈時期，佛教隨文成公主傳入西藏。其後雖受到本土苯教的抵制，但到赤松德贊時，贊普推行“興佛抑苯”政策，佛教得到較快發展。河湟，是古羌人聚居區，南北朝時為吐谷渾領地，唐代時為吐蕃佔領，羌人被迫遷徙，但仍有少數部落留下來。早在南北朝羌人就已開始接受佛教⑦，他們與後來的吐谷渾、吐蕃部落雜居，宗教文化必然相互影響，故信仰佛教由來已久。“每計其部人之多寡，推擇其可奉佛者使為之”，反映了河湟地區吐蕃部落出家制度，並延續至民國。《民國松潘縣志·土司》：“番俗：兄弟三人必有一人為僧，四人則以二人為僧。以故寺院大者，僧

---

① （元）脱脱等：《宋史》卷四百九十二，中華書局1977年版，第14168頁。

② 《宋史》卷三百二十八，第10579頁。

③ 《宋史》卷十五，第281頁。

④ 同上書，第282頁。

⑤ 《宋史》卷十八，第344頁。

⑥ （晉）葛洪撰，成林等譯注：《西京雜記全譯》卷二，貴州人民出版社1993年版，第62頁。

⑦ 曾曉梅、吴明冉：《南北朝造像記與羌族宗教信仰》，《西北民族大學學報》（哲社版）2012年第6期，第51－56頁。

多至三四千，又大寺院必有轉生佛與達賴、班禪相類。”①

［13］侏㒧：亦作“侏離”“兜離”。形容少數民族語言文字怪異。《後漢書·南蠻傳》：槃瓠子女“衣裳班蘭，語言侏離，好入山壑，不樂平曠”②。鴂：指鳥的叫聲，形容語言難懂。此謂蕃僧用自己的民族語言，長久而清朗響亮地誦經不輟，其悦耳動聽的聲音猶如高山流水而不止。“鴂”，《從〈岷州廣仁禪院碑〉看河隴吐蕃佛教文化的特色》作“鴩”，構建左右誤置。

［14］坐禪：禪宗北宗重禪學，坐禪。南宗不持戒，不坐禪，而重義學。禪宗入藏約在8世紀以後，河湟地區蕃僧誦經、坐禪，顯然受到中原漢地禪宗北宗的影響。

［15］修建岷州廣仁禪院的時間，《宋史》不見記載，《續資治通鑑長編·神宗》：熙寧七年六月壬午，“賜岷州新置寺，名曰廣仁禪院，仍給官田五頃，歲度僧一人”③。《宋史·神宗紀》：熙寧六年九月“戊午，岷州首領本令征以其城降，王韶入岷州”④。碑載，始建於“元豐初”，畢功於“七年八月十四日”。據此，李燾誤把元豐七年作熙寧七年，可證史之誤。

［16］荔非：西羌複姓。該姓在唐代碑刻中已罕見，唯新舊《唐書·荔非元禮傳》《資治通鑑》有驃騎大將軍懷州刺史荔非元禮；新舊《唐書·安禄山傳》《通志》有將軍荔非守瑜。此碑表明荔非氏在北宋時期仍在使用。“荔非恭刻字”，考北魏神龜三年（520）《晏僧定等六十七人造像碑》有“雍州北地郡、雲陽縣”像師荔非道酋；太延元年（436）《大代華嶽廟碑》題“石師統寧戎”荔非薄非、“正寧戎桃谷”荔非東�、“□寧戎即水”荔非歸□⑤，由此可知早在北魏即有荔非氏從事刻碑造像，至宋元豐七年（1084）仍有荔非氏刻碑，表明荔非氏從事該行業傳承有序，歷史悠久。符合中國手工業機體内涵結構以及傳統以血緣為紐帶的師承規律。《魏書·世祖紀》：太平真君五年（444）正月，詔書規定“百工伎巧，騶卒子息，當習其父兄所業，不聽私立學校。違者師身死，主人門誅”⑥。刻工荔非恭、立碑者張若訥，不見傳載。

彙考

《續資治通鑑長編》載，熙寧六年（1073）十月，宋軍攻佔熙（今臨洮）、河

---

① 傅崇榘等修，徐湘等纂：《民國松潘縣志》卷四，《中國地方志集成·四川府縣志輯》（66），巴蜀書社（據民國十三年刻本影印）1992年版，第163頁。

② （南朝宋）范曄撰，（唐）李賢等注：《後漢書》卷八十六，中華書局1965年版，第2829頁。

③ （宋）李燾撰，上海師範大學古籍整理研究室、華東師範大學古籍整理研究室點校：《續資治通鑑長編》（18）卷二百五十四，中華書局1986年版，第6211頁。

④ （元）脱脱等：《宋史》卷十五，中華書局1977年版，第284頁。

⑤ 曾毅公：《石刻考工録》，書目文獻出版社1987年版，第3頁。

⑥ （北齊）魏收：《魏書》卷四下，中華書局1974年版，第97頁。

(今東鄉西南)、洮(今臨潭)、岷(今岷縣)、疊(今迭部)、宕(今宕昌)等地六州，幅員二千餘里，“招撫大小蕃族三十餘萬帳”①。碑稱：“王師既開西疆，郡縣皆復，名山大川，悉在封内。惟是人物之未阜，思所以繁庶之理；風俗之未復，求所以變革之道。”此時，從宋明道元年(1032)唃廝囉舉族遷徙青唐(今青海西寧)，統治河湟地區，大力提倡佛教已數十年。古老的苯教在民間仍有較大影響，但以佛教為主流。河湟地區是藏傳佛教後弘期“下路弘傳”的發源地，對藏傳佛教在西藏再度弘傳起了重要作用。北宋朝廷意識到，對吐蕃地區的統治，僅僅依靠羈縻懷柔政策，或以漢法治蕃部，設置州軍、動甲兵、開營田、擅山澤、專障管等，都難以長治久安。在“甲兵邢罰”的同時，“《詩》《書》《禮》《樂》之外”，遵循“西蕃俗佞佛，故以佛事懷柔之”。以“塔廟尊嚴”，潛移默化，教化於民，“乃敕數州皆建佛寺，岷州之寺曰‘廣仁禪院’”。

---

① (宋)李燾撰，上海師範大學古籍整理研究室、華東師範大學古籍整理研究室點校：《續資治通鑑長編》(18)卷二百四十七，中華書局1986年版，第6022－6023頁。

175　宋代疊溪點將臺題記　元豐元年至元符元年（1078－1098）十月二十二日

説明

摩崖刻於四川省茂縣疊溪點將臺東側，現存疊溪鎮小學内。楷書。

碑文

□義郎、知茂州軍州事、沿邊都巡檢使節制張□□制置大使司□要□提軍馬抵此扼塞□禦[1]。

元□元年拾月貳拾貳日記[2]。

著録

《四川茂縣點將臺唐代佛教摩崖造像調查簡報》，《文物》2006（2）。

注釋

［1］“義郎”上泐一字。宋代武階官名有秉義郎、從義郎、保義郎、武義郎，皆是此摩崖題記後宋政和（1111－1118）中改稱或置。唯“宣義郎”，文散官名，唐始置。宋元豐改制用以代光禄寺、衛尉寺丞、將作監丞。“義郎”上一字，疑“宣”字。“沿”，《四川茂縣點將臺唐代佛教摩崖造像調查簡報》作“訟”，並在其下衍一字，作“□”，非。沿邊，即“沿邊”。茂州地處北宋與吐蕃邊界，設“沿邊都巡檢使”。《仁壽寺造像碑》側棱有宋代補刻：“茂州軍州兼管内勸農事、沿邊都巡檢使李禹。”①都巡檢使，掌巡邏、偵察及捕緝賊等事。《宋史·職官志七》：“中興以後，分置都巡檢使、都巡檢、巡檢、州縣巡檢，掌土軍、禁軍招填、教習之政令，以巡防捍禦盗賊。”中興，北宋開寶之治。

［2］宋代以“元”字為首的年號有北宋元豐元年（1078）、元祐元年（1086）、元符元年（1098），刻石時間當在元豐元年至元符元年（1078－1098）間。

① 雷玉華、羅進勇：《岷江上游的唐代經幢和造像碑》，《四川文物》2007年第1期，第31頁。

176　折可適墓誌　政和元年（1111）二月初七

説明

北宋李之儀撰文。收入《姑溪居士後集》卷二十。該誌又稱《折渭州墓誌》。

誌文

淮康軍節度使、蔡州管內觀察處置等使持節、蔡州諸軍事、蔡州刺史、涇原路經略安撫使，兼馬步軍都總管、兼知渭州軍州事兼管內勸農使、西河郡開國侯、食邑一千四百戶、食實封四百戶、上柱國折公墓誌銘[1]。

夏人自元昊以後，服叛不常。雖朝廷務為優容，然疆埸未嘗弛備。熙寧初，出師鄜延方時公年十六七，已能從軍斬獲，至四十餘年，每一日不在兵間，每戰必克，屢立奇功，恩威並行，諸將無復居其右。故能被遇上主，秉旄仗鉞，專制一路。既去復來，迄終於位。兵民懷之如父母，朝廷倚之如長城，信一時之豪也。

公諱可適，字遵正[2]，其先與後魏道武俱起雲中，世以材武長雄一方，遂為代北著姓。後徙河西，有號太山公者，因其所居，人争附之。李克用為晉王，知太山公可付以事，收隸帳下。凡力所不能制者，屢命統之，而能輯睦招聚，橫捍西北二虜，封上柱國，以其地為府谷鎮，又以為縣、為節州、為節鎮[3]。更五代，皆許之相傳襲。某某次，至御鄉[4]。入本朝尤為太祖皇帝所信任，數下詔書奬慰，賜賚不貲。是生鄭國公從阮，生禮賓副使德源，德源生諱惟讓，贈左清道率府副率，則公之曾祖也。祖諱繼長，內殿承制閤門祗侯，左千牛衛上將軍。考諱克儁，文恩副使，贈左領軍衛上將軍[5]。

公生數歲，尤羸弱，幾不能勝衣，獨千牛識之曰："奇兒也，後未易量。"[6]已而果聳拔絕類，沉厚有智略，敏決而斷，以功名為己任，馳射超軼，殆不習而能。

郭逵率鄜延，見公而歎曰："真將種也。"遂薦之。試其藝於廷中，補披帶班殿侍，就充鄜延路經略司准各差使[7]。种諤出塞，遇敵于馬戶川[8]，賊有以年易公者，公索與鬥，即斬獲其首，獲其所乘馬。進葭蘆川[9]，輒大俘獲，遂有名行陣間。

朝廷既城綏德，夏人遣其親信楊己良者，分畫地界，經略司命領軍就收其要領[10]，而以公從行。公語其間，共反復，屢折之，已良至不敢仰視。立界堠築中山堡而歸[11]。既以領軍治綏德，而留公為之助。新造之區，營置多目，地壓賊境，所舉非一朝一夕。事凡巨細，公必參議而後定，至今不能攻易。領軍捐館舍，乃出仕為烏波川堡把截，舊用漢番捉生戶更戍，然有力者家居而自使，貧乏者長上而無糧。公曰：

弊難遽革，姑今居者月輸以為餉上者，兩以為便。辟安南安撫司舟兵隊將，勒所部過谿洞，肅然秋毫不敢犯，以便親求為滋州永寧關。

元豐五年，鄜延進討辟副軍，期為五隊，將戰三角嶺，收復米脂城[12]，獲級為多。間自安定堡[13]，摺運糧草，以赴軍前。賊邀我於蒲桃山，公獨出擊敗之。東兵久不得食，數千人［聚］于盧堤門[14]。或曰："掩殺可有功。"公曰："饑不任役，而苟為逃避者，非叛也。"單馬就詰，輒彀韃相向。公曰："爾輩為何而至是，得不為父母妻子念，而甘心於異域之鬼耶！"遽回所向而喏。或至流涕曰："得公一言，遂再生矣！"公各遣歸所隸，遷第一部將。

從討金湯、白豹，戰六掌平，下葭蘆[15]，入義合[16]，皆先登斬級，辟環州洪德寨主[17]。權第二副將，破訛子野雞塞。先是，平遠塞番兵多逃匿，及已勝兵而未係籍，公鉤索而籍之，得八百餘人騎，自是無敢蔽隱，遷第三將。破曲律六掌平，又破安州川，改第七將。夏人將並兵入寇，公先知其守烽人姓名，乃給為界外默烽首領[18]。就以所得姓名呼出而盡斬之，烽不傳，因卷甲倍道，大破尾丁磑，斬獲萬計。回過檉楊溝，遽下令："第三溝下營。"皆曰："日方午，到漢界猶三百里，不即歸，可無後慮耶?"公笑而不答，復選兵臨溝持滿，又分勁騎據山西[19]。賊果躡吾後，與選兵遇，而山西騎乘之，腹背受敵，遂□之。賊既衄，乃大舉而來。公所提兵才八千，自後樓鋪逢遊騎，轉戰至馬嶺。公度賊未能深入，乃取他路趨洪德[20]，邀其歸路，分遣二十騎屯肅達，入洪德川，公設伏以待。伏發，賊前軍亂，後兵為肅達所制，幾匹馬只輪不得返。偽國母踰山而遁[21]，眾相蹂踐，赴崖洞死者不可勝計。輜重盡棄，雖惟帳首飾之類，我皆得之。夏人之敗，莫此為甚。進環慶兵馬都監，時元祐六年也[22]。移涇原第三將，擢知寧州，改岷州兼安撫，又改鎮戎軍，與帥臣議不合，朝廷是公。初到而未也，亟屯羅山，以覘我兵，以麾下兵大敗之。由是累前後實功，積官至皇城使、成州防禦使，復知鎮戎軍[23]。

紹聖二年，以公知簡州，兼安撫。時已未冬，詔促公行，須河凍到官，將委公以事。未幾，章築帥涇原，請築石門峽好水川[24]，而謂其地當鎮戍之沖，非公不能佐己以成其事，乃請公鎮戍，章再上而後可。詔以熙河、秦鳳、環慶三路兵，會涇原之師，無慮三十萬，而聽命於楶[25]。近時出師之盛，未有其比。楶以總管王文振為統制[26]，而以公為前軍而副之。命曰："追賊不得過一百里。"又曰："事或警急，勢難稟議，聽行而後報。"前軍伏路途重而求援於公，公即稟于文振，文振曰："好"。又恐一軍不足以蓄其銳，再約文振發熙河兵，熙河兵驕而貪功，主將不能制。即報曰："已發二千矣。"偶失道，盡赴坑谷死。文振擢，為自全計，輒諱其好，而劾公以擅興違節制。楶得所劾，即下公吏。奏到，宰相亦懼[27]，其惜熙河之失，乃歸罪於公而請行軍法。上曰："彼方治，俟案到未晚也。"案上而公追賊纔才四十里餘，又得報且後行。

宰相恚曰：“誕也，請從京師遣官以治。”上難之，争不已，即以復審為名，實則再治也。既而不移前治，猶卒降公十三官而罷築，請留公以收後劾力，以公權第十三將，守蕩羌寨[28]。賊兵出没葫蘆川。公曰：“此去在平夏城也。”日作築享將士，使之不疑，夜出勁兵撓之，凡十餘日，賊遁去。

賊中號統軍嵬名阿理，及監軍味勤都通[29]，皆西界用事桀黠首領也，朝廷密詔公圖之。邂逅以牧放為名，會境上，其意則瞰我乘間也。公既知，即請出兵，以所部兵分兩路，銜枚以趨，用夜半叩其窠穴，圍匝。二酋始大驚曰：“天兵何自來?”又問曰：“將之者誰?”曰：“折安撫。”曰：“我父也，倖免我死。”公即以上恩慰諭，俘其家族部凡三千餘人，皆許以不死。薄所得約十萬餘計。哲宗特御前受俘，百官稱賀，即日遣中使賜公袍帶兵器，及以內庫白銀衣幣為籍，拜公西上閤門使、洛州防禦使、涇原路兵馬鈐轄[30]。繼以賞不稱公，再遷東上閤門使。其所得地，即天都山，也有詔就委公經理[31]。

公以接連一帶秋葦川、南牟會，地適熙河，秦鳳形勝相控制[32]，皆賊牧界要害處，若不乘利勢據之，異時不能無患。遂以秋葦為寨，南牟為州，詔以寨名臨羌，州名南安[33]，而以公知州事偕安撫使。在治七年，止以所得部族丁壯為用，人人皆效死力，以捍邊面，累遷引進客省使，正為和州防禦使，進明州觀察使，為涇原路副使、都總管。

崇寧三年，鐘傅將師涇原[34]，以萬人出巡，賊出平夏州，圍鎮戎，分兵掠山外，傅不得歸。公以輕騎尋朱龍勝界，隨賊所向，而先奪其險。賊意初欲扼石佛峽，以制官軍，而縱兵大掠，聞公之出也，乃不復逞。既而至銀冶關，而公適屯兵瓦寧寨，遂一夕而遁。適上以傅奏不通[35]，密以手詔問公，而命公訪傅所在，仍許便宜行事。詔到而賊已遁，公條上其略，上覽奏嗟賞，傅又請以本路兵直據靈州徐堡寨，以接聲援。上召公入覲，將命議，未行而環慶請乘西賊，無功而歸，氣沮疲乏之餘，際尾擊之。詔以涇原之師，會於靈州川[36]，帥司委選輕騎以往，然報到後時。公取捷徑由葫蘆川廣獨孤瀾漫抵岱嶺，掠靈州川，賊擄老幼趨靈州。時已半夜，火明如晝，門不得閉，城內外大擾，往往墜濠塹相枕籍而死。明日俘獲甚眾，牛馬駱駝，蔽川而下。環慶失約，我軍勢孤，不可以留，命裨將當前。公以精騎為殿而還。賊果見襲，公令少息，食而後行，分兵迎戰。賊又以數百騎搗我於兩脅間，以邀中軍。公親率兵，出其不意。賊果不利，將依山自保。官軍掩其後，得脱者才數十騎，俘斬幾千人，而首領居三分之一。

上即詔公入覲。既見，上慰諭甚數，乃以傅出請質於公，公曰：“傅知其一，不知其二，得之則易，守之則艱。若不先奪其地，弱其勢，藩籬完固，饋運可以相接，而後圖之，未見其可”。上曰：“卿之言是也。遂進公武安軍節度使[37]，觀察留後，為步軍都虞侯，賜賚有加。他日再力陳開墾廣土，進築要害之利，上皆嘉納。俄促公還，以總其事。尋有旨先城蕭關，既與傅議不同，而凡所報應，無不鉏鋙[38]，夏人知之，稍點集為備。傅議申前議，而同令未可築，公執不可。傅遣其辟客數輩強公。”公曰：“國事也，帥臣將佐，義均一體，茍情不通，則不無膠柱。頃自冒矢石。是等事皆在所志，其知勢有先後，設不審計，則噬臍何及？”[39]尤欲如帥司所議，未見其便。傅杜公不可回，乃從蕭關之役，終快反復，而諸將皆觀望，傅亟云：“賊且至，不可不擊。”帥司檄公曰：“不管不擊，意將冒此以神其靈武之請？”經以他將統兵，兼晝夜出溗，賊黨遽襲其後，所得不補其失。傅沮，反劾公為專，輒故敗我事，乃罷公管軍，仍令條具以報。公以所得傅節制狀上之，朝廷悟，即還公舊物，而上益知公為可委寄也。乃以公為涇原路涇略安撫使，馬步軍都總管，知渭州。

公謂滅泊口、磨移隘、朱龍、鳥雞、三岔、減井子[40]，皆藩籬之要也，遂築五寨以控之，自是邊面呈闊遠，而如在一堂之上矣。又展西安州，增置定戎寨[41]，廣平夏城為懷德安興定戎鹽池[42]，歲得鹽七十萬石，從始事至成功，未嘗調發，而民間不知其役，輒更歎駭曰：“是何神耶？”兩被手詔褒諭，有更其無憂，用副予懷之語。在鎮三年，拜淮康軍節度使。又二年，公以守邊分事已就序，將求解罷少休與安逸，未及請，而轉運使有以邊面既開拓，糧餉不能無缺絕，請于平夏、通峽、鎮戎、西安四處，分置五百萬糧草倉場。公以所費大，難之曰：“如不得已，止可用舊舍屋為用，而平夏通峽，相距無二十里，可省其一。”俄有詔罷轉運使，又借帥司系籍車戸為運，又欲以十萬解助熙河之計，而以涇原隨軍中驢騾駝致之。公不從，疊是數端，故造為可虛之謗以申公，於是召公還朝，除佑神觀使。既而所造皆證，上疑遂解。尋命公對，拊諭委曲，公泣曰：“臣老以守邊為狀，致煩物議，以惑上聽，賴陛下終始保全，萬死何以報？”上無一語自辯，特賜錢三百萬，為京師居第之費。俄以其子煥文，除少府監承，少日請歸省墳墓，有詔許其行。明年詔還復以公帥涇原，比入對，上尤敦勉，公力辭不可得，即以少府丞煥貼，直秘閣書寫機宜文字[43]。到鎮四月，感疾，遂告老，未報，而以十月二十九日薨，享年六十一，乃大觀四年也。没數日，禦寶批所奏不許公去位，賜靈寶丹二十粒，勉以自衛。報到，上嗟愴不已，命本路走馬承受，問其家安葬之地，及遺表陳乞恩例等。

公弟皇城使可通，知岢嵐軍，應副葬事，即以政和元年二月七日，葬公軍之北安仁鄉道生谷武家會，領軍墓之西。

公夫人趙氏，繼室王氏、梁氏，皆先公卒。兩男子，彦野，西梁院使，秦鳳路第一副將；次彦質，朝請郎，乃直閣君也[44]。三女，左班殿直朱挺、李偁，内殿崇班郭浩，其婿也。孫男宗丞[45]，三班奉職。兩孫女尚幼。

公平生不妄笑，望之若不可得而親，而即之彌溫。好學樂善，喜讀書，雖醫病占卜，無不通貫。議論袞袞，愈叩愈無窮，其忠義仁恕，不苟而自信，蓋天得也。為人長於敍事，作詩有唐人風格。事親孝友，愛兄弟宗族，間一以恩義周旋，惟恐失其次。丁內外艱，皆以邊制不許，終喪而請之，每至二四，事間即請持餘服，亦報可。安南班師，遂歸營阡隴，蔬食廬於墓次。永樂之變，太夫人初不知，公徑歸先見其弟，乃相與寧覲。仲父早亡，繼有六喪，皆在殯，悉舉以喪。又官其從弟，嫁其二女，雖顯貴，奉養不少加。不昵聲色，不飾廚付，以邀虛譽[46]。歸鄉里，與親舊握手相盡，出入才以回人肩舁[47]，遇輩行間長者必下。輕財好施，所得賜予，必先族人。隨親疏緩急，以次而均。其尤不能自存者，分俸以給。保德陽溤，有世遺產。諸父既離析，而推所得分及公，公悉均人諸分，置別業畝于長安，以賙孤遺。又置義莊於岢嵐，以贍近親，而為松楸灑掃之奉。自始即戎，未嘗妄戮一人[48]，接物遇下，一以誠意。所與遂談以長，而所去必見思。其罷鎮戎，而待命于原州也。昔為將而駐紮，又嘗攝州事。聞公之來，扶攜出迎，不違數十里，至巷無居人。夜則望公所舍，焚香膜拜。其所履歷之地，皆家畫公象而生嗣之，有每食必禱者。

公不事權貴，不為勢力所奪，不自矜伐，有言必踐，利害或不同。雖在人主前，亦必輾轉開陳，期感悟。奏報往來，情不達已。靈武之議，鐘傳至出政府私書示公，而以語撼公曰："奈何捨節鉞而就竄逐耶！"更不從，當以報政府。公曰："所系甚大，非敢有所名也。"尋已，言密奏曰："臣只知以忠義事陛下，今政府不知臣為帥臣，又務邀近功，堅持所見，臣跡不安，願罷臣邊任。"上遣中使報公曰："我自主張。"夏人舉國以城為練泉，詔公以一路兵破之。公曰："眾寡不敵，難以奉詔。"又促公曰："若不行，當行軍法。"將佐亦勉公如詔旨，公曰："我之首領不足惜，一有不虞，辱國為重。"亦以是報上曰："惟陛下幸察。"尋詔公曰："覽卿所奏，誠如是言。"又界外聚材植，將立保障。或詔公可引兵撲滅。公密遣人焚其所聚，彼但見煙焰屬天，而不知其所自。嘗與人同鎮兵，計蕩已回軍，而共事者方至，即推其功為先。與同僚約為婚姻[49]，未定而同僚死，公往哭之，呼出其子而訂婚。每行軍，與士卒同甘苦。雖深入賊境，露宿不開壕，深達性命之理，視在官如傳舍，與生死禍福，略不少芥蒂。語子弟及戒將士，必曰："無貪賞生事，妄開邊隙，重貽朝廷之憂。"又嘗語其子曰："三世為將，道家所忌，況家世為之耶！爾曹當以業加自勉，無以箕裘為累。"

有文集十卷，奏議三十卷，晚著邊議十篇，未及上而終。嗚呼！天都又腹心之地也，據險隘而地寬平，水草豐美，糧餉饒聚[50]，所以□□□敢中國抗，蓋在於此。元豐中，之儀在鄜延幕下[51]，親覩詔旨，觀先帝所以規畫心取之意，可謂深矣！俄而輟者。當時不副上意所在，曾不知上與天通，留遺聖嗣，故公奉行天討，不血刃而取之。又復能隨所控扼，且城且耕，使之略不得內向，而浸尋未歸之地，進窺玉關，以還都護之舊矣。以是求當日之中輟，難乃在今日也。而公上成先志，增重國威。天人合符，君臣相濟。照應今古，於是為盛。銘曰：

天子降材，其無所謂。若文若武，以時而至。乃聖乃神，有命承之。雖作則規，風虎雲龍。憬彼殘羌，遊魂未殄。尚竊吾第，聞輒鼻吁。奮天之威，時哉折公。推陷恢拓，所向必功。天子曰咨，予肘予臂。公曰忠臣，舍帝何時。高牙大纛，拊有全師。孰去孰來，天子之知。河西朔方，曁安西府。郡縣可期，公胡弗顧。軫帝之懷，漢蕃是悼。維其不亡，勒銘有詔。

著録

1.《姑溪居士後集》卷20－1上。2.《党項與西夏資料匯編》卷上1－204。

3.《折氏家族史略》102。4.《府谷縣志》707。

注釋

［1］誌主曾知渭州（甘肅平涼），又稱折渭州。

［2］可適：即折可適，北宋邊將、勇將、良臣。曾為涇原路經略安撫使，馬步軍都總管，因“中以疑謗，召為佑神觀使”①。次年，復以為渭州。見《宋史·折德扆傳》附《可適》、《東都事略》卷一百零四。

［3］晉王，唐末沙陀李克用。誌云：晉王“知太山公可付以事，收隸帳下，凡力所不能制者，悉命統之”。“能輯睦招聚，橫捍西北二虜，封上柱國，以其地為府谷鎮。”太山公，《太平寰宇記》府州條：“府州，本河西蕃界府谷鎮，土人折太山、折嗣倫代為鎮將。”② 太山，即大山，嗣倫父折宗本，唐末曾任振武軍緣河五鎮都知兵馬使。折大山，是目所及史籍中記載党項折氏最早的祖先，亦是折氏興起於麟、府之始③。當然，約後梁開平五年（911）《刺史折嗣倫碑》：“祖諱華，雲中人也。”知折嗣倫祖父、折宗本父華。此碑又將党項折氏祖先往上推一代，但其事跡不詳。史傳失記，可補充史闕。考政和年間（1111－1118）《折繼閔神道碑》：“折氏自唐末世有麟、府之地。初，宗本為唐振武軍緣河五鎮都知兵馬使，其子嗣倫為麟州刺史，孫從阮，從阮子德扆，相繼據府谷。”碑主“繼閔于德扆為三世孫，祖御卿，父惟忠”④。知折宗本為繼閔六世祖，可適八世祖。

［4］《折氏家族史略》轉録《姑溪居士後集》録文。“某某次”，《折氏家族史略》

① （元）脱脱等：《宋史》卷二百五十三，中華書局1977年版，第8868頁。

② （宋）樂史撰，王文楚等點校：《太平寰宇記》卷三十八，《中國古代地理總志叢刊》，中華書局2007年版，第812頁。

③ 周偉洲：《早期党項史研究》，中國社會科學出版社2004年版，第146頁。

④ 戴應新：《北宋折繼閔神道碑疏證》，廣西師範大學出版社2006年版，第135頁。

作“其次”，非。“鄉”，《党項與西夏資料匯編》作“卿”，御卿，見《折御卿墓誌》。誌稱“御鄉”“是生鄭國公從阮”，但考《折繼閔神道碑》：“折氏自唐末世有麟、府之地。初，宗本為唐振武軍緣河五鎮都知兵馬使，其子嗣倫為麟州刺史，孫從阮，從阮子德扆，相繼據府谷。”嗣倫生從阮者。《姑溪居士後集》作“御鄉”、《党項與西夏資料匯編》作“御卿”，均誤。

［5］根據《宋史・折德扆傳》附傳、及後梁開平五年（911）《刺史折嗣倫碑》、約北宋至道二年（996）《折御卿墓誌》、北宋景德二年（1005）《折惟正墓誌》、北宋政和元年（1111）《折惟忠妾李夫人墓誌》《折可適墓誌》、北宋政和八年（1118）《折克行神道碑》、北宋政和年間（1111－1118）《折繼閔神道碑》等，知折氏字輩依次為宗、嗣、從、德、御、惟、繼、克、可、彥，誌文“德源生諱惟讓”有誤。“惟”上應還有“御”字輩。誌載德源、惟讓、繼長、克儁，《宋史》失載，可補其闕。儁，同“俊”。《折繼閔神道碑》：“長克俊，左班殿直，早世。”與上文克俊不是同一人。左領軍衛上將軍：唐貞元二年（786）置，左領軍衛長官，位大將軍上，一人，從二品。掌宮禁宿衛。北宋置。《宋史・職官志六》：“左、右領軍衛上將軍、大將軍、將軍……左、右千牛衛上將軍、大將軍、將軍、中郎將、郎將，諸衛上將軍、大將軍、將軍，並為環衛官，無定員，皆命宗室為之，亦為武臣之贈典。”①

［6］“千牛”，即上文誌主祖折繼長，内殿承制閤門祗侯，左千牛衛上將軍。

［7］《宋史・折德扆傳》附《可適》：“鄜延郭逵，見之，歎曰：‘真將種也。’”②薦試廷中，補殿侍衛，隸延州。墓誌與史傳所載吻合，誌文更詳。

［8］种諤出塞，遇敵地點“馬户川”，史傳失載。此誌詳載誌主生平事跡，尤其是參加北宋與西夏戰鬥的時間、地點、過程，史傳未記，可補其闕。

［9］葭蘆：寨名。築於北宋元豐五年（1082），元符二年（1099）升晉寧軍，黄河岸邊的水陸要寨。《宋史・地理志》：“元符二年（1099），升葭蘆砦為晉寧軍。”③址在今佳縣佳蘆鎮。城西有葭蘆川。

［10］經略司：北宋或作經略安撫使司簡稱。咸平五年（1002）置，以文臣經略邊事、節度諸將，後不單置，多為安撫使兼經略使。《續資治通鑑長編・仁宗慶歷元年》：十一月“詔河東經略司招諭麟府州界熟户蕃官馬崖、西界首領拉旺、唐龍鎮首領來守順、府州界巡檢密拉等，昨為昊賊脅從過西界，而能挺身自歸者，當除節度、

① （元）脱脱等：《宋史》卷一百六十六，中華書局1977年版，第3932頁。
② 《宋史》卷二百五十三，第8866頁。
③ 《宋史》卷八十六，第2134頁。

觀察至刺史，仍以錦袍帶賜之”①。

［11］堠：古代瞭望敌情的土堡。中山堡，及下文永寧關，隸綏德軍。永寧關：延州延川縣舊關。烏波川堡，地址不確，應同屬綏德軍。可適與“夏人遣其親信楊己良”，分畫宋夏地界，“立界堠築中山堡”。公助治綏德，後“出仕為烏波川堡把截”，並進行系列改革，《宋史》失載，可補其闕。把截：把守堵截。

［12］元豐四年辛酉（1081），春夏間，西夏太后梁氏專政，廢國主秉常，宋乘隙發陝西、河東五路大軍，分道攻西夏。《資治通鑑長編·神宗元豐四年》：“甲戌，上批：‘已議於陝西、河東五路聚集軍馬，其錢糧、器械，中書、樞密各委官盡數刷會，準備應副。’”②《宋史·郭逵傳》：“請鄜延，河東舊吏士自隨。”③ 即誌云：“鄜延進討辟副軍，期為五隊。”出征時間在元豐四年。當年九月，“种諤以鄜延兵五萬四千，畿内七將兵三萬九千，分為七路，方陣而進，自綏德城出塞。丁未，圍攻米脂寨”④。夏兵救米脂寨，十月戊午，“种諤破米脂援軍捷書至，上帝喜動顏色，羣臣稱賀”⑤。元豐五年九月，“夏人圍永樂城，厚數里，游騎掠米脂……戊戌夜，大雨，夏人環城急攻，城遂陷”⑥。米脂收復後又陷，才有誌文元豐五年（1082）“收復米脂城”之說。

［13］安定堡：北宋築，在今陕西府谷縣北。《宋史·張亢傳》：仁宗慶歷元年（1041），民乏飲水，麟、府將張亢以“（府）州北沙坑有水泉，為築安定堡，置兵守之”⑦。

［14］“蒲桃山”，《宋史·折德扆傳》附《可適》作“蒲桃谷東”。誌文“東兵”，指西夏人。疑“蒲桃山東”之“東”字，下屬於“兵久不得食”。“人”字下脱“聚”字，《姑溪居士後集》《党項與西夏資料匯編》《府谷縣志》據文義補。可採。盧堤門：地名。地址不詳。《宋史·神宗紀》載元豐四年十月，庚午，“种諤遣曲珍等領兵通黑水安定堡路，遇夏人，與戰破，斬獲甚眾”。“丁丑，曲珍與夏人戰于蒲桃山，敗之。戊寅，种諤入夏州，詔諸將存撫降人。”⑧ 與《續資治通鑑長編》所記相同。在蒲桃山，“公獨出擊敗之”。史乘失載，可補之闕。

---

①（宋）李燾撰，上海師範大學古籍整理研究室、華東師範大學古籍整理研究室點校：《續資治通鑑長編》（10）卷一百三十四，中華書局 1985 年版，第 3197 頁。

②《續資治通鑑長編》（22）卷三百一十二，第 7565 頁。

③（元）脱脱等：《宋史》卷二百九十，中華書局 1977 年版，第 9725 頁。

④（宋）李燾撰，上海師範大學古籍整理研究室、華東師範大學古籍整理研究室點校：《續資治通鑑長編》（22）卷三百一十六，第 7651 頁。

⑤《續資治通鑑長編》（22）卷三百一十七，第 7659 頁。

⑥（清）畢沅撰，“標點續資治通鑑小組”點校：《續資治通鑑》卷七十七，中華書局 1957 年版，第 1930－1931 頁。

⑦（元）脱脱等：《宋史》卷三百二十四，中華書局 1977 年版，第 10488 頁。

⑧《宋史》卷十六，第 305 頁。

［15］曲珍敗西夏人於金湯，發生在元豐五年三月。誌主亦參加了此次戰鬥。《宋史》失載，可補其闕。下葭蘆，事在元豐五年夏四月，《宋史・神宗紀》：“己未，沈括奏遣曲珍將兵綏德城，應援討葭蘆寨左右見聚羌落，詔從之。”①

［16］義合：寨名。北宋置。初為西夏，元豐四年（1081）十一月，北宋取之，始改此名，有兵戍守。先屬延州，次屬綏德軍。位於軍城東四十裡，即今陝西綏德東義合鎮。金末為縣。

［17］環州洪德寨：今甘肅環縣西北。環州：北宋開寶三年（970）降為通遠軍，淳化五年（994）復為州。治通遠（今環縣）。《全宋文》：“環州洪德寨熟户白馬族巡檢殿侍勃撈男嵬，環州洪德寨熟户白馬族軍主你埋男豸你並可銀青光禄大夫、檢校國子祭酒兼監察御史武騎尉充本族軍主制。”②

［18］“給”，《党項與西夏資料匯編》作“紿”，欺誑，非。

［19］《宋史・折德扆傳》附《可適》：“大破之于尾丁磑。回次檉楊溝，正午駐營，分騎據西山。”③“西山”，誌作“山西”。查《山西通志・折可適傳》卷一百一十七亦作“西山”，疑誌文誤倒。下同。“尾丁磑”，《府谷縣志》作“尾下磑”。地址不詳。檉楊溝：今子午嶺北脉。

［20］馬嶺：今山西太谷縣東南。趨：奔赴。《宋史・折德扆傳》附《可適》：“轉戰至高嶺，迺從間道趣洪德，設伏邀其歸路。”④“馬嶺”“趨”，《宋史》作“高嶺”“趣”，誤。以誌正之。

［21］“踰山”，《党項與西夏資料匯編》作“窬山”。窬，通“踰”。

［22］元祐，北宋哲宗趙煦年號。《宋史》失載敗“偽國母踰山”時間，可補史闕。

［23］誌載可適“累前後實功，官至皇城使、成州防禦使，復知鎮戎軍（在今固原）”。《宋史・折德扆傳》附《可適》：“至皇城使，成州團練使、知岷蘭州鎮戎軍。”⑤《元一統志》載可適：“為鄜延路經略司屬官，擢知寧、岷、環、蘭四州，再知鎮戎軍，皆有戰功。”⑥ 誌失“環”“蘭”，可補誌闕。鎮戎軍：北宋至道三年（997）置軍並築城。初屬陝西路。後屬秦鳳路。治今固原縣。西漢於此置安定郡、高平縣。等級同下州，轄今固原、彭陽大部，海原、西吉縣東部，同心縣南部。大觀二

① （元）脱脱等：《宋史》卷十六，中華書局 1977 年版，第 307 頁。
② 曾棗莊、劉琳：《全宋文》卷四百二十五（10），巴蜀書社 1990 年版，第 670 頁。
③ （元）脱脱等：《宋史》卷二百五十三，中華書局 1977 年版，第 8867 頁。
④ 同上。
⑤ 同上。
⑥ （元）孛蘭肹：《元一統志》卷四，中華書局 1966 年版，第 435 頁。

年（1108）以其北部析置懷德軍，轄境縮小。金改鎮戎州。

［24］好水川：今寧夏隆德西北好水。北宋與西夏多次在此發生激烈戰鬥。北宋康定二年（1041），即西夏天授禮法延祚四年，元昊率十萬西夏軍在好水川地區設伏，打敗宋軍。

［25］粢：即章粢。熙河路轉運使，蔡京之黨。卒，贈右銀青光禄大夫，謚莊簡。《宋史·章粢傳》："以三月及熙河、秦鳳、環慶四路之師兵，陽繕理他堡壁數十所。……帥四路師出胡蘆河川，築二城于石門峽江口好水河之陰，命總管王文振統之，而可適將軍為副。"① 同書《折德扆傳》附《可適》："河帥章粢合熙、秦、慶三道兵築好水川。"② 可適以河湟土沃，可興置屯田，且耕且守。與章粢意見相左。獲誣奏，逼令可適引退。史乘簡略，誌詳，可互補。

［26］王文振：太原府路副總管、知麟州。名散見於《宋史》列傳。

［27］"懼"，《折氏家族史略》《府谷縣志》作"僱"，即"瞿"，同"躍"。非。

［28］蕩羌寨：今寧夏海原縣鄭旗鄉東境没煙峽。没煙峽分為前後峽，分别設置通峽寨、蕩羌寨。《宋史·地理志三》："元符元年（1098）進築，賜名。"③ 東至通峽寨，西至正原堡，南至石門堡，北至蕭關，是北宋開拓西北，對抗西夏的戰略要地。後屬懷德軍。

［29］党項嵬名，又作"於彌"④"于彌"⑤"烏彌"⑥"吾密"⑦"兀名"⑧"兀泥"等⑨，不同的異譯音，文字不同而已。嵬名阿理，即"嵬名阿埋"；"味勤都通"，即"妹勒都逋""昧勒都逋"。後者見《宋史·折德扆傳》附《可適》。同書《章粢傳》："夏統軍嵬名阿埋、西壽監軍妹勒都逋皆勇悍善戰，粢諜其馳備，遣折可適、郭成輕騎夜襲，直入其帳執之，盡俘其家。"⑩

［30］西上閤門使：官名。唐末、五代置閤門使，掌賓客禮儀。宋置東西上閤門。《宋史·職官志》："東上閤門、西上閤門使各三人……掌朝會宴幸、供奉贊相禮儀之事。"⑪ 涇原路：北宋康定二年（1041）分陝西路置經略安撫使，治渭州（治今甘肅

---

① （元）脱脱等：《宋史》卷三百二十八，中華書局1977年版，第10590頁。
② 《宋史》卷二百五十三，第8867頁。
③ （明）宋濂：《元史》卷八十七，中華書局1976年版，第2161頁。
④ 《元史》卷一百二十九，第3155頁。
⑤ 見《李世安墓誌》，（元）吴澄：《吴文正公集》卷四十二，明成化二十（1484）刊本，第6頁。
⑥ （明）宋濂：《元史》卷一百三十七，中華書局1976年版，第3309－3312頁。
⑦ 《元史》卷一百四十四，第3436－3437頁。
⑧ （元）脱脱等：《金史》卷一百一十三，中華書局1975年版，第2492－2500頁。
⑨ 李範文：《首屆西夏學國際學術會議論文集》，寧夏人民出版社1998年版，第11頁。
⑩ （元）脱脱等：《宋史》卷三百二十八，中華書局1977年版，第1059頁。
⑪ 《宋史》卷一百六十六，第3936頁。

平凉市）。兵馬鈐轄：宋置，初選朝官及諸司使充任。領一州、一路或數路兵馬之事，後咸以知州兼本州鈐轄、安撫使兼本路鈐轄。

［31］可適智擒西夏嵬名阿理、味勤都通兩酋長，乘勢進駐天都山（今海源縣西）建城，以逼西夏，名安西城。此役為宋夏戰爭史上的轉捩點，所謂“平夏之捷，夏人不復振。”①

［32］秋葦川：即秋葦川堡。北宋置，屬陝西秦鳳路西安州綏戎堡。今寧夏海原縣東北。今廢。南牟會：新城西夏築。今寧夏海原縣西古西安州。北宋升為西安州。《宋史·地理志三》：“西安州。元符二年，以南牟會新城建為西安州。”② 東至天都砦，西至通會堡，南至寧安砦，北至囉没寧堡。“鳳”，《折氏家族史略》《府谷縣志》作“風”，非。秦鳳：即秦鳳路。

［33］臨羌：寨名。“元符二年，秋葦平新砦賜名臨羌。”③ 東至通遠砦，西至天都砦，南至定戎砦，北至綏戎堡。屬西安州。非“南安”州。原刻誤。當以史乘正之。《續資治通鑑長編·哲宗》元符二年（1099）十一月辛未，涇原路經略使章楶既應詔發遣兵將赴熙河，即具奏曰：“自紹聖四年以後，諸路興兵進討，更出迭入，修築城寨，未嘗休息。臣不能盡知他路事體，且以本路今年言之：開春即經營進築。三月末調發兵馬。四月初築西安州天都、臨羌等寨。至五月半間分屯。六月又調發兵馬進築定戎寨。”④ 下文“展西安州，增置定戎寨”，即指此。可適率眾參加修築城寨。

［34］崇寧，徽宗年號。崇寧三年，即1104年。鐘傅：饒州（今山東廣饒）平樂人，字弱翁。本書生，紹聖中進集賢院修撰，黨附蔡京、童貫、高俅等，為人好佞。參《宋史·鐘傅傳》。

［35］“傅”，指鐘傅，人名。《折氏家族史略》《府谷縣志》作“付”，非。下同。

［36］靈州川：今吴忠市南苦水溝。可適靈州川之役慘烈，《宋史·折德扆傳》附《可適》寥寥數十語，誌文詳贍，可補史闕。

［37］武安軍：唐置，方鎮之一。本湖南觀察使，中和升為欽化軍，光啟改武安軍，治所在潭州（今湖南長沙市）。

［38］鉏鋙：亦作“鉏吾”，互相抵觸，格格不入。

［39］噬臍：亦作“噬齊”。自嚙腹臍，喻後悔不及。《左傳·莊公六年》：“若不

① （明）冯邦瞻：《宋史紀事本末》卷四十，中華書局1977年版，第398頁。

② （元）脱脱等：《元史》卷八十七，中華書局1976年版，第2161頁。

③ 同上書。

④ （宋）李燾撰，上海師範大學古籍整理研究室、華東師範大學古籍整理研究室點校：《續資治通鑑長編》（34）卷五百一十八，中華書局1993年版，第12321頁。

早圖，後君噬齊。”①

［40］“移”，《折氏家族史略》《府谷縣志》作“侈”，非。

［41］定戎寨：即定戎堡。元符二年（1099）賜名。地本𪊨限川。東至山前堡，西至秦鳳路分界堠，南至通安砦，北至劈通流界堠。屬西安州。

［42］“城”，《折氏家族史略》《府谷縣志》作“賊”；又，“戎”作“戌”，均非。

［43］直秘閣：直秘閣書寫機宜文字。官名，北宋淳化元年（990）置，秘閣長官，掌管秘閣事務，以朝官充任。元豐改制廢，秘閣裁並歸秘書省，僅以直秘閣為貼職，參見“貼職”。參《宋史·職官志二》。“直”，《府谷縣志》作“真”，非。

［44］可適子彦野，《宋史》失載。子彦質，字仲古。“直祕閣參軍事”，“紹興中簽書樞密院”②。宋金之戰，折可求與折彦質等俱勒兵勤王，可求降金，彦質因坐河南軍潰，貶謫江南，後拜為相。《宋史·表·宰輔四》靖康六年三月，“折彦質自左朝議大夫、試兵部尚書、諸路軍馬事都督府參謀遷端明殿學士，除簽書樞密院事。……十二月丙午，折彦質罷簽書樞密院事”③。

［45］“孫男宗丞”，知折氏字輩共十字，即宗、嗣、從、德、御、惟、繼、克、可、彦。

［46］“譽”，《折氏家族史略》作“誉”，非。

［47］肩舁：亦作“肩轝”。謂乘坐轎子。

［48］“戮”，《折氏家族史略》《府谷縣志》作“戳”，非。

［49］“僚”，《折氏家族史略》《府谷縣志》作“了”，非。

［50］“饒”，《折氏家族史略》《府谷縣志》作“屯”，非。

［51］之儀：即李之儀，撰文者。字端叔，滄州無棣人，北宋元豐年間（1078－1085）中進士，歷樞密院編修官。事跡見《宋史·李之純傳》。

彙考

誌文洋洋灑灑，五千餘字，所述誌主生平事跡，生動詳細。誌主戰功赫赫，宋元豐五年（1082），與西夏戰於三角嶺，收復米脂城，敗敵於蒲桃山。元祐六年（1091），於洪德砦，以所部兵八千，伏擊夏兵十萬。因功，官至皇城使，成州團練使，知岷、蘭州、鎮戎軍，遷東上閤門使、洛州防禦史、涇原鈐轄、知州事。也因兵失道死，獲罪。崇寧年間，徽宗詢取靈武（今屬寧夏），公直言：“得之易，守之難，

① 十三經注疏整理委員會：《春秋左傳正義》卷八，《十三經注疏》，北京大學出版社2000年版，第262頁。

② （元）脱脱等：《宋史》卷二百五十三，中華書局1977年版，第8868頁。

③ 《宋史》卷二百一十三，第5555頁。

當先侵弱其地，待吾藩籬既固，然後可圖。”① 顯示出卓越的的戰略眼光。《折繼閔神道碑》，繼閔子克行“治郡最久，以功名終。其馭下肅，部曲有習書數者，輒苔辱之，以謂：‘邊兵當以射獵戰鬥為生活，今更習書數，疲耍自是始矣。’”這不僅是一方酋豪、邊疆將士的必需，也是党項羌尚武習俗的表現。但同時，我們也注意到，有名有姓有事跡可考的折氏一族，從唐末，經五代，至北宋，共十一代，有折宗本父華及宗、嗣、從、德、御、惟、繼、克、可、彥等字輩的折氏子孫，歷二百餘載，至可適，已著有文集十卷、奏議三十卷、邊議十篇。可適次子折彥質，崇寧時中進士，是折氏家族中唯一的進士，才兼文武。可見，折氏受到儒家文化深刻的影響，漢化程度非常高。

① （元）脱脱等：《宋史》卷二百五十三，中華書局1977年版，第8866頁。

177 折惟忠妾李夫人墓誌 政和元年（1111）十月二十日

説明

墓誌於1965年在陝西省府谷縣西南15公里的傅家嫣村出土。誌石高、寬均70 cm，厚15 cm。楊大榮撰文，張天成書丹並篆蓋，崔海鐫刻。誌文32行，滿行32字。楷書。有縱横界格。四周刻纏枝忍冬紋。微泐。《文物》《榆林碑石》均失蓋。

誌文

宋故福清縣太君李夫人墓誌銘并序。/

從事郎、宋府州觀察推官楊大榮撰[1]。/

曾孫婿東頭供奉官、權麟州横陽堡兵馬監押張天成書并篆蓋[2]。/

夫人姓李氏，世居開封，系出仕族。年十三，從府守崇信軍節度使折公諱惟忠，為/箕帚之助[3]。熙寧五年閏七月初四日，終於正寢，享年七十有四。以政和元年十月二/十日，葬於府州府谷縣將相鄉崇勳里小柏堧之原。

夫人秀外慧中，不妄笑/語，心無妬忌[4]，宜其家人。時崇信母梁國太夫人性簡嚴，少許可，治內有法，舉族/畏之。崇信嫡夫人劉氏，晨昏定省，不敢輒詣，必先遣夫人入伺顔色乃前。/梁國數謂崇信及嫡夫人曰：斯人純厚謹恪，它日可委以事，宜善待之。由是皆/不以家姬遇[5]。年二十二，生西作坊使、解州防禦使，贈左金吾衛上將軍繼祖，是為/崇信之季子。後崇信寢疾，議盡出侍姬。厥父聞之，來自京師。夫人願留侍甚堅。/厥父謂曰："吾與汝母俱老，汝弟尚幼，須汝歸，庶幾可活。"[6]夫人意未決。崇信聞之/惻然，語夫人曰："爾雖持心近義，然不顧爾親，非孝也。"遂厚贈以資其行。

景祐初，/崇信薨。長子文思使、恩州刺史繼宣；次子宮苑使、果州團練使，贈太尉繼閔，相繼領/州事。皇祐二年，太尉薨，朝廷擢金吾承襲[7]。金吾既貴，念夫人自與父歸，音塵杜/絕，命親友詢訪。久之，聞夫人適蘇州豪族田氏，已三十有八年，體力康強，子孫成/列。金吾遣姪持書于田氏，懇請夫人以歸。越水陸五千里，安輿而來。金吾偕夫人/慕容氏，歌鐘燕樂，日奉甘旨。復剡章聞上，願納見任遙刺一官以丐封邑[8]。/仁宗皇帝嘉之，特封福清縣太君，時以為榮。

熙寧四年，金吾以疾捐館[9]。孫男三人：孟/曰克儀，文思副使，蚤亡[10]。仲曰克禧，皇城使、前麟州兵馬都監，上柱國。季曰克淨，左侍/禁，蚤亡。曾孫男七人：可致，皇城使、環慶路準備將領[11]。可久，皇城使、河北第十一將[12]。可/褒，供備軍副使、麟州通津堡兵馬都監。可與，東頭供奉官、河東第一將部將[13]。可規，右/班殿直、真定府元氏縣尉。可攻、可矜，蚤亡。元孫男九人，五人以蔭從仕，余尚幼。孫女/六人，曾孫女四人，皆適仕族。

政和元年，姪曾孫四方館使、榮州團練使、知府州/可大，將葬其父安武太尉、母和義夫人[14]，盡舉族人二百餘喪葬之。克禧白府守，/願別卜地以葬夫人[15]，府守許焉。嗚呼！其亡也，不祔崇信之兆者，不敢亂嫡庶之/分；其葬也，不厝諸姬之域者，蓋以盡子孫之孝。禮以義起，於是為稱。克禧論次行究，/請銘于余。義不敢辭。迺為銘曰：/

于嗟夫人，綽有淑德。少從折公，陰相內職。祗事女君，/分無僭忒[16]。宜其家人，見稱梁國。寔生金吾，藩垣西北。/□彩承顔，歌鐘鼎飭[17]。封邑之榮，恩禮殊特。身後之心，/子孫蕃息。孝盡送終，異其北域。刻銘納幽，以傳罔□[18]。

定羌堡崔海刊。/

著録

1. 陝西府谷縣出土北宋《李夫人墓誌》圖，《文物》1978（12）。2.《榆林碑石》87 圖，258 文。3.《党項與西夏資料匯編》卷上 1－184。4.《折氏家族史略》97。5.《府谷縣志》706。

注釋

［1］推官：幕職。《宋史・選舉志》："其三曰軍事判官，京府、留守、節度觀察推官，即後來的文林郎。其四曰防禦、團練、軍事推官，軍監判官，即後來從事郎。"① 撰文人楊大榮、書丹人張天成，史無載。

［2］東頭供奉官：宋初武階名，小使臣。政和二年（1112）改内侍官名，稱從義郎。參《宋史・職官志九・武臣三班借職至節度使敘遷之制》卷一百六十九。横陽堡：唐末天祐中置。東至府州靖化堡，西至西界，南至故連穀縣，北至横陽河。麟州轄地。

［3］崇信軍：北宋初太祖趙匡胤特建隨州為崇義軍，後避太宗趙光義諱，改"崇信軍"。《宋史・地理志》："隨州，上，漢東郡，崇信軍節度。乾德五年，升為崇義軍節度。太平興國元年，改今名。"② 惟忠：父御卿，母梁氏，兄惟信戰歿，補西頭供奉官。及惟昌卒，惟忠嗣知州事兼麟府路都巡檢使。《折克行神道碑》："大父惟忠，簡州團練使，贈崇信軍節度使。"箕帚：指操持家務。

［4］妬：同"妒"。

［5］"皆"，《折氏家族史略》《府谷縣志》作"特"，非。

［6］"可"，《府谷縣志》作"苟"，非。

［7］惟忠死，長子繼宣、次子繼閔、季子繼祖相繼襲職"領州事"。父子四人《宋史・折德扆傳》有傳。繼閔卒年闕載。誌稱折惟忠死於景祐（1034－1038）初年，約 1034 年或 1035 年。長子繼宣襲職，寶元二年（1039）九月被撤職。《折惟忠妾李夫人墓誌》載繼閔，皇祐二年（1050）病死，繼祖金吾承襲。可補史傳之闕。但關於繼閔卒年，《折繼閔神道碑》一記作皇祐四年，又記作六年，與該墓誌有異。

［8］刻章：削牘寫奏章。泛指寫奏章。遙刺：宋代遙郡刺史的省稱。武官虛銜，以示寵秩。

---

① （元）脱脱等：《宋史》卷一百五十八，中華書局 1977 年版，第 3694 頁。

② 《宋史》卷八十五，第 2113 頁。

［9］繼祖卒於熙寧四年（1071），可補史傳之闕。

［10］蚤：通“早”。

［11］可致：武功大夫、果州團練使。河東第十三將。宣和五年（1123）《知麟州建寧寨張公墓誌》，題後原署“武功大夫、果州刺史、河東第十三將折可致填諱”①。

［12］《府谷縣志》脱“環慶路準備將領。可久，皇城使”等字。

［13］可與：嵉縣抗金亡。《宋史·張忠輔傳》載，張忠輔，宣和末為將，同崔中、折可與守嵉縣。金人來攻，崔中度不可支，有二心，“既開城門，可與不屈見殺。可與兄可求建炎中言于朝，官可與之子五人”②。

［14］安武太尉：即折克行，妻和義夫人。《宋史·折德扆傳》附折克行傳：“卒，贈武安軍節度使。”③ 克行父繼閔，卒贈太尉。“義”，《折氏家族史略》《府谷縣志》作“議”，非。

［15］卜地：佔卜以選擇葬地。“卜”，《折氏家族史略》《府谷縣志》作“十”，大誤。克禧，府州知州折繼祖次子。兄克儀、弟克净，早亡。祖母李夫人去世，“克禧論次行究”，請銘於楊大榮。政和元年（1111）《折惟忠妾李夫人墓誌》：“孫男三人：孟曰克儀，文思副使，蚤亡。仲曰克禧，皇城使、前麟州兵馬都監，上柱國。季曰克净，左侍禁，蚤亡。”約1071年，繼祖去世，侄折克柔襲知州。據估算時克柔正值壯年，約已三十歲；克禧，約二十歲左右④。克禧一生戎馬，官階至武功大夫、贈官康州團練使，見《折克禧墓誌》⑤。2012年，陝西省府谷縣文管會收藏。未公開拓片。

［16］僭忒：謂越禮踰制，心懷疑貳。“僭”，《府谷縣志》作“潛”，大誤。

［17］“飭”，《榆林碑石》作“食”，非。該字泐，存痕為左右結構。

［18］《折氏家族史略》《府谷縣志》未釋“罔”。“罔”下缺字，據文例，當是“極”字。

---

① 曾棗莊、劉琳：《全宋文》卷三千七百七十三，上海辭書出版社2006年版，第86頁。

② （元）脱脱等：《宋史》卷四百四十八，中華書局1977年版，第13109頁。

③ 《宋史》卷二百五十三，第8866頁。

④ 高建國：《北宋〈折克柔墓誌銘〉考釋》，《河北大學學報》（哲社版），2013年第2期，第30－32頁。

⑤ 高建國：《府州折氏族源、改姓的新證據——介紹兩方新墓誌》，《西夏學》（9），寧夏大學西夏學研究中心，2013年，第113頁。

彙考

誌中記載諸多折氏，有折惟忠及兒子 3 人、孫子 3 人、曾孫 7 人、元孫 9 人，孫女 6 人、曾孫女 4 人，侄曾孫 1 人。其父“安武太尉”即折克行，共有折氏 35 人。從男性題名官職看，主要是武官，反映出党項尚武習俗以及折氏為將門之家，皆材武長雄。其中折惟忠、繼宣、繼閔、繼祖、可大，可大父克行，《宋史》有傳。誌與史，可互補。

178　折克行神道碑　政和八年（1118）

説明

碑石於1979年在陝西省府谷縣孤山鄉楊家溝村西堬頭（天平山）重新出土，西距《折繼閔神道碑》出土地點數十米。1980年移藏西安碑林。碑石高326 cm，寬140 cm，厚45 cm。下有榫，龜趺座。毛友撰文，宇文虛中書。兩面刻，碑陽文28行①，碑陰上文18行，下題名，均行存字數不等。楷書。四周邊欄刻牡丹花紋，兩側刻牡丹蔓草花紋。碑石遭人為破壞、泐蝕嚴重。失拓。《關中金石記・折武恭克行神道碑》跋："折氏之祖墳在府州者，多為夏人所夷。今此碑與折嗣祚碑及兩墳，翠石嵬然，歷千年而不泯，當是折氏世篤忠貞之報。"②《金石萃編》卷一百四十七僅録碑陽。該碑又題《折武恭公克行神道碑》。

碑文

（上泐）州諸軍事□□□秦州管內觀察使、充太原府路兵馬鈐轄、知府州軍州事兼管內勸農使、兼麟府州管界都巡檢使、兼河東第十二將、上柱國、高平郡開國公，食［邑二千七百戶、食實封五百戶，贈安武軍節度使、開府儀同三司折公］神道碑[1]。

朝散郎，試給事中兼侍講同修國史、西安縣開國子、食邑五百戶、賜紫金魚袋臣毛友奉敕撰[2]。

翰林學士、中大夫知制誥兼侍講修國史、成都郡開國侯、食邑一千一百戶、食實封壹佰戶，賜紫金魚袋臣宇文虛中奉□□[3]。

［克］行既葬八年[4]，其子右武大夫、康州刺史、知府州可求言于朝：先臣克行官爵，皆應法，當有遂道之碑，敢以請。天子曰：嘻！惟爾之先，保有永安，櫛風沐雨，世捍邊陲[5]。舉州來歸，□□□□□□□□□□□□□□□□□駕，克捷有功[6]。自我/□宗以來，所以假折氏之靈甚寵，西人之不驕，緊折氏是憑[7]。今其云亡，雖無言，固將休顯之。廼詔給事中臣友：汝為之銘。臣友再拜稽首而言曰：西夏自元昊乘中國久安玩治之後，空□□寇陷□□□□□□□□□□數出不利，一方用兵，騷然/□□

① 《折氏家族史略》著録："碑文正面僅存十九行，另有九行字漶泐不存，背面也缺損不少字，然合計起來，兩面尚存字數近三千字。"

② （清）畢沅：《關中金石記》卷六，《石刻史料新編》第二輯（14），臺北：臺灣新文豐出版公司1979年版，第10697頁。

之憂[8]。熙寧、元豐間，大飭邊備，既開熙河，遂斷賊右臂[9]，鷹揚之將，時則有若王韶、賈逵、燕達、种諤，其餘不可勝數[10]。哲宗皇帝懲元祐罷兵棄地驕敵之過[11]，擇將練兵，大復熙、豐之政[12]，□城天都，因逼横山，□□□□浸以衰弱[13]，當時邊將，折氏為第。□□□幾與西人戰，大小百七十遇，未嘗喪敗，鹵獲鉅萬萬[14]，功在右府，行在奉常，光榮福禄，有始有終。臣為史官，職在褒善而記功[15]，雖不能，其敢以固陋辭?

公字遵道，出河西折掘姓[16]。五世祖從阮，唐末為府州刺史，晉以府州賂契丹，從阮不從，自拔歸漢。/□□□太祖，受命來覲，委以腹心。德扆生御卿，公曾大父也[17]。太宗征太原，以兵來迎，收復嵐、憲[18]，為永安軍節度使，贈太師、燕國公。大父惟忠，簡州團練使，贈崇信軍節度使[19]。父繼閔，宫苑使、果州團練使、麟府路駐泊兵馬鈐轄，贈太尉。曾祖妣蘇氏、/［楊氏、王氏］，梁氏，梁國太夫人[20]。祖妣劉氏，彭城郡夫人。妣劉氏、慕容氏、郭氏，吴郡、魏郡、魯郡太夫人。

初，公當承襲，太尉公以公幼，表授其弟繼祖[21]。公久居行間，無所知名。熙寧三年，賊寇慶州，詔种諤合鄜延、河東路大軍城囉兀以牽制之[22]。繼祖以所□/□□□□鋒，遇賊開光川、尚堡嶺[23]，再戰皆利。諤患賊抄糧道，即以三千人屬公，戰葭蘆川[24]。於是人行少公，公奮先登，所向如有神，諸老將謂曰:“真太尉子也。”[25]斬首四百級，生降千戶，驅牛、羊、羸馬、橐［駝］萬計[26]。其後，會公兄克柔以疾不能將①，遂以公知府州。□/□□□□主秉常，詔五路出師問罪。張世矩將河外兵，表公别將，蕃兵與俱[27]，廷議難以守，臣自行，令選子弟部伍三千人隸世矩[28]。公抗章，願率部落先驅報國。未報，即委管鑰以行。賊據營平逼官軍，公進擊，潰去。是夜，世矩被命班師，以公為後拒，賊□/□□□□躡其後，公止俄枝盤堆，度賊半度隘，縱兵擊，大敗之，殺咩保吴良。師還，自劾擅興。詔釋不問。

王中正□□，以公將行[29]，□左□，時軍中旗物，大軍悉已取其善者，餘皆雜惡，不可用。公命□其短長黑白，創五軍陣法，團為五部，部為一色，以號/□□□。州賊遁去，公遣騎追擊，生擒五人，不殺，使為嚮道[30]。中正命公選千騎先趨宥州，一夕拔之，時賊保險□□□川河，中正命公往援。既至未戰。公曰：大軍不易至此，若不速戰，情見力屈，進退不可[31]。即拔刃躍馬而前[32]，手格殺數十人，所當皆靡。戰士□/□□挽公徐之，公不顧，以策招後軍[33]，紿言：賊陣動矣。衆歡乘之[34]，大敗賊衆，乘勝追奔十五里[35]。賊久窺河外，患公每□□□□畏之，□□□兵□□□折氏[36]，雖舉國犯他路，而左廂兵未嘗隨[37]。明年四月，破賊于青岡嶺[38]，九月又破

① 高建國:《北宋〈折克柔墓誌銘〉考釋》,《河北大學學報》（哲社版），2013年第2期，第30－32頁。

于廝羅川。六年二月，又破于/□[39]。二月，擊賊三角川[40]，斬偽鈐轄吴埋保等[41]。元祐二年，以蕃兵破賊于怒摩川[42]。六年二月，會諸將出折水川鏖戰，公□□□□□大破之，□□□□首千級有奇，餘皆赴水死[43]。紹聖三年，擊賊遮没，大破之。九月，青岡嶺又破之。是月，賊犯鄜延，公統兵牽制，至駱□/□□，孫覽帥太原，議城葭蘆，以復故地。邊將論多不合，覽檄召公問策[44]。公條具所見，遂檄公以師出界。遇賊没寧浪，□□□□□於吐渾河，公遣諸將□分為深入窮討之狀，賊疑，不敢動也[45]。城葭蘆□□進築，公復牽制至津慶川。賊至，大敗之，斬二千八□/□□之麻黄川[46]，五年，掩襲賊烏浪娘[47]，獲偽左廂鈐轄令王兒没崖、副鈐轄兀勒香，□頭□兀姚□□□破賊追井□□□□□□□横川[48]。元符元年，又破青岡嶺。九月，又破□□旁。十月，又破□遊川賤兀流[49]。十二月，又破□勒圖。明年正月，大破賊藏才山[50]。二月，/□□又破龍馬川[51]。時詔河東進築［八］寨，通道鄜延[52]，帥遣秦希甫至□□□□公□□□邀□同時（下泐）立川□□在□□中矣[53]，□□□由近及遠，進築法也。公曰：不然，事有奇正，今八城已□□□/□士氣之鋭，急前收功而後圖之歸，氣□□□萬一為賊所乘，未見（下泐）急舍步兵二千，將騎兵五千[54]，以可□/□□奇兵由間道旁擊之。將佐曰：□寨□□□予輕兵深入□□[55]，公曰：（下泐）。/□□前後凡斬首萬三千級，生降百餘□，□□賊帳廬舍萬三千所。（下泐）/□□動至，其動則若□□水於千仞之□□□□者，以故大出則（下泐）/□□□□□□□大至難支，亦有報□□□□□將□，諸帥方語其（下泐）□□□□□□□□尤善用間，□□在□□□□人不能欺，賊（下泐）兵□□/（以下9行，俱漶漫不存）[56]。（以上刻於碑陽）

□□州諸軍事、秦州刺史[57]，充秦州［管内觀］察使、上柱國、高平郡開國公，［食邑二千七］百戶，［食］實封五百戶[58]，贈安武軍節度使、開府/□□□□太常寺擬謚今（泐）/□□□□成以忠義（空格或泐）奕葉光輝勳□□國史（泐）少有克（泐）之（泐）勇[59]，出於天資。入仕終於（泐）之/（泐）隱若長城優，至於政和（泐）典始鮮儔焉[60]。有司定謚（泐）而議矣，（泐）以來/（泐）先烈之未復，憤土地之委棄，（泐）力（泐）築（泐）之不忠，俾先朝要地一切資（泐）聞命喜（泐）奮不/（泐）而寧州寧（泐）二寨不日成功，（泐）而郎司（泐）不數旬而八城屹立麟府，直抵鄜延，無復他虞[61]。公平居不問/（泐）征伐先衆而行，雖白刃在前不（泐）也[62]。（泐）

西陲，前後（泐）築凡（泐）千餘里[63]。而焚蕩族帳，招降戶□，收穫器械並各畜土斥境日武[64]，豈謂是歟？崇寧間，賊（泐）逼近府州，（泐）議（泐）衆有難色。公謂（泐）弱處之則失幾，乃遣二子相（泐）往/之曰：世荷國恩，雖（泐）無以（泐）[65]，二子豈以私愛不使之功，（泐）罪（泐）聞廉（泐）然（泐）畏（泐）

盈而能戒訓敕諸子使/（泐）古儒將可以無愧矣。（泐）有（泐）上曰蒙，豈謂是歟?（泐）行，以易（泐）名官［師］合（泐）以武恭（泐）伏請上考功以俟復及議[66]。/（泐）周宗師（泐）。/

（泐）議曰：自唐［天］祐以來，河西折氏世濟忠義[67]，内屏中國，外攘戎狄，（泐）朝廷（泐）寬，無西顧之憂[68]，其有功在（泐）王室，非一日/□家自（泐）少時已負敢（泐）之（泐）冒矢石[69]，横行塞上，人皆知其威名。既而世襲守臣，分□外閫[70]，受九軍之制節，當一面之要衝。乃以/大小（泐）十戰，而未嘗喪北[71]，雖古之良將，不能過也。紹聖以來，朝廷憤故土之未復，念斯民之陷溺。爰命邊臣力/（泐）功[72]。八城二寨，不旋踵而屹立。自麟府接晉寧，西通鄜延，拓地幾千餘里。而招降戸口，斬獲首級，又不可以數計。則公之辟（泐）效忠訓子弟，以寬政郡人。福禄[73]，人之所慕也，而廉察之拜，獨令榮為懼。效死，人之所難也，而鄜州之役，獨令二子冒陣而前。/

恩下光（泐）公之謹事恭上，有見於此者，太常擬諸謚法，而以武恭易名，訂公之實，於是為稱，謹議當部准例都省集合省[74]。/

准例施行，謹議定謚，具狀申都省取裁，奉太師判依申謹具申都省伏侯指[75]。/

政和二年十一月（泐）日。

州刺史、充秦州管内觀察使、上柱國、高平郡開國公、食邑二千七百戸、食實封五百戸，贈安武軍節度使、開府儀同三司折（泐）。/

政和二年十一月（泐）日守當官武琉給（泐）。/

考功郎中周宗師[76]。

侍郎慕容彦逢。

侍郎姚祐[77]。

尚書張克公[78]。（以上刻於碑陰上方）

伏以（泐）。/

（泐）先公之世部落（泐）内顯者二十五（泐）事（泐）指（泐）而成功，或摧堅（泐），或明間操不失於事，（泐）或朋左右而盡其能，方恭仰（泐）先（泐）制禦之（泐）。是以（泐）/名附於碑□，且俾名不没於世，咸知有功效力不（泐）於之，可以激勵將來，其門功□可稱者（泐）/信[79]，故冠之首云。/

安豐寨。

張王族，右武大夫/白（泐）防禦使、本族巡檢捎［承］信。

安豐寨。

下府王乜族，皇城使、合州防禦使、本族巡檢賀升皆。女乜族[80]，皇城使、昭州刺史、本族巡檢遇崔。（泐）上府王乜族[81]，皇城使王巴賈[82]。俎族，皇城使崖□。

上府滅誓族，西京左藏庫/使寨乜[83]。寧川寨浪王族，武經郡閣。□□舍人、本族巡檢越寧仁[84]。□□□□皇城使、安州刺史升皆。宋平津内殿崇班新（下泐）[85]。/

河濱斥侯堡。

孤咩族，皇城使、象州刺史、本族巡檢名予[86]。皇城使、本族巡檢寨山。内殿承制、本族巡/檢啜兒。内殿崇班、本族巡檢乜娘。

寧府寨。

兀泥族，皇城使、團練使、本族巡檢魁保[87]。（泐）上府悉利族，武功大夫浪皆。（泐）武功大夫乜保。

寧邊寨/咩保族，皇城使、本族巡檢六斤。武功大夫、本族巡檢越買。

□□□。/

毛羽族，武□大夫、忠州防禦使、本族巡檢雜母買。武功大夫、白州防禦使猧娘[88]。皇城/□□州刺史□□。麻乜族，皇城使、白州刺史、本族巡檢香布。武功大夫、合州刺史、本/族巡檢維移。下府雜母族，皇城使、本族巡檢越買[89]。

皇城使蘇信。/（以上刻於碑陰下方）

著録

1.《金石萃編》卷 147 – 1。2.《党項與西夏資料匯編》卷上 1 – 195。3.《宋〈折克行神道碑〉考釋》，《文博》1987（2）。4.《折氏家族史略》89。5.《府谷縣志》703。6.《榆林碑石》367。

注釋

［1］“諸”前一字，《金石萃編》未釋“州”；“諸軍事”下，衍“秦”字。其下泐三字，《折氏家族史略》作泐四字，並脱“第”字。“食”下泐，據碑陰“州刺史、充秦州管内觀察使、上柱國、高平郡開國公、食邑二千七百户、食實封五百户，贈安武軍節度使、開府儀同三司折公”補。其傳見《宋史・折德扆傳》附克行。《金石萃編》《宋〈折克行神道碑〉考釋》《榆林碑石》作泐十九字，《府谷縣志》作泐二十六字。由於碑石損壞、泐蝕嚴重，又失拓，列各書泐字數。《金石萃編》録文最早，《党項與西夏資料匯編》鈔録。此稿以《金石萃編》為主，並參校《宋〈折克行神道碑〉考釋》《折氏家族史略》《榆林碑石》等。

［2］“國史”上，空二格。下文凡“朝”“天”“詔”“皇”字上，按文例，均空二格。《折氏家族史略》稱空三格，實際録文作空二格。《府谷縣志》沿用，以為泐蝕二字。下同。僅在特別之處説明。《金石萃編》作“勑”，同“勅”。毛友：原名友

龍，字達可。宋江山縣石門鄉清漾村人。大觀三年（1109）進士[①]。《宋史》無傳。

［3］宇文虚中，字叔通，成都華陽人。大觀三年（1109）進士。後降金，《宋史》《金史》均有《宇文虛中傳》。“侍”“史”上，《折氏家族史略》作空二格；《府谷縣志》作泐二字。“奉”下，《折氏家族史略》作空二格，泐二字；《府谷縣志》作泐四字。

［4］“行”上一字，是“克”字。據上下文義補。他書未補。

［5］永安即府州，五代時升府州為永安軍，宋因之。折從阮為府州刺史，德扆、御勳、御卿及碑主相繼為永安軍節度使。府州北接契丹，西臨夏境，為西北藩屏，折氏世代捍邊。“陲”，《金石萃編》作“垂”，通“陲”。

［6］克捷：克敵制勝。宋范仲淹《答竊議》：“每戎狄入寇，必能先知，預為之備，設伏掩擊，多致克捷。”[②]

［7］《金石萃編》作“繄”，惟。《左傳·襄公十四年》：“王室之不壞，繄伯舅是賴。”孔穎達疏：“王室之不傾壞者，唯伯舅大公是賴也。”[③]《折氏家族史略》沿用。他書作“唯”。

［8］《金石萃編》未釋“然”。“然”下，泐二字，《折氏家族史略》以為空二格，並泐三字。《府谷縣志》作泐三字。“憂”，《宋〈折克行神道碑〉考釋》作“忧”，誤。

［9］神宗皇帝即位以來，鋭意圖治，起用王安石變法。此指“熙河之役”取得北宋立國以來最大的軍事勝利，斬斷了西夏向西發展的通道，即碑稱“斷賊右臂”。《宋〈折克行神道碑〉考釋》釋“右”作“石”，大誤。《榆林碑石》沿誤。臂：通“辟”，《折氏家族史略》《宋〈折克行神道碑〉考釋》《榆林碑石》作“辟”，是。

［10］王韶：字子純，江州德安（湖北安陸縣）人，主持熙河軍事，每戰必勝。賈逵：真定槁城人，元豐初為建武軍節度使，殿前都指揮使。燕達：開封人，武康軍節度使。种諤：世衡之子，郡延付總管。《宋史》均有傳。

［11］“驕”下一字，《宋〈折克行神道碑〉考釋》作“敵”，可從。《金石萃編》《折氏家族史略》《榆林碑石》未釋。

［12］哲宗繼位，太皇太后高氏把持朝政，罷廢新法，拱手送還西夏沿邊要地米脂、浮圖、葭蘆和環慶路的安疆寨。元祐八年（1093），哲宗親政，重啟變法，再圖熙寧、元豐時取得的勝利。

---

① 衢州市政協文史資料委員會：《衢州文史資料》（29），天馬圖書有限公司2003年版，第84頁。

② （宋）范仲淹：《范文正公集》卷五，《萬有文庫》第二集，商務印書館1937年版，第78頁。

③ 十三經注疏整理委員會：《春秋左傳正義》卷三十二，《十三經注疏》，北京大學出版社2000年版，第1067頁。

［13］《金石萃編》未釋“因”。“浸”上字泐，《折氏家族史略》《府谷縣志》作二字。

［14］鹵獲：擄掠。鹵：同“虜”。《漢書·匈奴傳上》：“斬首捕虜七百餘級，鹵獲馬牛羊萬餘。”① 鉅：巨大。《禮記·三年問》：“創鉅者其日久，痛甚者其愈遲。”孔穎達疏：“鉅音巨，大也。”② 鉅萬萬：形容為數極多極多。《宋〈折克行神道碑〉考釋》《榆林碑石》作“巨”，當尊重原刻。

［15］《金石萃編》未釋文“官職在”三字。

［16］折掘：虜複姓。《晉書·禿發傉檀載記》載，義熙四年（408），南凉禿發傉檀僭即凉王位，“置百官。立夫人折屈氏為王后”③。折掘，即折屈的異文。此謂折氏族源。詳見約後梁開平五年（911）《刺史折嗣倫碑》彙考。

［17］大父：祖父。《韓非子·五蠹》：“今人有五子不為多，子又有五子，大父未死而有二十五孫。”④ 曾大父，即曾祖父。

［18］嵐、憲：州名。北漢劉崇據有並、汾、忻、代、嵐、憲、隆、蔚、沁、遼、麟、石十二州，相當於今山西中部與北部。《金石萃編》未釋“憲”。

［19］碑載克行曾祖御卿“贈太、師燕國公”，祖惟忠“贈崇信軍節度使”，史未載，可補史闕。

［20］據北宋政和年間（1111－1118）《折繼閔神道碑》云“曾祖妣蘇氏、楊氏、王氏、梁氏並封郡國太夫人”，“蘇氏”下泐四字，可補“楊氏、王氏”。《金石萃編》未釋。並認為末一字作“人”，非。《折氏家族史略》《宋〈折克行神道碑〉考釋》《榆林碑石》沿誤。

［21］授：授予職位。《府谷縣志》作“綬”，非。

［22］囉兀城故址，在米脂縣西北。争奪囉兀城，是宋神宗開邊政策的一次重要戰役。關於囉兀的地位以及築城時間，《羅兀築城考》考證認為：“羅兀，初建于宋太宗淳化年間，原為撫寧新治所。羅兀為西夏語石城或石頭城之意。其地位於宋夏邊界上，扼横山冲要，為宋夏必争之地。熙寧四年為宋所佔，尋復棄。元豐四年宋設置，後廢。崇寧三年修復，賜名嗣武寨。”⑤

［23］北周置開光縣，故址在今葭縣北一百里。開光川或在開光縣址附近。

---

① （漢）班固撰，（唐）顔師古注：《漢書》卷六十四上，中華書局 1962 年版，第 3785 頁。

② 十三經注疏整理委員會：《禮記正義》卷五十八，《十三經注疏》，北京大學出版社 2000 年版，第 1816 頁。

③ （唐）房玄齡等：《晉書》卷一百二十六，中華書局 1974 年版，第 3152 頁。

④ （清）王先慎撰，鐘哲點校：《韓非子集解》卷十九，《新編諸子集成》，中華書局 1998 年版，第 443 頁。

⑤ 白濱：《羅兀築城考》，《寧夏社會科學》1986 年第 3 期，第 76－80 頁。

［24］《金石萃編》未釋“屬”字。

［25］“子”，《宋〈折克行神道碑〉考釋》作“予”，非。太尉，即克行父繼閔。政和元年（1111）《折惟忠妾李夫人墓誌》：惟忠“次子宮苑使、果州團練使、贈太尉繼閔相繼領州事”。又，此誌上文“父繼閔，宮苑使、果州團練使、麟府路駐泊兵馬鈐轄，贈太尉”。諤：通“愕”，驚愕。《折氏家族史略》作“鄂”，非。

［26］“馬”上一字泐，《金石萃編》作“羸”。羸馬，即瘦馬。《宋〈折克行神道碑〉考釋》《折氏家族史略》《榆林碑石》《府谷縣志》作“騾”。備參。橐駝，即“駱駝”。“橐”下一字泐，《金石萃編》作左右結構字，存右側“它”。據上下文，是“駝”字。《山海經·北山經》：“其獸多橐駝，其鳥多寓。”①《宋〈折克行神道碑〉考釋》“橐駝”釋作“駱它”，《折氏家族史略》作“橐它”，均非。

［27］元豐四年（1081）六月，西夏太后梁氏獨攬朝政。宋廷以為有機可乘，調集五路大軍攻打靈州（今寧夏靈武），王中正，字希烈，為河東路統帥。《宋史》有傳。折克行的府州兵屬河東路。世矩，即張世矩，為王中正部將，舉薦克行率番兵同行。其名見《宋史·折德扆傳》。《金石萃編》未釋“矩”下“將”及“俱”二字。

［28］“子”，《宋〈折克行神道碑〉考釋》作“予”，非。部伍：軍隊的編制單位。《金石萃編》脱“伍”，非。

［29］《金石萃編》未釋“以”字。

［30］“嚮道”，《金石萃編》作“鄉道”；《宋〈折克行神道碑〉考釋》作“響道”，《府谷縣志》《榆林碑石》沿用，均非。據上下文義，當“嚮導”，引路的人，兩字缺損下方“冋”“寸”筆畫所致。應以“嚮”為宜。

［31］“千”“大”上，《金石萃編》衍一字，泐。並未釋“川河”“往”“既至未”“大”“屈”。據《宋〈折克行神道碑〉考釋》《折氏家族史略》《榆林碑石》補。

［32］“拔刃”，《金石萃編》作“提刀”。

［33］《金石萃編》“軍”下衍一字，泐。

［34］“歡”，《折氏家族史略》《府谷縣志》作“讙”，異體；《金石萃編》作“護”，非。

［35］《金石萃編》未釋“十”。

［36］《宋〈折克行神道碑〉考釋》《折氏家族史略》《榆林碑石》未釋“兵”。

［37］“左”下，《金石萃編》作“左□兵”，《宋〈折克行神道碑〉考釋》《折氏家族史略》《府谷縣志》脱“兵”。左廂兵：夏十二監軍司之一。元昊“置十二監軍司，委酋豪分統其眾。河北置七萬人，以備契丹；河南鹽州路五萬人，以備環慶、鎮

① 袁珂：《山海經校注》卷三，上海古籍出版社1980年版，第70頁。

戍、原州；左廂宥州路萬人，以備麟延、麟府；右廂甘州路三萬人，以備吐番、回紇；餘兵駐賀蘭、靈州、興州，興慶府為鎮守，總五十萬人"①。因折氏一門，鉗制了元昊向河西的發展。

［38］青岡嶺：甘肅環縣西北。元豐四年（1081）冬，攻克宥州，糧盡撤回，折克行應亦隨撤。文獻無復調折氏西討的記載。《宋〈折克行神道碑〉考釋》認為克行破敵處應是另一青岡嶺，在麟府境内或葭蘆北境。可備一説。

［39］"破"下一字泐，《榆林碑石》未釋"于"。《金石萃編》未釋"又破于"。

［40］三角川：指佳縣西北二十里由禿尾、開荒交匯冲積、形成的三角形河谷。《折氏家族史略》將"二月"上屬，致語義不暢。

［41］"偽"，《宋〈折克行神道碑〉考釋》作"為"，非。鈐轄：宋代武官名。

［42］《金石萃編》未釋"摩川"。

［43］"會諸將出折水川鏖戰"，史未載。發生的時間，《金石萃編》作"六年"；《宋〈折克行神道碑〉考釋》作"六月二日"。據上下行文，敘述戰事一般到年月，無具體日。此時間擬為"六年二月"。哲宗趙煦元祐六年，即1090年。《金石萃編》未釋"折""首"。

［44］"駱"下泐，《宋〈折克行神道碑〉考釋》疑為"駱駝嶺"，今神木縣城西駝峰（二郎山），距府州一百公里。可採。《金石萃編》未釋"駱"，其下缺字不明。又，未釋"葭蘆"；釋"地"作"也"，非。孫覽：字傳師，高郵人。以龍圖閣直學士知太原。《宋史·折克行傳》："太原孫覽議城葭蘆，諸將論多不合，召克行問策。"②誌文與史乘吻合。

［45］據文義，"賊"下當人名。《金石萃編》《府谷縣志》作"没寧浪"，是。《宋〈折克行神道碑〉考釋》作"擊寧浪"，《折氏家族史略》《榆林碑石》作"没擊浪"，非。《續資治通鑑長編》："没寧浪等處，並在豐州，南深入府州之腹。"③《宋〈折克行神道碑〉考釋》《折氏家族史略》釋"於"作"兵"，誤。"公遣諸"，《金石萃編》作"分追□"，與文義不合，不取。並未釋"駱""葭蘆""師出""遇""諸""分""窮討""也"等字。《榆林碑石》亦未釋"分"。

［46］《金石萃編》未釋"城葭蘆""復牽制""津""八""之麻"。《宋〈折克行神道碑〉考釋》《折氏家族史略》《榆林碑石》未釋"進"。《府谷縣志》"進"上，泐四字。

---

①（明）冯邦瞻：《宋史紀事本末》卷三，中華書局1977年版，第252頁。

②（元）脱脱等：《宋史》卷二百五十三，中華書局1977年版，第8866頁。

③（宋）李燾撰，上海師範大學古籍整理研究室、華東師範大學古籍整理研究室點校：《續資治通鑑長編》（12）卷一百五十九，中華書局1985年版，第3847頁。

［47］《金石萃編》未釋“賊”“浪娘”。

［48］“令王”，《折氏家族史略》作“今玉”，備參。“副”，《宋〈折克行神道碑〉考釋》作“付”，非。《折氏家族史略》《榆林碑石》沿誤。誌文詳敘紹聖三年九月後至五年間大小戰事，《宋史·折克行傳》僅數語：克行“即頓兵吐渾河，約勒部伍，為深入窮討之狀，敵疑不敢動。既訖役，又入津慶、龍橫川斬級三千”①。可補史之闕漏。又，據此誌文“横川”上，疑“龍”字。《金石萃編》未釋“破”“追井”。

［49］《以金石萃編》未釋“青岡”“旁”及“遊”下“川”字。

［50］藏才山：党項族名。《續資治通鑑長編》：寶元二年（1039）戊辰“知慶州、禮賓使張崇俊言：‘知豐州王慶餘之祖承美，本藏才族首領，自其歸朝，於府州西北二百里建豐州，以承美為防禦使，知蕃漢公事”。此部藏才居宋豐州（在府州之西北）。又云“藏才凡三十八族，在黑山前後”，有“十餘萬衆”②。黑山，在遼天德軍境，唐豐州③。

［51］龍馬川：府州（今陝西府谷縣）境。居党項兀泥部族。《宋史·党項傳》：“兀泥族在青岡嶺、三角城、龍馬川，領族帳千五百户。初隸繼遷，俄投府州。”④“又”上四字，《金石萃編》未釋。

［52］“寨”上一字泐，各書均闕。《宋史·折克行傳》：“詔河東進築八寨，通道鄜延。”⑤又，下文“八城二寨，不旋踵而屹立。自麟府接晉寧，西通鄜延”，知北宋築“八城二寨”，以保障“麟府”至“鄜延”暢通。據此可補“寨”上為“八”字。“東進”上，《金石萃編》作泐四字；《宋〈折克行神道碑〉考釋》脱“時”，並未釋“築八寨，通道”五字。《府谷縣志》卷七有《張括墓誌》，張括是折氏下屬。同書又載《張構墓誌》，稱葭蘆與鄜延、葭蘆通麟府間築有“十堡寨”，當即此碑所稱“八城二寨”。

［53］“帥”下，《金石萃編》釋文寥寥。姑轉録《宋〈折克行神道碑〉考釋》釋文，《折氏家族史略》《榆林碑石》沿用。

［54］“騎兵”，《金石萃編》作“弱兵”，備參。《折氏家族史略》認為“急”“舍”“二”“將”上泐二字，不採。“將”上，《榆林碑石》作泐四字。

［55］“佐”，《折氏家族史略》作“左”，非。將佐：將領和佐吏。《晉書·劉琨

---

① （元）脱脱等：《宋史》卷二百五十三，中華書局1977年版，第8866頁。

② （宋）李燾撰，上海師範大學古籍整理研究室、華東師範大學古籍整理研究室點校：《續資治通鑑長編》（9）卷一百二十四，中華書局1985年版，第2920頁。

③ 湯開建：《五代遼宋時期党項部落的分佈》，《西北民族研究》1993年第1期，第105頁。

④ （元）脱脱等：《宋史》卷四百九十一，中華書局1977年版，第14143頁。

⑤ 《宋史》卷二百五十三，第8866頁。

傳》："每見將佐，發言慷慨，悲其道窮，欲率部曲死於賊壘。"① "予"，《金石萃編》作"子"。

[56] "諸"，《金石萃編》作"請"，非。"間"，《府谷縣志》作"問"，《金石萃編》作"則"，並釋下一字為"雖"，備參。從"公曰"以下，《折氏家族史略》認為"曰""所""則""其""賊"下，還泐蝕二字。存文斷斷續續，難辨對否，存之備參。"欺"以下各字，《榆林碑石》缺。碑陰殘損泐蝕嚴重，《金石萃編》未録。《党項與西夏資料匯編》亦闕。

[57] "史"，《榆林碑石》作"使"，誤。

[58] "[ ]"內，《宋〈折克行神道碑〉考釋》《折氏家族史略》《榆林碑石》未釋。據下文"州刺史、充秦州管内觀察使、上柱國、高平郡開國公、食邑二千七百户、食實封五百户，贈安武軍節度使、開府儀同三司折公"補。"百户"上泐字，他書均作六字，實為五字。《折氏家族史略》《府谷縣志》"實"上一字"食"未釋。

[59]《宋〈折克行神道碑〉考釋》録碑陰。由於泐蝕嚴重，無法分别空格或泐蝕。空格或泐，以下簡作"泐"。凡括號"泐"，《折氏家族史略》《府谷縣志》作泐二字，備參。

[60] "優""鮮"上，《折氏家族史略》作泐二字，備參。

[61] "州""他"，《折氏家族史略》分别釋作"邊""地"，不確。

[62] "也"上泐一字，《折氏家族史略》《府谷縣志》作"顧"字。

[63] 下文"八城二寨，不旋踵而屹立。自麟府接晉寧西通鄜延"，故此云"千餘里"。

[64] "畜"下，《折氏家族史略》衍"拓"字。

[65] "雖"下泐，《折氏家族史略》，疑作"百死"；"以"下，疑作"報"字。《府谷縣志》沿用。

[66]《折氏家族史略》《府谷縣志》脱"及"。"復及"，《榆林碑石》作"覆"，非。

[67] "祐"上字泐，《府谷縣志》作二字。恐非。唐有"祐"的年號僅唐末"天祐"，"祐"上一字，當"天"字。各書未釋。誌文"河西折氏世濟忠義"，亦可見政和年間（1111－1118）《折繼閔神道碑》："折氏傳襲至今不絶，非夫世濟忠義。"

[68]《宋〈折克行神道碑〉考釋》《榆林碑石》未釋"無"。

[69]《榆林碑石》未釋"家"。其上泐一字，《折氏家族史略》《府谷縣志》作二字。不取。"敢"，《折氏家族史略》《府谷縣志》作"政"，致文義不暢。

[70] "分"下一字泐，《折氏家族史略》《府谷縣志》作"内"，不取。疑"竹"

---

① （唐）房玄齡等：《晉書》卷六十二，中華書局1974年版，第1686頁。

或“符”。分竹：謂封官授權。外閫：借指京城以外的武將或文官。“閫”，《榆林碑石》作“間”，大誤。

［71］《宋〈折克行神道碑〉考釋》未釋“大”“喪”。《榆林碑石》未釋“喪”。“大”上，《折氏家族史略》作泐二字；“十”上泐“百數”。《宋史·折德扆傳》附《克行傳》：“克行在邊三十年，善拊士卒，戰功最多，羌人呼為‘折家父’。”① 其戰百數十戰，與史乘相合。可採。

［72］邊臣：駐守邊疆的大臣、官員。

［73］《宋〈折克行神道碑〉考釋》《榆林碑石》未釋“福”。

［74］“恩”上，“合省”下，《折氏家族史略》均作泐二字。不取。

［75］“指”下，《折氏家族史略》作泐二字。不取。

［76］“周”下，“師”下，《折氏家族史略》均作泐二字。可備一說。

［77］“祐”，《府谷縣志》作“佑”，非。

［78］慕容彦、姚祐、張克公，史書有傳。見《宋史》。

［79］“朋”下，《榆林碑石》衍“友”。“可”上，《折氏家族史略》作泐二字。餘各書作泐一字。

［80］“女”上，《折氏家族史略》作泐二字。恐非。

［81］《榆林碑石》脱“族”。

［82］“賈”，《折氏家族史略》《府谷縣志》作“度”。

［83］“乜”，《府谷縣志》作“也”，非。“乜”，党項名常用音節。“使”及“上”上，《折氏家族史略》作泐二字。不取。

［84］“寧”，《折氏家族史略》《府谷縣志》作“守”，備參。

［85］“宋”上，《折氏家族史略》作泐二字。不取。

［86］“予”，《折氏家族史略》作“子”，備參。

［87］《榆林碑石》脱“使”。

［88］“武”上，《折氏家族史略》作泐二字。不取。

［89］“合州刺史本”下，《折氏家族史略》作泐二字，非。又，釋“雜”作“朵”。“移”下，作泐二字，備參。

彙考

無刻石時間。據《折惟忠妾李夫人墓誌》：“政和元年，侄曾孫四方館使榮州團練

---

① （元）脱脱等：《宋史》卷二百五十三，中華書局 1977 年版，第 8866 頁。

使知府州可大，將葬其父安武大尉，母和義夫人。”克行及妻和義夫人葬在政和元年(1111)[①]。克行葬後八年，其子可求報請皇帝恩准而立碑。故該碑刻於政和八年(1118)。《關中金石記》和《金石萃編》作政和六年，非。《關中金石記·折武恭克行神道碑》：“文云：‘武恭公既葬八年，其子可求請立遂道之碑，克行以大觀二年卒，既葬八年，當是政和六年也。’” “世人以此為折太君碑”[②]，非。其墓在保德州折窩村。折太君即德扆之女、楊業之妻，北方土語“折”作“she”音，於是小說、戲曲中折太君就訛成佘太君[③]。

碑文詳細記載克行家世和生平事跡，反映了神宗、哲宗時期，變法與守舊兩派尖銳的政治鬥爭，對西夏戰略上的調整，以及陝北的軍事態勢、交戰地點和傷亡等。碑陰，上刻給克行擬定謚號的呈文，下列折氏統轄党項各部族各寨寨主姓名。碑銘為研究北宋新舊黨争、外交方略、邊疆政策、民族問題等，提供了詳實可靠的實證材料。

---

① 戴應新：《宋〈折克行神道碑〉考釋》，《文博》1987 年第 2 期，第 69－72 頁。

② （清）畢沅：《關中金石記》卷六，《石刻史料新編》第二輯（14），臺北：臺灣新文豐出版公司 1979 年版，第 10696 頁。

③ 趙瑞林：《折家將佘太君》，《山西檔案》1998 年第 6 期，第 39 頁。

179 折可大殘碑 政和間（1111－1118）

説明

碑石於1976年在陝西省府谷孤山鄉楊家溝村西﨏頭（天平山）出土。出土時，碑石已殘斷。存高24 cm，寬13 cm，厚25 cm。碑陽存碑文9字。楷書。碑文右側刻牡丹卷草紋，與《折繼閔神道碑》書體、紋飾相同。

碑文

（上泐）戸贈耀州觀察使折公（下泐）。

著録

《折氏家族史略》92

彙考

碑殘，無刻石時間。政和年間（1111－1118）《折繼閔神道碑》："孫二十二人：……可大，中亮大夫、吉州防禦使，知府州，贈耀州觀察使。……可求，右武大夫、康州刺史，充太原府路兵馬都監，知府州兼麟府州管界都巡檢使，兼河東第十二將同管勾麟府路軍馬公事。""子克柔、克行，孫可大、可求相繼為郡。"繼閔碑所載折氏子孫，唯可大"耀州觀察使"，由此可知，碑主即可大。可求、可大均為繼閔孫，可求繼可大之後知府州。立碑時間，考《折繼閔神道碑》："孫可求數戰有功，上以忠勇載於旗以賜之。雖子孫皆以才自將，然亦公（繼閔）之澤未艾也。"北宋政和八年（1118）《折克行神道碑》："［克］行既葬八年，其子右武大夫、康州刺史、知府州可求言于朝：先臣克行官爵，皆應法，當有遂道之碑，敢以請。"兩碑均是可求為祖父繼閔、父克行報請皇帝恩准所立，推可大之碑亦同時報請，立碑時間在政和八年（1118）無疑。

180 折繼閔神道碑 政和間（1111－1118）

誌文

説明

碑石於1976年在陝西省府谷孤山鄉楊家溝村西埆頭（天平山）出土。1980年移藏西安碑林博物館。碑石高222 cm，寬107 cm，厚27 cm。上下有榫頭，螭首。張叔夜撰文，蔡靖書並題額。碑文35行，滿行92字。楷書，有縱橫界格。四周及碑側刻纏枝牡丹花紋。斷裂為三塊，右上角殘缺。

誌文

□□□□果州團練使、麟府路駐泊兵馬鈐轄、知府州軍州事，贈太尉折公神道碑。/

朝奉大夫試給事中兼同修國史，清源縣開國男、食邑三百戸、賜紫金魚袋臣張叔夜奉敕撰[1]。/

保和殿大學士、朝議大夫、燕山府路安撫使、馬步軍都總管、知燕山府兼管內勸農使、節制河北四路軍馬、余杭郡開國侯，食邑一千戸，食實封一百戸，賜紫金魚袋臣蔡靖奉敕書並題蓋。/

□□之制，計品秩許立碑於墓之神道，非特俾揚其前人之休烈[2]，抑亦廣為臣者之勸。皇祐甲午，襲知府州軍州事折繼閔卒，卒之五年乃葬。後以子克行贈太尉[3]，末及立碑而克行卒。其孫可求始請于朝，冀得鑱堅石，表阡陌，以紀繼閔。/且以臣叔夜被上獎遇，采其虛名，使為文以傳信後世。政和天子詔：可[4]。臣叔夜不才，列在史官，而上方以可求為忠勇可任，矧繼閔功有足紀者，將不得辭。

臣謹案：折氏自唐末，世有麟府之地。初，宗本為唐振武軍緣/河五鎮都知兵馬使，其子嗣倫為麟州刺史，孫從阮，從阮子德扆，相繼據府谷，五代周以為永安軍節度[5]，捍蔽戎虜，歷世賴之。

太祖皇帝建隆二年，德扆朝京師，陳太原可取狀。寵賜甚渥，復遣還鎮[6]。爾後子孫遂世為知府州事，得用其/部曲，食其租入。臣以謂當真主之興，四方屈膝獻其境壤，而折氏傳襲至今不絕，非夫世濟忠義，勤勞王家，炳丹青而不渝，盟帶礪而無愧者，孰能與於此?

繼閔于德扆為三世孫，祖御卿，父惟忠。或生秉旄鉞，或追贈至節度使，/國史有傳。曾祖妣路氏，祖妣蘇氏、楊氏、王氏、梁氏，並封郡國太夫人。

公字廣孝，姿瓌瑋[7]，性莊重，少不為兒嬉。及壯，喜讀韜略[8]，務通大義。論古今將帥，識其用兵意。天聖二年，以父任為三班奉職，稍遷左班殿直。景德中[9]，妣彭城郡夫人劉氏，録其先/世勳伐來上會乾元節，許入賀[10]，上慰勞甚至，且問所與俱來者，劉以公對，特改右待禁。

寶元二年，兄繼宣坐事謫[11]。公權總州事，彌月[12]，詔以西京作坊使即真。公齒尚少，而下條教，舉綱目，練達如素宦者[13]，境內安之。十月丁內艱，/改如京使。

明年，元昊寇邊，詔公率所部出塞，掩其不備，俘虜甚衆。

康定初，夏人出涇原，詔牽制其後。公入賊境，破野寨二十餘所，斬級數百，璽書褒焉。六月，復擊并塞賊屯，斬獲千計。秋稔未獲，偵言虜將肆掠。公設伏以待。後賊酋党/兒僞觀察來守順果引兵入寇[14]，因縱之，既而伏兵奮擊，賊衆驚潰，追斬奪其器甲，守順僅以身免。九月復出塞，斬賊三百餘級，焚其族帳，獲牛馬駱駝以還。自是虜騎遠遁，民得以刈獲，兵用足食。十二月諜言：虜藏才族與夏人叛，自相魚肉。公/慮其乘勝，且為邊患，因駐兵境上，賊知有備，稍引去。

慶曆元年，率兵至汴黄、吴拔泥[15]，猝與賊遇，戰横陽川[16]。二年七月，斬首二百，擒羌酋十餘輩，取其輜重[17]，夏人點集，聲言入寇，未知其所向。公策之曰：虜頻年寇陝右，今此舉倘在河外[18]。遂勒兵繕/治攻守具。已而，果以數十萬衆圍麟州[19]，不克，遂進圍府州。公先是已清野，俾蕃漢聚落，入保城邑。且語其下曰：賊傾國來，其鋒不可當。今堅壁勿與戰，使進不克攻，退無所掠，勢必不能久。寇至圍數重，城中震恐。公曰：吾州世與寇為仇，城破，當/甘心焉！唯以死守爾。爾曹世受國恩，宜思所以報者[20]。因俾積薪，脱不如意，約舉族自焚，義不斃虜手，示終不降。士卒賈勇，無不一當千。

州城依山不井汲，汲於河，寇據河壖斷汲道[21]。公率精鋭，被山緣險，翼以勁弩，虜稍卻，遂復得水，人心稍/安。北城素痹，賊趨之，衆議棄，專保南城。公持不可，曰："攻者拙也，吾之前人初城於此，比之金湯。虜雖蟻附，顧處勢不便[22]，終以亡；今釋弗守，敵將輕我。"補痹增高，矢石如雨。元昊躬督戰，攻其西門，勢益急。會有朱衣白馬者，出入兵間，以策麾其衆，/儀狀甚偉。公遣彀弩，潛禱曰："昊賊逆命，天若助順，當一發而斃。"遂應弦洞胸而殞。城上軍合譟[23]。元昊遽引兵逾嶺而西[24]，衆稍引卻，是夕遂遁，無一騎留者。去攻豐州[25]，豐遂陷。圍凡七日而解，積屍蔽野，得其甲冑弓矢數萬。朝廷録其功，遷宫/苑使、普州刺史[26]。

十月，詔護麟州戍卒衣，抵中堠寨[27]，賊萬餘騎夜猝至。公麾下兵不滿二千，遂為所乘，雖殺傷大當，猶坐是下遷。

二年，與本路鈐轄張亢以兵三千護芻糧，轉餉麟州。與賊數萬戰於青眉浪，彼恃其衆，麾兵圍之[28]。公與亢謀曰："事迫/矣，不亟鬥，則圍不解，禍將及。"公被甲上馬，令其下傳矢外向，突圍而出。遇險隘，稍留數百騎伏其旁，賊追騎將及，因佯北，逮其過險，遂反兵接戰，伏騎亦發，斬首七百級。虜自蹂踐，赴死崖谷者不可勝計，奪馬五百匹，器仗倍之。

三月，城建寧寨，/寨介麟府間，檄公護其役[29]。賊騎來擾築，公以梟將預出賊背，而以羸兵誘致之，且戰且北。比及營，射以強弩，而賊後兵夾攻之，賊遂北，追斬二千餘級，軍聲益振。

其後虜入蕭關，圍鎮戎，詔公與高繼元出塞擣其空虛[30]，兵至罵泊，斬賊酋賤/

遇，破僞容州刺史耶布移堡障，奪其牛馬千餘，得器械數百。

三年冬，夏人以數萬眾分寇清塞、金城等堡[31]。既去，公率兵追至杜胡川[32]，及之，大破其眾，斬首四百級，獲其甲馬[33]，盡得其所虜掠以歸。朝廷聞之，賜詔褒美，並賜錦袍金帶銀/彩以旌其功。

五年二月，詔築寧府、安豐、西安、靖化、永寧五寨。復築河濱堡以扼賊沖，人罔告勞，不日而成。

六年，疏其前後功，遷果州團練使、麟府路兵馬鈐轄，仍知州事。

七年，軍賊折高留劫掠嵐憲境上，急則入虜中[34]，愈年不能得，/詔遣公捕之。公曰："此跳梁草間，不足污兵刃。"遣間諭禍福，高留並其餘黨韋海等出降，上嘉其能，下詔褒諭。

自元昊叛，河西之民遷徙以避兵，因留雄勇津，循河上下，僑寓者眾[35]，公躬自訓諭安輯之，俾還故業，得戶三千，口以萬數，/於城之北建三堡以處之。河外遂復完，歲減戍卒，而虜無窺伺意，人至於今稱之。

皇祐四年四月三日，以疾卒於正寢[36]，享年三十五。以嘉祐二年十月十八日，葬府州府谷縣天平山之先塋，禮也。

公勇於用兵而仁於拊下，吏治詳明，迎刃立解。/死之日，部曲、姻戚、門生、故吏哭於轅門者以千數[37]。惜乎！天嗇其壽，不能既其才。雖然，大小積三十餘戰，捕斬前後萬計，以攻則克，以守則固，其功亦足以暴當世，垂不朽矣。

其後，子克柔、克行，孫可大、可求相繼為郡[38]。克行治郡最久，以功名終。其/馭下肅，部曲有習書數者，輒苔辱之，以謂："邊兵當以射獵戰鬥為生活，今更習書數，疲耎自是始矣。"[39]孫可求數戰有功，上以忠勇載於旗以賜之。雖子孫皆以才自將，然亦公之澤未艾也。

公初娶劉氏，贈吳郡太夫人；次娶慕容氏，贈魏/郡太夫人；後娶郭氏，贈魯郡太夫人。咸以賢淑見稱。子六人：長克俊，左班殿直，早世[40]。次克柔，皇城使、忠州刺史、致仕[41]。次克行，秦州觀察使、太原府路兵馬鈐轄、知府州、累贈少師，謚武恭。次克儉，左騏驥使；克廉，右班殿直；克仁，內殿承制，皆卒。女/九人：長適右侍禁慕容令問。次適皇城使知邕州彭崇一。次適皇城使知戎州慕容令儀。次適左藏庫使、江南東路兵馬都監劉奎。次早死。次適進士陳居正。次適東作坊使王安靜。次未嫁而卒。次適三班奉職王若沖。

孫二十二人：長可復，武/功大夫。次可寶，武翼郎。可權，武功大夫。可大，中亮大夫、吉州防禦使、知府州，贈耀州觀察使。可畏，進義校尉。可變，保義郎。可卞，秉義郎。可政，忠翊郎。可懿，早亡。可著，忠訓郎。可節，保義郎。可霖，忠訓郎。可求，右武大夫、康州刺史、充太原府路兵馬/都監，知府州兼麟府州管界都巡檢使，兼河東第十二將同管勾麟府路軍馬公事。可頒，成忠郎。可常，早亡。可表，承信郎。可績，保義郎。可存，忠訓郎、閤門祗侯[42]。可賦，承信郎。可右，忠翊郎。可直，可咨[43]，並成忠郎。

曾孫二十八人：長曰彥輔，次景亮，並/三班借職，早亡。彥補，彥璋，保義郎。彥疇、彥莊、彥若、彥文，成忠郎、閤門祗侯。彥瑜、彥武，成忠郎、閤門祗侯。彥玨、彥祓，承節郎。彥祐，承節郎。彥裕、彥方，成忠郎。彥祉、彥瓌[44]、彥珦、彥琈、彥奕，保義郎。彥玠、彥琚、彥祚、彥璪、彥璟、彥禔、彥瑀、彥襲，未仕，咸以忠/義自許，振其家聲。近世將門，莫之與抗。銘曰：/

維山之麓，維河之濱，氣之所鐘，是生虎臣。事上以忠，惠下以仁，董此軍旅，拊其民人。弗懈於勤，以終厥身，燁燁秀幹，落落雄姿。粵在髫齔，不為兒嬉，壯行所學，/自信弗疑。遇事冰釋[45]，見賊風馳，投亡而存，□正為奇。寶元之初，元昊始叛，蠆尾鼠牙，毒我疆畔。詔公出師，舉無遺算，堂堂魚麗，累累鵝鸛[46]。殄彼殘虜[47]，席捲霧散，藐/然孤城，重圍援絕。犬羊蟻附，炊骸喋血，□以忠義，礪以名節。弩貫羌酋，胸洞支裂，萬眾奔潰，車無留轍。列築堡障，異乎城郭[48]，仵鍤如雲[49]，凱歌洋洋。固吾之圉，復我侵疆，/安輯邊氓，既寧既康。天子嘉□，褒詔有光。噫公之才，宜貴而壽。三十有五，用不克究，累將重侯，慶貽厥後。府谷天平，卜兆惟舊，鬱鬱佳城，閟此白晝。/

著録

1.《西安碑林全集》28－2839。2.《榆林碑石》88 圖，259 文。3.《中國考古學會第一次年會論文集》455。4.《党項與西夏資料匯編》卷上 1－186。5.《府谷縣志》700。

注釋

［1］張叔夜：北宋名將。曾鎮壓宋江義軍。靖康之難中率軍守汴梁城，兵敗隨宋欽宗被金擄，自縊而亡。參《宋史·張叔夜傳》。蔡靖：宣和末年以燕山府降金。名見於《金史·蔡松年傳》。

［2］休烈：盛美的事業。《漢書·宣帝紀》：“朕未能章先帝休烈，協寧百姓。”顏師古注：“休，美也。烈，業也。”①

［3］繼閔、克行父子獲贈太尉，宋史無。可補史闕。

［4］政和天子：即宋徽宗趙佶。政和，乃其國號之一。

［5］“度”下，《府谷縣志》衍“使”字，是。原刻脱。此述折氏世系及發跡情況。

① （漢）班固撰，（唐）顏師古注：《漢書》卷八，中華書局 1962 年版，第 254 頁。

［6］《宋史·折德扆傳》載周世宗建府州為永安軍，德扆為節度使。趙匡胤代周稱帝，改元建隆（960）。是年夏，親征北漢，敗其眾於澤州（山西晉城）。德扆進獻攻取北漢京城太原的辦法。

［7］“瓌”，《府谷縣志》作“環”，大誤。瓌：同“瑰”。瑰瑋：謂形貌魁梧美好。繼閔，惟忠嫡夫人劉氏所生。

［8］“讀”上，《榆林碑石》脱“喜”字。

［9］“景德”應為“景祐”之誤。景德（1004－1007），繼閔尚未出生。

［10］乾元節：帝王聖節名。乾興元年（1022）二月乙丑，宋仁宗趙禎詔，以其生日（四月十四日）為乾元節。“入”，《榆林碑石》作“人”，致語義不暢。

［11］謫：特指古代官吏因罪而被降職或流放。《宋大詔令集·府州敕榜》云：繼宣襲職後，“不能綏寧種落，以紹世家，虐用威刑，肆為掊克，民多胥怨，人用流移。今改命折繼閔知府州。……百姓蕃落族帳等，並當安集”①。蕃漢雜居區，折氏“捍蔽戎虜”，有團結和保護諸部落的責任。折繼宣濫用刑罰，各部落民紛紛逃亡。寶元二年（1039）九月被撤職。任職四至五年。時繼閔22歲。

［12］彌月：滿一月，此謂上任一個月。

［13］素宧：清閒之官。《府谷縣志》作“素官”，非。

［14］党兒：族名。《宋史·張岊傳》：“破浪黃、党兒兩族。”②《武經總要全集》：唐龍鎮，“酋帥來氏世其職”③。《册府元龜》《宋史》《續資治通鑑長編》及《金史》載有來氏，如來萬德、來有行、來磷、來美、來懷正、來守信、來懷順、來閏喜、來遵、來子敬等，均党兒族人。《續資治通鑑長編》載，慶曆元年“十一月辛酉”，“唐龍鎮首領來守順”，原為麟府州界内唐龍鎮的熟户蕃官，後過界接受元昊職，引夏兵入寇④。唐龍鎮屬遼，稱寧邊州。來守順：党兒族酋。

［15］汴黃：族名。汴黃，疑即浪黃，又作浪王，克行碑有“寧川寨浪王族武經郡閤……”吴拔泥：族名。兀泥，吴、兀同音。《宋史·党項傳》：淳化二年（991），兀泥族大首領泥中佶移的長子突厥羅與首領黃羅率千餘帳來降，府州折御卿報以聞，太宗待降詔慰諭之。咸平元年（998），兀泥族在青岡嶺、三角城，龍馬川有族帳千五百户⑤。克行碑有“寧武寨兀泥族皇城使費州團練使本族巡檢魁保”。汴黃、吴拔泥，其地皆在府州近邊。

---

① 《宋大詔令集》卷一百八十八，中華書局1962年版，第687頁。

② （元）脱脱等：《宋史》卷三百二十六，中華書局1977年版，第10523頁。

③ （宋）曾公亮、丁度：《武經總要全集》卷十七，《中國兵書集成》，遼沈書社1988年版，第873頁。

④ （宋）李燾撰，上海師範大學古籍整理研究室，華東師範大學古籍整理研究室點校：《續資治通鑑長編》（10）卷一百三十四，中華書局1985年版，第3197頁。

⑤ （元）脱脱等：《宋史》卷四百九十一，中華書局1977年版，第14143頁。

［16］橫陽川：今黄羊河，窟野河支流①。橫陽堡，大中祥符二年（1009）置，今黄羊城，又叫皇娘城，皆橫陽之訛。故址在窟野河東岸，神木縣後塔峁村東北山梁上，南距麟州城八公里，距神木縣城二十萬公里。

［17］二年，應為“同年”，即元昊進犯麟府的慶曆元年（1041）。“二年七月”，《中國考古學會第一次年會論文集》《府谷縣志》在“輜重”二字下，非。《党項與西夏資料匯編》據《中國考古學會第一次年會論文集》轉録，不再一一出注。

［18］“倘”，《中國考古學會第一次年會論文集》《府谷縣志》作“儻”。二字皆為倘若、假使之意。

［19］麟州城今名楊家城，故址在神木縣北約十五公里。元昊率兵圍困麟州城②。

［20］“思”，《府谷縣志》作“恩”。

［21］壖：同“堧”，空地，邊緣餘地。

［22］“勢”，《府谷縣志》作“世”，非。

［23］譟：同“噪”。叫嚷，喧鬧。

［24］逾：同“踰”。《府谷縣志》作“瑜”，非。

［25］豐州：府州西北一百公里處，藏才族聚居區，首領王居原為契丹補左千牛衛將軍。宋太祖開寶二年（969）率眾歸附宋朝，子孫逐世襲知豐州事。事見《宋會要輯稿》方域21之九豐州。

［26］“州”，《府谷縣志》作“立”，致語義不暢。

［27］中堠寨：《榆林府志》載其故址在神木縣東南四十公里，今堡于中堝。府州至麟州，東西行，相距五十公里，繞道神木東南。不確。

［28］張亢：字公壽，自言後唐河南尹全義七世孫。進士及第，為廣安軍判官、應天府推官。見《宋史·張亢傳》。青眉浪：麟府交通道上要地。繼閔與張亢護糧，遭遇夏軍的地點，《宋史·張亢傳》稱在柏子砦，當以碑為是。“兵”，《府谷縣志》作“毛”，非。

［29］曾鞏《隆平集·武臣》：張亢“築建寧寨，度賊必至。虎翼軍驍勇，賊人所畏，而萬勝軍疲怯，敵常易之，故更去兩軍旗幟。賊果出，争亟趨萬勝而先犯之，不知乃虎翼也。賊大潰，斬首二千餘級，不敢復出”③。繼閔護築建寧，史略，可補《宋史》之闕。道光辛丑刻《榆林府志》卷六《關隘》載建寧寨故址在府谷縣西北三十五公里，今新民鎮（明鎮羌堡）附近。

---

① 中國考古學會：《中國考古學會第一次年會論文集》（1979），文物出版社1980年版，第451頁。

② （宋）李燾撰，上海師範大學古籍整理研究室、華東師範大學古籍整理研究室點校：《續資治通鑑長編卷》（10）卷一百三十四，中華書局1985年版，第3188頁。

③ （宋）曾鞏：《隆平集》卷十九，《景印文淵閣四庫全書》（371），臺北：臺灣商務印書館1986年版，第192頁。

［30］蕭關：寧夏固原縣東南，關中北門户。搗：亦作“擣”。

［31］金城堡：在府州城近旁。見《宋史·張亢傳》。

［32］杜胡川：又名吐渾河。即今禿尾河，杜胡、吐渾、禿尾音近。禿尾河發源於神木西北爾林免，東南流入黄河。《折克行神道碑》：“……檄公以師出……吐渾河。”

［33］甲馬：鎧甲和戰馬。泛指軍備或戰事。“甲”，《府谷縣志》作“戰”，非。

［34］“入”，《中國考古學會第一次年會論文集》作“人”，非。

［35］僑寓：僑居的人。“寓”，《府谷縣志》作“遇”，非。

［36］《宋史》本傳和《李夫人墓誌》載繼閔卒於皇祐二年（1050）與碑文不同。《府谷縣志》《榆林碑石》作“佑”，非。下同。葬於嘉祐二年（1057）。

［37］部曲：古代軍隊編制單位。大將軍營五部，校尉一人；部有曲，曲有軍候一人。借指軍隊。

［38］克柔、克行、可大，《宋史》載事跡，略可求繼可大為郡守事，可補史闕。

［39］輒：每每；總是。“輒”，《府谷縣志》作“輯”，“耍”作“軟”，均非。

［40］“世”，《府谷縣志》作“逝”。

［41］克柔任此職，史闕。見北宋崇寧二年（1103）《折克柔墓誌》，2012 年夏，陝西省府谷縣出土。石高 89 cm，寬 92 cm，厚 16 cm。楷書。蓋高 90 cm，寬 92 cm，厚 16 cm。篆書“宋故皇城使、忠州刺史、致仕折公墓誌銘”。郭長卿撰文，蒲卣書丹，上官行篆蓋。蒲卣，《宋史》有傳。生卒年不詳，字君錫，閬州（今四川閬中）人，第進士①。餘史籍無傳。《北宋〈折克柔墓誌銘〉考釋》著録，摘録：“朝請大夫、權知鳳翔軍府管勾學事兼管内勸農事、提舉府界坑冶鑄錢公事、飛騎尉、借紫郭長卿撰文。朝散大夫、新差權提點京西北路府獄公事兼本路勸農事、驍騎尉、借紫蒲卣書丹。朝奉大夫、權知梓州軍州管勾學事□（兼）管内勸農事、兼提舉梓果等州軍兵甲、巡檢賊盜公事、飛騎尉、借紫上官行篆蓋。”② 惜未刊佈圖片和釋文。

［42］可存：事跡見天會八年（1130）《折可存墓誌》。閤門祇候：唐制。掌閤門出入事務。五代後梁沿唐制設東西上閤門使。宋置閤門司，掌朝會宴幸事宜，為武臣清要之選。從八品。繼閔孫、曾孫所任武功大夫、右武大夫、中亮大夫、進義校尉、武翼郎、保義郎、秉義郎、忠翊郎、忠訓郎、成忠郎、承信郎、忠訓郎、成忠郎、承節郎，均為武職官階。

［43］昚：即“慎”古字。《府谷縣志》作“脊”，非。

［44］“瓌”，《府谷縣志》作“環”，形似而誤。

---

① （元）脱脱等：《宋史》卷三百五十三，中華書局 1977 年版，第 11153 頁。

② 高建國：《北宋〈折克柔墓誌銘〉考釋》，《河北大學學報》（哲社版），2013 年第 2 期，第 30－32 頁。

［45］冰釋：消除疑點、隔閡、誤會等。“釋”，《中國考古學會第一次年會論文集》《府谷縣志》作“積”，非。

［46］鵝鸛：亦作“鵞鸛”。《左傳·昭公二十一年》：“丙戌，與華氏戰于赭丘。鄭翩願為鸛，其御願為鵞。”杜預注：“鸛、鵞皆陳名。”① 後以“鵝鸛”並舉指軍陣。

［47］“殄”，《府谷縣志》作“歼”，義同字異。

［48］城郭：城墻。《榆林碑石》作“城郎”，非。

［49］鍤：臿，鍬。《府谷縣志》作“鐘”，非。

彙考

無刻碑時間，約為其孫折可求於政和末年獲徽宗許可後刻立。碑載：“卒之五年乃葬。後以子克行贈大尉，未及立碑而克行卒。其孫可求始请於朝，冀得鑱石表阡陌……政和天子詔：‘可。’”

碑載立碑旨義、折氏家世，繼閔生平事跡。寶元二年（1039）襲知州事繼閔，適逢西夏元昊稱帝，大肆侵掠宋河西地區，折氏歷經三十餘役。慶曆五年（1045）奉命築寧府、安豐、西安、靖化、永寧五寨及河濱堡等，扼制西夏出入。為穩定邊疆局勢，保衛北宋疆域立下汗馬功勞。碑文反映了元昊稱帝時期宋夏關係和陝北地方史的一個側面，史料價值高。所記史實，如折氏一族，繼閔、可行父子獲贈太尉，可求繼可大為郡守，克柔任皇城使、忠州刺史，見北宋崇寧二年（1103）《折克柔墓誌》，蓋篆書“宋故皇城使、忠州刺史、致仕折公墓誌銘”②，典籍不載，可補史闕。碑文上溯 6 代宗祖父，再記墓主及其妻、子、孫、曾孫，凡 10 代，共 81 人，為研究折氏家譜提供了實證。

---

① 十三經注疏整理委員會：《春秋左傳正義》卷五十，《十三經注疏》，北京大學出版社 2000 年版，第 1633 頁。

② 高建國：《北宋〈折克柔墓誌銘〉考釋》，《河北大學學報》（哲社版），2013 年第 2 期，第 30－32 頁。

181 折繼全墓誌 約北宋（960－1127）中期

説明

墓誌於1976年夏在陝西省府谷縣孤山鄉楊家溝村西堎頭（天平山）出土。1980年移藏西安碑林博物館。誌磚高寬均28 cm，厚5 cm。誌文3行，滿行4－6字不等。

誌文

諱惟質，供/五殿直[1]。諱繼全，/奉第四子[2]。/

著録

1.《中國考古學會第一次年會論文集》447。2.《中國文物地圖集·陝西分册》下655。3.《折氏家族史略》98。4.《榆林碑石》372。

注釋

［1］“直”，《折氏家族史略》作“真”，非。殿直：宋武散官。左、右班殿直的簡稱。政和間，改左班殿直為成忠郎，右班殿直為保義郎。見《宋史·職官志》。

［2］繼全：即折繼全，惟質第四子，御卿孫。早夭無嗣。“全”，《中國文物地圖集·陝西分册》作“金”，非。

182　折繼新墓誌　約北宋（960－1127）中期

說明

碑誌於1976年夏在陝西省府谷縣孤山鄉楊家溝村西堎頭（天平山）出土，小型磚室墓，是折氏家族墓唯一保存完整者。1980年移藏西安碑林博物館。誌磚高、寬均28 cm，厚5 cm。誌文3行，滿行4－6字不等。

誌文

諱惟質，供/大供奉[1]。諱繼新，/奉之長子[2]。/

著録

1.《中國考古學會第一次年會論文集》447。2.《中國文物地圖集・陝西分册》下655。3.《折氏家族史略》98。4.《榆林碑石》372。

注釋

［1］“奉”，《折氏家族史略》作“俸”，非。大供奉：武職階官。東頭供奉或西頭供奉的簡稱。從八品。宋置東、西頭供奉，表品級，無實際職掌。見《宋史・職官志》。

［2］繼新：即折繼新，惟質長子，御卿孫。惟質父子《宋史》無傳，死者無嗣，係夭亡。繼新、繼全與繼閔同輩。

南宋

183　大禹廟記　紹興二十八年（1158）

説明

碑石刻立於石泉縣（今北川）。亡佚。朝請大夫知眉州主管學事計有功撰文。《乾隆石泉縣志·藝文志》、《道光石泉縣志·藝文志》著録，闕漏、錯訛較多。據《全蜀藝文志》迻録，參以嘉慶《古今圖書集成·方輿彙編·職方典·龍安府部·藝文》《道光龍安府志·藝文記》《道光茂州志·藝文志》校之。

碑文

大禹廟記。

紹興二十八年，朝請大夫計有功，邑人。

聖法天以身任道，天作聖以地發祥。舜生於諸馮，文王生於岐周，生異地而治同功[1]。乃知上天為生民挺生神聖[2]，有開必先，皆非偶然者[3]。《崧高》《長發》，流播雅頌[4]，推原本始，蓋示萬世以不可忘也[5]。

况方冊所載："禹生石紐，古汶山郡也。崇伯得有莘氏女，治水行天下，而生禹於此。"[6]稽諸人事，理或宜然。因人事以驗天心，其可考者，禹功自汶[7]。《河圖括地象》曰："岷山之精，上為井絡。帝以會昌，神以建福。"太史公《本紀》謂："岷為汶，故曰汶。'岷山導江'，'岷嶓既藝。'"[8]天生聖人，發祥於此[9]，而萬世之功亦起於此。其可忘哉！

然而自汶山、西山、掛江碕[10]，巫鈴廟絕，簫鼓魚菽[11]，猶為俚人之社。汶以東至於石泉，雖縉紳未嘗言之。嘗求其故，大抵山川敻邈[12]，代遠時移，郡邑名號廢置離合。而石紐故處，莫適主名。秦漢而下，為國曰冉駹[13]，為道曰綿虒[14]，為邑曰廣柔。廣柔一也[15]，漢靈帝析而郡之曰汶山。後周又析而邑之曰汶山[16]，唐貞觀八年又析而縣之曰石泉。唐以前，石泉之名未立，譙周、陳壽、皇甫謐[17]，皆指石紐為汶山之地。周曰："禹生於汶山廣柔之石紐，其地為刳兒坪。"[18]壽曰："禹生汶山石紐，夷人不敢牧其地。"[19]自石泉之名立，其後唐《地理志》、國朝職方書、先儒輿地記皆以石紐歸石泉[20]。雖莫辨其故[21]，然汶山之山曰鐵豹，江水出焉[22]。汶川之山曰玉壘，湔水出焉。石泉之山曰石紐，大禹生焉。合之則一，離之則散處於三邑之近[23]，無可疑者。

石泉始隸於茂，國朝熙寧割隸於綿，政和撫戎，又陞而軍之[24]。禮樂文物，日浸月長，且謂石紐夷地[25]，置而弗論。太守趙公元勳，世以笑談坐鎮，披牒考古[26]，將廟祀禹[27]，而疑論未釋，郡士計有功[28]、版曹尹商彥多聞博雅，繹究數千年事，燦如目擊[29]，廟議遂決。卜郡左四百餘武[30]，北倚層峰，江自西來，雷奔箭注，發匯於廟下[31]。如反本念德，裔洄翔舞，迤邐遶出[32]，如朝宗得途。廟以門計，一十有八，形麗勢勝，神明擁會。涓剛落成，乃烹乃奏[33]。芬芳璀燦，禮薦樂徹，縉紳耆老，手抃情激[34]，勸九敘之歌，歎明德之遠[35]。賢哉禹功，於是乎大。乃以圖以書，以學官李虁暨尹君之文屬記於有功[36]。

或曰：士有一方、盡一節[37]，論封廟食，千里襁負，無有誓命，如加明刑[38]。禹大功絕德[39]，誰不蒙享。而空山古屋，感慨前作，豈固忘之耶！曰：一方一節，有施有報。禹廟之功[40]，無往不在，故無名。禹無心於萬世，萬世由焉而不知，所以為絕德也。夫使人之靈，畏禍於尸祝之間，則何以為禹[41]？然惟功大德盛[42]，故稱神禹。末世乃取臆地胸坼，鉤鈐玉斗[43]，河伯示圖，滄水授簡，第怪幻而神之[44]；至其祠祀，則巫記胼胝之步，鳥耕山陰之冢，漢祈開母之石，晉享黃熊之厲[45]。由是觀之，焄蒿詭於汶王[46]。汶川之民祀禹為汶王[47]。石紐置而弗論，無足怪者。傳曰：禮也者，反本修古，不忘其所由生[48]。越之人曰："吾禹之會稽。"楚之人曰："吾禹之宛委。"[49]思其人，寶其地，使蜀之人不曰"吾禹之石紐"。是不知天降神，地發祥、人允賴也[50]。公一舉三善皆得，且遐方邃古而惓惓然[51]，其在今日韙矣。報上之心為何如哉[52]！宜請於朝，崇載祀典，以陟偉績於靈源[53]，耿輝光於遐裔，惟禹之神彌天地，布六合，於是為反本之祀[54]。

繫之詞曰[55]：

有汶惟山，帝生帝禹[56]，汶水發源，降神之所。帝指其處，以啟神功，厥土既敷，四海會同。蠢蠢群生，茫茫萬古。豈享其利，而忘其故？石紐山名，石泉之虛[57]，近在耳目，猶迷厥初。禹色山融，禹聲江注[58]，長發其祥，地靈常聚[59]。地秘其靈，朝煙夕霏，粵歲三千，公其發之[60]。乃涓乃卜，乃廟乃祀，報本反始，此方斯址[61]。大江西來，如揖如顧，直路朝宗，洋洋東去。惟公承宣，德感化行[62]。諮詢民瘼，究民之生。民生於禹，禹生於此。廟則咫尺，心兮遠矣。公推是心，以仁昌時，以撫民夷，神人是依。前乎數千年，其愧於斯[63]；後乎億千年，其感於斯[64]。

著録

1.《全蜀藝文志》卷37－1046①。2.《古今圖書集成》卷620－49。3.《道光龍安府志·藝文記》卷9上－12。4.《道光茂州志·藝文志》卷41－16。5.《全宋文》卷4283－208②。6.《大禹史料彙集》217③。7.《北川縣志》792④。8.《西川羌族特殊載體檔案史料研究》232。

注釋

［1］諸馮：相傳舜出生處。今山東省諸城縣。亦云：山西省垣曲縣東北五十里有諸馮山。《孟子·離婁下》孟子曰："舜生於諸馮，遷於負下，卒於鳴條，東夷之人也。"⑤ 岐周：岐山下周的舊邑。因名。在今陝西岐山縣東北。《古今圖書集成》脱"雖"。

［2］生民：以德政教育感化人民。《荀子·致士》："凡節奏欲陵，而生民欲寬。"楊倞注："生民，謂以德教生養民也。"⑥《西川羌族特殊載體檔案史料研究》據《道光茂州志》録文，間以個人意會，認為"民"作"靈"，非。

［3］《古今圖書集成》脱"皆"。

［4］崧：同"嵩"。山高大貌。《道光茂州志》《大禹史料彙集》《北川縣志》作"嵩"，是。《崧高》《長髮》，即《詩經·大雅·崧高》《詩經·商頌·長發》。《崧高》，一云尹吉甫美宣王，一云譏刺。鄭箋："申伯忠臣，不欲離王室。"⑦ 最為恰當。《長發》為殷商後王祭祀成湯及其列祖，並以伊尹從祀的樂歌。《大禹史料彙集》《北川縣志》《西川羌族特殊載體檔案史料研究》不辨，作"嵩（崧）高長發"，非。

---

① （明）楊慎編，劉琳、王曉波點校：《全蜀藝文志》卷三十七，綫裝書局2003年版，第1046頁。

② 曾棗莊、劉琳：《全宋文》卷四千二百八十三，上海辭書出版社2006年版，第208頁。

③ 鐘利戡、王清貴：《大禹史料彙集》，巴蜀書社1991年版，第217頁。

④ 北川縣志編纂委員會：《北川縣志》，方志出版社1996年版，第792頁。

⑤ 十三經注疏整理委員會：《孟子注疏》卷八上，《十三經注疏》，北京大學出版社2000年版，第252頁。

⑥ （清）王先謙撰，沈嘯寰、王星賢點校：《荀子集解》卷九，《新編諸子集成》，中華書局1988年版，第263頁。

⑦ 十三經注疏整理委員會：《毛詩正義》卷十八，《十三經注疏》，北京大學出版社2000年版，第1423頁。

［5］《大禹史料彙集》《北川縣志》《西川羌族特殊載體檔案史料研究》脱“示”。“世”下，《古今圖書集成》《道光龍安府志》《全宋文》衍“以”。

［6］《道光茂州志》《大禹史料彙集》《北川縣志》脱“况”。方册：簡册，典籍。亦指史册。《禮記·中庸》：“哀公問政。子曰：‘文武之政，佈在方策，其人存則其政舉；其人亡則其政息。’”鄭玄注：“方，版也。策，簡也。”孔穎達疏：“言文王、武王為政之道，皆佈列在於方牘簡策。”① 《全宋文》作“方策”，亦作“方筴”。即方册。汶山郡：漢置。治汶江（今四川茂縣北）。宣帝時廢。東漢復名，治綿虒，屬蜀郡。《舊唐書·地理志》：“汶山，漢汶江縣，屬蜀郡。故城在今縣北二里，舊冉駹地，晉汶山郡，宋廣陽縣。周為汶州，置汶山縣。隋初，改為蜀州，又改為會州。貞觀八年，改為茂州。”② 轄今茂縣、汶川、理縣、北川，有大量禹跡。崇伯：大禹之父名鲧，號崇伯。莘氏女：大禹之母，鲧妻。

［7］《道光茂州志》脱“禹生石紐……心”等字；又，“其”作“有”。《西川羌族特殊載體檔案史料研究》沿用。

［8］“汶”，讀若“岷”。岷山：即“汶山”，或曰“瀆山”。《水經注·江水》：“岷山在蜀郡氐道縣”③，按《元和郡縣圖志》，汶山即岷山。《史記·封禅書第六》：“瀆山，蜀之汶山。”④《山海經·海内東經》：“岷三江：首大江出汶山，北江出曼山，南江出高山。高山在城都西。入海，在長州南。”⑤ 岷山，自甘肅省南部延伸至四川省西北部，呈南北走向，主峰在四川松潘境内。《道光茂州志》脱“故曰汶”；“嶓”作“潘”，非。《禹貢錐指》：“祝穆《方輿勝覽》云：‘《禹貢》：“梁州之山四，岷、嶓、蔡、蒙。西山皆岷，北山皆嶓，南山皆蒙也。”此等顢頇之説，但可以欺俗學耳。……蓋以蔡蒙為一山也。’”⑥ 《蜀中廣記·峨眉縣》：“《禹貢》：‘梁州之山四，岷、嶓、蔡蒙、西山皆岷。北皆嶓，南山皆蒙，峩眉之在。’”⑦《西川羌族特殊載體檔案史料研究》脱“故曰汶”。

［9］發祥：謂帝王生長、創業。

---

① 十三經注疏整理委員會：《禮記正義》卷五十二，《十三經注疏》，北京大學出版社 2000 年版，第 1682－1683 頁。

② （後晉）劉昫等：《舊唐書》卷四十一，中華書局 1975 年版，第 1688 頁。

③ （北魏）酈道元著，陳橋驛等譯注：《水經注全譯》卷三十三，《中國歷代名著全譯叢書》，貴州人民出版社 1996 年版，第 1143 頁。

④ （漢）司馬遷：《史記》卷二十八，中華書局 1959 年版，第 1372 頁。

⑤ 袁珂：《山海經校注》卷十三，上海古籍出版社 1980 年版，第 332 頁。

⑥ （清）胡渭著，鄒逸麟整理：《禹貢錐指》卷九，《清代學術名著叢刊》，上海古籍出版社 2006 年版，第 279－280 頁。

⑦ （清）曹學佺：《蜀中廣記》卷十一，《景印文淵閣四庫全書》（591），臺北：臺灣商務印書館 1986 年版，第 147 頁。

［10］《古今圖書集成》作“汶山、西山、拑江碕”。《禹貢錐指》：“祝穆《方輿勝覽》云：‘《禹貢》：梁州之山四，岷、嶓、蔡、蒙。西山皆岷。’”① “汶”下“山”字，《道光茂州志》脫。碕：曲折的河岸。“拑江碕”，《道光龍安府志》《全宋文》作“湔江碕”；《道光茂州志》作“箝江碕”。“拑”上“山”字，《全宋文》《古今圖書集成》作“出”，非。下文“汶川之山曰玉壘，湔水出焉”。箝江，即“湔江”。古水名。發源於四川省汶川縣玉壘山，南流至都江堰西注入岷江的一段。再東流至金堂縣注入洛水的一段，仍名湔水。《説文·水部》：“湔水出蜀郡緜虒玉壘山，東南入江。”②

［11］巫鈴：又稱“神鈴”。巫師所用鈴，宣示神靈降臨。羌族釋比在“祭山會”等宗教活動中頭戴金絲猴皮帽，持神杖和盤鈴，念咒語、執法器。魚菽：即“魚菽之祭”。菽：豆類的總稱。用魚和豆類當祭品。形容菲薄，禮儀不周。語出《春秋公羊傳注疏》：“有魚菽之祭。‘注：齊俗婦人首祭事。言魚豆者，示薄陋無所有。’”③

［12］“夐”，《西川羌族特殊載體檔案史料研究》作“緩”，非。

［13］冉駹：古族名。氐羌部族。亦指其國名。漢元鼎六年（前111），以其地置汶山郡。《史記·西南夷列傳》：“自筰以東北，君長以什數，冄（冉）駹最大。”④ 張守節正義引《括地志》：“蜀西徼外羌，茂州、冄（冉）州本冄駹國地也。”⑤ “故”，《全宋文》作“生”。

［14］綿虒：西漢汶山郡治所。後屬蜀郡。東漢改為綿虒道。《蜀中廣記》：“汶川縣，漢之綿虒縣也。虎有角曰虒，行水中，地有此獸矣。”⑥ 因名。《水經注·江水》：江水“又有湔水入焉。水出綿虒道，亦曰綿虒縣之玉壘山”⑦。西晉廢。明為“寒水驛”。今四川省汶川縣轄鎮，位於岷江東岸。

［15］廣柔：西漢元鼎六年（前111）置，屬汶山郡。治今四川理縣東北。《後漢

---

① （清）胡渭撰，鄒逸麟整理：《禹貢錐指》卷九，《清代學術名著叢刊》，上海古籍出版社2006年版，第279頁。

② 丁福保：《説文解字詁林》卷十一上，中華書局1988年版，第10592頁。

③ 十三經注疏整理委員會：《春秋公羊注疏》卷二十七，《十三經注疏》，北京大學出版社2000年版，第693頁。

④ （漢）司馬遷：《史記》卷一百一十六，中華書局1959年版，第2991頁。

⑤ （唐）李泰等撰，賀次君輯校：《括地志輯校》卷四，《中國古代地理總志叢刊》，中華書局1980年版，第207頁。

⑥ （清）曹學佺：《蜀中廣記》卷五十一，《景印文淵閣四庫全書》（591），臺北：臺灣商務印書館1986年版，第711頁。

⑦ （北魏）酈道元著，陳橋驛等譯注：《水經注全譯》卷三十三，《中國歷代名著全譯叢書》，貴州人民出版社1996年版，第1144頁。

書·楊由傳》：建初間，“廣柔縣蠻夷反，殺傷長吏，郡發庫兵擊之”[1]。地節三年（前67）後屬蜀郡。西晉元康八年（298）後廢。《古今圖書集成》“廣柔一也”，《道光茂州志》《大禹史料彙集》《北川縣志》《西川羌族特殊載體檔案史料研究》脱“廣柔”二字。

［16］“汶山”，《全蜀藝文志》作“汶川”，並注：“汶川，原作‘汶山’。據朱本、鄒本改。下文敘三邑之離合，以汶山、汶川、石泉為序，可證此處作‘汶川’。汶山郡治今茂汶，汶川縣即今汶川。《輿地廣記》卷三十云北周置汶川縣，與此合。然本文所述地理沿革多不確，不足深辯。”朱本，指嘉慶二年（1797）朱遐塘刻本；鄒本，指光緒三十一年（1905）鄒蘭生刻本。《古今圖書集成》《龍安府志》《全宋文》等亦作“汶川”。

［17］譙周：字允南，三國巴西西充（今四川西充槐樹鎮）人。著名的儒學大師和史學家，精研六經，善書劄。《三國志》作者陳壽即出自他的門下。見《三國志·譙周傳》。陳壽，字承祚。三國蜀漢巴西郡安漢縣（今四川南充）人。著名史學家。師從譙周。歷蜀降晉、晉滅吴，任著作郎、治書待御史等職。著《三國志》。事跡見《晉書·陳壽傳》。皇甫謐：字士安，自號玄晏先生。安定郡朝那縣（今甘肅省靈台縣）人。三國西晉時著名醫學家、文學家。見《晉書·皇甫謐傳》。

［18］《汶志紀略·鄉里》：“刳兒坪，治南十五里。羌居。”[2] 同書《古跡》：“縣南十里飛沙關，嶺山里許，地平衍，名刳兒坪。有羌民數家，地可種植，相傳為聖母生禹處。有地址數百步，羌民稱為禹王廟，又稱為啟聖祠。”[3] 又，《四川通志·石泉縣》：“九龍山……第五嶺下即刳兒坪。”[4]

［19］“壽”，《道光茂州志》作“書”，非。《西川羌族特殊載體檔案史料研究》沿誤。《古今圖書集成》作“彝”，因清代避諱，以“彝”代“夷”。故録文更為“夷”。下同。

［20］《全蜀藝文志》《道光茂州志》《全宋文》作“記”，《古今圖書集成》作“紀”。紀：通“記”。記録；記載。《國語·晉語四》：“吾聞晉之始封也，歲在大火，閼伯之星也，實紀商人。”[5]

［21］“辨”，《大禹史料彙集》《北川縣志》作“辯”，非。

［22］鐵豹：岷山別稱。在今四川松潘縣西北。歐陽忞《輿地廣記》卷三十汶山

---

① （南朝宋）范曄撰，（唐）李賢等注：《後漢書》卷八十二上，中華書局1965年版，第2716頁。

② （清）李錫書：《汶志紀略》卷二，清嘉慶十年（1805）蕊石山房藏版，第7頁。

③ 《汶志紀略》卷四，第1頁。

④ （清）常明修，楊芳燦纂：《嘉慶四川通志》卷十五，巴蜀書社1984年版，第888頁。

⑤ 徐元誥撰，王樹民等點校：《國語集解·晉語四》，中華書局2002年版，第325頁。

縣條："《禹貢》：'岷山，在西北，俗謂之鐵豹嶺。禹之導江，發跡於此。'"① 《尚書·禹貢》："岷山導江，東別為沱。"② 大禹導江治水即此，所以岷江上游茂縣、汶川、北川、理縣等地存禹跡，人們建禹廟、刻禹碑，反映出該地民眾普遍的崇禹信仰。

［23］"三"，《道光茂州志》作"二"。

［24］國朝：指宋朝。《道光茂州志》徑改"國朝"為"宋"，當尊原文。唐貞觀八年（634），析北川縣地置石泉縣，仍隸茂州。宋熙寧九年（1076）始以石泉縣屬綿州，政和七年（1117）置石泉軍。"隸"，《古今圖書集成》作"利"；《西川羌族特殊載體檔案史料研究》作"地"，不取。

［25］"長"，《道光茂州志》作"盛"。《道光茂州志》《大禹史料彙集》《北川縣志》脱"且"。《全蜀藝文志》《古今圖書集成》《道光茂州志》作"謂"，《大禹史料彙集》《北川縣志》作"為"。

［26］"世"，《道光茂州志》《西川羌族特殊載體檔案史料研究》作"時"，非。其下，《道光龍安府志》衍"胄"。"太"上《大禹史料彙集》《北川縣志》衍"謂"；"世"下，衍"胄"字。

［27］"將"下《道光茂州志》衍"作"。《西川羌族特殊載體檔案史料研究》沿用。"祀"，原作"記"，據萬曆以下各本改。

［28］"疑"，《全宋文》作"議"。"郡"上，《道光茂州志》《大禹史料彙集》《北川縣志》衍"謂"；"有"上脱"計"。郡士計有功，字敏夫，自號灌園居士。臨邛人。博通經史。宣和三年（1121）進士，紹興五年（1135）以右承議郎擔簡州知縣，二十八年（1158）知四川眉州，三十一年（1161）移知嘉州。《四川通志》有傳。故原文"郡士"誤。又，原文"計有功"，古人豈會姓名同書，當有誤。《道光茂州志》《西川羌族特殊載體檔案史料研究》脱"郡士有功"四字。

［29］《道光茂州志》脱"事"。"擊"，《西川羌族特殊載體檔案史料研究》作"及"，非。

［30］"餘"，原刻"舉"，《道光茂州志》《西川羌族特殊載體檔案史料研究》沿用。據《全蜀藝文志》《古今圖書集成》《道光龍安府志》改。

［31］"注"，《古今圖書集成》《道光龍安府志》《全宋文》脱。《道光茂州志》作"駐"，非。《道光龍安府志》脱"發"。《西川羌族特殊載體檔案史料研究》脱"北倚層峰，江自西來，雷奔箭注，發匯於"等字。

［32］澮：水迴旋、深廣茂。"洄"，《道光茂州志》作"泗"，非。迤邐：亦作

① 歐陽忞：《輿地廣記》卷三十，四川大學出版社 2003 年版，第 866 頁。

② 十三經注疏整理委員會：《尚書正義》卷六，《十三經注疏》，北京大學出版社 2000 年版，第 194 頁。

“迤里”“池邐”。蜿蜒曲折貌。《道光龍安府志》作“迤逞”，或為增强行走之貌，添加走之底。遶：同“繞”。《西川羌族特殊載體檔案史料研究》作“繞”，是。

［33］“烹”，原刻“享”，《道光龍安府志》沿用。意為供祭品奉祀祖先。《尚書・盤庚上》：“茲予大享于先王。”孔穎達疏：“《周禮・大宗伯》祭祀之名：天神曰祀，地祇曰祭，人鬼曰享。此‘大享於先王’，謂天子祭宗廟也。”① 泛指祭祀。享，“烹”的古字。

［34］“芳”，《道光龍安府志》作“菲”，義近詞非。縉紳：舊時官宦衣服在腰帶間插笏。借指士大夫。“縉”，《道光茂州志》《全宋文》作“搢”。“激”，《西川羌族特殊載體檔案史料研究》作“殷”，非。

［35］“勸”，《道光茂州志》《西川羌族特殊載體檔案史料研究》作“遡”。“歎”，《道光龍安府志》作“勸”，均非。“廟以門計一十有八”至此，記石泉石紐山下禹廟的規模和廟祭盛況。

［36］《古今圖書集成》“縏”，《道光茂州志》《大禹史料彙集》《北川縣志》《西川羌族特殊載體檔案史料研究》作“繁”。

［37］“有”下，《古今圖書集成》衍“守”；《道光龍安府志》衍“澤”。

［38］《古今圖書集成》《道光茂州志》作“刑”，同“形”。《大禹史料彙集》《北川縣志》作“形”，是。

［39］《全蜀藝文志》《道光龍安府志》“大”，它書均脱。

［40］《西川羌族特殊載體檔案史料研究》脱“廟”。

［41］尸祝：古代祭祀時對神主掌祝的人。《晉書・嵇康傳》：“恐足下羞庖人之獨割，引尸祝以自助，故為足下陳其可否。”②

［42］《道光茂州志》《西川羌族特殊載體檔案史料研究》脱“然”。

［43］《道光茂州志》《西川羌族特殊載體檔案史料研究》脱“地”。“坼”，裂開之意。原作“析”。按皇甫謐《帝王世紀》載禹母修己“胸坼而生禹”③，見《史記・夏本紀》《正義》引，知“析”為“坼”之訛。《古今圖書集成》《道光龍安府志》《道光茂州志》等各書作“析”。原刻“鉤鈴王計”，《古今圖書集成》等各書沿用，語義不可通。據《全蜀藝文志》改“鉤鈐玉斗”。《尚書帝命驗》：“有人大口，兩耳參漏，足文履巳，首戴鉤鈐，胸懷玉斗。分別九州，隨山濬川，任土作貢。”④“王計”

---

① 十三經注疏整理委員會：《尚書正義》卷二，《十三經注疏》，北京大學出版社 2000 年版，第 276 頁。

② （唐）房玄齡等：《晉書》卷四十九，中華書局 1974 年版，第 1371 頁。

③ （晉）皇普謐：《帝王世紀》第三，《二十五別史》，齊魯書社 2000 年版，第 21 頁。

④ （日）安居香山、中村璋八輯：《緯書集成》，河北人民出版社 1994 年版，第 370 頁。

與“玉斗”，字形相似而訛。“玉斗”，《全宋文》作“主計”。

［44］“滄”：通“蒼”。《道光茂州志》《全宋文》作“蒼”。《古今圖書集成》“第”，《道光茂州志》《大禹史料彙集》《北川縣志》《西川羌族特殊載體檔案史料研究》作“茅”。《道光龍安府志》脱“第”。

［45］“記”，《道光茂州志》作“祝”，語義暢達。黃熊：古代傳説中的獸名。出自《左傳·昭公七年》。《全宋文》釋“熊”作“能”，非。

［46］焄蒿：祭祀時祭品所發出的氣味。後亦用指祭祀。《禮記·祭義》：“其氣發揚于上，為昭明，焄蒿悽愴，此百物之精也，神之著也。”鄭玄注：“焄，謂香臭也。蒿，謂氣蒸出貌也。”①《古今圖書集成》“詭”，語義不暢。《道光茂州志》《西川羌族特殊載體檔案史料研究》作“讬”，可取。

［47］《古今圖書集成》“祠”，《道光茂州志》《大禹史料彙集》《北川縣志》作“祀”。汶川縣綿虒有禹王廟，2008 年汶川特大地震後重修。

［48］《道光茂州志》《西川羌族特殊載體檔案史料研究》脱“禮也者”。

［49］會稽：浙江紹興會稽山。宛委：即宛委山，在浙江紹興東南。

［50］“允”，《古今圖書集成》作“未”，非。“允”上，《道光茂州志》《大禹史料彙集》《北川縣志》衍“祀”。

［51］《全蜀藝文志》《道光茂州志》《西川羌族特殊載體檔案史料研究》《全宋文》作“惓惓”，念念不忘之意。《古今圖書集成》作“倦倦”，非。

［52］“報上”，《道光龍安府志》作“報反”，非。

［53］“於朝”，《西川羌族特殊載體檔案史料研究》作“廟”，非。《全蜀藝文志》《道光茂州志》《大禹史料彙集》《北川縣志》《西川羌族特殊載體檔案史料研究》作“陟”，祭祀山嶽。《詩經·周頌·般》：“陟其高山，嶞山喬嶽，允猶翕河。”鄭玄箋：“則登其高山而祭之。”②《古今圖書集成》作“秩”，非。

［54］“是”下，《道光茂州志》《大禹史料彙集》《北川縣志》衍“乎”。

［55］此四字，《西川羌族特殊載體檔案史料研究》作“詩曰”，非。

［56］“生”上“帝”，《西川羌族特殊載體檔案史料研究》作“地”，非。

［57］“山名”，《道光龍安府志》《全宋文》作“名山”。《全蜀藝文志》“虚”，《古今圖書集成》《道光龍安府志》《道光茂州志》等各書作“墟”。以“墟”為宜。

［58］二“禹”字，《大禹史料彙集》《北川縣志》作“厥”，非。

---

① 十三經注疏整理委員會：《禮記正義》卷四十七，《十三經注疏》，北京大學出版社 2000 年版，第 15463 頁。

② 十三經注疏整理委員會：《毛詩正義》卷十九，《十三經注疏》，北京大學出版社 2000 年版，第 1617 頁。

［59］“長發其祥”，語出《詩經·商頌·長發》：“濬哲維商，長發其祥。”① 後用作歌頌帝王祖先有明德、享國長久的典故。“常”，《道光茂州志》《西川羌族特殊載體檔案史料研究》作“長”。

［60］“其”，《全宋文》作“乃”。

［61］“方”，《全宋文》作“邦”。

［62］“感”，《全宋文》作“威”，非。

［63］《西川羌族特殊載體檔案史料研究》脱“千”字。“愧”，《全宋文》作“媿”，非。

［64］《古今圖書集成》《道光龍安府志》《全宋文》作“感”，《全蜀藝文志》《道光茂州志》《大禹史料彙集》《北川縣志》作“作”。

彙考

南宋計有功作《大禹廟記》，引經據典、詩文兼修，探討大禹故里，建議朝廷把祭祀大禹載入祀典，彰揚其德。明王廷瞻《禹廟記》：“《帝王世紀》及《路史》《華陽》《元和志》、楊子雲（楊雄）《蜀記》並載：‘帝禹，汶山廣柔人也。生於石紐。’蓋今之石泉縣。”② 基於這樣的認識，嘉靖三十九年（1560），石泉戍將周宗立傳為大禹書《北川禹碑》。清嘉慶十八年（1813）石泉知縣姜炳璋撰《重建夏禹王廟記》。而嘉慶十二年（1807）《石紐山聖母祠碑》（汶川縣令李錫書撰）、乾隆五十五年（1790）《大禹故里紀事碑》（汶川縣知縣鄭命新撰）則認為大禹故里在汶川。不論禹生石泉石紐，還是汶川石紐，大禹故里在四川已為學界共識。這些石刻文獻都真實地記録了羌人乃至西川茂縣、汶川、北川等羌區敬奉大禹的史實和盛況，以及統治者彰揚大禹，利用羌人崇禹信仰、“禮樂文物，日浸月長”，教化羌人，並成為認識、研究大禹故里的重要史料。

---

① 十三經注疏整理委員會：《毛詩正義》卷二十，《十三經注疏》，北京大學出版社 2000 年版，第 1708 頁。

② （清）陳夢雷等：《古今圖書集成》卷六百二十（11），中華書局 1934 年版，第 49 頁。

附

183－1　古綿虒縣題記　道光十一年（1831）

説明

碑石右下、左上下角殘損。尺寸失記。

題記

古綿虒縣。/

道光辛卯年重修。/

灌縣事杭州□□立。/

著録

阿壩州文管所藏原石照片

184 負志成甘氏三娘買地券 淳熙三年（1176）十一月初五

地券

説明

地券出土於四川省汶川縣，具體地點不詳。現藏汶川縣文博館。券文13行，滿行19字。楷書。

券文

合同。/

二冢地券[1]，埽墓大吉。/淳熙三年，太歲丙申，十一月壬寅朔，初五日丙午，亡人負志成甘氏/有界分。天師所逝，急急如律令。/炁邪精遠避千里，鬼神不得違越侵奪。亡人各/保契人石公𦈢，印契人金主簿，高山赤松子。故/泉四至分明。其田書契人張坚故，讀契人李定度[2]。/至离位朱雀，北至坎宫玄武，上至倉天，下至黄[3]。/周迊其地，東至震位青竜，西至兑宫白虎，南/得前件墓田一所，内有周流一頃内房，勾陳四至[4]。/雜信金銀，錢財九十九貫九，伯文就此皇帝處，買/長才里。歿故亡人負志成、甘氏三娘二菟。今用五綵。/

維大宋釖南西川成都府路茂州汶川縣滋茂鄉[5]。/

著録

汶川縣文博館藏石

注釋

［1］菟：即“�”。構件位移。

［2］石公直、金主簿、赤松子、張坚故、李定度，皆傳説中的仙人，買地陰券中屢見，以庇護墓主亡魂。後三人常一同出現，一般作王子僑、赤松子、李定度、張堅固。定度、堅固主要是為了確認土地買賣的合法性與可信性專門創造出來的①。南朝宋泰始六年（470）《歐陽景熙買地券》：“時王僑、赤松子、李定、張故分券為明，如律令。”②

［3］“黄”下，原刻脱“泉”。

［4］竜：同“龍”。買地券中東西南北所指界址，常為虚指。《歐陽景熙買地券》：“買此冢地。東至龍③，南至朱雀，西至白虎，北至玄武，上至黄天，下至黄泉。”④

［5］滋茂鄉：鄉境宋熙寧五年（1072）屬青城縣，元代屬灌州，明代屬灌縣的滋茂鄉。清代先後屬筏村、麻溪局和遵諭局、西七區、漩口鄉。民國初屬麻溪鎮、玉溪鄉。現屬麻溪鄉。

---

① 黄景春：《地下神仙張堅固、李定度考述》，《世界宗教研究》2003年第1期，第53頁。

② 桂林博物館、桂林石刻博物館編：《中國西南地區歷代石刻匯編·廣西桂林卷》，天津古籍出版社1998年版，第1頁。

③ “龍”上原刻脱“蒼”或“青”字。古代以“青龍”配東方。蒼龍，亦即青龍。

④ 桂林博物館、桂林石刻博物館編：《中國西南地區歷代石刻匯編·廣西桂林卷》，天津古籍出版社1998年版，第1頁。

彙考

買地券是買賣土地的一種憑據，由當事各方共同訂立。多為陰卷，一般埋於壙中，作為死者安葬墓塋、佔有墓地的證據，是為死者在陰間地府所立的券契，屬於冥間文書。一般寫明買地時間、地域的四至八到、土地價格、用錢數目，同時有知見證明人。羌區少見。汶川文博館館藏兩通，分別為淳熙三年（1176）《貟志成甘氏三娘買地券》、明嘉靖十八年（1539）《高安買地券》。茂縣羌族文博館藏《蔣承爵地券》，兩通，抹角，大小相同。一刻“右券給付亡人蔣承爵收照。/□□地脉，/卦鎮山崗/”。一中間有斷裂痕，刻“右券給付亡人張氏六收照。/天星旺貴子，/地脉蔭兒孫/”。四周刻八卦紋。無刻石時間①。

---

① 曾曉梅藏原石照片。

185 魏侯祠記 嘉定九年（1216）

説明

碑石亡佚。《石泉縣志》著録："奉議郎賜緋魚袋史子申，南部人。"①

碑文

魏侯祠記。

紹興良二千石魏公，有盛德在吾邦，視漢朱邑桐鄉。法當祠泮宫[1]，有塑像，春秋與祀。蓋諸生倣《魯詩》以頌公興學之賜[2]。邦之人飲食必祝，祖孫數世，見聞相襲。覩城郭、宫室、籩豆禮樂[3]，如見公精爽焄蒿間，不但憩棠思人也[4]。趙侯守邦，築室祀公雞棲山下，刻大尹公所撰墓銘於其側。凡公出處，與有德於是邦者，悉具於此。

惟公在當時，為天子牧民[5]，見利必興，有害斯除，顧不計其後之如何仰慕也。自甲子迄丙子[6]，揆之以年，是時侯與子申俱未生也。今侯作室而祀之，子申奉令惟謹，不敢怠忽。其奉馨香而來者，又皆向日士民之子若孫。公所施於平日，上足以置人推尊，下足以啟人愛敬不忘如此，是豈無其故哉？昔羊祜之在峴山[7]，既死，襄陽之民於嘗所憩游，建廟立碑，望其碑者，莫不流涕。柳儀曹有德於柳州[8]。他年，神降於羅池，歐陽翼等作廟以祀之[9]。蓋萬世之心，締於一理。人本五常之理以生，聞風思慕，與理相感。則報本之心，有不期然而然者，此趙侯與吾邦人不忘公之實也。

公，平涼人，以武發身，氏族諱字詳諸銘。

著録

1.《乾隆石泉縣志》卷4－18②。2.《道光石泉縣志》卷10－10。3.《道光龍安府志》卷9上－26。4.《民國北川縣志》434、503。

注釋

［1］泮宫：泛指古代學宫。《漢書・郊祀志》："周公相成王，王道大洽，制禮作

---

① 楊鈞衡等修，黄尚毅等纂：《民國北川縣志》，石印本，1932年，第434頁。

② （清）姜炳璋：《乾隆石泉縣志》卷四，《故宫珍本叢刊》（207），海南出版社2001年版，第421頁。

樂，天子曰明堂辟雍，諸侯曰泮宮。”顏師古曰：“泮言半也。制度半於天子之辟雍也。”①

［2］《魯詩》，古代今文學派之一。漢初魯人申公所傳。申公研習《詩經》最精，回歸故里辦學，傳授《詩經》《春秋》，弟子千餘。此謂魏公羌區興學之舉，義同申公。

［3］籩豆：籩和豆。古代食器，竹制為籩，木制為豆。古代祭祀時盛祭品的兩種器具。

［4］焄：同“熏”。焄蒿：祭祀時祭品發出的氣味。亦指祭祀。“憩棠”，典出《詩經・召南・甘棠》。用召公甘棠典故，謂魏公任地方官，施惠於民，受到人民的愛戴。“棠”，《乾隆石泉縣志》《道光石泉縣志》《民國北川縣志》作“堂”，大誤。

［5］牧民：治民。《國語・魯語上》：“且夫君也者，將牧民而正其邪者也，若君縱私回而棄民事，民旁有慝，無由省之，益邪多矣。”②

［6］甲子，宋嘉泰四年（1204）。丙子，嘉定九年（1216）。《乾隆石泉縣志》云：“嘉定八年。”③ 非。撰文時間當為嘉定九年（1216）。據碑文糾《乾隆石泉縣志》之誤。

［7］羊祜，“字叔子，泰山南城人也”④。西晉名將，鎮襄陽，都督荊州諸軍事，屯田興學，深得民心。峴山，位於襄陽城南。羊祜在任期間常登臨此山。參《晉書・羊祜傳》。

［8］柳儀曹：即“柳宗元”，字子厚，河東（今山西芮城、運城一帶）人。唐宋八大家之一。唐元和間，永貞革新失敗，貶永州司馬，徙柳州刺史。參新舊《唐書・柳宗元傳》。

［9］“歐陽翼等”，指柳宗元郡將魏忠、謝寧、歐陽翼。柳宗元卒於柳州，州人建廟祀之。唐韓愈《羅池廟碑》：“嘗與郡將魏忠、謝寧、歐陽翼飲酒驛亭。”⑤

---

① （漢）班固撰，（唐）顏師古注：《漢書》卷二十五上，中華書局1962年版，第1193－1194頁。

② 徐元誥撰，王樹民等點校：《國語集解・魯語上第四》，中華書局2002年版，第172頁。

③ 姜炳璋：《乾隆石泉縣志》卷四，北川羌族自治縣黨史地方志辦公室據清乾隆三十三年（1768）本重刊，內部資料，2008年，第95頁。

④ （唐）房玄齡等：《晉書》卷三十四，中華書局1974年版，第1013頁。

⑤ （宋）姚鉉：《唐文粹》，吉林人民出版社1998年版，第571頁。

金

186 折可存墓誌 天會八年（1130）十月初四

墓誌

説明

墓誌出土於陝西省府谷縣孤山鄉天平山折氏墳園。出土時間，一説清光緒十八年（1892），一説1939年。現嵌於府谷縣老城縣懸空寺墻上。高76 cm，寬80 cm。范圭撰並書丹。誌文27行，滿行28字。楷書。由於被長期用作衣服板，泐蝕較嚴重。

誌文

宋故武功大夫河東第二將折公墓誌銘。/

華陽范圭書撰。/

公諱可存，字嗣長[1]，府州之折也。惟折氏遠有世序，茅土相紹，垂三百年，代/不乏賢豪。

公為人剛直不撓，倜儻有大節。嘗慨然起功名之念，恥驕矜而/羞富貴。篤學喜士，敏扵為政，名重縉紳間，果公家一代之奇才也。

曾祖簡/州團練使，贈崇信軍節度使，諱惟忠。曾祖妣劉氏，彭城郡夫人。祖果州團/練使，贈太尉，諱繼閔。祖妣劉氏，雲安郡夫人；慕容氏，齊安郡夫人；郭氏，咸/安郡夫人。考秦州觀察使，贈少師，諱克行，謚曰武恭。妣王氏，秦國夫人。

公/以武恭蔭補入仕[2]，為右班殿直，俄遷左侍禁。官制行，改忠訓郎，充經略司/準備差使[3]。公之仲兄，今節制承宣公也，時為統制官，辟公主管機宜文字。/夏人女崖，來擾我邊，西陲不寧者十有五年。女崖，酋之桀黠者，伺吾虛實，/洞察無遺，邊民苦之。朝廷立賞禦逐，統制命公率所部捕之。眾不滿百，/公設奇謀，以伏兵生獲女崖，遂奠西土。功奏，遷秉義郎、閤門祗侯，升第四/副將。

宣和初元，王師伐夏，公有斬獲績，升閤門宣贊舍人。方臘之叛，用第/四將從軍[4]。諸人藉才，互以推公，公遂兼率三將兵。奮然先登，士皆用命，臘/賊就擒，遷武節大夫。班師過國門，奉御筆捕草寇宋江[5]。不逾月，繼獲，/遷武功大夫。

張孝純帥太原[6]，辟河東第二將。雁門索援，公受命不宿，曰："固/吾事也。"[7]即駐兵崞縣。城陷，被質應州[8]。丙午歲，自應間道而南也，季秋四日，/終於中山府北寨，享年三十一。庚戌十月四日[9]，葬於府州西天平山武恭/公域之東。

公娶吉州刺史張世景之女，封安人。一子彥深，保義郎，早亡。女/一人，許適蜀忠文公曾孫范圭[10]。圭嘗聞公之來中山，蓋今太安人張氏，乃/公所生母，尚在并門，公欲趨並拜母。無何，數不少延，壽止於斯。哀哉！忠孝/兩不得盡，在公為深憾矣。於其葬也，圭受命于承宣公而為之銘。銘曰：/

既冠而仕，仕已有聲。女崖巨猾，舉不再征[11]。/俘臘取江，勢若建瓴。雁門之役，為將治兵。/受命不宿，懷忠允勤。問道自南[12]，憶母在並。/公乎云亡，天道杳冥。誰為痛惜，昭昭斯銘。/

著録

1. 北京大學圖書館藏拓。2.《榆林碑石》90 圖，263 文。3.《〈宋武功大夫河東第二將折公墓誌銘〉跋——宋江史料之新發現》，重慶《益世報》1942 年 5 月 28 日第四版。4.《宋故武功大夫河東第二將折公（可存）墓誌銘》，《北京大學學報》（哲社版）1978（2）。5.《党項與西夏資料匯編》卷上 1－201。6.《府谷縣志》711。

注釋

［1］“長”，《府谷縣志》作“良”。兩字形非常相似，細視原拓，中間是長横，是“長”字。折可存，曾祖惟忠，祖繼閔，父克行。多智善謀，孔武有力。曾以計擒獲夏人酋長女崖。名見《宋史・楊震傳》。史乘無傳，可補史闕。

［2］武恭：克行謚武恭。蔭補：因祖先功勳而補官。

［3］政和年間（1111－1118）《折繼閔神道碑》：“可存，忠訓郎、閤門祇侯。”碑誌吻合。忠訓郎：武官名。階官名。北宋徽宗政和中，定武臣官階五十三階，第四十七階以左侍禁改忠訓郎。第四十八階以右侍禁改忠翊郎。下文“秉義郎”，舊稱“秉節郎”，第四十六階。準備差使：宋置。隸屬於經略安撫使司，文武臣均有準備差使。無固定職掌。《宋史・職官志》制置使條：“大使置屬：準備將領、差遣、差使各五員。”①

［4］可存率衆將打方臘，事見《宋史・楊震傳》：楊震“從折可存討方臘，自浙東轉擊至三界鎮，斬首八千級。追襲至黄巖，賊帥吕師囊扼斷頭之險拒守，下石肆擊，累日不得進。可存問計，震請以輕兵緣山背上，憑高鼓譟發矢石，賊驚走，已復縱火自衛。震身被重鎧，與麾下履火突入，生得師囊，及殺首領三十人，進秩五等。還知麟州建寧砦”②。

［5］草寇：對農民起義者的蔑稱。“捕草寇宋江”，非宋徽宗御筆原文，為范圭記事敘述。可存擒方臘，遷武節大夫。捕宋江，遷武功大夫。捕宋江，史未載，可補史闕。

［6］“統”，《宋故武功大夫河東第二將折公（可存）墓誌銘》作“純”，非。

［7］“吾”，《府谷縣志》作“無”，非。

［8］“質”，《榆林碑石》作“執”，非。金兵攻雁門，可存赴援，駐守崞縣。宣和七年（1125）城破被俘。折可存“被質”於應州（今山西省應縣）。

［9］丙午歲，即靖康元年（1126），可存從俘虜營逃出，當年四月病歿。庚戌，

① （元）脱脱等：《宋史》卷一百六十七，中華書局 1977 年版，第 3955 頁。

② 《宋史》卷四百四十六，第 13166 頁。

即金太宗八年（1130）。此時，折氏已降金，不言金年號，只語宋年號。《折彥文妻曹氏墓誌》亦如此，云“己酉歲”，即南宋建炎三年、金天會七年（1129）；“庚戌”，即建炎四年、金天會八年（1130），顯示出折氏宗宋情懷。

［10］蜀忠文公：即范鎮，字景仁，華陽（今四川成都）人。北宋文學家、史學家。寶元元年（1038 年）進士。與歐陽修、宋祁共修《新唐書》。累封蜀郡公，謚忠文，贈右金紫光禄大夫。著述豐，有文集及《東齋記事》。參《宋史・范鎮傳》。

［11］“舉”，《府谷縣志》作“常”，非。

［12］問道：犹問路。“問”，《府谷縣志》作“間”，非。

彙考

誌載可存打宋江，史籍無，可補史闕，但為孤證，尚待進一步考證。打方臘，可見《宋史・楊震傳》、劉一止《宋故敦武郎知麟州建寧寨累贈太師秦國公楊公墓碑》①。《楊震傳》載：（楊震）“從折可存討方臘，自浙東轉擊至三界鎮，斬首八千級”。又追襲響應方臘而起義的“賊帥吕師囊”②。楊震是代州人，與折可存同屬河東將領。

---

① （宋）劉一止等：《苕溪集》卷四十八，《景印文淵閣四庫全書》（1132），臺北：臺灣商務印書館 1986 年版，第 233 頁。

② （元）脱脱等：《宋史》卷四百四十六，中華書局 1977 年版，第 13166 頁。

187 折彦文妻曹氏墓誌 天會八年（1130）十月初四

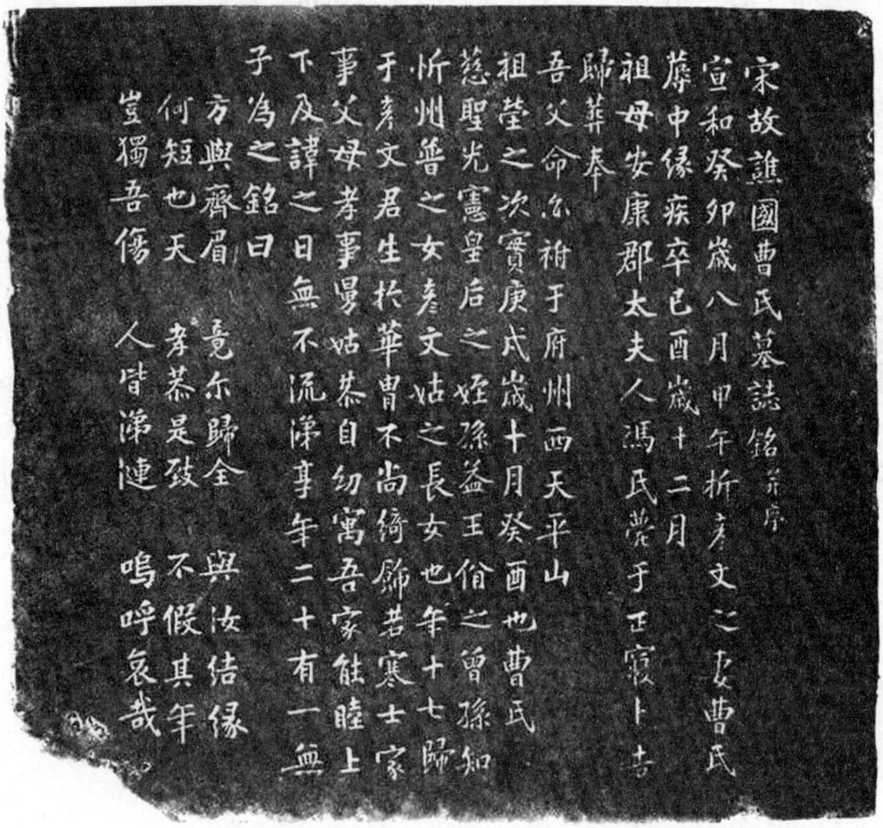

墓誌

説明

墓誌於1939年在陝西省府谷縣孤山鄉楊家溝村西堬頭（天平山）出土。現藏府谷縣老城下懸空寺内。誌石高、寬均65 cm。折彦文撰文。誌文16行，滿行16字。楷書。

誌文

宋故譙國曹氏墓誌銘并序。

宣和癸卯歲八月甲午，折彦文之妻曹氏[1]，/薨中緣疾卒。己酉歲十二月[2]，/祖母安康郡太夫人馮氏薨于正寢，卜吉/歸葬。奉/吾父命，亦祔于府州西天平山/祖塋之次，實庚戌歲十月癸酉也。

曹氏，/慈聖光憲皇后之姪孫，益王佾之曾孫，知/忻州普之女[3]，彦文姑之長女也。年十七，歸/于彥文。君生於華胄，不尚綺飾，若寒士家。/事父母孝，事舅姑恭。自幼寓吾家，能睦上/下。及諱之日，無不流涕。享年二十有一，無/子。為之銘曰：/

方與齊眉，竟尔歸全[4]。與汝結緣，/何短也天。孝恭是致，不假其年。/豈獨吾傷，人皆涕漣。嗚呼哀哉。/

著録

1.《榆林碑石》91 圖，264 文。2.《折氏家族史略》114。3.《府谷縣志》712。

注釋

［1］折彥文：可求子，繼閔曾孫。生卒年不詳。金將婁室圍攻晉寧軍，捉彥文，可求以麟、府、豐州及九堡寨降金。《宋史・高宗紀》載：建炎二年十一月，“金人犯晉寧軍，守臣徐徽言拒卻之，知府州折可求以城降”①。時在天會六年（1128）。《金史・太宗紀》載：天會七年“二月戊辰，宋麟府路安撫使折可求以麟、府，豐三州降”②。時間略有出入，至遲在天會七年（1129），可求降金。1139 年，府州城被西夏人攻陷，出奔大同。名可見《東都事略・本紀》：靖康元年（1126）十二月“丙寅，遣陳過庭、劉韐、折彥文往河北、河東割地。金人拘過庭于軍前”③。

［2］曹氏卒於宣和癸卯歲，即宣和五年（1123），葬於庚戌歲，即金天會八年（1130）、南宋建炎四年。《府谷縣志》釋“己酉”（金天會七年）作“乙酉”，非。乙酉年，或北宋崇寧四年（1105），此時金尚未立國；或南宋乾道元年（1165），金大定五年，此時府州已淪西夏之手，故《府谷縣志》作“乙酉”，大誤。《折氏家族史略》脱“十”字，《府谷縣志》沿用。

［3］“普”：即曹普。《折氏家族史略》衍“曹”字。

［4］齊眉：謂夫妻相敬如賓。歸全：謂善終。不遭災難，終其天年。語出《後漢書・崔駰傳》：“貴啟體之歸全兮，庶不忝乎先子。”④

彙考

折彥文妻曹氏，宋仁宗曹皇后之弟曹佾的曾孫、忻州知州曹普與折彥文姑母的長女，自幼長在舅舅折家。據此知，折氏與皇親曹氏為世婚，可見其與北宋上層集團關係密切。曹氏，“事父母孝，事舅姑恭”，“能睦上下”，“方與齊眉”，儼然漢家女子。全文三百餘字，兩次用典，足見折氏一族漢化之深。

---

① （元）脱脱等：《宋史》卷二十五，中華書局 1977 年版，第 458 頁。

② （元）脱脱等：《金史》卷三，中華書局 1975 年版，第 60 頁。

③ （宋）王稱：《東都事略》卷十二，齊魯書社 2000 年版，第 95 頁。

④ （南朝宋）范曄撰，（唐）李賢等注：《後漢書》卷五十二，中華書局 1965 年版，第 1706 頁。

从911年府州建立到1129年折可求降金，共218年，折氏七代十四人（折從阮、折德扆、折御勳、折御卿、折惟正、折惟昌、折惟忠、折繼宣、折繼閔、折繼祖、折克柔、折克行、折可大、折可求）鎮守府州，“簪纓不替，其勳業彪炳史册，卓絶千古”[①]。與西夏作戰，前後達百餘年，遏制了西夏騎兵，使其始終未能東逾黄河。北宋滅亡，紹興九年（1139）可求被金人毒殺，西夏襲取府州。折氏子孫離散，留在北方的，彦若為陝西吴堡寨主兼將軍[②]；可求子彦文知代州（山西代縣），再東遷移守青州（山東益都），仍尚武。参《金史·張奕傳》。可適子彦質隨宋廷南下，崇文。今陝北榆林府谷、神木、佳縣、米、綏德，延安子長、延川、洛川、黄陵等地，都有折姓人，他們多是党項漢化後裔，有的就是折氏後人。從這裏也反映了党項的民族融合。

折氏的興旺，基於唐末、五代、北宋分裂動蕩的政治局面，處在宋、契丹、西夏地理要衝，獲得歷届政府各種特殊政策，世代統領府州，更有蕃漢，特别是党項民眾基礎。而當其失去了這些根基，走向衰落是必然的結果。

---

① （清）畢沅：《關中金石記》卷六，《續修四庫全書》（908），上海古籍出版社2002年版，第259頁。

② 戴應新：《折氏家族史略》，《吴堡摩崖題記》，三秦出版社1989年版，第37頁。

188 吴堡摩崖題記 偽齊阜昌八年（1137）三月二十日

説明

摩崖刻於吴堡縣東門外懸崖上。今完好。

題記

廊地崇陴，自昔居民之要，深溝固壘，尤今禦侮之先。矧斯土之覊淪[1]，致此城之隳弊，尹公察視，爰自下車以來，慮水寨之毁陋，恨無力以堅新，今率寨民，共勸修整，工興土木，不日而成。其功速一何異哉。所謂臨河插徑，聿興障戍之隆，鑿石穿泉，遽復金湯之險，優賡前政，庶保永遐。

時阜昌八年，歲直丁巳，三月甲辰，二十日壬午[2]。

上黨杜端臣摩崖題記。

部役官高明，監押解遵益。寨主兼將折彦若[3]。保正杜沂、張顯。寨司杜適，匠人郝德、劉應全。

著録

《折氏家族史略》114

注釋

［1］覊：同“羈”，亦作“覉”。寄居。《左傳・昭公七年》：“單獻公棄親用羈。”杜預注：“羈，寄客也。”①

［2］阜昌：劉齊年號。濟南知府劉豫叛宋降金，為其扶持成立傀儡政權。國號大齊，改元阜昌。同時期的其他政權年號有南宋紹興、金天會、西夏正德。阜昌八年(1137)，金廢劉豫為蜀王，劉齊已亡。“直”，疑為“次”字。“歲次丁巳”，即南宋紹興七年。

［3］折彦若：繼閔曾孫彦若，成忠郎、閤門祇侯。見《折繼閔神道碑》。西夏攻佔府谷，自此折氏失去故地，子孫離散。彦若任陝西吴堡寨主兼將軍。吴堡寨，《吴堡縣志・輿地・山川》載，宋置。金為縣，故名②。

---

① 十三經注疏整理委員會：《春秋左傳正義》卷四十四，《十三經注疏》，北京大學出版社 2000 年版，第 1443 頁。

② （清）譚瑀：《吴堡縣志》卷一，道光二十七年夏本衙藏板，《中國方志叢書・陝西省》（300）。臺北：成文出版社 970 年版，第 45 頁。

189 折可復墓誌 約天會八年至天眷元年（1130－1138）[1]

説明

墓誌於 1976 年夏在陝西省府谷縣孤山鄉楊家溝村西堎頭（天平山）出土。與《折可復妻陳氏墓誌》同時出土。誌磚高、寬均 23 cm，厚 5 cm①。誌文 3 行，共 14 字。楷書。

誌文

武功大夫，/四騏驥長子可復，/男四人[2]。/

著録

1.《中國考古學會第一次年會論文集》447。2.《中國文物地圖集·陝西分册》下 656。3.《折氏家族史略》99。4.《榆林碑石》372。

注釋

［1］無紀年。誌文僅載誌主名、宋職官名，未及戰功、事跡，推其葬時北宋已亡，金有其地，折氏不願奉金正朔。天會八年（1130）《折可存墓誌》，華陽范圭受承宣公可復所托書撰。誌稱“庚戌”，即金天會八年（1130），“葬於府州西天平山武恭公域之東……於其葬也，圭受命于承宣公而為之銘”。此時，府州已為金地。宋紹興九年（1139）可求為金人毒殺，西夏襲取府州，夷折氏家族墳。其子彦文攜家眷奔大同府。那麽，可復夫妻埋葬時間在可求降金與彦文棄府谷前，即金天會八年至天眷元年（1130－1138）。

［2］可復：即折可復，繼閔第四子克儉長子，官至武功大夫，舊名皇城使，宋武官。騏驥：左騏驥使的簡稱。可復父，官左騏驥使。前冠“四”，是指父親克儉排行第四。父子名見《折繼閔神道碑》，長克俊，次克柔，次克行，“次克儉，左騏驥使”。“孫二十二人：長可復，武功大夫”。又，天會八年（1130）《折可存墓誌》：“公之仲兄，今節制承宣公也，時為統制官。”“統制命公率所部捕”夏人女崖。誌文“統制官”，即“可復”，時在宣和初元（1119）前。

① 《折氏家族史略》著録為：“長方形，上下長 29.6 左右，寬 24，厚 5 釐米。”

190 折可復妻陳氏墓誌 約天會八年至天眷元年（1130－1138）

説明

墓誌於1976年在陝西省府谷孤山鄉楊家溝村西堬頭（天平山）出土。誌石高、寬均23 cm，厚5 cm[①]。誌文3行，共12字。楷書。

誌文

四騏驥之長子，可復縣君陳氏。

著録

1.《中國考古學會第一次年會論文集》447。2.《中國文物地圖集・陝西分册》下656。3.《折氏家族史略》99。

① 《折氏家族史略》著録為："長29.5、寬25、厚5釐米。"

191 吴旗金夏畫界碑 正隆四年（1159）

第一碑

第二碑

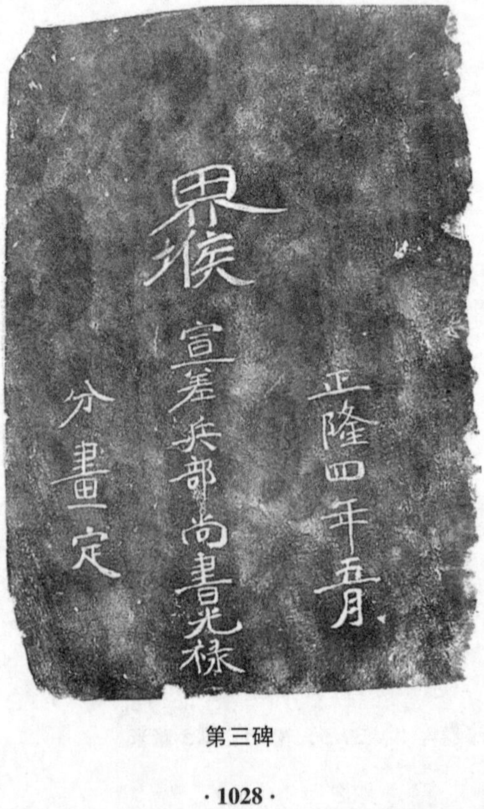

第三碑

説明

碑石於 1987 年在陝西省吴旗縣長官廟鄉白溝村後梁山出土，現藏吴旗縣文管所。《中國藏西夏文獻》編號 S62·001。共三塊，楷書。第一碑高 68 cm，寬 46 cm，厚 6.5 cm，文 3 行，大小 22 字。第二碑高 65 cm，寬 54 cm，厚 4 cm，文 3 行，19 字。第三碑高 65 cm，寬 46 cm，厚 4 cm，内容與第二碑相同。

碑文

韋娘原界堠[1]，宣差兵部尚書光禄/分晝定。/正隆四年五月。/（刻於第一碑石）

界堠，宣差兵部尚書光禄/分晝定[2]。/正隆四年五月/（刻於第二碑石，與第三碑石同）

著録

1.《陝西吴旗出土金與西夏劃界碑》，《文物》1994（6）。2.《中國藏西夏文獻·金石編》18－94 圖。

注釋

［1］堠：古代記里程或分界的土壇。古代五里為一堠，十里為二堠。

［2］“兵部尚書光禄”：即蕭恭，字敬之，烈奚王之後也。正隆四年，遷光禄大夫，復為兵部尚書。見《金史·蕭恭傳》。《金史·地理志》海陵王完顏亮正隆元年（1156）“命與夏國邊界對立烽候，以防侵軼”①。又，《金史·海陵紀》正隆四年（1159）“三月丙辰朔，遣兵部尚書蕭恭經晝夏國邊界”②。

彙考

碑石出土地點與甘肅省華池縣元城子鄉前寨子溝村毗鄰，南北為長梁。可見，金夏以此山梁為界。金代界碑，罕見，為金、西夏政權邊界研究，提供了重要的實證材料。但為何三通界碑出土於同一地點，原因待考。

① （元）脱脱等:《金史》卷二十六，中華書局 1975 年版，第 653 頁。

② 《金史》卷五，第 110 頁。

西　夏

192　大夏國葬舍利碣　大慶三年（1038）八月初十

説明

碑石原刻立於寧夏銀川市。據碣銘“下通掘地之泉，上構連雲之塔”，當刻於“連雲之塔”內，非承天寺塔。至明代，此塔早已倒塌，故明人將碑碣附會在承天寺，才有《隴右金石録》“在寧夏承天寺”之説。清乾隆後亡佚。兩面刻。

碑文

大夏國葬舍利碣銘[1]

右僕射兼中書侍郎、平章事臣張陟奉制撰[2]。

臣聞如來降兜率天宮，寄迦維衛國，剖諸母脅，生□□靈，逾彼王城[3]，學多瑞氣。甫及半紀，頗驗成功。行教□□衍之年，入涅槃[4]。仲春之月，舍利麗黄金之色，齒牙宣白玉之光，依歸者雲屯，供養者雨集，其來尚矣！無得稱焉。我聖文英武、崇仁至孝皇帝陛下，敏辯邁唐堯，英雄□漢祖[5]，欽崇佛道，撰述蕃文，柰苑蓮宮，悉心修飾，金乘寶界，合掌護持。是致東土名流，西天達士，進舍利一百五十枲[6]，並中指骨一節，獻佛手一枝[7]，及頂骨一方。罄以銀槨、金棺、鐵匣、石匱[8]，衣以寶物，□以毗沙，下通掘地之泉，上構連雲之塔[9]。香花永馥[10]，金石周陳。所願者：保祐邦家並南山之堅固，維持胤嗣[11]，同春葛之延長。百僚齊奉主之誠，萬姓等安家之懇。邊塞之干戈偃息，倉箱之菽麥豐盈。□於萬品之瑞，靡息一□之□。謹為之銘曰：

□者降神兮，開覺有情。肇登西印兮[12]，教化東行，□□之後兮，舍利光明。一切衆生兮，供養虔誠。□□聖主兮，敬其三保[13]。五百尺脩兮，號曰塔形。□□□兼兮，葬於兹壤。天長地久兮，遮幾不傾□[14]。

大夏天慶三年八月十日建，右諫議大夫羊□□書[15]。（以上刻於碑陽）

尚書右僕射兼中書侍郎、平章事、監葬舍利臣劉仁勛，都大勾當、修塔司同監葬舍利，講經論沙門事臣定惠[16]。（以上刻於碑陰）

著録

1.《宣德寧夏志》卷下－36。2.《寧夏志箋證》340。3.《嘉靖寧夏新志》卷2－44下。4.《隴右金石録》卷4－64。5.《〈嘉靖寧夏新志〉中的兩篇西夏遺文》，《寧夏大學學報》1980（4）。6.《党項與西夏資料匯編》卷上1－150。

注釋

［1］銘：原作“軌”，據《隴右金石録》改。《党項與西夏資料匯編》據《嘉靖寧夏新志》《隴右金石録》録文。

［2］張陟：大慶元年（1036）李元昊“始大建官”，《宋史·夏國傳》：“始大建官，以嵬名守全、張陟、張絳、楊廓、徐敏宗、張文顯輩主謀議。”① 張陟為漢官之首，是李元昊重臣。景宗大慶三年（1038）十月，元昊稱帝。改元“天授禮法延祚”②。刻石兩月後，元昊稱帝。

［3］逾：亦作“踰”。《隴右金石録》《党項與西夏資料匯編》作“踰”，是。

［4］“涅”，《〈嘉靖寧夏新志〉中的兩篇西夏遺文》作“湟”，非。涅槃：亦作“涅槃”。佛教語。意譯“寂滅”“圓寂”等。超越寂滅生死輪回後的境界，是佛教修行的最高理想。

［5］李元昊尊號。此時元昊尚未正式稱帝，從碑文看可能是為慶賀修建佛塔，號“聖文英武、崇仁至孝皇帝”，足見對佛教的重視。之後，有“（始文）盛武（興）法建禮主孝皇帝（世祖始文本武興法建禮仁孝皇帝）”和“風角城皇帝”的尊號③。“得”：通“德”。《隴右金石録》作“德”，是。又，漢祖，指漢高祖劉邦。該書作“漢主”。

［6］“曷”，《隴右金石録》作“杖”。

［7］“枝”，《隴右金石録》作“枚”，是。以“枚”為宜。《党項與西夏資料匯編》沿用“枚”。

① （元）脱脱等：《宋史》卷四百八十六，中華書局1977年版，第13994頁。

② 同上書，第13995－13996頁。

③ 崔紅芬：《西夏河西佛教研究》，民族出版社2010年版，第232頁。

［8］槨：同“棺”。《隴右金石録》作“棺”，是。匱：“櫃”的古字。《隴右金石録》作“櫃”，是。

［9］此句謂“連雲之塔”，可見其雄偉。元昊稱帝在大慶三年（1038）十月十一日，建碑“連雲之塔”時間與元昊稱帝在同一年，可以理解作元昊為建國製造輿論的工程。

［10］馥：舊志脱，據《隴右金石録》補。

［11］胤嗣：後嗣，後代。“胤”，《隴右金石録》作“聖”，非。

［12］“登”，《隴右金石録》作“發”，非。

［13］三保：即“三寶”。佛教語。《隴右金石録》《党項與西夏資料匯編》釋“保”作“寶”，是。但當尊原刻迻録碑文。

［14］《〈嘉靖寧夏新志〉中的兩篇西夏遺文》《党項與西夏資料匯編》認為“傾”下無字，恐非。

［15］天慶：西夏第六代皇帝桓宗李純佑年號（1194－1205），“謚曰昭簡皇帝”①，與上文記載“聖文英武崇仁至孝皇帝”，即李元昊景宗，不是同一人。後者年號“大慶”。刻石時間“天慶三年”應是“大慶三年”。“建”下，《隴右金石録》衍“右僕射”等十七字，疑碑首的該段文字迻録至此。《〈嘉靖寧夏新志〉中的兩篇西夏遺文》釋“議”作“義”，並“羊”下作泐一字。《党項與西夏資料匯編》亦作泐一字。

［16］僅見明《宣德宁夏志》卷下《碑碣》“今考之”：“碑陰刻曰：尚書右僕射兼中書侍郎平章事監葬舍利臣劉仁勋，都大勾當修塔司同監葬舍利，講經論沙門事臣定惠。”② 他書均失載，材料非常珍貴。勾當：職銜名。宋稱各路屬官為勾當公事，後因避宋高宗趙構名諱而改為“幹辦公事”或“幹當”。宋李綱《靖康傳信録》卷三：“又以解潛為制置副使代姚古，以折彦質為河東勾當公事，與潛治兵於隆德府。”③

彙考

該碣撰人、書人、監葬舍利臣等都是西夏朝廷命官、重臣。監葬舍利臣劉仁勋，是兩代西夏國王的親信，為繼遷、德明出使遼宋。見《宋史·夏國傳》：景德三年（1006），德明“復遣牙將劉仁勖奉誓表請藏盟府，且言父有遺命”④。大中祥符五年（1012），建言繼遷上尊號，“德明追上繼遷尊號曰應運法天神智仁聖至道廣德孝光皇

① （元）脱脱等：《宋史》卷四百八十六，中華書局1977年版，第14026頁。

② 吴忠禮：《寧夏志箋證》，寧夏人民出版社1998年版，第340頁。

③ （宋）李綱：《李綱全集》卷一百七十三，岳麓書社2004年版，第1601頁。

④ （元）脱脱等：《宋史》卷四百八十六，中華書局1977年版，第13989頁。

帝，廟號太祖”[①]。撰文人張陟，元昊時期朝廷重臣，位列漢官之首。《宋史·夏國傳》：“元昊既悉有夏、銀、綏、宥、静、靈、鹽、會、勝、甘、凉、瓜、沙、肅，而洪、定、威、龍皆即堡鎮號州……始大建官，以嵬名守全、張陟、張絳、楊廓、徐敏宗、張文顯輩主謀議，以鐘鼎臣典文書。”[②] 他們所任職官“尚書右僕射兼中書侍郎、平章事”“右僕射兼中書侍郎、平章事”，以及書丹人所任“右諫議大夫”，基本襲宋制。在唐宋官制中，左右僕射、左右丞相等，一般以左為尊。“都大勾當修塔司”，其中帶“都”者，以示尊大，比無“都”字者高一級。“修塔司”，史無載，監管皇家工程“連雲之塔”、監葬舍利，其職能相當於僧人功德司[③]，掌管國家佛教事務，是西夏佛教管理機構之一。這些材料為研究西夏職官和佛教提供了新信息。

① （元）脱脱等：《宋史》卷四百八十六，中華書局 1977 年版，第 13991 頁。

② 《宋史》卷四百八十五，第 13994 頁。

③ 史金波等譯注：《天盛改舊新定律令·可序行文門》卷十，法律出版社 2000 年版，第 366－367 頁。

193 承天寺碑 天祐垂聖元年（1050）三月二十五日

説明

碑石刻立於寧夏銀川西古城承天寺内，殘斷泐蝕嚴重，乾隆後佚。明朱㮵撰《宣德寧夏志》卷下《碑碣》最早著録。此書為海内外孤本，藏日本國立國會圖書館。現有吴忠禮箋證《寧夏志箋證》，著録為《承天寺碑記》。該碑又題《夏國皇太后新建承天寺瘞佛頂骨舍利碑銘》。

碑文

夏國皇太后新建承天寺瘞佛頂骨舍利銘[1]。

原夫覺皇應跡，月涵眾水之中[2]；聖教傍輝[3]，星烈周天子之上[4]。蓋□□磨什、鈍道澄圖[5]，常表至化以隨機[6]，顯洪慈濟物[7]，縱徑塵劫，愈自彰形。崇寶刹，則綿亙古今；嚴梵福[8]，則靡分遐邇。我國家纂隆丕祊[9]，鋹啟中興[10]，雄鎮金方，恢拓河右[11]。皇太后承天顧命[12]，冊制臨軒，釐萬務以緝綏[13]，儼百官而承式。今上皇帝，幼登宸極，夙秉帝圖。分四葉之重光[14]，契三靈而眷祐。粵以潛龍震位，受命冊制[15]，當紹聖之慶基[16]，乃繼天之勝地。大崇精舍，中立浮圖[17]。保聖壽以無疆，俾宗祧而延永[18]。天祐紀曆[19]，歲在攝提，季春廿五日壬子[20]，建塔之晨，崇基壘於碱砆[21]，峻極增乎瓴甋[22]。金棺銀槨瘞其下，佛頂舍利閟其中[23]。至哉！陳有作之因□[24]，仰金仙之垂範。□□無邊之福祉[25]，□符□□之欽崇。日叨奉作之綸言[26]。獲揚聖果，虔抽鄙思，謹為銘曰……（下泐蝕不能辨識）

著録

1.《宣德寧夏志》卷下－36。2.《寧夏志箋證》336。3.《嘉靖寧夏新志》卷2－44。4.《隴右金石録》卷4－52。5.《〈嘉靖寧夏新志〉中的兩篇西夏遺文》，《寧夏大學學報》1980（4）。6.《党項與西夏資料匯編》卷上1－149。7.《承天寺西夏斷（殘）碑新證》，《寧夏社會科學》2010（9）。

注釋

［1］“銘”，《寧夏志箋證》《嘉靖寧夏新志》《承天寺西夏斷（殘）碑新證》作“軌”。據《隴右金石録》改。《党項與西夏資料匯編》據《嘉靖寧夏新志》《隴右金

石録》録文。承天寺，建於西夏諒祚時期銀川西古城内。《甘肅通志》："在寧朔縣西。"① 以宋賜額"承天"而命寺為"承天寺"，是西夏王朝的主要佛寺，也是目前我國唯一有修建年代記載的一座西夏古塔。

［2］"月"上，《承天寺西夏斷（殘）碑新證》衍"夫"字。

［3］傍：結合上句"月涵眾水之中"，當為"滂"字。石刻文字中，編旁"亻"與"氵"常混訛。《隴右金石録》作"滂"，他書皆從。隱喻瘞埋的是影骨舍利。《党項與西夏資料匯編》作"傍"，《承天寺西夏斷（殘）碑新證》認為"傍"與"滂"二字相通。是。

［4］"烈"，《隴右金石録》作"列"，通"烈"。星列：如天星羅列，密佈貌。南朝梁簡文帝《南郊頌》序："珠旗日羽之兵，亙五營而星列。"②

［5］"蓋"下泐二字，應是人名。《嘉靖寧夏新志》疑為鳩摩羅什、佛圖澄，可從。

［6］常：原刻誤，按文義以"嘗"為宜。

［7］"洪"，《隴右金石録》作"弘"。原刻"洪"，以"弘"為宜。《党項與西夏資料匯編》於"慈"上衍"而"，非。

［8］梵福：梵文寫成佛經，謂佛教帶來的福音。

［9］"袧"，《隴右金石録》作"構"。《党項與西夏資料匯編》沿用。原刻"袧"，當以"構"為宜。

［10］中興：元昊稱帝，西夏建國，政治中心由河東（今靈武境），遷往河西（今銀川市），史稱"中興"。改興慶府為中興府。

［11］金方：西夏地處西方，按五行説西方屬金。河右：亦即河西，黄河以西的廣大地區，包括今陝北、内蒙古南部、寧夏、甘肅一部分地區，蒙元又稱西夏為"河西"。

［12］皇太后：即西夏第二代皇帝毅宗李諒祚之母没藏氏。《宋史・夏國傳》："諒祚，景宗（李元昊）長子也……母曰宣穆惠文皇后没藏氏……慶曆七年丁亥二月六日生，八年戊子正月，方期歲即位。"③ 此指皇太后攝政。可補史傳之闕。

［13］"務"，《隴右金石録》作"物"，《嘉靖寧夏新志》認為是"物"的誤寫，《承天寺西夏斷（殘）碑新證》作"務"。二字音近，"萬務""萬物"，都有所有事物的意思。

［14］四葉重光：佛家語，指四方佛。《金光明經・壽量品》第二："於蓮華上，

---

① （清）許容等修：《甘肅通志》卷十二，清乾隆元年（1736）刻本，第58頁。

② （清）嚴可均：《全梁文》（上），商務印書館1999年版，第132頁。

③ （元）脱脱等：《宋史》卷四百八十五，中華書局1977年版，第14000頁。

有四如來：東方名阿閦，南方名寶相，西方名無量壽，北方名微妙聲。”①

［15］“制”，按文例作“封”更妥。《嘉靖寧夏新志》《隴右金石録》《〈嘉靖寧夏新志〉中的兩篇西夏遺文》《党項與西夏資料匯編》《承天寺西夏斷（殘）碑新證》等均作“封”。

［16］紹聖：宋哲宗趙煦年號（1094－1098）。紹：《承天寺西夏斷（殘）碑新證》疑為“福”字，是。宋“紹聖”，應為西夏“福聖”年號之誤寫。《承天寺西夏斷（殘）碑新證》有詳細考證，可參。

［17］浮圖：亦作“浮屠”，與“塔婆”“兜婆”“偷婆”“窣堵坡”等，都是“塔”的梵語音譯和别稱。瘞埋佛骨的建築。

［18］宗祧：宗廟。引申為家族世系、宗嗣。

［19］天祐：即西夏毅宗李諒祚“天祐垂聖”（1050－1052）年號的縮寫。

［20］攝提：“攝提格”的省稱。古代歲星年法中的十二辰之一，相當於干支年法中的寅年。《爾雅·釋天》：“太歲在寅曰攝提格。”②《楚辭·離騷》：“攝提貞於孟陬兮，惟庚寅吾以降。”③此指夏毅宗諒祚天祐垂聖元年（1050），即宋仁宗皇祐二年庚寅。《西夏書事》：西夏福聖承道三年（1055）“冬十月，起承天寺。没藏氏……貯經（宋朝新賜大藏經）其中，賜額承天”④。起：豎立、豎起，這裡指建築物從開始到落成的過程。那麼，承天寺始建於1050年，建成於1055年。《承天寺西夏斷（殘）碑新證》作“皇祐三年”，非。“廿”，《隴右金石録》作“念”，即二十。

［21］碔砆：又作珷玞、武夫，似玉的石頭。赤地白彩，葱蘢白黑不分明，喻建塔的基石堅固、華美。“壘”，《嘉靖寧夏新志》作“疊”，非。

［22］峻極：極高。《禮記·中庸》：“發育萬物，峻極於天。”鄭玄注：“峻，高也。”孔穎達疏：“言聖人之道高大與山相似，上極於天。”⑤“極”，《隴右集釋録》《嘉靖寧夏新志》《党項與西夏資料匯編》作“級”，非。“乎”，“呼”的古字。《嘉靖寧夏新志》作“呼”。以“乎”為宜。瓴甋：《爾雅·釋宫》：“瓴甋謂之甓。”⑥甓，磚。瓴：泛指磚瓦砌成的通水溝。猶高屋之上，建瓴水。

---

① 劉鹿鳴譯注：《金光明經》卷一，中華書局2010年版，第10頁。

② 十三經注疏整理委員會：《爾雅注疏》卷六，《十三經注疏》，北京大學出版社2000年版，第187頁。

③ 林家驪譯注：《楚辭》卷一，《中華經典名著全注全譯》，中華書局2010年版，第3頁。

④ （清）吴廣成：《西夏書事》卷十九，民國二十四年（1935）影印，第11頁。

⑤ 十三經注疏整理委員會：《禮記正義》卷五十三，《十三經注疏》，北京大學出版社2000年版，第1699頁。

⑥ 十三經注疏整理委員會：《爾雅注疏》卷五，《十三經注疏》，北京大學出版社2000年版，第145頁。

［23］《承天寺西夏斷（殘）碑新證》未釋“閟”。

［24］“哉”，《承天寺西夏斷（殘）碑新證》作“或”，非。“因”下有一字，《承天寺西夏斷（殘）碑新證》《党項與西夏資料匯編》脱。

［25］“無”上泐二字，《隴右金石録》作一字，非。

［26］“叨”，《承天寺西夏斷（殘）碑新證》未釋，以為二字。

彙考

西夏立國不久，李元昊就“供佛五臺山”，實為窺視“河東道路”①。緊隨其後的實際掌權者没藏氏，營建承天寺，貯經其中，祈李諒祚聖壽“無疆”。二者如歷代統治者一樣，利用宗教，鞏固統治。當然，也真實地反映了西夏民族崇佛、信佛史實。

① （宋）李燾撰，上海師範大學古籍整理研究室、華東師範大學古籍整理研究室點校：《續資治通鑑長編》（9）卷一百二十一，中華書局 1985 年版，第 2849 頁。

194 凉州重修護國寺感應塔碑 天祐民安五年（1094）

碑陰

碑陽

碑陰局部

碑陰局部

説明

碑石原藏涼州（今甘肅省武威市）大雲寺内，現藏武威西夏博物館。《中國藏西夏文獻》編號 G32·001。碑高 250 cm，寬 90 cm。兩面刻，碑陽西夏文，額圭首，篆書“敕感應塔之碑銘”。文 28 行，滿行 65 字。楷書。碑陰漢文，額篆書“涼州重修護國寺感應塔碑銘”。文 26 行，滿行 70 字。楷書。兩面碑額各刻一對伎樂菩薩、雲頭寶蓋。碑文有縱横界格，四周刻雙綫框，内刻纏枝卷葉紋。該碑 1804 年為張澍發現，並記録在 1937 年刊發的《養素堂文集》卷十九《書西夏天祐民安碑後》一文中，是最早對該碑的著録和研究，俗稱《西夏碑》。該碑又題《西夏天祐民安碑》。

額

涼州重修護國寺感應塔碑銘。/

碑文

（此行闕）/（闕 27 字）扌智慧因緣，種種比喻，□□□□[1]，大抵與五常之教多有相似，其實入人深厚[2]，令智愚心服歸向，信重汪洋廣博□/（上泐）［阿育王起］八萬四千寶塔[3]，奉安舍利，報佛恩重。今武威郡塔，即其數也。

自周至晉，千有餘載。中間興廢，經典莫記。張軌稱制［涼］[4]，/治其宫室，適當遺址，（下泐）宫中數多靈瑞[5]，天錫異其事。時有人謂天錫曰：昔阿育王奉佛舍利，起塔遍世界中，今之宫乃塔之故基之一也。天錫遂捨其宫為［寺］，/就其地建塔[6]。適會□□□技類班輸者，來治其事[7]，心計神妙，凖繩特異，材用質簡，斤踪斧迹，極其疎略[8]，視之如容易可及[9]，然歷代工巧，營心役思，終不能度其規矩。

兹塔之建塔[10]，迄今八［百］/二十餘年矣[11]。大夏開國，奄有西土涼為輔郡[12]，亦已百載。塔之感應，不可殫紀[13]。然聽聞詳熟，質之不謬者，云嘗有欹仄，每欲薦整。至夕皆風雨大作，四鄰但聞斧鑿聲。質明，塔已正矣。如/是者再[14]。先後之朝，西羌梗邊，寇乎涼土。是夕亦大雷電，於冥晦中，上現瑞燈。羌人覩之[15]，駭異而退。

頃為南國失和，乘輿再駕。躬行薄伐，申命王人，稽首潛禱[16]。故天兵累捷，蓋冥祐之［者］/矣[17]。前年冬，涼州地大震，因又欹仄。守臣露章具列厥事，詔命營治，鳩工未集，還復自正。今二聖臨御，述繼先烈。文昭武肅，内外大治。天地禋祀，必莊必敬。宗廟祭享[18]，以時以思。［至於］/釋教[19]，尤所崇奉。近自畿甸，遠及荒要，山林磎谷[20]，村落坊聚，佛宇遺址[21]，隻椽片瓦，但髣髴有存者[22]，無不必葺。況名迹顯敞[23]，古今不泯者乎。故將是塔，旌乎前後靈應，遂命增飾。

於是，［衆匠］/率職[24]，百工効技，朽者績者，是墁是飾[25]，丹雘具設，金碧相間，輝耀日月，煥然如新，麗矣壯矣，莫能名狀。況武威當四衝地，車轍馬迹，輻凑交會，日有千數。故憧憧之人[26]，無不瞻礼隨喜，［無不］/信也[27]。玆我二聖，發菩提心，大作佛事，興無邊勝利，接引聾瞽[28]，日有饒益。巍巍堂堂，真所謂慈航巨照者矣，異哉。

佛之去世，歲月寖遠，其教散漫[29]，宗尚各異。然奉之者，無不尊［重贊］/嘆，雖兇很庸愚[30]，亦大敬信，況宿習智慧者哉。所以七寶粧嚴[31]，為塔為廟者有矣；木石瓴甓，為塔為廟者有矣。鎔塑彩繢，泥土沙礫[32]，無不為之。故浮圖梵刹，遍滿天下。然靈應昭然，如［玆□］/特異者[33]，未之聞也。豈佛之威力獨厚於此耶？豈神靈擁祐有所偏耶？不然，則我大夏，植福深厚，二聖誠德誠感之所致也。

營飾之事，起癸酉歲六月，至甲戌歲正月，厥功告畢[34]。［又］/十五日，詔命慶讃[35]。於是用鳴法鼓，廣集有緣，兼啟法筵。普利群品[36]，仍飾僧一大會，度僧三十八人，曲赦殊死罪五十四人，以旌能事[37]。特賜黃金一十五兩，白金五十兩，衣着羅帛［六十］/段[38]，羅錦雜幡七十對，錢一千緡，用為佛常住。又賜錢千緡，穀千斛，官作四戸[39]，充番漢僧常住，俾晨昏香火者有所資焉，二時齋粥者有所取焉[40]。至如殿宇廊廡，僧坊禪窟。支頒補□□/一物之用者[41]，無不仰給焉。故所須不匱，而福亦無量也。

乃詔辥臣[42]，俾述梗概。臣等奉詔，辥不獲讓，抽毫抒思，謹為之銘。其詞曰：/

巍巍寶塔，肇基阿育。以因緣故，興無量福。奉安舍利，粧嚴具足。歷載逾千，廢置莫録。西涼稱制，王曰張軌。營治宮室，適當遺址。天錫嗣世，/靈瑞數起。應感既彰，塔復宮毀。大夏開國，奄有涼土。塔之祥異，不可悉數[43]。嘗聞欹仄，神助風雨。每自正焉，得未曾覩。先后臨朝，羌犯涼境[44]。/亦有雷電，暴作昏暝。燈現煌煌，炳靈彰聖。寇戎駭異，收迹潛屏。南服不庭[45]，乘輿再討。前命星使，恭有祈禱。我武既揚，果聞捷報。蓋資冥祐[46]，/助乎有道。況屬前冬，壬申歲直。武威地震，塔又震仄。凌雲勢撓，欲治工億。龍天護持，何假人力。二聖欽崇，再詔營治。杇者繢者[47]，罔有不備。/五彩復煥，金碧增麗。舊物惟新，所謂勝利。我后我皇，累葉重光。虔奉竺典，必恭必莊[48]。誠因內積，勝果外彰[49]。覺皇妙蔭[50]，万壽無疆。/

天祐民安五年，歲次甲戌，正月甲戌，朔十五日戊子建[51]。

書番碑旌記典集令批渾嵬名遇，供寫南北章表張政思書并篆額[52]。

石匠人負韋移移崖、任遇子、康狗[53]。/

慶寺都大勾當銘賽正瓌挨黎臣梁行者乜[54]。

慶寺都大勾當卧則囉正兼頂直囉、外母囉正律晶賜緋僧卧屈皆[55]。

慶寺監脩都大勾當三司正右廂孽祖乩介臣埋篤皆[56]。

慶寺監脩都大勾/當行宮三司正兼聖容寺、感通塔兩衆提擧律晶賜緋僧藥乜永詮[57]。

修寺准脩吴箇行宫三司正湊銘臣吴没兜[58]。

修塔寺小監行宫三司正栗銘臣劉屈栗崖[59]。

修塔［寺小監］崇聖寺僧［正］/賜緋僧令介成厐[60]。

護國寺感通塔番漢四衆提擧賜緋僧王那徵遇。

修寺諸匠人監感通塔漢衆僧正賜緋僧酒智清[61]。

修塔寺監石碑感通塔漢眾僧，副賜緋僧□□□修塔寺結瓦/（上泐）[62]，劉苟兒，石匠左支信、鄧三錘、左□□、王真、孫都兒、孫□都、左□移、左伴兄、孫惹子、殷（下泐）/[63]（以上刻於碑陰）

（碑陽西夏文，略）。

著録

1. 北京圖書館藏。2.《中國藏西夏文獻·金石編》18－87 圖，92 文。3.《嘉靖寧夏新志》卷 2 寺觀條 44 上。4.《隴右金石録》卷 4－54 上。5.《金石續編》卷 20－1 上。6.《西陲石刻録》33 上。7.《党項與西夏資料匯編》卷上 1－139。

注釋

［1］《隴右金石録》"智"上闕二十四字，並有一字存半邊"扌"；"因"下各字，未釋，且作七字。《中國藏西夏文獻·金石編》認為"智"上闕二十七字，可取。《金石續編》《西陲石刻録》未釋"智慧因緣，種種比喻"。《党項與西夏資料匯編》據北京圖書館藏拓，參見《隴右金石録》《金石續編》《西陲石刻録》録文。

［2］"入"，《金石續編》作"人"，非。並未釋"深厚"。

［3］《隴右金石録》未釋"信""阿育王"。《金石續編》未釋"博""阿育王"。《西陲石刻録》未釋"阿育王"。阿育王：梵語。意譯"無憂王"。古印度摩揭陀國孔雀王朝的第三代國王。初奉婆羅門教，後皈依佛教，崇佛教為國教。以佛教治國，並派人大力傳播佛教。北魏酈道元《水經注·河水一》："阿育王壞七塔作八萬四千塔，最初作大塔，在城南二里餘……阿育王於此作泥梨城。"①

［4］涼：即"西涼"。細察拓本，"制"下殘。《金石續編》未釋"凉"，闕脱較

① （北魏）酈道元著，陳橋驛等譯注：《水經注全譯》卷一，《中國歷代名著全譯叢書》，貴州人民出版社 1996 年版，第 10－11 頁。

多。據《隴右金石録》《中國藏西夏文獻·金石編》補。下同。張軌：字士彦，安定烏氏人。《晉書·張軌傳》："軌以時方多難，陰圖據河西……求為涼州。公卿亦舉軌才堪禦遠。"①《魏書·涼州牧張寔傳》："父張軌……求為涼州，乃除持節、護羌校尉、涼州刺史。"② 參《十六國春秋·卷七·前涼録》。長子張寔，十六國時期前涼政權建立者。

［5］《隴右金石録》《西陲石刻録》未釋"治其宫室，適當遺址"。《金石續編》未釋"宫""多靈瑞"。又，釋"數"作"載"，非。《西陲石刻録》未釋"宫"；並釋"數多靈"作"□□重"，非。靈瑞：上天顯示吉祥的徵兆。《晉書·樂志上》："靈瑞告符，休徵響震。"③

［6］《隴右金石録》脱"寺"。《党項與西夏資料匯編》沿誤。《西陲石刻録》未釋"寺""就"二字，並釋"地"作"圮"，非。"為"及下各字，《金石續編》未釋。

［7］"會"，《隴右金石録》作"倉"，據《党項與西夏資料匯編》《中國藏西夏文獻·金石編》改。《金石續編》未釋"會""班"，並釋"技"作"投"。《西陲石刻録》未釋"適會"

［8］踈：亦作"疎"。"其"，《西陲石刻録》作"甚"，非。

［9］"視"，《隴右金石録》作"事"，非。脱"如"。細審二字，存痕尚能辨。

［10］"建"上一字泐，存痕為"之"，《中國藏西夏文獻·金石編》作"造"，非。《隴右金石録》《金石續編》脱"建"下"塔"字。

［11］《隴右金石録》未釋"百"。《金石續編》未釋"八百"；且釋"二十"作"一千"，大誤。

［12］"輔"，《隴右金石録》作"翰"，非。輔郡：即畿辅。京都附近的地方。

［13］紀：通"記"。

［14］如是：佛教語。印可、許可之辭。《金石續編》未釋"如是"；《西陲石刻録》未釋"如"。

［15］"上"，《隴右金石録》作"止"，非。《西陲石刻録》脱"大"字。"羌"，《金石續編》作"寇"，非。

［16］"國"，《隴右金石録》作"北"，或是。申命：發佈命令。王人：君王的臣民。《隴右金石録》釋"王"作"土"；並釋"禱"作"請"，非。《金石續編》未釋"人""稽首"。

［17］《隴右金石録》未釋"冥祐之者"，並以為是三字。《金石續編》亦未釋此

① （唐）房玄齡等：《晉書》卷八十六，中華書局 1974 年版，第 2221 頁。
② （北齊）魏收：《魏書》卷九十九，中華書局 1974 年版，第 2193 頁。
③ （唐）房玄齡等：《晉書》卷二十二，中華書局 1974 年版，第 690 頁。

四字，及“矣”字。《西陲石刻録》未釋“者”。細審拓片已闕“者”，據《中國藏西夏文獻·金石編》補。

［18］“廟”，《隴右金石録》作“朝”，非。宗廟：原意為帝王、諸侯祭祀祖宗的廟宇，也作朝廷和國家政權的代稱。《後漢書·伏湛傳》：“猾臣王莽，殺帝盜位。宗室興兵，除亂誅莽，故羣下推立聖公，以主宗廟。”①

［19］“思”下殘泐，《隴右金石録》《西陲石刻録》未釋；現拓不能辨識。據《中國藏西夏文獻·金石編》補“至於”兩字。《金石續編》未釋“思”等字。

［20］磎：“溪”的異體字。

［21］“宇”，《隴右金石録》《金石續編》作“宗”，非。

［22］髴：即“髴”字，構件移位。髣髴，即“髣拂”，后作“仿佛”，隱約。

［23］“迹”下一字泐，以拓校之，痕為“顯”字，《金石續編》未釋。顯敞：寬敞豁亮。唐玄奘《大唐西域記·奔那伐彈那國》：“庭宇顯敞，臺閣崇高，僧徒七百餘人，並學大乘教法，東印度境碩學名僧多在於此。”②

［24］拓片殘，未見“衆匠”二字。據《中國藏西夏文獻·金石編》補。“是，［衆匠］”三字，《隴右金石録》作一泐蝕字。《金石續編》未釋“是”“衆匠”“職”。《西陲石刻録》未釋“衆匠”。

［25］杇：同“圬”，粉刷、塗飾。繢：繪畫。《周禮·考工記·畫繢》：“畫繢之事，雜五色。”③ 墁：塗飾墻壁。《金石續編》作“墁”，非。

［26］憧憧：往來不絕的樣子。《易·咸》：“憧憧往來，朋從爾思。”④ 陸德明《经典釋文》引王肅曰：“憧憧，往來不絕貌。”⑤

［27］觀拓，“随”下一字為“喜”，餘下殘缺。據《中國藏西夏文獻·金石編》補“無不”二字。《隴右金石録》《金石續編》未釋“喜”“無不”。《西陲石刻録》未釋“無不”。

［28］聾瞽：本義聾盲，喻受到欺騙、蒙蔽。

［29］“去”，《隴右金石録》作“出”，或是。寖：即“寖”字。《中國藏西夏文獻·金石編》作“浸”，非。義近而字不同。寖遠：漸遠。《隴右金石録》作“寖”，

---

① （南朝宋）范曄撰，（唐）李賢等注：《後漢書》卷二十六，中華書局1965年版，第898頁。

② （唐）玄奘：《大唐西域記》，上海人民出版社1977年版，第232頁。

③ 十三經注疏整理委員會：《周禮注疏》卷四十，《十三經注疏》，北京大學出版社2000年版，第1305頁。

④ 十三經注疏整理委員會：《周易正義》卷四，《十三經注疏》，北京大學出版社2000年版，第166頁。

⑤ （唐）陸德明：《經典釋文》卷二，《景印文淵閣四庫全書》（182），臺北：臺灣商務印書館1986年版，第386頁。

是。《金石續編》作“寑”，即“寢”。通“寖”。“漫”，《金石續編》作“處”，非。

［30］“遵”下字泐，據《中國藏西夏文獻·金石編》補“重贊”。《西陲石刻録》《隴右金石録》《金石續編》未釋“贊”。很，通“狠”。

［31］“粧”，《隴右金石録》《金石續編》作“莊”，非。粧嚴：粧束、打扮。莊嚴：裝飾端正。

［32］鎔：後作“熔”。“繢”，《隴右金石録》作“繪”，義同字異。“土”，《金石續編》作“工”，致語義不暢，不取。

［33］“如”下，拓殘。《隴右金石録》《金石續編》作“是”，《西陲石刻録》作“玆□”；《中國藏西夏文獻·金石編》“玆之”，備參。又，“特”，《隴右金石録》《金石續編》作“神”，非。

［34］癸酉：民安四年，即北宋元祐八年（1093）；甲戌：民安五年，元祐九年（1094）。

［35］“十”上一字泐，《隴右金石録》《金石續編》作“又”；《西陲石刻録》未釋；《中國藏西夏文獻·金石編》作“其月”。“讃”，《中國藏西夏文獻·金石編》《金石續編》作“贊”。讚美、稱頌。義同詞非。

［36］“群”，《金石續編》作“郡”，非。

［37］“以”，《隴右金石録》《金石續編》作“乃”，非。

［38］“帛”下殘，據上下文義，為數量。《中國藏西夏文獻·金石編》作“六十”，可取。《隴右金石録》未釋“六”。《金石續編》脱“六”字。《西陲石刻録》未釋“六十”。叚：即“段”，量詞。表示佈帛等條形物的一截。左上“冂”的折為衍筆。右“殳”為“殳”的變體，有時又作“旻”，如北魏永安二年（529）《笱景墓誌》：“聲華鞭板，績茂戈旻。”① “殳”作“旻”。作構件亦類推。石刻中習見。如“投”，《元暐墓誌》作“投”②。南朝梁天監九年（510）《喬進臣買地券》：“喬進臣買德地一叚，東至官道，西至［塘］，南至河釰各，北至臺城。”③ 北齊天保四年（553）《司馬遵業墓誌》：“有詔追贈使持節、都督兾定瀛滄懷五州諸軍事、太師、太尉公、懷州刺史，開國郡公如故。賵物一千叚。”④

［39］《金石續編》脱“羅”。“官”，《隴右金石録》作“宫”，恐筆誤。

---

① 李秉武：《長安金石——陝西省文史研究館館藏碑石精華》，香港人民美術出版社2007年版，第152頁。

② 毛遠明：《漢魏六朝碑刻校注》（6），綫裝書局2008年版，第91頁。

③ 北京圖書館金石組：《北京圖書館藏中國歷代石刻拓本滙編》（2），中州古籍出版社1989年版，第144頁。

④ 《北京圖書館藏中國歷代石刻拓本滙編》（7），第25頁。

［40］《金石續編》未釋“香火”。“粥”，《隴右金石録》作“寫”；《金石續編》《西陲石刻録》《党項與西夏資料滙編》作“宿”，非。

［41］“坊”，《隴右金石録》作“房”，義近詞非。“頒”，《中國藏西夏文獻・金石編》作“頹”，非。其下字泐，《隴右金石録》作泐三字，首字存“礻”偏旁，《中國藏西夏文獻・金石編》作“補”，可採。“補□□”三字，《金石續編》作泐兩字。

［42］辤：“辭”的古字。《隴右金石録》未釋。

［43］“可”，《隴右金石録》作“一”，非。

［44］“凉”下一字泐，痕跡模糊，似為“境”。《隴右金石録》《金石續編》未釋。

［45］《金石續編》未釋“收”“庭”。《西陲石刻録》未釋“收”。

［46］“冥”下一字泐，觀拓，存左“礻”。《中國藏西夏文獻・金石編》作“祐”。冥祐：神靈的保祐。《隴右金石録》作“福”，《金石續編》作“祚”。

［47］《金石續編》未釋“工億”及“營”下“治”三字。“杇”，《中國藏西夏文獻・金石編》作“圬”，同“杇”。迻録原文，當尊原刻。“績”，《隴右金石録》作“繪”，義近詞非。

［48］疰：即“莊”字。

［49］“外”，《中國藏西夏文獻・金石編》作“累”，非。

［50］覺皇：指釋迦牟尼。《金石續編》未釋“蔭”。

［51］天祐民安（1090－1097），西夏第四位皇帝崇宗李乾順的第二個年號。幼繼位，梁太后執政。故上文“二聖”，即指崇宗和梁太后。崇宗親政後，整頓吏治，減賦重農桑，國勢强盛。謚聖文皇帝。

［52］“記”，《隴右金石録》作“訛”，非。《金石續編》《西陲石刻録》未釋。“批”，《西陲石刻録》存部首“扌”。《隴右金石録》釋“令”作“泠”；“遇”作“迴”，均非。《金石續編》沿誤，並釋“令”作“泠”，“寫”作“駕”，未釋“批”“章”。

［53］“章”下二字，尚可辨“移移”，《隴右金石録》未釋。並脱“石”。“康”下一字，拓泐，諦視，似“蒟”，“狗”的異體。《西陲石刻録》存半邊“敬”，《隴右金石録》作“狗”，是。下同。

［54］“正”下一字泐，右半清晰，似“瓌”。《金石續編》存右半“褢”；《中國藏西夏文獻・金石編》作“嚷”，非。“行”下一字泐，觀有痕，似“者”。《隴右金石録》作“狗”，《金石續編》作“沓”，均非。

［55］“兼”，《隴右金石録》《金石續編》作“義”；“母”，《隴右金石録》作“毋”，均非。《金石續編》未釋“晶”。

［56］“三”，《隴右金石録》《金石續編》作“五”，非。“臣”，《隴右金石録》

《金石續編》作“貝”；“篤”，《隴右金石録》作“馬”。又，《金石續編》《西陲石刻録》未釋“篤”。“皆”下，《隴右金石録》作泐一字。查，無字。

［57］“三”，《金石續編》作“五”，非，下同。並未釋“乜”。“詮”，《中國藏西夏文獻·金石編》作“銓”，通“詮”。

［58］“官三”，《隴右金石録》作“五”，非。“行”上，《中國藏西夏文獻·金石編》衍“個”，查無此字。“箇”，《隴右金石録》作“筒”；又“兜”作“夔”，非。《金石續編》未釋“脩”“脩”“箇”。

［59］《隴右金石録》脱“監”“臣”；又釋“銘”作“鈞”，此字後作泐二字，非。

［60］括號内字據《中國藏西夏文獻·金石編》補。《隴右金石録》脱“寺小”。“正賜”作泐一字。《金石續編》脱“小”上“寺”字，並未釋“令”；“［正］賜”作泐二字。“庞”，《西陲石刻録》作“庬”，皆非。

［61］《隴右金石録》釋“王那”作“正鄗”；“遇”作“遏”，脱“酒”上“僧”字。《金石續編》未釋“王……寺”“清”等字。“王”下，《西陲石刻録》作泐五字。“人”，《金石續編》《西陲石刻録》作“夫”，致文義不暢。

［62］“賜緋僧”下泐，疑有三字，泐蝕不能辨識。《隴右金石録》脱。並未釋“結”，釋“瓦”作“土”，以為“瓦”上泐三字，非。《金石續編》脱首“寺”字，未釋“結瓦”。“修”上泐蝕三字，《西陲石刻録》作“□智宣”。此兩句《中國藏西夏文獻·金石編》僅存“修塔寺結瓦”五字。

［63］“蒳”下“皃”字，可辨，《西陲石刻録》未釋。“匠”下泐蝕嚴重，《隴右金石録》《金石續編》僅釋“三”“都”“孫”等字。《中國藏西夏文獻·金石編》未釋“殷”。

彙考

碑載西夏天祐民安三年（1092）凉州大地震，西夏太后、皇帝應瑞詔命重修感應塔，以及西夏佛教盛況：“釋教尤所崇奉。近自畿甸，遠及荒要，山村磎穀，村落坊聚，佛宇遺址，只椽片瓦，但彷彿有存者，無不必葺，况名跡顯敞古今不泯者乎。”此是西夏時期留存至今唯一的佛教石刻。内容豐富，涉及西夏國名、帝號、紀年、官制、農耕、工商、宗教信仰等，為研究西夏政治、經濟、社會關係、宗教思想、語言文化、地質災害等提供了彌足珍貴的史料。夏漢對照，為破解西夏語言文字提供了契機，並使之成為現實。此碑是迄今發現最完整、最具西夏歷史和文化價值的西夏碑刻。

195 黑水河建橋敕碑 乾祐七年（1176）

碑陽

碑陰

説明

碑石原刻立在甘肅省張掖市城西十里黑水河東岸的下龍王廟，現藏張掖市博物館。《中國藏西夏文獻》編號 G42·001。碑高 115 cm，寬 70 cm。張世恭書，安善惠刊。碑陽漢文。楷書，文 13 行，滿行 30 字；陰面藏文 21 行，泐蝕甚嚴。碑額抹角，均無字，刻一對托盤侍女，四周刻卷雲紋。

碑文

敕鎮夷郡境内黑水河上下所有隱顯一切水土之主山神、水神、龍神、樹神、土/地諸神等，咸聽朕命：昔賢覺聖光菩薩，哀憫此河年年暴漲[1]，漂蕩人畜，故［發］/大慈悲[2]，興建此橋。普令一切往返有情咸免徒涉之患，皆霑安濟之福，斯誠利/國便民之大端也。朕昔已曾親臨此橋，嘉美賢覺興造之功，仍罄虔懇，躬/祭汝諸神等，自是之後，水患頓息。固知諸神冥歆朕意，陰加擁祐之所致也[3]。今朕/載啟精虔，幸冀汝等諸多靈神[4]，廓慈悲之心，恢濟渡之德，重加神力，密運威靈，/庶幾水患永息，橋道久長。令此諸方有情，俱蒙利益，佑我邦家，則豈惟上契十/方諸聖之心，抑亦可副朕之弘願也[5]。諸神鑒之，毋替朕命。/

大夏乾祐七年，歲次丙申，九月二十五日立石。/

主案郭那正威，司吏駱永安[6]。/

筆手張世恭書。

瀉作使安善惠刊[7]。/

小監王延慶[8]。/

都大勾當鎮夷郡正兼郡學教授王德昌[9]。/（以上刻於碑陽）

碑陰藏文（略）。

著録

1.《中國藏西夏文獻·金石編》18－98 圖，100 文。2.《隴右金石録》卷 4－62 上。3.《語石》卷 1－29 上。4.《党項與西夏資料滙編》卷上 1－146。

注釋

［1］“隱”，《語石》作“陰”，非。“憫”，《隴右金石録》作“愍”，義同詞非，當從原刻。《党項與西夏資料滙編》據《隴右金石録》，參《語石》録文。

［2］《隴右金石録》脱“曾”。“故”下一字泐，《中國藏西夏文獻·金石編》作“發”。據上下行文及文例，是。《隴右金石録》作“以”，《党項與西夏資料滙編》沿用。

［3］“陰”，《隴右金石録》作“隱”，非。

［4］“虔”上一字微泐，諦視，是“精”。精虔：誠敬貌。《隴右金石録》作“神虔”，不詞。不取。𢍰：同“冀”。

［5］抑：“抑”的異體。

［6］“主……安”，《語石》僅釋“郭”“正”兩字。《党項與西夏資料滙編》脱“那”。“威”，《中國藏西夏文獻·金石編》作“成”，非。

［7］瀉作：即“寫作”。寫，同“瀉”。《説文解字·宀部》：“寫，俗作瀉。”①他書徑作“寫”。“書”下名字，《語石》未釋。

［8］“小”，《語石》作“水”，上作“□”泐一字。覿拓，無。小監：宋代相對“大監”而言，對諸監少監及秘書省、殿中省少監的别稱。西夏沿宋制。

［9］“都”，《語石》作“内”，非。並未釋“學”，脱“授”等四字。

彙考

漢、藏碑文内容相同，均載夏仁宗對黑水河諸神發佈的敕命，以求水患永息，橋道久長。党項羌人尊佛、頌佛的同時，保存著對“山神、水神、龍神、樹神、土地諸神”的自然崇拜。今岷江上游羌人沿襲古羌人的多神信仰，雜糅佛道，顯示出宗教文化的多樣性、包容性。

① 丁福保：《説文解字詁林》卷七下，中華書局 1988 年版，第 7462 頁。

196 西夏陵石經幢 西夏（1038－1227）

原石

第一面拓片

第二面拓片

第三面拓片

第四面拓片

第五面拓片

第六面拓片

第七面拓片

第八面拓片

説明

經幢於寧夏回族自治區銀川市西夏 6 號陵盜坑出土。現藏銀川市西夏博物館。《中國藏西夏文獻》編號 N42·002。幢石八面柱體，高 33 cm，直徑 35 cm，上下各有圓柱型榫頭。八面刻，每面文 1 行，滿行 7 字。楷書。

釋文

藥王菩薩摩訶薩；/藥上菩薩摩訶□；/無邊身菩薩摩□□；/越三界菩薩摩訶薩；/□□□菩薩摩訶薩；/觀世音菩薩摩訶薩；/觀世音菩薩摩訶薩；/大勢至菩薩摩訶薩[1]。/

著録

《中國藏西夏文獻·金石編》18－170

注釋

[1]《十往生阿彌陀佛國經》記載，眾生念阿彌陀佛，發願往生極樂世界，阿彌陀佛即遣觀世音菩薩、大勢至菩薩、藥王菩薩、藥上菩薩、普賢菩薩、法自在菩薩、獅子吼菩薩、陀羅尼菩薩、虛空藏菩薩、德藏菩薩、寶藏菩薩、金藏菩薩、金剛藏菩薩、光明王菩薩、山海慧菩薩、華嚴王菩薩、眾寶王菩薩、月光王菩薩、日照王菩薩、三昧王菩薩、定自在王菩薩、大自在王菩薩、白象王菩薩、大威德王菩薩、無邊身菩薩等二十五位菩薩如影護法。《中國藏西夏文獻·金石編》脱一面，即“大”上“觀世音菩薩摩訶薩”幾字。此經幢所刻不完整，應還有其他經幢。

元 代

197 北川小壩元代題記 至元二十七年（1290）七月二十七日

説明

摩崖刻於四川省綿陽市北川縣小壩羌族鄉大橋頭西石壁上。高 106 cm，寬 114 cm。文 15 行，滿行 9－18 字不等。楷書。泐蝕嚴重，文多難辨識。清《乾隆石泉縣志》、《道光石泉縣志》及《民國北川縣志》失載。該摩崖又題《石泉縣元代摩崖石刻題記》《北川小壩羌族藏族鄉元代摩崖石刻》。

題記

石泉縣西□□□□□□，本縣榮□本/□□正申□□不時□□□軍奉到/上旨[1]，□□□□撫鎮遇事，除□□先遣蠻/官□□□□□□□□□旋蠻官[2]，漏定細善/當□□□帶引七十余人，率眾來降。/□鎮□□□□，令中人于七月二十七日集此，/□□□□人等無不悦服，□記木刻記事/□心歸順/大元[3]。鹽茶道路，通行□□，不敢□□，害人作/耗，偷盗一切作過。蛮漢一百余人共同/打狗埋石為誓[4]，違者，願歸犬口而亡。/恐其翻異，真書大字，刻石路側，意/欲犯者，往來觀之，必自畏懼[5]。今立万/年不悔之心，故記石也。/

至元二十七年七月二十七日書。/

著録

1.《北川小壩元代至元石刻題記考略》，《四川文物》1989（2）。2.《羌族通史》280 圖，279 文。3.《北川羌族資料選集》217。4.《四川省志・文物志》721。

5.《碉樓與議話坪》209。6.《西川羌族特殊載體檔案史料研究》346。

注釋

［1］石泉即今四川省綿陽市北川縣，自古為少數民族聚居區。北周時始建縣，屬汶州，州、郡治所均在今茂縣。隋文帝開皇五年（585）改汶州為會州，仍以北川縣隸之。貞觀八年（634）析北川縣地置石泉縣。宋熙寧九年（1076）始以石泉縣屬綿州，政和七年（1117）置石泉軍。元中統五年（1264），改石泉縣隸安州。明洪武中，廢安州，石泉改屬成都府。嘉靖四十五年（1566），改隸龍安府。清代因之。民國以後，石泉恢復北川的舊名。“正申”上，《北川小壩元代至元石刻題記考略》《北川羌族資料選集》《西川羌族特殊載體檔案史料研究》作泐蝕二字。

［2］旋：斡旋，周旋。“旋”，《北川羌族資料選集》作“施”。以“旋”為宜。蠻：羌藏。蠻官，即土官。元朝在少數民族地區以土官治土民，任用當地民族首領為官。“官”，《西川羌族特殊載體檔案史料研究》作“宮”，非。

［3］“木刻記事”，羌藏盟誓習俗。《道光石泉縣志·附番俗》：“（青片、白草）婚姻、交易少銀錢，用牛羊、佈匹、木刻為信，木刻之制，削園木大如巨擘，長二寸許，兩相允諾，刻‘父’字形，如漢人之有契卷也，各分其一合之。”①

［4］“打狗埋石”，羌藏盟誓習俗。《古今圖書集成·方輿彙編·職方典》成都府部載：茂州居群蠻之中，地不過數十里，宋初無城隍。熙寧八年，相率詣州請築城，知州事范百常實主是役。蠻以為侵其地，率眾奄至，百常擊走之，乃合靜、時等蠻來寇。百常拒守凡七十日。詔遣王中正將陝西兵來援，方解圍。事平息後，百常與羌誓和，“投石擊婢，以土埋之。巫師詛云：‘有違誓者，當如此婢。’”② 巫師，即羌族“釋比”。“擊婢”過於殘忍，漸變為“打狗”。“打狗埋石為誓”，在汶川、理縣、茂縣、北川等偏僻地方仍可見。元朝石泉地方當局運用羌、藏民族的習俗與之盟誓，疏通川西鹽茶道路。小壩鄉位於白草河中游，題記“蠻漢”二字表明元朝時，漢人勢力已從白草河下游的治城石泉推進至白草河中上游。

［5］《北川小壩元代至元石刻題記考略》《羌族通史》公佈拓片，泐蝕甚嚴。“自”下一字泐，細觀，下“衣”，上“三”和兩“丨”清晰，左“丨”靠近下“一”，是“畏”字，書寫潦草、隨意所致。《北川小壩元代至元石刻題記考略》《北川羌族資料選集》作“未”，非。

---

① （清）趙德林等修，（清）張沆等纂：《道光石泉縣志》卷二，《中國地方志集成·四川府縣志輯》（23），巴蜀書社（據清道光十四年刻本影印）1992年版，第22頁。

② （清）陳夢雷等：《古今圖書集成》卷五百九十三（108），中華書局1934年版，第30頁。

彙考

這是迄今為止所見最早的羌人規約碑。石泉縣即今北川縣，自古為少數民族聚居之區，唐代以前主要為羌人。羌族史詩《羌戈大戰》載岷江上游羌族始祖阿巴白構的第九子爾國基居巨達，即今北川。宋代以前屬茂州管轄，唐代中葉吐蕃東漸後，才開始有藏族。在湔江支流白草河流域小壩、片口、開坪為羌族鄉，外北、桃龍、小園為羌藏雜居鄉。故宋元以降，羌藏白草“往往剽掠為患”①。為確保該地區道路通行，蠻漢“打狗埋石為誓，違者，願歸犬口而亡”。並刻石警示，“意欲犯者，往來觀之，必自未懼”。

① （清）鄧存詠等:《道光龍安府志》卷五，《中國地方志集成·四川府縣志輯》（14），巴蜀書社（據道光刻本影印）1992年版，第810頁。

198　疊溪點將臺元代題記　至元三十年（1293）七月二十七日

説明

題記刻於四川省茂縣疊溪點將臺東側。現存疊溪鎮小學内。高 150 cm，寬 10 cm。文 5 行，滿行 5－6 字不等。行書。泐蝕嚴重。

題記

大元開國忠順公玄孫劉上萬戸文起引兵至此[1]。

元癸巳七月廿七日記[2]。/

著録

1.《茂汶羌族自治縣志》627。2.《四川茂縣點將臺唐代佛教摩崖造像調查簡報》,《文物》2006（2）。3.《碉樓與議話坪》209。4.《西川羌族特殊載體檔案史料研究》345。

注釋

［1］大元開國忠順公：即“劉伯林”。劉伯林，濟南人。好任俠，善騎射，金末為威寧防城千户。1212 年以城降太祖成吉思汗，因助蒙古軍攻打燕京、山東諸州獲功，與史天澤、嚴突、張柔一起被封為漢軍四大萬户。疾卒，“累贈太師，封秦國公，謚忠順”①。子劉黑馬、孫劉元振、曾孫劉緯先後襲萬户職。事跡見《元史·劉伯林傳》。據題記知“劉上萬户文起”，即劉文起，乃劉伯林玄孫。享“上萬户”，是劉緯嫡子無疑。劉氏子侄歷官陕西行中書省，“引兵至此”之兵，當為陕西兵士至四川茂縣疊溪。

［2］癸巳：即至元三十年（1293）。

彙考

元初，西北海部意圖謀反，社會極不穩定。《元史·世祖紀》：中統元年“以汪惟正為鞏昌等處便宜都總帥”征吐蕃②。至元三十年（1293），“發總帥汪惟和所部軍三

---

①（明）宋濂：《元史》卷一百四十九，中華書局 1976 年版，第 3515－3519 頁。

②《元史》卷四，第 66 頁。

千征土番”，又發陝西、四川兵萬人往助，以明安答兒統之。九月“己未，明安答兒率軍萬人征土蕃，近遣使來言，乞引茂州先附寨官赴闕，不允”①。可知明安答兒所部率川、陝兵已達茂州。題記表明劉文起領陝西兵，至遲於七月二十七抵達茂州疊溪，與史傳一致，為忽必烈發兵吐蕃、制止西北諸王叛亂提供了實證材料。

① （明）宋濂：《元史》卷十七，中華書局1976年版，第374頁。

199 李恒家廟碑 至元二十八年（1291）

説明

碑石亡佚。姚燧撰文。該碑又題《中書左丞李公家廟碑》。

碑文

資善大夫、中書左丞，贈銀青榮禄大夫、平章政事，謚武愍公，李公家廟碑[1]。

燧嘗觀人臣私廟之祭，易乎古而難于今[2]。三代不論也，漢之時，功臣侯者，土地人民傳及子孫，故嗣侯得以致隆數於其祖考，世世無有所殺。後封功臣，皆虚邑，無有土地人民，子孫或官卑力微，往往不能為廟。與雖為廟，以《記》曰："父為大夫，子為士，葬以大夫祭以士。"[3]祭既用生者之禄，勢有必不能致隆者。姑借先宋氏言之，如文潞公作廟洛西，其先未嘗將相，顧受祭將相，潞國嘗將相者，其子及甫惟得祭以大夫録[4]。是于不為將相者致隆，其真為將相者復加殺也。如斯者幾何人哉！惟吕正獻惠穆于文靖、范忠宣恭獻于文正[5]，世其將相者，史册二百年間纔一二見，事亦曠世希有者也。然自中元以來，漢人父子繼相者，故丞相史忠武公與今資善大夫、中書左丞、贈銀青榮録大夫、平章政事謚武愍公二家[6]。重輝襲芳，震耀一時。豈獨為之子者，信敬於昭昭，厥考亦足以慰靈于冥冥矣！惟李氏家隴西成紀者，實秦將信諸孫。漢至六朝，門閥世峻，惟與崔、盧、鄭世姻，不連他族[7]。唐季王西夏甚彊盛[8]，雖宋、金嘗加兵，終莫能服，我太祖始平之。其宗有守某某城者，獨戰死不下，子惟忠尚少，求從父死[9]，為今分土淄州諸侯王所得，于公為考[10]，後以金符監淄州。有子十三人，公次居四。王妃愛其穎異，嘗子之。

在先朝故事，凡諸侯王，各以其府一官入參決尚書事，公代其兄為之。李璮為逆，有迹淄州。君獨從公馳聞，璮繫闔門獄中。璮誅得出，上盡賜償所亡失。授公淄萊路奥魯總管，後改宣威將軍，益都、淄萊路新軍萬戶。與城夾寨，圍吕文焕襄陽，四年而下之[11]，加明威將軍，虎符。丞相巴延南征，宋兵戍郢十萬城西，郢鎖戰艦，絶隘為陣[12]。我舟不可越，乃渠黄灣拖舟泛藤湖以出唐港，棄郢去。留公後拒，敗其追兵。行拔新城、沙洋下，復破夏貴陽邏口，下鄂漢陽。從故丞相阿爾[13]，公時以左丞戰荆口，擒高世傑[14]。下岳，進沅沙市。下荆南，傳檄歸、峽、辰、沅、靖、澧、常德諸州，皆下之[15]。又從鎮常德。左丞狥地湖南，丞相兵及淛西，以地遠援踈，詔公與宋都統張茂實、吕師夔闢都元帥府江右，公為左副都元帥，破劉槃軍，下隆興，擒熊飛。建昌、撫、瑞、吉、贑與廣、閩諸州皆下。會宋幼主出降，其將相陳宜中、張世傑，挾益王昰、衛王昺浮海趨福，立益王[16]，元以景炎。閩、廣諸州應者十五郡縣，豪傑亦争起兵。公出定反地，大破吴浚軍十萬南豐，浚走如張文虎，復合兵十萬，又破之兜港，伏尸三十里。浚走，合其相文天祥瑞金，又大破之。天祥走據汀，别將孔遵窮追，併破趙孟濳軍[17]，復其州而還。龍興守帥覬利鉅室[18]，罪以陰與賊連，已誅夷百三十家。公還，白其非辜，出其未盡誅者獄中。

帥府改宣慰司，加昭勇大將軍、同知江西宣慰司事，尋加鎮國上將軍、福建宣慰使。又改江西宣慰使。天祥復陷汀州[19]，收兵出興國，又擊走之，追四百里，及之空坑，散降其衆二十餘萬，禽趙時賞以下文武將吏數百人。拜參知政事、行中書省江西。

益王殂，廟以端宗，世傑復立衛王，元以祥興，移柵海中崖山，近去廣治四百里。授蒙古漢軍都元帥，經略廣東，進復梅、循、英德與廣之清遠，走王道夫擊凌震海上，獲船三百艘，禽將吏宋邁以下二百人。又破其餘軍茭塘。江淮省亦遣都元帥張宏範至自彰[20]，與共圍崖山。勢計窮蹙，度不能國，資政陸秀夫抱衛王蹈海死，獲其金璽[21]。其將吏死焚溺者十萬餘人。翟國秀、凌震皆降。世傑遁去[22]，風壞舟，死海陵港，南海平。朝京師，上勞苦之，賜宴，其將佐之有功陞者千。授資善大夫、中書左丞，移省荊湖。凡虜民男女奴鬻之者，皆罪而正之。常德、辰、澧、沅、靖五州大荒，民至易子以糴。為發廩賑之，所活為口亡慮十萬計。

征占城，詔使給糧仗，造舟海南，取得其宜，黎、儋之民勸趨之。疾還，詔從皇子鎮南王征交趾[23]，敗其兵天長府。其王遂舉國航海，將舟師追之，敗諸洋中，獲海艦三百。始公策城天長，儲穀待賊，敓衆議不果。盛夏，軍士疾作，漲潦冒營，遽議旋軍。賊躡敗吾後拒。王以公殿，賊閉永平關，傅藥弩矢射公貫膝，負瘡敓關出[24]，竟以毒發，薨思明州，年止五十。最其平生，小大百戰，下城邑百有五十，為戶三百萬。嗚呼！其亦勤已，後薨七年，而贈官、賜謚、封公之命始下，玉音仁煦，恩重書棺，人臣獲此褒榮極矣[25]。公雖不可作已，安知其不骨肉九原耶？

公諱恒，字德卿，自號長白，篤孝純至。淄州君卒，方擊兩王閩、廣，淄州君顧言：“我死，必無訃吾兒，使會喪縱敵。”南海平，始克銜哀，擗踴屢絶[26]。且薨，謂所從曰：“為我語舅弟妻子[27]，吾不得以時喪先公，既抱恨以終天，今復棄養太夫人，而身先朝露于是遐夷，吾目不瞑下泉矣！其謹事之。”夫人王氏，視分土諸侯王之妃姑也。訃至，夫人秘不敢聞之姑[28]，惟發哀私室。公則再見夢太夫人曰：“兒今死戰日南矣！”太夫人泣言：“吾再夢如是，豈誠然耶？”夫人始情告曰：“婦恐無以安吾姑氏心也，覆是久矣！”始位哭服喪。嗚呼！死而精魄猶惓惓其親，可哀也已！可哀也已！子二人。世安以監廣州，從朝京師，授新軍萬戶、同知江西宣慰司事，再嗣公益都、淄萊本軍萬戶，後以正議大夫，仍將本軍僉江西行中書省事，再陞中奉大夫、參知政事、行尚書省[29]。江西尚書省罷，今以上官參知政事、行中書省，仍江西。嗚呼！六官而三踐公武，已可見其才之無羞子職者。自其既相，亦解兵。其弟世雄，以宣武將軍將之。乃作河洪之詩，使歌以祀公。其辭曰：

李氏之在，與水細大。河洪姑臧，有夏而王。越三百年，傳歷既長。極崇而墮，亦天之道。日月作矣，衆星匿曜。王孫始卑，徂東自西。淄水幽幽，東楚之流。曰位不豐，猶監一州。有蝨吾民，有梟吾土。吾力不能，天子肆汝。從父奔告，帝嘉為心。寖向用公，廼涉潛沉。泱泱漢水，南紀所恃。為地襄陽，金湯陛陛。公將萬夫，長圍四裸。而竟下之。岷江失藩。沿流列城，振落摧乾。至莫難一，文軌判裂。萬里收功，九重授策。維是武庚，狂志復殷。爵人號年，大蠢甌閩。終兄弟及，公膺奮擊。與鬬四年，崖山翦克。血其鱷鯢，南海無波。廄馬笥衣，其賚如何？帝曰："汝烈，宜置左相。授兵而子，西護湖廣。"公拜稽首，天子萬年。帝德聖神，臣何力焉！湖廣聽命，壤三千里。陰翕陽施，賞刑自已。及兵占城，轉粟黎僧。歸佐皇子，致討日南。不測風洋，冒履而三。由淄而漢，由江而海。其涉日深，蜚聲日大。蕞爾南夷，曰尺箠笞，狃勝者衆，輕于出危。賊策我師，不能炎暑。雕弓綿綿，犀甲敗雨。避來弗迎，邀歸以争。既奔先編[30]，左廣亦傾。孰作士氣？公殿奮武。斬輻短兵，援枹鼓鼓。格鬬比死，冠纓不顛。裹轊馬革，踐迹文淵。維昔禡時，皂纛有翩。廼今旋歸，粉篆丹旐。兆寢悠悠，魂魄遼遠。致身移忠，惟孝其本。黼扆思之，録其庸勞。寵幽上公，可謂曰遭：公亡不亡，公有良子。亦秉國鈞，實法實似。有嚴作廟，籩簋維時。神容與耶？去此奚之。維淄維漢，維江維海。其流或枯，廟主斯毁。何以麗牲？樂石峨峨，太史詩之，以侑以歌。

著録

1.《牧庵集》卷 12－5 下①。2.《元文類》卷 21－1 上。3.《党項與西夏資料滙編》卷上 1－356。4.《全元文》卷 308－492。

注釋

［1］資善大夫：文散官。金代始置，秩正三品下。元正二品。明沿置。《金史·百官志一》："正三品上曰資德大夫，中曰資政大夫，下曰資善大夫。"② 中書左丞：中書省左丞簡稱。元世祖中統二年（1261）置，為執政官。《元史·百官志》："右丞一員，正二品。左丞一員，正二品。副宰相裁成庶務，號左右轄。"③ 銀青榮録大夫：無

---

①（元）姚燧：《牧庵集》卷十二，《景印文淵閣四庫全書》（1201），臺北：臺灣商務印書館（據《永樂大典·牧庵集》收録）1986 年版，第 515 頁。

②（元）脱脱等：《金史》卷五十五，中華書局 1975 年版，第 1220 頁。

③（明）宋濂：《元史》卷八十五，中華書局 1976 年版，第 221 頁。

實職文散官。宋、遼、金、元、明各代均置。《金史・百官志》："正二品上曰金紫光録大夫，下曰銀青榮録大夫。"① 掌百官、蕃國進奉朝覲引見招待等事。平章政事：從一品。"掌機務，貳丞相，凡軍國重事，無不由之"②。見《元史・百官志》《明史・職官志》。

[2] 燧：即姚燧，字端甫，號牧庵，河南（今河南洛陽）人。官翰林學士承旨、集賢大學士。能文，與虞集並稱。所作碑誌甚多，大都為歌頌應酬之作。原有集，已散失，清人輯有《牧庵集》。無刻石時間。考至順二年（1331）《李世安墓誌》"至元二十一年，武愍薨于交趾"，至大元年（1308）《李恒新廟碑》："至元廿八年，有旨録公死事，特贈銀青榮録大夫、平章政事，賜謚武愍。於時邮典未行，命始下，人人以為没身曠世之遇。"又，《李恒家廟碑》載，公"薨七年，而贈官、賜謚、封公之命始下，玉音仁煦，恩重書棺"。刻石時間当在至元廿八年（1291）。

[3]《全元文》脱"與雖為廟以"各字。

[4] 文潞公：即文彦博，字寬夫，號伊叟。汾州介休（今山西介休）人。介休三賢之一。進士及第，逮事四朝，任將相五十年，名聞四夷。北宋嘉祐間，封潞國公。後人建文潞公祠以祭。彦博有八子，都擔任重要官職。《宋史・文彦博傳》："彦博八子，皆歷要官。第六子及甫，初以大理評事直史館，與邢恕相善。元祐初，為吏部員外郎，以直龍圖閣知同州。彦博平章軍國，及甫由右司員外郎引嫌改衛尉、光禄少卿。彦博再致仕，及甫知河陽，召為太僕卿，權工部侍郎，罷為集賢殿修撰、提舉明道宫。"③

[5] 吕公著，《宋史・吕公著傳》："字晦叔，幼嗜學，至忘寢食。"④ 壽州（今安徽鳳台）人。北宋著名政治家、學者。進士及第。元祐四年（1089）卒，贈太師、申國公，謚正獻。著述頗豐。其父吕夷簡，字坦夫，名相。"贈太師、中書令，謚文靖"⑤。父子自有傳。范純仁，字堯夫。"贈開府儀同三司，謚曰忠宣。"⑥ 北宋大臣，人稱"佈衣宰相"。進士，現存《范忠宣公集》二十卷。其父范仲淹，字希文。北宋著名政治家、思想家、文學家。"贈兵部尚書，謚文正"⑦，世稱"范文正公"。著有《范文正公文集》。父子自有傳。

[6]《党項與西夏資料滙編》脱"今"上兩百餘字。

---

① （元）脱脱等：《金史》卷五十五，中華書局 1975 年版，第 1220 頁。

② （明）宋濂：《元史》卷八十五，中華書局 1976 年版，第 221 頁。

③ （元）脱脱等：《宋史》卷三百一十三，中華書局 1977 年版，第 10263 – 10264 頁。

④ 《宋史》卷三百三十六，第 10772 頁。

⑤ 《宋史》卷三百一十一，第 10209 頁。

⑥ 《宋史》卷三百一十四，第 10293 頁。

⑦ 同上書，第 10275 頁。

［7］“閥”下“世”，《全元文》作“甚”，可採。“世姻”，《党項與西夏資料滙編》作“氏姻”，非。世姻，世代聯姻。此謂魏晉漢族世家大族門第觀念强，北魏孝文帝通過建立門閥制度，加强胡漢大族間的聯姻。《資治通鑑》齊明帝三年（494）春正月條：“魏主雅重門族，以範陽盧敏、清河崔宗伯、滎陽鄭羲、太原王瓊四姓，衣冠所推，咸納其女以充後宮。隴西李冲以才識見任，當朝貴重，所結姻婭，莫非清望；帝亦以其女為夫人。”①

［8］“彊盛”，《党項與西夏資料滙編》作“盛强”。《全元文》作“盛彊”。彊，同“强”。

［9］據《元史·李恒傳》：“太祖經略河西，有守兀納剌城者，夏主之子也。”②可知“某某城”為“兀納剌城者”。《党項與西夏資料滙編》據《元文類》作“兀納城”，可。《元史·地理志》：“兀剌海路，太祖四年，由黑水城北兀剌海西關口入河西，獲西夏將高令公，克兀剌海城。”③ 黑水城，今內蒙古杭錦後旗喀喇木倫河濱。兀納剌城，即“兀剌海城”，今杭錦後旗境。西夏襄宗李安全子李承楨為主將守城。同書《太祖紀》：“四年己巳春……夏主李安全遣其世子率師來戰，敗之，獲其副元帥高令公。克兀剌海城。”④ 知“守兀納剌城者”，即“夏主之子”李承楨，太祖四年（1209）“城陷不屈而死。子惟忠，方七歲，求從父死，主將異之，執以獻宗王合撒兒，王留養之”⑤。李恒即西夏第七代國主襄宗李安全之曾孫。

［10］李恒父惟忠經略中原，有功，為達魯花赤。

［11］吕文煥：南宋末，襄陽守將。元軍圍而不攻數年。樊城破，襄陽陷入孤立，阿里海牙勸降吕文煥。事跡見《新元史·吕文煥傳》。碑云元軍攻打襄陽“四年而下之”，《元史》稱五年，詳見後。

［12］巴延：即“伯顔”，《全元文》作“伂延”，音近字異。蒙古八鄰部人。世祖忽必烈命丞相伯顔統軍，決意大舉攻宋。見《元史·伯顔傳》。“隘”上，《元文類》《元史》有“漢”字。《党項與西夏資料滙編》據之改，是。

［13］“爾”，《全元文》作“里”。阿里，即阿里海牙。元軍攻打襄陽，然“城中糧儲多，圍之五年，終不下”。阿里海牙以為襄陽與樊城，猶脣齒相依，“宜先攻樊城，樊城下，則襄陽刻不攻”。帝始報可。遂破樊、攻襄陽，勸降南宋守將文煥。“阿

① （宋）司馬光編著，（元）胡三省音注：《資治通鑑》卷一百四十，中華書局1956年版，第4393頁。

② （明）宋濂：《元史》卷一百二十九，中華書局1976年版，第3155頁。

③ 《元史》卷六十，第1452頁。

④ 《元史》卷一，第14頁。

⑤ 《元史》卷一百二十九，第3155頁。

里海牙行荊湖等路樞密院事，鎮襄陽”，並奏：“襄陽，自昔用武之地也，今天助順而克之，宜乘勝順流長驅，宋可必平。”帝拜伯顏為行中書省左丞相，阿里海牙進行省右丞①。事跡見《元史·阿里海牙》。碑主當為阿里海牙屬下，參與了滅宋的一系列戰争。“阿里”，《党項與西夏資料滙編》作“何里”，非。

［14］“擒”，原作“禽”，“擒”的古字。《四庫全書》收録《牧庵集》，作“擒”。《元文類》《党項與西夏資料滙編》《全元文》均作“禽”。《元史·李恒傳》：“十二年，從右丞阿里海牙至洞庭，擒高世傑。”②

［15］《元史》：下岳州，“至沙市，城不下，縱火攻之，沙市立破”③。下岳，進沅沙市：即指“下岳州，進攻沙市”。《党項與西夏資料滙編》作“下岳州，阬沙市”，何作“阬”字，不解。

［16］宋幼主：即宋恭宗趙㬎，宋端宗趙昰的弟弟，宋懷宗趙昺的哥哥。端宗上尊號孝恭懿聖皇帝。陳宜中，“字與權，永嘉縣人”④。南宋末年宰相。擁立益王趙昰即位，為宋端宗，主持南宋流亡政府工作。見《宋史·陳宜中傳》。衛王昺：即懷宗趙昺。

［17］吴浚，字允文，自號山西，建昌軍南城（今江西南城）人。南宋將領。景炎二年（1277）以汀州降於元。文天祥遷移漳州，吴浚為元軍至，游説文天祥降元，斬之。見《宋史·二王紀》、雍正《江西通志》。文天祥，字宋瑞，一字履善，自號文山，江西吉州廬陵人。狀元及第，官至右丞相，封信國公。抗元名臣，民族英雄，與陸秀夫、張世傑並稱“宋末三傑”。事見《宋史·文天祥傳》。

［18］據上文“隆興”，“龍興”當為“隆興”之誤寫。

［19］“州”，《党項與西夏資料滙編》作“行”，非。南宋景炎元年（1276），元兵攻佔南宋都城杭州。趙㬎在福州繼位，年號德祐，封文天祥為右丞相兼樞密院事，督諸路軍馬。文天祥率將士先後三次入汀州，著《汀州第六十五》詩一首。《宋史·文天祥傳》載，南宋德祐二年（1276）“七月，乃以同都督出江西，遂行，收兵入汀州”。“至元十四年正月，大元兵入汀州，天祥遂移漳州”，“江西宣慰使李恒遣兵援贛州，而自將兵攻天祥于興國。天祥不意恒兵猝至，乃引兵走”，即碑之“天祥走據汀”；“天祥復陷汀州，收兵出興國”⑤。碑文所述應指文天祥第三次撤出汀州，時在景炎二年（1277）十月，即元至元十四年。此後，天祥轉戰廣東沿海，直至被俘。

---

① （明）宋濂：《元史》卷一百二十八，中華書局1976年版，第3124－3125頁。

② 《元史》卷一百二十九，第3156頁。

③ 《元史》卷一百二十八，第3126頁。

④ （元）脱脱等：《宋史》卷四百一十八，中華書局1977年版，第12529頁。

⑤ 同上書，第12537頁。

［20］張宏範：即張弘範，字仲疇。易州定興人。“善馬槊，頗能為歌詩”①。元朝著名的軍事家、統帥。曾擊敗南宋英雄文天祥與張世傑，深受元朝皇帝的器重。《元史·張弘範傳》：“贈銀青榮禄大夫、平章政事，謚武烈。至大四年，加贈推忠効節翊運功臣、太師、開府儀同三司、上柱國、齊國公，改謚忠武。延祐六年，加保大功臣，加封淮陽王，謚獻武。”②“彰”，據文義和史實，為地名“漳”。《党項與西夏資料滙編》作“漳”，漳州，是。

［21］陸秀夫，“字君實，楚州鹽城人”③。南宋左丞相，抗元名臣。張世傑駐兵厓山，秀夫外籌軍旅。至元十六年（1279）厓山破，秀夫負衛王趙昺赴海死。見《宋史·陸秀夫傳》。碑文“崖山”，即“厓山”，位於廣東新會縣南大海中，為扼守南海門户。

［22］翟國秀、凌震，名見宋史。翟國秀，南宋承宣使，厓山海戰降元。南宋景炎三年（1278）“凌震、王道夫襲廣州。震敗績”④。元朝曾以宣慰使官職勸降，凌震拒，元延祐二年（1315）卒。張世傑，範陽人。見《宋史·張世傑傳》。“宋末三傑”之一。厓山海戰敗，溺死於平章山下。碑文稱“翟國秀、凌震皆降。世傑遁去”有誤。由此可知，李恒參加了元初滅南宋的重要戰爭。

［23］鎮南王：元代諸王第二等級封號之一。至元二十一年（1284），世祖第九子脱歡始受封。至元二十一年（1284）六月“詔封皇子脱歡為鎮南王，賜塗金銀印”⑤。見《元史·世祖紀》《新元史·世祖紀》。其子老章、脱不花、帖木兒不花及脱不花子孛羅不花先後襲封。交趾：亦作“交阯”。舊對安南、越南的别稱。古地區名，泛指五嶺以南。《後漢書·郡國志五》載漢武帝置交趾郡⑥，轄境相當於今廣東、廣西大部和越南的北部、中部。東漢末改為交州。

［24］“出”下，《党項與西夏資料滙編》衍“境”。

［25］“褒”，《全元文》做“哀”，非。

［26］動：通“慟”。《党項與西夏資料滙編》作“痛”，義近詞非。

［27］晜：同“昆”。晜弟：兄弟；哥哥和弟弟。《爾雅·釋親》：“父之晜弟，先生為世父，後生為叔父。”⑦

---

① （明）宋濂：《元史》卷一百五十六，中華書局1976年版，第3679－3684頁。

② 同上書，第3684頁。

③ （元）脱脱等：《宋史》卷四百五十一，中華書局1977年版，第13275頁。

④ 同上書，第13273頁。

⑤ （明）宋濂：《元史》卷十三，中華書局1976年版，第267頁。

⑥ （南朝宋）范曄撰，（唐）李賢等注：《後漢書》卷三十三，中華書局1965年版，第3531頁。

⑦ 十三經注疏整理委員會：《爾雅注疏》卷四，《十三經注疏》，北京大學出版社2000年版，第129頁。

［28］“秘”，《党項與西夏資料滙編》作“祕”。秘，亦作“祕”。

［29］世安，詳見至順二年（1331）《李世安墓誌》。

［30］“奔”，《党項與西夏資料滙編》作“犇”，“奔”的古字。

彙考

碑文詳細記載了李恒參加蒙元伐南宋的系列戰争：破樊城、襄陽、鄂州，敗文天祥，滅宋於厓山，征交趾等等。恒，西夏皇室後裔，元世祖時副元帥。《元史·李恒傳》：“李恒，字德卿，其先姓於彌氏，唐末賜姓李，世為西夏國主。太祖經略河西，有守兀納剌城者，夏主之子也，城陷不屈而死。子惟忠，方七歲，求從父死，主將異之，執以獻宗王合撒兒，王留養之。”惟忠從經略中原，有功，為達魯花赤。“惟忠生恒，恒生有異質，王妃撫之猶己子”，“後贈銀青榮禄大夫、平章政事，謚武愍；再贈推忠靖遠功臣、太保、儀同三司，追封滕國公”①。其事跡可見《吴文正集》卷十四《滕國李武愍公家傳後序》，收入《四庫全書》。

① （明）宋濂：《元史》卷一百二十九，中華書局1976年版，第3155－3159頁。

200 李世雄墓誌 大德六年（1302）五月十七日

説明

誌石亡佚。張伯淳撰文。

誌文

益都淄萊等路管軍萬戶李公墓誌銘。

平章武愍李公生二子[1]，君其季也，諱世雄，字彦豪。余與長公湖廣行中書省右丞龍川公締交久[2]，稔君性行所謂稱其家者。大德辛丑歲[3]，余再入翰林，始識君，溫其如玉人也。經年間時一晤語，使人意消。頃聞君扈從上都，道病，猶強起前進。少愈，力疾以歸京師，至則不可支。五月十七日終于私第[4]，得年卅一。悲夫！

嘗拜宣武將軍、益都淄萊等路管軍萬戶。居亡何，舉以讓兄之子某[5]。娶崔氏，故平章政事御史中丞彧之女。子男一某，女一某，俱幼。以壬申十一月三日生，歿後十日，壅永安山之原，祔先塋也[6]。猶子翰林待制屺實經紀其喪，敘疇昔雅故，請銘。余惟有功德及物者後必昌，棣華偏其仁而不壽，行道之人亦為嗟惜，可知其賢已，是宜銘。廼若里居代序，則刻碑墓門，不復書。銘曰：

考作室，人如玉，生而閲世去何速。少婦弱息禍彌酷，公侯之始後必復。

著録

1.《養蒙文集》卷 4－5 下①。2.《党項與西夏資料滙編》卷上 1－375。3.《全元文》卷 381－246。

注釋

［1］平章武愍李公：即李恒。《元史·李恒傳》："李恒，字德卿，其先姓於彌氏，唐末賜姓李，世為西夏國主。"② 於彌氏，党項於彌部人。又作"于彌""烏彌""吾密""兀名""兀泥""嵬名"，不同的異譯音，文字不同而已。贈銀青榮録大夫、平章政事，謚武愍；再贈推忠靖遠功臣、太保、儀同三司，追封滕國公。事跡見《吳文正集》卷十四《滕國李武愍公家傳後序》及至元廿八年（1291）《李恒家廟碑》、至大元年（1308）《李恒新廟碑》、泰定二年（1325）《李恒廟碑》。"二"應為"三"。李恒生三子：世安、世雄、世顯。泰定二年（1325）《李恒廟碑》："公之冢子世安，

① （元）張伯淳：《養蒙文集》卷四，《景印文淵閣四庫全書》（1194），臺北：臺灣商務印書館（據兩江總督采進本收録）1986 年版，第 461 頁。

② （明）宋濂：《元史》卷一百二十九，中華書局 1976 年版，第 3155 頁。

以賢相聞於江西；公之仲子世雄，以賢帥聞于豫章；公之季子世顯，以賢守聞於廬陵。”豫章：江西省的别稱。漢置豫章郡，治南昌。廬陵：東漢置廬陵郡，宋改吉州，故城在今江西吉安縣境。《元史・李恒傳》：“子散木䚟，江西行省平章政事；囊加真，益都淄萊萬戶；遜都台，同知湖南宣慰使司事。孫薛徹干，兵部侍郎；薛徹秃，益都般陽萬戶。”① 囊加真，即世雄；遜都台，即世顯；薛徹干，即屺；薛徹秃，即嶼。益都，舊地名。今山東省青州市。淄萊，至元二年（1265）改淄川路置淄萊路。治淄川縣（今山東淄博市西南淄川城）。二十四年（1287）改般陽路。

［2］長公湖廣行中書省右丞龍川公：即世雄長兄李世安。至順二年（1331）《李世安墓誌》：“生於宣德府龍門川，人稱李龍川云。”以居住地名為號，表明生活在元代的党項人，深受儒家文化影響，與漢人士大夫的習慣和傳統已無二致。劉將孫《養吾齋集》卷十四《李龍川平盗詩序》，亦稱《李世安平盗詩序》。“龍川平章提兵臨捕，省掾李君友仁實掌案牘。”②《党項與西夏資料滙編》據《養蒙文集》迻録，“交”作“友”，非。

［3］按長曆，大德辛丑即大德五年（1301）。

［4］誌文無卒年，據上文“經年間時一晤語”，意即經一年見面交流。卒年為大德六年（1302）。又，下文“得年卅一”，乃虚歲。“以壬申十一月三日生”，誌主生於南宋咸淳八年（1272），歲次壬申。推之，誌主卒於大德六年（1302）。

［5］《元史・兵制》：“管軍萬户府屯田：世祖至元十八年正月，命肅州、沙州、瓜州置立屯田。”③ 誌載世雄“嘗拜宣武將軍、益都淄萊等路管軍萬户”，與《李世安墓誌》所載吻合。《李世安墓誌》：“公之弟：世雄、世顯。公以本軍萬户讓世雄，授宣武將軍，在職十年，還以讓公之子嶼。嶼臨終，以讓宣武之子繁，繁曰：‘父讓而子奪之，可乎？’不就職，乃與公之嫡長孫保。保以讓懷遠（嶼）之子順，武愍公之蔭讓與世顯。”所以，至元廿八年（1291）《李恒家廟碑》：李恒“子二人，世安以監廣州，從朝京師，授新軍萬户、同知江西宣慰司事，再嗣公益都、淄萊本軍萬户，後以正議大夫，仍將本軍僉江西行中書省事，再陞中奉大夫、參知政事、行尚書省江西”。又，至順二年（1331）《李世安墓誌》：“後奉特旨，世襲益都、淄萊上萬户。”實際上是世安子嶼襲益都、淄萊本軍萬户後所追的尊號。

［6］《欽定日下舊聞考》：“原元平章政事李武愍公葬京師之西永安山之陽，其子益都淄萊等路管軍萬户世雄祔葬先塋。”④

---

① （明）宋濂：《元史》卷一百二十九，中華書局1976年版，第3159頁。

② 同上。

③ 《元史》卷一百，第2569頁。

④ 李修生：《全元文》卷六百二十五，江蘇古籍出版社1999年版，第216頁。

201 李恒墓田記 大德六年（1302）前

説明

張伯淳撰文。

誌文

元故平章政事李武愍公墓田記。

李氏系出西夏，至武愍公益大其門，迨今名在宇宙，功在國家，威德在江南之士若民[1]。葬京師之西三十里，曰永安山之陽，卹典視諸勳閥獨優[2]，時論榮之。較德焯勤，有碑、有記、有幽堂之銘，其於傳無已。公之子世安，今為江浙等處行中書省叅知政事[3]，慨先猷之未竟，罔極之莫酬。即塋域左右買田以共蒸嘗[4]，五頃而羸，且將續繼焉[5]。前翰林院學士張伯淳與叅政公有都門過從之雅，錢塘解后[6]，一再為伯淳言："世安幸甚，一門被遇聖朝，何修克稱，實維前人功德所及。今娱奉重闈，祖母太夫人年過八袠[7]，康強如壯年。每家慶檀欒[8]，歷歷道往事，必以世濟先美為諸孤勉，尤切切然以房杜子孫為深鑑[9]。凡為蒸嘗不朽計，亦太夫人意也。其為我紀其事。"伯淳按：《禮經》：大夫士有田則祭，無田則薦。祭，重事也。今田租之入與歲事為無窮，子孫世守而勿墜[10]，足以致其無窮之思，可謂孝矣。於乎！一人之身至於子若孫如雲而來[11]，其初則一也。人而不忘其初，則孝友睦婣之風不能不油然於雨濡霜降之際[12]，歲時一至或再至焉[13]。摩挲松楸，祀事既灌。父勵其子，兄勉其弟[14]，亦惟上而報國，次而致身，而無忝廼祖。凡可以增光潤色為有衍勿替之圖者，不止祀事已[15]。謹再拜書以遺公，歸而刻之墓門，尚相為不朽云。

著録

1.《養蒙文集》卷3－3①。2.《党項與西夏資料滙編》卷上1－376。3.《全元文》卷379－217。

注釋

[1]"功"上，《全元文》衍"豊"字。又，"威"，《全元文》作"盛"。

---

①（元）張伯淳：《養蒙文集》卷三，《景印文淵閣四庫全書》（1194），臺北：臺灣商務印書館（據鈔本收録）1986年版，第450頁。

［2］卹典：帝王規定大臣遵守的喪葬善後禮式。宋趙顔衛《云麓漫鈔》："崔縱之櫬金人付臣護之而來，謹置之臨安府城内妙行寺，乞賜檢舉，特與卹典，訪其親，而官助葬之。"①

［3］世安：即李世安。墓誌無撰文時間。《新元史·李恒傳》附李世安傳："元貞初，出為江浙行省参知行省参知政事，改河南行省，秩滿，遷湖廣行省左丞。"② 至順二年（1331）《李世安墓誌》："元貞、大德間，授正奉大夫、參江浙、河南二省，秩滿，陞湖廣左丞，供劉平章西征饋餉。"元貞（1295－1296）、大德（1297－1307），皆元成宗鐵穆耳年號。下文"即塋域左右買田以共蒸嘗"，買田即世安任此職期間。據《元史·張伯淳傳》："大德四年，即家拜翰林侍講學士。明年，造朝，扈從上都。又明年卒。"③ 時在大德六年（1302），亦即當年，伯淳撰《李世雄墓誌》。推之，伯淳撰《李恒墓田記》時間，至遲在大德六年（1302）前。

［4］蒸：同"烝"。蒸嘗：本謂秋冬二祭。後泛指祭祀。《後漢書·馮衍傳》："春秋蒸嘗，昭穆無列。"④ 共，通"供"。《党項與西夏資料滙編》據《養蒙文集》迻録，"共"作"供"，是。

［5］"續繼"，猶續弦。《全元文》作"續續"，可採。

［6］張伯淳，字師道，杭州崇德人。宋末舉童子科。至元間，授杭州路儒學教授，遷浙東福建兩憲司知事、翰林直學士，大德中官至翰林侍講學士。見《元史·張伯淳傳》。解后：亦作"解逅"，不期而遇。"后"，《全元文》作"後"，非。

［7］重闈：謂父母或祖父母。"母"，《党項與西夏資料滙編》作"父"，或是。袠：通"秩"。古以十年為一袠。

［8］檀欒：借指竹。宋梅堯臣《和刁太傅新墅十題·移竹》："遠愛檀欒碧逕開，荷鉬乘雨破秋苔。"⑤

［9］房杜：唐太宗時期著名宰相房玄齡、杜如晦的並稱。房多謀、杜善斷，兩人同心濟謀，共佐盛唐，傳為美談。鑑：鏡子。告誡李氏子孫以房、杜二人為學習的榜樣。"鑑"，《党項與西夏資料滙編》作"監"，是。鑑，通"監"。

［10］墜：毀壞。《党項與西夏資料滙編》作"隊"，可。隊，通"隧"；"墜"為"隧"的被通假字。

---

① （宋）趙彦衛著，傅根清點校：《雲麓漫鈔》卷八，中華書局 1996 年版，第 143 頁。

② 柯劭忞：《新元史》卷一百八十，開明書店 1935 年版，第 365 頁。

③ （明）宋濂：《元史》卷一百七十八，中華書局 1976 年版，第 4147 頁。

④ （南朝宋）范曄撰，（唐）李賢等注：《後漢書》卷二十八下，中華書局 1965 年版，第 983 頁。

⑤ （宋）梅堯臣：《宛陵集》卷八，《景印文淵閣四庫全書》（1099），臺北：臺灣商務印書館 1986 年版，第 67 頁。

［11］“於乎”,《党項與西夏資料滙編》作“嗚呼”；又,“如雲而來”作“而雲而來”，義近。

［12］雨濡：雨水浸漬。語出《周易·夬》：“君子夬夬，獨行，遇雨若濡，有慍，無咎。”① 引申義為教化潤澤。“濡”,《党項與西夏資料滙編》作“溥”，非。

［13］“焉”,《党項與西夏資料滙編》作“為”，非。

［14］語出《國語·勾踐滅吴》：“果行，國人皆勸。父勉其子，兄勉其弟，婦勉其夫。……遂滅吴。”② 勵：勉勵。“勵”，《党項與西夏資料滙編》作“厲”，為“勵”的古字。

［15］“事”下,《全元文》衍“而”。

彙考

李恒，西夏第七代國主襄宗李安全之曾孫。從李恒及其子嗣碑誌，除該墓田記外，還有至元廿八年（1291）《李恒家廟碑》，又稱《中書左丞李公家廟碑》；泰定二年（1325）《李恒廟碑》，又稱《滕國武愍李公廟碑》；約至大元年（1308）《李恒新廟碑》，又稱《李武愍公新廟碑銘》。其子大德六年（1302）《李世雄墓誌》、至順二年（1331）《李世安墓誌》。李恒先世，自唐末賜漢姓李後，即開始不斷漢化。其父李惟忠“始居淄川長白山下”③，而自號長白。其子世安，“生於宣德府龍門川”④，而號李龍川。以居住地名為號，是漢人士大夫的習慣和傳統。李恒死後，歸葬大都路宛平縣永安山之陽。隨後其妻王氏“合葬武愍公之墓”⑤，子世安葬於“考妣之兆”⑥，世雄“葬永安山之原，祔先塋”⑦。他們有自己的家族墓地，遵丁憂、期功之制，儼然漢人的喪葬方式和祭祀傳統。當然，這支西夏皇室後裔党項人在漢化的同時，也在蒙古化，正如碑銘所道：“飲食祭祀，並遵國俗。”“國俗”，即蒙古風俗。家族成員名字有漢名，也有蒙古名，如“子散木斛，江西行省平章政事；囊加真，益都淄萊萬户；遜都

① 十三經注疏整理委員會：《周易正義》卷五，《十三經注疏》，北京大學出版社 2000 年版，第 213 頁。

② 徐元誥撰，王樹民等點校：《國語集解·越語上第二十》，中華書局 2002 年版，第 572 – 573 頁。

③ （元）柳贯：《李武愍公新廟碑銘并序》，《柳待制文集》卷九，上海涵芬樓借江陰繆氏藝風堂藏元刊本景印，張元濟等：《四部叢刊初編·集部》（1477），商務印書館景印，1929 年重印，第 5 頁下。

④ （元）吴澄：《李世安墓誌》，《吴文正公集》卷四十二，明成化二十年（1484）刊本，第 6 頁。

⑤ （元）張伯淳：《元故平章政事李武滑公墓田記》，《養蒙文集》卷三，《景印文淵閣四庫全書》（1194），臺北：臺灣商務印書館 1986 年版，第 450 – 451 頁。

⑥ （元）張伯淳：《益都淄萊等路管軍萬户李公墓誌銘》，《養蒙文集》卷四，《景印文淵閣四庫全書》（1194），臺北：臺灣商務印書館 1986 年版，第 461 – 462 頁。

⑦ （元）吴澄：《元故榮禄大夫江西等處行中書省平章政事李公墓銘》，《吴文正公集》卷四十二，明成化二十年（1484）刊本，第 6 頁。

台，同知湖南宣慰使司事。孫薛徹干，兵部侍郎；薛徹秃，益都般陽萬户”。囊加真，即世雄；遜都台，即世顯；薛徹干，即屺；薛徹秃，即嶼①。但他們的主流仍是居漢地，習漢俗，“務學友士，誦習經史，希古聖賢”，學儒奉儒。

① （明）宋濂：《元史》卷一百二十九，中華書局1976年版，第3159頁。

202 李恒新廟碑 至大元年（1308）

説明

碑石亡佚。柳貫撰文。

碑文

李武愍公新廟碑銘并序。

太保、滕國武愍公，有大勲載於盟府，有盛德被於江西十一州。而建昌為郡，介乎江、嶺、閩、越之間，固嘗刻公之遺恵於碑矣。今總管薩侯始大作新廟，春秋修其薦事，蓋上以承國典，而下以順民志焉。初，公為益都、淄莱新軍萬戸，圍攻襄、樊，遂從丞相淮安忠武王濟漢渡江，略定淮、楚。王受詔自將擣臨安，以右丞阿里海牙鎮鄂，而以江西付公及宋都。至元十二年，道進公左副都元帥，分兵由九江、南康入隆興[1]，開元帥府，下撫、瑞、建昌、臨、袁、吉、贛、南安諸城，又南踰嶺至海。其北盡長江，東西際閩与湘，收郡縣一百五十[2]，得戸三百萬，未三月，已上其功。當是時，民之望公如電雷薄發，風雨交至，名能動物，而物無後乎。明年，宋相陳宜中、節度使張世傑擁益王福州，收諸道潰兵，謀為中變，右相文天祥亦自會昌以衆屯邵武，署其土人吴浚爵位，稍出建昌、汀、贛，以蕩搖江西。六月，公馳至建昌，秉利備禦。會鎮撫孔遵師出寧都，還得鄉民數輩江閩道上，械致公所，云同知軍事易仲榮使走福州，報府軍虚實。而軍中又往往搜購文丞相所與建昌故官大家書劄，事連數百家。時留戍諸將校因是欲激公一言[3]，遂其私利。公微知之，旦起坐譙樓[4]，召諸將校俱前，立所逮人其下，趣取書焚之，諭以逆禍順福，曰："吾念爾裹上之民，不忍以迷復致凶，吾今悉貸爾矣。"[5]杖數械者，其餘獲縱[6]。皆再拜收泣，言曰："天賜公活我，誠願洗心自新。"諸將校或不亮公所為，公徐語之曰："是所得書，往返千里外，有達有不達，亦安知非姦人芽糵於其間？今不覈實而概論之，挈數百家民命，狥其邪謀[7]，何以安反側之心？"已而聞浚以兵十萬據南豐，公立授諸將方略，破走之。八月，浚復屯市山，聲言必取建昌，公遣千戸忻都逆戰兜港[8]，誘之半渡，徐出鐵騎蹂其後，追北三十里，横尸滿野。又命鎮撫翟欽徑覆其巢穴廣昌[9]，浚走汀州。公還，而建昌之亂帖息，如未附時矣。方倉卒上變，適承豫章興獄之後，為數百家計者，不過席藁私室，以待斧鑕，重則瀦宮為汙池[10]，輕則化家為囚虜，夫何疑然？及公制釁於俄頃，消禍於片言，遂能易亡而存，轉危而安，雖其精神心術之所運，而所謂智勇與仁，微公孰克兼之哉！[11]

其後，公以參知政事，拜蒙古漢軍都元帥，經略廣東。遂會湖廣行省平章政事阿里海牙、江東宣慰使張弘範等舟師崖山，乘潮薄南船，縱短兵接戰。執政陸秀夫窮蹙，抱衛王赴海死。降其宗室、侍從官、承宣使尚數百人，得其所懷金璽，獻凱於朝。

十七年三月，以資善大夫、中書左丞、行中書省事於湖廣。後四年，承詔從皇子鎮南王討罪交趾，至其國無梁河，結筏徑渡，奪天長府。世子率官屬航海遁，公部勒舟師追襲之，獲戰艦二百艘。公渡天長濱江，江水横溢，則冒没營壘，非便，將大城其府，留師困之。謀不用而水果暴至，因趣班師，命公以其軍殿。公且行且戰。及皇子前遇，其伏兵起永平關，藥矢中公膝，次思明州，遂薨。以其喪還葬都城西永安山南。至元廿八年，有旨録公死事，特贈銀青榮禄大夫、平章政事，賜謚武愍。於時邺典未行，命始下，人人以為没身曠世之遇[12]。至大元年，從贈封令，復加號推忠靖遠功臣，贈太保、儀同三司，追封滕國公，仍謚武愍。

公姓李氏，諱恒，字德卿。其先有國河右之賀蘭山，曰西夏者，公之世也。自其父淄州都達魯花赤、贈金吾衛上將軍、簽書樞密院事、滕國忠襄公，始家淄川長白山下，故今為淄州人。於是去公綏靖建昌之年，已五十年餘矣。昔之飲沭公德者，長子老孫且更數世，而猶曰："吾父吾祖，李公之所全活，吾雖易姓以從公、飲食以祝公，亦若歉焉。矧今吾侯啟之以崇報之禮，示之以惇厚之風[13]！則自吾以及世世，凡而豕雞与豚，登黍與稷，以能滋吾之生殖者，皆吾李公之德之漸，可忽忘哉！"乃相率来請余文[14]，刻之牲石。余甞備數禮官，考夫有廟制祀之節矣。蓋天子縣内之諸侯有采地焉，外諸侯有所都之邑焉，故皆得立廟。而非其同氣之尸，則有不厭不嘏不旅不酢而已。降秦及漢，若欒公之配食社主，若蜀守文翁、齊相石慶之立祠郡邑[15]，以至於桐鄉、南陽、渭城之繼起，雖其事变，古益滋尚，皆人心之不可終泯者然耳。則今李公之廟，立扵綏靖五十年餘之後，非夫秉懿好德之心有動於中[16]，能致然乎？《傳》曰："國功曰功，民切曰庸。"觀公所樹立之如彼，而其子孫紹隆繼美之如是，抑庶幾古大臣之遺烈哉！雖廟而祀之，在建昌之民猶為不戾於禮者。公之世爵行業，有國史之傳，有奉常之誄，有幽堂之銘，有隧道之碑，有家廟之詩。余之斯文，為建昌釁廟而作者也。序其續詳焉。

薩侯，良二千石也，名薩德彌實，政有體要，今既美代還朝矣[17]。建廟之力，出於管軍上百戸羅勝。羅由，軍校長百夫，是常隸公麾下，尤有德於公云。余既論次公事，復系之詩，以永公思。其詩曰：

人心不一，至變則通。聚正乗剛，其来不窮。涣之萃之，有廟於中。惟廟伊何，饗德与功。江閩之交，盱為軍壘。守攻更禪，曠不知幾。宋踣元興，如龍雲起。維時武愍，受辭南指。麾旄所次，謀若天啓。既帖蠻荆，拓江及吴。水有鯨鯢，山有豹貙。亦順而寧，無稽而誅。小腆非殷，誕敢集枯。鄰之震矣，有泥弗蘇。盱民書呼，孰於余釁。籲天不聞[18]，延頸待刃。有勇武愍，提師来狥。曰此吾民，悼耄髫亂[19]。在我懷柔，毋彼蹂躪。尺櫝之疑，付以束熅。去尔芽蘗，絶爾疵吝。樂哉盱民，血肉吾身[20]。豈惟吾身，祚及宗媚。我宅我居，我田我耘。以社以方，燕及秋春。武愍在天，惠于若人。五紀而羸，越若朝夕。女則有甥，男則有息。家有訓言，受藏以繹。視公如神，左降右陟。相我後人，無我厭斁。自公之旋，有頌於碑。民則思之，而未克祠。今守薩侯，繄公是儀。作廟言言，肖像魏魏[21]。我民修祀，有崇無隳。姑山崔崔，盱水湜湜[22]。昔公来思，琱戈金戟。今公顧綏，玉瑱瑤席。有飶其馨，遲公来格。紘余雅歌，式薦明德。

著録

1.《柳待制文集》卷 9－3 下①。2.《柳待制文集》卷 9②。3.《党項與西夏資料滙編》卷上 1－363。4.《全元文》卷 798－352。

注釋

［1］隆：即“隆”。《党項與西夏資料滙編》録文據《柳待制文集》，參見《四部叢刊》同卷迻録，徑改“隆”，是。

［2］收：即“收”。下同。

［3］激：即“激”。

［4］譙樓：城門上的瞭望樓。《宋史·五行志·火》：“紹熙元年……徽州大火，夜燔州治、譙樓、官舍、獄宇、錢帑庫務，凡十有九所，五百二十餘區，延燒千五百家。”③

［5］耴：即“取”。逆禍：即“逆禍”，造反所帶來的危害。裔：即“裔”，構件倒置。“上”，《全元文》作“土，非。致：即“致”。

［6］縰：同“縱”。釋放。《全元文》作“眾”，非。

［7］芽糵：喻萌發壞事的因素。《党項與西夏資料滙編》作“芽孽”。下文“去尔芽糵”，亦作“芽孽”，均非。狥：亦作“徇”，通“殉”。“狥”，《全元文》作“徇”，是。下文“提師来狥”亦同理。

［8］忻都：又作“忽敦”。元初將領。至元七年（1270），忽必烈命為鳳州經略使。名見《元史·世祖本紀》《高麗史·忠烈王世家》。“兜”，同“兆”。《党項與西夏資料滙編》作“兆”，是。

［9］翟欽：名不見《元史》。可補史闕。

① （元）柳貫：《柳待制文集》卷九，（清）胡鳳丹，胡宗楙：《續金華叢書》，退補齋 1924 年，第 3 頁。

② （元）柳貫：《柳待制文集》卷九，上海涵芬樓借江陰繆氏藝風堂藏元刊本景印，張元濟等：《四部叢刊初編·集部》（1477），商務印書館景印，1929 年重印第 5 頁下。

③ （元）脱脱等：《宋史》卷六十三，中華書局 1977 年版，第 1382 頁。

［10］汙池：亦作“污池”。指將罪犯第宅、祖墳搗毀，掘成水池。《漢書·翟義傳》：“莽盡壞義宅第，汙池之。”①

［11］“克”，《全元文》作“宜”，非。

［12］“遇”，《党項與西夏資料滙編》作“邁”。據至順二年（1331）《李世安墓誌》：“至元二十一年，武愍薨于交趾。”知李恒卒於至元二十一年（1284）。死後七年，“而贈官、賜謚、封公之命始下”。見《李恒家廟碑》。與此碑文記載一致。

［13］厚：即“厚”字。惇厚：敦厚。《梁書·王志傳》：“父僧虔以來，門風多寬恕，志尤惇厚。”②

［14］“余”，指撰文人柳貫，字道傳。婺州浦江（今屬浙江）人，自號烏蜀山人。元翰林待制，世稱柳待制。以散文著稱，與黄溍齊名，有“黄柳”之稱。《元史·柳貫傳》：“作文沉鬱春容，涵肆演迤，人多傳誦之。”③

［15］欒公：即欒佈。梁地人，配食之神，稱社神，亦稱社公。《漢書·欒佈傳》：“吴楚反時，以功封為鄃侯，復為燕相。燕齊之間皆為立社，號曰欒公社。”④ 西漢蜀郡太守文翁創建文翁石室，是官辦學校肇始。事見《漢書·循吏傳》。石慶出為齊相，齊國“為立‘石相祠’”⑤，事見《漢書·萬石君傳》。漢欒佈為燕相，燕、齊之間皆為立社；文翁興學，蜀人為之立祠；石慶為齊相，齊國大治，為立石相祠。

［16］懿：美。《周易·小畜》：“君子以懿文德。”孔穎達疏：“懿，美也。”⑥

［17］“薩侯”，碑文共出現三次，名薩德彌實。《元史》無傳。名見元吴澄撰《吴文正集·建昌路廟學記》：“精選其人，擢江浙行中書省郎中薩德彌實為建昌郡侯治政。”⑦

［18］籲：同“顲”。

［19］髫齓：亦作“髫齔”。幼年。

［20］肉：即“肉”。

［21］魏魏：亦作“巍巍”。崇高伟大。《党項與西夏資料滙編》作“巍巍”。

［22］“盱”，《党項與西夏資料滙編》作“肝”，非。

---

① （漢）班固撰，（唐）顔師古注：《漢書》卷八十四，中華書局1962年版，第3439頁。

② （唐）姚思廉：《梁書》卷二十一，中華書局1973年版，第320頁。

③ （明）宋濂：《元史》卷一百八十一，中華書局1976年版，第4189頁。

④ （漢）班固撰，（唐）顔師古注：《漢書》卷三十七，中華書局1962年版，第1981頁。

⑤ 《漢書》卷四十六，第2197頁。

⑥ 十三經注疏整理委員會：《周易正義》卷二，《十三經注疏》，北京大學出版社2000年版，第70頁。

⑦ （元）吴澄：《吴文正集》卷三十六，《景印文淵閣四庫全書》（1197），臺北：臺灣商務印書館1986年版，第380頁。

203 黄頭墓碑 約延祐七年（1320）

説明

虞集撰文。該碑又題《平江路達魯花赤黄頭公墓碑》。

碑文

平江路達魯花赤黄頭公墓碑[1]。

元故昭毅大將軍、平江路總管府達魯花赤黄頭公，唐兀氏，别名世雄[2]。世居濮州鄄城縣，占籍于塔思火你赤萬戸之軍[3]。以某年某月某日未上平江而卒，得年若干歲，其孤奉喪以歸，祔而葬諸鄄城縣李康保柳行村先塋之次，去鄄城四十里。國家之制，秩三品有功德可稱者，得請謚。以未及請謚，墓碑未立若干年矣。其第五子保童監邑撫之崇仁，予自國史歸老，僑居其野。保童之在太常，以奉印為職事，嘗見予於朝，而其季弟和尚自其兄元童所來，曰："是不可失也，宜亟請焉。"於是使和尚覃思追憶[4]，得其遺事，以告邑教諭鄉貢進士朱禮，邑之隱君子陳德仁[5]，述狀來求銘。予按其事有可以風動於時者，故為之書。

其大父璉赤，嘗為明威將軍、山東道宣慰司副都元帥。世祖皇帝初，山東内附而弗靖，久勞王師。甫定之，事既平，列于帥府者，非才勇親信弗及也。既歿，而子阿榮襲其職，以才能選授大都西北關関廂廵捕之事[6]。有盜萬壽山廣寒殿御器金者，獲之，稱旨，授武略將軍、同知松江府事、溧陽知州、汀州總管，又同知邵武路事。披荊棘，立官府，有德政之碑。轉懷遠大將軍、德慶府總管而歿。生九子：平江公，其嫡長也，以蔭讓其弟山住。從弟朶羅歹，為京畿廣衍倉使，及中更大虧，公賣其鄉之樓居以代之償。久之，又憂群弟之無室也，買舊產之没于官者[7]，為券以付之，俾安於白養。又資朶羅歹使于禄焉。始從事浙西帥府，攝清流、武平二縣之長。新行至元銀鈔法，署進義副尉濮州平準行用庫提領。至元二十七年，例革，除興國路大冶縣達魯花赤，以治辦称。遷保義副尉、安豐路懷遠縣，兼領蒙城懷遠秋夏之稅。蒙城有濁流北行，人弗遜于常，邑人歸罪於水。公以私錢買地，溝而順之，祠神之信於民者，而為之誓，俗以變焉。鎮南王出征，道出其境，館舍供帳之具事備，而民弗擾。王善之，解所御衣服、弓矢以賜。遷忠翊校尉，相因倉監支納倉糧九萬碩，出納惟謹[8]，陞嘉興等處運糧千戸，服紫衣佩金符矣。居八年，改昭信校尉[9]，溫台等處運糧千戸。

延祐元年就任，陞武德將軍、海道都漕運萬戸府副萬戸，親運米貳伯七十萬，遷顯武將軍、海道都漕運萬戸，佩雙珠虎符[10]。前後九度海，而海運之事無所不周知矣。初，世祖皇帝取東南之粟以實京師，以航海為便，常苦舟不知道，並海行虞險失措[11]。吴人朱、張二氏[12]，出入海道甚習，歲擇便利，帥其私屬子弟駕海舟遠山即深以行，風水甚便。以數千百浮數寸之木，冒不測之淵以進，重利厚爵以募之。其卒也，致粟京師，歲九三四百萬斛矣[13]。朱、張二氏得罪，更用其人，不習其事，則多誤焉。而公以久於其官，遂進治其府，而其政有可書者：

一曰運舟募諸瀕海之家，民苦之，而貧者常以舟壞誤事。公請預以運費借之，使買木以葺舟，於是增舟之多[14]，可運一百萬斛。二曰海舟受雇者直甚厚，而無賴之人得錢即糜於飲博，及期，寧受責於無可奈何。公為之封識，時其當用而給之，事無闕失。三曰舟行海中，愚無知者竊所載以肆欲，舟至直沽，遺失無所從補，公為法，運官、舶主、庾卒、水工、碇手之屬，得相收伺連坐，其弊遂革。四曰粮之登舟，自溫、台上至福建，九二十餘處，皆取客舟載之，至浙西，復還浙東入海。公請移粟慶元，海舟受之，自烈港入海，無反覆之苦。五曰溫、台運舟水脚之費，歲於浙省關撥，而散之運粮千戶之所，治運者各於所治受鈔，復還溫台登舟，往復不便。公請悉留錢溫台，舟人受訖以行。六曰舟行風水遲疾不齊，舊例至直沽以次受之，而先至食盡，久不得去。公請于朝，至則受之，民以為便。七曰運舟之回，恐有所掠，買不法之物，樞密差官兼察之，比舟出海口，搜閲者因為奸利，雖無所有，猶誣執榜掠[15]，空其囊篋，多不能歸，公請禁止之。八曰海運之舟衆數十萬，薪爨之用，取諸水濱，道經河間，監司率以鹽草為辭而執掠之，無所得爨，公請正鹽草之界，得取其短小，於鉤斷之外不預鹽草者。九曰運舟冒險以出，常賴禱祠以安人心，若所謂天妃、海神、水仙等祠九十餘處，朝廷給牲牢醮祭之費，歲為中統鈔百定，而實不給也。公請假官本千封以貸人，收子錢以供其事，罷官給之費，而歲事豐備。舟行以成山為望，常苦霧起不見，而冒行以敗。公請立置成山祠以禱[16]，朝廷從之。十曰舟至直沽，則京師之人為肆沽賣，官收其課甚夥，後以争鬭[17]，絕舟人之登岸，而公私大失其利。公為嚴約束，聽民得飲食于市，而争鬭者悉與有司辨，直曲立斷之。九此者，皆海運之要務也。故備書之，使觀者有攷焉。

有失剌朱丁者，與公常同為千戶。公以都萬戶至京師，而其人尤舊職也。公白于朝堂曰："其實知斯人之才能，而久於其職可念也。"薦以自代，時宰然之。而公以懷遠大將軍為郴州路達魯花赤矣。秩滿改除昭毅大將軍、平江路達魯花赤。公任海漕官於平江之日久，周知其民事，達於利害情僞之故，其民望之。而公亦期有以自見，而遽以即世，不亦惜哉。嗟夫！海運之實京師，祖宗萬世之長策也[18]。然而東南之民，力竭焉，頻歲浙西水旱，廪不充數，江淮上流三省數十郡州縣之吏，斗升之民，終歲勤動，越江歷湖，以助其不足，而争鬭勿戢。又有深可慮者，則有大夫君子之所不能忘其憂者也。

保童之治崇仁，官不十日，既以轉輸在行，至集慶水洋，率民舟以待，而海人頗横不測。或見保童於沙際而識之，驚曰："此吾萬戶之子也。"相率羅拜，更相告而衛之[19]，而所部得無失。然則公之遺愛，在人可知矣。而其用不大究於時，惜哉！

公之夫人朱氏、周氏，皆封陳臺夫人。子九人：長哈剌，承事郎、兖州路同知。脱脱木兒，東平等處民戸總管。元童，承直郎、平江路長洲縣達魯花赤。别怗木，未仕。保童，承直郎、撫州路崇仁縣達魯花赤。乃蠻歹，早世。和尚、安童、趙安皆未仕。女五人。孫男二十人，女十一人。銘曰：

皇有中州，東多奥區。維鄆之城，沛其來居。自公之先，克順克類。起家明威，以貳東師。侃侃樵侯，政在刻詞。有子五人，出處各宜。公實孝友，亦有九子。身服官政，職勞不弛。淮江越閩，皆長其民。練習既優，百為是親。相彼東南，稼穡豐茂。京坻有容，歲賡其受。航海以東，千萬其儲[20]。九涉鯨波，無少不虞。去之幾年，人見其子。泣涕感慕，是孰之使。長洲告能，崇仁公嚴。先世其家，斯人來瞻。俾書貞珉，以告來裔。太常徵焉，行錫節惠。

著録

1.《道園類藁》卷44－17下。2.《道園類藁》，《元人文集珍本叢刊》6－322①。3.《道園學古録》卷41－9上②。4.《党項與西夏資料滙編》卷上1－532。5.《全元文》卷883－391。

注釋

［1］《道園類藁》（《元人文集珍本叢刊》）《全元文》題作“平江路達魯花赤黄頭公墓碑”。《道園學古録》《党項與西夏資料滙編》題作“昭毅大將軍、平江路總管府、達魯花赤兼管内勸農事黄頭公墓碑”。《元人文集珍本叢刊》影印《道園類藁》，為明初覆刊本。《道園學古録》收入《四庫全書》，為稿本。《党項與西夏資料滙編》據《道園學古録》，參《道園類藁》迻録。本文轉録自《道園類藁》，並參各本。

［2］昭毅大將軍：武散官。金始置，正四品中。元沿置，為正三品。參《金史·百官志》《元史·百官志》。平江路：唐初為蘇州，改吴郡。復為蘇州。宋為平江路。元至元十三年（1276）升平江路。見《元史·地理志》。《新元史·黄頭傳》：“黄頭，一名世雄，唐兀氏。”③“魯花赤”，《道園學古録》作“嚕噶齊”，又，“唐兀”作“唐古”。下文“塔思火你赤”作“達蘇和爾齊”；“保童”作“巴圖”；“和尚”“元童”作“華善”“裕通”；“璉赤”作“琳沁”；“山住”作“沙卜珠”；“朶羅歹”作“多羅岱”；“失剌朱丁”作“實喇珠卜丹”；“脱脱木兒”作“托克托穆爾”；“别怗木”作“拜特穆爾”；“乃蠻歹”作“齊奈曼”；“安童”作“安圖”，皆音譯異寫。

① （元）虞集：《道園類藁》卷四十二，《元人文集珍本叢刊》（6），臺北：臺灣新文豐出版公司（據明初覆刊本影印）1985年版，第322頁。

② （元）虞集：《道園學古録》卷四十一，《景印文淵閣四庫全書》（1207），臺北：臺灣商務印書館1986年版，第586頁。

③ 柯劭忞：《新元史》卷一百八十二，開明書店1935年版，第367頁。

［3］濮州：隋開皇十六年（596）置，治鄄城縣（今山東鄄城北）。《舊唐書・地理志》："隋東平郡之鄄城縣也。武德四年置濮州。"① 黄頭其先徙濮州鄄城，因以為籍。塔思火你赤：即"塔思火兒赤"。《元史・忙兀台傳》："祖塔思火兒赤，從太宗定中原有功，為東平路達魯花赤。"② 西夏亡後，跟隨成吉思汗攻打南宋，編入蒙古達達兒塔思火兒赤部氏。據碑文與史乘，黄頭為西夏党項後裔。

［4］覃思：深思。孔穎達《尚書序》："於是遂研精覃思，博考經籍，採摭羣言，以立訓傳。"③

［5］鄉貢進士：指地方州縣依據私學培養的士人，經鄉試、府試選拔、舉薦参加進士科考，而未能擢第者。如唐開元四年（716）《法藏塔銘》："京兆府前鄉貢進士田休光撰文。"④ 開元十五年（727）《王璲妻李明高墓誌》："前鄉貢進士趙堅撰。"⑤ 朱禮、陳德仁，不見《元史》。

［6］黄頭祖塔思火兒赤，又名璉赤，定居山東。據上文"世居濮州鄄城縣"，後世因以為籍。祖父璉赤，父阿榮。《新元史・黄頭傳》："祖璉赤，山東道宣慰司副都元帥。父阿榮襲璉赤職，累遷汀州總管、同知邵武路事。有惠政，轉德慶路總管，階懷遠大將軍，卒。黄頭，其長子也，以世襲職讓其弟山住。從弟朶羅歹，為廣衍倉使虧官。"⑥ 亦見下文"以蔭讓其弟山住。從弟朶羅歹，為京畿廣衍倉使"。大都：突厥語，意為"大汗之居處"。今北京城區。

［7］《道園類藁》作"没"，通"殁"。死。《論語・學而》："父在觀其志，父没觀其行。"⑦《道園學古録》作"殁"，《党項與西夏資料滙編》作"殁"，是。

［8］"具"，《党項與西夏資料滙編》作"其"，非。《道園類藁》《道園學古録》作"碩"，通"石"，重量單位。"出"下一字，《道園類藁》作"納"，古通用"内"。《道園學古録》作"内"。《党項與西夏資料滙編》徑改兩字作"石""内"，是。

［9］《道園學古録》脱"信"，據《道園類藁》補。昭信校尉：武散官。金代置，秩正七品。元沿置，正六品。参《金史・百官志》《元史・百官志》。

［10］武德將軍：武散官。金始置，正六品。元沿置，正五品。海道都漕運萬户府：見《元史・百官志》："海道運糧萬户府，至元二十年置，秩正三品，掌每歲海道

---

① （後晉）劉昫等：《舊唐書》卷三十八，中華書局 1975 年版，第 1441 頁。

② （明）宋濂：《元史》卷一百三十一，中華書局 1976 年版，第 3186 頁。

③ 十三經注疏整理委員會：《尚書正義》卷一，《十三經注疏》，北京大學出版社 2000 年版，第 19 頁。

④ 周紹良、趙超：《唐代墓誌彙編》，上海古籍出版社 1992 年版，第 1179 頁。

⑤ 趙君平：《邙洛碑誌三百種》，中華書局 2004 年版，第 146 頁。

⑥ 柯劭忞：《新元史》卷一百八十二，開明書店 1935 年版，第 367 頁。

⑦ 十三經注疏整理委員會：《論語注疏》卷一，《十三經注疏》，北京大學出版社 2000 年版，第 11 頁。

運糧供給大都。達魯花赤一員，萬户一員，並正三品。”① 成宗大德七年（1303）十一月“併海道運糧萬户府為海道都漕運萬户府，給印二”②。顯武將軍：武散官。北魏置，從第三品下。金為從五品。元升從四品。見《魏書·官氏志》《金史·百官志》《元史·百官志》。

［11］《道園學古録》脱“措”，《党項與西夏資料滙編》沿用。

［12］朱、張，即朱清、張瑄，原為海盜，熟悉南北海道，是元代海運事業的建立者。大德七年（1303），獲罪被誅，家財籍没。

［13］凢：“凡”的異體。《党項與西夏資料滙編》作“幾”，非。

［14］“增”，《党項與西夏資料滙編》作“櫓”，代指船。與“舟”重文，不取。

［15］誣執：捏造罪名，加以陷害。榜掠：拷打。《史記·李斯傳》：“趙高治斯，榜掠千餘，不勝痛，自誣服。”③

［16］成山：今屬山東威海，為山東半島最突出部分，是漕船駛進渤海灣最危險之處。在成山角建祠，祈求天地神明保佑。這是沿海港口天妃廟興盛的主要原因。

［17］鬪：同“鬥”。亦作“鬦”“鬭”。《道園類藁》作“鬪”，《道園學古録》作“鬭”，是。

［18］“祖宗”，《党項與西夏資料滙編》作“國家”。

［19］“相”，《党項與西夏資料滙編》作“祠”，非。

［20］“千”，《党項與西夏資料滙編》作“十”，非。

彙考

黄頭自其祖因功任職山東，遂“世居濮州鄄城縣”。父阿榮有九子，黄頭為嫡長。讓蔭襲官職予弟，自己以浙西帥府掾入仕。歷任興國路大冶縣（今湖北大冶）達魯花赤、嘉興（今江蘇嘉興）等處運糧千户，温、臺等處運糧千户。因其運糧背景，經營海運，先後任海道都漕運萬户府副萬户、海道都漕運萬户，改郴州（今湖南郴州市）路達魯花赤，調平江（今江蘇蘇州市）路，未上而卒。

碑主在武宗至大年間至仁宗延祐年間（約 1308－1320），負責從江南至直沽的海路運糧，通過革除弊端、改善海運管理等措施，提高了運糧效率，保障了大都糧食的供給。碑文中“海運之舟衆數十萬”等，反映出元代海運從業人員之眾及元代海上貿易的興盛。而關於脚價和運費等，都為研究元代經濟提供了重要資訊。“公請立置成山祠以禱，朝廷從之”，更反映了民間宗教信仰。

---

① （明）宋濂：《元史》卷九十一，中華書局 1976 年版，第 2315 頁。

② 《元史》卷二十一，第 455 頁。

③ （漢）司馬遷：《史記》卷八十七，中華書局 1959 年版，第 2561 頁。

204　李恒廟碑　泰定二年（1325）正月

説明

碑石亡佚。劉岳申撰文。該碑又題《滕國武愍李公廟碑》。

碑文

滕國武愍李公廟碑[1]。

皇元以一德格天，以不嗜殺人一天下。大臣宿將皆知欽承上命，所過城邑，兵不血刃。故太保、滕國武愍公之下廬陵也，雖以忠節故邦文丞相鄉國[2]，又當忠勇偏師挑戰之後，公不疑不怒，按甲入城。城中老弱，不知草命於反掌間[3]。其所活廬陵之人，不知其幾。及文丞相檄江鄉士大夫舉義興復，公盡得其所檄名籍而焚之。其所活廬陵江西之人，又不知其幾。於是五十年矣。廬陵夫婦、父子、長子、老孫且四世[4]，安之有當日若，江西宜愈遠愈隱矣。向微泮宮前碑，其誰知之？天地之德莫大於生，而功莫大於陰騭。自古天吏有烈於猛火，雖以上聖至仁，不免於流杵。後來尚首功，動經數十萬以為常[5]。故曰：“争地以戰，殺人盈野；争城以戰，殺人盈城。”嗚呼！尚矣！此有天地父母所不能全，而風雨雷電所不能恤者[6]，而公能之。蘇代有言：“龍賈之戰，岸門之戰，封陵、趙莊之戰，秦所殺三晉之民數百萬。今其生者，皆死秦之孤也。”[7]死者之孤，其怨毒如此，則生者之子孫，其德豈有涯哉！公有大勲勞於國，而公不自知，所以陰壽國祚者，固不為其家也，而天且厚之矣。公之冢子世安，以賢相聞於江西；公之仲子世雄，以賢帥聞于豫章；公之季子世顯，以賢守聞於廬陵[8]，此天報之也，人豈能報公也哉！人之所能者，惟廟祀而已。天之報施以天理，人之報施以人心。人心、天理一也。《語》曰：“活千人者，必有封。”公所活不知其幾千萬人矣！其後庸可計乎！於是廬陵士相與議於學，庶人相與議於市。或曰：“生我者父母，再生我者李公也。不立公廟，無以報公。”乃得學地於興賢門外[9]，起泰定甲子十二月，明年乙丑後正月廟成。衆志始定，父老請書其事。余以後死，讀前碑如傳，凡碑已具者不悉書。書歲月如上，且作詩以遺鄉人，俾歌以祀公[10]。其詞曰：

嗚呼廬陵！代有忠節。邦之生靈，甘死殉國。我公撫之，來如歌舞[11]。不獮不劉，去其死所。豈無背城？公義其敵。豈無羽書？公焚其籍。既獲廬陵，復完江右。惟公功高，惟公德茂。當時遺老，為黄為綺。當時繈褓，抱孫又子。青螺之山，白鷺之水，何以報公？必百世祀。新廟何地？荒城故基。昔公躍馬，凡幾過之。今公燕坐，以享以怡。子孫孫子，罄無不宜。維天高高，維地厚厚。活人孔多，是宜有後。公乘白雲，招搖四方。此邦之人，謂公我鄉。佑我鄉民，五風十雨。疾厲不興，多稌多黍。

皇元億載，天地同流。我公世世，與國咸休。

著録

1.《申齋文集》卷7－6下①。2.《党項與西夏資料滙編》卷上1－361。3.《全元文》卷669－568。

注釋

［1］李恒，字德卿。至大元年（1308）《李恒新廟碑》："號推忠靖遠功臣，贈太保、儀同三司，追封滕國公，仍謚武愍。"

［2］廬陵：東漢分豫章郡置，治石陽縣（今江西吉安市東北）。"唐為吉州，又為廬陵郡。升為上州。元至元十四年升吉州路總管府"②。文丞相，即文天祥，字宋瑞，一字履善。廬陵人，狀元及第，官至右丞相，封信國公。抗元名臣，被俘後寧死不降，英勇就義，故碑文稱"忠節故邦文丞相"。

［3］《申齋文集》《全元文》作"草"。草命：猶賤命。《党項與西夏資料滙編》據《申齋文集》迻録，誤作"革"，非。

［4］"陵"下，《党項與西夏資料滙編》衍"民"。

［5］《申齋文集》"首功動經"四字，《党項與西夏資料滙編》作"功首經動"，並標點為"後來尚功首經，動數十萬以為常"。《全元文》作"功首級動"，並標點為"後來尚功，首級動數十萬以為常"。可採。

［6］"恤"，《党項與西夏資料滙編》作"卹"。卹：亦"恤"。

［7］蘇代：戰國時縱橫家。東周洛陽人。《史記·蘇秦列傳》："蘇秦之弟曰代，代弟蘇厲，見兄遂，亦皆學。及蘇秦死，代乃求見燕王。"③ 初事燕王噲，又事齊湣王。曾止趙王伐燕，其事跡見《史記·蘇秦列傳》《戰國策·正宗上》。"龍賈之戰，岸門之戰，封陵之戰，高商之戰，趙莊之戰，秦所殺三晉之民數百萬。今其生者，皆死秦之孤也。"語出《史記·蘇秦列傳》。劉宋裴駰集解：龍賈之戰，"魏襄王五年，秦敗我龍賈軍"。岸門之戰，"韓宣惠王十九年，秦大敗我岸門"。封陵之戰，"魏哀王十六年，秦敗我封陵"。高商之戰，"此戰事不見"。趙莊之戰，趙肅侯二十二年，趙莊與秦戰敗，秦殺趙莊河西④。因高商之戰事不見，故碑文略去此戰。原文"封陵之戰，高商之戰，趙莊之戰"，碑作"封陵、趙莊之戰"。《党項與西夏資料滙編》脱"龍賈之戰，岸門之戰，封陵、趙莊之戰"。

---

① （元）劉岳申：《申齋文集》卷七，《景印文淵閣四庫全書》（1204），臺北：臺灣商務印書館1986年版，第265頁。

② （明）宋濂：《元史》卷六十二，中華書局1976年版，第1508頁。

③ （漢）司馬遷：《史記》卷六十九，中華書局1959年版，第2266頁。

④ 同上書，第2276頁。

［8］李恒育三子：世安、世雄、世顯。

［9］宋王安石著《興賢》一文，指出："國以任賢使能而興，棄賢專己而衰。""興賢"觀，是王安石推行新政的經驗總結。此謂李恒愛民仁政，是賢德之人。故廬陵人士為李恒立廟，建於泰定甲子（1324），次年竣工。

［10］撰文人劉岳申，字高仲。以吴澄薦，召為遼陽儒學副提舉，不就。以泰和州判致仕。碑文收入《申齋集》。音文辭簡約、峻潔，稱為"申齋先生"。"余"，《党項與西夏資料滙編》作"予"，義同詞非。

［11］《党項與西夏資料滙編》脱"我"。"如歌舞"作"如絃歌魯"。

205　魏郡伯墓碑　泰定四年（1327）

說明

墓在河南省濬縣大伾山南坡山南頭村。碑石亡佚。吴澄撰文。

碑文

元故濬州達魯花赤，贈中議大夫、河中府知府、上騎都尉，追封魏郡伯墓碑。

丁卯[1]

故濬州達魯花赤遠哥察兒，西夏人也[2]。歷事三朝，以子貴[3]。初贈奉議大夫、汴梁路治中、驍騎尉，追封南樂縣子。配康里氏，追封南樂縣君，維郡伯，中議大夫、河中府知府、上騎都尉，進封魏郡伯，南樂縣君進封魏郡君[4]。維郡伯世為河西著族，父哈石霸都兒，善騎射，饒智畧，臨陣摧鋒，所向無敵。太祖皇帝嘉其鷙勇，錫名霸都兒[5]。母篋里吉氏[6]，以癸巳生郡伯。體貌魁偉，器識英邁。少親行伍，長益練[7]。器甲堅整[8]，馳驟勁鋭。應變赴急，奮不顧身。定宗皇帝選直宿衛，謹飭敏給，甚稱使令。從憲宗皇帝征伐，不避艱險，不憚勞苦[9]。凡所俘獲，悉不私有。丙辰歲，以功受濬州達魯花赤。時軍旅繹騷，徵役繁重，中州凋弊，土曠民稀[10]，而能惠愛撫綏，如古循吏。於是流逋四集，田野而日闢，竟内稱治[11]。中統壬戌，山東作亂。奉詔扞禦南兵[12]，斬將二人，奪馬二匹。捷聞，賞銀百兩，回賜所獻二馬。在官日久，與濬民相安[13]，世漸平定。無意仕進，買田築室藜陽山下[14]，治生教子，二十二年乃終。終之日，至元甲申之歲正月壬戌也[15]，壽五十二，葬黎陽山。康里郡君儉勤理家，至老不倦。子哈剌哈孫，讀儒書，通文法。大德庚子授承事郎、江西等處行中書省左右司都事[16]。郡君授禄養[17]。壬寅正月甲辰，終于官所，壽六十九，歸柩合葬。郡伯卒後三十五年，當延祐戊午[18]，子改授奉議大夫、同知江州路總管府事。始蒙恩封贈二親。又十年，當泰定丁夘，子以中議大夫，漢陽府知府致仕[19]，再蒙恩加贈加封。具書諗于臨川吴澄曰："哈剌哈孫生甫四歲，先父郡伯已不仕[20]，莫能詳其施政恤民之實，所聞於先母郡君者，百不一二。然承天渥，榮賁泉壤至再。倘無文追述，以示方來，非孝子也[21]。是以竊有請焉。"余素知江州貳侯之賢，今又得知其先世累功之因，信乎水木之有原本也。乃不辭，而敘次其世如右。

孫男三：脱因，泣江西行省宣使[22]；納嘉德，從事郎、潭州路安化縣達魯花赤兼勸農事；其季，鄉貢進士教化，將父命詣余求文者也。女一。曾孫男五，女二。詩繫左，詩曰：

皇元啟運，群力蝟奮[23]。虎貔效猛，鷹隼競迅。桓桓魏伯，西士竒儁[24]。先朝舊臣，育此胄胤。入厲禁庭，恪守忠藎[25]。出陪戎路，卓冠行陣。皇選爾勞，宅牧于濬。濬民父之，千里河潤。晝省夫耕，夜息鬼燐[26]。有牛濕濕，无大狀狀[27]。世皇龍御，電煒雷震。將同軌文，首削方鎮。爾爪爾牙，可布可信。沐浴泰和，勇退怯進。乃治田廬，乃釋綬印。閭里相歡，歲月一瞬。英嗣間興[28]，克邁肯訓[29]。秩秩訏謨，廓廓游刃。遊斧盤根，徐櫛亂鬢[30]，繼乘貳車，爰倅列郡。身名屢遷，家聞益振。帝制榮視，光被幽櫬。階職煌煌，勲爵崇峻。生若沈溟[31]，没也燚燃[32]。才猷在昔，人用弗盡，遭遇在今，天報罔靳。窮碑勒美[33]，百世不磷。不磷維何，子孝孫順。

著録

1.《吴文正公集》卷 66－8 下，《景印文渊閣四庫全書》①。2.《吴文正公集》卷 33－18 上，《元人文集珍本叢刊》3－558②。3.《全元文》卷 512－411。4.《党項與西夏資料滙編》卷上 1－478。5.《元〈濬州達魯花赤追封魏郡伯墓碑〉考釋》，《寧夏社會科學》1995（2）。

注釋

［1］《吴文正公集》（《元人文集珍本叢刊》）題作“騎都尉追封魏郡伯墓碑”。丁卯：即元泰定四年（1327）。《党項與西夏資料滙編》據《吴文正公集》迻録，脱“丁卯”二字。本文據《吴文正公集》四庫本迻録。

［2］“遠”，《吴文正公集》（《元人文集珍本叢刊》）《党項與西夏資料滙編》《全元文》作“述”。遠哥察兒：亦即“述哥察兒”。西夏党項後裔。

［3］“貴”，《吴文正公集》（《元人文集珍本叢刊》）作“脊”，致語義不暢。“以子貴”，指下文“子哈剌哈孫，讀儒書，通文法。大德庚子授承事郎、江西等處行中書省左右司都事”，“子以中議大夫，漢陽府知府致仕，再蒙恩加贈加封”。

［4］康里氏：元朝色目三十一種之一。“中”上，《吴文正公集》（《元人文集珍本叢刊》）《党項與西夏資料滙編》《全元文》衍“伯”字，是。又，“進封魏郡伯”作“進封魏郡君”，大誤。郡伯：爵名。金置。元因之。明清亦用以稱知府。《金史·百官志一》：“正從一品曰郡王，曰國公；正從二品曰郡公；正從三品曰郡侯；正從四

---

①（元）吴澄著，吴當編：《吴文正公集》卷六十六，《景印文淵閣四庫全書》（1197），臺北：臺灣商務印書館（據浙江孫仰曾家藏本收録）1986 年版，第 646 頁。四庫本為明初刻本，即明永樂四年（1406）、宣德十年（1435）刻本，見李軍《吴澄文集版本考略》，《古籍整理研究學刊》2010 年第 4 期。

②（元）吴澄著：《吴文正公集》，《元人文集珍本叢刊》（3），臺北：臺灣新文豐出版公司（據明成化二十年刊本《草廬吴文正公全集》影印）1985 年版，第 558 頁。

品曰郡伯；正五品約縣子。”[①] 遠哥察兒，“進封魏郡伯”。妻康里氏，“追封南樂縣君”，再“進封魏郡君”。郡君、縣君，官人之妻的封號。唐制，五品官母妻為“縣君”；四品官之妻為郡君，母為郡太君。元同唐制。“康里氏，追封南樂縣君”，《吴文正公集》（《元人文集珍本叢刊》）《党項與西夏資料滙編》脱“南樂縣君進封魏郡君”九字。《全元文》據文淵閣四庫全書本補。“中議大夫”上，《元〈濬州達魯花赤追封魏郡伯墓碑〉考釋》衍“再贈”。上文“初贈”，此作“再贈”，語序通暢。但非原文。

［5］遠哥察兒父“哈石，亦唐兀著姓”[②]。成吉思汗賜號“霸都兒”，意為“忠勇之士”。《元史·兵志》：“又名忠勇之士，曰霸都魯；勇敢無敵之士，曰拔突。”[③] 霸都魯，也譯作拔都兒、拔突、拔都魯、霸都、把阿秃兒等。少數民族名，音譯無定字，取用音而已。遠哥察兒，《元史》《新元史》《蒙兀兒史記》均失傳。吴澄撰此碑文，可補史乘之闕。

［6］篾里吉氏，亦作滅里吉氏，蒙古七十二種之一。

［7］“練”上，《吴文正公集》（《元人文集珍本叢刊》）衍“精”字。可採。精練：精悍强壯；精明干練。《党項與西夏資料滙編》沿用。

［8］《吴文正公集》四庫本作“堅”，《党項與西夏資料滙編》作“豎”，非。

［9］1206 年，孛兒只斤鐵木真建立大蒙古國，為太祖。定宗，即孛兒只斤貴由。憲宗，即孛兒只斤蒙哥。均未建年號。直至世祖忽必烈改國號大元，年號至元。

［10］“土”，《吴文正公集》（《元人文集珍本叢刊》）作“圡”，同“土”。

［11］《吴文正公集》（《元人文集珍本叢刊》）《党項與西夏資料滙編》《全元文》脱“而”。又，“竞”作“境”，是。竞，通“境”。

［12］中統三年（1262）二月，李璮與其岳丈王文統發動叛亂，忽必烈迅速平定叛亂。碑主奉詔抵禦“南兵”，指南宋進攻。

［13］“民”，《吴文正公集》（《元人文集珍本叢刊》）作“氏”，非。

［14］“藜”，《吴文正公集》（《元人文集珍本叢刊》）《全元文》作“黎”。黎，通“藜”。《淮南子·時則訓》：“飄風暴雨總至，黎莠蓬蒿竝興。”[④]

［15］“至元甲申之歲”，即至元二十一年（1284）。

［16］1974 年在河南省濬縣大伾山南坡山南頭村出土《中義大夫漢陽府墓誌》，

---

① （元）脱脱等：《金史》卷五十五，中華書局 1975 年版，第 1219 頁。

② 屠寄：《蒙兀兒史記》卷一百五十四，《元史二種》，上海古籍出版社、上海書店 1989 年版，第 1024 頁。

③ （明）宋濂：《元史》卷九十九，中華書局 1976 年版，第 2525 頁。

④ 何寧撰：《淮南子集釋》卷五，《新編諸子集成》，中華書局 1998 年版，第 358 頁。

圓首長方形，無蓋。楷書。現藏濬縣博物館。誌主即述哥察兒“子哈剌哈孫”，漢陽知府。亦作“哈里哈孫”①“哈喇哈孫”②。大德庚子，即大德四年（1300）。

［17］《吴文正公集》四庫本作“授”，通“受”。接受。《説文解字詁林・手部》：“授，叚借為受。”③《周禮・天官・司儀》：“登，再拜授幣。”鄭玄注：“授，當為受。”④

［18］延祐戊午，即延祐五年（1318）。

［19］“夘”，同“卯”。泰定丁夘，即泰定四年（1327）。“仕”，《吴文正公集》（《元人文集珍本叢刊》）作“士”，通“仕”。做官。

［20］從上文遠哥察兒卒於至元二十一年（1284），年52歲，隱居22年等，推其辭官於中統四年（1263），哈剌哈孫尚年幼。《吴文正公集》（《元人文集珍本叢刊》）脱“不”，《全元文》據《吴文正公集》四庫本補。《党項與西夏資料滙編》《元〈濬州達魯花赤追封魏郡伯墓碑〉考釋》沿用。吴澄，字幼清，晚字伯清。撫州崇仁（今江西省樂安縣）人。元代著名理學家，宋末中試鄉貢，號草廬。元貞元年（1295）遊龍興，按察司經歷郝文迎至郡學講論，行省掾元明善服其論，遂終身執弟子禮。大德末除江西儒學副提舉，不久以疾去。泰定間任經筵講官，總領修《英宗實録》。卒追封臨川郡公，謚文正。纂述宏富，有《易纂言》《書纂言》等。事跡見《元史・吴澄傳》《新元史・吴澄傳》。

［21］《吴文正公集》（《元人文集珍本叢刊》）脱“子”。

［22］“泣”，《吴文正公集》（《元人文集珍本叢刊》）作“涖”，形似而誤。《全元文》《党項與西夏資料滙編》徑改。《元〈濬州達魯花赤追封魏郡伯墓碑〉考釋》作“莅”，亦作“涖”。

［23］“奮”上一字，《吴文正公集》四庫本作“蝟”，獸名。不取。《吴文正公集》（《元人文集珍本叢刊》）作“蹭”，即“增”字。可採。《全元文》《党項與西夏資料滙編》《元〈濬州達魯花赤追封魏郡伯墓碑〉考釋》沿用。

［24］《吴文正公集》四庫本作“士”，《吴文正公集》（《元人文集珍本叢刊》）作“玉”，《全元文》作“土”。古“士”“土”常混用無别。奇儁：亦作“奇俊”“奇儁”，才智特出。

---

① 浚縣地方史志編纂委員會：《浚縣志》，中州古籍出版社1990年版，第882頁。

② 任崇嶽：《元〈濬州達魯花赤追封魏郡伯墓碑〉考釋》，《寧夏社會科學》1995年第2期，第194頁。

③ 丁福保：《説文解字詁林》卷十二上，中華書局1988年版，第11807頁。

④ 十三經注疏整理委員會：《周禮注疏》卷三十八，《十三經注疏》，北京大學出版社2000年版，第1199，1201頁。

［25］《吴文正公集》四庫本作“厲”，《吴文正公集》（《元人文集珍本叢刊》）作“扈”，可從。“藎”，《吴文正公集》（《元人文集珍本叢刊》）作“盡”，通“進”，進用。引申為忠誠。可採。《全元文》《党項與西夏資料滙編》《元〈濬州達魯花赤追封魏郡伯墓碑〉考釋》沿用“扈”“藎”，是。

［26］燐：燐火。《淮南子·氾論訓》：“老槐生火，久血為燐。”①《吴文正公集》（《元人文集珍本叢刊》）作“憐”。

［27］“旡”：即“无”，亦作“無”。《全元文》作“無”，是。《党項與西夏資料滙編》沿用。馱：犬怒張牙貌。

［28］“間”，《吴文正公集》（《元人文集珍本叢刊》）《党項與西夏資料滙編》作“闖”，非。

［29］“肯”，《吴文正公集》（《元人文集珍本叢刊》）《党項與西夏資料滙編》《全元文》作“前”。

［30］鬇：亂髮。《元〈濬州達魯花赤追封魏郡伯墓碑〉考釋》作“鬢”，非。

［31］“沈”，“沉”的異體字。《吴文正公集》（《元人文集珍本叢刊》）《全元文》作“沉”，是。

［32］“燚”，《全元文》作“焱”；《党項與西夏資料滙編》作“燚”；《元〈濬州達魯花赤追封魏郡伯墓碑〉考釋》作“赫”。燚：火貌。焱：火焰。赫：炎熱熾盛貌。義近而詞非。

［33］“窮”，《党項與西夏資料滙編》作“穹”；《元〈濬州達魯花赤追封魏郡伯墓碑〉考釋》作“竊”，均非。

彙考

碑文記載了遠哥察兒在河南濬縣的主要事跡。碑主歷定宗、憲宗和世祖三朝。定宗時“選直宿衛”，憲宗時任浚州達魯花赤。李璮之亂後的中統三年（1262）即辭官，此時碑主正值建功立業的壯年，蒙宋鏖戰，急需人才，“勇退怯進”，恐非己願，而是因“將同軌文，首削方鎮”的形勢所迫。從其在濬州的任職，可知蒙哥汗時期（1251－1259），即元朝統一中國前，西夏党項人就已進入中原地區。碑主“買田築室黎陽山下，治生教子二十二年”，後裔已在中原濬縣繁衍四代，有“曾孫男五女二”。

在碑主埋葬地，又出土其子《中義大夫漢陽府墓誌》。結合河南省濮陽市城東柳屯鄉楊十八郎村的《大元贈敦武校尉軍民萬户府百夫長唐兀公碑》，可知元代遷居河南的党項遺民數量龐大，尤以濮陽、濬州最為集中。其後裔已徹底漢化。

① 何寧撰：《淮南子集釋》卷十三，中華書局1998年版，第980頁。

206 楊朶兒只神道碑 泰定四年（1327）

説明

虞集撰文。

碑文

楊襄愍公神道碑應制[1]。

泰定改元，詔書以朶兒只中丞為帖木迭兒所搆害，命昭雪之[2]。三年月日，特贈思順佐理功臣、金紫光禄大夫、司徒、上柱國、夏國公，謚曰襄愍[3]。明年月，御史臺奏，用其子武備庫提點不華，僉河東山西道肅政廉訪司事。不華既拜命[4]，乃泣而言曰："惟先臣之死，於是七年矣！陛下幸昭雪而贈䘏之，固已釋冤憤，感德於地下。臣雖萬死，懼無以報稱。顧於法，得立碑神道，願載其事於貞石，以昭陛下之明聖，敢昧死請。"明日，臺臣以聞。制曰："可。"且命臣曰："汝集其具書以文。"[5]臣再拜稽首，而言曰："朶兒只事具見明詔，天下咸共聞之，臣敢具終始可徵者。"

武宗皇帝方賓天，皇太后在興聖宫，以帖木迭兒為丞相。踰月，仁宗皇帝即位，遂相之。居兩歲，得罪斥罷。更自結興聖左右，至為折辱宰輔[6]，撓制中書，諷以再相。既而居位，怙勢貪虐，兇穢滋甚，中外切齒，羣臣不知所為。於是蕭拜住自御史中丞拜中書右丞，又拜平章政事，稍牽制之[7]。而朶兒只自侍御史拜中丞，慨然以糾正其罪為己任。上都富民張弼，殺人繫獄。時宰使大奴脅留守出之，及強以它奸利事[8]，不能得。丞相坐都堂盛怒，以它事召留守[9]，將罪之。留守昌言："大奴所干非法，不敢從，它實無罪。"丞相語絀，得解去。而中丞已廉得時宰所受張弼賕鉅萬計[10]，大奴猶数千，使御史徐元素按得實入奏，而御史亦輦眞又發其私罪二十餘事[11]。天子震怒，有詔逮問，時宰匿興聖近侍家，有司不得捕。天子為不御酒飲者数日，以待獄竟[12]，盡誅其大奴同惡数人。時宰終不得，中丞持之急，興聖左右以中旨召中丞至宫門，責以違旨意者，對曰："待罪御史，奉行祖宗法，必得罪人，非敢違太后旨。"[13]天子仁孝，恐誠出太后意，不忍重傷咈之，徒罷其相，而中丞亦遷集賢。天子猶数以臺事問之，對曰："非職事臣不敢與聞，所念者帖木迭兒雖去君側，反得為東宫師傅，在太子左右，恐售其姦，則禍有不可勝言者。"[14]

其後，仁宗棄群臣，英宗皇帝猶在東宫，帖木迭兒復為丞相，乃宣太后旨召蕭拜住、朶兒只至徽政院，與徽政使失里門、御史大夫秃忒哈雜問之[15]，責以前違太后旨之罪，對曰："中丞之職，恨不即斬汝以謝天下，果違太后旨，汝豈有今日邪?"[16]又引同時為御史證成其獄，顧二人唾之曰："汝等嘗得備風憲，故為是犬彘事邪?"坐客皆慙，俯首即起[17]。入奏未幾，遽稱旨執，而戴諸國門之内[18]，俱見殺。是時，風沙晦冥，都人恟懼，道路相視以目。及天子即位，詔書遂以誣罔大臣為之罪名焉。其勢既成，睚眦之怨無不報。太后為之驚悔，而天子久亦覺其所譖毁，皆先帝舊臣，滋不悦。未及有所論治而病死。會有天灾，直言會議廷中，集賢大學士張珪、中書參議回回皆曰："漢殺一孝婦，三年不雨。蕭、楊等死，豈直一孝婦乎?"[19]是時，帖木迭兒諸子列在禁近，威燄猶熾，聞者失色。言終不得達。及珪拜平章政事，始入堂署事，即告丞相拜住曰："賞罰不當，枉抑不伸，不可以為治。若蕭、楊等冤，何可不亟昭雪也?"丞相韙之，帖木迭兒之子相繼以贓敗，遂籍其家。然昭雪之事，終至治之歲，不遑暇及。今上皇帝入繼大統，詔書首以為言，褒贈哀榮相踵而至，幽明兩致其感動焉。

於乎！粤若我仁宗之仁孝，文物大備；英宗果鋭，法度修飭。自古帝王之有德有為者，未能與並倫[20]，而一帖木迭兒常因國有大故，乘間用事，以傷平明之治，天人共憤久矣。然卒保其首領以没，而忠臣直士為所誣搆者，乃有待於久而後明焉。此其人深忮奇數[21]，亦非常之材也乎？方其盛時，宦寺固結於内，術智為用於外，幾莫如之何者，其計亦略得矣。而能嬰其鋒者，一二正人而已。卒皆蹈死而不悔，天下後世聞其風者，固欲考見其人之行事，以表忠直之終不可泯者焉！然則，若朶兒只者，臣敢不叙次以塞明詔之萬一。

謹按：公名朶兒只，姓楊氏。世家河西寧夏。祖失剌，贈推忠佐運功臣、太保、金紫光禄大夫、上柱國，追封夏國公，謚忠定[22]。父失剌唐兀臺，贈推忠翊戴功臣、太傅、開府儀同三司、上柱國，追封夏國公，謚康靖。公少孤，與其兄始齠齔，知自植立，語言儀觀已如成人，兄弟相勵以勲業，當時固以大器期之。事仁宗于藩邸，甚見倚重[23]。大德丁未，從在懷孟，聞朝廷有變，將北還。命公與李孟先之京師，與右丞相答剌罕定議，迎武宗于北藩[24]。仁宗還京師，譏察禁衛[25]，密致警戒。仁宗感焉，至親解所服帶以賜。既佐定内難，仁宗居東宫論功，以公為太中大夫、家令丞[26]，日夕侍側，雖休沐不至家，官事亦决于宿次，衆敬憚之。會兄卒，涕泣不勝哀。仁宗憐之，存問優渥。待寡嫂有禮，待兄子不異己子。家人化之，循循然毋敢失辭氣。進正奉大夫、延慶使。武宗聞其賢，召見之。仁宗曰："此人誠可任大事，然剛直寡合。"上顧視之，曰："然。"然終不及用也。仁宗始統大政，執誤國者將盡按而誅之。公曰："為政而尚殺，非帝王治也。"上感其言，特誅其尤無良者[27]，民大悦服。上與中書平章李孟論元從人材，孟以公為第一。上是之，拜禮部尚書。初尚書省改作至大銀鈔，視中統一當其二十五，又鑄錢為至大錢，至是，議罷之。公曰："法有便否，不當視立法人為廢置。銀鈔固當廢，銅錢與楮幣[28]，相權而用之，昔之道也。國無棄寶，民無失利，錢未可遽廢也。"言雖不盡用，而時論是之。遷宣徽副使，御史請遷公臺司，上以宣徽膳用不會[29]，囑公領之，未之許也。有言近臣受賄者，上怒其非所當言，將誅之。張公珪為御史中丞，叩頭諫，不聽。公言於上曰："誅告者失刑，違諫者失誼，世無争臣乆矣。張珪眞中丞也。"上喜，竟用張公言。公拜侍御史，上宴閒時，羣臣侍坐者，或言笑過則。上見公正色，為之改容。有犯法，雖貴幸無所貸，而譖言興矣。賴上知公深，譖不得行。未盡八閱月，拜資德大夫、御史中丞。中書平章政事張閭以妻病，謁告歸江南，據河渡地奪民力[30]。公以失大臣體，劾之，張閭罷。江東、西奉使斡來不稱職[31]，權臣匿其姦，奠不問。公劾而杖之，斡來愧死。

御史納璘言事忤旨[32]，上怒叵測。公救之，一日至八九奏，曰："臣非愛納璘，誠不願陛下有殺御史名。"[33]上曰："然。"則其左遷為昌平令。昌平京邑，地近而境隘，民勞而事煩，凡期會供億，令稍非材，恒不免捶楚，以是苦之。公又言曰："以御史宰京邑，無不可者，然以言事得左遷，恐後之來者懲創，無肯為陛下言者。"不得請。數日，上讀《貞觀政要》，公侍側，上顧謂曰："魏徵古之遺直也，朕安得用之。"公對曰："直由太宗，太宗不聽，徵雖直，焉用之？"上笑曰："卿意在納璘邪，赦出之，成爾直名。"有上書論朝廷闕失，面觸宰相。宰相怒，取旨囚之，司寇將殺之。公曰："詔書云：'言雖不當，無罪'，今若此，何以示信於天下？果誅之，臣亦負其職矣。"上悟，釋之。於是特加昭文館大學士、榮祿大夫以奬之，且以重耳目之寄。時位一品者，多乘間取旨邀王爵贈先世。或謂公眷倚方重，苟言之，可得也。公曰："家世寒微，幸際遇至此，已懼弗稱，況敢求多乎？且我為之，何以諷勵僥倖者。"遷中政院使。未幾，復為中丞，遷集賢大學士。而死時年四十二。

娶李氏，同知諸路人匠總管府事某之女，有婦道，先公卒，追封夏國夫人。子一人，不華也。後夫人劉氏，同知徽州路總管府事某之女。公死時，權臣將奪以畀人[34]，夫人翦髮毀容以自誓，乃免。封夏國夫人。子一人，文殊奴，亦克稱其家者。

公魁偉人也，寡言笑，無鷹犬聲色之好，奬善如不及，嫉惡如仇讎[35]，用人必當其材能。故一時風紀，號為得士。論政事心合於義理[36]，正言無所徇麗，臨患顏色不變，凛凛乎古大臣之風焉。其墓某處。凡公之行，尚多可述者，不悉具。特書其関於國事者如此[37]。故繫之以銘，詩曰：

河源西陲[38]，厥風勁強。豪傑時興，為國駿良。駿良伊何？忠亮正直。柔不為隨，剛不為絀。昔在仁宗，治功安成。文和武寧，詠歌太平。躬為孝恭，以事神母。教言時來，有順無否。或闞其幾，不矓以呻。投巘膠箝[39]，竊秉大鈞。天子曰嘻，誠有虓猘。彼為無忌，我則有制。維時襄憝，執法在中。侃侃犯危，以折其衝。太母尚慈，天子尚孝。柙不防兕[40]，稽我天討。國有大故，結憂慈闈。彼獨何心？假時逞威。朝衣載市，家憤巷哭[41]。日莫風起，百身莫贖。人亦有言，害生于恩。忍為凶殘，遑邺有君！君子可殺，名不可滅。天定人復，幽枉卒雪。明明天子，别於姦忠。

敷言萬方，大道為公。至榮極褒，豈止哀死！勸忠方來，禄施孫子。《春秋》之義，誅意慎微。咨示來者，尚徵臣詩。

著録

1.《道園學古録》卷 16《在朝藁》1 上。2.《虞文靖公道園全集》卷 12《在朝藁》1 上。3.《道園類藁》卷 40－7 下，《元人文集珍本叢刊》6－226①。4.《党項與西夏資料滙編》卷上－497。5.《全元文》卷 874－265。

注釋

［1］碑題，《虞文靖公道園全集》作“御史中丞楊襄愍公神道碑”。《党項與西夏資料滙編》據《虞文靖公道園全集》，參《道園學古録》《道園類藁》迻録，沿用題名。《全元文》作“楊襄慜公神道碑”。《道園類藁》（《元人文集珍本叢刊》）作“楊襄愍公神道碑應制”。本文據之迻録。

［2］《道園類藁》（《元人文集珍本叢刊》）作“朶兒只”，《道園學古録》作“多爾濟”。“帖木迭兒”，《道園學古録》作“特們德爾”，即“鐵木迭兒”，音譯記字而異。下同。元仁宗、英宗時右丞相。其貪污納賄，蠹政害民，恃其權寵，跋扈朝中，打擊異己，并將彈劾自己的御史中丞楊朶兒只、蕭拜住、賀勝等陷害致死。見《元史·鐵木迭兒傳》②。朶兒只，即楊朶兒只，亦作“朵兒只”“多兒只”。《蒙兀兒史記·氏族表》：“楊氏，世居寧夏，亦唐兀世族。”③ 党項羌人。因得罪宰相帖木迭而，加罪而死。泰定帝即位，昭雪其冤。參《元史·楊朶兒只》。“搆”，《道園學古録》《虞文靖公道園全集》作“構”。石刻文字中，偏旁“扌”與“木”常混用。“搆害”，即“構害”，陷害，謀害。《金史·高昌福傳》：“昌福識監吏意，窮竟共狀，免死者十七八，而諸吏遂怨昌福，欲構害之。”④《遼史·耶律石柳傳》：“臣見耶律乙辛身出寒微，位居樞要，竊權肆惡，不勝名狀。蔽先帝之明，誣陷順聖，構害忠讜，敗國罔上。”⑤ 亦見下文“誣搆”，亦作“誣構”“誣遘”。羅織虚造罪名。《道園學古録》作“誣構”，是。“昭”上，《党項與西夏資料滙編》衍“命”字。

［3］追贈朶兒只，具體月、日期均失載，刻碑時在“月”“日”二字上留下空

① （元）虞集：《道園類藁》卷四十，《元人文集珍本叢刊》（6），臺北：臺灣商務印書館 1986 年版，第 226 頁。

② （明）宋濂：《元史》卷二百零五，中華書局 1976 年版，第 4576－4581 頁。

③ 屠寄：《蒙兀兒史記》卷一百五十四，《元史二種》，上海古籍出版社、上海書店 1989 年版，第 1021 頁。

④ （元）脱脱等：《金史》卷一百二十八，中華書局 1975 年版，第 3765 頁。

⑤ （元）脱脱等：《遼史》卷九十九，中華書局 1974 年版，第 1423 頁。

格。《道園學古録》《虞文靖公道園全集》《党項與西夏資料滙編》作“月日”，是。《道園類藁》(《元人文集珍本叢刊》)《全元文》作“某月某日”，不取。下同。《元史·楊朶兒只》：“詔昭雪其寃，特贈思順佐理功臣、金紫光禄大夫、司徒、上柱國、夏國公，謚襄愍。”① 思順佐理功臣，及下文祖失剌“贈推忠佐運功臣”；父失剌唐兀臺“贈推忠翊戴功臣”，均功臣名號。

[4]“月”，《虞文靖公道園全集》作“秋”，《党項與西夏資料滙編》沿用。“不華”，即楊朶兒只子“不花”，《道園學古録》作“佈哈”，下同。《元史·楊朶兒只傳》附傳：“幼有才氣，能以禮自持，好讀書，善書。……以蔭補武備司提點，轉僉河東廉訪司事。”② 史傳與碑文吻合。

[5]“集”，《道園學古録》作“某”。

[6] 元武宗海山、仁宗愛育黎拔力八達兄弟相繼即位，稱作“武仁授受”。宰輔：輔政大臣。一般指宰相。“輔”，《党項與西夏資料滙編》作“相”，當尊原文。

[7] 蕭拜住：契丹石抹氏人。初仕金，後為元代大臣，被帖木迭而構害。《元史·蕭拜住傳》：“贈守正佐治功臣、太保、儀同三司、柱國，追封薊國公，謚忠愍。”③ 下文“拜住”，《道園學古録》亦作“拜珠”。

[8]《虞文靖公道園全集》脱“富”。“大奴”，《道園學古録》作“達努”，下同。《党項與西夏資料滙編》沿用。“它”，《道園學古録》《党項與西夏資料滙編》作“他”。以“他”為宜。

[9]“丞相”，《党項與西夏資料滙編》作“一日”；又“它”作“官”，皆非。

[10] 張弼，名見《元史·伊嚕特穆爾傳》。鉅：通“巨”。“計”，《虞文靖公道園全集》作“而”，《党項與西夏資料滙編》沿用，並下属，非。《全元文》脱“計”字。

[11] 御史徐元素，名見《元史·張珪傳》《元史·賀勝傳》。“亦輦真”，《道園學古録》作“達聶沁”。

[12]“待”，《党項與西夏資料滙編》作“特”，非。

[13] 㫖：即“旨”字。

[14]《虞文靖公道園全集》脱“可”字。

[15] 仁宗：即愛育黎拔力八達。英宗，即碩德八剌。上文“泰定改元”，指泰定帝也孫鐵木兒。仁宗、英宗、泰定帝依次為帝。徽政院：元代置。掌侍奉皇太后。見《元史·百官志》。《虞文靖公道園全集》“朶而只”，即“朶兒只”。“失里門”，《道園

① (明) 宋濂：《元史》卷一百七十九，中華書局 1976 年版，第 4155 頁。

② 同上。

③ 同上書，第 4157 頁。

學古録》作“錫勒們”；“秃忒哈”作“圖塔哈”。

［16］“邪”，《道園學古録》作“耶”。耶：通“邪”。不正当。《荀子·成相》：“耶枉僻回失道途。”《敦煌掇瑣·太子入山修道讚》：“衆生命，盡信耶言，不解學参禪。”① 下文“故為是大彘事邪”同。

［17］風憲：古代御史掌糾彈百官、正吏治之職，故名。犬彘：狗和猪。犬彘事，喻卑劣之事。“慙”，同“慚”。《全元文》《党項與西夏資料滙編》作“慚”，是。

［18］“内”，《党項與西夏資料滙編》作“外”，非。

［19］張珪：字公端，自號潛庵，衛州人，張弘範之子。封蔡國公。《元史·張珪傳》。“回回”，《虞文靖公道園全集》作“衆口”，不取。

［20］“並”，《虞文靖公道園全集》作“竝”，“並”的古字。

［21］“技”：因嫉恨而害人。竒數：犹奇計，奇謀。《党項與西夏資料滙編》作“忮”，惡的意思，可從。

［22］“失剌”，《道園學古録》作“實喇”。《道園學古録》《虞文靖公道園全集》《党項與西夏資料滙編》脱“上”。

［23］“失剌唐兀臺”，《道園學古録》作“實喇唐古特”。楊朶兒只，《元史·楊朶兒只傳》：“河西寧夏人。少孤，與其兄皆幼，即知自立，語言儀度如成人。”② 史傳與碑誌吻合。“倚”，《党項與西夏資料滙編》作“依”。倚重：依靠器重。依重：依靠，倚重。義近。用“倚重”，更準確。

［24］“答剌罕”，《道園學古録》作“達爾罕”，即“哈剌哈孫”。與李孟先，名見《元史·楊朶兒只傳》：“大德丁未，從遷懷孟。仁宗聞朝廷有變，將北還，命朶兒只與李孟先之京師，與右丞相哈剌哈孫定議，迎武宗於北藩。”③ 大德丁未，即大德十一年（1307）。

［25］譏察：督察。宋蘇舜欽《答范資政書》：“今得心安舒而身逸豫，坐探聖人之道，又無人譏察而責望之，何樂如是！”④《歷代刑法考》：“安撫司，掌鎮撫人民、譏察邊防軍旅、審録重刑事。”⑤“譏”，《虞文靖公道園全集》作“議”，非。《党項與西夏資料滙編》沿誤。

［26］“太”，《道園學古録》《虞文靖公道園全集》作“大”，“太”的古字。《党項與西夏資料滙編》沿用。

---

① 劉復：《敦煌掇瑣》，《敦煌叢刊初集》（15），臺北：臺灣新文豐出版公司 1985 年版，第 207 頁。

② （明）宋濂：《元史》卷一百七十九，中華書局 1976 年版，第 4151 頁。

③ 同上。

④ 沈文倬校點：《蘇舜欽集》，上海古籍出版社 1981 年版，第 113 頁。

⑤ （清）沈家本：《歷代刑法考·附寄簃文存》，中華書局 1985 年版，第 1999 頁。

［27］“尤”,《虞文靖公道園全集》作“尢”，是。“尤”的信寫。

［28］楮幣：宋金元發行的“會子”“寶券”等紙幣，多用楮皮製成。“幣”,《党項與西夏資料滙編》作“弊”，大誤。

［29］“會”,《虞文靖公道園全集》作“聞”,《党項與西夏資料滙編》沿用。據文義，以“聞”為宜。

［30］“渡”,《虞文靖公道園全集》作“度”，通“渡”。《党項與西夏資料滙編》沿用。

［31］“斡來”,《道園學古録》作“威喇”。下同。

［32］“納璘”,《道園學古録》作“納琳”。下同。

［33］“誠”,《虞文靖公道園全集》作“臣”，非。《党項與西夏資料滙編》沿用。

［34］畀：通“俾”。畀人，地位低下的人。“畀”,《虞文靖公道園全集》作“俾”，是。《党項與西夏資料滙編》沿用。

［35］仇讎：亦作“仇仇”，仇人，冤家對頭。《左傳·哀公元年》：“（越）與我同壤，而世為仇讎。”[①]《党項與西夏資料滙編》脱“讎”，非。

［36］“心”,《道園學古録》《虞文靖公道園全集》作“必”，是。《党項與西夏資料滙編》沿用。

［37］閔：亦作“閞”“關”“闕”。《道園學古録》《虞文靖公道園全集》作“闕”,《党項與西夏資料滙編》作“關”，是。

［38］“陲”,《党項與西夏資料滙編》作“垂”。垂，通“陲”。邊疆，邊地。

［39］《道園學古録》《虞文靖公道園全集》作“或”,《党項與西夏資料滙編》沿用。《道園類藁》作“成”,《全元文》沿用。巇：罅隙，喻可乘之機。《党項與西夏資料滙編》作“巇”。“箝”,《全元文》作“箱”，非。

［40］“柙”，猶夾。《党項與西夏資料滙編》作“權”，非。兕：“雉”的被通假字。古代獸名。因其皮厚，可以制甲。《詩經·小雅·吉日》：“發彼小豝，殪此大兕。”[②]《左傳·宣公二年》：“牛則有皮，犀兕尚多，棄甲則那?”孔穎達疏：“《釋獸》云：‘兕，似牛。’”[③]

［41］“憤”,《党項與西夏資料滙編》作“墳”，非。

---

① 十三經注疏整理委員會：《春秋左傳正義》卷五十七，《十三經注疏》，北京大學出版社 2000 年版，第 1856 頁。

② 十三經注疏整理委員會：《毛詩正義》卷十，《十三經注疏》，北京大學出版社 2000 年版，第 770 頁。

③ 十三經注疏整理委員會：《春秋左傳正義》卷二十一，《十三經注疏》，北京大學出版社 2000 年版，第 683 頁。

207　李世安墓誌　至順二年（1331）三月二十六日

説明

碑石亡佚。吴澄撰文。

誌文

元故榮禄大夫、江西等處行中書省平章政事李公墓誌銘。

公西夏賀蘭于彌部人也。皇元資善大夫、中書左丞、贈銀青榮禄大夫、平章政事，加贈推忠靖遠功臣、太保、儀同三司、滕國武愍公恒之子[1]。益都淄萊軍民都達魯花赤，贈金吾衛上將軍、僉書樞密院事、滕國忠襄公維忠之孫[2]，初，天兵奄并諸國，守夏邊城，城陷死節者，其先世也[3]。忠襄始仕我朝，家于淄川，從唐所賜夏國姓。武愍遂為佐命混一功臣。公諱世安，字彦豪，國言名散木解[4]。憲宗朝，癸丑歲[5]，九月五日，生于宣德府龍門川，人稱李龍川云。

武愍從丞相淮安忠武王平宋，既取襄樊，下荊岳，被命往定江西。諸郡邑相繼降附，無勞攻戰。平反大獄，全活故家百數。征謀治法，公之翊賛居多，江西之民按堵如故。武愍經略廣東，授公金符朝列大夫、廣州路達魯花赤，辦軍需。與宋師戰于海珠寺下。公揔千騎，據岸發矢，俘獲二百餘人，奪取三百餘艘，宋帥舍舟陸走。明年春，克厓山。武愍同張元帥入獻捷，二帥分議水戰陸戰功賞，議未畢，而張帥没，旨令武愍并議之。論定，武愍由都元帥授資善大夫、中書左丞，出行湖廣省事。公留候命，密院所擬，中書每抑之。公見執政言曰："堅敵在前，非有重賞，何以得人死力？張帥及吾父奉旨專賞罰生殺之柄，今大功既成，豈可失信？不然，此去再有征戰，誰肯捐軀命哉！"執政乃從武愍所定，以金符銀符畀公給散。進階嘉議大夫、新軍萬戶，尋陞同知江西宣慰使[6]。後奉特旨，世襲益都、淄萊上萬戶。

至元二十一年，武愍薨于交趾[7]。公護喪歸葬大都路宛平縣永安山之陽。起復正議大夫、僉江西等處行中書省事、兼本軍萬戶。二十四年，尚書省立，公僉行省事如初。有黠僧託采藥為名，至江西，俾人誣告宋相章鑒匿故主國璽及親屬[8]。密旨命公提軍捕取。公止用百卒，猝至其家，搜索無驗。詰問告者，首抉其誣[9]，章相得釋。其僧撰造重大事名，脅取富室貨寶不一，公摭其事以聞，權相石之，事寢不報[10]。

二十五年，巨獠猖獗，數道震撼。重臣出討，中路隕踣。轉以委公，卒底寧敉[11]。信豐有寇，公冒大雨，夜行五十里，黎明抵賊所。賊方汲水朝餔[12]，出其不意，殺戮殆盡。軍回，留騎數百，不給以食，約五日而還。騎兵掘食賊所窖粟，餘賊逋逃，為飢窘，求食而出，悉捕斬之。以殄寇功，陞中奉大夫、參知行尚書省政事。二十七年，寇黨復聚江西，立行樞密院差官與公合力行省。丞相止給軍三百，大軍遷延不發，而但移文督促。賊衆兵寡，不可前進。公乃聲言修理橋道、儲積糗糧、以待大軍之集。賊憚公威名，比行院軍至[13]，一十七寨俱降。既降復叛者，令偏裨解青統官軍及降賊，直擣其巢，芟刈靡有遺類[14]。南豐、廣昌賊繼起，省官職應勦捕，託病而避，復請公往，公命弟萬戶世雄等偕首散民丁歸農，决遣官軍出城屯駐，令居民入城寧家。官吏賤糴民粟圖利，公責之曰："汝不能弭寇，又復厲民，何以為民父母?"[15]盡散其粟與復業之民。移檄諭賊以禍福，許其改過自新。三日之間，賊悉輸納其旗皷兵杖[16]。公乃會聚其徒，誅首惡六人，餘悉貰罪[17]。被掠男女，各付所屬完聚。省長率寮佐舉酒賀曰："真大丈夫也。"[18]蓋以愧前之託疾避事者，尚書省罷，舊官盡革，獨存公一人。改參行中書省。既而參政徐公、琰公與協心剗除宿弊。前時官差民戶典倉庫，往往虧折填償，以至破家。乃咨內省擇府吏代充[19]，至今便之。

三十年，省院以所獲冦四百餘屬公。湴殺，公與都事周元德及行院官一一判別，僅戮其二而已[20]。將征交趾，公往廣州造戰船五百。元貞、大德間[21]，授正奉大夫、參江浙、河南二省，秩滿，陞湖廣左丞，供劉平章西征饋餉。溪洞險惡，無木牛流馬可運，率一斗粟數十倍其費始達，人皆鬼蜮獸心，重以飢饉瘴疫[22]。公與役夫均其勞，往復期年之上，遠征士卒得不乏絕。

至大初召入，加榮祿大夫、平章政事、商議樞密院使[23]，提調諸衛屯田。仁皇居春宮，領中書令、樞密院使。既幸省府，將幸樞府，知公商議院事，促令就職，宴罷還宮，撫勞公甚勤。公素閔漢軍戍廣東瘴鄉[24]，十死七八。至是，建議擇善地，分六戍鎮守，有役然後調遣[25]，無事則安居，戍兵免罹瘴毒，得全其生。皇慶元年，賜內宴，服金繡段、金鞍轡、弓箭、白金等物，日給公母太夫人尚醞一壺。次年冬，除江西等處行中書省、平章政事。又次年夏，賜玉帶[26]。自至元之末，逮延祐之初，江西二十有餘年無冦禍。

延祐二年，寧都官吏經理田糧，殘虐啓釁[27]，冦大作，殺死州官軍官，圍城至再。省中同列諸公請曰："非公孰能弭此變!"公以不兼提調兵馬之職，非所當任，懇請不已，公乃移咨密院，然後就道。不兩月，獲其渠魁，禁戢用兵，綏輯脅從，罣誤之眾，一如往年之于南豐、廣昌，平冦雋功此其四矣[28]。恩賚三珠虎符，以賞功也。三年，公念太夫人王氏壽將九十，乞侍養，得請。七年，丁太夫人憂，扶櫬合葬武愍公之墓，服闋，還江西。

至順元年十二月，詔一品致政，舊臣給全俸。二年三月二十六日，公以微疾薨。天使來徵造朝[29]，而公薨已七日矣!

先是，公參江浙、河南二省府時，逮事忠襄公夫人、武愍公夫人。有子有孫，一家五世，文人鉅公作詩頌詠。後忠襄夫人終，公上事武愍夫人，下見曾孫，亦五世。及武愍夫人終，公年踰七十，而公之長子翰林直學士、中議大夫屺歸省，已近六十，鬚鬢皓白，人不辨其為父子，亦復四世，莫不羡公門積善之慶[30]。武愍生長邊陲[31]，飲食祭祀，並遵國俗。暨公之長，務學友士，誦習經史，希古聖賢。《儀禮》一書，儒流鮮讀，縱讀，亦鮮達禮意。公職高質厚，值斬齊期功之服[32]，靡不暗合禮經。居室之西營家廟，祠武愍公，物未薦新，口不先嚌，四時朔望，率家人行禮。雖晚年小疾，未嘗使人代。嘗至淄淄，聚族戒曰："此吾祖初基，今族大蕃衍，以淄川公視之，豈容有親疏之異。"[33]族人無子孫，或孤弱客死遠方，為歸其喪，就祖塋序昭穆以葬。"有義田，供展省之費。族之婚喪[34]，皆取給于斯。在家燕處，肅然若韋布，其出也[35]，騶從省約。平生澹無所好，惟延名師訓誨子孫。勸人為善，見有善，若自己出。聞有過，輒為覆護。勉仕宦以忠貞[36]，勉子弟以孝友，貧約者勉其治生，富厚者勉其施與，飢寒之人衣之、食之，所識喪葬，必躬往弔祭。野有莩死，捐貲掩骼一胔[37]。龍興郭外買地十餘畝，貧無葬地者藏焉。門生故吏，位省臺、官郡縣不可勝數。若子若壻[38]，俱歷清要。孫曾數十，家僮不啻萬指。生之時，雖行伍小校賤隸、里巷兒童婦女[39]，咸知公名。薨之日，百司庶府以下，人人驚惋。公之子將祔公于考妣之兆，貽書請銘。澄，江西人也，知公父子之豐功盛德詳矣，曷敢以老病辞！

公之配顔氏，先四十八年卒；張氏，先三十年卒，俱追封滕國夫人。子男五：屺，中議也；嶼，懷遠大將軍，襲萬戸，二十三年而卒[40]；巘，棲霞縣達魯花赤；峙，亦先卒；嶸，奉議大夫、江西行省理問。女一，適典瑞院同僉紐里禹。孫男十，孫女四，曾孫男六，曾孫女三[41]。公之弟世雄、世顯，公以本軍萬戸讓世雄，授宣武將軍，在職十年，還以讓公之子嶼。嶼臨終以讓宣武之子繁，繁曰："父讓而子奪之，可乎？"不就職，乃與公之嫡長孫保。保以讓懷遠之子順[42]。武愍公之蔭讓與世顯，初任湖南宣慰之貳，繼任建康、吉安、瑞州三郡之監，階昭勇大將軍[43]。中議，武愍嫡長孫，公子冢嗣也[44]，門蔭當襲，固讓不受，兄弟交相讓，自公倡始，而中議濟其美。故一家雍睦之風，他姓希有。識者知李氏之昌未艾也。銘曰：

於維武愍，活西江鮒。抑有賢子，克相名父。禮敬遺老，風動一隅。當革而因，如疾其蘇。鼪鼯群號，公至屏息。男耕女桑，公所衣食。西江之民，淪浹公恩。逮公之喪，耳不忍聞。公魂歸只，公魂留只[45]。公兮弗留，民之悲矣！

著録

1.《吴文正公集》(《景印文淵閣四庫全書》)卷85－7下①。2.《吴文正公集》卷42－6下,《元人文集珍本叢刊》4－20。3.《党項與西夏資料滙編》卷上1－370。4.《全元文》卷520－633。

注釋

[1]"銘"下,《吴文正公集》(《元人文集珍本叢刊》)衍"辛未"二字。慗:同"愍"。誌主乃武愍公李恒長子。党項於彌部人。《四庫全書》收録《吴文正公集》(《景印文淵閣四庫全書》),本文據之迻録。

[2]維忠:即"惟忠"。《元史·李恒傳》:"淄川王分地,以惟忠為達魯花赤,佩金符。"②《党項與西夏資料滙編》據《吴文正公集》迻録,脱"贈"字。

[3]"先",《吴文正公集》(《元人文集珍本叢刊》)作"无",恐形似而誤。

[4]"諱"上"公"字,《吴文正公集》(《元人文集珍本叢刊》)《党項與西夏資料滙編》脱。李世安,蒙古名"散木斛"。《元史·李恒傳》:"子散木斛,江西行省平章政事。"③因"生於宣德府龍門川,人稱李龍川"。《元史》無傳。《新元史·李恒傳》附李世安傳。

[5]憲宗孛兒只斤蒙哥,成吉思汗孫子,父親托雷,在位時間1251－1259。癸丑,即南宋寶祐元年(1253)。

[6]"使",《吴文正公集》(《元人文集珍本叢刊》)作"事",非。《党項與西夏資料滙編》沿誤。

[7]事亦見至大元年(1308)《李恒新廟碑》:"十七年三月,以資善大夫、中書左丞、行中書省事於湖廣。後四年,承詔從皇子鎮南王討罪交趾,至其國無梁河,結筏徑渡,奪天長府。"至元廿八年(1291)《李恒家廟碑》:"詔從皇子鎮南王征交趾,敗其兵天長府。……傅藥弩矢射公貫膝,負瘡敓關出,竟以毒發,薨思明州。"

[8]《吴文正公集》(《景印文淵閣四庫全書》)作"采"。《党項與西夏資料滙編》《全元文》作"採",同"采"。又,《吴文正公集》(《景印文淵閣四庫全書》)作"埾","壐"的俗字。《吴文正公集》(《元人文集珍本叢刊》)作"壐",《党項與西夏資料滙編》《全元文》沿用。章鑒:字公秉。南宋咸淳間拜右丞相,兼樞密使。

① (元)吴澄,吴當編:《吴文正公集》卷八十五,《景印文淵閣四庫全書》(1197),臺北:臺灣商務印書館(據浙江孫仰曾家藏本收録)1986年版,第802頁。

② (明)宋濂:《元史》卷一百二十九,中華書局1976年版,第3156頁。

③ 同上書,第3159頁。

《宋史·章鑒傳》："後有告鑒家匿寶璽者……惟敝篋貯一玉杯，餘無一物，人頗歎其清約。"①

［9］"抶"，挑撥。《吴文正公集》（《元人文集珍本叢刊》）作"伏"，非。《党項與西夏資料滙編》延誤。

［10］"石"，《党項與西夏資料滙編》《全元文》作"右"。"寢"，《吴文正公集》（《元人文集珍本叢刊》）作"寑"，即"寢"，亦作"寢"，中止。

［11］寧：同"寧"。《吴文正公集》（《景印文淵閣四庫全書》）作"敉"，安撫，安定。寧敉：安定、平定。"敉"，《党項與西夏資料滙編》作"散"，非。

［12］朝餔：猶朝晡，從朝時（辰時）至晡時（申時）。借指辦理政務的時間。漢高誘《〈淮南子〉敘》："建安十年，辟司空掾，除東郡濮陽令……於是以朝餔事畢之間，乃深思先師之訓，參以經傳道家之言，比方其事，為之注解。"②

［13］行院：官署名，行樞密院的簡稱。《元史·百官志》：元世祖至元三年"於四川及湖廣、江西之境，及江浙，凡三處，各置行樞密院，以鎮遏好亂之民"③。"院"，《党項與西夏資料滙編》作"前"。非。

［14］芟刈：割。引申為殺戮。

［15］"令"，《党項與西夏資料滙編》作"命"，義同詞非。"糴"，《吴文正公集》（《元人文集珍本叢刊》）作"籴"，"糴"的簡化字。買進穀物。厲：虐害；欺壓。《尚書·梓材》："予罔厲殺人。"④ 漢桓寬《鹽鐵論·疾貪》："長吏厲諸小吏，小吏厲諸百姓。"⑤"厲"，《党項與西夏資料滙編》作"癘"，非。

［16］皷：同"鼓"。兵杖：亦作"兵仗"。《党項與西夏資料滙編》作"兵仗"，是。

［17］貰：赦免。

［18］寮：通"僚"。《隸釋·山陽太守祝睦後碑》："寮屬欽熙，孰不咨賢。"⑥《党項與西夏資料滙編》作"僚"，是。

［19］府吏：古代管理財貨文書出納的小吏。

［20］事亦見《新元史·李恒傳》附李世安傳。"世安與都事周元德詳為議定，僅

---

① （元）脱脱等：《宋史》卷四百一十八，中華書局 1977 年版，第 12529 頁。

② 何寧撰：《淮南子集釋》卷一，《新編諸子集成》，中華書局 1998 年版，第 6 頁。

③ （明）宋濂：《元史》卷九十一，中華書局 1976 年版，第 2333 頁。

④ 十三經注疏整理委員會：《尚書正義》卷十四，《十三經注疏》，北京大學出版社 2000 年版，第 453 頁。

⑤ 王利器校注：《鹽鐵論校注（定本）》卷三十三，《新編諸子集成》，中華書局 1992 年版，第 414 頁。

⑥ （宋）洪適：《隸釋》卷七，中華書局 1985 年版，第 83 頁。

戮二人。”①

［21］元貞、大德，均元成宗鐵穆耳年號。

［22］鬼蜮：《詩經·小雅·何人斯》：“為鬼為蜮，則不可得。”② 喻用心險惡，暗中傷人的小人。“飢”，《党項與西夏資料滙編》均作“饑”，是。饑，通“飢”。

［23］“使”，《吴文正公集》（《元人文集珍本叢刊》）作“事”，是。《党項與西夏資料滙編》沿用。《元史·武宗》載，至大二年八月，“甲寅，敕以海剌孫昔與伯顔、阿朮平江南，知兵事，可授平章政事、商議樞密院事”。十一月“丁亥，以湖廣行省左丞散朮帶為平章政事、商議樞密院事”③。下文“樞密院使”，《党項與西夏資料滙編》《全元文》脱“院”。

［24］閔：同“憫”。怜恤。《党項與西夏資料滙編》作“憫”，是。

［25］“分”，《党項與西夏資料滙編》作“公”，非。調：《元人文集珍本叢刊》影印《吴文正公集》，泐蝕不能識。《全元文》：“底本作‘詞’，據文淵閣四庫本改。”

［26］“玉帶”的“玉”，原作“二”，當為“玉”的誤刻。據文淵閣四庫本改。《党項與西夏資料滙編》作“二”。

［27］爨：燒火煮飯。《党項與西夏資料滙編》作“釁”，爭端，仇怨。可採。

［28］罫：圍棋盤上綫條間的方目。喻打仗佈局。《党項與西夏資料滙編》作“詿”，貽誤。非。“一……矣”，此句《元人文集珍本叢刊》影印《吴文正公集》，泐蝕不能識。《全元文》載，“功”，“底本脱，據文淵閣四庫本改”。可從。其上“雋”字，《党項與西夏資料滙編》脱。指克敌。《周書·王雄等傳論》：“而武協規太祖，得儁小關，周瑜赤壁之謀，賈詡烏巢之策，何能以尚？”④ 李世安平冦克敵，可參劉將孫《養吾齋集》卷十四《李龍川平盜詩序》，亦《李世安平盜詩序》。

［29］《吴文正公集》（《景印文淵閣四庫全書》），多處殘泐，“使”上有一空格，右下似有一點。同文中“天”，右下一捺粗壯，有隸意。《党項與西夏資料滙編》《全元文》空格處作“天”字，非。造朝：進謁，朝覲。

［30］李屺，李恒孫，李世安長子。《元史·李恒傳》：“孫薛徹干，兵部侍郎。”⑤ 薛徹干，即屺。碑文未查見任此職。“積善之慶”，語出《周易·坤卦》：“積善之家，

① 柯劭忞：《新元史》卷一百八十，開明書店1935年版，第364頁。

② 十三經注疏整理委員會：《毛詩正義》卷十二，《十三經注疏》，北京大學出版社2000年版，第894頁。

③ （明）宋濂：《元史》卷二十三，中華書局1976年版，第514，519頁。

④ （唐）令狐德棻等：《周書》卷十九，中華書局1971年版，第321頁。

⑤ （明）宋濂：《元史》卷一百二十九，中華書局1976年版，第3159頁。

必有餘慶，積不善之家，必有餘殃。"①

［31］"陲"，《党項與西夏資料滙編》作"郵"，用同"陲"。邊陲。

［32］期功：古代喪服的名稱。服喪一年稱期。根據親疏關係有大功、小功之别，大功服喪九月，小功服喪五月。

［33］"淄淄"，《吳文正公集》（《元人文集珍本叢刊》）《党項與西夏資料滙編》作"淄川"。是。《李恒新廟碑》："公姓李氏，諱恒，字德卿。……自其父淄州都達魯花赤、贈金吾衛上將軍、簽書樞密院事、滕國忠襄公，始家淄川長白山下，故今為淄州人。"《李世安墓誌》："忠襄始仕我朝，家于淄川。""此吾"，《吳文正公集》（《元人文集珍本叢刊》）作"比我"，致語義不暢。《党項與西夏資料滙編》沿誤。

［34］"婚喪"，《吳文正公集》（《元人文集珍本叢刊》）作"昏慶"，可。昏：同"婚"。上古結婚儀式在黄昏時舉行。《詩經·邶風·谷風》："宴爾新昏，如兄如弟。"②《禮記·昏義》："昏禮者，將合二姓之好，上以事宗廟，而下以繼後世也，故君子重之。"③

［35］燕處：退朝而居，閒居。韋佈：韋帶佈衣。借指平民。

［36］"宦"，《吳文正公集》（《元人文集珍本叢刊》）作"窅"，是。

［37］"一"，《吳文正公集》（《元人文集珍本叢刊》）《党項與西夏資料滙編》作"瘵"，不採。

［38］壻：亦作"婿"。

［39］賤隸：地位低下的役隸。《晉書·傅咸傳》："古者大夫乃不徒行，今之賤隸乘輕驅肥。"④ 宋陳亮《酌古論·苻堅》："以有釁攻無釁，雖婦人孺子，末工賤隸，皆知其不可。"⑤

［40］嶼：世安次子。《元史·李恒傳》："薛徹禿，益都般陽萬户。"⑥ 薛徹禿，即嶼。

［41］"紐"，《党項與西夏資料滙編》作"經"；又，"三"，作"二"，轉録而誤。

［42］繁：即宣武將軍李世安之子。懷遠之子順：即"懷遠大將軍"嶼之子順，

① 十三經注疏整理委員會：《周易正義》卷一，《十三經注疏》，北京大學出版社2000年版，第36頁。

② 十三經注疏整理委員會：《毛詩正義》卷二，《十三經注疏》，北京大學出版社2000年版，第173頁。

③ 十三經注疏整理委員會：《禮儀正義》卷六十一，《十三經注疏》，北京大學出版社2000年版，第1888頁。

④ （唐）房玄齡等：《晉書》卷四十七，中華書局1974年版，第1325頁。

⑤ （宋）陳亮：《陳亮集》，中華書局1974年版，第59頁。

⑥ （明）宋濂：《元史》卷一百二十九，中華書局1976年版，第3159頁。

李世安孫，襲萬户。

［43］昭勇大將軍：武散官。金置。秩正四品下。元代沿置，升正三品。見《金史·百官志》宣慰：元行中書省宣慰使司簡稱。掌軍民之務。《元史·百官志》：“宣慰司，秩正三品。”① 湖南宣慰與昭勇大將軍官階同。“階”，《党項與西夏資料滙編》作“皆”，非。

［44］冢嗣：嫡長子。《國語·晉語三》：“十四年，君之冢嗣其替乎？”韋昭注：“冢嗣，太子也。”②“冢”，《党項與西夏資料滙編》作“家”，大誤。

［45］“魂”，《党項與西夏資料滙編》作“魄”，義同詞異。

彙考

寓居中原的西夏党項遺民在儒學氣氛活躍的環境中，浸染此風，即使是飲食祭祀，遵蒙古國俗的李恒家族，也是學儒奉儒。其長子世安為翰林直學士、中議大夫，“務學友士，誦習經史，希古聖賢。《儀禮》一書，儒流鮮讀，縱讀，亦鮮達禮意”。見至順二年（1331）《李世安墓誌》。至元三年（1337）《楊教化神道碑》：“不力學何以自致？”不僅學以修身、學以致用，而且興學建校，傳播儒學。立只理威直言上書得罪了丞相桑哥，遂出為江東道宣慰使，其碑云：“既所治郡新學校，謹教養，拔俊秀而用之。”《元史·立智理威》：“在官務興學，諸生有俊秀者，拔而用之。”③ 他們為元代地方教育的發展，作出了積極的努力和成績。也因此，元代西夏党項遺民漢化較深。至明代，統治者一方面提倡華裔無間，一方面强行禁胡語、胡服、胡姓，作為元代色目人的原党項遺民為求生存，不得不隱姓埋名，或通過與當地人通婚等方式，盡快融入他民族，特别是漢民族群體中，於是，其民族特性逐漸消失殆盡。

---

① （明）宋濂：《元史》卷九十一，中華書局1976年版，第2130頁。

② 徐元誥撰，王樹民等點校：《國語集解》卷九，中華書局2002年版，第305頁。

③ （明）宋濂：《元史》卷一百二十，中華書局1976年版，第2955頁。

208 楊教化神道碑 至元三年（1337）正月

説明

碑石亡佚。虞集撰文。該碑又題《楊襄敏公神道碑》。

碑文

正議大夫、江南湖北道肅政廉訪使，特贈宣忠效力翊戴功臣、大司徒、金紫光禄大夫、上柱國、夏國公，謚襄敏，楊公神道碑[1]。

維昔我朝建國之初，神武四達，方域内附，悉出其豪傑才智而用之。結之以誠，惠之以德，莫不竭股肱之力，以衛腹心，而經營訏謨，大得志於天下矣。逮我世祖皇帝，天度恢廓，聖鑒昭晰，小大遠邇，文武忠孝之臣[2]，無不因其資性識造，位置之有道，器使之有宜，顧育之有方。所以使夫繼承大業者，得人才之用，沛然而無窮矣。

西夏之歸，在祖宗時，其國人多已見用，有若式臘唐吾台者，姓楊氏[3]。自其國來見世祖皇帝，已被識察，待遇不同於衆人。國制禁衛之嚴，出入有定處，無敢違越。式臘一見之頃，即受命在左右。以閽者之未素識也[4]，特勑令，勿有所呵。宰臣知其賢，請命以官。式臘固辭曰："外官有奉賜爵秩之重，聖恩厚甚，然一日去帷幄，則不得日覩天顔，非臣之願也。"天子察其忠，止其命官，而使給事裕宗於東宫，益見親信。至元十二年[5]，始大城京師於大興故城之北，中為天子之宫，廟社朝市，各以其位，而貴戚功臣，悉受分地，以為第宅。式臘公得建第和寧里，在内朝之西北，於朝謁為近[6]。惜乎！不得年以卒。卒之日，長子教化，年六歲。次子朶而只，纔四歲耳[7]。朶而只，即故御史中丞襄愍公，而教化所謂襄敏公也。公兄弟幼鞠于母夫人趙氏，煢焉相顧[8]，未有以自見。裕宗皇帝既崩，隆福太后居東宫，謂宫臣曰："昔式臘唐吾台，事先皇最乆且勞，今有子否?"對曰："式臘歿，其妻趙氏與二幼子在耳。"乃召見之，曰："二子明爽莊重，它日可望也。"[9]因使公事武宗皇帝，而中丞事仁宗皇帝矣。武宗總兵朔方，鎮祖宗之故地，諸親王、諸軍莫不聽命。内朝以玉章賜之，蓋天子之所服用，使施諸所部，以為機密符令之信。武宗顧左右忠信，可任無如公者，命公密懷之，臥起勿去肘腋，他臣弗知也[10]。軍務纖悉，有所出命，則公以其章行焉。時西北有軍旅之事，武宗方遠征，而仁宗奉興聖太后，出居懷孟。大德十年，公以軍事，入奏京師。是時，上病已乆，宫府不能無所覬望[11]，北鎮歲賜，不以時發，公之來也，因併請之。而太府卿某者[12]，執其券不下，而重有所要，公不勝憤。前謂之曰："太子躬擐介冑，蒙犯霜雪，率諸王將帥士大夫，軍萬里外，以敵愾責不恭，給用賞功賴此而已，無所私也。爾柰何阻之？恨不得面質爾罪於天子。”即引所持撾擊之曰：“此所以識也。”廷中咸愧而壯之。及上崩，內廷與宰臣議所立，非祖宗法，答剌罕忠獻王哈剌哈孫持重不發，遣信使趣仁宗還鎮京師，以迎武皇帝[13]。仁宗得報，未即就道。公適在京師，晝夜疾馳，見仁宗曰：“太子在北方尚遠，事亟矣，不於此時還京師，宗廟社稷之所係，間不容髮，尚遲回邪？”[14]即遣李益、朵而只乘傳以先。不數日，入朝定大難，迎武宗歸即位。方猶豫時，由公一言之決，可謂忠且勇矣。既即位，群臣以次見，至主藏吏，上顧公曰：“孰為汝所擊者，太府卿。”勑誅之[15]，以其家賜公。公拜而言曰：“此誠罪當死，然事在新天子赦前，不可以細人失大信，請勿誅。至於以其家賜臣，臣尤不敢奉詔。”上嘉歎而從之。論定難功，超拜正議大夫、同知太府院事。

至大二年秋，御史臺奏公為江南湖北道肅政廉訪使。公將行，入辭，上問曰：“官所去此幾何？”公曰：“三千里而遠。”[16]上不悅曰：“此朕左右手，何可若是其遠耶？”即日留為將作院使。留之居官，五月而疾作。天子遣醫晝夜問遺不絕。竟以十一月二十六日薨，享年三十有三。上聞，為之震悼。賜鈔二萬五千緡，太后加賜萬五千緡，以恤其家。自中書以下百司，皆致賻[17]。以延祐二年四月某日，葬宛平縣香山鄉之皇華原。公娶李夫人，先卒，生子一人，衍飭。繼室王夫人，適公時年十九，甫四月，而公卒。越二十八年，為後至元三年，歲在丁丑之正月，夫人亦卒，皆祔焉。

李夫人事君姑趙夫人至孝，有疾，侍湯藥不解帶。公在北方軍，夫人治家常如公家居然[18]，族人咸賴之。王夫人於其孤鞠育恩勤，如己出者，勸之學尤篤。嘗曰：“吾門惟汝一人耳！不力學，何以自致？”見其能學，則以自慰。常居端莊，不妄言笑，坐茵故弊而完潔[19]，不易恒處，凝塵不除，晏如也。朝之士大夫，莫不稱其貞節，有母道焉。

衍飭之幼，得見仁宗，摩其頂而歎曰：“其父忠勤，事先皇以及於朕，使今猶在，朕以何官授之？噫！其在此子矣。”出內帑鈔二十萬緡賜之。而歲賜粟給其家。今上皇帝獨運乾綱，明於庶物，思夫逮事皇祖之故臣，有子孫可用者，得衍飭焉。拜南行臺監察御史，清明端直，有先人之遺風，方見用云。

公弟在中臺時，大父世剌[20]，贈推忠佐運功臣、太保、金紫光祿大夫、柱國、夏國公，謚忠定。夫人米卜氏[21]，封夏國夫人，父式臘唐吾台，贈推誠翊戴功臣、太傅、開府儀同三司、上柱國、夏國公，謚康靖。夫人梁氏、趙氏，皆封夏國夫人。而特贈公宣忠効力翊戴功臣、大司徒、金紫光祿大夫、上柱國、夏國公，謚襄敏。夫人李氏，追封夏國夫人；王氏封夏國太夫人。賛書純至，臣子感焉。中丞之歿[22]，其子不花[23]，佐憲河東，又死國難。中丞之次子文殊訥[24]。公子衍飭受知聖明，皆起家為御史。一家再世有大節，前後五人皆受耳目之寄，豈他宗所可及哉？

集往年待罪國史，嘗奉詔書中丞遺事於其神道之石，衔飭南來，以為集雖老退田野，筆墨荒落，而粗悉其世，求著為銘詩[25]，不敢辭也。其辭曰：

維夏盛強，亢于西陲。相時來廷，世總其師。民之多難，疾威靡壹。保族以康，令德之積。厚本長源，有楊之宗。忠定之賢，乃啓其封。心雄萬夫，康靖有作。一見天子，默有遐託。雅志本朝，不樂外馳。俾事裕皇，寔由眷知[26]。二惠競爽，而弗及見。煢煢嫠孤，卒克有踐。公事武皇，從軍朔方。蹇蹇中丞，弟兄相望。大統之傳，聖武有訓。變生宮掖，幾失正順。宗社之危，仁廟有為。克斷弗疑，公來贊之。大事之機，中不容芥[27]。一言之興，國事攸賴。至大清明，聖功聿成。統宗會元，為國之經。聖子神孫，有永無斁。立言有初，具在史策。世胙鄉邦[28]，桓圭袞裳[29]。煒煒煌煌，有賁永藏。暫微復興，在今御史。思其先忠，以報天子。兩襄之阡，松栢柏柏[30]。史臣有書，千載弗刊。

著録

1.《道園學古録·歸田藁》卷 42－5 上①。2.《虞文靖公道園全集·歸田藁》卷 35－6 下②。3.《道園類藁》卷 41－32 下，《元人文集珍本叢刊》6－258③。4.《全元文》卷 877－308。5.《党項與西夏資料滙編》卷上 1－503。

注釋

［1］碑題，《道園類藁》作“楊襄敏神道碑”。《元人文集珍本叢刊》影印此本，為明初覆刊本。《道園學古録》收入《四庫全書》，為稿本。《党項與西夏資料滙編》據《虞文靖公道園全集》，參見《道園學古録》《道園類藁》迻録。本文據《道園類藁》轉録，並參各本。

［2］《道園學古録》《道園類藁》作“文武”。《全元文》沿用。下同。《虞文靖公道園全集》《党項與西夏資料滙編》作“文職”，非。

［3］唐吾台：亦作“唐古特”。以音記字而別。《元人傳記資料》：“唐兀氏，楊朵

① （元）虞集：《道園學古録》卷四十二，《景印文淵閣四庫全書》（1207），臺北：臺灣商務印書館 1986 年版，第 595 頁。

② 《虞文靖公道園全集·歸田藁》卷三十五，《叢書集成續編》（134），臺北：臺灣新文豐出版公司（據清道光間古棠書屋叢書本影印）1989 年版，第 502 頁。

③ （元）虞集：《道園類藁》卷四十一，《元人文集珍本叢刊》（6），臺北：臺灣新文豐出版公司（據明初覆刊本影印）1985 年版，第 258 頁。

兒只父。”[①]《蒙兀兒史記·氏族表》：“楊氏，世居寧夏，亦唐兀世族。”[②]《新元史·楊朶兒只》：“楊朶兒只，河西寧夏人。父式臘唐兀台，給事裕宗，早卒。”有子“朶兒只及其弟教化”[③]。與碑下文稱長子教化、次子朶而只一致。《道園類藁》《虞文靖公道園全集》作“式臘唐吾台”，《道園學古録》作“實喇唐古特”。下文“式臘”，《道園學古録》均作“實喇”。

［4］《道園類藁》作“閶”。門。常指天門、宫門。《文選·揚雄〈甘泉賦〉》：“選巫咸兮叫帝閶，開天庭兮延羣神。”劉良注：“帝閶，天門也。”[④]《全元文》沿用。《道園學古録》《虞文靖公道園全集》作“門”，《党項與西夏資料滙編》沿用。以“閶”為宜。

［5］“十”下，《道園學古録》作“闕”字。《虞文靖公道園全集》作“□”，《党項與西夏資料滙編》沿用。《道園類藁》作“二”，至元十二年（1275），《全元文》沿用。

［6］《道園類藁》作“第”，修建私第，是。《全元文》《党項與西夏資料滙編》沿用。《道園學古録》作“地”，不取。《虞文靖公道園全集》脱“第”至“為”各字。

［7］“纔”：《党項與西夏資料滙編》作“裁”，通“纔”。僅僅。朶而只：即楊朶而只，亦作楊朶兒只。見元泰定四年（1327）《楊朶兒只神道碑》[⑤]《元史·楊朶兒只傳》[⑥]。“朶而只”，惟《道園學古録》作“多爾濟”；又，“教化”作“嘉琿”。《新元史·楊朶兒只》載，朶兒只死，“教化事寡嫂有禮，視兄子如己子”[⑦]。

［8］㷀：同“煢”。孤獨。《党項與西夏資料滙編》作“煢”。下文“煢煢”作“㷀㷀”。是。

［9］“它”，《全元文》《党項與西夏資料滙編》作“他”。

［10］武宗海山，在位四年（1308－1311）。“知”，《党項與西夏資料滙編》作“如”，非。

［11］《道園學古録》《虞文靖公道園全集》作“無”，據文義，是。《党項與西夏資料滙編》沿用。《道園類藁》作“有”，《全元文》沿用。

---

① 王德毅等：《元人傳記資料索引》，中華書局1987年版，第2619頁。

② 屠寄：《蒙兀兒史記》卷一百五十四，《元史二種》，上海古籍出版社、上海書店1989年版，第1021頁。

③ 柯劭忞：《新元史》卷一百八十三，開明書店1935年版，第368頁。

④ （梁）蕭統編，（唐）李善等注：《六臣註文選》卷七，中華書局1987年版，第146頁。

⑤ （元）虞集：《道園學古録》卷十六，《萬有文庫》，商務印書館1937年版。

⑥ （明）宋濂：《元史》卷一百七十九，中華書局1976年版，第4151－4155頁。

⑦ 柯劭忞：《新元史》卷一百八十三，開明書店1935年版，第369頁

［12］“某”,《虞文靖公道園全集》作“厶”，通“某”。《老學庵筆記》：“今人書‘某’為‘厶’，皆以為俗從簡便，其實古‘某’字也。”① 下文“四月某日”的“某”,《党項與西夏資料滙編》作“厶”，是。

［13］“答剌罕”，元朝賜號。意即一國之長。劉敏中大德三年（1299）《董禧神道碑》：“答剌罕，譯言一國之長。”②《道園學古録》作“達爾罕”。哈剌哈孫，曾祖以功賜號答剌罕。劉敏中《丞相順德王忠獻王碑》，又稱《哈剌哈孫碑》：“曾祖啟昔禮，贈推忠佐命宣力功臣太師、開府儀同三司、上柱國，追封順德王，謚忠武，重厚，有英才。……以功擢千户，賜號答剌罕，譯言一國之長。帝謂侍臣：‘彼家不識天意，故來相害，是人告我，殆天所使，我許為自在答剌罕矣。’因賜御帳什器，及宴飲樂節，如宗王儀。”③《元史·哈剌哈孫傳》記啟昔禮之事，簡略。陶宗儀《南村輟耕録》載，“答剌罕，譯言一國之長，得自由之意。非勳戚不與焉。……丞相順德忠獻王之曾祖啟昔禮，以英才見遇，擢任千户，賜號答剌罕”④。忠獻王即歷元世祖、成宗兩代的名相哈剌哈孫，精通蒙古文，重儒學，襲號答剌罕。武宗時以“定難”功加太保、録軍國重事。卒，追贈順德王，謚忠獻。見《元史·哈剌哈孫傳》《哈剌哈孫碑》《元史·成宗紀》。武皇帝：據上下文，即武宗皇帝。

［14］《道園類藁》《道園學古録》作“太”，是。上文“時西北有軍旅之事，武宗方遠征”。此“太子在北方尚遠”，即指武宗，此時尚未繼承大統。《虞文靖公道園全集》作“天”，不取。《党項與西夏資料滙編》沿用。大德十一年（1307），元成宗鐵穆耳病逝，唯一的太子德壽早卒，儲位虛。諸王中支系最近、也最具實力的是皇侄懷寧海山。此謂帝位争奪衝突。海山即位，是為武宗；其弟愛育黎拔力八達為皇太子，武宗卒後即位，是為仁宗。《道園學古録》《道園類藁》《全元文》作“係”，繫也。《虞文靖公道園全集》作“繫”。《党項與西夏資料滙編》沿用。

［15］“誅”下一字，《虞文靖公道園全集》作“即”，不取。《道園學古録》《道園類藁》作“之”，是。《全元文》《党項與西夏資料滙編》沿用。

［16］“三”,《党項與西夏資料滙編》作“二”，非。

［17］“自”,《党項與西夏資料滙編》作“勑”，非。

［18］《道園類藁》《全元文》“常”,《道園學古録》《虞文靖公道園全集》作“嘗”，通“常”。《党項與西夏資料滙編》沿用。

---

①（宋）陸游撰，李劍雄等點校：《老學庵筆記》卷六，《唐宋史料筆記叢刊》，中華書局 1979 年版，第 81 頁。

② 李修生：《全元文》卷四百零一，江蘇古籍出版社 1999 年版，第 608 頁。

③ 蘇天爵：《元文類》卷二十五，商務印書館 1936 年版，第 311－312 頁。

④（元）陶宗儀、文灝：《南村輟耕録》，文化藝術出版社 1998 年版，第 18 頁。

［19］“弊”,《党項與西夏資料滙編》作“敝”；又“完”作“浣”，可從。

［20］《道園類藁》《虞文靖公道園全集》作“世剌”，《道園學古録》作“實喇”。“公”下五字,《虞文靖公道園全集》未釋。

［21］《道園類藁》《虞文靖公道園全集》作“米卜”，《全元文》《党項與西夏資料滙編》沿用。《道園學古録》作“默布”。

［22］“丞”下二字,《道園類藁》《全元文》作“之殁”，《道園學古録》作“既殁”，均可。《虞文靖公道園全集》作“文剫”，不取。《党項與西夏資料滙編》沿用。

［23］《道園類藁》《虞文靖公道園全集》作“不花”，《全元文》《党項與西夏資料滙編》沿用。《道園學古録》作“實喇”。

［24］《道園類藁》《虞文靖公道園全集》作“文殊訥”，《全元文》《党項與西夏資料滙編》沿用。《道園學古録》作“文殊諾爾”。

［25］《道園類藁》《道園學古録》作“粗”，《全元文》《党項與西夏資料滙編》沿用。《虞文靖公道園全集》作“麤”，粗略。義同詞非。又,《道園類藁》《道園學古録》作“詩”，《全元文》沿用。《虞文靖公道園全集》作“詞”，《党項與西夏資料滙編》沿用。

［26］“皇”,《虞文靖公道園全集》作“宗”，《党項與西夏資料滙編》沿用。《道園類藁》作“寔”，同“實”。《全元文》《党項與西夏資料滙編》沿用。《道園學古録》《虞文靖公道園全集》作“實”。

［27］《道園類藁》《全元文》作“芥”，芥蒂，梗塞。《道園學古録》《虞文靖公道園全集》作“界”，《党項與西夏資料滙編》作“畀”，均不取。

［28］世胙：謂世代享有封爵。鄉邦：指同鄉的人。“世胙鄉邦”，《道園學古録》作“世胙卿邦”，致語義不暢。胙，通“祚”。《虞文靖公道園全集》作“祚”，《党項與西夏資料滙編》沿用。

［29］桓圭：古代朝聘時，帝王與公、侯、伯、子、男五等諸侯所持六種玉圭，以為信符，表不同爵秩等級。故又稱“六瑞”。“桓圭”為公爵所執。《周禮・春官・大宗伯》：“以玉作六瑞，以等邦國：王執鎮圭，公執桓圭，侯執信圭，伯執躬圭，子執穀璧，男執蒲璧。”① 碑主任正議大夫，唐文階官制，正四品，元升為正三品，特贈宣忠效力翊戴功臣、大司徒、金紫光禄大夫、上柱國、夏國公，謚襄敏。

［30］兩襄：指襄敏楊教化與襄愍楊朶兒只。《道園學古録》作“兩襄”，是。《虞文靖公道園全集》作“兩鄉”，非。《党項與西夏資料滙編》沿誤。又，“栢”，同

① 十三經注疏整理委員會：《周禮注疏》卷十八，《十三經注疏》，北京大學出版社 2000 年版，第 558－559 頁。

“柏”。“松栢柏柏”，《党項與西夏資料滙編》作“松柏桓桓”，可採。桓桓，高大貌。

彙考

楊朶兒只、楊教化，唐兀人，元時西夏党項後裔。楊朶兒只，任御史中丞，“為帖木迭而所搆害”，獲昭雪。楊教化，楊朶兒只兄，任正議大夫、同知太府院事。兄弟兩人維護皇權有功，楊教化獲“贈公宣忠効力翊戴功臣、大司徒、金紫光禄大夫、上柱國、夏國公，謚襄敏”。弟楊朶而只，“特贈思順佐理功臣、金紫光禄大夫、司徒、上柱國、夏國公，謚曰襄愍”。“宣忠効力翊戴功臣”“思順佐理功臣”，均功臣名號。因此，其祖丗剌“贈推誠翊戴功臣”，父式臘唐吾台“贈推誠翊戴功臣”。祖母、母、妻子都獲得封贈，並蔭及子孫。這些都反映了蒙古族王朝政權的漢化，是研究元代封贈制度的實證資料。同時，楊氏一族的為官，為研究党項遺民在元朝的活動提供了依據。

209 立智理威忠惠公神道碑 至正二年（1342）十月

説明

碑石亡佚。虞集撰文。

碑文

立只理威忠惠公神道碑。

昔我太祖皇帝，神聖威武，龍興朔方，東征西討，豪傑景從。而天造草昧[1]，雲雷方屯，容有忠義特達之材，簡在帝心[2]，未究其用。而神明佑之，妥其子孫，沐浴聖化，休養生息，以成毓忠良，使顯榮於休明熙洽之世者[3]，则秦國忠惠公世家是也。

公諱立只理威[4]，其先西夏之貴臣，唐兀之令族，烏密其氏也[5]。曲也怯律公仕西夏，官至金紫光禄大夫、平章政事[6]。太祖天兵至河西，得金紫公之幼子察罕，敏慧通達，遂蒙信重[7]。時夏人未服從也，圍其城，五旬弗解。夏人弗能支，遣金紫以講和。使見太祖和林，奉夏主之女，請為購以解[8]。太祖命金紫與扎剌可抹哥那顏，屑金和酒飲以為盟，約為兄弟。抹哥貴族重臣，飲金，國之重盟也[9]。歲戊戌，太祖之征回鶻也，夏人不能以兵從。既克回鶻，益日疑懼。金紫守甘州以備焉[10]。未幾，旋師擊肅州[11]，久乃克之。詔察罕曰："汝父嘗見我於和林，朕知其為忠義人也。吾討回鶻，平肅州，皆以後服見誅。聞汝父守甘州，汝往告之，使來歸，以全生靈可也。"察罕領所部扣城下諭旨意，金紫率其衆來歸。甘州之副貳阿綽等三十六人攻殺之，併害使者。上怒，急攻甘州，阿綽等三十六人，以其城降[12]。太祖諭之曰："曲也怯律何在？"阿綽對曰："以其不肯降而殺之矣。"上若曰："爾謂朕不知邪？朕始以生靈之故，諭其來歸，使代夏主以撫爾民庶，其生全也。汝自為厲而殺之，盡殘其民，而卒服於忠順無所當，尚敢欺朕邪！"盡斬此三十六人者，甘州平。上终念其父子，而不忍忘也。勑諸軍護視曲也怯律家，勿敢有所犯。得其子曲也怯祖，则察罕之兄也[13]。怯祖於夏國，嘗舉進士第一人，及見太祖，命從諸王察台镇回鶻，其官曰"達魯花赤"，猶言為之監也。執事王妃兀魯忽纳氏，而治其宮府焉。他日，太祖思金紫父子而閔之，謂左右曰"怯律寧有他子孫乎？"左右不知也。憂人有浮圖師得見上[14]，上問之，以怯祖所在對。上亦記之，遣使至回鶻，給驛召還。既見，年已七十矣。命之以官，辭曰："臣老矣，不足用也。"上曰："汝以省臣治汝故邦，苟一歲，其民得無一歲之安邪？"頓首謝不能。賜白銀貳阡伍伯兩，給其故主田牛而老焉。怯祖生呵波古[15]，從諸王阿魯忽於回鶻，實居薛迷昔干裹之地[16]，領番直主弓矢鷹隼之事，而治其人民焉。於國語為怯薛之長，其所事，則火兒赤失保赤怯怜只也，於王子為近臣矣。不得年而没，生子三人。

榮禄大夫、陝西行中書省平章政事亦力撒合，於公為兄，而陝西諸道行御史臺監察御史答哈兀則，公弟也[17]。世祖皇帝時，擇於勳勞功伐舊臣故家之子孫散在外服者，及其幼盛，每賜召見，視其姿，忠孝誠篤，可信用者，得備宿衛，在禁近，使熟於見聞，成才而用之。至元十年，勑以驛騎六十，召公昆仲至闕見，上命公兄為速古兒赤，主上方服御；而公亦以禿薛怯薛必闍赤[18]，隸太子宫府，從其長主文書，以實事裕宗皇帝也。居七八年，上以川蜀之險，恩威所加，亦已久矣。控引西南宿兵重地，傷殘相仍，而民未靖安也。思以信任識察之密，精神足以達變，惠愛足以及物者，而使之。於是，命公以一麾臨其要郡，以輯撫其凋瘵焉[19]。遂以嘉議大夫，出為嘉定路總管府達魯花赤，則至元十八年辛巳之歲，而公年二十有八矣。上思與民休息，重民社之寄，以息訟弭盗，均賦力田，責諸守令，而嘉定之政，咸如其章，諸司薦者以為言，閭閻井里之間[20]，或者其庶幾矣。而盗起西南夷，號數十萬，興言擊成都，形勢甚急。省臣鞏昌汪公宿將[21]，能兵善守禦，事有其備。而曰："吾民力竭矣，師旅老矣，非合兵相為聲勢不可也。"顧上所知，信言可徑達者，莫如公，遂遣以行。公晝夜疾馳，至京師，見上陳書軍事急遽之狀。左右或曰："疑未至是也。"公慷慨流涕曰："蜀人忍死以待明詔之至，我無寢食者十數日以告，而欲緩之邪?"上若曰："卿言是也。全蜀之地，憲宗大駕西征，而竟不復焉。雲南險遠，朕親經理，亦未可忽也。"召樞密臣，即日調符遣兵，命使乘遽傳以應之。即上前，賜上尊、天鵝，飲食以勞公。諭之曰："兵已行矣，然西南之人，生長亂離，厭兵而畏禍，豈不欲一夕之安哉。御之垂其方，保之不以道，使等死之念生，而莫知制矣。卿其報諸將，布以朕意，叛則討之，服則舍之。無多殺以傷生意，則人心定矣，予將加賚焉。"[22]已而，悉如聖慮云。

留公為泉府卿。泉府者，國初出內帑，資大賈貿易民間，及海島夷貊，藉國家文書以行，無間深遠[23]，無敢邀拒。蓋將藉以通幽險，察幾微，非直為利也。故其始命官，非通練如公者，蓋鮮與焉。而勾稽出內，錙銖千百，無敢隱者。二十七年，拜刑部尚書。明年，度吏李禎誣告漕臣劉獻盗粟，上下視時宰桑哥意，鍛鍊成獄[24]。公曰："廷尉，天下平。輦轂之下，漕臣以冤死，何以示四方乎?"以其實聞，獄平，而宰臣不悦矣。未幾，出為中奉大夫、江東道宣慰使。既所治郡，新學校，謹教養，拔俊秀而用之。嚴以御胥史[25]，胥史無敢欺；明以察豪横，豪横無所縱。直而不屈，正而不阿，權要亦無所加其侵波焉[26]。

元貞二年，拜通奉大夫、四川行省參知政事。屬郡有毒夫之獄，連逮數十人，加以榜掠[27]，卒無其實。公按而實之，蜀人至今道之不能忘。大德三年，以正奉大夫、行中書省參知政事、行湖南宣慰使，使治長沙，南控嶺海，蠻僚保山澤軍旅時起。海島諸夷琛貝之貢，道所從出。方伯所治，水陸遼遠[28]，使者旁午，軍旅所關。謹郵傳，嚴館堠，具芻粟，理郡縣，飭道路，厚往而薄來。軍旅閒暇，賓佐從容，遠邇之交，晏然而有餘矣。

大德四年，以舊官移荊湖北道宣慰使。興利除害，知無不為。得民間不便事十數條，自行省達於朝廷。其最甚者，如屬郡諸司職田，固已多取於民，而江陵實無田，以其數隨民戶所輸糧數而加配之，凶旱無所免，貧富無所逃，責價至倍蓰。觀望相先而莫之損，民病以困而莫之恤。朝廷議遣使理之，會有詔，停所問，然實無田者，猶得計其數，隨俸與之，民間少紓矣[29]。七年，拜四川行省參知政事。又明年，進拜資善大夫、四川行省左丞。會蜀飢，公親為勸分，貧者得以活，富者無所病。又出私財買地，畫為區兆，不幸莩殣，則有所藏焉，蓋出於切懇之誠也。於是，修寬政以紓其民，屬部告治。

十一年，朝京師，天子勞焉。有白金對衣之賜。進拜資德大夫、湖廣行中書省右丞。武昌歲造上供服御，織紋采色，備極精好，至以省臣領之。朝廷度所用鈔多少，有司受之，給驛負鏹。官吏工徒，跨州越郡，求良絲之郡而買之。動經年歲，更易冒濫，駔儈囊槖[30]，侵漁出入，互相為欺。工人受之杼軸之間，則亦無幾，推剥延引，僅或成之。公府之給，既無其實，工役就作，日負日貧，為害有不可勝言者。公留鈔於庫，民藏絲者，命工人擇取而買之。驛傳之費，轉輸之勞，奔走淹留之苦，既已悉除。而工成之日，計官給之價，猶有數萬緡之贏。作者既精，民不知病。他郡推而用之，亦良法也。

至大庚戌，十月乙卯，薨於位，得年五十七歲。公夫人梁氏，與其子買訥、韓嘉訥，奉喪還大都[31]。延祐元年四月癸卯，葬諸宛平縣池水村。至治二年追贈資德大夫、陝西等處行中書省右丞、上護軍、寧夏郡公，謚忠惠。公夫人梁氏，封寧夏郡夫人。治家謹法度，有母道，教二子為學，使從賢大夫士遊，俾有所成立。後至元二年八月二十六日卒，十月癸酉合葬忠惠公之兆。至正二年，加贈推誠亮節崇德贊治功臣、榮祿大夫、中書平章政事、柱國、追封秦國公，仍謚忠惠[32]。梁夫人追封秦國夫人。二子，長曰買訥，次曰韓嘉訥，皆起家為監察御史。買訥自御史十四遷，今為中奉大夫、山南江北道肅政廉訪使。韓嘉訥由御史十四遷，為西御史臺侍御，今為同知宣徽院事。孫幾人。公女五人，長適銀青榮祿大夫、陝西諸道行御史臺大夫某，皆故。次二，適故四川蒙古軍萬戶某。次三，適資德大夫、行中書省右丞、湖南道宣慰使某，皆故。次四，適中奉大夫、戶部尚書某。次五，適漢中道廉訪副使某。一門貴盛，赤奕於當時[33]。原其遭遇之初，退藏之久，而槩於公，至兩御史，其報國之忠，未可量也。明年，買訥自山南使人至臨川山中，告於前太史虞集曰[34]："先公之没，三十有四年矣。聖天子念家世之舊，不以買訥兄弟之不敏，承乏風紀於中外，去年賜明詔，因寧夏改封於秦，猶故國也。官秩皆一品矣，而神道之碑未有刻辭，則上無以彰清朝之休明，下無以述先公之遺德，是以大懼而不敢朝夕之寍居也[35]。昔甞見子[36]，今二十年矣，敢以碑銘為請焉。”集老病江上，筆墨荒落，於舊事多所遺逸，文字不足以傳世，其無所辱命！然使人暑行三千餘里，不得有所往復，固辭焉則傷孝子之心，而非故舊之情矣。敢執筆敘事，而為之銘焉。其辭曰：

於皇太祖，知人任使。弗究其身，猶在孫子。桓桓西征，夏方用懔。有使欵延，獻女緩師。太祖見之曰：此忠愛貴臣。莅盟受約而退。還報其主，俾守於甘。天討赤然，回鶻既戡。移兵伐肅，百戰危蹙。惟甘齒唇，諭使來服。昔善其使，今活其人。彼嚚不回，殲我良臣[37]。平甘之日，求其宅里。申戒軍士，勿敢殘毁。有子褎然，端紳來朝。往佐宗藩，勿憚疏遙。維皇鑒思，契闊寤懷。白髪蒼顏，駸駸乃來。慨汝故邦，爾長爾撫。彼黎孑遺，有鞠有哺。再拜稽首，耄矣不堪。俾安厥家，民知覆涵。賜金在床，田有良耜。以畊以食，俟我來士。世祖巍巍，禮崇樂興。汎覽舊門，世材世能。爰詢爰諏，執事左右。文武忠孝，皇則多有。其孫詵詵，結駿載馳。豈敢自言，天子之思。伯也在公，靡夙靡夜。前星有輝，仲服其御。伊仲維何，侃侃秦公。簡在上心，恪恭匪躬。乃眷西顧，維蜀之土。受兵最先，服我威武。越歷歲年，靡安靡寧。暨予大同，錫之生成。有田有桑，有疆有理。布在守吏，遂我民志。有嘉名邦，汝往治之。示則列城，則予汝知。蠢彼西南，蜂蟻聚屯。傳言寇邊，旄倪震奔。維時元戎，守禦斯偹。孰予往告，天子萬里。咨維嘉侯，天子信親。馳歸奏言，無誠不陳。天子曰咨，方城頷頷。勞我師旅，迄可康息。南徼茫茫，經營艱難。臨事好謀，信如爾言。乃命出師，彌縫掎角。成筭神明，近出帷幄。好生惡死，詎匪其心[38]。叛討服舍，敷予德音。牛羊斧斤，草木雨露。下欲上從，維公之故。相維長江，道繇蜀都。江陵武昌，為流為瀦。長沙之雄，建鄴之固。東南奧區，首尾心膂。公相方伯，亦帥其連。往來蕃宣，將數十年。其惠在民，其勳在國。胙爵上公，允稱其德。二子之賢，奉其遺忠。中勤外勞，有言有庸。持節山南，踐公賜履。千載永懷，金石之紀。宛平之郊，松柏十圍。雖匪故鄉，依于邦畿。述德論世，匪溢匪侈。徵於來諜，孝心勤止。袞衣繡裳，原鼎及鼐[39]。以饗以歌，視此刻辭。

著録

1.《道園類藁》卷42－25下，《元人文集珍本叢刊》6－279①。2.《党項與西夏資料滙編》卷上1－260。3.《全元文》卷879－334。

---

① （元）虞集：《道園類藁》卷四十二，《元人文集珍本叢刊》（6），臺北：臺灣新文豐出版公司（據明初覆刊本影印）1985年版，第279頁。

注釋

［1］草眛："草昧"之誤。語出《周易·屯》："天造草昧。"王弼注："造物之始，始於冥昧，故曰'草昧'也。"① 此謂創始、草創。

［2］羲："義"的誤刻。簡：分辨，明了。簡在帝心：謂能為皇帝所知。語出《論語·堯曰》："帝臣不蔽，簡在帝心。"②

［3］"成"，《党項與西夏資料滙編》據《道園類藳》迻録，作"戍"，非。戍，守邊。休明：讚明君或盛世之語。《文選·謝朓〈始出尚書省〉》："惟昔逢休明，十載朝雲陛。"李善注："休明，謂齊武皇帝也。"③ 熙洽：安樂和睦。語出《後漢書·班固列傳》："至於永平之際，重熙而累洽。"④

［4］立只理威：即"立智理威"。《元史·立智理威傳》："立智理威，為裕宗東宫必闍赤，典文書。至元十八年（1281），蜀初定，帝閔其地久受兵，百姓傷殘，擇近臣撫安之，以立智理威為嘉定路達魯花赤。"⑤ 碑文收入《道園類藳》卷四十二，《元人文集珍本叢刊》影印，作"立只理威"，《党項與西夏資料滙編》作"立智理威"。"只""智"，同音記字而別。本文據《元人文集珍本叢刊》影印《道園類稿》迻録。

［5］《新元史·察罕傳》："烏密即嵬名之異譯，西夏國族。"⑥ 党項羌人。嵬名氏是西夏皇室姓氏，通常有威明、烏密、于彌等不同的譯法。

［6］曲也怯律，仕西夏，官至金紫光禄大夫、平章政事。故下文稱其"金紫"。乃立智理威之祖。據《元史·察罕傳》：察罕"父曲也怯律，為夏臣"⑦。從孫亦力撒合，"亦力撒合，祖曲也怯祖"⑧，"弟立智理威"⑨。曲也怯祖、察罕，曲也怯律之子。亦力撒合、立智理威即曲也怯祖之孫，察罕從孫，曲也怯律重孫。

［7］察罕：曲也怯律妾之子，少時牧羊於野。太祖，成吉思汗（1162－1227）出獵，"帝異之，乃挈以歸"，"及長，賜姓蒙古，妻以宫人弘吉剌氏"，"初名益德，唐

---

① 十三經注疏整理委員會：《周易正義》卷一，《十三經注疏》，北京大學出版社 2000 年版，第 40 頁。

② 楊樹達：《楊樹達論語疏證》卷二十，吉林人民出版社 2013 年版，第 399 頁。

③ （梁）蕭統編，（唐）李善注：《文選》卷三十，《中國古典文學叢書》，上海古籍出版社 1986 年版，第 1405 頁。

④ （南朝宋）范曄撰，（唐）李賢等注：《後漢書》卷四十，中華書局 1965 年版，第 1363 頁。

⑤ （明）宋濂：《元史》卷一百二十，中華書局 1976 年版，第 2959 頁。

⑥ 柯劭忞：《新元史》卷一百二十六，開明書店 1935 年版，第 274 頁。

⑦ （明）宋濂：《元史》卷一百二十，中華書局 1976 年版，第 2955 頁。

⑧ 同上書，第 2956 頁。

⑨ 同上書，第 2958 頁。

兀烏密氏。"[①] 又,《新元史·察罕傳》:烏密,"或曰姓逸的氏,逸的又益德之異譯,以名為氏也"[②]。"贈推忠開濟翊運功臣、開府儀同三司、上柱國,追封河南王,謚武宣。子十人,長木花里"[③]。"唐兀惕有逸的氏,察罕最顯"[④],党項人蒙古化的一支。

[8] 和林:全稱"哈剌和林"。突厥語"黑礫石"之意。在今蒙古國鄂爾渾河上游東岸哈爾和林。太祖鐵木真三子太宗窩闊台七年(1235)建都於此。夏主:元昊稱帝,為西夏主。下文亦有"諭其來歸,使代夏主以撫爾民"之語。

[9] 扎剌可抹哥那顏:即"抹哥"。《蒙古秘史》作"不合"[⑤]。《蒙韃備録箋證》:木華黎,"弟二人,長曰抹哥,見在成吉思處為護衛"[⑥]。曲也怯律與抹哥"屑金和酒",以結蒙古與西夏兄弟之盟。

[10] 甘州:西魏改西涼州置,治所在永平縣(今甘肅張掖市西北)。《元史·地理志》:"唐為甘州,又為張掖郡。宋初為西夏所據,改鎮夷郡,又立宣化府。元初仍稱甘州。至元元年,置甘肅路總管府。八年,改甘州路總管府。十八年,立行中書省,以控制河西諸郡。"[⑦]

[11] 肅州:《元史·地理志》:"唐為肅州,又為酒泉郡。宋初為西夏所據。元太祖二十一年,西征,攻肅州下之。世祖至元七年,置肅州路總管府。"[⑧]

[12] 阿綽,甘州副將。名見《元史·察罕傳》。《党項與西夏資料滙編》脱"其"。

[13] "家",《党項與西夏資料滙編》作"冡",非。曲也怯祖:曲也怯律子,碑稱"察罕之兄"。《元史·察罕傳》:"察罕父曲也怯律居守城中,察罕因射書招之,且求見其弟,時弟年十三,命登城於高處見之。"[⑨]《元史》有載,聊聊數語。"太祖時,得召見,屬皇子察哈台,為扎魯火赤。"[⑩] 據碑銘,是"夏國嘗舉進士第一人"。若據《元史》"年十三",已為西夏進士第一人,恐非。故推碑云"察罕之兄",符合實際。甘州之役,曲也怯祖降蒙後,隨諸王察哈台治理西域地區,任達魯花赤。

[14] "憂",據上下文義,當改為"夏"字。浮圖:亦作"浮屠"。浮圖師:謂

---

① (明)宋濂:《元史》卷一百二十,中華書局1976年版,第2955頁。

② 柯劭忞:《新元史》卷一百二十六,開明書店1935年版,第274頁。

③ (明)宋濂:《元史》卷一百二十,中華書局1976年版,第2957頁。

④ 屠寄:《蒙兀兒史記》卷一百五十四,《元史二種》,上海古籍出版社、上海書店1989年版,第1019頁。

⑤ 札奇斯欽:《蒙古秘史新譯並注釋》卷四,臺北:聯經出版事業公司1979年版,第169頁。

⑥ 王國維:《海甯王忠愨公遺書》,《蒙韃備録箋證》,海甯王王氏校印。第8頁。

⑦ (明)宋濂:《元史》卷六十,中華書局1976年版,第1450頁。

⑧ 同上。

⑨ 《元史》卷一百二十,第2956頁。

⑩ 同上書,第2957頁。

佛教高僧。《道園類藁》（《元人文集珍本叢刊》）作“浮圖”，是。《党項與西夏資料滙編》作“俘圖師”，不確。

［15］“呵”，《元史》作“阿”①，《党項與西夏資料滙編》據之作“阿”。呵波古，即“阿波古”。

［16］薛迷昔干裹：西域地名。又作“尋思干”“撒麻耳干”“薛迷思干”。今烏兹別克斯坦撒馬爾罕城。至正十年（1350）《河西老索神道碑》：“薛迷思干等城。”“干”，《党項與西夏資料滙編》作“十”，誤。

［17］亦力撒合：碑主立智理威之兄，《元史・察罕傳》有傳。答哈兀則：立智理威之弟，《元史》失傳。可補史闕。

［18］速古兒赤：元代置。掌内府尚供衣服，為怯薛執事之一。亦力撒合任速古兒赤，《元史》列傳也有記載。必闍赤：又稱“必徹徹”。元代置。亦怯薛執事之一。為天子主文史。掌蒙古文文書的官員，亦用此名，但非怯薛。怯薛：亦作“切薛”。蒙古語。指蒙古近衛軍。

［19］凋瘵：困窮之民或衰敗之象。唐白居易《忠州刺史謝上表》：“下安凋瘵，上副憂勤，未死之間，斯展微效。”②

［20］閭閻：里巷内外的門。後多借指里巷。

［21］鞏昌汪公：即“汪世顯”。《元史・汪世顯傳》：“汪世顯，字仲明，鞏昌鹽州人。係出旺古族。仕金，屢立戰功，官至鎮遠軍節度使，鞏昌便宜總帥。金平，郡縣望風款附，世顯獨城守，及皇子闊端駐兵城下，始率衆降。”③

［22］賚：賜予之義。

［23］“間”，《党項與西夏資料滙編》作“問”，可採。

［24］事見《元史・立智理威傳》：“有小吏誣告漕臣劉獻盜倉粟，宰相桑哥方事聚斂，衆阿其意，鍛煉枉服。”④ 桑哥：元朝宰相。《元史・姦臣・桑哥傳》：“膽巴國師之弟子也。能通諸國言語，故嘗為西番譯史。為人狡黠豪横，好言財利事，世祖喜之。及後貴幸，乃諱言師事膽巴而背之。至元中，擢為總制院使，總制院者，掌浮圖氏之教，兼治吐番之事。”⑤

［25］胥吏：官府中的小吏。原文作“胥史”，非。當改為“胥吏”。下同。

［26］“侵”，《党項與西夏資料滙編》作“浸”，同“侵”，侵犯。

---

① （明）宋濂：《元史》卷一百二十，中華書局 1976 年版，第 2957 頁。

② （宋）李昉等：《文苑英華》卷五百八十七，中華書局 1966 年版，第 3042 頁。

③ （明）宋濂：《元史》卷一百五十五，中華書局 1976 年版，第 3649 頁。

④ 《元史》卷一百二十，第 2958 – 2959 頁。

⑤ 《元史》卷二百零五，第 4570 頁。

［27］榜掠：拷打。《史記·李斯列傳》："趙高治斯，榜掠千餘，不勝痛，自誣服。"①《党項與西夏資料滙編》作"搒"，非。

［28］遼遠：遙遠。《党項與西夏資料滙編》作"邃"，非。

［29］職田：亦稱"職分田"。古代按照品級授予官吏作俸禄的公田。荊湖地區弊政多，危害百姓最大的就是公田，百姓户無大小都需繳納公田租。碑主到任後，訪得"民所不便凡十數事，上于朝，而言公田尤切"②，最終促成朝廷罷公田租。立智理威以民為本，施惠政。故碑稱其"興利除害，知無不為"。事亦見《元史·立智理威傳》。史乘與碑銘一致。

［30］駔儈：亦作"駔會""駔闠""駔獪"，泛指經紀人、市儈。

［31］立智理威"子二人：長買訥，翰林學士承旨；次韓嘉訥，御史大夫。孫達理麻，内府宰相"③。"嘉"，《党項與西夏資料滙編》迻録，下文又作"家"，筆誤。

［32］《元史·立智理威傳》：至大三年，"初贈資德大夫、陝西行省右丞、上護軍、寧夏郡公，謚忠惠。再贈推誠亮節崇德贊治功臣、榮禄大夫、中書平章政事、柱國、秦國公"④。據誌文，"至正二年，加賜推誠亮節崇德賛治功臣、榮禄大夫、中書平章政事、柱國、追封秦國公，仍謚忠"云云，可知至大三年（1310）謚忠惠。三十二年後，即至正二年（1342）追封秦國公。可補史乘之闕。故上文有"秦國忠惠公世家"之説。

［33］赤：即"赫"字。

［34］虞集：字伯生，號道園，人稱邵庵先生。元代著名學者、詩人。祖籍四川仁壽，徙臨川崇仁（今隸江西）。嘗從吴澄遊學。延祐時，為翰林待制兼國史院編修、集賢修撰。領修《經世大典》，著《道園學古録》《道園遺稿》等。

［35］寍：同"寧"。

［36］甞：同"嘗"。

［37］"殲"，《党項與西夏資料滙編》作"戮"。二字義近而字異。

［38］匪：同"非"。《党項與西夏資料滙編》作"非"，是。

［39］鼐：大鼎。《詩經·周頌·絲衣》："鼐鼎及鼒，兕觥其觩。"毛傳："大鼎謂之鼐，小鼎謂之鼒。"⑤

---

① （漢）司馬遷：《史記》卷八十七，中華書局1959年版，第2561頁。

② （明）宋濂：《元史》卷一百二十，中華書局1976年版，第2958頁。

③ 同上書，第2960頁。

④ 同上書，第2958頁。

⑤ 十三經注疏整理委員會：《毛詩正義》卷七，《十三經注疏》，北京大學出版社2000年版，第1606－1608頁。

彙考

出自党項烏密的西夏大臣曲也怯律，有子曲也怯祖、察罕。兩人及其後人在蒙元時期，出現了分化。曲也怯祖一支，從文，通常擔任監察御史一職。曲也怯祖，“於夏國嘗舉進士第一人”①。降蒙後，隨諸王察哈台治理西域地區，任達魯花赤。孫亦力撒合，“稱之曰秀才而不名”②；立智理威，初為東宮執掌文書的官員，後曾任四川和湖南等地官員；答哈兀，曾任陝西諸道行御史台監察御史。立智理威二子：買納、韓嘉納，“皆起家為監察御史”③，均為中下層官吏，并且也主要與中下層官吏互為婚姻，且多為漢人。如亦力撒合，命尚諸王算吉女④，蒙古人。立智理威，夫人梁氏，漢人。立智理威的長女適陝西諸道行御史臺大夫某；次女適四川蒙古軍萬户某；三女適湖南道宣慰使某；四女適户部尚書某；幼女適漢中道廉訪使某⑤。居漢地，與漢人通婚，是漢化的唐兀人。

察罕，太祖妻以宫人弘吉剌氏⑥。子塔出，妻明理氏，以貞節稱，旌其門閭⑦。孫必宰牙，妻伯牙倫，泰安郡武穆王孛魯歡之女，亦守義有賢行⑧。察罕一支娶蒙古人上層為妻，是蒙古化較深的唐兀人。自察罕始，為歷代蒙古統治者接納、倚重，地位較高。他們與蒙古上層家族的聯姻，使得家族勢力更加穩固。

---

① 韓蔭晟：《党項與西夏資料滙編》卷上一，寧夏人民出版社 2000 年版，第 261 頁。

② （明）宋濂，《元史》卷一百二十，中華書局 1976 年版，第 2957 頁。

③ 同上書，第 2960 頁。碑文見韓蔭晟：《党項與西夏資料滙編》卷上一，寧夏人民出版社 2000 年版，第 265 頁。

④ （明）宋濂：《元史》卷一百二十，中華書局 1976 年版，第 2958 頁。

⑤ 韓蔭晟：《党項與西夏資料滙編》卷上一，寧夏人民出版社 2000 年版，第 260 頁。

⑥ （明）宋濂：《元史》卷一百二十，中華書局 1976 年版，第 2955 頁。

⑦ 《元史》卷一百三十五，第 3272 頁。

⑧ 同上書，第 2955 頁。

210　粘合君妻逸的氏墓誌　至正四年（1344）六月初三

説明

碑石亡佚。許有壬撰文。

誌文

故漕運同知粘合公妻逸的氏墓誌銘[1]。

夫人名瑞童，系出逸的氏，高祖察罕，太師、河南武宣王，開國有功。父必宰牙，遼陽行省右丞。妣伯也倫[2]，内範恭肅。夫家奕世富貴，而削華服儉。夫人質稟懿淑，濟以慈訓，故成習異於人。惟粘合氏為金世臣，曰鈞，我元中書左丞相，子南合，中書平章政事，樂相風土，家焉[3]。相人稱中書家平章孫世臣中憲大夫，同知京畿都漕運使司事。中憲以貴盛難昏，夫人家亦偃蹇擇壻，地均德齊，二姓之好克諧[4]。中憲祖妣，妣皆逸的氏，至夫人，則姻連三世矣。延祐乙卯九月于歸，一門千口，里南北連阡陌。中憲縻於官，漫不暇省，需縻不貲。夫人苴補移掇，不使見罅缺，宿臧老獲，皆慴伏[5]。中憲不幸，四十一而卒[6]。夫人屏斥華澤，勵節治家，坐亦有常處，田園經葺有加焉。初，封恭人[7]，再封威寧郡君。至正四年甲申，四月二十一日，以疾卒，年四十有六。六月三日庚申，祔湯陰小韓村中憲之墓。一子禄通[8]，教不稍貸。每戒之曰："汝父幼沖失父母，孑然有立，敭歷駸駸，天遽奪去。先烈烜赫，繼承不墜，責其在汝矣。"禄通服膺惟恪，懲父養不待，冀得盡於母。夫人之卒，禄通適在京，奔歸，日已兩浹矣。禄通以其友陸愷，所述行實，請銘。予惟女德之懿[9]，世宜有聞。徵諸鄉里，昔南北分裂，相直兵衝，聚異合汙，俗厖以偷[10]，而世變無常。風移俗易，唐、宋而下，女節義班班可考也。朱子采顔氏一時之言，而不知遺風之已殄也。觀夫人之善，則知吾鄉風俗之美，漸摩之久，有自來矣。予與中憲交，知夫人之賢，且欲有以聲吾鄉之非昔也。為之銘曰：

奢麗敝化，貴驕速亡。夫也不免，女也何望[11]？脱襁怙侈，世家習禄[12]。不慎厥居，瓴建其覆。戚疏萬趾，言不易刑。制以閒雅，截截戶庭。我生不辰，為未亡人。一日未亡，一門在身。有子孑遺，常情溺私。易愛以嚴，是為大慈。良人永逝，教子有立。而壽不昌，而事斯畢。

著録

1.《至正集》卷58－9①。2.《吴至正公集》卷58,《元人文集珍本叢刊》卷7－271②。3.《党項與西夏資料滙編》卷上1－267。4.《全元文》卷1199－437。

注釋

［1］《至正集》，由於未刊刻，《元史》本傳不詳其卷數。《四庫全書》之《至正集》據鈔本收録，共八十一卷。《元人文集珍本叢刊》據宣統三年（1910）聊城鄒道沂用家藏鈔本石印。《党項與西夏資料滙編》據《至正集》迻録。本文據《四庫全書》本（以下簡稱“《至正集》”），並參《元人文集珍本叢刊》迻録。“逸的”，《元史·察罕傳》作“益德”“烏密氏”③。《新元史·察罕傳》作“烏密”“逸的氏”。“益德”④，《至正集》作“伊德”。皆音譯無定字。“粘合”，又作“粘割”“粘哥”“粘葛”⑤。《至正集》作“紐赫”，音近。粘合氏：金朝貴族。《金史·百官志》：“黑號之姓，唐括、蒲察……粘割、奧屯……皆封彭城郡。”⑥《至正集》作“紐赫”“伊德”，《吴至正公集》（《元人文集珍本叢刊》）作“粘合”“逸的”，與史乘一致，可從。下同。

［2］《元史·察罕傳》：“贈推忠開濟翊運功臣、開府儀同三司、上柱國，追封河南王，謚武宣。子十人，長木花里。”⑦《元史·察罕傳》載，察罕有十子，長木花里。餘皆不知名。此誌主瑞童，高祖察罕，“河南武宣王”。至正十年（1350）《河西老索神道碑》：“河南武宣王察罕。”《元史》失載，可補史闕。父必宰牙，妣伯也倫。《元史·塔出傳》載，塔出“二子：長宰牙，襲爵中奉大夫、江西宣慰使。次必宰牙，仕至征東行中書省左丞，妻伯牙倫”⑧。“必宰牙”“伯牙倫”，《至正集》分别作“賓咱雅”“巴雅爾”，《吴至正公集》（《元人文集珍本叢刊》）亦作“必宰牙”“伯也倫”，皆音近異譯。史傳和墓誌可補察罕子塔出，孫宰牙、必宰牙，重孫瑞童。

---

①（元）許有壬：《至正集》卷五十八，《景印文淵閣四庫全書》（1211），臺北：臺灣商務印書館1986年版，第415頁。四庫本據鈔本收録。

②（元）許有壬：《吴至正公集》卷五十八，《元人文集珍本叢刊》（7），臺北：臺灣新文豐出版公司（據宣統三年聊城鄒道沂用家藏鈔本石印影印）1985年版，第271頁。

③（明）宋濂：《元史》卷一百二十，中華書局1976年版，第2955頁。

④ 同上書，第2957頁。

⑤ 韓世明：《金史之食貨志與百官志校注》，中國社會科學出版社2005年版，第125頁。

⑥（元）脱脱等：《金史》卷五十五，中華書局1975年版，第1230頁。

⑦（明）宋濂：《元史》卷一百二十，中華書局1976年版，第2957頁。

⑧《元史》卷一百三十五，第3275頁。

［3］《元史·粘合重山傳》："粘合重山，金源貴族也。國初為質子。"金末委質蒙古，為太祖的宿衛官。"立中書省，以重善有積勳，授左丞相。……卒，贈太尉，封魏國公，謚忠武。十年，詔其子（南合）江淮安撫使南合，嗣行軍前中書省事。"授中書平章政事，世祖中統四年（1263）卒，"封魏國公，謚宣昭。子博温察兒，知河中府"①。史乘載粘合重山、子南合、孫博温察兒，誌載其曾孫中憲大夫、玄孫禄通，可補史闕。

［4］貴盛：顯赫高貴。《漢書·趙破奴傳》："而霍去病弟光貴盛，自有傳。"② 偃蹇：高貌。《楚辭·離騷》："望瑤臺之偃蹇兮，見有娀之佚女。"王逸注："偃蹇，高貌。"③ 此謂中憲與瑞童出身高貴、顯赫，門當户對。壻：亦作"婿"。

［5］慴伏：亦"慴服"，謂因畏懼而屈服。《史記·項羽本紀》："籍所擊殺數十百人，一府中皆慴伏，莫敢起。"④

［6］《至正集》作"中憲"，《吴至正公集》（《元人文集珍本叢刊》）作"中書"，《党項與西夏資料滙編》《全元文》沿用，非。上文"中書家平章孫世臣中憲大夫"，與史乘記載一致。

［7］恭人：古代命婦封號之一。元代六品官員的妻子的封號。

［8］《至正集》作"禄通"，《吴至正公集》（《元人文集珍本叢刊》）作"禄童"，《党項與西夏資料滙編》《全元文》沿用。下同。

［9］"予"，指許有壬。元延祐二年（1315）進士。元後期名臣，歷任仁宗至順帝諸朝内外職近五十年，順帝時官至中書左丞，《元史》有傳。著《至正集》。

［10］厖：通"蒙"。厖昧，蒙昧。《至正集》作"龐"，《吴至正公集》（《元人文集珍本叢刊》）作"厖"，是。《党項與西夏資料滙編》《全元文》沿用。

［11］何：《至正集》作"曷"，表疑問，相當於"何""什麼"。《吴至正公集》（《元人文集珍本叢刊》）作"何"，義同詞非。《党項與西夏資料滙編》《全元文》沿用。

［12］《至正集》作"習"，通"襲"。《左傳·襄公十三年》："先王卜征五年，而歲習其祥，祥習則行。不習，則增脩德而改卜。"楊伯峻注："'習'一本作'襲'。習與襲通用，重複也。"⑤《吴至正公集》（《元人文集珍本叢刊》）《党項與西夏資料滙編》《全元文》作"席"，不取。

---

① （明）宋濂：《元史》卷一百四十六，中華書局1976年版，第3466－3467頁。

② （漢）班固撰，（唐）顏師古注：《漢書》卷五十五，中華書局1962年版，第2493頁。

③ 金開誠等：《屈原集校注》，中華書局1996年版，第113頁。

④ （漢）司馬遷：《史記》卷七，中華書局1959年版，第297頁。

⑤ 楊伯峻：《春秋左傳注》，中華書局1990年版，第1003頁。

彙考

誌主瑞童，係出西夏党項遺民逸的氏，是察罕曾孫，於元代開國有功，屬於第二等民族色目氏。其從高祖察罕至其父，仕元为官。誌主丈夫中憲，出自金朝後裔粘合氏，曾祖粘合重山作為质子随侍成吉思汗，也是有開國之功的重臣。元朝將其地劃為漢人，屬於第三等民族。從誌主丈夫“中憲祖妣，妣皆逸的氏，至夫人則姻連三世”可知，元代逸的氏與粘合氏兩個豪門巨族世代聯姻，真實地反映出元代民族間的通婚和融合。

211 莫高窟六體真言碑 至正八年（1348）五月十五日

真言碑

説明

碑石現藏敦煌莫高窟文物所。《中國藏西夏文獻》編號 G12·001。碑高 81 cm，寬 60 cm。上楷書“莫高窟”，下六臂坐式觀音一尊。周圍有梵、藏、漢、西夏、八思巴、回鶻等 6 種文字的“唵嘛呢八咪吽”六字真言。楷書。碑文、題名間刻單綫、雙綫框。由功德主西寧王速來蠻率妃子、太子、公主、駙馬等佈施刊刻。該碑又題《敦煌莫高窟六體文字真言碑》《速來蠻西寧王功德碑》。

碑文

莫高窟。/

唵嘛呢八咪吽。/

功德主速來蠻西寧王，/妃子屈术[1]，/太子養阿沙，遠丹沙，阿速女，結冬女[2]，/脱花赤大王。/卜魯合真，/□氏妙因[3]。/（以上刻於右邊）

沙州路河渠□[4]，/提領威罗沙，哈只，大□逆流□[5]，/大使興都百戸宜吉□忍[6]，（下泐）。/

善友脱呆[7]，/華嚴奴，/解逆立嵬[8]，/罕班，/張宣，/李世榮，/陳世昌，/曾失罕，/ □□□□[9]，/張耳赤，/□惠，/院主□革[10]，/ □□子[11]，/□掠兀沙，/陳教儿，/耳立嵬，/朵立只，/尼智成。/

答失蠻，/吴脱延[12]，/解闇布，/耳的剌，/染黑狗[13]，/逆立嵬，/翟文通，/拜延[14]，/令只合巴，/弄卜忍勿，/喆乙尼[15]，/叉束，/律竜布，/哈剌陽，/吴教化，/□正布，/沺□歹[16]，/夭□哥失。/

楊若貴[17]，/刘拜延，/文殊奴，/也先拈术，/王立勾[18]，/刘三□[19]，/李刘□狗，/阿高布[20]，/公哥立加[21]，/德沼，/迭立迷夫[22]，/义立即，/奂郎，/阿布海牙，/智寶，/□兀兕[23]，/□孟思[24]，/（泐）。/

長老娄耳□□[25]，刘交有，張郎立俺布，刘耳立嵬，弄卜仄令布（下泐）/（上泐）吴义賽，把里耳兒，五卜耳□，□□西（下泐）[26]。/

維大元至正八年，歲次戊子，五月十五日守朗立。/

奢藍令旃刻。/（以上刻於左邊）

赵初[27]。/（刻於“莫高窟”三字旁）

著録

1.《中國藏西夏文獻·金石編》18－137 圖。2.《西域水道記》卷 3。3.《元代速來蠻刻石釋文》，《敦煌研究》1981（1）。

注釋

［1］速來蠻西寧王：成吉思汗第四子拖雷的七世孫，鎮守沙州。見《新元史·文宗下》："封諸王速來蠻為西寧王。"①"屈"字下泐，存上半，擬作"术"。《元代速來蠻刻石釋文》此句釋為："功德主，妃子屈术，速來蠻西寧王。"根據兩人的尊卑地位，王在前，妃在後。

［2］《新元史·太祖諸子世表》載"養吉沙""速哥沙"，分別為碑銘中的"養阿沙""速丹沙"，為音譯而誤記。二"女"字，《西域水道記》作"歹"，分別為"阿速歹、結來歹"，非。

［3］"□氏妙因"，《西域水道記》作"陳氏妙因龕"。《元代速來蠻刻石釋文》認為"因"字下似有字跡，或為"龕"字。詳觀並無文字痕跡。"氏"上一字泐蝕嚴重，不能辨識。

［4］"渠"下一字泐，《元代速來蠻刻石釋文》作"司"，不可辨識。《元史·地理志》沙州路，"唐為沙州，又為燉煌郡。宋仍為沙州。景祐初，西夏陷瓜、沙、肅三州，盡得河西故地。金因之。元太祖二十二年，破其城以隸八都大王。至元十四年，復立州。十七年，升為沙州路總管府，瓜州隸焉"②。表明元代敦煌莫高窟隸屬沙路州。

［5］"大"下泐，第二、三字似"逆流"，餘不可辨識。《西域水道記》作"使逆流吉"，備參。

［6］"吉"下泐二字，觀拓，第一字無法辨識，第二字似"忍"。《西域水道記》作"翟忍佈"，不取。

［7］"呆"，《元代速來蠻刻石釋文》作"果"，細觀拓，上為"口"，是"呆"字。

［8］"嵬"，《元代速來蠻刻石釋文》作"蒐"，非。

［9］泐四字，《元代速來蠻刻石釋文》作"□□监杣"，《西域水道記》作"僧令梅监椤"。備參。

［10］《元代速來蠻刻石釋文》未釋"革"。

［11］"子"上二字泐，《西域水道記》作"没□"。備參。

［12］"脱"上一字，是"吴"。《元代速來蠻刻石釋文》未釋。

［13］"染"，《西域水道記》作"粱"，非。

［14］《元代速來蠻刻石釋文》未釋"拜延"。

---

① 柯劭忞：《新元史》卷二十二，吉林人民出版社2005年版，第207頁。

② （明）宋濂：《元史》卷六十，中華書局1976年版，第1450頁。

［15］“乙”上一字，似“喆”。《西域水道記》作“蘇”，非。《元代速來蠻刻石釋文》未釋。

［16］“歹”上二字泐，首字“氵口”，不識；第二字無法辨識。《西域水道記》作“波洛”，存疑備參。

［17］“貴”，《西域水道記》作“者”，非。

［18］“立”下一字泐甚，細看是“勾”。《元代速來蠻刻石釋文》未釋。

［19］“刘”下一字泐，是“三”。《西域水道記》作“家”，非。

［20］“阿”下一字泐，詳觀拓下部存“冋”，是“高”字。《西域水道記》作“三”，非。《元代速來蠻刻石釋文》沿誤。

［21］哥：即“壽”的異體字。《西域水道記》作“哥”，非。

［22］《元代速來蠻刻石釋文》未釋“沼”“迷”。

［23］“兀”上一字泐，《元代速來蠻刻石釋文》作“間”，非。觀拓，存痕似左右結構，不取。

［24］“思”上二字泐，觀拓，第一字已泐蝕不可辨，第二字上“子”，下“皿”，是“孟”字。《西域水道記》作“昆都”，非。

［25］“耳”下字泐，不能辨識。《元代速來蠻刻石釋文》作“立嵬”，備參。

［26］“吴”字上泐，《西域水道記》作“琓有藏佈、□忍東”，備參。《元代速來蠻刻石釋文》未釋“吴义賽”及“皃”下各字。

［27］《西域水道記》《元代速來蠻刻石釋文》未釋“赵初”。

彙考

碑銘内容反映了元代蒙古王室崇信藏傳佛教的史實。在同一碑中出現梵、藏、漢、西夏、八思巴、回鶻等六種文字，是元代沙州地區多民族文化並存、交融的縮影。所刻題名，既有西寧王、太子、妃子、公主、官員等上層貴胄，也有僧人、尼姑、石匠等普通民眾，主要是党項等民族姓名①。在莫高窟、榆林窟題記中，還可見“西夏人名比較完整的有六十多個。其中可定為党項族姓的有息玉、嵬名、雜謀、播盃、麻（尼則）、嵬立、酩佈、骨匹、居地、那征、味奴、訛三、千玉、（尼説）嵬、吃吶、昔吴、昔畢、來囉、（魚各）囉等十數個”②。這些題名表明，直到元代，沙州、瓜州仍生活著大量的党項人，其中不乏擁有較高文化素養，掌握西夏文的僧侣和文人。

---

① 杜建録：《中國藏西夏文獻碑刻題記卷綜述》，《西夏學》，寧夏人民出版社2006年版，第115頁。

② 史金波、白濱：《莫高窟榆林窟西夏文題記研究》，《考古學報》1982年第3期，第373頁。

212 河西老索神道碑 至正十年（1350）四月

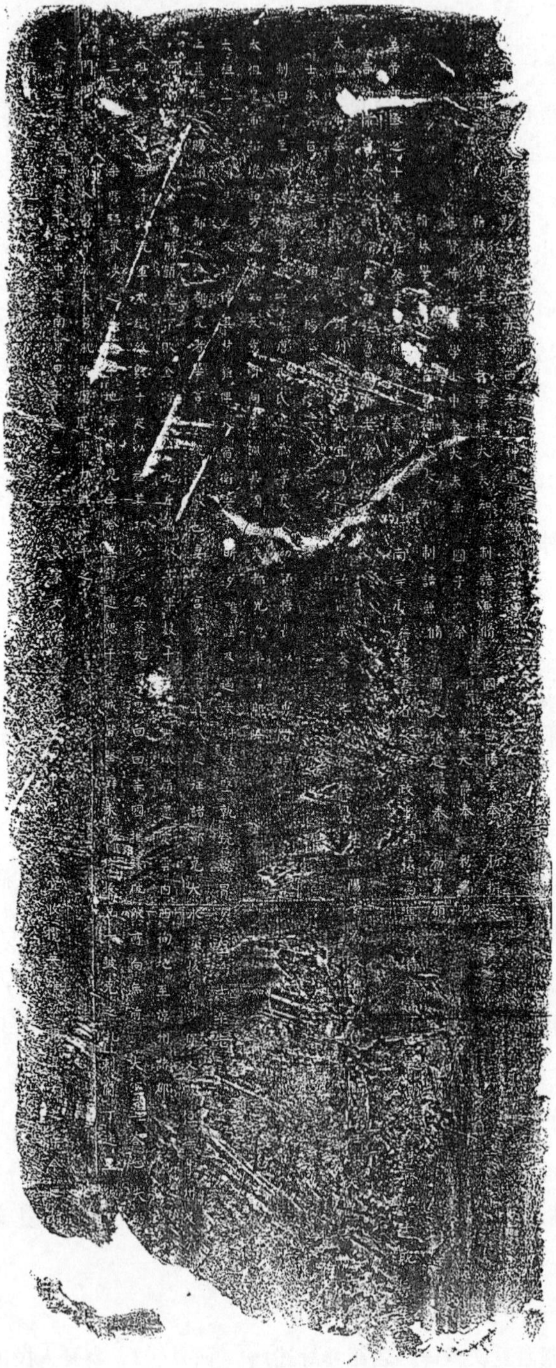

碑陽

右側

左側

碑陰

説明

碑石現藏於河北省保定市蓮池公園内。《中國藏西夏文獻》編號 HB12·001。歐陽玄撰文，蘇天爵書丹。方柱體，四面刻，碑陽文 18 行，滿行 51 字；右側文 14 行，滿行 51 字；左側文 11 行，行存字數不等。楷書，縱横界格。碑陰，上篆額，下文不存。泐蝕非常嚴重。張起巗奉勑篆額，題“大元敕賜故順天路達魯花赤老索神道碑銘”。

額

大元敕/賜故順/天路達/魯花赤/老索神/道碑銘[1]。/（以上刻於碑陰額）

碑文

大元賜故順天路達魯花赤河西老索神道碑銘。/

翰林學士承旨、榮禄大夫、知制誥兼脩國史歐陽玄奉勑撰文[2]。/

集賢侍講學士、中奉大夫兼國子祭酒蘇天爵奉勑書丹[3]。/

翰林學士承旨、榮禄大夫、知制誥兼脩國史張起巗奉勑篆額[4]。/

皇帝御極之十年，歲在癸未，制授通奉大夫、前河南等處行中書省參知政事訥懷為集賢侍讀學士[5]。越明年春，集賢學士脱憐等/言：“訥懷曾大父，故順天路達魯花赤老索，當/太祖皇帝基命之際，粤有成績，列於功載，宜賜之碑銘，以寵示來裔。其令翰林學士歐陽玄為文，集賢侍講學士蘇天爵書丹，翰林學/士承旨張起巗篆額以賜。”/制曰：“可。”臣玄等謹按事狀。

老索，唐兀氏[6]，世為寧夏人。幼穎悟，長以驍勇聞時。/太祖皇帝拓境四方，老索知天意所向，屢諷其國王失都兒忽率諸部降[7]。/太祖皇帝素聞其名，及見，偉其材貌，俾入宿衛。老索昕夕唯謹。及遇攻討，被堅執鋭，親冒矢石，為士卒先。/上益壯之，賜號“八都兒”。八都兒者，華言驍統無敵也[8]。妻以宫女康里真氏。従征諸部，克大水濼，拔鳥沙堡，又破桓、撫等州。及分□□□/河南武宣王察罕那顔麾下[9]，敗金將完顔九斤、萬奴等軍數十萬於野狐嶺。還定雲内，西徇地至涼州諸郡。/太祖皇帝賜金符為統軍，及織紋數十疋，以旌其功。分討欽察、兀羅思、回回等國，摧鋒破敵，所向無前。大軍至荅也失的□□□號/至險，老索乘勝驅衆涉之，□□平地。斡羅兒、孛哈里、薛迷思干等城皆堅辟，未易猝拔，竟一皷克之。扎剌蘭丁迷里彼驍□□，□鐵/門關。老索探入，身中流矢，勇氣弥厲，麾軍力戰，遂平之。/

太宗皇帝南征，従下河中，定南京。甲午，金亡，詔采良家女以備後宫，諫曰：“中原甫定，宜收攬英雄，以開混一之業，今廼嬪□□□□/雁□□西（下泐）。”[10]/（以上刻於碑陽）

威（泐）順（下泐）/□南自為一路，民至今便之[11]。/上優憐之，賜黄金五十兩，白金三百兩。中統建元六月二十三日，薨于正寢，壽七十三。越明年某月日，葬于清苑縣太靜鄉之先塋。/

康里追封夫人。子二人：長阿勾，早亡；次忙古得，起家為行軍千戶。丁巳，攻蜀，所至先登。己未，/憲宗圖合州釣魚山，克捷居多，□□常勝，遂没於陣[12]。贈至中大夫，僉太常禮儀院事。娶畦氏，子一人，忽都不花，德器温厚。至元十七年，/擢奉議大夫，祁州達魯花赤，為政明恕。編氓以其有德，至今以颜子目之。秩滿，/光獻翼聖皇后以其/先朝舊臣，諭都官不次擢用。時阿合馬柄政，官非賂莫進。忙古得慨然曰："為民父母，罄産鬻官，而復刻削於民以求利，可乎？"遂無仕進/意，移遂州達魯花赤。至元二十一年五月九日卒于家，年三十有六。娶民氏，奉柩歸葬于清苑之先塋。子一人，即訥懷，父没年甫三/歲。母民氏，□心守義，育鞠有加。既長，從師問學，涉獵經史。入京，因司徒明里，以見/仁宗皇帝於省舍□，沿□護送趙王公□□□道塗禁戢其徒御，所過郡縣無擾[13]，歸以能聲（下泐）/廟堂，遷知安東□□□。監察御使□□□曰："汝父連□□□，雖獲廉□而未嘗預清要之選，汝今得□宜効節，以報國顯親（下泐）"/尋拜河東廉訪使（下泐）/（上泐）怙寵不法，輒□□□獄成而（下泐）（以上刻於右側）/（泐）/葬于□□□南大同，魂無不之（下泐）/（泐）忠順（泐）匯此慶潭，發於曾孫，曾孫勉（下泐），/（上泐）進登察□踐揚中朝（泐）条預兩省（下泐）/（上泐）有母實賢，秉節迪人（下泐）/（上泐）及告奉常，詞臣（下泐）/□銘（泐）□□積□湏域（下泐）[14]/（泐）/（上泐）至正十年四月吉日。曾孫訥懷立石，/保定儒士李蕭、處士胡賓元、/摩……□□川、蔣□從、劉弘毅、張寛、□（下泐）。/（以上刻於左側）

著録

《中國藏西夏文獻·金石編》18－138圖，150文。

注釋

［1］順天路：蒙古太宗十一年（1239）升順天軍置，治清苑縣（今河北保定市）。元至元十二年（1275）改為保定路。見《元史·地理志》。達魯花赤：亦做"答魯兀俞""達魯噶齊"。蒙古語，意為"鎮守者"①。蒙元時期官名，始設於成吉思汗時期，是所在地方、軍隊和官衙的最大監治長官②。路、府、州、縣和隸事司等各級地方政

① 《元朝秘史》卷八，《續修四庫全書》（312），上海古籍出版社2002年版，第200頁。
② 趙秉崑：《達魯花赤考述》，《北方文物》1995年第4期。

府都設置達魯花赤，雖然職位與路總管、府州縣令尹相同，但實權大於這些官員。按規定，"以蒙古人充各路達魯花赤"，"永為定制"①。以此保障蒙古貴族對全國行政、軍事系統實行嚴密監控和最後裁決的權力。

［2］知制誥：南北朝時已出現知詔誥、掌詔誥、典詔誥等差遣，至唐代發展為知制誥這一職名，掌起草詔命，宋元沿用。唐初草擬詔敕本由中書舍人專任，但也或以他官為學士撰作詔敕。唐翰林學士加知制誥者起草詔令，餘僅備顧問。宋除翰林學士，他官加知制誥者亦起草詔令，稱為外制，翰林學士雖皆起草詔令而亦帶知制誥銜，稱為内制。《宋史·職官志》："翰林學士院、翰林學士承旨、翰林學士、知制誥、直學士院、翰林權直、學士院權直，掌制、誥、詔、令撰述之事。"② 歐陽玄，字元功，號圭齋，祖籍廬陵（今江西吉安）。延祐進士，元代著名史學家、文學家。纂修"四朝實録"，即《泰定帝實録》《明宗實録》《文宗實録》《寧宗實録》。見《元史·歐陽玄傳》。

［3］唐開元間，置集賢殿書院侍講學士與侍讀直學士，職在刊緝經籍，從四品。宋置翰林侍讀學士與侍講學士，掌讀經史，釋疑義，備皇帝顧問應對。元代沿置。故此有"集賢侍講學士"，下文有"集賢侍讀學士"。蘇天爵，字伯修。真定（今河北正定）人。元代文學家，先後師從吴澄、虞集和齊履謙。三度供職史館。傳世有《元朝名臣事略》。見《元史·蘇天爵傳》。

［4］頟：從頁，各聲。字亦作額。同"額"。南朝梁沈約《郊居賦》："其魚則赤鯉青魴，織倐鉅鱯，碧鱗朱尾，修顱偃頟。"③ 張起巖，字夢臣，濟南歷城人。元朝首屆科考狀元，著名的政治家、史學家、文學家。見《新元史·張起巖傳》。

［5］通奉大夫：文散官。宋徽宗大觀置，文官第九階。金沿置，從三品中。元為從二品。見《宋史·職官志》《元史·職官志》。此碑是集賢侍讀學士訥懷為曾祖父故順天路達魯花赤老索而立。文末亦云："曾孫訥懷立石。"

［6］唐兀氏：亦作"唐兀"，是西夏主體民族党項族異稱。党項人自稱"彌藥"。漢人稱其"党項"，蒙古語譯為"唐兀"，突厥各族文獻譯作"唐古特""唐兀惕"。王國維先生考證："唐兀亦党項之異譯。"④ 需要注意的是，西夏國名，《史集》稱"唐兀""唐兀惕"⑤；《長春真人西遊記》譯為"唐古忒"或"唐古特"；《宋史》稱

① （明）宋濂：《元史》卷六，中華書局1976年版，第106頁。

② （元）脱脱等：《宋史》卷一百六十二，中華書局1977年版，第3811頁。

③ （唐）姚思廉：《梁書》卷十三，中華書局1973年版，第239頁。

④ 《王國維論學集》，中國社會科學出版社1997年版。第144頁。

⑤ ［波斯］拉施特著，余大鈞譯：《唐兀惕部落》，《史集》（第1卷第1分册第3編），商務印書館1983年版，第235頁。

“夏國”或“西夏”;《遼史》《金史》《元史》稱“西夏”，自稱“大夏”“白上大夏國”。

［7］西夏拓拔失都兒忽，即“李晛”，西夏末主，西夏神宗李遵頊之孫，仁宗姪。獻宗病危時被舉為帝。1226年即位，次年向蒙古請降，後被殺。

［8］八都兒：亦作“八都魯”“拔突兒”“拔都兒”“覇突兒”“巴圖爾”，蒙古語，意為勇士。多見於元代史籍、戏剧等。“八都兒者，華言驍統無敵也。”原刻“統”，當“勇”之誤刻。

［9］河南武宣王察罕那顔：即“察罕”，“贈推忠開濟翊運功臣、開府儀同三司、上柱國，追封河南王，謚武宣”①。“唐兀惕有逸的氏，察罕最顯”②，可知故順天路達魯花赤河西老索曾跟隨察罕征討金。

［10］“嬪”下第五字，覩拓，似“雁”。《中國藏西夏文獻·金石編》未釋“西”。

［11］《中國藏西夏文獻·金石編》未釋“威”“順”。

［12］釣魚山：又稱“釣魚臺”。位於今重慶市合川區東嘉陵江、渠江和涪江交匯處，三面環江。南宋淳祐三年（1243）為抵禦蒙古軍東下，余玠徙合州治此，並築城防守。開慶元年（1259），憲宗蒙哥率蒙古兵士攻城無果，病死。事見《元史·憲宗紀》。故順天路達魯花赤河西老索子次忙古得在此戰死。

［13］“郡”下一字泐，諦視，是“邑”。《中國藏西夏文獻·金石編》作“縣”，非。

［14］《中國藏西夏文獻·金石編》未釋“積”“湏”等字。

彙考

碑文記載党項人老索家族四代從蒙古罕國至元末的征戰與仕宦情況，為研究西夏遺民以及後裔活動提供了實證材料。

① （明）宋濂：《元史》卷一百二十，中華書局1976年版，第2957頁。

② 屠寄：《蒙兀兒史記》卷一百五十四，《元史二種》，上海古籍出版社、上海書店1989年版，第1019頁。

213 星吉公神道碑 至正十四年（1354）

説明

碑石亡佚。宋濂撰文。該碑又題《元贈開府儀同三司江西等處行中書省丞相星吉公神道碑》。

碑文

元贈開府儀同三司、上柱國、録軍國重事、江西等處行中書省丞相，追封咸寧王，謚忠肅星吉公神道碑銘[1]。

今上皇帝既有天下，憫元忠肅公星吉死節之忠，擢其子吉昌官內廷，遷監察御史[2]。俄超山東按察司副使。昌將行，詣濂泣曰："先公薨于蘄盜，盜有義先公者，具棺葬于蘄水縣鳳凰山下，家人弗聞知。時兵未靖，各守其境，道阻不通。昌將服跳走數千餘里[3]，瀕死者數矣。遇今上克蘄，始獲至。詢蘄人，啟棺北還。以某年月日葬於某地。而昌又獲禄食于朝，皆上之至仁，先公之遺德也。先公之忠，即載在元史，惟是墓道之碑未有刻文，敢惟先生是請。"翌日，濂以聞[4]。詔曰："然，星吉之忠，朕實知之，卿其勿辭。"乃考論其事曰：

謹按元贈開府儀同三司、上柱國、録軍國重事、江西等處行中書省丞相、追封咸寧王，謚忠肅。星吉，字吉甫，河西人[5]。贈榮録大夫、河南江北等處行中書省平章政事、上柱國、追封秦國公、改封雍王朶吉之曾孫；贈榮禄大夫、甘肅等處行中書省平章政事、上柱國、追封代國公、改封涼王搠思吉朶兒只之孫；贈榮禄大夫、陝西等處行中書省平章事、上柱國、追封趙國公、改封邠王搠思吉之子。其先三世以言語材藝事太祖、憲宗、世祖，為怯烈馬赤，譯諸國言，後皆以公貴封王[6]。曾祖妣倫徹徹、祖妣阿挽、妣順祖[7]，皆從其夫封國為夫人，改封王夫人。公兄弟六人，於次為三。少骞然不可犯，武宗時召見便殿，襲怯烈馬赤。事仁宗於潛邸。仁宗即位，雅宜公，久不改官。英宗知公材，延祐七年十二月，授承直郎中、尚監丞，賜中統鈔千貫，給校尉十人，專道而行，監尚御用物。公謹持出納，不可勢屈，中官貴臣手無符勑，絲毫不放，英宗奇之。至治二年二月，遷右侍儀，同脩起居注。命龍慶州達魯花赤脱歡以女妻公，賜鈔三萬貫為聘資，寖得眷近。公每侍側，中外利害乘間進說無虛時。泰定帝元年六月[8]，拜監察御史，階奉直大夫，丞相帖木迭兒紛更朝政[9]，御史大夫倒剌沙狼據中臺。公奮章劾之，朝廷凜然畏公。三年七月，陞朝列大夫引進使，知侍儀事。四年九月，進侍儀使，階朝請大夫。文宗天曆二年八月[10]，拜江南行御史臺治書侍御史。時大夫阿思兒蘭海涯有能聲，公至，萬口移譽於公，大夫聲頓寢。詔賜衣一襲，上尊二朋，鈔五千貫[11]。至順元年，遷河東山西道肅政廉訪使，薅姦剔穢，煦其朽枯，境內帖息。三年二月，復拜治書侍御史，治陝西行臺，未至召還，同知中政院事。六月，改同知功德使司事。順帝元統二年四月[12]，淮西江北道肅政廉訪使告闕，僉擇其良，以公為之，一道稱治。明年，徵拜大都路總管府達魯花赤，輦轂之下，權倖肆橫，法滯不行。公操其紀綱，風追雷斷，不問誰何，姦軌帖然屏伏[13]。至元二年六月，擢嘉議大夫、太府卿。太府近且貴，莫敢鉤覈。閹豎攘竊，斂散無籍。吏緣為私。公較擿隱蔽，立薄計數，吏畏若神。將作院累歲乾没綺綉之屬萬五千縑[14]，悉責償之。知崑山州事。管某上書，誣平江路總管道童詭報歲災。帝命公察情否。初，道童以廉正治其屬官，不能堪，故誣之，且倚前翰林學士阿魯恢為援。公驗得其狀以聞，卒坐二人罪。三臺交章薦公。五年二月，特授資善大夫、大都留守，仍兼太府卿，益虔於職，談其美者日以上聞。帝曰："不可無旌，以勸奉職者。"六年三月，就加榮禄大夫。未幾，帝幸太府，見公所為條法精密，諸藏皆盈，有黄金束帶之賜。時微雨，公立階下，命侍臣取御服油衫加公身。至正二年十二月，陞宣徽院使。四年二月，改湖廣等處行中書省平章政事，省控治五溪洞蠻，土酋鹿馴豕暴[15]，變幻百出，每視省臣臧否以為叛服。公禁戢內兵，勿擾其境，布約敷惠，化其悍猾。效貢奉職，比於近縣。十二月，以中政院使召還。六年六月，賜金虎符，轉海西、遼東、哈思罕等處打捕鷹房怯憐口萬戶府達魯花赤。十月，遷將作院使。後二月，太府闕卿，再入太府，兼將作使，階超光禄大夫。七年十月，遷宣政院使。明年三月，拜江南行臺御史大夫。時承平日久，官恬吏怠，漫無倫紀。公至，擇剛明御史行十道，糾劾貪邪，疏拔冤滯[16]。憲司隸卒盤據為虐者甚衆[17]，公下令屏斥之，俾州縣之卒更月入直，民歡樂之。建康城北有宋丞相荊國王公墳[18]，寺僧世守既久，視為己有。王氏孫伐山木，僧執送官。官將以盜論，事上公，公怒曰："王氏山，王氏孫伐之，何謂盜耶?"即歸山于王氏，而逐僧出之。秦檜裔孫敚民田，羣訟不決。公問寮屬曰："秦檜是何人?"[19]寮屬以姦臣對。公閱檜傳，大屬其狀曰[20]："檜之誤國，千載有餘戮，矧茲遺胤敢為民害!"盡斷其田於民。公之明決皆此類。

湖東道僉事三寶注廉介不阿，御史以私謁之，不聽，輒以事劾之。章至公所，公曰："鴞敢擊鳳耶?"奏杖御史，脱脱丞相與御史有連[21]，銜公。十年五月，移湖廣行省平章政事，湖廣地並江北，威順王寬徹不花田獵，蹂踐稼穡，起廣樂園，萃名娼巨賈以罔利[22]，有司莫敢問。公至，求見王，閽啟右扉入公。公引繩床向中門坐，叱閽曰："吾受天子命為藩大臣，烏可以小門入我!"閽懼告王，乃啟中門導公入。公拜謁畢，起言曰："王，帝室之胄，與國同體，不為天子養民，而獵野獸、悅婦女，以為民病，臣竊為王危之。"王投幾降座，執公手謝曰："非公不知此。"悉罷其所為。有胡僧持官府柄，橫甚。公捕其妻妾十有八人，籍于官，寘僧於法，由是民得吐氣。十一年，妖賊徐真一等起汝、穎，蔓延湖、湘間，勢甚熾。時武備久弛，公咨于衆。或以老將鄭萬戶有材略對，公乃令募士兵、繕城池，脩戈甲，起鄭屬以禦賊事。賊聞有備，遣其黨千餘詣軍門降。公謂鄭曰："此誣也。"鄭設伏受降，誘而殲之，縛其酋六百人，獄以俟命。會公召為大司農，平章和尚受賊賂，繫鄭而釋其縛，縱之。明年正月，賊乘懈襲武昌，六百人自內為應，城遂陷。城中人泣曰："星吉平章在，吾屬豈為俘乎?"[23]公至都入見，陳致賊狀，帝喜，賜食及錢三萬貫。脱脱不悅，奏為江西省平章政事、員外置吏卒，趣遣之官。至江東，有詔：會浙江平章政事不顏帖木兒、南臺中丞蠻子海牙守江州。時江州已破，江以西道不通，公開省太平，募人間道持羽書走江西徵兵，未返，而賊焰漸逼，調廣德軍寧國之兵[24]，僅一百五十人。賊號百萬，衆皆沮懼。公曰："勿憂，彼賊，我王師，彼豈吾敵?"乃貸富民財，募強壯為兵。初行臺募兵，人給十五千，無至者，公予五十千，三日，從者逾二千人。公曰："可矣。"即擐甲胄，舟二千人[25]，鼓行泝江而上。四月，與賊黨戰池州，斬首數萬，復其城。至魯港，威順王之兵亦至，士氣益漲[26]，賊據銅陵，拔柵夜遁去。又復銅陵，蒐其黨得二千餘，盡戮之。復遣裨將陸行，遇賊白馬灣，又敗之，賊走淮西。公部分諸將，率兵躡其後。及于白湄，賊窮，列陣迎戰。公麾左右，策馬雜射，薄其軍，擒僞相周驢。賊潰，不能列，俘其衆五千，奪舟六百艘，乘勝奔擊之，賊溺死者蔽江，江水為白。由是[27]，道稍無阻，已而賊擾池，公率衆至池，遇五遊騎于苦竹嶺，斬其二，鞫賊安在。聞其衆三百屯貴池，襲之，散去，復其邑。賊復攻陷石埭，殺尉，公夜趨之，賊陳其衆三千於縣西嶽溪橋，有三酋，一乘驢，二躍馬，突前挑戰。乘驢賊驍勇無敵，軍中常畏之。公引弓射之，應弦而仆，再發，再斃二酋。後師乘之，賊棄城走。其散卒千餘，焚掠縣西鄉。公復追出境，賊忽將舟師二百艘，順流來攻。公命萬戶王惟恭禦之。戰方酣，麾舴艋從旁橫擊，賊破走，乘勝進望江清水灣。居三日，偵者告:"賊舟四百，順風引帆，直指我軍。"諸將失色。公曰："無傷，吾有以勝之。"乃偃旗，伏橫港中風急水駛，賊舟不得泊，奄忽電過，過且盡。命舉旗掣帆，鼓譟出其後。賊驚駭，不能弓。官軍奮擊，遂敗之，禽卒二百，獲其舟艦器械甚衆。進克建德縣。時賊久圍安慶，聞其黨敗，而蠻子海牙亦至[28]，焚營解去。公且行且戰，復湖口及江州。賊巢據彭澤，公欲攻之，而江州倉無一日糧，乃諭民輸財賚士卒，俾惟恭守小孤山，而自駐番昜口[29]，扼江湖要衝，以圖恢復。然亂已久，湖廣、江浙多敗[30]，江西亦無援助者，轉戰六月餘[31]，所將兵日衰耗困疲，財粟亦且殫匱。或請去就食東南，圖再舉。公曰："吾受命守江西，此江西地也。死則死此，去將何之?"九月二十日，賊知公兵食俱竭，帥大舶載葦，蔽江而下，杜上下流，縱火夾攻。公麾兵殊死戰，死且盡。從子伯不花將親兵數千人，戰亦死。公猶堅坐大呼曰："殺賊！殺賊！”俄而賊射公中目，仆舟中。賊素識公名，不忍害，輿置密室中。明旦少蘇，賊饋食，公臥叱去。或以刀脅公降，公罵曰：“狂賊，我，國之大臣，恨不能殺爾，而為爾獲，命也！何謂降為？”大罵不已，賊終不敢害，環卒守。公凡不食九日，忽自力起，北面再拜曰：“臣力竭，不能報國，敢不死以辱命！”言畢而絕。時十二年九月二十九日也[32]，年五十有七。卒後二年，監察御史巙巙等請褒其義，乃贈今官，而謚忠肅云。

公先娶即脱歡女，諱奴倫，生一子而卒。後娶郭氏，中書平章政事不花之女，俱封趙國夫人。子男五人[33]，曰剌哈咱識理，公卒後，特授榮祿大夫、利國監太卿；曰答兒麻八，太中大夫、僉遼陽行樞密院事；其三郎吉昌，初名達爾麻識里[34]，上賜今名；曰寶山；曰寶座。女一人。

濂昔論次元史，未嘗不嘆其敗亡之易，由於內外壅絕，將相非人使然也。當亂之始興，誠得數萬之兵，使一猛士將之，可立見其撲滅。而顧依違不斷，養致大釁，其中有足任如公者，又卒俾之孤危無援，不足以成功，豈非自致哉！惟公忠義果敢出於天性，歷踐要職，聲績彰明。提千百未試之卒，轉戰湖、江間，復城破邑，懾敵人之膽。雖勢孤力微，大功不竟，然忠義之氣，猶足以立萬世之防範，使亂臣賊子懼，宜乎皇上褒其後人，而以銘命濂也。其辭曰：

朔河之西，正氣烈烈。摩盪日月，乃生英傑。其人謂何！為忠肅公。偉貌長髯，猶人中龍。當元盛時，出入禁闥。臺志小心，不自矜伐。歷事三宗，登於顯融。正色厲言，以折姦宄[35]。既司行臺，亦尹京邑。貪邪宵遁，鬼神晝泣。湖、湘之間，名王所都。納貨掄姝，烝黎告瘏。公聞蹙頞[36]，盛服往謁。以笏畫地，再拜辨說。弛其嚴威，謝以巽辭。予實無良，非公不知。盛極而弛，孽生釁起。帕額持戈，蔓延千里。公駭而咨，聘帥與謀。始剪始屠，天子召予。疋馬北馳，狐鼠相賀[37]。大城嚴嚴[38]，一蹴而破。民泣且號，吾實不辰。公如在斯，豈為盜人！當寧載詢，亂實誰致？稽首告言，權臣喪氣。公喪其氣，彼斥公身。朝辭暮行，禦魑魅羣[39]。公曰予家，世承國恩。先臣在天，敢負吾君。我兵二千，以義為勇。盜雖如林，逆不能衆。既復池陽，遂狥銅陵。呼聲如雷，江水晝凝。左馘右擒，轉戰日亟。扼江湖咽，以掃南極。氣吞逆雛，奈力之痡。孰謂猛虎，制於羣狐！人或謂公，盍往他所？公曰受命，死則於此。烈焰燭雲，勢無全軍。志在誅夷[40]，罵聲益振。羣酋羅拜，來饋酒食[41]。叱之不禦，以死報國。公死者身，不死者名。相贈王封，以媿苟生。豈惟當時，逾久逾著。元廟既隳，公尚有子。公子克孝，天子是庸。匪惟私公，以勸盡忠。雖公至忠，天子至仁。刻辭豐碑，垂訓萬年。

著録

1.《宋學士全集》卷 18－18 上①。2.《朝京藁》卷 1－7 上②,《宋學士文集》卷 71。3.《党項與西夏資料滙編》卷上 1－470。

注釋

［1］據《朝京藁》迻録。《党項與西夏資料滙編》據《宋學士全集》,参《朝京藁》迻録。“銘”下,《宋學士全集》衍“有序”二字,《党項與西夏資料滙編》沿用,下同。

［2］“其”下,《宋學士全集》衍“一”字。《元史·星吉傳》,無子嗣記載。據碑下文稱第三子“即吉昌”及“昌將行”“昌將服跳走數千里”“而昌又獲禄食於朝”等語,星吉第三子名“吉昌”,簡稱“昌”。《朝京藁》《宋學士全集》所云是。可補史闕。

［3］跳走:急走,狂奔。《魏書·楊大眼》:“武都氐族楊難當之孫也。少有膽氣,跳走如飛。”③《宋學士全集》脱“餘”字。

［4］宋濂,字景濂,其先金華潛溪人,至濂乃遷金華浦江(今浙江浦江)。號潛溪,别號龍門子、元貞道士、南山樵者等。明太祖朱元璋譽為“開國文臣之首”。奉詔撰修《元史》。其多數作品收入《宋學士全集》《朝京藁》。見《明史·宋濂傳》。

［5］《蒙兀兒史記·氏族表》:“星吉,亦唐兀氏。”④《元史·星吉傳》:“字吉甫,河西人。”⑤ 可備一説。星吉,歷事泰定帝、文宗、順帝三朝。長期在江南行御史臺中任職,為人公廉明决忠義,認真“糾察百官善惡,政治得失”,助朝廷“肅正綱紀”⑥。“追封咸寧王,謚忠肅”,本傳失載,可補史闕。

［6］怯烈馬赤:又作“怯里馬赤”。蒙古語,意為翻譯官。曾祖朶吉,祖搠思吉朶兒只,父搠思吉,世事太祖、憲宗、世祖為怯里馬赤。因星吉建功,其曾祖朶吉、祖搠思吉朶兒只、父搠思吉,獲封贈。

［7］《朝京藁》作“捥”;《宋學士全集》作“椌”,是。《党項與西夏資料滙編》

① (明)宋濂:《宋學士全集》卷十八,《叢書集成初編》,商務印書館 1935 年版。

② (明)宋濂:《朝京藁》卷一,《宋學士文集》卷七十一,上海函芬樓借侯官李氏臧明正德刊本景印,《四部叢刊初編·集部》(1515),商務印書館 1935 年版,第 7 下頁。

③ (北齊)魏收:《魏書》卷七十三,中華書局 1974 年版,第 1635 頁。

④ 屠寄:《蒙兀兒史記》卷一百五十四,《元史二種》,上海古籍出版社、上海書店 1989 年版,第 1022 頁。

⑤ (明)宋濂:《元史》卷一百四十四,中華書局 1976 年版,第 3438 頁。

⑥《元史》卷八十六,第 2177 頁。

沿用“樫”

［8］《宋學士全集》脱“帝”。泰定帝：名也孫鐵木兒，顯宗長子，裕宗之孫。年號泰定。碑文作年號，“泰定帝”三字，以“泰定”為宜。泰定帝事跡見《元史·泰定帝本紀》。

［9］“丞”後，《朝京藁》脱“相”字。丞相帖木迭兒，即“鐵木迭兒”，歷元世祖、成宗、武宗、仁宗、英宗五代，排除異己，權傾朝野。英宗採取系列改革措施，抑制其勢力。鐵木迭兒驚恐而死。其子弑殺英宗，被泰定帝以逆黨誅殺。碑文“丞相帖木迭兒紛更朝政”，即指此事。

［10］文宗：即元文宗圖帖睦爾，年號天曆、至順。天曆元年，即1328年。

［11］《朝京藁》作“二朋”；《宋學士全集》作“一朋”，《党項與西夏資料滙編》沿用。

［12］順帝：即元惠宗妥懽帖睦爾，元朝最後一位皇帝。在位期間使用至順、元統、至元、至正四個年號。

［13］《朝京藁》作“軌”；《宋學士全集》作“宄”。宄：通“軌”。内亂。《左傳·成公十七年》：“臣聞亂在外為姦，在内為軌。”陸德明《經典釋文》：“軌，本又作宄。”阮校：“按：‘宄’者正字也，‘軌’者假借字也。”①《党項與西夏資料滙編》沿用“宄”。

［14］“萬”上，《宋學士全集》衍“一”字，亦可。《党項與西夏資料滙編》沿用。至元三年（1337）《楊教化神道碑》：“太后加賜萬五千緡，以恤其家。”

［15］豕：猪。借喻貪婪。《宋學士全集》作“家”，《党項與西夏資料滙編》作“承”，均不取。

［16］寃滯：滯留未申的寃獄。《晉書·姚興載記上》：“興常臨諮議堂聽斷疑獄，于時號無寃滯。”②

［17］《宋學士全集》作“虐”，《朝京藁》作“雽”，即“虐”。碑刻中常見。構件“虍”寫作“雨”，又與構件“雨”相混。

［18］“建”下各字，《朝京藁》作“建康城北有宋丞相荊國王公墳”，《宋學士全集》作“建康城北有宋王荊公墳寺”，《党項與西夏資料滙編》沿用。

［19］《朝京藁》作“秦檜”；《宋學士全集》作“檜”，《党項與西夏資料滙編》沿用。

［20］《朝京藁》作“屬”；《宋學士全集》作“署”，《党項與西夏資料滙編》沿

---

① 十三經注疏整理委員會：《春秋左傳正義》卷二十八，《十三經注疏》，北京大學出版社2000年版，第916頁。

② （唐）房玄齡等：《晉書》卷一百一十七，中華書局1974年版，第2980頁。

用。按文義以“署”為宜。

［21］脱脱：蒙古族。《元史·脱脱傳》：“字大用，生而岐嶷，異於常兒。……天曆元年，襲授成製提舉司達魯花赤。”① 至正元年，任中書右丞相、録軍國重事。後被詔纂修遼、金、宋三史。

［22］《朝京藁》作“倡”，《宋學士全集》作“娼”字，可從。據《宋學士全集》改。

［23］“中”上“城”字,《朝京藁》脱，致語義不暢。據《宋學士全集》改。

［24］《朝京藁》脱“軍”，據《宋學士全集》補。

［25］《朝京藁》脱“舟”，據《宋學士全集》補。

［26］《宋學士全集》作“漲”,《朝京藁》作“張”字，以“漲”為宜。

［27］《朝京藁》作“由”,《宋學士全集》作“於”。

［28］《宋學士全集》“亦”下,《朝京藁》衍“且”字，不取。

［29］《朝京藁》作“昜”,《宋學士全集》作“陽”。昜，“陽”的古字。

［30］《宋學士全集》作“敗”，《朝京藁》作“故”字，致語義不暢。據《宋學士全集》改。

［31］《朝京藁》作“月”。《宋學士全集》作“百”，以“月”為宜。據《朝京藁》改。

［32］《宋學士全集》脱“也”字。星吉本傳失載其卒年，可補其闕。

［33］“男”下,《朝京藁》衍“子”字，不取。星吉子五人：剌哈咱識理、答兒麻八剌、達爾麻識理（吉昌）、寶山、寶座等②。《元史》失載，可補其闕。

［34］《朝京藁》作“里”;《宋學士全集》作“理”字，《党項與西夏資料滙編》沿用。

［35］《朝京藁》作“言”。厲言：聲色嚴厲地説話。《宋學士全集》作“顔”，不取。以“言”為宜。皃：即“皃”字。

［36］《朝京藁》作“頞”，即“額”字。《宋學士全集》作“額”，是。下同。

［37］《朝京藁》作“疋”，量詞。用於紡織品或騾馬。《漢書·叔孫通傳》：“乃賜通帛二十疋，衣一襲，拜為博士。”③《宋學士全集》作“匹”，可。《党項與西夏資料滙編》沿用“匹”。又,《朝京藁》作“鼡”，《宋學士全集》作“鼠”，是。《党項與西夏資料匯編》沿用“匹”“鼠”。

---

① （明）宋濂:《元史》卷一百三十八，中華書局1976年版，第3341頁。

② 屠寄:《蒙兀兒史記》卷一百五十四，《元史二種》，上海古籍出版社、上海書店1989年版，第1022頁。

③ （漢）班固撰，（唐）顔師古注:《漢書》卷四十三，中華書局1962年版，第2124頁。

［38］《朝京藁》作“巖巖”，非。《宋學士全集》作“嚴嚴”。嚴嚴：威重貌；莊嚴貌。《荀子·儒效》：“嚴嚴兮其能敬己也。”楊倞注：“嚴嚴，有威重之貌……嚴，或作儼。”① 據《宋學士全集》改。

［39］《宋學士全集》“羣”，《朝京藁》作“辟”，不取，並據《宋學士全集》改。

［40］《宋學士全集》“𡰥”，《朝京藁》作“夷”，是。

［41］《朝京藁》作“酒”，《宋學士全集》作“飲”，《党項與西夏資料滙編》沿用。

彙考

星吉，不畏强權，奮章彈劾丞相帖木迭兒、御史大夫倒剌沙狼的專擅，“遷河東山西道肅政廉訪使，薅姦剔穢，煦其朽枯，境内帖息”。任淮西江北道肅政廉訪使，“操其紀綱，風追雷斷，不問誰何，姦軌帖然屏伏”，“擇剛明御史行十道，糾劾貪邪，疏拔冤滯”，以民為本，輕徭薄賦，扶弱濟貧。戍守江南，報國而亡。謚忠肅。星吉，只是西夏党項遺民在元代國家治理、徇國忘身的縮影。

至大元年（1308）《李恒新廟碑》：“十七年三月，以資善大夫、中書左丞、行中書省事於湖廣。”到任後，施行三項惠民政策：“掠民為奴婢者，禁之；常德、澧、辰、沅、靖五郡之飢者，賑之；獵户之籍于官者，奏請一千户之外，悉放散之。”②

至正二年（1342）《立智理威忠惠公神道碑》：“嚴以御胥史，胥史無敢欺；明以察豪横，豪横無所縱。直而不屈，正而不阿。”

約延祐七年（1320）《黄頭墓碑》：“延祐元年就任，陞武德將軍、海道都漕運萬户府副萬户，親運米貳佰七十萬，遷顯武將軍、海道都漕運萬户。”其整頓漕運，“為嚴約束”，“身服官政，職勞不弛”。儘管有這些忠義之士，亦未能挽救日益腐敗的元朝，或得罪權臣而遭到貶黜，甚至招來殺身之禍；或力戰身死，為元死節，其忠義氣節令人感慨。

① （清）王先謙撰，沈嘯寰、王星賢點校：《荀子集解》卷四，《新編諸子集成》，中華書局1988年版，第131頁。

② （明）宋濂：《元史》卷一百二十九，中華書局1976年版，第3155頁。

214　安慶城隍顯忠靈佑王碑　至正十六年（1356）四月

説明

碑石原刻立於安徽懷寧縣康濟門内郡城隍廟。《寰宇訪碑録》：“《安慶城隍顯忠靈佑王碑》，余闕撰，八分書。至正十六年四月立。安徽懷寧。”①《安徽通志稿金石古物考》：“舊在懷寧縣康濟門内郡城隍廟。拓本未見，據《懷寧縣志》録入。”“《道光懷寧縣志》則云：‘舊碑已不可見，今碑乃重刻。’”②

碑文

城隍祠，古不經見，自唐以來，始稍稍見之。今自天子都邑，下逮郡縣，至於山夷海嶠、荒墟左里之内，無不有祠[1]。然以余觀之，民之事神與夫神之著靈於民，鮮有聞如舒者也。舒，故楚壤也[2]，其俗巫鬼。今乃他無所祠祀[3]，獨於城隍，出必祈，反必報，水旱疾疫必禱。一歲之中，奉胷蕭膏、鐙旛幢於庭者，無虚日。五月之望，里俗相傳，以神生之日也。民無貧富、男女、旄倪[4]，空巷閭，出樂神，吹簫伐鼓，張百戲、遊像輿於國中，如是者，盡三日而後止。其祠眡他郡為特盛[5]。

至正中，潁六之盜起，江淮以南郡縣陷没者十七八[6]。及盜之平，所在為墟。舒特與盜竞[7]，大小格鬬，前後百餘，民率諮神，而後行。蔔朝以戰則朝而捷[8]，蔔夕以戰則夕而捷，羣盜未嘗一日得志而去者，故其城郭廬屋眡他郡為特完[9]。民不忘神德，相率出泉，以新其廟。又請於朝，乞崇其號，以大報之。中書下其事，太常博士議升神於王，號“顯忠靈佑”[10]。十四年夏四月，報下。帥守及民以少牢祀神於前殿[11]，而揚言於衆曰：“夫舒，大嶽之裔也，非南方諸國之所能擬，其神之著靈固宜。且吾舒人親上死長，既義而忠，神之降休，亦其宜也。”[12]乃為銘詩，刻之廟門，以薦道神休民德於無窮[13]。其辭曰：

巖巖大嶽，時維皖潛。臨此大邦，為望於南。神宫於鑠，追房綺閣。玉幾在中，袞衣朱舄。其靈有皇，其聲有那。使人齋明，奔走是宜。彼惛不臧，盜兵以狂。蠭屯於疆，其旆央央。我民秉義，弗隨禦之。殷輪鼓之，褁創斧之。其衷伊奭，赫若皎日。神之正直，宜福之錫。天人之締，具曰旭卉。明者眎之，端若觀火。天因者人，人成

① （清）孫星衍、邢澍：《寰宇訪碑録》卷十二，《石刻史料新編》第一輯（26），臺北：臺灣新文豐出版公司（據光緒十四年行素草堂刻本影印）1982年版，第20079頁。

② 徐乃昌：《安徽通志金石古物考稿》卷五，《石刻史料新編》第三輯（11），臺北：臺灣新文豐出版公司（據安徽通志館印本影印）1986年版。第183頁。

者天。相彼草木，其固可言。此有榮木，蕃彼雨露。彼有顛由，自無承者。凡今亂邦，孰無神依？民失厥道，胡能有右？桓桓舒人，為君為國。先民有言，自求多福。其充厥行，孝父長兄。弗祈於神[14]，丕乃降祥。而自不義，不率不迪。來瞻於宫，神吐不食。古師之克[15]，執律以報。今我小康，敢忘厥佑？嚴嚴奉常[16]，秩號有光。牲幣版章，升真於王。禮行既具，樂奏既卒。工祝致告，徂賴無極。其自於今，無害有年。民樂斷斷，烝衎於神[17]。

著録

1.《青陽集》①。2.《安徽通志金石古物考稿》卷 5 – 76②。3.《全元文》卷 1497 – 107。

注釋

［1］據四庫本《青陽集》迻録，並參各本。“夷”，《安徽通志金石古物考稿》作“㕧”。

［2］楚壤：楚地。唐柳宗元《茅屋下始栽竹》詩：“楚壤多怪石，墾鑿力已疲。”③ 故：通“固”。《安徽通志金石古物考稿》作“固”，是。

［3］“祠”，《安徽通志金石古物考稿》作“禱”。

［4］旄：通“耄”。倪：通“兒”。旄倪：老人和幼兒。《孟子·梁惠王下》：“王速出令，反其旄倪。”王夫之注：“旄，老人也。倪，下兒也。”④

［5］眂：視。《列子·仲尼》：“至遊者，不知所適；至觀者，不知所眂。”⑤ “眂”《安徽通志金石古物考稿》作“視”。又，“盛”作“甚”。

［6］潁：同“穎”。“穎六”，指潁州爆發遍及江淮的紅巾軍農民大起義。由於韓山童被擒，領導者只有劉福通與杜遵道、羅文素、盛文郁、王顯忠、韓咬兒等六人，故名。《元史·順帝紀五》載，至正十一年（1351 年）五月，“辛亥，潁州妖人劉福通為亂，以紅巾為號，陷潁州。初，欒城人韓山童祖父，以白蓮會燒香惑眾，謫徙廣平永平（永年）。至山童，倡言天下大亂，彌勒佛下生，河南及江淮愚民皆翕然信之。福通與杜遵道、羅文素、盛文郁、王顯忠、韓咬兒復鼓妖言，謂山童實宋徽宗八世孫，

① 余闕：《青陽集》卷二，《景印文淵閣四庫全書》（1214），臺北：臺灣商務印書館 1986 年版，第 400 頁。

② 徐乃昌：《安徽通志金石古物考稿》卷五，《石刻史料新編》第三輯（11），臺北：臺灣新文豐出版公司（據安徽通志館印本影印）1986 年版，第 183 頁。

③ （清）彭定求等：《全唐詩》卷三百五十三，中華書局 2008 年版，第 3950 頁。

④ （明）王夫之：《船山遺書》卷四，北京出版社 1999 年版，第 2013 頁。

⑤ 楊伯峻撰：《列子集釋》卷四，《新編諸子集成》，中華書局 1979 年版，第 129 頁。

當為中國主"①。同書《全普庵撒里傳》："至正十一年，潁州盜起，即修築城壘，旬月之間守禦之具畢備。"②《孛羅帖木兒傳》："至正十一年，盜起汝、潁，均州鄖縣人田端子等亦聚衆殺官吏，孛羅帖木兒將民兵捕斬之。未幾，行省、廉訪司同檄孛羅帖木兒，以其所領兵會諸軍於均、房同討賊，賊始退。而穀城、光化以急告，即帥兵趨穀城……明年正月，襄陽失守。"③《慶童傳》：至正十一年，"盜起汝、潁，已而蔓延于江浙，江東之饒、信、徽、宣、鉛山、廣德，浙西之常、湖、建德，所在不守。慶童分遣僚佐往督師旅，曾不踰時，以次克復"④。

［7］竟：通"境"。"與盜竟"，《安徽通志金石古物考稿》作"比盜境"。

［8］"蔔"，"卜"的繁體。《安徽通志金石古物考稿》《全元文》作"卜"，是。下同。

［9］城郭：亦作"城廓"。内城的牆為城，外城的牆為郭。《禮記・禮運》："大人世及以為禮，城郭溝池以為固。"孔穎達疏："城，内城；郭，外城也。"⑤

［10］城隍作為城市守護神，受到崇祀，始於何時，史乘無明確記載，故《明史・禮志》："城隍之祀，莫詳其始。"至唐，城隍神信仰已盛行。宋趙與時《賓退録》："州縣城隍廟，莫詳事始。……今其祠幾遍天下，朝家或賜廟額，或頒封爵。"⑥即碑云："升神於王，號'顯忠靈佑'。"凡城池保護、祐民平安、水旱疾疫，必禱城隍。余闕撰文所言，均有涉及。四川岷江上游羌區亦有城隍廟碑，如康熙元年（1662）《重修城隍廟碑》："設一州縣，必設一城隍，會典中皆載有封號。"祀城隍已列入國家祀典。

［11］少牢：祭禮犧牲。天子社稷用牛、羊、豕三牲叫太牢；諸侯社稷只用羊、豕二牲叫少牢。《左傳・襄公二十二年》："祭以特羊，殷以少牢。"杜預注："四時祀以一羊。三年盛祭以羊豕。殷，盛也。"⑦

［12］余闕，字延心，一字天心。人稱青陽先生。唐兀氏，世家河西武威。父沙剌臧卜，官廬州（今合肥），遂為廬州人。少與吳澄弟子張恒游，狀元及第，任翰林編修，修宋、遼、金史。先後出為湖廣行省左右司郎中、浙東廉訪僉事、淮西宣慰副

---

① （明）宋濂：《元史》卷四十二，中華書局 1976 年版，第 891 頁。

② 《元史》卷一百九十五，第 4413 頁。

③ 同上書，第 4418 頁。

④ 《元史》卷一百四十二，第 3398 頁。

⑤ 十三經注疏整理委員會：《禮記正義》卷二十一，《十三經注疏》，北京大學出版社 2000 年版，第 771 頁。

⑥ （宋）趙與時：《賓退録》卷八，上海古籍出版社 1983 年版，第 103 頁。

⑦ 十三經注疏整理委員會：《春秋左傳正義》卷三十五，《十三經注疏》，北京大學出版社 2000 年版，第 1127 頁。

使、佥都元帥事等。出守安慶，十八年（1358）城破自殺，追封豳國公，謚忠宣。

[13] 無刻碑時間。至正十四年（1354）秋，安慶大旱，十五年夏水澇。碑稱“十四年夏四月”“升神於王”，號“顯忠靈佑”，即《元史》載闕為文祈雨。《元史·余闕傳》載，至正十三年，“春夏大飢，人相食，乃捐俸為粥以食之，得活者甚眾”。次年秋大旱，“為文祈灊山神，三日雨，幾以不飢”。“十五年夏，大雨，江漲，屯田禾半没，城下水湧，有物吼聲如雷，闕祠以少牢，水輒縮。秋稼登，得糧三萬斛。闕度軍有餘力，乃浚隍增陴”。《寰宇訪碑録》作“至正十六年四月立”①，可採。《全元文》據明嘉靖三十三年（1554）刻本《安慶府志》卷十六、1916年石印本《安慶府志》卷二十六，亦從此説。

[14] “神”，《安徽通志金石古物考稿》作“福”，恐非。

[15] “古”，《安徽通志金石古物考稿》作“大”。

[16] 嚴嚴：威重、莊嚴貌。《安徽通志金石古物考稿》作“嚴之”，非。

[17] 文末，《安徽通志金石古物考稿》衍“余闕撰”。

彙考

唐兀人以馳馬試劍為雄，驍勇善戰，是元朝重要的軍事力量。元初參加了滅金、伐宋等戰争，立下了汗馬功勞，如李恒渡漢水、破樊城、降襄陽、下岳州、鎮常德、圍厓山、征交趾，最後因中毒死於思明州。同時，唐兀人還參與地方行政管理、地方鎮戍等，如黄頭，昭毅大將軍、平江路總管府、達魯花赤兼管内勸農事（《黄頭墓碑》）；魏郡伯，濬州達魯花赤，贈中議大夫、河中府知府、上騎都尉（《魏郡伯墓碑》）。元末為元王朝盡忠死節的，如星吉，開府儀同三司、上柱國、録軍國重事、江西等處行中書省丞相，湖廣等處行中書省平章政事，死戰被擒不食而亡。余闕任淮南行省左丞，守安慶，城破自殺，謚忠宣。

遠離故土的唐兀人，居漢地，民風淳樸友善，但也在悄然發生著變化。《送歸彦温赴河西廉使序》一文，生動地記録了唐兀軍唐兀人淳樸友善的民風。“予家合淝，合淝之戍一軍皆夏人。人面多黎黑，善騎射。有長身至八、九尺者。其性大抵質直而上義，平居相與，雖異姓如親姻。……予初以為，此異響相親乃爾，及以問夏人，凡國中之俗莫不皆然。……吾夏人之居合淝者，老者皆已亡，少者皆已長，其習日以異，其俗日不同，少貴長賤，則少傲其長；兄强弟弱，則兄棄其弟。臨小利害，不翅毫髮，則親戚相賊害如仇讐。予猶疑江淮之土薄，而人之生長於此者亦因以變。及以問夏人，

① （清）孫星衍、邢澍：《寰宇訪碑録》卷十二，《石刻史料新編》第一輯（26），臺北：臺灣新文豐出版公司（據光緒十四年行素草堂刻本影印）1982年版，第20079頁。

凡國中之俗，今亦莫不皆然其。於親姻如此，則異姓之人可知也。"① 余闕行文亦常稱"西夏余闕"（《題黄氏貞節集》）、"吾夏人"（《送歸彦温赴河西廉使序》），流露出對西夏故地和党項民族深深的眷戀。

余闕受到儒家文化的系統教育，有較高的儒學修養，《元史・余闕傳》："闕留意經術，五經皆有傳注。為文有氣魄，能達其所慾言。詩體尚江左，高視鮑、謝，許、庚以下不論也。篆隸亦古雅可傳。"② 其撰寫有《合肥修城記》《大節堂記》《憲使董公均役記》《慈利州天門書院碑》《安慶城隍顯忠靈佑王碑》《化城寺碑》《濟美堂銘》《青陽縣君袁君功銘》《勉學齊銘》《鏀府君墓銘》《葛徵君墓表》《張同知墓表》《兩伍張氏阡表》等碑文，收入《青陽先生文集》③。

① （元）余闕：《青陽先生文集》卷四上，收韓蔭晟編：《党項與西夏資料滙編》卷上，寧夏人民出版社 1983 年版，第 576 頁。

② （明）宋濂：《元史》卷一百四十三，中華書局 1976 年版，第 3429 頁。

③ （元）余闕：《青陽先生文集》，臺北：臺灣商務印書館 1986 年版。

215 唐兀公碑 至正十六年（1356）六月

碑陽

右側

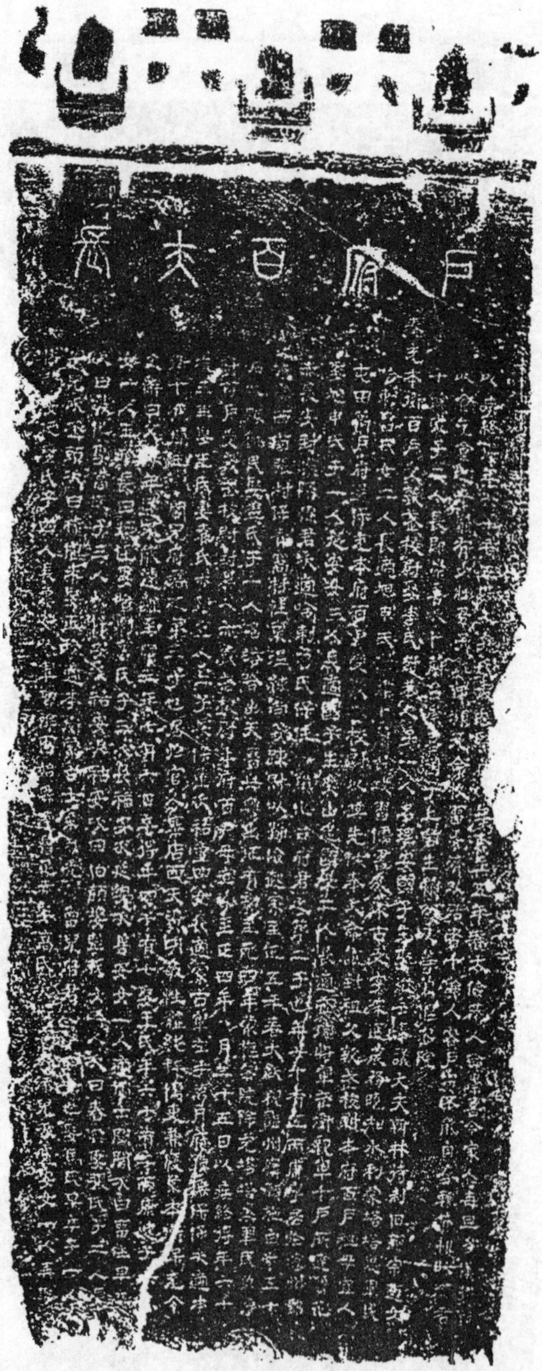

碑陰

左側

説明

碑石於 1983 年在河南省濮陽縣東柳屯鎮楊什八郎村發現，現藏河南省濮陽縣東柳屯鎮楊什八郎村楊氏家族集資修建的碑亭内。《中國藏西夏文獻》編號 NH12 · 001。方柱形，石通高 322 cm。四面刻，碑身高 177 cm，每面寬 66 cm 至 68 cm。潘迪撰文並書丹。文 72 行，滿行 42 字。隸書。盝頂式碑首，高 101 cm，額四面環刻，篆書“大元贈敦武校尉、軍民萬户府百夫長唐兀公碑銘”。寶頂上刻火焰寶珠、卷草葉紋飾、連續回折紋；盝頂四脊刻螭吻，垂脊刻垂獸；碑首的盝頂舉折大，四坡有瓦壟相間，瓦壟端刻瓦當。碑身四面兩側刻波浪、葵花盤等紋。趺座，高 44 cm，每面寬 110 cm，刻覆蓮紋。另有指路碑，高 165 cm。文 2 行，滿行 10 字。隸書。

指路碑

大元贈敦武校尉、軍民萬戶府百夫長唐兀公祖塋[1]。/

額

大元贈敦武校尉、軍民萬戶府百夫長唐兀公碑銘。/

碑文

大元贈敦武校尉、軍民萬戶府百夫長唐兀公碑銘并序。/

朝列大夫、前國子司業魏郡潘迪撰並書石篆額[2]。/

敦武校尉、左翊蒙古侍衛百夫長崇喜狀其祖軍民萬戶府百夫長府君行實[3]，請曰：曩在成均，深蒙教養。/獲躋上舍，積分入等。已豫會試，俟貢有期[4]。奈戶隸蒙古兵籍，為門戶計，弗獲已，俯就武職[5]。荷祖宗之積累，/壘蒙/恩寵，一門之中，父子昆弟，咸膺武爵。褒封祖考，榮及存没[6]。誠子孫之至願也。然先世潛德，苟不托鉅筆銘諸琬/琰，不惟無以示後人[7]，而百世之下亦安知余慶之所自哉。敢再拜請。余素嘉其有志嗜學，且從遊久，固不/敢以不敏辭。謹按：

府君諱閭馬，唐兀氏。其父諱唐兀台，世居寧夏路賀蘭山[8]。歲己未，扈從/皇嗣昆仲南征[9]。收金破宋，不避艱險，宣力/國家，嘗為彈壓。累著功效[10]，方議超擢。年六十餘，以疾卒于營戌。其妻名九姐，年五十餘，先卒。時府君甫十歲許，/別無恆產，依所親營次以居，即崇喜之祖也。及長成丁，優於武藝。攻城野戰，圍打襄樊[11]。諸處征討，多獲功/賞。然性恬退，不求進用，大事既定，遂來開州濮陽縣東，撥付草地[12]，與民相參住坐。後置莊於草地之西北、/官人寨店東南十八郎寨兩堤之間，卜塋於本宅之西北，堤南道北爽塏之地，親營塚壙[13]，栽植柏楊，乃遷/其考妣而安葬焉。

至元八年籍充山東河北蒙古軍戶，十六年，奉/旨選充左翊蒙古侍衛親軍。三十年，編類入籍[14]。累得功，賞馬匹楮幣，弗肯過侈，用之有節，推其餘以濟鄉黨之/匱乏。雖旁在戎行，然好學向義[15]，勤於稼穡。嘗言：寧得子孫賢，莫求家道富[16]。當厚禮學師，以教子孫。鄉人家/貧好學者，悉為代其束修禮。親戚有貧弗能育其子女者，府君輒與其直，贖之以養於家。或曰：他人之子/女費錢以養育，畢竟是他人。府君曰：不然[17]，此非汝所知也。子女之父母貧乏，弗能自存，得錢足以活已，故/（以上刻於碑陽）諺曰：減口勝添粮。其子女在吾家又得飽暖，一舉而兩全。他日將養成人，女備裝奩以嫁，男備聘財以娶，/所費幾何？鄉人有死弗克葬者，則與喪具米糧以葬之。其父祖有官而子孫不能襲蔭者，則與楮幣鞍馬[18]，/為之起復公文以襲蔭之。若此者十有餘家。又置產於宿州靈璧縣東南蘆溝村[19]，以為別墅。致和元年九/月二十有八日，以天年終於正寢，享年八十有一。祖母哈剌魯氏，紡績織紝[20]，佐夫內治，儉而好禮，和以睦/族。至元後三年三月十有九日以疾終，享年八十有二。子五人，長達海，次鎮化台，次閭兒，次當兒，次買兒。/女一人，曰邁訥。

達海即崇喜之父也，以崇喜/恩封忠顯校尉左翊蒙古侍衛百夫長。娶孫氏，年七十有二而康寧，封恭人。忠顯性資溫厚，仁慈豈弟[21]。祖母既亡/之後，凡諸家所假斛楮幣之類，悉命焚其券，以年難免索也，貧者莫不德之[22]。其典買地土契券[23]，命崇喜整治收頓。戒之曰：夫契者，家業之基，祖先所遺，祭祀供需之源，宗族衣食之本，誠為重事[24]。

本寨耆老等/舊隨鄉會，名曰龍祠鄉社義約[25]。因襲之弊，尚於奢侈，以酒饌相矜。忠顯一日來會，言於眾曰：鄉社之禮，本/以義會。風俗之美，在於禮交。是會之設，本欲敬神明，祈雨澤，救災恤患，厚本抑末，周濟貧乏，優閔煢獨。弗/憶習奢至此，甚非可久之道[26]，大為不可。遂僉議創置社籍，定其賞罰，斟酌古禮，合乎時宜。凡可行之事，當/戒之失，悉載於上，永遠恪守。推舉年高有德才良行修之士以掌其簿。至今遵行，鄉里賴之[27]。如縱放頭匹[28]，/踐蹂田禾，非禮飲酒，失誤農業，好樂賭博，交非其人，不孝不悌，皆在所罰。

祖先塋域舊僅壹畝[29]，今擴為畝/者十。親詣指畫，命崇喜栽植柏楊，東西南北，皆有倫理。贍墳地至二百餘畝[30]，內有所產，以供祭祀。天歷兵/興[31]，起遣漸丁，蒙/朝廷差來官，選委為百夫長。忠顯恐烏合之眾有害于百姓，乃諭於眾曰：他家即己家，彼我有父母[32]，安可唯知/有己而不知有人乎！眾皆感悟，循行正道，無有害于百姓者。其恤貧濟困，克紹先志。至正四年七月五日/（以上刻於右側）以疾終，得年六十有五。

恭人孫氏亦極賢，自四年冬至五年春大儉[33]，恭人命崇喜令家人每旦多備粥飯，/以食乞食之老弱[34]，有少壯男子飢餓瀕死者，命收留養濟以活者十餘人。客戶貧不能自存，輒貸糧以濟者/千餘家[35]。

子二人，長即崇喜，次卜蘭台。

崇喜，國子上舍生，積分及等[36]，蒙樞密院/奏充本衛百戶，受敦武校尉。娶李氏[37]，封恭人。子一人，名理安，國子生，娶征士奉議大夫翰林待制伯顏宗道女/哈剌魯氏[38]。女二人，長適旭申氏陽律[39]。

卜蘭台，攻習儒書及蒙古文字，深通農務，曉知水利。蒙塔塔里軍民/屯田萬戶府選保，充本府百戶，受敦武校尉。以其先仕奉父命，讓封祖父敦武校尉本府百戶。祖母宜人[40]。/娶旭申氏，子一人從安[41]，女三人，長適國子生燕山。忠顯女二人，長適武德將軍武衛親軍千戶所達魯花/赤長安，封濮陽縣君。次適哈剌魯氏保住[42]，鎮化台府君之第二子也[43]，年六十有五而康寧，居於濮州鄄/城縣西南張村保青窩村。性稟溫純[44]，尚義疏財，以勤儉起家。至正五年春大歉，親詣州廨[45]，願施白米五十/石以賑饑民。娶蓋氏，子一人，名塔哈出，天歷兵興，出征有功。至元四年，蒙樞密院除充塔塔里軍民萬戶/府百戶[46]，受敦武校尉，封其父亦敦武校尉本府百戶。母宜人，至正四年八月三十五日以疾終，得年六十/有三[47]。再娶王氏、妻袁氏，亦封宜人。二子，長保童，次祐童[48]。四女，長適蒙古軍左手萬戶府鎮撫保保，次適本/衛千戶關住[49]。閭兒，府君之第三子也，居於官人寨店西，天資明敏，性體純悴，儒吏兼優，蒙本衛保充令/史[50]。辭曰：父母年邁不能遠離。至順三年七月六日卒，得年四十有七。娶王氏，年六十有二而康健。子六人，/女一人玉珍[51]。長曰換住，娶哈剌魯氏，子三人，長福安，次延安，次善安。女一人適儒士閭閭[52]。次曰留住，早卒。/次曰敦化，娶高氏，子三人，長保安，次祐安，次祜安[53]。次曰伯顏，娶彭氏，女二人。次/曰春興，娶張氏，子二人，長安兒，次歪頭[54]。次曰禄僧，未娶。玉珍適本衛蒙古士朵□禿[55]。當兒，府君之第四子也，娶馬氏[56]，早卒。子一人/帖穆，娶迺蠻氏。子四人，長冀安，以軍功除固始縣達魯花赤，娶高氏；次衛安；次添兒；次爐安[57]；女一人。再娶/（以上刻於碑陰）蓋氏，子四人，女一人賽珍。長曰不老，娶怯烈氏，子三人，長童兒，娶乃蠻氏，次道兒，次德安，次曰脫脫，娶孔/氏，俱早卒。次曰廣兒，更名伯顏普化，國子生，至正四年因勸糶拜爵，受將仕郎[58]、濟寧路金鄉縣務司提領。/娶旭申氏，子一人關住，女一人。次曰野仙普化，亦因勸糶以拜其爵，受從仕郎長蘆鹽運司利民場司。/娶劉氏，子一人哈剌[59]。賽珍適蘭陽縣務司副使添孫[60]。買兒，府君之第五子也，泰定五年正月初三日以病/卒，年僅三十有九。娶乃蠻氏。子一人拜住，娶李氏早卒，再娶旭申氏；女三人，長適哈剌魯氏保住，次適哈/剌魯氏寶童，次適乃蠻氏買住，拜住女一人。邁訥[61]，府君之女也，適哈剌魯氏普化，早寡，以孝節聞。有子/一人慶安，又名脫脫，充軍民萬戶府百戶。嗚乎！觀其子孫之榮盛，則其祖考之積累不無啟于前；觀其祖/考之勤儉[62]，則其子孫之發達宜乎豐於後矣。唐兀氏自賀蘭始祖啟慶源於其端，而敦武府君以孑然孤/童勤儉起家[63]，功著于國而不求其報，則其子孫榮盛而發達，殆有以浚慶源於其後歟！一門之

中[64]，榮膺/寵渥，長百夫者，父子昆弟不啻數人，子孫及家人無慮近萬指。苟非祖考積累之功，奚克致是？猗歟盛哉！/

銘曰：/

賀蘭右族[65]，歸順/國初。擁息/聖冑，彊梗是鋤[66]。翦金蹙宋，不避艱虞。未及受禄，抱勳以殂[67]。奇哉敦武，零丁孤苦[68]。生未十齡，居無寧所。/爰依所親，長隸行伍。襄樊之攻，多獲醜虜[69]。大勳未酬，慨然歸休。濟貧恤匱，餘擴田疇[70]。延師誨子，道義/是求。貧而好學，願代束修。子女匾食，乃贖於室。乃賓乃歸，俾遂所適[71]。貧弗能官，我敘其職[72]。亡不能葬，/我資其力。有子有孫，家道裕溫。恩加三命，壽逾八旬[73]。慶分五派，春滿一門。森森翠柏，唯公之墳[74]。/

至正十六年六月吉日立石，大都劉公亮、平川任誠、韓溫、張德林刊[75]。/（以上刻於左側）

著録

1.《中國藏西夏文獻・金石編》18－153 圖，157 文。2.《〈大元贈敦武校尉軍民萬户府百夫長唐兀公碑銘〉箋注》，《寧夏社會科學》1987 年（1）。3.《河南濮陽元代唐兀公碑》，《中原文物》1996 年（3）。4.《元代西夏遺民文獻〈述善集〉校注》137。

注釋

［1］敦武校尉：武散官。金始置，秩從八品下。《金史・百官志》："武散官，凡仕至從二品以上至從一品者皆用文資。自正三品以下，階與文資同……從八品上曰修武校尉，下曰敦武校尉。"① 元升為從七品。萬户府：蒙元時期官名。元朝軍隊編組方式為百户、千户、萬户的十進位制。上萬户府，管軍七千之上；中萬户府，管軍五千之上；下萬户府，管軍三千之上。均有達魯花赤一員。百夫長：為蒙古軍職最低秩級武職。

［2］魏郡：今河南安陽。潘迪：《元史》無傳。

［3］唐兀崇喜，又名"楊崇喜"，是蒙元時期西夏移民的後裔，編纂《述善集》，述家族歷史，是蒙元時期西夏遺民活動的珍貴文獻資料②。收録唐兀公碑文，與碑石原文略有出入。如"朝列大夫前國子司業魏郡潘迪撰並書石篆額"，《述善集》作："正議大夫、集賢直學士致仕、禮部尚書魏郡潘迪撰並書石篆額。"見《述善集》。敦武校

① （元）脱脱等：《金史》卷五十五，中華書局 1975 年版，第 1221－1222 頁。

② 焦進文、楊富學校注：《元代西夏遺民文獻〈述善集〉校注》，甘肅人民出版社 2001 年版，第 205－206 頁。

尉、百夫長為孫子卜蘭台讓封所得。

［4］會試：元代始，禮部一級的科舉。俟貢有期：指殿試在望。《述善集》脱“豫”，並“俟”作“侯”。同義而字異。

［5］“奈”，《河南濮陽元代唐兀公碑》作“柰”，同“奈”。《河南濮陽元代唐兀公碑》脱“門”字，非。

［6］壘：通“累”。《〈大元贈敦武校尉軍民萬户府百夫長唐兀公碑銘〉箋注》作“膐”；《河南濮陽元代唐兀公碑》作“疊”，均非。“没”，《述善集》作“歿”。没，通“歿”。

［7］“鉅”，《〈大元贈敦武校尉軍民萬户府百夫長唐兀公碑銘〉箋注》作“巨”，是。琬琰：碑石之美稱。唐玄宗《孝經序》：“寫之琬琰，庶有補於將來。”①《河南濮陽元代唐兀公碑》脱“示”字。

［8］唐兀崇喜的祖籍或地望，學界有爭議，存“榆林”説、“武威”説、“賀蘭山”説。碑云“世居寧夏路賀蘭山”，既有碑主對其祖籍地或地望的指認，也有作為西夏党項遺民，對業已消亡的西夏故國的精神信仰。

［9］歲己未：南宋開慶元年（1259）。《述善集》與《唐兀楊氏家譜》作“已未”。碑載閭馬父唐兀台“扈從皇嗣昆弟南征，收金破宋”，而金國亡於1234年。顯然非“己未”，疑為“乙未（1235）”之誤。在金已亡後，還有收復金國土的局部戰爭。《〈大元贈敦武校尉軍民萬户府百夫長唐兀公碑銘〉箋注》作“乙未（1235）”，是。“昆仲”作“昆弟”，義同詞非。

［10］“功效”，《河南濮陽元代唐兀公碑》作“勞敲”，致語義不暢。

［11］圍打襄樊：指决定南宋王朝存亡的襄樊戰役，從1268年至1274年，歷時五年餘。崇喜之祖閭馬參加了襄樊戰役。據約至元廿八年（1291）《李恒家廟碑》：“與城夾寨，圍吕文煥襄陽，四年而下之。”至大元年（1308）《李恒新廟碑》：“公以益都、淄萊新軍萬户，圍攻襄、樊，遂從丞相淮安忠武王濟漢渡江，略定淮、楚。”至順二年（1331）《李世安墓誌》：“武愍從丞相淮安忠武王平宋，既取襄樊，下荊岳，被命往定江西。”知當時應有李恒、崇喜之祖閭馬等一大批党項人參加了襄陽、樊城等一系列的滅宋戰爭。

［12］開州：金以澶州改開州，即今河南濮陽。隸大名府路。後代沿置。民國改開州為濮陽縣。撥付草地：即屯田。唐兀台屯田、置業處。據碑文和族譜，即今日濮陽縣柳屯鎮與魯河鄉的楊什八郎、西楊和南楊三個村莊楊姓祖先，即唐兀氏。

［13］《河南濮陽元代唐兀公碑》脱“本”上“於”字。塏：高燥；干燥。《左傳·昭公三年》：“初，景公欲更晏子之宅，曰：‘子之宅近市，湫隘囂塵，不可以居，

① 十三經注疏整理委員會：《孝經注疏序》，《十三經注疏》，北京大學出版社2000年版，第20頁。

請更諸爽塏者。'"杜預注:"爽,明;塏,燥也。"[①]《〈大元贈敦武校尉軍民萬户府百夫長唐兀公碑銘〉箋注》作"塏",非。"營",拓片清晰。《述善集》作"塋",葬地。當是。形似而誤刻。

[14]《河南濮陽元代唐兀公碑》脱"充"。至元八年(1271),元世祖忽必烈整頓兵籍,設五衛以象五方,各衛均兼屯田,國有大事,則調度之。至元十五年(1278),定軍民異屬之制,及蒙古軍屯戍之地。見《元史·兵制》。閭馬先被編入山東河北蒙古軍户解甲屯田,後又以軍户選入"左翊蒙古侍衛親軍"。

[15]务:即"幼"。"幼",《河南濮陽元代唐兀公碑》作"務";"戎"作"戍";"學"作"李",均非。

[16]"莫",《河南濮陽元代唐兀公碑》作"萸",非。

[17]"不然",《述善集》作"君不然",衍一"君"字。

[18]楮幣:宋、金、元時發行的"會子""寶券"等紙幣,多用楮樹皮紙做成,故名。後泛指一般紙幣。

[19]靈璧縣:别稱"霸王城""石都"。隸安徽省宿州。"璧",《河南濮陽元代唐兀公碑》作"壁",非。

[20]織紝:亦作"織絍"。指織作佈帛之事。《禮記·内則》:"執麻枲,治絲繭,織紝、組、紃,學女事以共衣服。"孔穎達疏:"紝為繒帛。"[②]"紝",《〈大元贈敦武校尉軍民萬户府百夫長唐兀公碑銘〉箋注》作"任",非。《河南濮陽元代唐兀公碑》《中國藏西夏文獻·金石編》沿誤。

[21]據《元史·百官志》載,"忠顯校尉"為武散官之一,秩從六品。"達海",《述善集》作"長",即長子達海。"豈弟",《述善集》作"愷悌"。豈,同"愷""恺"的繁體。弟,通"悌"。

[22]"斛"下,《河南濮陽元代唐兀公碑》衍"粟"字。"德",《述善集》作"得",通德。

[23]《河南濮陽元代唐兀公碑》脱"其"。"地",《述善集》作"田"。

[24]"重",《〈大元贈敦武校尉軍民萬户府百夫長唐兀公碑銘〉箋注》作"衛",非。

[25]龍祠鄉社:即"鄉社",是中國鄉村社會自發的民間結社組織,是蒙元社會基層組織狀況與生活態勢的一個縮影。見《述善集》卷一,至正戊子(1348)羅逢原

---

① 十三經注疏整理委員會:《春秋左傳正義》卷四十二,《十三經注疏》,北京大學出版社2000年版,第1363頁。

② 十三經注疏整理委員會:《禮記正義》卷七,《十三經注疏》,北京大學出版社2000年版,第1014–1015頁。

所記《龍祠鄉社義約》:“至正元年(1341)……七月……丁醜,什八郎寨龍王社内老人百夫長唐兀忠顯與千夫長高公等僉曰:鄉社之禮,本以義會。風俗之美,在於禮交。”① 該約制定鄉規民約共15條,涉及祈祝時間、農業生産、婚喪禮儀、社會交際、宴飲娛樂等多方面。“鄉”,《述善集》作“香”。

[26]“閔”,後多作“憫”。《述善集》作“憫”。又,“憶”作“意”。“非”,《〈大元贈敦武校尉軍民萬户府百夫長唐兀公碑銘〉箋注》作“弗”,義同字異。

[27]“簿”上,《〈大元贈敦武校尉軍民萬户府百夫長唐兀公碑銘〉箋注》衍“籍”。“遵行”,《述善集》作“遵守”,義同詞非。

[28]“縱”,《河南濮陽元代唐兀公碑》作“從”,非。

[29]《〈大元贈敦武校尉軍民萬户府百夫長唐兀公碑銘〉箋注》脱“僅”字,“一”作“壹”,義同字異。

[30]“至”,《河南濮陽元代唐兀公碑》作“致”,非。

[31]天歷兵興:指1328年7月,泰定帝也孙铁木儿死於上都,權臣燕鐵木兒遣使迫武宗次子圖帖睦爾為帝,即文宗,改元天歷。另一派在上都擁立阿速吉八為帝。在“兩都之争”中登上皇位的圖帖睦爾履行諾言,迎回流亡察合台的哥哥,視為明宗。明宗即位當年即暴斃,圖帖睦爾即位。年號天歷。史稱“天歷之變”。

[32]《述善集》脱“乃”。“眾”,《河南濮陽元代唐兀公碑》作“從”,非。並未釋“我”字。

[33]“亦”下,字泐,覿存痕,似“極賢”。《〈大元贈敦武校尉軍民萬户府百夫長唐兀公碑銘〉箋注》作“極極”;《河南濮陽元代唐兀公碑》作“積賢”,非。《河南濮陽元代唐兀公碑》未釋“自四”“冬”“至”等字。大儉:荒歉。《中國藏西夏文獻·金石編》釋“儉”作“歉”,可能是受到《述善集》“儉”作“歉”的影响。

[34]《河南濮陽元代唐兀公碑》釋“以食乞食”作“以舍乞食”,非。《述善集》作“以食乞人”。

[35]“收”,《〈大元贈敦武校尉軍民萬户府百夫長唐兀公碑銘〉箋注》作“長”;“千”作“十”,非。“千”,拓片微泐,尚可辨。《述善集》作“十”,不取。“死”下,《河南濮陽元代唐兀公碑》脱“者”。

[36]《河南濮陽元代唐兀公碑》脱“上”字,未釋“積分及”三字,並在其後衍“女”字。

[37]“娶”,《〈大元贈敦武校尉軍民萬户府百夫長唐兀公碑銘〉箋注》作“妻”,非。

---

① 焦進文、楊富學校注:《元代西夏遺民文獻〈述善集〉校注》,甘肅人民出版社2001年版,第23頁。

［38］“征”，《河南濮陽元代唐兀公碑》作“名”；“奉”，《〈大元贈敦武校尉軍民萬户府百夫長唐兀公碑銘〉箋注》作“奏”，均非。《述善集》脱“國子生”三字。伯顏宗道，《開州志》《述善集》均有傳。其祖為哈列魯氏，亦隸山東河北蒙古軍籍，屯田定居濮陽縣南月城村。崇儒好學，至正四年（1344），以隱士征為翰林待制。後再除江西湖東道肅政廉訪僉事，均任職不久以疾辭。

［39］“旭申氏”，據《輟耕録》《元史氏族表》為蒙古族。“氏”下字泐，存痕似為“陽律”，《河南濮陽元代唐兀公碑》作“□衛”，非。

［40］唐兀台生前僅任過彈壓，其敦武校尉、百夫長為孫子卜蘭台讓封所得。

［41］“從”，《河南濮陽元代唐兀公碑》作“旭”，非。“從”上，《述善集》衍“名”字。

［42］“剌”，《河南濮陽元代唐兀公碑》作“喇”，拓清晰，無“口”字旁，非。

［43］“鎮化台”，《述善集》作“鎮花台”。“也”，《河南濮陽元代唐兀公碑》作“已”，非。

［44］“稟”，《〈大元贈敦武校尉軍民萬户府百夫長唐兀公碑銘〉箋注》作“秉”，非。

［45］《河南濮陽元代唐兀公碑》釋“大歉”作“天歉”；“廨”作“廣”，誤。廨為官署，官吏辦公處所的通稱，如郡廨、公廨，及碑銘中的“州廨”。

［46］“天”，《〈大元贈敦武校尉軍民萬户府百夫長唐兀公碑銘〉箋注》作“大”，誤。“天歷”為元文宗年號。又，“塔塔里”上脱“充”字。

［47］“其父”，即鎮化台，《河南濮陽元代唐兀公碑》作“一人”，非。兩處“三”，《述善集》記作“二”。“母宜人”，只有卒年，無生年，無法考證其享年。

［48］“祐”，《河南濮陽元代唐兀公碑》作“佑”，非。

［49］此句，《述善集》作：“二女，長適山東河北蒙古軍都萬户府左手萬户府鎮撫寶寶，次適左翊蒙古侍衛千户闊住。”

［50］令史：漢縣令屬吏的總稱。隋至元的台、省、院、部均設令史，是低級辦事吏員。《河南濮陽元代唐兀公碑》釋“令”作“今”，非。

［51］《述善集》脱“女一人玉珍”。

［52］“剌”，《河南濮陽元代唐兀公碑》作“喇”，非。

［53］“次曰敦化”，《〈大元贈敦武校尉軍民萬户府百夫長唐兀公碑銘〉箋注》作“次日教化”，非。“祐”，《河南濮陽元代唐兀公碑》作“佑”，非。

［54］“次歪頭”，《述善集》作“次歪兒”。

［55］“禄”，《〈大元贈敦武校尉軍民萬户府百夫長唐兀公碑銘〉箋注》作“録”，非。“玉珍適本衛蒙古士朵□秃”，《述善集》為“女一人適蒙古氏朵烈團”。

［56］“馬”，《述善集》《河南濮陽元代唐兀公碑》作“馮”。觀拓，清晰，是

“馬”字。

［57］“帖穆”“迺蠻氏”“爐安”，《述善集》分別作“帖睦”“乃蠻氏”“蘆安”，是，以音記字無別。碑云：“長冀安，以軍功除固始縣達魯花赤。”明嘉靖《固始縣志》、清乾隆《固始縣志》載元代固始縣達魯花赤，無冀安其人，可補史傳之闕。《河南濮陽元代唐兀公碑》釋“冀”作“童”；“爐”作“慶”，非。

［58］“德安”“受將仕郎”，《述善集》分別作“德兒”“受進義校尉”。進義校尉，三十四階武散官之一；將仕郎，四十二階文散官之一，秩均為正八品。參《元史·百官志》。糶：賣出穀物。《述善集》作“粜”，買進穀物。下同。

［59］《河南濮陽元代唐兀公碑》釋“從”作“花”；“剌”作“喇”，非。下同。從仕郎：文散官。金始置。從八品下，元升從七品。《述善集》作“敦武校尉”。並於“司”下衍“令”。

［60］“副使添孫”，《述善集》為“副使旭申氏添孫”。

［61］《述善集》載“寶童”作“保童”；脱“買住”“拜住”。“邁”，《河南濮陽元代唐兀公碑》作“適”，非。

［62］祖考：祖先。“考”，《〈大元贈敦武校尉軍民萬户府百夫長唐兀公碑銘〉箋注》作“孝”，非。

［63］“孑”，《河南濮陽元代唐兀公碑》作“子”，非。孑然，孤獨。

［64］《河南濮陽元代唐兀公碑》脱“之中”。

［65］右族：豪門大族。《晉書·歐陽建傳》：“建，字堅石，世為冀方右族。”①《河南濮陽元代唐兀公碑》作“古族”，誤。

［66］“胄”下字泐，細觀拓片，左“弓”右“畺”，是“彊”。同“强”。《〈大元贈敦武校尉軍民萬户府百夫長唐兀公碑銘〉箋注》作“强”，是。

［67］“翦金蹙宋”，《述善集》作“翦金戚宋”。蹙：縮小，减削。“戚”字，不取。“艱”下“虞未及”三字，《河南濮陽元代唐兀公碑》作四字，未釋；並釋“抱”作“搶”，非。

［68］“奇”，《河南濮陽元代唐兀公碑》作空格，非。

［69］“攻”，《河南濮陽元代唐兀公碑》作“功”非。並未釋“醜虜”。

［70］“大”，《河南濮陽元代唐兀公碑》作“寡人”，非。脱“匱”，作空格。

［71］《河南濮陽元代唐兀公碑》脱“匾”“乃寶”，並將“匾”作空格。

［72］“弗”，《河南濮陽元代唐兀公碑》作“佛”，非。

［73］《河南濮陽元代唐兀公碑》脱“恩”。

［74］“唯”，《河南濮陽元代唐兀公碑》作“惟”，義同字異。

---

① （唐）房玄齡等：《晉書》卷三十三，中華書局1974年版，第1009頁。

［75］“至正十六年六月吉日立石”，《述善集》為“至正十六年六月吉日，崇喜等立石”。

彙考

唐兀氏，賀蘭山下西夏党項遺民，隨蒙古征戰，定居河南濮陽，元末改楊姓。碑石出土地楊什八郎等村，約有其後裔三千餘人。碑主唐兀崇喜家族，籍屬蒙古侍衛親軍軍户，崇喜本人及家族成員數人身兼蒙古侍衛親軍百夫長之職。元末，以“職武”為業的蒙元戍守力量，其社會評價日益低落，於是，崇喜嘗試以“向儒”或“儒化”、行善等方式，拯救家族於流俗之困，重塑“職武”的唐兀楊氏家族的社會形象。這反映了唐兀楊氏家族的全面漢化。

明 代

216 陳敏及妻王氏墓誌 景泰六年（1455）八月十七日

説明

墓誌於 1986 年 7 月在四川省茂縣文物普查時被發現，現藏茂縣羌族博物館。碑石高 51 cm，寬 38 cm。羅綺撰文。誌文 26 行，行字数不等。楷書。

誌文

故贈朝請大夫贊治少尹四川布政司右參政陳公墓誌。

公諱敏，字志學，姓陳氏，世為松江之華亭人[1]。由邑庠弟子員充太學生。永樂十三年，授上林苑監冰鎰典署[2]，戢戢有能聲。不一年，遷直隸保定府清苑知縣。永樂十九年，升知成都府茂州事[3]。然茂州古荒服，羌戎素號難治。公佈威德，莫不傾心向化，風移俗易，與中國比。

先是，吐番梗化弗庭[4]，公所治之民亦叛，朝廷命將統兵征剿。公乃擐甲冑，率土民直擣賊巢，一鼓而破黑虎等寨[5]。克捷有功，升同知成都府，仍掌茂州事。復賜以彩緞楮幣。

公在邊累立勳勞，正統五年九月，敕升四川布政司右參議，仍掌本州事，兼往來撫治茂州至松潘一帶番夷，贊理軍務。

景泰元年，皇上嗣登寶位，敕賜白金十五兩，紵絲二表里[6]，復降敕獎諭云：今以爾在邊年久，夷民信服。特升爾本司右參政，仍掌本州事。兼撫安番夷，贊理松潘軍務。景泰五年十月二十日，以疾卒於官。享年六十九歲。以景泰六年八月十七日，葬於茂州城南之平原，□山臨流，庋土亢□。

公娶同里王氏，先公卒。男一人，曰賢，早世。女二人，長曰月清，贅前吏目金聲之季子[7]，曰琰。生外孫一人，曰能，公以為嫡。琰之夫婦相婦，相繼而歿[8]。次曰月貞，適茂州衛指揮章威，皆王氏所出。再娶李氏，克相有方，以公之勳，階授誥封恭人。有子三：曰容、曰寶、曰安。公之卒也，當道以事白上、允其請，如例賜祭修墳，侈公之勞也。公之歷任巨細顛末[9]，備見於欽差提督松潘兵備刑部左侍郎羅公所撰墓表[10]，毋容喙喙。

景泰六年，歲次乙亥，八月吉日謹志。

著録

1.《茂汶羌族自治縣志》747。2.《西川羌族特殊載體檔案史料研究》217。

注釋

［1］未見墓誌實物，據《茂汶羌族自治縣志》迻録。按墓誌銘文例，“贈”上補“故”。陳敏，甘肅華亭人。四川茂州知州。事跡見《明史・陳敏傳》《道光茂州志》《嘉慶四川通志》。

［2］上林苑：古宮苑名。上林苑監冰鎰典署：官名。漢始置，屬少府，秩六百石，主上林苑中鳥獸。《西川羌族特殊載體檔案史料研究》釋“苑”作“宛”，誤。冰鎰，疑“冰鑒”：古代盛冰的器具。比喻明察事理。

［3］《道光茂州志・古跡・陵墓》稱“永樂中知州”①，誌文明確記載“永樂十九年，升知成都府茂州事”，是指其始任茂州知州時間。《明史・陳敏傳》：“宣德時，為四川茂州知州。”② 指其“遭喪去官”後，所部諸長官司及番民百姓百八十人詣闕上奏，“還此良牧”，帝立報可，再回茂州作知州的時間。

［4］吐番：古族名，亦作吐蕃。梗化：謂頑固不服從教化。

［5］黑虎：四川茂縣黑虎鄉。明朝對岷江上游羌區實施嚴厲的軍事管制，明軍與黑虎羌衝突不斷。史傳多有記載。《明史・陳敏傳》：“黑虎寨番掠近境，為官軍所獲。敏從其俗，與誓而遣之。……提督都御史寇深器其才，言敏往來撫卹番人，贊理軍政。”③ 下文“公在邊累立勳勞，正統五年九月，敕升四川佈政司右參議”，那麽此處“破黑虎等寨”，當在正統五年（1440）前。據《明史・蔣貴傳》：“宣德二年，四川松潘諸番叛，充右參將，從總兵官陳懷討之。”④ 七年、八年復叛。惟九年冬十月提及破黑虎。同書載宣德九年（1434），指揮僉事方政、蔣貴等撫剿松潘、疊溪所轄任昌、巴豬、黑虎等寨，“平龍溪等三十七寨”⑤。《蔣貴神道碑》稱“連破黑虎等四十餘寨，

---

①（清）楊迦懌等修，（清）劉輔廷纂：《道光茂州志》卷一，《中國地方志集成・四川府縣志輯》(66)，巴蜀書社（據清道光十一年刻本影印）1992 年版，第 339 頁。

②（清）張廷玉等：《明史》卷一百六十五，中華書局 1974 年版，第 4466 頁。

③ 同上。

④ 同上書，第 4258 頁。

⑤ 同上書，第 8027 頁。

斬首千五百級"①。而宣德時，陳敏為茂州知州。碑文"一鼓而破黑虎等寨"，表明陳敏協助方政、蔣貴破黑虎，事在宣德九年，可補陳敏碑誌和傳記所闕。

［6］紵絲：即緞。宋時稱為"紵絲"。"紵"，《西川羌族特殊載體檔案史料研究》作"寧"，誤。

［7］贅：贅婿。吏目：元提舉司與明清的太醫院、五城兵馬司，明太常寺、鹽課提舉司、市舶提舉司、京衛指揮使司等皆設，職掌文書。見《明史·職官志》。

［8］"夫婦相婦"，義不可解。據文義，當是"歸"字。疑兩字相似而誤。

［9］"卒"字，文理不通。疑與"率"字相似而誤。顛末：本末。指前後經過情形。

［10］羅公：即羅綺。景泰二年（1451），程信"起四川參政，理松潘餉，偕侍郎羅綺破黑虎諸寨"②。《羅綺德政記》："景泰辛未，虜復叛，少司寇羅公寔任提督松潘兵備。"景泰辛未，即景泰二年（1451），此時羅綺已鎮松潘。羅公鎮松潘七年，適陳敏卒，乃撰墓表。《松潘縣志·宦跡》載羅綺景泰七年（1456）鎮松潘③，疑因《明史》本傳"在鎮七年"而誤。

彙考

陳敏於明朝永樂十九年（1421）任茂州知州，在任期間，開荒造田、辦學修城、整修道路等，無不殫精竭慮，頗受羌民歡迎，被譽為"良牧"。陳敏"遭喪去官。諸長官司、番民百八十人詣闕奏言：州僻處邊徼在萬山中，與松、疊諸番鄰近，歲被其患，自敏涖州，撫馭有方，民得安業。今以夏去職，軍民失所依。乞矜念遠方，還此良牧。帝立報可"。"進成都同知。仍視州事。秩滿擢參議，又進右參政，視州事如前。景泰時，麥穗五歧，宣宗製《滿庭芳》詞賜之，後為按擦司張淑所劾罷職。任茂幾及三十年，威信大行，番民胥悦。解任後夫妻卒於茂州，人為之合葬於南明門外，通判王升即墓前建祠祀之。"④《明史·陳敏傳》："涖州二十餘年，威信大行，番民胥悦。"⑤誌文："永樂十九年，升知成都府茂州事。""景泰五年十月二十日，以疾卒於官。"陳公在茂州任職實有三十三年。《明史》訛誤，當據墓誌改。

---

①（明）徐紘：《明名臣琬琰録》卷十四，《景印文淵閣四庫全書》（453），臺北：臺灣商務印書館1986年版，第152頁。

②（清）張廷玉等：《明史》卷一百七十二，中華書局1974年版，第4593頁。

③ 傅崇榘等修，徐湘等纂：《民國松潘縣志》卷六，《中國地方志集成·四川府縣志輯》（66），巴蜀書社（據民國十三年刻本影印）1992年版，第200頁。

④（清）楊迦懌等修，（清）劉輔廷纂：《道光茂州志》卷三，《中國地方志集成·四川府縣志輯》（66），巴蜀書社（據清道光十一年刻本影印）1992年版，第375頁。

⑤（清）張廷玉等：《明史》卷一百六十五，中華書局1974年版，第4467頁。

217　羅綺德政記　景泰七年（1456）後

説明

碑石原刻立於四川省松潘城隍廟側，現已亡佚。該碑又題《羅司寇厚德碑》《司寇羅綺德政記》。

碑文

明司寇羅綺德政記。

松潘，古荒服地，皆吐蕃羌猓之儔[1]，髡骨毳裳，鳥語垢面[2]。歷代有國者，惟羈縻之，使無為邊患而已。洪武初，置祈命等十四族，冠帶酋長，歲貢方物，重譯來王[3]。正統壬戌，虜構亂阻兵，經平蠻將軍方政、將貴殲之[4]。丙寅，復命都御使寇琛撫治之[5]。景泰辛未，虜復叛，少司寇羅公寔任提督松潘兵備[6]，幕下連帥十一人，統兵數萬計，曆戰而羣校一心，入守而百雉齊固[7]。首擒渠魁，肆以大戮[8]，軍民安堵。於是設學校，用夏變夷；儲鹽糧，充實邊備。給衣鞋而濟貧寒，資藥餌以扶疾患。營設既終，咸遂棲止；屯田歸復，得以耕穫。賑青川出俸廉之銀，立禦所為守邊之計。招集生番數萬，咸入邊氓，追繳雜谷安撫司印信[9]。其餘諸益，殆難悉數。

余聞周之中興，申甫作輔；方召平夷，見於雅歌。今公振英武，安社稷，莫大之功，誠西南柱石矣。鎮守都指揮使周貴韙公行事，請勒金石，用彰厥德。昔寇準決策澶淵，以重望鎮大名。北門鎖鑰，非準不可。富弼使北虜，面折契丹，不許割地，争獻納、崇國體，卒定南北。公之勳與方召同符[10]，公之望與寇富並駕[11]。顧茲西南柱石，豈有異於北門鎖鑰乎？蜀民瞻德威，佩恩惠，維高且深，有如嶽海。然則歐陽公所謂德被生民而功施社稷者，其惟公之志歟？余與公同朝，稔知其出處，故為之記。

著録

1.《民國松潘縣志》卷8－28。2.《西川羌族特殊載體檔案史料研究》258。

注釋

［1］猓：《玉篇·犬部》："猓，猓猻。獸。"① 羌猓：對羌人的歧視稱呼。

① （梁）顧野王著，（唐）孫强增補，（宋）陳彭年等重修：《重修玉篇》卷二十三，《景印文淵閣四庫全書》（224），臺北：臺灣商務印書館1986年版，第191頁。

［2］鳥語：難懂的言語。古代多指四夷、外國之語。《後漢書·南蠻西南夷傳》："則緩耳雕脚之倫，獸居鳥語之類，莫不舉種盡落。"①

［3］冠帶：戴帽子束腰帶，此漢俗。羌人不冠帶。此謂藏羌酋長率衆歸順明朝統治者。重譯：輾轉翻譯。借指南方荒遠之地。

［4］將貴：乃"蔣貴"之誤。《明史·四川土司》載宣德九年（1434），指揮僉事方政、蔣貴等撫松潘，威、茂諸衛俱聽命，惟松潘、疊溪所轄任昌、巴猪、黑虎等寨梗化。方政令進兵，平龍溪等三十七寨②。正統九年（1444），松潘指揮僉事王果向朝庭奏："黑虎等寨番蠻圍攻椒園、松溪等關堡，殺傷官民。欲行擒剿，恐各寨驚疑，應諭能擒賊都重賞之。"報可。"十年（1445），黑虎寨首多兒太伏誅"③。據長曆，正統七年（1442），歲次壬戌。時"虜構亂阻兵"，方政、蔣貴殲之，史乘失載，可補史闕。方政，名見《明史·蔣貴傳》《明史·四川土司》及《民國松潘縣志·宦跡》等。蔣貴："字大富，江都人。以燕山衛卒從成祖起兵。"宣德"七年復命為参将，佐懷鎮松潘。明年進都督僉事，充副總兵，協方政鎮守。又明年，諸番復叛，政等分道進討"④。

［5］寇琛：《民國松潘縣志·宦跡》："字文淵，唐縣人。監生。正統間以僉都御史提督，松潘兵備，瞻視有威，將士事之如神。"⑤

［6］司寇：官名。殷商已有此官職。周為六卿之一。掌管刑獄、糾察等事。司寇羅，即羅綺，時任刑部侍郎松潘軍務提督。《明史》有傳：磁州（河北磁縣）人，宣德五年（1430）進士。景泰辛未，即景泰二年（1451），任提督松潘兵備。本傳亦云："代寇深鎮守松潘。賊首卓勞糾他砦阿兒結等頻為寇。綺擒斬之。土官王永、高茂林、董敏相讐殺，守將不能制，綺搗永巢，誅之。又敗黑虎諸塞番，斬馘三百五十。在鎮七年，威名甚震。"⑥ 羅綺立《安邊政績碑》，惜亡佚⑦。兵備：明置，清代沿用。整飭兵備道的省稱。一般由按察司副使或僉事擔任。《明史·職官志》："按察司副使、僉事分司諸道……整飭兵備道。"⑧

---

① （南朝宋）范曄撰，（唐）李賢等注：《後漢書》卷八十六，中華書局1965年版，第2860頁。

② （清）張廷玉等：《明史》卷三百一十一，中華書局1974年版，第8027頁。

③ 同上。

④ 《明史》卷一百五十五，第4258頁。

⑤ 傅崇榘等修，徐湘等纂：《民國松潘縣志》卷六，《中國地方志集成·四川府縣志輯》（66），巴蜀書社（據民國十三年刻本影印）1992年版，第200頁。

⑥ （清）張廷玉等：《明史》卷一百六十，中華書局1974年版，第4365頁。

⑦ 傅崇榘等修，徐湘等纂：《民國松潘縣志》卷一，《中國地方志集成·四川府縣志輯》（66），巴蜀書社（據民國十三年刻本影印）1992年版，第57頁。

⑧ （清）張廷玉等：《明史》卷七十五，中華書局1974年版，第1843頁。

［7］雉：古代計量單位。用於城牆面積計算，長三丈高一丈為一雉。百雉，指城牆三百丈長。借指城橋。

［8］渠魁：大頭目；首領。《尚書・胤征》："殲厥渠魁，脅從罔治。"孔傳："渠，大。魁，帥也。"孔穎達疏："'殲厥渠魁'，謂滅其元首，故以渠為大，魁為帥。史傳因為謂賊之首領為'渠帥'。"① 大戮：亦作"大僇"。大恥辱。《荀子・王霸》："而身死國亡，為天下大戮。"楊倞注："為天下大戮辱也。"② "以"，《西川羌族特殊載體檔案史料研究》作"意"，可。

［9］招：通"召"。雜谷安撫司：永樂五年（1407），於保縣設。《明史・西域・董卜韓胡宣慰司傳》：成化五年（1469），"四川三司奏：'保縣僻處極邊，永樂五年特設雜谷安撫司，令撫輯舊維州諸處蠻塞。後與董卜搆兵，維州諸地俱為侵奪，貢道阻絶。今雜谷恢復故疆。'"③

［10］方召：亦作"方邵"。西周時助宣王中興的賢臣方叔與召虎的並稱。後指國家重臣。

［11］寇富：北宋名相寇準、富弼的省稱。景德元年（1004），遼軍大舉南下入侵，寇準主战，促使宋真宗親征，宋軍士氣大振，遼軍節節敗退。遼提出議和，雙方簽訂合約，史稱"檀淵之盟"。此後宋遼邊境干戈寧息。富弼，宋仁宗時出使遼國，為北宋以死相爭。《宋史》有此兩人傳。"富"，《西川羌族特殊載體檔案史料研究》作"準"，非。

彙考

松潘，地處四川西北部，控禦群番，是全蜀屏障，軍事地位顯要。《明經世文編・為急處重邊以安全蜀疏》："國初於群番之中，取古松州而城之，置兵設衛曰松潘軍民指揮使司。以控制群番，而離其交合，以伐其内寇之謀，以為我全蜀之蔽，誠得古禦戎之上策也。"④ 同時，也是重要的茶馬古道。番，分為"生番""熟番"。"生番獷悍難制；熟番納馬中茶，頗柔服"⑤。熟番，參與茶馬互市並朝貢，是朝廷編户。生番，不奉朝命，獷悍難制。部落族繁，同書《初報河東大捷疏》："番别熟生，姓分大小。

① 十三經注疏整理委員會：《尚書正義》卷七，《十三經注疏》，北京大學出版社 2000 年版，第 222－223 頁。

② （清）王先謙撰，沈嘯寰等點校：《荀子集解》卷七，《新編諸子集成》，中華書局 1988 年版，第 206 頁。

③ （清）張廷玉等：《明史》卷三百三十一，中華書局 1974 年版，第 8595 頁。

④ （明）陳子龍等：《明經世文編》卷一百三十四，中華書局 1962 年版，第 1321 頁。

⑤ （清）張廷玉等：《明史》卷三百三十，中華書局 1974 年版，第 8549 頁。

以尋戈為撕打，以戰死為善終。”“詳稽蜀志，備存四十八寨之名，其族繁矣。”① 以勒都、阿昔洞、北定、牟力結、蟲各匝、祈命、山洞、麥匝、者多、佔藏先結、包藏先結、班班、白馬路、阿思、思囊兒、阿用、潘斡寨等十七族“松潘番”大姓豪帥為長官司，統於松潘衛下。後復置八郎、阿角寨、麻兒匝、芒兒者四安撫司以隸松潘衛。所以，明代“番”既包含藏人，也包括一部分羌人。《明史·四川土司·松潘衛》：“白草番者，唐吐蕃贊普遺種，上下凡十八寨，部曲素强，恃其險阻，往往剽奪為患。”② 白草番，實際上是分佈在北川縣白草河流域及松潘縣西南的白草羌③。“草坡生番”“黑虎番”“羅打鼓諸寨生番”“楊柳番”等都是羌④。

① （明）陳子龍等：《明經世文編》卷三百九十，中華書局 1962 年版，第 4219 頁。

② （清）張廷玉等：《明史》卷三百一十一，中華書局 1974 年版，第 8028 頁。

③ 石碩：《岷江上游走廊的歷史演變與民族文化特點》，《四川岷江上游歷史文化研究》，四川大學出版社 1996 年版，第 43 頁。

④ 冉光榮等：《羌族史》，四川民族出版社 1985 年版。

218 蔣貴神道碑 成化十年（1474）

説明

錢溥撰文。該碑又題《定西侯涇國武勇蔣公神道碑》。

碑文

定西矦，贈涇國公，謚武勇，蔣貴神道碑[1]。

錢溥[2]。

蔣，周公之胤，以國氏[3]。漢末有諱子文者，淮南人。仕為秣陵尉，逐盜至鍾山下而亡[4]。大著靈異，隆於祀典。子孫散處於淮，代有聞人，而公其裔也。然未有如公之顯者。

公諱貴，字大富，楊之江都人[5]。父從龍，當元之季，以義勇附太祖起淮甸[6]。洪武十一年，隸燕山中護衛、侍親王之國，即太宗也[7]。公生有大志，恒念父功，屈人下，甫官即代役三十一年[8]。舉義克雄縣，攻大寧，戰鄭村垻，取廣昌、蔚州、白溝河，戰勝。圍濟南，回取滄州。戰夾河、藁城，克西水寨，敗敵將平安軍於肥河。戰靈壁，收泗州，遂渡江入京師[9]。功成論次，自千夫長[10]，陞至昌國衛指揮同知。

後征交趾，四征沙漠，敗阿魯台于九龍口[11]。洪熙元年，復至大松嶺，擒殺賊眾[12]，陞都指揮僉事，調掌彭城衛事。宣德二年，四川松潘夷叛，以公充右參將，率軍捕之。首募鄉道，從東路險絕處，攀緣而進。賊驚曰："兵從天上來邪?"[13]一日戰十數合，以全勝聞。賜勑：有奪橋、斬關，如古良將之譽。明年，陞都指揮同知，鎮守密雲[14]。諸關番夷復叛，仍充參將討之。尋陞左軍都督僉事，充副總兵[15]。公謂夷性變詐，非長驅撲滅，患未可弭。乃大閱士，連破黑虎等四十餘［寨］[16]，斬首千五百級，生擒稱是。投崖箐死者無算。夷［遂］寧［謐］[17]。賜勑獎諭，陞都督同知，充總兵，官佩平蠻將軍印，鎮守其地[18]。凡事有利害，悉奏罷行之。就威州千戸所建州治，興儒學，使知所教。列屯而耕，易水桐以後遠近[19]，堡壘相望，使知所守。廩庾以足，人心大安。

正統改元，召還。陞右都督。時西戎偽王阿台等寇甘、涼，邊將屢失利，命公佩平虜將軍印[20]，率京營五千騎征勦，凡陝西及甘肅涼州等處官軍，悉聽節制。兵至鎮番，出魚兒海子哨還。時虜酋把禿孛羅[21]，率眾犯莊浪。公命將禦之，生縛孛羅等百人。又諜報阿台[22]，屯伏河西，遂躡踪倍道，至亂山，奮勇衝入，且追且殺，至石城泉，斬首二百餘，盡獲其馬駝、衣械。虜有逃奴來言阿台府在公議，即往[23]。副將李安沮之。公拔劍厲聲曰：“汝任邊，寄肉食且數年，坐視其縱横不制，尚掉三寸舌以撓我師，敢復諫者死！”[24]乃策馬前馳，見賊，遂整陣而前，生擒男婦數十人送營。諜復知其不遠，令軍士疾走，至兀魯，猝見虜牧馬[25]，遂約銜馬羣，以鞭擊箭橐聲驚之，馬盡佚。虜既失馬，皆輓弓步戰不决[26]。即令眾躍馬揮刀齊入。以旗牌手督之，遂大捷。内擒一胡譯[27]，審自石城泉敗衂止餘八百精勇者，公得其情，乃分為犄角，[勢] 列五百騎為左右翼[28]，縱百騎登高峻疑之。既 [遇賊夾] 擊戰[29]，逾九十里。阿台亦窘死西土[30]。遂寧捷聞。遣中官齎綵叚白金宴勞[31]，封奉天翊衛推誠宣力武臣[32]，特進榮禄大夫、柱國、定西伯，食禄千二百石。給世襲誥券，追封其曾祖三公，祖八公，父從龍，皆定西伯。曾祖妣楊，祖妣杜，妣程，皆伯夫人。留鎮甘、凉，四年召還。

以雲南麓川宣慰思任發累寇邊[33]，六年，命公充總兵官，佩平蠻將軍印，賜蟒袍銀盔甲以行。公與總督兵部尚書王驥至雲南[34]，眾謂瘴發，不宜進。公謂尚書曰：“賊毒 [吾] 民甚，可坐視邪？”[35]遂遣兵勦之。賊勢稍卻。師集金齒，分三路進。而公與尚書從中路令上江兵夾攻。會南風大作，縱火四面，矢石俱下如雨[36]。公乃擐甲鼓勇而前。賊大潰，斬首十萬餘級，江流盡赤[37]。移屯騰衝，賊據木籠山為連環七寨[38]，又驅象為陣，合數十萬人於馬鞍山。公悉破之，勢如拉朽。直擣巢穴，蕩無遺氛。賊父子僅以身遁。凱還，詔戸部侍郎王質持羊酒迎犒臨清。至則上親慰勞，遣中官賜金幣、羊酒於家，擇日御奉天門設教坊樂部勞平夷功，陞定西侯。三代考妣，復封如其爵。

賊父子既遁，聞被擊於緬甸。八年，命公與尚書下緬取賊，仍寵賜以行。時緬人數報送至。而潛以金樓船載賊離五十里而不至。尚書謂公曰：“此給我也。過江則絕我歸路。且瘴厲將發，不乘此而剪之，可乎？”於是誘緬人聽賞。公則往焚其舟[39]，大戰一晝夜。其賊首已先去，賊子思機發之在孟牙者，亦遁去。盡俘其妻孥象馬以還。破其賊寨二百餘處，僰夷遂平。九年還，上復親宴勞，加禄二百石，賜白金百兩，綵叚十表，裹楮幣一萬貫，金酒器二副，鞍馬一疋，以寵異之。

公之子雄，見賊去，亟率漢達官軍三十人追殺不及，而賊巳阨其後，眾寡不敵，自刎沉於江。時年二十四，其十人亦從之死。上嘉其忠勇，贈懷遠將軍、彭城衛指揮使。十二年，瓦剌遣使來朝。諜者知脫脫不花及也先候使回[40]，即分兵入寇。上命公總兵禦之。公至境，嚴耀威武[41]。賊引去。召還，嘉勞甚至。

十四年正月二十一日，忽感風疾，薨於家。距其生洪武庚申十一月二十九日[42]，享年七十。訃聞，上震悼，罷朝。遣禮部尚書胡濙等諭祭，前後十四壇及賜齋糧孝布明器等物。進封涇國公，謚武勇。命工部營兆域於榆河鄉泥井里先塋之次。而以其年七月六日葬焉。

既葬，越月而瓦剌復寇，遂有土木之變[43]。使公 [在，豈] 遽至，是哉[44]！

其冬以公之孫琬襲爵，掌左軍都督府事[45]。成化初，佩平羌將軍印。充總兵官，節制甘涼諸軍。既而守備南京，管中軍都督府事。忠毅簡亮，克繩祖武，而雅好文學，達古今事變，為時所倚重。父葬後二十五年[46]，而隧道之碑未立，琬狀公勳績，來請予。雖不獲接公，然慕公威望久矣，而與侯交，且久聞公性淳厚，體貌豐偉，平居謙退。如不能臨陣，則奮勇敢前，以一當百，故起自徒步建立殊勳[47]，追封三代，列爵五等[48]，與國咸休也。可不載諸聲詩，勒諸金石[49]，而使之顯示永久哉！

初公取李，繼李，皆封侯夫人。子男五，長義，患足疾，以琬封定西侯，後公七年卒。次即雄。次謙。次讓。次諫。女五，長適杭州前衛指揮使李剛。次適密雲衛指揮使劉容。次適後府左都督長子馮泰。次適羽林前衛指揮使李秀。次適富峪衛指揮使張勇。孫男五，長璟，蚤卒。曰琬、曰琰、曰瑾、曰瑜。女五，武、強、伯、楊、能。會昌長子孫璉，永庸侯長子徐昌、道化，衛指揮使張璵，其婿也。銘曰：

皇明開天，六合重輝。繄惟蔣公，世際龍飛。起自淮甸，繼奮燕山。義旗所指，克濟于艱。天位即正，屢進其職。從定交南，復征迤北。維彼北方，擾我邦垌。公徃禦之，西凉以寧。蕞爾麓邦，負固連釁。公復勦之，南荒以順。爰左樞超，登五爵貂蟬[50]。峩峩為時，李郭龍章。鳳誥三代，同封鐵券、金書，世永彌崇。公之忠勇，所向無敵。三邊之靖，式昭帝極。茂績方殷，公忽長逝，天子興嗟，有贈有謚，有祭有葬，有爵有嗣，詒孫有謀，以燕翼子，生榮死哀，時孰儷焉。公雖云歿，遺風凜然。榆河之鄉，泥井之里，琢石刻詞，以彰來裔。

著録

1.《國朝獻徵録》卷 7 – 62①。2.《明名臣琬琰録》卷 14 – 11 下②。

注釋

［1］據《國朝獻徵録》迻録，並參《明名臣琬琰録》校之。《明名臣琬琰録》著録為《定西侯涇國武勇蔣公神道碑》。《明名臣琬琰録》脱“贈”“公謚”，並“貴”作“公”。下文“進封涇國公，謚武勇”。《明史·蔣貴傳》：“貴卒，年七十。贈涇國公，謚武勇。”③ 矦：同“侯”。

［2］錢溥：字原溥，華亭（今上海市松江）人。正統四年（1439）進士。景泰间，修成《寰宇通志》，曾負責編修《大明一統志》。憲宗初立，錢溥貶謫知順德縣。

① （明）焦竑：《國朝獻徵録》卷七，周駿富輯：《明代傳記叢刊·綜録類 26》，臺灣：明文書局，第 109 – 254 頁。

② （明）徐紘：《明名臣琬琰録》卷十四，《景印文淵閣四庫全書》（453），臺北：臺灣商務印書館 1986 年版，第 152 頁。

③ （清）張廷玉等：《明史》卷一百五十五，中華書局 1974 年版，第 4259 頁。

成化中官至南京吏部尚書，謚“文通”。名見《明史·陳文傳》。《江南通志·人物志·文》松江府：“正統乙未進士，御試，薔薇露詩，大見稱賞，特授檢討……溥文章瞻蔚，至老不衰，四方求請者，相屬凡五典文衡。”① “溥”，《明名臣琬琰録》作“文通”，是。

［3］蔣氏，出自姬姓，周公旦第三子伯齡受封於蔣國，以國名為氏。《左傳·僖公二十四年》：“凡、蔣、邢、茅、胙、祭，周公之胤也。”②

［4］子文，即蔣歆。漢末仕為秣陵尉，逐強盜至鐘山（今紫金山），戰死後葬於此，鐘山因而改名蔣山。民間傳説，子文成神，為陰間十殿閻羅的第一殿秦廣王，南朝齊永明中封以帝號，為歷代尊祀。《資治通鑑·齊紀十·東昏侯》：“崔慧景之逼建康也，東昏侯拜蔣子文為假黄鉞、使持節、相國、太宰、大將軍、録尚書事、揚州牧、鐘山王；及衍至，又尊子文為靈帝，迎神像入後堂，使巫禱祀求福。”③

［5］蔣貴，“字大富，江都人。以燕山衛卒從成祖起兵。雄偉多力，善騎射，積功至昌國衛指揮同知。從大軍征交趾及沙漠，遷都指揮僉事，掌彭城衛事。宣德二年，四川松潘諸番叛，充右參將，從總兵官陳懷討之。……七年復命為参将，佐懷鎮松潘。明年進都督僉事，充副總兵，協方政鎮守。又明年，諸番復叛，政等分道進討”④。見《明史·蔣貴傳》《明史·四川土司》及《民國松潘縣志·宦跡》。

［6］淮甸：淮河流域。南朝宋鮑照《潯陽還都道中》：“登艫眺淮甸，掩泣望荊流。”⑤ 宋張輯《淮甸春·念奴嬌》：“舊游休問，柳花淮甸春冷。”⑥

［7］太宗，即燕王朱棣，明太祖第四子。惠帝朱允炆即位後，採取系列政策削藩，燕王朱棣會師南下，史稱“靖難之役”，持續四年。戰亂中建文帝下落不明，朱棣即位，是為太宗，靖難時期改明成祖，改元永樂，都北京。見《明史·太祖本紀》。

［8］甫：方才，剛剛。甫官：古代指男子 20 歲行冠禮，是為成人儀式。《國朝獻徵録》“官”“役”二字，《明名臣琬琰録》作“冠”“後”。

［9］《靖難功臣録》：“王為前鋒，至白溝河，敗其都指揮平安軍。及申，又與敵

---

① （清）黄之雋等編纂，（清）趙弘恩等監修：《江南通志》卷一百六十六，《景印文淵閣四庫全書》(511)，臺北：臺灣商務印書館 1986 年版，第 760 頁。

② 十三經注疏整理委員會：《春秋左傳正義》卷十五，《十三經注疏》，北京大學出版社 2000 年版，第 481 頁。

③ （宋）司馬光編著，（元）胡三省音注：《資治通鑑》卷一百四十四，中華書局 1956 年版，第 4506 頁。

④ （清）張廷玉等：《明史》卷一百五十五，中華書局 1974 年版，第 4258 頁。

⑤ （南朝宋）鮑照著，錢仲聯增補集説校：《鮑參軍集注》卷五，《中國古典文學叢書》，上海古籍出版社 1980 年版，第 310 頁。

⑥ 唐圭璋：《全宋詞》，中華書局 1965 年版，第 2552 頁。

兵戰，大敗之。"① 楊士奇撰《薛禄墓碑》："公為馬蹶，為敵兵所得，拔刀斬敵兵。復上馬，督戰遂敗敵將平安軍以次，攻下順德、大名、彰德。及攻西水寨，公生擒敵都指揮一人，斬獲尤多。從攻東河、東平、汶上，皆下之。繼戰淝河、大店、小河、汴堤、靈璧，率勇先諸軍，遂渡淮河，從車駕入京師……十八年……封陽武侯。"② 碑銘與之吻合，可見，蔣貴參加了成祖朱棣靖難之役。

［10］千夫長：古武官名。《尚書・牧誓》："千夫長，百夫長。"孔傳："師帥，卒帥。"孔穎達疏："《周禮》二千五百人為師，師帥皆中大夫…… 孔以師雖二千五百人，舉全數亦得為千夫長。'長'與'帥'其義同，是千夫長亦可以稱'帥'，故以'千夫長'為師帥。"③"千"，《明名臣琬琰録》作"十"，非。

［11］阿魯台：北元"韃靼"太師。元朝末代皇帝順帝率蒙古貴族逃出大都（今北京），繼續統治塞北地區，史稱"北元"。明洪武後期，分裂為韃靼、瓦剌及兀良哈三部。《明史・韃靼傳》："韃靼，即蒙古，故元後也。""成祖即位，遣使諭之通好。……時鬼力赤與瓦剌相仇殺，數往來塞下，帝敕邊將各嚴兵備之。"④ 永樂十一年（1413）受封"和寧王"。《明史・宣宗本紀》載：宣德九年（1434）秋七月，"己巳瓦剌脱歡攻殺阿魯台，來告捷"。"乙未，阿魯台子阿卜只俺來歸"⑤。碑文稱蔣貴"四征沙漠，敗阿魯台于九龍口"。《明史》失載。"阿魯台"，《明名臣琬琰録》作"阿嚕岱"，譯音無定字。

［12］洪熙：明仁宗朱高熾的年号。朱高熾，明成祖长子，即位不足一年。見《明史・仁宗本紀》。"擒""賊"，《明名臣琬琰録》分别作"禽""敵"。禽："擒"的古字。俘獲；制伏。《戰國策・魏策二》："戰必不勝，不勝必禽。"⑥

［13］"邪"，《明名臣琬琰録》作"耶"，均為語氣助詞。表疑問。

［14］《明史・四川土司》載，宣德二年（1427），"千户錢宏因調發官軍往征交趾，眾憚行，宏詭言番寇至，當追捕，冀免調。又領軍突入麥匝諸族，逼取牛馬，致番人忿怨。復以大軍將致討懾之，番眾驚潰，約黑水生番為亂"。都指揮僉事蔣貴同松潘衛指揮吴瑋"招撫番寇"，"梟宏于松潘以徇，並竄諸將之貪淫玩寇者"。⑦《明史・蔣

① （明）朱當沔：《靖難功臣録》，周駿富輯：《明代傳記叢刊・名人類 26》，臺灣：明文書局，第87頁。

② （明）焦竑：《國朝獻徵録》，周駿富輯：《明代傳記叢刊・綜録類 26》，臺灣：明文書局，第252頁。

③ 十三經注疏整理委員會：《尚書正義》卷十一，《十三經注疏》，北京大學出版社 2000 年版，第336頁。

④ （清）張廷玉等：《明史》卷三百二十七，中華書局 1974 年版，第 8463、8467 頁。

⑤ 《明史》卷九，第 125 頁。

⑥ 何建章：《戰國策注釋》，中華書局 1990 年版，第 869 頁。

⑦ （清）張廷玉等：《明史》卷三百一十一，中華書局 1974 年版，第 8026 頁。

貴傳》："宣德二年，四川松潘諸番叛，充右参將，從總兵官陳懷討之。募鄉道，絶險而進，薄其巢，一日十數戰，大敗之。進都指揮同知，鎮守密雲。"① 碑文與史乘一致。

［15］《明史·蔣貴傳》載：宣德"七年復命為参将，佐懷鎮松潘。明年進都督僉事，充副總兵，恊方政鎮守。又明年，諸番復叛，政等分道進討"②。蔣貴"充副總兵"時間，碑文失載，據史乘補。

［16］"餘"下一字，《國朝獻徵録》闕，作"□"。據《明名臣琬琰録》補"寨"字。

［17］"夷""寧"下，《國朝獻徵録》字跡不清晰，據《明名臣琬琰録》補"遂""謐"。

［18］《明史·四川土司》："命蔣貴佩平蠻將軍印，鎮守松潘。十年，貴奏，比因番人不靖，松潘、疊溪諸處倉糧，支銷殆盡，别無儲積。帝命户部於四川歲運之數，量益二分給之。"③

［19］"水桐"，《明名臣琬琰録》作"木柵"；又，"後"作"從"。可從。

［20］阿台，名見《明史·蔣貴傳》。正統二年春，"諜報氐駐賀蘭山後"。"聞朶兒只伯依阿台於兀魯乃地，貴遣二千五百人為前鋒往襲"④。"戎"，《明名臣琬琰録》作"儆"；又，"台"作"勒勒坦"；"虜"作"西"。

［21］"孛羅"，《明名臣琬琰録》作"博囉"，下同。又，"把秃孛羅"作"巴圖博囉"，以音記字，不同字。"虜酋"，作"部長"，義通詞非。

［22］"百"下，《明名臣琬琰録》衍"餘"字；脱"又"字。

［23］"虜"，《明名臣琬琰録》作"時"，以"時"為宜。"台府"，《明名臣琬琰録》作"勒勒坦所"；又，"往"作"徃"，是。徃，同"往"。

［24］蔣貴叱責副將李安，《明史·蔣貴傳》僅一句"敢阻軍者死"⑤。

［25］"兀魯"，《明名臣琬琰録》作"烏魯斯"，不同譯名。又，"虜"作"彼"。

［26］"虜"，《明名臣琬琰録》作"彼"；又，"輓"作"挽"。《明史·蔣貴傳》："阿台方牧馬，貴猝入馬羣，令士卒以鞭擊弓韣驚馬，馬盡佚。敵失馬，挽弓不鬪。"

［27］"胡"，《明名臣琬琰録》作"番"。

［28］"列"上一字，《國朝獻徵録》字跡不清晰，據《明名臣琬琰録》補"勢"。

［29］"既"下三字，《國朝獻徵録》字跡不清晰，據《明名臣琬琰録》補"遇賊

① （清）張廷玉等：《明史》卷一百五十五，中華書局1974年版，第4258頁。

② 同上。

③ 《明史》卷三百一十一，第8027頁。

④ 《明史》卷一百五十五，第4259頁。

⑤ 同上。

夾”。“擊”下，《明名臣琬琰録》衍“轉”，可取。

［30］“台”，《明名臣琬琰録》作“勒勒坦”，脱“亦”。此一役，碑文記録詳贍。

［31］“叚”，《明名臣琬琰録》作“段”。叚：即“段”。量词。右“㕛”為“殳”的變體。下同。

［32］明代公、侯、伯封號分四等：佐太祖定天下者，曰開國輔運推誠。從成祖起兵，曰奉天靖難推誠。餘曰奉天翊運推誠和奉天翊衛推誠。武臣曰宣力武臣，文臣曰守正文臣。蔣貴“封奉天翊衛推誠、宣力武臣”。

［33］“累”，《明名臣琬琰録》作“屢”，義同詞非。麓川宣慰，全稱為“麓川平緬軍民宣慰使司”，簡稱“麓川”。洪武十八年（1384）由“平緬軍民宣慰使司”改，兼領麓川之地。所轄為滇西之地，在今雲南騰衝縣西南，北鄰干崖宣慰司、盞達副宣慰司，西北為孟養宣慰司，南面為木邦宣慰司①。

［34］正統年間的“麓川之役”，持續十餘年，反映了明王朝對西南少數民族的基本政策及得失，成為影響明代中後期西南地區社會秩序穩定與動蕩的大事。《明史·英宗前紀》載：正統三年（1438），“討麓川叛蠻思任發”。六年春正月，“大舉征麓川，定西伯蔣貴為平蠻將軍，都督同知李安、僉事劉聚副之，兵部尚書王驥總督軍務”。八年夏五月，“復命平蠻將軍蔣貴、王驥帥師征麓川思任發子思機發”②。事亦見《明史·雲南土司》《明史·王振傳》《明史·王驥傳》。

［35］“民”上一字，《國朝獻徵録》字跡不清晰，據《明名臣琬琰録》補“吾”。

［36］《明史·王驥傳》載：正統“六年正月遂拜蔣貴平蠻將軍，李安、劉聚為副，而驥總督軍務，大發東南諸道兵十五萬討之。……驥請得以便宜從事。馳傳至雲南，部署諸將，遣參將冉保由東路趨孟定，大軍由中路至騰衝，分道夾擊。是年十一月與貴以二萬人趨上江，圍其寨，五日不下。會大風，縱火焚柵，拔之，斬首五萬餘級。進自夾象石，渡下江，通高黎貢山道”③。《國朝獻徵録》作“令”，《明名臣琬琰録》作“合”，據碑上文：“師集金齒，分三路進。”及《明史·王驥傳》，當是“分”字。又，“面”，《明名臣琬琰録》作“焚”。

［37］《國朝獻徵録》作“十萬”，《明名臣琬琰録》作“一萬”，《明史·王驥傳》作“五萬”。《國朝獻徵録》作“江流”，《明名臣琬琰録》作“地”。斬首多少雖難確證，但至少萬餘，可見其慘烈。

［38］《明史·王驥傳》：“閏月至騰衝，長驅抵杉木籠山。賊乘高據險，築七壘相救。驥遣參將宫聚、副將劉聚分左右翼緣嶺上，而自將中軍奮擊之，賊大潰，乘勝至

---

① 趙毅：《論“麓川之役”》，《史學集刊》1993年第3期，第56頁。

② （清）張廷玉等：《明史》卷十，中華書局1974年版，第130、132、133頁。

③ 同上書，第4556－4557頁。

馬鞍山。”①《國朝獻徵録》作“連環七寨”，當是。《明名臣琬琰録》作“寨環山塞流”，不取。

［39］《國朝獻徵録》作“往”，《明名臣琬琰録》作“徃”。

［40］《國朝獻徵録》作“瓦剌”“脱脱不花”“也先”，《明名臣琬琰録》分别作“烏拉”“托克佈哈”“額森”，皆不同譯名。瓦剌：明代對西部蒙古各部族的總稱。元代稱“斡亦剌”。與東蒙古韃靼争雄，侵擾明邊境。後勢力漸强，統一韃靼、兀良哈二部，雄視漠北。“脱脱不花”“也先”，先後為瓦剌首領。

［41］“武”下，《明名臣琬琰録》衍“遂”字。

［42］洪武十三年（1380），歲次庚申。

［43］土木之變：亦稱“土木堡之變”。土木堡，位於河北省張家口市懷來縣，是居庸關至大同長城防禦體系之一。正統十四年（1449），瓦剌首領也先大舉進攻明境，英宗朱祁鎮親率大軍北征，在土木堡慘敗，英宗被俘，隨軍的開國武人勳貴集團和靖難功臣集團亦被消滅殆盡。《明史·英宗前紀》：“秋七月己醜，瓦剌也先寇大同，参將吴浩戰死，下詔親征。吏部尚書王直帥群臣諫，不聽。……庚申，瓦剌兵大至，恭順侯吴克忠、都督吴克勤戰没，成國公硃勇、永順伯薛綬救之，至鷂兒嶺遇伏，全軍盡覆。辛酉，次土木，被圍。壬戌，師潰，死者數十萬。”兵部侍郎于謙同文武官、内外臣擁立朱祁鈺稱帝，年號景泰。景泰元年（1450）英宗被釋，1457 年，英宗復辟。“木”，《明名臣琬琰録》作“默特”；又，“而瓦剌”，《明名臣琬琰録》作“衛喇特”。

［44］“公”下二字，《國朝獻徵録》字跡不清，據《明名臣琬琰録》補“在豈”二字。

［45］蔣貴一子雄，年二十四，寡不敵眾，自刎沉江。一子義，“病不能嗣，以義子琬嗣侯。天順末，陪平羌將軍印，總兵甘肅，築甘州沙河諸屯堡”。“贈涼國公，謚敏毅。”② 見《明史·蔣貴傳》附《蔣義傳》。

［46］《國朝獻徵録》脱“父葬後二十五年”及以下各字。據《明名臣琬琰録》補。蔣貴葬於“正統十四（1449）”，刻碑在“葬後二十五年”，即成化十年（1474）。

［47］《明史·蔣貴傳》：“貴起卒伍，不識字，天性樸實，忘己下人，能與士卒同甘苦。”③ 碑與史傳一致。

［48］列爵：分頒五種爵位。《尚書·武成》：“列爵惟五，分土惟三。”孔傳：

① （清）張廷玉等：《明史》卷十，中華書局 1974 年版，第 4557 頁。

② 《明史》卷一百五十五，第 4260 頁。

③ 同上。

“爵五等，公侯伯子男。”① 五等：古代帝王對貴戚、功臣的爵位封賜。周分公、侯、伯、子、男五種爵位。明代封爵仍有宗室和異姓之别。燕王朱棣即位後，對宗室“分封而不錫土，列爵而不臨民，食禄而不治事”②。洪武三年（1370），定異姓封爵之制，分公、侯、伯三等。公、侯可世世承襲，一般由嫡長子優先繼承。爵位承襲以鐵券、誥命為憑證。蔣貴為定西侯，贈涇國公，孫“琬嗣侯”。故下文有“以琬封定西侯”及“同封鐵券、金書”之語。“追封三代”，亦見上文“追封其曾祖三公，祖八公，父從龍，皆定西伯。曾祖妣楊，祖妣杜，妣程，皆伯夫人”。

［49］聲詩：樂歌。宋歐陽修《相州晝錦堂記》：“勒之金石，播之聲詩。”③

［50］貂蟬：泛指顯貴大臣。《漢書·劉向傳》：“今王氏一姓乘朱輪華轂者二十三人，青紫貂蟬充盈幄内。”④

彙考

碑云：“宣德二年，四川松潘夷叛，以公充右参將，率軍捕之。”《明史·四川土司》載：“時賊圍松潘、疊溪、茂州，斷索橋，官軍與戰皆敗，出掠緜竹，官署民居皆被焚燬，鎮撫侯璡死之。”⑤ 次年方平息。同書《蔣貴傳》載，宣德七年復命為参將，佐懷鎮松潘。八年，諸番復叛，貴充副總兵⑥。《明實録·宣宗實録》載：宣德九年冬十月，“四川總兵官都督僉事方政等討松潘番蠻，平。先是，上敕政及副總兵都督僉事蔣貴以番蠻所居險要，宜静以撫之，如不服，率兵勦捕。政等初榜諭禍福，威、茂諸衛所番蠻，皆向化安業。唯松潘、疊溪所轄西北任昌、巴諸、黑虎等寨梗化，攻圍關堡，搶掠客商，肆惡不已。政等率官軍土兵，分道而進。政以精鋭兵三千五百，擊其西北大寨，破之。貴督兵四千余，破任昌大寨。而都指揮趙得、宫聚等各進兵，以次討平龍溪等三十七寨，前後斬首一千七百餘級，墜崖赴水死者無筭，餘寇帖服”⑦。《明史·蔣貴傳》載：宣德九年（1434），松潘諸番復叛，蔣貴“督兵四千，攻破任昌大寨，會都指揮趙得、宫聚兵以次討平龍溪等三十七寨，斬首一千七百級，

① 十三經注疏整理委員會：《尚書正義》卷十一，《十三經注疏》，北京大學出版社 2000 年版，第 349 頁。

② 趙爾巽等：《清史稿》卷二百一十五，中華書局 1977 年版，第 8936 頁。

③ （宋）歐陽修著，李逸安點校：《歐陽修全集》卷四十，《中國古典文學基本叢書》，中華書局 2001 年版，第 586 頁。

④ （漢）班固撰，（唐）顔師古注：《漢書》卷三十六，中華書局 1962 年版，第 1960 頁。

⑤ （清）張廷玉等：《明史》卷三百一十五，中華書局 1974 年版，第 8026 頁。

⑥ 《明史》卷一百五十五，第 4258 頁。

⑦ 《明實録》卷一百一十三，臺北：臺灣歷史語言研究所據原國立北平圖書館紅格鈔本影印，1962 年，第 4 頁。

投崖墜水死者無算"。《明史·四川土司》①《四川通志·四川土司》② 記載一致，均云宣德九年（1434），"敕指揮僉事方政、蔣貴等撫剿松潘。政等至，榜諭禍福，威、茂諸衛俱聽命，惟松潘、疊溪所轄任昌、巴猪、黑虎等寨梗化。政令指揮趙得、宫聚等以次進兵，平龍溪等三十七寨，班師還"。相較各本，《明實録》最詳，"前後斬首一千七百餘級，墜崖赴水死者無筭"。與碑文載"斬首千五百級""投崖箐死者無算"，情節相同，斬首數相近。方政破西北大寨，蔣貴破任昌大寨，趙得、宫聚等平龍溪等三十七寨，共三十九寨。碑稱"連破黑虎等四十餘［寨］"，所述應是同一場戰役。只是《蔣貴神道碑》將諸將之功集於一人，難免有溢美之嫌，亦失載時間，據史乘可補。碑銘與史乘互補，完整地反映了宣德間，四川松潘、疊溪所轄藏羌反抗明朝統治者的鬥争。

表面上看，宣德間的這場鬥争，是由千户錢宏因一己私利，憚調發官軍往征交趾，挑撥松潘衛阿用等寨蠻寇、擁眾萬餘、傷敗官軍而引發的。實際上，明初就有。《明史·四川土司》載：洪武十一年（1378），四川都司遣兵修建灌縣至桃關的道路，"汶川土酋孟道貴疑之，集部落阻桃關道。都司遣指揮胡淵、童勝等帶統兵分二道擊之，一由石泉，一由灌口"。"明軍南北兩路，遂會於茂州"。茂州權知州"楊者七迎降，以者七仍領其州。乃詔立茂州衛，留指揮楚華將兵三千守之"③。洪武十七年（1384），楊者七"陰結生番，約日伏兵陷城"。洩密，"遂發兵捕斬者七。生番不知覺，如期入寇，官軍掩擊敗之"。此後，盡徙羌民於城外。故《古今圖書集成·方輿彙編·職方典·成都府部》云：茂州統羌民，"設茂州衛，以統軍伍，軍居内城，民居外城"④。同時，也與明朝統治者對少數民族實行的殘酷鎮壓有密切關係。僅一次鎮壓，動用兵力就近三萬人。《明史·四川土司》："遣都指揮簽事蔣貴往，同松潘衛指揮吴瑋招撫番寇，令調附近諸衛二萬人以行。""蜀王遣護衛官校七千人來援，命都督陳懷與指揮蔣貴等合師亟討之。"⑤ 破四十餘寨，斬首千五百級，投崖箐死者無算。蔣貴參加了明早期對北元韃靼、瓦剌，西南四川岷涪江上游藏羌、雲南麓川平緬軍民宣慰使司等少數民族的鎮壓。碑文為研究明中央王朝對少數民族的民族政策、軍事鎮壓，特別是明早期對羌人、羌區的控制，提供了難得的實證材料。

---

① （清）張廷玉等：《明史》卷三百一十一，中華書局1974年版，第8027頁。

② （清）常明修，楊芳燦纂：《嘉慶四川通志》，臺灣：華文書局1967年版，第2872頁。

③ （清）張廷玉等：《明史》卷三百一十一，中華書局1974年版，第8022頁。

④ （清）陳夢雷等：《古今圖書集成》卷五百九十一（108），中華書局1934年版，第29頁。

⑤ （清）張廷玉等：《明史》卷三百一十一，中華書局1974年版，第8026頁。

219 茂州紀□碑 成化二十一年（1485）正月

說明

碑石原刻立於四川省茂縣，具體地址不詳。現藏茂縣羌族博物館。碑文19行，行存字數不等。楷書。兩側刻纏枝卷葉紋。額圓抹角，刻卷雲紋。圖案精美。惜碑體泐蝕甚嚴。

碑文

茂州紀□碑。/

欽差□資松潘等□□□□（下泐）司右立（下泐）/欽□整飭松潘等□□□□□按察司（下泐）/□□州治□松威之間，□山水險，以自□堡道路外皆□□□□我/國家混□之初即□□衛所[1]，以防禦控制者至矣。是後（下泐）/朝廷從其請□擇□而□焉。成化辛丑，都閫鄉公遂有□/命公下車之日選仕[2]，武□養士鋭[3]，犻令□□□□必□□是□□□（下泐）/□日巡眎境内[4]。□有宜修葺增置者，一□經□而為之，以城之西面偪进大（下泐）/患扵控岷門处[5]，創磦石城，重備武安，祠乾銅為鐘扵□門，朝□鳴之，以奉神而（下泐）。/曰□磵，高峻堅寔[6]，守以戍卒，而賊莫敢过焉。以壯觀□□□人瞻望則建坊□二□□西（下泐）/□通，通濟往來，免人□涉，則構石橋一扵領遠門外，□題其坊，牌曰“鎮遠橋”也。至扵（下泐）/公公□隙地，特以□其物，使神有所依焉。惟是□者，四三年間，以次生成茂州衛（下泐）/有功吾茂焉。可無志以遺夂遠。請予以記□。以□□松茂軍□□為用□□□得（下泐）/者，所以謹王制□氏力也[7]。今公有作扵茂，所像□大□一門一闕之比。□國宜有以□之（下泐）/功善為國者，消患扵未萌，何也？盖出奇料敵，算無遺□，可謂智矣。戰必勝，攻必取，可謂□矣。（下泐）/多矣。惟有備扵己，被不能軍。所謂不戰而屈人之兵[8]，必能消患於未萌也。□公所作之□□（下泐）/沮則邊□不生□力□□□用，不□其患之消扵未萌也，為何如哉！然則為將為國之道（下泐）/若是公□倫字□莫□□□蔭為□□尋以將才選扵司馬□□。/當宁遂升之都閫，而□今□哉云。/

成化二十一年，歲次乙巳，春正月□□立石。/

著録

1. 茂縣羌族博物館藏石。2. 阿壩州文管所藏拓。

注釋

［1］茂州地處松潘、威州之間，《道光茂州志·形勢》引舊志：“關峙七星，鎮羌

氏之門户，堡雄大定，張松疊之屏藩。”① “以自”，本作“以致”。

［2］“都”下一字，觀拓，外“門”清晰，内泐，似“閫”。都閫：指統兵在外的將帥。其下一字，字形結構及存筆劃，似“鄉”。鄉公：爵號名。《三國志·魏志·文帝紀》：“初制封王之庶子為鄉公，嗣王之庶子為亭侯，公之庶子為亭伯。”②

［3］“武”下一字，上“此”清晰，下泐，有存痕似“紫”，又似“觜”。不確。養士：謂收羅、供養賢才。

［4］眎：“視”的古字。觀察之意。

［5］偪：迫近，靠近。“控”下一字，上“山”，下左為“止”，右為“弋”，是“武”的異體。

［6］“堅”下一字，審拓，似“寔”。

［7］松茂軍：明代鎮守松州衛、茂州衛的軍事力量。松州衛，洪武十一年（1378）置，二十年（1387）改置松潘等處軍民指揮使司。嘉靖四十二年（1563）改置松潘衛。茂州衛：洪武十一年（1378）於茂州置。《明史·王翱列傳》：王翱，宣德五年（1430），“巡按四川。松潘蠻竊發，都督陳懷駐成都，相去八百餘里，不能制。翱上便宜五事：‘請移懷松潘；而松茂軍糧於農隙齊力起運，護以官軍，毋專累百姓”③。

［8］“不”下一字，存右半。據上下文義，當“戰”字。

彙考

《道光茂州志·關隘》載：明代，茂州設有月峰墩、夾山墩、土地嶺堡、鎮遠堡、關子堡、神溪堡、永寧墩、土門堡、鎮安堡、嵩坪碉、桃坪堡、月耳門、北定墩、四顧墩、七星關、鎮戎堡、椒園堡、長安堡、寧江堡、松溪堡、長寧堡、穆肅堡、實大關、新子堡、馬路堡、小關子堡、新橋堡、普安堡、太平堡、永鎮堡等，“明羌民屢肆擾掠我”④。僅成化十五年（1479）就建有神溪堡、長安堡、馬路堡等，可見明朝統治者對茂州的軍事管制與統轄。

---

① （清）楊迦懌等修，（清）劉輔廷纂：《道光茂州志》卷一，《中國地方志集成·四川府縣志輯》（66），巴蜀書社（據清道光十一年刻本影印）1992年版，第330頁。

② （晉）陳壽撰，（南朝宋）裴松之注：《三國志》卷二，中華書局1964年版，第80頁。

③ （清）張廷玉等：《明史》卷一百七十七，中華書局1974年版，第4699頁。

④ （清）楊迦懌等修，（清）劉輔廷纂：《道光茂州志》卷二，《中國地方志集成·四川府縣志輯》（66），巴蜀書社（據清道光十一年刻本影印）1992年版，第344－345頁。

220 廣福寺碑記 弘治八年（1495）五月初八

説明

碑石原刻立於四川省汶川縣龍溪鎮龍溪場址廣福寺，現已亡佚。文存3行，滿行存6－8字。楷書。泐蝕甚嚴。額楷書題“汶川縣尤溪廣福寺”。該碑又題《汶川縣龍溪鎮廣福寺》。

額

汶川縣尤溪廣福寺[1]。/

碑文

東界里（泐）/蠶岩巡檢信官（泐）[2]。/
弘治八年五月八日。/

著録

《民國汶川縣志》43

注釋

［1］尤溪：今“龍溪”。明屬汶川東界里，清為下水里村落。《汶志紀略·鄉里》：“尤溪，治南一百二十里。”① 1952年11月25日，劃歸灌縣，即今都江堰轄鎮。《民國汶川縣志》：廣福寺左側，存明成化九年□鑄之鐵鐘，上有“龍王廟”字樣。碑與鐘相距數十步②。可知廣福寺即龍王廟舊址。《古今圖書集成·方輿彙編·職方典·成都府部》汶川縣：“廣福寺，在尤溪，康熙九年知縣田卜昌重建。”③

［2］蠶巖：即“蠶巖關”。《清一統志·茂州》：茶關“在汶川縣南一百四十里。一名蠶巖關”④。清代有把總駐防。在今都江堰市西北龍溪鄉東。

---

① （清）李錫書：《汶志紀略》卷二，清嘉慶十年（1805）蕊石山房藏版，第11頁。

② 祝世德纂：《民國汶川縣志》卷二，《中國地方志集成·四川府縣志輯》（66），巴蜀書社（據民國三十三年本影印）1992年版，第456頁。

③ （清）陳夢雷等：《古今圖書集成》卷五百九十一（108），中華書局1934年版，第20頁。

④ （清）穆彰阿等：《清一統志》（24），《四部叢刊續編》卷四百一十五，第9頁。

彙考

該碑反映了明代龍溪一帶崇佛造像的活動。縱觀南朝齊《釋玄嵩造像記》、初唐《疊溪點將臺摩崖石刻造像》、明《廣福寺碑記》，可知岷江上游羌區佛事活動從未中斷，並與駐軍及政府官員有密切關係。

221 重修壩州堡碑 正德十六年（1521）四月

説明

碑石於2005年夏出土於四川省汶川縣龍溪鄉羌人谷東門口寨1－050號林强家宅基地。2012年5月，項目組田野調查首次發現並椎拓。碑石高52 cm，寬99 cm，厚14 cm。左下角殘缺。碑文30行，滿行14字。楷書。泐蝕較嚴重。該碑又題《龍溪重修壩州堡碑記》。

碑文

粤自我/太祖高皇帝奄及九有[1]，華夷賓服，西蜀極邊，/壩州堡設於層峯疊嶂之中[2]，乃前改威/州之舊州治也。城池不滿三里，碉下舊/州二里，細民居焉[3]。與龍溪等夷寨，巢穴/相抵。夷雖素嘗向化，性類犬羊，心無定/在[4]。有時為細民害。蓋因城不險阻，兵革/未利。

弘治初年以來，叅將房公令茂州/衛指揮田王巡督至後/兵叅作闕節委指揮章璽、蔣成、田鑑[5]，重/慶衛指揮張勇[6]，威所千戶宋璡、唐光恭/督堡[7]，各添修鎮夷、宣威、太平等墩[8]，加增/城垣，以麗威武，保障頗固。

正德庚辰冬，/予奉/撫巡兵叅吴芮諸公命，任本堡提督，上/下湏得鎮夷墩[9]。要衝番路，先年被番犯/境焚毁，弗堪禦患。予赤心昪建[10]，巍雄其/勢。與夫城鋪臺橋，次第聿新。精兵堅革，/整肅踰前[11]。視之徃昔，似與不侔[12]。墩完，紀/敘以來，千萬載之一日云。/

正德拾陸年，歲次辛巳，孟夏穀旦立。/

眉山青雲寺陳俊秀夫書于養志軒。/

提督西路保霸等關堡□□□、/茂州衛指揮僉事萬嘉言克行重修[13]。/

巡視地方威州千戶所、千戶萬威/掌壩州堡、重慶衛、右所千戶□□仁[14]，/領哨百戶秦□□（下殘損）/督工威州王合運、/茂州衛總旗楊六十、袁生保、楊友賢、鄭如春（下殘損）[15]。/重慶衛總旗喬二、李三三、朱仝、張來保、錫（下殘損）。/寧川衛總旗陳滿哥[16]、雷五、羅信中、鄭□（下殘缺）。/

威州守禦千戶所（下殘缺）/重寧二衛織[17]（下殘缺）/□（下殘缺）。/

著録

1. 曾曉梅藏拓。2.《東亞文獻研究》13－169。

注釋

[1] 太祖高皇帝：指明太祖朱元璋，在位時間三十一年（1368－1398）。奄：覆蓋；佔有。九有：猶九州，全國。

［2］壩州堡：《理番廳志·建置志·關隘》作“霸州堡”。在理番廳東，距城四十里。“舊威州遺址，既東遷，乃改為堡。明宏治間，龍溪等砦倡亂增修保子十三墩”①。宏治，應“弘治”。故《古今圖書集成·方輿彙編·職方典·成都府部》羌蠻考：“自威州西路則保子關、坡底堡、壩州堡、西坪堡、乾溪堡，鎮彝關、新安堡抵保縣。”② 堡内設提督管堡官一員，戍官一員，提督隊民兵四十八名，主軍六十二名，戍軍一百九十一名③。

［3］細民：小民，平民。

［4］類：“類”的異體。向化：歸服。《後漢書·寇恂傳》：“今始至上谷而先堕大信，沮向化之心，生離畔之隙，將復何以號令它郡乎？”④ 犬羊：中國四方少數民族，以蟲獸偏旁命名，賤視由來已久。“蠻”“貊”“狄”，見於先秦經籍。宋、元以來，以犬旁字命名者尤多。“素常向化，性類犬羊”，指西蜀邊地羌人及其他少數民族雖已歸服，但心性無定，容易反覆、生變，乃鄙薄之語。

［5］衛：明代軍事建制單位，通常擁兵5600人。長官稱指揮使，辦事機關稱指揮使司。下設千户所、百户所、總旗、小旗。洪武十一年（1378），置茂州衛指揮使司，在今茂縣鳳儀鎮故城内。領轄有隴木頭長官司、静州長官司、岳希蓬長官司⑤。壩州堡屬茂州衛威州千户所管轄。王：姓。此為名。巡督：巡視督察。“兵參”下字泐，觀拓，似“作關”。《東亞文獻研究》未釋。

［6］重慶衛：洪武六年（1373）置，見《太祖實録》卷八十六。明代衛所之間官兵常調防。“重慶衛指揮張湧”在壩州堡督堡，當調防至此。《清史稿·土司》：正統六年（1441），雍中羅洛思、桑郎納思壩奉調出藏，鎮壓威茂、孟董、九子、黑虎等寨諸番⑥。松茂威州亦有官兵向外調防。宣德二年（1427），松潘衛千户錢宏因調撥松潘官軍往征交阯，憚行，詭言，引發暴亂，“冀免調”⑦。《憲宗實録》卷五十一：成化四年（1468），松、茂等衛所屬白草壩等番擁眾屢寇安縣轅門壩、石泉縣大方關等處，“蓋因各城軍士俱調征都掌、松、茂等處，關隘多失巡守”，致指揮王璟備禦不

---

① （清）吴羹梅修，（清）周祚嶧纂：《同治直隸理番廳志》卷五，《中國地方志集成·四川府縣志輯》（66），巴蜀書社（據清同治五年刻本影印）1992年版，第683頁。

② （清）陳夢雷等：《古今圖書集成》卷五百九十三（108），中華書局1934年版，第31頁。

③ （清）陳克繩纂，（清）施義爵、李心正校訂：《乾隆保縣志》卷七，《故宫珍本叢刊》（221），海南出版社2001年版，第191頁。

④ （南朝宋）范曄撰，（唐）李賢等注：《後漢書》卷十六，中華書局1965年版，第620頁。

⑤ （清）張廷玉等：《明史》卷九十，中華書局1974年版，第2209頁。

⑥ 趙爾巽等：《清史稿》卷五百一十三，中華書局1977年版，第14234頁。

⑦ （清）張廷玉等：《明史》卷三百一十一，中華書局1974年版，第8026頁。

謹[①]。天啟元年（1621），永寧土司（今貴州）佘崇明反叛，圍成都。寒水鎮土巡檢高小金援剿，加銜宣慰司[②]。

［7］威所：即“威州千户所”，亦“威州守禦千户所”。千户所，金初置，蒙元沿襲，隸萬户，統領百户所。明代衛所兵制亦置。威州千户所，洪武十年（1377）設。《明史・丁玉傳》：洪武十年（1377），丁玉為右御史大夫。“四川威茂土酋董貼里叛，以玉為平羌將軍討之。至威州，貼里降。承制設威州千户所。十二年平松州，玉遣指揮高顯等城之，請立軍衛。帝謂松州山多田少，耕種不能贍軍，守之非策。玉言松州為西羌要地，軍衛不可罷，遂設官築戍如玉議。”[③]《理番聽志・邊防制・兵制》：“於茂州設衛，於威州設守禦千户，隸四川都指揮使。”[④] 千户所駐威州，今汶川縣威州鎮。明孝宗弘治年間（1488－1505），曾依山就勢修築威州磚城，置州府及千户所於城内。

［8］墩：亦稱“墩臺”，或“報警臺”，重在報信。屬明朝基本軍事防禦設施之一。明黄瑜《雙槐歲鈔・車戰器械》：“車騎連雲砲震雷，邊墻如月接墩臺。”明朝軍事基本防禦體系由城、堡、關隘、墩臺組成。明朝在羌區龍州、松潘、茂州、威州、保縣等各州、縣廣設關、堡、墩臺，分級管理。關據險、堡中堅、墩報信，相互連接，構成一個嚴密的軍事防禦體系。這些設施，扼守通道，作為防禦、彈壓羌藏少數民族的要隘和屏障。弘治初年以來，因“龍溪等砦倡亂增修”墩。碑文與《理番廳志・建置志・關隘》所載吻合[⑤]。

［9］湏：同“須”。壩州堡在弘治年增設修建後，“嘉靖二十七年，水溢，衝塌西南城垣，兵備馬九德、總兵何卿重修。城岸改建，挑橋設官兵防戍”[⑥]。正德庚辰（正德十五年）冬重修，次年完工。史乘失載，可補史闕。

［10］㪏：即“拆”的加形字。

［11］“整”下一字，泐蝕嚴重，上“⺻”清晰，下存痕，似構件“片”“爿”，應是“肅”。整肅：整頓。踰：同“逾”，超過。

［12］侔：指相等、相同。

［13］指揮僉事：明朝的軍事指揮職務。秩正四品，明代京衛指揮使司所轄，協理禁中警衛部隊，為“分巡道”前身。所轄千户所，多寡各不等。見《明史・職官

---

① 李國祥，楊昶：《明實録類纂・四川史料卷》，武漢出版社 1993 年版，第 1536 頁。

② （清）陳夢雷等：《古今圖書集成》卷五百九十一（108），中華書局 1934 年版，第 30 頁。

③ （清）張廷玉等：《明史》卷一百三十四，中華書局 1974 年版，第 3909 頁。

④ （清）吴羹梅修，（清）周祚嶧纂：《同治直隸理番廳志》卷四，《中國地方志集成・四川府縣志輯》（66），巴蜀書社（據清同治五年刻本影印）1992 年版，第 751 頁。

⑤ 《同治直隸理番廳志》卷五，第 683 頁。

⑥ 同上。

志》。

［14］右所千户：明代衛下設五個千户所，即前、後、左、右、中所千户。正千户，正五品。副千户，從五品。

［15］總旗：明代兵制，五十人為總旗，十人為小旗。《明史·兵志二》："天下既定，度要害地，係一郡者設所，連郡者設衛。大率五千六百人為衛，千一百二十人為千户所，百十有二人為百户所。所設總旗二，小旗十，大小聯比以成軍。"①

［16］寧川衛：明洪武十一年（1378）四月置，駐四川省成都市。

［17］"衛"下一字泐，細觀，左"糸"，有"戠"，是"織"字。

彙考

"壩州"，據《舊唐書·地理志》："天寶元年，因招附生羌置静戎郡。乾元元年，改為霸州。"隸松州都督府②。"霸"借為"壩"，是專用字，出現時間大約在宋代。明清石刻和典籍，多作"霸州"，如《四川通志》《乾隆保縣志》《汶志紀略》《理番廳志》和《民國汶川縣志》，及康熙四十年（1701）《牟托温氏土司碑》等，後者刻於茂縣南新鎮牟托村上寨温耀萍門前，載"奉憲札去霸州"。有的作"壩州"，如《重修壩州堡碑》《古今圖書集成》《明史》等。《四川通志·武備·邊防》稱宋徽宗政和二年（1112）知成都龐恭孫建言開拓威州保霸。"威州保霸蠻者，唐保霸二州也，天寶中所置，地陷没酋董氏，世有其地，與威州相錯，因羈縻焉，保州有董仲元，霸州有董永錫者。""嘉祐及熙寧中皆嘗請命於朝，以董舜咨、保州地為祺州，董彦博霸州地為亨州。"③ 碑云："壩州堡設於層峯疊嶂之中，乃前改威州之舊州治也。"威州舊州治，在理縣薛城鎮（非今薛城），即古維州。郭聲波據貞觀二年（628）維州移治姜維城（今理縣雜谷腦鎮，非今汶川縣城姜維城）東之薛城戍（在今甘堡鄉西南，亦不在今薛城區）認為唐維州治即為今理縣甘堡鄉西南④。此處現存兩處摩崖，一為隋開皇九年（589）《姜須達通道記》，一為唐開元十五年（727）《樸頭題記》，刻於理縣雜谷腦鎮西 2.5 公里的樸頭山古道旁的崖壁上，反映了隋朝為保障中央王朝與羌地交通暢通的史實，以及唐與羌共征吐蕃的史實。威州舊治在此，其説可採。景祐三年（1036），以與山東濰州聲相亂，改為威州⑤。"洪武二十四年（1391），徙威州治於霸

① （清）張廷玉等：《明史》卷九十，中華書局 1974 年版，第 2193 頁。

② （後晉）劉昫等：《舊唐書》卷四十一，中華書局 1975 年版，第 1706 頁。

③ （清）常明修，楊芳燦纂：《嘉慶四川通志》卷九十，巴蜀書社 1984 年版，第 2883 頁。

④ 郭聲波：《"岷江西山九州"考——唐貞觀十三年政區考辨》（五），《中國歷史地理論叢》1998 年第 2 期，第 41 頁。

⑤ （元）脱脱等：《宋史》卷八十九，中華書局 1977 年版，第 2214 頁。

州，今東門外番寨。宣德七年（1432），因羌患逾江，徙治汶川縣。”① 《汶志紀略・建置》亦載：“明宣德中，古維州為生番所尅，移治霸州。復罹番害，遂遷威治於汶川縣，而遷汶川治於寒水驛北。”② 董卜韓胡宣慰司在四川“威州之西”；保縣所設雜谷安撫司，肩負著撫輯舊維州諸處蠻寨之職，“後與董卜搆兵。維州諸地俱為侵奪”③。史乘與碑銘反映了威州在明末時為二土司所迫，州治三次遷徙的史實。

① （清）陈克繩纂，李心正校訂：《乾隆保縣志》，《故宫珍本叢刊》（221），海南出版社 2001 年版，第 3 頁。

② （清）李錫書：《汶志紀略》卷一，清嘉慶十年（1805）蕊石山房藏版，第 5 頁。

③ （清）張廷玉等：《明史》卷三百三十一，中華書局 1974 年版，第 8595 頁。

222 參府題名 嘉靖五年（1526）

説明

碑石原刻立於四川省松潘縣屬東小河營城（今東小河鄉），原石亡佚。王元正撰文。

碑文

參府題名記。

明檢討王元正。

國朝制馭羌番，其法甚周：以維茂為松潘南路，設右參將主之；以龍綿為松潘東路，設左參將主之[1]。協贊松潘總兵守要害，遏遠人[2]。於是乎參將之職甚重。關中蔣君敬夫以書來告山人曰："某守東路，慄慄恐弗騰[3]，乃往搜前人名目：自成化癸卯至於今嘉靖丙戌[4]，共得一十五人。謹以姓氏履歷鑱諸石，聳我觀法云耳，幸題一言於端。"山人以罪纍辭，伻再至，意懇不能違，乃略言曰："夫主東路者凡幾人，今已既往矣。其仁其暴，其廉其貪，其勇其怯，其攻其守，其建功其僨事[5]，行履之跡，人言歷歷乎耳可聞也。又乃加諸石，則赫赫乎姓氏之昭白，目可睹矣。聞諸耳也，復觀諸石，人焉瘦哉！是則可謂已也。夫畏焉而思齊，則可；苟若小人之無忌憚也。人之言弗我恕，石肯為我揜歟[6]？斯不又無窮之畏也夫！敬夫嘗為茂州遊擊將軍，愛下而廉，去後人思之。今主東路，汲汲用心若此，蓋非徒畏者也。謹記。

著録

1.《民國松潘縣志》卷 8－文苑 29。2.《西川羌族特殊載體檔案史料研究》281。

注釋

［1］參將：明代始設。鎮守邊遠地區的統兵，位次於總兵、副總兵。分守各路。無定員。《明史·兵志》："五軍營：大將一員，統軍一萬，總主三營副、參、遊擊、佐擊及坐營等官；副將二員，各統軍七千；左右前後參將四員，各六千。遊擊四員，各三千。"① "鎮守四川總兵官一人，隆慶五年添設，駐建武所。分守副總兵一人，協守參將二人，遊擊將軍二人，守備六人。"注："松潘副總兵，舊設"，"曰松潘東路左參

① （清）張廷玉等：《明史》卷八十九，中華書局 1974 年版，第 3180 頁。

將，曰松潘南路右參將”①。與碑文合。清代沿置，為緑營兵的統兵官，位次副將，掌理軍務。見《清史稿・職官志》。《民國松潘縣志・兵制》：“維州左右兩營駐扎理番廳區域；茂州疊溪兩營駐扎茂州區域。”② 龍綿：即龍州、綿州。

［2］總兵：又稱“總鎮”。明初，鎮守邊區的統兵官有總兵和副總兵。總兵本為差遣名稱，後漸成常駐武官。其統轄兵士、編制定員、位階皆無定，通常為公侯或地方都督兼任。

［3］慄慄：畏懼的樣子。

［4］成化癸卯至嘉靖丙戌：即成化十九年（1483）至嘉靖五年（1526）。

［5］僨事：失敗之事。《禮記・大學》：“一家仁，一國興仁；一家讓，一國興讓；一人貪戾，一國作亂，其機如此。此謂一言僨事，一人定國。”郑玄注：“僨，猶覆敗也。”③

［6］揜：遮蔽，掩蓋。《西川羌族特殊載體檔案史料研究》作“拼”，非。

彙考

明小河營，屬松潘衛。駐扎小河城，距松東一百八十里④，治今四川省松潘縣東小河鄉。《重修壩州堡碑》《參府題名記》等石刻反映了明朝在四川西川岷江上游對羌、藏等少數民族實施的軍事戰略、管制，以及軍隊建制。

王元正，字舜卿，陝西盩厔人。《道光茂州志・职官志・謫臣》：“正德辛未進士，授翰林檢討，以議禮，謫戍茂州衛。”⑤ 初號三溪，後改號玉壘。卒於任上。書有“山水間讀書處”，撰《温凉泉銘》等文⑥。同僚楊慎撰《祭玉壘王舜卿文》⑦。汶川知縣徐廷鈺，於乾隆五十四年（1788）發現古墓，碑記云“前代老先生之墓”，撰《古墓記》⑧，考“前代老先生”即王元正。遷墓後，不知墓址何處。

---

① （清）張廷玉等：《明史》卷七十六，中華書局 1974 年版，第 1869 頁。

② 傳崇榘等修，徐湘等纂：《民國松潘縣志》卷二，《中國地方志集成・四川府縣志輯》（66），巴蜀書社（據民國十三年刻本影印）1992 年版，第 92 頁。

③ 十三經注疏整理委員會：《禮儀正義》卷六十，《十三經注疏》，北京大學出版社 2000 年版，第 1868 頁。

④ 傳崇榘等修，徐湘等纂：《民國松潘縣志》卷二，《中國地方志集成・四川府縣志輯》（66），巴蜀書社（據民國十三年刻本影印）1992 年版，第 92 頁。

⑤ （清）楊迦懌等修，（清）劉輔廷纂：《道光茂州志》卷三，《中國地方志集成・四川府縣志輯》（66），巴蜀書社（據清道光十一年刻本影印）1992 年版，第 378 頁。

⑥ （清）李錫書：《汶志紀略》卷四，清嘉慶十年（1805）蕊石山房藏版，第 32 頁。

⑦ 同上書，第 38 頁。

⑧ 同上書，第 34 頁。

附

222－1　山水間讀書處　嘉靖七年（1528）

説明

碑石原藏四川省汶川縣威州師範學校。

碑文

山水間讀書處。/
嘉靖戊子。/
王元正。/

著録

阿壩州文管所藏拓

223 宋璉妻陳氏墓碑 嘉靖七年（1528）十一月初六

説明

碑石原刻立於四川省汶川縣，現已亡佚。維章撰文，楊國本書丹。該碑又題《沙窩陳氏塋墓碑》。

碑文

沙窩陳氏塋墓碑記。

進士□□□郎、北京大司徒雲南清吏王事侯維章撰。

奉訓大夫、知成都府威州事、福建鄉貢進士蒲田楊國本書。

嘉慶七年三月初一日，威州守禦千總宋璉，其內閫陳氏[1]，以病隕□，詣□言曰：茲墓石幸有□□□□卜新域於五龍山原，將送殯而徒焉。為是阡□無文，無以表識將來，敢以托□□，以□□生。

按陳氏屬成都人，父□□有潛德，為□府所重。君聞而納之。天性沉靜慈和，□□□□□弗出諸口，而事上逮下，皆有法度。經紀家務，外內維新。君坐視不□，而得一乃心力，弘濟邊艱，氏力也。先是，予未弟時，嘗游維州，與君善，見其庶務整辦，蓋陳氏□□處者□□。二子希郊、希祁，皆□俊可重，聞之曰，陳氏出也。始之陳氏之有能以克幹□蠱[2]，有德以克昌厥後，其有功于宋宗不淺矣。

景命不融，溘爾長逝，□□也哉！氏生宏治丙辰正月二十日[3]，據卒之年，壽僅三十又三。涓是年十一月初六日，葬五龍山原上，去威□里，在汶川舊縣境，而江拱□[4]，翠峰迤邐，□□□有風氣□□者，以三千金易之，□□□□□□□□□□於三月戊子竣事。五月壬午，遂城一佳域焉。夫衣衾□委此□□□□□□□棺槨□世人□□秋占牛鶴乘生炁者也。此青烏景□氏之術□□□□□[5]。矧陳氏卓有賢聲，兩生賢嗣，氏宜得此勝地而封之，用陰孫枝，則君之□□□□為石槨南山者哉。其穴成都術士徐古用□其地居民張富、董志華鬻之□□□□□□□楊旺、董之法、常當□書。是為記。

嘉靖七年，促冬初六日立[6]。

著録

《民國汶川縣志》209

注釋

［1］千總：明、清置。明初京營三大營置把總。嘉靖二十九年（1530）增置千總。位在中軍以下，把總之上。多由功臣充任。《明史·職官志》："嘉靖二十九年革團營官廳，仍並三大營，改三千曰神樞，設副、參、游、佐營、號頭、中軍、千把總等官。"① 監槍號頭官一人，中軍官十一人，隨征千總四人，隨營千總二十人，選鋒把總八人，把總一百三十八人。清代緑營軍制，守備以下設營千總。初制正六品。康熙三十四年（1695）營千總改從六品。五十八年（1719）復舊。見《清史稿·職官志》。此外，漕運總督轄下各衛和守禦所分設千總、守禦所千總。四川、貴州、雲南等省土司中還有土千總。閫：内室，閫闈，指婦女。此謂妻子。

［2］《民國汶川縣志》"之""蠱"，本作"知""蠱"。"蠱"上，當"父"字。"幹父之蠱"的略語，也省作"幹蠱"。《易·蠱》："幹父之蠱，有子，考無咎，厲，終吉。"② 謂能矯正父母之過並處事有才能。

［3］宏治：當"弘治"。弘治丙辰，即九年（1496）。

［4］"而"，本作"面"。

［5］青烏：指青烏子，傳説中的堪輿家。

［6］據陳氏出生時間、享年33歲，卒年為嘉靖七年（1528）。

彙考

碑主丈夫宋璡，史無載，任"威州守禦千總"。出土於汶川縣龍溪鄉的明正德十六年（1521）《重修壩州堡碑》載"威所千户宋璡"。兩碑相距七年，任職地點、姓名相同，所任職官略有區别。威所，即威州千户所。《明史·職官志》："自衛指揮以下其官多世襲，其軍士亦父子相繼，為一代定制。"③ 可知，宋璡所任"威所千户"，為世襲，屬明代衛所制官職。千總，為明營兵制管職，"總兵官、副總兵、參將、遊擊將軍、守備、把總，無品級，無定員"④。一般情況下，總兵、副總兵由公、侯、伯等勳臣及都督等官充任，參將、遊擊多由都指揮使等官充任，守備、把總則由衛指揮及千、百户充任。推之，後碑威州守禦千總由威所千户宋璡充任。兩碑宋璡是同一人。其族屬，碑文未載。威州，自古羌地。參考同時期人物，如清光緒九年（1883）《趙

① （清）張廷玉等：《明史》卷七十六，中華書局1974年版，第1858頁。

② 十三經注疏整理委員會：《周易正義》卷三，《十三經注疏》，北京大學出版社2000年版，第110頁。

③ （清）張廷玉等：《明史》卷七十六，中華書局1974年版，第1875頁。

④ 同上書，第1866頁。

氏家譜序》云：始祖趙芳於明“嘉靖十一年（1532），為雁門通鶴城堡把總。隆慶二年（1568），為威州吊下里（即月里）村寨等處漢羌軍兵千總”①。趙芳，即清代著名羌族文學家趙萬嘉始祖。汶川縣雁門鄉月里村人。撰《月里廟宇》《重建索橋外三聖宮廟宇碑序》等文②。清乾隆時期，理縣羌寨“擇其傾心投誠之頭人，每寨設立屯總土守備一名，總旗土千總三名。大旗土把總六名，各歸本寨，管束屯兵，以備派遣，共土守備、千把、外委一百一十名”③。推之，宋璉是羌人的可能性極大。

① 祝世德：《民國汶川縣志》，《中國地方志集成·四川府縣志輯》（66），巴蜀書社（據民國三十三年影印）1992年版，第214頁。

② 周錫銀：《羌族詞典》，巴蜀書社2004年版，第550頁。

③ 李紹明：《李紹明民族學文選》，成都出版社1995年版，第443頁。

224 李仲墓誌 嘉靖十五年（1536）四月

説明

墓誌在 1968 年出土於河南省洛陽市新安縣南李村鄉十甲里村李氏墳塋。誌石高、寬均 65 cm，厚 15 cm。現藏新安縣千唐誌齋博物館。王錫撰文，陳璲書丹，劉紀篆蓋，劉學鐫刻。誌文 29 行，滿行 30 字。楷書，有縱橫界格。文字微泐。蓋失記。

誌文

明故忠義官李公墓誌銘。/

邑庠生王錫撰文[1]。/邑庠生陳璲書丹。/邑庠生劉紀篆蓋。/

嘉靖丙申二月十四日，忠義官李公卒。其子學易等，請予為墓誌銘。泣曰：孤遠/祖諱恒[2]，為元太祖總管[3]。至世祖，陞副元帥，賜以寶劒，與宋合興討金人[4]。恒子諱/三轂軫，征吐番有功，陞吐番元帥，居洛陽西三十里拓元城[5]。三轂軫子，諱欽祖，/仍襲舊職。

我/太祖高皇帝改元，欽祖解元帥印，隱居新安城南十五里，今為新安人。欽祖生整，整/生貴，貴生六子，其三則家祖諱安也。家祖配我祖母姚氏，千兵姚公女也。生/五子而家君長。

家君諱仲，字時中，為義官。其次則儒伸佐佩是也。家君性耿直，/不好嬉戲，承累世篤實之風。起家以勤儉孝弟，罔敢怠荒，遇不平事，即與解釋，/或不從，必厲聲叱之，人亦允服。故鄉黨有急難者，多奔家君，家君無不拯救焉。/

嘗寄粟于衛圮、王英各百餘石，玘、英費粟盡，懼索，乃密粥其田産償補。家君聞/之，即召玘、英曰："聞粟已費矣，無乃迫于飢寒乎?"急令返其價于買主後，取券焚/之，以昭其信。嘗一僕逃居宜陽，王還家，與還相毆死。孤弟詠詩訟于官，鞠問當/抵命。家君聞之曰："一僕既死，而復傷人性命，吾不忍也。"乃夜馳訴于官曰："仲子/訟誣矣，僕死實非還也。"反獲罪輸銀九兩。家君事實，類皆如此。今年卒，距其生/在成化癸巳七月六日，享年六十有四。

配我母葛氏，卒。繼我母王氏，次翟氏。凡/八子，長即學易，取庠士韓君女。次序易庠掾，取藩掾劉君女。次贊易，取儒官姬/君女。次詠詩，取處士崔君女。皆母葛氏所出也。次復易，取國學生姬君女。次玩/易，取庠士王君女。次論詩，取節判趙君女。皆母王氏所出也。次象易，尚幼，翟氏/出也。女一，適巡宰夏君子鼐。卜是年四月朔，厝家君于澗水之南，乞為銘。予嘗/聞諸李子天瑞，曰："吾家世孝義，先祖嘗納租京師，不昧遺金。先君割股以痊母/疾。叔考肉袒，負荊以釋母怒。"蓋天瑞李公，從弟而割股者，公伯父也，負剤者，公/父也，因知其為世家。而銘之曰：/

厥祖簪纓，寔光于後。綿綿孫子，令德孔昭。克孝克義，振爾家聲。群山糾紛，

潤水/沄沄。撫君子之幽宮，将百世其無堙。/

石工劉學鐫。/

著録

《中國藏西夏文獻·金石編》18－167 圖，168 文。

注釋

［1］庠生：府、州、縣學的生員。明清秀才的别稱。

［2］《元史·李恒傳》："李恒，字德卿，其先姓於彌氏，唐末賜姓李，世為西夏國主。太祖經略河西，有守兀納剌城者，夏主之子也，城陷，不屈而死。"子惟忠由宗王合撒兒留養。後從經略中原，有功，為達魯花赤。惟忠子恒，王妃撫之猶己子。世祖時為淄萊路奥魯總管，後改宣威將軍，益都、淄萊路新軍萬户。累伐宋有功，贈銀青榮禄大夫、平章政事，謚武愍；再贈推忠靖遠功臣、太保、儀同三司，"追封滕國公"①。

［3］《李恒家廟碑》："我太祖始平之。其宗有守某某城者，獨戰死不下，子惟忠尚少，求從父死。"某某城，即兀剌海城，太祖四年（1209）城破。此時，李恒父惟忠年僅七歲。誌文"元太祖"誤，應指世祖時，"李璮為逆，有迹淄州。君獨從公馳聞，璮繫闔門獄中。璮誅"。"授公淄萊路奥魯總管。"見《李恒家廟碑》。

［4］此謂蒙古與南宋聯合伐金之事，發生在蒙古太宗窩闊台汗六年，宋理宗端平元年（1234）。據元至大元年（1308）《李恒新廟碑》："十七年三月，以資善大夫、中書左丞、行中書省事於湖廣。後四年，承詔從皇子鎮南王討罪交趾。"知李恒在征討交趾班師時殿後受傷而卒，是為至元二十一年（1284）。《李恒家廟碑》："竟以毒發，薨思明州，年止五十。"《元史·李恒傳》："至思（明）州，毒發，卒，年五十。"此可推李恒於南宋端平二年（1235）出生，不可能参加"與宋合興討金人"，此戰應為其父惟忠参加。

［5］李恒子解元帥印，居於洛陽西三十里拓元城。拓元城，具體地址不詳。

彙考

誌稱其為西夏皇室後裔李恒子嗣。但史傳與誌文所記子嗣不同。《元史·李恒傳》載恒子孫三代，即子散木斛，江西行省平章政事；囊加真，益都淄萊萬户；遜都台，同知湖南宣慰使司事。孫薛徹干，兵部侍郎；薛徹秃，益都般陽萬户。至元二十八年

---

①（明）宋濂：《元史》卷一百二十九，中華書局 1976 年版，第 3155－3159 頁。

(1291)《李恒新廟碑》、據大德七年(1303)前《李恒墓田記》、泰定二年(1325)《李恒廟碑》及李恒子《李世安墓誌》《李世雄墓誌》等碑誌，知李世雄，字彦豪，即囊加真；李世安，字彦豪；李世顯，即遜都台。孫李屺，即薛徹干；李嶼，即薛徹禿。李恒約出生在南宋端平二年(1235)，到至順二年(1331)《李世安墓誌》："有子有孫，一家五世。"從《李仲墓誌》看，恒子三轂軫，吐番元帥，居洛陽西三十里拓元城。孫欽祖，襲舊職。曾孫整，玄孫貴，來孫安，弟孫家君，乃孫學易、序易、贊易、詠詩、象易，共8代。推測八世近200年。李仲於明嘉靖十五年(1536)去世，與恒出生時間相距300年。李恒與李仲文獻相較，其子嗣名、任職不同，時間相差百年。但誌文所述重要事件：遠祖恒，為元太祖（應為世祖）總管；至世祖（應為太宗），陞副元帥，賜以寶劍，與宋合興討金人。與史乘吻合。恒子李世安"元貞、大德間，授正奉大夫、參江浙、河南二省"。"公參江浙、河南二省府時，逮事忠襄公夫人、武愍公夫人。有子有孫，一家五世，文人鉅公賦詩頌詠"。見元至順二年(1331)《李世安墓誌》。世安曾在河南任職，子孫留居洛陽在情理之中。誌文稱恒子諱三轂軫，居洛陽西三十里拓元城，是可信的。當然，在没有其他出土材料進一步佐證前，妄下結論，有失嚴謹。但我們認為作為出土材料，真實性强，所以《李仲墓誌》是西夏党項後裔仍是可信的。

從墓誌看，明太祖朱元璋時，李仲遠祖李欽避禍隱居洛陽新安。墓誌出土於新安縣南李村鄉十甲里村李氏墳塋，表明西夏党項拓拔李恒一支，元代生活在益都淄萊（今山東青州、淄川）一帶，元末已有徙洛陽者，至明初落籍洛陽新安，直到今天該地仍有大量李姓村民，其中有些可能就是党項李氏後裔。誌文為研究党項人隨蒙元大軍進入中原，党項遺民在元明的活動軌跡提供了新坐標。但他們緣何徙於此，是征吐蕃留下，還是避禍於此，尚待進一步研究。

225　高安買地券　嘉靖十八年（1539）十二月

説明

地券出土於四川省汶川縣綿虒糧站新修倉庫地基内，現藏汶川縣文博館。1980 年汪友倫先生椎拓，拓片藏汶川縣文博館。券石高 32 cm，寬 34 cm。陽面券文，12 行，滿行 13－14 字不等。楷書。陰面刻八卦圖。

券文

嘉靖己亥，季冬月，初旬吉日告下。/

相旺將地券遠永為照用者，/動万年之堅。中蔭子蔭孫，相生/來一穴，係是高安所廣[1]，千年之不/癸亥[2]，上至青天界，下低海石，尊中/乙，南至丙午丁，西至庚辛酉，北至壬/穴地，坐落後坪，坐乙向辛，東至甲卯[3]，/塋亡人，九万九千貫九百

九十文買此/屋，死則塟垃墳。孝家今準備買地，/天地亁坤大，日月兩分明，生則居華/縣正街。買地亡人：高安伏目。/

維大明國四川成都府茂州汶川。/

著録

汶川縣文博館藏拓

注釋

［1］高：即“高”。

［2］癸亥：干支曆六十甲子中的最後一年。此謂長久不變。

［3］青天：指天。因色藍，故稱。《莊子·田子方》：“夫至人者，上闚青天，下潛黄泉，揮斥八極，神氣不變。”① 墓址以干支代表方位區域及陰宅風水。坐乙向辛：陰宅坐東向西山向。

① （清）郭慶藩撰，王孝魚點校：《莊子集釋》卷七下，中華書局1961年版，第725頁。

226 施家堡丹雲霞鏨字碑 嘉靖二十五年（1547）秋

説明

碑石刻立於四川省松潘縣施家堡鄉雙河村北十二道拐。摩崖。碑石高 280 cm，寬 430 cm。繆宗周書丹，易文、易象鐫。碑文 16 行，滿行 22 字。楷書。清同治二年（1863）補刻 1 行，行 20 字。鄒紹南重刊。泐蝕，後世描紅。又題《鏨字碑》。

碑文

松州一老歌為林下監生易文賦。/

松州老翁一側居，皓齒童眸八十餘。撫時論事露肝赤，胷/中經驗多成書[1]。世儒出門即高議，紙上文章等糠窠[2]。殷浩/當時亦有名[3]，子雲識字空為異[4]。圯橋胯下者何生[5]，揮霍百/戰開炎精[6]。小敵逡巡大敵勇[7]，博衣長者南陽卿。太平諸賢/厭卑怯，恥為甲兵薄錢穀。補天柱地竟何成[8]，耀日争金幾/湮没。西山豪家猛若雲，生兒重武不重文。張号挾矢格戰/鬥，暴骨流血為膻葷。談兵成敗古來有，白日青天韓范後[9]。/謀臣經國貴萬全，千載臥龍一廻首。英雄已去誰能同，眼/底智計稱何公[10]。横樑鐵橋斷復續，雪山之勢為豊隆。易生/更是松州士，立談頃刻盡邊事。山川形勝畫著間，畨虜馳/驟徒為耳。我來浔生恨已晚，三嘆出虜懷俛仰[11]。乾坤浩蕩/有窮人，絕塞寥寥見骯髒。青稞美酒琉璃杯，為君倒盡扶/桑臺。長歌松州一老曲，日月不断春光廻。/

皇明嘉靖丙午秋，憲大夫、松州兵使南中繆宗周惟靜書[12]，/易文、男生負易象刻石。/

藍翎統帶誠右營官弁兵勇、儘先遊擊鄒紹南重刊[13]。/

著録

1. 松潘縣文聯楊友利、阿壩州社科聯耿少將藏原石照片。2. 阿壩州文管所藏原石照片①。

注釋

［1］胷：即“胸”字。

［2］“等”下二字泐，諦視，是“糠窠”。此謂文章似糠一様空洞。

［3］殷浩，字淵源，陳郡長平（今河南西華）人。東晉將領，長於談論，徒有虚名。永和間，會稽王昱畏桓温勢盛，引其參政。正值後趙滅亡，中原混亂，遂任殷浩都督揚、豫、徐、兖、青五州軍事，欲以北伐立威。永和九年（353），殷浩兵敗許昌。次年，遭遇姚襄伏擊，大敗。

［4］揚雄，字子雲，西漢蜀郡成都（今成都郫縣友愛鎮）人。少好學，長於辭賦，博通群籍，多識古文奇字，著有《訓纂》《方言》《蒼頡訓纂》等語言文字學方面的著作。見《漢書·揚雄傳》。

［5］圯橋：指秦末張良與一老父相遇並受《太公兵法》之橋。事見《史記·留侯世家》。唐楊炯《右將軍魏哲神道碑》：“吕望垂竿於渭涘，道峻匡周；張良授策於圯橋，功崇佐漢。”② 後世以“圯橋進履”，指能委屈自己而懂得尊重老人的人，而這樣的人必有善報。胯下：指漢韓信受辱胯下之事。事見《史記·淮陰侯列傳》。後用以為典。《後漢書·孔融傳》：“雖出胯下之負，榆次之辱，不知貶毀之於已，猶蚊虻之

① 分别據2000年阿壩州文管所及2007年松潘縣文聯楊友利、阿壩州社科聯主席耿少將所藏照片而釋文，並參考陳學志、楊友利録文。

② （清）董誥等：《全唐文》卷一百九十六，中華書局1983年版，第1967頁。

一過也。”李賢注：“韓信貧賤，淮陰少年侮之，令信出跨下。”①

［6］炎精：指應火運而興的王朝。

［7］逡巡：因為有所顧慮而徘徊不前或退卻。

［8］補天柱地：古代神話傳説的女媧煉石補天和立柱支地。喻偉大的功勳。《文選·陸倕〈新刻漏銘〉》：“業類補天，功均柱地。”李善注引《列子》：“昔女媧氏煉五色之石，以補其闕；斷鼇之足以立四極。”②

［9］宋代名臣韓琦、范仲淹的並稱。《宋史·韓琦傳》：“琦與范仲淹在兵間久，名重一時，人心歸之，朝廷倚以為重，故天下稱為‘韓范’。”③

［10］何公：即何卿。嘉靖五年（1526）任松潘總兵，嘉靖二十三年（1544）離任，二十六年復任，前後鎮守松潘二十四年，恩威並重，威望極高。《明史·列傳·四川土司一》評價道：“終嘉靖世，松潘鎮號得人，邊境安堵焉。”④下文“嘉靖丙午秋”，即嘉靖二十五年（1547），正值何卿離任後、復任前。

［11］俛仰：升降。《淮南子·原道訓》：“是故聖人將養其神，和弱其氣，平夷其形，而與道沈浮俛仰。”高誘注：“俛仰猶升降。”⑤

［12］繆宗周，字惟静，雲南通海人（今玉溪通海縣），明代著名廉吏。正德進士，嘉靖間官至浙江佈政使。

［13］此摩崖與清同治二年（1863）《施家堡丹雲霞鑿字碑》同為“鄒紹南”鐫，知明代摩崖鐫刻後，清同治間“鄒紹南重刊”。

---

① （南朝宋）范曄撰，（唐）李賢等注：《後漢書》卷七十，中華書局1965年版，第2275－2276頁。

② （梁）蕭統編，（唐）李善注：《文選》卷五十六，《中國古典文學叢書》，上海古籍出版社1986年版，第2427頁。

③ （元）脱脱等：《宋史》卷三百一十二，中華書局1977年版，第10223頁。

④ （清）張廷玉等：《明史》卷三百一十一，中華書局1974年版，第8029頁。

⑤ 何寧：《淮南子集釋》卷一，《新編諸子集成》，中華書局1998年版，第90頁。

227　何公生祠碑　嘉靖二十六年（1547）

説明

碑石出土於四川省北川羌族自治縣（以下簡稱“北川縣”）中部開坪鄉永平堡（舊屯兵處）城東南100米處。其地為明永平堡遺址，内城中心為都指揮使駐地，也是松潘總兵府駐地，俗稱“松潘正堂衙門”①。碑石高245 cm，寬183 cm。現存原址。雲南按察司副使高第撰文。碑文32行，滿行25字。楷書。額篆書，題“何公生祠記”。該碑又題《何公祠記》。《道光石泉縣志·金石》載：北川永平堡走馬廟存《明都督何卿平定青片白草紀功碑》，漫漶甚，不可識②。

額

何公生祠記。/

碑文

四川松潘□□官□□都督府何公生祠記[1]。

守備都指揮耿君垚，遣其僚友寓書於第曰：“屬者，垚與百執事奔走總戎何公幕下，有事於白草逆羌[2]。未幾，元惡授首，諸塞削平。垚輩賴以逭責[3]，邊境賴以底寧，罔不感頌公德。乃合謀刱為生祠[4]，將肖公像於中，晨夕瞻仰。其庶乎，繫邊人之永思也，敢以記請。”第辭之不獲[5]，曰：“諸君知公所由以成功乎？是為中丞東沙張公極揚以薦諸上[6]。公始自京營受命而來，親冒矢石，出奇制勝，不數月而大功告成。夫謀定而豫，令行而肅，實惟張公尸之[7]。且公之功將書諸史冊，銘諸鼎彝，以傳諸無窮，抑且待生祠而後顯耶？”諸君曰：“是祠也，非徒以白草之功爾也。公自提督壩底，懋著勞勣[8]。仍累晉秩，以至今官。歷涉川貴三十餘年，所至用兵如神。其在松潘為最久。惟公有京營之寄，使其時公不得命，則雖吾張公以海内名碩，尸諸其上，欲驅數萬之兵深入羌地，則將誰與耶？夫自昔言之，公功在諸路者，不啻十倍於今；由今觀之，公功在白草者，獨為震耀於昔。所謂史冊、鼎彝[9]，有國之公典也。生祠是刱，眾人之私議也。”[10]第乃謂諸君曰：“公誠有功於全蜀，顧常見公舉事深沉

① 文齊國、鄧天富：《北川明永平堡遺址》，《四川文物》1991年第2期，第17頁。

② （清）趙德林等修，張沆等纂：《道光石泉縣志》卷二，《中國地方志集成·四川府縣志輯》（據道光十四年刻本影印）1992年版，第220頁。

而不露[11]，及其有功則退，然不以宣諸其口。或為公稱賀，公則毅然曰：是主上威德所致，卿何與焉？雖古之名將不過是也。諸君之為生祠，夫豈公意哉？其亦有考於前聞乎？”諸君曰：“有。獨不觀諸有宋安丙乎？丙為蜀制置使，平吴曦之亂，蜀人感之，嘗為立祠矣[12]。大儒魏鶴山先生實記其事[13]。丙在當時，不聞辭拒，使於義不可，鶴山亦豈苟焉以徇人者哉？夫曦之亂，亂在一人，比於諸路羌夷，世為蜀患者何如？子何不為鶴山，以慰我邊人之私耶？”第聞其言之有徵也，咨嗟久之，乃直書以為祠記。祠在新建永平堡城東，乃公舊嘗屯兵之地云[14]。/

嘉靖二十六年，歲次丁未，夏□□□旦[15]。/

賜進士第中憲大夫、雲南按察司副使左綿高第拜撰[16]。/

參將李繼武。/遊擊曹克新。/守備耿垚、楊春[17]。/提督壩底唐繼祖[18]、/睢水郭儀、/永平李芳、/大印楊廉[19]。/宣撫薛兆乾[20]。/領軍千百戸謝□、李旨、楊表、/孫鶩、岳原、閻麒、/張表、李朝揚、徐□、/李□、馬成、侯□、/楊□。

著録

1.《羌族通史》322 圖（局部）。2.《乾隆石泉縣志》卷 4－26①。3.《道光石泉縣志》卷 10－21②。4.《道光龍安府志》卷 9 上－37③。5.《民國北川縣志》410④。6.《北川縣文史資料選輯》（4）－84。7.《北川羌族資料選集》222。8.《綿陽市文史資料選刊》（7）130⑤。9.《西川羌族特殊載體檔案史料研究》252。

注釋

［1］“四”至“記”各字，《乾隆石泉縣志》《道光石泉縣志》《道光龍安府志》《民國北川縣志》脱，並衍“副使高第”。據拓改。

［2］垚：“堯”的古字。《北川縣文史資料選輯》作“堯”，是。《北川羌族資料選集》《綿陽市文史資料選刊》作“彧”，非。下同。耿堯，嘉靖十年（1531）任重

① （清）姜炳璋：《乾隆石泉縣志》卷四，《故宫珍本叢刊》（207），海南出版社 2001 年版，第 425 頁。凡《乾隆石泉縣志》未加脚注者，均為此本。

② （清）趙德林等修，（清）張沆等纂：《道光石泉縣志》卷十，《中国地方志集成·四川府縣志輯》（23），巴蜀書社（據道光十四年刻本影印）1992 年版，第 342 頁。

③ （清）鄧存詠等：《道光龍安府志》卷九上，《中國地方志集成·四川府縣志輯》（14），巴蜀書社（遽道光刻本影印）1992 年版，第 948 頁。

④ 楊鈞衡等修，黄尚毅等纂：《民國北川縣志》，《中國地方志集成·四川府縣志輯》（23），巴蜀書社（據民國二十一年本影印）1992 年版，第 410 頁。

⑤ 中國人民政治協商會議綿陽市委員會文史資料委員會、綿陽市民族宗教事務委員會：《綿陽市文史資料選刊》（7），第 130 頁。

慶衛指揮。名見《道光龍安府志・職官》。“石泉舊設守備，行都指揮事。”① “戍”，《乾隆石泉縣志》作“戎”，非。《道光石泉縣志》《民國北川縣志》沿誤。白草羌，是對白草河流域羌人的泛稱。何卿自提督壩底（今北川壩底鄉）三十餘年，有事川、貴，在松潘最久。用兵如神，戰功顯赫。僅用兵萬余，即將白草羌人元首及諸寨削平。

［3］“𡋯”，《北川縣文史資料選輯》作“世”，形似而誤。《北川羌族資料選集》《綿陽市文史資料選刊》沿誤。逭：寬恕；免除。逭責：逃避責任。《道光石泉縣志》釋“逭”作“追”，非。《民國北川縣志》《北川縣文史資料選輯》《北川羌族資料選集》《綿陽市文史資料選刊》沿誤。

［4］刱：同“創”。《北川縣文史資料選輯》《北川羌族資料選集》《綿陽市文史資料選刊》作“并”，非。

［5］《北川縣文史資料選輯》脱“第”。

［6］中丞：明初改御史臺為都察院。副都御史，同於前代御史中丞。清代以右副都御史為巡撫的兼銜。《道光石泉縣志》作“忠丞”，《北川羌族資料選集》《綿陽市文史資料選刊》作“忠臣”，均非。

［7］惟：亦作“唯”。《北川縣文史資料選輯》作“唯”，可。下同。

［8］懋著：猶顯著。勣：同“績”，功業。《西川羌族特殊載體檔案史料研究》作“績”，是。《北川縣文史資料選輯》《北川羌族資料選集》《綿陽市文史資料選刊》作“勳”，並釋“勞勣”作“老勛”，非。

［9］㚔：即“彝”字。

［10］“刱”，《北川縣文史資料選輯》《北川羌族資料選集》《綿陽市文史資料選刊》作“并”，僅取字左側而誤。

［11］“舉事深沉而不露”，《北川縣文史資料選輯》《北川羌族資料選集》《綿陽市文史資料選刊》作“舉沉而深事不露”，致使語義不暢。

［12］“嘗”，《西川羌族特殊載體檔案史料研究》作“當”，形似而誤。

［13］靍：同“鶴”。

［14］永平堡：明嘉靖二十六年（1547）②，建於石泉縣東山崖形勢陡峻處，分上、中、下三城，是集關、堡、墩為一體的防禦工事，為控制白草諸番的隘口。《道光龍安府志・關隘》：其西為奠邊關，關南為火草坪，坪北為萬安堡，堡東為嘉定堡，舊

① （清）鄧存詠等：《道光龍安府志》卷六，《中國地方志集成・四川府縣志輯》（14），巴蜀書社（據道光刻本影印）1992年版，第863頁。

② 文齊國、鄧天富：《北川明永平堡遺址》，《四川文物》1991年2期，第19－20頁。

俱為屯守地①。由石泉縣逆白草河而上，經伏羌堡（伏地堡）、鹿子坪上山過永平堡，再到小壩的古道因而故名“永平路”，又叫白草路。《乾隆石泉縣志》《道光石泉縣志》《道光龍安府志》《民國北川縣志》録文至此。

［15］《西川羌族特殊載體檔案史料研究》脱“年”。

［16］左：當“佐”。《説文》：“左，手相左助也。從𠂇、工。”段玉裁注：“左者，今之佐字。《説文》無佐也。𠂇者，今之左字。”② 按察司副使：《明史·職官志》：“明初，置提刑按察司。吴元年置各道按察司，設按察使，正三品，副使，正四品，僉事，正五品。……三十年始置雲南按察司。”③ “按察司副使、僉事分司諸道……整飭兵備道。”④

［17］曹克新：成都衛指揮，嘉靖十九年（1540）任。楊春：成都衛指揮，嘉靖二十六年（1547）任。名均見《道光龍安府志·職官》。

［18］明初，石泉始設土司二員，彈壓艾林、壩底二堡，子孫世襲。成化初年，“白草蠻亂，官軍討平之，以艾林土官任原壩底土官，唐敖撫番無術，黜之。擢李世選為艾林土官，唐裔為壩底土官，仍聽世襲”⑤。碑文“提督壩底唐繼祖”，疑唐裔後裔，嘉靖時仍住壩底，為土官。《道光龍安府志》失載，可補史闕。

［19］郭儀、楊廉：嘉靖間，石泉守備。名見《道光龍安府志·職官》。

［20］宣撫：唐開元時始設。朝廷派大臣巡視經歷戰亂或災害的地區，以安撫軍民、處置事宜，長官為宣慰安撫使或宣撫使。宋代為鎮撫一方的軍政長官，掌宣佈威靈、撫綏邊境、統護將帥、督視軍旅。此職多在戰時置。元明清在西南少數民族地區置宣撫司，司置使，從四品。見《宋史·職官志·宣撫使》《元史·百官志·宣撫司》《明史·職官志·土官》《清史稿·職官志·四川宣慰使司》等。“宣”，《西川羌族特殊載體檔案史料研究》作“宜”，非。又，“乾”作“幹”，通“乾”。薛兆乾，龍州土酋、宣撫使。龍州，西魏廢帝二年（553）置，治江油縣（今平武縣東南），轄今四川平武、青川等縣地。隋改平武郡，唐初為龍門郡，復改龍州，屬劍南道。元、明沿置。薛氏其先，宋時即世襲龍州知州。明初，薛文勝歸附，授知州。《天下郡國利病書·四川備録·蜀中邊防記·川西·龍安府》：“龍州，古氐羌地。……國初，裔薛文勝歸附，乃授知州。時千夫長隴西李仁廣、提領高郵王祥給我餉饋，蜀平，賜李州同

---

① （清）鄧存詠等：《道光龍安府志》卷二，《中國地方志集成·四川府縣志輯》（14），巴蜀書社（據道光刻本影印）1992 年版，第 640 頁。

② 丁福保：《説文解字詁林》卷五上，中華書局 1988 年版，第 4999 頁。

③ （清）張廷玉等：《明史》卷七十五，中華書局 1974 年版，第 1841 頁。

④ 同上書，第 1843 頁。

⑤ （清）鄧存詠等：《道光龍安府志》卷五，《中國地方志集成·四川府縣志輯》（14），巴蜀書社（據道光刻本影印）1992 年版，第 823 頁。

知，王州判官。宣德中，以征松潘功，升州為宣撫，薛氏世宣撫使，李為副使，王為僉事，各統土兵五百，分守白馬、白草、木瓜三番。”① 嘉靖四十四年（1565），薛兆乾糾白草番眾數千人與官軍爭戰，據關隘，絶松潘餉銀糧道，茂松沿途各寨居民被焚掠者無數。次年叛亂平，薛兆乾伏誅，實行改土歸流。改龍州宣撫司為龍安府，設立流官。見《明史·四川土司》《四川通志·土司》。

彙考

何卿，字藎臣。江南合肥人。《明史·列傳·四川土司一》《民國松潘縣志·宦績》《道光茂州志·職官志·政績》均有記載。嘉靖五年（1800），都督僉事何卿任松潘總兵，“時裁去各路賞番銀數萬兩，改修馬路長安等堡，建築沿邊營房二萬餘間，夾道邊垣障蔽一千餘里”②。南起威州、北上茂州松潘、東至龍安，保障往來商旅平安無剽奪之患。鎮守松潘達二十四年，恩威並重，威望極高。嘉靖二十三年（1544），以北警召卿入衛，繼之者未幾為巡撫劾罷。皆因該年白草河羌、藏數千人，趁平番堡提督指揮邱仁不備，攻佔平番堡，殺死官兵數千人。署巡王大用、巡撫張時徹，巡按袁鳳鳴上奏朝庭《乞還總兵何卿疏》，請求調回原任總兵何卿討伐。嘉靖二十六年（1547），何卿回到松播，提出立足於西川羌區和全蜀的五項主張《儀征白草五事》。挑選精兵九千餘人，會同張時徹從龍州、石泉、壩底三路圍剿，將其羌藏數千人夾擊到小壩走馬嶺，“擒首數人，俘斬九百七十有奇，克營寨四十七，毀碉房四千八百，獲馬牛器械儲積各萬計”③。走馬嶺一戰，使白草番受到了毁滅性地打擊，完全喪失了反抗能力。此后，番民相繼歸附，成為受知縣管理的“熟番”。後卒於任上，邊民立祠祀之④。生祠，是人還在世時便為其建祠紀功。何公祠有三，一在石泉縣城，一在壩底堡，一在永坪堡，形制、內容和建碑時間相同，至清代，祠廟已經不存。立於縣城內和壩底堡兩處的碑刻，在20世紀60至70年代“破四舊”時被毀。何卿的繼任劉成德都督僉事作《安綿父老思何公》詩，表達敬仰懷念之情。

---

① （明）顧炎武：《天下郡國利病書》（20），上海涵芬樓景印昆山圖書館藏稿本，《四部叢刊三編·史部》（161），商務印書館1929年版，第34下–35上頁。

② （清）楊迦懌等修，（清）劉輔廷纂：《道光茂州志》卷三，《中國地方志集成·四川府縣志輯》（66），巴蜀書社（據清道光十一年刻本影印）1992年版，第376頁。

③ （清）張廷玉等：《明史》卷三百一十一，中華書局1974年版，第8029頁。

④ （清）楊迦懌等修，（清）劉輔廷纂：《道光茂州志》卷三，《中國地方志集成·四川府縣志輯》（66），巴蜀書社（據清道光十一年刻本影印）1992年版，第376頁。

附

227－1　議征白草五事①

何卿

一、去冗兵以節糧餉。石泉、壩底、龍州，皆羊腸一綫，馬不列行，車不方軌。今議調漢土官軍三萬，溽暑侵蒸，難免癘疫，况師行糧從，而人人含哺者，皆百姓之脂膏。不若遴選驍勇精壯、一可當十百者九千名，以幹員各就所在操練，仍犒賞不時，則減兵二萬有餘。各衛官員俱令回衛，酉陽等處土兵，俱宜免調。坤兒卜名雖土官，無非夷類，亦當發回，以防漏洩。其省節糧餉不知若干矣。

一、暫止乞運以蘇民困。四川今古咸稱易生盜賊，今州縣荒歉，枯禾遍野，百姓死亡相繼，迫令轉輸，保無鄢藍之患？此時蠻方斂跡，遁入山箐，河水泛漲，彼固難出，我亦難進。合無將原解各州縣應乞糧米通行盡免，待秋成事機何如起解未晚。昔年征剿茂州諸寨，原議三十萬，止費三萬。今增一二倍即可畢事，全蜀編氓由此而蘇矣。

一、暫用閫職以改築平番。頃者，平番失守，深入我境，百户劉玶等被害。嗣非指揮曹恩等勇敢挫鋒，繼之以死，則江油、安、綿之禍不已也。原地受敵，宜遷出數百里尚有可更。須暫用都指揮之有才幹者，如掌印方策，識見過人。倘蒙俯允，將官軍挑選一千名，委任本官同守備耿垚修築，勒限三月完報，庶幾工程可早畢矣。

一、預料錢糧以徐圖大舉。前條議用精壯官軍九千，操練聽用。但石泉、壩底、龍州，俱當進兵之衝，須量緩急，酌積銀糧多寡，各選廉能有司官收貯，聽候臨時支用。但乞運已止，須查在彼收貯數足，不許擅動。脱或不足，近將廣豐倉見存，議定脚價，各運所在交割，不得另起民夫。銀糧既積有餘，則征剿可待時而舉矣。

一、不貪近小以期遠大之功。平番諸處，逆賊殘害，軍民之被殺虜者，豈止盈城盈野而已。都指揮曹克新、丁勇呈報投拜，今已過期，似難憑信。秋近冬初，河水既

① （清）趙德林等修，張沆等纂：《道光石泉縣志》卷十，《中國地方志集成·四川府縣志輯》(23)，巴蜀書社（據道光十四年刻本影印）1992年版，第334頁。與《乾隆石泉縣志》僅個別字不同。如“俱當進兵之衝”之“衝”作“衡”。

洄，犬羊變詐多端，乘機投間，再生前隙，寧不喪於定謀之未預耶？况所種地土，迺石泉縣白土、富谷二鄉。必也，犂庭掃穴之後，朝廷征伐孔章，蠢爾小丑，丐生無路，獻渠魁，送還原虜軍民，獻地納款，誠心順服，可保地方百十年安枕，而全蜀得免調兵乞運之擾矣。若夫踵昔年之故態，紙上之誇張，謂番夷畏懼，輸款投降，遂言了事，則忠義之士斷不為也。

著録

1.《乾隆石泉縣志》卷4－13。2.《道光石泉縣志》卷10－4。3.《道光龍安府志》卷9上－34。

228 報功祠記 約嘉靖三十二年（1553）

説明

碑記原刻立於四川省理番廳東寧江堡報功祠内，現已亡佚。蔣英才撰文。

碑文

報功祠記。明蔣英才。寧江舊為韓胡，去茂城僅數十里許[1]。雖彈丸一區，而經絡松茂，抵鄰黑虎。一切虎狼之穴，烽火時驚，最險塞云。先是堡治濱江之滸，亦越有餘年。屹為保障，亡何，歲當丁未、庚戌之秋[2]，一日流風驅雷，長虹揚霄，漂沙走石，不一瞬而淵濤淪湍，江水逆流。又未幾，而渟呟蕩湃，匯為大澤，堡人皇皇持急以告維[3]。時叅戎陳公首開之，愕然[4]，曰："吾當寧此一方民。"遂戴星命駕，詣山川而祈禱之。諸所以濡手足焦毛髮，調停措置，靡不殫厥心焉。倣禹故事，首先疏鑿。由是水方東下，而堡不為沼矣。越季冬癸丑，惠儆兵憲邢公莅茂[5]，始決意改建簡指揮，曹守爵，董其事，百戶阮進副之。不半月而功告成焉。邇來鄉人恒相謂曰："吾民之獲此寧宇也，邢公之功不可忘矣。吾民之獲此寧宇也，陳公之功其可忘乎？"相與構木為祠，范金為像，更乞余言，以志不朽！余曰："甚盛哉。不稽虞廷之勲乎，當洚水橫流，有功疏通者有，宅四隩者，功施至今，爛焉。此寧江也，當水勢洊逆之秋，不為之疏鑿，是無堡矣。當江流底定之後，不為之改建，是無民矣。功並崇而恩並著。矧崇德報功，古今人同一心者，故覩河而頌明德，遊校而仰斯文，所以俎豆而尸祝之者，與天壤俱不敝，則今日報功祠之建，其亦頌明德而仰斯文之意。與夫地平天成，大業也；物阜民安，大德也；安內攘外，大威也。一舉而加惠邊防，攄懷宵旰[6]，功豈淺鮮烏[7]。知數嬗而後指寧江，而遡其某也疏鑿，某也改建，則二公之功，不萬年為烈哉。余拜手復為之記曰：奠居安民，邢公之功，不在禹下；疏江導河，陳公之功，亦不在禹下。應得並記之，以垂永賴，鄉人咸唯。唯曰：盡之矣，敬勒諸石。

著録

《理番廳志》卷 5 – 19

注釋

［1］祠在四川省理番廳東寧江堡①，為紀念陳公、邢公而建。碑稱：“寧江舊為韓胡，去茂城僅數十里許。”《道光茂州志・關隘》：“寧江堡，州西四十里，舊名韓湖，明洪武十年建。”② 韓胡：又作“韓湖”，即“董卜韓胡宣慰使”的省稱。明正統十二年（1447），“頒勅印為董卜韓胡宣慰使司，即令住守威汶適中之塗禹山。控制遠近番彝，防禦威汶灌河西一帶地方”③。寧江堡屬韓胡轄地，是明軍事建置之一，以地名流傳至今，現在茂縣境内，抵鄰黑虎。

［2］丁未：即嘉靖二十六年（1547）。庚戌：即嘉靖二十九年（1550）。

［3］皇：通“惶”。彷徨不安貌。《孟子・滕文公下》：“孔子三月無君，則皇皇如也。”④

［4］據《道光茂州志・祠廟》：“陳公祠，寧江堡内為明參將陳良建。”⑤ 知陳公為寧江堡明軍參將。

［5］邢公：僃兵憲。《理番廳志》無載。可補史闕。

［6］宵旰：天不亮就穿衣起身，天黑了才吃飯。形容非常勤勞。此指邊將勤政。

［7］淺鮮：微薄。《戰國策・韓策二》：“臣之所以待之至淺鮮矣，未有大功可以稱者。”⑥ 鳥：疑《理番廳志》釋文錯。以“焉”為宜。

---

① （清）吴羹梅修，（清）周祚嶧纂：《同治直隸理番廳志》卷五，《中國地方志集成・四川府縣志輯》（66），巴蜀書社（據清同治五年刻本影印）1992 年版，第 684 頁。

② （清）楊迦懌等修，（清）劉輔廷纂：《道光茂州志》卷二，《中國地方志集成・四川府縣志輯》（66），巴蜀書社（據清道光十一年刻影印）1992 年版，第 345 頁。

③ （清）陳夢雷等：《古今圖書集成》卷五百九十三（108），中華書局 1934 年版，第 30 頁。

④ 十三經注疏整理委員會：《孟子注疏》卷六上，《十三經注疏》，北京大學出版社 2000 年版，第 194 頁。

⑤ （清）楊迦懌等修，（清）劉輔廷纂：《道光茂州志》卷二，《中國地方志集成・四川府縣志輯》（66），巴蜀書社（據清道光十一年刻影印）1992 年版，第 352 頁。

⑥ 何建章：《戰國策注釋》卷二十七，中華書局 1990 年版，第 1035 頁。

229 報功祠碑 嘉靖三十五年（1556）

説明

碑記原刻立於四川省汶川縣威州城西報功祠内。原石已亡佚。賀新撰文。兩面刻，碑陰題名。據《古今圖書集成·方輿彙編·職方典·成都府部》載威州，報功祠“在州治西，元至正中祀漢姜維、唐李裕德，今廢，惟碑尚存”①。

碑文

報功祠碑記。

明威州知州賀新[1]。

夫祭之為言也[2]，報本也。報本何道也，功德所被，人心不忘，祀之所以敦厚也。夫天地者，百物之始也[3]，故有郊社之禮。父母者，生人之始也，故有宗廟之祭。此祀之大端也。日月星辰，所瞻仰也。風雨露雷，所資生也。山林川澤，土穀所產，財用也。則各以其類祭之，此由天地而推者也。廣物道也，古哲帝王、先聖先師、功臣烈士、名宦鄉賢，安國家，庇生民，垂大法，捍大患，則各以其族祭之，此由父母而推者也，廣人道也。記曰：“樂，樂其所自生；禮，反其所自始。祭之義也。非此族也，不在祀典。”按威[4]，古氐羌之地，自武王時始入中國。秦郡縣之盡夷類也。漢大將軍姜維討叛羌至此[5]，築城以界之，間有漢民。後世顧其城，思其人，因名之曰“維城”。唐乃改置維州，宋因為威州，其源自姜氏始也[6]。至吐蕃作亂，戎馬交馳，牛僧儒欲棄之，時李德裕為節度使[7]，屹然為保障之計。民賴以全，迄於今，不淪於腥氈童首者，李公之賜也[8]。夫姜公者，威州所由始。李公者，威州所由生。無姜、李，則無威矣[9]。祀而報之，不亦宜乎！然李公里人處處猶祀之，姜公則不知祀，豈非以其遠而遂迷其本始歟！

嘉靖戊申，前兵憲小東馬公，興廢闡幽，追崇往蹟，乃命有司春秋齋祭焉。姜李之列祀莅與自茲始[10]。惜其祠因諸舊樓傾頽簡陋，莫可周旋。甲寅之秋，予蒞任未幾，詣祠展禮[11]，慨然欲創造之，難其地。越明年乙卯，諸生或告予曰：“祠傍有千戸彭氏故宅[12]，居之弗利。鬻諸謝氏，謝氏亦罔。或利，將鬻，諸人弗得也，盍圖諸？”予遂往觀焉，規模軒豁，棟宇宏壯。乃卜諸生曰：“何以弗利於人，或者神將有意乎？”[13]立召謝氏子庠生朝陞、朝階語其事，二生忻然願鬻為公祠，乃眾定價二百金有奇[14]，因割大悲寺之廢址易之，抵價金四十，其餘則命僧人祖祥偕民周良田以義諭

① （清）陳夢雷等：《古今圖書集成》卷五百九十（108），中華書局1934年版，第17頁。

眾，共勷厥成[15]。諸所請無不人人翕然願助者[16]。予以其故告之今兵憲雲峰來公。公曰："予職在安邊，志在崇功，此義舉也。"捐米四十石[17]，予亦捐米金若干為眾倡。既而保縣知縣舒子文壁、儒學訓導劉子萬榮從而和之。於是提督西路指揮蔣君啟署、威所千戶蔣君承恩、指揮魯君緝鄉、大夫吴君敷、謝君天爵、王君鸚、董君剛、庠生杜儼輩、義民王永和等，各捐有差，合之計謝氏之植，改作之需，綽然有餘裕矣[18]。乃命吏目魏璣稽出納，倉副使李汝翼、典史馮世遠敦匠事。凡增修大門三間，兩傍各為小室，以居守祠。次為二門，為左右廂房，前堂後寢，悉仍其舊，稍加飾焉，氣象亦煥然改觀矣[19]。將以明年丙辰仲春，遷神致祭。諸生若里民會呈於州曰："姜、李之功尚矣，後有作者，若前太守崔公哲，招徠逆番，境土周靖[20]。范公淵，以文飾治，以禮化俗，至今有遺惠焉，請以從祀。"夫惟天下名賢所寓，宦蹟流芳，必祀諸學宮，以昭不泯，威獨闕焉，不可以為訓。祀崔范於姜李之後，禮以義起也，從之。祭之日，俎豆馨香，禮儀具備，肅然無譁[21]，眾情以為和，神之格思其可度矣。嗚呼！是舉也，有二道焉。祀姜、李者，所以表為下報功之義也；祀崔、范者，所以勸為上施德之仁也[22]。仁至斯義盡矣。牧斯土者，可無仁乎哉！爰記其事，以告來者，並刊其助金者姓名於碑陰云[23]。

著録

1.《乾隆保縣志》卷 7－12①。2.《理番廳志》卷 5－11。3.《西川羌族特殊載體檔案史料研究》250。

注釋

［1］賀新：威州知州。《理番廳志・建置・職官》："嘉靖間任嘗倡刱，姜李二公祠有碑記。"②《乾隆保縣志》脱"威州知州"。同書《職官》："嘉靖間任。嘗偈創姜李二公祠碑記。"③

［2］《西川羌族特殊載體檔案史料研究》脱"夫"。《理番廳志》刻於清同治五年（1866），《乾隆保縣志》為保縣知縣陳克繩纂修，成書時間早於《理番廳志》。後書《職官》："陳克繩，浙江進士，乾隆三年任升直隸茂州知州。"④《理番廳志》是轉録，還是據原石迻録，不確。

---

① （清）陳克繩纂，（清）施義爵、李心正校訂：《乾隆保縣志》卷七，《故宫珍本叢刊》（221），海南出版社 2001 年版，第 394 頁。

② （清）吴羹梅修，（清）周祚嶧纂：《同治直隸理番廳志》卷二，《中國地方志集成・四川府縣志輯》(66)，巴蜀書社（據清同治五年刻本影印）1992 年版，第 674 頁。

③ （清）陳克繩纂，（清）施義爵、李心正校訂：《乾隆保縣志》卷三，《故宫珍本叢刊》（221），海南出版社 2001 年版，第 343 頁。

④ 同上書，第 676 頁。

[3]《乾隆保縣志》作“百”,《西川羌族特殊載體檔案史料研究》沿用。《理番廳志》作“萬”。

[4]《西川羌族特殊載體檔案史料研究》脱“按”,不取。

[5] 姜維,字伯約,天水冀人(今甘肅天水市甘谷縣)。初仕魏,後仕蜀,被視為諸葛亮身後的繼承人和蜀漢後期的柱石、復興之臣。劉禪投降后,姜維詐降,卻識破被害。見《三國志·姜維傳》。

[6] 維州:宋景祐三年(1036),因與山東濰州聲相亂,故改為威州①。《乾隆保縣志》“源”,《西川羌族特殊載體檔案史料研究》沿用。《理番廳志》作“原”,“源”的古字。

[7] 交馳:交相奔走,往來不斷。牛僧儒:字思黯,安定鶉觚(今甘肅靈臺)人。進士擢第,登賢良方正制科,釋褐伊闕尉,遷監察御史。唐長慶三年(823),升任宰相。李德裕:字文饒。趙郡(今河北趙縣)人。大和三年(829),召拜兵部侍郎。不久,出為西川節度使,移鎮劍南西川,加强邊防,移風易俗。大和六年,“西川節度李德裕奏,吐蕃維州守將悉怛謀以城降。德裕又上利害云:‘若以生羌三千,出戎不意,燒十三橋,擣戎之腹心,可以得志矣。’”僧儒以為不可,“比來修好,約罷戍兵。中國禦戎,守信為上,應敵次之,今一朝失信,戎醜得以為詞”②。見《舊唐書·牛僧儒傳》《舊唐書·李德裕傳》及《新唐書·李德裕傳》。

[8] 童首:禿頭。宋沈括《夢溪筆談·神奇》:“急去巾視,童首之發,已長數寸;脱齒亦隱然有生者。”③ “之賜”,《西川羌族特殊載體檔案史料研究》作“賜之”,非。

[9]“威”,《西川羌族特殊載體檔案史料研究》作“咸”,非。維州因姜維和李德裕,境土周靖,故碑云“無姜、李,則無威矣。”岷江上游羌區民眾對李公的崇祀,亦可參清同治十二年(1873)《李德裕七層殘刻》,圜首,“唐李衛公德裕七層(下泐)。/署松潘廳事(下泐)。/同治十二年歲次癸(下泐)。/”四川省松潘文博館藏,阿壩州文管所藏原石照片。

[10] 齋祭:齋誠祭祀。南朝宋鮑照《數詩》:“二年從車駕,齋祭甘泉宫。”④ 齋,《理番廳志》作“舉”,《西川羌族特殊載體檔案史料研究》作“齊”,均非。又,“莅與”,《理番廳志》作“典”。祀典:祭祀的典禮。可採。

---

① (元)脱脱等:《宋史》卷八十九,中華書局1977年版,第2214頁。

② (後晉)劉昫等:《舊唐書》卷一百七十二,中華書局1975年版,第4471頁。

③ (宋)沈括著,胡道静等譯注:《夢溪筆談全譯》卷二十,貴州人民出版社1998年版,第624頁。

④ (南朝宋)鮑照,錢仲聯增補集説校:《鮑参军集注》卷六,《中國古典文學叢書》上海古籍出版社1980年版,第363頁。

［11］“詣祠”，《理番廳志》作“詣詞”。不取。“詣”，《西川羌族特殊載體檔案史料研究》作“請”，非。

［12］“傍”，《理番廳志》作“旁”，意近詞非。

［13］“生”，《理番聽志》作“心”。

［14］忻然：喜悦貌。《史記·周本紀》：“姜原出野，見巨人跡，心忻然説，欲踐之，踐之而身動如孕者。”① “衆”，《理番廳志》作“議”。

［15］“價”，《西川羌族特殊載體檔案史料研究》迻録作“償”。“勷”，通“襄”，幫助。《理番廳志》《西川羌族特殊載體檔案史料研究》作“襄”，可。

［16］翕然：一致貌。

［17］《西川羌族特殊載體檔案史料研究》脱“十”。

［18］“千”，《西川羌族特殊載體檔案史料研究》作“聲”。又，“綽”作“卓”。“歟”，《理番廳志》作“璵”，非。又，“植”作“值”，可採。

［19］“亦”，《理番廳志》作“益”，致語義不暢。

［20］“周”，《理番廳志》作“用”，非。

［21］譁：《西川羌族特殊載體檔案史料研究》作“嘩”，同“譁”。喧嘩。

［22］“上”，《西川羌族特殊載體檔案史料研究》作“土”，非。

［23］“者”，《西川羌族特殊載體檔案史料研究》作“著”，非。《乾隆保縣志》録碑文，未録題名。他書亦失載。

彙考

碑云“大悲寺之廢址”，知報功祠乃大悲寺廢址。《古今圖書集成·方輿彙編·職方典·成都府部》載威州“大悲寺，在城内。（明）知州崔元愷改名仁壽寺”②。考《理番廳志·志存》：“新保關仁壽寺内有八角幢一方，唐元和十二年立。”③ 該地還出土了唐《仁壽寺造像碑》，於華蓋兩側均有宋代補刻，云：“威州開元寺僧。”故大悲寺，即唐仁壽寺，宋開元寺，明復“仁壽寺”。“大悲寺”之稱，應在元至明初。報功祠就在威州城西原威州民族師範學校。

---

① （漢）司馬遷：《史記》卷四，中華書局 1959 年版，第 111 頁。

② （清）陳夢雷等：《古今圖書集成》卷五百九十一（108），中華書局 1934 年版，第 21 頁。

③ （清）吴羹梅編，（清）周祚嶧纂：《同治直隸理番廳志》卷六，《中國地方志集成·四川府縣志輯》(66)，巴蜀書社（據清同治五年刻本影印）1992 年版，第 813 頁。

230 北川禹碑 嘉靖三十九年（1560）七月

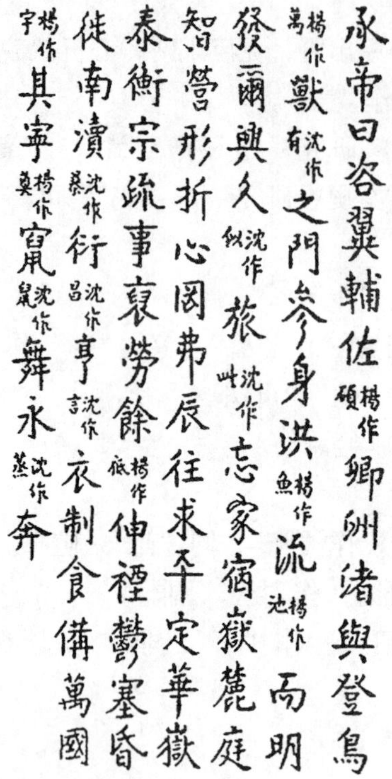

楷書釋文

蟲篆體

説明

碑石原刻於石泉縣禹王廟前，並有木亭覆罩。碑高 310 cm，寬 130 cm。蟲篆體 6 行，滿行 13 字，共 77 字，字大 36 cm。明代綿州進士高簡楷書釋文 7 行，滿行 14－17 字不等。左下方刻跋文。趙勳臣鐫刻。石泉戍將周宗立。民國二十四年（1935），紅軍刻標語兩行，後被國民黨鏟掉，碑文大部已損壞，存蝌蚪文 25 字和零星釋文、跋文。據《民國石泉縣志》所收拓片録文。碑石現藏於大禹紀念館内，四川省北川禹里鄉禹穴溝現藏為復製品。2008 年汶川地震後，汶川縣綿虒建大禹祭壇，又摹刻《岣嶁碑》，高 255 cm，寬 155 cm，立於祭壇右側。

碑文

（蟲篆體略）

承帝曰："咨，翼輔佐（楊作"碩"）卿[1]，洲渚與登，鳥（楊作"萬"）/獸

（沈作“有”）之門。参身洪（楊作“魚”）流（楊作“池”），而明/發爾興。”久（沈作“似”）旅（沈作“此”）忘家，宿嶽麓庭。/智營形折，心罔弗辰。往求平定，華嶽/泰衡。宗疏事裒，勞餘（楊作“祇”）伸禋。鬱塞昏/徙，南瀆（沈作“暴”）衍（沈作“昌”）亨（沈作“言”）[2]。衣制食備，萬國（楊作“宇”）/其寧（楊作“奠”）[3]。竄（沈作“鼠”）舞永（沈作“蒸”）奔！/

岣嶁碑跋：

成都五泉周君宗，備戍石泉[4]。過鐘陽書院，曰：“將建禹王廟，欲求《岣嶁碑》刻之而未得。予取□所藏授之。”□石泉石紐山，禹產地也。今□□邊圉乃為之廟，可謂有志于古矣。昔禹□師振旅三旬[5]，有□□周君之意，豈非欲修文德以化戎，而為之廟貌乎哉！又因石紐之靈以為之志思焉，其亦異諸人矣。然禹之跡猶未甚彰。今得《禹碑》，而神聖書法，科斗古文，宛然在目。夫書也者，心之影也。神明變化，於是乎不可掩矣。昔之人，求之千載下，而不可見者，每用悼惜[6]。乃周君一朝而獲之，遂刻之以壯石紐之靈，豈非兹山之奇遇？予嘉周君之志，爰釋其文於前，而書此以為石泉感事云。

□皇明［嘉靖］庚申七月朔日，前進士第文選郎［中、緜］州大［鶴］山人高簡頓首志[7]，巡視石泉利州衛千戶趙勳臣刻石[8]。

著録

1.《乾隆石泉縣志》卷4①。2.《民國北川縣志》562圖、文②。3.《綿陽市文史資料選刊》（2）275③。4.《大禹史料彙集》226④。5.《北川縣志》699⑤；6.《西川羌族特殊載體檔案史料研究》324。

注釋

［1］括號内文字為碑文中小字。對岣嶁碑釋文主要有楊慎、沈鎰、楊廷相三家。高簡楷書釋文採楊慎之説，並校以沈鎰、楊廷相。文中“沈”即沈鎰，“楊”即楊廷相的省稱。

［2］“鬱”，沈作“羸”。高簡未校。

［3］“寧”，楊作“奠”，非。沈作“寧”。二楊作“奠”。

---

① （清）姜炳璋：《乾隆石泉縣志》卷四，北川羌族自治縣黨史地方志辦公室據清乾隆三十三年（1768）本重刊，内部資料，2008年，第81頁。

② 楊鈞衡等修，黄尚毅等纂：《民国北川縣志》，《中國地方志集成·四川府縣志輯》（23），巴蜀書社（據民國版影印）1992年版，第562頁。

③ 北川縣志編纂委員會：《北川縣志》，方志出版社1996年版，第699頁。

④ 鐘利戡、王清貴：《大禹史料彙集》，巴蜀書社1991年版，第226頁。

⑤ 劉訓華：《大禹文化學概論》，武漢大學出版社2012年版，第85頁。

［4］周君宗：周宗，成都五泉人，嘉靖年間任石泉守備。五泉：即今五泉村。位於成都市青白江區城廂鎮中部。《綿陽市文史資料選刊》《大禹史料彙集》《大禹文化學概論》作“玉泉”①，非。《大禹史料彙集》《北川縣志》《西川羌族特殊載體檔案史料研究》僅録跋文。

［5］振旅：整頓隊伍，操練士兵。《漢書·李廣傳》：“振旅撫師，以征不服。”②

［6］悼惜：哀傷惋惜。多用於死者。

［7］高簡：字公敬，四川綿州人，號大鶴山人。撰《元帝金像記》，落款“大鶴山人高簡撰”③，見《民國綿陽縣志·藝文·金石》。同書《選舉·仕宦》：“高簡，字公敬，嘉靖己丑進士。官禮部祠祭司、吏部文選司郎中、雲南參議。”④ 據此，“州”上泐二字，為“中”“繇”字；“山”上泐一字，是“鶴”字。文選郎中，文選清吏司主官，明、清於吏部置。掌官吏班秩遷升、改調之事。《明會要》引《續通典》：“屠楷歷文選郎中，凡職官繁簡，人才賢不肖，咸書之於册，以高下其任。”⑤ 高簡進士擢第時在嘉靖，“庚申”上泐二字，應“嘉靖”。嘉靖庚申：即嘉靖三十九年（1560）。《大禹文化學概論》認為刻於嘉靖四十年（1561）⑥，非。

［8］利州衛：舊無，明洪武三十一年（1398）置，後廢。治今四川省廣元市。隸四川都指揮使司，簡稱“四川都司”。《明史·職官志》：“都指揮使司。都指揮使一人，正二品；都指揮同知二人，從二品；都指揮僉事四人，正三品。”⑦ 其屬經歷司、經歷、都事、斷事司、斷事、副斷事、吏目、司獄司、司獄、倉庫、草場、大使、副使等。四川都司，明代置，節制四川省駐防軍，以聽於右軍都督府。《明史·兵志》載其統轄：“成都左護衛、成都右衛、成都中衛、成都前衛、成都後衛、寧川衛、茂州衛、重慶衛、敘南衛、瀘州衛、利州衛、松潘衛、青州千户所、保寧千户所、威州千户所、雅州千户所、大渡河千户所、廣安千户所、灌縣千户所、黔江千户所、疊溪千户所、建武千户所、小河千户所、蜀府儀衛司、壽府儀衛司、壽府群牧所。”⑧

彙考

《岣嶁碑》，傳夏帝大禹書。刻於湖南衡山祝融峰一山洞内，原碑唐代已佚，宋嘉

---

① 劉訓華：《大禹文化學概論》，武漢大學出版社 2012 年版，第 85 頁。

② （漢）班固撰，（唐）顔師古注：《漢書》卷五十四，中華書局 1962 年版，第 2443 頁。

③ 蒲殿欽等修，崔映棠等纂：《民國綿陽縣志》卷九，《中國地方志集成·四川府縣志輯》（17），巴蜀書社（據道光刻本影印）1992 年版，第 372 頁。

④ 《民國綿陽縣志》卷八，第 299 頁。

⑤ （清）龍文彬：《明會要》卷三十一，中華書局 1956 年版，第 511 頁。

⑥ 劉訓華：《大禹文化學概論》，武漢大學出版社 2012 年版，第 85 頁。

⑦ （清）張廷玉等：《明史》卷七十六，中華書局 1974 年版，第 1872 頁。

⑧ 《明史》卷九十，第 2209 頁。

定五年（1212）由何致摹刻後立於湖南岳麓書院。後人所依皆為其拓本，故非原石拓本。今長沙、西安、蘭州、昆明、紹興等地都有岣嶁碑。西安碑林所藏，碑石高 221 cm，寬 96 cm。(《碑林集刊》1995（3）西安碑林・十碑評略刊佈拓片圖録。）篆書 9 行，滿行 9 字。舊稱《禹碑》《夏碑》，亦稱《岣嶁山銘》《祝融峰銘》，銘文共 77 字，又 72 字。歷來所傳只是覆刻和後人的摹本。《北川岣嶁碑》跋文述成都五泉周宗備戍石泉，建禹王廟、求岣嶁碑、取衡陽拓摹刻之事。嘉靖以來，明朝廷適遇羌人、特別是白草番激烈反抗。《明史・四川土司》《古今圖書集成・方輿彙編・職方典・成都府部》《萬曆武功實録》《四川通志》《石泉縣志》等均有記載。如嘉靖十二年（1533），《四川通志・邊防》："土官節貴糾合隴東十二寨，遠連青片、板舍、白草壩、白若、羅大鼓等寨生熟番數千人。"攻打壩底堡（今北川壩底鄉）①。《道光龍安府志・邊防》：嘉靖十四年（1535）春正月，"白草壩蠻屢寇壩底堡"②。《明史・何卿傳》：嘉靖二十五年（1546），白草壩番陷平番堡。次年劫石泉羊角、白泥、大方等處。但走馬嶺一戰，明軍以龍州、石泉、壩底三路，"俘斬九百七十有奇，克營砦四十七，毀碉房四千八百，獲馬牛器械儲積各萬計"。尚有羌人墜崖及火攻而死者不計其數。羌酋李保、黑煞、白石兒、撒哈等被俘③，白草番受到毀滅性打擊，完全喪失了反抗能力。此後，明軍動輒以武力相威脅，使石泉番民相繼歸附成為受知縣管理的"熟番"。戍守石泉官員借培修禹廟，刻禹碑，以德化戎。崇禹，也符合羌區民間信仰。北川境内有"神禹故里坊""禹穴""刳兒坪""血石""洗兒池"等禹跡，縣南石紐山摩崖陽文篆書"石紐"。汶川縣綿虒鎮高店村飛沙關懸崖洞頂山石，行書"石紐山"④。理縣通化鄉汶山村東 200 米禹王廟南面崖壁，楷書"石紐山"⑤。各地為大禹故里爭樹碑記。明清時，四川西北羌區，大肆興修禹廟。汶川威州楊柳坪箐山有禹王廟，綿虒飛沙關有聖母祠遺跡、綿虒鄉有禹王宫。茂縣有大禹廟。理縣通化鄉汶山村東有禹王廟。北川九龍山，康熙七年（1668）重建大禹廟，乾隆三十一年（1766）陸續修建，祀聖父崇伯、聖母有莘氏。不論禹生北川，還是汶川，這些禹跡和碑銘反映出一個不争的事實：西川羌區敬奉大禹，是羌人頌揚始祖先聖、答謝天地神靈的真實材料⑥。

---

① （清）常明修，楊芳燦纂：《嘉慶四川通志》卷九十，巴蜀書社 1984 年版，第 2889 頁。

② （清）鄧存詠等：《道光龍安府志》卷五，《中國地方志集成・四川府縣志輯》（14），巴蜀書社（據道光刻本影印）1992 年版，第 811 頁。

③ （清）張廷玉等：《明史》卷二百一十一，中華書局 1974 年版，第 5590 頁。

④ 黄新初：《阿壩文化史》，四川民族出版社 2006 年版，第 38 頁。

⑤ （清）吴羹梅修，（清）周祚嶧纂：《同治直隸理番廳志》卷二，《中國地方志集成・四川府縣志輯》（66），巴蜀書社（據清同治五年刻本影印）1992 年版，第 688 頁。

⑥ 吴明冉、曾曉梅：《石刻中反映的羌族釋比文化》，《西北民族大學學報》2014 年第 4 期。

231　野鶴山題記　隆慶元年（1567）三月

説明

題記刻於四川省茂縣疊溪附近的玉壘洞巖壁上。現藏茂縣疊溪鎮小學。吉雙槐山人撰文。題記高 45 cm，寬 112 cm。文 10 行，滿行 5 字。楷書。泐蝕嚴重。摩崖又題《雙槐山人題詩》《疊溪玉壘洞題刻》。

碑文

春日行郊外，閑尋野鶴山。

芳草迷臺徑，淤泥壅磴闌[1]。

古洞堪行樂[2]，新吟可笑談。

酩酊西山巔，隨柳過前川。

隆慶元年莫春[3]，吉雙槐山人識。

著録

1.《茂汶羌族自治縣志》743。2.《阿壩州志》2162。3.《西川羌族特殊載體檔案史料研究》341。

注釋

［1］磴：石臺階。北周庾信《和從駕登雲居寺塔》："重巒千仞塔，危磴九層臺。"①"闌"，《阿壩州志》《西川羌族特殊載體檔案史料研究》作"欄"，義近字非。

［2］行樂：奏樂。《茂汶羌族自治縣志》作"符口"，非。

［3］莫春：暮春，晚春。《論語·先進》："莫春者，春服既成。"何晏集解引包咸曰："莫春者，季春三月也。"②

彙考

疊溪玉壘洞可容數十人，洞内外有多處明代題刻。如雙鉤楷書"玉壘洞，/野鶴山。/"觀拓（見下），"玉壘""野鶴"，行楷。"洞""山"，楷書。明顯出自不同的

---

① （北周）庾信著，（清）倪璠注：《庾子山集注》，中華書局 1980 年版，第 224 頁。

② 十三經注疏整理委員會：《論語注疏》卷十一，《十三經注疏》，北京大學出版社 2000 年版，第 172－173 頁。

人。從鐫刻地“玉壘洞”和年代落款來看，又似囊括了六字。《四川文物》作“野鶴山、玉壘洞”。字序有誤。摩崖高200 cm，寬130 cm，字徑50 cm。落款“大明嘉靖十三年甲午仲夏月書”，字徑4 cm。又，楷書“萬壑一天”，高142 cm，寬750 cm，字徑45 cm。及“玲瓏仙室”；“萬山一平地，片石兩洞天”①。均題於洞内。洞外下方一石窟壁上，刻“行樂窩”，其間有明隆慶元年（1567）雙槐山人《野鶴山題記》，不遠處又有乾隆三十年（1765）總兵長白托雲《山中野鶴題記》等。

茂縣，自古羌地，漢冉駹部中心，今天仍是中國最大羌族聚居區。明清時，在疊溪一帶聚居着一些文人雅士“新吟可笑談”，反映出羌漢文化的共存。

① 潘遠志：《疊溪古城遺址》，《四川文物》1987年第1期，第62－63頁。

附

231－1　野鶴洞題記　嘉靖十三年（1534）仲夏月（六月）

碑文

玉壘洞，/野鶴山。/

大明嘉靖十三年甲午仲夏月書。/

著録

阿壩州文管所藏拓

232 播州营題記 萬曆十九年（1591）四月二十九日

説明

題記刻於四川省阿壩州黑水縣洛多鄉沃河村西500米的沃河山頂一崖壁上。長方形，高250 cm，寬117 cm。文4行，滿行3－11字不等。雙勾“播州營”三字。楷書。字徑60 cm，字距10 cm。右上兩行“驃騎將軍楊□□奉天征討”。左下角題年代，字徑7 cm。保存完好。摩崖又題《沃河山頂摩崖題記》《播州营石刻》。

碑文

播州營[1]。/

驃騎將軍楊□□[2]，/奉天征討。/

萬曆十九年四月廿九日記。/

著録

1.《阿壩州志》上册冠圖。2.《黑水縣志》557。3.《羌族通史》327。

注釋

［1］播州：即播州。《明史・四川土司・播州宣慰司》：“秦為夜郎且蘭地。漢屬牂牁。唐貞觀中，改播州。乾符初，南詔陷播，太原楊端應募復其城，為播人所懷服，

歷五代，子孫世有其地。宋大觀中，楊文貴納土，置遵義軍。元世祖授楊邦憲宣慰使，賜其子漢英名賽因不不花，封播國公。”[①] 元為播川縣，屬於湖廣行省。洪武五年（1572）改置播州長官司。授宣慰使司印信，隸屬四川。萬曆二十九年（1601）改置遵義軍民府，並徙治宣慰司西白田壩。播州地處楚、黔、蜀三省交通要道，地理位置十分重要。

［2］楊□□：楊應龍，事跡見《明史紀事本末·平楊應龍》《明史·四川土司·播州宣慰司》。明末民族矛盾激化，社會動蕩，楊應龍受詔率播州兵四處征調，萬曆十四年征松潘；萬曆十五年（1588）至十六年征“邛部夷撒假合雷波夷楊九乍、黄郎夷首安新叛”[②]。據此碑知其於萬曆十九年（1591）又征調至松潘。《明史紀事本末·平楊應龍》：“神宗萬曆十七年，四川播州宣慰司使楊應龍反。”[③] 有誤。“驃騎將軍”，明代武散官，階正二品。據明萬曆十六年（1588）《播州營題記及播州營碑記》，現藏美姑縣不乃托鄉巴千村，知此時楊應龍為“播州宣慰司宣慰使驃騎將軍”[④]。故《播州营題記》稱楊“驃騎將軍”。

彙考

摩崖題刻是楊應龍率播州兵剿羌時所留，説明播州兵在萬曆十九年（1591）左右，曾駐營茂縣、黑水、松潘三縣交界的松坪、洛多一帶。自萬曆元年（1573）始，松潘丟骨、人荒、没舌諸羌，茂州羅打鼓諸羌，疊溪楊柳諸羌以及樹底茌撒諸羌就不斷與明軍展開戰鬥。《萬曆武功録》載，萬曆十四年（1586）窯溝、大小二姓諸羌向蒲江關發起攻擊，將軍李應祥、副觀察使黄焯、謝詔案驗諸羌，於是得前殺戮我裨將趙世爵、馮盛濟、陳克勤及軍商民四百八十餘人，事態隨之擴大，朝廷下令欲戮力攻諸羌。於是，請餉於關中及滇南，以羽檄徵勇敢士，得播州楊應龍兵七千人、酉陽冉維屏兵五千人、平茶楊光祖兵四千五百人、敘馬儸徊兵七千人。是時，國師喇麻亦聚阿牛五寨、丟骨三寨在裝塘、鐵罏溝，敢旗鼓相當的力量。很快，明軍在岷江以東，攻克丟骨、人荒、没舌、龍溪、惡鬧、窖溝、蜈蚣，破茹兒等等二十三寨，斬首四百六十六級，俘獲羌人四十八人。于德、楊應龍等率播州兵征喇麻，渡歪地，擊破之。邊之垣進攻上下西坡雙橋，破之，又攻樹底，破之，虜著兒柘一人。還牛尾，因過黑水，往擊，盡破之。郭成圍攻西革寨，破之；在河西，攻克思達、歪地、幹溝、歪地、

① （清）張廷玉等：《明史》卷三百一十二，中華書局 1974 年版，第 8049 頁。

② 《平播之役 400 年學術討論會論文集》，貴州人民出版社 2002 年版，第 15 頁。

③ （清）谷應泰：《明史紀事本末》卷六十四，中華書局 1977 年版，第 1002 頁。

④ 凉山彝族自治州博物館、凉山彝族自治州文物管理所：《凉山歷史碑刻注評》，文物出版社 2011 年版，第 65 頁。

牛尾、西革等十五寨，斬首三百一十二級，俘獲羌人一百三十二人。又攻幹溝，追擊羌人至顧顧寨，擊諸羌，大破之；又攻大小粟穀，追擊羌人至白草。“自是之後，羌亦稍稍歸降矣”①。《貴州土司史》稱其奉命協助征松潘，“分兵三路，宣慰使楊應龍以所部精兵從中擊之”②。當是。

關於明代播州楊氏族屬，學界一直存有分歧，譚其驤先生認為倮羅族即彝族③，也有人認為是苗族④、漢人、僰人⑤，王興驥《播州楊氏族屬探研》認為是仡佬土著僚人⑥。《宋史・徽宗本紀》：宋大觀二年（1108）十二月，“涪夷任應舉、楊文貴，湖南徭楊再光內附”。大觀三年（1109）“二月丙子朔，播州楊文貴納土，以其地置遵義軍”⑦。楊文貴叔侄內附。“夷”“徭”即指他們的民族身份。從楊端，自太原到播州，由唐代中土漢人，到元明留居播州二十九代，當已有西南夷血統。朝廷按夷族對待楊氏土司，故谷應泰在《明史紀事本末・平楊應龍》曰：“應龍生而雄猜，尤阻兵嗜殺。然其賓叛不一，荒忽無常，亦土司之風類然也。”⑧ 播州自唐人楊氏，傳二十九世，八百餘年，至萬曆三十一年（1603）楊應龍亡。

清代隴木土司何裳之，《道光茂州志・土司》：宋時有楊文貴“隨剿羅打鼓，有功授職”。明嘉靖間“土司楊翱隨總兵何卿征白草生番著有勞績，命改何姓”⑨。《四川通志》《清史稿》的“何文貴”⑩，即“楊文貴”。其家族墓葬從宋至清代數十座，位於茂縣光明刀溪村南800米的鳳凰山，20世紀70年代改土挖掘，墓塚已被平為耕地。隴木土司，其先楊氏，自太原到播州，再到茂州。當播州楊氏一支在播州亡後，楊氏另一支卻在茂縣繁衍，且明清時已融入羌人。這是漢人楊氏融入兩個少數民族的事例，也是華夏民族雙向融合的一個縮影。

---

① （明）瞿九思：《萬曆武功録》卷五，《續修四庫全書》（436），上海古籍出版社2002年版，第317頁。

② 田玉隆等：《貴州土司史》（上），貴州人民出版社2006年版，第343頁。

③ 譚其驤：《播州楊保考》，《貴州民族學院學報》1983年第1期。

④ 田玉隆等：《貴州土司史》（下），貴州人民出版社2006年版，第723頁。

⑤ 章光愷：《播州楊氏族屬試探》，《貴州文史叢刊》1984年第1期，第5頁。

⑥ 同上書，第94頁。

⑦ （元）脱脱等：《宋史》卷二十，中華書局1977年版，第381－382頁。

⑧ （清）谷應泰：《明史紀事本末》卷六十四，中華書局1977年版，第1003頁。

⑨ （清）楊迦懌等修，（清）劉輔廷纂：《道光茂州志》卷三，《中國地方志集成・四川府縣志輯》（66），巴蜀書社（據清道光十一年刻本影印）1992年版，第384頁。

⑩ （清）常明修，楊芳燦纂：《嘉慶四川通志》卷九十六，巴蜀書社1984年版，第3059頁；趙爾巽等：《清史稿》卷五百一十三，中華書局1977年版，第14233頁。

233 蘇繼文墓誌 萬曆二十年（1592）六月二十一日

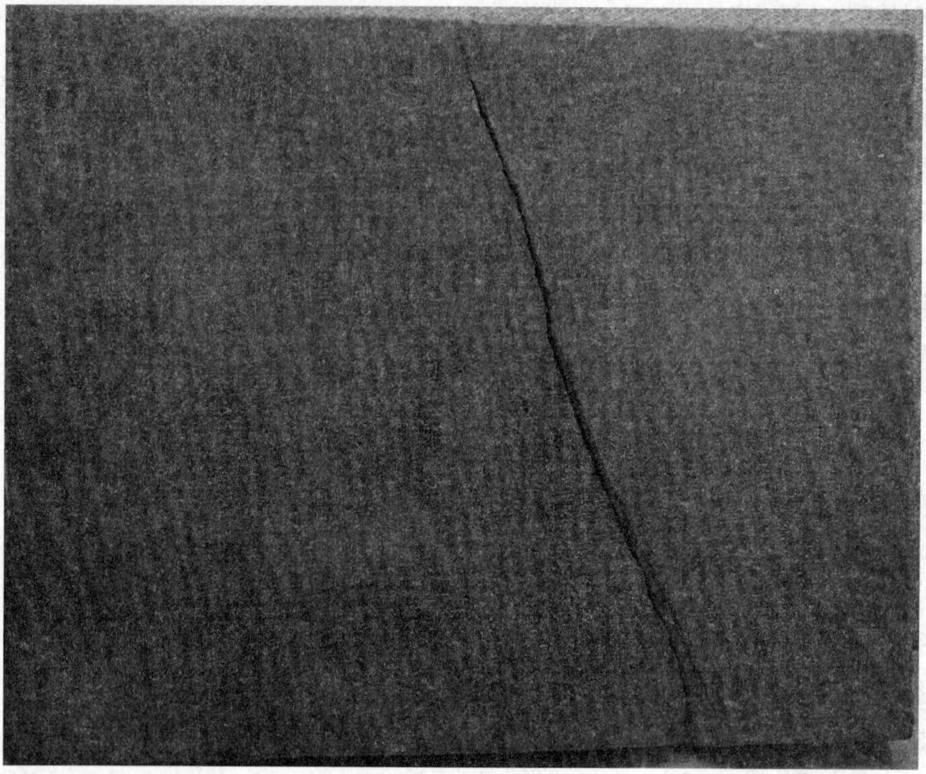

説明

墓誌於四川省茂縣出土。具體時間、地點不詳。石藏茂縣羌族博物館。誌高56 cm，寬81 cm，厚7 cm。劉學軾撰文。誌文50行，滿行49－50字不等。楷書。中間縱裂，斷為兩塊。損十餘字。右下角兩枚印章。下枚篆書“天府黃堂”。又題《禹江蘇墓誌》。

誌文

明奉直大夫禹江蘇先生墓誌銘。/

承德郎、四川成都府通判、督運松茂糧餉、豫章廬陵通家，侍教生劉學軾瞻之甫頓首拜撰[1]。/

余仲叔兵憲公，曩奉/命整飭威茂。丙戌歲致政，因譚茂林有蘇大夫，質而且文，才練邊猷，私心企之。踰年，余授任成都，分駐督理威茂兵餉。時叔台耿公/為郡長守，述蘇大夫賢狀，且謂子：“請益有椟。”及余入謁當道，先生即過從館舍。傾蓋間，異其古貌，溫恭與之。譚率質直[2]，經世語，余/蓋有味乎。其言知先生非今世士矣。嗣頻徃茂，即脂車孔棘。公必頸余，余必煩教。半晷乃别，且因其子采為州名士，間以文事見/教，知公之素履為悉。

今年夏四月入茂，亟訪先生。一會先生，以疾辭。逾數月，訃聞，嗚呼悲哉！其孤等將奉先生葬于南庄，山乙辛/向。時余邃署事茂郡[3]，子采自持述狀謁余曰："先大夫府君事行具是矣。幽室之銘，幸賴不朽。"余今沐先生教，非一日，又與叔氏耿/公素知善，蓋通家世誼也。即不文，曷敢辭。

桉狀[4]：先生諱繼文，字光祚。禹江，其别號，新號四吾。先世為吳和州人。傳祖彬，應/高皇帝，舉義兵，屢以軍功，歷授松潘衛鎮撫[5]。一傳，改授茂州衛鎮撫，即家于茂入業。而至于公之大父，皆世官，而雅好儒術。昔建直/宅門，有文士儒服突至之兆。即竒曰："吾家素重儒，來者其儒風大振乎。"先生父名時，號達庵。母張氏，果生先生焉。先生自髫［齡］，［相］/貌古朴若愚[6]，而聰慧穎達，出人意表，獨于強記稍劣，而務多讀以勝，雖百倍其功，不憚苦也。嘗徔晏鴻臚，窺見其有□□，曰：上□/悌者，私請數卷歸。丙夜漏殘[7]，手録弗倦。幼之時，篤志鋭然。以儒業為己責矣。其事厥，父母謹視，問同憂樂，□顔順志，恪服教言。咸/得其懽心。而友于之愛，有棠棣風。士林共推其孝友云。年十六，以習禮武生，應毛文宗試。毛竒之曰："□豈武弁子弟哉！"録入為附/學生[8]。公淬礪[9]，從陳雲村先生，遊文益進。歲壬寅，補州學生。木涇周文宗大竒之，遂與晏方村先生，同遊于故太史玉壘王公門[10]。

慱/綜群籍，淹貫經史，隨試輒冠諸生[11]，若陳公雨泉，胡公鹿崖，方軌域中，士鮮得當者，獨于先生賞識，命入大益書院，與群彦切劘[12]。公/獨于内江高太湖先生最契，聯榻禪室者夂之。先生問學日慱，名籍籍起。微獨□生，芥視一第，自同儕而比于鄉。先達長者，鮮所/不心識公也。亡何，累試塲屋不偶，即以戊午里選入太學司。成公又竒之，［初］達庵世癈[13]。先生長子木業已優給待年，及辛酉，而長/子卒。公優[14]，慨然有投筆志。詣京，謁大司馬蒲州虞坡楊公，當試文事、武備論。公首云："天下之道一，故其學一；其才一，故其用一。"楊/公擊節歎曰："可惜子哉！"遂弗許，而以仲子采癈焉。既歸□應甲子鄉試，復不第。乃歎曰："苦志有年，賈用弗售，天乎！"

比選期已迫不/得巳，謁選部。君授楚之穀城令，復出虞坡公門。穀故稱衝疲邑也。公下車，吏白故事，有修廨十八金之貲。先生曰："吾涖邑，而廨舍/苟安可矣。何復以金，而致困苦民哉？"竟卻之。嗣是印烙之常規，里甲之供應，入覲之，公贐悉以例革，風清政舉。邑嘗被水災，城盡/浸圮。前令修之，朞年費十倍，而功不半。公至慱詢調停，魯曽不縻公帑半錢，三月而城垣告成。御史舒公以旌禮至所，註稱："有財不/加而足，調停□未幾，而完墜工鼓萬姓以樂從成一方之保障"語。他如請設馬驛、請穀救荒、招復流移，條議痛快，上下協從，敬養□□□于丘、王二子[15]裁抑豪右如于彪氏二子，兼捕累歲，不獲大奸。朱朝三殄，累訪不悛。巨惡何邦，濟一時政。譽流聞遠近，而瑞/麥甘露之應疊見。雖古循良，不過也。迨轉辰陽，別駕去穀，攀狮者載道，如失慈怙。比至辰，施為矩度，一以令穀者行之，士民欣洽。/不啻穀人，職司邊糧。公精于裁覈，游刃有餘。地所領者，辰州七郡邑之外，有靖之郡邑四，湖貴兩省之衛八大鎮三，列哨十有三，/而常職外，優于當道。諸公或裨贊經營，辭命揮洒，獄訟平反與查盤，行縣居半焉。任四載，擢滇之陸涼。陸涼為郡，流土錯置，而土/酋長即世，厥妻昂繼之。守者一不慎，飭輒墮其術。先生清正自律，恩禮不失，嚴峻執法，機權時用，昂肅如也。郡故無城，公為剏牙/城，帑藏囹圄，乃稍稍壯固。羅雄酋長者，繼榮父子争立，當道下其事。先生矢公直勘之，繼榮擁三千兵入境，以重幣來獻，要以必/受，而直其情。先生抱郡符，匹馬趋衛城，然後遣使宣諭，威稜帖然，隨以退聽。庚辰，先生以疾致仕，昂謂其姪世益曰："吾人受蘇公/德厚，百忘報耶?"于是以鞍馬、金帛奉贐，固拒之。乃挈琴與書數囊，飄然西入蜀。其嶄然于辭受進退之際如此，公自為諸生時，已/自能褆身奮學。及戊辰登仕，至庚辰解組，凡三仕，十有三稔，而始終一節。故署之者，有曰：五載始遷，一囊如洗。有曰：心事同青天/白日[16]才華比蜀錦齊紈[17]。有曰：科目遺賢，循良首吏。有曰：壯猷方叔，識治賈生[18]。凡膺奬者三十餘次，揭部一次、欽賞一次。既歸廬，謂/諸邦人曰：吾乃今得生還矣。象簡花鞶，不失先人故物，而出處去就之，義庶亦稱明。獨奈何久縻塵紲，不以有餘貽後人耶。敝衣/垢冠[19]，寒素如昔，絕不與公事。以故，甲申奉詔，猶被恩賚之典。而十二年間，十八賓鄉飲席，當路者既高其品，又重其文，靡不造廬/賓禮，且究意邊防兵餉，載紀列誌，述徃譚今，纖悉備具。鑿鑿可為千百年長畫者，當道暨州大夫，悉以屬先生著述。先生清約得/諸性成，朗豁超于物表。儉足中禮，廉不矯情。待人無衆寡小大，一以禮恭。宴會惟論文，敘誼情投[20]，即夜夜不倦。若在座醵褉，知則/不赴，赴亦不終。至其掞藻摛辭，不剿陳言，竒崛自異。先生豈今世士也哉。

今年春，以脾虚肺喘遘疾。子采當有選貢行，先生且手/書勉慰，無以我老慮。采歸，又喜曰："子歸，吾有主矣。"越明日，卒。其洞然于父子死生之間如是，益可徵先生之養矣。余甞觀于今世/學士大夫，悖恂簡朴者，或嗇于文章，而磊落亢爽，好行其德者，類闊畧于檢飭。如公者，豈非鮮哉！譽流郡邑，望重薦紳。鄉評侈德/誦誼者，無間言。矧有子籍其家，教以起隆隆于未艾，此之謂食未究之報也哉，可以誌矣。

先生生嘉靖壬午二月一日，卒萬曆壬/辰六月廿一日[21]。配冀州太學生京女酆氏，次唐安陳氏，次溫江丁氏，次太和劉氏。子男五，長木優，給舍人甥陳氏女[22]，蚤世。次禾，襲/衛鎮撫，娶鄭氏，先先生卒。次采，州學生，娶支氏。次秉，娶文氏。

次黍，亦學宫弟子，娶姜氏。女二長瓊華，適故指揮吴吉；次瓊瑩，適千/戶周官，俱蚤世。木、禾、瓊華、瓊瑩俱酈出；采、黍俱陳出；秉，丁出。養子一，曰蘇蕭，劉出。孫內外男女十有五人，曰永年應龔，曰宦姑，曰/腊姑，俱禾出。曰有年，曰貞媛，曰靜媛，曰純媛，曰一媛，曰清媛，俱采出。曰長年，禾出。嗣秉曰先春，曰遇春，俱秉出。曰大年，黍出。曰銀/姑，吉出。曰周四友，宫出。得縷書之。銘曰：

神禹之鄉，澤發茫茫。禹澤沛江，秀鍾喆良。學優而仕，壯行孔臧。辭榮若浼，母貧何傷。興/學方行，弥老而光。彼博名高，叵測肺腸。彼鮮堅貞，中道而僵。初末一轍，惟公擅長。瑞氣鬱蒸，用昌麟凰。銘以詔來，識垂穸壤。/

皇明萬曆壬辰冬十一月吉旦。/

著録

茂縣文博館藏石

注釋

［1］侍教生：明代御史與巡撫的自稱或互稱。明王世貞《觚不觚録》：“御史於巡撫，尚猶投刺稱晚生侍坐也。辛卯以後，則僉坐矣，尋稱晚侍生正坐矣，又稱侍教生矣，已而與巡撫彼此俱稱侍生矣。”①

［2］譚：一義同“談”。《三國志·魏志·管輅傳》：“此老生之常譚。”② 一義通“坦”，此處譚率，即“坦率”。

［3］適：即“適”字，構件“冂”，演變為“冖”。

［4］桉：同“案”。根據。《後漢書·楊終傳》：“臣竊桉《春秋》水旱之變，皆應暴急，惠不下流。”③

［5］明洪武十一年（1378）置松州、潘州二衛，不久合併為松潘衛，治所即今四川松潘縣。《明史·四川土司》：“龍州薛文勝於洪武六年來降，命仍知龍州。既置松潘安撫司，命文勝為安撫使。既置松州衛，仍以松潘為龍州。”④ “洪武十四年置松潘等處安撫司，以龍州知州薛文勝為安撫使，秩從五品。又置十三族長官司，秩正七品。” 十六年，“松潘羌民作亂”。“十八年，松州羌反。” 明朝統治者以番制番，任用與松潘毗鄰的龍州世襲土司治理松潘。“二十年改松州衛為松潘等處軍民指揮使司，

① 金沛霖：《四庫全書子部精要》（下），天津古籍出版社 1998 年版，第 901 頁。

② （晉）陳壽撰，（南朝宋）裴松之注：《三國志》卷二十九，中華書局 1964 年版，第 820 頁。

③ （南朝宋）范曄撰，（唐）李賢等注：《後漢書》卷四十八，中華書局 1965 年版，第 1597 頁。

④ （清）張廷玉等：《明史》卷三百一十一，中華書局 1974 年版，第 8030 頁。

改松潘安撫司為龍州。"① 二十二年（1389），改龍州為龍州軍民千户所，隸松潘等處軍民指揮使司。宣德九年（1434）征松潘有功，陞龍州為宣撫司，治今四川平武。知州薛忠義為宣撫使。嘉靖四十二年（1563）復改松潘衛，治松潘。四十五年（1565），改龍州宣撫司為龍安府。清雍正九年（1731 年）改為松潘廳。

［6］"自"下一字，殘斷，存右"召"。據上下文義和存字形，似"髫"。其下一字，當"齡"。髫齡，幼年也。"貌"上一字，應是"相"。

［7］丙夜：三更，指晚上十一點至翌日凌晨一時。

［8］武弁：武官。《明史·熹宗紀》："國家文武並用，頃承平日久，視武弁不啻奴隸，致令豪傑解體。"② 附學生：即"附學生員"。簡稱"附生"。明清府、州、縣學生員之一。明代，指在廩生、增生名額之外，額外加取的生員。當廩生、增生缺員，經過歲考，依次補充。清代沿襲明制。同時，官學初入的文童亦稱"附生"。《清史稿·選舉志》："各學教官，府設教授，州設學正，縣設教諭，各一，皆設訓導佐之。員額時有裁併。生員色目，曰廩膳生、增廣生、附生。初入學曰附學生員。"③

［9］淬礪：激勵；磨練。唐元稹《授田佈魏博節度使制》："爾其淬礪勇夫，敬恭義士。"④

［10］太史玉壘王公：明王元正，號玉壘。

［11］慱：同"博"。《正字通·心部》："慱，俗博字。"⑤ �冠：猶奪冠。

［12］大益書院：明正德十三年（1518）提學王廷相建於成都府城東北，為省級書院。嘉靖三年（1524）增修，十三年（1534）重修。萬曆年間張居正議毀天下書院，遂毀。後改建為大儒祠。切劘：切磋相正。宋王安石《與王深父書》之一："自與足下别，日思規箴切劘之補，甚於饑渴。"⑥

［13］"達"上一字，存左"衤"旁。按文義，或作"初"。

［14］優：以"憂"為宜。

［15］"于"上一字，存左側"女"。迻録備考。

［16］青天：《莊子·逍遙遊》："背負青天而莫之夭閼者。"陸德明釋文引司馬

---

① （清）張廷玉等：《明史》卷三百一十一，中華書局 1974 年版，第 8025 頁。

② 《明史》卷二十二，第 298 頁。

③ 趙爾巽等：《清史稿》卷一百零六，中華書局 1977 年版，第 3115 頁。

④ （宋）李昉等撰：《文苑英華》卷五百八十七，中華書局 1966 年版，第 2306 頁。

⑤ （明）張自烈撰，（清）廖文英續：《正字通》，《續修四庫全書》（234），上海古籍出版社 2002 年版，第 404 頁。

⑥ （宋）王安石：《臨川文集》卷七十二，《景印文淵閣四庫全書》（1105），臺北：臺灣商務印書館 1986 年版，第 603 頁。

彪："夭，折也；閼，止也。"① 以鯤鵬展翅，高飛九萬里，背負青天，往飛南溟的典故，喻誌主的雄心壯志。

［17］蜀錦齊紈：原指四川生産的彩色錦緞、齊地出産的白細絹。比喻華麗的文采。

［18］壯猷：宏大的謀略。語出《詩經·小雅·采芑》之"方叔元老，克壯其猶"。鄭玄箋："猶，謀也；謀，兵謀也。"② 方叔：周宣王時賢臣。賈生：東漢賈誼。

［19］敝：通"弊"。破舊之衣。漢賈誼《新書校注·屬遠》："彊提荷弊衣而至。"③

［20］投：即"投"。構件"夕"變為"几"。

［21］嘉靖壬午：即嘉靖元年（1522）。萬曆壬辰：即萬曆二十年（1592）。

［22］甹：即"聘"。構件"耳""由""丂"移位，並"耳"省減筆劃。

彙考

誌文詳述茂州奉直大夫蘇繼文的成長經歷、奮鬥歷程以及儒雅平和的處事風格、聰慧才智等。其先祖吴和州人，遠祖彬，"應高皇帝，舉義兵，屢以軍功，歷授松潘衛鎮撫。一傳，改授茂州衛鎮撫"。落業茂州，世代為官。雖出身武弁，但自"公之大父"，"雅好儒術"；"父名時，號達庵"。舊時文人多用"庵"，以作字號或書齋名。如：晦庵，宋朱熹號；升庵，明楊慎號；老學庵，宋陸游書齋名。《道光茂州志·人物志·卓行》："蘇繼文，貢生鎮撫時之子。博學能文。總兵何卿推重之，緝松潘志後，任涼州牧，有惠政。"④ 誌主"博綜群籍，淹貫經史"，"配翼州太學生京女酆氏"，子采為州學生，黍為學宫弟子。至此，蘇氏一門由明初尚武漸崇文，儒風大振。又，子禾龒，茂州衛鎮撫；二女，一嫁指揮吴吉，一嫁千户周官。蘇氏世襲衛鎮撫，亦與當地土官聯姻。推之，蘇氏已融入羌族。

---

① （清）郭慶藩撰，王孝魚點校：《莊子集釋》卷一上，中華書局1961年版，第8頁。

② 十三經注疏整理委員會：《毛詩正義》卷十，《十三經注疏》，北京大學出版社2000年版，第755頁。

③ （漢）賈誼著，閻振益等校注：《新書校注》卷三，中華書局2000年版，第117頁。

④ （清）楊迦懌修，（清）劉輔廷纂：《道光茂州志》卷四，《中國地方志集成·四川府縣志輯》（66），巴蜀書社（據清道光十一年刻本影印）1992年版，第392頁。

234 裁革陋規碑 天啟三年（1623）

説明

碑石出土於四川省北川縣原石泉縣縣署甬牆側，掘得時已斷。

碑文

天啟三年，邑令周藎臣裁革陋規也[1]。凡軍勇請糧，僉報庫子、庫書，排年到卯。夫役諸費並革，共計百八十兩有奇。當此番賊初平、瘡痍未復[2]，為令長者，潔已惠民，可謂賢矣。

著録

《乾隆石泉縣志》卷4①

注釋

［1］周藎臣：湖北黄岡人。天啟三年（1623）任石泉縣知縣。《道光龍安府志·職官·政績》："清廉勤檢，革一切陋規，培植人材，務農重士，愛民如子。"② 舊志與碑文記載一致。

［2］據碑文，知天啟三年或之前，石泉發生番亂，史乘失載，可補其闕。天啟初，四川永寧（今敘永）宣撫司奢崇明及貴州水西（今大方一帶）宣慰司安位叔父安邦彦叛亂，波及川黔雲桂四省。元年十月，奢氏逼成都，松潘、茂州、龍安兵有一千五百餘人調往成都解圍。事見《明史紀事本末·平奢安》。推測此事引發了石泉羌人反抗明朝廷的鬥争。

---

① （清）姜炳璋：《乾隆石泉縣志》卷四，北川羌族自治縣黨史地方志辦公室據清乾隆三十三年（1768）刻本重刊，内部資料，2008年，第88頁。

② （清）鄧存詠等：《道光龍安府志》卷六，《中國地方志集成·四川府縣志輯》（14），巴蜀書社（據道光刻本影印）1992年版，第870頁。

235　松潘城崇禎十六年告示碑　崇禎十八年（1644）八月

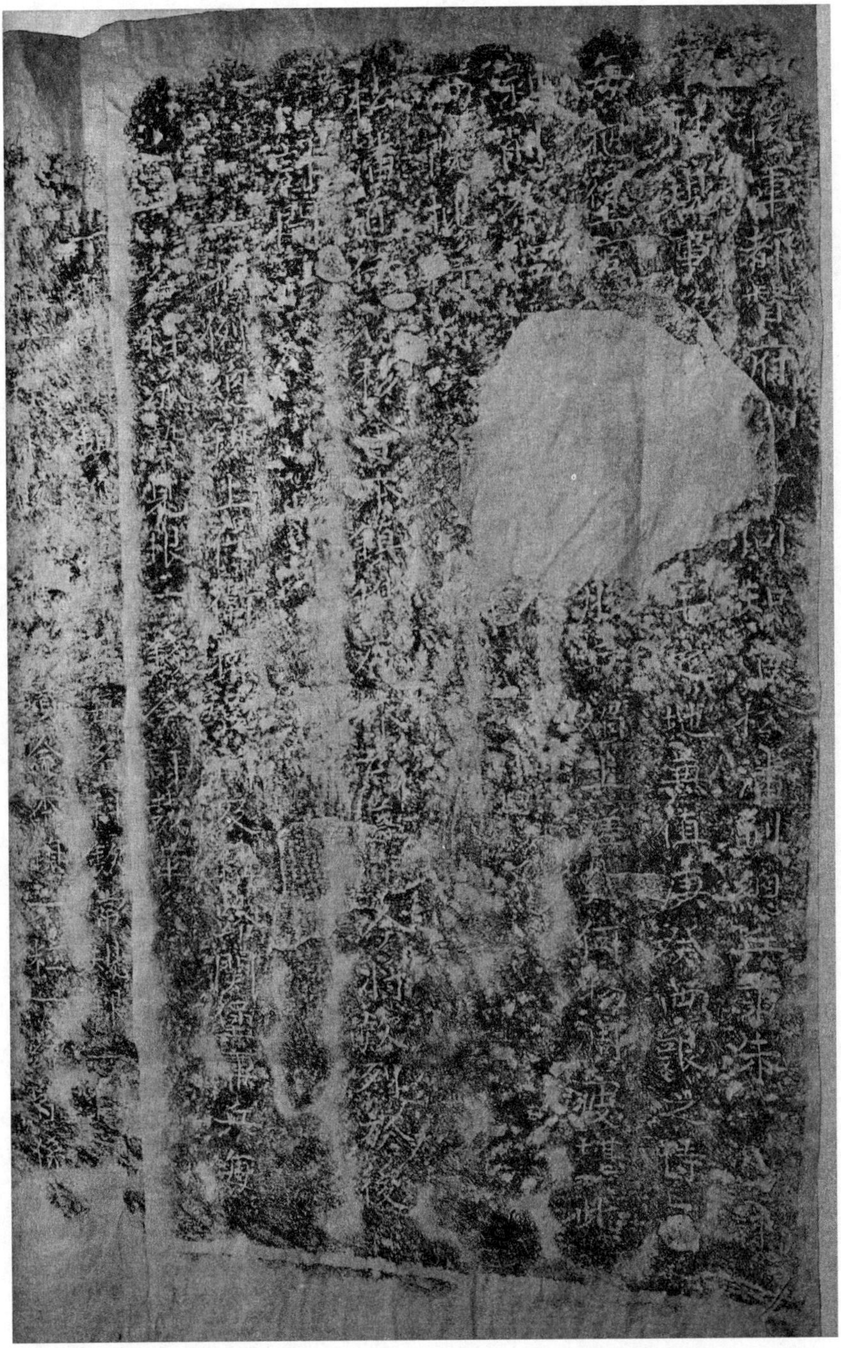

拓片局部 1

拓片局部 2

拓片局部3

説明

碑石刻立於四川省松潘明城南門東甕城門右側，現存原址。高 130 cm，寬 185 cm。碑文 25 行，滿行 21 字。楷書。泐蝕較嚴重。右上有鑿痕，缺損數字。

碑文

後軍都督府松潘同知管松潘副總兵事朱為重訂軍糧規事。［詔松潘為不］毛之地，蔫值庚癸兩艱之時矣[1]。/每把、堡官□□□□□朘声媚上[2]，嗟哉！何物凋疲，堪此/剥削業空[3]！/

西院批行：/

松潘道任，移會本鎮，鐫石永為遵凜。今將欵列於後[4]。/

計開：/

一，舊例：總鎮上任，衛、操、營、所及鎮、路、關、堡軍兵，每/名科泒贄見銀一錢[5]。今詳裁革。/

一，舊例：新鎮巡邊，軍兵每名科欵常規銀一錢，外/泒下程、小飯供應等項。今本鎮一粒一蔬皆係/自備，關、堡戶供薪水前規，悉行詳革。/

一，舊例：總鎮出塞秋防，鎮、路、關、堡軍兵每名科泒/鏟草問安銀一錢。今詳裁革。/

一，舊例：生辰令節呈送禮儀，皆出軍兵。今悉詳革。/

一，把、堡新任，科泒軍兵，饋送贄見禮儀。今悉詳革。/

一，舊例：營、堡軍兵曠伍、察點不到，奉文拘究，把、堡/官不行觧懲[6]，籍倚罰抶回[7]，鎖以苦窮軍。本鎮惟/知執法，凡有犯者，必欲觧赴轅門，照依輕重處/治，以儆其後。罪睛詳革。/

以上數條，蠲之于我輩，不過減氈上之一毛[8]；泒之于軍/兵，則已剜心頭之肉。願後來君子共相則效，應俯仰無/愧，清夢自安[9]。如或不相体諒，以為恤軍兵也，何以為沽/釣也。亦可知我罪，我亦聽之爾矣。龍何敢韙□識[10]？

崇禎十六年八月望日鐫令。/

著録

1. 阿壩州文管所藏拓。2. 松潘縣文博所趙雙林藏拓。3.《松潘縣志》996。

注釋

［1］庚癸：古代軍隊中隱語，意為告貸糧食。典出《左傳·哀公十三年》："吴申叔儀乞糧於公孫有山氏……對曰：'粱則無矣，粗則有之。若登首山以呼，曰"庚癸

乎”，則諾。’”杜預注：“軍中不得出糧，故作隱語，為私期也。庚在西方，穀以秋熟，故以庚主穀。癸在北方，居水之位，故以癸主水。”① “事”下泐，並有鑿痕，據《松潘縣志》補。兼：即“兼”字。觀拓，清晰。《松潘縣志》作“無”，並釋“時”作“待”，致語義不暢。“兩”下一字，是“艱”，即“艱”，本作“銀”。“兩銀”，為“銀兩”的誤例。指舊時以銀錠為主要形式的一種秤量貨幣。

［2］朘：侵吞。嚞：竭力。《松潘縣志》未釋“朘嚞”。

［3］凋疲：衰弱疲敝，疲頓。宋范仲淹《謝授知邠州表》：“始塵宣慰之名，來撫凋疲之俗。”② “業”下有一字，細審存痕，似“空”。業空：本佛教語，義為身、口、意三業之性皆空。借指蕩然一空。《松潘縣志》“凋”作“洞”，非。“剝”上衍“肅”，未釋“空”字。

［4］移會：舊制官府文書之一。欵：周“款”。

［5］科泒：即“科派”。指力役、賦税的攤派，或索取錢財。贄見：見面禮。清咸豐十一年（1861）七月二十七日，曾国藩奏：“特參廬江縣知縣吴燮和貪劣科派請予革職摺。”③

［6］“行”下一字泐，右“羊”清晰，左似“角”。觀拓，與下“觧”相類，是“觧”，同“解”。《松潘縣志》作“詳”，非。

［7］“罰”下一字泐，細觀為“抶”。《松潘縣志》未釋。罰抶：鞭刑。《新唐書·高適傳》：“官吏懼譴，責及鄰保，威以罰抶，而捕逃益滋。”④

［8］蠲：减免賦税。《宋史·食貨志之上一》：“至是，又以覆檢煩擾，止遣官就田所閲視，以定蠲數。”⑤

［9］清夢：猶美夢。宋陸游《枕上述夢》：“江湖送老一漁舟，清夢猶成塞上遊。”⑥ “清”，《松潘縣志》作“済”，“濟”的减筆字。

［10］韙：好或正確的言行。《松潘縣志》作“題”，非。“韙”下一字，觀拓，左存“言”，右已不存。《松潘縣志》作“識”，不確。

---

① 十三經注疏整理委員會：《春秋左傳正義》卷五十九，《十三經注疏》，北京大學出版社 2000 年版，第 1925－1926 頁。

② （宋）范仲淹：《范文正公集》卷十六，《萬有文庫》，商務印書館 1937 年版，第 228 頁。

③ （清）曾國藩：《曾國藩全集》(6)，岳麓書社 1989 年版，第 3527 頁。

④ （宋）歐陽修、宋祁：《新唐書》卷一百四十三，中華書局 1975 年版，第 4680 頁。

⑤ （元）脱脱等：《宋史》卷一百七十三，中華書局 1977 年版，第 4163 頁。

⑥ （宋）陸游：《劍南詩稿》卷二十七，《文淵閣四庫全書》（1162），臺北：臺灣商務印書館 1986 年版，第 446 頁。

彙考

明初，衛所軍一般分為城操軍、屯田軍等，後來屯田軍也有奉調守城或操練。京師以外省鎮營兵制盛行地區主要有總兵、副總兵、参將、遊擊、都司，以及守備、操守、千總、把總、提調、備禦等武職。《明史·兵志》：“總兵官、副總兵、参將、遊擊將軍、守備、把總，無品級，無定員。總鎮一方者為鎮守，獨鎮一路者為分守，各守一城一堡者為守備，與主將同守一城者為協守。又有提督、提調、巡視、備禦、領班、備倭等名。凡總兵、副總兵，率以公、侯、伯、都督充之。”[①] 碑文中“衛、操、營、所及鎮、路、關、堡”，屬防守城堡武將。操即操守。守備、操守、把總、提調及備禦等，其地位、統兵人數依次降低。擔任這些官職的武官分為世官和流官，世官有指揮使、指揮同知、指揮僉事、正千戸、副千戸、衛鎮撫、實授百戸、試百戸、所鎮撫，共九等；流官有都督、都督同知、都督僉事、都指揮使、都指揮同知、都指揮僉事、正留守、副留守等。明代中後期，省鎮營兵制盛行，有一些守城堡官校以衛所官員充任，如四川松潘一帶嘉靖間有“守堡百户”[②]。有些地區，府州縣巡捕官及巡檢司巡檢等也統領民兵守衛城堡。

① （清）張廷玉等：《明史》卷七十六，中華書局1974年版，第1866頁。

② （明）陳經邦：《明世宗實録》卷十二，嘉靖九年十二月甲戌條，臺北：臺灣歷史語言研究所，1962年，第2863頁。

236 霸州城堡遺址石刻 明（1368－1644）八月二十二日

説明

摩崖刻於四川省汶川縣龍溪鄉東門口村後山上第一埡口上方 10 米處。汶川縣文博館藏拓。拓片高 60 cm，寬 55 cm。文 5 行，滿行 5－9 字不等。楷書，含草意。泐蝕較嚴重。

碑文

闲上步輪墩[1]，宛如望/天貌[2]。振衣險捂族[3]，/一覽眾山小[4]。/

辛丑歲仲秋廿二日建[5]。/

進士李龍山書。/

著録

1. 汶川縣文博館藏拓。2.《羌族詞典》471。

注釋

［1］“上”下一字潦草，似“步”字。“輪”，《羌族詞典》作“崳”，非。“輪”，高大貌。

［2］“天”，《羌族詞典》作“空”，非。

［3］振衣：抖落衣上塵土。《楚辭·漁父》：“新沐者必彈冠，新浴者必振衣。”王逸注：“去塵穢也。”① “振衣”，《羌族詞典》作“跎跌”；“捂族”作“霧西”，均非。

［4］語出杜甫《望岳》：“會當凌絶頂，一覽眾山小。”② 此謂霸州城堡所處地理位置險峻。

［5］“廿二日建”，《羌族詞典》作“望月夏”，非。碑云“辛丑歲”，闕年號。摩崖刻於汶川縣龍溪鄉東門口村，即明霸州，“洪武二十四年（1391），徙威州於霸州，今東門外番寨”。宣德七年（1432），因羌患遷州③。州既東遷，乃改為堡。明弘治（1488－1505）間，龍溪等寨倡亂，增修保子十三墩。嘉靖二十七年（1548）水溢，冲塌西南城垣，兵備馬九德、總兵何卿重修城岸，改建挑橋，設官兵防戍④。就在汶

① （宋）洪興祖補注，白化文等點校：《楚辭補注》，《中國古典文學基本叢書》，中華書局 1983 年版，第 180 頁。

② 《全唐詩》卷二百一十六，中華書局 1980 年版，第 2253 頁。

③ （清）陳克繩著，施義爵、李心正校訂：《乾隆保縣志》卷一，《故宫珍本叢刊》（221），海南出版社 2001 年版，第 306 頁。

④ （清）吴羹梅修，周祚嶧纂：《同治直隸理番廳志》卷二，《中國地方志集成·四川府縣志輯》（66），巴蜀書社（據清同治五年刻本影印）1992 年版，第 683 頁。

川縣龍溪鄉東門口寨還出土明正德十六年（1521）《重修壩州堡碑》[1]，兩通碑銘中“堡”“墩”“險”字，反映了明朝統治者對岷江上游羌區實行嚴格軍事控制。摩崖鐫刻時間當在明末無疑。具體時間有待其他出土材料，進一步考證。

① 曾曉梅藏拓。

237 朱公鼎建南堡記 崇禎間（1628－1644）

説明

碑石刻立地點不詳。現已亡佚。保縣訓導錢養民撰文。

碑文

南堡記。

隋開皇間，於西極建薛城戍，即今保縣[1]。唐相李文饒并維州[2]，經略重地也。我太祖高皇帝平蜀而後，歷十八年乃定。累朝以次封殖之，稱鎖鑰焉爾。因虜寇肆虐，無食無兵，幾無守吏。莅茲土不煖席，士民莫［不］必其命[3]。主上怒焉西顧[4]，特簡帝系朱公臨之。公奉命兼程馳至保，僃不能兵，咸謂吐蕃部落以千數計，外者雖多，猶以為遠我，內者曰“歧上”，又曰“蒲溪五寨”，皆逼鄰近甸[5]，噬保人者也。兵之則罹禍[6]，俟之則難支，僉謀不能決。公喟然曰：“雞肋犬牙，何足煩朝廷，而呶呶聚訟為。不曰襄漏貯中乎！伏斬積渠。夏至而蒲溪崩厥角矣[7]，計斃叛凶卜太，而九子諸寨輸誠矣[8]。戎既靜，士民無議。爰步各險，得南蒲地，古稱浴蛇村，扼戎虜出入，有聚廬而處之者。既報乎，乃彷趙充國屯田故事，築城以守[9]。遂盡諸孑遺戶而彀之地饒火種[10]，保人薪租賴於茲，始有生人趣。由是賑饑復糈[11]，造士練兵，設學義田，捐俸買犢，一切因之。建堡一、建墩十，又於山左闢一坦道，以防岐蠻出沒不測。其制墩、衛、堡，堡墩仍交相衛，煙火相聯，首動尾應，延袤二十里許，雞犬相聞，城中從來無人凋壑，殆已另開一世界矣。則又彷古計口授地之法，區畫於其中。孰者為民恆產，孰者為學義田，輕重布之，井井有條，可謂闢一時[12]，千古永賴，猗歟都哉！故名其堡曰“南堡”，名其墩曰“受降墩”。夫南者，明也[13]，明為陽，為中國，明天子在上，深山窮谷思耀光明，而公代天理物，向明勸化[14]。於以褫氈裘之膽而因吾圉[15]？馴諸夷之驁而服其心。王威遠播，絕域懷寧，豈偶然哉！於是士沐其化，民懷其惠，與諸父老謳吟踴躍，相率謀記於予，以記盛事。予南楚都暨儒[16]，固陋不文，何能揚公之德萬一[17]。謹揭其大者，附眾刻石以誌不朽云。

著録

1.《乾隆保縣志》卷7－18。2.《理番廳志》卷5－14。3.《西川羌族特殊載體檔案史料研究》265。

注釋

［1］“南堡記”，《乾隆保縣志》《西川羌族特殊載體檔案史料研究》作“朱公鼎建南堡記”。薛城戍：軍事戍所。隋開皇四年（584）置，屬會州。《舊唐書·地理志》：“隋初，蜀師討汶山叛羌，於其地置薛城戍。大業末又没於羌。”① 故址在今理縣薛城。唐武德七年（624），白苟羌内附，於姜維故城置維州（或為維川郡）統之，縣同置，因隋薛城戍而名。永徽改薛城曰保寧。宋改維州為威州，領保寧、通化二縣。明初省通化縣。洪武改保寧縣為保縣，永樂置雜谷安撫司，轄藏羌民。清雍正省威州入保縣，屬茂州。

［2］李文饒：即“李德裕”，字文饒，趙郡（今河北趙縣）人。唐大和間任劍南西川節度使，薛城鎮修建“籌邊樓”。會昌間為相，裁汰冗官，制馭宦官，拜太尉，封衛國公。“并”，《西川羌族特殊載體檔案史料研究》作“井”，非。

［3］煖：同“暖”。士民：古有四民，即士民、商民、農民、工民。士民指士大夫階層和普通讀書人。此泛指人民、百姓。《理番廳志》脱“士”“不”。

［4］《乾隆保縣志》《理番廳志》作“惄”，亦作“愵”，憂思，憂傷。《詩經·小雅·小弁》：“我心憂傷，惄焉如擣。”② 《西川羌族特殊載體檔案史料研究》作“恚”，非。

［5］蒲溪：即今理縣東部蒲溪鄉，轄河壩、色爾、奎寨、休溪、蒲溪五村，故又稱“後五寨”。羌族聚居區。明清為雜谷腦土司轄地。近甸：指都城近郊。此謂保縣近郊。

［6］“禍”，《西川羌族特殊載體檔案史料研究》作“褐”，致語義不暢，不取。

［7］夏至：即“酋夏至”。《朱蘊標德政碑》：“未幾而岐山叛，酋夏至等果潛圖來攻縣城。”厥角：謂獸之角。厥，其。《尚書·泰誓中》：“百姓懍懍，若崩厥角。”孔穎達疏：“以畜獸為喻，民之怖懼若似畜獸崩摧其頭角然。”③ 後指以額觸地。

［8］九子：即今理縣東部木卡鄉，轄木卡、立力、九子三寨四村，羌族聚居區，為雜谷土司轄地。清初屬蒼旺土司轄地，“改土歸流”後置九子屯。民國廢屯置鄉、保，隸薛城鄉。《羌戎考察記》：“九子屯是個羌民的部落，楊守備是戎人……屯上的百姓全部都穿著麻衫，罩著羊皮背心，男女均用頭巾纏頭，在服飾上顯示出九子屯是

① （後晉）劉昫等：《舊唐書》卷四十一，中華書局1975年版，第1690頁。

② 十三經注疏整理委員會：《毛詩正義》卷十二，《十三經注疏》，北京大學出版社2000年版，第876頁。

③ 十三經注疏整理委員會：《尚書正義》卷十一，北京大學出版社2000年版，第330頁。

個羌民戎官的部落。”而楊繼盛守備的祖父是羌民第一任的戎官①。

［9］戎：指藏羌少數民族。《乾隆保縣志》“乎”，《理番廳志》作“平”。《西川羌族特殊載體檔案史料研究》沿用。趙充國：字翁孫，西漢隴西上餅（今甘肅天水市西南）人。謚號“壯”。宣帝時，趙充國出兵湟中地區，平定羌人叛亂。為鞏固邊防，實行屯田，不動干戈，得諸羌歸順。事跡見《漢書·趙充國傳》。

［10］彀：張滿弓弩。《理番廳志》作“㲉”，雛鳥孵出時的叫聲。比喻議論紛紜，是非難定。非。

［11］“由”，《理番廳志》作“繇”，非。

［12］“闢”上，《理番廳志》《西川羌族特殊載體檔案史料研究》衍“開”字。

［13］《理番廳志》脱“故名其堡曰‘南堡’，名其墩曰‘受降墩’。夫南者，明也”。

［14］“明”“勷”，《西川羌族特殊載體檔案史料研究》作“民”“勸”。或是。勸化：勸勉、教化。

［15］《乾隆保縣志》作“因”，《理番廳志》作“固”。《西川羌族特殊載體檔案史料研究》沿誤“固”。又，迻録“圉”作“圍”，非。

［16］豎：亦作“竪”。《西川羌族特殊載體檔案史料研究》作“堅”，非。

［17］“德”下，《理番廳志》衍“政”，《西川羌族特殊載體檔案史料研究》衍“政于”，據文義可採。

① 莊學本：《羌戎考察記》，四川民族出版社2007年版，第41頁。

238 朱蘊鏢德政碑 崇禎間（1628－1644）

説明

碑石刻立於保縣，現已亡佚。訓導錢養民撰文。該碑又題《朱公開設南堡德政碑》。朱公，明崇禎時期，任保縣知縣①。開設南堡，事見錢養民撰《朱公鼎建南堡記》，收入《理番廳志》卷五《藝文記》。

碑文

朱公開設南堡德政碑記。

明保縣訓導錢養民。

古之豪俠欲樹功名於天壤[1]，隨所籍資，皆足以發抒胸臆。非其挾持有素，焉能勝任而愉快乎。今夫保，小邑也。僻在萬山叢阿中，土瘠民貧，一切所需，悉仰給於土，官且負載百里外謀朝夕命。蠻獠圍繞，山嶺插天，以為巢穴，僅隔一衣帶水，與官道相望[2]。每河涸草枯之際，劫人於途，鋌而走險，往來者莫能遂也。堂道恒厪西顧之憂[3]，而苦於鞭長莫及，非腹心之患而何？幸邑侯朱公，奉天子簡命，來莅茲土，倘亦保之泰運將開，厚邀天幸，而荷此一路福星者耶！

即公諱蘊鏢，字玉藻，號鹿洞，楚昭王元孫也[4]。夙負異材，有天下已任之志。頃以牛刀小試，甫下車即鋭意政事。暇則作新士類，諏咨民瘼。一日，召諸父老撫循之，曰："咨一邑，風景何蕭然乃爾乎！余從東來，過威郡，涉橋以西，羊腸一綫，蠶叢路也。及入邑，流覽山川，則又皆石田，無用。萬一此道梗塞，縣不幾為釜中魚乎！聞西有地名曰南溝，曷為不耕不桑，而榛莽委之也，抑何治之拙歟？"諸父老跽曰："然。乃請得陳荒蕪之故，可乎？以縣孤懸一隅，諸夷實偪處此，而岐酋跳梁為最，往往伏戎，擄我人畜，阻我芻蕘。議撫而屢以叛，議剿而艱於餉。數十年間，目為畏途。安望菑之而畬之。"[5]侯忿然曰："吾目此輩特幾肉耳！"遂令傳諭諸番頭目本卜太等，告以朝廷威德，歸則撫之，不則有滅，此朝食已耳。乃下令邑中，簡精悍軍兵，除戎器，勤訓練，為攻守備。以百夫長、千夫長領之。日夕游兵偵蠻要路，以捕不時竊發。未幾而岐山叛，酋夏至等果潛圖來攻縣城。賴公早見先謀，伏兵以待，一時就擒者六、七人，遂梟首以示諸寨，番眾股慄，皆率所部來降。若蒲溪、若木兌、

① （清）吴羹梅修，周祚嶧纂：《同治直隸理番廳志》卷二，《中國地方志集成・四川府縣志輯》（66），巴蜀書社（據清同治五年刻本影印）1992年版，第675頁。

若印上等路[6]，無不聞風内附。各以牛酒撫諭歸寨。自是豺狼肅清，制產可得而言矣。乃率官軍踏看南溝一帶山原，而博士及弟子員隨之，則見膏腴入望，無非可耕藝之區。侯喜曰："民之甦生在是矣!"[7]於是為未有之事，經畫一新，或問："南堡之伐較唐無憂城、柔遠城孰多?"予曰："非無所知也。"雖然，唐會昌年間，天下粗安[8]，李文饒以平章節度西川，易為力耳。今天下多事，西南不堪再兵，以不得已之時，具不得已之役[9]，其任已難乎！往昔凡天下所不得已而為之者，必曰"權宜"。以不得已為之，亦將以不得已終之。必如是，而後可以已也。公之苦心，其殆未已乎哉！易之行權，莫若巽木之乘坎水，曰："豚魚吉利。"涉大川，木遊也，水虛也。以虛而游，權之義也。然有險焉，匪信豚魚之於風也，至信及豚魚，何險不夷也。南堡之建，公其善權乎哉！予以為不離乎信。公博雅名天下[10]，世但知其文章政事，茲乃一試其武，奇偉卓越，乃爾。

《詩》云："徹彼桑土，綢繆牖戶。"[11]姬公之詩也。公以帝室之胄，熙帝載之隆，公其姬公乎！尚論千古，寔獲我心。今割鮮方，始行將調爕臺省烏得而擬[12]。諸紳衿王子佳胤，袁子懋中、用中等徵言于予[13]，爰集所聞書之。尚其勒之危崖峭壁以為記。是役也，贊襄則儒學訓導錢養民、代捕吏目陳命保，守備居其所，例得備書。

朱公諱蘊鏢，字玉藻，號鹿洞。楚通山端穆王孫奉國將軍後也[14]。

著録

1.《乾隆保縣志》卷7－15。2.《理番廳志》卷7－15。3.《西川羌族特殊載體檔案史料研究》264。

注釋

[1]《乾隆保縣志》脱"記"。又，"豪"下一字作"傑"，《西川羌族特殊載體檔案史料研究》作"俠"，非。

[2]《理番廳志》脱"以"。

[3]"堂"，《理番廳志》《西川羌族特殊載體檔案史料研究》作"當"。厘：蒙受。《西川羌族特殊載體檔案史料研究》作"警"，非。

[4]《理番廳志》脱"即"。楚昭王：即太祖第六子。《明史·諸王》："楚昭王楨，太祖第六子。始生時，平武昌報適至，太祖喜曰：'子長，以楚封之。'"①"鏢"，《西川羌族特殊載體檔案史料研究》作"標"。標，通"摽""鏢"。

[5]《西川羌族特殊載體檔案史料研究》脱"而"。

① （清）張廷玉等：《明史》卷一百一十六，中華書局1974年版，第3570頁。

［6］股慄：形容恐懼之甚。“慄”，《西川羌族特殊載體檔案史料研究》作“栗”，通“慄”。然“木”作“朮”，非。

［7］甦生：蘇生，新生。

［8］“無”，《理番廳志》作“吾”，是。“知”，《乾隆保縣志》作“及”，不取。粗安：大致安定。《續資治通鑑·宋高宗建炎元年》：“由是盜賊屏息，人情粗安。”①“先是建康居民驚移而去者十五六，及燾至。”②《宗忠簡公言行録》：“公察人情粗安，市肆商賈稍稍如舊，上疏乞回鑾。”③

［9］“具不”，《理番廳志》作“興”，非。

［10］《理番廳志》“公”下衍“以”字。

［11］語出《詩經·豳風·鴟鴞》。“牖”，《西川羌族特殊載體檔案史料研究》作“牗”，非。

［12］“燓”，《理番廳志》作“燮”，非。《西川羌族特殊載體檔案史料研究》衍“甚至”。

［13］“胤”，《理番廳志》《西川羌族特殊載體檔案史料研究》作“允”，非。又，“予”，《理番廳志》作“余”。義同字異。

［14］“穆”，《理番廳志》作“木”。楚通山端穆王，即明朝通山國端穆王朱顯槅，在位時間為正德十六年（1521）至嘉靖十八年（1539）。

彙考

《朱公鼎建南堡記》《朱藴鏢德政碑》所云“蒲溪五寨”“九子諸寨”，皆羌地，隸雜谷安撫司管轄。雜谷土司轄今理縣蒲溪溝、薛城、通化，茂縣的赤不蘇、雅都、維城等地。明永樂初年，雜谷酋長阿漂制羌有功，授雜谷安撫同知。明代中後期其勢力不斷東擴。如宣德七年（1432），威州“因羌患踰江，徙治汶川縣”④。正德十六年（1521）不得不再次遷徙，見《重修霸州堡碑》。正統六年（1441），威茂、孟董、九子、黑虎等寨諸番跳梁，雍中羅洛思、桑郎納思壩奉調出藏，帶兵出力，“即留住汶川縣塗禹山，給宣慰司印信號紙”⑤。雍中羅洛思，即董卜韓胡宣慰司南葛孫雍中羅洛斯，《清史稿·四川土司》所載“瓦寺宣慰司先世”⑥。董卜韓胡宣慰司，又名穆坪董

① （清）畢沅撰：《續資治通鑑》卷九十八，古籍出版社1957年版，第2597頁。

② （宋）李心傳：《建炎以來繫年要録》卷一百九十三，中華書局1985年版，第3248頁。

③ （宋）宗澤著，黃碧華、徐和雍編校：《宗澤集》，浙江古籍出版社2012年版，第177頁。

④ （清）陳克繩纂，（清）施義爵、李心正校訂：《乾隆保縣志》卷一，《故宮珍本叢刊》（221），海南出版社2001年版，第307頁。

⑤ 趙爾巽等：《清史稿》卷五百一十三，中華書局1977年版，第14234頁。

⑥ 同上。

卜韓胡宣慰使司，簡稱“穆坪土司”。治今四川寶興縣城關鎮，屬雅州。明初，南葛隨平蠻將軍丁玉征討有功，授董卜韓胡都指揮職。正統十一年（1446），“威、保西溝諸番跳樑，汶川草坡野蠻作亂”，“雍中羅洛斯征剿，平服事寧”①。董卜韓胡宣慰司，“在四川威州之西，其南與天全六番接”②，與雜谷安撫司以三面臨江的古維州城（雜谷碉寨）為界③，勢日盛。《明史·西域三》：正統十三年（1448）十月，四川巡按張洪等奏：“臣等竊以雜谷内連威州、保縣，外鄰董卜韓胡。雜谷力弱，欲抗衡董卜，實倚重於威、保。董卜勢强，欲通威、保，卻受阻於雜谷。……董卜欺雜谷妻寡子弱，瞰我軍遠征麓川，假進貢之名，欲别開道路，意在吞滅雜谷，搆陷唐泰。”④ 景泰年間，侵奪雜谷、達思蠻長官司地，掠其人畜，守臣不能制。成化五年（1469），保縣雜谷安撫司“與董卜搆兵，維州諸地俱為侵奪”⑤。雜谷土司與董卜韓胡土司，皆嘉絨藏人。明代中後期，嘉絨藏人勢力不斷向羌區擴張。但崇禎間侵擾保縣，史乘失載，可補史闕。

---

①（清）陳夢雷等：《古今圖書集成》卷五百九十三（108），中華書局1934年版，第30頁。

②（清）張廷玉等：《明史》卷三百三十一，中華書局1974年版，第8593頁。

③（清）陳夢雷等：《古今圖書集成》卷五百九十三（108），中華書局1934年版，第28頁。

④（清）張廷玉等：《明史》卷三百三十一，中華書局1974年版，第8594頁。

⑤ 同上書，第8595頁。

239　都壩河殘刻　明末（1368－1644）

説明

碑記刻於四川省北川縣都壩鄉治下場口，摩崖刻，現存原址。高300 cm，寬200 cm。文7行，共45字，殘存25字。楷書。泐蝕甚嚴重。

碑文

江山/雄壯。/

□羌/□□歲□/□□□忠拜書。/

王□、王□、□□、劉□、□□□、□□□/督工總旗王加國、蔣英、田□、□□、楊□[1]。/

著録

《北川羌族資料選集》217

注釋

［1］“□羌”，《北川羌族資料選集》著録。同書《北川金石雜抄》作“羌域”；《北川縣文物普查一覽表》作“羌地”。“羌”字上下泐蝕，無法辨識，《北川縣古城堡石刻調查》作“□羌”①。可。摩崖位於何相堡西南外100米處，《羌族詞典》故名之曰《何相堡石刻》②。何相堡，在今都壩河流域都壩羌族鄉皇帝村三組，是明代控扼諸羌的重要軍事設施。

---

① 北川縣政協文史資料委員會編:《北川羌族資料選集》，内部出版，1991年，第51頁。

② 周錫銀:《羌族詞典》，巴蜀書社2004年版，第466頁。

240 岳希土司祖墓題字 明末（1368－1644）

説明

碑石在四川省茂汶羌族自治縣西水西村後的半山上，1958 年 7 月修水渠時出土。橫刻“霍比王侯”。楷書。墓室約 25 平方米，槨中以石條隔為五室，每室葬一人，係五棺室墓。每一墓室石臺上供一木主，黄底紅書，所書當係墓主官銜及名諱，泐蝕嚴重，不能辨識。每室後石壁，上刻對聯及花紋。

題字

霍比王侯。/

壽徵相繼。/

三多開祥永，/百福裕昆繁。/（刻於第一墓室石壁）

名望流芳。/

脈接西峯遠，/世荷地恩多。/（刻於第二墓室石壁）

佑啓後人。/

簪纓垂後來，/箕簍永萬年。/（刻於第三墓室石壁）

位傳四美。/

乾天儲將宿，/巽德毓名人。/（刻於第四墓室石壁）

禄澤世藩。/

石麟綿天老，/金粟應地長。/（刻於第五墓室石壁）

著録

《茂汶羌族自治縣黑虎鄉社會調查報告》2－32

彙考

此墓無墓碑，無鐫刻年代。墓室出土地茂縣水西村，即水西寨，又名岳希，是明清以來羌族土司岳希長官司住牧地。據《道光茂州志·土司》：“岳希長官司坤璉，其先坤蒲送唐時歸附授職，明洪武初頒給印信，天啟間加授宣慰司，國朝順治九年投誠，康熙五年頒給長官印信，乾隆三十二年始給號紙，住牧岳希。”① 乾隆時轄黑虎等二十二寨。道光時，改土歸流，僅轄水西等五寨，勢大衰。光緒二十八年（1902），土司坤世泰暴虐納賄，清政府“摘去頂戴，由州察看”，實廢土司。今該村寨有坤姓羌民二十餘户，與原岳希土司同姓。

岳希土司祖墓為漢式土葬。岷江上游羌人改火葬古俗，文獻記載中最早者是明嘉靖二十二年（1543）的静州長官司董法從武②。静州土司在今茂縣城東，與水西毗連。水西土司改土葬時間，不早於嘉靖，但在明代應已開始。

① （清）楊迦懌等修，（清）劉輔廷纂：《道光茂州志》卷三，《中國地方志集成·四川府縣志輯》（66），巴蜀書社（據清道光十一年刻本影印）1992年版，第384頁。

② （清）陳夢雷等：《古今圖書集成》卷五百九十三（108），中華書局1934年版，第30頁。

241　走馬嶺寶華寺殘碑

説明

殘碑原刻立於四川省北川縣小壩羌族藏族鄉走馬嶺寶華寺，現存原址。殘斷為碎片，文字損壞，泐蝕嚴重。碑文存4行，滿行存51字。楷書。該碑又題《小壩羌族藏族鄉走馬嶺寶華寺殘碑》。

碑文

（上泐）石泉縣學副堂加三級。（下泐）/

（上泐）龍安營石泉汛專司加一等紀録十二次[1]（下泐）/

（上泐）龍安府石泉縣右堂加三級隨帶軍功加二級[2]（下泐）/

（上泐）平番呷竹指揮司加三級（下泐）/

著録

《北川羌族資料選集》221

注釋

［1］龍安營：駐扎府城，西接番夷，碑連秦地，歷朝以重兵防守。明設左參將一員。清设参將一員、千總二員、把總四員。見《道光龍安府志・武備・兵制》①。汛：明清稱軍隊駐防地段為汛。

［2］龍安府：漢為廣漢郡剛氐道，後漢置廣漢，西魏廢帝二年（553）置龍州。後幾度廢改。明洪武六年（1373）仍曰龍州，屬四川佈政司。二十二年（1389）改龍州軍民千户所，尋復為州。次年，龍州軍民千户所遷治箭樓山麓的欒坪（又名蟠龍壩），即今平武縣城龍安鎮。宣德七年（1432）陞為龍州宣撫司。嘉靖四十五年（1566）改置龍安府，設立流官。清因之，領平武、石泉縣。時江油併入平武，後單設江油縣。又收彰明縣②。

---

① （清）鄧存詠等：《道光龍安府志》卷五，《中國地方志集成・四川府縣志輯》（14），巴蜀書社（據道光刻本影印）1992年版，第802頁。

② 《道光龍安府志》卷二，第614頁。

彙考

碑石泐蝕嚴重，無刻石年代。碑云“指揮司”，明置。20 世紀 80 年代末至 90 年代初，王清貴先生《北川金石雜抄》著録，以為明刻。同時期，魏世金著《北川羌族溯源》稱：“小壩走馬廟明代石碑中記載，世居該處的羌人有長命保、納基保，皆納保等姓。”① 兩文收入《北川羌族資料選集》一書，惜未録題名。考“右堂”，清代州縣吏目、典史的别稱。佐理緝捕、刑獄及文書等官署事務。《官場現形記》：“這位是新選蘄州右堂，姓隨，官印叫鳳佔……真要算我們佐雜班中出色人員了。”② 當為清代刻。循前人著録，附於明代。

---

① 北川縣政協文史資料委員會：《北川羌族資料選集》，内部出版，1991 年，第 84 頁。

② （清）李伯元：《官場現形記》，上海書店 1996 年版，第 710 頁。

清代

242　重修城隍廟碑　康熙元年（1662）六月

説明

碑石刻立於四川省汶川縣綿虒鎮南門外，現已亡佚。張耀祖撰文。

碑文

重修城隍廟碑記。

《傳》曰："天生民而立之君，使司牧之。"[1]故長吏為天子守土而親民，是大君所分符而出治者也。設一州縣，必設一城隍，會典中皆載有封號[2]。於其理幽冥而司禍福，是上帝所分靈而幽贊者也[3]。是故幽明，一理也。鬼神之德之盛，其彰癉之微權，直堪以佐袞鉞之用，而襄政教之所不及也[4]。使天下之人，羣而奉之[5]，莫不敢射也。汶川之下關，出城數十里，舊設有城隍廟[6]，每禱必靈，為民除害，至今遺有獲豹碑，威靈赫如也。兵燹後，滿目滄桑[7]，神廟且鞠為丘墟，而莫之問。予耀濫叨司牧[8]，悵然傷懷，亟亟焉議。復新之，不靳勞費，而修善者亦願樂輸以從[9]。然無材木，弗給何？丙申夏，忽大水陡作，江流澎湃[10]，湧至大木若干，隨材取用，罔不具備。而獨少一柱為棟木，索之弗得也。無已，命工由水濱覓至鳳頭關下，見沙渚上露有大木寸許，循而求之，其大小與前棟木同，及揣其本末，則長短尺寸與前棟木恰相合。眾皆異然驚喜過半，冥漠中真有若啟若翼於其間者，微神威靈不及此？遂於是歲七月，告吉興工，不幾月而工竣，宜若有神助焉。規盡經營，適皆如式。黝堊丹漆，煥然一新。從此拜邀神貺，庇我蒸民，予何幸而樂觀厥成也。雖然，朔望之期、公議之會，入其廟[11]，神明在上，司牧者得[12]，無怳然思乎？思何以撫下而保民，思何以奉公而經國，思何以恪供乃職而服官，思之切而慊[13]。自心之神明，使可以對在上之神明[14]？入其廟，天鑒在兹，司牧者得無悚然懼乎？懼其剥膏而浚民生，懼其覆餗，而隳國計，懼其簠簋不飭[15]，而玷官箴。懼之深而不愧自心之天鑒，使可以對在上之天鑒。定以古人膺任之初[16]，必齋宿於廟，然後升堂視事。蓋惟先質鬼神，而後乃蒞民物；惟貞白乃心，而後能靖共爾位[17]。則分靈而幽贊，與分符而出治者之感召，志氣之蒸，未嘗不互相協贊，而謂幽明有二理哉。子□承乏汶川[18]，先後幾二十年所，治民事神，行雖不逮而心竊志之，庶神之靈有以鑒其言。記於後，以告後之君子。

大清康熙元年壬寅仲夏。

文林郎知汶川縣事蓬萊張諱耀祖。

著録

1.《汶志紀略》卷4－53。2.《民國汶川縣志》178。3.《西川羌族特殊載體檔案史料研究》246。

注釋

［1］司牧：管理地方的官吏。《宋書・索虜傳》："故司牧之功，宜於上代，仁義之道，興自諸華。"① 元李義《復立武鄉縣記》："次以見郡邑循良安集流亡、承宣撫綏司牧之功。"②

［2］會典：指記載某一朝代政府機關職掌制度的書。周有《周官》，唐有《唐六典》。明清稱"會典"。

［3］幽贊：亦作"幽讚"。謂暗中受神明佐助。語出《易經・説卦》："昔者聖人之作《易》也，幽贊於神明而生蓍。"③

［4］彰癉："彰善癉惡"的省稱。意為表彰美善，憎恨邪惡。

［5］奉：通"俸"。俸禄。《西川羌族特殊載體檔案史料研究》作"俸"，是。下同。

［6］武：本當作"里"。汶川城隍廟，康熙元年（1662），知縣張耀祖重建，嘉慶十年（1805），新建内殿。羌民亦捐款。清道光十五年（1835）汶邑魏煜《論九寨羌民》道：汶邑九寨羌民"捐錢雖少，行之日久，保惠羌民無窮。此番苦衷，業經稟告

---

① （梁）沈約：《宋書》卷九十五，中華書局1974年版，第2338頁。

② 李修生：《全元文》卷一千五百七十六（51），鳳凰出版社2004年版，第466頁。

③ 十三經注疏整理委員會：《周易正義》卷九，《十三經注疏》，北京大學出版社2000年版，第380頁。

城隍神靈陰鑒。願爾羌民，依上所開條款，實力久遵，神必降之以福，多受禆益，至無窮極"①。

［7］"兵"上，《西川羌族特殊載體檔案史料研究》衍"是"字。滄：通"蒼"。

［8］"予"，《西川羌族特殊載體檔案史料研究》作"子"，義通字異。"耀"，指撰文人張耀祖，清順治初任汶川知縣，歷二十一年。其間，重修學宫、文昌祠、城隍廟等，大興禮儀之風。除此碑外，同年還撰《重修關帝廟碑》，《汶志紀略·藝文志》《民國汶川縣志》著録。耀祖事跡見康熙元年（1662）大學士胡世安撰《修建文廟碑》。

［9］修善：以善行自勉。

［10］"澎"，《汶志紀略》作"淜"。"淜湃"，同"澎湃"。

［11］朔望：朔日、望日並稱"朔望"。指舊曆每月初一和十五，亦指每逢此兩日的朝謁之禮。北齊顔之推《顔氏家訓·終制》："朔望祥禫，下白粥清水乾棗，不得有酒肉果餅之祭。"② 公議：公衆共同議論。《韓非子·説疑》："彼又使譎詐之士……使諸侯淫説其主，微挾私而公議。"③

［12］得：通"德"。德行。《荀子·成相》："舜授禹，以天下，尚得推賢不失序。"王先謙集解："'得'當為'德'。"④

［13］慊：不滿足。《孟子·公孫丑下》："彼以其富，我以吾仁；彼以其爵，我以吾義，吾何慊乎哉？"趙岐注："慊，少也。"⑤

［14］《西川羌族特殊載體檔案史料研究》脱"以"字。

［15］餗：鼎中的實物。亦泛指美味佳餚。《汶志紀略》作"簠簋不飭"，亦作"簠簋不修"。為官者不廉的婉詞。語出《漢書·賈誼傳》："古者大臣有坐不廉而廢者，不謂不廉，曰'簠簋不飾'。"⑥ 飭："飾"的被通假字。不飾，不整飭。"飭"，《民國汶川縣志》作"飾"，是。

［16］膺任：出任。唐白居易《梁璲等六人除范陽管内州判司、縣尉制》："咸以幹能，早膺任使，各參軍要，同濟戎功。"

---

① 祝世德：《民國汶川縣志》卷七，《中國地方志集成·四川府縣志輯》（66），巴蜀書社（據民國三十三年影印）1992年版，第605頁。

② 王利器：《顔氏家訓集解》（增補本）卷七，《新編諸子集成》，中華書局1993年版，第602頁。

③（清）王先慎撰，鐘哲點校：《韓非子集解》卷十七，《新編諸子集成》，中華書局1998年版，第405頁。

④（清）王先謙撰，沈嘯寰、王星賢點校：《荀子集解》卷十八，中華書局1988年版，第463頁。

⑤ 十三經注疏整理委員會：《孟子注疏》卷四上，《十三經注疏》，北京大學出版社2000年版，第125頁。

⑥（漢）班固撰，（唐）顔師古注：《漢書》卷四十八，中華書局1962年版，第2257頁。

［17］靖共：亦作“靖恭”。恭謹地奉守。《詩經・小雅・小明》：“靖共爾位，正直是與。”高亨注：“靖，猶敬也。共，奉也。”宋林希《曾鞏墓誌》：“靖共夙夜，以出謀猷，四方鼓舞，天子之休。”①

［18］《汶志紀略》作“子”，《民國汶川縣志》作“予”。《西川羌族特殊載體檔案史料研究》脱其下一泐蝕字。承乏：謙詞。表示空缺職位無合適人選，暫由自己充任。《左傳・成公二年》：“敢告不敏，攝官承乏。”杜預注：“言欲以已不敏，攝承空乏。”② 唐權德輿《酬主客仲員外見賀正除》：“五年承乏奉如綸，才薄那堪侍從臣。”③張耀祖，清順治初任汶川知縣，在位二十一年，故碑稱“予承乏汶川，先後幾二十年所”。

---

① 曾棗莊、劉琳：《全宋文》卷一千八百一十二（83），巴蜀書社1990年版，第256頁。

② 十三經注疏整理委員會：《春秋左傳正義》卷二十五，《十三經注疏》，北京大學出版社2000年版，第800頁。

③《全唐詩》卷三百二十一，中華書局1980年版，第3616頁。

243 修建文廟碑 康熙元年（1662）

説明

碑石原刻立於四川省汶川縣綿虒文廟，現已亡佚。

碑文

修建文廟碑記。

康熙元年大學士胡世安[1]。

聖皇初御萬年之歷，汶川學宫，於時告竣。眾謂有詞，宜泐石以紀成功而屬之。余謹拜首稽首而言曰：

粤自洪濛肇判，聖喆挺生[2]，羲軒而降，作者非一人矣。乃孔子獨巍然為帝者師，萬世無改，豈直以包舉群聖，金聲而玉振之哉[3]？蓋以孔子之道，乾坤不足以喻其大，日月不足以喻其明，山海不足以喻其高深。先孔而聖者[4]，非孔子無以傳；後孔子而聖者，非孔子無以法。生民以來，未有盛於孔子者。所謂賢於堯舜，豈虛語哉？自周西而後，或尊孔子為尼父，為褒尊侯，為文宣王，宋加至聖，元加大成，極崇褒之而未有定制[5]。至明，始改王為師，易像為主，禮備四代，樂用八佾[6]，倚歟休哉？昭天地而超今古矣！

皇清定鼎，首重文教。以學校之廢興，課有司之殿最。萬代瞻仰，在此舉也。汶川屢遭寇兵屠蹂，城舍、丘墟、學宫鞠為茂草。瀕九年所，欲圖更造而未能。大參陳公子達，以內翰分藩威茂，聿興盛舉。邑候張公，殫襄厥成[7]。汶人亦相帥出力[8]，以繕其事。工不閲歲，而燼者興，墟者完，門殿宫牆，煥乎一新。諸生趨蹌其中[9]，率德勵行，共修大業，與海內結軌而馳，孰不曰自今日始。苐兵燹後，瑣尾流離，文獻淹没而不可考，諸生亦知爾汶庠之發祥，有自來乎？唐元友諒以名進士起家，文章事業，彪炳一時。明董策，中乙卯鄉試，孟紹孔，以恩選貢，由州守仕至二千石，而臬、而藩、而撫軍，功業爛然[10]。其餘府佐州縣，不可縷數。盛朝初闢賢科，楊開運以髫齡中甲午科鄉試[11]。時當聖主當陽，海宇寧謐，方修禮樂，崇儒術。以至太平諸生幸逢其會，當必有碩大光明之才，應期而出。樹駿流鴻，以為玆學寵重，庶不負邑候張公耀祖興起學校，樂育人才之美意哉！

張公，山陰人，自署篆即真縣令，莅汶者二十餘載，與士民共甘苦、同患難。生聚教養[12]，不遺餘力。如復縣治，築城堡，建神祠，重建橋壘，調馭夷情，湛恩汪濊，淪洽肌髓。汶民之尸祝恐後，不亦宜乎。是役也，四川監軍道程公鳳翔、松龍副戎沈公繼芳，經始於前，捐助有差，於法得並書，而復系之。

以詩曰：

昊穹生民[13]，厥有聖神。體陰法陽，尊主羣倫。

於爍宣尼，道隆德博。金玉其成，時惟木鐸。

六經刪定，典訓煌然。譬彼日月，朗而行天。

流澤鴻龎，以覺來裔。萬祀宗之，血食勿替。

皇清御宇，惟聖是式。薄海之内，廟貌有翼。

瞻彼岷麓，黌宮兀突[14]。流氛鼓焰，建遭回禄。

上下交飭，亟命鼎新。斥金捐廩，心經目營。

爰度爰諮，爰興締構。羣工畢藝，不日而就。

肆肆其筵，奕奕其楹。丹雘黼黻，既穆且貞。

爰入其門，爰躋其堂。執事且陳[15]，金絲琅琅。

厥奠維何，豆籩簠簋。神之來臨，既安且喜。

章甫峨峨，縫掖翩翩。威儀有楚，載歌載絃[16]。

元靈有輝，萬年有造。人文丕熾，贊我皇道。

岷山矗矗，汶水湯湯[17]。琢詞貞珉，並垂無疆。

著録

1.《汶志紀略》卷4－27。2.《民國汶川縣志》177。3.《西川羌族特殊載體檔案史料研究》237。

注釋

［1］“修建”，《民國汶川縣志》作“建修”。胡世安，字處静，號菊潭，又號秀巖。四川井研人。明崇禎元年（1628）進士。順治二年（1645）遷内國史院學士，纂修《明史》。後改内秘書院大學士。《清史稿》卷二百三十八有傳。受地方官吏委託，世安為汶川文廟撰文。《汶志紀略》著録。《西川羌族特殊載體檔案史料研究》脱“康……安”各字。

［2］洪濛：混沌狀態。喆：亦作“哲”。聖喆：亦作“聖哲”。超凡的道德才智。亦指具有這種道德才智的人。並亦以稱帝王。“粵”，《西川羌族特殊載體檔案史料研究》作“蓋”。又，“挺”作“誕”，非。挺生：挺拔生辰。亦謂傑出。“挺生”，《西川羌族特殊載體檔案史料研究》作“誕生”，致文義不准確。

［3］《汶志紀略》作“直”，《民國汶川縣志》《西川羌族特殊載體檔案史料研究》作“值”，通“直”，只，僅。豈直：何止。《北史·陳元康傳》：“今枉殺無辜，虧廢

刑典，豈直上負天神，何以下安黎庶?”① 金聲玉振：指聲譽傳播。王國維《觀堂集林·〈國學叢刊〉序》：“二劉金聲於隋代，孔賈玉振於唐初。”② “玉”，《民國汶川縣志》《西川羌族特殊載體檔案史料研究》作“而”，非。

［4］“孔”下，《民國汶川縣志》衍“子”，是。

［5］至聖：宋真宗稱孔子為“至聖”，宋王應麟《困學紀聞·考史六》：“宋祥符元年，幸曲阜，謁文宣王廟，謚玄聖文宣王；五年，改謚至聖。”翁元圻注引明世宗時禮部議曰：“人以聖人為至，聖人以孔子為至。宋真宗稱孔子為至聖，其意已備。”③ 大成：大的成就。《民國汶川縣志》《西川羌族特殊載體檔案史料研究》脱“極崇褒之”四字。《汶川縣志》脱“孔子之道……後孔子而聖者，非”。

［6］八佾：亦作“八溢”“八羽”。古代天子用的樂舞。佾：古時樂舞的行列。

［7］張公，見上文汶川知縣張耀祖。《民國汶川縣志》脱“殫”。

［8］相帥：亦作“相率”。相繼，一個接一個。

［9］趨蹌：古時朝拜晉謁須依一定的節奏和規則行步。指朝拜，進謁。

［10］“孟”，《西川羌族特殊載體檔案史料研究》作“蒙”；又，“爛”作“燦”。並脱“守”。

［11］髫齡：幼年。

［12］“聚”，《西川羌族特殊載體檔案史料研究》作“妻”，大誤。生聚教養：同“生聚教訓”。《左傳·哀西元年》：“（伍員）退而告人曰：‘越十年生聚，而十年教訓，二十年之外，吴其為沼乎！’”後以“生聚教訓”指軍民同心同德，积聚力量，發憤圖强④。

［13］昊穹：猶蒼天。“穹”，《西川羌族特殊載體檔案史料研究》作“窮”，非。

［14］黌宫：學宫。“黌”，《汶川縣志》作“黄”，非。

［15］“且”，《西川羌族特殊載體檔案史料研究》作“據”，非。

［16］絃：同“弦”。《西川羌族特殊載體檔案史料研究》作“弦”。

［17］湯：同“蕩”。湯湯：浩茫貌。

---

① （唐）李延壽：《北史》卷五十五，中華書局1974年版，第1984頁。

② 王國維：《觀堂集林》（外二種），河北教育出版社2003年版，第565頁。

③ （清）翁元圻：《困學紀聞》卷十六，《續修四庫全書》（1143），上海古籍出版社2002年版，第119頁。

④ 十三經注疏整理委員会：《春秋左傳正義》卷五十七，《十三經注疏》，北京大學2000年版，第1855頁。

244 牟托巡檢司碑 康熙四十年（1701）

《牟托巡檢司碑》之《牟托巡檢司功德碑》

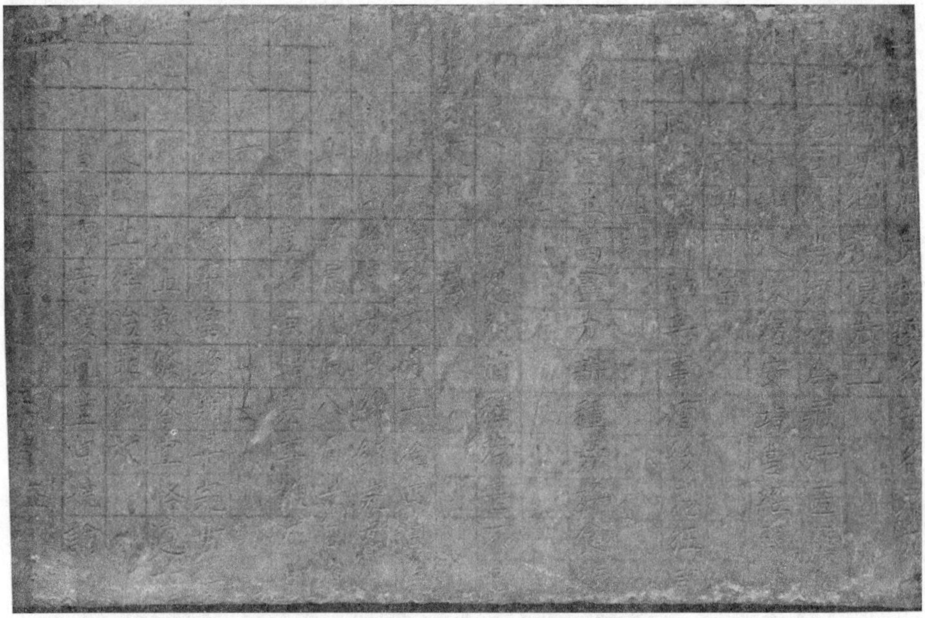

《牟托巡檢司碑》之《牟托巡檢司土規碑》（原石）

《牟托巡檢司碑》之《牟托巡檢司功德碑》《牟托巡檢司土規碑》（原石）

説明

碑石原刻立於四川省茂縣南新鄉牟托村温土司衙署内。後砌於温耀萍老宅牆體内，20 世紀 90 年代新建農房移至温耀萍門前，龕於石牆内。現存茂縣南新鎮牟托村温耀萍門前。《牟托巡檢司碑》由《牟托巡檢司功德碑》和《牟托巡檢司土規碑》兩碑組成。前碑高 130 cm，寬 78 cm，厚10 cm。碑文 22 行，滿行 35 字。該碑又題《茂縣牟托巡檢司土司家史碑》《牟托巡檢司家譜碑》。後碑高 48 cm，寬 77 cm，厚 10 cm。碑文 21 行，滿行 14 字。均楷書，有縱橫界格。該碑又題《牟托巡檢司土規告示碑》《温土司鄉規民約碑》。

碑文

［牟托］廵檢司為述発跡本原[1]，振復土規章程事。始祖溫光耀，係西秦寶雞人也。於/隋朝文帝時，充當汛营戰卒[2]，調征川夷，留戍無憂[3]。娶司農恩登女，生二世祖燦沙，七歲/父亡[4]。生長夷地，話通番語。後唐朝應運，川夷復叛。開元二年進兵征剿，二祖投营効力，/授鄉導戝[5]，居营八載。凡交兵対壘，冒刃衝鋒，斬関奪寨[6]，奮勇忘形。平夷之後，蒙督軍元帥/題奏天聰[7]，恩授撫戝銜，賜敕書銅印。管攝茂南河西等處，界至龍溪織台[8]。歷宋及元，代/建有功。至明天啟九年[9]，世祖折未加奉剿藺賊[10]。初禦龍泉驛，次戰城都草堂寺[11]。損土舍二員[12]，/土兵二千，失勑印於當陣，具文申赴監軍御使察驗功的，奏加宣撫職銜，換頒宣撫勑印。/仍令回番[13]，點選番兵，飛馳援省，俘報在案。旋奉剿白馬、脚都、別拓、牛羅，微功在卷[14]。崇貞十年/起，值冦李成龍協賊張獻忠攻破夔関等處[15]，奉檄截戦，恢復崇、郫、彭、灌等處州縣。十七年九/月，又被獻賊踞陥蜀川[16]，監軍副使羅大舉義師聚集，世祖伯仕都司溫用忠分佈征剿，攻/冦出省。繼又監軍御使所屬岩頭、脊魚、戊戌三寨被黑苦生番入冦，泒往征剿[17]，敗賊四陣，/悚息归巢[18]。奉憲札去壩州。劄付岩頭[19]，鎮守生番。

茲值/皇清定鼎。順治九年，祖伯仕归順本朝，將明印繳還。蒙頒號帋，未給新印。後睹太祖聖/諭：“有能捍大患而禦奸侮，則功入世襲。或印未領者，欽准奏頒。”[20]祖遵聖諭，具詳微功，申稟/欽差禦使羅台前[21]，蒙恩賚文，詳呈閣府部院請題。奉勇略將軍總督雲南、貴州等處地/方，四川軍務兼理粮餉、兵部尚書兼都察院右副都御使趙轉奉督府部院□等，因/奉此。該土司溫世英，坐居牟托，石壘高碉，耕種山坡陡地，設溜索二道，用長繩、木壳過河，看/守地方。南至保子関，北至阜康門[22]，東向烔墩，西連黑苦生番，信守五路衝要，額設效義、永安、綿遠、從化、歸化、黃草、后坪墩台七坐[23]，/自設緣由。例於康熙二十四年頒給牟托巡檢司方印一顆，係康字五千七百三十四號。至四十年，夷落归州。皇恩念及前人/有□勳勞[24]，留戢勅印世襲，賞以牟托地方溝内數處，以示優恤。奈地少民稀，後遇旱澇瘟疫，半皆故絕逃亡。

今本司/欲體皇上之恩[25]，繼美前人之盛，凢新舊土民，當遵土規。所有條程，序列於後，勒堅/瑁以垂示不朽云爾。/（以上刻於《牟托巡檢司功德碑》碑陽）

一司地與州民接壤，各守各界。兀地/角山隅，毋得強侵茂土[26]。/

一司地巨谷岩鄉[27]，易為藏奸匿匪。凡/外來男女諸人[28]，投宿安站，當經問來/歷清白，可留則留。/

一司民婚、喪、酬神等事，酒後忌狂言/妄語，惹禍生非。/

一自項業土，當盡力耕種，毋好食惰/農，累債逃亡。/

一瑣屑忿争，當忍耐消釋。若甚不己/事[29]，方可來轅伸屈。

一應征大糧、塩稅，六月二拾四日完[30]。/差事、雜派錢，拾月廿日繳銷完案。/

一羅、鍋、耳、柒等處投民[31]，八月廿日應/征塩稅、莜麥、荳、粮、黄腊[32]。差事雜派、日/行更夫一案。/

一應該納差粮，年當照期早完，毋得/推延日月[33]。

以上数條，各宜恪遵。如/違重究，定照土律治罪枷杖[34]。/

實貼碑示頭門堂口特曉諭[35]。/示！

石匠：王有正、王有才。/（以上刻於《牟托巡檢司土規碑》）

著録

1. 張雪峰藏原石照片。2. 阿壩州文管所藏拓。3.《茂汶羌族自治縣志》739。4.《四川省志·文物志》722。5.《四川岷江上游羌族地區土司輯要》，《羌炎文化》2000（1）51。6.《碉樓與議話坪》221。7.《西川羌族特殊載體檔案史料研究》292、316。8.《中國民族問題資料·檔案集成》309。9.《羌族法制的歷程》258①。

注釋

［1］廵：“巡”的異體。巡檢司：正從九品，有銅印、印信、號紙，為行政權力的象征。符牌是擁有軍事權力的象征。《茂汶羌族自治縣志》脱“巡檢司”。《西川羌族特殊載體檔案史料研究》沿誤。諦視拓片，“巡”上似有兩字，據下文“例於康熙二十四年頒給牟托巡檢司方印一顆”補“牟托”二字。《四川省志·文物志》闕。発：即“發”。原：“源”的古字。本原：根源，根由。《左傳·昭公九年》：“我在伯父，

① 《碉樓與議話坪》《西川羌族特殊載體檔案史料研究》《中國民族問題資料·檔案集成》《羌族法制的歷程》僅録《牟托巡檢司土規碑》碑文。

猶衣服之有冠冕，木水之有本原，民人之有謀主也。"①《漢書·西域傳上》："南北有大山，中央有河……其河有兩原：一出蔥嶺山，一出于闐。"②

［2］"营"上一字，下部微泐，是"汛"。明清稱軍隊駐防地段為汛。清代緑營軍制分鎮、協、營、汛。汛為最基層編制。碑稱"始祖温光耀""於隋朝文帝時，充當汛营戰卒"。將清代軍制作隋代，誤。"营"，《茂汶羌族自治縣志》作"菅"，形似而誤。

［3］戍：戍邊。《茂汶羌族自治縣志》作"戌"，誤。無憂：即無憂城，位於理縣雜谷腦鎮雜谷河北岸。《古今圖書集成·方輿彙編·職方典》："無憂城，去州西北二百五十里，李德裕築，吐蕃號曰無憂城。古維州城，其城三面臨江，董卜韓胡宣慰司與雜谷安撫司界，今為雜谷硐寨。"③

［4］燦沙：牟托巡檢土司，其先燦沙，自唐開元十年（722）授職，世守其地，是四川最早的土司之一。順治九年（1652），歸附④。職列闖外，住牧牟托。清末茂縣由清初的九里擴大為二十六里，岳希、牟托、静州、隴木、沙壩等土司只轄三五寨，有的只有名義而已。牟托巡檢司轄芤山、牟托至売売寨一帶，基本已改土歸流，所管羌人54户，每年認納麥糧一石二斗四升⑤。"七"，《四川省志·文物志》作"一"，非。"父"上衍"□"，碑抹角，無字。

［5］"祖"上，《四川省志·文物志》衍"世"。戝："職"的簡筆字。

［6］関：同"關"。《四川省志·文物志》作"夫"，非。

［7］天聰：對天子聽聞的美稱。《四川省志·文物志》脱"題"。

［8］織：與"直"音同而誤。"龍溪織台"，汶川縣龍溪鄉直臺村，羌寨。

［9］天啟止於七年，天啟九年即崇禎二年（1629）。

［10］"未"，《茂汶羌族自治縣志》作"木"。他書均沿誤。藺賊：指四川永寧宣撫使奢崇明及子奢寅，於天啟元年（1621）倡亂，據重慶府、陷遵義，建國號"大梁"。"十月，賊逼成都，時瀘、敘諸郡邑瓦解，榊木、龍泉諸隘口俱失，賊乘勢向成都。……城内僅有鎮遠營七百人，調到松潘、茂州、龍安兵一千五百餘人。"⑥天啟二年，貴州水西宣慰司同知安邦彥、叔父安邦彥圍貴陽。奢、安係四川、貴州大土司，影響甚大，波及川黔雲桂四省。天啟六年（1626），奢寅被部下殺。崇禎二年

---

① 十三經注疏整理委員會：《春秋左傳正義》卷四十五，《十三經注疏》，北京大學出版社2000年版，第1462頁。

② （漢）班固撰，（唐）顏師古注：《漢書》卷九十六上，中華書局1962年版，第3871頁。

③ （清）陳夢雷等：《古今圖書集成》卷五百九十三（108），中華書局1934年版，第28頁。

④ 趙爾巽等：《清史稿》卷五百一十三，中華書局1977年版，第14234頁。

⑤ （清）常明修，楊芳燦纂：《嘉慶四川通志》卷九十六，巴蜀書社1984年版，第3070頁。

⑥ （清）谷應泰：《明史紀事本末》卷六十九，中華書局1977年版，第1110頁。

(1629)，奢崇明兵敗被殺。十年（1637)，安氏亂平。史稱“奢安之亂”。碑文表明天啟九年，成都再遇危機，世祖折未加奉剿藺賊，應是奢崇明。見《明史紀事本末·平奢安》。

［11］城都：即成都。龍泉驛、草堂寺均屬今天四川成都。

［12］土舍：是土司的兄弟或近親，是除頭人、寨首外，輔佐土司管理羌人的人。清咸豐三年（1853)《瓦寺土司差役碑》載：“每土舍一人，准用跟役二名。”

［13］“令”，《中國民族問題資料·檔案集成》作“命”，非原刻。

［14］“拓”，《中國民族問題資料·檔案集成》作“都”，非。微功：細小功勞。自謙之詞。“微”，《茂汶羌族自治縣志》作“攝”，《西川羌族特殊載體檔案史料研究》作“徵”，均非。

［15］冦：即“寇”。李成龍：崇禎元年（1628)，陝西安塞李成龍與高迎群、王異等農民起義。張獻忠（1606－1646)，字秉忠，號敬軒，陝西膚施人，1643年據武昌，稱大西王。次年破成都。順治三年（1646）兵敗卒。碑文“貞”，與“禎”音同而誤。崇禎，明年號。

［16］踞：引申為佔據。《茂汶羌族自治縣志》作“據”，音同義近無誤。

［17］泒：同“派”。《中國民族問題資料·檔案集成》作“復”，非。

［18］悚：恐懼。《茂汶羌族自治縣志》作“怵”，意近，但字不同。《碉樓與議話坪》《西川羌族特殊載體檔案史料研究》沿誤。

［19］碑文中“札”“劄”，異體同用。

［20］《道光茂州志·土司》載：“清順治九年降，康熙六年頒給印信，二十七年復給號紙，職列閫外，住牧牟托。”①

［21］“微”，《四川省志·文物志》作“徵”，非。禦使：即“御使”。

［22］阜康門：原茂州城南門。

［23］坐：同“座”，量詞。牟托巡檢司地望：“東至大河界二里，南至州屬水磨溝二十里，西至州屬斗族三十里，北至岳希土司界二十里。”②

［24］“有”下一字泐。此二字，《茂汶羌族自治縣志》作“本有其”三字，非。《碉樓與議話坪》《西川羌族特殊載體檔案史料研究》沿誤。《四川省志·文物志》作“有以”，備參。

［25］《羌族法制的歷程》脫“本”。

［26］兀：高而上平，形容禿山。他書脫。“兀地”，《四川省志·文物志》作一

① （清）楊迦懌等修，（清）劉輔廷纂：《道光茂州志》卷三，《中國地方志集成·四川府縣志輯》(66)，巴蜀書社（據清道光十一年刻本影印）1992年版，第385頁。

② 同上。

字，並未釋。《羌族法制的歷程》脱“一”，以下各條均闕。

［27］巨：大。岷江上游羌區山高谷深岩多土薄。

［28］《羌族法制的歷程》脱“男”上“來”字。“來”，《碉樓與議話坪》作“界”，非。

［29］“若”，《茂汶羌族自治縣志》作“如”，義通字異。《中國民族問題資料·檔案集成》沿誤。

［30］塩：即“盐”字。《茂汶羌族自治縣志》釋“二”作“一”，非。他書沿誤。

［31］“羅、鍋、耳、柒”，指牟托溝内的羅巴寨、鍋扎頭、耳一朵、柒樹坪等四個自然村寨。“柒”，《中國民族問題資料·檔案集成》作“華”，非。《四川省志·文物志》將該四寨誤作“羅鍋、耳華”二寨。

［32］《四川省志·文物志》《碉樓與議話坪》脱“應”。莜麥：一年生草本植物，俗稱“油麥”。子實成熟後即自裂脱殼，子實磨粉可食用。“莜麥、荳、粮”，《茂汶羌族自治縣志》作“蕎麥糧”，非。他書沿誤。《羌族法制的歷程》脱“荳、粮”。“莜”，《四川省志·文物志》作“收”，非。

［33］“照”，《茂汶羌族自治縣志》作“旺”，非。他書沿誤，並脱“該”字。

［34］《中國民族問題資料·檔案集成》脱“如”。

［35］“頭”，《茂汶羌族自治縣志》作“額”，非。《中國民族問題資料·檔案集成》沿誤。

彙考

碑載隋唐至清，温氏家族世代留戍邊陲，治業興家，受到歷朝封賜，世襲土司，並轉戰四川、雲南、貴州等地。土規碑載治安、婚喪、神事、生産、征糧、納税等八條。土規，又稱“土律”，是土司管理轄境事務的法律依據，也是羌族習慣法内容之一，涉及社會治安、納税、債務、生産、侵佔土地等各個方面。清代羌族土司土規碑，除此碑鐫刻時間稍早，其餘三通均刻於清末。它們是道光二十三年（1843）《岳希土司碑》、道光二十五年（1845）《静州土司碑》，茂縣羌族博物館藏；咸豐三年（1853）《瓦寺土司差役碑》，汶川文博館藏。

附

244－1　温氏石敢當

温耀萍家門前石敢當

碑文

日月。/

泰山石敢當。/

彙考

西川羌區一般於房前或道路邊立有石敢當，形制、内容基本一致。上部造像，浮雕或綫刻人面、獸面、鬼面，張嘴吐舌。口中横插寶劍、刻道教太極和八卦圖及文字者幾近半數①。碑陽或碑陰，上題“敕令”“日月”，下題“泰山石敢當”。石敢當的尺寸大小不一，目之所及，茂縣南新鎮牟托村上寨温耀萍家門前與北川縣禹里鄉望江村路口的石敢當是較大的。後者彩繪，色彩絢麗，近年著色。茂縣三龍鄉文化館長羌族王國亨家門前的石敢當，其大小是一般石敢當的三分一。石敢當均無刻石年代，多為清代刻②，有的石敢當無字。從文字看，《温氏石敢當》與《牟托巡檢司碑》不是同一時期所刻。

石敢當本漢族地區的民間信仰，約在宋金以後傳入羌區，清道光以前，已成為羌人的普遍信仰③，有的在石敢當上立一個或多個羌人獨尊的白石。汶川縣綿虒鎮高店子村石敢當，其所處石壁上擺放着大八小九塊白石，當地人稱之為神、菩薩，這表明羌人在接受石敢當文化後，在其原有靈性基礎上，與本民族白石信仰結合，賦予其白石神性，使石敢當與白石和諧一體，從而將外來神成功轉變為本土神。故當代學者劉錫誠認為：“石敢當是古代靈石崇拜的遺俗，與人無涉。……石敢當之語應解釋為靈石可抵擋一切。”④

---

① 程鵬等：《羌族地區泰山石敢當調查研究》，《地方文化研究輯刊》2010 年第 3 期，第 197 頁。

② 同上書，第 199 頁。

③ 同上。

④ 劉錫誠：《石敢當：靈石崇拜的遺俗》，《東嶽論叢》1993 年第 4 期；程鵬等：《羌族地區泰山石敢當調查研究》，《地方文化研究輯刊》2010 年第 3 期，第 197 頁。

245 重修文廟碑 康熙四十三年（1704）

説明

碑石原刻立於四川省汶川縣文廟，在汶川縣舊治，今綿虒。20 世紀 70 年代，因修綿虒中學，文廟被毁，碑石亡佚。康熙四十三年汶川知縣撰文。

碑文

重修文廟碑記。

世運之盛衰在人才[1]，人才之奮興由學校。聖天子重道崇儒，誕敷文教，親致祭於闕里[2]，灑宸翰於泮宫[3]，配享諸賢有贊，訓飭士子有文，頒示宇内，光昭天壤。近奉考試直省師儒，分黜陟以端表率[4]，即有司考成，亦必以學校之興，理為課最，良以膠庠，乃風化之本。尼山實萬代之宗，非若梵宫蕭院，興廢一任乎人也。汶學㓉始嘉慶三年，後燹於兵[5]。康熙壬寅歲，始克重建，規模初具，皆屬草創，朔望非不謁也[6]。惟循堦四拜[7]，春秋非不祀也。僅舉爵三登，以致菁莪勝地，將同茂草荒區。

甲戌春，潯陽廖公[8]，來蒞茲土，目擊心凜，毅然以重修為已任。奈需費甚奢，名雖因而實則創也[9]。捐俸傾笥，心力交瘁。幾幾乎大觀矣。乃功未竟而公遽卒。有心者，猶繫思不置。甲申夏初，威郡陳公[10]，兼攝汶篆，謁廟之際，慮廢墜之不修，惜成勞之並棄，慨然追廖公而終其事。於是，由殿宇而及廡門牆、坊闕及聖龕賢座[11]，凡鳩工庀材、丹塗既茨，悉捐囊辦理。不數月間，而百年丹雘之盛，於今復覯[12]。且欲建魁樓以培地勢，築泮橋以肅觀瞻，宗廟之美，必臻其備。史傳文翁治蜀，郡國皆置文學，蜀人自此顯名不絶。今汶之有學，輝煌甲於他邑[13]。入其門而赫然以臨，登其堂而潀然如見[14]，則從事於聖人之道也。必力於文翁之化，不幾先後有同揆耶?

《易》曰：聖人作而萬物覩[15]。余汶雖處僻壤，沐浴既久殆，必有仰副盛朝作人之雅化者也[16]。至於端學術，正人心，立品行，存道德，非法言不敢言，非法行不敢行。破拘牵之習，以進於聖賢之途，是在我輩之克自振拔而已。是役也，肇始於甲戌，告訖於甲申，閲今十年，天干合而人事竣，夫豈偶然也哉？後之君子，可以興矣！

著録

1.《汶志紀略》卷4－48。2.《民國汶川縣志》180。3.《西川羌族特殊載體檔案史料研究》239。

注釋

［1］“人”上，《西川羌族特殊載體檔案史料研究》衍“於”字；並脱“才”字。

［2］関：同“關”，《民國汶川縣志》作“闕”，非。

［3］宸翰：帝王的墨跡。唐沈佺期《立春日内出彩花應制》：“花迎宸翰發，葉待御筵披。”① “宸”，《民國汶川縣志》作“神”，誤。

［4］奉：通“俸”。《汶志紀略》《民國汶川縣志》作“奉”，《西川羌族特殊載體檔案史料研究》作“俸”，可。黜陟：指人才進退，官吏升降。《後漢書・韋義傳》：“（韋義）數上書順帝，陳宜依古典，考功黜陟，徵集名儒，大定其制。”②

［5］嘉慶三年（1798），當明“嘉靖三年”（1524）之誤。《汶志紀略・學校》：“明嘉靖二年，提學副使張邦奇奏立：‘中為大成殿，左右兩廡，前戟門、欞星門，泮池，東西為義路、禮門，殿後啟聖祠年久損壞。’”③ 可見汶學創始也應在嘉靖之前。

［6］“朔”，《西川羌族特殊載體檔案史料研究》作“塑”，非。朔望：本指舊曆每月初一和十五的朔日、望日。此謂朔望朝謁之禮。

［7］堦：同“階”。循堦：謂官吏按資歷逐級晉升。四拜：明洪武九年定大祀拜禮：迎神四拜，飲福受胙四拜，送神四拜。此指按照官吏官職大小逐次拜禮。“階”，《民國汶川縣志》作“街”，大誤。

［8］清康熙三十二年（1694），即甲戌年，江西德化縣蔭生廖應拔調任汶川知縣，重建文廟，次年未竟而卒。

［9］《民國汶川縣志》脱“則”。

［10］康熙四十三年（1704），即甲申年。陳于踕，湖廣荒坡縣舉人，康熙二十二年（1694）到任，繼續重修，數月竣工。十年之後，繼任汶川知縣撰文。名闕。《民國汶川縣志・職官》載，康熙三十八年（1699）甘文煜到任。四十五年丁懋觀到任④推之，撰文者甘文煜。

---

① 《全唐詩》卷九十六，中華書局1980年版，第1029頁。

② （南朝宋）范曄撰，（唐）李賢等注：《後漢書》卷二十六，中華書局1965年版，第921頁。

③ （清）李錫書：《汶志紀略》卷四，清嘉慶十年（1805）蕊石山房藏版，第14頁。

④ 祝世德：《民國汶川縣志》卷二，《中國地方志集成・四川府縣志輯》（66），巴蜀書社（據民國三十三年影印）1992年版，第435頁。

[11]“閾”,《民國汶川縣志》作“闕”。閾，指門檻。闕，指門前樹立的用以旌表的建築物。以“闕”為宜。《西川羌族特殊載體檔案史料研究》作“闕”，可採。

[12]覯：看見。《詩經·豳風·伐柯》：“我覯之子，籩豆有踐。”①

[13]“輝煌”,《民國汶川縣志》作“煌煌”，義同而詞異。

[14]“然”上一字，《汶志紀略》作“瀛”，《民國汶川縣志》作“氣”、《西川羌族特殊載體檔案史料研究》作“懍”，均不准確。

[15]覩：同“睹”。

[16]雅化：純正的教化。《汶志紀略》作“盛朝”，應“聖朝”，舊時對本朝的尊稱。《民國汶川縣志》作“聖朝”，是。《西川羌族特殊載體檔案史料研究》沿用。

---

① 十三經注疏整理委員會：《毛詩正義》卷八，《十三經注疏》，北京大學出版社 2000 年版，第621頁。

246 松潘文廟碑 康熙間（1662－1722）十月

説明

碑石原刻立於松潘文廟，現已亡佚。松潘學政曾王孫撰文。

碑文

文廟碑記。

清學政曾王孫。

蜀自文翁啟化，俗比鄒魯[1]。賊焰既熾，變動所在，文廟皆不可問。今年冬十月，松潘教授張其赤率諸生張良佐等以《重修文廟碑記》來請，曰：衛舊有學，垂二百載；亂後鞠為茂草，蓋數十年於茲矣。總戎卓公來鎮斯土，慨然以修復後為己任，於是率將校及衛守與其赤、良佐等共勷厥成[2]。經始於康熙三十四年春二月有九日，成於秋八月朔日，自大成殿、啟聖祠及東西兩廡、欞星門、月台、角屏煥然更新[3]，足以示瞻仰於邊陲，明聲教之遠訖，微總戎無以致是也。余於是歎總戎崇儒重道，能以身先之所謂修明樽俎之間，折衝千里之外者，非耶[4]？

考諸圖誌，松潘為古氐羌，自漢通西南夷，叛服不常。明初始平。至景泰三年建學宮，由是置博士弟子員[5]，登聖人之堂，為聖人之徒。豈不幸甚！顧地極寒薄，不產嘉穀。聞士子讀不廢耕[6]，以供事畜，蓋異常辛苦矣。夫生瘠土者，勞而思之，即善心生。今諸生入廟而思敬奉庠序之教，朝夕黽勉，求不詭於聖人，將進此邦以禮義，不既燦然君子哉！夫表章興學明倫以啟學者，學臣之責也。而總戎乃首崇是舉，是誠不可以無記。

卓公名策，閩之惠安人[7]；衛守備為賈尚謀；博士弟子張良佐而下凡五十八人，例得備載。

著録

1.《民國松潘縣志》卷8－31。2.《西川羌族特殊載體檔案史料研究》241。

注釋

[1] 語出《漢書·循吏傳》："繇是大化，蜀地學於京師者比齊魯焉。"① 文翁：名党，字仲翁，廬江舒人。少好學，通《春秋》。西漢景帝末，為蜀郡太守，於成都市中修學宫，招下縣子弟以為學宫弟子。鄒魯：鄒，孟子故鄉；魯，孔子故鄉。借指文化昌盛之地，禮儀之邦。比：等同，齊同。《西川羌族特殊載體檔案史料研究》作"必"，非。

[2]《西川羌族特殊載體檔案史料研究》脱"復"。"於是"作"于事"，非。勷：幫助，通"襄"。

[3] 櫺星門：舊時學宫孔廟的外門。原名靈星門。靈星即天田星。"櫺"，《西川羌族特殊載體檔案史料研究》作"極"，非。

[4] 樽俎：青銅器。樽以盛酒，俎以盛肉。樽俎折冲，宴席的代稱，借指不用武力而在酒宴談判中制敵取勝。此喻羌區興學崇儒，羌人知禮拒武力。

[5]《西川羌族特殊載體檔案史料研究》脱"員"。

[6]"讀"，《西川羌族特殊載體檔案史料研究》作"誠"，非。

[7] 清康熙年間，松潘總兵卓策。

彙考

明景帝景泰三年（1452），松潘始建文廟。嘉靖、萬曆間相繼補建，並分别於景泰、萬曆間豎碑刻記②。崇禎八年（1635）增修，明末毁於戰亂。清康熙年間，松潘總兵卓策、周文英相繼重建，學政曾王孫作《文廟碑記》記其事。宣統辛亥（1911）燬。

---

① （漢）班固撰，（唐）顔師古注：《漢書》卷八十六，中華書局 1962 年版，第 3625 頁。

② 傅崇榘等修，徐湘等纂：《民國松潘縣志》卷二，《中國地方志集成·四川府縣志輯》（66），巴蜀書社（據民國十三年刻本影印）1992 年版，第 57 頁。

247 張元佐德惠碑 雍正六年（1728）四月初十

碑陽

説明

碑石原刻立於四川省松潘縣城西山大悲寺側，高 190 cm，寬 105 cm，厚 16 cm。兩面刻，碑陽文 24 行，滿行 60－64 字不等。楷書，有縱横界格。左右兩側刻卷葉紋。碑陰題名。泐蝕嚴重。加之各界民衆長期在碑石旁點燭焚香，祭祀祈福，碑體已燻黑。

碑文

總鎮都督府張公諱元佐，字次卿號燮公德惠碑記[1]。/

松潘乃蜀省極邊，距黄勝關四十里，即口外彝人之境[2]。其境内峦山峻嶺，螺髻雲盤[3]。硐居野處，率多番蠻。使鎮撫茲土者，非恩威相濟，德化相感，欲内外□□□□/王化[4]，地方紳士兵民群安寧謐也，得乎？蓋番人之種類不一，負山據險，力農業者少，務剽掠者多，向來不無陸梁間作之虞。我城中老稚，不遑安居者。匪伊朝□□□□，地/方稍有所警[5]，而販糴米糧之客商裹足不前。且東南西路皆絶壁深溝、茂林密箐。水涸則馱載往來稍易，水發則搬運者恒艱，甚至月餘，城無斗米斤面，兵民皆多餓殍。/松非惟邊防重地，又為巖疆磽瘠之區矣。自我/都督張公於雍正三年春下車時[6]，即慨然以靖邊安民為己責。謂僚屬曰："地當邊陲緊要，雜以番彝，以恩撫之則玩，以威馭之則迫，是必恩威互用，斯玩梗者知□/王章[7]，不致猖獗。而地方永輯俾兵，若□長樂少皞之世，豈非鎮撫茲土者分所宜爾耶？"蓋公自筮仕至通顯，勳伐炳著[8]，其勞蹟不可勝數。即以康熙五十七年内興/兵進討，路程遙遠，糧餉輓運艱難[9]，時莫能繼，以致兵丁餒斃者無算。是時，聞知需米糧其急，深慮不獨路途險遠，又虞各處劫賊截奪，須智勇膽力超距絶倫者押運，/始克萬全。衆論推公曰："非將軍莫能勝此任"。乃舉卮酒於公曰："西兵遠在絶域，忍饑待斃。此行必須兼程，俾彼兵丁得濟，無損中國威，在斯行也。其慎之□□。"[10]/公奮然曰："醜類犯順，恨不即時擒馘[11]。雖各處不無草賊在路截奪，蓋狐兔耳，不足慮。"即日發糧起馬，衆壯之。凡百日，抵大兵駐紮之所，得濟者萬餘人，/公之功居多。其在途，所歷險境，所受難苦，他人所最難當者，公備嘗之。凡各處劫賊聞公糧過，皆不敢近。他處糧餉，往往為賊要截者不少，公所運之糧□□□，/威名素著也。又西海、鐵布等處，昔年負固背恩。大軍進剿時，公獨麾兵奮勇直前，敵遇輒靡[12]，虔劉斬刈，所至如入無人之境，賊衆無不驚［愕失措，望風歸誠］[13]。雍/正二年秋，羊峒諸番蠢動[14]，公乃爰整師旅，搗其巢穴，殲厥醜類，抗者剿之，歸者撫之，諸峒番平。蒞任後，適郭羅克彝人不遵法紀[15]，肆行搶劫，公亦以平羊峒者□□。/四震遠近，番彝莫不慴服。先是，雜谷、黑水暨峨眉、七布各頭目鴟張自恣[16]，皆不聽調，至此群戴公之恩威，洗心向化，無敢為匪，以迄於今。每遇朔望宣讀/上諭，擇文行兼優之士，逐條疏講，務期人人共曉，公必拱立於旁，無惰容，其敬/君盡禮如此。若是者，境以吾松地在邊方[17]，子弟皆為愚戇，事親敬長之風或有不逮，無非推廣/皇仁，欲使兵民歸於孝弟而已矣。嗣是以來，羣□孝於父母[18]，遜於遵長，漸臻雍睦者，是皆公有以成之也。又捐俸廣修東南一帶道路、橋樑，于絕壁深溝之處，伐其惡/蔓[19]，通商便民，以利往來。至於今，百貨輻湊[20]，米糧絡繹，路無嵚險之虞[21]，人□飽暖之樂者[22]，又皆公有以賜之也。他如重修/黌宮，設立義學，尊賢而禮士，惠眾以恤下，俾儒者篤于文□，貧者安其室家，善政多端，難以罄述。獨是公自鎮松以來，化番彝為良善，轉瘠壤為樂土，使城中數千物/阜而安衽席[23]，其樂何極此？紳士兵民所以鏤於□而不能已於懷也，吁！若我公者，信所謂"恩威相濟，德化相感"者矣。行看翊贊/皇猷[24]，我松人之不獲，長沐德化宜何如？少予愛戴之□□。由是相聚而言曰："公之保惠吾松也，其心至周，其澤至渥。公應長膺/聖眷靡既也。吾儕小人，奚足以留公哉？"爰是紀公之鎮撫松土者，□夫□勒諸石以誌，弗諠俾後之人知所以安居而永逸者[25]，何一而非？公之恩施也。是為記。/

松潘閤鎮紳士兵民。/

雍正陸年歲次戊申清和月穀旦[26]。/（以上刻於碑陽）

（題名略）

寺□（下泐）牌等[27]。/（以上刻於碑陰）

著録

1. 松潘縣文管所趙雙林藏拓。2.《松潘縣志》997。3.《阿壩州志》2145。4.《西川羌族特殊載體檔案史料研究》261。

注釋

［1］張元佐：松潘衛武舉。康熙五十七年（1718），關外番叛，岳鐘琪以征西兵進討。雍正元年（1723）任威茂營參將①，從岳鐘琪招撫松潘黄勝關外草地十二部落及阿壩等處。雍正三年（1725）任松潘總鎮。"時郭羅克、雜谷、黑水、峨眉、七佈等番皆洗心歸化，每月朔望延文士講信義節孝等書。"② 在此期間，倡儒學、興教化，發展川隴交通，便利民商。尤其注意統治方略，使四境安寧，受境内各族土司、部落擁戴，碑文頌贊其功德。名見《道光茂州志·武秩》《民國松潘縣志·鄉賢》。岳鐘

① （清）楊迦懌等修，（清）劉輔廷纂：《道光茂州志》卷三，《中國地方志集成·四川府縣志輯》（66），巴蜀書社（據清道光十一年刻本影印）1992 年版，第 372 頁。

② 傅崇榘等修，徐湘等纂：《民國松潘縣志》卷六，《中國地方志集成·四川府縣志輯》（66），巴蜀書社（據民國十三年刻本影印）1992 年版，第 226 頁。

琪：《民國松潘縣志·宦跡》云："湯陰人，四川提督，遷川陝總督。"① 康熙五十七年（1718）冬十月帶兵攻取下郭羅克二十一寨，直抵中郭羅克，連破一十九寨，斬首三百餘級，乘勢復抵上郭羅克，擒獲並正法首惡酸他兒蚌等三人，餘投誠免罪。"總"上，觀拓無字。《西川羌族特殊載體檔案史料研究》衍"松潘"。

［2］極邊：非常遙遠的邊境。唐劉言史《賦蕃子牧馬》詩："磧净山高見極邊，孤烽引上一條煙。"② 彝：本"夷"，避諱以"彝"代之。

［3］螺髻：喻聳起如髻的峰巒。謂松潘僻在萬山中。

［4］"欲"下一字微泐，是"内"。《西川羌族特殊載體檔案史料研究》作"為"，非。又，"外"下泐，無法辨識，似有四字，《西川羌族特殊載體檔案史料研究》作泐五字，首字作"番"，不取。

［5］"朝"下泐四字，其下為"地"。《西川羌族特殊載體檔案史料研究》未釋。

［6］"扵""三"，拓片清晰，《西川羌族特殊載體檔案史料研究》分别釋作"丁""二"，非。

［7］"是"上一字，似"迫"。《西川羌族特殊載體檔案史料研究》作逗，非。又，"知"下泐，似有一字，《西川羌族特殊載體檔案史料研究》作泐三字，不取。王章：猶王法。朝廷的法律。

［8］勳伐：功績。《西川羌族特殊載體檔案史料研究》釋"勳"作"動"，非。

［9］輓運：指運輸。《舊五代史·唐書·明宗紀六》："丙申，詔鄴都、幽、鎮、滄、邢、易、定等州管内百姓，除正税外，放免諸色差配，以討王都之役，有輓運之勞也。"③ 清馬建忠《鐵道論》："而軍旅之徵調，糧餉之轉輸，賑濟之輓運，有無之懋遷，無不朝發夕至。"④ "輓"，《西川羌族特殊載體檔案史料研究》作"挽"，非。又，"兵"上泐一字，諦視，似"興"。《西川羌族特殊載體檔案史料研究》作"□□梗"。備參。

［10］"酒"上一字泐，是"巵"，亦作"卮"。古代盛酒器。《西川羌族特殊載體檔案史料研究》作"梔"，細觀拓片，非左右結構，字形不類，不取。又，"之"下泐蝕不辨，疑有兩字，《西川羌族特殊載體檔案史料研究》作泐四字。

［11］《松潘縣志》《西川羌族特殊載體檔案史料研究》脱"順"字。

［12］輙：同"輒"。

---

① 傅崇榘等修，徐湘等纂：《民國松潘縣志》卷六，《中國地方志集成·四川府縣志輯》（66），巴蜀書社（據民國十三年刻本影印）1992年版，第205頁。

② 《全唐詩》卷四百六十八，中華書局1980年版，第5327頁。

③ （宋）薛居正等：《舊五代史》卷四十，中華書局1976年版，第549頁。

④ （清）馬建忠：《適可齋記言》，中華書局1960年版，第10頁。

［13］《松潘縣志》脱“所”。“愕失措，望風歸誠”，拓已泐，據《松潘縣志》補。“誠”下，《西川羌族特殊載體檔案史料研究》衍泐蝕兩字。

［14］唐時，吐蕃興起，其贊普松贊干佈怒吐谷渾阻唐蕃和親，發大小羊峒兵，圍松州。兵解，留羊峒兵不歸，其眾盡散處九寨山谷間，故九寨始有羊峒之稱。雍正三年（1725），清廷武力征剿，岳鍾琪掃定羊峒諸番，復築城於扶州城南之西山麓下，設南坪營，屬松潘廳。

［15］郭羅克為藏族部落，分為上、中、下三部，首領為土司，分別住牧今青海果洛藏族自治州達日縣東南、班瑪縣西北、班瑪縣西，每年征馬交漳臘營，辛亥革命後廢①。清康熙六十年（1721），岳鍾琪奉命，採取以番攻番策略，平定青海郭羅克部。

［16］“峨”下一字泐，觀拓痕跡，下“目”清晰，是“眉”。《西川羌族特殊載體檔案史料研究》作“耆”，非。“峨眉”，又作“峩眉喜寨”，或“峩彌喜寨”，清康熙四十二年（1703）歸附授職，轄十五寨，位於四川省黑水西南。乾隆時置慈壩千户。七佈，又稱“七佈徐之河寨”。轄十一寨，在峩眉喜寨北。歸附授職時間同峨眉②。咸豐庚子之亂起，同治二年（1863）收復松潘後，清廷對參加起事的松潘廳各營所屬土司改土設弁，峨眉、七佈皆改設土守備一名。現四川黑水縣慈壩鄉一帶。關於“七佈”，亦稱“渠步”。《四川通史》云：“大左封以西是渠步，清代稱為七佈。”③郭聲波則認為“渠步”即“悉董國”，在今壤塘縣北部④。備參。《松潘縣志》脱“眉”。暨：此作連詞，與，及。

［17］“以”上一字泐，觀拓，左有偏旁“土”，為“境”。《松潘縣志》作“意”，非。《西川羌族特殊載體檔案史料研究》脱“境”。

［18］“羣”下一字泐，不能辨識。《松潘縣志》作“卿”，非。《西川羌族特殊載體檔案史料研究》沿用。

［19］“處”，《松潘縣志》作“外”，非。“惡”下，《西川羌族特殊載體檔案史料研究》衍兩字泐蝕不辨。

［20］“貨”下泐二字，仔細端詳，第一字左“車”，右上“一”“口”，下似“田”，是“輻”。第二字，左存三點水，右“奏”，是“湊”。“輻湊”，集中；聚集。

---

① 傅崇榘等修，徐湘等纂：《民國松潘縣志》卷三，《中國地方志集成·四川府縣志輯》（66），巴蜀書社（據民國十三年刻本影印）1992年版，第112頁。

② 周偉洲：《試論清代松潘藏區的“改土設弁”》，《民族研究》2007年第6期，第89－94頁。

③ 李敬洵：《四川通史·兩晉南北朝隋唐》卷三，四川人民出版社2010年版，第222頁。

④ 王小紅：《川大史學·歷史地理卷》，四川大學出版社2006年版，第527頁。

漢班固《右賦西都》："平夷洞達，萬方輻湊。"①

［21］"無"下一字泐，《松潘縣志》作"嵌"，《西川羌族特殊載體檔案史料研究》作"峨"，不確。"之"下一字泐，細觀為"虞"。驚。《廣雅·釋言》曰："虞，驚也。"②

［22］"人"下一字泐，無法辨識，《松潘縣志》作"歌"。《西川羌族特殊載體檔案史料研究》沿用。録以備參。

［23］"阜"微泐可辨，《西川羌族特殊載體檔案史料研究》作"埠"，非。又釋"安"作"按"，不取。

［24］"看"，《西川羌族特殊載體檔案史料研究》作"否"，非。

［25］"諸"上一字泐，觀拓，左上"艹"，右"力"可辨。似"勒"，又似"勤"。結合上下文義，為"勒"。《松潘縣志》釋"勒"作"勸"；"諠"作"喧"，非。《西川羌族特殊載體檔案史料研究》沿誤。

［26］清和月：四月。《松潘縣志》落款有誤，作"雍正陸年歲次戌申松潘合鎮紳士兵民清和月穀旦"。

［27］碑陰題名，據《民國松潘縣志》稱捐款修寺立碑題名約 900 人③。惜未詳載。他書亦闕。今觀之，存 160 餘人，泐蝕甚嚴，付闕。

彙考

松潘，民族構成複雜，古氐羌地。"後漢至於魏、晉，或降或叛。至後魏鄧至王象舒治者，並白水羌也，常為羌豪，因地名號為鄧至王。其後，子孫彭舒者遣使內附"④。該地區主要為白水羌及所屬鄧至番。北周元和元年（566），吐谷渾龍涸王莫昌率部內附，龍涸與鄧至境接壤，以西遷鮮卑、氐、羌為主的吐谷渾部眾已大批入居松潘。南北朝後期至隋初，党項羌崛起。唐初因党項羌內附或內遷甚衆，設置羈縻州。兩唐書《党項羌傳》與《地理志》均有相關記載。影響最大的為貞觀年間拓拔赤辭和拓拔思頭內附，唐以其地設三十二州（一説二十五州），以松州為都督府，拜赤辭為西戎州都督。唐代中期，吐蕃勢力東逼，松州成為唐蕃兩大政權爭奪地，居於邊緣地帶的党項受到極大壓力，大部內遷至河隴地區，還有一部分內遷至茂州，一部分留居

① （清）陳元龍：《御定歷代賦彙》卷三十一，《文淵閣四庫全書》（1419），臺北：臺灣商務印書館 1980 年版，第 686 頁。

② 徐復：《廣雅詁林》卷五上，江蘇古籍出版社 1992 年版，第 388 頁。

③ 四川省阿壩藏族羌族自治州松潘縣志編纂委員會：《松潘縣志》，民族出版社 1999 年版，第 997 頁。

④ （唐）李吉甫撰，賀次君點校：《元和郡縣圖志》卷三十二，中華書局 1983 年版，第 809 頁。

原地。松州漸為吐蕃佔據，並成為今天松潘地區藏族的先民。明代漢籍稱之為“番族”“番人”或“松潘番”。北宋前期，“番族”豪帥潘羅支擁松州，遂改名為潘州。迨元代，“番人”成為松潘地區的主體編户，承擔各種賦役。“番有生熟二種。生番獷悍難制，熟番納馬中茶，頗柔服。”① 明代學者章潢指出：“松潘為吐蕃、氐、羌諸種落，雜居崖嶂箐峒險阨，相雄長。”② 居於松潘的氐、羌人，受到吐蕃强勢文化的影響，失去了原有的鮮明部屬個性，故明人稱其為“番羌”。《明史》：“松、茂、疊溪所轄白草壩等寨……白草番者，唐吐蕃贊普遺種。”③ 石碩先生認為：“所謂白草番，主要是分佈在北川縣白草河流域及松潘縣西南的白草羌。”④ 可見，“松潘番”的風俗文化，較之西藏本土及河湟（黄河、湟水、洮水流域）“番人”有着明顯的嬗變，染有氐、羌、苗、彝等“西南夷”的習俗，反映出民族融合的軌跡。

① （清）張廷玉等：《明史》卷三百三十，中華書局 1974 年版，第 8549 頁。

② （明）章潢：《圖書編》卷四十，《景印文淵閣四庫全書》（969），臺北：臺灣商務印書館 1986 年版，第 840 頁。

③ （清）張廷玉等：《明史》卷三百一十一，中華書局 1974 年版，第 8028 頁。

④ 石碩：《岷江上游走廊的歷史演變與民族文化特點》，冉光榮、工藤元男：《四川岷江上游歷史文化研究》，四川大學出版社 1996 年版，第 49 頁。

248 新建尤溪公館記 乾隆三年（1738）五月初五

説明

碑石基本信息失載。

碑文

新建尤溪公館記。

尤溪當太平驛灌縣關道之沖[1]，上下相去略四十里許，山川盤折，道路阻修，使節賓旅往來，率停午於斯。舊設有鋪，丘墟久矣。供億者向假龍王廟前楹為草舍，權也。廟去鋪數步，夾在居民。歲月既久，棟宇腐頹。戶垣毀折，濕穢日甚。余顧而嘆曰：是可以駐使節，是尚可以仍陋而就敞哉[2]！乃謀□監牧別駕李子檄、汶川尹鄭子右計更構，約費二十餘金。予出所餘□□銀十二兩，委典史蔣文舉、張鶴、驛丞巨邦奇[3]，鳩工庀材更制而鼎新之。李子、鄭子暨灌尹稅子，亦各捐已以資共濟焉。經營五旬。匾曰：工告訖，作室三間，中為廳事，左右二官房。前二門，門各有廊。傍各有廡區。而廂之凡六，為門廚胥隸之所[4]。繚垣周固，粉飾其美。供賑什物，亦略具焉。匾曰：尤溪公館。為使車暫憩云，是役也。財不帑費，力不止宿，供者既便，行去無虞，因告成事。爰記所由，勿俾踐履，勿俾傾圮。司款之責，看守以人，勿謂無一勞永逸，勿謂易易詳觀斯記。

欽差整飭威茂等處兵備、四川按察司副使、前吏部考功、清吏司員外郎閩福清南岐薛魯撰[5]。

替理成功成都府監收威茂糧儲通判李如栗。

汶川縣知縣鄒啓元。

灌縣知縣稅廷賓。

管理工程汶川縣典史蔣文舉。

灌縣典史張鶴。

太平驛丞巨邦奇。

乾隆三歲舍己巳夏五月端陽吉旦立。

著録

《民國汶川縣志》207

注釋

［1］《汶志紀略·附鄉里》："尤溪，治南一百二十里。""太平驛，治南七十里。"均漢居①。尤溪溝後有慕義墩，與鹿耳只臺等寨相鄰，係黑虎、三姐等寨出沒隘口②。故云"關道之冲"。關道：猶要道。

［2］敞：當以"弊"為宜。

［3］驛丞：此謂太平驛丞。

［4］棣：以"隸"為宜。胥隸：小吏和差役。

［5］考功：屬吏部。由三國魏尚書設考功定課二曹發展而來。隋置考功郎，掌官吏考課之事。歷代因之。清末廢。

---

① （清）李錫書：《汶志紀略》卷二，清嘉慶十年（1805）蕊石山房藏版，第9頁。

② 同上書，第26頁。

249 書院學田記 乾隆十四年（1749）元月

説明

碑石刻立地點不明，現已亡佚。王聲鑾撰文。

碑文

書院學田記。

王聲鑾。

余登岷山，涉汶水，見石骨崚嶒[1]，江流盤折，白雲青靄，遍點桃花，碧岫丹岩，時舒蘭臭[2]，烏鳴千澗，猿嘯三更。意必有鐘江山之秀，抱瑜瑾之光者。乃青矜領袖，質則勝文，而丹雘宫牆，名無其實。門庭寥落，幾興茂草之嗟；書卷飄零，竟作焦灰之悼。深求其故，知古之以貧而工者，今且以貧而廢也。余亟思振之，歲省養廉之餘，為士子延師膏火之費[3]。又值邊陲有事，路當孔道，軍行火烈，檄動星馳，凡我士民，相從於奔馳擾攘間者，日無寧晷，迴思曩志，僅托空言矣[4]。十四年春[5]，聖德覃敷，元臣振旅，予恰受特恩，遷合州牧，得代之後。稍有餘暇，光華糺縵，雲霓揚干羽之輝；淑問清和[6]，膏雨潤琴書之氣。山明川媚，鋪開錦繡文章；卷詠塗謠，擊動康衢舞蓊。乃進紳士孟申生等，買田六十三畝於崇寧縣之平樂村，歲得租五六十石，作饘粥之資，為經久之計[7]。投戈講學，綽有餘閑，而偃武修文，良無廢事。余買田租之意，非徒為文人騷客玩山林花鳥之資，實慾使異質殊尤儲經濟猷為之器也。嗟嗟！風平浪息，河清海晏之秋；霧散空晴，虹駕雲垂之勢，進琴堂而習禮，遠紹鹿洞淵源[8]。面絳帳以傳經，快覩龍門蔚起[9]。式魯齋之遺意，推文正之良模。勉爾生徒，同登衽席，將見焚膏繼晷[10]，為韓潮蘇海之詞宗[11]，不患畫粥談經；無劉庂陸廚之錯助也[12]。至買田為數甚少，本不足籌，但源不清則流濁，謹紀其事於石。

著録

1.《汶志紀略》卷4－30。2.《民國汶川縣志》180。3.《汶川縣志》421。

注釋

［1］崚嶒：高聳突兀。

［2］“遍”下一字，《汶志紀略》作“點”，《民國汶川縣志》作“照”。點：點綴。用“點”更準確。蘭臭：語出《周易・繫辭上》：“同心之言，其臭如蘭。”孔穎達疏：“謂二人同齊其心，吐發言語，氤氳臭氣，香馥如蘭也。”① 指情投意合。

［3］膏火：燈火。比喻夜間工作費用，這裡指求學費用。

［4］《汶志紀略》作“奔”“迴”“托”，《民國汶川縣志》作“棄”“迴”“此”，非。

［5］《汶志紀略》作嘉慶十四年（1809），大誤。王聲鑾，字遽苦。清文安人。雍正時進士。碑文中“十四年”當指乾隆十四年（1749），故不可能活到嘉慶。

［6］淑問：審問判案。

［7］饘：同“飦”，稠粥。

［8］琴堂：《吕氏春秋・察賢》：“宓子賤治單父，彈鳴琴，身不下堂而單父治。”② 後以借指州、府、縣署。《民國汶川縣志》不察，“琴”作“舉”；又，“洞”作“澗”，不取。

［9］絳帳：語出《後漢書・馬融傳》：“融才高博洽，為世通儒，教養諸生，常有千數。……居宇器服，多存侈飾。常坐高堂，施絳紗帳，前授生徒，後列女樂，弟子以次相傳，鮮有入其室者。”③ 後來因以為師門、講席的敬稱。龍門：借指科舉會試。會試中式為登龍門。蔚起：蓬勃興起。覩，同“睹”。

［10］焚膏繼晷：膏，油脂。晷，日光。引申夜以繼日、勤奮讀書等。唐韓愈《進學解》：“焚膏油以繼晷，恒兀兀以窮年。”④

［11］韓潮蘇海：亦作“韓海蘇潮”。謂唐韓愈、宋蘇軾的文章如潮如海，氣勢磅礴、壯闊波瀾。

［12］劉伭陸廚：指唐詩人劉義飲酒殺人，陸羽的廚子錯煮茶，謂讀書、做學問不專心。

---

① 十三經注疏整理委員會：《周易正義》卷七，《十三經注疏》，北京大學出版社 2000 年版，第 326 頁。

② （戰國）吕不韋著，陳奇猷校釋：《吕氏春秋新校釋》卷二十一，《中華要籍集釋叢書》，上海古籍出版社 2002 年版，第 1452 頁。

③ （南朝宋）范曄撰，（唐）李賢等注：《後漢書》卷六十上，中華書局 1965 年版，第 1972 頁。

④ （明）茅坤：《唐宋八大家文鈔》卷十，《景印文淵閣四庫全書》（1383），臺灣商務印書館 1986 年版，第 121 頁。

彙考

“汶邑僻陋荒邊。往者登明奔公之士亦接踵而興。”① 乾隆十三年（1748），王謦鑾任四川汶川、灌縣知縣，升合州知州。十四年，與汶川紳士、瓦寺土司，共捐資在崇寧縣置買水田六十三畝作學田，每歲收租銀五十兩，作師生膏火之資，並撰文《書院學田記》，反映了清代汶川書院辦學的艱難。乾隆十八年（1753），理番廳設儒學署於維州，即威州東門外。二十五年（1760），知縣李成桂於綿虒文廟内建汶川書院，後世陸續增修，至光緒四年（1878）興辦大成會。

① （清）李錫書:《汶志紀略》卷二，清嘉慶十年（1805）蕊石山房藏版，第14頁。

250 克枯棧道碑 乾隆二十四年（1759）六月初七

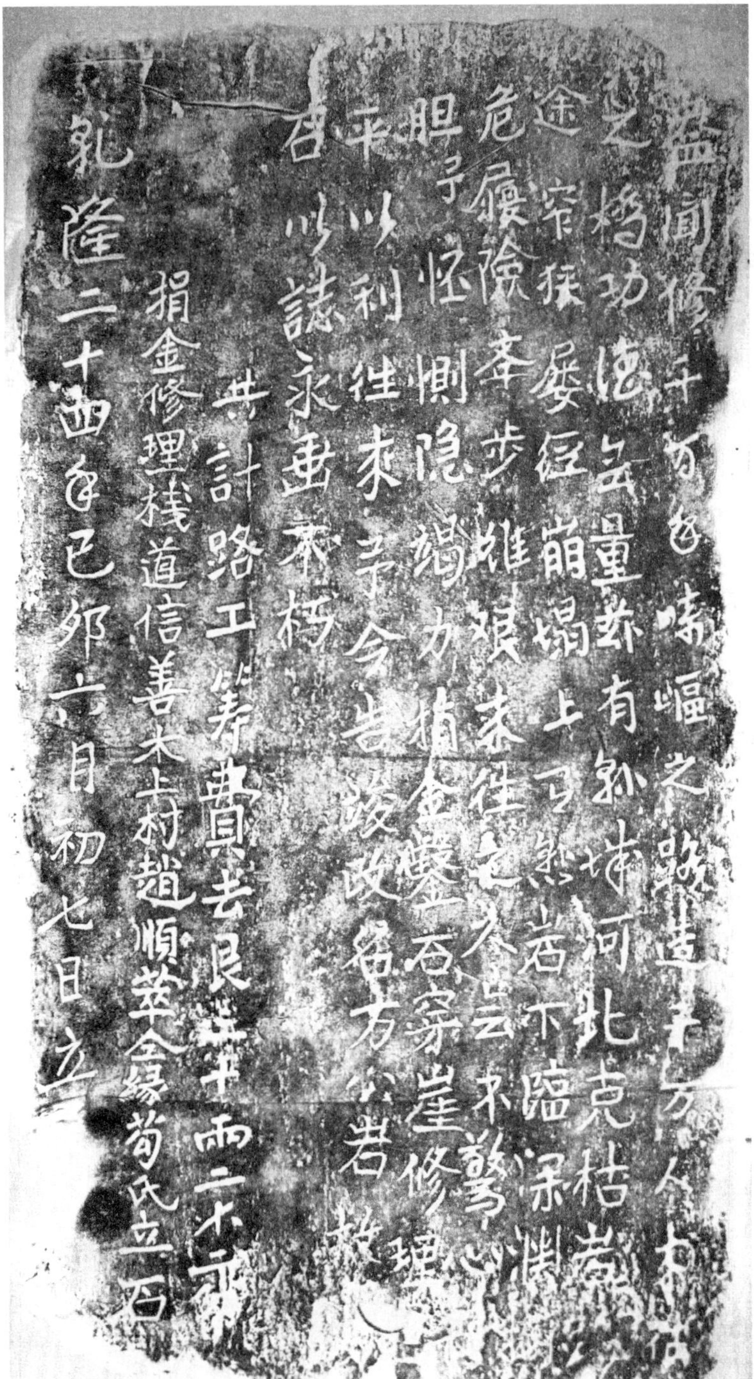

說明

碑石刻立於四川省汶川縣威州陽角燈對面，克枯下 500 米，現存原址。碑石高 80 cm，寬 45 cm。1989 年 12 月汪友倫先生椎拓，藏汶川縣文博館。碑文 10 行，滿行 15 字。楷書，間草書。該碑又題《克枯棧道修路碑記》。

碑文

蓋聞：修千万里崎嶇之路，造千万人來往/之橋[1]，功德無量。茲有縣城河北克枯岩，路/途窄狹，屢經崩塌，上有懸岩，下臨深淵，□/危履險，举步維艱[2]。來往之人，无不驚心喪/胆[3]。予怔惻隱，竭力捐金，鑿石穿崖，修理坦/平[4]，以利往來。予今告竣，改名“万公岩”，敕□/石以誌，永垂不朽。/

共計路工筹費去艮三十兩二⺅示[5]。/

捐金修理棧道信善木上村趙順萃、仝緣苟氏立石[6]。/

乾隆二十四年，己卯六月，初七日立。/

著録

汶川縣文博所藏拓

注釋

［1］“來”下一字泐，細觀痕跡，是“往”。來往：來去，往返。

［2］举：“舉”的俗訛字。

［3］“心”下一字泐，存痕跡，是“喪”。

［4］怔：驚恐、畏懼。“理”下一字泐，是“坦”。

［5］艮：同“銀”。⺅：“錢”的俗寫字。

［6］仝：“同”的古字。

251 創建西山書院記 乾隆三十年（1765）

説明

碑石原刻立於四川省北川縣。倪承寬撰文。已亡佚。

碑文

創建西山書院記。

國朝内閣學士倪承寬[1]。

歲甲申，同年姜君白巘奉檄作宰石泉[2]。明年，其仲子埴試成均，謁予於邸舍。致書於予曰："某初至邑，視事後[3]，諸生接見。問書院所在，曰：自古無有也。問何以無，曰：地屬邊隅[4]。鄰邑之豪者買山而籍焉。得一衿輒颺去，學校讀書無人[5]，書院何為設[6]。告之曰：是不難也。適試童子，凡有籍可歸者，斥之去。已在吾庠及身而止，毋許攜其子若姪[7]，遵功令也。於是，學宫有士矣。遂以書院請。乃卜地於西山之陽，捐俸以倡[8]，而諸生踴躍恐後。擇公正之士經紀之[9]。經始於十二月八日，至明年三月告竣。中為講堂三間，後為書室五間，中奉朱子神主，朔望行禮為弟子式[10]。翼以東南兩齋各三間，大門三間，牆垣庖湢皆具[11]。多士欲銘諸石。子盍為我記之？

予曰："有是哉！吾乃知石泉之士可教，而王道之易易也[12]。為令長者，一有以當其心，其事不謀而集。而況好好惡惡，漸之以仁義，陶之以禮樂，其油然而興起何如哉？"吾聞父與師不相兼，兼之其邑令乎！令以父師自處[13]，而不子弟其民，其將何以為父師？不然，子弟一善，搰搰乎恐其失之[14]，無以益之；子弟一不善，則如芒刺之在其背也，其亦不能自已矣。書院者，仁義禮樂之淵藪也。不務其實，則名而已矣。惟實以求之，自實以應之，當無不可化之俗，而況士子之尤易教者乎？白巘之出都門也[15]，予餞之以詩曰："龔黄卓魯間，公善自位置。"[16]吾聞白巘之在石泉，課農桑，興學校，固已見白巘之大概矣。然而，吾之所望於白巘者，自此侈矣。詮次其語，以郵致白巘，白巘以為何如也？

著録

1.《乾隆石泉縣志》卷4－28[①]。2.《嘉慶四川通志》卷80－15。3.《道光石泉縣志》卷10－24。4.《道光龍安府志》卷9上－72。5.《民國北川縣志》539。

注釋

[1] 倪承寬：浙江人。内閣學士。《四川書院史》以為"倪承璋"創建西山書院[②]，非。實為知縣姜炳璋於乾隆三十年（1765）創設。

[2] 歲甲申：乾隆二十九年（1764）。巘：同"巖"亦作"巗""岩"。姜炳璋，字石貞，號白巖，象山丹城人。清乾隆十九年（1754）進士，與錢大昕、紀昀等同科。任石泉知縣，課農桑，興學校，入番寨"教諭"番民改變舊俗。《四川通志》"奉檄作"，《乾隆石泉縣志》作"先生出"。《道光石泉縣志》《道光龍安府志》《民國北川縣志》沿用。下同。

[3]《四川通志》"視事後"，《乾隆石泉縣志》等各書作"詣學宫"。

[4]《四川通志》"無""地屬邊隅"，《乾隆石泉縣志》等作"故""邑為邊境"，並脱"邑"字。

[5]《四川通志》"讀書無人"，《乾隆石泉縣志》等作"且處無人"。

[6]《四川通志》"設"，《乾隆石泉縣志》等作"則"。

[7]《四川通志》"姪"，《乾隆石泉縣志》作"弟"，《道光石泉縣志》《民國北川縣志》沿用。《道光龍安府志》在"弟"下衍"來"字。

[8]《道光石泉縣志·學校》："西山書院在縣署西。"為乾隆間知縣姜炳璋"捐俸以倡"創建。舊置學田，歲收租銀四十兩。嘉慶二十五年（1820）知縣郭德壎捐買山地，歲收租錢，又捐俸錢發商生息為山長束脩諸生膏火。道光十一年（1831）知縣趙德林捐俸禄發商生息增山長束脩節儀及諸生膏火[③]。《四川通志》等各書作"捐"，《乾隆石泉縣志》作"斥"。

[9]《四川通志》等作"擇"，《乾隆石泉縣志》作"則"。

[10]《乾隆石泉縣志》《四川通志》作"主"，餘各書作"位"。"室"，《乾隆石泉縣志》作"堂"。"弟子"，《乾隆石泉縣志》《道光石泉縣志》《道光龍安府志》

---

① （清）姜炳璋：《乾隆石泉縣志》卷四，《故宫珍本叢刊》（207），海南出版社2001年版，第426頁。

② 胡昭曦：《四川書院史》，四川大學出版社2006年版，第295頁。

③ （清）鄧存詠等纂：《道光龍安府志》卷四，《中國地方志集成·四川府縣志輯》（14），巴蜀書社（據道光刻本影印）1992年版，第269頁。

《民國北川縣志》均作“士衿”，“衿士”的誤倒。泛指年輕的讀書人。

［11］“南”，《道光龍安府志》作“西”。湢：浴室。《禮記·内則》：“外内不共井，不共湢浴。”鄭玄注：“湢，浴室也。”陸德明：“湢，彼力反，本又作偪。”①

［12］易易：簡易。《禮記·鄉飲酒義》：“吾觀於鄉，而知王道之易易也。”②

［13］父師：即大司成。太子的師傅，掌國學之教。《禮記·文王世子》：“樂正司業，父師司成。”孔穎達疏：“父師主大子成就其德行也。”③ 孫希旦集解：“父師，即大司成也。樂正掌國學之政，故世子之學業，樂正之所主；大司成總國學之教，故世子學業之成，大司成之所主也。”④ 自處：猶自居。

［14］搰搰：用力貌。《莊子·天地》：（子貢）“見一丈人方將為圃畦，鑿隧而入井，抱甕而出灌，搰搰然用力甚多而見功寡。”陸德明釋文：“搰搰，用力貌。”⑤《道光龍安府志》作“惴惴”，不取。

［15］都門：借指京都。

［16］指龔遂、黄霸、卓茂、魯恭，皆漢代著名循吏。

彙考

明代，書院發展已步入成熟，漸次從先進發達地區推廣到邊陲落後地區。四川羌區發展遲緩，直至清乾隆，書院漸興。汶川，乾隆二十八年（1763）知縣李成桂於治南建石紐書院，道光八年（1828）建興仁書院；石泉，乾隆三十年（1765）知縣姜炳璋於署西建西山書院；理番，嘉慶十八年（1813）同知徐廷鈺創辦花巖書院；茂州，道光七年（1827）州官劉輔廷改置九峰書院；松潘建岷山書院、錦屏書院等。這些書院經費主要靠地方政府所置學田維持，屬官辦，因而與漢區無甚本質區別，成為羌區子弟應試八股的主要場所。

---

① 十三經注疏整理委員會：《禮記正義》卷二十七，《十三經注疏》，北京大學出版社 2000 年版，第 975 頁。

② 同上書，第 1905 頁。

③ 同上書，第 744 頁。

④ （清）孫希旦撰，沈嘯寰等點校：《禮記集解》卷二十，《十三經清人注疏》，中華書局 1989 年版，第 566 頁。

⑤ （清）郭慶藩撰，王孝魚點校：《莊子集釋》卷五上，《新編諸子集成》，中華書局 1961 年版，第 433 頁。

252 山中野鶴題詩 乾隆三十年（1765）

説明

碑文刻於四川省茂縣疊溪鎮玉壘洞附近巖石，現藏四川省茂縣疊溪鎮小學。摩崖。拓片高 90 cm，寬 68 cm。長白托雲撰，七律一首。行書，文 6 行，滿行 11 字，字徑 10 cm。摩崖又題《清總兵托雲題詩》《玉壘洞石刻》《玉壘洞摩崖詩刻》。

碑文

山中野鶴飛何處，石窟猶存寶/帳圖。
古代戰場指點在，漢關要害/杳然無[1]。
腰鐮稚子橫牛背，唱晚歸/樵覓酒鑪[2]。
共説總戎雲鳥陣，夜/深鬼語不相呼[3]。/
大清乾隆三十年歲次乙酉。
天中長白托雲題[4]。/

著録

1. 阿壩州文管所藏拓。2.《茂汶羌族自治縣志》744。3.《疊溪古城遺址》，《四川文物》1987（1）。4.《阿壩州志》2162。5.《西川羌族特殊載體檔案史料研究》341。

注釋

［1］杳然：形容看不到，聽不見。“杳”，《茂汶羌族自治縣志》作“沓”，非。《西川羌族特殊載體檔案史料研究》沿誤。

［2］酒鑪：即“酒壚”。亦作“酒爐”。安置酒瓮以賣酒的砌臺。借指酒肆。“鑪”，《疊溪古城遺址》作“爐”，是。非原刻。《西川羌族特殊載體檔案史料研究》沿用。

［3］鬼語：與明景泰七年（1456）後《羅綺德政記》云“鳥語”①，二詞意近，指難懂的語言。此指羌語。

［4］“天”下一字，觀拓，是“中”。天中：天的中央。天朝、國朝的尊稱。《茂汶羌族自治縣志》《疊溪古城遺址》《阿壩州志》《西川羌族特殊載體檔案史料研究》作“仲”，非。

---

① 傳崇榘等修，徐湘等纂：《民國松潘縣志》卷八，《中國地方志集成·四川府縣志輯》（66），巴蜀書社（據民國十三年刻本影印）1992 年版，第 298 頁。

彙考

茂縣較場一帶，從遺存碑銘看，至遲從南北朝始，就有駐軍。詩歌描述了該處的地理環境、軍民的生産生活等場景，抒發了邊陲將士遠離故土的思鄉之情，為研究羌族文學、清代岷江上游的軍事活動提供了重要的資料信息。

253　龍溪火墳碑　乾隆三十二年（1767）正月

説明

碑石刻立於四川省汶川縣龍溪鄉龍溪村老寨子山坡上，現存原址。碑石高165 cm，寬97 cm，厚12 cm。上為碑文19行，滿行4－5字不等；下題名。楷書。上有雙綫框，下有縱界格。碑面下部，泐蝕嚴重，文已不存。碑文字體大小不一，字跡潦亂。

碑文

蓋聞龍溪/□□古鎮也。/塋而坟墓，/安厝於寓□/六志炤也。/曹、映□/太祖偕而已[1]，/或去己。/□二祖也。/□中六人，更/各取其六姓，/各居□江□。/願功德浩大，/□□默映□，/□映萬戶侯/也。贈永保/□耀顯達/聯。眞詒謀/跡之必昌成[2]。/云碑記乎哉！/

賴寶志，/孝男我□勺，/哭已。/孝孫我然[3]，/罗必。/（下泐）/（以上刻於第一縱界格內）

會首折耳乜[4]，/血舍，/不血已。/□詩。/布西，海俗[5]。/孝男（“布西”一支）押加，/（“海俗”一支）何格甲。（下泐）。/

［勉］伍志[6]，/當母。/不勿□子勺，/（孝男）折木已。/（孫）巴木木，/哭已（下泐）。/

祖。/抠□，/哭舍。/（孝男）□巴，/十巴母。/（以上刻於第二縱界格內）

毛耳志[7]。/拆母，/哭已。/子勺托□，/會首長保□十，/巴木已。/巴□□。/（“子勺托□”一支）阿已，/（“會首長保□十”一支）木祖巳格[8]。（下泐）。/（以上刻於第三縱界格內）

何必志。/孝男耿加智[9]，/直裕金，/何祖滿。/（以上刻於第四縱界格內）

高他，/何甲[10]。/罗仙，/石双已。/八他，/罗佑。/何令以甲，/代以合甲。/衣木勺，/拆甲，/已木勺。/市勺□必，/ 滒木之（下泐）。/

必勺已，/悲七八。/登岂已，/□已，/滒已，/滒勿，/昔□/（下泐）。/

梩□保已，/何甲。/保必，/非木衣，/滒木勺，/七勺（下泐）。/

滒勺已，/我勺，/滒已，/七叉，/水勺，/八可，/勺水舍，/為保丘（下泐）。/（以上刻於第五縱界格內）

鄧耿志，/拆舍。/孝男不木太，/由必，/不公已，/巴不不。/孝□母（下泐），田（下泐）。/（以上刻於第六縱界格內）

大清乾隆三十二年，歲次正（下泐）。/

著録

曾曉梅藏原石照片

注釋

［1］曹、映：西夏姓氏。西夏人曹道乐，據漢文典籍編譯《德行記》《新集慈孝記》等西夏文書籍。

［2］昌成：疑“昌盛”。盛多、繁集貌。

［3］“我”下一字，下有“灬”痕，似“然”。

［4］會首：舊時民間各種“會”的組織發起人或主持人。又稱“會頭”。羌村會首，可由村中體面的人擔任，或由羌民輪流擔任，主要負責廟會時徵糧買香、組織士兵操練、耍龍燈等。改土歸流後至今，會首負責寺廟或廟會時徵糧買香、耍龍燈等，已無組織士兵操練之職。“乜”，及“折”“已”“押”或“甲”等音节字，是典型的党項取名通用字，説明党項羌是龍溪羌人的主要來源之一①。

［5］“海”下一字泐，細觀，左“亻”，右“谷”，是“俗”字。

［6］《羌族史》：清乾隆三十二年，“龍溪鄉龍溪寨的火墳碑及廻龍寺的鐘銘文都記載著當地的房名，有毛耳志，何必志，勉伍志、何我勺，男不勺，羅志保、倮壽保等”②。“伍”上一字泐，據之補“勉”字。

［7］羌人白毛爾已改姓毛③。龍溪鐘銘題“毛耳巳”，子“男不勺”，又名“毛萬龍”，孫“毛貴林”“毛二林”④。“毛耳巳”，音近於“白毛爾已”，從房名多音節複姓到改漢單姓毛，脉絡清晰。

［8］此列記有四代人。

---

① 曾曉梅等：《碑铭所見岷江上游羌人姓氏研究》，《北方文物》2014 年第 4 期，第 75－80 頁。

② 冉光榮等：《羌族史》，四川民族出版社 1985 年版，第 338 頁。

③ 四川省阿壩藏族羌族自治州茂汶羌族自治縣地方志編纂委員會：《茂汶羌族自治縣志》，四川辭書出版社 1997 年版，第 672 頁。

④ 楊明、馬廷森：《羌族思想史資料匯集》（1），西南民族學院民研所、科研處，1985 年，第 155 頁。

［9］“耿加”，與“耿家已”①“耿家已”②“革伽節”③“革家節”④，音近而異寫。取第一个音爲姓，即耿。

［10］此列題名最多，難以判斷所出和輩分，依次羅列題名。

彙考

據2013年11月田野調查，立碑處原是龍溪村老寨子五大房火墳地，當地村民稱之為“五大房碑”或“火墳碑”。而碑云子嗣六人，“更各取其六姓”：“賴寶志”“［勉］伍志”“毛耳志”“何必志”“高他”“鄧耿志”等，應是同宗的六姓羌人，亦是羌族房名，後改漢姓。村民的集體歷史記憶與碑銘記載不合，應以碑銘記載為準。各房子嗣由於碑面風化泐蝕甚嚴已不存，不能完整地展現羌人由多音節房名改漢式單姓的歷程。但對於研究羌族族源、宗教、姓氏變遷等，有重要的文獻價值。火墳墓旁原有木石結構的地面建築，用於存放本家族歷代先人骨灰罐。墓道壁殘留松樹、龍等壁畫圖案。20世紀60－70年代遭毀壞。

---

① 四川省阿壩藏族羌族自治州茂汶羌族自治縣地方志編纂委員會：《茂汶羌族自治縣志》，四川辭書出版社1997年版，第672頁。

② 楊明、馬廷森：《羌族思想史資料匯集》（1），西南民族學院民研所、科研處，1985年，第155頁。

③ 董光富：《羌族歷史文化文集》，内部出版，1990年，第131頁。

④ 巴蜀文化大典編纂工作委員會：《巴蜀文化大典》（下），四川人民出版社1998年版，第1736頁。

254 吳君及妻坤太君墓碑 乾隆三十四年（1769）四月

説明

墓碑刻立於四川省松潘縣岷江鄉北定關村東北顯大夫墓前，西南距岷江河及茂松公路約500米。墓塚已毀為平地。碑石圭首，高249 cm，寬130 cm，厚11 cm。碑文6行，行字數不等。楷書。該碑又題《北定關中顯大夫墓碑》

碑文

□石工外孫□文奏：大清乾隆三十四年，［歲］次己丑[1]，孟夏中之吉，皇親誥授中顯大夫吳公之臣府君、恭人坤太君大人之墓[2]。

平番營都司奉祀男吳索德率孫錆、銑、錦、鏌、鍩[3]。

著録

《阿壩州志》2140

注釋

［1］“次”上，原刻應有“歲”。《阿壩州志》脱“歲”。

［2］中顯大夫：官名。疑“中憲大夫”之誤。文職，正四品。《清史稿・職官》：“正三品授通議大夫，從三品授中議大夫，正四品授中憲大夫，從四品授朝議大夫。”①

［3］平番營都司為武職，屬綠營規制。此制始自明代，清初各省營制，有馬兵、守兵、戰兵。《清史稿・兵志》：“松潘鎮總兵統轄鎮標三營，兼轄威州協、漳臘等營。鎮標中營、左營、右營，威州協左營、右營，茂州營，漳臘營，疊溪營，龍安營，平番營。”②

彙考

“中顯大夫”吳君、其子“平番營都司”吳索德及孫，《民國松潘縣志》均無載，故此碑可補史傳之闕。從“父文子武”的變化，可考察清朝政府對羌區的軍事管制以及羌人尚武習俗對人們入仕的影響。

---

① 趙爾巽等：《清史稿》卷一百一十四，中華書局1977年版，第3272頁。

② 《清史稿》卷一百三十一，第3920頁。

255　重修城隍廟碑記　乾隆四十二年（1777）

説明

碑石原刻立於四川省汶川綿虒鎮，現已亡佚。孟其才，乾隆庚寅舉人①，撰文以紀汶川知縣劉昌蔚（廣東全州舉人），乾隆三十四年（1769）重修城隍廟之功。

碑文

重修城隍廟碑記。

孟其才。

寰宇之大，凡府衛州邑，無不立廟祀城隍。誠以理明治幽神[1]，蓋與牧守令長，分司此土者也[2]。汶邑神廟，舊載康熙元年壬申，邑侯張公耀祖建[3]。落落數楹，簡略弗備。歷百餘年，風雨剥蝕，且就傾圮。邑人議更新之。乾隆三十四年己丑，粵西劉父臺攝縣事[4]。領首等具由以請，捐資報可。因分募於眾[5]，一時士民商客，咸樂輸以襄厥美[6]，斂金頗饒。廟基故窄隘，買地改築，倍加深廣。鳩工庀材，凡殿寢廓廡，以及樂臺垣牆[7]，次第興作。閲三年告成。迎神殿中而拜妥之，並莊像諸所宜奉[8]。惟稱其所羨金，復籌派起息於前，四十二年買業邑之下水里尤溪，以資焚獻。事難而克就，固人情羨善之誠要[9]。莫非神之默為助也[10]。從兹以還，神之為汶祐者[11]，寧有極哉？計始事迄今，春秋已十二易，恐日久實晦，謹列其端末，泐諸碑陰[12]，以誌不朽。

著録

1.《汶志紀略》卷4－55。2.《民國汶川縣志》179。3.《西川羌族特殊載體檔案史料研究》247。

注釋

［1］“以”，《西川羌族特殊載體檔案史料研究》作“一”，非。

［2］“分”，《西川羌族特殊載體檔案史料研究》作“芬”，非。

［3］康熙元年，歲次壬申。事見康熙元年（1662）《重修城隍廟碑》，張耀祖撰文。“申”，《民國汶川縣志》作“寅”，非。

---

①（清）李錫書：《汶志紀略》卷三，清嘉慶十年（1805）蕊石山房藏版，第2頁。

［4］乾隆三十四年（1769），歲次己丑。《汶志紀略》作“三十二年”，誤。《民國汶川縣志》《西川羌族特殊載體檔案史料研究》據之以改。劉父臺：知縣劉昌蔚，尊號“父臺”。

［5］“募”，《汶川縣志》作“寡”，語意不同，形近而誤。《西川羌族特殊載體檔案史料研究》沿誤。

［6］“襄”，《西川羌族特殊載體檔案史料研究》作“囊”，非。

［7］“殿寢廓廡”與“樂臺垣牆”對舉，“寢”，《西川羌族特殊載體檔案史料研究》作“侵”，非。

［8］《汶志紀略》《民國汶川縣志》作“奉”，尊奉。《西川羌族特殊載體檔案史料研究》作“俸”。奉，通“俸”。俸禄。以“奉”為宜。

［9］《汶志紀略》《民國汶川縣志》作“慕”，《西川羌族特殊載體檔案史料研究》作“羨”，義近。以“慕”為宜。《西川羌族特殊載體檔案史料研究》迻録而誤。

［10］《西川羌族特殊載體檔案史料研究》“為”下衍“之”字。

［11］《汶志紀略》作“祐”；《民國汶川縣志》《西川羌族特殊載體檔案史料研究》作“佑”，神明庇護保佑，義近詞非。

［12］泐：同“勒”。

256　黃草坪龍王廟碑　乾隆四十四年（1779）十月初一

説明

碑石刻立於四川省茂縣三龍鄉四大隊黃草坪。碑石高 113 cm，寬 65 cm。碑文 3 行，行字數不等。餘題名。楷書。碑石殘斷，泐蝕嚴重。

碑文

維□大清國直隸茂州西路三齊寨納耳大坪村眾姓土重修/龍王殿宇發必上銀碑記[1]。/

本村會首：白什保，折木太，羅保，十日太，屋□太，王保，李保，麻格枝，六一甲，格太，天保，受銀，保受，白什甲……（題名 80 餘人，略）①。

乾隆四十四年十月初一日眾姓弟子公立。/

著録

《茂縣鄉鎮簡志》1－327

注釋

［1］三齊寨納耳大坪村：今三龍鄉納呼、黃草坪境內。清雍正十三年至乾隆九年（1735－1744），茂州三齊三十六寨（今曲谷鄉、三龍鄉轄境）一帶羌民，不滿瓦寺土司勒索壓榨與殘害，聚集龍坪議話坪（今回龍鄉龍坪村），堆石為盟，派代表到省城控告土司罪行，又由汪特率三十六人背本進京，要求脱土歸州。《清實録·高宗實録》：乾隆十一年（1746）四月，清廷允准“川陝總督公慶復等奏稱《川省三齊三十六寨番民歸隸茂州管轄、籌酌管束事宜》”②，三齊歸隸茂州。“重”，《茂縣鄉鎮簡志》作“垂”；“王”作“出”，形似而誤。

彙考

碑石所存羌人題名，有的已改漢式單姓，多數為本民族房名，為研究羌族姓名及其演變提供了重要材料。立碑地點黃草坪，明代屬定遠墩所轄。此墩設於弘治十三年（1500），是黑虎羌人出入要隘，清廢③。今仍為羌族聚居區。

---

① 據《茂縣鄉鎮簡志》稱，題名八十餘人，並捐銀數兩刻於碑文末，項目組三進三龍鄉黃草坪，未找到碑石。

② 《清實録》卷二百六十四，中華書局 1985 年版，第 420 頁。

③ （清）李錫書：《汶志紀略》卷一，清嘉慶十年（1805）蕊石山房藏版，第 23 頁。

257　佛泉山温泉寺碑　乾隆五十二年（1787）三月十四日

説明

碑石刻立於四川省北川縣佛泉山温泉寺。碑石高 80 cm，寬 150 cm。李吉清撰文。該碑又題《永垂萬古碑記》。

碑文

永垂萬古。

蓋聞歷代以來，建造廟宇，創修寺院，裝塑金像，□以保民安國泰，雨順而風清也。想安、石二邑有刹，名佛仙山。水秀山明，萬峰□頂，□□□[1]。誠哉！一丈觀也。僧□寺為佛像俱列，前後將少三聖。想□之□像，於是陡發一食□化，十方善男信女同給。善□□□財，裝塑三聖，仙容功歷之後□□□□□□□。/

（捐贈題名，略。）/

乾邑士李吉清故題。/

徒德明叩化。/

住持僧道山[2]。/

乾隆伍十二年三月十四日吉立。/

著録

《北川羌族資料選集》220

注釋

［1］“頂”下，疑泐四字。

［2］道山，乾隆三十三年（1758）為徒，五十二年（1787）已為住持，榮華山香林堂發脉“臨濟正宗第五代恩師”。見道光三年（1823）《温泉寺永垂萬古碑》《道山墓碑》。

258 水塘楊氏家譜碑 乾隆五十三年（1788）六月初八

説明

碑石刻於四川省理縣水塘村上組。現存原址。碑單飛簷二柱一開間。碑石通高165 cm，碑身高132 cm，寬84 cm，厚11.5 cm。碑文3行，行字數不等；餘題名，楷書。圜首，額楷書題“先理來明故祖”，中間刻道教八卦紋乾三連，左右題“日月”。

額

先理來/明故/祖。/

碑文

嘗（下泐），/先年有之，至後今人何獨不然。/（以上刻於二柱）

禄保，/氏卓姐。/男目得血，/氏依婁[1]。/孫茶肉保，/氏忒別。/玄孫南木杰，/氏阿保在。/阿保。/（磨孫）禄保舟，/韓事別。/奪事杰。/

依止物，/氏阿事太。/（男）我止物，/氏石姐馬。/（孫）衣物，/氏格耳。/（玄孫）依磨物，/氏言蒲鐵、/茶肉馬[2]。/哭物他。/我息物，/氏切馬事。/布茂。/（“依磨物”一支）磨孫楊万明，/楊万恒，/楊万金。/（“哭物他”一支）楊万才，/楊万成。/（“布茂”一支）阿亢。/（“楊万才”一支）佘代楊福壽[3]，/楊福龍，/楊福虎。/（“阿亢”一支）板底杰，/根把，/查息。/

肉止物，/氏乃趙。/（男）白止物。/茶物，/氏板尼馬。/哭血物，/氏布姐馬。/（孫）阿太。/把息，/氏別婁姐。/茶止物，/氏阿姐。/奪他，/氏事蒲铁。/（玄孫）（“把息”一支）耳米我，/氏古肉馬。/得舟物。/（“茶止物”一支）阿日本，/氏茶馬事。/（“奪他”一支）蘖他，/氏別肉事、/切息趙[4]。/蘖吉，/怠肉鐵。/（磨孫）（“耳米我”一支）茶物珠，/氏我肉事。/（“得舟物”一支）依息物。（“阿日本”一支）阿肉。/（“蘖他”一支）格斗鐵。/（“蘖吉”一支）日朋。/（磨孫下一代，“依息物”一支）茶息物。

日得吉。/（男）茶血他，/氏依婁姐。/（孫）依肉他，/氏婁依姐。/（玄孫）別肉吉，/德杰他，/哭磨舟。/（磨孫）（“別肉吉”一支）哭舟吉。/（“得杰他”一支）得舟吉。/（“哭磨舟”一支）來保。/

大清乾隆伍拾三年，歲在戊申，季夏月首八日立。/

著録

1. 曾曉梅藏拓。2. 阿壩州文管所藏照片。

注釋

［1］婁：同“婆”。題名從上至下依次迻録，便於展現水塘楊氏羌人宗支。

［2］“氏言蒲鐵、茶肉馬”為“依磨物”妻室。從此碑題名看，已婚女性名前冠“氏”，有23人，有“妻”的意思。嘉慶八年（1803）《劉氏百代興隆碑》，羌人題名數眾，所存題名中帶“氏”者91人，據此可解讀該碑。

［3］佘代：據碑銘為第六代，當為“來孫”。

［4］“息”下一字泐，左“走”，右内似“肖”，似“趙”。

彙考

碑文載楊氏羌人家譜，依次為父、子、孫、玄孫、磨孫、佘代，共六代。據晉郭璞注《爾雅·釋親》：“子之子為孫，孫之子為曾孫，曾孫之子為玄孫，玄孫之子為來孫，來孫之子為晜孫，晜孫之子為仍孫，仍孫之子為雲孫。”① 岷江上游羌人在第四、五、六代稱謂上，與漢文典籍有所不同。碑銘顯示，這支羌人最早改漢式單姓和按照字輩取名，時在第五代，約乾隆中期，是迄今為止岷江上游所見有記録改楊姓最早的一支。今水塘村居住着楊、余、王氏羌人，只是上組和下組所居楊氏不屬於同一“火墳”。所刻道教八卦紋，表明清乾隆時期雜谷腦河谷的羌人已受到道教文化深刻影響。就在碑石旁還有1通《王氏墓碑》，碑通高105 cm，通寬119 cm。碑身高61 cm，寬48 cm，厚6 cm。屋形二柱，楷書“慎終追遠禮，/禴禘嘗蒸祭。/新故（下泐）之坟墓。/王樹□華平安。/（泐）/光緒十九年二月吉日立/”，額題“祭如在”，三面刻人像、雞、雲紋。與碑兩側人像、雲紋相呼應，組成一幅道教引魂升天圖。

① 十三經注疏整理委員會：《爾雅注疏》卷四，《十三經注疏》，北京大學出版社2000年版，第129頁。

259 小寺寨余家火墳墓碑 乾隆五十三年（1788）十月

説明

碑石刻立於四川省汶川縣克枯鄉周达村小寺组西，小寺王家火墳南 15 米。現存原址。碑高 75 cm，寬 45 cm，厚 8 cm。碑文 7 行，滿行 25－26 字不等。餘題名。楷書。圜首，額無字。

碑文

從來前人之功德，非有，所以表之則不彰；後人之孝思，非/有，所以得之則不著。故夫碑之者，言□也。所以悲先人之窀穸長眠，/而先言莫接也。然數十世之灵魂，雖懸於天，而億萬年之精魄悉/聚於地，此祖宗棲神之域。為人子孫者安可不急講哉[1]。命者□我宗/族老幼本夫昭穆，豈謂能盡仁人孝子之心，亦姑以伸祠禴蒸賞之義[2]，/□竪一石以勒名，自今以後，世世子孫共識先人之墟墓云耳。

余天祥，/陳明，/余天賢[3]，/陳文舉，/陳思恭。/

余佐，/余福，/余貴，/余洲，/陳德修。/

陳元福，/陳元寬[4]，/陳朝珍，/陳元華，/余上珍，/陳明珠。/

乾隆五十三年應鐘月吉日吉旦[5]。/

領首人余才全敬立。/

著録

阿壩州文管所藏原石照片

注釋

［1］“急”下一字泐，審視圖片，似“講”。

［2］祠：祭名。春祭。《爾雅·釋天》：“春祭曰祠。”① 禴：同“礿”。祭名。指夏祭或春祭。《詩經·小雅·天保》：“禴祠烝嘗。”毛傳：“春曰祠，夏曰禴，秋曰烝。”② 祠禴，同義連文。原刻“賞”，“嘗”之誤。烝嘗：本指秋冬之祭。泛指祭祀。

［3］“余”下泐二字，諦視，首字下部存痕似“人”，似“天”字。第二字右上“又”、下部“貝”，可辨。惟左上存“匚”，内已不可識，似“賢”。

［4］“元”下泐一字，細觀，是“寬”字。

［5］應鐘月：即農曆十月。應鐘，古樂律名，十二律之一。古人以十二律與十二

---

① 十三經注疏整理委員會：《爾雅注疏》卷六，《十三經注疏》，北京大學出版社 2000 年版，第 200 頁。

② 十三經注疏整理委員會：《毛詩正義》卷九，《十三經注疏》，北京大學出版社 2000 年版，第 384 頁。

月相配，每月配以一律，應鐘與十月相應。《禮記·月令》："（孟冬之月）其音羽，律中應鐘。"鄭玄注："孟冬氣至，則應鐘之律應。應鐘者，姑洗之所生，三分去一，律長四寸二十七分寸之二十。"①

① 十三經注疏整理委員會：《禮記正義》卷十七，《十三經注疏》，北京大學出版社2000年版，第633頁。

260 大禹故里紀事碑 約乾隆五十五年（1790）

説明

相傳碑石刻立於四川省汶川縣舊治，今汶川綿虒鎮南戴家坪。20 世紀 60 至 70 年代“文革”時期被毁。鄭命新撰文[1]。

碑文

大禹故里紀事碑。

鄭命新撰。

縣南十里許，名飛沙關。山頂有石紐刳兒坪，相傳即禹誕生處。論者謂禹為石泉人，蓋泥古石泉縣有禹穴故耳[2]，不知禹穴為憩息處，無石紐名。今考《蜀志·秦宓傳》謂：禹生石紐，即今之汶川郡[3]。譙周《本紀》：禹本汶山郡廣柔縣人，生於石紐，其地名刳兒坪[4]。今刳兒坪石紐現在，知禹生汶川，洵不誣矣[5]。夫神聖誕生之區，後人往往傳聞附會，争之為里邑光。況禹生汶川，稽之往冊，實有明徵。而竟令其久而不傳，則官斯土者咎也。因續入志乘，並泐石焉[6]。

著録

1.《民國汶川縣志》164。2.《西川羌族特殊載體檔案史料研究》229。

注釋

［1］鄭命新，福建舉人。《民國汶川縣志·古跡》：“邑令鄭命新，於戴家坪立碑紀事。”任職時間約在乾隆五十年至五十五年（1786－1790）左右，旋即離任。

［2］“蓋”下，《西川羌族特殊載體檔案史料研究》脱“古”字。

［3］“郡”，《西川羌族特殊載體檔案史料研究》作“縣”，非。汶川郡，本汶山郡。西漢元鼎六年（前 111），以冉駹地為汶山郡，治汶江（今四川茂縣北）。至地節三年（前 67）省，併蜀郡。見《後漢書·西南夷傳》。①

［4］《舊唐書·地理志》：“汶川，漢綿虒縣地，屬蜀郡。晉置汶川縣，後周移汶川於廣陽縣齊州置，即今治也。玉壘山，在縣東北四里。石紐山，亦在縣境。”②

---

① （後晉）劉昫等：《舊唐書》卷四十一，中華書局 1975 年版，第 1688 頁。

② 同上書，第 1689 頁。

［5］洵：確定之意。這是西川羌區關於大禹故里專題争樹碑記最早的記載。

［6］“者”下，《西川羌族特殊載體檔案史料研究》衍“之”，可採。泐，通“勒”。銘刻。《西川羌族特殊載體檔案史料研究》作“勒”，可。

261　繼承田地碑　乾隆五十六年（1791）元月二十八日

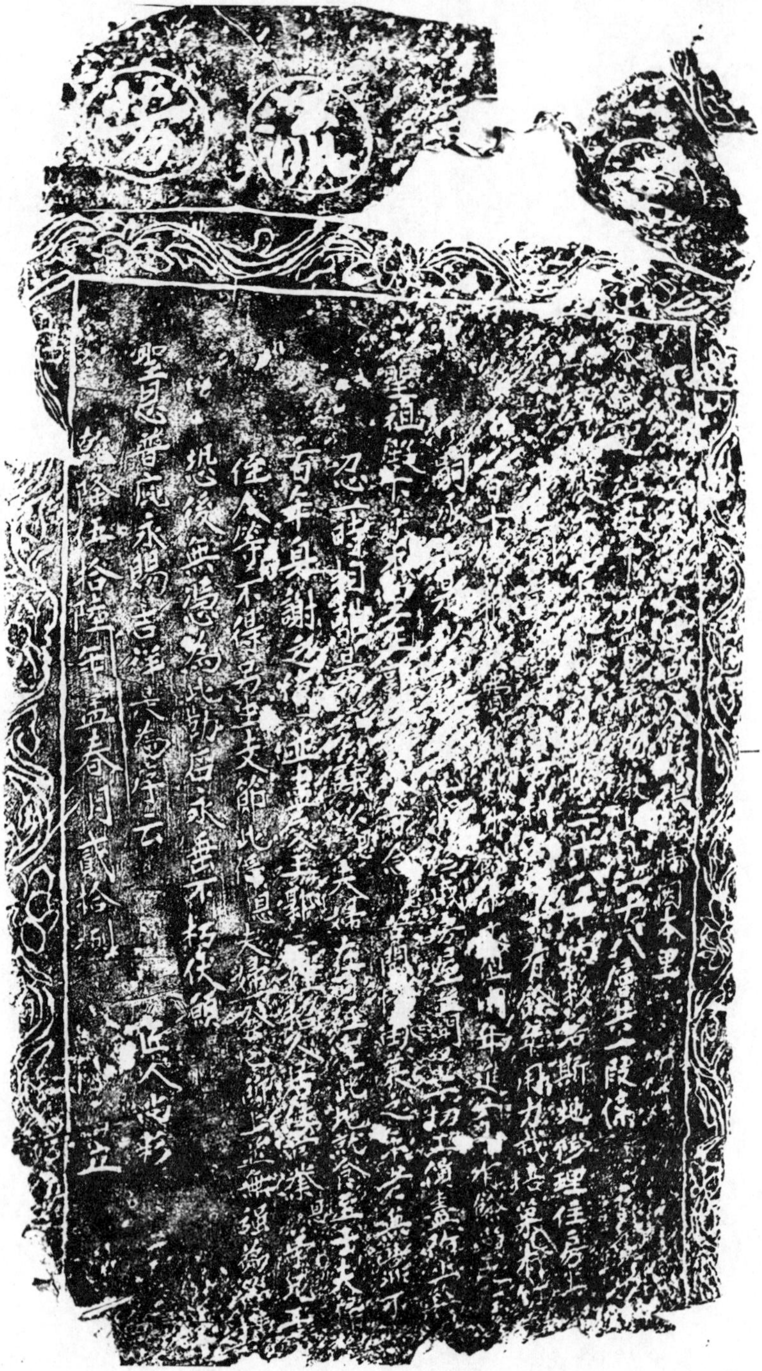

說明

碑石刻於四川省汶川縣威州桑坪小橋頭。汪友倫先生椎拓，現藏汶川縣文博館。碑石高 110 cm，寬 60 cm。碑文 13 行，滿行 20－25 字不等。楷書。單綫框，上、左、右三面刻花草紋。方首抹角，額楷書“萬［古］流芳”。右上殘損，泐蝕嚴重。

額

萬［古］流芳。/

碑文

（上泐）□□□□□情因本里/東□史祖殿千所□□□敬其地一十八層，共一段係/□□殿，亦官地□□□三十八年內移，若斯地修理，住房上/十二間，□□□□□□□□□有餘年，用力栽培菓，有竹/百十餘，粮□費錢數十餘□齋闲年進六十有餘，尚乏后/嗣承□。是以□□□□戚房屋並開□，一切工價，盡所上管/聖祖殿下，承本皇王郭□□亦念恩苦，開□由，兼之年老無靠，不/忍一時相離，是□公議以恩。夫婦在日，任□此地就食。至士夫婦/百年身謝之後[1]，一並盡交王、郭二姓，招人居住，管業恩弟兄□/侄人等，不得另生支節[2]。此係息夫婦發已所上，並無強為。

□□/恐後無憑，為此勒石，永垂不朽，伏願。/聖恩普庇，永賜吉祥。是為序云。匠人尚彩。/

乾隆伍拾陸年，孟春月，貳拾捌立。/

著録

汶川縣文博館藏拓

注釋

［1］身謝：身體凋謝，死亡的婉詞。

［2］支節：“枝節”的同音異寫。喻橫生旁出的事情。

彙考

這是一通清代早期贈予遺囑碑。該文體無規定格式，寫明遺囑繼承人、數額、要求，並具立遺囑人。為研究清代協議書寫格式提供了材料。

262 灌瓦界碑 乾隆五十六年（1791）四月十八日

説明

碑石刻立於四川省汶川縣水磨鎮連山坡村碑杠嶺。汪友倫先生椎拓，現藏四川省汶川縣文博館。碑石通高 175 cm，寬 70 cm，厚 15 cm。兩面刻，碑陽碑文 17 行，滿行 33－34 字不等。楷書。額圜首，楷書“遵鐫奉憲勘定灌瓦界示碑”。碑陰行字數不等。碑陽拓片左上角殘，泐蝕嚴重。該碑又題《瓦灌界碑》。

額

遵鐫/奉/憲勘定灌/瓦大界/示碑。/

碑文

特謫四川巡省盐茶分巡成綿，兼理兵備道林/欽命四川分巡松茂與□道，兼理□政，驅傳倭。

為嚴禁越界□□□□爭端以肅。/

功令事照得瓦寺土司，境連汶川、灌县。乾隆二五年漢夷因爭界興訟，勘断定字：以韓德崖、/鷂子山、吊鐘岩，并隔河之陵加山等处山梁正中分嶺為界[1]。內归灌县，外屬土司，其水磨/溝一帶擾名三江口□□灌民管業[2]，載在廒冊，界址判然□。民人傅金偉，因見土司境內/之龍竹园、大水金坪樹木繁茂[3]，欲圖佔開炭窑，因該土民刘復受查知，投明[4]頭人長寧保/往阻，將其窑房拆去，傅金偉因知從前控爭地界有三江口名目[5]，適該处有大河會各小/河三河，方名三江口，即將此三江口，影射當年所断灌民耕管之三江口，現名水磨溝，一/帶之地方，謊称□□□□□移碑越界情詞，邀夥□控各衙門。經該管之成都府稟，經/□盐茶、成綿道督□□□□就所爭之处，詳加核堪。悉與原定界址相符。实係土司應管/之業，并無移碑越界之事。將傅金偉等發交灌縣等審詢，問得山場誣告屬實。已將傅金/偉，依誣告反坐律，处以杖一百鄉，流三千里安置，其隨同具告之盧海山、吳崇秀、岳廷根、徐/伸扬等，分別处□棍杖，以警奸棍誣隔□無頼。恐鄉愚等無知，妄思牟利，越境滋端，覆蹈故/轍。合行令同示論：為此示□漢圡民人知悉。尔等務湏遵照原定界址，各管各業。漢民勿/得潛入土司境內，藉端滋事；而土舍、土民，亦不許妄行越界生事。倘有故違，一經告發，或/［被］訪挐[6]，律法森嚴，定行故例控辦，決不寬貸。各宜凛遵勿違[7]，特示。/

［大清］乾隆五十六年四月十八日示。/

四川加渴瓦寺安撫司官遵勒立鷂子山界[8]。/（以上刻於碑陽）

草鞋崗、韓婆嶺、鷂子山、吊鐘岩隔河之陳家溝正中分嶺為界灌瓦大界。大清乾隆貳五年九月二十八日立。（以上刻於碑陰）

著録

汶川縣文博館藏拓

注釋

［1］县：即“縣”。《嘉慶四川通志·武備·土司》：嘉慶時瓦寺土司“其地東至汶川縣、理番屬蒲溪木蘭交界，南至汶川縣中灘堡、灌縣魚子溪水磨溝、崇慶州山交界，西至沃日土司巴郎山及水坪土司大邑縣屬雪山山梁交界，北至三雜谷壁峰山、理番聽雜谷丹札山嶺交界”①。

［2］三江口，位於汶川縣最南部，當中河、黑石江注入西河之口而獲名。清屬瓦寺土司，今三江鎮。三江口與水磨相隔十餘里，原屬灌縣（今都江堰）管轄，今屬汶川縣。

［3］“大”上泐兩字，首字似“竹”，不確。次字似“园”。

［4］投明：亦稱“投鳴”。《羌族詞典》：“‘投’，是羌族議話坪‘公斷’執法程式中的第一個環節，相當於現代訴訟程式中的告訴行為。”② 羌村社會，大到命盜，小到户婚、田土房屋、錢米債賬等糾紛，均可依俗向公眾投案鳴冤，或向村寨行政首領或自然首領的“老人”“首人”投訴，尋求習慣法的保護。如同治十一年（1872）《赤不蘇維城婚約碑》：“公議：財禮銀六兩，□□拾捅，將財禮過完，隨後接人，［如若］□□阻攔，投明眾人，照此處罰。”光緒二十二年（1896）《永定章程碑》：“倘查出，眾罰香火十仟文，若投明老首人眾等公斷。”光緒三十三年（1907）《蘿蔔寨議話坪護林碑》：“如有林内割蒿、砍神林者，投明首人議論，罰錢四千文，即交於夫廟公項。”

［5］“房”下一字泐，左右結構，似“拆”。“金”上一字，左“亻”清晰，右下存痕似“寸”，似“保”，似“傅”。

［6］“告”，《羌族詞典》摘録，作“先”，形近而誤。“訪”上一字，拓片殘，據上下文義及存筆畫，補“被”。挈：捉，持。

［7］原刻“凛”，本作“稟”。遵循；奉行。

［8］按文例，“乾隆”上補“大清”。加渴瓦寺安撫司：清朝皇帝給襲職的瓦寺土司所頒印信和職務，全稱“加渴瓦寺安撫使司安撫使”。“加渴”，是藏語，意為“漢管地方”，原指西藏東北部的“三十九族”地區（今西藏丁青、巴青、索縣一帶），其中有一稱“瓊佈”的大部落，以“瓊鳥”為祖神。瓦寺土司自稱是瓊鳥之後，至遲在元明住牧穆坪董卜韓胡土司境（今四川寶興縣境）。並於明正統六年（1441），

---

① （清）常明修，楊芳燦纂：《嘉慶四川通志》卷九十六，巴蜀書社 1984 年版，第 3068 頁。

② 周錫銀：《羌族詞典》，巴蜀書社 2004 年版，第 414 頁。

受朝廷與穆坪土司命剿滅威茂、孟董、九子、黑虎等寨土酋叛亂，因功受封為宣慰司，駐汶川塗禹山。轄區内有羌、藏、漢民。“司”下一字泐，據嘉慶《汶志紀略·土司》：“容忠卒，子榮宗嗣。”①《民國汶川縣志·瓦寺土司》：乾隆四十四年，“奉派進京，賞給二品頂戴。五十五年，三次朝貢赴京，奉旨改桑朗為索若木，賜花翎一羽”②。立碑者為瓦寺土司第十九代桑朗榮宗。

彙考

明中葉，灌瓦大界在四川省汶川縣水磨與三江交界處。碑文記述瓦寺土司與灌縣於清乾隆二十五年（1760）、五十六年（1791）兩次分界，立《灌瓦界碑》於汶川縣水磨鎮連山坡村山頂上，傳示四川加渴瓦寺安撫司照遵。示曰：“内歸灌縣，外屬土司……各營各業，漢民勿得潛入土司境内，藉端滋事；而土民亦不可行越界生非，倘有故違，一經告發，或被訪拿，律法森嚴，定行故例控警，決不寬貸。各其凜遵勿違，特示。”以息漢夷爭界。

---

① （清）李錫書：《汶志紀略》卷四，清嘉慶十年（1805）蕊石山房藏版，第55頁。

② 祝世德：《民國汶川縣志》卷六，《中國地方志集成·四川府縣志輯》（66），巴蜀書社（據民國三十三年影印）1992年版，第578頁。

263　垮坡玉皇廟碑　乾隆五十七年（1792）四月

説明

碑石刻立於四川省汶川縣龍溪鄉垮坡村。2011 年 6 月文物普查時被發現，嵌於墻壁。垮坡村地處半高坡，2008 年“5·12”地震，碑石存佚下落不明。碑高 120 cm，寬 80 cm，厚 10 cm。碑文 9 行，滿行字數不等。餘題名。楷書。

碑文

蓋聞人傑者地靈，有感斯應，此理勢之固然，報施之不爽者也。矧/我适布一邑之人，靡不洗心滌慮，各敬其精，謹之誠而沾/聖神之默佑也，但以观善人之心，誠猶夫一人之心，誠以一心而推/善心，心心向善而各県其如在之誠[1]，戶戶捐金喜續，垂其香火之/盛。由前而觀先輩之創建非常，一境之冨足不淺。由今而观我等/人誠更深。聖神之錫福亦深[2]，自是貿易者財發萬金，耕耘者芃/庶彧彧[3]，憶焉欸焉，無一人肆勘，悖悖贊胥[4]，而家家樂其福澤，因以/銘留鐘而貫金石以刊，永垂不朽。云：/

信善我木舍、青保太[5]、張保、董董、拆木白、新志保共六人使費捐金艮/肆拾貳兩五办[6]。

龍溪寨捷耳志助艮一兩二办[7]。/高山保上艮一兩二。/余保舍上艮六办，/折木舍上艮二办四卜[8]，/罗舍上艮五办，/巴西勺上艮三办，/勒木勺上艮二办五卜。/

布南村楊保壽上艮一兩二办。

馬房寨拆保太上艮六办，/我布上艮二办，/巴西保上艮二办。/

龍溪寨陳玉上艮五办，/老少上艮五办，/保耳上艮五办，/王世材上艮五办，/南干勺上艮五办，/王洪上艮五办，/東保上艮二办四卜，/青竞上艮二办四卜，/孟艮貴上艮二办四卜，/易鄧舍上艮二办，/我袟上艮三办，/布西勺上艮五办。/

适布村眾性人等每戶捐金上艮四办[9]。

勒石工匠蔣忠刊。/

乾隆五十七年，歲次壬子，孟夏月穀旦。/

著録

阿壩州文管所藏原石照片

注釋

[1] 県：即“具”字。

［2］錫：通“賜”。賜予。《爾雅·釋詁上》：“錫，賜也。”注：“錫者，嘉賜也。”①

［3］芃：草木茂盛的樣子。《詩經·鄘風·載馳》：“我行其野，芃芃其麥。”② 彧彧：謂茂盛貌。《詩經·小雅·信南山》：“疆埸翼翼，黍稷彧彧。”毛傳：“彧彧，茂盛貌。”③

［4］惸：同“煢”。指無兄弟的人。引申為孤獨無依靠的人。

［5］青：即“青”字。原刻上“龶”省筆作“土”。

［6］艮：“銀”的異體字。办：“錢”的俗寫。

［7］“寨”下一字泐，存痕，左“扌”，右“疌”，是“捷”。

［8］卜：“分”的俗寫。

［9］性：本作“姓”。同音而誤。

---

① 十三經注疏整理委員會：《爾雅注疏》卷一，《十三經注疏》，北京大學出版社 2000 年版，第 14 頁。

② 十三經注疏整理委員會：《毛詩正義》卷三，北京大學出版社 2000 年版，第 252 頁。

③ 《毛詩正義》卷十三，第 967 頁。

264 大埃咪張氏家譜碑 乾隆五十九年（1794）三月初五

説明

碑石刻立於四川省汶川縣綿虒白土坎村大埃咪。高 80 cm，寬 40 cm。碑文 8 行，滿行 21－23 字不等。楷書。額圜首，楷書題“永垂奕世”。

額

永垂奕世[1]。/

碑文

原籍湖廣麻城縣孝感鄉蜈蚣橋民籍[2]，入川寓居汶，屬/念坪。自明時搬移岩嗚居住[3]。本姓汪，因小名長生，故而改/名張生，后世改姓張。其相傳代序。/

始祖張生，生汪家保，生□□保，生仙山保，生磊比，生樓保，生/赤止，生田保，生張萬餘、張其昌、張其佐，俱之。其佐招董保受，/以埍作子[4]，承頂宗祀，勿議。/

張其（下泐）日□立。/

乾隆五十九年三月初五日清□。/

著録

阿壩州文管所藏原石照片

注釋

[1] 奕世：累世，代代。《國語·周語上》：“奕世載德，不忝前人。”① 石刻中常用。如唐萬歲登封元年（696）《梁曒墓誌》：“君奕世纂靈，自天生德。”② 開元二十五年（737）《惠源和上誌銘》：“紛綸葳蕤，奕世名家。”③

[2] 湖廣麻城縣：屬今湖北省麻城市。位於湖北省東北部，大别山中段南麓，長江中游北岸。北接河南省，東北依安徽省。南宋初年，麻城即已開始向四川、重慶移民。元末紅巾軍起義，數萬麻城籍義軍將士及其家屬或跟隨明玉珍入川，或後來投奔明玉珍的大夏政權入川。明初洪武年間，數萬麻城人入川。到明末及清代中葉，不斷有外省人從麻城過籍移民入川，成為“江西填湖廣”和“湖廣填四川”兩大移民運動的聚散地和中轉站。其遷徙時間之長，人數之多，在中國移民史上十分罕見。孝感鄉是明代麻城縣四鄉區之一，今麻城市鼓樓辦沈家莊。明成化八年（1472）進行區鄉調

① 徐元誥撰，王樹民等點校：《國語集解·周語上》，中華書局 2002 年版，第 5 頁。

② 周紹良、趙超：《唐代墓誌彙編》，上海古籍出版社 1992 年版，第 890 頁。

③ 同上書，第 1473 頁。

整時，併入仙居鄉。故居於此地的張氏或是屯墾戍邊武卒後裔，或是過籍移民。

［3］巖嗚：即“埃咪”的別寫。

［4］壻：亦作“婿”。《禮記·昏義》“壻執鴈人，揖讓升堂，再拜奠鴈，蓋親受之於父母也。”陸德明釋文：“壻，或又作智，悉計反，女之夫也。”①

彙考

汶川白土坎，羌村，地處高半山，平均海拔 1500 米。轄大埃咪、小埃咪、白土坎。大埃咪张氏原湖廣籍人，入川至此。子嗣“其佐招董保受，以壻作子，承頂宗祀”。董氏，岷江上游羌人望姓，自唐以來多酋豪。唐代茂州都督府有維州薛城左上封生羌酋董屈佔、薛城小封刺史董弄，徹州西羌酋董凋貞；松州都督府有當州刺史董和那蓬、悉州刺史董係比射、奉州刺史董晏立、保州刺史董嘉俊②。宋代嘉祐及熙寧中有保州董仲元、霸州董永錫；政和間有保州刺史董舜咨、團練使董彦博、直州將董承有③。明代茂州有長寧安撫長官司董貼里④。清代静州長官司有董懷德⑤。“董保受”族屬，羌人無疑。自此，漢人張氏融入羌人。又，碑云：“故而改名張生，后世改姓張。”也有可能是白土坎村大埃咪羌人改漢姓杜撰出來的故事。

---

① 十三經注疏整理委員會：《禮記正義》卷六十一，《十三經注疏》，北京大學出版社 2000 年版，第 1888－1889 頁。

② （後晉）劉昫等：《舊唐書》卷四十一，中華書局 1975 年版，第 1690－1705 頁。

③ （元）脱脱：《宋史》卷四百九十六，中華書局 1977 年版，第 14239 頁。

④ （清）楊迦懌等修，（清）劉輔廷纂：《道光茂州志》卷三，《中國地方志集成·四川府縣志輯》（66），巴蜀書社（據清道光十一年刻本影印）1992 年版，第 374 頁。

⑤ 趙爾巽等：《清史稿》卷五百一十三，中華書局 1977 年版，第 14233 頁。

265 揚武將軍墓碑 乾隆五十九年（1794）三月上旬

説明

墓碑刻立於四川省茂縣疊溪鎮馬腦村東15米。現存原址。楷書。

碑文

皇清正故待詔楊武將軍考妣王公登榮、姜氏之墓。/
大清乾隆五十九年，歲次甲寅，姑洗月上浣吉日穀旦[1]。/

著録

《歷代碑刻　契文　族譜》8①

注釋

［1］歲次甲寅：即乾隆五十九年。《歷代碑刻　契文　族譜》釋作“丙寅”，非。歲次丙寅，為嘉慶十一年（1806）。又，“洗”下“月”字，作“日”，非。姑洗月：陽春三月。上浣：同“上澣”。唐宋官員行旬休，即在官九日，休息一日。泛指上旬。穀旦：吉旦、吉日。

① 劉作明、吴澤剛：《歷代碑刻　契文　族譜》，《阿壩州文庫·歷代文獻整理系列》，四川民族出版社2013年版，第8頁。

266 陳敏記功碑 乾隆五十九年（1794）四月

説明

碑石原刻立於四川省茂縣，現藏茂縣羌族博物館。碑高 140 cm，寬 80 cm，厚 9 cm。丁映奎撰文，□□麟書。碑文 13 行，滿行 31 – 33 字不等。楷書。下部泐蝕嚴重。額抹角，篆書題“古之遺愛”。

額

古之遺愛。/

碑文

明州牧陳公墓碑[1]。/

癸丑嘉平，予代庖汶山[2]，越甲寅春三月，簿務［稍暇］[3]，矚同事諸公，訪［求州］乘[4]，得悉/明牧陳公事。

公諱敏，字志學，吴之華亭人[5]。永［樂中知］州篆，［歷官垂三十年］[6]。當正統初，/土蕃為邊患[7]，公與都督徐甫協力勦平，論［功升］布政司右［参議，仍攝州事］[8]。以茂地/廣而荒，勸民開墾，引泉為池，追資灌溉[9]。一時野無曠［土，麥穗五岐，宣宗製］《滿庭芳》/詞賜之[10]。其他遷學校，葺城堡，以及山川、道路、津［梁、祠宇之屬，罔不殫精研慮］，整飭/無遺。夫妻並卒于官，州人感其恩德，合葬南明門外，［祀公於名宦祠。

嗚呼!］如/公者真不愧古循吏矣[11]。距今三百餘載，陵谷［遷變，而墓幾為人有］。/國家崇德報功[12]，凡前賢祠墓，歲命有司修省。今公墓在［近城，待以歲］久湮没，廢為邱/墟[13]，非守土者之責而誰也。爰諏日遣工修理，封土築垣，［禁樵牧］不得入，並于墓前/置亭，為文紀其事，以妥［公靈，以洽輿望，且以］後之來者[14]。/

賜進士出身文林郎署知州事黔東丁映奎譔。□□□□□□□麟書。/

乾隆五十九年四月（下泐）[15]。/

著録

1. 阿壩州文管所藏拓。2.《道光茂州志》卷 1 – 27。3.《西川羌族特殊載體檔案史料研究》218。

注釋

［1］《道光茂州志》缺碑額、碑首題字。《西川羌族特殊載體檔案史料研究》沿誤。

［2］代庖：本義為代替廚人。引申為代人做事或代理他人職務。《淮南子·主術訓》："不正本而反自然，則人主逾勞，人臣逾逸，是猶代庖宰剥牲而為大匠斲也。"①

［3］癸丑，即清乾隆五十八年（1793）。次年歲次甲寅。"簿"下泐三字，首字存右"务"和左上"マ"，似"務"字。"稍暇"，據《道光茂州志》補。下同。

［4］"乘"，諦視拓片，存痕，尚可辨。乘：春秋晉國史書。《孟子·離婁下》："晉之《乘》、楚之《檮杌》、魯之《春秋》，一也。"趙岐注："乘者，興於田賦乘馬之事，因以為名。"② 後用以稱一般史書。此"州乘"，即茂州史志。乾隆五十九年（1794），知州丁映奎纂修《乾隆茂州志》八卷，在序文中雖言茂州舊志，但明本無存，康熙間前牧李斯栓纂修亦未成書，故今見《乾隆茂州志》，實為最早的茂州志書，無刻本，僅見故宫博物院圖書館藏乾隆間鈔本。

［5］《道光茂州志》載：陳敏，甘肅華亭人。永樂中知茂州。《明史·陳敏傳》："陳敏，陝西華亭人。宣德時，為四川茂州知州。"③ 碑云："吴之華亭。"《明史》成書早於刻碑時間，陳敏應為"陝西"人。《道光茂州志》作"甘肅"，《西川羌族特殊載體檔案史料研究》沿用。

［6］篆：引申為做官任職。州篆，即知州。

［7］土蕃：即吐蕃。《道光茂州志》作"吐"，《西川羌族特殊載體檔案史料研究》沿用。當尊原刻。事見景泰六年（1455）《陳敏及妻王氏墓誌》："先是，吐番梗化弗庭，公所治之民亦叛，朝廷命將統兵征剿。公乃擐甲胄，率土民直搗賊巢，一鼓而破黑虎等寨。"

［8］景泰六年（1455）《陳敏及妻王氏墓誌》："公在邊累立勳勞，正統五年九月，敕升四川佈政司右參議。"参《道光茂州志》《嘉慶四川通志》《明史·陳敏傳》。

［9］"資"上一字，右"𠂤"清晰，左泐，諦視拓片，痕似"辶"，是"追"字。《道光茂州志》作"以"，非。《西川羌族特殊載體檔案史料研究》沿誤。

［10］宣宗朱瞻基，年號宣德（1426－1435）。滿庭芳：詞牌名。

［11］"不"，《道光茂州志》作"無"，義同字非。《西川羌族特殊載體檔案史料研究》沿用。循吏：守法賢能的官吏。

［12］"國家"二字清晰，《道光茂州志》作"我朝"，非原刻。《西川羌族特殊載體檔案史料研究》沿用。

［13］廢：即"廢"。

---

① 何寧：《淮南子集釋》卷九，《新編諸子集成》，中華書局1998年版，第669頁。

② 十三經注疏整理委員會：《孟子注疏》卷八上，《十三經注疏》，北京大學出版社2000年版，第267頁。

③ （清）張廷玉等：《明史》卷一百六十五，中華書局1974年版，第4466頁。

［14］“後”，《道光茂州志》作“告”，非原刻。《西川羌族特殊載體檔案史料研究》沿用。

［15］“賜”至“月”等字，《道光茂州志》脱，《西川羌族特殊載體檔案史料研究》沿用。

彙考

為紀念陳敏，茂州人建祠塑像。《道光茂州志·祠廟》：明萬曆五年（1577），監收通判在茂州阜康門為陳敏建陳侯祠①。《古今圖書集成·方輿彙編·職方典·成都府部》茂州：“文昌宫二，一在文廟右，明永樂間知州陳敏鑄銅像祀焉，即樓下立石鐫朱夫子像，甲申後，樓毁至。”“順治己亥兵備程翔鳳重修，一在靈佑宫右。康熙二十四年州民王承舟新建。”② 甲申，順治元年（1644）；己亥，順治十六年（1659）。乾隆五十八年（1793）署州丁映奎在其墓前置亭，並樹碑為記。可見，直到清代，陳敏仍為茂州人所敬仰。陳敏事跡，詳見明景泰六年（1455）《陳敏及妻王氏墓誌》。

---

①（清）楊迦懌等修，（清）劉輔廷纂：《道光茂州志》卷一，《中國地方志集成·四川府縣志輯》（66），巴蜀書社（據清道光十一年刻本影印）1992年版，第352頁。

②（清）陳夢雷等：《古今圖書集成》卷五百九十（108），中華書局1934年版，第17頁。

267　［阿穆保］功德碑　乾隆五十九年（1794）七月二十三日

局部

説明

碑石立於四川省理縣下孟鄉沙吉村建威將軍一品夫人墓旁。守墓人稱《［阿穆保］功德碑》原在附近田地，後遷至此。石高 130 cm，寬 80 cm，厚 10 cm。藏漢文。漢文碑文 8 行，滿行 46 – 49 字不等；楷書。藏文 10 行。下部殘斷為兩截，用水泥粘合。該碑又題《建威將軍曾祖父曾祖母題記》《理縣沙吉嘉獎碑》。

碑文

奉/天承運，/皇帝制曰：國有爪牙之吏[1]，□宣□□□常[2]。朝頌綸綍之榮[3]，必勤思於水木，用褒先世以大追□。［阿穆保］乃正紅旗蒙古副都統加/一級[4]，扎克塔爾之曾祖父[5]，樹德務給，發禄有自。敦詩説禮，克垂樽俎之猷[6]；勇戰敬官，□□□□之略。兹以覃恩贈爾為振/威大夫[7]，賜之誥命於戲[8]，懋功有賞宗朋[9]，溯於所生慶典。欣逢恩不忘其自出，加兹寵□免。欽承。/

皇帝制曰：令儀淑慎，啟奕以凝庥；懿則昭垂，遡芳型而錫祉。爰申嘉命，用表慈徽爾。阿迭公乃正紅旗蒙古副都統加一級[10]，扎克/塔爾之曾祖母，溫恭有恪，淑慎其儀。範著宜家，夙稟珩璜之訓[11]；仁能裕後，丕昭禮［法］之儀[12]。兹以覃賜爾為一品夫/人，於戲！紫綸賁寵[13]，惟能歷世而寖昌；彤管增輝，庶使光前而媲美。用承優渥，永襲隆庥。/

（藏文略）

大清乾隆伍拾玖年柒月貳拾叁日立。/

著録

1. 阿壩州文管所藏原石照片。2. 曾曉梅藏拓。

注釋

［1］“牙”上一字泐，存痕是“爪”，本當作“爪”。爪牙：形容勇武。《國語·越語上》：“夫雖無四方之憂，然謀臣與爪牙之士，不可不養而擇也。”① 唐元稹《宋常春等内僕局令》：“勑：近制選内臣之善於其職者，監視諸鎮，蓋所以將我腹心之命達於爪牙之士也。”②《漢書·趙禹傳》：“南陽吏民重足一跡，而平氏朱彊、杜衍、杜周為縱爪牙之吏，任用。”③

［2］“宣”上一字泐，上存“古”，下不能辨識。其下第二字，左存“方”，右上“𠂉”，右下泐蝕不存。

［3］綸綍：語出《禮記·緇衣》。後以“綸綍”稱皇帝的詔令。《魏書·彭城王勰傳》：“及入參政務，綸綍有光，爰登中鉉，敷明五教。”④

［4］“追”下碑殘，損四字。阿壩州文管所陳學志研究員文物調查時尚未殘，第二三四字作“阿穆保”。其録文未公開發表，據之以補。扎克塔爾之曾祖父阿穆保，舊志失載，可補史闕。

［5］見嘉慶十八年（1813）《建威將軍墓碑》“扎克塔爾”。

［6］“之”下一字泐，諦視，似“猷”。道，法則。《詩經·小雅·巧言》：“秩秩大猷，聖人莫之。”鄭玄箋：“猷，道也。大道，治國之禮法。”⑤ 此謂［阿穆保］雖為武將，但敦詩説禮，知禮拒武力。

［7］覃恩：廣施恩澤。舊時用以稱帝王對臣民的封賞、赦免等。《舊唐書·趙宗儒傳》：“今覃恩既畢，庶政惟新。”⑥ 振威大夫：散階稱號。為正二品。

［8］誥命：又稱誥書，皇帝封贈官員的專用文書。戲：通“麾”。大將之旗。引申為指揮。《漢書·灌夫傳》：“嬰（竇嬰）去，戲夫。夫出……蚡（田蚡）乃戲騎縛夫置傳舍。”⑦

---

① 徐元誥撰，王樹民等點校：《國語集解》卷二十，中華書局 2002 年版，第 568 頁。
② 周紹良：《全唐文新編》卷六百四十七，吉林文史出版社 2000 年版，第 7299 頁。
③ （漢）班固：《漢書》卷九十，浙江古籍出版社 2000 年版，第 1094 頁。
④ （北齊）魏收：《魏書》卷二十一下，中華書局 1974 年版，第 583 頁。
⑤ 十三經注疏整理委員會：《毛詩正義》卷十二，《十三經注疏》，北京大學出版社 2000 年版，第 886 頁。
⑥ （後晉）劉昫等：《舊唐書》卷一百六十七，中華書局 1975 年版，第 4362 頁。
⑦ （漢）班固撰，（唐）顔師古注：《漢書》卷五十二，中華書局 1962 年版，第 2387 頁。

［9］懋功：大功。《宋書·武帝紀中》："自篇籍所載，生民以來，勳德懋功，未有若此之盛者也。"①《隋書·高勱傳》："聞夷凶翦暴，王者之懋功，取亂侮亡，往賢之雅誥。"②

［10］"阿迭□"：即乾隆五十九年（1794）《阿克魯氏慈君墓碑》之"阿克魯氏慈君"，上文"正紅旗蒙古副都統加一級"［阿穆保］之妻，扎克塔爾之曾祖母。扎克塔爾，正紅旗蒙古副都統。《嘉慶四川通志》有載。

［11］珩璜：雜佩。《詩經·鄭風·女曰雞鳴》："雜佩以贈之。"毛傳："雜佩者，珩、璜、琚、瑀、衝牙之類。"陸德明釋文："珩音衡，佩上玉也；璜音黄，半璧曰璜。"③ 北周庾信《安昌公夫人鄭氏墓誌》："珩璜節步，藻火文衣。"④

［12］"禮"下一字殘，據文義，應為"法"。

［13］"寵"上一字，右上存"土"，似"賁寵"。謂光耀恩寵。

---

① （梁）沈約：《宋書》卷二，中華書局1974年版，第37頁。

② （唐）魏徵等：《隋書》卷五十五，中華書局1973年版，第1373頁。

③ 十三經注疏整理委員會：《毛詩正義》卷四，《十三經注疏》，北京大學出版社2000年版，第346頁。

④ （清）嚴可均：《全後周文》卷十八，商務印書館1999年版，第269頁。

268 阿克鲁氏慈君墓碑 乾隆五十九年（1794）七月

説明

碑石刻立於四川省理縣下孟鄉沙吉村清代建威將軍一品夫人墓旁。石高 180 cm，寬 83 cm，厚 16 cm。碑身屋形二柱。藏漢文。漢文 7 行，行字數不等。楷書。藏文 1 行，滿行 13 字。圜首，刻雙凰、流雲、水波紋。

碑文

山環水繞千層秀，/虎踞龍盤一脉灵。/

皇清誥封一品夫人阿克魯氏慈君之墓。/

乾山巽向兼辰戌三分。/

乾隆五十九年七月吉日立。/

嘉慶八年歲次癸亥孟秋月穀旦。/

御前侍衛護軍統領管理健鋭營大臣[1]、管理/鑾儀衛大臣總理[2]，奏事處大臣，世襲罔替[3]，/三等男瑞勇巴圖魯扎克塔爾再立[4]。/

（藏文略）

著録

曾曉梅藏拓

注釋

［1］健：即“建”的加形字。建鋭營：亦稱“雲梯健鋭營”。清代禁衛軍之一。乾隆十四年（1749）置。營兵為雲梯兵，由前鋒營與護軍營中挑選年壯勇健者。在大小金川戰争中發揮了重要作用。參《清史稿·職官志四》。

［2］鑾儀衛：官署名。清置，專掌皇帝鹵簿（儀仗）的序列及承應。順治二年（1645）更名明錦衣衛為鑾儀衛，設鑾儀使、鑾儀副使及冠軍使、冠軍副使等官。鑾儀衛大臣，職掌同明之錦衣衛都督。掌禮儀之官。如福康安，字瑤林。清乾隆四十年（1775）五月授總管鑾儀衛大臣、閲兵大臣、總管健鋭營事務。四十一年金川平，論功，封福康安三等嘉勇男。見《清史稿·福康安》。

［3］罔替：不更替；不廢除。

［4］巴圖魯：蒙語，意為勇士。清初，滿族、蒙古族對有戰功者多賜此號。後來以此表彰獲封之人的武功。

269 遷復威州廳事記 乾隆間（1735－1795）

説明

碑石原刻立於四川省汶川縣玉壘山下，現已亡佚。李天植撰文。無刻石時間，《乾隆保縣志》著録此碑，碑石至遲在此前已鐫刻。

碑文

遷復威州廳事記。

國朝威州知州李天植[1]。

誌載：宋乾德四年遷威州於玉壘山下，是其地原遷所也。明正德五年，前守范公緣廳事低淺近遷龍洞之陽，勒石記其事。閲百八十年，於兹夫以威之為州，地僅六十里，城可彈丸，前臨大江，後逼山麓，即欲大展規模，已礙於地勢之無可如何，矧兹邊鄙，民不聊生，任司牧者，撫綏無術，寧遑安處。且其堂依然枕上流，衙宇仍舊排連，石隕不測，棟摧梁折，水潰治前，濤聲聒耳[2]。前守襄南左公題聯："雲足響衙鼓，江聲走治門。"[3]已刻畫殆盡矣。又何愛於少展數武，以低淺辭。《詩》曰："惟龜正之。"[4]又曰："卜云其吉。"古人慎重於地理也。

庚午春，予以菲才，授任兹守事。黌宫考登賢書者[5]，止於正統。然人文蔚盛，古今不殊，非山川之不效靈，由遷置之失安妥。舊啟聖祠並大成殿，術士廖姓告以接風脈，故揆諸父子一脈之理，謂宜改之，便迨竣其事[6]。癸酉科，文場舉一人，武場舉一人。越丙子，文又舉一，武連舉二[7]。由是觀之，風水信有然也。時術士亦以廳事仍玉壘，告予憚其勞民，兼苦俸薄，遷延七載，山石數墜。堂室不蔽風雨，遷復勢不能已。遍觀玉壘，奇峰聳翠，玉液飛珠，樹木森陰，嵐光掩映，誠為發祥蔚起之地。昔人遷此，豈屬無謂。遂下議士民，報可。予因申聞當事，擇期鳩工，量地置宜，一切堂室，惟發舊料轉移，夫匠工食，捐竭己囊供用。

新建大門二門，悉仍其舊。大堂扁題"上帝臨汝"四字。堂後轉折步許，開道延進二堂，直接龍洞簷前[8]。臨池緑水，架橋通渡。懸其額曰："絜矩堂"。面壁實嵌王，玉壘舊題"洞龍深處"四字[9]。壁後為廄牧所。東迶山曲徑至乾龍洞前，構營書室[10]，少假公餘憩息。西進内宅，門壘台層。次建住房三進各三門，兩廂小房六間，宅後連山濶地數十丈[11]，用資蔬圃。垣牆外豎吏目廳署，規模差可改觀。甬道東出大門左建土地祠及牌坊一道[12]。右設監獄治門外傍留於地四丈二尺，設鄉納所二丈，為戶首公處[13]。二門兩傍，修蓋科房。甬道東栽槐四株。大堂側置倉一所，接連小房二間[14]，以備衙役住宿。治前週圍隙地，除撥補民居外，共新安插民一十九家。又治西空地，新創齊院一所，凡門堂內室廂房廚廄，無一不備。兩丹墀亦種花木，各色六本[15]。院後菜園以土牆界之。諸有不逮，仍俟後來君子。予非志圖輝煌，不過信志乘。以紹前業，鑒學宮以利將來。抑且遠避山石，冀垂永久。乃未幾一月[16]，人爭趨事。廳事聿新民居湊集。于落成之明日，瑞雪盈空，狀五花六花，頃異鳥和鳴，翱翔上下，盛日不散[17]。州人士庶詫為未有之奇，予亦莫測其故。第揣神人協應，禽鳥來儀[18]。或亦地運將興，康阜吾民之兆也。爰鐫諸石，以志歲月云[19]。

著録

1.《乾隆保縣志》卷 7－24。2.《理番廳志》卷 5－21。

注釋

［1］李天植：監生，康熙二十九年任威州知州①。名見《理番廳志·建置·職官》。“知州”，《理番廳志》作“牧”。

［2］“麓”下各字至“潰”，《理番廳志》作“堂枕上流，衙排連石雨蕩風飄隕且不測”。

［3］“聯”下，《理番廳志》衍“云”。

［4］語出《詩經·大雅·文王有聲》“維龜正之”②。“龜”，《乾隆保縣志》作“義”。《理番廳志》據之改。

［5］庚午：即正德五年（1510）。菲才：亦作“菲材”。淺薄的才能。自謙之詞。《理番廳志》脱“授”。黌宮：學宮。“黌宮考”，《理番廳志》作“考黌宮”，可採。

［6］《理番廳志》脱“士”下十六字。風脉：風水。指宅基地或墳地周圍的風向、水流等形勢；“便迨竣其事”作“迨事竣”。

［7］癸酉：正德八年（1513）。丙子：正德十一年（1516）。於碑文中首次明確記載威州科考及第人數。

［8］《理番廳志》脱“二”上十字。

［9］王：即明王元正。明嘉靖七年（1528）後《龍洞深處題刻》，王元正撰，並

---

① （清）吴羹梅修，周祚嶧纂：《同治直隸理番廳志》卷二，《中國地方志集成·四川府縣志輯》（66），巴蜀書社（據清同治五年刻本影印）1992 年版，第 675 頁。

② 十三經注疏整理委員会：《毛詩正義》卷十六，《十三經注疏》，北京大學出版社 2000 年版，第 1237 頁。

刻於汶川縣玉壘山下玉液池畔①。“洞龍”當“龍洞”之誤倒。《理番廳志》脱“其”“實”。

[10]《理番廳志》脱“東迒山曲徑至乾龍”。構營：建造。“構”，《理番廳志》作“搆”，非。

[11]濶：同“闊”。“次”下，《理番廳志》衍“建”，並釋“三進各三門”作“及”，脱“小房六間”。

[12]《理番廳志》脱“大”上九字，及“一道”。

[13]“於”，本作“餘”。“鄉納”，“鄉約”之誤。《理番廳志》作“鄉約”，是。《理番廳志》脱“鄉”上十二字，作“及”一字。並脱“所”下七字。

[14]“甬道東栽槐四株，大堂側”，《理番廳志》作“並”。又，脱“二間”。

[15]《理番廳志》脱“一所”及“備”下十一字。

[16]“乃未幾”，《理番廳志》作“久”。

[17]《理番廳志》脱“異”上六字。並釋“盛”作“盈”，非。盛日：烈日。

[18]“奇”下，《理番廳志》脱“予亦莫測其故。第揣神人協應，禽鳥來儀”。

[19]“誌”，《理番廳志》作“紀”。

---

① （清）吴羹梅修，周祚嶧纂：《同治直隸理番廳志》卷六，《中國地方志集成·四川府縣志輯》（66），巴蜀書社（據清同治五年刻本影印）1992年版，第813頁。

附

269－1　龍洞題記

說明

碑石發現於四川省汶川縣原縣政府地基 1.5 米處。橫題“龍洞”兩个大字。左右存小字，2 行，均存 6 字。尚可辨“亥仲”，餘已不能識，失年代。楷書。高60 cm，寬 80 cm。原石 2008 年地震時損毀，四川省汶川縣文博所藏拓。

270　三定諸蠻摩崖題刻　乾隆年間（1736－1795）

説明

摩崖刻於四川省汶川縣玉壘山巖壁左側，在三國蜀建興十四年（234）夏四月《玉壘山摩崖題刻》之下15米處。題記2行，滿行4字。楷書。字徑50 cm，寬60 cm，落款“大清乾隆”。

題記

三定諸蠻[1]。/
大清乾隆。/

著録

1.《阿壩州志》2160。2.《汶川縣威州鎮志》254。

注釋

［1］“蠻”,《汶川縣威州鎮志》作“虩”，非。

271 非土著人民不得應試章程碑 嘉慶二年（1797）

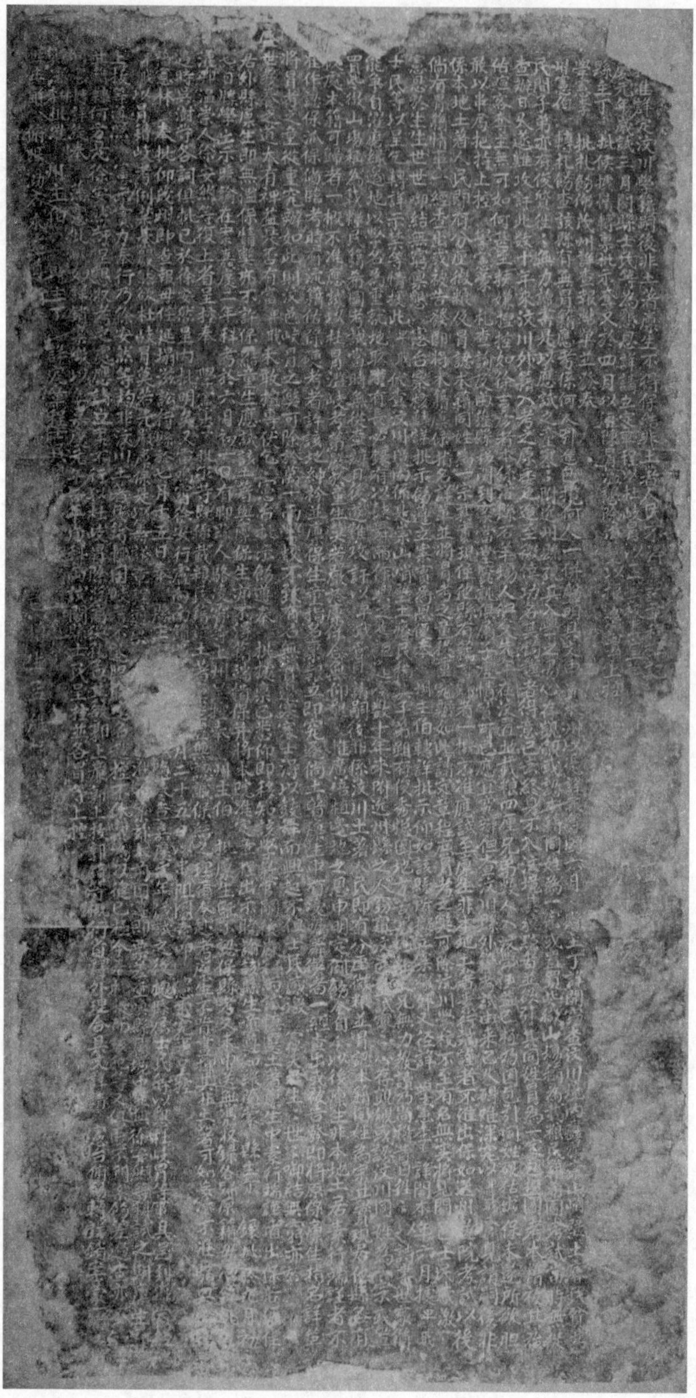

説明

碑石原刻立於四川省汶川縣綿虒鎮汶川衙署門前，現藏汶川縣文博館。全稱《批准詳定〈汶川學籍嗣後非土著廩生不得保結非土著人民不得應試章程〉碑記》。孟維聰書。原石高190 cm，寬94 cm，厚6 cm。碑文30行，滿行65－68字不等。楷書。左右邊緣泐蝕，近20字不能辨認。該碑又題《汶川考試章程碑》《綿虒保學碑》。

碑文

批准詳定汶川學籍，嗣後非土著廩生不得保結、非土著人民不得應試章程碑記[1]。/

［嘉］慶元年歲試。三月，閤縣士民等為懇恩，詳請立定章程，以杜岐冒[2]，以正學校事。呈蒙/縣主丁批："俟據情转，稟批示夺"[3]。又于四月，以瀝陳冒濫[4]，懇除滋蔓，以振邊寒。事上控，/學憲李批札："飭仰茂州詳查，報粘單。"[5]並發奉/州憲伯轉札"飭查該縣有無冒籍應考，係何人引進？包攬何人？一併聲明，具文申賚本州，以憑詳報"等因[6]。六月，縣主丁詳開窃查：汶川境內，盡屬崇山峭壁，土瘠民貧[7]。其/民間子弟，亦有俊質，往往無力讀書[8]，是以應試之童寥寥。附近州縣，視其入學之易，心存覬覦。或認本籍同姓為一宗，或置買些微山場[9]，稱為載糧民籍，希圖考試。當時無從/查辦，日久遂難攻訐。此數十年來，汶川外籍入考之原委也。迨至徼倖功名[10]，其恂謹者[11]，得意已去，終身不入汶境；其狡黠者，並欲引其同姓，冒為一家，包攬圖考。本籍被其強/估，暄客奪主，無可如何。甚至挾嫌揑控[12]，如徐吉彥者，本係灌縣石羊場人。伊父先年在汶置地，載糧四厘。兄弟数人入汶學[13]，便益已極。乃因包引同姓，硬估出保。未遂所欲，胆/敢以串局把持，上控學憲[14]。蒙札查詢，及由灌縣移関到案，當堂質訊，俱屬子虚[15]，情實可惡，應宜究辦。但查汶川縣外籍考試，由來已久，碍难深究。以卑職管見[16]，請嗣後非/係本地土著人民，即有分厘微糧，及冒認本籍同姓為一宗，其實現住他縣，有籍可歸者，一概不准應試。至廩生，非本地土著，素行端謹者，不准出保。如送州、送院考試以後，/倘有冒籍情事，一經查出，或被告發，即將本籍廩保，指名詳革，並將冒考之童，從重究辦。如此，請定章程，庶冒考之獘可除[17]，汶川學校不至有名無实，將見閤邑士民[18]，感激/憲恩於生生世世，啣結無窮[19]。稟懇憲台察核，轉詳批示，飭遵立案，實為恩便。奉州主伯轉詳批示"仰如該縣所擬，立案繳外"，又徑詳[20]，學憲李詳開本年六月，據卑職、/士民等以呈乞轉詳示禁等情。

據此，卑職伏查：汶川境內，係是崇山峭壁[21]，土瘠民稀。其子弟雖有俊秀，揔因地方苦寒[22]，以致父兄無力教讀。乃尚稽昔日，往往以詩書世家，猶/能争自，濯磨緣邊地，以學名為重，就地取才，有長必録，有以鼓舞而作興之也。詎近今数十年來[23]，附近州縣之人，窃窺汶邑童試寥寥，心存覬覦。或認汶川同姓為一宗，或置/買些微山場，稱為載糧民籍，希圖考試。當時無從查辦，日後遂難攻訐。以卑職管見，請嗣後非係汶川土著人民，即有分厘微糧，並冒認本籍同姓為宗，其實現居他縣，各有/彼處本籍可歸者[24]，一概不准應試，以杜冒濫岐考。第嚴於童生，莫若嚴於廩保。合無仰懇，推廣培植邊地之恩，申明定例。飭令自今以後，廩生非本地土居[25]，素行端謹者，不/准作認保、泒保。倘臨考時，有流籍估保硬考者，許該地紳衿，並廩保生童，指名稟報，立即究逐。倘土著廩生中，有受屬舞弊者，一經查出，或被告發，即將原保廩生指名詳革，/將冒考之童從重究辦。如此，則汶邑岐冒之弊可除於萬一，而學校不致有名無實，邊塞寒士淂以鼓舞而興起[26]，不但士民感激憲天，於生生世世啣結無窮，亦於/盛世教養之道，大有裨益。是否有當，卑職未敢擅專，伏乞憲台批示飭遵。奉批：據稟已悉。仰即移知該學教官，嗣後歲科兩試，慎選土著廩生中素行端謹者出保。若係住/居外縣稟生，即無濫保情弊，亦不許保結。童生應試，該土著與廩保生亦不淂藉端指保[27]。並將本院准定章程出示，曉喻該縣生童，遵知繳隨。”蒙縣主丁録批，於九月初/七日牒學出示[28]，曉諭在案。

嘉慶二年科考於六月初一日，有郫縣人駱凌霄等，上州呈控。奉州主伯批：“廩生既不認保，縣考又未申送，無憑收録，各歸原籍，毋瀆”等批[29]。又/灌、郫、溫、崇人徐安然等，復上省呈控。奉學憲李批：“尔等即係載糧民籍，該土著廩生，豈無認識保結之理？爾今赴考，廩生不肯畫押，其非土著可知，妄瀆不准。駱興元、□/遇時、吴澍等各詞俱批，已於徐安然呈內批明矣。”[30]又雷鳴霄、徐安行、盧向南、鎖遇□□□□月二十五日，以串阻圖索叩憲雷，究事呈控。/藩憲林奉批：“仰茂州即查報，毋任延塌滋訟行縣。”於七月十五日奉縣主丁□□□□□隨卷查[31]。嘉慶二年歲試之後[32]，據縣屬士民等，以懇杜岐冒等事，具呈到縣，當經/卑職以冒籍岐考[33]，例禁綦嚴。然欲杜岐冒，莫若先嚴廩保，是以籌議章程，通稟□□□□□准在案[34]。兹奉前因，遵即稟差查喚，縣屬境中，並無徐安然等。科試之期，廩生郭/上拔等遵照憲示，實力奉行。乃徐安然等，均非汶川土著民籍，輙因岐考不遂，胆敢連名，越控不休，實為刁健已極[35]。今奉札提，而該犯等，又俱匿不到案，飭差遍查，亦不知/其籍隸何方。是徐安然等呈懇收考之處，應請立案不行，以杜岐冒。除將高從孔、孟其敏、郭上廉、郭上拔、郭錡等，概行省釋外，理合具文，詳請憲台俯賜，轉詳銷案。蒙/州憲轉詳，旋奉藩憲批：“如詳銷案，繳。”以上嘉慶元年、二年歲科兩試，閤縣士民呈控，並各冒等上控，/藩憲林、學憲李批准[36]，州主伯、縣主丁詳定章程，士民稟請（下泐）。/

縣主解俯賜泐石，永遠遵行。

邑增生孟維聰書。/

著録

1. 汶川縣文博館藏拓。2.《汶川縣志》877①。3.《羌族法制的歷程》87。4.《西川羌族特殊載體檔案史料研究》286。

注釋

［1］廩生：又稱“廩膳生”。《清史稿·選舉志一》：“生員色目，曰廩膳生、增廣生、附生。”②《西川羌族特殊載體檔案史料研究》脱以上各字。

［2］拓片殘，據下文補“嘉”字。閤：同“合”。士：與“土”同形，這裡指土民。《羌族法制的歷程》《西川羌族特殊載體檔案史料研究》作“土”，是。下同。冐：亦作“冒”。

［3］縣主丁：即“丁葵籀”。嘉慶元年（1796）任知縣，山東日照舉人。見《民國汶川縣志·職官·知縣》。

［4］瀝：竭盡全力。《羌族法制的歷程》《西川羌族特殊載體檔案史料研究》作“歷”，非。歷，通“瀝”，清酒之意。不取。

［5］學憲：即學政，“提督學政”的簡稱，古代學官名。管教育科舉，簡稱學臺，與巡撫、巡按屬同級別，正三品。學政一般由翰林院或進士出身的京官擔任，由朝廷委派到各省主持院試，並督察各地學官的官員。《西川羌族特殊載體檔案史料研究》作“學究”，乃讀書人的通稱。誤。下沿誤。

［6］賚：賞賜，賜予。《詩經·商頌·烈祖》：“既載清酤，賚我思成。”朱熹集傳：“賚，與也。”③

［7］瘠：上“疒”，下“日”，即“瘠”的異體。清道光十五年（1835），汶川縣知縣魏煜《論九寨羌民》：“九寨羌民等知悉：‘汶邑無處不山，又極寒冷，天愈晴而風愈大，糧益貴而販益稀。……爾等世處山頭之上……火種刀耕，縱遇風調雨順，收穫尚且無多。’”④ 故碑云：“汶川境內，盡屬崇山峭壁，土瘠民貧。”此情形普見於岷江上游羌區。如光緒十六年（1890）《綿篪護林碑》：“想我村地處邊隅，九石一土。”

---

① 汶川縣地方志編纂委員会：《汶川縣志》，民族出版社 1992 年版，第 877 頁。

② 趙爾巽：《清史稿》卷一百零六，中華書局 1977 年版，第 3115 頁。

③ （宋）朱熹：《詩集傳》卷二十，中華書局 1958 年版，第 244 頁。

④ 祝世德：《民國汶川縣志》卷七，《中國地方志集成·四川府縣志輯》（66），巴蜀書社（據民國三十三年本影印）1992 年版，第 604 頁。

［8］徃徃：同“往往”。

［9］㣲：筆劃“几”的折勾變作“一”，是“微”的異體。

［10］徼：通“僥”。徼倖：亦作“徼幸”，希望獲得意外成功。《左傳·哀公十六年》：“以險徼幸者，其求無饜。”①

［11］恂：温恭貌。恂謹：恭順謹慎。清袁枚《新齊諧·吴子雲》：“吴亡後，兒頗恂謹，能守其業，家日以富，至今呼為‘吴牛’。”②

［12］挾嫌：心懷怨恨。“挾”，《羌族法制的歷程》《西川羌族特殊載體檔案史料研究》作“狹”，非。揑：同“捏”。

［13］数：即“數”的異體。《羌族法制的歷程》《西川羌族特殊載體檔案史料研究》脱“學”。

［14］局：即“局”的異體。

［15］虗：同“虛”。

［16］戝：同“職”。

［17］獘：即“弊”異體。

［18］“閤”，《羌族法制的歷程》作“閣”，非。“閤邑”，本作“合邑”，指共同居住於某一城鄉的群體。

［19］啣：同“銜”。銜結：見“銜環結草”。典出南朝梁吴均《續齊諧記》。喻感恩報德，至死不忘。《醒世恒言·白玉孃忍苦成夫》：“大恩未報，刻刻於懷。銜環結草生死不負。”③

［20］“批”，《西川羌族特殊載體檔案史料研究》作“指”，非。原刻“徑”，本作“經”。音同、形似而誤。

［21］“係”，《羌族法制的歷程》作“原”，非。

［22］揔：同“總”。

［23］詎：怎，豈的意思

［24］“處”上一字，上泐，下清晰，覩存痕，為“彼”。

［25］“例”，《羌族法制的歷程》《西川羌族特殊載體檔案史料研究》作“則”；又“令”作“今”；“居”作“著”，均非。

---

① 十三經注疏整理委員會：《春秋左傳正義》卷六十，《十三經注疏》，北京大學出版社 2000 年版，第 1949 頁。

② （清）袁枚：《子不語》，上海古籍出版社 1998 年版，第 163 頁。

③ （明）馮夢龍：《醒世恒言》，山西人民出版社 2009 年版，第 232 頁。

［26］《羌族法制的歷程》《西川羌族特殊載體檔案史料研究》脱“被”。又，釋“塞”作“寨”，非。淂：同“得”。《宋元以來俗字譜》：“得”，《古今雜劇》作“淂”①。

［27］“應試”，《羌族法制的歷程》《西川羌族特殊載體檔案史料研究》作“試後”；又，“藉”作“借”。藉，同“借”。文義通，可採。

［28］“學”，《羌族法制的歷程》《西川羌族特殊載體檔案史料研究》作“字”，非。

［29］“瀆”，拓片清晰，《羌族法制的歷程》《西川羌族特殊載體檔案史料研究》作“讀”，非。並脱“日”。下文“妄瀆”，《西川羌族特殊載體檔案史料研究》亦作“妄讀”，非。

［30］兩處所用“爾”，一簡，一繁。“元”下一字泐，無法辨識。《羌族法制的歷程》《西川羌族特殊載體檔案史料研究》均脱。

［31］“月”上泐四字，《羌族法制的歷程》《西川羌族特殊載體檔案史料研究》作泐三字；並釋“七月”作“九月”，非。脱“延”。

［32］“二年”，《羌族法制的歷程》《西川羌族特殊載體檔案史料研究》作“元年”，非。

［33］《羌族法制的歷程》《西川羌族特殊載體檔案史料研究》脱“當”字。

［34］“稟”下泐字數不明，疑為五字，《羌族法制的歷程》作六字，《西川羌族特殊載體檔案史料研究》作四字。

［35］刁健：猶狡悍，刁悍。《羌族法制的歷程》《西川羌族特殊載體檔案史料研究》作“刁鑽”，非。

［36］《羌族法制的歷程》脱“藩憲林、學”等字。“憲林學”，《西川羌族特殊載體檔案史料研究》誤倒，作“學憲林”。

彙考

《汶志紀略》未載碑文，著録此碑：“先是邑生徒最少，而外州縣有來寄籍者歲以為常，後濫甚。嘉慶元年，知縣丁葵籀詳請議立章程，非土著不得應試，永以為例。於明倫堂建亭立碑紀事。”② 汶川，地處岷江河畔，“崇山峭壁，土瘠民貧”。民間子弟

① 劉復、李家瑞：《宋元以來俗字譜》，“中研院”歷史語言研究所單刊之三，1930年版，第7頁。
② （清）李錫書：《汶志紀略》卷二，清嘉慶十年（1805）蕊石山房藏版，第16頁。

“往往無力讀書，是以應試之童寥寥，附近州縣，視其入學之易，心存覬覦”，冒籍入學，取得功名後回籍不為本縣務實。此岐冒之弊由來已久，本縣土著居民、政府官員實為不滿。後經多次核查，對冒籍考取者一律除名，並稟懇上級察究，州主伯知悉，令縣令立案，擬定章程並勒石，禁止外籍人員冒籍應考。嘉慶元年、二年歲科兩試得到控制，“邊塞寒土得以鼓舞而興起”①。碑文是研究汶川教育和科舉的重要材料，對於維護教育、考試公平有啟發意義。嘉慶十五年（1810）任直隸理番廳同知徐廷鈺，刻立了《徐廷鈺稟禁止冒籍考試碑》《徐廷鈺清整飭地方並學校碑》，以此可見科考作弊之風由來久矣，並同時可以看到官府整治科考流弊的決心。惜碑亡佚。

① 引自碑文《非土著人民不得應試章程碑》。